福祉六法

2024

中央法規

社会福祉法人 大阪ボランティア協会監修

福祉小六法 2024　編集委員

小笠原慶彰　　神戸女子大学

竹内　友章　　関西福祉科学大学

牧口　　明　　大阪ボランティア協会

山縣　文治　　関西大学

（五十音順）

序

社会福祉の法令に関する最新知識の学習を必要とする人たちは、近年広範囲になってきている。社会福祉士、精神保健福祉士、介護福祉士、保育士といった社会福祉の専門職はもとより、医師や看護師、また管理栄養士、栄養士、薬剤師、臨床心理士、公認心理師等々関連領域の専門職、さらには民生委員・児童委員、保護司等のいわゆる行政協力委員やさまざまな分野で活動するボランティアにとっても、法令に関する最新知識は必須のものとなっている。

また、行政と社会福祉法人が中心的な位置を占めていた社会福祉サービスの業界に、特定非営利活動法人やその他の非営利団体、福祉系企業等が加わってすでに久しい。したがって、そこで働く人たちも著しく増加して[illegible]の人たちには、社会福祉の法令に関する最新知識を絶えずアップデートすることが求め[illegible]

本書は、そのような[illegible]学生の学習、専門家の研修はむろんのこと、社会福祉サービスの提供に関わる仕事を[illegible]、社会福祉の活動に関わる人たち、そしてボランティアの人たちを、情報面から支援する目的をもって発行し続けている。

編集にあたっては、社会福祉に関する法令等から根幹となる条文を選択するだけではなく、宣言、憲章、条約、綱領なども重視し、グローバルな視点から社会福祉の意義を理解できるよう配慮するとともに、法令の本質を深く理解することに資するべく資料集も収載している。加えて社会福祉を学ぶ人たちの学習、資格試験や国家試験、採用試験の受験勉強、実践現場での法令上の疑問解決にも役立つことを目指した。

近年制定された社会福祉関係法の中には、障害者など課題当事者を含む市民の働きかけや関与によって制定された法律が少なくない。例えば介護保険法（一九九七年）、児童虐待防止法（二〇〇〇年）、障害者総合支援法（二〇〇五年）、子どもの貧困対策法（二〇一三年）、今回新たに収録した認知症基本法（二〇二三年）等々である。それらの法律の制定過程を学ぶことで、とかく上から一方的に強制されるものと受け止められがちな法律も、自らが主役となって生み出すことが可能なのだという主権者意識を持っていただくことを密かに願っている。

本書が広く利用され、社会福祉への理解と共感を高めるとともに、高い志を持った人材を育てる役割を果たすことができれば、幸いである。

二〇二三年一一月

大阪ボランティア協会

福祉小六法の使い方

1　本書は、令和五年一一月八日現在の内容をもって編集しました。

2　本書における法律の構成、読み方は、次のようになっています。

◎社会福祉法 → 法令等の題名。必要と思われる条文のみを抜粋して収載したものは、末尾に（抄）と付しています。

題名改正　平一二法律一一一（旧）社会福祉事業法） → 平成一二年法律第一一一号で現行の題名「社会福祉法」に変更されたことを示しています。

（昭和二六・三・二九法律四五） → この法律が昭和二六年三月二九日の法律第四五号で公布されたことを示しています。

注　令五法律○○改正現在 → 公布、施行された法律により行われた改正は、令和五年法律第○○号が最終であることを示しています。

章→第一章　総則

（定義）→条見出し（原文に条見出しがない場合は、〔　〕により独自の条見出しを表示しています。）

条→第〇条　この法律において「**社会福祉事業**」とは、第一種社会福祉事業及び第二種社会福祉事業をいう。
→定義を示す語句については、太字で強調しています。ただし、関係法令（九〇二頁）以降は、適用していません。

項→2　次に掲げる事業を第一種社会福祉事業とする。
→項番号は、アラビア数字で表示しています。ただし、原文に項番号がないものについては、便宜上、丸囲みのアラビア数字（②③等）を付しています。

号→一　生活保護法（昭和二十五年法律第百四十四号）に規定する救護施設、更生施設その他生計困難者を〔以下略〕
→号番号は、漢数字で表示しています。

第〇〇条　社会福祉法人の所轄庁は、その主たる事務所の所在地の都道府県知事とする。〔以下略〕
→令和五年四月二日から令和六年四月一日までに施行される改正がある場合は、変更された部分に傍線――を付しています。

附　則（抄）

（施行期日）

第一条　この法律は、公布の日から起算して六月を超えない範囲内において政令で定める日〔平一一・一一・一〕から施行する。

↓

附則中、施行日が他の法令に委任されているものは〔　〕を付し、施行年月日を表示しています。また、編集上、省略した部分は、〔前略〕〔中略〕〔以下略〕等により表示しています。

※未施行分の掲載方法について

注　第一一章は、令和五年六月〇日法律第〇〇号により次のように改正され、公布の日から起算して二年を超えない範囲内において政令で定める日から施行される。

第十一章を第十二章とする。

↓

令和六年四月二日以降に施行される改正については、未施行扱いとし、該当法令の各条文の次に［　］囲みで、改正文と施行日を表示しています。

なお、未施行の改正にさらに改正が加わった場合は、（　）囲みで一部改正年月日と法番号を示し、改正文を変更しています。

【例】

注　第一一章は、令和五年六月〇日法律第〇〇号（令和五年七月〇日法律第〇〇号により一部改正）により次のように改正され、公布の日から起算して二年を超えない範囲内において政令で定める日から施行される。

改正文　略

3　五十音索引、目次については、法令等の種別により記号を付して区別しています。種別については、次のとおりです。

憲法・条約等　　全て＝◎
基本法令等　　法律の概要＝＊
関係法令　　法律、告示＝◉
　　倫理綱領等＝◎
　　全て＝・
付録　　全て無印

4　次の各法については、「法律の概要」を加えています。
社会福祉法・生活保護法・生活困窮者自立支援法・児童福祉法・子ども・子育て支援法・母子及び父子並びに寡婦福祉法・老人福祉法・障害者総合支援法（障害者の日常生活及び社会生活を総合的に支援するための法律）・身体障害者福祉法・知的障害者福祉法・精神保健福祉法（精神保健及び精神障害者福祉に関する法律）・発達障害者支援法

5　付録として、「社会福祉関係年表」や「社会福祉施設等の人員、設備基準一覧表」など、学習や実務の際に参考となる資料を収載しています。

法令書ご購読者サービスのご案内
本書の発行直後に重要な法令改正が公布された場合、弊社ウェブサイトの「正誤・追補」でその内容がご覧いただけます。
（アドレス）
https://www.chuohoki.co.jp/

五十音順索引

【あ行】

【か行】

【さ行】

目次

憲法・条約等

基本法令等

（社会福祉事業・福祉士）

関係法令

付　録

憲法・条約等

◉日本国憲法

（昭和二一・一一・三公布
昭和二二・五・三施行）

日本国民は、正当に選挙された国会における代表者を通じて行動し、われらとわれらの子孫のために、諸国民との協和による成果と、わが国全土にわたつて自由のもたらす恵沢を確保し、政府の行為によつて再び戦争の惨禍が起ることのないやうにすることを決意し、ここに主権が国民に存することを宣言し、この憲法を確定する。そもそも国政は、国民の厳粛な信託によるものであつて、その権威は国民に由来し、その権力は国民の代表者がこれを行使し、その福利は国民がこれを享受する。これは人類普遍の原理であり、この憲法は、かかる原理に基くものである。われらは、これに反する一切の憲法、法令及び詔勅を排除する。

日本国民は、恒久の平和を念願し、人間相互の関係を支配する崇高な理想を深く自覚するのであつて、平和を愛する諸国民の公正と信義に信頼して、われらの安全と生存を保持しようと決意した。われらは、平和を維持し、専制と隷従、圧迫と偏狭を地上から永遠に除去しようと努めてゐる国際社会において、名誉ある地位を占めたいと思ふ。われらは、全世界の国民が、ひとしく恐怖と欠乏から免かれ、平和のうちに生存する権利を有することを確認する。

われらは、いづれの国家も、自国のことのみに専念して他国を無視してはならないのであつて、政治道徳の法則は、普遍的なものであり、この法則に従ふことは、自国の主権を維持し、他国と対等関係に立たうとする各国の責務であると信ずる。

日本国民は、国家の名誉にかけ、全力をあげてこの崇高な理想と目的を達成することを誓ふ。

第一章　天皇

〔天皇の地位及び国民主権〕

第一条　天皇は、日本国の象徴であり日本国民統合の象徴であつて、この地位は、主権の存する日本国民の総意に基く。

〔皇位の継承〕

第二条　皇位は、世襲のものであつて、国会の議決した皇室典範の定めるところにより、これを継承する。

〔天皇の国事に関する行為の要件とその責任〕

第三条　天皇の国事に関するすべての行為には、内閣の助言と承認を必要とし、内閣が、その責任を負ふ。

〔天皇の権能及び権能行使の委任〕

第四条　天皇は、この憲法の定める国事に関する行為のみを行ひ、国政に関する権能を有しない。

②　天皇は、法律の定めるところにより、その国事に関する行為を委任することができる。

〔摂政〕

第五条　皇室典範の定めるところにより摂政を置くときは、摂政は、天皇の名でその国事に関する行為を行ふ。この場合には、前条第一項の規定を準用する。

〔天皇の任命行為〕

第六条　天皇は、国会の指名に基いて、内閣総理大臣を任命する。

②　天皇は、内閣の指名に基いて、最高裁判所の長たる裁判官を任命する。

〔天皇の国事に関する行為〕

第七条　天皇は、内閣の助言と承認により、国民のために、左の国事に関する行為を行ふ。

一　憲法改正、法律、政令及び条約を公布すること。

二　国会を召集すること。

三　衆議院を解散すること。

四　国会議員の総選挙の施行を公示すること。
五　国務大臣及び法律の定めるその他の官吏の任免並びに全権委任状及び大使及び公使の信任状を認証すること。
六　大赦、特赦、減刑、刑の執行の免除及び復権を認証すること。
七　栄典を授与すること。
八　批准書及び法律の定めるその他の外交文書を認証すること。
九　外国の大使及び公使を接受すること。
十　儀式を行ふこと。

〔皇室の財産授受〕
第八条　皇室に財産を譲り渡し、又は皇室が、財産を譲り受け、若しくは賜与することは、国会の議決に基かなければならない。

第二章　戦争の放棄

〔戦争の放棄〕
第九条　日本国民は、正義と秩序を基調とする国際平和を誠実に希求し、国権の発動たる戦争と、武力による威嚇又は武力の行使は、国際紛争を解決する手段としては、永久にこれを放棄する。
② 前項の目的を達するため、陸海空軍その他の戦力は、これを保持しない。国の交戦権は、これを認めない。

第三章　国民の権利及び義務

〔国民たる要件〕
第一〇条　日本国民たる要件は、法律でこれを定める。

〔基本的人権の享有〕
第一一条　国民は、すべての基本的人権の享有を妨げられない。この憲法が国民に保障する基本的人権は、侵すことのできない永久の権利として、現在及び将来の国民に与へられる。

〔自由及び権利の保持義務並びにこれらの濫用の禁止〕
第一二条　この憲法が国民に保障する自由及び権利は、国民の不断の努力によつて、これを保持しなければならない。又、国民は、これを濫用してはならないのであつて、常に公共の福祉のためにこれを利用する責任を負ふ。

〔個人の尊重〕
第一三条　すべて国民は、個人として尊重される。生命、自由及び幸福追求に対する国民の権利については、公共の福祉に反しない限り、立法その他の国政の上で、最大の尊重を必要とする。

〔国民の平等性〕
第一四条　すべて国民は、法の下に平等であつて、人種、信条、性別、社会的身分又は門地により、政治的、経済的又は社会的関係において、差別されない。
② 華族その他の貴族の制度は、これを認めない。
③ 栄誉、勲章その他の栄典の授与は、いかなる特権も伴はない。栄典の授与は、現にこれを有し、又は将来これを受ける者の一代に限り、その効力を有する。

〔公務員〕
第一五条　公務員を選定し、及びこれを罷免することは、国民固有の権利である。
② すべて公務員は、全体の奉仕者であつて、一部の奉仕者ではない。
③ 公務員の選挙については、成年者による普通選挙を保障する。
④ すべて選挙における投票の秘密は、これを侵してはならない。選挙人は、その選択に関し公的にも私的にも責任を問はれない。

〔請願権〕
第一六条　何人も、損害の救済、公務員の罷免、法律、命令又は規則の制定、廃止又は改正その他の事項に関し、平穏に請願する権利を有し、何人も、かかる請願をしたためにいかなる差別待遇も受けない。

〔国及び公共団体の賠償責任〕
第一七条　何人も、公務員の不法行為により、損害を受けたときは、法律の定めるところにより、国又は公共団体に、その賠償を求めることができる。

〔奴隷的拘束及び苦役の禁止〕
第一八条　何人も、いかなる奴隷的拘束も受けない。又、犯罪に因る処罰の場合を除いては、その意に反する苦役に服させられない。

〔思想及び良心の自由〕
第一九条　思想及び良心の自由は、これを侵してはならない。

〔信教の自由〕
第二〇条　信教の自由は、何人に対してもこれを保障する。いかなる宗教団体も、国から特権を受け、又は政治上の権力を行使してはならない。

② 何人も、宗教上の行為、祝典、儀式又は行事に参加することを強制されない。

③ 国及びその機関は、宗教教育その他いかなる宗教的活動もしてはならない。

〔思想表現の自由〕

第二一条 集会、結社及び言論、出版その他一切の表現の自由は、これを保障する。

② 検閲は、これをしてはならない。通信の秘密は、これを侵してはならない。

〔居住、移転、職業選択の自由〕

第二二条 何人も、公共の福祉に反しない限り、居住、移転及び職業選択の自由を有する。

② 何人も、外国に移住し、又は国籍を離脱する自由を侵されない。

〔学問の自由〕

第二三条 学問の自由は、これを保障する。

〔家族生活における個人の尊厳と両性の平等〕

第二四条 婚姻は、両性の合意のみに基いて成立し、夫婦が同等の権利を有することを基本として、相互の協力により、維持されなければならない。

② 配偶者の選択、財産権、相続、住居の選定、離婚並びに婚姻及び家族に関するその他の事項に関しては、法律は、個人の尊厳と両性の本質的平等に立脚して、制定されなければならない。

〔生存権及び国民生活の社会的進歩向上に努める国の義務〕

第二五条 すべて国民は、健康で文化的な最低限度の生活を営む権利を有する。

② 国は、すべての生活部面について、社会福祉、社会保障及び公衆衛生の向上及び増進に努めなければならない。

〔教育を受ける権利及び教育を受けさせる義務〕

第二六条 すべて国民は、法律の定めるところにより、その能力に応じて、ひとしく教育を受ける権利を有する。

② すべて国民は、法律の定めるところにより、その保護する子女に普通教育を受けさせる義務を負ふ。義務教育は、これを無償とする。

〔勤労の権利及び義務〕

第二七条 すべて国民は、勤労の権利を有し、義務を負ふ。

② 賃金、就業時間、休息その他の勤労条件に関する基準は、法律でこれを定める。

③ 児童は、これを酷使してはならない。

〔勤労者の団結権及び団体行動権〕

第二八条 勤労者の団結する権利及び団体交渉その他の団体行動をする権利は、これを保障する。

〔財産権〕

第二九条 財産権は、これを侵してはならない。

② 財産権の内容は、公共の福祉に適合するやうに、法律でこれを定める。

③ 私有財産は、正当な補償の下に、これを公共のために用ひることができる。

〔納税の義務〕

第三〇条 国民は、法律の定めるところにより、納税の義務を負ふ。

〔生命及び自由の保障〕

第三一条 何人も、法律の定める手続によらなければ、その生命若しくは自由を奪はれ、又はその他の刑罰を科せられない。

〔裁判を受ける権利〕

第三二条 何人も、裁判所において裁判を受ける権利を奪はれない。

〔不法の逮捕を受けない権利〕

第三三条 何人も、現行犯として逮捕される場合を除いては、権限を有する司法官憲が発し、且つ理由となつてゐる犯罪を明示する令状によらなければ、逮捕されない。

〔不法の抑留、拘禁を受けない権利〕

第三四条 何人も、理由を直ちに告げられ、且つ、直ちに弁護人に依頼する権利を与へられなければ、抑留又は拘禁されない。又、何人も、正当な理由がなければ、拘禁されず、要求があれば、その理由は、直ちに本人及びその弁護人の出席する公開の法廷で示されなければならない。

〔住居の侵入、捜索及び所持品の押収〕

第三五条 何人も、その住居、書類及び所持品について、侵入、捜索及び押収を受けることのない権利は、第三十三条の場合を除いては、正当な理由に基いて発せられ、且つ捜索する場所及び押収する物を明示する令状がなければ、侵されない。

② 捜索又は押収は、権限を有する司法官憲が発

する各別の令状により、これを行ふ。

〔拷問及び残虐な刑罰の禁止〕

第三六条 公務員による拷問及び残虐な刑罰は、絶対にこれを禁ずる。

〔刑事被告人の権利〕

第三七条 すべて刑事事件においては、被告人は、公平な裁判所の迅速な公開裁判を受ける権利を有する。

② 刑事被告人は、すべての証人に対して審問する機会を充分に与へられ、又、公費で自己のために強制的手続により証人を求める権利を有する。

③ 刑事被告人は、いかなる場合にも、資格を有する弁護人を依頼することができる。被告人が自らこれを依頼することができないときは、国でこれを附する。

〔自己に不利益な供述の強要の禁止及び自白の証拠能力〕

第三八条 何人も、自己に不利益な供述を強要されない。

② 強制、拷問若しくは脅迫による自白又は不当に長く抑留若しくは拘禁された後の自白は、これを証拠とすることができない。

③ 何人も、自己に不利益な唯一の証拠が本人の自白である場合には、有罪とされ、又は刑罰を科せられない。

〔遡及処罰の禁止及び一事不再理〕

第三九条 何人も、実行の時に適法であつた行為又は既に無罪とされた行為については、刑事上の責任を問はれない。又、同一の犯罪について、重ねて刑事上の責任を問はれない。

〔刑事補償〕

第四〇条 何人も、抑留又は拘禁された後、無罪の裁判を受けたときは、法律の定めるところにより、国にその補償を求めることができる。

第四章　国会

〔国会の地位〕

第四一条 国会は、国権の最高機関であつて、国の唯一の立法機関である。

〔国会の両院制〕

第四二条 国会は、衆議院及び参議院の両議院でこれを構成する。

〔両議院の組織〕

第四三条 両議院は、全国民を代表する選挙された議員でこれを組織する。

② 両議院の議員の定数は、法律でこれを定める。

〔議員及び選挙人の資格〕

第四四条 両議院の議員及びその選挙人の資格は、法律でこれを定める。但し、人種、信条、性別、社会的身分、門地、教育、財産又は収入によつて差別してはならない。

〔衆議院議員の任期〕

第四五条 衆議院議員の任期は、四年とする。但し、衆議院解散の場合には、その期間満了前に終了する。

〔参議院議員の任期〕

第四六条 参議院議員の任期は、六年とし、三年ごとに議員の半数を改選する。

〔議員の選挙〕

第四七条 選挙区、投票の方法その他両議院の議員の選挙に関する事項は、法律でこれを定める。

〔両議院議員兼職の禁止〕

第四八条 何人も、同時に両議院の議員たることはできない。

〔議員の歳費〕

第四九条 両議院の議員は、法律の定めるところにより、国庫から相当額の歳費を受ける。

〔議員の不逮捕特権〕

第五〇条 両議院の議員は、法律の定める場合を除いては、国会の会期中逮捕されず、会期前に逮捕された議員は、その議院の要求があれば、会期中これを釈放しなければならない。

〔議員の発言、表決等の無責任〕

第五一条 両議院の議員は、議院で行つた演説、討論又は表決について、院外で責任を問はれない。

〔国会の常会〕

第五二条 国会の常会は、毎年一回これを召集する。

〔国会の臨時会〕

第五三条 内閣は、国会の臨時会の召集を決定することができる。いづれかの議院の総議員の四分の一以上の要求があれば、内閣は、その召集を決定しなければならない。

〔衆議院の解散、特別会及び参議院の緊急集会〕

第五四条 衆議院が解散されたときは、解散の日から四十日以内に、衆議院議員の総選挙を行ひ、その選挙の日から三十日以内に、国会を召集しなければならない。

② 衆議院が解散されたときは、参議院は、同時に閉会となる。但し、内閣は、国に緊急の必要があるときは、参議院の緊急集会を求めることができる。

③ 前項但書の緊急集会において採られた措置は、臨時のものであつて、次の国会開会の後十日以内に、衆議院の同意がない場合には、その効力を失ふ。

〔資格争訟〕

第五五条 両議院は、各々その議員の資格に関する争訟を裁判する。但し、議員の議席を失はせるには、出席議員の三分の二以上の多数による議決を必要とする。

〔議事議決の定足数及び議決方法〕

第五六条 両議院は、各々その総議員の三分の一以上の出席がなければ、議事を開き議決することができない。

② 両議院の議事は、この憲法に特別の定のある場合を除いては、出席議員の過半数でこれを決し、可否同数のときは、議長の決するところによる。

〔会議の公開及び会議録〕

第五七条 両議院の会議は、公開とする。但し、出席議員の三分の二以上の多数で議決したときは、秘密会を開くことができる。

② 両議院は、各々その会議の記録を保存し、秘密会の記録の中で特に秘密を要すると認められるもの以外は、これを公表し、且つ一般に頒布しなければならない。

③ 出席議員の五分の一以上の要求があれば、各議員の表決は、これを会議録に記載しなければならない。

〔議長その他の役員の選任及び議院の自律権〕

第五八条 両議院は、各々その議長その他の役員を選任する。

② 両議院は、各々その会議その他の手続及び内部の規律に関する規則を定め、又、院内の秩序をみだした議員を懲罰することができる。但し、議員を除名するには、出席議員の三分の二以上の多数による議決を必要とする。

〔法律の成立〕

第五九条 法律案は、この憲法に特別の定のある場合を除いては、両議院で可決したとき法律となる。

② 衆議院で可決し、参議院でこれと異なつた議決をした法律案は、衆議院で出席議員の三分の二以上の多数で再び可決したときは、法律となる。

③ 前項の規定は、法律の定めるところにより、衆議院が、両議員の協議会を開くことを求めることを妨げない。

④ 参議院が、衆議院の可決した法律案を受け取つた後、国会休会中の期間を除いて六十日以内に、議決しないときは、衆議院は、参議院がその法律案を否決したものとみなすことができる。

〔衆議院の予算先議及び予算の議決〕

第六〇条 予算は、さきに衆議院に提出しなければならない。

② 予算について、参議院で衆議院と異なつた議決をした場合に、法律の定めるところにより、両議院の協議会を開いても意見が一致しないとき、又は参議院が、衆議院の可決した予算を受け取つた後、国会休会中の期間を除いて三十日以内に、議決しないときは、衆議院の議決を国会の議決とする。

〔条約締結の承認〕

第六一条 条約の締結に必要な国会の承認については、前条第二項の規定を準用する。

〔議院の国政調査権〕

第六二条 両議院は、各々国政に関する調査を行ひ、これに関して、証人の出頭及び証言並びに記録の提出を要求することができる。

〔国務大臣の議院出席の権利及び義務〕

第六三条 内閣総理大臣その他の国務大臣は、両議院の一に議席を有すると有しないとにかかはらず、何時でも議案について発言するため議院に出席することができる。又、答弁又は説明のため出席を求められたときは、出席しなければならない。

〔弾劾裁判所〕

第六四条 国会は、罷免の訴追を受けた裁判官を裁判するため、両議院の議員で組織する弾劾裁判所を設ける。

② 弾劾に関する事項は、法律でこれを定める。

第五章　内閣

〔行政権〕

第六五条 行政権は、内閣に属する。

〔**内閣の組織及び国会に対する連帯責任**〕

第六六条 内閣は、法律の定めるところにより、その首長たる内閣総理大臣及びその他の国務大臣でこれを組織する。

② 内閣総理大臣その他の国務大臣は、文民でなければならない。

③ 内閣は、行政権の行使について、国会に対し連帯して責任を負ふ。

〔**国会による内閣総理大臣の指名**〕

第六七条 内閣総理大臣は、国会議員の中から国会の議決で、これを指名する。この指名は、他のすべての案件に先だつて、これを行ふ。

② 衆議院と参議院とが異なつた指名の議決をした場合に、法律の定めるところにより、両議院の協議会を開いても意見が一致しないとき、又は衆議院が指名の議決をした後、国会休会中の期間を除いて十日以内に、参議院が、指名の議決をしないときは、衆議院の議決を国会の議決とする。

〔**国務大臣の任免**〕

第六八条 内閣総理大臣は、国務大臣を任命する。但し、その過半数は、国会議員の中から選ばれなければならない。

② 内閣総理大臣は、任意に国務大臣を罷免することができる。

〔**内閣不信任決議による内閣の総辞職**〕

第六九条 内閣は、衆議院で不信任の決議案を可決し、又は信任の決議案を否決したときは、十日以内に衆議院が解散されない限り、総辞職をしなければならない。

〔**内閣総理大臣の欠缺又は総選挙施行による内閣の総辞職**〕

第七〇条 内閣総理大臣が欠けたとき、又は衆議院議員総選挙の後に初めて国会の召集があつたときは、内閣は、総辞職をしなければならない。

〔**総辞職後の内閣**〕

第七一条 前二条の場合には、内閣は、あらたに内閣総理大臣が任命されるまで引き続きその職務を行ふ。

〔**内閣総理大臣の職務権限**〕

第七二条 内閣総理大臣は、内閣を代表して議案を国会に提出し、一般国務及び外交関係について国会に報告し、並びに行政各部を指揮監督する。

〔**内閣の職務権限**〕

第七三条 内閣は、他の一般行政事務の外、左の事務を行ふ。

一 法律を誠実に執行し、国務を総理すること。

二 外交関係を処理すること。

三 条約を締結すること。但し、事前に、時宜によつては事後に、国会の承認を経ることを必要とする。

四 法律の定める基準に従ひ、官吏に関する事務を掌理すること。

五 予算を作成して国会に提出すること。

六 この憲法及び法律の規定を実施するために、政令を制定すること。但し、政令には、特にその法律の委任がある場合を除いては、罰則を設けることができない。

七 大赦、特赦、減刑、刑の執行の免除及び復権を決定すること。

〔**法律及び政令の署名**〕

第七四条 法律及び政令には、すべて主任の国務大臣が署名し、内閣総理大臣が連署することを必要とする。

〔**国務大臣訴追の要件**〕

第七五条 国務大臣は、その在任中、内閣総理大臣の同意がなければ、訴追されない。但し、これがため、訴追の権利は、害されない。

第六章　司法

〔**司法権の帰属、特別裁判所の禁止及び裁判官の独立**〕

第七六条 すべて司法権は、最高裁判所及び法律の定めるところにより設置する下級裁判所に属する。

② 特別裁判所は、これを設置することができない。行政機関は、終審として裁判を行ふことができない。

③ すべて裁判官は、その良心に従ひ独立してその職権を行ひ、この憲法及び法律にのみ拘束される。

〔**最高裁判所の規則制定権**〕

第七七条 最高裁判所は、訴訟に関する手続、弁護士、裁判所の内部規律及び司法事務処理に関する事項について、規則を定める権限を有する。

② 検察官は、最高裁判所の定める規則に従はなければならない。

③ 最高裁判所は、下級裁判所に関する規則を定める権限を、下級裁判所に委任することができる。

〔裁判官の身分の保障〕

第七八条 裁判官は、裁判により、心身の故障のために職務を執ることができないと決定された場合を除いては、公の弾劾によらなければ罷免されない。裁判官の懲戒処分は、行政機関がこれを行ふことはできない。

〔最高裁判所の構成及び裁判官任命の国民審査〕

第七九条 最高裁判所は、その長たる裁判官及び法律の定める員数のその他の裁判官でこれを構成し、その長たる裁判官以外の裁判官は、内閣でこれを任命する。

② 最高裁判所の裁判官の任命は、その任命後初めて行はれる衆議院議員総選挙の際国民の審査に付し、その後十年を経過した後初めて行はれる衆議院議員総選挙の際更に審査に付し、その後も同様とする。

③ 前項の場合において、投票者の多数が裁判官の罷免を可とするときは、その裁判官は、罷免される。

④ 審査に関する事項は、法律でこれを定める。

⑤ 最高裁判所の裁判官は、法律の定める年齢に達した時に退官する。

⑥ 最高裁判所の裁判官は、すべて定期に相当額の報酬を受ける。この報酬は、在任中、これを減額することができない。

〔下級裁判所の裁判官〕

第八〇条 下級裁判所の裁判官は、最高裁判所の指名した者の名簿によつて、内閣でこれを任命する。その裁判官は、任期を十年とし、再任されることができる。但し、法律の定める年齢に達した時には退官する。

② 下級裁判所の裁判官は、すべて定期に相当額の報酬を受ける。この報酬は、在任中、これを減額することができない。

〔最高裁判所の法令審査権〕

第八一条 最高裁判所は、一切の法律、命令、規則又は処分が憲法に適合するかしないかを決定する権限を有する終審裁判所である。

〔裁判の公開〕

第八二条 裁判の対審及び判決は、公開法廷でこれを行ふ。

② 裁判所が、裁判官の全員一致で、公の秩序又は善良の風俗を害する虞があると決した場合には、対審は、公開しないでこれを行ふことができる。但し、政治犯罪、出版に関する犯罪又はこの憲法第三章で保障する国民の権利が問題となつてゐる事件の対審は、常にこれを公開しなければならない。

第七章　財政

〔財政処理の基本原則〕

第八三条 国の財政を処理する権限は、国会の議決に基いて、これを行使しなければならない。

〔租税法律主義〕

第八四条 あらたに租税を課し、又は現行の租税を変更するには、法律又は法律の定める条件によることを必要とする。

〔国費支出及び国の債務負担〕

第八五条 国費を支出し、又は国が債務を負担するには、国会の議決に基くことを必要とする。

〔予算の作成〕

第八六条 内閣は、毎会計年度の予算を作成し、国会に提出して、その審議を受け議決を経なければならない。

〔予備費〕

第八七条 予見し難い予算の不足に充てるため、国会の議決に基いて予備費を設け、内閣の責任でこれを支出することができる。

② すべて予備費の支出については、内閣は、事後に国会の承諾を得なければならない。

〔皇室財産及び皇室費用〕

第八八条 すべて皇室財産は、国に属する。すべて皇室の費用は、予算に計上して国会の議決を経なければならない。

〔公の財産の支出及び利用の制限〕

第八九条 公金その他の公の財産は、宗教上の組織若しくは団体の使用、便益若しくは維持のため、又は公の支配に属しない慈善、教育若しくは博愛の事業に対し、これを支出し、又はその利用に供してはならない。

〔会計検査〕

第九〇条 国の収入支出の決算は、すべて毎年会計検査院がこれを検査し、内閣は、次の年度に、その検査報告とともに、これを国会に提出しなければならない。

② 会計検査院の組織及び権限は、法律でこれを定める。

〔財政状況の報告〕

第九一条 内閣は、国会及び国民に対し、定期に、少くとも毎年一回、国の財政状況について報告しなければならない。

第八章 地方自治

〔地方自治の基本原則〕

第九二条 地方公共団体の組織及び運営に関する事項は、地方自治の本旨に基いて、法律でこれを定める。

〔地方公共団体の機関及びその直接選挙〕

第九三条 地方公共団体には、法律の定めるところにより、その議事機関として議会を設置する。

② 地方公共団体の長、その議会の議員及び法律の定めるその他の吏員は、その地方公共団体の住民が、直接これを選挙する。

〔地方公共団体の権能〕

第九四条 地方公共団体は、その財産を管理し、事務を処理し、及び行政を執行する権能を有し、法律の範囲内で条例を制定することができる。

〔一の地方公共団体のみに適用される特別法〕

第九五条 一の地方公共団体のみに適用される特別法は、法律の定めるところにより、その地方公共団体の住民の投票においてその過半数の同意を得なければ、国会は、これを制定することができない。

第九章 改正

〔憲法改正の手続及びその公布〕

第九六条 この憲法の改正は、各議院の総議員の三分の二以上の賛成で、国会が、これを発議し、国民に提案してその承認を経なければならない。この承認には、特別の国民投票又は国会の定める選挙の際行はれる投票において、その過半数の賛成を必要とする。

② 憲法改正について前項の承認を経たときは、天皇は、国民の名で、この憲法と一体を成すものとして、直ちにこれを公布する。

第一〇章 最高法規

〔基本的人権の本質〕

第九七条 この憲法が日本国民に保障する基本的人権は、人類の多年にわたる自由獲得の努力の成果であつて、これらの権利は、過去幾多の試錬に堪へ、現在及び将来の国民に対し、侵すことのできない永久の権利として信託されたものである。

〔憲法の最高性並びに条約及び国際法規の遵守〕

第九八条 この憲法は、国の最高法規であつて、その条規に反する法律、命令、詔勅及び国務に関するその他の行為の全部又は一部は、その効力を有しない。

② 日本国が締結した条約及び確立された国際法規は、これを誠実に遵守することを必要とする。

〔憲法尊重擁護の義務〕

第九九条 天皇又は摂政及び国務大臣、国会議員、裁判官その他の公務員は、この憲法を尊重し擁護する義務を負ふ。

第一一章 補則

〔施行期日及び施行前の準備手続〕

第一〇〇条 この憲法は、公布の日から起算して六箇月を経過した日から、これを施行する。

② この憲法を施行するために必要な法律の制定、参議院議員の選挙及び国会召集の手続並びにこの憲法を施行するために必要な準備手続は、前項の期日よりも前に、これを行ふことができる。

〔参議院成立前の国会〕

第一〇一条 この憲法施行の際、参議院がまだ成立してゐないときは、その成立するまでの間、衆議院は、国会としての権限を行ふ。

〔参議院議員の任期の特例〕

第一〇二条 この憲法による第一期の参議院議員のうち、その半数の者の任期は、これを三年とする。その議員は、法律の定めるところにより、これを定める。

〔公務員の地位〕

第一〇三条 この憲法施行の際現に在職する国務大臣、衆議院議員及び裁判官並びにその他の公務員で、その地位に相応する地位がこの憲法で認められてゐる者は、法律で特別の定をした場合を除いては、この憲法施行のため、当然にはその地位を失ふことはない。但し、この憲法によつて、後任者が選挙又は任命されたときは、当然その地位を失ふ。

◎世界人権宣言

(一九四八・一二・一〇第三回国際連合総会)

前文

人類社会のすべての構成員の固有の尊厳と平等で譲ることのできない権利とを承認することは、世界における自由、正義及び平和の基礎であるので、

人権の無視及び軽侮が、人類の良心を踏みにじつた野蛮行為をもたらし、言論及び信仰の自由が受けられ、恐怖及び欠乏のない世界の到来が、一般の人々の最高の願望として宣言されたので、

人間が専制と圧迫とに対する最後の手段として反逆に訴えることがないようにするためには、法の支配によつて人権を保護することが肝要であるので、

諸国間の友好関係の発展を促進することが、肝要であるので、

国際連合の諸国民は、国際連合憲章において、基本的人権、人間の尊厳及び価値並びに男女の同権についての信念を再確認し、かつ、一層大きな自由のうちで社会的進歩と生活水準の向上とを促進することを決意したので、

加盟国は、国際連合と協力して、人権及び基本的自由の普遍的な尊重及び遵守の促進を達成することを誓約したので、

これらの権利及び自由に対する共通の理解は、この誓約を完全にするためにもつとも重要であるので、

よつて、ここに、国際連合総会は、

社会の各個人及び各機関が、この世界人権宣言を常に念頭に置きながら、加盟国自身の人民の間にも、また、加盟国の管轄下にある地域の人民の間にも、これらの権利と自由との尊重を指導及び教育によつて促進すること並びにそれらの普遍的かつ効果的な承認と遵守とを国内的及び国際的な漸進的措置によつて確保することに努力するように、すべての人民とすべての国とが達成すべき共通の基準として、この世界人権宣言を公布する。

第一条 すべての人間は、生れながらにして自由であり、かつ、尊厳と権利とについて平等である。人間は、理性と良心とを授けられており、互いに同胞の精神をもつて行動しなければならない。

第二条 すべての人は、人種、皮膚の色、性、言語、宗教、政治上その他の意見、国民的若しくは社会的出身、財産、門地その他の地位又はこれに類するいかなる事由による差別をも受けることなく、この宣言に掲げるすべての権利と自由とを享有することができる。

2 さらに、個人の属する国又は地域が独立国であると、信託統治地域であると、非自治地域であると、又は他のなんらかの主権制限の下にあるとを問わず、その国又は地域の政治上、管轄上又は国際上の地位に基づくいかなる差別もしてはならない。

第三条 すべての人は、生命、自由及び身体の安全に対する権利を有する。

第四条 何人も、奴隷にされ、又は苦役に服することはない。奴隷制度及び奴隷売買は、いかなる形においても禁止する。

第五条 何人も、拷問又は残虐な、非人道的な若しくは屈辱的な取扱若しくは刑罰を受けることはない。

第六条 すべて人は、いかなる場所においても、法の下において、人として認められる権利を有する。

第七条 すべての人は、法の下において平等であり、また、いかなる差別もなしに法の平等な保護を受ける権利を有する。すべての人は、この宣言に違反するいかなる差別に対しても、また、そのような差別をそそのかすいかなる行為に対しても、平等な保護を受ける権利を有する。

第八条 すべて人は、憲法又は法律によつて与えられた基本的権利を侵害する行為に対し、権限を有する国内裁判所による効果的な救済を受ける権利を有する。

第九条 何人も、ほしいままに逮捕、拘禁、又は追放されることはない。

第一〇条 すべて人は、自己の権利及び義務並びに自己に対する刑事責任が決定されるに当つて、独立の公平な裁判所による公正な公開の審

理を受けることについて完全に平等の権利を有する。

第一一条 犯罪の訴追を受けた者は、すべて、自己の弁護に必要なすべての保障を与えられた公開の裁判において法律に従つて有罪の立証があるまでは、無罪と推定される権利を有する。

2 何人も、実行の時に国内法又は国際法により犯罪を構成しなかつた作為又は不作為のために有罪とされることはない。また、犯罪が行われた時に適用される刑罰より重い刑罰を課せられない。

第一二条 何人も、自己の私事、家族、家庭若しくは通信に対して、ほしいままに干渉され、又は名誉及び信用に対して攻撃を受けることはない。人はすべて、このような干渉又は攻撃に対して法の保護を受ける権利を有する。

第一三条 すべて人は、各国の境界内において自由に移転及び居住する権利を有する。

2 すべて人は、自国その他いずれの国をも立ち去り、及び自国に帰る権利を有する。

第一四条 すべて人は、迫害を免れるため、他国に避難することを求め、かつ、避難する権利を有する。

2 この権利は、もつぱら非政治犯罪又は国際連合の目的及び原則に反する行為を原因とする訴追の場合には、援用することはできない。

第一五条 すべて人は、国籍をもつ権利を有する。

2 何人も、ほしいままにその国籍を奪われ、又はその国籍を変更する権利を否認されることはない。

第一六条 成年の男女は、人種、国籍又は宗教によるいかなる制限をも受けることなく、婚姻し、かつ家庭をつくる権利を有する。成年の男女は、婚姻中及びその解消に際し、婚姻に関し平等の権利を有する。

2 婚姻は、両当事者の自由かつ完全な合意によつてのみ成立する。

3 家庭は、社会の自然かつ基礎的な集団単位であつて、社会及び国の保護を受ける権利を有する。

第一七条 すべて人は、単独で又は他の者と共同して財産を所有する権利を有する。

2 何人も、ほしいままに自己の財産を奪われることはない。

第一八条 すべて人は、思想、良心及び宗教の自由に対する権利を有する。この権利は、宗教又は信念を変更する自由並びに単独で又は他の者と共同して、公的に又は私的に、布教、行事、礼拝及び儀式によつて宗教又は信念を表明する自由を含む。

第一九条 すべて人は、意見及び表現の自由に対する権利を有する。この権利は、干渉を受けることなく自己の意見をもつ自由並びにあらゆる手段により、また、国境を越えると否とにかかわりなく、情報及び思想を求め、受け、及び伝える自由を含む。

第二〇条 すべての人は、平和的集会及び結社の自由に対する権利を有する。

2 何人も、結社に属することを強制されない。

第二一条 すべての人は、直接に又は自由に選出された代表者を通じて、自国の政治に参与する権利を有する。

2 すべて人は、自国においてひとしく公務につく権利を有する。

3 人民の意思は、統治の権力の基礎とならなければならない。この意思は、定期のかつ真正な選挙によつて表明されなければならない。この選挙は、平等の普通選挙によるものでなければならず、また、秘密投票又はこれと同等の自由が保障される投票手続によつて行われなければならない。

第二二条 すべて人は、社会の一員として、社会保障を受ける権利を有し、かつ、国家的努力及び国際的協力により、また、各国の組織及び資源に応じて、自己の尊厳と自己の人格の自由な発展とに欠くことのできない経済的、社会的及び文化的権利を実現する権利を有する。

第二三条 すべて人は、勤労し、職業を自由に選択し、公正かつ有利な勤労条件を確保し、及び失業に対する保護を受ける権利を有する。

2 すべて人は、いかなる差別をも受けることなく、同等の勤労に対し、同等の報酬を受ける権利を有する。

3 勤労する者は、すべて、自己及び家族に対して人間の尊厳にふさわしい生活を保障する公正かつ有利な報酬を受け、かつ、必要な場合には、他の社会的保護手段によつて補充を受けることができる。

4 すべて人は、自己の利益を保護するために労働組合を組織し、及びこれに参加する権利を有する。

第二四条　すべて人は、労働時間の合理的な制限及び定期的な有給休暇を含む休息及び余暇をもつ権利を有する。

第二五条　すべて人は、衣食住、医療及び必要な社会的施設等により、自己及び家族の健康及び福祉に十分な生活水準を保持する権利並びに失業、疾病、心身障害、配偶者の死亡、老齢その他不可抗力による生活不能の場合は、保障を受ける権利を有する。

2　母と子とは、特別の保護及び援助を受ける権利を有する。すべての児童は、嫡出であると否とを問わず、同じ社会的保護を受ける。

第二六条　すべて人は、教育を受ける権利を有する。教育は、少なくとも初等の及び基礎的の段階においては、無償でなければならない。初等教育は、義務的でなければならない。技術教育及び職業教育は、一般に利用できるものでなければならず、また、高等教育は、能力に応じ、すべての者にひとしく開放されていなければならない。

2　教育は、人格の完全な発展並びに人権及び基本的自由の尊重の強化を目的としなければならない。教育は、すべての国又は人種的若しくは宗教的集団の相互間の理解、寛容及び友好関係を増進し、かつ、平和の維持のため、国際連合の活動を促進するものでなければならない。

3　親は、子に与える教育の種類を選択する優先的権利を有する。

第二七条　すべて人は、自由に社会の文化生活に参加し、芸術を鑑賞し、及び科学の進歩とその恩恵とにあずかる権利を有する。

2　すべて人は、その創作した科学的、文学的又は美術的作品から生ずる精神的及び物質的利益を保護される権利を有する。

第二八条　すべて人は、この宣言に掲げる権利及び自由が完全に実現される社会的及び国際的秩序に対する権利を有する。

第二九条　すべて人は、その人格の自由かつ完全な発展がその中にあつてのみ可能である社会に対して義務を負う。

2　すべて人は、自己の権利及び自由を行使するに当つては、他人の権利及び自由の正当な承認及び尊重を保障すること並びに民主的社会における道徳、公の秩序及び一般の福祉の正当な要求を満たすことをもつぱら目的として法律によつて定められた制限にのみ服する。

3　これらの権利及び自由は、いかなる場合にも、国際連合の目的及び原則に反して行使してはならない。

第三〇条　この宣言のいかなる規定も、いずれかの国、集団又は個人に対して、この宣言に掲げる権利及び自由の破壊を目的とする活動に従事し、又はそのような目的を有する行為を行う権利を認めるものと解釈してはならない。

◎児童の権利に関する条約

（平成六・五・一六条約二）

注　平一五条約三・外告一八三改正現在

この条約の締約国は、

国際連合憲章において宣明された原則によれば、人類社会のすべての構成員の固有の尊厳及び平等のかつ奪い得ない権利を認めることが世界における自由、正義及び平和の基礎を成すものであることを考慮し、

国際連合加盟国の国民が、国際連合憲章において、基本的人権並びに人間の尊厳及び価値に関する信念を改めて確認し、かつ、一層大きな自由の中で社会的進歩及び生活水準の向上を促進することを決意したことに留意し、

国際連合が、世界人権宣言及び人権に関する国際規約において、すべての人は人種、皮膚の色、性、言語、宗教、政治的意見その他の意見、国民的若しくは社会的出身、財産、出生又は他の地位等によるいかなる差別もなしに同宣言及び同規約に掲げるすべての権利及び自由を享有することができることを宣明し及び合意したことを認め、

国際連合が、世界人権宣言において、児童は特別な保護及び援助についての権利を享有することができることを宣明したことを想起し、

家族が、社会の基礎的な集団として、並びに家族のすべての構成員特に児童の成長及び福祉のための自然な環境として、社会においてその責任を

十分に引き受けることができるよう必要な保護及び援助を与えられるべきであることを確信し、

児童が、その人格の完全なかつ調和のとれた発達のため、家庭環境の下で幸福、愛情及び理解のある雰囲気の中で成長すべきであることを認め、

児童が、社会において個人として生活するため十分な準備が整えられるべきであり、かつ、国際連合憲章において宣明された理想の精神並びに特に平和、尊厳、寛容、自由、平等及び連帯の精神に従って育てられるべきであることを考慮し、

児童に対して特別な保護を与えることの必要性が、千九百二十四年の児童の権利に関するジュネーブ宣言及び千九百五十九年十一月二十日に国際連合総会で採択された児童の権利に関する宣言において述べられており、また、世界人権宣言、市民的及び政治的権利に関する国際規約（特に第二十三条及び第二十四条）、経済的、社会的及び文化的権利に関する国際規約（特に第十条）並びに児童の福祉に関係する専門機関及び国際機関の規程及び関係文書において認められていることに留意し、

児童の権利に関する宣言において示されているとおり「児童は、身体的及び精神的に未熟であるため、その出生の前後において、適当な法的保護を含む特別な保護及び世話を必要とする。」ことに留意し、

国内の又は国際的な里親委託及び養子縁組を特に考慮した児童の保護及び福祉についての社会的及び法的な原則に関する宣言、少年司法の運用のための国際連合最低基準規則（北京規則）及び緊急事態及び武力紛争における女子及び児童の保護に関する宣言の規定を想起し、

極めて困難な条件の下で生活している児童が世界のすべての国に存在すること、また、このような児童が特別の配慮を必要としていることを認め、

児童の保護及び調和のとれた発達のために各人民の伝統及び文化的価値が有する重要性を十分に考慮し、

あらゆる国特に開発途上国における児童の生活条件を改善するために国際協力が重要であることを認めて、

次のとおり協定した。

第一部

第一条〔児童の定義〕

この条約の適用上、児童とは、十八歳未満のすべての者をいう。ただし、当該児童で、その者に適用される法律によりより早く成年に達したものを除く。

第二条〔差別の禁止〕

1 締約国は、その管轄の下にある児童に対し、児童又はその父母若しくは法定保護者の人種、皮膚の色、性、言語、宗教、政治的意見その他の意見、国民的、種族的若しくは社会的出身、財産、心身障害、出生又は他の地位にかかわらず、いかなる差別もなしにこの条約に定める権利を尊重し、及び確保する。

2 締約国は、児童がその父母、法定保護者又は家族の構成員の地位、活動、表明した意見又は信念によるあらゆる形態の差別又は処罰から保護されることを確保するためのすべての適当な措置をとる。

第三条〔児童の最善の利益〕

1 児童に関するすべての措置をとるに当たっては、公的若しくは私的な社会福祉施設、裁判所、行政当局又は立法機関のいずれによって行われるものであっても、児童の最善の利益が主として考慮されるものとする。

2 締約国は、児童の父母、法定保護者又は児童について法的に責任を有する他の者の権利及び義務を考慮に入れて、児童の福祉に必要な保護及び養護を確保することを約束し、このため、すべての適当な立法上及び行政上の措置をとる。

3 締約国は、児童の養護又は保護のための施設、役務の提供及び設備が、特に安全及び健康の分野に関し並びにこれらの職員の数及び適格性並びに適正な監督に関し権限のある当局の設定した基準に適合することを確保する。

第四条〔権利の実現〕

締約国は、この条約において認められる権利の実現のため、すべての適当な立法措置、行政措置その他の措置を講ずる。締約国は、経済的、社会的及び文化的権利に関しては、自国における利用可能な手段の最大限の範囲内で、また、必要な場合には国際協力の枠内で、これらの措置を講ずる。

第五条〔親、その他の者の指導〕

締約国は、児童がこの条約において認められる権利を行使するに当たり、父母若しくは場合によ

り地方の慣習により定められている大家族若しくは共同体の構成員、法定保護者又は児童について法的に責任を有する他の者がその児童の発達しつつある能力に適合する方法で適当な指示及び指導を与える責任、権利及び義務を尊重する。

第六条〔生命、生存及び発達〕

1　締約国は、すべての児童が生命に対する固有の権利を有することを認める。

2　締約国は、児童の生存及び発達を可能な最大限の範囲において確保する。

第七条〔氏名と国籍〕

1　児童は、出生の後直ちに登録される。児童は、出生の時から氏名を有する権利及び国籍を取得する権利を有するものとし、また、できる限りその父母を知りかつその父母によって養育される権利を有する。

2　締約国は、特に児童が無国籍となる場合を含めて、国内法及びこの分野における関連する国際文書に基づく自国の義務に従い、1の権利の実現を確保する。

第八条〔身元の保全〕

1　締約国は、児童が法律によって認められた国籍、氏名及び家族関係を含むその身元関係事項について不法に干渉されることなく保持する権利を尊重することを約束する。

2　締約国は、児童がその身元関係事項の一部又は全部を不法に奪われた場合には、その身元関係事項を速やかに回復するため、適当な援助及び保護を与える。

第九条〔親からの分離の禁止〕

1　締約国は、児童がその父母の意思に反してその父母から分離されないことを確保する。ただし、権限のある当局が司法の審査に従うことを条件として適用のある法律及び手続に従いその分離が児童の最善の利益のために必要であると決定する場合は、この限りでない。このような決定は、父母が児童を虐待し若しくは放置する場合又は父母が別居しており児童の居住地を決定しなければならない場合のような特定の場合において必要となることがある。

2　すべての関係当事者は、1の規定に基づくいかなる手続においても、その手続に参加しかつ自己の意見を述べる機会を有する。

3　締約国は、児童の最善の利益に反する場合を除くほか、父母の一方又は双方から分離されている児童が定期的に父母のいずれとも人的な関係及び直接の接触を維持する権利を尊重する。

4　3の分離が、締約国がとった父母の一方若しくは双方又は児童の抑留、拘禁、追放、退去強制、死亡（その者が当該締約国により身体を拘束されている間に何らかの理由により生じた死亡を含む。）等のいずれかの措置に基づく場合には、当該締約国は、要請に応じ、父母、児童又は適当な場合には家族の他の構成員に対し、家族のうち不在となっている者の所在に関する重要な情報を提供する。ただし、その情報の提供が児童の福祉を害する場合は、この限りでない。締約国は、更に、その要請の提出自体が関係者に悪影響を及ぼさないことを確保する。

第一〇条〔家族の再会〕

1　前条1の規定に基づく締約国の義務に従い、家族の再統合を目的とする児童又はその父母による締約国への入国又は締約国からの出国の申請については、締約国が積極的、人道的かつ迅速な方法で取り扱う。締約国は、更に、その申請の提出が申請者及びその家族の構成員に悪影響を及ぼさないことを確保する。

2　父母と異なる国に居住する児童は、例外的な事情がある場合を除くほか定期的に父母との人的な関係及び直接の接触を維持する権利を有する。このため、前条1の規定に基づく締約国の義務に従い、締約国は、児童及びその父母がいずれの国（自国を含む。）からも出国し、かつ、自国に入国する権利を尊重する。出国する権利は、法律で定められ、国の安全、公の秩序、公衆の健康若しくは道徳又は他の者の権利及び自由を保護するために必要であり、かつ、この条約において認められる他の権利と両立する制限にのみ従う。

第一一条〔国外への不法移送の禁止〕

1　締約国は、児童が不法に国外へ移送されることを防止し及び国外から帰還することができない事態を除去するための措置を講ずる。

2　このため、締約国は、二国間若しくは多数国間の協定の締結又は現行の協定への加入を促進する。

第一二条〔意見の表明〕

1　締約国は、自己の意見を形成する能力のある児童がその児童に影響を及ぼすすべての事項について自由に自己の意見を表明する権利を確保する。この場合において、児童の意見は、その児童の年齢及び成熟度に従って相応に考慮されるものとする。

2　このため、児童は、特に、自己に影響を及ぼすあらゆる司法上及び行政上の手続において、国内法の手続規則に合致する方法により直接に又は代理人若しくは適当な団体を通じて聴取される機会を与えられる。

第一三条〔表現の自由〕

1　児童は、表現の自由についての権利を有する。この権利には、口頭、手書き若しくは印刷、芸術の形態又は自ら選択する他の方法により、国境とのかかわりなく、あらゆる種類の情報及び考えを求め、受け及び伝える自由を含む。

2　1の権利の行使については、一定の制限を課することができる。ただし、その制限は、法律によって定められ、かつ、次の目的のために必要とされるものに限る。

(a)　他の者の権利又は信用の尊重

(b)　国の安全、公の秩序又は公衆の健康若しくは道徳の保護

第一四条〔思想、良心及び宗教の自由〕

1　締約国は、思想、良心及び宗教の自由についての児童の権利を尊重する。

2　締約国は、児童が1の権利を行使するに当たり、父母及び場合により法定保護者が児童に対しその発達しつつある能力に適合する方法で指示を与える権利及び義務を尊重する。

3　宗教又は信念を表明する自由については、法律で定める制限であって公共の安全、公の秩序、公衆の健康若しくは道徳又は他の者の基本的な権利及び自由を保護するために必要なもののみを課することができる。

第一五条〔結社、集会の自由〕

1　締約国は、結社の自由及び平和的な集会の自由についての児童の権利を認める。

2　1の権利の行使については、法律で定める制限であって国の安全若しくは公共の安全、公の秩序、公衆の健康若しくは道徳の保護又は他の者の権利及び自由の保護のため民主的社会において必要なもの以外のいかなる制限も課することができない。

第一六条〔プライバシーの保護〕

1　いかなる児童も、その私生活、家族、住居若しくは通信に対して恣《し》意的に若しくは不法に干渉され又は名誉及び信用を不法に攻撃されない。

2　児童は、1の干渉又は攻撃に対する法律の保護を受ける権利を有する。

第一七条〔情報、資料の利用〕

締約国は、大衆媒体（マス・メディア）の果たす重要な機能を認め、児童が国の内外の多様な情報源からの情報及び資料、特に児童の社会面、精神面及び道徳面の福祉並びに心身の健康の促進を目的とした情報及び資料を利用することができることを確保する。このため、締約国は、

(a)　児童にとって社会面及び文化面において有益であり、かつ、第二十九条の精神に沿う情報及び資料を大衆媒体（マス・メディア）が普及させるよう奨励する。

(b)　国の内外の多様な情報源（文化的にも多様な情報源を含む。）からの情報及び資料の作成、交換及び普及における国際協力を奨励する。

(c)　児童用書籍の作成及び普及を奨励する。

(d)　少数集団に属し又は原住民である児童の言語上の必要性について大衆媒体（マス・メディア）が特に考慮するよう奨励する。

(e)　第十三条及び次条の規定に留意して、児童の福祉に有害な情報及び資料から児童を保護するための適当な指針を発展させることを奨励する。

第一八条〔親の責任〕

1　締約国は、児童の養育及び発達について父母が共同の責任を有するという原則についての認識を確保するために最善の努力を払う。父母又は場合により法定保護者は、児童の養育及び発達についての第一義的な責任を有する。児童の最善の利益は、これらの者の基本的な関心事項となるものとする。

2　締約国は、この条約に定める権利を保障し及び促進するため、父母及び法定保護者が児童の養育についての責任を遂行するに当たりこれらの者に対して適当な援助を与えるものとし、また、児童の養護のための施設、設備及び役務の提供の発展を確保する。

3　締約国は、父母が働いている児童が利用する資格を有する児童の養護のための役務の提供及び設備からその児童が便益を受ける権利を有す

ることを確保するためのすべての適当な措置をとる。

第一九条〔虐待及び放任からの保護〕

1　締約国は、児童が父母、法定保護者又は児童を監護する他の者による監護を受けている間において、あらゆる形態の身体的若しくは精神的な暴力、傷害若しくは虐待、放置若しくは怠慢な取扱い、不当な取扱い又は搾取（性的虐待を含む。）からその児童を保護するためすべての適当な立法上、行政上、社会上及び教育上の措置をとる。

2　1の保護措置には、適当な場合には、児童及び児童を監護する者のために必要な援助を与える社会的計画の作成その他の形態による防止のための効果的な手続並びに1に定める児童の不当な取扱いの事件の発見、報告、付託、調査、処置及び事後措置並びに適当な場合には司法の関与に関する効果的な手続を含むものとする。

第二〇条〔家庭環境を奪われた児童の保護〕

1　一時的若しくは恒久的にその家庭環境を奪われた児童又は児童自身の最善の利益にかんがみその家庭環境にとどまることが認められない児童は、国が与える特別の保護及び援助を受ける権利を有する。

2　締約国は、自国の国内法に従い、1の児童のための代替的な監護を確保する。

3　2の監護には、特に、里親委託、イスラム法のカファーラ、養子縁組又は必要な場合には児童の監護のための適当な施設への収容を含むことができる。解決策の検討に当たっては、児童の養育において継続性が望ましいこと並びに児童の種族的、宗教的、文化的及び言語的な背景について、十分な考慮を払うものとする。

第二一条〔養子縁組〕

養子縁組の制度を認め又は許容している締約国は、児童の最善の利益について最大の考慮が払われることを確保するものとし、また、

(a)　児童の養子縁組が権限のある当局によってのみ認められることを確保する。この場合において、当該権限のある当局は、適用のある法律及び手続に従い、かつ、信頼し得るすべての関連情報に基づき、養子縁組が父母、親族及び法定保護者に関する児童の状況にかんがみ許容されること並びに必要な場合には、関係者が所要のカウンセリングに基づき養子縁組について事情を知らされた上での同意を与えていることを認定する。

(b)　児童がその出身国内において里親若しくは養家に託され又は適切な方法で監護を受けることができない場合には、これに代わる児童の監護の手段として国際的な養子縁組を考慮することができることを認める。

(c)　国際的な養子縁組が行われる児童が国内における養子縁組の場合における保護及び基準と同等のものを享受することを確保する。

(d)　国際的な養子縁組において当該養子縁組が関係者に不当な金銭上の利得をもたらすことがないことを確保するためのすべての適当な措置をとる。

(e)　適当な場合には、二国間又は多数国間の取極又は協定を締結することによりこの条の目的を促進し、及びこの枠組みの範囲内で他国における児童の養子縁組が権限のある当局又は機関によって行われることを確保するよう努める。

第二二条〔難民たる児童の保護〕

1　締約国は、難民の地位を求めている児童又は適用のある国際法及び国際的な手続若しくは国内法及び国内的な手続に基づき難民と認められている児童が、父母又は他の者に付き添われているかいないかを問わず、この条約及び自国が締約国となっている人権又は人道に関する他の国際文書に定める権利であって適用のあるものの享受に当たり、適当な保護及び人道的援助を受けることを確保するための適当な措置をとる。

2　このため、締約国は、適当と認める場合には、1の児童を保護し及び援助するため、並びに難民の児童の家族との再統合に必要な情報を得ることを目的としてその難民の児童の父母又は家族の他の構成員を捜すため、国際連合及びこれと協力する他の権限のある政府間機関又は関係非政府機関による努力に協力する。その難民の児童は、父母又は家族の他の構成員が発見されない場合には、何らかの理由により恒久的又は一時的にその家庭環境を奪われた他の児童と同様にこの条約に定める保護が与えられる。

第二三条〔障害児の権利〕

1　締約国は、精神的又は身体的な障害を有する児童が、その尊厳を確保し、自立を促進し及び

社会への積極的な参加を容易にする条件の下で十分かつ相応な生活を享受すべきであることを認める。

2　締約国は、障害を有する児童が特別の養護についての権利を有することを認めるものとし、利用可能な手段の下で、申込みに応じた、かつ、当該児童の状況及び父母又は当該児童を養護している他の者の事情に適した援助を、これを受ける資格を有する児童及びこのような児童の養護について責任を有する者に与えることを奨励し、かつ、確保する。

3　障害を有する児童の特別な必要を認めて、2の規定に従って与えられる援助は、父母又は当該児童を養護している他の者の資力を考慮して可能な限り無償で与えられるものとし、かつ、障害を有する児童が可能な限り社会への統合及び個人の発達（文化的及び精神的な発達を含む。）を達成することに資する方法で当該児童が教育、訓練、保健サービス、リハビリテーション・サービス、雇用のための準備及びレクリエーションの機会を実質的に利用し及び享受することができるように行われるものとする。

4　締約国は、国際協力の精神により、予防的な保健並びに障害を有する児童の医学的、心理学的及び機能的治療の分野における適当な情報の交換（リハビリテーション、教育及び職業サービスの方法に関する情報の普及及び利用を含む。）であってこれらの分野における自国の能力及び技術を向上させ並びに自国の経験を広げることができるようにすることを目的とするものを促進する。これに関しては、特に、開発途上国の必要を考慮する。

第二四条〔健康の享受と保健サービスの利用〕

1　締約国は、到達可能な最高水準の健康を享受すること並びに病気の治療及び健康の回復のための便宜を与えられることについての児童の権利を認める。締約国は、いかなる児童もこのような保健サービスを利用する権利が奪われないことを確保するために努力する。

2　締約国は、1の権利の完全な実現を追求するものとし、特に、次のことのための適当な措置をとる。

(a)　幼児及び児童の死亡率を低下させること。

(b)　基礎的な保健の発展に重点を置いて必要な医療及び保健をすべての児童に提供することを確保すること。

(c)　環境汚染の危険を考慮に入れて、基礎的な保健の枠組みの範囲内で行われることを含めて、特に容易に利用可能な技術の適用により並びに十分に栄養のある食物及び清潔な飲料水の供給を通じて、疾病及び栄養不良と戦うこと。

(d)　母親のための産前産後の適当な保健を確保すること。

(e)　社会のすべての構成員特に父母及び児童が、児童の健康及び栄養、母乳による育児の利点、衛生（環境衛生を含む。）並びに事故の防止についての基礎的な知識に関して、情報を提供され、教育を受ける機会を有し及びその知識の使用について支援されることを確保すること。

(f)　予防的な保健、父母のための指導並びに家族計画に関する教育及びサービスを発展させること。

3　締約国は、児童の健康を害するような伝統的な慣行を廃止するため、効果的かつ適当なすべての措置をとる。

4　締約国は、この条において認められる権利の完全な実現を漸進的に達成するため、国際協力を促進し及び奨励することを約束する。これに関しては、特に、開発途上国の必要を考慮する。

第二五条〔収容機関等の定期的審査〕

締約国は、児童の身体又は精神の養護、保護又は治療を目的として権限のある当局によって収容された児童に対する処遇及びその収容に関連する他のすべての状況に関する定期的な審査が行われることについての児童の権利を認める。

第二六条〔社会保障〕

1　締約国は、すべての児童が社会保険その他の社会保障からの給付を受ける権利を認めるものとし、自国の国内法に従い、この権利の完全な実現を達成するための必要な措置をとる。

2　1の給付は、適当な場合には、児童及びその扶養について責任を有する者の資力及び事情並びに児童によって又は児童に代わって行われる給付の申請に関する他のすべての事項を考慮して、与えられるものとする。

第二七条〔生活水準〕

1　締約国は、児童の身体的、精神的、道徳的及び社会的な発達のための相当な生活水準についてのすべての児童の権利を認める。

2　父母又は児童について責任を有する他の者は、自己の能力及び資力の範囲内で、児童の発達に必要な生活条件を確保することについての第一義的な責任を有する。

3　締約国は、国内事情に従い、かつ、その能力の範囲内で、1の権利の実現のため、父母及び児童について責任を有する他の者を援助するための適当な措置をとるものとし、また、必要な場合には、特に栄養、衣類及び住居に関して、物的援助及び支援計画を提供する。

4　締約国は、父母又は児童について金銭上の責任を有する他の者から、児童の扶養料を自国内で及び外国から、回収することを確保するためのすべての適当な措置をとる。特に、児童について金銭上の責任を有する者が児童と異なる国に居住している場合には、締約国は、国際協定への加入又は国際協定の締結及び他の適当な取決めの作成を促進する。

第二八条〔教育〕

1　締約国は、教育についての児童の権利を認めるものとし、この権利を漸進的にかつ機会の平等を基礎として達成するため、特に、

(a)　初等教育を義務的なものとし、すべての者に対して無償のものとする。

(b)　種々の形態の中等教育（一般教育及び職業教育を含む。）の発展を奨励し、すべての児童に対し、これらの中等教育が利用可能であり、かつ、これらを利用する機会が与えられるものとし、例えば、無償教育の導入、必要な場合における財政的援助の提供のような適当な措置をとる。

(c)　すべての適当な方法により、能力に応じ、すべての者に対して高等教育を利用する機会が与えられるものとする。

(d)　すべての児童に対し、教育及び職業に関する情報及び指導が利用可能であり、かつ、これらを利用する機会が与えられるものとする。

(e)　定期的な登校及び中途退学率の減少を奨励するための措置をとる。

2　締約国は、学校の規律が児童の人間の尊厳に適合する方法で及びこの条約に従って運用されることを確保するためのすべての適当な措置をとる。

3　締約国は、特に全世界における無知及び非識字の廃絶に寄与し並びに科学上及び技術上の知識並びに最新の教育方法の利用を容易にするため、教育に関する事項についての国際協力を促進し、及び奨励する。これに関しては、特に、開発途上国の必要を考慮する。

第二九条〔教育の目的〕

1　締約国は、児童の教育が次のことを指向すべきことに同意する。

(a)　児童の人格、才能並びに精神的及び身体的な能力をその可能な最大限度まで発達させること。

(b)　人権及び基本的自由並びに国際連合憲章にうたう原則の尊重を育成すること。

(c)　児童の父母、児童の文化的同一性、言語及び価値観、児童の居住国及び出身国の国民的価値観並びに自己の文明と異なる文明に対する尊重を育成すること。

(d)　すべての人民の間の、種族的、国民的及び宗教的集団の間の並びに原住民である者の間の理解、平和、寛容、両性の平等及び友好の精神に従い、自由な社会における責任ある生活のために児童に準備させること。

(e)　自然環境の尊重を育成すること。

2　この条又は前条のいかなる規定も、個人及び団体が教育機関を設置し及び管理する自由を妨げるものと解してはならない。ただし、常に、1に定める原則が遵守されること及び当該教育機関において行われる教育が国によって定められる最低限度の基準に適合することを条件とする。

第三〇条〔少数民族・原住民の児童〕

種族的、宗教的若しくは言語的少数民族又は原住民である者が存在する国において、当該少数民族に属し又は原住民である児童は、その集団の他の構成員とともに自己の文化を享有し、自己の宗教を信仰しかつ実践し又は自己の言語を使用する権利を否定されない。

第三一条〔余暇、遊び及び文化的活動〕

1　締約国は、休息及び余暇についての児童の権利並びに児童がその年齢に適した遊び及びレクリエーションの活動を行い並びに文化的な生活及び芸術に自由に参加する権利を認める。

2　締約国は、児童が文化的及び芸術的な生活に

十分に参加する権利を尊重しかつ促進するものとし、文化的及び芸術的な活動並びにレクリエーション及び余暇の活動のための適当かつ平等な機会の提供を奨励する。

第三二条〔経済的搾取からの保護〕

1　締約国は、児童が経済的な搾取から保護され及び危険となり若しくは児童の教育の妨げとなり又は児童の健康若しくは身体的、精神的、道徳的若しくは社会的な発達に有害となるおそれのある労働への従事から保護される権利を認める。

2　締約国は、この条の規定の実施を確保するための立法上、行政上、社会上及び教育上の措置をとる。このため、締約国は、他の国際文書の関連規定を考慮して、特に、

(a)　雇用が認められるための一又は二以上の最低年齢を定める。

(b)　労働時間及び労働条件についての適当な規則を定める。

(c)　この条の規定の効果的な実施を確保するための適当な罰則その他の制裁を定める。

第三三条〔麻薬、向精神薬からの保護〕

締約国は、関連する国際条約に定義された麻薬及び向精神薬の不正な使用から児童を保護し並びにこれらの物質の不正な生産及び取引における児童の使用を防止するための立法上、行政上、社会上及び教育上の措置を含むすべての適当な措置をとる。

第三四条〔性的搾取等からの保護〕

締約国は、あらゆる形態の性的搾取及び性的虐待から児童を保護することを約束する。このため、締約国は、特に、次のことを防止するためのすべての適当な国内、二国間及び多数国間の措置をとる。

(a)　不法な性的な行為を行うことを児童に対して勧誘し又は強制すること。

(b)　売春又は他の不法な性的な業務において児童を搾取的に使用すること。

(c)　わいせつな演技及び物において児童を搾取的に使用すること。

第三五条〔児童の誘拐等の防止〕

締約国は、あらゆる目的のための又はあらゆる形態の児童の誘拐、売買又は取引を防止するためのすべての適当な国内、二国間及び多数国間の措置をとる。

第三六条〔すべての搾取からの保護〕

締約国は、いずれかの面において児童の福祉を害する他のすべての形態の搾取から児童を保護する。

第三七条〔拷問及び自由の剝奪の禁止〕

締約国は、次のことを確保する。

(a)　いかなる児童も、拷問又は他の残虐な、非人道的な若しくは品位を傷つける取扱い若しくは刑罰を受けないこと。死刑又は釈放の可能性がない終身刑は、十八歳未満の者が行った犯罪について科さないこと。

(b)　いかなる児童も、不法に又は恣《し》意的にその自由を奪われないこと。児童の逮捕、抑留又は拘禁は、法律に従って行うものとし、最後の解決手段として最も短い適当な期間のみ用いること。

(c)　自由を奪われたすべての児童は、人道的に、人間の固有の尊厳を尊重して、かつ、その年齢の者の必要を考慮した方法で取り扱われること。特に、自由を奪われたすべての児童は、成人とは分離されないことがその最善の利益であると認められない限り成人とは分離されるものとし、例外的な事情がある場合を除くほか、通信及び訪問を通じてその家族との接触を維持する権利を有すること。

(d)　自由を奪われたすべての児童は、弁護人その他適当な援助を行う者と速やかに接触する権利を有し、裁判所その他の権限のある、独立の、かつ、公平な当局においてその自由の剝《はく》奪の合法性を争い並びにこれについての決定を速やかに受ける権利を有すること。

第三八条〔武力紛争からの保護〕

1　締約国は、武力紛争において自国に適用される国際人道法の規定で児童に関係を有するものを尊重し及びこれらの規定の尊重を確保することを約束する。

2　締約国は、十五歳未満の者が敵対行為に直接参加しないことを確保するためのすべての実行可能な措置をとる。

3　締約国は、十五歳未満の者を自国の軍隊に採用することを差し控えるものとし、また、十五歳以上十八歳未満の者の中から採用するに当たっては、最年長者を優先させるよう努める。

4　締約国は、武力紛争において文民を保護するための国際人道法に基づく自国の義務に従い、

武力紛争の影響を受ける児童の保護及び養護を確保するためのすべての実行可能な措置をとる。

第三九条〔心身の回復及び社会復帰〕

締約国は、あらゆる形態の放置、搾取若しくは虐待、拷問若しくは他のあらゆる形態の残虐な、非人道的な若しくは品位を傷つける取扱い若しくは刑罰又は武力紛争による被害者である児童の身体的及び心理的な回復及び社会復帰を促進するためのすべての適当な措置をとる。このような回復及び復帰は、児童の健康、自尊心及び尊厳を育成する環境において行われる。

第四〇条〔少年司法〕

1　締約国は、刑法を犯したと申し立てられ、訴追され又は認定されたすべての児童が尊厳及び価値についての当該児童の意識を促進させるような方法であって、当該児童が他の者の人権及び基本的自由を尊重することを強化し、かつ、当該児童の年齢を考慮し、更に、当該児童が社会に復帰し及び社会において建設的な役割を担うことがなるべく促進されることを配慮した方法により取り扱われる権利を認める。

2　このため、締約国は、国際文書の関連する規定を考慮して、特に次のことを確保する。

(a)　いかなる児童も、実行の時に国内法又は国際法により禁じられていなかった作為又は不作為を理由として刑法を犯したと申し立てられ、訴追され又は認定されないこと。

(b)　刑法を犯したと申し立てられ又は訴追されたすべての児童は、少なくとも次の保障を受けること。

(i)　法律に基づいて有罪とされるまでは無罪と推定されること。

(ii)　速やかにかつ直接に、また、適当な場合には当該児童の父母又は法定保護者を通じてその罪を告げられること並びに防御の準備及び申立てにおいて弁護人その他適当な援助を行う者を持つこと。

(iii)　事案が権限のある、独立の、かつ、公平な当局又は司法機関により法律に基づく公正な審理において、弁護人その他適当な援助を行う者の立会い及び、特に当該児童の年齢又は境遇を考慮して児童の最善の利益にならないと認められる場合を除くほか、当該児童の父母又は法定保護者の立会いの下に遅滞なく決定されること。

(iv)　供述又は有罪の自白を強要されないこと。不利な証人を尋問し又はこれに対し尋問させること並びに対等の条件で自己のための証人の出席及びこれに対する尋問を求めること。

(v)　刑法を犯したと認められた場合には、その認定及びその結果科せられた措置について、法律に基づき、上級の、権限のある、独立の、かつ、公平な当局又は司法機関によって再審理されること。

(vi)　使用される言語を理解すること又は話すことができない場合には、無料で通訳の援助を受けること。

(vii)　手続のすべての段階において当該児童の私生活が十分に尊重されること。

3　締約国は、刑法を犯したと申し立てられ、訴追され又は認定された児童に特別に適用される法律及び手続の制定並びに当局及び施設の設置を促進するよう努めるものとし、特に、次のことを行う。

(a)　その年齢未満の児童は刑法を犯す能力を有しないと推定される最低年齢を設定すること。

(b)　適当なかつ望ましい場合には、人権及び法的保護が十分に尊重されていることを条件として、司法上の手続に訴えることなく当該児童を取り扱う措置をとること。

4　児童がその福祉に適合し、かつ、その事情及び犯罪の双方に応じた方法で取り扱われることを確保するため、保護、指導及び監督命令、カウンセリング、保護観察、里親委託、教育及び職業訓練計画、施設における養護に代わる他の措置等の種々の処置が利用し得るものとする。

第四一条〔既存の権利の確保〕

この条約のいかなる規定も、次のものに含まれる規定であって児童の権利の実現に一層貢献するものに影響を及ぼすものではない。

(a)　締約国の法律

(b)　締約国について効力を有する国際法

第二部

第四二条〔条約の広報〕

締約国は、適当かつ積極的な方法でこの条約の原則及び規定を成人及び児童のいずれにも広く知らせることを約束する。

第四三条〔児童の権利に関する委員会〕

1　この条約において負う義務の履行の達成に関する締約国による進捗《ちょく》の状況を審査するため、児童の権利に関する委員会（以下「委員会」という。）を設置する。委員会は、この部に定める任務を行う。

2　委員会は、徳望が高く、かつ、この条約が対象とする分野において能力を認められた十八人の専門家で構成する。委員会の委員は、締約国の国民の中から締約国により選出されるものとし、個人の資格で職務を遂行する。その選出に当たっては、衡平な地理的配分及び主要な法体系を考慮に入れる。

3　委員会の委員は、締約国により指名された者の名簿の中から秘密投票により選出される。各締約国は、自国民の中から一人を指名することができる。

4　委員会の委員の最初の選挙は、この条約の効力発生の日の後六箇月以内に行うものとし、その後の選挙は、二年ごとに行う。国際連合事務総長は、委員会の委員の選挙の日の遅くとも四箇月前までに、締約国に対し、自国が指名する者の氏名を二箇月以内に提出するよう書簡で要請する。その後、同事務総長は、指名された者のアルファベット順による名簿（これらの者を指名した締約国名を表示した名簿とする。）を作成し、この条約の締約国に送付する。

5　委員会の委員の選挙は、国際連合事務総長により国際連合本部に招集される締約国の会合において行う。これらの会合は、締約国の三分の二をもって定足数とする。これらの会合においては、出席しかつ投票する締約国の代表によって投じられた票の最多数で、かつ、過半数の票を得た者をもって委員会に選出された委員とする。

6　委員会の委員は、四年の任期で選出される。委員は、再指名された場合には、再選される資格を有する。最初の選挙において選出された委員のうち五人の委員の任期は、二年で終了するものとし、これらの五人の委員は、最初の選挙の後直ちに、最初の選挙が行われた締約国の会合の議長によりくじ引で選ばれる。

7　委員会の委員が死亡し、辞任し又は他の理由のため委員会の職務を遂行することができなくなったことを宣言した場合には、当該委員を指名した締約国は、委員会の承認を条件として自国民の中から残余の期間職務を遂行する他の専門家を任命する。

8　委員会は、手続規則を定める。

9　委員会は、役員を二年の任期で選出する。

10　委員会の会合は、原則として、国際連合本部又は委員会が決定する他の適当な場所において開催する。委員会は、原則として毎年一回会合する。委員会の会合の期間は、国際連合総会の承認を条件としてこの条約の締約国の会合において決定し、必要な場合には、再検討する。

11　国際連合事務総長は、委員会がこの条約に定める任務を効果的に遂行するために必要な職員及び便益を提供する。

12　この条約に基づいて設置する委員会の委員は、国際連合総会が決定する条件に従い、同総会の承認を得て、国際連合の財源から報酬を受ける。

第四四条〔締約国の報告の義務〕

1　締約国は、(a)当該締約国についてこの条約が効力を生ずる時から二年以内に、(b)その後は五年ごとに、この条約において認められる権利の実現のためにとった措置及びこれらの権利の享受についてもたらされた進歩に関する報告を国際連合事務総長を通じて委員会に提出することを約束する。

2　この条の規定により行われる報告には、この条約に基づく義務の履行の程度に影響を及ぼす要因及び障害が存在する場合には、これらの要因及び障害を記載する。当該報告には、また、委員会が当該国における条約の実施について包括的に理解するために十分な情報を含める。

3　委員会に対して包括的な最初の報告を提出した締約国は、1(b)の規定に従って提出するその後の報告においては、既に提供した基本的な情報を繰り返す必要はない。

4　委員会は、この条約の実施に関連する追加の情報を締約国に要請することができる。

5　委員会は、その活動に関する報告を経済社会理事会を通じて二年ごとに国際連合総会に提出する。

6　締約国は、1の報告を自国において公衆が広く利用できるようにする。

第四五条〔委員会の職務〕

この条約の効果的な実施を促進し及びこの条約

が対象とする分野における国際協力を奨励するため、

(a) 専門機関及び国際連合児童基金その他の国際連合の機関は、その任務の範囲内にある事項に関するこの条約の規定の実施についての検討に際し、代表を出す権利を有する。委員会は、適当と認める場合には、専門機関及び国際連合児童基金その他の権限のある機関に対し、これらの機関の任務の範囲内にある事項に関するこの条約の実施について専門家の助言を提供するよう要請することができる。委員会は、専門機関及び国際連合児童基金その他の国際連合の機関に対し、これらの機関の任務の範囲内にある事項に関するこの条約の実施について報告を提出するよう要請することができる。

(b) 委員会は、適当と認める場合には、技術的な助言若しくは援助の要請を含んでおり又はこれらの必要性を記載している締約国からのすべての報告を、これらの要請又は必要性の記載に関する委員会の見解及び提案がある場合は当該見解及び提案とともに、専門機関及び国際連合児童基金その他の権限のある機関に送付する。

(c) 委員会は、国際連合総会に対し、国際連合事務総長が委員会のために児童の権利に関連する特定の事項に関する研究を行うよう同事務総長に要請することを勧告することができる。

(d) 委員会は、前条及びこの条の規定により得た情報に基づく提案及び一般的な性格を有する勧告を行うことができる。これらの提案及び一般的な性格を有する勧告は、関係締約国に送付し、締約国から意見がある場合にはその意見とともに国際連合総会に報告する。

第三部

第四六条〔署名〕

この条約は、すべての国による署名のために開放しておく。

第四七条〔批准〕

この条約は、批准されなければならない。批准書は、国際連合事務総長に寄託する。

第四八条〔加入〕

この条約は、すべての国による加入のために開放しておく。加入書は、国際連合事務総長に寄託する。

第四九条〔発効〕

1 この条約は、二十番目の批准書又は加入書が国際連合事務総長に寄託された日の後三十日目の日に効力を生ずる。

2 この条約は、二十番目の批准書又は加入書が寄託された後に批准し又は加入する国については、その批准書又は加入書が寄託された日の後三十日目の日に効力を生ずる。

第五〇条〔条約の改正〕

1 いずれの締約国も、改正を提案し及び改正案を国際連合事務総長に提出することができる。同事務総長は、直ちに、締約国に対し、その改正案を送付するものとし、締約国による改正案の審議及び投票のための締約国の会議の開催についての賛否を示すよう要請する。その送付の日から四箇月以内に締約国の三分の一以上が会議の開催に賛成する場合には、同事務総長は、国際連合の主催の下に会議を招集する。会議において出席しかつ投票する締約国の過半数によって採択された改正案は、承認のため、国際連合総会に提出する。

2 1の規定により採択された改正は、国際連合総会が承認し、かつ、締約国の三分の二以上の多数が受諾した時に、効力を生ずる。

3 改正は、効力を生じたときは、改正を受諾した締約国を拘束するものとし、他の締約国は、改正前のこの条約の規定（受諾した従前の改正を含む。）により引き続き拘束される。

第五一条〔留保〕

1 国際連合事務総長は、批准又は加入の際に行われた留保の書面を受領し、かつ、すべての国に送付する。

2 この条約の趣旨及び目的と両立しない留保は、認められない。

3 留保は、国際連合事務総長にあてた通告によりいつでも撤回することができるものとし、同事務総長は、その撤回をすべての国に通報する。このようにして通報された通告は、同事務総長により受領された日に効力を生ずる。

第五二条〔廃棄〕

締約国は、国際連合事務総長に対して書面による通告を行うことにより、この条約を廃棄することができる。廃棄は、同事務総長がその通告を受領した日の後一年で効力を生ずる。

第五三条〔寄託〕 国際連合事務総長は、この条約の寄託者として指名される。

第五四条〔正文〕 アラビア語、中国語、英語、フランス語、ロシア語及びスペイン語をひとしく正文とするこの条約の原本は、国際連合事務総長に寄託する。

以上の証拠として、下名の全権委員は、各自の政府から正当に委任を受けてこの条約に署名した。

◎障害者の権利に関する条約

（平成二六・一・二二条約一）

前文

この条約の締約国は、

(a) 国際連合憲章において宣明された原則が、人類社会の全ての構成員の固有の尊厳及び価値並びに平等のかつ奪い得ない権利が世界における自由、正義及び平和の基礎を成すものであると認めていることを想起し、

(b) 国際連合が、世界人権宣言及び人権に関する国際規約において、全ての人はいかなる差別もなしに同宣言及びこれらの規約に掲げる全ての権利及び自由を享有することができることを宣明し、及び合意したことを認め、

(c) 全ての人権及び基本的自由が普遍的であり、不可分のものであり、相互に依存し、かつ、相互に関連を有すること並びに障害者が全ての人権及び基本的自由を差別なしに完全に享有することを保障することが必要であることを再確認し、

(d) 経済的、社会的及び文化的権利に関する国際規約、市民的及び政治的権利に関する国際規約、あらゆる形態の人種差別の撤廃に関する国際条約、女子に対するあらゆる形態の差別の撤廃に関する条約、拷問及び他の残虐な、非人道的な又は品位を傷つける取扱い又は刑罰に関する条約、児童の権利に関する条約及び全ての移住労働者及びその家族の構成員の権利の保護に関する国際条約を想起し、

(e) 障害が発展する概念であることを認め、また、障害が、機能障害を有する者とこれらの者に対する態度及び環境による障壁との間の相互作用であって、これらの者が他の者との平等を基礎として社会に完全かつ効果的に参加することを妨げるものによって生ずることを認め、

(f) 障害者に関する世界行動計画及び障害者の機会均等化に関する標準規則に定める原則及び政策上の指針が、障害者の機会均等を更に促進するための国内的、地域的及び国際的な政策、計画及び行動の促進、作成及び評価に影響を及ぼす上で重要であることを認め、

(g) 持続可能な開発に関連する戦略の不可分の一部として障害に関する問題を主流に組み入れることが重要であることを強調し、

(h) また、いかなる者に対する障害に基づく差別も、人間の固有の尊厳及び価値を侵害するものであることを認め、

(i) さらに、障害者の多様性を認め、

(j) 全ての障害者（より多くの支援を必要とする障害者を含む。）の人権を促進し、及び保護することが必要であることを認め、

(k) これらの種々の文書及び約束にもかかわらず、障害者が、世界の全ての地域において、

社会の平等な構成員としての参加を妨げる障壁及び人権侵害に依然として直面していることを憂慮し、

(l) あらゆる国（特に開発途上国）における障害者の生活条件を改善するための国際協力が重要であることを認め、

(m) 障害者が地域社会における全般的な福祉及び多様性に対して既に貴重な貢献をしており、又は貴重な貢献をし得ることを認め、また、障害者による人権及び基本的自由の完全な享有並びに完全な参加を促進することにより、その帰属意識が高められること並びに社会の人的、社会的及び経済的開発並びに貧困の撲滅に大きな前進がもたらされることを認め、

(n) 障害者にとって、個人の自律及び自立（自ら選択する自由を含む。）が重要であることを認め、

(o) 障害者が、政策及び計画（障害者に直接関連する政策及び計画を含む。）に係る意思決定の過程に積極的に関与する機会を有すべきであることを考慮し、

(p) 人種、皮膚の色、性、言語、宗教、政治的意見その他の意見、国民的な、種族的な、先住民族としての若しくは社会的な出身、財産、出生、年齢又は他の地位に基づく複合的又は加重的な形態の差別を受けている障害者が直面する困難な状況を憂慮し、

(q) 障害のある女子が、家庭の内外で暴力、傷害若しくは虐待、放置若しくは怠慢な取扱い、不当な取扱い又は搾取を受ける一層大きな危険にしばしばさらされていることを認め、

(r) 障害のある児童が、他の児童との平等を基礎として全ての人権及び基本的自由を完全に享有すべきであることを認め、また、このため、児童の権利に関する条約の締約国が負う義務を想起し、

(s) 障害者による人権及び基本的自由の完全な享有を促進するためのあらゆる努力に性別の視点を組み込む必要があることを強調し、

(t) 障害者の大多数が貧困の状況下で生活している事実を強調し、また、この点に関し、貧困が障害者に及ぼす悪影響に対処することが真に必要であることを認め、

(u) 国際連合憲章に定める目的及び原則の十分な尊重並びに人権に関する適用可能な文書の遵守に基づく平和で安全な状況が、特に武力紛争及び外国による占領の期間中における障害者の十分な保護に不可欠であることに留意し、

(v) 障害者が全ての人権及び基本的自由を完全に享有することを可能とするに当たっては、物理的、社会的、経済的及び文化的な環境並びに健康及び教育を享受しやすいようにし、並びに情報及び通信を利用しやすいようにすることが重要であることを認め、

(w) 個人が、他人に対し及びその属する地域社会に対して義務を負うこと並びに国際人権章典において認められる権利の増進及び擁護のために努力する責任を有することを認識し、

(x) 家族が、社会の自然かつ基礎的な単位であること並びに社会及び国家による保護を受ける権利を有することを確信し、また、障害者及びその家族の構成員が、障害者の権利の完全かつ平等な享有に向けて家族が貢献することを可能とするために必要な保護及び支援を受けるべきであることを確信し、

(y) 障害者の権利及び尊厳を促進し、及び保護するための包括的かつ総合的な国際条約が、開発途上国及び先進国において、障害者の社会的に著しく不利な立場を是正することに重要な貢献を行うこと並びに障害者が市民的、政治的、経済的、社会的及び文化的分野に均等な機会により参加することを促進することを確信して、

次のとおり協定した。

第一条　目的

この条約は、全ての障害者によるあらゆる人権及び基本的自由の完全かつ平等な享有を促進し、保護し、及び確保すること並びに障害者の固有の尊厳の尊重を促進することを目的とする。

障害者には、長期的な身体的、精神的、知的又は感覚的な機能障害であって、様々な障壁との相互作用により他の者との平等を基礎として社会に完全かつ効果的に参加することを妨げ得るものを有する者を含む。

第二条　定義

この条約の適用上、

「意思疎通」とは、言語、文字の表示、点字、触覚を使った意思疎通、拡大文字、利用しやすいマルチメディア並びに筆記、音声、平易な言葉、

朗読その他の補助的及び代替的な意思疎通の形態、手段及び様式（利用しやすい情報通信機器を含む。）をいう。

「言語」とは、音声言語及び手話その他の形態の非音声言語をいう。

「障害に基づく差別」とは、障害に基づくあらゆる区別、排除又は制限であって、政治的、経済的、社会的、文化的、市民的その他のあらゆる分野において、他の者との平等を基礎として全ての人権及び基本的自由を認識し、享有し、又は行使することを害し、又は妨げる目的又は効果を有するものをいう。障害に基づく差別には、あらゆる形態の差別（合理的配慮の否定を含む。）を含む。

「合理的配慮」とは、障害者が他の者との平等を基礎として全ての人権及び基本的自由を享有し、又は行使することを確保するための必要かつ適当な変更及び調整であって、特定の場合において必要とされるものであり、かつ、均衡を失した又は過度の負担を課さないものをいう。

「ユニバーサルデザイン」とは、調整又は特別な設計を必要とすることなく、最大限可能な範囲で全ての人が使用することのできる製品、環境、計画及びサービスの設計をいう。ユニバーサルデザインは、特定の障害者の集団のための補装具が必要な場合には、これを排除するものではない。

第三条　一般原則

この条約の原則は、次のとおりとする。

(a) 固有の尊厳、個人の自律（自ら選択する自由を含む。）及び個人の自立の尊重

(b) 無差別

(c) 社会への完全かつ効果的な参加及び包容

(d) 差異の尊重並びに人間の多様性の一部及び人類の一員としての障害者の受入れ

(e) 機会の均等

(f) 施設及びサービス等の利用の容易さ

(g) 男女の平等

(h) 障害のある児童の発達しつつある能力の尊重及び障害のある児童がその同一性を保持する権利の尊重

第四条　一般的義務

1 締約国は、障害に基づくいかなる差別もなしに、全ての障害者のあらゆる人権及び基本的自由を完全に実現することを確保し、及び促進することを約束する。このため、締約国は、次のことを約束する。

(a) この条約において認められる権利の実現のため、全ての適当な立法措置、行政措置その他の措置をとること。

(b) 障害者に対する差別となる既存の法律、規則、慣習及び慣行を修正し、又は廃止するための全ての適当な措置（立法を含む。）をとること。

(c) 全ての政策及び計画において障害者の人権の保護及び促進を考慮に入れること。

(d) この条約と両立しないいかなる行為又は慣行も差し控えること。また、公の当局及び機関がこの条約に従って行動することを確保すること。

(e) いかなる個人、団体又は民間企業による障害に基づく差別も撤廃するための全ての適当な措置をとること。

(f) 第二条に規定するユニバーサルデザインの製品、サービス、設備及び施設であって、障害者に特有のニーズを満たすために必要な調整が可能な限り最小限であり、かつ、当該ニーズを満たすために必要な費用が最小限であるべきものについての研究及び開発を実施し、又は促進すること。また、当該ユニバーサルデザインの製品、サービス、設備及び施設の利用可能性及び使用を促進すること。さらに、基準及び指針を作成するに当たっては、ユニバーサルデザインが当該基準及び指針に含まれることを促進すること。

(g) 障害者に適した新たな機器（情報通信機器、移動補助具、補装具及び支援機器を含む。）についての研究及び開発を実施し、又は促進し、並びに当該新たな機器の利用可能性及び使用を促進すること。この場合において、締約国は、負担しやすい費用の機器を優先させる。

(h) 移動補助具、補装具及び支援機器（新たな機器を含む。）並びに他の形態の援助、支援サービス及び施設に関する情報であって、障害者にとって利用しやすいものを提供すること。

(i) この条約において認められる権利によって保障される支援及びサービスをより良く提供するため、障害者と共に行動する専門家及び職員に対する当該権利に関する研修を促進すること。

2 各締約国は、経済的、社会的及び文化的権利に関しては、これらの権利の完全な実現を漸進的に達成するため、自国における利用可能な手

段を最大限に用いることにより、また、必要な場合には国際協力の枠内で、措置をとることを約束する。ただし、この条約に定める義務であって、国際法に従って直ちに適用されるものに影響を及ぼすものではない。

3　締約国は、この条約を実施するための法令及び政策の作成及び実施において、並びに障害者に関する問題についての他の意思決定過程において、障害者（障害のある児童を含む。以下この3において同じ。）を代表する団体を通じ、障害者と緊密に協議し、及び障害者を積極的に関与させる。

4　この条約のいかなる規定も、締約国の法律又は締約国について効力を有する国際法に含まれる規定であって障害者の権利の実現に一層貢献するものに影響を及ぼすものではない。この条約のいずれかの締約国において法律、条約、規則又は慣習によって認められ、又は存する人権及び基本的自由については、この条約がそれらの権利若しくは自由を認めていないこと又はその認める範囲がより狭いことを理由として、それらの権利及び自由を制限し、又は侵してはならない。

5　この条約は、いかなる制限又は例外もなしに、連邦国家の全ての地域について適用する。

第五条　平等及び無差別

1　締約国は、全ての者が、法律の前に又は法律に基づいて平等であり、並びにいかなる差別もなしに法律による平等の保護及び利益を受ける権利を有することを認める。

2　締約国は、障害に基づくあらゆる差別を禁止するものとし、いかなる理由による差別に対しても平等かつ効果的な法的保護を障害者に保障する。

3　締約国は、平等を促進し、及び差別を撤廃することを目的として、合理的配慮が提供されることを確保するための全ての適当な措置をとる。

4　障害者の事実上の平等を促進し、又は達成するために必要な特別の措置は、この条約に規定する差別と解してはならない。

第六条　障害のある女子

1　締約国は、障害のある女子が複合的な差別を受けていることを認識するものとし、この点に関し、障害のある女子が全ての人権及び基本的自由を完全かつ平等に享有することを確保するための措置をとる。

2　締約国は、女子に対してこの条約に定める人権及び基本的自由を行使し、及び享有することを保障することを目的として、女子の完全な能力開発、向上及び自律的な力の育成を確保するための全ての適当な措置をとる。

第七条　障害のある児童

1　締約国は、障害のある児童が他の児童との平等を基礎として全ての人権及び基本的自由を完全に享有することを確保するための全ての必要な措置をとる。

2　障害のある児童に関する全ての措置をとるに当たっては、児童の最善の利益が主として考慮されるものとする。

3　締約国は、障害のある児童が、自己に影響を及ぼす全ての事項について自由に自己の意見を表明する権利並びにこの権利を実現するための障害及び年齢に適した支援を提供される権利を有することを確保する。この場合において、障害のある児童の意見は、他の児童との平等を基礎として、その児童の年齢及び成熟度に従って相応に考慮されるものとする。

第八条　意識の向上

1　締約国は、次のことのための即時の、効果的なかつ適当な措置をとることを約束する。

(a)　障害者に関する社会全体（各家庭を含む。）の意識を向上させ、並びに障害者の権利及び尊厳に対する尊重を育成すること。

(b)　あらゆる活動分野における障害者に関する定型化された観念、偏見及び有害な慣行（性及び年齢に基づくものを含む。）と戦うこと。

(c)　障害者の能力及び貢献に関する意識を向上させること。

2　このため、1の措置には、次のことを含む。

(a)　次のことのための効果的な公衆の意識の啓発活動を開始し、及び維持すること。

(i)　障害者の権利に対する理解を育てること。

(ii)　障害者に対する肯定的認識及び一層の社会の啓発を促進すること。

(iii)　障害者の技能、長所及び能力並びに職場及び労働市場に対する障害者の貢献についての認識を促進すること。

(b)　教育制度の全ての段階（幼年期からの全ての児童に対する教育制度を含む。）において、障害者の権利を尊重する態度を育成すること。

(c) 全ての報道機関が、この条約の目的に適合するように障害者を描写するよう奨励すること。

(d) 障害者及びその権利に関する啓発のための研修計画を促進すること。

第九条 施設及びサービス等の利用の容易さ

1 締約国は、障害者が自立して生活し、及び生活のあらゆる側面に完全に参加することを可能にすることを目的として、障害者が、他の者との平等を基礎として、都市及び農村の双方において、物理的環境、輸送機関、情報通信（情報通信機器及び情報通信システムを含む。）並びに公衆に開放され、又は提供される他の施設及びサービスを利用する機会を有することを確保するための適当な措置をとる。この措置は、施設及びサービス等の利用の容易さに対する妨げ及び障壁を特定し、及び撤廃することを含むものとし、特に次の事項について適用する。

(a) 建物、道路、輸送機関その他の屋内及び屋外の施設（学校、住居、医療施設及び職場を含む。）

(b) 情報、通信その他のサービス（電子サービス及び緊急事態に係るサービスを含む。）

2 締約国は、また、次のことのための適当な措置をとる。

(a) 公衆に開放され、又は提供される施設及びサービスの利用の容易さに関する最低基準及び指針を作成し、及び公表し、並びに当該最低基準及び指針の実施を監視すること。

(b) 公衆に開放され、又は提供される施設及びサービスを提供する民間の団体が、当該施設及びサービスの障害者にとっての利用の容易さについてあらゆる側面を考慮することを確保すること。

(c) 施設及びサービス等の利用の容易さに関して障害者が直面する問題についての研修を関係者に提供すること。

(d) 公衆に開放される建物その他の施設において、点字の表示及び読みやすく、かつ、理解しやすい形式の表示を提供すること。

(e) 公衆に開放される建物その他の施設の利用の容易さを促進するため、人又は動物による支援及び仲介する者（案内者、朗読者及び専門の手話通訳を含む。）を提供すること。

(f) 障害者が情報を利用する機会を有することを確保するため、障害者に対する他の適当な形態の援助及び支援を促進すること。

(g) 障害者が新たな情報通信機器及び情報通信システム（インターネットを含む。）を利用する機会を有することを促進すること。

(h) 情報通信機器及び情報通信システムを最小限の費用で利用しやすいものとするため、早い段階で、利用しやすい情報通信機器及び情報通信システムの設計、開発、生産及び流通を促進すること。

第一〇条 生命に対する権利

締約国は、全ての人間が生命に対する固有の権利を有することを再確認するものとし、障害者が他の者との平等を基礎としてその権利を効果的に享有することを確保するための全ての必要な措置をとる。

第一一条 危険な状況及び人道上の緊急事態

締約国は、国際法（国際人道法及び国際人権法を含む。）に基づく自国の義務に従い、危険な状況（武力紛争、人道上の緊急事態及び自然災害の発生を含む。）において障害者の保護及び安全を確保するための全ての必要な措置をとる。

第一二条 法律の前にひとしく認められる権利

1 締約国は、障害者が全ての場所において法律の前に人として認められる権利を有することを再確認する。

2 締約国は、障害者が生活のあらゆる側面において他の者との平等を基礎として法的能力を享有することを認める。

3 締約国は、障害者がその法的能力の行使に当たって必要とする支援を利用する機会を提供するための適当な措置をとる。

4 締約国は、法的能力の行使に関連する全ての措置において、濫用を防止するための適当かつ効果的な保障を国際人権法に従って定めることを確保する。当該保障は、法的能力の行使に関連する措置が、障害者の権利、意思及び選好を尊重すること、利益相反を生じさせず、及び不当な影響を及ぼさないこと、障害者の状況に応じ、かつ、適合すること、可能な限り短い期間に適用されること並びに権限のある、独立の、かつ、公平な当局又は司法機関による定期的な審査の対象となることを確保するものとする。当該保障は、当該措置が障害者の権利及び利益に及ぼす影響の程度に応じたものとする。

5　締約国は、この条の規定に従うことを条件として、障害者が財産を所有し、又は相続し、自己の会計を管理し、及び銀行貸付け、抵当その他の形態の金融上の信用を利用する均等な機会を有することについての平等の権利を確保するための全ての適当かつ効果的な措置をとるものとし、障害者がその財産を恣意的に奪われないことを確保する。

第一三条　司法手続の利用の機会

1　締約国は、障害者が全ての法的手続（捜査段階その他予備的な段階を含む。）において直接及び間接の参加者（証人を含む。）として効果的な役割を果たすことを容易にするため、手続上の配慮及び年齢に適した配慮が提供されること等により、障害者が他の者との平等を基礎として司法手続を利用する効果的な機会を有することを確保する。

2　締約国は、障害者が司法手続を利用する効果的な機会を有することを確保することに役立てるため、司法に係る分野に携わる者（警察官及び刑務官を含む。）に対する適当な研修を促進する。

第一四条　身体の自由及び安全

1　締約国は、障害者に対し、他の者との平等を基礎として、次のことを確保する。

(a)　身体の自由及び安全についての権利を享有すること。

(b)　不法に又は恣意的に自由を奪われないこと、いかなる自由の剥奪も法律に従って行われること及びいかなる場合においても自由の剥奪が障害の存在によって正当化されないこと。

2　締約国は、障害者がいずれの手続を通じて自由を奪われた場合であっても、当該障害者が、他の者との平等を基礎として国際人権法による保障を受ける権利を有すること並びにこの条約の目的及び原則に従って取り扱われること（合理的配慮の提供によるものを含む。）を確保する。

第一五条　拷問又は残虐な、非人道的な若しくは品位を傷つける取扱い若しくは刑罰からの自由

1　いかなる者も、拷問又は残虐な、非人道的な若しくは品位を傷つける取扱い若しくは刑罰を受けない。特に、いかなる者も、その自由な同意なしに医学的又は科学的実験を受けない。

2　締約国は、障害者が、他の者との平等を基礎として、拷問又は残虐な、非人道的な若しくは品位を傷つける取扱い若しくは刑罰を受けることがないようにするため、全ての効果的な立法上、行政上、司法上その他の措置をとる。

第一六条　搾取、暴力及び虐待からの自由

1　締約国は、家庭の内外におけるあらゆる形態の搾取、暴力及び虐待（性別に基づくものを含む。）から障害者を保護するための全ての適当な立法上、行政上、社会上、教育上その他の措置をとる。

2　また、締約国は、特に、障害者並びにその家族及び介護者に対する適当な形態の性別及び年齢に配慮した援助及び支援（搾取、暴力及び虐待の事案を防止し、認識し、及び報告する方法に関する情報及び教育を提供することによるものを含む。）を確保することにより、あらゆる形態の搾取、暴力及び虐待を防止するための全ての適当な措置をとる。締約国は、保護事業が年齢、性別及び障害に配慮したものであることを確保する。

3　締約国は、あらゆる形態の搾取、暴力及び虐待の発生を防止するため、障害者に役立つことを意図した全ての施設及び計画が独立した当局により効果的に監視されることを確保する。

4　締約国は、あらゆる形態の搾取、暴力又は虐待の被害者となる障害者の身体的、認知的及び心理的な回復、リハビリテーション並びに社会復帰を促進するための全ての適当な措置（保護事業の提供によるものを含む。）をとる。このような回復及び復帰は、障害者の健康、福祉、自尊心、尊厳及び自律を育成する環境において行われるものとし、性別及び年齢に応じたニーズを考慮に入れる。

5　締約国は、障害者に対する搾取、暴力及び虐待の事案が特定され、捜査され、及び適当な場合には訴追されることを確保するための効果的な法令及び政策（女子及び児童に重点を置いた法令及び政策を含む。）を策定する。

第一七条　個人をそのままの状態で保護すること

全ての障害者は、他の者との平等を基礎として、その心身がそのままの状態で尊重される権利を有する。

第一八条　移動の自由及び国籍についての権利

1　締約国は、障害者に対して次のことを確保すること等により、障害者が他の者との平等を基礎として移動の自由、居住の自由及び国籍についての権利を有することを認める。

(a) 国籍を取得し、及び変更する権利を有すること並びにその国籍を恣意的に又は障害に基づいて奪われないこと。

(b) 国籍に係る文書若しくは身元に係る他の文書を入手し、所有し、及び利用すること又は移動の自由についての権利の行使を容易にするために必要とされる関連手続（例えば、出入国の手続）を利用することを、障害に基づいて奪われないこと。

(c) いずれの国（自国を含む。）からも自由に離れることができること。

(d) 自国に戻る権利を恣意的に又は障害に基づいて奪われないこと。

2　障害のある児童は、出生の後直ちに登録される。障害のある児童は、出生の時から氏名を有する権利及び国籍を取得する権利を有するものとし、また、できる限りその父母を知り、かつ、その父母によって養育される権利を有する。

第一九条　自立した生活及び地域社会への包容

この条約の締約国は、全ての障害者が他の者と平等の選択の機会をもって地域社会で生活する平等の権利を有することを認めるものとし、障害者が、この権利を完全に享受し、並びに地域社会に完全に包容され、及び参加することを容易にするための効果的かつ適当な措置をとる。この措置には、次のことを確保することによるものを含む。

(a) 障害者が、他の者との平等を基礎として、居住地を選択し、及びどこで誰と生活するかを選択する機会を有すること並びに特定の生活施設で生活する義務を負わないこと。

(b) 地域社会における生活及び地域社会への包容を支援し、並びに地域社会からの孤立及び隔離を防止するために必要な在宅サービス、居住サービスその他の地域社会支援サービス（個別の支援を含む。）を障害者が利用する機会を有すること。

(c) 一般住民向けの地域社会サービス及び施設が、障害者にとって他の者との平等を基礎として利用可能であり、かつ、障害者のニーズに対応していること。

第二〇条　個人の移動を容易にすること

締約国は、障害者自身ができる限り自立して移動することを容易にすることを確保するための効果的な措置をとる。この措置には、次のことによるものを含む。

(a) 障害者自身が、自ら選択する方法で、自ら選択する時に、かつ、負担しやすい費用で移動することを容易にすること。

(b) 障害者が質の高い移動補助具、補装具、支援機器、人又は動物による支援及び仲介する者を利用する機会を得やすくすること（これらを負担しやすい費用で利用可能なものとすることを含む。）。

(c) 障害者及び障害者と共に行動する専門職員に対し、移動のための技能に関する研修を提供すること。

(d) 移動補助具、補装具及び支援機器を生産する事業体に対し、障害者の移動のあらゆる側面を考慮するよう奨励すること。

第二一条　表現及び意見の自由並びに情報の利用の機会

締約国は、障害者が、第二条に定めるあらゆる形態の意思疎通であって自ら選択するものにより、表現及び意見の自由（他の者との平等を基礎として情報及び考えを求め、受け、及び伝える自由を含む。）についての権利を行使することができることを確保するための全ての適当な措置をとる。この措置には、次のことによるものを含む。

(a) 障害者に対し、様々な種類の障害に相応した利用しやすい様式及び機器により、適時に、かつ、追加の費用を伴わず、一般公衆向けの情報を提供すること。

(b) 公的な活動において、手話、点字、補助的及び代替的な意思疎通並びに障害者が自ら選択する他の全ての利用しやすい意思疎通の手段、形態及び様式を用いることを受け入れ、及び容易にすること。

(c) 一般公衆に対してサービス（インターネットによるものを含む。）を提供する民間の団体が情報及びサービスを障害者にとって利用しやすい又は使用可能な様式で提供するよう要請すること。

(d) マスメディア（インターネットを通じて情報を提供する者を含む。）がそのサービスを障害者にとって利用しやすいものとするよう奨励すること。

(e) 手話の使用を認め、及び促進すること。

第二二条 プライバシーの尊重

1 いかなる障害者も、居住地又は生活施設のいかんを問わず、そのプライバシー、家族、住居又は通信その他の形態の意思疎通に対して恣意的に又は不法に干渉されず、また、名誉及び信用を不法に攻撃されない。障害者は、このような干渉又は攻撃に対する法律の保護を受ける権利を有する。

2 締約国は、他の者との平等を基礎として、障害者の個人、健康及びリハビリテーションに関する情報に係るプライバシーを保護する。

第二三条 家庭及び家族の尊重

1 締約国は、他の者との平等を基礎として、婚姻、家族、親子関係及び個人的な関係に係る全ての事項に関し、障害者に対する差別を撤廃するための効果的かつ適当な措置をとる。この措置は、次のことを確保することを目的とする。

(a) 婚姻をすることができる年齢の全ての障害者が、両当事者の自由かつ完全な合意に基づいて婚姻をし、かつ、家族を形成する権利を認められること。

(b) 障害者が子の数及び出産の間隔を自由にかつ責任をもって決定する権利を認められ、また、障害者が生殖及び家族計画について年齢に適した情報及び教育を享受する権利を認められること。さらに、障害者がこれらの権利を行使することを可能とするために必要な手段を提供されること。

(c) 障害者（児童を含む。）が、他の者との平等を基礎として生殖能力を保持すること。

2 締約国は、子の後見、養子縁組又はこれらに類する制度が国内法令に存在する場合には、それらの制度に係る障害者の権利及び責任を確保する。あらゆる場合において、子の最善の利益は至上である。締約国は、障害者が子の養育についての責任を遂行するに当たり、当該障害者に対して適当な援助を与える。

3 締約国は、障害のある児童が家庭生活について平等の権利を有することを確保する。締約国は、この権利を実現し、並びに障害のある児童の隠匿、遺棄、放置及び隔離を防止するため、障害のある児童及びその家族に対し、包括的な情報、サービス及び支援を早期に提供することを約束する。

4 締約国は、児童がその父母の意思に反してその父母から分離されないことを確保する。ただし、権限のある当局が司法の審査に従うことを条件として適用のある法律及び手続に従いその分離が児童の最善の利益のために必要であると決定する場合は、この限りでない。いかなる場合にも、児童は、自己の障害又は父母の一方若しくは双方の障害に基づいて父母から分離されない。

5 締約国は、近親の家族が障害のある児童を監護することができない場合には、一層広い範囲の家族の中で代替的な監護を提供し、及びこれが不可能なときは、地域社会の中で家庭的な環境により代替的な監護を提供するようあらゆる努力を払う。

第二四条 教育

1 締約国は、教育についての障害者の権利を認める。締約国は、この権利を差別なしに、かつ、機会の均等を基礎として実現するため、障害者を包容するあらゆる段階の教育制度及び生涯学習を確保する。当該教育制度及び生涯学習は、次のことを目的とする。

(a) 人間の潜在能力並びに尊厳及び自己の価値についての意識を十分に発達させ、並びに人権、基本的自由及び人間の多様性の尊重を強化すること。

(b) 障害者が、その人格、才能及び創造力並びに精神的及び身体的な能力をその可能な最大限度まで発達させること。

(c) 障害者が自由な社会に効果的に参加することを可能とすること。

2 締約国は、1の権利の実現に当たり、次のことを確保する。

(a) 障害者が障害に基づいて一般的な教育制度から排除されないこと及び障害のある児童が障害に基づいて無償のかつ義務的な初等教育から又は中等教育から排除されないこと。

(b) 障害者が、他の者との平等を基礎として、自己の生活する地域社会において、障害者を包容し、質が高く、かつ、無償の初等教育を享受することができること及び中等教育を享受することができること。

(c) 個人に必要とされる合理的配慮が提供されること。

(d) 障害者が、その効果的な教育を容易にするために必要な支援を一般的な教育制度の下で受けること。

(e) 学問的及び社会的な発達を最大にする環境

において、完全な包容という目標に合致する効果的で個別化された支援措置がとられること。

3　締約国は、障害者が教育に完全かつ平等に参加し、及び地域社会の構成員として完全かつ平等に参加することを容易にするため、障害者が生活する上での技能及び社会的な発達のための技能を習得することを可能とする。このため、締約国は、次のことを含む適当な措置をとる。

(a)　点字、代替的な文字、意思疎通の補助的及び代替的な形態、手段及び様式並びに定位及び移動のための技能の習得並びに障害者相互による支援及び助言を容易にすること。

(b)　手話の習得及び聾《ろう》社会の言語的な同一性の促進を容易にすること。

(c)　盲人、聾《ろう》者又は盲聾《ろう》者（特に盲人、聾《ろう》者又は盲聾《ろう》者である児童）の教育が、その個人にとって最も適当な言語並びに意思疎通の形態及び手段で、かつ、学問的及び社会的な発達を最大にする環境において行われることを確保すること。

4　締約国は、1の権利の実現の確保を助長することを目的として、手話又は点字について能力を有する教員（障害のある教員を含む。）を雇用し、並びに教育に従事する専門家及び職員（教育のいずれの段階において従事するかを問わない。）に対する研修を行うための適当な措置をとる。この研修には、障害についての意識の向上を組み入れ、また、適当な意思疎通の補助的及び代替的な形態、手段及び様式の使用並びに障害者を支援するための教育技法及び教材の使用を組み入れるものとする。

5　締約国は、障害者が、差別なしに、かつ、他の者との平等を基礎として、一般的な高等教育、職業訓練、成人教育及び生涯学習を享受することができることを確保する。このため、締約国は、合理的配慮が障害者に提供されることを確保する。

第二五条　健康

締約国は、障害者が障害に基づく差別なしに到達可能な最高水準の健康を享受する権利を有することを認める。締約国は、障害者が性別に配慮した保健サービス（保健に関連するリハビリテーションを含む。）を利用する機会を有することを確保するための全ての適当な措置をとる。締約国は、特に、次のことを行う。

(a)　障害者に対して他の者に提供されるものと同一の範囲、質及び水準の無償の又は負担しやすい費用の保健及び保健計画（性及び生殖に係る健康並びに住民のための公衆衛生計画の分野のものを含む。）を提供すること。

(b)　障害者が特にその障害のために必要とする保健サービス（早期発見及び適当な場合には早期関与並びに特に児童及び高齢者の新たな障害を最小限にし、及び防止するためのサービスを含む。）を提供すること。

(c)　これらの保健サービスを、障害者自身が属する地域社会（農村を含む。）の可能な限り近くにおいて提供すること。

(d)　保健に従事する者に対し、特に、研修を通じて及び公私の保健に関する倫理基準を広く知らせることによって障害者の人権、尊厳、自律及びニーズに関する意識を高めることにより、他の者と同一の質の医療（例えば、事情を知らされた上での自由な同意を基礎とした医療）を障害者に提供するよう要請すること。

(e)　健康保険及び国内法により認められている場合には生命保険の提供に当たり、公正かつ妥当な方法で行い、及び障害者に対する差別を禁止すること。

(f)　保健若しくは保健サービス又は食糧及び飲料の提供に関し、障害に基づく差別的な拒否を防止すること。

第二六条　ハビリテーション（適応のための技能の習得）及びリハビリテーション

1　締約国は、障害者が、最大限の自立並びに十分な身体的、精神的、社会的及び職業的な能力を達成し、及び維持し、並びに生活のあらゆる側面への完全な包容及び参加を達成し、及び維持することを可能とするための効果的かつ適当な措置（障害者相互による支援を通じたものを含む。）をとる。このため、締約国は、特に、保健、雇用、教育及び社会に係るサービスの分野において、ハビリテーション及びリハビリテーションについての包括的なサービス及びプログラムを企画し、強化し、及び拡張する。この場合において、これらのサービス及びプログラムは、次のようなものとする。

(a)　可能な限り初期の段階において開始し、並びに個人のニーズ及び長所に関する学際的な評価を基礎とするものであること。

(b) 地域社会及び社会のあらゆる側面への参加及び包容を支援し、自発的なものであり、並びに障害者自身が属する地域社会（農村を含む。）の可能な限り近くにおいて利用可能なものであること。

2 締約国は、ハビリテーション及びリハビリテーションのサービスに従事する専門家及び職員に対する初期研修及び継続的な研修の充実を促進する。

3 締約国は、障害者のために設計された補装具及び支援機器であって、ハビリテーション及びリハビリテーションに関連するものの利用可能性、知識及び使用を促進する。

第二七条 労働及び雇用

1 締約国は、障害者が他の者との平等を基礎として労働についての権利を有することを認める。この権利には、障害者に対して開放され、障害者を包容し、及び障害者にとって利用しやすい労働市場及び労働環境において、障害者が自由に選択し、又は承諾する労働によって生計を立てる機会を有する権利を含む。締約国は、特に次のことのための適当な措置（立法によるものを含む。）をとることにより、労働についての障害者（雇用の過程で障害を有することとなった者を含む。）の権利が実現されることを保障し、及び促進する。

(a) あらゆる形態の雇用に係る全ての事項（募集、採用及び雇用の条件、雇用の継続、昇進並びに安全かつ健康的な作業条件を含む。）に関し、障害に基づく差別を禁止すること。

(b) 他の者との平等を基礎として、公正かつ良好な労働条件（均等な機会及び同一価値の労働についての同一報酬を含む。）、安全かつ健康的な作業条件（嫌がらせからの保護を含む。）及び苦情に対する救済についての障害者の権利を保護すること。

(c) 障害者が他の者との平等を基礎として労働及び労働組合についての権利を行使することができることを確保すること。

(d) 障害者が技術及び職業の指導に関する一般的な計画、職業紹介サービス並びに職業訓練及び継続的な訓練を利用する効果的な機会を有することを可能とすること。

(e) 労働市場において障害者の雇用機会の増大を図り、及びその昇進を促進すること並びに職業を求め、これに就き、これを継続し、及びこれに復帰する際の支援を促進すること。

(f) 自営活動の機会、起業家精神、協同組合の発展及び自己の事業の開始を促進すること。

(g) 公的部門において障害者を雇用すること。

(h) 適当な政策及び措置（積極的差別是正措置、奨励措置その他の措置を含めることができる。）を通じて、民間部門における障害者の雇用を促進すること。

(i) 職場において合理的配慮が障害者に提供されることを確保すること。

(j) 開かれた労働市場において障害者が職業経験を得ることを促進すること。

(k) 障害者の職業リハビリテーション、職業の保持及び職場復帰計画を促進すること。

2 締約国は、障害者が、奴隷の状態又は隷属状態に置かれないこと及び他の者との平等を基礎として強制労働から保護されることを確保する。

第二八条 相当な生活水準及び社会的な保障

1 締約国は、障害者が、自己及びその家族の相当な生活水準（相当な食糧、衣類及び住居を含む。）についての権利並びに生活条件の不断の改善についての権利を有することを認めるものとし、障害に基づく差別なしにこの権利を実現することを保障し、及び促進するための適当な措置をとる。

2 締約国は、社会的な保障についての障害者の権利及び障害に基づく差別なしにこの権利を享受することについての障害者の権利を認めるものとし、この権利の実現を保障し、及び促進するための適当な措置をとる。この措置には、次のことを確保するための措置を含む。

(a) 障害者が清浄な水のサービスを利用する均等な機会を有し、及び障害者が障害に関連するニーズに係る適当なかつ費用の負担しやすいサービス、補装具その他の援助を利用する機会を有すること。

(b) 障害者（特に、障害のある女子及び高齢者）が社会的な保障及び貧困削減に関する計画を利用する機会を有すること。

(c) 貧困の状況において生活している障害者及びその家族が障害に関連する費用についての国の援助（適当な研修、カウンセリング、財政的援助及び介護者の休息のための一時的な介護を含む。）を利用する機会を有すること。

(d) 障害者が公営住宅計画を利用する機会を有

すること。

(e) 障害者が退職に伴う給付及び計画を利用する均等な機会を有すること。

第二九条　政治的及び公的活動への参加

締約国は、障害者に対して政治的権利を保障し、及び他の者との平等を基礎としてこの権利を享受する機会を保障するものとし、次のことを約束する。

(a) 特に次のことを行うことにより、障害者が、直接に、又は自由に選んだ代表者を通じて、他の者との平等を基礎として、政治的及び公的活動に効果的かつ完全に参加することができること（障害者が投票し、及び選挙される権利及び機会を含む。）を確保すること。

(i) 投票の手続、設備及び資料が適当な及び利用しやすいものであり、並びにその理解及び使用が容易であることを確保すること。

(ii) 障害者が、選挙及び国民投票において脅迫を受けることなく秘密投票によって投票し、選挙に立候補し、並びに政府のあらゆる段階において実質的に在職し、及びあらゆる公務を遂行する権利を保護すること。この場合において、適当なときは支援機器及び新たな機器の使用を容易にするものとする。

(iii) 選挙人としての障害者の意思の自由な表明を保障すること。このため、必要な場合には、障害者の要請に応じて、当該障害者により選択される者が投票の際に援助することを認めること。

(b) 障害者が、差別なしに、かつ、他の者との平等を基礎として、政治に効果的かつ完全に参加することができる環境を積極的に促進し、及び政治への障害者の参加を奨励すること。政治への参加には、次のことを含む。

(i) 国の公的及び政治的活動に関係のある非政府機関及び非政府団体に参加し、並びに政党の活動及び運営に参加すること。

(ii) 国際、国内、地域及び地方の各段階において障害者を代表するための障害者の組織を結成し、並びにこれに参加すること。

第三〇条　文化的な生活、レクリエーション、余暇及びスポーツへの参加

1 締約国は、障害者が他の者との平等を基礎として文化的な生活に参加する権利を認めるものとし、次のことを確保するための全ての適当な措置をとる。

(a) 障害者が、利用しやすい様式を通じて、文化的な作品を享受する機会を有すること。

(b) 障害者が、利用しやすい様式を通じて、テレビジョン番組、映画、演劇その他の文化的な活動を享受する機会を有すること。

(c) 障害者が、文化的な公演又はサービスが行われる場所（例えば、劇場、博物館、映画館、図書館、観光サービス）を利用する機会を有し、並びに自国の文化的に重要な記念物及び場所を享受する機会をできる限り有すること。

2 締約国は、障害者が、自己の利益のためのみでなく、社会を豊かにするためにも、自己の創造的、芸術的及び知的な潜在能力を開発し、及び活用する機会を有することを可能とするための適当な措置をとる。

3 締約国は、国際法に従い、知的財産権を保護する法律が、障害者が文化的な作品を享受する機会を妨げる不当な又は差別的な障壁とならないことを確保するための全ての適当な措置をとる。

4 障害者は、他の者との平等を基礎として、その独自の文化的及び言語的な同一性（手話及び聾《ろう》文化を含む。）の承認及び支持を受ける権利を有する。

5 締約国は、障害者が他の者との平等を基礎としてレクリエーション、余暇及びスポーツの活動に参加することを可能とすることを目的として、次のことのための適当な措置をとる。

(a) 障害者があらゆる水準の一般のスポーツ活動に可能な限り参加することを奨励し、及び促進すること。

(b) 障害者が障害に応じたスポーツ及びレクリエーションの活動を組織し、及び発展させ、並びにこれらに参加する機会を有することを確保すること。このため、適当な指導、研修及び資源が他の者との平等を基礎として提供されるよう奨励すること。

(c) 障害者がスポーツ、レクリエーション及び観光の場所を利用する機会を有することを確保すること。

(d) 障害のある児童が遊び、レクリエーション、余暇及びスポーツの活動（学校制度におけるこれらの活動を含む。）への参加について

他の児童と均等な機会を有することを確保すること。

(e) 障害者がレクリエーション、観光、余暇及びスポーツの活動の企画に関与する者によるサービスを利用する機会を有することを確保すること。

第三一条 統計及び資料の収集

1 締約国は、この条約を実効的なものとするための政策を立案し、及び実施することを可能とするための適当な情報（統計資料及び研究資料を含む。）を収集することを約束する。この情報を収集し、及び保持する過程においては、次のことを満たさなければならない。

(a) 障害者の秘密の保持及びプライバシーの尊重を確保するため、法令に定める保障措置（資料の保護に関する法令を含む。）を遵守すること。

(b) 人権及び基本的自由を保護するための国際的に受け入れられた規範並びに統計の収集及び利用に関する倫理上の原則を遵守すること。

2 この条の規定に従って収集された情報は、適宜分類されるものとし、この条約に基づく締約国の義務の履行の評価に役立てるために、並びに障害者がその権利を行使する際に直面する障壁を特定し、及び当該障壁に対処するために利用される。

3 締約国は、これらの統計の普及について責任を負うものとし、これらの統計が障害者及び他の者にとって利用しやすいことを確保する。

第三二条 国際協力

1 締約国は、この条約の目的及び趣旨を実現するための自国の努力を支援するために国際協力及びその促進が重要であることを認識し、この点に関し、国家間において並びに適当な場合には関連のある国際的及び地域的機関並びに市民社会（特に障害者の組織）と連携して、適当かつ効果的な措置をとる。これらの措置には、特に次のことを含むことができる。

(a) 国際協力（国際的な開発計画を含む。）が、障害者を包容し、かつ、障害者にとって利用しやすいものであることを確保すること。

(b) 能力の開発（情報、経験、研修計画及び最良の実例の交換及び共有を通じたものを含む。）を容易にし、及び支援すること。

(c) 研究における協力を容易にし、並びに科学及び技術に関する知識を利用する機会を得やすくすること。

(d) 適当な場合には、技術援助及び経済援助（利用しやすい支援機器を利用する機会を得やすくし、及びこれらの機器の共有を容易にすることによる援助並びに技術移転を通じた援助を含む。）を提供すること。

2 この条の規定は、この条約に基づく義務を履行する各締約国の義務に影響を及ぼすものではない。

第三三条 国内における実施及び監視

1 締約国は、自国の制度に従い、この条約の実施に関連する事項を取り扱う一又は二以上の中央連絡先を政府内に指定する。また、締約国は、異なる部門及び段階における関連のある活動を容易にするため、政府内における調整のための仕組みの設置又は指定に十分な考慮を払う。

2 締約国は、自国の法律上及び行政上の制度に従い、この条約の実施を促進し、保護し、及び監視するための枠組み（適当な場合には、一又は二以上の独立した仕組みを含む。）を自国内において維持し、強化し、指定し、又は設置する。締約国は、このような仕組みを指定し、又は設置する場合には、人権の保護及び促進のための国内機構の地位及び役割に関する原則を考慮に入れる。

3 市民社会（特に、障害者及び障害者を代表する団体）は、監視の過程に十分に関与し、かつ、参加する。

第三四条 障害者の権利に関する委員会

1 障害者の権利に関する委員会（以下「委員会」という。）を設置する。委員会は、以下に定める任務を遂行する。

2 委員会は、この条約の効力発生の時は十二人の専門家で構成する。効力発生の時の締約国に加え更に六十の国がこの条約を批准し、又はこれに加入した後は、委員会の委員の数を六人増加させ、上限である十八人とする。

3 委員会の委員は、個人の資格で職務を遂行するものとし、徳望が高く、かつ、この条約が対象とする分野において能力及び経験を認められた者とする。締約国は、委員の候補者を指名するに当たり、第四条3の規定に十分な考慮を払うよう要請される。

4 委員会の委員については、締約国が、委員の配分が地理的に衡平に行われること、異なる文明形態及び主要な法体系が代表されること、男女が衡平に代表されること並びに障害のある専門家が参加することを考慮に入れて選出する。

5　委員会の委員は、締約国会議の会合において、締約国により当該締約国の国民の中から指名された者の名簿の中から秘密投票により選出される。締約国会議の会合は、締約国の三分の二をもって定足数とする。これらの会合においては、出席し、かつ、投票する締約国の代表によって投じられた票の最多数で、かつ、過半数の票を得た者をもって委員会に選出された委員とする。

6　委員会の委員の最初の選挙は、この条約の効力発生の日の後六箇月以内に行う。国際連合事務総長は、委員会の委員の選挙の日の遅くとも四箇月前までに、締約国に対し、自国が指名する者の氏名を二箇月以内に提出するよう書簡で要請する。その後、同事務総長は、指名された者のアルファベット順による名簿（これらの者を指名した締約国名を表示した名簿とする。）を作成し、この条約の締約国に送付する。

7　委員会の委員は、四年の任期で選出される。委員は、一回のみ再選される資格を有する。ただし、最初の選挙において選出された委員のうち六人の委員の任期は、二年で終了するものとし、これらの六人の委員は、最初の選挙の後直ちに、5に規定する会合の議長によりくじ引で選ばれる。

8　委員会の六人の追加的な委員の選挙は、この条の関連規定に従って定期選挙の際に行われる。

9　委員会の委員が死亡し、辞任し、又は他の理由のためにその職務を遂行することができなくなったことを宣言した場合には、当該委員を指名した締約国は、残余の期間その職務を遂行する他の専門家であって、資格を有し、かつ、この条の関連規定に定める条件を満たすものを任命する。

10　委員会は、その手続規則を定める。

11　国際連合事務総長は、委員会がこの条約に定める任務を効果的に遂行するために必要な職員及び便益を提供するものとし、委員会の最初の会合を招集する。

12　この条約に基づいて設置される委員会の委員は、国際連合総会が委員会の任務の重要性を考慮して決定する条件に従い、同総会の承認を得て、国際連合の財源から報酬を受ける。

13　委員会の委員は、国際連合の特権及び免除に関する条約の関連規定に規定する国際連合のための職務を遂行する専門家の便益、特権及び免除を享受する。

第三五条　締約国による報告

1　各締約国は、この条約に基づく義務を履行するためにとった措置及びこれらの措置によりもたらされた進歩に関する包括的な報告を、この条約が自国について効力を生じた後二年以内に国際連合事務総長を通じて委員会に提出する。

2　その後、締約国は、少なくとも四年ごとに、更に委員会が要請するときはいつでも、その後の報告を提出する。

3　委員会は、報告の内容について適用される指針を決定する。

4　委員会に対して包括的な最初の報告を提出した締約国は、その後の報告においては、既に提供した情報を繰り返す必要はない。締約国は、委員会に対する報告を作成するに当たり、公開され、かつ、透明性のある過程において作成することを検討し、及び第四条3の規定に十分な考慮を払うよう要請される。

5　報告には、この条約に基づく義務の履行の程度に影響を及ぼす要因及び困難を記載することができる。

第三六条　報告の検討

1　委員会は、各報告を検討する。委員会は、当該報告について、適当と認める提案及び一般的な性格を有する勧告を行うものとし、これらの提案及び一般的な性格を有する勧告を関係締約国に送付する。当該関係締約国は、委員会に対し、自国が選択する情報を提供することにより回答することができる。委員会は、この条約の実施に関連する追加の情報を当該関係締約国に要請することができる。

2　いずれかの締約国による報告の提出が著しく遅延している場合には、委員会は、委員会にとって利用可能な信頼し得る情報を基礎として当該締約国におけるこの条約の実施状況を審査することが必要であることについて当該締約国に通報（当該通報には、関連する報告が当該通報の後三箇月以内に行われない場合には審査する旨を含む。）を行うことができる。委員会は、当該締約国がその審査に参加するよう要請する。当該締約国が関連する報告を提出することにより回答する場合には、1の規定を適用する。

3　国際連合事務総長は、1の報告を全ての締約国が利用することができるようにする。

4　締約国は、1の報告を自国において公衆が広く利用することができるようにし、これらの報告に関連する提案及び一般的な性格を有する勧告を利用する機会を得やすくする。

5　委員会は、適当と認める場合には、締約国からの報告に記載されている技術的な助言若しくは援助の要請又はこれらの必要性の記載に対処するため、これらの要請又は必要性の記載に関する委員会の見解及び勧告がある場合には当該見解及び勧告とともに、国際連合の専門機関、基金及び計画その他の権限のある機関に当該報告を送付する。

第三七条　締約国と委員会との間の協力

1　各締約国は、委員会と協力するものとし、委員の任務の遂行を支援する。

2　委員会は、締約国との関係において、この条約の実施のための当該締約国の能力を向上させる方法及び手段（国際協力を通じたものを含む。）に十分な考慮を払う。

第三八条　委員会と他の機関との関係

この条約の効果的な実施を促進し、及びこの条約が対象とする分野における国際協力を奨励するため、

(a)　専門機関その他の国際連合の機関は、その任務の範囲内にある事項に関するこの条約の規定の実施についての検討に際し、代表を出す権利を有する。委員会は、適当と認める場合には、専門機関その他の権限のある機関に対し、これらの機関の任務の範囲内にある事項に関するこの条約の実施について専門家の助言を提供するよう要請することができる。委員会は、専門機関その他の国際連合の機関に対し、これらの機関の任務の範囲内にある事項に関するこの条約の実施について報告を提出するよう要請することができる。

(b)　委員会は、その任務を遂行するに当たり、それぞれの報告に係る指針、提案及び一般的な性格を有する勧告の整合性を確保し、並びにその任務の遂行における重複を避けるため、適当な場合には、人権に関する国際条約によって設置された他の関連する組織と協議する。

第三九条　委員会の報告

委員会は、その活動につき二年ごとに国際連合総会及び経済社会理事会に報告するものとし、また、締約国から得た報告及び情報の検討に基づく提案及び一般的な性格を有する勧告を行うことができる。これらの提案及び一般的な性格を有する勧告は、締約国から意見がある場合にはその意見とともに、委員会の報告に記載する。

第四〇条　締約国会議

1　締約国は、この条約の実施に関する事項を検討するため、定期的に締約国会議を開催する。

2　締約国会議は、この条約が効力を生じた後六箇月以内に国際連合事務総長が招集する。その後の締約国会議は、二年ごとに又は締約国会議の決定に基づき同事務総長が招集する。

第四一条　寄託者

この条約の寄託者は、国際連合事務総長とする。

第四二条　署名

この条約は、二千七年三月三十日から、ニューヨークにある国際連合本部において、全ての国及び地域的な統合のための機関による署名のために開放しておく。

第四三条　拘束されることについての同意

この条約は、署名国によって批准されなければならず、また、署名した地域的な統合のための機関によって正式確認されなければならない。この条約は、これに署名していない国及び地域的な統合のための機関による加入のために開放しておく。

第四四条　地域的な統合のための機関

1　「地域的な統合のための機関」とは、特定の地域の主権国家によって構成される機関であって、この条約が規律する事項に関してその構成国から権限の委譲を受けたものをいう。地域的な統合のための機関は、この条約の規律する事項に関するその権限の範囲をこの条約の正式確認書又は加入書において宣言する。その後、当該機関は、その権限の範囲の実質的な変更を寄託者に通報する。

2　この条約において「締約国」についての規定は、地域的な統合のための機関の権限の範囲内で当該機関について適用する。

3　次条1並びに第四十七条2及び3の規定の適用上、地域的な統合のための機関が寄託する文書は、これを数に加えてはならない。

4　地域的な統合のための機関は、その権限の範囲内の事項について、この条約の締約国である

その構成国の数と同数の票を締約国会議において投ずる権利を行使することができる。当該機関は、その構成国が自国の投票権を行使する場合には、投票権を行使してはならない。その逆の場合も、同様とする。

第四五条 効力発生

1 この条約は、二十番目の批准書又は加入書が寄託された後三十日目の日に効力を生ずる。

2 この条約は、二十番目の批准書又は加入書が寄託された後にこれを批准し、若しくは正式確認し、又はこれに加入する国又は地域的な統合のための機関については、その批准書、正式確認書又は加入書の寄託の後三十日目の日に効力を生ずる。

第四六条 留保

1 この条約の趣旨及び目的と両立しない留保は、認められない。

2 留保は、いつでも撤回することができる。

第四七条 改正

1 いずれの締約国も、この条約の改正を提案し、及び改正案を国際連合事務総長に提出することができる。同事務総長は、締約国に対し、改正案を送付するものとし、締約国による改正案の審議及び決定のための締約国の会議の開催についての賛否を通報するよう要請する。その送付の日から四箇月以内に締約国の三分の一以上が会議の開催に賛成する場合には、同事務総長は、国際連合の主催の下に会議を招集する。会議において出席し、かつ、投票する締約国の三分の二以上の多数によって採択された改正案は、同事務総長により、承認のために国際連合総会に送付され、その後受諾のために全ての締約国に送付される。

2 1の規定により採択され、かつ、承認された改正は、当該改正の採択の日における締約国の三分の二以上が受諾書を寄託した後三十日目の日に効力を生ずる。その後は、当該改正は、いずれの締約国についても、その受諾書の寄託の後三十日目の日に効力を生ずる。改正は、それを受諾した締約国のみを拘束する。

3 締約国会議がコンセンサス方式によって決定する場合には、1の規定により採択され、かつ、承認された改正であって、第三十四条及び第三十八条から第四十条までの規定にのみ関連するものは、当該改正の採択の日における締約国の三分の二以上が受諾書を寄託した後三十日目の日に全ての締約国について効力を生ずる。

第四八条 廃棄

締約国は、国際連合事務総長に対して書面による通告を行うことにより、この条約を廃棄することができる。廃棄は、同事務総長がその通告を受領した日の後一年で効力を生ずる。

第四九条 利用しやすい様式

この条約の本文は、利用しやすい様式で提供される。

第五〇条 正文

この条約は、アラビア語、中国語、英語、フランス語、ロシア語及びスペイン語をひとしく正文とする。

以上の証拠として、下名の全権委員は、各自の政府から正当に委任を受けてこの条約に署名した。

◎児童憲章

（昭和二六・五・五）

われらは、日本国憲法の精神にしたがい、児童に対する正しい観念を確立し、すべての児童の幸福をはかるために、この憲章を定める。

児童は、人として尊ばれる。
児童は、社会の一員として重んぜられる。
児童は、よい環境のなかで育てられる。

一 すべての児童は、心身ともに、健やかにうまれ、育てられ、その生活を保障される。

二 すべての児童は、家庭で、正しい愛情と知識と技術をもつて育てられ、家庭に恵まれない児童には、これにかわる環境が与えられる。

三 すべての児童は、適当な栄養と住居と被服が与えられ、また、疾病と災害からまもられる。

四 すべての児童は、個性と能力に応じて教育され、社会の一員としての責任を自主的に果すように、みちびかれる。

五 すべての児童は、自然を愛し、科学と芸術を尊ぶように、みちびかれ、また、道徳的心情がつちかわれる。

六 すべての児童は、就学のみちを確保され、また、十分に整つた教育の施設を用意される。

七 すべての児童は、職業指導を受ける機会が与えられる。

八 すべての児童は、その労働において、心身の発育が阻害されず、教育を受ける機会が失われず、また児童としての生活がさまたげられないように、十分に保護される。

九　すべての児童は、よい遊び場と文化財を用意され、わるい環境からまもられる。

十　すべての児童は、虐待、酷使、放任その他不当な取扱からまもられる。あやまちをおかした児童は、適切に保護指導される。

十一　すべての児童は、身体が不自由な場合、または精神の機能が不十分な場合に、適切な治療と教育と保護が与えられる。

十二　すべての児童は、愛とまことによつて結ばれ、よい国民として人類の平和と文化に貢献するように、みちびかれる。

◎児童権利宣言

（一九五九・一一・二〇国連総会）

前文

国際連合の諸国民は、国際連合憲章において、基本的人権と人間の尊厳及び価値とに関する信念をあらためて確認し、かつ、一層大きな自由の中で社会的進歩と生活水準の向上とを促進することを決意したので、

国際連合は、世界人権宣言において、すべて人は、人種、皮膚の色、性、言語、宗教、政治上その他の意見、国民的若しくは社会的出身、財産、門地その他の地位又はこれに類するいかなる事由による差別をも受けることなく、同宣言に掲げるすべての権利と自由とを享有する権利を有すると宣言したので、

児童は、身体的及び精神的に未熟であるため、その出生の前後において、適当な法律上の保護を含めて、特別にこれを守り、かつ、世話することが必要であるので、

このような特別の保護が必要であることは、一九二四年のジュネーヴ児童権利宣言に述べられており、また、世界人権宣言並びに児童の福祉に関係のある専門機関及び国際機関の規約により認められているので、

人類は、児童に対し、最善のものを与える義務を負うものであるので、

よって、ここに、国際連合総会は、

児童が、幸福な生活を送り、かつ、自己と社会の福利のためにこの宣言に掲げる権利と自由を享有することができるようにするため、この児童権利宣言を公布し、また、両親、個人としての男女、民間団体、地方行政機関及び政府に対し、これらの権利を認識し、次の原則に従って漸進的に執られる立法その他の措置によってこれらの権利を守るよう努力することを要請する。

第一条

児童は、この宣言に掲げるすべての権利を有する。すべての児童は、いかなる例外もなく、自己又はその家族のいづれについても、その人種、皮膚の色、性、言語、宗教、政治上その他の意見、国民的若しくは社会的出身、財産、門地その他の地位のため差別を受けることなく、これらの権利を与えられなければならない。

第二条

児童は、特別の保護を受け、また、健全、かつ、正常な方法及び自由と尊厳の状態の下で身体的、知能的、道徳的、精神的及び社会的に成長することができるための機会及び便益を、法律その他の手段によって与えられなければならない。この目的のために法律を制定するに当っては、児童の最善の利益について、最高の考慮が払われなければならない。

第三条

児童は、その出生の時から姓名及び国籍をもつ

権利を有する。

第四条

児童は、社会保障の恩恵を受ける権利を有する。児童は、健康に発育し、かつ、成長する権利を有する。この目的のため、児童とその母は、出産前後の適当な世話を含む特別の世話及び保護を与えられなければならない。児童は、適当な栄養、住居、レクリエーション及び医療を与えられる権利を有する。

第五条

身体的、精神的又は社会的に障害のある児童は、その特殊な事情により必要とされる特別の治療、教育及び保護を与えられなければならない。

第六条

児童は、その人格の完全な、かつ、調和した発展のため、愛情と理解とを必要とする。児童は、できるかぎり、その両親の愛護と責任の下で、また、いかなる場合においても、愛情と道徳的及び物質的保障とのある環境の下で育てられなければならない。幼児は、例外的な場合を除き、その母から引き離されてはならない。社会及び公の機関は、家庭のない児童及び適当な生活維持の方法のない児童に対して特別の養護を与える義務を有する。子供の多い家庭に属する児童については、その援助のため、国その他の機関による費用の負担が望ましい。

第七条

児童は、教育を受ける権利を有する。その教育は、少なくとも初等の段階においては、無償、かつ、義務的でなければならない。児童は、その一般的な教養を高め、機会均等の原則に基づいて、その能力、判断力並びに道徳的及び社会的責任感を発達させ、社会の有用な一員となりうるような教育を与えられなければならない。

児童の教育及び指導について責任を有する者は、児童の最善の利益をその指導の原則としなければならない。その責任は、まず第一に児童の両親にある。

児童は、遊戯及びレクリエーションのための充分な機会を与えられる権利を有する。その遊戯及びレクリエーションは、教育と同じような目的に向けられなければならない。社会及び公の機関は、この権利の享有を促進するために努力しなければならない。

第八条

児童は、あらゆる状況にあって、最初に保護及び救済を受けるべき者の中に含められなければならない。

第九条

児童は、あらゆる放任、虐待及び搾取から保護されなければならない。児童は、いかなる形態においても、売買の対象にされてはならない。

児童は、適当な最低年令に達する前に雇用されてはならない。児童は、いかなる場合にも、その健康及び教育に有害であり、又はその身体的、精神的若しくは道徳的発達を妨げる職業若しくは雇用に、従事させられ又は従事することを許されてはならない。

第一〇条

児童は、人種的、宗教的その他の形態による差別を助長するおそれのある慣行から保護されなければならない。児童は、理解、寛容、諸国民間の友愛、平和及び四海同胞の精神の下に、また、その力と才能が、人類のために捧げられるべきであるという充分な意識のなかで、育てられなければならない。

◎児童の権利に関するジュネーヴ宣言

（一九二四・九・二六国際連盟総会）

広くジュネーヴ宣言として知られているこの児童の権利宣言によって各国の男女は、人類は児童にたいして最善の努力を尽さねばならぬ義務のあることを認め、人種、国籍、信条の如何を一切問わず、つぎのことを、その責任なりと宣言し承認する。

(1)　児童が身体上ならびに精神上正当な発達を遂げるために、必要なあらゆる手段が講ぜられなければならない。

(2)　児童にして飢えたる者は、食を給せられなければならない。病めるものは、治療されなければならない。知能の遅れた者は、援護されなければならない。不良の者は、教化されなければならない。孤児や浮浪児は、住居を与えられ教護されなければならない。

(3)　児童は、危難に際して最先に救済されるものでなければならない。

(4)　児童は、生計を立てうる地位に導かれ、またあらゆる種類の搾取から保護されなければならない。

(5)　児童は、その能力が人類同胞への奉仕のために捧げられなければならないことを自覚して、育てられなければならない。

◎知的障害者の権利宣言

（一九七一・一二・二〇第二六回国連総会）

総会は、

国際連合憲章のもとにおいて、一層高い生活水準、完全雇用および経済的、社会的進歩および発展の条件を促進するためこの機構と協力して共同および個別の行動をとるとの加盟国の誓約に留意し、

国際連合憲章で宣言された人権と基本的自由並びに平和、人間の尊厳と価値および社会的正義の諸原則に対する信念を再確認し、

世界人権宣言、国際人権規約、児童の権利に関する宣言の諸原則並びに国際労働機関、国連教育科学文化機関、世界保健機関、国連児童基金およびその他の関係機関の規約、条約、勧告および決議においてすでに設定された社会の進歩のための基準を想起し、社会の進歩と発展に関する宣言が心身障害者の権利を保護し、かつそれらの福祉およびリハビリテーションを確保する必要性を宣言したことを強調し、

知的障害者が多くの活動分野においてその能力を発揮し得るよう援助し、かつ可能な限り通常の生活にかれらを受け入れることを促進する必要性に留意し、

若干の国は、その現在の発展段階においては、この目的のために限られた努力しか払い得ないことを認識し、

この知的障害者の権利宣言を宣言し、かつこれらの権利の保護のための共通の基礎および指針として使用されることを確保するための国内的および国際的行動を要請する。

1　知的障害者は、実際上可能な限りにおいて、他の人間と同等の権利を有する。

2　知的障害者は、適当な医学的管理及び物理療法並びにその能力と最大限の可能性を発揮せしめ得るような教育、訓練、リハビリテーション及び指導を受ける権利を有する。

3　知的障害者は経済的保障及び相当な生活水準を享有する権利を有する。また、生産的仕事を遂行し、又は自己の能力が許す最大限の範囲においてその他の有意義な職業に就く権利を有する。

4　可能な場合はいつでも、知的障害者はその家族又は里親と同居し、各種の社会生活に参加すべきである。知的障害者が同居する家族は扶助を受けるべきである。施設における処遇が必要とされる場合は、できるだけ通常の生活に近い環境においてこれを行うべきである。

5　自己の個人的福祉及び利益を保護するために必要とされる場合は、知的障害者は資格を有する後見人を与えられる権利を有する。

6　知的障害者は、搾取、乱用及び虐待から保護される権利を有する。犯罪行為のため訴追される場合は、知的障害者は正当な司法手続に対する権利を有する。ただし、その心神上の責任能力は十分認識されなければならない。

7　重障害のため、知的障害者がそのすべての権

利を有意義に行使し得ない場合、又はこれらの権利の若干又は全部を制限又は排除することが必要とされる場合は、その権利の制限又は排除のために援用された手続はあらゆる形態の乱用防止のための適当な法的保障措置を含まなければならない。この手続は資格を有する専門家による知的障害者の社会的能力についての評価に基づくものであり、かつ、定期的な再検討及び上級機関に対する不服申立の権利に従うべきものでなければならない。

◎障害者の権利宣言

（一九七五・一二・九第三〇回国連総会）

総会は、

国際連合憲章のもとにおいて、国連と協力しつつ、生活水準の向上、完全雇用、経済・社会の進歩・発展の条件を促進するため、この機構と協力して共同及び個別の行動をとるとの加盟諸国の誓約に留意し、

国際連合憲章において宣言された人権及び基本的自由並びに平和、人間の尊厳と価値及び社会正義に関する諸原則に対する信念を再確認し、

世界人権宣言、国際人権規約、児童権利宣言、及び知的障害者の権利宣言の諸原則並びに国際労働機関、国連教育科学文化機関、世界保健機関、国連児童基金及び他の関係諸機関の規約、条約、勧告及び決議において社会発展を目的として既に定められた基準を想起し、

障害防止及び障害者のリハビリテーションに関する一九七五年五月六日の経済社会理事会決議一九二一（第五八回会期）をも、また想起し、

社会の進歩及び発展に関する宣言が心身障害者の権利を保護し、またそれらの福祉及びリハビリテーションを確保する必要性を宣言したことを強調し、

身体的・精神的障害を防止し、障害者が最大限に多様な活動分野においてその能力を発揮し得るよう援助し、また可能な限り彼らの通常の生活への統合を促進する必要性に留意し、

若干の国においては、その現在の発展段階においては、この目的のために限られた努力しか払い得ないことを認識し、

この障害者の権利に関する宣言を宣言し、かつこれらの権利の保護のための共通の基礎及び指針として使用されることを確実にするための国内的及び国際的行動を要請する。

1　「障害者」という言葉は、先天的か否かにかかわらず、身体的又は精神的能力の不全のために、通常の個人又は社会生活に必要なことを確保することが、自分自身では完全に又は部分的にできない人のことを意味する。

2　障害者は、この宣言において掲げられるすべての権利を享受する。これらの権利は、いかなる例外もなく、かつ、人種、皮膚の色、性、言語、宗教、政治上若しくはその他の意見、国若しくは社会的身分、貧富、出生又は障害者自身若しくはその家族の置かれている状況に基づく区別又は差別もなく、すべての障害者に認められる。

3　障害者は、その人間としての尊厳が尊重される生まれながらの権利を有している。障害者は、その障害の原因、特質及び程度にかかわらず、同年齢の市民と同等の基本的権利を有する。このことは、まず第一に、可能な限り通常のかつ十分満たされた相当の生活を送ることができる権利を意味する。

4　障害者は、他の人々と同等の市民権及び政治的権利を有する。「知的障害者の権利宣言」の第

七条は、精神障害者のこのような諸権利のいかなる制限又は排除にも適用される。

5　障害者は、可能な限り自立させるよう構成された施策を受ける資格がある。

6　障害者は、補装具を含む医学的、心理学的及び機能的治療、並びに医学的・社会的リハビリテーション、教育、職業教育、訓練リハビリテーション、介助、カウンセリング、職業あつ旋及びその他障害者の能力と技能を最大限に開発でき、社会統合又は再統合する過程を促進するようなサービスを受ける権利を有する。

7　障害者は、経済的社会的保障を受け、相当の生活水準を保つ権利を有する。障害者は、その能力に従い、保障を受け、雇用され、または有益で生産的かつ報酬を受ける職業に従事し、労働組合に参加する権利を有する。

8　障害者は、経済社会計画のすべての段階において、その特別のニーズが考慮される資格を有する。

9　障害者は、その家族又は養親とともに生活し、すべての社会的活動、創造的活動又はレクリエーション活動に参加する権利を有する。障害者は、その居住に関する限り、その状態のため必要であるか又はその状態に由来して改善するため必要である場合以外、差別的な扱いをまぬがれる。もし、障害者が専門施設に入所することが絶対に必要であつても、そこでの環境及び生活条件は、同年齢の人の通常の生活に可能な限り似通つたものであるべきである。

10　障害者は、差別的、侮辱的又は下劣な性質をもつ、あらゆる搾取、あらゆる規則そしてあらゆる取り扱いから保護されるものとする。

11　障害者は、その人格及び財産の保護のために適格なる法的援助が必要な場合には、それらを受け得るようにされなければならない。もし、障害者に対して訴訟が起された場合には、その適用される法的手続きは、彼らの身体的精神的状態が十分に考慮されるべきである。

12　障害者団体は、障害者の権利に関するすべての事項について有効に協議を受けるものとする。

13　障害者、その家族及び地域社会は、この宣言に含まれる権利について、あらゆる適切な手段により十分に知らされるべきである。

◎国際障害者年行動計画（抄）

（一九八〇・一・三〇国際連合総会）

A　国際障害者年行動計画の概念構成と主な原則

57　国際障害者年の目的は、障害者がそれぞれの住んでいる社会において社会生活と社会の発展における「完全参加」並びに彼らの社会の他の市民と同じ生活条件及び社会的・経済的発展によつて生み出された生活条件の改善における平等な配分を意味する「平等」という目標の実現を推進することにある。こうした考え方は、すべての国においてその発展の水準いかんにかかわらず、同様に、等しい緊急性をもつてとり入れられるべきである。

62　国際障害者年は、個人の特質である「身体的・精神的不全（impairment）」と、それによつて引き起こされる機能的な支障である「障害（能力不全）(disability)」そして能力不全の社会的結果である「不利（handicap）」の間には区別があるという事実について認識を促進すべきである。

63　障害という問題をある個人とその環境との関係としてとらえることがずつとより建設的な解決の方法であるということは、最近ますます明確になりつつある。過去の経験は、多くの場合社会環境が一人の人間の日常生活に与える身体・精神の不全の影響を決定することを示している。社会は、今なお身体的・精神的能力を完全に備えた人々のみの要求を満たすことを概して行つている。社会は、全ての人々のニーズに適切に、最善に対応するためには今なお学ばねばならないのである。社会は、一般的な物理的環境、社会保健事業、教育、労働の機会、それからまたスポーツを含む文化的・社会的生活全体が障害者にとつて利用しやすいように整える義務を負つているのである。これは単に障害者のみならず、社会全体にとつても利益となるものである。ある社会がその構成員のいくらかの人々を閉め出すような場合、それは弱くもろい社会なのである。障害者は、その社会の他の異なつたニーズを持つ特別な集団と考えられるべきではなく、その通常の人間的なニーズを満たすのに特別の困難を特つ普通の市民と考えられるべきなのである。障害者のための条件を、改善する行動は、社会のすべての部門の一般的な政策及び計画の不可欠な部分を形成すべきであり、また、それは、国の改革プログラム及び国際協力のための常例的プログラムの一環でなければならない。

基本法令等

社会福祉法の概要

1　制定の経緯

平成一二年に社会福祉法へと改称された旧社会福祉事業法は、戦後の復興期に貧困者、身体障害者、戦災孤児等が急増する中で、こうした生活困窮者を緊急に保護・救済するために、行政主導で措置の対象者及び内容を判断し、保護・救済を行う仕組みの中心となる法律として、昭和二六年に制定されました。以来、永年にわたり一定の成果を上げてきましたが、生活水準の向上、少子・高齢化の進展、家庭機能の変化等の社会環境の変化に伴い、今日の社会福祉制度には、従来のような限られた者に対する保護・救済に留まらず、児童の育成や高齢者の介護等、国民が自立した生活を営む上で生じる多様な問題に対して、社会連帯に基づいた支援を行うことが求められるようになりました。

こうした変化を踏まえ、利用者と事業者が対等な関係に立って、福祉サービスを自ら選択できる仕組みを基本とする利用者本位の社会福祉制度の確立を図り、障害者等のノーマライゼーションと自己決定の実現を目指すため、平成一二年に抜本的な法改正が行われました。

平成二八年には、社会福祉法人の経営組織の見直し、事業運営の透明性の向上及び財務規律の強化、介護人材の確保を推進するための取組の拡充、社会福祉施設職員等退職手当共済制度の見直し等の改正が行われ、一層の福祉サービスの供給体制の整備及び充実を図る措置が講じられました。

令和二年の改正では、市町村による包括的・重層的な支援体制の整備、社会福祉法人を中核とし、種別を超えた連携支援等を業務とする社会福祉連携推進法人の創設等、所要の措置が講じられました。

2　法の概要

(1)　社会福祉事業の定義

この法律で対象とする「社会福祉事業」として、第一種社会福祉事業及び第二種社会福祉事業を定めています（第二条）。

①　第一種社会福祉事業

救護施設、児童養護施設、特別養護老人ホーム、障害者支援施設、女性自立支援施設、授産施設等を経営する事業などが該当します。

②　第二種社会福祉事業

認定生活困窮者就労訓練事業、障害児通所支援事業、放課後児童健全育成事業、子育て短期支援事業、保育所を経営する事業、幼保連携型認定こども園を経営する事業、養子縁組あっせん事業、母子家庭日常生活支援事業、老人居宅介護等事業、認知症対応型老人共同生活援助事業、障害福祉サービス事業、手話通訳事業、補装具製作施設を経営する事業、無料低額宿泊施設、無料低額診療事業、福祉サービス利用援助事業などが該当します。

(2)　基本理念規定

個人が自らの選択に基づいてサービスを利用することができる利用者本位の制度を整備するに当たって、地域全体で支援する仕組みを確立し、自立を地域全体で支援する仕組みを確立するに当たって、第三条から第六条に通則的な規範を置き、関係者の責任を明確にしています。

①　福祉サービスの基本的理念（第三条）
②　地域福祉の推進（第四条）
③　福祉サービスの提供の原則（第五条）
④　福祉サービスの提供体制の確保等に関する国及び地方公共団体の責務（第六条）

(3)　福祉に関する事務所

都道府県及び市には、福祉に関する事務所（以下「福祉事務所」といいます。）の設置義務が課されています（第一四条）。一方、町村は、任意で設置する扱いとしています。

都道府県の設置する福祉事務所は、生活保護法、児童福祉法及び母子及び父子並びに寡婦福祉法に定める援護又は育成の措置に関する事務のうち都道府県が処理することとされているものをつかさどるところとしています。市町村の設置する福祉事務所は、生活保護法、児童福祉法、母子及び父子並びに寡婦福祉法、老人福祉法、身体障害者福祉法及び知的障害者福祉法に定める援護、育成又は更生の措置に関する事務のうち市町村が処理することとされているものをつかさどるところとしています。

(4) 社会福祉主事

都道府県、市及び福祉事務所を設置する町村に、社会福祉主事を置くものとしています（第一八条）。一方、福祉事務所を設置する町村以外の町村は、任意で社会福祉主事を置くものとしています。

都道府県の社会福祉主事は、都道府県の設置する福祉事務所において、生活保護法、児童福祉法及び母子及び父子並びに寡婦福祉法に定める援護又は育成の措置に関する事務を行うことを職務とします。

市町村に必置で置かれる社会福祉主事は、市町村の設置する福祉事務所において、生活保護法、児童福祉法、母子及び父子並びに寡婦福祉法、老人福祉法、身体障害者福祉法及び知的障害者福祉法に定める援護、育成又は更生の措置に関する事務を行うことを職務とします。任意で町村に置かれる社会福祉主事は、老人福祉法、身体障害者福祉法及び知的障害者福祉法に定める援護又は更生の措置に関する事務を行うことを職務とします。

(5) 社会福祉法人

福祉サービスの提供において中心的な役割を果たしている社会福祉法人について、経営の原則を定めるとともに、介護保険制度や障害者総合支援制度等利用者が自らサービスを選択して利用する制度下において、利用者から選択されるために、自主的に創意工夫を行ってより質の高いサービスの提供を目指し、また、国民の高い信頼を得るために、事業の効率性や透明性の確保・向上の達成が図られるよう所要の規定が整備されています（第六章）。

(6) 社会福祉事業

社会福祉事業を行う者についての事業規制をその主眼とし、第一種社会福祉事業の経営主体に係る規定（第六〇条）、社会福祉事業の経営準則に係る規定（第六一条）、社会福祉施設の設置に係る規定（第六二条）、社会福祉住居施設の設置に係る規定（第六八条の二）等の定めが置かれています（第七章）。

(7) 福祉サービスの適切な利用

利用者の選択を保障するための諸般の仕組みとして、利用者の判断を可能にする十分かつ適切な情報の確保と、判断能力が不十分なために自らサービスを選択して利用することが困難な者を保護するための福祉サービスの利用の援助等について定めています（第八章）。

(8) 社会福祉事業等に従事する者の確保の促進

社会福祉事業等従事者の確保及び国民の社会福祉に関する活動への参加の促進を図るための措置に関する基本的な指針、福祉人材センター（都道府県福祉人材センター及び中央福祉人材センター）及び福利厚生センターについて定めています（第九章）。

(9) 地域福祉の推進

地域子育て支援拠点事業等を経営する者の責務（第一〇六条の二）、包括的な支援体制の整備（第一〇六条の三）、重層的支援体制整備事業（第一〇六条の四）、市町村地域福祉計画（第一〇七条）、都道府県地域福祉支援計画（第一〇八条）、社会福祉協議会（第一〇九～一一一条）、共同募金（第一一二条）等について規定されています（第一〇章）。

(10) 社会福祉連携推進法人

社会福祉連携推進法人の認定の基準、社員の義務、会計の原則、解散等について規定しています。（第一一章）。

3 関係主要法令等

◉社会福祉法施行令（昭三三政令一八五）
◉社会福祉法施行規則（昭二六厚令二八）
◉社会福祉法人会計基準（平二八厚労令七九）
◉社会福祉に関する科目を定める省令（平二〇文科厚労令三）
◉社会福祉事業に従事する者の確保を図るための措置に関する基本的な指針（平一九厚労告二八九）
◉国民の社会福祉に関する活動への参加の促進を図るための措置に関する基本的な指針（平五厚告一一七）
◉社会福祉施設職員等退職手当共済法（昭三六法律一五五）

◉社会福祉法

題名改正 平一二法律一一一（旧社会福祉事業法）

（昭和二六・三・二九法律四五）

注 令五法律二八改正現在

（未施行分については、該当か所の後に改正文を収載）

第一章　総則

（目的）

第一条　この法律は、社会福祉を目的とする事業の全分野における共通的基本事項を定め、社会福祉を目的とする他の法律と相まつて、福祉サービスの利用者の利益の保護及び地域における社会福祉（以下「**地域福祉**」という。）の推進を図るとともに、社会福祉事業の公明かつ適正な実施の確保及び社会福祉を目的とする事業の健全な発達を図り、もつて社会福祉の増進に資することを目的とする。

（定義）

第二条　この法律において「**社会福祉事業**」とは、第一種社会福祉事業及び第二種社会福祉事業をいう。

2　次に掲げる事業を第一種社会福祉事業とする。

一　生活保護法（昭和二十五年法律第百四十四号）に規定する救護施設、更生施設その他生計困難者を無料又は低額な料金で入所させて生活の扶助を行うことを目的とする施設を経営する事業及び生計困難者に対して助葬を行う事業

二　児童福祉法（昭和二十二年法律第百六十四号）に規定する乳児院、母子生活支援施設、児童養護施設、障害児入所施設、児童心理治療施設又は児童自立支援施設を経営する事業

三　老人福祉法（昭和三十八年法律第百三十三号）に規定する養護老人ホーム、特別養護老人ホーム又は軽費老人ホームを経営する事業

四　障害者の日常生活及び社会生活を総合的に支援するための法律（平成十七年法律第百二十三号）に規定する障害者支援施設を経営する事業

五　削除

六　困難な問題を抱える女性への支援に関する法律（令和四年法律第五十二号）に規定する女性自立支援施設を経営する事業

七　授産施設を経営する事業及び生計困難者に対して無利子又は低利で資金を融通する事業

3　次に掲げる事業を第二種社会福祉事業とする。

一　生計困難者に対して、その住居で衣食その他日常の生活必需品若しくはこれに要する金銭を与え、又は生活に関する相談に応ずる事業

一の二　生活困窮者自立支援法（平成二十五年法律第百五号）に規定する認定生活困窮者就労訓練事業

二　児童福祉法に規定する障害児通所支援事業、障害児相談支援事業、児童自立生活援助事業、放課後児童健全育成事業、子育て短期支援事業、乳児家庭全戸訪問事業、養育支援訪問事業、地域子育て支援拠点事業、一時預かり事業、小規模住居型児童養育事業、小規模保育事業、病児保育事業、子育て援助活動支援事業、親子再統合支援事業、社会的養護自立支援拠点事業、意見表明等支援事業、妊産婦等生活援助事業、子育て世帯訪問支援事業、児童育成支援拠点事業又は親子関係形成支援事業、同法に規定する助産施設、保育所、児童厚生施設、児童家庭支援センター又は里親支援センターを経営する事業及び児童の福祉の増進について相談に応ずる事業

二の二　就学前の子どもに関する教育、保育等の総合的な提供の推進に関する法律（平成十八年法律第七十七号）に規定する幼保連携型認定こども園を経営する事業

二の三　民間あっせん機関による養子縁組のあっせんに係る児童の保護等に関する法律（平成二十八年法律第百十号）に規定する養子縁組のあっせん事業

三　母子及び父子並びに寡婦福祉法（昭和三十九年法律第百二十九号）に規定する母子家庭日常生活支援事業、父子家庭日

常生活支援事業又は寡婦日常生活支援事業及び同法に規定する母子・父子福祉施設を経営する事業

四　老人福祉法に規定する老人居宅介護等事業、老人デイサービス事業、老人短期入所事業、小規模多機能型居宅介護事業、認知症対応型老人共同生活援助事業又は複合型サービス福祉事業及び同法に規定する老人デイサービスセンター、老人短期入所施設、老人福祉センター又は老人介護支援センターを経営する事業

四の二　障害者の日常生活及び社会生活を総合的に支援するための法律に規定する障害福祉サービス事業、一般相談支援事業、特定相談支援事業又は移動支援事業及び同法に規定する地域活動支援センター又は福祉ホームを経営する事業

五　身体障害者福祉法（昭和二十四年法律第二百八十三号）に規定する身体障害者生活訓練等事業、手話通訳事業又は介助犬訓練事業若しくは聴導犬訓練事業、同法に規定する身体障害者福祉センター、補装具製作施設、盲導犬訓練施設又は視聴覚障害者情報提供施設を経営する事業及び身体障害者の更生相談に応ずる事業

六　知的障害者福祉法（昭和三十五年法律第三十七号）に規定する知的障害者の更生相談に応ずる事業

七　削除

八　生計困難者のために、無料又は低額な料金で、簡易住宅を貸し付け、又は宿泊所その他の施設を利用させる事業

九　生計困難者のために、無料又は低額な料金で診療を行う事業

十　生計困難者に対して、無料又は低額な費用で介護保険法（平成九年法律第百二十三号）に規定する介護老人保健施設又は介護医療院を利用させる事業

十一　隣保事業（隣保館等の施設を設け、無料又は低額な料金でこれを利用させることその他その近隣地域における住民の生活の改善及び向上を図るための各種の事業を行うものをいう。）

十二　福祉サービス利用援助事業（精神上の理由により日常生活を営むのに支障がある者に対して、無料又は低額な料金で、福祉サービス（前項各号及び前各号の事業において提供されるものに限る。以下この号において同じ。）の利用に関し相談に応じ、及び助言を行い、並びに福祉サービスの提供を受けるために必要な手続又は福祉サービスの利用に要する費用の支払に関する便宜を供与することその他の福祉サービスの適切な利用のための一連の援助を一体的に行う事業をいう。）

十三　前項各号及び前各号の事業に関する連絡又は助成を行う事業

4　この法律における「**社会福祉事業**」には、次に掲げる事業は、含まれないものとする。

一　更生保護事業法（平成七年法律第八十六号）に規定する更生保護事業（以下「**更生保護事業**」という。）

二　実施期間が六月（前項第十三号に掲げる事業にあつては、三月）を超えない事業

三　社団又は組合の行う事業であつて、社員又は組合員のためにするもの

四　第二項各号及び前項第一号から第九号までに掲げる事業であつて、常時保護を受ける者が、入所させて保護を行うものにあつては五人、その他のものにあつては二十人（政令で定めるものにあつては、十人）に満たないもの

五　前項第十三号に掲げる事業のうち、社会福祉事業の助成を行うものであつて、助成の金額が毎年度五百万円に満たないもの又は助成を受ける社会福祉事業の数が毎年度五十に満たないもの

（福祉サービスの基本的理念）

第三条　福祉サービスは、個人の尊厳の保持を旨とし、その内容は、福祉サービスの利用者が心身ともに健やかに育成され、又は

その有する能力に応じ自立した日常生活を営むことができるように支援するものとして、良質かつ適切なものでなければならない。

（地域福祉の推進）

第四条　地域福祉の推進は、地域住民が相互に人格と個性を尊重し合いながら、参加し、共生する地域社会の実現を目指して行われなければならない。

2　地域住民、社会福祉を目的とする事業を経営する者及び社会福祉に関する活動を行う者（以下「**地域住民等**」という。）は、相互に協力し、福祉サービスを必要とする地域住民が地域社会を構成する一員として日常生活を営み、社会、経済、文化その他あらゆる分野の活動に参加する機会が確保されるように、地域福祉の推進に努めなければならない。

3　地域住民等は、地域福祉の推進に当たっては、福祉サービスを必要とする地域住民及びその世帯が抱える福祉、介護、介護予防（要介護状態若しくは要支援状態となることの予防又は要介護状態若しくは要支援状態の軽減若しくは悪化の防止をいう。）、保健医療、住まい、就労及び教育に関する課題、福祉サービスを必要とする地域住民の地域社会からの孤立その他の福祉サービスを必要とする地域住民が日常生活を営み、あらゆる分野の活動に参加する機会が確保される上での各般の課題（以下「**地域生活課題**」という。）を把握し、地域生活課題の解決に資する支援を行う関係機関（以下「**支援関係機関**」という。）との連携等によりその解決を図るよう特に留意するものとする。

（福祉サービスの提供の原則）

第五条　社会福祉を目的とする事業を経営する者は、その提供する多様な福祉サービスについて、利用者の意向を十分に尊重し、地域福祉の推進に係る取組を行う他の地域住民等との連携を図り、かつ、保健医療サービスその他の関連するサービスとの有機的な連携を図るよう創意工夫を行いつつ、これを総合的に提供することができるようにその事業の実施に努めなければならない。

（福祉サービスの提供体制の確保等に関する国及び地方公共団体の責務）

第六条　国及び地方公共団体は、社会福祉を目的とする事業を経営する者と協力して、社会福祉を目的とする事業の広範かつ計画的な実施が図られるよう、福祉サービスを提供する体制の確保に関する施策、福祉サービスの適切な利用の推進に関する施策その他の必要な各般の措置を講じなければならない。

2　国及び地方公共団体は、地域生活課題の解決に資する支援が包括的に提供される体制の整備その他地域福祉の推進のために必要な各般の措置を講ずるよう努めるとともに、当該措置の推進に当たつては、保健医療、労働、教育、住まい及び地域再生に関する施策その他の関連施策との連携に配慮するよう努めなければならない。

3　国及び都道府県は、市町村（特別区を含む。以下同じ。）において第百六条の四第二項に規定する重層的支援体制整備事業その他地域生活課題の解決に資する支援が包括的に提供される体制の整備が適正かつ円滑に行われるよう、必要な助言、情報の提供その他の援助を行わなければならない。

第二章　地方社会福祉審議会

（地方社会福祉審議会）

第七条　社会福祉に関する事項（児童福祉及び精神障害者福祉に関する事項を除く。）を調査審議するため、都道府県並びに地方自治法（昭和二十二年法律第六十七号）第二百五十二条の十九第一項の指定都市（以下「**指定都市**」という。）及び同法第二百五十二条の二十二第一項の中核市（以下「**中核市**」という。）に社会福祉に関する審議会その他の合議制の機関（以下「**地方社会福祉審議会**」という。）を置くものとする。

2　地方社会福祉審議会は、都道府県知事又は指定都市若しくは中核市の長の監督に属し、その諮問に答え、又は関係行政庁に意見を具申するものとする。

（委員）

第八条　地方社会福祉審議会の委員は、都道府県又は指定都市若しくは中核市の議会の議員、社会福祉事業に従事する者及び学識経験のある者のうちから、都道府県知事又は指定都市若しくは中核市の長が任命する。

（臨時委員）

第九条　特別の事項を調査審議するため必要があるときは、地方社会福祉審議会に臨時委員を置くことができる。

2　地方社会福祉審議会の臨時委員は、都道府県又は指定都市若しくは中核市の議会の議員、社会福祉事業に従事する者及び学識経験のある者のうちから、都道府県知事又は指定都市若しくは中核市の長が任命する。

（委員長）

第一〇条　地方社会福祉審議会に委員の互選による委員長一人を置く。委員長は、会務を総理する。

（専門分科会）

第一一条　地方社会福祉審議会に、民生委員の適否の審査に関する事項を調査審議するため、民生委員審査専門分科会を、身体障害者の福祉に関する事項を調査審議するため、身体障害者福祉専門分科会を置く。

2　地方社会福祉審議会は、前項の事項以外の事項を調査審議するため、必要に応じ、老人福祉専門分科会その他の専門分科会を置くことができる。

（地方社会福祉審議会に関する特例）

第一二条　第七条第一項の規定にかかわらず、都道府県又は指定都市若しくは中核市は、条例で定めるところにより、地方社会福祉審議会に児童福祉及び精神障害者福祉に関する事項を調査審議させることができる。

2　前項の規定により地方社会福祉審議会に児童福祉に関する事項を調査審議させる場合においては、前条第一項中「置く」とあるのは、「、児童福祉に関する事項を調査審議するため、児童福祉専門分科会を置く」とする。

（政令への委任）

第一三条　この法律で定めるもののほか、地方社会福祉審議会に関し必要な事項は、政令で定める。

第三章　福祉に関する事務所

（設置）

第一四条　都道府県及び市（特別区を含む。以下同じ。）は、条例で、福祉に関する事務所を設置しなければならない。

2　都道府県及び市は、その区域（都道府県にあつては、市及び福祉に関する事務所を設ける町村の区域を除く。）をいずれかの福祉に関する事務所の所管区域としなければならない。

3　町村は、条例で、その区域を所管区域とする福祉に関する事務所を設置することができる。

4　町村は、必要がある場合には、地方自治法の規定により一部事務組合又は広域連合を設けて、前項の事務所を設置することができる。この場合には、当該一部事務組合又は広域連合内の町村の区域をもつて、事務所の所管区域とする。

5　都道府県の設置する福祉に関する事務所は、生活保護法、児童福祉法及び母子及び父子並びに寡婦福祉法に定める援護又は育成の措置に関する事務のうち都道府県が処理することとされているものをつかさどるところとする。

6　市町村の設置する福祉に関する事務所は、生活保護法、児童福祉法、母子及び父子並びに寡婦福祉法、老人福祉法、身体障害者福祉法及び知的障害者福祉法に定める援護、育成又は更生の措置に関する事務のうち市町村が処理することとされているもの（政令で定めるものを除く。）をつかさどるところとする。

7　町村の福祉に関する事務所の設置又は廃止の時期は、会計年度の始期又は終期でなければならない。

8　町村は、福祉に関する事務所を設置し、又は廃止するには、あらかじめ、都道府県知事に協議しなければならない。

（組織）

第一五条　福祉に関する事務所には、長及び少なくとも次の所員を置かなければならない。ただし、所の長が、その職務の遂行に支障がない場合において、自ら現業事務の指導監督を行うときは、第一号の所員を置くことを要しない。

一　指導監督を行う所員

二　現業を行う所員

三　事務を行う所員

2　所の長は、都道府県知事又は市町村長（特別区の区長を含む。以下同じ。）の指揮監督を受けて、所務を掌理する。

3　指導監督を行う所員は、所の長の指揮監督を受けて、現業事務の指導監督をつかさどる。

4　現業を行う所員は、所の長の指揮監督を受けて、援護、育成又は更生の措置を要する者等の家庭を訪問し、又は訪問しないで、これらの者に面接し、本人の資産、環境等を調査し、保護その他の措置の必要の有無及びその種類を判断し、本人に対し生活指導を行う等の事務をつかさどる。

5　事務を行う所員は、所の長の指揮監督を受けて、所の庶務をつかさどる。

6　第一項第一号及び第二号の所員は、社会福祉主事でなければならない。

（所員の定数）

第一六条　所員の定数は、条例で定める。ただし、現業を行う所員の数は、各事務所につき、それぞれ次の各号に掲げる数を標準として定めるものとする。

一　都道府県の設置する事務所にあつては、生活保護法の適用を受ける被保護世帯（以下「**被保護世帯**」という。）の数が三百九十以下であるときは、六とし、被保護世帯の数が六十五を増すごとに、これに一を加えた数

二　市の設置する事務所にあつては、被保護世帯の数が二百四十以下であるときは、三とし、被保護世帯数が八十を増すごとに、これに一を加えた数

三　町村の設置する事務所にあつては、被保護世帯の数が百六十以下であるときは、二とし、被保護世帯数が八十を増すごとに、これに一を加えた数

（服務）

第一七条　第十五条第一項第一号及び第二号の所員は、それぞれ同条第三項又は第四項に規定する職務にのみ従事しなければならない。ただし、その職務の遂行に支障がない場合に、これらの所員が、他の社会福祉又は保健医療に関する事務を行うことを妨げない。

第四章　社会福祉主事

（設置）

第一八条　都道府県、市及び福祉に関する事務所を設置する町村に、社会福祉主事を置く。

2　前項に規定する町村以外の町村は、社会福祉主事を置くことができる。

3　都道府県の社会福祉主事は、都道府県の設置する福祉に関する事務所において、生活保護法、児童福祉法及び母子及び父子並びに寡婦福祉法に定める援護又は育成の措置に関する事務を行うことを職務とする。

4　市及び第一項に規定する町村の社会福祉主事は、市及び同項に規定する町村に設置する福祉に関する事務所において、生活保護法、児童福祉法、母子及び父子並びに寡婦福祉法、老人福祉法、身体障害者福祉法及び知的障害者福祉法に定める援護、育成又は更生の措置に関する事務を行うことを職務とする。

5　第二項の規定により置かれる社会福祉主

事は、老人福祉法、身体障害者福祉法及び知的障害者福祉法に定める援護又は更生の措置に関する事務を行うことを職務とする。

（資格等）

第一九条 社会福祉主事は、都道府県知事又は市町村長の補助機関である職員とし、年齢十八年以上の者であつて、人格が高潔で、思慮が円熟し、社会福祉の増進に熱意があり、かつ、次の各号のいずれかに該当するもののうちから任用しなければならない。

一　学校教育法（昭和二十二年法律第二十六号）に基づく大学、旧大学令（大正七年勅令第三百八十八号）に基づく大学、旧高等学校令（大正七年勅令第三百八十九号）に基づく高等学校又は旧専門学校令（明治三十六年勅令第六十一号）に基づく専門学校において、厚生労働大臣の指定する社会福祉に関する科目を修めて卒業した者（当該科目を修めて同法に基づく専門職大学の前期課程を修了した者を含む。）

二　都道府県知事の指定する養成機関又は講習会の課程を修了した者

三　社会福祉士

四　厚生労働大臣の指定する社会福祉事業従事者試験に合格した者

五　前各号に掲げる者と同等以上の能力を有すると認められる者として厚生労働省令で定めるもの

2　前項第二号の養成機関及び講習会の指定に関し必要な事項は、政令で定める。

第五章　指導監督及び訓練

（指導監督）

第二〇条 都道府県知事並びに指定都市及び中核市の長は、この法律、生活保護法、児童福祉法、母子及び父子並びに寡婦福祉法、老人福祉法、身体障害者福祉法及び知的障害者福祉法の施行に関しそれぞれその所部の職員の行う事務について、その指導監督を行うために必要な計画を樹立し、及びこれを実施するよう努めなければならない。

（訓練）

第二一条 この法律、生活保護法、児童福祉法、母子及び父子並びに寡婦福祉法、老人福祉法、身体障害者福祉法及び知的障害者福祉法の施行に関する事務に従事する職員の素質を向上するため、都道府県知事はその所部の職員及び市町村の職員に対し、指定都市及び中核市の長はその所部の職員に対し、それぞれ必要な訓練を行わなければならない。

第六章　社会福祉法人

第一節　通則

（定義）

第二二条 この法律において「**社会福祉法人**」とは、社会福祉事業を行うことを目的として、この法律の定めるところにより設立された法人をいう。

（名称）

第二三条 社会福祉法人以外の者は、その名称中に、「社会福祉法人」又はこれに紛らわしい文字を用いてはならない。

（経営の原則等）

第二四条 社会福祉法人は、社会福祉事業の主たる担い手としてふさわしい事業を確実、効果的かつ適正に行うため、自主的にその経営基盤の強化を図るとともに、その提供する福祉サービスの質の向上及び事業経営の透明性の確保を図らなければならない。

2　社会福祉法人は、社会福祉事業及び第二十六条第一項に規定する公益事業を行うに当たつては、日常生活又は社会生活上の支援を必要とする者に対して、無料又は低額な料金で、福祉サービスを積極的に提供するよう努めなければならない。

（要件）

第二五条 社会福祉法人は、社会福祉事業を行うに必要な資産を備えなければならない。

（公益事業及び収益事業）

第二六条　社会福祉法人は、その経営する社会福祉事業に支障がない限り、公益を目的とする事業（以下「公益事業」という。）又はその収益を社会福祉事業若しくは公益事業（第二条第四項第四号に掲げる事業その他の政令で定めるものに限る。第五十七条第二号において同じ。）の経営に充てることを目的とする事業（以下「収益事業」という。）を行うことができる。

２　公益事業又は収益事業に関する会計は、それぞれ当該社会福祉法人の行う社会福祉事業に関する会計から区分し、特別の会計として経理しなければならない。

（特別の利益供与の禁止）

第二七条　社会福祉法人は、その事業を行うに当たり、その評議員、理事、監事、職員その他の政令で定める社会福祉法人の関係者に対し特別の利益を与えてはならない。

（住所）

第二八条　社会福祉法人の住所は、その主たる事務所の所在地にあるものとする。

（登記）

第二九条　社会福祉法人は、政令の定めるところにより、その設立、従たる事務所の新設、事務所の移転その他登記事項の変更、解散、合併、清算人の就任又はその変更及び清算の結了の各場合に、登記をしなければならない。

２　前項の規定により登記をしなければならない事項は、登記の後でなければ、これをもつて第三者に対抗することができない。

（所轄庁）

第三〇条　社会福祉法人の所轄庁は、その主たる事務所の所在地の都道府県知事とする。ただし、次の各号に掲げる社会福祉法人の所轄庁は、当該各号に定める者とする。

一　主たる事務所が市の区域内にある社会福祉法人（次号に掲げる社会福祉法人を除く。）であつてその行う事業が当該市の区域を越えないもの　市長（特別区の区長を含む。以下同じ。）

二　主たる事務所が指定都市の区域内にある社会福祉法人であつてその行う事業が一の都道府県の区域内において二以上の市町村の区域にわたるもの及び第百九条第二項に規定する地区社会福祉協議会である社会福祉法人　指定都市の長

２　社会福祉法人でその行う事業が二以上の地方厚生局の管轄区域にわたるものであつて、厚生労働省令で定めるものにあつては、その所轄庁は、前項本文の規定にかかわらず、厚生労働大臣とする。

第二節　設立

（申請）

第三一条　社会福祉法人を設立しようとする者は、定款をもつて少なくとも次に掲げる事項を定め、厚生労働省令で定める手続に従い、当該定款について所轄庁の認可を受けなければならない。

一　目的

二　名称

三　社会福祉事業の種類

四　事務所の所在地

五　評議員及び評議員会に関する事項

六　役員（理事及び監事をいう。以下この条、次節第二款、第六章第八節、第九章及び第十章において同じ。）の定数その他役員に関する事項

七　理事会に関する事項

八　会計監査人を置く場合には、これに関する事項

九　資産に関する事項

十　会計に関する事項

十一　公益事業を行う場合には、その種類

十二　収益事業を行う場合には、その種類

十三　解散に関する事項

十四　定款の変更に関する事項

十五　公告の方法

２　前項の定款は、電磁的記録（電子的方式、磁気的方式その他人の知覚によつては認識することができない方式で作られる記録であつて、電子計算機による情報処理の

用に供されるものとして厚生労働省令で定めるものをいう。以下同じ。）をもつて作成することができる。
3 設立当初の役員及び評議員は、定款で定めなければならない。
4 設立しようとする社会福祉法人が会計監査人設置社会福祉法人（会計監査人を置く社会福祉法人又はこの法律の規定により会計監査人を置かなければならない社会福祉法人をいう。以下同じ。）であるときは、設立当初の会計監査人は、定款で定めなければならない。
5 第一項第五号の評議員に関する事項として、理事又は理事会が評議員を選任し、又は解任する旨の定款の定めは、その効力を有しない。
6 第一項第十三号に掲げる事項中に、残余財産の帰属すべき者に関する規定を設ける場合には、その者は、社会福祉法人その他社会福祉事業を行う者のうちから選定されるようにしなければならない。

（認可）

第三二条 所轄庁は、前条第一項の規定による認可の申請があつたときは、当該申請に係る社会福祉法人の資産が第二十五条の要件に該当しているかどうか、その定款の内容及び設立の手続が、法令の規定に違反していないかどうか等を審査した上で、当該定款の認可を決定しなければならない。

（定款の補充）

第三三条 社会福祉法人を設立しようとする者が、第三十一条第一項第二号から第十五号までの各号に掲げる事項を定めないで死亡した場合には、厚生労働大臣は、利害関係人の請求により又は職権で、これらの事項を定めなければならない。

（成立の時期）

第三四条 社会福祉法人は、その主たる事務所の所在地において設立の登記をすることによつて成立する。

（定款の備置き及び閲覧等）

第三四条の二 社会福祉法人は、第三十一条第一項の認可を受けたときは、その定款をその主たる事務所及び従たる事務所に備えて置かなければならない。
2 評議員及び債権者は、社会福祉法人の業務時間内は、いつでも、次に掲げる請求をすることができる。ただし、債権者が第二号又は第四号に掲げる請求をするには、当該社会福祉法人の定めた費用を支払わなければならない。
一 定款が書面をもつて作成されているときは、当該書面の閲覧の請求
二 前号の書面の謄本又は抄本の交付の請求
三 定款が電磁的記録をもつて作成されているときは、当該電磁的記録に記録された事項を厚生労働省令で定める方法により表示したものの閲覧の請求
四 前号の電磁的記録に記録された事項を電磁的方法（電子情報処理組織を使用する方法その他の情報通信の技術を利用する方法であつて厚生労働省令で定めるものをいう。以下同じ。）であつて当該社会福祉法人の定めたものにより提供することの請求又はその事項を記載した書面の交付の請求
3 何人（評議員及び債権者を除く。）も、社会福祉法人の業務時間内は、いつでも、次に掲げる請求をすることができる。この場合においては、当該社会福祉法人は、正当な理由がないのにこれを拒んではならない。
一 定款が書面をもつて作成されているときは、当該書面の閲覧の請求
二 定款が電磁的記録をもつて作成されているときは、当該電磁的記録に記録された事項を厚生労働省令で定める方法により表示したものの閲覧の請求
4 定款が電磁的記録をもつて作成されている場合であつて、従たる事務所における第二項第三号及び第四号並びに前項第二号に掲げる請求に応じることを可能とするための措置として厚生労働省令で定めるものを

とつている社会福祉法人についての第一項の規定の適用については、同項中「主たる事務所及び従たる事務所」とあるのは、「主たる事務所」とする。

（準用規定）
第三五条 一般社団法人及び一般財団法人に関する法律（平成十八年法律第四十八号）第百五十八条及び第百六十四条の規定は、社会福祉法人の設立について準用する。

2 一般社団法人及び一般財団法人に関する法律第二百六十四条第一項（第一号に係る部分に限る。）及び第二項（第一号に係る部分に限る。）、第二百六十九条（第一号に係る部分に限る。）、第二百七十条、第二百七十二条から第二百七十四条まで並びに第二百七十七条の規定は、社会福祉法人の設立の無効の訴えについて準用する。この場合において、同法第二百六十四条第二項第一号中「社員等（社員、評議員、理事、監事又は清算人をいう。以下この款において同じ。）」とあるのは、「評議員、理事、監事又は清算人」と読み替えるものとする。

第三節 機関

第一款 機関の設置

（機関の設置）
第三六条 社会福祉法人は、評議員、評議員会、理事、理事会及び監事を置かなければならない。

2 社会福祉法人は、定款の定めによつて、会計監査人を置くことができる。

（会計監査人の設置義務）
第三七条 特定社会福祉法人（その事業の規模が政令で定める基準を超える社会福祉法人をいう。第四十六条の五第三項において同じ。）は、会計監査人を置かなければならない。

第二款 評議員等の選任及び解任

（社会福祉法人と評議員等との関係）
第三八条 社会福祉法人と評議員、役員及び会計監査人との関係は、委任に関する規定に従う。

（評議員の選任）
第三九条 評議員は、社会福祉法人の適正な運営に必要な識見を有する者のうちから、定款の定めるところにより、選任する。

（評議員の資格等）
第四〇条 次に掲げる者は、評議員となることができない。

一 法人

二 心身の故障のため職務を適正に執行することができない者として厚生労働省令で定めるもの

三 生活保護法、児童福祉法、老人福祉法、身体障害者福祉法又はこの法律の規定に違反して刑に処せられ、その執行を終わり、又は執行を受けることがなくなるまでの者

四 前号に該当する者を除くほか、禁錮以上の刑に処せられ、その執行を終わり、又は執行を受けることがなくなるまでの者

五 第五十六条第八項の規定による所轄庁の解散命令により解散を命ぜられた社会福祉法人の解散当時の役員

六 暴力団員による不当な行為の防止等に関する法律（平成三年法律第七十七号）第二条第六号に規定する暴力団員（以下この号において「暴力団員」という。）又は暴力団員でなくなつた日から五年を経過しない者（第百二十八条第一号ニ及び第三号において「暴力団員等」という。）

2 評議員は、役員又は当該社会福祉法人の職員を兼ねることができない。

3 評議員の数は、定款で定めた理事の員数を超える数でなければならない。

4 評議員のうちには、各評議員について、その配偶者又は三親等以内の親族その他各評議員と厚生労働省令で定める特殊の関係がある者が含まれることになつてはならない。

5 評議員のうちには、各役員について、その配偶者又は三親等以内の親族その他各役員と厚生労働省令で定める特殊の関係がある者が含まれることになつてはならない。

注　第四〇条は、令和四年六月一七日法律第六八号により次のように改正され、令和四年六月一七日から起算して三年を超えない範囲内において政令で定める日から施行される。
　第四十条第一項第四号中「禁錮」を「拘禁刑」に改める。

（評議員の任期）

第四一条　評議員の任期は、選任後四年以内に終了する会計年度のうち最終のものに関する定時評議員会の終結の時までとする。ただし、定款によつて、その任期を選任後六年以内に終了する会計年度のうち最終のものに関する定時評議員会の終結の時まで伸長することを妨げない。

2　前項の規定は、定款によつて、任期の満了前に退任した評議員の補欠として選任された評議員の任期を退任した評議員の任期の満了する時までとすることを妨げない。

（評議員に欠員を生じた場合の措置）

第四二条　この法律又は定款で定めた評議員の員数が欠けた場合には、任期の満了又は辞任により退任した評議員は、新たに選任された評議員（次項の一時評議員の職務を行うべき者を含む。）が就任するまで、なお評議員としての権利義務を有する。

2　前項に規定する場合において、事務が遅滞することにより損害を生ずるおそれがあるときは、所轄庁は、利害関係人の請求により又は職権で、一時評議員の職務を行うべき者を選任することができる。

（役員等の選任）

第四三条　役員及び会計監査人は、評議員会の決議によつて選任する。

2　前項の決議をする場合には、厚生労働省令で定めるところにより、この法律又は定款で定めた役員の員数を欠くこととなるときに備えて補欠の役員を選任することができる。

3　一般社団法人及び一般財団法人に関する法律第七十二条、第七十三条第一項及び第七十四条の規定は、社会福祉法人について準用する。この場合において、同法第七十二条及び第七十三条第一項中「社員総会」とあるのは「評議員会」と、同項中「監事が」とあるのは「監事の過半数をもつて」と、同法第七十四条中「社員総会」とあるのは「評議員会」と読み替えるものとするほか、必要な技術的読替えは、政令で定める。

（役員の資格等）

第四四条　第四十条第一項の規定は、役員について準用する。

2　監事は、理事又は当該社会福祉法人の職員を兼ねることができない。

3　理事は六人以上、監事は二人以上でなければならない。

4　理事のうちには、次に掲げる者が含まれなければならない。

一　社会福祉事業の経営に関する識見を有する者

二　当該社会福祉法人が行う事業の区域における福祉に関する実情に通じている者

三　当該社会福祉法人が施設を設置している場合にあつては、当該施設の管理者

5　監事のうちには、次に掲げる者が含まれなければならない。

一　社会福祉事業について識見を有する者

二　財務管理について識見を有する者

6　理事のうちには、各理事について、その配偶者若しくは三親等以内の親族その他各理事と厚生労働省令で定める特殊の関係がある者が三人を超えて含まれ、又は当該理事並びにその配偶者及び三親等以内の親族その他各理事と厚生労働省令で定める特殊の関係がある者が理事の総数の三分の一を超えて含まれることになつてはならない。

7　監事のうちには、各役員について、その配偶者又は三親等以内の親族その他各役員と厚生労働省令で定める特殊の関係がある者が含まれることになつてはならない。

（役員の任期）

第四五条　役員の任期は、選任後二年以内に

終了する会計年度のうち最終のものに関する定時評議員会の終結の時までとする。ただし、定款によつて、その任期を短縮することを妨げない。

（会計監査人の資格等）

第四五条の二　会計監査人は、公認会計士（外国公認会計士（公認会計士法（昭和二十三年法律第百三号）第十六条の二第五項に規定する外国公認会計士をいう。）を含む。以下同じ。）又は監査法人でなければならない。

2　会計監査人に選任された監査法人は、その社員の中から会計監査人の職務を行うべき者を選定し、これを社会福祉法人に通知しなければならない。

3　公認会計士法の規定により、計算書類（第四十五条の二十七第二項に規定する計算書類をいう。第四十五条の十九第一項及び第四十五条の二十一第二項第一号イにおいて同じ。）について監査をすることができない者は、会計監査人となることができない。

（会計監査人の任期）

第四五条の三　会計監査人の任期は、選任後一年以内に終了する会計年度のうち最終のものに関する定時評議員会の終結の時までとする。

2　会計監査人は、前項の定時評議員会において別段の決議がされなかつたときは、当該定時評議員会において再任されたものとみなす。

3　前二項の規定にかかわらず、会計監査人設置社会福祉法人が会計監査人を置く旨の定款の定めを廃止する定款の変更をした場合には、会計監査人の任期は、当該定款の変更の効力が生じた時に満了する。

（役員又は会計監査人の解任等）

第四五条の四　役員が次のいずれかに該当するときは、評議員会の決議によつて、当該役員を解任することができる。

一　職務上の義務に違反し、又は職務を怠つたとき。

二　心身の故障のため、職務の執行に支障があり、又はこれに堪えないとき。

2　会計監査人が次条第一項各号のいずれかに該当するときは、評議員会の決議によつて、当該会計監査人を解任することができる。

3　一般社団法人及び一般財団法人に関する法律第二百八十四条（第二号に係る部分に限る。）、第二百八十五条及び第二百八十六条の規定は、役員又は評議員の解任の訴えについて準用する。

（監事による会計監査人の解任）

第四五条の五　監事は、会計監査人が次のいずれかに該当するときは、当該会計監査人を解任することができる。

一　職務上の義務に違反し、又は職務を怠つたとき。

二　会計監査人としてふさわしくない非行があつたとき。

三　心身の故障のため、職務の執行に支障があり、又はこれに堪えないとき。

2　前項の規定による解任は、監事の全員の同意によつて行わなければならない。

3　第一項の規定により会計監査人を解任したときは、監事の互選によつて定めた監事は、その旨及び解任の理由を解任後最初に招集される評議員会に報告しなければならない。

（役員等に欠員を生じた場合の措置）

第四五条の六　この法律又は定款で定めた役員の員数が欠けた場合には、任期の満了又は辞任により退任した役員は、新たに選任された役員（次項の一時役員の職務を行うべき者を含む。）が就任するまで、なお役員としての権利義務を有する。

2　前項に規定する場合において、事務が遅滞することにより損害を生ずるおそれがあるときは、所轄庁は、利害関係人の請求により又は職権で、一時役員の職務を行うべき者を選任することができる。

3　会計監査人が欠けた場合又は定款で定めた会計監査人の員数が欠けた場合におい

て、遅滞なく会計監査人が選任されないときは、監事は、一時会計監査人の職務を行うべき者を選任しなければならない。

4　第四十五条の二及び前条の規定は、前項の一時会計監査人の職務を行うべき者について準用する。

（役員の欠員補充）

第四五条の七　理事のうち、定款で定めた理事の員数の三分の一を超える者が欠けたときは、遅滞なくこれを補充しなければならない。

2　前項の規定は、監事について準用する。

第三款　評議員及び評議員会

（評議員会の権限等）

第四五条の八　評議員会は、全ての評議員で組織する。

2　評議員会は、この法律に規定する事項及び定款で定めた事項に限り、決議をすることができる。

3　この法律の規定により評議員会の決議を必要とする事項について、理事、理事会その他の評議員会以外の機関が決定することができることを内容とする定款の定めは、その効力を有しない。

4　一般社団法人及び一般財団法人に関する法律第百八十四条から第百八十六条まで及び第百九十六条の規定は、評議員について準用する。この場合において、必要な技術的読替えは、政令で定める。

（評議員会の運営）

第四五条の九　定時評議員会は、毎会計年度の終了後一定の時期に招集しなければならない。

2　評議員会は、必要がある場合には、いつでも、招集することができる。

3　評議員会は、第五項の規定により招集する場合を除き、理事が招集する。

4　評議員は、理事に対し、評議員会の目的である事項及び招集の理由を示して、評議員会の招集を請求することができる。

5　次に掲げる場合には、前項の規定による請求をした評議員は、所轄庁の許可を得て、評議員会を招集することができる。

一　前項の規定による請求の後遅滞なく招集の手続が行われない場合

二　前項の規定による請求があつた日から六週間（これを下回る期間を定款で定めた場合にあつては、その期間）以内の日を評議員会の日とする評議員会の招集の通知が発せられない場合

6　評議員会の決議は、議決に加わることができる評議員の過半数（これを上回る割合を定款で定めた場合にあつては、その割合以上）が出席し、その過半数（これを上回る割合を定款で定めた場合にあつては、その割合以上）をもつて行う。

7　前項の規定にかかわらず、次に掲げる評議員会の決議は、議決に加わることができる評議員の三分の二（これを上回る割合を定款で定めた場合にあつては、その割合）以上に当たる多数をもつて行わなければならない。

一　第四十五条の四第一項の評議員会（監事を解任する場合に限る。）

二　第四十五条の二十二の二において準用する一般社団法人及び一般財団法人に関する法律第百十三条第一項の評議員会

三　第四十五条の三十六第一項の評議員会

四　第四十六条第一項第一号の評議員会

五　第五十二条、第五十四条の二第一項及び第五十四条の八の評議員会

8　前二項の決議について特別の利害関係を有する評議員は、議決に加わることができない。

9　評議員会は、次項において準用する一般社団法人及び一般財団法人に関する法律第百八十一条第一項第二号に掲げる事項以外の事項については、決議をすることができない。ただし、第四十五条の十九第六項において準用する同法第百九条第二項の会計監査人の出席を求めることについては、この限りでない。

10　一般社団法人及び一般財団法人に関する法律第百八十一条から第百八十三条まで及

び第百九十二条の規定は評議員会の招集について、同法第百九十四条の規定は評議員会の決議について、同法第百九十五条の規定は評議員会への報告について、それぞれ準用する。この場合において、同法第百八十一条第一項第三号及び第百九十四条第三項第二号中「法務省令」とあるのは、「厚生労働省令」と読み替えるものとするほか、必要な技術的読替えは、政令で定める。

（理事等の説明義務）

第四五条の一〇　理事及び監事は、評議員会において、評議員から特定の事項について説明を求められた場合には、当該事項について必要な説明をしなければならない。ただし、当該事項が評議員会の目的である事項に関しないものである場合その他正当な理由がある場合として厚生労働省令で定める場合は、この限りでない。

（議事録）

第四五条の一一　評議員会の議事については、厚生労働省令で定めるところにより、議事録を作成しなければならない。

2　社会福祉法人は、評議員会の日から十年間、前項の議事録をその主たる事務所に備え置かなければならない。

3　社会福祉法人は、評議員会の日から五年間、第一項の議事録の写しをその従たる事務所に備え置かなければならない。ただし、当該議事録が電磁的記録をもって作成されている場合であって、従たる事務所における次項第二号に掲げる請求に応じることを可能とするための措置として厚生労働省令で定めるものをとっているときは、この限りでない。

4　評議員及び債権者は、社会福祉法人の業務時間内は、いつでも、次に掲げる請求をすることができる。

一　第一項の議事録が書面をもって作成されているときは、当該書面又は当該書面の写しの閲覧又は謄写の請求

二　第一項の議事録が電磁的記録をもって作成されているときは、当該電磁的記録に記録された事項を厚生労働省令で定める方法により表示したものの閲覧又は謄写の請求

（評議員会の決議の不存在若しくは無効の確認又は取消しの訴え）

第四五条の一二　一般社団法人及び一般財団法人に関する法律第二百六十五条、第二百六十六条第一項（第三号に係る部分を除く。）及び第二項、第二百六十九条（第四号及び第五号に係る部分に限る。）、第二百七十条、第二百七十一条第一項及び第三項、第二百七十二条、第二百七十三条並びに第二百七十七条の規定は、評議員会の決議の不存在若しくは無効の確認又は取消しの訴えについて準用する。この場合において、同法第二百六十五条第一項中「社員総会又は評議員会（以下この款及び第三百十五条第一項第一号ロにおいて「社員総会等」という。）」とあり、及び同条第二項中「社員総会等」とあるのは「評議員会」と、同法第二百六十六条第一項中「社員等」とあるのは「評議員、理事、監事又は清算人」と、「、社員総会等」とあるのは「、評議員会」と、同項第一号及び第二号並びに同条第二項中「社員総会等」とあるのは「評議員会」と、同法第二百七十一条第一項中「社員」とあるのは「債権者」と読み替えるものとするほか、必要な技術的読替えは、政令で定める。

第四款　理事及び理事会

（理事会の権限等）

第四五条の一三　理事会は、全ての理事で組織する。

2　理事会は、次に掲げる職務を行う。

一　社会福祉法人の業務執行の決定

二　理事の職務の執行の監督

三　理事長の選定及び解職

3　理事会は、理事の中から理事長一人を選定しなければならない。

4　理事会は、次に掲げる事項その他の重要な業務執行の決定を理事に委任することができない。

一　重要な財産の処分及び譲受け
二　多額の借財
三　重要な役割を担う職員の選任及び解任
四　従たる事務所その他の重要な組織の設置、変更及び廃止
五　理事の職務の執行が法令及び定款に適合することを確保するための体制その他社会福祉法人の業務の適正を確保するために必要なものとして厚生労働省令で定める体制の整備
六　第四十五条の二十二の二において準用する一般社団法人及び一般財団法人に関する法律第百十四条第一項の規定による定款の定めに基づく第四十五条の二十第一項の責任の免除

5　その事業の規模が政令で定める基準を超える社会福祉法人においては、理事会は、前項第五号に掲げる事項を決定しなければならない。

（理事会の運営）

第四五条の一四　理事会は、各理事が招集する。ただし、理事会を招集する理事を定款又は理事会で定めたときは、その理事が招集する。

2　前項ただし書に規定する場合には、同項ただし書の規定により定められた理事（以下この項において「招集権者」という。）以外の理事は、招集権者に対し、理事会の目的である事項を示して、理事会の招集を請求することができる。

3　前項の規定による請求があつた日から五日以内に、その請求があつた日から二週間以内の日を理事会の日とする理事会の招集の通知が発せられない場合には、その請求をした理事は、理事会を招集することができる。

4　理事会の決議は、議決に加わることができる理事の過半数（これを上回る割合を定款で定めた場合にあつては、その割合以上）が出席し、その過半数（これを上回る割合を定款で定めた場合にあつては、その割合以上）をもつて行う。

5　前項の決議について特別の利害関係を有する理事は、議決に加わることができない。

6　理事会の議事については、厚生労働省令で定めるところにより、議事録を作成し、議事録が書面をもつて作成されているときは、出席した理事（定款で議事録に署名し、又は記名押印しなければならない者を当該理事会に出席した理事長とする旨の定めがある場合にあつては、当該理事長）及び監事は、これに署名し、又は記名押印しなければならない。

7　前項の議事録が電磁的記録をもつて作成されている場合における当該電磁的記録に記録された事項については、厚生労働省令で定める署名又は記名押印に代わる措置をとらなければならない。

8　理事会の決議に参加した理事であつて第六項の議事録に異議をとどめないものは、その決議に賛成したものと推定する。

9　一般社団法人及び一般財団法人に関する法律第九十四条の規定は理事会の招集について、同法第九十六条の規定は理事会の決議について、同法第九十八条の規定は理事会への報告について、それぞれ準用する。この場合において、必要な技術的読替えは、政令で定める。

（議事録等）

第四五条の一五　社会福祉法人は、理事会の日（前条第九項において準用する一般社団法人及び一般財団法人に関する法律第九十六条の規定により理事会の決議があつたものとみなされた日を含む。）から十年間、前条第六項の議事録又は同条第九項において準用する同法第九十六条の意思表示を記載し、若しくは記録した書面若しくは電磁的記録（以下この条において「議事録等」という。）をその主たる事務所に備え置かなければならない。

2　評議員は、社会福祉法人の業務時間内は、いつでも、次に掲げる請求をすることができる。

一　議事録等が書面をもつて作成されてい

るときは、当該書面の閲覧又は謄写の請求

二　議事録等が電磁的記録をもつて作成されているときは、当該電磁的記録に記録された事項を厚生労働省令で定める方法により表示したものの閲覧又は謄写の請求

3　債権者は、理事又は監事の責任を追及するため必要があるときは、裁判所の許可を得て、議事録等について前項各号に掲げる請求をすることができる。

4　裁判所は、前項の請求に係る閲覧又は謄写をすることにより、当該社会福祉法人に著しい損害を及ぼすおそれがあると認めるときは、同項の許可をすることができない。

5　一般社団法人及び一般財団法人に関する法律第二百八十七条第一項、第二百八十八条、第二百八十九条（第一号に係る部分に限る。）、第二百九十条本文、第二百九十一条（第二号に係る部分に限る。）、第二百九十二条本文、第二百九十四条及び第二百九十五条の規定は、第三項の許可について準用する。

（理事の職務及び権限等）

第四五条の一六　理事は、法令及び定款を遵守し、社会福祉法人のため忠実にその職務を行わなければならない。

2　次に掲げる理事は、社会福祉法人の業務を執行する。

一　理事長

二　理事長以外の理事であつて、理事会の決議によつて社会福祉法人の業務を執行する理事として選定されたもの

3　前項各号に掲げる理事は、三月に一回以上、自己の職務の執行の状況を理事会に報告しなければならない。ただし、定款で毎会計年度に四月を超える間隔で二回以上その報告をしなければならない旨を定めた場合は、この限りでない。

4　一般社団法人及び一般財団法人に関する法律第八十四条、第八十五条、第八十八条（第二項を除く。）、第八十九条及び第九十二条第二項の規定は、理事について準用する。この場合において、同法第八十四条第一項中「社員総会」とあるのは「理事会」と、同法第八十八条の見出し及び同条第一項中「社員」とあるのは「評議員」と、「著しい」とあるのは「回復することができない」と、同法第八十九条中「社員総会」とあるのは「評議員会」と読み替えるものとするほか、必要な技術的読替えは、政令で定める。

（理事長の職務及び権限等）

第四五条の一七　理事長は、社会福祉法人の業務に関する一切の裁判上又は裁判外の行為をする権限を有する。

2　前項の権限に加えた制限は、善意の第三者に対抗することができない。

3　第四十五条の六第一項及び第二項並びに一般社団法人及び一般財団法人に関する法律第七十八条及び第八十二条の規定は理事長について、同法第八十条の規定は民事保全法（平成元年法律第九十一号）第五十六条に規定する仮処分命令により選任された理事又は理事長の職務を代行する者について、それぞれ準用する。この場合において、第四十五条の六第一項中「この法律又は定款で定めた役員の員数が欠けた場合」とあるのは、「理事長が欠けた場合」と読み替えるものとする。

第五款　監事

第四五条の一八　監事は、理事の職務の執行を監査する。この場合において、監事は、厚生労働省令で定めるところにより、監査報告を作成しなければならない。

2　監事は、いつでも、理事及び当該社会福祉法人の職員に対して事業の報告を求め、又は当該社会福祉法人の業務及び財産の状況の調査をすることができる。

3　一般社団法人及び一般財団法人に関する法律第百条から第百三条まで、第百四条第一項、第百五条及び第百六条の規定は、監事について準用する。この場合において、同法第百二条（見出しを含む。）中「社員総

会」とあるのは「評議員会」と、同条中「法務省令」とあるのは「厚生労働省令」と、同法第百五条中「社員総会」とあるのは「評議員会」と読み替えるものとするほか、必要な技術的読替えは、政令で定める。

第六款　会計監査人

第四五条の一九　会計監査人は、次節の定めるところにより、社会福祉法人の計算書類及びその附属明細書を監査する。この場合において、会計監査人は、厚生労働省令で定めるところにより、会計監査報告を作成しなければならない。

2　会計監査人は、前項の規定によるもののほか、財産目録その他の厚生労働省令で定める書類を監査する。この場合において、会計監査人は、会計監査報告に当該監査の結果を併せて記載し、又は記録しなければならない。

3　会計監査人は、いつでも、次に掲げるものの閲覧及び謄写をし、又は理事及び当該会計監査人設置社会福祉法人の職員に対し、会計に関する報告を求めることができる。

一　会計帳簿又はこれに関する資料が書面をもつて作成されているときは、当該書面

二　会計帳簿又はこれに関する資料が電磁的記録をもつて作成されているときは、当該電磁的記録に記録された事項を厚生労働省令で定める方法により表示したもの

4　会計監査人は、その職務を行うため必要があるときは、会計監査人設置社会福祉法人の業務及び財産の状況の調査をすることができる。

5　会計監査人は、その職務を行うに当たつては、次のいずれかに該当する者を使用してはならない。

一　第四十五条の二第三項に規定する者

二　理事、監事又は当該会計監査人設置社会福祉法人の職員である者

三　会計監査人設置社会福祉法人から公認会計士又は監査法人の業務以外の業務により継続的な報酬を受けている者

6　一般社団法人及び一般財団法人に関する法律第百八条から第百十条までの規定は、会計監査人について準用する。この場合において、同法第百九条（見出しを含む。）中「定時社員総会」とあるのは、「定時評議員会」と読み替えるものとするほか、必要な技術的読替えは、政令で定める。

第七款　役員等の損害賠償責任等

（役員等又は評議員の社会福祉法人に対する損害賠償責任）

第四五条の二〇　理事、監事若しくは会計監査人（以下この款において「**役員等**」という。）又は評議員は、その任務を怠つたときは、社会福祉法人に対し、これによつて生じた損害を賠償する責任を負う。

2　理事が第四十五条の十六第四項において準用する一般社団法人及び一般財団法人に関する法律第八十四条第一項の規定に違反して同項第一号の取引をしたときは、当該取引によつて理事又は第三者が得た利益の額は、前項の損害の額と推定する。

3　第四十五条の十六第四項において準用する一般社団法人及び一般財団法人に関する法律第八十四条第一項第二号又は第三号の取引によつて社会福祉法人に損害が生じたときは、次に掲げる理事は、その任務を怠つたものと推定する。

一　第四十五条の十六第四項において準用する一般社団法人及び一般財団法人に関する法律第八十四条第一項の理事

二　社会福祉法人が当該取引をすることを決定した理事

三　当該取引に関する理事会の承認の決議に賛成した理事

（役員等又は評議員の第三者に対する損害賠償責任）

第四五条の二一　役員等又は評議員がその職務を行うについて悪意又は重大な過失があつたときは、当該役員等又は評議員は、これによつて第三者に生じた損害を賠償する

責任を負う。

2　次の各号に掲げる者が、当該各号に定める行為をしたときも、前項と同様とする。ただし、その者が当該行為をすることについて注意を怠らなかつたことを証明したときは、この限りでない。

一　理事　次に掲げる行為

イ　計算書類及び事業報告並びにこれらの附属明細書に記載し、又は記録すべき重要な事項についての虚偽の記載又は記録

ロ　虚偽の登記

ハ　虚偽の公告

二　監事　監査報告に記載し、又は記録すべき重要な事項についての虚偽の記載又は記録

三　会計監査人　会計監査報告に記載し、又は記録すべき重要な事項についての虚偽の記載又は記録

（役員等又は評議員の連帯責任）

第四五条の二二　役員等又は評議員が社会福祉法人又は第三者に生じた損害を賠償する責任を負う場合において、他の役員等又は評議員も当該損害を賠償する責任を負うときは、これらの者は、連帯債務者とする。

（準用規定）

第四五条の二二の二　一般社団法人及び一般財団法人に関する法律第百十二条から第百十六条までの規定は第四十五条の二十第一項の責任について、同法第百十八条の二及び第百十八条の三の規定は社会福祉法人について、それぞれ準用する。この場合において、同法第百十二条中「総社員」とあるのは「総評議員」と、同法第百十三条第一項中「社員総会」とあるのは「評議員会」と、同項第二号中「法務省令」とあるのは「厚生労働省令」と、同号イ及びロ中「代表理事」とあるのは「理事長」と、同条第二項及び第三項中「社員総会」とあるのは「評議員会」と、同条第四項中「法務省令」とあるのは「厚生労働省令」と、「社員総会」とあるのは「評議員会」と、同法第百十四条第二項中「社員総会」とあるのは「評議員会」と、「限る。）」について の理事の同意を得る場合及び当該責任の免除」とあるのは「限る。）」と、同条第三項中「社員」とあるのは「評議員」と、同条第四項中「総社員（前項の責任を負う役員等であるものを除く。）の議決権」とあるのは「総評議員」と、「議決権を有する社員が同項」とあるのは「評議員が前項」と、同法第百十五条第一項中「代表理事」とあるのは「理事長」と、同条第三項及び第四項中「社員総会」とあるのは「評議員会」と、同法第百十八条の二第一項中「社員総会（理事会設置一般社団法人にあっては、理事会）」とあるのは「理事会」と、同法第百十八条の三第一項中「法務省令」とあるのは「厚生労働省令」と、「社員総会（理事会設置一般社団法人にあっては、理事会）」とあるのは「理事会」と読み替えるものとするほか、必要な技術的読替えは、政令で定める。

第四節　計算

第一款　会計の原則等

第四五条の二三　社会福祉法人は、厚生労働省令で定める基準に従い、会計処理を行わなければならない。

2　社会福祉法人の会計年度は、四月一日に始まり、翌年三月三十一日に終わるものとする。

第二款　会計帳簿

（会計帳簿の作成及び保存）

第四五条の二四　社会福祉法人は、厚生労働省令で定めるところにより、適時に、正確な会計帳簿を作成しなければならない。

2　社会福祉法人は、会計帳簿の閉鎖の時から十年間、その会計帳簿及びその事業に関する重要な資料を保存しなければならない。

（会計帳簿の閲覧等の請求）

第四五条の二五　評議員は、社会福祉法人の業務時間内は、いつでも、次に掲げる請求をすることができる。

一　会計帳簿又はこれに関する資料が書面をもつて作成されているときは、当該書面の閲覧又は謄写の請求
二　会計帳簿又はこれに関する資料が電磁的記録をもつて作成されているときは、当該電磁的記録に記録された事項を厚生労働省令で定める方法により表示したものの閲覧又は謄写の請求

（会計帳簿の提出命令）

第四五条の二六　裁判所は、申立てにより又は職権で、訴訟の当事者に対し、会計帳簿の全部又は一部の提出を命ずることができる。

第三款　計算書類等

（計算書類等の作成及び保存）

第四五条の二七　社会福祉法人は、厚生労働省令で定めるところにより、その成立の日における貸借対照表を作成しなければならない。

2　社会福祉法人は、毎会計年度終了後三月以内に、厚生労働省令で定めるところにより、各会計年度に係る計算書類（貸借対照表及び収支計算書をいう。以下この款において同じ。）及び事業報告並びにこれらの附属明細書を作成しなければならない。

3　計算書類及び事業報告並びにこれらの附属明細書は、電磁的記録をもつて作成することができる。

4　社会福祉法人は、計算書類を作成した時から十年間、当該計算書類及びその附属明細書を保存しなければならない。

（計算書類等の監査等）

第四五条の二八　前条第二項の計算書類及び事業報告並びにこれらの附属明細書は、厚生労働省令で定めるところにより、監事の監査を受けなければならない。

2　前項の規定にかかわらず、会計監査人設置社会福祉法人においては、次の各号に掲げるものは、厚生労働省令で定めるところにより、当該各号に定める者の監査を受けなければならない。
一　前条第二項の計算書類及びその附属明細書　監事及び会計監査人
二　前条第二項の事業報告及びその附属明細書　監事

3　第一項又は前項の監査を受けた計算書類及び事業報告並びにこれらの附属明細書は、理事会の承認を受けなければならない。

（計算書類等の評議員への提供）

第四五条の二九　理事は、定時評議員会の招集の通知に際して、厚生労働省令で定めるところにより、評議員に対し、前条第三項の承認を受けた計算書類及び事業報告並びに監査報告（同条第二項の規定の適用がある場合にあつては、会計監査報告を含む。）を提供しなければならない。

（計算書類等の定時評議員会への提出等）

第四五条の三〇　理事は、第四十五条の二十八第三項の承認を受けた計算書類及び事業報告を定時評議員会に提出し、又は提供しなければならない。

2　前項の規定により提出され、又は提供された計算書類は、定時評議員会の承認を受けなければならない。

3　理事は、第一項の規定により提出され、又は提供された事業報告の内容を定時評議員会に報告しなければならない。

（会計監査人設置社会福祉法人の特則）

第四五条の三一　会計監査人設置社会福祉法人については、第四十五条の二十八第三項の承認を受けた計算書類が法令及び定款に従い社会福祉法人の財産及び収支の状況を正しく表示しているものとして厚生労働省令で定める要件に該当する場合には、前条第二項の規定は、適用しない。この場合においては、理事は、当該計算書類の内容を定時評議員会に報告しなければならない。

（計算書類等の備置き及び閲覧等）

第四五条の三二　社会福祉法人は、計算書類等（各会計年度に係る計算書類及び事業報告並びにこれらの附属明細書並びに監査報告（第四十五条の二十八第二項の規定の適用がある場合にあつては、会計監査報告を含む。）をいう。以下この条において同じ。）を

を、定時評議員会の日の二週間前の日（第四十五条の九第十項において準用する一般社団法人及び一般財団法人に関する法律第百九十四条第一項の場合にあつては、同項の提案があつた日）から五年間、その主たる事務所に備え置かなければならない。

2　社会福祉法人は、計算書類等の写しを、定時評議員会の日の二週間前の日（第四十五条の九第十項において準用する一般社団法人及び一般財団法人に関する法律第百九十四条第一項の場合にあつては、同項の提案があつた日）から三年間、その従たる事務所に備え置かなければならない。ただし、計算書類等が電磁的記録で作成されている場合であつて、従たる事務所における次項第三号及び第四号並びに第四項第二号に掲げる請求に応じることを可能とするための措置として厚生労働省令で定めるものをとつているときは、この限りでない。

3　評議員及び債権者は、社会福祉法人の業務時間内は、いつでも、次に掲げる請求をすることができる。ただし、債権者が第二号又は第四号に掲げる請求をするには、当該社会福祉法人の定めた費用を支払わなければならない。

一　計算書類等が書面をもつて作成されているときは、当該書面又は当該書面の写しの閲覧の請求

二　前号の書面の謄本又は抄本の交付の請求

三　計算書類等が電磁的記録をもつて作成されているときは、当該電磁的記録に記録された事項を厚生労働省令で定める方法により表示したものの閲覧の請求

四　前号の電磁的記録に記録された事項を電磁的方法であつて社会福祉法人の定めたものにより提供することの請求又はその事項を記載した書面の交付の請求

4　何人（評議員及び債権者を除く。）も、社会福祉法人の業務時間内は、いつでも、次に掲げる請求をすることができる。この場合においては、当該社会福祉法人は、正当な理由がないのにこれを拒んではならない。

一　計算書類等が書面をもつて作成されているときは、当該書面又は当該書面の写しの閲覧の請求

二　計算書類等が電磁的記録をもつて作成されているときは、当該電磁的記録に記録された事項を厚生労働省令で定める方法により表示したものの閲覧の請求

（計算書類等の提出命令）

第四五条の三三　裁判所は、申立てにより又は職権で、訴訟の当事者に対し、計算書類及びその附属明細書の全部又は一部の提出を命ずることができる。

（財産目録の備置き及び閲覧等）

第四五条の三四　社会福祉法人は、毎会計年度終了後三月以内に（社会福祉法人が成立した日の属する会計年度にあつては、当該成立した日以後遅滞なく）、厚生労働省令で定めるところにより、次に掲げる書類を作成し、当該書類を五年間その主たる事務所に、その写しを三年間その従たる事務所に備え置かなければならない。

一　財産目録

二　役員等名簿（理事、監事及び評議員の氏名及び住所を記載した名簿をいう。第四項において同じ。）

三　報酬等（報酬、賞与その他の職務遂行の対価として受ける財産上の利益及び退職手当をいう。次条及び第五十九条の二第一項第二号において同じ。）の支給の基準を記載した書類

四　事業の概要その他の厚生労働省令で定める事項を記載した書類

2　前項各号に掲げる書類（以下この条において「財産目録等」という。）は、電磁的記録をもつて作成することができる。

3　何人も、社会福祉法人の業務時間内は、いつでも、財産目録等について、次に掲げる請求をすることができる。この場合においては、当該社会福祉法人は、正当な理由がないのにこれを拒んではならない。

一　財産目録等が書面をもつて作成されているときは、当該書面又は当該書面の写しの閲覧の請求

二　財産目録等が電磁的記録をもつて作成されているときは、当該電磁的記録に記録された事項を厚生労働省令で定める方法により表示したものの閲覧の請求

4　前項の規定にかかわらず、社会福祉法人は、役員等名簿について当該社会福祉法人の評議員以外の者から同項各号に掲げる請求があつた場合には、役員等名簿に記載され、又は記録された事項中、個人の住所に係る記載又は記録の部分を除外して、同項各号の閲覧をさせることができる。

5　財産目録等が電磁的記録をもつて作成されている場合であつて、その従たる事務所における第三項第二号に掲げる請求に応じることを可能とするための措置として厚生労働省令で定めるものをとつている社会福祉法人についての第一項の規定の適用については、同項中「主たる事務所に、その写しを三年間その従たる事務所」とあるのは、「主たる事務所」とする。

（報酬等）

第四五条の三五　社会福祉法人は、理事、監事及び評議員に対する報酬等について、厚生労働省令で定めるところにより、民間事業者の役員の報酬等及び従業員の給与、当該社会福祉法人の経理の状況その他の事情を考慮して、不当に高額なものとならないような支給の基準を定めなければならない。

2　前項の報酬等の支給の基準は、評議員会の承認を受けなければならない。これを変更しようとするときも、同様とする。

3　社会福祉法人は、前項の承認を受けた報酬等の支給の基準に従つて、その理事、監事及び評議員に対する報酬等を支給しなければならない。

第五節　定款の変更

第四五条の三六　定款の変更は、評議員会の決議によらなければならない。

2　定款の変更（厚生労働省令で定める事項に係るものを除く。）は、所轄庁の認可を受けなければ、その効力を生じない。

3　第三十二条の規定は、前項の認可について準用する。

4　社会福祉法人は、第二項の厚生労働省令で定める事項に係る定款の変更をしたときは、遅滞なくその旨を所轄庁に届け出なければならない。

第六節　解散及び清算並びに合併

第一款　解散

（解散事由）

第四六条　社会福祉法人は、次の事由によつて解散する。

一　評議員会の決議

二　定款に定めた解散事由の発生

三　目的たる事業の成功の不能

四　合併（合併により当該社会福祉法人が消滅する場合に限る。）

五　破産手続開始の決定

六　所轄庁の解散命令

2　前項第一号又は第三号に掲げる事由による解散は、所轄庁の認可又は認定がなければ、その効力を生じない。

3　清算人は、第一項第二号又は第五号に掲げる事由によつて解散した場合には、遅滞なくその旨を所轄庁に届け出なければならない。

（社会福祉法人についての破産手続の開始）

第四六条の二　社会福祉法人がその債務につきその財産をもつて完済することができなくなつた場合には、裁判所は、理事若しくは債権者の申立てにより又は職権で、破産手続開始の決定をする。

2　前項に規定する場合には、理事は、直ちに破産手続開始の申立てをしなければならない。

第二款　清算

第一目　清算の開始

（清算の開始原因）

第四六条の三　社会福祉法人は、次に掲げる場合には、この款の定めるところにより、

清算をしなければならない。

一　解散した場合（第四十六条第一項第四号に掲げる事由によつて解散した場合及び破産手続開始の決定により解散した場合であつて当該破産手続が終了していない場合を除く。）

二　設立の無効の訴えに係る請求を認容する判決が確定した場合

（清算法人の能力）

第四六条の四　前条の規定により清算をする社会福祉法人（以下「**清算法人**」という。）は、清算の目的の範囲内において、清算が結了するまではなお存続するものとみなす。

第二目　清算法人の機関

（清算法人における機関の設置）

第四六条の五　清算法人には、一人又は二人以上の清算人を置かなければならない。

2　清算法人は、定款の定めによつて、清算人会又は監事を置くことができる。

3　第四十六条の三各号に掲げる場合に該当することとなつた時において特定社会福祉法人であつた清算法人は、監事を置かなければならない。

4　第三節第一款（評議員及び評議員会に係る部分を除く。）の規定は、清算法人については、適用しない。

（清算人の就任）

第四六条の六　次に掲げる者は、清算法人の清算人となる。

一　理事（次号又は第三号に掲げる者がある場合を除く。）

二　定款で定める者

三　評議員会の決議によつて選任された者

2　前項の規定により清算人となる者がないときは、裁判所は、利害関係人若しくは検察官の請求により又は職権で、清算人を選任する。

3　前二項の規定にかかわらず、第四十六条の三第二号に掲げる場合に該当することとなつた清算法人については、裁判所は、利害関係人若しくは検察官の請求により又は職権で、清算人を選任する。

4　清算人は、その氏名及び住所を所轄庁に届け出なければならない。

5　清算中に就職した清算人は、その氏名及び住所を所轄庁に届け出なければならない。

6　第三十八条及び第四十条第一項の規定は、清算人について準用する。

7　清算人会設置法人（清算人会を置く清算法人をいう。以下同じ。）においては、清算人は、三人以上でなければならない。

（清算人の解任）

第四六条の七　清算人（前条第二項又は第三項の規定により裁判所が選任した者を除く。）が次のいずれかに該当するときは、評議員会の決議によつて、当該清算人を解任することができる。

一　職務上の義務に違反し、又は職務を怠つたとき。

二　心身の故障のため、職務の執行に支障があり、又はこれに堪えないとき。

2　重要な事由があるときは、裁判所は、利害関係人の申立て若しくは検察官の請求により又は職権で、清算人を解任することができる。

3　一般社団法人及び一般財団法人に関する法律第七十五条第一項から第三項までの規定は、清算人及び清算法人の監事について、同法第百七十五条の規定は、清算法人の評議員について、それぞれ準用する。

（監事の退任等）

第四六条の八　清算法人の監事は、当該清算法人が監事を置く旨の定款の定めを廃止する定款の変更をした場合には、当該定款の変更の効力が生じた時に退任する。

2　清算法人の評議員は、三人以上でなければならない。

3　第四十条第三項から第五項まで、第四十一条、第四十二条、第四十四条第三項、第五項及び第七項、第四十五条、第四十五条の六第一項及び第二項並びに第四十五条の七第二項の規定は、清算法人については、適用しない。

（清算人の職務）

第四六条の九　清算人は、次に掲げる職務を行う。

一　現務の結了

二　債権の取立て及び債務の弁済

三　残余財産の引渡し

（業務の執行）

第四六条の一〇　清算人は、清算法人（清算人会設置法人を除く。次項において同じ。）の業務を執行する。

2　清算人が二人以上ある場合には、清算法人の業務は、定款に別段の定めがある場合を除き、清算人の過半数をもつて決定する。

3　前項の場合には、清算人は、次に掲げる事項についての決定を各清算人に委任することができない。

一　従たる事務所の設置、移転及び廃止

二　第四十五条の九第十項において準用する一般社団法人及び一般財団法人に関する法律第百八十一条第一項各号に掲げる事項

三　清算人の職務の執行が法令及び定款に適合することを確保するための体制その他清算法人の業務の適正を確保するために必要なものとして厚生労働省令で定める体制の整備

4　一般社団法人及び一般財団法人に関する法律第八十一条から第八十五条まで、第八十八条及び第八十九条の規定は、清算人（同条の規定については、第四十六条の六第二項又は第三項の規定により裁判所が選任した者を除く。）について準用する。この場合において、同法第八十一条中「社員総会」とあるのは「評議員会」と、同法第八十二条の見出し中「表見代表理事」とあるのは「表見代表清算人」と、同条中「代表理事」とあるのは「代表清算人（社会福祉法（昭和二十六年法律第四十五号）第四十六条の十一第一項に規定する代表清算人をいう。）」と、同法第八十三条中「定款並びに社員総会の決議」とあるのは「定款」と、同法第八十四条第一項中「社員総会」とあるのは「評議員会」と、同法第八十五条並びに第八十八条の見出し及び同条第一項中「社員」とあるのは「評議員」と、同法第八十九条中「社員総会」とあるのは「評議員会」と読み替えるものとするほか、必要な技術的読替えは、政令で定める。

（清算法人の代表）

第四六条の一一　清算人は、清算法人を代表する。ただし、他に代表清算人（清算法人を代表する清算人をいう。以下同じ。）その他清算法人を代表する者を定めた場合は、この限りでない。

2　前項本文の清算人が二人以上ある場合には、清算人は、各自、清算法人を代表する。

3　清算法人（清算人会設置法人を除く。）は、定款、定款の定めに基づく清算人（第四十六条の六第二項又は第三項の規定により裁判所が選任した者を除く。以下この項において同じ。）の互選又は評議員会の決議によつて、清算人の中から代表清算人を定めることができる。

4　第四十六条の六第一項第一号の規定により理事が清算人となる場合においては、理事長が代表清算人となる。

5　裁判所は、第四十六条の六第二項又は第三項の規定により清算人を選任する場合には、その清算人の中から代表清算人を定めることができる。

6　第四十六条の十七第八項の規定、前条第四項において準用する一般社団法人及び一般財団法人に関する法律第八十一条の規定及び次項において準用する同法第七十七条第四項の規定にかかわらず、監事設置清算法人（監事を置く清算法人又はこの法律の規定により監事を置かなければならない清算法人をいう。以下同じ。）が清算人（清算人であつた者を含む。以下この項において同じ。）に対し、又は清算人が監事設置清算法人に対して訴えを提起する場合には、当該訴えについては、監事が監事設置清算法人を代表する。

7　一般社団法人及び一般財団法人に関する法律第七十七条第四項及び第五項並びに第七十九条の規定は代表清算人について、同法第八十条の規定は民事保全法第五十六条に規定する仮処分命令により選任された清算人又は代表清算人の職務を代行する者について、それぞれ準用する。

（清算法人についての破産手続の開始）

第四六条の一二　清算法人の財産がその債務を完済するのに足りないことが明らかになつたときは、清算人は、直ちに破産手続開始の申立てをし、その旨を公告しなければならない。

2　清算人は、清算法人が破産手続開始の決定を受けた場合において、破産管財人にその事務を引き継いだときは、その任務を終了したものとする。

3　前項に規定する場合において、清算法人が既に債権者に支払い、又は残余財産の帰属すべき者に引き渡したものがあるときは、破産管財人は、これを取り戻すことができる。

4　第一項の規定による公告は、官報に掲載してする。

（裁判所の選任する清算人の報酬）

第四六条の一三　裁判所は、第四十六条の六第二項又は第三項の規定により清算人を選任した場合には、清算法人が当該清算人に対して支払う報酬の額を定めることができる。この場合においては、裁判所は、当該清算人及び監事の陳述を聴かなければならない。

（清算人の清算法人に対する損害賠償責任）

第四六条の一四　清算人は、その任務を怠つたときは、清算法人に対し、これによつて生じた損害を賠償する責任を負う。

2　清算人が第四十六条の十第四項において準用する一般社団法人及び一般財団法人に関する法律第八十四条第一項の規定に違反して同項第一号の取引をしたときは、当該取引により清算人又は第三者が得た利益の額は、前項の損害の額と推定する。

3　第四十六条の十第四項において準用する一般社団法人及び一般財団法人に関する法律第八十四条第一項第二号又は第三号の取引によつて清算法人に損害が生じたときは、次に掲げる清算人は、その任務を怠つたものと推定する。

一　第四十六条の十第四項において準用する一般社団法人及び一般財団法人に関する法律第八十四条第一項の清算人

二　清算法人が当該取引をすることを決定した清算人

三　当該取引に関する清算人会の承認の決議に賛成した清算人

4　一般社団法人及び一般財団法人に関する法律第百十二条及び第百十六条第一項の規定は、第一項の責任について準用する。この場合において、同法第百十二条中「総社員」とあるのは、「総評議員」と読み替えるものとするほか、必要な技術的読替えは、政令で定める。

（清算人の第三者に対する損害賠償責任）

第四六条の一五　清算人がその職務を行うについて悪意又は重大な過失があつたときは、当該清算人は、これによつて第三者に生じた損害を賠償する責任を負う。

2　清算人が、次に掲げる行為をしたときも、前項と同様とする。ただし、当該清算人が当該行為をすることについて注意を怠らなかつたことを証明したときは、この限りでない。

一　第四十六条の二十二第一項に規定する財産目録等並びに第四十六条の二十四第一項の貸借対照表及び事務報告並びにこれらの附属明細書に記載し、又は記録すべき重要な事項についての虚偽の記載又は記録

二　虚偽の登記

三　虚偽の公告

（清算人等の連帯責任）

第四六条の一六　清算人、監事又は評議員が清算法人又は第三者に生じた損害を賠償す

る責任を負う場合において、他の清算人、監事又は評議員も当該損害を賠償する責任を負うときは、これらの者は、連帯債務者とする。

2　前項の場合には、第四十五条の二十二の規定は、適用しない。

（清算人会の権限等）

第四六条の一七　清算人会は、全ての清算人で組織する。

2　清算人会は、次に掲げる職務を行う。

一　清算人会設置法人の業務執行の決定

二　清算人の職務の執行の監督

三　代表清算人の選定及び解職

3　清算人会は、清算人の中から代表清算人を選定しなければならない。ただし、他に代表清算人があるときは、この限りでない。

4　清算人会は、その選定した代表清算人及び第四十六条の十一第四項の規定により代表清算人となつた者を解職することができる。

5　第四十六条の十一第五項の規定により裁判所が代表清算人を定めたときは、清算人会は、代表清算人を選定し、又は解職することができない。

6　清算人会は、次に掲げる事項その他の重要な業務執行の決定を清算人に委任することができない。

一　重要な財産の処分及び譲受け

二　多額の借財

三　重要な役割を担う職員の選任及び解任

四　従たる事務所その他の重要な組織の設置、変更及び廃止

五　清算人の職務の執行が法令及び定款に適合することを確保するための体制その他清算法人の業務の適正を確保するために必要なものとして厚生労働省令で定める体制の整備

7　次に掲げる清算人は、清算人会設置法人の業務を執行する。

一　代表清算人

二　代表清算人以外の清算人であつて、清算人会の決議によつて清算人会設置法人の業務を執行する清算人として選定されたもの

8　第四十六条の十第四項において読み替えて準用する一般社団法人及び一般財団法人に関する法律第八十一条に規定する場合には、清算人会は、同条の規定による評議員会の定めがある場合を除き、同条の訴えについて清算人会設置法人を代表する者を定めることができる。

9　第七項各号に掲げる清算人は、三月に一回以上、自己の職務の執行の状況を清算人会に報告しなければならない。ただし、定款で毎会計年度に四月を超える間隔で二回以上その報告をしなければならない旨を定めた場合は、この限りでない。

10　一般社団法人及び一般財団法人に関する法律第九十二条の規定は、清算人会設置法人について準用する。この場合において、同条第一項中「社員総会」とあるのは「評議員会」と、「「理事会」」とあるのは「「清算人会」」と読み替えるものとするほか、必要な技術的読替えは、政令で定める。

（清算人会の運営）

第四六条の一八　清算人会は、各清算人が招集する。ただし、清算人会を招集する清算人を定款又は清算人会で定めたときは、その清算人が招集する。

2　前項ただし書に規定する場合には、同項ただし書の規定により定められた清算人（以下この項及び次条第二項において「**招集権者**」という。）以外の清算人は、招集権者に対し、清算人会の目的である事項を示して、清算人会の招集を請求することができる。

3　前項の規定による請求があつた日から五日以内に、その請求があつた日から二週間以内の日を清算人会の日とする清算人会の招集の通知が発せられない場合には、その請求をした清算人は、清算人会を招集することができる。

4　一般社団法人及び一般財団法人に関する法律第九十四条の規定は、清算人会設置法

人における清算人会の招集について準用する。この場合において、同条第一項中「各理事及び各監事」とあるのは「各清算人（監事設置清算法人（社会福祉法（昭和二十六年法律第四十五号）第四十六条の十一第六項に規定する監事設置清算法人をいう。次項において同じ。）にあっては、各清算人及び各監事）」と、同条第二項中「理事及び監事」とあるのは「清算人（監事設置清算法人にあっては、清算人及び監事）」と読み替えるものとする。

5　一般社団法人及び一般財団法人に関する法律第九十五条及び第九十六条の規定は、清算人会設置法人における清算人会の決議について準用する。この場合において、同法第九十五条第三項中「法務省令」とあるのは「厚生労働省令」と、「理事（」とあるのは「清算人（」と、「代表理事」とあるのは「代表清算人」と、同条第四項中「法務省令」とあるのは「厚生労働省令」と読み替えるものとするほか、必要な技術的読替えは、政令で定める。

6　一般社団法人及び一般財団法人に関する法律第九十八条の規定は、清算人会設置法人における清算人会への報告について準用する。この場合において、同条第一項中「理事、監事又は会計監査人」とあるのは「清算人又は監事」と、「理事及び監事」とあるのは「清算人（監事設置清算法人（社会福祉法（昭和二十六年法律第四十五号）第四十六条の十一第六項に規定する監事設置清算法人をいう。）にあっては、清算人及び監事）」と読み替えるものとするほか、必要な技術的読替えは、政令で定める。

（評議員による招集の請求）

第四六条の一九　清算人会設置法人（監事設置清算法人を除く。）の評議員は、清算人が清算人会設置法人の目的の範囲外の行為その他法令若しくは定款に違反する行為をし、又はこれらの行為をするおそれがあると認めるときは、清算人会の招集を請求することができる。

2　前項の規定による請求は、清算人（前条第一項ただし書に規定する場合にあっては、招集権者）に対し、清算人会の目的である事項を示して行わなければならない。

3　前条第三項の規定は、第一項の規定による請求があった場合について準用する。

4　第一項の規定による請求を行った評議員は、当該請求に基づき招集され、又は前項において準用する前条第三項の規定により招集した清算人会に出席し、意見を述べることができる。

（議事録等）

第四六条の二〇　清算人会設置法人は、清算人会の日（第四十六条の十八第五項において準用する一般社団法人及び一般財団法人に関する法律第九十六条の規定により清算人会の決議があったものとみなされた日を含む。）から十年間、同項において準用する同法第九十五条第三項の議事録又は第四十六条の十八第五項において準用する同法第九十六条の意思表示を記載し、若しくは記録した書面若しくは電磁的記録（以下この条において「議事録等」という。）をその主たる事務所に備え置かなければならない。

2　評議員は、清算法人の業務時間内は、いつでも、次に掲げる請求をすることができる。

一　議事録等が書面をもって作成されているときは、当該書面の閲覧又は謄写の請求

二　議事録等が電磁的記録をもって作成されているときは、当該電磁的記録に記録された事項を厚生労働省令で定める方法により表示したものの閲覧又は謄写の請求

3　債権者は、清算人又は監事の責任を追及するため必要があるときは、裁判所の許可を得て、議事録等について前項各号に掲げる請求をすることができる。

4　裁判所は、前項の請求に係る閲覧又は謄写をすることにより、当該清算人会設置法

人に著しい損害を及ぼすおそれがあると認めるときは、同項の許可をすることができない。

（理事等に関する規定の適用）

第四六条の二一　清算法人については、第三十一条第五項、第四十条第二項、第四十三条第三項、第四十四条第二項、第三節第三款（第四十五条の十二を除く。）及び同節第五款の規定中理事又は理事会に関する規定は、それぞれ清算人又は清算人会に関する規定として清算人又は清算人会に適用があるものとする。この場合において、第四十三条第三項中「第七十二条、第七十三条第一項」とあるのは「第七十二条」と、「同法第七十二条及び第七十三条第一項中「社員総会」とあるのは「評議員会」と、同項中「監事が」とあるのは「監事の過半数をもって」と、同法第七十四条」とあるのは「これらの規定」と、「「評議員会」と読み替える」とあるのは、「「評議員会」と読み替える」と、第四十五条の九第十項中「第百八十一条第一項第三号及び」とあるのは「第百八十一条第一項中「理事会の決議によって」とあるのは「清算人は」と、「定めなければならない」とあるのは「定めなければならない。ただし、清算人会設置法人（社会福祉法（昭和二十六年法律第四十五号）第四十六条の六第七項に規定する清算人会設置法人をいう。）においては、当該事項の決定は、清算人会の決議によらなければならない」と、同項第三号及び同法」と、「とあるのは、」とあるのは「とあるのは」と、第四十五条の十八第三項中「第百四条第一項、第百五条」とあるのは「第百五条」とするほか、必要な技術的読替えは、政令で定める。

第三目　財産目録等

（財産目録等の作成等）

第四六条の二二　清算人（清算人会設置法人にあつては、第四十六条の十七第七項各号に掲げる清算人）は、その就任後遅滞なく、清算法人の財産の現況を調査し、厚生労働省令で定めるところにより、第四十六条の三各号に掲げる場合に該当することとなつた日における財産目録及び貸借対照表（以下この条及び次条において「**財産目録等**」という。）を作成しなければならない。

2　清算人会設置法人においては、財産目録等は、清算人会の承認を受けなければならない。

3　清算人は、財産目録等（前項の規定の適用がある場合にあつては、同項の承認を受けたもの）を評議員会に提出し、又は提供し、その承認を受けなければならない。

4　清算法人は、財産目録等を作成した時からその主たる事務所の所在地における清算結了の登記の時までの間、当該財産目録等を保存しなければならない。

（財産目録等の提出命令）

第四六条の二三　裁判所は、申立てにより又は職権で、訴訟の当事者に対し、財産目録等の全部又は一部の提出を命ずることができる。

（貸借対照表等の作成及び保存）

第四六条の二四　清算法人は、厚生労働省令で定めるところにより、各清算事務年度（第四十六条の三各号に掲げる場合に該当することとなつた日の翌日又はその後毎年その日に応当する日（応当する日がない場合にあつては、その前日）から始まる各一年の期間をいう。）に係る貸借対照表及び事務報告並びにこれらの附属明細書を作成しなければならない。

2　前項の貸借対照表及び事務報告並びにこれらの附属明細書は、電磁的記録をもつて作成することができる。

3　清算法人は、第一項の貸借対照表を作成した時からその主たる事務所の所在地における清算結了の登記の時までの間、当該貸借対照表及びその附属明細書を保存しなければならない。

（貸借対照表等の監査等）

第四六条の二五　監事設置清算法人においては、前条第一項の貸借対照表及び事務報告並びにこれらの附属明細書は、厚生労働省令で定めるところにより、監事の監査を受けなければならない。

2　清算人会設置法人においては、前条第一項の貸借対照表及び事務報告並びにこれらの附属明細書（前項の規定の適用がある場合にあつては、同項の監査を受けたもの）は、清算人会の承認を受けなければならない。

（貸借対照表等の備置き及び閲覧等）

第四六条の二六　清算法人は、第四十六条の二十四第一項に規定する各清算事務年度に係る貸借対照表及び事務報告並びにこれらの附属明細書（前条第一項の規定の適用がある場合にあつては、監査報告を含む。以下この条において「貸借対照表等」という。）を、定時評議員会の日の一週間前の日（第四十五条の九第十項において準用する一般社団法人及び一般財団法人に関する法律第百九十四条第一項の場合にあつては、同項の提案があつた日）からその主たる事務所の所在地における清算結了の登記の時までの間、その主たる事務所に備え置かなければならない。

2　評議員及び債権者は、清算法人の業務時間内は、いつでも、次に掲げる請求をすることができる。ただし、債権者が第二号又は第四号に掲げる請求をするには、当該清算法人の定めた費用を支払わなければならない。

一　貸借対照表等が書面をもつて作成されているときは、当該書面の閲覧の請求

二　前号の書面の謄本又は抄本の交付の請求

三　貸借対照表等が電磁的記録をもつて作成されているときは、当該電磁的記録に記録された事項を厚生労働省令で定める方法により表示したものの閲覧の請求

四　前号の電磁的記録に記録された事項を電磁的方法であつて清算法人の定めたものにより提供することの請求又はその事項を記載した書面の交付の請求

（貸借対照表等の提出等）

第四六条の二七　次の各号に掲げる清算法人においては、清算人は、当該各号に定める貸借対照表及び事務報告を定時評議員会に提出し、又は提供しなければならない。

一　監事設置清算法人（清算人会設置法人を除く。）　第四十六条の二十五第一項の監査を受けた貸借対照表及び事務報告

二　清算人会設置法人　第四十六条の二十五第二項の承認を受けた貸借対照表及び事務報告

三　前二号に掲げるもの以外の清算法人　第四十六条の二十四第一項の貸借対照表及び事務報告

2　前項の規定により提出され、又は提供された貸借対照表は、定時評議員会の承認を受けなければならない。

3　清算人は、第一項の規定により提出され、又は提供された事務報告の内容を定時評議員会に報告しなければならない。

（貸借対照表等の提出命令）

第四六条の二八　裁判所は、申立てにより又は職権で、訴訟の当事者に対し、第四十六条の二十四第一項の貸借対照表及びその附属明細書の全部又は一部の提出を命ずることができる。

（適用除外）

第四六条の二九　第四節第三款（第四十五条の二十七第四項及び第四十五条の三十二から第四十五条の三十四までを除く。）の規定は、清算法人については、適用しない。

第四目　債務の弁済等

（債権者に対する公告等）

第四六条の三〇　清算法人は、第四十六条の三各号に掲げる場合に該当することとなつた後、遅滞なく、当該清算法人の債権者に対し、一定の期間内にその債権を申し出るべき旨を官報に公告し、かつ、判明している債権者には、各別にこれを催告しなければならない。ただし、当該期間は、二月を下ることができない。

2　前項の規定による公告には、当該債権者

が当該期間内に申出をしないときは清算から除斥される旨を付記しなければならない。

（債務の弁済の制限）

第四六条の三一　清算法人は、前条第一項の期間内は、債務の弁済をすることができない。この場合において、清算法人は、その債務の不履行によつて生じた責任を免れることができない。

2　前項の規定にかかわらず、清算法人は、前条第一項の期間内であつても、裁判所の許可を得て、少額の債権、清算法人の財産につき存する担保権によつて担保される債権その他これを弁済しても他の債権者を害するおそれがない債権に係る債務について、その弁済をすることができる。この場合において、当該許可の申立ては、清算人が二人以上あるときは、その全員の同意によつてしなければならない。

（条件付債権等に係る債務の弁済）

第四六条の三二　清算法人は、条件付債権、存続期間が不確定な債権その他その額が不確定な債権に係る債務を弁済することができる。この場合においては、これらの債権を評価させるため、裁判所に対し、鑑定人の選任の申立てをしなければならない。

2　前項の場合には、清算法人は、同項の鑑定人の評価に従い同項の債権に係る債務を弁済しなければならない。

3　第一項の鑑定人の選任の手続に関する費用は、清算法人の負担とする。当該鑑定人による鑑定のための呼出し及び質問に関する費用についても、同様とする。

（債務の弁済前における残余財産の引渡しの制限）

第四六条の三三　清算法人は、当該清算法人の債務を弁済した後でなければ、その財産の引渡しをすることができない。ただし、その存否又は額について争いのある債権に係る債務についてその弁済をするために必要と認められる財産を留保した場合は、この限りでない。

（清算からの除斥）

第四六条の三四　清算法人の債権者（判明している債権者を除く。）であつて第四十六条の三十第一項の期間内にその債権の申出をしなかつたものは、清算から除斥される。

2　前項の規定により清算から除斥された債権者は、引渡しがされていない残余財産に対してのみ、弁済を請求することができる。

第五目　残余財産の帰属

第四七条　解散した社会福祉法人の残余財産は、合併（合併により当該社会福祉法人が消滅する場合に限る。）及び破産手続開始の決定による解散の場合を除くほか、所轄庁に対する清算結了の届出の時において、定款の定めるところにより、その帰属すべき者に帰属する。

2　前項の規定により処分されない財産は、国庫に帰属する。

第六目　清算事務の終了等

（清算事務の終了等）

第四七条の二　清算法人は、清算事務が終了したときは、遅滞なく、厚生労働省令で定めるところにより、決算報告を作成しなければならない。

2　清算人会設置法人においては、決算報告は、清算人会の承認を受けなければならない。

3　清算人は、決算報告（前項の規定の適用がある場合にあつては、同項の承認を受けたもの）を評議員会に提出し、又は提供し、その承認を受けなければならない。

4　前項の承認があつたときは、任務を怠つたことによる清算人の損害賠償の責任は、免除されたものとみなす。ただし、清算人の職務の執行に関し不正の行為があつたときは、この限りでない。

（帳簿資料の保存）

第四七条の三　清算人（清算人会設置法人にあつては、第四十六条の十七第七項各号に掲げる清算人）は、清算法人の主たる事務所の所在地における清算結了の登記の時から十年間、清算法人の帳簿並びにその事業及び清算に関する重要な資料（以下この条において「帳簿資料」という。）を保存しなければならない。

2　裁判所は、利害関係人の申立てにより、前項の清算人に代わって帳簿資料を保存する者を選任することができる。この場合においては、同項の規定は、適用しない。

3　前項の規定により選任された者は、清算法人の主たる事務所の所在地における清算結了の登記の時から十年間、帳簿資料を保存しなければならない。

4　第二項の規定による選任の手続に関する費用は、清算法人の負担とする。

（裁判所による監督）

第四七条の四　社会福祉法人の解散及び清算は、裁判所の監督に属する。

2　裁判所は、職権で、いつでも前項の監督に必要な検査をすることができる。

3　社会福祉法人の解散及び清算を監督する裁判所は、社会福祉法人の業務を監督する官庁に対し、意見を求め、又は調査を嘱託することができる。

4　前項に規定する官庁は、同項に規定する裁判所に対し、意見を述べることができる。

（清算結了の届出）

第四七条の五　清算が結了したときは、清算人は、その旨を所轄庁に届け出なければならない。

（検査役の選任）

第四七条の六　裁判所は、社会福祉法人の解散及び清算の監督に必要な調査をさせるため、検査役を選任することができる。

2　第四十六条の十三の規定は、前項の規定により裁判所が検査役を選任した場合について準用する。この場合において、同条中「清算人及び監事」とあるのは、「社会福祉法人及び検査役」と読み替えるものとする。

（準用規定）

第四七条の七　一般社団法人及び一般財団法人に関する法律第二百八十七条第一項、第二百八十八条、第二百八十九条（第一号、第二号及び第四号に係る部分に限る。）、第二百九十条、第二百九十一条（第二号に係る部分に限る。）、第二百九十二条、第二百九十三条（第一号及び第四号に係る部分に限る。）、第二百九十四条及び第二百九十五条の規定は、社会福祉法人の解散及び清算について準用する。この場合において、必要な技術的読替えは、政令で定める。

第三款　合併

第一目　通則

第四八条　社会福祉法人は、他の社会福祉法人と合併することができる。この場合においては、合併をする社会福祉法人は、合併契約を締結しなければならない。

第二目　吸収合併

（吸収合併契約）

第四九条　社会福祉法人が吸収合併（社会福祉法人が他の社会福祉法人とする合併であつて、合併により消滅する社会福祉法人の権利義務の全部を合併後存続する社会福祉法人に承継させるものをいう。以下この目及び第百六十五条第十一号において同じ。）をする場合には、吸収合併契約において、吸収合併後存続する社会福祉法人（以下この目において「**吸収合併存続社会福祉法人**」という。）及び吸収合併により消滅する社会福祉法人（以下この目において「**吸収合併消滅社会福祉法人**」という。）の名称及び住所その他厚生労働省令で定める事項を定めなければならない。

（吸収合併の効力の発生等）

第五〇条　社会福祉法人の吸収合併は、吸収合併存続社会福祉法人の主たる事務所の所在地において合併の登記をすることによつて、その効力を生ずる。

2　吸収合併存続社会福祉法人は、吸収合併の登記の日に、吸収合併消滅社会福祉法人の一切の権利義務（当該吸収合併消滅社会福祉法人がその行う事業に関し行政庁の認可その他の処分に基づいて有する権利義務を含む。）を承継する。

3　吸収合併は、所轄庁の認可を受けなければ、その効力を生じない。
4　第三十二条の規定は、前項の認可について準用する。

（吸収合併契約に関する書面等の備置き及び閲覧等）

第五一条　吸収合併消滅社会福祉法人は、次条の評議員会の日の二週間前の日（第四十五条の九第十項において準用する一般社団法人及び一般財団法人に関する法律第百九十四条第一項の場合にあつては、同項の提案があつた日）から吸収合併の登記の日までの間、吸収合併契約の内容その他厚生労働省令で定める事項を記載し、又は記録した書面又は電磁的記録をその主たる事務所に備え置かなければならない。
2　吸収合併消滅社会福祉法人の評議員及び債権者は、吸収合併消滅社会福祉法人に対して、その業務時間内は、いつでも、次に掲げる請求をすることができる。ただし、債権者が第二号又は第四号に掲げる請求をするには、当該吸収合併消滅社会福祉法人の定めた費用を支払わなければならない。
一　前項の書面の閲覧の請求
二　前項の書面の謄本又は抄本の交付の請求
三　前項の電磁的記録に記録された事項を厚生労働省令で定める方法により表示したものの閲覧の請求
四　前項の電磁的記録に記録された事項を電磁的方法であつて吸収合併消滅社会福祉法人の定めたものにより提供することの請求又はその事項を記載した書面の交付の請求

（吸収合併契約の承認）

第五二条　吸収合併消滅社会福祉法人は、評議員会の決議によつて、吸収合併契約の承認を受けなければならない。

（債権者の異議）

第五三条　吸収合併消滅社会福祉法人は、第五十条第三項の認可があつたときは、次に掲げる事項を官報に公告し、かつ、判明している債権者には、各別にこれを催告しなければならない。ただし、第四号の期間は、二月を下ることができない。
一　吸収合併をする旨
二　吸収合併存続社会福祉法人の名称及び住所
三　吸収合併消滅社会福祉法人及び吸収合併存続社会福祉法人の計算書類（第四十五条の二十七第二項に規定する計算書類をいう。以下この款において同じ。）に関する事項として厚生労働省令で定めるもの
四　債権者が一定の期間内に異議を述べることができる旨
2　債権者が前項第四号の期間内に異議を述べなかつたときは、当該債権者は、当該吸収合併について承認をしたものとみなす。
3　債権者が第一項第四号の期間内に異議を述べたときは、吸収合併消滅社会福祉法人は、当該債権者に対し、弁済し、若しくは相当の担保を提供し、又は当該債権者に弁済を受けさせることを目的として信託会社等（信託会社及び信託業務を営む金融機関（金融機関の信託業務の兼営等に関する法律（昭和十八年法律第四十三号）第一条第一項の認可を受けた金融機関をいう。）をいう。以下同じ。）に相当の財産を信託しなければならない。ただし、当該吸収合併をしても当該債権者を害するおそれがないときは、この限りでない。

（吸収合併契約に関する書面等の備置き及び閲覧等）

第五四条　吸収合併存続社会福祉法人は、次条第一項の評議員会の日の二週間前の日（第四十五条の九第十項において準用する一般社団法人及び一般財団法人に関する法律第百九十四条第一項の場合にあつては、同項の提案があつた日）から吸収合併の登記の日後六月を経過する日までの間、吸収合併契約の内容その他厚生労働省令で定める事項を記載し、又は記録した書面又は電磁的記録をその主たる事務所に備え置かな

ければならない。

2　吸収合併存続社会福祉法人の評議員及び債権者は、吸収合併存続社会福祉法人に対して、その業務時間内は、いつでも、次に掲げる請求をすることができる。ただし、債権者が第二号又は第四号に掲げる請求をするには、当該吸収合併存続社会福祉法人の定めた費用を支払わなければならない。

一　前項の書面の閲覧の請求

二　前項の書面の謄本又は抄本の交付の請求

三　前項の電磁的記録に記録された事項を厚生労働省令で定める方法により表示したものの閲覧の請求

四　前項の電磁的記録に記録された事項を電磁的方法であつて吸収合併存続社会福祉法人の定めたものにより提供することの請求又はその事項を記載した書面の交付の請求

（吸収合併契約の承認）

第五四条の二　吸収合併存続社会福祉法人は、評議員会の決議によつて、吸収合併契約の承認を受けなければならない。

2　吸収合併存続社会福祉法人が承継する吸収合併消滅社会福祉法人の債務の額として厚生労働省令で定める額が吸収合併存続社会福祉法人が承継する吸収合併消滅社会福祉法人の資産の額として厚生労働省令で定める額を超える場合には、理事は、前項の評議員会において、その旨を説明しなければならない。

（債権者の異議）

第五四条の三　吸収合併存続社会福祉法人は、第五十条第三項の認可があつたときは、次に掲げる事項を官報に公告し、かつ、判明している債権者には、各別にこれを催告しなければならない。ただし、第四号の期間は、二月を下ることができない。

一　吸収合併をする旨

二　吸収合併消滅社会福祉法人の名称及び住所

三　吸収合併存続社会福祉法人及び吸収合併消滅社会福祉法人の計算書類に関する事項として厚生労働省令で定めるもの

四　債権者が一定の期間内に異議を述べることができる旨

2　債権者が前項第四号の期間内に異議を述べなかつたときは、当該債権者は、当該吸収合併について承認をしたものとみなす。

3　債権者が第一項第四号の期間内に異議を述べたときは、吸収合併存続社会福祉法人は、当該債権者に対し、弁済し、若しくは相当の担保を提供し、又は当該債権者に弁済を受けさせることを目的として信託会社等に相当の財産を信託しなければならない。ただし、当該吸収合併をしても当該債権者を害するおそれがないときは、この限りでない。

（吸収合併に関する書面等の備置き及び閲覧等）

第五四条の四　吸収合併存続社会福祉法人は、吸収合併の登記の日後遅滞なく、吸収合併により吸収合併存続社会福祉法人が承継した吸収合併消滅社会福祉法人の権利義務その他の吸収合併に関する事項として厚生労働省令で定める事項を記載し、又は記録した書面又は電磁的記録を作成しなければならない。

2　吸収合併存続社会福祉法人は、吸収合併の登記の日から六月間、前項の書面又は電磁的記録をその主たる事務所に備え置かなければならない。

3　吸収合併存続社会福祉法人の評議員及び債権者は、吸収合併存続社会福祉法人に対して、その業務時間内は、いつでも、次に掲げる請求をすることができる。ただし、債権者が第二号又は第四号に掲げる請求をするには、当該吸収合併存続社会福祉法人の定めた費用を支払わなければならない。

一　第一項の書面の閲覧の請求

二　第一項の書面の謄本又は抄本の交付の請求

三　第一項の電磁的記録に記録された事項を厚生労働省令で定める方法により表示

したものの閲覧の請求
四　第一項の電磁的記録に記録された事項を電磁的方法であつて吸収合併存続社会福祉法人の定めたものにより提供することの請求又はその事項を記載した書面の交付の請求

第三目　新設合併

（新設合併契約）
第五四条の五　二以上の社会福祉法人が新設合併（二以上の社会福祉法人がする合併であつて、合併により消滅する社会福祉法人の権利義務の全部を合併により設立する社会福祉法人に承継させるものをいう。以下この目及び第百六十五条第十一号において同じ。）をする場合には、新設合併契約において、次に掲げる事項を定めなければならない。
一　新設合併により消滅する社会福祉法人（以下この目において「**新設合併消滅社会福祉法人**」という。）の名称及び住所
二　新設合併により設立する社会福祉法人（以下この目において「**新設合併設立社会福祉法人**」という。）の目的、名称及び主たる事務所の所在地
三　前号に掲げるもののほか、新設合併設立社会福祉法人の定款で定める事項
四　前三号に掲げる事項のほか、厚生労働省令で定める事項

（新設合併の効力の発生等）
第五四条の六　新設合併設立社会福祉法人は、その成立の日に、新設合併消滅社会福祉法人の一切の権利義務（当該新設合併消滅社会福祉法人がその行う事業に関し行政庁の認可その他の処分に基づいて有する権利義務を含む。）を承継する。
2　新設合併は、所轄庁の認可を受けなければ、その効力を生じない。
3　第三十二条の規定は、前項の認可について準用する。

（新設合併契約に関する書面等の備置き及び閲覧等）
第五四条の七　新設合併消滅社会福祉法人は、次条の評議員会の日の二週間前の日（第四十五条の九第十項において準用する一般社団法人及び一般財団法人に関する法律第百九十四条第一項の場合にあつては、同項の提案があつた日）から新設合併設立社会福祉法人の成立の日までの間、新設合併契約の内容その他厚生労働省令で定める事項を記載し、又は記録した書面又は電磁的記録をその主たる事務所に備え置かなければならない。
2　新設合併消滅社会福祉法人の評議員及び債権者は、新設合併消滅社会福祉法人に対して、その業務時間内は、いつでも、次に掲げる請求をすることができる。ただし、債権者が第二号又は第四号に掲げる請求をするには、当該新設合併消滅社会福祉法人の定めた費用を支払わなければならない。
一　前項の書面の閲覧の請求
二　前項の書面の謄本又は抄本の交付の請求
三　前項の電磁的記録に記録された事項を厚生労働省令で定める方法により表示したものの閲覧の請求
四　前項の電磁的記録に記録された事項を電磁的方法であつて新設合併消滅社会福祉法人の定めたものにより提供することの請求又はその事項を記載した書面の交付の請求

（新設合併契約の承認）
第五四条の八　新設合併消滅社会福祉法人は、評議員会の決議によつて、新設合併契約の承認を受けなければならない。

（債権者の異議）
第五四条の九　新設合併消滅社会福祉法人は、第五十四条の六第二項の認可があつたときは、次に掲げる事項を官報に公告し、かつ、判明している債権者には、各別にこれを催告しなければならない。ただし、第四号の期間は、二月を下ることができない。
一　新設合併をする旨
二　他の新設合併消滅社会福祉法人及び新

設合併設立社会福祉法人の名称及び住所
三　新設合併消滅社会福祉法人の計算書類に関する事項として厚生労働省令で定めるもの
四　債権者が一定の期間内に異議を述べることができる旨
2　債権者が前項第四号の期間内に異議を述べなかつたときは、当該債権者は、当該新設合併について承認をしたものとみなす。
3　債権者が第一項第四号の期間内に異議を述べたときは、新設合併消滅社会福祉法人は、当該債権者に対し、弁済し、若しくは相当の担保を提供し、又は当該債権者に弁済を受けさせることを目的として信託会社等に相当の財産を信託しなければならない。ただし、当該新設合併をしても当該債権者を害するおそれがないときは、この限りでない。

（設立の特則）

第五四条の一〇　第三十二条、第三十三条及び第三十五条の規定は、新設合併設立社会福祉法人の設立については、適用しない。
2　新設合併設立社会福祉法人の定款は、新設合併消滅社会福祉法人が作成する。この場合においては、第三十一条第一項の認可を受けることを要しない。

（新設合併に関する書面等の備置き及び閲覧等）

第五四条の一一　新設合併設立社会福祉法人は、その成立の日後遅滞なく、新設合併により新設合併設立社会福祉法人が承継した新設合併消滅社会福祉法人の権利義務その他の新設合併に関する事項として厚生労働省令で定める事項を記載し、又は記録した書面又は電磁的記録を作成しなければならない。
2　新設合併設立社会福祉法人は、その成立の日から六月間、前項の書面又は電磁的記録及び新設合併契約の内容その他厚生労働省令で定める事項を記載し、又は記録した書面又は電磁的記録をその主たる事務所に備え置かなければならない。
3　新設合併設立社会福祉法人の評議員及び債権者は、新設合併設立社会福祉法人に対して、その業務時間内は、いつでも、次に掲げる請求をすることができる。ただし、債権者が第二号又は第四号に掲げる請求をするには、当該新設合併設立社会福祉法人の定めた費用を支払わなければならない。
一　前項の書面の閲覧の請求
二　前項の書面の謄本又は抄本の交付の請求
三　前項の電磁的記録に記録された事項を厚生労働省令で定める方法により表示したものの閲覧の請求
四　前項の電磁的記録に記録された事項を電磁的方法であつて新設合併設立社会福祉法人の定めたものにより提供することの請求又はその事項を記載した書面の交付の請求

第四目　合併の無効の訴え

第五五条　一般社団法人及び一般財団法人に関する法律第二百六十四条第一項（第二号及び第三号に係る部分に限る。）及び第二項（第二号及び第三号に係る部分に限る。）、第二百六十九条（第二号及び第三号に係る部分に限る。）、第二百七十条、第二百七十一条第一項及び第三項、第二百七十二条から第二百七十五条まで並びに第二百七十七条の規定は、社会福祉法人の合併の無効の訴えについて準用する。この場合において、同法第二百六十四条第二項第二号中「社員等であつた者」とあるのは「評議員等（評議員、理事、監事又は清算人をいう。以下同じ。）であつた者」と、「社員等」とあるのは「評議員等」と、同項第三号中「社員等」とあるのは「評議員等」と、同法第二百七十一条第一項中「社員」とあるのは「債権者」と読み替えるものとするほか、必要な技術的読替えは、政令で定める。

第七節　社会福祉充実計画

（社会福祉充実計画の承認）

第五五条の二　社会福祉法人は、毎会計年度において、第一号に掲げる額が第二号に掲げる額を超えるときは、厚生労働省令で定めるところにより、当該会計年度の前会計年度の末日（同号において「基準日」という。）において現に行つている社会福祉事業若しくは公益事業（以下この項及び第三項第一号において「既存事業」という。）の充実又は既存事業以外の社会福祉事業若しくは公益事業（同項第一号において「新規事業」という。）の実施に関する計画（以下「**社会福祉充実計画**」という。）を作成し、これを所轄庁に提出して、その承認を受けなければならない。ただし、当該会計年度前の会計年度において作成した第十一項に規定する承認社会福祉充実計画の実施期間中は、この限りでない。

一　当該会計年度の前会計年度に係る貸借対照表の資産の部に計上した額から負債の部に計上した額を控除して得た額

二　基準日において現に行つている事業を継続するために必要な財産の額として厚生労働省令で定めるところにより算定した額

2　前項の承認の申請は、第五十九条の規定による届出と同時に行わなければならない。

3　社会福祉充実計画には、次に掲げる事項を記載しなければならない。

一　既存事業（充実する部分に限る。）又は新規事業（以下この条において「社会福祉充実事業」という。）の規模及び内容

二　社会福祉充実事業を行う区域（以下この条において「事業区域」という。）

三　社会福祉充実事業の実施に要する費用の額（第五項において「事業費」という。）

四　第一項第一号に掲げる額から同項第二号に掲げる額を控除して得た額（第五項及び第九項第一号において「社会福祉充実残額」という。）

五　社会福祉充実計画の実施期間

六　その他厚生労働省令で定める事項

4　社会福祉法人は、前項第一号に掲げる事項の記載に当たつては、厚生労働省令で定めるところにより、次に掲げる事業の順にその実施について検討し、行う事業を記載しなければならない。

一　社会福祉事業又は公益事業（第二条第四項第四号に掲げる事業に限る。）

二　公益事業（第二条第四項第四号に掲げる事業を除き、日常生活又は社会生活上の支援を必要とする事業区域の住民に対し、無料又は低額な料金で、その需要に応じた福祉サービスを提供するものに限る。第六項及び第九項第三号において「地域公益事業」という。）

三　公益事業（前二号に掲げる事業を除く。）

5　社会福祉法人は、社会福祉充実計画の作成に当たつては、事業費及び社会福祉充実残額について、公認会計士、税理士その他財務に関する専門的な知識経験を有する者として厚生労働省令で定める者の意見を聴かなければならない。

6　社会福祉法人は、地域公益事業を行う社会福祉充実計画の作成に当たつては、当該地域公益事業の内容及び事業区域における需要について、当該事業区域の住民その他の関係者の意見を聴かなければならない。

7　社会福祉充実計画は、評議員会の承認を受けなければならない。

8　所轄庁は、社会福祉法人に対し、社会福祉充実計画の作成及び円滑かつ確実な実施に関し必要な助言その他の支援を行うものとする。

9　所轄庁は、第一項の承認の申請があつた場合において、当該申請に係る社会福祉充実計画が、次の各号に掲げる要件のいずれにも適合するものであると認めるときは、その承認をするものとする。

一　社会福祉充実事業として記載されている社会福祉事業又は公益事業の規模及び内容が、社会福祉充実残額に照らして適切なものであること。

二　社会福祉事業として社会福祉事業が記載されている場合にあつては、その規模及び内容が、当該社会福祉事業に係る事業区域における需要及び供給の見通しに照らして適切なものであること。

三　社会福祉充実事業として地域公益事業が記載されている場合にあつては、その規模及び内容が、当該地域公益事業に係る事業区域における需要に照らして適切なものであること。

四　その他厚生労働省令で定める要件に適合するものであること。

10　所轄庁は、社会福祉充実計画が前項第二号及び第三号に適合しているかどうかを調査するため必要があると認めるときは、関係地方公共団体の長に対して、資料の提供その他必要な協力を求めることができる。

11　第一項の承認を受けた社会福祉法人は、同項の承認があつた社会福祉充実計画（次条第一項の変更の承認があつたときは、その変更後のもの。同項及び第五十五条の四において「**承認社会福祉充実計画**」という。）に従つて事業を行わなければならない。

（社会福祉充実計画の変更）

第五五条の三　前条第一項の承認を受けた社会福祉法人は、承認社会福祉充実計画の変更をしようとするときは、厚生労働省令で定めるところにより、あらかじめ、所轄庁の承認を受けなければならない。ただし、厚生労働省令で定める軽微な変更については、この限りでない。

2　前条第一項の承認を受けた社会福祉法人は、前項ただし書の厚生労働省令で定める軽微な変更をしたときは、厚生労働省令で定めるところにより、遅滞なく、その旨を所轄庁に届け出なければならない。

3　前条第三項から第十項までの規定は、第一項の変更の申請について準用する。

（社会福祉充実計画の終了）

第五五条の四　第五十五条の二第一項の承認を受けた社会福祉法人は、やむを得ない事由により承認社会福祉充実計画に従つて事業を行うことが困難であるときは、厚生労働省令で定めるところにより、あらかじめ、所轄庁の承認を受けて、当該承認社会福祉充実計画を終了することができる。

第八節　助成及び監督

（監督）

第五六条　所轄庁は、この法律の施行に必要な限度において、社会福祉法人に対し、その業務若しくは財産の状況に関し報告をさせ、又は当該職員に、社会福祉法人の事務所その他の施設に立ち入り、その業務若しくは財産の状況若しくは帳簿、書類その他の物件を検査させることができる。

2　前項の規定により立入検査をする職員は、その身分を示す証明書を携帯し、関係人にこれを提示しなければならない。

3　第一項の規定による立入検査の権限は、犯罪捜査のために認められたものと解してはならない。

4　所轄庁は、社会福祉法人が、法令、法令に基づいてする行政庁の処分若しくは定款に違反し、又はその運営が著しく適正を欠くと認めるときは、当該社会福祉法人に対し、期限を定めて、その改善のために必要な措置（役員の解職を除く。）をとるべき旨を勧告することができる。

5　所轄庁は、前項の規定による勧告をした場合において、当該勧告を受けた社会福祉法人が同項の期限内にこれに従わなかつたときは、その旨を公表することができる。

6　所轄庁は、第四項の規定による勧告を受けた社会福祉法人が、正当な理由がないのに当該勧告に係る措置をとらなかつたときは、当該社会福祉法人に対し、期限を定めて、当該勧告に係る措置をとるべき旨を命ずることができる。

7　社会福祉法人が前項の命令に従わないときは、所轄庁は、当該社会福祉法人に対し、期間を定めて業務の全部若しくは一部の停止を命じ、又は役員の解職を勧告することができる。

8　所轄庁は、社会福祉法人が、法令、法令に基づいてする行政庁の処分若しくは定款に違反した場合であつて他の方法により監督の目的を達することができないとき、又は正当の事由がないのに一年以上にわたつてその目的とする事業を行わないときは、解散を命ずることができる。

9　所轄庁は、第七項の規定により役員の解職を勧告しようとする場合には、当該社会福祉法人に、所轄庁の指定した職員に対して弁明する機会を与えなければならない。この場合においては、当該社会福祉法人に対し、あらかじめ、書面をもつて、弁明をなすべき日時、場所及びその勧告をなすべき理由を通知しなければならない。

10　前項の通知を受けた社会福祉法人は、代理人を出頭させ、かつ、自己に有利な証拠を提出することができる。

11　第九項の規定による弁明を聴取した者は、聴取書及び当該勧告をする必要があるかどうかについての意見を付した報告書を作成し、これを所轄庁に提出しなければならない。

（公益事業又は収益事業の停止）

第五七条　所轄庁は、第二十六条第一項の規定により公益事業又は収益事業を行う社会福祉法人につき、次の各号のいずれかに該当する事由があると認めるときは、当該社会福祉法人に対して、その事業の停止を命ずることができる。

一　当該社会福祉法人が定款で定められた事業以外の事業を行うこと。

二　当該社会福祉法人が当該収益事業から生じた収益を当該社会福祉法人の行う社会福祉事業及び公益事業以外の目的に使用すること。

三　当該公益事業又は収益事業の継続が当該社会福祉法人の行う社会福祉事業に支障があること。

（関係都道府県知事等の協力）

第五七条の二　関係都道府県知事等（社会福祉法人の事務所、事業所、施設その他これらに準ずるものの所在地の都道府県知事又は市町村長であつて、当該社会福祉法人の所轄庁以外の者をいう。次項において同じ。）は、当該社会福祉法人に対して適当な措置をとることが必要であると認めるときは、当該社会福祉法人の所轄庁に対し、その旨の意見を述べることができる。

2　所轄庁は、第五十六条第一項及び第四項から第九項まで並びに前条の事務を行うため必要があると認めるときは、関係都道府県知事等に対し、情報又は資料の提供その他必要な協力を求めることができる。

（助成等）

第五八条　国又は地方公共団体は、必要があると認めるときは、厚生労働省令又は当該地方公共団体の条例で定める手続に従い、社会福祉法人に対し、補助金を支出し、又は通常の条件よりも当該社会福祉法人に有利な条件で、貸付金を支出し、若しくはその他の財産を譲り渡し、若しくは貸し付けることができる。ただし、国有財産法（昭和二十三年法律第七十三号）及び地方自治法第二百三十七条第二項の規定の適用を妨げない。

2　前項の規定により、社会福祉法人に対する助成がなされたときは、厚生労働大臣又は地方公共団体の長は、その助成の目的が有効に達せられることを確保するため、当該社会福祉法人に対して、次に掲げる権限を有する。

一　事業又は会計の状況に関し報告を徴すること。

二　助成の目的に照らして、社会福祉法人の予算が不適当であると認める場合において、その予算について必要な変更をすべき旨を勧告すること。

三　社会福祉法人の役員が法令、法令に基づいてする行政庁の処分又は定款に違反した場合において、その役員を解職すべき旨を勧告すること。

3　国又は地方公共団体は、社会福祉法人が前項の規定による措置に従わなかつたときは、交付した補助金若しくは貸付金又は譲渡し、若しくは貸し付けたその他の財産の全部又は一部の返還を命ずることができる。

4　第五十六条第九項から第十一項までの規定は、第二項第三号の規定により解職を勧告し、又は前項の規定により補助金若しくは貸付金の全部若しくは一部の返還を命令する場合に準用する。

（所轄庁への届出）

第五九条　社会福祉法人は、毎会計年度終了後三月以内に、厚生労働省令で定めるところにより、次に掲げる書類を所轄庁に届け出なければならない。

一　第四十五条の三十二第一項に規定する計算書類等

二　第四十五条の三十四第二項に規定する財産目録等

（情報の公開等）

第五九条の二　社会福祉法人は、次の各号に掲げる場合の区分に応じ、遅滞なく、厚生労働省令で定めるところにより、当該各号に定める事項を公表しなければならない。

一　第三十一条第一項若しくは第四十五条の三十六第二項の認可を受けたとき、又は同条第四項の規定による届出をしたとき　定款の内容

二　第四十五条の三十五第二項の承認を受けたとき　当該承認を受けた報酬等の支給の基準

三　前条の規定による届出をしたとき　同条各号に掲げる書類のうち厚生労働省令で定める書類の内容

2　都道府県知事は、当該都道府県の区域内に主たる事務所を有する社会福祉法人（厚生労働大臣が所轄庁であるものを除く。）の活動の状況その他の厚生労働省令で定める事項について、調査及び分析を行い、必要な統計その他の資料を作成するものとする。この場合において、都道府県知事は、その内容を公表するよう努めるとともに、厚生労働大臣に対し、電磁的方法その他の厚生労働省令で定める方法により報告するものとする。

3　都道府県知事は、前項前段の事務を行うため必要があると認めるときは、当該都道府県の区域内に主たる事務所を有する社会福祉法人の所轄庁（市長に限る。次項において同じ。）に対し、社会福祉法人の活動の状況その他の厚生労働省令で定める事項に関する情報の提供を求めることができる。

4　所轄庁は、前項の規定による都道府県知事の求めに応じて情報を提供するときは、電磁的方法その他の厚生労働省令で定める方法によるものとする。

5　厚生労働大臣は、社会福祉法人に関する情報に係るデータベース（情報の集合物であつて、それらの情報を電子計算機を用いて検索することができるように体系的に構成したものをいう。）の整備を図り、国民にインターネットその他の高度情報通信ネットワークの利用を通じて迅速に当該情報を提供できるよう必要な施策を実施するものとする。

6　厚生労働大臣は、前項の施策を実施するため必要があると認めるときは、都道府県知事に対し、当該都道府県の区域内に主たる事務所を有する社会福祉法人の活動の状況その他の厚生労働省令で定める事項に関する情報の提供を求めることができる。

7　第四項の規定は、都道府県知事が前項の規定による厚生労働大臣の求めに応じて情報を提供する場合について準用する。

（厚生労働大臣及び都道府県知事の支援）

第五九条の三　厚生労働大臣は、都道府県知事及び市長に対して、都道府県知事は、市長に対して、社会福祉法人の指導及び監督に関する事務の実施に関し必要な助言、情報の提供その他の支援を行うよう努めなければならない。

第七章　社会福祉事業

（経営主体）

第六〇条　社会福祉事業のうち、第一種社会

福祉事業は、国、地方公共団体又は社会福祉法人が経営することを原則とする。

（事業経営の準則）

第六十一条　国、地方公共団体、社会福祉法人その他社会福祉事業を経営する者は、次に掲げるところに従い、それぞれの責任を明確にしなければならない。

一　国及び地方公共団体は、法律に基づくその責任を他の社会福祉事業を経営する者に転嫁し、又はこれらの者の財政的援助を求めないこと。

二　国及び地方公共団体は、他の社会福祉事業を経営する者に対し、その自主性を重んじ、不当な関与を行わないこと。

三　社会福祉事業を経営する者は、不当に国及び地方公共団体の財政的、管理的援助を仰がないこと。

2　前項第一号の規定は、国又は地方公共団体が、その経営する社会福祉事業について、福祉サービスを必要とする者を施設に入所させることその他の措置を他の社会福祉事業を経営する者に委託することを妨げるものではない。

（社会福祉施設の設置）

第六十二条　市町村又は社会福祉法人は、施設を設置して、第一種社会福祉事業を経営しようとするときは、その事業の開始前に、その施設（以下「**社会福祉施設**」という。）を設置しようとする地の都道府県知事に、次に掲げる事項を届け出なければならない。

一　施設の名称及び種類

二　設置者の氏名又は名称、住所、経歴及び資産状況

三　条例、定款その他の基本約款

四　建物その他の設備の規模及び構造

五　事業開始の予定年月日

六　施設の管理者及び実務を担当する幹部職員の氏名及び経歴

七　福祉サービスを必要とする者に対する処遇の方法

2　国、都道府県、市町村及び社会福祉法人以外の者は、社会福祉施設を設置して、第一種社会福祉事業を経営しようとするときは、その事業の開始前に、その施設を設置しようとする地の都道府県知事の許可を受けなければならない。

3　前項の許可を受けようとする者は、第一項各号に掲げる事項のほか、次に掲げる事項を記載した申請書を当該都道府県知事に提出しなければならない。

一　当該事業を経営するための財源の調達及びその管理の方法

二　施設の管理者の資産状況

三　建物その他の設備の使用の権限

四　経理の方針

五　事業の経営者又は施設の管理者に事故があるときの処置

4　都道府県知事は、第二項の許可の申請があつたときは、第六十五条の規定により都道府県の条例で定める基準に適合するかどうかを審査するほか、次に掲げる基準によつて、その申請を審査しなければならない。

一　当該事業を経営するために必要な経済的基礎があること。

二　当該事業の経営者が社会的信望を有すること。

三　実務を担当する幹部職員が社会福祉事業に関する経験、熱意及び能力を有すること。

四　当該事業の経理が他の経理と分離できる等その性格が社会福祉法人に準ずるものであること。

五　脱税その他不正の目的で当該事業を経営しようとするものでないこと。

5　都道府県知事は、前項に規定する審査の結果、その申請が、同項に規定する基準に適合していると認めるときは、社会福祉施設設置の許可を与えなければならない。

6　都道府県知事は、前項の許可を与えるに当たつて、当該事業の適正な運営を確保するために必要と認める条件を付することができる。

（社会福祉施設に係る届出事項等の変更）

第六三条 前条第一項の規定による届出をした者は、その届け出た事項に変更を生じたときは、変更の日から一月以内に、その旨を当該都道府県知事に届け出なければならない。

2 前条第二項の規定による許可を受けた者は、同条第一項第四号、第五号及び第七号並びに同条第三項第一号、第四号及び第五号に掲げる事項を変更しようとするときは、当該都道府県知事の許可を受けなければならない。

3 前条第四項から第六項までの規定は、前項の規定による許可の申請があつた場合に準用する。

（社会福祉施設の廃止）

第六四条 第六十二条第一項の規定による届出をし、又は同条第二項の規定による許可を受けて、社会福祉事業を経営する者は、その事業を廃止しようとするときは、廃止の日の一月前までに、その旨を当該都道府県知事に届け出なければならない。

（社会福祉施設の基準）

第六五条 都道府県は、社会福祉施設の設備の規模及び構造並びに福祉サービスの提供の方法、利用者等からの苦情への対応その他の社会福祉施設の運営について、条例で基準を定めなければならない。

2 都道府県が前項の条例を定めるに当たつては、第一号から第三号までに掲げる事項については厚生労働省令で定める基準に従い定めるものとし、第四号に掲げる事項については厚生労働省令で定める基準を標準として定めるものとし、その他の事項については厚生労働省令で定める基準を参酌するものとする。

一 社会福祉施設に配置する職員及びその員数

二 社会福祉施設に係る居室の床面積

三 社会福祉施設の運営に関する事項であつて、利用者の適切な処遇及び安全の確保並びに秘密の保持に密接に関連するものとして厚生労働省令で定めるもの

四 社会福祉施設の利用定員

3 社会福祉施設の設置者は、第一項の基準を遵守しなければならない。

（社会福祉施設の管理者）

第六六条 社会福祉施設には、専任の管理者を置かなければならない。

（施設を必要としない第一種社会福祉事業の開始）

第六七条 市町村又は社会福祉法人は、施設を必要としない第一種社会福祉事業を開始したときは、事業開始の日から一月以内に、事業経営地の都道府県知事に次に掲げる事項を届け出なければならない。

一 経営者の名称及び主たる事務所の所在地

二 事業の種類及び内容

三 条例、定款その他の基本約款

2 国、都道府県、市町村及び社会福祉法人以外の者は、施設を必要としない第一種社会福祉事業を経営しようとするときは、その事業の開始前に、その事業を経営しようとする地の都道府県知事の許可を受けなければならない。

3 前項の許可を受けようとする者は、第一項各号並びに第六十二条第三項第一号、第四号及び第五号に掲げる事項を記載した申請書を当該都道府県知事に提出しなければならない。

4 都道府県知事は、第二項の許可の申請があつたときは、第六十二条第四項各号に掲げる基準によつて、これを審査しなければならない。

5 第六十二条第五項及び第六項の規定は、前項の場合に準用する。

（施設を必要としない第一種社会福祉事業の変更及び廃止）

第六八条 前条第一項の規定による届出をし、又は同条第二項の規定による許可を受けて社会福祉事業を経営する者は、その届け出た事項又は許可申請書に記載した事項に変更を生じたときは、変更の日から一月

以内に、その旨を当該都道府県知事に届け出なければならない。その事業を廃止したときも、同様とする。

（社会福祉住居施設の設置）

第六八条の二　市町村又は社会福祉法人は、住居の用に供するための施設を設置して、第二種社会福祉事業を開始したときは、事業開始の日から一月以内に、その施設（以下「**社会福祉住居施設**」という。）を設置した地の都道府県知事に、次に掲げる事項を届け出なければならない。

一　施設の名称及び種類

二　設置者の氏名又は名称、住所、経歴及び資産状況

三　条例、定款その他の基本約款

四　建物その他の設備の規模及び構造

五　事業開始の年月日

六　施設の管理者及び実務を担当する幹部職員の氏名及び経歴

七　福祉サービスを必要とする者に対する処遇の方法

2　国、都道府県、市町村及び社会福祉法人以外の者は、社会福祉住居施設を設置して、第二種社会福祉事業を経営しようとするときは、その事業の開始前に、その施設を設置しようとする地の都道府県知事に、前項各号に掲げる事項を届け出なければならない。

（社会福祉住居施設に係る届出事項の変更）

第六八条の三　前条第一項の規定による届出をした者は、その届け出た事項に変更を生じたときは、変更の日から一月以内に、その旨を当該都道府県知事に届け出なければならない。

2　前条第二項の規定による届出をした者は、同条第一項第四号、第五号及び第七号に掲げる事項を変更しようとするときは、あらかじめ、その旨を当該都道府県知事に届け出なければならない。

3　前条第二項の規定による届出をした者は、同条第一項第一号から第三号まで及び第六号に掲げる事項を変更したときは、変更の日から一月以内に、その旨を当該都道府県知事に届け出なければならない。

（社会福祉住居施設の廃止）

第六八条の四　第六十八条の二第一項又は第二項の規定による届出をした者は、その事業を廃止したときは、廃止の日から一月以内に、その旨を当該都道府県知事に届け出なければならない。

（社会福祉住居施設の基準）

第六八条の五　都道府県は、社会福祉住居施設の設備の規模及び構造並びに福祉サービスの提供の方法、利用者等からの苦情への対応その他の社会福祉住居施設の運営について、条例で基準を定めなければならない。

2　都道府県が前項の条例を定めるに当たっては、次に掲げる事項については厚生労働省令で定める基準を標準として定めるものとし、その他の事項については厚生労働省令で定める基準を参酌するものとする。

一　社会福祉住居施設に配置する職員及びその員数

二　社会福祉住居施設に係る居室の床面積

三　社会福祉住居施設の運営に関する事項であつて、利用者の適切な処遇及び安全の確保並びに秘密の保持に密接に関連するものとして厚生労働省令で定めるもの

四　社会福祉住居施設の利用定員

3　社会福祉住居施設の設置者は、第一項の基準を遵守しなければならない。

（社会福祉住居施設の管理者）

第六八条の六　第六十六条の規定は、社会福祉住居施設について準用する。

（住居の用に供するための施設を必要としない第二種社会福祉事業の開始等）

第六九条　国及び都道府県以外の者は、住居の用に供するための施設を必要としない第二種社会福祉事業を開始したときは、事業開始の日から一月以内に、事業経営地の都道府県知事に第六十七条第一項各号に掲げる事項を届け出なければならない。

2　前項の規定による届出をした者は、その

届け出た事項に変更を生じたときは、変更の日から一月以内に、その旨を当該都道府県知事に届け出なければならない。その事業を廃止したときも、同様とする。

（調査）

第七〇条 都道府県知事は、この法律の目的を達成するため、社会福祉事業を経営する者に対し、必要と認める事項の報告を求め、又は当該職員をして、施設、帳簿、書類等を検査し、その他の事業経営の状況を調査させることができる。

（改善命令）

第七一条 都道府県知事は、第六十二条第一項の規定による届出をし、若しくは同条第二項の規定による許可を受けて社会福祉事業を経営する者の施設又は第六十八条の二第一項若しくは第二項の規定による届出をして社会福祉事業を経営する者の施設が、第六十五条第一項又は第六十八条の五第一項の基準に適合しないと認められるに至つたときは、その事業を経営する者に対し、当該基準に適合するために必要な措置を採るべき旨を命ずることができる。

（許可の取消し等）

第七二条 都道府県知事は、第六十二条第一項、第六十七条第一項、第六十八条の二第一項若しくは第二項若しくは第六十九条第一項の規定による届出をし、又は第六十二条第二項若しくは第六十七条第二項の規定による許可を受けて社会福祉事業を経営する者（第六十三条第三項及び第六十七条第五項において準用する場合を含む。）の規定による条件に違反し、第六十三条第一項若しくは第二項、第六十八条、第六十八条の三若しくは第六十九条第二項の規定に違反し、第七十条の規定による報告の求めに応ぜず、若しくは虚偽の報告をし、同条の規定による当該職員の検査若しくは調査を拒み、妨げ、若しくは忌避し、前条の規定による命令に違反し、又はその事業に関し不当に営利を図り、若しくは福祉サービスの提供を受ける者の処遇につき不当な行為をしたときは、その者に対し、社会福祉事業を経営することを制限し、その停止を命じ、又は第六十二条第二項若しくは第六十七条第二項の許可を取り消すことができる。

2 都道府県知事は、第六十二条第一項、第六十七条第一項、第六十八条の二第一項若しくは第二項若しくは第六十九条第一項の規定による届出をし、若しくは第七十四条に規定する他の法律に基づく届出をし、又は第六十二条第二項若しくは第六十七条第二項の規定による許可を受け、若しくは第七十四条に規定する他の法律に基づく許可若しくは認可を受けて社会福祉事業を経営する者（次章において「**社会福祉事業の経営者**」という。）が、第七十七条又は第七十九条の規定に違反したときは、その者に対し、社会福祉事業を経営することを制限し、その停止を命じ、又は第六十二条第二項若しくは第六十七条第二項の許可若しくは第七十四条に規定する他の法律に基づく許可若しくは認可を取り消すことができる。

3 都道府県知事は、第六十二条第一項若しくは第二項、第六十七条第一項若しくは第二項、第六十八条の二第一項若しくは第二項又は第六十九条第一項の規定に違反して社会福祉事業を経営する者が、その事業に関し不当に営利を図り、若しくは福祉サービスの提供を受ける者の処遇につき不当の行為をしたときは、その者に対し、社会福祉事業を経営することを制限し、又はその停止を命ずることができる。

（市の区域内で行われる隣保事業の特例）

第七三条 市の区域内で行われる隣保事業について第六十九条、第七十条及び前条の規定を適用する場合においては、第六十九条第一項中「及び都道府県」とあるのは「、都道府県及び市」と、「都道府県知事」とあるのは「市長」と、同条第二項、第七十条及び前条中「都道府県知事」とあるのは「市長」と読み替えるものとする。

（適用除外）

第七四条　第六十二条から第七十一条まで並びに第七十二条第一項及び第三項の規定は、他の法律によつて、その設置又は開始につき、行政庁の許可、認可又は行政庁への届出を要するものとされている施設又は事業については、適用しない。

第八章　福祉サービスの適切な利用

第一節　情報の提供等

（情報の提供）

第七五条　社会福祉事業の経営者は、福祉サービス（社会福祉事業において提供されるものに限る。以下この節及び次節において同じ。）を利用しようとする者が、適切かつ円滑にこれを利用することができるように、その経営する社会福祉事業に関し情報の提供を行うよう努めなければならない。

2　国及び地方公共団体は、福祉サービスを利用しようとする者が必要な情報を容易に得られるように、必要な措置を講ずるよう努めなければならない。

（利用契約の申込み時の説明）

第七六条　社会福祉事業の経営者は、その提供する福祉サービスの利用を希望する者からの申込みがあつた場合には、その者に対し、当該福祉サービスを利用するための契約の内容及びその履行に関する事項について説明するよう努めなければならない。

（利用契約の成立時の書面の交付）

第七七条　社会福祉事業の経営者は、福祉サービスを利用するための契約（厚生労働省令で定めるものを除く。）が成立したときは、その利用者に対し、遅滞なく、次に掲げる事項を記載した書面を交付しなければならない。

一　当該社会福祉事業の経営者の名称及び主たる事務所の所在地

二　当該社会福祉事業の経営者が提供する福祉サービスの内容

三　当該福祉サービスの提供につき利用者が支払うべき額に関する事項

四　その他厚生労働省令で定める事項

2　社会福祉事業の経営者は、前項の規定による書面の交付に代えて、政令の定めるところにより、当該利用者の承諾を得て、当該書面に記載すべき事項を電磁的方法により提供することができる。この場合において、当該社会福祉事業の経営者は、当該書面を交付したものとみなす。

（福祉サービスの質の向上のための措置等）

第七八条　社会福祉事業の経営者は、自らその提供する福祉サービスの質の評価を行うことその他の措置を講ずることにより、常に福祉サービスを受ける者の立場に立つて良質かつ適切な福祉サービスを提供するよう努めなければならない。

2　国は、社会福祉事業の経営者が行う福祉サービスの質の向上のための措置を援助するために、福祉サービスの質の公正かつ適切な評価の実施に資するための措置を講ずるよう努めなければならない。

（誇大広告の禁止）

第七九条　社会福祉事業の経営者は、その提供する福祉サービスについて広告をするときは、広告された福祉サービスの内容その他の厚生労働省令で定める事項について、著しく事実に相違する表示をし、又は実際のものよりも著しく優良であり、若しくは有利であると人を誤認させるような表示をしてはならない。

第二節　福祉サービスの利用の援助等

（福祉サービス利用援助事業の実施に当たつての配慮）

第八〇条　福祉サービス利用援助事業を行う者は、当該事業を行うに当たつては、利用者の意向を十分に尊重するとともに、利用者の立場に立つて公正かつ適切な方法により行わなければならない。

（都道府県社会福祉協議会の行う福祉サービス利用援助事業等）

第八一条　都道府県社会福祉協議会は、第百十条第一項各号に掲げる事業を行うほか、福祉サービス利用援助事業を行う市町村社会福祉協議会その他の者と協力して都道府県の区域内においてあまねく福祉サービス利用援助事業が実施されるために必要な事業を行うとともに、これと併せて、当該事業に従事する者の資質の向上のための事業並びに福祉サービス利用援助事業に関する普及及び啓発を行うものとする。

(社会福祉事業の経営者による苦情の解決)

第八二条 社会福祉事業の経営者は、常に、その提供する福祉サービスについて、利用者等からの苦情の適切な解決に努めなければならない。

(運営適正化委員会)

第八三条 都道府県の区域内において、福祉サービス利用援助事業の適正な運営を確保するとともに、福祉サービスに関する利用者等からの苦情を適切に解決するため、都道府県社会福祉協議会に、人格が高潔であつて、社会福祉に関する識見を有し、かつ、社会福祉、法律又は医療に関し学識経験を有する者で構成される運営適正化委員会を置くものとする。

(運営適正化委員会の行う福祉サービス利用援助事業に関する助言等)

第八四条 運営適正化委員会は、第八十一条の規定により行われる福祉サービス利用援助事業の適正な運営を確保するために必要があると認めるときは、当該福祉サービス利用援助事業を行う者に対して必要な助言又は勧告をすることができる。

2 福祉サービス利用援助事業を行う者は、前項の勧告を受けたときは、これを尊重しなければならない。

(運営適正化委員会の行う苦情の解決のための相談等)

第八五条 運営適正化委員会は、福祉サービスに関する苦情について解決の申出があつたときは、その相談に応じ、申出人に必要な助言をし、当該苦情に係る事情を調査するものとする。

2 運営適正化委員会は、前項の申出人及び当該申出人に対し福祉サービスを提供した者の同意を得て、苦情の解決のあつせんを行うことができる。

(運営適正化委員会から都道府県知事への通知)

第八六条 運営適正化委員会は、苦情の解決に当たり、当該苦情に係る福祉サービスの利用者の処遇につき不当な行為が行われているおそれがあると認めるときは、都道府県知事に対し、速やかに、その旨を通知しなければならない。

(政令への委任)

第八七条 この節に規定するもののほか、運営適正化委員会に関し必要な事項は、政令で定める。

第三節 社会福祉を目的とする事業を経営する者への支援

第八八条 都道府県社会福祉協議会は、第百十条第一項各号に掲げる事業を行うほか、社会福祉を目的とする事業の健全な発達に資するため、必要に応じ、社会福祉を目的とする事業を経営する者がその行つた福祉サービスの提供に要した費用に関して地方公共団体に対して行う請求の事務の代行その他の社会福祉を目的とする事業を経営する者が当該事業を円滑に実施することができるよう支援するための事業を実施するよう努めなければならない。ただし、他に当該事業を実施する適切な者がある場合には、この限りでない。

第九章 社会福祉事業等に従事する者の確保の促進

第一節 基本指針等

(基本指針)

第八九条 厚生労働大臣は、社会福祉事業の適正な実施を確保し、社会福祉事業その他の政令で定める社会福祉を目的とする事業(以下この章において「社会福祉事業等」という。)の健全な発達を図るため、社会福祉事業等に従事する者(以下この章において「**社会福祉事業等従事者**」という。)の確保及び国民の社会福祉に関する活動への参加の促進を図るための措置に関する基本的な指針（以下「**基本指針**」という。）を定めなければならない。

2　基本指針に定める事項は、次のとおりとする。

一　社会福祉事業等従事者の就業の動向に関する事項

二　社会福祉事業等を経営する者が行う、社会福祉事業等従事者に係る処遇の改善（国家公務員及び地方公務員である者に係るものを除く。）及び資質の向上並びに新規の社会福祉事業等従事者の確保に資する措置その他の社会福祉事業等従事者の確保に資する措置の内容に関する事項

三　前号に規定する措置の内容に関して、その適正かつ有効な実施を図るために必要な措置の内容に関する事項

四　国民の社会福祉事業等に対する理解を深め、国民の社会福祉に関する活動への参加を促進するために必要な措置の内容に関する事項

3　厚生労働大臣は、基本指針を定め、又はこれを変更しようとするときは、あらかじめ、内閣総理大臣及び総務大臣に協議するとともに、社会保障審議会及び都道府県の意見を聴かなければならない。

4　厚生労働大臣は、基本指針を定め、又はこれを変更したときは、遅滞なく、これを公表しなければならない。

（社会福祉事業等を経営する者の講ずべき措置）

第九〇条　社会福祉事業等を経営する者は、前条第二項第二号に規定する措置の内容に即した措置を講ずるように努めなければならない。

2　社会福祉事業等を経営する者は、前条第二項第四号に規定する措置の内容に即した措置を講ずる者に対し、必要な協力を行うように努めなければならない。

（指導及び助言）

第九一条　国及び都道府県は、社会福祉事業等を経営する者に対し、第八十九条第二項第二号に規定する措置の内容に即した措置の的確な実施に必要な指導及び助言を行うものとする。

（国及び地方公共団体の措置）

第九二条　国は、社会福祉事業等従事者の確保及び国民の社会福祉に関する活動への参加を促進するために必要な財政上及び金融上の措置その他の措置を講ずるよう努めなければならない。

2　地方公共団体は、社会福祉事業等従事者の確保及び国民の社会福祉に関する活動への参加を促進するために必要な措置を講ずるよう努めなければならない。

第二節　福祉人材センター

第一款　都道府県福祉人材センター

（指定等）

第九三条　都道府県知事は、社会福祉事業等に関する連絡及び援助を行うこと等により社会福祉事業等従事者の確保を図ることを目的として設立された社会福祉法人であつて、次条に規定する業務を適正かつ確実に行うことができると認められるものを、その申請により、都道府県ごとに一個に限り、都道府県福祉人材センター（以下「**都道府県センター**」という。）として指定することができる。

2　都道府県知事は、前項の申請をした者が職業安定法（昭和二十二年法律第百四十一号）第三十三条第一項の許可を受けて社会福祉事業等従事者につき無料の職業紹介事業を行う者でないときは、前項の規定による指定をしてはならない。

3　都道府県知事は、第一項の規定による指定をしたときは、当該都道府県センターの名称、住所及び事務所の所在地を公示しなければならない。

4　都道府県センターは、その名称、住所又は事務所の所在地を変更しようとするときは、あらかじめ、その旨を都道府県知事に届け出なければならない。

5　都道府県知事は、前項の規定による届出があつたときは、当該届出に係る事項を公示しなければならない。

（業務）

第九四条　都道府県センターは、当該都道府県の区域内において、次に掲げる業務を行うものとする。

一　社会福祉事業等に関する啓発活動を行うこと。

二　社会福祉事業等従事者の確保に関する調査研究を行うこと。

三　社会福祉事業等を経営する者に対し、第八十九条第二項第二号に規定する措置の内容に即した措置の実施に関する技術的事項について相談その他の援助を行うこと。

四　社会福祉事業等の業務に関し、社会福祉事業等従事者及び社会福祉事業等に従事しようとする者に対して研修を行うこと。

五　社会福祉事業等従事者の確保に関する連絡を行うこと。

六　社会福祉事業等に従事しようとする者について、無料の職業紹介事業を行うこと。

七　社会福祉事業等に従事しようとする者に対し、その就業の促進に関する情報の提供、相談その他の援助を行うこと。

八　前各号に掲げるもののほか、社会福祉事業等従事者の確保を図るために必要な業務を行うこと。

（関係機関等との連携）

第九五条　都道府県センターは、前条各号に掲げる業務を行うに当たつては、地方公共団体、公共職業安定所その他の関係機関及び他の社会福祉事業等従事者の確保に関する業務を行う団体との連携に努めなければならない。

（情報の提供の求め）

第九五条の二　都道府県センターは、都道府県その他の官公署に対し、第九十四条第七号に掲げる業務を行うために必要な情報の提供を求めることができる。

（介護福祉士等の届出等）

第九五条の三　社会福祉事業等従事者（介護福祉士その他厚生労働省令で定める資格を有する者に限る。次項において同じ。）は、離職した場合その他の厚生労働省令で定める場合には、住所、氏名その他の厚生労働省令で定める事項を、厚生労働省令で定めるところにより、都道府県センターに届け出るよう努めなければならない。

2　社会福祉事業等従事者は、前項の規定により届け出た事項に変更が生じた場合には、厚生労働省令で定めるところにより、その旨を都道府県センターに届け出るよう努めなければならない。

3　社会福祉事業等を経営する者その他厚生労働省令で定める者は、前二項の規定による届出が適切に行われるよう、必要な支援を行うよう努めるものとする。

（秘密保持義務）

第九五条の四　都道府県センターの役員若しくは職員又はこれらの者であつた者は、正当な理由がないのに、第九十四条各号に掲げる業務に関して知り得た秘密を漏らしてはならない。

（業務の委託）

第九五条の五　都道府県センターは、第九十四条各号（第六号を除く。）に掲げる業務の一部を厚生労働省令で定める者に委託することができる。

2　前項の規定による委託を受けた者若しくはその役員若しくは職員又はこれらの者であつた者は、正当な理由がないのに、当該委託に係る業務に関して知り得た秘密を漏らしてはならない。

（事業計画等）

第九六条　都道府県センターは、毎事業年度、厚生労働省令で定めるところにより、事業計画書及び収支予算書を作成し、都道府県知事に提出しなければならない。これを変更しようとするときも、同様とする。

2　都道府県センターは、厚生労働省令の定めるところにより、毎事業年度終了後、事業報告書及び収支決算書を作成し、都道府県知事に提出しなければならない。

（監督命令）

第九七条 都道府県知事は、この款の規定を施行するために必要な限度において、都道府県センターに対し、第九十四条各号に掲げる業務に関し監督上必要な命令をすることができる。

（指定の取消し等）

第九八条 都道府県知事は、都道府県センターが次の各号のいずれかに該当するときは、第九十三条第一項の規定による指定（以下この条において「指定」という。）を取り消さなければならない。

一 第九十四条第六号に掲げる業務に係る無料の職業紹介事業につき、職業安定法第三十三条第一項の許可を取り消されたとき。

二 職業安定法第三十三条第三項に規定する許可の有効期間（当該許可の有効期間について、同条第四項において準用する同法第三十二条の六第二項の規定による更新を受けたときにあつては、当該更新を受けた許可の有効期間）の満了後、同法第三十三条第四項において準用する同法第三十二条の六第二項に規定する許可の有効期間の更新を受けていないとき。

2 都道府県知事は、都道府県センターが、次の各号のいずれかに該当するときは、指定を取り消すことができる。

一 第九十四条各号に掲げる業務を適正かつ確実に実施することができないと認められるとき。

二 指定に関し不正の行為があつたとき。

三 この款の規定又は当該規定に基づく命令若しくは処分に違反したとき。

3 都道府県知事は、前二項の規定により指定を取り消したときは、その旨を公示しなければならない。

第二款 中央福祉人材センター

（指定）

第九九条 厚生労働大臣は、都道府県センターの業務に関する連絡及び援助を行うこと等により、都道府県センターの健全な発展を図るとともに、社会福祉事業等従事者の確保を図ることを目的として設立された社会福祉法人であつて、次条に規定する業務を適正かつ確実に行うことができると認められるものを、その申請により、全国を通じて一個に限り、中央福祉人材センター（以下「**中央センター**」という。）として指定することができる。

（業務）

第一〇〇条 中央センターは、次に掲げる業務を行うものとする。

一 都道府県センターの業務に関する啓発活動を行うこと。

二 二以上の都道府県の区域における社会福祉事業等従事者の確保に関する調査研究を行うこと。

三 社会福祉事業等の業務に関し、都道府県センターの業務に従事する者に対して研修を行うこと。

四 社会福祉事業等の業務に関し、社会福祉事業等従事者に対して研修を行うこと。

五 都道府県センターの業務について、連絡調整を図り、及び指導その他の援助を行うこと。

六 都道府県センターの業務に関する情報及び資料を収集し、並びにこれを都道府県センターその他の関係者に対し提供すること。

七 前各号に掲げるもののほか、都道府県センターの健全な発展及び社会福祉事業等従事者の確保を図るために必要な業務を行うこと。

（準用）

第一〇一条 第九十三条第三項から第五項まで、第九十五条の四及び第九十六条から第九十八条までの規定は、中央センターについて準用する。この場合において、これらの規定中「都道府県知事」とあるのは「厚生労働大臣」と、第九十三条第三項中「第一項」とあるのは「第九十九条」と、第九十五条の四中「第九十四条各号」とあるのは「第百条各号」と、第九十七条中「この款」とあるのは「次款」と、「第九十四条」とあるのは「第百条」と、第九十八条第一項中「第九十三条第一項」とあるのは「第九十九条」と、「第九十四条」とあるのは「第百条」と、「この款」とあるのは「次款」と読み替えるものとする。

第三節　福利厚生センター

（指定）

第一〇二条　厚生労働大臣は、社会福祉事業等に関する連絡及び助成を行うこと等により社会福祉事業等従事者の福利厚生の増進を図ることを目的として設立された社会福祉法人であつて、次条に規定する業務を適正かつ確実に行うことができると認められるものを、その申請により、全国を通じて一個に限り、福利厚生センターとして指定することができる。

（業務）

第一〇三条　福利厚生センターは、次に掲げる業務を行うものとする。

一　社会福祉事業等を経営する者に対し、社会福祉事業等従事者の福利厚生に関する啓発活動を行うこと。

二　社会福祉事業等従事者の福利厚生に関する調査研究を行うこと。

三　福利厚生契約（福利厚生センターが社会福祉事業等を経営する者に対してその者に使用される社会福祉事業等従事者の福利厚生の増進を図るための事業を行うことを約する契約をいう。以下同じ。）に基づき、社会福祉事業等従事者の福利厚生の増進を図るための事業を実施すること。

四　社会福祉事業等従事者の福利厚生に関し、社会福祉事業等を経営する者との連絡を行い、及び社会福祉事業等を経営する者に対し助成を行うこと。

五　前各号に掲げるもののほか、社会福祉事業等従事者の福利厚生の増進を図るために必要な業務を行うこと。

（約款の認可等）

第一〇四条　福利厚生センターは、前条第三号に掲げる業務の開始前に、福利厚生契約に基づき実施する事業に関する約款（以下この条において「約款」という。）を定め、厚生労働大臣に提出してその認可を受けなければならない。これを変更しようとするときも、同様とする。

2　厚生労働大臣は、前項の認可をした約款が前条第三号に掲げる業務の適正かつ確実な実施上不適当となつたと認めるときは、その約款を変更すべきことを命ずることができる。

3　約款に記載すべき事項は、厚生労働省令で定める。

（契約の締結及び解除）

第一〇五条　福利厚生センターは、福利厚生契約の申込者が第六十二条第一項若しくは第二項、第六十七条第一項若しくは第二項、第六十八条の二第一項若しくは第二項又は第六十九条第一項（第七十三条の規定により読み替えて適用する場合を含む。）の規定に違反して社会福祉事業等を経営する者であるとき、その他厚生労働省令で定める正当な理由があるときを除いては、福利厚生契約の締結を拒絶してはならない。

2　福利厚生センターは、社会福祉事業等を経営する者がその事業を廃止したとき、その他厚生労働省令で定める正当な理由があるときを除いては、福利厚生契約を解除してはならない。

（準用）

第一〇六条　第九十三条第三項から第五項まで、第九十五条の四及び第九十六条から第九十八条までの規定は、福利厚生センターについて準用する。この場合において、これらの規定中「都道府県知事」とあるのは「厚生労働大臣」と、第九十三条第三項中「第一項」とあるのは「第百二条」と、第九十五条の四中「第九十四条各号」とあるのは「第百三条各号」と、第九十六条第一項中「に提出しなければ」とあるのは「の認可を受けなければ」と、第九十七条中「この款」とあるのは「次節」と、「第九十四条」とあるのは「第百三条」と、第九十八条第一項中「第九十三条第一項」とあるのは「第百二条」と、「第九十四条」とあるのは「第百三条」と、「この款」とあるのは「次節」と、「違反した」とあるのは「違反したとき、又は第百四条第一項の認可を受けた同項に規定する約款によらないで第百三条第三号に掲げる業務を行った」と読み替えるものとする。

第一〇章　地域福祉の推進

第一節　包括的な支援体制の整備

（地域子育て支援拠点事業等を経営する者の責務）

第一〇六条の二　社会福祉を目的とする事業を経営する者のうち、次に掲げる事業を行うもの（市町村の委託を受けてこれらの事業を行う者を含む。）は、当該事業を行うに当たり自らがその解決に資する支援を行うことが困難な地域生活課題を把握したときは、当該地域生活課題を抱える地域住民の心身の状況、その置かれている環境その他の事情を勘案し、支援関係機関による支援の必要性を検討するよう努めるとともに、必要があると認めるときは、支援関係機関に対し、当該地域生活課題の解決に資する支援を求めるよう努めなければならない。

一　児童福祉法第六条の三第六項に規定する地域子育て支援拠点事業又は同法第十条の二第二項に規定するこども家庭センターが行う同項に規定する支援に係る事業若しくは母子保健法（昭和四十年法律第百四十一号）第二十二条第一項に規定する事業

二　介護保険法第百十五条の四十五第二項第一号に掲げる事業

三　障害者の日常生活及び社会生活を総合的に支援するための法律第七十七条第一項第三号に掲げる事業

四　子ども・子育て支援法（平成二十四年法律第六十五号）第五十九条第一号に掲げる事業

（包括的な支援体制の整備）

第一〇六条の三　市町村は、次条第二項に規定する重層的支援体制整備事業をはじめとする地域の実情に応じた次に掲げる施策の積極的な実施その他の各般の措置を通じ、地域住民等及び支援関係機関による、地域福祉の推進のための相互の協力が円滑に行われ、地域生活課題の解決に資する支援が包括的に提供される体制を整備するよう努めるものとする。

一　地域福祉に関する活動への地域住民の参加を促す活動を行う者に対する支援、地域住民等が相互に交流を図ることができる拠点の整備、地域住民等に対する研修の実施その他の地域住民等が地域福祉を推進するために必要な環境の整備に関する施策

二　地域住民等が自ら他の地域住民が抱える地域生活課題に関する相談に応じ、必要な情報の提供及び助言を行い、必要に応じて、支援関係機関に対し、協力を求めることができる体制の整備に関する施策

三　生活困窮者自立支援法第三条第二項に規定する生活困窮者自立相談支援事業を行う者その他の支援関係機関が、地域生活課題を解決するために、相互の有機的な連携の下、その解決に資する支援を一体的かつ計画的に行う体制の整備に関する施策

2　厚生労働大臣は、次条第二項に規定する重層的支援体制整備事業をはじめとする前項各号に掲げる施策に関して、その適切かつ有効な実施を図るため必要な指針を公表するものとする。

（重層的支援体制整備事業）

第一〇六条の四　市町村は、地域生活課題の解決に資する包括的な支援体制を整備する

ため、前条第一項各号に掲げる施策として、厚生労働省令で定めるところにより、重層的支援体制整備事業を行うことができる。

2　前項の「**重層的支援体制整備事業**」とは、次に掲げるこの法律に基づく事業及び他の法律に基づく事業を一体のものとして実施することにより、地域生活課題を抱える地域住民及びその世帯に対する支援体制並びに地域住民等による地域福祉の推進のために必要な環境を一体的かつ重層的に整備する事業をいう。

一　地域生活課題を抱える地域住民及びその家族その他の関係者からの相談に包括的に応じ、利用可能な福祉サービスに関する情報の提供及び助言、支援関係機関との連絡調整並びに高齢者、障害者等に対する虐待の防止及びその早期発見のための援助その他厚生労働省令で定める便宜の提供を行うため、次に掲げる全ての事業を一体的に行う事業

イ　介護保険法第百十五条の四十五第二項第一号から第三号までに掲げる事業

ロ　障害者の日常生活及び社会生活を総合的に支援するための法律第七十七条第一項第三号に掲げる事業

ハ　子ども・子育て支援法第五十九条第一号に掲げる事業

ニ　生活困窮者自立支援法第三条第二項各号に掲げる事業

二　地域生活課題を抱える地域住民であつて、社会生活を円滑に営む上での困難を有するものに対し、支援関係機関と民間団体との連携による支援体制の下、活動の機会の提供、訪問による必要な情報の提供及び助言その他の社会参加のために必要な便宜の提供として厚生労働省令で定めるものを行う事業

三　地域住民が地域において自立した日常生活を営み、地域社会に参加する機会を確保するための支援並びに地域生活課題の発生の防止又は解決に係る体制の整備及び地域住民相互の交流を行う拠点の開設その他厚生労働省令で定める援助を行うため、次に掲げる全ての事業を一体的に行う事業

イ　介護保険法第百十五条の四十五第一項第二号に掲げる事業のうち厚生労働大臣が定めるもの

ロ　介護保険法第百十五条の四十五第二項第五号に掲げる事業

ハ　障害者の日常生活及び社会生活を総合的に支援するための法律第七十七条第一項第九号に掲げる事業

ニ　子ども・子育て支援法第五十九条第九号に掲げる事業

四　地域社会からの孤立が長期にわたる者その他の継続的な支援を必要とする地域住民及びその世帯に対し、訪問により状況を把握した上で相談に応じ、利用可能な福祉サービスに関する情報の提供及び助言その他の厚生労働省令で定める便宜の提供を包括的かつ継続的に行う事業

五　複数の支援関係機関相互間の連携による支援を必要とする地域住民及びその世帯に対し、複数の支援関係機関が、当該地域住民及びその世帯が抱える地域生活課題を解決するために、相互の有機的な連携の下、その解決に資する支援を一体的かつ計画的に行う体制を整備する事業

六　前号に掲げる事業による支援が必要であると市町村が認める地域住民に対し、当該地域住民に対する支援の種類及び内容その他の厚生労働省令で定める事項を記載した計画の作成その他の包括的かつ計画的な支援として厚生労働省令で定めるものを行う事業

3　市町村は、重層的支援体制整備事業（前項に規定する重層的支援体制整備事業をいう。以下同じ。）を実施するに当たつては、児童福祉法第十条の二第二項に規定するこども家庭センター、介護保険法第百十五条の四十五第一項に規定する地域包括支援センター、障害者の日常生活及び社会生活を総合的に支援するための法律第七十七条の二第一項に規定する基幹相談支援センター、生活困窮者自立支援法第三条第二項各

号に掲げる事業を行う者その他の支援関係機関相互間の緊密な連携が図られるよう努めるものとする。

4　市町村は、第二項各号に掲げる事業の一体的な実施が確保されるよう必要な措置を講じた上で、重層的支援体制整備事業の事務の全部又は一部を当該市町村以外の厚生労働省令で定める者に委託することができる。

5　前項の規定による委託を受けた者若しくはその役員若しくは職員又はこれらの者であつた者は、正当な理由がないのに、その委託を受けた事務に関して知り得た秘密を漏らしてはならない。

（重層的支援体制整備事業実施計画）

第一〇六条の五　市町村は、重層的支援体制整備事業を実施するときは、第百六条の三第二項の指針に則して、重層的支援体制整備事業を適切かつ効果的に実施するため、重層的支援体制整備事業の提供体制に関する事項その他厚生労働省令で定める事項を定める計画（以下この条において「重層的支援体制整備事業実施計画」という。）を策定するよう努めるものとする。

2　市町村は、重層的支援体制整備事業実施計画を策定し、又はこれを変更するときは、地域住民、支援関係機関その他の関係者の意見を適切に反映するよう努めるものとする。

3　重層的支援体制整備事業実施計画は、第百七条第一項に規定する市町村地域福祉計画、介護保険法第百十七条第一項に規定する市町村介護保険事業計画、障害者の日常生活及び社会生活を総合的に支援するための法律第八十八条第一項に規定する市町村障害福祉計画、子ども・子育て支援法第六十一条第一項に規定する市町村子ども・子育て支援事業計画その他の法律の規定による計画であつて地域福祉の推進に関する事項を定めるものと調和が保たれたものでなければならない。

4　市町村は、重層的支援体制整備事業実施計画を策定し、又はこれを変更したときは、遅滞なく、これを公表するよう努めるものとする。

5　前各項に定めるもののほか、重層的支援体制整備事業実施計画の策定及び変更に関し必要な事項は、厚生労働省令で定める。

（支援会議）

第一〇六条の六　市町村は、支援関係機関、第百六条の四第四項の規定による委託を受けた者、地域生活課題を抱える地域住民に対する支援に従事する者その他の関係者（第三項及び第四項において「支援関係機関等」という。）により構成される会議（以下この条において「支援会議」という。）を組織することができる。

2　支援会議は、重層的支援体制整備事業の円滑な実施を図るために必要な情報の交換を行うとともに、地域住民が地域において日常生活及び社会生活を営むのに必要な支援体制に関する検討を行うものとする。

3　支援会議は、前項に規定する情報の交換及び検討を行うために必要があると認めるときは、支援関係機関等に対し、地域生活課題を抱える地域住民及びその世帯に関する資料又は情報の提供、意見の開陳その他必要な協力を求めることができる。

4　支援関係機関等は、前項の規定による求めがあつた場合には、これに協力するよう努めるものとする。

5　支援会議の事務に従事する者又は従事していた者は、正当な理由がないのに、支援会議の事務に関して知り得た秘密を漏らしてはならない。

6　前各項に定めるもののほか、支援会議の組織及び運営に関し必要な事項は、支援会議が定める。

（市町村の支弁）

第一〇六条の七　重層的支援体制整備事業の実施に要する費用は、市町村の支弁とする。

（市町村に対する交付金の交付）

第一〇六条の八　国は、政令で定めるところにより、市町村に対し、次に掲げる額を合算した額を交付金として交付する。
一　前条の規定により市町村が支弁する費用のうち、重層的支援体制整備事業として行う第百六条の四第二項第三号イに掲げる事業に要する費用として政令で定めるところにより算定した額の百分の二十に相当する額
二　前条の規定により市町村が支弁する費用のうち、重層的支援体制整備事業として行う第百六条の四第二項第三号イに掲げる事業に要する費用として政令で定めるところにより算定した額を基礎として、介護保険法第九条第二号に規定する第一号被保険者（以下この号において「第一号被保険者」という。）の年齢階級別の分布状況、第一号被保険者の所得の分布状況等を考慮して、政令で定めるところにより算定した額
三　前条の規定により市町村が支弁する費用のうち、重層的支援体制整備事業として行う第百六条の四第二項第一号イ及び第三号ロに掲げる事業に要する費用として政令で定めるところにより算定した額に、介護保険法第百二十五条第二項に規定する第二号被保険者負担率（第百六条の十第二号において「第二号被保険者負担率」という。）に百分の五十を加えた率を乗じて得た額（次条第二号において「特定地域支援事業支援額」という。）の百分の五十に相当する額
四　前条の規定により市町村が支弁する費用のうち、重層的支援体制整備事業として行う第百六条の四第二項第一号ニに掲げる事業に要する費用として政令で定めるところにより算定した額の四分の三に相当する額
五　前条の規定により市町村が支弁する費用のうち、第一号及び前二号に規定する事業以外の事業に要する費用として政令で定めるところにより算定した額の一部に相当する額として予算の範囲内で交付する額

第一〇六条の九　都道府県は、政令で定めるところにより、市町村に対し、次に掲げる額を合算した額を交付金として交付する。
一　前条第一号に規定する政令で定めるところにより算定した額の百分の十二・五に相当する額
二　特定地域支援事業支援額の百分の二十五に相当する額
三　第百六条の七の規定により市町村が支弁する費用のうち、前条第一号及び第三号に規定する事業以外の事業に要する費用として政令で定めるところにより算定した額の一部に相当する額として当該都道府県の予算の範囲内で交付する額

（市町村の一般会計への繰入れ）

第一〇六条の一〇　市町村は、当該市町村について次に定めるところにより算定した額の合計額を、政令で定めるところにより、介護保険法第三条第二項の介護保険に関する特別会計から一般会計に繰り入れなければならない。
一　第百六条の八第一号に規定する政令で定めるところにより算定した額の百分の五十五に相当する額から同条第二号の規定により算定した額を控除した額
二　第百六条の八第三号に規定する政令で定めるところにより算定した額に百分の五十から第二号被保険者負担率を控除して得た率を乗じて得た額に相当する額

（重層的支援体制整備事業と介護保険法等との調整）

第一〇六条の一一　市町村が重層的支援体制整備事業を実施する場合における介護保険法第百二十二条の二（第三項を除く。）並びに第百二十三条第三項及び第四項の規定の適用については、同法第百二十二条の二第一項中「費用」とあるのは「費用（社会福祉法第百六条の四第二項に規定する重層的支援体制整備事業（以下「重層的支援体制整備事業」という。）として行う同項第三号イに掲げる事業に要する費用を除く。次項

及び第百二十三条第三項において同じ。）」と、同条第四項中「費用」とあるのは「費用（重層的支援体制整備事業として行う社会福祉法第百六条の四第二項第一号イ及び第三号ロに掲げる事業に要する費用を除く。）」とする。

2　市町村が重層的支援体制整備事業を実施する場合における障害者の日常生活及び社会生活を総合的に支援するための法律第九十二条の規定の適用については、同条第六号中「費用」とあるのは、「費用（社会福祉法第百六条の四第二項に規定する重層的支援体制整備事業として行う同項第一号ロ及び第三号ハに掲げる事業に要する費用を除く。）」とする。

3　市町村が重層的支援体制整備事業を実施する場合における子ども・子育て支援法第六十五条の規定の適用については、同条第六号中「費用」とあるのは、「費用（社会福祉法第百六条の四第二項に規定する重層的支援体制整備事業として行う同項第一号ハ及び第三号ニに掲げる事業に要する費用を除く。）」とする。

4　市町村が重層的支援体制整備事業を実施する場合における生活困窮者自立支援法第十二条、第十四条及び第十五条第一項の規定の適用については、同法第十二条第一号中「費用」とあるのは「費用（社会福祉法第百六条の四第二項に規定する重層的支援体制整備事業（以下「重層的支援体制整備事業」という。）として行う同項第一号ニに掲げる事業の実施に要する費用を除く。）」と、同法第十四条中「費用」とあるのは「費用（重層的支援体制整備事業として行う事業の実施に要する費用を除く。）」と、同法第十五条第一項第一号中「額」とあるのは「額（重層的支援体制整備事業として行う社会福祉法第百六条の四第二項第一号ニに掲げる事業に要する費用として政令で定めるところにより算定した額を除く。）」とする。

第二節　地域福祉計画

（市町村地域福祉計画）

第一〇七条　市町村は、地域福祉の推進に関する事項として次に掲げる事項を一体的に定める計画（以下「**市町村地域福祉計画**」という。）を策定するよう努めるものとする。

一　地域における高齢者の福祉、障害者の福祉、児童の福祉その他の福祉に関し、共通して取り組むべき事項

二　地域における福祉サービスの適切な利用の推進に関する事項

三　地域における社会福祉を目的とする事業の健全な発達に関する事項

四　地域福祉に関する活動への住民の参加の促進に関する事項

五　地域生活課題の解決に資する支援が包括的に提供される体制の整備に関する事項

2　市町村は、市町村地域福祉計画を策定し、又は変更しようとするときは、あらかじめ、地域住民等の意見を反映させるよう努めるとともに、その内容を公表するよう努めるものとする。

3　市町村は、定期的に、その策定した市町村地域福祉計画について、調査、分析及び評価を行うよう努めるとともに、必要があると認めるときは、当該市町村地域福祉計画を変更するものとする。

（都道府県地域福祉支援計画）

第一〇八条　都道府県は、市町村地域福祉計画の達成に資するために、各市町村を通ずる広域的な見地から、市町村の地域福祉の支援に関する事項として次に掲げる事項を一体的に定める計画（以下「**都道府県地域福祉支援計画**」という。）を策定するよう努めるものとする。

一　地域における高齢者の福祉、障害者の福祉、児童の福祉その他の福祉に関し、共通して取り組むべき事項

二　市町村の地域福祉の推進を支援するための基本的方針に関する事項

三　社会福祉を目的とする事業に従事する

者の確保又は資質の向上に関する事項

四　福祉サービスの適切な利用の推進及び社会福祉を目的とする事業の健全な発達のための基盤整備に関する事項

五　市町村による地域生活課題の解決に資する支援が包括的に提供される体制の整備の実施の支援に関する事項

2　都道府県は、都道府県地域福祉支援計画を策定し、又は変更しようとするときは、あらかじめ、公聴会の開催等住民その他の者の意見を反映させるよう努めるとともに、その内容を公表するよう努めるものとする。

3　都道府県は、定期的に、その策定した都道府県地域福祉支援計画について、調査、分析及び評価を行うよう努めるとともに、必要があると認めるときは、当該都道府県地域福祉支援計画を変更するものとする。

第三節　社会福祉協議会

（市町村社会福祉協議会及び地区社会福祉協議会）

第一〇九条　市町村社会福祉協議会は、一又は同一都道府県内の二以上の市町村の区域内において次に掲げる事業を行うことにより地域福祉の推進を図ることを目的とする団体であつて、その区域内における社会福祉を目的とする事業を経営する者及び社会福祉に関する活動を行う者が参加し、かつ、指定都市にあつてはその区域内における地区社会福祉協議会の過半数及び社会福祉事業又は更生保護事業を経営する者の過半数が、指定都市以外の市及び町村にあつてはその区域内における社会福祉事業又は更生保護事業を経営する者の過半数が参加するものとする。

一　社会福祉を目的とする事業の企画及び実施

二　社会福祉に関する活動への住民の参加のための援助

三　社会福祉を目的とする事業に関する調査、普及、宣伝、連絡、調整及び助成

四　前三号に掲げる事業のほか、社会福祉を目的とする事業の健全な発達を図るために必要な事業

2　地区社会福祉協議会は、一又は二以上の区（地方自治法第二百五十二条の二十に規定する区及び同法第二百五十二条の二十の二に規定する総合区をいう。）の区域内において前項各号に掲げる事業を行うことにより地域福祉の推進を図ることを目的とする団体であつて、その区域内における社会福祉を目的とする事業を経営する者及び社会福祉に関する活動を行う者が参加し、かつ、その区域内において社会福祉事業又は更生保護事業を経営する者の過半数が参加するものとする。

3　市町村社会福祉協議会のうち、指定都市の区域を単位とするものは、第一項各号に掲げる事業のほか、その区域内における地区社会福祉協議会の相互の連絡及び事業の調整の事業を行うものとする。

4　市町村社会福祉協議会及び地区社会福祉協議会は、広域的に事業を実施することにより効果的な運営が見込まれる場合には、その区域を越えて第一項各号に掲げる事業を実施することができる。

5　関係行政庁の職員は、市町村社会福祉協議会及び地区社会福祉協議会の役員となることができる。ただし、役員の総数の五分の一を超えてはならない。

6　市町村社会福祉協議会及び地区社会福祉協議会は、社会福祉を目的とする事業を経営する者又は社会福祉に関する活動を行う者から参加の申出があつたときは、正当な理由がないのにこれを拒んではならない。

（都道府県社会福祉協議会）

第一一〇条　都道府県社会福祉協議会は、都道府県の区域内において次に掲げる事業を行うことにより地域福祉の推進を図ることを目的とする団体であつて、その区域内における市町村社会福祉協議会の過半数及び社会福祉事業又は更生保護事業を経営する者の過半数が参加するものとする。

一　前条第一項各号に掲げる事業であつて

各市町村を通ずる広域的な見地から行うことが適切なもの
二　社会福祉を目的とする事業に従事する者の養成及び研修
三　社会福祉を目的とする事業の経営に関する指導及び助言
四　市町村社会福祉協議会の相互の連絡及び事業の調整
2　前条第五項及び第六項の規定は、都道府県社会福祉協議会について準用する。

（社会福祉協議会連合会）

第一一一条　都道府県社会福祉協議会は、相互の連絡及び事業の調整を行うため、全国を単位として、社会福祉協議会連合会を設立することができる。
2　第百九条第五項の規定は、社会福祉協議会連合会について準用する。

第四節　共同募金

（共同募金）

第一一二条　この法律において「**共同募金**」とは、都道府県の区域を単位として、毎年一回、厚生労働大臣の定める期間内に限つてあまねく行う寄附金の募集であつて、その区域内における地域福祉の推進を図るため、その寄附金をその区域内において社会福祉事業、更生保護事業その他の社会福祉を目的とする事業を経営する者（国及び地方公共団体を除く。以下この節において同じ。）に配分することを目的とするものをいう。

（共同募金会）

第一一三条　共同募金を行う事業は、第二条の規定にかかわらず、第一種社会福祉事業とする。
2　共同募金事業を行うことを目的として設立される社会福祉法人を共同募金会と称する。
3　共同募金会以外の者は、共同募金事業を行つてはならない。
4　共同募金会及びその連合会以外の者は、その名称中に、「共同募金会」又はこれと紛らわしい文字を用いてはならない。

（共同募金会の認可）

第一一四条　第三十条第一項の所轄庁は、共同募金会の設立の認可に当たつては、第三十二条に規定する事項のほか、次に掲げる事項をも審査しなければならない。
一　当該共同募金の区域内に都道府県社会福祉協議会が存すること。
二　特定人の意思によつて事業の経営が左右されるおそれがないものであること。
三　当該共同募金の配分を受ける者が役員、評議員又は配分委員会の委員に含まれないこと。
四　役員、評議員又は配分委員会の委員が、当該共同募金の区域内における民意を公正に代表するものであること。

（配分委員会）

第一一五条　寄附金の公正な配分に資するため、共同募金会に配分委員会を置く。
2　第四十条第一項の規定は、配分委員会の委員について準用する。
3　共同募金会の役員は、配分委員会の委員となることができる。ただし、委員の総数の三分の一を超えてはならない。
4　この節に規定するもののほか、配分委員会に関し必要な事項は、政令で定める。

（共同募金の性格）

第一一六条　共同募金は、寄附者の自発的な協力を基礎とするものでなければならない。

（共同募金の配分）

第一一七条　共同募金は、社会福祉を目的とする事業を経営する者以外の者に配分してはならない。
2　共同募金会は、寄附金の配分を行うに当たつては、配分委員会の承認を得なければならない。
3　共同募金会は、第百十二条に規定する期間が満了した日の属する会計年度の翌年度の末日までに、その寄附金を配分しなければならない。
4　国及び地方公共団体は、寄附金の配分について干渉してはならない。

（準備金）

第一一八条　共同募金会は、前条第三項の規定にかかわらず、災害救助法（昭和二十二年法律第百十八号）第二条第一項に規定する災害の発生その他厚生労働省令で定める特別の事情がある場合に備えるため、共同募金の寄附金の額に厚生労働省令で定める割合を乗じて得た額を限度として、準備金を積み立てることができる。

2　共同募金会は、前項の災害の発生その他特別の事情があつた場合には、第百十二条の規定にかかわらず、当該共同募金会が行う共同募金の区域以外の区域において社会福祉を目的とする事業を経営する者に配分することを目的として、拠出の趣旨を定め、同項の準備金の全部又は一部を他の共同募金会に拠出することができる。

3　前項の規定による拠出を受けた共同募金会は、拠出された金額を、同項の拠出の趣旨に従い、当該共同募金会の区域において社会福祉を目的とする事業を経営する者に配分しなければならない。

4　共同募金会は、第一項に規定する準備金の積立て、第二項に規定する準備金の拠出及び前項の規定に基づく配分を行うに当たつては、配分委員会の承認を得なければならない。

（計画の公告）

第一一九条　共同募金会は、共同募金を行うには、あらかじめ、都道府県社会福祉協議会の意見を聴き、及び配分委員会の承認を得て、共同募金の目標額、受配者の範囲及び配分の方法を定め、これを公告しなければならない。

（結果の公告）

第一二〇条　共同募金会は、寄附金の配分を終了したときは、一月以内に、募金の総額、配分を受けた者の氏名又は名称及び配分した額並びに第百十八条第一項の規定により新たに積み立てられた準備金の額及び準備金の総額を公告しなければならない。

2　共同募金会は、第百十八条第二項の規定により準備金を拠出した場合には、速やかに、同項の拠出の趣旨、拠出先の共同募金会及び拠出した額を公告しなければならない。

3　共同募金会は、第百十八条第三項の規定により配分を行つた場合には、配分を終了した後三月以内に、拠出を受けた総額及び拠出された金額の配分を受けた者の氏名又は名称を公告するとともに、当該拠出を行つた共同募金会に対し、拠出された金額の配分を受けた者の氏名又は名称を通知しなければならない。

（共同募金会に対する解散命令）

第一二一条　第三十条第一項の所轄庁は、共同募金会については、第五十六条第八項の事由が生じた場合のほか、第百十四条各号に規定する基準に適合しないと認められるに至つた場合においても、解散を命ずることができる。ただし、他の方法により監督の目的を達することができない場合に限る。

（受配者の寄附金募集の禁止）

第一二二条　共同募金の配分を受けた者は、その配分を受けた後一年間は、その事業の経営に必要な資金を得るために寄附金を募集してはならない。

第一二三条　削除

（共同募金会連合会）

第一二四条　共同募金会は、相互の連絡及び事業の調整を行うため、全国を単位として、共同募金会連合会を設立することができる。

第一一章　社会福祉連携推進法人

第一節　認定等

（社会福祉連携推進法人の認定）

第一二五条　次に掲げる業務（以下この章において「社会福祉連携推進業務」という。）を行おうとする一般社団法人は、第百二十七条各号に掲げる基準に適合する一般社団法人であることについての所轄庁の認定を受けることができる。

一　地域福祉の推進に係る取組を社員が共同して行うための支援
二　災害が発生した場合における社員（社会福祉事業を経営する者に限る。次号、第五号及び第六号において同じ。）が提供する福祉サービスの利用者の安全を社員が共同して確保するための支援
三　社員が経営する社会福祉事業の経営方法に関する知識の共有を図るための支援
四　資金の貸付けその他の社員（社会福祉法人に限る。）が社会福祉事業に係る業務を行うのに必要な資金を調達するための支援として厚生労働省令で定めるもの
五　社員が経営する社会福祉事業の従事者の確保のための支援及びその資質の向上を図るための研修
六　社員が経営する社会福祉事業に必要な設備又は物資の供給

（認定申請）
第一二六条　前条の認定（以下この章において「**社会福祉連携推進認定**」という。）の申請は、厚生労働省令で定める事項を記載した申請書に、定款、社会福祉連携推進方針その他厚生労働省令で定める書類を添えてしなければならない。
2　前項の社会福祉連携推進方針には、次に掲げる事項を記載しなければならない。
一　社員の氏名又は名称
二　社会福祉連携推進業務を実施する区域
三　社会福祉連携推進業務の内容
四　前条第四号に掲げる業務を行おうとする場合には、同号に掲げる業務により支援を受けようとする社員及び支援の内容その他厚生労働省令で定める事項

（認定の基準）
第一二七条　所轄庁は、社会福祉連携推進認定の申請をした一般社団法人が次に掲げる基準に適合すると認めるときは、当該法人について社会福祉連携推進認定をすることができる。
一　その設立の目的について、社員の社会福祉に係る業務の連携を推進し、並びに地域における良質かつ適切な福祉サービスの提供及び社会福祉法人の経営基盤の強化に資することが主たる目的であること。
二　社員の構成について、社会福祉法人その他社会福祉事業を経営する者又は社会福祉法人の経営基盤を強化するために必要な者として厚生労働省令で定める者を社員とし、社会福祉法人である社員の数が社員の過半数であること。
三　社会福祉連携推進業務を適切かつ確実に行うに足りる知識及び能力並びに財産的基礎を有するものであること。
四　社員の資格の得喪に関して、第一号の目的に照らし、不当に差別的な取扱いをする条件その他の不当な条件を付していないものであること。
五　定款において、一般社団法人及び一般財団法人に関する法律第十一条第一項各号に掲げる事項のほか、次に掲げる事項を記載し、又は記録していること。
イ　社員が社員総会において行使できる議決権の数、議決権を行使することができる事項、議決権の行使の条件その他厚生労働省令で定める社員の議決権に関する事項
ロ　役員について、次に掲げる事項
(1)　理事六人以上及び監事二人以上を置く旨
(2)　理事のうちに、各理事について、その配偶者又は三親等以内の親族その他各理事と厚生労働省令で定める特殊の関係がある者が三人を超えて含まれず、並びに当該理事並びにその配偶者及び三親等以内の親族その他各理事と厚生労働省令で定める特殊の関係がある者が理事の総数の三分の一を超えて含まれないこととする旨
(3)　監事のうちに、各役員について、その配偶者又は三親等以内の親族その他各役員と厚生労働省令で定める

特殊の関係がある者が含まれないこととする旨

(4) 理事又は監事について、社会福祉連携推進業務について識見を有する者その他厚生労働省令で定める者を含むこととする旨

ハ　代表理事を一人置く旨

ニ　理事会を置く旨及びその理事会に関する事項

ホ　その事業の規模が政令で定める基準を超える一般社団法人においては、次に掲げる事項

(1) 理事の職務の執行が法令及び定款に適合することを確保するための体制その他当該一般社団法人の業務の適正を確保するために必要なものとして厚生労働省令で定める体制の整備に関する事項は理事会において決議すべき事項である旨

(2) 会計監査人を置く旨及び会計監査人が監査する事項その他厚生労働省令で定める事項

ヘ　次に掲げる要件を満たす評議会（第百三十六条において「社会福祉連携推進評議会」という。）を置く旨並びにその構成員の選任及び解任の方法

(1) 福祉サービスを受ける立場にある者、社会福祉に関する団体、学識経験を有する者その他の関係者をもつて構成していること。

(2) 当該一般社団法人がトの承認をするに当たり、必要があると認めるときは、社員総会及び理事会において意見を述べることができるものであること。

(3) 社会福祉連携推進方針に照らし、当該一般社団法人の業務の実施の状況について評価を行い、必要があると認めるときは、社員総会及び理事会において意見を述べることができるものであること。

ト　第百二十五条第四号の支援を受ける社会福祉法人である社員が当該社会福祉法人の予算の決定又は変更その他厚生労働省令で定める事項を決定するに当たつては、あらかじめ、当該一般社団法人の承認を受けなければならないこととする旨

チ　資産に関する事項

リ　会計に関する事項

ヌ　解散に関する事項

ル　第百四十五条第一項又は第二項の規定による社会福祉連携推進認定の取消しの処分を受けた場合において、第百四十六条第二項に規定する社会福祉連携推進目的取得財産残額があるときは、これに相当する額の財産を当該社会福祉連携推進認定の取消しの処分の日から一月以内に国、地方公共団体又は次条第一号イに規定する社会福祉連携推進法人、社会福祉法人その他の厚生労働省令で定める者（ヲにおいて「国等」という。）に贈与する旨

ヲ　清算をする場合において残余財産を国等に帰属させる旨

ワ　定款の変更に関する事項

六　前各号に掲げるもののほか、社会福祉連携推進業務を適切に行うために必要なものとして厚生労働省令で定める要件に該当するものであること。

（欠格事由）

第一二八条　次の各号のいずれかに該当する一般社団法人は、社会福祉連携推進認定を受けることができない。

一　その理事及び監事のうちに、次のいずれかに該当する者があるもの

イ　社会福祉連携推進認定を受けた一般社団法人（以下この章、第百五十五条第一項及び第百六十五条において「**社会福祉連携推進法人**」という。）が第百四十五条第一項又は第二項の規定により社会福祉連携推進認定を取り消された場合において、その取消しの原因となつた事実があつた日以前一年内に当

該社会福祉連携推進法人の業務を行う理事であつた者でその取消しの日から五年を経過しないもの

ロ　この法律その他社会福祉に関する法律で政令で定めるものの規定により罰金以上の刑に処せられ、その執行を終わり、又は執行を受けることがなくなつた日から五年を経過しない者（ハに該当する者を除く。）

ハ　禁錮以上の刑に処せられ、その刑の執行を終わり、又は刑の執行を受けることがなくなつた日から五年を経過しない者

ニ　暴力団員等

二　第百四十五条第一項又は第二項の規定により社会福祉連携推進認定を取り消され、その取消しの日から五年を経過しないもの

三　暴力団員等がその事業活動を支配するもの

注　第四〇条は、令和四年六月一七日法律第六八号により次のように改正され、令和四年六月一七日から起算して三年を超えない範囲内において政令で定める日から施行される。

第百二十八条第一号ハ中「禁錮」を「拘禁刑」に改める。

（認定の通知及び公示）

第一二九条　所轄庁は、社会福祉連携推進認定をしたときは、厚生労働省令で定めるところにより、その旨をその申請をした者に通知するとともに、公示しなければならない。

（名称）

第一三〇条　社会福祉連携推進法人は、その名称中に社会福祉連携推進法人という文字を用いなければならない。

2　社会福祉連携推進認定を受けたことによる名称の変更の登記の申請書には、社会福祉連携推進認定を受けたことを証する書面を添付しなければならない。

3　社会福祉連携推進法人でない者は、その名称又は商号中に、社会福祉連携推進法人であると誤認されるおそれのある文字を用いてはならない。

4　社会福祉連携推進法人は、不正の目的をもつて、他の社会福祉連携推進法人であると誤認されるおそれのある名称又は商号を使用してはならない。

（準用）

第一三一条　第三十条の規定は、社会福祉連携推進認定の所轄庁について準用する。この場合において、同条第一項第二号中「もの及び第百九条第二項に規定する地区社会福祉協議会である社会福祉法人」とあるのは、「もの」と読み替えるものとする。

第二節　社会福祉連携推進法人の業務運営等

（社会福祉連携推進法人の業務運営）

第一三二条　社会福祉連携推進法人は、社員の社会福祉に係る業務の連携の推進及びその運営の透明性の確保を図り、地域における良質かつ適切な福祉サービスの提供及び社会福祉法人の経営基盤の強化に資する役割を積極的に果たすよう努めなければならない。

2　社会福祉連携推進法人は、社会福祉連携推進業務を行うに当たり、当該一般社団法人の社員、理事、監事、職員その他の政令で定める関係者に対し特別の利益を与えてはならない。

3　社会福祉連携推進法人は、社会福祉連携推進業務以外の業務を行う場合には、社会福祉連携推進業務以外の業務を行うことによつて社会福祉連携推進業務の実施に支障を及ぼさないようにしなければならない。

4　社会福祉連携推進法人は、社会福祉事業を行うことができない。

（社員の義務）

第一三三条　社会福祉連携推進法人の社員（社会福祉事業を経営する者に限る。次条第一項において同じ。）は、その提供する福祉サービスに係る業務を行うに当たり、その所属する社会福祉連携推進法人の社員で

ある旨を明示しておかなければならない。

（委託募集の特例等）

第一三四条　社会福祉連携推進法人の社員が、当該社会福祉連携推進法人をして社会福祉事業に従事する労働者の募集に従事させようとする場合において、当該社会福祉連携推進法人が社会福祉連携推進業務として当該募集に従事しようとするときは、職業安定法第三十六条第一項及び第三項の規定は、当該社員については、適用しない。

2　社会福祉連携推進法人は、前項に規定する募集に従事するときは、あらかじめ、厚生労働省令で定めるところにより、募集時期、募集人員、募集地域その他の労働者の募集に関する事項で厚生労働省令で定めるものを厚生労働大臣に届け出なければならない。

3　職業安定法第三十七条第二項の規定は前項の規定による届出があつた場合について、同法第五条の三第一項及び第四項、第五条の四第一項及び第二項、第五条の五、第三十九条、第四十一条第二項、第四十二条、第四十八条の三第一項、第四十八条の四、第五十条第一項及び第二項並びに第五十一条の規定は前項の規定による届出をして労働者の募集に従事する者について、同法第四十条の規定は同項の規定による届出をして労働者の募集に従事する者に対する報酬の供与について、同法第五十条第三項及び第四項の規定はこの項において準用する同条第二項に規定する職権を行う場合について、それぞれ準用する。この場合において、同法第三十七条第二項中「労働者の募集を行おうとする者」とあるのは「社会福祉法第百三十四条第二項の規定による届出をして労働者の募集に従事しようとする者」と、同法第四十一条第二項中「当該労働者の募集の業務の廃止を命じ、又は期間」とあるのは「期間」と読み替えるものとする。

4　社会福祉連携推進法人が第一項に規定する募集に従事しようとする場合における職業安定法第三十六条第二項及び第四十二条の二の規定の適用については、同項中「前項の」とあるのは「被用者以外の者をして労働者の募集に従事させようとする者がその被用者以外の者に与えようとする」と、同条中「第三十九条に規定する募集受託者をいう。同項」とあるのは「社会福祉法第百三十四条第二項の規定による届出をして労働者の募集に従事する者をいう。次項」とする。

第一三五条　公共職業安定所は、前条第二項の規定による届出をして労働者の募集に従事する社会福祉連携推進法人に対して、当該募集が効果的かつ適切に実施されるよう、雇用情報及び職業に関する調査研究の成果を提供し、かつ、これらに基づき当該募集の内容又は方法について指導を行うものとする。

（評価の結果の公表等）

第一三六条　社会福祉連携推進法人は、第百二十七条第五号ヘ(3)の社会福祉連携推進評議会による評価の結果を公表しなければならない。

2　社会福祉連携推進法人は、第百二十七条第五号ヘ(3)の社会福祉連携推進評議会による意見を尊重するものとする。

（社会福祉連携推進目的事業財産）

第一三七条　社会福祉連携推進法人は、次に掲げる財産を社会福祉連携推進業務を行うために使用し、又は処分しなければならない。ただし、厚生労働省令で定める正当な理由がある場合は、この限りでない。

一　社会福祉連携推進認定を受けた日以後に寄附を受けた財産（寄附をした者が社会福祉連携推進業務以外のために使用すべき旨を定めたものを除く。）

二　社会福祉連携推進認定を受けた日以後に交付を受けた補助金その他の財産（財産を交付した者が社会福祉連携推進業務以外のために使用すべき旨を定めたものを除く。）

三　社会福祉連携推進認定を受けた日以後

に行つた社会福祉連携推進業務に係る活動の対価として得た財産

四　社会福祉連携推進認定を受けた日以後に行つた社会福祉連携推進業務以外の業務から生じた収益に厚生労働省令で定める割合を乗じて得た額に相当する財産

五　前各号に掲げる財産を支出することにより取得した財産

六　社会福祉連携推進認定を受けた日の前に取得した財産であつて同日以後に厚生労働省令で定める方法により社会福祉連携推進業務の用に供するものである旨を表示した財産

七　前各号に掲げるもののほか、当該社会福祉連携推進法人が社会福祉連携推進業務を行うことにより取得し、又は社会福祉連携推進業務を行うために保有していると認められるものとして厚生労働省令で定める財産

（計算書類等）

第一三八条　第四十五条の二十三、第四十五条の三十二第四項、第四十五条の三十四及び第四十五条の三十五の規定は、社会福祉連携推進法人の計算について準用する。この場合において、次の表の上欄に掲げる規定中同表の中欄に掲げる字句は、それぞれ同表の下欄に掲げる字句に読み替えるものとする。

第四十五条の三十二第四項及び第四十五条の三十四第四項	評議員	社員
第四十五条の三十二第四項第一号	計算書類等	計算書類等（各事業年度に係る計算書類及び事業報告並びにこれらの附属明細書並びに監査報告（会計監査人を設置する場合にあつては、会計監査報告を含む。）をいう。次号において同じ。）
第四十五条の三十四第一項	社会福祉法人が成立した日	社会福祉法人が第百二十六条第一項に規定する社会福祉連携推進認定を受けた日
	当該成立した日	当該日
第四十五条の三十四第一項第二号並びに第四十五条の三十五第一項及び第三項	理事、監事及び評議員	理事及び監事
第四十五条の三十四第一項第三号	第五十九条の二第一項第二号	第百四十四条において準用する第五十九条の二第一項第二号
第四十五条の三十五第二項	評議員会	社員総会

2　社会福祉連携推進法人の計算書類等（各事業年度に係る計算書類及び事業報告並びにこれらの附属明細書並びに監査報告（会計監査人を設置する場合にあつては、会計監査報告を含む。）をいう。）に関する一般社団法人及び一般財団法人に関する法律第百二十条第一項、第百二十三条第一項及び第二項並びに第百二十四条第一項及び第二項の規定の適用については、同法第百二十条第一項、第百二十三条第一項及び第二項並びに第百二十四条第一項及び第二項中「法務省令」とあるのは「厚生労働省令」と、同法第百二十三条第一項中「その成立の日」とあるのは「社会福祉法第百二十六条第一項に規定する社会福祉連携推進認定を受けた日」とする。

（定款の変更等）

第一三九条　定款の変更（厚生労働省令で定める事項に係るものを除く。）は、社会福祉連携推進認定をした所轄庁（以下この章において「**認定所轄庁**」という。）の認可を受

けなければ、その効力を生じない。

2　認定所轄庁は、前項の規定による認可の申請があつたときは、その定款の内容が法令の規定に違反していないかどうか等を審査した上で、当該定款の認可を決定しなければならない。

3　社会福祉連携推進法人は、第一項の厚生労働省令で定める事項に係る定款の変更をしたときは、遅滞なくその旨を認定所轄庁に届け出なければならない。

4　第三十四条の二第三項の規定は、社会福祉連携推進法人の定款の閲覧について準用する。この場合において、同項中「評議員」とあるのは、「社員」と読み替えるものとする。

（社会福祉連携推進方針の変更）

第一四〇条　社会福祉連携推進法人は、社会福祉連携推進方針を変更しようとするときは、認定所轄庁の認定を受けなければならない。

第三節　解散及び清算

第一四一条　第四十六条第三項、第四十六条の二、第四十六条の六第四項及び第五項並びに第四十七条の四から第四十七条の六までの規定は、社会福祉連携推進法人の解散及び清算について準用する。この場合において、第四十六条第三項中「第一項第二号又は第五号」とあるのは「一般社団法人及び一般財団法人に関する法律第百四十八条各号」と、「所轄庁」とあるのは「認定所轄庁（第百三十九条第一項に規定する認定所轄庁をいう。第四十六条の六第四項及び第五項並びに第四十七条の五において同じ。）」と、第四十六条の六第四項及び第五項並びに第四十七条の五中「所轄庁」とあるのは「認定所轄庁」と、第四十七条の六第二項中「第四十六条の十三」とあるのは「一般社団法人及び一般財団法人に関する法律第二百十六条」と、「準用する。この場合において、同条中「清算人及び監事」とあるのは、「社会福祉法人及び検査役」と読み替えるものとする」とあるのは「準用する」と読み替えるものとする。

第四節　監督等

（代表理事の選定及び解職）

第一四二条　代表理事の選定及び解職は、認定所轄庁の認可を受けなければ、その効力を生じない。

（役員等に欠員を生じた場合の措置等）

第一四三条　第四十五条、第四十五条の六第二項及び第三項並びに第四十五条の七の規定は、社会福祉連携推進法人の役員及び会計監査人について準用する。この場合において、第四十五条中「定時評議員会」とあるのは「定時社員総会」と、第四十五条の六第二項中「前項に規定する」とあるのは「この法律若しくは定款で定めた社会福祉連携推進法人の役員の員数又は代表理事が欠けた」と、「所轄庁」とあるのは「認定所轄庁（第百三十九条第一項に規定する認定所轄庁をいう。）」と、「一時役員」とあるのは「一時役員又は代表理事」と読み替えるものとする。

2　社会福祉連携推進法人の監事に関する一般社団法人及び一般財団法人に関する法律第百条の規定の適用については、同条中「理事（理事会設置一般社団法人にあっては、理事会）」とあるのは、「社会福祉法第百三十九条第一項に規定する認定所轄庁、社員総会又は理事会」とする。

（監督等）

第一四四条　第五十六条（第八項を除く。）、第五十七条の二、第五十九条、第五十九条の二（第二項を除く。）及び第五十九条の三の規定は、社会福祉連携推進法人について準用する。この場合において、次の表の上欄に掲げる規定中同表の中欄に掲げる字句は、それぞれ同表の下欄に掲げる字句に読み替えるものとする。

第五十六条第一項	所轄庁	認定所轄庁（第百三十九条第一項に規定する認定所轄庁をいう。以下同じ。）

第五十六条第四項から第七項まで、第九項及び第十一項、第五十七条の二、第五十九条並びに第五十九条の二第四項	所轄庁	認定所轄庁
第五十七条の二第二項	及び第四項から第九項まで並びに前条	、第四項から第七項まで及び第九項
第五十九条第一号	第四十五条の三十二第一項	一般社団法人及び一般財団法人に関する法律第百二十九条第一項
第五十九条第二号	第四十五条の三十四第二項	第百三十八条第一項において準用する第四十五条の三十四第二項
第五十九条の二第一項第一号	第三十一条第一項若しくは第四十五条の三十六第二項	第百三十九条第一項
	同条第四項	同条第三項
第五十九条の二第一項第二号	第四十五条の三十五第二項	第百三十八条第一項において準用する第四十五条の三十五第二項
第五十九条の二第三項	前項前段の事務	当該都道府県の区域内に主たる事務所を有する社会福祉連携推進法人（厚生労働大臣が認定所轄庁であるものを除く。）の活動の状況その他の厚生労働省令で定める事項について、調査、分析及び必要な統計その他の資料の作成
	所轄庁（市長に限る。次項において同じ。）	認定所轄庁

（社会福祉連携推進認定の取消し）

第一四五条　認定所轄庁は、社会福祉連携推進法人が、次の各号のいずれかに該当するときは、社会福祉連携推進認定を取り消さなければならない。

一　第百二十八条第一号又は第三号に該当するに至つたとき。

二　偽りその他不正の手段により社会福祉連携推進認定を受けたとき。

2　認定所轄庁は、社会福祉連携推進法人が、次の各号のいずれかに該当するときは、社会福祉連携推進認定を取り消すことができる。

一　第百二十七条各号（第五号を除く。）に掲げる基準のいずれかに適合しなくなつたとき。

二　社会福祉連携推進法人から社会福祉連携推進認定の取消しの申請があつたとき。

三　この法律若しくはこの法律に基づく命令又はこれらに基づく処分に違反したとき。

3　認定所轄庁は、前二項の規定により社会福祉連携推進認定を取り消したときは、厚生労働省令で定めるところにより、その旨を公示しなければならない。

4　第一項又は第二項の規定により社会福祉連携推進認定を取り消された社会福祉連携推進法人は、その名称中の社会福祉連携推進法人という文字を一般社団法人と変更する定款の変更をしたものとみなす。

5　公益社団法人及び公益財団法人の認定等に関する法律（平成十八年法律第四十九号）第二十九条第六項及び第七項の規定は、認定所轄庁が第一項又は第二項の規定により社会福祉連携推進認定を取り消した場合について準用する。この場合において、同条第六項中「行政庁は、第一項又は第二項の規定による公益認定」とあるのは、「社会福祉法第百三十九条第一項に規定する認定所轄庁は、同法第百二十六条第一項に規定する社会福祉連携推進認定」と読み替えるものとする。

（社会福祉連携推進認定の取消しに伴う贈与）

第一四六条　認定所轄庁が社会福祉連携推進認定の取消しをした場合において、第百二十七条第五号ルに規定する定款の定めに従い、当該社会福祉連携推進認定の取消しの日から一月以内に社会福祉連携推進目的取得財産残額に相当する額の財産の贈与に係る書面による契約が成立しないときは、認定所轄庁が当該社会福祉連携推進目的取得財産残額に相当する額の金銭について、同号ルに規定する定款で定める贈与を当該社会福祉連携推進認定の取消しを受けた法人（第四項において「認定取消法人」という。）から受ける旨の書面による契約が成立したものとみなす。当該社会福祉連携推進認定の取消しの日から一月以内に当該社会福祉連携推進目的取得財産残額の一部に相当する額の財産について同号ルに規定する定款で定める贈与に係る書面による契約が成立した場合における残余の部分についても、同様とする。

2　前項の「社会福祉連携推進目的取得財産残額」とは、第一号に掲げる財産から第二号に掲げる財産を除外した残余の財産の価額の合計額から第三号に掲げる額を控除して得た額をいう。

一　当該社会福祉連携推進法人が取得した全ての社会福祉連携推進目的事業財産（第百三十七条各号に掲げる財産をいう。以下この項において同じ。）

二　当該社会福祉連携推進法人が社会福祉連携推進認定を受けた日以後に社会福祉連携推進業務を行うために費消し、又は譲渡した社会福祉連携推進目的事業財産

三　社会福祉連携推進目的事業財産以外の財産であつて当該社会福祉連携推進法人が社会福祉連携推進認定を受けた日以後に社会福祉連携推進業務を行うために費消し、又は譲渡したもの及び同日以後に社会福祉連携推進業務の実施に伴い負担した公租公課の支払その他厚生労働省令で定めるものの額の合計額

3　前項に定めるもののほか、社会福祉連携推進目的取得財産残額の算定の細目その他その算定に関し必要な事項は、厚生労働省令で定める。

4　認定所轄庁は、第一項の場合には、認定取消法人に対し、前二項の規定により算定した社会福祉連携推進目的取得財産残額及び第一項の規定により当該認定取消法人と認定所轄庁との間に当該社会福祉連携推進目的取得財産残額又はその一部に相当する額の金銭の贈与に係る契約が成立した旨を通知しなければならない。

5　社会福祉連携推進法人は、第百二十七条第五号ルに規定する定款の定めを変更することができない。

第五節　雑則

（一般社団法人及び一般財団法人に関する法律の適用除外）

第一四七条　社会福祉連携推進法人については、一般社団法人及び一般財団法人に関する法律第五条第一項、第六十七条第一項及び第三項、第百二十八条並びに第五章の規定は、適用しない。

（政令及び厚生労働省令への委任）

第一四八条　この章に定めるもののほか、社会福祉連携推進認定及び社会福祉連携推進法人の監督に関し必要な事項は政令で、第百三十九条第一項及び第百四十二条の認可

の申請に関し必要な事項は厚生労働省令で、それぞれ定める。

第一二章　雑則

（芸能、出版物等の推薦等）
第一四九条　社会保障審議会は、社会福祉の増進を図るため、芸能、出版物等を推薦し、又はそれらを製作し、興行し、若しくは販売する者等に対し、必要な勧告をすることができる。

（大都市等の特例）
第一五〇条　第七章及び第八章の規定により都道府県が処理することとされている事務のうち政令で定めるものは、指定都市及び中核市においては、政令の定めるところにより、指定都市又は中核市（以下「**指定都市等**」という。）が処理するものとする。この場合においては、これらの章中都道府県に関する規定は、指定都市等に関する規定として、指定都市等に適用があるものとする。

（事務の区分）
第一五一条　別表の上欄に掲げる地方公共団体がそれぞれ同表の下欄に掲げる規定により処理することとされている事務は、地方自治法第二条第九項第一号に規定する第一号法定受託事務とする。

（権限の委任）
第一五二条　この法律に規定する厚生労働大臣の権限は、厚生労働省令で定めるところにより、地方厚生局長に委任することができる。

2　前項の規定により地方厚生局長に委任された権限は、厚生労働省令で定めるところにより、地方厚生支局長に委任することができる。

（経過措置）
第一五三条　この法律の規定に基づき政令を制定し、又は改廃する場合においては、その政令で、その制定又は改廃に伴い合理的に必要と判断される範囲内において、所要の経過措置（罰則に関する経過措置を含む。）を定めることができる。

（厚生労働省令への委任）
第一五四条　この法律に規定するもののほか、この法律の実施のため必要な手続その他の事項は、厚生労働省令で定める。

第一三章　罰則

第一五五条　次に掲げる者が、自己若しくは第三者の利益を図り又は社会福祉法人若しくは社会福祉連携推進法人に損害を加える目的で、その任務に背く行為をし、当該社会福祉法人又は社会福祉連携推進法人に財産上の損害を加えたときは、七年以下の懲役若しくは五百万円以下の罰金に処し、又はこれを併科する。

一　評議員、理事又は監事
二　民事保全法第五十六条に規定する仮処分命令により選任された評議員、理事又は監事の職務を代行する者
三　第四十二条第二項又は第四十五条の六第二項（第四十五条の十七第三項及び第百四十三条第一項において準用する場合を含む。）の規定により選任された一時評議員、理事、監事又は理事長の職務を行うべき者

2　次に掲げる者が、自己若しくは第三者の利益を図り又は清算法人に損害を加える目的で、その任務に背く行為をし、当該清算法人に財産上の損害を加えたときも、前項と同様とする。

一　清算人
二　民事保全法第五十六条に規定する仮処分命令により選任された清算人の職務を代行する者
三　第四十六条の七第三項において準用する一般社団法人及び一般財団法人に関する法律第七十五条第二項の規定により選任された一時清算人又は清算法人の監事の職務を行うべき者
四　第四十六条の十一第七項において準用する一般社団法人及び一般財団法人に関する法律第七十九条第二項の規定により

選任された一時代表清算人の職務を行うべき者
五　第四十六条の七第三項において準用する一般社団法人及び一般財団法人に関する法律第百七十五条第二項の規定により選任された一時清算法人の評議員の職務を行うべき者
3　前二項の罪の未遂は、罰する。

注　第一五五条は、令和四年六月一七日法律第六八号により次のように改正され、令和四年六月一七日から起算して三年を超えない範囲内において政令で定める日から施行される。
　第百五十五条第一項の規定中「懲役」を「拘禁刑」に改める。

第一五六条　次に掲げる者が、その職務に関し、不正の請託を受けて、財産上の利益を収受し、又はその要求若しくは約束をしたときは、五年以下の懲役又は五百万円以下の罰金に処する。
一　前条第一項各号又は第二項各号に掲げる者
二　社会福祉法人の会計監査人又は第四十五条の六第三項（第百四十三条第一項において準用する場合を含む。）の規定により選任された一時会計監査人の職務を行うべき者
2　前項の利益を供与し、又はその申込み若しくは約束をした者は、三年以下の懲役又は三百万円以下の罰金に処する。
3　第一項の場合において、犯人の収受した利益は、没収する。その全部又は一部を没収することができないときは、その価額を追徴する。

注　第一五六条は、令和四年六月一七日法律第六八号により次のように改正され、令和四年六月一七日から起算して三年を超えない範囲内において政令で定める日から施行される。
　第百五十六条第一項及び第二項の規定中「懲役」を「拘禁刑」に改める。

第一五七条　第一五五条及び前条第一項の罪は、日本国外においてこれらの罪を犯した者にも適用する。
2　前条第二項の罪は、刑法（明治四十年法律第四十五号）第二条の例に従う。

第一五八条　第百五十六条第一項第二号に掲げる者が法人であるときは、同項の規定は、その行為をした会計監査人又は一時会計監査人の職務を行うべき者に対して適用する。

第一五九条　次の各号のいずれかに該当する場合には、当該違反行為をした者は、一年以下の懲役又は百万円以下の罰金に処する。
一　第百六条の四第五項の規定に違反して秘密を漏らしたとき。
二　第百六条の六第五項の規定に違反して秘密を漏らしたとき。
三　第百三十四条第三項において準用する職業安定法第四十一条第二項の規定による業務の停止の命令に違反して、労働者の募集に従事したとき。

注　第一五九条は、令和四年六月一七日法律第六八号により次のように改正され、令和四年六月一七日から起算して三年を超えない範囲内において政令で定める日から施行される。
　第百五十九条の規定中「懲役」を「拘禁刑」に改める。

第一六〇条　第九十五条の四（第百一条及び第百六条において準用する場合を含む。）又は第九十五条の五第二項の規定に違反した者は、一年以下の懲役又は五十万円以下の罰金に処する。

注　第一六〇条は、令和四年六月一七日法律第六八号により次のように改正され、令和四年六月一七日から起算して三年を超えない範囲内において政令で

定める日から施行される。
第百六十条の規定中「懲役」を「拘禁刑」に改める。

第一六一条 次の各号のいずれかに該当する場合には、当該違反行為をした者は、六月以下の懲役又は五十万円以下の罰金に処する。
一 第五十七条に規定する停止命令に違反して引き続きその事業を行つたとき。
二 第六十二条第二項又は第六十七条第二項の規定に違反して社会福祉事業を経営したとき。
三 第七十二条第一項から第三項まで（これらの規定を第七十三条の規定により読み替えて適用する場合を含む。）に規定する制限若しくは停止の命令に違反したとき又は第七十二条第一項若しくは第二項の規定により許可を取り消されたにもかかわらず、引き続きその社会福祉事業を経営したとき。

注 第一六一条は、令和四年六月一七日法律第六八号により次のように改正され、令和四年六月一七日から起算して三年を超えない範囲内において政令で定める日から施行される。
第百六十一条の規定中「懲役」を「拘禁刑」に改める。

第一六二条 次の各号のいずれかに該当する場合には、当該違反行為をした者は、六月以下の懲役又は三十万円以下の罰金に処する。
一 第百三十四条第二項の規定による届出をしないで、労働者の募集に従事したとき。
二 第百三十四条第三項において準用する職業安定法第三十七条第二項の規定による指示に従わなかつたとき。
三 第百三十四条第三項において準用する職業安定法第三十九条又は第四十条の規定に違反したとき。

注 第一六二条は、令和四年六月一七日法律第六八号により次のように改正され、令和四年六月一七日から起算して三年を超えない範囲内において政令で定める日から施行される。
第百六十二条の規定中「懲役」を「拘禁刑」に改める。

第一六三条 次の各号のいずれかに該当する場合には、当該違反行為をした者は、三十万円以下の罰金に処する。
一 第百三十四条第三項において準用する職業安定法第五十条第一項の規定による報告をせず、又は虚偽の報告をしたとき。
二 第百三十四条第三項において準用する職業安定法第五十条第二項の規定による立入り若しくは検査を拒み、妨げ、若しくは忌避し、又は質問に対して答弁をせず、若しくは虚偽の陳述をしたとき。
三 第百三十四条第三項において準用する職業安定法第五十一条第一項の規定に違反して秘密を漏らしたとき。

第一六四条 法人の代表者又は法人若しくは人の代理人、使用人その他の従業者が、その法人又は人の事業に関し、第百五十九条第三号又は前三条の違反行為をしたときは、行為者を罰するほか、その法人又は人に対しても各本条の罰金刑を科する。

第一六五条 社会福祉法人の評議員、理事、監事、会計監査人若しくはその職務を行うべき社員、清算人、民事保全法第五十六条に規定する仮処分命令により選任された評議員、理事、監事若しくは清算人の職務を代行する者、第百五十五条第一項第三号に規定する一時評議員、理事、監事若しくは理事長の職務を行うべき者、同条第二項第三号に規定する一時清算人若しくは清算法人の監事の職務を行うべき者、同項第四号に規定する一時代表清算人の職務を行うべき者、同項第五号に規定する一時清算法人の評議員の職務を行うべき者若しくは第百五十六条第一項第二号に規定する一時会計監査人の職務を行うべき者又は社会福祉連携推進法人の理事、監事、会計監査人若しくはその職務を行うべき社員、同法第五十六条に規定する仮処分命令により選任された理事若しくは監事の職務を代行する者、第百四十三条第一項において準用する第四十五条の六第二項の規定により選任された一時理事、監事若しくは代表理事の職務を行うべき者、一般社団法人及び一般財団法人に関する法律第三百三十四条第一項第六号に規定する一時理事、監事若しくは代表理事の職務を行うべき者、第百四十三条第一項において準用する第四十五条の六第三項の規定により選任された一時会計監査人の職務を行うべき者若しくは同法第三百三十七条第一項第二号に規定する一時会計監査人の職務を行うべき者は、次のいずれかに該当する場合には、二十万円以下の過料に処する。ただし、その行為について刑を科すべきときは、この限りでない。

一　この法律に基づく政令の規定による登記をすることを怠つたとき。

二　第四十六条の十二第一項、第四十六条の三十第一項、第五十三条第一項、第五十四条の三第一項又は第五十四条の九第一項の規定による公告を怠り、又は不正の公告をしたとき。

三　第三十四条の二第二項若しくは第三項（第百三十九条第四項において準用する場合を含む。）、第四十五条の十一第四項、第四十五条の十五第二項若しくは第三項、第四十五条の十九第三項、第四十五条の二十五、第四十五条の三十二第三項若しくは第四項（第百三十八条第一項において準用する場合を含む。）、第四十五条の三十四第三項（第百三十八条第一項において準用する場合を含む。）、第四十六条の二十第二項若しくは第三項、第四十六条の二十六第二項、第五十一条第二項、第五十四条第二項、第五十四条の四第三項、第五十四条の七第二項若しくは第五十四条の十一第三項の規定又は第四十五条の九第十項において準用する一般社団法人及び一般財団法人に関する法律第百九十四条第三項の規定に違反して、正当な理由がないのに、書類若しくは電磁的記録に記録された事項を厚生労働省令で定める方法により表示したものの閲覧若しくは謄写又は書類の謄本若しくは抄本の交付、電磁的記録に記録された事項を電磁的方法により提供すること若しくはその事項を記載した書面の交付を拒んだとき。

四　第四十五条の三十六第四項又は第百三十九条第三項の規定に違反して、届出をせず、又は虚偽の届出をしたとき。

五　定款、議事録、財産目録、会計帳簿、貸借対照表、収支計算書、事業報告、事務報告、第四十五条の二十七第二項若しくは第四十六条の二十四第一項の附属明細書、監査報告、会計監査報告、決算報告又は第五十一条第一項、第五十四条第一項、第五十四条の四第一項、第五十四条の七第一項若しくは第五十四条の十一第一項の書面若しくは電磁的記録に記載し、若しくは記録すべき事項を記載せず、若しくは記録せず、又は虚偽の記載若しくは記録をしたとき。

六　第三十四条の二第一項、第四十五条の十一第二項若しくは第三項、第四十五条の十五第一項、第四十五条の三十二第一項若しくは第二項、第四十五条の三十四第一項（第百三十八条第一項において準用する場合を含む。）、第四十六条の二十第一項、第四十六条の二十六第一項、第五十一条第一項、第五十四条第一項、第五十四条の四第二項、第五十四条の七第二項、第五十四条の七第一項若しくは第五十四条の十一第二項の規定又は第四十五条の九第十項において準用する一般社団法人及び一般財団法人に関する法律第百九十四条第二項の規定に違反して、帳簿又は書類若しくは電磁的記録を備え置かなかつたとき。

七　第四十六条の二第二項（第百四十一条

において準用する場合を含む。）又は第四十六条の十二第一項の規定に違反して、破産手続開始の申立てを怠つたとき。

八　清算の結了を遅延させる目的で、第四十六条の三十第一項の期間を不当に定めたとき。

九　第四十六条の三十一第一項の規定に違反して、債務の弁済をしたとき。

十　第四十六条の三十三の規定に違反して、清算法人の財産を引き渡したとき。

十一　第五十三条第三項、第五十四条の三第三項又は第五十四条の九第三項の規定に違反して、吸収合併又は新設合併をしたとき。

十二　第五十六条第一項（第百四十四条において準用する場合を含む。以下この号において同じ。）の規定による報告をせず、若しくは虚偽の報告をし、又は同項の規定による検査を拒み、妨げ、若しくは忌避したとき。

第一六六条　第二十三条、第百十三条第四項又は第百三十条第三項若しくは第四項の規定に違反した者は、十万円以下の過料に処する。

附　則（抄）

（施行期日）

1　この法律は、昭和二十六年六月一日から施行する。但し、第四章、第五章並びに附則第三項から第六項まで〔中略〕の規定は、同年四月一日から、第三章〔中略〕の規定は、同年十月一日から施行する。

（関係法律の廃止）

2　社会事業法（昭和十三年法律第五十九号）は、廃止する。

3　社会福祉主事の設置に関する法律（昭和二十五年法律第百八十二号）は、廃止する。

別表（第百五十一条関係）

都道府県	第三十一条第一項、第四十二条第二項、第四十五条の六第二項（第四十五条の十七第三項において準用する場合を含む。）、第四十五条の九第五項、第四十五条の三十六第二項及び第四項、第四十六条第一項第六号、第二項及び第三項、第四十六条の六第四項及び第五項、第四十七条の五、第五十条第三項、第五十四条の六第二項、第五十五条の二第一項、第五十五条の三第一項、第五十五条の四、第五十六条第一項、第四項から第八項まで及び第九項（第五十八条第四項において準用する場合を含む。）、第五十七条、第五十八条第二項、第五十九条、第百十四条並びに第百二十一条
市	第三十一条第一項、第四十二条第二項、第四十五条の六第二項（第四十五条の十七第三項において準用する場合を含む。）、第四十五条の九第五

	項、第四十五条の三十六第二項及び第四項、第四十六条第一項第六号、第二項及び第三項、第四十六条の六第四項及び第五項、第四十七条の五、第五十条第三項、第五十四条の六第二項、第五十五条の二第一項、第五十五条の三第一項、第五十五条の四、第五十六条第一項、第四項から第八項まで及び第九項（第五十八条第四項において準用する場合を含む。）、第五十七条、第五十八条第二項、第五十九条、第百十四条並びに第百二十一条
町村	第五十八条第二項及び同条第四項において準用する第五十六条第九項

◉特定非営利活動促進法

（平成一〇・三・二五法律七）

注　令五法律二八改正現在（未施行分については、該当か所の後に改正文を収載）

第一章　総則

（目的）

第一条　この法律は、特定非営利活動を行う団体に法人格を付与すること並びに運営組織及び事業活動が適正であって公益の増進に資する特定非営利活動法人の認定に係る制度を設けること等により、ボランティア活動をはじめとする市民が行う自由な社会貢献活動としての特定非営利活動の健全な発展を促進し、もって公益の増進に寄与することを目的とする。

（定義）

第二条　この法律において「**特定非営利活動**」とは、別表に掲げる活動に該当する活動であって、不特定かつ多数のものの利益の増進に寄与することを目的とするものをいう。

2　この法律において「**特定非営利活動法人**」とは、特定非営利活動を行うことを主たる目的とし、次の各号のいずれにも該当する団体であって、この法律の定めるところにより設立された法人をいう。

一　次のいずれにも該当する団体であって、営利を目的としないものであること。

イ　社員の資格の得喪に関して、不当な条件を付さないこと。

ロ　役員のうち報酬を受ける者の数が、役員総数の三分の一以下であること。

二　その行う活動が次のいずれにも該当する団体であること。

イ　宗教の教義を広め、儀式行事を行い、及び信者を教化育成することを主たる目的とするものでないこと。

ロ　政治上の主義を推進し、支持し、又はこれに反対することを主たる目的とするものでないこと。

ハ　特定の公職（公職選挙法（昭和二十五年法律第百号）第三条に規定する公職をいう。以下同じ。）の候補者（当該候補者になろうとする者を含む。以下同じ。）若しくは公職にある者又は政党を推薦し、支持し、又はこれらに反対することを目的とするものでないこと。

3　この法律において「**認定特定非営利活動法人**」とは、第四十四条第一項の認定を受けた特定非営利活動法人をいう。

4　この法律において「**特例認定特定非営利活動法人**」とは、第五十八条第一項の特例認定を受けた特定非営利活動法人をいう。

第二章　特定非営利活動法人

第一節　通則

（原則）

第三条　特定非営利活動法人は、特定の個人又は法人その他の団体の利益を目的として、その事業を行ってはならない。

2　特定非営利活動法人は、これを特定の政党のために利用してはならない。

（名称の使用制限）

第四条　特定非営利活動法人以外の者は、その名称中に、「特定非営利活動法人」又はこれに紛らわしい文字を用いてはならない。

（その他の事業）

第五条　特定非営利活動法人は、その行う特定非営利活動に係る事業に支障がない限り、当該特定非営利活動に係る事業以外の事業（以下「**その他の事業**」という。）を行うことができる。この場合において、利益を生じたときは、これを当該特定非営利活動に係る事業のために使用しなければならない。

2　その他の事業に関する会計は、当該特定非営利活動法人の行う特定非営利活動に係る事業に関する会計から区分し、特別の会計として経理しなければならない。

（住所）

第六条　特定非営利活動法人の住所は、その主たる事務所の所在地にあるものとする。

（登記）

第七条　特定非営利活動法人は、政令で定めるところにより、登記しなければならない。

2　前項の規定により登記しなければならない事

項は、登記の後でなければ、これをもって第三者に対抗することができない。

（一般社団法人及び一般財団法人に関する法律の準用）

第八条　一般社団法人及び一般財団法人に関する法律（平成十八年法律第四十八号）第七十八条の規定は、特定非営利活動法人について準用する。

（所轄庁）

第九条　特定非営利活動法人の所轄庁は、その主たる事務所が所在する都道府県の知事（その事務所が一の指定都市（地方自治法（昭和二十二年法律第六十七号）第二百五十二条の十九第一項の指定都市をいう。以下同じ。）の区域内のみに所在する特定非営利活動法人にあっては、当該指定都市の長）とする。

第二節　設立

（設立の認証）

第一〇条　特定非営利活動法人を設立しようとする者は、都道府県又は指定都市の条例で定めるところにより、次に掲げる書類を添付した申請書を所轄庁に提出して、設立の認証を受けなければならない。

一　定款

二　役員に係る次に掲げる書類

イ　役員名簿（役員の氏名及び住所又は居所並びに各役員についての報酬の有無を記載した名簿をいう。以下同じ。）

ロ　各役員が第二十条各号に該当しないこと及び第二十一条の規定に違反しないことを誓約し、並びに就任を承諾する書面の謄本

ハ　各役員の住所又は居所を証する書面として都道府県又は指定都市の条例で定めるもの

三　社員のうち十人以上の者の氏名（法人にあっては、その名称及び代表者の氏名）及び住所又は居所を記載した書面

四　第二条第二項第二号及び第十二条第一項第三号に該当することを確認したことを示す書面

五　設立趣旨書

六　設立についての意思の決定を証する議事録の謄本

七　設立当初の事業年度及び翌事業年度の事業計画書

八　設立当初の事業年度及び翌事業年度の活動予算書（その行う活動に係る事業の収益及び費用の見込みを記載した書類をいう。以下同じ。）

2　所轄庁は、前項の認証の申請があった場合には、遅滞なく、その旨及び次に掲げる事項をインターネットの利用その他の内閣府令で定める方法により公表するとともに、同項第一号、第二号イ、第五号、第七号及び第八号に掲げる書類（同項第二号イに掲げる書類については、これに記載された事項中、役員の住所又は居所に係る記載の部分を除いたもの。第二号において「特定添付書類」という。）を、申請書を受理した日から二週間、その指定した場所において公衆の縦覧に供しなければならない。

一　申請のあった年月日

二　特定添付書類に記載された事項

3　前項の規定による公表は、第十二条第一項の規定による認証又は不認証の決定がされるまでの間、行うものとする。

4　第一項の規定により提出された申請書又は当該申請書に添付された同項各号に掲げる書類に不備があるときは、当該申請をした者は、当該不備が都道府県又は指定都市の条例で定める軽微なものである場合に限り、これを補正することができる。ただし、所轄庁が当該申請書を受理した日から一週間を経過したときは、この限りでない。

（定款）

第一一条　特定非営利活動法人の定款には、次に掲げる事項を記載しなければならない。

一　目的

二　名称

三　その行う特定非営利活動の種類及び当該特定非営利活動に係る事業の種類

四　主たる事務所及びその他の事務所の所在地

五　社員の資格の得喪に関する事項

六　役員に関する事項

七　会議に関する事項

八　資産に関する事項

九　会計に関する事項

十　事業年度

十一　その他の事業を行う場合には、その種類その他当該その他の事業に関する事項

十二　解散に関する事項

十三　定款の変更に関する事項
十四　公告の方法
2　設立当初の役員は、定款で定めなければならない。
3　第一項第十二号に掲げる事項中に残余財産の帰属すべき者に関する規定を設ける場合には、その者は、特定非営利活動法人その他次に掲げる者のうちから選定されるようにしなければならない。
一　国又は地方公共団体
二　公益社団法人又は公益財団法人
三　私立学校法（昭和二十四年法律第二百七十号）第三条に規定する学校法人
四　社会福祉法（昭和二十六年法律第四十五号）第二十二条に規定する社会福祉法人
五　更生保護事業法（平成七年法律第八十六号）第二条第六項に規定する更生保護法人

（認証の基準等）
第一二条　所轄庁は、第十条第一項の認証の申請が次の各号に適合すると認めるときは、その設立を認証しなければならない。
一　設立の手続並びに申請書及び定款の内容が法令の規定に適合していること。
二　当該申請に係る特定非営利活動法人が第二条第二項に規定する団体に該当するものであること。
三　当該申請に係る特定非営利活動法人が次に掲げる団体に該当しないものであること。
イ　暴力団（暴力団員による不当な行為の防止等に関する法律（平成三年法律第七十七号）第二条第二号に規定する暴力団をいう。以下この号及び第四十七条第六号において同じ。）
ロ　暴力団又はその構成員（暴力団の構成団体の構成員を含む。以下この号において同じ。）若しくは暴力団の構成員でなくなった日から五年を経過しない者（以下「**暴力団の構成員等**」という。）の統制の下にある団体
四　当該申請に係る特定非営利活動法人が十人以上の社員を有するものであること。
2　前項の規定による認証又は不認証の決定は、正当な理由がない限り、第十条第二項の期間を経過した日から二月（都道府県又は指定都市の条例でこれより短い期間を定めたときは、当該期間）以内に行わなければならない。
3　所轄庁は、第一項の規定により認証の決定をしたときはその旨を、同項の規定により不認証の決定をしたときはその旨及びその理由を、当該申請をした者に対し、速やかに、書面により通知しなければならない。

（意見聴取等）
第一二条の二　第四十三条の二及び第四十三条の三の規定は、第十条第一項の認証の申請があった場合について準用する。

（成立の時期等）
第一三条　特定非営利活動法人は、その主たる事務所の所在地において設立の登記をすることによって成立する。
2　特定非営利活動法人は、前項の登記をしたときは、遅滞なく、当該登記をしたことを証する登記事項証明書及び次条の財産目録を添えて、その旨を所轄庁に届け出なければならない。
3　設立の認証を受けた者が設立の認証があった日から六月を経過しても第一項の登記をしないときは、所轄庁は、設立の認証を取り消すことができる。

（財産目録の作成及び備置き）
第一四条　特定非営利活動法人は、成立の時に財産目録を作成し、常にこれをその事務所に備え置かなければならない。

第三節　管理

（通常社員総会）
第一四条の二　理事は、少なくとも毎年一回、通常社員総会を開かなければならない。

（臨時社員総会）
第一四条の三　理事は、必要があると認めるときは、いつでも臨時社員総会を招集することができる。
2　総社員の五分の一以上から社員総会の目的である事項を示して請求があったときは、理事は、臨時社員総会を招集しなければならない。ただし、総社員の五分の一の割合については、定款でこれと異なる割合を定めることができる。

（社員総会の招集）
第一四条の四　社員総会の招集の通知は、その社員総会の日より少なくとも五日前に、その社員総会の目的である事項を示し、定款で定めた方法に従ってしなければならない。

（社員総会の権限）
第一四条の五　特定非営利活動法人の業務は、定款で理事その他の役員に委任したものを除き、すべて社員総会の決議によって行う。
（社員総会の決議事項）
第一四条の六　社員総会においては、第十四条の四の規定によりあらかじめ通知をした事項についてのみ、決議をすることができる。ただし、定款に別段の定めがあるときは、この限りでない。
（社員の表決権）
第一四条の七　各社員の表決権は、平等とする。
2　社員総会に出席しない社員は、書面で、又は代理人によって表決をすることができる。
3　社員は、定款で定めるところにより、前項の規定に基づく書面による表決に代えて、電磁的方法（電子情報処理組織を使用する方法その他の情報通信の技術を利用する方法であって内閣府令で定めるものをいう。第二十八条の二第一項第三号において同じ。）により表決をすることができる。
4　前三項の規定は、定款に別段の定めがある場合には、適用しない。
（表決権のない場合）
第一四条の八　特定非営利活動法人と特定の社員との関係について議決をする場合には、その社員は、表決権を有しない。
（社員総会の決議の省略）
第一四条の九　理事又は社員が社員総会の目的である事項について提案をした場合において、当該提案につき社員の全員が書面又は電磁的記録（電子的方式、磁気的方式その他人の知覚によっては認識することができない方式で作られる記録であって、電子計算機による情報処理の用に供されるものとして内閣府令で定めるものをいう。）により同意の意思表示をしたときは、当該提案を可決する旨の社員総会の決議があったものとみなす。
2　前項の規定により社員総会の目的である事項の全てについての提案を可決する旨の社員総会の決議があったものとみなされた場合には、その時に当該社員総会が終結したものとみなす。
（役員の定数）
第一五条　特定非営利活動法人には、役員として、理事三人以上及び監事一人以上を置かなければならない。
（理事の代表権）
第一六条　理事は、すべて特定非営利活動法人の業務について、特定非営利活動法人を代表する。ただし、定款をもって、その代表権を制限することができる。
（業務の執行）
第一七条　特定非営利活動法人の業務は、定款に特別の定めのないときは、理事の過半数をもって決する。
（理事の代理行為の委任）
第一七条の二　理事は、定款又は社員総会の決議によって禁止されていないときに限り、特定の行為の代理を他人に委任することができる。
（仮理事）
第一七条の三　理事が欠けた場合において、業務が遅滞することにより損害を生ずるおそれがあるときは、所轄庁は、利害関係人の請求により又は職権で、仮理事を選任しなければならない。
（利益相反行為）
第一七条の四　特定非営利活動法人と理事との利益が相反する事項については、理事は、代表権を有しない。この場合においては、所轄庁は、利害関係人の請求により又は職権で、特別代理人を選任しなければならない。
（監事の職務）
第一八条　監事は、次に掲げる職務を行う。
一　理事の業務執行の状況を監査すること。
二　特定非営利活動法人の財産の状況を監査すること。
三　前二号の規定による監査の結果、特定非営利活動法人の業務又は財産に関し不正の行為又は法令若しくは定款に違反する重大な事実があることを発見した場合には、これを社員総会又は所轄庁に報告すること。
四　前号の報告をするために必要がある場合には、社員総会を招集すること。
五　理事の業務執行の状況又は特定非営利活動法人の財産の状況について、理事に意見を述べること。
（監事の兼職禁止）

第一九条　監事は、理事又は特定非営利活動法人の職員を兼ねてはならない。

（役員の欠格事由）

第二〇条　次の各号のいずれかに該当する者は、特定非営利活動法人の役員になることができない。

一　破産手続開始の決定を受けて復権を得ない者

二　禁錮以上の刑に処せられ、その執行を終わった日又はその執行を受けることがなくなった日から二年を経過しない者

三　この法律若しくは暴力団員による不当な行為の防止等に関する法律の規定（同法第三十二条の三第七項及び第三十二条の十一第一項の規定を除く。第四十七条第一号ハにおいて同じ。）に違反したことにより、又は刑法（明治四十年法律第四十五号）第二百四条、第二百六条、第二百八条、第二百八条の二、第二百二十二条若しくは第二百四十七条の罪若しくは暴力行為等処罰に関する法律（大正十五年法律第六十号）の罪を犯したことにより、罰金の刑に処せられ、その執行を終わった日又はその執行を受けることがなくなった日から二年を経過しない者

四　暴力団の構成員等

五　第四十三条の規定により設立の認証を取り消された特定非営利活動法人の解散当時の役員で、設立の認証を取り消された日から二年を経過しない者

六　心身の故障のため職務を適正に執行することができない者として内閣府令で定めるもの

注　第二〇条は、令和四年六月一七日法律第六八号により次のように改正され、令和四年六月一七日から起算して三年を超えない範囲内において政令で定める日から施行される。

第二十条第二号中「禁錮」を「拘禁刑」に改める。

（役員の親族等の排除）

第二一条　役員のうちには、それぞれの役員について、その配偶者若しくは三親等以内の親族が一人を超えて含まれ、又は当該役員並びにその配偶者及び三親等以内の親族が役員の総数の三分の一を超えて含まれることになってはならない。

（役員の欠員補充）

第二二条　理事又は監事のうち、その定数の三分の一を超える者が欠けたときは、遅滞なくこれを補充しなければならない。

（役員の変更等の届出）

第二三条　特定非営利活動法人は、その役員の氏名又は住所若しくは居所に変更があったときは、遅滞なく、変更後の役員名簿を添えて、その旨を所轄庁に届け出なければならない。

2　特定非営利活動法人は、役員が新たに就任した場合（任期満了と同時に再任された場合を除く。）において前項の届出をするときは、当該役員に係る第十条第一項第二号ロ及びハに掲げる書類を所轄庁に提出しなければならない。

（役員の任期）

第二四条　役員の任期は、二年以内において定款で定める期間とする。ただし、再任を妨げない。

2　前項の規定にかかわらず、定款で役員を社員総会で選任することとしている特定非営利活動法人にあっては、定款により、後任の役員が選任されていない場合に限り、同項の規定により定款で定められた任期の末日後最初の社員総会が終結するまでその任期を伸長することができる。

（定款の変更）

第二五条　定款の変更は、定款で定めるところにより、社員総会の議決を経なければならない。

2　前項の議決は、社員総数の二分の一以上が出席し、その出席者の四分の三以上の多数をもってしなければならない。ただし、定款に特別の定めがあるときは、この限りでない。

3　定款の変更（第十一条第一項第一号から第三号まで、第四号（所轄庁の変更を伴うものに限る。）、第五号、第六号（役員の定数に係るものを除く。）、第七号、第十一号、第十二号（残余財産の帰属すべき者に係るものに限る。）又は第十三号に掲げる事項に係る変更を含むものに限る。）は、所轄庁の認証を受けなければ、その効力を生じない。

4　特定非営利活動法人は、前項の認証を受けようとするときは、都道府県又は指定都市の条例で定めるところにより、当該定款の変更を議決

した社員総会の議事録の謄本及び変更後の定款を添付した申請書を、所轄庁に提出しなければならない。この場合において、当該定款の変更が第十一条第一項第三号又は第十一号に掲げる事項に係る変更を含むものであるときは、当該定款の変更の日の属する事業年度及び翌事業年度の事業計画書及び活動予算書を併せて添付しなければならない。

5　第十条第二項から第四項まで及び第十二条の規定は、第三項の認証について準用する。

6　特定非営利活動法人は、定款の変更（第三項の規定により所轄庁の認証を受けなければならない事項に係るものを除く。）をしたときは、都道府県又は指定都市の条例で定めるところにより、遅滞なく、当該定款の変更を議決した社員総会の議事録の謄本及び変更後の定款を添えて、その旨を所轄庁に届け出なければならない。

7　特定非営利活動法人は、定款の変更に係る登記をしたときは、遅滞なく、当該登記をしたことを証する登記事項証明書を所轄庁に提出しなければならない。

第二六条　所轄庁の変更を伴う定款の変更に係る前条第四項の申請書は、変更前の所轄庁を経由して変更後の所轄庁に提出するものとする。

2　前項の場合においては、前条第四項の添付書類のほか、第十条第一項第二号イ及び第四号に掲げる書類並びに直近の第二十八条第一項に規定する事業報告書等（設立後当該書類が作成されるまでの間は第十条第一項第七号の事業計画書、同項第八号の活動予算書及び第十四条の財産目録、合併後当該書類が作成されるまでの間は第三十四条第五項において準用する第十条第一項第七号の事業計画書、第三十四条第五項において準用する第十条第一項第八号の活動予算書及び第三十五条第一項の財産目録）を申請書に添付しなければならない。

3　第一項の場合において、当該定款の変更を認証したときは、所轄庁は、内閣府令で定めるところにより、遅滞なく、変更前の所轄庁から事務の引継ぎを受けなければならない。

（会計の原則）

第二七条　特定非営利活動法人の会計は、この法律に定めるもののほか、次に掲げる原則に従って、行わなければならない。

一　削除

二　会計簿は、正規の簿記の原則に従って正しく記帳すること。

三　計算書類（活動計算書及び貸借対照表をいう。次条第一項において同じ。）及び財産目録は、会計簿に基づいて活動に係る事業の実績及び財政状態に関する真実な内容を明瞭に表示したものとすること。

四　採用する会計処理の基準及び手続については、毎事業年度継続して適用し、みだりにこれを変更しないこと。

（事業報告書等の備置き等及び閲覧）

第二八条　特定非営利活動法人は、毎事業年度初めの三月以内に、都道府県又は指定都市の条例で定めるところにより、前事業年度の事業報告書、計算書類及び財産目録並びに年間役員名簿（前事業年度において役員であったことがある者全員の氏名及び住所又は居所並びにこれらの者についての前事業年度における報酬の有無を記載した名簿をいう。）並びに前事業年度の末日における社員のうち十人以上の者の氏名（法人にあっては、その名称及び代表者の氏名）及び住所又は居所を記載した書面（以下「**事業報告書等**」という。）を作成し、これらを、その作成の日から起算して五年が経過した日を含む事業年度の末日までの間、その事務所に備え置かなければならない。

2　特定非営利活動法人は、都道府県又は指定都市の条例で定めるところにより、役員名簿及び定款等（定款並びにその認証及び登記に関する書類の写しをいう。以下同じ。）を、その事務所に備え置かなければならない。

3　特定非営利活動法人は、その社員その他の利害関係人から次に掲げる書類の閲覧の請求があった場合には、正当な理由がある場合を除いて、これを閲覧させなければならない。

一　事業報告書等（設立後当該書類が作成されるまでの間は第十条第一項第七号の事業計画書、同項第八号の活動予算書及び第十四条の財産目録、合併後当該書類が作成されるまでの間は第三十四条第五項において準用する第十条第一項第七号の事業計画書、第三十四条第五項において準用する第三十五条第一項第八号の活動予算書及び第三十五条第一項の財産目録。第三十条及び第四十五条第一項第五号イにおいて同じ。）
二　役員名簿
三　定款等
第二八条の二（貸借対照表の公告）　特定非営利活動法人は、内閣府令で定めるところにより、前条第一項の規定による前事業年度の貸借対照表の作成後遅滞なく、次に掲げる方法のうち定款で定める方法によりこれを公告しなければならない。
一　官報に掲載する方法
二　時事に関する事項を掲載する日刊新聞紙に掲載する方法
三　電子公告（電磁的方法により不特定多数の者が公告すべき内容である情報の提供を受けることができる状態に置く措置であって内閣府令で定めるものをとる公告の方法をいう。以下この条において同じ。）
四　前三号に掲げるもののほか、不特定多数の者が公告すべき内容である情報を認識することができる状態に置く措置として内閣府令で定める方法
2　前項の規定にかかわらず、同項に規定する貸借対照表の公告の方法として同項第一号又は第二号に掲げる方法を定款で定める特定非営利活動法人は、当該貸借対照表の要旨を公告することで足りる。
3　特定非営利活動法人が第一項第三号に掲げる方法を同項に規定する貸借対照表の公告の方法とする旨を定款で定める場合には、事故その他やむを得ない事由によって電子公告による公告をすることができない場合の当該公告の方法として、同項第一号又は第二号に掲げる方法のいずれかを定めることができる。
4　特定非営利活動法人が第一項の規定により電子公告による公告をする場合には、前条第一項の規定による前事業年度の貸借対照表の作成の日から起算して五年が経過した日を含む事業年度の末日までの間、継続して当該公告をしなければならない。
5　前項の規定にかかわらず、同項の規定により電子公告による公告をしなければならない期間（第二号において「公告期間」という。）中公告の中断（不特定多数の者が提供を受けることができる状態に置かれた情報がその状態に置かれないこととなったこと又はその情報がその状態に置かれた後改変されたことをいう。以下この項において同じ。）が生じた場合において、次のいずれにも該当するときは、その公告の中断は、当該電子公告による公告の効力に影響を及ぼさない。
一　公告の中断が生ずることにつき特定非営利活動法人が善意でかつ重大な過失がないこと又は特定非営利活動法人に正当な事由があること。
二　公告の中断が生じた時間の合計が公告期間の十分の一を超えないこと。
三　特定非営利活動法人が公告の中断が生じたことを知った後速やかにその旨、公告の中断が生じた時間及び公告の中断の内容を当該電子公告による公告に付して公告したこと。

第二九条（事業報告書等の提出）　特定非営利活動法人は、都道府県又は指定都市の条例で定めるところにより、毎事業年度一回、事業報告書等を所轄庁に提出しなければならない。

第三〇条（事業報告書等の公開）　所轄庁は、特定非営利活動法人から提出を受けた事業報告書等（過去五年間に提出を受けたものに限る。）、役員名簿又は定款等について閲覧又は謄写の請求があったときは、都道府県又は指定都市の条例で定めるところにより、これらの書類（事業報告書等又は役員名簿については、これらに記載された事項中、個人の住所又は居所に係る記載の部分を除いたもの）を閲覧させ、又は謄写させなければならない。

第四節　解散及び合併

第三一条（解散事由）　特定非営利活動法人は、次に掲げる事由によって解散する。
一　社員総会の決議
二　定款で定めた解散事由の発生
三　目的とする特定非営利活動に係る事業の成功の不能
四　社員の欠亡
五　合併
六　破産手続開始の決定
七　第四十三条の規定による設立の認証の取消し
2　前項第三号に掲げる事由による解散は、所轄

庁の認定がなければ、その効力を生じない。

3　特定非営利活動法人は、前項の認定を受けようとするときは、第一項第三号に掲げる事由を証する書面を、所轄庁に提出しなければならない。

4　清算人は、第一項第一号、第二号、第四号又は第六号に掲げる事由によって解散した場合には、遅滞なくその旨を所轄庁に届け出なければならない。

（解散の決議）

第三一条の二　特定非営利活動法人は、総社員の四分の三以上の賛成がなければ、解散の決議をすることができない。ただし、定款に別段の定めがあるときは、この限りでない。

（特定非営利活動法人についての破産手続の開始）

第三一条の三　特定非営利活動法人がその債務につきその財産をもって完済することができなくなった場合には、裁判所は、理事若しくは債務者の申立てにより又は職権で、破産手続開始の決定をする。

2　前項に規定する場合には、理事は、直ちに破産手続開始の申立てをしなければならない。

（清算中の特定非営利活動法人の能力）

第三一条の四　解散した特定非営利活動法人は、清算の目的の範囲内において、その清算の結了に至るまではなお存続するものとみなす。

（清算人）

第三一条の五　特定非営利活動法人が解散したときは、破産手続開始の決定による解散の場合を除き、理事がその清算人となる。ただし、定款に別段の定めがあるとき、又は社員総会において理事以外の者を選任したときは、この限りでない。

（裁判所による清算人の選任）

第三一条の六　前条の規定により清算人となる者がないとき、又は清算人が欠けたため損害を生ずるおそれがあるときは、裁判所は、利害関係人若しくは検察官の請求により又は職権で、清算人を選任することができる。

（清算人の解任）

第三一条の七　重要な事由があるときは、裁判所は、利害関係人若しくは検察官の請求により又は職権で、清算人を解任することができる。

（清算人の届出）

第三一条の八　清算中に就任した清算人は、その氏名及び住所を所轄庁に届け出なければならない。

（清算人の職務及び権限）

第三一条の九　清算人の職務は、次のとおりとする。

一　現務の結了

二　債権の取立て及び債権の弁済

三　残余財産の引渡し

2　清算人は、前項各号に掲げる職務を行うために必要な一切の行為をすることができる。

（債権の申出の催告等）

第三一条の一〇　清算人は、特定非営利活動法人が第三十一条第一項各号に掲げる事由によって解散した後、遅滞なく、公告をもって、債権者に対し、一定の期間内にその債権の申出をすべき旨の催告をしなければならない。この場合において、その期間は、二月を下ることができない。

2　前項の公告には、債権者がその期間内に申出をしないときは清算から除斥されるべき旨を付記しなければならない。ただし、清算人は、判明している債権者を除斥することができない。

3　清算人は、判明している債権者には、各別にその申出の催告をしなければならない。

4　第一項の公告は、官報に掲載してする。

（期間経過後の債権の申出）

第三一条の一一　前条第一項の期間の経過後に申出をした債権者は、特定非営利活動法人の債務が完済された後まだ権利の帰属すべき者に引き渡されていない財産に対してのみ、請求をすることができる。

（清算中の特定非営利活動法人についての破産手続の開始）

第三一条の一二　清算中に特定非営利活動法人の財産がその債務を完済するのに足りないことが明らかになったときは、清算人は、直ちに破産手続開始の申立てをし、その旨を公告しなければならない。

2　清算人は、清算中の特定非営利活動法人が破産手続開始の決定を受けた場合において、破産管財人にその事務を引き継いだときは、その任務を終了したものとする。

3　前項に規定する場合において、清算中の特定非営利活動法人が既に債権者に支払い、又は権利の帰属すべき者に引き渡したものがあるときは、破産管財人は、これを取り戻すことができる。

4 第一項の規定による公告は、官報に掲載してする。

（残余財産の帰属）

第三二条 解散した特定非営利活動法人の残余財産は、合併及び破産手続開始の決定による解散の場合を除き、所轄庁に対する清算結了の届出の時において、定款で定めるところにより、その帰属すべき者に帰属する。

2 定款に残余財産の帰属すべき者に関する規定がないときは、清算人は、所轄庁の認証を得て、その財産を国又は地方公共団体に譲渡することができる。

3 前二項の規定により処分されない財産は、国庫に帰属する。

（裁判所による監督）

第三二条の二 特定非営利活動法人の解散及び清算は、裁判所の監督に属する。

2 裁判所は、職権で、いつでも前項の監督に必要な検査をすることができる。

3 特定非営利活動法人の解散及び清算を監督する裁判所は、所轄庁に対し、意見を求め、又は調査を嘱託することができる。

4 所轄庁は、前項に規定する裁判所に対し、意見を述べることができる。

（清算結了の届出）

第三二条の三 清算が結了したときは、清算人は、その旨を所轄庁に届け出なければならない。

（解散及び清算の監督等に関する事件の管轄）

第三二条の四 特定非営利活動法人の解散及び清算の監督並びに清算人に関する事件は、その主たる事務所の所在地を管轄する地方裁判所の管轄に属する。

（不服申立ての制限）

第三二条の五 清算人の選任の裁判に対しては、不服を申し立てることができない。

（裁判所の選任する清算人の報酬）

第三二条の六 裁判所は、第三十一条の六の規定により清算人を選任した場合には、特定非営利活動法人が当該清算人に対して支払う報酬の額を定めることができる。この場合においては、裁判所は、当該清算人及び監事の陳述を聴かなければならない。

第三二条の七 削除

（検査役の選任）

第三二条の八 裁判所は、特定非営利活動法人の解散及び清算の監督に必要な調査をさせるため、検査役を選任することができる。

2 第三十二条の五及び第三十二条の六の規定は、前項の規定により裁判所が検査役を選任した場合について準用する。この場合において、同条中「清算人及び監事」とあるのは、「特定非営利活動法人及び検査役」と読み替えるものとする。

（合併）

第三三条 特定非営利活動法人は、他の特定非営利活動法人と合併することができる。

（合併手続）

第三四条 特定非営利活動法人が合併するには、社員総会の議決を経なければならない。

2 前項の議決は、社員総数の四分の三以上の多数をもってしなければならない。ただし、定款に特別の定めがあるときは、この限りでない。

3 合併は、所轄庁の認証を受けなければ、その効力を生じない。

4 特定非営利活動法人は、前項の認証を受けようとするときは、第一項の議決をした社員総会の議事録の謄本を添付した申請書を、所轄庁に提出しなければならない。

5 第十条及び第十二条の規定は、第三項の認証について準用する。

第三五条 特定非営利活動法人は、前条第三項の認証があったときは、その認証の通知のあった日から二週間以内に、貸借対照表及び財産目録を作成し、次項の規定により債権者が異議を述べることができる期間が満了するまでの間、これをその事務所に備え置かなければならない。

2 特定非営利活動法人は、前条第三項の認証があったときは、その認証の通知のあった日から二週間以内に、その債権者に対し、合併に異議があれば一定の期間内に述べるべきことを公告し、かつ、判明している債権者に対しては、各別にこれを催告しなければならない。この場合において、その期間は、二月を下回ってはならない。

第三六条 債権者が前条第二項の期間内に異議を述べなかったときは、合併を承認したものとみなす。

2　債権者が異議を述べたときは、特定非営利活動法人は、これに弁済し、若しくは相当の担保を供し、又はその債権者に弁済を受けさせることを目的として信託会社若しくは信託業務を営む金融機関に相当の財産を信託しなければならない。ただし、合併をしてもその債権者を害するおそれがないときは、この限りでない。

第三七条　合併により特定非営利活動法人を設立する場合においては、定款の作成その他特定非営利活動法人の設立に関する事務は、それぞれの特定非営利活動法人において選任した者が共同して行わなければならない。

（合併の効果）

第三八条　合併後存続する特定非営利活動法人又は合併によって設立した特定非営利活動法人は、合併によって消滅した特定非営利活動法人の一切の権利義務（当該特定非営利活動法人がその行う事業に関し行政庁の認可その他の処分に基づいて有する権利義務を含む。）を承継する。

（合併の時期等）

第三九条　特定非営利活動法人の合併は、合併後存続する特定非営利活動法人又は合併によって設立する特定非営利活動法人の主たる事務所の所在地において登記をすることによって、その効力を生ずる。

2　第十三条第二項及び第十四条の規定は前項の登記をした場合について、第十三条第三項の規定は前項の登記をしない場合について、それぞれ準用する。

第四〇条　削除

第五節　監督

（報告及び検査）

第四一条　所轄庁は、特定非営利活動法人（認定特定非営利活動法人及び特例認定特定非営利活動法人を除く。以下この項及び次項において同じ。）が法令、法令に基づいてする行政庁の処分又は定款に違反する疑いがあると認められる相当な理由があるときは、当該特定非営利活動法人に対し、その業務若しくは財産の状況に関し報告をさせ、又はその職員に、当該特定非営利活動法人の事務所その他の施設に立ち入り、その業務若しくは財産の状況若しくは帳簿、書類その他の物件を検査させることができる。

2　所轄庁は、前項の規定による検査をさせる場合においては、当該検査をする職員に、同項の相当の理由を記載した書面を、あらかじめ、当該特定非営利活動法人の役員その他の当該検査の対象となっている事務所その他の施設の管理について権限を有する者（以下この項において「特定非営利活動法人の役員等」という。）に提示させなければならない。この場合において、当該特定非営利活動法人の役員等が当該書面の交付を要求したときは、これを交付させなければならない。

3　第一項の規定による検査をする職員は、その身分を示す証明書を携帯し、関係人にこれを提示しなければならない。

4　第一項の規定による検査の権限は、犯罪捜査のために認められたものと解してはならない。

（改善命令）

第四二条　所轄庁は、特定非営利活動法人が第十二条第一項第二号、第三号又は第四号に規定する要件を欠くに至ったと認めるときその他法令、法令に基づいてする行政庁の処分若しくは定款に違反し、又はその運営が著しく適正を欠くと認めるときは、当該特定非営利活動法人に対し、期限を定めて、その改善のために必要な措置を採るべきことを命ずることができる。

（設立の認証の取消し）

第四三条　所轄庁は、特定非営利活動法人が、前条の規定による命令に違反した場合であって他の方法により監督の目的を達することができないとき又は三年以上にわたって第二十九条の規定による事業報告書等の提出を行わないときは、当該特定非営利活動法人の設立の認証を取り消すことができる。

2　所轄庁は、特定非営利活動法人が法令に違反した場合において、前条の規定による命令によってはその改善を期待することができないことが明らかであり、かつ、他の方法により監督の目的を達することができないときは、同条の規定による命令を経ないでも、当該特定非営利活動法人の設立の認証を取り消すことができる。

3　前二項の規定による設立の認証の取消しに係る聴聞の期日における審理は、当該特定非営利活動法人から請求があったときは、公開により行うよう努めなければならない。

4　所轄庁は、前項の規定による請求があった場合において、聴聞の期日における審理を公開により行わないときは、当該特定非営利活動法人に対し、当該公開により行わない理由を記載した書面を交付しなければならない。

（意見聴取）

第四三条の二　所轄庁は、特定非営利活動法人について第十二条第一項第三号に規定する要件を欠いている疑い又はその役員について第二十条第四号に該当する疑いがあると認めるときは、その理由を付して、警視総監又は道府県警察本部長の意見を聴くことができる。

（所轄庁への意見）

第四三条の三　警視総監又は道府県警察本部長は、特定非営利活動法人について第十二条第一項第三号に規定する要件を欠いていると疑うに足りる相当な理由又はその役員について第二十条第四号に該当すると疑うに足りる相当な理由があるため、所轄庁が当該特定非営利活動法人に対して適当な措置を採ることが必要であると認めるときは、所轄庁に対し、その旨の意見を述べることができる。

第三章　認定特定非営利活動法人及び特例認定特定非営利活動法人

第一節　認定特定非営利活動法人

（認定）

第四四条　特定非営利活動法人のうち、その運営組織及び事業活動が適正であって公益の増進に資するものは、所轄庁の認定を受けることができる。

2　前項の認定を受けようとする特定非営利活動法人は、都道府県又は指定都市の条例で定めるところにより、次に掲げる書類を添付した申請書を所轄庁に提出しなければならない。ただし、次条第一項第一号ハに掲げる基準に適合する特定非営利活動法人が申請をする場合には、第一号に掲げる書類を添付することを要しない。

一　実績判定期間内の日を含む各事業年度（その期間が一年を超える場合は、当該期間をその初日以後一年ごとに区分した期間（最後に一年未満の期間を生じたときは、その一年未満の期間）。以下同じ。）の寄附者名簿（各事業年度に当該申請に係る特定非営利活動法人が受け入れた寄附金の支払者ごとに当該支払者の氏名（法人にあっては、その名称）及び住所並びにその寄附金の額及び受け入れた年月日を記載した書類をいう。以下同じ。）

二　次条第一項各号に掲げる基準に適合する旨を説明する書類（前号に掲げる書類を除く。）及び第四十七条各号のいずれにも該当しない旨を説明する書類

三　寄附金を充当する予定の具体的な事業の内容を記載した書類

3　前項第一号の「実績判定期間」とは、第一項の認定を受けようとする特定非営利活動法人の直前に終了した事業年度の末日以前五年（同項の認定を受けたことのない特定非営利活動法人が同項の認定を受けようとする場合にあっては、二年）内に終了した各事業年度のうち最も早い事業年度の初日から当該末日までの期間をいう。

（認定の基準）

第四五条　所轄庁は、前条第一項の認定の申請をした特定非営利活動法人が次の各号に掲げる基準に適合すると認めるときは、同項の認定をするものとする。

一　広く市民からの支援を受けているかどうかを判断するための基準として次に掲げる基準のいずれかに適合すること。

イ　実績判定期間（前条第三項に規定する実績判定期間をいう。以下同じ。）における経常収入金額（(1)に掲げる金額をいう。）のうちに寄附金等収入金額（(2)に掲げる金額（内閣府令で定める要件を満たす特定非営利活動法人にあっては、(2)及び(3)に掲げる金額の合計額）をいう。）の占める割合が政令で定める割合以上であること。

(1)　総収入金額から国等（国、地方公共団体、法人税法（昭和四十年法律第三十四号）別表第一に掲げる独立行政法人、地方独立行政法人、国立大学法人、大学共同利用機関法人及び我が国が加盟している国際機関をいう。以下この(1)において同じ。）からの補助金その他国等が反対給付を受けないで交付するもの（次項において「国の補助金等」という。）、臨時的な収入その他の内閣府令で定めるものの額を控除した金額

(2)　受け入れた寄附金の額の総額（第四号

ニにおいて「受入寄附金総額」という。）から一者当たり基準限度超過額（同一の者からの寄附金の額のうち内閣府令で定める金額を超える部分の金額をいう。）その他の内閣府令で定める寄附金の額の合計額を控除した金額

(3)　社員から受け入れた会費の額の合計額から当該合計額に次号に規定する内閣府令で定める割合を乗じて計算した金額を控除した金額のうち(2)に掲げる金額に達するまでの金額

ロ　実績判定期間内の日を含む各事業年度における判定基準寄附者（当該事業年度における同一の者からの寄附金（寄附者の氏名（法人にあっては、その名称）その他の内閣府令で定める事項が明らかな寄附金に限る。以下このロにおいて同じ。）の額の総額（当該同一の者が個人である場合には、当該事業年度におけるその者と生計を一にする者からの寄附金の額を加算した金額）が政令で定める額以上である場合の当該同一の者をいい、当該申請に係る特定非営利活動法人の役員である者及び当該役員と生計を一にする者を除く。以下同じ。）の数（当該事業年度において個人である判定基準寄附者と生計を一にする他の判定基準寄附者がいる場合には、当該判定基準寄附者と当該他の判定基準寄附者を一人とみなした数）の合計数に十二を乗じてこれを当該実績判定期間の月数で除して得た数が政令で定める数以上であること。

ハ　前条第二項の申請書を提出した日の前日において、地方税法（昭和二十五年法律第二百二十六号）第三十七条の二第一項第四号（同法第一条第二項の規定により都について準用する場合を含む。）に掲げる寄附金又は同法第三百十四条の七第一項第四号（同法第一条第二項の規定により特別区について準用する場合を含む。）に掲げる寄附金を受け入れる特定非営利活動法人としてこれらの寄附金を定める条例で定められているもの（その条例を制定した道府県（都を含む。）又は市町村（特別区を含む。）の区域内に事務所を有するものに限る。）であること。

二　実績判定期間における事業活動のうちに次に掲げる活動の占める割合として内閣府令で定める割合が百分の五十未満であること。

イ　会員又はこれに類するものとして内閣府令で定める者（当該申請に係る特定非営利活動法人の運営又は業務の執行に関係しない者で内閣府令で定めるものを除く。以下この号において「会員等」という。）に対する資産の譲渡若しくは貸付け又は役務の提供（以下「**資産の譲渡等**」という。）、会員等相互の交流、連絡又は意見交換その他その対象が会員等である活動（資産の譲渡等のうち対価を得ないで行われるものその他内閣府令で定めるものを除く。）

ロ　その便益の及ぶ者が次に掲げる者その他特定の範囲の者（前号ハに掲げる基準に適合する場合にあっては、(4)に掲げる者を除く。）である活動（会員等を対象とする活動で内閣府令で定めるもの及び会員等に対する資産の譲渡等を除く。）

(1)　会員等

(2)　特定の団体の構成員

(3)　特定の職域に属する者

(4)　特定の地域として内閣府令で定める地域に居住し又は事務所その他これに準ずるものを有する者

ハ　特定の著作物又は特定の者に関する普及啓発、広告宣伝、調査研究、情報提供その他の活動

ニ　特定の者に対し、その者の意に反した作為又は不作為を求める活動

三　その運営組織及び経理に関し、次に掲げる基準に適合していること。

イ　各役員について、次に掲げる者の数の役員の総数のうちに占める割合が、それぞれ三分の一以下であること。

(1)　当該役員並びに当該役員の配偶者及び三親等以内の親族並びに当該役員と内閣府令で定める特殊の関係のある者

(2)　特定の法人（当該法人との間に発行済株式又は出資（その有する自己の株式又は出資を除く。）の総数又は総額の百分の五十以上の株式又は出資の数又は金額を直接又は間接に保有する関係その他の内閣府令で定める関係のある法人を含む。）

の役員又は使用人である者並びにこれらの者の配偶者及び三親等以内の親族並びにこれらの者と内閣府令で定める特殊の関係のある者

ロ　各社員の表決権が平等であること。

ハ　その会計について公認会計士若しくは監査法人の監査を受けていること又は内閣府令で定めるところにより帳簿及び書類を備え付けてこれらにその取引を記録し、かつ、当該帳簿及び書類を保存していること。

ニ　その支出した金銭でその費途が明らかでないものがあることその他の不適正な経理として内閣府令で定める経理が行われていないこと。

四　その事業活動に関し、次に掲げる基準に適合していること。

イ　次に掲げる活動を行っていないこと。

(1)　宗教の教義を広め、儀式行事を行い、及び信者を教化育成すること。

(2)　政治上の主義を推進し、支持し、又はこれに反対すること。

(3)　特定の公職の候補者若しくは公職にある者又は政党を推薦し、支持し、又はこれらに反対すること。

ロ　その役員、社員、職員若しくは寄附者若しくはこれらの者の配偶者若しくは三親等以内の親族又はこれらの者と内閣府令で定める特殊の関係のある者に対し特別の利益を与えないことその他の特定の者と特別の関係がないものとして内閣府令で定める基準に適合していること。

ハ　実績判定期間における事業費の総額のうちに特定非営利活動に係る事業費の額の占める割合又はこれに準ずるものとして内閣府令で定める割合が百分の八十以上であること。

ニ　実績判定期間における受入寄附金総額の百分の七十以上を特定非営利活動に係る事業費に充てていること。

五　次に掲げる書類について閲覧の請求があった場合には、正当な理由がある場合を除いて、当該書類（イに掲げる書類については、これらに記載された事項中、個人の住所又は居所に係る記載の部分を除いたもの）をその事務所において閲覧させること。

イ　事業報告書等、役員名簿及び定款等

ロ　前条第二項第二号及び第三号に掲げる書類並びに第五十四条第二項第二号から第四号までに掲げる書類及び同条第三項の書類

六　各事業年度において、事業報告書等を第二十九条の規定により所轄庁に提出していること。

七　法令又は法令に基づいてする行政庁の処分に違反する事実、偽りその他不正の行為により利益を得、又は得ようとした事実その他公益に反する事実がないこと。

八　前条第二項の申請書を提出した日を含む事業年度の初日において、その設立の日以後一年を超える期間が経過していること。

九　実績判定期間において、第三号、第四号イ及びロ並びに第五号から第七号までに掲げる基準（当該実績判定期間中に、前条第一項の認定又は第五十八条第一項の特例認定を受けていない期間が含まれる場合には、当該期間については第五号ロに掲げる基準を除く。）に適合していること。

2　前項の規定にかかわらず、前条第一項の認定の申請をした特定非営利活動法人の実績判定期間に国の補助金等がある場合及び政令で定める小規模な特定非営利活動法人が同項の認定の申請をした場合における前項第一号イに規定する割合の計算については、政令で定める方法によることができる。

（合併特定非営利活動法人に関する適用）

第四六条　前二条に定めるもののほか、第四十四条第一項の認定を受けようとする特定非営利活動法人が合併後存続した特定非営利活動法人又は合併によって設立した特定非営利活動法人で同条第二項の申請書を提出しようとする事業年度の初日においてその合併又は設立の日以後一年を超える期間が経過していないものである場合における前二条の規定の適用に関し必要な事項は、政令で定める。

（欠格事由）

第四七条　第四十五条の規定にかかわらず、次のいずれかに該当する特定非営利活動法人は、第四十四条第一項の認定を受けることができない。

一　その役員のうちに、次のいずれかに該当す

る者があるもの

イ　認定特定非営利活動法人が第六十七条第一項若しくは第二項の規定により第四十四条第一項の認定を取り消された場合又は特例認定特定非営利活動法人が第六十七条第三項において準用する同条第一項若しくは第二項の規定により第五十八条第一項の特例認定を取り消された場合において、その取消しの原因となった事実があった日以前一年内に当該認定特定非営利活動法人又は当該特例認定特定非営利活動法人のその業務を行う理事であった者でその取消しの日から五年を経過しないもの

ロ　禁錮以上の刑に処せられ、その執行を終わった日又はその執行を受けることがなくなった日から五年を経過しない者

ハ　この法律若しくは暴力団員による不当な行為の防止等に関する法律の規定に違反したことにより、若しくは刑法第二百四条、第二百六条、第二百八条、第二百八条の二、第二百二十二条若しくは第二百四十七条の罪若しくは暴力行為等処罰に関する法律の罪を犯したことにより、又は国税若しくは地方税に関する法律中偽りその他不正の行為により国税若しくは地方税を免れ、納付せず、若しくはこれらの税の還付を受け、若しくはこれらの違反行為をしようとすることに関する罪を定めた規定に違反したことにより、罰金の刑に処せられ、その執行を終わった日又はその執行を受けることがなくなった日から五年を経過しない者

ニ　暴力団の構成員等

二　第六十七条第一項若しくは第二項の規定により第四十四条第一項の認定を取り消され、又は第六十七条第三項において準用する同条第一項若しくは第二項の規定により第五十八条第一項の特例認定を取り消され、その取消しの日から五年を経過しないもの

三　その定款又は事業計画書の内容が法令又は法令に基づいてする行政庁の処分に違反しているもの

四　国税又は地方税の滞納処分の執行がされているもの又は当該滞納処分の終了の日から三年を経過しないもの

五　国税に係る重加算税又は地方税に係る重加算金を課された日から三年を経過しないもの

六　次のいずれかに該当するもの

イ　暴力団

ロ　暴力団又は暴力団の構成員等の統制の下にあるもの

注　第四七条は、令和四年六月一七日法律第六八号により次のように改正され、令和四年六月一七日から起算して三年を超えない範囲内において政令で定める日から施行される。

第四十七条第一号ロ中「禁錮」を「拘禁刑」に改める。

（認定に関する意見聴取）

第四八条　所轄庁は、第四十四条第一項の認定をしようとするときは、次の各号に掲げる事由の区分に応じ、当該事由の有無について、当該各号に定める者の意見を聴くことができる。

一　前条第一号ニ及び第六号に規定する事由　警視総監又は道府県警察本部長

二　前条第四号及び第五号に規定する事由　国税庁長官、関係都道府県知事又は関係市町村長（以下「**国税庁長官等**」という。）

（認定の通知等）

第四九条　所轄庁は、第四十四条第一項の認定をしたときはその旨を、同項の認定をしないことを決定したときはその旨及びその理由を、当該申請をした特定非営利活動法人に対し、速やかに、書面により通知しなければならない。

2　所轄庁は、第四十四条第一項の認定をしたときは、インターネットの利用その他の適切な方法により、当該認定に係る認定特定非営利活動法人に係る次に掲げる事項を公示しなければならない。

一　名称

二　代表者の氏名

三　主たる事務所及びその他の事務所の所在地

四　当該認定の有効期間

五　前各号に掲げるもののほか、都道府県又は指定都市の条例で定める事項

3　所轄庁は、特定非営利活動法人で二以上の都道府県の区域内に事務所を設置するものについて第四十四条第一項の認定をしたときは、当該認定に係る認定特定非営利活動法人の名称その

他の内閣府令で定める事項を、その主たる事務所が所在する都道府県以外の都道府県でその事務所が所在する都道府県の知事（以下「**所轄庁以外の関係知事**」という。）に対し通知しなければならない。

4　認定特定非営利活動法人で二以上の都道府県の区域内に事務所を設置するものは、第一項の規定による認定の通知を受けたときは、内閣府令で定めるところにより、遅滞なく、次に掲げる書類を所轄庁以外の関係知事に提出しなければならない。

一　直近の事業報告書等（合併後当該書類が作成されるまでの間は、第三十四条第五項において準用する第十条第一項第七号の事業計画書、第三十四条第五項において準用する第十条第一項第八号の活動予算書及び第三十五条第一項の財産目録。第五十二条第四項及び第五項において同じ。）、役員名簿及び定款等

二　第四十四条第二項の規定により所轄庁に提出した同項各号に掲げる添付書類の写し

三　認定に関する書類の写し

（名称等の使用制限）

第五〇条　認定特定非営利活動法人でない者は、その名称又は商号中に、認定特定非営利活動法人であると誤認されるおそれのある文字を用いてはならない。

2　何人も、不正の目的をもって、他の認定特定非営利活動法人であると誤認されるおそれのある名称又は商号を使用してはならない。

（認定の有効期間及びその更新）

第五一条　第四十四条第一項の認定の有効期間（次項の有効期間の更新がされた場合にあっては、当該更新された有効期間。以下この条及び第五十七条第一項第一号において同じ。）は、当該認定の日（次項の有効期間の更新がされた場合にあっては、従前の認定の有効期間の満了の日の翌日。第五十四条第一項において同じ。）から起算して五年とする。

2　前項の有効期間の満了後引き続き認定特定非営利活動法人として特定非営利活動を行おうとする認定特定非営利活動法人は、その有効期間の更新を受けなければならない。

3　前項の有効期間の更新を受けようとする認定特定非営利活動法人は、第一項の有効期間の満了の日の六月前から三月前までの間（以下この項において「更新申請期間」という。）に、所轄庁に有効期間の更新の申請をしなければならない。ただし、災害その他やむを得ない事由により更新申請期間にその申請をすることができないときは、この限りでない。

4　前項の申請があった場合において、第一項の有効期間の満了の日までにその申請に対する処分がされないときは、従前の認定は、同項の有効期間の満了後もその処分がされるまでの間は、なお効力を有する。

5　第四十四条第二項（第一号に係る部分を除く。）及び第三項、第四十五条第一項（第三号ロ、第六号、第八号及び第九号に係る部分を除く。）及び第二項、第四十六条から第四十八条まで並びに第四十九条第一項、第二項及び第四項（第一号に係る部分を除く。）の規定は、第二項の有効期間の更新について準用する。ただし、第四十四条第二項第二号及び第三号に掲げる書類については、既に所轄庁に提出されている当該書類の内容に変更がないときは、その添付を省略することができる。

（役員の変更等の届出、定款の変更の届出等及び事業報告書等の提出に係る特例並びにこれらの書類の閲覧）

第五二条　認定特定非営利活動法人についての第二十三条、第二十五条第六項及び第七項並びに第二十九条の規定の適用については、これらの規定中「所轄庁に」とあるのは、「所轄庁（二以上の都道府県の区域内に事務所を設置する認定特定非営利活動法人にあっては、所轄庁及び所轄庁以外の関係知事）に」とする。

2　二以上の都道府県の区域内に事務所を設置する認定特定非営利活動法人は、第二十五条第三項の定款の変更の認証を受けたときは、都道府県又は指定都市の条例で定めるところにより、遅滞なく、当該定款の変更を議決した社員総会の議事録の謄本及び変更後の定款を所轄庁以外の関係知事に提出しなければならない。

3　第二十六条第一項の場合においては、認定特定非営利活動法人は、同条第二項に掲げる添付書類のほか、内閣府令で定めるところにより、寄附者名簿その他の内閣府令で定める書類を申請書に添付しなければならない。

4　認定特定非営利活動法人は、事業報告書等、役員名簿又は定款等の閲覧の請求があった場合

には、正当な理由がある場合を除いて、これをその事務所において閲覧させなければならない。

5　認定特定非営利活動法人は、前項の請求があった場合において事業報告書等又は役員名簿を閲覧させるときは、同項の規定にかかわらず、これらに記載された事項中、個人の住所又は居所に係る記載の部分を除くことができる。

（代表者の氏名の変更の届出等並びに事務所の新設及び廃止に関する通知等）

第五三条　認定特定非営利活動法人は、代表者の氏名に変更があったときは、遅滞なく、その旨を所轄庁に届け出なければならない。

2　所轄庁は、認定特定非営利活動法人について、第四十九条第二項各号（第二号及び第四号を除く。）に掲げる事項に係る定款の変更についての第二十五条第三項の認証をしたとき若しくは同条第六項の届出を受けたとき、前項の届出を受けたとき又は第四十九条第二項第五号に掲げる事項に変更があったときは、インターネットの利用その他の適切な方法により、その旨を公示しなければならない。

3　所轄庁は、認定特定非営利活動法人の事務所が所在する都道府県以外の都道府県の区域内に新たに事務所を設置する旨又はその主たる事務所が所在する都道府県以外の都道府県の区域内の全ての事務所を廃止する旨の定款の変更についての第二十五条第三項の認証をしたとき又は同条第六項の届出を受けたときは、その旨を当該都道府県の知事に通知しなければならない。

4　認定特定非営利活動法人は、その事務所が所在する都道府県以外の都道府県の区域内に新たに事務所を設置したときは、内閣府令で定めるところにより、遅滞なく、第四十九条第四項各号に掲げる書類を、当該都道府県の知事に提出しなければならない。

（認定申請の添付書類及び役員報酬規程等の備置き等及び閲覧）

第五四条　認定特定非営利活動法人は、第四十四条第一項の認定を受けたときは、同条第二項第二号及び第三号に掲げる書類を、都道府県又は指定都市の条例で定めるところにより、同条第一項の認定の日から起算して五年間、その事務所に備え置かなければならない。

2　認定特定非営利活動法人は、毎事業年度初めの三月以内に、都道府県又は指定都市の条例で定めるところにより、次に掲げる書類を作成し、第一号に掲げる書類についてはその作成の日から起算して五年間、第二号から第四号までに掲げる書類についてはその作成の日から起算して五年が経過した日を含む事業年度の末日までの間、その事務所に備え置かなければならない。

一　前事業年度の寄附者名簿
二　前事業年度の役員報酬又は職員給与の支給に関する規程
三　前事業年度の収益の明細その他の資金に関する事項、資産の譲渡等に関する事項、寄附金に関する事項その他の内閣府令で定める事項を記載した書類
四　前三号に掲げるもののほか、内閣府令で定める書類

3　認定特定非営利活動法人は、助成金の支給を行ったときは、都道府県又は指定都市の条例で定めるところにより、遅滞なく、その助成の実績を記載した書類を作成し、その作成の日から起算して五年が経過した日を含む事業年度の末日までの間、これをその事務所に備え置かなければならない。

4　認定特定非営利活動法人は、第四十四条第二項第二号若しくは第三号に掲げる書類又は第二項第二号から第四号までに掲げる書類若しくは前項の書類の閲覧の請求があった場合には、正当な理由がある場合を除いて、これをその事務所において閲覧させなければならない。

（役員報酬規程等の提出）

第五五条　認定特定非営利活動法人は、都道府県又は指定都市の条例で定めるところにより、毎事業年度一回、前条第二項第二号から第四号までに掲げる書類（同項第三号に掲げる書類については、資産の譲渡等に係る事業の料金、条件その他その内容に関する事項以外の事項を記載した書類に限る。）を所轄庁（二以上の都道府県の区域内に事務所を設置する認定特定非営利活動法人にあっては、所轄庁及び所轄庁以外の関係知事。以下この条において同じ。）に提出しなければならない。ただし、前条第二項第二号に掲げる書類については、既に所轄庁に提出されている当該書類の内容に変更がない場合は、この限りでない。

2　認定特定非営利活動法人は、助成金の支給を行ったときは、都道府県又は指定都市の条例で定めるところにより、前条第三項の書類を所轄庁に提出しなければならない。

（役員報酬規程等の公開）

第五六条　所轄庁は、認定特定非営利活動法人から提出を受けた第四十四条第二項第二号若しくは第三号に掲げる書類又は第五十四条第二項第二号から第四号までに掲げる書類若しくは同条第三項の書類（過去五年間に提出を受けたものに限る。）について閲覧又は謄写の請求があったときは、都道府県又は指定都市の条例で定めるところにより、これを閲覧させ、又は謄写させなければならない。

（認定の失効）

第五七条　認定特定非営利活動法人について、次のいずれかに掲げる事由が生じたときは、第四十四条第一項の認定は、その効力を失う。

一　第四十四条第一項の認定の有効期間が経過したとき（第五十一条第四項に規定する場合にあっては、更新拒否処分がされたとき。）。

二　認定特定非営利活動法人が認定特定非営利活動法人でない特定非営利活動法人と合併をした場合において、その合併が第六十三条第一項の認定を経ずにその効力を生じたとき（同条第四項に規定する場合にあっては、その合併の不認定処分がされたとき。）。

三　認定特定非営利活動法人が解散したとき。

2　所轄庁は、前項の規定により第四十四条第一項の認定がその効力を失ったときは、インターネットの利用その他の適切な方法により、その旨を公示しなければならない。

3　所轄庁は、認定特定非営利活動法人で二以上の都道府県の区域内に事務所を設置するものについて第一項の規定により第四十四条第一項の認定がその効力を失ったときは、その旨を所轄庁以外の関係知事に対し通知しなければならない。

第二節　特例認定特定非営利活動法人

（特例認定）

第五八条　特定非営利活動法人であって新たに設立されたもののうち、その運営組織及び事業活動が適正であって特定非営利活動の健全な発展の基盤を有し公益の増進に資すると見込まれるものは、所轄庁の特例認定を受けることができる。

2　第四十四条第二項（第一号に係る部分を除く。）及び第三項の規定は、前項の特例認定を受けようとする特定非営利活動法人について準用する。この場合において、同条第三項中「五年（同項の認定を受けたことのない特定非営利活動法人が同項の認定を受けようとする場合にあっては、二年）」とあるのは、「二年」と読み替えるものとする。

（特例認定の基準）

第五九条　所轄庁は、前条第一項の特例認定の申請をした特定非営利活動法人が次の各号に掲げる基準に適合すると認めるときは、同項の特例認定をするものとする。

一　第四十五条第一項第二号から第九号までに掲げる基準に適合すること。

二　前条第二項において準用する第四十四条第二項の申請書を提出した日の前日において、その設立の日（当該特定非営利活動法人が合併後存続した特定非営利活動法人である場合にあっては当該特定非営利活動法人又はその合併によって消滅した各特定非営利活動法人の設立の日のうち最も早い日、当該特定非営利活動法人が合併によって設立した特定非営利活動法人である場合にあってはその合併によって消滅した各特定非営利活動法人の設立の日のうち最も早い日）から五年を経過しない特定非営利活動法人であること。

三　第四十四条第一項の認定又は前条第一項の特例認定を受けたことがないこと。

（特例認定の有効期間）

第六〇条　第五十八条第一項の特例認定の有効期間は、当該特例認定の日から起算して三年とする。

（特例認定の失効）

第六一条　特例認定特定非営利活動法人について、次のいずれかに掲げる事由が生じたときは、第五十八条第一項の特例認定は、その効力を失う。

一　第五十八条第一項の特例認定の有効期間が経過したとき。

二　特例認定特定非営利活動法人が特例認定特定非営利活動法人でない特定非営利活動法人と合併をした場合において、その合併が第六十三条第一項又は第二項の認定を経ずにその効力を生じたとき（同条第四項に規定する場合にあっては、その合併の不認定処分がされたとき。）。

三　特例認定特定非営利活動法人が解散したとき。

四　特例認定特定非営利活動法人が第四十四条第一項の認定を受けたとき。

（認定特定非営利活動法人に関する規定の準用）

第六二条　第四十六条から第五十条まで、第五十二条から第五十六条まで並びに第五十七条第二項及び第三項の規定は、特例認定特定非営利活動法人について準用する。この場合において、第五十四条第一項中「五年間」とあるのは「三年間」と、同条第二項中「五年間」とあるのは「三年間」と、「その作成の日から起算して五年が経過した日を含む事業年度」とあるのは「翌々事業年度」と、同条第三項中「五年が経過した日を含む事業年度の末日」とあるのは「第六十条の有効期間の満了の日」と、第五十六条中「五年間」とあるのは「三年間」と読み替えるものとする。

第三節　認定特定非営利活動法人等の合併

第六三条　認定特定非営利活動法人が認定特定非営利活動法人でない特定非営利活動法人と合併をした場合は、合併後存続する特定非営利活動法人又は合併によって設立した特定非営利活動法人は、その合併について所轄庁の認定がされたときに限り、合併によって消滅した特定非営利活動法人のこの法律の規定による認定特定非営利活動法人としての地位を承継する。

2　特例認定特定非営利活動法人が特例認定特定非営利活動法人（認定特定非営利活動法人であるものを除く。）と合併をした場合は、合併後存続する特定非営利活動法人又は合併によって設立した特定非営利活動法人は、その合併について所轄庁の認定がされたときに限り、合併によって消滅した特定非営利活動法人のこの法律の規定による特例認定特定非営利活動法人としての地位を承継する。

3　第一項の認定を受けようとする認定特定非営利活動法人又は前項の認定を受けようとする特例認定特定非営利活動法人は、第三十四条第三項の認証の申請に併せて、所轄庁に第一項の認定又は前項の認定の申請をしなければならない。

4　前項の申請があった場合において、その合併がその効力を生ずる日までにその申請に対する処分がされないときは、合併後存続する特定非営利活動法人又は合併によって設立した特定非営利活動法人は、その処分がされるまでの間は、合併によって消滅した特定非営利活動法人のこの法律の規定による認定特定非営利活動法人又は特例認定特定非営利活動法人としての地位を承継しているものとみなす。

5　第四十四条第二項及び第三項、第四十五条、第四十七条から第四十九条まで並びに第五十四条第一項の規定は第一項の認定について、第五十八条第二項において準用する第四十四条第二項及び第三項、第五十九条並びに前条において準用する第四十七条から第四十九条まで及び第五十四条第一項の規定は第二項の認定について、それぞれ準用する。この場合において、必要な技術的読替えその他これらの規定の適用に関し必要な事項は、政令で定める。

第四節　認定特定非営利活動法人等の監督

（報告及び検査）

第六四条　所轄庁は、認定特定非営利活動法人又は特例認定特定非営利活動法人（以下「**認定特定非営利活動法人等**」という。）が法令、法令に基づいてする行政庁の処分若しくは定款に違反し、又はその運営が著しく適正を欠いている疑いがあると認めるときは、当該認定特定非営利活動法人等に対し、その業務若しくは財産の状況に関し報告をさせ、又はその職員に、当該認定特定非営利活動法人等の事務所その他の施設に立ち入り、その業務若しくは財産の状況若しくは帳簿、書類その他の物件を検査させることができる。

2　所轄庁以外の関係知事は、認定特定非営利活動法人等が法令、法令に基づいてする行政庁の処分若しくは定款に違反し、又はその運営が著しく適正を欠いている疑いがあると認めるときは、当該認定特定非営利活動法人等に対し、当該都道府県の区域内における業務若しくは財産の状況に関し報告をさせ、又はその職員に、当該都道府県の区域内に所在する当該認定特定非営利活動法人等の事務所その他の施設に立ち入り、その業務若しくは財産の状況若しくは帳簿、書類その他の物件を検査させることができる。

3　所轄庁又は所轄庁以外の関係知事は、前二項の規定による検査をさせる場合においては、当該検査をする職員に、これらの項の疑いがあると認める理由を記載した書面を、あらかじめ、当該認定特定非営利活動法人等の役員その他の当該検査の対象となっている事務所その他の施設の管理について権限を有する者（第五項において「認定特定非営利活動法人等の役員等」という。）に提示させなければならない。

4　前項の規定にかかわらず、所轄庁又は所轄庁以外の関係知事が第一項又は第二項の規定による検査の適正な遂行に支障を及ぼすおそれがあると認める場合には、前項の規定による書面の提示を要しない。

5　前項の場合において、所轄庁又は所轄庁以外の関係知事は、第一項又は第二項の規定による検査を終了するまでの間に、当該検査をする職員に、これらの項の疑いがあると認める理由を記載した書面を、認定特定非営利活動法人等の役員等に提示させるものとする。

6　第三項又は前項の規定は、第一項又は第二項の規定による検査をする職員が、当該検査により第三項又は前項の規定により理由として提示した事項以外の事項について第一項又は第二項の疑いがあると認められることとなった場合において、当該事項に関し検査を行うことを妨げるものではない。この場合において、第三項又は前項の規定は、当該事項に関する検査については適用しない。

7　第四十一条第三項及び第四項の規定は、第一項又は第二項の規定による検査について準用する。

（勧告、命令等）

第六五条　所轄庁は、認定特定非営利活動法人等について、第六十七条第二項各号（同条第三項において準用する場合を含む。次項において同じ。）のいずれかに該当すると疑うに足りる相当な理由がある場合には、当該認定特定非営利活動法人等に対し、期限を定めて、その改善のために必要な措置を採るべき旨の勧告をすることができる。

2　所轄庁以外の関係知事は、認定特定非営利活動法人等について、第六十七条第二項各号（第一号にあっては、第四十五条第一項第三号に係る部分を除く。）のいずれかに該当すると疑うに足りる相当な理由がある場合には、当該認定特定非営利活動法人等に対し、期限を定めて、当該都道府県の区域内における事業活動について、その改善のために必要な措置を採るべき旨の勧告をすることができる。

3　所轄庁又は所轄庁以外の関係知事は、前二項の規定による勧告をしたときは、インターネットの利用その他の適切な方法により、その勧告の内容を公表しなければならない。

4　所轄庁又は所轄庁以外の関係知事は、第一項又は第二項の規定による勧告を受けた認定特定非営利活動法人等が、正当な理由がなく、その勧告に係る措置を採らなかったときは、当該認定特定非営利活動法人等に対し、その勧告に係る措置を採るべきことを命ずることができる。

5　第一項及び第二項の規定による勧告並びに前項の規定による命令は、書面により行うよう努めなければならない。

6　所轄庁又は所轄庁以外の関係知事は、第四項の規定による命令をしたときは、インターネットの利用その他の適切な方法により、その旨を公示しなければならない。

7　所轄庁又は所轄庁以外の関係知事は、第一項若しくは第二項の規定による勧告又は第四項の規定による命令をしようとするときは、次の各号に掲げる事由の区分に応じ、当該事由の有無について、当該各号に定める者の意見を聴くことができる。

一　第四十七条第一号ニ又は第六号に規定する事由　警視総監又は道府県警察本部長

二　第四十七条第四号又は第五号に規定する事由　国税庁長官等

（その他の事業の停止）

第六六条　所轄庁は、その他の事業を行う認定特定非営利活動法人につき、第五条第一項の規定に違反してその他の事業から生じた利益が当該認定特定非営利活動法人が行う特定非営利活動に係る事業以外の目的に使用されたと認めるときは、当該認定特定非営利活動法人に対し、その他の事業の停止を命ずることができる。

2　前条第五項及び第六項の規定は、前項の規定による命令について準用する。

（認定又は特例認定の取消し）

第六七条　所轄庁は、認定特定非営利活動法人が次のいずれかに該当するときは、第四十四条第一項の認定を取り消さなければならない。

一　第四十七条各号（第二号を除く。）のいずれかに該当するとき。

二　偽りその他不正の手段により第四十四条第一項の認定、第五十一条第二項の有効期間の更新又は第六十三条第一項の認定を受けたとき。

三　正当な理由がなく、第六十五条第四項又は前条第一項の規定による命令に従わないとき。

四　認定特定非営利活動法人から第四十四条第一項の認定の取消しの申請があったとき。

2　所轄庁は、認定特定非営利活動法人が次のいずれかに該当するときは、第四十四条第一項の認定を取り消すことができる。

一　第四十五条第一項第三号、第四号イ若しくはロ又は第七号に掲げる基準に適合しなくなったとき。

二　第二十九条、第五十二条第四項又は第五十四条第四項の規定を遵守していないとき。

三　前二号に掲げるもののほか、法令又は法令に基づいてする行政庁の処分に違反したとき。

3　前二項の規定は、第五十八条第一項の特例認定について準用する。この場合において、第一項第二号中「、第五十一条第二項の有効期間の更新又は第六十三条第一項の認定」とあるのは、「又は第六十三条第二項の認定」と読み替えるものとする。

4　第四十三条第三項及び第四項、第四十九条第一項から第三項まで並びに第六十五条第七項の規定は、第一項又は第二項の規定による認定の取消し（第六十九条において「**認定の取消し**」という。）及び前項において準用する第一項又は第二項の規定による特例認定の取消し（同条において「**特例認定の取消し**」という。）について準用する。

（所轄庁への意見等）

第六八条　所轄庁以外の関係知事は、認定特定非営利活動法人等が第六十五条第四項の規定による命令に従わなかった場合その他の場合であって、所轄庁が当該認定特定非営利活動法人等に対して適当な措置を採ることが必要であると認めるときは、所轄庁に対し、その旨の意見を述べることができる。

2　次の各号に掲げる者は、認定特定非営利活動法人等についてそれぞれ当該各号に定める事由があると疑うに足りる相当な理由があるため、所轄庁が当該認定特定非営利活動法人等に対して適当な措置を採ることが必要であると認める場合には、所轄庁に対し、その旨の意見を述べることができる。

一　警視総監又は道府県警察本部長　第四十七条第一号ニ又は第六号に該当する事由

二　国税庁長官等　第四十七条第四号又は第五号に該当する事由

3　所轄庁は、この章に規定する認定特定非営利活動法人等に関する事務の実施に関して特に必要があると認めるときは、所轄庁以外の関係知事に対し、当該所轄庁以外の関係知事が採るべき措置について、必要な要請をすることができる。

（所轄庁への指示）

第六九条　内閣総理大臣は、この章に規定する認定特定非営利活動法人等に関する事務の実施に関して地域間の均衡を図るため特に必要があると認めるときは、所轄庁に対し、第六十五条第一項の規定による勧告、同条第四項の規定による命令、第六十六条第一項の規定による命令又は認定の取消し若しくは特例認定の取消しその他の措置を採るべきことを指示することができる。

第四章　税法上の特例

第七〇条　特定非営利活動法人は、法人税法その他法人税に関する法令の規定の適用については、同法第二条第六号に規定する公益法人等とみなす。この場合において、同法第三十七条の規定を適用する場合には同条第四項中「公益法人等（」とあるのは「公益法人等（特定非営利活動促進法（平成十年法律第七号）第二条第二項に規定する法人（以下「特定非営利活動法人」という。）並びに」と、同法第六十六条の規定を適用する場合には同条第一項中「普通法人」とあるのは「普通法人（特定非営利活動法人を含む。）」と、同条第二項中「除く」とあるのは「除くものとし、特定非営利活動法人を含む」と、同条第三項中「公益法人等（」とあるのは「公益法人等（特定非営利活動法人及び）」と、租税特別措置法（昭和三十二年法律第二十六号）第六十八条の六の規定を適用する場合には同条中「みなされているもの」とあるのは「みなされているもの（特定非営利活動促進法第二条第二項に規定する法人については、小規模な法人として政令で定めるものに限る。）」とする。

2　特定非営利活動法人は、消費税法（昭和六十三年法律第百八号）その他消費税に関する法令の規定の適用については、同法別表第三に掲げる法人とみなす。

3　特定非営利活動法人は、地価税法（平成三年法律第六十九号）その他地価税に関する法令の規定（同法第三十三条の規定を除く。）の適用については、同法第二条第六号に規定する公益法人等とみなす。ただし、同法第六条の規定による地価税の非課税に関する法令の規定の適用については、同法第二条第七号に規定する人格のない社団等とみなす。

第七十一条　個人又は法人が、認定特定非営利活動法人等に対し、その行う特定非営利活動に係る事業に関連する寄附又は贈与をしたときは、租税特別措置法で定めるところにより、当該個人又は法人に対する所得税、法人税又は相続税の課税について寄附金控除等の特例の適用があるものとする。

第五章　雑則

（情報の提供等）

第七十二条　内閣総理大臣及び所轄庁は、特定非営利活動法人に対する寄附その他の特定非営利活動への市民の参画を促進するため、認定特定非営利活動法人等その他の特定非営利活動法人の事業報告書その他の活動の状況に関するデータベースの整備を図り、国民にインターネットその他の高度情報通信ネットワークの利用を通じて迅速に情報を提供できるよう必要な措置を講ずるものとする。

2　所轄庁及び特定非営利活動法人は、特定非営利活動法人の事業報告書その他の活動の状況に関する情報を前項の規定により内閣総理大臣が整備するデータベースに記録することにより、当該情報の積極的な公表に努めるものとする。

（協力依頼）

第七十三条　所轄庁は、この法律の施行のため必要があると認めるときは、官庁、公共団体その他の者に照会し、又は協力を求めることができる。

（情報通信技術を活用した行政の推進等に関する法律の適用）

第七十四条　第十条第一項（第三十四条第五項において準用する場合を含む。）の規定による提出及び第十条第二項（第二十五条第五項及び第三十四条第五項において準用する場合を含む。）の規定による縦覧、第十二条第三項（第二十五条第五項及び第三十四条第五項において準用する場合を含む。）の規定による通知、第十三条第二項（第三十九条第二項において準用する場合を含む。）の規定による届出、第二十三条第一項の規定による届出、第二十五条第四項の規定による提出、同条第六項の規定による届出及び同条第七項の規定による提出、第二十九条の規定による提出、第三十条の規定による閲覧、第三十一条第三項の規定による提出、第三十四条第四項の規定による提出、第四十三条第四項（第六十七条第四項において準用する場合を含む。）の規定による交付、第四十四条第二項（第五十一条第五項、第五十八条第二項（第六十三条第五項において準用する場合を含む。）及び第六十三条第五項において準用する場合を含む。）の規定による提出、第四十九条第一項（第五十一条第五項、第六十二条（第六十三条第五項において準用する場合を含む。）、第六十三条第五項及び第六十七条第四項において準用する場合を含む。）の規定による通知及び第四十九条第四項（第五十一条第五項、第六十二条（第六十三条第五項において準用する場合を含む。）及び第六十三条第五項において準用する場合を含む。）の規定による提出、第五十二条第二項（第六十二条において準用する場合を含む。）の規定による提出、第五十三条第四項（第六十二条において準用する場合を含む。）の規定による提出、第五十五条第一項及び第二項（これらの規定を第六十二条において準用する場合を含む。）の規定による提出並びに第五十六条（第六十二条において準用する場合を含む。）の規定による閲覧について情報通信技術を活用した行政の推進等に関する法律（平成十四年法律第百五十一号）の規定を適用する場合においては、同法第六条第一項及び第四項から第六項まで、第七条第一項、第四項及び第五項、第八条第一項並びに第九条第一項及び第三項中「主務省令」とあるのは、「都道府県又は指定都市の条例」とする。

（民間事業者等が行う書面の保存等における情報通信の技術の利用に関する法律の適用）

第七五条 第十四条（第三十九条第二項において準用する場合を含む。）の規定による作成及び備置き、第二十八条第一項の規定による作成及び備置き、同条第二項の規定による備置き並びに同条第三項の規定による閲覧、第三十五条第一項の規定による作成及び備置き、第四十五条第一項第五号（第五十一条第五項及び第六十三条第五項において準用する場合を含む。）の規定による閲覧、第五十二条第四項及び第五項（これらの規定を第六十二条において準用する場合を含む。）の規定による閲覧、第五十四条第一項（第六十二条（第六十三条第五項において準用する場合を含む。）及び第六十三条第五項において準用する場合を含む。）の規定による備置き、第五十四条第二項及び第三項（これらの規定を第六十二条において準用する場合を含む。）の規定による作成及び備置き並びに第五十四条第四項（第六十二条において準用する場合を含む。）の規定による閲覧について民間事業者等が行う書面の保存等における情報通信の技術の利用に関する法律（平成十六年法律第百四十九号）の規定を適用する場合においては、同法中「主務省令」とあるのは、「都道府県又は指定都市の条例」とし、同法第九条の規定は、適用しない。

（実施規定）

第七六条 この法律に定めるもののほか、この法律の規定の実施のための手続その他その執行に関し必要な細則は、内閣府令又は都道府県若しくは指定都市の条例で定める。

第六章　罰則

第七七条 偽りその他不正の手段により第四十四条第一項の認定、第五十八条第一項の特例認定又は第五十一条第二項の有効期間の更新、第五十八条第一項の特例認定又は第六十三条第一項若しくは第二項の認定を受けた者は、六月以下の懲役又は五十万円以下の罰金に処する。

> **注** 第七七条は、令和四年六月一七日法律第六八号により次のように改正され、令和四年六月一七日から起算して三年を超えない範囲内において政令で定める日から施行される。
>
> 第七十七条中「懲役」を「拘禁刑」に改める。

第七八条 次の各号のいずれかに該当する者は、五十万円以下の罰金に処する。

一　正当な理由がないのに、第四十二条の規定による命令に違反して当該命令に係る措置を採らなかった者

二　第五十条第一項の規定に違反して、認定特定非営利活動法人であると誤認されるおそれのある文字をその名称又は商号中に用いた者

三　第五十条第二項の規定に違反して、他の認定特定非営利活動法人であると誤認されるおそれのある名称又は商号を使用した者

四　第六十二条において準用する第五十条第一項の規定に違反して、特例認定特定非営利活動法人であると誤認されるおそれのある文字をその名称又は商号中に用いた者

五　第六十二条において準用する第五十条第二項の規定に違反して、他の特例認定特定非営利活動法人であると誤認されるおそれのある名称又は商号を使用した者

六　正当な理由がないのに、第六十五条第四項の規定による命令に違反して当該命令に係る措置を採らなかった者

七　正当な理由がないのに、第六十六条第一項の規定による停止命令に違反して引き続きその他の事業を行った者

第七九条 法人（法人でない団体で代表者又は管理人の定めのあるものを含む。以下この項において同じ。）の代表者若しくは管理人又は法人若しくは人の代理人、使用人その他の従業者が、その法人又は人の業務に関して前二条の違反行為をしたときは、行為者を罰するほか、その特定非営利活動法人に対しても、各本条の罰金刑を科する。

2　法人でない団体について前項の規定の適用がある場合には、その代表者又は管理人が、その訴訟行為につき法人でない団体を代表するほか、法人を被告人又は被疑者とする場合の刑事訴訟に関する法律の規定を準用する。

第八〇条　次の各号のいずれかに該当する場合においては、特定非営利活動法人の理事、監事又は清算人は、二十万円以下の過料に処する。
一　第七条第一項の規定による政令に違反して、登記することを怠ったとき。
二　第十四条（第三十九条第二項において準用する場合を含む。）の規定に違反して、財産目録を備え置かず、又はこれに記載すべき事項を記載せず、若しくは不実の記載をしたとき。
三　第二十三条第一項若しくは第二十五条第六項（これらの規定を第五十二条第一項（第六十二条において準用する場合を含む。）の規定により読み替えて適用する場合を含む。）又は第五十三条第一項（第六十二条において準用する場合を含む。）の規定に違反して、届出をせず、又は虚偽の届出をしたとき。
四　第二十八条第一項若しくは第二項、第五十四条第一項（第六十二条（第六十三条第五項において準用する場合を含む。）及び第六十三条第五項において準用する場合を含む。）又は第五十四条第二項及び第三項（これらの規定を第六十二条において準用する場合を含む。）の規定に違反して、書類を備え置かず、又はこれに記載すべき事項を記載せず、若しくは不実の記載をしたとき。
五　第二十五条第七項若しくは第二十九条（これらの規定を第五十二条第一項（第六十二条において準用する場合を含む。）の規定により読み替えて適用する場合を含む。）、第四十九条第四項（第五十一条第五項、第六十二条（第六十三条第五項において準用する場合を含む。）及び第六十三条第五項において準用する場合を含む。）又は第五十二条第二項、第五十三条第四項若しくは第五十五条第一項若しくは第二項（これらの規定を第六十二条において準用する場合を含む。）の規定に違反して、書類の提出を怠ったとき。
六　第三十一条の三第二項又は第三十一条の十二第一項の規定に違反して、破産手続開始の申立てをしなかったとき。
七　第二十八条の二第一項、第三十一条の十第一項又は第三十一条の十二第一項の規定に違反して、公告をせず、又は不正の公告をしたとき。
八　第三十五条第一項の規定に違反して、書類の作成をせず、又はこれに記載すべき事項を記載せず、若しくは不実の記載をしたとき。
九　第三十五条第二項又は第三十六条第二項の規定に違反したとき。
十　第四十一条第一項又は第六十四条第一項若しくは第二項の規定による報告をせず、若しくは虚偽の報告をし、又はこれらの項の規定による検査を拒み、妨げ、若しくは忌避したとき。

第八一条　第四条の規定に違反した者は、十万円以下の過料に処する。

附　則　（抄）

（施行期日）
1　この法律は、公布の日から起算して一年を超えない範囲内において政令で定める日〔平一〇・一二・一〕から施行する。

附　則　（平二三・六・二二法律七〇）　（抄）

（施行期日）
第一条　この法律は、平成二十四年四月一日から施行する。ただし、次条の規定は公布の日から〔中略〕施行する。

（旧特定非営利活動促進法の規定に基づいてされた申請等及びこれに係る事務の引継ぎに関する経過措置）
第二条　この法律の施行の日（以下「**施行日**」という。）前に、この法律による改正前の特定非営利活動促進法（以下「**旧特定非営利活動促進法**」という。）の規定に基づいて旧特定非営利活動促進法第九条の所轄庁（次項において「旧所轄庁」という。）に対してされた申請等（申請、届出及び提出をいう。同項において同じ。）は、この法律による改正後の特定非営利活動促進法（以下「**新特定非営利活動促進法**」という。）第九条の所轄庁（同項において「新所轄庁」という。）に対してされたものとする。
2　旧所轄庁は、この法律の施行の際、新所轄庁となる都道府県の知事又は指定都市（地方自治法（昭和二十二年法律第六十七号）第二百五十二条の十九第一項の指定都市をいう。）の長に対し、その事務の遂行に支障が生じることのないよう、旧特定非営利活動促進法の規定に基づいてされた申請等に係る書類その他の資料を、適時かつ適切な方法で引き継ぐものとする。

（認証の申請に関する経過措置）

第三条 新特定非営利活動促進法第十条第一項の規定は、施行日以後に同項の認証の申請をする者の当該申請に係る申請書に添付すべき書類について適用し、施行日前に旧特定非営利活動促進法第十条第一項の認証の申請をした者の当該申請に係る申請書に添付すべき書類については、なお従前の例による。

2 当分の間、特定非営利活動法人は、新特定非営利活動促進法第十条第一項第八号の規定にかかわらず、同号の活動予算書に代えて、旧特定非営利活動促進法第十条第一項第八号の収支予算書を添付することができる。

3 前項の規定により添付することができることとされる収支予算書は、新特定非営利活動促進法第十条第一項第八号の活動予算書とみなして、新特定非営利活動促進法の規定を適用する。

（役員名簿に関する経過措置）

第四条 特定非営利活動法人は、施行日以後最初に新特定非営利活動促進法第二十九条に掲げる書類を提出するとき（施行日以後に新特定非営利活動促進法第二十三条第一項の規定により変更後の役員名簿を添えて届け出た場合を除く。）は、役員名簿（役員の氏名及び住所又は居所並びに各役員についての報酬の有無を記載した名簿をいう。次項において同じ。）を併せて提出しなければならない。

2 前項の規定に違反して、役員名簿の提出を怠ったときは、特定非営利活動法人の理事、監事又は清算人は、二十万円以下の過料に処する。

（定款の変更に関する経過措置）

第五条 新特定非営利活動促進法第二十五条第三項及び第四項の規定は施行日以後に同条第三項の認証の申請をする特定非営利活動法人について、同条第六項の規定は施行日以後に同項の届出をする特定非営利活動法人について適用し、施行日前に旧特定非営利活動促進法第二十五条第三項の認証の申請又は同条第六項の届出をした特定非営利活動法人については、なお従前の例による。

2 新特定非営利活動促進法第二十五条第七項の規定は、施行日以後に同条第三項の認証の申請又は同条第六項の届出をする特定非営利活動法人について適用し、施行日前に旧特定非営利活動促進法第二十五条第三項の認証の申請又は同条第六項の届出をした特定非営利活動法人については、なお従前の例による。

（事業報告書等及び活動計算書に関する経過措置）

第六条 新特定非営利活動促進法第二十八条第一項の規定は、施行日以後に開始する事業年度に係る同項に規定する事業報告書等について適用し、施行日前に開始した事業年度に係る旧特定非営利活動促進法第二十八条第一項に規定する事業報告書等及び役員名簿等については、なお従前の例による。

2 当分の間、特定非営利活動法人は、新特定非営利活動促進法第二十八条第一項の規定にかかわらず、新特定非営利活動促進法第二十七条第三号の活動計算書に代えて、旧特定非営利活動促進法第二十七条第三号の収支計算書を作成し、備え置くことができる。

3 前項の規定により作成し、備え置くことができることとされる収支計算書は、新特定非営利活動促進法第二十七条第三号の活動計算書とみなして、新特定非営利活動促進法の規定を適用する。

4 新特定非営利活動促進法第二十九条の規定は、施行日以後に開始する事業年度に係る同条に規定する事業報告書等について適用し、施行日前に開始した事業年度に係る旧特定非営利活動促進法第二十九条第一項に規定する事業報告書等、役員名簿等及び定款等については、なお従前の例による。

（仮認定に関する経過措置）

第七条 施行日から起算して三年を経過する日までの間に新特定非営利活動促進法第五十八条第二項の規定により準用する新特定非営利活動促進法第四十四条第二項の申請書を提出した特定非営利活動法人については、新特定非営利活動促進法第五十九条（第二号に係る部分に限る。）の規定は、適用しない。

（罰則に関する経過措置）

第八条 この法律の施行前にした行為及びこの附則の規定によりなお従前の例によることとされる場合におけるこの法律の施行後にした行為に対する罰則の適用については、なお従前の例による。

（政令への委任）

第一八条　この附則に定めるもののほか、この法律の施行に関し必要な経過措置は、政令で定める。

（検討）

第一九条　特定非営利活動法人制度については、この法律の施行後三年を目途として、新特定非営利活動促進法の実施状況、特定非営利活動を取り巻く社会経済情勢の変化等を勘案し、特定非営利活動法人の認定に係る制度、特定非営利活動法人に対する寄附を促進させるための措置、「特定非営利活動法人」という名称その他の特定非営利活動に関する施策の在り方について検討が加えられ、その結果に基づいて必要な措置が講ぜられるものとする。

別表（第二条関係）

一　保健、医療又は福祉の増進を図る活動
二　社会教育の推進を図る活動
三　まちづくりの推進を図る活動
四　観光の振興を図る活動
五　農山漁村又は中山間地域の振興を図る活動
六　学術、文化、芸術又はスポーツの振興を図る活動
七　環境の保全を図る活動
八　災害救援活動
九　地域安全活動
十　人権の擁護又は平和の推進を図る活動
十一　国際協力の活動
十二　男女共同参画社会の形成の促進を図る活動
十三　子どもの健全育成を図る活動
十四　情報化社会の発展を図る活動
十五　科学技術の振興を図る活動
十六　経済活動の活性化を図る活動
十七　職業能力の開発又は雇用機会の拡充を支援する活動
十八　消費者の保護を図る活動
十九　前各号に掲げる活動を行う団体の運営又は活動に関する連絡、助言又は援助の活動
二十　前各号に掲げる活動に準ずる活動として都道府県又は指定都市の条例で定める活動

◉孤独・孤立対策推進法

（令和五・六・七法律四五）

第一章　総則

（目的）

第一条　この法律は、社会の変化により個人と社会及び他者との関わりが希薄になる中で、日常生活若しくは社会生活において孤独を覚えることにより、又は社会から孤立していることにより心身に有害な影響を受けている状態（以下「**孤独・孤立の状態**」という。）にある者の問題が深刻な状況にあることを踏まえ、孤独・孤立の状態となることの予防、孤独・孤立の状態にある者への迅速かつ適切な支援その他孤独・孤立の状態から脱却することに資する取組（以下「**孤独・孤立対策**」という。）について、その基本理念、国等の責務及び施策の基本となる事項を定めるとともに、孤独・孤立対策推進本部を設置すること等により、他の関係法律による施策と相まって、総合的な孤独・孤立対策に関す

る施策を推進することを目的とする。

（基本理念）

第二条　孤独・孤立対策は、次に掲げる事項を基本理念として行われなければならない。

一　孤独・孤立の状態は人生のあらゆる段階において何人にも生じ得るものであり、社会の変化により孤独・孤立の状態にある者の問題が深刻な状況にあることに鑑み、孤独・孤立の状態にある者の問題が社会全体の課題であるとの認識の下に、社会のあらゆる分野において孤独・孤立対策の推進を図ることが重要であることを旨とすること。

二　孤独・孤立の状態となる要因及び孤独・孤立の状態が多様であることに鑑み、孤独・孤立の状態にある者及びその家族等（以下「**当事者等**」という。）の立場に立って、当事者等の状況に応じた支援が継続的に行われるようにすることを旨とすること。

三　当事者等に対しては、その意向に沿って当事者等が社会及び他者との関わりを持つことにより孤独・孤立の状態から脱却して日常生活及び社会生活を円滑に営むことができるようになることを目標として、必要な支援が行われるようにすることを旨とすること。

（国の責務）

第三条　国は、前条に定める基本理念（次条及び第六条において「基本理念」という。）にのっとり、孤独・孤立対策に関する施策を策定し、及び実施する責務を有する。

（地方公共団体の責務）

第四条　地方公共団体は、基本理念にのっとり、孤独・孤立対策に関し、国及び他の地方公共団体との連携を図りつつ、その区域内における当事者等の状況に応じた施策を策定し、及び実施する責務を有する。

（国民の努力）

第五条　国民は、孤独・孤立の状態にある者に対する関心と理解を深めるとともに、国及び地方公共団体が実施する孤独・孤立対策に関する施策に協力するよう努めるものとする。

（関係者の連携及び協力）

第六条　国、地方公共団体、当事者等への支援を行う者、地域住民その他の関係者は、基本理念の実現に向けて、相互に連携を図りながら協力するよう努めるものとする。

（法制上の措置等）

第七条　政府は、孤独・孤立対策に関する施策を実施するため必要な法制上又は財政上の措置その他の措置を講じなければならない。

第二章　孤独・孤立対策に関する施策

（孤独・孤立対策の重点計画）

第八条　孤独・孤立対策推進本部は、孤独・孤立対策に関する施策の推進を図るための重点計画（以下この条及び第二十一条第一項第一号において「孤独・孤立対策重点計画」という。）を作成しなければならない。

2　孤独・孤立対策重点計画は、次に掲げる事項について定めるものとする。

一　孤独・孤立対策に関する施策についての基本的な方針

二　孤独・孤立対策に関し、政府が総合的かつ計画的に講ずべき施策

三　前二号に掲げるもののほか、孤独・孤立対策に関する施策を総合的かつ計画的に推進するために必要な事項

3　孤独・孤立対策重点計画に定める施策については、原則として、当該施策の具体的な目標及びその達成の期間を定めるものとする。

4　孤独・孤立対策推進本部は、第一項の規定により孤独・孤立対策重点計画を作成したときは、遅滞なく、これを公表しなければならない。これを変更したときも、同様とする。

5　孤独・孤立対策推進本部は、適時に、第三項の規定により定める目標の達成状況を調査し、その結果を遅滞なく公表しなければならない。

（国民の理解の増進等）

第九条　国及び地方公共団体は、孤独・孤立対策に関し、広く国民一般の関心を高め、その理解と協力を得るとともに、社会を構成する多様な主体の参加による自主的な活動に資するよう、必要な啓発活動を積極的に行うよう努めるものとする。

（相談支援）

第一〇条　国及び地方公共団体は、地方公共団体、当事者等への支援を行う者、地域住民その他の関係者が、当事者等からの相談に応じ、必要な情報の提供及び助言その他の支援を行うことを推進するために必要な施策を講ずるよう努めるものとする。

（協議の促進等）

第一一条 国及び地方公共団体は、当事者等への支援を行う者、地域住民その他の関係者が相互に連携と協働を図ることにより、孤独・孤立対策に関する施策の効果的な推進が図られることに鑑み、これらの者の間における協議の促進その他の関係者相互間の連携と協働を促進するために必要な施策を講ずるよう努めるものとする。

（人材の確保等）

第一二条 国及び地方公共団体は、当事者等への支援を行う人材の確保、養成及び資質の向上に必要な施策を講ずるよう努めるものとする。

（地方公共団体及び当事者等への支援を行う者に対する支援）

第一三条 国は、孤独・孤立対策に関する施策に関し、地方公共団体が実施する施策及び当事者等への支援を行う者が行う孤独・孤立対策に係る活動を支援するため、情報の提供その他の必要な措置を講ずるよう努めるものとする。

（調査研究の推進）

第一四条 国は、孤独・孤立の状態にある者の実態に関する調査研究その他の孤独・孤立対策に関する施策の策定に必要な調査研究を推進するよう努めるものとする。

（孤独・孤立対策地域協議会）

第一五条 地方公共団体は、孤独・孤立対策を推進するために必要な連携及び協働を図るため、単独で又は共同して、当事者等に対する支援（以下この項、次条及び第十七条第二項において単に「**支援**」という。）に関係する機関及び団体、支援に関係する職務に従事する者その他の関係者（次条第二項及び第二十一条第二項において「関係機関等」という。）により構成される孤独・孤立対策地域協議会（以下「**協議会**」という。）を置くよう努めるものとする。

2 地方公共団体の長は、協議会を設置したときは、内閣府令で定めるところにより、その旨を公示しなければならない。

（協議会の事務等）

第一六条 協議会は、前条第一項の目的を達するため、必要な情報の交換を行うとともに、支援の内容に関する協議を行うものとする。

2 協議会を構成する関係機関等（次項及び次条において「構成機関等」という。）は、前項の協議の結果に基づき、支援を行うものとする。

3 協議会は、第一項に規定する情報の交換及び協議を行うため必要があると認めるとき、又は構成機関等による支援の実施に関し他の構成機関等から要請があった場合において必要があると認めるときは、構成機関等に対し、支援の対象となる当事者等に関する情報の提供、意見の開陳その他の必要な協力を求めることができる。

（協議会の孤独・孤立対策調整機関）

第一七条 協議会を設置した地方公共団体の長は、構成機関等のうちから一の機関又は団体を限り孤独・孤立対策調整機関（次項及び次条において「調整機関」という。）として指定することができる。

2 調整機関は、協議会に関する事務を総括するとともに、必要な支援が適切に行われるよう、協議会の定めるところにより、構成機関等が行う支援の状況を把握しつつ、必要に応じて他の構成機関等が行う支援を組み合わせるなど構成機関等相互の連絡調整を行うものとする。

（秘密保持義務）

第一八条 協議会の事務（調整機関としての事務を含む。以下この条において同じ。）に従事する者又は協議会の事務に従事していた者は、正当な理由がなく、協議会の事務に関して知り得た秘密を漏らしてはならない。

（協議会の定める事項）

第一九条 第十五条から前条までに定めるもののほか、協議会の組織及び運営に関し必要な事項は、協議会が定める。

第三章　孤独・孤立対策推進本部

（設置）

第二〇条 内閣府に、特別の機関として、孤独・孤立対策推進本部（以下「**本部**」という。）を置く。

（所掌事務等）

第二一条 本部は、次に掲げる事務をつかさどる。

一 孤独・孤立対策重点計画を作成し、及びその実施を推進すること。

二 前号に掲げるもののほか、孤独・孤立対策に関する重要な事項について審議すること。

2 本部は、前項第一号に掲げる事務を遂行するため、必要に応じ、地方公共団体、協議会又は関係機関等の意見を聴くものとする。

(組織)

第二二条　本部は、孤独・孤立対策推進本部長、孤独・孤立対策推進副本部長及び孤独・孤立対策推進本部員をもって組織する。

(孤独・孤立対策推進本部長)

第二三条　本部の長は、孤独・孤立対策推進本部長(以下「**本部長**」という。)とし、内閣総理大臣をもって充てる。

2　本部長は、本部の事務を総括し、所部の職員を指揮監督する。

(孤独・孤立対策推進副本部長)

第二四条　本部に、孤独・孤立対策推進副本部長(次項及び次条第二項において「副本部長」という。)を置き、内閣官房長官並びに内閣府設置法(平成十一年法律第八十九号)第九条第一項に規定する特命担当大臣であって同項の規定により命を受けて同法第四条第一項第三十四号に掲げる事項に関する事務及びこれに関連する同条第三項に規定する事務を掌理するものをもって充てる。

2　副本部長は、本部長の職務を助ける。

(孤独・孤立対策推進本部員)

第二五条　本部に、孤独・孤立対策推進本部員(次項において「本部員」という。)を置く。

2　本部員は、次に掲げる者をもって充てる。

一　総務大臣

二　法務大臣

三　文部科学大臣

四　厚生労働大臣

五　農林水産大臣

六　国土交通大臣

七　環境大臣

八　前各号に掲げるもののほか、本部長及び副本部長以外の国務大臣のうちから、内閣総理大臣が指定する者

(資料提出の要求等)

第二六条　本部は、その所掌事務を遂行するために必要があると認めるときは、関係行政機関の長に対し、資料の提出、意見の開陳、説明その他必要な協力を求めることができる。

2　本部は、その所掌事務を遂行するために特に必要があると認めるときは、前項に規定する者以外の者に対しても、必要な協力を依頼することができる。

(政令への委任)

第二七条　第二十条から前条までに定めるもののほか、本部の組織及び運営に関し必要な事項は、政令で定める。

第四章　罰則

第二八条　第十八条の規定に違反した者は、一年以下の拘禁刑又は五十万円以下の罰金に処する。

附　則　(抄)

(施行期日)

第一条　この法律は、令和六年四月一日から施行する。

(経過措置)

第二条　刑法等の一部を改正する法律(令和四年法律第六十七号)の施行の日(以下この条において「刑法施行日」という。)の前日までの間における第二十八条の規定の適用については、同条中「拘禁刑」とあるのは、「懲役」とする。刑法施行日以後における刑法施行日前にした行為に対する同条の規定の適用についても、同様とする。

(検討)

第三条　政府は、この法律の施行後五年を経過した場合において、この法律の施行の状況等を踏まえ、孤独・孤立対策の在り方について検討を加え、必要があると認めるときは、その結果に基づいて必要な措置を講ずるものとする。

◉社会福祉士及び介護福祉士法

（昭和六二・五・二六法律三〇）

注　令五法律二八改正現在

（未施行分については、該当か所の後に改正文を収載）

第一章　総則

（目的）

第一条　この法律は、社会福祉士及び介護福祉士の資格を定めて、その業務の適正を図り、もつて社会福祉の増進に寄与することを目的とする。

（定義）

第二条　この法律において「**社会福祉士**」とは、第二十八条の登録を受け、社会福祉士の名称を用いて、専門的知識及び技術をもつて、身体上若しくは精神上の障害があること又は環境上の理由により日常生活を営むのに支障がある者の福祉に関する相談に応じ、助言、指導、福祉サービスを提供する者又は医師その他の保健医療サービスを提供する者その他の関係者（第四十七条において「**福祉サービス関係者等**」という。）との連絡及び調整その他の援助を行うこと（第七条及び第四十七条の二において「**相談援助**」という。）を業とする者をいう。

2　この法律において「**介護福祉士**」とは、第四十二条第一項の登録を受け、介護福祉士の名称を用いて、専門的知識及び技術をもつて、身体上又は精神上の障害があることにより日常生活を営むのに支障がある者につき心身の状況に応じた介護（喀痰《かくたん》吸引その他のその者が日常生活を営むのに必要な行為であつて、医師の指示の下に行われるもの（厚生労働省令で定めるものに限る。以下「**喀痰吸引等**」という。）を含む。）を行い、並びにその者及びその介護者に対して介護に関する指導を行うこと（以下「**介護等**」という。）を業とする者をいう。

（欠格事由）

第三条　次の各号のいずれかに該当する者は、社会福祉士又は介護福祉士となることができない。

一　心身の故障により社会福祉士又は介護福祉士の業務を適正に行うことができない者として厚生労働省令で定めるもの

二　禁錮以上の刑に処せられ、その執行を終わり、又は執行を受けることがなくなつた日から起算して二年を経過しない者

三　この法律の規定その他社会福祉又は保健医療に関する法律の規定であつて政令で定めるものにより、罰金の刑に処せられ、その執行を終わり、又は執行を受けることがなくなつた日から起算して二年を経過しない者

四　第三十二条第一項第二号又は第二項（これらの規定を第四十二条第二項において準用する場合を含む。）の規定により登録を取り消され、その取消しの日から起算して二年を経過しない者

注　第三条は、令和四年六月一七日法律第六八号により次のように改正され、令和四年六月一七日から起算して三年を超えない範囲内において政令で定める日から施行される。

第三条第二号中「禁錮」を「拘禁刑」に改める。

第二章　社会福祉士

（社会福祉士の資格）

第四条　社会福祉士試験に合格した者は、社会福祉士となる資格を有する。

（社会福祉士試験）

第五条　社会福祉士試験は、社会福祉士として必要な知識及び技能について行う。

（社会福祉士試験の実施）

第六条　社会福祉士試験は、毎年一回以上、厚生労働大臣が行う。

（受験資格）

第七条　社会福祉士試験は、次の各号のいずれかに該当する者でなければ、受けることができな

い。

一　学校教育法（昭和二十二年法律第二十六号）に基づく大学（短期大学を除く。以下この条において同じ。）において文部科学省令・厚生労働省令で定める社会福祉に関する科目（以下この条において「指定科目」という。）を修めて卒業した者その他その者に準ずるものとして厚生労働省令で定める者

二　学校教育法に基づく大学において文部科学省令・厚生労働省令で定める社会福祉に関する基礎科目（以下この条において「基礎科目」という。）を修めて卒業した者その他その者に準ずるものとして厚生労働省令で定める者であつて、文部科学大臣及び厚生労働大臣の指定した学校又は都道府県知事の指定した養成施設（以下「**社会福祉士短期養成施設等**」という。）において六月以上社会福祉士として必要な知識及び技能を修得したもの

三　学校教育法に基づく大学を卒業した者その他その者に準ずるものとして厚生労働省令で定める者であつて、文部科学大臣及び厚生労働大臣の指定した学校又は都道府県知事の指定した養成施設（以下「**社会福祉士一般養成施設等**」という。）において一年以上社会福祉士として必要な知識及び技能を修得したもの

四　学校教育法に基づく短期大学（修業年限が三年であるものに限り、同法に基づく専門職大学の三年の前期課程を含む。次号及び第六号において同じ。）において指定科目を修めて卒業した者（同法に基づく専門職大学の前期課程にあつては、修了した者。以下この条において同じ。）（夜間において授業を行う学科又は通信による教育を行う学科を卒業した者を除く。）その他その者に準ずるものとして厚生労働省令で定める者であつて、厚生労働省令で定める施設（以下この条において「指定施設」という。）において一年以上相談援助の業務に従事したもの

五　学校教育法に基づく短期大学において基礎科目を修めて卒業した者（夜間において授業を行う学科又は通信による教育を行う学科を卒業した者を除く。）その他その者に準ずるものとして厚生労働省令で定める者であつて、指定施設において一年以上相談援助の業務に従事した後、社会福祉士短期養成施設等において六月以上社会福祉士として必要な知識及び技能を修得したもの

六　学校教育法に基づく短期大学を卒業した者（夜間において授業を行う学科又は通信による教育を行う学科を卒業した者を除く。）その他その者に準ずるものとして厚生労働省令で定める者であつて、指定施設において一年以上相談援助の業務に従事した後、社会福祉士一般養成施設等において一年以上社会福祉士として必要な知識及び技能を修得したもの

七　学校教育法に基づく短期大学（同法に基づく専門職大学の前期課程を含む。次号及び第十号において同じ。）において指定科目を修めて卒業した者その他その者に準ずるものとして厚生労働省令で定める者であつて、指定施設において二年以上相談援助の業務に従事したもの

八　学校教育法に基づく短期大学において基礎科目を修めて卒業した者その他その者に準ずるものとして厚生労働省令で定める者であつて、指定施設において二年以上相談援助の業務に従事した後、社会福祉士短期養成施設等において六月以上社会福祉士として必要な知識及び技能を修得したもの

九　社会福祉法（昭和二十六年法律第四十五号）第十九条第一項第二号に規定する養成機関の課程を修了した者であつて、指定施設において二年以上相談援助の業務に従事した後、社会福祉士短期養成施設等において六月以上社会福祉士として必要な知識及び技能を修得したもの

十　学校教育法に基づく短期大学又は高等専門学校を卒業した者その他その者に準ずるものとして厚生労働省令で定める者であつて、指定施設において二年以上相談援助の業務に従事した後、社会福祉士一般養成施設等において一年以上社会福祉士として必要な知識及び技能を修得したもの

十一　指定施設において四年以上相談援助の業務に従事した後、社会福祉士一般養成施設等において一年以上社会福祉士として必要な知識及び技能を修得した者

十二　児童福祉法（昭和二十二年法律第百六十四号）に定める児童福祉司、身体障害者福祉法（昭和二十四年法律第二百八十三号）に定

める身体障害者福祉司、社会福祉法に定める福祉に関する事務所に置かれる同法第十五条第一項第一号に規定する所員、知的障害者福祉法（昭和三十五年法律第三十七号）に定める知的障害者福祉司並びに老人福祉法（昭和三十八年法律第百三十三号）第六条及び第七条に規定する社会福祉主事であつた期間が四年以上となつた後、社会福祉士短期養成施設等において六月以上社会福祉士として必要な知識及び技能を修得した者

（社会福祉士試験の無効等）

第八条 厚生労働大臣は、社会福祉士試験に関して不正の行為があつた場合には、その不正行為に関係のある者に対しては、その受験を停止させ、又はその試験を無効とすることができる。

2 厚生労働大臣は、前項の規定による処分を受けた者に対し、期間を定めて社会福祉士試験を受けることができないものとすることができる。

（受験手数料）

第九条 社会福祉士試験を受けようとする者は、実費を勘案して政令で定める額の受験手数料を国に納付しなければならない。

2 前項の受験手数料は、これを納付した者が社会福祉士試験を受けない場合においても、返還しない。

（指定試験機関の指定）

第一〇条 厚生労働大臣は、厚生労働省令で定めるところにより、その指定する者（以下この章において「**指定試験機関**」という。）に、社会福祉士試験の実施に関する事務（以下この章において「**試験事務**」という。）を行わせることができる。

2 指定試験機関の指定は、厚生労働省令で定めるところにより、試験事務を行おうとする者の申請により行う。

3 厚生労働大臣は、他に指定を受けた者がなく、かつ、前項の申請が次の要件を満たしていると認めるときでなければ、指定試験機関の指定をしてはならない。

一 職員、設備、試験事務の実施の方法その他の事項についての試験事務の実施に関する計画が、試験事務の適正かつ確実な実施のために適切なものであること。

二 前号の試験事務の実施に関する計画の適正かつ確実な実施に必要な経理的及び技術的な基礎を有するものであること。

4 厚生労働大臣は、第二項の申請が次のいずれかに該当するときは、指定試験機関の指定をしてはならない。

一 申請者が、一般社団法人又は一般財団法人以外の者であること。

二 申請者が、その行う試験事務以外の業務により試験事務を公正に実施することができないおそれがあること。

三 申請者が、第二十二条の規定により指定を取り消され、その取消しの日から起算して二年を経過しない者であること。

四 申請者の役員のうちに、次のいずれかに該当する者があること。

イ この法律に違反して、刑に処せられ、その執行を終わり、又は執行を受けることがなくなつた日から起算して二年を経過しない者

ロ 次条第二項の規定による命令により解任され、その解任の日から起算して二年を経過しない者

（指定試験機関の役員の選任及び解任）

第一一条 指定試験機関の役員の選任及び解任は、厚生労働大臣の認可を受けなければ、その効力を生じない。

2 厚生労働大臣は、指定試験機関の役員が、この法律（この法律に基づく命令又は処分を含む。）若しくは第十三条第一項に規定する試験事務規程に違反する行為をしたとき、又は試験事務に関し著しく不適当な行為をしたときは、指定試験機関に対し、当該役員の解任を命ずることができる。

（事業計画の認可等）

第一二条 指定試験機関は、毎事業年度、事業計画及び収支予算を作成し、当該事業年度の開始前に（指定を受けた日の属する事業年度にあつては、その指定を受けた後遅滞なく）、厚生労働大臣の認可を受けなければならない。これを変更しようとするときも、同様とする。

2 指定試験機関は、毎事業年度の経過後三月以内に、その事業年度の事業報告書及び収支決算書を作成し、厚生労働大臣に提出しなければならない。

（試験事務規程）

第一三条 指定試験機関は、試験事務の開始前に、試験事務の実施に関する規程（以下この章において「**試験事務規程**」という。）を定め、厚生労働大臣の認可を受けなければならない。これを変更しようとするときも、同様とする。

2 試験事務規程で定めるべき事項は、厚生労働省令で定める。

3 厚生労働大臣は、第一項の認可をした試験事務規程が試験事務の適正かつ確実な実施上不適当となつたと認めるときは、指定試験機関に対し、これを変更すべきことを命ずることができる。

（社会福祉士試験委員）

第一四条 指定試験機関は、試験事務を行う場合において、社会福祉士として必要な知識及び技能を有するかどうかの判定に関する事務については、社会福祉士試験委員（以下この章において「**試験委員**」という。）に行わせなければならない。

2 指定試験機関は、試験委員を選任しようとするときは、厚生労働省令で定める要件を備える者のうちから選任しなければならない。

3 指定試験機関は、試験委員を選任したときは、厚生労働省令で定めるところにより、厚生労働大臣にその旨を届け出なければならない。試験委員に変更があつたときも、同様とする。

4 第十一条第二項の規定は、試験委員の解任について準用する。

（規定の適用等）

第一五条 指定試験機関が試験事務を行う場合における第八条第一項及び第九条第一項の規定の適用については、第八条第一項中「厚生労働大臣」とあり、及び第九条第一項中「国」とあるのは、「指定試験機関」とする。

2 前項の規定により読み替えて適用する第九条第一項の規定により指定試験機関に納められた受験手数料は、指定試験機関の収入とする。

（秘密保持義務等）

第一六条 指定試験機関の役員若しくは職員（試験委員を含む。次項において同じ。）又はこれらの職にあつた者は、試験事務に関して知り得た秘密を漏らしてはならない。

2 試験事務に従事する指定試験機関の役員又は職員は、刑法（明治四十年法律第四十五号）その他の罰則の適用については、法令により公務に従事する職員とみなす。

（帳簿の備付け等）

第一七条 指定試験機関は、厚生労働省令で定めるところにより、試験事務に関する事項で厚生労働省令で定めるものを記載した帳簿を備え、これを保存しなければならない。

（監督命令）

第一八条 厚生労働大臣は、この法律を施行するため必要があると認めるときは、指定試験機関に対し、試験事務に関し監督上必要な命令をすることができる。

（報告）

第一九条 厚生労働大臣は、この法律を施行するため必要があると認めるときは、その必要な限度で、厚生労働省令で定めるところにより、指定試験機関に対し、報告をさせることができる。

（立入検査）

第二〇条 厚生労働大臣は、この法律を施行するため必要があると認めるときは、その必要な限度で、その職員に、指定試験機関の事務所に立ち入り、指定試験機関の帳簿、書類その他必要な物件を検査させ、又は関係者に質問させることができる。

2 前項の規定により立入検査を行う職員は、その身分を示す証明書を携帯し、かつ、関係者の請求があるときは、これを提示しなければならない。

3 第一項に規定する権限は、犯罪捜査のために認められたものと解釈してはならない。

（試験事務の休廃止）

第二一条 指定試験機関は、厚生労働大臣の許可を受けなければ、試験事務の全部又は一部を休止し、又は廃止してはならない。

（指定の取消し等）

第二二条 厚生労働大臣は、指定試験機関が第十条第四項各号（第三号を除く。）のいずれかに該当するに至つたときは、その指定を取り消さなければならない。

2 厚生労働大臣は、指定試験機関が次の各号のいずれかに該当するに至つたときは、その指定を取り消し、又は期間を定めて試験事務の全部若しくは一部の停止を命ずることができる。

一 第十条第三項各号の要件を満たさなくなつたと認められるとき。

二　第十一条第二項（第十四条第四項において準用する場合を含む。）、第十三条第三項又は第十八条の規定による命令に違反したとき。

三　第十二条、第十四条第一項から第三項まで又は前条の規定に違反したとき。

四　第十三条第一項の認可を受けた試験事務規程によらないで試験事務を行つたとき。

五　次条第一項の条件に違反したとき。

（指定等の条件）

第二三条　第十条第一項、第十一条第一項、第十二条第一項、第十三条第一項又は第二十一条の規定による指定、認可又は許可には、条件を付し、及びこれを変更することができる。

2　前項の条件は、当該指定、認可又は許可に係る事項の確実な実施を図るため必要な最小限度のものに限り、かつ、当該指定、認可又は許可を受ける者に不当な義務を課することとなるものであつてはならない。

第二四条　削除

（指定試験機関がした処分等に係る審査請求）

第二五条　指定試験機関が行う試験事務に係る処分又はその不作為について不服がある者は、厚生労働大臣に対し、審査請求をすることができる。この場合において、厚生労働大臣は、行政不服審査法（平成二十六年法律第六十八号）第二十五条第二項及び第三項、第四十六条第一項及び第二項、第四十七条並びに第四十九条第三項の規定の適用については、指定試験機関の上級行政庁とみなす。

（厚生労働大臣による試験事務の実施等）

第二六条　厚生労働大臣は、指定試験機関の指定をしたときは、試験事務を行わないものとする。

2　厚生労働大臣は、指定試験機関が第二十一条の規定による許可を受けて試験事務の全部若しくは一部を休止したとき、第二十二条第二項の規定により指定試験機関に対し試験事務の全部若しくは一部の停止を命じたとき、又は指定試験機関が天災その他の事由により試験事務の全部若しくは一部を実施することが困難となつた場合において必要があると認めるときは、試験事務の全部又は一部を自ら行うものとする。

（公示）

第二七条　厚生労働大臣は、次の場合には、その旨を官報に公示しなければならない。

一　第十条第一項の規定による指定をしたとき。

二　第二十一条の規定による許可をしたとき。

三　第二十二条の規定により指定を取り消し、又は試験事務の全部若しくは一部の停止を命じたとき。

四　前条第二項の規定により試験事務の全部若しくは一部を自ら行うこととするとき、又は自ら行つていた試験事務の全部若しくは一部を行わないこととするとき。

（登録）

第二八条　社会福祉士となる資格を有する者が社会福祉士となるには、社会福祉士登録簿に、氏名、生年月日その他厚生労働省令で定める事項の登録を受けなければならない。

（社会福祉士登録簿）

第二九条　社会福祉士登録簿は、厚生労働省に備える。

（社会福祉士登録証）

第三〇条　厚生労働大臣は、社会福祉士の登録をしたときは、申請者に第二十八条に規定する事項を記載した社会福祉士登録証（以下この章において「登録証」という。）を交付する。

（登録事項の変更の届出等）

第三一条　社会福祉士は、登録を受けた事項に変更があつたときは、遅滞なく、その旨を厚生労働大臣に届け出なければならない。

2　社会福祉士は、前項の規定による届出をするときは、当該届出に登録証を添えて提出し、その訂正を受けなければならない。

注　第三一条は、令和三年五月一九日法律第三七号により次のように改正され、公布の日から起算して四年を超えない範囲内において政令で定める日から施行される。

第三十一条第二項を次のように改める。

2　厚生労働大臣は、前項の規定による届出を受理したときは、その届出があつた事項を社会福祉士登録簿に登録するとともに、当該届出をした社会福祉士に対し、登録の変更を証する書類を交付するものとする。

第三十一条に次の一項を加える。

3　前項の規定による交付は、第一項の規定による届出が電子署名等に係る地方公共団体情報システム機構の認証業務に関する法律（平成十四年法律第百五十三号）第二十二条第一項に規定する利用者証明用電子証明書を送信する方法により行われた場合は、電子情報処理組織を使用する方法その他の情報通信の技術を利用する方法により行うものとする。

（登録の取消し等）

第三二条 厚生労働大臣は、社会福祉士が次の各号のいずれかに該当する場合には、その登録を取り消さなければならない。

一 第三条各号（第四号を除く。）のいずれかに該当するに至つた場合

二 虚偽又は不正の事実に基づいて登録を受けた場合

2 厚生労働大臣は、社会福祉士が第四十五条及び第四十六条の規定に違反したときは、その登録を取り消し、又は期間を定めて社会福祉士の名称の使用の停止を命ずることができる。

（登録の消除）

第三三条 厚生労働大臣は、社会福祉士の登録がその効力を失つたときは、その登録を消除しなければならない。

（変更登録等の手数料）

第三四条 登録証の記載事項の変更を受けようとする者及び登録証の再交付を受けようとする者は、実費を勘案して政令で定める額の手数料を国に納付しなければならない。

注 第三四条は、令和三年五月一九日法律第三七号により次のように改正され、公布の日から起算して四年を超えない範囲内において政令で定める日から施行される。

第三十四条の見出し中「変更登録等」を「登録証の書換交付等」に改め、同条中「記載事項の変更を受けようとする者及び登録証の」を「書換交付又は」に改める。

（指定登録機関の指定等）

第三五条 厚生労働大臣は、厚生労働省令で定めるところにより、その指定する者（以下この章において「指定登録機関」という。）に社会福祉士の登録の実施に関する事務（以下この章において「登録事務」という。）を行わせることができる。

2 指定登録機関の指定は、厚生労働省令で定めるところにより、登録事務を行おうとする者の申請により行う。

第三六条 指定登録機関が登録事務を行う場合における第二十九条、第三十条、第三十一条第一項、第三十三条及び第三十四条の規定の適用については、これらの規定中「厚生労働省」とあり、「厚生労働大臣」とあり、及び「国」とあるのは、「指定登録機関」とする。

2 指定登録機関が登録を行う場合において、社会福祉士の登録を受けようとする者は、実費を勘案して政令で定める額の手数料を指定登録機関に納付しなければならない。

3 第一項の規定により読み替えて適用する第三十四条及び前項の規定により指定登録機関に納められた手数料は、指定登録機関の収入とする。

注 第三六条は、令和三年五月一九日法律第三七号により次のように改正され、公布の日から起算して四年を超えない範囲内において政令で定める日から施行される。

第三十六条第一項中「、第三十三条及び」を「及び第二項、第三十三条並びに」に改め、同条第二項中「が登録」を「が登録（変更の登録を含む。）」に、「社会福祉士の登録」を「当該登録」に改める。

（準用）

第三七条 第十条第三項及び第四項、第十一条から第十三条まで、第十六条から第二十三条まで並びに第二十五条から第二十七条までの規定は、指定登録機関について準用する。この場合において、これらの規定中「試験事務」とあるのは「登録事務」と、「試験事務規程」とあるのは「登録事務規程」と、第十条第三項中「前項」とあり、及び同条第四項各号列記以外の部分中「第二項」とあるのは「第三十五条第二項」と、第十六条第一項中「職員（試験委員を含む。次項において同じ。）」とあるのは「職員」と、第二十二条第二項第二号中「第十一条第二項（第十四条第四項において準用する場合を含む。）」とあるのは「第十一条第二項」と、

同項第三号中「、第十四条第一項から第三項まで又は前条」とあるのは「又は前条」と、第二十三条第一項及び第二十七条第一号中「第十条第一項」とあるのは「第三十五条第一項」と読み替えるものとする。

（政令及び厚生労働省令への委任）

第三八条 この章に定めるもののほか、社会福祉士短期養成施設等及び社会福祉士一般養成施設等の指定に関し必要な事項は政令で、社会福祉士試験、指定試験機関、社会福祉士の登録、指定登録機関その他この章の規定の施行に関し必要な事項は厚生労働省令で定める。

第三章　介護福祉士

（介護福祉士の資格）

第三九条 介護福祉士試験に合格した者は、介護福祉士となる資格を有する。

（介護福祉士試験）

第四〇条 介護福祉士試験は、介護福祉士として必要な知識及び技能について行う。

2 介護福祉士試験は、次の各号のいずれかに該当する者でなければ、受けることができない。

一　学校教育法第九十条第一項の規定により大学に入学することができる者（この号の規定により文部科学大臣及び厚生労働大臣の指定した学校が大学である場合において、当該大学が同条第二項の規定により当該大学に入学させた者を含む。）であつて、文部科学大臣及び厚生労働大臣の指定した学校又は都道府県知事の指定した養成施設において二年以上介護福祉士として必要な知識及び技能を修得したもの

二　学校教育法に基づく大学において文部科学省令・厚生労働省令で定める社会福祉に関する科目を修めて卒業した者（当該科目を修めて同法に基づく専門職大学の前期課程を修了した者を含む。）その他その者に準ずるものとして厚生労働省令で定める者であつて、文部科学大臣及び厚生労働大臣の指定した学校又は都道府県知事の指定した養成施設において一年以上介護福祉士として必要な知識及び技能を修得したもの

三　学校教育法第九十条第一項の規定により大学に入学することができる者（この号の厚生労働省令で定める学校が大学である場合において、当該大学が同条第二項の規定により当該大学に入学させた者を含む。）であつて、厚生労働省令で定める学校又は養成所を卒業した後、文部科学大臣及び厚生労働大臣の指定した学校又は都道府県知事の指定した養成施設において一年以上介護福祉士として必要な知識及び技能を修得したもの

四　学校教育法に基づく高等学校又は中等教育学校であつて文部科学大臣及び厚生労働大臣の指定したものにおいて三年以上（専攻科において二年以上必要な知識及び技能を修得する場合にあつては、二年以上）介護福祉士として必要な知識及び技能を修得した者

五　三年以上介護等の業務に従事した者であつて、文部科学大臣及び厚生労働大臣の指定した学校又は都道府県知事の指定した養成施設において六月以上介護福祉士として必要な知識及び技能を修得したもの

六　前各号に掲げる者と同等以上の知識及び技能を有すると認められる者であつて、厚生労働省令で定めるもの

3 第六条、第八条及び第九条の規定は、介護福祉士試験について準用する。

（指定試験機関の指定等）

第四一条 厚生労働大臣は、厚生労働省令で定めるところにより、その指定する者（以下この章において「**指定試験機関**」という。）に、介護福祉士試験の実施に関する事務（以下この章において「**試験事務**」という。）を行わせることができる。

2 指定試験機関の指定は、厚生労働省令で定めるところにより、試験事務を行おうとする者の申請により行う。

3 第十条第三項及び第四項、第十一条から第二十三条まで並びに第二十五条から第二十七条までの規定は、指定試験機関について準用する。この場合において、第十条第三項第一号中「、試験事務の実施」とあるのは「、第四十一条第一項に規定する試験事務（以下単に「試験事務」という。）の実施」と、第十四条第一項中「社会福祉士として」とあるのは「介護福祉士として」と、「社会福祉士試験委員」とあるのは「介護福祉士試験委員」と、第二十三条第一項及び第二十七条第一号中「第十条第一項」とあるのは「第四十一条第一項」と読み替えるもの

とする。

（登録）

第四二条　介護福祉士となる資格を有する者が介護福祉士となるには、介護福祉士登録簿に、氏名、生年月日その他厚生労働省令で定める事項の登録を受けなければならない。

2　第二十九条から第三十四条までの規定は、介護福祉士の登録について準用する。この場合において、第二十九条中「社会福祉士登録簿」とあるのは「介護福祉士登録簿」と、第三十条中「第二十八条」とあるのは「第四十二条第一項」と、「社会福祉士登録証」とあるのは「介護福祉士登録証」と、第三十一条並びに第三十二条第一項及び第二項中「社会福祉士」とあるのは「介護福祉士」と読み替えるものとする。

注　第四二条は、令和三年五月一九日法律第三七号により次のように改正され、公布の日から起算して四年を超えない範囲内において政令で定める日から施行される。
　第四十二条第二項中「第二十九条中」を「第二十九条及び第三十一条第二項中」に、「第三十一条」を「第三十一条第一項」に改め、「介護福祉士」と」の下に「、第三十一条第二項中「社会福祉士に」とあるのは「介護福祉士に」と」を加える。

（指定登録機関の指定等）

第四三条　厚生労働大臣は、厚生労働省令で定めるところにより、その指定する者（以下この章において「**指定登録機関**」という。）に介護福祉士の登録の実施に関する事務（以下この章において「**登録事務**」という。）を行わせることができる。

2　指定登録機関の指定は、厚生労働省令の定めるところにより、登録事務を行おうとする者の申請により行う。

3　第十条第三項及び第四項、第十一条から第十三条まで、第十六条から第二十三条まで、第二十五条から第二十七条まで並びに第三十六条の規定は、指定登録機関について準用する。この場合において、これらの規定中「試験事務」とあるのは「登録事務」と、「試験事務規程」とあるのは「登録事務規程」と、第十条第三項中「前項」とあり、及び同条第四項各号列記以外の部分中「第二項」とあるのは「第四十三条第二項」と、同項第二号中「その行う」とあるのは「その行う職業安定法（昭和二十二年法律第百四十一号）第四条第一項に規定する職業紹介の事業（その取り扱う職種が介護等を含むものに限る。）その他の」と、第十六条第一項中「職員（試験委員を含む。次項において同じ。）」とあるのは「職員」と、第二十二条第二項第二号中「第十一条第二項（第十四条第四項において準用する場合を含む。）」とあるのは「第十一条第二項」と、同項第三号中「、第十四条第一項から第三項まで又は前条」とあるのは「又は前条」と、第二十三条第一項及び第二十七条第一号中「第十条第一項」とあるのは「第四十三条第一項」と、第三十六条第二項中「社会福祉士」とあるのは「介護福祉士」と読み替えるものとする。

注　第四三条は、令和三年五月一九日法律第三七号により次のように改正され、公布の日から起算して四年を超えない範囲内において政令で定める日から施行される。
　第四十三条第三項中「、第三十六条第二項中「社会福祉士」とあるのは「介護福祉士」と」を削る。

（政令及び厚生労働省令への委任）

第四四条　この章に規定するもののほか、第四十条第二項第一号から第三号まで及び第五号に規定する学校及び養成施設の指定並びに同項第四号に規定する高等学校及び中等教育学校の指定に関し必要な事項は政令で、介護福祉士試験、指定試験機関、介護福祉士の登録、指定登録機関その他この章の規定の施行に関し必要な事項は厚生労働省令で定める。

第四章　社会福祉士及び介護福祉士の義務等

（誠実義務）

第四四条の二　社会福祉士及び介護福祉士は、その担当する者が個人の尊厳を保持し、自立した日常生活を営むことができるよう、常にその者の立場に立つて、誠実にその業務を行わなければならない。

（信用失墜行為の禁止）

第四五条　社会福祉士又は介護福祉士は、社会福祉士又は介護福祉士の信用を傷つけるような行為をしてはならない。

（秘密保持義務）

第四六条　社会福祉士又は介護福祉士は、正当な理由がなく、その業務に関して知り得た人の秘密を漏らしてはならない。社会福祉士又は介護福祉士でなくなつた後においても、同様とする。

（連携）

第四七条　社会福祉士は、その業務を行うに当たつては、その担当する者に、福祉サービス及びこれに関連する保健医療サービスその他のサービス（次項において「福祉サービス等」という。）が総合的かつ適切に提供されるよう、地域に即した創意と工夫を行いつつ、福祉サービス関係者等との連携を保たなければならない。

2　介護福祉士は、その業務を行うに当たつては、その担当する者に、認知症（介護保険法（平成九年法律第百二十三号）第五条の二第一項に規定する認知症をいう。）であること等の心身の状況その他の状況に応じて、福祉サービス等が総合的かつ適切に提供されるよう、福祉サービス関係者等との連携を保たなければならない。

（資質向上の責務）

第四七条の二　社会福祉士又は介護福祉士は、社会福祉及び介護を取り巻く環境の変化による業務の内容の変化に適応するため、相談援助又は介護等に関する知識及び技能の向上に努めなければならない。

（名称の使用制限）

第四八条　社会福祉士でない者は、社会福祉士という名称を使用してはならない。

2　介護福祉士でない者は、介護福祉士という名称を使用してはならない。

（保健師助産師看護師法との関係）

第四八条の二　介護福祉士は、保健師助産師看護師法（昭和二十三年法律第二百三号）第三十一条第一項及び第三十二条の規定にかかわらず、診療の補助として喀痰吸引等を行うことを業とすることができる。

2　前項の規定は、第四十二条第二項において準用する第三十二条第二項の規定により介護福祉士の名称の使用の停止を命ぜられている者については、適用しない。

（喀痰吸引等業務の登録）

第四八条の三　自らの事業又はその一環として、喀痰吸引等（介護福祉士が行うものに限る。）の業務（以下「**喀痰吸引等業務**」という。）を行おうとする者は、その事業所ごとに、その所在地を管轄する都道府県知事の登録を受けなければならない。

2　前項の登録（以下この章において「**登録**」という。）を受けようとする者は、厚生労働省令で定めるところにより、次に掲げる事項を記載した申請書を都道府県知事に提出しなければならない。

一　氏名又は名称及び住所並びに法人にあつては、その代表者の氏名

二　事業所の名称及び所在地

三　喀痰吸引等業務開始の予定年月日

四　その他厚生労働省令で定める事項

（欠格条項）

第四八条の四　次の各号のいずれかに該当する者は、登録を受けることができない。

一　禁錮以上の刑に処せられ、その執行を終わり、又は執行を受けることがなくなつた日から起算して二年を経過しない者

二　この法律の規定その他社会福祉又は保健医療に関する法律の規定であつて政令で定めるものにより、罰金の刑に処せられ、その執行を終わり、又は執行を受けることがなくなつた日から起算して二年を経過しない者

三　第四十八条の七の規定により登録を取り消され、その取消しの日から起算して二年を経過しない者

四　法人であつて、その業務を行う役員のうちに前三号のいずれかに該当する者があるもの

注　第四八条の四は、令和四年六月一七日法律第六八号により次のように改正され、令和四年六月一七日から起算して三年を超えない範囲内において政令で定める日から施行される。

第四十八条の四第一号中「禁錮」を「拘禁刑」に改める。

（登録基準）

第四八条の五　都道府県知事は、第四十八条の三

第二項の規定により登録を申請した者が次に掲げる要件の全てに適合しているときは、登録をしなければならない。

一　医師、看護師その他の医療関係者との連携が確保されているものとして厚生労働省令で定める基準に適合していること。

二　喀痰吸引等の実施に関する記録が整備されていることその他喀痰吸引等を安全かつ適正に実施するために必要な措置として厚生労働省令で定める措置が講じられていること。

三　医師、看護師その他の医療関係者による喀痰吸引等の実施のための体制が充実しているため介護福祉士が喀痰吸引等を行う必要性が乏しいものとして厚生労働省令で定める場合に該当しないこと。

2　登録は、登録簿に次に掲げる事項を記載してするものとする。

一　登録年月日及び登録番号

二　第四十八条の三第二項各号に掲げる事項

（変更等の届出）

第四八条の六　登録を受けた者（以下「**登録喀痰吸引等事業者**」という。）は、第四十八条の三第二項第一号から第三号までに掲げる事項を変更しようとするときはあらかじめ、同項第四号に掲げる事項に変更があつたときは遅滞なく、その旨を都道府県知事に届け出なければならない。

2　登録喀痰吸引等事業者は、喀痰吸引等業務を行う必要がなくなつたときは、遅滞なく、その旨を都道府県知事に届け出なければならない。

3　前項の規定による届出があつたときは、当該登録喀痰吸引等事業者の登録は、その効力を失う。

（登録の取消し等）

第四八条の七　都道府県知事は、登録喀痰吸引等事業者が次の各号のいずれかに該当するときは、その登録を取り消し、又は期間を定めて喀痰吸引等業務の停止を命ずることができる。

一　第四十八条の四各号（第三号を除く。）のいずれかに該当するに至つたとき。

二　第四十八条の五第一項各号に掲げる要件に適合しなくなつたとき。

三　前条第一項の規定による届出をせず、又は虚偽の届出をしたとき。

四　虚偽又は不正の事実に基づいて登録を受けたとき。

（公示）

第四八条の八　都道府県知事は、次に掲げる場合には、その旨を公示しなければならない。

一　登録をしたとき。

二　第四十八条の六第一項の規定による届出（氏名若しくは名称若しくは住所又は事業所の名称若しくは所在地に係るものに限る。）があつたとき。

三　第四十八条の六第二項の規定による届出があつたとき。

四　前条の規定により登録を取り消し、又は喀痰吸引等業務の停止を命じたとき。

（準用）

第四八条の九　第十九条及び第二十条の規定は、登録喀痰吸引等事業者について準用する。この場合において、これらの規定中「厚生労働大臣」とあるのは、「都道府県知事」と読み替えるものとする。

（厚生労働省令への委任）

第四八条の一〇　第四十八条の三から前条までに規定するもののほか、喀痰吸引等業務の登録に関し必要な事項は、厚生労働省令で定める。

（権限の委任）

第四八条の一一　この法律に規定する厚生労働大臣の権限は、厚生労働省令で定めるところにより、地方厚生局長に委任することができる。

2　前項の規定により地方厚生局長に委任された権限は、厚生労働省令で定めるところにより、地方厚生支局長に委任することができる。

（経過措置）

第四九条　この法律の規定に基づき命令を制定し、又は改廃する場合においては、その命令で、その制定又は改廃に伴い合理的に必要と判断される範囲内において、所要の経過措置（罰則に関する経過措置を含む。）を定めることができる。

第五章　罰則

第五〇条　第四十六条の規定に違反した者は、一年以下の懲役又は三十万円以下の罰金に処する。

2　前項の罪は、告訴がなければ公訴を提起することができない。

注 第五〇条は、令和四年六月一七日法律第六八号により次のように改正され、令和四年六月一七日から起算して三年を超えない範囲内において政令で定める日から施行される。

第五十条第一項中「懲役」を「拘禁刑」に改める。

第五一条 第十六条第一項（第三十七条、第四十一条第三項及び第四十三条第三項において準用する場合を含む。）の規定に違反した者は、一年以下の懲役又は三十万円以下の罰金に処する。

注 第五一条は、令和四年六月一七日法律第六八号により次のように改正され、令和四年六月一七日から起算して三年を超えない範囲内において政令で定める日から施行される。

第五十一条中「懲役」を「拘禁刑」に改める。

第五二条 第二十二条第二項（第三十七条、第四十一条第三項及び第四十三条第三項において準用する場合を含む。）の規定による第十条第一項若しくは第四十一条第一項に規定する試験事務（第五十四条において単に「試験事務」という。）又は第三十五条第一項若しくは第四十三条第一項に規定する登録事務（第五十四条において単に「登録事務」という。）の停止の命令に違反したときは、その違反行為をした第十条第一項若しくは第四十一条第一項に規定する指定試験機関（第五十四条において単に「指定試験機関」という。）又は第三十五条第一項若しくは第四十三条第一項に規定する指定登録機関（第五十四条において単に「指定登録機関」という。）の役員又は職員は、一年以下の懲役又は三十万円以下の罰金に処する。

注 第五二条は、令和四年六月一七日法律第六八号により次のように改正され、令和四年六月一七日から起算して三年を超えない範囲内において政令で定める日から施行される。

第五十二条中「懲役」を「拘禁刑」に改める。

第五三条 次の各号のいずれかに該当する者は、三十万円以下の罰金に処する。

一 第三十二条第二項の規定により社会福祉士の名称の使用の停止を命ぜられた者で、当該停止を命ぜられた期間中に、社会福祉士の名称を使用したもの

二 第四十二条第二項において準用する第三十二条第二項の規定により介護福祉士の名称の使用の停止を命ぜられた者で、当該停止を命ぜられた期間中に、介護福祉士の名称を使用したもの

三 第四十八条第一項又は第二項の規定に違反した者

四 第四十八条の三第一項の規定に違反して、同項の登録を受けないで、喀痰吸引等業務を行つた者

五 第四十八条の七の規定による喀痰吸引等業務の停止の命令に違反した者

第五四条 次の各号のいずれかに該当するときは、その違反行為をした指定試験機関又は指定登録機関の役員又は職員は、二十万円以下の罰金に処する。

一 第十七条（第三十七条、第四十一条第三項及び第四十三条第三項において準用する場合を含む。）の規定に違反して帳簿を備えず、帳簿に記載せず、若しくは帳簿に虚偽の記載をし、又は帳簿を保存しなかつたとき。

二 第十九条（第三十七条、第四十一条第三項及び第四十三条第三項において準用する場合を含む。）の規定による報告をせず、又は虚偽の報告をしたとき。

三 第二十条第一項（第三十七条、第四十一条第三項及び第四十三条第三項において準用する場合を含む。）の規定による立入り若しくは検査を拒み、妨げ、若しくは忌避し、又は質問に対して陳述をせず、若しくは虚偽の陳述をしたとき。

四 第二十一条（第三十七条、第四十一条第三項及び第四十三条第三項において準用する場合を含む。）の許可を受けないで試験事務又は登録事務の全部を廃止したとき。

第五五条 次の各号のいずれかに該当するときは、その違反行為をした者は、二十万円以下の罰金に処する。

一 第四十八条の九において準用する第十九条の規定による報告をせず、又は虚偽の報告を

したとき。

二　第四十八条の九において準用する第二十条第一項の規定による立入り若しくは検査を拒み、妨げ、若しくは忌避し、又は質問に対して陳述をせず、若しくは虚偽の陳述をしたとき。

第五六条　法人の代表者又は法人若しくは人の代理人、使用人その他の従業者が、その法人又は人の業務に関して第五十三条第四号若しくは第五号又は前条の違反行為をしたときは、行為者を罰するほか、その法人又は人に対しても各本条の罰金刑を科する。

附　則

（施行期日）

第一条　この法律は、公布の日から起算して一年を超えない範囲内において政令で定める日〔昭六二・一二・二〇、昭六三・四・一〕から施行する。

（准介護福祉士）

第二条　第四十条第二項第一号から第三号までのいずれかに該当する者であつて、介護福祉士でないものは、当分の間、**准介護福祉士**（附則第四条第一項の登録を受け、准介護福祉士の名称を用いて、介護福祉士の技術的援助及び助言を受けて、専門的知識及び技術をもつて、介護等（喀痰吸引等を除く。）を業とする者をいう。以下同じ。）となる資格を有する。

（欠格事由）

第三条　次の各号のいずれかに該当する者は、准介護福祉士となることができない。

一　心身の故障により准介護福祉士の業務を適正に行うことができない者として厚生労働省令で定めるもの

二　禁錮以上の刑に処せられ、その執行を終わり、又は執行を受けることがなくなつた日から起算して二年を経過しない者

三　この法律の規定その他社会福祉に関する法律の規定であつて政令で定めるものにより、罰金の刑に処せられ、その執行を終わり、又は執行を受けることがなくなつた日から起算して二年を経過しない者

四　第四十二条第二項において準用する第三十二条第一項第二号又は第二項の規定により介護福祉士の登録を取り消され、その取消しの日から起算して二年を経過しない者

五　次条第三項において準用する第三十二条第一項第二号又は第二項の規定により准介護福祉士の登録を取り消され、その取消しの日から起算して二年を経過しない者

> **注**　附則第三条は、令和四年六月一七日法律第六八号により次のように改正され、令和四年六月一七日から起算して三年を超えない範囲内において政令で定める日から施行される。
> 附則第三条第二号中「禁錮」を「拘禁刑」に改める。

（登録）

第四条　准介護福祉士となる資格を有する者が准介護福祉士となるには、准介護福祉士登録簿に、氏名、生年月日その他厚生労働省令で定める事項の登録を受けなければならない。

2　准介護福祉士が第四十二条第一項の規定による介護福祉士の登録を受けたときは、准介護福祉士の登録は、その効力を失う。

3　第二十九条から第三十四条までの規定は、准介護福祉士の登録について準用する。この場合において、第二十九条中「社会福祉士登録簿」とあるのは「准介護福祉士登録簿」と、第三十条中「第二十八条」とあるのは「附則第四条第一項」と、「社会福祉士登録証」とあるのは「准介護福祉士登録証」と、第三十一条及び第三十二条第一項中「社会福祉士」とあるのは「准介護福祉士」と、同項第一号中「第三条各号（第四号を除く。）」とあるのは「附則第三条各号（第四号及び第五号を除く。）」と、同条第二項中「社会福祉士」とあるのは「准介護福祉士」と、「第四十五条及び第四十六条」とあるのは「附則第八条において準用する第四十五条及び第四十六条」と読み替えるものとする。

> **注**　附則第四条は、令和三年五月一九日法律第三七号により次のように改正され、公布の日から起算して四年を超えない範囲内において政令で定める日から施行される。
> 附則第四条第三項中「第二十九条から」を「第二十九条、第三十条、第三十一条に、「第二十九条中」を「第二十九条及び第三十一条第二項中」に、「第三十一条及び」

を「第三十一条第一項並びに」に改め、「第三十二条第一項」の下に「及び第二項」を加え、「同項第一号」を「第三十一条第二項中「社会福祉士に」とあるのは「准介護福祉士に」と、第三十二条第一項第一号」に、「同条第二項中「社会福祉士」とあるのは「准介護福祉士」と、」を「同条第二項中」に改める。

（**指定登録機関の指定等**）

第五条　厚生労働大臣は、厚生労働省令で定めるところにより、その指定する者（以下「**指定登録機関**」という。）に准介護福祉士の登録の実施に関する事務（以下「**登録事務**」という。）を行わせることができる。

2　指定登録機関の指定は、厚生労働省令で定めるところにより、登録事務を行おうとする者の申請により行う。

3　第十条第三項及び第四項、第十一条から第十三条まで、第十六条から第二十三条まで、第二十五条から第二十七条まで並びに第三十六条の規定は、指定登録機関について準用する。この場合において、これらの規定中「試験事務」とあるのは「登録事務」と、「試験事務規程」とあるのは「登録事務規程」と、第十条第三項中「前項」とあり、及び同条第四項各号列記以外の部分中「第二項」とあるのは「附則第五条第二項」と、同項第二号中「その行う」とあるのは「その行う職業安定法（昭和二十二年法律第百四十一号）第四条第一項に規定する職業紹介の事業（その取り扱う職種が介護等を含むものに限る。）その他の」と、第十六条第一項中「職員（試験委員を含む。次項において同じ。）」とあるのは「職員」と、第二十二条第二項第二号中「第十一条第二項（第十四条第四項において準用する場合を含む。）」とあるのは「第十一条第二項」と、同項第三号中「、第十四条第一項から第三項まで又は前条」とあるのは「又は前条」と、第二十三条第一項及び第二十七条第一号中「第十条第一項」とあるのは「附則第五条第一項」と、第三十六条第二項中「社会福祉士」とあるのは「准介護福祉士」と読み替えるものとする。

注　附則第五条は、令和三年五月一九日法律第三七号により次のように改正され、公布の日から起算して四年を超えない範囲内において政令で定める日から施行される。
附則第五条第三項中「、第三十六条第二項中「社会福祉士」とあるのは「准介護福祉士」と」を削る。

（**厚生労働省令への委任**）

第六条　前二条に規定するもののほか、准介護福祉士の登録、指定登録機関その他前二条の規定の施行に関し必要な事項は、厚生労働省令で定める。

（**名称の使用制限**）

第七条　准介護福祉士でない者は、准介護福祉士という名称を使用してはならない。

（**準用**）

第八条　第四十四条の二から第四十六条まで、第四十七条第二項及び第四十七条の二の規定は、准介護福祉士について準用する。この場合において、第四十四条の二中「社会福祉士及び介護福祉士」とあるのは「准介護福祉士」と、第四十五条及び第四十六条中「社会福祉士又は介護福祉士」とあるのは「准介護福祉士」と、第四十七条第二項中「介護福祉士」とあるのは「准介護福祉士」と、第四十七条の二中「社会福祉士又は介護福祉士」とあるのは「准介護福祉士」と、「適応するため」とあるのは「適応し、並びに介護福祉士となるため」と、「相談援助又は介護等」とあるのは「介護等」と読み替えるものとする。

（**介護福祉士試験の受験資格の特例**）

第九条　第四十条第二項の規定にかかわらず、次に掲げる者であつて、九月以上介護等の業務に従事したものは、介護福祉士試験を受けることができる。

一　平成二十六年三月三十一日までに学校教育法に基づく高等学校又は中等教育学校であつて文部科学大臣及び厚生労働大臣の指定したものに入学し、当該学校において三年以上（専攻科において二年以上介護福祉士として必要な基礎的な知識及び技能を修得する場合にあつては、二年以上）介護福祉士として必要な基礎的な知識及び技能を修得した者

二　平成二十八年四月一日から平成三十一年三月三十一日までに学校教育法に基づく高等学校又は中等教育学校であつて文部科学大臣及

び厚生労働大臣の指定したものに入学し、当該学校において三年以上介護福祉士として必要な基礎的な知識及び技能を修得した者（次号に掲げる者を除く。）

三　平成二十八年四月一日から平成三十二年三月三十一日までに学校教育法に基づく高等学校又は中等教育学校であつて文部科学大臣及び厚生労働大臣の指定したものに入学し、当該学校の専攻科（修業年限が二年以上であるものに限る。）において二年以上介護福祉士として必要な基礎的な知識及び技能を修得した者

2　前項各号に規定する高等学校及び中等教育学校の指定に関し必要な事項は、政令で定める。

（認定特定行為業務従事者に係る特例）

第一〇条　介護の業務に従事する者（介護福祉士を除く。次条第二項において同じ。）のうち、同条第一項の認定特定行為業務従事者認定証の交付を受けている者（以下「**認定特定行為業務従事者**」という。）は、当分の間、保健師助産師看護師法第三十一条第一項及び第三十二条の規定にかかわらず、診療の補助として、医師の指示の下に、特定行為（喀痰吸引等のうち当該認定特定行為業務従事者が修了した次条第二項に規定する喀痰吸引等研修の課程に応じて厚生労働省令で定める行為をいう。以下同じ。）を行うことを業とすることができる。ただし、次条第四項の規定により特定行為の業務の停止を命ぜられている者については、この限りでない。

2　認定特定行為業務従事者は、特定行為の業務を行うに当たつては、医師、看護師その他の医療関係者との連携を保たなければならない。

第一一条　認定特定行為業務従事者認定証は、厚生労働省令で定めるところにより、都道府県知事が交付する。

2　認定特定行為業務従事者認定証は、介護の業務に従事する者に対して認定特定行為業務従事者となるのに必要な知識及び技能を修得させるため、都道府県知事又はその登録を受けた者（以下「**登録研修機関**」という。）が行う研修（以下「**喀痰吸引等研修**」という。）の課程を修了したと都道府県知事が認定した者でなければ、その交付を受けることができない。

3　都道府県知事は、次の各号のいずれかに該当する者に対しては、認定特定行為業務従事者認定証の交付を行わないことができる。

一　心身の故障により特定行為の業務を適正に行うことができない者として厚生労働省令で定めるもの

二　禁錮以上の刑に処せられ、その執行を終わり、又は執行を受けることがなくなつた日から起算して二年を経過しない者

三　この法律の規定その他社会福祉又は保健医療に関する法律の規定であつて政令で定めるものにより、罰金の刑に処せられ、その執行を終わり、又は執行を受けることがなくなつた日から起算して二年を経過しない者

四　第四十二条第二項において準用する第三十二条第一項第二号又は第二項の規定により介護福祉士の登録を取り消され、その取消しの日から起算して二年を経過しない者

五　次項の規定により認定特定行為業務従事者認定証の返納を命ぜられ、その日から二年を経過しない者

4　都道府県知事は、認定特定行為業務従事者が次の各号のいずれかに該当する場合には、期間を定めて特定行為の業務を停止し、又はその認定特定行為業務従事者認定証の返納を命ずることができる。この場合において、当該処分の実施に関し必要な事項は、政令で定める。

一　前項各号（第五号を除く。）のいずれかに該当するに至つた場合

二　前号に該当する場合を除くほか、特定行為の業務に関し不正の行為があつた場合

三　虚偽又は不正の事実に基づいて認定特定行為業務従事者認定証の交付を受けた場合

5　前各項に定めるもののほか、認定特定行為業務従事者認定証の交付、再交付及び返納、第二項の都道府県知事の認定その他認定特定行為業務従事者に関し必要な事項は、厚生労働省令で定める。

注　附則第一一条は、令和四年六月一七日法律第六八号により次のように改正され、令和四年六月一七日から起算して三年を超えない範囲内において政令で定める日から施行される。

附則第十一条第三項第二号中「禁錮」を「拘禁刑」に改める。

（認定特定行為業務従事者認定証の交付事務の委託）

第一二条　都道府県知事は、厚生労働省令で定めるところにより、前条に規定する認定特定行為業務従事者認定証に関する事務（認定特定行為業務従事者認定証の返納に係る事務その他政令で定める事務を除く。次項において「認定証交付事務」という。）の全部又は一部を登録研修機関に委託することができる。

2　前項の規定により認定証交付事務の委託を受けた登録研修機関（法人でない登録研修機関にあつては、前条第二項の登録（次条から附則第十六条まで並びに附則第二十三条、第二十四条及び第二十六条において「**登録**」という。）を受けた者）若しくは職員又はこれらの職にあつた者は、当該委託に係る認定証交付事務に関して知り得た秘密を漏らしてはならない。

（登録の申請）

第一三条　登録は、厚生労働省令で定めるところにより、事業所ごとに、喀痰吸引等研修を行おうとする者の申請により行う。

（欠格条項）

第一四条　次の各号のいずれかに該当する者は、登録を受けることができない。

一　禁錮以上の刑に処せられ、その執行を終わり、又は執行を受けることがなくなつた日から起算して二年を経過しない者

二　この法律の規定その他社会福祉又は保健医療に関する法律の規定であつて政令で定めるものにより、罰金の刑に処せられ、その執行を終わり、又は執行を受けることがなくなつた日から起算して二年を経過しない者

三　附則第二十三条の規定により登録を取り消され、その取消しの日から起算して二年を経過しない者

四　法人であつて、その業務を行う役員のうちに前三号のいずれかに該当する者があるもの

> **注**　附則第一四条は、令和四年六月一七日法律第六八号により次のように改正され、令和四年六月一七日から起算して三年を超えない範囲内において政令で定める日から施行される。
>
> 　附則第十四条第一号中「禁錮」を「拘禁刑」に改める。

（登録基準）

第一五条　都道府県知事は、附則第十三条の規定により登録を申請した者が次に掲げる要件の全てに適合しているときは、登録をしなければならない。

一　喀痰吸引等に関する法律制度及び実務に関する科目について喀痰吸引等研修の業務を実施するものであること。

二　前号の喀痰吸引等に関する実務に関する科目にあつては、医師、看護師その他の厚生労働省令で定める者が講師として喀痰吸引等研修の業務に従事するものであること。

三　前二号に掲げるもののほか、喀痰吸引等研修の業務を適正かつ確実に実施するに足りるものとして厚生労働省令で定める基準に適合するものであること。

2　登録は、研修機関登録簿に次に掲げる事項を記載してするものとする。

一　登録年月日及び登録番号

二　登録を受けた者の氏名又は名称及び住所並びに法人にあつては、その代表者の氏名

三　事業所の名称及び所在地

四　喀痰吸引等研修の業務開始の予定年月日

五　その他厚生労働省令で定める事項

（登録の更新）

第一六条　登録は、五年以上十年以内において政令で定める期間ごとにその更新を受けなければ、その期間の経過によつて、その効力を失う。

2　前三条の規定は、前項の登録の更新について準用する。

（喀痰吸引等研修の実施に係る義務）

第一七条　登録研修機関は、公正に、かつ、附則第十五条第一項各号の規定及び厚生労働省令で定める基準に適合する方法により喀痰吸引等研修を行わなければならない。

（変更の届出）

第一八条　登録研修機関は、附則第十五条第二項各号（第一号を除く。）に掲げる事項を変更しようとするときは、あらかじめ、その旨を都道府県知事に届け出なければならない。

（業務規程）

第一九条 登録研修機関は、喀痰吸引等研修の業務に関する規程（次項において「業務規程」という。）を定め、喀痰吸引等研修の業務の開始前に、都道府県知事に届け出なければならない。これを変更しようとするときも、同様とする。

2 業務規程には、喀痰吸引等研修の実施方法、喀痰吸引等研修に関する料金その他の厚生労働省令で定める事項を定めておかなければならない。

（業務の休廃止）

第二〇条 登録研修機関は、喀痰吸引等研修の業務の全部又は一部を休止し、又は廃止しようとするときは、厚生労働省令で定めるところにより、あらかじめ、その旨を都道府県知事に届け出なければならない。

（適合命令）

第二一条 都道府県知事は、登録研修機関が附則第十五条第一項各号のいずれかに適合しなくなつたと認めるときは、その登録研修機関に対し、これらの規定に適合するため必要な措置をとるべきことを命ずることができる。

（改善命令）

第二二条 都道府県知事は、登録研修機関が附則第十七条の規定に違反していると認めるときは、その登録研修機関に対し、同条の規定による喀痰吸引等研修を行うべきこと又は喀痰吸引等研修の方法その他の業務の方法の改善に関し必要な措置をとるべきことを命ずることができる。

（登録の取消し等）

第二三条 都道府県知事は、登録研修機関が次の各号のいずれかに該当するときは、その登録を取り消し、又は期間を定めて喀痰吸引等研修の業務の全部若しくは一部の停止を命ずることができる。

一 附則第十四条各号（第三号を除く。）のいずれかに該当するに至つたとき。

二 附則第十八条から第二十条までの規定に違反したとき。

三 前二条の規定による命令に違反したとき。

四 附則第二十五条において準用する第十七条の規定に違反したとき。

五 虚偽又は不正の事実に基づいて登録を受けたとき。

（公示）

第二四条 都道府県知事は、次に掲げる場合には、その旨を公示しなければならない。

一 登録をしたとき。

二 附則第十八条の規定による届出（氏名若しくは名称若しくは住所又は事業所の名称若しくは所在地に係るものに限る。）があつたとき。

三 附則第二十条の規定による届出があつたとき。

四 前条の規定により登録を取り消し、又は業務の全部若しくは一部の停止を命じたとき。

（準用）

第二五条 第十七条、第十九条及び第二十条の規定は、登録研修機関について準用する。この場合において、第十七条中「試験事務」とあるのは「喀痰吸引等研修の業務」と、第十九条及び第二十条第一項中「厚生労働大臣」とあるのは「都道府県知事」と読み替えるものとする。

（厚生労働省令への委任）

第二六条 附則第十三条から前条までに規定するもののほか、登録研修機関の登録に関し必要な事項は、厚生労働省令で定める。

（特定行為業務の登録）

第二七条 自らの事業又はその一環として、特定行為（認定特定行為業務従事者が行うものに限る。）の業務（以下「特定行為業務」という。）を行おうとする者は、その事業所ごとに、その所在地を管轄する都道府県知事の登録を受けなければならない。

2 第十九条及び第二十条の規定は前項の登録を受けた者について、第四十八条の三第二項、第四十八条の四から第四十八条の八まで及び第四十八条の十の規定は前項の登録について準用する。この場合において、これらの規定中「厚生労働大臣」とあるのは「都道府県知事」と、「喀痰吸引等業務」とあるのは「特定行為業務」と、第十九条中「指定試験機関」とあるのは「附則第二十七条第一項の登録を受けた者（以下「登録特定行為事業者」という。）」と、第二十条第一項中「指定試験事業者」と、第四十八条の四第三号中「第四十八条の七」とあるのは「第四十八条の七（附則第二十七条第二項において準用する場合を含む。」と、第四十八条の五第一項第二号中「喀痰吸引等」とあるのは「特定行為」と、同項第三号中「喀痰吸引等」とあるのは「特定行為」と、「介護福祉士」とあるのは「認定特定行為業務従事者」と、第四十八条の六第一項中「登録を受けた者（以下「登録喀痰吸引等事業者」という。）」とあるのは「登録特定行為事業者」と、同条第二項及び第三項並びに第四十八条の七中「登録喀痰吸引等事業者」とあるのは「登録特定行為事業者」と読み替えるものとする。

（罰則）

第二八条 次の各号のいずれかに該当する者は、一年以下の懲役又は三十万円以下の罰金に処する。

一 附則第五条第三項において準用する第十六条第一項の規定に違反した者

二 附則第八条において準用する第四十六条の規定に違反した者

三 附則第十二条第二項の規定に違反した者

2 前項第二号の罪は、告訴がなければ公訴を提起することができない。

注 附則第二八条は、令和四年六月一七日法律第六八号により次のように改正され、令和四年六月一七日から起算して三年を超えない範囲内において政令で定める日から施行される。

附則第二十八条第一項中「懲役」を「拘禁刑」に改める。

第二九条 附則第五条第三項において準用する第二十二条第二項の規定による登録事務の停止の命令に違反したときは、その違反行為をした指定登録機関の役員又は職員は、一年以下の懲役又は三十万円以下の罰金に処する。

注 附則第二九条は、令和四年六月一七日法律第六八号により次のように改正され、令和四年六月一七日から起算して三年を超えない範囲内において政令で定める日から施行される。

附則第二十九条中「懲役」を「拘禁刑」に改める。

第三〇条 附則第二十三条の規定による業務の停止の命令に違反したときは、その違反行為をした登録研修機関（その者が法人である場合にあつては、その役員又は職員）は、一年以下の懲役又は三十万円以下の罰金に処する。

注 附則第三〇条は、令和四年六月一七日法律第六八号により次のように改正され、令和四年六月一七日から起算して三年を超えない範囲内において政令で定める日から施行される。

附則第三十条中「懲役」を「拘禁刑」に改める。

第三一条 次の各号のいずれかに該当する者は、三十万円以下の罰金に処する。

一 附則第四条第三項において準用する第三十二条第二項の規定により准介護福祉士の名称の使用の停止を命ぜられた者で、当該停止を命ぜられた期間中に、准介護福祉士の名称を使用したもの

二 附則第七条の規定に違反した者

三 附則第二十七条第一項の規定に違反して、同項の登録を受けないで、特定行為業務を行つた者

四 附則第二十七条第二項において準用する第四十八条の七の規定による特定行為業務の停止の命令に違反した者

第三二条 次の各号のいずれかに該当するときは、その違反行為をした指定登録機関の役員又は職員は、二十万円以下の罰金に処する。

一 附則第五条第三項において準用する第十七条の規定に違反して帳簿を備えず、帳簿に記載せず、若しくは帳簿に虚偽の記載をし、又は帳簿を保存しなかつたとき。

二 附則第五条第三項において準用する第十九条の規定による報告をせず、又は虚偽の報告をしたとき。

三 附則第五条第三項において準用する第二十条第一項の規定による立入り若しくは検査を拒み、妨げ、若しくは忌避し、又は質問に対して陳述をせず、若しくは虚偽の陳述をしたとき。

四 附則第五条第三項において準用する第二十一条の許可を受けないで登録事務の全部を廃止したとき。

第三三条　次の各号のいずれかに該当するときは、その違反行為をした登録研修機関（その者が法人である場合にあつては、その役員又は職員）は、二十万円以下の罰金に処する。

一　附則第二十条の規定による届出をせず、又は虚偽の届出をしたとき。

二　附則第二十五条において準用する第十七条の規定に違反して帳簿を備えず、帳簿に記載せず、若しくは帳簿に虚偽の記載をし、又は帳簿を保存しなかつたとき。

三　附則第二十五条において準用する第十九条の規定による報告をせず、又は虚偽の報告をしたとき。

四　附則第二十五条において準用する第二十条第一項の規定による立入り若しくは検査を拒み、妨げ、若しくは忌避し、又は質問に対して陳述をせず、若しくは虚偽の陳述をしたとき。

第三四条　次の各号のいずれかに該当するときは、その違反行為をした者は、二十万円以下の罰金に処する。

一　附則第二十七条第二項において準用する第十九条の規定による報告をせず、又は虚偽の報告をしたとき。

二　附則第二十七条第二項において準用する第二十条第一項の規定による立入り若しくは検査を拒み、妨げ、若しくは忌避し、又は質問に対して陳述をせず、若しくは虚偽の陳述をしたとき。

第三五条　法人の代表者又は法人若しくは人の代理人、使用人その他の従業者が、その法人又は人の業務に関して附則第三十一条第三号若しくは第四号又は前条の違反行為をしたときは、行為者を罰するほか、その法人又は人に対しても各本条の罰金刑を科する。

第三六条　正当な理由なく、附則第十一条第四項の規定による命令に違反して認定特定行為業務従事者認定証を返納しなかつた者は、十万円以下の過料に処する。

（第三条第四号の規定等の適用関係）

第三七条　第三条第四号の規定の適用については、当分の間、同号中「第四十二条第二項」とあるのは、「第四十二条第二項及び附則第四条第三項」とする。

2　第四十八条の四第三号の規定の適用については、当分の間、同号中「第四十八条の七」とあるのは、「第四十八条の七（附則第二十七条第二項において準用する場合を含む。）」とする。

附　則（平一九・一二・五法律一二五）（抄）

（施行期日）

第一条　この法律は、平成二十九年四月一日から施行する。ただし、次の各号に掲げる規定は、それぞれ当該各号に定める日から施行する。

一　第一条〔中略〕の規定並びに附則第八条及び第九条第一項の規定　公布の日

三　第二条の規定及び附則第三条から第五条までの規定　平成二十一年四月一日

五　第二条の二の規定　平成二十八年四月一日

六　第三条の二の規定並びに附則第七条〔中略〕の規定　令和四年四月一日

（社会福祉士及び介護福祉士法の一部改正に伴う経過措置）

第三条　次の各号のいずれかに該当する者は、第二条の規定による改正後の社会福祉士及び介護福祉士法第七条の規定にかかわらず、社会福祉士試験を受けることができる。

一　附則第一条第三号に掲げる規定の施行の際現に第二条の規定による改正前の社会福祉士及び介護福祉士法第七条第一号、第二号、第四号、第五号、第七号又は第八号のいずれかの要件に該当する者

二　附則第一条第三号に掲げる規定の施行の日前に学校教育法（昭和二十二年法律第二十六号）に基づく大学（短期大学を除く。以下この号及び次号において同じ。）に在学し、同日以後に第二条の規定による改正前の社会福祉士及び介護福祉士法第七条第一号に規定する要件に該当することとなつた者その他その者に準ずるものとして厚生労働省令で定める者（同日以後に学校教育法に基づく大学に入学し、当該大学において同号に規定する指定科目（以下この項において「旧指定科目」という。）を修めて卒業した者その他その者に準ずるものとして厚生労働省令で定める者を除く。）

三　附則第一条第三号に掲げる規定の施行の日

前に学校教育法に基づく大学に在学し、同日以後に第二条の規定による改正前の社会福祉士及び介護福祉士法第七条第二号に規定する要件に該当することとなった者その他その者に準ずるものとして厚生労働省令で定める者（同日以後に学校教育法に基づく大学に入学し、当該大学において同号に規定する基礎科目（以下この項において「旧基礎科目」という。）を修めて卒業した者その他その者に準ずるものとして厚生労働省令で定める者を除く。）

四　附則第一条第三号に掲げる規定の施行の日前に学校教育法に基づく短期大学（修業年限が三年であるものに限る。以下この号及び次号において同じ。）に在学し、同日以後に第二条の規定による改正前の社会福祉士及び介護福祉士法第七条第四号に規定する要件に該当することとなった者その他その者に準ずるものとして厚生労働省令で定める者（同日以後に学校教育法に基づく短期大学に入学し、当該短期大学において旧指定科目を修めて卒業した者その他その者に準ずるものとして厚生労働省令で定める者を除く。）

五　附則第一条第三号に掲げる規定の施行の日前に学校教育法に基づく短期大学に在学し、同日以後に第二条の規定による改正前の社会福祉士及び介護福祉士法第七条第五号に規定する要件に該当することとなった者その他その者に準ずるものとして厚生労働省令で定める者（同日以後に学校教育法に基づく短期大学に入学し、当該短期大学において旧基礎科目を修めて卒業した者その他その者に準ずるものとして厚生労働省令で定める者を除く。）

六　附則第一条第三号に掲げる規定の施行の日前に学校教育法に基づく短期大学に在学し、同日以後に第二条の規定による改正前の社会福祉士及び介護福祉士法第七条第七号に規定する要件に該当することとなった者その他その者に準ずるものとして厚生労働省令で定める者（同日以後に学校教育法に基づく短期大学に入学し、当該短期大学において旧指定科目を修めて卒業した者その他その者に準ずるものとして厚生労働省令で定める者を除く。）

七　附則第一条第三号に掲げる規定の施行の日前に学校教育法に基づく短期大学に在学し、同日以後に第二条の規定による改正前の社会福祉士及び介護福祉士法第七条第八号に規定する要件に該当することとなった者その他その者に準ずるものとして厚生労働省令で定める者（同日以後に学校教育法に基づく短期大学に入学し、当該短期大学において旧基礎科目を修めて卒業した者その他その者に準ずるものとして厚生労働省令で定める者を除く。）

2　次の各号のいずれかに該当する者は、第二条の規定による改正後の社会福祉士及び介護福祉士法第七条の規定にかかわらず、附則第一条第三号に掲げる規定の施行の日から同条第一号に掲げる規定の施行の日から起算して五年を経過する日までの間に実施される社会福祉士試験及び同日後最初に実施される社会福祉士試験を受けることができる。

一　附則第一条第三号に掲げる規定の施行の際現に第二条の規定による改正前の社会福祉士及び介護福祉士法第七条第十一号に規定する要件に該当する者

二　附則第一条第三号に掲げる規定の施行の日から同条第一号に掲げる日から起算して五年を経過する日までに第二条の規定による改正前の社会福祉士及び介護福祉士法第七条第十一号に規定する要件に該当することとなった者

第四条　次の各号のいずれかに該当する者は、第二条の規定による改正後の社会福祉士及び介護福祉士法第三十九条の規定にかかわらず、介護福祉士となる資格を有する。

一　附則第一条第三号に掲げる規定の施行の際現に第二条の規定による改正前の社会福祉士及び介護福祉士法第三十九条第二号に規定する要件に該当する者

二　附則第一条第三号に掲げる規定の施行の日前に学校教育法に基づく大学に在学し、同日以後に第二条の規定による改正前の社会福祉士及び介護福祉士法第三十九条第二号に規定する要件に該当することとなった者その他その者に準ずるものとして厚生労働省令で定める者（同日以後に学校教育法に基づく大学に入学し、当該大学において同号に規定する厚生労働大臣の指定する社会福祉に関する科目を修めて卒業した者その他その者に準ずるものとして厚生労働省令で定める者を除く。）

第五条　附則第一条第三号に掲げる規定の施行の際現に第二条の規定による改正前の社会福祉士及び介護福祉士法第四十条第二項第二号に規定する要件に該当する者は、第二条の規定による改正後の同法第四十条第二項の規定にかかわらず、介護福祉士試験を受けることができる。

（社会福祉士及び介護福祉士法の一部改正に伴う経過措置）

第六条　この法律の施行の際現に第三条の規定による改正前の社会福祉士及び介護福祉士法（以下「**旧法**」という。）第三十九条各号のいずれかの要件に該当する者は、新法第三十九条の規定にかかわらず、介護福祉士となる資格を有する。

第六条の二　この法律の施行の日から令和九年三月三十一日までの間に社会福祉士及び介護福祉士法第四十条第二項第一号から第三号までのいずれかに該当するに至った者（前条の規定により介護福祉士となる資格を有する者を除く。）は、新法第三十九条の規定にかかわらず、当該該当するに至った日（以下「**要件該当日**」という。）以後要件該当日の属する年度の翌年度の四月一日から起算して五年を経過する日（次項及び次条において「**五年経過日**」という。）までの間、介護福祉士となる資格を有する。

2　前項の規定により介護福祉士となる資格を有するものとされた者（五年経過日までの間に介護福祉士試験に合格した者を除く。以下「**要件該当者**」という。）が受けた介護福祉士の登録は、当該要件該当者が五年経過日までの間に介護福祉士試験に合格しなかったときは、五年経過日にその効力を失うものとする。

第六条の三　要件該当者であって、五年経過日までの間に介護福祉士の登録を受けたものが、要件該当日の属する年度の翌年度の四月一日から五年経過日までの間継続して介護サービスの基盤強化のための介護保険法等の一部を改正する法律（平成二十三年法律第七十二号）附則第十三条第九項の規定により読み替えて適用する同法第五条の規定による改正後の社会福祉士及び介護福祉士法第二条第二項に規定する介護等の業務に従事した場合には、新法第三十九条及び前条第二項の規定にかかわらず、五年経過日の翌日以後においても、介護福祉士となる資格を有する。

第六条の四　要件該当者であって、附則第六条の二第一項の適用を受ける期間中に育児休業等（育児休業、介護休業等育児又は家族介護を行う労働者の福祉に関する法律（平成三年法律第七十六号）第二条第一号に規定する育児休業、同条第二号に規定する介護休業その他これらに準ずるものとして厚生労働省令で定める休業をいう。）をしたものに対する前二条の規定の適用については、同項中「五年を」とあるのは「五年に附則第六条の四に規定する育児休業等の期間（当該期間が五年を超えるときは、五年）を加えて得た期間を」とし、前条中「から五年経過日までの間」とあるのは「から五年経過日までの間（次条に規定する育児休業等の期間を除く。）」とする。

第七条　附則第一条第六号に掲げる規定の施行の際現に准介護福祉士という名称を使用している者については、第三条の二の規定による改正後の社会福祉士及び介護福祉士法附則第七条の規定は、同号に掲げる規定の施行後六月間は、適用しない。

（検討）

第九条　政府は、経済上の連携に関する日本国とフィリピン共和国との間の協定に関する日本国政府とフィリピン共和国政府の間の協議の状況を勘案し、この法律の公布後五年を目途として、准介護福祉士の制度について検討を加え、その結果に基づいて必要な措置を講ずるものとする。

2　政府は、この法律の施行後五年を目途として、新法の施行の状況等を勘案し、この法律による改正後の社会福祉士及び介護福祉士の資格制度について検討を加え、必要があると認めるときは、その結果に基づいて所要の措置を講ずるものとする。

附　則（平二三・六・二二法律七二）（抄）

（施行期日）

第一条　この法律は、平成二十四年四月一日から施行する。ただし、次の各号に掲げる規定は、当該各号に定める日から施行する。

一 〔前略〕第六条〔中略〕、附則第十五条〔中略〕及び第五十条から第五十二条までの規定 公布の日

（検討）

第二条 政府は、この法律の施行後五年を目途として、この法律の規定による改正後の規定の施行の状況について検討を加え、必要があると認めるときは、その結果に基づいて所要の措置を講ずるものとする。

（社会福祉士及び介護福祉士法の一部改正に伴う経過措置）

第一二条 平成二十四年四月一日から平成二十八年三月三十一日までの間においては、第五条の規定による改正後の社会福祉士及び介護福祉士法（以下「**新社会福祉士及び介護福祉士法**」という。）第二条第二項中「介護（喀痰《かくたん》吸引その他のその者が日常生活を営むのに必要な行為であつて、医師の指示の下に行われるもの（厚生労働省令で定めるものに限る。以下「喀痰吸引等」という。）を含む。）」とあるのは「介護」と、新社会福祉士及び介護福祉士法第三条第三号中「社会福祉又は保健医療」とあるのは「社会福祉」と、新社会福祉士及び介護福祉士法附則第三条第一項中「介護の業務に従事する者（介護福祉士を除く。次条第二項において同じ。）」とあるのは「介護の業務に従事する者」と、「同条第一項」とあるのは「次条第一項」と、「喀痰《かくたん》吸引等の」とあるのは「喀痰吸引その他の身体上又は精神上の障害があることにより日常生活を営むのに支障がある者が日常生活を営むのに必要な行為であつて、医師の指示の下に行われるもの（厚生労働省令で定めるものに限る。附則第八条第一項第一号及び第二号において「喀痰吸引等」という。）の」とする。

2 新社会福祉士及び介護福祉士法第四十八条の二第一項及び第四十八条の三第一項の規定は、平成二十八年三月三十一日までは、適用しない。

第一三条 平成二十八年四月一日に介護福祉士の登録を受けている者及び同日に介護福祉士となる資格を有する者であって同日以後に介護福祉士の登録を受けたもの（以下この条において「特定登録者」という。）については、新社会福祉士及び介護福祉士法第二条第二項、第三条（第三号に係る部分に限る。）及び第四十八条の二第一項の規定は適用せず、第五条の規定による改正前の社会福祉士及び介護福祉士法第二条第二項及び第三条（第三号に係る部分に限る。）の規定は、なおその効力を有する。

2 特定登録者は、平成二十八年四月一日から令和九年三月三十一日までの間に申請をした場合には、前項の規定にかかわらず、新社会福祉士及び介護福祉士法第二条第二項、第三条（第三号に係る部分に限る。）及び第四十八条の二第一項の規定を適用する。

3 前項の申請をしようとする特定登録者は、その申請に先立って厚生労働大臣が指定する研修の課程（次項及び第五項において「指定研修課程」という。）を修了しなければならない。

4 厚生労働大臣は、第二項の規定による申請を受けたときは、遅滞なく、当該特定登録者に係る介護福祉士登録簿に指定研修課程を修了した旨の付記をしなければならない。

5 厚生労働大臣は、前項の規定により介護福祉士登録簿に付記をしたときは、当該申請者に、その者が指定研修課程を修了した旨の付記をした介護福祉士登録証（次項において「特定登録証」という。）を交付しなければならない。

6 前項の規定により特定登録証の交付を受けた特定登録者は、遅滞なく、現に交付を受けている介護福祉士登録証を厚生労働大臣に返還しなければならない。

7 前各項に規定するもののほか、特定登録者に係る研修その他前各項の規定の施行に関し必要な事項は、厚生労働省令で定める。

8 特定登録者に対する新社会福祉士及び介護福祉士法附則第三条第一項の規定の適用については、平成二十八年四月一日から令和四年三月三十一日までの間は、同項中「介護福祉士」とあるのは、「介護福祉士（介護サービスの基盤強化のための介護保険法等の一部を改正する法律（平成二十三年法律第七十二号）附則第十三条第一項に規定する特定登録者であつて、同条第三項に規定する指定研修課程を修了していないものを除く。）」とし、社会福祉法等の一部を改正する法律（平成二十八年法律第二十一号）第

五条の規定による改正後の社会福祉士及び介護福祉士法等の一部を改正する法律（以下「**平成十九年一部改正法**」という。）第三条の二の規定による改正後の社会福祉士及び介護福祉士法附則第十条第一項の規定の適用については、同年四月一日以後は、同項中「介護福祉士」とあるのは、「介護福祉士（介護サービスの基盤強化のための介護保険法等の一部を改正する法律（平成二十三年法律第七十二号）附則第十三条第一項に規定する特定登録者であつて、同条第三項に規定する指定研修課程を修了していないものを除く。）」とする。

9　次に掲げる者（次項及び第十一項において「新特定登録者」という。）に対する新社会福祉士及び介護福祉士法の適用については、新社会福祉士及び介護福祉士法第二条第二項中「介護（喀痰《かくたん》吸引その他のその者が日常生活を営むのに必要な行為であつて、医師の指示の下に行われるもの（厚生労働省令で定めるものに限る。以下「**喀痰吸引等**」という。）を含む。）」とあるのは「介護」と、新社会福祉士及び介護福祉士法第三条第三号中「社会福祉又は保健医療」とあるのは「社会福祉」とし、新社会福祉士及び介護福祉士法第四十八条の二第一項の規定は、適用しない。

一　平成二十八年四月二日から平成二十九年三月三十一日までの間に平成十九年一部改正法第三条の規定による改正前の社会福祉士及び介護福祉士法第三十九条第一号から第三号までの規定により介護福祉士となる資格を有するに至った者（特定登録者を除く。）であって、当該資格を有するに至った日以後に介護福祉士の登録を受けたもの

二　平成二十九年四月一日から令和九年三月三十一日までの間に平成十九年一部改正法附則第六条の二第一項の規定により介護福祉士となる資格を有するに至った者であって、当該資格を有するに至った日以後に介護福祉士の登録を受けたもの（介護福祉士試験に合格した者を除く。）

10　新特定登録者については、平成二十八年四月一日から令和九年三月三十一日までの間（前項第二号に掲げる者にあっては、平成二十九年四月一日から令和十四年三月三十一日までの間）に申請をした場合には、同項の規定は、適用しない。

11　第三項から第八項までの規定は、新特定登録者について準用する。この場合において、第三項中「前項」とあり、及び第四項中「第二項」とあるのは「第十項」と、第五項及び第六項中「特定登録証」とあるのは「新特定登録証」と、第八項中「附則第十三条第一項」とあるのは「附則第十三条第九項」と、「特定登録者」とあるのは「新特定登録者」と、「同条第三項」とあるのは「同条第十一項において準用する同条第三項」と読み替えるものとする。

第一四条　この法律の施行の際現に介護の業務に従事する者であって、この法律の施行の際新社会福祉士及び介護福祉士法附則第三条第一項に規定する特定行為（以下この項において「特定行為」という。）を適切に行うために必要な知識及び技能の修得を終えている者（この法律の施行の際現に特定行為を適切に行うために必要な知識及び技能を修得中であり、その修得をこの法律の施行後に終えた者を含む。）は、厚生労働省令で定めるところにより、当該特定行為ごとに新社会福祉士及び介護福祉士法附則第四条第二項に規定する喀痰《かくたん》吸引等研修の課程を修了した者と同等以上の知識及び技能を有する旨の都道府県知事の認定を受けることができる。

2　都道府県知事は、前項の認定を受けた者に対しては、新社会福祉士及び介護福祉士法附則第四条第二項の規定にかかわらず、同条第一項の認定特定行為業務従事者認定証を交付することができる。

3　前項の規定により新社会福祉士及び介護福祉士法附則第四条第一項の認定特定行為業務従事者認定証の交付を受けている者に対する附則第十二条第一項の規定により読み替えられた新社会福祉士及び介護福祉士法附則第三条第一項の規定の適用については、平成二十四年四月一日から平成二十八年三月三十一日までの間は、同項中「医師の指示の下に」とあるのは「医師の指示の下に、介護サービスの基盤強化のための介護保険法等の一部を改正する法律（平成二十三年法律第七十二号）附則第十四条第一項の規定による認定を受けた者ごとに当該認定に係

る」と、「喀痰吸引等」という。）のうち当該認定特定行為業務従事者が修了した次条第二項に規定する喀痰吸引等研修の課程に応じて」とあるのは「喀痰《かくたん》吸引等」という。）のうち」とし、新社会福祉士及び介護福祉士法附則第三条第一項の規定の適用については、同年四月一日から令和四年三月三十一日までの間は、同項中「医師の指示の下に、」とあるのは「医師の指示の下に、介護サービスの基盤強化のための介護保険法等の一部を改正する法律（平成二十三年法律第七十二号）附則第十四条第一項の規定による認定を受けた者ごとに当該認定に係る」と、「喀痰吸引等のうち当該認定特定行為業務従事者が修了した次条第二項に規定する喀痰吸引等研修の課程に応じて」とあるのは「喀痰《かくたん》吸引等のうち」とし、社会福祉法等の一部を改正する法律（平成二十八年法律第二十一号）第五条の規定による改正後の平成十九年一部改正法第三条の二の規定による改正後の社会福祉士及び介護福祉士法附則第十条第一項の規定の適用については、同年四月一日以後は、同項中「医師の指示の下に、」とあるのは「医師の指示の下に、介護サービスの基盤強化のための介護保険法等の一部を改正する法律（平成二十三年法律第七十二号）附則第十四条第一項の規定による認定を受けた者ごとに当該認定に係る」と、「喀痰吸引等のうち当該認定特定行為業務従事者が修了した次条第二項に規定する喀痰吸引等研修の課程に応じて」とあるのは「喀痰《かくたん》吸引等のうち」とする。

4　新社会福祉士及び介護福祉士法附則第四条第三項及び第五条の規定は、第二項の規定による交付について準用する。

5　前各項に規定するもののほか、第二項の規定による交付その他前各項の規定の施行に関し必要な事項は、厚生労働省令で定める。

第一五条　新社会福祉士及び介護福祉士法附則第四条第二項及び第二十条第一項の登録並びに前条第一項の認定の手続は、施行日前においても行うことができる。

第一六条　附則第十四条第四項において準用する新社会福祉士及び介護福祉士法附則第五条第二項の規定に違反した者は、一年以下の懲役又は三十万円以下の罰金に処する。

（罰則に関する経過措置）

第五一条　この法律（附則第一条第一号に掲げる規定にあっては、当該規定）の施行前にした行為に対する罰則の適用については、なお従前の例による。

（政令への委任）

第五二条　この附則に定めるもののほか、この法律の施行に関し必要な経過措置（罰則に関する経過措置を含む。）は、政令で定める。

◉精神保健福祉士法

（平成九・一二・一九法律一三一）

注　令五法律二八改正現在

（未施行分については、該当か所の後に改正文を収載）

第一章　総則

（目的）

第一条　この法律は、精神保健福祉士の資格を定めて、その業務の適正を図り、もって精神保健の向上及び精神障害者の福祉の増進に寄与することを目的とする。

（定義）

第二条　この法律において「**精神保健福祉士**」とは、第二十八条の登録を受け、精神保健福祉士の名称を用いて、精神障害者の保健及び福祉に関する専門的知識及び技術をもって、精神科病院その他の医療施設において精神障害の医療を受け、若しくは精神障害者の社会復帰の促進を図ることを目的とする施設を利用している者の地域相談支援（障害者の日常生活及び社会生活を総合的に支援するための法律（平成十七年法律第百二十三号）第五条第十八項に規定する地域相談支援をいう。第四十一条第一項において同じ。）の利用に関する相談その他の社会復帰に関する相談又は精神障害者及び精神保健に関する課題を抱える者の精神保健に関する相談に応じ、助言、指導、日常生活への適応のために必要な訓練その他の援助を行うこと（以下「**相談援助**」という。）を業とする者をいう。

注　第二条は、令和四年一二月一六日法律第一〇四号により次のように改正され、令和四年一二月一六日から起算して三年を超えない範囲内において政令で定める日から施行される。
　第二条中「第五条第十八項」を「第五条第十九項」に改める。

（欠格事由）

第三条　次の各号のいずれかに該当する者は、精神保健福祉士となることができない。

一　心身の故障により精神保健福祉士の業務を適正に行うことができない者として厚生労働省令で定めるもの

二　禁錮以上の刑に処せられ、その執行を終わり、又は執行を受けることがなくなった日から起算して二年を経過しない者

三　この法律の規定その他精神障害者の保健又は福祉に関する法律の規定であって政令で定めるものにより、罰金の刑に処せられ、その執行を終わり、又は執行を受けることがなくなった日から起算して二年を経過しない者

四　第三十二条第一項第二号又は第二項の規定により登録を取り消され、その取消しの日から起算して二年を経過しない者

注　第三条は、令和四年六月一七日法律第六八号により次のように改正され、令和四年六月一七日から起算して三年を超えない範囲内において政令で定める日から施行される。
　第三条第二号中「禁錮」を「拘禁刑」に改める。

第二章　試験

（資格）

第四条　精神保健福祉士試験（以下「**試験**」という。）に合格した者は、精神保健福祉士となる資格を有する。

（試験）

第五条　試験は、精神保健福祉士として必要な知識及び技能について行う。

（試験の実施）

第六条　試験は、毎年一回以上、厚生労働大臣が行う。

（受験資格）

第七条　試験は、次の各号のいずれかに該当する者でなければ、受けることができない。

一　学校教育法（昭和二十二年法律第二十六号）に基づく大学（短期大学を除く。以下この条において同じ。）において文部科学省令・厚生労働省令で定める精神障害者の保健及び福祉に関する科目（以下この条において「指定科目」という。）を修めて卒業した者その他その者に準ずるものとして厚生労働省令で定める者

二　学校教育法に基づく大学において文部科学省令・厚生労働省令で定める精神障害者の保健及び福祉に関する基礎科目（以下この条において「基礎科目」という。）を修めて卒業した者その他その者に準ずるものとして厚生労働省令で定める者であって、文部科学大臣及び厚生労働大臣の指定した学校又は都道府県知事の指定した養成施設（以下「**精神保健福祉士短期養成施設等**」という。）において六月以上精神保健福祉士として必要な知識及び技能を修得したもの

三　学校教育法に基づく大学を卒業した者その他その者に準ずるものとして厚生労働省令で定める者であって、文部科学大臣及び厚生労働大臣の指定した学校又は都道府県知事の指定した養成施設（以下「**精神保健福祉士一般養成施設等**」という。）において一年以上精神保健福祉士として必要な知識及び技能を修得したもの

四　学校教育法に基づく短期大学（修業年限が三年であるものに限り、同法に基づく専門職大学の三年の前期課程を含む。次号及び第六号において同じ。）において指定科目を修めて卒業した者（同法に基づく専門職大学の前期

課程にあっては、修了した者。以下この条において同じ。）（夜間において授業を行う学科又は通信による教育を行う学科を卒業した者を除く。）その他その者に準ずるものとして厚生労働省令で定める者であって、厚生労働省令で定める施設（以下この条において「指定施設」という。）において一年以上相談援助の業務に従事したもの

五　学校教育法に基づく短期大学において基礎科目を修めて卒業した者（夜間において授業を行う学科又は通信による教育を行う学科を卒業した者を除く。）その他その者に準ずるものとして厚生労働省令で定める者であって、指定施設において一年以上相談援助の業務に従事した後、精神保健福祉士短期養成施設等において六月以上精神保健福祉士として必要な知識及び技能を修得したもの

六　学校教育法に基づく短期大学を卒業した者（夜間において授業を行う学科又は通信による教育を行う学科を卒業した者を除く。）その他その者に準ずるものとして厚生労働省令で定める者であって、指定施設において一年以上相談援助の業務に従事した後、精神保健福祉士一般養成施設等において一年以上精神保健福祉士として必要な知識及び技能を修得したもの

七　学校教育法に基づく短期大学（同法に基づく専門職大学の前期課程を含む。次号及び第九号において同じ。）において指定科目を修めて卒業した者その他その者に準ずるものとして厚生労働省令で定める者であって、指定施設において二年以上相談援助の業務に従事したもの

八　学校教育法に基づく短期大学において基礎科目を修めて卒業した者その他その者に準ずるものとして厚生労働省令で定める者であって、指定施設において二年以上相談援助の業務に従事した後、精神保健福祉士短期養成施設等において六月以上精神保健福祉士として必要な知識及び技能を修得したもの

九　学校教育法に基づく短期大学又は高等専門学校を卒業した者その他その者に準ずるものとして厚生労働省令で定める者であって、指定施設において二年以上相談援助の業務に従事した後、精神保健福祉士一般養成施設等において一年以上精神保健福祉士として必要な知識及び技能を修得したもの

十　指定施設において四年以上相談援助の業務に従事した後、精神保健福祉士一般養成施設等において一年以上精神保健福祉士として必要な知識及び技能を修得した者

十一　社会福祉士であって、精神保健福祉士短期養成施設等において六月以上精神保健福祉士として必要な知識及び技能を修得したもの

（試験の無効等）

第八条　厚生労働大臣は、試験に関して不正の行為があった場合には、その不正行為に関係のある者に対しては、その受験を停止させ、又はその試験を無効とすることができる。

2　厚生労働大臣は、前項の規定による処分を受けた者に対し、期間を定めて試験を受けることができないものとすることができる。

（受験手数料）

第九条　試験を受けようとする者は、実費を勘案して政令で定める額の受験手数料を国に納付しなければならない。

2　前項の受験手数料は、これを納付した者が試験を受けない場合においても、返還しない。

（指定試験機関の指定）

第一〇条　厚生労働大臣は、厚生労働省令で定めるところにより、その指定する者（以下「**指定試験機関**」という。）に、試験の実施に関する事務（以下「**試験事務**」という。）を行わせることができる。

2　指定試験機関の指定は、厚生労働省令で定めるところにより、試験事務を行おうとする者の申請により行う。

3　厚生労働大臣は、他に指定を受けた者がなく、かつ、前項の申請が次の要件を満たしていると認めるときでなければ、指定試験機関の指定をしてはならない。

一　職員、設備、試験事務の実施の方法その他の事項についての試験事務の実施に関する計画が、試験事務の適正かつ確実な実施のために適切なものであること。

二　前号の試験事務の実施に関する計画の適正かつ確実な実施に必要な経理的及び技術的な基礎を有するものであること。

4　厚生労働大臣は、第二項の申請が次のいずれかに該当するときは、指定試験機関の指定をし

てはならない。

一　申請者が、一般社団法人又は一般財団法人以外の者であること。

二　申請者がその行う試験事務以外の業務により試験事務を公正に実施することができないおそれがあること。

三　申請者が、第二十二条の規定により指定を取り消され、その取消しの日から起算して二年を経過しない者であること。

四　申請者の役員のうちに、次のいずれかに該当する者があること。

イ　この法律に違反して、刑に処せられ、その執行を終わり、又は執行を受けることがなくなった日から起算して二年を経過しない者

ロ　次条第二項の規定による命令により解任され、その解任の日から起算して二年を経過しない者

（指定試験機関の役員の選任及び解任）

第一一条　指定試験機関の役員の選任及び解任は、厚生労働大臣の認可を受けなければ、その効力を生じない。

2　厚生労働大臣は、指定試験機関の役員が、この法律（この法律に基づく命令又は処分を含む。）若しくは第十三条第一項に規定する試験事務規程に違反する行為をしたとき、又は試験事務に関し著しく不適当な行為をしたときは、指定試験機関に対し、当該役員の解任を命ずることができる。

（事業計画の認可等）

第一二条　指定試験機関は、毎事業年度、事業計画及び収支予算を作成し、当該事業年度の開始前に（指定を受けた日の属する事業年度にあっては、その指定を受けた後遅滞なく）、厚生労働大臣の認可を受けなければならない。これを変更しようとするときも、同様とする。

2　指定試験機関は、毎事業年度の経過後三月以内に、その事業年度の事業報告書及び収支決算書を作成し、厚生労働大臣に提出しなければならない。

（試験事務規程）

第一三条　指定試験機関は、試験事務の開始前に、試験事務の実施に関する規程（以下この章において「**試験事務規程**」という。）を定め、厚生労働大臣の認可を受けなければならない。これを変更しようとするときも、同様とする。

2　試験事務規程で定めるべき事項は、厚生労働省令で定める。

3　厚生労働大臣は、第一項の認可をした試験事務規程が試験事務の適正かつ確実な実施上不適当となったと認めるときは、指定試験機関に対し、これを変更すべきことを命ずることができる。

（精神保健福祉士試験委員）

第一四条　指定試験機関は、試験事務を行う場合において、精神保健福祉士として必要な知識及び技能を有するかどうかの判定に関する事務については、精神保健福祉士試験委員（以下この章において「**試験委員**」という。）に行わせなければならない。

2　指定試験機関は、試験委員を選任しようとするときは、厚生労働省令で定める要件を備える者のうちから選任しなければならない。

3　指定試験機関は、試験委員を選任したときは、厚生労働省令で定めるところにより、厚生労働大臣にその旨を届け出なければならない。試験委員に変更があったときも、同様とする。

4　第十一条第二項の規定は、試験委員の解任について準用する。

（規定の適用等）

第一五条　指定試験機関が試験事務を行う場合における第八条第一項及び第九条第一項の規定の適用については、第八条第一項中「厚生労働大臣」とあり、及び第九条第一項中「国」とあるのは、「指定試験機関」とする。

2　前項の規定により読み替えて適用する第九条第一項の規定により指定試験機関に納められた受験手数料は、指定試験機関の収入とする。

（秘密保持義務等）

第一六条　指定試験機関の役員若しくは職員（試験委員を含む。次項において同じ。）又はこれらの職にあった者は、試験事務に関して知り得た秘密を漏らしてはならない。

2　試験事務に従事する指定試験機関の役員又は職員は、刑法（明治四十年法律第四十五号）その他の罰則の適用については、法令により公務に従事する職員とみなす。

（帳簿の備付け等）

第一七条　指定試験機関は、厚生労働省令で定めるところにより、試験事務に関する事項で厚生

労働省令で定めるものを記載した帳簿を備え、これを保存しなければならない。

（監督命令）

第一八条 厚生労働大臣は、この法律を施行するため必要があると認めるときは、指定試験機関に対し、試験事務に関し監督上必要な命令をすることができる。

（報告）

第一九条 厚生労働大臣は、この法律を施行するため必要があると認めるときは、その必要な限度で、厚生労働省令で定めるところにより、指定試験機関に対し、報告をさせることができる。

（立入検査）

第二〇条 厚生労働大臣は、この法律を施行するため必要があると認めるときは、その必要な限度で、その職員に、指定試験機関の事務所に立ち入り、指定試験機関の帳簿、書類その他必要な物件を検査させ、又は関係者に質問させることができる。

2 前項の規定により立入検査を行う職員は、その身分を示す証明書を携帯し、かつ、関係者の請求があるときは、これを提示しなければならない。

3 第一項に規定する権限は、犯罪捜査のために認められたものと解釈してはならない。

（試験事務の休廃止）

第二一条 指定試験機関は、厚生労働大臣の許可を受けなければ、試験事務の全部又は一部を休止し、又は廃止してはならない。

（指定の取消し等）

第二二条 厚生労働大臣は、指定試験機関が第十条第四項各号（第三号を除く。）のいずれかに該当するに至ったときは、その指定を取り消さなければならない。

2 厚生労働大臣は、指定試験機関が次の各号のいずれかに該当するに至ったときは、その指定を取り消し、又は期間を定めて試験事務の全部若しくは一部の停止を命ずることができる。

一 第十条第三項各号の要件を満たさなくなったと認められるとき。

二 第十一条第二項（第十四条第四項において準用する場合を含む。）、第十三条第三項又は第十八条の規定による命令に違反したとき。

三 第十二条、第十四条第一項から第三項まで又は前条の規定に違反したとき。

四 第十三条第一項の認可を受けた試験事務規程によらないで試験事務を行ったとき。

五 次条第一項の条件に違反したとき。

（指定等の条件）

第二三条 第十条第一項、第十一条第一項、第十二条第一項、第十三条第一項又は第二十一条の規定による指定、認可又は許可には、条件を付し、及びこれを変更することができる。

2 前項の条件は、当該指定、認可又は許可に係る事項の確実な実施を図るため必要な最小限度のものに限り、かつ、当該指定、認可又は許可を受ける者に不当な義務を課することとなるものであってはならない。

（指定試験機関がした処分等に係る審査請求）

第二四条 指定試験機関が行う試験事務に係る処分又はその不作為について不服がある者は、厚生労働大臣に対し、審査請求をすることができる。この場合において、厚生労働大臣は、行政不服審査法（平成二十六年法律第六十八号）第二十五条第二項及び第三項、第四十六条第一項及び第二項、第四十七条並びに第四十九条第三項の規定の適用については、指定試験機関の上級行政庁とみなす。

（厚生労働大臣による試験事務の実施等）

第二五条 厚生労働大臣は、指定試験機関の指定をしたときは、試験事務を行わないものとする。

2 厚生労働大臣は、指定試験機関が第二十一条の規定による許可を受けて試験事務の全部若しくは一部を休止したとき、第二十二条第二項の規定により指定試験機関に対し試験事務の全部若しくは一部の停止を命じたとき、又は指定試験機関が天災その他の事由により試験事務の全部若しくは一部を実施することが困難となった場合において必要があると認めるときは、試験事務の全部又は一部を自ら行うものとする。

（公示）

第二六条 厚生労働大臣は、次の場合には、その旨を官報に公示しなければならない。

一 第十条第一項の規定による指定をしたとき。

二 第二十一条の規定による許可をしたとき。

三 第二十二条の規定により指定を取り消し、又は試験事務の全部若しくは一部の停止を命じたとき。

四　前条第二項の規定により試験事務の全部若しくは一部を自ら行うこととするとき、又は自ら行っていた試験事務の全部若しくは一部を行わないこととするとき。

（試験の細目等）

第二七条　この章に規定するもののほか、試験、精神保健福祉士短期養成施設等、精神保健福祉士一般養成施設等、指定試験機関その他この章の規定の施行に関し必要な事項は、厚生労働省令で定める。

第三章　登録

（登録）

第二八条　精神保健福祉士となる資格を有する者が精神保健福祉士となるには、精神保健福祉士登録簿に、氏名、生年月日その他厚生労働省令で定める事項の登録を受けなければならない。

（精神保健福祉士登録簿）

第二九条　精神保健福祉士登録簿は、厚生労働省に備える。

（精神保健福祉士登録証）

第三〇条　厚生労働大臣は、精神保健福祉士の登録をしたときは、申請者に第二十八条に規定する事項を記載した精神保健福祉士登録証（以下この章において「登録証」という。）を交付する。

（登録事項の変更の届出等）

第三一条　精神保健福祉士は、登録を受けた事項に変更があったときは、遅滞なく、その旨を厚生労働大臣に届け出なければならない。

2　精神保健福祉士は、前項の規定による届出をするときは、当該届出に登録証を添えて提出し、その訂正を受けなければならない。

注　第三一条は、令和三年五月一九日法律第三七号により次のように改正され、公布の日から起算して四年を超えない範囲内において政令で定める日から施行される。

第三十一条第二項を次のように改める。

2　厚生労働大臣は、前項の規定による届出を受理したときは、その届出があった事項を精神保健福祉士登録簿に登録するとともに、当該届出をした精神保健福祉士に対し、登録の変更を証する書類を交付するものとする。

第三十一条に次の一項を加える。

3　前項の規定による交付は、第一項の規定による届出が電子署名等に係る地方公共団体情報システム機構の認証業務に関する法律（平成十四年法律第百五十三号）第二十二条第一項に規定する利用者証明用電子証明書を送信する方法により行われた場合は、電子情報処理組織を使用する方法その他の情報通信の技術を利用する方法により行うものとする。

（登録の取消し等）

第三二条　厚生労働大臣は、精神保健福祉士が次の各号のいずれかに該当する場合には、その登録を取り消さなければならない。

一　第三条各号（第四号を除く。）のいずれかに該当するに至った場合

二　虚偽又は不正の事実に基づいて登録を受けた場合

2　厚生労働大臣は、精神保健福祉士が第三十九条、第四十条又は第四十一条第二項の規定に違反したときは、その登録を取り消し、又は期間を定めて精神保健福祉士の名称の使用の停止を命ずることができる。

（登録の消除）

第三三条　厚生労働大臣は、精神保健福祉士の登録がその効力を失ったときは、その登録を消除しなければならない。

（変更登録等の手数料）

第三四条　登録証の記載事項の変更を受けようとする者及び登録証の再交付を受けようとする者は、実費を勘案して政令で定める額の手数料を国に納付しなければならない。

注　第三四条は、令和三年五月一九日法律第三七号により次のように改正され、公布の日から起算して四年を超えない範囲内において政令で定める日から施行される。

第三十四条の見出し中「変更登録等」を「登録証の書換交付等」に改め、同条中「記載事項の変更を受けようとする者及び登録証の」を「書換交付又は」に改める。

（指定登録機関の指定等）

第三五条　厚生労働大臣は、厚生労働省令で定めるところにより、その指定する者（以下「**指定**

登録機関」という。）に、精神保健福祉士の登録の実施に関する事務（以下「**登録事務**」という。）を行わせることができる。

2　指定登録機関の指定は、厚生労働省令で定めるところにより、登録事務を行おうとする者の申請により行う。

第三六条　指定登録機関が登録事務を行う場合における第二十九条、第三十条、第三十一条第一項、第三十三条及び第三十四条の規定の適用については、これらの規定中「厚生労働省」とあり、「厚生労働大臣」とあり、及び「国」とあるのは、「指定登録機関」とする。

2　指定登録機関が登録を行う場合において、精神保健福祉士の登録を受けようとする者は、実費を勘案して政令で定める額の手数料を指定登録機関に納付しなければならない。

3　第一項の規定により読み替えて適用する第三十四条及び前項の規定により指定登録機関に納められた手数料は、指定登録機関の収入とする。

注　第三六条は、令和三年五月一九日法律第三七号により次のように改正され、公布の日から起算して四年を超えない範囲内において政令で定める日から施行される。

第三十六条第一項中「、第三十三条及び」を「及び第二項、第三十三条並びに」に改め、同条第二項中「が登録」を「が登録（変更の登録を含む。）」に、「精神保健福祉士の登録」を「当該登録」に改める。

（準用）

第三七条　第十条第三項及び第四項、第十一条から第十三条まで並びに第十六条から第二十六条までの規定は、指定登録機関について準用する。この場合において、これらの規定中「試験事務」とあるのは「登録事務」と、「試験事務規程」とあるのは「登録事務規程」と、第十条第三項中「前項の申請」とあり、及び同条第四項中「第二項の申請」とあるのは「第三十五条第二項の申請」と、第十六条第一項中「職員（試験委員を含む。次項において同じ。）」とあるのは「職員」と、第二十二条第二項第二号中「第十一条第二項（第十四条第四項において準用する場合を含む。）」とあるのは「第十一条第二項」と、同項第三号中「、第十四条第一項から第三項まで又は前条」とあるのは「又は前条」と、第二十三条第一項及び第二十六条第一号中「第十条第一項」とあるのは「第三十五条第一項」と読み替えるものとする。

（厚生労働省令への委任）

第三八条　この章に規定するもののほか、精神保健福祉士の登録、指定登録機関その他この章の規定の施行に関し必要な事項は、厚生労働省令で定める。

第四章　義務等

（誠実義務）

第三八条の二　精神保健福祉士は、その担当する者が個人の尊厳を保持し、自立した生活を営むことができるよう、常にその者の立場に立って、誠実にその業務を行わなければならない。

（信用失墜行為の禁止）

第三九条　精神保健福祉士は、精神保健福祉士の信用を傷つけるような行為をしてはならない。

（秘密保持義務）

第四〇条　精神保健福祉士は、正当な理由がなく、その業務に関して知り得た人の秘密を漏らしてはならない。精神保健福祉士でなくなった後においても、同様とする。

（連携等）

第四一条　精神保健福祉士は、その業務を行うに当たっては、その担当する者に対し、保健医療サービス、障害者の日常生活及び社会生活を総合的に支援するための法律第五条第一項に規定する障害福祉サービス、地域相談支援に関するサービスその他のサービスが密接な連携の下で総合的かつ適切に提供されるよう、これらのサービスを提供する者その他の関係者等との連携を保たなければならない。

2　精神保健福祉士は、その業務を行うに当たって精神障害者に主治の医師があるときは、その指導を受けなければならない。

（資質向上の責務）

第四一条の二　精神保健福祉士は、精神保健及び精神障害者の福祉を取り巻く環境の変化による業務の内容の変化に適応するため、相談援助に関する知識及び技能の向上に努めなければならない。

（名称の使用制限）

第四二条　精神保健福祉士でない者は、精神保健福祉士という名称を使用してはならない。

（権限の委任）

第四二条の二　この法律に規定する厚生労働大臣の権限は、厚生労働省令で定めるところにより、地方厚生局長に委任することができる。

2　前項の規定により地方厚生局長に委任された権限は、厚生労働省令で定めるところにより、地方厚生支局長に委任することができる。

（経過措置）

第四三条　この法律の規定に基づき命令を制定し、又は改廃する場合においては、その命令で、その制定又は改廃に伴い合理的に必要と判断される範囲内において、所要の経過措置（罰則に関する経過措置を含む。）を定めることができる。

第五章　罰則

第四四条　第四十条の規定に違反した者は、一年以下の懲役又は三十万円以下の罰金に処する。

2　前項の罪は、告訴がなければ公訴を提起することができない。

注　第四四条は、令和四年六月一七日法律第六八号により次のように改正され、令和四年六月一七日から起算して三年を超えない範囲内において政令で定める日から施行される。

第四十四条第一項中「懲役」を「拘禁刑」に改める。

第四五条　第十六条第一項（第三十七条において準用する場合を含む。）の規定に違反した者は、一年以下の懲役又は三十万円以下の罰金に処する。

注　第四五条は、令和四年六月一七日法律第六八号により次のように改正され、令和四年六月一七日から起算して三年を超えない範囲内において政令で定める日から施行される。

第四十五条中「懲役」を「拘禁刑」に改める。

第四六条　第二十二条第二項（第三十七条において準用する場合を含む。）の規定による試験事務又は登録事務の停止の命令に違反したときは、その違反行為をした指定試験機関又は指定登録機関の役員又は職員は、一年以下の懲役又は三十万円以下の罰金に処する。

注　第四六条は、令和四年六月一七日法律第六八号により次のように改正され、令和四年六月一七日から起算して三年を超えない範囲内において政令で定める日から施行される。

第四十六条中「懲役」を「拘禁刑」に改める。

第四七条　次の各号のいずれかに該当する者は、三十万円以下の罰金に処する。

一　第三十二条第二項の規定により精神保健福祉士の名称の使用の停止を命ぜられた者で、当該停止を命ぜられた期間中に、精神保健福祉士の名称を使用したもの

二　第四十二条の規定に違反した者

第四八条　次の各号のいずれかに該当するときは、その違反行為をした指定試験機関又は指定登録機関の役員又は職員は、二十万円以下の罰金に処する。

一　第十七条（第三十七条において準用する場合を含む。）の規定に違反して帳簿を備えず、帳簿に記載せず、若しくは帳簿に虚偽の記載をし、又は帳簿を保存しなかったとき。

二　第十九条（第三十七条において準用する場合を含む。）の規定による報告をせず、又は虚偽の報告をしたとき。

三　第二十条第一項（第三十七条において準用する場合を含む。）の規定による立入り若しくは検査を拒み、妨げ、若しくは忌避し、又は質問に対して陳述をせず、若しくは虚偽の陳述をしたとき。

四　第二十一条（第三十七条において準用する場合を含む。）の許可を受けないで試験事務又は登録事務の全部を廃止したとき。

附　則（抄）

（施行期日）

第一条　この法律は、平成十年四月一日から施行する。ただし、第七条第二号及び第三号の規定（学校、職業能力開発校等又は養成施設の指定

に係る部分に限る。）、第二十七条の規定（精神保健福祉士短期養成施設等及び精神保健福祉士一般養成施設等に係る部分に限る。）並びに附則第七条の規定は、公布の日から起算して九月を超えない範囲内において政令で定める日〔平一〇・二・一〕から施行する。

附　則（平二二・一二・一〇法律七一）

（抄）

（施行期日）

第一条　この法律は、平成二十四年四月一日から施行する。〔以下略〕

（精神保健福祉士法の一部改正に伴う経過措置）

第三六条　次の各号のいずれかに該当する者は、第八条の規定による改正後の精神保健福祉士法の規定にかかわらず、精神保健福祉士試験を受けることができる。

一　この法律の施行の際現に第八条の規定による改正前の精神保健福祉士法（以下この条において「旧精神保健福祉士法」という。）第七条第一号、第二号、第四号、第五号、第七号及び第八号のいずれかの要件に該当する者

二　施行日前に学校教育法（昭和二十二年法律第二十六号）に基づく大学（短期大学を除く。以下この号及び次号において同じ。）に在学し、施行日以後に旧精神保健福祉士法第七条第一号に規定する要件に該当することとなった者その他その者に準ずるものとして厚生労働省令で定める者（施行日以後に学校教育法に基づく大学に入学し、当該大学において同号に規定する指定科目（以下この条において「旧指定科目」という。）を修めて卒業した者その他その者に準ずるものとして厚生労働省令で定める者を除く。）

三　施行日前に学校教育法に基づく大学に在学し、施行日以後に旧精神保健福祉士法第七条第二号に規定する要件に該当することとなった者その他その者に準ずるものとして厚生労働省令で定める者（施行日以後に学校教育法に基づく大学に入学し、当該大学において同号に規定する基礎科目（以下この条において「旧基礎科目」という。）を修めて卒業した者その他その者に準ずるものとして厚生労働省令で定める者を除く。）

四　施行日前に学校教育法に基づく短期大学（修業年限が三年であるものに限る。以下この号及び次号において同じ。）に在学し、施行日以後に旧精神保健福祉士法第七条第四号に規定する要件に該当することとなった者その他その者に準ずるものとして厚生労働省令で定める者（施行日以後に学校教育法に基づく短期大学に入学し、当該短期大学において旧指定科目を修めて卒業した者その他その者に準ずるものとして厚生労働省令で定める者を除く。）

五　施行日前に学校教育法に基づく短期大学に在学し、施行日以後に旧精神保健福祉士法第七条第五号に規定する要件に該当することとなった者その他その者に準ずるものとして厚生労働省令で定める者（施行日以後に学校教育法に基づく短期大学に入学し、当該短期大学において旧基礎科目を修めて卒業した者その他その者に準ずるものとして厚生労働省令で定める者を除く。）

六　施行日前に学校教育法に基づく短期大学に在学し、施行日以後に旧精神保健福祉士法第七条第七号に規定する要件に該当することとなった者その他その者に準ずるものとして厚生労働省令で定める者（施行日以後に学校教育法に基づく短期大学に入学し、当該短期大学において旧指定科目を修めて卒業した者その他その者に準ずるものとして厚生労働省令で定める者を除く。）

七　施行日前に学校教育法に基づく短期大学に在学し、施行日以後に旧精神保健福祉士法第七条第八号に規定する要件に該当することとなった者その他その者に準ずるものとして厚生労働省令で定める者（施行日以後に学校教育法に基づく短期大学に入学し、当該短期大学において旧基礎科目を修めて卒業した者その他その者に準ずるものとして厚生労働省令で定める者を除く。）

◎ソーシャルワーク専門職のグローバル定義

（二〇一四・七　国際ソーシャルワーカー連盟及び国際ソーシャルワーク学校連盟総会採択）

ソーシャルワークは、社会変革と社会開発、社会的結束、および人々のエンパワメントと解放を促進する、実践に基づいた専門職であり学問である。社会正義、人権、集団的責任、および多様性尊重の諸原理は、ソーシャルワークの中核をなす。ソーシャルワークの理論、社会科学、人文学、および地域・民族固有の知[1]を基盤として、ソーシャルワークは、生活課題に取り組みウェルビーイングを高めるよう、人々やさまざまな構造に働きかける[2]。

この定義は、各国および世界の各地域で展開してもよい[3]。

1　「地域・民族固有の知（indigenous knowledge）」とは、世界各地に根ざし、人々が集団レベルで長期間受け継いできた知を指している。中でも、本文注釈の「知」の節を見ればわかるように、いわゆる「先住民」の知が特に重視されている。

2　この文の後半部分は、英語と日本語の言語的構造の違いから、簡潔で適切な訳出が非常に困難である。本文注釈の「実践」の節で、ここは人々の参加や主体性を重視する姿勢を表現していると説明がある。これを加味すると、「ソーシャルワークは、人々が主体的に生活課題に取り組みウェルビーイングを高められるよう人々に関わるとともに、ウェルビーイングを高めるための変革に向けて人々とともにさまざまな構造に働きかける」という意味合いで理解すべきであろう。

3　今回、各国および世界の各地域（IFSW/IASSWは、世界をアジア太平洋、アフリカ、北アメリカ、南アメリカ、ヨーロッパという五つの地域＝リージョンに分けている）は、このグローバル定義を基に、それに反しない範囲で、それぞれの置かれた社会的・政治的・文化的状況に応じた独自の定義を作ることができることとなった。これによって、ソーシャルワークの定義は、グローバル（世界）・リージョナル（地域）・ナショナル（国）という三つのレベルをもつ重層的なものとなる。

注釈

注釈は、定義に用いられる中核概念を説明し、ソーシャルワーク専門職の中核となる任務・原則・知・実践について詳述するものである。

中核となる任務

ソーシャルワーク専門職の中核となる任務には、社会変革・社会開発・社会的結束の促進、および人々のエンパワメントと解放がある。

ソーシャルワークは、相互に結び付いた歴史的・社会経済的・文化的・空間的・政治的・個人的要素が人々のウェルビーイングと発展にとってチャンスにも障壁にもなることを認識している、実践に基づいた専門職であり学問である。構造的障壁は、不平等・差別・搾取・抑圧の永続につながる。人種・階級・言語・宗教・ジェンダー・障害・文化・性的指向などに基づく抑圧や、特権の構造的原因の探求を通して批判的意識を養うこと、そして構造的・個人的障壁の問題に取り組む行動戦略を立てることは、人々のエンパワメントと解放をめざす実践の中核をなす。不利な立場にある人々と連帯しつつ、この専門職は、貧困を軽減し、脆弱で抑圧された人々を解放し、社会的包摂と社会的結束を促進すべく努力する。

社会変革の任務は、個人・家族・小集団・共同体・社会のどのレベルであれ、現状が変革と開発を必要とするとみなされる時、ソーシャルワークが介入することを前提としている。それは、周縁化・社会的排除・抑圧の原因となる構造的条件に挑戦し変革する必要によって突き動かされる。社会変革のイニシアチブは、人権および経済的・環境的・社会的正義の増進において人々の主体性が果たす役割を認識する。また、ソーシャルワーク専門職は、それがいかなる特定の集団の周縁化・排除・抑圧にも利用されない限りにおいて、社会的安定の維持にも等しく関与する。

社会開発という概念は、介入のための戦略、最終的にめざす状態、および（通常の残余的および制度的枠組に加えて）政策的枠組などを意味する。それは、（持続可能な発展をめざし、ミクロ―マクロの区分を超えて、複数のシステムレベルおよびセクター間・専門職間の協働を統合するような）全体的、生物―心理―社会的、およびスピリチュアルなアセスメントと介入に基づいている。それは社会構造的かつ経済的な開発に優先権を与えるものであり、経済成長こそが社会開発の前提条件であるという従来の考え方には賛同しない。

原則

ソーシャルワークの大原則は、人間の内在的価値と尊厳の尊重、危害を加えないこと、多様性の尊重、人権と社会正義の支持である。

人権と社会正義を擁護し支持することは、ソーシャルワークを動機づけ、正当化するものである。ソーシャルワーク専門職は、人権と集団的責任の共存が必要であることを認識する。集団的責任という考えは、一つには、人々がお互い同士、そして環境に対して責任をもつ限りにおいて、はじめて個人の権利が日常レベルで実現されるという現実、もう一つには、共同体の中で互恵的な関係を確立することの重要性を強調する。したがって、ソーシャルワークの主な焦点は、あらゆるレベルにおいて人々の権利を主張すること、および、人々が互いのウェルビーイングに責任をもち、人と人の間、そして人々と環境の間の相互依存を認識し尊重するように促すことにある。

ソーシャルワークは、第一・第二・第三世代の権利を尊重する。第一世代の権利とは、言論や良心の自由、拷問や恣意的拘束からの自由など、市民的・政治的権利を指す。第二世代の権利とは、合理的なレベルの教育・保健医療・住居・少数言語の権利など、社会経済的・文化的権利を指す。第三世代の権利は自然界、生物多様性や世代間平等の権利に焦点を当てる。これらの権利は、互いに補強し依存しあうものであり、個人の権利と集団的権利の両方を含んでいる。

「危害を加えないこと」と「多様性の尊重」は、状況によっては、対立し、競合する価値観となることがある。たとえば、女性や同性愛者などのマイノリティの権利（生存権さえも）が文化の名において侵害される場合などである。『ソーシャルワークの教育・養成に関する世界基準』は、ソーシャルワーカーの教育は基本的人権アプローチに基づくべきと主張することによって、この複雑な問題に対処しようとしている。そこには以下の注が付されている。

> 文化的信念、価値、および伝統が人々の基本的人権を侵害するところでは、そのようなアプローチ（基本的人権アプローチ）が建設的な対決と変化を促すかもしれない。そもそも文化とは社会的に構成されるダイナミックなものであり、解体され変化しうるものである。そのような建設的な対決、解体、および変化は、特定の文化的価値・信念・伝統を深く理解した上で、人権という（特定の文化よりも）広範な問題に関して、その文化的集団のメンバーと批判的で思慮深い対話を行うことを通して促進されうる。

知

ソーシャルワークは、複数の学問分野をまたぎ、その境界を超えていくものであり、広範な科学的諸理論および研究を利用する。ここでは、「科学」を「知」というそのもっとも基本的な意味で理解したい。ソーシャルワークは、常に発展し続ける自らの理論的基盤および研究はもちろん、コミュニティ開発・全人的教育学・行政学・人類学・生態学・経済学・教育学・運営管理学・看護学・精神医学・心理学・保健学・社会学など、他の人間諸科学の理論をも利用する。ソーシャルワークの研究と理論の独自性は、その応用性と解放志向性にある。多くのソーシャルワーク研究と理論は、サービス利用者との双方向性のある対話的過程を通して共同で作り上げられてきたものであり、それゆえに特定の実践環境に特徴づけられる。

この定義は、ソーシャルワークは特定の実践環境や西洋の諸理論だけでなく、先住民を含めた地域・民族固有の知にも拠っていることを認識している。植民地主義の結果、西洋の理論や知識のみが評価され、地域・民族固有の知は、西洋の理論や知識によって過小評価され、軽視され、支配された。この定義は、世界のどの地域・国・区域の先住民たちも、その独自の価値観および知を作り出し、それらを伝達する様式によって、科学に対して計り知れない貢献をしてきたことを認めるとともに、そうすることによって西洋の支配の過程を止め、反転させようとする。ソーシャルワークは、世界中の先住民たちの声に耳を傾け学ぶことによって、西洋の歴史的な科学的植民地主義と覇権を是正しようとする。こうして、ソーシャルワークの知は、先住民の人々と共同で作り出され、ローカルにも国際的にも、より適切に実践されることになるだろう。国連の資料に拠りつつ、ＩＦＳＷは先住民を以下のように定義している。

・地理的に明確な先祖伝来の領域に居住している（あるいはその土地への愛着を維持している）。
・自らの領域において、明確な社会的・経済的・政治的制度を維持する傾向がある。
・彼らは通常、その国の社会に完全に同化するよりも、文化的・地理的・制度的に独自であり続けることを望む。
・先住民あるいは部族というアイデンティティをもつ。

実践

ソーシャルワークの正統性と任務は、人々がその環境と相互作用する接点への介入にある。環境は、人々の生活に深い影響を及ぼすものであり、人々がその中にある様々な社会システムおよび自然的・地理的環境を含んでいる。ソーシャルワークの参加重視の方法論は、「生活課題に取り組みウェルビーイングを高めるよう、人々やさまざまな構造に働きかける」という部分に表現されている。ソーシャルワークは、できる限り、「人々のために」ではなく、「人々とともに」働くという考え方をとる。社会開発パラダイムにしたがって、ソーシャルワーカーは、システムの維持あるいは変革に向けて、さまざまなシステムレベルで一連のスキル・テクニック・戦略・原則・活動を活用する。ソーシャルワークの実践は、さまざまな形のセラピーやカウンセリング・グループワーク・コミュニティワーク、政策立案や分析、アドボカシーや政治的介入など、広範囲に及ぶ。この定義が支持する解放促進的視角からして、ソーシャルワークの戦略は、抑圧的な権力や不正義の構造的原因と対決しそれに挑戦するために、人々の希望・自尊心・創造的力を増大させることをめざすものであり、それゆえ、介入のミクロ－マクロ的、個人的－政治的次元を一貫性のある全体に統合することができる。ソーシャルワークが全体性を指向する性質は普遍的である。しかしその一方で、ソーシャルワークの実践が実際上何を優先するかは、国や時代により、歴史的・文化的・政治的・社会経済的条件により、多様である。

この定義に表現された価値や原則を守り、高め、実現することは、世界中のソーシャルワーカーの責任である。ソーシャルワーカーたちがその価値やビジョンに積極的に関与することによってのみ、ソーシャルワークの定義は意味をもつのである。

※「ＩＦＳＷ脚注」

二千十四年七月六日のＩＦＳＷ総会において、ＩＦＳＷは、スイスからの動議に基づき、ソーシャルワークのグローバル定義に関して以下の追加動議を可決した。

ＩＦＳＷ総会において可決された、ソーシャルワークのグローバル定義に関する追加動議

「この定義のどの一部分についても、定義の他の部分と矛盾するような解釈を行わないものとする」

「国・地域レベルでの『展開』は、この定義の諸要素の意味および定義全体の精神と矛盾しないものとする」

「ソーシャルワークの定義は、専門職集団のアイデンティティを確立するための鍵となる重要な要素であるから、この定義の将来の見直しは、その実行過程と変更の必要性を正確に吟味した上ではじめて開始されるものでなければならない。定義自体を変えることを考える前に、まずは注釈を付け加えることを検討すべきである。」

二千十四年七月メルボルンにおける国際ソーシャルワーカー連盟（ＩＦＳＷ）総会及び国際ソーシャルワーク学校連盟（ＩＡＳＳＷ）総会において定義を採択。日本語定義の作業は社会福祉専門職団体協議会と（一社）日本社会福祉教育学校連盟が協働で行った。二千十五年二月十三日、ＩＦＳＷとしては日本語訳、ＩＡＳＳＷは公用語である日本語定義として決定した。

社会福祉専門職団体協議会は、（NPO）日本ソーシャルワーカー協会、（公社）日本社会福祉士会、（公社）日本医療社会福祉協会、（公社）日本精神保健福祉士協会で構成され、IFSWに日本国代表団体として加盟しています。

◎ソーシャルワーカーの倫理綱領

（二〇〇五・五・二一承認　二〇二〇・八・三改訂　日本ソーシャルワーカー協会）

前文

われわれソーシャルワーカーは、すべての人が人間としての尊厳を有し、価値ある存在であり、平等であることを深く認識する。われわれは平和を擁護し、社会正義、人権、集団的責任、多様性尊重および全人的存在の原理に則り、人々がつながりを実感できる社会への変革と社会的包摂の実現をめざす専門職であり、多様な人々や組織と協働することを言明する。

われわれは、社会システムおよび自然的・地理的環境と人々の生活が相互に関連していることに着目する。社会変動が環境破壊および人間疎外をもたらしている状況にあって、この専門職が社会にとって不可欠であることを自覚するとともに、ソーシャルワーカーの職責についての一般社会および市民の理解を深め、その啓発に努める。

われわれは、われわれの加盟する国際ソーシャルワーカー連盟と国際ソーシャルワーク教育学校連盟が採択した、次の「ソーシャルワーク専門職のグローバル定義」（二〇一四年七月）を、ソーシャルワーク実践の基盤となるものとして認識し、その実践の拠り所とする。

＜ソーシャルワーク専門職のグローバル定義＞

ソーシャルワークは、社会変革と社会開発、社会的結束、および人々のエンパワメントと解放を促進する、実践に基づいた専門職であり学問である。社会正義、人権、集団的責任、および多様性尊重の諸原理は、ソーシャルワークの中核をなす。ソーシャルワークの理論、社会科学、人文学、および地域・民族固有の知を基盤として、ソーシャルワークは、生活課題に取り組みウェルビーイングを高めるよう、人々やさまざまな構造に働きかける。

この定義は、各国および世界の各地域で展開してもよい。

（IFSW:2014.7）※注1

われわれは、ソーシャルワークの知識、技術の専門性と倫理性の維持、向上が専門職の責務であることを認識し、本綱領を制定してこれを遵守することを誓約する。

原理

Ⅰ（人間の尊厳）　ソーシャルワーカーは、すべての人々を、出自、人種、民族、国籍、性別、性自認、性的指向、年齢、身体的精神的状況、宗教的文化的背景、社会的地位、経済状況などの違いにかかわらず、かけがえのない存在として尊重する。

Ⅱ（人権）　ソーシャルワーカーは、すべての人々を生まれながらにして侵すことのできない権利を有する存在であることを認識し、いかなる理由によってもその権利の抑圧・侵害・略奪を容認しない。

Ⅲ（社会正義）　ソーシャルワーカーは、差別、貧困、抑圧、排除、無関心、暴力、環境破壊などの無い、自由、平等、共生に基づく社会正義の実現をめざす。

Ⅳ（集団的責任）　ソーシャルワーカーは、集団の有する力と責任を認識し、人と環境の双方に働きかけて、互恵的な社会の実現に貢献する。

Ⅴ（多様性の尊重）　ソーシャルワーカーは、個人、家族、集団、地域社会に存在する多様性を認識し、それらを尊重する社会の実現をめざす。

Ⅵ（全人的存在）　ソーシャルワーカーは、すべての人々を生物的、心理的、社会的、文化的、スピリチュアルな側面からなる全人的な存在として認識する。

倫理基準

Ⅰ　クライエントに対する倫理責任

1（クライエントとの関係）　ソーシャルワーカーは、クライエントとの専門的援助関係を最も大切にし、それを自己の利益のために利用しない。

2（クライエントの利益の最優先）　ソーシャルワーカーは、業務の遂行に際して、クライエントの利益を最優先に考える。

3（受容）　ソーシャルワーカーは、自らの先入観や偏見を排し、クライエントをあるがままに受容する。

4（説明責任）　ソーシャルワーカーは、クライエントに必要な情報を適切な方法・わかりやすい表現を用いて提供する。

5（クライエントの自己決定の尊重）　ソーシャルワーカーは、クライエントの自己決定を尊重し、クライエントがその権利を十分に理解し、活用できるようにする。また、ソーシャルワーカーは、クライエントの自己決定が本人の生命や健康を大きく損ねる場合や、他者の権利を脅かすような場合は、人と環境の相互作用の視点からクライエントとそこに関係する人々相互のウェルビーイングの調和を図ることに努める。

6（参加の促進）　ソーシャルワーカーは、クライエントが自らの人生に影響を及ぼす決定や行動のすべての局面において、完全な関与と参加を促進する。

7（クライエントの意思決定への対応）　ソーシャルワーカーは、意思決定が困難なクライエントに対して、常に最善の方法を用いて利益と権利を擁護する。

8（プライバシーの尊重と秘密の保持）　ソーシャルワーカーは、クライエントのプライバシーを尊重し秘密を保持する。

9（記録の開示）　ソーシャルワーカーは、クライエントから記録の開示の要求があった場合、非開示とすべき正当な事由がない限り、クライエントに記録を開示する。

10（差別や虐待の禁止）　ソーシャルワーカーは、クライエントに対していかなる差別・虐待もしない。

11（権利擁護）　ソーシャルワーカーは、クライエントの権利を擁護し、その権利の行使を促進する。

12（情報処理技術の適切な使用）　ソーシャルワーカーは、情報処理技術の利用がクライエントの権利を侵害する危険性があることを認識し、その適切な使用に努める。

Ⅱ　組織・職場に対する倫理責任

1（最良の実践を行う責務）　ソーシャルワーカーは、自らが属する組織・職場の基本的な使命や理念を認識し、最良の業務を遂行する。

2（同僚などへの敬意）　ソーシャルワーカーは、組織・職場内のどのような立場にあっても、同僚および他の専門職などに敬意を払う。

3（倫理綱領の理解の促進）　ソーシャルワーカーは、組織・職場において本倫理綱領が認識されるよう働きかける。

4（倫理的実践の推進）　ソーシャルワーカーは、組織・職場の方針、規則、業務命令がソーシャルワークの倫理的実践を妨げる場合は、適切・妥当な方法・手段によって提言し、改善を図る。

5（組織内アドボカシーの促進）　ソーシャルワーカーは、組織・職場におけるあらゆる虐待または差別的・抑圧的な行為の予防および防止の促進を図る。

6（組織改革）　ソーシャルワーカーは、人々のニーズや社会状況の変化に応じて組織・職場の機能を評価し必要な改革を図る。

Ⅲ　社会に対する倫理責任

1（ソーシャル・インクルージョン）　ソーシ

ャルワーカーは、あらゆる差別、貧困、抑圧、排除、無関心、暴力、環境破壊などに立ち向かい、包摂的な社会をめざす。

2　（社会への働きかけ）　ソーシャルワーカーは、人権と社会正義の増進において変革と開発が必要であるとみなすとき、人々の主体性を活かしながら、社会に働きかける。

3　（グローバル社会への働きかけ）　ソーシャルワーカーは、人権と社会正義に関する課題を解決するため、全世界のソーシャルワーカーと連帯し、グローバル社会に働きかける。

Ⅳ　専門職としての倫理責任

1　（専門性の向上）　ソーシャルワーカーは、最良の実践を行うために、必要な資格を所持し、専門性の向上に努める。

2　（専門職の啓発）　ソーシャルワーカーは、クライエント・他の専門職・市民に専門職としての実践を適切な手段をもって伝え、社会的信用を高めるよう努める。

3　（信用失墜行為の禁止）　ソーシャルワーカーは、自分の権限の乱用や品位を傷つける行いなど、専門職全体の信用失墜となるような行為をしてはならない。

4　（社会的信用の保持）　ソーシャルワーカーは、他のソーシャルワーカーが専門職業の社会的信用を損なうような場合、本人にその事実を知らせ、必要な対応を促す。

5　（専門職の擁護）　ソーシャルワーカーは、不当な批判を受けることがあれば、専門職として連帯し、その立場を擁護する。

6　（教育・訓練・管理における責務）　ソーシャルワーカーは、教育・訓練・管理を行う場合、それらを受ける人の人権を尊重し、専門性の向上に寄与する。

7　（調査・研究）　ソーシャルワーカーは、すべての調査・研究過程で、クライエントを含む研究対象の権利を尊重し、研究対象との関係に十分に注意を払い、倫理性を確保する。

8　（自己管理）　ソーシャルワーカーは、何らかの個人的・社会的な困難に直面し、それが専門的判断や業務遂行に影響する場合、クライエントや他の人々を守るために必要な対応を行い、自己管理に努める。

注1　本綱領には「ソーシャルワーク専門職のグローバル定義」の本文のみを掲載してある。なお、アジア太平洋（二〇一六年）および日本（二〇一七年）における展開が制定されている。

注2　本綱領にいう「ソーシャルワーカー」とは、本倫理綱領を遵守することを誓約し、ソーシャルワークに携わる者をさす。

注3　本綱領にいう「クライエント」とは、「ソーシャルワーク専門職のグローバル定義」に照らし、ソーシャルワーカーに支援を求める人々、ソーシャルワークが必要な人々および変革や開発、結束の必要な社会に含まれるすべての人々をさす。

◎社会福祉士の倫理綱領

（二〇二〇・六・三〇改訂採択　社団法人日本社会福祉士会第十回通常総会）

前　文

われわれ社会福祉士は、すべての人が人間としての尊厳を有し、価値ある存在であり、平等であることを深く認識する。われわれは平和を擁護し、社会正義、人権、集団的責任、多様性尊重および全人的存在の原理に則り、人々がつながりを実感できる社会への変革と社会的包摂の実現をめざす専門職であり、多様な人々や組織と協働することを言明する。

われわれは、社会システムおよび自然的・地理的環境と人々の生活が相互に関連していることに着目する。社会変動が環境破壊および人間疎外をもたらしている状況にあって、この専門職が社会にとって不可欠であることを自覚するとともに、社会福祉士の職責についての一般社会及び市民の理解を深め、その啓発に努める。

われわれは、われわれの加盟する国際ソーシャルワーカー連盟と国際ソーシャルワーク教育学校連盟が採択した、次の「ソーシャルワーク専門職のグローバル定義」（二〇一四年七月）を、ソーシャルワーク実践の基盤となるものとして認識し、その実践の拠り所とする。

ソーシャルワーク専門職のグローバル定義
　ソーシャルワークは、社会変革と社会開発、社会的結束、および人々のエンパワメントと解放を促進する、実践に基づいた専門職であり学問である。社会正義、人権、集団的責任、および多様性尊重の諸原理は、ソーシャルワークの中核をなす。ソーシャルワークの理論、社会科学、人文学、および地域・民族固有の知を基盤として、ソーシャルワークは、生活課題に取り組みウェルビーイングを高めるよう、人々やさまざまな構造に働きかける。
　この定義は、各国および世界の各地域で展開してもよい。
（IFSW;2014.7.）※注1

われわれは、ソーシャルワークの知識、技術の専門性と倫理性の維持、向上が専門職の責務であることを認識し、本綱領を制定してこれを遵守することを誓約する。

原　理

Ⅰ（人間の尊厳）　社会福祉士は、すべての人々を、出自、人種、民族、国籍、性別、性自認、性的指向、年齢、身体的精神的状況、宗教的文化的背景、社会的地位、経済状況などの違いにかかわらず、かけがえのない存在として尊重する。

Ⅱ（人権）　社会福祉士は、すべての人々を生まれながらにして侵すことのできない権利を有する存在であることを認識し、いかなる理由によってもその権利の抑圧・侵害・略奪を容認しない。

Ⅲ（社会正義）　社会福祉士は、差別、貧困、抑圧、排除、無関心、暴力、環境破壊などの無い、自由、平等、共生に基づく社会正義の実現をめざす。

Ⅳ（集団的責任）　社会福祉士は、集団の有する力と責任を認識し、人と環境の双方に働きかけて、互恵的な社会の実現に貢献する。

Ⅴ（多様性の尊重）　社会福祉士は、個人、家族、集団、地域社会に存在する多様性を認識し、それらを尊重する社会の実現をめざす。

Ⅵ（全人的存在）　社会福祉士は、すべての人々を生物的、心理的、社会的、文化的、スピリチュアルな側面からなる全人的な存在として認識する。

倫理基準

Ⅰ　クライエントに対する倫理責任

　1（クライエントとの関係）　社会福祉士は、クライエントとの専門的援助関係を最も大切にし、それを自己の利益のために利用しない。

　2（クライエントの利益の最優先）　社会福祉士は、業務の遂行に際して、クライエントの利益を最優先に考える。

　3（受容）　社会福祉士は、自らの先入観や偏見を排し、クライエントをあるがままに受容する。

　4（説明責任）　社会福祉士は、クライエントに必要な情報を適切な方法・わかりやすい表現を用いて提供する。

　5（クライエントの自己決定の尊重）　社会福祉士は、クライエントの自己決定を尊重し、クライエントがその権利を十分に理解し、活用できるようにする。また、社会福祉士は、クライエントの自己決定が本人の生命や健康を大きく損ねる場合や、他者の権利を脅かすような場合は、人と環境の相互作用の視点からクライエントとそこに関係する人々相互のウェルビーイングの調和を図ることに努める。

　6（参加の促進）　社会福祉士は、クライエントが自らの人生に影響を及ぼす決定や行動のすべての局面において、完全な関与と参加を促進する。

　7（クライエントの意思決定への対応）　社会福祉士は、意思決定が困難なクライエントに対して、常に最善の方法を用いて利益と権利を擁護する。

　8（プライバシーの尊重と秘密の保持）　社会福祉士は、クライエントのプライバシーを尊重し秘密を保持する。

9 （記録の開示）　社会福祉士は、クライエントから記録の開示の要求があった場合、非開示とすべき正当な事由がない限り、クライエントに記録を開示する。

10 （差別や虐待の禁止）　社会福祉士は、クライエントに対していかなる差別・虐待もしない。

11 （権利擁護）　社会福祉士は、クライエントの権利を擁護し、その権利の行使を促進する。

12 （情報処理技術の適切な使用）　社会福祉士は、情報処理技術の利用がクライエントの権利を侵害する危険性があることを認識し、その適切な使用に努める。

Ⅱ　組織・職場に対する倫理責任

1 （最良の実践を行う責務）　社会福祉士は、自らが属する組織・職場の基本的な使命や理念を認識し、最良の業務を遂行する。

2 （同僚などへの敬意）　社会福祉士は、組織・職場内のどのような立場にあっても、同僚および他の専門職などに敬意を払う。

3 （倫理綱領の理解の促進）　社会福祉士は、組織・職場において本倫理綱領が認識されるよう働きかける。

4 （倫理的実践の推進）　社会福祉士は、組織・職場の方針、規則、業務命令がソーシャルワークの倫理的実践を妨げる場合は、適切・妥当な方法・手段によって提言し、改善を図る。

5 （組織内アドボカシーの促進）　社会福祉士は、組織・職場におけるあらゆる虐待または差別的・抑圧的な行為の予防および防止の促進を図る。

6 （組織改革）　社会福祉士は、人々のニーズや社会状況の変化に応じて組織・職場の機能を評価し必要な改革を図る。

Ⅲ　社会に対する倫理責任

1 （ソーシャル・インクルージョン）　社会福祉士は、あらゆる差別、貧困、抑圧、排除、無関心、暴力、環境破壊などに立ち向かい、包摂的な社会をめざす。

2 （社会への働きかけ）　社会福祉士は、人権と社会正義の増進において変革と開発が必要であるとみなすとき、人々の主体性を活かしながら、社会に働きかける。

3 （グローバル社会への働きかけ）　社会福祉士は、人権と社会正義に関する課題を解決するため、全世界のソーシャルワーカーと連帯し、グローバル社会に働きかける。

Ⅳ　専門職としての倫理責任

1 （専門性の向上）　社会福祉士は、最良の実践を行うために、必要な資格を所持し、専門性の向上に努める。

2 （専門職の啓発）　社会福祉士は、クライエント・他の専門職・市民に専門職としての実践を適切な手段をもって伝え、社会的信用を高めるよう努める。

3 （信用失墜行為の禁止）　社会福祉士は、自分の権限の乱用や品位を傷つける行いなど、専門職全体の信用失墜となるような行為をしてはならない。

4 （社会的信用の保持）　社会福祉士は、他の社会福祉士が専門職業の社会的信用を損なうような場合、本人にその事実を知らせ、必要な対応を促す。

5 （専門職の擁護）　社会福祉士は、不当な批判を受けることがあれば、専門職として連帯し、その立場を擁護する。

6 （教育・訓練・管理における責務）　社会福祉士は、教育・訓練・管理を行う場合、それらを受ける人の人権を尊重し、専門性の向上に寄与する。

7 （調査・研究）　社会福祉士は、すべての調査・研究過程で、クライエントを含む研究対象の権利を尊重し、研究対象との関係に十分に注意を払い、倫理性を確保する。

8 （自己管理）　社会福祉士は、何らかの個人的・社会的な困難に直面し、それが専門的判断や業務遂行に影響する場合、クライエントや他の人々を守るために必要な対応を行い、自己管理に努める。

注1　本綱領には「ソーシャルワーク専門職のグローバル定義」の本文のみを掲載してある。なお、アジア太平洋（二〇一六年）および日本（二〇一七年）における展開が制定されている。

注2　本綱領にいう「社会福祉士」とは、本倫理綱領を遵守することを誓約し、ソーシャルワークに携わる者をさす。

注3　本綱領にいう「クライエント」とは、「ソーシャルワーク専門職のグローバル定義」に照らし、ソーシャルワーカーに支援を求める人々、ソーシャルワークが必要な人々および変革や開発、結束の必要な社会に含まれるすべての人々をさす。

◎日本介護福祉士会倫理綱領

（一九九五・一一・一七宣言）

前文

私たち介護福祉士は、介護福祉ニーズを有するすべての人々が、住み慣れた地域において安心して老いることができ、そして暮らし続けていくことのできる社会の実現を願っています。

そのため、私たち日本介護福祉士会は、一人ひとりの心豊かな暮らしを支える介護福祉の専門職として、ここに倫理綱領を定め、自らの専門的知識・技術及び倫理的自覚をもって最善の介護福祉サービスの提供に努めます。

（利用者本位、自立支援）

1　介護福祉士はすべての人々の基本的人権を擁護し、一人ひとりの住民が心豊かな暮らしと老後が送れるよう利用者本位の立場から自己決定を最大限尊重し、自立に向けた介護福祉サービスを提供していきます。

（専門的サービスの提供）

2　介護福祉士は、常に専門的知識・技術の研鑚に励むとともに、豊かな感性と的確な判断力を培い、深い洞察力をもって専門的サービスの提供に努めます。

また、介護福祉士は、介護福祉サービスの質的向上に努め、自己の実施した介護福祉サービスについては、常に専門職としての責任を負います。

（プライバシーの保護）

3　介護福祉士は、プライバシーを保護するため、職務上知り得た個人の情報を守ります。

（総合的サービスの提供と積極的な連携、協力）

4　介護福祉士は、利用者に最適なサービスを総合的に提供していくため、福祉、医療、保健その他関連する業務に従事する者と積極的な連携を図り、協力して行動します。

（利用者ニーズの代弁）

5　介護福祉士は、暮らしを支える視点から利用者の真のニーズを受けとめ、それを代弁していくことも重要な役割であると確認したうえで、考え、行動します。

（地域福祉の推進）

6　介護福祉士は、地域において生じる介護問題を解決していくために、専門職として常に積極的な態度で住民と接し、介護問題に対する深い理解が得られるよう努めるとともに、その介護力の強化に協力していきます。

（後継者の育成）

7　介護福祉士は、すべての人々が将来にわたり安心して質の高い介護を受ける権利を享受できるよう、介護福祉士に関する教育水準の向上と後継者の育成に力を注ぎます。

◎精神保健福祉士の倫理綱領

（二〇一三・四・二一採択　二〇一八・六・一七改訂　公益社団法人日本精神保健福祉士協会）

前　文

われわれ精神保健福祉士は、個人としての尊厳を尊び、人と環境の関係を捉える視点を持ち、共生社会の実現をめざし、社会福祉学を基盤とする精神保健福祉士の価値・理論・実践をもって精神保健福祉の向上に努めるとともに、クライエントの社会的復権・権利擁護と福祉のための専門的・社会的活動を行う専門職としての資質の向上に努め、誠実に倫理綱領に基づく責務を担う。

目　的

この倫理綱領は、精神保健福祉士の倫理の原則および基準を示すことにより、以下の点を実現することを目的とする。

1　精神保健福祉士の専門職としての価値を示す
2　専門職としての価値に基づき実践する
3　クライエントおよび社会から信頼を得る
4　精神保健福祉士としての価値、倫理原則、倫理基準を遵守する
5　他の専門職や全てのソーシャルワーカーと連携する
6　すべての人が個人として尊重され、共に生きる社会の実現をめざす

倫理原則

1　クライエントに対する責務
(1)　クライエントへの関わり
精神保健福祉士は、クライエントの基本的人権を尊重し、個人としての尊厳、法の下の平等、健康で文化的な生活を営む権利を擁護する。
(2)　自己決定の尊重
精神保健福祉士は、クライエントの自己決定を尊重し、その自己実現に向けて援助する。
(3)　プライバシーと秘密保持
精神保健福祉士は、クライエントのプライバシーを尊重し、その秘密を保持する。
(4)　クライエントの批判に対する責務
精神保健福祉士は、クライエントの批判・評価を謙虚に受けとめ、改善する。
(5)　一般的責務
精神保健福祉士は、不当な金品の授受に関与してはならない。また、クライエントの人格を傷つける行為をしてはならない。

2　専門職としての責務
(1)　専門性の向上
精神保健福祉士は、専門職としての価値に基づき、理論と実践の向上に努める。
(2)　専門職自律の責務
精神保健福祉士は同僚の業務を尊重するとともに、相互批判を通じて専門職としての自律性を高める。
(3)　地位利用の禁止
精神保健福祉士は、職務の遂行にあたり、クライエントの利益を最優先し、自己の利益のためにその地位を利用してはならない。
(4)　批判に関する責務
精神保健福祉士は、自己の業務に対する批判・評価を謙虚に受けとめ、専門性の向上に努める。
(5)　連携の責務
精神保健福祉士は、他職種・他機関の専門性と価値を尊重し、連携・協働する。

3　機関に対する責務
精神保健福祉士は、所属機関がクライエントの社会的復権を目指した理念・目的に添って業務が遂行できるように努める。

4　社会に対する責務
精神保健福祉士は、人々の多様な価値を尊重し、福祉と平和のために、社会的・政治的・文化的活動を通し社会に貢献する。

倫理基準

1　クライエントに対する責務
(1)　クライエントへの関わり
精神保健福祉士は、クライエントをかけがえのない一人の人として尊重し、専門的援助関係を結び、クライエントとともに問題の解決を図る。
(2)　自己決定の尊重
a　クライエントの知る権利を尊重し、クライエントが必要とする支援、信頼のおける情報を適切な方法で説明し、クライエントが決定できるよう援助する。
b　業務遂行に関して、サービスを利用する権利および利益、不利益について説明し、疑問に十分応えた後、援助を行う。援助の

開始にあたっては、所属する機関や精神保健福祉士の業務について契約関係を明確にする。

c　クライエントが決定することが困難な場合、クライエントの利益を守るため最大限の努力をする。

(3) プライバシーと秘密保持

精神保健福祉士は、クライエントのプライバシーの権利を擁護し、業務上知り得た個人情報について秘密を保持する。なお、業務を辞めたあとでも、秘密を保持する義務は継続する。

a　第三者から情報の開示の要求がある場合、クライエントの同意を得た上で開示する。クライエントに不利益を及ぼす可能性がある時には、クライエントの秘密保持を優先する。

b　秘密を保持することにより、クライエントまたは第三者の生命、財産に緊急の被害が予測される場合は、クライエントとの協議を含め慎重に対処する。

c　複数の機関による支援やケースカンファレンス等を行う場合には、本人の了承を得て行い、個人情報の提供は必要最小限にとどめる。また、その秘密保持に関しては、細心の注意を払う。

クライエントに関係する人々の個人情報に関しても同様の配慮を行う。

d　クライエントを他機関に紹介する時には、個人情報や記録の提供についてクライエントとの協議を経て決める。

e　研究等の目的で事例検討を行うときには、本人の了承を得るとともに、個人を特定できないように留意する。

f　クライエントから要求がある時は、クライエントの個人情報を開示する。ただし、記録の中にある第三者の秘密を保護しなければならない。

g　電子機器等によりクライエントの情報を伝達する場合、その情報の秘密性を保証できるよう最善の方策を用い、慎重に行う。

(4) クライエントの批判に対する責務

精神保健福祉士は、自己の業務におけるクライエントからの批判・評価を受けとめ、改善に努める。

(5) 一般的責務

a　精神保健福祉士は、職業的立場を認識し、いかなる事情の下でも精神的・身体的・性的いやがらせ等人格を傷つける行為をしてはならない。

b　精神保健福祉士は、機関が定めた契約による報酬や公的基準で定められた以外の金品の要求・授受をしてはならない。

2　専門職としての責務

(1) 専門性の向上

a　精神保健福祉士は専門職としての価値・理論に基づく実践の向上に努め、継続的に研修や教育に参加しなければならない。

b　スーパービジョンと教育指導に関する責務

1) 精神保健福祉士はスーパービジョンを行う場合、自己の限界を認識し、専門職として利用できる最新の情報と知識に基づいた指導を行う。

2) 精神保健福祉士は、専門職として利用できる最新の情報と知識に基づき学生等の教育や実習指導を積極的に行う。

3) 精神保健福祉士は、スーパービジョンや学生等の教育・実習指導を行う場合、公正で適切な指導を行い、スーパーバイジーや学生等に対して差別・酷使・精神的・身体的・性的いやがらせ等人格を傷つける行為をしてはならない。

(2) 専門職自律の責務

a　精神保健福祉士は、適切な調査研究、論議、責任ある相互批判、専門職組織活動への参加を通じて、専門職としての自律性を高める。

b　精神保健福祉士は、個人的問題のためにクライエントの援助や業務の遂行に支障をきたす場合には、同僚等に速やかに相談する。また、業務の遂行に支障をきたさないよう、自らの心身の健康に留意する。

(3) 地位利用の禁止

精神保健福祉士は業務の遂行にあたりクライエントの利益を最優先し、自己の個人的・宗教的・政治的利益のために自己の地位を利用してはならない。また、専門職の立場を利用し、不正、搾取、ごまかしに参画してはならない。

(4) 批判に関する責務

a　精神保健福祉士は、同僚の業務を尊重する。

b　精神保健福祉士は、自己の業務に関する批判・評価を謙虚に受けとめ、改善に努める。

c　精神保健福祉士は、他の精神保健福祉士の非倫理的行動を防止し、改善するよう適切な方法をとる。

(5)　連携の責務

a　精神保健福祉士は、クライエントや地域社会の持つ力を尊重し、協働する。

b　精神保健福祉士は、クライエントや地域社会の福祉向上のため、他の専門職や他機関等と協働する。

c　精神保健福祉士は、所属する機関のソーシャルワーカーの業務について、点検・評価し同僚と協働し改善に努める。

d　精神保健福祉士は、職業的関係や立場を認識し、いかなる事情の下でも同僚または関係者への精神的・身体的・性的いやがらせ等人格を傷つける行為をしてはならない。

3　機関に対する責務

精神保健福祉士は、所属機関等が、クライエントの人権を尊重し、業務の改善や向上が必要な際には、機関に対して適切・妥当な方法・手段によって、提言できるように努め、改善を図る。

4　社会に対する責務

精神保健福祉士は、専門職としての価値・理論・実践をもって、地域および社会の活動に参画し、社会の変革と精神保健福祉の向上に貢献する。

◉介護労働者の雇用管理の改善等に関する法律（抄）

（平成四・五・二七法律六三）
注　平二九法律六七改正現在

第一章　総則

（目的）
第一条　この法律は、我が国における急速な高齢化の進展等に伴い、介護関係業務に係る労働力への需要が増大していることにかんがみ、介護労働者について、その雇用管理の改善、能力の開発及び向上等に関する措置を講ずることにより、介護関係業務に係る労働力の確保に資するとともに、介護労働者の福祉の増進を図ることを目的とする。

（定義）
第二条　この法律において「**介護関係業務**」とは、身体上又は精神上の障害があることにより日常生活を営むのに支障がある者に対し、入浴、排せつ、食事等の介護、機能訓練、看護及び療養上の管理その他のその者の能力に応じ自立した日常生活を営むことができるようにするための福祉サービス又は保健医療サービスであって厚生労働省令で定めるものを行う業務をいう。

2　この法律において「**介護労働者**」とは、専ら介護関係業務に従事する労働者をいう。

3　この法律において「**介護事業**」とは、介護関係業務を行う事業をいう。

4　この法律において「**事業主**」とは、介護労働者を雇用して介護事業を行う者をいう。

5　この法律において「**職業紹介事業者**」とは、介護労働者について職業安定法（昭和二十二年法律第百四十一号）第三十条第一項の許可を受けて有料の職業紹介事業を行う者をいう。

（事業主等の責務）
第三条　事業主は、その雇用する介護労働者について、労働環境の改善、教育訓練の実施、福利厚生の充実その他の雇用管理の改善を図るために必要な措置を講ずることにより、その福祉の増進に努めるものとする。

2　職業紹介事業者は、その行う職業紹介事業に係る介護労働者及び介護労働者になろうとする求職者について、これらの者の福祉の増進に資する措置を講ずるように努めるものとする。

（国及び地方公共団体の責務）
第四条　国は、介護労働者の雇用管理の改善の促進、介護労働者の能力の開発及び向上その他の介護労働者の福祉の増進を図るために必要な施策を総合的かつ効果的に推進するように努めるものとする。

2　地方公共団体は、介護労働者の福祉の増進を図るために必要な施策を推進するように努めるものとする。

（適用除外）
第五条　この法律は、国家公務員及び地方公務員並びに船員職業安定法（昭和二十三年法律第百三十号）第六条第一項に規定する船員については、適用しない。

第三章　介護労働者の雇用管理の改善等

第一節　介護労働者の雇用管理の改善

（改善計画の認定）
第八条　事業主は、介護関係業務に係るサービスで現に提供しているものと異なるものの提供又は介護事業の開始に伴いその雇用する介護労働者の福祉の増進を図るために実施する労働環境の改善、教育訓練の実施、福利厚生の充実その他の雇用管理の改善に関する措置（以下「**改善措置**」という。）についての計画（以下「**改善計画**」という。）を作成し、これをその主たる事業所の所在地を管轄する都道府県知事に提出して、その改善計画が適当である旨の認定を受けることができる。

2　改善計画には、次に掲げる事項を記載しなければならない。

一　改善措置の目標
二　改善措置の内容
三　改善措置の実施時期

3　都道府県知事は、第一項の認定の申請があった場合において、その改善計画が、当該事業主が雇用する介護労働者の雇用管理の改善を図るために有効かつ適切なものであることその他の政令で定める基準に該当するものであると認めるときは、その認定をするものとする。

（改善計画の変更等）
第九条　前条第一項の認定を受けた事業主（以下

「**認定事業主**」という。）は、当該認定に係る改善計画を変更しようとするときは、その主たる事業所の所在地を管轄する都道府県知事の認定を受けなければならない。

2　都道府県知事は、認定事業主が前条第一項の認定に係る改善計画（前項の規定による変更の認定があったときは、その変更後のもの。以下「**認定計画**」という。）に従って改善措置を講じていないと認めるときは、その認定を取り消すことができる。

3　前条第三項の規定は、第一項の認定について準用する。

（**雇用安定事業等としての助成及び援助**）

第一〇条　政府は、認定計画に係る改善措置の実施を促進するため、当該認定計画に基づきその雇用する介護労働者の福祉の増進を図るために必要な措置を講ずる認定事業主に対して、雇用保険法（昭和四十九年法律第百十六号）第六十二条の雇用安定事業又は同法第六十三条の能力開発事業として、必要な助成及び援助を行うものとする。

（**指導及び助言**）

第一一条　国及び都道府県は、認定事業主に対し、認定計画に係る改善措置の的確な実施に必要な指導及び助言を行うものとする。

（**報告の徴収**）

第一二条　都道府県知事は、認定事業主に対し、認定計画に係る改善措置の実施状況について報告を求めることができる。

第二節　職業訓練の実施等

（**職業訓練の実施**）

第一三条　厚生労働大臣は、介護関係業務の遂行に必要な労働者の能力の開発及び向上を図るため、必要な職業訓練の効果的な実施について特別の配慮をするものとする。

（**職業紹介の充実等**）

第一四条　厚生労働大臣は、介護労働者になろうとする者にその有する能力に適合する職業に就く機会を与えるため、及び介護関係業務に係る労働力の充足を図るため、介護関係業務に係る労働力の需給の状況並びに求人及び求職の条件、介護労働者の雇用管理の状況その他必要な雇用に関する情報（次項において「雇用情報」という。）の提供、職業指導及び職業紹介の充実等必要な措置を講ずるように努めるものとする。

2　職業安定機関及び職業紹介事業者その他の関係者は、介護関係業務に係る労働力の需給の適正かつ円滑な調整を図るため、雇用情報の充実、労働力の需給の調整に係る技術の向上等に関し、相互に協力するように努めなければならない。

生活保護法の概要

1 制定の経緯

生活保護法は我が国における生活困窮者に対する公的な救済（公的扶助）を行うために制定された法律です。公的扶助とは、国が生活に困窮するすべての国民に対して、その程度に応じて必要な保護を行い、最低限度の生活を保障するとともに、その自立を助けようとする制度で、個人の力のみでは対処し得ない生活上のリスクを公的に救済し、社会経済の安定・発展に寄与しています。

このような制度は明治七年に制定された恤救《じゅっきゅう》規則（明治七年太政官達第一六二号）が最初です。これは、身寄りがなく、高齢、幼少、疾病、障害により生産活動に従事できない極貧の者に一定限度の米代を支給するもので、血縁的、地縁的な助け合いの精神を基本とし、それに頼ることができない「無告ノ窮民」を限定的に救済する制度でした。その後、第一次世界大戦後の長引く不況のために、生活困窮者が大量に発生すると、昭和四年には救護法（昭和四年法律第三九号）が制定され、公的な救護義務が明確化されるとともに、対象者が六十五歳以上の老衰者、十三歳以下の幼者、妊産婦、不具廃疾、疾病、傷痍その他精神又は身体の障害に因り労務を行うに故障ある者に拡大され、これらの者が貧困の為、生活することができないときに、生活扶助、医療扶助、助産扶助、生業扶助を行うとされました。

第二次世界大戦後には戦災者や引揚者を始め国民の大多数が生活困窮者となりました。こうした生活困窮者を救済するために、全国民に対し、現に困窮していれば理由の如何を問わず最低生活を保障する臨時・応急的な生活援護が「生活困窮者緊急生活援護要綱」（昭和二〇年閣議決定）に基づき実施されました。生活困窮者や戦災者、在外留守家族などを対象に、宿泊・給食・寝具その他生活必需品の給与、食料品の補給などが行われました。

これに引き続き、昭和二一年には、旧生活保護法（昭和二一年法律第一七号）が制定されました。「無差別平等の原則」、「国家責任の原則」、「最低生活保障の原則」という三原則に基づく近代的な公的扶助制度が確立され、生活扶助、医療扶助、出産扶助、生業扶助、葬祭扶助の五種類の扶助が行われました。戦前とは異なる生存権の保障を基本とする現代的な福祉理念が明文化されたものです。

昭和二五年には、新憲法の下で、新たに生活保護法（昭和二五年法律第一四四号）が制定され、日本国憲法の理念に基づいた生活保護が行われることとなりました。

その後、国民の生活水準が向上するのに伴い、生活困窮者の救済対策に加え、一般国民が疾病にかかったり、老齢になるなどにより貧困状態に陥ることを防ぐ施策への要求が強まりました。このため、全国民をカバーする医療保険制度及び年金制度が導入され、それまでの公費による生活保護中心から、加入者自らが保険料を支払い、それによって疾病や老齢等のリスクに備える社会保険が公的扶助の中心となりました。

しかし、近年、厳しい経済情勢の影響を受けた失業及び高齢化等の影響により、生活保護受給者が年々増加しています。そのため、基本の公的扶助に加え、失業者等の就労・自立を支援し、社会的自立の助長をより促進し、生活保護の適正化を図ることができるよう、改正が行われています。

2 法の概要

(1) 基本原理

日本国憲法第二十五条に規定する理念に基づき、生存権の補償を具体的に実現する制度です。生活保護法の目的及び基本的な考え方は「基本原理」とよばれています。

① 国家責任の原理

国が生活に困窮する全ての国民に対し、その困窮の程度に応じ、必要な保護を行い、最低限度の生活を保障するとともに、その自立助長を目的とするもので、この制度の実施に対する究極的責任は国にある。

② 無差別平等の原理

国民は要件を満たす限り、保護請求権を無差別平等に与えられる（生活困窮に陥った原因の内容を問わない）。

③ 最低生活の原理

最低限度の生活は、健康で文化的な生活水準を維持できるものでなければならない。

④ 保護の補足性の原理

保護を受けるためには各自が能力に応じて最善の努力を行い、なおかつ最低生活が維持できない場合に保護が行われる。

(2) 基本原則

生活保護法には基本原理のほかに、保護を実施する場合の原則が定められています。

① 申請保護の原則

保護は原則として生活困窮者の申請によって行われる。ただし、急迫した場合は行政が職権により必要な保護を行う。

② 基準及び程度の原則

保護の程度は厚生労働大臣の定める基準によって測定した需要を基とし、要保護者の金銭等で満たしえない不足分を補う程度とする。この基準は最低限度の需要を十分満たすとともに、これを超えないものでなければならない。

③ 必要即応の原則

保護は、要保護者の年齢、性別、健康状態等その個人又は世帯の実際の必要の相違を考慮して適切に行うものとする

④ 世帯単位の原則

原則として保護の要否及び程度は、世帯を単位として定める。ただしこれによりがたいときは個人を単位とすることができる。

(3) 生活保護の種類

生活保護には、扶助の内容によって、生活扶助、教育扶助、住宅扶助、医療扶助、介護扶助、出産扶助、生業扶助、葬祭扶助の八種類があります。

(4) 生活保護の行政主体

生活保護の実施に関する事務（生活指導、扶助費の支給等）は、市においては市の福祉事務所、町村においては都道府県の福祉事務所がそれぞれ行っています。

(5) 生活保護の給付

生活保護の給付は、厚生労働大臣が地域、年齢、世帯構成等を考慮して定める「生活保護基準」と本人の収入との差額が「扶助費」として金銭又は現物で支給されます。

なお、生活保護基準は原則として毎年度当初に改定されています。

多くの扶助は金銭給付を原則としており、現物給付を原則とするものとしては、医療扶助と、要保護者を施設において扶助する「保護施設」があります。保護施設は、救護施設、更生施設、医療保護施設、授産施設、宿所提供施設の五種類で、都道府県・市町村・地方独立行政法人・社会福祉法人・日本赤十字社が設置できることになっています。

(6) 就労自立給付金

生活保護を脱却すると、これまで負担のなかった税や社会保険料等の負担が生じるため、生活に不安を感じ、保護脱却をためらう受給者もいることから、脱却後に生じる税等の負担増を緩和し、保護脱却のインセンティブとするとともに、安定的に就労して生活を維持し、再度生活保護に至ることなく着実に自立することを目的に、就労自立給付金が支給されます。

(7) 進学準備給付金

生活保護世帯の子どもの自立を助長するためには、大学等への進学を支援していくことが有効であると考えられることから、平成三〇年一月から、大学等に進学する者に対して進学の際の新生活立ち上げの費用として進学準備給付金を支給する制度が創設されました。支給を受ける権利は進学する当事者以外の者に譲り渡すことができないとされ、生活保護世帯に対する保護費とは別に支給されます。

(8) 被保護者就労支援事業及び被保護者健康管理支援事業

被保護者就労支援事業は、生活保護受給者に対する就労支援の重要性に鑑み、就労支援に関する被保護者からの相談に応じ、必要な情報提供及び助言を行うことを法律上明確に位置づけ、生活困窮者自立支援法に基づく自立相談支援事業に相当する支援が行えることを目的に制定されました。また、令和二年からは、保護の実施機関が各種データに基づき、生活習慣病の予防等を推進するよう被保険者健康管理支援事業が創設されました。

3 関係主要法令等

◉生活保護法施行令（昭二五政令一四八）

◉生活保護法施行規則（昭二五厚令二一）

◉生活保護法による保護の基準（昭三八厚告一五八）

◉救護施設、更生施設、授産施設及び宿所提供施設の設備及び運営に関する基準（昭四一厚令一八）

◉生活保護法

（昭和二五・五・四法律一四四）

注　令五法律三一改正現在
（未施行分については、該当か所の後に改正文を収載）

第一章　総則

（この法律の目的）

第一条　この法律は、日本国憲法第二十五条に規定する理念に基き、国が生活に困窮するすべての国民に対し、その困窮の程度に応じ、必要な保護を行い、その最低限度の生活を保障するとともに、その自立を助長することを目的とする。

（無差別平等）

第二条　すべて国民は、この法律の定める要件を満たす限り、この法律による保護（以下「**保護**」という。）を、無差別平等に受けることができる。

（最低生活）

第三条　この法律により保障される最低限度の生活は、健康で文化的な生活水準を維持することができるものでなければならない。

（保護の補足性）

第四条　保護は、生活に困窮する者が、その利用し得る資産、能力その他あらゆるものを、その最低限度の生活の維持のために活用することを要件として行われる。

2　民法（明治二十九年法律第八十九号）に定める扶養義務者の扶養及び他の法律に定める扶助は、すべてこの法律による保護に優先して行われるものとする。

3　前二項の規定は、急迫した事由がある場合に、必要な保護を行うことを妨げるものではない。

（この法律の解釈及び運用）

第五条　前四条に規定するところは、この法律の基本原理であつて、この法律の解釈及び運用は、すべてこの原理に基いてされなければならない。

（用語の定義）

第六条　この法律において「**被保護者**」とは、現に保護を受けている者をいう。

2　この法律において「**要保護者**」とは、現に保護を受けているといないとにかかわらず、保護を必要とする状態にある者をいう。

3　この法律において「**保護金品**」とは、保護として給与し、又は貸与される金銭及び物品をいう。

4　この法律において「**金銭給付**」とは、金銭の給与又は貸与によつて、保護を行うことをいう。

5　この法律において「**現物給付**」とは、物品の給与又は貸与、医療の給付、役務の提供その他金銭給付以外の方法で保護を行うことをいう。

第二章　保護の原則

（申請保護の原則）

第七条　保護は、要保護者、その扶養義務者又はその他の同居の親族の申請に基いて開始するものとする。但し、要保護者が急迫した状況にあるときは、保護の申請がなくても、必要な保護を行うことができる。

（基準及び程度の原則）

第八条　保護は、厚生労働大臣の定める基準により測定した要保護者の需要を基とし、そのうち、その者の金銭又は物品で満たすことのできない不足分を補う程度において行うものとする。

2　前項の基準は、要保護者の年齢別、性別、世帯構成別、所在地域別その他保護の種類に応じて必要な事情を考慮した最低限度の生活の需要を満たすに十分なものであつて、且つ、これをこえないものでなければならない。

（必要即応の原則）

第九条　保護は、要保護者の年齢別、性別、健康状態等その個人又は世帯の実際の必要の相違を考慮して、有効且つ適切に行うものとする。

（世帯単位の原則）

第一〇条　保護は、世帯を単位としてその要否及び程度を定めるものとする。但し、これによりがたいときは、個人を単位として定めることができる。

第三章　保護の種類及び範囲

（種類）

第一一条　保護の種類は、次のとおりとする。

一　生活扶助
二　教育扶助
三　住宅扶助
四　医療扶助
五　介護扶助
六　出産扶助
七　生業扶助
八　葬祭扶助

2　前項各号の扶助は、要保護者の必要に応じ、単給又は併給として行われる。

（生活扶助）

第一二条　生活扶助は、困窮のため最低限度の生活を維持することのできない者に対して、左に掲げる事項の範囲内において行われる。

一　衣食その他日常生活の需要を満たすために必要なもの
二　移送

（教育扶助）

第一三条　教育扶助は、困窮のため最低限度の生活を維持することのできない者に対して、左に掲げる事項の範囲内において行われる。

一　義務教育に伴つて必要な教科書その他の学用品
二　義務教育に伴つて必要な通学用品
三　学校給食その他義務教育に伴つて必要なもの

（住宅扶助）

第一四条　住宅扶助は、困窮のため最低限度の生活を維持することのできない者に対して、左に掲げる事項の範囲内において行われる。

一　住居
二　補修その他住宅の維持のために必要なもの

（医療扶助）

第一五条　医療扶助は、困窮のため最低限度の生活を維持することのできない者に対して、左に掲げる事項の範囲内において行われる。

一　診察
二　薬剤又は治療材料
三　医学的処置、手術及びその他の治療並びに施術
四　居宅における療養上の管理及びその療養に伴う世話その他の看護
五　病院又は診療所への入院及びその療養に伴う世話その他の看護
六　移送

（介護扶助）

第一五条の二　介護扶助は、困窮のため最低限度の生活を維持することのできない要介護者（介護保険法（平成九年法律第百二十三号）第七条第三項に規定する要介護者をいう。第三項において同じ。）に対して、第一号から第四号まで及び第九号に掲げる事項の範囲内において行われ、困窮のため最低限度の生活を維持することのできない要支援者（同条第四項に規定する要支援者をいう。以下この項及び第六項において同じ。）に対して、第五号から第九号までに掲げる事項の範囲内において行われ、困窮のため最低限度の生活を維持することのできない居宅要支援被保険者等（同法第百十五条の四十五第一項第一号に規定する居宅要支援被保険者等をいう。）に相当する者（要支援者を除く。）に対して、第八号及び第九号に掲げる事項の範囲内において行われる。

一　居宅介護（居宅介護支援計画に基づき行うものに限る。）
二　福祉用具
三　住宅改修
四　施設介護
五　介護予防（介護予防支援計画に基づき行うものに限る。）
六　介護予防福祉用具
七　介護予防住宅改修
八　介護予防・日常生活支援（介護予防支援計画又は介護保険法第百十五条の四十五第一項第一号ニに規定する第一号介護予防支援事業による援助に相当する援助に基づき行うものに限る。）
九　移送

2　前項第一号に規定する居宅介護とは、介護保険法第八条第二項に規定する訪問介護、同条第三項に規定する訪問入浴介護、同条第四項に規定する訪問看護、同条第五項に規定する訪問リハビリテーション、同条第六項に規定する居宅療養管理指導、同条第七項に規定する通所介護、同条第八項に規定する通所リハビリテーション、同条第九項に規定する短期入所生活介護、同条第十項に規定する短期入所療養介護、同条第十一項に規定する特定施設入居者生活介護、同条第十二項に規定する福祉用具貸与、同条第十五項に規定する定期巡回・随時対応型訪問介護看護、同条第十六項に規定する夜間対応型訪問介護、同条第十七項に規定する地域密着型通所介護、同条第十八項に規定する認知症対応型通所介護、同条第十九項に規定する小規模多機能型居宅介護、同条第二十項に規定する認知症対応型共同生活介護、同条第二十一項に規定する地域密着型特定施設入居者生活介護及び同条第二十三項に規定する複合型サービス並びにこれらに相当するサービスをいう。

3　第一項第一号に規定する居宅介護支援計画とは、居宅において生活を営む要介護者が居宅介護その他居宅において日常生活を営むために必要な保健医療サービス及び福祉サービス（以下この項において「居宅介護等」という。）の適切な利用等をすることができるようにするための当該要介護者が利用する居宅介護等の種類、内容等を定める計画をいう。

4　第一項第四号に規定する施設介護とは、介護保険法第八条第二十二項に規定する地域密着型介護老人福祉施設入所者生活介護、同条第二十七項に規定する介護福祉施設サービス、同条第二十八項に規定する介護保健施設サービス及び同条第二十九項に規定する介護医療院サービスをいう。

5　第一項第五号に規定する介護予防とは、介護保険法第八条の二第二項に規定する介護予防訪問入浴介護、同条第三項に規定する介護予防訪問看護、同条第四項に規定する介護予防訪問リハビリテーション、同条第五項に規定する介護予防居宅療養管理指導、同条第六項に規定する介護予防通所リハビリテーション、同条第七項に規定する介護予防短期入所生活介護、同条第八項に規定する介護予防短期入所療養介護、同条第九項に規定する介護予防特定施設入居者生活介護、同条第十項に規定する介護予防福祉用具貸与、同条第十三項に規定する介護予防認知症対応型通所介護、同条第十四項に規定する介護予防小規模多機能型居宅介護及び同条第十五項に規定する介護予防認知症対応型共同生活介護並びにこれらに相当するサービスをいう。

6 第一項第五号及び第八号に規定する介護予防支援計画とは、居宅において生活を営む要支援者が介護予防その他身体上又は精神上の障害があるために入浴、排せつ、食事等の日常生活における基本的な動作の全部若しくは一部について常時介護を要し、又は日常生活を営むのに支障がある状態の軽減又は悪化の防止に資する保健医療サービス及び福祉サービス（以下この項において「介護予防等」という。）の適切な利用等をすることができるようにするための当該要支援者が利用する介護予防等の種類、内容等を定める計画であつて、介護保険法第百十五条の四十六第一項に規定する地域包括支援センターの職員及び同法第四十六条第一項に規定する指定居宅介護支援を行う事業所の従業者のうち同法第八条の二第十六項の厚生労働省令で定める者が作成したものをいう。

7 第一項第八号に規定する介護予防・日常生活支援とは、介護保険法第百十五条の四十五第一項第一号イに規定する第一号訪問事業、同号ロに規定する第一号通所事業及び同号ハに規定する第一号生活支援事業による支援に相当する支援をいう。

（出産扶助）

第一六条 出産扶助は、困窮のため最低限度の生活を維持することのできない者に対して、左に掲げる事項の範囲内において行われる。

一 分べんの介助

二 分べん前及び分べん後の処置

三 脱脂綿、ガーゼその他の衛生材料

（生業扶助）

第一七条 生業扶助は、困窮のため最低限度の生活を維持することのできない者又はそのおそれのある者に対して、左に掲げる事項の範囲内において行われる。但し、これによつて、その者の収入を増加させ、又はその自立を助長することのできる見込のある場合に限る。

一 生業に必要な資金、器具又は資料

二 生業に必要な技能の修得

三 就労のために必要なもの

（葬祭扶助）

第一八条 葬祭扶助は、困窮のため最低限度の生活を維持することのできない者に対して、左に掲げる事項の範囲内において行われる。

一 検案

二 死体の運搬

三 火葬又は埋葬

四 納骨その他葬祭のために必要なもの

2 左に掲げる場合において、その葬祭を行う者があるときは、その者に対して、前項各号の葬祭扶助を行うことができる。

一 被保護者が死亡した場合において、その者の葬祭を行う扶養義務者がないとき。

二 死者に対しその葬祭を行う扶養義務者がない場合において、その遺留した金品で、葬祭を行うに必要な費用を満たすことのできないとき。

第四章　保護の機関及び実施

（実施機関）

第一九条 都道府県知事、市長及び社会福祉法（昭和二十六年法律第四十五号）に規定する福祉に関する事務所（以下「**福祉事務所**」という。）を管理する町村長は、次に掲げる者に対して、この法律の定めるところにより、保護を決定し、かつ、実施しなければならない。

一 その管理に属する福祉事務所の所管区域内に居住地を有する要保護者

二 居住地がないか、又は明らかでない要保護者であつて、その管理に属する福祉

事務所の所管区域内に現在地を有するもの

2　居住地が明らかである要保護者であっても、その者が急迫した状況にあるときは、その急迫した事由が止むまでは、その者に対する保護は、前項の規定にかかわらず、その者の現在地を所管する福祉事務所を管理する都道府県知事又は市町村長が行うものとする。

3　第三十条第一項ただし書の規定により被保護者を救護施設、更生施設若しくはその他の適当な施設に入所させ、若しくはこれらの施設に入所を委託し、若しくは私人の家庭に養護を委託した場合又は第三十四条の二第二項の規定により被保護者に対する次の各号に掲げる介護扶助を当該各号に定める者若しくは施設に委託して行う場合においては、当該入所又は委託の継続中、その者に対して保護を行うべき者は、その者に係る入所又は委託前の居住地又は現在地によつて定めるものとする。

一　居宅介護（第十五条の二第二項に規定する居宅介護をいう。以下同じ。）（特定施設入居者生活介護（同項に規定する特定施設入居者生活介護をいう。）に限る。）　居宅介護を行う者

二　施設介護（第十五条の二第四項に規定する施設介護をいう。以下同じ。）　介護老人福祉施設（介護保険法第八条第二十七項に規定する介護老人福祉施設をいう。以下同じ。）

三　介護予防（第十五条の二第五項に規定する介護予防をいう。以下同じ。）（介護予防特定施設入居者生活介護（同項に規定する介護予防特定施設入居者生活介護をいう。）に限る。）　介護予防を行う者

4　前三項の規定により保護を行うべき者（以下「**保護の実施機関**」という。）は、保護の決定及び実施に関する事務の全部又は一部を、その管理に属する行政庁に限り、委任することができる。

5　保護の実施機関は、保護の決定及び実施に関する事務の一部を、政令の定めるところにより、他の保護の実施機関に委託して行うことを妨げない。

6　福祉事務所を設置しない町村の長（以下「**町村長**」という。）は、その町村の区域内において特に急迫した事由により放置することができない状況にある要保護者に対して、応急的処置として、必要な保護を行うものとする。

7　町村長は、保護の実施機関又は福祉事務所の長（以下「**福祉事務所長**」という。）が行う保護事務の執行を適切ならしめるため、次に掲げる事項を行うものとする。

一　要保護者を発見し、又は被保護者の生計その他の状況の変動を発見した場合において、速やかに、保護の実施機関又は福祉事務所長にその旨を通報すること。

二　第二十四条第十項の規定により保護の開始又は変更の申請を受け取った場合において、これを保護の実施機関に送付すること。

三　保護の実施機関又は福祉事務所長から求められた場合において、被保護者等に対して、保護金品を交付すること。

四　保護の実施機関又は福祉事務所長から求められた場合において、要保護者に関する調査を行うこと。

（職権の委任）

第二〇条　都道府県知事は、この法律に定めるその職権の一部を、その管理に属する行政庁に委任することができる。

（補助機関）

第二一条　社会福祉法に定める社会福祉主事は、この法律の施行について、都道府県知事又は市町村長の事務の執行を補助するものとする。

（民生委員の協力）

第二二条　民生委員法（昭和二十三年法律第百九十八号）に定める民生委員は、この法

律の施行について、市町村長、福祉事務所長又は社会福祉主事の事務の執行に協力するものとする。

（事務監査）

第二三条　厚生労働大臣は都道府県知事及び市町村長の行うこの法律の施行に関する事務について、都道府県知事は市町村長の行うこの法律の施行に関する事務について、その指定する職員に、その監査を行わせなければならない。

2　前項の規定により指定された職員は、都道府県知事又は市町村長に対し、必要と認める資料の提出若しくは説明を求め、又は必要と認める指示をすることができる。

3　第一項の規定により指定すべき職員の資格については、政令で定める。

（申請による保護の開始及び変更）

第二四条　保護の開始を申請する者は、厚生労働省令で定めるところにより、次に掲げる事項を記載した申請書を保護の実施機関に提出しなければならない。ただし、当該申請書を作成することができない特別の事情があるときは、この限りでない。

一　要保護者の氏名及び住所又は居所

二　申請者が要保護者と異なるときは、申請者の氏名及び住所又は居所並びに要保護者との関係

三　保護を受けようとする理由

四　要保護者の資産及び収入の状況（生業若しくは就労又は求職活動の状況、扶養義務者の扶養の状況及び他の法律に定める扶助の状況を含む。以下同じ。）

五　その他要保護者の保護の要否、種類、程度及び方法を決定するために必要な事項として厚生労働省令で定める事項

2　前項の申請書には、要保護者の保護の要否、種類、程度及び方法を決定するために必要な書類として厚生労働省令で定める書類を添付しなければならない。ただし、当該書類を添付することができない特別の事情があるときは、この限りでない。

3　保護の実施機関は、保護の開始の申請があつたときは、保護の要否、種類、程度及び方法を決定し、申請者に対して書面をもつて、これを通知しなければならない。

4　前項の書面には、決定の理由を付さなければならない。

5　第三項の通知は、申請のあつた日から十四日以内にしなければならない。ただし、扶養義務者の資産及び収入の状況の調査に日時を要する場合その他特別な理由がある場合には、これを三十日まで延ばすことができる。

6　保護の実施機関は、前項ただし書の規定により同項本文に規定する期間内に第三項の通知をしなかつたときは、同項の書面にその理由を明示しなければならない。

7　保護の申請をしてから三十日以内に第三項の通知がないときは、申請者は、保護の実施機関が申請を却下したものとみなすことができる。

8　保護の実施機関は、知れたる扶養義務者が民法の規定による扶養義務を履行していないと認められる場合において、保護の開始の決定をしようとするときは、厚生労働省令で定めるところにより、あらかじめ、当該扶養義務者に対して書面をもつて厚生労働省令で定める事項を通知しなければならない。ただし、あらかじめ通知することが適当でない場合として厚生労働省令で定める場合は、この限りでない。

9　第一項から第七項までの規定は、第七条に規定する者からの保護の変更の申請について準用する。

10　保護の開始又は変更の申請は、町村長を経由してすることもできる。町村長は、申請を受け取つたときは、五日以内に、その申請に、要保護者に対する扶養義務者の有無、資産及び収入の状況その他保護に関する決定をするについて参考となるべき事項を記載した書面を添えて、これを保護の実施機関に送付しなければならない。

（職権による保護の開始及び変更）

第二五条　保護の実施機関は、要保護者が急

迫した状況にあるときは、すみやかに、職権をもつて保護の種類、程度及び方法を決定し、保護を開始しなければならない。

2　保護の実施機関は、常に、被保護者の生活状態を調査し、保護の変更を必要とすると認めるときは、速やかに、職権をもつてその決定を行い、書面をもつて、これを被保護者に通知しなければならない。前条第四項の規定は、この場合に準用する。

3　町村長は、要保護者が特に急迫した事由により放置することができない状況にあるときは、すみやかに、職権をもつて第十九条第六項に規定する保護を行わなければならない。

（保護の停止及び廃止）

第二六条　保護の実施機関は、被保護者が保護を必要としなくなつたときは、速やかに、保護の停止又は廃止を決定し、書面をもつて、これを被保護者に通知しなければならない。第二十八条第五項又は第六十二条第三項の規定により保護の停止又は廃止をするときも、同様とする。

（指導及び指示）

第二七条　保護の実施機関は、被保護者に対して、生活の維持、向上その他保護の目的達成に必要な指導又は指示をすることができる。

2　前項の指導又は指示は、被保護者の自由を尊重し、必要の最少限度に止めなければならない。

3　第一項の規定は、被保護者の意に反して、指導又は指示を強制し得るものと解釈してはならない。

（相談及び助言）

第二七条の二　保護の実施機関は、第五十五条の七第一項に規定する被保護者就労支援事業及び第五十五条の八第一項に規定する被保護者健康管理支援事業を行うほか、要保護者から求めがあつたときは、要保護者の自立を助長するために、要保護者からの相談に応じ、必要な助言をすることができる。

（報告、調査及び検診）

第二八条　保護の実施機関は、保護の決定若しくは実施又は第七十七条若しくは第七十八条（第三項を除く。次項及び次条第一項において同じ。）の規定の施行のため必要があると認めるときは、要保護者の資産及び収入の状況、健康状態その他の事項を調査するために、厚生労働省令で定めるところにより、当該要保護者に対して、報告を求め、若しくは当該職員に、当該要保護者の居住の場所に立ち入り、これらの事項を調査させ、又は当該要保護者に対して、保護の実施機関の指定する医師若しくは歯科医師の検診を受けるべき旨を命ずることができる。

2　保護の実施機関は、保護の決定若しくは実施又は第七十七条若しくは第七十八条の規定の施行のため必要があると認めるときは、保護の開始又は変更の申請書及びその添付書類の内容を調査するために、厚生労働省令で定めるところにより、要保護者の扶養義務者若しくはその他の同居の親族又は保護の開始若しくは変更の申請の当時要保護者若しくはこれらの者であつた者に対して、報告を求めることができる。

3　第一項の規定によつて立入調査を行う当該職員は、厚生労働省令の定めるところにより、その身分を示す証票を携帯し、かつ、関係人の請求があるときは、これを提示しなければならない。

4　第一項の規定による立入調査の権限は、犯罪捜査のために認められたものと解してはならない。

5　保護の実施機関は、要保護者が第一項の規定による報告をせず、若しくは虚偽の報告をし、若しくは立入調査を拒み、妨げ、若しくは忌避し、又は医師若しくは歯科医師の検診を受けるべき旨の命令に従わないときは、保護の開始若しくは変更の申請を却下し、又は保護の変更、停止若しくは廃止をすることができる。

（資料の提供等）

第二九条　保護の実施機関及び福祉事務所長は、保護の決定若しくは実施又は第七十七条若しくは第七十八条の規定の施行のために必要があると認めるときは、次の各号に掲げる者の当該各号に定める事項につき、官公署、日本年金機構若しくは国民年金法（昭和三十四年法律第百四十一号）第三条第二項に規定する共済組合等（次項において「共済組合等」という。）に対し、必要な書類の閲覧若しくは資料の提供を求め、又は銀行、信託会社、次の各号に掲げる者の雇主その他の関係人に、報告を求めることができる。

一　要保護者又は被保護者であつた者　氏名及び住所又は居所、資産及び収入の状況、健康状態、他の保護の実施機関における保護の決定及び実施の状況その他政令で定める事項（被保護者であつた者にあつては、氏名及び住所又は居所、健康状態並びに他の保護の実施機関における保護の決定及び実施の状況を除き、保護を受けていた期間における事項に限る。）

二　前号に掲げる者の扶養義務者　氏名及び住所又は居所、資産及び収入の状況その他政令で定める事項（被保護者であつた者の扶養義務者にあつては、氏名及び住所又は居所を除き、当該被保護者であつた者が保護を受けていた期間における事項に限る。）

2　別表第一の上欄に掲げる官公署の長、日本年金機構又は共済組合等は、それぞれ同表の下欄に掲げる情報につき、保護の実施機関又は福祉事務所長から前項の規定による求めがあつたときは、速やかに、当該情報を記載し、若しくは記録した書類を閲覧させ、又は資料の提供を行うものとする。

（行政手続法の適用除外）

第二九条の二　この章の規定による処分については、行政手続法（平成五年法律第八十八号）第三章（第十二条及び第十四条を除く。）の規定は、適用しない。

第五章　保護の方法

（生活扶助の方法）

第三〇条　生活扶助は、被保護者の居宅において行うものとする。ただし、これによることができないとき、これによつては保護の目的を達しがたいとき、又は被保護者が希望したときは、被保護者を救護施設、更生施設、日常生活支援住居施設（社会福祉法第二条第三項第八号に規定する事業の用に供する施設その他の施設であつて、被保護者に対する日常生活上の支援の実施に必要なものとして厚生労働省令で定める要件に該当すると都道府県知事が認めたものをいう。第六十二条第一項及び第七十条第一号ハにおいて同じ。）若しくはこれらの施設に入所させ、若しくはその他の適当な施設に入所を委託し、又は私人の家庭に養護を委託して行うことができる。

2　前項ただし書の規定は、被保護者の意に反して、入所又は養護を強制することができるものと解釈してはならない。

3　保護の実施機関は、被保護者の親権者又は後見人がその権利を適切に行わない場合においては、その異議があつても、家庭裁判所の許可を得て、第一項但書の措置をとることができる。

第三一条　生活扶助は、金銭給付によつて行うものとする。但し、これによることができないとき、これによることが適当でないとき、その他保護の目的を達するために必要があるときは、現物給付によつて行うことができる。

2　生活扶助のための保護金品は、一月分以内を限度として前渡するものとする。但し、これによりがたいときは、一月分をこえて前渡することができる。

3　居宅において生活扶助を行う場合の保護金品は、世帯単位に計算し、世帯主又はこれに準ずる者に対して交付するものとする。但し、これによりがたいときは、被保護者に対して個々に交付することができる。

4　**地域密着型介護老人福祉施設**（介護保険法第八条第二十二項に規定する地域密着型介護老人福祉施設をいう。以下同じ。）、介護老人福祉施設、介護老人保健施設（同条第二十八項に規定する介護老人保健施設をいう。以下同じ。）又は介護医療院（同条第二十九項に規定する介護医療院をいう。以下同じ。）であつて第五十四条の二第一項の規定により指定を受けたもの（同条第二項本文の規定により同条第一項の指定を受けたものとみなされたものを含む。）において施設介護を受ける被保護者に対して生活扶助を行う場合の保護金品を前項に規定する者に交付することが適当でないときその他保護の目的を達するために必要があるときは、同項の規定にかかわらず、当該地域密着型介護老人福祉施設若しくは介護老人福祉施設の長又は当該介護老人保健施設若しくは介護医療院の管理者に対して交付することができる。

5　前条第一項ただし書の規定により生活扶助を行う場合の保護金品は、被保護者又は施設の長若しくは養護の委託を受けた者に対して交付するものとする。

（教育扶助の方法）

第三二条　教育扶助は、金銭給付によつて行うものとする。但し、これによることができないとき、これによることが適当でないとき、その他保護の目的を達するために必要があるときは、現物給付によつて行うことができる。

2　教育扶助のための保護金品は、被保護者、その親権者若しくは未成年後見人又は被保護者の通学する学校の長に対して交付するものとする。

（住宅扶助の方法）

第三三条　住宅扶助は、金銭給付によつて行うものとする。但し、これによることができないとき、これによることが適当でないとき、その他保護の目的を達するために必要があるときは、現物給付によつて行うことができる。

2　住宅扶助のうち、住居の現物給付は、宿所提供施設を利用させ、又は宿所提供施設にこれを委託して行うものとする。

3　第三十条第二項の規定は、前項の場合に準用する。

4　住宅扶助のための保護金品は、世帯主又はこれに準ずる者に対して交付するものとする。

（医療扶助の方法）

第三四条　医療扶助は、現物給付によつて行うものとする。但し、これによることができないとき、これによることが適当でないとき、その他保護の目的を達するために必要があるときは、金銭給付によつて行うことができる。

2　前項に規定する現物給付のうち、医療の給付は、医療保護施設を利用させ、又は医療保護施設若しくは第四十九条の規定により指定を受けた医療機関にこれを委託して行うものとする。

3　前項に規定する医療の給付のうち、医療を担当する医師又は歯科医師が医学的知見に基づき後発医薬品（医薬品、医療機器等の品質、有効性及び安全性の確保等に関する法律（昭和三十五年法律第百四十五号）第十四条又は第十九条の二の規定による製造販売の承認を受けた医薬品のうち、同法第十四条の四第一項各号に掲げる医薬品と有効成分、分量、用法、用量、効能及び効果が同一性を有すると認められたものであつて厚生労働省令で定めるものをいう。以下この項において同じ。）を使用することができると認めたものについては、原則として、後発医薬品によりその給付を行うものとする。

4　第二項に規定する医療の給付のうち、あん摩マッサージ指圧師、はり師、きゆう師等に関する法律（昭和二十二年法律第二百十七号）又は柔道整復師法（昭和四十五年法律第十九号）の規定によりあん摩マッサージ指圧師、はり師、きゆう師又は柔道整復師（以下「**施術者**」という。）が行うことのできる範囲の施術については、第五十五条第一項の規定により指定を受けた施術者に委託してその給付を行うことを妨げない。

5　急迫した事情その他やむを得ない事情がある場合においては、被保護者は、第二項及び前項の規定にかかわらず、指定を受けない医療機関について医療の給付を受け、又は指定を受けない施術者について施術の給付を受けることができる。

6　医療扶助のための保護金品は、被保護者に対して交付するものとする。

注　第三四条は、令和三年六月一一日法律第六六号により次のように改正され、公布の日から起算して三年を超えない範囲内において政令で定める日から施行される。

　第三十四条第一項ただし書中「但し」を「ただし」に改め、同条第二項中「医療機関」の下に「（以下「指定医療機関」という。）」を加え、同条第六項を同条第八項とし、同条第五項中「前項」を「第四項」に改め、同項を同条第七項とし、同条第四項の次に次の二項を加える。

5　被保護者は、第二項に規定する医療の給付のうち、指定医療機関に委託して行うものを受けるときは、厚生労働省令で定めるところにより、当該指定医療機関から、電子資格確認その他厚生労働省令で定める方法により、医療扶助を受給する被保護者であることの確認を受けるものとする。

6　前項の「電子資格確認」とは、被保護者が、保護の実施機関に対し、個人番号カード（行政手続における特定の個人を識別するための番号の利用等に関する法律（平成二十五年法律第二十七号）第二条第七項に規定する個人番号カードをいう。）に記録された利用者証明用電子証明書（電子署名等に係る地方公共団体情報システム機構の認証業務に関する法律（平成十四年法律第百五十三号）第二十二条第一項に規定する利用者証明用電子証明書をいう。）を送信する方法その他の厚生労働省令で定める方法により、被保護者の医療扶助の受給資格に係る情報（医療の給付に係る費用の請求に必要な情報を含む。）の照会を行い、電子情報処理組織を使用する方法その他の情報通信の技術を利用する方法により、保護の実施機関から回答を受けて当該情報を医療の給付を受ける医療機関に提供し、当該医療機関から医療扶助を受給する被保護者であることの確認を受けることをいう。

（介護扶助の方法）

第三四条の二　介護扶助は、現物給付によつて行うものとする。ただし、これによることができないとき、これによることが適当でないとき、その他保護の目的を達するために必要があるときは、金銭給付によつて行うことができる。

2　前項に規定する現物給付のうち、居宅介護、福祉用具の給付、施設介護、介護予防、介護予防福祉用具及び介護予防・日常生活支援（第十五条の二第七項に規定する介護予防・日常生活支援をいう。第五十四条の二第一項において同じ。）の給付は、介護機関（その事業として居宅介護を行う者及びその事業として居宅介護支援計画（第十五条の二第三項に規定する居宅介護支援計画をいう。第五十四条の二第一項及び別表第二において同じ。）を作成する者、その事業として介護保険法第八条第十三項に規定する特定福祉用具販売を行う者（第五十四条の二第一項及び別表第二において「**特定福祉用具販売事業者**」という。）、地域密着型介護老人福祉施設、介護老人福祉施設、介護老人保健施設及び介護医療院、その事業として介護予防を行う者及びその事業として介護予防支援計画（第十五条の二第六項に規定する介護予防支援計画をいう。第五十四条の二第一項及び別表第二において同じ。）を作成する者、その事業として同法第八条の二第十一項に規定する特定介護予防福祉用具販売を行う者（第五十四条の二第一項及び別表第二において「**特定介護予防福祉用具販売事業者**」という。）並びに介護予防・日常生活支援事業者（その事業として同法第百十五条の四十五第一項第一号に規定する第一号事業を行う者をいう。以下同じ。）であつて、第五十四条の二第一項の規定により指定を受けたもの（同条第二項本文の規定により同条第一項の指定を受けたものとみなされたものを含む。）にこれを委託して行うものとする。

3　前条第五項及び第六項の規定は、介護扶助について準用する。

注　第三四条の二は、令和三年六月一一日法律第六六号により次のように改正され、公布の日から起算して三年を超えない範囲内において政令で定める日から施行される。

第三十四条の二第三項中「前条第五項及び第六項」を「前条第七項及び第八項」に改める。

（**出産扶助の方法**）

第三五条　出産扶助は、金銭給付によつて行うものとする。但し、これによることができないとき、これによることが適当でないとき、その他保護の目的を達するために必要があるときは、現物給付によつて行うことができる。

2　前項ただし書に規定する現物給付のうち、助産の給付は、第五十五条第一項の規定により指定を受けた助産師に委託して行うものとする。

3　第三十四条第五項及び第六項の規定は、出産扶助について準用する。

注　第三五条は、令和三年六月一一日法律第六六号により次のように改正され、公布の日から起算して三年を超えない範囲内において政令で定める日から施行される。

第三十五条第一項ただし書中「但し」を「ただし」に改め、同条第三項中「第三十四条第五項及び第六項」を「第三十四条第七項及び第八項」に改める。

（**生業扶助の方法**）

第三六条　生業扶助は、金銭給付によつて行うものとする。但し、これによることができないとき、これによることが適当でないとき、その他保護の目的を達するために必要があるときは、現物給付によつて行うことができる。

2　前項但書に規定する現物給付のうち、就労のために必要な施設の供用及び生業に必要な技能の授与は、授産施設若しくは訓練を目的とするその他の施設を利用させ、又はこれらの施設にこれを委託して行うものとする。

3　生業扶助のための保護金品は、被保護者に対して交付するものとする。但し、施設の供用又は技能の授与のために必要な金品は、授産施設の長に対して交付することができる。

（**葬祭扶助の方法**）

第三七条　葬祭扶助は、金銭給付によつて行うものとする。但し、これによることができないとき、これによることが適当でないとき、その他保護の目的を達するために必要があるときは、現物給付によつて行うことができる。

2　葬祭扶助のための保護金品は、葬祭を行う者に対して交付するものとする。

（保護の方法の特例）

第三七条の二　保護の実施機関は、保護の目的を達するために必要があるときは、第三十一条第三項本文若しくは第三十三条第四項の規定により世帯主若しくはこれに準ずる者に対して交付する保護金品、第三十一条第三項ただし書若しくは第五項、第三十四条第六項（第三十四条の二第三項及び第三十五条第三項において準用する場合を含む。）若しくは第三十六条第三項の規定により被保護者に対して交付する保護金品、第三十二条第二項の規定により被保護者若しくはその親権者若しくは未成年後見人に対して交付する保護金品（以下この条において「教育扶助のための保護金品」という。）又は前条第二項の規定により葬祭を行う者に対して交付する保護金品のうち、介護保険料（介護保険法第百二十九条第一項に規定する保険料をいう。）その他の被保護者（教育扶助のための保護金品にあつては、その親権者又は未成年後見人を含む。以下この条において同じ。）が支払うべき費用であつて政令で定めるものの額に相当する金銭について、被保護者に代わり、政令で定める者に支払うことができる。この場合において、当該支払があつたときは、これらの規定により交付すべき者に対し当該保護金品の交付があつたものとみなす。

注　第三七条の二は、令和三年六月一一日法律第六六号により次のように改正され、公布の日から起算して三年を超えない範囲内において政令で定める日から施行される。
　第三十七条の二中「第三十四条第六項」を「第三十四条第八項」に改める。

第六章　保護施設

（種類）

第三八条　保護施設の種類は、左の通りとする。

一　救護施設
二　更生施設
三　医療保護施設
四　授産施設
五　宿所提供施設

2　救護施設は、身体上又は精神上著しい障害があるために日常生活を営むことが困難な要保護者を入所させて、生活扶助を行うことを目的とする施設とする。

3　更生施設は、身体上又は精神上の理由により養護及び生活指導を必要とする要保護者を入所させて、生活扶助を行うことを目的とする施設とする。

4　医療保護施設は、医療を必要とする要保護者に対して、医療の給付を行うことを目的とする施設とする。

5　授産施設は、身体上若しくは精神上の理由又は世帯の事情により就業能力の限られている要保護者に対して、就労又は技能の修得のために必要な機会及び便宜を与えて、その自立を助長することを目的とする施設とする。

6　宿所提供施設は、住居のない要保護者の世帯に対して、住宅扶助を行うことを目的とする施設とする。

（保護施設の基準）

第三九条　都道府県は、保護施設の設備及び運営について、条例で基準を定めなければならない。

2　都道府県が前項の条例を定めるに当たつては、第一号から第三号までに掲げる事項については厚生労働省令で定める基準に従い定めるものとし、第四号に掲げる事項については厚生労働省令で定める基準を標準として定めるものとし、その他の事項については厚生労働省令で定める基準を参酌するものとする。

一 保護施設に配置する職員及びその員数
二 保護施設に係る居室の床面積
三 保護施設の運営に関する事項であつて、利用者の適切な処遇及び安全の確保並びに秘密の保持に密接に関連するものとして厚生労働省令で定めるもの
四 保護施設の利用定員

3 保護施設の設置者は、第一項の基準を遵守しなければならない。

(都道府県、市町村及び地方独立行政法人の保護施設)

第四〇条 都道府県は、保護施設を設置することができる。

2 市町村及び地方独立行政法人(地方独立行政法人法(平成十五年法律第百十八号)第二条第一項に規定する地方独立行政法人をいう。以下同じ。)は、保護施設を設置しようとするときは、あらかじめ、厚生労働省令で定める事項を都道府県知事に届け出なければならない。

3 保護施設を設置した都道府県、市町村及び地方独立行政法人は、現に入所中の被保護者の保護に支障のない限り、その保護施設を廃止し、又はその事業を縮少し、若しくは休止することができる。

4 都道府県及び市町村の行う保護施設の設置及び廃止は、条例で定めなければならない。

(社会福祉法人及び日本赤十字社の保護施設の設置)

第四一条 都道府県、市町村及び地方独立行政法人のほか、保護施設は、社会福祉法人及び日本赤十字社でなければ設置することができない。

2 社会福祉法人又は日本赤十字社は、保護施設を設置しようとするときは、あらかじめ、左に掲げる事項を記載した申請書を都道府県知事に提出して、その認可を受けなければならない。

一 保護施設の名称及び種類
二 設置者たる法人の名称並びに代表者の氏名、住所及び資産状況
三 寄附行為、定款その他の基本約款
四 建物その他の設備の規模及び構造
五 取扱定員
六 事業開始の予定年月日
七 経営の責任者及び保護の実務に当る幹部職員の氏名及び経歴
八 経理の方針

3 都道府県知事は、前項の認可の申請があつた場合に、その施設が第三十九条第一項の基準のほか、次の各号の基準に適合するものであるときは、これを認可しなければならない。

一 設置しようとする者の経済的基礎が確実であること。
二 その保護施設の主として利用される地域における要保護者の分布状況からみて、当該保護施設の設置が必要であること。
三 保護の実務に当たる幹部職員が厚生労働大臣の定める資格を有するものであること。

4 第一項の認可をするに当つて、都道府県知事は、その保護施設の存続期間を限り、又は保護の目的を達するために必要と認める条件を附することができる。

5 第二項の認可を受けた社会福祉法人又は日本赤十字社は、同項第一号又は第三号から第八号までに掲げる事項を変更しようとするときは、あらかじめ、都道府県知事の認可を受けなければならない。この認可の申請があつた場合には、第三項の規定を準用する。

(社会福祉法人及び日本赤十字社の保護施設の休止又は廃止)

第四二条 社会福祉法人又は日本赤十字社は、保護施設を休止し、又は廃止しようとするときは、あらかじめ、その理由、現に入所中の被保護者に対する措置及び財産の処分方法を明らかにし、かつ、第七十条、第七十二条又は第七十四条の規定により交付を受けた交付金又は補助金に残余額があるときは、これを返還して、休止又は廃止

の時期について都道府県知事の認可を受けなければならない。

（指導）

第四三条　都道府県知事は、保護施設の運営について、必要な指導をしなければならない。

２　社会福祉法人又は日本赤十字社の設置した保護施設に対する前項の指導については、市町村長が、これを補助するものとする。

（報告の徴収及び立入検査）

第四四条　都道府県知事は、保護施設の管理者に対して、その業務若しくは会計の状況その他必要と認める事項の報告を命じ、又は当該職員に、その施設に立ち入り、その管理者からその設備及び会計書類、診療録その他の帳簿書類（その作成又は保存に代えて電磁的記録（電子的方式、磁気的方式その他人の知覚によつては認識することができない方式で作られる記録であつて、電子計算機による情報処理の用に供されるものをいう。）の作成又は保存がされている場合における当該電磁的記録を含む。第五十一条第二項第五号及び第五十四条第一項において同じ。）の閲覧及び説明を求めさせ、若しくはこれを検査させることができる。

２　第二十八条第三項及び第四項の規定は、前項の規定による立入検査について準用する。

注　第四四条は、令和三年六月一一日法律第六六号により次のように改正され、公布の日から起算して三年を超えない範囲内において政令で定める日から施行される。
　第四十四条第一項中「第五十一条第二項第五号及び第五十四条第一項において」を「以下」に改める。

（改善命令等）

第四五条　厚生労働大臣は都道府県に対して、都道府県知事は市町村及び地方独立行政法人に対して、次に掲げる事由があるときは、その保護施設の設備若しくは運営の改善、その事業の停止又はその保護施設の廃止を命ずることができる。

一　その保護施設が第三十九条第一項の基準に適合しなくなつたとき。

二　その保護施設が存立の目的を失うに至つたとき。

三　その保護施設がこの法律若しくはこれに基づく命令又はこれらに基づいてする処分に違反したとき。

２　都道府県知事は、社会福祉法人又は日本赤十字社に対して、左に掲げる事由があるときは、その保護施設の設備若しくは運営の改善若しくはその事業の停止を命じ、又は第四十一条第二項の認可を取り消すことができる。

一　その保護施設が前項各号の一に該当するとき。

二　その保護施設が第四十一条第三項各号に規定する基準に適合しなくなつたとき。

三　その保護施設の経営につき営利を図る行為があつたとき。

四　正当な理由がないのに、第四十一条第二項第六号の予定年月日（同条第五項の規定により変更の認可を受けたときは、その認可を受けた予定年月日）までに事業を開始しないとき。

五　第四十一条第五項の規定に違反したとき。

３　前項の規定による処分に係る行政手続法第十五条第一項又は第三十条の通知は、聴聞の期日又は弁明を記載した書面の提出期限（口頭による弁明の機会の付与を行う場合には、その日時）の十四日前までにしなければならない。

４　都道府県知事は、第二項の規定による認可の取消しに係る行政手続法第十五条第一項の通知をしたときは、聴聞の期日及び場所を公示しなければならない。

5　第二項の規定による認可の取消しに係る聴聞の期日における審理は、公開により行わなければならない。

（管理規程）

第四六条　保護施設の設置者は、その事業を開始する前に、左に掲げる事項を明示した管理規程を定めなければならない。

一　事業の目的及び方針

二　職員の定数、区分及び職務内容

三　その施設を利用する者に対する処遇方法

四　その施設を利用する者が守るべき規律

五　入所者に作業を課する場合には、その作業の種類、方法、時間及び収益の処分方法

六　その他施設の管理についての重要事項

2　都道府県以外の者は、前項の管理規程を定めたときは、すみやかに、これを都道府県知事に届け出なければならない。届け出た管理規程を変更しようとするときも、同様とする。

3　都道府県知事は、前項の規定により届け出られた管理規程の内容が、その施設を利用する者に対する保護の目的を達するために適当でないと認めるときは、その管理規程の変更を命ずることができる。

（保護施設の義務）

第四七条　保護施設は、保護の実施機関から保護のための委託を受けたときは、正当の理由なくして、これを拒んではならない。

2　保護施設は、要保護者の入所又は処遇に当たり、人種、信条、社会的身分又は門地により、差別的又は優先的な取扱いをしてはならない。

3　保護施設は、これを利用する者に対して、宗教上の行為、祝典、儀式又は行事に参加することを強制してはならない。

4　保護施設は、当該職員が第四十四条の規定によつて行う立入検査を拒んではならない。

（保護施設の長）

第四八条　保護施設の長は、常に、その施設を利用する者の生活の向上及び更生を図ることに努めなければならない。

2　保護施設の長は、その施設を利用する者に対して、管理規程に従つて必要な指導をすることができる。

3　都道府県知事は、必要と認めるときは、前項の指導を制限し、又は禁止することができる。

4　保護施設の長は、その施設を利用する被保護者について、保護の変更、停止又は廃止を必要とする事由が生じたと認めるときは、すみやかに、保護の実施機関に、これを届け出なければならない。

第七章　医療機関、介護機関及び助産機関

（医療機関の指定）

第四九条　厚生労働大臣は、国の開設した病院若しくは診療所又は薬局について、都道府県知事は、その他の病院若しくは診療所（これらに準ずるものとして政令で定めるものを含む。）又は薬局について、この法律による医療扶助のための医療を担当させる機関を指定する。

（指定の申請及び基準）

第四九条の二　厚生労働大臣による前条の指定は、厚生労働省令で定めるところにより、病院若しくは診療所又は薬局の開設者の申請により行う。

2　厚生労働大臣は、前項の申請があつた場合において、次の各号のいずれかに該当するときは、前条の指定をしてはならない。

一　当該申請に係る病院若しくは診療所又は薬局が、健康保険法（大正十一年法律第七十号）第六十三条第三項第一号に規定する保険医療機関又は保険薬局でないとき。

二　申請者が、禁錮以上の刑に処せられ、その執行を終わり、又は執行を受けることがなくなるまでの者であるとき。

三　申請者が、この法律その他国民の保健

医療若しくは福祉に関する法律で政令で定めるものの規定により罰金の刑に処せられ、その執行を終わり、又は執行を受けることがなくなるまでの者であるとき。

四　申請者が、第五十一条第二項の規定により指定を取り消され、その取消しの日から起算して五年を経過しない者（当該取消しの処分に係る行政手続法第十五条の規定による通知があつた日前六十日以内に当該指定を取り消された病院若しくは診療所又は薬局の管理者であつた者で当該取消しの日から起算して五年を経過しないものを含む。）であるとき。ただし、当該指定の取消しの処分の理由となつた事実に関して申請者が有していた責任の程度を考慮して、この号本文に該当しないこととすることが相当であると認められるものとして厚生労働省令で定めるものに該当する場合を除く。

五　申請者が、第五十一条第二項の規定による指定の取消しの処分に係る行政手続法第十五条の規定による通知があつた日から当該処分をする日又は処分をしないことを決定する日までの間に第五十一条第一項の規定による指定の辞退の申出をした者（当該指定の辞退について相当の理由がある者を除く。）で、当該申出の日から起算して五年を経過しないものであるとき。

六　申請者が、第五十四条第一項の規定による検査が行われた日から聴聞決定予定日（当該検査の結果に基づき第五十一条第二項の規定による指定の取消しの処分に係る聴聞を行うか否かの決定をすることが見込まれる日として厚生労働省令で定めるところにより厚生労働大臣が当該申請者に当該検査が行われた日から十日以内に特定の日を通知した場合における当該特定の日をいう。）までの間に第五十一条第一項の規定による指定の辞退の申出をした者（当該指定の辞退について相当の理由がある者を除く。）で、当該申出の日から起算して五年を経過しないものであるとき。

七　第五号に規定する期間内に第五十一条第一項の規定による指定の辞退の申出があつた場合において、申請者（当該指定の辞退について相当の理由がある者を除く。）が、同号の通知の日前六十日以内に当該申出に係る病院若しくは診療所又は薬局の管理者であつた者で、当該申出の日から起算して五年を経過しないものであるとき。

八　申請者が、指定の申請前五年以内に被保護者の医療に関し不正又は著しく不当な行為をした者であるとき。

九　当該申請に係る病院若しくは診療所又は薬局の管理者が第二号から前号までのいずれかに該当する者であるとき。

3　厚生労働大臣は、第一項の申請があつた場合において、当該申請に係る病院若しくは診療所又は薬局が次の各号のいずれかに該当するときは、前条の指定をしないことができる。

一　被保護者の医療について、その内容の適切さを欠くおそれがあるとして重ねて第五十条第二項の規定による指導を受けたものであるとき。

二　前号のほか、医療扶助のための医療を担当させる機関として著しく不適当と認められるものであるとき。

4　前三項の規定は、都道府県知事による前条の指定について準用する。この場合において、第一項中「診療所」とあるのは「診療所（前条の政令で定めるものを含む。次項及び第三項において同じ。）」と、第二項第一号中「又は保険薬局」とあるのは「若しくは保険薬局又は厚生労働省令で定める事業所若しくは施設」と読み替えるものとする。

注　第四九条の二は、令和四年六月一七日法律第六八号により次のように改正され、令和四年六月一七日から起算して三年を超えない範囲内において政令で定める日から施行される。

第四十九条の二第二項第二号中「禁錮」を「拘禁刑」に改める。

（指定の更新）

第四九条の三　第四十九条の指定は、六年ごとにその更新を受けなければ、その期間の経過によつて、その効力を失う。

2　前項の更新の申請があつた場合において、同項の期間（以下この条において「指定の有効期間」という。）の満了の日までにその申請に対する処分がされないときは、従前の指定は、指定の有効期間の満了後もその処分がされるまでの間は、なおその効力を有する。

3　前項の場合において、指定の更新がされたときは、その指定の有効期間は、従前の指定の有効期間の満了の日の翌日から起算するものとする。

4　前条及び健康保険法第六十八条第二項の規定は、第一項の指定の更新について準用する。この場合において、必要な技術的読替えは、政令で定める。

（指定医療機関の義務）

第五〇条　第四十九条の規定により指定を受けた医療機関（以下「**指定医療機関**」という。）は、厚生労働大臣の定めるところにより、懇切丁寧に被保護者の医療を担当しなければならない。

2　指定医療機関は、被保護者の医療について、厚生労働大臣又は都道府県知事の行う指導に従わなければならない。

注　第五〇条は、令和三年六月一一日法律第六六号により次のように改正され、公布の日から起算して三年を超えない範囲内において政令で定める日から施行される。

第五十条第一項中「第四十九条の規定により指定を受けた医療機関（以下「指定医療機関」という。）」を「指定医療機関」に改める。

（変更の届出等）

第五〇条の二　指定医療機関は、当該指定医療機関の名称その他厚生労働省令で定める事項に変更があつたとき、又は当該指定医療機関の事業を廃止し、休止し、若しくは再開したときは、厚生労働省令で定めるところにより、十日以内に、その旨を第四十九条の指定をした厚生労働大臣又は都道府県知事に届け出なければならない。

（指定の辞退及び取消し）

第五一条　指定医療機関は、三十日以上の予告期間を設けて、その指定を辞退することができる。

2　指定医療機関が、次の各号のいずれかに該当するときは、厚生労働大臣の指定した医療機関については厚生労働大臣が、都道府県知事の指定した医療機関については都道府県知事が、その指定を取り消し、又は期間を定めてその指定の全部若しくは一部の効力を停止することができる。

一　指定医療機関が、第四十九条の二第二項第一号から第三号まで又は第九号のいずれかに該当するに至つたとき。

二　指定医療機関が、第四十九条の二第三項各号のいずれかに該当するに至つたとき。

三　指定医療機関が、第五十条又は次条の規定に違反したとき。

四　指定医療機関の診療報酬の請求に関し不正があつたとき。

五　指定医療機関が、第五十四条第一項の規定により報告若しくは診療録、帳簿書類その他の物件の提出若しくは提示を命ぜられてこれに従わず、又は虚偽の報告をしたとき。

六　指定医療機関の開設者又は従業者が、第五十四条第一項の規定により出頭を求められてこれに応ぜず、同項の規定による質問に対して答弁せず、若しくは虚偽の答弁をし、又は同項の規定による検査を拒み、妨げ、若しくは忌避したとき。ただし、当該指定医療機関の従業者がその行為をした場合において、その行為を防止するため、当該指定医療機関の開設者が相当の注意及び監督を尽くしたときを除く。

七　指定医療機関が、不正の手段により第四十九条の指定を受けたとき。

八　前各号に掲げる場合のほか、指定医療機関が、この法律その他国民の保健医療若しくは福祉に関する法律で政令で定めるもの又はこれらの法律に基づく命令若しくは処分に違反したとき。

九　前各号に掲げる場合のほか、指定医療機関が、被保護者の医療に関し不正又は著しく不当な行為をしたとき。

十　指定医療機関の管理者が指定の取消し又は指定の全部若しくは一部の効力の停止をしようとするとき前五年以内に被保護者の医療に関し不正又は著しく不当な行為をした者であるとき。

（診療方針及び診療報酬）

第五二条　指定医療機関の診療方針及び診療報酬は、国民健康保険の診療方針及び診療報酬の例による。

2　前項に規定する診療方針及び診療報酬によることのできないとき、及びこれによることを適当としないときの診療方針及び診療報酬は、厚生労働大臣の定めるところによる。

（医療費の審査及び支払）

第五三条　都道府県知事は、指定医療機関の診療内容及び診療報酬の請求を随時審査し、且つ、指定医療機関が前条の規定によつて請求することのできる診療報酬の額を決定することができる。

2　指定医療機関は、都道府県知事の行う前項の決定に従わなければならない。

3　都道府県知事は、第一項の規定により指定医療機関の請求することのできる診療報酬の額を決定するに当つては、社会保険診療報酬支払基金法（昭和二十三年法律第百二十九号）に定める審査委員会又は医療に関する審査機関で政令で定めるものの意見を聴かなければならない。

4　都道府県、市及び福祉事務所を設置する町村は、指定医療機関に対する診療報酬の支払に関する事務を、社会保険診療報酬支払基金又は厚生労働省令で定める者に委託することができる。

5　第一項の規定による診療報酬の額の決定については、審査請求をすることができない。

（報告等）

第五四条　都道府県知事（厚生労働大臣の指定に係る指定医療機関については、厚生労働大臣又は都道府県知事）は、医療扶助に関して必要があると認めるときは、指定医療機関若しくは指定医療機関の開設者若しくは管理者、医師、薬剤師その他の従業者であつた者（以下この項において「開設者であつた者等」という。）に対して、必要と認める事項の報告若しくは診療録、帳簿書類その他の物件の提出若しくは提示を命じ、指定医療機関の開設者若しくは管理者、医師、薬剤師その他の従業者（開設者であつた者等を含む。）に対し出頭を求め、又は当該職員に、関係者に対して質問させ、若しくは当該指定医療機関について実地に、その設備若しくは診療録、帳簿書類その他の物件を検査させることができる。

2　第二十八条第三項及び第四項の規定は、前項の規定による検査について準用する。

（介護機関の指定等）

第五四条の二　厚生労働大臣は、国の開設した地域密着型介護老人福祉施設、介護老人福祉施設、介護老人保健施設又は介護医療院について、都道府県知事は、その他の地域密着型介護老人福祉施設、介護老人福祉施設、介護老人保健施設若しくは介護医療院、その事業として居宅介護を行う者若しくはその事業として居宅介護支援計画を作成する者、特定福祉用具販売事業者、その事業として介護予防を行う者若しくはその事業として介護予防支援計画を作成する者、特定介護予防福祉用具販売事業者又は介護予防・日常生活支援事業者について、この法律による介護扶助のための居宅介護若しくは居宅介護支援計画の作成、福祉用具の給付、施設介護、介護予防若しくは介護予防支援計画の作成、介護予防福祉用具又は介護予防・日常生活支援の給付を担当させる機関を指定する。

2　介護機関について、別表第二の第一欄に掲げる介護機関の種類に応じ、それぞれ同表の第二欄に掲げる指定又は許可があったときは、その介護機関は、その指定又は許可の時に前項の指定を受けたものとみなす。ただし、当該介護機関（地域密着型介護老人福祉施設及び介護老人福祉施設を除く。）が、厚生労働省令で定めるところにより、あらかじめ、別段の申出をしたときは、この限りではない。

3　前項の規定により第一項の指定を受けたものとみなされた別表第二の第一欄に掲げる介護機関に係る同項の指定は、当該介護機関が同表の第三欄に掲げる場合に該当するときは、その効力を失う。

4　第二項の規定により第一項の指定を受けたものとみなされた別表第二の第一欄に掲げる介護機関に係る同項の指定は、当該介護機関が同表の第四欄に掲げる場合に該当するときは、その該当する期間、その効力（それぞれ同欄に掲げる介護保険法の規定による指定又は許可の効力が停止された部分に限る。）を停止する。

5　第四十九条の二（第二項第一号を除く。）の規定は、第一項の指定（介護予防・日常生活支援事業者に係るものを除く。）について、第五十条から前条までの規定は、同項の規定により指定を受けた介護機関（第二項本文の規定により第一項の指定を受けたものとみなされたものを含み、同項の指定を受けた介護予防・日常生活支援事業者（第二項本文の規定により第一項の指定を受けたものとみなされたものを含む。）を除く。）について準用する。この場合において、第五十条及び第五十条の二中「指定医療機関」とあるのは「指定介護機関」と、第五十一条第一項中「指定医療機関」とあるのは「指定介護機関（地域密着型介護老人福祉施設及び介護老人福祉施設に係るものを除く。）」と、同条第二項、第五十二条第一項及び第五十三条第一項から第三項までの規定中「指定医療機関」とあるのは「指定介護機関」と、同項中「社会保険診療報酬支払基金法（昭和二十三年法律第百二十九号）に定める審査委員会又は医療に関する審査機関で政令で定めるもの」とあるのは「介護保険法に定める介護給付費等審査委員会」と、同条第四項中「指定医療機関」とあるのは「指定介護機関」と、「社会保険診療報酬支払基金又は厚生労働省令で定める者」とあるのは「国民健康保険団体連合会」と、前条第一項中「指定医療機関」とあるのは「指定介護機関」と読み替えるものとするほか、必要な技術的読替えは、政令で定める。

6　第四十九条の二第一項及び第三項の規定は、第一項の指定（介護予防・日常生活支援事業者に係るものに限る。）について、第五十条、第五十条の二、第五十一条（第二項第一号、第八号及び第十号を除く。）、第五十二条から前条までの規定は、第一項の規定により指定を受けた介護機関（同項の指定を受けた介護予防・日常生活支援事業者（第二項本文の規定により第一項の指定を受けたものとみなされたものを含む。）に限る。）について準用する。この場合において、第四十九条の二第一項及び第三項中「厚生労働大臣」とあるのは「都道府県知事」と、第五十条第一項中「指定医療機関」とあるのは「指定介護機関」と、同条第二項及び第五十条の二中「指定医療機関」とあるのは「指定介護機関」と、「厚生労働大臣又は都道府県知事」とあるのは

「都道府県知事」と、第五十一条第一項中「指定医療機関」とあるのは「指定介護機関」と、同条第二項中「指定医療機関が、次の」とあるのは「指定介護機関が、次の」と、「厚生労働大臣の指定した医療機関については厚生労働大臣が、都道府県知事の指定した医療機関については都道府県知事が」とあるのは「都道府県知事は」と、同項第二号から第七号まで及び第九号、第五十二条第一項並びに第五十三条第一項から第三項までの規定中「指定医療機関」とあるのは「指定介護機関」と、同項中「社会保険診療報酬支払基金法（昭和二十三年法律第百二十九号）に定める審査委員会又は医療に関する審査機関で政令で定めるもの」とあるのは「介護保険法に定める介護給付費等審査委員会」と、同条第四項中「指定医療機関」とあるのは「指定介護機関」と、「社会保険診療報酬支払基金又は厚生労働省令で定める者」とあるのは「国民健康保険団体連合会」と、前条第一項中「都道府県知事（厚生労働大臣の指定に係る指定医療機関については、厚生労働大臣又は都道府県知事）」とあるのは「都道府県知事」と、「指定医療機関若しくは指定医療機関」とあるのは「指定介護機関若しくは指定介護機関」と、「命じ、指定医療機関」とあるのは「命じ、指定介護機関」と、「当該指定医療機関」とあるのは「当該指定介護機関」と読み替えるものとするほか、必要な技術的読替えは、政令で定める。

注　第五四条の二は、令和三年六月一一日法律第六六号により次のように改正され、公布の日から起算して三年を超えない範囲内において政令で定める日から施行される。

　第五十四条の二第五項中「第五十条及び」を「第五十条第一項中「指定医療機関」とあるのは「第五十四条の二第一項の規定により指定を受けた介護機関（同条第二項本文の規定により同条第一項の指定を受けたものとみなされたものを含み、同項の指定を受けた介護予防・日常生活支援事業者（同条第二項本文の規定により同条第一項の指定を受けたものとみなされたものを含む。）を除く。以下この章において「指定介護機関」という。）」と、同条第二項及び」に改め、同条第六項中「第五十条第一項中「指定医療機関」とあるのは「指定介護機関」を「第五十条第一項中「指定医療機関」とあるのは「第五十四条の二第一項の規定により指定を受けた介護機関（同項の指定を受けた介護予防・日常生活支援事業者（同条第二項本文の規定により同条第一項の指定を受けたものとみなされたものを含む。）に限る。以下この章において「指定介護機関」という。）」に改める。

（助産機関及び施術機関の指定等）

第五五条　都道府県知事は、助産師又はあん摩マツサージ指圧師、はり師、きゆう師若しくは柔道整復師について、この法律による出産扶助のための助産又はこの法律による医療扶助のための施術を担当させる機関を指定する。

2　第四十九条の二第一項、第二項（第一号、第四号ただし書、第七号及び第九号を除く。）及び第三項の規定は、前項の指定について、第五十条、第五十条の二、第五十一条（第二項第四号、第六号ただし書及び第十号を除く。）及び第五十四条の規定は、前項の規定により指定を受けた助産師並びにあん摩マツサージ指圧師、はり師、きゆう師及び柔道整復師について準用する。この場合において、第四十九条の二第一項及び第二項中「厚生労働大臣」とあるのは「都道府県知事」と、同項第四号中「者（当該取消しの処分に係る行政手続法第十五条の規定による通知があつた日前六十日以内に当該指定を取り消された病院若しくは診療所又は薬局の管理者であつた者で当該取消しの日から起算して五年を経過しないものを含む。）」とあるのは「者」と、同条第三項中「厚生労働大臣」とあるのは「都道府県知事」と、第五十条第一項中「医療機関（以下「指定医療機関」とあるのは「助産師又はあん摩マッサージ指圧師、はり師、きゆう師若しくは柔道整復師（以下それぞれ「指定助産機関」又は「指定施術機関」と、同条第二項中「指定医療機関」とあるのは「指定助産機関又は指定施術機関」と、「厚生労働大臣又は都道府県知事」とあるのは「都道府県知事」と、第五十条の二中「指定医療機関は」とあるのは「指定助産機関又は指定施術機関は」と、「指定医療機関の」とあるのは「指定助産機関若しくは指定施術機関の」と、「厚生労働大臣又は都道府県知事」とあるのは「都道府県知事」と、第五十一条第一項中「指定医療機関」とあるのは「指定助産機関又は指定施術機関」と、同条第二項中「指定医療機関が、次の」とあるのは「指定助産機関又は指定施術機関が、次の」と、「厚生労働大臣の指定した医療機関については厚生労働大臣が、都道府県知事の指定した医療機関については都道府県知事が」とあるのは「都道府県知事は」と、同項第一号から第三号まで及び第五号中「指定医療機関」とあるのは「指定助産機関又は指定施術機関」と、同項第六号中「指定医療機関の開設者又は従業者」とあるのは「指定助産機関又は指定施術機関」と、同項第七号から第九号までの規定中「指定医療機関」とあるのは「指定助産機関又は指定施術機関」と、第五十四条第一項中「都道府県知事（厚生労働大臣の指定に係る指定医療機関については、厚生労働大臣又は都道府県知事）」とあるのは「都道府県知事」と、「指定医療機関若しくは指定医療機関の開設者若しくは管理者、医師、薬剤師その他の従業者であつた者（以下この項において「開設者であつた者等」という。）」とあり、及び「指定医療機関の開設者若しくは管理者、医師、薬剤師その他の従業者（開設者であつた者等を含む。）」とあるのは「指定助産機関若しくは指定施術機関若しくはこれらであつた者」と、「当該指定医療機関」とあるのは「当該指定助産機関若しくは指定施術機関」と読み替えるものとするほか、必要な技術的読替えは、政令で定める。

注　第五五条は、令和三年六月一一日法律第六六号により次のように改正され、公布の日から起算して三年を超えない範囲内において政令で定める日から施行される。

　第五十五条第二項中「医療機関（以下「指定医療機関」を「指定医療機関」に、「助産師又は」を「第五十五条第一項の規定により指定を受けた助産師又は」に、「それぞれ」を「この章においてそれぞれ」に改め、「「指定施術機関」の下に「」という。）」を加える。

（医療保護施設への準用）

第五五条の二　第五十二条及び第五十三条の規定は、医療保護施設について準用する。

（告示）

第五五条の三　厚生労働大臣又は都道府県知事は、次に掲げる場合には、その旨を告示しなければならない。

一　第四十九条、第五十四条の二第一項又は第五十五条第一項の指定をしたとき。

二　第五十条の二（第五十四条の二第五項及び第六項並びに第五十五条第二項において準用する場合を含む。）の規定による届出があつたとき。

三　第五十一条第一項（第五十四条の二第

五項及び第六項並びに第五十五条第二項において準用する場合を含む。）の規定による第四十九条、第五十四条の二第一項又は第五十五条第一項の指定の辞退があつたとき。

四　第五十一条第二項（第五十四条の二第五項及び第六項並びに第五十五条第二項において準用する場合を含む。）の規定により第四十九条、第五十四条の二第一項又は第五十五条第一項の指定を取り消したとき。

第八章　就労自立給付金及び進学準備給付金

（就労自立給付金の支給）

第五五条の四　都道府県知事、市長及び福祉事務所を管理する町村長は、被保護者の自立の助長を図るため、その管理に属する福祉事務所の所管区域内に居住地を有する（居住地がないか、又は明らかでないときは、当該所管区域内にある）被保護者であつて、厚生労働省令で定める安定した職業に就いたことその他厚生労働省令で定める事由により保護を必要としなくなつたと認めたものに対して、厚生労働省令で定めるところにより、就労自立給付金を支給する。

2　前項の規定により就労自立給付金を支給する者は、就労自立給付金の支給に関する事務の全部又は一部を、その管理に属する行政庁に限り、委任することができる。

3　第一項の規定により就労自立給付金を支給する者は、就労自立給付金の支給に関する事務の一部を、政令で定めるところにより、他の就労自立給付金を支給する者に委託して行うことを妨げない。

（進学準備給付金の支給）

第五五条の五　都道府県知事、市長及び福祉事務所を管理する町村長は、その管理に属する福祉事務所の所管区域内に居住地を有する（居住地がないか、又は明らかでないときは当該所管区域内にある）被保護者（十八歳に達する日以後の最初の三月三十一日までの間にある者その他厚生労働省令で定める者に限る。）であつて教育訓練施設のうち教育訓練の内容その他の事情を勘案して厚生労働省令で定めるもの（次条において「**特定教育訓練施設**」という。）に確実に入学すると見込まれるものに対して、厚生労働省令で定めるところにより、進学準備給付金を支給する。

2　前条第二項及び第三項の規定は、進学準備給付金の支給について準用する。

（報告）

第五五条の六　第五十五条の四第一項の規定により就労自立給付金を支給する者又は前条第一項の規定により進学準備給付金を支給する者（第六十九条において「**支給機関**」という。）は、就労自立給付金若しくは進学準備給付金の支給又は第七十八条第三項の規定の施行のために必要があると認めるときは、被保護者若しくは被保護者であつた者又はこれらの者に係る雇主若しくは特定教育訓練施設の長その他の関係人に、報告を求めることができる。

第九章　被保護者就労支援事業及び被保護者健康管理支援事業

（被保護者就労支援事業）

第五五条の七　保護の実施機関は、就労の支援に関する問題につき、被保護者からの相談に応じ、必要な情報の提供及び助言を行う事業（以下「**被保護者就労支援事業**」という。）を実施するものとする。

2　保護の実施機関は、被保護者就労支援事業の事務の全部又は一部を当該保護の実施機関以外の厚生労働省令で定める者に委託することができる。

3　前項の規定による委託を受けた者若しくはその役員若しくは職員又はこれらの者で

あつた者は、その委託を受けた事務に関して知り得た秘密を漏らしてはならない。

（被保護者健康管理支援事業）

第五五条の八 保護の実施機関は、被保護者に対する必要な情報の提供、保健指導、医療の受診の勧奨その他の被保護者の健康の保持及び増進を図るための事業（以下「**被保護者健康管理支援事業**」という。）を実施するものとする。

2 保護の実施機関は、被保護者健康管理支援事業の実施に関し必要があると認めるときは、市町村長その他厚生労働省令で定める者に対し、被保護者に対する健康増進事業（平成十四年法律第百三号）による健康増進事業の実施に関する情報その他厚生労働省令で定める必要な情報の提供を求めることができる。

3 前条第二項及び第三項の規定は、被保護者健康管理支援事業を行う場合について準用する。

（被保護者健康管理支援事業の実施のための調査及び分析等）

第五五条の九 厚生労働大臣は、被保護者健康管理支援事業の実施に資するため、被保護者の年齢別及び地域別の疾病の動向その他被保護者の医療に関する情報について調査及び分析を行い、保護の実施機関に対して、当該調査及び分析の結果を提供するものとする。

2 保護の実施機関は、厚生労働大臣に対して、前項の規定による調査及び分析の実施に必要な情報を、厚生労働省令で定めるところにより提供しなければならない。

3 厚生労働大臣は、第一項の規定による調査及び分析に係る事務の一部を厚生労働省令で定める者に委託することができる。この場合において、厚生労働大臣は、委託を受けた者に対して、当該調査及び分析の実施に必要な範囲内において、当該調査及び分析に必要な情報を提供することができる。

4 前項の規定による委託を受けた者若しくはその役員若しくは職員又はこれらの者であつた者は、その委託を受けた事務に関して知り得た秘密を漏らしてはならない。

第一〇章 被保護者の権利及び義務

（不利益変更の禁止）

第五六条 被保護者は、正当な理由がなければ、既に決定された保護を、不利益に変更されることがない。

（公課禁止）

第五七条 被保護者は、保護金品及び進学準備給付金を標準として租税その他の公課を課せられることがない。

（差押禁止）

第五八条 被保護者は、既に給与を受けた保護金品及び進学準備給付金又はこれらを受ける権利を差し押さえられることがない。

（譲渡禁止）

第五九条 保護又は就労自立給付金若しくは進学準備給付金の支給を受ける権利は、譲り渡すことができない。

（生活上の義務）

第六〇条 被保護者は、常に、能力に応じて勤労に励み、自ら、健康の保持及び増進に努め、収入、支出その他生計の状況を適切に把握するとともに支出の節約を図り、その他生活の維持及び向上に努めなければならない。

（届出の義務）

第六一条 被保護者は、収入、支出その他生計の状況について変動があつたとき、又は居住地若しくは世帯の構成に異動があつたときは、すみやかに、保護の実施機関又は福祉事務所長にその旨を届け出なければならない。

（指示等に従う義務）

第六二条 被保護者は、保護の実施機関が、第三十条第一項ただし書の規定により、被保護者を救護施設、更生施設、日常生活支援住居施設若しくはその他の適当な施設に入所させ、若しくはこれらの施設に入所を委託し、若しくは私人の家庭に養護を委託して保護を行うことを決定したとき、又は第二十七条の規定により、被保護者に対し、必要な指導又は指示をしたときは、これに従わなければならない。

2　保護施設を利用する被保護者は、第四十六条の規定により定められたその保護施設の管理規程に従わなければならない。

3　保護の実施機関は、被保護者が前二項の規定による義務に違反したときは、保護の変更、停止又は廃止をすることができる。

4　保護の実施機関は、前項の規定により保護の変更、停止又は廃止の処分をする場合には、当該被保護者に対して弁明の機会を与えなければならない。この場合においては、あらかじめ、当該処分をしようとする理由、弁明をすべき日時及び場所を通知しなければならない。

5　第三項の規定による処分については、行政手続法第三章（第十二条及び第十四条を除く。）の規定は、適用しない。

（費用返還義務）

第六三条　被保護者が、急迫の場合等において資力があるにもかかわらず、保護を受けたときは、保護に要する費用を支弁した都道府県又は市町村に対して、すみやかに、その受けた保護金品に相当する金額の範囲内において保護の実施機関の定める額を返還しなければならない。

第一一章　不服申立て

（審査庁）

第六四条　第十九条第四項の規定により市町村長が保護の決定及び実施に関する事務の全部又は一部をその管理に属する行政庁に委任した場合における当該事務に関する処分並びに第五十五条の四第二項（第五十五条の五第二項において準用する場合を含む。第六十六条第一項において同じ。）の規定により市町村長が就労自立給付金又は進学準備給付金の支給に関する事務の全部又は一部をその管理に属する行政庁に委任した場合における当該事務に関する処分についての審査請求は、都道府県知事に対してするものとする。

（裁決をすべき期間）

第六五条　厚生労働大臣又は都道府県知事は、保護の決定及び実施に関する処分又は就労自立給付金若しくは進学準備給付金の支給に関する処分についての審査請求がされたときは、当該審査請求がされた日（行政不服審査法（平成二十六年法律第六十八号）第二十三条の規定により不備を補正すべきことを命じた場合にあつては、当該不備が補正された日）から次の各号に掲げる場合の区分に応じそれぞれ当該各号に定める期間内に、当該審査請求に対する裁決をしなければならない。

一　行政不服審査法第四十三条第一項の規定による諮問をする場合　七十日

二　前号に掲げる場合以外の場合　五十日

2　審査請求人は、審査請求をした日（行政不服審査法第二十三条の規定により不備を補正すべきことを命じられた場合にあつては、当該不備を補正した日。第一号において同じ。）から次の各号に掲げる場合の区分に応じそれぞれ当該各号に定める期間内に裁決がないときは、厚生労働大臣又は都道府県知事が当該審査請求を棄却したものとみなすことができる。

一　当該審査請求をした日から五十日以内に行政不服審査法第四十三条第三項の規定により通知を受けた場合　七十日

二　前号に掲げる場合以外の場合　五十日

（再審査請求）

第六六条　市町村長がした保護の決定及び実施に関する処分若しくは第十九条第四項の規定による委任に基づいて行政庁がした処分に係る審査請求についての都道府県知事

の裁決又は市町村長がした就労自立給付金若しくは進学準備給付金の支給に関する処分若しくは第五十五条の四第二項の規定による委任に基づいて行政庁がした処分に係る審査請求についての都道府県知事の裁決に不服がある者は、厚生労働大臣に対して再審査請求をすることができる。

2 前条第一項（各号を除く。）の規定は、再審査請求の裁決について準用する。この場合において、同項中「当該審査請求」とあるのは「当該再審査請求」と、「第二十三条」とあるのは「第六十六条第一項において読み替えて準用する同法第二十三条」と、「次の各号に掲げる場合の区分に応じそれぞれ当該各号に定める期間内」とあるのは「七十日以内」と読み替えるものとする。

第六七条及び第六八条 削除

（審査請求と訴訟との関係）

第六九条 この法律の規定に基づき保護の実施機関又は支給機関がした処分の取消しの訴えは、当該処分についての審査請求に対する裁決を経た後でなければ、提起することができない。

第一二章 費用

（市町村の支弁）

第七〇条 市町村は、次に掲げる費用を支弁しなければならない。

一 その長が第十九条第一項の規定により行う保護（同条第五項の規定により委託を受けて行う保護を含む。）に関する次に掲げる費用

イ 保護の実施に要する費用（以下「**保護費**」という。）

ロ 第三十条第一項ただし書、第三十三条第二項又は第三十六条第二項の規定により被保護者を保護施設に入所させ、若しくは入所を委託し、又は保護施設を利用させ、若しくは保護施設にこれを委託する場合に、これに伴い必要な保護施設の事務費（以下「**保護施設事務費**」という。）

ハ 第三十条第一項ただし書の規定により被保護者を日常生活支援住居施設若しくはその他の適当な施設に入所させ、若しくはその入所をこれらの施設に委託し、又は私人の家庭に養護を委託する場合に、これに伴い必要な事務費（以下「**委託事務費**」という。）

二 その長の管理に属する福祉事務所の所管区域内に居住地を有する者に対して、都道府県知事又は他の市町村長が第十九条第二項の規定により行う保護（同条第五項の規定により委託を受けて行う保護を含む。）に関する保護費、保護施設事務費及び委託事務費

三 その長の管理に属する福祉事務所の所管区域内に居住地を有する者に対して、他の町村長が第十九条第六項の規定により行う保護に関する保護費、保護施設事務費及び委託事務費

四 その設置する保護施設の設備に要する費用（以下「**設備費**」という。）

五 その長が第五十五条の四第一項の規定により行う就労自立給付金の支給（同条第三項の規定により委託を受けて行うものを含む。）及び第五十五条の五第一項の規定により行う進学準備給付金の支給（同条第二項において準用する第五十五条の四第三項の規定により委託を受けて行うものを含む。）に要する費用

六 その長が第五十五条の七の規定により行う被保護者就労支援事業及び第五十五条の八の規定により行う被保護者健康管理支援事業の実施に要する費用

七 この法律の施行に伴い必要なその人件費

八 この法律の施行に伴い必要なその事務費（以下「**行政事務費**」という。）

（都道府県の支弁）

第七一条　都道府県は、次に掲げる費用を支弁しなければならない。

一　その長が第十九条第一項の規定により行う保護（同条第五項の規定により委託を受けて行う保護を含む。）に関する保護費、保護施設事務費及び委託事務費

二　その長の管理に属する福祉事務所の所管区域内に居住地を有する者に対して、他の都道府県知事又は市町村長が第十九条第二項の規定により行う保護（同条第五項の規定により委託を受けて行う保護を含む。）に関する保護費、保護施設事務費及び委託事務費

三　その長の管理に属する福祉事務所の所管区域内に現在地を有する者（その所管区域外に居住地を有する者を除く。）に対して、町村長が第十九条第六項の規定により行う保護に関する保護費、保護施設事務費及び委託事務費

四　その設置する保護施設の設備費

五　その長が第五十五条の四第一項の規定により行う就労自立給付金の支給（同条第三項の規定により委託を受けて行うものを含む。）及び第五十五条の五第一項の規定により行う進学準備給付金の支給（同条第二項において準用する第五十五条の四第三項の規定により委託を受けて行うものを含む。）に要する費用

六　その長が第五十五条の七の規定により行う被保護者就労支援事業及び第五十五条の八の規定により行う被保護者健康管理支援事業の実施に要する費用

七　この法律の施行に伴い必要なその人件費

八　この法律の施行に伴い必要なその行政事務費

（繰替支弁）

第七二条　都道府県、市及び福祉事務所を設置する町村は、政令の定めるところにより、その長の管理に属する福祉事務所の所管区域内の保護施設、指定医療機関その他これらに準ずる施設で厚生労働大臣の指定するものにある被保護者につき他の都道府県又は市町村が支弁すべき保護費及び保護施設事務費を一時繰替支弁しなければならない。

2　都道府県、市及び福祉事務所を設置する町村は、その長が第十九条第二項の規定により行う保護（同条第五項の規定により委託を受けて行う保護を含む。）に関する保護費、保護施設事務費及び委託事務費を一時繰替支弁しなければならない。

3　町村は、その長が第十九条第六項の規定により行う保護に関する保護費、保護施設事務費及び委託事務費を一時繰替支弁しなければならない。

（都道府県の負担）

第七三条　都道府県は、政令で定めるところにより、次に掲げる費用を負担しなければならない。

一　居住地がないか、又は明らかでない被保護者につき市町村が支弁した保護費、保護施設事務費及び委託事務費の四分の一

二　宿所提供施設又は児童福祉法（昭和二十二年法律第百六十四号）第三十八条に規定する母子生活支援施設（第四号において「母子生活支援施設」という。）にある被保護者（これらの施設を利用するに至る前からその施設の所在する市町村の区域内に居住地を有していた被保護者を除く。同号において同じ。）につきこれらの施設の所在する市町村が支弁した保護費、保護施設事務費及び委託事務費の四分の一

三　居住地がないか、又は明らかでない被保護者につき市町村が支弁した就労自立給付金費（就労自立給付金の支給に要する費用をいう。以下同じ。）及び進学準備給付金費（進学準備給付金の支給に要する費用をいう。以下同じ。）

の四分の一

四　宿所提供施設又は母子生活支援施設にある被保護者につきこれらの施設の所在する市町村が支弁した就労自立給付金費及び進学準備給付金費の四分の一

（都道府県の補助）

第七四条　都道府県は、左に掲げる場合においては、第四十一条の規定により設置した保護施設の修理、改造、拡張又は整備に要する費用の四分の三以内を補助することができる。

一　その保護施設を利用することがその地域における被保護者の保護のため極めて効果的であるとき。

二　その地域に都道府県又は市町村の設置する同種の保護施設がないか、又はあつてもこれに収容若しくは供用の余力がないとき。

2　第四十三条から第四十五条までに規定するものの外、前項の規定により補助を受けた保護施設に対する監督については、左の各号による。

一　厚生労働大臣は、その保護施設に対して、その業務又は会計の状況について必要と認める事項の報告を命ずることができる。

二　厚生労働大臣及び都道府県知事は、その保護施設の予算が、補助の効果を上げるために不適当と認めるときは、その予算について、必要な変更をすべき旨を指示することができる。

三　厚生労働大臣及び都道府県知事は、その保護施設の職員が、この法律若しくはこれに基く命令又はこれらに基いてする処分に違反したときは、当該職員を解職すべき旨を指示することができる。

（準用規定）

第七四条の二　社会福祉法第五十八条第二項から第四項までの規定は、国有財産特別措置法（昭和二十七年法律第二百十九号）第二条第二項第一号の規定又は同法第三条第一項第四号及び同条第二項の規定により普通財産の譲渡又は貸付を受けた保護施設に準用する。

（国の負担及び補助）

第七五条　国は、政令で定めるところにより、次に掲げる費用を負担しなければならない。

一　市町村及び都道府県が支弁した保護費、保護施設事務費及び委託事務費の四分の三

二　市町村及び都道府県が支弁した就労自立給付金費及び進学準備給付金費の四分の三

三　市町村が支弁した被保護者就労支援事業及び被保護者健康管理支援事業に係る費用のうち、当該市町村における人口、被保護者の数その他の事情を勘案して政令で定めるところにより算定した額の四分の三

四　都道府県が支弁した被保護者就労支援事業及び被保護者健康管理支援事業に係る費用のうち、当該都道府県の設置する福祉事務所の所管区域内の町村における人口、被保護者の数その他の事情を勘案して政令で定めるところにより算定した額の四分の三

2　国は、政令の定めるところにより、都道府県が第七十四条第一項の規定により保護施設の設置者に対して補助した金額の三分の二以内を補助することができる。

（遺留金品の処分）

第七六条　第十八条第二項の規定により葬祭扶助を行う場合においては、保護の実施機関は、その死者の遺留の金銭及び有価証券を保護費に充て、なお足りないときは、遺留の物品を売却してその代金をこれに充てることができる。

2　都道府県又は市町村は、前項の費用について、その遺留の物品の上に他の債権者の

先取特権に対して優先権を有する。

（損害賠償請求権）

第七六条の二　都道府県又は市町村は、被保護者の医療扶助又は介護扶助を受けた事由が第三者の行為によつて生じたときは、その支弁した保護費の限度において、被保護者が当該第三者に対して有する損害賠償の請求権を取得する。

（時効）

第七六条の三　就労自立給付金又は進学準備給付金の支給を受ける権利は、これを行うことができる時から二年を経過したときは、時効によつて消滅する。

（費用等の徴収）

第七七条　被保護者に対して民法の規定により扶養の義務を履行しなければならない者があるときは、その義務の範囲内において、保護費を支弁した都道府県又は市町村の長は、その費用の全部又は一部を、その者から徴収することができる。

2　前項の場合において、扶養義務者の負担すべき額について、保護の実施機関と扶養義務者の間に協議が調わないとき、又は協議をすることができないときは、保護の実施機関の申立により家庭裁判所が、これを定める。

第七七条の二　急迫の場合等において資力があるにもかかわらず、保護を受けた者があるとき（徴収することが適当でないときとして厚生労働省令で定めるときを除く。）は、保護に要する費用を支弁した都道府県又は市町村の長は、第六十三条の保護の実施機関の定める額の全部又は一部をその者から徴収することができる。

2　前項の規定による徴収金は、この法律に別段の定めがある場合を除き、国税徴収の例により徴収することができる。

第七八条　不実の申請その他不正な手段により保護を受け、又は他人をして受けさせた者があるときは、保護費を支弁した都道府県又は市町村の長は、その費用の額の全部又は一部を、その者から徴収するほか、その徴収する額に百分の四十を乗じて得た額以下の金額を徴収することができる。

2　偽りその他不正の行為によつて医療、介護又は助産若しくは施術の給付に要する費用の支払を受けた指定医療機関、指定介護機関又は指定助産機関若しくは指定施術機関があるときは、当該費用を支弁した都道府県又は市町村の長は、その支弁した額のうち返還させるべき額をその指定医療機関、指定介護機関又は指定助産機関若しくは指定施術機関から徴収するほか、その返還させるべき額に百分の四十を乗じて得た額以下の金額を徴収することができる。

3　偽りその他不正な手段により就労自立給付金若しくは進学準備給付金の支給を受け、又は他人をして受けさせた者があるときは、就労自立給付金費又は進学準備給付金費を支弁した都道府県又は市町村の長は、その費用の額の全部又は一部を、その者から徴収するほか、その徴収する額に百分の四十を乗じて得た額以下の金額を徴収することができる。

4　前条第二項の規定は、前三項の規定による徴収金について準用する。

注　第七八条は、令和三年六月一一日法律第六六号により次のように改正され、公布の日から起算して三年を超えない範囲内において政令で定める日から施行される。

第七十八条第二項中「指定介護機関又は指定助産機関若しくは指定施術機関が」を「第五十四条の二第一項の規定により指定を受けた介護機関（同条第二項本文の規定により同条第一項の指定を受けたものとみなされたものを含む。）又は第五十五条第一項の規定により指定を受けた助産師若しくはあん摩マッサージ指圧師、はり師、きゆう師若しくは柔道整復師（以下この項において「指定医療機関等」という。）が」に、「その指定医療機関、指定助産機関若しくは指定施術機関」を「その指定医療機関等」に改める。

第七八条の二　保護の実施機関は、被保護者が、保護金品（金銭給付によつて行うものに限る。）の交付を受ける前に、厚生労働省令で定めるところにより、当該保護金品の一部を、第七十七条の二第一項又は前条第一項の規定により保護費を支弁した都道府県又は市町村の長が徴収することができる徴収金の納入に充てる旨を申し出た場合において、保護の実施機関が当該被保護者の生活の維持に支障がないと認めたときは、厚生労働省令で定めるところにより、当該被保護者に対して保護金品を交付する際に当該申出に係る徴収金を徴収することができる。

2　第五十五条の四第一項の規定により就労自立給付金を支給する者は、被保護者が、就労自立給付金の支給を受ける前に、厚生労働省令で定めるところにより、当該就労自立給付金の額の全部又は一部を、第七十七条の二第一項又は前条第一項の規定により保護費を支弁した都道府県又は市町村の長が徴収することができる徴収金の納入に充てる旨を申し出たときは、厚生労働省令で定めるところにより、当該被保護者に対して就労自立給付金を支給する際に当該申出に係る徴収金を徴収することができる。

3　前二項の規定により第七十七条の二第一項又は前条第一項の規定による徴収金が徴収されたときは、当該被保護者に対して当該保護金品（第一項の申出に係る部分に限る。）の交付又は当該就労自立給付金（前項の申出に係る部分に限る。）の支給があつたものとみなす。

（返還命令）

第七九条　国又は都道府県は、左に掲げる場合においては、補助金又は負担金の交付を受けた保護施設の設置者に対して、既に交付した補助金又は負担金の全部又は一部の返還を命ずることができる。

一　補助金又は負担金の交付条件に違反したとき。

二　詐偽その他不正な手段をもつて、補助金又は負担金の交付を受けたとき。

三　保護施設の経営について、営利を図る行為があつたとき。

四　保護施設が、この法律若しくはこれに基く命令又はこれらに基いてする処分に違反したとき。

（返還の免除）

第八〇条　保護の実施機関は、保護の変更、廃止又は停止に伴い、前渡した保護金品の全部又は一部を返還させるべき場合において、これを消費し、又は喪失した被保護者に、やむを得ない事由があると認めるときは、これを返還させないことができる。

第一三章　雑則

注1　次の四条は、令和三年六月一一日法律第六六号により追加され、公布の日から起算して三年を超えない範囲内において政令で定める日から施行される。

第十三章中第八十一条の前に次の四条を加える。

（受給者番号等の利用制限等）

第八〇条の二　厚生労働大臣、保護の実施機関、都道府県知事、市町村長、指定医療機関その他の保護の決定若しくは実施に関する事務若しくは被保護者健康管理支援事業の実施に関する事務又はこれらに関連する事務（以下この項及び次項において「保護の決定・実施に関する事務等」という。）の遂行のため受給者番号等（公費負担者番号（厚生労働大臣が保護の決定・実施に関する事務等において保護の実施機関を識別するための番号として、保護の実施機関ごとに定めるものをいう。）及び受給者番号（保護の実施機関が被保護者に係る情報を管理するための番号として、被保護者ごとに定めるものをいう。）をいう。以下この条において同じ。）を利用する者として厚生労働省令で定める者（以下この条において「厚生労働大臣等」という。）は、当該保護の決定・実施に関する事務等の遂行のため必要がある場合を除き、何人に対しても、その者又はその者以外の者に係る受給者番号等を告知することを求めてはならない。

2　厚生労働大臣等以外の者は、保護の決定・実施に関する事務等の遂行のため受給者番号等の利用が特に必要な場合として厚生労働省令で定める場合を除き、何人に対しても、その者又はその者以外の者に係る受給者番号等を告知することを求めてはならない。

3　何人も、次に掲げる場合を除き、その者が業として行う行為に関し、その者に対し売買、貸借、雇用その他の契約（以下この項において「契約」という。）の申込みをしようとする者若しくは申込みをする者又はその者と契約の締結をした者に対し、当該者又は当該者以外の者に係る受給者番号等を告知することを求めてはならない。

一　厚生労働大臣等が、第一項に規定する場合に、受給者番号等を告知することを求めるとき。

二　厚生労働大臣等以外の者が、前項に規定する厚生労働省令で定める場合に、受給者番号等を告知することを求めるとき。

4　何人も、次に掲げる場合を除き、業として、受給者番号等の記録されたデータベース（その者以外の者に係る受給者番号等を含む情報の集合物であつて、それらの情報を電子計算機を用いて検索することができるように体系的に構成したものをいう。）であつて、当該データベースに記録された情報が他に提供されることが予定されているもの（以下この項において「提供データベース」という。）を構成してはならない。

一　厚生労働大臣等が、第一項に規定する場合に、提供データベースを構成するとき。

二　厚生労働大臣等以外の者が、第二項に規定する厚生労働省令で定める場合に、提供データベースを構成するとき。

5　厚生労働大臣は、前二項の規定に違反する行為が行われた場合において、当該行為をした者が更に反復してこれらの規定に違反する行為をするおそれがあると認めるときは、当該行為をした者に対し、当該行為を中止することを勧告し、又は当該行為が中止されることを確保するために必要な措置を講ずることを勧告することができる。

6　厚生労働大臣は、前項の規定による勧告を受けた者がその勧告に従わないときは、その者に対し、期限を定めて、当該勧告に従うべきことを命ずることができる。

（報告及び検査）

第八〇条の三　厚生労働大臣は、前条第五項及び第六項の規定による措置に関し必要があると認めるときは、その必要と認められる範囲内においいて、同条第三項若しくは第四項の規定に違反していると認めるに足りる相当の理由がある者に対し、必要な事項に関し報告を求め、又は当該職員に当該者の事務所若しくは事業所に立ち入つて質問させ、若しくは帳簿書類その他の物件を検査させることができる。

2　第二十八条第三項の規定は前項の規定による質問又は検査について、同条第四項の規定は前項の規定による権限について、それぞれ準用する。

（社会保険診療報酬支払基金等への事務の委託）

第八〇条の四　保護の実施機関は、医療の給付、被保護者健康管理支援事業の実施その他の厚生労働省令で定める事務に係る被保護者又は被保護者であつた者に係る情報の収集若しくは整理又は利用若しくは提供に関する事務を、社会保険診療報酬支払基金又は国民健康保険団体連合会に委託することができる。

2　保護の実施機関は、前項の規定により事務を委託する場合は、他の保護の実施機関、社会保険診療報酬支払基金法第一条に規定する保険者及び法令の規定により医療に関する給付その他の事務を行う者であつて厚生労働省令で定めるものと共同して委託するものとする。

（関係者の連携及び協力）

第八〇条の五　国、都道府県及び市町村並びに指定医療機関その他の関係者は、第三十四条第六項に規定する電子資格確認の仕組みの導入その他手続における情報通信の技術の利用の推進により、医療保険各法等（高齢者の医療の確保に関する法律（昭和五十七年法律第八十号）第七条第一項に規定する医療保険各法及び高齢者の医療の確保に関する法律をいう。）その他医療の確保に関する給付を定める法令の規定により行われる事務が円滑に実施されるよう、相互に連携を図りながら協力するものとする。

注2　第八〇条の四は、令和五年五月一九日法律第三一号により次のように改正され、令和五年五月一九日から起算して四年を超えない範囲内において政令で定める日から施行される。

2　第八十条の四第二項中「及び法令」を「、法令」に改め、「定めるもの」の下に「並びに介護保険法第三条の規定により介護保険を行う市町村及び特別区」を加える。

（後見人選任の請求）

第八一条　被保護者が未成年者又は成年被後見人である場合において、親権者及び後見人の職務を行う者がないときは、保護の実施機関は、すみやかに、後見人の選任を家庭裁判所に請求しなければならない。

（都道府県の援助等）

第八一条の二　都道府県知事は、市町村長に対し、保護並びに就労自立給付金及び進学準備給付金の支給に関する事務の適正な実施のため、必要な助言その他の援助を行うことができる。

2　都道府県知事は、前項に規定するもののほか、市町村長に対し、被保護者就労支援事業及び被保護者健康管理支援事業の効果的かつ効率的な実施のため、必要な助言その他の援助を行うことができる。

（情報提供等）

第八一条の三　保護の実施機関は、第二十六条の規定により保護の廃止を行うに際しては、当該保護を廃止される者が生活困窮者自立支援法（平成二十五年法律第百五号）第三条第一項に規定する生活困窮者に該当する場合には、当該者に対して、同法に基づく事業又は給付金についての情報の提供、助言その他適切な措置を講ずるよう努めるものとする。

(町村の一部事務組合等)

第八二条　町村が一部事務組合又は広域連合を設けて福祉事務所を設置した場合には、この法律の適用については、その一部事務組合又は広域連合を福祉事務所を設置する町村とみなし、その一部事務組合の管理者(地方自治法(昭和二十二年法律第六十七号)第二百八十七条の三第二項の規定により管理者に代えて理事会を置く同法第二百八十五条の一部事務組合にあつては、理事会)又は広域連合の長(同法第二百九十一条の十三において準用する同法第二百八十七条の三第二項の規定により長に代えて理事会を置く広域連合にあつては、理事会)を福祉事務所を管理する町村長とみなす。

(保護の実施機関が変更した場合の経過規定)

第八三条　町村の福祉事務所の設置又は廃止により保護の実施機関に変更があつた場合においては、変更前の保護の実施機関がした保護の開始又は変更の申請の受理及び保護に関する決定は、変更後の保護の実施機関がした申請の受理又は決定とみなす。但し、変更前に行われ、又は行われるべきであつた保護に関する費用の支弁及び負担については、変更がなかつたものとする。

(厚生労働大臣への通知)

第八三条の二　都道府県知事は、指定医療機関について第五十一条第二項の規定によりその指定を取り消し、又は期間を定めてその指定の全部若しくは一部の効力を停止した場合において、健康保険法第八十条各号のいずれかに該当すると疑うに足りる事実があるときは、厚生労働省令で定めるところにより、厚生労働大臣に対し、その事実を通知しなければならない。

(実施命令)

第八四条　この法律で政令に委任するものを除く外、この法律の実施のための手続その他その執行について必要な細則は、厚生労働省令で定める。

(大都市等の特例)

第八四条の二　この法律中都道府県が処理することとされている事務で政令で定めるものは、地方自治法第二百五十二条の十九第一項の指定都市(以下「**指定都市**」という。)及び同法第二百五十二条の二十二第一項の中核市(以下「**中核市**」という。)においては、政令の定めるところにより、指定都市又は中核市(以下「**指定都市等**」という。)が処理するものとする。この場合においては、この法律中都道府県に関する規定は、指定都市等に関する規定として指定都市等に適用があるものとする。

2　第六十六条第一項の規定は、前項の規定により指定都市等の長がした処分に係る審査請求について準用する。

(保護の実施機関についての特例)

第八四条の三　身体障害者福祉法(昭和二十四年法律第二百八十三号)第十八条第二項の規定により障害者の日常生活及び社会生活を総合的に支援するための法律(平成十七年法律第百二十三号)第五条第十一項に規定する障害者支援施設(以下この条において「障害者支援施設」という。)に入所している者、知的障害者福祉法(昭和三十五年法律第三十七号)第十六条第一項第二号の規定により障害者支援施設若しくは独立行政法人国立重度知的障害者総合施設のぞみの園法(平成十四年法律第百六十七号)第十一条第一号の規定により独立行政法人国立重度知的障害者総合施設のぞみの園が設置する施設(以下この条において「のぞみの園」という。)に入所している者、老人福祉法(昭和三十八年法律第百三十三号)第十一条第一項第一号の規定により養護老人ホームに入所し、若しくは同項第二号の規定により特別養護老人ホームに入所している者又は障害者の日常生活及び社会生活を総合的に支援するための法律第二十九条第一項若しくは第三十条第一項の規定により同法第十九条第一項に規定する介護給付費等の支給を受けて障害者支援施設、のぞみの園若しくは同法第五条第一項の主務省令で定める施設に入所している者に対する保護については、その者がこれらの施設に引き続き入所している間、その者は、第三十条第一項ただし書の規定により入所しているものとみなして、第十九条第三項の規定を適用する。

（緊急時における厚生労働大臣の事務執行）

第八四条の四　第五十四条第一項（第五十四条の二第五項及び第六項並びに第五十五条第二項において準用する場合を含む。）の規定により都道府県知事の権限に属するものとされている事務は、被保護者の利益を保護する緊急の必要があると厚生労働大臣が認める場合にあつては、厚生労働大臣又は都道府県知事が行うものとする。この場合においては、この法律の規定中都道府県知事に関する規定（当該事務に係るものに限る。）は、厚生労働大臣に関する規定として厚生労働大臣に適用があるものとする。

2　前項の場合において、厚生労働大臣又は都道府県知事が当該事務を行うときは、相互に密接な連携の下に行うものとする。

（事務の区分）

第八四条の五　別表第三の上欄に掲げる地方公共団体がそれぞれ同表の下欄に掲げる規定により処理することとされている事務は、地方自治法第二条第九項第一号に規定する第一号法定受託事務とする。

（権限の委任）

第八四条の六　この法律に規定する厚生労働大臣の権限は、厚生労働省令で定めるところにより、地方厚生局長に委任することができる。

2　前項の規定により地方厚生局長に委任された権限は、厚生労働省令で定めるところにより、地方厚生支局長に委任することができる。

（罰則）

第八五条　不実の申請その他不正な手段により保護を受け、又は他人をして受けさせた者は、三年以下の懲役又は百万円以下の罰金に処する。ただし、刑法（明治四十年法律第四十五号）に正条があるときは、刑法による。

2　偽りその他不正な手段により就労自立給付金若しくは進学準備給付金の支給を受け、又は他人をして受けさせた者は、三年以下の懲役又は百万円以下の罰金に処する。ただし、刑法に正条があるときは、刑法による。

注　第八五条は、令和四年六月一七日法律第六八号により次のように改正され、令和四年六月一七日から起算して三年を超えない範囲内において政令で定める日から施行される。
　第八十五条の規定中「懲役」を「拘禁刑」に改める。

第八五条の二　第五十五条の七第三項（第五十五条の八第三項において準用する場合を含む。）及び第五十五条の九第四項の規定に違反して秘密を漏らした者は、一年以下の懲役又は百万円以下の罰金に処する。

注　第八五条の二は、令和四年六月一七日法律第六八号により次のように改正され、令和四年六月一七日から起算して三年を超えない範囲内において政令で定める日から施行される。
　第八十五条の二の規定中「懲役」を「拘禁刑」に改める。

注1　次の一条は、令和三年六月一一日法律第六六号により追加され、公布の日から起算して三年を超えない範囲内

において政令で定める日から施行される。

第八十五条の二の次に次の一条を加える。

第八五条の三　第八十条の二第六項の規定による命令に違反した場合には、当該違反行為をした者は、一年以下の懲役又は五十万円以下の罰金に処する。

注2　第八五条の三は、令和四年六月一七日法律第六八号により次のように改正され、令和四年六月一七日から起算して三年を超えない範囲内において政令で定める日から施行される。

第八十五条の三の規定中「懲役」を「拘禁刑」に改める。

第八六条　第四十四条第一項、第五十四条第一項（第五十四条の二第五項及び第六項並びに第五十五条第二項において準用する場合を含む。以下この項において同じ。）、第五十五条の六若しくは第七十四条第二項第一号の規定による報告を怠り、若しくは虚偽の報告をし、第五十四条第一項の規定による物件の提出若しくは提示をせず、若しくは虚偽の物件の提出若しくは提示をし、若しくは同項の規定による当該職員の質問に対して、答弁せず、若しくは虚偽の答弁をし、又は第二十八条第一項（要保護者が違反した場合を除く。）、第四十四条第一項若しくは第五十四条第一項の規定による当該職員の調査若しくは検査を拒み、妨げ、若しくは忌避した者は、三十万円以下の罰金に処する。

2　法人の代表者又は法人若しくは人の代理人、使用人その他の従業者が、その法人又は人の業務に関し、前項の違反行為をしたときは、行為者を罰するほか、その法人又は人に対しても前項の刑を科する。

注　第八六条は、令和三年六月一一日法律第六六号により次のように改正され、公布の日から起算して三年を超えない範囲内において政令で定める日から施行される。

第八十六条第一項中「第四十四条第一項、」を「正当な理由がなくて第四十四条第一項、」に、「この項」を「この条」に、「若しくは第七十四条第二項第一号」を「、第七十四条第二項第一号若しくは第八十条の三第一項」に改め、「報告をし、」の下に「正当な理由がなくて」を加え、「若しくは同項」を「同項若しくは第八十条の三第一項」に改め、「対して、」及び「又は」の下に「正当な理由がなくて」を加え、「若しくは第五十四条第一項」を「、第五十四条第一項若しくは第八十条の三第一項」に、「者は」を「場合には、当該違反行為をした者は」に改め、同条第二項を削る。

注　次の一条は、令和三年六月一一日法律第六六号により追加され、公布の日から起算して三年を超えない範囲内において政令で定める日から施行される。

本則に次の一条を加える。

第八七条　法人（法人でない社団又は財団で代表者又は管理人の定めがあるもの（以下この条において「人格のない社団等」という。）を含む。以下この項において同じ。）の代表者（人格のない社団等の管理人を含む。）又は法人若しくは人の代理人、使用人その他の従業者が、その法人又は人の業務に関して、前二条の違反行為をしたときは、行為者を罰するほか、その法人又は人に対しても、各本条の罰金刑を科する。

2　人格のない社団等について前項の規定の適用がある場合においては、その代表者又は管理人がその訴訟行為につき当該人格のない社団等を代表するほか、法人を被告人又は被疑者とする場合の刑事訴訟に関する法律の規定を準用する。

附　則（抄）

（施行期日）

1　この法律は、公布の日〔昭二五・五・四〕から施行し、昭和二十五年五月一日以降の給付について適用する。

（生活保護法の廃止）

2　生活保護法（昭和二十一年法律第十七号。以下「旧法」という。）は、廃止する。

（日常生活支援住居施設に入所中の被保護者に対する保護の実施機関の特例）

16　当分の間、第十九条第三項の規定の適用については、同項中「更生施設」とあるのは、「更生施設、同項ただし書に規定する日常生活支援住居施設」とする。

附　則（平一七・一一・七法律一二三）（抄）

（施行期日）

第一条　この法律は、平成十八年四月一日から施行する。ただし、次の各号に掲げる規定は、当該各号に定める日から施行する。

二　〔前略〕附則第八十一条〔中略〕の規定　平成十八年十月一日

（生活保護法の一部改正に伴う経過措置）

第八十一条　当分の間、附則第七十九条の規定による改正後の生活保護法（以下この条において「新法」という。）第八十四条の三中「第十八条第二項の規定により障害者の日常生活及び社会生活を総合的に支援するための法律（平成十七年法律第百二十三号）」とあるのは「第十八条第一項の規定により障害者の日常生活及び社会生活を総合的に支援するための法律（平成十七年法律第百二十三号）第五条第十七項に規定する共同生活援助（以下この条において「共同生活援助」という。）を行う住居に入居している者若しくは身体障害者福祉法第十八条第二項の規定により障害者の日常生活及び社会生活を総合的に支援するための法律」と、「第十六条第一項第二号」とあるのは「第十五条の四の規定により共同生活援助を行う住居に入居している者若しくは同法第十六条第一項第二号」と、「に対する」とあるのは「若しくは共同生活援助を行う住居に入居している者に対する」と、「施設に引き続き入所して」とあるのは「施設又は住居に引き続き入所し、又は入居して」とする。

2　前項の規定により読み替えられた新法第八十四条の三の規定は、附則第一条第二号に掲げる規定の施行の日以後に、同項の規定により読み替えられた新法第八十四条の三に規定する施設又は住居に入所し、又は入居した者について、適用する。

3　附則第四十一条第一項又は第五十八条第一項の規定によりなお従前の例により運営をすることができることとされた附則第四十一条第一項に規定する身体障害者更生援護施設又は附則第五十八条第一項に規定する知的障害者援護施設（附則第五十二条の規定による改正前の知的障害者福祉法第二十一条の八に規定する知的障害者通勤寮を除く。）は、障害者支援施設とみなして、新法第八十四条の三の規定を適用する。

附　則（平一八・六・二一法律八三）（抄）

（施行期日）

第一条　この法律は、平成十八年十月一日から施行する。ただし、次の各号に掲げる規定は、それぞれ当該各号に定める日から施行する。

六　〔前略〕附則第九十一条〔中略〕及び第百三十条の二の規定　平成二十四年四月一日

（健康保険法等の一部改正に伴う経過措置）

第一三〇条の二　第二十六条の規定の施行の際現に同条の規定による改正前の介護保険法（以下この条において「旧介護保険法」という。）第四十八条第一項第三号の指定を受けている旧介護保険法第八条第二十六項に規定する介護療養型医療施設については、第五条の規定による改正前の健康保険法の規定、第九条の規定による改正前の高齢者の医療の確保に関する法律の規定、第十四条の規定による改正前の国民健康保険法の規定、第二十条の規定による改正前の船員保険法の規定、旧介護保険法の規定、附則第五十八条の規定による改正前の国家公務員共済組合法の規定、附則第六十七条の規定による改正前の地方公務員等共済組合法の規定、附則第九十条の規定による改正前の船員職業安定法の規定、附則第九十一条の規定による改正前の生活保護法の規定、附則第九十六条の規定による改正前の船員の雇用の促進に関する特別措置法の規定、附則第百十一条の規定による改正前の高齢者虐待の防止、高齢者の養護者に対する支援等に関する法律の規定及び附則第百十一条の二の規定による改正前の道州制特別区域における広域行政の推進に関する法律の規定（これらの規定に基づく命令の規定を含む。）は、令和六年三月三十一日までの間、なおその効力を有する。

2　前項の規定によりなおその効力を有するものとされた旧介護保険法第四十八条第一項第三号の規定により令和六年三月三十一日までに行われた指定介護療養施設サービスに係る保険給付については、同日後も、なお従前の例による。

3　第二十六条の規定の施行の日前にされた旧介護保険法第百七条第一項の指定の申請であって、第二十六条の規定の施行の際、指定をするかどうかの処分がなされていないものについての当該処分については、なお従前の例による。この場合において、同条の規定の施行の日以後に旧介護保険法第八条第二十六項に規定する介護療養型医療施設について旧介護保険法第四十八条第一項第三号の指定があったときは、第一項の規定により介護療養型医療施設とみなして、同項の規定によりなおその効力を有するものとされた規定を適用する。

別表第一（第二十九条関係）

一	総務大臣又は都道府県知事	恩給法（大正十二年法律第四十八号。他の法律において準用する場合を含む。）による年金である給付の支給に関する情報であって厚生労働省令で定めるもの
二	厚生労働大臣	次に掲げる情報であって厚生労働省令で定めるもの 一　労働者災害補償保険法（昭和二十二年法律第五十号）による給付の支給に関する情報 二　戦傷病者戦没者遺族等援護法（昭和二十七年法律第百二十七号）による援護に関する情報 三　未帰還者留守家族等援護法（昭和二十八年法律第百六十一号）による留守家族手当の支給に関する情報 四　戦傷病者特別援護法（昭和三十八年法律第百六十八号）による療養手当の支給に関する情報 五　雇用保険法（昭和四十九年法律第百十六号）による給付の支給に関する情報 六　石綿による健康被害の救済に関する法律（平成十八年法律第四号）による特別遺族給付金の支給に関する情報

	七　職業訓練の実施等による特定求職者の就職の支援に関する法律（平成二十三年法律第四十七号）による職業訓練受講給付金の支給に関する情報 八　公共職業安定所が行う職業紹介又は職業指導に関する情報
三　市町村長	次に掲げる情報であって厚生労働省令で定めるもの 一　予防接種法（昭和二十三年法律第六十八号）による障害児養育年金、障害年金又は遺族年金の支給に関する情報 二　児童手当法（昭和四十六年法律第七十三号）による児童手当又は同法附則第二条第一項に規定する特例給付の支給に関する情報 三　健康増進法による健康増進事業の実施に関する情報 四　戸籍又は除かれた戸籍に記載した事項に関する情報
四　国土交通大臣	次に掲げる情報であって厚生労働省令で定めるもの 一　船員職業安定法（昭和二十三年法律第百三十号）による地方運輸局長（運輸監理部長を含む。）が行う船員職業紹介、職業指導又は部員職業補導に関する情報 二　道路運送車両法（昭和二十六年法律第百八十五号）第四条に規定する自動車登録ファイルに登録を受けた自動車に関する情報 三　漁業経営の改善及び再建整備に関する特別措置法（昭和五十一年法律第四十三号）による職業転換給付金の支給に関する情報 四　国際協定の締結等に伴う漁業離職者に関する臨時措置法（昭和五十二年法律第九十四号）による給付金の支給に関する情報 五　船員の雇用の促進に関する特別措置法（昭和五十二年法律第九十六号）による就職促進給付金の支給に関する情報 六　本州四国連絡橋の建設に伴う一般旅客定期航路事業等に関する特別措置法（昭和五十六年法律第七十二号）による給付金の支給に関する情報
五　税務署長	次に掲げる情報であって厚生労働省令で定めるもの 一　相続税法（昭和二十五年法律第七十三号）第二十七条から第二十九条までに規定する申告書、当該申告書に係る国税通則法（昭和三十七年法律第六十六号）第十八条第二項に規定する期限後申告書、同法第十九条第三項に規定する修正申告書又は同法第二十八条第一項に規定する更正通知書若しくは決定通知書に関する情報 二　所得税法（昭和四十年法律第三十三号）第百四十九条の規定により青色申告書に添付すべき書類（事業所得の金額の計算に関する明細書に限る。）に関する情報
六　都道府県知事、市長又は福祉事務所を管理する町村長	次に掲げる情報であって厚生労働省令で定めるもの 一　この法律による保護の決定及び実施又は就労自立給付金若しくは進学準備給付金の支給に関する情報 二　児童扶養手当法（昭和三十六年法律第二百三十八号）による児童扶養手当の支給に関する情報 三　母子及び父子並びに寡婦福祉法（昭和三十九年法律第百二十九号）による母子家庭自立支援給付金又は父子家庭自立支援給付金の支給に関する情報 四　特別児童扶養手当等の支給に関する法律（昭和三十九年法律第百三十四号）による障害児福祉手当又は特別障害者手当の支給に関する情報 五　国民年金法等の一部を改正する法律（昭和六十年法律第三十四号）附則第九十七条第

	一項の福祉手当の支給に関する情報 六　生活困窮者自立支援法による生活困窮者住居確保給付金の支給に関する情報
七　都道府県知事又は市町村長	次に掲げる情報であって厚生労働省令で定めるもの 一　地方税法（昭和二十五年法律第二百二十六号）その他の地方税に関する法律に基づく条例の規定により算定した税額又はその算定の基礎となる事項に関する情報 二　職業能力開発促進法（昭和四十四年法律第六十四号）による求職者に対する職業訓練の実施に関する情報 三　障害者の日常生活及び社会生活を総合的に支援するための法律による自立支援医療費の支給に関する情報
八　厚生労働大臣若しくは日本年金機構又は日本私立学校振興・共済事業団、国家公務員共済組合連合会、地方公務員共済組合若しくは全国市町村職員共済組合連合会	次に掲げる情報であって厚生労働省令で定めるもの 一　私立学校教職員共済法（昭和二十八年法律第二百四十五号）による年金である給付の支給に関する情報 二　厚生年金保険法（昭和二十九年法律第百十五号）による年金である保険給付の支給に関する情報 三　国家公務員共済組合法（昭和三十三年法律第百二十八号）による年金である給付の支給に関する情報 四　国民年金法による年金である給付の支給に関する情報 五　地方公務員等共済組合法（昭和三十七年法律第百五十二号）による年金である給付の支給に関する情報 六　特定障害者に対する特別障害給付金の支給に関する法律（平成十六年法律第百六十六号）による特別障害給付金の支給に関する情報 七　年金生活者支援給付金の支給に関する法律（平成二十四年法律第百二号）による年金生活者支援給付金の支給に関する情報
九　日本私立学校振興・共済事業団、国家公務員共済組合又は地方公務員共済組合	次に掲げる情報であって厚生労働省令で定めるもの 一　私立学校教職員共済法による短期給付の支給に関する情報 二　国家公務員共済組合法による短期給付の支給に関する情報 三　地方公務員等共済組合法による短期給付の支給に関する情報
十　市町村長又は高齢者の医療の確保に関する法律（昭和五十七年法律第八十号）第四十八条に規定する後期高齢者医療広	次に掲げる情報であって厚生労働省令で定めるもの 一　国民健康保険法（昭和三十三年法律第百九十二号）による傷病手当金の支給又は健康教育、健康相談及び健康診査並びに健康管理及び疾病の予防に係る被保険者の自助努力についての支援その他の被保険者の健康の保持増進のために必要な事業の実施に関する情報 二　高齢者の医療の確保に関する法律による特定健康診査若しくは特定保健指導の実施、傷病手当金の支給又は健康教育、健康相談、健康診査及び保健指導並びに健康管理及び疾病の予防に係る被保険者の自助努力についての支援その他の被保険者の健康の保持増進のために必要な事業の実施に関する情報

域連合	
十一　厚生労働大臣又は都道府県知事	次に掲げる情報であつて厚生労働省令で定めるもの 一　特別児童扶養手当等の支給に関する法律による特別児童扶養手当の支給に関する情報 二　労働施策の総合的な推進並びに労働者の雇用の安定及び職業生活の充実等に関する法律（昭和四十一年法律第百三十二号）による職業転換給付金の支給に関する情報
十二　都道府県知事	公害健康被害の補償等に関する法律（昭和四十八年法律第百十一号）による補償給付（障害補償費、遺族補償費又は児童補償手当に限る。）の支給に関する情報であつて厚生労働省令で定めるもの
十三　都道府県知事又は広島市長若しくは長崎市長	原子爆弾被爆者に対する援護に関する法律（平成六年法律第百十七号）による手当等の支給に関する情報であつて厚生労働省令で定めるもの
十四　総務大臣	次に掲げる情報であつて厚生労働省令で定めるもの 一　国会議員互助年金法を廃止する法律（平成十八年法律第一号）又は同法附則第二条第一項の規定によりなおその効力を有することとされる同法による廃止前の国会議員互助年金法（昭和三十三年法律第七十号）による年金である給付の支給に関する情報 二　執行官法の一部を改正する法律（平成十九年法律第十八号）附則第三条第一項の規定によりなお従前の例によることとされる同法による改正前の執行官法（昭和四十一年法律第百十一号）附則第十三条の規定による年金である給付の支給に関する情報
十五　その他政令で定める者	その他政令で定める事項に関する情報

備考　厚生労働大臣は、次の各号に掲げる厚生労働省令を定めようとするときは、当該各号に定める大臣に協議しなければならない。

一　一の項下欄、七の項下欄（第一号に係る部分に限る。）、八の項下欄（第五号に係る部分に限る。）、九の項下欄（第三号に係る部分に限る。）及び十四の項下欄の厚生労働省令　総務大臣

二　三の項下欄（第二号に係る部分に限る。）、六の項下欄（第二号及び第三号に係る部分に限る。）及び七の項下欄（第三号に係る部分に限る。）の厚生労働省令　内閣総理大臣

三　三の項下欄（第四号に係る部分に限る。）の厚生労働省令　法務大臣

四　四の項下欄の厚生労働省令　国土交通大臣

五　五の項下欄、八の項下欄（第三号に係る部分に限る。）及び九の項下欄（第二号に係る部分に限る。）の厚生労働省令　財務大臣

六　八の項下欄（第一号に係る部分に限る。）及び九の項下欄（第一号に係る部分に限る。）の厚生労働省令　文部科学大臣

七　十二の項下欄の厚生労働省令　環境大臣

注　別表第一は、令和三年六月一一日法律第六六号により次のように改正され、公布の日から起算して三年を超えない範囲内において政令で定める日から施行される。

別表第一の十の項中「（昭和五十七年法律第八十号）」を削る。

別表第二（第五十四条の二関係）

その事業として居宅介護を行う者又は特定福祉用具販売事業者	介護保険法第四十一条第一項本文の指定	同法第七十五条第二項の規定による指定居宅サービスの事業の廃止があつたとき、同法第七十七条第一項若しくは第百十五条の三十五第六項の規定による同法第四十一条第一項本文の指定の取消しがあつたとき、又は同法第七十条の二第一項の規定により同法第四十一条第一項本文の指定の効力が失われたとき。	同法第七十七条第一項又は第百十五条の三十五第六項の規定による同法第四十一条第一項本文の指定の全部又は一部の効力の停止があつたとき。
	介護保険法第七十一条第一項の規定により同法第四十一条第一項本文の指定があつたものとみなされた居宅サービスに係る同項本文の指定	同法第七十五条第二項の規定による指定居宅サービスの事業の廃止があつたとき、同法第七十七条第一項若しくは第百十五条の三十五第六項の規定による同法第四十一条第一項本文の指定の取消しがあつたとき、又は同法第七十条の二第一項若しくは第七十一条第二項の規定により同法第四十一条第一項本文の指定の効力が失われたとき。	同法第七十七条第一項又は第百十五条の三十五第六項の規定による同法第四十一条第一項本文の指定の全部又は一部の効力の停止があつたとき。
	介護保険法第七十二条第一項の規定により同法第四十一条第一項本文の指定があつたものとみなされた居宅サービスに係る同項本文の指定	同法第七十五条第二項の規定による指定居宅サービスの事業の廃止があつたとき、同法第七十七条第一項若しくは第百十五条の三十五第六項の規定による同法第四十一条第一項本文の指定の取消しがあつたとき、又は同法第七十条の二第一項若しくは第七十二条第二項の規定により同法第四十一条第一項本文の指定の効力が失われたとき。	同法第七十七条第一項又は第百十五条の三十五第六項の規定による同法第四十一条第一項本文の指定の全部又は一部の効力の停止があつたとき。
	介護保険法第四十二条の二第一項本文の指定（同法第八条第二十一項に規定する地域密着型介護老人	同法第七十八条の五第二項の規定による指定地域密着型サービスの事業の廃止があつたとき、同法第七十八条の十の規定による同法第四十二条の二第一項本文の指定の取消しがあつ	同法第七十八条の十の規定による同法第四十二条の二第一項本文の指定の全部又は一部の効力の停止があつたとき。

福祉施設に係る指定及び同法第七十八条の十五第二項に規定する指定期間開始時有効指定を除く。）	たとき、又は同法第七十八条の十二において読み替えて準用する同法第七十条の二第一項の規定により同法第四十二条の二第一項本文の指定の効力が失われたとき。	
介護保険法第七十八条の十二において読み替えて準用する同法第七十一条第一項の規定により同法第四十二条の二第一項本文の指定があったものとみなされた地域密着型サービスに係る同項本文の指定（同法第八条第二十二項に規定する地域密着	同法第七十八条の五第二項の規定による指定地域密着型サービスの事業の廃止があったとき、同法第七十八条の十の規定による同法第四十二条の二第一項本文の指定の取消しがあったとき、又は同法第七十八条の十二において読み替えて準用する同法第七十条の二第一項若しくは第七十一条第二項の規定により同法第四十二条の二第一項本文の指定の効力が失われたとき。	同法第七十八条の十の規定による同法第四十二条の二第一項本文の指定の全部又は一部の効力の停止があったとき。

型介護老人福祉施設に係る指定及び同法第七十八条の十五第二項に規定する指定期間開始時有効指定を除く。）		
介護保険法第七十八条の十二において読み替えて準用する同法第七十二条第一項の規定により同法第四十二条の二第一項本文の指定があったものとみなされた地域密着型サービスに係る同項本文の指定（同法第八条第二十二項に規定す	同法第七十八条の五第二項の規定による指定地域密着型サービスの事業の廃止があったとき、同法第七十八条の十の規定による同法第四十二条の二第一項本文の指定の取消しがあったとき、又は同法第七十八条の十二において読み替えて準用する同法第七十条の二第一項若しくは第七十二条第二項の規定により同法第四十二条の二第一項本文の指定の効力が失われたとき。	同法第七十八条の十の規定による同法第四十二条の二第一項本文の指定の全部又は一部の効力の停止があったとき。

	る地域密着型介護老人福祉施設に係る指定及び同法第七十八条の十五第二項に規定する指定期間開始時有効指定を除く。）		
	介護保険法第七十八条の十三第一項の規定により公募により行う同項に規定する市町村長指定区域・サービス事業所に係る同法第四十二条の二第一項本文の指定	同法第七十八条の十七の規定により読み替えて適用する同法第七十八条の五第二項の規定による指定地域密着型サービスの事業の廃止があつたとき、同法第七十八条の十七の規定により読み替えて適用する同法第七十八条の十の規定による同法第四十二条の二第一項本文の指定の取消しがあつたとき、又は同法第七十八条の十五第一項の規定により同法第四十二条の二第一項本文の指定の効力が失われ	同法第七十八条の十七の規定により読み替えて適用する同法第七十八条の十の規定による同法第四十二条の二第一項本文の指定の全部又は一部の効力の停止があつたとき。

		たとき。	
	介護保険法第七十八条の十五第二項に規定する指定期間開始時有効指定	同法第七十八条の五第二項の規定による指定地域密着型サービスの事業の廃止があつたとき、同法第七十八条の十の規定による同法第四十二条の二第一項本文の指定の取消しがあつたとき、又は同法第七十八条の十五第三項（同条第五項において準用する場合を含む。）の規定により同法第四十二条の二第一項本文の指定の効力が失われたとき。	同法第七十八条の十の規定による同法第四十二条の二第一項本文の指定の全部又は一部の効力の停止があつたとき。
その事業として居宅介護支援計画を作成する者	介護保険法第四十六条第一項の指定	同法第八十二条第二項の規定による指定居宅介護支援の事業の廃止があつたとき、同法第八十四条第一項の規定による同法第四十六条第一項の指定の取消しがあつたとき、又は同法第七十九条の二第一項の規定により同	同法第八十四条第一項の規定による同法第四十六条第一項の指定の全部又は一部の効力の停止があつたとき。

		法第四十六条第一項の指定の効力が失われたとき。	
地域密着型介護老人福祉施設	介護保険法第四十二条の二第一項本文の指定	同法第七十八条の八の規定による同法第四十二条の二第一項本文の指定の辞退があつたとき、同法第七十八条の十の規定による同法第四十二条の二第一項本文の指定の取消しがあつたとき、又は同法第七十八条の十二において読み替えて準用する同法第七十条の二第一項の規定により同法第四十二条の二第一項本文の指定の効力が失われたとき。	同法第七十八条の十の規定による同法第四十二条の二第一項本文の指定の全部又は一部の効力の停止があつたとき。
介護老人福祉施設	介護保険法第四十八条第一項第一号の指定	同法第九十一条の規定による同法第四十八条第一項第一号の指定の辞退があつたとき、同法第九十二条第一項若しくは第百十五条の三十五第六項の規定による同号の指定の取消しがあつたとき、又は同法第八十六条の二第一項の規定により同号の指定の効力が失われたとき。	同法第九十二条第一項又は第百十五条の三十五第六項の規定による同法第四十八条第一項第一号の指定の全部又は一部の効力の停止があつたとき。
介護老人保健施設	介護保険法第九十四条第一項の許可	同法第九十九条第二項の規定による介護老人保健施設の廃止があつたとき、同法第百四条第一項若しくは第百十五条の三十五第六項の規定により同法第九十四条第一項の許可の取消しがあつたとき、又は同法第九十四条の二第一項の規定により同法第九十四条第一項の許可の効力が失われたとき。	同法第百四条第一項又は第百十五条の三十五第六項の規定による同法第九十四条第一項の許可の全部又は一部の効力の停止があつたとき。
介護医療院	介護保険法第百七条第一項の許可	同法第百十三条第二項の規定による介護医療院の廃止があつたとき、同法第百十四条の六第一項若しくは第百十五条の三十五第六項の規定により同法第百七条第一項の許可の取消しがあつたとき、又は	同法第百十四条の六第一項又は第百十五条の三十五第六項の規定による同法第百七条第一項の許可の全部又は一部の効力の停止があつたとき。

		同法第百八条第一項の規定により同法第百七条第一項の許可の効力が失われたとき。	
その事業として介護予防を行う者又は特定介護予防福祉用具販売事業者	介護保険法第五十三条第一項本文の指定	同法第百十五条の五第二項の規定による指定介護予防サービスの事業の廃止があつたとき、同法第百十五条の九第一項若しくは第百十五条の三十五第六項の規定による同法第五十三条第一項本文の指定の取消しがあつたとき、又は同法第百十五条の十一において読み替えて準用する同法第七十条の二第一項の規定により同法第五十三条第一項本文の指定の効力が失われたとき。	同法第百十五条の九第一項又は第百十五条の三十五第六項の規定による同法第五十三条第一項本文の指定の全部又は一部の効力の停止があつたとき。
	介護保険法第百十五条の十一において読み替えて準用する同法第七十一条第一項の規定により同法第五十三条第一項本文の指定があつたものとみなされた介護予防サービスに係る同項本文の指定	同法第百十五条の五第二項の規定による指定介護予防サービスの事業の廃止があつたとき、同法第百十五条の九第一項若しくは同法第百十五条の三十五第六項の規定による同法第五十三条第一項本文の指定の取消しがあつたとき、又は同法第百十五条の十一において読み替えて準用する同法第七十条の二第一項若しくは第七十一条第二項の規定により同法第五十三条第一項本文の指定の効力が失われたとき。	同法第百十五条の九第一項又は第百十五条の三十五第六項の規定による同法第五十三条第一項本文の指定の全部又は一部の効力の停止があつたとき。
	介護保険法第百十五条の十一において読み替えて準用する同法第七十二条第一項の規定により同法第五十三条第一項本文の指定があつたものとみなされた介護予防サービスに係る	同法第百十五条の五第二項の規定による指定介護予防サービスの事業の廃止があつたとき、同法第百十五条の九第一項若しくは同法第百十五条の三十五第六項の規定による同法第五十三条第一項本文の指定の取消しがあつたとき、又は同法第百十五条の十一において読み替えて準用する同法第七十条の二第一項若しくは第	同法第百十五条の九第一項又は第百十五条の三十五第六項の規定による同法第五十三条第一項本文の指定の全部又は一部の効力の停止があつたとき。

	同項本文の指定	七十二条第二項の規定により同法第五十三条第一項本文の指定の効力が失われたとき。	
	介護保険法第五十四条の二第一項本文の指定	同法第百十五条の十五第二項の規定による指定地域密着型介護予防サービスの事業の廃止があつたとき、同法第百十五条の十九の規定による同法第五十四条の二第一項本文の指定の取消しがあつたとき、又は同法第百十五条の二十一において準用する同法第七十条の二第一項の規定により同法第五十四条の二第一項本文の指定の効力が失われたとき。	同法第百十五条の十九の規定による同法第五十四条の二第一項本文の指定の全部又は一部の効力の停止があつたとき。
その事業として介護予防支援計画を作成する者	介護保険法第五十八条第一項の指定	同法第百十五条の二十五第二項の規定による指定介護予防支援の事業の廃止があつたとき、同法第百十五条の二十九の規定による同法第五十八条第一項の指定の取消しがあつたとき、又は同法第百十五条の三十一において準用する同法第七十条の二第一項の規定により同法第五十八条第一項の指定の効力が失われたとき。	同法第百十五条の二十九の規定による同法第五十八条第一項の指定の全部又は一部の効力の停止があつたとき。
介護予防・日常生活支援事業者	介護保険法第百十五条の四十五の三第一項の指定	同法第百十五条の四十五の九の規定による同法第百十五条の四十五の三第一項の指定の取消しがあつたとき、又は同法第百十五条の四十五の六第一項の規定により同法第百十五条の四十五の三第一項の指定の効力が失われたとき。	同法第百十五条の四十五の九の規定による同法第百十五条の四十五の三第一項の指定の全部又は一部の効力の停止があつたとき。

別表第三（第八十四条の五関係）

都道府県、市及び福祉事務所を設置する町村	第十九条第一項から第五項まで、第二十四条第一項及び第三項（これらの規定を同条第九項において準用する場合を含む。）並びに第八項、第二十五条第一項及び第二項、第二十六条、第二十七条第一項、第二十八条第一項、第二項及び第五項、第二十九条、第三十条から第三十七条の二まで（第三十条第二項及び第三十三条第三項を除く。）、第四十七条第一項、第四十八条第四項、第五十三条第四項（第五十四条の二第五項及び第六項並びに第五十五条の二において準用する場合を含む。）、第五十五条の四第一項、同条第二項及び第三項（これらの規定を第五十五条の五第二項において準用する場合を含む。）、第五十五条の五第一項、第五十五条の六、第六十一条、第六十二条第三項及び第四項、第六十三条、第七十六条第一項、第七十七条第二項、第七十八条の二第一項及び第二項、第八十条並びに第八十一条
都道府県	第二十三条第一項及び第二項、第二十九条第二項、第四十条第二項、第四十一条第二項から第五項まで、第四十二条、第四十三条第一項、第四十四条第一項、第四十五条、第四十六条第二項及び第三項、第四十八条第三項、第四十九条、第四十九条の二第四項（第四十九条の三第四項及び第五十四条の二第五項において準用する場合を含む。）並びに第五十四条の二第六項及び第五十五条第二項において準用する第四十九条の二第二項、第四十九条の三第一項、第五十条第二項、第五十条の二及び第五十一条第二項（これらの規定を第五十四条の二第四項及び第五十五条第二項において準用する場合を含む。）、第五十三条第一項及び第三項（これらの規定を第五十四条の二第五項及び第六項並びに第五十五条の二において準用する場合を含む。）、第五十四条第一項（第五十四条の二第五項及び第六項並びに第五十五条第二項において準用する場合を含む。）、第五十四条の二第一項、第五十五条第一項、第五十五条の三、第六十五条第一項、第七十四条第二項第二号及び第三号、第七十七条第一項、第七十七条の二第一項、同条第二項（第七十八条第四項において準用する場合を含む。）、第七十八条第一項から第三項まで並びに第八十三条の二並びに第七十四条の二において準用する社会福祉法第五十八条第二項から第四項まで
市町村	第二十九条第二項、第四十三条第二項、第七十七条第一項、第七十七条の二第一項、同条第二項（第七十八条第四項において準用する場合を含む。）及び第七十八条第一項から第三項まで並びに第七十四条の二において準用する社会福祉法第五十八条第二項から第四項まで
福祉事務所を設置しない町村	第十九条第六項及び第七項、第二十四条第十項並びに第二十五条第三項

生活困窮者自立支援法の概要

1　制定の経緯

平成二五年において、生活保護受給者は約二一五万人を超え、とりわけ稼働年齢層が増加している状況にあります。

また、非正規雇用労働者や年収二〇〇万円以下の世帯も増え、生活困窮に至るリスクの高い層が増加しています。

さらに、生活保護受給世帯のうち、約二五パーセントの世帯主が出身世帯も生活保護を受給しているという調査結果にもみられるように、いわゆる「貧困の連鎖」も生じています。

こうした中で、生活困窮者の自立を促進する観点から、地方自治体とハローワークが一体となって就労支援等の措置を講じる「第二のセーフティネット」の整備が進められていましたが、実施地域が一部にとどまっているほか、人材やノウハウ、財源が十分でないなど課題も多くありました。

そこで、生活保護制度の見直しだけでなく、生活困窮者支援の充実・強化に総合的に取り組み、特に、就労可能な者に対して、生活保護受給に至る前の段階から早期に就労・相談支援等を行うことにより、生活困窮状態からの脱却を可能にする新たな生活困窮者支援制度が制定され、平成二七年四月一日から施行されました。

平成三〇年六月には、基本理念規定の創設、生活困窮者の定義の見直し、子どもの学習・生活支援事業の創設等を含む一部改正法が公布されました。

2　法の概要

この法律は、総則、都道府県等による支援の実施、生活困窮者就労訓練事業の認定、雑則、罰則の五章から構成されています。

(1)　目的

第一条に目的を定めており、「生活困窮者自立相談支援事業の実施、生活困窮者住居確保給付金の支給その他の生活困窮者に対する自立の支援に関する措置を講ずることにより、生活困窮者の自立の促進を図ることを目的とする」とされています。

(2)　基本理念

生活困窮者に対する自立の支援は、生活困窮者の尊厳の保持を図りつつ、就労の状況、心身の状況、地域社会からの孤立の状況その他の状況に応じて、包括的かつ早期に行われなければならないとされています。

(3)　対象

生活困窮者とは、就労や心身の状況等により、現に経済的に困窮し、最低限度の生活を維持することができなくなるおそれのある者と規定されています。

(4)　市町村等の責務

市（特別区を含む。）及び福祉事務所を設置する町村については、生活困窮者自立相談支援事業及び生活困窮者住居確保給付金の支給を行う責務が定められています。

また、国及び都道府県においては、必要な事業が適正かつ円滑に行われるよう、必要な助言、情報の提供その他の援助を行わなければならないとされています。

(5)　都道府県等による支援の実施

生活困窮者自立相談支援事業及び生活困窮者住居確保給付金の支給を行うほか、都道府県等は、次に掲げる事業を行うよう努めるものとされています。

①　生活困窮者就労準備支援事業

②　生活困窮者家計改善支援事業

(6)　生活困窮者就労訓練事業の認定

雇用による就業を継続して行うことが困難な生活困窮者に対し、就労の機会を提供するとともに、就労に必要な知識及び能力の向上のために必要な訓練等を行う事業者に対し、都道府県知事は、その認定を行うこととされています。

◉生活困窮者自立支援法

（平成二五・一二・一三法律一〇五）

注　令五法律二八改正現在

（未施行分については、該当か所の後に改正文を収載）

第一章　総則

（目的）

第一条　この法律は、生活困窮者自立相談支援事業の実施、生活困窮者住居確保給付金の支給その他の生活困窮者に対する自立の支援に関する措置を講ずることにより、生活困窮者の自立の促進を図ることを目的とする。

（基本理念）

第二条　生活困窮者に対する自立の支援は、生活困窮者の尊厳の保持を図りつつ、生活困窮者の就労の状況、心身の状況、地域社会からの孤立の状況その他の状況に応じて、包括的かつ早期に行われなければならない。

2　生活困窮者に対する自立の支援は、地域における福祉、就労、教育、住宅その他の生活困窮者に対する支援に関する業務を行う関係機関（以下単に「**関係機関**」という。）及び民間団体との緊密な連携その他必要な支援体制の整備に配慮して行われなければならない。

（定義）

第三条　この法律において「**生活困窮者**」とは、就労の状況、心身の状況、地域社会との関係性その他の事情により、現に経済的に困窮し、最低限度の生活を維持することができなくなるおそれのある者をいう。

2　この法律において「**生活困窮者自立相談支援事業**」とは、次に掲げる事業をいう。

一　就労の支援その他の自立に関する問題につき、生活困窮者及び生活困窮者の家族その他の関係者からの相談に応じ、必要な情報の提供及び助言をし、並びに関係機関との連絡調整を行う事業

二　生活困窮者に対し、認定生活困窮者就労訓練事業（第十六条第三項に規定する認定生活困窮者就労訓練事業をいう。）の利用についてのあっせんを行う事業

三　生活困窮者に対し、生活困窮者に対する支援の種類及び内容その他の厚生労働省令で定める事項を記載した計画の作成その他の生活困窮者の自立の促進を図るための支援が包括的かつ計画的に行われるための援助として厚生労働省令で定めるものを行う事業

3　この法律において「**生活困窮者住居確保給付金**」とは、生活困窮者のうち離職又はこれに準ずるものとして厚生労働省令で定める事由により経済的に困窮し、居住する住宅の所有権若しくは使用及び収益を目的とする権利を失い、又は現に賃借して居住する住宅の家賃を支払うことが困難となったものであって、就職を容易にするため住居を確保する必要があると認められるものに対し支給する給付金をいう。

4　この法律において「**生活困窮者就労準備支援事業**」とは、雇用による就業が著しく困難な生活困窮者（当該生活困窮者及び当該生活困窮者と同一の世帯に属する者の資産及び収入の状況その他の事情を勘案して厚生労働省令で定めるものに限る。）に対し、厚生労働省令で定める期間にわたり、就労に必要な知識及び能力の向上のために必要な訓練を行う事業をいう。

5　この法律において「**生活困窮者家計改善支援事業**」とは、生活困窮者に対し、収

入、支出その他家計の状況を適切に把握すること及び家計の改善の意欲を高めることを支援するとともに、生活に必要な資金の貸付けのあっせんを行う事業をいう。

6　この法律において「**生活困窮者一時生活支援事業**」とは、次に掲げる事業をいう。

一　一定の住居を持たない生活困窮者（当該生活困窮者及び当該生活困窮者と同一の世帯に属する者の資産及び収入の状況その他の事情を勘案して厚生労働省令で定めるものに限る。）に対し、厚生労働省令で定める期間にわたり、宿泊場所の供与、食事の提供その他当該宿泊場所において日常生活を営むのに必要な便宜として厚生労働省令で定める便宜を供与する事業

二　次に掲げる生活困窮者に対し、厚生労働省令で定める期間にわたり、訪問による必要な情報の提供及び助言その他の現在の住居において日常生活を営むのに必要な便宜として厚生労働省令で定める便宜を供与する事業（生活困窮者自立相談支援事業に該当するものを除く。）

イ　前号に掲げる事業を利用していた生活困窮者であって、現に一定の住居を有するもの

ロ　現在の住居を失うおそれのある生活困窮者であって、地域社会から孤立しているもの

7　この法律において「**子どもの学習・生活支援事業**」とは、次に掲げる事業をいう。

一　生活困窮者である子どもに対し、学習の援助を行う事業

二　生活困窮者である子ども及び当該子どもの保護者に対し、当該子ども及び当該子どもの生活習慣及び育成環境の改善に関する助言を行う事業（生活困窮者自立相談支援事業に該当するものを除く。）

三　生活困窮者である子どもの進路選択その他の教育及び就労に関する問題につき、当該子ども及び当該子どもの保護者からの相談に応じ、必要な情報の提供及び助言をし、並びに関係機関との連絡調整を行う事業（生活困窮者自立相談支援事業に該当するものを除く。）

（市及び福祉事務所を設置する町村等の責務）

第四条　市（特別区を含む。）及び福祉事務所（社会福祉法（昭和二十六年法律第四十五号）に規定する福祉に関する事務所をいう。以下同じ。）を設置する町村（以下「**市等**」という。）は、この法律の実施に関し、関係機関との緊密な連携を図りつつ、適切に生活困窮者自立相談支援事業及び生活困窮者住居確保給付金の支給を行う責務を有する。

2　都道府県は、この法律の実施に関し、次に掲げる責務を有する。

一　市等が行う生活困窮者自立相談支援事業及び生活困窮者住居確保給付金の支給、生活困窮者就労準備支援事業及び生活困窮者家計改善支援事業並びに生活困窮者一時生活支援事業、子どもの学習・生活支援事業及びその他の生活困窮者の自立の促進を図るために必要な事業が適正かつ円滑に行われるよう、市等に対する必要な助言、情報の提供その他の援助を行うこと。

二　関係機関との緊密な連携を図りつつ、適切に生活困窮者自立相談支援事業及び生活困窮者住居確保給付金の支給を行うこと。

3　国は、都道府県及び市等（以下「**都道府県等**」という。）が行う生活困窮者自立相談支援事業及び生活困窮者住居確保給付金の支給、生活困窮者就労準備支援事業及び生活困窮者家計改善支援事業並びに生活困窮者一時生活支援事業、子どもの学習・生活支援事業及びその他の生活困窮者の自立の促進を図るために必要な事業が適正かつ円滑に行われるよう、都道府県等に対する必要な助言、情報の提供その他の援助を行わなければならない。

4　国及び都道府県等は、この法律の実施に

関し、生活困窮者が生活困窮者に対する自立の支援を早期に受けることができるよう、広報その他必要な措置を講ずるように努めるものとする。

5　都道府県等は、この法律の実施に関し、生活困窮者に対する自立の支援を適切に行うために必要な人員を配置するように努めるものとする。

第二章　都道府県等による支援の実施

（生活困窮者自立相談支援事業）

第五条　都道府県等は、生活困窮者自立相談支援事業を行うものとする。

2　都道府県等は、生活困窮者自立相談支援事業の事務の全部又は一部を当該都道府県等以外の厚生労働省令で定める者に委託することができる。

3　前項の規定による委託を受けた者若しくはその役員若しくは職員又はこれらの者であった者は、その委託を受けた事務に関して知り得た秘密を漏らしてはならない。

（生活困窮者住居確保給付金の支給）

第六条　都道府県等は、その設置する福祉事務所の所管区域内に居住地を有する生活困窮者のうち第三条第三項に規定するもの（当該生活困窮者及び当該生活困窮者と同一の世帯に属する者の資産及び収入の状況その他の事情を勘案して厚生労働省令で定めるものに限る。）に対し、生活困窮者住居確保給付金を支給するものとする。

2　前項に規定するもののほか、生活困窮者住居確保給付金の額及び支給期間その他生活困窮者住居確保給付金の支給に関し必要な事項は、厚生労働省令で定める。

（生活困窮者就労準備支援事業等）

第七条　都道府県等は、生活困窮者自立相談支援事業及び生活困窮者住居確保給付金の支給のほか、生活困窮者就労準備支援事業及び生活困窮者家計改善支援事業を行うように努めるものとする。

2　都道府県等は、前項に規定するもののほか、次に掲げる事業を行うことができる。

一　生活困窮者一時生活支援事業

二　子どもの学習・生活支援事業

三　その他の生活困窮者の自立の促進を図るために必要な事業

3　第五条第二項及び第三項の規定は、前二項の規定により都道府県等が行う事業について準用する。

4　都道府県等は、第一項に規定する事業及び給付金の支給並びに第二項各号に掲げる事業を行うに当たっては、母子及び父子並びに寡婦福祉法（昭和三十九年法律第百二十九号）第三十一条の五第一項第二号に掲げる業務及び同法第三十一条の十一第一項第二号に掲げる業務並びに社会教育法（昭和二十四年法律第二百七号）第五条第一項第十三号（同法第六条第一項において引用する場合を含む。）に規定する学習の機会を提供する事業その他関連する施策との連携を図るように努めるものとする。

5　厚生労働大臣は、生活困窮者就労準備支援事業及び生活困窮者家計改善支援事業の適切な実施を図るために必要な指針を公表するものとする。

（利用勧奨等）

第八条　都道府県等は、福祉、就労、教育、税務、住宅その他のその所掌事務に関する業務の遂行に当たって、生活困窮者を把握したときは、当該生活困窮者に対し、この法律に基づく事業の利用及び給付金の受給の勧奨その他適切な措置を講ずるように努めるものとする。

（支援会議）

第九条　都道府県等は、関係機関、第五条第二項（第七条第三項において準用する場合を含む。）の規定による委託を受けた者、生活困窮者に対する支援に関係する団体、当該支援に関係する職務に従事する者その他の関係者（第三項及び第四項において「関係機関等」という。）により構成される会議（以下この条において「支援会議」という。）を組織することができる。

2　支援会議は、生活困窮者に対する自立の支援を図るために必要な情報の交換を行うとともに、生活困窮者が地域において日常生活及び社会生活を営むのに必要な支援体制に関する検討を行うものとする。

3　支援会議は、前項の規定による情報の交換及び検討を行うために必要があると認めるときは、関係機関等に対し、生活困窮者に関する資料又は情報の提供、意見の開陳その他必要な協力を求めることができる。

4　関係機関等は、前項の規定による求めがあった場合には、これに協力するように努めるものとする。

5　支援会議の事務に従事する者又は従事していた者は、正当な理由がなく、支援会議の事務に関して知り得た秘密を漏らしてはならない。

6　前各項に定めるもののほか、支援会議の組織及び運営に関し必要な事項は、支援会議が定める。

（都道府県の市等の職員に対する研修等事業）

第一〇条　都道府県は、次に掲げる事業を行うように努めるものとする。

一　この法律の実施に関する事務に従事する市等の職員の資質を向上させるための研修の事業

二　この法律に基づく事業又は給付金の支給を効果的かつ効率的に行うための体制の整備、支援手法に関する市等に対する情報提供、助言その他の事業

2　第五条第二項の規定は、都道府県が前項の規定により事業を行う場合について準用する。

（福祉事務所を設置していない町村による相談等）

第一一条　福祉事務所を設置していない町村（次項、第十四条及び第十五条第三項において「**福祉事務所未設置町村**」という。）は、生活困窮者に対する自立の支援につき、生活困窮者及び生活困窮者の家族その他の関係者からの相談に応じ、必要な情報の提供及び助言、都道府県との連絡調整、生活困窮者自立相談支援事業の利用の勧奨その他必要な援助を行う事業を行うことができる。

2　第五条第二項及び第三項の規定は、福祉事務所未設置町村が前項の規定により事業を行う場合について準用する。

（市等の支弁）

第一二条　次に掲げる費用は、市等の支弁とする。

一　第五条第一項の規定により市等が行う生活困窮者自立相談支援事業の実施に要する費用

二　第六条第一項の規定により市等が行う生活困窮者住居確保給付金の支給に要する費用

三　第七条第一項及び第二項の規定により市等が行う生活困窮者就労準備支援事業及び生活困窮者一時生活支援事業の実施に要する費用

四　第七条第一項及び第二項の規定により市等が行う生活困窮者家計改善支援事業並びに子どもの学習・生活支援事業及び同項第三号に掲げる事業の実施に要する費用

（都道府県の支弁）

第一三条　次に掲げる費用は、都道府県の支弁とする。

一　第五条第一項の規定により都道府県が行う生活困窮者自立相談支援事業の実施に要する費用

二　第六条第一項の規定により都道府県が行う生活困窮者住居確保給付金の支給に要する費用

三　第七条第一項及び第二項の規定により都道府県が行う生活困窮者就労準備支援事業及び生活困窮者一時生活支援事業の実施に要する費用

四　第七条第一項及び第二項の規定により都道府県が行う生活困窮者家計改善支援事業並びに子どもの学習・生活支援事業及び同項第三号に掲げる事業の実施に要する費用

五　第十条第一項の規定により都道府県が行う事業の実施に要する費用

（福祉事務所未設置町村の支弁）

第一四条　第十一条第一項の規定により福祉事務所未設置町村が行う事業の実施に要する費用は、福祉事務所未設置町村の支弁とする。

（国の負担及び補助）

第一五条　国は、政令で定めるところにより、次に掲げるものの四分の三を負担する。

一　第十二条の規定により市等が支弁する同条第一号に掲げる費用のうち当該市等における人口、被保護者（生活保護法（昭和二十五年法律第百四十四号）第六条第一項に規定する被保護者をいう。第三号において同じ。）の数その他の事情を勘案して政令で定めるところにより算定した額

二　第十二条の規定により市等が支弁する費用のうち、同条第二号に掲げる費用

三　第十三条の規定により都道府県が支弁する同条第一号に掲げる費用のうち当該都道府県の設置する福祉事務所の所管区域内の町村における人口、被保護者の数その他の事情を勘案して政令で定めるところにより算定した額

四　第十三条の規定により都道府県が支弁する費用のうち、同条第二号に掲げる費用

2　国は、予算の範囲内において、政令で定めるところにより、次に掲げるものを補助することができる。

一　第十二条及び第十三条の規定により市等及び都道府県が支弁する費用のうち、第十二条第三号及び第十三条第三号に掲げる費用の三分の二以内

二　第十二条及び第十三条の規定により市等及び都道府県が支弁する費用のうち、第十二条第四号並びに第十三条第四号及び第五号に掲げる費用の二分の一以内

3　前項に規定するもののほか、国は、予算の範囲内において、政令で定めるところにより、前条の規定により福祉事務所未設置町村が支弁する費用の四分の三以内を補助することができる。

4　生活困窮者就労準備支援事業及び生活困窮者家計改善支援事業が効果的かつ効率的に行われている場合として政令で定める場合に該当するときは、第二項の規定の適用については、同項第一号中「掲げる費用」とあるのは「掲げる費用並びに第七条第一項の規定により市等及び都道府県が行う生活困窮者家計改善支援事業の実施に要する費用」と、同項第二号中「並びに第十三条第四号及び第五号」とあるのは「及び第十三条第四号（いずれも第七条第一項の規定により市等及び都道府県が行う生活困窮者家計改善支援事業の実施に要する費用を除く。）並びに第十三条第五号」とする。

第三章　生活困窮者就労訓練事業の認定

第一六条　雇用による就業を継続して行うことが困難な生活困窮者に対し、就労の機会を提供するとともに、就労に必要な知識及び能力の向上のために必要な訓練その他の厚生労働省令で定める便宜を供与する事業（以下この条において「生活困窮者就労訓練事業」という。）を行う者は、厚生労働省令で定めるところにより、当該生活困窮者就労訓練事業が生活困窮者の就労に必要な知識及び能力の向上のための基準として厚生労働省令で定める基準に適合していることにつき、都道府県知事の認定を受けることができる。

2　都道府県知事は、生活困窮者就労訓練事業が前項の基準に適合していると認めるときは、同項の認定をするものとする。

3　都道府県知事は、第一項の認定に係る生活困窮者就労訓練事業（次項及び第二十一条第二項において「**認定生活困窮者就労訓練事業**」という。）が第一項の基準に適合し

ないものとなったと認めるときは、同項の認定を取り消すことができる。

4　国及び地方公共団体は、認定生活困窮者就労訓練事業を行う者の受注の機会の増大を図るように努めるものとする。

第四章　雑則

（雇用の機会の確保）

第一七条　国及び地方公共団体は、生活困窮者の雇用の機会の確保を図るため、職業訓練の実施、就職のあっせんその他の必要な措置を講ずるように努めるものとする。

2　国及び地方公共団体は、生活困窮者の雇用の機会の確保を図るため、国の講ずる措置と地方公共団体の講ずる措置が密接な連携の下に円滑かつ効果的に実施されるように相互に連絡し、及び協力するものとする。

3　公共職業安定所は、生活困窮者の雇用の機会の確保を図るため、求人に関する情報の収集及び提供、生活困窮者を雇用する事業主に対する援助その他必要な措置を講ずるように努めるものとする。

4　公共職業安定所は、生活困窮者の雇用の機会の確保を図るため、職業安定法（昭和二十二年法律第百四十一号）第二十九条第一項の規定により無料の職業紹介事業を行う都道府県等が求人に関する情報の提供を希望するときは、当該都道府県等に対して、当該求人に関する情報を電磁的方法（電子情報処理組織を使用する方法その他の情報通信の技術を利用する方法をいう。）その他厚生労働省令で定める方法により提供するものとする。

（不正利得の徴収）

第一八条　偽りその他不正の手段により生活困窮者住居確保給付金の支給を受けた者があるときは、都道府県等は、その者から、その支給を受けた生活困窮者住居確保給付金の額に相当する金額の全部又は一部を徴収することができる。

2　前項の規定による徴収金は、地方自治法（昭和二十二年法律第六十七号）第二百三十一条の三第三項に規定する法律で定める歳入とする。

（受給権の保護）

第一九条　生活困窮者住居確保給付金の支給を受けることとなった者の当該支給を受ける権利は、譲り渡し、担保に供し、又は差し押さえることができない。

（公課の禁止）

第二〇条　租税その他の公課は、生活困窮者住居確保給付金として支給を受けた金銭を標準として課することができない。

（報告等）

第二一条　都道府県等は、生活困窮者住居確保給付金の支給に関して必要があると認めるときは、この法律の施行に必要な限度において、当該生活困窮者住居確保給付金の支給を受けた生活困窮者又は生活困窮者であった者に対し、報告若しくは文書その他の物件の提出若しくは提示を命じ、又は当該職員に質問させることができる。

2　都道府県知事は、この法律の施行に必要な限度において、認定生活困窮者就労訓練事業を行う者又は認定生活困窮者就労訓練事業を行っていた者に対し、報告を求めることができる。

3　第一項の規定による質問を行う場合においては、当該職員は、その身分を示す証明書を携帯し、かつ、関係者の請求があるときは、これを提示しなければならない。

4　第一項の規定による権限は、犯罪捜査のために認められたものと解釈してはならない。

（資料の提供等）

第二二条　都道府県等は、生活困窮者住居確保給付金の支給又は生活困窮者就労準備支援事業若しくは生活困窮者一時生活支援事業（第三条第六項第一号に掲げる事業に限る。）の実施に関して必要があると認めるときは、生活困窮者、生活困窮者の配偶者若しくは生活困窮者の属する世帯の世帯主その他その世帯に属する者又はこれらの者であった者の資産又は収入の状況につき、官公署に対し必要な文書の閲覧若しくは資料の提供を求め、又は銀行、信託会社その他の機関若しくは生活困窮者の雇用主その他の関係者に報告を求めることができる。

2　都道府県等は、生活困窮者住居確保給付金の支給に関して必要があると認めるときは、当該生活困窮者住居確保給付金の支給を受ける生活困窮者若しくは当該生活困窮者に対し当該生活困窮者が居住する住宅を賃貸する者若しくはその役員若しくは職員又はこれらの者であった者に、当該住宅の状況につき、報告を求めることができる。

（情報提供等）

第二三条　都道府県等は、第七条第一項に規定する事業及び給付金の支給並びに同条第二項各号に掲げる事業を行うに当たって、生活保護法第六条第二項に規定する要保護者となるおそれが高い者を把握したときは、当該者に対し、同法に基づく保護又は給付金若しくは事業についての情報の提供、助言その他適切な措置を講ずるものとする。

（町村の一部事務組合等）

第二四条　町村が一部事務組合又は広域連合を設けて福祉事務所を設置した場合には、この法律の適用については、その一部事務組合又は広域連合を福祉事務所を設置する町村とみなす。

（大都市等の特例）

第二五条　この法律中都道府県が処理することとされている事務で政令で定めるものは、地方自治法第二百五十二条の十九第一項の指定都市（以下この条において「指定都市」という。）及び同法第二百五十二条の二十二第一項の中核市（以下この条において「中核市」という。）においては、政令の定めるところにより、指定都市又は中核市が処理するものとする。この場合においては、この法律中都道府県に関する規定は、指定都市又は中核市に関する規定として指定都市又は中核市に適用があるものとする。

（実施規定）

第二六条　この法律に特別の規定があるものを除くほか、この法律の実施のための手続その他その執行について必要な細則は、厚生労働省令で定める。

第五章　罰則

第二七条　偽りその他不正の手段により生活困窮者住居確保給付金の支給を受け、又は他人をして受けさせた者は、三年以下の懲役又は百万円以下の罰金に処する。ただし、刑法（明治四十年法律第四十五号）に正条があるときは、刑法による。

> **注**　第二七条は、令和四年六月一七日法律第六八号により次のように改正され、令和四年六月一七日から起算して三年を超えない範囲内において政令で定める日から施行される。
> 　第二十七条中「懲役」を「拘禁刑」に改める。

第二八条　第五条第三項（第七条第三項及び第十一条第二項において準用する場合を含む。）又は第九条第五項の規定に違反して秘密を漏らした者は、一年以下の懲役又は百万円以下の罰金に処する。

> **注**　第二八条は、令和四年六月一七日法律第六八号により次のように改正され、令和四年六月一七日から起算して三年を超えない範囲内において政令で定める日から施行される。
> 　第二十八条中「懲役」を「拘禁刑」に改める。

第二九条　次の各号のいずれかに該当する者は、三十万円以下の罰金に処する。

一　第二十一条第一項の規定による命令に違反して、報告若しくは物件の提出若しくは提示をせず、若しくは虚偽の報告若しくは虚偽の物件の提出若しくは提示をし、又は同項の規定による当該職員の質

問に対して、答弁せず、若しくは虚偽の答弁をした者

二　第二十一条第二項の規定による報告をせず、又は虚偽の報告をした者

第三〇条　法人の代表者又は法人若しくは人の代理人、使用人その他の従業者が、その法人又は人の業務に関して第二十七条又は前条第二号の違反行為をしたときは、行為者を罰するほか、その法人又は人に対して各本条の罰金刑を科する。

附　則

（施行期日）

第一条　この法律は、平成二十七年四月一日から施行する。ただし、附則第三条及び第十一条の規定は、公布の日〔平二五・一二・一三〕から施行する。

（検討）

第二条　政府は、この法律の施行後三年を目途として、この法律の施行の状況を勘案し、生活困窮者に対する自立の支援に関する措置の在り方について総合的に検討を加え、必要があると認めるときは、その結果に基づいて所要の措置を講ずるものとする。

◉ホームレスの自立の支援等に関する特別措置法

（平成一四・八・七法律一〇五）

注　平二九法律六八改正現在

第一章　総則

（目的）

第一条　この法律は、自立の意思がありながらホームレスとなることを余儀なくされた者が多数存在し、健康で文化的な生活を送ることができないでいるとともに、地域社会とのあつれきが生じつつある現状にかんがみ、ホームレスの自立の支援、ホームレスとなることを防止するための生活上の支援等に関し、国等の果たすべき責務を明らかにするとともに、ホームレスの人権に配慮し、かつ、地域社会の理解と協力を得つつ、必要な施策を講ずることにより、ホームレスに関する問題の解決に資することを目的とする。

（定義）

第二条　この法律において「ホームレス」とは、都市公園、河川、道路、駅舎その他の施設を故なく起居の場所とし、日常生活を営んでいる者をいう。

（ホームレスの自立の支援等に関する施策の目標等）

第三条　ホームレスの自立の支援等に関する施策の目標は、次に掲げる事項とする。

一　自立の意思があるホームレスに対し、安定した雇用の場の確保、職業能力の開発等による就業の機会の確保、住宅への入居の支援等による安定した居住の場所の確保並びに健康診断、医療の提供等による保健及び医療の確保に関する施策並びに生活に関する相談及び指導を実施することにより、これらの者を自立させること。

二　ホームレスとなることを余儀なくされるおそれのある者が多数存在する地域を中心として行われる、これらの者に対する就業の機会の確保、生活に関する相談及び指導の実施その他の生活上の支援により、これらの者がホームレスとなることを防止すること。

三　前二号に掲げるもののほか、宿泊場所の一時的な提供、日常生活の需要を満たすために必要な物品の支給その他の緊急に行うべき援助、生活保護法（昭和二十五年法律第百四十四号）による保護の実施、国民への啓発活動等によるホームレスの人権の擁護、地域における生活環境の改善及び安全の確保等により、ホームレスに関する問題の解決を図ること。

2　ホームレスの自立の支援等に関する施策については、ホームレスの自立のためには就業の機会が確保されることが最も重要であることに留意しつつ、前項の目標に従って総合的に推進されなければならない。

（ホームレスの自立への努力）

第四条　ホームレスは、その自立を支援するための国及び地方公共団体の施策を活用すること等により、自らの自立に努めるものとする。

（国の責務）

第五条　国は、第三条第一項各号に掲げる事項につき、総合的な施策を策定し、及びこれを実施するものとする。

（地方公共団体の責務）

第六条　地方公共団体は、第三条第一項各号に掲げる事項につき、当該地方公共団体におけるホームレスに関する問題の実情に応じた施策を策定し、及びこれを実施するものとする。

（国民の協力）

第七条　国民は、ホームレスに関する問題について理解を深めるとともに、地域社会において、国及び地方公共団体が実施する施策に協力すること等により、ホームレスの自立の支援等に努めるものとする。

第二章　基本方針及び実施計画

（基本方針）

第八条　厚生労働大臣及び国土交通大臣は、第十四条の規定による全国調査を踏まえ、ホームレスの自立の支援等に関する基本方針（以下「基本方針」という。）を策定しなければならない。

2　基本方針は、次に掲げる事項について策定するものとする。

一　ホームレスの就業の機会の確保、安定した居住の場所の確保、保健及び医療の確保並び

に生活に関する相談及び指導に関する事項

二　ホームレス自立支援事業（ホームレスに対し、一定期間宿泊場所を提供した上、健康診断、身元の確認並びに生活に関する相談及び指導を行うとともに、就業の相談及びあっせん等を行うことにより、その自立を支援する事業をいう。）その他のホームレスの個々の事情に対応したその自立を総合的に支援する事業の実施に関する事項

三　ホームレスとなることを余儀なくされるおそれのある者が多数存在する地域を中心として行われるこれらの者に対する生活上の支援に関する事項

四　ホームレスに対し緊急に行うべき援助に関する事項、生活保護法による保護の実施に関する事項、ホームレスの人権の擁護に関する事項並びに地域における生活環境の改善及び安全の確保に関する事項

五　ホームレスの自立の支援等を行う民間団体との連携に関する事項

六　前各号に掲げるもののほか、ホームレスの自立の支援等に関する基本的な事項

3　厚生労働大臣及び国土交通大臣は、基本方針を策定しようとするときは、総務大臣その他関係行政機関の長と協議しなければならない。

（実施計画）

第九条　都道府県は、ホームレスに関する問題の実情に応じた施策を実施するため必要があると認められるときは、基本方針に即し、当該施策を実施するための計画を策定しなければならない。

2　前項の計画を策定した都道府県の区域内の市町村（特別区を含む。以下同じ。）は、ホームレスに関する問題の実情に応じた施策を実施するため必要があると認めるときは、基本方針及び同項の計画に即し、当該施策を実施するための計画を策定しなければならない。

3　都道府県又は市町村は、第一項又は前項の計画を策定するに当たっては、地域住民及びホームレスの自立の支援等を行う民間団体の意見を聴くように努めるものとする。

第三章　財政上の措置等

（財政上の措置等）

第一〇条　国は、ホームレスの自立の支援等に関する施策を推進するため、その区域内にホームレスが多数存在する地方公共団体及びホームレスの自立の支援等を行う民間団体を支援するための財政上の措置その他必要な措置を講ずるように努めなければならない。

（公共の用に供する施設の適正な利用の確保）

第一一条　都市公園その他の公共の用に供する施設を管理する者は、当該施設をホームレスが起居の場所とすることによりその適正な利用が妨げられているときは、ホームレスの自立の支援等に関する施策との連携を図りつつ、法令の規定に基づき、当該施設の適正な利用を確保するために必要な措置をとるものとする。

第四章　民間団体の能力の活用等

（民間団体の能力の活用等）

第一二条　国及び地方公共団体は、ホームレスの自立の支援等に関する施策を実施するに当たっては、ホームレスの自立の支援等について民間団体が果たしている役割の重要性に留意し、これらの団体との緊密な連携の確保に努めるとともに、その能力の積極的な活用を図るものとする。

（国及び地方公共団体の連携）

第一三条　国及び地方公共団体は、ホームレスの自立の支援等に関する施策を実施するに当たっては、相互の緊密な連携の確保に努めるものとする。

（ホームレスの実態に関する全国調査）

第一四条　国は、ホームレスの自立の支援等に関する施策の策定及び実施に資するため、地方公共団体の協力を得て、ホームレスの実態に関する全国調査を行わなければならない。

附　則

（施行期日）

第一条　この法律は、公布の日〔平一四・八・七〕から施行する。

（この法律の失効）

第二条　この法律は、この法律の施行の日から起算して二十五年を経過した日に、その効力を失う。

（検討）

第三条　この法律の規定については、この法律の施行後五年を目途として、その施行の状況等を勘案して検討が加えられ、その結果に基づいて必要な措置が講ぜられるものとする。

◉住宅確保要配慮者に対する賃貸住宅の供給の促進に関する法律（抄）

（平成一九・七・六法律一一二）
注　令五法律二八改正現在

第一章　総則

（目的）

第一条　この法律は、住生活基本法（平成十八年法律第六十一号）の基本理念にのっとり、住宅確保要配慮者に対する賃貸住宅の供給の促進に関し、国土交通大臣による基本方針の策定、都道府県及び市町村による賃貸住宅供給促進計画の作成、住宅確保要配慮者の円滑な入居を促進するための賃貸住宅の登録制度等について定めることにより、住宅確保要配慮者に対する賃貸住宅の供給の促進に関する施策を総合的かつ効果的に推進し、もって国民生活の安定向上と社会福祉の増進に寄与することを目的とする。

（定義）

第二条　この法律において「**住宅確保要配慮者**」とは、次の各号のいずれかに該当する者をいう。

一　その収入が国土交通省令で定める金額を超えない者

二　災害（発生した日から起算して三年を経過していないものに限る。以下この号において同じ。）により滅失若しくは損傷した住宅に当該災害が発生した日において居住していた者又は災害に際し災害救助法（昭和二十二年法律第百十八号）が適用された同法第二条第一項に規定する災害発生市町村の区域に当該災害が発生した日において住所を有していた者

三　高齢者

四　障害者基本法（昭和四十五年法律第八十四号）第二条第一号に規定する障害者

五　子ども（十八歳に達する日以後の最初の三月三十一日までの間にある者をいう。）を養育している者

六　前各号に掲げるもののほか、住宅の確保に特に配慮を要するものとして国土交通省令で定める者

2　この法律において「**公的賃貸住宅**」とは、次の各号のいずれかに該当する賃貸住宅をいう。

一　公営住宅法（昭和二十六年法律第百九十三号）第二条第二号に規定する公営住宅その他地方公共団体が整備する賃貸住宅

二　独立行政法人都市再生機構又は地方住宅供給公社（以下「**公社**」という。）が整備する賃貸住宅

三　特定優良賃貸住宅の供給の促進に関する法律（平成五年法律第五十二号。以下「特定優良賃貸住宅法」という。）第六条に規定する特定優良賃貸住宅（同法第十三条第一項に規定する認定管理期間が経過したものを除く。以下単に「**特定優良賃貸住宅**」という。）

四　前三号に掲げるもののほか、地方公共団体が住宅確保要配慮者の居住の安定の確保を図ることを目的としてその整備に要する費用の一部を負担して整備の推進を図る賃貸住宅（当該負担を行うに当たり付した条件に基づきその入居者を公募することとされているものに限る。）

3　この法律において「**民間賃貸住宅**」とは、公的賃貸住宅以外の賃貸住宅をいう。

（国及び地方公共団体の責務）

第三条　国及び地方公共団体は、住宅確保要配慮者に対する賃貸住宅の供給の促進を図るため、必要な施策を講ずるよう努めなければならない。

第二章　基本方針

第四条　国土交通大臣は、住宅確保要配慮者に対する賃貸住宅の供給の促進に関する基本的な方針（以下「**基本方針**」という。）を定めなければならない。

2　基本方針においては、次に掲げる事項を定めるものとする。

一　住宅確保要配慮者に対する賃貸住宅の供給の促進に関する基本的な方向

二　住宅確保要配慮者に対する賃貸住宅の供給の目標の設定に関する事項

三　住宅確保要配慮者に対する公的賃貸住宅の供給の促進に関する基本的な事項

四　住宅確保要配慮者の民間賃貸住宅への円滑

な入居の促進に関する基本的な事項

五　住宅確保要配慮者が入居する賃貸住宅の管理の適正化に関する基本的な事項

六　次条第一項に規定する都道府県賃貸住宅供給促進計画及び第六条第一項に規定する市町村賃貸住宅供給促進計画の作成に関する基本的な事項

七　前各号に掲げるもののほか、住宅確保要配慮者に対する賃貸住宅の供給の促進に関する重要事項

3　基本方針は、住生活基本法第十五条第一項に規定する全国計画との調和が保たれたものでなければならない。

4　国土交通大臣は、基本方針を定めようとするときは、関係行政機関の長に協議しなければならない。

5　国土交通大臣は、基本方針を定めたときは、遅滞なく、これを公表しなければならない。

6　前三項の規定は、基本方針の変更について準用する。

第三章　都道府県賃貸住宅供給促進計画及び市町村賃貸住宅供給促進計画

（都道府県賃貸住宅供給促進計画）

第五条　都道府県は、基本方針に基づき、当該都道府県の区域内における住宅確保要配慮者に対する賃貸住宅の供給の促進に関する計画（以下「**都道府県賃貸住宅供給促進計画**」という。）を作成することができる。

2　都道府県賃貸住宅供給促進計画においては、次に掲げる事項を記載するものとする。

一　当該都道府県の区域内における住宅確保要配慮者に対する賃貸住宅の供給の目標

二　次に掲げる事項であって、前号の目標を達成するために必要なもの

イ　住宅確保要配慮者に対する公的賃貸住宅の供給の促進に関する事項

ロ　住宅確保要配慮者の民間賃貸住宅への円滑な入居の促進に関する事項

ハ　住宅確保要配慮者が入居する賃貸住宅の管理の適正化に関する事項

三　計画期間

3　都道府県賃貸住宅供給促進計画においては、前項各号に掲げる事項のほか、当該都道府県の区域内における住宅確保要配慮者に対する賃貸住宅の供給の促進に関し必要な事項を記載するよう努めるものとする。

4　都道府県は、当該都道府県の区域内において公社による第九条第一項第七号に規定する住宅確保要配慮者専用賃貸住宅の整備及び賃貸その他の管理に関する事業の実施が必要と認められる場合には、第二項第二号に掲げる事項に、当該事業の実施に関する事項を記載することができる。

5　都道府県は、都道府県賃貸住宅供給促進計画に公社による前項に規定する事業の実施に関する事項を記載しようとするときは、当該事項について、あらかじめ、当該公社の同意を得なければならない。

6　都道府県は、当該都道府県の区域内において、特定優良賃貸住宅法第三条第四号に規定する資格を有する入居者をその全部又は一部について確保することができない特定優良賃貸住宅を活用し、住宅確保要配慮者（同号に規定する資格を有する者を除く。以下この項及び第七条第一項において同じ。）に対する住宅を供給することが必要と認められる場合には、第二項第二号に掲げる事項に、特定優良賃貸住宅の住宅確保要配慮者に対する賃貸に関する事項を記載することができる。

7　都道府県は、都道府県賃貸住宅供給促進計画に特定優良賃貸住宅の住宅確保要配慮者に対する賃貸に関する事項を記載しようとするときは、当該事項について、あらかじめ、当該都道府県の区域内の市（特別区を含む。以下同じ。）の長の同意を得なければならない。

8　都道府県は、都道府県賃貸住宅供給促進計画を作成しようとするときは、あらかじめ、インターネットの利用その他の国土交通省令で定める方法により、住民の意見を反映させるために必要な措置を講ずるよう努めるとともに、当該都道府県の区域内の市町村に協議しなければならない。この場合において、第五十一条第一項の規定により住宅確保要配慮者居住支援協議会を組織し、又は地域における多様な需要に応じた公的賃貸住宅等の整備等に関する特別措置法（平成十七年法律第七十九号。第五十二条において「地域住宅特別措置法」という。）第五条第一項の規定により地域住宅協議会を組織している都道府県にあっては、当該住宅確保要配慮者

居住支援協議会又は地域住宅協議会の意見を聴かなければならない。

9　都道府県は、都道府県賃貸住宅供給促進計画を作成したときは、遅滞なく、これを公表するよう努めるとともに、国土交通大臣及び当該都道府県の区域内の市町村にその写しを送付しなければならない。

10　第四項から前項までの規定は、都道府県賃貸住宅供給促進計画の変更について準用する。

（市町村賃貸住宅供給促進計画）

第六条　市町村は、基本方針（都道府県賃貸住宅供給促進計画が作成されている場合にあっては、都道府県賃貸住宅供給促進計画）に基づき、当該市町村の区域内における住宅確保要配慮者に対する賃貸住宅の供給の促進に関する計画（以下「**市町村賃貸住宅供給促進計画**」という。）を作成することができる。

2　市町村賃貸住宅供給促進計画においては、次に掲げる事項を記載するものとする。

一　当該市町村の区域内における住宅確保要配慮者に対する賃貸住宅の供給の目標

二　次に掲げる事項であって、前号の目標を達成するために必要なもの

イ　住宅確保要配慮者に対する公的賃貸住宅の供給の促進に関する事項

ロ　住宅確保要配慮者の民間賃貸住宅への円滑な入居の促進に関する事項

ハ　住宅確保要配慮者が入居する賃貸住宅の管理の適正化に関する事項

三　計画期間

3　前条第三項から第十項までの規定は、市町村賃貸住宅供給促進計画について準用する。この場合において、同条第三項中「前項各号」とあるのは「次条第二項各号」と、「当該都道府県」とあるのは「当該市町村（特別区を含む。以下この条において同じ。）」と、同条第四項及び第六項中「都道府県」とあるのは「市町村」と、「第二項第二号」とあるのは「次条第二項第二号」と、同条第五項、第八項及び第九項中「都道府県は」とあるのは「市町村は」と、同条第七項中「都道府県は」とあるのは「町村は」と、「当該都道府県の区域内の市（特別区を含む。以下同じ。）の長」とあるのは「都道府県知事」と、同条第八項及び第九項中「当該都道府県の区域内の市町村」とあるのは「都道府県」と、同条第八項中「都道府県に」とあるのは「市町村に」と読み替えるものとする。

第四章　住宅確保要配慮者円滑入居賃貸住宅事業

第一節　登録

（住宅確保要配慮者円滑入居賃貸住宅事業の登録）

第八条　住宅確保要配慮者の入居を受け入れることとしている賃貸住宅を賃貸する事業（以下「**住宅確保要配慮者円滑入居賃貸住宅事業**」という。）を行う者は、住宅確保要配慮者円滑入居賃貸住宅事業に係る賃貸住宅（以下「**住宅確保要配慮者円滑入居賃貸住宅**」という。）を構成する建築物ごとに、都道府県知事の登録を受けることができる。

（登録の基準等）

第一〇条　都道府県知事は、第八条の登録の申請が次に掲げる基準に適合していると認めるときは、次条第一項の規定により登録を拒否する場合を除き、その登録をしなければならない。

一　住宅確保要配慮者円滑入居賃貸住宅の各戸の床面積が、国土交通省令で定める規模以上であること。

二　住宅確保要配慮者円滑入居賃貸住宅の構造及び設備が、住宅確保要配慮者の入居に支障を及ぼすおそれがないものとして国土交通省令で定める基準に適合するものであること。

三　前条第一項第六号に掲げる範囲が定められている場合にあっては、その範囲が、住宅確保要配慮者の入居を不当に制限しないものとして国土交通省令で定める基準に適合するものであること。

四　住宅確保要配慮者円滑入居賃貸住宅の家賃その他賃貸の条件が、国土交通省令で定める基準に従い適正に定められるものであること。

五　その他基本方針（住宅確保要配慮者円滑入居賃貸住宅が市町村賃貸住宅供給促進計画が作成されている市町村の区域内にある場合にあっては基本方針及び市町村賃貸住宅供給促進計画、住宅確保要配慮者円滑入居賃貸住宅が都道府県賃貸住宅供給促進計画が作成されている都道府県の区域（当該市町村の区域を除く。）内にある場合にあっては基本方針及び

適切なものであること。

2　第八条の登録は、住宅確保要配慮者円滑入居賃貸住宅登録簿(以下「**登録簿**」という。)に次に掲げる事項を記載してするものとする。

一　前条第一項各号に掲げる事項

二　登録年月日及び登録番号

3　都道府県知事は、第八条の登録をしたときは、遅滞なく、その旨を当該登録を受けた者に通知しなければならない。

4　都道府県知事は、第八条の登録の申請が第一項の基準に適合しないと認めるときは、遅滞なく、その理由を示して、その旨を申請者に通知しなければならない。

5　都道府県知事は、第八条の登録をしたときは、遅滞なく、その旨を、当該登録を受けた住宅確保要配慮者円滑入居賃貸住宅事業(以下「**登録事業**」という。)に係る住宅確保要配慮者円滑入居賃貸住宅(以下「**登録住宅**」という。)の存する市町村の長に通知しなければならない。

第二節　業務

(登録事項の公示)

第一六条　登録事業者は、国土交通省令で定めるところにより、登録事項を公示しなければならない。

(入居の拒否の制限)

第一七条　登録事業者は、登録住宅に入居を希望する住宅確保要配慮者(当該登録住宅について第九条第一項第六号に掲げる範囲を定めた場合にあっては、その範囲に属する者。以下この条及び第二十条第二項において同じ。)に対し、住宅確保要配慮者であることを理由として、入居を拒んではならない。

第三節　登録住宅に係る特例

(機構の行う登録住宅の改良資金の融資)

第一九条　独立行政法人住宅金融支援機構(次条において「機構」という。)は、独立行政法人住宅金融支援機構法(平成十七年法律第八十二号。次条第一項において「機構法」という。)第十三条第一項に規定する業務のほか、登録住宅の改良(登録住宅とすることを主たる目的とする人の居住の用その他その本来の用途に供したことのある建築物の改良を含む。)に必要な資金を貸し付けることができる。

(機構の行う家賃債務保証保険契約に係る保険)

第二〇条　機構は、機構法第十三条第一項に規定する業務のほか、家賃債務保証保険契約に係る保険を行うことができる。

2　前項の「家賃債務保証保険契約」とは、機構が事業年度ごとに家賃債務保証業者(賃貸住宅の賃借人の委託を受けて当該賃借人の家賃の支払に係る債務(以下「**家賃債務**」という。)を保証することを業として行う者であって、家賃債務の保証を適正かつ確実に実施することができると認められるものとして国土交通省令で定める要件に該当する者をいう。以下この条において同じ。)と締結する契約であって、家賃債務保証業者が登録住宅に入居する住宅確保要配慮者(以下「**登録住宅入居者**」という。)の家賃債務(利息に係るものを除く。以下この条において同じ。)の保証をしたことを機構に通知することにより、当該家賃債務保証業者が登録住宅入居者の家賃債務につき保証をした金額の総額が一定の金額に達するまで、その保証につき、機構と当該家賃債務保証業者との間に保険関係が成立する旨を定めるものをいう。

3　前項に規定する家賃債務保証保険契約(第十項において単に「家賃債務保証保険契約」という。)に係る保険関係においては、家賃債務保証業者が登録住宅入居者の家賃債務につき保証をした金額を保険価額とし、家賃債務保証業者が登録住宅入居者に代わってする家賃債務の全部又は一部の弁済を保険事故とし、保険価額に百分の七十を超えない範囲内において国土交通省令で定める割合を乗じて得た金額を保険金額とする。

4　機構が前項の保険関係に基づいて支払うべき保険金の額は、家賃債務保証業者が登録住宅入居者に代わって弁済をした家賃債務の額から当該家賃債務保証業者が保険金の支払の請求をする時までに当該登録住宅入居者に対する求償権(弁済をした日以後の利息及び避けることができなかった費用その他の損害の賠償に係る部分を除く。)を行使して取得した額を控除した残額に、同項の国土交通省令で定める割合を乗じて得た額とする。

5　前項の求償権を行使して取得した額は、家賃債務保証業者が登録住宅入居者の家賃債務のほか利息又は費用についても弁済をしたときは、当該求償権を行使して取得した総額に、その弁済をした家賃債務の額の総弁済額に対する割合を乗じて得た額とする。

6 家賃債務保証業者は、保険事故の発生の日から一年を超えない範囲内において国土交通省令で定める期間を経過した後は、保険金の支払の請求をすることができない。

7 家賃債務保証業者は、第三項の保険関係が成立した保証に基づき登録住宅入居者に代わって弁済をした場合には、その求償に努めなければならない。

8 保険金の支払を受けた家賃債務保証業者は、その支払の請求をした後登録住宅入居者に対する求償権（家賃債務保証業者が登録住宅入居者に代わって家賃債務の弁済をした日以後保険金の支払を受けた日までの利息及び避けることができなかった費用その他の損害の賠償に係る部分を除く。）を行使して取得した額に、当該支払を受けた保険金の額の当該保険金に係る第四項に規定する残額に対する割合を乗じて得た額を機構に納付しなければならない。

9 前項の求償権を行使して取得した額については、第五項の規定を準用する。

10 機構は、家賃債務保証業者が家賃債務保証保険契約の条項に違反したときは、第三項の保険関係に基づく保険金の全部若しくは一部を支払わず、若しくは保険金の全部若しくは一部を返還させ、又は将来にわたって当該保険契約を解除することができる。

（保護の実施機関による被保護入居者の状況の把握等）

第二一条 登録事業者（第五十一条第一項の住宅確保要配慮者居住支援協議会の構成員であることその他の国土交通省令・厚生労働省令で定める要件に該当する者に限る。）は、被保護入居者（被保護者（生活保護法（昭和二十五年法律第百四十四号）第六条第一項に規定する被保護者をいう。）である登録住宅入居者をいい、登録住宅入居者となろうとする者を含む。以下この条において同じ。）が家賃の請求に応じないことその他の被保護入居者の居住の安定の確保を図る上で支障となるものとして国土交通省令・厚生労働省令で定める事情があるときは、国土交通省令・厚生労働省令で定めるところにより、その旨を保護の実施機関（同法第十九条第四項に規定する保護の実施機関をいう。次項において同じ。）に通知することができる。

2 保護の実施機関は、前項の規定による通知を受けたときは、当該通知に係る被保護入居者に対し生活保護法第三十七条の二の規定による措置その他の同法による保護の目的を達するために必要な措置を講ずる必要があるかどうかを判断するため、速やかに、当該被保護入居者の状況の把握その他当該通知に係る事実について確認するための措置を講ずるものとする。

第四節　監督

（報告の徴収）

第二二条 都道府県知事は、登録事業者に対し、登録住宅の管理の状況について報告を求めることができる。

（指示）

第二三条 都道府県知事は、登録された登録事項が事実と異なるときは、その登録事業者に対し、当該事項の訂正を申請すべきことを指示することができる。

2 都道府県知事は、登録事業が第十条第一項各号に掲げる基準に適合しないと認めるときは、その登録事業者に対し、その登録事業を当該基準に適合させるために必要な措置をとるべきことを指示することができる。

3 都道府県知事は、登録事業者が第十六条又は第十七条の規定に違反したときは、当該登録事業者に対し、その是正のために必要な措置をとるべきことを指示することができる。

第五章　住宅確保要配慮者居住支援法人

（住宅確保要配慮者居住支援法人）

第四〇条 都道府県知事は、特定非営利活動促進法（平成十年法律第七号）第二条第二項に規定する特定非営利活動法人、一般社団法人若しくは一般財団法人その他の営利を目的としない法人又は住宅確保要配慮者の居住の支援を行うことを目的とする会社であって、第四十二条に規定する業務（以下「**支援業務**」という。）に関し次に掲げる基準に適合すると認められるものを、その申請により、住宅確保要配慮者居住支援法人（以下「**支援法人**」という。）として指定することができる。

一 職員、支援業務の実施の方法その他の事項についての支援業務の実施に関する計画が、支援業務の適確な実施のために適切なものであること。

二 前号の支援業務の実施に関する計画を適確

に実施するに足りる経理的及び技術的な基礎を有するものであること。
三　役員又は職員の構成が、支援業務の公正な実施に支障を及ぼすおそれがないものであること。
四　支援業務以外の業務を行っている場合には、その業務を行うことによって支援業務の公正な実施に支障を及ぼすおそれがないものであること。
五　前各号に定めるもののほか、支援業務を公正かつ適確に行うことができるものであること。

（業務）
第四二条　支援法人は、当該都道府県の区域内において、次に掲げる業務を行うものとする。
一　登録事業者からの要請に基づき、登録住宅入居者の家賃債務の保証をすること。
二　住宅確保要配慮者の賃貸住宅への円滑な入居の促進に関する情報の提供、相談その他の援助を行うこと。
三　賃貸住宅に入居する住宅確保要配慮者の生活の安定及び向上に関する情報の提供、相談その他の援助を行うこと。
四　前三号に掲げる業務に附帯する業務を行うこと。

（業務の委託）
第四三条　支援法人は、都道府県知事の認可を受けて、前条第一号に掲げる業務（以下「**債務保証業務**」という。）のうち債務の保証の決定以外の業務の全部又は一部を金融機関その他の者に委託することができる。
2　金融機関は、他の法律の規定にかかわらず、前項の規定による委託を受け、当該業務を行うことができる。

（債務保証業務規程）
第四四条　支援法人は、債務保証業務に関する規程（以下「**債務保証業務規程**」という。）を定め、都道府県知事の認可を受けなければならない。これを変更しようとするときも、同様とする。
2　債務保証業務規程で定めるべき事項は、国土交通省令で定める。
3　都道府県知事は、第一項の認可をした債務保証業務規程が債務保証業務の公正かつ適確な実施上不適当となったと認めるときは、その債務保証業務規程を変更すべきことを命ずることができる。

（帳簿の備付け等）
第四七条　支援法人は、国土交通省令で定めるところにより、支援業務に関する事項で国土交通省令で定めるものを記載した帳簿を備え付け、これを保存しなければならない。
2　前項に定めるもののほか、支援法人は、国土交通省令で定めるところにより、支援業務に関する書類で国土交通省令で定めるものを保存しなければならない。

（監督命令）
第四八条　都道府県知事は、支援業務の公正かつ適確な実施を確保するため必要があると認めるときは、支援法人に対し、支援業務に関し監督上必要な命令をすることができる。

（報告、検査等）
第四九条　都道府県知事は、支援業務の公正かつ適確な実施を確保するため必要があると認めるときは、支援法人に対し支援業務若しくは資産の状況に関し必要な報告を求め、又はその職員に、支援法人の事務所に立ち入り、支援業務の状況若しくは帳簿、書類その他の物件を検査させ、若しくは関係者に質問させることができる。
2　第三十三条第二項及び第三項の規定は、前項の規定による立入検査について準用する。

第六章　住宅確保要配慮者居住支援協議会

（住宅確保要配慮者居住支援協議会）
第五一条　地方公共団体、支援法人、宅地建物取引業者（宅地建物取引業法（昭和二十七年法律第百七十六号）第二条第三号に規定する宅地建物取引業者をいう。）、賃貸住宅を管理する事業を行う者その他の住宅確保要配慮者の民間賃貸住宅への円滑な入居の促進に資する活動を行う者は、住宅確保要配慮者又は民間賃貸住宅の賃貸人に対する情報の提供その他の住宅確保要配慮者の民間賃貸住宅への円滑な入居の促進に関し必要な措置について協議するため、住宅確保要配慮者居住支援協議会（以下「**支援協議会**」という。）を組織することができる。
2　前項の協議を行うための会議において協議が調った事項については、支援協議会の構成員は、その協議の結果を尊重しなければならない。
3　前二項に定めるもののほか、支援協議会の運営に関し必要な事項は、支援協議会が定める。

◉こども基本法

（令和四・六・二二法律七七）

第一章　総則

（目的）

第一条　この法律は、日本国憲法及び児童の権利に関する条約の精神にのっとり、次代の社会を担う全てのこどもが、生涯にわたる人格形成の基礎を築き、自立した個人としてひとしく健やかに成長することができ、心身の状況、置かれている環境等にかかわらず、その権利の擁護が図られ、将来にわたって幸福な生活を送ることができる社会の実現を目指して、社会全体としてこども施策に取り組むことができるよう、こども施策に関し、基本理念を定め、国の責務等を明らかにし、及びこども施策の基本となる事項を定めるとともに、こども政策推進会議を設置すること等により、こども施策を総合的に推進することを目的とする。

（定義）

第二条　この法律において「**こども**」とは、心身の発達の過程にある者をいう。

2　この法律において「**こども施策**」とは、次に掲げる施策その他のこどもに関する施策及びこれと一体的に講ずべき施策をいう。

一　新生児期、乳幼児期、学童期及び思春期の各段階を経て、おとなになるまでの心身の発達の過程を通じて切れ目なく行われるこどもの健やかな成長に対する支援

二　子育てに伴う喜びを実感できる社会の実現に資するため、就労、結婚、妊娠、出産、育児等の各段階に応じて行われる支援

三　家庭における養育環境その他のこどもの養育環境の整備

（基本理念）

第三条　こども施策は、次に掲げる事項を基本理念として行われなければならない。

一　全てのこどもについて、個人として尊重され、その基本的人権が保障されるとともに、差別的取扱いを受けることがないようにすること。

二　全てのこどもについて、適切に養育されること、その生活を保障されること、愛され保護されること、その健やかな成長及び発達並びにその自立が図られることその他の福祉に係る権利が等しく保障されるとともに、教育基本法（平成十八年法律第百二十号）の精神にのっとり教育を受ける機会が等しく与えられること。

三　全てのこどもについて、その年齢及び発達の程度に応じて、自己に直接関係する全ての事項に関して意見を表明する機会及び多様な社会的活動に参画する機会が確保されること。

四　全てのこどもについて、その年齢及び発達の程度に応じて、その意見が尊重され、その最善の利益が優先して考慮されること。

五　こどもの養育については、家庭を基本として行われ、父母その他の保護者が第一義的責任を有するとの認識の下、これらの者に対してこどもの養育に関し十分な支援を行うとともに、家庭での養育が困難なこどもにはできる限り家庭と同様の養育環境を確保することにより、こどもが心身ともに健やかに育成されるようにすること。

六　家庭や子育てに夢を持ち、子育てに伴う喜びを実感できる社会環境を整備すること。

（国の責務）

第四条　国は、前条の基本理念（以下単に「**基本理念**」という。）にのっとり、こども施策を総合的に策定し、及び実施する責務を有する。

（地方公共団体の責務）

第五条　地方公共団体は、基本理念にのっとり、こども施策に関し、国及び他の地方公共団体との連携を図りつつ、その区域内におけるこどもの状況に応じた施策を策定し、及び実施する責務を有する。

（事業主の努力）

第六条　事業主は、基本理念にのっとり、その雇用する労働者の職業生活及び家庭生活の充実が図られるよう、必要な雇用環境の整備に努めるものとする。

（国民の努力）

第七条　国民は、基本理念にのっとり、こども施策について関心と理解を深めるとともに、国又は地方公共団体が実施するこども施策に協力するよう努めるものとする。

（年次報告）

第八条　政府は、毎年、国会に、我が国におけるこどもをめぐる状況及び政府が講じたこども施策の実施の状況に関する報告を提出するとともに、これを公表しなければならない。

2　前項の報告は、次に掲げる事項を含むものでなければならない。
一　少子化社会対策基本法（平成十五年法律第百三十三号）第九条第一項に規定する少子化の状況及び少子化に対処するために講じた施策の概況
二　子ども・若者育成支援推進法（平成二十一年法律第七十一号）第六条第一項に規定する我が国における子ども・若者の状況及び政府が講じた子ども・若者育成支援施策の実施の状況
三　子どもの貧困対策の推進に関する法律（平成二十五年法律第六十四号）第七条第一項に規定する子どもの貧困の状況及び子どもの貧困対策の実施の状況

第二章　基本的施策

（こども施策に関する大綱）

第九条　政府は、こども施策を総合的に推進するため、こども施策に関する大綱（以下「**こども大綱**」という。）を定めなければならない。
2　こども大綱は、次に掲げる事項について定めるものとする。
一　こども施策に関する基本的な方針
二　こども施策に関する重要事項
三　前二号に掲げるもののほか、こども施策を推進するために必要な事項
3　こども大綱は、次に掲げる事項を含むものでなければならない。
一　少子化社会対策基本法第七条第一項に規定する総合的かつ長期的な少子化に対処するための施策
二　子ども・若者育成支援推進法第八条第二項各号に掲げる事項
三　子どもの貧困対策の推進に関する法律第八条第二項各号に掲げる事項
4　こども大綱に定めるこども施策については、原則として、当該こども施策の具体的な目標及びその達成の期間を定めるものとする。
5　内閣総理大臣は、こども大綱の案につき閣議の決定を求めなければならない。
6　内閣総理大臣は、前項の規定による閣議の決定があったときは、遅滞なく、こども大綱を公表しなければならない。
7　前二項の規定は、こども大綱の変更について準用する。

（都道府県こども計画等）

第一〇条　都道府県は、こども大綱を勘案して、当該都道府県におけるこども施策についての計画（以下この条において「都道府県こども計画」という。）を定めるよう努めるものとする。
2　市町村は、こども大綱（都道府県こども計画が定められているときは、こども大綱及び都道府県こども計画）を勘案して、当該市町村におけるこども施策についての計画（以下この条において「市町村こども計画」という。）を定めるよう努めるものとする。
3　都道府県又は市町村は、都道府県こども計画又は市町村こども計画を定め、又は変更したときは、遅滞なく、これを公表しなければならない。
4　都道府県こども計画は、子ども・若者育成支援推進法第九条第一項に規定する都道府県子ども・若者計画、子どもの貧困対策の推進に関する法律第九条第一項に規定する都道府県計画その他法令の規定により都道府県が作成する計画であってこども施策に関する事項を定めるものと一体のものとして作成することができる。
5　市町村こども計画は、子ども・若者育成支援推進法第九条第二項に規定する市町村子ども・若者計画、子どもの貧困対策の推進に関する法律第九条第二項に規定する市町村計画その他法令の規定により市町村が作成する計画であってこども施策に関する事項を定めるものと一体のものとして作成することができる。

（こども施策に対するこども等の意見の反映）

第一一条　国及び地方公共団体は、こども施策を策定し、実施し、及び評価するに当たっては、当該こども施策の対象となるこども又はこどもを養育する者その他の関係者の意見を反映させるために必要な措置を講ずるものとする。

（こども施策に係る支援の総合的かつ一体的な提供のための体制の整備等）

第一二条　国は、こども施策に係る支援が、支援を必要とする事由、支援を行う関係機関、支援の対象となる者の年齢又は居住する地域等にかかわらず、切れ目なく行われるようにするため、当該支援を総合的かつ一体的に行う体制の整備その他の必要な措置を講ずるものとする。

（関係者相互の有機的な連携の確保等）

第一三条　国は、こども施策が適正かつ円滑に行われるよう、医療、保健、福祉、教育、療育等に関する業務を行う関係機関相互の有機的な連携の確保に努めなければならない。
2　都道府県及び市町村は、こども施策が適正かつ円滑に行われるよう、前項に規定する業務を

行う関係機関及び地域においてこどもに関する支援を行う民間団体相互の有機的な連携の確保に努めなければならない。
3　都道府県又は市町村は、前項の有機的な連携の確保に資するため、こども施策に係る事務の実施に係る協議及び連絡調整を行うための協議会を組織することができる。
4　前項の協議会は、第二項の関係機関及び民間団体その他の都道府県又は市町村が必要と認める者をもって構成する。

第一四条　国は、前条第一項の有機的な連携の確保に資するため、個人情報の適正な取扱いを確保しつつ、同項の関係機関が行うこどもに関する支援に資する情報の共有を促進するための情報通信技術の活用その他の必要な措置を講ずるものとする。
2　都道府県及び市町村は、前条第二項の有機的な連携の確保に資するため、個人情報の適正な取扱いを確保しつつ、同項の関係機関及び民間団体が行うこどもに関する支援に資する情報の共有を促進するための情報通信技術の活用その他の必要な措置を講ずるよう努めるものとする。

（この法律及び児童の権利に関する条約の趣旨及び内容についての周知）
第一五条　国は、この法律及び児童の権利に関する条約の趣旨及び内容について、広報活動等を通じて国民に周知を図り、その理解を得るよう努めるものとする。

（こども施策の充実及び財政上の措置等）
第一六条　政府は、こども大綱の定めるところにより、こども施策の幅広い展開その他のこども施策の一層の充実を図るとともに、その実施に必要な財政上の措置その他の措置を講ずるよう努めなければならない。

第三章　こども政策推進会議

（設置及び所掌事務等）
第一七条　こども家庭庁に、特別の機関として、こども政策推進会議（以下「会議」という。）を置く。
2　会議は、次に掲げる事務をつかさどる。
一　こども大綱の案を作成すること。
二　前号に掲げるもののほか、こども施策に関する重要事項について審議し、及びこども施策の実施を推進すること。
三　こども施策について必要な関係行政機関相互の調整をすること。
四　前三号に掲げるもののほか、他の法令の規定により会議に属させられた事務
3　会議は、前項の規定によりこども大綱の案を作成するに当たり、こども及びこどもを養育する者、学識経験者、地域においてこどもに関する支援を行う民間団体その他の関係者の意見を反映させるために必要な措置を講ずるものとする。

（組織等）
第一八条　会議は、会長及び委員をもって組織する。
2　会長は、内閣総理大臣をもって充てる。
3　委員は、次に掲げる者をもって充てる。
一　内閣府設置法（平成十一年法律第八十九号）第九条第一項に規定する特命担当大臣であって、同項の規定により命を受けて同法第十一条の三に規定する事務を掌理するもの
二　会長及び前号に掲げる者以外の国務大臣のうちから、内閣総理大臣が指定する者

（資料提出の要求等）
第一九条　会議は、その所掌事務を遂行するために必要があると認めるときは、関係行政機関の長に対し、資料の提出、意見の開陳、説明その他必要な協力を求めることができる。
2　会議は、その所掌事務を遂行するために特に必要があると認めるときは、前項に規定する者以外の者に対しても、必要な協力を依頼することができる。

（政令への委任）
第二〇条　前三条に定めるもののほか、会議の組織及び運営に関し必要な事項は、政令で定める。

附　則（抄）

（施行期日）
第一条　この法律は、令和五年四月一日から施行する。〔以下略〕

（検討）
第二条　国は、この法律の施行後五年を目途として、この法律の施行の状況及びこども施策の実施の状況を勘案し、こども施策が基本理念にのっとって実施されているかどうか等の観点からその実態を把握し及び公正かつ適切に評価する仕組みの整備その他の基本理念にのっとったこども施策の一層の推進のために必要な方策について検討を加え、その結果に基づき、法制上の措置その他の必要な措置を講ずるものとする。

児童福祉法の概要

1　制定の経緯

児童福祉法は、次代の社会の担い手である児童の健全育成と福祉の積極的増進を基本精神とする、児童福祉に関する基本的な法律で、昭和二二年に制定されました。

児童福祉法の制定時は、第二次世界大戦直後で、戦災で両親を失った孤児、引揚孤児などの保護者への引渡しや施設への収容など、浮浪児の保護対策が当時としては緊急の課題でしたが、浮浪児対策に止まらず、すべての児童について、その健全な成長を助長する方針を児童福祉の基本に据えることとしたことが特徴となっています。

児童相談所の設置、各種の児童の入所施設、保育所等の最低基準を定めることなどを内容としています。

近年我が国では、晩婚化等に伴い合計特殊出生率が低下しており、少子化傾向が続いています。このため、平成六年にエンゼルプラン、平成一一年に新エンゼルプラン、平成一六年に「子ども・子育て応援プラン」が策定され、保育サービス等子育て支援サービスや子育てと仕事の両立支援などの施策が行われました。平成二二年には「子ども・子育てビジョン」が示され、社会全体で子育てを支える取組みが進められています。

また、平成二四年には、子育て支援が質・量ともに不足していることから、幼児期の学校教育・保育、地域の子ども・子育て支援を総合的に推進する「子ども・子育て支援法」が制定され、平成二七年四月より施行されました。

平成二八年には、全ての児童が健全に育成されるよう、児童虐待について発生予防から自立支援まで一連の対策の更なる強化等を図るため、児童福祉法の理念を明確化するとともに、子育て世代包括支援センターの法定化、市町村及び児童相談所の体制の強化、里親委託の推進等の所要の措置が講じられる改正が行われ、平成二八年六月三日（一部は平成二八年一〇月一日、平成二九年四月一日）から施行されました。

さらに、居宅訪問型児童発達支援の創設、情報公表対象支援の利用に資する情報の報告及び公表並びに障害児福祉計画の策定に関する規定が追加され、平成三〇年四月一日から施行されました。

令和元年六月には、児童虐待防止対策の強化を図るため、児童福祉法および児童虐待防止法等が改正され、児童相談所所長や里親等による体罰の禁止、市町村および都道府県に対する国の支援、児童相談所への弁護士の配置等に関する規定が追加されました（令和二年四月一日以降段階的に施行）。

令和四年の改正では、児童虐待の相談対応件数の増加など、子育てに困難を抱える世帯が顕在化してきている状況等を踏まえ、こども家庭センターの設置、児童相談所が虐待を受けた子どもなどを一時保護する際の司法審査導入、虐待の対応をする子ども家庭福祉実務者の専門性の向上を求めること等が追加され、令和六年四月一日から施行されました。

2　法の概要

児童福祉法は、総則、福祉の保障、事業・養育里親及び養子縁組里親並びに施設、費用、国民健康保険団体連合会の児童福祉法関係業務、審査請求、雑則、罰則の八章から構成されています。

(1)　児童の福祉を保証するための原理

①　すべての児童は、児童の権利に関する条約の精神にのっとり、適切に養育されること、その生活を保障されること、愛され、保護されること、その心身の健やかな成長及び発達並びにその自立が図られることその他の福祉を等しく保障される権利を有する（第一条）。

②　すべての国民は、児童が良好な環境において生まれ、かつ、社会のあらゆる分野において、児童の年齢及び発達の程度に応じて、その意見が尊重され、その最善の利益が優先して考慮され、心身ともに健やかに育成されるよう努めなければならない。児童の保護者は、児童を心身ともに健やかに育成することについて第一義的責任を負う（第二条）。

③　①、②は、児童の福祉を保障するための

原理であり、この原理は、すべて児童に関する法令の施行にあたって、常に尊重されなければならない（第三条）。

(2) 国及び地方公共団体の責務

国及び地方公共団体は、児童が家庭において心身ともに健やかに養育されるよう、児童の保護者を支援しなければならない（第三条の二）。市町村、都道府県、国それぞれの役割・責務については、第三条の三において規定されています。

(3) 対象

① 児童　児童とは満十八歳に満たない者と規定し、次のように区分されています。

乳児＝満一歳に満たない者

幼児＝満一歳から、小学校就学の始期に達するまでの者

少年＝小学校就学の始期から、満十八歳に達するまでの者

② 障害児　身体に障害のある児童、知的障害のある児童、精神に障害のある児童、発達障害児及び治療方法が確立していない疾病その他の特殊の疾病であって障害者総合支援法第四条第一項の政令で定めるものによる障害の程度が同項の厚生労働大臣が定める程度である児童と規定されています。

※ただし、特定の施設においては、施設の種類に応じ、満二十歳まで又は満二十歳に達した後も対象とされることがあります。

なお、「妊産婦とは、妊娠中又は出産後一年以内の女子」「保護者とは、親権を行う者、未成年後見人その他の者で、児童を現に監護する者」と規定されています。

(4) 機関・職種

児童福祉法は、児童福祉に関する調査・審議機関として児童福祉審議会、児童福祉に関する業務の実施機関として、市町村、こども家庭センター、地域子育て相談機関、都道府県、児童相談所、福祉事務所、保健所について、専門的職種として、児童福祉司、児童委員、主任児童委員、保育士について規定しています。

(5) 福祉の保障

児童福祉法は第二章において施策として行う福祉の保障の内容について規定しています。

① 療育の指導、小児慢性特定疾病医療費の支給等

「療育の指導」「小児慢性特定疾病医療費の支給」「結核にかかっている児童に対する療育の給付」「小児慢性特定疾病の治療方法その他小児慢性特定疾病その他の疾病にかかっていることにより長期にわたり療養を必要とする児童等の健全な育成に資する調査及び研究の推進」等について規定しています。

② 居宅生活の支援

「障害児通所給付費」「肢体不自由児通所医療費」等の支給、「障害児通所支援及び障害福祉サービスの措置」「子育て支援事業」等について規定しています。

③ 助産施設、母子生活支援施設及び保育所の利用

④ 入所支援

「障害児入所給付費」「特定入所障害児食費等給付」「障害児入所医療費」等の支給について規定しています。

⑤ 相談支援

「障害児相談支援給付費」等の支給について規定しています。

⑥ 要保護児童の保護措置等

要保護児童について、要保護児童の発見者の通告義務、要保護児童対策地域協議会の設置、通告児童等に対する措置、福祉事務所長の採るべき措置、児童相談所長の採るべき措置、都道府県の採るべき措置等が規定されており、「指導」「保育の実施等」「里親への委託」「施設入所」「家庭裁判所送致等の措置」「一時保護」などが行われることとされています。

⑦ 被措置児童等虐待の防止等

被措置児童等虐待について、発見者の通告義務、被措置児童等による届出、通告を受けた都道府県が講ずべき措置等が規定されています。

⑧ 障害福祉サービスの内容等に関する情報の報告及び公表

施設・事業者は、障害福祉サービスの内容等を都道府県知事へ報告し、都道府県知事は、報告された内容を公表することとされています。

⑨　障害児福祉計画

児童福祉法に基づく障害児通所・入所支援等について、サービスの提供体制を計画的に確保するため、都道府県及び市町村において障害児福祉計画を策定することとされています。

(6)　事業、養育里親及び養子縁組里親並びに施設

①　事業

「障害児通所支援事業」「障害児相談支援事業」「児童自立生活援助事業」「放課後児童健全育成事業」「子育て短期支援事業」「乳児家庭全戸訪問事業」「養育支援訪問事業」「地域子育て支援拠点事業」「一時預かり事業」「小規模住居型児童養育事業」「家庭的保育事業」「小規模保育事業」「居宅訪問型保育事業」「事業所内保育事業」「病児保育事業」「子育て援助活動支援事業」「親子再統合支援事業」「社会的養護自立支援拠点事業」「意見表明等支援事業」「妊産婦等生活援助事業」「子育て世帯訪問支援事業」「児童育成支援拠点事業」「親子関係形成支援事業」の開始手続き等が規定されています。

②　養育里親

養子縁組を前提としない「養育里親」又は養子縁組によって養親となる「養子縁組里親」について、研修を修了した者であって養育里親名簿又は養子縁組里親名簿に登録されたものとしています。

③　児童福祉施設

「助産施設」「乳児院」「母子生活支援施設」「保育所」「幼保連携型認定こども園」「児童厚生施設」「児童養護施設」「障害児入所施設」「児童発達支援センター」「児童心理治療施設」「児童自立支援施設」「児童家庭支援センター」「里親支援センター」の十三種類が規定されています。

④　障害児入所支援

障害児入所施設への入所児童及び指定発達支援医療機関に入院する障害児に対する保護、指導等並びに入院中の重症心身障害児に対する治療について規定しています。

(7)　その他

公私連携保育法人（市町村から設備の貸付け、譲渡等の協力を得て保育等を行う保育所）の指定、保育所として法的な認可を受けていない認可外保育所の届出義務及び運営状況の報告義務等が規定されています。

3　関係主要法令等

◉児童福祉法施行令（昭二三政令七四）
◉児童福祉法施行規則（昭二三厚令一一）
◉児童福祉施設の設備及び運営に関する基準（昭二三厚令六三）
◉児童福祉法に基づく指定障害児入所施設等の人員、設備及び運営に関する基準（平二四厚労令一六）
◉児童手当法（昭四六法律七三）
◉児童扶養手当法（昭三六法律二三八）
◉特別児童扶養手当等の支給に関する法律（昭三九法律一三四）
◉障害児福祉手当及び特別障害者手当の支給に関する省令（昭五〇厚令三四）
◎児童憲章（昭二六・五・五宣言）
◎児童権利宣言（一九五九　国際連合総会）
◎児童の権利に関する条約（平六条約二）

◉児童福祉法

（昭和二二・一二・一二法律一六四）

注　令五法律六三改正現在
（未施行分については、該当か所の後に改正文を収載）

注　目次は、令和四年一二月一六日法律第一〇四号により次のように改正され、令和四年一二月一六日から起算して三年を超えない範囲内において政令で定める日から施行される。
目次中「障害児福祉計画」を「障害児福祉計画等」に改める。

第一章　総則

〔児童の福祉を保障するための原理〕

第一条　全て児童は、児童の権利に関する条約の精神にのつとり、適切に養育されること、その生活を保障されること、愛され、保護されること、その心身の健やかな成長及び発達並びにその自立が図られることその他の福祉を等しく保障される権利を有する。

〔児童育成の責任〕

第二条　全て国民は、児童が良好な環境において生まれ、かつ、社会のあらゆる分野において、児童の年齢及び発達の程度に応じて、その意見が尊重され、その最善の利益が優先して考慮され、心身ともに健やかに育成されるよう努めなければならない。

②　児童の保護者は、児童を心身ともに健やかに育成することについて第一義的責任を負う。

③　国及び地方公共団体は、児童の保護者とともに、児童を心身ともに健やかに育成する責任を負う。

〔原理の尊重〕

第三条　前二条に規定するところは、児童の福祉を保障するための原理であり、この原理は、すべて児童に関する法令の施行にあたつて、常に尊重されなければならない。

第一節　国及び地方公共団体の責務

第三条の二　国及び地方公共団体は、児童が家庭において心身ともに健やかに養育されるよう、児童の保護者を支援しなければならない。ただし、児童及びその保護者の心身の状況、これらの者の置かれている環境その他の状況を勘案し、児童を家庭において養育することが困難であり又は適当でない場合にあつては児童が家庭における養育環境と同様の養育環境において継続的に養育されるよう、児童を家庭及び当該養育環境において養育することが適当でない場合にあつては児童ができる限り良好な家庭的環境において養育されるよう、必要な措置を講じなければならない。

第三条の三　市町村（特別区を含む。以下同じ。）は、児童が心身ともに健やかに育成されるよう、基礎的な地方公共団体として、第十条第一項各号に掲げる業務の実施、障害児通所給付費の支給、第二十四条第一項の規定による保育の実施その他この法律に基づく児童の身近な場所における児童の福祉に関する支援に係る業務を適切に行わなければならない。

②　都道府県は、市町村の行うこの法律に基づく児童の福祉に関する業務が適正かつ円滑に行われるよう、市町村に対する必要な助言及び適切な援助を行うとともに、児童

が心身ともに健やかに育成されるよう、専門的な知識及び技術並びに各市町村の区域を超えた広域的な対応が必要な業務として、第十一条第一項各号に掲げる業務の実施、小児慢性特定疾病医療費の支給、障害児入所給付費の支給、第二十七条第一項第三号の規定による委託又は入所の措置その他この法律に基づく児童の福祉に関する業務を適切に行わなければならない。

③　国は、市町村及び都道府県の行うこの法律に基づく児童の福祉に関する業務が適正かつ円滑に行われるよう、児童が適切に養育される体制の確保に関する施策、市町村及び都道府県に対する助言及び情報の提供その他の必要な各般の措置を講じなければならない。

第二節　定義

〔児童〕

第四条　この法律で、**児童**とは、満十八歳に満たない者をいい、児童を左のように分ける。

一　**乳児**　満一歳に満たない者

二　**幼児**　満一歳から、小学校就学の始期に達するまでの者

三　**少年**　小学校就学の始期から、満十八歳に達するまでの者

②　この法律で、**障害児**とは、身体に障害のある児童、知的障害のある児童、精神に障害のある児童（発達障害者支援法（平成十六年法律第百六十七号）第二条第二項に規定する発達障害児を含む。）又は治療方法が確立していない疾病その他の特殊の疾病であつて障害者の日常生活及び社会生活を総合的に支援するための法律（平成十七年法律第百二十三号）第四条第一項の政令で定めるものによる障害の程度が同項の主務大臣が定める程度である児童をいう。

〔妊産婦〕

第五条　この法律で、**妊産婦**とは、妊娠中又は出産後一年以内の女子をいう。

〔保護者〕

第六条　この法律で、**保護者**とは、親権を行う者、未成年後見人その他の者で、児童を現に監護する者をいう。

〔小児慢性特定疾病及び小児慢性特定疾病医療支援〕

第六条の二　この法律で、**小児慢性特定疾病**とは、児童又は児童以外の満二十歳に満たない者（以下「**児童等**」という。）が当該疾病にかかつていることにより、長期にわたり療養を必要とし、及びその生命に危険が及ぶおそれがあるものであつて、療養のために多額の費用を要するものとして厚生労働大臣が社会保障審議会の意見を聴いて定める疾病をいう。

②　この法律で、**小児慢性特定疾病児童等**とは、次に掲げる者をいう。

一　都道府県知事が指定する医療機関（以下「**指定小児慢性特定疾病医療機関**」という。）に通い、又は入院する小児慢性特定疾病にかかつている児童（以下「**小児慢性特定疾病児童**」という。）

二　指定小児慢性特定疾病医療機関に通い、又は入院する小児慢性特定疾病にかかつている児童以外の満二十歳に満たない者（政令で定めるものに限る。以下「**成年患者**」という。）

③　この法律で、**小児慢性特定疾病医療支援**とは、小児慢性特定疾病児童等であつて、当該疾病の状態が当該小児慢性特定疾病ごとに厚生労働大臣が社会保障審議会の意見を聴いて定める程度であるものに対し行われる医療（当該小児慢性特定疾病に係るものに限る。）をいう。

〔障害児通所支援及び障害児相談支援〕

第六条の二の二　この法律で、**障害児通所支援**とは、児童発達支援、放課後等デイサービス、居宅訪問型児童発達支援及び保育所等訪問支援をいい、**障害児通所支援事業**とは、障害児通所支援を行う事業をいう。

②　この法律で、**児童発達支援**とは、障害児につき、児童発達支援センターその他の内閣府令で定める施設に通わせ、日常生活における基本的な動作及び知識技能の習得並

びに集団生活への適応のための支援その他の内閣府令で定める便宜を供与し、又はこれに併せて児童発達支援センターにおいて治療（上肢、下肢又は体幹の機能の障害（以下「**肢体不自由**」という。）のある児童に対して行われるものに限る。第二十一条の五の二第一号及び第二十一条の五の二十九第一項において同じ。）を行うことをいう。

③　この法律で、**放課後等デイサービス**とは、学校教育法（昭和二十二年法律第二十六号）第一条に規定する学校（幼稚園及び大学を除く。）又は専修学校等（同法第百二十四条に規定する専修学校及び同法第百三十四条第一項に規定する各種学校をいう。以下この項において同じ。）に就学している障害児（専修学校等に就学している障害児にあつては、その福祉の増進を図るため、授業の終了後又は休業日における支援の必要があると市町村長（特別区の区長を含む。以下同じ。）が認める者に限る。）につき、授業の終了後又は休業日に児童発達支援センターその他の内閣府令で定める施設に通わせ、生活能力の向上のために必要な支援、社会との交流の促進その他の便宜を供与することをいう。

④　この法律で、**居宅訪問型児童発達支援**とは、重度の障害の状態その他これに準ずるものとして内閣府令で定める状態にある障害児であつて、児童発達支援又は放課後等デイサービスを受けるために外出することが著しく困難なものにつき、当該障害児の居宅を訪問し、日常生活における基本的な動作及び知識技能の習得並びに生活能力の向上のために必要な支援その他の内閣府令で定める便宜を供与することをいう。

⑤　この法律で、**保育所等訪問支援**とは、保育所その他の児童が集団生活を営む施設として内閣府令で定めるものに通う障害児又は乳児院その他の児童が集団生活を営む施設として内閣府令で定めるものに入所する障害児につき、当該施設を訪問し、当該施設における障害児以外の児童との集団生活への適応のための専門的な支援その他の便宜を供与することをいう。

⑥　この法律で、**障害児相談支援**とは、障害児支援利用援助及び継続障害児支援利用援助を行うことをいい、**障害児相談支援事業**とは、障害児相談支援を行う事業をいう。

⑦　この法律で、**障害児支援利用援助**とは、第二十一条の五の六第一項又は第二十一条の五の八第一項の申請に係る障害児の心身の状況、その置かれている環境、当該障害児又はその保護者の障害児通所支援の利用に関する意向その他の事情を勘案し、利用する障害児通所支援の種類及び内容その他の内閣府令で定める事項を定めた計画（以下「**障害児支援利用計画案**」という。）を作成し、第二十一条の五の五第一項に規定する通所給付決定（次項において「通所給付決定」という。）又は第二十一条の五の八第二項に規定する通所給付決定の変更の決定（次項において「通所給付決定の変更の決定」という。）（以下この条及び第二十四条の二十六第一項第一号において「**給付決定等**」と総称する。）が行われた後に、第二十一条の五の三第一項に規定する指定障害児通所支援事業者その他の者（次項において「関係者」という。）との連絡調整その他の便宜を供与するとともに、当該給付決定等に係る障害児通所支援の種類及び内容、これを担当する者その他の内閣府令で定める事項を記載した計画（次項において「障害児支援利用計画」という。）を作成することをいう。

⑧　この法律で、**継続障害児支援利用援助**とは、通所給付決定に係る障害児の保護者（以下「**通所給付決定保護者**」という。）が、第二十一条の五の七第八項に規定する通所給付決定の有効期間内において、継続して障害児通所支援を適切に利用することができるよう、当該通所給付決定に係る障害児支援利用計画（この項の規定により変更されたものを含む。以下この項において

同じ。）が適切であるかどうかにつき、内閣府令で定める期間ごとに、当該通所給付決定保護者の障害児通所支援の利用状況を検証し、その結果及び当該通所給付決定に係る障害児の心身の状況、その置かれている環境、当該障害児又はその保護者の障害児通所支援の利用に関する意向その他の事情を勘案し、障害児支援利用計画の見直しを行い、その結果に基づき、次のいずれかの便宜の供与を行うことをいう。

一　障害児支援利用計画を変更するとともに、関係者との連絡調整その他の便宜の供与を行うこと。

二　新たな通所給付決定又は通所給付決定の変更の決定が必要であると認められる場合において、当該給付決定等に係る障害児の保護者に対し、給付決定等に係る申請の勧奨を行うこと。

〔事業〕

第六条の三　この法律で、**児童自立生活援助事業**とは、次に掲げる者に対しこれらの者が共同生活を営むべき住居その他内閣府令で定める場所における相談その他の日常生活上の援助及び生活指導並びに就業の支援（以下「**児童自立生活援助**」という。）を行い、あわせて児童自立生活援助の実施を解除された者に対し相談その他の援助を行う事業をいう。

一　義務教育を終了した児童又は児童以外の満二十歳に満たない者であつて、措置解除者等（第二十七条第一項第三号に規定する措置（政令で定めるものに限る。）を解除された者その他政令で定める者をいう。以下同じ。）であるもの（以下「**満二十歳未満義務教育終了児童等**」という。）

二　満二十歳以上の措置解除者等であつて政令で定めるもののうち、学校教育法第五十条に規定する高等学校の生徒であること、同法第八十三条に規定する大学の学生であることその他の政令で定めるやむを得ない事情により児童自立生活援助の実施が必要であると都道府県知事が認めたもの

②　この法律で、**放課後児童健全育成事業**とは、小学校に就学している児童であつて、その保護者が労働等により昼間家庭にいないものに、授業の終了後に児童厚生施設等の施設を利用して適切な遊び及び生活の場を与えて、その健全な育成を図る事業をいう。

③　この法律で、**子育て短期支援事業**とは、保護者の疾病その他の理由により家庭において養育を受けることが一時的に困難となつた児童について、内閣府令で定めるところにより、児童養護施設その他の内閣府令で定める施設に入所させ、又は里親（次条第三号に掲げる者を除く。）その他の内閣府令で定める者に委託し、当該児童につき必要な保護その他の支援（保護者の心身の状況、児童の養育環境その他の状況を勘案し、児童と共にその保護者に対して支援を行うことが必要である場合にあつては、当該保護者への支援を含む。）を行う事業をいう。

④　この法律で、**乳児家庭全戸訪問事業**とは、一の市町村の区域内における原則として全ての乳児のいる家庭を訪問することにより、内閣府令で定めるところにより、子育てに関する情報の提供並びに乳児及びその保護者の心身の状況及び養育環境の把握を行うほか、養育についての相談に応じ、助言その他の援助を行う事業をいう。

⑤　この法律で、**養育支援訪問事業**とは、内閣府令で定めるところにより、乳児家庭全戸訪問事業の実施その他により把握した保護者の養育を支援することが特に必要と認められる児童（第八項に規定する要保護児童に該当するものを除く。以下「**要支援児童**」という。）若しくは保護者に監護させることが不適当であると認められる児童及びその保護者又は出産後の養育について出産前において支援を行うことが特に必要と認められる妊婦（以下「**特定妊婦**」という。）

（以下「**要支援児童等**」という。）に対し、その養育が適切に行われるよう、当該要支援児童等の居宅において、養育に関する相談、指導、助言その他必要な支援を行う事業をいう。

⑥　この法律で、**地域子育て支援拠点事業**とは、内閣府令で定めるところにより、乳児又は幼児及びその保護者が相互の交流を行う場所を開設し、子育てについての相談、情報の提供、助言その他の援助を行う事業をいう。

⑦　この法律で、**一時預かり事業**とは、次に掲げる者について、内閣府令で定めるところにより、主として昼間において、保育所、認定こども園（就学前の子どもに関する教育、保育等の総合的な提供の推進に関する法律（平成十八年法律第七十七号。以下「**認定こども園法**」という。）第二条第六項に規定する認定こども園をいい、保育所であるものを除く。第二十四条第二項を除き、以下同じ。）その他の場所（第二号において「保育所等」という。）において、一時的に預かり、必要な保護を行う事業をいう。

一　家庭において保育（養護及び教育（第三十九条の二第一項に規定する満三歳以上の幼児に対する教育を除く。）を行うことをいう。以下同じ。）を受けることが一時的に困難となつた乳児又は幼児

二　子育てに係る保護者の負担を軽減するため、保育所等において一時的に預かることが望ましいと認められる乳児又は幼児

⑧　この法律で、**小規模住居型児童養育事業**とは、第二十七条第一項第三号の措置に係る児童について、内閣府令で定めるところにより、保護者のない児童又は保護者に監護させることが不適当であると認められる児童（以下「**要保護児童**」という。）の養育に関し相当の経験を有する者その他の内閣府令で定める者（次条に規定する里親を除く。）の住居において養育を行う事業をいう。

⑨　この法律で、家庭的保育事業とは、次に掲げる事業をいう。

一　子ども・子育て支援法（平成二十四年法律第六十五号）第十九条第二号の内閣府令で定める事由により家庭において必要な保育を受けることが困難である乳児又は幼児（以下「**保育を必要とする乳児・幼児**」という。）であつて満三歳未満のものについて、家庭的保育者（市町村長が行う研修を修了した保育士その他の内閣府令で定める者であつて、当該保育を必要とする乳児・幼児の保育を行う者として市町村長が適当と認めるものをいう。以下同じ。）の居宅その他の場所（当該保育を必要とする乳児・幼児の居宅を除く。）において、家庭的保育者による保育を行う事業（利用定員が五人以下であるものに限る。次号において同じ。）

二　満三歳以上の幼児に係る保育の体制の整備の状況その他の地域の事情を勘案して、保育が必要と認められる児童であつて満三歳以上のものについて、家庭的保育者の居宅その他の場所（当該保育が必要と認められる児童の居宅を除く。）において、家庭的保育者による保育を行う事業

⑩　この法律で、小規模保育事業とは、次に掲げる事業をいう。

一　保育を必要とする乳児・幼児であつて満三歳未満のものについて、当該保育を必要とする乳児・幼児を保育することを目的とする施設（利用定員が六人以上十九人以下であるものに限る。）において、保育を行う事業

二　満三歳以上の幼児に係る保育の体制の整備の状況その他の地域の事情を勘案して、保育が必要と認められる児童であつて満三歳以上のものについて、前号に規定する施設において、保育を行う事業

⑪　この法律で、居宅訪問型保育事業とは、次に掲げる事業をいう。

一　保育を必要とする乳児・幼児であつて満三歳未満のものについて、当該保育を必要とする乳児・幼児の居宅において家庭的保育者による保育を行う事業

二　満三歳以上の幼児に係る保育の体制の整備の状況その他の地域の事情を勘案して、保育が必要と認められる児童であつて満三歳以上のものについて、当該保育が必要と認められる児童の居宅において家庭的保育者による保育を行う事業

⑫　この法律で、事業所内保育事業とは、次に掲げる事業をいう。

一　保育を必要とする乳児・幼児であつて満三歳未満のものについて、次に掲げる施設において、保育を行う事業

イ　事業主がその雇用する労働者の監護する乳児若しくは幼児及びその他の乳児若しくは幼児を保育するために自ら設置する施設又は事業主から委託を受けて当該事業主が雇用する労働者の監護する乳児若しくは幼児及びその他の乳児若しくは幼児の保育を実施する施設

ロ　事業主団体がその構成員である事業主の雇用する労働者の監護する乳児若しくは幼児及びその他の乳児若しくは幼児を保育するために自ら設置する施設又は事業主団体から委託を受けてその構成員である事業主の雇用する労働者の監護する乳児若しくは幼児及びその他の乳児若しくは幼児の保育を実施する施設

ハ　地方公務員等共済組合法（昭和三十七年法律第百五十二号）の規定に基づく共済組合その他の内閣府令で定める組合（以下ハにおいて「共済組合等」という。）が当該共済組合等の構成員として内閣府令で定める者（以下ハにおいて「共済組合等の構成員」という。）の監護する乳児若しくは幼児及びその他の乳児若しくは幼児を保育するために自ら設置する施設又は共済組合等から委託を受けて当該共済組合等の構成員の監護する乳児若しくは幼児及びその他の乳児若しくは幼児の保育を実施する施設

二　満三歳以上の幼児に係る保育の体制の整備の状況その他の地域の事情を勘案して、保育が必要と認められる児童であつて満三歳以上のものについて、前号に規定する施設において、保育を行う事業

⑬　この法律で、病児保育事業とは、保育を必要とする乳児・幼児又は保護者の労働若しくは疾病その他の事由により家庭において保育を受けることが困難となつた小学校に就学している児童であつて、疾病にかかつているものについて、保育所、認定こども園、病院、診療所その他内閣府令で定める施設において、保育を行う事業をいう。

⑭　この法律で、子育て援助活動支援事業とは、内閣府令で定めるところにより、次に掲げる援助のいずれか又は全てを受けることを希望する者と当該援助を行うことを希望する者（個人に限る。以下この項において「援助希望者」という。）との連絡及び調整並びに援助希望者への講習の実施その他の必要な支援を行う事業をいう。

一　児童を一時的に預かり、必要な保護（宿泊を伴つて行うものを含む。）を行うこと。

二　児童が円滑に外出することができるよう、その移動を支援すること。

⑮　この法律で、親子再統合支援事業とは、内閣府令で定めるところにより、親子の再統合を図ることが必要と認められる児童及びその保護者に対して、児童虐待の防止等に関する法律（平成十二年法律第八十二号）第二条に規定する児童虐待（以下単に「**児童虐待**」という。）の防止に資する情報の提供、相談及び助言その他の必要な支援を行う事業をいう。

⑯　この法律で、社会的養護自立支援拠点事業とは、内閣府令で定めるところにより、措置解除者等又はこれに類する者が相互の

交流を行う場所を開設し、これらの者に対する情報の提供、相談及び助言並びにこれらの者の支援に関連する関係機関との連絡調整その他の必要な支援を行う事業をいう。

⑰　この法律で、意見表明等支援事業とは、第三十三条の三の三に規定する意見聴取等措置の対象となる児童の同条各号に規定する措置を行うことに係る意見又は意向及び第二十七条第一項第三号の措置その他の措置が採られている児童その他の者の当該措置における処遇に係る意見又は意向について、児童の福祉に関し知識又は経験を有する者が、意見聴取その他これらの者の状況に応じた適切な方法により把握するとともに、これらの意見又は意向を勘案して児童相談所、都道府県その他の関係機関との連絡調整その他の必要な支援を行う事業をいう。

⑱　この法律で、妊産婦等生活援助事業とは、家庭生活に支障が生じている特定妊婦その他これに類する者及びその者の監護すべき児童を、生活すべき住居に入居させ、又は当該事業に係る事業所その他の場所に通わせ、食事の提供その他日常生活を営むのに必要な便宜の供与、児童の養育に係る相談及び助言、母子生活支援施設その他の関係機関との連絡調整、民法（明治二十九年法律第八十九号）第八百十七条の二第一項に規定する特別養子縁組（以下単に「**特別養子縁組**」という。）に係る情報の提供その他の必要な支援を行う事業をいう。

⑲　この法律で、子育て世帯訪問支援事業とは、内閣府令で定めるところにより、要支援児童の保護者その他の内閣府令で定める者に対し、その居宅において、子育てに関する情報の提供並びに家事及び養育に係る援助その他の必要な支援を行う事業をいう。

⑳　この法律で、児童育成支援拠点事業とは、養育環境等に関する課題を抱える児童について、当該児童に生活の場を与えるための場所を開設し、情報の提供、相談及び関係機関との連絡調整を行うとともに、必要に応じて当該児童の保護者に対し、情報の提供、相談及び助言その他の必要な支援を行う事業をいう。

㉑　この法律で、親子関係形成支援事業とは、内閣府令で定めるところにより、親子間における適切な関係性の構築を目的として、児童及びその保護者に対し、当該児童の心身の発達の状況等に応じた情報の提供、相談及び助言その他の必要な支援を行う事業をいう。

〔里親〕

第六条の四　この法律で、里親とは、次に掲げる者をいう。

一　内閣府令で定める人数以下の要保護児童を養育することを希望する者（都道府県知事が内閣府令で定めるところにより行う研修を修了したことその他の内閣府令で定める要件を満たす者に限る。）のうち、第三十四条の十九に規定する養育里親名簿に登録されたもの（以下「**養育里親**」という。）

二　前号に規定する内閣府令で定める人数以下の要保護児童を養育すること及び養子縁組によつて養親となることを希望する者（都道府県知事が内閣府令で定めるところにより行う研修を修了した者に限る。）のうち、第三十四条の十九に規定する養子縁組里親名簿に登録されたもの（以下「**養子縁組里親**」という。）

三　第一号に規定する内閣府令で定める人数以下の要保護児童を養育することを希望する者（当該要保護児童の父母以外の親族であつて、内閣府令で定めるものに限る。）のうち、都道府県知事が第二十七条第一項第三号の規定により児童を委託する者として適当と認めるもの

〔児童福祉施設等〕

第七条　この法律で、**児童福祉施設**とは、助産施設、乳児院、母子生活支援施設、保育所、幼保連携型認定こども園、児童厚生施

設、児童養護施設、障害児入所施設、児童発達支援センター、児童心理治療施設、児童自立支援施設、児童家庭支援センター及び里親支援センターとする。

② この法律で、**障害児入所支援**とは、障害児入所施設に入所し、又は独立行政法人国立病院機構若しくは国立研究開発法人国立精神・神経医療研究センターの設置する医療機関であつて内閣総理大臣が指定するもの（以下「**指定発達支援医療機関**」という。）に入院する障害児に対して行われる保護、日常生活における基本的な動作及び独立自活に必要な知識技能の習得のための支援並びに障害児入所施設に入所し、又は指定発達支援医療機関に入院する障害児のうち知的障害のある児童、肢体不自由のある児童又は重度の知的障害及び重度の肢体不自由が重複している児童（以下「**重症心身障害児**」という。）に対し行われる治療をいう。

第三節　児童福祉審議会等

〔設置及び権限〕

第八条　第九項、第十八条の二十の二第二項、第二十七条第六項、第三十三条の十五第三項、第三十五条第六項、第四十六条第四項及び第五十九条第五項の規定によりその権限に属させられた事項を調査審議するため、都道府県に児童福祉に関する審議会その他の合議制の機関を置くものとする。ただし、社会福祉法（昭和二十六年法律第四十五号）第十二条第一項の規定により同法第七条第一項に規定する地方社会福祉審議会（第九項において「地方社会福祉審議会」という。）に児童福祉に関する事項を調査審議させる都道府県にあつては、この限りでない。

② 前項に規定する審議会その他の合議制の機関（以下「**都道府県児童福祉審議会**」という。）は、同項に定めるもののほか、児童、妊産婦及び知的障害者の福祉に関する事項を調査審議することができる。

③ 市町村は、第三十四条の十五第四項の規定によりその権限に属させられた事項及び前項の事項を調査審議するため、児童福祉に関する審議会その他の合議制の機関を置くことができる。

④ 都道府県児童福祉審議会は、都道府県知事の、前項に規定する審議会その他の合議制の機関（以下「**市町村児童福祉審議会**」という。）は、市町村長の管理に属し、それぞれその諮問に答え、又は関係行政機関に意見を具申することができる。

⑤ 都道府県児童福祉審議会及び市町村児童福祉審議会（以下「**児童福祉審議会**」という。）は、特に必要があると認めるときは、関係行政機関に対し、所属職員の出席説明及び資料の提出を求めることができる。

⑥ 児童福祉審議会は、特に必要があると認めるときは、児童、妊産婦及び知的障害者、これらの者の家族その他の関係者に対し、第一項本文及び第二項の事項を調査審議するため必要な報告若しくは資料の提出を求め、又はその者の出席を求め、その意見を聴くことができる。

⑦ 児童福祉審議会は、前項の規定により意見を聴く場合においては、意見を述べる者の心身の状況、その者の置かれている環境その他の状況に配慮しなければならない。

⑧ こども家庭審議会、社会保障審議会及び児童福祉審議会は、必要に応じ、相互に資料を提供する等常に緊密な連絡をとらなければならない。

⑨ こども家庭審議会、社会保障審議会及び都道府県児童福祉審議会（第一項ただし書に規定する都道府県にあつては、地方社会福祉審議会とする。第十八条の二十の二第二項、第二十七条第六項、第三十三条の十二第一項及び第三項、第三十三条の十三、第三十三条の十五、第三十五条第六項、第四十六条第四項並びに第五十九条第五項及び第六項において同じ。）は、児童及び知的障害者の福祉を図るため、芸能、出版物、玩具、遊戯等を推薦し、又はそれらを製作し、興行し、若しくは販売する者等に対

し、必要な勧告をすることができる。

〔児童福祉審議会の委員〕

第九条 児童福祉審議会の委員は、児童福祉審議会の権限に属する事項に関し公正な判断をすることができる者であつて、かつ、児童又は知的障害者の福祉に関する事業に従事する者及び学識経験のある者のうちから、都道府県知事又は市町村長が任命する。

② 児童福祉審議会において、特別の事項を調査審議するため必要があるときは、臨時委員を置くことができる。

③ 児童福祉審議会の臨時委員は、前項の事項に関し公正な判断をすることができる者であつて、かつ、児童又は知的障害者の福祉に関する事業に従事する者及び学識経験のある者のうちから、都道府県知事又は市町村長が任命する。

④ 児童福祉審議会に、委員の互選による委員長及び副委員長各一人を置く。

第四節　実施機関

〔市町村の業務等〕

第一〇条 市町村は、この法律の施行に関し、次に掲げる業務を行わなければならない。

一　児童及び妊産婦の福祉に関し、必要な実情の把握に努めること。

二　児童及び妊産婦の福祉に関し、必要な情報の提供を行うこと。

三　児童及び妊産婦の福祉に関し、家庭その他からの相談に応ずること並びに必要な調査及び指導を行うこと並びにこれらに付随する業務を行うこと。

四　児童及び妊産婦の福祉に関し、心身の状況等に照らし包括的な支援を必要とすると認められる要支援児童等その他の者に対して、これらの者に対する支援の種類及び内容その他の内閣府令で定める事項を記載した計画の作成その他の包括的かつ計画的な支援を行うこと。

五　前各号に掲げるもののほか、児童及び妊産婦の福祉に関し、家庭その他につき、必要な支援を行うこと。

② 市町村長は、前項第三号に掲げる業務のうち専門的な知識及び技術を必要とするものについては、児童相談所の技術的援助及び助言を求めなければならない。

③ 市町村長は、第一項第三号に掲げる業務を行うに当たつて、医学的、心理学的、教育学的、社会学的及び精神保健上の判定を必要とする場合には、児童相談所の判定を求めなければならない。

④ 市町村は、この法律による事務を適切に行うために必要な体制の整備に努めるとともに、当該事務に従事する職員の人材の確保及び資質の向上のために必要な措置を講じなければならない。

⑤ 国は、市町村における前項の体制の整備及び措置の実施に関し、必要な支援を行うように努めなければならない。

〔こども家庭センター〕

第一〇条の二 市町村は、こども家庭センターの設置に努めなければならない。

② こども家庭センターは、次に掲げる業務を行うことにより、児童及び妊産婦の福祉に関する包括的な支援を行うことを目的とする施設とする。

一　前条第一項第一号から第四号までに掲げる業務を行うこと。

二　児童及び妊産婦の福祉に関する機関との連絡調整を行うこと。

三　児童及び妊産婦の福祉並びに児童の健全育成に資する支援を行う者の確保、当該支援を行う者が相互の有機的な連携の下で支援を円滑に行うための体制の整備その他の児童及び妊産婦の福祉並びに児童の健全育成に係る支援を促進すること。

四　前三号に掲げるもののほか、児童及び妊産婦の福祉に関し、家庭その他につき、必要な支援を行うこと。

③ こども家庭センターは、前項各号に掲げる業務を行うに当たつて、次条第一項に規定する地域子育て相談機関と密接に連携を

図るものとする。

〔地域子育て相談機関〕

第一〇条の三 市町村は、地理的条件、人口、交通事情その他の社会的条件、子育てに関する施設の整備の状況等を総合的に勘案して定める区域ごとに、その住民からの子育てに関する相談に応じ、必要な助言を行うことができる地域子育て相談機関（当該区域に所在する保育所、認定こども園、地域子育て支援拠点事業を行う場所その他の内閣府令で定める場所であつて、的確な相談及び助言を行うに足りる体制を有すると市町村が認めるものをいう。以下この条において同じ。）の整備に努めなければならない。

② 地域子育て相談機関は、前項の相談及び助言を行うほか、必要に応じ、こども家庭センターと連絡調整を行うとともに、地域の住民に対し、子育て支援に関する情報の提供を行うよう努めなければならない。

③ 市町村は、その住民に対し、地域子育て相談機関の名称、所在地その他必要な情報を提供するよう努めなければならない。

〔都道府県の業務等〕

第一一条 都道府県は、この法律の施行に関し、次に掲げる業務を行わなければならない。

一 第十条第一項各号に掲げる市町村の業務の実施に関し、市町村相互間の連絡調整、市町村に対する情報の提供、市町村職員の研修その他必要な援助を行うこと及びこれらに付随する業務を行うこと。

二 児童及び妊産婦の福祉に関し、主として次に掲げる業務を行うこと。

イ 各市町村の区域を超えた広域的な見地から、実情の把握に努めること。

ロ 児童に関する家庭その他からの相談のうち、専門的な知識及び技術を必要とするものに応ずること。

ハ 児童及びその家庭につき、必要な調査並びに医学的、心理学的、教育学的、社会学的及び精神保健上の判定を行うこと。

ニ 児童及びその保護者につき、ハの調査又は判定に基づいて心理又は児童の健康及び心身の発達に関する専門的な知識及び技術を必要とする指導その他必要な指導を行うこと。

ホ 児童の一時保護を行うこと。

ヘ 児童の権利の保護の観点から、一時保護の解除後の家庭その他の環境の調整、当該児童の状況の把握その他の措置により当該児童の安全を確保すること。

ト 里親に関する次に掲げる業務を行うこと。

(1) 里親に関する普及啓発を行うこと。

(2) 里親につき、その相談に応じ、必要な情報の提供、助言、研修その他の援助を行うこと。

(3) 里親と第二十七条第一項第三号の規定により入所の措置が採られて乳児院、児童養護施設、児童心理治療施設又は児童自立支援施設に入所している児童及び里親相互の交流の場を提供すること。

(4) 第二十七条第一項第三号の規定による里親への委託に資するよう、里親の選定及び里親と児童との間の調整を行うこと。

(5) 第二十七条第一項第三号の規定により里親に委託しようとする児童及びその保護者並びに里親の意見を聴いて、当該児童の養育の内容その他の内閣府令で定める事項について当該児童の養育に関する計画を作成すること。

チ 養子縁組により養子となる児童、その父母及び当該養子となる児童の養親となる者、養子縁組により養子となつた児童、その養親となつた者及び当該養子となつた児童の父母（特別養子縁組により親族関係が終了した当該養子となつた児童の実方の父母を含む。）その他の児童を養子とする養子縁組に関する者につき、その相談に応じ、必要な情報の提供、助言その他の援助を行うこと。

リ　児童養護施設その他の施設への入所の措置、一時保護の措置その他の措置の実施及びこれらの措置の実施中における処遇に対する児童の意見又は意向に関し、都道府県児童福祉審議会その他の機関の調査審議及び意見の具申が行われるようにすることその他の児童の権利の擁護に係る環境の整備を行うこと。

ヌ　措置解除者等の実情を把握し、その自立のために必要な援助を行うこと。

三　前二号に掲げるもののほか、児童及び妊産婦の福祉に関し、広域的な対応が必要な業務並びに家庭その他につき専門的な知識及び技術を必要とする支援を行うこと。

② 都道府県知事は、市町村の第十条第一項各号に掲げる業務の適切な実施を確保するため必要があると認めるときは、市町村に対し、体制の整備その他の措置について必要な助言を行うことができる。

③ 都道府県知事は、第一項又は前項の規定による都道府県の事務の全部又は一部を、その管理に属する行政庁に委任することができる。

④ 都道府県知事は、第一項第二号トに掲げる業務（以下「**里親支援事業**」という。）に係る事務の全部又は一部を内閣府令で定める者に委託することができる。

⑤ 前項の規定により行われる里親支援事業に係る事務に従事する者又は従事していた者は、その事務に関して知り得た秘密を漏らしてはならない。

⑥ 都道府県は、この法律による事務を適切に行うために必要な体制の整備に努めるとともに、当該事務に従事する職員の人材の確保及び資質の向上のために必要な措置を講じなければならない。

⑦ 国は、都道府県における前項の体制の整備及び措置の実施に関し、必要な支援を行うように努めなければならない。

〔**児童相談所**〕

第一二条　都道府県は、児童相談所を設置しなければならない。

② 児童相談所の管轄区域は、地理的条件、人口、交通事情その他の社会的条件について政令で定める基準を参酌して都道府県が定めるものとする。

③ 児童相談所は、児童の福祉に関し、主として前条第一項第一号に掲げる業務（市町村職員の研修を除く。）並びに同項第二号（イを除く。）及び第三号に掲げる業務並びに障害者の日常生活及び社会生活を総合的に支援するための法律第二十二条第二項及び第三項並びに第二十六条第一項に規定する業務を行うものとする。

④ 都道府県は、児童相談所が前項に規定する業務のうち第二十八条第一項各号に掲げる措置を採ることその他の法律に関する専門的な知識経験を必要とするものについて、常時弁護士による助言又は指導の下で適切かつ円滑に行うため、児童相談所における弁護士の配置又はこれに準ずる措置を行うものとする。

⑤ 児童相談所は、必要に応じ、巡回して、第三項に規定する業務（前条第一項第二号ホに掲げる業務を除く。）を行うことができる。

⑥ 児童相談所長は、その管轄区域内の社会福祉法に規定する福祉に関する事務所（以下「**福祉事務所**」という。）の長（以下「**福祉事務所長**」という。）に必要な調査を委嘱することができる。

⑦ 都道府県知事は、第三項に規定する業務の質の評価を行うことその他必要な措置を講ずることにより、当該業務の質の向上に努めなければならない。

⑧ 国は、前項の措置を援助するために、児童相談所の業務の質の適切な評価の実施に

資するための措置を講ずるよう努めなければならない。

〔児童相談所の職員〕

第一二条の二　児童相談所には、所長及び所員を置く。

②　所長は、都道府県知事の監督を受け、所務を掌理する。

③　所員は、所長の監督を受け、前条に規定する業務をつかさどる。

④　児童相談所には、第一項に規定するもののほか、必要な職員を置くことができる。

〔児童相談所の所長及び所員の資格〕

第一二条の三　児童相談所の所長及び所員は、都道府県知事の補助機関である職員とする。

②　所長は、次の各号のいずれかに該当する者でなければならない。

一　医師であつて、精神保健に関して学識経験を有する者

二　学校教育法に基づく大学又は旧大学令（大正七年勅令第三百八十八号）に基づく大学において、心理学を専修する学科又はこれに相当する課程を修めて卒業した者（当該学科又は当該課程を修めて同法に基づく専門職大学の前期課程を修了した者を含む。）

三　社会福祉士

四　精神保健福祉士

五　公認心理師

六　児童の福祉に関する事務をつかさどる職員（以下「**児童福祉司**」という。）として二年以上勤務した者又は児童福祉司たる資格を得た後二年以上所員として勤務した者

七　前各号に掲げる者と同等以上の能力を有すると認められる者であつて、内閣府令で定めるもの

③　所長は、内閣総理大臣が定める基準に適合する研修を受けなければならない。

④　相談及び調査をつかさどる所員は、児童福祉司たる資格を有する者でなければならない。

⑤　判定をつかさどる所員の中には、第二項第一号に該当する者又はこれに準ずる資格を有する者及び同項第二号に該当する者若しくはこれに準ずる資格を有する者又は同項第五号に該当する者が、それぞれ一人以上含まれなければならない。

⑥　心理に関する専門的な知識及び技術を必要とする指導をつかさどる所員の中には、第二項第一号に該当する者若しくはこれに準ずる資格を有する者、同項第二号に該当する者若しくはこれに準ずる資格を有する者又は同項第五号に該当する者が含まれなければならない。

⑦　前項に規定する指導をつかさどる所員の数は、政令で定める基準を標準として都道府県が定めるものとする。

⑧　児童の健康及び心身の発達に関する専門的な知識及び技術を必要とする指導をつかさどる所員の中には、医師及び保健師が、それぞれ一人以上含まれなければならない。

〔児童の一時保護施設〕

第一二条の四　児童相談所には、必要に応じ、児童を一時保護する施設（以下「**一時保護施設**」という。）を設けなければならない。

②　都道府県は、一時保護施設の設備及び運営について、条例で基準を定めなければならない。この場合において、その基準は、児童の身体的、精神的及び社会的な発達のために必要な生活水準を確保するものでなければならない。

③　都道府県が前項の条例を定めるに当たつては、次に掲げる事項については内閣府令で定める基準に従い定めるものとし、その他の事項については内閣府令で定める基準を参酌するものとする。

一　一時保護施設に配置する従業者及びその員数

二　一時保護施設に係る居室の床面積その他一時保護施設の設備に関する事項であつて、児童の適切な処遇の確保に密接に

関連するものとして内閣府令で定めるもの

三　一時保護施設の運営に関する事項であつて、児童の適切な処遇及び安全の確保並びに秘密の保持に密接に関連するものとして内閣府令で定めるもの

〔命令への委任〕

第一二条の五　この法律で定めるもののほか、当該都道府県内の児童相談所を援助する中央児童相談所の指定その他児童相談所に関し必要な事項は、命令でこれを定める。

〔保健所の業務〕

第一二条の六　保健所は、この法律の施行に関し、主として次の業務を行うものとする。

一　児童の保健について、正しい衛生知識の普及を図ること。

二　児童の健康相談に応じ、又は健康診査を行い、必要に応じ、保健指導を行うこと。

三　身体に障害のある児童及び疾病により長期にわたり療養を必要とする児童の療育について、指導を行うこと。

四　児童福祉施設に対し、栄養の改善その他衛生に関し、必要な助言を与えること。

②　児童相談所長は、相談に応じた児童、その保護者又は妊産婦について、保健所に対し、保健指導その他の必要な協力を求めることができる。

第五節　児童福祉司

〔児童福祉司〕

第一三条　都道府県は、その設置する児童相談所に、児童福祉司を置かなければならない。

②　児童福祉司の数は、各児童相談所の管轄区域内の人口、児童虐待に係る相談に応じた件数、第二十七条第一項第三号の規定による里親への委託の状況及び市町村におけるこの法律による事務の実施状況その他の条件を総合的に勘案して政令で定める基準を標準として都道府県が定めるものとする。

③　児童福祉司は、都道府県知事の補助機関である職員とし、次の各号のいずれかに該当する者のうちから、任用しなければならない。

一　児童虐待を受けた児童の保護その他児童の福祉に関する専門的な対応を要する事項について、児童及びその保護者に対する相談及び必要な指導等を通じて的確な支援を実施できる十分な知識及び技術を有する者として内閣府令で定めるもの

二　都道府県知事の指定する児童福祉司若しくは児童福祉施設の職員を養成する学校その他の施設を卒業し、又は都道府県知事の指定する講習会の課程を修了した者

三　学校教育法に基づく大学又は旧大学令に基づく大学において、心理学、教育学若しくは社会学を専修する学科又はこれらに相当する課程を修めて卒業した者（当該学科又は当該課程を修めて同法に基づく専門職大学の前期課程を修了した者を含む。）であつて、内閣府令で定める施設において一年以上相談援助業務（児童その他の者の福祉に関する相談に応じ、助言、指導その他の援助を行う業務をいう。第八号及び第六項において同じ。）に従事したもの

四　医師

五　社会福祉士

六　精神保健福祉士

七　公認心理師

八　社会福祉主事として二年以上相談援助業務に従事した者であつて、内閣総理大臣が定める講習会の課程を修了したもの

九　第二号から前号までに掲げる者と同等以上の能力を有すると認められる者であつて、内閣府令で定めるもの

④　児童福祉司は、児童相談所長の命を受けて、児童の保護その他児童の福祉に関する事項について、相談に応じ、専門的技術に

基づいて必要な指導を行う等児童の福祉増進に努める。

⑤　児童福祉司の中には、他の児童福祉司が前項の職務を行うため必要な専門的技術に関する指導及び教育を行う児童福祉司（次項及び第七項において「指導教育担当児童福祉司」という。）が含まれなければならない。

⑥　指導教育担当児童福祉司は、児童福祉司としておおむね五年以上（第三項第一号に規定する者のうち、内閣府令で定める施設において二年以上相談援助業務に従事した者その他の内閣府令で定めるものにあつては、おおむね三年以上）勤務した者であつて、内閣総理大臣が定める基準に適合する研修の課程を修了したものでなければならない。

⑦　指導教育担当児童福祉司の数は、政令で定める基準を参酌して都道府県が定めるものとする。

⑧　児童福祉司は、児童相談所長が定める担当区域により、第四項の職務を行い、担当区域内の市町村長に協力を求めることができる。

⑨　児童福祉司は、内閣総理大臣が定める基準に適合する研修を受けなければならない。

⑩　第三項第二号の施設及び講習会の指定に関し必要な事項は、政令で定める。

〔市町村長又は児童相談所長と児童福祉司との関係〕

第一四条　市町村長は、前条第四項に規定する事項に関し、児童福祉司に必要な状況の通報及び資料の提供並びに必要な援助を求めることができる。

②　児童福祉司は、その担当区域内における児童に関し、必要な事項につき、その担当区域を管轄する児童相談所長又は市町村長にその状況を通知し、併せて意見を述べなければならない。

〔命令への委任〕

第一五条　この法律で定めるもののほか、児童福祉司の任用叙級その他児童福祉司に関し必要な事項は、命令でこれを定める。

第六節　児童委員

〔児童委員〕

第一六条　市町村の区域に児童委員を置く。

②　民生委員法（昭和二十三年法律第百九十八号）による民生委員は、児童委員に充てられたものとする。

③　厚生労働大臣は、児童委員のうちから、主任児童委員を指名する。

④　前項の規定による厚生労働大臣の指名は、民生委員法第五条の規定による推薦によつて行う。

〔児童委員の職務〕

第一七条　児童委員は、次に掲げる職務を行う。

一　児童及び妊産婦につき、その生活及び取り巻く環境の状況を適切に把握しておくこと。

二　児童及び妊産婦につき、その保護、保健その他福祉に関し、サービスを適切に利用するために必要な情報の提供その他の援助及び指導を行うこと。

三　児童及び妊産婦に係る社会福祉を目的とする事業を経営する者又は児童の健やかな育成に関する活動を行う者と密接に連携し、その事業又は活動を支援すること。

四　児童福祉司又は福祉事務所の社会福祉主事の行う職務に協力すること。

五　児童の健やかな育成に関する気運の醸成に努めること。

六　前各号に掲げるもののほか、必要に応じて、児童及び妊産婦の福祉の増進を図るための活動を行うこと。

②　主任児童委員は、前項各号に掲げる児童委員の職務について、児童の福祉に関する機関と児童委員（主任児童委員である者を除く。以下この項において同じ。）との連絡調整を行うとともに、児童委員の活動に対する援助及び協力を行う。

③　前項の規定は、主任児童委員が第一項各

号に掲げる児童委員の職務を行うことを妨げるものではない。

④　児童委員は、その職務に関し、都道府県知事の指揮監督を受ける。

〔市町村長又は児童相談所長と児童委員との関係〕

第一八条　市町村長は、前条第一項又は第二項に規定する事項に関し、児童委員に必要な状況の通報及び資料の提供を求め、並びに必要な指示をすることができる。

②　児童委員は、その担当区域内における児童又は妊産婦に関し、必要な事項につき、その担当区域を管轄する児童相談所長又は市町村長にその状況を通知し、併せて意見を述べなければならない。

③　児童委員が、児童相談所長に前項の通知をするときは、緊急の必要があると認める場合を除き、市町村長を経由するものとする。

④　児童相談所長は、その管轄区域内の児童委員に必要な調査を委嘱することができる。

〔児童委員の研修〕

第一八条の二　都道府県知事は、児童委員の研修を実施しなければならない。

〔内閣総理大臣と厚生労働大臣の連携〕

第一八条の二の二　内閣総理大臣及び厚生労働大臣は、児童委員の制度の運用に当たつては、必要な情報交換を行う等相互に連携を図りながら協力しなければならない。

〔命令への委任〕

第一八条の三　この法律で定めるもののほか、児童委員に関し必要な事項は、命令でこれを定める。

第七節　保育士

〔定義〕

第一八条の四　この法律で、**保育士**とは、第十八条の十八第一項の登録を受け、保育士の名称を用いて、専門的知識及び技術をもつて、児童の保育及び児童の保護者に対する保育に関する指導を行うことを業とする者をいう。

〔欠格事由〕

第一八条の五　次の各号のいずれかに該当する者は、保育士となることができない。

一　心身の故障により保育士の業務を適正に行うことができない者として内閣府令で定めるもの

二　禁錮以上の刑に処せられた者

三　この法律の規定その他児童の福祉に関する法律の規定であつて政令で定めるものにより、罰金の刑に処せられ、その執行を終わり、又は執行を受けることがなくなつた日から起算して三年を経過しない者

四　第十八条の十九第一項第二号若しくは第三号又は第二項の規定により登録を取り消され、その取消しの日から起算して三年を経過しない者

五　国家戦略特別区域法（平成二十五年法律第百七号）第十二条の五第八項において準用する第十八条の十九第一項第二号若しくは第三号又は第二項の規定により登録を取り消され、その取消しの日から起算して三年を経過しない者

注　第一八条の五は、令和四年六月一七日法律第六八号により次のように改正され、令和四年六月一七日から起算して三年を超えない範囲内において政令で定める日から施行される。

　第十八条の五第二号中「禁錮」を「拘禁刑」に改める。

〔保育士の資格〕

第一八条の六　次の各号のいずれかに該当する者は、保育士となる資格を有する。

一　都道府県知事の指定する保育士を養成する学校その他の施設（以下「**指定保育士養成施設**」という。）を卒業した者（学校教育法に基づく専門職大学の前期課程を修了した者を含む。）

二　保育士試験に合格した者

〔報告及び検査等〕

第一八条の七　都道府県知事は、保育士の養

成の適切な実施を確保するため必要があると認めるときは、その必要な限度で、指定保育士養成施設の長に対し、教育方法、設備その他の事項に関し報告を求め、若しくは指導をし、又は当該職員に、その帳簿書類その他の物件を検査させることができる。

② 前項の規定による検査を行う場合においては、当該職員は、その身分を示す証明書を携帯し、関係者の請求があるときは、これを提示しなければならない。

③ 第一項の規定による権限は、犯罪捜査のために認められたものと解釈してはならない。

〔保育士試験の実施〕

第一八条の八 保育士試験は、内閣総理大臣の定める基準により、保育士として必要な知識及び技能について行う。

② 保育士試験は、毎年一回以上、都道府県知事が行う。

③ 保育士として必要な知識及び技能を有するかどうかの判定に関する事務を行わせるため、都道府県に保育士試験委員（次項において「試験委員」という。）を置く。ただし、次条第一項の規定により指定された者に当該事務を行わせることとした場合は、この限りでない。

④ 試験委員又は試験委員であつた者は、前項に規定する事務に関して知り得た秘密を漏らしてはならない。

〔指定試験機関の指定〕

第一八条の九 都道府県知事は、内閣府令で定めるところにより、一般社団法人又は一般財団法人であつて、保育士試験の実施に関する事務（以下「**試験事務**」という。）を適正かつ確実に実施することができると認められるものとして当該都道府県知事が指定する者（以下「**指定試験機関**」という。）に、試験事務の全部又は一部を行わせることができる。

② 都道府県知事は、前項の規定により指定試験機関に試験事務の全部又は一部を行わせることとしたときは、当該試験事務の全部又は一部を行わないものとする。

③ 都道府県は、地方自治法（昭和二十二年法律第六十七号）第二百二十七条の規定に基づき保育士試験に係る手数料を徴収する場合においては、第一項の規定により指定試験機関が行う保育士試験を受けようとする者に、条例で定めるところにより、当該手数料の全部又は一部を当該指定試験機関へ納めさせ、その収入とすることができる。

〔指定試験機関の役員の選任及び解任〕

第一八条の一〇 指定試験機関の役員の選任及び解任は、都道府県知事の認可を受けなければ、その効力を生じない。

② 都道府県知事は、指定試験機関の役員が、この法律（この法律に基づく命令又は処分を含む。）若しくは第十八条の十三第一項に規定する試験事務規程に違反する行為をしたとき、又は試験事務に関し著しく不適当な行為をしたときは、当該指定試験機関に対し、当該役員の解任を命ずることができる。

〔保育士試験委員〕

第一八条の一一 指定試験機関は、試験事務を行う場合において、保育士として必要な知識及び技能を有するかどうかの判定に関する事務については、保育士試験委員（次項及び次条第一項において「**試験委員**」という。）に行わせなければならない。

② 前条第一項の規定は試験委員の選任及び解任について、同条第二項の規定は試験委員の解任について、それぞれ準用する。

〔秘密保持義務等〕

第一八条の一二 指定試験機関の役員若しくは職員（試験委員を含む。次項において同じ。）又はこれらの職にあつた者は、試験事務に関して知り得た秘密を漏らしてはならない。

② 試験事務に従事する指定試験機関の役員又は職員は、刑法（明治四十年法律第四十五号）その他の罰則の適用については、法

令により公務に従事する職員とみなす。

〔試験事務規程〕

第一八条の一三 指定試験機関は、試験事務の開始前に、試験事務の実施に関する規程（以下「**試験事務規程**」という。）を定め、都道府県知事の認可を受けなければならない。これを変更しようとするときも、同様とする。

② 都道府県知事は、前項の認可をした試験事務規程が試験事務の適正かつ確実な実施上不適当となつたと認めるときは、指定試験機関に対し、これを変更すべきことを命ずることができる。

〔事業計画の認可等〕

第一八条の一四 指定試験機関は、毎事業年度、事業計画及び収支予算を作成し、当該事業年度の開始前に（指定を受けた日の属する事業年度にあつては、その指定を受けた後遅滞なく）、都道府県知事の認可を受けなければならない。これを変更しようとするときも、同様とする。

〔監督命令〕

第一八条の一五 都道府県知事は、試験事務の適正かつ確実な実施を確保するため必要があると認めるときは、指定試験機関に対し、試験事務に関し監督上必要な命令をすることができる。

〔報告、質問及び立入検査〕

第一八条の一六 都道府県知事は、試験事務の適正かつ確実な実施を確保するため必要があると認めるときは、その必要な限度で、指定試験機関に対し、報告を求め、又は当該職員に、関係者に対し質問させ、若しくは指定試験機関の事務所に立ち入り、その帳簿書類その他の物件を検査させることができる。

② 前項の規定による質問又は立入検査を行う場合においては、当該職員は、その身分を示す証明書を携帯し、関係者の請求があるときは、これを提示しなければならない。

③ 第一項の規定による権限は、犯罪捜査のために認められたものと解釈してはならない。

〔不服申立て〕

第一八条の一七 指定試験機関が行う試験事務に係る処分又はその不作為について不服がある者は、都道府県知事に対し、審査請求をすることができる。この場合において、都道府県知事は、行政不服審査法（平成二十六年法律第六十八号）第二十五条第二項及び第三項、第四十六条第一項及び第二項、第四十七条並びに第四十九条第三項の規定の適用については、指定試験機関の上級行政庁とみなす。

〔登録〕

第一八条の一八 保育士となる資格を有する者が保育士となるには、保育士登録簿に、氏名、生年月日その他内閣府令で定める事項の登録を受けなければならない。

② 保育士登録簿は、都道府県に備える。

③ 都道府県知事は、保育士の登録をしたときは、申請者に第一項に規定する事項を記載した保育士登録証を交付する。

〔登録の取消し等〕

第一八条の一九 都道府県知事は、保育士が次の各号のいずれかに該当する場合には、その登録を取り消さなければならない。

一 第十八条の五各号（第四号を除く。）のいずれかに該当するに至つた場合

二 虚偽又は不正の事実に基づいて登録を受けた場合

三 第一号に掲げる場合のほか、児童生徒性暴力等（教育職員等による児童生徒性暴力等の防止等に関する法律（令和三年法律第五十七号）第二条第三項に規定する児童生徒性暴力等をいう。以下同じ。）を行つたと認められる場合

② 都道府県知事は、保育士が第十八条の二十一又は第十八条の二十二の規定に違反したときは、その登録を取り消し、又は期間を定めて保育士の名称の使用の停止を命ずることができる。

〔登録の消除〕

第一八条の二〇　都道府県知事は、保育士の登録がその効力を失つたときは、その登録を消除しなければならない。

〔特定登録取消者の登録等〕

第一八条の二〇の二　都道府県知事は、次に掲げる者（第十八条の五各号のいずれかに該当する者を除く。以下この条において「特定登録取消者」という。）については、その行つた児童生徒性暴力等の内容等を踏まえ、当該特定登録取消者の改善更生の状況その他その後の事情により保育士の登録を行うのが適当であると認められる場合に限り、保育士の登録を行うことができる。

一　児童生徒性暴力等を行つたことにより保育士又は国家戦略特別区域限定保育士（国家戦略特別区域法第十二条の五第二項に規定する国家戦略特別区域限定保育士をいう。次号及び第三項において同じ。）の登録を取り消された者

二　前号に掲げる者以外の者であつて、保育士又は国家戦略特別区域限定保育士の登録を取り消されたもののうち、保育士又は国家戦略特別区域限定保育士の登録を受けた日以後の行為が児童生徒性暴力等に該当していたと判明した者

②　都道府県知事は、前項の規定により保育士の登録を行うに当たつては、あらかじめ、都道府県児童福祉審議会の意見を聴かなければならない。

③　都道府県知事は、第一項の規定による保育士の登録を行おうとする際に必要があると認めるときは、第十八条の十九の規定により保育士の登録を取り消した都道府県知事（国家戦略特別区域法第十二条の五第八項において準用する第十八条の十九の規定により国家戦略特別区域限定保育士の登録を取り消した都道府県知事を含む。）その他の関係機関に対し、当該特定登録取消者についてその行つた児童生徒性暴力等の内容等を調査し、保育士の登録を行うかどうかを判断するために必要な情報の提供を求めることができる。

〔都道府県知事への報告〕

第一八条の二〇の三　保育士を任命し、又は雇用する者は、その任命し、又は雇用する保育士について、第十八条の五第二号若しくは第三号に該当すると認めたとき、又は当該保育士が児童生徒性暴力等を行つたと思料するときは、速やかにその旨を都道府県知事に報告しなければならない。

②　刑法の秘密漏示罪の規定その他の守秘義務に関する法律の規定は、前項の規定による報告（虚偽であるもの及び過失によるものを除く。）をすることを妨げるものと解釈してはならない。

注　次の一条は、令和四年六月一五日法律第六六号により追加され、令和四年六月一五日から起算して二年を超えない範囲内において政令で定める日から施行される。

第十八条の二十の三の次に次の一条を加える。

〔データベースの整備等〕

第一八条の二〇の四　国は、次に掲げる者について、その氏名、保育士の登録の取消しの事由、行つた児童生徒性暴力等に関する情報その他の内閣総理大臣が定める事項に係るデータベースを整備するものとする。

一　児童生徒性暴力等を行つたことにより保育士の登録を取り消された者

二　前号に掲げる者以外の者であつて、保育士の登録を取り消されたもののうち、保育士の登録を受けた日以後の行為が児童生徒性暴力等に該当していたと判明した者

②　都道府県知事は、保育士が児童生徒性暴力等を行つたことによりその登録を取り消したとき、又は保育士の登録を取り消された者（児童生徒性暴力等を行つたことにより保育士

の登録を取り消された者を除く。）の保育士の登録を受けた日以後の行為が児童生徒性暴力等に該当していたことが判明したときは、前項の情報を同項のデータベースに迅速に記録することその他必要な措置を講ずるものとする。

③　保育士を任命し、又は雇用する者は、保育士を任命し、又は雇用しようとするときは、第一項のデータベース（国家戦略特別区域法第十二条の五第八項において準用する第一項のデータベースを含む。）を活用するものとする。

〔信用失墜行為の禁止〕

第一八条の二一　保育士は、保育士の信用を傷つけるような行為をしてはならない。

〔秘密保持義務〕

第一八条の二二　保育士は、正当な理由がなく、その業務に関して知り得た人の秘密を漏らしてはならない。保育士でなくなつた後においても、同様とする。

〔名称の使用制限〕

第一八条の二三　保育士でない者は、保育士又はこれに紛らわしい名称を使用してはならない。

〔政令への委任〕

第一八条の二四　この法律に定めるもののほか、指定保育士養成施設、保育士試験、指定試験機関、保育士の登録その他保育士に関し必要な事項は、政令でこれを定める。

第二章　福祉の保障

第一節　療育の指導、小児慢性特定疾病医療費の支給等

第一款　療育の指導

〔療育の指導等〕

第一九条　保健所長は、身体に障害のある児童につき、診査を行ない、又は相談に応じ、必要な療育の指導を行なわなければならない。

②　保健所長は、疾病により長期にわたり療養を必要とする児童につき、診査を行い、又は相談に応じ、必要な療育の指導を行うことができる。

③　保健所長は、身体障害者福祉法（昭和二十四年法律第二百八十三号）第十五条第四項の規定により身体障害者手帳の交付を受けた児童（身体に障害のある十五歳未満の児童については、身体障害者手帳の交付を受けたその保護者とする。以下同じ。）につき、同法第十六条第二項第一号又は第二号に掲げる事由があると認めるときは、その旨を都道府県知事に報告しなければならない。

第二款　小児慢性特定疾病医療費の支給

第一目　小児慢性特定疾病医療費の支給

〔小児慢性特定疾病医療費〕

第一九条の二　都道府県は、次条第三項に規定する医療費支給認定（以下この条において「**医療費支給認定**」という。）に係る小児慢性特定疾病児童又は医療費支給認定を受けた成年患者（以下この条において「医療費支給認定患者」という。）が、次条第六項に規定する医療費支給認定の有効期間内において、指定小児慢性特定疾病医療機関（同条第五項の規定により定められたものに限る。）から当該医療費支給認定に係る小児慢性特定疾病医療支援（以下「**指定小児慢性特定疾病医療支援**」という。）を受けたときは、厚生労働省令で定めるところにより、当該小児慢性特定疾病児童に係る同条第七項に規定する医療費支給認定保護者（次項において「医療費支給認定保護者」という。）又は当該医療費支給認定患者に対し、当該指定小児慢性特定疾病医療支援に要した費用について、小児慢性特定疾病医療費を支給する。

②　小児慢性特定疾病医療費の額は、一月につき、次に掲げる額の合算額とする。

一　同一の月に受けた指定小児慢性特定疾

病医療支援（食事療養（健康保険法（大正十一年法律第七十号）第六十三条第二項第一号に規定する食事療養をいう。次号、第二十一条の五の二十九第二項及び第二十四条の二十第二項において同じ。）を除く。）につき健康保険の療養に要する費用の額の算定方法の例により算定した額から、当該医療費支給認定保護者又は当該医療費支給認定患者の家計の負担能力、当該医療費支給認定に係る小児慢性特定疾病児童等の治療の状況又は身体の状態、当該医療費支給認定保護者又は当該医療費支給認定患者と同一の世帯に属する他の医療費支給認定に係る小児慢性特定疾病児童等及び難病の患者に対する医療等に関する法律（平成二十六年法律第五十号）第七条第一項に規定する支給認定を受けた指定難病（同法第五条第一項に規定する指定難病をいう。）の患者の数その他の事情をしん酌して政令で定める額（当該政令で定める額が当該算定した額の百分の二十に相当する額を超えるときは、当該相当する額）を控除して得た額

二　当該指定小児慢性特定疾病医療支援（食事療養に限る。）につき健康保険の療養に要する費用の額の算定方法の例により算定した額から、健康保険法第八十五条第二項に規定する食事療養標準負担額、医療費支給認定保護者又は医療費支給認定患者の所得の状況その他の事情を勘案して厚生労働大臣が定める額を控除した額

③　前項に規定する療養に要する費用の額の算定方法の例によることができないとき、及びこれによることを適当としないときの小児慢性特定疾病医療支援に要する費用の額の算定方法は、厚生労働大臣の定めるところによる。

〔申請〕

第一九条の三　小児慢性特定疾病児童の保護者又は成年患者は、前条第一項の規定により小児慢性特定疾病医療費の支給を受けようとするときは、都道府県知事の定める医師（以下「**指定医**」という。）の診断書（小児慢性特定疾病児童等が小児慢性特定疾病にかかつており、かつ、当該小児慢性特定疾病の状態が第六条の二第三項に規定する厚生労働大臣が定める程度であることを証する書面として厚生労働省令で定めるものをいう。）を添えて、都道府県に申請しなければならない。

②　指定医の指定の手続その他指定医に関し必要な事項は、厚生労働省令で定める。

③　都道府県は、第一項の申請に係る小児慢性特定疾病児童等が小児慢性特定疾病にかかつており、かつ、当該小児慢性特定疾病の状態が第六条の二第三項に規定する厚生労働大臣が定める程度であると認められる場合には、小児慢性特定疾病医療費を支給する旨の認定（以下「**医療費支給認定**」という。）を行うものとする。

④　都道府県は、第一項の申請があつた場合において、医療費支給認定をしないこととするとき（申請の形式上の要件に適合しない場合として厚生労働省令で定める場合を除く。）は、あらかじめ、次条第一項に規定する小児慢性特定疾病審査会に当該申請に係る小児慢性特定疾病児童の保護者又は成年患者について医療費支給認定をしないことに関し審査を求めなければならない。

⑤　都道府県は、医療費支給認定をしたときは、厚生労働省令で定めるところにより、指定小児慢性特定疾病医療機関の中から、当該医療費支給認定に係る小児慢性特定疾病児童等が小児慢性特定疾病医療支援を受けるものを定めるものとする。

⑥　医療費支給認定は、厚生労働省令で定める期間（次項及び第十九条の六第一項第二号において「**医療費支給認定の有効期間**」という。）内に限り、その効力を有する。

⑦　都道府県は、医療費支給認定をしたときは、当該医療費支給認定を受けた小児慢性特定疾病児童の保護者（以下「**医療費支給**

認定を受けた成年患者（以下「**医療費支給認定保護者**」という。）又は当該医療費支給認定を受けた成年患者（以下「**医療費支給認定患者**」という。）に対し、厚生労働省令で定めるところにより、医療費支給認定の有効期間を記載した医療受給者証（以下「**医療受給者証**」という。）を交付しなければならない。

⑧　医療費支給認定は、指定医が当該医療費支給認定に係る小児慢性特定疾病児童等の小児慢性特定疾病の状態が第六条の二第三項に規定する厚生労働大臣が定める程度であると診断した日、又は当該医療費支給認定の申請のあつた日から当該申請に通常要する期間を勘案して政令で定める一定の期間前の日のいずれか遅い日に遡つてその効力を生ずる。

⑨　指定小児慢性特定疾病医療支援を受けようとする医療費支給認定保護者又は医療費支給認定患者は、厚生労働省令で定めるところにより、第五項の規定により定められた指定小児慢性特定疾病医療機関に医療受給者証を提示して指定小児慢性特定疾病医療支援を受けるものとする。ただし、緊急の場合その他やむを得ない事由のある場合については、医療受給者証を提示することを要しない。

⑩　医療費支給認定に係る小児慢性特定疾病児童等が第五項の規定により定められた指定小児慢性特定疾病医療機関から指定小児慢性特定疾病医療支援を受けたとき（当該小児慢性特定疾病児童に係る医療費支給認定保護者又は当該指定小児慢性特定疾病医療機関に医療受給者証を提示したときに限る。）は、都道府県は、当該医療費支給認定保護者又は当該医療費支給認定患者が当該指定小児慢性特定疾病医療機関に支払うべき当該指定小児慢性特定疾病医療支援に要した費用について、小児慢性特定疾病医療費として当該医療費支給認定保護者又は当該医療費支給認定患者に支給すべき額の限度において、当該医療費支給認定保護者又は当該医療費支給認定患者に代わり、当該指定小児慢性特定疾病医療機関に支払うことができる。

⑪　前項の規定による支払があつたときは、当該医療費支給認定保護者又は当該医療費支給認定患者に対し、小児慢性特定疾病医療費の支給があつたものとみなす。

〔小児慢性特定疾病審査会〕

第一九条の四　前条第四項の規定による審査を行わせるため、都道府県に、小児慢性特定疾病審査会を置く。

②　小児慢性特定疾病審査会の委員は、小児慢性特定疾病に関し知見を有する医師その他の関係者のうちから、都道府県知事が任命する。

③　委員の任期は、二年とする。

④　この法律に定めるもののほか、小児慢性特定疾病審査会に必要な事項は、厚生労働省令で定める。

〔医療費支給認定の変更〕

第一九条の五　医療費支給認定保護者又は医療費支給認定患者は、現に受けている医療費支給認定に係る第十九条の三第五項の規定により定められた指定小児慢性特定疾病医療機関その他の厚生労働省令で定める事項を変更する必要があるときは、都道府県に対し、当該医療費支給認定の変更の申請をすることができる。

②　都道府県は、前項の申請又は職権により、医療費支給認定保護者又は医療費支給認定患者に対し、必要があると認めるときは、厚生労働省令で定めるところにより、医療費支給認定の変更の認定を行うことができる。

③　都道府県は、前項の医療費支給認定の変更の認定を行う場合において、必要があると認めるときは、当該医療費支給認定保護者又は当該医療費支給認定患者に対し、医療受給者証の提出を求めることができる。この場合において、都道府県は、当該医療受給者証に当該変更の認定に係る事項を記載し、これを返還するものとする。

〔医療費支給認定の取消し〕

第一九条の六　医療費支給認定を行つた都道府県は、次に掲げる場合には、当該医療費支給認定を取り消すことができる。

一　医療費支給認定に係る小児慢性特定疾病児童等が、その疾病の状態、治療の状況等からみて指定小児慢性特定疾病医療支援を受ける必要がなくなつたと認めるとき。

二　医療費支給認定保護者又は医療費支給認定患者が、医療費支給認定の有効期間内に、当該都道府県以外の都道府県の区域内に居住地を有するに至つたと認めるとき。

三　その他政令で定めるとき。

②　前項の規定により医療費支給認定の取消しを行つた都道府県は、厚生労働省令で定めるところにより、当該取消しに係る医療費支給認定保護者又は医療費支給認定患者に対し、医療受給者証の返還を求めるものとする。

〔**支給調整**〕

第一九条の七　小児慢性特定疾病医療費の支給は、当該小児慢性特定疾病の状態につき、健康保険法の規定による家族療養費その他の法令に基づく給付であつて政令で定めるもののうち小児慢性特定疾病医療費の支給に相当するものを受けることができるときは政令で定める限度において、当該政令で定める給付以外の給付であつて国又は地方公共団体の負担において小児慢性特定疾病医療費の支給に相当するものが行われたときはその限度において、行わない。

〔**厚生労働省令への委任**〕

第一九条の八　この目に定めるもののほか、小児慢性特定疾病医療費の支給に関し必要な事項は、厚生労働省令で定める。

第二目　指定小児慢性特定疾病医療機関

〔**指定小児慢性特定疾病医療機関の指定**〕

第一九条の九　第六条の二第二項第一号の指定（以下「**指定小児慢性特定疾病医療機関の指定**」という。）は、厚生労働省令で定めるところにより、病院若しくは診療所（これらに準ずるものとして政令で定めるものを含む。以下同じ。）又は薬局の開設者の申請があつたものについて行う。

②　都道府県知事は、前項の申請があつた場合において、次の各号のいずれかに該当するときは、指定小児慢性特定疾病医療機関の指定をしてはならない。

一　申請者が、禁錮以上の刑に処せられ、その執行を終わり、又は執行を受けることがなくなるまでの者であるとき。

二　申請者が、この法律その他国民の保健医療若しくは福祉に関する法律で政令で定めるものの規定により罰金の刑に処せられ、その執行を終わり、又は執行を受けることがなくなるまでの者であるとき。

三　申請者が、労働に関する法律の規定であつて政令で定めるものにより罰金の刑に処せられ、その執行を終わり、又は執行を受けることがなくなるまでの者であるとき。

四　申請者が、第十九条の十八の規定により指定小児慢性特定疾病医療機関の指定を取り消され、その取消しの日から起算して五年を経過しない者（当該指定小児慢性特定疾病医療機関の指定を取り消された者が法人である場合においては、当該取消しの処分に係る行政手続法（平成五年法律第八十八号）第十五条の規定による通知があつた日前六十日以内に当該法人の役員又はその医療機関の管理者（以下「**役員等**」という。）であつた者で当該取消しの日から起算して五年を経過しないものを含み、当該指定小児慢性特定疾病医療機関の指定を取り消された者が法人でない場合においては、当該通知があつた日前六十日以内に当該者の管理者であつた者で当該取消しの日から起算して五年を経過しないものを含む。）であるとき。ただし、当該取消しが、指定小児慢性特定疾病医療機関の指定の取消しのうち当該取消しの処分の理由となつた事実及び当該事実に関して当該指定小児慢性特定疾病医療機関の開設者が有していた責任の程度を考慮して、この号本文に規定する指定小児慢性特定疾病医療機関の指定の取消しに該当しないこととすることが相当であると認められるものとして厚生労働省令で定めるものに該当する場合を除く。

五　申請者が、第十九条の十八の規定による指定小児慢性特定疾病医療機関の指定の取消しの処分に係る行政手続法第十五条の規定による通知があつた日（第七号において「通知日」という。）から当該処分をする日又は処分をしないことを決定する日までの間に第十九条の十五の規定による指定小児慢性特定疾病医療機関の指定の辞退の申出をした者（当該辞退について相当の理由がある者を除く。）で、当該申出の日から起算して五年を経過しないものであるとき。

六　申請者が、第十九条の十六第一項の規定による検査が行われた日から聴聞決定予定日（当該検査の結果に基づき第十九条の十八の規定による指定小児慢性特定疾病医療機関の指定の取消しの処分に係る聴聞を行うか否かの決定をすることが見込まれる日として厚生労働省令で定めるところにより都道府県知事が当該申請者に当該検査が行われた日から十日以内に特定の日を通知した場合における当該特定の日をいう。）までの間に第十九条の十五の規定による指定小児慢性特定疾病医療機関の指定の辞退の申出をした者（当該辞退について相当の理由がある者を除く。）で、当該申出の日から起算して五年を経過しないものであるとき。

七　第五号に規定する期間内に第十九条の十五の規定による指定小児慢性特定疾病医療機関の指定の辞退の申出があつた場合において、申請者が、通知日前六十日以内に当該申出に係る法人（当該辞退について相当の理由がある法人を除く。）の役員等又は当該申出に係る法人でない者（当該辞退について相当の理由がある者を除く。）の管理者であつた者で、当該申出の日から起算して五年を経過しないものであるとき。

八　申請者が、前項の申請前五年以内に小児慢性特定疾病医療支援に関し不正又は著しく不当な行為をした者であるとき。

九　申請者が、法人で、その役員等のうちに前各号のいずれかに該当する者のあるものであるとき。

十　申請者が、法人でない者で、その管理者が第一号から第八号までのいずれかに該当する者であるとき。

③　都道府県知事は、第一項の申請があつた場合において、次の各号のいずれかに該当するときは、指定小児慢性特定疾病医療機関の指定をしないことができる。

一　当該申請に係る病院若しくは診療所又は薬局が、健康保険法第六十三条第三項第一号に規定する保険医療機関若しくは保険薬局又は厚生労働省令で定める事業所若しくは施設でないとき。

二　当該申請に係る病院若しくは診療所若しくは薬局又は申請者が、小児慢性特定疾病医療費の支給に関し診療又は調剤の内容の適切さを欠くおそれがあるとして重ねて第十九条の十三の規定による指導又は第十九条の十七第一項の規定による勧告を受けたものであるとき。

三　申請者が、第十九条の十七第三項の規定による命令に従わないものであるとき。

四　前三号に掲げる場合のほか、当該申請に係る病院若しくは診療所又は薬局が、指定小児慢性特定疾病医療機関として著しく不適当と認めるものであるとき。

注　第一九条の九は、令和四年六月一七日法律第六八号により次のように改正され、令和四年六月一七日から起算して三年を超えない範囲内において政令で定める日から施行される。
　第十九条の九第二項第一号中「禁錮」を「拘禁刑」に改める。

〔指定の更新〕
第一九条の一〇　指定小児慢性特定疾病医療機関の指定は、六年ごとにその更新を受けなければ、その期間の経過によつて、その効力を失う。
②　健康保険法第六十八条第二項の規定は、前項の更新について準用する。この場合において、必要な技術的読替えは、政令で定める。

〔指定小児慢性特定疾病医療機関の責務〕
第一九条の一一　指定小児慢性特定疾病医療機関は、厚生労働大臣の定めるところにより、良質かつ適切な小児慢性特定疾病医療支援を行わなければならない。

〔診療方針〕
第一九条の一二　指定小児慢性特定疾病医療機関の診療方針は、健康保険の診療方針の例による。
②　前項に規定する診療方針によることができないとき、及びこれによることを適当としないときの診療方針は、厚生労働大臣が定めるところによる。

〔指導〕
第一九条の一三　指定小児慢性特定疾病医療機関は、小児慢性特定疾病医療支援の実施に関し、都道府県知事の指導を受けなければならない。

〔変更の届出〕
第一九条の一四　指定小児慢性特定疾病医療機関は、当該指定に係る医療機関の名称及び所在地その他厚生労働省令で定める事項に変更があつたときは、厚生労働省令で定めるところにより、十日以内に、その旨を都道府県知事に届け出なければならない。

〔指定の辞退〕
第一九条の一五　指定小児慢性特定疾病医療機関は、一月以上の予告期間を設けて、指定小児慢性特定疾病医療機関の指定を辞退することができる。

〔報告の徴収等〕
第一九条の一六　都道府県知事は、小児慢性特定疾病医療支援の実施に関して必要があると認めるときは、指定小児慢性特定疾病医療機関若しくは指定小児慢性特定疾病医療機関の開設者若しくは管理者、医師、薬剤師その他の従業者であつた者（以下この項において「開設者であつた者等」という。）に対し、報告若しくは診療録、帳簿書類その他の物件の提出若しくは提示を命じ、指定小児慢性特定疾病医療機関の開設者若しくは管理者、医師、薬剤師その他の従業者（開設者であつた者等を含む。）に対し出頭を求め、又は当該職員に、関係者に対し質問させ、若しくは当該指定小児慢性特定疾病医療機関について設備若しくは診療録、帳簿書類その他の物件を検査させることができる。
②　前項の規定による質問又は検査を行う場合においては、当該職員は、その身分を示す証明書を携帯し、かつ、関係者の請求があるときは、これを提示しなければならない。
③　第一項の規定による権限は、犯罪捜査のために認められたものと解釈してはならない。
④　指定小児慢性特定疾病医療機関が、正当な理由がないのに、第一項の規定により報告若しくは提出若しくは提示を命ぜられてこれに従わず、若しくは虚偽の報告をし、又は同項の規定による検査を拒み、妨げ、若しくは忌避したときは、都道府県知事は、当該指定小児慢性特定疾病医療機関に対する小児慢性特定疾病医療費の支払を一時差し止めることができる。

〔勧告、命令等〕
第一九条の一七　都道府県知事は、指定小児慢性特定疾病医療機関が、第十九条の十一又は第十九条の十二の規定に従つて小児慢性特定疾病医療支援を行つていないと認めるときは、当該指定小児慢性特定疾病医療機関の開設者に対し、期限を定めて、第十九条の十一又は第十九条の十二の規定を遵守すべきことを勧告することができる。

② 都道府県知事は、前項の規定による勧告をした場合において、その勧告を受けた指定小児慢性特定疾病医療機関の開設者が、同項の期限内にこれに従わなかつたときは、その旨を公表することができる。

③ 都道府県知事は、第一項の規定による勧告を受けた指定小児慢性特定疾病医療機関の開設者が、正当な理由がなくてその勧告に係る措置をとらなかつたときは、当該指定小児慢性特定疾病医療機関の開設者に対し、期限を定めて、その勧告に係る措置をとるべきことを命ずることができる。

④ 都道府県知事は、前項の規定による命令をしたときは、その旨を公示しなければならない。

〔指定の取消し等〕

第一九条の一八 都道府県知事は、次の各号のいずれかに該当する場合においては、当該指定小児慢性特定疾病医療機関に係る指定を取り消し、又は期間を定めてその指定小児慢性特定疾病医療機関の指定の全部若しくは一部の効力を停止することができる。

一 指定小児慢性特定疾病医療機関が、第十九条の九第二項第一号から第三号まで、第九号又は第十号のいずれかに該当するに至つたとき。

二 指定小児慢性特定疾病医療機関が、第十九条の九第三項各号のいずれかに該当するに至つたとき。

三 指定小児慢性特定疾病医療機関が、第十九条の十一又は第十九条の十二の規定に違反したとき。

四 小児慢性特定疾病医療費の請求に関し不正があつたとき。

五 指定小児慢性特定疾病医療機関が、第十九条の十六第一項の規定により報告若しくは診療録、帳簿書類その他の物件の提出若しくは提示を命ぜられてこれに従わず、又は虚偽の報告をしたとき。

六 指定小児慢性特定疾病医療機関の開設者又は従業者が、第十九条の十六第一項の規定により出頭を求められてこれに応ぜず、同項の規定による質問に対して答弁せず、若しくは虚偽の答弁をし、又は同項の規定による検査を拒み、妨げ、若しくは忌避したとき。ただし、当該指定小児慢性特定疾病医療機関の従業者がその行為をした場合において、その行為を防止するため、当該指定小児慢性特定疾病医療機関の開設者が相当の注意及び監督を尽くしたときを除く。

七 指定小児慢性特定疾病医療機関が、不正の手段により指定小児慢性特定疾病医療機関の指定を受けたとき。

八 前各号に掲げる場合のほか、指定小児慢性特定疾病医療機関が、この法律その他国民の保健医療若しくは福祉に関する法律で政令で定めるもの又はこれらの法律に基づく命令若しくは処分に違反したとき。

九 前各号に掲げる場合のほか、指定小児慢性特定疾病医療機関が、小児慢性特定疾病医療支援に関し不正又は著しく不当な行為をしたとき。

十 指定小児慢性特定疾病医療機関が法人である場合において、その役員等のうちに指定小児慢性特定疾病医療機関の指定の取消し又は指定小児慢性特定疾病医療機関の指定の全部若しくは一部の効力の停止をしようとするとき前五年以内に小児慢性特定疾病医療支援に関し不正又は著しく不当な行為をした者があるに至つたとき。

十一 指定小児慢性特定疾病医療機関が法人でない場合において、その管理者が指定小児慢性特定疾病医療機関の指定の取消し又は指定小児慢性特定疾病医療機関の指定の全部若しくは一部の効力の停止をしようとするとき前五年以内に小児慢性特定疾病医療支援に関し不正又は著しく不当な行為をした者であるに至つたとき。

〔公示〕

第一九条の一九　都道府県知事は、次に掲げる場合には、その旨を公示しなければならない。

一　指定小児慢性特定疾病医療機関の指定をしたとき。

二　第十九条の十四の規定による届出（同条の厚生労働省令で定める事項の変更に係るものを除く。）があつたとき。

三　第十九条の十五の規定による指定小児慢性特定疾病医療機関の指定の辞退があつたとき。

四　前条の規定により指定小児慢性特定疾病医療機関の指定を取り消したとき。

〔小児慢性特定疾病医療費の額の決定〕

第一九条の二〇　都道府県知事は、指定小児慢性特定疾病医療機関の診療内容及び小児慢性特定疾病医療費の請求を随時審査し、かつ、指定小児慢性特定疾病医療機関が第十九条の三第十項の規定によつて請求することができる小児慢性特定疾病医療費の額を決定することができる。

②　指定小児慢性特定疾病医療機関は、都道府県知事が行う前項の決定に従わなければならない。

③　都道府県知事は、第一項の規定により指定小児慢性特定疾病医療機関が請求することができる小児慢性特定疾病医療費の額を決定するに当たつては、社会保険診療報酬支払基金法（昭和二十三年法律第百二十九号）に定める審査委員会、国民健康保険法（昭和三十三年法律第百九十二号）に定める国民健康保険診療報酬審査委員会その他政令で定める医療に関する審査機関の意見を聴かなければならない。

④　都道府県は、指定小児慢性特定疾病医療機関に対する小児慢性特定疾病医療費の支払に関する事務を社会保険診療報酬支払基金、国民健康保険法第四十五条第五項に規定する国民健康保険団体連合会（以下「連合会」という。）その他厚生労働省令で定める者に委託することができる。

⑤　第一項の規定による小児慢性特定疾病医療費の額の決定については、審査請求をすることができない。

〔厚生労働省令への委任〕

第一九条の二一　この目に定めるもののほか、指定小児慢性特定疾病医療機関に関し必要な事項は、厚生労働省令で定める。

第三目　小児慢性特定疾病児童等自立支援事業

第一九条の二二　都道府県は、小児慢性特定疾病児童等自立支援事業として、小児慢性特定疾病児童等に対する医療及び小児慢性特定疾病児童等の福祉に関する各般の問題につき、小児慢性特定疾病児童等、その家族その他の関係者からの相談に応じ、必要な情報の提供及び助言を行うとともに、関係機関との連絡調整その他の厚生労働省令で定める便宜を供与する事業を行うものとする。

②　都道府県は、前項に規定する事業のほか、地域における小児慢性特定疾病児童等の実情の把握その他の次項各号に掲げる事業の実施に関し必要な情報の収集、整理、分析及び評価に関する事業として厚生労働省令で定める事業を行うよう努めるものとする。

③　都道府県は、前二項に規定する事業の実施等により把握した地域の実情を踏まえ、小児慢性特定疾病児童等自立支援事業として、次に掲げる事業のうち必要があると認めるものを行うよう努めるものとする。

一　小児慢性特定疾病児童等について、医療機関その他の場所において、一時的に預かり、必要な療養上の管理、日常生活上の世話その他の必要な支援を行う事業

二　小児慢性特定疾病児童等が相互の交流を行う機会の提供その他の厚生労働省令で定める便宜を供与する事業

三　小児慢性特定疾病児童等に対し、雇用

情報の提供その他小児慢性特定疾病児童等の就職に関し必要な支援を行う事業

四　小児慢性特定疾病児童等を現に介護する者の支援のため必要な事業

五　その他小児慢性特定疾病児童等の自立の支援のため必要な事業

④　都道府県は、前三項に規定する事業のほか、小児慢性特定疾病にかかつている児童等が、地域における自立した日常生活の支援のための施策を円滑に利用できるようにするため、小児慢性特定疾病要支援者証明事業（小児慢性特定疾病にかかつている児童の保護者又は小児慢性特定疾病にかかつている児童以外の満二十歳に満たない者のうち厚生労働省令で定める者に対し、小児慢性特定疾病にかかつている児童等が小児慢性特定疾病にかかつている旨その他の厚生労働省令で定める事項を書面その他の厚生労働省令で定める方法により証明する事業をいう。）を行うよう努めるものとする。

⑤　都道府県は、第三項各号に掲げる事業を行うに当たつては、関係機関並びに小児慢性特定疾病児童等及びその家族その他の関係者の意見を聴くものとする。

⑥　前各項に規定するもののほか、小児慢性特定疾病児童等自立支援事業の実施に関し必要な事項は、厚生労働省令で定める。

第四目　小児慢性特定疾病対策地域協議会

第一九条の二三　都道府県、地方自治法第二百五十二条の十九第一項の指定都市（以下「**指定都市**」という。）及び同法第二百五十二条の二十二第一項の中核市（以下「**中核市**」という。）並びに第五十九条の四第一項に規定する児童相談所設置市は、単独で又は共同して、小児慢性特定疾病児童等への支援の体制の整備を図るため、関係機関、関係団体並びに小児慢性特定疾病児童等及びその家族並びに小児慢性特定疾病児童等に対する医療又は小児慢性特定疾病児童等の福祉、教育若しくは雇用に関連する職務に従事する者その他の関係者（次項において「関係機関等」という。）により構成される小児慢性特定疾病対策地域協議会（以下この目において「協議会」という。）を置くよう努めるものとする。

②　協議会は、関係機関等が相互の連絡を図ることにより、地域における小児慢性特定疾病児童等への支援体制に関する課題について情報を共有し、関係機関等の連携の緊密化を図るとともに、地域の実情に応じた体制の整備について協議を行うものとする。

③　協議会の事務に従事する者又は当該者であつた者は、正当な理由がなく、協議会の事務に関して知り得た秘密を漏らしてはならない。

④　第一項の規定により協議会が置かれた都道府県、指定都市及び中核市並びに第五十九条の四第一項に規定する児童相談所設置市の区域について難病の患者に対する医療等に関する法律第三十二条第一項の規定により難病対策地域協議会が置かれている場合には、当該協議会及び難病対策地域協議会は、小児慢性特定疾病児童等及び難病（同法第一条に規定する難病をいう。第二十一条の四第二項において同じ。）の患者への支援体制の整備を図り、かつ、小児慢性特定疾病児童等に対し必要な医療等を切れ目なく提供するため、相互に連携を図るよう努めるものとする。

第一九条の二四　前条に定めるもののほか、協議会の組織及び運営に関し必要な事項は、協議会が定める。

第三款　療育の給付

〔**療育の給付**〕

第二〇条　都道府県は、結核にかかつている児童に対し、療養に併せて学習の援助を行うため、これを病院に入院させて療育の給付を行うことができる。

②　療育の給付は、医療並びに学習及び療養生活に必要な物品の支給とする。

③　前項の医療は、次に掲げる給付とする。

一　診察
二　薬剤又は治療材料の支給
三　医学的処置、手術及びその他の治療並びに施術
四　病院又は診療所への入院及びその療養に伴う世話その他の看護
五　移送

④　第二項の医療に係る療育の給付は、都道府県知事が次項の規定により指定する病院（以下「**指定療育機関**」という。）に委託して行うものとする。
⑤　都道府県知事は、病院の開設者の同意を得て、第二項の医療を担当させる機関を指定する。
⑥　前項の指定は、政令で定める基準に適合する病院について行うものとする。
⑦　指定療育機関は、三十日以上の予告期間を設けて、その指定を辞退することができる。
⑧　都道府県知事は、指定療育機関が第六項の規定に基づく政令で定める基準に適合しなくなつたとき、次条の規定に違反したとき、その他指定療育機関に第二項の医療を担当させるについて著しく不適当であると認められる理由があるときは、その指定を取り消すことができる。

〔**医療の担当**〕
第二一条　指定療育機関は、内閣総理大臣の定めるところにより、前条第二項の医療を担当しなければならない。

〔**準用規定**〕
第二一条の二　第十九条の十二及び第十九条の二十の規定は、指定療育機関について準用する。この場合において、第十九条の十二第二項中「厚生労働大臣」とあるのは「内閣総理大臣」と、第十九条の二十第四項中「厚生労働省令」とあるのは「内閣府令」と読み替えるほか、必要な技術的読替えは、政令で定める。

〔**報告の請求及び検査**〕
第二一条の三　**都道府県知事**は、指定療育機関の診療報酬の請求が適正であるかどうかを調査するため必要があると認めるときは、指定療育機関の管理者に対して必要な報告を求め、又は当該職員をして、指定療育機関について、その管理者の同意を得て、実地に診療録、帳簿書類その他の物件を検査させることができる。
②　指定療育機関の管理者が、正当な理由がなく、前項の報告の求めに応ぜず、若しくは虚偽の報告をし、又は同項の同意を拒んだときは、都道府県知事は、当該指定療育機関に対する都道府県の診療報酬の支払を一時差し止めることを指示し、又は差し止めることができる。
③　内閣総理大臣は、前項に規定する都道府県知事の権限に属する事務について、児童の利益を保護する緊急の必要があると認めるときは、都道府県知事に対し同項の事務を行うことを指示することができる。

第四款　雑則

〔**調査及び研究**〕
第二一条の四　国は、小児慢性特定疾病の治療方法その他小児慢性特定疾病その他の疾病にかかつていることにより長期にわたり療養を必要とする児童等（第三項及び第二十一条の五第一項において「**疾病児童等**」という。）の健全な育成に資する調査及び研究を推進するものとする。
②　国は、前項に規定する調査及び研究の推進に当たつては、難病の患者に対する良質かつ適切な医療の確保を図るための基盤となる難病の発病の機構、診断及び治療方法に関する調査及び研究並びに難病の患者の療養生活の質の維持向上を図るための調査及び研究との適切な連携を図るよう留意するものとする。
③　厚生労働大臣は、第一項に規定する調査及び研究の成果を適切な方法により地方公共団体、小児慢性特定疾病の治療方法その他疾病児童等の健全な育成に資する調査及び研究を行う者、医師、疾病児童等及びその家族その他の関係者に対して積極的に提供するものとする。

④　厚生労働大臣は、前項の規定により第一項に規定する調査及び研究の成果を提供するに当たつては、個人情報の保護に留意しなければならない。

⑤　都道府県は、厚生労働大臣に対し、医療費支給認定に係る小児慢性特定疾病児童又は医療費支給認定患者その他厚生労働省令で定める者に係る小児慢性特定疾病の病名、病状の程度その他の厚生労働省令で定める小児慢性特定疾病児童等に関する情報（厚生労働省令で定めるところにより医療費支給認定保護者又は医療費支給認定患者その他厚生労働省令で定める者の同意を得た情報に限る。以下「**同意小児慢性特定疾病関連情報**」という。）を、厚生労働省令で定める方法により提供しなければならない。

〔**匿名小児慢性特定疾病関連情報の利用又は提供**〕

第二一条の四の二　厚生労働大臣は、小児慢性特定疾病に関する調査及び研究の推進並びに国民保健の向上に資するため、匿名小児慢性特定疾病関連情報（同意小児慢性特定疾病関連情報に係る特定の小児慢性特定疾病児童等（次条において「本人」という。）を識別すること及びその作成に用いる同意小児慢性特定疾病関連情報を復元することができないようにするために厚生労働省令で定める基準に従い加工した同意小児慢性特定疾病関連情報をいう。以下同じ。）を利用し、又は厚生労働省令で定めるところにより、次の各号に掲げる者であつて、匿名小児慢性特定疾病関連情報の提供を受けて行うことについて相当の公益性を有すると認められる業務としてそれぞれ当該各号に定めるものを行うものに提供することができる。

一　国の他の行政機関及び地方公共団体　小児慢性特定疾病に係る対策に関する施策の企画及び立案に関する調査

二　大学その他の研究機関　小児慢性特定疾病児童等に対する良質かつ適切な医療の確保又は小児慢性特定疾病児童等の療養生活の質の維持向上に資する研究

三　民間事業者その他の厚生労働省令で定める者　小児慢性特定疾病児童等に対する医療又は小児慢性特定疾病児童等の福祉の分野の研究開発に資する分析その他の厚生労働省令で定める業務（特定の商品又は役務の広告又は宣伝に利用するために行うものを除く。）

②　厚生労働大臣は、前項の規定による匿名小児慢性特定疾病関連情報の利用又は提供を行う場合には、当該匿名小児慢性特定疾病関連情報を難病の患者に対する医療等に関する法律第二十七条の二第一項に規定する匿名指定難病関連情報その他の厚生労働省令で定めるものと連結して利用し、又は連結して利用することができる状態で提供することができる。

③　厚生労働大臣は、第一項の規定により匿名小児慢性特定疾病関連情報を提供しようとする場合には、あらかじめ、社会保障審議会の意見を聴かなければならない。

〔**照合等の禁止**〕

第二一条の四の三　前条第一項の規定により匿名小児慢性特定疾病関連情報の提供を受け、これを利用する者（以下「**匿名小児慢性特定疾病関連情報利用者**」という。）は、匿名小児慢性特定疾病関連情報を取り扱うに当たつては、当該匿名小児慢性特定疾病関連情報の作成に用いられた同意小児慢性特定疾病関連情報に係る本人を識別するために、当該同意小児慢性特定疾病関連情報から削除された記述等（文書、図画若しくは電磁的記録（電磁的方式（電子的方式、磁気的方式その他人の知覚によつては認識することができない方式をいう。）で作られる記録をいう。）に記載され、若しくは記録され、又は音声、動作その他の方法を用いて表された一切の事項をいう。）若しくは匿名小児慢性特定疾病関連情報の作成に用いられた加工の方法に関する情報を取得し、又は当該匿名小児慢性特定疾病関連情報を他の情報と照合してはならない。

注　第二一条の四の三は、令和四年一二月一六日法律第一〇四号により次のように改正され、令和四年一二月一六日から起算して三年を超えない範囲内において政令で定める日から施行される。

　第二十一条の四の三中「事項をいう」の下に「。第三十三条の二十三の四において同じ」を加える。

〔消去〕

第二一条の四の四　匿名小児慢性特定疾病関連情報利用者は、提供を受けた匿名小児慢性特定疾病関連情報を利用する必要がなくなつたときは、遅滞なく、当該匿名小児慢性特定疾病関連情報を消去しなければならない。

〔安全管理措置〕

第二一条の四の五　匿名小児慢性特定疾病関連情報利用者は、匿名小児慢性特定疾病関連情報の漏えい、滅失又は毀損の防止その他の当該匿名小児慢性特定疾病関連情報の安全管理のために必要かつ適切なものとして厚生労働省令で定める措置を講じなければならない。

〔匿名小児慢性特定疾病関連情報利用者の責務〕

第二一条の四の六　匿名小児慢性特定疾病関連情報利用者又は匿名小児慢性特定疾病関連情報利用者であつた者は、匿名小児慢性特定疾病関連情報の利用に関して知り得た匿名小児慢性特定疾病関連情報の内容をみだりに他人に知らせ、又は不当な目的に利用してはならない。

〔報告等〕

第二一条の四の七　厚生労働大臣は、この款（第二十一条の四を除く。）の規定の施行に必要な限度において、匿名小児慢性特定疾病関連情報利用者（国の他の行政機関を除く。以下この項及び次条において同じ。）に対し報告若しくは帳簿書類の提出若しくは提示を命じ、又は当該職員に関係者に対して質問させ、若しくは匿名小児慢性特定疾病関連情報利用者の事務所その他の事業所に立ち入り、匿名小児慢性特定疾病関連情報利用者の帳簿書類その他の物件を検査させることができる。

②　第十九条の十六第二項の規定は前項の規定による質問又は検査について、同条第三項の規定は前項の規定による権限について準用する。

〔是正命令〕

第二一条の四の八　厚生労働大臣は、匿名小児慢性特定疾病関連情報利用者が第二十一条の四の三から第二十一条の四の六までの規定に違反していると認めるときは、その者に対し、当該違反を是正するため必要な措置をとるべきことを命ずることができる。

〔国立成育医療研究センター等への委託〕

第二一条の四の九　厚生労働大臣は、第二十一条の四第一項に規定する調査及び研究並びに第二十一条の四の二第一項の規定による利用又は提供に係る事務の全部又は一部を国立研究開発法人国立成育医療研究センターその他厚生労働省令で定める者（次条第一項及び第三項において「国立成育医療研究センター等」という。）に委託することができる。

〔手数料〕

第二一条の四の一〇　匿名小児慢性特定疾病関連情報利用者は、実費を勘案して政令で定める額の手数料を国（前条の規定により厚生労働大臣からの委託を受けて、国立成育医療研究センター等が第二十一条の四の二第一項の規定による匿名小児慢性特定疾病関連情報の提供に係る事務の全部を行う場合にあつては、国立成育医療研究センター等）に納めなければならない。

②　厚生労働大臣は、前項の手数料を納めようとする者が都道府県その他の小児慢性特定疾病に関する調査及び研究の推進並びに国民保健の向上に資するために特に重要な

役割を果たす者として政令で定める者であるときは、政令で定めるところにより、当該手数料を減額し、又は免除することができる。

③ 第一項の規定により国立成育医療研究センター等に納められた手数料は、国立成育医療研究センター等の収入とする。

〔基本的方針〕

第二一条の五 厚生労働大臣は、良質かつ適切な小児慢性特定疾病医療支援の実施その他の疾病児童等の健全な育成に係る施策の推進を図るための基本的な方針を定めるものとする。

② 厚生労働大臣は、前項の基本的な方針を定め、又は変更するときは、あらかじめ、関係行政機関の長に協議しなければならない。

第二節　居宅生活の支援

第一款　障害児通所給付費、特例障害児通所給付費及び高額障害児通所給付費の支給

〔障害児通所給付費及び特例障害児通所給付費の支給〕

第二一条の五の二 障害児通所給付費及び特例障害児通所給付費の支給は、次に掲げる障害児通所支援に関して次条及び第二十一条の五の四の規定により支給する給付とする。

一 児童発達支援（治療に係るものを除く。）

二 放課後等デイサービス

三 居宅訪問型児童発達支援

四 保育所等訪問支援

〔障害児通所給付費〕

第二一条の五の三 市町村は、通所給付決定保護者が、第二十一条の五の七第八項に規定する通所給付決定の有効期間内において、都道府県知事が指定する障害児通所支援事業を行う者（以下「**指定障害児通所支援事業者**」という。）から障害児通所支援（以下「**指定通所支援**」という。）を受けたときは、当該通所給付決定保護者に対し、当該指定通所支援（同条第七項に規定する支給量の範囲内のものに限る。以下この条及び次条において同じ。）に要した費用（食事の提供に要する費用その他の日常生活に要する費用のうち内閣府令で定める費用（以下「**通所特定費用**」という。）を除く。）について、障害児通所給付費を支給する。

② 障害児通所給付費の額は、一月につき、第一号に掲げる額から第二号に掲げる額を控除して得た額とする。

一 同一の月に受けた指定通所支援について、障害児通所支援の種類ごとに指定通所支援に通常要する費用（通所特定費用を除く。）につき、内閣総理大臣が定める基準により算定した費用の額（その額が現に当該指定通所支援に要した費用（通所特定費用を除く。）の額を超えるときは、当該現に指定通所支援に要した費用の額）を合計した額

二 当該通所給付決定保護者の家計の負担能力その他の事情をしん酌して政令で定める額（当該政令で定める額が前号に掲げる額の百分の十に相当する額を超えるときは、当該相当する額）

〔特例障害児通所給付費〕

第二一条の五の四 市町村は、次に掲げる場合において、必要があると認めるときは、内閣府令で定めるところにより、当該指定通所支援又は第二号に規定する基準該当通所支援（第二十一条の五の七第七項に規定する支給量の範囲内のものに限る。）に要した費用（通所特定費用を除く。）について、特例障害児通所給付費を支給することができる。

一 通所給付決定保護者が、第二十一条の五の六第一項の申請をした日から当該通所給付決定の効力が生じた日の前日までの間に、緊急その他やむを得ない理由により指定通所支援を受けたとき。

二 通所給付決定保護者が、指定通所支援以外の障害児通所支援（第二十一条の五

の十九第一項の都道府県の条例で定める基準又は同条第二項の都道府県の条例で定める指定通所支援の事業の設備及び運営に関する基準に定める事項のうち都道府県の条例で定めるものを満たすと認められる事業を行う事業所により行われるものに限る。以下「**基準該当通所支援**」という。)を受けたとき。

三　その他政令で定めるとき。

② 都道府県が前項第二号の条例を定めるに当たつては、第一号から第三号までに掲げる事項については内閣府令で定める基準に従い定めるものとし、第四号に掲げる事項については内閣府令で定める基準を標準として定めるものとし、その他の事項については内閣府令で定める基準を参酌するものとする。

一　基準該当通所支援に従事する従業者及びその員数

二　基準該当通所支援の事業に係る居室の床面積その他基準該当通所支援の事業の設備に関する事項であつて障害児の健全な発達に密接に関連するものとして内閣府令で定めるもの

三　基準該当通所支援の事業の運営に関する事項であつて、障害児の保護者のサービスの適切な利用の確保、障害児の安全の確保及び秘密の保持に密接に関連するものとして内閣府令で定めるもの

四　基準該当通所支援の事業に係る利用定員

③ 特例障害児通所給付費の額は、一月につき、同一の月に受けた次の各号に掲げる障害児通所支援の区分に応じ、当該各号に定める額を合計した額から、それぞれ当該通所給付決定保護者の家計の負担能力その他の事情をしん酌して政令で定める額(当該政令で定める額が当該合計した額の百分の十に相当する額を超えるときは、当該相当する額)を控除して得た額を基準として、市町村が定める。

一　指定通所支援　前条第二項第一号の内閣総理大臣が定める基準により算定した費用の額(その額が現に当該指定通所支援に要した費用(通所特定費用を除く。)の額を超えるときは、当該現に指定通所支援に要した費用の額)

二　基準該当通所支援　障害児通所支援の種類ごとに基準該当通所支援に通常要する費用(通所特定費用を除く。)につき内閣総理大臣が定める基準により算定した費用の額(その額が現に当該基準該当通所支援に要した費用(通所特定費用を除く。)の額を超えるときは、当該現に基準該当通所支援に要した費用の額)

〔障害児通所給付費等の通所給付決定〕

第二一条の五の五　障害児通所給付費又は特例障害児通所給付費(以下この款において「**障害児通所給付費等**」という。)の支給を受けようとする障害児の保護者は、市町村の障害児通所給付費等を支給する旨の決定(以下「**通所給付決定**」という。)を受けなければならない。

② 通所給付決定は、障害児の保護者の居住地の市町村が行うものとする。ただし、障害児の保護者が居住地を有しないとき、又は明らかでないときは、その障害児の保護者の現在地の市町村が行うものとする。

〔申請〕

第二一条の五の六　通所給付決定を受けようとする障害児の保護者は、内閣府令で定めるところにより、市町村に申請しなければならない。

② 市町村は、前項の申請があつたときは、次条第一項に規定する通所支給要否決定を行うため、内閣府令で定めるところにより、当該職員をして、当該申請に係る障害児又は障害児の保護者に面接をさせ、その心身の状況、その置かれている環境その他内閣府令で定める事項について調査をさせるものとする。この場合において、市町村は、当該調査を障害者の日常生活及び社会生活を総合的に支援するための法律第五十一条の十四第一項に規定する指定一般相談

支援事業者その他の内閣府令で定める者（以下この条において「指定障害児相談支援事業者等」という。）に委託することができる。

③　前項後段の規定により委託を受けた指定障害児相談支援事業者等は、障害児の保健又は福祉に関する専門的知識及び技術を有するものとして内閣府令で定める者に当該委託に係る調査を行わせるものとする。

④　第二項後段の規定により委託を受けた指定障害児相談支援事業者等の役員（業務を執行する社員、取締役、執行役又はこれらに準ずる者をいい、相談役、顧問その他いかなる名称を有する者であるかを問わず、法人に対し業務を執行する社員、取締役、執行役又はこれらに準ずる者と同等以上の支配力を有するものと認められる者を含む。次項並びに第二十一条の五の十五第三項第六号（第二十四条の九第三項（第二十四条の十第四項において準用する場合を含む。）及び第二十四条の二十八第二項（第二十四条の二十九第四項において準用する場合を含む。）において準用する場合を含む。）、第二十四条の十七第十一号及び第二十四条の三十六第十一号において同じ。）若しくは前項の内閣府令で定める者又はこれらの職にあつた者は、正当な理由なしに、当該委託業務に関して知り得た個人の秘密を漏らしてはならない。

⑤　第二項後段の規定により委託を受けた指定障害児相談支援事業者等の役員又は第三項の内閣府令で定める者で、当該委託業務に従事するものは、刑法その他の罰則の適用については、法令により公務に従事する職員とみなす。

〔通所支給要否決定等〕

第二十一条の五の七　市町村は、前条第一項の申請が行われたときは、当該申請に係る障害児の心身の状態、当該障害児の介護を行う者の状況、当該障害児及びその保護者の障害児通所支援の利用に関する意向その他の内閣府令で定める事項を勘案して障害児通所給付費等の支給の要否の決定（以下この条及び第三十三条の二十三の二第一項第二号において「通所支給要否決定」という。）を行うものとする。

②　市町村は、通所支給要否決定を行うに当たつて必要があると認めるときは、児童相談所その他内閣府令で定める機関（次項、第二十一条の五の十及び第二十一条の五の十三第三項において「**児童相談所等**」という。）の意見を聴くことができる。

③　児童相談所等は、前項の意見を述べるに当たつて必要があると認めるときは、当該通所支給要否決定に係る障害児、その保護者及び家族、医師その他の関係者の意見を聴くことができる。

④　市町村は、通所支給要否決定を行うに当たつて必要と認められる場合として内閣府令で定める場合には、内閣府令で定めるところにより、前条第一項の申請に係る障害児の保護者に対し、第二十四条の二十六第一項第一号に規定する指定障害児相談支援事業者が作成する障害児支援利用計画案の提出を求めるものとする。

⑤　前項の規定により障害児支援利用計画案の提出を求められた障害児の保護者は、内閣府令で定める場合には、同項の障害児支援利用計画案に代えて内閣府令で定める障害児支援利用計画案を提出することができる。

⑥　市町村は、前二項の障害児支援利用計画案の提出があつた場合には、第一項の内閣府令で定める事項及び当該障害児支援利用計画案を勘案して通所支給要否決定を行うものとする。

⑦　市町村は、通所給付決定を行う場合には、障害児通所支援の種類ごとに月を単位として内閣府令で定める期間において障害児通所給付費等を支給する障害児通所支援の量（以下「**支給量**」という。）を定めなければならない。

⑧　通所給付決定は、内閣府令で定める期間（以下「**通所給付決定の有効期間**」とい

う。）内に限り、その効力を有する。

⑨　市町村は、通所給付決定をしたときは、当該通所給付決定保護者に対し、内閣府令で定めるところにより、支給量、通所給付決定の有効期間その他の内閣府令で定める事項を記載した通所受給者証（以下「**通所受給者証**」という。）を交付しなければならない。

⑩　指定通所支援を受けようとする通所給付決定保護者は、内閣府令で定めるところにより、指定障害児通所支援事業者に通所受給者証を提示して当該指定通所支援を受けるものとする。ただし、緊急の場合その他やむを得ない事由のある場合については、この限りでない。

⑪　通所給付決定保護者が指定障害児通所支援事業者から指定通所支援を受けたとき（当該通所給付決定保護者が当該指定障害児通所支援事業者に通所受給者証を提示したときに限る。）は、市町村は、当該通所給付決定保護者が当該指定障害児通所支援事業者に支払うべき当該指定通所支援に要した費用（通所特定費用を除く。）について、通所給付費として当該通所給付決定保護者に支給すべき額の限度において、当該通所給付決定保護者に代わり、当該指定障害児通所支援事業者に支払うことができる。

⑫　前項の規定による支払があつたときは、当該通所給付決定保護者に対し障害児通所給付費の支給があつたものとみなす。

⑬　市町村は、指定障害児通所支援事業者から障害児通所給付費の請求があつたときは、第二十一条の五の三第二項第一号の内閣総理大臣が定める基準及び第二十一条の五の十九第二項の指定通所支援の事業の設備及び運営に関する基準（指定通所支援の取扱いに関する部分に限る。）に照らして審査の上、支払うものとする。

⑭　市町村は、前項の規定による審査及び支払に関する事務を連合会に委託することができる。

〔**通所給付決定の変更**〕

第二一条の五の八　通所給付決定保護者は、現に受けている通所給付決定に係る障害児通所支援の支給量その他の内閣府令で定める事項を変更する必要があるときは、内閣府令で定めるところにより、市町村に対し、当該通所給付決定の変更の申請をすることができる。

②　市町村は、前項の申請又は職権により、前条第一項の内閣府令で定める事項を勘案し、通所給付決定保護者につき、必要があると認めるときは、通所給付決定の変更の決定を行うことができる。この場合において、市町村は、当該決定に係る通所給付決定保護者に対し通所受給者証の提出を求めるものとする。

③　第二十一条の五の五第二項、第二十一条の五の六（第一項を除く。）及び前条（第一項を除く。）の規定は、前項の通所給付決定の変更の決定について準用する。この場合において、必要な技術的読替えは、政令で定める。

④　市町村は、第二項の通所給付決定の変更の決定を行つた場合には、通所受給者証に当該決定に係る事項を記載し、これを返還するものとする。

〔**通所給付決定の取消し**〕

第二一条の五の九　通所給付決定を行つた市町村は、次に掲げる場合には、当該通所給付決定を取り消すことができる。

一　通所給付決定に係る障害児が、指定通所支援及び基準該当通所支援を受ける必要がなくなつたと認めるとき。

二　通所給付決定保護者が、通所給付決定の有効期間内に、当該市町村以外の市町村の区域内に居住地を有するに至つたと認めるとき。

三　通所給付決定に係る障害児又はその保護者が、正当な理由なしに第二十一条の五の六第二項（前条第三項において準用する場合を含む。）の規定による調査に応じないとき。

四　その他政令で定めるとき。

②　前項の規定により通所給付決定の取消しを行つた市町村は、内閣府令で定めるところにより、当該取消しに係る通所給付決定保護者に対し通所受給者証の返還を求めるものとする。

〔都道府県による援助等〕

第二十一条の五の一〇　都道府県は、市町村の求めに応じ、市町村が行う第二十一条の五の五から前条までの規定による業務に関し、その設置する児童相談所等による技術的事項についての協力その他市町村に対する必要な援助を行うものとする。

〔障害児通所給付費の額の特例〕

第二十一条の五の一一　市町村が、災害その他の内閣府令で定める特別の事情があることにより、障害児通所支援に要する費用を負担することが困難であると認めた通所給付決定保護者が受ける障害児通所給付費の支給について第二十一条の五の三第二項の規定を適用する場合においては、同項第二号中「額）」とあるのは、「額）の範囲内において市町村が定める額」とする。

②　前項に規定する通所給付決定保護者が受ける特例障害児通所給付費の支給について第二十一条の五の四第三項の規定を適用する場合においては、同項中「を控除して得た額を基準として、市町村が定める」とあるのは、「の範囲内において市町村が定める額を控除して得た額とする」とする。

〔高額障害児通所給付費の支給〕

第二十一条の五の一二　市町村は、通所給付決定保護者が受けた障害児通所支援に要した費用の合計額（内閣総理大臣が定める基準により算定した費用の額（その額が現に要した費用の額を超えるときは、当該現に要した額）の合計額を限度とする。）から当該費用につき支給された障害児通所給付費及び特例障害児通所給付費の合計額を控除して得た額が、著しく高額であるときは、当該通所給付決定保護者に対し、高額障害児通所給付費を支給する。

②　前項に定めるもののほか、高額障害児通所給付費の支給要件、支給額その他高額障害児通所給付費の支給に関し必要な事項は、指定通所支援に要する費用の負担の家計に与える影響を考慮して、政令で定める。

〔放課後等デイサービス障害児通所給付費等の支給〕

第二十一条の五の一三　市町村は、第二十一条の五の三第一項、第二十一条の五の四第一項又は前条第一項の規定にかかわらず、放課後等デイサービスを受けている障害児（以下この項において「通所者」という。）について、引き続き放課後等デイサービスを受けなければその福祉を損なうおそれがあると認めるときは、当該通所者が満十八歳に達した後においても、当該通所者からの申請により、当該通所者が満二十歳に達するまで、内閣府令で定めるところにより、引き続き放課後等デイサービスに係る障害児通所給付費、特例障害児通所給付費又は高額障害児通所給付費（次項において「放課後等デイサービス障害児通所給付費等」という。）を支給することができる。ただし、当該通所者が障害者の日常生活及び社会生活を総合的に支援するための法律第五条第七項に規定する生活介護その他の支援を受けることができる場合は、この限りでない。

②　前項の規定により放課後等デイサービス障害児通所給付費等を支給することができることとされた者については、その者を障害児又は障害児の保護者とみなして、第二十一条の五の三から前条までの規定を適用する。この場合において、必要な技術的読替えその他これらの規定の適用に関し必要な事項は、政令で定める。

③　市町村は、第一項の場合において必要があると認めるときは、児童相談所等の意見を聴くことができる。

〔内閣府令への委任〕

第二十一条の五の一四　この款に定めるものの

ほか、障害児通所給付費、特例障害児通所給付費又は高額障害児通所給付費の支給及び指定障害児通所支援事業者の障害児通所給付費の請求に関し必要な事項は、内閣府令で定める。

第二款　指定障害児通所支援事業者

〔**指定障害児通所支援事業者の指定**〕

第二一条の五の一五　第二十一条の五の三第一項の指定は、内閣府令で定めるところにより、障害児通所支援事業を行う者の申請により、障害児通所支援の種類及び障害児通所支援事業を行う事業所（以下「**障害児通所支援事業所**」という。）ごとに行う。

②　放課後等デイサービスその他の内閣府令で定める障害児通所支援（以下この項及び第五項並びに第二十一条の五の二十第一項において「**特定障害児通所支援**」という。）に係る第二十一条の五の三第一項の指定は、当該特定障害児通所支援の量を定めてするものとする。

③　都道府県知事は、第一項の申請があつた場合において、次の各号のいずれかに該当するときは、指定障害児通所支援事業者の指定をしてはならない。

一　申請者が都道府県の条例で定める者でないとき。

二　当該申請に係る障害児通所支援事業所の従業者の知識及び技能並びに人員が、第二十一条の五の十九第一項の都道府県の条例で定める基準を満たしていないとき。

三　申請者が、第二十一条の五の十九第二項の都道府県の条例で定める指定通所支援の事業の設備及び運営に関する基準に従つて適正な障害児通所支援事業の運営をすることができないと認められるとき。

四　申請者が禁錮以上の刑に処せられ、その執行を終わり、又は執行を受けることがなくなるまでの者であるとき。

五　申請者が、この法律その他国民の保健医療若しくは福祉に関する法律で政令で定めるものの規定により罰金の刑に処せられ、その執行を終わり、又は執行を受けることがなくなるまでの者であるとき。

五の二　申請者が、労働に関する法律の規定であつて政令で定めるものにより罰金の刑に処せられ、その執行を終わり、又は執行を受けることがなくなるまでの者であるとき。

六　申請者が、第二十一条の五の二十四第一項又は第三十三条の十八第六項の規定により指定を取り消され、その取消しの日から起算して五年を経過しない者（当該指定を取り消された者が法人である場合においては、当該取消しの処分に係る行政手続法第十五条の規定による通知があつた日前六十日以内に当該法人の役員又はその障害児通所支援事業所を管理する者その他の政令で定める使用人（以下この条及び第二十一条の五の二十四第一項第十二号において「役員等」という。）であつた者で当該取消しの日から起算して五年を経過しないものを含み、当該指定を取り消された者が法人でない場合においては、当該通知があつた日前六十日以内に当該者の管理者であつた者で当該取消しの日から起算して五年を経過しないものを含む。）であるとき。ただし、当該指定の取消しが、指定障害児通所支援事業者の指定の取消しのうち当該指定の取消しの処分の理由となつた事実及び当該事実の発生を防止するための当該指定障害児通所支援事業者による業務管理体制の整備についての取組の状況その他の当該事実に関して当該指定障害児通所支援事業者が有していた責任の程度を考慮して、この号本文に規定する指定の取消しに該当しないこととすることが相当であると認められるものとして内閣府令で定めるものに該当する場合を除く。

七　申請者と密接な関係を有する者（申請

者（法人に限る。以下この号において同じ。）の株式の所有その他の事由を通じて当該申請者の事業を実質的に支配し、若しくはその事業に重要な影響を与える関係にある者として内閣府令で定めるもの（以下この号において「申請者の親会社等」という。）、申請者の親会社等が株式の所有その他の事由を通じてその事業を実質的に支配し、若しくはその事業に重要な影響を与える関係にある者として内閣府令で定めるもの又は当該申請者が株式の所有その他の事由を通じてその事業を実質的に支配し、若しくはその事業に重要な影響を与える関係にある者として内閣府令で定めるもののうち、当該申請者と内閣府令で定める密接な関係を有する法人をいう。）が、第二十一条の五の二十四第一項又は第三十三条の十八第六項の規定により指定を取り消され、その取消しの日から起算して五年を経過していないとき。ただし、当該指定の取消しが、指定障害児通所支援事業者の指定の取消しのうち当該指定の取消しの処分の理由となつた事実及び当該事実の発生を防止するための当該指定障害児通所支援事業者による業務管理体制の整備についての取組の状況その他の当該事実に関して当該指定障害児通所支援事業者が有していた責任の程度を考慮して、この号本文に規定する指定の取消しに該当しないこととすることが相当であると認められるものとして内閣府令で定めるものに該当する場合を除く。

八　削除

九　申請者が、第二十一条の五の二十四第一項又は第三十三条の十八第六項の規定による指定の取消しの処分に係る行政手続法第十五条の規定による通知があつた日から当該処分をする日又は処分をしないことを決定する日までの間に第二十一条の五の二十第四項の規定による事業の廃止の届出をした者（当該事業の廃止について相当の理由がある者を除く。）で、当該届出の日から起算して五年を経過しないものであるとき。

十　申請者が、第二十一条の五の二十二第一項の規定による検査が行われた日から聴聞決定予定日（当該検査の結果に基づき第二十一条の五の二十四第一項の規定による指定の取消しの処分に係る聴聞を行うか否かの決定をすることが見込まれる日として内閣府令で定めるところにより都道府県知事が当該申請者に当該検査が行われた日から十日以内に特定の日を通知した場合における当該特定の日をいう。）までの間に第二十一条の五の二十第四項の規定による事業の廃止の届出をした者（当該事業の廃止について相当の理由がある者を除く。）で、当該届出の日から起算して五年を経過しないものであるとき。

十一　第九号に規定する期間内に第二十一条の五の二十第四項の規定による事業の廃止の届出があつた場合において、申請者が、同号の通知の日前六十日以内に当該事業の廃止の届出に係る法人（当該事業の廃止について相当の理由がある法人を除く。）の役員等又は当該届出に係る法人でない者（当該事業の廃止について相当の理由がある者を除く。）の管理者であつた者で、当該届出の日から起算して五年を経過しないものであるとき。

十二　申請者が、指定の申請前五年以内に障害児通所支援に関し不正又は著しく不当な行為をした者であるとき。

十三　申請者が、法人で、その役員等のうちに第四号から第六号まで又は第九号から前号までのいずれかに該当する者のあるものであるとき。

十四　申請者が、法人でない者で、その管理者が第四号から第六号まで又は第九号から第十二号までのいずれかに該当する者であるとき。

④　都道府県が前項第一号の条例を定めるに

当たつては、内閣府令で定める基準に従い定めるものとする。

⑤　都道府県知事は、特定障害児通所支援につき第一項の申請があつた場合において、当該都道府県又は当該申請に係る障害児通所支援事業所の所在地を含む区域（第三十三条の二十二第二項第二号の規定により都道府県が定める区域をいう。）における当該申請に係る種類ごとの指定通所支援の量が、同条第一項の規定により当該都道府県が定める都道府県障害児福祉計画において定める当該都道府県若しくは当該区域の当該指定通所支援の必要な量に既に達しているか、又は当該申請に係る事業者の指定によつてこれを超えることになると認めるとき、その他の当該都道府県障害児福祉計画の達成に支障を生ずるおそれがあると認めるときは、第二十一条の五の三第一項の指定をしないことができる。

⑥　関係市町村長は、内閣府令で定めるところにより、都道府県知事に対し、第二十一条の五の三第一項の指定について、当該指定をしようとするときは、あらかじめ、当該関係市町村長にその旨を通知するよう求めることができる。この場合において、当該都道府県知事は、その求めに応じなければならない。

⑦　関係市町村長は、前項の規定による通知を受けたときは、内閣府令で定めるところにより、第二十一条の五の三第一項の指定に関し、都道府県知事に対し、当該関係市町村の第三十三条の二十第一項に規定する市町村障害児福祉計画との調整を図る見地からの意見を申し出ることができる。

⑧　都道府県知事は、前項の意見を勘案し、第二十一条の五の三第一項の指定を行うに当たつて、当該事業の適正な運営を確保するために必要と認める条件を付することができる。

注　第二一条の五の一五は、令和四年六月一七日法律第六八号により次のように改正され、令和四年六月一七日から起算して三年を超えない範囲内において政令で定める日から施行される。

第二十一条の五の十五第三項第四号中「禁錮」を「拘禁刑」に改める。

〔指定の更新〕

第二一条の五の一六　第二十一条の五の三第一項の指定は、六年ごとにその更新を受けなければ、その期間の経過によつて、その効力を失う。

②　前項の更新の申請があつた場合において、同項の期間（以下この条において「指定の有効期間」という。）の満了の日までにその申請に対する処分がされないときは、従前の指定は、指定の有効期間の満了後もその処分がされるまでの間は、なおその効力を有する。

③　前項の場合において、指定の更新がされたときは、その指定の有効期間は、従前の指定の有効期間の満了の日の翌日から起算するものとする。

④　前条の規定は、第一項の指定の更新について準用する。この場合において、必要な技術的読替えは、政令で定める。

〔共生型障害児通所支援事業者の特例〕

第二一条の五の一七　児童発達支援その他内閣府令で定める障害児通所支援に係る障害児通所支援事業所について、介護保険法（平成九年法律第百二十三号）第四十一条第一項本文の指定（当該障害児通所支援事業所により行われる障害児通所支援の種類に応じて内閣府令で定める種類の同法第八条第一項に規定する居宅サービスに係るものに限る。）、同法第四十二条の二第一項本文の指定（当該障害児通所支援事業所により行われる障害児通所支援の種類に応じて内閣府令で定める種類の同法第八条第十四項に規定する地域密着型サービスに係るものに限る。）、同法第五十三条第一項本文の指定（当該障害児通所支援事業所により行われる障害児通所支援の種類に応じて内閣府令で定める種類の同法第八条の二第一項に規定する介護予防サービスに係るものに限る。）若しくは同法第五十四条の二第一項本文の指定（当該障害児通所支援事業所により行われる障害児通所支援の種類に応じて内閣府令で定める種類の同法第八条の二第十二項に規定する地域密着型介護予防サービスに係るものに限る。）又は障害者の日常生活及び社会生活を総合的に支援するための法律第二十九条第一項の指定障害福祉サービス事業者の指定（当該障害児通所支援事業所により行われる障害児通所支援の種類に応じて内閣府令で定める種類の同法第五条第一項に規定する障害福祉サービスに係るものに限る。）を受けている者から当該障害児通所支援事業所に係る第二十一条の五の十五第一項（前条第四項において準用する場合を含む。）の申請があつた場合において、次の各号のいずれにも該当するときにおける第二十一条の五の十五第三項（前条第四項において準用する場合を含む。以下この項において同じ。）の規定の適用については、第二十一条の五の十五第三項第二号中「第二十一条の五の十九第一項の」とあるのは「第二十一条の五の十七第一項第一号の指定通所支援に従事する従業者に係る」と、同項第三号中「第二十一条の五の十九第二項」とあるのは「第二十一条の五の十七第一項第二号」とする。ただし、申請者が、内閣府令で定めるところにより、別段の申出をしたときは、この限りでない。

一　当該申請に係る障害児通所支援事業所の従業者の知識及び技能並びに人員が、指定通所支援に従事する従業者に係る都道府県の条例で定める基準を満たしていること。

二　申請者が、都道府県の条例で定める指定通所支援の事業の設備及び運営に関する基準に従つて適正な障害児通所支援事業の運営をすることができると認められること。

②　都道府県が前項各号の条例を定めるに当たつては、第一号から第三号までに掲げる事項については内閣府令で定める基準に従い定めるものとし、第四号に掲げる事項については内閣府令で定める基準を標準として定めるものとし、その他の事項については内閣府令で定める基準を参酌するものとする。

一　指定通所支援に従事する従業者及びその員数

二　指定通所支援の事業に係る居室の床面積その他指定通所支援の事業の設備に関する事項であつて障害児の健全な発達に密接に関連するものとして内閣府令で定めるもの

三　指定通所支援の事業の運営に関する事項であつて、障害児の保護者のサービスの適切な利用の確保並びに障害児の適切な処遇及び安全の確保並びに秘密の保持に密接に関連するものとして内閣府令で定めるもの

四　指定通所支援の事業に係る利用定員

③　第一項の場合において、同項に規定する者が同項の申請に係る第二十一条の五の三第一項の指定を受けたときは、その者に対しては、第二十一条の五の十九第三項の規定は適用せず、次の表の上欄に掲げる規定の適用については、これらの規定中同表の中欄に掲げる字句は、それぞれ同表の下欄に掲げる字句とする。

第二十一条の五の七第十三項	第二十一条の五の十九第二項	第二十一条の五の十七第一項第二号
第二十一条の五の十九第一項	都道府県	第二十一条の五の十七第一項第一号の指定通所支援に従事する従業者に係る都道府県
第二十一条	指定通所支	第二十一条の

の五の十九第二項	援の事業	五の十七第一項第二号の指定通所支援の事業
第二十一条の五の二十三第一項第二号	第二十一条の五の十九第一項の	第二十一条の五の十七第一項第一号の指定通所支援に従事する従業者に係る
第二十一条の五の二十三第一項第三号	第二十一条の五の十九第二項	第二十一条の五の十七第一項第二号
第二十一条の五の二十四第一項第四号	第二十一条の五の十九第一項の	第二十一条の五の十七第一項第一号の指定通所支援に従事する従業者に係る
第二十一条の五の二十四第一項第五号	第二十一条の五の十九第二項	第二十一条の五の十七第一項第二号

④　第一項に規定する者であつて、同項の申請に係る第二十一条の五の三第一項の指定を受けたものから、次の各号のいずれかの届出があつたときは、当該指定に係る指定通所支援の事業について、第二十一条の五の二十第四項の規定による事業の廃止又は休止の届出があつたものとみなす。

一　介護保険法第四十一条第一項に規定する指定居宅サービスの事業（当該指定に係る障害児通所支援事業所において行うものに限る。）に係る同法第七十五条第二項の規定による事業の廃止又は休止の届出

二　介護保険法第五十三条第一項に規定する指定介護予防サービスの事業（当該指定に係る障害児通所支援事業所において行うものに限る。）に係る同法第百十五条の五第二項の規定による事業の廃止又は休止の届出

三　障害者の日常生活及び社会生活を総合的に支援するための法律第二十九条第一項に規定する指定障害福祉サービスの事業（当該指定に係る障害児通所支援事業所において行うものに限る。）に係る同法第四十六条第二項の規定による事業の廃止又は休止の届出

⑤　第一項に規定する者であつて、同項の申請に係る第二十一条の五の三第一項の指定を受けたものは、介護保険法第四十二条の二第一項に規定する指定地域密着型サービスの事業（当該指定に係る障害児通所支援事業所において行うものに限る。）又は同法第五十四条の二第一項に規定する指定地域密着型介護予防サービスの事業（当該指定に係る障害児通所支援事業所において行うものに限る。）を廃止し、又は休止しようとするときは、内閣府令で定めるところにより、その廃止又は休止の日の一月前までに、その旨を当該指定を行つた都道府県知事に届け出なければならない。この場合において、当該届出があつたときは、当該指定に係る指定通所支援の事業について、第二十一条の五の二十第四項の規定による事業の廃止又は休止の届出があつたものとみなす。

〔指定障害児通所支援事業者の責務〕

第二一条の五の一八　指定障害児通所支援事業者は、障害児が自立した日常生活又は社会生活を営むことができるよう、障害児及びその保護者の意思をできる限り尊重するとともに、行政機関、教育機関その他の関係機関との緊密な連携を図りつつ、障害児通所支援を当該障害児の意向、適性、障害の特性その他の事情に応じ、常に障害児及びその保護者の立場に立つて効果的に行うように努めなければならない。

②　指定障害児通所支援事業者は、その提供

する障害児通所支援の質の評価を行うことその他の措置を講ずることにより、障害児通所支援の質の向上に努めなければならない。

③　指定障害児通所支援事業者は、障害児の人格を尊重するとともに、この法律又はこの法律に基づく命令を遵守し、障害児及びその保護者のため忠実にその職務を遂行しなければならない。

〔指定障害児通所支援事業者の基準〕

第二一条の五の一九　指定障害児通所支援事業者は、都道府県の条例で定める基準に従い、当該指定に係る障害児通所支援事業所ごとに、当該指定通所支援に従事する従業者を有しなければならない。

②　指定障害児通所支援事業者は、都道府県の条例で定める指定通所支援の事業の設備及び運営に関する基準に従い、指定通所支援を提供しなければならない。

③　都道府県が前二項の条例を定めるに当たつては、第一号から第三号までに掲げる事項については内閣府令で定める基準に従い定めるものとし、第四号に掲げる事項については内閣府令で定める基準を標準として定めるものとし、その他の事項については内閣府令で定める基準を参酌するものとする。

一　指定通所支援に従事する従業者及びその員数

二　指定通所支援の事業に係る居室及び病室の床面積その他指定通所支援の事業の設備に関する事項であつて障害児の健全な発達に密接に関連するものとして内閣府令で定めるもの

三　指定通所支援の事業の運営に関する事項であつて、障害児の保護者のサービスの適切な利用の確保並びに障害児の適切な処遇及び安全の確保並びに秘密の保持に密接に関連するものとして内閣府令で定めるもの

四　指定通所支援の事業に係る利用定員

④　指定障害児通所支援事業者は、次条第四項の規定による事業の廃止又は休止の届出をしたときは、当該届出の日前一月以内に当該指定通所支援を受けていた者であつて、当該事業の廃止又は休止の日以後においても引き続き当該指定通所支援に相当する支援の提供を希望する者に対し、必要な障害児通所支援が継続的に提供されるよう、他の指定障害児通所支援事業者その他関係者との連絡調整その他の便宜の提供を行わなければならない。

〔変更の届出等〕

第二一条の五の二〇　指定障害児通所支援事業者は、第二十一条の五の三第一項の指定に係る特定障害児通所支援の量を増加しようとするときは、内閣府令で定めるところにより、同項の指定の変更を申請することができる。

②　第二十一条の五の十五第三項から第五項までの規定は、前項の指定の変更の申請があつた場合について準用する。この場合において、必要な技術的読替えは、政令で定める。

③　指定障害児通所支援事業者は、当該指定に係る障害児通所支援事業所の名称及び所在地その他内閣府令で定める事項に変更があつたとき、又は休止した当該指定通所支援の事業を再開したときは、内閣府令で定めるところにより、十日以内に、その旨を都道府県知事に届け出なければならない。

④　指定障害児通所支援事業者は、当該指定通所支援の事業を廃止し、又は休止しようとするときは、内閣府令で定めるところにより、その廃止又は休止の日の一月前までに、その旨を都道府県知事に届け出なければならない。

〔都道府県知事等による連絡調整又は援助〕

第二一条の五の二一　都道府県知事又は市町村長は、第二十一条の五の十九第四項に規定する便宜の提供が円滑に行われるため必要があると認めるときは、当該指定障害児通所支援事業者その他の関係者相互間の連絡調整又は当該指定障害児通所支援事業者

その他の関係者に対する助言その他の援助を行うことができる。

② 内閣総理大臣は、同一の指定障害児通所支援事業者について二以上の都道府県知事が前項の規定による連絡調整又は援助を行う場合において、第二十一条の五の十八第三項に規定する便宜の提供が円滑に行われるため必要があると認めるときは、当該都道府県知事相互間の連絡調整又は当該指定障害児通所支援事業者に対する都道府県の区域を超えた広域的な見地からの助言その他の援助を行うことができる。

〔報告等〕

第二一条の五の二二 都道府県知事又は市町村長は、必要があると認めるときは、指定障害児通所支援事業者若しくは指定障害児通所支援事業者であつた者若しくは当該指定に係る障害児通所支援事業所の従業者であつた者（以下この項において「指定障害児通所支援事業者であつた者等」という。）に対し、報告若しくは帳簿書類その他の物件の提出若しくは提示を命じ、指定障害児通所支援事業者若しくは当該指定に係る障害児通所支援事業所の従業者若しくは指定障害児通所支援事業者であつた者等に対し出頭を求め、又は当該職員に、関係者に対し質問させ、若しくは当該指定障害児通所支援事業者の当該指定に係る障害児通所支援事業所、事務所その他当該指定通所支援の事業に関係のある場所に立ち入り、その設備若しくは帳簿書類その他の物件を検査させることができる。

② 第十九条の十六第二項の規定は前項の規定による質問又は検査について、同条第三項の規定は前項の規定による権限について準用する。

〔勧告、命令等〕

第二一条の五の二三 都道府県知事は、指定障害児通所支援事業者が、次の各号に掲げる場合に該当すると認めるときは、当該指定障害児通所支援事業者に対し、期限を定めて、当該各号に定める措置をとるべきことを勧告することができる。

一 第二十一条の五の十五第八項（第二十一条の五の十六第四項において準用する場合を含む。）の規定により付された条件に従わない場合 当該条件に従うこと。

二 当該指定に係る障害児通所支援事業所の従業者の知識若しくは技能又は人員について第二十一条の五の十九第一項の都道府県の条例で定める基準に適合していない場合 当該基準を遵守すること。

三 第二十一条の五の十九第二項の都道府県の条例で定める指定通所支援の事業の設備及び運営に関する基準に従つて適正な指定通所支援の事業の運営をしていない場合 当該基準を遵守すること。

四 第二十一条の五の十九第四項に規定する便宜の提供を適正に行つていない場合 当該便宜の提供を適正に行うこと。

② 都道府県知事は、前項の規定による勧告をした場合において、その勧告を受けた指定障害児通所支援事業者が、同項の期限内にこれに従わなかつたときは、その旨を公表することができる。

③ 都道府県知事は、第一項の規定による勧告を受けた指定障害児通所支援事業者が、正当な理由がなくてその勧告に係る措置をとらなかつたときは、当該指定障害児通所支援事業者に対し、期限を定めて、その勧告に係る措置をとるべきことを命ずることができる。

④ 都道府県知事は、前項の規定による命令をしたときは、その旨を公示しなければならない。

⑤ 市町村は、障害児通所給付費の支給に係る指定通所支援を行つた指定障害児通所支援事業者について、第一項各号に掲げる場合のいずれかに該当すると認めるときは、その旨を当該指定に係る障害児通所支援事業所の所在地の都道府県知事に通知しなければならない。

〔指定の取消し等〕

第二一条の五の二四 都道府県知事は、次の各号のいずれかに該当する場合においては、当該指定障害児通所支援事業者に係る第二十一条の五の三第一項の指定を取り消し、又は期間を定めてその指定の全部若しくは一部の効力を停止することができる。

一　指定障害児通所支援事業者が、第二十一条の五の十五第三項第四号から第五号の二まで、第十三号又は第十四号のいずれかに該当するに至つたとき。

二　指定障害児通所支援事業者が、第二十一条の五の十五第八項（第二十一条の五の十六第四項において準用する場合を含む。）の規定により付された条件に違反したと認められるとき。

三　指定障害児通所支援事業者が、第二十一条の五の十八第三項の規定に違反したと認められるとき。

四　指定障害児通所支援事業者が、当該指定に係る障害児通所支援事業所の従業者の知識若しくは技能又は人員について、第二十一条の五の十九第一項の都道府県の条例で定める基準を満たすことができなくなつたとき。

五　指定障害児通所支援事業者が、第二十一条の五の十九第二項の都道府県の条例で定める指定通所支援の事業の設備及び運営に関する基準に従つて適正な指定通所支援の事業の運営をすることができなくなつたとき。

六　障害児通所給付費又は肢体不自由児通所医療費の請求に関し不正があつたとき。

七　指定障害児通所支援事業者が、第二十一条の五の二十二第一項の規定により報告又は帳簿書類その他の物件の提出若しくは提示を命ぜられてこれに従わず、又は虚偽の報告をしたとき。

八　指定障害児通所支援事業者又は当該指定に係る障害児通所支援事業所の従業者が、第二十一条の五の二十二第一項の規定により出頭を求められてこれに応ぜず、同項の規定による質問に対して答弁せず、若しくは虚偽の答弁をし、又は同項の規定による立入り若しくは検査を拒み、妨げ、若しくは忌避したとき。ただし、当該指定に係る障害児通所支援事業所の従業者がその行為をした場合において、その行為を防止するため、当該指定障害児通所支援事業者が相当の注意及び監督を尽くしたときを除く。

九　指定障害児通所支援事業者が、不正の手段により第二十一条の五の三第一項の指定を受けたとき。

十　前各号に掲げる場合のほか、指定障害児通所支援事業者が、この法律その他国民の保健医療若しくは福祉に関する法律で政令で定めるもの又はこれらの法律に基づく命令若しくは処分に違反したとき。

十一　前各号に掲げる場合のほか、指定障害児通所支援事業者が、障害児通所支援に関し不正又は著しく不当な行為をしたとき。

十二　指定障害児通所支援事業者が法人である場合において、その役員等のうちに指定の取消し又は指定の全部若しくは一部の効力の停止をしようとするとき前五年以内に障害児通所支援に関し不正又は著しく不当な行為をした者があるとき。

十三　指定障害児通所支援事業者が法人でない場合において、その管理者が指定の取消し又は指定の全部若しくは一部の効力の停止をしようとするとき前五年以内に障害児通所支援に関し不正又は著しく不当な行為をした者であるとき。

②　市町村は、障害児通所給付費等の支給に係る障害児通所支援又は肢体不自由児通所医療費の支給に係る第二十一条の五の二十九第一項に規定する肢体不自由児通所医療を行つた指定障害児通所支援事業者について、前項各号のいずれかに該当すると認めるときは、その旨を当該指定に係る障害児通所支援事業所の所在地の都道府県知事に通知しなければならない。

〔公示〕

第二十一条の五の二十五　都道府県知事は、次に掲げる場合には、その旨を公示しなければならない。

一　第二十一条の五の三第一項の指定障害児通所支援事業者の指定をしたとき。

二　第二十一条の五の二十第四項の規定による事業の廃止の届出があつたとき。

三　前条第一項又は第三十三条の十八第六項の規定により指定障害児通所支援事業者の指定を取り消したとき。

第三款　業務管理体制の整備等

〔**業務管理体制の整備等**〕

第二十一条の五の二十六　指定障害児通所支援事業者は、第二十一条の五の十八第三項に規定する義務の履行が確保されるよう、内閣府令で定める基準に従い、業務管理体制を整備しなければならない。

② 指定障害児通所支援事業者は、次の各号に掲げる区分に応じ、当該各号に定める者に対し、内閣府令で定めるところにより、業務管理体制の整備に関する事項を届け出なければならない。

一　次号から第四号までに掲げる指定障害児通所支援事業者以外の指定障害児通所支援事業者　都道府県知事

二　当該指定に係る障害児通所支援事業所が一の指定都市の区域に所在する指定障害児通所支援事業者　指定都市の長

三　当該指定に係る障害児通所支援事業所が一の中核市の区域に所在する指定障害児通所支援事業者　中核市の長

四　当該指定に係る障害児通所支援事業所が二以上の都道府県の区域に所在する指定障害児通所支援事業者　内閣総理大臣

③ 前項の規定により届出をした指定障害児通所支援事業者は、その届け出た事項に変更があつたときは、内閣府令で定めるところにより、遅滞なく、その旨を当該届出をした内閣総理大臣、都道府県知事又は指定都市若しくは中核市の長（以下この款において「**内閣総理大臣等**」という。）に届け出なければならない。

④ 第二項の規定による届出をした指定障害児通所支援事業者は、同項各号に掲げる区分の変更により、同項の規定により当該届出をした内閣総理大臣等以外の内閣総理大臣等に届出を行うときは、内閣府令で定めるところにより、その旨を当該届出をした内閣総理大臣等にも届け出なければならない。

⑤ 内閣総理大臣等は、前三項の規定による届出が適正になされるよう、相互に密接な連携を図るものとする。

〔**報告等**〕

第二十一条の五の二十七　前条第二項の規定による届出を受けた内閣総理大臣等は、当該届出をした指定障害児通所支援事業者（同条第四項の規定による届出を受けた内閣総理大臣等にあつては、同項の規定による届出をした指定障害児通所支援事業者を除く。）における同条第一項の規定による業務管理体制の整備に関して必要があると認めるときは、当該指定障害児通所支援事業者に対し、報告若しくは帳簿書類その他の物件の提出若しくは提示を命じ、当該指定障害児通所支援事業者若しくは当該指定障害児通所支援事業者の従業者に対し出頭を求め、又は当該職員に、関係者に対し質問させ、若しくは当該指定障害児通所支援事業者の当該指定に係る障害児通所支援事業所、事務所その他の指定通所支援の提供に関係のある場所に立ち入り、その設備若しくは帳簿書類その他の物件を検査させることができる。

② 内閣総理大臣又は指定都市若しくは中核市の長が前項の権限を行うときは、当該指定障害児通所支援事業者に係る指定を行つた都道府県知事（次条第五項において「**関係都道府県知事**」という。）と密接な連携の下に行うものとする。

③ 都道府県知事は、その行つた又はその行おうとする指定に係る指定障害児通所支援事業者における前条第一項の規定による業

務管理体制の整備に関して必要があると認めるときは、内閣総理大臣又は指定都市若しくは中核市の長に対し、第一項の権限を行うよう求めることができる。

④　内閣総理大臣又は指定都市若しくは中核市の長は、前項の規定による都道府県知事の求めに応じて第一項の権限を行つたときは、内閣府令で定めるところにより、その結果を当該権限を行うよう求めた都道府県知事に通知しなければならない。

⑤　第十九条の十六第二項の規定は第一項の規定による質問又は検査について、同条第三項の規定は第一項の規定による権限について準用する。

〔勧告、命令等〕

第二一条の五の二八　第二十一条の五の二十六第二項の規定による届出を受けた内閣総理大臣等は、当該届出をした指定障害児通所支援事業者（同条第四項の規定による届出を受けた内閣総理大臣等にあつては、同項の規定による届出をした指定障害児通所支援事業者を除く。）が、同条第一項の内閣府令で定める基準に従つて適正な業務管理体制の整備をしていないと認めるときは、当該指定障害児通所支援事業者に対し、期限を定めて、当該内閣府令で定める基準に従つて適正な業務管理体制を整備すべきことを勧告することができる。

②　内閣総理大臣等は、前項の規定による勧告をした場合において、その勧告を受けた指定障害児通所支援事業者が、同項の期限内にこれに従わなかつたときは、その旨を公表することができる。

③　内閣総理大臣等は、第一項の規定による勧告を受けた指定障害児通所支援事業者が、正当な理由がなくてその勧告に係る措置をとらなかつたときは、当該指定障害児通所支援事業者に対し、期限を定めて、その勧告に係る措置をとるべきことを命ずることができる。

④　内閣総理大臣等は、前項の規定による命令をしたときは、その旨を公示しなければならない。

⑤　内閣総理大臣又は指定都市若しくは中核市の長は、指定障害児通所支援事業者が第三項の規定による命令に違反したときは、内閣府令で定めるところにより、当該違反の内容を関係都道府県知事に通知しなければならない。

第四款　肢体不自由児通所医療費の支給

〔肢体不自由児通所医療費の支給〕

第二一条の五の二九　市町村は、通所給付決定に係る障害児が、通所給付決定の有効期間内において、指定障害児通所支援事業者（病院その他内閣府令で定める施設に限る。以下この款において同じ。）から児童発達支援のうち治療に係るもの（以下この条において「肢体不自由児通所医療」という。）を受けたときは、当該障害児に係る通所給付決定保護者に対し、当該肢体不自由児通所医療に要した費用について、肢体不自由児通所医療費を支給する。

②　肢体不自由児通所医療費の額は、一月につき、肢体不自由児通所医療（食事療養を除く。）につき健康保険の療養に要する費用の額の算定方法の例により算定した額から、当該通所給付決定保護者の家計の負担能力その他の事情をしん酌して政令で定める額（当該政令で定める額が当該算定した額の百分の十に相当する額を超えるときは、当該相当する額）を控除して得た額とする。

③　通所給付決定に係る障害児が指定障害児通所支援事業者から肢体不自由児通所医療を受けたときは、市町村は、当該障害児に係る通所給付決定保護者が当該指定障害児通所支援事業者に支払うべき当該肢体不自由児通所医療に要した費用について、肢体不自由児通所医療費として当該通所給付決定保護者に支給すべき額の限度において、当該通所給付決定保護者に代わり、当該指定障害児通所支援事業者に支払うことができる。

④　前項の規定による支払があつたときは、当該通所給付決定保護者に対し肢体不自由児通所医療費の支給があつたものとみなす。

〔準用規定〕

第二一条の五の三〇　第十九条の十二及び第十九条の二十の規定は指定障害児通所支援事業者に対する肢体不自由児通所医療費の支給について、第二十一条の規定は指定障害児通所支援事業者について、それぞれ準用する。この場合において、第十九条の十二第二項中「厚生労働大臣」とあるのは「内閣総理大臣」と、第十九条の二十第四項中「厚生労働省令」とあるのは「内閣府令」と読み替えるほか、必要な技術的読替えは、政令で定める。

〔健康保険法による給付との調整〕

第二一条の五の三一　肢体不自由児通所医療費の支給は、当該障害の状態につき、健康保険法の規定による家族療養費その他の法令に基づく給付であつて政令で定めるもののうち肢体不自由児通所医療費の支給に相当するものを受けることができるときは政令で定める限度において、当該政令で定める給付以外の給付であつて国又は地方公共団体の負担において肢体不自由児通所医療費の支給に相当するものが行われたときはその限度において、行わない。

〔内閣府令への委任〕

第二一条の五の三二　この款に定めるもののほか、肢体不自由児通所医療費の支給及び指定障害児通所支援事業者の肢体不自由児通所医療費の請求に関し必要な事項は、内閣府令で定める。

第五款　障害児通所支援及び障害福祉サービスの措置

〔障害福祉サービスの措置〕

第二一条の六　市町村は、障害児通所支援又は障害者の日常生活及び社会生活を総合的に支援するための法律第五条第一項に規定する障害福祉サービス（以下「**障害福祉サービス**」という。）を必要とする障害児の保護者が、やむを得ない事由により障害児通所給付費若しくは特例障害児通所給付費又は同法に規定する介護給付費若しくは特例介護給付費（第五十六条の六第一項において「**介護給付費等**」という。）の支給を受けることが著しく困難であると認めるときは、当該障害児につき、政令で定める基準に従い、障害児通所支援若しくは障害福祉サービスを提供し、又は当該市町村以外の者に障害児通所支援若しくは障害福祉サービスの提供を委託することができる。

〔受託義務〕

第二一条の七　障害児通所支援事業を行う者及び障害者の日常生活及び社会生活を総合的に支援するための法律第五条第一項に規定する障害福祉サービス事業を行う者は、前条の規定による委託を受けたときは、正当な理由がない限り、これを拒んではならない。

第六款　子育て支援事業

〔体制の整備〕

第二一条の八　市町村は、次条に規定する子育て支援事業に係る福祉サービスその他地域の実情に応じたきめ細かな福祉サービスが積極的に提供され、保護者が、その児童及び保護者の心身の状況、これらの者の置かれている環境その他の状況に応じて、当該児童を養育するために最も適切な支援が総合的に受けられるように、福祉サービスを提供する者又はこれに参画する者の活動の連携及び調整を図るようにすることその他の地域の実情に応じた体制の整備に努めなければならない。

〔子育て支援事業〕

第二一条の九　市町村は、児童の健全な育成に資するため、その区域内において、放課後児童健全育成事業、子育て短期支援事業、乳児家庭全戸訪問事業、養育支援訪問事業、地域子育て支援拠点事業、一時預かり事業、病児保育事業、子育て援助活動支援事業、子育て世帯訪問支援事業、児童育成支援拠点事業及び親子関係形成支援事業並びに次に掲げる事業であつて主務省令で定めるもの（以下「**子育て支援事業**」という。）が着実に実施されるよう、必要な措置の実施に努めなければならない。

一　児童及びその保護者又はその他の者の居宅において保護者の児童の養育を支援する事業

二　保育所その他の施設において保護者の児童の養育を支援する事業

三　地域の児童の養育に関する各般の問題につき、保護者からの相談に応じ、必要な情報の提供及び助言を行う事業

〔放課後児童健全育成事業の利用の促進〕

第二一条の一〇　市町村は、児童の健全な育成に資するため、地域の実情に応じた放課後児童健全育成事業を行うとともに、当該市町村以外の放課後児童健全育成事業を行う者との連携を図る等により、第六条の三第二項に規定する児童の放課後児童健全育成事業の利用の促進に努めなければならない。

〔乳児家庭全戸訪問事業等〕

第二一条の一〇の二　市町村は、児童の健全な育成に資するため、乳児家庭全戸訪問事業及び養育支援訪問事業を行うよう努めるとともに、乳児家庭全戸訪問事業により要支援児童等（特定妊婦を除く。）を把握したとき又は当該市町村の長が第二十六条第一項第三号の規定による送致若しくは同項第八号の規定による通知若しくは児童虐待の防止等に関する法律第八条第二項第二号の規定による送致若しくは同項第四号の規定による通知を受けたときは、養育支援訪問事業の実施その他の必要な支援を行うものとする。

②　市町村は、母子保健法（昭和四十年法律第百四十一号）第十条、第十一条第一項若しくは第二項（同法第十九条第二項において準用する場合を含む。）、第十七条第一項又は第十九条第一項の指導に併せて、乳児家庭全戸訪問事業を行うことができる。

③　市町村は、乳児家庭全戸訪問事業又は養育支援訪問事業の事務の全部又は一部を当該市町村以外の内閣府令で定める者に委託することができる。

④　前項の規定により行われる乳児家庭全戸訪問事業又は養育支援訪問事業の事務に従事する者又は従事していた者は、その事務に関して知り得た秘密を漏らしてはならない。

第二一条の一〇の三　市町村は、乳児家庭全戸訪問事業又は養育支援訪問事業の実施に当たつては、母子保健法に基づく母子保健に関する事業との連携及び調和の確保に努めなければならない。

第二一条の一〇の四　都道府県知事は、母子保健法に基づく母子保健に関する事業又は事務の実施に際して要支援児童等と思われる者を把握したときは、これを当該者の現在地の市町村長に通知するものとする。

〔市町村への情報提供〕

第二一条の一〇の五　病院、診療所、児童福祉施設、学校その他児童又は妊産婦の医療、福祉又は教育に関する機関及び医師、歯科医師、保健師、助産師、看護師、児童福祉施設の職員、学校の教職員その他児童又は妊産婦の医療、福祉又は教育に関連する職務に従事する者は、要支援児童等と思われる者を把握したときは、当該者の情報をその現在地の市町村に提供するよう努めなければならない。

②　刑法の秘密漏示罪の規定その他の守秘義務に関する法律の規定は、前項の規定による情報の提供をすることを妨げるものと解釈してはならない。

〔市町村の情報提供等〕

第二一条の一一　市町村は、子育て支援事業に関し必要な情報の収集及び提供を行うとともに、保護者から求めがあつたときは、当該保護者の希望、その児童の養育の状況、当該児童に必要な支援の内容その他の事情を勘案し、当該保護者が最も適切な子育て支援事業の利用ができるよう、相談に応じ、必要な助言を行うものとする。

② 市町村は、前項の助言を受けた保護者から求めがあつた場合には、必要に応じて、子育て支援事業の利用についてあつせん又は調整を行うとともに、子育て支援事業を行う者に対し、当該保護者の利用の要請を行うものとする。

③ 市町村は、第一項の情報の収集及び提供、相談並びに助言並びに前項のあつせん、調整及び要請の事務を当該市町村以外の者に委託することができる。

④ 子育て支援事業を行う者は、前三項の規定により行われる情報の収集、あつせん、調整及び要請に対し、できる限り協力しなければならない。

〔秘密保持義務〕

第二一条の一二 前条第三項の規定により行われる情報の提供、相談及び助言並びにあつせん、調整及び要請の事務（次条及び第二十一条の十四第一項において「**調整等の事務**」という。）に従事する者又は従事していた者は、その事務に関して知り得た秘密を漏らしてはならない。

〔監督命令〕

第二一条の一三 市町村長は、第二十一条の十一第三項の規定により行われる調整等の事務の適正な実施を確保するため必要があると認めるときは、その事務を受託した者に対し、当該事務に関し監督上必要な命令をすることができる。

〔報告の徴収等〕

第二一条の一四 市町村長は、第二十一条の十一第三項の規定により行われる調整等の事務の適正な実施を確保するため必要があると認めるときは、その必要な限度で、その事務を受託した者に対し、報告を求め、又は当該職員に、関係者に対し質問させ、若しくは当該事務を受託した者の事務所に立ち入り、その帳簿書類その他の物件を検査させることができる。

② 第十八条の十六第二項及び第三項の規定は、前項の場合について準用する。

〔届出〕

第二一条の一五 国、都道府県及び市町村以外の子育て支援事業を行う者は、内閣府令で定めるところにより、その事業に関する事項を市町村長に届け出ることができる。

〔国等の情報提供等〕

第二一条の一六 国及び地方公共団体は、子育て支援事業を行う者に対して、情報の提供、相談その他の適当な援助をするように努めなければならない。

〔国等による調査研究の推進〕

第二一条の一七 国及び都道府県は、子育て支援事業を行う者が行う福祉サービスの質の向上のための措置を援助するための研究その他保護者の児童の養育を支援し、児童の福祉を増進するために必要な調査研究の推進に努めなければならない。

〔家庭支援事業利用支援〕

第二一条の一八 市町村は、第十条第一項第四号に規定する計画が作成された者、第二十六条第一項第八号の規定による通知を受けた児童その他の者その他の子育て短期支援事業、養育支援訪問事業、一時預かり事業、子育て世帯訪問支援事業、児童育成支援拠点事業又は親子関係形成支援事業（以下この条において「家庭支援事業」という。）の提供が必要であると認められる者について、当該者に必要な家庭支援事業（当該市町村が実施するものに限る。）の利用を勧奨し、及びその利用ができるよう支援しなければならない。

② 市町村は、前項に規定する者が、同項の規定による勧奨及び支援を行つても、なおやむを得ない事由により当該勧奨及び支援に係る家庭支援事業を利用することが著しく困難であると認めるときは、当該者について、家庭支援事業による支援を提供することができる。

第三節　助産施設、母子生活支援施設及び保育所への入所等

〔助産の実施〕

第二二条 都道府県、市及び福祉事務所を設置する町村（以下「**都道府県等**」という。）

は、それぞれその設置する福祉事務所の所管区域内における妊産婦が、保健上必要があるにもかかわらず、経済的理由により、入院助産を受けることができない場合において、その妊産婦から申込みがあつたときは、その妊産婦に対し助産施設において助産を行わなければならない。ただし、付近に助産施設がない等やむを得ない事由があるときは、この限りでない。

② 前項に規定する妊産婦であつて助産施設における助産の実施（以下「**助産の実施**」という。）を希望する者は、内閣府令の定めるところにより、入所を希望する助産施設その他内閣府令の定める事項を記載した申込書を都道府県等に提出しなければならない。この場合において、助産施設は、内閣府令の定めるところにより、当該妊産婦の依頼を受けて、当該申込書の提出を代わつて行うことができる。

③ 都道府県等は、第二十五条の七第二項第三号、第二十五条の八第三号又は第二十六条第一項第五号の規定による報告又は通知を受けた妊産婦について、必要があると認めるときは、当該妊産婦に対し、助産の実施の申込みを勧奨しなければならない。

④ 都道府県等は、第一項に規定する妊産婦の助産施設の選択及び助産施設の適正な運営の確保に資するため、内閣府令の定めるところにより、当該都道府県等の設置する助産施設の設置者、設備及び運営の状況その他の内閣府令の定める事項に関し情報の提供を行わなければならない。

〔母子保護の実施〕

第二十三条 都道府県等は、それぞれその設置する福祉事務所の所管区域内における保護者が、配偶者のない女子又はこれに準ずる事情にある女子であつて、その者の監護すべき児童の福祉に欠けるところがある場合において、その保護者から申込みがあつたときは、その保護者及び児童を母子生活支援施設において保護しなければならない。ただし、やむを得ない事由があるときは、適当な施設への入所のあつせん、生活保護法（昭和二十五年法律第百四十四号）の適用等適切な保護を行わなければならない。

② 前項に規定する保護者であつて母子生活支援施設における保護の実施（以下「**母子保護の実施**」という。）を希望するものは、内閣府令の定めるところにより、入所を希望する母子生活支援施設その他内閣府令の定める事項を記載した申込書を都道府県等に提出しなければならない。この場合において、母子生活支援施設は、内閣府令の定めるところにより、当該保護者の依頼を受けて、当該申込書の提出を代わつて行うことができる。

③ 都道府県等は、前項に規定する保護者が特別な事情により当該都道府県等の設置する福祉事務所の所管区域外の母子生活支援施設への入所を希望するときは、当該施設への入所について必要な連絡及び調整を図らなければならない。

④ 都道府県等は、第二十五条の七第二項第三号、第二十五条の八第三号若しくは第二十六条第一項第五号又は困難な問題を抱える女性への支援に関する法律（令和四年法律第五十二号）第十条の規定による報告又は通知を受けた保護者及び児童について、必要があると認めるときは、その保護者に対し、母子保護の実施の申込みを勧奨しなければならない。

⑤ 都道府県等は、第一項に規定する保護者の母子生活支援施設の選択及び母子生活支援施設の適正な運営の確保に資するため、内閣府令の定めるところにより、母子生活支援施設の設置者、設備及び運営の状況その他の内閣府令の定める事項に関し情報の提供を行わなければならない。

〔妊産婦等生活支援事業〕

第二十三条の二 都道府県等は、児童及び妊産婦の福祉のため、それぞれその設置する福祉事務所の所管区域内において、妊産婦等生活援助事業が着実に実施されるよう、必要な措置の実施に努めなければならない。

第二三条の三　妊産婦等生活援助事業を行う都道府県等は、第二十五条の七第二項第三号、第二十五条の八第三号若しくは第二十六条第一項第五号又は困難な問題を抱える女性への支援に関する法律第十条の規定による報告又は通知を受けた妊産婦又はその者の監護すべき児童について、必要があると認めるときは、当該妊産婦に対し、妊産婦等生活援助事業の利用を勧奨しなければならない。

〔**保育の利用**〕

第二四条　市町村は、この法律及び子ども・子育て支援法の定めるところにより、保護者の労働又は疾病その他の事由により、その監護すべき乳児、幼児その他の児童について保育を必要とする場合において、次項に定めるところによるほか、当該児童を保育所（認定こども園法第三条第一項の認定を受けたもの及び同条第十項の規定による公示がされたものを除く。）において保育しなければならない。

② 市町村は、前項に規定する児童に対し、認定こども園法第二条第六項に規定する認定こども園（子ども・子育て支援法第二十七条第一項の確認を受けたものに限る。）又は家庭的保育事業等（家庭的保育事業、小規模保育事業、居宅訪問型保育事業又は事業所内保育事業をいう。以下同じ。）により必要な保育を確保するための措置を講じなければならない。

③ 市町村は、保育の需要に応ずるに足りる保育所、認定こども園（子ども・子育て支援法第二十七条第一項の確認を受けたものに限る。以下この項及び第四十六条の二第二項において同じ。）又は家庭的保育事業等が不足し、又は不足するおそれがある場合その他必要と認められる場合には、保育所、認定こども園（保育所であるものを含む。）又は家庭的保育事業等の利用について調整を行うとともに、認定こども園の設置者又は家庭的保育事業等を行う者に対し、前項に規定する児童の利用の要請を行うものとする。

④ 市町村は、第二十五条の八第三号又は第二十六条第一項第五号の規定による報告又は通知を受けた児童その他の優先的に保育を行う必要があると認められる児童について、その保護者に対し、保育所若しくは幼保連携型認定こども園において保育を受けること又は家庭的保育事業等による保育を受けること（以下「**保育の利用**」という。）の申込みを勧奨し、及び保育を受けることができるよう支援しなければならない。

⑤ 市町村は、前項に規定する児童が、同項の規定による勧奨及び支援を行つても、なおやむを得ない事由により子ども・子育て支援法に規定する施設型給付費若しくは特例施設型給付費（同法第二十八条第一項第二号に係るものを除く。次項において同じ。）又は同法に規定する地域型保育給付費若しくは特例地域型保育給付費（同法第三十条第一項第二号に係るものを除く。次項において同じ。）の支給に係る保育を受けることが著しく困難であると認めるときは、当該児童を当該市町村の設置する保育所若しくは幼保連携型認定こども園に入所させ、又は当該市町村以外の者の設置する保育所若しくは幼保連携型認定こども園に入所を委託して、保育を行わなければならない。

⑥ 市町村は、前項に定めるほか、保育を必要とする乳児・幼児が、子ども・子育て支援法第四十二条第一項又は第五十四条第一項の規定によるあつせん又は要請その他市町村による支援等を受けたにもかかわらず、なお保育が利用できないなど、やむを得ない事由により同法に規定する施設型給付費若しくは特例施設型給付費又は同法に規定する地域型保育給付費若しくは特例地域型保育給付費の支給に係る保育を受けることが著しく困難であると認めるときは、次の措置を採ることができる。

一　当該保育を必要とする乳児・幼児を当

該市町村の設置する保育所若しくは幼保連携型認定こども園に入所させ、又は当該市町村以外の者の設置する保育所若しくは幼保連携型認定こども園に入所を委託して、保育を行うこと。

二　当該保育を必要とする乳児・幼児に対して当該市町村が行う家庭的保育事業等による保育を行い、又は家庭的保育事業等を行う当該市町村以外の者に当該家庭的保育事業等により保育を行うことを委託すること。

⑦　市町村は、第三項の規定による調整及び要請並びに第四項の規定による勧奨及び支援を適切に実施するとともに、地域の実情に応じたきめ細かな保育が積極的に提供され、児童が、その置かれている環境等に応じて、必要な保育を受けることができるよう、保育を行う事業その他児童の福祉を増進することを目的とする事業を行う者の活動の連携及び調整を図る等地域の実情に応じた体制の整備を行うものとする。

第四節　障害児入所給付費、高額障害児入所給付費及び特定入所障害児食費等給付費並びに障害児入所医療費の支給

第一款　障害児入所給付費、高額障害児入所給付費及び特定入所障害児食費等給付費の支給

〔障害児入所給付費の支給〕

第二四条の二　都道府県は、次条第六項に規定する入所給付決定保護者（以下この条において「入所給付決定保護者」という。）が、次条第四項の規定により定められた期間内において、都道府県知事が指定する障害児入所施設（以下「**指定障害児入所施設**」という。）又は指定発達支援医療機関（以下「**指定障害児入所施設等**」と総称する。）に入所又は入院（以下「**入所等**」という。）の申込みを行い、当該指定障害児入所施設等から障害児入所支援（以下「**指定入所支援**」という。）を受けたときは、当該入所給付決定保護者に対し、当該指定入所支援に要した費用（食事の提供に要する費用、居住又は滞在に要する費用その他の日常生活に要する費用のうち内閣府令で定める費用及び治療に要する費用（以下「**入所特定費用**」という。）を除く。）について、障害児入所給付費を支給する。

②　障害児入所給付費の額は、一月につき、第一号に掲げる額から第二号に掲げる額を控除して得た額とする。

一　同一の月に受けた指定入所支援について、指定入所支援に通常要する費用（入所特定費用を除く。）につき、内閣総理大臣が定める基準により算定した費用の額（その額が現に当該指定入所支援に要した費用（入所特定費用を除く。）の額を超えるときは、当該現に指定入所支援に要した費用の額）を合計した額

二　当該入所給付決定保護者の家計の負担能力その他の事情をしん酌して政令で定める額（当該政令で定める額が前号に掲げる額の百分の十に相当する額を超えるときは、当該相当する額）

〔障害児入所給付費の受給の手続〕

第二四条の三　障害児の保護者は、前条第一項の規定により障害児入所給付費の支給を受けようとするときは、内閣府令で定めるところにより、都道府県に申請しなければならない。

②　都道府県は、前項の申請が行われたときは、当該申請に係る障害児の心身の状態、当該障害児の介護を行う者の状況、当該障害児の保護者の障害児入所給付費の受給の状況その他の内閣府令で定める事項を勘案して、障害児入所給付費の支給の要否を決定するものとする。

③　前項の規定による決定を行う場合には、児童相談所長の意見を聴かなければならない。

④　障害児入所給付費を支給する旨の決定（以下「**入所給付決定**」という。）を行う場合には、障害児入所給付費を支給する期間を定めなければならない。

⑤　前項の期間は、内閣府令で定める期間を超えることができないものとする。

⑥　都道府県は、入所給付決定をしたときは、当該施設給付決定を受けた障害児の保護者（以下「**入所給付決定保護者**」という。）に対し、内閣府令で定めるところにより、第四項の規定により定められた期間（以下「**給付決定期間**」という。）を記載した入所受給者証（以下「**入所受給者証**」という。）を交付しなければならない。

⑦　指定入所支援を受けようとする入所給付決定保護者は、内閣府令で定めるところにより、指定障害児入所施設等に入所受給者証を提示して当該指定入所支援を受けるものとする。ただし、緊急の場合その他やむを得ない事由のある場合については、この限りでない。

⑧　入所給付決定保護者が指定障害児入所施設等から指定入所支援を受けたとき（当該入所給付決定保護者が当該指定障害児入所施設等に入所受給者証を提示したときに限る。）は、都道府県は、当該入所給付決定保護者が当該指定障害児入所施設等に支払うべき当該指定入所支援に要した費用（入所特定費用を除く。）について、障害児入所給付費として当該入所給付決定保護者に支給すべき額の限度において、当該入所給付決定保護者に代わり、当該指定障害児入所施設等に支払うことができる。

⑨　前項の規定による支払があつたときは、当該入所給付決定保護者に対し障害児入所給付費の支給があつたものとみなす。

⑩　都道府県は、指定障害児入所施設等から障害児入所給付費の請求があつたときは、前条第二項第一号の内閣総理大臣が定める基準及び第二十四条の十二第二項の指定障害児入所施設等の設備及び運営に関する基準（指定入所支援の取扱いに関する部分に限る。）に照らして審査の上、支払うものとする。

⑪　都道府県は、前項の規定による審査及び支払に関する事務を連合会に委託することができる。

〔**入所給付決定の取消し**〕

第二四条の四　入所給付決定を行つた都道府県は、次に掲げる場合には、当該入所給付決定を取り消すことができる。

一　入所給付決定に係る障害児が、指定入所支援を受ける必要がなくなつたと認めるとき。

二　入所給付決定保護者が、給付決定期間内に、当該都道府県以外の都道府県の区域内に居住地を有するに至つたと認めるとき。

三　その他政令で定めるとき。

②　前項の規定により入所給付決定の取消しを行つた都道府県は、内閣府令で定めるところにより、当該取消しに係る入所給付決定保護者に対し入所受給者証の返還を求めるものとする。

〔**災害等による特例**〕

第二四条の五　都道府県が、災害その他の内閣府令で定める特別の事情があることにより、障害児入所支援に要する費用を負担することが困難であると認めた入所給付決定保護者が受ける障害児入所給付費の支給について第二十四条の二第二項の規定を適用する場合においては、同項第二号中「額)」とあるのは、「額）の範囲内において都道府県が定める額」とする。

〔**高額障害児入所給付費の支給**〕

第二四条の六　都道府県は、入所給付決定保護者が受けた指定入所支援に要した費用の合計額（内閣総理大臣が定める基準により算定した費用の額（その額が現に要した費用の額を超えるときは、当該現に要した費用の額）の合計額を限度とする。）から当該費用につき支給された障害児入所給付費の合計額を控除して得た額が、著しく高額であるときは、当該入所給付決定保護者に対し、高額障害児入所給付費を支給する。

②　前項に定めるもののほか、高額障害児入所給付費の支給要件、支給額その他高額障害児入所給付費の支給に関し必要な事項

は、指定入所支援に要する費用の負担の家計に与える影響を考慮して、政令で定める。

〔特定入所障害児食費等給付費の支給〕

第二四条の七　都道府県は、入所給付決定保護者のうち所得の状況その他の事情をしん酌して内閣府令で定めるものに係る障害児が、給付決定期間内において、指定障害児入所施設等に入所等をし、当該指定障害児入所施設等から指定入所支援を受けたときは、当該入所給付決定保護者に対し、当該指定障害児入所施設等における食事の提供に要した費用及び居住に要した費用について、政令で定めるところにより、特定入所障害児食費等給付費を支給する。

②　第二十四条の三第七項から第十一項までの規定は、特定入所障害児食費等給付費の支給について準用する。この場合において、必要な技術的読替えは、政令で定める。

〔内閣府令への委任〕

第二四条の八　この款に定めるもののほか、障害児入所給付費、高額障害児入所給付費又は特定入所障害児食費等給付費の支給及び指定障害児入所施設等の障害児入所給付費又は特定入所障害児食費等給付費の請求に関し必要な事項は、内閣府令で定める。

第二款　指定障害児入所施設等

〔指定障害児入所施設の指定〕

第二四条の九　第二十四条の二第一項の指定は、内閣府令で定めるところにより、障害児入所施設の設置者の申請により、当該障害児入所施設の入所定員を定めて、行う。

②　都道府県知事は、前項の申請があつた場合において、当該都道府県における当該申請に係る指定障害児入所施設の入所定員の総数が、第三十三条の二十二第一項の規定により当該都道府県が定める都道府県障害児福祉計画において定める当該都道府県の当該指定障害児入所施設の必要入所定員総数に既に達しているか、又は当該申請に係る施設の指定によつてこれを超えることになると認めるとき、その他の当該都道府県障害児福祉計画の達成に支障を生ずるおそれがあると認めるときは、第二十四条の二第一項の指定をしないことができる。

③　第二十一条の五の十五第三項（第七号を除く。）及び第四項の規定は、第二十四条の二第一項の指定障害児入所施設の指定について準用する。この場合において、必要な技術的読替えは、政令で定める。

〔更新の申請等〕

第二四条の一〇　第二十四条の二第一項の指定は、六年ごとにその更新を受けなければ、その期間の経過によつて、その効力を失う。

②　前項の更新の申請があつた場合において、同項の期間（以下この条において「指定の有効期間」という。）の満了の日までにその申請に対する処分がされないときは、従前の指定は、指定の有効期間の満了後もその処分がされるまでの間は、なおその効力を有する。

③　前項の場合において、指定の更新がされたときは、その指定の有効期間は、従前の指定の有効期間の満了の日の翌日から起算するものとする。

④　前条の規定は、第一項の指定の更新について準用する。この場合において、必要な技術的読替えは、政令で定める。

〔指定障害児入所施設等の設置者の責務〕

第二四条の一一　指定障害児入所施設等の設置者は、障害児が自立した日常生活又は社会生活を営むことができるよう、障害児及びその保護者の意思をできる限り尊重するとともに、行政機関、教育機関その他の関係機関との緊密な連携を図りつつ、障害児入所支援を当該障害児の意向、適性、障害の特性その他の事情に応じ、常に障害児及びその保護者の立場に立つて効果的に行うように努めなければならない。

②　指定障害児入所施設等の設置者は、その提供する障害児入所支援の質の評価を行うことその他の措置を講ずることにより、障

害児入所支援の質の向上に努めなければならない。

③ 指定障害児入所施設等の設置者は、障害児の人格を尊重するとともに、この法律又はこの法律に基づく命令を遵守し、障害児及びその保護者のため忠実にその職務を遂行しなければならない。

〔指定入所支援の事業の基準〕

第二四条の一二 指定障害児入所施設等の設置者は、都道府県の条例で定める基準に従い、指定入所支援に従事する従業者を有しなければならない。

② 指定障害児入所施設等の設置者は、都道府県の条例で定める指定障害児入所施設等の設備及び運営に関する基準に従い、指定入所支援を提供しなければならない。

③ 都道府県が前二項の条例を定めるに当たつては、次に掲げる事項については内閣府令で定める基準に従い定めるものとし、その他の事項については内閣府令で定める基準を参酌するものとする。

一 指定入所支援に従事する従業者及びその員数

二 指定障害児入所施設等に係る居室及び病室の床面積その他指定障害児入所施設等の設備に関する事項であつて障害児の健全な発達に密接に関連するものとして内閣府令で定めるもの

三 指定障害児入所施設等の運営に関する事項であつて、障害児の保護者のサービスの適切な利用の確保並びに障害児の適切な処遇及び安全の確保並びに秘密の保持に密接に関連するものとして内閣府令で定めるもの

④ 第一項及び第二項の都道府県の条例で定める基準は、知的障害のある児童、盲児（強度の弱視児を含む。）、ろうあ児（強度の難聴児を含む。）、肢体不自由のある児童、重症心身障害児その他の指定障害児入所施設等に入所等をする障害児についてそれぞれの障害の特性に応じた適切な支援が確保されるものでなければならない。

⑤ 指定障害児入所施設の設置者は、第二十四条の十四の規定による指定の辞退をするときは、同条に規定する予告期間の開始日の前日に当該指定入所支援を受けていた者であつて、当該指定の辞退の日以後においても引き続き当該指定入所支援に相当するサービスの提供を希望する者に対し、必要な障害児入所支援が継続的に提供されるよう、他の指定障害児入所施設等の設置者その他関係者との連絡調整その他の便宜の提供を行わなければならない。

〔変更の届出等〕

第二四条の一三 指定障害児入所施設の設置者は、第二十四条の二第一項の指定に係る入所定員を増加しようとするときは、内閣府令で定めるところにより、同項の指定の変更を申請することができる。

② 第二十四条の九第二項及び第三項の規定は、前項の指定の変更の申請があつた場合について準用する。この場合において、必要な技術的読替えは、政令で定める。

③ 指定障害児入所施設の設置者は、設置者の住所その他の内閣府令で定める事項に変更があつたときは、内閣府令で定めるところにより、十日以内に、その旨を都道府県知事に届け出なければならない。

〔指定の辞退〕

第二四条の一四 指定障害児入所施設は、三月以上の予告期間を設けて、その指定を辞退することができる。

〔準用規定〕

第二四条の一四の二 第二十一条の五の二十一の規定は、指定障害児入所施設の設置者による第二十四条の十二第五項に規定する便宜の提供について準用する。この場合において、第二十一条の五の二十一第一項中「都道府県知事又は市町村長」とあるのは、「都道府県知事」と読み替えるものとする。

〔報告等〕

第二四条の一五 都道府県知事は、必要があると認めるときは、指定障害児入所施設等

の設置者若しくは当該指定障害児入所施設等の長その他の従業者（以下この項において「指定施設設置者等」という。）である者若しくは指定施設設置者等であつた者に対し、報告若しくは帳簿書類その他の物件の提出若しくは提示を命じ、指定施設設置者等である者若しくは指定施設設置者等であつた者に対し出頭を求め、又は当該職員に、関係者に対し質問させ、若しくは当該指定障害児入所施設等、当該指定障害児入所施設等の設置者の事務所その他当該指定障害児入所施設等の運営に関係のある場所に立ち入り、その設備若しくは帳簿書類その他の物件を検査させることができる。

② 第十九条の十六第二項の規定は前項の規定による質問又は検査について、同条第三項の規定は前項の規定による権限について準用する。

〔勧告等〕

第二四条の一六 都道府県知事は、指定障害児入所施設等の設置者が、次の各号（指定発達支援医療機関の設置者にあつては、第三号を除く。以下この項において同じ。）に掲げる場合に該当すると認めるときは、当該指定障害児入所施設等の設置者に対し、期限を定めて、当該各号に定める措置をとるべきことを勧告することができる。

一 指定障害児入所施設等の従業者の知識若しくは技能又は人員について第二十四条の十二第一項の都道府県の条例で定める基準に適合していない場合　当該基準を遵守すること。

二 第二十四条の十二第二項の都道府県の条例で定める指定障害児入所施設等の設備及び運営に関する基準に従つて適正な指定障害児入所施設等の運営をしていない場合　当該基準を遵守すること。

三 第二十四条の十二第五項に規定する便宜の提供を適正に行つていない場合　当該便宜の提供を適正に行うこと。

② 都道府県知事は、前項の規定による勧告をした場合において、その勧告を受けた指定障害児入所施設等の設置者が、同項の期限内にこれに従わなかつたときは、その旨を公表することができる。

③ 都道府県知事は、第一項の規定による勧告を受けた指定障害児入所施設等の設置者が、正当な理由がなくてその勧告に係る措置をとらなかつたときは、当該指定障害児入所施設等の設置者に対し、期限を定めて、その勧告に係る措置をとるべきことを命ずることができる。

④ 都道府県知事は、前項の規定による命令をしたときは、その旨を公示しなければならない。

〔指定の取消し〕

第二四条の一七 都道府県知事は、次の各号のいずれかに該当する場合においては、当該指定障害児入所施設に係る第二十四条の二第一項の指定を取り消し、又は期間を定めてその指定の全部若しくは一部の効力を停止することができる。

一 指定障害児入所施設の設置者が、第二十四条の九第三項において準用する第二十一条の五の十五第三項第四号から第五号の二まで、第十三号又は第十四号のいずれかに該当するに至つたとき。

二 指定障害児入所施設の設置者が、第二十四条の十一第三項の規定に違反したと認められるとき。

三 指定障害児入所施設の設置者が、当該指定障害児入所施設の従業者の知識若しくは技能又は人員について、第二十四条の十二第一項の都道府県の条例で定める基準を満たすことができなくなつたとき。

四 指定障害児入所施設の設置者が、第二十四条の十二第二項の都道府県の条例で定める指定障害児入所施設等の設備及び運営に関する基準に従つて適正な指定障害児入所施設の運営をすることができなくなつたとき。

五 障害児入所給付費、特定入所障害児食費等給付費又は障害児入所医療費の請求に関し不正があつたとき。

六　指定障害児入所施設の設置者又は当該指定障害児入所施設の長その他の従業者（次号において「指定入所施設設置者等」という。）が、第二十四条の十五第一項の規定により報告又は帳簿書類その他の物件の提出若しくは提示を命ぜられてこれに従わず、又は虚偽の報告をしたとき。

七　指定入所施設設置者等が、第二十四条の十五第一項の規定により出頭を求められてこれに応ぜず、同項の規定による質問に対して答弁せず、若しくは虚偽の答弁をし、又は同項の規定による立入り若しくは検査を拒み、妨げ、若しくは忌避したとき。ただし、当該指定障害児入所施設の従業者がその行為をした場合において、その行為を防止するため、当該指定障害児入所施設の設置者又は当該指定障害児入所施設の長が相当の注意及び監督を尽くしたときを除く。

八　指定障害児入所施設の設置者が、不正の手段により第二十四条の二第一項の指定を受けたとき。

九　前各号に掲げる場合のほか、指定障害児入所施設の設置者が、この法律その他国民の保健医療若しくは福祉に関する法律で政令で定めるもの又はこれらの法律に基づく命令若しくは処分に違反したとき。

十　前各号に掲げる場合のほか、指定障害児入所施設の設置者が、障害児入所支援に関し不正又は著しく不当な行為をしたとき。

十一　指定障害児入所施設の設置者が法人である場合において、その役員又は当該指定障害児入所施設の長のうちに指定の取消し又は指定の全部若しくは一部の効力の停止をしようとするとき前五年以内に障害児入所支援に関し不正又は著しく不当な行為をした者があるとき。

十二　指定障害児入所施設の設置者が法人でない場合において、その管理者が指定の取消し又は指定の全部若しくは一部の効力の停止をしようとするとき前五年以内に障害児入所支援に関し不正又は著しく不当な行為をした者であるとき。

〔公示〕

第二四条の一八　都道府県知事は、次に掲げる場合には、その旨を公示しなければならない。

一　第二十四条の二第一項の指定障害児入所施設の指定をしたとき。

二　第二十四条の十四の規定による指定障害児入所施設の指定の辞退があつたとき。

三　前条又は第三十三条の十八第六項の規定により指定障害児入所施設の指定を取り消したとき。

〔都道府県の情報提供等〕

第二四条の一九　都道府県は、指定障害児入所施設等に関し必要な情報の提供を行うとともに、その利用に関し相談に応じ、及び助言を行わなければならない。

②　都道府県は、障害児又は当該障害児の保護者から求めがあつたときは、指定障害児入所施設等の利用についてあつせん又は調整を行うとともに、必要に応じて、指定障害児入所施設等の設置者に対し、当該障害児の利用についての要請を行うものとする。

③　指定障害児入所施設等の設置者は、前項のあつせん、調整及び要請に対し、できる限り協力しなければならない。

④　都道府県は、障害児入所施設に在所し、又は指定発達支援医療機関に入院している障害児並びに第二十四条の二十四第一項又は第二項の規定により同条第一項に規定する障害児入所給付費等の支給を受けている者及び第三十一条第二項若しくは第三項又は第三十一条の二第一項若しくは第二項の規定により障害児入所施設に在所し、又は指定発達支援医療機関に入院している者が、障害福祉サービスその他のサービスを

利用しつつ自立した日常生活又は社会生活を営むことができるよう、自立した日常生活又は社会生活への移行について、市町村その他の関係者との協議の場を設け、市町村その他の関係者との連携及び調整を図ることその他の必要な措置を講じなければならない。

第三款　業務管理体制の整備等

〔準用規定〕

第二四条の一九の二　第二節第三款の規定（中核市の長に係る部分を除く。）は、指定障害児入所施設等の設置者について準用する。この場合において、必要な技術的読替えは、政令で定める。

第四款　障害児入所医療費の支給

〔障害児入所医療費の支給〕

第二四条の二〇　都道府県は、入所給付決定に係る障害児が、給付決定期間内において、指定障害児入所施設等（病院その他内閣府令で定める施設に限る。以下この条、次条及び第二十四条の二十三において同じ。）から障害児入所支援のうち治療に係るもの（以下この条において「障害児入所医療」という。）を受けたときは、内閣府令で定めるところにより、当該障害児に係る入所給付決定保護者に対し、当該障害児入所医療に要した費用について、障害児入所医療費を支給する。

② 障害児入所医療費の額は、一月につき、次に掲げる額の合算額とする。

一　同一の月に受けた障害児入所医療（食事療養を除く。）につき健康保険の療養に要する費用の額の算定方法の例により算定した額から、当該入所給付決定保護者の家計の負担能力その他の事情をしん酌して政令で定める額（当該政令で定める額が当該算定した額の百分の十に相当する額を超えるときは、当該相当する額）を控除して得た額

二　当該障害児入所医療（食事療養に限る。）につき健康保険の療養に要する費用の額の算定方法の例により算定した額から、健康保険法第八十五条第二項に規定する食事療養標準負担額、入所給付決定保護者の所得の状況その他の事情を勘案して内閣総理大臣が定める額を控除した額

③ 入所給付決定に係る障害児が指定障害児入所施設等から障害児入所医療を受けたときは、都道府県は、当該障害児に係る入所給付決定保護者が当該指定障害児入所施設等に支払うべき当該障害児入所医療に要した費用について、障害児入所医療費として当該入所給付決定保護者に支給すべき額の限度において、当該入所給付決定保護者に代わり、当該指定障害児入所施設等に支払うことができる。

④ 前項の規定による支払があつたときは、当該入所給付決定保護者に対し障害児入所医療費の支給があつたものとみなす。

〔準用規定〕

第二四条の二一　第十九条の十二及び第十九条の二十の規定は指定障害児入所施設等に対する障害児入所医療費の支給について、第二十一条の規定は指定障害児入所施設等について、それぞれ準用する。この場合において、第十九条の十二第二項中「厚生労働大臣」とあるのは「内閣総理大臣」と、第十九条の二十第四項中「厚生労働省令」とあるのは「内閣府令」と読み替えるほか、必要な技術的読替えは、政令で定める。

〔健康保険法による給付との調整〕

第二四条の二二　障害児入所医療費の支給は、当該障害の状態につき、健康保険法の規定による家族療養費その他の法令に基づく給付であつて政令で定めるもののうち障害児入所医療費の支給に相当するものを受けることができるときは政令で定める限度において、当該政令で定める給付以外の給付であつて国又は地方公共団体の負担において障害児入所医療費の支給に相当するものが行われたときはその限度において、行わない。

〔内閣府令への委任〕

第二四条の二三　この款に定めるもののほか、障害児入所医療費の支給及び指定障害児入所施設等の障害児入所医療費の請求に関し必要な事項は、内閣府令で定める。

第五款　障害児入所給付費、高額障害児入所給付費及び特定入所障害児食費等給付費並びに障害児入所医療費の支給の特例

〔支給の特例〕

第二四条の二四　都道府県は、第二十四条の二第一項、第二十四条の六第一項、第二十四条の七第一項又は第二十四条の二十第一項の規定にかかわらず、内閣府令で定める指定障害児入所施設等に入所等をした障害児（以下この項において「入所者」という。）について、引き続き指定入所支援を受けなければその福祉を損なうおそれがあると認めるときは、当該入所者が満十八歳に達した後においても、当該入所者からの申請により、当該入所者が満二十歳に達するまで、内閣府令で定めるところにより、引き続き第五十条第六号の三に規定する障害児入所給付費等（次項及び第三項において「障害児入所給付費等」という。）を支給することができる。ただし、当該入所者が障害者の日常生活及び社会生活を総合的に支援するための法律第五条第六項に規定する療養介護その他の支援を受けることができる場合は、この限りでない。

② 都道府県は、前項の規定にかかわらず、同項の規定により障害児入所給付費等の支給を受けている者であつて、障害福祉サービスその他のサービスを利用しつつ自立した日常生活又は社会生活を営むことが著しく困難なものとして内閣府令で定める者について、満二十歳に到達してもなお引き続き指定入所支援を受けなければその福祉を損なうおそれがあると認めるときは、当該者が満二十歳に達した後においても、当該者からの申請により、当該者が満二十三歳に達するまで、内閣府令で定めるところにより、引き続き障害児入所給付費等を支給することができる。この場合においては、同項ただし書の規定を準用する。

③ 前二項の規定により障害児入所給付費等を支給することができることとされた者については、その者を障害児又は障害児の保護者とみなして、第二十四条の二から第二十四条の七まで、第二十四条の十九（第四項を除く。）及び第二十四条の二十から第二十四条の二十二までの規定を適用する。この場合において、必要な技術的読替えその他これらの規定の適用に関し必要な事項は、政令で定める。

④ 第一項又は第二項の場合においては、都道府県知事は、児童相談所長の意見を聴かなければならない。

第五節　障害児相談支援給付費及び特例障害児相談支援給付費の支給

第一款　障害児相談支援給付費及び特例障害児相談支援給付費の支給

〔障害児相談支援給付費の支給〕

第二四条の二五　障害児相談支援給付費及び特例障害児相談支援給付費の支給は、障害児相談支援に関して次条及び第二十四条の二十七の規定により支給する給付とする。

〔障害児相談支援給付費〕

第二四条の二六　市町村は、次の各号に掲げる者（以下この条及び次条第一項において「**障害児相談支援対象保護者**」という。）に対し、当該各号に定める場合の区分に応じ、当該各号に規定する障害児相談支援に要した費用について、障害児相談支援給付費を支給する。

一　第二十一条の五の七第四項（第二十一条の五の八第三項において準用する場合を含む。）の規定により、障害児支援利用計画案の提出を求められた第二十一条の五の六第一項又は第二十一条の五の八第

一項の申請に係る障害児の保護者　市町村長が指定する障害児相談支援事業を行う者（以下「**指定障害児相談支援事業者**」という。）から当該指定に係る障害児支援利用援助（次項において「指定障害児支援利用援助」という。）を受けた場合であつて、当該申請に係る給付決定等を受けたとき。

二　通所給付決定保護者　指定障害児相談支援事業者から当該指定に係る継続障害児支援利用援助（次項において「指定継続障害児支援利用援助」という。）を受けたとき。

② 障害児相談支援給付費の額は、指定障害児支援利用援助又は指定継続障害児支援利用援助（以下「**指定障害児相談支援**」という。）に通常要する費用につき、内閣総理大臣が定める基準により算定した費用の額（その額が現に当該指定障害児相談支援に要した費用の額を超えるときは、当該現に指定障害児相談支援に要した費用の額）とする。

③ 障害児相談支援対象保護者が指定障害児相談支援事業者から指定障害児相談支援を受けたときは、市町村は、当該障害児相談支援対象保護者が当該指定障害児相談支援事業者に支払うべき当該指定障害児相談支援に要した費用について、障害児相談支援給付費として当該障害児相談支援対象保護者に対し支給すべき額の限度において、当該障害児相談支援対象保護者に代わり、当該指定障害児相談支援事業者に支払うことができる。

④ 前項の規定による支払があつたときは、障害児相談支援対象保護者に対し障害児相談支援給付費の支給があつたものとみなす。

⑤ 市町村は、指定障害児相談支援事業者から障害児相談支援給付費の請求があつたときは、第二項の内閣総理大臣が定める基準及び第二十四条の三十一第二項の内閣府令で定める指定障害児相談支援の事業の運営に関する基準（指定障害児相談支援の取扱いに関する部分に限る。）に照らして審査の上、支払うものとする。

⑥ 市町村は、前項の規定による審査及び支払に関する事務を連合会に委託することができる。

⑦ 前各項に定めるもののほか、障害児相談支援給付費の支給及び指定障害児相談支援事業者の障害児相談支援給付費の請求に関し必要な事項は、内閣府令で定める。

（特例障害児相談支援給付費）

第二四条の二七　市町村は、障害児相談支援対象保護者が、指定障害児相談支援以外の障害児相談支援（第二十四条の三十一第一項の内閣府令で定める基準及び同条第二項の内閣府令で定める指定障害児相談支援の事業の運営に関する基準に定める事項のうち内閣府令で定めるものを満たすと認められる事業を行う事業所により行われるものに限る。以下この条において「基準該当障害児相談支援」という。）を受けた場合において、必要があると認めるときは、内閣府令で定めるところにより、基準該当障害児相談支援に要した費用について、特例障害児相談支援給付費を支給することができる。

② 特例障害児相談支援給付費の額は、当該基準該当障害児相談支援について前条第二項の内閣総理大臣が定める基準により算定した費用の額（その額が現に当該基準該当障害児相談支援に要した費用の額を超えるときは、当該現に基準該当障害児相談支援に要した費用の額）を基準として、市町村が定める。

③ 前二項に定めるもののほか、特例障害児相談支援給付費の支給に関し必要な事項は、内閣府令で定める。

第二款　指定障害児相談支援事業者

（指定障害児相談支援事業者の指定）

第二四条の二八　第二十四条の二十六第一項第一号の指定障害児相談支援事業者の指定

は、内閣府令で定めるところにより、総合的に障害者の日常生活及び社会生活を総合的に支援するための法律第五条第十八項に規定する相談支援を行う者として内閣府令で定める基準に該当する者の申請により、障害児相談支援事業を行う事業所（以下「**障害児相談支援事業所**」という。）ごとに行う。

② 第二十一条の五の十五第三項（第四号、第十一号及び第十四号を除く。）の規定は、第二十四条の二十六第一項第一号の指定障害児相談支援事業者の指定について準用する。この場合において、第二十一条の五の十五第三項第一号中「都道府県の条例で定める者」とあるのは、「法人」と読み替えるほか、必要な技術的読替えは、政令で定める。

注　第二四条の二八は、令和四年一二月一六日法律第一〇四号により次のように改正され、令和四年一二月一六日から起算して三年を超えない範囲内において政令で定める日から施行される。
　第二十四条の二十八第一項中「第五条第十八項」を「第五条第十九項」に改める。

〔指定の更新〕
第二四条の二九　第二十四条の二十六第一項第一号の指定は、六年ごとにその更新を受けなければ、その期間の経過によつて、その効力を失う。

② 前項の更新の申請があつた場合において、同項の期間（以下この条において「指定の有効期間」という。）の満了の日までにその申請に対する処分がされないときは、従前の指定は、指定の有効期間の満了後もその処分がされるまでの間は、なおその効力を有する。

③ 前項の場合において、指定の更新がされたときは、その指定の有効期間は、従前の指定の有効期間の満了の日の翌日から起算するものとする。

④ 前条の規定は、第一項の指定の更新について準用する。この場合において、必要な技術的読替えは、政令で定める。

〔指定障害児相談支援事業者の責務〕
第二四条の三〇　指定障害児相談支援事業者は、障害児が自立した日常生活又は社会生活を営むことができるよう、障害児及びその保護者の意思をできる限り尊重するとともに、行政機関、教育機関その他の関係機関との緊密な連携を図りつつ、障害児相談支援を当該障害児の意向、適性、障害の特性その他の事情に応じ、常に障害児及びその保護者の立場に立つて効果的に行うように努めなければならない。

② 指定障害児相談支援事業者は、その提供する障害児相談支援の質の評価を行うことその他の措置を講ずることにより、障害児相談支援の質の向上に努めなければならない。

③ 指定障害児相談支援事業者は、障害児の人格を尊重するとともに、この法律又はこの法律に基づく命令を遵守し、障害児及びその保護者のため忠実にその職務を遂行しなければならない。

〔指定障害児相談支援の事業の基準〕
第二四条の三一　指定障害児相談支援事業者は、当該指定に係る障害児相談支援事業所ごとに、内閣府令で定める基準に従い、当該指定障害児相談支援に従事する従業者を有しなければならない。

② 指定障害児相談支援事業者は、内閣府令で定める指定障害児相談支援の事業の運営に関する基準に従い、指定障害児相談支援を提供しなければならない。

③ 指定障害児相談支援事業者は、次条第二項の規定による事業の廃止又は休止の届出をしたときは、当該届出の日前一月以内に当該指定障害児相談支援を受けていた者であつて、当該事業の廃止又は休止の日以後においても引き続き当該指定障害児相談支援に相当する支援の提供を希望する者に対し、必要な障害児相談支援が継続的に提供

されるよう、他の指定障害児相談支援事業者その他関係者との連絡調整その他の便宜の提供を行わなければならない。

〔変更の届出等〕

第二四条の三二　指定障害児相談支援事業者は、当該指定に係る障害児相談支援事業所の名称及び所在地その他内閣府令で定める事項に変更があつたとき、又は休止した当該指定障害児相談支援の事業を再開したときは、内閣府令で定めるところにより、十日以内に、その旨を市町村長に届け出なければならない。

②　指定障害児相談支援事業者は、当該指定障害児相談支援の事業を廃止し、又は休止しようとするときは、内閣府令で定めるところにより、その廃止又は休止の日の一月前までに、その旨を市町村長に届け出なければならない。

〔市町村長による連絡調整又は援助〕

第二四条の三三　市町村長は、指定障害児相談支援事業者による第二十四条の三十一第三項に規定する便宜の提供が円滑に行われるため必要があると認めるときは、当該指定障害児相談支援事業者その他の関係者相互間の連絡調整又は当該指定障害児相談支援事業者その他の関係者に対する助言その他の援助を行うことができる。

〔報告等〕

第二四条の三四　市町村長は、必要があると認めるときは、指定障害児相談支援事業者若しくは指定障害児相談支援事業者であつた者若しくは当該指定に係る障害児相談支援事業所の従業者であつた者（以下この項において「指定障害児相談支援事業者であつた者等」という。）に対し、報告若しくは帳簿書類その他の物件の提出若しくは提示を命じ、指定障害児相談支援事業者若しくは当該指定に係る障害児相談支援事業所の従業者若しくは指定障害児相談支援事業者であつた者等に対し出頭を求め、又は当該職員に、関係者に対し質問させ、若しくは当該指定障害児相談支援事業者の当該指定に係る障害児相談支援事業所、事務所その他指定障害児相談支援の事業に関係のある場所に立ち入り、その設備若しくは帳簿書類その他の物件を検査させることができる。

②　第十九条の十六第二項の規定は前項の規定による質問又は検査について、同条第三項の規定は前項の規定による権限について準用する。

〔勧告、命令等〕

第二四条の三五　市町村長は、指定障害児相談支援事業者が、次の各号に掲げる場合に該当すると認めるときは、当該指定障害児相談支援事業者に対し、期限を定めて、当該各号に定める措置をとるべきことを勧告することができる。

一　当該指定に係る障害児相談支援事業所の従業者の知識若しくは技能又は人員について第二十四条の三十一第一項の内閣府令で定める基準に適合していない場合　当該基準を遵守すること。

二　第二十四条の三十一第二項の内閣府令で定める指定障害児相談支援の事業の運営に関する基準に従つて適正な指定障害児相談支援の事業の運営をしていない場合　当該基準を遵守すること。

三　第二十四条の三十一第三項に規定する便宜の提供を適正に行つていない場合　当該便宜の提供を適正に行うこと。

②　市町村長は、前項の規定による勧告をした場合において、その勧告を受けた指定障害児相談支援事業者が、同項の期限内にこれに従わなかつたときは、その旨を公表することができる。

③　市町村長は、第一項の規定による勧告を受けた指定障害児相談支援事業者が、正当な理由がなくてその勧告に係る措置をとらなかつたときは、当該指定障害児相談支援事業者に対し、期限を定めて、その勧告に係る措置をとるべきことを命ずることができる。

④　市町村長は、前項の規定による命令をし

たときは、その旨を公示しなければならない。

〔指定の取消し等〕

第二四条の三六 市町村長は、次の各号のいずれかに該当する場合においては、当該指定障害児相談支援事業者に係る第二十四条の二十六第一項第一号の指定を取り消し、又は期間を定めてその指定の全部若しくは一部の効力を停止することができる。

一 指定障害児相談支援事業者が、第二十四条の二十八第二項において準用する第二十一条の五の十五第三項第五号、第五号の二又は第十三号のいずれかに該当するに至つたとき。

二 指定障害児相談支援事業者が、第二十四条の三十第三項の規定に違反したと認められるとき。

三 指定障害児相談支援事業者が、当該指定に係る障害児相談支援事業所の従業者の知識若しくは技能又は人員について、第二十四条の三十一第一項の内閣府令で定める基準を満たすことができなくなつたとき。

四 指定障害児相談支援事業者が、第二十四条の三十一第二項の内閣府令で定める指定障害児相談支援の事業の運営に関する基準に従つて適正な指定障害児相談支援の事業の運営をすることができなくなつたとき。

五 障害児相談支援給付費の請求に関し不正があつたとき。

六 指定障害児相談支援事業者が、第二十四条の三十四第一項の規定により報告又は帳簿書類その他の物件の提出若しくは提示を命ぜられてこれに従わず、又は虚偽の報告をしたとき。

七 指定障害児相談支援事業者又は当該指定に係る障害児相談支援事業所の従業者が、第二十四条の三十四第一項の規定により出頭を求められてこれに応ぜず、同項の規定による質問に対して答弁せず、若しくは虚偽の答弁をし、又は同項の規定による立入り若しくは検査を拒み、妨げ、若しくは忌避したとき。ただし、当該指定に係る障害児相談支援事業所の従業者がその行為をした場合において、その行為を防止するため、当該指定障害児相談支援事業者が相当の注意及び監督を尽くしたときを除く。

八 指定障害児相談支援事業者が、不正の手段により第二十四条の二十六第一項第一号の指定を受けたとき。

九 前各号に掲げる場合のほか、指定障害児相談支援事業者が、この法律その他国民の福祉に関する法律で政令で定めるもの又はこれらの法律に基づく命令若しくは処分に違反したとき。

十 前各号に掲げる場合のほか、指定障害児相談支援事業者が、障害児相談支援に関し不正又は著しく不当な行為をしたとき。

十一 指定障害児相談支援事業者の役員又は当該指定に係る障害児相談支援事業所を管理する者その他の政令で定める使用人のうちに指定の取消し又は指定の全部若しくは一部の効力の停止をしようとするとき前五年以内に障害児相談支援に関し不正又は著しく不当な行為をした者があるとき。

〔公示〕

第二四条の三七 市町村長は、次に掲げる場合には、その旨を公示しなければならない。

一 第二十四条の二十六第一項第一号の指定障害児相談支援事業者の指定をしたとき。

二 第二十四条の三十二第二項の規定による事業の廃止の届出があつたとき。

三 前条の規定により指定障害児相談支援事業者の指定を取り消したとき。

第三款 業務管理体制の整備等

〔業務管理体制の整備等〕

第二四条の三八 指定障害児相談支援事業者は、第二十四条の三十第三項に規定する義務の履行が確保されるよう、内閣府令で定める基準に従い、業務管理体制を整備しなければならない。

② 指定障害児相談支援事業者は、次の各号に掲げる区分に応じ、当該各号に定める者に対し、内閣府令で定めるところにより、業務管理体制の整備に関する事項を届け出なければならない。

一 次号及び第三号に掲げる指定障害児相談支援事業者以外の指定障害児相談支援事業者 都道府県知事

二 指定障害児相談支援事業者であって、当該指定に係る障害児相談支援事業所が一の市町村の区域に所在するもの 市町村長

三 当該指定に係る障害児相談支援事業所が二以上の都道府県の区域に所在する指定障害児相談支援事業者 内閣総理大臣

③ 前項の規定により届出をした指定障害児相談支援事業者は、その届け出た事項に変更があつたときは、内閣府令で定めるところにより、遅滞なく、その旨を当該届出をした内閣総理大臣、都道府県知事又は市町村長（以下この款において「内閣総理大臣等」という。）に届け出なければならない。

④ 第二項の規定による届出をした指定障害児相談支援事業者は、同項各号に掲げる区分の変更により、同項の規定により当該届出をした内閣総理大臣等以外の内閣総理大臣等に届出を行うときは、その旨を当該届出をした内閣総理大臣等にも届け出なければならない。

⑤ 内閣総理大臣等は、前三項の規定による届出が適正になされるよう、相互に密接な連携を図るものとする。

〔報告等〕

第二四条の三九 前条第二項の規定による届出を受けた内閣総理大臣等は、当該届出をした指定障害児相談支援事業者（同条第四項の規定による届出を受けた内閣総理大臣等にあつては、同項の規定による届出をした指定障害児相談支援事業者を除く。）における同条第一項の規定による業務管理体制の整備に関して必要があると認めるときは、当該指定障害児相談支援事業者に対し、報告若しくは帳簿書類その他の物件の提出若しくは提示を命じ、当該指定障害児相談支援事業者若しくは当該指定障害児相談支援事業者の従業者に対し出頭を求め、又は当該職員に、関係者に対し質問させ、若しくは当該指定障害児相談支援事業者の当該指定に係る障害児相談支援事業所、事務所その他の指定障害児相談支援の提供に関係のある場所に立ち入り、その設備若しくは帳簿書類その他の物件を検査させることができる。

② 内閣総理大臣が前項の権限を行うときは当該指定障害児相談支援事業者に係る指定を行つた市町村長（以下この項及び次条第五項において「**関係市町村長**」という。）と、都道府県知事が前項の権限を行うときは関係市町村長と密接な連携の下に行うものとする。

③ 市町村長は、その行つた又はその行おうとする指定に係る指定障害児相談支援事業者における前条第一項の規定による業務管理体制の整備に関して必要があると認めるときは、内閣総理大臣又は都道府県知事に対し、第一項の権限を行うよう求めることができる。

④ 内閣総理大臣又は都道府県知事は、前項の規定による市町村長の求めに応じて第一項の権限を行つたときは、内閣府令で定めるところにより、その結果を当該権限を行うよう求めた市町村長に通知しなければならない。

⑤ 第十九条の十六第二項の規定は第一項の規定による質問又は検査について、同条第三項の規定は第一項の規定による権限について準用する。

〔勧告、命令等〕

第二四条の四〇 第二十四条の三十八第二項の規定による届出を受けた内閣総理大臣等

は、当該届出をした指定障害児相談支援事業者（同条第四項の規定による届出を受けた内閣総理大臣等にあつては、同項の規定による届出をした指定障害児相談支援事業者を除く。）が、同条第一項の内閣府令で定める基準に従つて適正な業務管理体制の整備をしていないと認めるときは、当該指定障害児相談支援事業者に対し、期限を定めて、当該内閣府令で定める基準に従つて適正な業務管理体制を整備すべきことを勧告することができる。

② 内閣総理大臣等は、前項の規定による勧告をした場合において、その勧告を受けた指定障害児相談支援事業者が、同項の期限内にこれに従わなかつたときは、その旨を公表することができる。

③ 内閣総理大臣等は、第一項の規定による勧告を受けた指定障害児相談支援事業者が、正当な理由がなくてその勧告に係る措置をとらなかつたときは、当該指定障害児相談支援事業者に対し、期限を定めて、その勧告に係る措置をとるべきことを命ずることができる。

④ 内閣総理大臣等は、前項の規定による命令をしたときは、その旨を公示しなければならない。

⑤ 内閣総理大臣又は都道府県知事は、指定障害児相談支援事業者が第三項の規定による命令に違反したときは、内閣府令で定めるところにより、当該違反の内容を関係市町村長に通知しなければならない。

第六節　要保護児童の保護措置等

〔要保護児童発見者の通告義務〕

第二五条　要保護児童を発見した者は、これを市町村、都道府県の設置する福祉事務所若しくは児童相談所又は児童委員を介して市町村、都道府県の設置する福祉事務所若しくは児童相談所に通告しなければならない。ただし、罪を犯した満十四歳以上の児童については、この限りでない。この場合においては、これを家庭裁判所に通告しなければならない。

② 刑法の秘密漏示罪の規定その他の守秘義務に関する法律の規定は、前項の規定による通告をすることを妨げるものと解釈してはならない。

〔要保護児童対策地域協議会等〕

第二五条の二　地方公共団体は、単独で又は共同して、要保護児童（第三十一条第四項に規定する延長者及び第三十三条第十項に規定する保護延長者を含む。次項において同じ。）の適切な保護又は要支援児童若しくは特定妊婦への適切な支援を図るため、関係機関、関係団体及び児童の福祉に関連する職務に従事する者その他の関係者（以下「**関係機関等**」という。）により構成される要保護児童対策地域協議会（以下「**協議会**」という。）を置くように努めなければならない。

② 協議会は、要保護児童若しくは要支援児童及びその保護者又は特定妊婦（以下この項及び第五項において「支援対象児童等」という。）に関する情報その他要保護児童の適切な保護又は要支援児童若しくは特定妊婦への適切な支援を図るために必要な情報の交換を行うとともに、支援対象児童等に対する支援の内容に関する協議を行うものとする。

③ 地方公共団体の長は、協議会を設置したときは、内閣府令で定めるところにより、その旨を公示しなければならない。

④ 協議会を設置した地方公共団体の長は、協議会を構成する関係機関等のうちから、一に限り要保護児童対策調整機関を指定する。

⑤ 要保護児童対策調整機関は、協議会に関する事務を総括するとともに、支援対象児童等に対する支援が適切に実施されるよう、内閣府令で定めるところにより、支援対象児童等に対する支援の実施状況を的確に把握し、必要に応じて、児童相談所、養育支援訪問事業を行う者、こども家庭センターその他の関係機関等との連絡調整を行うものとする。

⑥　市町村の設置した協議会（市町村が地方公共団体（市町村を除く。）と共同して設置したものを含む。）に係る要保護児童対策調整機関は、内閣府令で定めるところにより、専門的な知識及び技術に基づき前項の業務に係る事務を適切に行うことができる者として内閣府令で定めるもの（次項及び第八項において「調整担当者」という。）を置くものとする。

⑦　地方公共団体（市町村を除く。）の設置した協議会（当該地方公共団体が市町村と共同して設置したものを除く。）に係る要保護児童対策調整機関は、内閣府令で定めるところにより、調整担当者を置くように努めなければならない。

⑧　要保護児童対策調整機関に置かれた調整担当者は、内閣総理大臣が定める基準に適合する研修を受けなければならない。

注　第二五条の二は、令和四年六月一五日法律第六六号により次のように改正され、令和四年六月一五日から起算して三年を超えない範囲内において政令で定める日から施行される。
　第二十五条の二第一項中「第三十三条第十項」を「第三十三条第十九項」に改める。

〔資料又は情報の提供等〕

第二五条の三　協議会は、前条第二項に規定する情報の交換及び協議を行うため必要があると認めるときは、関係機関等に対し、資料又は情報の提供、意見の開陳その他必要な協力を求めることができる。

②　関係機関等は、前項の規定に基づき、協議会から資料又は情報の提供、意見の開陳その他必要な協力の求めがあつた場合には、これに応ずるよう努めなければならない。

〔組織及び運営に関する事項〕

第二五条の四　前二条に定めるもののほか、協議会の組織及び運営に関し必要な事項は、協議会が定める。

〔秘密保持〕

第二五条の五　次の各号に掲げる協議会を構成する関係機関等の区分に従い、当該各号に定める者は、正当な理由がなく、協議会の職務に関して知り得た秘密を漏らしてはならない。

一　国又は地方公共団体の機関　当該機関の職員又は職員であつた者

二　法人　当該法人の役員若しくは職員又はこれらの職にあつた者

三　前二号に掲げる者以外の者　協議会を構成する者又はその職にあつた者

〔状況の把握〕

第二五条の六　市町村、都道府県の設置する福祉事務所又は児童相談所は、第二十五条第一項の規定による通告を受けた場合において必要があると認めるときは、速やかに、当該児童の状況の把握を行うものとする。

〔通告児童等に対する措置〕

第二五条の七　市町村（次項に規定する町村を除く。）は、要保護児童若しくは要支援児童及びその保護者又は特定妊婦（次項において「要保護児童等」という。）に対する支援の実施状況を的確に把握するものとし、第二十五条第一項の規定による通告を受けた児童及び相談に応じた児童又はその保護者（以下「**通告児童等**」という。）について、必要があると認めたときは、次の各号のいずれかの措置を採らなければならない。

一　第二十七条の措置を要すると認める者並びに医学的、心理学的、教育学的、社会学的及び精神保健上の判定を要すると認める者は、これを児童相談所に送致すること。

二　通告児童等を当該市町村の設置する福祉事務所の知的障害者福祉法（昭和三十五年法律第三十七号）第九条第六項に規定する知的障害者福祉司（以下「**知的障害者福祉司**」という。）又は社会福祉主事に指導させること。

三　児童自立生活援助の実施又は社会的養護自立支援拠点事業の実施が適当であると認める児童は、これをその実施に係る都道府県知事に報告すること。

四　児童虐待の防止等に関する法律第八条の二第一項の規定による出頭の求め及び調査若しくは質問、第二十九条若しくは同法第九条第一項の規定による立入り及び調査若しくは質問又は第三十三条第一項若しくは第二項の規定による一時保護の実施が適当であると認める者は、これを都道府県知事又は児童相談所長に通知すること。

② 福祉事務所を設置していない町村は、要保護児童等に対する支援の実施状況を的確に把握するものとし、通告児童等又は妊産婦について、必要があると認めたときは、次の各号のいずれかの措置を採らなければならない。

一　第二十七条の措置を要すると認める者並びに医学的、心理学的、教育学的、社会学的及び精神保健上の判定を要すると認める者は、これを児童相談所に送致すること。

二　次条第二号の措置が適当であると認める者は、これを当該町村の属する都道府県の設置する福祉事務所に送致すること。

三　妊産婦等生活援助事業の実施、助産の実施又は母子保護の実施が適当であると認める者は、これをそれぞれその実施に係る都道府県知事に報告すること。

四　児童自立生活援助の実施又は社会的養護自立支援拠点事業の実施が適当であると認める児童は、これをその実施に係る都道府県知事に報告すること。

五　児童虐待の防止等に関する法律第八条の二第一項の規定による出頭の求め及び調査若しくは質問、第二十九条若しくは同法第九条第一項の規定による立入り及び調査若しくは質問又は第三十三条第一項若しくは第二項の規定による一時保護の実施が適当であると認める者は、これを都道府県知事又は児童相談所長に通知すること。

〔福祉事務所長の採るべき措置〕

第二五条の八　都道府県の設置する福祉事務所の長は、第二十五条第一項の規定による通告又は前条第二項第二号若しくは次条第一項第四号の規定による送致を受けた児童及び相談に応じた児童、その保護者又は妊産婦について、必要があると認めたときは、次の各号のいずれかの措置を採らなければならない。

一　第二十七条の措置を要すると認める者並びに医学的、心理学的、教育学的、社会学的及び精神保健上の判定を要すると認める者は、これを児童相談所に送致すること。

二　児童又はその保護者をその福祉事務所の知的障害者福祉司又は社会福祉主事に指導させること。

三　妊産婦等生活援助事業の実施又は保育の利用等（助産の実施、母子保護の実施又は保育の利用若しくは第二十四条第五項の規定による措置をいう。以下同じ。）が適当であると認める者は、これをそれぞれその保育の利用等に係る都道府県又は市町村の長に報告し、又は通知すること。

四　児童自立生活援助の実施又は社会的養護自立支援拠点事業の実施が適当であると認める児童は、これをその実施に係る都道府県知事に報告すること。

五　第二十一条の六の規定による措置が適当であると認める者は、これをその措置に係る市町村の長に報告し、又は通知すること。

〔児童相談所長の採るべき措置〕

第二六条　児童相談所長は、第二十五条第一項の規定による通告を受けた児童、第二十五条の七第一項第一号若しくは第二項第一号、前条第一号又は少年法（昭和二十三年法律第百六十八号）第六条の六第一項若しくは第十八条第一項の規定による送致を受けた児童及び相談に応じた児童、その保護者又は妊産婦について、必要があると認めたときは、次の各号のいずれかの措置を採らなければならない。

一　次条の措置を要すると認める者は、これを都道府県知事に報告すること。

二　児童又はその保護者を児童相談所その他の関係機関若しくは関係団体の事業所若しくは事務所に通わせ当該事業所若しくは事務所において、又は当該児童若しくはその保護者の住所若しくは居所において、児童福祉司若しくは児童委員に指導させ、又は市町村、都道府県以外の者の設置する児童家庭支援センター、都道府県以外の障害者の日常生活及び社会生活を総合的に支援するための法律第五条第十八項に規定する一般相談支援事業若しくは特定相談支援事業（次条第一項第二号及び第三十四条の七において「**障害者等相談支援事業**」という。）を行う者その他当該指導を適切に行うことができる者として内閣府令で定めるものに委託して指導させること。

三　児童及び妊産婦の福祉に関し、情報を提供すること、相談（専門的な知識及び技術を必要とするものを除く。）に応ずること、調査及び指導（医学的、心理学的、教育学的、社会学的及び精神保健上の判定を必要とする場合を除く。）を行うことその他の支援（専門的な知識及び技術を必要とするものを除く。）を行うことを要すると認める者（次条の措置を要すると認める者を除く。）は、これを市町村に送致すること。

四　第二十五条の七第一項第二号又は前条第二号の措置が適当であると認める者は、これを福祉事務所に送致すること。

五　妊産婦等生活援助事業の実施又は保育の利用等が適当であると認める者は、これをそれぞれその妊産婦等生活援助事業の実施又は保育の利用等に係る都道府県又は市町村の長に報告し、又は通知すること。

六　児童自立生活援助の実施又は社会的養護自立支援拠点事業の実施が適当であると認める児童は、これをその実施に係る都道府県知事に報告すること。

七　第二十一条の六の規定による措置が適当であると認める者は、これをその措置に係る市町村の長に報告し、又は通知すること。

八　放課後児童健全育成事業、子育て短期支援事業、養育支援訪問事業、地域子育て支援拠点事業、一時預かり事業、子育て援助活動支援事業、子育て世帯訪問支援事業、児童育成支援拠点事業、親子関係形成支援事業、子ども・子育て支援法第五十九条第一号に掲げる事業その他市町村が実施する児童の健全な育成に資する事業の実施が適当であると認める者は、これをその事業の実施に係る市町村の長に通知すること。

②　前項第一号の規定による報告書には、児童の住所、氏名、年齢、履歴、性行、健康状態及び家庭環境、同号に規定する措置についての当該児童及びその保護者の意向その他児童の福祉増進に関し、参考となる事項を記載しなければならない。

注　第二六条は、令和四年一二月一六日法律第一〇四号により次のように改正され、令和四年一二月一六日から起算して三年を超えない範囲内において政令で定める日から施行される。

第二十六条第一項第二号中「第五条第十八項」を「第五条第十九項」に改める。

〔**都道府県の採るべき措置**〕

第二七条　都道府県は、前条第一項第一号の規定による報告又は少年法第十八条第二項の規定による送致のあつた児童につき、次の各号のいずれかの措置を採らなければならない。

一　児童又はその保護者に訓戒を加え、又は誓約書を提出させること。
二　児童又はその保護者を児童相談所その他の関係機関若しくは関係団体の事業所若しくは事務所に通わせ当該事業所若しくは事務所において、又は当該児童若しくはその保護者の住所若しくは居所において、児童福祉司、知的障害者福祉司、社会福祉主事、児童委員若しくは当該都道府県の設置する児童家庭支援センター若しくは当該都道府県が行う障害者等相談支援事業に係る職員に指導させ、又は市町村、当該都道府県以外の者の設置する児童家庭支援センター、当該都道府県以外の障害者等相談支援事業を行う者若しくは前条第一項第二号に規定する内閣府令で定める者に委託して指導させること。
三　児童を小規模住居型児童養育事業を行う者若しくは里親に委託し、又は乳児院、児童養護施設、障害児入所施設、児童心理治療施設若しくは児童自立支援施設に入所させること。
四　家庭裁判所の審判に付することが適当であると認める児童は、これを家庭裁判所に送致すること。

②　都道府県は、肢体不自由のある児童又は重症心身障害児については、前項第三号の措置に代えて、指定発達支援医療機関に対し、これらの児童を入院させて障害児入所施設（第四十二条第二号に規定する医療型障害児入所施設に限る。）におけると同様な治療等を行うことを委託することができる。

③　都道府県知事は、少年法第十八条第二項の規定による送致のあつた児童につき、第一項の措置を採るにあたつては、家庭裁判所の決定による指示に従わなければならない。

④　第一項第三号又は第二項の措置は、児童に親権を行う者（第四十七条第一項の規定により親権を行う児童福祉施設の長を除く。以下同じ。）又は未成年後見人があるときは、前項の場合を除いては、その親権を行う者又は未成年後見人の意に反して、これを採ることができない。

⑤　都道府県知事は、第一項第二号若しくは第三号若しくは第二項の措置を解除し、停止し、又は他の措置に変更する場合には、児童相談所長の意見を聴かなければならない。

⑥　都道府県知事は、政令の定めるところにより、第一項第一号から第三号までの措置（第三項の規定により採るもの及び第二十八条第一項第一号又は第二号ただし書の規定により採るものを除く。）若しくは第二項の措置を採る場合又は第一項第二号若しくは第三号若しくは第二項の措置を解除し、停止し、若しくは他の措置に変更する場合には、都道府県児童福祉審議会の意見を聴かなければならない。

第二七条の二　都道府県は、少年法第二十四条第一項又は第二十六条の四第一項の規定により同法第二十四条第一項第二号の保護処分の決定を受けた児童につき、当該決定に従つて児童自立支援施設に入所させる措置（保護者の下から通わせて行うものを除く。）又は児童養護施設に入所させる措置を採らなければならない。

②　前項に規定する措置は、この法律の適用については、前条第一項第三号の児童自立支援施設又は児童養護施設に入所させる措置とみなす。ただし、同条第四項及び第六項（措置を解除し、停止し、又は他の措置に変更する場合に係る部分を除く。）並びに第二十八条の規定の適用については、この限りでない。

〔家庭裁判所への送致〕

第二七条の三　都道府県知事は、たまたま児童の行動の自由を制限し、又はその自由を奪うような強制的措置を必要とするときは、第三十三条、第三十三条の二及び第四十七条の規定により認められる場合を除き、事件を家庭裁判所に送致しなければならない。

〔秘密保持義務〕

第二七条の四 第二十六条第一項第二号又は第二十七条第一項第二号の規定により行われる指導（委託に係るものに限る。）の事務に従事する者又は従事していた者は、その事務に関して知り得た秘密を漏らしてはならない。

〔保護者の児童虐待等の場合の措置〕

第二八条 保護者が、その児童を虐待し、著しくその監護を怠り、その他保護者に監護させることが著しく当該児童の福祉を害する場合において、第二十七条第一項第三号の措置を採ることが児童の親権を行う者又は未成年後見人の意に反するときは、都道府県は、次の各号の措置を採ることができる。

一 保護者が親権を行う者又は未成年後見人であるときは、家庭裁判所の承認を得て、第二十七条第一項第三号の措置を採ること。

二 保護者が親権を行う者又は未成年後見人でないときは、その児童を親権を行う者又は未成年後見人に引き渡すこと。ただし、その児童を親権を行う者又は未成年後見人に引き渡すことが児童の福祉のため不適当であると認めるときは、家庭裁判所の承認を得て、第二十七条第一項第三号の措置を採ること。

② 前項第一号及び第二号ただし書の規定による措置の期間は、当該措置を開始した日から二年を超えてはならない。ただし、当該措置に係る保護者に対する指導措置（第二十七条第一項第二号の措置をいう。以下この条並びに第三十三条第二項及び第九項において同じ。）の効果等に照らし、当該措置を継続しなければ保護者がその児童を虐待し、著しくその監護を怠り、その他著しく当該児童の福祉を害するおそれがあると認めるときは、都道府県は、家庭裁判所の承認を得て、当該期間を更新することができる。

③ 都道府県は、前項ただし書の規定による更新に係る承認の申立てをした場合において、やむを得ない事情があるときは、当該措置の期間が満了した後も、当該申立てに対する審判が確定するまでの間、引き続き当該措置を採ることができる。ただし、当該申立てを却下する審判があつた場合は、当該審判の結果を考慮してもなお当該措置を採る必要があると認めるときに限る。

④ 家庭裁判所は、第一項第一号若しくは第二号ただし書又は第二項ただし書の承認（以下「**措置に関する承認**」という。）の申立てがあつた場合は、都道府県に対し、期限を定めて、当該申立てに係る保護者に対する指導措置を採るよう勧告すること、当該申立てに係る保護者に対する指導措置に関し報告及び意見を求めること、又は当該申立てに係る児童及びその保護者に関する必要な資料の提出を求めることができる。

⑤ 家庭裁判所は、前項の規定による勧告を行つたときは、その旨を当該保護者に通知するものとする。

⑥ 家庭裁判所は、措置に関する承認の申立てに対する承認の審判をする場合において、当該措置の終了後の家庭その他の環境の調整を行うため当該保護者に対する指導措置を採ることが相当であると認めるときは、都道府県に対し、当該指導措置を採るよう勧告することができる。

⑦ 家庭裁判所は、第四項の規定による勧告を行つた場合において、措置に関する承認の申立てを却下する審判をするときであつて、家庭その他の環境の調整を行うため当該勧告に係る当該保護者に対する指導措置を採ることが相当であると認めるときは、都道府県に対し、当該指導措置を採るよう勧告することができる。

⑧ 第五項の規定は、前二項の規定による勧告について準用する。

注 第二八条は、令和四年六月一五日法律第六六号により次のように改正され、令和四年六月一五日から起算して三年を超えない範囲内において政令で定める日から施行される。
第二十八条第二項ただし書中「第九項」を「第十八項」に改める。

〔立入調査〕

第二九条 都道府県知事は、前条の規定による措置をとるため、必要があると認めるときは、児童委員又は児童の福祉に関する事務に従事する職員をして、児童の住所若しくは居所又は児童の従業する場所に立ち入り、必要な調査又は質問をさせることができる。この場合においては、その身分を証明する証票を携帯させ、関係者の請求があつたときは、これを提示させなければならない。

〔同居児童の届出〕

第三〇条 四親等内の児童以外の児童を、その親権を行う者又は未成年後見人から離して、自己の家庭（単身の世帯を含む。）に、三月（乳児については、一月）を超えて同居させる意思をもつて同居させた者又は継続して二月以上（乳児については、二十日以上）同居させた者（法令の定めるところにより児童を委託された者及び児童を単に下宿させた者を除く。）は、同居を始めた日から三月以内（乳児については、一月以内）に、市町村長を経て、都道府県知事に届け出なければならない。ただし、その届出期間内に同居をやめたときは、この限りでない。

② 前項に規定する届出をした者が、その同居をやめたときは、同居をやめた日から一月以内に、市町村長を経て、都道府県知事に届け出なければならない。

③ 保護者は、経済的理由等により、児童をそのもとにおいて養育しがたいときは、市町村、都道府県の設置する福祉事務所、児童相談所、児童福祉司又は児童委員に相談しなければならない。

〔里親等に対する指示及び報告徴収〕

第三〇条の二 都道府県知事は、小規模住居型児童養育事業を行う者、里親（第二十七条第一項第三号の規定により委託を受けた里親に限る。第三十三条の八第二項、第三十三条の十、第三十三条の十四第二項、第四十四条の四、第四十五条の二、第四十六条第一項、第四十七条、第四十八条及び第四十八条の三において同じ。）及び児童福祉施設の長並びに前条第一項に規定する者に、児童の保護について、必要な指示をし、又は必要な報告をさせることができる。

〔保護期間の延長等〕

第三一条 都道府県等は、第二十三条第一項本文の規定により母子生活支援施設に入所した児童については、その保護者から申込みがあり、かつ、必要があると認めるときは、満二十歳に達するまで、引き続きその者を母子生活支援施設において保護することができる。

② 都道府県は、第二十七条第一項第三号の規定により小規模住居型児童養育事業を行う者若しくは里親に委託され、又は児童養護施設、障害児入所施設（第四十二条第一号に規定する福祉型障害児入所施設に限る。次条第一項において同じ。）、児童心理治療施設若しくは児童自立支援施設に入所した児童については満二十歳に達するまで、引き続き第二十七条第一項第三号の規定による委託を継続し、若しくはその者をこれらの児童福祉施設に在所させ、又はこれらの措置を相互に変更する措置を採ることができる。

③ 都道府県は、第二十七条第一項第三号の規定により障害児入所施設（第四十二条第二号に規定する医療型障害児入所施設に限る。次条第二項において同じ。）に入所した児童又は第二十七条第二項の規定による委託により指定発達支援医療機関に入院した肢体不自由のある児童若しくは重症心身障害児については満二十歳に達するまで、引き続きその者をこれらの児童福祉施設に在

所させ、若しくは同項の規定による委託を継続し、又はこれらの措置を相互に変更する措置を採ることができる。

④　都道府県は、延長者（児童以外の満二十歳に満たない者のうち、次の各号のいずれかに該当するものをいう。）について、第二十七条第一項第一号から第三号まで又は第二項の措置を採ることができる。

一　第二項からこの項までの規定による措置が採られている者

二　第三十三条第八項から第十一項までの規定による一時保護が行われている者（前号に掲げる者を除く。）

⑤　前各項の規定による保護又は措置は、この法律の適用については、母子保護の実施又は第二十七条第一項第一号から第三号まで若しくは第二項の規定による措置とみなす。

⑥　第二項から第四項までの場合においては、都道府県知事は、児童相談所長の意見を聴かなければならない。

注　第三一条は、令和四年六月一五日法律第六六号により次のように改正され、令和四年六月一五日から三年を超えない範囲内において政令で定める日から施行される。

第三十一条第四項第二号中「第三十三条第八項から第十一項まで」を「第三十三条第十七項から第二十項まで」に改める。

〔保護期間の延長の特例〕

第三一条の二　都道府県は、前条第二項の規定にかかわらず、同項の規定により障害児入所施設に在所している者であつて、障害福祉サービスその他のサービスを利用しつつ自立した日常生活又は社会生活を営むことが著しく困難なものとして内閣府令で定める者について、満二十歳に到達してもなお引き続き在所させる措置を採らなければその福祉を損なうおそれがあると認めるときは、当該者が満二十三歳に達するまで、引き続き当該者を障害児入所施設に在所させる措置を採ることができる。

②　都道府県は、前条第三項の規定にかかわらず、同項の規定により障害児入所施設に在所している者又は委託を継続して指定発達支援医療機関に入院している肢体不自由のある者若しくは重度の知的障害及び重度の肢体不自由が重複している者であつて、障害福祉サービスその他のサービスを利用しつつ自立した日常生活又は社会生活を営むことが著しく困難なものとして内閣府令で定める者について、満二十歳に到達してもなお引き続き在所又は入院させる措置を採らなければその福祉を損なうおそれがあると認めるときは、当該者が満二十三歳に達するまで、引き続き当該者をこれらの施設に在所させ、若しくは同項の規定による委託を継続し、又はこれらの措置を相互に変更する措置を採ることができる。

③　前二項の規定による措置は、この法律の適用については、第二十七条第一項第三号又は第二項の規定による措置とみなす。

④　第一項又は第二項の場合においては、都道府県知事は、児童相談所長の意見を聴かなければならない。

〔権限の委任〕

第三二条　都道府県知事は、第二十七条第一項若しくは第二項の措置を採る権限又は児童自立生活援助の実施の権限の全部又は一部を児童相談所長に委任することができる。

②　都道府県知事又は市町村長は、第二十一条の六の措置を採る権限又は助産の実施若しくは母子保護の実施の権限、第二十一条の十八第一項の規定による勧奨及び支援並びに同条第二項の規定による措置に関する権限、第二十三条第一項ただし書に規定する保護の権限並びに第二十四条の二から第二十四条の七まで及び第二十四条の二十の規定による権限の全部又は一部を、それぞれその管理する福祉事務所の長に委任する

ことができる。

③ 市町村長は、保育所における保育を行うことの権限並びに第二十四条第三項の規定による調整及び要請、同条第四項の規定による勧奨及び支援並びに同条第五項又は第六項の規定による措置に関する権限の全部又は一部を、その管理する福祉事務所の長又は当該市町村に置かれる教育委員会に委任することができる。

〔児童の一時保護〕

第三三条 児童相談所長は、必要があると認めるときは、第二十六条第一項の措置を採るに至るまで、児童の安全を迅速に確保し適切な保護を図るため、又は児童の心身の状況、その置かれている環境その他の状況を把握するため、児童の一時保護を行い、又は適当な者に委託して、当該一時保護を行わせることができる。

② 都道府県知事は、必要があると認めるときは、第二十七条第一項又は第二項の措置（第二十八条第四項の規定による勧告を受けて採る指導措置を除く。）を採るに至るまで、児童の安全を迅速に確保し適切な保護を図るため、又は児童の心身の状況、その置かれている環境その他の状況を把握するため、児童相談所長をして、児童の一時保護を行わせ、又は適当な者に当該一時保護を行うことを委託させることができる。

③ 前二項の規定による一時保護の期間は、当該一時保護を開始した日から二月を超えてはならない。

④ 前項の規定にかかわらず、児童相談所長又は都道府県知事は、必要があると認めるときは、引き続き第一項又は第二項の規定による一時保護を行うことができる。

⑤ 前項の規定により引き続き一時保護を行うことが当該児童の親権を行う者又は未成年後見人の意に反する場合においては、児童相談所長又は都道府県知事が引き続き一時保護を行おうとするとき、及び引き続き一時保護を行つた後二月を超えて引き続き一時保護を行おうとするときごとに、児童相談所長又は都道府県知事は、家庭裁判所の承認を得なければならない。ただし、当該児童に係る第二十八条第一項第一号若しくは第二号ただし書の承認の申立て又は当該児童の親権者に係る第三十三条の七の規定による親権喪失若しくは親権停止の審判の請求若しくは当該児童の未成年後見人に係る第三十三条の九の規定による未成年後見人の解任の請求がされている場合は、この限りでない。

⑥ 児童相談所長又は都道府県知事は、前項本文の規定による引き続いての一時保護に係る承認の申立てをした場合において、やむを得ない事情があるときは、一時保護を開始した日から二月を経過した後又は同項の規定により引き続き一時保護を行つた後二月を経過した後も、当該申立てに対する審判が確定するまでの間、引き続き一時保護を行うことができる。ただし、当該申立てを却下する審判があつた場合は、当該審判の結果を考慮してもなお引き続き一時保護を行う必要があると認めるときに限る。

⑦ 前項本文の規定により引き続き一時保護を行つた場合において、第五項本文の規定による引き続いての一時保護に係る承認の申立てに対する審判が確定した場合における同項の規定の適用については、同項中「引き続き一時保護を行おうとするとき、及び引き続き一時保護を行つた」とあるのは、「引き続いての一時保護に係る承認の申立てに対する審判が確定した」とする。

⑧ 児童相談所長は、特に必要があると認めるときは、第一項の規定により一時保護が行われた児童については満二十歳に達するまでの間、次に掲げる措置を採るに至るまで、引き続き一時保護を行い、又は一時保護を行わせることができる。

一 第三十一条第四項の規定による措置を要すると認める者は、これを都道府県知事に報告すること。

二 児童自立生活援助の実施又は社会的養護自立支援拠点事業の実施が適当である

と認める満二十歳未満義務教育終了児童等は、これをその実施に係る都道府県知事に報告すること。

⑨　都道府県知事は、特に必要があると認めるときは、第二項の規定により一時保護が行われた児童については満二十歳に達するまでの間、第三十一条第四項の規定による措置（第二十八条第四項の規定による勧告を受けて採る指導措置を除く。第十一項において同じ。）を採るに至るまで、児童相談所長をして、引き続き一時保護を行わせ、又は一時保護を行うことを委託させることができる。

⑩　児童相談所長は、特に必要があると認めるときは、第八項各号に掲げる措置を採るに至るまで、保護延長者（児童以外の満二十歳に満たない者のうち、第三十一条第二項から第四項までの規定による措置が採られているものをいう。以下この項及び次項において同じ。）の安全を迅速に確保し適切な保護を図るため、又は保護延長者の心身の状況、その置かれている環境その他の状況を把握するため、保護延長者の一時保護を行い、又は適当な者に委託して、当該一時保護を行わせることができる。

⑪　都道府県知事は、特に必要があると認めるときは、第三十一条第四項の規定による措置を採るに至るまで、保護延長者の安全を迅速に確保し適切な保護を図るため、又は保護延長者の心身の状況、その置かれている環境その他の状況を把握するため、児童相談所長をして、保護延長者の一時保護を行わせ、又は適当な者に当該一時保護を行うことを委託させることができる。

⑫　第八項から前項までの規定による一時保護は、この法律の適用については、第一項又は第二項の規定による一時保護とみなす。

注　第三三条は、令和四年六月一五日法律第六六号により次のように改正され、令和四年六月一五日から起算して三年を超えない範囲内において政令で定める日から施行される。

第三十三条第一項中「児童相談所長は」の下に「、児童虐待のおそれがあるとき、少年法第六条の六第一項の規定により事件の送致を受けたときその他の内閣府令で定める場合であつて」を加え、同条第二項中「都道府県知事は」の下に「、前項に規定する場合であつて」を加え、同条第三項中「前二項」を「第一項及び第二項」に改め、同条第七項中「第五項本文」を「第十四項本文」に改め、同条第九項中「第十一項」を「第二十項」に改め、同条第十項中「第八項各号」を「第十七項各号」に改め、同条第十二項中「第八項」を「第十七項」に改め、同条第二項の次に次の九項を加える。

③　児童相談所長又は都道府県知事は、前二項の規定による一時保護を行うときは、次に掲げる場合を除き、一時保護を開始した日から起算して七日以内に、第一項に規定する場合に該当し、かつ、一時保護の必要があると認められる資料を添えて、これらの者の所属する官公署の所在地を管轄する地方裁判所、家庭裁判所又は簡易裁判所の裁判官に次項に規定する一時保護状を請求しなければならない。この場合において、一時保護を開始する前にあらかじめ一時保護状を請求することを妨げない。

一　当該一時保護を行うことについて当該児童の親権を行う者又は未成年後見人の同意がある場合

二　当該児童に親権を行う者又は未成年後見人がない場合

三　当該一時保護をその開始した日から起算して七日以内に解除した場合

④　裁判官は、前項の規定による請求（以下この条において「一時保護状

の請求」という。）のあつた児童について、第一項に規定する場合に該当すると認めるときは、一時保護状を発する。ただし、明らかに一時保護の必要がないと認めるときは、この限りでない。

⑤　前項の一時保護状には、次に掲げる事項（第五号に掲げる事項にあつては、第三項後段に該当する場合に限る。）を記載し、裁判官がこれに記名押印しなければならない。

一　一時保護を行う児童の氏名

二　一時保護の理由

三　発付の年月日

四　裁判所名

五　有効期間及び有効期間経過後は一時保護を開始することができずこれを返還しなければならない旨

⑥　一時保護状の請求についての裁判は、判事補が単独ですることができる。

⑦　児童相談所長又は都道府県知事は、裁判官が一時保護状の請求を却下する裁判をしたときは、速やかに一時保護を解除しなければならない。ただし、一時保護を行わなければ児童の生命又は心身に重大な危害が生じると見込まれるときは、児童相談所長又は都道府県知事は、当該裁判があつた日の翌日から起算して三日以内に限り、第一項に規定する場合に該当し、かつ、一時保護の必要があると認められる資料及び一時保護を行わなければ児童の生命又は心身に重大な危害が生じると見込まれると認められる資料を添えて、簡易裁判所の裁判官がした裁判に対しては管轄地方裁判所に、その他の裁判官がした裁判に対してはその裁判官が所属する裁判所にその裁判の取消しを請求することができる。

⑧　前項ただし書の請求を受けた地方裁判所又は家庭裁判所は、合議体で決定をしなければならない。

⑨　第七項本文の規定にかかわらず、児童相談所長又は都道府県知事は、同項ただし書の規定による請求をするときは、一時保護状の請求についての裁判が確定するまでの間、引き続き第一項又は第二項の規定による一時保護を行うことができる。

⑩　第七項ただし書の規定による請求を受けた裁判所は、当該請求がその規定に違反したとき、又は請求が理由のないときは、決定で請求を棄却しなければならない。

⑪　第七項ただし書の規定による請求を受けた裁判所は、当該請求が理由のあるときは、決定で原裁判を取り消し、自ら一時保護状を発しなければならない。

〔児童相談所長の権限等〕

第三三条の二　児童相談所長は、一時保護が行われた児童で親権を行う者又は未成年後見人のないものに対し、親権を行う者又は未成年後見人があるに至るまでの間、親権を行う。ただし、民法第七百九十七条の規定による縁組の承諾をするには、内閣府令の定めるところにより、都道府県知事の許可を得なければならない。

②　児童相談所長は、一時保護が行われた児童で親権を行う者又は未成年後見人のあるものについても、監護及び教育に関し、その児童の福祉のため必要な措置をとることができる。この場合において、児童相談所長は、児童の人格を尊重するとともに、その年齢及び発達の程度に配慮しなければならず、かつ、体罰その他の児童の心身の健全な発達に有害な影響を及ぼす言動をしてはならない。

③　前項の児童の親権を行う者又は未成年後見人は、同項の規定による措置を不当に妨げてはならない。

④　第二項の規定による措置は、児童の生命又は身体の安全を確保するため緊急の必要があると認めるときは、その親権を行う者又は未成年後見人の意に反しても、これをとることができる。

〔児童の所持物の保管〕

第三三条の二の二　児童相談所長は、一時保護が行われた児童の所持する物であつて、一時保護中本人に所持させることが児童の福祉を損なうおそれがあるものを保管することができる。

②　児童相談所長は、前項の規定により保管する物で、腐敗し、若しくは滅失するおそれがあるもの又は保管に著しく不便なものは、これを売却してその代価を保管することができる。

③　児童相談所長は、前二項の規定により保管する物について当該児童以外の者が返還請求権を有することが明らかな場合には、これをその権利者に返還しなければならない。

④　児童相談所長は、前項に規定する返還請求権を有する者を知ることができないとき、又はその者の所在を知ることができないときは、返還請求権を有する者は、六月以内に申し出るべき旨を公告しなければならない。

⑤　前項の期間内に同項の申出がないときは、その物は、当該児童相談所を設置した都道府県に帰属する。

⑥　児童相談所長は、一時保護を解除するときは、第三項の規定により返還する物を除き、その保管する物を当該児童に返還しなければならない。この場合において、当該児童に交付することが児童の福祉のため不適当であると認めるときは、これをその保護者に交付することができる。

⑦　第一項の規定による保管、第二項の規定による売却及び第四項の規定による公告に要する費用は、その物の返還を受ける者があるときは、その者の負担とする。

〔児童の遺留物の交付〕

第三三条の三　児童相談所長は、一時保護が行われている間に児童が逃走し、又は死亡した場合において、遺留物があるときは、これを保管し、かつ、前条第三項の規定により権利者に返還しなければならない物を除き、これを当該児童の保護者若しくは親族又は相続人に交付しなければならない。

②　前条第二項、第四項、第五項及び第七項の規定は、前項の場合に、これを準用する。

〔資料又は情報の提供等〕

第三三条の三の二　都道府県知事又は児童相談所長は、次に掲げる措置に関して必要があると認めるときは、地方公共団体の機関、病院、診療所、医学に関する大学（大学の学部を含む。）、児童福祉施設、当該措置に係る児童が在籍する又は在籍していた学校その他必要な関係機関、関係団体及び児童の福祉に関連する職務に従事する者その他の関係者に対し、資料又は情報の提供、意見の開陳その他必要な協力を求めることができる。

一　第二十六条第一項第二号に規定する措置

二　第二十七条第一項第二号若しくは第三号又は第二項に規定する措置

三　第三十三条第一項又は第二項に規定する措置

②　前項の規定により都道府県知事又は児童相談所長から資料又は情報の提供、意見の開陳その他必要な協力を求められた者は、これに応ずるよう努めなければならない。

〔意見聴取等措置〕

第三三条の三の三　都道府県知事又は児童相談所長は、次に掲げる場合においては、児童の最善の利益を考慮するとともに、児童の意見又は意向を勘案して措置を行うために、あらかじめ、年齢、発達の状況その他の当該児童の事情に応じ意見聴取その他の措置（以下この条において「意見聴取等措置」という。）をとらなければならない。ただし、児童の生命又は心身の安全を確保するため緊急を要する場合で、あらかじめ意見聴取等措置をとるいとまがないときは、次に規定する措置を行つた後速やかに意見聴取等措置をとらなければならない。

一　第二十六条第一項第二号の措置を採る場合又は当該措置を解除し、停止し、若しくは他の措置に変更する場合

二　第二十七条第一項第二号若しくは第三号若しくは第二項の措置を採る場合又はこれらの措置を解除し、停止し、若しくは他の措置に変更する場合

三　第二十八条第二項ただし書の規定に基づき第二十七条第一項第三号の措置の期間を更新する場合

四　第三十三条第一項又は第二項の規定による一時保護を行う場合又はこれを解除する場合

〔措置又は助産の実施、母子保護の実施の解除に係る説明等〕

第三三条の四　都道府県知事、市町村長、福祉事務所長又は児童相談所長は、次の各号に掲げる措置又は助産の実施、母子保護の実施若しくは児童自立生活援助の実施を解除する場合には、あらかじめ、当該各号に定める者に対し、当該措置又は助産の実施、母子保護の実施若しくは児童自立生活援助の実施の解除の理由について説明するとともに、その意見を聴かなければならない。ただし、当該各号に定める者から当該措置又は助産の実施、母子保護の実施若しくは児童自立生活援助の実施の解除の申出があつた場合その他内閣府令で定める場合においては、この限りでない。

一　第二十一条の六、第二十一条の十八第二項、第二十四条第五項及び第六項、第二十五条の七第一項第二号、第二十五条の八第二号、第二十六条第一項第二号並びに第二十七条第一項第二号の措置　当該措置に係る児童の保護者

二　助産の実施　当該助産の実施に係る妊産婦

三　母子保護の実施　当該母子保護の実施に係る児童の保護者

四　第二十七条第一項第三号及び第二項の措置　当該措置に係る児童の親権を行う者又はその未成年後見人

五　児童自立生活援助の実施　当該児童自立生活援助の実施に係る措置解除者等

〔行政手続法の適用除外〕

第三三条の五　第二十一条の六、第二十一条の十八第二項、第二十四条第五項若しくは第六項、第二十五条の七第一項第二号、第二十五条の八第二号、第二十六条第一項第二号若しくは第二十七条第一項第二号若しくは第三号若しくは第二項の措置を解除する処分又は助産の実施、母子保護の実施若しくは児童自立生活援助の実施の解除については、行政手続法第三章（第十二条及び第十四条を除く。）の規定は、適用しない。

〔児童自立生活援助事業〕

第三三条の六　都道府県は、その区域内における第六条の三第一項各号に掲げる者（以下この条において「児童自立生活援助対象者」という。）の自立を図るため必要がある場合において、その児童自立生活援助対象者から申込みがあつたときは、自ら又は児童自立生活援助事業を行う者（都道府県を除く。次項において同じ。）に委託して、その児童自立生活援助対象者に対し、内閣府令で定めるところにより、児童自立生活援助を行わなければならない。ただし、やむを得ない事由があるときは、その他の適切な援助を行わなければならない。

②　児童自立生活援助の実施を希望する児童自立生活援助対象者であつて児童自立生活援助の実施を希望するものは、内閣府令の定めるところにより、入居を希望する住居その他内閣府令の定める事項を記載した申込書を都道府県に提出しなければならない。この場合において、児童自立生活援助事業を行う者は、内閣府令の定めるところにより、児童自立生活援助対象者の依頼を受けて、当該申込書の提出を代わつて行うことができる。

③　都道府県は、児童自立生活援助対象者が

特別な事情により当該都道府県の区域外の住居への入居を希望するときは、当該住居への入居について必要な連絡及び調整を図らなければならない。

④　都道府県は、第二十五条の七第一項第三号若しくは第二項第四号、第二十五条の八第四号若しくは第二十六条第一項第六号の規定による報告を受けた児童又は第三十三条第八項第二号の規定による報告を受けた満二十歳未満義務教育終了児童等について、必要があると認めるときは、これらの者に対し、児童自立生活援助の実施の申込みを勧奨しなければならない。

⑤　都道府県は、児童自立生活援助対象者の住居の選択及び児童自立生活援助事業の適正な運営の確保に資するため、内閣府令の定めるところにより、その区域内における児童自立生活援助事業を行う者、当該事業の運営の状況その他の内閣府令の定める事項に関し情報の提供を行わなければならない。

注　第三三条の六は、令和四年六月一五日法律第六六号により次のように改正され、令和四年六月一五日から起算して三年を超えない範囲内において政令で定める日から施行される。
　第三十三条の六第四項中「第三十三条第八項第二号」を「第三十三条第十七項第二号」に改める。

〔親子再統合支援等の着実な実施〕
第三三条の六の二　都道府県は、児童の健全な育成及び措置解除者等の自立に資するため、その区域内において、親子再統合支援事業、社会的養護自立支援拠点事業及び意見表明等支援事業が着実に実施されるよう、必要な措置の実施に努めなければならない。

〔社会的養護自立支援拠点事業の利用の勧奨〕
第三三条の六の三　社会的養護自立支援拠点事業を行う都道府県は、第二十五条の七第一項第三号若しくは第二項第四号、第二十五条の八第四号若しくは第二十六条第一項第六号の規定による報告を受けた児童又は第三十三条第八項第二号の規定による報告を受けた満二十歳未満義務教育終了児童等について、必要があると認めるときは、これらの者に対し、社会的養護自立支援拠点事業の利用を勧奨しなければならない。

〔特別養子適格の確認請求〕
第三三条の六の四　児童相談所長は、児童について、家庭裁判所に対し、養親としての適格性を有する者との間における特別養子縁組について、家事事件手続法（平成二十三年法律第五十二号）第百六十四条第二項に規定する特別養子適格の確認を請求することができる。

②　児童相談所長は、前項の規定による請求に係る児童について、特別養子縁組によつて養親となることを希望する者が現に存しないときは、養子縁組里親その他の適当な者に対し、当該児童に係る民法第八百十七条の二第一項に規定する請求を行うことを勧奨するよう努めるものとする。

〔特別養子適格の確認の審判事件手続への参加〕
第三三条の六の五　児童相談所長は、児童に係る特別養子適格の確認の審判事件（家事事件手続法第三条の五に規定する特別養子適格の確認の審判事件をいう。）の手続に参加することができる。

②　前項の規定により手続に参加する児童相談所長は、家事事件手続法第四十二条第七項に規定する利害関係参加人とみなす。

注　第三三条の六の三は、令和四年六月一五日法律第六六号により次のように改正され、令和四年六月一五日から起算して三年を超えない範囲内において政令で定める日から施行される。
　第三十三条の六の三中「第三十三条第八項第二号」を「第三十三条第十七

項第二号」に改める。

〔**親権喪失の審判等の請求**〕

第三三条の七　児童の親権者に係る民法第八百三十四条本文、第八百三十四条の二第一項、第八百三十五条又は第八百三十六条の規定による親権喪失、親権停止若しくは管理権喪失の審判の請求又はこれらの審判の取消しの請求は、これらの規定に定める者のほか、児童相談所長も、これを行うことができる。

〔**未成年後見人選任の請求等**〕

第三三条の八　児童相談所長は、親権を行う者のない児童について、その福祉のため必要があるときは、家庭裁判所に対し未成年後見人の選任を請求しなければならない。

②　児童相談所長は、前項の規定による未成年後見人の選任の請求に係る児童（小規模住居型児童養育事業を行う者若しくは里親に委託中、児童福祉施設に入所中又は一時保護中の児童を除く。）に対し、親権を行う者又は未成年後見人があるに至るまでの間、親権を行う。ただし、民法第七百九十七条の規定による縁組の承諾をするには、内閣府令の定めるところにより、都道府県知事の許可を得なければならない。

〔**未成年後見人解任の請求**〕

第三三条の九　児童の未成年後見人に、不正な行為、著しい不行跡その他後見の任務に適しない事由があるときは、民法第八百四十六条の規定による未成年後見人の解任の請求は、同条に定める者のほか、児童相談所長も、これを行うことができる。

〔**調査及び研究の推進**〕

第三三条の九の二　国は、要保護児童の保護に係る事例の分析その他要保護児童の健全な育成に資する調査及び研究を推進するものとする。

第七節　被措置児童等虐待の防止等

〔**被措置児童等虐待**〕

第三三条の一〇　この法律で、被措置児童等虐待とは、小規模住居型児童養育事業に従事する者、里親若しくはその同居人、乳児院、児童養護施設、障害児入所施設、児童心理治療施設若しくは児童自立支援施設の長、その職員その他の従業者、指定発達支援医療機関の管理者その他の従業者、一時保護施設を設けている児童相談所の所長、当該施設の職員その他の従業者又は第三十三条第一項若しくは第二項の委託を受けて児童の一時保護を行う業務に従事する者（以下「**施設職員等**」と総称する。）が、委託された児童、入所する児童又は一時保護が行われた児童（以下「**被措置児童等**」という。）について行う次に掲げる行為をいう。

一　被措置児童等の身体に外傷が生じ、又は生じるおそれのある暴行を加えること。

二　被措置児童等にわいせつな行為をすること又は被措置児童等をしてわいせつな行為をさせること。

三　被措置児童等の心身の正常な発達を妨げるような著しい減食又は長時間の放置、同居人若しくは生活を共にする他の児童による前二号又は次号に掲げる行為の放置その他の施設職員等としての養育又は業務を著しく怠ること。

四　被措置児童等に対する著しい暴言又は著しく拒絶的な対応その他の被措置児童等に著しい心理的外傷を与える言動を行うこと。

〔**虐待等の禁止**〕

第三三条の一一　施設職員等は、被措置児童等虐待その他被措置児童等の心身に有害な影響を及ぼす行為をしてはならない。

〔**虐待に係る通告等**〕

第三三条の一二　被措置児童等虐待を受けたと思われる児童を発見した者は、速やかに、これを都道府県の設置する福祉事務所、児童相談所、第三十三条の十四第一項若しくは第二項に規定する措置を講ずる権限を有する都道府県の行政機関（以下この節において「**都道府県の行政機関**」という。）、都道府県児童福祉審議会若しくは市町村又は児童委員を介して、都道府県の設置する福祉事務所、児童相談所、都道府県の行政機関、都道府県児童福祉審議会若しくは市町村に通告しなければならない。

② 被措置児童等虐待を受けたと思われる児童を発見した者は、当該被措置児童等虐待を受けたと思われる児童が、児童虐待を受けたと思われる児童にも該当する場合において、前項の規定による通告をしたときは、児童虐待の防止等に関する法律第六条第一項の規定による通告をすることを要しない。

③ 被措置児童等は、被措置児童等虐待を受けたときは、その旨を児童相談所、都道府県の行政機関又は都道府県児童福祉審議会に届け出ることができる。

④ 刑法の秘密漏示罪の規定その他の守秘義務に関する法律の規定は、第一項の規定による通告（虚偽であるもの及び過失によるものを除く。次項において同じ。）をすることを妨げるものと解釈してはならない。

⑤ 施設職員等は、第一項の規定による通告をしたことを理由として、解雇その他不利益な取扱いを受けない。

〔秘密保持義務〕

第三三条の一三 都道府県の設置する福祉事務所、児童相談所、都道府県の行政機関、都道府県児童福祉審議会又は市町村が前条第一項の規定による通告又は同条第三項の規定による届出を受けた場合においては、当該通告若しくは届出を受けた都道府県の設置する福祉事務所若しくは児童相談所の所長、所員その他の職員、都道府県の行政機関若しくは市町村の職員、都道府県児童福祉審議会の委員若しくは臨時委員又は当該通告を仲介した児童委員は、その職務上知り得た事項であつて当該通告又は届出をした者を特定させるものを漏らしてはならない。

〔通告等を受けた場合の措置〕

第三三条の一四 都道府県は、第三十三条の十二第一項の規定による通告、同条第三項の規定による届出若しくは第三項若しくは次条第一項の規定による通知を受けたとき又は相談に応じた児童について必要があると認めるときは、速やかに、当該被措置児童等の状況の把握その他当該通告、届出、通知又は相談に係る事実について確認するための措置を講ずるものとする。

② 都道府県は、前項に規定する措置を講じた場合において、必要があると認めるときは、小規模住居型児童養育事業、里親、乳児院、児童養護施設、障害児入所施設、児童心理治療施設、児童自立支援施設、指定発達支援医療機関、一時保護施設又は第三十三条第一項若しくは第二項の委託を受けて一時保護を行う者における事業若しくは業務の適正な運営又は適切な養育を確保することにより、当該通告、届出、通知又は相談に係る被措置児童等に対する被措置児童等虐待の防止並びに当該被措置児童等及び当該被措置児童等と生活を共にする他の被措置児童等の保護を図るため、適切な措置を講ずるものとする。

③ 都道府県の設置する福祉事務所、児童相談所又は市町村が第三十三条の十二第一項の規定による通告若しくは同条第三項の規定による届出を受けたとき、又は児童虐待の防止等に関する法律に基づく措置を講じた場合において、第一項の措置が必要であると認めるときは、都道府県の設置する福祉事務所の長、児童相談所の所長又は市町村の長は、速やかに、都道府県知事に通知しなければならない。

〔都道府県知事への通知等〕

第三三条の一五 都道府県児童福祉審議会は、第三十三条の十二第一項の規定による通告又は同条第三項の規定による届出を受けたときは、速やかに、その旨を都道府県知事に通知しなければならない。

② 都道府県知事は、前条第一項又は第二項に規定する措置を講じたときは、速やかに、当該措置の内容、当該被措置児童等の

状況その他の内閣府令で定める事項を都道府県児童福祉審議会に報告しなければならない。

③　都道府県児童福祉審議会は、前項の規定による報告を受けたときは、その報告に係る事項について、都道府県知事に対し、意見を述べることができる。

④　都道府県児童福祉審議会は、前項に規定する事務を遂行するため特に必要があると認めるときは、施設職員等その他の関係者に対し、出席説明及び資料の提出を求めることができる。

〔措置等の公表〕

第三三条の一六　都道府県知事は、毎年度、被措置児童等虐待の状況、被措置児童等虐待があつた場合に講じた措置その他内閣府令で定める事項を公表するものとする。

〔調査及び研究〕

第三三条の一七　国は、被措置児童等虐待の事例の分析を行うとともに、被措置児童等虐待の予防及び早期発見のための方策並びに被措置児童等虐待があつた場合の適切な対応方法に資する事項についての調査及び研究を行うものとする。

第八節　情報公表対象支援の利用に資する情報の報告及び公表

第三三条の一八　指定障害児通所支援事業者及び指定障害児相談支援事業者並びに指定障害児入所施設等の設置者（以下この条及び第三十三条の二十三の二第三項において「対象事業者」という。）は、指定通所支援、指定障害児相談支援又は指定入所支援（以下この条において「情報公表対象支援」という。）の提供を開始しようとするとき、その他内閣府令で定めるときは、内閣府令で定めるところにより、情報公表対象支援情報（その提供する情報公表対象支援の内容及び情報公表対象支援を提供する事業者又は施設の運営状況に関する情報であつて、情報公表対象支援を利用し、又は利用しようとする障害児の保護者が適切かつ円滑に当該情報公表対象支援を利用する機会を確保するために公表されることが適当なものとして内閣府令で定めるものをいう。第八項において同じ。）を、当該情報公表対象支援を提供する事業所又は施設の所在地を管轄する都道府県知事に報告しなければならない。

②　都道府県知事は、前項の規定による報告を受けた後、内閣府令で定めるところにより、当該報告の内容を公表しなければならない。

③　都道府県知事は、前項の規定による公表を行うため必要があると認めるときは、第一項の規定による報告が真正であることを確認するのに必要な限度において、当該報告をした対象事業者に対し、当該報告の内容について、調査を行うことができる。

④　都道府県知事は、対象事業者が第一項の規定による報告をせず、若しくは虚偽の報告をし、又は前項の規定による調査を受けず、若しくは調査を妨げたときは、期間を定めて、当該対象事業者に対し、その報告を行い、若しくはその報告の内容を是正し、又はその調査を受けることを命ずることができる。

⑤　都道府県知事は、指定障害児相談支援事業者に対して前項の規定による処分をしたときは、遅滞なく、その旨をその指定をした市町村長に通知しなければならない。

⑥　都道府県知事は、指定障害児通所支援事業者又は指定障害児入所施設の設置者が第四項の規定による命令に従わないときは、当該指定障害児通所支援事業者又は指定障害児入所施設の指定を取り消し、又は期間を定めてその指定の全部若しくは一部の効力を停止することができる。

⑦　都道府県知事は、指定障害児相談支援事業者が第四項の規定による命令に従わない場合において、当該指定障害児相談支援事業者の指定を取り消し、又は期間を定めてその指定の全部若しくは一部の効力を停止することが適当であると認めるときは、理由を付して、その旨をその指定をした市町

村長に通知しなければならない。

⑧　都道府県知事は、情報公表対象支援を利用し、又は利用しようとする障害児の保護者が適切かつ円滑に当該情報公表対象支援を利用する機会の確保に資するため、情報公表対象支援の質及び情報公表対象支援に従事する従業者に関する情報（情報公表対象支援情報に該当するものを除く。）であつて内閣府令で定めるものの提供を希望する対象事業者から提供を受けた当該情報について、公表を行うよう配慮するものとする。

第九節　障害児福祉計画

注　第二章第九節は、令和四年一二月一六日法律第一〇四号により次のように改正され、令和四年一二月一六日から起算して三年を超えない範囲内において政令で定める日から施行される。
　第二章第九節の節名を次のように改める。

第九節　障害児福祉計画等

〔基本指針〕

第三三条の一九　内閣総理大臣は、障害児通所支援、障害児入所支援及び障害児相談支援（以下この項、次項並びに第三十三条の二十二第一項及び第二項において「**障害児通所支援等**」という。）の提供体制を整備し、障害児通所支援等の円滑な実施を確保するための基本的な指針（以下この条、次条第一項及び第三十三条の二十二第一項において「**基本指針**」という。）を定めるものとする。

②　基本指針においては、次に掲げる事項を定めるものとする。

一　障害児通所支援等の提供体制の確保に関する基本的事項

二　障害児通所支援等の提供体制の確保に係る目標に関する事項

三　次条第一項に規定する市町村障害児福祉計画及び第三十三条の二十二第一項に規定する都道府県障害児福祉計画の作成に関する事項

四　その他障害児通所支援等の円滑な実施を確保するために必要な事項

③　基本指針は、障害者の日常生活及び社会生活を総合的に支援するための法律第八十七条第一項に規定する基本指針と一体のものとして作成することができる。

④　内閣総理大臣は、基本指針の案を作成し、又は基本指針を変更しようとするときは、あらかじめ、障害児及びその家族その他の関係者の意見を反映させるために必要な措置を講ずるものとする。

⑤　内閣総理大臣は、障害児の生活の実態、障害児を取り巻く環境の変化その他の事情を勘案して必要があると認めるときは、速やかに基本指針を変更するものとする。

⑥　内閣総理大臣は、基本指針を定め、又はこれを変更したときは、遅滞なく、これを公表しなければならない。

〔市町村障害児福祉計画〕

第三三条の二〇　市町村は、基本指針に即して、障害児通所支援及び障害児相談支援の提供体制の確保その他障害児通所支援及び障害児相談支援の円滑な実施に関する計画（以下「**市町村障害児福祉計画**」という。）を定めるものとする。

②　市町村障害児福祉計画においては、次に掲げる事項を定めるものとする。

一　障害児通所支援及び障害児相談支援の提供体制の確保に係る目標に関する事項

二　各年度における指定通所支援又は指定障害児相談支援の種類ごとの必要な見込量

③　市町村障害児福祉計画においては、前項各号に掲げるもののほか、次に掲げる事項について定めるよう努めるものとする。

一　前項第二号の指定通所支援又は指定障害児相談支援の種類ごとの必要な見込量の確保のための方策

二　前項第二号の指定通所支援又は指定障害児相談支援の提供体制の確保に係る医療機関、教育機関その他の関係機関との

連携に関する事項

④ 市町村障害児福祉計画は、当該市町村の区域における障害児の数及びその障害の状況を勘案して作成されなければならない。

⑤ 市町村は、当該市町村の区域における障害児の心身の状況、その置かれている環境その他の事情を正確に把握するとともに、第三十三条の二十三の二第一項の規定により公表された結果その他のこの法律に基づく業務の実施の状況に関する情報を分析した上で、当該事情及び当該分析の結果を勘案して、市町村障害児福祉計画を作成するよう努めるものとする。

⑥ 市町村障害児福祉計画は、障害者の日常生活及び社会生活を総合的に支援するための法律第八十八条第一項に規定する市町村障害福祉計画と一体のものとして作成することができる。

⑦ 市町村障害児福祉計画は、障害者基本法（昭和四十五年法律第八十四号）第十一条第三項に規定する市町村障害者計画、社会福祉法第百七条第一項に規定する市町村地域福祉計画その他の法律の規定による計画であつて障害児の福祉に関する事項を定めるものと調和が保たれたものでなければならない。

⑧ 市町村は、市町村障害児福祉計画を定め、又は変更しようとするときは、あらかじめ、住民の意見を反映させるために必要な措置を講ずるよう努めるものとする。

⑨ 市町村は、障害者の日常生活及び社会生活を総合的に支援するための法律第八十九条の三第一項に規定する協議会を設置したときは、市町村障害児福祉計画を定め、又は変更しようとする場合において、あらかじめ、当該協議会の意見を聴くよう努めなければならない。

⑩ 障害者基本法第三十六条第四項の合議制の機関を設置する市町村は、市町村障害児福祉計画を定め、又は変更しようとするときは、あらかじめ、当該機関の意見を聴かなければならない。

⑪ 市町村は、市町村障害児福祉計画を定め、又は変更しようとするときは、第二項に規定する事項について、あらかじめ、都道府県の意見を聴かなければならない。

⑫ 市町村は、市町村障害児福祉計画を定め、又は変更したときは、遅滞なく、これを都道府県知事に提出しなければならない。

第三三条の二一 市町村は、定期的に、前条第二項各号に掲げる事項（市町村障害児福祉計画に同条第三項各号に掲げる事項を定める場合にあつては、当該各号に掲げる事項を含む。）について、調査、分析及び評価を行い、必要があると認めるときは、当該市町村障害児福祉計画を変更することその他の必要な措置を講ずるものとする。

〔都道府県障害児福祉計画〕

第三三条の二二 都道府県は、基本指針に即して、市町村障害児福祉計画の達成に資するため、各市町村を通ずる広域的な見地から、障害児通所支援等の提供体制の確保その他障害児通所支援等の円滑な実施に関する計画（以下「**都道府県障害児福祉計画**」という。）を定めるものとする。

② 都道府県障害児福祉計画においては、次に掲げる事項を定めるものとする。

一 障害児通所支援等の提供体制の確保に係る目標に関する事項

二 当該都道府県が定める区域ごとの各年度の指定通所支援又は指定障害児相談支援の種類ごとの必要な見込量

三 各年度の指定障害児入所施設等の必要入所定員総数

③ 都道府県障害児福祉計画においては、前項各号に掲げる事項のほか、次に掲げる事項について定めるよう努めるものとする。

一 前項第二号の区域ごとの指定通所支援の種類ごとの必要な見込量の確保のための方策

二 前項第二号の区域ごとの指定通所支援又は指定障害児相談支援の質の向上のために講ずる措置に関する事項

三　指定障害児入所施設等の障害児入所支援の質の向上のために講ずる措置に関する事項

四　前項第二号の区域ごとの指定通所支援の提供体制の確保に係る医療機関、教育機関その他の関係機関との連携に関する事項

④　都道府県は、第三十三条の二十三の二第一項の規定により公表された結果その他のこの法律に基づく業務の実施の状況に関する情報を分析した上で、当該分析の結果を勘案して、都道府県障害児福祉計画を作成するよう努めるものとする。

⑤　都道府県障害児福祉計画は、障害者の日常生活及び社会生活を総合的に支援するための法律第八十九条第一項に規定する都道府県障害福祉計画と一体のものとして作成することができる。

⑥　都道府県障害児福祉計画は、障害者基本法第十一条第二項に規定する都道府県障害者計画、社会福祉法第百八条第一項に規定する都道府県地域福祉支援計画その他の法律の規定による計画であつて障害児の福祉に関する事項を定めるものと調和が保たれたものでなければならない。

⑦　都道府県は、障害者の日常生活及び社会生活を総合的に支援するための法律第八十九条の三第一項に規定する協議会を設置したときは、都道府県障害児福祉計画を定め、又は変更しようとする場合において、あらかじめ、当該協議会の意見を聴くよう努めなければならない。

⑧　都道府県は、都道府県障害児福祉計画を定め、又は変更しようとするときは、あらかじめ、障害者基本法第三十六条第一項の合議制の機関の意見を聴かなければならない。

⑨　都道府県は、都道府県障害児福祉計画を定め、又は変更したときは、遅滞なく、これを内閣総理大臣に提出しなければならない。

第三十三条の二十三　都道府県は、定期的に、前条第二項各号に掲げる事項（都道府県障害児福祉計画に同条第三項各号に掲げる事項を定める場合にあつては、当該各号に掲げる事項を含む。）について、調査、分析及び評価を行い、必要があると認めるときは、当該都道府県障害児福祉計画を変更することその他の必要な措置を講ずるものとする。

〔障害児福祉計画の作成等のための調査及び分析等〕

第三十三条の二十三の二　内閣総理大臣は、市町村障害児福祉計画及び都道府県障害児福祉計画の作成、実施及び評価並びに障害児の福祉の増進に資するため、次に掲げる事項に関する情報（第三項において「障害児福祉等関連情報」という。）のうち、第一号に掲げる事項について調査及び分析を行い、その結果を公表するものとするとともに、第二号及び第三号に掲げる事項について調査及び分析を行い、その結果を公表するよう努めるものとする。

一　障害児通所給付費等（第五十七条の二第一項に規定する障害児通所給付費等をいう。）及び障害児入所給付費等（第五十条第六号の三に規定する障害児入所給付費等をいう。）に要する費用の額に関する地域別又は年齢別の状況その他の内閣府令で定める事項

二　通所支給要否決定における調査に関する状況その他の内閣府令で定める事項

三　障害児通所支援、障害児入所支援又は障害児相談支援を利用する障害児の心身の状況、当該障害児に提供される当該障害児通所支援、障害児入所支援又は障害児相談支援の内容その他の内閣府令で定める事項

②　市町村及び都道府県は、内閣総理大臣に対し、前項第一号に掲げる事項に関する情報を、内閣府令で定める方法により提供しなければならない。

③　内閣総理大臣は、必要があると認めるときは、市町村及び都道府県並びに対象事業

者に対し、障害児福祉等関連情報を、内閣府令で定める方法により提供するよう求めることができる。

注　第三三条の二三の二は、令和四年一二月一六日法律第一〇四号により次のように改正され、令和四年一二月一六日から起算して三年を超えない範囲内において政令で定める日から施行される。

　第三十三条の二十三の二第一項中「第三項において」を「以下」に改め、同項第一号中「障害児通所給付費等をいう」の下に「。次条第一項第一号及び第二号において同じ」を、「障害児入所給付費等をいう」の下に「。同項第一号及び第二号において同じ」を加える。

注　次の七条は、令和四年一二月一六日法律第一〇四号により追加され、令和四年一二月一六日から起算して三年を超えない範囲内において政令で定める日から施行される。

　第三十三条の二十三の二の次に次の七条を加える。

（匿名障害児福祉等関連情報の利用又は提供）

第三三条の二三の三　内閣総理大臣は、障害児の福祉の増進に資するため、匿名障害児福祉等関連情報（障害児福祉等関連情報に係る特定の障害児その他の内閣府令で定める者（次条において「本人」という。）を識別すること及びその作成に用いる障害児福祉等関連情報を復元することができないようにするために内閣府令で定める基準に従い加工した障害児福祉等関連情報をいう。以下同じ。）を利用し、又は内閣府令で定めるところにより、次の各号に掲げる者であつて、匿名障害児福祉等関連情報の提供を受けて行うことについて相当の公益性を有すると認められる業務としてそれぞれ当該各号に定めるものを行うものに提供することができる。

一　国の他の行政機関及び地方公共団体　障害児の福祉の増進並びに障害児通所給付費等及び障害児入所給付費等に関する施策の企画及び立案に関する調査

二　大学その他の研究機関　障害児の福祉の増進並びに障害児通所給付費等及び障害児入所給付費等に関する研究

三　民間事業者その他の内閣府令で定める者　障害福祉分野の調査研究に関する分析その他の内閣府令で定める業務（特定の商品又は役務の広告又は宣伝に利用するために行うものを除く。）

②　内閣総理大臣は、前項の規定による匿名障害児福祉等関連情報の利用又は提供を行う場合には、当該匿名障害児福祉等関連情報を障害者の日常生活及び社会生活を総合的に支援するための法律第八十九条の二の三第一項に規定する匿名障害福祉等関連情報その他の内閣府令で定めるものと連結して利用し、又は連結して利用することができる状態で提供することができる。

③　内閣総理大臣は、第一項の規定により匿名障害児福祉等関連情報を提供しようとする場合には、あらかじめ、こども家庭審議会の意見を聴かなければならない。

（照合の禁止）

第三三条の二三の四　前条第一項の規定により匿名障害児福祉等関連情報の提供を受け、これを利用する者（以下「**匿名障害児福祉等関連情報利用者**」という。）は、匿名障害児福祉等関連情報を取り扱うに当たつては、当該匿名障害児福祉等関連情報の作成に用いられた障害児福祉等関連情報に係る本人を識別するために、当該障害児福祉等関連情報から削除された記述等若しくは匿名障害児福祉等関連情報の作成に用いられた加工の方法に関する情報を取得し、又は当該匿名障害児福祉等関連情報を他の情報と照合してはならない。

〔消去〕

第三三条の二三の五　匿名障害児福祉等関連情報利用者は、提供を受けた匿名障害児福祉等関連情報を利用する必要がなくなつたときは、遅滞なく、当該匿名障害児福祉等関連情報を消去しなければならない。

〔安全管理措置〕

第三三条の二三の六　匿名障害児福祉等関連情報利用者は、匿名障害児福祉等関連情報の漏えい、滅失又は毀損の防止その他の当該匿名障害児福祉等関連情報の安全管理のために必要かつ適切なものとして内閣府令で定める措置を講じなければならない。

〔匿名障害児福祉等関連情報利用者の責務〕

第三三条の二三の七　匿名障害児福祉等関連情報利用者又は匿名障害児福祉等関連情報利用者であつた者は、匿名障害児福祉等関連情報の利用に関して知り得た匿名障害児福祉等関連情報の内容をみだりに他人に知らせ、又は不当な目的に利用してはならない。

〔報告等〕

第三三条の二三の八　内閣総理大臣は、この節（第三十三条の十九から第三十三条の二十三の二まで、第三十三条の二十四及び第三十三条の二十五を除く。）の規定の施行に必要な限度において、匿名障害児福祉等関連情報利用者（国の他の行政機関を除く。以下この項及び次条において同じ。）に対し報告若しくは帳簿書類の提出若しくは提示を命じ、又は当該職員に関係者に対して質問させ、若しくは匿名障害児福祉等関連情報利用者の事務所その他の事業所に立ち入り、匿名障害児福祉等関連情報利用者の帳簿書類その他の物件を検査させることができる。

②　第十九条の十六第二項の規定は前項の規定による質問又は検査について、同条第三項の規定は前項の規定による権限について準用する。

〔是正命令〕

第三三条の二三の九　内閣総理大臣は、匿名障害児福祉等関連情報利用者が第三十三条の二十三の四から第三十三条の二十三の七までの規定に違反していると認めるときは、その者に対し、当該違反を是正するため必要な措置をとるべきことを命ずることができる。

〔連合会等への委託〕

第三三条の二三の三　内閣総理大臣は、前条第一項に規定する調査及び分析に係る事務の全部又は一部を連合会その他内閣府令で定める者に委託することができる。

注　第三三条の二三の三は、令和四年一二月一六日法律第一〇四号により次のように改正され、令和四年一二月一六日から起算して三年を超えない範囲内において政令で定める日から施行される。

第三十三条の二十三の三中「前条第一項」を「第三十三条の二十三の二第一項」に改め、「分析」の下に「並びに第三十三条の二十三の三第一項の規定による利用又は提供」を、「者」の下に「（次条第一項及び第三項において「連合会等」という。）」を加え、同条を第三十三条の二十三の十とする。

注　次の一条は、令和四年一二月一六日法律第一〇四号により追加され、令和四年一二月一六日から起算して三年を超えない範囲内において政令で定める日から施行される。

　第三十三条の二十三の十の次に次の一条を加える。

（手数料）

第三十三条の二十三の十一　匿名障害児福祉等関連情報利用者は、実費を勘案して政令で定める額の手数料を国（前条の規定により内閣総理大臣からの委託を受けて、連合会等が第三十三条の二十三の三第一項の規定による匿名障害児福祉等関連情報の提供に係る事務の全部を行う場合にあつては、連合会等）に納めなければならない。

②　内閣総理大臣は、前項の手数料を納めようとする者が都道府県その他の障害児の福祉の増進のために特に重要な役割を果たす者として政令で定める者であるときは、政令で定めるところにより、当該手数料を減額し、又は免除することができる。

③　第一項の規定により連合会等に納められた手数料は、連合会等の収入とする。

（都道府県知事の助言等）

第三十三条の二十四　都道府県知事は、市町村に対し、市町村障害児福祉計画の作成上の技術的事項について必要な助言をすることができる。

②　内閣総理大臣は、都道府県に対し、都道府県障害児福祉計画の作成の手法その他都道府県障害児福祉計画の作成上の重要な技術的事項について必要な助言をすることができる。

（国の援助）

第三十三条の二十五　国は、市町村又は都道府県が、市町村障害児福祉計画又は都道府県障害児福祉計画に定められた事業を実施しようとするときは、当該事業が円滑に実施されるように必要な助言その他の援助の実施に努めるものとする。

第一〇節　雑則

（禁止行為）

第三十四条　何人も、次に掲げる行為をしてはならない。

一　身体に障害又は形態上の異常がある児童を公衆の観覧に供する行為

二　児童にこじきをさせ、又は児童を利用してこじきをする行為

三　公衆の娯楽を目的として、満十五歳に満たない児童にかるわざ又は曲馬をさせる行為

四　満十五歳に満たない児童に戸々について、又は道路その他これに準ずる場所で歌謡、遊芸その他の演技を業務としてさせる行為

四の二　児童に午後十時から午前三時までの間、戸々について、又は道路その他これに準ずる場所で物品の販売、配布、展示若しくは拾集又は役務の提供を業務としてさせる行為

四の三　戸々について、又は道路その他これに準ずる場所で物品の販売、配布、展示若しくは拾集又は役務の提供を業務として行う満十五歳に満たない児童を、当該業務を行うために、風俗営業等の規制及び業務の適正化等に関する法律（昭和二十三年法律第百二十二号）第二条第四項の接待飲食等営業、同条第六項の店舗型性風俗特殊営業及び同条第九項の店舗型電話異性紹介営業に該当する営業を営む場所に立ち入らせる行為

五　満十五歳に満たない児童に酒席に侍する行為を業務としてさせる行為

六　児童に淫《いん》行をさせる行為

七　前各号に掲げる行為をするおそれのある者その他児童に対し、刑罰法令に触れ

る行為をなすおそれのある者に、情を知つて、児童を引き渡す行為及び当該引渡し行為のなされるおそれがあるの情を知つて、他人に児童を引き渡す行為
八　成人及び児童のための正当な職業紹介の機関以外の者が、営利を目的として、児童の養育をあつせんする行為
九　児童の心身に有害な影響を与える行為をさせる目的をもつて、これを自己の支配下に置く行為
②　児童養護施設、障害児入所施設、児童発達支援センター又は児童自立支援施設においては、それぞれ第四十一条から第四十三条まで及び第四十四条に規定する目的に反して、入所した児童を酷使してはならない。

〔政令への委任〕
第三四条の二　この法律に定めるもののほか、福祉の保障に関し必要な事項は、政令でこれを定める。

第三章　事業、養育里親及び養子縁組里親並びに施設

〔障害児通所支援事業等の開始等〕
第三四条の三　都道府県は、障害児通所支援事業又は障害児相談支援事業（以下「**障害児通所支援事業等**」という。）を行うことができる。
②　国及び都道府県以外の者は、内閣府令で定めるところにより、あらかじめ、内閣府令で定める事項を都道府県知事に届け出て、障害児通所支援事業等を行うことができる。
③　国及び都道府県以外の者は、前項の規定により届け出た事項に変更が生じたときは、変更の日から一月以内に、その旨を都道府県知事に届け出なければならない。
④　国及び都道府県以外の者は、障害児通所支援事業等を廃止し、又は休止しようとするときは、あらかじめ、内閣府令で定める事項を都道府県知事に届け出なければならない。

〔児童自立生活援助事業等の開始等〕
第三四条の四　国及び都道府県以外の者は、厚生労働省令の定めるところにより、あらかじめ、内閣府令で定める事項を都道府県知事に届け出て、児童自立生活援助事業又は小規模住居型児童養育事業を行うことができる。
②　国及び都道府県以外の者は、前項の規定により届け出た事項に変更を生じたときは、変更の日から一月以内に、その旨を都道府県知事に届け出なければならない。
③　国及び都道府県以外の者は、児童自立生活援助事業又は小規模住居型児童養育事業を廃止し、又は休止しようとするときは、あらかじめ、内閣府令で定める事項を都道府県知事に届け出なければならない。

〔報告の徴収等〕
第三四条の五　都道府県知事は、児童の福祉のために必要があると認めるときは、障害児通所支援事業等、児童自立生活援助事業若しくは小規模住居型児童養育事業を行う者に対して、必要と認める事項の報告を求め、又は当該職員に、関係者に対して質問させ、若しくはその事務所若しくは施設に立ち入り、設備、帳簿書類その他の物件を検査させることができる。
②　第十八条の十六第二項及び第三項の規定は、前項の場合について準用する。

〔事業の停止等〕
第三四条の六　都道府県知事は、障害児通所支援事業等、児童自立生活援助事業又は小規模住居型児童養育事業を行う者が、この法律若しくはこれに基づく命令若しくはこれらに基づいてする処分に違反したとき、その事業に関し不当に営利を図り、若しくはその事業に係る児童の処遇につき不当な行為をしたとき、又は障害児通所支援事業者が第二十一条の七の規定に違反したときは、その者に対し、その事業の制限又は停止を命ずることができる。

〔受託義務〕

第三四条の七　障害者等相談支援事業、小規模住居型児童養育事業又は児童自立生活援助事業を行う者は、第二十六条第一項第二号、第二十七条第一項第二号若しくは第三号又は第三十三条の六第一項の規定による委託を受けたときは、正当な理由がない限り、これを拒んではならない。

〔親子再統合支援事業、社会的養護自立支援拠点事業、意見表明等支援事業〕

第三四条の七の二　都道府県は、親子再統合支援事業、社会的養護自立支援拠点事業又は意見表明等支援事業を行うことができる。

② 国及び都道府県以外の者は、内閣府令の定めるところにより、あらかじめ、内閣府令で定める事項を都道府県知事に届け出て、親子再統合支援事業、社会的養護自立支援拠点事業又は意見表明等支援事業を行うことができる。

③ 国及び都道府県以外の者は、前項の規定により届け出た事項に変更を生じたときは、変更の日から一月以内に、その旨を都道府県知事に届け出なければならない。

④ 国及び都道府県以外の者は、親子再統合支援事業、社会的養護自立支援拠点事業又は意見表明等支援事業を廃止し、又は休止しようとするときは、あらかじめ、内閣府令で定める事項を都道府県知事に届け出なければならない。

⑤ 親子再統合支援事業、社会的養護自立支援拠点事業又は意見表明等支援事業に従事する者は、その職務を遂行するに当たつては、個人の身上に関する秘密を守らなければならない。

〔報告及び立入検査等〕

第三四条の七の三　都道府県知事は、児童の福祉のために必要があると認めるときは、親子再統合支援事業、社会的養護自立支援拠点事業若しくは意見表明等支援事業を行う者に対して、必要と認める事項の報告を求め、又は当該職員に、関係者に対して質問させ、若しくはその事務所若しくは施設に立ち入り、設備、帳簿書類その他の物件を検査させることができる。

② 第十八条の十六第二項及び第三項の規定は、前項の場合について準用する。

〔事業の制限又は停止命令〕

第三四条の七の四　都道府県知事は、親子再統合支援事業、社会的養護自立支援拠点事業又は意見表明等支援事業を行う者が、この法律若しくはこれに基づく命令若しくはこれらに基づいてする処分に違反したとき、又はその事業に関し不当に営利を図り、若しくはその事業に係る児童若しくはその保護者の処遇につき不当な行為をしたときは、その者に対し、その事業の制限又は停止を命ずることができる。

〔妊産婦等生活援助事業〕

第三四条の七の五　都道府県は、妊産婦等生活援助事業を行うことができる。

② 国及び都道府県以外の者は、内閣府令の定めるところにより、あらかじめ、内閣府令で定める事項を都道府県知事に届け出て、妊産婦等生活援助事業を行うことができる。

③ 国及び都道府県以外の者は、前項の規定により届け出た事項に変更を生じたときは、変更の日から一月以内に、その旨を都道府県知事に届け出なければならない。

④ 国及び都道府県以外の者は、妊産婦等生活援助事業を廃止し、又は休止しようとするときは、あらかじめ、内閣府令で定める事項を都道府県知事に届け出なければならない。

⑤ 妊産婦等生活援助事業に従事する者は、その職務を遂行するに当たつては、個人の身上に関する秘密を守らなければならない。

〔報告及び立入検査等〕

第三四条の七の六　都道府県知事は、児童及び妊産婦の福祉のために必要があると認めるときは、妊産婦等生活援助事業を行う者に対して、必要と認める事項の報告を求め、又は当該職員に、関係者に対して質問させ、若しくはその事務所若しくは施設に立ち入り、設備、帳簿書類その他の物件を検査させることができる。

② 第十八条の十六第二項及び第三項の規定は、前項の場合について準用する。

〔事業の制限又は停止命令〕

第三四条の七の七 都道府県知事は、妊産婦等生活援助事業を行う者が、この法律若しくはこれに基づく命令若しくはこれらに基づいてする処分に違反したとき、又はその事業に関し不当に営利を図り、若しくはその事業に係る妊産婦、児童若しくはその保護者の処遇につき不当な行為をしたときは、その者に対し、その事業の制限又は停止を命ずることができる。

〔放課後児童健全育成事業〕

第三四条の八 市町村は、放課後児童健全育成事業を行うことができる。

② 国、都道府県及び市町村以外の者は、内閣府令で定めるところにより、あらかじめ、内閣府令で定める事項を市町村長に届け出て、放課後児童健全育成事業を行うことができる。

③ 国、都道府県及び市町村以外の者は、前項の規定により届け出た事項に変更を生じたときは、変更の日から一月以内に、その旨を市町村長に届け出なければならない。

④ 国、都道府県及び市町村以外の者は、放課後児童健全育成事業を廃止し、又は休止しようとするときは、あらかじめ、内閣府令で定める事項を市町村長に届け出なければならない。

〔設備及び運営の基準〕

第三四条の八の二 市町村は、放課後児童健全育成事業の設備及び運営について、条例で基準を定めなければならない。この場合において、その基準は、児童の身体的、精神的及び社会的な発達のために必要な水準を確保するものでなければならない。

② 市町村が前項の条例を定めるに当たつては、内閣府令で定める基準を参酌するものとする。

③ 放課後児童健全育成事業を行う者は、第一項の基準を遵守しなければならない。

〔報告及び立入調査等〕

第三四条の八の三 市町村長は、前条第一項の基準を維持するため、放課後児童健全育成事業を行う者に対して、必要と認める事項の報告を求め、又は当該職員に、関係者に対して質問させ、若しくはその事業を行う場所に立ち入り、設備、帳簿書類その他の物件を検査させることができる。

② 第十八条の十六第二項及び第三項の規定は、前項の場合について準用する。

③ 市町村長は、放課後児童健全育成事業が前条第一項の基準に適合しないと認められるに至つたときは、その事業を行う者に対し、当該基準に適合するために必要な措置を採るべき旨を命ずることができる。

④ 市町村長は、放課後児童健全育成事業を行う者が、この法律若しくはこれに基づく命令若しくはこれらに基づいてする処分に違反したとき、又はその事業に関し不当に営利を図り、若しくはその事業に係る児童の処遇につき不当な行為をしたときは、その者に対し、その事業の制限又は停止を命ずることができる。

〔子育て短期支援事業〕

第三四条の九 市町村は、内閣府令で定めるところにより、子育て短期支援事業を行うことができる。

〔乳児家庭全戸訪問事業又は養育支援訪問事業〕

第三四条の一〇 市町村は、第二十一条の十の二第一項の規定により乳児家庭全戸訪問事業又は養育支援訪問事業を行う場合には、社会福祉法の定めるところにより行うものとする。

〔地域子育て支援拠点事業〕

第三四条の一一 市町村、社会福祉法人その他の者は、社会福祉法の定めるところにより、地域子育て支援拠点事業、子育て世帯訪問支援事業又は親子関係形成支援事業を行うことができる。

② 地域子育て支援拠点事業に従事する者は、その職務を遂行するに当たつては、個人の身上に関する秘密を守らなければならない。

〔一時預かり事業〕

第三四条の一二 市町村、社会福祉法人その他の者は、内閣府令の定めるところにより、あらかじめ、内閣府令で定める事項を都道府県知事に届け出て、一時預かり事業を行うことができる。

② 市町村、社会福祉法人その他の者は、前項の規定により届け出た事項に変更を生じたときは、変更の日から一月以内に、その旨を都道府県知事に届け出なければならない。

③ 市町村、社会福祉法人その他の者は、一時預かり事業を廃止し、又は休止しようとするときは、あらかじめ、内閣府令で定める事項を都道府県知事に届け出なければならない。

第三四条の一三 一時預かり事業を行う者は、その事業を実施するために必要なものとして内閣府令で定める基準を遵守しなければならない。

〔報告及び立入検査等〕

第三四条の一四 都道府県知事は、前条の基準を維持するため、一時預かり事業を行う者に対して、必要と認める事項の報告を求め、又は当該職員に、関係者に対して質問させ、若しくはその事業を行う場所に立ち入り、設備、帳簿書類その他の物件を検査させることができる。

② 第十八条の十六第二項及び第三項の規定は、前項の場合について準用する。

③ 都道府県知事は、一時預かり事業が前条の基準に適合しないと認められるに至つたときは、その事業を行う者に対し、当該基準に適合するために必要な措置を採るべき旨を命ずることができる。

④ 都道府県知事は、一時預かり事業を行う者が、この法律若しくはこれに基づく命令若しくはこれらに基づいてする処分に違反したとき、又はその事業に関し不当に営利を図り、若しくはその事業に係る乳児若しくは幼児の処遇につき不当な行為をしたときは、その者に対し、その事業の制限又は停止を命ずることができる。

〔家庭的保育事業等〕

第三四条の一五 市町村は、家庭的保育事業等を行うことができる。

② 国、都道府県及び市町村以外の者は、内閣府令の定めるところにより、市町村長の認可を得て、家庭的保育事業等を行うことができる。

③ 市町村長は、家庭的保育事業等に関する前項の認可の申請があつたときは、次条第一項の条例で定める基準に適合するかどうかを審査するほか、次に掲げる基準（当該認可の申請をした者が社会福祉法人又は学校法人である場合にあつては、第四号に掲げる基準に限る。）によつて、その申請を審査しなければならない。

一 当該家庭的保育事業等を行うために必要な経済的基礎があること。

二 当該家庭的保育事業等を行う者（その者が法人である場合にあつては、経営担当役員（業務を執行する社員、取締役、執行役又はこれらに準ずる者をいう。第三十五条第五項第二号において同じ。）とする。）が社会的信望を有すること。

三 実務を担当する幹部職員が社会福祉事業に関する知識又は経験を有すること。

四 次のいずれにも該当しないこと。

イ 申請者が、禁錮以上の刑に処せられ、その執行を終わり、又は執行を受けることがなくなるまでの者であるとき。

ロ 申請者が、この法律その他国民の福祉に関する法律で政令で定めるものの規定により罰金の刑に処せられ、その執行を終わり、又は執行を受けることがなくなるまでの者であるとき。

ハ 申請者が、労働に関する法律の規定であつて政令で定めるものにより罰金の刑に処せられ、その執行を終わり、又は執行を受けることがなくなるまでの者であるとき。

二　申請者が、第五十八条第二項の規定により認可を取り消され、その取消しの日から起算して五年を経過しない者（当該認可を取り消された者が法人である場合においては、当該取消しの処分に係る行政手続法第十五条の規定による通知があつた日前六十日以内に当該法人の役員（業務を執行する社員、取締役、執行役又はこれらに準ずる者をいい、相談役、顧問その他いかなる名称を有する者であるかを問わず、法人に対し業務を執行する社員、取締役、執行役又はこれらに準ずる者と同等以上の支配力を有するものと認められる者を含む。ホにおいて同じ。）又はその事業を管理する者その他の政令で定める使用人（以下この号及び第三十五条第五項第四号において「**役員等**」という。）であつた者で当該取消しの日から起算して五年を経過しないものを含み、当該認可を取り消された者が法人でない場合においては、当該通知があつた日前六十日以内に当該事業を行う者の管理者であつた者で当該取消しの日から起算して五年を経過しないものを含む。）であるとき。ただし、当該認可の取消しが、家庭的保育事業等の認可の取消しのうち当該認可の取消しの処分の理由となつた事実及び当該事実の発生を防止するための当該家庭的保育事業等を行う者による業務管理体制の整備についての取組の状況その他の当該事実に関して当該家庭的保育事業等を行う者が有していた責任の程度を考慮して、二本文に規定する認可の取消しに該当しないこととすることが相当であると認められるものとして内閣府令で定めるものに該当する場合を除く。

ホ　申請者と密接な関係を有する者（申請者（法人に限る。以下ホにおいて同じ。）の役員に占めるその役員の割合が二分の一を超え、若しくは当該申請者の株式の所有その他の事由を通じて当該申請者の事業を実質的に支配し、若しくはその事業に重要な影響を与える関係にある者として内閣府令で定めるもの（以下ホにおいて「申請者の親会社等」という。）、申請者の親会社等の役員と同一の者がその役員に占める割合が二分の一を超え、若しくは申請者の親会社等が株式の所有その他の事由を通じてその事業を実質的に支配し、若しくはその事業に重要な影響を与える関係にある者として内閣府令で定めるもの又は当該申請者の役員と同一の者がその役員に占める割合が二分の一を超え、若しくは当該申請者が株式の所有その他の事由を通じてその事業を実質的に支配し、若しくはその事業に重要な影響を与える関係にある者として内閣府令で定めるもののうち、当該申請者と内閣府令で定める密接な関係を有する法人をいう。第三十五条第五項第四号ホにおいて同じ。）が、第五十八条第二項の規定により認可を取り消され、その取消しの日から起算して五年を経過していないとき。ただし、当該認可の取消しが、家庭的保育事業等の認可の取消しのうち当該認可の取消しの処分の理由となつた事実及び当該事実の発生を防止するための当該家庭的保育事業等を行う者による業務管理体制の整備についての取組の状況その他の当該事実に関して当該家庭的保育事業等を行う者が有していた責任の程度を考慮して、ホ本文に規定する認可の取消しに該当しないこととすることが相当であると認められるものとして内閣府令で定めるものに該当する場合を除く。

へ　申請者が、第五十八条第二項の規定による認可の取消しの処分に係る行政手続法第十五条の規定による通知があつた日から当該処分をする日又は処分をしないことを決定する日までの間に第七項の規定による事業の廃止をした者（当該廃止について相当の理由がある者を除く。）で、当該事業の廃止の承認の日から起算して五年を経過しないものであるとき。

ト　申請者が、第三十四条の十七第一項の規定による検査が行われた日から聴聞決定予定日（当該検査の結果に基づき第五十八条第二項の規定による認可の取消しの処分に係る聴聞を行うか否かの決定をすることが見込まれる日として内閣府令で定めるところにより市町村長が当該申請者に当該検査が行われた日から十日以内に特定の日を通知した場合における当該特定の日をいう。）までの間に第七項の規定による事業の廃止をした者（当該廃止について相当の理由がある者を除く。）で、当該事業の廃止の承認の日から起算して五年を経過しないものであるとき。

チ　へに規定する期間内に第七項の規定による事業の廃止の承認の申請があつた場合において、申請者が、への通知の日前六十日以内に当該申請に係る法人（当該事業の廃止について相当の理由がある法人を除く。）の役員等又は当該申請に係る法人でない事業を行う者（当該事業の廃止について相当の理由があるものを除く。）の管理者であつた者で、当該事業の廃止の承認の日から起算して五年を経過しないものであるとき。

リ　申請者が、認可の申請前五年以内に保育に関し不正又は著しく不当な行為をした者であるとき。

ヌ　申請者が、法人で、その役員等のうちにイからニまで又はへからリまでのいずれかに該当する者のあるものであるとき。

ル　申請者が、法人でない者で、その管理者がイからニまで又はへからリまでのいずれかに該当する者であるとき。

④　市町村長は、第二項の認可をしようとするときは、あらかじめ、市町村児童福祉審議会を設置している場合にあつてはその意見を、その他の場合にあつては児童の保護者その他児童福祉に係る当事者の意見を聴かなければならない。

⑤　市町村長は、第三項に基づく審査の結果、その申請が次条第一項の条例で定める基準に適合しており、かつ、その事業を行う者が第三項各号に掲げる基準（その者が社会福祉法人又は学校法人である場合にあつては、同項第四号に掲げる基準に限る。）に該当すると認めるときは、第二項の認可をするものとする。ただし、市町村長は、当該申請に係る家庭的保育事業等の所在地を含む教育・保育提供区域（子ども・子育て支援法第六十一条第二項第一号の規定により当該市町村が定める教育・保育提供区域とする。以下この項において同じ。）における特定地域型保育事業所（同法第二十九条第三項第一号に規定する特定地域型保育事業所をいい、事業所内保育事業における同法第四十三条第一項に規定する労働者等の監護する小学校就学前子どもに係る部分を除く。以下この項において同じ。）の利用定員の総数（同法第十九条第三号に掲げる小学校就学前子どもの区分に係るものに限る。）が、同法第六十一条第一項の規定により当該市町村が定める市町村子ども・子育て支援事業計画において定める当該教育・保育提供区域の特定地域型保育事業所に係る必要利用定員総数（同法第十九条第三号に掲げる小学校就学前子どもの区分に係るものに限る。）に既に達しているか、又は当該申請に係る家庭的保育事業等の開始によつてこれを超えることになると認めるとき、その他の当該市町村子ども・子育て支

援事業計画の達成に支障を生ずるおそれがある場合として内閣府令で定める場合に該当すると認めるときは、第二項の認可をしないことができる。

⑥　市町村長は、家庭的保育事業等に関する第二項の申請に係る認可をしないときは、速やかにその旨及び理由を通知しなければならない。

⑦　国、都道府県及び市町村以外の者は、家庭的保育事業等を廃止し、又は休止しようとするときは、内閣府令の定めるところにより、市町村長の承認を受けなければならない。

注　第三四条の一五は、令和四年六月一七日法律第六八号により次のように改正され、令和四年六月一七日から起算して三年を超えない範囲内において政令で定める日から施行される。
　第三十四条の十五第三項第四号イ中「禁錮」を「拘禁刑」に改める。

〔設備及び運営の基準〕

第三四条の一六　市町村は、家庭的保育事業等の設備及び運営について、条例で基準を定めなければならない。この場合において、その基準は、児童の身体的、精神的及び社会的な発達のために必要な保育の水準を確保するものでなければならない。

②　市町村が前項の条例を定めるに当たつては、次に掲げる事項については内閣府令で定める基準に従い定めるものとし、その他の事項については内閣府令で定める基準を参酌するものとする。

一　家庭的保育事業等に従事する者及びその員数

二　家庭的保育事業等の運営に関する事項であつて、児童の適切な処遇及び安全の確保並びに秘密の保持並びに児童の健全な発達に密接に関連するものとして内閣府令で定めるもの

③　家庭的保育事業等を行う者は、第一項の基準を遵守しなければならない。

〔報告及び立入調査等〕

第三四条の一七　市町村長は、前条第一項の基準を維持するため、家庭的保育事業等を行う者に対して、必要と認める事項の報告を求め、又は当該職員に、関係者に対して質問させ、若しくは家庭的保育事業を行う場所に立ち入り、設備、帳簿書類その他の物件を検査させることができる。

②　第十八条の十六第二項及び第三項の規定は、前項の場合について準用する。

③　市町村長は、家庭的保育事業等が前条第一項の基準に適合しないと認められるに至つたときは、その事業を行う者に対し、当該基準に適合するために必要な措置を採るべき旨を勧告し、又はその事業を行う者がその勧告に従わず、かつ、児童福祉に有害であると認められるときは、必要な改善を命ずることができる。

④　市町村長は、家庭的保育事業等が、前条第一項の基準に適合せず、かつ、児童福祉に著しく有害であると認められるときは、その事業を行う者に対し、その事業の制限又は停止を命ずることができる。

〔児童育成支援拠点事業〕

第三四条の一七の二　市町村は、児童育成支援拠点事業を行うことができる。

②　国、都道府県及び市町村以外の者は、内閣府令で定めるところにより、あらかじめ、内閣府令で定める事項を市町村長に届け出て、児童育成支援拠点事業を行うことができる。

③　国、都道府県及び市町村以外の者は、前項の規定により届け出た事項に変更を生じたときは、変更の日から一月以内に、その旨を市町村長に届け出なければならない。

④　国、都道府県及び市町村以外の者は、児童育成支援拠点事業を廃止し、又は休止しようとするときは、あらかじめ、内閣府令で定める事項を市町村長に届け出なければならない。

⑤　児童育成支援拠点事業に従事する者は、その職務を遂行するに当たつては、個人の

身上に関する秘密を守らなければならない。

〔報告及び立入検査等〕

第三四条の一七の三　市町村長は、児童の福祉のために必要があると認めるときは、児童育成支援拠点事業を行う者に対して、必要と認める事項の報告を求め、又は当該職員に、関係者に対して質問させ、若しくはその事業を行う場所に立ち入り、設備、帳簿書類その他の物件を検査させることができる。

② 第十八条の十六第二項及び第三項の規定は、前項の場合について準用する。

③ 市町村長は、児童育成支援拠点事業を行う者が、この法律若しくはこれに基づく命令若しくはこれらに基づいてする処分に違反したとき、又はその事業に関し不当に営利を図り、若しくはその事業に係る児童若しくはその保護者の処遇につき不当な行為をしたときは、その者に対し、その事業の制限又は停止を命ずることができる。

〔病児保育事業〕

第三四条の一八　国及び都道府県以外の者は、内閣府令で定めるところにより、あらかじめ、内閣府令で定める事項を都道府県知事に届け出て、病児保育事業を行うことができる。

② 国及び都道府県以外の者は、前項の規定により届け出た事項に変更を生じたときは、変更の日から一月以内に、その旨を都道府県知事に届け出なければならない。

③ 国及び都道府県以外の者は、病児保育事業を廃止し、又は休止しようとするときは、あらかじめ、内閣府令で定める事項を都道府県知事に届け出なければならない。

〔報告及び立入調査等〕

第三四条の一八の二　都道府県知事は、児童の福祉のために必要があると認めるときは、病児保育事業を行う者に対して、必要と認める事項の報告を求め、又は当該職員に、関係者に対して質問させ、若しくはその事業を行う場所に立ち入り、設備、帳簿書類その他の物件を検査させることができる。

② 第十八条の十六第二項及び第三項の規定は、前項の場合について準用する。

③ 都道府県知事は、病児保育事業を行う者が、この法律若しくはこれに基づく命令若しくはこれらに基づいてする処分に違反したとき、又はその事業に関し不当に営利を図り、若しくはその事業に係る児童の処遇につき不当な行為をしたときは、その者に対し、その事業の制限又は停止を命ずることができる。

〔子育て援助活動支援事業〕

第三四条の一八の三　国及び都道府県以外の者は、社会福祉法の定めるところにより、子育て援助活動支援事業を行うことができる。

② 子育て援助活動支援事業に従事する者は、その職務を遂行するに当たつては、個人の身上に関する秘密を守らなければならない。

〔養育里親名簿〕

第三四条の一九　都道府県知事は、第二十七条第一項第三号の規定により児童を委託するため、内閣府令で定めるところにより、養育里親名簿及び養子縁組里親名簿を作成しておかなければならない。

〔養育里親の欠格事由〕

第三四条の二〇　本人又はその同居人が次の各号のいずれかに該当する者は、養育里親及び養子縁組里親となることができない。

一 禁錮以上の刑に処せられ、その執行を終わり、又は執行を受けることがなくなるまでの者

二 この法律、児童買春、児童ポルノに係る行為等の規制及び処罰並びに児童の保護等に関する法律（平成十一年法律第五十二号）その他国民の福祉に関する法律で政令で定めるものの規定により罰金の刑に処せられ、その執行を終わり、又は執行を受けることがなくなるまでの者

三　児童虐待又は被措置児童等虐待を行つた者その他児童の福祉に関し著しく不適当な行為をした者

② 都道府県知事は、養育里親若しくは養子縁組里親又はその同居人が前項各号のいずれかに該当するに至つたときは、当該養育里親又は養子縁組里親を直ちに養育里親名簿又は養子縁組里親名簿から抹消しなければならない。

注　第三四条の二〇は、令和四年六月一七日法律第六八号により次のように改正され、令和四年六月一七日から起算して三年を超えない範囲内において政令で定める日から施行される。
　第三十四条の二十第一項第一号中「禁錮」を「拘禁刑」に改める。

〔**内閣府令への委任**〕

第三四条の二一　この法律に定めるもののほか、養育里親名簿又は養子縁組里親名簿の登録のための手続その他養育里親又は養子縁組里親に関し必要な事項は、内閣府令で定める。

〔**児童福祉施設の設置**〕

第三五条　国は、政令の定めるところにより、児童福祉施設（助産施設、母子生活支援施設、保育所及び幼保連携型認定こども園を除く。）を設置するものとする。

② 都道府県は、政令の定めるところにより、児童福祉施設（幼保連携型認定こども園を除く。以下この条、第四十五条、第四十六条、第四十九条、第五十条第九号、第五十一条第七号、第五十六条の二、第五十七条及び第五十八条において同じ。）を設置しなければならない。

③ 市町村は、内閣府令の定めるところにより、あらかじめ、内閣府令で定める事項を都道府県知事に届け出て、児童福祉施設を設置することができる。

④ 国、都道府県及び市町村以外の者は、内閣府令の定めるところにより、都道府県知事の認可を得て、児童福祉施設を設置することができる。

⑤ 都道府県知事は、保育所に関する前項の認可の申請があつたときは、第四十五条第一項の条例で定める基準（保育所に係るものに限る。第八項において同じ。）に適合するかどうかを審査するほか、次に掲げる基準（当該認可の申請をした者が社会福祉法人又は学校法人である場合にあつては、第四号に掲げる基準に限る。）によつて、その申請を審査しなければならない。

一　当該保育所を経営するために必要な経済的基礎があること。

二　当該保育所の経営者（その者が法人である場合にあつては、経営担当役員とする。）が社会的信望を有すること。

三　実務を担当する幹部職員が社会福祉事業に関する知識又は経験を有すること。

四　次のいずれにも該当しないこと。

イ　申請者が、禁錮以上の刑に処せられ、その執行を終わり、又は執行を受けることがなくなるまでの者であるとき。

ロ　申請者が、この法律その他国民の福祉若しくは学校教育に関する法律で政令で定めるものの規定により罰金の刑に処せられ、その執行を終わり、又は執行を受けることがなくなるまでの者であるとき。

ハ　申請者が、労働に関する法律の規定であつて政令で定めるものにより罰金の刑に処せられ、その執行を終わり、又は執行を受けることがなくなるまでの者であるとき。

ニ　申請者が、第五十八条第一項の規定により認可を取り消され、その取消しの日から起算して五年を経過しない者（当該認可を取り消された者が法人である場合においては、当該取消しの処分に係る行政手続法第十五条の規定による通知があつた日前六十日以内に当該法人の役員等であつた者で当該取消しの日から起算して五年を経過しないものを含み、当該認可を取り消された者が法人でない場合においては、当該通知があつた日前六十日以内に当該保育所の管理者であつた者で当該取消しの日から起算して五年を経過しないものを含む。）であるとき。ただし、当該認可の取消しが、保育所の設置の認可の取消しのうち当該認可の取消しの処分の理由となつた事実及び当該事実の発生を防止するための当該保育所の設置者による業務管理体制の整備についての取組の状況その他の当該事実に関して当該保育所の設置者が有していた責任の程度を考慮して、ニ本文に規定する認可の取消しに該当しないこととすることが相当であると認められるものとして内閣府令で定めるものに該当する場合を除く。

ホ　申請者と密接な関係を有する者が、第五十八条第一項の規定により認可を取り消され、その取消しの日から起算して五年を経過していないとき。ただし、当該認可の取消しが、保育所の設置の認可の取消しのうち当該認可の取消しの処分の理由となつた事実及び当該事実の発生を防止するための当該保育所の設置者による業務管理体制の整備についての取組の状況その他の当該事実に関して当該保育所の設置者が有していた責任の程度を考慮して、ホ本文に規定する認可の取消しに該当しないこととすることが相当であると認められるものとして内閣府令で定めるものに該当する場合を除く。

ヘ　申請者が、第五十八条第一項の規定による認可の取消しの処分に係る行政手続法第十五条の規定による通知があつた日から当該処分をする日又は処分をしないことを決定する日までの間に第十二項の規定による保育所の廃止をした者（当該廃止について相当の理由がある者を除く。）で、当該保育所の廃止の承認の日から起算して五年を経過しないものであるとき。

ト　申請者が、第四十六条第一項の規定による検査が行われた日から聴聞決定予定日（当該検査の結果に基づき第五十八条第一項の規定による認可の取消しの処分に係る聴聞を行うか否かの決定をすることが見込まれる日として内閣府令で定めるところにより都道府県知事が当該申請者に当該検査が行われた日から十日以内に特定の日を通知した場合における当該特定の日をいう。）までの間に第十二項の規定による保育所の廃止をした者（当該廃止について相当の理由がある者を除く。）で、当該保育所の廃止の承認の日から起算して五年を経過しないものであるとき。

チ　ヘに規定する期間内に第十二項の規定による保育所の廃止の承認の申請があつた場合において、申請者が、ヘの通知の日前六十日以内に当該申請に係る法人（当該保育所の廃止について相当の理由がある法人を除く。）の役員等又は当該申請に係る法人でない保育所（当該保育所の廃止について相当の理由があるものを除く。）の管理者であつた者で、当該保育所の廃止の承認の日から起算して五年を経過しないものであるとき。

リ　申請者が、認可の申請前五年以内に保育に関し不正又は著しく不当な行為をした者であるとき。

ヌ　申請者が、法人で、その役員等のうちにイからニまで又はヘからリまでのいずれかに該当する者のあるものであるとき。

ル　申請者が、法人でない者で、その管理者がイからニまで又はヘからリまでのいずれかに該当する者であるとき。

⑥　都道府県知事は、第四項の規定により保育所の設置の認可をしようとするときは、あらかじめ、都道府県児童福祉審議会の意

見を聴かなければならない。

⑦ 都道府県知事は、第四項の規定により保育所の設置の認可をしようとするときは、あらかじめ、内閣府令で定めるところにより、当該認可の申請に係る保育所が所在する市町村の長に協議しなければならない。

⑧ 都道府県知事は、第五項に基づく審査の結果、その申請が第四十五条第一項の条例で定める基準に適合しており、かつ、その設置者が第五項各号に掲げる基準（その者が社会福祉法人又は学校法人である場合にあつては、同項第四号に掲げる基準に限る。）に該当すると認めるときは、第四項の認可をするものとする。ただし、都道府県知事は、当該申請に係る保育所の所在地を含む区域（子ども・子育て支援法第六十二条第二項第一号の規定により当該都道府県が定める区域とする。以下この項において同じ。）における特定教育・保育施設（同法第二十七条第一項に規定する特定教育・保育施設をいう。以下この項において同じ。）の利用定員の総数（同法第十九条第二号及び第三号に掲げる小学校就学前子どもに係るものに限る。）が、同法第六十二条第一項の規定により当該都道府県が定める都道府県子ども・子育て支援事業支援計画において定める当該区域の特定教育・保育施設に係る必要利用定員総数（同法第十九条第二号及び第三号に掲げる小学校就学前子どもの区分に係るものに限る。）に既に達しているか、又は当該申請に係る保育所の設置によつてこれを超えることになると認めるとき、その他の当該都道府県子ども・子育て支援事業支援計画の達成に支障を生ずるおそれがある場合として内閣府令で定める場合に該当すると認めるときは、第四項の認可をしないことができる。

⑨ 都道府県知事は、保育所に関する第四項の申請に係る認可をしないときは、速やかにその旨及び理由を通知しなければならない。

⑩ 児童福祉施設には、児童福祉施設の職員の養成施設を附置することができる。

⑪ 市町村は、児童福祉施設を廃止し、又は休止しようとするときは、その廃止又は休止の日の一月前（当該児童福祉施設が保育所である場合には三月前）までに、内閣府令で定める事項を都道府県知事に届け出なければならない。

⑫ 国、都道府県及び市町村以外の者は、児童福祉施設を廃止し、又は休止しようとするときは、内閣府令の定めるところにより、都道府県知事の承認を受けなければならない。

注 第三五条は、令和四年六月一七日法律第六八号により次のように改正され、令和四年六月一七日から起算して三年を超えない範囲内において政令で定める日から施行される。

第三十五条第五項第四号イ中「禁錮」を「拘禁刑」に改める。

〔助産施設〕

第三六条 助産施設は、保健上必要があるにもかかわらず、経済的理由により、入院助産を受けることができない妊産婦を入所させて、助産を受けさせることを目的とする施設とする。

〔乳児院〕

第三七条 乳児院は、乳児（保健上、安定した生活環境の確保その他の理由により特に必要のある場合には、幼児を含む。）を入院させて、これを養育し、あわせて退院した者について相談その他の援助を行うことを目的とする施設とする。

〔母子生活支援施設〕

第三八条 母子生活支援施設は、配偶者のない女子又はこれに準ずる事情にある女子及びその者の監護すべき児童を入所させて、これらの者を保護するとともに、これらの者の自立の促進のためにその生活を支援し、あわせて退所した者について相談その他の援助を行うことを目的とする施設とする。

〔保育所〕

第三九条　保育所は、保育を必要とする乳児・幼児を日々保護者の下から通わせて保育を行うことを目的とする施設（利用定員が二十人以上であるものに限り、幼保連携型認定こども園を除く。）とする。

②　保育所は、前項の規定にかかわらず、特に必要があるときは、保育を必要とするその他の児童を日々保護者の下から通わせて保育することができる。

〔幼保連携型認定こども園〕

第三九条の二　幼保連携型認定こども園は、義務教育及びその後の教育の基礎を培うものとしての満三歳以上の幼児に対する教育（教育基本法（平成十八年法律第百二十号）第六条第一項に規定する法律に定める学校において行われる教育をいう。）及び保育を必要とする乳児・幼児に対する保育を一体的に行い、これらの乳児又は幼児の健やかな成長が図られるよう適当な環境を与えて、その心身の発達を助長することを目的とする施設とする。

②　幼保連携型認定こども園に関しては、この法律に定めるもののほか、認定こども園法の定めるところによる。

〔児童厚生施設〕

第四〇条　児童厚生施設は、児童遊園、児童館等児童に健全な遊びを与えて、その健康を増進し、又は情操をゆたかにすることを目的とする施設とする。

〔児童養護施設〕

第四一条　児童養護施設は、保護者のない児童（乳児を除く。ただし、安定した生活環境の確保その他の理由により特に必要のある場合には、乳児を含む。以下この条において同じ。）、虐待されている児童その他環境上養護を要する児童を入所させて、これを養護し、あわせて退所した者に対する相談その他の自立のための援助を行うことを目的とする施設とする。

〔障害児入所施設〕

第四二条　障害児入所施設は、次の各号に掲げる区分に応じ、障害児を入所させて、当該各号に定める支援を行うことを目的とする施設とする。

一　福祉型障害児入所施設　保護並びに日常生活における基本的な動作及び独立自活に必要な知識技能の習得のための支援

二　医療型障害児入所施設　保護、日常生活における基本的な動作及び独立自活に必要な知識技能の習得のための支援並びに治療

〔児童発達支援センター〕

第四三条　児童発達支援センターは、地域の障害児の健全な発達において中核的な役割を担う機関として、障害児を日々保護者の下から通わせて、高度の専門的な知識及び技術を必要とする児童発達支援を提供し、あわせて障害児の家族、指定障害児通所支援事業者その他の関係者に対し、相談、専門的な助言その他の必要な援助を行うことを目的とする施設とする。

〔児童心理治療施設〕

第四三条の二　児童心理治療施設は、家庭環境、学校における交友関係その他の環境上の理由により社会生活への適応が困難となつた児童を、短期間、入所させ、又は保護者の下から通わせて、社会生活に適応するために必要な心理に関する治療及び生活指導を主として行い、あわせて退所した者について相談その他の援助を行うことを目的とする施設とする。

〔児童自立支援施設〕

第四四条　児童自立支援施設は、不良行為をなし、又はなすおそれのある児童及び家庭環境その他の環境上の理由により生活指導等を要する児童を入所させ、又は保護者の下から通わせて、個々の児童の状況に応じて必要な指導を行い、その自立を支援し、あわせて退所した者について相談その他の援助を行うことを目的とする施設とする。

〔児童家庭支援センター〕

第四四条の二　児童家庭支援センターは、地

域の児童の福祉に関する各般の問題につき、児童に関する家庭その他からの相談のうち、専門的な知識及び技術を必要とするものに応じ、必要な助言を行うとともに、市町村の求めに応じ、技術的助言その他必要な援助を行うほか、第二十六条第一項第二号及び第二十七条第一項第二号の規定による指導を行い、あわせて児童相談所、児童福祉施設等との連絡調整その他内閣府令の定める援助を総合的に行うことを目的とする施設とする。

② 児童家庭支援センターの職員は、その職務を遂行するに当たつては、個人の身上に関する秘密を守らなければならない。

〔里親支援センター〕

第四四条の三 里親支援センターは、里親支援事業を行うほか、里親及び里親に養育される児童並びに里親になろうとする者について相談その他の援助を行うことを目的とする施設とする。

② 里親支援センターの長は、里親支援事業及び前項に規定する援助を行うに当たつては、都道府県、市町村、児童相談所、児童家庭支援センター、他の児童福祉施設、教育機関その他の関係機関と相互に協力し、緊密な連携を図るよう努めなければならない。

〔法令遵守及び職務遂行義務〕

第四四条の四 第六条の三各項に規定する事業を行う者、里親及び児童福祉施設（指定障害児入所施設及び指定通所支援に係る児童発達支援センターを除く。）の設置者は、児童、妊産婦その他これらの事業を利用する者又は当該児童福祉施設に入所する者の人格を尊重するとともに、この法律又はこの法律に基づく命令を遵守し、これらの者のため忠実にその職務を遂行しなければならない。

〔基準の制定等〕

第四五条 都道府県は、児童福祉施設の設備及び運営について、条例で基準を定めなければならない。この場合において、その基準は、児童の身体的、精神的及び社会的な発達のために必要な生活水準を確保するものでなければならない。

② 都道府県が前項の条例を定めるに当たつては、次に掲げる事項については内閣府令で定める基準に従い定めるものとし、その他の事項については内閣府令で定める基準を参酌するものとする。

一 児童福祉施設に配置する従業者及びその員数

二 児童福祉施設に係る居室及び病室の床面積その他児童福祉施設の設備に関する事項であつて児童の健全な発達に密接に関連するものとして内閣府令で定めるもの

三 児童福祉施設の運営に関する事項であつて、保育所における保育の内容その他児童（助産施設にあつては、妊産婦）の適切な処遇及び安全の確保並びに秘密の保持並びに児童の健全な発達に密接に関連するものとして内閣府令で定めるもの

③ 児童福祉施設の設置者は、第一項の基準を遵守しなければならない。

④ 児童福祉施設の設置者は、児童福祉施設の設備及び運営についての水準の向上を図ることに努めるものとする。

⑤ 内閣総理大臣は、前項の内閣府令で定める基準（同項第三号の保育所における保育の内容に関する事項に限る。）を定めるに当たつては、学校教育法第二十五条第一項の規定により文部科学大臣が定める幼稚園の教育課程その他の保育内容に関する事項並びに認定こども園法第十条第一項の規定により主務大臣が定める幼保連携型認定こども園の教育課程その他の教育及び保育の内容に関する事項との整合性の確保並びに小学校及び義務教育学校における教育との円滑な接続に配慮しなければならない。

⑥ 内閣総理大臣は、前項の内閣府令で定める基準を定めるときは、あらかじめ、文部科学大臣に協議しなければならない。

〔里親が行う養育に関する基準〕

第四五条の二　内閣総理大臣は、里親の行う養育について、基準を定めなければならない。この場合において、その基準は、児童の身体的、精神的及び社会的な発達のために必要な生活水準を確保するものでなければならない。

② 里親は、前項の基準を遵守しなければならない。

〔報告の徴収等〕

第四六条　都道府県知事は、第四十五条第一項及び前条第一項の基準を維持するため、児童福祉施設の設置者、児童福祉施設の長及び里親に対して、必要な報告を求め、児童の福祉に関する事務に従事する職員に、関係者に対して質問させ、若しくはその施設に立ち入り、設備、帳簿書類その他の物件を検査させることができる。

② 第十八条の十六第二項及び第三項の規定は、前項の場合について準用する。

③ 都道府県知事は、児童福祉施設の設備又は運営が第四十五条第一項の基準に達しないときは、その施設の設置者に対し、必要な改善を勧告し、又はその施設の設置者がその勧告に従わず、かつ、児童福祉に有害であると認められるときは、必要な改善を命ずることができる。

④ 都道府県知事は、児童福祉施設の設備又は運営が第四十五条第一項の基準に達せず、かつ、児童福祉に著しく有害であると認められるときは、都道府県児童福祉審議会の意見を聴き、その施設の設置者に対し、その事業の停止を命ずることができる。

〔児童福祉施設の長の義務〕

第四六条の二　児童福祉施設の長は、都道府県知事又は市町村長（第三十二条第三項の規定により第二十四条第五項又は第六項の規定による措置に関する権限が当該市町村に置かれる教育委員会に委任されている場合にあつては、当該教育委員会）からこの法律の規定に基づく措置又は助産の実施若しくは母子保護の実施のための委託を受けたときは、正当な理由がない限り、これを拒んではならない。

② 保育所若しくは認定こども園の設置者又は家庭的保育事業等を行う者は、第二十四条第三項の規定により行われる調整及び要請に対し、できる限り協力しなければならない。

〔児童福祉施設の長の親権等〕

第四七条　児童福祉施設の長は、入所中の児童で親権を行う者又は未成年後見人のないものに対し、親権を行う者又は未成年後見人があるに至るまでの間、親権を行う。ただし、民法第七百九十七条の規定による縁組の承諾をするには、内閣府令の定めるところにより、都道府県知事の許可を得なければならない。

② 児童相談所長は、小規模住居型児童養育事業を行う者又は里親に委託中の児童で親権を行う者又は未成年後見人のないものに対し、親権を行う者又は未成年後見人があるに至るまでの間、親権を行う。ただし、民法第七百九十七条の規定による縁組の承諾をするには、内閣府令の定めるところにより、都道府県知事の許可を得なければならない。

③ 児童福祉施設の長、その住居において養育を行う第六条の三第八項に規定する内閣府令で定める者又は里親（以下この項において「施設長等」という。）は、入所中又は受託中の児童で親権を行う者又は未成年後見人のあるものについても、監護及び教育に関し、その児童の福祉のため必要な措置をとることができる。この場合において、施設長等は、児童の人格を尊重するとともに、その年齢及び発達の程度に配慮しなければならず、かつ、体罰その他の児童の心身の健全な発達に有害な影響を及ぼす言動をしてはならない。

④ 前項の児童の親権を行う者又は未成年後見人は、同項の規定による措置を不当に妨げてはならない。

⑤ 第三項の規定による措置は、児童の生命

又は身体の安全を確保するため緊急の必要があると認めるときは、その親権を行う者又は未成年後見人の意に反しても、これをとることができる。この場合において、児童福祉施設の長、小規模住居型児童養育事業を行う者又は里親は、速やかに、そのとつた措置について、当該児童に係る通所給付決定若しくは入所給付決定、第二十一条の六、第二十四条第五項若しくは第六項若しくは第二十七条第一項第三号の措置、助産の実施若しくは母子保護の実施又は当該児童に係る子ども・子育て支援法第二十条第四項に規定する教育・保育給付認定を行つた都道府県又は市町村の長に報告しなければならない。

〔児童福祉施設に入所中の児童等の教育〕

第四八条 児童養護施設、障害児入所施設、児童心理治療施設及び児童自立支援施設の長、その住居において養育を行う第六条の三第八項に規定する内閣府令で定める者並びに里親は、学校教育法に規定する保護者に準じて、その施設に入所中又は受託中の児童を就学させなければならない。

〔乳児院等の長による相談及び助言〕

第四八条の二 乳児院、母子生活支援施設、児童養護施設、児童心理治療施設及び児童自立支援施設の長は、その行う児童の保護に支障がない限りにおいて、当該施設の所在する地域の住民につき、児童の養育に関する相談に応じ、及び助言を行うよう努めなければならない。

〔親子の再統合のための支援等〕

第四八条の三 乳児院、児童養護施設、障害児入所施設、児童心理治療施設及び児童自立支援施設の長並びに小規模住居型児童養育事業を行う者及び里親は、当該施設に入所し、又は小規模住居型児童養育事業を行う者若しくは里親に委託された児童及びその保護者に対して、市町村、児童相談所、児童家庭支援センター、里親支援センター、教育機関、医療機関その他の関係機関との緊密な連携を図りつつ、親子の再統合のための支援その他の当該児童が家庭（家庭における養育環境と同様の養育環境及び良好な家庭的環境を含む。）で養育されるために必要な措置を採らなければならない。

〔保育所の情報提供等〕

第四八条の四 保育所は、当該保育所が主として利用される地域の住民に対して、その行う保育に関し情報の提供を行わなければならない。

② 保育所は、当該保育所が主として利用される地域の住民に対して、その行う保育に支障がない限りにおいて、乳児、幼児等の保育に関する相談に応じ、及び助言を行うよう努めなければならない。

③ 保育所に勤務する保育士は、乳児、幼児等の保育に関する相談に応じ、及び助言を行うために必要な知識及び技能の修得、維持及び向上に努めなければならない。

〔命令への委任〕

第四九条 この法律で定めるもののほか、第六条の三各項に規定する事業及び児童福祉施設の職員その他児童福祉施設に関し必要な事項は、命令で定める。

第四章　費用

〔国庫の支弁〕

第四九条の二 国庫は、都道府県が、第二十七条第一項第三号に規定する措置により、国の設置する児童福祉施設に入所させた者につき、その入所後に要する費用を支弁する。

〔都道府県の支弁〕

第五〇条 次に掲げる費用は、都道府県の支弁とする。

一　都道府県児童福祉審議会に要する費用
二　児童福祉司及び児童委員に要する費用
三　児童相談所に要する費用（第九号の費用を除く。）
四　削除
五　第二十条の措置に要する費用
五の二　小児慢性特定疾病医療費の支給に要する費用

五の三　小児慢性特定疾病児童等自立支援事業に要する費用
六　都道府県の設置する助産施設又は母子生活支援施設において市町村が行う助産の実施又は母子保護の実施に要する費用（助産の実施又は母子保護の実施につき第四十五条第一項の基準を維持するために要する費用をいう。次号及び次条第三号において同じ。）
六の二　都道府県が行う助産の実施又は母子保護の実施に要する費用
六の三　障害児入所給付費、高額障害児入所給付費若しくは特定入所障害児食費等給付費又は障害児入所医療費（以下「**障害児入所給付費等**」という。）の支給に要する費用
六の四　児童相談所長が第二十六条第一項第二号に規定する指導を委託した場合又は都道府県が第二十七条第一項第二号に規定する指導を委託した場合におけるこれらの指導に要する費用
七　都道府県が、第二十七条第一項第三号に規定する措置を採つた場合において、入所又は委託に要する費用及び入所後の保護又は委託後の養育につき、第四十五条第一項又は第四十五条の二第一項の基準を維持するために要する費用（国の設置する乳児院、児童養護施設、障害児入所施設、児童心理治療施設又は児童自立支援施設に入所させた児童につき、その入所後に要する費用を除き、里親支援センターにおいて行う里親支援事業に要する費用を含む。）
七の二　都道府県が、第二十七条第二項に規定する措置を採つた場合において、委託及び委託後の治療等に要する費用
七の三　都道府県が行う児童自立生活援助の実施に要する費用
八　一時保護に要する費用
九　児童相談所の設備並びに都道府県の設置する児童福祉施設の設備及び職員の養成施設に要する費用

〔市町村の支弁〕

第五一条　次に掲げる費用は、市町村の支弁とする。
一　障害児通所給付費、特例障害児通所給付費若しくは高額障害児通所給付費又は肢体不自由児通所医療費の支給に要する費用
二　第二十一条の六の措置に要する費用
二の二　第二十一条の十八第二項の措置に要する費用
三　市町村が行う助産の実施又は母子保護の実施に要する費用（都道府県の設置する助産施設又は母子生活支援施設に係るものを除く。）
四　第二十四条第五項又は第六項の措置（都道府県若しくは市町村の設置する保育所若しくは幼保連携型認定こども園又は都道府県若しくは市町村の行う家庭的保育事業等に係るものに限る。）に要する費用
五　第二十四条第五項又は第六項の措置（都道府県及び市町村以外の者の設置する保育所若しくは幼保連携型認定こども園又は都道府県及び市町村以外の者の行う家庭的保育事業等に係るものに限る。）に要する費用
六　障害児相談支援給付費又は特例障害児相談支援給付費の支給に要する費用
七　市町村の設置する児童福祉施設の設備及び職員の養成施設に要する費用
八　市町村児童福祉審議会に要する費用

〔子ども・子育て支援法による給付との調整〕

第五二条　第二十四条第五項又は第六項の規定による措置に係る児童が、子ども・子育て支援法第二十七条第一項、第二十八条第一項（第二号に係るものを除く。）、第二十九条第一項又は第三十条第一項（第二号に係るものを除く。）の規定により施設型給付費、特例施設型給付費、地域型保育給付費又は特例地域型保育給付費の支給を受けることができる保護者の児童であるときは、

市町村は、その限度において、前条第四号又は第五号の規定による費用の支弁をすることを要しない。

〔国庫の負担〕

第五三条 国庫は、第五十条（第一号から第三号まで及び第九号を除く。）及び第五十一条（第四号、第七号及び第八号を除く。）に規定する地方公共団体の支弁する費用に対しては、政令の定めるところにより、その二分の一を負担する。

第五四条 削除

〔都道府県の負担〕

第五五条 都道府県は、第五十一条第一号から第三号まで、第五号及び第六号の費用に対しては、政令の定めるところにより、その四分の一を負担しなければならない。

〔費用の徴収及び負担〕

第五六条 第四十九条の二に規定する費用を国庫が支弁した場合においては、内閣総理大臣は、本人又はその扶養義務者（民法に定める扶養義務者をいう。以下同じ。）から、都道府県知事の認定するその負担能力に応じ、その費用の全部又は一部を徴収することができる。

② 第五十条第五号、第六号、第六号の二若しくは第七号から第七号の三までに規定する費用（同条第七号に規定する里親支援センターにおいて行う里親支援事業に要する費用を除く。）を支弁した都道府県又は第五十一条第二号から第五号までに規定する費用を支弁した市町村の長は、本人又はその扶養義務者から、その負担能力に応じ、その費用の全部又は一部を徴収することができる。

③ 都道府県知事又は市町村長は、第一項の規定による負担能力の認定又は前項の規定による費用の徴収に関し必要があると認めるときは、本人又はその扶養義務者の収入の状況につき、本人若しくはその扶養義務者に対し報告を求め、又は官公署に対し必要な書類の閲覧若しくは資料の提供を求めることができる。

④ 第一項又は第二項の規定による費用の徴収は、これを本人又はその扶養義務者の居住地又は財産所在地の都道府県又は市町村に嘱託することができる。

⑤ 第一項又は第二項の規定により徴収される費用を、指定の期限内に納付しない者があるときは、第一項に規定する費用については国税の、第二項に規定する費用については地方税の滞納処分の例により処分することができる。この場合における徴収金の先取特権の順位は、国税及び地方税に次ぐものとする。

⑥ 保育所又は幼保連携型認定こども園の設置者が、次の各号に掲げる乳児又は幼児の保護者から、善良な管理者と同一の注意をもつて、当該各号に定める額のうち当該保護者が当該保育所又は幼保連携型認定こども園に支払うべき金額に相当する金額の支払を受けることに努めたにもかかわらず、なお当該保護者が当該金額の全部又は一部を支払わない場合において、当該保育所又は幼保連携型認定こども園における保育に支障が生じ、又は生ずるおそれがあり、かつ、市町村が第二十四条第一項の規定により当該保育所における保育を行うため必要であると認めるとき又は同条第二項の規定により当該幼保連携型認定こども園における保育を確保するため必要であると認めるときは、市町村は、当該設置者の請求に基づき、地方税の滞納処分の例によりこれを処分することができる。この場合における徴収金の先取特権の順位は、国税及び地方税に次ぐものとする。

一 子ども・子育て支援法第二十七条第一項に規定する特定教育・保育を受けた乳児又は幼児 同条第三項第一号に掲げる額から同条第五項の規定により支払がなされた額を控除して得た額（当該支払がなされなかつたときは、同号に掲げる額）又は同法第二十八条第二項第一号の規定による特例施設型給付費の額及び同号に規定する政令で定める額を限度として市町村が定める額（当該市町村が定める額が現に当該特定教育・保育に要した費用の額を超えるときは、当該現に特定教育・保育に要した費用の額）の合計額

二　子ども・子育て支援法第二十八条第一項第二号に規定する特別利用保育を受けた幼児　同条第二項第二号の規定による特例施設型給付費の額及び同号に規定する市町村が定める額（当該市町村が定める額が現に当該特別利用保育に要した費用の額を超えるときは、当該現に特別利用保育に要した費用の額）の合計額から同条第四項において準用する同法第二十七条第五項の規定により支払がなされた額を控除して得た額（当該支払がなされなかつたときは、当該合計額）

⑦　家庭的保育事業等を行う者が、次の各号に掲げる乳児又は幼児の保護者から、善良な管理者と同一の注意をもつて、当該各号に定める額のうち当該保護者が当該家庭的保育事業等を行う者に支払うべき金額に相当する金額の支払を受けることに努めたにもかかわらず、なお当該保護者が当該金額の全部又は一部を支払わない場合において、当該家庭的保育事業等による保育に支障が生じ、又は生ずるおそれがあり、かつ、市町村が第二十四条第二項の規定により当該家庭的保育事業等による保育を確保するため必要であると認めるときは、市町村は、当該家庭的保育事業等を行う者の請求に基づき、地方税の滞納処分の例によりこれを処分することができる。この場合における徴収金の先取特権の順位は、国税及び地方税に次ぐものとする。

一　子ども・子育て支援法第二十九条第一項に規定する特定地域型保育（同法第三十条第一項第二号に規定する特別利用地域型保育（次号において「特別利用地域型保育」という。）及び同項第三号に規定する特定利用地域型保育（第三号において「特定利用地域型保育」という。）を除く。）を受けた乳児又は幼児　同法第二十九条第三項第一号に掲げる額から同条第五項の規定により支払がなされた額を控除して得た額（当該支払がなされなかつたときは、同号に掲げる額）又は同法第三十条第二項第一号の規定による特例地域型保育給付費の額及び同号に規定する政令で定める額を限度として市町村が定める額（当該市町村が定める額が現に当該特定地域型保育に要した費用の額を超えるときは、当該現に特定地域型保育に要した費用の額）の合計額

二　特別利用地域型保育を受けた幼児　子ども・子育て支援法第三十条第二項第二号の規定による特例地域型保育給付費の額及び同号に規定する市町村が定める額（当該市町村が定める額が現に当該特別利用地域型保育に要した費用の額を超えるときは、当該現に特別利用地域型保育に要した費用の額）の合計額から同条第四項において準用する同法第二十九条第五項の規定により支払がなされた額を控除して得た額（当該支払がなされなかつたときは、当該合計額）

三　特定利用地域型保育を受けた幼児　子ども・子育て支援法第三十条第二項第三号の規定による特例地域型保育給付費の額及び同号に規定する市町村が定める額（当該市町村が定める額が現に当該特定利用地域型保育に要した費用の額を超えるときは、当該現に特定利用地域型保育に要した費用の額）の合計額から同条第四項において準用する同法第二十九条第五項の規定により支払がなされた額を控除して得た額（当該支払がなされなかつたときは、当該合計額）

〔私立児童福祉施設に対する補助〕

第五六条の二　都道府県及び市町村は、次の各号に該当する場合においては、第三十五条第四項の規定により、国、都道府県及び市町村以外の者が設置する児童福祉施設（保育所を除く。以下この条において同じ。）について、その新設（社会福祉法第三

十一条第一項の規定により設立された社会福祉法人が設置する児童福祉施設の新設に限る。）、修理、改造、拡張又は整備（以下「**新設等**」という。）に要する費用の四分の三以内を補助することができる。ただし、一の児童福祉施設について都道府県及び市町村が補助する金額の合計額は、当該児童福祉施設の新設等に要する費用の四分の三を超えてはならない。

一　その児童福祉施設が、社会福祉法第三十一条第一項の規定により設立された社会福祉法人、日本赤十字社又は公益社団法人若しくは公益財団法人の設置するものであること。

二　その児童福祉施設が主として利用される地域において、この法律の規定に基づく障害児入所給付費の支給、入所させる措置又は助産の実施若しくは母子保護の実施を必要とする児童、その保護者又は妊産婦の分布状況からみて、同種の児童福祉施設が必要とされるにかかわらず、その地域に、国、都道府県又は市町村の設置する同種の児童福祉施設がないか、又はあつてもこれが十分でないこと。

②　前項の規定により、児童福祉施設に対する補助がなされたときは、内閣総理大臣、都道府県知事及び市町村長は、その補助の目的が有効に達せられることを確保するため、当該児童福祉施設に対して、第四十六条及び第五十八条第一項に規定するもののほか、次に掲げる権限を有する。

一　その児童福祉施設の予算が、補助の効果をあげるために不適当であると認めるときは、その予算について必要な変更をすべき旨を指示すること。

二　その児童福祉施設の職員が、この法律若しくはこれに基づく命令又はこれらに基づいてする処分に違反したときは、当該職員を解職すべき旨を指示すること。

③　国庫は、第一項の規定により都道府県が障害児入所施設又は児童発達支援センターについて補助した金額の三分の二以内を補助することができる。

〔**補助金の返還命令**〕

第五六条の三　都道府県及び市町村は、次に掲げる場合においては、補助金の交付を受けた児童福祉施設の設置者に対して、既に交付した補助金の全部又は一部の返還を命ずることができる。

一　補助金の交付条件に違反したとき。

二　詐欺その他の不正な手段をもつて、補助金の交付を受けたとき。

三　児童福祉施設の経営について、営利を図る行為があつたとき。

四　児童福祉施設が、この法律若しくはこれに基く命令又はこれらに基いてする処分に違反したとき。

〔**児童委員に要する費用に対する補助**〕

第五六条の四　国庫は、第五十条第二号に規定する児童委員に要する費用のうち、内閣総理大臣の定める事項に関するものについては、予算の範囲内で、その一部を補助することができる。

〔**市町村整備計画**〕

第五六条の四の二　市町村は、保育を必要とする乳児・幼児に対し、必要な保育を確保するために必要があると認めるときは、当該市町村における保育所及び幼保連携型認定こども園（次項第一号及び第二号並びに次条第二項において「**保育所等**」という。）の整備に関する計画（以下「**市町村整備計画**」という。）を作成することができる。

②　市町村整備計画においては、おおむね次に掲げる事項について定めるものとする。

一　保育提供区域（市町村が、地理的条件、人口、交通事情その他の社会的条件、保育を提供するための施設の整備の状況その他の条件を総合的に勘案して定める区域をいう。以下同じ。）ごとの当該保育提供区域における保育所等の整備に関する目標及び計画期間

二　前号の目標を達成するために必要な保育所等を整備する事業に関する事項

三　その他内閣府令で定める事項

③　市町村整備計画は、子ども・子育て支援法第六十一条第一項に規定する市町村子ども・子育て支援事業計画と調和が保たれたものでなければならない。

④　市町村は、市町村整備計画を作成し、又はこれを変更したときは、次条第一項の規定により当該市町村整備計画を内閣総理大臣に提出する場合を除き、遅滞なく、都道府県にその写しを送付しなければならない。

〔交付金の交付〕

第五六条の四の三　市町村は、次項の交付金を充てて市町村整備計画に基づく事業又は事務（同項において「事業等」という。）の実施をしようとするときは、当該市町村整備計画を、当該市町村の属する都道府県の知事を経由して、内閣総理大臣に提出しなければならない。

②　国は、市町村に対し、前項の規定により提出された市町村整備計画に基づく事業等（国、都道府県及び市町村以外の者が設置する保育所等に係るものに限る。）の実施に要する経費に充てるため、保育所等の整備の状況その他の事項を勘案して内閣府令で定めるところにより、予算の範囲内で、交付金を交付することができる。

③　前二項に定めるもののほか、前項の交付金の交付に関し必要な事項は、内閣府令で定める。

〔準用規定〕

第五六条の五　社会福祉法第五十八条第二項から第四項までの規定は、児童福祉施設の用に供するため国有財産特別措置法（昭和二十七年法律第二百十九号）第二条第二項第二号の規定又は同法第三条第一項第四号及び同条第二項の規定により普通財産の譲渡又は貸付けを受けた社会福祉法人に準用する。この場合において、社会福祉法第五十八条第二項中「厚生労働大臣」とあるのは、「内閣総理大臣」と読み替えるものとする。

第五章　国民健康保険団体連合会の児童福祉法関係業務

〔連合会の業務〕

第五六条の五の二　連合会は、国民健康保険法の規定による業務のほか、第二十四条の三第十一項（第二十四条の七第二項において準用する場合を含む。）の規定により都道府県から委託を受けて行う障害児入所給付費及び特定入所障害児食費等給付費又は第二十一条の五の七第十四項及び第二十四条の二十六第六項の規定により市町村から委託を受けて行う障害児通所給付費及び障害児相談支援給付費の審査及び支払に関する業務を行う。

〔議決権の特例〕

第五六条の五の三　連合会が前条の規定により行う業務（次条において「**児童福祉法関係業務**」という。）については、国民健康保険法第八十六条において準用する同法第二十九条の規定にかかわらず、内閣府令で定めるところにより、規約をもつて議決権に関する特段の定めをすることができる。

〔区分経理〕

第五六条の五の四　連合会は、児童福祉法関係業務に係る経理については、その他の経理と区分して整理しなければならない。

第六章　審査請求

〔審査請求〕

第五六条の五の五　市町村の障害児通所給付費又は特例障害児通所給付費に係る処分に不服がある障害児の保護者は、都道府県知事に対して審査請求をすることができる。

②　前項の審査請求については、障害者の日常生活及び社会生活を総合的に支援するための法律第八章（第九十七条第一項を除く。）の規定を準用する。この場合において、必要な技術的読替えは、政令で定める。

第七章　雑則

（福祉の保障に関する連絡調整等）

第五六条の六　地方公共団体は、児童の福祉を増進するため、障害児通所給付費、特例障害児通所給付費、高額障害児通所給付費、障害児相談支援給付費、特例障害児相談支援給付費、介護給付費等、障害児入所給付費、高額障害児入所給付費又は特定入所障害児食費等給付費の支給、第二十一条の六、第二十一条の十八第二項、第二十四条第五項若しくは第六項又は第二十七条第一項若しくは第二項の規定による措置及び保育の利用等並びにその他の福祉の保障が適切に行われるように、相互に連絡及び調整を図らなければならない。

②　地方公共団体は、人工呼吸器を装着している障害児その他の日常生活を営むために医療を要する状態にある障害児が、その心身の状況に応じた適切な保健、医療、福祉その他の各関連分野の支援を受けられるよう、保健、医療、福祉その他の各関連分野の支援を行う機関との連絡調整を行うための体制の整備に関し、必要な措置を講ずるように努めなければならない。

③　児童自立生活援助事業、社会的養護自立支援拠点事業又は放課後児童健全育成事業を行う者及び児童福祉施設の設置者は、その事業を行い、又はその施設を運営するに当たつては、相互に連携を図りつつ、児童及びその家庭からの相談に応ずることその他の地域の実情に応じた積極的な支援を行うように努めなければならない。

（保育所の設置又は運営の促進）

第五六条の七　市町村は、必要に応じ、公有財産（地方自治法第二百三十八条第一項に規定する公有財産をいう。次項において同じ。）の貸付けその他の必要な措置を積極的に講ずることにより、社会福祉法人その他の多様な事業者の能力を活用した保育所の設置又は運営を促進し、保育の利用に係る供給を効率的かつ計画的に増大させるものとする。

②　市町村は、必要に応じ、公有財産の貸付けその他の必要な措置を積極的に講ずることにより、社会福祉法人その他の多様な事業者の能力を活用した放課後児童健全育成事業の実施を促進し、放課後児童健全育成事業に係る供給を効率的かつ計画的に増大させるものとする。

③　国及び都道府県は、前二項の市町村の措置に関し、必要な支援を行うものとする。

（公私連携型保育所の設置及び運営を目的とする法人の指定）

第五六条の八　市町村長は、当該市町村における保育の実施に対する需要の状況等に照らし適当であると認めるときは、公私連携型保育所（次項に規定する協定に基づき、当該市町村から必要な設備の貸付け、譲渡その他の協力を得て、当該市町村との連携の下に保育及び子育て支援事業（以下この条において「保育等」という。）を行う保育所をいう。以下この条において同じ。）の運営を継続的かつ安定的に行うことができる能力を有するものであると認められるもの（法人に限る。）を、その申請により、公私連携型保育所の設置及び運営を目的とする法人（以下この条において「公私連携保育法人」という。）として指定することができる。

②　市町村長は、前項の規定による指定（第十一項において単に「指定」という。）をしようとするときは、あらかじめ、当該指定をしようとする法人と、次に掲げる事項を定めた協定（以下この条において単に「協定」という。）を締結しなければならない。

一　協定の目的となる公私連携型保育所の名称及び所在地
二　公私連携型保育所における保育等に関する基本的事項
三　市町村による必要な設備の貸付け、譲渡その他の協力に関する基本的事項
四　協定の有効期間
五　協定に違反した場合の措置
六　その他公私連携型保育所の設置及び運営に関し必要な事項

③　公私連携保育法人は、第三十五条第四項の規定にかかわらず、市町村長を経由し、都道府県知事に届け出ることにより、公私連携型保育所を設置することができる。

④　市町村長は、公私連携保育法人が前項の規定による届出をした際に、当該公私連携保育法人が協定に基づき公私連携型保育所における保育等を行うために設備の整備を必要とする場合には、当該協定に定めるところにより、当該公私連携保育法人に対し、当該設備を無償又は時価よりも低い対価で貸し付け、又は譲渡するものとする。

⑤　前項の規定は、地方自治法第九十六条及び第二百三十七条から第二百三十八条の五までの規定の適用を妨げない。

⑥　公私連携保育法人は、第三十五条第十二項の規定による廃止又は休止の承認の申請を行おうとするときは、市町村長を経由して行わなければならない。この場合において、当該市町村長は、当該申請に係る事項に関し意見を付すことができる。

⑦　市町村長は、公私連携型保育所の運営を適切にさせるため、必要があると認めるときは、公私連携保育法人若しくは公私連携型保育所の長に対して、必要な報告を求め、又は当該職員に、関係者に対して質問させ、若しくはその施設に立ち入り、設備、帳簿書類その他の物件を検査させることができる。

⑧　第十八条の十六第二項及び第三項の規定は、前項の場合について準用する。

⑨　第七項の規定により、公私連携保育法人若しくは公私連携型保育所の長に対し報告を求め、又は当該職員に、関係者に対し質問させ、若しくは公私連携型保育所に立入検査をさせた市町村長は、当該公私連携型保育所につき、第四十六条第三項又は第四項の規定による処分が行われる必要があると認めるときは、理由を付して、その旨を都道府県知事に通知しなければならない。

⑩　市町村長は、公私連携型保育所が正当な理由なく協定に従つて保育等を行つていないと認めるときは、公私連携保育法人に対し、協定に従つて保育等を行うことを勧告することができる。

⑪　市町村長は、前項の規定により勧告を受けた公私連携保育法人が当該勧告に従わないときは、指定を取り消すことができる。

⑫　公私連携保育法人は、前項の規定による指定の取消しの処分を受けたときは、当該処分に係る公私連携型保育所について、第三十五条第十二項の規定による廃止の承認を都道府県知事に申請しなければならない。

⑬　公私連携保育法人は、前項の規定による廃止の承認の申請をしたときは、当該申請の日前一月以内に保育等を受けていた者であつて、当該廃止の日以後においても引き続き当該保育等に相当する保育等の提供を希望する者に対し、必要な保育等が継続的に提供されるよう、他の保育所及び認定こども園その他関係者との連絡調整その他の便宜の提供を行わなければならない。

〔課税除外〕

第五七条　都道府県、市町村その他の公共団体は、左の各号に掲げる建物及び土地に対しては、租税その他の公課を課することができない。但し、有料で使用させるものについては、この限りでない。

一　主として児童福祉施設のために使う建物

二　前号に掲げる建物の敷地その他主として児童福祉施設のために使う土地

〔不正利得の徴収〕

第五七条の二　市町村は、偽りその他不正の手段により障害児通所給付費、特例障害児通所給付費若しくは高額障害児通所給付費若しくは肢体不自由児通所医療費又は障害児相談支援給付費若しくは特例障害児相談支援給付費（以下この章において「障害児通所給付費等」という。）の支給を受けた者があるときは、その者から、その障害児通所給付費等の額に相当する金額の全部又は一部を徴収することができる。

② 市町村は、指定障害児通所支援事業者又は指定障害児相談支援事業者が、偽りその他不正の行為により障害児通所給付費、肢体不自由児通所医療費又は障害児相談支援給付費の支給を受けたときは、当該指定障害児通所支援事業者又は指定障害児相談支援事業者に対し、その支払つた額につき返還させるほか、その返還させる額に百分の四十を乗じて得た額を支払わせることができる。

③ 都道府県は、偽りその他不正の手段により小児慢性特定疾病医療費又は障害児入所給付費等の支給を受けた者があるときは、その者から、その小児慢性特定疾病医療費又は障害児入所給付費等の額に相当する金額の全部又は一部を徴収することができる。

④ 都道府県は、指定小児慢性特定疾病医療機関が、偽りその他不正の行為により小児慢性特定疾病医療費の支給を受けたときは、当該指定小児慢性特定疾病医療機関に対し、その支払つた額につき返還させるほか、その返還させる額に百分の四十を乗じて得た額を支払わせることができる。

⑤ 都道府県は、指定障害児入所施設等が、偽りその他不正の行為により障害児入所給付費若しくは特定入所障害児食費等給付費又は障害児入所医療費の支給を受けたときは、当該指定障害児入所施設等に対し、その支払つた額につき返還させるほか、その返還させる額に百分の四十を乗じて得た額を支払わせることができる。

⑥ 前各項の規定による徴収金は、地方自治法第二百三十一条の三第三項に規定する法律で定める歳入とする。

〔報告等〕

第五七条の三 市町村は、障害児通所給付費等の支給に関して必要があると認めるときは、障害児の保護者若しくは障害児の属する世帯の世帯主その他その世帯に属する者又はこれらの者であつた者に対し、報告若しくは文書その他の物件の提出若しくは提示を命じ、又は当該職員に質問させることができる。

② 都道府県は、小児慢性特定疾病医療費の支給に関して必要があると認めるときは、小児慢性特定疾病児童の保護者若しくは成年患者若しくは小児慢性特定疾病児童等の属する世帯の世帯主その他その世帯に属する者又はこれらの者であつた者に対し、報告若しくは文書その他の物件の提出若しくは提示を命じ、又は当該職員に質問させることができる。

③ 都道府県は、障害児入所給付費等の支給に関して必要があると認めるときは、障害児の保護者若しくは障害児の属する世帯の世帯主その他その世帯に属する者又はこれらの者であつた者に対し、報告若しくは文書その他の物件の提出若しくは提示を命じ、又は当該職員に質問させることができる。

④ 第十九条の十六第二項の規定は前二項の規定による質問について、同条第三項の規定は前三項の規定による権限について準用する。

第五七条の三の二 市町村は、障害児通所給付費等の支給に関して必要があると認めるときは、当該障害児通所給付費等の支給に係る障害児通所支援若しくは障害児相談支援を行う者若しくはこれらを使用する者若しくはこれらの者であつた者に対し、報告若しくは文書その他の物件の提出若しくは提示を命じ、又は当該職員に、関係者に対し質問させ、若しくは当該障害児通所支援若しくは障害児相談支援の事業を行う事業所若しくは施設に立ち入り、その設備若しくは帳簿書類その他の物件を検査させることができる。

② 第十九条の十六第二項の規定は前項の規定による質問又は検査について、同条第三項の規定は前項の規定による権限について準用する。

第五七条の三の三 内閣総理大臣又は都道府県知事は、障害児通所給付費等の支給に関して必要があると認めるときは、当該障害児通所給付費等の支給に係る障害児の保護者又は障害児の保護者であつた者に対し、当該障害児通所給付費等の支給に係る障害児通所支援若しくは障害児相談支援の内容に関し、報告若しくは文書その他の物件の提出若しくは提示を命じ、又は当該職員に質問させることができる。

② 内閣総理大臣は、小児慢性特定疾病医療費の支給に関して緊急の必要があると認めるときは、当該都道府県の知事との密接な連携の下に、当該小児慢性特定疾病医療費の支給に係る小児慢性特定疾病児童の保護者若しくは成年患者又はこれらの者であつた者に対し、当該小児慢性特定疾病医療費の支給に係る小児慢性特定疾病医療支援の内容に関し、報告若しくは文書その他の物件の提出若しくは提示を命じ、又は当該職員に質問させることができる。

③ 内閣総理大臣は、障害児入所給付費等の支給に関して必要があると認めるときは、当該障害児入所給付費等の支給に係る障害児の保護者又は障害児の保護者であつた者に対し、当該障害児入所給付費等の支給に係る障害児入所支援の内容に関し、報告若しくは文書その他の物件の提出若しくは提示を命じ、又は当該職員に質問させることができる。

④ 内閣総理大臣又は都道府県知事は、障害児通所給付費等の支給に関して必要があると認めるときは、障害児通所支援若しくは障害児相談支援を行つた者若しくはこれを使用した者に対し、その行つた障害児通所支援若しくは障害児相談支援に関し、報告若しくは当該障害児通所支援若しくは障害児相談支援の提供の記録、帳簿書類その他の物件の提出若しくは提示を命じ、又は当該職員に関係者に対し質問させることができる。

⑤ 厚生労働大臣は、小児慢性特定疾病医療費の支給に関して緊急の必要があると認めるときは、当該都道府県の知事との密接な連携の下に、小児慢性特定疾病医療支援を行つた者又はこれを使用した者に対し、その行つた小児慢性特定疾病医療支援に関し、報告若しくは当該小児慢性特定疾病医療支援の提供の記録、帳簿書類その他の物件の提出若しくは提示を命じ、又は当該職員に関係者に対し質問させることができる。

⑥ 内閣総理大臣は、障害児入所給付費等の支給に関して必要があると認めるときは、障害児入所支援を行つた者若しくはこれを使用した者に対し、その行つた障害児入所支援に関し、報告若しくは当該障害児入所支援の提供の記録、帳簿書類その他の物件の提出若しくは提示を命じ、又は当該職員に関係者に対し質問させることができる。

⑦ 第十九条の十六第二項の規定は前各項の規定による質問について、同条第三項の規定は前各項の規定による権限について準用する。

第五七条の三の四 市町村及び都道府県は、次に掲げる事務の一部を、法人であつて内閣府令で定める要件に該当し、当該事務を適正に実施することができると認められるものとして都道府県知事が指定するもの（以下「**指定事務受託法人**」という。）に委託することができる。

一 第五十七条の三第一項及び第三項、第五十七条の三の二第一項並びに前条第一項及び第四項に規定する事務（これらの規定による命令及び質問の対象となる者並びに立入検査の対象となる事業所及び施設の選定に係るもの並びに当該命令及び当該立入検査を除く。）

二 その他内閣府令で定める事務（前号括弧書に規定するものを除く。）

② 指定事務受託法人の役員若しくは職員又はこれらの職にあつた者は、正当な理由なしに、当該委託事務に関して知り得た秘密を漏らしてはならない。

③ 指定事務受託法人の役員又は職員で、当該委託事務に従事するものは、刑法その他

の罰則の適用については、法令により公務に従事する職員とみなす。

④　市町村又は都道府県は、第一項の規定により事務を委託したときは、内閣府令で定めるところにより、その旨を公示しなければならない。

⑤　第十九条の十六第二項の規定は、第一項の規定により委託を受けて行う第五十七条の三第一項及び第三項、第五十七条の三の二第一項並びに前条第一項及び第四項の規定による質問について準用する。

⑥　前各項に定めるもののほか、指定事務受託法人に関し必要な事項は、政令で定める。

第五七条の四　市町村は、障害児通所給付費等の支給に関して必要があると認めるときは、障害児の保護者又は障害児の属する世帯の世帯主その他その世帯に属する者の資産又は収入の状況につき、官公署に対し必要な文書の閲覧若しくは資料の提供を求め、又は銀行、信託会社その他の機関若しくは障害児の保護者の雇用主その他の関係人に報告を求めることができる。

②　都道府県は、小児慢性特定疾病医療費の支給に関して必要があると認めるときは、小児慢性特定疾病児童の保護者若しくは成年患者又は小児慢性特定疾病児童等の属する世帯の世帯主その他その世帯に属する者の資産又は収入の状況につき、官公署に対し必要な文書の閲覧若しくは資料の提供を求め、又は銀行、信託会社その他の機関若しくは小児慢性特定疾病児童の保護者若しくは成年患者の雇用主その他の関係人に報告を求めることができる。

③　都道府県は、障害児入所給付費等の支給に関して必要があると認めるときは、障害児の保護者又は障害児の属する世帯の世帯主その他その世帯に属する者の資産又は収入の状況につき、官公署に対し必要な文書の閲覧若しくは資料の提供を求め、又は銀行、信託会社その他の機関若しくは障害児の保護者の雇用主その他の関係人に報告を求めることができる。

〔連合会に対する監督〕

第五七条の四の二　連合会について国民健康保険法第百六条及び第百八条の規定を適用する場合において、同法第百六条第一項中「事業」とあるのは「事業（昭和二十二年法律第百六十四号）第五十六条の五の三に規定する児童福祉法関係業務を含む。第百八条第一項及び第五項において同じ。）」と、同項第一号及び同法第百八条中「厚生労働大臣」とあるのは「内閣総理大臣」とする。

〔公課及び差押の禁止〕

第五七条の五　租税その他の公課は、この法律により支給を受けた金品を標準として、これを課することができない。

②　小児慢性特定疾病医療費、障害児通所給付費等及び障害児入所給付費等を受ける権利は、譲り渡し、担保に供し、又は差し押さえることができない。

③　前項に規定するもののほか、この法律による支給金品は、既に支給を受けたものであるとないとにかかわらず、これを差し押さえることができない。

〔施設の設置認可の取消〕

第五八条　第三十五条第四項の規定により設置した児童福祉施設が、この法律若しくはこの法律に基づいて発する命令又はこれらに基づいてなす処分に違反したときは、都道府県知事は、同項の認可を取り消すことができる。

②　第三十四条の十五第二項の規定により開始した家庭的保育事業等が、この法律若しくはこの法律に基づいて発する命令又はこれらに基づいてなす処分に違反したときは、市町村長は、同項の認可を取り消すことができる。

〔無認可施設に対する措置〕

第五九条　都道府県知事は、児童の福祉のため必要があると認めるときは、第六条の三第九項から第十二項まで若しくは第三十六条から第四十四条まで（第三十九条の二を除く。）に規定する業務を目的とする施設であつて第三十五条第三項の届出若しくは認定こども園法第十六条の届出をしていないもの又は第三十四条の十五第二項若しくは第三十五条第四項の認可若しくは認定こども園法第十七条第一項の認可を受けていないもの（前条の規定により児童福祉施設若しくは家庭的保育事業等の認可を取り消されたもの又は認定こども園法第二十二条第一項の規定により幼保連携型認定こども園の認可を取り消されたものを含む。）については、その施設の設置者若しくは管理者に対し、必要と認める事項の報告を求め、又は当該職員をして、その事務所若しくは施設に立ち入り、その施設の設備若しくは運営について必要な調査若しくは質問をさせることができる。この場合においては、その身分を証明する証票を携帯させなければならない。

② 第十八条の十六第三項の規定は、前項の場合について準用する。

③ 都道府県知事は、児童の福祉のため必要があると認めるときは、第一項に規定する施設の設置者に対し、その施設の設備又は運営の改善その他の勧告をすることができる。

④ 都道府県知事は、前項の勧告を受けた施設の設置者がその勧告に従わなかつたときは、その旨を公表することができる。

⑤ 都道府県知事は、第一項に規定する施設について、児童の福祉のため必要があると認めるときは、都道府県児童福祉審議会の意見を聴き、その事業の停止又は施設の閉鎖を命ずることができる。

⑥ 都道府県知事は、児童の生命又は身体の安全を確保するため緊急を要する場合で、あらかじめ都道府県児童福祉審議会の意見を聴くいとまがないときは、当該手続を経ないで前項の命令をすることができる。

⑦ 都道府県知事は、第三項の勧告又は第五項の命令をするために必要があると認めるときは、他の都道府県知事に対し、その勧告又は命令の対象となるべき施設の設置者に関する情報その他の参考となるべき情報の提供を求めることができる。

⑧ 都道府県知事は、第三項の勧告又は第五項の命令をした場合には、その旨を当該施設の所在地の市町村長に通知するものとする。

⑨ 都道府県知事は、第五項の命令をした場合には、その旨を公表することができる。

〔認可外保育所の届け出〕

第五九条の二 第六条の三第九項から第十二項までに規定する業務又は第三十九条第一項に規定する業務を目的とする施設（少数の乳児又は幼児を対象とするものその他の内閣府令で定めるものを除く。）であつて第三十五条第四項の認可又は認定こども園法第十七条第一項の認可を受けていないもの（第五十八条の規定により児童福祉施設若しくは家庭的保育事業等の認可を取り消されたもの又は認定こども園法第二十二条第一項の規定により幼保連携型認定こども園の認可を取り消されたものを含む。）については、その施設の設置者は、その事業の開始の日（第五十八条の規定により児童福祉施設若しくは家庭的保育事業等の認可を取り消された施設又は認定こども園法第二十二条第一項の規定により幼保連携型認定こども園の認可を取り消された施設にあつては、当該認可の取消しの日）から一月以内に、次に掲げる事項を都道府県知事に届け出なければならない。

一 施設の名称及び所在地
二 設置者の氏名及び住所又は名称及び所在地
三 建物その他の設備の規模及び構造
四 事業を開始した年月日
五 施設の管理者の氏名及び住所
六 その他内閣府令で定める事項

② 前項に規定する施設の設置者は、同項の規定により届け出た事項のうち内閣府令で定めるものに変更を生じたときは、変更の

日から一月以内に、その旨を都道府県知事に届け出なければならない。その事業を廃止し、又は休止したときも、同様とする。

③　都道府県知事は、前二項の規定による届出があつたときは、当該届出に係る事項を当該施設の所在地の市町村長に通知するものとする。

〔掲示〕

第五九条の二の二　前条第一項に規定する施設の設置者は、次に掲げる事項について、当該施設において提供されるサービスを利用しようとする者の見やすい場所に掲示するとともに、内閣府令で定めるところにより、電気通信回線に接続して行う自動公衆送信（公衆によつて直接受信されることを目的として公衆からの求めに応じ自動的に送信を行うことをいい、放送又は有線放送に該当するものを除く。）により公衆の閲覧に供しなければならない。

一　設置者の氏名又は名称及び施設の管理者の氏名

二　建物その他の設備の規模及び構造

三　その他内閣府令で定める事項

〔契約内容等の説明〕

第五九条の二の三　第五十九条の二第一項に規定する施設の設置者は、当該施設において提供されるサービスを利用しようとする者からの申込みがあつた場合には、その者に対し、当該サービスを利用するための契約の内容及びその履行に関する事項について説明するように努めなければならない。

〔契約書面の交付〕

第五九条の二の四　第五十九条の二第一項に規定する施設の設置者は、当該施設において提供されるサービスを利用するための契約が成立したときは、その利用者に対し、遅滞なく、次に掲げる事項を記載した書面を交付しなければならない。

一　設置者の氏名及び住所又は名称及び所在地

二　当該サービスの提供につき利用者が支払うべき額に関する事項

三　その他内閣府令で定める事項

〔運営状況の報告及び公表〕

第五九条の二の五　第五十九条の二第一項に規定する施設の設置者は、毎年、内閣府令で定めるところにより、当該施設の運営の状況を都道府県知事に報告しなければならない。

②　都道府県知事は、毎年、前項の報告に係る施設の運営の状況その他第五十九条の二第一項に規定する施設に関し児童の福祉のため必要と認める事項を取りまとめ、これを各施設の所在地の市町村長に通知するとともに、公表するものとする。

〔市町村長への協力要請〕

第五九条の二の六　都道府県知事は、第五十九条、第五十九条の二及び前条に規定する事務の執行及び権限の行使に関し、市町村長に対し、必要な協力を求めることができる。

〔町村の一部事務組合等〕

第五九条の二の七　町村が一部事務組合又は広域連合を設けて福祉事務所を設置した場合には、この法律の適用については、その一部事務組合又は広域連合を福祉事務所を設置する町村とみなす。

〔助産の実施等に係る都道府県又は市町村に変更があつた場合の経過規定〕

第五九条の三　町村の福祉事務所の設置又は廃止により助産の実施及び母子保護の実施に係る都道府県又は市町村に変更があつた場合においては、この法律又はこの法律に基づいて発する命令の規定により、変更前の当該助産の実施若しくは母子保護の実施に係る都道府県又は市町村の長がした行為は、変更後の当該助産の実施若しくは母子保護の実施に係る都道府県又は市町村の長がした行為とみなす。ただし、変更前に行われ、又は行われるべきであつた助産の実施若しくは母子保護の実施に関する費用の支弁及び負担については、変更がなかつたものとする。

〔大都市等の特例〕

第五九条の四　この法律中都道府県が処理することとされている事務で政令で定めるものは、指定都市及び中核市並びに児童相談所を設置する市（特別区を含む。以下この項において同じ。）として政令で定める市（以下「**児童相談所設置市**」という。）においては、政令で定めるところにより、指定都市若しくは中核市又は児童相談所設置市（以下「**指定都市等**」という。）が処理するものとする。この場合においては、この法律中都道府県に関する規定は、指定都市等に関する規定として指定都市等に適用があるものとする。

② 前項の規定により指定都市等の長がした処分（地方自治法第二条第九項第一号に規定する第一号法定受託事務（次項及び第五十九条の六において「**第一号法定受託事務**」という。）に係るものに限る。）に係る審査請求についての都道府県知事の裁決に不服がある者は、内閣総理大臣に対して再審査請求をすることができる。

③ 指定都市等の長が第一項の規定によりその処理することとされた事務のうち第一号法定受託事務に係る処分をする権限をその補助機関である職員又はその管理に属する行政機関の長に委任した場合において、委任を受けた職員又は行政機関の長がその委任に基づいてした処分につき、地方自治法第二百五十五条の二第二項の再審査請求の裁決があつたときは、当該裁決に不服がある者は、同法第二百五十二条の十七の四第五項から第七項までの規定の例により、内閣総理大臣に対して再々審査請求をすることができる。

④ 都道府県知事は、児童相談所設置市の長に対し、当該児童相談所の円滑な運営が確保されるように必要な勧告、助言又は援助をすることができる。

⑤ この法律に定めるもののほか、児童相談所設置市に関し必要な事項は、政令で定める。

〔**緊急時における厚生労働大臣の事務執行**〕

第五九条の五　第二十一条の三第一項、第三十四条の五第一項、第三十四条の六、第四十六条及び第五十九条の規定により都道府県知事の権限に属するものとされている事務は、児童の利益を保護する緊急の必要があると内閣総理大臣が認める場合にあつては、内閣総理大臣又は都道府県知事が行うものとする。

② 前項の場合においては、この法律の規定中都道府県知事に関する規定（当該事務に係るものに限る。）は、内閣総理大臣に関する規定として内閣総理大臣に適用があるものとする。この場合において、第四十六条第四項中「都道府県児童福祉審議会の意見を聴き、その施設の」とあるのは「その施設の」と、第五十九条第五項中「都道府県児童福祉審議会の意見を聴き、その事業の」とあるのは「その事業の」とする。

③ 第一項の場合において、内閣総理大臣又は都道府県知事が当該事務を行うときは、相互に密接な連携の下に行うものとする。

④ 第一項、第二項前段及び前項の規定は、第十九条の十六第一項の規定により都道府県知事の権限に属するものとされている事務について準用する。この場合において、第一項、第二項前段及び前項中「内閣総理大臣」とあるのは、「厚生労働大臣」と読み替えるものとする。

〔**事務の区分**〕

第五九条の六　第五十六条第一項の規定により都道府県が処理することとされている事務は、第一号法定受託事務とする。

〔**主務省令**〕

第五九条の七　この法律における主務省令は、内閣府令とする。ただし、第二十一条の九各号に掲げる事業に該当する事業のうち内閣総理大臣以外の大臣が所管するものに関する事項については、内閣総理大臣及びその事業を所管する大臣の発する命令とする。

〔**権限の委任**〕

第五九条の八　内閣総理大臣は、この法律に規定する内閣総理大臣の権限（政令で定めるものを除く。）をこども家庭庁長官に委任する。

② こども家庭庁長官は、政令で定めるところにより、前項の規定により委任された権限の一部を地方厚生局長又は地方厚生支局長に委任することができる。

③ 厚生労働大臣は、厚生労働省令で定めるところにより、第十六条第三項、第五十七条の三の三第二項及び第五項並びに第五十九条の五第四項において読み替えて準用する同条第一項に規定する厚生労働大臣の権限を地方厚生局長に委任することができる。

④ 前項の規定により地方厚生局長に委任された権限は、厚生労働省令で定めるところにより、地方厚生支局長に委任することができる。

第八章　罰則

第六〇条 第三十四条第一項第六号の規定に違反したときは、当該違反行為をした者は、十年以下の懲役若しくは三百万円以下の罰金に処し、又はこれを併科する。

② 第三十四条第一項第一号から第五号まで又は第七号から第九号までの規定に違反したときは、当該違反行為をした者は、三年以下の懲役若しくは百万円以下の罰金に処し、又はこれを併科する。

③ 第三十四条第二項の規定に違反したときは、当該違反行為をした者は、一年以下の懲役又は五十万円以下の罰金に処する。

④ 児童を使用する者は、児童の年齢を知らないことを理由として、前三項の規定による処罰を免れることができない。ただし、過失のないときは、この限りでない。

⑤ 第一項及び第二項（第三十四条第一項第七号又は第九号の規定に違反した者に係る部分に限る。）の罪は、刑法第四条の二の例に従う。

注 第六〇条は、令和四年六月一七日法律第六八号により次のように改正され、令和四年六月一七日から起算して三年を超えない範囲内において政令で定める日から施行される。
　第六十条第一項から第三項までの規定中「懲役」を「拘禁刑」に改める。

第六〇条の二 小児慢性特定疾病審査会の委員又はその委員であつた者が、正当な理由がないのに、職務上知り得た小児慢性特定疾病医療支援を行つた者の業務上の秘密又は個人の秘密を漏らしたときは、一年以下の懲役又は百万円以下の罰金に処する。

② 第五十六条の五の五第二項において準用する障害者の日常生活及び社会生活を総合的に支援するための法律第九十八条第一項に規定する不服審査会の委員若しくは連合会の役員若しくは職員又はこれらの者であつた者が、正当な理由がないのに、職務上知り得た障害児通所支援、障害児入所支援又は障害児相談支援を行つた者の業務上の秘密又は個人の秘密を漏らしたときは、一年以下の懲役又は百万円以下の罰金に処する。

③ 第十九条の二十三第三項、第二十一条の五の六第四項（第二十一条の五の八第三項において準用する場合を含む。）又は第五十七条の三の四第二項の規定に違反した者は、一年以下の懲役又は百万円以下の罰金に処する。

注 第六〇条の二は、令和四年六月一七日法律第六八号により次のように改正され、令和四年六月一七日から起算して三年を超えない範囲内において政令で定める日から施行される。
　第六十条の二中「懲役」を「拘禁刑」に改める。

第六〇条の三 次の各号のいずれかに該当する場合には、当該違反行為をした者は、一年以下の拘禁刑若しくは五十万円以下の罰金に処し、又はこれを併科する。

一　第二十一条の四の六の規定に違反して、匿名小児慢性特定疾病関連情報の利用に関して知り得た匿名小児慢性特定疾病関連情報の内容をみだりに他人に知らせ、又は不当な目的に利用したとき。

二　第二十一条の四の八の規定による命令に違反したとき。

注　第六〇条の三は、令和四年一二月一六日法律第一〇四号により次のように改正され、令和四年一二月一六日から起算して三年を超えない範囲内において政令で定める日から施行される。

第六十条の三第二号中「第二十一条の四の八」の下に「又は第三十三条の二十三の九」を加え、同条に次の一号を加える。

三　第三十三条の二十三の七の規定に違反して、匿名障害児福祉等関連情報の利用に関して知り得た匿名障害児福祉等関連情報の内容をみだりに他人に知らせ、又は不当な目的に利用したとき。

第六一条　児童相談所において、相談、調査及び判定に従事した者が、正当な理由なく、その職務上取り扱つたことについて知得した人の秘密を漏らしたときは、これを一年以下の懲役又は五十万円以下の罰金に処する。

注　第六一条は、令和四年六月一七日法律第六八号により次のように改正され、令和四年六月一七日から起算して三年を超えない範囲内において政令で定める日から施行される。

第六十一条中「懲役」を「拘禁刑」に改める。

第六一条の二　第十八条の二十二の規定に違反した者は、一年以下の懲役又は五十万円以下の罰金に処する。

②　前項の罪は、告訴がなければ公訴を提起することができない。

注　第六一条の二は、令和四年六月一七日法律第六八号により次のように改正され、令和四年六月一七日から起算して三年を超えない範囲内において政令で定める日から施行される。

第六十一条の二第一項中「懲役」を「拘禁刑」に改める。

第六一条の三　第十一条第五項、第十八条の八第四項、第十八条の十二第一項、第二十一条の十の二第四項、第二十一条の十二、第二十五条の五又は第二十七条の四の規定に違反した者は、一年以下の懲役又は五十万円以下の罰金に処する。

注　第六一条の三は、令和四年六月一七日法律第六八号により次のように改正され、令和四年六月一七日から起算して三年を超えない範囲内において政令で定める日から施行される。

第六十一条の三中「懲役」を「拘禁刑」に改める。

第六一条の四　第四十六条第四項又は第五十九条第五項の規定による事業の停止又は施設の閉鎖の命令に違反した者は、六月以下の懲役若しくは禁錮又は五十万円以下の罰金に処する。

注　第六一条の四は、令和四年六月一七日法律第六八号により次のように改正され、令和四年六月一七日から起算して三年を超えない範囲内において政令で定める日から施行される。

第六十一条の四中「懲役若しくは禁錮」を「拘禁刑」に改める。

第六一条の五　正当な理由がないのに、第二十一条の四の七第一項の規定による報告若しくは帳簿書類の提出若しくは提示をせず、若しくは虚偽の報告若しくは虚偽の帳簿書類の提出若しくは提示をし、又は同項の規定による質問に対して答弁をせず、若しくは虚偽の答弁をし、若しくは同項の規定による立入り若しくは検査を拒み、妨げ、若しくは忌避したときは、当該違反行為をした者は、五十万円以下の罰金に処する。

② 正当な理由がないのに、第二十九条の規定による児童委員若しくは児童の福祉に関する事務に従事する職員の職務の執行を拒み、妨げ、若しくは忌避し、又はその質問に対して答弁をせず、若しくは虚偽の答弁をし、若しくは児童に答弁をさせず、若しくは虚偽の答弁をさせた者は、五十万円以下の罰金に処する。

注 第六一条の五は、令和四年一二月一六日法律第一〇四号により次のように改正され、令和四年一二月一六日から起算して三年を超えない範囲内において政令で定める日から施行される。

第六十一条の五第一項中「第二十一条の四の七第一項」の下に「若しくは第三十三条の二十三の八第一項」を加え、「同項」を「これら」に改める。

第六一条の六 正当な理由がないのに、第十八条の十六第一項の規定による報告をせず、若しくは虚偽の報告をし、又は同項の規定による質問に対して答弁をせず、若しくは虚偽の答弁をし、若しくは同項の規定による立入り若しくは検査を拒み、妨げ、若しくは忌避したときは、その違反行為をした指定試験機関の役員又は職員は、三十万円以下の罰金に処する。

第六二条 正当な理由がないのに、第十九条の十六第一項、第二十一条の五の二十二第一項（第二十四条の十九の二において準用する場合を含む。）、第二十四条の十五第一項、第二十四条の三十四第一項若しくは第二十四条の三十九第一項の規定による報告若しくは物件の提出若しくは提示をせず、若しくは虚偽の報告若しくは虚偽の物件の提出若しくは提示をし、又はこれらの規定による質問に対して答弁をせず、若しくは虚偽の答弁をし、若しくはこれらの規定による立入り若しくは検査を拒み、妨げ、若しくは忌避したときは、当該違反行為をした者は、三十万円以下の罰金に処する。

② 次の各号のいずれかに該当する者は、三十万円以下の罰金に処する。

一 第十八条の十九第二項の規定により保育士の名称の使用の停止を命ぜられた者で、当該停止を命ぜられた期間中に、保育士の名称を使用したもの

二 第十八条の二十三の規定に違反した者

三 正当な理由がないのに、第二十一条の十四第一項の規定による報告をせず、若しくは虚偽の報告をし、又は同項の規定による質問に対して答弁をせず、若しくは虚偽の答弁をし、若しくは同項の規定による立入り若しくは検査を拒み、妨げ、若しくは忌避した者

四 第三十条第一項に規定する届出を怠つた者

五 正当な理由がないのに、第五十七条の三の三第一項から第三項までの規定による報告若しくは物件の提出若しくは提示をせず、若しくは虚偽の報告若しくは虚偽の物件の提出若しくは提示をし、又はこれらの規定による当該職員の質問若しくは第五十七条の三の四第一項の規定により委託を受けた指定事務受託法人の職員の第五十七条の三の三第一項の規定による質問に対して、答弁せず、若しくは虚偽の答弁をした者

六 正当な理由がないのに、第五十九条第一項の規定による報告をせず、若しくは虚偽の報告をし、又は同項の規定による立入調査を拒み、妨げ、若しくは忌避し、若しくは同項の規定による質問に対して答弁をせず、若しくは虚偽の答弁をした者

第六二条の二 正当な理由がないのに、第五

十六条の五の五第二項において準用する障害者の日常生活及び社会生活を総合的に支援するための法律第百三条第一項の規定による処分に違反して、出頭せず、陳述をせず、報告をせず、若しくは虚偽の陳述若しくは報告をし、又は診断その他の調査をしなかつた者は、三十万円以下の罰金に処する。ただし、第五十六条の五の五第二項において準用する同法第九十八条第一項に規定する不服審査会の行う審査の手続における請求人又は第五十六条の五の五第二項において準用する同法第百二条の規定により通知を受けた市町村その他の利害関係人は、この限りでない。

第六二条の三　第六十条の三の罪は、日本国外において同条の罪を犯した者にも適用する。

第六二条の四　法人の代表者又は法人若しくは人の代理人、使用人その他の従業者が、その法人又は人の業務に関して、第六十条第一項から第三項まで、第六十条の三、第六十一条の五第一項又は第六十二条第一項の違反行為をしたときは、行為者を罰するほか、その法人又は人に対しても、各本条の罰金刑を科する。

第六二条の五　第五十九条の二第一項又は第二項の規定による届出をせず、又は虚偽の届出をした者は、五十万円以下の過料に処する。

第六二条の六　次の各号のいずれかに該当する者は、十万円以下の過料に処する。

一　正当な理由がなく、第五十六条第三項（同条第二項の規定による第五十条第五号、第六号、第六号の二若しくは第七号の三又は第五十一条第三号に規定する費用の徴収に関する部分を除く。）の規定による報告をせず、又は虚偽の報告をした者

二　第五十七条の三の三第四項から第六項までの規定による報告若しくは物件の提出若しくは提示をせず、若しくは虚偽の報告若しくは虚偽の物件の提出若しくは提示をし、又はこれらの規定による当該職員の質問に対して、答弁せず、若しくは虚偽の答弁をした者

三　第五十七条の三の四第一項の規定により委託を受けた指定事務受託法人の職員の第五十七条の三の三第四項の規定による質問に対して、答弁せず、又は虚偽の答弁をした者

第六二条の七　都道府県は、条例で、次の各号のいずれかに該当する者に対し十万円以下の過料を科する規定を設けることができる。

一　第十九条の六第二項の規定による医療受給者証又は第二十四条の四第二項の規定による入所受給者証の返還を求められてこれに応じない者

二　正当の理由がないのに、第五十七条の三第二項若しくは第三項の規定による報告若しくは物件の提出若しくは提示をせず、若しくは虚偽の報告若しくは虚偽の物件の提出若しくは提示をし、又はこれらの規定による当該職員の質問若しくは第五十七条の三の四第一項の規定により委託を受けた指定事務受託法人の職員の第五十七条の三第三項の規定による質問に対して答弁をせず、若しくは虚偽の答弁をした者

第六二条の八　市町村は、条例で、次の各号のいずれかに該当する者に対し十万円以下の過料を科する規定を設けることができる。

一　第二十一条の五の八第二項又は第二十一条の五の九第二項の規定による通所受給者証の提出又は返還を求められてこれに応じない者

二　正当の理由がないのに、第五十七条の三第一項の規定による報告若しくは物件の提出若しくは提示をせず、若しくは虚偽の報告若しくは虚偽の物件の提出若しくは提示をし、又は同項の規定による当該職員の質問若しくは第五十七条の三の四第一項の規定により委託を受けた指定

事務受託法人の職員の第五十七条の三第一項の規定による質問に対して、答弁せず、若しくは虚偽の答弁をした者

三　正当の理由がないのに、第五十七条の三の二第一項の規定による報告若しくは物件の提出若しくは提示をせず、若しくは虚偽の報告若しくは虚偽の物件の提出若しくは提示をし、又は同項の規定による当該職員の質問若しくは第五十七条の三の四第一項の規定により委託を受けた指定事務受託法人の職員の第五十七条の三の二第一項の規定による質問に対して、答弁せず、若しくは虚偽の答弁をし、若しくは同項の規定による検査を拒み、妨げ、若しくは忌避した者

附　則（抄）

〔施行期日〕

第六三条　この法律は、昭和二十三年一月一日から、これを施行する。但し、第十九条、第二十二条から第二十四条まで、第五十条第四号、第六号、第七号及び第九号（児童相談所の設備に関する部分を除く。）第五十一条、第五十四条及び第五十五条の規定並びに第五十二条、第五十三条及び第五十六条の規定中これらの規定に関する部分は、昭和二十三年四月一日から、これを施行する。

〔児童相談所長の市町村の長への通知〕

第六三条の二　児童相談所長は、当分の間、第二十六条第一項に規定する児童のうち身体障害者福祉法第十五条第四項の規定により身体障害者手帳の交付を受けた十五歳以上の者について、障害者の日常生活及び社会生活を総合的に支援するための法律第五条第十一項に規定する障害者支援施設（次条において「**障害者支援施設**」という。）に入所すること又は障害福祉サービス（同法第四条第一項に規定する障害者のみを対象とするものに限る。次条において同じ。）を利用することが適当であると認めるときは、その旨を身体障害者福祉法第九条又は障害者の日常生活及び社会生活を総合的に支援するための法律第十九条第二項若しくは第三項に規定する市町村の長に通知することができる。

第六三条の三　児童相談所長は、当分の間、第二十六条第一項に規定する児童のうち十五歳以上の者について、障害者支援施設に入所すること又は障害福祉サービスを利用することが適当であると認めるときは、その旨を知的障害者福祉法第九条又は障害者の日常生活及び社会生活を総合的に支援するための法律第十九条第二項若しくは第三項に規定する市町村の長に通知することができる。

〔関係法律の廃止〕

第六五条　児童虐待防止法及び少年教護法は、これを廃止する。但し、これらの法律廃止前に、なした行為に関する罰則の適用については、これらの法律は、なおその効力を有する。

第六六条　児童虐待防止法第二条の規定により、都道府県知事のなした処分は、これをこの法律中の各相当規定による措置とみなす。

〔児童福祉施設に関する経過規定〕

第六九条　この法律施行の際、現に存する生活保護法の規定による保護施設中の児童保護施設は、これをこの法律の規定により設置した児童福祉施設とみなす。

第七〇条　この法律施行の際、現に存する児童福祉施設であつて、第六十七条及び前条の規定に該当しないものは、命令の定めるところにより、行政庁の認可を得て、この法律による児童福祉施設として存続することができる。

〔従前の義務教育を了えた十四歳以上の児童の特例〕

第七一条　満十四歳以上の児童で、学校教育法第九十六条の規定により、義務教育の課程又はこれと同等以上と認める課程を修了した者については、第三十四条第一項第三号から第五号までの規定は、これを適用しない。

〔国の無利子、貸付け等〕

第七二条　国は、当分の間、都道府県（第五十九条の四第一項の規定により、都道府県が処理することとされている第五十六条の二第一項の事務を指定都市等が処理する場合にあつては、当該指定都市等を含む。以下この項及び第七項において同じ。）に対し、第五十六条の二第三項の規定により国がその費用について補助することができる知的障害児施設等の新設等で日本電信電話株式会社の株式の売払収入の活用による社会資本の整備の促進に関する特別措置法（昭和六十二年法律第八十六号。以下「**社会資本整備特別措置法**」という。）第二条第一項第二号に該当するものにつき、社会福祉法第三十一条第一項の規定により設立された社会福祉法人、日本赤十字社又は公益社団法人若しくは公益財団法人に対し当該都道府県が補助する費用に充てる資金について、予算の範囲内において、第五十六条の二第三項の規定（この規定による国の補助の割合について、この規定と異なる定めをした法令の規定がある場合には、当該異なる定めをした法令の規定を含む。以下同じ。）により国が補助することができる金額に相当する金額を無利子で貸し付けることができる。

② 国は、当分の間、都道府県又は市町村に対し、児童家庭支援センターの新設、修理、改造、拡張又は整備で社会資本整備特別措置法第二条第一項第二号に該当するものに要する費用に充てる資金の一部を、予算の範囲内において、無利子で貸し付けることができる。

③ 国は、当分の間、都道府県又は指定都市等に対し、児童の保護を行う事業又は児童の健全な育成を図る事業を目的とする施設の新設、修理、改造、拡張又は整備（第五十六条の二第三項の規定により国がその費用について補助するものを除く。）で社会資本整備特別措置法第二条第一項第二号に該当するものにつき、当該都道府県又は指定都市等が自ら行う場合にあつてはその要する費用に充てる資金の一部を、指定都市等以外の市町村又は社会福祉法人が行う場合にあつてはその者に対し当該都道府県又は指定都市等が補助する費用に充てる資金の一部を、予算の範囲内において、無利子で貸し付けることができる。

④ 国は、当分の間、都道府県、市町村又は長期にわたり医療施設において療養を必要とする児童（以下「**長期療養児童**」という。）の療養環境の向上のために必要な事業を行う者に対し、長期療養児童の家族が宿泊する施設の新設、修理、改造、拡張又は整備で社会資本整備特別措置法第二条第一項第二号に該当するものに要する費用に充てる資金の一部を、予算の範囲内において、無利子で貸し付けることができる。

⑤ 前各項の国の貸付金の償還期間は、五年（二年以内の据置期間を含む。）以内で政令で定める期間とする。

⑥ 前項に定めるもののほか、第一項から第四項までの規定による貸付金の償還方法、償還期限の繰上げその他償還に関し必要な事項は、政令で定める。

⑦ 国は、第一項の規定により都道府県に対し貸付けを行つた場合には、当該貸付けの対象である事業について、第五十六条の二第三項の規定による当該貸付金に相当する金額の補助を行うものとし、当該補助については、当該貸付金の償還時において、当該貸付金の償還金に相当する金額を交付することにより行うものとする。

⑧ 国は、第二項から第四項までの規定により都道府県、市町村又は長期療養児童の療養環境の向上のために必要な事業を行う者に対し貸付けを行つた場合には、当該貸付けの対象である事業について、当該貸付金に相当する金額の補助を行うものとし、当該補助については、当該貸付金の償還時において、当該貸付金の償還金に相当する金額を交付することにより行うものとする。

⑨ 都道府県、市町村又は長期療養児童の療

養環境の向上のために必要な事業を行う者が、第一項から第四項までの規定による貸付けを受けた無利子貸付金について、第五項及び第六項の規定に基づき定められる償還期限を繰り上げて償還を行つた場合（政令で定める場合を除く。）における前二項の規定の適用については、当該償還は、当該償還期限の到来時に行われたものとみなす。

〔保育の実施等に関する経過措置〕

第七三条　第二十四条第三項の規定の適用については、当分の間、同項中「市町村は、」保育の需要に応ずるに足りる保育所、認定こども園（子ども・子育て支援法第二十七条第一項の確認を受けたものに限る。以下この項及び第四十六条の二第二項において同じ。）又は家庭的保育事業等が不足し、又は不足するおそれがある場合その他必要と認められる場合には、保育所、認定こども園」とあるのは、「市町村は、保育所、認定こども園（子ども・子育て支援法第二十七条第一項の確認を受けたものに限る。以下この項及び第四十六条の二第二項において同じ。）」とするほか、必要な技術的読替えは、政令で定める。

② 第四十六条の二第一項の規定の適用については、当分の間、同項中「第二十四条第五項」とあるのは「保育所における保育を行うことの権限及び第二十四条第五項」と、「母子保護の実施のための委託」とあるのは「母子保護の実施のための委託若しくは保育所における保育を行うことの委託」とするほか、必要な技術的読替えは、政令で定める。

附　則（令四・六・一五法律六六）（抄）

〔施行期日〕

第一条　この法律は、令和六年四月一日から施行する。ただし、次の各号に掲げる規定は、当該各号に定める日から施行する。

二　第一条中児童福祉法第五十九条の改正規定　公布の日から起算して三月を経過した日〔令和四年九月十五日〕

三　第一条の規定（前号に掲げる改正規定を除く。）〔中略〕　令和五年四月一日

四　第二条中児童福祉法第十八条の二十三の次に一条を加える改正規定〔中略〕　公布の日から起算して二年を超えない範囲内において政令で定める日

五　第三条の規定〔中略〕　公布の日から起算して三年を超えない範囲内において政令で定める日

〔検討〕

第二条　政府は、第二条の規定（前条第四号に掲げる改正規定を除く。）による改正後の児童福祉法（以下「新児童福祉法」という。）第十三条第三項第一号の規定の施行の状況、児童その他の者に対する同項第三号に規定する相談援助業務に従事する者に係る資格の取得状況その他の状況を勘案し、次に掲げる事項に係る環境を整備しつつ、児童の生命又は心身の安全を確保する観点から、児童の福祉に関し専門的な知識及び技術を必要とする支援を行う者（以下この項において「支援実施者」という。）に関して、その能力を発揮して働くことができる組織及び資格の在り方について、国家資格を含め、この法律の施行後二年を目途として検討を加え、その結果に基づいて必要な措置を講ずるものとする。

一　支援実施者が実施すべき業務の内容、支援実施者に必要な専門的な知識及び技術に係る内容並びに教育課程の内容の明確化

二　支援実施者を養成するために必要な体制の確保

三　支援実施者がその能力を発揮して働くことができる施設その他の場所における雇用の機会の確保

2　政府は、この法律の施行後五年を目途として、この法律による改正後の児童福祉法及び母子保健法（以下この項において「改正後の両法律」という。）の施行の状況等を勘案し、必要があると認めるときは、改正

後の両法律の規定について検討を加え、その結果に基づいて必要な措置を講ずるものとする。

附　則（令四・一二・一六法律一〇四）（抄）

（施行期日）

第一条　この法律は、令和六年四月一日から施行する。ただし、次の各号に掲げる規定は、当該各号に定める日から施行する。

三　第四条の規定（前号に掲げる改正規定を除く。）〔中略〕　令和五年十月一日

四　〔前略〕第六条の規定〔中略〕　公布の日から起算して三年を超えない範囲内において政令で定める日

（検討）

第二条　政府は、この法律の施行後五年を目途として、この法律による改正後の障害者の日常生活及び社会生活を総合的に支援するための法律、児童福祉法、精神保健福祉法、障害者雇用促進法及び難病の患者に対する医療等に関する法律の規定について、その施行の状況等を勘案しつつ検討を加え、必要があると認めるときは、その結果に基づいて必要な措置を講ずるものとする。

（児童福祉法の一部改正に伴う経過措置）

第九条　刑法施行日〔刑法等の一部を改正する法律（令和四年法律第六十七号）の施行の日〕の前日までの間における第五条の規定による改正後の児童福祉法第六十条の三の規定の適用については、同条中「拘禁刑」とあるのは、「懲役」とする。刑法施行日以後における刑法施行日前にした行為に対する同条の適用についても、同様とする。

◉保育所保育指針

（平成二九・三・三一厚労告一一七）

児童福祉施設の設備及び運営に関する基準（昭和二十三年厚生省令第六十三号）第三十五条の規定に基づき、保育所保育指針（平成二十年厚生労働省告示第百四十一号）の全部を次のように改正し、平成三十年四月一日から適用する。

第１章　総則

この指針は、児童福祉施設の設備及び運営に関する基準（昭和二十三年厚生省令第六十三号。以下「**設備運営基準**」という。）第三十五条の規定に基づき、保育所における保育の内容に関する事項及びこれに関連する運営に関する事項を定めるものである。各保育所は、この指針において規定される保育の内容に係る基本原則に関する事項等を踏まえ、各保育所の実情に応じて創意工夫を図り、保育所の機能及び質の向上に努めなければならない。

1　保育所保育に関する基本原則

(1)　保育所の役割

ア　保育所は、児童福祉法（昭和二十二年法律第百六十四号）第三十九条の規定に基づき、保育を必要とする子どもの保育を行い、その健全な心身の発達を図ることを目的とする児童福祉施設であり、入所する子どもの最善の利益を考慮し、その福祉を積極的に増進することに最もふさわしい生活の場でなければならない。

イ　保育所は、その目的を達成するために、保育に関する専門性を有する職員が、家庭との緊密な連携の下に、子どもの状況や発達過程を踏まえ、保育所における環境を通して、養護及び教育を一体的に行うことを特性としている。

ウ　保育所は、入所する子どもを保育するとともに、家庭や地域の様々な社会資源との連携を図りながら、入所する子どもの保護者に対する支援及び地域の子育て家庭に対する支援等を行う役割を担うものである。

エ　保育所における保育士は、児童福祉法第十八条の四の規定を踏まえ、保育所の役割及び機能が適切に発揮されるように、倫理観に裏付けられた専門的知識、技術及び判断をもって、子どもを保育するとともに、子どもの保護者に対する保育に関する指導を行うものであり、その職責を遂行するための専門性の向上に絶えず努めなければならない。

(2)　保育の目標

ア　保育所は、子どもが生涯にわたる人間形成にとって極めて重要な時期に、その生活時間の大半を過ごす場である。このため、保育所の保育は、子どもが現在を最も良く生き、望ましい未来をつくり出す力の基礎を培うために、次の目標を目指して行わなければならない。

(ア)　十分に養護の行き届いた環境の下に、くつろいだ雰囲気の中で子どもの様々な欲求を満たし、生命の保持及び情緒の安定を図ること。

(イ)　健康、安全など生活に必要な基本的な習慣や態度を養い、心身の健康の基礎を培うこと。

(ウ)　人との関わりの中で、人に対する愛情と信頼感、そして人権を大切にする心を育てるとともに、自主、自立及び協調の態度を養い、道徳性の芽生えを培うこと。

(エ)　生命、自然及び社会の事象についての興味や関心を育て、それらに対する豊かな心情や思考力の芽生えを培うこと。

(オ)　生活の中で、言葉への興味や関心を育て、話したり、聞いたり、相手の話を理解しようとするなど、言葉の豊かさを養うこと。

(カ)　様々な体験を通して、豊かな感性や表現力を育み、創造性の芽生えを培うこと。

イ　保育所は、入所する子どもの保護者に対し、その意向を受け止め、子どもと保護者の安定した関係に配慮し、保育所の特性や保育士等の専門性を生かして、その援助に当たらなければならない。

(3) 保育の方法

保育の目標を達成するために、保育士等は、次の事項に留意して保育しなければならない。

ア 一人一人の子どもの状況や家庭及び地域社会での生活の実態を把握するとともに、子どもが安心感と信頼感をもって活動できるよう、子どもの主体としての思いや願いを受け止めること。

イ 子どもの生活のリズムを大切にし、健康、安全で情緒の安定した生活ができる環境や、自己を十分に発揮できる環境を整えること。

ウ 子どもの発達について理解し、一人一人の発達過程に応じて保育すること。その際、子どもの個人差に十分配慮すること。

エ 子ども相互の関係づくりや互いに尊重する心を大切にし、集団における活動を効果あるものにするよう援助すること。

オ 子どもが自発的・意欲的に関われるような環境を構成し、子どもの主体的な活動や子ども相互の関わりを大切にすること。特に、乳幼児期にふさわしい体験が得られるように、生活や遊びを通して総合的に保育すること。

カ 一人一人の保護者の状況やその意向を理解、受容し、それぞれの親子関係や家庭生活等に配慮しながら、様々な機会をとらえ、適切に援助すること。

(4) 保育の環境

保育の環境には、保育士等や子どもなどの人的環境、施設や遊具などの物的環境、更には自然や社会の事象などがある。保育所は、こうした人、物、場などの環境が相互に関連し合い、子どもの生活が豊かなものとなるよう、次の事項に留意しつつ、計画的に環境を構成し、工夫して保育しなければならない。

ア 子ども自らが環境に関わり、自発的に活動し、様々な経験を積んでいくことができるよう配慮すること。

イ 子どもの活動が豊かに展開されるよう、保育所の設備や環境を整え、保育所の保健的環境や安全の確保などに努めること。

ウ 保育室は、温かな親しみとくつろぎの場となるとともに、生き生きと活動できる場となるように配慮すること。

エ 子どもが人と関わる力を育てていくため、子ども自らが周囲の子どもや大人と関わっていくことができる環境を整えること。

(5) 保育所の社会的責任

ア 保育所は、子どもの人権に十分配慮するとともに、子ども一人一人の人格を尊重して保育を行わなければならない。

イ 保育所は、地域社会との交流や連携を図り、保護者や地域社会に、当該保育所が行う保育の内容を適切に説明するよう努めなければならない。

ウ 保育所は、入所する子ども等の個人情報を適切に取り扱うとともに、保護者の苦情などに対し、その解決を図るよう努めなければならない。

2 養護に関する基本的事項

(1) 養護の理念

保育における養護とは、子どもの生命の保持及び情緒の安定を図るために保育士等が行う援助や関わりであり、保育所における保育は、養護及び教育を一体的に行うことをその特性とするものである。保育所における保育全体を通じて、養護に関するねらい及び内容を踏まえた保育が展開されなければならない。

(2) 養護に関わるねらい及び内容

ア 生命の保持

(ア) ねらい

① 一人一人の子どもが、快適に生活できるようにする。

② 一人一人の子どもが、健康で安全に過ごせるようにする。

③ 一人一人の子どもの生理的欲求が、十分に満たされるようにする。

④ 一人一人の子どもの健康増進が、積極的に図られるようにする。

(イ) 内容

① 一人一人の子どもの平常の健康状態や発育及び発達状態を的確に把握し、異常を感じる場合は、速やかに適切に対応する。

② 家庭との連携を密にし、嘱託医等との連携を図りながら、子どもの疾病や事故防止に関する認識を深め、保健的で安全な保育環境の維持及び向上に努める。

③ 清潔で安全な環境を整え、適切な援助や応答的な関わりを通して子どもの生理的欲求を満たしていく。また、家庭と協力しながら、子どもの発達過程等に応じた適切な生活のリズムがつくられていくようにする。

④ 子どもの発達過程等に応じて、適度な運動と休息を取ることができるようにする。また、食事、排泄《せつ》、衣類の着脱、身の回りを清潔にすることなどについて、子どもが意欲的に生活できるよう適切に援助する。

イ 情緒の安定

(ア) ねらい

① 一人一人の子どもが、安定感をもって過ごせるようにする。

② 一人一人の子どもが、自分の気持ちを安心して表すことができるようにする。

③ 一人一人の子どもが、周囲から主体として受け止められ、主体として育ち、自分を肯定する気持ちが育まれていくようにする。

④ 一人一人の子どもがくつろいで共に過ごし、心身の疲れが癒されるようにする。

(イ) 内容

① 一人一人の子どもの置かれている状態や発達過程などを的確に把握し、子どもの欲求を適切に満たしながら、応答的な触れ合いや言葉がけを行う。

② 一人一人の子どもの気持ちを受容し、共感しながら、子どもとの継続的な信頼関係を築いていく。

③ 保育士等との信頼関係を基盤に、一人一人の子どもが主体的に活動し、自発性や探索意欲などを高めるとともに、自分への自信をもつことができるよう成長の過程を見守り、適切に働きかける。

④ 一人一人の子どもの生活のリズム、発達過程、保育時間などに応じて、活動内容のバランスや調和を図りながら、適切な食事や休息が取れるようにする。

3 保育の計画及び評価

(1) 全体的な計画の作成

ア 保育所は、1の(2)に示した保育の目標を達成するために、各保育所の保育の方針や目標に基づき、子どもの発達過程を踏まえて、保育の内容が組織的・計画的に構成され、保育所の生活の全体を通して、総合的に展開されるよう、全体的な計画を作成しなければならない。

イ 全体的な計画は、子どもや家庭の状況、地域の実態、保育時間などを考慮し、子どもの育ちに関する長期的見通しをもって適切に作成されなければならない。

ウ 全体的な計画は、保育所保育の全体像を包括的に示すものとし、これに基づく指導計画、保健計画、食育計画等を通じて、各保育所が創意工夫して保育できるよう、作成されなければならない。

(2) 指導計画の作成

ア 保育所は、全体的な計画に基づき、具体的な保育が適切に展開されるよう、子どもの生活や発達を見通した長期的な指導計画と、それに関連しながら、より具体的な子どもの日々の生活に即した短期的な指導計画を作成しなければならない。

イ 指導計画の作成に当たっては、第2章及びその他の関連する章に示された事項のほか、子ども一人一人の発達過程や状況を十分に踏まえるとともに、次の事項に留意しなければならない。

(ア) 3歳未満児については、一人一人の子どもの生育歴、心身の発達、活動の実態等に即して、個別的な計画を作成すること。

(イ) 3歳以上児については、個の成長と、子ども相互の関係や協同的な活動が促されるよう配慮すること。

(ウ) 異年齢で構成される組やグループでの保育においては、一人一人の子どもの生活や経験、発達過程などを把握し、適切な援助や環境構成ができるよう配慮すること。

ウ　指導計画においては、保育所の生活における子どもの発達過程を見通し、生活の連続性、季節の変化などを考慮し、子どもの実態に即した具体的なねらい及び内容を設定すること。また、具体的なねらいが達成されるよう、子どもの生活する姿や発想を大切にして適切な環境を構成し、子どもが主体的に活動できるようにすること。

エ　一日の生活のリズムや在園時間が異なる子どもが共に過ごすことを踏まえ、活動と休息、緊張感と解放感等の調和を図るよう配慮すること。

オ　午睡は生活のリズムを構成する重要な要素であり、安心して眠ることのできる安全な睡眠環境を確保するとともに、在園時間が異なることや、睡眠時間は子どもの発達の状況や個人によって差があることから、一律とならないよう配慮すること。

カ　長時間にわたる保育については、子どもの発達過程、生活のリズム及び心身の状態に十分配慮して、保育の内容や方法、職員の協力体制、家庭との連携などを指導計画に位置付けること。

キ　障害のある子どもの保育については、一人一人の子どもの発達過程や障害の状態を把握し、適切な環境の下で、障害のある子どもが他の子どもとの生活を通して共に成長できるよう、指導計画の中に位置付けること。また、子どもの状況に応じた保育を実施する観点から、家庭や関係機関と連携した支援のための計画を個別に作成するなど適切な対応を図ること。

(3)　指導計画の展開

指導計画に基づく保育の実施に当たっては、次の事項に留意しなければならない。

ア　施設長、保育士など、全職員による適切な役割分担と協力体制を整えること。

イ　子どもが行う具体的な活動は、生活の中で様々に変化することに留意して、子どもが望ましい方向に向かって自ら活動を展開できるよう必要な援助を行うこと。

ウ　子どもの主体的な活動を促すためには、保育士等が多様な関わりをもつことが重要であることを踏まえ、子どもの情緒の安定や発達に必要な豊かな体験が得られるよう援助すること。

エ　保育士等は、子どもの実態や子どもを取り巻く状況の変化などに即して保育の過程を記録するとともに、これらを踏まえ、指導計画に基づく保育の内容の見直しを行い、改善を図ること。

(4)　保育内容等の評価

ア　保育士等の自己評価

(ア)　保育士等は、保育の計画や保育の記録を通して、自らの保育実践を振り返り、自己評価することを通して、その専門性の向上や保育実践の改善に努めなければならない。

(イ)　保育士等による自己評価に当たっては、子どもの活動内容やその結果だけでなく、子どもの心の育ちや意欲、取り組む過程などにも十分配慮するよう留意すること。

(ウ)　保育士等は、自己評価における自らの保育実践の振り返りや職員相互の話し合い等を通じて、専門性の向上及び保育の質の向上のための課題を明確にするとともに、保育所全体の保育の内容に関する認識を深めること。

イ　保育所の自己評価

(ア)　保育所は、保育の質の向上を図るため、保育の計画の展開や保育士等の自己評価を踏まえ、当該保育所の保育の内容等について、自ら評価を行い、その結果を公表するよう努めなければならない。

(イ)　保育所が自己評価を行うに当たっては、地域の実情や保育所の実態に即して、適切に評価の観点や項目等を設定し、全職員による共通理解をもって取り組むよう留意すること。

(ウ)　設備運営基準第三十六条の趣旨を踏まえ、保育の内容等の評価に関し、保護者及び地域住民等の意見を聴くことが望ましいこと。

(5)　評価を踏まえた計画の改善

ア　保育所は、評価の結果を踏まえ、当該保育所の保育の内容等の改善を図ること。

イ　保育の計画に基づく保育、保育の内容の評価及びこれに基づく改善という一連の取組により、保育の質の向上が図られるよう、全職員が共通理解をもって取り組むことに留意すること。

4 幼児教育を行う施設として共有すべき事項

(1) 育みたい資質・能力

ア 保育所においては、生涯にわたる生きる力の基礎を培うため、1の(2)に示す保育の目標を踏まえ、次に掲げる資質・能力を一体的に育むよう努めるものとする。

(ア) 豊かな体験を通じて、感じたり、気付いたり、分かったり、できるようになったりする「知識及び技能の基礎」

(イ) 気付いたことや、できるようになったことなどを使い、考えたり、試したり、工夫したり、表現したりする「思考力、判断力、表現力等の基礎」

(ウ) 心情、意欲、態度が育つ中で、よりよい生活を営もうとする「学びに向かう力、人間性等」

イ アに示す資質・能力は、第2章に示すねらい及び内容に基づく保育活動全体によって育むものである。

(2) 幼児期の終わりまでに育ってほしい姿

次に示す「幼児期の終わりまでに育ってほしい姿」は、第2章に示すねらい及び内容に基づく保育活動全体を通して資質・能力が育まれている子どもの小学校就学時の具体的な姿であり、保育士等が指導を行う際に考慮するものである。

ア 健康な心と体

保育所の生活の中で、充実感をもって自分のやりたいことに向かって心と体を十分に働かせ、見通しをもって行動し、自ら健康で安全な生活をつくり出すようになる。

イ 自立心

身近な環境に主体的に関わり様々な活動を楽しむ中で、しなければならないことを自覚し、自分の力で行うために考えたり、工夫したりしながら、諦めずにやり遂げることで達成感を味わい、自信をもって行動するようになる。

ウ 協同性

友達と関わる中で、互いの思いや考えなどを共有し、共通の目的の実現に向けて、考えたり、工夫したり、協力したりし、充実感をもってやり遂げるようになる。

エ 道徳性・規範意識の芽生え

友達と様々な体験を重ねる中で、してよいことや悪いことが分かり、自分の行動を振り返ったり、友達の気持ちに共感したりし、相手の立場に立って行動するようになる。また、きまりを守る必要性が分かり、自分の気持ちを調整し、友達と折り合いを付けながら、きまりをつくったり、守ったりするようになる。

オ 社会生活との関わり

家族を大切にしようとする気持ちをもつとともに、地域の身近な人と触れ合う中で、人との様々な関わり方に気付き、相手の気持ちを考えて関わり、自分が役に立つ喜びを感じ、地域に親しみをもつようになる。また、保育所内外の様々な環境に関わる中で、遊びや生活に必要な情報を取り入れ、情報に基づき判断したり、情報を伝え合ったり、活用したりするなど、情報を役立てながら活動するようになるとともに、公共の施設を大切に利用するなどして、社会とのつながりなどを意識するようになる。

カ 思考力の芽生え

身近な事象に積極的に関わる中で、物の性質や仕組みなどを感じ取ったり、気付いたりし、考えたり、予想したり、工夫したりするなど、多様な関わりを楽しむようになる。また、友達の様々な考えに触れる中で、自分と異なる考えがあることに気付き、自ら判断したり、考え直したりするなど、新しい考えを生み出す喜びを味わいながら、自分の考えをよりよいものにするようになる。

キ 自然との関わり・生命尊重

自然に触れて感動する体験を通して、自然の変化などを感じ取り、好奇心や探究心をもって考え言葉などで表現しながら、身近な事象への関心が高まるとともに、自然への愛情や畏敬の念をもつようになる。また、身近な動植物に心を動かされる中で、生命の不思議さや尊さに気付き、身近な動植物への接し方を考え、命あるものとしていたわり、大切にする気持ちをもって関わるようになる。

ク　数量や図形、標識や文字などへの関心・感覚

遊びや生活の中で、数量や図形、標識や文字などに親しむ体験を重ねたり、標識や文字の役割に気付いたりし、自らの必要感に基づきこれらを活用し、興味や関心、感覚をもつようになる。

ケ　言葉による伝え合い

保育士等や友達と心を通わせる中で、絵本や物語などに親しみながら、豊かな言葉や表現を身に付け、経験したことや考えたことなどを言葉で伝えたり、相手の話を注意して聞いたりし、言葉による伝え合いを楽しむようになる。

コ　豊かな感性と表現

心を動かす出来事などに触れ感性を働かせる中で、様々な素材の特徴や表現の仕方などに気付き、感じたことや考えたことを自分で表現したり、友達同士で表現する過程を楽しんだりし、表現する喜びを味わい、意欲をもつようになる。

第２章　保育の内容

この章に示す「ねらい」は、第１章の１の⑵に示された保育の目標をより具体化したものであり、子どもが保育所において、安定した生活を送り、充実した活動ができるように、保育を通じて育みたい資質・能力を、子どもの生活する姿から捉えたものである。また、「内容」は、「ねらい」を達成するために、子どもの生活やその状況に応じて保育士等が適切に行う事項と、保育士等が援助して子どもが環境に関わって経験する事項を示したものである。

保育における「養護」とは、子どもの生命の保持及び情緒の安定を図るために保育士等が行う援助や関わりであり、「教育」とは、子どもが健やかに成長し、その活動がより豊かに展開されるための発達の援助である。本章では、保育士等が、「ねらい」及び「内容」を具体的に把握するため、主に教育に関わる側面からの視点を示しているが、実際の保育においては、養護と教育が一体となって展開されることに留意する必要がある。

１　乳児保育に関わるねらい及び内容

⑴　基本的事項

ア　乳児期の発達については、視覚、聴覚などの感覚や、座る、はう、歩くなどの運動機能が著しく発達し、特定の大人との応答的な関わりを通じて、情緒的な絆《きずな》が形成されるといった特徴がある。これらの発達の特徴を踏まえて、乳児保育は、愛情豊かに、応答的に行われることが特に必要である。

イ　本項においては、この時期の発達の特徴を踏まえ、乳児保育の「ねらい」及び「内容」については、身体的発達に関する視点「健やかに伸び伸びと育つ」、社会的発達に関する視点「身近な人と気持ちが通じ合う」及び精神的発達に関する視点「身近なものと関わり感性が育つ」としてまとめ、示している。

ウ　本項の各視点において示す保育の内容は、第１章の２に示された養護における「生命の保持」及び「情緒の安定」に関わる保育の内容と、一体となって展開されるものであることに留意が必要である。

⑵　ねらい及び内容

ア　健やかに伸び伸びと育つ

健康な心と体を育て、自ら健康で安全な生活をつくり出す力の基盤を培う。

(ア)　ねらい

①　身体感覚が育ち、快適な環境に心地よさを感じる。

②　伸び伸びと体を動かし、はう、歩くなどの運動をしようとする。

③　食事、睡眠等の生活のリズムの感覚が芽生える。

(イ)　内容

①　保育士等の愛情豊かな受容の下で、生理的・心理的欲求を満たし、心地よく生活をする。

②　一人一人の発育に応じて、はう、立つ、歩くなど、十分に体を動かす。

③　個人差に応じて授乳を行い、離乳を進めていく中で、様々な食品に少しずつ慣れ、食べることを楽しむ。

④　一人一人の生活のリズムに応じて、安全な環境の下で十分に午睡をする。

⑤　おむつ交換や衣服の着脱などを通じて、清潔になることの心地よさを感じ

る。

(ウ) 内容の取扱い

上記の取扱いに当たっては、次の事項に留意する必要がある。

① 心と体の健康は、相互に密接な関連があるものであることを踏まえ、温かい触れ合いの中で、心と体の発達を促すこと。特に、寝返り、お座り、はいはい、つかまり立ち、伝い歩きなど、発育に応じて、遊びの中で体を動かす機会を十分に確保し、自ら体を動かそうとする意欲が育つようにすること。

② 健康な心と体を育てるためには望ましい食習慣の形成が重要であることを踏まえ、離乳食が完了期へと徐々に移行する中で、様々な食品に慣れるようにするとともに、和やかな雰囲気の中で食べる喜びや楽しさを味わい、進んで食べようとする気持ちが育つようにすること。なお、食物アレルギーのある子どもへの対応については、嘱託医等の指示や協力の下に適切に対応すること。

イ 身近な人と気持ちが通じ合う

受容的・応答的な関わりの下で、何かを伝えようとする意欲や身近な大人との信頼関係を育て、人と関わる力の基盤を培う。

(ア) ねらい

① 安心できる関係の下で、身近な人と共に過ごす喜びを感じる。

② 体の動きや表情、発声等により、保育士等と気持ちを通わせようとする。

③ 身近な人と親しみ、関わりを深め、愛情や信頼感が芽生える。

(イ) 内容

① 子どもからの働きかけを踏まえた、応答的な触れ合いや言葉がけによって、欲求が満たされ、安定感をもって過ごす。

② 体の動きや表情、発声、喃《なん》語等を優しく受け止めてもらい、保育士等とのやり取りを楽しむ。

③ 生活や遊びの中で、自分の身近な人の存在に気付き、親しみの気持ちを表す。

④ 保育士等による語りかけや歌いかけ、発声や喃《なん》語等への応答を通じて、言葉の理解や発語の意欲が育つ。

⑤ 温かく、受容的な関わりを通じて、自分を肯定する気持ちが芽生える。

(ウ) 内容の取扱い

上記の取扱いに当たっては、次の事項に留意する必要がある。

① 保育士等との信頼関係に支えられて生活を確立していくことが人と関わる基盤となることを考慮して、子どもの多様な感情を受け止め、温かく受容的・応答的に関わり、一人一人に応じた適切な援助を行うようにすること。

② 身近な人に親しみをもって接し、自分の感情などを表し、それに相手が応答する言葉を聞くことを通して、次第に言葉が獲得されていくことを考慮して、楽しい雰囲気の中での保育士等との関わり合いを大切にし、ゆっくりと優しく話しかけるなど、積極的に言葉のやり取りを楽しむことができるようにすること。

ウ 身近なものと関わり感性が育つ

身近な環境に興味や好奇心をもって関わり、感じたことや考えたことを表現する力の基盤を培う。

(ア) ねらい

① 身の回りのものに親しみ、様々なものに興味や関心をもつ。

② 見る、触れる、探索するなど、身近な環境に自分から関わろうとする。

③ 身体の諸感覚による認識が豊かになり、表情や手足、体の動き等で表現する。

(イ) 内容

① 身近な生活用具、玩具や絵本などが用意された中で、身の回りのものに対する興味や好奇心をもつ。

② 生活や遊びの中で様々なものに触れ、音、形、色、手触りなどに気付き、感覚の働きを豊かにする。

③ 保育士等と一緒に様々な色彩や形のものや絵本などを見る。

④ 玩具や身の回りのものを、つまむ、

つかむ、たたく、引っ張るなど、手や指を使って遊ぶ。

⑤　保育士等のあやし遊びに機嫌よく応じたり、歌やリズムに合わせて手足や体を動かして楽しんだりする。

(ウ)　内容の取扱い

上記の取扱いに当たっては、次の事項に留意する必要がある。

①　玩具などは、音質、形、色、大きさなど子どもの発達状態に応じて適切なものを選び、その時々の子どもの興味や関心を踏まえるなど、遊びを通して感覚の発達が促されるものとなるように工夫すること。なお、安全な環境の下で、子どもが探索意欲を満たして自由に遊べるよう、身の回りのものについては、常に十分な点検を行うこと。

②　乳児期においては、表情、発声、体の動きなどで、感情を表現することが多いことから、これらの表現しようとする意欲を積極的に受け止めて、子どもが様々な活動を楽しむことを通して表現が豊かになるようにすること。

(3)　保育の実施に関わる配慮事項

ア　乳児は疾病への抵抗力が弱く、心身の機能の未熟さに伴う疾病の発生が多いことから、一人一人の発育及び発達状態や健康状態についての適切な判断に基づく保健的な対応を行うこと。

イ　一人一人の子どもの生育歴の違いに留意しつつ、欲求を適切に満たし、特定の保育士が応答的に関わるように努めること。

ウ　乳児保育に関わる職員間の連携や嘱託医との連携を図り、第3章に示す事項を踏まえ、適切に対応すること。栄養士及び看護師等が配置されている場合は、その専門性を生かした対応を図ること。

エ　保護者との信頼関係を築きながら保育を進めるとともに、保護者からの相談に応じ、保護者への支援に努めていくこと。

オ　担当の保育士が替わる場合には、子どものそれまでの生育歴や発達過程に留意し、職員間で協力して対応すること。

2　1歳以上3歳未満児の保育に関わるねらい及び内容

(1)　基本的事項

ア　この時期においては、歩き始めから、歩く、走る、跳ぶなどへと、基本的な運動機能が次第に発達し、排泄《せつ》の自立のための身体的機能も整うようになる。つまむ、めくるなどの指先の機能も発達し、食事、衣類の着脱なども、保育士等の援助の下で自分で行うようになる。発声も明瞭になり、語彙も増加し、自分の意思や欲求を言葉で表出できるようになる。このように自分でできることが増えてくる時期であることから、保育士等は、子どもの生活の安定を図りながら、自分でしようとする気持ちを尊重し、温かく見守るとともに、愛情豊かに、応答的に関わることが必要である。

イ　本項においては、この時期の発達の特徴を踏まえ、保育の「ねらい」及び「内容」について、心身の健康に関する領域「健康」、人との関わりに関する領域「人間関係」、身近な環境との関わりに関する領域「環境」、言葉の獲得に関する領域「言葉」及び感性と表現に関する領域「表現」としてまとめ、示している。

ウ　本項の各領域において示す保育の内容は、第1章の2に示された養護における「生命の保持」及び「情緒の安定」に関わる保育の内容と、一体となって展開されるものであることに留意が必要である。

(2)　ねらい及び内容

ア　健康

健康な心と体を育て、自ら健康で安全な生活をつくり出す力を養う。

(ア)　ねらい

①　明るく伸び伸びと生活し、自分から体を動かすことを楽しむ。

②　自分の体を十分に動かし、様々な動きをしようとする。

③　健康、安全な生活に必要な習慣に気付き、自分でしてみようとする気持ちが育つ。

(イ)　内容

①　保育士等の愛情豊かな受容の下で、安定感をもって生活をする。

②　食事や午睡、遊びと休息など、保育所における生活のリズムが形成され

る。

③　走る、跳ぶ、登る、押す、引っ張るなど全身を使う遊びを楽しむ。

④　様々な食品や調理形態に慣れ、ゆったりとした雰囲気の中で食事や間食を楽しむ。

⑤　身の回りを清潔に保つ心地よさを感じ、その習慣が少しずつ身に付く。

⑥　保育士等の助けを借りながら、衣類の着脱を自分でしようとする。

⑦　便器での排泄《せつ》に慣れ、自分で排泄《せつ》ができるようになる。

(ウ)　内容の取扱い

上記の取扱いに当たっては、次の事項に留意する必要がある。

①　心と体の健康は、相互に密接な関連があるものであることを踏まえ、子どもの気持ちに配慮した温かい触れ合いの中で、心と体の発達を促すこと。特に、一人一人の発育に応じて、体を動かす機会を十分に確保し、自ら体を動かそうとする意欲が育つようにすること。

②　健康な心と体を育てるためには望ましい食習慣の形成が重要であることを踏まえ、ゆったりとした雰囲気の中で食べる喜びや楽しさを味わい、進んで食べようとする気持ちが育つようにすること。なお、食物アレルギーのある子どもへの対応については、嘱託医等の指示や協力の下に適切に対応すること。

③　排泄《せつ》の習慣については、一人一人の排尿間隔等を踏まえ、おむつが汚れていないときに便器に座らせるなどにより、少しずつ慣れさせるようにすること。

④　食事、排泄《せつ》、睡眠、衣類の着脱、身の回りを清潔にすることなど、生活に必要な基本的な習慣については、一人一人の状態に応じ、落ち着いた雰囲気の中で行うようにし、子どもが自分でしようとする気持ちを尊重すること。また、基本的な生活習慣の形成に当たっては、家庭での生活経験に配慮し、家庭との適切な連携の下で行うようにすること。

イ　人間関係

他の人々と親しみ、支え合って生活するために、自立心を育て、人と関わる力を養う。

(ア)　ねらい

①　保育所での生活を楽しみ、身近な人と関わる心地よさを感じる。

②　周囲の子ども等への興味や関心が高まり、関わりをもとうとする。

③　保育所の生活の仕方に慣れ、きまりの大切さに気付く。

(イ)　内容

①　保育士等や周囲の子ども等との安定した関係の中で、共に過ごす心地よさを感じる。

②　保育士等の受容的・応答的な関わりの中で、欲求を適切に満たし、安定感をもって過ごす。

③　身の回りに様々な人がいることに気付き、徐々に他の子どもと関わりをもって遊ぶ。

④　保育士等の仲立ちにより、他の子どもとの関わり方を少しずつ身につける。

⑤　保育所の生活の仕方に慣れ、きまりがあることや、その大切さに気付く。

⑥　生活や遊びの中で、年長児や保育士等の真似をしたり、ごっこ遊びを楽しんだりする。

(ウ)　内容の取扱い

上記の取扱いに当たっては、次の事項に留意する必要がある。

①　保育士等との信頼関係に支えられて生活を確立するとともに、自分で何かをしようとする気持ちが旺盛になる時期であることに鑑み、そのような子どもの気持ちを尊重し、温かく見守るとともに、愛情豊かに、応答的に関わり、適切な援助を行うようにすること。

②　思い通りにいかない場合等の子どもの不安定な感情の表出については、保育士等が受容的に受け止めるととも

に、そうした気持ちから立ち直る経験や感情をコントロールすることへの気付き等につなげていけるように援助すること。

③ この時期は自己と他者との違いの認識がまだ十分ではないことから、子どもの自我の育ちを見守るとともに、保育士等が仲立ちとなって、自分の気持ちを相手に伝えることや相手の気持ちに気付くことの大切さなど、友達の気持ちや友達との関わり方を丁寧に伝えていくこと。

ウ 環境

周囲の様々な環境に好奇心や探究心をもって関わり、それらを生活に取り入れていこうとする力を養う。

(ア) ねらい

① 身近な環境に親しみ、触れ合う中で、様々なものに興味や関心をもつ。

② 様々なものに関わる中で、発見を楽しんだり、考えたりしようとする。

③ 見る、聞く、触るなどの経験を通して、感覚の働きを豊かにする。

(イ) 内容

① 安全で活動しやすい環境での探索活動等を通して、見る、聞く、触れる、嗅ぐ、味わうなどの感覚の働きを豊かにする。

② 玩具、絵本、遊具などに興味をもち、それらを使った遊びを楽しむ。

③ 身の回りの物に触れる中で、形、色、大きさ、量などの物の性質や仕組みに気付く。

④ 自分の物と人の物の区別や、場所的感覚など、環境を捉える感覚が育つ。

⑤ 身近な生き物に気付き、親しみをもつ。

⑥ 近隣の生活や季節の行事などに興味や関心をもつ。

(ウ) 内容の取扱い

上記の取扱いに当たっては、次の事項に留意する必要がある。

① 玩具などは、音質、形、色、大きさなど子どもの発達状態に応じて適切なものを選び、遊びを通して感覚の発達が促されるように工夫すること。

② 身近な生き物との関わりについては、子どもが命を感じ、生命の尊さに気付く経験へとつながるものであることから、そうした気付きを促すような関わりとなるようにすること。

③ 地域の生活や季節の行事などに触れる際には、社会とのつながりや地域社会の文化への気付きにつながるものとなることが望ましいこと。その際、保育所内外の行事や地域の人々との触れ合いなどを通して行うこと等も考慮すること。

エ 言葉

経験したことや考えたことなどを自分なりの言葉で表現し、相手の話す言葉を聞こうとする意欲や態度を育て、言葉に対する感覚や言葉で表現する力を養う。

(ア) ねらい

① 言葉遊びや言葉で表現する楽しさを感じる。

② 人の言葉や話などを聞き、自分でも思ったことを伝えようとする。

③ 絵本や物語等に親しむとともに、言葉のやり取りを通じて身近な人と気持ちを通わせる。

(イ) 内容

① 保育士等の応答的な関わりや話しかけにより、自ら言葉を使おうとする。

② 生活に必要な簡単な言葉に気付き、聞き分ける。

③ 親しみをもって日常の挨拶に応じる。

④ 絵本や紙芝居を楽しみ、簡単な言葉を繰り返したり、模倣をしたりして遊ぶ。

⑤ 保育士等とごっこ遊びをする中で、言葉のやり取りを楽しむ。

⑥ 保育士等を仲立ちとして、生活や遊びの中で友達との言葉のやり取りを楽しむ。

⑦ 保育士等や友達の言葉や話に興味や関心をもって、聞いたり、話したりする。

(ウ) 内容の取扱い

上記の取扱いに当たっては、次の事項に留意する必要がある。

① 身近な人に親しみをもって接し、自分の感情などを伝え、それに相手が応答し、その言葉を聞くことを通して、次第に言葉が獲得されていくものであることを考慮して、楽しい雰囲気の中で保育士等との言葉のやり取りができるようにすること。

② 子どもが自分の思いを言葉で伝えるとともに、他の子どもの話などを聞くことを通して、次第に話を理解し、言葉による伝え合いができるようになるよう、気持ちや経験等の言語化を行うことを援助するなど、子ども同士の関わりの仲立ちを行うようにすること。

③ この時期は、片言から、二語文、ごっこ遊びでのやり取りができる程度へと、大きく言葉の習得が進む時期であることから、それぞれの子どもの発達の状況に応じて、遊びや関わりの工夫など、保育の内容を適切に展開することが必要であること。

オ 表現

感じたことや考えたことを自分なりに表現することを通して、豊かな感性や表現する力を養い、創造性を豊かにする。

(ア) ねらい

① 身体の諸感覚の経験を豊かにし、様々な感覚を味わう。

② 感じたことや考えたことなどを自分なりに表現しようとする。

③ 生活や遊びの様々な体験を通して、イメージや感性が豊かになる。

(イ) 内容

① 水、砂、土、紙、粘土など様々な素材に触れて楽しむ。

② 音楽、リズムやそれに合わせた体の動きを楽しむ。

③ 生活の中で様々な音、形、色、手触り、動き、味、香りなどに気付いたり、感じたりして楽しむ。

④ 歌を歌ったり、簡単な手遊びや全身を使う遊びを楽しんだりする。

⑤ 保育士等からの話や、生活や遊びの中での出来事を通して、イメージを豊かにする。

⑥ 生活や遊びの中で、興味のあることや経験したことなどを自分なりに表現する。

(ウ) 内容の取扱い

上記の取扱いに当たっては、次の事項に留意する必要がある。

① 子どもの表現は、遊びや生活の様々な場面で表出されているものであることから、それらを積極的に受け止め、様々な表現の仕方や感性を豊かにする経験となるようにすること。

② 子どもが試行錯誤しながら様々な表現を楽しむことや、自分の力でやり遂げる充実感などに気付くよう、温かく見守るとともに、適切に援助を行うようにすること。

③ 様々な感情の表現等を通じて、子どもが自分の感情や気持ちに気付くようになる時期であることに鑑み、受容的な関わりの中で自信をもって表現をすることや、諦めずに続けた後の達成感等を感じられるような経験が蓄積されるようにすること。

④ 身近な自然や身の回りの事物に関わる中で、発見や心が動く経験が得られるよう、諸感覚を働かせることを楽しむ遊びや素材を用意するなど保育の環境を整えること。

(3) 保育の実施に関わる配慮事項

ア 特に感染症にかかりやすい時期であるので、体の状態、機嫌、食欲などの日常の状態の観察を十分に行うとともに、適切な判断に基づく保健的な対応を心がけること。

イ 探索活動が十分できるように、事故防止に努めながら活動しやすい環境を整え、全身を使う遊びなど様々な遊びを取り入れること。

ウ 自我が形成され、子どもが自分の感情や気持ちに気付くようになる重要な時期であることに鑑み、情緒の安定を図りながら、子どもの自発的な活動を尊重するとともに促していくこと。

エ 担当の保育士が替わる場合には、子どものそれまでの経験や発達過程に留意し、職員間で協力して対応すること。

3　3歳以上児の保育に関するねらい及び内容

(1)　基本的事項

ア　この時期においては、運動機能の発達により、基本的な動作が一通りできるようになるとともに、基本的な生活習慣もほぼ自立できるようになる。理解する語彙数が急激に増加し、知的興味や関心も高まってくる。仲間と遊び、仲間の中の一人という自覚が生じ、集団的な遊びや協同的な活動も見られるようになる。これらの発達の特徴を踏まえて、この時期の保育においては、個の成長と集団としての活動の充実が図られるようにしなければならない。

イ　本項においては、この時期の発達の特徴を踏まえ、保育の「ねらい」及び「内容」について、心身の健康に関する領域「健康」、人との関わりに関する領域「人間関係」、身近な環境との関わりに関する領域「環境」、言葉の獲得に関する領域「言葉」及び感性と表現に関する領域「表現」としてまとめ、示している。

ウ　本項の各領域において示す保育の内容は、第1章の2に示された養護における「生命の保持」及び「情緒の安定」に関わる保育の内容と、一体となって展開されるものであることに留意が必要である。

(2)　ねらい及び内容

ア　健康

健康な心と体を育て、自ら健康で安全な生活をつくり出す力を養う。

(ア)　ねらい

①　明るく伸び伸びと行動し、充実感を味わう。

②　自分の体を十分に動かし、進んで運動しようとする。

③　健康、安全な生活に必要な習慣や態度を身に付け、見通しをもって行動する。

(イ)　内容

①　保育士等や友達と触れ合い、安定感をもって行動する。

②　いろいろな遊びの中で十分に体を動かす。

③　進んで戸外で遊ぶ。

④　様々な活動に親しみ、楽しんで取り組む。

⑤　保育士等や友達と食べることを楽しみ、食べ物への興味や関心をもつ。

⑥　健康な生活のリズムを身に付ける。

⑦　身の回りを清潔にし、衣服の着脱、食事、排泄《せつ》などの生活に必要な活動を自分でする。

⑧　保育所における生活の仕方を知り、自分たちで生活の場を整えながら見通しをもって行動する。

⑨　自分の健康に関心をもち、病気の予防などに必要な活動を進んで行う。

⑩　危険な場所、危険な遊び方、災害時などの行動の仕方が分かり、安全に気を付けて行動する。

(ウ)　内容の取扱い

上記の取扱いに当たっては、次の事項に留意する必要がある。

①　心と体の健康は、相互に密接な関連があるものであることを踏まえ、子どもが保育士等や他の子どもとの温かい触れ合いの中で自己の存在感や充実感を味わうことなどを基盤として、しなやかな心と体の発達を促すこと。特に、十分に体を動かす気持ちよさを体験し、自ら体を動かそうとする意欲が育つようにすること。

②　様々な遊びの中で、子どもが興味や関心、能力に応じて全身を使って活動することにより、体を動かす楽しさを味わい、自分の体を大切にしようとする気持ちが育つようにすること。その際、多様な動きを経験する中で、体の動きを調整するようにすること。

③　自然の中で伸び伸びと体を動かして遊ぶことにより、体の諸機能の発達が促されることに留意し、子どもの興味や関心が戸外にも向くようにすること。その際、子どもの動線に配慮した園庭や遊具の配置などを工夫すること。

④　健康な心と体を育てるためには食育を通じた望ましい食習慣の形成が大切

であることを踏まえ、子どもの食生活の実情に配慮し、和やかな雰囲気の中で保育士等や他の子どもと食べる喜びや楽しさを味わったり、様々な食べ物への興味や関心をもったりするなどし、食の大切さに気付き、進んで食べようとする気持ちが育つようにすること。

⑤ 基本的な生活習慣の形成に当たっては、家庭での生活経験に配慮し、子どもの自立心を育て、子どもが他の子どもと関わりながら主体的な活動を展開する中で、生活に必要な習慣を身に付け、次第に見通しをもって行動できるようにすること。

⑥ 安全に関する指導に当たっては、情緒の安定を図り、遊びを通して安全についての構えを身に付け、危険な場所や事物などが分かり、安全についての理解を深めるようにすること。また、交通安全の習慣を身に付けるようにするとともに、避難訓練などを通して、災害などの緊急時に適切な行動がとれるようにすること。

イ 人間関係

他の人々と親しみ、支え合って生活するために、自立心を育て、人と関わる力を養う。

(ア) ねらい

① 保育所の生活を楽しみ、自分の力で行動することの充実感を味わう。

② 身近な人と親しみ、関わりを深め、工夫したり、協力したりして一緒に活動する楽しさを味わい、愛情や信頼感をもつ。

③ 社会生活における望ましい習慣や態度を身に付ける。

(イ) 内容

① 保育士等や友達と共に過ごすことの喜びを味わう。

② 自分で考え、自分で行動する。

③ 自分でできることは自分でする。

④ いろいろな遊びを楽しみながら物事をやり遂げようとする気持ちをもつ。

⑤ 友達と積極的に関わりながら喜びや悲しみを共感し合う。

⑥ 自分の思ったことを相手に伝え、相手の思っていることに気付く。

⑦ 友達のよさに気付き、一緒に活動する楽しさを味わう。

⑧ 友達と楽しく活動する中で、共通の目的を見いだし、工夫したり、協力したりなどする。

⑨ よいことや悪いことがあることに気付き、考えながら行動する。

⑩ 友達との関わりを深め、思いやりをもつ。

⑪ 友達と楽しく生活する中できまりの大切さに気付き、守ろうとする。

⑫ 共同の遊具や用具を大切にし、皆で使う。

⑬ 高齢者をはじめ地域の人々などの自分の生活に関係の深いいろいろな人に親しみをもつ。

(ウ) 内容の取扱い

上記の取扱いに当たっては、次の事項に留意する必要がある。

① 保育士等との信頼関係に支えられて自分自身の生活を確立していくことが人と関わる基盤となることを考慮し、子どもが自ら周囲に働き掛けることにより多様な感情を体験し、試行錯誤しながら諦めずにやり遂げることの達成感や、前向きな見通しをもって自分の力で行うことの充実感を味わうことができるよう、子どもの行動を見守りながら適切な援助を行うようにすること。

② 一人一人を生かした集団を形成しながら人と関わる力を育てていくようにすること。その際、集団の生活の中で、子どもが自己を発揮し、保育士等や他の子どもに認められる体験をし、自分のよさや特徴に気付き、自信をもって行動できるようにすること。

③ 子どもが互いに関わりを深め、協同して遊ぶようになるため、自ら行動する力を育てるとともに、他の子どもと試行錯誤しながら活動を展開する楽しさや共通の目的が実現する喜びを味わうことができるようにすること。

④ 道徳性の芽生えを培うに当たっては、基本的な生活習慣の形成を図ると

ともに、子どもが他の子どもとの関わりの中で他人の存在に気付き、相手を尊重する気持ちをもって行動できるようにし、また、自然や身近な動植物に親しむことなどを通して豊かな心情が育つようにすること。特に、人に対する信頼感や思いやりの気持ちは、葛藤やつまずきをも体験し、それらを乗り越えることにより次第に芽生えてくることに配慮すること。

⑤　集団の生活を通して、子どもが人との関わりを深め、規範意識の芽生えが培われることを考慮し、子どもが保育士等との信頼関係に支えられて自己を発揮する中で、互いに思いを主張し、折り合いを付ける体験をし、きまりの必要性などに気付き、自分の気持ちを調整する力が育つようにすること。

⑥　高齢者をはじめ地域の人々などの自分の生活に関係の深いいろいろな人と触れ合い、自分の感情や意志を表現しながら共に楽しみ、共感し合う体験を通して、これらの人々などに親しみをもち、人と関わることの楽しさや人の役に立つ喜びを味わうことができるようにすること。また、生活を通して親や祖父母などの家族の愛情に気付き、家族を大切にしようとする気持ちが育つようにすること。

ウ　環境

周囲の様々な環境に好奇心や探究心をもって関わり、それらを生活に取り入れていこうとする力を養う。

(ア)　ねらい

①　身近な環境に親しみ、自然と触れ合う中で様々な事象に興味や関心をもつ。

②　身近な環境に自分から関わり、発見を楽しんだり、考えたりし、それを生活に取り入れようとする。

③　身近な事象を見たり、考えたり、扱ったりする中で、物の性質や数量、文字などに対する感覚を豊かにする。

(イ)　内容

①　自然に触れて生活し、その大きさ、美しさ、不思議さなどに気付く。

②　生活の中で、様々な物に触れ、その性質や仕組みに興味や関心をもつ。

③　季節により自然や人間の生活に変化のあることに気付く。

④　自然などの身近な事象に関心をもち、取り入れて遊ぶ。

⑤　身近な動植物に親しみをもって接し、生命の尊さに気付き、いたわったり、大切にしたりする。

⑥　日常生活の中で、我が国や地域社会における様々な文化や伝統に親しむ。

⑦　身近な物を大切にする。

⑧　身近な物や遊具に興味をもって関わり、自分なりに比べたり、関連付けたりしながら考えたり、試したりして工夫して遊ぶ。

⑨　日常生活の中で数量や図形などに関心をもつ。

⑩　日常生活の中で簡単な標識や文字などに関心をもつ。

⑪　生活に関係の深い情報や施設などに興味や関心をもつ。

⑫　保育所内外の行事において国旗に親しむ。

(ウ)　内容の取扱い

上記の取扱いに当たっては、次の事項に留意する必要がある。

①　子どもが、遊びの中で周囲の環境と関わり、次第に周囲の世界に好奇心を抱き、その意味や操作の仕方に関心をもち、物事の法則性に気付き、自分なりに考えることができるようになる過程を大切にすること。また、他の子どもの考えなどに触れて新しい考えを生み出す喜びや楽しさを味わい、自分の考えをよりよいものにしようとする気持ちが育つようにすること。

②　幼児期において自然のもつ意味は大きく、自然の大きさ、美しさ、不思議さなどに直接触れる体験を通して、子どもの心が安らぎ、豊かな感情、好奇心、思考力、表現力の基礎が培われることを踏まえ、子どもが自然との関わりを深めることができるよう工夫すること。

③　身近な事象や動植物に対する感動を伝え合い、共感し合うことなどを通し

て自分から関わろうとする意欲を育てるとともに、様々な関わり方を通してそれらに対する親しみや畏敬の念、生命を大切にする気持ち、公共心、探究心などが養われるようにすること。

④ 文化や伝統に親しむ際には、正月や節句など我が国の伝統的な行事、国歌、唱歌、わらべうたや我が国の伝統的な遊びに親しんだり、異なる文化に触れる活動に親しんだりすることを通じて、社会とのつながりの意識や国際理解の意識の芽生えなどが養われるようにすること。

⑤ 数量や文字などに関しては、日常生活の中で子ども自身の必要感に基づく体験を大切にし、数量や文字などに関する興味や関心、感覚が養われるようにすること。

エ　言葉

経験したことや考えたことなどを自分なりの言葉で表現し、相手の話す言葉を聞こうとする意欲や態度を育て、言葉に対する感覚や言葉で表現する力を養う。

(ア) ねらい

① 自分の気持ちを言葉で表現する楽しさを味わう。

② 人の言葉や話などをよく聞き、自分の経験したことや考えたことを話し、伝え合う喜びを味わう。

③ 日常生活に必要な言葉が分かるようになるとともに、絵本や物語などに親しみ、言葉に対する感覚を豊かにし、保育士等や友達と心を通わせる。

(イ) 内容

① 保育士等や友達の言葉や話に興味や関心をもち、親しみをもって聞いたり、話したりする。

② したり、見たり、聞いたり、感じたり、考えたりなどしたことを自分なりに言葉で表現する。

③ したいこと、してほしいことを言葉で表現したり、分からないことを尋ねたりする。

④ 人の話を注意して聞き、相手に分かるように話す。

⑤ 生活の中で必要な言葉が分かり、使う。

⑥ 親しみをもって日常の挨拶をする。

⑦ 生活の中で言葉の楽しさや美しさに気付く。

⑧ いろいろな体験を通じてイメージや言葉を豊かにする。

⑨ 絵本や物語などに親しみ、興味をもって聞き、想像をする楽しさを味わう。

⑩ 日常生活の中で、文字などで伝える楽しさを味わう。

(ウ) 内容の取扱い

上記の取扱いに当たっては、次の事項に留意する必要がある。

① 言葉は、身近な人に親しみをもって接し、自分の感情や意志などを伝え、それに相手が応答し、その言葉を聞くことを通して次第に獲得されていくものであることを考慮して、子どもが保育士等や他の子どもと関わることにより心を動かされるような体験をし、言葉を交わす喜びを味わえるようにすること。

② 子どもが自分の思いを言葉で伝えるとともに、保育士等や他の子どもなどの話を興味をもって注意して聞くことを通して次第に話を理解するようになっていき、言葉による伝え合いができるようにすること。

③ 絵本や物語などで、その内容と自分の経験とを結び付けたり、想像を巡らせたりするなど、楽しみを十分に味わうことによって、次第に豊かなイメージをもち、言葉に対する感覚が養われるようにすること。

④ 子どもが生活の中で、言葉の響きやリズム、新しい言葉や表現などに触れ、これらを使う楽しさを味わえるようにすること。その際、絵本や物語に親しんだり、言葉遊びなどをしたりすることを通して、言葉が豊かになるようにすること。

⑤ 子どもが日常生活の中で、文字などを使いながら思ったことや考えたことを伝える喜びや楽しさを味わい、文字に対する興味や関心をもつようにすること。

オ　表現
感じたことや考えたことを自分なりに表現することを通して、豊かな感性や表現する力を養い、創造性を豊かにする。
(ア)　ねらい
①　いろいろなものの美しさなどに対する豊かな感性をもつ。
②　感じたことや考えたことを自分なりに表現して楽しむ。
③　生活の中でイメージを豊かにし、様々な表現を楽しむ。
(イ)　内容
①　生活の中で様々な音、形、色、手触り、動きなどに気付いたり、感じたりするなどして楽しむ。
②　生活の中で美しいものや心を動かす出来事に触れ、イメージを豊かにする。
③　様々な出来事の中で、感動したことを伝え合う楽しさを味わう。
④　感じたこと、考えたことなどを音や動きなどで表現したり、自由にかいたり、つくったりなどする。
⑤　いろいろな素材に親しみ、工夫して遊ぶ。
⑥　音楽に親しみ、歌を歌ったり、簡単なリズム楽器を使ったりなどする楽しさを味わう。
⑦　かいたり、つくったりすることを楽しみ、遊びに使ったり、飾ったりなどする。
⑧　自分のイメージを動きや言葉などで表現したり、演じて遊んだりするなどの楽しさを味わう。
(ウ)　内容の取扱い
上記の取扱いに当たっては、次の事項に留意する必要がある。
①　豊かな感性は、身近な環境と十分に関わる中で美しいもの、優れたもの、心を動かす出来事などに出会い、そこから得た感動を他の子どもや保育士等と共有し、様々に表現することなどを通して養われるようにすること。その際、風の音や雨の音、身近にある草や花の形や色など自然の中にある音、形、色などに気付くようにすること。
②　子どもの自己表現は素朴な形で行われることが多いので、保育士等はそのような表現を受容し、子ども自身の表現しようとする意欲を受け止めて、子どもが生活の中で子どもらしい様々な表現を楽しむことができるようにすること。
③　生活経験や発達に応じ、自ら様々な表現を楽しみ、表現する意欲を十分に発揮させることができるように、遊具や用具などを整えたり、様々な素材や表現の仕方に親しんだり、他の子どもの表現に触れられるよう配慮したりし、表現する過程を大切にして自己表現を楽しめるように工夫すること。
(3)　保育の実施に関わる配慮事項
ア　第1章の4の(2)に示す「幼児期の終わりまでに育ってほしい姿」が、ねらい及び内容に基づく活動全体を通して資質・能力が育まれている子どもの小学校就学時の具体的な姿であることを踏まえ、指導を行う際には適宜考慮すること。
イ　子どもの発達や成長の援助をねらいとした活動の時間については、意識的に保育の計画等において位置付けて、実施することが重要であること。なお、そのような活動の時間については、保護者の就労状況等に応じて子どもが保育所で過ごす時間がそれぞれ異なることに留意して設定すること。
ウ　特に必要な場合には、各領域に示すねらいの趣旨に基づいて、具体的な内容を工夫し、それを加えても差し支えないが、その場合には、それが第1章の1に示す保育所保育に関する基本原則を逸脱しないよう慎重に配慮する必要があること。

4　保育の実施に関して留意すべき事項
(1)　保育全般に関わる配慮事項
ア　子どもの心身の発達及び活動の実態などの個人差を踏まえるとともに、一人一人の子どもの気持ちを受け止め、援助すること。
イ　子どもの健康は、生理的・身体的な育ちとともに、自主性や社会性、豊かな感性の育ちとがあいまってもたらされることに留意すること。
ウ　子どもが自ら周囲に働きかけ、試行錯誤しつつ自分の力で行う活動を見守りながら、適切に援助すること。

エ　子どもの入所時の保育に当たっては、できるだけ個別的に対応し、子どもが安定感を得て、次第に保育所の生活になじんでいくようにするとともに、既に入所している子どもに不安や動揺を与えないようにすること。

オ　子どもの国籍や文化の違いを認め、互いに尊重する心を育てるようにすること。

カ　子どもの性差や個人差にも留意しつつ、性別などによる固定的な意識を植え付けることがないようにすること。

(2) 小学校との連携

ア　保育所においては、保育所保育が、小学校以降の生活や学習の基盤の育成につながることに配慮し、幼児期にふさわしい生活を通じて、創造的な思考や主体的な生活態度などの基礎を培うようにすること。

イ　保育所保育において育まれた資質・能力を踏まえ、小学校教育が円滑に行われるよう、小学校教師との意見交換や合同の研究の機会などを設け、第1章の4の(2)に示す「幼児期の終わりまでに育って欲しい姿」を共有するなど連携を図り、保育所保育と小学校教育との円滑な接続を図るよう努めること。

ウ　子どもに関する情報共有に関して、保育所に入所している子どもの就学に際し、市町村の支援の下に、子どもの育ちを支えるための資料が保育所から小学校へ送付されるようにすること。

(3) 家庭及び地域社会との連携

子どもの生活の連続性を踏まえ、家庭及び地域社会と連携して保育が展開されるよう配慮すること。その際、家庭や地域の機関及び団体の協力を得て、地域の自然、高齢者や異年齢の子ども等を含む人材、行事、施設等の地域の資源を積極的に活用し、豊かな生活体験をはじめ保育内容の充実が図られるよう配慮すること。

第3章　健康及び安全

保育所保育において、子どもの健康及び安全の確保は、子どもの生命の保持と健やかな生活の基本であり、一人一人の子どもの健康の保持及び増進並びに安全の確保とともに、保育所全体における健康及び安全の確保に努めることが重要となる。

また、子どもが、自らの体や健康に関心をもち、心身の機能を高めていくことが大切である。このため、第1章及び第2章等の関連する事項に留意し、次に示す事項を踏まえ、保育を行うこととする。

1　子どもの健康支援

(1) 子どもの健康状態並びに発育及び発達状態の把握

ア　子どもの心身の状態に応じて保育するために、子どもの健康状態並びに発育及び発達状態について、定期的・継続的に、また、必要に応じて随時、把握すること。

イ　保護者からの情報とともに、登所時及び保育中を通じて子どもの状態を観察し、何らかの疾病が疑われる状態や傷害が認められた場合には、保護者に連絡するとともに、嘱託医と相談するなど適切な対応を図ること。看護師等が配置されている場合には、その専門性を生かした対応を図ること。

ウ　子どもの心身の状態等を観察し、不適切な養育の兆候が見られる場合には、市町村や関係機関と連携し、児童福祉法第二十五条に基づき、適切な対応を図ること。また、虐待が疑われる場合には、速やかに市町村又は児童相談所に通告し、適切な対応を図ること。

(2) 健康増進

ア　子どもの健康に関する保健計画を全体的な計画に基づいて作成し、全職員がそのねらいや内容を踏まえ、一人一人の子どもの健康の保持及び増進に努めていくこと。

イ　子どもの心身の健康状態や疾病等の把握のために、嘱託医等により定期的に健康診断を行い、その結果を記録し、保育に活用するとともに、保護者が子どもの状態を理解し、日常生活に活用できるようにすること。

(3) 疾病等への対応

ア　保育中に体調不良や傷害が発生した場合には、その子どもの状態等に応じて、保護者に連絡するとともに、適宜、嘱託医や子どものかかりつけ医等と相談し、適切な処置を行うこと。看護師等が配置されている場合には、その専門性を生かした対応を図ること。

イ　感染症やその他の疾病の発生予防に努

め、その発生や疑いがある場合には、必要に応じて嘱託医、市町村、保健所等に連絡し、その指示に従うとともに、保護者や全職員に連絡し、予防等について協力を求めること。また、感染症に関する保育所の対応方法等について、あらかじめ関係機関の協力を得ておくこと。看護師等が配置されている場合には、その専門性を生かした対応を図ること。

ウ　アレルギー疾患を有する子どもの保育については、保護者と連携し、医師の診断及び指示に基づき、適切な対応を行うこと。また、食物アレルギーに関して、関係機関と連携して、当該保育所の体制構築など、安全な環境の整備を行うこと。看護師や栄養士等が配置されている場合には、その専門性を生かした対応を図ること。

エ　子どもの疾病等の事態に備え、医務室等の環境を整え、救急用の薬品、材料等を適切な管理の下に常備し、全職員が対応できるようにしておくこと。

2　食育の推進

(1)　保育所の特性を生かした食育

ア　保育所における食育は、健康な生活の基本としての「食を営む力」の育成に向け、その基礎を培うことを目標とすること。

イ　子どもが生活と遊びの中で、意欲をもって食に関わる体験を積み重ね、食べることを楽しみ、食事を楽しみ合う子どもに成長していくことを期待するものであること。

ウ　乳幼児期にふさわしい食生活が展開され、適切な援助が行われるよう、食事の提供を含む食育計画を全体的な計画に基づいて作成し、その評価及び改善に努めること。栄養士が配置されている場合は、専門性を生かした対応を図ること。

(2)　食育の環境の整備等

ア　子どもが自らの感覚や体験を通して、自然の恵みとしての食材や食の循環・環境への意識、調理する人への感謝の気持ちが育つように、子どもと調理員等との関わりや、調理室など食に関わる保育環境に配慮すること。

イ　保護者や地域の多様な関係者との連携及び協働の下で、食に関する取組が進められること。また、市町村の支援の下に、地域の関係機関等との日常的な連携を図り、必要な協力が得られるよう努めること。

ウ　体調不良、食物アレルギー、障害のある子どもなど、一人一人の子どもの心身の状態等に応じ、嘱託医、かかりつけ医等の指示や協力の下に適切に対応すること。栄養士が配置されている場合は、専門性を生かした対応を図ること。

3　環境及び衛生管理並びに安全管理

(1)　環境及び衛生管理

ア　施設の温度、湿度、換気、採光、音などの環境を常に適切な状態に保持するとともに、施設内外の設備及び用具等の衛生管理に努めること。

イ　施設内外の適切な環境の維持に努めるとともに、子ども及び全職員が清潔を保つようにすること。また、職員は衛生知識の向上に努めること。

(2)　事故防止及び安全対策

ア　保育中の事故防止のために、子どもの心身の状態等を踏まえつつ、施設内外の安全点検に努め、安全対策のために全職員の共通理解や体制づくりを図るとともに、家庭や地域の関係機関の協力の下に安全指導を行うこと。

イ　事故防止の取組を行う際には、特に、睡眠中、プール活動・水遊び中、食事中等の場面では重大事故が発生しやすいことを踏まえ、子どもの主体的な活動を大切にしつつ、施設内外の環境の配慮や指導の工夫を行うなど、必要な対策を講じること。

ウ　保育中の事故の発生に備え、施設内外の危険箇所の点検や訓練を実施するとともに、外部からの不審者等の侵入防止のための措置や訓練など不測の事態に備えて必要な対応を行うこと。また、子どもの精神保健面における対応に留意すること。

4　災害への備え

(1)　施設・設備等の安全確保

ア　防火設備、避難経路等の安全性が確保されるよう、定期的にこれらの安全点検を行うこと。

イ　備品、遊具等の配置、保管を適切に行い、日頃から、安全環境の整備に努めること。

(2)　災害発生時の対応体制及び避難への備え

ア　火災や地震などの災害の発生に備え、緊急時の対応の具体的内容及び手順、職員の役割分担、避難訓練計画等に関するマニュアルを作成すること。

イ　定期的に避難訓練を実施するなど、必要な対応を図ること。

ウ　災害の発生時に、保護者等への連絡及び子どもの引渡しを円滑に行うため、日頃から保護者との密接な連携に努め、連絡体制や引渡し方法等について確認をしておくこと。

(3)　地域の関係機関等との連携

ア　市町村の支援の下に、地域の関係機関との日常的な連携を図り、必要な協力が得られるよう努めること。

イ　避難訓練については、地域の関係機関や保護者との連携の下に行うなど工夫すること。

第4章　子育て支援

保育所における保護者に対する子育て支援は、全ての子どもの健やかな育ちを実現することができるよう、第1章及び第2章等の関連する事項を踏まえ、子どもの育ちを家庭と連携して支援していくとともに、保護者及び地域が有する子育てを自ら実践する力の向上に資するよう、次の事項に留意するものとする。

1　保育所における子育て支援に関する基本的事項

(1)　保育所の特性を生かした子育て支援

ア　保護者に対する子育て支援を行う際には、各地域や家庭の実態等を踏まえるとともに、保護者の気持ちを受け止め、相互の信頼関係を基本に、保護者の自己決定を尊重すること。

イ　保育及び子育てに関する知識や技術など、保育士等の専門性や、子どもが常に存在する環境など、保育所の特性を生かし、保護者が子どもの成長に気付き子育ての喜びを感じられるように努めること。

(2)　子育て支援に関して留意すべき事項

ア　保護者に対する子育て支援における地域の関係機関等との連携及び協働を図り、保育所全体の体制構築に努めること。

イ　子どもの利益に反しない限りにおいて、保護者や子どものプライバシーを保護し、知り得た事柄の秘密を保持すること。

2　保育所を利用している保護者に対する子育て支援

(1)　保護者との相互理解

ア　日常の保育に関連した様々な機会を活用し子どもの日々の様子の伝達や収集、保育所保育の意図の説明などを通じて、保護者との相互理解を図るよう努めること。

イ　保育の活動に対する保護者の積極的な参加は、保護者の子育てを自ら実践する力の向上に寄与することから、これを促すこと。

(2)　保護者の状況に配慮した個別の支援

ア　保護者の就労と子育ての両立等を支援するため、保護者の多様化した保育の需要に応じ、病児保育事業など多様な事業を実施する場合には、保護者の状況に配慮するとともに、子どもの福祉が尊重されるよう努め、子どもの生活の連続性を考慮すること。

イ　子どもに障害や発達上の課題が見られる場合には、市町村や関係機関と連携及び協力を図りつつ、保護者に対する個別の支援を行うよう努めること。

ウ　外国籍家庭など、特別な配慮を必要とする家庭の場合には、状況等に応じて個別の支援を行うよう努めること。

(3)　不適切な養育等が疑われる家庭への支援

ア　保護者に育児不安等が見られる場合には、保護者の希望に応じて個別の支援を行うよう努めること。

イ　保護者に不適切な養育等が疑われる場合には、市町村や関係機関と連携し、要保護児童対策地域協議会で検討するなど適切な対応を図ること。また、虐待が疑われる場合には、速やかに市町村又は児童相談所に通告し、適切な対応を図ること。

3　地域の保護者等に対する子育て支援

(1)　地域に開かれた子育て支援

ア　保育所は、児童福祉法第四十八条の四の規定に基づき、その行う保育に支障がない限りにおいて、地域の実情や当該保育所の体制等を踏まえ、地域の保護者等に対して、保育所保育の専門性を生かした子育て支援を積極的に行うよう努めること。

イ　地域の子どもに対する一時預かり事業などの活動を行う際には、一人一人の子どもの心身の状態などを考慮するとともに、日常の保育との関連に配慮するなど、柔軟に活動を展開できるようにすること。

(2) 地域の関係機関等との連携

ア 市町村の支援を得て、地域の関係機関等との積極的な連携及び協働を図るとともに、子育て支援に関する地域の人材と積極的に連携を図るよう努めること。

イ 地域の要保護児童への対応など、地域の子どもを巡る諸課題に対し、要保護児童対策地域協議会など関係機関等と連携及び協力して取り組むよう努めること。

第5章 職員の資質向上

第1章から前章までに示された事項を踏まえ、保育所は、質の高い保育を展開するため、絶えず、一人一人の職員についての資質向上及び職員全体の専門性の向上を図るよう努めなければならない。

1 職員の資質向上に関する基本的事項

(1) 保育所職員に求められる専門性

子どもの最善の利益を考慮し、人権に配慮した保育を行うためには、職員一人一人の倫理観、人間性並びに保育所職員としての職務及び責任の理解と自覚が基盤となる。

各職員は、自己評価に基づく課題等を踏まえ、保育所内外の研修等を通じて、保育士・看護師・調理員・栄養士等、それぞれの職務内容に応じた専門性を高めるため、必要な知識及び技術の修得、維持及び向上に努めなければならない。

(2) 保育の質の向上に向けた組織的な取組

保育所においては、保育の内容等に関する自己評価等を通じて把握した、保育の質の向上に向けた課題に組織的に対応するため、保育内容の改善や保育士等の役割分担の見直し等に取り組むとともに、それぞれの職位や職務内容等に応じて、各職員が必要な知識及び技能を身につけられるよう努めなければならない。

2 施設長の責務

(1) 施設長の責務と専門性の向上

施設長は、保育所の役割や社会的責任を遂行するために、法令等を遵守し、保育所を取り巻く社会情勢等を踏まえ、施設長としての専門性等の向上に努め、当該保育所における保育の質及び職員の専門性向上のために必要な環境の確保に努めなければならない。

(2) 職員の研修機会の確保等

施設長は、保育所の全体的な計画や、各職員の研修の必要性等を踏まえて、体系的・計画的な研修機会を確保するとともに、職員の勤務体制の工夫等により、職員が計画的に研修等に参加し、その専門性の向上が図られるよう努めなければならない。

3 職員の研修等

(1) 職場における研修

職員が日々の保育実践を通じて、必要な知識及び技術の修得、維持及び向上を図るとともに、保育の課題等への共通理解や協働性を高め、保育所全体としての保育の質の向上を図っていくためには、日常的に職員同士が主体的に学び合う姿勢と環境が重要であり、職場内での研修の充実が図られなければならない。

(2) 外部研修の活用

各保育所における保育の課題への的確な対応や、保育士等の専門性の向上を図るためには、職場内での研修に加え、関係機関等による研修の活用が有効であることから、必要に応じて、こうした外部研修への参加機会が確保されるよう努めなければならない。

4 研修の実施体制等

(1) 体系的な研修計画の作成

保育所においては、当該保育所における保育の課題や各職員のキャリアパス等も見据えて、初任者から管理職員までの職位や職務内容等を踏まえた体系的な研修計画を作成しなければならない。

(2) 組織内での研修成果の活用

外部研修に参加する職員は、自らの専門性の向上を図るとともに、保育所における保育の課題を理解し、その解決を実践できる力を身に付けることが重要である。また、研修で得た知識及び技能を他の職員と共有することにより、保育所全体としての保育実践の質及び専門性の向上につなげていくことが求められる。

(3) 研修の実施に関する留意事項

施設長等は保育所全体としての保育実践の質及び専門性の向上のために、研修の受講は特定の職員に偏ることなく行われるよう、配慮する必要がある。また、研修を修了した職員については、その職務内容等において、当該研修の成果等が適切に勘案されることが望ましい。

◉児童虐待の防止等に関する法律

（平成一二・五・二四法律八二）

注　令五法律二八改正現在

（未施行分については、該当か所の後に改正文を収載）

（目的）

第一条　この法律は、児童虐待が児童の人権を著しく侵害し、その心身の成長及び人格の形成に重大な影響を与えるとともに、我が国における将来の世代の育成にも懸念を及ぼすことにかんがみ、児童に対する虐待の禁止、児童虐待の予防及び早期発見その他の児童虐待の防止に関する国及び地方公共団体の責務、児童虐待を受けた児童の保護及び自立の支援のための措置等を定めることにより、児童虐待の防止等に関する施策を促進し、もって児童の権利利益の擁護に資することを目的とする。

（児童虐待の定義）

第二条　この法律において、「**児童虐待**」とは、保護者（親権を行う者、未成年後見人その他の者で、児童を現に監護するものをいう。以下同じ。）がその監護する児童（十八歳に満たない者をいう。以下同じ。）について行う次に掲げる行為をいう。

一　児童の身体に外傷が生じ、又は生じるおそれのある暴行を加えること。

二　児童にわいせつな行為をすること又は児童をしてわいせつな行為をさせること。

三　児童の心身の正常な発達を妨げるような著しい減食又は長時間の放置、保護者以外の同居人による前二号又は次号に掲げる行為と同様の行為の放置その他の保護者としての監護を著しく怠ること。

四　児童に対する著しい暴言又は著しく拒絶的な対応、児童が同居する家庭における配偶者に対する暴力（配偶者（婚姻の届出をしていないが、事実上婚姻関係と同様の事情にある者を含む。）の身体に対する不法な攻撃であって生命又は身体に危害を及ぼすもの及びこれに準ずる心身に有害な影響を及ぼす言動をいう。）その他の児童に著しい心理的外傷を与える言動を行うこと。

（児童に対する虐待の禁止）

第三条　何人も、児童に対し、虐待をしてはならない。

（国及び地方公共団体の責務等）

第四条　国及び地方公共団体は、児童虐待の予防及び早期発見、迅速かつ適切な児童虐待を受けた児童の保護及び自立の支援（児童虐待を受けた後十八歳となった者に対する自立の支援を含む。第三項及び次条第二項において同じ。）並びに児童虐待を行った保護者に対する親子の再統合の促進への配慮その他の児童虐待を受けた児童が家庭（家庭における養育環境と同様の養育環境及び良好な家庭的環境を含む。）で生活するために必要な配慮をした適切な指導及び支援を行うため、関係省庁相互間又は関係地方公共団体相互間、市町村、児童相談所、福祉事務所、配偶者からの暴力の防止及び被害者の保護等に関する法律（平成十三年法律第三十一号）第三条第一項に規定する配偶者暴力相談支援センター（次条第一項において単に「**配偶者暴力相談支援センター**」という。）、学校及び医療機関の間その他関係機関及び民間団体の間の連携の強化、民間団体の支援、医療の提供体制の整備その他児童虐待の防止等のために必要な体制の整備に努めなければならない。

2　国及び地方公共団体は、児童相談所等関係機関の職員及び学校の教職員、児童福祉施設の職員、医師、歯科医師、保健師、助産師、看護師、弁護士その他児童の福祉に職務上関係のある者が児童虐待を早期に発見し、その他児童虐待の防止に寄与することができるよう、研修等必要な措置を講ずるものとする。

3　国及び地方公共団体は、児童虐待を受けた児童の保護及び自立の支援を専門的知識に基づき適切に行うことができるよう、児童相談所等関係機関の職員、学校の教職員、児童福祉施設の職員その他児童虐待を受けた児童の保護及び自立の支援の職務に携わる者の人材の確保及び資質の向上を図るため、研修等必要な措置を講ずるものとする。

4　国及び地方公共団体は、児童虐待の防止に資するため、児童の人権、児童虐待が児童に及ぼす影響、児童虐待に係る通告義務等について必要な広報その他の啓発活動に努めなければならない。

5　国及び地方公共団体は、児童虐待を受けた児童がその心身に著しく重大な被害を受けた事例の分析を行うとともに、児童虐待の予防及び早期発見のための方策、児童虐待を受けた児童のケア並びに児童虐待を行った保護者の指導及び支援のあり方、学校の教職員及び児童福祉施設の職員が児童虐待の防止に果たすべき役割その他児童虐待の防止等のために必要な事項についての調査研究及び検証を行うものとする。

6　児童相談所の所長は、児童虐待を受けた児童が住所又は居所を当該児童相談所の管轄区域外に移転する場合においては、当該児童の家庭環境その他の環境の変化による影響に鑑み、当該児童及び当該児童虐待を行った保護者について、その移転の前後において指導、助言その他の必要な支援が切れ目なく行われるよう、移転先の住所又は居所を管轄する児童相談所の所長に対し、速やかに必要な情報の提供を行うものとする。この場合において、当該情報の提供を受けた児童相談所長は、児童福祉法（昭和二十二年法律第百六十四号）第二十五条の二第一項に規定する要保護児童対策地域協議会が速やかに当該情報の交換を行うことができるための措置その他の緊密な連携を図るために必要な措置を講ずるものとする。

7　児童の親権を行う者は、児童を心身ともに健やかに育成することについて第一義的責任を有するものであって、親権を行うに当たっては、できる限り児童の利益を尊重するよう努めなければならない。

8　何人も、児童の健全な成長のために、家庭（家庭における養育環境と同様の養育環境及び良好な家庭的環境を含む。）及び近隣社会の連帯が求められていることに留意しなければならない。

（児童虐待の早期発見等）

第五条　学校、児童福祉施設、病院、都道府県警察、女性相談支援センター、教育委員会、配偶者暴力相談支援センターその他児童の福祉に業務上関係のある団体及び学校の教職員、児童福祉施設の職員、医師、歯科医師、保健師、助産師、看護師、弁護士、警察官、女性相談支援員その他児童の福祉に職務上関係のある者は、児童虐待を発見しやすい立場にあることを自覚し、児童虐待の早期発見に努めなければならない。

2　前項に規定する者は、児童虐待の予防その他の児童虐待の防止並びに児童虐待を受けた児童の保護及び自立の支援に関する国及び地方公共団体の施策に協力するよう努めなければならない。

3　第一項に規定する者は、正当な理由がなく、その職務に関して知り得た児童虐待を受けたと思われる児童に関する秘密を漏らしてはならない。

4　前項の規定その他の守秘義務に関する法律の規定は、第二項の規定による国及び地方公共団体の施策に協力するように努める義務の遵守を妨げるものと解釈してはならない。

5　学校及び児童福祉施設は、児童及び保護者に対して、児童虐待の防止のための教育又は啓発に努めなければならない。

（児童虐待に係る通告）

第六条　児童虐待を受けたと思われる児童を発見した者は、速やかに、これを市町村、都道府県の設置する福祉事務所若しくは児童相談所又は児童委員を介して市町村、都道府県の設置する福祉事務所若しくは児童相談所に通告しなければならない。

2　前項の規定による通告は、児童福祉法第二十五条第一項の規定による通告とみなして、同法の規定を適用する。

3　刑法（明治四十年法律第四十五号）の秘密漏示罪の規定その他の守秘義務に関する法律の規定は、第一項の規定による通告をする義務の遵守を妨げるものと解釈してはならない。

第七条　市町村、都道府県の設置する福祉事務所又は児童相談所が前条第一項の規定による通告を受けた場合においては、当該通告を受けた市町村、都道府県の設置する福祉事務所又は児童相談所の所長、所員その他の職員及び当該通告を仲介した児童委員は、その職務上知り得た事項であって当該通告をした者を特定させるものを漏らしてはならない。

（通告又は送致を受けた場合の措置）

第八条　市町村又は都道府県の設置する福祉事務所が第六条第一項の規定による通告を受けたと

きは、市町村又は福祉事務所の長は、必要に応じ近隣住民、学校の教職員、児童福祉施設の職員その他の者の協力を得つつ、当該児童との面会その他の当該児童の安全の確認を行うための措置を講ずるとともに、必要に応じ次に掲げる措置を採るものとする。

一　児童福祉法第二十五条の七第一項第一号若しくは第二項第一号又は第二十五条の八第一号の規定により当該児童を児童相談所に送致すること。

二　当該児童のうち次条第一項の規定による出頭の求め及び調査若しくは質問、第九条第一項の規定による立入り及び調査若しくは質問又は児童福祉法第三十三条第一項若しくは第二項の規定による一時保護の実施が適当であると認めるものを都道府県知事又は児童相談所長へ通知すること。

2　児童相談所が第六条第一項の規定による通告又は児童福祉法第二十五条の七第一項第一号若しくは第二項第一号若しくは第二十五条の八第一号の規定による送致を受けたときは、児童相談所長は、必要に応じ近隣住民、学校の教職員、児童福祉施設の職員その他の者の協力を得つつ、当該児童との面会その他の当該児童の安全の確認を行うための措置を講ずるとともに、必要に応じ次に掲げる措置を採るものとする。

一　児童福祉法第三十三条第一項の規定により当該児童の一時保護を行い、又は適当な者に委託して、当該一時保護を行わせること。

二　児童福祉法第二十六条第一項第三号の規定により当該児童のうち第六条第一項の規定による通告を受けたものを市町村に送致すること。

三　当該児童のうち児童福祉法第六条の三第十八項に規定する妊産婦等生活援助事業の実施又は同法第二十五条の八第三号に規定する保育の利用等（以下この号において「保育の利用等」という。）が適当であると認めるものをその妊産婦等生活援助事業の実施又は保育の利用等に係る都道府県又は市町村の長へ報告し、又は通知すること。

四　当該児童のうち児童福祉法第六条の三第二項に規定する放課後児童健全育成事業、同条第三項に規定する子育て短期支援事業、同条第五項に規定する養育支援訪問事業、同条第六項に規定する地域子育て支援拠点事業、同条第七項に規定する一時預かり事業、同条第十四項に規定する子育て援助活動支援事業、同条第十九項に規定する子育て世帯訪問支援事業、同条第二十項に規定する児童育成支援拠点事業、同条第二十一項に規定する親子関係形成支援事業、子ども・子育て支援法（平成二十四年法律第六十五号）第五十九条第一号に掲げる事業その他市町村が実施する児童の健全な育成に資する事業の実施が適当であると認めるものをその事業の実施に係る市町村の長へ通知すること。

3　前二項の児童の安全の確認を行うための措置、市町村若しくは児童相談所への送致又は一時保護を行う者は、速やかにこれを行うものとする。

（出頭要求等）

第八条の二　都道府県知事は、児童虐待が行われているおそれがあると認めるときは、当該児童の保護者に対し、当該児童を同伴して出頭することを求め、児童委員又は児童の福祉に関する事務に従事する職員をして、必要な調査又は質問をさせることができる。この場合においては、その身分を証明する証票を携帯させ、関係者の請求があったときは、これを提示させなければならない。

2　都道府県知事は、前項の規定により当該児童の保護者の出頭を求めようとするときは、内閣府令で定めるところにより、当該保護者に対し、出頭を求める理由となった事実の内容、出頭を求める日時及び場所、同伴すべき児童の氏名その他必要な事項を記載した書面により告知しなければならない。

3　都道府県知事は、第一項の保護者が同項の規定による出頭の求めに応じない場合は、次条第一項の規定による児童委員又は児童の福祉に関する事務に従事する職員の立入り及び調査又は質問その他の必要な措置を講ずるものとする。

（立入調査等）

第九条　都道府県知事は、児童虐待が行われているおそれがあると認めるときは、児童委員又は児童の福祉に関する事務に従事する職員をして、児童の住所又は居所に立ち入り、必要な調査又は質問をさせることができる。この場合においては、その身分を証明する証票を携帯させ、関係者の請求があったときは、これを提示させなければならない。

2　前項の規定による児童委員又は児童の福祉に関する事務に従事する職員の立入り及び調査又は質問は、児童福祉法第二十九条の規定による児童委員又は児童の福祉に関する事務に従事する職員の立入り及び調査又は質問とみなして、同法第六十一条の五第二項の規定を適用する。

（再出頭要求等）

第九条の二　都道府県知事は、第八条の二第一項の保護者又は前条第一項の児童の保護者が正当な理由なく同項の規定による児童委員又は児童の福祉に関する事務に従事する職員の立入り又は調査を拒み、妨げ、又は忌避した場合において、児童虐待が行われているおそれがあると認めるときは、当該保護者に対し、当該児童を同伴して出頭することを求め、児童委員又は児童の福祉に関する事務に従事する職員をして、必要な調査又は質問をさせることができる。この場合においては、その身分を証明する証票を携帯させ、関係者の請求があったときは、これを提示させなければならない。

2　第八条の二第二項の規定は、前項の規定による出頭の求めについて準用する。

（臨検、捜索等）

第九条の三　都道府県知事は、第八条の二第一項の保護者又は第九条第一項の児童の保護者が正当な理由なく同項の規定による児童委員又は児童の福祉に関する事務に従事する職員の立入り又は調査を拒み、妨げ、又は忌避した場合において、児童虐待が行われている疑いがあるときは、当該児童の安全の確認を行い、又はその安全を確保するため、児童の福祉に関する事務に従事する職員をして、当該児童の住所又は居所の所在地を管轄する地方裁判所、家庭裁判所又は簡易裁判所の裁判官があらかじめ発する許可状により、当該児童の住所若しくは居所に臨検させ、又は当該児童を捜索させることができる。

2　都道府県知事は、前項の規定による臨検又は捜索をさせるときは、児童の福祉に関する事務に従事する職員をして、必要な調査又は質問をさせることができる。

3　都道府県知事は、第一項の許可状（以下「**許可状**」という。）を請求する場合においては、児童虐待が行われている疑いがあると認められる資料、臨検させようとする住所又は居所に当該児童が現在すると認められる資料及び当該児童の保護者が第九条第一項の規定による立入り又は調査を拒み、妨げ、又は忌避したことを証する資料を提出しなければならない。

4　前項の請求があった場合においては、地方裁判所、家庭裁判所又は簡易裁判所の裁判官は、臨検すべき場所又は捜索すべき児童の氏名並びに有効期間、その期間経過後は執行に着手することができずこれを返還しなければならない旨、交付の年月日及び裁判所名を記載し、自己の記名押印した許可状を都道府県知事に交付しなければならない。

5　都道府県知事は、許可状を児童の福祉に関する事務に従事する職員に交付して、第一項の規定による臨検又は捜索をさせるものとする。

6　第一項の規定による臨検又は捜索に係る制度は、児童虐待が保護者がその監護する児童に対して行うものであるために他人から認知されること及び児童がその被害から自ら逃れることが困難である等の特別の事情から児童の生命又は身体に重大な危険を生じさせるおそれがあることにかんがみ特に設けられたものであることを十分に踏まえた上で、適切に運用されなければならない。

（臨検又は捜索の夜間執行の制限）

第九条の四　前条第一項の規定による臨検又は捜索は、許可状に夜間でもすることができる旨の記載がなければ、日没から日の出までの間には、してはならない。

2　日没前に開始した前条第一項の規定による臨検又は捜索は、必要があると認めるときは、日没後まで継続することができる。

（許可状の提示）

第九条の五　第九条の三第一項の規定による臨検又は捜索の許可状は、これらの処分を受ける者に提示しなければならない。

（身分の証明）

第九条の六　児童の福祉に関する事務に従事する職員は、第九条の三第一項の規定による臨検若しくは捜索又は同条第二項の規定による調査若しくは質問（以下「**臨検等**」という。）をするときは、その身分を示す証票を携帯し、関係者の請求があったときは、これを提示しなければならない。

（臨検又は捜索に際しての必要な処分）

第九条の七　児童の福祉に関する事務に従事する職員は、第九条の三第一項の規定による臨検又は捜索をするに当たって必要があるときは、錠をはずし、その他必要な処分をすることができる。

（臨検等をする間の出入りの禁止）

第九条の八　児童の福祉に関する事務に従事する職員は、臨検等をする間は、何人に対しても、許可を受けないでその場所に出入りすることを禁止することができる。

（責任者等の立会い）

第九条の九　児童の福祉に関する事務に従事する職員は、第九条の三第一項の規定による臨検又は捜索をするときは、当該児童の住所若しくは居所の所有者若しくは管理者（これらの者の代表者、代理人その他これらの者に代わるべき者を含む。）又は同居の親族で成年に達した者を立ち会わせなければならない。

2　前項の場合において、同項に規定する者を立ち会わせることができないときは、その隣人で成年に達した者又はその地の地方公共団体の職員を立ち会わせなければならない。

（警察署長に対する援助要請等）

第一〇条　児童相談所長は、第八条第二項の児童の安全の確認を行おうとする場合、又は同項第一号の一時保護を行おうとし、若しくは行わせようとする場合において、これらの職務の執行に際し必要があると認めるときは、当該児童の住所又は居所の所在地を管轄する警察署長に対し援助を求めることができる。都道府県知事が、第九条第一項の規定による立入り及び調査若しくは質問をさせ、又は臨検等をさせようとする場合についても、同様とする。

2　児童相談所長又は都道府県知事は、児童の安全の確認及び安全の確保に万全を期する観点から、必要に応じ迅速かつ適切に、前項の規定により警察署長に対し援助を求めなければならない。

3　警察署長は、第一項の規定による援助の求めを受けた場合において、児童の生命又は身体の安全を確認し、又は確保するため必要と認めるときは、速やかに、所属の警察官に、同項の職務の執行を援助するために必要な警察官職務執行法（昭和二十三年法律第百三十六号）その他の法令の定めるところによる措置を講じさせるよう努めなければならない。

（調書）

第一〇条の二　児童の福祉に関する事務に従事する職員は、第九条の三第一項の規定による臨検又は捜索をしたときは、これらの処分をした年月日及びその結果を記載した調書を作成し、立会人に示し、当該立会人とともにこれに署名押印しなければならない。ただし、立会人が署名押印をせず、又は署名押印することができないときは、その旨を付記すれば足りる。

（都道府県知事への報告）

第一〇条の三　児童の福祉に関する事務に従事する職員は、臨検等を終えたときは、その結果を都道府県知事に報告しなければならない。

（行政手続法の適用除外）

第一〇条の四　臨検等に係る処分については、行政手続法（平成五年法律第八十八号）第三章の規定は、適用しない。

（審査請求の制限）

第一〇条の五　臨検等に係る処分については、審査請求をすることができない。

（行政事件訴訟の制限）

第一〇条の六　臨検等に係る処分については、行政事件訴訟法（昭和三十七年法律第百三十九号）第三十七条の四の規定による差止めの訴えを提起することができない。

（児童虐待を行った保護者に対する指導等）

第一一条　都道府県知事又は児童相談所長は、児童虐待を行った保護者について児童福祉法第二十七条第一項第二号又は第二十六条第一項第二号の規定により指導を行う場合は、当該保護者について、児童虐待の再発を防止するため、医学的又は心理学的知見に基づく指導を行うよう努めるものとする。

2　児童虐待を行った保護者について児童福祉法第二十七条第一項第二号の規定により行われる指導は、親子の再統合への配慮その他の児童虐待を受けた児童が家庭（家庭における養育環境と同様の養育環境及び良好な家庭的環境を含む。）で生活するために必要な配慮の下に適切に行われなければならない。

3　児童虐待を行った保護者について児童福祉法第二十七条第一項第二号の措置が採られた場合

においては、当該保護者は、同号の指導を受けなければならない。

4　前項の場合において保護者が同項の指導を受けないときは、都道府県知事は、当該保護者に対し、同項の指導を受けるよう勧告することができる。

5　都道府県知事は、前項の規定による勧告を受けた保護者が当該勧告に従わない場合において必要があると認めるときは、児童福祉法第三十三条第二項の規定により児童相談所長をして児童虐待を受けた児童の一時保護を行わせ、又は適当な者に当該一時保護を行うことを委託させ、同法第二十七条第一項第三号又は第二十八条第一項の規定による措置を採る等の必要な措置を講ずるものとする。

6　児童相談所長は、第四項の規定による勧告を受けた保護者が当該勧告に従わず、その監護する児童に対し親権を行わせることが著しく当該児童の福祉を害する場合には、必要に応じて、適切に、児童福祉法第三十三条の七の規定による請求を行うものとする。

7　都道府県は、保護者への指導（第二項の指導及び児童虐待を行った保護者に対する児童福祉法第十一条第一項第二号ニの規定による指導をいう。以下この項において同じ。）を効果的に行うため、同法第十三条第五項に規定する指導教育担当児童福祉司に同項に規定する指導及び教育のほか保護者への指導を行う者に対する専門的技術に関する指導及び教育を行わせるとともに、第八条の二第一項の規定による調査若しくは質問、第九条第一項の規定による立入り及び調査若しくは質問、第九条の二第一項の規定による調査若しくは質問、第九条の三第一項の規定による臨検若しくは捜索又は同条第二項の規定による調査若しくは質問をした児童の福祉に関する事務に従事する職員並びに同法第三十三条第一項又は第二項の規定による児童の一時保護を行った児童福祉司以外の者に当該児童に係る保護者への指導を行わせることその他の必要な措置を講じなければならない。

（面会等の制限等）

第十二条　児童虐待を受けた児童について児童福祉法第二十七条第一項第三号の措置（以下「**施設入所等の措置**」という。）が採られ、又は同法第三十三条第一項若しくは第二項の規定による一時保護が行われた場合において、児童虐待の防止及び児童虐待を受けた児童の保護のため必要があると認めるときは、児童相談所長及び当該児童について施設入所等の措置が採られている場合における当該施設入所等の措置に係る同号に規定する施設の長は、内閣府令で定めるところにより、当該児童虐待を行った保護者について、次に掲げる行為の全部又は一部を制限することができる。

一　当該児童との面会

二　当該児童との通信

2　前項の施設の長は、同項の規定による制限を行った場合又は行わなくなった場合は、その旨を児童相談所長に通知するものとする。

3　児童虐待を受けた児童について施設入所等の措置（児童福祉法第二十八条の規定によるものに限る。）が採られ、又は同法第三十三条第一項若しくは第二項の規定による一時保護が行われた場合において、当該児童虐待を行った保護者に対し当該児童の住所又は居所を明らかにしたとすれば、当該保護者が当該児童を連れ戻すおそれがある等再び児童虐待が行われるおそれがあり、又は当該児童の保護に支障をきたすと認めるときは、児童相談所長は、当該保護者に対し、当該児童の住所又は居所を明らかにしないものとする。

第十二条の二　児童虐待を受けた児童について施設入所等の措置（児童福祉法第二十八条の規定によるものを除く。以下この項において同じ。）が採られた場合において、当該児童虐待を行った保護者に当該児童を引き渡した場合には再び児童虐待が行われるおそれがあると認められるにもかかわらず、当該保護者が当該児童の引渡しを求めること、当該保護者が前条第一項の規定による制限に従わないことその他の事情から当該児童について当該施設入所等の措置を採ることが当該保護者の意に反し、これを継続することが困難であると認めるときは、児童相談所長は、次項の報告を行うに至るまで、同法第三十三条第一項の規定により当該児童の一時保護を行い、又は適当な者に委託して、当該一時保護を行わせることができる。

2　児童相談所長は、前項の一時保護を行った、又は行わせた場合には、速やかに、児童福祉法第二十六条第一項第一号の規定に基づき、同法

第二十八条の規定による施設入所等の措置を要する旨を都道府県知事に報告しなければならない。

第一二条の三　児童相談所長は、児童福祉法第三十三条第一項の規定により、児童虐待を受けた児童について一時保護を行っている、又は適当な者に委託して、一時保護を行わせている場合（前条第一項の一時保護を行っている、又は行わせている場合を除く。）において、当該児童について施設入所等の措置を要すると認めるときであって、当該児童虐待を行った保護者に当該児童を引き渡した場合には再び児童虐待が行われるおそれがあると認められるにもかかわらず、当該保護者が当該児童の引渡しを求めること、当該保護者が第十二条第一項の規定による制限に従わないことその他の事情から当該児童について施設入所等の措置を採ることが当該保護者の意に反すると認めるときは、速やかに、同法第二十六条第一項第一号の規定に基づき、同法第二十八条の規定による施設入所等の措置を要する旨を都道府県知事に報告しなければならない。

第一二条の四　都道府県知事又は児童相談所長は、児童虐待を受けた児童について施設入所等の措置が採られ、又は児童福祉法第三十三条第一項若しくは第二項の規定による一時保護が行われ、かつ、第十二条第一項の規定により、当該児童虐待を行った保護者について、同項各号に掲げる行為の全部が制限されている場合において、児童虐待の防止及び児童虐待を受けた児童の保護のため特に必要があると認めるときは、内閣府令で定めるところにより、六月を超えない期間を定めて、当該保護者に対し、当該児童の住所若しくは居所、就学する学校その他の場所において当該児童の身辺につきまとい、又は当該児童の住所若しくは居所、就学する学校その他その通常所在する場所（通学路その他の当該児童が日常生活又は社会生活を営むために通常移動する経路を含む。）の付近をはいかいしてはならないことを命ずることができる。

2　都道府県知事又は児童相談所長は、前項に規定する場合において、引き続き児童虐待の防止及び児童虐待を受けた児童の保護のため特に必要があると認めるときは、六月を超えない期間を定めて、同項の規定による命令に係る期間を更新することができる。

3　都道府県知事又は児童相談所長は、第一項の規定による命令をしようとするとき（前項の規定により第一項の規定による命令に係る期間を更新しようとするときを含む。）は、行政手続法第十三条第一項の規定による意見陳述のための手続の区分にかかわらず、聴聞を行わなければならない。

4　第一項の規定による命令をするとき（第二項の規定により第一項の規定による命令に係る期間を更新するときを含む。）は、内閣府令で定める事項を記載した命令書を交付しなければならない。

5　第一項の規定による命令が発せられた後に施設入所等の措置が解除され、停止され、若しくは他の措置に変更された場合、児童福祉法第三十三条第一項若しくは第二項の規定による一時保護が解除された場合又は第十二条第一項の規定による制限の全部若しくは一部が行われなくなった場合は、当該命令は、その効力を失う。同法第二十八条第三項の規定により引き続き施設入所等の措置が採られ、又は同法第三十三条第六項の規定により引き続き一時保護が行われている場合において、第一項の規定による命令が発せられたときであって、当該命令に係る期間が経過する前に同法第二十八条第二項の規定による当該施設入所等の措置の期間の更新に係る承認の申立てに対する審判又は同法第三十三条第五項本文の規定による引き続いての一時保護に係る承認の申立てに対する審判が確定したときも、同様とする。

6　都道府県知事又は児童相談所長は、第一項の規定による命令をした場合において、その必要がなくなったと認めるときは、内閣府令で定めるところにより、その命令を取り消さなければならない。

注　第一二条の四は、令和四年六月一五日法律第六六号により次のように改正され、令和四年六月一五日から起算して三年を超えない範囲内において政令で定める日から施行される。
　第十二条の四第五項中「第三十三条第六項」を「第三十三条第十五項」に、「第三十三条第五項本文」を「第三十三条第十四項本文」に改める。

（施設入所等の措置の解除等）

第一三条　都道府県知事は、児童虐待を受けた児童について施設入所等の措置が採られ、及び当該児童の保護者について児童福祉法第二十七条第一項第二号の措置が採られた場合において当該児童について採られた施設入所等の措置を解除しようとするときは、当該児童の保護者について同号の指導を行うこととされた児童福祉司等の意見を聴くとともに、当該児童の保護者に対し採られた当該指導の効果、当該児童に対し再び児童虐待が行われることを予防するために採られる措置について見込まれる効果、当該児童の家庭環境その他内閣府令で定める事項を勘案しなければならない。

2　都道府県知事は、児童虐待を受けた児童について施設入所等の措置が採られ、又は児童福祉法第三十三条第二項の規定による一時保護が行われた場合において、当該児童について採られた施設入所等の措置又は行われた一時保護を解除するときは、当該児童の保護者に対し、親子の再統合の促進その他の児童虐待を受けた児童が家庭で生活することを支援するために必要な助言を行うことができる。

3　都道府県知事は、前項の助言に係る事務の全部又は一部を内閣府令で定める者に委託することができる。

4　前項の規定により行われる助言に係る事務に従事する者又は従事していた者は、正当な理由がなく、その事務に関して知り得た秘密を漏らしてはならない。

（施設入所等の措置の解除時の安全確認等）

第一三条の二　都道府県は、児童虐待を受けた児童について施設入所等の措置が採られ、又は児童福祉法第三十三条第二項の規定による一時保護が行われた場合において、当該児童について採られた施設入所等の措置若しくは行われた一時保護を解除するとき又は当該児童が一時的に帰宅するときは、必要と認める期間、市町村、児童福祉施設その他の関係機関との緊密な連携を図りつつ、当該児童の家庭を継続的に訪問することにより当該児童の安全の確認を行うとともに、当該児童の保護者からの相談に応じ、当該児童の養育に関する指導、助言その他の必要な支援を行うものとする。

（児童虐待を受けた児童等に対する支援）

第一三条の三　市町村は、子ども・子育て支援法第二十七条第一項に規定する特定教育・保育施設（次項において「特定教育・保育施設」という。）又は同法第四十三条第二項に規定する特定地域型保育事業（次項において「特定地域型保育事業」という。）の利用について、同法第四十二条第一項若しくは第五十四条第一項の規定により相談、助言若しくはあっせん若しくは要請を行う場合又は児童福祉法第二十四条第三項の規定により調整若しくは要請を行う場合には、児童虐待の防止に寄与するため、特別の支援を要する家庭の福祉に配慮をしなければならない。

2　特定教育・保育施設の設置者又は子ども・子育て支援法第二十九条第一項に規定する特定地域型保育事業者は、同法第三十三条第二項又は第四十五条第二項の規定により当該特定教育・保育施設を利用する児童（同法第十九条第二号又は第三号に該当する児童に限る。以下この項において同じ。）又は当該特定地域型保育事業者に係る特定地域型保育事業を利用する児童を選考するときは、児童虐待の防止に寄与するため、特別の支援を要する家庭の福祉に配慮をしなければならない。

3　国及び地方公共団体は、児童虐待を受けた児童がその年齢及び能力に応じ充分な教育が受けられるようにするため、教育の内容及び方法の改善及び充実を図る等必要な施策を講じなければならない。

4　国及び地方公共団体は、居住の場所の確保、進学又は就業の支援その他の児童虐待を受けた者の自立の支援のための施策を講じなければならない。

（資料又は情報の提供）

第一三条の四　地方公共団体の機関及び病院、診療所、児童福祉施設、学校その他児童の医療、福祉又は教育に関係する機関（地方公共団体の機関を除く。）並びに医師、歯科医師、保健師、助産師、看護師、児童福祉施設の職員、学校の教職員その他児童の医療、福祉又は教育に関連する職務に従事する者は、市町村長、都道府県の設置する福祉事務所の長又は児童相談所長から児童虐待に係る児童又はその保護者の心身の状況、これらの者の置かれている環境その他児童虐待の防止等に係る当該児童、その保護者その他の関係者に関する資料又は情報の提供を求められたときは、当該資料又は情報について、当該市町村長、都道府県の設置する福祉事務所の長又は児童相談所長が児童虐待の防止等に関する事務又は業務の遂行に必要な限度で利用し、かつ、利用することに相当の理由があるときは、これを提供することができる。ただし、当該資料又は情報を提供することによって、当該資料又は情報に係る児童、その保護者その他の関係者又は第三者の権利利益を不当に侵害するおそれがあると認められるときは、この限りでない。

（都道府県児童福祉審議会等への報告）

第一三条の五　都道府県知事は、児童福祉法第八条第二項に規定する都道府県児童福祉審議会（同条第一項ただし書に規定する都道府県にあっては、地方社会福祉審議会）に、第九条第一項の規定による立入り及び調査又は質問、臨検等並びに児童虐待を受けた児童に行われた同法第三十三条第一項又は第二項の規定による一時保護の実施状況、児童の心身に著しく重大な被害を及ぼした児童虐待の事例その他の内閣府令で定める事項を報告しなければならない。

（児童の人格の尊重等）

第一四条　児童の親権を行う者は、児童のしつけに際して、児童の人格を尊重するとともに、その年齢及び発達の程度に配慮しなければならず、かつ、体罰その他の児童の心身の健全な発達に有害な影響を及ぼす言動をしてはならない。

2　児童の親権を行う者は、児童虐待に係る暴行罪、傷害罪その他の犯罪について、当該児童の親権を行う者であることを理由として、その責めを免れることはない。

（親権の喪失の制度の適切な運用）

第一五条　民法（明治二十九年法律第八十九号）に規定する親権の喪失の制度は、児童虐待の防止及び児童虐待を受けた児童の保護の観点からも、適切に運用されなければならない。

（大都市等の特例）

第一六条　この法律中都道府県が処理することとされている事務で政令で定めるものは、地方自治法（昭和二十二年法律第六十七号）第二百五十二条の十九第一項の指定都市（以下「**指定都市**」という。）及び同法第二百五十二条の二十二第一項の中核市（以下「**中核市**」という。）並びに児童福祉法第五十九条の四第一項に規定する児童相談所設置市においては、政令で定めるところにより、指定都市若しくは中核市又は児童相談所設置市（以下「**指定都市等**」という。）が処理するものとする。この場合においては、この法律中都道府県に関する規定は、指定都市等に関する規定として指定都市等に適用があるものとする。

（罰則）

第一七条　第十二条の四第一項の規定による命令（同条第二項の規定により同条第一項の規定による命令に係る期間が更新された場合における当該命令を含む。）に違反した者は、一年以下の懲役又は百万円以下の罰金に処する。

注　第一七条は、令和四年六月一七日法律第六八号により次のように改正され、令和四年六月一七日から起算して三年を超えない範囲内において政令で定める日から施行される。

第十七条中「懲役」を「拘禁刑」に改める。

第一八条　第十三条第四項の規定に違反した者は、一年以下の懲役又は五十万円以下の罰金に処する。

注　第一八条は、令和四年六月一七日法律第六八号により次のように改正され、令和四年六月一七日から起算して三年を超えない範囲内において政令で定める日から施行される。

第十八条中「懲役」を「拘禁刑」に改める。

附　則（抄）

（施行期日）

第一条　この法律は、公布の日から起算して六月を超えない範囲内において政令で定める日〔平一二・一一・二〇〕から施行する。〔以下略〕

子ども・子育て支援法の概要

1　制定の経緯

平成元年の我が国の合計特殊出生率が一・五七に低下した事態（いわゆる「一・五七ショック」）をきっかけとして、政府は、仕事と子育ての両立支援など子どもを生み育てやすい環境づくりに向けて、さまざまな施策を進めてきました。今日、少子化に対処するための重点課題、数値目標等は、少子化社会対策基本法（平成一五年法律第一三三号）に基づく「少子化社会対策大綱」に規定されています。

平成二二年一月の少子化社会対策大綱（「子ども・子育てビジョン」）の閣議決定に合わせて「子ども・子育て新システム検討会議」が発足し、新たな制度について検討が進められました。会議の検討結果に基づき、子ども・子育て関連三法の柱として、子ども・子育て支援法は平成二四年の通常国会に提出され、同年八月に公布、平成二七年四月から施行されています。

平成二八年には、待機児童解消加速プランに基づき、多様な働き方に応じた多様な保育サービスを提供することにより、子ども・子育て支援の提供体制の充実が図られるよう、仕事・子育て両立支援事業及び病児保育普及促進事業の創設、事業主拠出金の率の引き上げ等が講じられました。

令和元年五月には、基本理念に保護者の経済的負担の軽減に配慮する旨の追加、及び国の定める基準を満たす認可外保育所、病児保育事業等の利用を含む幼児教育・保育の原則無償化を柱とする改正が行われています。

令和三年一〇月には、仕事・子育て両立支援事業として、労働者の子育てに積極的に取り組んでいる事業者に対し助成及び援助を行う事業が、令和九年三月三一日までの期限付きで創設されました。

2　法の概要

(1)　第一章　総則

法の目的、基本理念、責務規定（市町村・都道府県・国・事業主・国民の責務）、定義規定が置かれています。

この法律は、我が国における急速な少子化の進行等を鑑み、児童福祉法その他の施策と相まって、子ども・子育て支援給付等を行うことにより、子どもが健やかに成長することができる社会の実現に寄与することを目的としています（第一条）。

市町村（特別区を含む。以下同じ。）は、この法律の実施に関し、子ども・子育て支援給付及び地域子ども・子育て支援事業を総合的かつ計画的に行う等の責務を有するとされています（第三条）。また、国民の責務として、子ども・子育て支援の重要性に対する関心と理解を深めるとともに、国又は地方公共団体が講ずる子ども・子育て支援に協力しなければならないとされています（第五条）。

この法律において「子ども」とは、一八歳に達する日以後の最初の三月三一日までの間にある者をいい、「保護者」とは、親権を行う者、未成年後見人その他の者で、子どもを現に監護する者とされています。

(2)　第二章　子ども・子育て支援給付

子ども・子育て支援給付とは、①子どものための現金給付（児童手当）、②子どものための教育・保育給付（幼稚園又は認可保育所若しくは家庭的保育事業等の利用に要する費用の支給）、③子育てのための施設等利用給付（認可外保育所又は一時預かり事業等の利用に要する費用の支給）のことをいいます（第八条）。

①は、児童手当法（昭和四六年法律第七三号）に基づき支給されます（第九条）。②は主に、施設型給付費の支給（保育所等の利用）及び地域型保育給付費の支給（家庭的保育事業、事業所内保育施設等の利用）に分けられます（第二七、二九条）。

保護者が②及び③を受給するには、その子どもが小学校就学前であって、保護者が働いていることにより家庭において保育が困難であること等について、市町村から認定を受けなければなりません。

②は、地域ごとに保育等に要する費用として内閣総理大臣が定める額（公定価格）から利用者負担額を控除した額が支給されます。③は、一定額が支給されます。食事に要する費用等を除き利用者負担額については、原則無償化とされています。

支給方法は、現物支給（保護者に代わり保育所等に支払う）によることができるとされています。

(3) 第三章　特定教育・保育施設及び特定地域型保育事業者並びに特定子ども・子育て支援施設等

施設型給付費の対象となる施設（特定教育・保育施設）の設置者は、保護者から利用の申込みを受けたときは、正当な理由なしに拒んではならないとされています（第三三条）。

特定教育・保育施設である認定こども園、幼稚園、保育所は、その所在する都道府県等の条例で定める設備及び運営に関する基準を遵守しなければなりません（第三四条）。

市町村長は、特定教育・保育施設から必要な報告若しくは帳簿書類等の提出を命じたり、立入検査をすることができます（第三八条）。そのほか市町村長は、特定教育・保育施設が適正な運営ができないと認められるときは、その設置者に対して、必要な措置をとるよう勧告することができます（第三九条）。

(4) 第四章　地域子ども・子育て支援事業

市町村は、市町村子ども・子育て支援事業計画に従って、地域子ども・子育て支援事業として、次に掲げる事業等を行うとされています。

時間外保育の費用の助成、日用品、文房具等の購入費用の助成、放課後児童健全育成事業、子育て短期支援事業、乳児家庭全戸訪問事業、病後児保育事業　等

(5) 第四章の二　仕事・子育て両立支援事業

政府は、仕事・子育て両立支援事業として、企業主導型の保育事業を行う設置者に対して助成を行うことができるとされています。

(6) 第五章　子ども・子育て支援事業計画

内閣総理大臣は、子ども・子育て支援給付並びに地域子ども・子育て支援事業及び仕事・子育て両立支援事業その他の施策を総合的に推進するための基本的な指針を定めるものとされています。

この指針に即して、市町村は、五年を一期とする「市町村子ども・子育て支援事業計画」を、都道府県は「都道府県子ども・子育て支援事業支援計画」を定めます。これらの計画には、区域内の各年度において必要となる教育・保育施設に係る利用定員総数等を定めます。

(7) 第六章　費用等

施設型給付費等に要する費用について、市町村、都道府県及び国の負担割合等が規定されています。

(8) 第七章　市町村等における合議制の機関

市町村等は、審議会その他の合議制の機関を置くように努めます。

(9) 第八章　雑則

子どものための教育・保育給付等を受けることができる権利は、これらを行使できる時から起算して二年を経過したときは、時効によって消滅します（第七三条）。

(10) 第九章　罰則

特定教育・保育施設の設置者が、市町村長から必要な報告若しくは帳簿書類等の提出を命じられたときに、これらについて虚偽の報告をしたり、提出を拒んだりした場合は、三〇万円以下の罰金に処せられます（第七九条）。

3　関係主要法令等

◉子ども・子育て支援法施行令（平二六政令二一三）

◉子ども・子育て支援法施行規則（平二六内閣府令四四）

◉特定教育・保育施設及び特定地域型保育事業並びに特定子ども・子育て支援施設等の運営に関する基準（平二六内閣府令三九）

◉幼保連携型認定こども園の学級の編制、職員、設備及び運営に関する基準（平二六内閣府・文科・厚労令一）

◉教育・保育及び地域子ども・子育て支援事業の提供体制の整備並びに子ども・子育て支援給付並びに地域子ども・子育て支援事業及び仕事・子育て両立支援事業の円滑な実施を確保するための基本的な指針（平二六内閣府告一五九）

◉特定教育・保育、特別利用保育、特別利用教育、特定地域型保育、特別利用地域型保育、特定利用地域型保育及び特例保育に要する費用の額の算定に関する基準等（平二七内閣府告四九）

◉子ども・子育て支援法

（平成二四・八・二二法律六五）

注 令五法律五八改正現在

第一章 総則

（目的）

第一条 この法律は、我が国における急速な少子化の進行並びに家庭及び地域を取り巻く環境の変化に鑑み、児童福祉法（昭和二十二年法律第百六十四号）その他の子どもに関する法律による施策と相まって、子ども・子育て支援給付その他の子ども及び子どもを養育している者に必要な支援を行い、もって一人一人の子どもが健やかに成長することができる社会の実現に寄与することを目的とする。

（基本理念）

第二条 子ども・子育て支援は、父母その他の保護者が子育てについての第一義的責任を有するという基本的認識の下に、家庭、学校、地域、職域その他の社会のあらゆる分野における全ての構成員が、各々の役割を果たすとともに、相互に協力して行われなければならない。

2 子ども・子育て支援給付その他の子ども・子育て支援の内容及び水準は、全ての子どもが健やかに成長するように支援するものであって、良質かつ適切なものであり、かつ、子どもの保護者の経済的負担の軽減について適切に配慮されたものでなければならない。

3 子ども・子育て支援給付その他の子ども・子育て支援は、地域の実情に応じて、総合的かつ効率的に提供されるよう配慮して行われなければならない。

（市町村等の責務）

第三条　市町村（特別区を含む。以下同じ。）は、この法律の実施に関し、次に掲げる責務を有する。

一　子どもの健やかな成長のために適切な環境が等しく確保されるよう、子ども及びその保護者に必要な子ども・子育て支援給付及び地域子ども・子育て支援事業を総合的かつ計画的に行うこと。

二　子ども及びその保護者が、確実に子ども・子育て支援給付を受け、及び地域子ども・子育て支援事業その他の子ども・子育て支援を円滑に利用するために必要な援助を行うとともに、関係機関との連絡調整その他の便宜の提供を行うこと。

三　子ども及びその保護者が置かれている環境に応じて、子どもの保護者の選択に基づき、多様な施設又は事業者から、良質かつ適切な教育及び保育その他の子ども・子育て支援が総合的かつ効率的に提供されるよう、その提供体制を確保すること。

2　都道府県は、市町村が行う子ども・子育て支援給付及び地域子ども・子育て支援事業が適正かつ円滑に行われるよう、市町村に対する必要な助言及び適切な援助を行うとともに、子ども・子育て支援のうち、特に専門性の高い施策及び各市町村の区域を超えた広域的な対応が必要な施策を講じなければならない。

3　国は、市町村が行う子ども・子育て支援給付及び地域子ども・子育て支援事業その他この法律に基づく業務が適正かつ円滑に行われるよう、市町村及び都道府県と相互に連携を図りながら、子ども・子育て支援の提供体制の確保に関する施策その他の必要な各般の措置を講じなければならない。

（事業主の責務）

第四条　事業主は、その雇用する労働者に係る多様な労働条件の整備その他の労働者の職業生活と家庭生活との両立が図られるようにするために必要な雇用環境の整備を行うことにより当該労働者の子育ての支援に努めるとともに、国又は地方公共団体が講ずる子ども・子育て支援に協力しなければならない。

（国民の責務）

第五条　国民は、子ども・子育て支援の重要性に対する関心と理解を深めるとともに、国又は地方公共団体が講ずる子ども・子育て支援に協力しなければならない。

（定義）

第六条　この法律において「**子ども**」とは、十八歳に達する日以後の最初の三月三十一日までの間にある者をいい、「**小学校就学前子ども**」とは、子どものうち小学校就学の始期に達するまでの者をいう。

2　この法律において「**保護者**」とは、親権を行う者、未成年後見人その他の者で、子どもを現に監護する者をいう。

第七条　この法律において「**子ども・子育て支援**」とは、全ての子どもの健やかな成長のために適切な環境が等しく確保されるよう、国若しくは地方公共団体又は地域における子育ての支援を行う者が実施する子ども及び子どもの保護者に対する支援をいう。

2　この法律において「**教育**」とは、満三歳以上の小学校就学前子どもに対して義務教育及びその後の教育の基礎を培うものとして教育基本法（平成十八年法律第百二十号）第六条第一項に規定する法律に定める学校において行われる教育をいう。

3　この法律において「**保育**」とは、児童福祉法第六条の三第七項第一号に規定する保育をいう。

4　この法律において「**教育・保育施設**」とは、就学前の子どもに関する教育、保育等の総合的な提供の推進に関する法律（平成十八年法律第七十七号。以下「**認定こども園法**」という。）第二条第六項に規定する認定こども園（以下「**認定こども園**」という。）、学校教育法（昭和二十二年法律第二十六号）第一条に規定する幼稚園（認定こども園法第三条第一項又は第三項の認定を受けたもの及び同条第十項の規定による公示がされたものを除く。以下「**幼稚園**」という。）及び児童福祉法第三十九条第一項に規定する保育所（認定こども園法第三条第一項の認定を受けたもの及び同条第十項の規定による公示がされたものを除く。以下「**保育所**」という。）をいう。

5　この法律において「**地域型保育**」とは、家庭的保育、小規模保育、居宅訪問型保育及び事業所内保育をいい、「**地域型保育事業**」とは、地域型保育を行う事業をいう。

6　この法律において「**家庭的保育**」とは、児童福祉法第六条の三第九項に規定する家庭的保育事業として行われる保育をいう。

7　この法律において「**小規模保育**」とは、児童福祉法第六条の三第十項に規定する小規模保育事業として行われる保育をいう。

8　この法律において「**居宅訪問型保育**」とは、児童福祉法第六条の三第十一項に規定する居宅訪問型保育事業として行われる保育をいう。

9　この法律において「**事業所内保育**」とは、児童福祉法第六条の三第十二項に規定する事業所内保育事業として行われる保育をいう。

10　この法律において「**子ども・子育て支援施設等**」とは、次に掲げる施設又は事業をいう。

一　認定こども園（保育所等（認定こども園法第二条第五項に規定する保育所等をいう。第五号において同じ。）であるもの及び第二十七条第一項に規定する特定教育・保育施設であるものを除く。第三十条の十一第一項第一号、第五十八条の四第一項第一号、第五十八条の十第一項第二号、第五十九条第三号ロ及び第六章において同じ。）

二　幼稚園（第二十七条第一項に規定する特定教育・保育施設であるものを除く。第三十条の十一第一項第二号、第三章第二節（第五十八条の九第六項第三号ロを除く。）、第五十九条第三号ロ及び第六章において同じ。）

三　特別支援学校（学校教育法第一条に規定する特別支援学校をいい、同法第七十六条第二項に規定する幼稚部に限る。以下同じ。）

四　児童福祉法第五十九条の二第一項に規定する施設（同項の規定による届出がされたものに限り、次に掲げるものを除く。）のうち、当該施設に配置する従業者及びその員数その他の事項について内閣府令で定める基準を満たすもの

イ　認定こども園法第三条第一項又は第三項の認定を受けたもの

ロ　認定こども園法第三条第十項の規定による公示がされたもの

ハ　第五十九条の二第一項の規定による助成を受けているもののうち政令で定めるもの

五　認定こども園、幼稚園又は特別支援学校において行われる教育・保育（教育又は保育をいう。以下同じ。）であって、次のイ又はロに掲げる当該施設の区分に応じそれぞれイ又はロに定める一日当たりの時間及び期間の範囲外において、家庭において保育を受けることが一時的に困難となった当該イ又はロに掲げる施設に在籍している小学校就学前子どもに対して行われるものを提供する事業のうち、その事業を実施するために必要なものとして内閣府令で定める基準を満たすもの

イ　認定こども園（保育所等であるものを除く。）、幼稚園又は特別支援学校　当該施設における教育に係る標準的な一日当たりの時間及び期間

ロ　認定こども園（保育所等であるものに限る。）　イに定める一日当たりの時間及び期間を勘案して内閣府令で定める一日当たりの時間及び期間

六　児童福祉法第六条の三第七項に規定する一時預かり事業（前号に掲げる事業に

該当するものを除く。）

七　児童福祉法第六条の三第十三項に規定する病児保育事業のうち、当該事業に従事する従業者及びその員数その他の事項について内閣府令で定める基準を満たすもの

八　児童福祉法第六条の三第十四項に規定する子育て援助活動支援事業（同項第一号に掲げる援助を行うものに限る。）のうち、市町村が実施するものであることその他の内閣府令で定める基準を満たすもの

第二章　子ども・子育て支援給付

第一節　通則

（子ども・子育て支援給付の種類）

第八条　子ども・子育て支援給付は、子どものための現金給付、子どものための教育・保育給付及び子育てのための施設等利用給付とする。

第二節　子どものための現金給付

第九条　子どものための現金給付は、児童手当（児童手当法（昭和四十六年法律第七十三号）に規定する児童手当をいう。以下同じ。）の支給とする。

第一〇条　子どものための現金給付については、この法律に別段の定めがあるものを除き、児童手当法の定めるところによる。

第三節　子どものための教育・保育給付

第一款　通則

（子どものための教育・保育給付）

第一一条　子どものための教育・保育給付は、施設型給付費、特例施設型給付費、地域型保育給付費及び特例地域型保育給付費の支給とする。

（不正利得の徴収）

第一二条　市町村は、偽りその他不正の手段により子どものための教育・保育給付を受けた者があるときは、その者から、その子どものための教育・保育給付の額に相当する金額の全部又は一部を徴収することができる。

2　市町村は、第二十七条第一項に規定する特定教育・保育施設又は第二十九条第一項に規定する特定地域型保育事業者が、偽りその他不正の行為により第二十七条第五項（第二十八条第四項において準用する場合を含む。）又は第二十九条第五項（第三十条第四項において準用する場合を含む。）の規定による支払を受けたときは、当該特定教育・保育施設又は特定地域型保育事業者から、その支払った額につき返還させるべき額を徴収するほか、その返還させるべき額に百分の四十を乗じて得た額を徴収することができる。

3　前二項の規定による徴収金は、地方自治法（昭和二十二年法律第六十七号）第二百三十一条の三第三項に規定する法律で定める歳入とする。

（報告等）

第一三条　市町村は、子どものための教育・保育給付に関して必要があると認めるときは、この法律の施行に必要な限度において、小学校就学前子ども、小学校就学前子どもの保護者若しくは小学校就学前子どもの属する世帯の世帯主その他その世帯に属する者又はこれらの者であった者に対し、報告若しくは文書その他の物件の提出若しくは提示を命じ、又は当該職員に質問させることができる。

2　前項の規定による質問を行う場合においては、当該職員は、その身分を示す証明書を携帯し、かつ、関係人の請求があるときは、これを提示しなければならない。

3　第一項の規定による権限は、犯罪捜査のために認められたものと解釈してはならない。

第一四条　市町村は、子どものための教育・保育給付に関して必要があると認めるときは、この法律の施行に必要な限度において、当該子どものための教育・保育給付に係る教育・保育を行う者若しくはこれを使用する者若しくはこれらの者であった者に

対し、報告若しくは文書その他の物件の提出若しくは提示を命じ、又は当該職員に関係者に対して質問させ、若しくは事業所に立ち入り、その設備若しくは帳簿書類その他の物件を検査させることができる。

2　前条第二項の規定は前項の規定による質問又は検査について、同条第三項の規定は前項の規定による権限について、それぞれ準用する。

（内閣総理大臣又は都道府県知事の教育・保育に関する調査等）

第一五条　内閣総理大臣又は都道府県知事は、子どものための教育・保育給付に関して必要があると認めるときは、この法律の施行に必要な限度において、子どものための教育・保育給付に係る小学校就学前子ども若しくは小学校就学前子どもの保護者又はこれらの者であった者に対し、当該子どものための教育・保育給付に係る教育・保育の内容に関し、報告若しくは文書その他の物件の提出若しくは提示を命じ、又は当該職員に質問させることができる。

2　内閣総理大臣又は都道府県知事は、子どものための教育・保育給付に関して必要があると認めるときは、この法律の施行に必要な限度において、教育・保育を行った者若しくはこれを使用した者に対し、その行った教育・保育に関し、報告若しくは当該教育・保育の提供の記録、帳簿書類その他の物件の提出若しくは提示を命じ、又は当該職員に関係者に対して質問させることができる。

3　第十三条第二項の規定は前二項の規定による質問について、同条第三項の規定は前二項の規定による権限について、それぞれ準用する。

（資料の提供等）

第一六条　市町村は、子どものための教育・保育給付に関して必要があると認めるときは、この法律の施行に必要な限度において、小学校就学前子ども、小学校就学前子どもの保護者又は小学校就学前子どもの扶養義務者（民法（明治二十九年法律第八十九号）に規定する扶養義務者をいう。附則第六条において同じ。）の資産又は収入の状況につき、官公署に対し必要な文書の閲覧若しくは資料の提供を求め、又は銀行、信託会社その他の機関若しくは小学校就学前子どもの保護者の雇用主その他の関係人に報告を求めることができる。

（受給権の保護）

第一七条　子どものための教育・保育給付を受ける権利は、譲り渡し、担保に供し、又は差し押さえることができない。

（租税その他の公課の禁止）

第一八条　租税その他の公課は、子どものための教育・保育給付として支給を受けた金品を標準として、課することができない。

第二款　教育・保育給付認定等

（支給要件）

第一九条　子どものための教育・保育給付は、次に掲げる小学校就学前子どもの保護者に対し、その小学校就学前子どもの第二十七条第一項に規定する特定教育・保育、第二十八条第一項第二号に規定する特別利用保育、同項第三号に規定する特別利用教育、第二十九条第一項に規定する特定地域型保育又は第三十条第一項第四号に規定する特例保育の利用について行う。

一　満三歳以上の小学校就学前子ども（次号に掲げる小学校就学前子どもに該当するものを除く。）

二　満三歳以上の小学校就学前子どもであって、保護者の労働又は疾病その他の内閣府令で定める事由により家庭において必要な保育を受けることが困難であるもの

三　満三歳未満の小学校就学前子どもであって、前号の内閣府令で定める事由により家庭において必要な保育を受けることが困難であるもの

（市町村の認定等）

第二〇条　前条各号に掲げる小学校就学前子

どもの保護者は、子どものための教育・保育給付を受けようとするときは、内閣府令で定めるところにより、市町村に対し、その小学校就学前子どもごとに、子どものための教育・保育給付を受ける資格を有すること及びその該当する同条各号に掲げる小学校就学前子どもの区分についての認定を申請し、その認定を受けなければならない。

2　前項の認定は、小学校就学前子どもの保護者の居住地の市町村が行うものとする。ただし、小学校就学前子どもの保護者が居住地を有しないとき、又は明らかでないときは、その小学校就学前子どもの保護者の現在地の市町村が行うものとする。

3　市町村は、第一項の規定による申請があった場合において、当該申請に係る小学校就学前子どもが前条第二号又は第三号に掲げる小学校就学前子どもに該当すると認めるときは、政令で定めるところにより、当該小学校就学前子どもに係る保育必要量（月を単位として内閣府令で定める期間において施設型給付費、特例施設型給付費、地域型保育給付費又は特例地域型保育給付費を支給する保育の量をいう。以下同じ。）の認定を行うものとする。

4　市町村は、第一項及び前項の認定（以下「**教育・保育給付認定**」という。）を行ったときは、その結果を当該教育・保育給付認定に係る保護者（以下「**教育・保育給付認定保護者**」という。）に通知しなければならない。この場合において、市町村は、内閣府令で定めるところにより、当該教育・保育給付認定に係る小学校就学前子ども（以下「**教育・保育給付認定子ども**」という。）の該当する前条各号に掲げる小学校就学前子どもの区分、保育必要量その他の内閣府令で定める事項を記載した認定証（以下「**支給認定証**」という。）を交付するものとする。

5　市町村は、第一項の規定による申請について、当該保護者が子どものための教育・保育給付を受ける資格を有すると認められないときは、理由を付して、その旨を当該申請に係る保護者に通知するものとする。

6　第一項の規定による申請に対する処分は、当該申請のあった日から三十日以内にしなければならない。ただし、当該申請に係る保護者の労働又は疾病の状況の調査に日時を要することその他の特別な理由がある場合には、当該申請のあった日から三十日以内に、当該保護者に対し、当該申請に対する処分をするためになお要する期間（次項において「処理見込期間」という。）及びその理由を通知し、これを延期することができる。

7　第一項の規定による申請をした日から三十日以内に当該申請に対する処分がされないとき、若しくは前項ただし書の規定による通知がないとき、又は処理見込期間が経過した日までに当該申請に対する処分がされないときは、当該申請に係る保護者は、市町村が当該申請を却下したものとみなすことができる。

（教育・保育給付認定の有効期間）

第二一条　教育・保育給付認定は、内閣府令で定める期間（以下「**教育・保育給付認定の有効期間**」という。）内に限り、その効力を有する。

（届出）

第二二条　教育・保育給付認定保護者は、教育・保育給付認定の有効期間内において、内閣府令で定めるところにより、市町村に対し、その労働又は疾病の状況その他の内閣府令で定める事項を届け出、かつ、内閣府令で定める書類その他の物件を提出しなければならない。

（教育・保育給付認定の変更）

第二三条　教育・保育給付認定保護者は、現に受けている教育・保育給付認定に係る当該教育・保育給付認定子どもの該当する第十九条各号に掲げる小学校就学前子どもの区分、保育必要量その他の内閣府令で定める事項を変更する必要があるときは、内閣府令で定めるところにより、市町村に対し、教育・保育給付認定の変更の認定を申請することができる。
2　市町村は、前項の規定による申請により、教育・保育給付認定保護者につき、必要があると認めるときは、教育・保育給付認定の変更の認定を行うことができる。この場合において、市町村は、当該変更の認定に係る支給認定保護者に対し、支給認定証の提出を求めるものとする。
3　第二十条第二項、第三項、第四項前段及び第五項から第七項までの規定は、前項の教育・保育給付認定の変更の認定について準用する。この場合において、必要な技術的読替えは、政令で定める。
4　市町村は、職権により、教育・保育給付認定保護者につき、第十九条第三号に掲げる小学校就学前子どもに該当する教育・保育給付認定子ども（以下「**満三歳未満保育認定子ども**」という。）が満三歳に達したときその他必要があると認めるときは、内閣府令で定めるところにより、教育・保育給付認定の変更の認定を行うことができる。この場合において、市町村は、内閣府令で定めるところにより、当該変更の認定に係る教育・保育給付認定保護者に対し、支給認定証の提出を求めるものとする。
5　第二十条第二項、第三項及び第四項前段の規定は、前項の教育・保育給付認定の変更の認定について準用する。この場合において、必要な技術的読替えは、政令で定める。
6　市町村は、第二項又は第四項の教育・保育給付認定の変更の認定を行った場合には、内閣府令で定めるところにより、支給認定証に当該変更の認定に係る事項を記載し、これを返還するものとする。

（教育・保育給付認定の取消し）
第二四条　教育・保育給付認定を行った市町村は、次に掲げる場合には、当該教育・保育給付認定を取り消すことができる。
一　当該教育・保育給付認定に係る満三歳未満の小学校就学前子どもが、教育・保育給付認定の有効期間内に、第十九条第三号に掲げる小学校就学前子どもに該当しなくなったとき。
二　当該教育・保育給付認定保護者が、教育・保育給付認定の有効期間内に、当該市町村以外の市町村の区域内に居住地を有するに至ったと認めるとき。
三　その他政令で定めるとき。
2　前項の規定により教育・保育給付認定の取消しを行った市町村は、内閣府令で定めるところにより、当該取消しに係る教育・保育給付認定保護者に対し支給認定証の返還を求めるものとする。

（都道府県による援助等）
第二五条　都道府県は、市町村が行う第二十条、第二十三条及び前条の規定による業務に関し、その設置する福祉事務所（社会福祉法（昭和二十六年法律第四十五号）に定める福祉に関する事務所をいう。）、児童相談所又は保健所による技術的事項についての協力その他市町村に対する必要な援助を行うことができる。

（内閣府令への委任）
第二六条　この款に定めるもののほか、教育・保育給付認定の申請その他の手続に関し必要な事項は、内閣府令で定める。

第三款　施設型給付費及び地域型保育給付費等の支給

（施設型給付費の支給）
第二七条　市町村は、教育・保育給付認定子どもが、教育・保育給付認定の有効期間内において、市町村長（特別区の区長を含む。以下同じ。）が施設型給付費の支給に係る施設として確認する教育・保育施設（以下「**特定教育・保育施設**」という。）から当該確認に係る教育・保育（地域型保育を除き、第十九条第一号に掲げる小学校就学前子どもに該当する教育・保育給付認定子どもにあっては認定こども園において受ける教育・保育（保育にあっては、同号に掲げる小学校就学前子どもに該当する教育・保育給付認定子どもに対して提供される教育に係る標準的な一日当たりの時間及び期間を勘案して内閣府令で定める一日当たりの時間及び期間の範囲内において行われるものに限る。）又は幼稚園において受ける教育に限り、同条第二号に掲げる小学校就学前子どもに該当する教育・保育給付認定子どもにあっては認定こども園において受ける教育・保育又は保育所において受ける保育に限り、満三歳未満保育認定子どもにあっては認定こども園又は保育所において受ける保育に限る。以下「**特定教育・保育**」という。）を受けたときは、内閣府令で定めるところにより、当該教育・保育給付認定子どもに係る教育・保育給付認定保護者に対し、当該特定教育・保育（保育にあっては、保育必要量の範囲内のものに限る。以下「**支給認定教育・保育**」という。）に要した費用について、施設型給付費を支給する。

2　特定教育・保育施設から支給認定教育・保育を受けようとする教育・保育給付認定子どもに係る教育・保育給付認定保護者は、内閣府令で定めるところにより、特定教育・保育施設に支給認定証を提示して当該支給認定教育・保育を当該教育・保育給付認定子どもに受けさせるものとする。ただし、緊急の場合その他やむを得ない事由のある場合については、この限りでない。

3　施設型給付費の額は、一月につき、第一号に掲げる額から第二号に掲げる額を控除して得た額（当該額が零を下回る場合には、零とする。）とする。

一　第十九条各号に掲げる小学校就学前子どもの区分、保育必要量、当該特定教育・保育施設の所在する地域等を勘案して算定される特定教育・保育に通常要する費用の額を勘案して内閣総理大臣が定める基準により算定した費用の額（その額が現に当該支給認定教育・保育に要した費用の額を超えるときは、当該現に支給認定教育・保育に要した費用の額）

二　政令で定める額を限度として当該教育・保育給付認定保護者の属する世帯の所得の状況その他の事情を勘案して市町村が定める額

4　内閣総理大臣は、第一項の一日当たりの時間及び期間を定める内閣府令並びに前項第一号の基準を定め、又は変更しようとするときは、文部科学大臣に協議するとともに、こども家庭審議会の意見を聴かなければならない。

5　教育・保育給付認定子どもが特定教育・保育施設から支給認定教育・保育を受けたときは、市町村は、当該教育・保育給付認定保護者が当該特定教育・保育施設に支払うべき当該支給認定教育・保育に要した費用について、施設型給付費として当該教育・保育給付認定保護者に支給すべき額の限度において、当該教育・保育給付認定保護者に代わり、当該特定教育・保育施設に支払うことができる。

6　前項の規定による支払があったときは、教育・保育給付認定保護者に対し施設型給付費の支給があったものとみなす。

7　市町村は、特定教育・保育施設から施設型給付費の請求があったときは、第三項第一号の内閣総理大臣が定める基準及び第三十四条第二項の市町村の条例で定める特定教育・保育施設の運営に関する基準（特定教育・保育の取扱いに関する部分に限る。）に照らして審査の上、支払うものとする。

8　前各項に定めるもののほか、施設型給付費の支給及び特定教育・保育施設の施設型給付費の請求に関し必要な事項は、内閣府令で定める。

（特例施設型給付費の支給）

第二八条　市町村は、次に掲げる場合において、必要があると認めるときは、内閣府令で定めるところにより、第一号に規定する特定教育・保育に要した費用、第二号に規定する特別利用保育に要した費用又は第三号に規定する特別利用教育に要した費用について、特例施設型給付費を支給することができる。
一　教育・保育給付認定子どもが、当該教育・保育給付認定子どもに係る教育・保育給付認定保護者が第二十条第一項の規定による申請をした日から当該教育・保育給付認定の効力が生じた日の前日までの間に、緊急その他やむを得ない理由により特定教育・保育を受けたとき。
二　第十九条第一号に掲げる小学校就学前子どもに該当する教育・保育給付認定子どもが、特定教育・保育施設（保育所に限る。）から特別利用保育（同号に掲げる小学校就学前子どもに対して提供される教育・保育給付認定子どもに対して提供される教育に係る標準的な一日当たりの時間及び期間を勘案して内閣府令で定める一日当たりの時間及び期間の範囲内において行われる保育（地域型保育を除く。）をいう。以下同じ。）を受けたとき（地域における教育の体制の整備の状況その他の事情を勘案して必要があると市町村が認めるときに限る。）。
三　第十九条第二号に掲げる小学校就学前子どもに該当する教育・保育給付認定子どもが、特定教育・保育施設（幼稚園に限る。）から特別利用教育（教育のうち同号に掲げる小学校就学前子どもに該当する教育・保育給付認定子どもに対して提供されるものをいい、特定教育・保育を除く。以下同じ。）を受けたとき。

2　特例施設型給付費の額は、一月につき、次の各号に掲げる区分に応じ、当該各号に定める額とする。
一　特定教育・保育　前条第三項第一号の内閣総理大臣が定める基準により算定した費用の額（その額が現に当該特定教育・保育に要した費用の額を超えるときは、当該現に特定教育・保育に要した費用の額）から政令で定める額を限度として当該教育・保育給付認定保護者の属する世帯の所得の状況その他の事情を勘案して市町村が定める額を控除して得た額（当該額が零を下回る場合には、零とする。）を基準として市町村が定める額
二　特別利用保育　特別利用保育に通常要する費用の額を勘案して内閣総理大臣が定める基準により算定した費用の額（その額が現に当該特別利用保育に要した費用の額を超えるときは、当該現に特別利用保育に要した費用の額）から政令で定める額を限度として当該教育・保育給付認定保護者の属する世帯の所得の状況その他の事情を勘案して市町村が定める額を控除して得た額（当該額が零を下回る場合には、零とする。）
三　特別利用教育　特別利用教育に通常要する費用の額を勘案して内閣総理大臣が定める基準により算定した費用の額（その額が現に当該特別利用教育に要した費用の額を超えるときは、当該現に特別利用教育に要した費用の額）から政令で定める額を限度として当該教育・保育給付認定保護者の属する世帯の所得の状況その他の事情を勘案して市町村が定める額を控除して得た額（当該額が零を下回る場合には、零とする。）

3　内閣総理大臣は、第一項第二号の内閣府令並びに前項第二号及び第三号の基準を定め、又は変更しようとするときは、文部科学大臣に協議するとともに、こども家庭審議会の意見を聴かなければならない。

4　前条第二項及び第五項から第七項までの規定は、特例施設型給付費（第一項第一号に係るものを除く。第四十条第一項第四号において同じ。）の支給について準用する。この場合において、必要な技術的読替えは、政令で定める。

5　前各項に定めるもののほか、特例施設型給付費の支給及び特定教育・保育施設の特例施設型給付費の請求に関し必要な事項は、内閣府令で定める。

（地域型保育給付費の支給）

第二九条　市町村は、満三歳未満保育認定子

どもが、教育・保育給付認定の有効期間内において、市町村長が地域型保育給付費の支給に係る事業を行う者として確認する地域型保育を行う事業者（以下「**特定地域型保育事業者**」という。）から当該確認に係る地域型保育（以下「**特定地域型保育**」という。）を受けたときは、内閣府令で定めるところにより、当該満三歳未満保育認定子どもに係る教育・保育給付認定保護者に対し、当該特定地域型保育（保育必要量の範囲内のものに限る。以下「**満三歳未満保育認定地域型保育**」という。）に要した費用について、地域型保育給付費を支給する。

2　特定地域型保育事業者から満三歳未満保育認定地域型保育を受けようとする満三歳未満保育認定子どもに係る教育・保育給付認定保護者は、内閣府令で定めるところにより、特定地域型保育事業者に支給認定証を提示して当該満三歳未満保育認定地域型保育を当該満三歳未満保育認定子どもに受けさせるものとする。ただし、緊急の場合その他やむを得ない事由のある場合については、この限りでない。

3　地域型保育給付費の額は、一月につき、第一号に掲げる額から第二号に掲げる額を控除して得た額（当該額が零を下回る場合には、零とする。）とする。

一　地域型保育の種類ごとに、保育必要量、当該地域型保育の種類に係る特定地域型保育の事業を行う事業所（以下「**特定地域型保育事業所**」という。）の所在する地域等を勘案して算定される当該特定地域型保育に通常要する費用の額を勘案して内閣総理大臣が定める基準により算定した費用の額（その額が現に当該満三歳未満保育認定地域型保育に要した費用の額を超えるときは、当該現に満三歳未満保育認定地域型保育に要した費用の額）

二　政令で定める額を限度として当該教育・保育給付認定保護者の属する世帯の所得の状況その他の事情を勘案して市町村が定める額

4　内閣総理大臣は、前項第一号の基準を定め、又は変更しようとするときは、こども家庭審議会の意見を聴かなければならない。

5　満三歳未満保育認定子どもが特定地域型保育事業者から満三歳未満保育認定地域型保育を受けたときは、市町村は、当該満三歳未満保育認定子どもに係る教育・保育給付認定保護者が当該特定地域型保育事業者に支払うべき当該満三歳未満保育認定地域型保育に要した費用について、地域型保育給付費として当該教育・保育給付認定保護者に支給すべき額の限度において、当該教育・保育給付認定保護者に代わり、当該特定地域型保育事業者に支払うことができる。

6　前項の規定による支払があったときは、教育・保育給付認定保護者に対し地域型保育給付費の支給があったものとみなす。

7　市町村は、特定地域型保育事業者から地域型保育給付費の請求があったときは、第三項第一号の内閣総理大臣が定める基準及び第四十六条第二項の市町村の条例で定める特定地域型保育事業の運営に関する基準（特定地域型保育の取扱いに関する部分に限る。）に照らして審査の上、支払うものとする。

8　前各項に定めるもののほか、地域型保育給付費の支給及び特定地域型保育事業者の地域型保育給付費の請求に関し必要な事項は、内閣府令で定める。

（特例地域型保育給付費の支給）

第三〇条　市町村は、次に掲げる場合において、必要があると認めるときは、内閣府令で定めるところにより、当該特定地域型保育（第三号に規定する特定利用地域型保育にあっては、保育必要量の範囲内のものに限る。）に要した費用又は第四号に規定する特例保育（第十九条第二号又は第三号に掲げる小学校就学前子どもに該当する教育・保育給付認定子ども（以下「**保育認定子ど**

も」という。）に係るものにあっては、保育必要量の範囲内のものに限る。）に要した費用について、特例地域型保育給付費を支給することができる。

一　満三歳未満保育認定子どもが、当該満三歳未満保育認定子どもに係る教育・保育給付認定保護者が第二十条第一項の規定による申請をした日から当該教育・保育給付認定の効力が生じた日の前日までの間に、緊急その他やむを得ない理由により特定地域型保育を受けたとき。

二　第十九条第一号に掲げる小学校就学前子どもに該当する教育・保育給付認定子どもが、特定地域型保育事業者から特定地域型保育（同号に掲げる小学校就学前子どもに該当する教育・保育給付認定子どもに対して提供される教育に係る標準的な一日当たりの時間及び期間を勘案して内閣府令で定める一日当たりの時間及び期間の範囲内において行われるものに限る。次項及び附則第九条第一項第三号イにおいて「**特別利用地域型保育**」という。）を受けたとき（地域における教育の体制の整備の状況その他の事情を勘案して必要があると市町村が認めるときに限る。）。

三　第十九条第二号に掲げる小学校就学前子どもに該当する教育・保育給付認定子どもが、特定地域型保育事業者から特定利用地域型保育（特定地域型保育のうち同号に掲げる小学校就学前子どもに該当する教育・保育給付認定子どもに対して提供されるものをいう。次項において同じ。）を受けたとき（地域における同号に掲げる小学校就学前子どもに該当する教育・保育給付認定子どもに係る教育・保育の体制の整備の状況その他の事情を勘案して必要があると市町村が認めるときに限る。）。

四　特定教育・保育及び特定地域型保育の確保が著しく困難である離島その他の地域であって内閣総理大臣が定める基準に該当するものに居住地を有する教育・保育給付認定保護者に係る教育・保育給付認定子どもが、特例保育（特定教育・保育及び特定地域型保育以外の保育をいい、第十九条第一号に掲げる小学校就学前子どもに該当する教育・保育給付認定子どもに係るものにあっては、同号に掲げる小学校就学前子どもに該当する教育・保育給付認定子どもに対して提供される教育に係る標準的な一日当たりの時間及び期間を勘案して内閣府令で定める一日当たりの時間及び期間の範囲内において行われるものに限る。以下同じ。）を受けたとき。

2　特例地域型保育給付費の額は、一月につき、次の各号に掲げる区分に応じ、当該各号に定める額とする。

一　特定地域型保育（特別利用地域型保育及び特定利用地域型保育を除く。以下この号において同じ。）　前条第三項第一号の内閣総理大臣が定める基準により算定した費用の額（その額が現に当該特定地域型保育に要した費用の額を超えるときは、当該現に特定地域型保育に要した費用の額）から政令で定める額を限度として当該教育・保育給付認定保護者の属する世帯の所得の状況その他の事情を勘案して市町村が定める額を控除して得た額（当該額が零を下回る場合には、零とする。）を基準として市町村が定める額

二　特別利用地域型保育　特別利用地域型保育に通常要する費用の額を勘案して内閣総理大臣が定める基準により算定した費用の額（その額が現に当該特別利用地域型保育に要した費用の額を超えるときは、当該現に特別利用地域型保育に要した費用の額）から政令で定める額を限度として当該教育・保育給付認定保護者の属する世帯の所得の状況その他の事情を勘案して市町村が定める額を控除して得た額（当該額が零を下回る場合には、零とする。）

三　特定利用地域型保育　特定利用地域型保育に通常要する費用の額を勘案して内閣総理大臣が定める基準により算定した費用の額（その額が現に当該特定利用地域型保育に要した費用の額を超えるときは、当該現に特定利用地域型保育に要した費用の額）から政令で定める額を限度として当該教育・保育給付認定保護者の属する世帯の所得の状況その他の事情を勘案して市町村が定める額を控除して得た額（当該額が零を下回る場合には、零とする。）

四　特例保育　特例保育に通常要する費用の額を勘案して内閣総理大臣が定める基準により算定した費用の額（その額が現に当該特例保育に要した費用の額を超えるときは、当該現に特例保育に要した費用の額）から政令で定める額を限度として当該教育・保育給付認定保護者の属する世帯の所得の状況その他の事情を勘案して市町村が定める額を控除して得た額（当該額が零を下回る場合には、零とする。）

3　内閣総理大臣は、第一項第二号及び第四号の内閣府令並びに前項第二号及び第四号の基準を定め、又は変更しようとするときは、文部科学大臣に協議するとともに、こども家庭審議会の意見を聴かなければならない。

4　前条第二項及び第五項から第七項までの規定は、特例地域型保育給付費（第一項第二号及び第三号に係るものに限る。）の支給について準用する。この場合において、必要な技術的読替えは、政令で定める。

5　前各項に定めるもののほか、特例地域型保育給付費の支給及び特定地域型保育事業者の特例地域型保育給付費の請求に関し必要な事項は、内閣府令で定める。

第四節　子育てのための施設等利用給付

第一款　通則

（子育てのための施設等利用給付）

第三〇条の二　子育てのための施設等利用給付は、施設等利用費の支給とする。

（準用）

第三〇条の三　第十二条から第十八条までの規定は、子育てのための施設等利用給付について準用する。この場合において、必要な技術的読替えは、政令で定める。

第二款　施設等利用給付認定等

（支給要件）

第三〇条の四　子育てのための施設等利用給付は、次に掲げる小学校就学前子ども（保育認定子どもに係る教育・保育給付認定保護者が、現に施設型給付費、特例施設型給付費（第二十八条第一項第三号に係るものを除く。次条第七項において同じ。）、地域型保育給付費若しくは特例地域型保育給付費の支給を受けている場合における当該保育認定子ども又は第七条第十項第四号ハの政令で定める施設を利用している小学校就学前子どもを除く。以下この節及び第五十八条の三において同じ。）の保護者に対し、その小学校就学前子どもの第三十条の十一第一項に規定する特定子ども・子育て支援の利用について行う。

一　満三歳以上の小学校就学前子ども（次号及び第三号に掲げる小学校就学前子どもに該当するものを除く。）

二　満三歳に達する日以後の最初の三月三十一日を経過した小学校就学前子どもであって、第十九条第二号の内閣府令で定める事由により家庭において必要な保育を受けることが困難であるもの

三　満三歳に達する日以後の最初の三月三十一日までの間にある小学校就学前子どもであって、第十九条第二号の内閣府令で定める事由により家庭において必要な保育を受けることが困難であるもののうち、その保護者及び当該保護者と同一の世帯に属する者が第三十条の十一第一項に規定する特定子ども・子育て支援のあった月の属する年度（政令で定める場合

にあっては、前年度）分の地方税法（昭和二十五年法律第二百二十六号）の規定による市町村民税（同法の規定による特別区民税を含み、同法第三百二十八条の規定によって課する所得割を除く。以下この号において同じ。）を課されない者（これに準ずる者として政令で定める者を含むものとし、当該市町村民税の賦課期日において同法の施行地に住所を有しない者を除く。次条第七項第二号において「市町村民税世帯非課税者」という。）であるもの

（**市町村の認定等**）

第三〇条の五　前条各号に掲げる小学校就学前子どもの保護者は、子育てのための施設等利用給付を受けようとするときは、内閣府令で定めるところにより、市町村に対し、その小学校就学前子どもごとに、子育てのための施設等利用給付を受ける資格を有すること及びその該当する同条各号に掲げる小学校就学前子どもの区分についての認定を申請し、その認定を受けなければならない。

2　前項の認定（以下「**施設等利用給付認定**」という。）は、小学校就学前子どもの保護者の居住地の市町村が行うものとする。ただし、小学校就学前子どもの保護者が居住地を有しないとき、又は明らかでないときは、その小学校就学前子どもの保護者の現在地の市町村が行うものとする。

3　市町村は、施設等利用給付認定を行ったときは、内閣府令で定めるところにより、その結果その他の内閣府令で定める事項を当該施設等利用給付認定に係る保護者（以下「**施設等利用給付認定保護者**」という。）に通知するものとする。

4　市町村は、第一項の規定による申請について、当該保護者が子育てのための施設等利用給付を受ける資格を有すると認められないときは、理由を付して、その旨を当該申請に係る保護者に通知するものとする。

5　第一項の規定による申請に対する処分は、当該申請のあった日から三十日以内にしなければならない。ただし、当該申請に係る保護者の労働又は疾病の状況の調査に日時を要することその他の特別な理由がある場合には、当該申請のあった日から三十日以内に、当該保護者に対し、当該申請に対する処分をするためになお要する期間（次項において「処理見込期間」という。）及びその理由を通知し、これを延期することができる。

6　第一項の規定による申請をした日から三十日以内に当該申請に対する処分がされないとき、若しくは前項ただし書の規定による通知がないとき、又は処理見込期間が経過した日までに当該申請に対する処分がされないときは、当該申請に係る保護者は、市町村が当該申請を却下したものとみなすことができる。

7　次の各号に掲げる教育・保育給付認定保護者であって、その保育認定子どもについて現に施設型給付費、特例施設型給付費、地域型保育給付費又は特例地域型保育給付費の支給を受けていないものは、第一項の規定にかかわらず、施設等利用給付認定の申請をすることを要しない。この場合において、当該教育・保育給付認定保護者は、子育てのための施設等利用給付を受ける資格を有すること及び当該保育認定子どもが当該各号に定める小学校就学前子どもの区分に該当することについての施設等利用給付認定を受けたものとみなす。

一　第十九条第二号に掲げる小学校就学前子どもに該当する教育・保育給付認定子ども（満三歳に達する日以後の最初の三月三十一日までの間にあるものを除く。）に係る教育・保育給付認定保護者　前条第二号に掲げる小学校就学前子ども

二　第十九条第二号に掲げる小学校就学前子どもに該当する教育・保育給付認定子ども（満三歳に達する日以後の最初の三月三十一日までの間にあるものに限る。）又は満三歳未満保育認定子どもに係る教

育・保育給付認定保護者（その者及びその者と同一の世帯に属する者が市町村民税世帯非課税者である場合に限る。）前条第三号に掲げる小学校就学前子ども

（施設等利用給付認定の有効期間）

第三〇条の六　施設等利用給付認定は、内閣府令で定める期間（以下「**施設等利用給付認定の有効期間**」という。）内に限り、その効力を有する。

（届出）

第三〇条の七　施設等利用給付認定保護者は、施設等利用給付認定の有効期間内において、内閣府令で定めるところにより、市町村に対し、その労働又は疾病の状況その他の内閣府令で定める事項を届け出、かつ、内閣府令で定める書類その他の物件を提出しなければならない。

（施設等利用給付認定の変更）

第三〇条の八　施設等利用給付認定保護者は、現に受けている施設等利用給付認定に係る小学校就学前子ども（以下「**施設等利用給付認定子ども**」という。）の該当する第三十条の四各号に掲げる小学校就学前子どもの区分その他の内閣府令で定める事項を変更する必要があるときは、内閣府令で定めるところにより、市町村に対し、施設等利用給付認定の変更の認定を申請することができる。

2　市町村は、前項の規定による申請により、施設等利用給付認定保護者につき、必要があると認めるときは、施設等利用給付認定の変更の認定を行うことができる。

3　第三十条の五第二項から第六項までの規定は、前項の施設等利用給付認定の変更の認定について準用する。この場合において、必要な技術的読替えは、政令で定める。

4　市町村は、職権により、施設等利用給付認定保護者につき、第三十条の四第三号に掲げる小学校就学前子どもに該当する施設等利用給付認定子どもが満三歳に達する日以後の最初の三月三十一日を経過した日以後引き続き同一の特定子ども・子育て支援施設等（第三十条の十一第一項に規定する特定子ども・子育て支援施設等をいう。）を利用するときその他必要があると認めるときは、内閣府令で定めるところにより、施設等利用給付認定の変更の認定を行うことができる。

5　第三十条の五第二項及び第三項の規定は、前項の施設等利用給付認定の変更の認定について準用する。この場合において、必要な技術的読替えは、政令で定める。

（施設等利用給付認定の取消し）

第三〇条の九　施設等利用給付認定を行った市町村は、次に掲げる場合には、当該施設等利用給付認定を取り消すことができる。

一　当該施設等利用給付認定に係る満三歳未満の小学校就学前子どもが、施設等利用給付認定の有効期間内に、第三十条の四第三号に掲げる小学校就学前子どもに該当しなくなったとき。

二　当該施設等利用給付認定保護者が、施設等利用給付認定の有効期間内に、当該市町村以外の市町村の区域内に居住地を有するに至ったと認めるとき。

三　その他政令で定めるとき。

2　市町村は、前項の規定により施設等利用給付認定の取消しを行ったときは、理由を付して、その旨を当該取消しに係る施設等利用給付認定保護者に通知するものとする。

（内閣府令への委任）

第三〇条の一〇　この款に定めるもののほか、施設等利用給付認定の申請その他の手続に関し必要な事項は、内閣府令で定める。

第三款　施設等利用費の支給

第三〇条の一一　市町村は、施設等利用給付認定子どもが、施設等利用給付認定の有効期間内において、市町村長が施設等利用費の支給に係る施設又は事業として確認する子ども・子育て支援施設等（以下「**特定子ども・子育て支援施設等**」という。）から当

該確認に係る教育・保育その他の子ども・子育て支援（次の各号に掲げる子ども・子育て支援施設等の区分に応じ、当該各号に定める小学校就学前子どもに該当する施設等利用給付認定子どもが受けるものに限る。以下「**特定子ども・子育て支援**」という。）を受けたときは、内閣府令で定めるところにより、当該施設等利用給付認定子どもに係る施設等利用給付認定保護者に対し、当該特定子ども・子育て支援に要した費用（食事の提供に要する費用その他の日常生活に要する費用のうち内閣府令で定める費用を除く。）について、施設等利用費を支給する。

一　認定こども園　第三十条の四各号に掲げる小学校就学前子ども

二　幼稚園又は特別支援学校　第三十条の四第一号若しくは第二号に掲げる小学校就学前子ども又は同条第三号に掲げる小学校就学前子ども（満三歳以上のものに限る。）

三　第七条第十項第四号から第八号までに掲げる子ども・子育て支援施設等　第三十条の四第二号又は第三号に掲げる小学校就学前子ども

2　施設等利用費の額は、一月につき、第三十条の四各号に掲げる小学校就学前子どもの区分ごとに、子どものための教育・保育給付との均衡、子ども・子育て支援施設等の利用に要する標準的な費用の状況その他の事情を勘案して政令で定めるところにより算定した額とする。

3　施設等利用給付認定子どもが特定子ども・子育て支援施設等から特定子ども・子育て支援を受けたときは、市町村は、当該施設等利用給付認定子どもに係る施設等利用給付認定保護者が当該特定子ども・子育て支援施設等である施設の設置者又は事業を行う者（以下「**特定子ども・子育て支援提供者**」という。）に支払うべき当該特定子ども・子育て支援に要した費用について、施設等利用費として当該施設等利用給付認定保護者に支給すべき額の限度において、当該施設等利用給付認定保護者に代わり、当該特定子ども・子育て支援提供者に支払うことができる。

4　前項の規定による支払があったときは、施設等利用給付認定保護者に対し施設等利用費の支給があったものとみなす。

5　前各項に定めるもののほか、施設等利用費の支給に関し必要な事項は、内閣府令で定める。

第三章　特定教育・保育施設及び特定地域型保育事業者並びに特定子ども・子育て支援施設等

第一節　特定教育・保育施設及び特定地域型保育事業者

第一款　特定教育・保育施設

（特定教育・保育施設の確認）

第三十一条　第二十七条第一項の確認は、内閣府令で定めるところにより、教育・保育施設の設置者（国（国立大学法人法（平成十五年法律第百十二号）第二条第一項に規定する国立大学法人を含む。第五十八条の九第二項、第三項及び第六項、第六十五条第四号及び第五号並びに附則第七条において同じ。）及び公立大学法人（地方独立行政法人法（平成十五年法律第百十八号）第六十八条第一項に規定する公立大学法人をいう。第五十八条の四第一項第一号、第五十八条の九第二項並びに第六十五条第三号及び第四号において同じ。）を除き、法人に限る。以下同じ。）の申請により、次の各号に掲げる教育・保育施設の区分に応じ、当該各号に定める小学校就学前子どもの区分ごとの利用定員を定めて、市町村長が行う。

一　認定こども園　第十九条各号に掲げる小学校就学前子どもの区分

二　幼稚園　第十九条第一号に掲げる小学校就学前子どもの区分

三　保育所　第十九条第二号に掲げる小学校就学前子どもの区分及び同条第三号に掲げる小学校就学前子どもの区分

2　市町村長は、前項の規定により特定教育・保育施設の利用定員を定めようとするときは、第七十二条第一項の審議会その他の合議制の機関を設置している場合にあってはその意見を、その他の場合にあっては子どもの保護者その他子ども・子育て支援に係る当事者の意見を聴かなければならない。

3　市町村長は、第一項の規定により特定教育・保育施設の利用定員を定めたときは、内閣府令で定めるところにより、都道府県知事に届け出なければならない。

（特定教育・保育施設の確認の変更）

第三二条　特定教育・保育施設の設置者は、利用定員（第二十七条第一項の確認において定められた利用定員をいう。第三十四条第三項第一号を除き、以下この款において同じ。）を増加しようとするときは、内閣府令で定めるところにより、当該特定教育・保育施設に係る第二十七条第一項の確認の変更を申請することができる。

2　前条第三項の規定は、前項の確認の変更の申請があった場合について準用する。この場合において、必要な技術的読替えは、政令で定める。

3　市町村長は、前項の規定により前条第三項の規定を準用する場合のほか、利用定員を変更したときは、内閣府令で定めるところにより、都道府県知事に届け出なければならない。

（特定教育・保育施設の設置者の責務）

第三三条　特定教育・保育施設の設置者は、教育・保育給付認定保護者から利用の申込みを受けたときは、正当な理由がなければ、これを拒んではならない。

2　特定教育・保育施設の設置者は、第十九条各号に掲げる小学校就学前子どもの区分ごとの当該特定教育・保育施設における前項の申込みに係る教育・保育給付認定子ども及び当該特定教育・保育施設を現に利用している教育・保育給付認定子どもの総数が、当該区分に応ずる当該特定教育・保育施設の利用定員の総数を超える場合においては、内閣府令で定めるところにより、同項の申込みに係る教育・保育給付認定子どもを公正な方法で選考しなければならない。

3　内閣総理大臣は、前項の内閣府令を定め、又は変更しようとするときは、文部科学大臣に協議しなければならない。

4　特定教育・保育施設の設置者は、教育・保育給付認定子どもに対し適切な特定教育・保育を提供するとともに、市町村、児童相談所、児童福祉法第七条第一項に規定する児童福祉施設（第四十五条第三項及び第五十八条の三第一項において「**児童福祉施設**」という。）、教育機関その他の関係機関との緊密な連携を図りつつ、良質な特定教育・保育を小学校就学前子どもの置かれている状況その他の事情に応じ、効果的に行うように努めなければならない。

5　特定教育・保育施設の設置者は、その提供する特定教育・保育の質の評価を行うことその他の措置を講ずることにより、特定教育・保育の質の向上に努めなければならない。

6　特定教育・保育施設の設置者は、小学校就学前子どもの人格を尊重するとともに、この法律及びこの法律に基づく命令を遵守し、誠実にその職務を遂行しなければならない。

（特定教育・保育施設の基準）

第三四条　特定教育・保育施設の設置者は、次の各号に掲げる教育・保育施設の区分に応じ、当該各号に定める基準（以下「**教育・保育施設の認可基準**」という。）を遵守しなければならない。

一　認定こども園　認定こども園法第三条第一項の規定により都道府県（地方自治法第二百五十二条の十九第一項の指定都市又は同法第二百五十二条の二十二第一項の中核市（以下「**指定都市等**」という。）の区域内に所在する認定こども園（都道府県が設置するものを除く。以下

「**指定都市等所在認定こども園**」という。）については、当該指定都市等。以下この号において同じ。）の条例で定める要件（当該認定こども園が認定こども園法第三条第一項の認定を受けたものである場合又は同項の規定により都道府県の条例で定める要件に適合しているものとして同条第十項の規定による公示がされたものである場合に限る。）、認定こども園法第三条第三項の規定により都道府県の条例で定める要件（当該認定こども園が同項の認定を受けたものである場合又は同項の規定により都道府県の条例で定める要件に適合しているものとして同条第十項の規定による公示がされたものである場合に限る。）又は認定こども園法第十三条第一項の規定により都道府県の条例で定める設備及び運営についての基準（当該認定こども園が幼保連携型認定こども園（認定こども園法第二条第七項に規定する幼保連携型認定こども園をいう。）である場合に限る。）

二　幼稚園　学校教育法第三条に規定する学校の設備、編制その他に関する設置基準（第五十八条の四第一項第二号及び第三号並びに第五十八条の九第二項において「**設置基準**」という。）（幼稚園に係るものに限る。）

三　保育所　児童福祉法第四十五条第一項の規定により都道府県（指定都市等又は同法第五十九条の四第一項に規定する児童相談所設置市（以下「**児童相談所設置市**」という。）の区域内に所在する保育所（都道府県が設置するものを除く。第三十九条第二項及び第四十条第一項第二号において「**指定都市等所在保育所**」という。）については、当該指定都市等又は児童相談所設置市）の条例で定める児童福祉施設の設備及び運営についての基準（保育所に係るものに限る。）

2　特定教育・保育施設の設置者は、市町村の条例で定める特定教育・保育施設の運営に関する基準に従い、特定教育・保育（特定教育・保育施設が特別利用保育又は特別利用教育を行う場合にあっては、特別利用保育又は特別利用教育を含む。以下この款において同じ。）を提供しなければならない。

3　市町村が前項の条例を定めるに当たっては、次に掲げる事項については内閣府令で定める基準に従い定めるものとし、その他の事項については内閣府令で定める基準を参酌するものとする。

一　特定教育・保育施設に係る利用定員（第二十七条第一項の確認において定める利用定員をいう。第七十二条第一項第一号において同じ。）

二　特定教育・保育施設の運営に関する事項であって、小学校就学前子どもの適切な処遇の確保及び秘密の保持並びに小学校就学前子どもの健全な発達に密接に関連するものとして内閣府令で定めるもの

4　内閣総理大臣は、前項に規定する内閣府令で定める基準及び同項第二号の内閣府令を定め、又は変更しようとするときは、文部科学大臣に協議するとともに、特定教育・保育の取扱いに関する部分についてこども家庭審議会の意見を聴かなければならない。

5　特定教育・保育施設の設置者は、次条第二項の規定による利用定員の減少の届出をしたとき又は第三十六条の規定による確認の辞退をするときは、当該届出の日又は同条に規定する予告期間の開始日の前一月以内に当該特定教育・保育を受けていた者であって、当該利用定員の減少又は確認の辞退の日以後においても引き続き当該特定教育・保育に相当する教育・保育の提供を希望する者に対し、必要な教育・保育が継続的に提供されるよう、他の特定教育・保育施設の設置者その他関係者との連絡調整その他の便宜の提供を行わなければならない。

（変更の届出等）

第三五条　特定教育・保育施設の設置者は、設置者の住所その他の内閣府令で定める事項に変更があったときは、内閣府令で定めるところにより、十日以内に、その旨を市町村長に届け出なければならない。

2　特定教育・保育施設の設置者は、当該利用定員の減少をしようとするときは、内閣府令で定めるところにより、その利用定員の減少の日の三月前までに、その旨を市町村長に届け出なければならない。

（確認の辞退）

第三六条　特定教育・保育施設の設置者は、三月以上の予告期間を設けて、当該特定教育・保育施設に係る第二十七条第一項の確認を辞退することができる。

（市町村長等による連絡調整又は援助）

第三七条　市町村長は、特定教育・保育施設の設置者による第三十四条第五項に規定する便宜の提供が円滑に行われるため必要があると認めるときは、当該特定教育・保育施設の設置者及び他の特定教育・保育施設の設置者その他の関係者相互間の連絡調整又は当該特定教育・保育施設の設置者及び当該関係者に対する助言その他の援助を行うことができる。

2　都道府県知事は、同一の特定教育・保育施設の設置者について二以上の市町村長が前項の規定による連絡調整又は援助を行う場合において、当該特定教育・保育施設の設置者による第三十四条第五項に規定する便宜の提供が円滑に行われるため必要があると認めるときは、当該市町村長相互間の連絡調整又は当該特定教育・保育施設の設置者に対する市町村の区域を超えた広域的な見地からの助言その他の援助を行うことができる。

3　内閣総理大臣は、同一の特定教育・保育施設の設置者について二以上の都道府県知事が前項の規定による連絡調整又は援助を行う場合において、当該特定教育・保育施設の設置者による第三十四条第五項に規定する便宜の提供が円滑に行われるため必要があると認めるときは、当該都道府県知事相互間の連絡調整又は当該特定教育・保育施設の設置者に対する都道府県の区域を超えた広域的な見地からの助言その他の援助を行うことができる。

（報告等）

第三八条　市町村長は、必要があると認めるときは、この法律の施行に必要な限度において、特定教育・保育施設若しくは特定教育・保育施設の設置者若しくは特定教育・保育施設の設置者であった者若しくは特定教育・保育施設の職員であった者（以下この項において「特定教育・保育施設の設置者であった者等」という。）に対し、報告若しくは帳簿書類その他の物件の提出若しくは提示を命じ、特定教育・保育施設の設置者若しくは特定教育・保育施設の職員若しくは特定教育・保育施設の設置者であった者等に対し出頭を求め、又は当該市町村の職員に関係者に対して質問させ、若しくは特定教育・保育施設、特定教育・保育施設の設置者の事務所その他特定教育・保育施設の運営に関係のある場所に立ち入り、その設備若しくは帳簿書類その他の物件を検査させることができる。

2　第十三条第二項の規定は前項の規定による質問又は検査について、同条第三項の規定は前項の規定による権限について、それぞれ準用する。

（勧告、命令等）

第三九条　市町村長は、特定教育・保育施設の設置者が、次の各号に掲げる場合に該当すると認めるときは、当該特定教育・保育施設の設置者に対し、期限を定めて、当該各号に定める措置をとるべきことを勧告することができる。

一　第三十四条第二項の市町村の条例で定める特定教育・保育施設の運営に関する基準に従って施設型給付費の支給に係る施設として適正な特定教育・保育施設の運営をしていない場合　当該基準を遵守すること。

二　第三十四条第五項に規定する便宜の提供を施設型給付費の支給に係る施設として適正に行っていない場合　当該便宜の提供を適正に行うこと。

2　市町村長（指定都市等所在認定こども園については当該指定都市等の長を除き、指定都市等所在保育所については当該指定都市等又は児童相談所設置市の長を除く。第五項において同じ。）は、特定教育・保育施設（指定都市等所在認定こども園及び指定都市等所在保育所を除く。以下この項及び第五項において同じ。）の設置者が教育・保育施設の認可基準に従って施設型給付費の支給に係る施設として適正な教育・保育施設の運営をしていないと認めるときは、遅滞なく、その旨を、当該特定教育・保育施設に係る教育・保育施設の認可等（教育・保育施設に係る認定こども園法第十七条第一項、学校教育法第四条第一項若しくは児童福祉法第三十五条第四項の認可又は認定こども園法第三条第一項若しくは第三項の認定をいう。第五項及び次条第一項第二号において同じ。）を行った都道府県知事に通知しなければならない。

3　市町村長は、第一項の規定による勧告をした場合において、その勧告を受けた特定教育・保育施設の設置者が、同項の期限内にこれに従わなかったときは、その旨を公表することができる。

4　市町村長は、第一項の規定による勧告を受けた特定教育・保育施設の設置者が、正当な理由がなくてその勧告に係る措置をとらなかったときは、当該特定教育・保育施設の設置者に対し、期限を定めて、その勧告に係る措置をとるべきことを命ずることができる。

5　市町村長は、前項の規定による命令をしたときは、その旨を公示するとともに、遅滞なく、その旨を、当該特定教育・保育施設に係る教育・保育施設の認可等を行った都道府県知事に通知しなければならない。

（確認の取消し等）

第四〇条　市町村長は、次の各号のいずれかに該当する場合においては、当該特定教育・保育施設に係る第二十七条第一項の確認を取り消し、又は期間を定めてその確認の全部若しくは一部の効力を停止することができる。

一　特定教育・保育施設の設置者が、第三十三条第六項の規定に違反したと認められるとき。

二　特定教育・保育施設の設置者が、教育・保育施設の認可基準に従って施設型給付費の支給に係る施設として適正な教育・保育施設の運営をすることができなくなったと当該特定教育・保育施設に係る教育・保育施設の認可等を行った都道府県知事（指定都市等所在認定こども園については当該指定都市等の長とし、指定都市等所在保育所については当該指定都市等又は児童相談所設置市の長とする。）が認めたとき。

三　特定教育・保育施設の設置者が、第三十四条第二項の市町村の条例で定める特定教育・保育施設の運営に関する基準に従って施設型給付費の支給に係る施設として適正な特定教育・保育施設の運営をすることができなくなったとき。

四　施設型給付費又は特例施設型給付費の請求に関し不正があったとき。

五　特定教育・保育施設の設置者が、第三十八条第一項の規定により報告若しくは帳簿書類その他の物件の提出若しくは提示を命ぜられてこれに従わず、又は虚偽の報告をしたとき。

六　特定教育・保育施設の設置者又はその職員が、第三十八条第一項の規定により出頭を求められてこれに応ぜず、同項の規定による質問に対して答弁せず、若しくは虚偽の答弁をし、又は同項の規定による検査を拒み、妨げ、若しくは忌避したとき。ただし、当該特定教育・保育施設の職員がその行為をした場合において、その行為を防止するため、当該特定教育・保育施設の設置者が相当の注意及び監督を尽くしたときを除く。

七　特定教育・保育施設の設置者が、不正の手段により第二十七条第一項の確認を受けたとき。

八　前各号に掲げる場合のほか、特定教育・保育施設の設置者が、この法律その他国民の福祉若しくは学校教育に関する法律で政令で定めるもの又はこれらの法律に基づく命令若しくは処分に違反したとき。

九　前各号に掲げる場合のほか、特定教育・保育施設の設置者が、教育・保育に関し不正又は著しく不当な行為をしたとき。

十　特定教育・保育施設の設置者の役員（業務を執行する社員、取締役、執行役又はこれらに準ずる者をいい、相談役、顧問その他いかなる名称を有する者であるかを問わず、法人に対し業務を執行する社員、取締役、執行役又はこれらに準ずる者と同等以上の支配力を有するものと認められる者を含む。以下同じ。）又はその長のうちに過去五年以内に教育・保育に関し不正又は著しく不当な行為をした者があるとき。

2　前項の規定により第二十七条第一項の確認を取り消された教育・保育施設の設置者（政令で定める者を除く。）及びこれに準ずる者として政令で定める者は、その取消しの日又はこれに準ずる日として政令で定める日から起算して五年を経過するまでの間は、第三十一条第一項の申請をすることができない。

（公示）

第四一条　市町村長は、次に掲げる場合には、遅滞なく、当該特定教育・保育施設の設置者の名称、当該特定教育・保育施設の所在地その他の内閣府令で定める事項を都道府県知事に届け出るとともに、これを公示しなければならない。

一　第二十七条第一項の確認をしたとき。

二　第三十六条の規定による第二十七条第一項の確認の辞退があったとき。

三　前条第一項の規定により第二十七条第一項の確認を取り消し、又は同項の確認の全部若しくは一部の効力を停止したとき。

（市町村によるあっせん及び要請）

第四二条　市町村は、特定教育・保育施設に関し必要な情報の提供を行うとともに、教育・保育給付認定保護者から求めがあった場合その他必要と認められる場合には、特定教育・保育施設を利用しようとする教育・保育給付認定子どもに係る教育・保育給付認定保護者の教育・保育に係る希望、当該教育・保育給付認定子どもの養育の状況、当該教育・保育給付認定保護者に必要な支援の内容その他の事情を勘案し、当該教育・保育給付認定子どもが適切に特定教育・保育施設を利用できるよう、相談に応じ、必要な助言又は特定教育・保育施設の利用についてのあっせんを行うとともに、必要に応じて、特定教育・保育施設の設置者に対し、当該教育・保育給付認定子どもの利用の要請を行うものとする。

2　特定教育・保育施設の設置者は、前項の規定により行われるあっせん及び要請に対し、協力しなければならない。

第二款　特定地域型保育事業者

（特定地域型保育事業者の確認）

第四三条　第二十九条第一項の確認は、内閣府令で定めるところにより、地域型保育事業を行う者の申請により、地域型保育の種類及び当該地域型保育の種類に係る地域型保育事業を行う事業所（以下「**地域型保育事業所**」という。）ごとに、第十九条第三号に掲げる小学校就学前子どもに係る利用定員（事業所内保育の事業を行う事業所（以下「**事業所内保育事業所**」という。）にあっては、その雇用する労働者の監護する小学校就学前子どもを保育するため当該事業所内保育の事業を自ら施設を設置し、又は委託して行う事業主に係る当該小学校就学前子ども（当該事業所内保育の事業が、事業主団体に係るものにあっては事業主団体の構成員である事業主の雇用する労働者の監護する小学校就学前子どもとし、共済組合等（児童福祉法第六条の三第十二項第一号ハに規定する共済組合等をいう。）に係るものにあっては共済組合等の構成員（同号ハに規定する共済組合等の構成員をいう。）の監護する小学校就学前子どもとする。以下「**労働者等の監護する小学校就学前子ども**」という。）及びその他の小学校就学前子どもごとに定める第十九条第三号に掲げる小学校就学前子どもに係る利用定員とする。）を定めて、市町村長が行う。

2　市町村長は、前項の規定により特定地域型保育事業（特定地域型保育を行う事業をいう。以下同じ。）の利用定員を定めようとするときは、第七十二条第一項の審議会その他の合議制の機関を設置している場合にあってはその意見を、その他の場合にあっては子どもの保護者その他子ども・子育て支援に係る当事者の意見を聴かなければならない。

（特定地域型保育事業者の確認の変更）

第四四条　特定地域型保育事業者は、**利用定員**（第二十九条第一項の確認において定められた利用定員をいう。第四十六条第三項第一号を除き、以下この款において同じ。）を増加しようとするときは、内閣府令で定めるところにより、当該特定地域型保育事業者に係る第二十九条第一項の確認の変更を申請することができる。

（特定地域型保育事業者の責務）

第四五条　特定地域型保育事業者は、教育・保育給付認定保護者から利用の申込みを受けたときは、正当な理由がなければ、これを拒んではならない。

2　特定地域型保育事業者は、前項の申込みに係る満三歳未満保育認定子ども及び当該特定地域型保育事業者に係る特定地域型保育事業を現に利用している満三歳未満保育認定子どもの総数が、その利用定員の総数を超える場合においては、内閣府令で定めるところにより、同項の申込みに係る満三歳未満保育認定子どもを公正な方法で選考しなければならない。

3　特定地域型保育事業者は、満三歳未満保育認定子どもに対し適切な地域型保育を提供するとともに、市町村、教育・保育施設、児童相談所、児童福祉施設、教育機関その他の関係機関との緊密な連携を図りつつ、良質な地域型保育を小学校就学前子どもの置かれている状況その他の事情に応じ、効果的に行うように努めなければならない。

4　特定地域型保育事業者は、その提供する地域型保育の質の評価を行うことその他の措置を講ずることにより、地域型保育の質の向上に努めなければならない。

5　特定地域型保育事業者は、小学校就学前子どもの人格を尊重するとともに、この法律及びこの法律に基づく命令を遵守し、誠実にその職務を遂行しなければならない。

（特定地域型保育事業の基準）

第四六条　特定地域型保育事業者は、地域型保育の種類に応じ、児童福祉法第三十四条の十六第一項の規定により市町村の条例で定める設備及び運営についての基準（以下「**地域型保育事業の認可基準**」という。）を遵守しなければならない。

2　特定地域型保育事業者は、市町村の条例で定める特定地域型保育事業の運営に関する基準に従い、特定地域型保育を提供しなければならない。

3　市町村が前項の条例を定めるに当たっては、次に掲げる事項については内閣府令で定める基準に従い定めるものとし、その他の事項については内閣府令で定める基準を参酌するものとする。

一　特定地域型保育事業に係る利用定員（第二十九条第一項の確認において定める利用定員をいう。第七十二条第一項第二号において同じ。）

二　特定地域型保育事業の運営に関する事

項であって、小学校就学前子どもの適切な処遇の確保及び秘密の保持等並びに小学校就学前子どもの健全な発達に密接に関連するものとして内閣府令で定めるもの

4 内閣総理大臣は、前項に規定する内閣府令で定める基準及び同項第二号の内閣府令を定め、又は変更しようとするときは、特定地域型保育の取扱いに関する部分についてこども家庭審議会の意見を聴かなければならない。

5 特定地域型保育事業者は、次条第二項の規定による利用定員の減少の届出をしたとき又は第四十八条の規定による確認の辞退をするときは、当該届出の日又は同条に規定する予告期間の開始日の前一月以内に当該特定地域型保育を受けていた者であって、当該利用定員の減少又は確認の辞退の日以後においても引き続き当該特定地域型保育に相当する地域型保育の提供を希望する者に対し、必要な地域型保育が継続的に提供されるよう、他の特定地域型保育事業者その他関係者との連絡調整その他の便宜の提供を行わなければならない。

（変更の届出等）

第四七条 特定地域型保育事業者は、当該特定地域型保育事業所の名称及び所在地その他内閣府令で定める事項に変更があったときは、内閣府令で定めるところにより、十日以内に、その旨を市町村長に届け出なければならない。

2 特定地域型保育事業者は、当該特定地域型保育事業の利用定員の減少をしようとするときは、内閣府令で定めるところにより、その利用定員の減少の日の三月前までに、その旨を市町村長に届け出なければならない。

（確認の辞退）

第四八条 特定地域型保育事業者は、三月以上の予告期間を設けて、当該特定地域型保育事業者に係る第二十九条第一項の確認を辞退することができる。

（市町村長等による連絡調整又は援助）

第四九条 市町村長は、特定地域型保育事業者による第四十六条第五項に規定する便宜の提供が円滑に行われるため必要があると認めるときは、当該特定地域型保育事業者及び他の特定地域型保育事業者その他の関係者相互間の連絡調整又は当該特定地域型保育事業者及び当該関係者に対する助言その他の援助を行うことができる。

2 都道府県知事は、同一の特定地域型保育事業者について二以上の市町村長が前項の規定による連絡調整又は援助を行う場合において、当該特定地域型保育事業者による第四十六条第五項に規定する便宜の提供が円滑に行われるため必要があると認めるときは、当該市町村長相互間の連絡調整又は当該特定地域型保育事業者に対する市町村の区域を超えた広域的な見地からの助言その他の援助を行うことができる。

3 内閣総理大臣は、同一の特定地域型保育事業者について二以上の都道府県知事が前項の規定による連絡調整又は援助を行う場合において、当該特定地域型保育事業者による第四十六条第五項に規定する便宜の提供が円滑に行われるため必要があると認めるときは、当該都道府県知事相互間の連絡調整又は当該特定地域型保育事業者に対する都道府県の区域を超えた広域的な見地からの助言その他の援助を行うことができる。

（報告等）

第五〇条 市町村長は、必要があると認めるときは、この法律の施行に必要な限度において、特定地域型保育事業者若しくは特定地域型保育事業者であった者若しくは特定地域型保育事業所の職員であった者（以下この項において「特定地域型保育事業者であった者等」という。）に対し、報告若しくは帳簿書類その他の物件の提出若しくは提示を命じ、特定地域型保育事業者若しくは特定地域型保育事業所の職員若しくは特定地域型保育事業者であった者等に対し出頭

を求め、又は当該市町村の職員に関係者に対して質問させ、若しくは特定地域型保育事業者の特定地域型保育事業所、事務所その他特定地域型保育事業に関係のある場所に立ち入り、その設備若しくは帳簿書類その他の物件を検査させることができる。

2　第十三条第二項の規定は前項の規定による質問又は検査について、同条第三項の規定は前項の規定による権限について、それぞれ準用する。

（勧告、命令等）

第五十一条　市町村長は、特定地域型保育事業者が、次の各号に掲げる場合に該当すると認めるときは、当該特定地域型保育事業者に対し、期限を定めて、当該各号に定める措置をとるべきことを勧告することができる。

一　地域型保育事業の認可基準に従って地域型保育給付費の支給に係る事業を行う者として適正な地域型保育事業の運営をしていない場合　当該基準を遵守すること。

二　第四十六条第二項の市町村の条例で定める特定地域型保育事業の運営に関する基準に従って地域型保育給付費の支給に係る事業を行う者として適正な特定地域型保育事業の運営をしていない場合　当該基準を遵守すること。

三　第四十六条第五項に規定する便宜の提供を地域型保育給付費の支給に係る事業を行う者として適正に行っていない場合　当該便宜の提供を適正に行うこと。

2　市町村長は、前項の規定による勧告をした場合において、その勧告を受けた特定地域型保育事業者が、同項の期限内にこれに従わなかったときは、その旨を公表することができる。

3　市町村長は、第一項の規定による勧告を受けた特定地域型保育事業者が、正当な理由がなくてその勧告に係る措置をとらなかったときは、当該特定地域型保育事業者に対し、期限を定めて、その勧告に係る措置をとるべきことを命ずることができる。

4　市町村長は、前項の規定による命令をしたときは、その旨を公示しなければならない。

（確認の取消し等）

第五十二条　市町村長は、次の各号のいずれかに該当する場合においては、当該特定地域型保育事業者に係る第二十九条第一項の確認を取り消し、又は期間を定めてその確認の全部若しくは一部の効力を停止することができる。

一　特定地域型保育事業者が、第四十五条第五項の規定に違反したと認められるとき。

二　特定地域型保育事業者が、地域型保育事業の認可基準に従って地域型保育給付費の支給に係る事業を行う者として適正な地域型保育事業の運営をすることができなくなったとき。

三　特定地域型保育事業者が、第四十六条第二項の市町村の条例で定める特定地域型保育事業の運営に関する基準に従って地域型保育給付費の支給に係る事業を行う者として適正な特定地域型保育事業の運営をすることができなくなったとき。

四　地域型保育給付費又は特例地域型保育給付費の請求に関し不正があったとき。

五　特定地域型保育事業者が、第五十条第一項の規定により報告若しくは帳簿書類その他の物件の提出若しくは提示を命ぜられてこれに従わず、又は虚偽の報告をしたとき。

六　特定地域型保育事業者又はその特定地域型保育事業所の職員が、第五十条第一項の規定により出頭を求められてこれに応ぜず、同項の規定による質問に対して答弁せず、若しくは虚偽の答弁をし、又は同項の規定による検査を拒み、妨げ、若しくは忌避したとき。ただし、当該特定地域型保育事業所の職員がその行為をした場合において、その行為を防止するため、当該特定地域型保育事業者が相当の注意及び監督を尽くしたときを除く。

七　特定地域型保育事業者が、不正の手段により第二十九条第一項の確認を受けたとき。

八　前各号に掲げる場合のほか、特定地域型保育事業者が、この法律その他国民の福祉に関する法律で政令で定めるもの又はこれらの法律に基づく命令若しくは処分に違反したとき。

九　前各号に掲げる場合のほか、特定地域型保育事業者が、保育に関し不正又は著しく不当な行為をしたとき。

十　特定地域型保育事業者が法人である場合において、当該法人の役員又はその事業所を管理する者その他の政令で定める使用人のうちに過去五年以内に保育に関し不正又は著しく不当な行為をした者があるとき。

十一　特定地域型保育事業者が法人でない場合において、その管理者が過去五年以内に保育に関し不正又は著しく不当な行為をした者であるとき。

2　前項の規定により第二十九条第一項の確認を取り消された地域型保育事業を行う者（政令で定める者を除く。）及びこれに準ずる者として政令で定める者は、その取消しの日又はこれに準ずる日として政令で定める日から起算して五年を経過するまでの間は、第四十三条第一項の申請をすることができない。

（公示）

第五三条　市町村長は、次に掲げる場合には、遅滞なく、当該特定地域型保育事業者の名称、当該特定地域型保育事業所の所在地その他の内閣府令で定める事項を都道府県知事に届け出るとともに、これを公示しなければならない。

一　第二十九条第一項の確認をしたとき。

二　第四十八条の規定による第二十九条第一項の確認の辞退があったとき。

三　前条第一項の規定により第二十九条第一項の確認を取り消し、又は同項の確認の全部若しくは一部の効力を停止したとき。

（市町村によるあっせん及び要請）

第五四条　市町村は、特定地域型保育事業に関し必要な情報の提供を行うとともに、教育・保育給付認定保護者から求めがあった場合その他必要と認められる場合には、特定地域型保育事業を利用しようとする満三歳未満保育認定子どもに係る教育・保育給付認定保護者の地域型保育に係る希望、当該満三歳未満保育認定子どもの養育の状況、当該教育・保育給付認定保護者に必要な支援の内容その他の事情を勘案し、当該満三歳未満保育認定子どもが適切に特定地域型保育事業を利用できるよう、相談に応じ、必要な助言又は特定地域型保育事業の利用についてのあっせんを行うとともに、必要に応じて、特定地域型保育事業者に対し、当該満三歳未満保育認定子どもの利用の要請を行うものとする。

2　特定地域型保育事業者は、前項の規定により行われるあっせん及び要請に対し、協力しなければならない。

第三款　業務管理体制の整備等

（業務管理体制の整備等）

第五五条　特定教育・保育施設の設置者及び特定地域型保育事業者（以下「**特定教育・保育提供者**」という。）は、第三十三条第六項又は第四十五条第五項に規定する義務の履行が確保されるよう、内閣府令で定める基準に従い、業務管理体制を整備しなければならない。

2　特定教育・保育提供者は、次の各号に掲げる区分に応じ、当該各号に定める者に対し、内閣府令で定めるところにより、業務管理体制の整備に関する事項を届け出なければならない。

一　その確認に係る全ての教育・保育施設又は地域型保育事業所（その確認に係る地域型保育の種類が異なるものを含む。次号において同じ。）が一の市町村の区域に所在する特定教育・保育提供者　市町

村長
二　その確認に係る教育・保育施設又は地域型保育事業所が二以上の都道府県の区域に所在する特定教育・保育提供者　内閣総理大臣
三　前二号に掲げる特定教育・保育提供者以外の特定教育・保育提供者　都道府県知事

3　前項の規定による届出を行った特定教育・保育提供者は、その届け出た事項に変更があったときは、内閣府令で定めるところにより、遅滞なく、その旨を当該届出を行った同項各号に定める者（以下この款において「**市町村長等**」という。）に届け出なければならない。

4　第二項の規定による届出を行った特定教育・保育提供者は、同項各号に掲げる区分の変更により、同項の規定により当該届出を行った市町村長等以外の市町村長等に届出を行うときは、内閣府令で定めるところにより、その旨を当該届出を行った市町村長等にも届け出なければならない。

5　市町村長等は、前三項の規定による届出が適正になされるよう、相互に密接な連携を図るものとする。

（報告等）

第五六条　前条第二項の規定による届出を受けた市町村長等は、当該届出を行った特定教育・保育提供者（同条第四項の規定による届出を受けた市町村長等にあっては、同項の規定による届出を行った特定教育・保育提供者を除く。）における同条第一項の規定による業務管理体制の整備に関して必要があると認めるときは、この法律の施行に必要な限度において、当該特定教育・保育提供者に対し、報告若しくは帳簿書類その他の物件の提出若しくは提示を命じ、当該特定教育・保育提供者若しくは当該特定教育・保育提供者の職員に対し出頭を求め、又は当該市町村長等の職員に関係者に対し質問させ、若しくは当該特定教育・保育提供者の当該確認に係る教育・保育施設若しくは地域型保育事業所、事務所その他の教育・保育の提供に関係のある場所に立ち入り、その設備若しくは帳簿書類その他の物件を検査させることができる。

2　内閣総理大臣又は都道府県知事が前項の権限を行うときは、当該特定教育・保育提供者に係る確認を行った市町村長（次条第五項において「**確認市町村長**」という。）と密接な連携の下に行うものとする。

3　市町村長は、その行った又はその行おうとする確認に係る特定教育・保育提供者における前条第一項の規定による業務管理体制の整備に関して必要があると認めるときは、内閣総理大臣又は都道府県知事に対し、第一項の権限を行うよう求めることができる。

4　内閣総理大臣又は都道府県知事は、前項の規定による市町村長の求めに応じて第一項の権限を行ったときは、内閣府令で定めるところにより、その結果を当該権限を行うよう求めた市町村長に通知しなければならない。

5　第十三条第二項の規定は第一項の規定による質問又は検査について、同条第三項の規定は第一項の規定による権限について、それぞれ準用する。

（勧告、命令等）

第五七条　第五十五条第二項の規定による届出を受けた市町村長等は、当該届出を行った特定教育・保育提供者（同条第四項の規定による届出を受けた市町村長等にあっては、同項の規定による届出を行った特定教育・保育提供者を除く。）が、同条第一項に規定する内閣府令で定める基準に従って施設型給付費の支給に係る施設又は地域型保育給付費の支給に係る事業を行う者として適正な業務管理体制の整備をしていないと認めるときは、当該特定教育・保育提供者に対し、期限を定めて、当該内閣府令で定める基準に従って適正な業務管理体制を整備すべきことを勧告することができる。

2　市町村長等は、前項の規定による勧告をした場合において、その勧告を受けた特定教育・保育提供者が同項の期限内にこれに従わなかったときは、その旨を公表することができる。

3　市町村長等は、第一項の規定による勧告を受けた特定教育・保育提供者が、正当な理由がなくてその勧告に係る措置をとらなかったときは、当該特定教育・保育提供者に対し、期限を定めて、その勧告に係る措置をとるべきことを命ずることができる。

4　市町村長等は、前項の規定による命令をしたときは、その旨を公示しなければならない。

5　内閣総理大臣又は都道府県知事は、特定教育・保育提供者が第三項の規定による命令に違反したときは、内閣府令で定めるところにより、当該違反の内容を確認市町村長に通知しなければならない。

第四款　教育・保育に関する情報の報告及び公表

第五八条　特定教育・保育提供者は、特定教育・保育施設又は特定地域型保育事業者（以下「**特定教育・保育施設等**」という。）の確認を受け、教育・保育の提供を開始しようとするときその他内閣府令で定めるときは、政令で定めるところにより、その提供する教育・保育に係る教育・保育情報（教育・保育の内容及び教育・保育を提供する施設又は事業者の運営状況に関する情報であって、小学校就学前子どもに教育・保育を受けさせ、又は受けさせようとする小学校就学前子どもの保護者が適切かつ円滑に教育・保育を小学校就学前子どもに受けさせる機会を確保するために公表されることが必要なものとして内閣府令で定めるものをいう。以下同じ。）を、教育・保育を提供する施設又は事業所の所在地の都道府県知事に報告しなければならない。

2　都道府県知事は、前項の規定による報告を受けた後、内閣府令で定めるところにより、当該報告の内容を公表しなければならない。

3　都道府県知事は、第一項の規定による報告に関して必要があると認めるときは、この法律の施行に必要な限度において、当該報告をした特定教育・保育提供者に対し、教育・保育情報のうち内閣府令で定めるものについて、調査を行うことができる。

4　都道府県知事は、特定教育・保育提供者が第一項の規定による報告をせず、若しくは虚偽の報告をし、又は前項の規定による調査を受けず、若しくは調査の実施を妨げたときは、期間を定めて、当該特定教育・保育提供者に対し、その報告を行い、若しくはその報告の内容を是正し、又はその調査を受けることを命ずることができる。

5　都道府県知事は、特定教育・保育提供者に対して前項の規定による処分をしたときは、遅滞なく、その旨を、当該特定教育・保育施設等の確認をした市町村長に通知しなければならない。

6　都道府県知事は、特定教育・保育提供者が、第四項の規定による命令に従わない場合において、当該特定教育・保育施設等の確認を取り消し、又は期間を定めてその確認の全部若しくは一部の効力を停止することが適当であると認めるときは、理由を付して、その旨をその確認をした市町村長に通知しなければならない。

7　都道府県知事は、小学校就学前子どもに教育・保育を受けさせ、又は受けさせようとする小学校就学前子どもの保護者が適切かつ円滑に教育・保育を小学校就学前子どもに受けさせる機会の確保に資するため、教育・保育の質及び教育・保育を担当する職員に関する情報（教育・保育情報に該当するものを除く。）であって内閣府令で定めるものの提供を希望する特定教育・保育提供者から提供を受けた当該情報について、公表を行うよう配慮するものとする。

第二節　特定子ども・子育て支援施設等

（**特定子ども・子育て支援施設等の確認**）

第五八条の二　第三十条の十一第一項の確認

は、内閣府令で定めるところにより、子ども・子育て支援施設等である施設の設置者又は事業を行う者の申請により、市町村長が行う。

（特定子ども・子育て支援提供者の責務）

第五八条の三　特定子ども・子育て支援提供者は、施設等利用給付認定子どもに対し適切な特定子ども・子育て支援を提供するとともに、市町村、児童相談所、児童福祉施設、教育機関その他の関係機関との緊密な連携を図りつつ、良質な特定子ども・子育て支援を小学校就学前子どもの置かれている状況その他の事情に応じ、効果的に行うように努めなければならない。

2　特定子ども・子育て支援提供者は、小学校就学前子どもの人格を尊重するとともに、この法律及びこの法律に基づく命令を遵守し、誠実にその職務を遂行しなければならない。

（特定子ども・子育て支援施設等の基準）

第五八条の四　特定子ども・子育て支援提供者は、次の各号に掲げる子ども・子育て支援施設等の区分に応じ、当該各号に定める基準を遵守しなければならない。

一　認定こども園　認定こども園法第三条第一項の規定により都道府県（指定都市等所在認定こども園（都道府県が単独で又は他の地方公共団体と共同して設立する公立大学法人が設置するものを除く。）については、当該指定都市等。以下この号において同じ。）の条例で定める要件（当該認定こども園が同項の認定を受けたものである場合に限る。）、同条第三項の規定により都道府県の条例で定める要件（当該認定こども園が同項の認定を受けたものである場合に限る。）又は認定こども園法第十三条第一項の規定により都道府県の条例で定める設備及び運営についての基準（当該認定こども園が幼保連携型認定こども園である場合に限る。）

二　幼稚園　設置基準（幼稚園に係るものに限る。）

三　特別支援学校　設置基準（特別支援学校に係るものに限る。）

四　第七条第十項第四号に掲げる施設　同号の内閣府令で定める基準

五　第七条第十項第五号に掲げる事業　同号の内閣府令で定める基準

六　第七条第十項第六号に掲げる事業　児童福祉法第三十四条の十三の内閣府令で定める基準（第五十八条の九第三項において「**一時預かり事業基準**」という。）

七　第七条第十項第七号に掲げる事業　同号の内閣府令で定める基準

八　第七条第十項第八号に掲げる事業　同号の内閣府令で定める基準

2　特定子ども・子育て支援提供者は、内閣府令で定める特定子ども・子育て支援施設等の運営に関する基準に従い、特定子ども・子育て支援を提供しなければならない。

3　内閣総理大臣は、前項の内閣府令で定める特定子ども・子育て支援施設等の運営に関する基準を定め、又は変更しようとするときは、文部科学大臣に協議しなければならない。

（変更の届出）

第五八条の五　特定子ども・子育て支援提供者は、特定子ども・子育て支援を提供する施設又は事業所の名称及び所在地その他の内閣府令で定める事項に変更があったときは、内閣府令で定めるところにより、十日以内に、その旨を市町村長に届け出なければならない。

（確認の辞退）

第五八条の六　特定子ども・子育て支援提供者は、三月以上の予告期間を設けて、当該特定子ども・子育て支援施設等に係る第三十条の十一第一項の確認を辞退することができる。

2　特定子ども・子育て支援提供者は、前項の規定による確認の辞退をするときは、同項に規定する予告期間の開始日の前一月以内に当該特定子ども・子育て支援を受けていた者であって、確認の辞退の日以後においても引き続き当該特定子ども・子育て支援に相当する教育・保育その他の子ども・子育て支援の提供を希望する者に対し、必要な教育・保育その他の子ども・子育て支援が継続的に提供されるよう、他の特定子ども・子育て支援提供者その他関係者との連絡調整その他の便宜の提供を行わなければならない。

（市町村長等による連絡調整又は援助）

第五八条の七　市町村長は、特定子ども・子育て支援提供者による前条第二項に規定する便宜の提供が円滑に行われるため必要があると認めるときは、当該特定子ども・子育て支援提供者及び他の特定子ども・子育て支援提供者その他の関係者相互間の連絡調整又は当該特定子ども・子育て支援提供者及び当該関係者に対する助言その他の援助を行うことができる。

2　第三十七条第二項及び第三項の規定は、特定子ども・子育て支援提供者による前条第二項に規定する便宜の提供について準用する。

（報告等）

第五八条の八　市町村長は、必要があると認めるときは、この法律の施行に必要な限度において、特定子ども・子育て支援を提供する施設若しくは特定子ども・子育て支援提供者若しくは特定子ども・子育て支援を提供する施設若しくは事業所の職員であった者若しくは特定子ども・子育て支援を提供する施設若しくは事業所の職員であった者（以下この項において「特定子ども・子育て支援提供者であった者等」という。）に対し、報告若しくは帳簿書類その他の物件の提出若しくは提示を命じ、特定子ども・子育て支援提供者若しくは特定子ども・子育て支援を提供する施設若しくは事業所の職員若しくは特定子ども・子育て支援提供者であった者等に対し出頭を求め、又は当該市町村の職員に関係者に対して質問させ、若しくは特定子ども・子育て支援を提供する施設若しくは事業所、特定子ども・子育て支援提供者の事務所その他特定子ども・子育て支援施設等の運営に関係のある場所に立ち入り、その設備若しくは帳簿書類その他の物件を検査させることができる。

2　第十三条第二項の規定は前項の規定による質問又は検査について、同条第三項の規定は前項の規定による権限について、それぞれ準用する。

（勧告、命令等）

第五八条の九　市町村長は、特定子ども・子育て支援提供者が、次の各号に掲げる場合に該当すると認めるときは、当該特定子ども・子育て支援提供者に対し、期限を定めて、当該各号に定める措置をとるべきことを勧告することができる。

一　第七条第十項各号（第一号から第三号まで及び第六号を除く。以下この号において同じ。）に掲げる施設又は事業の区分に応じ、当該各号の内閣府令で定める基準に従って施設等利用費の支給に係る施設又は事業として適正な特定子ども・子育て支援施設等の運営をしていない場合　当該基準を遵守すること。

二　第五十八条の四第二項の内閣府令で定める特定子ども・子育て支援施設等の運営に関する基準に従って施設等利用費の支給に係る施設又は事業として適正な特定子ども・子育て支援施設等の運営をしていない場合　当該基準を遵守すること。

三　第五十八条の六第二項に規定する便宜の提供を施設等利用費の支給に係る施設又は事業として適正に行っていない場合　当該便宜の提供を適正に行うこと。

2　市町村長は、特定子ども・子育て支援施設等である幼稚園又は特別支援学校の設置者（国及び地方公共団体（公立大学法人を含む。次項及び第六項において同じ。）を除く。）が設置基準（幼稚園又は特別支援学校に係るものに限る。）に従って施設等利用費の支給に係る施設として適正な子ども・子育て支援施設等の運営をしていないと認めるときは、遅滞なく、その旨を、当該幼稚園又は特別支援学校に係る学校教育法第四条第一項の認可を行った都道府県知事に通知しなければならない。

3　市町村長（指定都市等又は児童相談所設置市の長を除く。）は、特定子ども・子育て支援施設等である第七条第十項第六号に掲げる事業を行う者（国及び地方公共団体を除く。）が一時預かり事業基準に従って施設等利用費の支給に係る事業として適正な子ども・子育て支援施設等の運営をしていないと認めるときは、遅滞なく、その旨を、当該同号に掲げる事業に係る児童福祉法第三十四条の十二第一項の規定による届出を受けた都道府県知事に通知しなければならない。

4　市町村長は、第一項の規定による勧告をした場合において、その勧告を受けた特定子ども・子育て支援提供者が、同項の期限内にこれに従わなかったときは、その旨を公表することができる。

5　市町村長は、第一項の規定による勧告を受けた特定子ども・子育て支援提供者が、正当な理由がなくてその勧告に係る措置をとらなかったときは、当該特定子ども・子育て支援提供者に対し、期限を定めて、その勧告に係る措置をとるべきことを命ずることができる。

6　市町村長（指定都市等所在届出保育施設（指定都市等又は児童相談所設置市の区域内に所在する第七条第十項第四号に掲げる施設をいい、都道府県が設置するものを除く。第二号及び次条第一項第二号において同じ。）については当該指定都市等又は児童相談所設置市の長を除き、指定都市等所在認定こども園において行われる第七条第十項第五号に掲げる事業については当該指定都市等の長を除き、指定都市等又は児童相談所設置市の区域内において行われる同項第六号又は第七号に掲げる事業については当該指定都市等又は児童相談所設置市の長を除く。）は、前項の規定による命令をしたときは、その旨を公示するとともに、遅滞なく、その旨を、次の各号に掲げる子ども・子育て支援施設等（国又は地方公共団体が設置し、又は行うものを除く。）の区分に応じ、当該各号に定める認可若しくは認定を行い、又は届出を受けた都道府県知事に通知しなければならない。

一　幼稚園又は特別支援学校　当該施設に係る学校教育法第四条第一項の認可

二　第七条第十項第四号に掲げる施設（指定都市等所在届出保育施設を除く。）　当該施設に係る児童福祉法第五十九条の二第一項の規定による届出

三　第七条第十項第五号に掲げる事業　当該事業が行われる次のイ又はロに掲げる施設の区分に応じ、それぞれイ又はロに定める認可又は認定

イ　認定こども園（指定都市等所在認定こども園を除く。）　当該施設に係る認定こども園法第十七条第一項の認可又は認定こども園法第三条第一項若しくは第三項の認定

ロ　幼稚園又は特別支援学校　当該施設に係る学校教育法第四条第一項の認可

四　第七条第十項第六号に掲げる事業（指定都市等又は児童相談所設置市の区域内において行われるものを除く。）　当該事業に係る児童福祉法第三十四条の十二第一項の規定による届出

五　第七条第十項第七号に掲げる事業（指定都市等又は児童相談所設置市の区域内において行われるものを除く。）　当該事業に係る児童福祉法第三十四条の十八第一項の規定による届出

（確認の取消し等）

第五八条の一〇　市町村長は、次の各号のいずれかに該当する場合においては、当該特定子ども・子育て支援施設等に係る第三十条の十一第一項の確認を取り消し、又は期間を定めてその確認の全部若しくは一部の効力を停止することができる。

一　特定子ども・子育て支援提供者が、第五十八条の三第二項の規定に違反したと認められるとき。
二　特定子ども・子育て支援提供者（認定こども園の設置者及び第七条第十項第八号に掲げる事業を行う者を除く。）が、前条第六項各号に掲げる子ども・子育て支援施設等の区分に応じ、当該各号に定める認可若しくは認定を受け、又は届出を行った施設等利用費の支給に係る施設又は事業として適正な子ども・子育て支援施設等の運営をすることができなくなったと当該認可若しくは認定を行い、又は届出を受けた都道府県知事（指定都市等所在届出保育施設については当該指定都市等又は児童相談所設置市の長とし、指定都市等所在認定こども園において行われる第七条第十項第五号に掲げる事業については当該指定都市等の長とし、指定都市等又は児童相談所設置市の区域内において行われる同項第六号又は第七号に掲げる事業については当該指定都市等又は児童相談所設置市の長とする。）が認めたとき。
三　特定子ども・子育て支援提供者（第七条第十項第四号に掲げる施設の設置者又は同項第五号、第七号若しくは第八号に掲げる事業を行う者に限る。）が、それぞれ同項第四号、第五号、第七号又は第八号の内閣府令で定める基準に従って施設等利用費の支給に係る施設又は事業として適正な特定子ども・子育て支援施設等の運営をすることができなくなったとき。
四　特定子ども・子育て支援提供者が、第五十八条の四第二項の内閣府令で定める特定子ども・子育て支援施設等の運営に関する基準に従って施設等利用費の支給に係る施設又は事業として適正な特定子ども・子育て支援施設等の運営をすることができなくなったとき。
五　特定子ども・子育て支援提供者が、第五十八条の八第一項の規定により報告若しくは帳簿書類その他の物件の提出若しくは提示を命ぜられてこれに従わず、又は虚偽の報告をしたとき。
六　特定子ども・子育て支援提供者又は特定子ども・子育て支援を提供する施設若しくは事業所の職員が、第五十八条の八第一項の規定により出頭を求められてこれに応ぜず、同項の規定による質問に対して答弁せず、若しくは虚偽の答弁をし、又は同項の規定による検査を拒み、妨げ、若しくは忌避したとき。ただし、当該職員がその行為をした場合において、その行為を防止するため、当該特定子ども・子育て支援提供者が相当の注意及び監督を尽くしたときを除く。
七　特定子ども・子育て支援提供者が、不正の手段により第三十条の十一第一項の確認を受けたとき。
八　前各号に掲げる場合のほか、特定子ども・子育て支援提供者が、この法律その他国民の福祉若しくは学校教育に関する法律で政令で定めるもの又はこれらの法律に基づく命令若しくは処分に違反したとき。
九　前各号に掲げる場合のほか、特定子ども・子育て支援提供者が、教育・保育その他の子ども・子育て支援に関し不正又は著しく不当な行為をしたとき。
十　特定子ども・子育て支援提供者が法人である場合において、当該法人の役員若しくはその長又はその事業所を管理する者その他の政令で定める使用人のうちに過去五年以内に教育・保育その他の子ども・子育て支援に関し不正又は著しく不当な行為をした者があるとき。
十一　特定子ども・子育て支援提供者が法人でない場合において、その管理者が過去五年以内に教育・保育その他の子ども・子育て支援に関し不正又は著しく不当な行為をした者であるとき。
2　前項の規定により第三十条の十一第一項

の確認を取り消された子ども・子育て支援施設等である施設の設置者又は事業を行う者（政令で定める者を除く。）及びこれに準ずる者として政令で定める者は、その取消しの日又はこれに準ずる日として政令で定める日から起算して五年を経過するまでの間は、第五十八条の二の申請をすることができない。

（公示）

第五八条の一一　市町村長は、次に掲げる場合には、遅滞なく、当該特定子ども・子育て支援を提供する施設又は事業所の名称及び所在地その他の内閣府令で定める事項を公示しなければならない。

一　第三十条の十一第一項の確認をしたとき。

二　第五十八条の六第一項の規定による第三十条の十一第一項の確認の辞退があったとき。

三　前条第一項の規定により第三十条の十一第一項の確認を取り消し、又は同項の確認の全部若しくは一部の効力を停止したとき。

（都道府県知事に対する協力要請）

第五八条の一二　市町村長は、第三十条の十一第一項及び第五十八条の八から第五十八条の十までに規定する事務の執行及び権限の行使に関し、都道府県知事に対し、必要な協力を求めることができる。

第四章　地域子ども・子育て支援事業

第五九条　市町村は、内閣府令で定めるところにより、第六十一条第一項に規定する市町村子ども・子育て支援事業計画に従って、地域子ども・子育て支援事業として、次に掲げる事業を行うものとする。

一　子ども及びその保護者が、確実に子ども・子育て支援給付を受け、及び地域子ども・子育て支援事業その他の子ども・子育て支援を円滑に利用できるよう、子ども及びその保護者の身近な場所において、地域の子ども・子育て支援に関する各般の問題につき、子ども又は子どもの保護者からの相談に応じ、必要な情報の提供及び助言を行うとともに、関係機関との連絡調整その他の内閣府令で定める便宜の提供を総合的に行う事業

二　教育・保育給付認定保護者であって、その保育認定子どもが、やむを得ない理由により利用日及び利用時間帯（当該教育・保育給付認定保護者が特定教育・保育施設等又は特例保育を行う事業者と締結した特定保育（特定教育・保育（保育に限る。）、特定地域型保育又は特例保育をいう。以下この号において同じ。）の提供に関する契約において、当該保育認定子どもが当該特定教育・保育施設等又は特例保育を行う事業者による特定保育を受ける日及び時間帯として定められた日及び時間帯をいう。）以外の日及び時間において当該特定教育・保育施設等又は特例保育を行う事業者による保育（保育必要量の範囲内のものを除く。以下この号において「**時間外保育**」という。）を受けたものに対し、内閣府令で定めるところにより、当該教育・保育給付認定保護者が支払うべき時間外保育の費用の全部又は一部の助成を行うことにより、必要な保育を確保する事業

三　教育・保育給付認定保護者又は施設等利用給付認定保護者のうち、その属する世帯の所得の状況その他の事情を勘案して市町村が定める基準に該当するものに対し、当該教育・保育給付認定保護者又は施設等利用給付認定保護者が支払うべき次に掲げる費用の全部又は一部を助成する事業

イ　当該教育・保育給付認定保護者に係る教育・保育給付認定子どもが特定教育・保育、特別利用保育、特別利用教育、特定地域型保育又は特例保育（以下このイにおいて「特定教育・保育等」という。）を受けた場合における日用品、文房具その他の特定教育・保育

等に必要な物品の購入に要する費用又は特定教育・保育等に係る行事への参加に要する費用その他これらに類する費用として市町村が定めるもの

ロ　当該施設等利用給付認定保護者に係る施設等利用給付認定子どもが特定子ども・子育て支援（特定子ども・子育て支援施設等である認定こども園又は幼稚園が提供するものに限る。）を受けた場合における食事の提供に要する費用として内閣府令で定めるもの

四　特定教育・保育施設等への民間事業者の参入の促進に関する調査研究その他多様な事業者の能力を活用した特定教育・保育施設等の設置又は運営を促進するための事業

五　児童福祉法第六条の三第二項に規定する放課後児童健全育成事業

六　児童福祉法第六条の三第三項に規定する子育て短期支援事業

七　児童福祉法第六条の三第四項に規定する乳児家庭全戸訪問事業

八　児童福祉法第六条の三第五項に規定する養育支援訪問事業その他同法第二十五条の二第一項に規定する要保護児童対策地域協議会その他の者による同法第二十五条の七第一項に規定する要保護児童等に対する支援に資する事業

九　児童福祉法第六条の三第六項に規定する地域子育て支援拠点事業

十　児童福祉法第六条の三第七項に規定する一時預かり事業

十一　児童福祉法第六条の三第十三項に規定する病児保育事業

十二　児童福祉法第六条の三第十四項に規定する子育て援助活動支援事業

十三　母子保健法（昭和四十年法律第百四十一号）第十三条第一項の規定に基づき妊婦に対して健康診査を実施する事業

第四章の二　仕事・子育て両立支援事業

第五九条の二　政府は、仕事と子育てとの両立に資する子ども・子育て支援の提供体制の充実を図るため、仕事・子育て両立支援事業として、児童福祉法第五十九条の二第一項に規定する施設（同項の規定による届出がされたものに限る。）のうち同法第六条の三第十二項に規定する業務を目的とするものその他事業主と連携して当該事業主が雇用する労働者の監護する乳児又は幼児の保育を行う業務に係るものの設置者に対し、助成及び援助を行う事業を行うことができる。

2　全国的な事業主の団体は、仕事・子育て両立支援事業の内容に関し、内閣総理大臣に対して意見を申し出ることができる。

第五章　子ども・子育て支援事業計画

（基本指針）

第六〇条　内閣総理大臣は、教育・保育及び地域子ども・子育て支援事業の提供体制を整備し、子ども・子育て支援給付並びに地域子ども・子育て支援事業及び仕事・子育て両立支援事業の円滑な実施の確保その他子ども・子育て支援のための施策を総合的に推進するための基本的な指針（以下「基本指針」という。）を定めるものとする。

2　基本指針においては、次に掲げる事項について定めるものとする。

一　子ども・子育て支援の意義並びに子どものための教育・保育給付に係る教育・保育を一体的に提供する体制その他の教育・保育を提供する体制の確保、子育てのための施設等利用給付の円滑な実施の確保並びに地域子ども・子育て支援事業及び仕事・子育て両立支援事業の実施に関する基本的事項

二　次条第一項に規定する市町村子ども・子育て支援事業計画において教育・保育及び地域子ども・子育て支援事業の量の見込みを定めるに当たって参酌すべき標準その他当該市町村子ども・子育て支援事業計画及び第六十二条第一項に規定す

る都道府県子ども・子育て支援事業支援計画の作成に関する事項
三　児童福祉法その他の関係法律による専門的な知識及び技術を必要とする児童の福祉増進のための施策との連携に関する事項
四　労働者の職業生活と家庭生活との両立が図られるようにするために必要な雇用環境の整備に関する施策との連携に関する事項
五　前各号に掲げるもののほか、子ども・子育て支援給付並びに地域子ども・子育て支援事業及び仕事・子育て両立支援事業の円滑な実施の確保その他子ども・子育て支援のための施策の総合的な推進のために必要な事項
3　内閣総理大臣は、基本指針を定め、又は変更しようとするときは、文部科学大臣その他の関係行政機関の長に協議するとともに、こども家庭審議会の意見を聴かなければならない。
4　内閣総理大臣は、基本指針を定め、又はこれを変更したときは、遅滞なく、これを公表しなければならない。

（市町村子ども・子育て支援事業計画）

第六一条　市町村は、基本指針に即して、五年を一期とする教育・保育及び地域子ども・子育て支援事業の提供体制の確保その他この法律に基づく業務の円滑な実施に関する計画（以下「**市町村子ども・子育て支援事業計画**」という。）を定めるものとする。
2　市町村子ども・子育て支援事業計画においては、次に掲げる事項を定めるものとする。
一　市町村が、地理的条件、人口、交通事情その他の社会的条件、教育・保育を提供するための施設の整備の状況その他の条件を総合的に勘案して定める区域（以下「**教育・保育提供区域**」という。）ごとの当該教育・保育提供区域における各年度の特定教育・保育施設に係る必要利用定員総数（第十九条各号に掲げる小学校就学前子どもの区分ごとの必要利用定員総数とする。）、特定地域型保育事業所（事業所内保育事業所における労働者等の監護する小学校就学前子どもに係る部分を除く。）に係る必要利用定員総数（同条第三号に掲げる小学校就学前子どもに係るものに限る。）その他の教育・保育の量の見込み並びに実施しようとする教育・保育の提供体制の確保の内容及びその実施時期
二　教育・保育提供区域ごとの当該教育・保育提供区域における各年度の地域子ども・子育て支援事業の量の見込み並びに実施しようとする地域子ども・子育て支援事業の提供体制の確保の内容及びその実施時期
三　子どものための教育・保育給付に係る教育・保育の一体的提供及び当該教育・保育の推進に関する体制の確保の内容
四　子育てのための施設等利用給付の円滑な実施の確保の内容
3　市町村子ども・子育て支援事業計画においては、前項各号に規定するもののほか、次に掲げる事項について定めるよう努めるものとする。
一　産後の休業及び育児休業後における特定教育・保育施設等の円滑な利用の確保に関する事項
二　保護を要する子どもの養育環境の整備、児童福祉法第四条第二項に規定する障害児に対して行われる保護並びに日常生活上の指導及び知識技能の付与その他の子どもに関する専門的な知識及び技術を要する支援に関する都道府県が行う施策との連携に関する事項
三　労働者の職業生活と家庭生活との両立が図られるようにするために必要な雇用環境の整備に関する施策との連携に関する事項
四　地域子ども・子育て支援事業を行う市町村その他の当該市町村において子ども・子育て支援の提供を行う関係機関相

互の連携の推進に関する事項

4　市町村子ども・子育て支援事業計画は、教育・保育提供区域における子どもの数、子どもの保護者の特定教育・保育施設等及び地域子ども・子育て支援事業の利用に関する意向その他の事情を勘案して作成されなければならない。

5　市町村は、教育・保育提供区域における子ども及びその保護者の置かれている環境その他の事情を正確に把握した上で、これらの事情を勘案して、市町村子ども・子育て支援事業計画を作成するよう努めるものとする。

6　市町村子ども・子育て支援事業計画は、社会福祉法第百七条第一項に規定する市町村地域福祉計画、教育基本法第十七条第二項の規定により市町村が定める教育の振興のための施策に関する基本的な計画（次条第四項において「**教育振興基本計画**」という。）その他の法律の規定による計画であって子どもの福祉又は教育に関する事項を定めるものと調和が保たれたものでなければならない。

7　市町村は、市町村子ども・子育て支援事業計画を定め、又は変更しようとするときは、第七十二条第一項の審議会その他の合議制の機関を設置している場合にあってはその意見を、その他の場合にあっては子どもの保護者その他子ども・子育て支援に係る当事者の意見を聴かなければならない。

8　市町村は、市町村子ども・子育て支援事業計画を定め、又は変更しようとするときは、インターネットの利用その他の内閣府令で定める方法により広く住民の意見を求めることその他の住民の意見を反映させるために必要な措置を講ずるよう努めるものとする。

9　市町村は、市町村子ども・子育て支援事業計画を定め、又は変更しようとするときは、都道府県に協議しなければならない。

10　市町村は、市町村子ども・子育て支援事業計画を定め、又は変更したときは、遅滞なく、これを都道府県知事に提出しなければならない。

（都道府県子ども・子育て支援事業支援計画）

第六二条　都道府県は、基本指針に即して、五年を一期とする教育・保育及び地域子ども・子育て支援事業の提供体制の確保その他この法律に基づく業務の円滑な実施に関する計画（以下「**都道府県子ども・子育て支援事業支援計画**」という。）を定めるものとする。

2　都道府県子ども・子育て支援事業支援計画においては、次に掲げる事項を定めるものとする。

一　都道府県が当該都道府県内の市町村が定める教育・保育提供区域を勘案して定める区域ごとの当該区域における各年度の特定教育・保育施設に係る必要利用定員総数（第十九条各号に掲げる小学校就学前子どもの区分ごとの必要利用定員総数とする。）その他の教育・保育の量の見込み並びに実施しようとする教育・保育の提供体制の確保の内容及びその実施時期

二　子どものための教育・保育給付に係る教育・保育の一体的提供及び当該教育・保育の推進に関する体制の確保の内容

三　子育てのための施設等利用給付の円滑な実施の確保を図るために必要な市町村との連携に関する事項

四　特定教育・保育及び特定地域型保育を行う者並びに地域子ども・子育て支援事業に従事する者の確保及び資質の向上のために講ずる措置に関する事項

五　保護を要する子どもの養育環境の整備、児童福祉法第四条第二項に規定する障害児に対して行われる保護並びに日常生活上の指導及び知識技能の付与その他の子どもに関する専門的な知識及び技術を要する支援に関する施策の実施に関する事項

六　前号の施策の円滑な実施を図るために必要な市町村との連携に関する事項

3　都道府県子ども・子育て支援事業支援計画においては、前項各号に掲げる事項のほか、次に掲げる事項について定めるよう努めるものとする。

一　市町村の区域を超えた広域的な見地から行う調整に関する事項

二　教育・保育情報の公表に関する事項

三　労働者の職業生活と家庭生活との両立が図られるようにするために必要な雇用環境の整備に関する施策との連携に関する事項

4　都道府県子ども・子育て支援事業支援計画は、社会福祉法第百八条第一項に規定する都道府県地域福祉支援計画、教育基本法第十七条第二項の規定により都道府県が定める教育振興基本計画その他の法律の規定による計画であって子どもの福祉又は教育に関する事項を定めるものと調和が保たれたものでなければならない。

5　都道府県は、都道府県子ども・子育て支援事業支援計画を定め、又は変更しようとするときは、第七十二条第四項の審議会その他の合議制の機関を設置している場合にあってはその意見を、その他の場合にあっては子どもの保護者その他子ども・子育て支援に係る当事者の意見を聴かなければならない。

6　都道府県は、都道府県子ども・子育て支援事業支援計画を定め、又は変更したときは、遅滞なく、これを内閣総理大臣に提出しなければならない。

（都道府県知事の助言等）

第六三条　都道府県知事は、市町村に対し、市町村子ども・子育て支援事業計画の作成上の技術的事項について必要な助言その他の援助の実施に努めるものとする。

2　内閣総理大臣は、都道府県に対し、都道府県子ども・子育て支援事業支援計画の作成の手法その他都道府県子ども・子育て支援事業支援計画の作成上重要な技術的事項について必要な助言その他の援助の実施に努めるものとする。

（国の援助）

第六四条　国は、市町村又は都道府県が、市町村子ども・子育て支援事業計画又は都道府県子ども・子育て支援事業支援計画に定められた事業を実施しようとするときは、当該事業が円滑に実施されるように必要な助言その他の援助の実施に努めるものとする。

第六章　費用等

（市町村の支弁）

第六五条　次に掲げる費用は、市町村の支弁とする。

一　市町村が設置する特定教育・保育施設に係る施設型給付費及び特例施設型給付費の支給に要する費用

二　都道府県及び市町村以外の者が設置する特定教育・保育施設に係る施設型給付費及び特例施設型給付費並びに地域型保育給付費及び特例地域型保育給付費の支給に要する費用

三　市町村（市町村が単独で又は他の市町村と共同して設立する公立大学法人を含む。次号及び第五号において同じ。）が設置する特定子ども・子育て支援施設等（認定こども園、幼稚園及び特別支援学校に限る。）に係る施設等利用費の支給に要する費用

四　国、都道府県（都道府県が単独で又は他の地方公共団体と共同して設立する公立大学法人を含む。次号及び次条第二号において同じ。）又は市町村が設置し、又は行う特定子ども・子育て支援施設等（認定こども園、幼稚園及び特別支援学校を除く。）に係る施設等利用費の支給に要する費用

五　国、都道府県及び市町村以外の者が設置し、又は行う特定子ども・子育て支援施設等に係る施設等利用費の支給に要する費用

六　地域子ども・子育て支援事業に要する費用

（都道府県の支弁）

第六六条　次に掲げる費用は、都道府県の支弁とする。

一　都道府県が設置する特定教育・保育施設に係る施設型給付費及び特例施設型給付費の支給に要する費用

二　都道府県が設置する特定子ども・子育て支援施設等（認定こども園、幼稚園及び特別支援学校に限る。）に係る施設等利用費の支給に要する費用

（国の支弁）

第六六条の二　国（国立大学法人法第二条第一項に規定する国立大学法人を含む。）が設置する特定子ども・子育て支援施設等（認定こども園、幼稚園及び特別支援学校に限る。）に係る施設等利用費の支給に要する費用は、国の支弁とする。

（拠出金の施設型給付費等支給費用への充当）

第六六条の三　第六十五条の規定により市町村が支弁する同条第二号に掲げる費用のうち、国、都道府県その他の者が負担すべきものの算定の基礎となる額として政令で定めるところにより算定した額（以下「**施設型給付費等負担対象額**」という。）であって、満三歳未満保育認定子ども（第十九条第二号に掲げる小学校就学前子どもに該当する教育・保育給付認定子どものうち、満三歳に達する日以後の最初の三月三十一日までの間にある者を含む。第六十九条第一項及び第七十条第二項において同じ。）に係るものについては、その額の五分の一を超えない範囲内で政令で定める割合に相当する額（次条第一項及び第六十八条第一項において「**拠出金充当額**」という。）を第六十九条第一項に規定する拠出金をもって充てる。

2　全国的な事業主の団体は、前項の割合に関し、内閣総理大臣に対して意見を申し出ることができる。

（都道府県の負担等）

第六七条　都道府県は、政令で定めるところにより、第六十五条の規定により市町村が支弁する同条第二号に掲げる費用のうち、施設型給付費等負担対象額から拠出金充当額を控除した額の四分の一を負担する。

2　都道府県は、政令で定めるところにより、第六十五条の規定により市町村が支弁する同条第四号及び第五号に掲げる費用のうち、国及び都道府県が負担すべきものの算定の基礎となる額として政令で定めるところにより算定した額の四分の一を負担する。

3　都道府県は、政令で定めるところにより、市町村に対し、第六十五条の規定により市町村が支弁する同条第六号に掲げる費用に充てるため、当該都道府県の予算の範囲内で、交付金を交付することができる。

（市町村に対する交付金の交付等）

第六八条　国は、政令で定めるところにより、第六十五条の規定により市町村が支弁する同条第二号に掲げる費用のうち、施設型給付費等負担対象額から拠出金充当額を控除した額の二分の一を負担するものとし、市町村に対し、国が負担する額及び拠出金充当額を合算した額を交付する。

2　国は、政令で定めるところにより、第六十五条の規定により市町村が支弁する同条第四号及び第五号に掲げる費用のうち、前条第二項の政令で定めるところにより算定した額の二分の一を負担するものとし、市町村に対し、国が負担する額を交付する。

3　国は、政令で定めるところにより、市町村に対し、第六十五条の規定により市町村が支弁する同条第六号に掲げる費用に充てるため、予算の範囲内で、交付金を交付することができる。

（拠出金の徴収及び納付義務）

第六九条　政府は、児童手当の支給に要する費用（児童手当法第十八条第一項に規定するものに限る。次条第二項において「**拠出金対象児童手当費用**」という。）、第六十五条の規定により市町村が支弁する同条第二号に掲げる費用（施設型給付費等負担対象

額のうち、満三歳未満保育認定子どもに係るものに相当する費用に限る。次条第二項において「**拠出金対象施設型給付費等費用**」という。）、地域子ども・子育て支援事業（第五十九条第二号、第五号及び第十一号に掲げるものに限る。）に要する費用（次条第二項において「**拠出金対象地域子ども・子育て支援事業費用**」という。）及び仕事・子育て両立支援事業に要する費用（同項において「**仕事・子育て両立支援事業費用**」という。）に充てるため、次に掲げる者（次項において「一般事業主」という。）から、拠出金を徴収する。

一　厚生年金保険法（昭和二十九年法律第百十五号）第八十二条第一項に規定する事業主（次号から第四号までに掲げるものを除く。）

二　私立学校教職員共済法（昭和二十八年法律第二百四十五号）第二十八条第一項に規定する学校法人等

三　地方公務員等共済組合法（昭和三十七年法律第百五十二号）第百四十四条の三第一項に規定する団体その他同法に規定する団体で政令で定めるもの

四　国家公務員共済組合法（昭和三十三年法律第百二十八号）第百二十六条第一項に規定する連合会その他同法に規定する団体で政令で定めるもの

2　一般事業主は、拠出金を納付する義務を負う。

（拠出金の額）

第七〇条　拠出金の額は、厚生年金保険法に基づく保険料の計算の基礎となる標準報酬月額及び標準賞与額（育児休業、介護休業等育児又は家族介護を行う労働者の福祉に関する法律（平成三年法律第七十六号）第二条第一号に規定する育児休業若しくは同法第二十三条第二項の育児休業に関する制度に準ずる措置若しくは同法第二十四条第一項（第二号に係る部分に限る。）の規定により同項第二号に規定する育児休業に関する制度に準じて講ずる措置による休業、国会職員の育児休業等に関する法律（平成三年法律第百八号）第三条第一項に規定する育児休業、国家公務員の育児休業等に関する法律（平成三年法律第百九号）第三条第一項（同法第二十七条第一項及び裁判所職員臨時措置法（昭和二十六年法律第二百九十九号）（第七号に係る部分に限る。）において準用する場合を含む。）に規定する育児休業若しくは地方公務員の育児休業等に関する法律（平成三年法律第百十号）第二条第一項に規定する育児休業又は厚生年金保険法第二十三条の三第一項に規定する産前産後休業をしている被用者について、当該育児休業若しくは休業又は当該産前産後休業をしたことにより、厚生年金保険法に基づき保険料の徴収を行わないこととされた場合にあっては、当該被用者に係るものを除く。次項において「賦課標準」という。）に拠出金率を乗じて得た額の総額とする。

2　前項の拠出金率は、拠出金対象児童手当費用、拠出金対象施設型給付費等費用及び拠出金対象地域子ども・子育て支援事業費用の予想総額並びに仕事・子育て両立支援事業費用の予定額、賦課標準の予想総額並びに第六十八条第一項の規定により国が負担する額（満三歳未満保育認定子どもに係るものに限る。）、同条第三項の規定により国が交付する額及び児童手当法第十八条第一項の規定により国庫が負担する額等の予想総額に照らし、おおむね五年を通じ財政の均衡を保つことができるものでなければならないものとし、千分の四・五以内において、政令で定める。

3　内閣総理大臣は、前項の規定により拠出金率を定めようとするときは、厚生労働大臣に協議しなければならない。

4　全国的な事業主の団体は、第一項の拠出金率に関し、内閣総理大臣に対して意見を申し出ることができる。

（拠出金の徴収方法）

第七一条　拠出金の徴収については、厚生年金保険の保険料その他の徴収金の徴収の例による。

2　前項の拠出金及び当該拠出金に係る厚生年金保険の保険料その他の徴収金の例により徴収する徴収金（以下「**拠出金等**」という。）の徴収に関する政府の権限で政令で定めるものは、厚生労働大臣が行う。

3　前項の規定により厚生労働大臣が行う権限のうち、国税滞納処分の例による処分その他政令で定めるものに係る事務は、政令で定めるところにより、日本年金機構（以下この条において「機構」という。）に行わせるものとする。

4　厚生労働大臣は、前項の規定により機構に行わせるものとしたその権限に係る事務について、機構による当該権限に係る事務の実施が困難と認める場合その他政令で定める場合には、当該権限を自ら行うことができる。この場合において、厚生労働大臣は、その権限の一部を、政令で定めるところにより、財務大臣に委任することができる。

5　財務大臣は、政令で定めるところにより、前項の規定により委任された権限を、国税庁長官に委任する。

6　国税庁長官は、政令で定めるところにより、前項の規定により委任された権限の全部又は一部を当該権限に係る拠出金等を納付する義務を負う者（次項において「納付義務者」という。）の事業所又は事務所の所在地を管轄する国税局長に委任することができる。

7　国税局長は、政令で定めるところにより、前項の規定により委任された権限の全部又は一部を当該権限に係る納付義務者の事業所又は事務所の所在地を管轄する税務署長に委任することができる。

8　厚生労働大臣は、第三項で定めるもののほか、政令で定めるところにより、第二項の規定による権限のうち厚生労働省令で定めるものに係る事務（当該権限を行使する事務を除く。）を機構に行わせるものとする。

9　政府は、拠出金等の取立てに関する事務を、当該拠出金等の取立てについて便宜を有する法人で政令で定めるものに取り扱わせることができる。

10　第一項から第八項までの規定による拠出金等の徴収並びに前項の規定による拠出金等の取立て及び政府への納付について必要な事項は、政令で定める。

第七章　市町村等における合議制の機関

第七二条　市町村は、条例で定めるところにより、次に掲げる事務を処理するため、審議会その他の合議制の機関を置くよう努めるものとする。

一　特定教育・保育施設の利用定員の設定に関し、第三十一条第二項に規定する事項を処理すること。

二　特定地域型保育事業の利用定員の設定に関し、第四十三条第二項に規定する事項を処理すること。

三　市町村子ども・子育て支援事業計画に関し、第六十一条第七項に規定する事項を処理すること。

四　当該市町村における子ども・子育て支援に関する施策の総合的かつ計画的な推進に関し必要な事項及び当該施策の実施状況を調査審議すること。

2　前項の合議制の機関は、同項各号に掲げる事務を処理するに当たっては、地域の子ども及び子育て家庭の実情を十分に踏まえなければならない。

3　前二項に定めるもののほか、第一項の合議制の機関の組織及び運営に関し必要な事項は、市町村の条例で定める。

4　都道府県は、条例で定めるところにより、次に掲げる事務を処理するため、審議会その他の合議制の機関を置くよう努めるものとする。

一　都道府県子ども・子育て支援事業支援計画に関し、第六十二条第五項に規定する事項を処理すること。

二　当該都道府県における子ども・子育て支援に関する施策の総合的かつ計画的な推進に関し必要な事項及び当該施策の実施状況を調査審議すること。

5　第二項及び第三項の規定は、前項の規定により都道府県に合議制の機関が置かれた場合に準用する。

第八章　雑則

（時効）

第七三条　子どものための教育・保育給付及び子育てのための施設等利用給付を受ける権利並びに拠出金等その他この法律の規定による徴収金を徴収する権利は、これらを行使することができる時から二年を経過したときは、時効によって消滅する。

2　子どものための教育・保育給付及び子育てのための施設等利用給付の支給に関する処分についての審査請求は、時効の完成猶予及び更新に関しては、裁判上の請求とみなす。

3　拠出金等その他この法律の規定による徴収金の納入の告知又は催促は、時効の更新の効力を有する。

（期間の計算）

第七四条　この法律又はこの法律に基づく命令に規定する期間の計算については、民法の期間に関する規定を準用する。

（審査請求）

第七五条　第七十一条第二項から第七項までの規定による拠出金等の徴収に関する処分に不服がある者は、厚生労働大臣に対して審査請求をすることができる。

（権限の委任）

第七六条　内閣総理大臣は、この法律に規定する内閣総理大臣の権限（政令で定めるものを除く。）をこども家庭庁長官に委任する。

2　こども家庭庁長官は、政令で定めるところにより、前項の規定により委任された権限の一部を地方厚生局長又は地方厚生支局長に委任することができる。

（実施規定）

第七七条　この法律に特別の規定があるものを除くほか、この法律の実施のための手続その他その執行について必要な細則は、内閣府令で定める。

第九章　罰則

第七八条　第十五条第一項（第三十条の三において準用する場合を含む。以下この条において同じ。）の規定による報告若しくは物件の提出若しくは提示をせず、若しくは虚偽の報告若しくは虚偽の物件の提出若しくは提示をし、又は同項の規定による当該職員の質問に対して、答弁せず、若しくは虚偽の答弁をした者は、三十万円以下の罰金に処する。

第七九条　第三十八条第一項、第五十条第一項若しくは第五十八条の八第一項の規定による報告若しくは物件の提出若しくは提示をせず、若しくは虚偽の報告若しくは虚偽の物件の提出若しくは提示をし、又はこれらの規定による当該職員の質問に対して答弁をせず、若しくは虚偽の答弁をし、若しくはこれらの規定による検査を拒み、妨げ、若しくは忌避した者は、三十万円以下の罰金に処する。

第八〇条　法人の代表者又は法人若しくは人の代理人、使用人その他の従業者が、その法人又は人の業務に関して前条の違反行為をしたときは、行為者を罰するほか、その法人又は人に対しても、同条の刑を科する。

第八一条　第十五条第二項（第三十条の三において準用する場合を含む。以下この条において同じ。）の規定による報告若しくは物件の提出若しくは提示をせず、若しくは虚偽の報告若しくは虚偽の物件の提出若しくは提示をし、又は同項の規定による当該職員の質問に対して、答弁せず、若しくは虚偽の答弁をした者は、十万円以下の過料に処する。

第八二条　市町村は、条例で、正当な理由なしに、第十三条第一項（第三十条の三において準用する場合を含む。以下この項において同じ。）の規定による報告若しくは物件の提出若しくは提示をせず、若しくは虚偽の報告若しくは虚偽の物件の提出若しくは提示をし、又は第十三条第一項の規定による当該職員の質問に対して、答弁せず、若しくは虚偽の答弁をした者に対し十万円以下の過料を科する規定を設けることができる。

2　市町村は、条例で、正当な理由なしに、第十四条第一項（第三十条の三において準用する場合を含む。以下この項において同じ。）の規定による報告若しくは物件の提出若しくは提示をせず、若しくは虚偽の報告若しくは虚偽の物件の提出若しくは提示をし、又は第十四条第一項の規定による当該職員の質問に対して、答弁せず、若しくは虚偽の答弁をし、若しくは同項の規定による検査を拒み、妨げ、若しくは忌避した者に対し十万円以下の過料を科する規定を設けることができる。

3　市町村は、条例で、第二十三条第二項若しくは第四項又は第二十四条第二項の規定による支給認定証の提出又は返還を求められてこれに応じない者に対し十万円以下の過料を科する規定を設けることができる。

附　則（抄）

（施行期日）

第一条　この法律は、社会保障の安定財源の確保等を図る税制の抜本的な改革を行うための消費税法の一部を改正する等の法律（平成二十四年法律第六十八号）附則第一条第二号に掲げる規定の施行の日の属する年の翌年の四月一日までの間において政令で定める日〔平二七・四・一〕から施行する。ただし、次の各号に掲げる規定は、当該各号に定める日から施行する。

一　附則第二条第四項、第十二条（第三十一条の規定による第二十七条第一項の確認の手続（第七十七条第一項の審議会その他の合議制の機関（以下この号及び次号において「市町村合議制機関」という。）の意見を聴く部分に限る。）、第四十三条の規定による第二十九条第一項の確認の手続（市町村合議制機関の意見を聴く部分に限る。）、第六十一条の規定による市町村子ども・子育て支援事業計画の策定の準備（市町村合議制機関の意見を聴く部分に限る。）及び第六十二条の規定による都道府県子ども・子育て支援事業支援計画の策定の準備（第七十七条第四項の審議会その他の合議制の機関（次号において「都道府県合議制機関」という。）の意見を聴く部分に限る。）に係る部分を除く。）及び第十三条の規定　公布の日〔平二四・八・二二〕

二　第七章の規定並びに附則第四条、第十一条及び第十二条（第三十一条の規定による第二十七条第一項の確認の手続（市町村合議制機関の意見を聴く部分に限る。）、第四十三条の規定による第二十九条第一項の確認の手続（市町村合議制機関の意見を聴く部分に限る。）、第六十一条の規定による市町村子ども・子育て支援事業計画の策定の準備（市町村合議制機関の意見を聴く部分に限る。）及び第六十二条の規定による都道府県子ども・子育て支援事業支援計画の策定の準備（都道府県合議制機関の意見を聴く部分に限る。）に係る部分に限る。）の規定　平成二十五年四月一日

三　附則第十条の規定　社会保障の安定財源の確保等を図る税制の抜本的な改革を行うための消費税法の一部を改正する等の法律の施行の日の属する年の翌年の四月一日までの間において政令で定める日〔平二六・四・一〕

四　附則第七条ただし書及び附則第八条ただし書の規定　この法律の施行の日（以下「**施行日**」という。）前の政令で定める日〔平二六・一〇・一〕

（検討等）

第二条の二　政府は、質の高い教育・保育そ

の他の子ども・子育て支援の提供を推進するため、財源を確保しつつ、幼稚園教諭、保育士及び放課後児童健全育成事業に従事する者等の処遇の改善に資するための所要の措置並びに保育士資格を有する者であって現に保育に関する業務に従事していない者の就業の促進その他の教育・保育その他の子ども・子育て支援に係る人材確保のための所要の措置を講ずるものとする。

（財源の確保）

第三条　政府は、教育・保育その他の子ども・子育て支援の量的拡充及び質の向上を図るための安定した財源の確保に努めるものとする。

（保育の需要及び供給の状況の把握）

第四条　国及び地方公共団体は、施行日の前日までの間、子ども・子育て支援の推進を図るための基礎資料として、内閣府令で定めるところにより、保育の需要及び供給の状況の把握に努めなければならない。

（子どものための現金給付に関する経過措置）

第五条　第九条の規定の適用については、当分の間、同条中「同じ。）」とあるのは、「同じ。）及び同法附則第二条第一項の給付」とする。

（保育所に係る委託費の支払等）

第六条　市町村は、児童福祉法第二十四条第一項の規定により保育所における保育を行うため、当分の間、保育認定子どもが、特定教育・保育施設（都道府県及び市町村以外の者が設置する保育所に限る。以下この条において「特定保育所」という。）から特定教育・保育（保育に限る。以下この条において同じ。）を受けた場合については、当該特定教育・保育（保育必要量の範囲内のものに限る。以下この条において「支給認定保育」という。）に要した費用について、一月につき、第二十七条第三項第一号に規定する特定教育・保育に通常要する費用の額を勘案して内閣総理大臣が定める基準により算定した費用の額（その額が現に当該支給認定保育に要した費用の額を超えるときは、当該現に支給認定保育に要した費用の額）に相当する額（以下この条において「保育費用」という。）を当該特定保育所に委託費として支払うものとする。この場合において、第二十七条の規定は適用しない。

2　特定保育所における保育認定子どもに係る特定教育・保育については、当分の間、第三十三条第一項及び第二項並びに第四十二条、母子及び父子並びに寡婦福祉法（昭和三十九年法律第百二十九号）第二十八条第二項並びに児童虐待の防止等に関する法律（平成十二年法律第八十二号）第十三条の三第二項の規定は適用しない。

3　第一項の場合におけるこの法律及び国有財産特別措置法（昭和二十七年法律第二百十九号）の規定の適用についての必要な技術的読替えは、政令で定める。

4　第一項の場合において、保育費用の支払をした市町村の長は、当該保育費用に係る保育認定子どもの教育・保育給付認定保護者又は扶養義務者から、当該保育費用をこれらの者から徴収した場合における家計に与える影響を考慮して特定保育所における保育に係る保育認定子どもの年齢等に応じて定める額を徴収するものとする。

5　前項の規定による費用の徴収は、これを保育費用に係る保育認定子どもの教育・保育給付認定保護者又は扶養義務者の居住地又は財産所在地の都道府県又は市町村に嘱託することができる。

6　第四項の規定により徴収される費用を、指定の期限内に納付しない者があるときは、地方税の滞納処分の例により処分することができる。この場合における徴収金の先取特権の順位は、国税及び地方税に次ぐものとする。

7　第四項の規定により市町村が同項に規定する額を徴収する場合における児童福祉法及び児童手当法の規定の適用についての必要な技術的読替えは、政令で定める。

（特定教育・保育施設に関する経過措置）

第七条　この法律の施行の際現に存する就学前の子どもに関する教育、保育等の総合的な提供の推進に関する法律の一部を改正する法律（平成二十四年法律第六十六号）の規定による改正前の認定こども園法第七条第一項に規定する認定こども園（国の設置するものを除き、施行日において現に法人以外の者が設置するものを含む。）、幼稚園（国の設置するものを除き、施行日において現に法人以外の者が設置するものを含む。）又は子ども・子育て支援法及び就学前の子どもに関する教育、保育等の総合的な提供の推進に関する法律の一部を改正する法律の施行に伴う関係法律の整備等に関する法律（平成二十四年法律第六十七号）第六条の規定による改正前の児童福祉法（次条及び附則第十条第一項において「**旧児童福祉法**」という。）第三十九条第一項に規定する保育所（施行日において現に法人以外の者が設置するものを含む。）については、施行日に、第二十七条第一項の確認があったものとみなす。ただし、当該認定こども園、幼稚園又は保育所の設置者が施行日の前日までに、内閣府令で定めるところにより、別段の申出をしたときは、この限りでない。

（特定地域型保育事業者に関する経過措置）

第八条　この法律の施行の際現に旧児童福祉法第六条の三第九項に規定する家庭的保育事業を行っている市町村については、施行日に、家庭的保育に係る第二十九条第一項の確認があったものとみなす。ただし、当該市町村が施行日の前日までに、内閣府令で定めるところにより、別段の申出をしたときは、この限りでない。

（施設型給付費等の支給の基準及び費用の負担等に関する経過措置）

第九条　第十九条第一号に掲げる小学校就学前子どもに該当する教育・保育給付認定子どもに係る子どものための教育・保育給付の額は、第二十七条第三項、第二十八条第二項第一号及び第二号並びに第三十条第二項第二号及び第四号の規定にかかわらず、当分の間、一月につき、次の各号に掲げる子どものための教育・保育給付の区分に応じ、それぞれ当該各号に定める額とする。

一　施設型給付費の支給　次のイ及びロに掲げる額の合計額

イ　この法律の施行前の私立学校振興助成法（昭和五十年法律第六十一号）第九条の規定による私立幼稚園（国（国立大学法人法第二条第一項に規定する国立大学法人を含む。）、都道府県及び市町村以外の者が設置する幼稚園をいう。以下この項において同じ。）の経常的経費に充てるための国の補助金の総額（以下この項において「国の補助金の総額」という。）、私立幼稚園に係る保護者の負担額、当該施設型給付費の支給に係る支給認定教育・保育を行った特定教育・保育施設の所在する地域その他の事情を勘案して内閣総理大臣が定める基準により算定した額（その額が現に当該支給認定教育・保育に要した費用の額を超えるときは、当該現に支給認定教育・保育に要した費用の額）から政令で定める額を限度として当該教育・保育給付認定保護者の属する世帯の所得の状況その他の事情を勘案して市町村が定める額を控除して得た額（当該額が零を下回る場合には、零とする。）

ロ　当該特定教育・保育施設の所在する地域の実情、特定教育・保育に通常要する費用の額とイの内閣総理大臣が定める基準により算定した額との差額その他の事情を参酌して市町村が定める額

二　特例施設型給付費の支給　次のイ又はロに掲げる教育・保育の区分に応じ、それぞれイ又はロに定める額

イ　特定教育・保育　次の(1)及び(2)に掲

げる額の合計額

(1)　国の補助金の総額、私立幼稚園に係る保護者の負担額、当該特例施設型給付費の支給に係る特定教育・保育を行った特定教育・保育施設の所在する地域その他の事情を勘案して内閣総理大臣が定める基準により算定した額（その額が現に当該特定教育・保育に要した費用の額を超えるときは、当該現に特定教育・保育に要した費用の額）から政令で定める額を限度として当該教育・保育給付認定保護者の属する世帯の所得の状況その他の事情を勘案して市町村が定める額を控除して得た額（当該額が零を下回る場合には、零とする。）を基準として市町村が定める額

(2)　当該特定教育・保育施設の所在する地域の実情、特定教育・保育に通常要する費用の額と(1)の内閣総理大臣が定める基準により算定した額との差額その他の事情を参酌して市町村が定める額

ロ　特別利用保育　次の(1)及び(2)に掲げる額の合計額

(1)　国の補助金の総額、私立幼稚園に係る保護者の負担額、当該特例施設型給付費の支給に係る特別利用保育を行った特定教育・保育施設の所在する地域その他の事情を勘案して内閣総理大臣が定める基準により算定した額（その額が現に当該特別利用保育に要した費用の額を超えるときは、当該現に特別利用保育に要した費用の額）から政令で定める額を限度として当該教育・保育給付認定保護者の属する世帯の所得の状況その他の事情を勘案して市町村が定める額を控除して得た額（当該額が零を下回る場合には、零とする。）

(2)　当該特定教育・保育施設の所在する地域の実情、特別利用保育に通常要する費用の額と(1)の内閣総理大臣が定める基準により算定した額との差額その他の事情を参酌して市町村が定める額

三　特例地域型保育給付費の支給　次のイ又はロに掲げる保育の区分に応じ、それぞれイ又はロに定める額

イ　特別利用地域型保育　次の(1)及び(2)に掲げる額の合計額

(1)　国の補助金の総額、私立幼稚園に係る保護者の負担額、当該特例地域型保育給付費の支給に係る特別利用地域型保育を行った特定地域型保育事業所の所在する地域その他の事情を勘案して内閣総理大臣が定める基準により算定した額（その額が現に当該特別利用地域型保育に要した費用の額を超えるときは、当該現に特別利用地域型保育に要した費用の額）から政令で定める額を限度として当該教育・保育給付認定保護者の属する世帯の所得の状況その他の事情を勘案して市町村が定める額を控除して得た額（当該額が零を下回る場合には、零とする。）

(2)　当該特定地域型保育事業所の所在する地域の実情、特別利用地域型保育に通常要する費用の額と(1)の内閣総理大臣が定める基準により算定した額との差額その他の事情を参酌して市町村が定める額

ロ　特例保育　次の(1)及び(2)に掲げる額の合計額

(1)　国の補助金の総額、私立幼稚園に係る保護者の負担額、当該特例地域型保育給付費の支給に係る特例保育を行った施設又は事業所の所在する地域その他の事情を勘案して内閣総理大臣が定める基準により算定した額（その額が現に当該特例保育に要した費用の額を超えるときは、当該現に特例保育に要した費用の額）か

ら政令で定める額を限度として当該教育・保育給付認定保護者の属する世帯の所得の状況その他の事情を勘案して市町村が定める額を控除して得た額（当該額が零を下回る場合には、零とする。）を基準として市町村が定める額

(2)　当該特例保育を行う施設又は事業所の所在する地域の実情、特例保育に通常要する費用の額と(1)の内閣総理大臣が定める基準により算定した額との差額その他の事情を参酌して市町村が定める額

2　内閣総理大臣は、前項第一号イ、第二号イ(1)及びロ(1)並びに第三号イ(1)及びロ(1)の基準を定め、又は変更しようとするときは、文部科学大臣に協議するとともに、こども家庭審議会の意見を聴かなければならない。

3　第一項の場合における第六十七条第一項及び第六十八条第一項の規定の適用については、これらの規定中「同条第二号に掲げる費用」とあるのは、「同条第二号に掲げる費用（附則第九条第一項第一号ロ、第二号イ(2)及びロ(2)並びに第三号イ(2)及びロ(2)に掲げる額に係る部分を除く。）」とする。

4　都道府県は、当該都道府県の予算の範囲内において、政令で定めるところにより、第六十五条の規定により市町村が支弁する同条第二号に掲げる費用のうち、第一項第一号ロ、第二号イ(2)及びロ(2)並びに第三号イ(2)及びロ(2)に掲げる額に係る部分の一部を補助することができる。

（保育の需要の増大等への対応）

第一〇条　旧児童福祉法第五十六条の八第一項に規定する特定市町村（以下この条において「**特定市町村**」という。）は、市町村子ども・子育て支援事業計画に基づく子どものための教育・保育給付及び地域子ども・子育て支援事業の実施への円滑な移行を図るため、施行日の前日までの間、小学校就学前子どもの保育その他の子ども・子育て支援に関する事業であって内閣府令で定めるもの（以下この条において「保育緊急確保事業」という。）のうち必要と認めるものを旧児童福祉法第五十六条の八第二項に規定する市町村保育計画に定め、当該市町村保育計画に従って当該保育緊急確保事業を行うものとする。

2　特定市町村以外の市町村（以下この条において「事業実施市町村」という。）は、市町村子ども・子育て支援事業計画に基づく子どものための教育・保育給付及び地域子ども・子育て支援事業の実施への円滑な移行を図るため、施行日の前日までの間、保育緊急確保事業を行うことができる。

3　内閣総理大臣は、第一項の内閣府令を定め、又は変更しようとするときは、あらかじめ、文部科学大臣及び厚生労働大臣に協議しなければならない。

4　国は、保育緊急確保事業を行う特定市町村又は事業実施市町村に対し、予算の範囲内で、政令で定めるところにより、当該保育緊急確保事業に要する費用の一部を補助することができる。

5　国及び都道府県は、特定市町村又は事業実施市町村が、保育緊急確保事業を実施しようとするときは、当該保育緊急確保事業が円滑に実施されるように必要な助言その他の援助の実施に努めるものとする。

（保育充実事業）

第一四条　保育の実施への需要が増大しているものとして内閣府令で定める要件に該当する市町村（以下この条において「特定市町村」という。）は、当分の間、保育の量的拡充及び質の向上を図るため、小学校就学前子どもの保育に係る子ども・子育て支援に関する事業であって内閣府令で定めるもの（以下この条において「保育充実事業」という。）のうち必要と認めるものを市町村子ども・子育て支援事業計画に定め、当該市町村子ども・子育て支援事業計画に従って当該保育充実事業を行うことができる。

2　特定市町村以外の市町村（次項及び第四

項において「事業実施市町村」という。）は、当分の間、保育の量的拡充及び質の向上を図るため特に必要があるときは、保育充実事業のうち必要と認めるものを市町村子ども・子育て支援事業計画に定め、当該市町村子ども・子育て支援事業計画に従って当該保育充実事業を行うことができる。

3 国は、保育充実事業を行う特定市町村又は事業実施市町村に対し、予算の範囲内で、政令で定めるところにより、当該保育充実事業に要する費用の一部を補助することができる。

4 特定市町村又は事業実施市町村を包括する都道府県は、保育充実事業その他の保育の需要に応ずるための特定市町村又は事業実施市町村の取組を支援するため、小学校就学前子どもの保育に係る子ども・子育て支援に関する施策であって、市町村の区域を超えた広域的な見地から調整が必要なもの又は特に専門性の高いものについて協議するため、内閣府令で定めるところにより、当該都道府県、当該特定市町村又は事業実施市町村その他の関係者により構成される協議会を組織することができる。

5 内閣総理大臣は、第一項又は前項の内閣府令を定め、又は変更しようとするときは、文部科学大臣に協議しなければならない。

（労働者の子育ての支援に積極的に取り組む事業主に対する助成）

第一四条の二 政府は、令和三年十月一日から令和九年三月三十一日までの間、仕事・子育て両立支援事業として、第五十九条の二第一項に規定するもののほか、その雇用する労働者に係る育児休業の取得の促進その他の労働者の職業生活と家庭生活との両立が図られるようにするために必要な雇用環境の整備を行うことにより当該労働者の子育ての支援に積極的に取り組んでいると認められる事業主に対し、助成及び援助を行う事業を行うことができる。

（子ども・子育て支援臨時交付金の交付）

第一五条 国は、子ども・子育て支援法の一部を改正する法律（令和元年法律第七号。次項及び附則第二十二条において「**平成三十一年改正法**」という。）の施行により地方公共団体の子ども・子育て支援給付及び地域子ども・子育て支援事業に要する費用についての負担が増大すること並びに社会保障の安定財源の確保等を図る税制の抜本的な改革を行うための地方税法及び地方交付税法の一部を改正する法律（平成二十四年法律第六十九号）附則第一条第三号に掲げる規定の施行による地方公共団体の地方消費税及び地方消費税交付金（地方税法第七十二条の百十五の規定により市町村に対し交付するものとされる地方消費税に係る交付金をいう。）の増収見込額（次項において「地方消費税増収見込額」という。）が平成三十一年度において平成三十二年度以降の各年度に比して過小であることに対処するため、平成三十一年度に限り、都道府県及び市町村に対して、子ども・子育て支援臨時交付金を交付する。

2 子ども・子育て支援臨時交付金の総額は、平成三十一年改正法の施行により増大した平成三十一年度における地方公共団体の子ども・子育て支援給付及び地域子ども・子育て支援事業に要する費用の状況並びに同年度における地方消費税増収見込額の状況を勘案して予算で定める額（次項及び附則第二十一条第二項において「**子ども・子育て支援臨時交付金総額**」という。）とする。

3 各都道府県又は各市町村に対して交付すべき子ども・子育て支援臨時交付金の額は、子ども・子育て支援臨時交付金総額を、総務省令で定めるところにより、各都道府県又は各市町村に係る次に掲げる額の合算額により按《あん》分した額とする。

一 平成三十一年度における子ども・子育て支援給付に要する費用（教育・保育給付認定保護者及び施設等利用給付認定保護者の経済的負担の軽減に要する費用と

して総務省令で定める費用に限る。）のうち、各都道府県又は各市町村が負担すべき費用に相当する額として総務省令で定めるところにより算定した額

二　平成三十一年度における地域子ども・子育て支援事業に要する費用（施設等利用給付認定保護者の経済的負担の軽減に要する費用として総務省令で定める費用に限る。）のうち、各都道府県又は各市町村が負担すべき費用に相当する額として総務省令で定めるところにより算定した額

（子ども・子育て支援臨時交付金の算定の時期等）

第一六条　総務大臣は、前条第三項の規定により各都道府県又は各市町村に交付すべき子ども・子育て支援臨時交付金の額を、平成三十二年三月中に決定し、これを当該都道府県又は当該市町村に通知しなければならない。

（子ども・子育て支援臨時交付金の交付時期）

第一七条　子ども・子育て支援臨時交付金は、平成三十二年三月に交付する。

（子ども・子育て支援臨時交付金の算定及び交付に関する都道府県知事の義務）

第一八条　都道府県知事は、政令で定めるところにより、当該都道府県の区域内の市町村に対し交付すべき子ども・子育て支援臨時交付金の額の算定及び交付に関する事務を取り扱わなければならない。

（子ども・子育て支援臨時交付金の額の算定に用いる資料の提出等）

第一九条　都道府県知事は、総務省令で定めるところにより、当該都道府県の子ども・子育て支援臨時交付金の額の算定に用いる資料を総務大臣に提出しなければならない。

２　市町村長は、総務省令で定めるところにより、当該市町村の子ども・子育て支援臨時交付金の額の算定に用いる資料を都道府県知事に提出しなければならない。この場合において、都道府県知事は、当該資料を審査し、総務大臣に送付しなければならない。

（子ども・子育て支援臨時交付金の使途）

第二〇条　都道府県及び市町村は、交付を受けた子ども・子育て支援臨時交付金の額を、子ども・子育て支援給付及び地域子ども・子育て支援事業に要する経費に充てるものとする。

（交付税及び譲与税配付金特別会計における子ども・子育て支援臨時交付金の経理等）

第二一条　子ども・子育て支援臨時交付金の交付に関する経理は、平成三十一年度に限り、特別会計に関する法律（平成十九年法律第二十三号。以下この条において「特別会計法」という。）第二十一条の規定にかかわらず、交付税及び譲与税配付金特別会計（以下この条において「交付税特別会計」という。）において行うものとする。

２　子ども・子育て支援臨時交付金総額は、特別会計法第六条の規定にかかわらず、一般会計から交付税特別会計に繰り入れるものとする。

３　特別会計法第二十三条及び附則第十一条の規定によるほか、前項の規定による一般会計からの繰入金は平成三十一年度における交付税特別会計の歳入とし、子ども・子育て支援臨時交付金は同年度における交付税特別会計の歳出とする。

（基準財政需要額の算定方法の特例）

第二二条　地方財政法（昭和二十三年法律第百九号）第十条第三十三号に掲げる経費のうち、平成三十一年改正法の施行により増大した平成三十一年度における地方公共団体の子どものための教育・保育給付及び子育てのための施設等利用給付に要する費用については、同法第十一条の二の規定にかかわらず、地方公共団体に対して交付すべき地方交付税の額の算定に用いる基準財政需要額に算入しない。

（地方財政審議会の意見の聴取）

第二三条　総務大臣は、子ども・子育て支援

臨時交付金の交付に関する命令の制定又は改廃の立案をしようとする場合及び附則第十六条の規定により各都道府県又は各市町村に交付すべき子ども・子育て支援臨時交付金の額を決定しようとする場合には、地方財政審議会の意見を聴かなければならない。

（事務の区分）

第二四条　附則第十八条及び第十九条第二項後段の規定により都道府県が処理することとされている事務は、地方自治法第二条第九項第一号に規定する第一号法定受託事務とする。

（総務省令への委任）

第二五条　附則第十五条から前条までに定めるもののほか、子ども・子育て支援臨時交付金の算定及び交付に関し必要な事項は、総務省令で定める。

附　則（令元・五・一七法律七）（抄）

（施行期日）

第一条　この法律は、平成三十一年十月一日から施行する。ただし、次条並びに附則第三条ただし書〔中略〕及び第十七条の規定は、公布の日から施行する。

（施行前の準備）

第二条　この法律を施行するために必要な条例の制定又は改正、この法律による改正後の子ども・子育て支援法（以下「**新法**」という。）第三十条の五の規定による同条第一項の認定の手続、新法第五十八条の二の規定による新法第三十条の十一第一項の確認の手続その他の行為は、この法律の施行の日（以下「**施行日**」という。）前においても行うことができる。

（特定子ども・子育て支援施設等に関する経過措置）

第三条　この法律の施行の際現に存する新法第七条第十項第二号に規定する幼稚園又は同項第三号に規定する特別支援学校については、施行日に、新法第三十条の十一第一項の確認があったものとみなす。ただし、当該幼稚園又は特別支援学校の設置者が施行日の前日までに、内閣府令で定めるところにより、別段の申出をしたときは、この限りでない。

（児童福祉法第五十九条の二第一項に規定する施設に関する経過措置）

第四条　新法第八条に規定する子育てのための施設等利用給付については、施行日から起算して五年を経過する日までの間は、児童福祉法（昭和二十二年法律第百六十四号）第五十九条の二第一項に規定する施設（同項の規定による届出がされたものに限り、就学前の子どもに関する教育、保育等の総合的な提供の推進に関する法律（平成十八年法律第七十七号）第三条第一項又は第三項の認定を受けたもの及び同条第十項の規定による公示がされたもの並びに新法第七条第十項第四号ハの政令で定める施設を除く。）を同号に掲げる施設とみなして、新法（第五十八条の四第一項（第四号に係る部分に限る。）、第五十八条の九第一項（第一号に係る部分に限る。）及び第五十八条の十第一項（第三号に係る部分に限る。）を除く。）の規定を適用する。

2　市町村（特別区を含む。以下この条において同じ。）は、施行日から起算して五年を経過する日までの間、当該市町村における保育の需要及び供給の状況その他の事情を勘案して特に必要があると認めるときは、当該市町村の条例で定めるところにより、前項の規定により新法第七条第十項第四号に掲げる施設とみなされる施設に係る新法第三十条の十一第一項の規定による施設等利用費の支給について、同項に規定する特定子ども・子育て支援施設等である当該施設のうち当該市町村の条例で定める基準を満たすものが提供する同項に規定する特定子ども・子育て支援を受けたときに限り、行うものとすることができる。この場合において、当該市町村の条例で定める基準は、同号の内閣府令で定める基準を超えない範囲内において定めるものとする。

3　前項の市町村の条例が定められた場合に

おける第一項の規定の適用については、同項中「新法（第五十八条の四第一項（第四号に係る部分に限る。）、第五十八条の九第一項（第一号に係る部分に限る。）及び」とあるのは、「新法（」とする。この場合において、新法第五十八条の四第一項第四号中「同号の内閣府令」とあり、及び新法第五十八条の九第一項第一号中「第七条第十項各号（第一号から第三号まで及び第六号を除く。以下この号において同じ。）に掲げる施設又は事業の区分に応じ、当該各号の内閣府令」とあるのは、「子ども・子育て支援法の一部を改正する法律（令和元年法律第七号）附則第四条第二項の市町村の条例」とする。

（政令への委任）

第一七条　この附則に規定するもののほか、この法律の施行に伴い必要な経過措置は、政令で定める。

（検討）

第一八条　政府は、この法律の施行後二年を目途として、附則第四条の規定の施行の状況について検討を加え、必要があると認めるときは、その結果に基づいて所要の措置を講ずるものとする。

2　政府は、前項に定める事項のほか、この法律の施行後五年を目途として、新法の施行の状況を勘案し、新法の規定について検討を加え、必要があると認めるときは、その結果に基づいて所要の措置を講ずるものとする。

◉少子化社会対策基本法（抄）

（平成一五・七・三〇法律一三三）
注　令四法律七七改正現在

我が国における急速な少子化の進展は、平均寿命の伸長による高齢者の増加とあいまって、我が国の人口構造にひずみを生じさせ、二十一世紀の国民生活に、深刻かつ多大な影響をもたらす。我らは、紛れもなく、有史以来の未曾《ぞ》有の事態に直面している。

しかしながら、我らはともすれば高齢社会に対する対応にのみ目を奪われ、少子化という、社会の根幹を揺るがしかねない事態に対する国民の意識や社会の対応は、著しく遅れている。少子化は、社会における様々なシステムや人々の価値観と深くかかわっており、この事態を克服するためには、長期的な展望に立った不断の努力の積重ねが不可欠で、極めて長い時間を要する。急速な少子化という現実を前にして、我らに残された時間は、極めて少ない。

もとより、結婚や出産は個人の決定に基づくものではあるが、こうした事態に直面して、家庭や子育てに夢を持ち、かつ、次代の社会を担う子どもを安心して生み、育てることができる環境を整備し、子どもがひとしく心身ともに健やかに育ち、子どもを生み、育てる者が真に誇りと喜びを感じることのできる社会を実現し、少子化の進展に歯止めをかけることが、今、我らに、強く求められている。生命を尊び、豊かで安心して暮らすことのできる社会の実現に向け、新たな一歩を踏み出すことは、我らに課せられている喫緊の課題である。

ここに、少子化社会において講ぜられる施策の基本理念を明らかにし、少子化に的確に対処するための施策を総合的に推進するため、この法律を制定する。

第一章　総則

（目的）

第一条　この法律は、我が国において急速に少子化が進展しており、その状況が二十一世紀の国民生活に深刻かつ多大な影響を及ぼすものであることにかんがみ、このような事態に対し、長期的な視点に立って的確に対処するため、少子化社会において講ぜられる施策の基本理念を明らかにするとともに、国及び地方公共団体の責務、少子化に対処するために講ずべき施策の基本となる事項その他の事項を定めることにより、少子化に対処するための施策を総合的に推進し、もって国民が豊かで安心して暮らすことのできる社会の実現に寄与することを目的とする。

（施策の基本理念）

第二条　少子化に対処するための施策は、父母その他の保護者が子育てについての第一義的責任を有するとの認識の下に、国民の意識の変化、生活様式の多様化等に十分留意しつつ、男女共同参画社会の形成とあいまって、家庭や子育てに夢を持ち、かつ、次代の社会を担う子どもを安心して生み、育てることができる環境を整備することを旨として講ぜられなければならない。

2　少子化に対処するための施策は、人口構造の変化、財政の状況、経済の成長、社会の高度化その他の状況に十分配意し、長期的な展望に立って講ぜられなければならない。

3　少子化に対処するための施策を講ずるに当たっては、子どもの安全な生活が確保されるとともに、子どもがひとしく心身ともに健やかに育つことができるよう配慮しなければならない。

4　社会、経済、教育、文化その他あらゆる分野における施策は、少子化の状況に配慮して、講ぜられなければならない。

（国の責務）

第三条　国は、前条の施策の基本理念（次条において「基本理念」という。）にのっとり、少子化に対処するための施策を総合的に策定し、及び実施する責務を有する。

（地方公共団体の責務）

第四条　地方公共団体は、基本理念にのっとり、少子化に対処するための施策に関し、国と協力しつつ、当該地域の状況に応じた施策を策定し、及び実施する責務を有する。

（事業主の責務）

第五条　事業主は、子どもを生み、育てる者が充実した職業生活を営みつつ豊かな家庭生活を享受することができるよう、国又は地方公共団体が実施する少子化に対処するための施策に協力するとともに、必要な雇用環境の整備に努めるものとする。

（国民の責務）

第六条 国民は、家庭や子育てに夢を持ち、かつ、安心して子どもを生み、育てることができる社会の実現に資するよう努めるものとする。

（施策の大綱）

第七条 政府は、少子化に対処するための施策の指針として、総合的かつ長期的な少子化に対処するための施策の大綱を定めなければならない。

2 こども基本法（令和四年法律第七十七号）第九条第一項の規定により定められた同項のこども大綱のうち前項に規定する総合的かつ長期的な少子化に対処するための施策に係る部分は、同項の規定により定められた大綱とみなす。

（法制上の措置等）

第八条 政府は、この法律の目的を達成するため、必要な法制上又は財政上の措置その他の措置を講じなければならない。

（年次報告）

第九条 政府は、毎年、国会に、少子化の状況及び少子化に対処するために講じた施策の概況に関する報告を提出するとともに、これを公表しなければならない。

2 こども基本法第八条第一項の規定による国会への報告及び公表がされたときは、前項の規定による国会への報告及び公表がされたものとみなす。

第二章 基本的施策

（雇用環境の整備）

第一〇条 国及び地方公共団体は、子どもを生み、育てる者が充実した職業生活を営みつつ豊かな家庭生活を享受することができるよう、育児休業制度等子どもを生み、育てる者の雇用の継続を図るための制度の充実、労働時間の短縮の促進、再就職の促進、情報通信ネットワークを利用した就労形態の多様化等による多様な就労の機会の確保その他必要な雇用環境の整備のための施策を講ずるものとする。

2 国及び地方公共団体は、前項の施策を講ずるに当たっては、子どもを養育する者がその有する能力を有効に発揮することの妨げとなっている雇用慣行の是正が図られるよう配慮するものとする。

（保育サービス等の充実）

第一一条 国及び地方公共団体は、子どもを養育する者の多様な需要に対応した良質な保育サービス等が提供されるよう、病児保育、低年齢児保育、休日保育、夜間保育、延長保育及び一時保育の充実、放課後児童健全育成事業等の拡充その他の保育等に係る体制の整備並びに保育サービスに係る情報の提供の促進に必要な施策を講ずるとともに、保育所、幼稚園その他の保育サービスを提供する施設の活用による子育てに関する情報の提供及び相談の実施その他の子育て支援が図られるよう必要な施策を講ずるものとする。

2 国及び地方公共団体は、保育において幼稚園の果たしている役割に配慮し、その充実を図るとともに、前項の保育等に係る体制の整備に必要な施策を講ずるに当たっては、幼稚園と保育所との連携の強化及びこれらに係る施設の総合化に配慮するものとする。

（地域社会における子育て支援体制の整備）

第一二条 国及び地方公共団体は、地域において子どもを生み、育てる者を支援する拠点の整備を図るとともに、安心して子どもを生み、育てることができる地域社会の形成に係る活動を行う民間団体の支援、地域における子どもと他の世代との交流の促進等について必要な施策を講ずることにより、子どもを生み、育てる者を支援する地域社会の形成のための環境の整備を行うものとする。

（母子保健医療体制の充実等）

第一三条 国及び地方公共団体は、妊産婦及び乳幼児に対する健康診査、保健指導等の母子保健サービスの提供に係る体制の整備、妊産婦及び乳幼児に対し良質かつ適切な医療（助産を含む。）が提供される体制の整備等安心して子どもを生み、育てることができる母子保健医療体制の充実のために必要な施策を講ずるものとする。

2 国及び地方公共団体は、不妊治療を望む者に対し良質かつ適切な保健医療サービスが提供されるよう、不妊治療に係る情報の提供、不妊相談、不妊治療に係る研究に対する助成等必要な施策を講ずるものとする。

（ゆとりのある教育の推進等）

第一四条　国及び地方公共団体は、子どもを生み、育てる者の教育に関する心理的な負担を軽減するため、教育の内容及び方法の改善及び充実、入学者の選抜方法の改善等によりゆとりのある学校教育の実現が図られるよう必要な施策を講ずるとともに、子どもの文化体験、スポーツ体験、社会体験その他の体験を豊かにするための多様な機会の提供、家庭教育に関する学習機会及び情報の提供、家庭教育に関する相談体制の整備等子どもが豊かな人間性をはぐくむことができる社会環境を整備するために必要な施策を講ずるものとする。

（生活環境の整備）

第一五条　国及び地方公共団体は、子どもの養育及び成長に適した良質な住宅の供給並びに安心して子どもを遊ばせることができる広場その他の場所の整備を促進するとともに、子どもが犯罪、交通事故その他の危害から守られ、子どもを生み、育てる者が豊かで安心して生活することができる地域環境を整備するためのまちづくりその他の必要な施策を講ずるものとする。

（経済的負担の軽減）

第一六条　国及び地方公共団体は、子どもを生み、育てる者の経済的負担の軽減を図るため、児童手当、奨学事業及び子どもの医療に係る措置、税制上の措置その他の必要な措置を講ずるものとする。

（教育及び啓発）

第一七条　国及び地方公共団体は、生命の尊厳並びに子育てにおいて家庭が果たす役割及び家庭生活における男女の協力の重要性について国民の認識を深めるよう必要な教育及び啓発を行うものとする。

2　国及び地方公共団体は、安心して子どもを生み、育てることができる社会の形成について国民の関心と理解を深めるよう必要な教育及び啓発を行うものとする。

◎次世代育成支援対策推進法

（平成一五・七・一六法律一二〇）

注　令五法律二八改正現在（未施行分については、該当か所の後に改正文を収載）

第一章　総則

（目的）

第一条　この法律は、我が国における急速な少子化の進行並びに家庭及び地域を取り巻く環境の変化にかんがみ、次世代育成支援対策に関し、基本理念を定め、並びに国、地方公共団体、事業主及び国民の責務を明らかにするとともに、行動計画策定指針並びに地方公共団体及び事業主の行動計画の策定その他の次世代育成支援対策を推進するために必要な事項を定めることにより、次世代育成支援対策を迅速かつ重点的に推進し、もって次代の社会を担う子どもが健やかに生まれ、かつ、育成される社会の形成に資することを目的とする。

（定義）

第二条　この法律において「**次世代育成支援対策**」とは、次代の社会を担う子どもを育成し、又は育成しようとする家庭に対する支援その他の次代の社会を担う子どもが健やかに生まれ、かつ、育成される環境の整備のための国若しくは地方公共団体が講ずる施策又は事業主が行う雇用環境の整備その他の取組をいう。

（基本理念）

第三条 次世代育成支援対策は、父母その他の保護者が子育てについての第一義的責任を有するという基本的認識の下に、家庭その他の場において、子育ての意義についての理解が深められ、かつ、子育てに伴う喜びが実感されるように配慮して行われなければならない。

（国及び地方公共団体の責務）

第四条 国及び地方公共団体は、前条の基本理念（次条及び第七条第一項において「**基本理念**」という。）にのっとり、相互に連携を図りながら、次世代育成支援対策を総合的かつ効果的に推進するよう努めなければならない。

（事業主の責務）

第五条 事業主は、基本理念にのっとり、その雇用する労働者に係る多様な労働条件の整備その他の労働者の職業生活と家庭生活との両立が図られるようにするために必要な雇用環境の整備を行うことにより自ら次世代育成支援対策を実施するよう努めるとともに、国又は地方公共団体が講ずる次世代育成支援対策に協力しなければならない。

（国民の責務）

第六条 国民は、次世代育成支援対策の重要性に対する関心と理解を深めるとともに、国又は地方公共団体が講ずる次世代育成支援対策に協力しなければならない。

第二章　行動計画

第一節　行動計画策定指針

第七条 主務大臣は、次世代育成支援対策の総合的かつ効果的な推進を図るため、基本理念にのっとり、次条第一項の市町村行動計画及び第九条第一項の都道府県行動計画並びに第十二条第一項の一般事業主行動計画及び第十九条第一項の特定事業主行動計画（次項において「市町村行動計画等」という。）の策定に関する指針（以下「**行動計画策定指針**」という。）を定めなければならない。

2　行動計画策定指針においては、次に掲げる事項につき、市町村行動計画等の指針となるべきものを定めるものとする。

一　次世代育成支援対策の実施に関する基本的な事項

二　次世代育成支援対策の内容に関する事項

三　その他次世代育成支援対策の実施に関する重要事項

3　主務大臣は、少子化の動向、子どもを取り巻く環境の変化その他の事情を勘案して必要があると認めるときは、速やかに行動計画策定指針を変更するものとする。

4　主務大臣は、行動計画策定指針を定め、又はこれを変更しようとするときは、あらかじめ、こども家庭審議会の意見を聴くとともに、次条第一項の市町村行動計画及び第九条第一項の都道府県行動計画に係る部分について総務大臣に協議しなければならない。

5　主務大臣は、行動計画策定指針を定め、又はこれを変更したときは、遅滞なく、これを公表しなければならない。

第二節　市町村行動計画及び都道府県行動計画

（市町村行動計画）

第八条 市町村は、行動計画策定指針に即して、五年ごとに、当該市町村の事務及び事業に関し、五年を一期として、地域における子育ての支援、母性並びに乳児及び幼児の健康の確保及び増進、子どもの心身の健やかな成長に資する教育環境の整備、子どもを育成する家庭に適した良質な住宅及び良好な居住環境の確保、職業生活と家庭生活との両立の推進その他の次世代育成支援対策の実施に関する計画（以下「**市町村行動計画**」という。）を策定することができる。

2　市町村行動計画においては、次に掲げる事項を定めるものとする。

一　次世代育成支援対策の実施により達成しようとする目標

二　実施しようとする次世代育成支援対策の内

容及びその実施時期

3　市町村は、市町村行動計画を策定し、又は変更しようとするときは、あらかじめ、住民の意見を反映させるために必要な措置を講ずるものとする。

4　市町村は、市町村行動計画を策定し、又は変更しようとするときは、あらかじめ、事業主、労働者その他の関係者の意見を反映させるために必要な措置を講ずるよう努めなければならない。

5　市町村は、市町村行動計画を策定し、又は変更したときは、遅滞なく、これを公表するように努めるとともに、都道府県に提出しなければならない。

6　市町村は、市町村行動計画を策定したときは、おおむね一年に一回、市町村行動計画に基づく措置の実施の状況を公表するよう努めるものとする。

7　市町村は、市町村行動計画を策定したときは、定期的に、市町村行動計画に基づく措置の実施の状況に関する評価を行い、市町村行動計画に検討を加え、必要があると認めるときは、これを変更することその他の必要な措置を講ずるよう努めなければならない。

8　市町村は、市町村行動計画の策定及び市町村行動計画に基づく措置の実施に関して特に必要があると認めるときは、事業主その他の関係者に対して調査を実施するため必要な協力を求めることができる。

（都道府県行動計画）

第九条　都道府県は、行動計画策定指針に即して、五年ごとに、当該都道府県の事務及び事業に関し、五年を一期として、地域における子育ての支援、保護を要する子どもの養育環境の整備、母性並びに乳児及び幼児の健康の確保及び増進、子どもの心身の健やかな成長に資する教育環境の整備、子どもを育成する家庭に適した良質な住宅及び良好な居住環境の確保、職業生活と家庭生活との両立の推進その他の次世代育成支援対策の実施に関する計画（以下「**都道府県行動計画**」という。）を策定することができる。

2　都道府県行動計画においては、次に掲げる事項を定めるものとする。

一　次世代育成支援対策の実施により達成しようとする目標

二　実施しようとする次世代育成支援対策の内容及びその実施時期

三　次世代育成支援対策を実施する市町村を支援するための措置の内容及びその実施時期

3　都道府県は、都道府県行動計画を策定し、又は変更しようとするときは、あらかじめ、住民の意見を反映させるために必要な措置を講ずるものとする。

4　都道府県は、都道府県行動計画を策定し、又は変更しようとするときは、あらかじめ、事業主、労働者その他の関係者の意見を反映させるために必要な措置を講ずるよう努めなければならない。

5　都道府県は、都道府県行動計画を策定し、又は変更したときは、遅滞なく、これを公表するよう努めるとともに、主務大臣に提出しなければならない。

6　都道府県は、都道府県行動計画を策定したときは、おおむね一年に一回、都道府県行動計画に基づく措置の実施の状況を公表するよう努めるものとする。

7　都道府県は、都道府県行動計画を策定したときは、定期的に、都道府県行動計画に基づく措置の実施の状況に関する評価を行い、都道府県行動計画に検討を加え、必要があると認めるときは、これを変更することその他の必要な措置を講ずるよう努めなければならない。

8　都道府県は、都道府県行動計画の策定及び都道府県行動計画に基づく措置の実施に関して特に必要があると認めるときは、市町村、事業主その他の関係者に対して調査を実施するため必要な協力を求めることができる。

（都道府県の助言等）

第一〇条　都道府県は、市町村に対し、市町村行動計画の策定上の技術的事項について必要な助言その他の援助の実施に努めるものとする。

2　主務大臣は、都道府県に対し、都道府県行動計画の策定の手法その他都道府県行動計画の策定上重要な技術的事項について必要な助言その他の援助の実施に努めるものとする。

(市町村及び都道府県に対する交付金の交付等)

第一一条 国は、市町村又は都道府県に対し、市町村行動計画又は都道府県行動計画に定められた措置の実施に要する経費に充てるため、内閣府令で定めるところにより、予算の範囲内で、交付金を交付することができる。

2 国は、市町村又は都道府県が、市町村行動計画又は都道府県行動計画に定められた措置を実施しようとするときは、当該措置が円滑に実施されるように必要な助言その他の援助の実施に努めるものとする。

第三節 一般事業主行動計画

(一般事業主行動計画の策定等)

第一二条 国及び地方公共団体以外の事業主(以下「**一般事業主**」という。)であって、常時雇用する労働者の数が百人を超えるものは、行動計画策定指針に即して、一般事業主行動計画(一般事業主が実施する次世代育成支援対策に関する計画をいう。以下同じ。)を策定し、厚生労働省令で定めるところにより、厚生労働大臣にその旨を届け出なければならない。これを変更したときも同様とする。

2 一般事業主行動計画においては、次に掲げる事項を定めるものとする。

一 計画期間

二 次世代育成支援対策の実施により達成しようとする目標

三 実施しようとする次世代育成支援対策の内容及びその実施時期

3 第一項に規定する一般事業主は、一般事業主行動計画を策定し、又は変更したときは、厚生労働省令で定めるところにより、これを公表しなければならない。

4 一般事業主であって、常時雇用する労働者の数が百人以下のものは、行動計画策定指針に即して、一般事業主行動計画を策定し、厚生労働省令で定めるところにより、厚生労働大臣にその旨を届け出るよう努めなければならない。これを変更したときも同様とする。

5 前項に規定する一般事業主は、一般事業主行動計画を策定し、又は変更したときは、厚生労働省令で定めるところにより、これを公表するよう努めなければならない。

6 第一項に規定する一般事業主が同項の規定による届出又は第三項の規定による公表をしない場合には、厚生労働大臣は、当該一般事業主に対し、相当の期間を定めて当該届出又は公表をすべきことを勧告することができる。

(一般事業主行動計画の労働者への周知等)

第一二条の二 前条第一項に規定する一般事業主は、一般事業主行動計画を策定し、又は変更したときは、厚生労働省令で定めるところにより、これを労働者に周知させるための措置を講じなければならない。

2 前条第四項に規定する一般事業主は、一般事業主行動計画を策定し、又は変更したときは、厚生労働省令で定めるところにより、これを労働者に周知させるための措置を講ずるよう努めなければならない。

3 前条第六項の規定は、同条第一項に規定する一般事業主が第一項の規定による措置を講じない場合について準用する。

(基準に適合する一般事業主の認定)

第一三条 厚生労働大臣は、第十二条第一項又は第四項の規定による届出をした一般事業主からの申請に基づき、厚生労働省令で定めるところにより、当該事業主について、雇用環境の整備に関し、行動計画策定指針に照らし適切な一般事業主行動計画を策定したこと、当該一般事業主行動計画を実施し、当該一般事業主行動計画に定めた目標を達成したことその他の厚生労働省令で定める基準に適合するものである旨の認定を行うことができる。

(認定一般事業主の表示等)

第一四条 前条の認定を受けた一般事業主(以下「**認定一般事業主**」という。)は、商品又は役務、その広告又は取引に用いる書類若しくは通信その他の厚生労働省令で定めるもの(次項及び第十五条の四第一項において「**広告等**」という。)に厚生労働大臣の定める表示を付することができる。

2 何人も、前項の規定による場合を除くほか、広告等に同項の表示又はこれと紛らわしい表示を付してはならない。

（認定一般事業主の認定の取消し）

第一五条　厚生労働大臣は、認定一般事業主が次の各号のいずれかに該当するときは、第十三条の認定を取り消すことができる。

一　第十三条に規定する基準に適合しなくなったと認めるとき。

二　この法律又はこの法律に基づく命令に違反したとき。

三　前二号に掲げる場合のほか、認定一般事業主として適当でなくなったと認めるとき。

（基準に適合する認定一般事業主の認定）

第一五条の二　厚生労働大臣は、認定一般事業主からの申請に基づき、厚生労働省令で定めるところにより、当該認定一般事業主について、雇用環境の整備に関し、行動計画策定指針に照らし適切な一般事業主行動計画（その計画期間の末日が、当該認定一般事業主が第十三条の認定を受けた日以後であるものに限る。）を策定したこと、当該一般事業主行動計画を実施し、当該一般事業主行動計画に定めた目標を達成したこと、当該認定一般事業主の次世代育成支援対策の実施の状況が優良なものであることその他の厚生労働省令で定める基準に適合するものである旨の認定を行うことができる。

（特例認定一般事業主の特例等）

第一五条の三　前条の認定を受けた認定一般事業主（以下「**特例認定一般事業主**」という。）については、第十二条第一項及び第四項の規定は、適用しない。

2　特例認定一般事業主は、厚生労働省令で定めるところにより、毎年少なくとも一回、次世代育成支援対策の実施の状況を公表しなければならない。

3　特例認定一般事業主が前項の規定による公表をしない場合には、厚生労働大臣は、当該特例認定一般事業主に対し、相当の期間を定めて当該公表をすべきことを勧告することができる。

（特例認定一般事業主の表示等）

第一五条の四　特例認定一般事業主は、広告等に厚生労働大臣の定める表示を付することができる。

2　第十四条第二項の規定は、前項の表示について準用する。

（特例認定一般事業主の認定の取消し）

第一五条の五　厚生労働大臣は、特例認定一般事業主が次の各号のいずれかに該当するときは、第十五条の二の認定を取り消すことができる。

一　第十五条の規定により第十三条の認定を取り消すとき。

二　第十五条の二に規定する基準に適合しなくなったと認めるとき。

三　第十五条の三第二項の規定による公表をせず、又は虚偽の公表をしたとき。

四　前号に掲げる場合のほか、この法律又はこの法律に基づく命令に違反したとき。

五　前各号に掲げる場合のほか、特例認定一般事業主として適当でなくなったと認めるとき。

（委託募集の特例等）

第一六条　承認中小事業主団体の構成員である一般事業主であって、常時雇用する労働者の数が三百人以下のもの（以下この項及び次項において「中小事業主」という。）が、当該承認中小事業主団体をして次世代育成支援対策を推進するための措置の実施に関し必要な労働者の募集を行わせようとする場合において、当該承認中小事業主団体が当該募集に従事しようとするときは、職業安定法（昭和二十二年法律第百四十一号）第三十六条第一項及び第三項の規定は、当該構成員である中小事業主については、適用しない。

2　この条及び次条において「**承認中小事業主団体**」とは、事業協同組合、協同組合連合会その他の特別の法律により設立された組合若しくはその連合会であって厚生労働省令で定めるもの又は一般社団法人で中小事業主を直接又は間接の構成員とするもの（厚生労働省令で定める要件に該当するものに限る。以下この項において「事業協同組合等」という。）であって、その構成員である中小事業主に対し、次世代育成支援対策を推進するための人材確保に関する相談及び援助を行うものとして、当該事業協同組合等の申請に基づき厚生労働大臣がその定める基準により適当であると承認したものをいう。

3　厚生労働大臣は、承認中小事業主団体が前項の相談及び援助を行うものとして適当でなくなったと認めるときは、同項の承認を取り消すことができる。

4　承認中小事業主団体は、当該募集に従事しようとするときは、厚生労働省令で定めるところにより、募集時期、募集人員、募集地域その他の労働者の募集に関する事項で厚生労働省令で定めるものを厚生労働大臣に届け出なければならない。

5　職業安定法第三十七条第二項の規定は前項の規定による届出があった場合について、同法第五条の三第一項及び第四項、第五条の四第一項及び第二項、第五条の五、第三十九条、第四十一条第二項、第四十二条、第四十八条の三第一項、第四十八条の四、第五十条第一項及び第二項並びに第五十一条の規定は前項の規定による届出をして労働者の募集に従事する者について、同法第四十条の規定は同項の規定による届出をして労働者の募集に従事する者に対する報酬の供与について、同法第五十条第三項及び第四項の規定はこの項において準用する同条第二項に規定する職権を行う場合について準用する。この場合において、同法第三十七条第二項中「労働者の募集を行おうとする者」とあるのは「次世代育成支援対策推進法（平成十五年法律第百二十号）第十六条第四項の規定による届出をして労働者の募集に従事しようとする者」と、同法第四十一条第二項中「当該労働者の募集の業務の廃止を命じ、又は期間」とあるのは「期間」と読み替えるものとする。

6　職業安定法第三十六条第二項及び第四十二条の二の規定の適用については、同法第三十六条第二項中「前項の」とあるのは「被用者以外の者をして労働者の募集に従事させようとする者がその被用者以外の者に与えようとする」と、同法第四十二条の二中「第三十九条に規定する募集受託者」とあるのは「次世代育成支援対策推進法第十六条第四項の規定による届出をして労働者の募集に従事する者」と、「同項に」とあるのは「次項に」とする。

7　厚生労働大臣は、承認中小事業主団体に対し、第二項の相談及び援助の実施状況について報告を求めることができる。

第一七条　公共職業安定所は、前条第四項の規定による届出をして労働者の募集に従事する承認中小事業主団体に対して、雇用情報及び職業に関する調査研究の成果を提供し、かつ、これらに基づき当該募集の内容又は方法について指導することにより、当該募集の効果的かつ適切な実施の促進に努めなければならない。

（一般事業主に対する国の援助）

第一八条　国は、第十二条第一項又は第四項の規定により一般事業主行動計画を策定する一般事業主又はこれらの規定による届出をした一般事業主に対して、一般事業主行動計画の策定、公表若しくは労働者への周知又は当該一般事業主行動計画に基づく措置が円滑に実施されるように必要な助言、指導その他の援助の実施に努めるものとする。

第四節　特定事業主行動計画

第一九条　国及び地方公共団体の機関、それらの長又はそれらの職員で政令で定めるもの（以下「**特定事業主**」という。）は、政令で定めるところにより、行動計画策定指針に即して、特定事業主行動計画（特定事業主が実施する次世代育成支援対策に関する計画をいう。以下この条において同じ。）を策定するものとする。

2　特定事業主行動計画においては、次に掲げる事項を定めるものとする。

一　計画期間

二　次世代育成支援対策の実施により達成しようとする目標

三　実施しようとする次世代育成支援対策の内容及びその実施時期

3　特定事業主は、特定事業主行動計画を策定し、又は変更したときは、遅滞なく、これを公表しなければならない。

4　特定事業主は、特定事業主行動計画を策定し、又は変更したときは、遅滞なく、これを職員に周知させるための措置を講じなければならない。

5　特定事業主は、毎年少なくとも一回、特定事業主行動計画に基づく措置の実施の状況を公表しなければならない。

6　特定事業主は、特定事業主行動計画に基づく措置を実施するとともに、特定事業主行動計画に定められた目標を達成するよう努めなければならない。

第五節　次世代育成支援対策推進センター

第二〇条　厚生労働大臣は、一般事業主の団体又はその連合団体（法人でない団体又は連合団体であって代表者の定めがないものを除く。）であって、次項に規定する業務を適正かつ確実に行うことができると認めるものを、その申請により、次世代育成支援対策推進センターとして指定することができる。

2　次世代育成支援対策推進センターは、一般事業主行動計画の策定及び実施に関し、一般事業主その他の関係者に対し、雇用環境の整備に関する相談その他の援助の業務を行うものとする。

3　厚生労働大臣は、次世代育成支援対策推進センターの財産の状況又はその業務の運営に関し改善が必要であると認めるときは、次世代育成支援対策推進センターに対し、その改善に必要な措置をとるべきことを命ずることができる。

4　厚生労働大臣は、次世代育成支援対策推進センターが前項の規定による命令に違反したときは、第一項の指定を取り消すことができる。

5　次世代育成支援対策推進センターの役員若しくは職員又はこれらの職にあった者は、第二項に規定する業務に関して知り得た秘密を漏らしてはならない。

6　第一項の指定の手続その他次世代育成支援対策推進センターに関し必要な事項は、厚生労働省令で定める。

第三章　次世代育成支援対策地域協議会

第二一条　地方公共団体、事業主、住民その他次世代育成支援対策の推進を図るための活動を行う者は、地域における次世代育成支援対策の推進に関し必要となるべき措置について協議するため、次世代育成支援対策地域協議会（以下「**地域協議会**」という。）を組織することができる。

2　前項の協議を行うための会議において協議が調った事項については、地域協議会の構成員は、その協議の結果を尊重しなければならない。

3　前二項に定めるもののほか、地域協議会の運営に関し必要な事項は、地域協議会が定める。

第四章　雑則

（主務大臣）

第二二条　第七条第一項及び第三項から第五項までにおける主務大臣は、行動計画策定指針のうち、市町村行動計画及び都道府県行動計画に係る部分並びに一般事業主行動計画に係る部分（雇用環境の整備に関する部分を除く。）については内閣総理大臣、厚生労働大臣、国家公安委員会、文部科学大臣、農林水産大臣、経済産業大臣、国土交通大臣及び環境大臣とし、一般事業主行動計画に係る部分（雇用環境の整備に関する部分に限る。）については厚生労働大臣とし、その他の部分については内閣総理大臣とする。

2　第九条第五項及び第十条第二項における主務大臣は、内閣総理大臣、厚生労働大臣、国家公安委員会、文部科学大臣、農林水産大臣、経済産業大臣、国土交通大臣及び環境大臣とする。

（権限の委任）

第二三条　第十二条から第十六条までに規定する厚生労働大臣の権限は、厚生労働省令で定めるところにより、その一部を都道府県労働局長に委任することができる。

第五章　罰則

第二四条　第十六条第五項において準用する職業安定法第四十一条第二項の規定による業務の停止の命令に違反して、労働者の募集に従事した者は、一年以下の懲役又は百万円以下の罰金に処する。

注　第二四条は、令和四年六月一七日法律第六八号により次のように改正され、令和四年六月一七日から起算して三年を超えない範囲内において政令で定める日から施行される。

第二十四条中「懲役」を「拘禁刑」に改める。

第二五条 次の各号のいずれかに該当する者は、六月以下の懲役又は三十万円以下の罰金に処する。

一 第十六条第四項の規定による届出をしないで、労働者の募集に従事した者

二 第十六条第五項において準用する職業安定法第三十七条第二項の規定による指示に従わなかった者

三 第十六条第五項において準用する職業安定法第三十九条又は第四十条の規定に違反した者

注 第二五条は、令和四年六月一七日法律第六八号により次のように改正され、令和四年六月一七日から起算して三年を超えない範囲内において政令で定める日から施行される。

第二十五条中「懲役」を「拘禁刑」に改める。

第二六条 次の各号のいずれかに該当する者は、三十万円以下の罰金に処する。

一 第十四条第二項（第十五条の四第二項において準用する場合を含む。）の規定に違反した者

二 第十六条第五項において準用する職業安定法第五十条第一項の規定による報告をせず、又は虚偽の報告をした者

三 第十六条第五項において準用する職業安定法第五十条第二項の規定による立入り若しくは検査を拒み、妨げ、若しくは忌避し、又は質問に対して答弁をせず、若しくは虚偽の陳述をした者

四 第十六条第五項において準用する職業安定法第五十一条第一項の規定に違反して秘密を漏らした者

五 第二十条第五項の規定に違反して秘密を漏らした者

第二七条 法人の代表者又は法人若しくは人の代理人、使用人その他の従業者が、その法人又は人の業務に関し、第二十四条、第二十五条又は前条第一号から第四号までの違反行為をしたときは、行為者を罰するほか、その法人又は人に対しても、各本条の罰金刑を科する。

附　則　（抄）

（施行期日）

第一条 この法律は、公布の日〔平一五・七・一六〕から施行する。ただし、第七条及び第二十二条第一項の規定は公布の日から起算して六月を超えない範囲内において政令で定める日〔平一五・八・二二〕から、第八条から第十九条まで、第二十二条第二項、第二十三条から第二十五条まで、第二十六条第一号から第三号まで及び第二十七条の規定は平成十七年四月一日から施行する。

（この法律の失効）

第二条 この法律は、令和七年三月三十一日限り、その効力を失う。

2 次世代育成支援対策推進センターの役員又は職員であった者の第二十条第二項に規定する業務に関して知り得た秘密については、同条第五項の規定（同項に係る罰則を含む。）は、前項の規定にかかわらず、同項に規定する日後も、なおその効力を有する。

3 この法律の失効前にした行為に対する罰則の適用については、この法律は、第一項の規定にかかわらず、同項に規定する日後も、なおその効力を有する。

◉児童買春、児童ポルノに係る行為等の規制及び処罰並びに児童の保護等に関する法律

題名改正　平二六法律七九（旧児童買春、児童ポルノに係る行為等の処罰及び児童の保護等に関する法律）

（平成一一・五・二六法律五二）

注　令五法律二八改正現在（未施行分については、該当か所の後に改正文を収載）

第一章　総則

（目的）

第一条　この法律は、児童に対する性的搾取及び性的虐待が児童の権利を著しく侵害することの重大性に鑑み、あわせて児童の権利の擁護に関する国際的動向を踏まえ、児童買春、児童ポルノに係る行為等を規制し、及びこれらの行為等を処罰するとともに、これらの行為等により心身に有害な影響を受けた児童の保護のための措置等を定めることにより、児童の権利を擁護することを目的とする。

（定義）

第二条　この法律において「**児童**」とは、十八歳に満たない者をいう。

2　この法律において「**児童買春**」とは、次の各号に掲げる者に対し、対償を供与し、又はその供与の約束をして、当該児童に対し、性交等（性交若しくは性交類似行為をし、又は自己の性的好奇心を満たす目的で、児童の性器等（性器、肛門又は乳首をいう。以下同じ。）を触り、若しくは児童に自己の性器等を触らせることをいう。以下同じ。）をすることをいう。

一　児童

二　児童に対する性交等の周旋をした者

三　児童の保護者（親権を行う者、未成年後見人その他の者で、児童を現に監護するものをいう。以下同じ。）又は児童をその支配下に置いている者

3　この法律において「**児童ポルノ**」とは、写真、電磁的記録（電子的方式、磁気的方式その他人の知覚によっては認識することができない方式で作られる記録であって、電子計算機による情報処理の用に供されるものをいう。以下同じ。）に係る記録媒体その他の物であって、次の各号のいずれかに掲げる児童の姿態を視覚により認識することができる方法により描写したものをいう。

一　児童を相手方とする又は児童による性交又は性交類似行為に係る児童の姿態

二　他人が児童の性器等を触る行為又は児童が他人の性器等を触る行為に係る児童の姿態であって性欲を興奮させ又は刺激するもの

三　衣服の全部又は一部を着けない児童の姿態であって、殊更に児童の性的な部位（性器等若しくはその周辺部、臀《でん》部又は胸部をいう。）が露出され又は強調されているものであり、かつ、性欲を興奮させ又は刺激するもの

（適用上の注意）

第三条　この法律の適用に当たっては、学術研究、文化芸術活動、報道等に関する国民の権利及び自由を不当に侵害しないように留意し、児童に対する性的搾取及び性的虐待から児童を保護しその権利を擁護するとの本来の目的を逸脱して他の目的のためにこれを濫用するようなことがあってはならない。

（児童買春、児童ポルノの所持その他児童に対する性的搾取及び性的虐待に係る行為の禁止）

第三条の二　何人も、児童買春をし、又はみだりに児童ポルノを所持し、若しくは第二条第三項各号のいずれかに掲げる児童の姿態を視覚により認識することができる方法により描写した情報を記録した電磁的記録を保管することその他児童に対する性的搾取又は性的虐待に係る行為をしてはならない。

第二章　児童買春、児童ポルノに係る行為等の処罰等

（児童買春）

第四条　児童買春をした者は、五年以下の懲役又は三百万円以下の罰金に処する。

注　第四条は、令和四年六月一七日法律第六八号により次のように改正され、令和四年六月一七日から起算して三年を超えない範囲内において政令で定める日から施行される。

第四条中「懲役」を「拘禁刑」に改める。

（児童買春周旋）

第五条　児童買春の周旋をした者は、五年以下の懲役若しくは五百万円以下の罰金に処し、又はこれを併科する。

2　児童買春の周旋をすることを業とした者は、七年以下の懲役及び千万円以下の罰金に処する。

注　第五条は、令和四年六月一七日法律第六八号により次のように改正され、令和四年六月一七日から起算して三年を超えない範囲内において政令で定める日から施行される。

第五条中「懲役」を「拘禁刑」に改める。

（児童買春勧誘）

第六条　児童買春の周旋をする目的で、人に児童買春をするように勧誘した者は、五年以下の懲役若しくは五百万円以下の罰金に処し、又はこれを併科する。

2　前項の目的で、人に児童買春をするように勧誘することを業とした者は、七年以下の懲役及び千万円以下の罰金に処する。

注　第六条は、令和四年六月一七日法律第六八号により次のように改正され、令和四年六月一七日から起算して三年を超えない範囲内において政令で定める日から施行される。

第六条中「懲役」を「拘禁刑」に改める。

（児童ポルノ所持、提供等）

第七条　自己の性的好奇心を満たす目的で、児童ポルノを所持した者（自己の意思に基づいて所持するに至った者であり、かつ、当該者であることが明らかに認められる者に限る。）は、一年以下の懲役又は百万円以下の罰金に処する。自己の性的好奇心を満たす目的で、第二条第三項各号のいずれかに掲げる児童の姿態を視覚により認識することができる方法により描写した情報を記録した電磁的記録を保管した者（自己の意思に基づいて保管するに至った者であり、かつ、当該者であることが明らかに認められる者に限る。）も、同様とする。

2　児童ポルノを提供した者は、三年以下の懲役又は三百万円以下の罰金に処する。電気通信回線を通じて第二条第三項各号のいずれかに掲げる児童の姿態を視覚により認識することができる方法により描写した情報を記録した電磁的記録その他の記録を提供した者も、同様とする。

3　前項に掲げる行為の目的で、児童ポルノを製造し、所持し、運搬し、本邦に輸入し、又は本邦から輸出した者も、同項と同様とする。同項に掲げる行為の目的で、同項の電磁的記録を保管した者も、同様とする。

4　前項に規定するもののほか、児童に第二条第三項各号のいずれかに掲げる姿態をとらせ、これを写真、電磁的記録に係る記録媒体その他の物に描写することにより、当該児童に係る児童ポルノを製造した者も、第二項と同様とする。

5　前二項に規定するもののほか、ひそかに第二条第三項各号のいずれかに掲げる児童の姿態を写真、電磁的記録に係る記録媒体その他の物に描写することにより、当該児童に係る児童ポルノを製造した者も、第二項と同様とする。

6　児童ポルノを不特定若しくは多数の者に提供し、又は公然と陳列した者は、五年以下の懲役若しくは五百万円以下の罰金に処し、又はこれを併科する。電気通信回線を通じて第二条第三項各号のいずれかに掲げる児童の姿態を視覚により認識することができる方法により描写した情報を記録した電磁的記録その他の記録を不特定又は多数の者に提供した者も、同様とする。

7　前項に掲げる行為の目的で、児童ポルノを製造し、所持し、運搬し、本邦に輸入し、又は本邦から輸出した者も、同項と同様とする。同項に掲げる行為の目的で、同項の電磁的記録を保管した者も、同様とする。

8　第六項に掲げる行為の目的で、児童ポルノを外国に輸入し、又は外国から輸出した日本国民も、同項と同様とする。

注　第七条は、令和四年六月一七日法律第六八号により次のように改正され、令和四年六月一七日から起算して三年を超えない範囲内において政令で定める日から施行される。

　第七条第一項、第二項及び第六項中「懲役」を「拘禁刑」に改める。

（児童買春等目的人身売買等）

第八条　児童を児童買春における性交等の相手方とさせ又は第二条第三項各号のいずれかに掲げる児童の姿態を描写して児童ポルノを製造する目的で、当該児童を売買した者は、一年以上十年以下の懲役に処する。

2　前項の目的で、外国に居住する児童で略取され、誘拐され、又は売買されたものをその居住国外に移送した日本国民は、二年以上の有期懲役に処する。

3　前二項の罪の未遂は、罰する。

注　第八条は、令和四年六月一七日法律第六八号により次のように改正され、令和四年六月一七日から起算して三年を超えない範囲内において政令で定める日から施行される。

　第八条第一項中「懲役」を「拘禁刑」に改め、同条第二項中「有期懲役」を「有期拘禁刑」に改める。

（児童の年齢の知情）

第九条　児童を使用する者は、児童の年齢を知らないことを理由として、第五条、第六条、第七条第二項から第八項まで及び前条の規定による処罰を免れることができない。ただし、過失がないときは、この限りでない。

（国民の国外犯）

第一〇条　第四条から第六条まで、第七条第一項から第七項まで並びに第八条第一項及び第三項（同条第一項に係る部分に限る。）の罪は、刑法（明治四十年法律第四十五号）第三条の例に従う。

（両罰規定）

第一一条　法人の代表者又は法人若しくは人の代理人、使用人その他の従業者が、その法人又は人の業務に関し、第五条、第六条又は第七条第二項から第八項までの罪を犯したときは、行為者を罰するほか、その法人又は人に対して各本条の罰金刑を科する。

（捜査及び公判における配慮等）

第一二条　第四条から第八条までの罪に係る事件の捜査及び公判に職務上関係のある者（次項において「職務関係者」という。）は、その職務を行うに当たり、児童の人権及び特性に配慮するとともに、その名誉及び尊厳を害しないよう注意しなければならない。

2　国及び地方公共団体は、職務関係者に対し、児童の人権、特性等に関する理解を深めるための訓練及び啓発を行うよう努めるものとする。

（記事等の掲載等の禁止）

第一三条　第四条から第八条までの罪に係る事件に係る児童については、その氏名、年齢、職業、就学する学校の名称、住居、容貌《ぼう》等により当該児童が当該事件に係る者であることを推知することができるような記事若しくは写真又は放送番組を、新聞紙その他の出版物に掲載し、又は放送してはならない。

（教育、啓発及び調査研究）

第一四条　国及び地方公共団体は、児童買春、児童ポルノの所持、提供等の行為が児童の心身の成長に重大な影響を与えるものであることに鑑み、これらの行為を未然に防止することができるよう、児童の権利に関する国民の理解を深めるための教育及び啓発に努めるものとする。

2　国及び地方公共団体は、児童買春、児童ポルノの所持、提供等の行為の防止に資する調査研究の推進に努めるものとする。

第三章　心身に有害な影響を受けた児童の保護のための措置

（心身に有害な影響を受けた児童の保護）

第一五条　こども家庭庁、法務省、都道府県警察、児童相談所、福祉事務所その他の国、都道府県又は市町村の関係行政機関は、児童買春の相手方となったこと、児童ポルノに描写されたこと等により心身に有害な影響を受けた児童に対し、相互に連携を図りつつ、その心身の状況、その置かれている環境等に応じ、当該児童がその受けた影響から身体的及び心理的に回復し、個人の尊厳を保って成長することができるよう、相談、指導、一時保護、施設への入所その他の必要な保護のための措置を適切に講ずるものとする。

2　前項の関係行政機関は、同項の措置を講ずる場合において、同項の児童の保護のため必要があると認めるときは、その保護者に対し、相談、指導その他の措置を講ずるものとする。

（心身に有害な影響を受けた児童の保護のための体制の整備）

第一六条　国及び地方公共団体は、児童買春の相手方となったこと、児童ポルノに描写されたこと等により心身に有害な影響を受けた児童について専門的知識に基づく保護を適切に行うことができるよう、これらの児童の保護に関する調査研究の推進、これらの児童の保護を行う者の資質の向上、これらの児童が緊急に保護を必要とする場合における関係機関の連携協力体制の強化、これらの児童の保護を行う民間の団体との連携協力体制の整備等必要な体制の整備に努めるものとする。

（心身に有害な影響を受けた児童の保護に関する施策の検証等）

第一六条の二　こども家庭審議会及び犯罪被害者等施策推進会議は、相互に連携して、児童買春の相手方となったこと、児童ポルノに描写されたこと等により心身に有害な影響を受けた児童の保護に関する施策の実施状況等について、当該児童の保護に関する専門的な知識経験を有する者の知見を活用しつつ、定期的に検証及び評価を行うものとする。

2　こども家庭審議会又は犯罪被害者等施策推進会議は、前項の検証及び評価の結果を勘案し、必要があると認めるときは、当該児童の保護に関する施策の在り方について、それぞれ内閣総理大臣又は関係行政機関に意見を述べるものとする。

3　内閣総理大臣又は関係行政機関は、前項の意見があった場合において必要があると認めるときは、当該児童の保護を図るために必要な施策を講ずるものとする。

第四章　雑則

（インターネットの利用に係る事業者の努力）

第一六条の三　インターネットを利用した不特定の者に対する情報の発信又はその情報の閲覧等のために必要な電気通信役務（電気通信事業法（昭和五十九年法律第八十六号）第二条第三号に規定する電気通信役務をいう。）を提供する事業者は、児童ポルノの所持、提供等の行為による被害がインターネットを通じて容易に拡大し、これにより一旦国内外に児童ポルノが拡散した場合においてはその廃棄、削除等による児童の権利回復は著しく困難になることに鑑み、捜査機関への協力、当該事業者が有する管理権限に基づき児童ポルノに係る情報の送信を防止する措置その他インターネットを利用したこれらの行為の防止に資するための措置を講ずるよう努めるものとする。

（国際協力の推進）

第一七条　国は、第三条の二から第八条までの規定に係る行為の防止及び事件の適正かつ迅速な捜査のため、国際的な緊密な連携の確保、国際的な調査研究の推進その他の国際協力の推進に努めるものとする。

附　則　（抄）

（施行期日）

第一条　この法律は、公布の日から起算して六月を超えない範囲内において政令で定める日〔平一一・一一・一〕から施行する。

（条例との関係）

第二条　地方公共団体の条例の規定で、この法律で規制する行為を処罰する旨を定めているものの当該行為に係る部分については、この法律の施行と同時に、その効力を失うものとする。

2　前項の規定により条例の規定がその効力を失う場合において、当該地方公共団体が条例で別段の定めをしないときは、その失効前にした違反行為の処罰については、その失効後も、なお従前の例による。

◉子どもの貧困対策の推進に関する法律

（平成二五・六・二六法律六四）
注　令四法律七七改正現在

第一章　総則

（目的）

第一条　この法律は、子どもの現在及び将来がその生まれ育った環境によって左右されることのないよう、全ての子どもが心身ともに健やかに育成され、及びその教育の機会均等が保障され、子ども一人一人が夢や希望を持つことができるようにするため、子どもの貧困の解消に向けて、児童の権利に関する条約の精神にのっとり、子どもの貧困対策に関し、基本理念を定め、国等の責務を明らかにし、及び子どもの貧困対策の基本となる事項を定めることにより、子どもの貧困対策を総合的に推進することを目的とする。

（基本理念）

第二条　子どもの貧困対策は、社会のあらゆる分野において、子どもの年齢及び発達の程度に応じて、その意見が尊重され、その最善の利益が優先して考慮され、子どもが心身ともに健やかに育成されることを旨として、推進されなければならない。

2　子どもの貧困対策は、子ども等に対する教育の支援、生活の安定に資するための支援、職業生活の安定と向上に資するための就労の支援、経済的支援等の施策を、子どもの現在及び将来がその生まれ育った環境によって左右されることのない社会を実現することを旨として、子ども等の生活及び取り巻く環境の状況に応じて包括的かつ早期に講ずることにより、推進されなければならない。

3　子どもの貧困対策は、子どもの貧困の背景に様々な社会的な要因があることを踏まえ、推進されなければならない。

4　子どもの貧困対策は、国及び地方公共団体の関係機関相互の密接な連携の下に、関連分野における総合的な取組として行われなければならない。

（国の責務）

第三条　国は、前条の基本理念（次条において「基本理念」という。）にのっとり、子どもの貧困対策を総合的に策定し、及び実施する責務を有する。

（地方公共団体の責務）

第四条　地方公共団体は、基本理念にのっとり、子どもの貧困対策に関し、国と協力しつつ、当該地域の状況に応じた施策を策定し、及び実施する責務を有する。

（国民の責務）

第五条　国民は、国又は地方公共団体が実施する子どもの貧困対策に協力するよう努めなければならない。

（法制上の措置等）

第六条　政府は、この法律の目的を達成するため、必要な法制上又は財政上の措置その他の措置を講じなければならない。

（年次報告）

第七条　政府は、毎年、国会に、子どもの貧困の状況及び子どもの貧困対策の実施の状況に関する報告を提出するとともに、これを公表しなければならない。

2　こども基本法（令和四年法律第七十七号）第八条第一項の規定による国会への報告及び公表がされたときは、前項の規定による国会への報告及び公表がされたものとみなす。

第二章　基本的施策

（子どもの貧困対策に関する大綱）

第八条　政府は、子どもの貧困対策を総合的に推進するため、子どもの貧困対策に関する大綱（以下「大綱」という。）を定めなければならない。

2　大綱は、次に掲げる事項について定めるものとする。

一　子どもの貧困対策に関する基本的な方針

二　子どもの貧困率、一人親世帯の貧困率、生活保護世帯に属する子どもの高等学校等進学率、生活保護世帯に属する子どもの大学等進学率等子どもの貧困に関する指標及び当該指標の改善に向けた施策

三　教育の支援、生活の安定に資するための支援、保護者に対する職業生活の安定と向上に資するための就労の支援、経済的支援その他の子どもの貧困対策に関する事項

四　子どもの貧困に関する調査及び研究に関する事項

五　子どもの貧困対策に関する施策の実施状況についての検証及び評価その他の子どもの貧困対策に関する施策の推進体制に関する事項

3　こども基本法第九条第一項の規定により定められた同項のこども大綱のうち前項各号に掲げる事項に係る部分は、第一項の規定により定められた大綱とみなす。

4　第二項第二号の「子どもの貧困率」、「一人親世帯の貧困率」、「生活保護世帯に属する子どもの高等学校等進学率」及び「生活保護世帯に属する子どもの大学等進学率」の定義は、政令で定める。

（都道府県計画等）

第九条　都道府県は、大綱を勘案して、当該都道府県における子どもの貧困対策についての計画（次項及び第三項において「都道府県計画」という。）を定めるよう努めるものとする。

2　市町村は、大綱（都道府県計画が定められているときは、大綱及び都道府県計画）を勘案して、当該市町村における子どもの貧困対策についての計画（次項において「市町村計画」という。）を定めるよう努めるものとする。

3　都道府県又は市町村は、都道府県計画又は市町村計画を定め、又は変更したときは、遅滞なく、これを公表しなければならない。

（教育の支援）

第一〇条　国及び地方公共団体は、教育の機会均等が図られるよう、就学の援助、学資の援助、学習の支援その他の貧困の状況にある子どもの教育に関する支援のために必要な施策を講ずるものとする。

（生活の安定に資するための支援）

第一一条　国及び地方公共団体は、貧困の状況にある子ども及びその保護者に対する生活に関する相談、貧困の状況にある子どもに対する社会との交流の機会の提供その他の貧困の状況にある子どもの生活の安定に資するための支援に関し必要な施策を講ずるものとする。

（保護者に対する職業生活の安定と向上に資するための就労の支援）

第一二条　国及び地方公共団体は、貧困の状況にある子どもの保護者に対する職業訓練の実施及び就職のあっせんその他の貧困の状況にある子どもの保護者の所得の増大その他の職業生活の安定と向上に資するための就労の支援に関し必要な施策を講ずるものとする。

（経済的支援）

第一三条　国及び地方公共団体は、各種の手当等の支給、貸付金の貸付けその他の貧困の状況にある子どもに対する経済的支援のために必要な

施策を講ずるものとする。

（調査研究）

第一四条　国及び地方公共団体は、子どもの貧困対策を適正に策定し、及び実施するため、子どもの貧困に関する指標に関する研究その他の子どもの貧困に関する調査及び研究その他の必要な施策を講ずるものとする。

附　則（抄）

（施行期日）

第一条　この法律は、公布の日から起算して一年を超えない範囲内において政令で定める日〔平二六・一・一七〕から施行する。

◉医療的ケア児及びその家族に対する支援に関する法律

（令和三・六・一八法律八一）

第一章　総則

（目的）

第一条　この法律は、医療技術の進歩に伴い医療的ケア児が増加するとともにその実態が多様化し、医療的ケア児及びその家族が個々の医療的ケア児の心身の状況等に応じた適切な支援を受けられるようにすることが重要な課題となっていることに鑑み、医療的ケア児及びその家族に対する支援に関し、基本理念を定め、国、地方公共団体等の責務を明らかにするとともに、保育及び教育の拡充に係る施策その他必要な施策並びに医療的ケア児支援センターの指定等について定めることにより、医療的ケア児の健やかな成長を図るとともに、その家族の離職の防止に資し、もって安心して子どもを生み、育てることができる社会の実現に寄与することを目的とする。

（定義）

第二条　この法律において「**医療的ケア**」とは、人工呼吸器による呼吸管理、喀痰《かくたん》吸引その他の医療行為をいう。

2　この法律において「**医療的ケア児**」とは、日常生活及び社会生活を営むために恒常的に医療的ケアを受けることが不可欠である児童（十八歳未満の者及び十八歳以上の者であって高等学校等（学校教育法（昭和二十二年法律第二十六号）に規定する高等学校、中等教育学校の後期課程及び特別支援学校の高等部をいう。次条第三項及び第十四条第一項第一号において同じ。）に在籍するものをいう。次条第二項において同じ。）をいう。

（基本理念）

第三条　医療的ケア児及びその家族に対する支援は、医療的ケア児の日常生活及び社会生活を社会全体で支えることを旨として行われなければならない。

2　医療的ケア児及びその家族に対する支援は、医療的ケア児が医療的ケア児でない児童と共に教育を受けられるよう最大限に配慮しつつ適切に教育に係る支援が行われる等、個々の医療的ケア児の年齢、必要とする医療的ケアの種類及び生活の実態に応じて、かつ、医療、保健、福祉、教育、労働等に関する業務を行う関係機関及び民間団体相互の緊密な連携の下に、切れ目なく行われなければならない。

3　医療的ケア児及びその家族に対する支援は、医療的ケア児が十八歳に達し、又は高等学校等を卒業した後も適切な保健医療サービス及び福祉サービスを受けながら日常生活及び社会生活を営むことができるようにすることにも配慮して行われなければならない。

4　医療的ケア児及びその家族に対する支援に係る施策を講ずるに当たっては、医療的ケア児及びその保護者（親権を行う者、未成年後見人その他の者で、医療的ケア児を現に監護するものをいう。第十条第二項において同じ。）の意思を最大限に尊重しなければならない。

5　医療的ケア児及びその家族に対する支援に係る施策を講ずるに当たっては、医療的ケア児及びその家族がその居住する地域にかかわらず等しく適切な支援を受けられるようにすることを旨としなければならない。

（国の責務）

第四条　国は、前条の基本理念（以下単に「**基本理念**」という。）にのっとり、医療的ケア児及びその家族に対する支援に係る施策を総合的に実施する責務を有する。

（地方公共団体の責務）

第五条　地方公共団体は、基本理念にのっとり、国との連携を図りつつ、自主的かつ主体的に、医療的ケア児及びその家族に対する支援に係る施策を実施する責務を有する。

（保育所の設置者等の責務）

第六条　保育所（児童福祉法（昭和二十二年法律第百六十四号）第三十九条第一項に規定する保育所をいう。以下同じ。）の設置者、認定こども園（就学前の子どもに関する教育、保育等の総合的な提供の推進に関する法律（平成十八年法律第七十七号）第二条第六項に規定する認定こども園をいい、保育所又は学校教育法第一条に規定する幼稚園であるものを除く。以下同じ。）の設置者及び家庭的保育事業等（児童福祉法第六条の三第九項に規定する家庭的保育事業、同条第十項に規定する小規模保育事業及び同条第十二項に規定する事業所内保育事業をいう。以下この項及び第九条第二項において同じ。）を営む者は、基本理念にのっとり、その設置する保育所若しくは認定こども園に在籍し、又は当該家庭的保育事業等を利用している医療的ケア児に対し、適切な支援を行う責務を有する。

2　放課後児童健全育成事業（児童福祉法第六条の三第二項に規定する放課後児童健全育成事業をいう。以下この項及び第九条第三項において同じ。）を行う者は、基本理念にのっとり、当該放課後児童健全育成事業を利用している医療的ケア児に対し、適切な支援を行う責務を有する。

（学校の設置者の責務）

第七条　学校（学校教育法第一条に規定する幼稚園、小学校、中学校、義務教育学校、高等学校、中等教育学校及び特別支援学校をいう。以下同じ。）の設置者は、基本理念にのっとり、その設置する学校に在籍する医療的ケア児に対し、適切な支援を行う責務を有する。

（法制上の措置等）

第八条　政府は、この法律の目的を達成するため、必要な法制上又は財政上の措置その他の措置を講じなければならない。

第二章　医療的ケア児及びその家族に対する支援に係る施策

（保育を行う体制の拡充等）

第九条　国及び地方公共団体は、医療的ケア児に対して保育を行う体制の拡充が図られるよう、子ども・子育て支援法（平成二十四年法律第六十五号）第五十九条の二第一項の仕事・子育て両立支援事業における医療的ケア児に対する支援についての検討、医療的ケア児が在籍する保育所、認定こども園等に対する支援その他の必要な措置を講ずるものとする。

2　保育所の設置者、認定こども園の設置者及び家庭的保育事業等を営む者は、その設置する保育所若しくは認定こども園に在籍し、又は当該家庭的保育事業等を利用している医療的ケア児が適切な医療的ケアその他の支援を受けられるようにするため、保健師、助産師、看護師若しくは准看護師（次項並びに次条第二項及び第三項において「看護師等」という。）又は喀痰吸引等（社会福祉士及び介護福祉士法（昭和六十二年法律第三十号）第二条第二項に規定する喀痰吸引等をいう。次条第三項において同じ。）を行うことができる保育士若しくは保育教諭の配置その他の必要な措置を講ずるものとする。

3　放課後児童健全育成事業を行う者は、当該放課後児童健全育成事業を利用している医療的ケア児が適切な医療的ケアその他の支援を受けられるようにするため、看護師等の配置その他の必要な措置を講ずるものとする。

（教育を行う体制の拡充等）

第一〇条　国及び地方公共団体は、医療的ケア児に対して教育を行う体制の拡充が図られるよう、医療的ケア児が在籍する学校に対する支援その他の必要な措置を講ずるものとする。

2　学校の設置者は、その設置する学校に在籍する医療的ケア児が保護者の付添いがなくても適切な医療的ケアその他の支援を受けられるようにするため、看護師等の配置その他の必要な措置を講ずるものとする。

3　国及び地方公共団体は、看護師等のほかに学校において医療的ケアを行う人材の確保を図るため、介護福祉士その他の喀痰吸引等を行うことができる者を学校に配置するための環境の整備その他の必要な措置を講ずるものとする。

（日常生活における支援）

第一一条　国及び地方公共団体は、医療的ケア児及びその家族が、個々の医療的ケア児の年齢、必要とする医療的ケアの種類及び生活の実態に応じて、医療的ケアの実施その他の日常生活において必要な支援を受けられるようにするため必要な措置を講ずるものとする。

（相談体制の整備）

第一二条　国及び地方公共団体は、医療的ケア児及びその家族その他の関係者からの各種の相談に対し、個々の医療的ケア児の特性に配慮しつつ総合的に応ずることができるようにするため、医療、保健、福祉、教育、労働等に関する業務を行う関係機関及び民間団体相互の緊密な連携の下に必要な相談体制の整備を行うものとする。

（情報の共有の促進）

第一三条　国及び地方公共団体は、個人情報の保護に十分配慮しつつ、医療、保健、福祉、教育、労働等に関する業務を行う関係機関及び民間団体が行う医療的ケア児に対する支援に資する情報の共有を促進するため必要な措置を講ずるものとする。

第三章　医療的ケア児支援センター等

（医療的ケア児支援センター等）

第一四条　都道府県知事は、次に掲げる業務を、社会福祉法人その他の法人であって当該業務を適正かつ確実に行うことができると認めて指定した者（以下「**医療的ケア児支援センター**」という。）に行わせ、又は自ら行うことができる。

一　医療的ケア児（十八歳に達し、又は高等学校等を卒業したことにより医療的ケア児でなくなった後も医療的ケアを受ける者のうち引き続き雇用又は障害福祉サービスの利用に係る相談支援を必要とする者を含む。以下この条及び附則第二条第二項において同じ。）及びその家族その他の関係者に対し、専門的に、その相談に応じ、又は情報の提供若しくは助言その他の支援を行うこと。

二　医療、保健、福祉、教育、労働等に関する業務を行う関係機関及び民間団体並びにこれに従事する者に対し医療的ケアについての情報の提供及び研修を行うこと。

三　医療的ケア児及びその家族に対する支援に関して、医療、保健、福祉、教育、労働等に関する業務を行う関係機関及び民間団体との連絡調整を行うこと。

四　前三号に掲げる業務に附帯する業務

2　前項の規定による指定は、当該指定を受けようとする者の申請により行う。

3　都道府県知事は、第一項に規定する業務を医療的ケア児支援センターに行わせ、又は自ら行うに当たっては、地域の実情を踏まえつつ、医療的ケア児及びその家族その他の関係者がその身近な場所において必要な支援を受けられるよう適切な配慮をするものとする。

（秘密保持義務）

第一五条　医療的ケア児支援センターの役員若しくは職員又はこれらの職にあった者は、職務上知ることのできた個人の秘密を漏らしてはならない。

（報告の徴収等）

第一六条　都道府県知事は、医療的ケア児支援センターの第十四条第一項に規定する業務の適正な運営を確保するため必要があると認めるときは、当該医療的ケア児支援センターに対し、その業務の状況に関し必要な報告を求め、又はその職員に、当該医療的ケア児支援センターの事業所若しくは事務所に立ち入らせ、その業務の状況に関し必要な調査若しくは質問をさせることができる。

2 前項の規定により立入調査又は質問をする職員は、その身分を示す証明書を携帯し、関係者の請求があるときは、これを提示しなければならない。

3 第一項の規定による立入調査及び質問の権限は、犯罪捜査のために認められたものと解釈してはならない。

（改善命令）

第一七条 都道府県知事は、医療的ケア児支援センターの第十四条第一項に規定する業務の適正な運営を確保するため必要があると認めるときは、当該医療的ケア児支援センターに対し、その改善のために必要な措置をとるべきことを命ずることができる。

（指定の取消し）

第一八条 都道府県知事は、医療的ケア児支援センターが第十六条第一項の規定による報告をせず、若しくは虚偽の報告をし、若しくは同項の規定による立入調査を拒み、妨げ、若しくは忌避し、若しくは質問に対して答弁をせず、若しくは虚偽の答弁をした場合において、その業務の状況の把握に著しい支障が生じたとき又は医療的ケア児支援センターが前条の規定による命令に違反したときは、その指定を取り消すことができる。

第四章　補則

（広報啓発）

第一九条 国及び地方公共団体は、医療的ケア児及びその家族に対する支援の重要性等について国民の理解を深めるため、学校、地域、家庭、職域その他の様々な場を通じて、必要な広報その他の啓発活動を行うものとする。

（人材の確保）

第二〇条 国及び地方公共団体は、医療的ケア児及びその家族がその居住する地域にかかわらず等しく適切な支援を受けられるよう、医療的ケア児に対し医療的ケアその他の支援を行うことができる人材を確保するため必要な措置を講ずるものとする。

（研究開発等の推進）

第二一条 国及び地方公共団体は、医療的ケアを行うために用いられる医療機器の研究開発その他医療的ケア児の支援のために必要な調査研究が推進されるよう必要な措置を講ずるものとする。

附　則

（施行期日）

第一条 この法律は、公布の日から起算して三月を経過した日〔令三・九・一八〕から施行する。

（検討）

第二条 この法律の規定については、この法律の施行後三年を目途として、この法律の実施状況等を勘案して検討が加えられ、その結果に基づいて必要な措置が講ぜられるものとする。

2 政府は、医療的ケア児の実態を把握するための具体的な方策について検討を加え、その結果に基づいて必要な措置を講ずるものとする。

3 政府は、災害時においても医療的ケア児が適切な医療的ケアを受けることができるようにするため、災害時における医療的ケア児に対する支援の在り方について検討を加え、その結果に基づいて必要な措置を講ずるものとする。

◉児童手当法（抄）

（昭和四六・五・二七法律七三）

注 令五法律二八改正現在
（未施行分については、該当か所の後に改正文を収載）

第一章 総則

（目的）

第一条 この法律は、子ども・子育て支援法（平成二十四年法律第六十五号）第七条第一項に規定する子ども・子育て支援の適切な実施を図るため、父母その他の保護者が子育てについての第一義的責任を有するという基本的認識の下に、児童を養育している者に児童手当を支給することにより、家庭等における生活の安定に寄与するとともに、次代の社会を担う児童の健やかな成長に資することを目的とする。

（受給者の責務）

第二条 児童手当の支給を受けた者は、児童手当が前条の目的を達成するために支給されるものである趣旨にかんがみ、これをその趣旨に従つて用いなければならない。

（定義）

第三条 この法律において「**児童**」とは、十八歳に達する日以後の最初の三月三十一日までの間にある者であつて、日本国内に住所を有するもの又は留学その他の内閣府令で定める理由により日本国内に住所を有しないものをいう。

2 この法律にいう「**父**」には、母が児童を懐胎した当時婚姻の届出をしていないが、その母と事実上婚姻関係と同様の事情にあつた者を含むものとする。

3 この法律において「**施設入所等児童**」とは、次に掲げる児童をいう。

一 児童福祉法（昭和二十二年法律第百六十四号）第二十七条第一項第三号の規定により同法第六条の三第八項に規定する小規模住居型児童養育事業（以下「**小規模住居型児童養育事業**」という。）を行う者又は同法第六条の四に規定する里親（以下「**里親**」という。）に委託されている児童（内閣府令で定める短期間の委託をされている者を除く。）

二 児童福祉法第二十四条の二第一項の規定により障害児入所給付費の支給を受けて若しくは同法第二十七条第一項第三号の規定により入所措置が採られて同法第四十二条に規定する障害児入所施設（以下「**障害児入所施設**」という。）に入所し、若しくは同法第二十七条第二項の規定により同法第七条第二項に規定する指定発達支援医療機関（次条第一項第四号において「**指定発達支援医療機関**」という。）に入院し、又は同法第二十七条第一項第三号若しくは第二十七条の二第一項の規定により入所措置が採られて同法第三十七条に規定する乳児院、同法第四十一条に規定する児童養護施設、同法第四十三条の二に規定する児童心理治療施設若しくは同法第四十四条に規定する児童自立支援施設（以下「**乳児院等**」という。）に入所している児童（当該児童心理治療施設又は児童自立支援施設に通う者及び内閣府令で定める短期間の入所をしている者を除く。）

三 障害者の日常生活及び社会生活を総合的に支援するための法律（平成十七年法律第百二十三号）第二十九条第一項若しくは第三十条第一項の規定により同法第十九条第一項に規定する介護給付費等の支給を受けて又は身体障害者福祉法（昭和二十四年法律第二百八十三号）第十八条第二項若しくは知的障害者福祉法（昭和三十五年法律第三十七号）第十六条第一項第二号の規定により入所措置が採られて障害者支援施設（障害者の日常生活及び社会生活を総合的に支援するための法律第五条第十一項に規定する障害者支援施設をいう。以下同じ。）又はのぞみの園（独立行政法人国立重度知的障害者総合施設のぞみの園法（平成十四年法律第百六十七号）第十一条第一号の規定により独立行政法人国立重度知的障害者総合施設のぞみの園が設置する施設をいう。以下同じ。）に入所している児童（内閣府令で定める短期間の入所をしている者を除き、児童のみで構成する世帯に属している者（十五歳に達する日以後の最初の三月三十一日を経過した児童である父又は母がその子である児童と同一の施設に入所している場合における当該父又は母及びその子である児童を除く。）に限る。）

四　生活保護法（昭和二十五年法律第百四十四号）第三十条第一項ただし書の規定により同法第三十八条第二項に規定する救護施設（以下「**救護施設**」という。）、同条第三項に規定する更生施設（以下「**更生施設**」という。）若しくは同法第三十条第一項ただし書に規定する日常生活支援住居施設（次条第一項第四号において「**日常生活支援住居施設**」という。）に入所し、又は困難な問題を抱える女性への支援に関する法律（令和四年法律第五十二号）第十二条第一項に規定する女性自立支援施設（同号において「女性自立支援施設」という。）に入所している児童（内閣府令で定める短期間の入所をしている者を除き、児童のみで構成する世帯に属している者（十五歳に達する日以後の最初の三月三十一日を経過した児童である父又は母がその子である児童と同一の施設に入所している場合における当該父又は母及びその子である児童を除く。）に限る。）

第二章　児童手当の支給

（支給要件）

第四条　児童手当は、次の各号のいずれかに該当する者に支給する。

一　次のイ又はロに掲げる児童（以下「**支給要件児童**」という。）を監護し、かつ、これと生計を同じくするその父又は母（当該支給要件児童に係る未成年後見人があるときは、その未成年後見人とする。以下この項において「父母等」という。）であつて、日本国内に住所（未成年後見人が法人である場合にあつては、主たる事務所の所在地とする。）を有するもの

イ　十五歳に達する日以後の最初の三月三十一日までの間にある児童（施設入所等児童を除く。以下この章及び附則第二条第二項において「**中学校修了前の児童**」という。）

ロ　中学校修了前の児童を含む二人以上の児童（施設入所等児童を除く。）

二　日本国内に住所を有しない父母等がその生計を維持している支給要件児童と同居し、これを監護し、かつ、これと生計を同じくする者（当該支給要件児童と同居することが困難であると認められる場合にあつては、当該支給要件児童を監護し、かつ、これと生計を同じくする者とする。）のうち、当該支給要件児童の生計を維持している父母等が指定する者であつて、日本国内に住所を有するもの（当該支給要件児童の父母等を除く。以下「**父母指定者**」という。）

三　父母等又は父母指定者のいずれにも監護されず又はこれらと生計を同じくしない支給要件児童を監護し、かつ、その生計を維持する者であつて、日本国内に住所を有するもの

四　十五歳に達する日以後の最初の三月三十一日までの間にある施設入所等児童（以下「**中学校修了前の施設入所等児童**」という。）が委託されている小規模住居型児童養育事業を行う者若しくは里親又は中学校修了前の施設入所等児童が入所若しくは入院をしている障害児入所施設、指定発達支援医療機関、乳児院等、障害者支援施設、のぞみの園、救護施設、更生施設、日常生活支援住居施設若しくは女性自立支援施設（以下「**障害児入所施設等**」という。）の設置者

2　前項第一号の場合において、児童を監護し、かつ、これと生計を同じくするその未成年後見人が数人あるときは、当該児童は、当該未成年後見人のうちいずれか当該児童の生計を維持する程度の高い者によつて監護され、かつ、これと生計を同じくするものとみなす。

3　第一項第一号又は第二号の場合において、父及び母、未成年後見人並びに父母指定者のうちいずれか二以上の者が当該父及び母の子である児童を監護し、かつ、これと生計を同じくするときは、当該児童は、当該父若しくは母、未成年後見人又は父母指定者のうちいずれか当該児童の生計を維持する程度の高い者によつて監護され、かつ、これと生計を同じくするものとみなす。

4　前二項の規定にかかわらず、児童を監護し、かつ、これと生計を同じくするその父若しくは母、未成年後見人又は父母指定者のうちいずれか一の者が当該児童と同居している場合（当該いずれか一の者が当該児童を監護し、かつ、これと生計を同じくするその他の父若しくは母、未成年後見人又は父母指定者と生計を同じくしない場合に限る。）は、当該同居し

ている父若しくは母、未成年後見人又は父母指定者によつて監護され、かつ、これと生計を同じくするものとみなす。

第五条　児童手当（施設入所等児童に係る部分を除く。）は、前条第一項第一号から第三号までのいずれかに該当する者の前年の所得（一月から五月までの月分の児童手当については、前々年の所得とする。）が、その者の所得税法（昭和四十年法律第三十三号）に規定する同一生計配偶者及び扶養親族（施設入所等児童を除く。以下「**扶養親族等**」という。）並びに同項第一号から第三号までのいずれかに該当する者の扶養親族等でない児童で同項第一号から第三号までのいずれかに該当する者が前年の十二月三十一日において生計を維持したものの有無及び数に応じて、政令で定める額以上であるときは、支給しない。ただし、同項第一号に該当する者が未成年後見人であり、かつ、法人であるときは、この限りでない。

2　前項に規定する所得の範囲及びその額の計算方法は、政令で定める。

（児童手当の額）

第六条　児童手当は、月を単位として支給するものとし、その額は、一月につき、次の各号に掲げる児童手当の区分に応じ、それぞれ当該各号に定める額とする。

一　児童手当（中学校修了前の児童に係る部分に限る。）　次のイからハまでに掲げる場合の区分に応じ、それぞれイからハまでに定める額

イ　次条の認定を受けた受給資格に係る支給要件児童の全てが三歳に満たない児童（施設入所等児童を除き、月の初日に生まれた児童については、出生の日から三年を経過しない児童とする。以下この号において同じ。）、三歳以上の児童（月の初日に生まれた児童については、出生の日から三年を経過した児童とする。）であつて十二歳に達する日以後の最初の三月三十一日までの間にある者（施設入所等児童を除く。以下この号において「三歳以上小学校修了前の児童」という。）又は十二歳に達する日以後の最初の三月三十一日を経過した児童であつて十五歳に達する日以後の最初の三月三十一日までの間にある者（施設入所等児童を除く。以下この号において「小学校修了後中学校修了前の児童」という。）である場合（ハに掲げる場合に該当する場合を除く。）　次の(1)から(3)までに掲げる場合の区分に応じ、それぞれ(1)から(3)までに定める額

(1)　当該支給要件児童の全てが三歳に満たない児童又は三歳以上小学校修了前の児童である場合　次の(i)から(iii)までに掲げる場合の区分に応じ、それぞれ(i)から(iii)までに定める額

(i)　当該支給要件児童の全てが三歳に満たない児童である場合　一万五千円に当該三歳に満たない児童の数を乗じて得た額

(ii)　当該三歳以上小学校修了前の児童が一人又は二人いる場合　一万五千円に当該三歳に満たない児童の数を乗じて得た額と、一万円に当該三歳以上小学校修了前の児童の数を乗じて得た額とを合算した額

(iii)　当該三歳以上小学校修了前の児童が三人以上いる場合　一万五千円に当該三歳に満たない児童の数を乗じて得た額と、一万五千円に当該三歳以上小学校修了前の児童の数を乗じて得た額から一万円を控除して得た額とを合算した額

(2)　当該小学校修了後中学校修了前の児童が一人いる場合　次の(i)又は(ii)に掲げる場合の区分に応じ、それぞれ(i)又は(ii)に定める額

(i)　当該支給要件児童の全てが三歳に満たない児童又は小学校修了後中学校修了前の児童である場合　一万五千円に当該三歳に満たない児童の数を乗じて得た額と、一万円に当該小学校修了後中学校修了前の児童の数を乗じて得た額とを合算した額

(ii)　当該支給要件児童のうちに三歳以上小学校修了前の児童がいる場合　一万五千円に当該三歳に満たない児童の数を乗じて得た額、一万五千円に当該三歳以上小学校修了前の児童の数を乗じて得た額から五千円を控除して得た額

及び一万円に当該小学校修了後中学校修了前の児童の数を乗じて得た額を合算した額

(3) 当該小学校修了後中学校修了前の児童が二人以上いる場合　一万五千円に当該三歳に満たない児童の数を乗じて得た額、一万五千円に当該三歳以上小学校修了前の児童の数を乗じて得た額及び一万円に当該小学校修了後中学校修了前の児童の数を乗じて得た額を合算した額

ロ 次条の認定を受けた受給資格に係る支給要件児童のうちに十五歳に達する日以後の最初の三月三十一日を経過した児童がいる場合（ハに掲げる場合に該当する場合を除く。） 次の(1)又は(2)に掲げる場合の区分に応じ、それぞれ(1)又は(2)に定める額

(1) 当該十五歳に達する日以後の最初の三月三十一日を経過した児童が一人いる場合　次の(i)又は(ii)に掲げる場合の区分に応じ、それぞれ(i)又は(ii)に定める額

(i) 当該支給要件児童の全てが三歳に満たない児童、三歳以上小学校修了前の児童又は十五歳に達する日以後の最初の三月三十一日を経過した児童である場合　一万五千円に当該三歳に満たない児童の数を乗じて得た額と、一万五千円に当該三歳以上小学校修了前の児童の数を乗じて得た額から五千円を控除して得た額（当該支給要件児童のうちに三歳以上小学校修了前の児童がいない場合には、零とする。）とを合算した額

(ii) 当該支給要件児童のうちに小学校修了後中学校修了前の児童がいる場合　一万五千円に当該三歳に満たない児童の数を乗じて得た額、一万五千円に当該三歳以上小学校修了前の児童の数を乗じて得た額及び一万円に当該小学校修了後中学校修了前の児童の数を乗じて得た額を合算した額

(2) 当該十五歳に達する日以後の最初の三月三十一日を経過した児童が二人以上いる場合　一万五千円に当該三歳に満たない児童の数を乗じて得た額、一万五千円に当該三歳以上小学校修了前の児童の数を乗じて得た額及び一万円に当該小学校修了後中学校修了前の児童の数を乗じて得た額を合算した額

ハ 児童手当の支給要件に該当する者（第四条第一項第一号に係るものに限る。）が未成年後見人であり、かつ、法人である場合　一万五千円に次条の認定を受けた受給資格に係る三歳に満たない児童の数を乗じて得た額、一万円に当該受給資格に係る三歳以上小学校修了前の児童の数を乗じて得た額及び一万円に当該受給資格に係る小学校修了後中学校修了前の児童の数を乗じて得た額を合算した額

二 児童手当（中学校修了前の施設入所等児童に係る部分に限る。） 一万五千円に次条の認定を受けた受給資格に係る三歳に満たない施設入所等児童（月の初日に生まれた施設入所等児童については、出生の日から三年を経過しない施設入所等児童とする。）の数を乗じて得た額と、一万円に当該受給資格に係る三歳以上の施設入所等児童（月の初日に生まれた施設入所等児童については、出生の日から三年を経過した施設入所等児童とする。）であって十五歳に達する日以後の最初の三月三十一日までの間にある者の数を乗じて得た額とを合算した額

2 児童手当の額は、国民の生活水準その他の諸事情に著しい変動が生じた場合には、変動後の諸事情に応ずるため、速やかに改定の措置が講ぜられなければならない。

（認定）

第七条 児童手当の支給要件に該当する者（第四条第一項第一号から第三号までに係るものに限る。以下「**一般受給資格者**」という。）は、児童手当の支給を受けようとするときは、その受給資格及び児童手当の額について、内閣府令で定めるところにより、住所地（一般受給資格者が未成年後見人であり、かつ、法人である場合にあっては、主たる事務所の所在地とする。）の市町村長（特別区の区長を含む。以下同じ。）の認定を受けなければならない。

2 児童手当の支給要件に該当する者（第四条第一項第四号に係るものに限る。以下「**施設等受給資格者**」という。）は、児童手当の支給を受けようとするときは、その受給資格及び児童手当

の額について、内閣府令で定めるところにより、次の各号に掲げる者の区分に応じ、当該各号に定める者の認定を受けなければならない。

一　小規模住居型児童養育事業を行う者　当該小規模住居型児童養育事業を行う住居の所在地の市町村長

二　里親　当該里親の住所地の市町村長

三　障害児入所施設等の設置者　当該障害児入所施設等の所在地の市町村長

3　前二項の認定を受けた者が、他の市町村（特別区を含む。以下同じ。）の区域内に住所（一般受給資格者が未成年後見人であり、かつ、法人である場合にあつては主たる事務所の所在地とし、施設等受給資格者が小規模住居型児童養育事業を行う者である場合にあつては当該小規模住居型児童養育事業を行う住居の所在地とし、障害児入所施設等の設置者である場合にあつては当該障害児入所施設等の所在地とする。次条第三項において同じ。）を変更した場合において、その変更後の期間に係る児童手当の支給を受けようとするときも、前二項と同様とする。

（支給及び支払）

第八条　市町村長は、前条の認定をした一般受給資格者及び施設等受給資格者（以下「**受給資格者**」という。）に対し、児童手当を支給する。

2　児童手当の支給は、受給資格者が前条の規定による認定の請求をした日の属する月の翌月から始め、児童手当を支給すべき事由が消滅した日の属する月で終わる。

3　受給資格者が住所を変更した場合又は災害その他やむを得ない理由により前条の規定による認定の請求をすることができなかつた場合において、住所を変更した後又はやむを得ない理由がやんだ後十五日以内にその請求をしたときは、児童手当の支給は、前項の規定にかかわらず、受給資格者が住所を変更した日又はやむを得ない理由により当該認定の請求をすることができなくなつた日の属する月の翌月から始める。

4　児童手当は、毎年二月、六月及び十月の三期に、それぞれの前月までの分を支払う。ただし、前支払期月に支払うべきであつた児童手当又は支給すべき事由が消滅した場合におけるその期の児童手当は、その支払期月でない月であつても、支払うものとする。

（児童手当の額の改定）

第九条　児童手当の支給を受けている者につき、児童手当の額が増額することとなるに至つた場合における児童手当の額の改定は、その者がその改定後の額につき認定の請求をした日の属する月の翌月から行う。

2　前条第三項の規定は、前項の改定について準用する。

3　児童手当の支給を受けている者につき、児童手当の額が減額することとなるに至つた場合における児童手当の額の改定は、その事由が生じた日の属する月の翌月から行う。

附　則（抄）

（施行期日）

第一条　この法律は、昭和四十七年一月一日から施行する。〔以下略〕

（特例給付）

第二条　当分の間、第四条に規定する要件に該当する者（第五条第一項の規定により児童手当が支給されない者であつて、その者の前年又は前々年の所得が、当該者の扶養親族等及び当該者の扶養親族等でない児童で当該者が当該年の十二月三十一日において生計を維持したものの有無及び数に応じて、政令で定める額未満であるものに限る。）に対し、国庫、都道府県及び市町村又は第十八条第四項各号に定める者の負担による給付を行う。

2　前項の給付は、月を単位として支給するものとし、その額は、一月につき、五千円に第四項において準用する第七条第一項又は第三項の認定を受けた受給資格に係る中学校修了前の児童の数を乗じて得た額とする。

3　第一項に規定する所得の範囲及びその額の計算方法並びにいずれの月分の給付について前年又は前々年の所得を用いるかの区分は、政令で定める。

4　第六条第二項、第七条第一項及び第三項、第八条から第十一条まで、第十二条第一項、第十三条から第二十二条まで（第十八条第一項、第二項及び第六項を除く。）、第二十三条から第二十九条まで（第二十六条第二項を除く。）並びに第三十条の規定は、第一項の給付について準用する。この場合において、第十八条第三項中「被用者等でない者（被用者又は公務員（施設等受給資格者である公務員を除く。）でない者をいう。以下同じ。）」とあるのは「公務員でない者」と、「費用（当該被用者等でない者が施設等受給資格者である公務員である場合にあつては、中学校修了前の施設入所等児童に係る児童手当の額に係る部分に限る。）」とあるのは「費用」と、第十九条中「第八条第一項の規定により支給する児童手当の支給に要する費用のうち、被用者に対する費用（三歳に満たない児童に係る児童手当の額に係る部分に限る。）についてはその四十五分の三十七に相当する額を、被用者に対する費用（三歳以上中学校修了前の児童に係る児童手当の額に係る部分に限る。）についてはその三分の二に相当する額を、被用者等でない者に対する費用（当該被用者等でない者が施設等受給資格者である公務員である場合にあつては、中学校修了前の施設入所等児童に係る児童手当の額に係る部分に限る。）についてはその三分の二に相当する額を、それぞれ」とあるのは「附則第二条第四項において準用する第八条第一項の規定により行う公務員でない者に対する附則第二条第一項の給付に要する費用についてはその三分の二に相当する額を」と、第二十六条第一項中「被用者等でない者の別」とあるのは「被用者等でない者（被用者又は公務員でない者をいう。以下同じ。）の別」と読み替えるほか、その他の規定に関し必要な技術的読替えは、政令で定める。

5　第一項の給付については、当該給付を児童手当とみなして、特別会計に関する法律（平成十九年法律第二十三号）その他の政令で定める法律の規定を適用する。

6　第一項の給付に係る第二十九条の二の規定の適用については、同条中「第二十二条の二」とあるのは「第二十二条」と、「第二十九条」とあるのは「第二十九条（これらの規定を附則第二条第四項において準用する場合を含む。）」と、「第十七条第一項」とあるのは「第十七条第一項（附則第二条第四項において準用する場合を含む。）」とする。

7　第一項から第五項までに定めるもののほか、第一項の給付の受給資格及び当該給付の額についての認定の特例その他同項から第四項までの規定の適用に関し必要な事項は、政令で定める。

8　偽りその他不正の手段により第一項の給付の支給を受けた者は、三年以下の懲役又は三十万円以下の罰金に処する。ただし、刑法に正条があるときは、刑法による。

注　附則第二条は、令和四年六月一七日法律第六八号により次のように改正され、令和四年六月一七日から起算して三年を超えない範囲内において政令で定める日から施行される。

附則第二条第八項中「懲役」を「拘禁刑」に改める。

◉児童扶養手当法（抄）

（昭和三六・一一・二九法律二三八）

注　令五法律二八改正現在

（未施行分については、該当か所の後に改正文を収載）

第一章　総則

（この法律の目的）

第一条　この法律は、父又は母と生計を同じくしていない児童が育成される家庭の生活の安定と自立の促進に寄与するため、当該児童について児童扶養手当を支給し、もつて児童の福祉の増進を図ることを目的とする。

（児童扶養手当の趣旨）

第二条　児童扶養手当は、児童の心身の健やかな成長に寄与することを趣旨として支給されるものであつて、その支給を受けた者は、これをその趣旨に従つて用いなければならない。

2　児童扶養手当の支給を受けた父又は母は、自ら進んでその自立を図り、家庭の生活の安定と向上に努めなければならない。

3　児童扶養手当の支給は、婚姻を解消した父母等が児童に対して履行すべき扶養義務の程度又は内容を変更するものではない。

（用語の定義）

第三条　この法律において「**児童**」とは、十八歳に達する日以後の最初の三月三十一日までの間にある者又は二十歳未満で政令で定める程度の障害の状態にある者をいう。

2　この法律において「**公的年金給付**」とは、次の各号の掲げる給付をいう。

一　国民年金法（昭和三十四年法律第百四十一号）に基づく年金たる給付

二　厚生年金保険法（昭和二十九年法律第百十五号）に基づく年金たる給付（同法附則第二十八条に規定する共済組合が支給する年金たる給付を含む。）

三　船員保険法（昭和十四年法律第七十三号）に基づく年金たる給付（雇用保険法等の一部を改正する法律（平成十九年法律第三十号）附則第三十九条の規定によりなお従前の例によるものとされた年金たる給付に限る。）

四　恩給法（大正十二年法律第四十八号。他の法律において準用する場合を含む。）に基づく年金たる給付

五　地方公務員の退職年金に関する条例に基づく年金たる給付

六　旧令による共済組合等からの年金受給者のための特別措置法（昭和二十五年法律第二百五十六号）に基づいて国家公務員共済組合連合会が支給する年金たる給付

七　戦傷病者戦没者遺族等援護法（昭和二十七年法律第百二十七号）に基づく年金たる給付

八　未帰還者留守家族等援護法（昭和二十八年法律第百六十一号）に基づく留守家族手当及び特別手当（同法附則第四十五項に規定する手当を含む。）

九　労働者災害補償保険法（昭和二十二年法律第五十号）に基づく年金たる給付

十　国家公務員災害補償法（昭和二十六年法律第百九十一号。他の法律において準用する場合を含む。）に基づく年金たる補償

十一　公立学校の学校医、学校歯科医及び学校薬剤師の公務災害補償に関する法律（昭和三十二年法律第百四十三号）に基づく条例の規定に基づく年金たる補償

十二　地方公務員災害補償法（昭和四十二年法律第百二十一号）及び同法に基づく条例の規定に基づく年金たる補償

3　この法律にいう「**婚姻**」には、婚姻の届出をしていないが、事実上婚姻関係と同様の事情にある場合を含み、「**配偶者**」には、婚姻の届出をしていないが、事実上婚姻関係と同様の事情にある者を含み、「**父**」には、母が児童を懐胎した当時婚姻の届出をしていないが、その母と事実上婚姻関係と同様の事情にあつた者を含むものとする。

第二章　児童扶養手当の支給

（支給要件）

第四条　都道府県知事、市長（特別区の区長を含む。以下同じ。）及び福祉事務所（社会福祉法（昭和二十六年法律第四十五号）に定める福祉に関する事務所をいう。以下同じ。）を管理する町村長（以下「**都道府県知事等**」という。）は、次の各号に掲げる場合の区分に応じ、それぞれ

当該各号に定める者に対し、児童扶養手当（以下「手当」という。）を支給する。

一　次のイからホまでのいずれかに該当する児童の母が当該児童を監護する場合　当該母

イ　父母が婚姻を解消した児童

ロ　父が死亡した児童

ハ　父が政令で定める程度の障害の状態にある児童

ニ　父の生死が明らかでない児童

ホ　その他イからニまでに準ずる状態にある児童で政令で定めるもの

二　次のイからホまでのいずれかに該当する児童の父が当該児童を監護し、かつ、これと生計を同じくする場合　当該父

イ　父母が婚姻を解消した児童

ロ　母が死亡した児童

ハ　母が前号ハの政令で定める程度の障害の状態にある児童

ニ　母の生死が明らかでない児童

ホ　その他イからニまでに準ずる状態にある児童で政令で定めるもの

三　第一号イからホまでのいずれかに該当する児童を母が監護しない場合若しくは同号イからホまでのいずれかに該当する児童（同号ロに該当するものを除く。）の母がない場合であつて、当該母以外の者が当該児童を養育する（児童と同居して、これを監護し、かつ、その生計を維持することをいう。以下同じ。）とき、前号イからホまでのいずれかに該当する児童を父が監護しないか、若しくはこれと生計を同じくしない場合（父がない場合を除く。）若しくは同号イからホまでのいずれかに該当する児童（同号ロに該当するものを除く。）の父がない場合であつて、当該父以外の者が当該児童を養育するとき、又は父母がない場合であつて、当該父母以外の者が当該児童を養育するとき　当該養育者

2　前項の規定にかかわらず、手当は、母又は養育者に対する手当にあつては児童が第一号から第四号までのいずれかに該当するとき、父に対する手当にあつては児童が第一号、第二号、第五号又は第六号のいずれかに該当するときは、当該児童については、支給しない。

一　日本国内に住所を有しないとき。

二　児童福祉法（昭和二十二年法律第百六十四号）第六条の四に規定する里親に委託されているとき。

三　父と生計を同じくしているとき。ただし、その者が前項第一号ハに規定する政令で定める程度の障害の状態にあるときを除く。

四　母の配偶者（前項第一号ハに規定する政令で定める程度の障害の状態にある父を除く。）に養育されているとき。

五　母と生計を同じくしているとき。ただし、その者が前項第一号ハに規定する政令で定める程度の障害の状態にあるときを除く。

六　父の配偶者（前項第一号ハに規定する政令で定める程度の障害の状態にある母を除く。）に養育されているとき。

3　第一項の規定にかかわらず、手当は、母に対する手当にあつては当該母が、父に対する手当にあつては当該父が、養育者に対する手当にあつては当該養育者が、日本国内に住所を有しないときは、支給しない。

注　次の第四項及び第五項は、昭和六〇年六月七日法律第四八号（平成二二年六月二日法律第四〇号により一部改正）により第四条に追加され、政令で定める日から施行される。

4　第一項の規定にかかわらず、同項第一号イ又は第二号イに該当する児童（同時に同項第一号ロからホまで又は第二号ロからホまでのいずれかに該当する児童を除く。）についての手当は、父母が婚姻を解消した日の属する年の前年（当該手当に係る第六条の認定の請求が当該婚姻を解消した日の属する年の一月一日から五月三十一日までの間に行われた場合にあつては、前々年。以下この項において同じ。）における当該児童の父又は母の所得が、その者の所得税法（昭和四十年法律第三十三号）に規定する扶養親族（当該児童を除く。）及び当該父又は母の同法に規定する扶養親族でない児童で当該父母が婚姻を解消した日の属する年の前年の十二月三十一日において生計を維持したものの有無及び数に応じて、政令で定める額以上であるときは、支給しない。た

だし、父又は母が日本国内に住所を有しないこと、父又は母の所在が長期間明らかでないことその他の特別の事情により父、母又は養育者が父又は母に当該児童についての扶養義務の履行を求めることが困難であると認められるときは、この限りでない。

5　前項に規定する所得の範囲及びその額の計算方法は、政令で定める。

（支給の調整）

第四条の二　同一の児童について、父及び母のいずれもが手当の支給要件に該当するとき、又は父及び養育者のいずれもが手当の支給要件に該当するときは、当該父に対する手当は、当該児童については、支給しない。

2　同一の児童について、母及び養育者のいずれもが手当の支給要件に該当するときは、当該養育者に対する手当は、当該児童については、支給しない。

（手当額）

第五条　手当は、月を単位として支給するものとし、その額は、一月につき、四万千百円とする。

2　第四条に定める要件に該当する児童であつて、父が監護し、かつ、これと生計を同じくするもの、母が監護するもの又は養育者が養育するもの（以下「**監護等児童**」という。）が二人以上である父、母又は養育者に支給する手当の額は、前項の規定にかかわらず、同項に定める額（次条第一項において「**基本額**」という。）に監護等児童のうちの一人（以下この項において「基本額対象監護等児童」という。）以外の監護等児童につきそれぞれ次の各号に掲げる監護等児童の区分に応じ、当該各号に定める額（次条第二項において「**加算額**」という。）を加算した額とする。

一　第一加算額対象監護等児童（基本額対象監護等児童以外の監護等児童のうちの一人をいう。次号において同じ。）　一万円

二　第二加算額対象監護等児童（基本額対象監護等児童及び第一加算額対象監護等児童以外の監護等児童をいう。）　六千円

＊令和五年四月以降の月分の手当額については、「四万四千百四十円」となること（児童扶養手当法施行令（昭三六政令四〇五）二条の二）。

（手当額の自動改定）

第五条の二　基本額については、総務省において作成する年平均の全国消費者物価指数（以下「**物価指数**」という。）が平成五年（この項の規定による基本額の改定の措置が講じられたときは、直近の当該措置が講じられた年の前年）の物価指数を超え、又は下るに至つた場合においては、その上昇し、又は低下した比率を基準として、その翌年の四月以降の基本額を改定する。

2　前項の規定は、加算額について準用する。この場合において、同項中「平成五年」とあるのは、「平成二十七年」と読み替えるものとする。

3　前二項の規定による手当の額の改定の措置は、政令で定める。

（認定）

第六条　手当の支給要件に該当する者（以下「**受給資格者**」という。）は、手当の支給を受けようとするときは、その受給資格及び手当の額について、都道府県知事等の認定を受けなければならない。

2　前項の認定を受けた者が、手当の支給要件に該当しなくなつた後再びその要件に該当するに至つた場合において、その該当するに至つた後の期間に係る手当の支給を受けようとするときも、同項と同様とする。

（支給期間及び支払期月）

第七条　手当の支給は、受給資格者が前条の規定による認定の請求をした日の属する月の翌月（第十三条の三第一項において「**支給開始月**」という。）から始め、手当を支給すべき事由が消滅した日の属する月で終わる。

2　受給資格者が災害その他やむを得ない理由により前条の規定による認定の請求をすることができなかつた場合において、その理由がやんだ後十五日以内にその請求をしたときは、手当の支給は、前項の規定にかかわらず、受給資格者がやむを得ない理由により認定の請求をすることができなくなつた日の属する月の翌月から始める。

3 手当は、毎年一月、三月、五月、七月、九月及び十一月の六期に、それぞれの前月までの分を支払う。ただし、前支払期月に支払うべきであつた手当又は支給すべき事由が消滅した場合におけるその期の手当は、その支払期月でない月であつても、支払うものとする。

（手当の額の改定時期）

第八条 手当の支給を受けている者につき、新たに監護等児童があるに至つた場合における手当の額の改定は、その者がその改定後の額につき認定の請求をした日の属する月の翌月から行う。

2 前条第二項の規定は、前項の改定について準用する。

3 手当の支給を受けている者につき、監護等児童の数が減じた場合における手当の額の改定は、その減じた日の属する月の翌月から行う。

（支給の制限）

第九条 手当は、受給資格者（第四条第一項第一号ロ又はニに該当し、かつ、母がない児童、同項第二号ロ又はニに該当し、かつ、父がない児童その他政令で定める児童の養育者を除く。以下この項において同じ。）の前年の所得が、その者の所得税法（昭和四十年法律第三十三号）に規定する同一生計配偶者及び扶養親族（以下「**扶養親族等**」という。）並びに当該受給資格者の扶養親族等でない児童で当該受給資格者が前年の十二月三十一日において生計を維持したものの有無及び数に応じて、政令で定める額以上であるときは、その年の十一月から翌年の十月までは、政令の定めるところにより、その全部又は一部を支給しない。

2 受給資格者が母である場合であつてその監護する児童が父から当該児童の養育に必要な費用の支払を受けたとき、又は受給資格者が父である場合であつてその監護し、かつ、これと生計を同じくする児童が母から当該児童の養育に必要な費用の支払を受けたときは、政令で定めるところにより、受給資格者が当該費用の支払を受けたものとみなして、前項の所得の額を計算するものとする。

第九条の二 手当は、受給資格者（前条第一項に規定する養育者に限る。以下この条において同じ。）の前年の所得が、その者の扶養親族等及び当該受給資格者の扶養親族等でない児童で当該受給資格者が前年の十二月三十一日において生計を維持したものの有無及び数に応じて、政令で定める額以上であるときは、その年の十一月から翌年の十月までは、支給しない。

第一〇条 父又は母に対する手当は、その父若しくは母の配偶者の前年の所得又はその父若しくは母の民法（明治二十九年法律第八十九号）第八百七十七条第一項に定める扶養義務者でその父若しくは母と生計を同じくするものの前年の所得が、その者の扶養親族等の有無及び数に応じて、政令で定める額以上であるときは、その年の十一月から翌年の十月までは、支給しない。

第一一条 養育者に対する手当は、その養育者の配偶者の前年の所得又はその養育者の民法第八百七十七条第一項に定める扶養義務者でその養育者の生計を維持するものの前年の所得が、その者の扶養親族等の有無及び数に応じて、前条に規定する政令で定める額以上であるときは、その年の十一月から翌年の十月までは、支給しない。

第一二条 震災、風水害、火災その他これらに類する災害により、自己又は所得税法に規定する同一生計配偶者若しくは扶養親族の所得に係る住宅、家財又は政令で定めるその他の財産につき被害金額（保険金、損害賠償金等により補充された金額を除く。）がその価格のおおむね二分の一以上である損害を受けた者（以下「**被災者**」という。）がある場合においては、その損害を受けた月から翌年の十月までの手当については、その損害を受けた年の前年又は前々年における当該被災者の所得に関しては、第九条から前条までの規定を適用しない。

2 前項の規定の適用により同項に規定する期間に係る手当が支給された場合において、次の各号に該当するときは、その支給を受けた者は、政令の定めるところにより、それぞれ当該各号に規定する手当で同項に規定する期間に係るものに相当する金額の全部又は一部を都道府県、市（特別区を含む。）又は福祉事務所を設置する町村（以下「**都道府県等**」という。）に返還しなければならない。

一 当該被災者（第九条第一項に規定する養育者を除く。以下この号において同じ。）の当該損害を受けた年の所得が、当該被災者の扶養親族等及び当該被災者の扶養親族等でない児童で当該被災者がその年の十二月三十一日において生計を維持したものの有無及び数に応じて、第九条第一項に規定する政令で定める額以上であること。　当該被災者に支給された手当

二　当該被災者（第九条第一項に規定する養育者に限る。以下この号において同じ。）の当該損害を受けた年の所得が、当該被災者の扶養親族等及び当該被災者の扶養親族等でない児童で当該被災者がその年の十二月三十一日において生計を維持したものの有無及び数に応じて、第九条の二に規定する政令で定める額以上であること。　当該被災者に支給された手当

三　当該被災者の当該損害を受けた年の所得が、当該被災者の扶養親族等の有無及び数に応じて、第十条に規定する政令で定める額以上であること。　当該被災者を配偶者又は扶養義務者とする者に支給された手当

第一三条　第九条から第十一条まで及び前条第二項各号に規定する所得の範囲及びその額の算定方法は、政令で定める。

第一三条の二　手当は、母又は養育者に対する手当にあつては児童が第一号、第二号又は第四号のいずれかに該当するとき、父に対する手当にあつては児童が第一号、第三号又は第四号のいずれかに該当するときは、当該児童については、政令で定めるところにより、その全部又は一部を支給しない。

一　父又は母の死亡について支給される公的年金給付を受けることができるとき。ただし、その全額につきその支給が停止されているときを除く。

二　父に支給される公的年金給付の額の加算の対象となつているとき。

三　母に支給される公的年金給付の額の加算の対象となつているとき。

四　父又は母の死亡について労働基準法（昭和二十二年法律第四十九号）の規定による遺族補償その他政令で定める法令によるこれに相当する給付（以下この条において「遺族補償等」という。）を受けることができる場合であつて、当該遺族補償等の給付事由が発生した日から六年を経過していないとき。

2　手当は、受給資格者が次に掲げる場合のいずれかに該当するときは、政令で定めるところにより、その全部又は一部を支給しない。

一　国民年金法の規定に基づく障害基礎年金その他障害を支給事由とする政令で定める給付（次項において「障害基礎年金等」という。）及び国民年金法等の一部を改正する法律（昭和六十年法律第三十四号）附則第三十二条第一項の規定によりなお従前の例によるものとされた同法第一条による改正前の国民年金法に基づく老齢福祉年金以外の公的年金給付を受けることができるとき。ただし、その全額につきその支給が停止されているときを除く。

二　遺族補償等（父又は母の死亡について支給されるものに限る。）を受けることができる場合であつて、当該遺族補償等の給付事由が発生した日から六年を経過していないとき。

3　手当は、受給資格者が障害基礎年金等の給付を受けることができるとき（その全額につきその支給が停止されているときを除く。）は、政令で定めるところにより、当該障害基礎年金等の給付（子を有する者に係る加算に係る部分に限る。）の額に相当する額を支給しない。

4　第一項各号列記以外の部分及び前項の政令を定めるに当たつては、監護等児童が二人以上である受給資格者に支給される手当の額が監護等児童が一人である受給資格者に支給される手当の額を下回ることのないようにするものとする。

第一三条の三　受給資格者（養育者を除く。以下この条において同じ。）に対する手当は、支給開始月の初日から起算して五年又は手当の支給要件に該当するに至つた日の属する月の初日から起算して七年を経過したとき（第六条第一項の規定による認定の請求をした日において三歳未満の児童を監護する受給資格者にあつては、当該児童が三歳に達した日の属する月の翌月の初日から起算して五年を経過したとき）は、政令で定めるところにより、その一部を支給しない。ただし、当該支給しない額は、その経過した日の属する月の翌月に当該受給資格者に支払うべき手当の額の二分の一に相当する額を超えることができない。

2　受給資格者が、前項に規定する期間を経過した後において、身体上の障害がある場合その他の政令で定める事由に該当する場合には、当該受給資格者については、内閣府令で定めるところにより、その該当している期間は、同項の規定を適用しない。

◉特別児童扶養手当等の支給に関する法律(抄)

(昭和三九・七・二法律一三四)
注　令五法律二八改正現在

第一章　総則

(この法律の目的)

第一条　この法律は、精神又は身体に障害を有する児童について特別児童扶養手当を支給し、精神又は身体に重度の障害を有する児童に障害児福祉手当を支給するとともに、精神又は身体に著しく重度の障害を有する者に特別障害者手当を支給することにより、これらの者の福祉の増進を図ることを目的とする。

(用語の定義)

第二条　この法律において「**障害児**」とは、二十歳未満であつて、第五項に規定する障害等級に該当する程度の障害の状態にある者をいう。

2　この法律において「**重度障害児**」とは、障害児のうち、政令で定める程度の重度の障害の状態にあるため、日常生活において常時の介護を必要とする者をいう。

3　この法律において「**特別障害者**」とは、二十歳以上であつて、政令で定める程度の著しく重度の障害の状態にあるため、日常生活において常時特別の介護を必要とする者をいう。

4　この法律にいう「**配偶者**」には、婚姻の届出をしていないが、事実上婚姻関係と同様の事情にある者を含み、「父」には、母が障害児を懐胎した当時婚姻の届出をしていないが、その母と事実上婚姻関係と同様の事情にあつた者を含むものとする。

5　障害等級は、障害の程度に応じて重度のものから一級及び二級とし、各級の障害の状態は、政令で定める。

第二章　特別児童扶養手当

(支給要件)

第三条　国は、障害児の父若しくは母がその障害児を監護するとき、又は父母がないか若しくは父母が監護しない場合において、当該障害児の父母以外の者がその障害児を養育する(その障害児と同居して、これを監護し、かつ、その生計を維持することをいう。以下同じ。)ときは、その父若しくは母又はその養育者に対し、特別児童扶養手当(以下この章において「**手当**」という。)を支給する。

2　前項の場合において、当該障害児を父及び母が監護するときは、当該父又は母のうち、主として当該障害児の生計を維持する者(当該父及び母がいずれも当該障害児の生計を維持しないものであるときは、当該父又は母のうち、主として当該障害児を介護する者)に支給するものとする。

3　第一項の規定にかかわらず、手当は、障害児が次の各号のいずれかに該当するときは、当該障害児については、支給しない。

一　日本国内に住所を有しないとき。

二　障害を支給事由とする年金たる給付で政令で定めるものを受けることができるとき。ただし、その全額につきその支給が停止されているときを除く。

4　第一項の規定にかかわらず、手当は、父母に対する手当にあつては当該父母が、養育者に対する手当にあつては当該養育者が、日本国内に住所を有しないときは、支給しない。

5　手当の支給を受けた者は、手当が障害児の生活の向上に寄与するために支給されるものである趣旨にかんがみ、これをその趣旨に従つて用いなければならない。

(手当額)

第四条　手当は、月を単位として支給するものとし、その月額は、障害児一人につき三万三千三百円(障害の程度が第二条第五項に規定する障害等級の一級に該当する障害児にあつては、五万円)とする。

> ＊令和五年四月以降の月分の手当額については、障害児一人について、二級の場合「三万五千七百六十円」、一級の場合「五万三千七百円」となること(特別児童扶養手当等の支給に関する法律施行令(昭五〇政令二〇七)五条の二)。

(認定)

第五条　手当の支給要件に該当する者(以下この

章において「**受給資格者**」という。）は、手当の支給を受けようとするときは、その受給資格及び手当の額について、都道府県知事（地方自治法（昭和二十二年法律第六十七号）第二百五十二条の十九第一項の指定都市（以下「**指定都市**」という。）の区域内に住所を有する受給資格者については、当該指定都市の長）の認定を受けなければならない。

2　前項の認定を受けた者が、手当の支給要件に該当しなくなつた後再びその要件に該当するに至つた場合において、その該当するに至つた後の期間に係る手当の支給を受けようとするときも、同項と同様とする。

（支給期間及び支払期月）

第五条の二　手当の支給は、受給資格者が前条の規定による認定の請求をした日の属する月の翌月から始め、手当を支給すべき事由が消滅した日の属する月で終わる。

2　受給資格者が災害その他やむを得ない理由により前条の規定による認定の請求をすることができなかつた場合において、その理由がやんだ後十五日以内にその請求をしたときは、手当の支給は、前項の規定にかかわらず、受給資格者がやむを得ない理由により認定の請求をすることができなくなつた日の属する月の翌月から始める。

3　手当は、毎年四月、八月及び十二月の三期に、それぞれの前月までの分を支払う。ただし、前支払期月に支払うべきであつた手当又は支給すべき事由が消滅した場合におけるその期の手当は、その支払期月でない月であつても、支払うものとする。

4　前項本文の規定により十二月に支払うべき手当は、手当の支給を受けている者の請求があつたときは、同項本文の規定にかかわらず、その前月に支払うものとする。

（支給の制限）

第六条　手当は、受給資格者の前年の所得が、その者の所得税法（昭和四十年法律第三十三号）に規定する同一生計配偶者及び扶養親族（以下「**扶養親族等**」という。）並びに当該受給資格者の扶養親族等でない児童扶養手当法（昭和三十六年法律第二百三十八号）第三条第一項に規定する者で当該受給資格者が前年の十二月三十一日において生計を維持したものの有無及び数に応じて、政令で定める額以上であるときは、その年の八月から翌年の七月までは、支給しない。

第七条　父又は母に対する手当は、その父若しくは母の配偶者の前年の所得又はその父若しくは母の民法（明治二十九年法律第八十九号）第八百七十七条第一項に定める扶養義務者でその父若しくは母と生計を同じくするものの前年の所得が、その者の扶養親族等の有無及び数に応じて、政令で定める額以上であるときは、その年の八月から翌年の七月までは、支給しない。

第八条　養育者に対する手当は、その養育者の配偶者の前年の所得又はその養育者の民法第八百七十七条第一項に定める扶養義務者でその養育者の生計を維持するものの前年の所得が、その者の扶養親族等の有無及び数に応じて、前条に規定する政令で定める額以上であるときは、その年の八月から翌年の七月までは、支給しない。

第九条　震災、風水害、火災その他これらに類する災害により、自己又は所得税法に規定する同一生計配偶者若しくは扶養親族の所有に係る住宅、家財又は政令で定めるその他の財産につき被害金額（保険金、損害賠償金等により補充された金額を除く。）がその価格のおおむね二分の一以上である損害を受けた者（以下「**被災者**」という。）がある場合においては、その損害を受けた月から翌年の七月までの手当については、その損害を受けた年の前年又は前前年における当該被災者の所得に関しては、前三条の規定を適用しない。

2　前項の規定により同項に規定する期間に係る手当が支給された場合において、次の各号に該当するときは、その支給を受けた者は、それぞれ当該各号に規定する手当で同項に規定する期間に係るものに相当する金額を国に返還しなければならない。

一　当該被災者の当該損害を受けた年の所得が、当該被災者の扶養親族等及び当該被災者の扶養親族等でない児童扶養手当法第三条第一項に規定する者で当該被災者がその年の十二月三十一日において生計を維持したものの有無及び数に応じて、第六条に規定する政令で定める額以上であること。　当該被災者に支給された手当

二　当該被災者の当該損害を受けた年の所得が、当該被災者の扶養親族等の有無及び数に応じて、第七条に規定する政令で定める額以上であること。当該被災者を配偶者又は扶養義務者とする者に支給された手当

第一〇条　第六条から第八条まで及び前条第二項各号に規定する所得の範囲及びその額の計算方法は、政令で定める。

（児童扶養手当法の準用）

第一六条　児童扶養手当法第五条の二第一項及び第三項、第八条、第二十二条から第二十五条まで並びに第三十一条の規定は、手当について準用する。この場合において、同法第五条の二第一項中「基本額」とあるのは「特別児童扶養手当の額」と、同条第三項中「前二項」とあるのは「第一項」と、同法第八条第一項中「監護等児童があるに至つた場合」とあるのは「監護し若しくは養育する障害児があるに至つた場合又はその監護し若しくは養育する障害児の障害の程度が増進した場合」と、同条第三項中「監護等児童の数が減じ」とあるのは「その監護し若しくは養育する障害児の数が減じ、又はその障害児の障害の程度が低下し」と、「その減じ」とあるのは「その減じ、又は低下し」と、同法第二十三条第一項中「都道府県知事」とあるのは「厚生労働大臣」と、同法第三十一条中「第十二条第二項」とあるのは「特別児童扶養手当等の支給に関する法律第九条第二項」と、「金額の全部又は一部」とあるのは「金額」と読み替えるものとする。

第三章　障害児福祉手当

（支給要件）

第一七条　都道府県知事、市長（特別区の区長を含む。以下同じ。）及び福祉事務所（社会福祉法（昭和二十六年法律第四十五号）に定める福祉に関する事務所をいう。以下同じ。）を管理する町村長は、その管理に属する福祉事務所の所管区域内に住所を有する重度障害児に対し、障害児福祉手当（以下この章において「**手当**」という。）を支給する。ただし、その者が次の各号のいずれかに該当するときは、この限りでない。

一　障害を支給事由とする給付で政令で定めるものを受けることができるとき。ただし、その全額につきその支給が停止されているときを除く。

二　児童福祉法（昭和二十二年法律第百六十四号）に規定する障害児入所施設その他これに類する施設で厚生労働省令で定めるものに収容されているとき。

（手当額）

第一八条　手当は、月を単位として支給するものとし、その月額は、一万四千百七十円とする。

> ＊令和五年四月以降の月分の手当額については、「一万五千二百二十円」となること（特別児童扶養手当等の支給に関する法律施行令（昭五〇政令二〇七）九条の二）。

（認定）

第一九条　手当の支給要件に該当する者（以下この章において「**受給資格者**」という。）は、手当の支給を受けようとするときは、その受給資格について、都道府県知事、市長又は福祉事務所を管理する町村長の認定を受けなければならない。

（支払期月）

第一九条の二　手当は、毎年二月、五月、八月及び十一月の四期に、それぞれの前月までの分を支払う。ただし、前支払期月に支払うべきであつた手当又は支給すべき事由が消滅した場合におけるその期の手当は、その支払期月でない月であつても、支払うものとする。

（支給の制限）

第二〇条　手当は、受給資格者の前年の所得が、その者の扶養親族等の有無及び数に応じて、政令で定める額を超えるときは、その年の八月から翌年の七月までは、支給しない。

第二一条　手当は、受給資格者の配偶者の前年の所得又は受給資格者の民法第八百七十七条第一項に定める扶養義務者で当該受給資格者の生計を維持するものの前年の所得が、その者の扶養親族等の有無及び数に応じて、政令で定める額以上であるときは、その年の八月から翌年の七月までは、支給しない。

第二二条　被災者がある場合においては、その損害を受けた月から翌年の七月までの手当については、その損害を受けた年の前年又は前前年における当該被災者の所得に関しては、前二条の規定を適用しない。

2　前項の規定により同項に規定する期間に係る

手当が支給された場合において、次の各号に該当するときは、その支給を受けた者は、それぞれ当該各号に規定する手当で同項に規定する期間に係るものに相当する金額を都道府県、**市**（特別区を含む。以下同じ。）又は福祉事務所を設置する町村に返還しなければならない。

一　当該被災者の当該損害を受けた年の所得が、当該被災者の扶養親族等の有無及び数に応じて、第二十条に規定する政令で定める額を超えること。　当該被災者に支給された手当

二　当該被災者の当該損害を受けた年の所得が、当該被災者の扶養親族等の有無及び数に応じて、前条に規定する政令で定める額以上であること。　当該被災者を配偶者又は扶養義務者とする者に支給された手当

第二三条　第二十条、第二十一条及び前条第二項各号に規定する所得の範囲及びその額の計算方法は、政令で定める。

（準用）

第二六条　第五条第二項、第五条の二第一項及び第二項、第十一条（第三号を除く。）、第十二条並びに第十六条の規定は、手当について準用する。この場合において、同条中「第八条、第二十二条から第二十五条まで」とあるのは「第二十二条、第二十四条、第二十五条」と、「第九条第二項」とあるのは「第二十二条第二項」と読み替えるものとする。

第三章の二　特別障害者手当

（支給要件）

第二六条の二　都道府県知事、市長及び福祉事務所を管理する町村長は、その管理に属する福祉事務所の所管区域内に住所を有する特別障害者に対し、特別障害者手当（以下この章において「**手当**」という。）を支給する。ただし、その者が次の各号のいずれかに該当するときは、この限りでない。

一　障害者の日常生活及び社会生活を総合的に支援するための法律（平成十七年法律第百二十三号）に規定する障害者支援施設（次号において「障害者支援施設」という。）に入所しているとき（同法に規定する生活介護（次号において「生活介護」という。）を受けている場合に限る。）。

二　障害者支援施設（生活介護を行うものに限る。）に類する施設で厚生労働省令で定めるものに入所しているとき。

三　病院又は診療所（前号に規定する施設を除く。）に継続して三月を超えて入院するに至つたとき。

（手当額）

第二六条の三　手当は、月を単位として支給するものとし、その月額は、二万六千五十円とする。

＊令和五年四月以降の月分の手当額については、「二万七千九百八十円」となること（特別児童扶養手当等の支給に関する法律施行令（昭五〇政令二〇七）一〇条の二）。

（支給の調整）

第二六条の四　手当は、手当の支給要件に該当する者が、障害を支給事由とする給付であつて、手当に相当するものとして政令で定めるものを受けることができるときは、その価額の限度で支給しない。ただし、その全額につきその支給が停止されているときは、この限りでない。

（準用）

第二六条の五　第五条第二項、第五条の二第一項及び第二項、第十一条（第三号を除く。）、第十二条、第十六条並びに第十九条から第二十五条までの規定は、手当について準用する。この場合において、第十六条中「第八条、第二十二条から第二十五条まで」とあるのは「第二十二条、第二十四条、第二十五条」と、「第九条第二項」とあるのは「第二十六条の五において準用する第二十二条第二項」と読み替えるものとする。

◉就学前の子どもに関する教育、保育等の総合的な提供の推進に関する法律

（平成一八・六・一五法律七七）

注　令五法律五八改正現在
（未施行分については、該当か所の後に改正文を収載）

第一章　総則

（目的）

第一条　この法律は、幼児期の教育及び保育が生涯にわたる人格形成の基礎を培う重要なものであること並びに我が国における急速な少子化の進行並びに家庭及び地域を取り巻く環境の変化に伴い小学校就学前の子どもの教育及び保育に対する需要が多様なものとなっていることに鑑み、地域における創意工夫を生かしつつ、小学校就学前の子どもに対する教育及び保育並びに保護者に対する子育て支援の総合的な提供を推進するための措置を講じ、もって地域において子どもが健やかに育成される環境の整備に資することを目的とする。

（定義）

第二条　この法律において「**子ども**」とは、小学校就学の始期に達するまでの者をいう。

2　この法律において「**幼稚園**」とは、学校教育法（昭和二十二年法律第二十六号）第一条に規定する幼稚園をいう。

3　この法律において「**保育所**」とは、児童福祉法（昭和二十二年法律第百六十四号）第三十九条第一項に規定する保育所をいう。

4　この法律において「**保育機能施設**」とは、児童福祉法第五十九条第一項に規定する施設のうち同法第三十九条第一項に規定する業務を目的とするもの（少数の子どもを対象とするものその他の主務省令で定めるものを除く。）をいう。

5　この法律において「**保育所等**」とは、保育所又は保育機能施設をいう。

6　この法律において「**認定こども園**」とは、次条第一項又は第三項の認定を受けた施設、同条第十項の規定による公示がされた施設及び幼保連携型認定こども園をいう。

7　この法律において「**幼保連携型認定こども園**」とは、義務教育及びその後の教育の基礎を培うものとしての満三歳以上の子どもに対する教育並びに保育を必要とする子どもに対する保育を一体的に行い、これらの子どもの健やかな成長が図られるよう適当な環境を与えて、その心身の発達を助長するとともに、保護者に対する子育ての支援を行うことを目的として、この法律の定めるところにより設置される施設をいう。

8　この法律において「**教育**」とは、教育基本法（平成十八年法律第百二十号）第六条第一項に規定する法律に定める学校（第九条において単に「**学校**」という。）において行われる教育をいう。

9　この法律において「**保育**」とは、児童福祉法第六条の三第七項第一号に規定する保育をいう。

10　この法律において「**保育を必要とする子ども**」とは、児童福祉法第六条の三第九項第一号に規定する保育を必要とする乳児・幼児をいう。

11　この法律において「**保護者**」とは、児童福祉法第六条に規定する保護者をいう。

12　この法律において「**子育て支援事業**」とは、地域の子どもの養育に関する各般の問題につき保護者からの相談に応じ必要な情報の提供及び助言を行う事業、保護者の疾病その他の理由により家庭において養育を受けることが一時的に困難となった地域の子どもに対する保育を行う事業、地域の子どもの養育に関する援助を受けることを希望する保護者と当該援助を行うことを希望する民間の団体若しくは個人との連絡及び調整を行う事業又は地域の子どもの養育に関する援助を行う民間の団体若しくは個人に対する必要な情報の提供及び助言を行う事業であって主務省令で定めるものをいう。

第二章　幼保連携型認定こども園以外の認定こども園に関する認定手続等

（幼保連携型認定こども園以外の認定こども園の認定等）

第三条　幼稚園又は保育所等の設置者（都道府県及び地方自治法（昭和二十二年法律第六十七号）第二百五十二条の十九第一項の指定都市又は同法第二百五十二条の二十二第一項の中核市（以下「**指定都市等**」という。）を除く。）は、その設置する幼稚園又は保育所等が都道府県（当該幼稚園又は保育所等が**指定都市等所在施設**（指定都市等の区域内に所在する施設であって、都道府県が単独で又は他の地方公共団体と共同して設立する公立大学法人（地方独立行政法人法（平成十五年法律第百十八号）第六十八条第一項に規定する公立大学法人をいう。以下同じ。）が設置する施設以外のものをいう。以下同じ。）である場合にあっては、当該指定都市等）の条例で定める要件に適合している旨の都道府県知事（当該幼稚園又は保育所等が指定都市等所在施設である場合にあっては、当該指定都市等の長）（保育所に係る児童福祉法の規定による認可その他の処分をする権限に係る事務を地方自治法第百八十条の二の規定に基づく都道府県知事又は指定都市等の長の委任を受けて当該都道府県又は指定都市等の教育委員会が行う場合その他の主務省令で定める場合にあっては、都道府県又は指定都市等の教育委員会。以下この章及び第四章において同じ。）の認定を受けることができる。

2　前項の条例で定める要件は、次に掲げる基準に従い、かつ、主務大臣が定める施設の設備及び運営に関する基準を参酌して定めるものとする。

一　当該施設が幼稚園である場合にあっては、幼稚園教育要領（学校教育法第二十五条第一項の規定に基づき幼稚園に関して文部科学大臣が定める事項をいう。第十条第二項において同じ。）に従って編成された教育課程に基づく教育を行うほか、当該教育のための時間の終了後、当該幼稚園に在籍している子どものうち保育を必要とする子どもに該当する者に対する教育を行うこと。

二　当該施設が保育所等である場合にあっては、保育を必要とする子どもに対する保育を行うほか、当該保育を必要とする子ども以外の満三歳以上の子ども（当該施設が保育所である場合にあっては、当該保育所が所在する市町村（特別区を含む。以下同じ。）における児童福祉法第二十四条第四項に規定する保育の利用に対する需要の状況に照らして適当と認められる数の子どもに限る。）を保育し、かつ、満三歳以上の子どもに対し学校教育法第二十三条各号に掲げる目標が達成されるよう保育を行うこと。

三　子育て支援事業のうち、当該施設の所在する地域における教育及び保育に対する需要に照らし当該地域において実施することが必要と認められるものを、保護者の要請に応じ適切に提供し得る体制の下で行うこと。

3　幼稚園及び保育機能施設のそれぞれの用に供される建物及びその附属設備が一体的に設置されている場合における当該幼稚園及び保育機能施設（以下「**連携施設**」という。）の設置者（都道府県及び指定都市等を除く。）は、その設置する連携施設が都道府県（当該連携施設が指定都市等所在施設である場合にあっては、当該指定都市等）の条例で定める要件に適合している旨の都道府県知事（当該連携施設が指定都市等所在施設である場合にあっては、当該指定都市等の長）の認定を受けることができる。

4　前項の条例で定める要件は、次に掲げる基準に従い、かつ、主務大臣が定める施設の設備及び運営に関する基準を参酌して定めるものとする。

一　次のいずれかに該当する施設であること。

イ　当該連携施設を構成する保育機能施設において、満三歳以上の子どもに対し学校教育法第二十三条各号に掲げる目標が達成されるよう保育を行い、かつ、当該保育を実施するに当たり当該連携施設を構成する幼稚園との緊密な連携協力体制が確保されていること。

ロ　当該連携施設を構成する保育機能施設に入所していた子どもを引き続き当該連携施設を構成する幼稚園に入園させて一貫した教育及び保育を行うこと。

二　子育て支援事業のうち、当該連携施設の所在する地域における教育及び保育に対する需要に照らし当該地域において実施することが必要と認められるものを、保護者の要請に応じ適切に提供し得る体制の下で行うこと。

5　都道府県知事（指定都市等所在施設である幼稚園若しくは保育所等又は連携施設について

は、当該指定都市等の長。第八項及び第九項、次条第一項、第七条第一項及び第二項並びに第八条第一項において同じ。）は、国（国立大学法人法（平成十五年法律第百十二号）第二条第一項に規定する国立大学法人を含む。以下同じ。）、市町村（指定都市等を除く。）及び公立大学法人以外の者から、第一項又は第三項の認定の申請があったときは、第一項又は第三項の条例で定める要件に適合するかどうかを審査するほか、次に掲げる基準（当該認定の申請をした者が学校法人（私立学校法（昭和二十四年法律第二百七十号）第三条に規定する学校法人をいう。以下同じ。）又は社会福祉法人（社会福祉法（昭和二十六年法律第四十五号）第二十二条に規定する社会福祉法人をいう。以下同じ。）である場合にあっては、第四号に掲げる基準に限る。）によって、その申請を審査しなければならない。

一　第一項若しくは第三項の条例で定める要件に適合する設備又はこれに要する資金及び当該申請に係る施設の経営に必要な財産を有すること。

二　当該申請に係る施設を設置する者（その者が法人である場合にあっては、経営担当役員（業務を執行する社員、取締役、執行役又はこれらに準ずる者をいう。）とする。次号において同じ。）が当該施設を経営するために必要な知識又は経験を有すること。

三　当該申請に係る施設を設置する者が社会的信望を有すること。

四　次のいずれにも該当するものでないこと。

イ　申請者が、禁錮以上の刑に処せられ、その執行を終わり、又は執行を受けることがなくなるまでの者であるとき。

ロ　申請者が、この法律その他国民の福祉若しくは学校教育に関する法律で政令で定めるものの規定により罰金の刑に処せられ、その執行を終わり、又は執行を受けることがなくなるまでの者であるとき。

ハ　申請者が、労働に関する法律の規定であって政令で定めるものにより罰金の刑に処せられ、その執行を終わり、又は執行を受けることがなくなるまでの者であるとき。

ニ　申請者が、第七条第一項の規定により認定を取り消され、その取消しの日から起算して五年を経過しない者（当該認定を取り消された者が法人である場合においては、当該取消しの処分に係る行政手続法（平成五年法律第八十八号）第十五条の規定による通知があった日前六十日以内に当該法人の役員（業務を執行する社員、取締役、執行役又はこれらに準ずる者をいい、相談役、顧問その他いかなる名称を有する者であるかを問わず、法人に対し業務を執行する社員、取締役、執行役又はこれらに準ずる者と同等以上の支配力を有するものと認められる者を含む。ホ及び第十七条第二項第七号において同じ。）又はその事業を管理する者その他の政令で定める使用人（以下この号において「役員等」という。）であった者で当該取消しの日から起算して五年を経過しないものを含み、当該認定を取り消された者が法人でない場合においては、当該通知があった日前六十日以内に当該事業の管理者であった者で当該取消しの日から起算して五年を経過しないものを含む。）であるとき。ただし、当該認定の取消しが、認定こども園の認定の取消しのうち当該認定の取消しの処分の理由となった事実及び当該事実の発生を防止するための当該認定こども園の設置者による業務管理体制の整備についての取組の状況その他の当該事実に関して当該認定こども園の設置者が有していた責任の程度を考慮して、ニ本文に規定する認定の取消しに該当しないこととすることが相当であると認められるものとして主務省令で定めるものに該当する場合を除く。

ホ　申請者と密接な関係を有する者（申請者（法人に限る。以下ホにおいて同じ。）の役員に占めるその役員の割合が二分の一を超え、若しくは当該申請者の株式の所有その他の事由を通じて当該申請者の事業を実質的に支配し、若しくはその事業に重要な影響を与える関係にある者として主務省令で定めるもの（以下ホにおいて「申請者の親会社等」という。）、申請者の親会社等の役員と同一の者がその役員に占める割合が二分の一を超え、若しくは申請者の親会社等が株式の所有その他の事由を通じてその事業を実質的に支配し、若しくはその事業に重要な影響を与える関係にある者として主務省令で定めるもの又は当該申請者の役員と同一の者がその役員に占める割合が二分の一を超え、若しくは当該申請者が株式の所有その他の事由を通じてその事業を実質的に支配し、若しくはその事業に重要な影響を与える関係にある者として主務省令で定めるもののうち、当該申請者と主務省令で定める密接な関係を有する法人をいう。）が、第七条第一項の規定により認定を取り消され、その取消しの日から起算して五年を経過していないとき。ただし、当該認定の取消しが、認定こども園の認定の取消しのうち当該認定の取消しの処分の理由となった事実及び当該事実の発生を防止するための当該認定こども園の設置者による業務管理体制の整備についての取組の状況その他の当該事実に関して当該認定こども園の設置者が有していた責任の程度を考慮して、ホ本文に規定する認定の取消しに該当しないこととすることが相当であると認められるものとして主務省令で定めるものに該当する場合を除く。

へ　申請者が、認定の申請前五年以内に教育又は保育に関し不正又は著しく不当な行為をした者であるとき。

ト　申請者が、法人で、その役員等のうちにイからニまで又はへのいずれかに該当する者のあるものであるとき。

チ　申請者が、法人でない者で、その管理者がイからニまで又はへのいずれかに該当する者であるとき。

6　都道府県知事は、第一項又は第三項の認定をしようとするときは、主務省令で定めるところにより、あらかじめ、当該認定の申請に係る施設が所在する市町村の長に協議しなければならない。

7　指定都市等の長は、第一項又は第三項の認定をしようとするときは、その旨及び次条第一項各号に掲げる事項を都道府県知事に通知しなければならない。

8　都道府県知事は、第一項又は第三項及び第五項に基づく審査の結果、その申請が第一項又は第三項の条例で定める要件に適合しており、かつ、その申請をした者が第五項各号に掲げる基準（その者が学校法人又は社会福祉法人である場合にあっては、同項第四号に掲げる基準に限る。）に該当すると認めるとき（その申請をした者が国、市町村（指定都市等を除く。）又は公立大学法人である場合にあっては、その申請が第一項又は第三項の条例で定める要件に適合していると認めるとき）は、第一項又は第三項の認定をするものとする。ただし、次に掲げる要件のいずれかに該当するとき、その他の都道府県子ども・子育て支援事業支援計画（子ども・子育て支援法（平成二十四年法律第六十五号）第六十二条第一項の規定により当該都道府県が定める都道府県子ども・子育て支援事業支援計画をいう。以下この項及び第十七条第六項において同じ。）（指定都市等の長が第一項又は第三項の認定を行う場合にあっては、同法第六十一条第一項の規定により当該指定都市等が定める市町村子ども・子育て支援事業計画。以下この項において同じ。）の達成に支障を生ずるおそれがある場合として主務省令で定める場合に該当すると認めるときは、第一項又は第三項の認定をしないことができる。

一　当該申請に係る施設の所在地を含む区域（子ども・子育て支援法第六十二条第二項第一号の規定により当該都道府県が定める区域（指定都市等の長が第一項又は第三項の認定を行う場合にあっては、同法第六十一条第二項第一号の規定により当該指定都市等が定める教育・保育提供区域）をいう。以下この項において同じ。）における特定教育・保育施設（同法第二十七条第一項に規定する特定教育・保育施設をいう。以下この項及び第十七条第六項において同じ。）の利用定員の総数（同法第十九条第一号に掲げる小学校就学前子どもに係るものに限る。）が、都道府県子ども・子育て支援事業支援計画において定める当該区域の特定教育・保育施設の必要利用定員総数（同号に掲げる小学校就学前子どもに係るものに限る。）に既に達しているか、又は当該申請に係る施設の認定によってこれを超えることになると認めるとき。

二　当該申請に係る施設の所在地を含む区域における特定教育・保育施設の利用定員の総数（子ども・子育て支援法第十九条第二号に掲

げる小学校就学前子どもに係るものに限る。）が、都道府県子ども・子育て支援事業支援計画において定める当該区域の特定教育・保育施設の必要利用定員総数（同号に掲げる小学校就学前子どもに係るものに限る。）に既に達しているか、又は当該申請に係る施設の認定によってこれを超えることになると認めるとき。

三　当該申請に係る施設の所在地を含む区域における特定教育・保育施設の利用定員の総数（子ども・子育て支援法第十九条第三号に掲げる小学校就学前子どもに係るものに限る。）が、都道府県子ども・子育て支援事業支援計画において定める当該区域の特定教育・保育施設の必要利用定員総数（同号に掲げる小学校就学前子どもに係るものに限る。）に既に達しているか、又は当該申請に係る施設の認定によってこれを超えることになると認めるとき。

9　都道府県知事は、第一項又は第三項の認定をしない場合には、申請者に対し、速やかに、その旨及び理由を通知しなければならない。

10　都道府県知事又は指定都市等の長は、当該都道府県又は指定都市等が設置する施設のうち、第一項又は第三項の当該都道府県又は指定都市等の条例で定める要件に適合していると認めるものについては、これを公示するものとする。

11　指定都市等の長は、前項の規定による公示をしたときは、速やかに、次条第一項各号に掲げる事項を記載した書類を都道府県知事に提出しなければならない。

> **注**　第三条は、令和四年六月一七日法律第六八号により次のように改正され、令和四年六月一七日から起算して三年を超えない範囲内において政令で定める日から施行される。
>
> 第三条第五項第四号イ中「禁錮」を「拘禁刑」に改める。

（認定の申請）

第四条　前条第一項又は第三項の認定を受けようとする者は、次に掲げる事項を記載した申請書に、その申請に係る施設が同条第一項又は第三項の条例で定める要件に適合していることを証する書類を添付して、これを都道府県知事に提出しなければならない。

一　氏名又は名称及び住所並びに法人にあっては、その代表者の氏名

二　施設の名称及び所在地

三　保育を必要とする子どもに係る利用定員（満三歳未満の者に係る利用定員及び満三歳以上の者に係る利用定員に区分するものとする。）

四　保育を必要とする子ども以外の子どもに係る利用定員（満三歳未満の者に係る利用定員及び満三歳以上の者に係る利用定員に区分するものとする。）

五　その他主務省令で定める事項

2　前条第三項の認定に係る前項の申請については、連携施設を構成する幼稚園の設置者と保育機能施設の設置者とが異なる場合には、これらの者が共同して行わなければならない。

第五条　削除

（教育及び保育の内容）

第六条　第三条第一項又は第三項の認定を受けた施設及び同条第十項の規定による公示がされた施設の設置者は、当該施設において教育又は保育を行うに当たっては、第十条第一項の幼保連携型認定こども園の教育課程その他の教育及び保育の内容に関する事項を踏まえて行わなければならない。

（認定の取消し）

第七条　都道府県知事は、次の各号のいずれかに該当するときは、第三条第一項又は第三項の認定を取り消すことができる。

一　第三条第一項又は第三項の認定を受けた施設がそれぞれ同条第一項又は第三項の条例で定める要件を欠くに至ったと認めるとき。

二　第三条第一項又は第三項の認定を受けた施設の設置者が第二十九条第一項の規定による届出をせず、又は虚偽の届出をしたとき。

三　第三条第一項又は第三項の認定を受けた施設の設置者が第三十条第一項又は第三項の規定による報告をせず、又は虚偽の報告をしたとき。

四　第三条第一項又は第三項の認定を受けた施設の設置者が同条第五項第四号イからハまで、ト又はチのいずれかに該当するに至ったとき。

五　第三条第一項又は第三項の認定を受けた施

設の設置者が不正の手段により同条第一項又は第三項の認定を受けたとき。

六　その他第三条第一項又は第三項の認定を受けた施設の設置者がこの法律、学校教育法、児童福祉法、私立学校法、社会福祉法若しくは私立学校振興助成法（昭和五十年法律第六十一号）又はこれらの法律に基づく命令の規定に違反したとき。

2　都道府県知事は、前項の規定により認定を取り消したときは、その旨を公表しなければならない。

3　都道府県知事又は指定都市等の長は、第三条第十項の規定による公示がされた施設が同条第一項又は第三項の当該都道府県又は指定都市等の条例で定める要件を欠くに至ったと認めるときは、同条第十項の規定によりされた公示を取り消し、その旨を公示しなければならない。

（関係機関の連携の確保）

第八条　都道府県知事は、第三条第一項又は第三項の規定により認定を行おうとするとき及び前条第一項の規定により認定の取消しを行おうとするときは、あらかじめ、学校教育法又は児童福祉法の規定により当該認定又は取消しに係る施設の設置又は運営に関して認可その他の処分をする権限を有する地方公共団体の機関（当該機関が当該都道府県知事である場合を除く。）に協議しなければならない。

2　地方公共団体の長及び教育委員会は、認定こども園に関する事務が適切かつ円滑に実施されるよう、相互に緊密な連携を図りながら協力しなければならない。

第三章　幼保連携型認定こども園

（教育及び保育の目標）

第九条　幼保連携型認定こども園においては、第二条第七項に規定する目的を実現するため、子どもに対する学校としての教育及び児童福祉施設（児童福祉法第七条第一項に規定する児童福祉施設をいう。次条第二項において同じ。）としての保育並びにその実施する保護者に対する子育て支援事業の相互の有機的な連携を図りつつ、次に掲げる目標を達成するよう当該教育及び当該保育を行うものとする。

一　健康、安全で幸福な生活のために必要な基本的な習慣を養い、身体諸機能の調和的発達を図ること。

二　集団生活を通じて、喜んでこれに参加する態度を養うとともに家族や身近な人への信頼感を深め、自主、自律及び協同の精神並びに規範意識の芽生えを養うこと。

三　身近な社会生活、生命及び自然に対する興味を養い、それらに対する正しい理解と態度及び思考力の芽生えを養うこと。

四　日常の会話や、絵本、童話等に親しむことを通じて、言葉の使い方を正しく導くとともに、相手の話を理解しようとする態度を養うこと。

五　音楽、身体による表現、造形等に親しむことを通じて、豊かな感性と表現力の芽生えを養うこと。

六　快適な生活環境の実現及び子どもと保育教諭その他の職員との信頼関係の構築を通じて、心身の健康の確保及び増進を図ること。

（教育及び保育の内容）

第一〇条　幼保連携型認定こども園の教育課程その他の教育及び保育の内容に関する事項は、第二条第七項に規定する目的及び前条に規定する目標に従い、主務大臣が定める。

2　主務大臣が前項の規定により幼保連携型認定こども園の教育課程その他の教育及び保育の内容に関する事項を定めるに当たっては、幼稚園教育要領及び児童福祉法第四十五条第二項の規定に基づき児童福祉施設に関して内閣府令で定める基準（同項第三号に規定する保育所における保育の内容に係る部分に限る。）との整合性の確保並びに小学校（学校教育法第一条に規定する小学校をいう。）及び義務教育学校（学校教育法第一条に規定する義務教育学校をいう。）における教育との円滑な接続に配慮しなければならない。

3　幼保連携型認定こども園の設置者は、第一項の教育及び保育の内容に関する事項を遵守しなければならない。

（入園資格）

第一一条　幼保連携型認定こども園に入園することのできる者は、満三歳以上の子ども及び満三歳未満の保育を必要とする子どもとする。

（設置者）

第一二条　幼保連携型認定こども園は、国、地方公共団体（公立大学法人を含む。第十七条第一項において同じ。）、学校法人及び社会福祉法人のみが設置することができる。

（設備及び運営の基準）

第一三条　都道府県（指定都市等所在施設である幼保連携型認定こども園（都道府県が設置するものを除く。）については、当該指定都市等。次項及び第二十五条において同じ。）は、幼保連携型認定こども園の設備及び運営について、条例で基準を定めなければならない。この場合において、その基準は、子どもの身体的、精神的及び社会的な発達のために必要な教育及び保育の水準を確保するものでなければならない。

2　都道府県が前項の条例を定めるに当たっては、次に掲げる事項については主務省令で定める基準に従い定めるものとし、その他の事項については主務省令で定める基準を参酌するものとする。

一　幼保連携型認定こども園における学級の編制並びに幼保連携型認定こども園に配置する園長、保育教諭その他の職員及びその員数

二　幼保連携型認定こども園に係る保育室の床面積その他幼保連携型認定こども園の設備に関する事項であって、子どもの健全な発達に密接に関連するものとして主務省令で定めるもの

三　幼保連携型認定こども園の運営に関する事項であって、子どもの適切な処遇の確保及び秘密の保持並びに子どもの健全な発達に密接に関連するものとして主務省令で定めるもの

3　主務大臣は、前項に規定する主務省令で定める基準を定め、又は変更しようとするとき、並びに同項第二号及び第三号の主務省令を定め、又は変更しようとするときは、こども家庭審議会の意見を聴かなければならない。

4　幼保連携型認定こども園の設置者は、第一項の基準を遵守しなければならない。

5　幼保連携型認定こども園の設置者は、幼保連携型認定こども園の設備及び運営についての水準の向上を図ることに努めるものとする。

（職員）

第一四条　幼保連携型認定こども園には、園長及び保育教諭を置かなければならない。

2　幼保連携型認定こども園には、前項に規定するもののほか、副園長、教頭、主幹保育教諭、指導保育教諭、主幹養護教諭、養護教諭、主幹栄養教諭、栄養教諭、事務職員、養護助教諭その他必要な職員を置くことができる。

3　園長は、園務をつかさどり、所属職員を監督する。

4　副園長は、園長を助け、命を受けて園務をつかさどる。

5　副園長は、園長に事故があるときはその職務を代理し、園長が欠けたときはその職務を行う。この場合において、副園長が二人以上あるときは、あらかじめ園長が定めた順序で、その職務を代理し、又は行う。

6　教頭は、園長（副園長を置く幼保連携型認定こども園にあっては、園長及び副園長）を助け、園務を整理し、並びに必要に応じ園児（幼保連携型認定こども園に在籍する子どもをいう。以下同じ。）の教育及び保育（満三歳未満の園児については、その保育。以下この条において同じ。）をつかさどる。

7　教頭は、園長（副園長を置く幼保連携型認定こども園にあっては、園長及び副園長）に事故があるときは園長の職務を代理し、園長（副園長を置く幼保連携型認定こども園にあっては、園長及び副園長）が欠けたときは園長の職務を行う。この場合において、教頭が二人以上あるときは、あらかじめ園長が定めた順序で、園長の職務を代理し、又は行う。

8　主幹保育教諭は、園長（副園長又は教頭を置く幼保連携型認定こども園にあっては、園長及び副園長又は教頭。第十一項及び第十三項において同じ。）を助け、命を受けて園務の一部を整理し、並びに園児の教育及び保育をつかさどる。

9　指導保育教諭は、園児の教育及び保育をつかさどり、並びに保育教諭その他の職員に対して、教育及び保育の改善及び充実のために必要な指導及び助言を行う。

10　保育教諭は、園児の教育及び保育をつかさどる。

11　主幹養護教諭は、園長を助け、命を受けて園務の一部を整理し、及び園児（満三歳以上の園児に限る。以下この条において同じ。）の養護をつかさどる。

12　養護教諭は、園児の養護をつかさどる。

13　主幹栄養教諭は、園長を助け、命を受けて園務の一部を整理し、並びに園児の栄養の指導及

び管理をつかさどる。
14 栄養教諭は、園児の栄養の指導及び管理をつかさどる。
15 事務職員は、事務をつかさどる。
16 助保育教諭は、保育教諭の職務を助ける。
17 講師は、保育教諭又は助保育教諭に準ずる職務に従事する。
18 養護助教諭は、養護教諭の職務を助ける。
19 特別の事情のあるときは、第一項の規定にかかわらず、保育教諭に代えて助保育教諭又は講師を置くことができる。

（職員の資格）

第一五条 主幹保育教諭、指導保育教諭、保育教諭及び講師（保育教諭に準ずる職務に従事するものに限る。）は、幼稚園の教諭の普通免許状（教育職員免許法（昭和二十四年法律第百四十七号）第四条第二項に規定する普通免許状をいう。以下この条において同じ。）を有し、かつ、児童福祉法第十八条の十八第一項の登録（第四項及び第四十条において単に「**登録**」という。）を受けた者でなければならない。

2 主幹養護教諭及び養護教諭は、養護教諭の普通免許状を有する者でなければならない。

3 主幹栄養教諭及び栄養教諭は、栄養教諭の普通免許状を有する者でなければならない。

4 助保育教諭及び講師（助保育教諭に準ずる職務に従事するものに限る。）は、幼稚園の助教諭の臨時免許状（教育職員免許法第四条第四項に規定する臨時免許状をいう。次項において同じ。）を有し、かつ、登録を受けた者でなければならない。

5 養護助教諭は、養護助教諭の臨時免許状を有する者でなければならない。

6 前各項に定めるもののほか、職員の資格に関する事項は、主務省令で定める。

（設置等の届出）

第一六条 市町村（指定都市等を除く。以下この条及び次条第五項において同じ。）（市町村が単独で又は他の市町村と共同して設立する公立大学法人を含む。）は、幼保連携型認定こども園を設置しようとするとき、又はその設置した幼保連携型認定こども園の廃止、休止若しくは設置者の変更その他政令で定める事項（同条第一項及び第三十四条第六項において「**廃止等**」という。）を行おうとするときは、あらかじめ、都道府県知事に届け出なければならない。

（設置等の認可）

第一七条 国及び地方公共団体以外の者は、幼保連携型認定こども園を設置しようとするとき、又はその設置した幼保連携型認定こども園の廃止等を行おうとするときは、都道府県知事（指定都市等の区域内に所在する幼保連携型認定こども園については、当該指定都市等の長。次項、第三項、第六項及び第七項並びに次条第一項において同じ。）の認可を受けなければならない。

2 都道府県知事は、前項の設置の認可の申請があったときは、第十三条第一項の条例で定める基準に適合するかどうかを審査するほか、次に掲げる基準によって、その申請を審査しなければならない。

一 申請者が、この法律その他国民の福祉若しくは学校教育に関する法律で政令で定めるものの規定により罰金の刑に処せられ、その執行を終わり、又は執行を受けることがなくなるまでの者であるとき。

二 申請者が、労働に関する法律の規定であって政令で定めるものにより罰金の刑に処せられ、その執行を終わり、又は執行を受けることがなくなるまでの者であるとき。

三 申請者が、第二十二条第一項の規定により認可を取り消され、その取消しの日から起算して五年を経過しない者であるとき。ただし、当該認可の取消しが、幼保連携型認定こども園の認可の取消しのうち当該認可の取消しの処分の理由となった事実及び当該事実の発生を防止するための当該幼保連携型認定こども園の設置者による業務管理体制の整備についての取組の状況その他の当該事実に関して当該幼保連携型認定こども園の設置者が有していた責任の程度を考慮して、この号本文に規定する認可の取消しに該当しないこととすることが相当であると認められるものとして主務省令で定めるものに該当する場合を除く。

四 申請者が、第二十二条第一項の規定による認可の取消しの処分に係る行政手続法第十五条の規定による通知があった日から当該処分をする日又は処分をしないことを決定する日までの間に前項の規定による幼保連携型認定こども園の廃止をした者（当該廃止について相当の理由がある者を除く。）で、当該幼保連携型認定こども園の廃止の認可の日から起算して五年を経過しないものであるとき。
五 申請者が、第十九条第一項の規定による検査が行われた日から聴聞決定予定日（当該検査の結果に基づき第二十二条第一項の規定による認可の取消しの処分に係る聴聞を行うか否かの決定をすることが見込まれる日として主務省令で定めるところにより都道府県知事が当該申請者に当該検査が行われた日から十日以内に特定の日を通知した場合における当該特定の日をいう。）までの間に前項の規定による幼保連携型認定こども園の廃止をした者（当該廃止について相当の理由がある者を除く。）で、当該幼保連携型認定こども園の廃止の認可の日から起算して五年を経過しないものであるとき。
六 申請者が、認可の申請前五年以内に教育又は保育に関し不正又は著しく不当な行為をした者であるとき。
七 申請者の役員又はその長のうちに次のいずれかに該当する者があるとき。
イ 禁錮以上の刑に処せられ、その執行を終わり、又は執行を受けることがなくなるまでの者
ロ 第一号、第二号又は前号に該当する者
ハ 第二十二条第一項の規定により認可を取り消された幼保連携型認定こども園において、当該取消しの処分に係る行政手続法第十五条の規定による通知があった日前六十日以内にその幼保連携型認定こども園の設置者の役員又はその園長であった者で当該取消しの日から起算して五年を経過しないもの（当該認可の取消しが、幼保連携型認定こども園の認可の取消しのうち当該認可の取消しの処分の理由となった事実及び当該事実の発生を防止するための当該幼保連携型認定こども園の設置者による業務管理体制の整備についての取組の状況その他の当該事実に関して当該幼保連携型認定こども園の設置者が有していた責任の程度を考慮して、この号に規定する認可の取消しに該当しないこととすることが相当であると認められるものとして主務省令で定めるものに該当する場合を除く。）
ニ 第四号に規定する期間内に前項の規定により廃止した幼保連携型認定こども園（当該廃止について相当の理由がある幼保連携型認定こども園を除く。）において、同号の通知の日前六十日以内にその設置者の役員又はその長であった者で当該廃止の認可の日から起算して五年を経過しないもの

3 都道府県知事は、第一項の認可をしようとするときは、あらかじめ、第二十五条に規定する審議会その他の合議制の機関の意見を聴かなければならない。

4 指定都市等の長は、第一項の認可をしようとするときは、その旨及び第四条第一項各号に掲げる事項を都道府県知事に通知しなければならない。

5 都道府県知事は、第一項の設置の認可をしようとするときは、主務省令で定めるところにより、あらかじめ、当該認可の申請に係る幼保連携型認定こども園を設置しようとする場所を管轄する市町村の長に協議しなければならない。

6 都道府県知事は、第一項及び第二項に基づく審査の結果、その申請が第十三条第一項の条例で定める基準に適合しており、かつ、第二項各号に掲げる基準に該当しないと認めるときは、第一項の設置の認可をするものとする。ただし、次に掲げる要件のいずれかに該当するとき、その他の都道府県子ども・子育て支援事業支援計画（指定都市等の長が同項の設置の認可を行う場合にあっては、子ども・子育て支援法第六十一条第一項の規定により当該指定都市等が定める市町村子ども・子育て支援事業計画。以下この項において同じ。）の達成に支障を生ずるおそれがある場合として主務省令で定める場合に該当すると認めるときは、第一項の設置の認可をしないことができる。
一 当該申請に係る幼保連携型認定こども園を設置しようとする場所を含む区域（子ども・子育て支援法第六十二条第二項第一号の規定により当該都道府県が定める区域（指定都市等の長が第一項の設置の認可を行う場合にあっては、同法第六十一条第二項第一号の規定により当該指定都市等が定める教育・保育提供区域）をいう。以下この項において同じ。）における特定教育・保育施設の利用定員の総数（同法第十九条第一号に掲げる小学校就学前子どもに係るものに限る。）が、都道府県子ども・子育て支援事業支援計画において定める当該区域の特定教育・保育施設の必要利用定員総数（同号に掲げる小学校就学前子ども

に係るものに限る。）に既に達しているか、又は当該申請に係る設置の認可によってこれを超えることになると認めるとき。

二　当該申請に係る幼保連携型認定こども園を設置しようとする場所を含む区域における特定教育・保育施設の利用定員の総数（子ども・子育て支援法第十九条第二号に掲げる小学校就学前子どもに係るものに限る。）が、都道府県子ども・子育て支援事業支援計画において定める当該区域の特定教育・保育施設の必要利用定員総数（同号に掲げる小学校就学前子どもに係るものに限る。）に既に達しているか、又は当該申請に係る設置の認可によってこれを超えることになると認めるとき。

三　当該申請に係る幼保連携型認定こども園を設置しようとする場所を含む区域における特定教育・保育施設の利用定員の総数（子ども・子育て支援法第十九条第三号に掲げる小学校就学前子どもに係るものに限る。）が、都道府県子ども・子育て支援事業支援計画において定める当該区域の特定教育・保育施設の必要利用定員総数（同号に掲げる小学校就学前子どもに係るものに限る。）に既に達しているか、又は当該申請に係る設置の認可によってこれを超えることになると認めるとき。

7　都道府県知事は、第一項の設置の認可をしない場合には、申請者に対し、速やかに、その旨及び理由を通知しなければならない。

注　第一七条は、令和四年六月一七日法律第六八号により次のように改正され、令和四年六月一七日から起算して三年を超えない範囲内において政令で定める日から施行される。

第十七条第二項第七号イ中「禁錮」を「拘禁刑」に改める。

（都道府県知事への情報の提供）

第一八条　第十六条の届出を行おうとする者又は前条第一項の認可を受けようとする者は、第四条第一項各号に掲げる事項を記載した書類を都道府県知事に提出しなければならない。

2　指定都市等の長は、当該指定都市等（当該指定都市等が単独で又は他の市町村と共同して設立する公立大学法人を含む。）が幼保連携型認定こども園を設置したときは、速やかに、第四条第一項各号に掲げる事項を記載した書類を都道府県知事に提出しなければならない。

（報告の徴収等）

第一九条　都道府県知事（指定都市等所在施設である幼保連携型認定こども園（都道府県が設置するものを除く。）については、当該指定都市等の長。第二十八条から第三十条まで並びに第三十四条第三項及び第九項を除き、以下同じ。）は、この法律を施行するため必要があると認めるときは、幼保連携型認定こども園の設置者若しくは園長に対して、必要と認める事項の報告を求め、又は当該職員に関係者に対して質問させ、若しくはその施設に立ち入り、設備、帳簿書類その他の物件を検査させることができる。

2　前項の規定による立入検査を行う場合においては、当該職員は、その身分を示す証明書を携帯し、関係者の請求があるときは、これを提示しなければならない。

3　第一項の規定による立入検査の権限は、犯罪捜査のために認められたものと解釈してはならない。

（改善勧告及び改善命令）

第二〇条　都道府県知事は、幼保連携型認定こども園の設置者が、この法律又はこの法律に基づく命令若しくは条例の規定に違反したときは、当該設置者に対し、必要な改善を勧告し、又は当該設置者がその勧告に従わず、かつ、園児の教育上又は保育上有害であると認められるときは、必要な改善を命ずることができる。

（事業停止命令）

第二一条　都道府県知事は、次の各号のいずれかに該当する場合においては、幼保連携型認定こども園の事業の停止又は施設の閉鎖を命ずることができる。

一　幼保連携型認定こども園の設置者が、この法律又はこの法律に基づく命令若しくは条例の規定に故意に違反し、かつ、園児の教育上又は保育上著しく有害であると認められるとき。

二　幼保連携型認定こども園の設置者が前条の規定による命令に違反したとき。

三　正当な理由がないのに、六月以上休止したとき。

2　都道府県知事は、前項の規定により事業の停止又は施設の閉鎖の命令をしようとするときは、あらかじめ、第二十五条に規定する審議会その他の合議制の機関の意見を聴かなければならない。

（認可の取消し）

第二二条　都道府県知事は、幼保連携型認定こども園の設置者が、この法律若しくはこの法律に基づく命令若しくは条例の規定又はこれらに基づいてする処分に違反したときは、第十七条第一項の認可を取り消すことができる。

2　都道府県知事は、前項の規定による認可の取消しをしようとするときは、あらかじめ、第二十五条に規定する審議会その他の合議制の機関の意見を聴かなければならない。

（運営の状況に関する評価等）

第二三条　幼保連携型認定こども園の設置者は、主務省令で定めるところにより当該幼保連携型認定こども園における教育及び保育並びに子育て支援事業（以下「**教育及び保育等**」という。）の状況その他の運営の状況について評価を行い、その結果に基づき幼保連携型認定こども園の運営の改善を図るため必要な措置を講ずるよう努めなければならない。

（運営の状況に関する情報の提供）

第二四条　幼保連携型認定こども園の設置者は、当該幼保連携型認定こども園に関する保護者及び地域住民その他の関係者の理解を深めるとともに、これらの者との連携及び協力の推進に資するため、当該幼保連携型認定こども園における教育及び保育等の状況その他の当該幼保連携型認定こども園の運営の状況に関する情報を積極的に提供するものとする。

（都道府県における合議制の機関）

第二五条　第十七条第三項、第二十一条第二項及び第二十二条第二項の規定によりその権限に属させられた事項を調査審議するため、都道府県に、条例で幼保連携型認定こども園に関する審議会その他の合議制の機関を置くものとする。

（学校教育法の準用）

第二六条　学校教育法第五条、第六条本文、第七条、第九条、第十条、第八十一条第一項及び第百三十七条の規定は、幼保連携型認定こども園について準用する。この場合において、同法第十条中「私立学校」とあるのは「国（国立大学法人法第二条第一項に規定する国立大学法人を含む。）及び地方公共団体（公立大学法人を含む。）以外の者の設置する幼保連携型認定こども園（就学前の子どもに関する教育、保育等の総合的な提供の推進に関する法律第二条第七項に規定する幼保連携型認定こども園をいう。以下同じ。）」と、「大学及び高等専門学校にあつては文部科学大臣に、大学及び高等専門学校以外の学校にあつては都道府県知事」とあるのは「都道府県知事（指定都市等（同法第三条第一項に規定する指定都市等をいう。以下この条において同じ。）の区域内にあつては、当該指定都市等の長）」と、同法第八十一条第一項中「該当する幼児、児童及び生徒」とあるのは「該当する就学前の子どもに関する教育、保育等の総合的な提供の推進に関する法律第十四条第六項に規定する園児（以下この項において単に「**園児**」という。）」と、「必要とする幼児、児童及び生徒」とあるのは「必要とする園児」と、「文部科学大臣」とあるのは「同法第三十六条第一項に規定する主務大臣」と、「ものとする」とあるのは「ものとする。この場合において、特別支援学校においては、幼保連携型認定こども園の要請に応じて、園児の教育に関し必要な助言又は援助を行うよう努めるものとする」と、同法第百三十七条中「学校教育上」とあるのは「幼保連携型認定こども園の運営上」と読み替えるものとするほか、必要な技術的読替えは、政令で定める。

（学校保健安全法の準用）

第二七条　学校保健安全法（昭和三十三年法律第五十六号）第三条から第十条まで、第十三条から第三十一条まで、第二十三条及び第二十六条から第三十一条までの規定は、幼保連携型認定こども園について準用する。この場合において、これらの規定中「文部科学省令」とあるのは「就学前の子どもに関する教育、保育等の総合的な提供の推進に関する法律第三十六条第二項に規定する主務省令」と読み替えるほか、同法第九条中「学校教育法第十六条」とあるのは「就学前の子どもに関する教育、保育等の総合的な提供の推進に関する法律第二条第十一項」と、「第二十四条及び第三十条」とあるのは「第三十条」と、同法第十七条第二項中「第十一条から」とあるのは「第十三条から」と、「第十一条の健康診断に関するものについては政令で、第十三条」とあるのは「第十三条」と読み替えるものとするほか、必要な技術的読替えは、政令で定める。

第四章　認定こども園に関する情報の提供等

（教育・保育等に関する情報の提供）

第二八条　都道府県知事は、第三条第一項若しくは第三項の認定をしたとき、同条第七項の規定による通知を受けたとき、同条第十一項の書類の提出を受けたとき、第十六条の届出を受けたとき、第十七条第一項の認可をしたとき、同条第四項の規定による通知を受けたとき、又は第十八条第二項の書類の提出を受けたときは、インターネットの利用、印刷物の配布その他適切な方法により、これらに係る施設において提供されるサービスを利用しようとする者に対し、第四条第一項各号に掲げる事項及び教育保育概要（当該施設において行われる教育及び保育等の概要をいう。次条第一項において同じ。）についてその周知を図るものとする。第三条第十項の規定による公示を行う場合及び都道府県（都道府県が単独で又は他の地方公共団体と共同して設立する公立大学法人を含む。）が幼保連携型認定こども園を設置する場合も、同様とする。

（変更の届出）

第二九条　認定こども園の設置者（都道府県及び指定都市等を除く。次条において同じ。）は、第四条第一項各号に掲げる事項及び教育保育概要として前条の規定により周知された事項の変更（主務省令で定める軽微な変更を除く。）をしようとするときは、あらかじめ、その旨を都道府県知事（当該認定こども園が指定都市等所在施設である場合にあっては当該指定都市等の長。次条第一項及び第三項において同じ。）に届け出なければならない。

2　指定都市等の長は、前項の規定による届出を受けたときは、速やかに、都道府県知事に、当該届出に係る書類の写しを送付しなければならない。

3　指定都市等の長は、当該指定都市等が設置する認定こども園について第一項に規定する変更を行ったときは、当該変更に係る事項を記載した書類を都道府県知事に提出しなければならない。

4　都道府県知事は、第一項の規定による届出があったとき、第二項の規定による書類の写しの送付を受けたとき、又は前項の規定による書類の提出を受けたときは、前条に規定する方法により、同条に規定する者に対し、第一項に規定する変更に係る事項についてその周知を図るものとする。都道府県が設置する認定こども園について同項に規定する変更を行う場合も、同様とする。

（報告の徴収等）

第三〇条　認定こども園の設置者は、毎年、主務省令で定めるところにより、その運営の状況を都道府県知事に報告しなければならない。

2　指定都市等の長は、前項の規定による報告を受けたときは、速やかに、都道府県知事に、当該報告に係る書類の写しを送付しなければならない。

3　第十九条第一項に定めるもののほか、都道府県知事は、認定こども園の適正な運営を確保するため必要があると認めるときは、その設置者に対し、認定こども園の運営に関し必要な報告を求めることができる。

（名称の使用制限）

第三一条　何人も、認定こども園でないものについて、認定こども園という名称又はこれと紛らわしい名称を用いてはならない。

2　何人も、幼保連携型認定こども園でないものについて、幼保連携型認定こども園という名称又はこれと紛らわしい名称を用いてはならない。

第五章　雑則

（学校教育法の特例）

第三二条　認定こども園である幼稚園又は認定こども園である連携施設を構成する幼稚園に係る学校教育法第二十四条、第二十五条並びに第二十七条第四項から第七項まで及び第十一項の規定の適用については、同法第二十四条中「努めるものとする」とあるのは「努めるとともに、就学前の子どもに関する教育、保育等の総合的な提供の推進に関する法律（平成十八年法律第七十七号）第二条第十二項に規定する子育て支援事業（以下単に「**子育て支援事業**」という。）を行うものとする」と、同法第二十五条中「保育内容」とあるのは「保育内容（子育て支援事業を含む。）」と、同法第二十七条第四項から第七項まで及び第十一項中「園務」とあるのは「園務（子育て支援事業を含む。）」とする。

（児童福祉法の特例）

第三三条　第三条第一項の認定を受けた公私連携型保育所（児童福祉法第五十六条の八第一項に規定する公私連携型保育所をいう。）に係る同法第五十六条の八の規定の適用については、同条第一項中「保育及び」とあるのは、「保育（満三歳以上の子どもに対し学校教育法第二十三条各号に掲げる目標が達成されるよう保育を行うことを含む。）及び」とする。

（公私連携幼保連携型認定こども園に関する特例）

第三四条　市町村長（特別区の区長を含む。以下この条において同じ。）は、当該市町村における保育の実施に対する需要の状況等に照らし適当であると認めるときは、公私連携幼保連携型認定こども園（次項に規定する協定に基づき、当該市町村から必要な設備の貸付け、譲渡その他の協力を得て、当該市町村との連携の下に教育及び保育等を行う幼保連携型認定こども園をいう。以下この条において同じ。）の運営を継続的かつ安定的に行うことができる能力を有するものであると認められるもの（学校法人又は社会福祉法人に限る。）を、その申請により、公私連携幼保連携型認定こども園の設置及び運営を目的とする法人（以下この条において「公私連携法人」という。）として指定することができる。

2　市町村長は、前項の規定による指定（第十一項及び第十四項において単に「指定」という。）をしようとするときは、あらかじめ、当該指定をしようとする法人と、次に掲げる事項を定めた協定（以下この条において単に「協定」という。）を締結しなければならない。

一　協定の目的となる公私連携幼保連携型認定こども園の名称及び所在地

二　公私連携幼保連携型認定こども園における教育及び保育等に関する基本的事項

三　市町村による必要な設備の貸付け、譲渡その他の協力に関する基本的事項

四　協定の有効期間

五　協定に違反した場合の措置

六　その他公私連携幼保連携型認定こども園の設置及び運営に関し必要な事項

3　公私連携法人は、第十七条第一項の規定にかかわらず、市町村長を経由し、都道府県知事に届け出ることにより、公私連携幼保連携型認定こども園を設置することができる。

4　市町村長は、公私連携法人が前項の規定による届出をした際に、当該公私連携法人が協定に基づき公私連携幼保連携型認定こども園における教育及び保育等を行うために設備の整備を必要とする場合には、当該協定に定めるところにより、当該公私連携法人に対し、当該設備を無償若しくは時価よりも低い対価で貸し付け、又は譲渡するものとする。

5　前項の規定は、地方自治法第九十六条及び第二百三十七条から第二百三十八条の五までの規定の適用を妨げない。

6　公私連携法人は、第十七条第一項の規定による廃止等の認可の申請を行おうとするときは、市町村長を経由して行わなければならない。この場合において、当該市町村長は、当該申請に係る事項に関し意見を付すことができる。

7　市町村長は、公私連携幼保連携型認定こども園の運営を適切にさせるため必要があると認めるときは、公私連携法人若しくは園長に対して必要と認める事項の報告を求め、又は当該職員に関係者に対して質問させ、若しくはその施設に立ち入り、設備、帳簿書類その他の物件を検査させることができる。

8　第十九条第二項及び第三項の規定は、前項の規定による立入検査について準用する。

9　第七項の規定により、公私連携法人若しくは園長に対し報告を求め、又は当該職員に関係者に対し質問させ、若しくは公私連携幼保連携型認定こども園に立入検査をさせた市町村長（指定都市等の長を除く。）は、当該公私連携幼保連携型認定こども園につき、第二十条又は第二十一条第一項の規定による処分が行われる必要があると認めるときは、理由を付して、その旨を都道府県知事に通知しなければならない。

10　市町村長は、公私連携幼保連携型認定こども園が正当な理由なく協定に従って教育及び保育等を行っていないと認めるときは、公私連携法人に対し、協定に従って教育及び保育等を行うことを勧告することができる。

11　市町村長は、前項の規定により勧告を受けた公私連携法人が当該勧告に従わないときは、指定を取り消すことができる。

12　公私連携法人は、前項の規定による指定の取消しの処分を受けたときは、当該処分に係る公私連携幼保連携型認定こども園について、第十七条第一項の規定による廃止の認可を都道府県知事に申請しなければならない。

13　公私連携法人は、前項の規定による廃止の認可の申請をしたときは、当該申請の日前一月以内に教育及び保育等を受けていた者であって、当該廃止の日以後においても引き続き当該教育及び保育等に相当する教育及び保育等の提供を希望する者に対し、必要な教育及び保育等が継

続的に提供されるよう、他の幼保連携型認定こども園その他関係者との連絡調整その他の便宜の提供を行わなければならない。

14 指定都市等の長が指定を行う公私連携法人に対する第三項の規定の適用については、同項中「市町村長を経由し、都道府県知事」とあるのは、「指定都市等の長」とし、第六項の規定は、適用しない。

（緊急時における主務大臣の事務執行）

第三五条 第十九条第一項、第二十条及び第二十一条第一項の規定により都道府県知事の権限に属するものとされている事務は、園児の利益を保護する緊急の必要があると主務大臣が認める場合にあっては、主務大臣又は都道府県知事が行うものとする。この場合においては、この法律の規定中都道府県知事に関する規定（当該事務に係るもの（同条第二項を除く。）に限る。）は、主務大臣に関する規定として主務大臣に適用があるものとする。

2 前項の場合において、主務大臣又は都道府県知事が当該事務を行うときは、相互に密接な連携の下に行うものとする。

（主務大臣等）

第三六条 この法律における主務大臣は、内閣総理大臣及び文部科学大臣とする。

2 この法律における主務省令は、主務大臣の発する命令とする。

（権限の委任）

第三七条 内閣総理大臣は、この法律に規定する内閣総理大臣の権限（政令で定めるものを除く。）をこども家庭庁長官に委任する。

2 こども家庭庁長官は、政令で定めるところにより、前項の規定により委任された権限の一部を地方厚生局長又は地方厚生支局長に委任することができる。

（政令等への委任）

第三八条 この法律に規定するもののほか、この法律の施行のため必要な事項で、地方公共団体の機関が処理しなければならないものについては政令で、その他のものについては主務省令で定める。

第六章　罰則

第三九条 第二十一条第一項の規定による事業の停止又は施設の閉鎖の命令に違反した者は、六月以下の懲役若しくは禁錮又は五十万円以下の罰金に処する。

> **注** 第三九条は、令和四年六月一七日法律第六八号により次のように改正され、令和四年六月一七日から起算して三年を超えない範囲内において政令で定める日から施行される。
>
> 第三十九条中「懲役若しくは禁錮」を「拘禁刑」に改める。

第四〇条 次の各号のいずれかに該当する場合には、その違反行為をした者は、三十万円以下の罰金に処する。

一 第十五条第一項又は第四項の規定に違反して、相当の免許状を有しない者又は登録を受けていない者を主幹保育教諭、指導保育教諭、保育教諭、助保育教諭又は講師に任命し、又は雇用したとき。

二 第十五条第一項又は第四項の規定に違反して、相当の免許状を有せず、又は登録を受けていないにもかかわらず主幹保育教諭、指導保育教諭、保育教諭、助保育教諭又は講師となったとき。

三 第十五条第二項、第三項又は第五項の規定に違反して、相当の免許状を有しない者を主幹養護教諭、養護教諭、主幹栄養教諭、栄養教諭又は養護助教諭に任命し、又は雇用したとき。

四 第十五条第二項、第三項又は第五項の規定に違反して、相当の免許状を有しないにもかかわらず主幹養護教諭、養護教諭、主幹栄養教諭、栄養教諭又は養護助教諭となったとき。

五 第三十一条第一項の規定に違反して、認定こども園という名称又はこれと紛らわしい名称を用いたとき。

六 第三十一条第二項の規定に違反して、幼保連携型認定こども園という名称又はこれと紛らわしい名称を用いたとき。

附　則（抄）

（施行期日）

1 この法律は、平成十八年十月一日から施行する。

（幼保連携型認定こども園に係る保育室の床面積の特例）

2　都道府県又は指定都市等が第十三条第一項の規定により条例を定めるに当たっては、保育の実施に対する需要その他の条件を考慮して主務省令で定める基準に照らして主務大臣が指定する地域にあっては、政令で定める日までの間、同条第二項の規定にかかわらず、幼保連携型認定こども園に係る保育室の床面積については、同項に規定する主務省令で定める基準を標準として定めるものとする。

附　則（平二四・八・二二法律六六）

（施行期日）

第一条　この法律は、子ども・子育て支援法（平成二十四年法律第六十五号）の施行の日〔平二七・四・一〕から施行する。ただし、附則第九条から第十一条までの規定は、公布の日〔平二四・八・二二〕から施行する。

（検討）

第二条　政府は、幼稚園の教諭の免許及び保育士の資格について、一体化を含め、その在り方について検討を加え、必要があると認めるときは、その結果に基づいて所要の措置を講ずるものとする。

2　政府は、前項に定める事項のほか、この法律の施行後五年を目途として、この法律の施行の状況を勘案し、必要があると認めるときは、この法律による改正後の就学前の子どもに関する教育、保育等の総合的な提供の推進に関する法律（以下「**新認定こども園法**」という。）の規定について検討を加え、その結果に基づいて所要の措置を講ずるものとする。

（認定こども園である幼保連携施設に関する経過措置）

第三条　この法律の施行の際現に存するこの法律による改正前の就学前の子どもに関する教育、保育等の総合的な提供の推進に関する法律第七条第一項に規定する認定こども園である同法第三条第三項に規定する幼保連携施設（幼稚園（同法第二条第二項に規定する幼稚園をいう。以下同じ。）及び保育所（同法第二条第三項に規定する保育所をいう。）で構成されるものに限る。以下この項及び次項において「旧幼保連携型認定こども園」という。）であって、国（国立大学法人法（平成十五年法律第百十二号）第二条第一項に規定する国立大学法人を含む。次条第一項において同じ。）及び地方公共団体以外の者が設置するものについては、この法律の施行の日（以下「**施行日**」という。）に、新認定こども園法第十七条第一項の設置の認可があったものとみなす。ただし、当該旧幼保連携型認定こども園の設置者が施行日の前日までに、新認定こども園法第三十六条第二項の主務省令（以下単に「**主務省令**」という。）で定めるところにより、別段の申出をしたときは、この限りでない。

2　前項の規定により新認定こども園法第十七条第一項の設置の認可があったものとみなされた旧幼保連携型認定こども園（以下この項において「みなし幼保連携型認定こども園」という。）の設置者は、施行日から起算して三月以内に、同法第四条第一項各号に掲げる事項を記載した書類を都道府県知事（指定都市等の区域内に所在するみなし幼保連携型認定こども園の設置者については、当該指定都市等の長）に提出しなければならない。

3　指定都市等の長は、前項の規定による書類の提出を受けたときは、速やかに、当該書類の写しを都道府県知事に送付しなければならない。

4　都道府県知事は、第二項の書類の提出又は前項の書類の写しの送付を受けたときは、新認定こども園法第二十八条に規定する方法により、同条に規定する者に対し、当該書類又は当該書類の写しに記載された事項についてその周知を図るものとする。

（幼保連携型認定こども園の設置に係る特例）

第四条　施行日の前日において現に存する幼稚園を設置している者であって、次に掲げる要件の全てに適合するもの（国、地方公共団体、私立学校法（昭和二十四年法律第二百七十号）第三条に規定する学校法人及び社会福祉法（昭和二十六年法律第四十五号）第二十二条に規定する社会福祉法人を除く。）は、当分の間、新認定こども園法第十二条の規定にかかわらず、当該幼稚園を廃止して幼保連携型認定こども園（新認定こども園法第二条第七項に規定する幼保連携型認定こども園をいい、当該幼稚園の所在した区域と同一の区域内にあることその他の主務省令で定める要件に該当するものに限る。以下この条及び附則第七条において同じ。）を設置することができる。

一　新認定こども園法第十三条第一項の基準に適合する設備又はこれに要する資金及び当該幼保連携型認定こども園の経営に必要な財産を有すること。

二　当該幼保連携型認定こども園を設置する者が幼保連携型認定こども園を経営するために必要な知識又は経験を有すること。

三　当該幼保連携型認定こども園を設置する者が社会的信望を有すること。

2　前項の規定により幼保連携型認定こども園を設置しようとする者（法人以外の者に限る。）に係る新認定こども園法第十七条第二項の規定の適用については、「一　申請者が、この法律その他国民の福祉若しくは学校教育に関する法律で政令で定めるものの規定により罰金の刑に処せられ、その執行を終わり、又は執行を受けることがなくなるまでの者であるとき。」とあるのは「一　申請者が、禁錮以上の刑に処せられ、その執行を終わり、又は執行を受けることがなくなるまでの者であるとき。

一の二　申請者が、この法律その他国民の福祉若しくは学校教育に関する法律で政令で定めるものの規定により罰金の刑に処せられ、その執行を終わり、又は執行を受けることがなくなるまでの者であるとき。」とするほか、必要な技術的読替えは、政令で定める。

3　第一項の規定により設置された幼保連携型認定こども園の運営に関し必要な事項は、主務省令で定める。

注　附則第四条は、令和四年六月一七日法律第六八号により次のように改正され、令和四年六月一七日から起算して三年を超えない範囲内において政令で定める日から施行される。

附則第四条第二項中「禁錮」を「拘禁刑」に改める。

（保育教諭等の資格の特例）

第五条　施行日から起算して十年間は、新認定こども園法第十五条第一項の規定にかかわらず、幼稚園の教諭の普通免許状（教育職員免許法（昭和二十四年法律第百四十七号）第四条第二項に規定する普通免許状をいう。）を有する者又は児童福祉法（昭和二十二年法律第百六十四号）第十八条の十八第一項の登録を受けた者は、主幹保育教諭、指導保育教諭、保育教諭又は講師（保育教諭に準ずる職務に従事するものに限る。）となることができる。

2　施行日から起算して十年間は、新認定こども園法第十五条第四項の規定にかかわらず、幼稚園の助教諭の臨時免許状（教育職員免許法第四条第四項に規定する臨時免許状をいう。）を有する者は、助保育教諭又は講師（助保育教諭に準ずる職務に従事するものに限る。）となることができる。

（名称の使用制限に関する経過措置）

第六条　この法律の施行の際現に幼保連携型認定こども園という名称又はこれと紛らわしい名称を使用している者については、新認定こども園法第三十一条第二項の規定は、この法律の施行後六月間は、適用しない。

（幼稚園の名称の使用制限に関する経過措置）

第七条　施行日において現に幼稚園を設置しており、かつ、当該幼稚園の名称中に幼稚園という文字を用いている者が、当該幼稚園を廃止して幼保連携型認定こども園を設置した場合には、学校教育法（昭和二十二年法律第二十六号）第百三十五条第一項の規定にかかわらず、当該幼保連携型認定こども園の名称中に引き続き幼稚園という文字を用いることができる。

（罰則に関する経過措置）

第八条　施行日前にした行為に対する罰則の適用については、なお従前の例による。

（準備行為）

第九条　この法律を施行するために必要な条例の制定又は改正、新認定こども園法第十七条第一項の認可の手続その他の行為は、施行日前においても行うことができる。

（政令への委任）

第一〇条　附則第三条から前条までに定めるもののほか、この法律の施行に関し必要な経過措置は、政令で定める。

（関係法律の整備等）

第一一条　この法律の施行に伴う関係法律の整備等については、別に法律で定めるところによる。

母子及び父子並びに寡婦福祉法の概要

1　制定の経緯

「ひとり親家庭」という言葉は、母子家庭、父子家庭の総称として近年使用されている用語です。かつてひとり親家庭は「片親家庭」と呼ばれ、「両親家庭」に対して「欠損家庭」として扱われる傾向があったため、「欠損」というとらえ方を否定し、価値中立な見方として「ひとり親家庭」という用語が使用されています。我が国では母子家庭を中心にひとり親家庭に対する福祉政策が展開されてきました。

母子福祉対策は、戦前においては昭和四年に制定された救護法のもとで、一歳未満の乳児に限って母子一体救護を認めていました。

昭和六年の満州事変から始まった十五年戦争で戦争未亡人が増えたため、昭和一二年に軍事救護法を軍事扶助法と改め、母子家庭への経済的援助を行うと同時に、富国強兵・健民健兵を目的とした児童の育成のため、母子保護法を制定し、十三歳未満の子を持つ母で夫がなく生活が困難な母子に生活費を支給することとされました。

戦後、昭和二一年に（旧）生活保護法が制定され、全国民を対象として最低生活が保障されることとなり、救護法、軍事扶助法及び母子保護法は廃止されました。

しかし、母子家庭の置かれている社会的、経済的な事情にかんがみれば、児童の健全な育成のための配慮、母の養育責任の遂行のための援助が必要であり、昭和二七年に戦争犠牲者遺族に対する援護を主体とし、資金の貸付を柱にした、母子福祉資金の貸付等に関する法律が制定されました。

その後、ひとり親家庭の発生要因も戦争犠牲者遺族から病死や離婚などさまざまなものに変化してきたため、母子福祉対策を総合的に推進することを目的に、母子福祉法が昭和三九年に制定されました。

母子福祉法の対象は母子家庭とされていたため、子が成人すると残された寡婦は保護を受けられなくなり、生活の影響が大きいため、寡婦についても母子家庭に準じた法的保護の対象とすることを目的とする改正が昭和五六年に行われ、法律の題名も「母子及び寡婦福祉法」と改められました。

平成一四年には、父子家庭も法律の保護の対象とするなどの改正が行われています。

平成二六年には、ひとり親が就業し、仕事と子育てを両立しながら経済的に自立するとともに、子どもが心身ともに健やかに成長できるよう、また、子どもの貧困対策にも資するよう、ひとり親家庭への支援施策を強化する改正が行われ、支援体制の充実、支援施策・周知の強化、父子家庭への支援の拡大、児童扶養手当と公的年金等との併給制限の見直しが図られ、法律の題名も「母子及び父子並びに寡婦福祉法」とする改正が行われています。

2　法の概要

母子及び父子並びに寡婦福祉法は、総則、基本方針等、母子家庭に対する福祉の措置、父子家庭に対する福祉の措置、寡婦に対する福祉の措置、福祉資金貸付金に関する特別会計等、母子・父子福祉施設、費用、雑則、罰則の一〇章から構成されており、母子家庭等及び寡婦に対する総合的な施策を規定しているものです。

(1)　目的など

母子及び父子並びに寡婦福祉法は第一条に目的を定めており、「母子家庭等及び寡婦の福祉に関する原理を明らかにするとともに、母子家庭等及び寡婦に対し、その生活の安定と向上のために必要な措置を講じ、もって母子家庭等及び寡婦の福祉を図ることを目的とする」とされています。

また、基本理念として「全て母子家庭等には、児童が、その置かれている環境にかかわらず、心身ともに健やかに育成されるために必要な諸条件と、その母子家庭の母及び父子家庭の父の健康で文化的な生活とが保障されるものとする。」「寡婦には、母子家庭の母及び父子家庭の父に準じて健康で文化的な生活が保障されるものとする。」と定められており、この目的、基本理念を達成するために、母子家庭の母及び父子家庭の父並びに寡婦の努力、児童の扶養義務の履行、国及び地方公共団体の責務について規定しています。

(2) 対象

「母子家庭」「父子家庭」「寡婦」「母子・父子福祉団体」です。

※本法における「母子家庭」「父子家庭」の子（児童）は二十歳未満です。

※「寡婦」とは、配偶者のいない女子であって、かつて配偶者のない女子として児童を扶養していたことのある者をいいます。

※「母子・父子福祉団体」とは、配偶者のない女子又は男子で現に児童を扶養しているもの及び寡婦の福祉を増進することを主たる目的とする社会福祉法人等であって、その理事等の過半数が配偶者のない女子又は男子であるものをいいます。

※「配偶者のない女子（男子）」とは、①配偶者と死別した女子（男子）であって、現に婚姻をしていないもの、②離婚した女子（男子）であって現に婚姻をしていないもの、③配偶者の生死が明らかでない女子（男子）、④配偶者から遺棄されている女子（男子）、⑤配偶者が海外にあるためその扶養を受けることができない女子（男子）、⑥配偶者が精神又は身体の障害により長期にわたって労働能力を失っている女子（男子）、⑦その他政令で定めるものをいいます。

(3) 母子・父子自立支援員

母子・父子自立支援員は、都道府県、市及び福祉事務所設置町村に置かれます。配偶者のいない者で現に児童を扶養しているもの及び寡婦の福祉に関する身近な相談員として、相談に応じ、その自立に必要な情報提供、指導、職業能力の向上及び求職活動に関する支援を行います。

(4) 基本方針等

① 内閣総理大臣は、母子家庭等及び寡婦の生活の安定と向上のための措置に関する基本的な指針（基本方針）を定めます。

② 都道府県等は、基本方針に即し、自立促進計画を策定します。

(5) 母子家庭に対する福祉の措置

本法は、第三章において、施策として行う福祉の措置を規定しています。

①母子福祉資金の貸付け、②母子・父子福祉団体に対する貸付け、③母子家庭日常生活支援事業、④公共施設内における売店等の設置の優先許可、⑤製造たばこの小売販売業の優先許可、⑥公営住宅の供給に関する特別の配慮、⑦特定教育・保育施設の利用等に関する特別の配慮、⑧雇用の促進、⑨母子家庭就業支援事業等、⑩母子家庭自立支援給付金の支給、⑪母子家庭生活向上事業

(6) 父子家庭に対する福祉の措置

本法は、平成二六年より第四章において、父子家庭に対する施策として行う福祉の措置を規定しています。

①父子福祉資金の貸付け、②父子家庭日常生活支援事業、③公営住宅の供給に関する特別の配慮、④父子家庭就業支援事業等、⑤父子家庭自立支援給付金、⑥父子家庭生活向上事業

(7) 寡婦に対する福祉の措置

寡婦に対しても、母子家庭等に対してと同様に、寡婦福祉資金の貸付け、寡婦日常生活支援事業、公共施設内における売店等の設置の優先許可、たばこ小売販売業の優先許可、寡婦就業支援事業等、寡婦生活向上事業が規定されています。

(8) 福祉資金貸付金に関する特別会計等

都道府県は母子福祉資金貸付金、父子福祉資金貸付金及び寡婦福祉貸付金の貸付を行うについては特別会計を設ける必要があります。

(9) 母子・父子福祉施設

「母子・父子福祉センター」「母子・父子休養ホーム」の二種類があり、母子家庭等及び寡婦が利用できます。

3 関係主要法令等

◉母子及び父子並びに寡婦福祉法施行令（昭三九政令二二四）

◉母子及び父子並びに寡婦福祉法施行規則（昭三九厚令三二）

◉母子家庭等及び寡婦の生活の安定と向上のための措置に関する基本的な方針（令二厚労告七八）

◉母子及び父子並びに寡婦福祉法

題名改正　昭五六法律七九（旧母子福祉法）、平二六法律二八（旧母子及び寡婦福祉法）

（昭和三九・七・一法律一二九）

注　令五法律二八改正現在（未施行分については、該当か所の後に改正文を収載）

第一章　総則

（目的）

第一条　この法律は、母子家庭等及び寡婦の福祉に関する原理を明らかにするとともに、母子家庭等及び寡婦に対し、その生活の安定と向上のために必要な措置を講じ、もつて母子家庭等及び寡婦の福祉を図ることを目的とする。

（基本理念）

第二条　全て母子家庭等には、児童が、その置かれている環境にかかわらず、心身ともに健やかに育成されるために必要な諸条件と、その母子家庭の母及び父子家庭の父の健康で文化的な生活とが保障されるものとする。

2　寡婦には、母子家庭の母及び父子家庭の父に準じて健康で文化的な生活が保障されるものとする。

（国及び地方公共団体の責務）

第三条　国及び地方公共団体は、母子家庭等及び寡婦の福祉を増進する責務を有する。

2　国及び地方公共団体は、母子家庭等又は寡婦の福祉に関係のある施策を講ずるに当たつては、その施策を通じて、前条に規定する理念が具現されるように配慮しなければならない。

（関係機関の責務）

第三条の二　第八条第一項に規定する母子・父子自立支援員、福祉事務所（社会福祉法（昭和二十六年法律第四十五号）に定める福祉に関する事務所をいう。以下同じ。）その他母子家庭の福祉に関する機関、児童福祉法（昭和二十二年法律第百六十四号）に定める児童委員、困難な問題を抱える女性への支援に関する法律（令和四年法律第五十二号）第十一条第一項に規定する女性相談支援員、児童福祉法第四十四条の二第一項に規定する児童家庭支援センター、同法第三十八条に規定する母子生活支援施設、第十七条第一項、第三十条第三項又は第三十一条の五第二項の規定により都道府県又は市（特別区を含む。以下同じ。）町村から委託を受けている者、第三十八条に規定する母子・父子福祉施設、母子・父子福祉団体、公共職業安定所その他母子家庭の支援を行う関係機関は、母子家庭の母及び児童の生活の安定と向上のために相互に協力しなければならない。

2　第八条第一項に規定する母子・父子自立支援員、福祉事務所その他父子家庭の福祉に関する機関、児童福祉法に定める児童委員、同法第四十四条の二第一項に規定する児童家庭支援センター、第三十一条の七第一項、第三十一条の九第三項又は第三十一条の十一第二項の規定により都道府県又は市町村から委託を受けている者、第三十八条に規定する母子・父子福祉施設、母子・父子福祉団体、公共職業安定所その他父子家庭の支援を行う関係機関は、父子家庭の父及び児童の生活の安定と向上のために相互に協力しなければならない。

3　第八条第一項に規定する母子・父子自立支援員、福祉事務所その他寡婦の福祉に関する機関、第三十三条第一項、第三十五条第三項又は第三十五条の二第二項の規定により都道府県又は市町村から委託を受けている者、第三十八条に規定する母子・父子福祉施設、母子・父子福祉団体、公共職業安定所その他寡婦の支援を行う関係機関は、寡婦の生活の安定と向上のために相互に協力しなければならない。

（自立への努力）

第四条　母子家庭の母及び父子家庭の父並びに寡婦は、自ら進んでその自立を図り、家庭生活及び職業生活の安定と向上に努めなければならない。

（扶養義務の履行）

第五条　母子家庭等の児童の親は、当該児童が心身ともに健やかに育成されるよう、当該児童の養育に必要な費用の負担その他当該児童についての扶養義務を履行するように努めなければならない。

2　母子家庭等の児童の親は、当該児童が心身ともに健やかに育成されるよう、当該児童を監護しない親の当該児童についての扶養義務の履行を確保するように努めなければならない。

3　国及び地方公共団体は、母子家庭等の児童が心身ともに健やかに育成されるよう、当該児童を監護しない親の当該児童についての扶養義務の履行を確保するために広報その他適切な措置を講ずるように努めなければならない。

（定義）

第六条　この法律において「**配偶者のない女子**」とは、配偶者（婚姻の届出をしていないが、事実上婚姻関係と同様の事情にある者を含む。以下同じ。）と死別した女子であつて、現に婚姻（婚姻の届出をしていないが、事実上婚姻関係と同様の事情にある場合を含む。以下同じ。）をしていないもの及びこれに準ずる次に掲げる女子をいう。

一　離婚した女子であつて現に婚姻をしていないもの

二　配偶者の生死が明らかでない女子

三　配偶者から遺棄されている女子

四　配偶者が海外にあるためその扶養を受けることができない女子

五　配偶者が精神又は身体の障害により長期にわたつて労働能力を失つている女子

六　前各号に掲げる者に準ずる女子であつて政令で定めるもの

2　この法律において「**配偶者のない男子**」とは、配偶者と死別した男子であつて、現に婚姻をしていないもの及びこれに準ずる次に掲げる男子をいう。

一　離婚した男子であつて現に婚姻をしていないもの

二　配偶者の生死が明らかでない男子

三　配偶者から遺棄されている男子

四　配偶者が海外にあるためその扶養を受けることができない男子

五　配偶者が精神又は身体の障害により長期にわたつて労働能力を失つている男子

六　前各号に掲げる者に準ずる男子であつて政令で定めるもの

3　この法律において「**児童**」とは、二十歳に満たない者をいう。

4　この法律において「**寡婦**」とは、配偶者のない女子であつて、かつて配偶者のない女子として民法（明治二十九年法律第八十九号）第八百七十七条の規定により児童を扶養していたことのあるものをいう。

5　この法律において「**母子家庭等**」とは、母子家庭及び父子家庭をいう。

6　この法律において「**母子・父子福祉団体**」とは、配偶者のない者で現に児童を扶養しているもの（配偶者のない女子であつて現に児童を扶養しているもの（以下「**配偶者のない女子で現に児童を扶養しているもの**」という。）又は配偶者のない男子であつて同条の規定により現に児童を扶養しているもの（以下「**配偶者のない男子で現に児童を扶養しているもの**」という。）をいう。第八条第二項において同じ。）の福祉又はこれに併せて寡婦の福祉を増進することを主たる目的とする次の各号に掲げる法人であつて当該各号に定めるその役員の過半数が配偶者のない女子又は配偶者のない男子であるものをいう。

一　社会福祉法人　理事

二　前号に掲げるもののほか、営利を目的としない法人であつて内閣府令で定めるもの　内閣府令で定める役員

（都道府県児童福祉審議会等の権限）

第七条　次の各号に掲げる機関は、母子家庭等の福祉に関する事項につき、調査審議するほか、当該各号に定める者の諮問に答え、又は関係行政機関に意見を具申することができる。

一　児童福祉法第八条第二項に規定する都道府県児童福祉審議会（同条第一項ただし書に規定する都道府県にあつては、社会福祉法第七条第一項に規定する地方社会福祉審議会）　都道府県知事

二　児童福祉法第八条第四項に規定する市町村児童福祉審議会　市町村長（特別区の区長を含む。以下同じ。）

（母子・父子自立支援員）

第八条　都道府県知事、市長（特別区の区長を含む。）及び福祉事務所を管理する町村長（以下「**都道府県知事等**」という。）は、社会的信望があり、かつ、次項に規定する職務を行うに必要な熱意と識見を持つている者のうちから、母子・父子自立支援員を委嘱するものとする。

2　母子・父子自立支援員は、この法律の施行に関し、主として次の業務を行うものとする。

一　配偶者のない者で現に児童を扶養しているもの及び寡婦に対し、相談に応じ、その自立に必要な情報提供及び指導を行うこと。

二　配偶者のない者で現に児童を扶養しているもの及び寡婦に対し、職業能力の向上及び求職活動に関する支援を行うこと。

3　都道府県、市及び福祉事務所を設置する町村（以下「**都道府県等**」という。）は、母子・父子自立支援員の研修の実施その他の措置を講ずることにより、母子・父子自立支援員その他の母子家庭の母及び父子家庭の父並びに寡婦の自立の支援に係る事務に従事する人材の確保及び資質の向上を図るよう努めるものとする。

（福祉事務所）

第九条　福祉事務所は、この法律の施行に関し、主として次の業務を行うものとする。

一　母子家庭等及び寡婦の福祉に関し、母子・父子福祉団体の実情その他必要な実情の把握に努めること。

二　母子家庭等及び寡婦の福祉に関する相談に応じ、必要な調査及び指導を行うこと、並びにこれらに付随する業務を行うこと。

（児童委員の協力）

第一〇条　児童福祉法に定める児童委員は、この法律の施行について、福祉事務所の長又は母子・父子自立支援員の行う職務に協力するものとする。

（母子家庭等及び寡婦の生活の安定と向上のための措置の積極的かつ計画的な実施等）

第一〇条の二　都道府県等は、母子家庭等及び寡婦が母子家庭等及び寡婦の生活の安定と向上のために最も適切な支援を総合的に受けられるようにするため、地域の実情に応じた母子家庭等及び寡婦の生活の安定と向上のための措置の積極的かつ計画的な実施及び周知並びに母子家庭等及び寡婦の生活の安定と向上のための支援を行う者の活動の連携及び調整を図るよう努めなければならない。

第二章　基本方針等

（基本方針）

第一一条　内閣総理大臣は、母子家庭等及び寡婦の生活の安定と向上のための措置に関する基本的な方針（以下「**基本方針**」という。）を定めるものとする。

2　基本方針に定める事項は、次のとおりとする。

一　母子家庭等及び寡婦の家庭生活及び職業生活の動向に関する事項

二　母子家庭等及び寡婦の生活の安定と向上のため講じようとする施策の基本となるべき事項

三　都道府県等が、次条の規定に基づき策定する母子家庭等及び寡婦の生活の安定と向上のための措置に関する計画（以下「**自立促進計画**」という。）の指針となるべき基本的な事項

四　前三号に掲げるもののほか、母子家庭等及び寡婦の生活の安定と向上のための措置に関する重要事項

3　内閣総理大臣は、基本方針を定め、又は変更するときは、あらかじめ、関係行政機関の長に協議するものとする。

4　内閣総理大臣は、基本方針を定め、又は変更したときは、遅滞なく、これを公表するものとする。

（自立促進計画）

第一二条　都道府県等は、基本方針に即し、次に掲げる事項を定める自立促進計画を策定し、又は変更しようとするときは、法律の規定による計画であつて母子家庭等及び寡婦の福祉に関する事項を定めるものとの調和を保つよう努めなければならない。

一　当該都道府県等の区域における母子家庭等及び寡婦の家庭生活及び職業生活の動向に関する事項

二　当該都道府県等の区域において母子家庭等及び寡婦の生活の安定と向上のため講じようとする施策の基本となるべき事項

三　福祉サービスの提供、職業能力の向上の支援その他母子家庭等及び寡婦の生活の安定と向上のために講ずべき具体的な措置に関する事項

四　前三号に掲げるもののほか、母子家庭等及び寡婦の生活の安定と向上のための措置に関する重要事項

2　都道府県等は、自立促進計画を策定し、又は変更するときは、あらかじめ、母子家庭等及び寡婦の置かれている環境、母子家庭等及び寡婦に対する福祉の措置の利用に関する母子家庭等及び寡婦の意向その他の母子家庭等及び寡婦の事情を勘案するよう努めなければならない。

3　都道府県等は、自立促進計画を策定し、又は変更するときは、あらかじめ、第七条各号に掲げる機関、子ども・子育て支援法（平成二十四年法律第六十五号）第七十二条第一項又は第四項に規定する機関その他の母子家庭等及び寡婦の福祉に関する事項を調査審議する合議制の機関の意見を聴くよう努めなければならない。

4　都道府県等は、自立促進計画を策定し、又は変更するときは、あらかじめ、母子・父子福祉団体の意見を反映させるために必要な措置を講ずるものとする。

5　前項に定めるもののほか、都道府県等は、自立促進計画を策定し、又は変更するときは、あらかじめ、インターネットの利用その他の内閣府令で定める方法により広く母子家庭等及び寡婦の意見を求めることその他の住民の意見を反映させるために必要な措置を講ずるよう努めなければならない。

第三章　母子家庭に対する福祉の措置

（母子福祉資金の貸付け）

第一三条　都道府県は、配偶者のない女子で現に児童を扶養しているもの又はその扶養している児童（配偶者のない女子で現に児童を扶養しているものが同時に民法第八百七十七条の規定により二十歳以上である子その他これに準ずる者を扶養している場合におけるその二十歳以上である子その他こ

れに準ずる者を含む。以下この項及び第三項において同じ。）に対し、配偶者のない女子の経済的自立の助成と生活意欲の助長を図り、あわせてその扶養している児童の福祉を増進するため、次に掲げる資金を貸し付けることができる。

一　事業を開始し、又は継続するのに必要な資金

二　配偶者のない女子が扶養している児童の修学に必要な資金

三　配偶者のない女子又はその者が扶養している児童が事業を開始し、又は就職するために必要な知識技能を習得するのに必要な資金

四　前三号に掲げるもののほか、配偶者のない女子及びその者が扶養している児童の福祉のために必要な資金であつて政令で定めるもの

2　都道府県は、前項に規定する資金のうち、その貸付けの目的を達成するために一定の期間継続して貸し付ける必要がある資金で政令で定めるものについては、その貸付けの期間中に当該配偶者のない女子が民法第八百七十七条の規定により扶養している全ての児童が二十歳に達した後でも、政令で定めるところにより、なお継続してその貸付けを行うことができる。

3　都道府県は、第一項に規定する資金のうち、その貸付けの目的が児童の修学又は知識技能の習得に係る資金であつて政令で定めるものを配偶者のない女子で現に児童を扶養しているものに貸し付けている場合において、その修学又は知識技能の習得の中途において当該配偶者のない女子が死亡したときは、政令で定めるところにより、当該児童（前項の規定による貸付けに係る二十歳以上である者を含む。）がその修学又は知識技能の習得を終了するまでの間、当該児童に対して、当該資金の貸付けを行うことができる。

（母子・父子福祉団体に対する貸付け）

第一四条　都道府県は、政令で定める事業を行う母子・父子福祉団体であつてその事業に使用される者が主として次の各号に掲げる者のいずれかであるもの又は第一号に掲げる者の自立の促進を図るための事業として政令で定めるものを行う母子福祉団体に対し、これらの事業につき、前条第一項第一号に掲げる資金を貸し付けることができる。

一　配偶者のない女子で現に児童を扶養しているもの

二　前号に掲げる者及び配偶者のない男子で現に児童を扶養しているもの

三　第一号に掲げる者及び寡婦

四　第二号に掲げる者及び寡婦

（償還の免除）

第一五条　都道府県は、第十三条の規定による貸付金の貸付けを受けた者が死亡したとき、又は精神若しくは身体に著しい障害を受けたため、当該貸付金を償還することができなくなつたと認められるときは、議会の議決を経て、当該貸付金の償還未済額の全部又は一部の償還を免除することができる。ただし、政令で定める場合は、この限りでない。

2　都道府県は、第十三条第一項第四号に掲げる資金のうち政令で定めるものの貸付けを受けた者が、所得の状況その他政令で定める事由により当該貸付金を償還することができなくなつたと認められるときは、条例で定めるところにより、当該貸付金の償還未済額の一部の償還を免除することができる。

（政令への委任）

第一六条　前三条に定めるもののほか、第十三条及び第十四条の規定による貸付金（以下「**母子福祉資金貸付金**」という。）の貸付金額の限度、貸付方法、償還その他母子福祉資金貸付金の貸付けに関して必要な事項は、政令で定める。

（母子家庭日常生活支援事業）

第一七条　都道府県又は市町村は、配偶者のない女子で現に児童を扶養しているものが

その者の疾病その他の理由により日常生活に支障を生じたと認められるときは、政令で定める基準に従い、その者につき、その者の居宅その他内閣府令で定める場所において、乳幼児の保育若しくは食事の世話若しくは専門的知識をもつて行う生活及び生業に関する助言、指導その他の日常生活を営むのに必要な便宜であつて内閣府令で定めるものを供与し、又は当該都道府県若しくは市町村以外の者に当該便宜を供与することを委託する措置を採ることができる。

2　前項の規定による委託に係る事務に従事する者又は従事していた者は、正当な理由がなく、当該事務に関して知り得た秘密を漏らしてはならない。

（措置の解除に係る説明等）

第一八条　都道府県知事又は市町村長は、前条第一項の措置を解除する場合には、あらかじめ、当該措置に係る者に対し、当該措置の解除の理由について説明するとともに、その意見を聴かなければならない。ただし、当該措置に係る者から当該措置の解除の申出があつた場合その他内閣府令で定める場合においては、この限りでない。

（行政手続法の適用除外）

第一九条　第十七条第一項の措置を解除する処分については、行政手続法（平成五年法律第八十八号）第三章（第十二条及び第十四条を除く。）の規定は、適用しない。

（事業の開始）

第二〇条　国及び都道府県以外の者は、内閣府令で定めるところにより、あらかじめ、内閣府令で定める事項を都道府県知事に届け出て、母子家庭日常生活支援事業（第十七条第一項の措置に係る者につき同項の内閣府令で定める便宜を供与する事業をいう。以下同じ。）を行うことができる。

（廃止又は休止）

第二一条　母子家庭日常生活支援事業を行う者は、その事業を廃止し、又は休止するときは、あらかじめ、内閣府令で定める事項を都道府県知事に届け出なければならない。

（報告の徴収等）

第二二条　都道府県知事は、母子家庭の福祉のために必要があると認めるときは、母子家庭日常生活支援事業を行う者に対し、必要と認める事項の報告を求め、又は当該職員に、関係者に対して質問させ、若しくはその事務所に立ち入り、帳簿書類その他の物件を検査させることができる。

2　前項の規定による質問又は立入検査を行う場合においては、当該職員は、その身分を示す証明書を携帯し、関係者の請求があるときは、これを提示しなければならない。

3　第一項の規定による権限は、犯罪捜査のために認められたものと解釈してはならない。

（事業の停止等）

第二三条　都道府県知事は、母子家庭日常生活支援事業を行う者が、この法律若しくはこれに基づく命令若しくはこれらに基づいてする処分に違反したとき、又はその事業に関し不当に営利を図り、若しくは第十七条第一項の措置に係る配偶者のない女子で現に児童を扶養しているもの等の処遇につき不当な行為をしたときは、その事業を行う者に対し、その事業の制限又は停止を命ずることができる。

（受託義務）

第二四条　母子家庭日常生活支援事業を行う者は、第十七条第一項の規定による委託を受けたときは、正当な理由がなく、これを拒んではならない。

（売店等の設置の許可）

第二五条　国又は地方公共団体の設置した事務所その他の公共的施設の管理者は、配偶者のない女子で現に児童を扶養しているもの又は母子・父子福祉団体からの申請があつたときは、その公共的施設内において、新聞、雑誌、たばこ、事務用品、食料品その他の物品を販売し、又は理容業、美容業等の業務を行うために、売店又は理容所、美容所等の施設を設置することを許すように努めなければならない。
2　前項の規定により売店その他の施設を設置することを許された者は、病気その他正当な理由がある場合のほかは、自らその業務に従事し、又は当該母子・父子福祉団体が使用する配偶者のない女子で現に児童を扶養しているものをその業務に従事させなければならない。
3　都道府県知事は、第一項に規定する売店その他の施設の設置及びその運営を円滑にするため、当該都道府県の区域内の公共的施設の管理者と協議を行い、かつ、公共的施設内における売店等の設置の可能な場所、販売物品の種類等を調査し、その結果を配偶者のない女子で現に児童を扶養しているもの及び母子・父子福祉団体に知らせる措置を講じなければならない。

（製造たばこの小売販売業の許可）

第二六条　配偶者のない女子で現に児童を扶養しているものがたばこ事業法（昭和五十九年法律第六十八号）第二十二条第一項の規定による小売販売業の許可を申請した場合において同法第二十三条各号の規定に該当しないときは、財務大臣は、その者に当該許可を与えるように努めなければならない。
2　前条第二項の規定は、前項の規定により たばこ事業法第二十二条第一項の許可を受けた者について準用する。

（公営住宅の供給に関する特別の配慮）

第二七条　地方公共団体は、公営住宅法（昭和二十六年法律第百九十三号）による公営住宅の供給を行う場合には、母子家庭の福祉が増進されるように特別の配慮をしなければならない。

（特定教育・保育施設の利用等に関する特別の配慮）

第二八条　市町村は、子ども・子育て支援法第二十七条第一項に規定する特定教育・保育施設（次項において「特定教育・保育施設」という。）又は同法第四十三条第二項に規定する特定地域型保育事業（次項において「特定地域型保育事業」という。）の利用について、同法第四十二条第一項若しくは第五十四条第一項の規定により相談、助言若しくはあつせん若しくは要請を行う場合又は児童福祉法第二十四条第三項の規定により調整若しくは要請を行う場合には、母子家庭の福祉が増進されるように特別の配慮をしなければならない。
2　特定教育・保育施設の設置者又は子ども・子育て支援法第二十九条第一項に規定する特定地域型保育事業者は、同法第三十三条第二項又は第四十五条第二項の規定により当該特定教育・保育施設を利用する児童（同法第十九条第二号又は第三号に該当する児童に限る。以下この項において同じ。）又は当該特定地域型保育事業者に係る特定地域型保育事業を利用する児童を選考するときは、母子家庭の福祉が増進されるように特別の配慮をしなければならない。
3　市町村は、児童福祉法第六条の三第二項に規定する放課後児童健全育成事業その他の内閣府令で定める事業を行う場合には、母子家庭の福祉が増進されるように特別の配慮をしなければならない。

（雇用の促進）

第二九条　国及び地方公共団体は、就職を希望する母子家庭の母及び児童の雇用の促進を図るため、事業主その他国民一般の理解を高めるとともに、職業訓練の実施、就職のあつせん、公共的施設における雇入れの促進等必要な措置を講ずるように努めるものとする。
2　公共職業安定所は、母子家庭の母の雇用の促進を図るため、求人に関する情報の収集及び提供、母子家庭の母を雇用する事業主に対する援助その他必要な措置を講ずるように努めるものとする。

（母子家庭就業支援事業等）

第三〇条　国は、前条第二項の規定に基づき公共職業安定所が講ずる措置のほか、次に掲げる業務を行うものとする。

一　母子家庭の母及び児童の雇用の促進に関する調査及び研究を行うこと。
二　母子家庭の母及び児童の雇用の促進に関する業務に従事する者その他の関係者に対する研修を行うこと。
三　都道府県が行う次項に規定する業務（以下「**母子家庭就業支援事業**」という。）について、都道府県に対し、情報の提供その他の援助を行うこと。

2　都道府県は、就職を希望する母子家庭の母及び児童の雇用の促進を図るため、母子・父子福祉団体と緊密な連携を図りつつ、次に掲げる業務を総合的かつ一体的に行うことができる。
一　母子家庭の母及び児童に対し、就職に関する相談に応じること。
二　母子家庭の母及び児童に対し、職業能力の向上のために必要な措置を講ずること。
三　母子家庭の母及び児童並びに事業主に対し、雇用情報及び就職の支援に関する情報の提供その他母子家庭の母及び児童の就職に関し必要な支援を行うこと。

3　都道府県は、母子家庭就業支援事業に係る事務の全部又は一部を内閣府令で定める者に委託することができる。

4　前項の規定による委託に係る事務に従事する者又は従事していた者は、正当な理由がなく、当該事務に関して知り得た秘密を漏らしてはならない。

（母子家庭自立支援給付金）

第三一条　都道府県等は、配偶者のない女子で現に児童を扶養しているものの雇用の安定及び就職の促進を図るため、政令で定めるところにより、配偶者のない女子で現に児童を扶養しているもの又は事業主に対し、次に掲げる給付金（以下「**母子家庭自立支援給付金**」という。）を支給することができる。
一　配偶者のない女子で現に児童を扶養しているものが、内閣府令で定める教育訓練を受け、当該教育訓練を修了した場合に、その者に支給する給付金（以下「**母子家庭自立支援教育訓練給付金**」という。）
二　配偶者のない女子で現に児童を扶養しているものが、安定した職業に就くことを容易にするため必要な資格として内閣府令で定めるものを取得するため養成機関において修業する場合に、その修業と生活との両立を支援するためその者に支給する給付金（以下「**母子家庭高等職業訓練促進給付金**」という。）
三　前二号に掲げる給付金以外の給付金であつて、政令で定めるもの

（不正利得の徴収）

第三一条の二　偽りその他不正の手段により母子家庭自立支援給付金の支給を受けた者があるときは、都道府県知事等は、受給額に相当する金額の全部又は一部をその者から徴収することができる。

（受給権の保護）

第三一条の三　母子家庭自立支援教育訓練給付金又は母子家庭高等職業訓練促進給付金の支給を受ける権利は、譲り渡し、担保に供し、又は差し押えることができない。

（公課の禁止）

第三一条の四　租税その他の公課は、母子家庭自立支援教育訓練給付金又は母子家庭高等職業訓練促進給付金として支給を受けた金銭を標準として、課することができない。

（母子家庭生活向上事業）

第三一条の五　都道府県及び市町村は、母子家庭の母及び児童の生活の向上を図るため、母子・父子福祉団体と緊密な連携を図りつつ、次に掲げる業務（以下「**母子家庭生活向上事業**」という。）を行うことができる。
一　母子家庭の母及び児童に対し、家庭生活及び職業生活に関する相談に応じ、又は母子・父子福祉団体による支援その他の母子家庭の母及び児童に対する支援に係る情報の提供を行うこと。

二　母子家庭の児童に対し、生活に関する相談に応じ、又は学習に関する支援を行うこと。
三　母子家庭の母及び児童に対し、母子家庭相互の交流の機会を提供することその他の必要な支援を行うこと。
2　都道府県及び市町村は、母子家庭生活向上事業に係る事務の全部又は一部を内閣府令で定める者に委託することができる。
3　前項の規定による委託に係る事務に従事する者又は従事していた者は、正当な理由がなく、当該事務に関して知り得た秘密を漏らしてはならない。

第四章　父子家庭に対する福祉の措置

（父子福祉資金の貸付け）
第三一条の六　都道府県は、配偶者のない男子で現に児童を扶養しているもの又はその扶養している児童（配偶者のない男子で現に児童を扶養しているものが同時に民法第八百七十七条の規定により二十歳以上である子その他これに準ずる者を扶養している場合におけるその二十歳以上である子その他これに準ずる者を含む。以下この項及び第三項において同じ。）に対し、配偶者のない男子の経済的自立の助成と生活意欲の助長を図り、あわせてその扶養している児童の福祉を増進するため、次に掲げる資金を貸し付けることができる。
一　事業を開始し、又は継続するのに必要な資金
二　配偶者のない男子が扶養している児童の修学に必要な資金
三　配偶者のない男子又はその者が扶養している児童が事業を開始し、又は就職するために必要な知識技能を習得するのに必要な資金
四　前三号に掲げるもののほか、配偶者のない男子及びその者が扶養している児童の福祉のために必要な資金であつて政令で定めるもの
2　都道府県は、前項に規定する資金のうち、その貸付けの目的を達成するために一定の期間継続して貸し付ける必要がある資金で政令で定めるものについては、その貸付けの期間中に当該配偶者のない男子が民法第八百七十七条の規定により扶養している全ての児童が二十歳に達した後でも、政令で定めるところにより、なお継続してその貸付けを行うことができる。
3　都道府県は、第一項に規定する資金のうち、その貸付けの目的が児童の修学又は知識技能の習得に係る資金であつて政令で定めるものを配偶者のない男子で現に児童を扶養しているものに貸し付けている場合において、その修学又は知識技能の習得の中途において当該配偶者のない男子が死亡したときは、政令で定めるところにより、当該児童（前項の規定による貸付けに係る二十歳以上である者を含む。）がその修学又は知識技能の習得を終了するまでの間、当該児童に対して、当該資金の貸付けを行うことができる。
4　第十四条（各号を除く。）の規定は、政令で定める事業を行う母子・父子福祉団体であつてその事業に使用される者が主として次の各号に掲げる者のいずれかであるもの又は第一号に掲げる者の自立の促進を図るための事業として政令で定めるものを行う母子・父子福祉団体について準用する。この場合において、同条中「次の各号」とあるのは「第三十一条の六第四項各号」と、「又は第一号」とあるのは「又は同項第一号」と、「前条第一項第一号」とあるのは「同条第一項第一号」と読み替えるものとする。
一　配偶者のない男子で現に児童を扶養しているもの
二　前号に掲げる者及び寡婦
5　第十五条第一項の規定は第一項から第三項までの規定による貸付金の貸付けを受けた者について、同条第二項の規定は第一項第四号に掲げる資金のうち政令で定めるものの貸付けを受けた者について、それぞれ

準用する。

6　都道府県は、母子福祉資金貸付金の貸付けを受けることができる母子・父子福祉団体については、第一項から第三項まで及び第四項において読み替えて準用する第十四条の規定による貸付金（以下「**父子福祉資金貸付金**」という。）の貸付けを行わない。

7　第一項から第三項まで、第四項において読み替えて準用する第十四条、第五項において準用する第十五条及び前項に定めるもののほか、父子福祉資金貸付金の貸付金額の限度、貸付方法、償還その他父子福祉資金貸付金の貸付けに関して必要な事項は、政令で定める。

（父子家庭日常生活支援事業）

第三十一条の七　都道府県又は市町村は、配偶者のない男子で現に児童を扶養しているものがその者の疾病その他の理由により日常生活に支障を生じたと認められるときは、政令で定める基準に従い、その者につき、その者の居宅その他内閣府令で定める場所において、乳幼児の保育若しくは食事の世話若しくは専門的知識をもつて行う生活及び生業に関する助言、指導その他の日常生活を営むのに必要な便宜であつて内閣府令で定めるものを供与し、又は当該都道府県若しくは市町村以外の者に当該便宜を供与することを委託する措置を採ることができる。

2　前項の規定による委託に係る事務に従事する者又は従事していた者は、正当な理由がなく、当該事務に関して知り得た秘密を漏らしてはならない。

3　第十八条及び第十九条の規定は、第一項の措置について準用する。

4　第二十条の規定は父子家庭日常生活支援事業（第一項の措置に係る配偶者のない男子で現に児童を扶養しているものにつき同項の内閣府令で定める便宜を供与する事業をいう。以下同じ。）について、第二十一条から第二十四条までの規定は父子家庭日常生活支援事業を行う者について、それぞれ準用する。この場合において、第二十二条第一項中「母子家庭の」とあるのは「父子家庭の」と、第二十三条中「第十七条第一項」とあるのは「第三十一条の七第一項」と、「配偶者のない女子で現に児童を扶養しているもの」とあるのは「配偶者のない男子で現に児童を扶養しているもの」と、第二十四条中「第十七条第一項」とあるのは「第三十一条の七第一項」と読み替えるものとする。

（公営住宅の供給に関する特別の配慮等）

第三十一条の八　第二十七条及び第二十八条の規定は父子家庭について、第二十九条第一項の規定は父子家庭の父及び児童について、同条第二項の規定は父子家庭の父について、それぞれ準用する。

（父子家庭就業支援事業等）

第三十一条の九　国は、前条において準用する第二十九条第二項の規定に基づき公共職業安定所が講ずる措置のほか、次に掲げる業務を行うものとする。

一　父子家庭の父及び児童の雇用の促進に関する調査及び研究を行うこと。

二　父子家庭の父及び児童の雇用の促進に関する業務に従事する者その他の関係者に対する研修を行うこと。

三　都道府県が行う次項に規定する業務（以下「**父子家庭就業支援事業**」という。）について、都道府県に対し、情報の提供その他の援助を行うこと。

2　都道府県は、就職を希望する父子家庭の父及び児童の雇用の促進を図るため、母子・父子福祉団体と緊密な連携を図りつつ、次に掲げる業務を総合的かつ一体的に行うことができる。

一　父子家庭の父及び児童に対し、就職に関する相談に応じること。

二　父子家庭の父及び児童に対し、職業能力の向上のために必要な措置を講ずること。

三　父子家庭の父及び児童並びに事業主に対し、雇用情報及び就職の支援に関する情報の提供その他父子家庭の父及び児童の就職に関し必要な支援を行うこと。

3　都道府県は、父子家庭就業支援事業に係る事務の全部又は一部を内閣府令で定める者に委託することができる。

4　前項の規定による委託に係る事務に従事する者又は従事していた者は、正当な理由がなく、当該事務に関して知り得た秘密を漏らしてはならない。

(父子家庭自立支援給付金)

第三一条の一〇　第三十一条から第三十一条の四までの規定は、配偶者のない男子で現に児童を扶養しているものについて準用する。この場合において、第三十一条中「母子家庭自立支援給付金」とあるのは「父子家庭自立支援給付金」と、同条第一号中「母子家庭自立支援教育訓練給付金」とあるのは「父子家庭自立支援教育訓練給付金」と、同条第二号中「母子家庭高等職業訓練促進給付金」とあるのは「父子家庭高等職業訓練促進給付金」と、第三十一条の二中「母子家庭自立支援給付金」とあるのは「父子家庭自立支援給付金」と、第三十一条の三及び第三十一条の四中「母子家庭自立支援教育訓練給付金又は母子家庭高等職業訓練促進給付金」とあるのは「父子家庭自立支援教育訓練給付金又は父子家庭高等職業訓練促進給付金」と読み替えるものとする。

(父子家庭生活向上事業)

第三一条の一一　都道府県及び市町村は、父子家庭の父及び児童の生活の向上を図るため、母子・父子福祉団体と緊密な連携を図りつつ、次に掲げる業務(以下「**父子家庭生活向上事業**」という。)を行うことができる。

一　父子家庭の父及び児童に対し、家庭生活及び職業生活に関する相談に応じ、又は母子・父子福祉団体による支援その他の父子家庭の父及び児童に対する支援に係る情報の提供を行うこと。

二　父子家庭の児童に対し、生活に関する相談に応じ、又は学習に関する支援を行うこと。

三　父子家庭の父及び児童に対し、父子家庭相互の交流の機会を提供することその他の必要な支援を行うこと。

2　都道府県及び市町村は、父子家庭生活向上事業に係る事務の全部又は一部を内閣府令で定める者に委託することができる。

3　前項の規定による委託に係る事務に従事する者又は従事していた者は、正当な理由がなく、当該事務に関して知り得た秘密を漏らしてはならない。

第五章　寡婦に対する福祉の措置

(寡婦福祉資金の貸付け)

第三二条　都道府県は、寡婦又は寡婦が民法第八百七十七条の規定により扶養している二十歳以上である子その他これに準ずる者(以下この項及び次項において「寡婦の被扶養者」という。)に対し、寡婦の経済的自立の助成と生活意欲の助長を図り、あわせて寡婦の被扶養者の福祉を増進するため、次に掲げる資金を貸し付けることができる。

一　事業を開始し、又は継続するのに必要な資金

二　寡婦の被扶養者の修学に必要な資金

三　寡婦又は寡婦の被扶養者が事業を開始し、又は就職するために必要な知識技能を習得するのに必要な資金

四　前三号に掲げるもののほか、寡婦及び寡婦の被扶養者の福祉のために必要な資金であつて政令で定めるもの

2　都道府県は、前項に規定する資金のうち、その貸付けの目的が寡婦の被扶養者の修学又は知識技能の習得に係る資金であつて政令で定めるものを寡婦に貸し付けている場合において、当該寡婦の被扶養者の修学又は知識技能の習得の中途において当該寡婦が死亡したときは、政令で定めるところにより、当該寡婦の被扶養者であつた者が修学又は知識技能の習得を終了するまで

の間、当該寡婦の被扶養者であつた者に対して、当該資金の貸付けを行うことができる。

3　民法第八百七十七条の規定により現に扶養する子その他これに準ずる者のない寡婦については、当該寡婦の収入が政令で定める基準を超えるときは、第一項の規定による貸付金の貸付けは、行わない。ただし、政令で定める特別の事情がある者については、この限りでない。

4　第十四条（各号を除く。）の規定は、政令で定める事業を行う母子・父子福祉団体であつてその事業に使用される者が主として寡婦であるもの又は寡婦の自立の促進を図るための事業として政令で定めるものを行う母子・父子福祉団体について準用する。この場合において、同条中「前条第一項第一号」とあるのは、「第三十二条第一項第一号」と読み替えるものとする。

5　第十五条第一項の規定は、第一項及び第二項の規定による貸付金の貸付けを受けた者について準用する。

6　都道府県は、母子福祉資金貸付金の貸付けを受けることができる寡婦又は母子福祉資金貸付金若しくは父子福祉資金貸付金の貸付けを受けることができる母子・父子福祉団体については、第一項及び第二項並びに第四項において読み替えて準用する第十四条の規定による貸付金（以下「寡婦福祉資金貸付金」という。）の貸付けを行わない。

7　第一項から第三項まで、第四項において読み替えて準用する第十四条、第五項において準用する第十五条第一項及び前項に定めるもののほか、寡婦福祉資金貸付金の貸付金額の限度、貸付方法、償還その他寡婦福祉資金貸付金の貸付けに関して必要な事項は、政令で定める。

（寡婦日常生活支援事業）

第三三条　都道府県又は市町村は、寡婦がその者の疾病その他の理由により日常生活に支障を生じたと認められるときは、政令で定める基準に従い、その者につき、その者の居宅その他内閣府令で定める場所において、食事の世話若しくは専門的知識をもつて行う生活及び生業に関する助言、指導その他の日常生活を営むのに必要な便宜であつて内閣府令で定めるものを供与し、又は当該都道府県若しくは市町村以外の者に当該便宜を供与することを委託する措置を採ることができる。

2　前項の規定による委託に係る事務に従事する者又は従事していた者は、正当な理由がなく、当該事務に関して知り得た秘密を漏らしてはならない。

3　第十八条及び第十九条の規定は、第一項の措置について準用する。

4　母子家庭日常生活支援事業を行う者は、あらかじめ、内閣府令で定めるところにより、内閣府令で定める事項を都道府県知事に届け出て、寡婦日常生活支援事業（第一項の措置に係る寡婦につき同項の内閣府令で定める便宜を供与する事業をいう。以下同じ。）を行うことができる。

5　第二十一条から第二十四条までの規定は、寡婦日常生活支援事業を行う者について準用する。この場合において、第二十二条第一項中「母子家庭の」とあるのは「寡婦の」に、「第十七条」を「第十七条第一項」と、第二十三条中「第十七条」とあるのは「第三十三条第一項」と、「配偶者のない者で現に児童を扶養しているもの」とあるのは「寡婦」と、第二十四条中「第十七条」とあるのは「第三十三条第一項」と読み替えるものとする。

（売店等の設置の許可等）

第三四条　第二十五条、第二十六条及び第二十九条の規定は、寡婦について準用する。この場合において、第二十五条第一項中「配偶者のない女子で現に児童を扶養しているもの又は母子・父子福祉団体」とあり、及び同条第三項中「配偶者のない女子で現に児童を扶養しているもの及び母子・父子福祉団体」とあるのは、「寡婦」と読み替えるものとする。

2　第二十五条第一項の規定により売店その他の施設を設置することを許された母子・父子福祉団体は、同条第二項の規定にかかわらず、当該母子・父子福祉団体が使用する寡婦をその業務に従事させることができる。

（寡婦就業支援事業等）

第三五条　国は、前条第一項において準用する第二十九条第二項の規定に基づき公共職業安定所が講ずる措置のほか、次に掲げる業務を行うものとする。

一　寡婦の雇用の促進に関する調査及び研究を行うこと。

二　寡婦の雇用の促進に関する業務に従事する者その他の関係者に対する研修を行うこと。

三　都道府県が行う次項に規定する業務（以下「**寡婦就業支援事業**」という。）について、都道府県に対し、情報の提供その他の援助を行うこと。

2　都道府県は、就職を希望する寡婦の雇用の促進を図るため、母子・父子福祉団体と緊密な連携を図りつつ、次に掲げる業務を総合的かつ一体的に行うことができる。

一　寡婦に対し、就職に関する相談に応じること。

二　寡婦に対し、職業能力の向上のために必要な措置を講ずること。

三　寡婦及び事業主に対し、雇用情報及び就職の支援に関する情報の提供その他寡婦の就職に関し必要な支援を行うこと。

3　都道府県は、寡婦就業支援事業に係る事務の全部又は一部を内閣府令で定める者に委託することができる。

4　前項の規定による委託に係る事務に従事する者又は従事していた者は、正当な理由がなく、当該事務に関して知り得た秘密を漏らしてはならない。

（寡婦生活向上事業）

第三五条の二　都道府県及び市町村は、寡婦の生活の向上を図るため、母子・父子福祉団体と緊密な連携を図りつつ、寡婦に対し、家庭生活及び職業生活に関する相談に応じ、又は母子・父子福祉団体による支援に係る情報の提供その他の必要な支援を行うことができる。

2　都道府県及び市町村は、前項に規定する業務（以下「**寡婦生活向上事業**」という。）に係る事務の全部又は一部を内閣府令で定める者に委託することができる。

3　前項の規定による委託に係る事務に従事する者又は従事していた者は、正当な理由がなく、当該事務に関して知り得た秘密を漏らしてはならない。

第六章　福祉資金貸付金に関する特別会計等

（特別会計）

第三六条　都道府県は、母子福祉資金貸付金、父子福祉資金貸付金及び寡婦福祉資金貸付金（以下「**福祉資金貸付金**」と総称する。）の貸付けを行うについては、特別会計を設けなければならない。

2　前項の特別会計においては、一般会計からの繰入金、次条第一項の規定による国からの借入金（以下「**国からの借入金**」という。）、福祉資金貸付金の償還金（当該福祉資金貸付金に係る政令で定める収入を含む。以下同じ。）及び附属雑収入をもつてその歳入とし、福祉資金貸付金、同条第二項及び第四項の規定による国への償還金、同条第五項の規定による一般会計への繰入金並びに貸付けに関する事務に要する費用をもつてその歳出とする。

3　都道府県は、毎年度の特別会計の決算上剰余金を生じたときは、これを当該年度の翌年度の特別会計の歳入に繰り入れなければならない。

4　第二項に規定する貸付けに関する事務に要する費用の額は、同項の規定に基づく政令で定める収入のうち収納済となつたものの額に政令で定める割合を乗じて得た額と、当該経費に充てるための一般会計からの繰入金の額との合計額を超えてはならない。

（国の貸付け等）

第三七条　国は、都道府県が福祉資金貸付金の財源として特別会計に繰り入れる金額の二倍に相当する金額を、当該繰入れが行われる年度において、無利子で、当該都道府県に貸し付けるものとする。

2　都道府県は、毎年度、当該年度の前々年度の特別会計の決算上の剰余金の額が、政令で定める額を超えるときは、その超える額に第一号に掲げる金額の第二号に掲げる金額に対する割合を乗じて得た額に相当する金額を、政令で定めるところにより国に償還しなければならない。

一　当該年度の前々年度までの国からの借入金の総額（この項及び第四項の規定により国に償還した金額を除く。）

二　前号に掲げる額と当該都道府県が当該年度の前々年度までに福祉資金貸付金の財源として特別会計に繰り入れた金額の総額（第五項の規定により一般会計に繰り入れた金額を除く。）との合計額

3　前項の政令で定める額は、当該都道府県の福祉資金貸付金の貸付けの需要等の見通しからみて、同項の剰余金の額が著しく多額である都道府県について同項の規定が適用されるように定めるものとする。

4　都道府県は、第二項に規定するもののほか、毎年度、福祉資金貸付金の貸付業務に支障が生じない限りにおいて、国からの借入金の総額の一部に相当する金額を国に償還することができる。

5　都道府県は、毎年度、第二項又は前項の規定により国への償還を行つた場合に限り、政令で定める額を限度として、福祉資金貸付金の財源として特別会計に繰り入れた金額の総額の一部に相当する金額を、政令で定めるところにより一般会計に繰り入れることができる。

6　都道府県は、福祉資金貸付金の貸付業務を廃止したときは、その際における福祉資金貸付金の未貸付額及びその後において支払を受けた福祉資金貸付金の償還金の額に、それぞれ第一号に掲げる金額の第二号に掲げる金額に対する割合を乗じて得た額の合計額を、政令で定めるところにより国に償還しなければならない。

一　国からの借入金の総額（第二項及び第四項の規定により国に償還した金額を除く。）

二　前号に掲げる額と当該都道府県が福祉資金貸付金の財源として特別会計に繰り入れた金額の総額（前項の規定により一般会計に繰り入れた金額を除く。）との合計額

7　第一項の規定による国の貸付け並びに第二項、第四項及び前項の規定による国への償還の手続に関し必要な事項は、内閣府令で定める。

第七章　母子・父子福祉施設

（母子・父子福祉施設）

第三八条　都道府県、市町村、社会福祉法人その他の者は、母子家庭の母及び父子家庭の父並びに児童が、その心身の健康を保持し、生活の向上を図るために利用する母子・父子福祉施設を設置することができる。

（施設の種類）

第三九条　母子・父子福祉施設の種類は、次のとおりとする。

一　母子・父子福祉センター

二　母子・父子休養ホーム

2　母子・父子福祉センターは、無料又は低額な料金で、母子家庭等に対して、各種の相談に応ずるとともに、生活指導及び生業の指導を行う等母子家庭等の福祉のための便宜を総合的に供与することを目的とする施設とする。

3　母子・父子休養ホームは、無料又は低額な料金で、母子家庭等に対して、レクリエーションその他休養のための便宜を供与す

ることを目的とする施設とする。

（施設の設置）

第四〇条 市町村、社会福祉法人その他の者が母子・父子福祉施設を設置する場合には、社会福祉法の定めるところによらなければならない。

（寡婦の施設の利用）

第四一条 母子・父子福祉施設の設置者は、寡婦に、母子家庭等に準じて母子・父子福祉施設を利用させることができる。

第八章 費用

（市町村の支弁）

第四二条 次に掲げる費用は、市町村の支弁とする。

一 第十七条第一項の規定により市町村が行う母子家庭日常生活支援事業の実施に要する費用

二 第三十一条の規定により市町村が行う母子家庭自立支援給付金の支給に要する費用

三 第三十一条の五第一項の規定により市町村が行う母子家庭生活向上事業の実施に要する費用

四 第三十一条の七第一項の規定により市町村が行う父子家庭日常生活支援事業の実施に要する費用

五 第三十一条の十の規定により市町村が行う父子家庭自立支援給付金の支給に要する費用

六 第三十一条の十一第一項の規定により市町村が行う父子家庭生活向上事業の実施に要する費用

七 第三十三条第一項の規定により市町村が行う寡婦日常生活支援事業の実施に要する費用

八 第三十五条の二第一項の規定により市町村が行う寡婦生活向上事業の実施に要する費用

（都道府県の支弁）

第四三条 次に掲げる費用は、都道府県の支弁とする。

一 第十七条第一項の規定により都道府県が行う母子家庭日常生活支援事業の実施に要する費用

二 第三十条第二項の規定により都道府県が行う母子家庭就業支援事業の実施に要する費用

三 第三十一条の規定により都道府県が行う母子家庭自立支援給付金の支給に要する費用

四 第三十一条の五第一項の規定により都道府県が行う母子家庭生活向上事業の実施に要する費用

五 第三十一条の七第一項の規定により都道府県が行う父子家庭日常生活支援事業の実施に要する費用

六 第三十一条の九第二項の規定により都道府県が行う父子家庭就業支援事業の実施に要する費用

七 第三十一条の十の規定により都道府県が行う父子家庭自立支援給付金の支給に要する費用

八 第三十一条の十一第一項の規定により都道府県が行う父子家庭生活向上事業の実施に要する費用

九 第三十三条第一項の規定により都道府県が行う寡婦日常生活支援事業の実施に要する費用

十 第三十五条第二項の規定により都道府県が行う寡婦就業支援事業の実施に要する費用

十一 第三十五条の二第一項の規定により都道府県が行う寡婦生活向上事業の実施に要する費用

（都道府県の補助）

第四四条 都道府県は、政令で定めるところにより、第四十二条の規定により市町村が支弁した費用のうち、同条第一号、第三号、第四号及び第六号から第八号までの費用については、その四分の一以内を補助することができる。

（国の補助）

第四五条 国は、政令で定めるところにより、第四十二条の規定により市町村が支弁した費用のうち、同条第一号、第三号、第四号及び第六号から第八号までの費用についてはその二分の一以内を、同条第二号及び第五号の費用についてはその四分の三以内を補助することができる。

2　国は、政令で定めるところにより、第四十三条の規定により都道府県が支弁した費用のうち、同条第一号、第二号、第四号、第五号、第六号及び第八号から第十一号までの費用についてはその二分の一以内を、同条第三号及び第七号の費用についてはその四分の三以内を補助することができる。

第九章　雑則

（大都市等の特例）

第四六条　この法律中都道府県が処理することとされている事務で政令で定めるものは、地方自治法（昭和二十二年法律第六十七号）第二百五十二条の十九第一項の指定都市（以下「**指定都市**」という。）及び同法第二百五十二条の二十二第一項の中核市（以下「**中核市**」という。）においては、政令で定めるところにより、指定都市又は中核市（以下「**指定都市等**」という。）が処理するものとする。この場合においては、この法律中都道府県に関する規定は、指定都市等に関する規定として、指定都市等に適用があるものとする。

（実施命令）

第四七条　この法律に特別の規定があるものを除くほか、この法律の実施のための手続その他その執行について必要な細則は、内閣府令で定める。

第一〇章　罰則

第四八条　第十七条第二項、第三十条第四項、第三十一条の五第三項、第三十一条の七第二項、第三十一条の十一第三項、第三十一条の九第四項、第三十三条第二項、第三十五条第四項又は第三十五条の二第三項の規定に違反して秘密を漏らした者は、一年以下の懲役又は五十万円以下の罰金に処する。

注　第四八条は、令和四年六月一七日法律第六八号により次のように改正され、令和四年六月一七日から起算して三年を超えない範囲内において政令で定める日から施行される。
　第四十八条中「懲役」を「拘禁刑」に改める。

附　則（抄）

（施行期日）

第一条　この法律は、公布の日〔昭三九・七・一〕から施行する。ただし、第七条第四項ただし書の規定は、昭和四十年四月一日から施行する。

（母子福祉資金の貸付等に関する法律の廃止）

第二条　母子福祉資金の貸付等に関する法律（昭和二十七年法律第三百五十号。以下「**旧法**」という。）は、廃止する。

◉母子保健法

（昭和四〇・八・一八法律一四一）
注　令四法律七七改正現在

第一章　総則

（目的）
第一条　この法律は、母性並びに乳児及び幼児の健康の保持及び増進を図るため、母子保健に関する原理を明らかにするとともに、母性並びに乳児及び幼児に対する保健指導、健康診査、医療その他の措置を講じ、もつて国民保健の向上に寄与することを目的とする。

（母性の尊重）
第二条　母性は、すべての児童がすこやかに生まれ、かつ、育てられる基盤であることにかんがみ、尊重され、かつ、保護されなければならない。

（乳幼児の健康の保持増進）
第三条　乳児及び幼児は、心身ともに健全な人として成長してゆくために、その健康が保持され、かつ、増進されなければならない。

（母性及び保護者の努力）
第四条　母性は、みずからすすんで、妊娠、出産又は育児についての正しい理解を深め、その健康の保持及び増進に努めなければならない。

2　乳児又は幼児の保護者は、みずからすすんで、育児についての正しい理解を深め、乳児又は幼児の健康の保持及び増進に努めなければならない。

（国及び地方公共団体の責務）
第五条　国及び地方公共団体は、母性並びに乳児及び幼児の健康の保持及び増進に努めなければならない。

2　国及び地方公共団体は、母性並びに乳児及び幼児の健康の保持及び増進に関する施策を講ずるに当たつては、当該施策が乳児及び幼児に対する虐待の予防及び早期発見に資するものであることに留意するとともに、その施策を通じて、前三条に規定する母子保健の理念が具現されるように配慮しなければならない。

（用語の定義）
第六条　この法律において「**妊産婦**」とは、妊娠中又は出産後一年以内の女子をいう。

2　この法律において「**乳児**」とは、一歳に満たない者をいう。

3　この法律において「**幼児**」とは、満一歳から小学校就学の始期に達するまでの者をいう。

4　この法律において「**保護者**」とは、親権を行う者、未成年後見人その他の者で、乳児又は幼児を現に監護する者をいう。

5　この法律において「**新生児**」とは、出生後二十八日を経過しない乳児をいう。

6　この法律において「**未熟児**」とは、身体の発育が未熟のまま出生した乳児であつて、正常児が出生時に有する諸機能を得るに至るまでのものをいう。

（都道府県児童福祉審議会等の権限）
第七条　児童福祉法（昭和二十二年法律第百六十四号）第八条第二項に規定する都道府県児童福祉審議会（同条第一項ただし書に規定する都道府県にあつては、地方社会福祉審議会。以下この条において同じ。）及び同条第四項に規定する市町村児童福祉審議会は、母子保健に関する事項につき、調査審議するほか、同条第二項に規定する都道府県児童福祉審議会は都道府県知事の、同条第四項に規定する市町村児童福祉審議会は市町村長の諮問にそれぞれ答え、又は関係行政機関に意見を具申することができる。

（都道府県の援助等）
第八条　都道府県は、この法律の規定により市町村が行う母子保健に関する事業の実施に関し、市町村相互間の連絡調整を行い、及び市町村の求めに応じ、その設置する保健所による技術的事項についての指導、助言その他当該市町村に対する必要な技術的援助を行うものとする。

（実施の委託）
第八条の二　市町村は、この法律に基づく母子保健に関する事業の一部について、病院若しくは診療所又は医師、助産師その他適当と認められる者に対し、その実施を委託することができる。

（連携及び調和の確保）
第八条の三　都道府県及び市町村は、この法律に基づく母子保健に関する事業の実施に当たつては、学校保健安全法（昭和三十三年法律第五十六号）、児童福祉法その他の法令に基づく母性及び児童の保健及び福祉に関する事業との連携及び調和の確保に努めなければならない。

第二章　母子保健の向上に関する措置

（知識の普及）

第九条　都道府県及び市町村は、母性又は乳児若しくは幼児の健康の保持及び増進のため、妊娠、出産又は育児に関し、個別的又は集団的に、必要な指導及び助言を行い、並びに地域住民の活動を支援すること等により、母子保健に関する知識の普及に努めなければならない。

（相談及び支援）

第九条の二　市町村は、母性又は乳児若しくは幼児の健康の保持及び増進のため、母子保健に関する相談に応じなければならない。

2　市町村は、母性並びに乳児及び幼児の心身の状態に応じ、健康の保持及び増進に関する支援を必要とする者について、母性並びに乳児及び幼児に対する支援に関する計画の作成その他の内閣府令で定める支援を行うものとする。

（保健指導）

第一〇条　市町村は、妊産婦若しくはその配偶者又は乳児若しくは幼児の保護者に対して、妊娠、出産又は育児に関し、必要な保健指導を行い、又は医師、歯科医師、助産師若しくは保健師について保健指導を受けることを勧奨しなければならない。

（新生児の訪問指導）

第一一条　市町村長は、前条の場合において、当該乳児が新生児であつて、育児上必要があると認めるときは、医師、保健師、助産師又はその他の職員をして当該新生児の保護者を訪問させ、必要な指導を行わせるものとする。ただし、当該新生児につき、第十九条の規定による指導が行われるときは、この限りでない。

2　前項の規定による新生児に対する訪問指導は、当該新生児が新生児でなくなつた後においても、継続することができる。

（健康診査）

第一二条　市町村は、次に掲げる者に対し、内閣府令の定めるところにより、健康診査を行わなければならない。

一　満一歳六か月を超え満二歳に達しない幼児

二　満三歳を超え満四歳に達しない幼児

2　前項の内閣府令は、健康増進法（平成十四年法律第百三号）第九条第一項に規定する健康診査等指針（第十六条第四項において単に「**健康診査等指針**」という。）と調和が保たれたものでなければならない。

第一三条　前条の健康診査のほか、市町村は、必要に応じ、妊産婦又は乳児若しくは幼児に対して、健康診査を行い、又は健康診査を受けることを勧奨しなければならない。

2　内閣総理大臣は、前項の規定による妊婦に対する健康診断についての望ましい基準を定めるものとする。

（栄養の摂取に関する援助）

第一四条　市町村は、妊産婦又は乳児若しくは幼児に対して、栄養の摂取につき必要な援助をするように努めるものとする。

（妊娠の届出）

第一五条　妊娠した者は、内閣府令で定める事項につき、速やかに、市町村長に妊娠の届出をするようにしなければならない。

（母子健康手帳）

第一六条　市町村は、妊娠の届出をした者に対して、母子健康手帳を交付しなければならない。

2　妊産婦は、医師、歯科医師、助産師又は保健師について、健康診査又は保健指導を受けたときは、その都度、母子健康手帳に必要な事項の記載を受けなければならない。乳児又は幼児の健康診査又は保健指導を受けた当該乳児又は幼児の保護者についても、同様とする。

3　母子健康手帳の様式は、内閣府令で定める。

4　前項の内閣府令は、健康診査等指針と調和が保たれたものでなければならない。

（妊産婦の訪問指導等）

第一七条　第十三条第一項の規定による健康診査を行つた市町村の長は、その結果に基づき、当該妊産婦の健康状態に応じ、保健指導を要する者については、医師、助産師、保健師又はその他の職員をして、その妊産婦を訪問させて必要な指導を行わせ、妊娠又は出産に支障を及ぼすおそれがある疾病にかかつている疑いのある者については、医師又は歯科医師の診療を受けることを勧奨するものとする。

２　市町村は、妊産婦が前項の勧奨に基づいて妊娠又は出産に支障を及ぼすおそれがある疾病につき医師又は歯科医師の診療を受けるために必要な援助を与えるように努めなければならない。

（産後ケア事業）

第一七条の二　市町村は、出産後一年を経過しない女子及び乳児の心身の状態に応じた保健指導、療養に伴う世話又は育児に関する指導、相談その他の援助（以下この項において「産後ケア」という。）を必要とする出産後一年を経過しない女子及び乳児につき、次の各号のいずれかに掲げる事業（以下この条において「産後ケア事業」という。）を行うよう努めなければならない。

一　病院、診療所、助産所その他内閣府令で定める施設であつて、産後ケアを行うもの（次号において「産後ケアセンター」という。）に産後ケアを必要とする出産後一年を経過しない女子及び乳児を短期間入所させ、産後ケアを行う事業

二　産後ケアセンターその他の内閣府令で定める施設に産後ケアを必要とする出産後一年を経過しない女子及び乳児を通わせ、産後ケアを行う事業

三　産後ケアを必要とする出産後一年を経過しない女子及び乳児の居宅を訪問し、産後ケアを行う事業

２　市町村は、産後ケア事業を行うに当たつては、産後ケア事業の人員、設備及び運営に関する基準として内閣府令で定める基準に従つて行わなければならない。

３　市町村は、産後ケア事業の実施に当たつては、妊娠中から出産後に至る支援を切れ目なく行う観点から、児童福祉法第十条の二第一項のこども家庭センター（次章において単に「こども家庭センター」という。）その他の関係機関との必要な連絡調整並びにこの法律に基づく母子保健に関する他の事業並びに児童福祉法その他の法令に基づく母性及び乳児の保健及び福祉に関する事業との連携を図ることにより、妊産婦及び乳児に対する支援の一体的な実施その他の措置を講ずるよう努めなければならない。

（低体重児の届出）

第一八条　体重が二千五百グラム未満の乳児が出生したときは、その保護者は、速やかに、その旨をその乳児の現在地の市町村に届け出なければならない。

（未熟児の訪問指導）

第一九条　市町村長は、その区域内に現在地を有する未熟児について、養育上必要があると認めるときは、医師、保健師、助産師又はその他の職員をして、その未熟児の保護者を訪問させ、必要な指導を行わせるものとする。

２　第十一条第二項の規定は、前項の規定による訪問指導に準用する。

（健康診査に関する情報の提供の求め）

第一九条の二　市町村は、妊産婦若しくは乳児若しくは幼児であつて、かつて当該市町村以外の市町村（以下この項において「他の市町村」という。）に居住していた者又は当該妊産婦の配偶者若しくは当該乳児若しくは幼児の保護者に対し、第九条の二第一項の相談、同条第二項の支援、第十条の保健指導、第十一条、第十七条第一項若しくは前条の訪問指導、第十二条第一項若しくは第十三条第一項の健康診査又は第二十二条第一項第二号から第五号までに掲げる事業を行うために必要があると認めるときは、当該他の市町村に対し、内閣府令で定めるところにより、当該妊産婦又は乳児若しくは幼児に対する第十二条第一項又は第十三条第一項の健康診査に関する情報の提供を求めることができる。

２　市町村は、前項の規定による情報の提供の求めについては、電子情報処理組織を使用する方法その他の情報通信の技術を利用する方法であつて内閣府令で定めるものにより行うよう努めなければならない。

（養育医療）

第二〇条　市町村は、養育のため病院又は診療所に入院することを必要とする未熟児に対し、その養育に必要な医療（以下「養育医療」という。）の給付を行い、又はこれに代えて養育医療に要する費用を支給することができる。

２　前項の規定による費用の支給は、養育医療の給付が困難であると認められる場合に限り、行なうことができる。

３　養育医療の給付の範囲は、次のとおりとする。

一　診察

二　薬剤又は治療材料の支給
三　医学的処置、手術及びその他の治療
四　病院又は診療所への入院及びその療養に伴う世話その他の看護
五　移送

4　養育医療の給付は、都道府県知事が次項の規定により指定する病院若しくは診療所又は薬局（以下「**指定養育医療機関**」という。）に委託して行うものとする。

5　都道府県知事は、病院若しくは診療所又は薬局の開設者の同意を得て、第一項の規定による養育医療を担当させる機関を指定する。

6　第一項の規定により支給する費用の額は、次項の規定により準用する児童福祉法第十九条の十二の規定により指定養育医療機関が請求することができる診療報酬の例により算定した額のうち、本人及びその扶養義務者（民法（明治二十九年法律第八十九号）に定める扶養義務者をいう。第二十一条の四第一項において同じ。）が負担することができないと認められる額とする。

7　児童福祉法第十九条の十二、第十九条の二十及び第二十一条の三の規定は養育医療の給付について、同法第二十条第七項及び第八項並びに第二十一条の規定は指定養育医療機関について、それぞれ準用する。この場合において、同法第十九条の十二中「診療方針」とあるのは「診療方針及び診療報酬」と、同条第二項中「厚生労働大臣」とあるのは「内閣総理大臣」と、同法第十九条の二十（第二項を除く。）中「小児慢性特定疾病医療費の」とあるのは「診療報酬の」と、同条第一項中「第十九条の三第十項」とあるのは「母子保健法第二十条第七項において読み替えて準用する第十九条の十二」と、同条第四項中「都道府県」とあるのは「市町村」と、「厚生労働省令」とあるのは「内閣府令」と、同法第二十一条の三第二項中「都道府県の」とあるのは「市町村の」と読み替えるものとする。

（医療施設の整備）

第二十条の二　国及び地方公共団体は、妊産婦並びに乳児及び幼児の心身の特性に応じた高度の医療が適切に提供されるよう、必要な医療施設の整備に努めなければならない。

（調査研究の推進）

第二十条の三　国は、乳児及び幼児の障害の予防のための研究その他母性並びに乳児及び幼児の健康の保持及び増進のため必要な調査研究の推進に努めなければならない。

（費用の支弁）

第二十一条　市町村が行う第十二条第一項の規定による健康診査に要する費用及び第二十条の規定による措置に要する費用は、当該市町村の支弁とする。

（都道府県の負担）

第二十一条の二　都道府県は、政令の定めるところにより、前条の規定により市町村が支弁する費用のうち、第二十条の規定による措置に要する費用については、その四分の一を負担するものとする。

（国の負担）

第二十一条の三　国は、政令の定めるところにより、第二十一条の規定により市町村が支弁する費用のうち、第二十条の規定による措置に要する費用については、その二分の一を負担するものとする。

（費用の徴収）

第二十一条の四　第二十条の規定による養育医療の給付に要する費用を支弁した市町村長は、当該措置を受けた者又はその扶養義務者から、その負担能力に応じて、当該措置に要する費用の全部又は一部を徴収することができる。

2　前項の規定による費用の徴収は、徴収されるべき者の居住地又は財産所在地の市町村に嘱託することができる。

3　第一項の規定により徴収される費用を、指定の期限内に納付しない者があるときは、地方税の滞納処分の例により処分することができる。この場合における徴収金の先取特権の順位は、国税及び地方税に次ぐものとする。

第三章　こども家庭センターの母子保健事業

第二十二条　こども家庭センターは、児童福祉法第十条の二第二項各号に掲げる業務のほか、母性並びに乳児及び幼児の健康の保持及び増進に関する包括的な支援を行うことを目的として、第一号から第四号までに掲げる事業又はこれらの事業に併せて第五号に掲げる事業を行うものとする。

一　母性並びに乳児及び幼児の健康の保持及び増進に関する支援に必要な実情の把握を行うこと。

二　母子保健に関する各種の相談に応ずること。

三　母性並びに乳児及び幼児に対する保健指導を行うこと。

四　母性及び児童の保健医療に関する機関との連絡調整並びに第九条の二第二項の支援を行うこと。

五　健康診査、助産その他の母子保健に関する事業を行うこと（前各号に掲げる事業を除く。）。

2　市町村は、こども家庭センターにおいて、第九条の指導及び助言、第九条の二第一項の相談並びに第十条の保健指導を行うに当たつては、児童福祉法第二十一条の十一第一項の情報の収集及び提供、相談並びに助言並びに同条第二項のあつせん、調整及び要請と一体的に行うように努めなければならない。

第四章　雑則

（非課税）

第二三条　第二十条の規定により支給を受けた金品を標準として、租税その他の公課を課することができない。

（差押えの禁止）

第二四条　第二十条の規定により金品の支給を受けることとなつた者の当該支給を受ける権利は、差し押えることができない。

第二五条　削除

（大都市等の特例）

第二六条　この法律中都道府県が処理することとされている事務で政令で定めるものは、地方自治法（昭和二十二年法律第六十七号）第二百五十二条の十九第一項の指定都市（以下「**指定都市**」という。）及び同法第二百五十二条の二十二第一項の中核市（以下「**中核市**」という。）においては、政令の定めるところにより、指定都市又は中核市（以下「**指定都市等**」という。）が処理するものとする。この場合においては、この法律中都道府県に関する規定は、指定都市等に関する規定として、指定都市等に適用があるものとする。

（緊急時における内閣総理大臣の事務執行）

第二七条　第二十条第七項において準用する児童福祉法第二十一条の三第一項の規定により都道府県知事の権限に属するものとされている事務は、未熟児の利益を保護する緊急の必要があると内閣総理大臣が認める場合にあつては、内閣総理大臣又は都道府県知事が行うものとする。この場合においては、第二十条第七項において準用する同法の規定中都道府県知事に関する規定（当該事務に係るものに限る。）は、内閣総理大臣に関する規定として内閣総理大臣に適用があるものとする。

2　前項の場合において、内閣総理大臣又は都道府県知事が当該事務を行うときは、相互に密接な連携の下に行うものとする。

（権限の委任）

第二八条　内閣総理大臣は、この法律に規定する内閣総理大臣の権限（政令で定めるものを除く。）をこども家庭庁長官に委任する。

2　こども家庭庁長官は、政令で定めるところにより、前項の規定により委任された権限の一部を地方厚生局長又は地方厚生支局長に委任することができる。

附　則（抄）

（施行期日）

第一条　この法律は、公布の日から起算して六箇月をこえない範囲内において政令で定める日〔昭四一・一・一〕から施行する。

◉配偶者からの暴力の防止及び被害者の保護等に関する法律

（平成一三・四・一三法律三一）

題名改正　平二五法律七二（旧配偶者からの暴力の防止及び被害者の保護に関する法律）

注　令五法律三〇改正現在（未施行分については、該当か所の後に改正文を収載）

我が国においては、日本国憲法に個人の尊重と法の下の平等がうたわれ、人権の擁護と男女平等の実現に向けた取組が行われている。

ところが、配偶者からの暴力は、犯罪となる行為をも含む重大な人権侵害であるにもかかわらず、被害者の救済が必ずしも十分に行われてこなかった。また、配偶者からの暴力の被害者は、多くの場合女性であり、経済的自立が困難である女性に対して配偶者が暴力を加えることは、個人の尊厳を害し、男女平等の実現の妨げとなっている。

このような状況を改善し、人権の擁護と男女平等の実現を図るためには、配偶者からの暴力を防止し、被害者を保護するための施策を講ずることが必要である。このことは、女性に対する暴力を根絶しようと努めている国際社会における取組にも沿うものである。

ここに、配偶者からの暴力に係る通報、相談、保護、自立支援等の体制を整備することにより、配偶者からの暴力の防止及び被害者の保護を図るため、この法律を制定する。

第一章　総則

（定義）

第一条　この法律において「**配偶者からの暴力**」とは、配偶者からの身体に対する暴力（身体に対する不法な攻撃であって生命又は身体に危害を及ぼすものをいう。以下同じ。）又はこれに準ずる心身に有害な影響を及ぼす言動（以下この項及び第二十八条の二において「**身体に対する暴力等**」と総称する。）をいい、配偶者からの身体に対する暴力等を受けた後に、その者が離婚をし、又はその婚姻が取り消された場合にあっては、当該配偶者であった者から引き続き受ける身体に対する暴力等を含むものとする。

2　この法律において「**被害者**」とは、配偶者からの暴力を受けた者をいう。

3　この法律にいう「**配偶者**」には、婚姻の届出をしていないが事実上婚姻関係と同様の事情にある者を含み、「**離婚**」には、婚姻の届出をしていないが事実上婚姻関係と同様の事情にあった者が、事実上離婚したと同様の事情に入ることを含むものとする。

（国及び地方公共団体の責務）

第二条　国及び地方公共団体は、配偶者からの暴力を防止するとともに、被害者の保護（被害者の自立を支援することを含む。以下同じ。）を図る責務を有する。

第一章の二　基本方針及び都道府県基本計画等

（基本方針）

第二条の二　内閣総理大臣、国家公安委員会、法務大臣及び厚生労働大臣（以下この条及び次条第五項において「**主務大臣**」という。）は、配偶者からの暴力の防止及び被害者の保護のための施策に関する基本的な方針（以下この条並びに次条第一項及び第三項において「**基本方針**」という。）を定めなければならない。

2　基本方針においては、次に掲げる事項につき、次条第一項の都道府県基本計画及び同条第三項の市町村基本計画の指針となるべきものを定めるものとする。

一　配偶者からの暴力の防止及び被害者の保護に関する基本的な事項

二　配偶者からの暴力の防止及び被害者の保護のための施策の内容に関する事項

三　配偶者からの暴力の防止及び被害者の保護のための施策を実施するために必要な国、地方公共団体及び民間の団体の連携及び協力に関する事項

四　前三号に掲げるもののほか、配偶者からの暴力の防止及び被害者の保護のための施策に関する重要事項

3　主務大臣は、基本方針を定め、又はこれを変更しようとするときは、あらかじめ、関係行政機関の長に協議しなければならない。

4　主務大臣は、基本方針を定め、又はこれを変

更したときは、遅滞なく、これを公表しなければならない。

（都道府県基本計画等）

第二条の三　都道府県は、基本方針に即して、当該都道府県における配偶者からの暴力の防止及び被害者の保護のための施策の実施に関する基本的な計画（以下この条において「都道府県基本計画」という。）を定めなければならない。

2　都道府県基本計画においては、次に掲げる事項を定めるものとする。

一　配偶者からの暴力の防止及び被害者の保護に関する基本的な方針

二　配偶者からの暴力の防止及び被害者の保護のための施策の実施内容に関する事項

三　配偶者からの暴力の防止及び被害者の保護のための施策を実施するために必要な当該都道府県、関係地方公共団体及び民間の団体の連携及び協力に関する事項

四　前三号に掲げるもののほか、配偶者からの暴力の防止及び被害者の保護のための施策の実施に関する重要事項

3　市町村（特別区を含む。以下同じ。）は、基本方針に即し、かつ、都道府県基本計画を勘案して、当該市町村における配偶者からの暴力の防止及び被害者の保護のための施策の実施に関する基本的な計画（以下この条において「市町村基本計画」という。）を定めるよう努めなければならない。

4　都道府県又は市町村は、都道府県基本計画又は市町村基本計画を定め、又は変更したときは、遅滞なく、これを公表しなければならない。

5　主務大臣は、都道府県又は市町村に対し、都道府県基本計画又は市町村基本計画の作成のために必要な助言その他の援助を行うよう努めなければならない。

第二章　配偶者暴力相談支援センター等

（配偶者暴力相談支援センター）

第三条　都道府県は、当該都道府県が設置する女性相談支援センターその他の適切な施設において、当該各施設が配偶者暴力相談支援センターとしての機能を果たすようにするものとする。

2　市町村は、当該市町村が設置する適切な施設において、当該各施設が配偶者暴力相談支援センターとしての機能を果たすようにするよう努めるものとする。

3　配偶者暴力相談支援センターは、配偶者からの暴力の防止及び被害者の保護のため、次に掲げる業務を行うものとする。

一　被害者に関する各般の問題について、相談に応ずること又は女性相談支援員若しくは相談を行う機関を紹介すること。

二　被害者の心身の健康を回復させるため、医学的又は心理学的な指導その他の必要な指導を行うこと。

三　被害者（被害者がその家族を同伴する場合にあっては、被害者及びその同伴する家族。次号、第六号、第五条、第八条の三及び第九条において同じ。）の緊急時における安全の確保及び一時保護を行うこと。

四　被害者が自立して生活することを促進するため、就業の促進、住宅の確保、援護等に関する制度の利用等について、情報の提供、助言、関係機関との連絡調整その他の援助を行うこと。

五　第四章に定める保護命令の制度の利用について、情報の提供、助言、関係機関への連絡その他の援助を行うこと。

六　被害者を居住させ保護する施設の利用について、情報の提供、助言、関係機関との連絡調整その他の援助を行うこと。

4　前項第三号の一時保護は、女性相談支援センターが、自ら行い、又は厚生労働大臣が定める基準を満たす者に委託して行うものとする。

5　前項の規定による委託を受けた者若しくはその役員若しくは職員又はこれらの者であった者は、正当な理由がなく、その委託を受けた業務に関して知り得た秘密を漏らしてはならない。

6　配偶者暴力相談支援センターは、その業務を行うに当たっては、必要に応じ、配偶者からの暴力の防止及び被害者の保護を図るための活動を行う民間の団体との連携に努めるものとする。

（女性相談支援員による相談等）

第四条　女性相談支援員は、被害者の相談に応じ、必要な援助を行うことができる。

（女性自立支援施設における保護）

第五条　都道府県は、女性自立支援施設において被害者の保護を行うことができる。

（協議会）

第五条の二　都道府県は、単独で又は共同して、配偶者からの暴力の防止及び被害者の保護を図るため、関係機関、関係団体、配偶者からの暴力の防止及び被害者の保護に関連する職務に従事する者その他の関係者（第五項において「関係機関等」という。）により構成される協議会（以下「協議会」という。）を組織するよう努めなければならない。

2　市町村は、単独で又は共同して、協議会を組織することができる。

3　協議会は、被害者に関する情報その他被害者の保護を図るために必要な情報の交換を行うとともに、被害者に対する支援の内容に関する協議を行うものとする。

4　協議会が組織されたときは、当該地方公共団体は、内閣府令で定めるところにより、その旨を公表しなければならない。

5　協議会は、第三項に規定する情報の交換及び協議を行うため必要があると認めるときは、関係機関等に対し、資料又は情報の提供、意見の開陳その他必要な協力を求めることができる。

（秘密保持義務）

第五条の三　協議会の事務に従事する者又は従事していた者は、正当な理由がなく、協議会の事務に関して知り得た秘密を漏らしてはならない。

（協議会の定める事項）

第五条の四　前二条に定めるもののほか、協議会の組織及び運営に関し必要な事項は、協議会が定める。

第三章　被害者の保護

（配偶者からの暴力の発見者による通報等）

第六条　配偶者からの暴力（配偶者又は配偶者であった者からの身体に対する暴力に限る。以下この章において同じ。）を受けている者を発見した者は、その旨を配偶者暴力相談支援センター又は警察官に通報するよう努めなければならない。

2　医師その他の医療関係者は、その業務を行うに当たり、配偶者からの暴力によって負傷し又は疾病にかかったと認められる者を発見したときは、その旨を配偶者暴力相談支援センター又は警察官に通報することができる。この場合において、その者の意思を尊重するよう努めるものとする。

3　刑法（明治四十年法律第四十五号）の秘密漏示罪の規定その他の守秘義務に関する法律の規定は、前二項の規定により通報することを妨げるものと解釈してはならない。

4　医師その他の医療関係者は、その業務を行うに当たり、配偶者からの暴力によって負傷し又は疾病にかかったと認められる者を発見したときは、その者に対し、配偶者暴力相談支援センター等の利用について、その有する情報を提供するよう努めなければならない。

（配偶者暴力相談支援センターによる保護についての説明等）

第七条　配偶者暴力相談支援センターは、被害者に関する通報又は相談を受けた場合には、必要に応じ、被害者に対し、第三条第三項の規定により配偶者暴力相談支援センターが行う業務の内容について説明及び助言を行うとともに、必要な保護を受けることを勧奨するものとする。

（警察官による被害の防止）

第八条　警察官は、通報等により配偶者からの暴力が行われていると認めるときは、警察法（昭和二十九年法律第百六十二号）、警察官職務執行法（昭和二十三年法律第百三十六号）その他の法令の定めるところにより、暴力の制止、被害者の保護その他の配偶者からの暴力による被害の発生を防止するために必要な措置を講ずるよう努めなければならない。

（警察本部長等の援助）

第八条の二　警視総監若しくは道府県警察本部長（道警察本部の所在地を包括する方面を除く方面については、方面本部長。第十五条第三項において同じ。）又は警察署長は、配偶者からの暴力を受けている者から、配偶者からの暴力による被害を自ら防止するための援助を受けたい旨の申出があり、その申出を相当と認めるときは、当該配偶者からの暴力を受けている者に対し、国家公安委員会規則で定めるところにより、当該被害を自ら防止するための措置の教示その他配偶者からの暴力による被害の発生を防止するために必要な援助を行うものとする。

（福祉事務所による自立支援）

第八条の三　社会福祉法（昭和二十六年法律第四十五号）に定める福祉に関する事務所（次条に

おいて「**福祉事務所**」という。）は、生活保護法（昭和二十五年法律第百四十四号）、児童福祉法（昭和二十二年法律第百六十四号）、母子及び父子並びに寡婦福祉法（昭和三十九年法律第百二十九号）その他の法令の定めるところにより、被害者の自立を支援するために必要な措置を講ずるよう努めなければならない。

（被害者の保護のための関係機関の連携協力）

第九条　配偶者暴力相談支援センター、都道府県警察、福祉事務所、児童相談所その他の都道府県又は市町村の関係機関その他の関係機関は、被害者の保護を行うに当たっては、その適切な保護が行われるよう、相互に連携を図りながら協力するよう努めるものとする。

（苦情の適切かつ迅速な処理）

第九条の二　前条の関係機関は、被害者の保護に係る職員の職務の執行に関して被害者から苦情の申出を受けたときは、適切かつ迅速にこれを処理するよう努めるものとする。

第四章　保護命令

（接近禁止命令等）

第一〇条　被害者（配偶者からの身体に対する暴力又は生命、身体、自由、名誉若しくは財産に対し害を加える旨を告知してする脅迫（以下この章において「身体に対する暴力等」という。）を受けた者に限る。以下この条並びに第十二条第一項第三号及び第四号において同じ。）が、配偶者（配偶者からの身体に対する暴力等を受けた後に、被害者が離婚をし、又はその婚姻が取り消された場合にあっては、当該配偶者であった者。以下この条及び第十二条第一項第二号から第四号までにおいて同じ。）からの更なる身体に対する暴力等により、その生命又は心身に重大な危害を受けるおそれが大きいときは、裁判所は、被害者の申立てにより、当該配偶者に対し、命令の効力が生じた日から起算して一年間、被害者の住居（当該配偶者と共に生活の本拠としている住居を除く。以下この項において同じ。）その他の場所において被害者の身辺につきまとい、又は被害者の住居、勤務先その他その通常所在する場所の付近をはいかいしてはならないことを命ずるものとする。

2　前項の場合において、同項の規定による命令（以下「接近禁止命令」という。）を発する裁判所又は発した裁判所は、被害者の申立てにより、当該配偶者に対し、命令の効力が生じた日以後、接近禁止命令の効力が生じた日から起算して一年を経過する日までの間、被害者に対して次に掲げる行為をしてはならないことを命ずるものとする。

一　面会を要求すること。

二　その行動を監視していると思わせるような事項を告げ、又はその知り得る状態に置くこと。

三　著しく粗野又は乱暴な言動をすること。

四　電話をかけて何も告げず、又は緊急やむを得ない場合を除き、連続して、電話をかけ、文書を送付し、通信文その他の情報（電気通信（電気通信事業法（昭和五十九年法律第八十六号）第二条第一号に規定する電気通信をいう。以下この号及び第六項第一号において同じ。）の送信元、送信先、通信日時その他の電気通信を行うために必要な情報を含む。以下この条において「通信文等」という。）をファクシミリ装置を用いて送信し、若しくは電子メールの送信等をすること。

五　緊急やむを得ない場合を除き、午後十時から午前六時までの間に、電話をかけ、通信文等をファクシミリ装置を用いて送信し、又は電子メールの送信等をすること。

六　汚物、動物の死体その他の著しく不快又は嫌悪の情を催させるような物を送付し、又はその知り得る状態に置くこと。

七　その名誉を害する事項を告げ、又はその知り得る状態に置くこと。

八　その性的羞恥心を害する事項を告げ、若しくはその知り得る状態に置き、その性的羞恥心を害する文書、図画、電磁的記録（電子的方式、磁気的方式その他人の知覚によっては認識することができない方式で作られる記録であって、電子計算機による情報処理の用に供されるものをいう。以下この号において同じ。）に係る記録媒体その他の物を送付し、若しくはその知り得る状態に置き、又はその性的羞恥心を害する電磁的記録その他の記録を送信し、若しくはその知り得る状態に置くこと。

九　その承諾を得ないで、その所持する位置情報記録・送信装置（当該装置の位置に係る位置情報（地理空間情報活用推進基本法（平成十九年法律第六十三号）第二条第一項第一号に規定する位置情報をいう。以下この号において同じ。）を記録し、又は送信する機能を有する装置で政令で定めるものをいう。以下この号及び次号において同じ。）（同号に規定する行為がされた位置情報記録・送信装置を含む。）により記録され、又は送信される当該位置情報記録・送信装置の位置に係る位置情報を政令で定める方法により取得すること。

十一　その承諾を得ないで、その所持する物に位置情報記録・送信装置を取り付けること、位置情報記録・送信装置を取り付けた物を交付することその他その移動に伴い位置情報記録・送信装置を移動し得る状態にする行為として政令で定める行為をすること。

3　第一項の場合において、被害者がその成年に達しない子（以下この項及び次項並びに第十二条第一項第三号において単に「**子**」という。）と同居しているときであって、配偶者が幼年の子を連れ戻すと疑うに足りる言動を行っていることその他の事情があることから被害者がその同居している子に関して配偶者と面会することを余儀なくされることを防止するため必要があると認めるときは、接近禁止命令を発する裁判所又は発した裁判所は、被害者の申立てにより、当該配偶者に対し、命令の効力が生じた日以後、接近禁止命令の効力が生じた日から起算して一年を経過する日までの間、当該子の住居（当該配偶者と共に生活の本拠としている住居を除く。以下この項において同じ。）、就学する学校その他の場所において当該子の身辺につきまとい、又は当該子の住居、就学する学校その他その通常所在する場所の付近をはいかいしてはならないこと及び当該子に対して前項第二号から第十号までに掲げる行為（同項第五号に掲げる行為にあっては、電話をかけること及び通信文等をファクシミリ装置を用いて送信することに限る。）をしてはならないことを命ずるものとする。ただし、当該子が十五歳以上であるときは、その同意がある場合に限る。

4　第一項の場合において、配偶者が被害者の親族その他被害者と社会生活において密接な関係を有する者（被害者と同居している子及び配偶者と同居している者を除く。以下この項及び次項並びに第十二条第一項第四号において「**親族等**」という。）の住居に押し掛けて著しく粗野又は乱暴な言動を行っていることその他の事情があることから被害者がその親族等に関して配偶者と面会することを余儀なくされることを防止するため必要があると認めるときは、接近禁止命令を発する裁判所又は発した裁判所は、被害者の申立てにより、当該配偶者に対し、命令の効力が生じた日以後、接近禁止命令の効力が生じた日から起算して一年を経過する日までの間、当該親族等の住居（当該配偶者と共に生活の本拠としている住居を除く。以下この項において同じ。）その他の場所において当該親族等の身辺につきまとい、又は当該親族等の住居、勤務先その他その通常所在する場所の付近をはいかいしてはならないことを命ずるものとする。

5　前項の申立ては、当該親族等（被害者の十五歳未満の子を除く。以下この項において同じ。）の同意（当該親族等が十五歳未満の者又は成年被後見人である場合にあっては、その法定代理人の同意）がある場合に限り、することができる。

6　第二項第四号及び第五号の「電子メールの送信等」とは、次の各号のいずれかに掲げる行為（電話をかけること及び通信文等をファクシミリ装置を用いて送信することを除く。）をいう。

一　電子メール（特定電子メールの送信の適正化等に関する法律（平成十四年法律第二十六号）第二条第一号に規定する電子メールをいう。）その他のその受信をする者を特定して情報を伝達するために用いられる電気通信の送信を行うこと。

二　前号に掲げるもののほか、電子情報処理組織を使用する方法その他の情報通信の技術を利用する方法であって、内閣府令で定めるものを用いて通信文等の送信を行うこと。

注　第一〇条は、令和五年六月一四日法律第五三号により次のように改正され、令和五年六月一四日から起算して五年を超えない範囲内において政令で定める日から施行される。

第十条第二項第八号中「この号において」を削る。

（退去等命令）

第一〇条の二　被害者（配偶者からの身体に対する暴力又は生命等に対する脅迫（被害者の生命又は身体に対し害を加える旨を告知してする脅迫をいう。以下この章において同じ。）を受けた者に限る。以下この条及び第十八条第一項において同じ。）が、配偶者（配偶者からの身体に対する暴力又は生命等に対する脅迫を受けた後に、被害者が離婚をし、又はその婚姻が取り消された場合にあっては、当該配偶者であった者。以下この条、第十二条第二項第二号及び第十八条第一項において同じ。）から更に身体に対する暴力を受けることにより、その生命又は身体に重大な危害を受けるおそれが大きいときは、裁判所は、被害者の申立てにより、当該配偶者に対し、命令の効力が生じた日から起算して二月間（被害者及び当該配偶者が生活の本拠として使用する建物又は区分建物（不動産登記法（平成十六年法律第百二十三号）第二条第二十二号に規定する区分建物をいう。）の所有者又は賃借人が被害者のみである場合において、被害者の申立てがあったときは、六月間）、被害者と共に生活の本拠としている住居から退去すること及び当該住居の付近をはいかいしてはならないことを命ずるものとする。ただし、申立ての時において被害者及び当該配偶者が生活の本拠を共にする場合に限る。

（管轄裁判所）

第一一条　接近禁止命令及び前条の規定による命令（以下「退去等命令」という。）の申立てに係る事件は、相手方の住所（日本国内に住所がないとき又は住所が知れないときは居所）の所在地を管轄する地方裁判所の管轄に属する。

２　接近禁止命令の申立ては、次の各号に掲げる地を管轄する地方裁判所にもすることができる。

一　申立人の住所又は居所の所在地

二　当該申立てに係る配偶者からの身体に対する暴力等が行われた地

３　退去等命令の申立ては、次の各号に掲げる地を管轄する地方裁判所にもすることができる。

一　申立人の住所又は居所の所在地

二　当該申立てに係る配偶者からの身体に対する暴力又は生命等に対する脅迫が行われた地

（接近禁止命令等の申立て等）

第一二条　接近禁止命令及び第十条第二項から第四項までの規定による命令の申立ては、次に掲げる事項を記載した書面でしなければならない。

一　配偶者からの身体に対する暴力等を受けた状況（当該身体に対する暴力等を受けた後に、被害者が離婚をし、又はその婚姻が取り消された場合であって、当該配偶者であった者からの身体に対する暴力等を受けたときにあっては、当該配偶者であった者からの身体に対する暴力等を受けた状況を含む。）

二　前号に掲げるもののほか、配偶者からの更なる身体に対する暴力等により、生命又は心身に重大な危害を受けるおそれが大きいと認めるに足りる申立ての時における事情

三　第十条第三項の規定による命令（以下この号並びに第十七条第三項及び第四項において「三項命令」という。）の申立てをする場合にあっては、被害者が当該同居している子に関して配偶者と面会することを余儀なくされることを防止するため当該三項命令を発する必要があると認めるに足りる申立ての時における事情

四　第十条第四項の規定による命令の申立てをする場合にあっては、被害者が当該親族等に関して配偶者と面会することを余儀なくされることを防止するため当該命令を発する必要があると認めるに足りる申立ての時における事情

五　配偶者暴力相談支援センターの職員又は警察職員に対し、前各号に掲げる事項について相談し、又は援助若しくは保護を求めた事実の有無及びその事実があるときは、次に掲げる事項

イ　当該配偶者暴力相談支援センター又は当該警察職員の所属官署の名称

ロ　相談し、又は援助若しくは保護を求めた日時及び場所

ハ　相談又は求めた援助若しくは保護の内容

ニ　相談又は申立人の求めに対して執られた措置の内容

２　退去等命令の申立ては、次に掲げる事項を記載した書面でしなければならない。

一　配偶者からの身体に対する暴力又は生命等に対する脅迫を受けた状況（当該身体に対す

る暴力又は生命等に対する脅迫を受けた後に、被害者が離婚をし、又はその婚姻が取り消された場合であって、当該配偶者であった者からの身体に対する暴力又は生命等に対する脅迫を受けたときにあっては、当該配偶者であった者からの身体に対する暴力又は生命等に対する脅迫を受けた状況を含む。）

二　前号に掲げるもののほか、配偶者から更に身体に対する暴力を受けることにより、生命又は身体に重大な危害を受けるおそれが大きいと認めるに足りる申立ての時における事情

三　配偶者暴力相談支援センターの職員又は警察職員に対し、前二号に掲げる事項について相談し、又は援助若しくは保護を求めた事実の有無及びその事実があるときは、次に掲げる事項

イ　当該配偶者暴力相談支援センター又は当該警察職員の所属官署の名称

ロ　相談し、又は援助若しくは保護を求めた日時及び場所

ハ　相談又は求めた援助若しくは保護の内容

ニ　相談又は申立人の求めに対して執られた措置の内容

3　前二項の書面（以下「申立書」という。）に第一項第五号イからニまで又は前項第三号イからニまでに掲げる事項の記載がない場合には、申立書には、第一項第一号から第四号まで又は前項第一号及び第二号に掲げる事項についての申立人の供述を記載した書面で公証人法（明治四十一年法律第五十三号）第五十八条ノ二第一項の認証を受けたものを添付しなければならない。

> **注**　第一二条は、令和五年六月一四日法律第五三号により次のように改正され、令和五年六月一四日から起算して二年六月を超えない範囲内において政令で定める日から施行される。
> 　第十二条第三項中「記載した書面」を「記載し、又は記録した書面又は電磁的記録」に、「第五十八条ノ二第一項」を「第五十三条第一項又は第五十九条第三項」に改める。

（迅速な裁判）

第一三条　裁判所は、接近禁止命令、第十条第二項から第四項までの規定による命令及び退去等命令（以下「保護命令」という。）の申立てに係る事件については、速やかに裁判をするものとする。

（保護命令事件の審理の方法）

第一四条　保護命令は、口頭弁論又は相手方が立ち会うことができる審尋の期日を経なければ、これを発することができない。ただし、その期日を経ることにより保護命令の申立ての目的を達することができない事情があるときは、この限りでない。

2　申立書に第十二条第一項第五号イからニまで又は同条第二項第三号イからニまでに掲げる事項の記載がある場合には、裁判所は、当該配偶者暴力相談支援センター又は当該所属官署の長に対し、申立人が相談し、又は援助若しくは保護を求めた際の状況及びこれに対して執られた措置の内容を記載した書面の提出を求めるものとする。この場合において、当該配偶者暴力相談支援センター又は当該所属官署の長は、これに速やかに応ずるものとする。

3　裁判所は、必要があると認める場合には、前項の配偶者暴力相談支援センター若しくは所属官署の長又は申立人から相談を受け、若しくは援助若しくは保護を求められた職員に対し、同項の規定により書面の提出を求めた事項に関して更に説明を求めることができる。

> **注**　第一四条は、令和五年六月一四日法律第五三号により次のように改正され、令和五年六月一四日から起算して五年を超えない範囲内において政令で定める日から施行される。
> 　第十四条第二項中「記載した書面」を「記載し、又は記録した書面又は電磁的記録（次項において「書面等」という。）」に改め、同条第三項中「書面」を「書面等」に改める。

（期日の呼出し）

第一四条の二　保護命令に関する手続における期日の呼出しは、呼出状の送達、当該事件について出頭した者に対する期日の告知その他相当と認める方法によってする。

2　呼出状の送達及び当該事件について出頭した者に対する期日の告知以外の方法による期日の

呼出しをしたときは、期日に出頭しない者に対し、法律上の制裁その他期日の不遵守による不利益を帰することができない。ただし、その者が期日の呼出しを受けた旨を記載した書面を提出したときは、この限りでない。

注　第一四条の二は、令和五年六月一四日法律第五三号により次のように改正され、令和五年六月一四日から起算して五年を超えない範囲内において政令で定める日から施行される。
第十四条の二を削る。

（公示送達の方法）

第一四条の三　保護命令に関する手続における公示送達は、裁判所書記官が送達すべき書類を保管し、いつでも送達を受けるべき者に交付すべき旨を裁判所の掲示場に掲示してする。

注　第一四条の三は、令和五年六月一四日法律第五三号により次のように改正され、令和五年六月一四日から起算して五年を超えない範囲内において政令で定める日から施行される。
第十四条の三を削る。

（電子情報処理組織による申立て等）

第一四条の四　保護命令に関する手続における申立てその他の申述（以下この条において「申立て等」という。）のうち、当該申立て等に関するこの法律その他の法令の規定により書面等（書面、書類、文書、謄本、抄本、正本、副本、複本その他文字、図形等人の知覚によって認識することができる情報が記載された紙その他の有体物をいう。次項及び第四項において同じ。）をもってするものとされているものであって、最高裁判所の定める裁判所に対してするもの（当該裁判所の裁判長、受命裁判官、受託裁判官又は裁判所書記官に対してするものを含む。）については、当該法令の規定にかかわらず、最高裁判所規則で定めるところにより、電子情報処理組織（裁判所の使用に係る電子計算機（入出力装置を含む。以下この項及び第三項において同じ。）と申立て等をする者の使用に係る電子計算機とを電気通信回線で接続した電子情報処理組織をいう。）を用いてすることができる。

2　前項の規定によりされた申立て等については、当該申立て等を書面等をもってするものとして規定した申立て等に関する法令の規定に規定する書面等をもってされたものとみなして、当該申立て等に関する法令の規定を適用する。

3　第一項の規定によりされた申立て等は、同項の裁判所の使用に係る電子計算機に備えられたファイルへの記録がされた時に、当該裁判所に到達したものとみなす。

4　第一項の場合において、当該申立て等に関する他の法令の規定により署名等（署名、記名、押印その他氏名又は名称を書面等に記載することをいう。以下この項において同じ。）をすることとされているものについては、当該申立て等をする者は、当該法令の規定にかかわらず、当該署名等に代えて、最高裁判所規則で定めるところにより、氏名又は名称を明らかにする措置を講じなければならない。

5　第一項の規定によりされた申立て等が第三項に規定するファイルに記録されたときは、第一項の裁判所は、当該ファイルに記録された情報の内容を書面に出力しなければならない。

6　第一項の規定によりされた申立て等に係るこの法律その他の法令の規定による事件の記録の閲覧若しくは謄写又はその正本、謄本若しくは抄本の交付は、前項の書面をもってするものとする。当該申立て等に係る書類の送達又は送付も、同様とする。

注　第一四条の四は、令和五年六月一四日法律第五三号により次のように改正され、令和五年六月一四日から起算して五年を超えない範囲内において政令で定める日から施行される。
第十四条の四を削る。

（保護命令の申立てについての決定等）

第一五条　保護命令の申立てについての決定には、理由を付さなければならない。ただし、口頭弁論を経ないで決定をする場合には、理由の要旨を示せば足りる。

2　保護命令は、相手方に対する決定書の送達又は相手方が出頭した口頭弁論若しくは審尋の期日における言渡しによって、その効力を生ずる。

3　保護命令を発したときは、裁判所書記官は、速やかにその旨及びその内容を申立人の住所又は居所を管轄する警視総監又は道府県警察本部長に通知するものとする。

4 保護命令を発した場合において、申立人が配偶者暴力相談支援センターの職員に対し相談し、又は援助若しくは保護を求めた事実があり、かつ、申立書に当該事実に係る第十二条第一項第五号イから二まで又は同条第二項第三号イから二までに掲げる事項の記載があるときは、裁判所書記官は、速やかに、保護命令を発した旨及びその内容を、当該申立書に名称が記載された配偶者暴力相談支援センター（当該申立書に名称が記載された配偶者暴力相談支援センターが二以上ある場合にあっては、申立人がその職員に対し相談し、又は援助若しくは保護を求めた日時が最も遅い配偶者暴力相談支援センター）の長に通知するものとする。

5 保護命令は、執行力を有しない。

注 第一五条は、令和五年六月一四日法律第五三号により次のように改正され、令和五年六月一四日から起算して五年を超えない範囲内において政令で定める日から施行される。

第十五条第二項中「決定書」を「電子決定書（第二十一条において準用する民事訴訟法（平成八年法律第百九号）第百二十二条において準用する同法第二百五十二条第一項の規定により作成される電磁的記録をいう。）」に改める。

（即時抗告）

第一六条 保護命令の申立てについての裁判に対しては、即時抗告をすることができる。

2 前項の即時抗告は、保護命令の効力に影響を及ぼさない。

3 即時抗告があった場合において、保護命令の取消しの原因となることが明らかな事情があることにつき疎明があったときに限り、抗告裁判所は、申立てにより、即時抗告についての裁判が効力を生ずるまでの間、保護命令の効力の停止を命ずることができる。事件の記録が原裁判所に存する間は、原裁判所も、この処分を命ずることができる。

4 前項の規定により接近禁止命令の効力の停止を命ずる場合において、第十条第二項から第四項までの規定による命令が発せられているときは、裁判所は、当該命令の効力の停止をも命じなければならない。

5 前二項の規定による裁判に対しては、不服を申し立てることができない。

6 抗告裁判所が接近禁止命令を取り消す場合において、第十条第二項から第四項までの規定による命令が発せられているときは、抗告裁判所は、当該命令をも取り消さなければならない。

7 前条第四項の規定による通知がされている保護命令について、第三項若しくは第四項の規定によりその効力の停止を命じたとき又は抗告裁判所がこれを取り消したときは、裁判所書記官は、速やかに、その旨及びその内容を当該通知をした配偶者暴力相談支援センターの長に通知するものとする。

8 前条第三項の規定は、第三項及び第四項の場合並びに抗告裁判所が保護命令を取り消した場合について準用する。

（保護命令の取消し）

第一七条 保護命令を発した裁判所は、当該保護命令の申立てをした者の申立てがあった場合には、当該保護命令を取り消さなければならない。接近禁止命令又は第十条第二項から第四項までの規定による命令にあっては接近禁止命令が効力を生じた日から起算して三月を経過した日以後において、退去等命令にあっては当該退去等命令が効力を生じた日から起算して二週間を経過した後において、これらの命令を受けた者が申し立て、当該裁判所が当該保護命令の申立てをした者に異議がないことを確認したときも、同様とする。

2 前条第六項の規定は、接近禁止命令を発した裁判所が前項の規定により当該接近禁止命令を取り消す場合について準用する。

3 三項命令を受けた者は、接近禁止命令が効力を生じた日から起算して六月を経過した日又は当該三項命令が効力を生じた日から起算して三月を経過した日のいずれか遅い日以後において、当該三項命令を発した裁判所に対し、第十条第三項に規定する要件を欠くに至ったことを理由として、当該三項命令の取消しの申立てをすることができる。

4 裁判所は、前項の取消しの裁判をするときは、当該取消しに係る三項命令の申立てをした者の意見を聴かなければならない。

5 第三項の取消しの申立てについての裁判に対しては、即時抗告をすることができる。

6 第三項の取消しの裁判は、確定しなければその効力を生じない。

7 第十五条第三項及び前条第七項の規定は、第一項から第三項までの場合について準用する。

（退去等命令の再度の申立て）

第一八条 退去等命令が発せられた後に当該発せられた退去等命令の申立ての理由となった身体に対する暴力又は生命等に対する脅迫と同一の事実を理由とする退去等命令の再度の申立てがあったときは、裁判所は、配偶者と共に生活の本拠としている住居から転居しようとする被害者がその責めに帰することのできない事由により当該発せられた命令の期間までに当該住居からの転居を完了することができないことその他の退去等命令を再度発する必要があると認めるべき事情があるときに限り、退去等命令を発するものとする。ただし、当該退去等命令を発することにより当該配偶者の生活に特に著しい支障を生ずると認めるときは、当該退去等命令を発しないことができる。

2 前項の申立てをする場合における第十二条の規定の適用については、同条第二項各号列記以外の部分中「事項」とあるのは「事項及び第十八条第一項本文の事情」と、同項第三号中「事項に」とあるのは「事項及び第十八条第一項本文の事情に」と、同条第三項中「事項に」とあるのは「事項並びに第十八条第一項本文の事情に」とする。

（事件の記録の閲覧等）

第一九条 保護命令に関する手続について、当事者は、裁判所書記官に対し、事件の記録の閲覧若しくは謄写、その正本、謄本若しくは抄本の交付又は事件に関する事項の証明書の交付を請求することができる。ただし、相手方にあっては、保護命令の申立てに関し口頭弁論若しくは相手方を呼び出す審尋の期日の指定があり、又は相手方に対する保護命令の送達があるまでの間は、この限りでない。

注 第一九条は、令和五年六月一四日法律第五三号により次のように改正され、令和五年六月一四日から起算して五年を超えない範囲内において政令で定める日から施行される。

第十九条を次のように改める。

（非電磁的事件記録の閲覧等）

第一九条 保護命令に関する手続について、当事者は、裁判所書記官に対し、非電磁的事件記録（事件の記録中次条第一項に規定する電磁的事件記録を除いた部分をいう。次項において同じ。）の閲覧若しくは謄写又はその正本、謄本若しくは抄本の交付を請求することができる。

2 前項の規定は、非電磁的事件記録中の録音テープ又はビデオテープ（これらに準ずる方法により一定の事項を記録した物を含む。）に関しては、適用しない。この場合において、当事者は、裁判所の許可を得て、裁判所書記官に対し、これらの物の複製を請求することができる。

3 前二項の規定にかかわらず、相手方は、保護命令の申立てに関し口頭弁論若しくは相手方を呼び出す審尋の期日の指定があり、又は相手方に対する保護命令の送達があるまでの間は、これらの規定による請求をすることができない。

4 民事訴訟法第九十一条第五項の規定は、第一項及び第二項の規定による請求について準用する。

注 次の二条は、令和五年六月一四日法律第五三号により追加され、令和五年六月一四日から起算して五年を超えない範囲内において政令で定める日から施行される。

第十九条の次に次の二条を加える。

（電磁的事件記録の閲覧等）

第一九条の二 保護命令に関する手続について、当事者は、裁判所書記官に対し、最高裁判所規則で定めるところにより、電磁的事件記録（事件の記録中この法律その他の法令の規定により裁判所の使用に係る電子計算機（入出力装置を含む。以下この条及び次条において同じ。）に備えられたファイルに記録された事項に係る部分をいう。以下この条において同じ。）の内容を最高裁判所規則で定める方法により表示したものの閲覧を請求することができる。

2 保護命令に関する手続について、当事

者は、裁判所書記官に対し、電磁的事件記録に記録されている事項について、最高裁判所規則で定めるところにより、最高裁判所規則で定める電子情報処理組織（裁判所の使用に係る電子計算機と手続の相手方の使用に係る電子計算機とを電気通信回線で接続した電子情報処理組織をいう。次項及び次条において同じ。）を使用してその者の使用に係る電子計算機に備えられたファイルに記録する方法その他の最高裁判所規則で定める方法による複写を請求することができる。

3　保護命令に関する手続について、当事者は、裁判所書記官に対し、最高裁判所規則で定めるところにより、電磁的事件記録に記録されている事項の全部若しくは一部を記載した書面であって裁判所書記官が最高裁判所規則で定める方法により当該書面の内容が電磁的事件記録に記録されている事項と同一であることを証明したものを交付し、又は当該事項の全部若しくは一部を記録した電磁的記録であって裁判所書記官が最高裁判所規則で定める方法により当該電磁的記録の内容が電磁的事件記録に記録されている事項と同一であることを証明したものを最高裁判所規則で定める電子情報処理組織を使用してその者の使用に係る電子計算機に備えられたファイルに記録する方法その他の最高裁判所規則で定める方法により提供することを請求することができる。

4　前三項の規定にかかわらず、相手方は、保護命令の申立てに関し口頭弁論若しくは相手方を呼び出す審尋の期日の指定があり、又は相手方に対する保護命令の送達があるまでの間は、これらの規定による請求をすることができない。

5　民事訴訟法第九十一条第五項の規定は、第一項及び第二項の規定による請求について準用する。

（事件に関する事項の証明）

第一九条の三　保護命令に関する手続について、当事者は、裁判所書記官に対し、最高裁判所規則で定めるところにより、事件に関する事項を記載した書面であって裁判所書記官が最高裁判所規則で定める方法により当該事項を証明したものを交付し、又は当該事項を記録した電磁的記録であって裁判所書記官が最高裁判所規則で定める方法により当該事項を証明したものを最高裁判所規則で定める電子情報処理組織を使用してその者の使用に係る電子計算機に備えられたファイルに記録する方法その他の最高裁判所規則で定める方法により提供することを請求することができる。ただし、相手方にあっては、保護命令の申立てに関し口頭弁論若しくは相手方を呼び出す審尋の期日の指定があり、又は相手方に対する保護命令の送達があるまでの間は、この限りでない。

第二〇条　削除

（民事訴訟法の準用）

第二一条　この法律に特別の定めがある場合を除き、保護命令に関する手続に関しては、その性質に反しない限り、民事訴訟法（平成八年法律第百九号）の規定を準用する。

注1　第二一条は、令和五年五月一九日法律第三〇号により次のように改正され、令和四年五月二五日から起算して二年を超えない範囲内において政令で定める日から施行される。

第二十一条を次のように改める。

（民事訴訟法の準用）

第二一条　この法律に特別の定めがある場合を除き、保護命令に関する手続に関しては、その性質に反しない限り、民事訴訟法（平成八年法律第百九号）第一編から第四編までの規定（同法第七十一条第二項、第九十一条の二、第九十二条第九項及び第十項、第九十二条の二第二項、第九十四条、第百条第二項、第一編第五章第四節第三款、第百十一条、第一編第七章、第百三十三条の二第五項及び第六項、第百三十三条の三第二項、第百五十一条第三項、第百六十条第二項、第百八十五条第三項、第二百五条第二項、第二百十五条第二項、第二百二十七条第二項並びに第二百三十二条の二の規定を除く。）を準用する。この場合において、次の表の上欄に掲げる同法の規定中同表の中欄に掲げる字句は、それぞれ同表の下欄に掲げる字句に読み替えるものとする。

第百十二条第一項本文	前条の規定による措置を開始した	裁判所書記官が送達すべき書類を保管し、いつでも送達を受けるべき者に交付すべき旨の裁判所の掲示場への掲示を始めた
第百十二条第一項ただし書	前条の規定による措置を開始した	当該掲示を始めた
第百十三条	書類又は電磁的記録	書類
	記載又は記録	記載
	第百十一条の規定による措置を開始した	裁判所書記官が送達すべき書類を保管し、いつでも送達を受けるべき者に交付すべき旨の裁判所の掲示場への掲示を始めた
第百三十三条の三第一項	記載され、又は記録された書面又は電磁的記録	記載された書面
	当該書面又は電磁的記録	当該書面
	又は電磁的記録その他これに類する書面又は電磁的記録	その他これに類する書面
第百五十一条第二項及び第二百三十一条の二第二項	方法又は最高裁判所規則で定める電子情報処理組織を使用する方法	方法
第百六十条第一項	最高裁判所規則で定めるところにより、電子調書（期日又は期日外における手続の方式、内容及び経過等の記録及び公証をするためにこの法律その他の法令の規定により裁判所書記官が作成する電磁的記録をいう。以下同じ。）	調書
第百六十条第三項	前項の規定によりファイルに記録された電子調書の内容に	調書の記載について
第百六十条第四項	第二項の規定によりファイルに記録された電子調書	調書
	当該電子調書	当該調書
第百六十条の二第一項	前条第二項の規定によりファイルに記録された電子調書の内容	調書の記載
第百六十条の二第二項	その旨をファイルに記録して	調書を作成して
第二百五条第三項	事項又は前項の規定によりファイルに記録された事項若しくは同項の記録媒体に記録された事項	事項
第二百十五条第四項	事項又は第二項の規定によりファ	事項

	イルに記録された事項若しくは同項の記録媒体に記録された事項	
第二百三十一条の三第二項	若しくは送付し、又は最高裁判所規則で定める電子情報処理組織を使用する	又は送付する
第二百六十一条第四項	電子調書	調書
	記録しなければ	記載しなければ

注2　第二一条は、令和五年六月一四日法律第五三号により次のように改正され、令和五年六月一四日から起算して五年を超えない範囲内において政令で定める日から施行される。

第二十一条を次のように改める。

（民事訴訟法の準用）

第二一条　この法律に特別の定めがある場合を除き、保護命令に関する手続に関しては、その性質に反しない限り、民事訴訟法第一編から第四編までの規定（同法第百三十二条の十三の規定を除く。）を準用する。

（最高裁判所規則）

第二二条　この法律に定めるもののほか、保護命令に関する手続に関し必要な事項は、最高裁判所規則で定める。

第五章　雑則

（職務関係者による配慮等）

第二三条　配偶者からの暴力に係る被害者の保護、捜査、裁判等に職務上関係のある者（次項において「職務関係者」という。）は、その職務を行うに当たり、被害者の心身の状況、その置かれている環境等を踏まえ、被害者の国籍、障害の有無等を問わずその人権を尊重するとともに、その安全の確保及び秘密の保持に十分な配慮をしなければならない。

2　国及び地方公共団体は、職務関係者に対し、被害者の人権、配偶者からの暴力の特性等に関する理解を深めるために必要な研修及び啓発を行うものとする。

（教育及び啓発）

第二四条　国及び地方公共団体は、配偶者からの暴力の防止に関する国民の理解を深めるための教育及び啓発に努めるものとする。

（調査研究の推進等）

第二五条　国及び地方公共団体は、配偶者からの暴力の防止及び被害者の保護に資するため、加害者の更生のための指導の方法、被害者の心身の健康を回復させるための方法等に関する調査研究の推進並びに被害者の保護に係る人材の養成及び資質の向上に努めるものとする。

（民間の団体に対する援助）

第二六条　国及び地方公共団体は、配偶者からの暴力の防止及び被害者の保護を図るための活動を行う民間の団体に対し、必要な援助を行うよう努めるものとする。

（都道府県及び市町村の支弁）

第二七条　都道府県は、次の各号に掲げる費用を支弁しなければならない。

一　第三条第三項の規定に基づき同項に掲げる業務を行う女性相談支援センターの運営に要する費用（次号に掲げる費用を除く。）

二　第三条第三項第三号の規定に基づき女性相談支援センターが行う一時保護（同条第四項に規定する厚生労働大臣が定める基準を満たす者に委託して行う場合を含む。）及びこれに伴い必要な事務に要する費用

三　第四条の規定に基づき都道府県が置く女性相談支援員が行う業務に要する費用

四　第五条の規定に基づき都道府県が行う保護（市町村、社会福祉法人その他適当と認める者に委託して行う場合を含む。）及びこれに伴い必要な事務に要する費用

2　市町村は、第四条の規定に基づき市町村が置く女性相談支援員が行う業務に要する費用を支弁しなければならない。

（国の負担及び補助）

第二八条　国は、政令の定めるところにより、都道府県が前条第一項の規定により支弁した費用のうち、同項第一号及び第二号に掲げるものについては、その十分の五を負担するものとす

る。

2　国は、予算の範囲内において、次の各号に掲げる費用の十分の五以内を補助することができる。

一　都道府県が前条第一項の規定により支弁した費用のうち、同項第三号及び第四号に掲げるもの

二　市町村が前条第二項の規定により支弁した費用

第五章の二　補則

（この法律の準用）

第二八条の二　第二条及び第一章の二から前章までの規定は、生活の本拠を共にする交際（婚姻関係における共同生活に類する共同生活を営んでいないものを除く。）をする関係にある相手からの暴力（当該関係にある相手からの身体に対する暴力等をいい、当該関係にある相手からの身体に対する暴力等を受けた後に、その者が当該関係を解消した場合にあっては、当該関係にあった者から引き続き受ける身体に対する暴力等を含む。）及び当該暴力を受けた者について準用する。この場合において、これらの規定（同条を除く。）中「配偶者からの暴力」とあるのは、「特定関係者からの暴力」と読み替えるほか、次の表の上欄に掲げる規定中同表の中欄に掲げる字句は、それぞれ同表の下欄に掲げる字句に読み替えるものとする。

第二条	配偶者	第二十八条の二に規定する関係にある相手（以下「特定関係者」という。）
	、被害者	、被害者（特定関係者からの暴力を受けた者をいう。以下同じ。）
第六条第一項	配偶者又は配偶者であった者	特定関係者又は特定関係者であった者
第十条第一項から第四項まで、第十条の二、第十一条第二項第二号及び第三項第二号、第十二条第一項第一号から第四号まで並びに第二項第一号及び第二号並びに第十八条第一項	配偶者	特定関係者
第十条第一項、第十条の二並びに第十二条第一項第一号及び第二項第一号	離婚をし、又はその婚姻が取り消された場合	第二十八条の二に規定する関係を解消した場合

第六章　罰則

第二九条　保護命令（前条において読み替えて準用する第十条第一項から第四項まで及び第十条の二の規定によるものを含む。第三十一条において同じ。）に違反した者は、二年以下の懲役又は二百万円以下の罰金に処する。

注　第二九条は、令和四年六月一七日法律第六八号により次のように改正され、令和四年六月一七日から起算して三年を超えない範囲内において政令で定める日から施行される。
第二十九条中「懲役」を「拘禁刑」に改める。

第三〇条　第三条第五項又は第五条の三の規定に違反して秘密を漏らした者は、一年以下の拘禁刑又は五十万円以下の罰金に処する。

第三一条　第十二条第一項若しくは第二項（第十八条第二項の規定により読み替えて適用する場合を含む。）又は第二十八条の二において読み替えて準用する第十二条第一項若しくは第二項

（第二十八条の二において準用する第十八条第二項の規定により読み替えて適用する場合を含む。）の規定により記載すべき事項について虚偽の記載のある申立書により保護命令の申立てをした者は、十万円以下の過料に処する。

附　則　（抄）

（施行期日）

第一条　この法律は、公布の日から起算して六月を経過した日〔平一三・一〇・一三〕から施行する。ただし、第二章、第六条（配偶者暴力相談支援センターに係る部分に限る。）、第七条、第九条（配偶者暴力相談支援センターに係る部分に限る。）、第二十七条及び第二十八条の規定は、平成十四年四月一日から施行する。

附　則　（令五・五・一九法律三〇）（抄）

（施行期日）

第一条　この法律は、令和六年四月一日から施行する。ただし、次の各号に掲げる規定は、当該各号に定める日から施行する。

二　第二十一条の改正規定　民事訴訟法等の一部を改正する法律（令和四年法律第四十八号。附則第三条において「民事訴訟法等改正法」という。）附則第一条第四号に掲げる規定の施行の日〔令和四年五月二十五日〕から起算して二年を超えない範囲内において政令で定める日

（民事訴訟法等改正法の施行の日の前日までの間の経過措置）

第三条　新法第十四条の二から第十四条の四までの規定は、民事訴訟法等改正法の施行の日〔令和四年五月二十五日から起算して四年を超えない範囲内において政令で定める日〕の前日までの間は、適用しない。

2　附則第一条第二号に規定する規定の施行の日から民事訴訟法等改正法の施行の日の前日までの間における新法第二十一条の規定の適用については、同条中「第七十一条第二項、第九十一条の二、第九十二条第九項及び第十項、第九十二条の二第二項、第九十四条、第百条第二項、第一編第五章第四節第三款、第百十一条、第一編第七章、第百三十三条の二第五項及び第六項、第百三十三条の三第二項、第百五十一条第三項、第百六十条第二項、第百八十五条第三項、第二百五条第二項、第二百十五条第二項、第二百二十七条第二項並びに第二百三十二条の二の規定を除く。）を準用する。この場合において、次の表の上欄に掲げる同法の規定中同表の中欄に掲げる字句は、それぞれ同表の下欄に掲げる字句に読み替えるものとする」とあるのは、「第八十七条の二の規定を除く。）を準用する」とする。

◉困難な問題を抱える女性への支援に関する法律

（令和四・五・二五法律五二）

注　令四法律六六改正現在
（未施行分については、該当か所の後に改正文を収載）

第一章　総則

（目的）

第一条　この法律は、女性が日常生活又は社会生活を営むに当たり女性であることにより様々な困難な問題に直面することが多いことに鑑み、困難な問題を抱える女性の福祉の増進を図るため、困難な問題を抱える女性への支援に関する必要な事項を定めることにより、困難な問題を抱える女性への支援のための施策を推進し、もって人権が尊重され、及び女性が安心して、かつ、自立して暮らせる社会の実現に寄与することを目的とする。

（定義）

第二条　この法律において「**困難な問題を抱える女性**」とは、性的な被害、家庭の状況、地域社会との関係性その他の様々な事情により日常生活又は社会生活を円滑に営む上で困難な問題を抱える女性（そのおそれのある女性を含む。）をいう。

（基本理念）

第三条　困難な問題を抱える女性への支援のための施策は、次に掲げる事項を基本理念として行われなければならない。

一　女性の抱える問題が多様化するとともに複合化し、そのために複雑化していることを踏まえ、困難な問題を抱える女性が、それぞれの意思が尊重されながら、抱えている問題及びその背景、心身の状況等に応じた最適な支援を受けられるようにすることにより、その福祉が増進されるよう、その発見、相談、心身の健康の回復のための援助、自立して生活するための援助等の多様な支援を包括的に提供する体制を整備すること。

二　困難な問題を抱える女性への支援が、関係機関及び民間の団体の協働により、早期から切れ目なく実施されるようにすること。

三　人権の擁護を図るとともに、男女平等の実現に資することを旨とすること。

（国及び地方公共団体の責務）

第四条　国及び地方公共団体は、前条の基本理念にのっとり、困難な問題を抱える女性への支援のために必要な施策を講ずる責務を有する。

（関連施策の活用）

第五条　国及び地方公共団体は、困難な問題を抱える女性への支援のための施策を講ずるに当たっては、必要に応じて福祉、保健医療、労働、住まい及び教育に関する施策その他の関連施策の活用が図られるよう努めなければならない。

（緊密な連携）

第六条　国及び地方公共団体は、困難な問題を抱える女性への支援のための施策を講ずるに当たっては、関係地方公共団体相互間の緊密な連携が図られるとともに、この法律に基づく支援を行う機関と福祉事務所（社会福祉法（昭和二十六年法律第四十五号）に規定する福祉に関する事務所をいう。）、児童相談所、児童福祉施設（児童福祉法（昭和二十二年法律第百六十四号）第七条第一項に規定する児童福祉施設をいう。）、保健所、医療機関、職業紹介機関（労働施策の総合的な推進並びに労働者の雇用の安定及び職業生活の充実等に関する法律（昭和四十一年法律第百三十二号）第二条に規定する職業紹介機関をいう。）、職業訓練機関、教育機関、都道府県警察、日本司法支援センター（総合法律支援法（平成十六年法律第七十四号）第十三条に規定する日本司法支援センターをいう。）、配偶者暴力相談支援センター（配偶者からの暴力の防止及び被害者の保護等に関する法律（平成十三年法律第三十一号）第三条第一項に規定する配偶者暴力相談支援センターをいう。）その他の関係機関との緊密な連携が図られるよう配慮しなければならない。

第二章　基本方針及び都道府県基本計画等

（基本方針）

第七条　厚生労働大臣は、困難な問題を抱える女性への支援のための施策に関する基本的な方針(以下「基本方針」という。)を定めなければならない。

2　基本方針においては、次に掲げる事項につき、次条第一項の都道府県基本計画及び同条第三項の市町村基本計画の指針となるべきものを定めるものとする。

一　困難な問題を抱える女性への支援に関する基本的な事項

二　困難な問題を抱える女性への支援のための施策の内容に関する事項

三　その他困難な問題を抱える女性への支援のための施策の実施に関する重要事項

3　厚生労働大臣は、基本方針を定め、又はこれを変更しようとするときは、あらかじめ、関係行政機関の長に協議しなければならない。

4　厚生労働大臣は、基本方針を定め、又はこれを変更したときは、遅滞なく、これを公表しなければならない。

(都道府県基本計画等)

第八条　都道府県は、基本方針に即して、当該都道府県における困難な問題を抱える女性への支援のための施策の実施に関する基本的な計画(以下この条において「都道府県基本計画」という。)を定めなければならない。

2　都道府県基本計画においては、次に掲げる事項を定めるものとする。

一　困難な問題を抱える女性への支援に関する基本的な方針

二　困難な問題を抱える女性への支援のための施策の実施内容に関する事項

三　その他困難な問題を抱える女性への支援のための施策の実施に関する重要事項

3　市町村(特別区を含む。以下同じ。)は、基本方針に即し、かつ、都道府県基本計画を勘案して、当該市町村における困難な問題を抱える女性への支援のための施策の実施に関する基本的な計画(以下この条において「市町村基本計画」という。)を定めるよう努めなければならない。

4　都道府県又は市町村は、都道府県基本計画又は市町村基本計画を定め、又は変更したときは、遅滞なく、これを公表しなければならない。

5　厚生労働大臣は、都道府県又は市町村に対し、都道府県基本計画又は市町村基本計画の作成のために必要な助言その他の援助を行うよう努めなければならない。

第三章　女性相談支援センターによる支援等

(女性相談支援センター)

第九条　都道府県は、女性相談支援センターを設置しなければならない。

2　地方自治法(昭和二十二年法律第六十七号)第二百五十二条の十九第一項の指定都市(以下「指定都市」という。)は、女性相談支援センターを設置することができる。

3　女性相談支援センターは、困難な問題を抱える女性への支援に関し、主として次に掲げる業務を行うものとする。

一　困難な問題を抱える女性に関する各般の問題について、困難な問題を抱える女性の立場に立って相談に応ずること又は第十一条第一項に規定する女性相談支援員若しくは相談を行う機関を紹介すること。

二　困難な問題を抱える女性(困難な問題を抱える女性がその家族を同伴する場合にあっては、困難な問題を抱える女性及びその同伴する家族。次号から第五号まで及び第十二条第一項において同じ。)の緊急時における安全の確保及び一時保護を行うこと。

三　困難な問題を抱える女性の心身の健康の回復を図るため、医学的又は心理学的な援助その他の必要な援助を行うこと。

四　困難な問題を抱える女性が自立して生活することを促進するため、就労の支援、住宅の確保、援護、児童の保育等に関する制度の利用等について、情報の提供、助言、関係機関との連絡調整その他の援助を行うこと。

五　困難な問題を抱える女性が居住して保護を受けることができる施設の利用について、情報の提供、助言、関係機関との連絡調整その他の援助を行うこと。

4　女性相談支援センターは、その業務を行うに当たっては、その支援の対象となる者の抱えている問題及びその背景、心身の状況等を適切に把握した上で、その者の意向を踏まえながら、最適な支援を行うものとする。

5　女性相談支援センターに、所長その他所要の職員を置く。

6　女性相談支援センターには、第三項第二号の一時保護を行う施設を設けなければならない。

7　第三項第二号の一時保護は、緊急に保護することが必要と認められる場合その他厚生労働省令で定める場合に、女性相談支援センターが、自ら行い、又は厚生労働大臣が定める基準を満たす者に委託して行うものとする。

8　前項の規定による委託を受けた者若しくはその役員若しくは職員又はこれらの者であった者は、正当な理由がなく、その委託を受けた業務に関して知り得た秘密を漏らしてはならない。

9　第三項第二号の一時保護に当たっては、その対象となる者が監護すべき児童を同伴する場合には、当該児童の状況に応じて、当該児童への学習に関する支援が行われるものとする。

10　女性相談支援センターは、その業務を行うに当たっては、必要に応じ、困難な問題を抱える女性への支援に関する活動を行う民間の団体との連携に努めるものとする。

11　前各項に定めるもののほか、女性相談支援センターに関し必要な事項は、政令で定める。

（女性相談支援センターの所長による報告等）

第一〇条　女性相談支援センターの所長は、困難な問題を抱える女性であって配偶者のないもの又はこれに準ずる事情にあるもの及びその者の監護すべき児童について、児童福祉法第六条の三第十八項に規定する妊産婦等生活援助事業の実施又は同法第二十三条第二項に規定する母子保護の実施が適当であると認めたときは、これらの者を当該妊産婦等生活援助事業の実施又は当該母子保護の実施に係る都道府県又は市町村の長に報告し、又は通知しなければならない。

（女性相談支援員）

第一一条　都道府県（女性相談支援センターを設置する指定都市を含む。第二十条第一項（第四号から第六号までを除く。）並びに第二十二条第一項及び第二項第一号において同じ。）は、困難な問題を抱える女性について、その発見に努め、その立場に立って相談に応じ、及び専門的技術に基づいて必要な援助を行う職務に従事する職員（以下「**女性相談支援員**」という。）を置くものとする。

2　市町村（女性相談支援センターを設置する指定都市を除く。第二十条第二項及び第二十二条第二項第二号において同じ。）は、女性相談支援員を置くよう努めるものとする。

3　女性相談支援員の任用に当たっては、その職務を行うのに必要な能力及び専門的な知識経験を有する人材の登用に特に配慮しなければならない。

（女性自立支援施設）

第一二条　都道府県は、困難な問題を抱える女性を入所させて、その保護を行うとともに、その心身の健康の回復を図るための医学的又は心理学的な援助を行い、及びその自立の促進のためにその生活を支援し、あわせて退所した者について相談その他の援助を行うこと（以下「**自立支援**」という。）を目的とする施設（以下「**女性自立支援施設**」という。）を設置することができる。

2　都道府県は、女性自立支援施設における自立支援を、その対象となる者の意向を踏まえながら、自ら行い、又は市町村、社会福祉法人その他適当と認める者に委託して行うことができる。

3　女性自立支援施設における自立支援に当たっては、その対象となる者が監護すべき児童を同伴する場合には、当該児童の状況に応じて、当該児童への学習及び生活に関する支援が行われるものとする。

（民間の団体との協働による支援）

第一三条　都道府県は、困難な問題を抱える女性への支援に関する活動を行う民間の団体と協働して、その自主性を尊重しつつ、困難な問題を抱える女性について、その意向に留意しながら、訪問、巡回、居場所の提供、インターネットの活用、関係機関への同行その他の厚生労働省令で定める方法により、その発見、相談その他の支援に関する業務を行うものとする。

2　市町村は、困難な問題を抱える女性への支援に関する活動を行う民間の団体と協働して、その自主性を尊重しつつ、困難な問題を抱える女性について、その意向に留意しながら、前項の業務を行うことができる。

（民生委員等の協力）

第一四条　民生委員法（昭和二十三年法律第百九十八号）に定める民生委員、児童福祉法に定める児童委員、人権擁護委員法（昭和二十四年法律第百三十九号）に定める人権擁護委員、保護司法（昭和二十五年法律第二百四号）に定める保護司及び更生保護事業法（平成七年法律第八十六号）に定める更生保護事業を営む者は、この法律の施行に関し、女性相談支援センター及び女性相談支援員に協力するものとする。

（支援調整会議）

第一五条　地方公共団体は、単独で又は共同して、困難な問題を抱える女性への支援を適切かつ円滑に行うため、関係機関、第九条第七項又は第十二条第二項の規定による委託を受けた者、困難な問題を抱える女性への支援に関する活動を行う民間の団体及び困難な問題を抱える女性への支援に従事する者その他の関係者（以下この条において「関係機関等」という。）により構成される会議（以下この条において「支援調整会議」という。）を組織するよう努めるものとする。

2　支援調整会議は、困難な問題を抱える女性への支援を適切かつ円滑に行うために必要な情報の交換を行うとともに、困難な問題を抱える女性への支援の内容に関する協議を行うものとする。

3　支援調整会議は、前項に規定する情報の交換及び協議を行うため必要があると認めるときは、関係機関等に対し、資料又は情報の提供、意見の開陳その他必要な協力を求めることができる。

4　関係機関等は、前項の規定による求めがあった場合には、これに協力するよう努めるものとする。

5　次の各号に掲げる支援調整会議を構成する関係機関等の区分に従い、当該各号に定める者は、正当な理由がなく、支援調整会議の事務に関して知り得た秘密を漏らしてはならない。

一　国又は地方公共団体の機関　当該機関の職員又は職員であった者

二　法人　当該法人の役員若しくは職員又はこれらの者であった者

三　前二号に掲げる者以外の者　支援調整会議を構成する者又は当該者であった者

6　前各項に定めるもののほか、支援調整会議の組織及び運営に関し必要な事項は、支援調整会議が定める。

第四章　雑則

（教育及び啓発）

第一六条　国及び地方公共団体は、この法律に基づく困難な問題を抱える女性への支援に関し国民の関心と理解を深めるための教育及び啓発に努めるものとする。

2　国及び地方公共団体は、自己がかけがえのない個人であることについての意識の涵《かん》養に資する教育及び啓発を含め、女性が困難な問題を抱えた場合にこの法律に基づく支援を適切に受けることができるようにするための教育及び啓発に努めるものとする。

（調査研究の推進）

第一七条　国及び地方公共団体は、困難な問題を抱える女性への支援に資するため、効果的な支援の方法、その心身の健康の回復を図るための方法等に関する調査研究の推進に努めるものとする。

（人材の確保等）

第一八条　国及び地方公共団体は、困難な問題を抱える女性への支援に従事する者の適切な処遇の確保のための措置、研修の実施その他の措置を講ずることにより、困難な問題を抱える女性への支援に係る人材の確保、養成及び資質の向上を図るよう努めるものとする。

（民間の団体に対する援助）

第一九条　国及び地方公共団体は、困難な問題を抱える女性への支援に関する活動を行う民間の団体に対し、必要な援助を行うよう努めるものとする。

（都道府県及び市町村の支弁）

第二〇条　都道府県は、次に掲げる費用（女性相談支援センターを設置する指定都市にあっては、第一号から第三号までに掲げる費用に限る。）を支弁しなければならない。

一　女性相談支援センターに要する費用（次号に掲げる費用を除く。）

二　女性相談支援センターが行う第九条第三項第二号の一時保護（同条第七項に規定する厚生労働大臣が定める基準を満たす者に委託して行う場合を含む。）及びこれに伴い必要な事務に要する費用

三　都道府県が置く女性相談支援員に要する費用

四　都道府県が設置する女性自立支援施設の設備に要する費用

五　都道府県が行う自立支援（市町村、社会福祉法人その他適当と認める者に委託して行う場合を含む。）及びこれに伴い必要な事務に要する費用

六　第十三条第一項の規定により都道府県が自ら行い、又は民間の団体に委託して行う困難な問題を抱える女性への支援に要する費用

2　市町村は、市町村が置く女性相談支援員に要する費用を支弁しなければならない。

3　市町村は、第十三条第二項の規定により市町村が自ら行い、又は民間の団体に委託して行う困難な問題を抱える女性への支援に要する費用を支弁しなければならない。

（都道府県等の補助）

第二十一条　都道府県は、社会福祉法人が設置する女性自立支援施設の設備に要する費用の四分の三以内を補助することができる。

2　都道府県又は市町村は、第十三条第一項又は第二項の規定に基づく業務を行うに当たって、法令及び予算の範囲内において、困難な問題を抱える女性への支援に関する活動を行う民間の団体の当該活動に要する費用（前条第一項第六号の委託及び同条第三項の委託に係る委託費の対象となる費用を除く。）の全部又は一部を補助することができる。

（国の負担及び補助）

第二十二条　国は、政令で定めるところにより、都道府県が第二十条第一項の規定により支弁した費用のうち、同項第一号及び第二号に掲げるものについては、その十分の五を負担するものとする。

2　国は、予算の範囲内において、次に掲げる費用の十分の五以内を補助することができる。

一　都道府県が第二十条第一項の規定により支弁した費用のうち、同項第三号及び第五号に掲げるもの（女性相談支援センターを設置する指定都市にあっては、同項第三号に掲げるものに限る。）

二　市町村が第二十条第二項の規定により支弁した費用

3　国は、予算の範囲内において、都道府県が第二十条第一項の規定により支弁した費用のうち同項第六号に掲げるもの及び市町村が同条第三項の規定により支弁した費用並びに都道府県及び市町村が前条第二項の規定により補助した金額の全部又は一部を補助することができる。

第五章　罰則

第二十三条　第九条第八項又は第十五条第五項の規定に違反して秘密を漏らした者は、一年以下の懲役又は五十万円以下の罰金に処する。

注　第二三条は、令和四年六月一七日法律第六八号により次のように改正され、令和四年六月一七日から起算して三年を超えない範囲内において政令で定める日から施行される。

第二十三条中「懲役」を「拘禁刑」に改める。

附　則（抄）

（施行期日）

第一条　この法律は、令和六年四月一日から施行する。ただし、次の各号に掲げる規定は、当該各号に定める日から施行する。

一　次条並びに附則第三条、〔中略〕第三十八条の規定　公布の日〔令四・五・二五〕

（検討）

第二条　政府は、この法律の公布後三年を目途として、この法律に基づく支援を受ける者の権利を擁護する仕組みの構築及び当該支援の質を公正かつ適切に評価する仕組みの構築について検討を加え、その結果に基づいて所要の措置を講ずるものとする。

2　政府は、前項に定める事項のほか、この法律の施行後三年を目途として、この法律の施行の状況について検討を加え、必要があると認めるときは、その結果に基づいて所要の措置を講ずるものとする。

（準備行為）

第三条　厚生労働大臣は、この法律の施行の日（以下「施行日」という。）前においても、第七条第一項から第三項までの規定の例により、基本方針を定めることができる。この場合において、厚生労働大臣は、同条第四項の規定の例により、これを公表することができる。

2　前項の規定により定められ、公表された基本方針は、施行日において、第七条第一項から第三項までの規定により定められ、同条第四項の規定により公表された基本方針とみなす。

（婦人補導院法の廃止）

第一〇条　婦人補導院法は、廃止する。

（婦人補導院法の廃止に伴う経過措置）

第一一条　旧婦人補導院法第十二条の規定による手当金の支給及び旧婦人補導院法第十九条の規定による遺留金品の措置については、なお従前の例による。この場合において、これらに関する事務は、法務省令で定める法務省の職員が行うものとする。

（政令への委任）

第三八条　この附則に定めるもののほか、この法律の施行に関し必要な経過措置は、政令で定める。

①高齢社会対策基本法

（平成七・一一・一五法律一二九）

注　令三法律三六改正現在

我が国は、国民のたゆまぬ努力により、かつてない経済的繁栄を築き上げるとともに、人類の願望である長寿を享受できる社会を実現しつつある。今後、長寿をすべての国民が喜びの中で迎え、高齢者が安心して暮らすことのできる社会の形成が望まれる。そのような社会は、すべての国民が安心して暮らすことができる社会でもある。

しかしながら、我が国の人口構造の高齢化は極めて急速に進んでおり、遠からず世界に例を見ない水準の高齢社会が到来するものと見込まれているが、高齢化の進展の速度に比べて国民の意識や社会のシステムの対応は遅れている。早急に対応すべき課題は多岐にわたるが、残されている時間は極めて少ない。

このような事態に対処して、国民一人一人が生涯にわたって真に幸福を享受できる高齢社会を築き上げていくためには、雇用、年金、医療、福祉、教育、社会参加、生活環境等に係る社会のシステムが高齢社会にふさわしいものとなるよう、不断に見直し、適切なものとしていく必要があり、そのためには、国及び地方公共団体はもとより、企業、地域社会、家庭及び個人が相互に協力しながらそれぞれの役割を積極的に果たしていくことが必要である。

ここに、高齢社会対策の基本理念を明らかにしてその方向を示し、国を始め社会全体として高齢社会対策を総合的に推進していくため、この法律を制定する。

第一章　総則

（目的）

第一条　この法律は、我が国における急速な高齢化の進展が経済社会の変化と相まって、国民生活に広範な影響を及ぼしている状況にかんがみ、高齢化の進展に適切に対処するための施策（以下「**高齢社会対策**」という。）に関し、基本理念を定め、並びに国及び地方公共団体の責務等を明らかにするとともに、高齢社会対策の基本となる事項を定めること等により、高齢社会対策を総合的に推進し、もって経済社会の健全な発展及び国民生活の安定向上を図ることを目的とする。

（基本理念）

第二条　高齢社会対策は、次の各号に掲げる社会が構築されることを基本理念として、行われなければならない。

一　国民が生涯にわたって就業その他の多様な社会的活動に参加する機会が確保される公正で活力ある社会

二　国民が生涯にわたって社会を構成する重要な一員として尊重され、地域社会が自立と連帯の精神に立脚して形成される社会

三　国民が生涯にわたって健やかで充実した生活を営むことができる豊かな社会

（国の責務）

第三条　国は、前条の基本理念（次条において「**基本理念**」という。）にのっとり、高齢社会対策を総合的に策定し、及び実施する責務を有する。

（地方公共団体の責務）

第四条　地方公共団体は、基本理念にのっとり、高齢社会対策に関し、国と協力しつつ、当該地域の社会的、経済的状況に応じた施策を策定し、及び実施する責務を有する。

（国民の努力）

第五条　国民は、高齢化の進展に伴う経済社会の変化についての理解を深め、及び相互の連帯を一層強めるとともに、自らの高齢期において健やかで充実した生活を営むことができることとなるよう努めるものとする。

（施策の大綱）

第六条　政府は、政府が推進すべき高齢社会対策の指針として、基本的かつ総合的な高齢社会対策の大綱を定めなければならない。

（法制上の措置等）

第七条　政府は、この法律の目的を達成するため、必要な法制上又は財政上の措置その他の措置を講じなければならない。

（年次報告）

第八条　政府は、毎年、国会に、高齢化の状況及び政府が講じた高齢社会対策の実施の状況に関する報告書を提出しなければならない。

2　政府は、毎年、前項の報告に係る高齢化の状況を考慮して講じようとする施策を明らかにした文書を作成し、これを国会に提出しなければならない。

第二章　基本的施策

（就業及び所得）

第九条　国は、活力ある社会の構築に資するため、高齢者がその意欲と能力に応じて就業することができる多様な機会を確保し、及び勤労者が長期にわたる職業生活を通じて職業能力を開発し、高齢期までその能力を発揮することができるよう必要な施策を講ずるものとする。

2　国は、高齢期の生活の安定に資するため、公的年金制度について雇用との連携を図りつつ適正な給付水準を確保するよう必要な施策を講ずるものとする。

3　国は、高齢期のより豊かな生活の実現に資するため、国民の自主的な努力による資産の形成等を支援するよう必要な施策を講ずるものとする。

（健康及び福祉）

第一〇条　国は、高齢期の健全で安らかな生活を確保するため、国民が生涯にわたって自らの健康の保持増進に努めることができるよう総合的な施策を講ずるものとする。

2　国は、高齢者の保健及び医療並びに福祉に関する多様な需要に的確に対応するため、地域における保健及び医療並びに福祉の相互の有機的な連携を図りつつ適正な保健医療サービス及び福祉サービスを総合的に提供する体制の整備を図るとともに、民間事業者が提供する保健医療サービス及び福祉サービスについて健全な育成及び活用を図るよう必要な施策を講ずるものとする。

3　国は、介護を必要とする高齢者が自立した日常生活を営むことができるようにするため、適切な介護のサービスを受けることができる基盤の整備を推進するよう必要な施策を講ずるものとする。

（学習及び社会参加）

第一一条　国は、国民が生きがいを持って豊かな生活を営むことができるようにするため、生涯学習の機会を確保するよう必要な施策を講ずるものとする。

2　国は、活力ある地域社会の形成を図るため、高齢者の社会的活動への参加を促進し、及びボランティア活動の基盤を整備するよう必要な施策を講ずるものとする。

（生活環境）

第一二条　国は、高齢者が自立した日常生活を営むことができるようにするため、高齢者に適した住宅等の整備を促進し、及び高齢者のための住宅を確保し、並びに高齢者の円滑な利用に配慮された公共的施設の整備を促進するよう必要な施策を講ずるものとする。

2　国は、高齢者が不安のない生活を営むことが

できるようにするため、高齢者の交通の安全を確保するとともに、高齢者を犯罪の被害、災害等から保護する体制を整備するよう必要な施策を講ずるものとする。

(調査研究等の推進)

第一三条　国は、高齢者の健康の確保、自立した日常生活への支援等を図るため、高齢者に特有の疾病の予防及び治療についての調査研究、福祉用具についての研究開発等を推進するよう努めるものとする。

(国民の意見の反映)

第一四条　国は、高齢社会対策の適正な策定及び実施に資するため、国民の意見を国の施策に反映させるための制度を整備する等必要な施策を講ずるものとする。

第三章　高齢社会対策会議

(設置及び所掌事務)

第一五条　内閣府に、特別の機関として、高齢社会対策会議(以下「**会議**」という。)を置く。

2　会議は、次に掲げる事務をつかさどる。

一　第六条の大綱の案を作成すること。

二　高齢社会対策について必要な関係行政機関相互の調整をすること。

三　前二号に掲げるもののほか、高齢社会対策に関する重要事項について審議し、及び高齢社会対策の実施を推進すること。

(組織等)

第一六条　会議は、会長及び委員をもって組織する。

2　会長は、内閣総理大臣をもって充てる。

3　委員は、内閣官房長官、関係行政機関の長、内閣府設置法(平成十一年法律第八十九号)第九条第一項に規定する特命担当大臣及びデジタル大臣のうちから、内閣総理大臣が任命する。

4　会議に、幹事を置く。

5　幹事は、関係行政機関の職員のうちから、内閣総理大臣が任命する。

6　幹事は、会議の所掌事務について、会長及び委員を助ける。

7　前各項に定めるもののほか、会議の組織及び運営に関し必要な事項は、政令で定める。

附　則(抄)

(施行期日)

1　この法律は、公布の日から起算して三月を超えない範囲内において政令で定める日〔平七・一二・一六〕から施行する。

◉共生社会の実現を推進するための認知症基本法

(令和五・六・一六法律六五)

第一章　総則

(目的)

第一条　この法律は、我が国における急速な高齢化の進展に伴い認知症である者(以下「**認知症の人**」という。)が増加している現状等に鑑み、認知症の人が尊厳を保持しつつ希望を持って暮らすことができるよう、認知症に関する施策(以下「**認知症施策**」という。)に関し、基本理念を定め、国、地方公共団体等の責務を明らかにし、及び認知症施策の推進に関する計画の策定について定めるとともに、認知症施策の基本となる事項を定めること等により、認知症施策を総合的かつ計画的に推進し、もって認知症の人を含めた国民一人一人がその個性と能力を十分に発揮し、相互に人格と個性を尊重しつつ支え合いながら共生する活力ある社会(以下「**共生社会**」という。)の実現を推進することを目的とする。

(定義)

第二条　この法律において「認知症」とは、アルツハイマー病その他の神経変性疾患、脳血管疾患その他の疾患により日常生活に支障が生じる程度にまで認知機能が低下した状態として政令で定める状態をいう。

（基本理念）
第三条 認知症施策は、認知症の人が尊厳を保持しつつ希望を持って暮らすことができるよう、次に掲げる事項を基本理念として行われなければならない。

一 全ての認知症の人が、基本的人権を享有する個人として、自らの意思によって日常生活及び社会生活を営むことができるようにすること。

二 国民が、共生社会の実現を推進するために必要な認知症に関する正しい知識及び認知症の人に関する正しい理解を深めることができるようにすること。

三 認知症の人にとって日常生活又は社会生活を営む上で障壁となるものを除去することにより、全ての認知症の人が、社会の対等な構成員として、地域において安全にかつ安心して自立した日常生活を営むことができるようにするとともに、自己に直接関係する事項に関して意見を表明する機会及び社会のあらゆる分野における活動に参画する機会の確保を通じてその個性と能力を十分に発揮することができるようにすること。

四 認知症の人の意向を十分に尊重しつつ、良質かつ適切な保健医療サービス及び福祉サービスが切れ目なく提供されること。

五 認知症の人に対する支援のみならず、その家族その他認知症の人と日常生活において密接な関係を有する者（以下「家族等」という。）に対する支援が適切に行われることにより、認知症の人及び家族等が地域において安心して日常生活を営むことができるようにすること。

六 認知症に関する専門的、学際的又は総合的な研究その他の共生社会の実現に資する研究等を推進するとともに、認知症及び軽度の認知機能の障害に係る予防、診断及び治療並びにリハビリテーション及び介護方法、認知症の人が尊厳を保持しつつ希望を持って暮らすための社会参加の在り方及び認知症の人が他の人々と支え合いながら共生することができる社会環境の整備その他の事項に関する科学的知見に基づく研究等の成果を広く国民が享受できる環境を整備すること。

七 教育、地域づくり、雇用、保健、医療、福祉その他の各関連分野における総合的な取組として行われること。

（国の責務）
第四条 国は、前条の基本理念にのっとり、認知症施策を総合的かつ計画的に策定し、及び実施する責務を有する。

（地方公共団体の責務）
第五条 地方公共団体は、第三条の基本理念にのっとり、国との適切な役割分担を踏まえて、その地方公共団体の地域の状況に応じた認知症施策を総合的かつ計画的に策定し、及び実施する責務を有する。

（保健医療サービス又は福祉サービスを提供する者の責務）
第六条 保健医療サービス又は福祉サービスを提供する者は、国及び地方公共団体が実施する認知症施策に協力するとともに、良質かつ適切な保健医療サービス又は福祉サービスを提供するよう努めなければならない。

（日常生活及び社会生活を営む基盤となるサービスを提供する事業者の責務）
第七条 公共交通事業者等（高齢者、障害者等の移動等の円滑化の促進に関する法律（平成十八年法律第九十一号）第二条第五号の公共交通事業者等をいう。）、金融機関、小売業者その他の日常生活及び社会生活を営む基盤となるサービスを提供する事業者（前条に規定する者を除く。第二十三条において同じ。）は、国及び地方公共団体が実施する認知症施策に協力するとともに、そのサービスを提供するに当たっては、その事業の遂行に支障のない範囲内において、認知症の人に対し必要かつ合理的な配慮をするよう努めなければならない。

（国民の責務）
第八条 国民は、共生社会の実現を推進するために必要な認知症に関する正しい知識及び認知症の人に関する正しい理解を深めるとともに、共生社会の実現に寄与するよう努めなければならない。

（認知症の日及び認知症月間）
第九条 国民の間に広く認知症についての関心と理解を深めるため、認知症の日及び認知症月間を設ける。

2　認知症の日は九月二十一日とし、認知症月間は同月一日から同月三十日までとする。

3　国及び地方公共団体は、認知症の日においてその趣旨にふさわしい事業を実施するよう努めるものとするとともに、認知症月間においてその趣旨にふさわしい行事が実施されるよう奨励しなければならない。

（法制上の措置等）

第一〇条　政府は、認知症施策を実施するため必要な法制上又は財政上の措置その他の措置を講じなければならない。

第二章　認知症施策推進基本計画等

（認知症施策推進基本計画）

第一一条　政府は、認知症施策の総合的かつ計画的な推進を図るため、認知症施策推進基本計画（以下この章及び第二十七条において「基本計画」という。）を策定しなければならない。

2　基本計画に定める施策については、原則として、当該施策の具体的な目標及びその達成の時期を定めるものとする。

3　内閣総理大臣は、基本計画の案につき閣議の決定を求めなければならない。

4　政府は、基本計画を策定したときは、遅滞なく、これを国会に報告するとともに、インターネットの利用その他適切な方法により公表しなければならない。

5　政府は、適時に、第二項の規定により定める目標の達成状況を調査し、その結果をインターネットの利用その他適切な方法により公表しなければならない。

6　政府は、認知症に関する状況の変化を勘案し、及び認知症施策の効果に関する評価を踏まえ、少なくとも五年ごとに、基本計画に検討を加え、必要があると認めるときには、これを変更しなければならない。

7　第三項及び第四項の規定は、基本計画の変更について準用する。

（都道府県認知症施策推進計画）

第一二条　都道府県は、基本計画を基本とするとともに、当該都道府県の実情に即した都道府県認知症施策推進計画（以下この条及び次条第一項において「都道府県計画」という。）を策定するよう努めなければならない。

2　都道府県計画は、医療法（昭和二十三年法律第二百五号）第三十条の四第一項に規定する医療計画、社会福祉法（昭和二十六年法律第四十五号）第百八条第一項に規定する都道府県地域福祉支援計画、老人福祉法（昭和三十八年法律第百三十三号）第二十条の九第一項に規定する都道府県老人福祉計画、介護保険法（平成九年法律第百二十三号）第百十八条第一項に規定する都道府県介護保険事業支援計画その他の法令の規定による計画であって認知症施策に関連する事項を定めるものと調和が保たれたものでなければならない。

3　都道府県は、都道府県計画の案を作成しようとするときは、あらかじめ、認知症の人及び家族等の意見を聴くよう努めなければならない。

4　都道府県は、都道府県計画を策定したときは、遅滞なく、これをインターネットの利用その他適切な方法により公表するよう努めなければならない。

5　都道府県は、適時に、都道府県計画に基づいて実施する施策の実施状況の評価を行い、その結果をインターネットの利用その他適切な方法により公表するよう努めなければならない。

6　都道府県は、当該都道府県における認知症に関する状況の変化を勘案し、及び当該都道府県における認知症施策の効果に関する評価を踏まえ、少なくとも五年ごとに、都道府県計画に検討を加え、必要があると認めるときには、これを変更するよう努めなければならない。

7　第三項の規定は第五項の評価の結果の取りまとめを行おうとする場合について、第三項及び第四項の規定は都道府県計画の変更について、それぞれ準用する。

（市町村認知症施策推進計画）

第一三条　市町村（特別区を含む。以下この項において同じ。）は、基本計画（都道府県計画が策定されているときは、基本計画及び都道府県計画）を基本とするとともに、当該市町村の実情に即した市町村認知症施策推進計画（次項及び第三項において「市町村計画」という。）を策定するよう努めなければならない。

2　市町村計画は、社会福祉法第百七条第一項に規定する市町村地域福祉計画、老人福祉法第二十条の八第一項に規定する市町村老人福祉計画、介護保険法第百十七条第一項に規定する市町村介護保険事業計画その他の法令の規定による計画であって認知症施策に関連する事項を定めるものと調和が保たれたものでなければならない。

3　前条第三項から第七項までの規定は、市町村計画について準用する。

第三章　基本的施策

（認知症の人に関する国民の理解の増進等）

第一四条　国及び地方公共団体は、国民が、共生社会の実現を推進するために必要な認知症に関する正しい知識及び認知症の人に関する正しい理解を深めることができるよう、学校教育及び社会教育における認知症に関する教育の推進、認知症の人に関する正しい理解を深めるための運動の展開その他の必要な施策を講ずるものとする。

（認知症の人の生活におけるバリアフリー化の推進）

第一五条　国及び地方公共団体は、認知症の人が自立して、かつ、安心して他の人々と共に暮らすことのできる安全な地域づくりの推進を図るため、移動のための交通手段の確保、交通の安全の確保、地域において認知症の人を見守るための体制の整備その他の必要な施策を講ずるものとする。

2　国及び地方公共団体は、認知症の人が自立した日常生活及び社会生活を営むことができるよう、国、地方公共団体、事業者及び民間団体等の密接な連携の下に、認知症の人にとって利用しやすい製品及びサービスの開発及び普及の促進、事業者が認知症の人に適切に対応するために必要な指針の策定、民間における自主的な取組の促進その他の必要な施策を講ずるものとする。

（認知症の人の社会参加の機会の確保等）

第一六条　国及び地方公共団体は、認知症の人が生きがいや希望を持って暮らすことができるよう、認知症の人が自らの認知症に係る経験等を共有することができる機会の確保、認知症の人の社会参加の機会の確保その他の必要な施策を講ずるものとする。

2　国及び地方公共団体は、若年性認知症の人（六十五歳未満で認知症となった者をいう。以下この項において同じ。）その他の認知症の人の意欲及び能力に応じた雇用の継続、円滑な就職等に資するよう、事業主に対する若年性認知症の人その他の認知症の人の就労に関する啓発及び知識の普及その他の必要な施策を講ずるものとする。

（認知症の人の意思決定の支援及び権利利益の保護）

第一七条　国及び地方公共団体は、認知症の人の意思決定の適切な支援及び権利利益の保護を図るため、認知症の人の意思決定の適切な支援に関する指針の策定、認知症の人に対する分かりやすい形での情報提供の促進、消費生活における被害を防止するための啓発その他の必要な施策を講ずるものとする。

（保健医療サービス及び福祉サービスの提供体制の整備等）

第一八条　国及び地方公共団体は、認知症の人がその居住する地域にかかわらず等しくその状況に応じた適切な医療を受けることができるよう、認知症に係る専門的な医療又は認知症の人の心身の状況に応じた良質かつ適切な認知症の人に対する医療の提供等を行う医療機関の整備その他の医療提供体制の整備を図るために必要な施策を講ずるものとする。

2　国及び地方公共団体は、認知症の人に対し良質かつ適切な保健医療サービス及び福祉サービスを適時にかつ切れ目なく提供するため、地域における医療及び介護の総合的な確保の促進に関する法律（平成元年法律第六十四号）第二条第一項に規定する地域包括ケアシステムを構築することを通じ、保健及び医療並びに福祉の相互の有機的な連携の確保その他の必要な施策を講ずるものとする。

3　国及び地方公共団体は、個々の認知症の人の状況に応じた良質かつ適切な保健医療サービス及び福祉サービスが提供されるよう、認知症の人の保健、医療又は福祉に関する専門的知識及び技術を有する人材の確保、養成及び資質の向上その他の必要な施策を講ずるものとする。

（相談体制の整備等）

第一九条　国及び地方公共団体は、関係機関及び民間団体相互の有機的連携の下に、認知症の人又は家族等からの各種の相談に対し、個々の認知症の人の状況又は家族等の状況にそれぞれ配慮しつつ総合的に応ずることができるようにするため必要な体制の整備を図るものとする。

2　国及び地方公共団体は、認知症の人又は家族等が孤立することのないよう、認知症の人又は家族等が互いに支え合うために交流する活動に対する支援、関係機関の紹介その他の必要な情報の提供及び助言その他の必要な施策を講ずるものとする。

（研究等の推進等）

第二〇条　国及び地方公共団体は、認知症の本態解明、認知症及び軽度の認知機能の障害に係る予防、診断及び治療並びにリハビリテーション及び介護方法その他の事項についての基礎研究及び臨床研究の推進並びにその成果の普及のために必要な施策を講ずるものとする。

2　国及び地方公共団体は、認知症の人が尊厳を保持しつつ希望を持って暮らすための社会参加の在り方、認知症の人が他の人々と支え合いながら共生することができる社会環境の整備その他の事項についての調査研究及び検証並びにその成果の活用のために必要な施策を講ずるものとする。

3　国は、共生社会の実現に資する研究等の基盤を構築するため、官民の連携を図るとともに、全国的な規模の追跡調査の実施の推進、治験の迅速かつ容易な実施のための環境の整備、当該研究等への認知症の人及び家族等の参加の促進、当該研究等の成果の実用化のための環境の整備、当該研究等に係る情報の蓄積、管理及び活用のための基盤の整備その他の必要な施策を講ずるものとする。

（認知症の予防等）

第二一条　国及び地方公共団体は、希望する者が科学的知見に基づく適切な認知症及び軽度の認知機能の障害の予防に取り組むことができるよう、予防に関する啓発及び知識の普及並びに地域における活動の推進、予防に係る情報の収集その他の必要な施策を講ずるものとする。

2　国及び地方公共団体は、認知症及び軽度の認知機能の障害の早期発見、早期診断及び早期対応を推進するため、介護保険法第百十五条の四十六第一項に規定する地域包括支援センター、医療機関、民間団体等の間における連携協力体制の整備、認知症及び軽度の認知機能の障害に関する情報の提供その他の必要な施策を講ずるものとする。

（認知症施策の策定に必要な調査の実施）

第二二条　国は、認知症施策を適正に策定し、実施し、及び評価するため、必要な調査の実施及び当該調査に必要な体制の整備を図るものとする。

（多様な主体の連携）

第二三条　国は、国、地方公共団体、保健医療サービス又は福祉サービスを提供する者、日常生活及び社会生活を営む基盤となるサービスを提供する事業者等の多様な主体が相互に連携して認知症施策に取り組むことができるよう必要な施策を講ずるものとする。

（地方公共団体に対する支援）

第二四条　国は、地方公共団体が実施する認知症施策を支援するため、情報の提供その他必要な施策を講ずるものとする。

（国際協力）

第二五条　国は、認知症施策を国際的協調の下に推進するため、外国政府、国際機関又は関係団体等との情報の交換その他必要な施策を講ずるものとする。

第四章　認知症施策推進本部

（設置）

第二六条　認知症施策を総合的かつ計画的に推進するため、内閣に、認知症施策推進本部（以下「本部」という。）を置く。

（所掌事務）

第二七条　本部は、次に掲げる事務をつかさどる。

一　基本計画の案の作成及び実施の推進に関すること。

二　関係行政機関が基本計画に基づいて実施する施策の総合調整及び実施状況の評価に関すること。

三　前二号に掲げるもののほか、認知症施策で重要なものの企画及び立案並びに総合調整に関すること。

2　本部は、次に掲げる場合には、あらかじめ、認知症施策推進関係者会議の意見を聴かなければならない。

一　基本計画の案を作成しようとするとき。

二　前項第二号の評価について、その結果の取りまとめを行おうとするとき。

3　前項（第一号に係る部分に限る。）の規定は、基本計画の変更の案の作成について準用する。

（組織）

第二八条　本部は、認知症施策推進本部長、認知症施策推進副本部長及び認知症施策推進本部員をもって組織する。

（認知症施策推進本部長）

第二九条　本部の長は、認知症施策推進本部長（以下「**本部長**」という。）とし、内閣総理大臣をもって充てる。

2　本部長は、本部の事務を総括し、所部の職員を指揮監督する。

（認知症施策推進副本部長）

第三〇条　本部に、認知症施策推進副本部長（次項及び次条第二項において「副本部長」という。）を置き、内閣官房長官、健康・医療戦略推進法（平成二十六年法律第四十八号）第二十四条第一項に規定する健康・医療戦略担当大臣及び厚生労働大臣をもって充てる。

2　副本部長は、本部長の職務を助ける。

（認知症施策推進本部員）

第三一条　本部に、認知症施策推進本部員（次項において「本部員」という。）を置く。

2　本部員は、本部長及び副本部長以外の全ての国務大臣をもって充てる。

（資料の提出その他の協力）

第三二条　本部は、その所掌事務を遂行するため必要があると認めるときは、関係行政機関、地方公共団体、独立行政法人（独立行政法人通則法（平成十一年法律第百三号）第二条第一項に規定する独立行政法人をいう。）及び地方独立行政法人（地方独立行政法人法（平成十五年法律第百十八号）第二条第一項に規定する地方独立行政法人をいう。）の長並びに特殊法人（法律により直接に設立された法人又は特別の法律により特別の設立行為をもって設立された法人であって、総務省設置法（平成十一年法律第九十一号）第四条第一項第八号の規定の適用を受けるものをいう。）の代表者に対して、資料の提出、意見の表明、説明その他必要な協力を求めることができる。

2　本部は、その所掌事務を遂行するために特に必要があると認めるときは、前項に規定する者以外の者に対しても、必要な協力を依頼することができる。

（認知症施策推進関係者会議）

第三三条　本部に、第二十七条第二項（同条第三項において準用する場合を含む。）に規定する事項を処理するため、認知症施策推進関係者会議（次条において「関係者会議」という。）を置く。

第三四条　関係者会議は、委員二十人以内で組織する。

2　関係者会議の委員は、認知症の人及び家族等、認知症の人の保健、医療又は福祉の業務に従事する者その他関係者のうちから、内閣総理大臣が任命する。

3　関係者会議の委員は、非常勤とする。

（事務）

第三五条　本部に関する事務は、内閣官房において処理し、命を受けて内閣官房副長官補が掌理する。

（主任の大臣）

第三六条　本部に係る事項については、内閣法（昭和二十二年法律第五号）にいう主任の大臣は、内閣総理大臣とする。

（政令への委任）

第三七条　この法律に定めるもののほか、本部に関し必要な事項は、政令で定める。

附　則

（施行期日）

1　この法律は、公布の日から起算して一年を超えない範囲内において政令で定める日から施行する。

（検討）

2　本部については、この法律の施行後五年を目途として総合的な検討が加えられ、その結果に基づいて必要な措置が講ぜられるものとする。

3　前項に定める事項のほか、国は、この法律の施行後五年を目途として、この法律の施行の状況について検討を加え、必要があると認めるときは、その結果に基づいて所要の措置を講ずるものとする。

老人福祉法の概要

1 制定の経緯

高齢者に対する生活の援助等は伝統的に家族や親族による扶養が中心でした。明治七年に制定された恤救《じゅっきゅう》規則（明治七年太政官達第一六二号）では、血縁的、地縁的な助け合いの精神を基本としながらも、それに頼ることができず、身寄りがない「無告ノ窮民」で、七十歳以上の重病又は老衰で生産活動に従事できない極貧の者に一定限度の米代を支給することとされました。その後、第一次世界大戦後の長引く不況のために、生活困窮者が大量に発生すると、昭和四年には救護法（昭和四年法律第三九号）が制定され、公的な救護義務が明確化されるとともに、六十五歳以上の老衰者が、貧困のため、生活することができないときに、生活扶助、医療扶助、助産扶助、生業扶助を行うとされました。

戦後、昭和二一年に（旧）生活保護法が制定され、全国民を対象として最低生活が保障されることとなり、救護法は廃止されました。昭和二五年には、新憲法の下で、（新）生活保護法が制定され、養老施設への収容などの保護が行われました。

その後、高齢者の増加、私的扶養の減退等、社会環境の著しい変動を受けて、高齢者の福祉対策の強化拡充を図ること及び広範囲にわたる施策を可能な限り総合的に法制度上の体系化を図ることを目的として、昭和三八年に老人福祉法が制定されました。

しかし、世界的に類を見ない速さで高齢化が進展し、介護が必要な高齢者が増加するとともに、核家族化による家族の介護能力の低下などに、高齢者の介護対策が普遍的な問題となってきました。このため、新たな高齢者介護システムの創設が検討され、平成九年に介護保険法が成立し、高齢者介護は社会保険方式となりました。老人福祉法は、介護保険法との連絡及び調整に努め、福祉の措置を行うこととされています。

2 法の概要

老人福祉法は、総則、福祉の措置、事業及び施設、老人福祉計画、費用、有料老人ホーム、雑則、罰則の八章から構成されています。

(1) 目的など

老人福祉法は第一条に目的を定めており、「老人の福祉に関する原理を明らかにするとともに、老人に対し、その心身の健康の保持及び生活の安定のために必要な措置を講じ、もつて老人の福祉を図ることを目的とする」とされています。

また、基本理念として「豊富な知識と経験を有する者として敬愛されるとともに、生きがいを持てる」生活の保障、老人も社会の一員として「社会的活動に参加」するように努め、「参加する」機会を与えられるものとされています。

この目的、基本理念を達成するために、老人福祉増進の責務として国、地方公共団体及び老人の生活に直接影響を及ぼす事業を営む者の責務を規定しています。さらに国民に広く老人の福祉についての関心と理解を深めるとともに、老人に対し自らの生活の向上に努める意欲を促すため、老人の日（九月十五日）及び老人週間（九月十五日～二十一日）を設けることが規定されており、その趣旨にふさわしい行事が実施されるよう奨励しなければならないとされています。

(2) 福祉の措置の実施者

① 市町村
老人の福祉に関する必要な実情の把握と情報の提供並びに必要な調査及び指導

② 市町村の福祉事務所の社会福祉主事
社会福祉主事の義務設置と社会福祉主事による事務所所員に対する技術的指導及び相談事業のうち専門的技術を必要とする業務の遂行

③ 都道府県
市町村相互間の連絡調整や市町村に対する情報の提供その他必要な援助

④ 都道府県の福祉事務所の社会福祉主事
福祉事務所への社会福祉主事の任意設置

⑤ 保健所
老人福祉施設等への栄養改善、その他衛生に関する事項についての必要な協力

⑥ 民生委員
市町村長、福祉事務所長又は社会福祉主事の事務執行の協力

(3) 福祉の措置

老人福祉法は第二章において施策として行う福祉の措置の内容として、次の①から⑥について規定しています。②については六十五歳以上の者であって、身体上又は精神上の障害があるために日常生活を営むのに支障があるもの等が、やむを得ない事由により介護保険法に規定する介護サービスを利用することが著しく困難であると認めるときに、③については、六十五歳以上の者であって、身体上若しくは精神上又は環境上の理由及び経済的理由により、介護老人福祉施設等に入所すること又は居宅において養護を受けることが困難であるときに市町村が措置を行います。

① 支援体制の整備等
② 居宅における介護等
③ 老人ホームへの入所等
④ 措置の解除に係る説明等
⑤ 生活支援等に関する情報の公表
⑥ 老人福祉の増進のための事業
⑦ 研究開発の推進

(4) 事業及び施設

老人福祉法では、老人居宅生活支援事業及び老人福祉施設に関する手続規定等を置き、事業の開設者及び施設の設置者に対し、届け出等の義務を課しています。

① 老人居宅生活支援事業

「老人居宅介護等事業」「老人デイサービス事業」「老人短期入所事業」「小規模多機能型居宅介護事業」「認知症対応型老人共同生活援助事業」「複合型サービス福祉事業」が規定されています。

② 老人福祉施設

「老人デイサービスセンター」「老人短期入所施設」「養護老人ホーム」「特別養護老人ホーム」「軽費老人ホーム」「老人福祉センター」「老人介護支援センター」の七種類が規定されています。

(5) 老人福祉計画

各市町村及び各都道府県に作成することが義務付けられています。介護保険法の市町村介護保険事業計画並びに都道府県介護保険事業支援計画と一体のものとして作成しなければならないとされています。

(6) 有料老人ホーム

有料老人ホームを設置する場合は、あらかじめ所在地の都道府県知事に届け出ることとされています。平成三〇年四月一日からは、法令違反等がある悪質な有料老人ホームについては、都道府県知事から事業の停止が命じられることとなりました。そのほか、有料老人ホームの設置者には、提供するサービスに関する情報を報告する義務があり、その情報は、都道府県知事により公表されます。

3 関係主要法令等

◉老人福祉法施行令（昭三八政令二四七）
◉老人福祉法施行規則（昭三八厚令二八）
◉養護老人ホームの設備及び運営に関する基準（昭四一厚令一九）
◉特別養護老人ホームの設備及び運営に関する基準（平一一厚令四六）
◉軽費老人ホームの設備及び運営に関する基準（平二〇厚労令一〇七）

◉老人福祉法

（昭和三八・七・一一法律一三三）

注　令五法律三一改正現在

（未施行分については、該当か所の後に改正文を収載）

第一章　総則

（目的）

第一条　この法律は、老人の福祉に関する原理を明らかにするとともに、老人に対し、その心身の健康の保持及び生活の安定のために必要な措置を講じ、もつて老人の福祉を図ることを目的とする。

（基本的理念）

第二条　老人は、多年にわたり社会の進展に寄与してきた者として、かつ、豊富な知識と経験を有する者として敬愛されるとともに、生きがいを持てる健全で安らかな生活を保障されるものとする。

第三条　老人は、老齢に伴つて生ずる心身の変化を自覚して、常に心身の健康を保持し、又は、その知識と経験を活用して、社会的活動に参加するように努めるものとする。

2　老人は、その希望と能力とに応じ、適当な仕事に従事する機会その他社会的活動に参加する機会を与えられるものとする。

（老人福祉増進の責務）

第四条　国及び地方公共団体は、老人の福祉を増進する責務を有する。

2　国及び地方公共団体は、老人の福祉に関係のある施策を講ずるに当たつては、その施策を通じて、前二条に規定する基本的理念が具現されるように配慮しなければならない。

3　老人の生活に直接影響を及ぼす事業を営む者は、その事業の運営に当たつては、老人の福祉が増進されるように努めなければならない。

（老人の日及び老人週間）

第五条　国民の間に広く老人の福祉についての関心と理解を深めるとともに、老人に対し自らの生活の向上に努める意欲を促すため、老人の日及び老人週間を設ける。

2　老人の日は九月十五日とし、老人週間は同日から同月二十一日までとする。

3　国は、老人の日においてその趣旨にふさわしい事業を実施するよう努めるものとし、国及び地方公共団体は、老人週間において老人の団体その他の者によつてその趣旨にふさわしい行事が実施されるよう奨励しなければならない。

（定義）

第五条の二　この法律において、「**老人居宅生活支援事業**」とは、老人居宅介護等事業、老人デイサービス事業、老人短期入所事業、小規模多機能型居宅介護事業、認知症対応型老人共同生活援助事業及び複合型サービス福祉事業をいう。

2　この法律において、「**老人居宅介護等事業**」とは、第十条の四第一項第一号の措置に係る者又は介護保険法（平成九年法律第百二十三号）の規定による訪問介護に係る居宅介護サービス費若しくは定期巡回・随時対応型訪問介護看護若しくは夜間対応型訪問介護に係る地域密着型介護サービス費の支給に係る者その他の政令で定める者につき、これらの者の居宅において入浴、排せつ、食事等の介護その他の日常生活を営むのに必要な便宜であつて厚生労働省令で定めるものを供与する事業又は同法第百十五条の四十五第一項第一号イに規定する第一号訪問事業（以下「**第一号訪問事業**」という。）であつて厚生労働省令で定めるものをいう。

3　この法律において、「**老人デイサービス事業**」とは、第十条の四第一項第二号の措置に係る者又は介護保険法の規定による通所介護に係る居宅介護サービス費、地域密着型通所介護若しくは認知症対応型通所介護に係る地域密着型介護サービス費若しくは介護予防認知症対応型通所介護に係る地域密着型介護予防サービス費の支給に係る者その他の政令で定める者（その者を現に養護する者を含む。）を特別養護老人ホームその他の厚生労働省令で定める施設に通わせ、これらの者につき入浴、排せつ、食事等の介護、機能訓練、介護方法の指導その他の厚生労働省令で定める便宜を供与する事業又は同法第百十五条の四十五第一項第一号ロに規定する第一号通所事業（以下「**第一号通所事業**」という。）であつて厚生労働省令で定めるものをいう。

4　この法律において、「**老人短期入所事業**」とは、第十条の四第一項第三号の措置に係る者又は介護保険法の規定による短期入所生活介護に係る居宅介護サービス費若しくは介護予防短期入所生活介護に係る介護予防サービス費の支給に係る者その他の政令で定める者を特別養護老人ホームその他の厚生労働省令で定める施設に短期間入所させ、養護する事業をいう。

5　この法律において、「**小規模多機能型居宅介護事業**」とは、第十条の四第一項第四号の措置に係る者又は介護保険法の規定による小規模多機能型居宅介護に係る地域密着型介護サービス費若しくは介護予防小規模多機能型居宅介護に係る地域密着型介護予防サービス費の支給に係る者その他の政令で定める者につき、これらの者の心身の状況、置かれている環境等に応じて、それらの者の選択に基づき、それらの者の居宅において、又は厚生労働省令で定めるサービスの拠点に通わせ、若しくは短期間宿泊させ、当該拠点において、入浴、排せつ、食事等の介護その他の日常生活を営むのに必要な便宜であつて厚生労働省令で定めるもの及び機能訓練を供与する事業をいう。

6　この法律において、「**認知症対応型老人共同生活援助事業**」とは、第十条の四第一項第五号の措置に係る者又は介護保険法の規定による認知症対応型共同生活介護に係る地域密着型介護サービス費若しくは介護予防認知症対応型共同生活介護に係る地域密着型介護予防サービス費の支給に係る者その他の政令で定める者につき、これらの者が共同生活を営むべき住居において入浴、排せつ、食事等の介護その他の日常生活上の援助を行う事業をいう。

7　この法律において、「**複合型サービス福祉事業**」とは、第十条の四第一項第六号の措置に係る者又は介護保険法の規定による複合型サービス（訪問介護、通所介護、短期入所生活介護、定期巡回・随時対応型訪問介護看護、夜間対応型訪問介護、地域密着型通所介護、認知症対応型通所介護又は小規模多機能型居宅介護（以下「**訪問介護等**」という。）を含むものに限る。）に係る地域密着型介護サービス費の支給に係る者その他の政令で定める者につき、同法に規定する訪問介護、訪問入浴介護、訪問看護、訪問リハビリテーション、居宅療養管理指導、通所介護、通所リハビリテーション、短期入所生活介護、短期入所療養介護、定期巡回・随時対応型訪問介護看護、夜間対応型訪問介護、地域密着型通所介護、認知症対応型通所介護又は小規模多機能型居宅介護を二種類以上組み合わせることにより提供されるサービスのうち、同法第八条第二十三項第一号に掲げるものその他の居宅要介護者について一体的に提供されることが特に効果的かつ効率的なサービスの組合せにより提供されるサービスとして厚生労働省令で定めるものを供与する事業をいう。

第五条の三　この法律において、「**老人福祉施設**」とは、老人デイサービスセンター、老人短期入所施設、養護老人ホーム、特別養護老人ホーム、軽費老人ホーム、老人福祉センター及び老人介護支援センターをいう。

（福祉の措置の実施者）

第五条の四　六十五歳以上の者（六十五歳未満の者であつて特に必要があると認められるものを含む。以下同じ。）又はその者を現に養護する者（以下「**養護者**」という。）に対する第十条の四及び第十一条の規定による福祉の措置は、その六十五歳以上の者が居住地を有するときは、その居住地の市町村が、居住地を有しないか、又はその居住地が明らかでないときは、その現在地の市町村が行うものとする。ただし、同条第一項第一号若しくは第二号の規定により入所している六十五歳以上の者又は生活保護法（昭和二十五年法律第百四十四号）第三十条第一項ただし書の規定により同法第三十八条第二項に規定する救護施設、同条第三項に規定する更生施設若しくは同法第三十条第一項ただし書に規定するその他の適当な施設に入所している六十五歳以上の者については、これらの者が入所前に居住地を有した者であるときは、その居住地の市町村が、これらの者が入所前に居住地を有しないか、又はその居住地が明らかでなかつた者であるときは、入所前におけるこれらの者の所在地の市町村が行うものとする。

2　市町村は、この法律の施行に関し、次に掲げる業務を行わなければならない。

一　老人の福祉に関し、必要な実情の把握に努めること。

二　老人の福祉に関し、必要な情報の提供を行い、並びに相談に応じ、必要な調査及び指導を行い、並びにこれらに付随する業務を行うこと。

（市町村の福祉事務所）

第五条の五　市町村の設置する福祉事務所（社会福祉法（昭和二十六年法律第四十五号）に定める福祉に関する事務所をいう。以下同じ。）は、この法律の施行に関し、主として前条第二項各号に掲げる業務を行うものとする。

（市町村の福祉事務所の社会福祉主事）

第六条　市及び福祉事務所を設置する町村は、その設置する福祉事務所に、福祉事務所の長（以下「**福祉事務所長**」という。）の指揮監督を受けて、主として次に掲げる業務を行う所員として、社会福祉主事を置かなければならない。

一　福祉事務所の所員に対し、老人の福祉に関する技術的指導を行なうこと。

二　第五条の四第二項第二号に規定する業務のうち、専門的技術を必要とする業務を行なうこと。

（連絡調整等の実施者）

第六条の二　都道府県は、この法律の施行に関し、次に掲げる業務を行わなければならない。

一　この法律に基づく福祉の措置の実施に関し、市町村相互間の連絡調整、市町村に対する情報の提供その他必要な援助を行うこと及びこれらに付随する業務を行うこと。

二　老人の福祉に関し、各市町村の区域を超えた広域的な見地から、実情の把握に努めること。

2　都道府県知事は、この法律に基づく福祉の措置の適切な実施を確保するため必要があると認めるときは、市町村に対し、必要な助言を行うことができる。

3　都道府県知事は、この法律の規定による都道府県の事務の全部又は一部を、その管理する福祉事務所長に委任することができる。

（都道府県の福祉事務所の社会福祉主事）

第七条　都道府県は、その設置する福祉事務所に、福祉事務所長の指揮監督を受けて、主として前条第一項第一号に掲げる業務のうち専門的技術を必要とするものを行う所員として、社会福祉主事を置くことができる。

（保健所の協力）

第八条　保健所は、老人の福祉に関し、老人福祉施設等に対し、栄養の改善その他衛生に関する事項について必要な協力を行うものとする。

（民生委員の協力）

第九条　民生委員法（昭和二十三年法律第百九十八号）に定める民生委員は、この法律の施行について、市町村長、福祉事務所長又は社会福祉主事の事務の執行に協力するものとする。

（介護等に関する措置）

第一〇条　身体上又は精神上の障害があるために日常生活を営むのに支障がある老人の介護等に関する措置については、この法律に定めるもののほか、介護保険法の定めるところによる。

（連携及び調整）

第一〇条の二　この法律に基づく福祉の措置の実施に当たつては、前条に規定する介護保険法に基づく措置との連携及び調整に努めなければならない。

第二章　福祉の措置

（支援体制の整備等）

第一〇条の三　市町村は、六十五歳以上の者であつて、身体上又は精神上の障害があるために日常生活を営むのに支障があるものが、心身の状況、その置かれている環境等に応じて、自立した日常生活を営むために最も適切な支援が総合的に受けられるように、次条及び第十一条の措置その他地域の実情に応じたきめ細かな措置の積極的な実施に努めるとともに、これらの措置、介護保険法に規定する居宅サービス、地域密着型サービス、居宅介護支援、施設サービス、介護予防サービス、地域密着型介護予防サービス及び介護予防支援、生活支援等（心身の状況の把握その他の六十五歳以上の者の地域における自立した日常生活の支援及び要介護状態若しくは要支援状態となることの予防又は要介護状態若しくは要支援状態の軽減若しくは悪化の防止をいう。第十二条の三において同じ。）並びに老人クラブその他老人の福祉を増進することを目的とする事業を行う者及び民生委員の活動の連携及び調整を図る等地域の実情に応じた体制の整備に努めなければならない。

2　市町村は、前項の体制の整備に当たつては、六十五歳以上の者が身体上又は精神上の障害があるために日常生活を営むのに支障が生じた場合においても、引き続き居宅において日常生活を営むことができるよう配慮しなければならない。

（居宅における介護等）

第一〇条の四　市町村は、必要に応じて、次の措置を採ることができる。

一　六十五歳以上の者であつて、身体上又は精神上の障害があるために日常生活を営むのに支障があるものが、やむを得ない事由により介護保険法に規定する訪問介護、定期巡回・随時対応型訪問介護看護（厚生労働省令で定める部分に限る。第二十条の八第四項において同じ。）若しくは夜間対応型訪問介護又は第一号訪問事業を利用することが著しく困難であると認めるときは、その者につき、政令で定める基準に従い、その者の居宅において第五条の二第二項の厚生労働省令で定める便宜を供与し、又は当該市町村以外の者に当該便宜を供与することを委託すること。

二　六十五歳以上の者であつて、身体上又は精神上の障害があるために日常生活を営むのに支障があるものが、やむを得ない事由により介護保険法に規定する通所介護、地域密着型通所介護、認知症対応型通所介護若しくは介護予防認知症対応型通所介護又は第一号通所事業を利用することが著しく困難であると認めるときは、その者（養護者を含む。）を、政令で定める基準に従い、当該市町村の設置する老人デイサービスセンター若しくは第五条の二第三項の厚生労働省令で定める施設（以下「**老人デイサービスセンター等**」という。）に通わせ、同項の厚生労働省令で定める便宜を供与し、又は当該市町村以外の者の設置する老人デイサービスセンター等に通わせ、当該便宜を供与することを委託すること。

三　六十五歳以上の者であつて、養護者の疾病その他の理由により、居宅において介護を受けることが一時的に困難となつたものが、やむを得ない事由により介護保険法に規定する短期入所生活介護又は介護予防短期入所生活介護を利用することが著しく困難であると認めるときは、その者を、政令で定める基準に従い、当該市町村の設置する老人短期入所施設若しくは第五条の二第四項の厚生労働省令で定める施設（以下「**老人短期入所施設等**」という。）に短期間入所させ、養護を行い、又は当該市町村以外の者の設置する老人短期入所施設等に短期間入所させ、養護することを委託すること。

四　六十五歳以上の者であつて、身体上又は精神上の障害があるために日常生活を営むのに支障があるものが、やむを得ない事由により介護保険法に規定する小規模多機能型居宅介護又は介護予防小規模多機能型居宅介護を利用することが著しく困難であると認めるときは、その者につき、政令で定める基準に従い、その者の居宅において、又は第五条の二第五項の厚生労働省令で定めるサービスの拠点に通わせ、若しくは短期間宿泊させ、当該拠点において、同項の厚生労働省令で定める便宜及び機能訓練を供与し、又は当該市町村以外の者に当該便宜及び機能訓練を供与することを委託すること。

五　六十五歳以上の者であつて、認知症（介護保険法第五条の二第一項に規定する認知症をいう。以下同じ。）であるために日常生活を営むのに支障があるもの（その者の認知症の原因となる疾患が急性の状態にある者を除く。）が、やむを得ない事由により同法に規定する認知症対応型共同生活介護又は介護予防認知症対応型共同生活介護を利用することが著しく困難であると認めるときは、その者につき、政令で定める基準に従い、第五条の二第六項に規定する住居において入浴、排せつ、食事等の介護その他の日常生活上の援助を行い、又は当該市町村以外の者に当該住居において入浴、排せつ、食事等の介護その他の日常生活上の援助を行うことを委託すること。

六　六十五歳以上の者であつて、身体上又は精神上の障害があるために日常生活を営むのに支障があるものが、やむを得ない事由により介護保険法に規定する複合型サービス（訪問介護等（定期巡回・随時対応型訪問介護看護にあつては、厚生労働省令で定める部分に限る。）に係る部分に限る。第二十条の八第四項において同じ。）を利用することが著しく困難であると認めるときは、その者につき、政令で定める基準に従い、第五条の二第七項の厚生労働省令で定めるサービスを供与し、又は当該市町村以外の者に当該サービスを供与することを委託すること。

2　市町村は、六十五歳以上の者であつて、身体上又は精神上の障害があるために日常生活を営むのに支障があるものにつき、前項各号の措置を採るほか、その福祉を図るため、必要に応じて、日常生活上の便宜を図るための用具であつて厚生労働大臣が定めるものを給付し、若しくは貸与し、又は当該市町村以外の者にこれを給付し、若しくは貸与することを委託する措置を採ることができる。

（老人ホームへの入所等）

第一一条　市町村は、必要に応じて、次の措置を採らなければならない。

一　六十五歳以上の者であつて、環境上の理由及び経済的理由（政令で定めるものに限る。）により居宅において養護を受けることが困難なものを当該市町村の設置する養護老人ホームに入所させ、又は当該市町村以外の者の設置する養護老人ホームに入所を委託すること。

二　六十五歳以上の者であつて、身体上又は精神上著しい障害があるために常時の介護を必要とし、かつ、居宅においてこれを受けることが困難なものが、やむを得ない事由により介護保険法に規定する地域密着型介護老人福祉施設又は介護老人福祉施設に入所することが著しく困難であると認めるときは、その者を当該市町村の設置する特別養護老人ホームに入所させ、又は当該市町村以外の者の設置する特別養護老人ホームに入所を委託すること。

三　六十五歳以上の者であつて、養護者がないか、又は養護者があつてもこれに養護させることが不適当であると認められるものの養護を養護受託者（老人を自己の下に預つて養護することを希望する者であつて、市町村長が適当と認めるものをいう。以下同じ。）のうち政令で定めるものに委託すること。

2　市町村は、前項の規定により養護老人ホーム若しくは特別養護老人ホームに入所させ、若しくは入所を委託し、又はその養護を養護受託者に委託した者が死亡した場合において、その葬祭（葬祭のために必要な処理を含む。以下同じ。）を行う者がないときは、その葬祭を行い、又はその者を入所させ、若しくは養護していた養護老人ホーム、特別養護老人ホーム若しくは養護受託者にその葬祭を行うことを委託する措置を採ることができる。

（措置の解除に係る説明等）

第一二条　市町村長は、第十条の四又は前条第一項の措置を解除しようとするときは、あらかじめ、当該措置に係る者に対し、当該措置の解除の理由について説明するとともに、その意見を聴かなければならない。ただし、当該措置に係る者から当該措置の解除の申出があつた場合その他厚生労働省令で定める場合においては、この限りでない。

（行政手続法の適用除外）

第一二条の二　第十条の四又は第十一条第一項の措置を解除する処分については、行政手続法（平成五年法律第八十八号）第三章（第十二条及び第十四条を除く。）の規定は、適用しない。

（生活支援等に関する情報の公表）

第一二条の三　市町村は、生活支援等を行う者から提供を受けた当該生活支援等を行う者が行う生活支援等の内容に関する情報その他の厚生労働省令で定める情報について、公表を行うよう努めなければならない。

（老人福祉の増進のための事業）

第一三条　地方公共団体は、老人の心身の健康の保持に資するための教養講座、レクリエーションその他広く老人が自主的かつ積極的に参加することができる事業（以下「**老人健康保持事業**」という。）を実施するように努めなければならない。

2　地方公共団体は、老人の福祉を増進することを目的とする事業の振興を図るとともに、老人クラブその他当該事業を行う者に対して、適当な援助をするように努めなければならない。

（研究開発の推進）

第一三条の二　国は、老人の心身の特性に応じた介護方法の研究開発並びに老人の日常生活上の便宜を図るための用具及び機能訓練のための用具であつて身体上又は精神上の障害があるために日常生活を営むのに支障がある者に使用させることを目的とするものの研究開発の推進に努めなければならない。

第三章　事業及び施設

（老人居宅生活支援事業の開始）

第一四条　国及び都道府県以外の者は、厚生労働省令の定めるところにより、あらかじめ、厚生労働省令で定める事項を都道府県知事に届け出て、老人居宅生活支援事業を行うことができる。

（変更）

第一四条の二　前条の規定による届出をした者は、厚生労働省令で定める事項に変更を生じたときは、変更の日から一月以内に、その旨を都道府県知事に届け出なければならない。

（廃止又は休止）

第一四条の三　国及び都道府県以外の者は、老人居宅生活支援事業を廃止し、又は休止しようとするときは、その廃止又は休止の日の一月前までに、厚生労働省令で定める事項を都道府県知事に届け出なければならない。

（家賃等以外の金品受領の禁止等）

第一四条の四　認知症対応型老人共同生活援助事業を行う者は、家賃、敷金及び入浴、排せつ、食事等の介護その他の日常生活上必要な便宜の供与の対価として受領する費用を除くほか、権利金その他の金品を受領してはならない。

２　認知症対応型老人共同生活援助事業を行う者のうち、終身にわたつて受領すべき家賃その他厚生労働省令で定めるものの全部又は一部を前払金として一括して受領するものは、当該前払金の算定の基礎を書面で明示し、かつ、当該前払金について返還債務を負うこととなる場合に備えて厚生労働省令で定めるところにより必要な保全措置を講じなければならない。

３　認知症対応型老人共同生活援助事業を行う者は、前項に規定する前払金を受領する場合においては、第五条の二第六項に規定する住居に入居した日から厚生労働省令で定める一定の期間を経過する日までの間に、当該入居及び入浴、排せつ、食事等の介護その他の日常生活上の援助につき契約が解除され、又は入居者の死亡により終了した場合に当該前払金の額から厚生労働省令で定める方法により算定される額を控除した額に相当する額を返還する旨の契約を締結しなければならない。

（施設の設置）

第一五条　都道府県は、老人福祉施設を設置することができる。

２　国及び都道府県以外の者は、厚生労働省令の定めるところにより、あらかじめ、厚生労働省令で定める事項を都道府県知事に届け出て、老人デイサービスセンター、老人短期入所施設又は老人介護支援センターを設置することができる。

３　市町村及び地方独立行政法人（地方独立行政法人法（平成十五年法律第百十八号）第二条第一項に規定する地方独立行政法人をいう。第十六条第二項において同じ。）は、厚生労働省令の定めるところにより、あらかじめ、厚生労働省令で定める事項を都道府県知事に届け出て、養護老人ホーム又は特別養護老人ホームを設置することができる。

４　社会福祉法人は、厚生労働省令の定めるところにより、都道府県知事の認可を受けて、養護老人ホーム又は特別養護老人ホームを設置することができる。

５　国及び都道府県以外の者は、社会福祉法の定めるところにより、軽費老人ホーム又は老人福祉センターを設置することができる。

６　都道府県知事は、第四項の認可の申請があつた場合において、当該申請に係る養護老人ホーム若しくは特別養護老人ホームの所在地を含む区域（介護保険法第百十八条第二項第一号の規定により当該都道府県が定める区域とする。）における養護老人ホーム若しくは特別養護老人ホームの入所定員の総数が、第二十条の九第一項の規定により当該都道府県が定める都道府県老人福祉計画において定めるその区域の養護老人ホーム若しくは特別養護老人ホームの必要入所定員総数に既に達しているか、又は当該申請に係る養護老人ホーム若しくは特別養護老人ホームの設置によつてこれを超えることになると認めるとき、その他の当該都道府県老人福祉計画の達成に支障を生ずるおそれがあると認めるときは、第四項の認可をしないことができる。

（変更）

第一五条の二　前条第二項の規定による届出をした者は、厚生労働省令で定める事項に変更を生じたときは、変更の日から一月以内に、その旨を都道府県知事に届け出なければならない。

2　前条第三項の規定による届出をし、又は同条第四項の規定による認可を受けた者は、厚生労働省令で定める事項を変更しようとするときは、あらかじめ、その旨を都道府県知事に届け出なければならない。

（廃止、休止若しくは入所定員の減少又は入所定員の増加）

第一六条　国及び都道府県以外の者は、老人デイサービスセンター、老人短期入所施設又は老人介護支援センターを廃止し、又は休止しようとするときは、その廃止又は休止の日の一月前までに、厚生労働省令で定める事項を都道府県知事に届け出なければならない。

2　市町村及び地方独立行政法人は、養護老人ホーム又は特別養護老人ホームを廃止し、休止し、若しくはその入所定員を減少し、又はその入所定員を増加しようとするときは、その廃止、休止若しくは入所定員の減少又は入所定員の増加の日の一月前までに、厚生労働省令で定める事項を都道府県知事に届け出なければならない。

3　社会福祉法人は、養護老人ホーム又は特別養護老人ホームを廃止し、休止し、若しくはその入所定員を減少し、又はその入所定員を増加しようとするときは、厚生労働省令で定めるところにより、その廃止、休止若しくは入所定員の減少の時期又は入所定員の増加について、都道府県知事の認可を受けなければならない。

4　第十五条第六項の規定は、前項の規定により社会福祉法人が養護老人ホーム又は特別養護老人ホームの入所定員の増加の認可の申請をした場合について準用する。

（施設の基準）

第一七条　都道府県は、養護老人ホーム及び特別養護老人ホームの設備及び運営について、条例で基準を定めなければならない。

2　都道府県が前項の条例を定めるに当たつては、第一号から第三号までに掲げる事項については厚生労働省令で定める基準に従い定めるものとし、第四号に掲げる事項については厚生労働省令で定める基準を標準として定めるものとし、その他の事項については厚生労働省令で定める基準を参酌するものとする。

一　養護老人ホーム及び特別養護老人ホームに配置する職員及びその員数

二　養護老人ホーム及び特別養護老人ホームに係る居室の床面積

三　養護老人ホーム及び特別養護老人ホームの運営に関する事項であつて、入所する老人の適切な処遇及び安全の確保並びに秘密の保持に密接に関連するものとして厚生労働省令で定めるもの

四　養護老人ホームの入所定員

3　養護老人ホーム及び特別養護老人ホームの設置者は、第一項の基準を遵守しなければならない。

（報告の徴収等）

第一八条　都道府県知事は、老人の福祉のために必要があると認めるときは、老人居宅生活支援事業を行う者又は老人デイサービスセンター、老人短期入所施設若しくは老

人介護支援センターの設置者に対して、必要と認める事項の報告を求め、又は当該職員に、関係者に対して質問させ、若しくはその事務所若しくは施設に立ち入り、設備、帳簿書類その他の物件を検査させることができる。

2 都道府県知事は、前条第一項の基準を維持するため、養護老人ホーム又は特別養護老人ホームの長に対して、必要と認める事項の報告を求め、又は当該職員に、関係者に対して質問させ、若しくはその施設に立ち入り、設備、帳簿書類その他の物件を検査させることができる。

3 前二項の規定による質問又は立入検査を行う場合においては、当該職員は、その身分を示す証明書を携帯し、関係者の請求があるときは、これを提示しなければならない。

4 第一項及び第二項の規定による権限は、犯罪捜査のために認められたものと解釈してはならない。

(改善命令等)

第一八条の二 都道府県知事は、認知症対応型老人共同生活援助事業を行う者が第十四条の四の規定に違反したと認めるときは、当該者に対して、その改善に必要な措置を採るべきことを命ずることができる。

2 都道府県知事は、老人居宅生活支援事業を行う者又は老人デイサービスセンター、老人短期入所施設若しくは老人介護支援センターの設置者が、この法律若しくはこれに基づく命令若しくはこれらに基づいてする処分に違反したとき、又はその事業に関し不当に営利を図り、若しくは第五条の二第二項から第七項まで、第二十条の二の二若しくは第二十条の三に規定する者の処遇につき不当な行為をしたときは、当該事業を行う者又は当該施設の設置者に対して、その事業の制限又は停止を命ずることができる。

3 都道府県知事は、前項の規定により、老人居宅生活支援事業又は老人デイサービスセンター、老人短期入所施設若しくは老人介護支援センターにつき、その事業の制限又は停止を命ずる場合(第一項の命令に違反したことに基づいて認知症対応型老人共同生活援助事業の制限又は停止を命ずる場合を除く。)には、あらかじめ、社会福祉法第七条第一項に規定する地方社会福祉審議会の意見を聴かなければならない。

第一九条 都道府県知事は、養護老人ホーム又は特別養護老人ホームの設置者がこの法律若しくはこれに基づく命令若しくはこれらに基づいてする処分に違反したとき、又は当該施設が第十七条第一項の基準に適合しなくなつたときは、その設置者に対して、その施設の設備若しくは運営の改善若しくはその事業の停止若しくは廃止を命じ、又は第十五条第四項の規定による認可を取り消すことができる。

2 都道府県知事は、前項の規定により、養護老人ホーム又は特別養護老人ホームにつき、その事業の廃止を命じ、又は設置の認可を取り消す場合には、あらかじめ、社会福祉法第七条第一項に規定する地方社会福祉審議会の意見を聞かなければならない。

(措置の受託義務)

第二〇条 老人居宅生活支援事業を行う者並びに老人デイサービスセンター及び老人短期入所施設の設置者は、第十条の四第一項の規定による委託を受けたときは、正当な理由がない限り、これを拒んではならない。

2 養護老人ホーム及び特別養護老人ホームの設置者は、第十一条の規定による入所の委託を受けたときは、正当な理由がない限り、これを拒んではならない。

(処遇の質の評価等)

第二〇条の二 老人居宅生活支援事業を行う者及び老人福祉施設の設置者は、自らその行う処遇の質の評価を行うことその他の措置を講ずることにより、常に処遇を受ける者の立場に立つてこれを行うように努めなければならない。

（老人デイサービスセンター）

第二〇条の二の二　老人デイサービスセンターは、第十条の四第一項第二号の措置に係る者又は介護保険法の規定による通所介護に係る居宅介護サービス費、地域密着型通所介護若しくは認知症対応型通所介護に係る地域密着型介護サービス費若しくは介護予防認知症対応型通所介護に係る地域密着型介護予防サービス費の支給に係る者若しくは第一号通所事業であつて厚生労働省令で定めるものを利用する者その他の政令で定める者（その者を現に養護する者を含む。）を通わせ、第五条の二第三項の厚生労働省令で定める便宜を供与することを目的とする施設とする。

（老人短期入所施設）

第二〇条の三　老人短期入所施設は、第十条の四第一項第三号の措置に係る者又は介護保険法の規定による居宅介護サービス費若しくは介護予防サービス費の支給に係る者その他の政令で定める者を短期間入所させ、養護することを目的とする施設とする。

（養護老人ホーム）

第二〇条の四　養護老人ホームは、第十一条第一項第一号の措置に係る者を入所させ、養護するとともに、その者が自立した日常生活を営み、社会的活動に参加するために必要な指導及び訓練その他の援助を行うことを目的とする施設とする。

（特別養護老人ホーム）

第二〇条の五　特別養護老人ホームは、第十一条第一項第二号の措置に係る者又は介護保険法の規定による地域密着型介護老人福祉施設入所者生活介護に係る地域密着型介護サービス費若しくは介護福祉施設サービスに係る施設介護サービス費の支給に係る者その他の政令で定める者を入所させ、養護することを目的とする施設とする。

（軽費老人ホーム）

第二〇条の六　軽費老人ホームは、無料又は低額な料金で、老人を入所させ、食事の提供その他日常生活上必要な便宜を供与することを目的とする施設（第二十条の二の二から前条までに定める施設を除く。）とする。

（老人福祉センター）

第二〇条の七　老人福祉センターは、無料又は低額な料金で、老人に関する各種の相談に応ずるとともに、老人に対して、健康の増進、教養の向上及びレクリエーションのための便宜を総合的に供与することを目的とする施設とする。

（老人介護支援センター）

第二〇条の七の二　老人介護支援センターは、地域の老人の福祉に関する各般の問題につき、老人、その者を現に養護する者、地域住民その他の者からの相談に応じ、必要な助言を行うとともに、主として居宅において介護を受ける老人又はその者を現に養護する者と市町村、老人居宅生活支援事業を行う者、老人福祉施設、医療施設、老人クラブその他老人の福祉を増進することを目的とする事業を行う者等との連絡調整その他の厚生労働省令で定める援助を総合的に行うことを目的とする施設とする。

2　老人介護支援センターの設置者（設置者が法人である場合にあつては、その役員）若しくはその職員又はこれらの職にあつた者は、正当な理由なしに、その業務に関して知り得た秘密を漏らしてはならない。

第三章の二　老人福祉計画

（市町村老人福祉計画）

第二〇条の八　市町村は、老人居宅生活支援事業及び老人福祉施設による事業（以下「**老人福祉事業**」という。）の供給体制の確保に関する計画（以下「**市町村老人福祉計画**」という。）を定めるものとする。

2　市町村老人福祉計画においては、当該市町村の区域において確保すべき老人福祉事業の量の目標を定めるものとする。

3　市町村老人福祉計画においては、前項の目標のほか、次に掲げる事項について定めるよう努めるものとする。

一　前項の老人福祉事業の量の確保のための方策に関する事項

二　老人福祉事業に従事する者の確保及び資質の向上並びにその業務の効率化及び質の向上のために講ずる都道府県と連携した措置に関する事項

4　市町村は、第二項の目標（老人居宅生活支援事業、老人デイサービスセンター、老人短期入所施設及び特別養護老人ホームに係るものに限る。）を定めるに当たつては、介護保険法第百十七条第二項第一号に規定する介護給付等対象サービスの種類ごとの量の見込み（同法に規定する訪問介護、通所介護、短期入所生活介護、定期巡回・随時対応型訪問介護看護、夜間対応型訪問介護、認知症対応型通所介護、小規模多機能型居宅介護、地域密着型通所介護、認知症対応型共同生活介護、地域密着型介護老人福祉施設入所者生活介護、複合型サービス及び介護福祉施設サービス並びに介護予防短期入所生活介護、介護予防認知症対応型通所介護、介護予防小規模多機能型居宅介護及び介護予防認知症対応型共同生活介護に係るものに限る。）並びに第一号訪問事業及び第一号通所事業の量の見込みを勘案しなければならない。

5　厚生労働大臣は、市町村が第二項の目標（養護老人ホーム、軽費老人ホーム、老人福祉センター及び老人介護支援センターに係るものに限る。）を定めるに当たつて参酌すべき標準を定めるものとする。

6　市町村は、当該市町村の区域における身体上又は精神上の障害があるために日常生活を営むのに支障がある老人の人数、その障害の状況、その養護の実態その他の事情を勘案して、市町村老人福祉計画を作成するよう努めるものとする。

7　市町村老人福祉計画は、介護保険法第百十七条第一項に規定する市町村介護保険事業計画と一体のものとして作成されなければならない。

8　市町村老人福祉計画は、社会福祉法第百七条第一項に規定する市町村地域福祉計画その他の法律の規定による計画であつて老人の福祉に関する事項を定めるものと調和が保たれたものでなければならない。

9　市町村は、市町村老人福祉計画（第二項に規定する事項に係る部分に限る。）を定め、又は変更しようとするときは、あらかじめ、都道府県の意見を聴かなければならない。

10　市町村は、市町村老人福祉計画を定め、又は変更したときは、遅滞なく、これを都道府県知事に提出しなければならない。

（都道府県老人福祉計画）

第二〇条の九　都道府県は、市町村老人福祉計画の達成に資するため、各市町村を通ずる広域的な見地から、老人福祉事業の供給体制の確保に関する計画（以下「**都道府県老人福祉計画**」という。）を定めるものとする。

2　都道府県老人福祉計画においては、介護保険法第百十八条第二項第一号の規定により当該都道府県が定める区域ごとの当該区域における養護老人ホーム及び特別養護老人ホームの必要入所定員総数その他老人福祉事業の量の目標を定めるものとする。

3　都道府県老人福祉計画においては、前項に規定する事項のほか、次に掲げる事項について定めるよう努めるものとする。

一　老人福祉施設の整備及び老人福祉施設相互間の連携のために講ずる措置に関する事項

二　老人福祉事業に従事する者の確保及び資質の向上並びにその業務の効率化及び質の向上のために講ずる措置に関する事項

4　都道府県は、第二項の特別養護老人ホームの必要入所定員総数を定めるに当たつては、介護保険法第百十八条第二項第一号に規定する地域密着型介護老人福祉施設入所者生活介護に係る必要利用定員総数及び介護保険施設の種類ごとの必要入所定員総数

（同法に規定する介護老人福祉施設に係るものに限る。）を勘案しなければならない。

5　都道府県老人福祉計画は、介護保険法第百十八条第一項に規定する都道府県介護保険事業支援計画と一体のものとして作成されなければならない。

6　都道府県老人福祉計画は、社会福祉法第百八条第一項に規定する都道府県地域福祉支援計画その他の法律の規定による計画であつて老人の福祉に関する事項を定めるものと調和が保たれたものでなければならない。

7　都道府県は、都道府県老人福祉計画を定め、又は変更したときは、遅滞なく、これを厚生労働大臣に提出しなければならない。

（都道府県知事の助言等）

第二〇条の一〇　都道府県知事は、市町村に対し、市町村老人福祉計画の作成上の技術的事項について必要な助言をすることができる。

2　厚生労働大臣は、都道府県に対し、都道府県老人福祉計画の作成の手法その他都道府県老人福祉計画の作成上重要な技術的事項について必要な助言をすることができる。

（援助）

第二〇条の一一　国及び地方公共団体は、市町村老人福祉計画又は都道府県老人福祉計画の達成に資する事業を行う者に対し、当該事業の円滑な実施のために必要な援助を与えるように努めなければならない。

第四章　費用

（費用の支弁）

第二一条　次に掲げる費用は、市町村の支弁とする。

一　第十条の四第一項第一号から第四号まで及び第六号の規定により市町村が行う措置に要する費用

一の二　第十条の四第二項第五号の規定により市町村が行う措置に要する費用

二　第十一条第一項第一号及び第三号並びに同条第二項の規定により市町村が行う措置に要する費用

三　第十一条第一項第二号の規定により市町村が行う措置に要する費用

（介護保険法による給付等との調整）

第二一条の二　第十条の四第一項各号又は第十一条第一項第二号の措置に係る者が、介護保険法の規定により当該措置に相当する居宅サービス、地域密着型サービス、施設サービス、介護予防サービス若しくは地域密着型介護予防サービスに係る保険給付を受け、又は第一号訪問事業若しくは第一号通所事業を利用することができる者であるときは、市町村は、その限度において、前条第一号、第一号の二又は第三号の規定による費用の支弁をすることを要しない。

第二二条及び第二三条　削除

（都道府県の補助）

第二四条　都道府県は、政令の定めるところにより、市町村が第二十一条第一号の規定により支弁する費用については、その四分の一以内（居住地を有しないか、又は明らかでない第五条の四第一項に規定する六十五歳以上の者についての措置に要する費用については、その二分の一以内）を補助することができる。

2　都道府県は、前項に規定するもののほか、市町村又は社会福祉法人に対し、老人の福祉のための事業に要する費用の一部を補助することができる。

（準用規定）

第二五条　社会福祉法第五十八条第二項から第四項までの規定は、前条の規定により補助金の交付を受け、又は国有財産特別措置法（昭和二十七年法律第二百十九号）第二条第二項第四号の規定若しくは同法第三条第一項第四号及び同条第二項の規定により普通財産の譲渡若しくは貸付けを受けた社会福祉法人に準用する。

（国の補助）

第二六条　国は、政令の定めるところにより、市町村が第二十一条第一号の規定により支弁する費用については、その二分の一以内を補助することができる。

2　国は、前項に規定するもののほか、都道府県又は市町村に対し、この法律に定める老人の福祉のための事業に要する費用の一部を補助することができる。

（遺留金品の処分）

第二七条　市町村は、第十一条第二項の規定により葬祭の措置を採る場合においては、その死者の遺留の金銭及び有価証券を当該措置に要する費用に充て、なお足りないときは、遺留の物品を売却してその代金をこれに充てることができる。

2　市町村は、前項の費用について、その遺留の物品の上に他の債権者の先取特権に対して優先権を有する。

（費用の徴収）

第二八条　第十条の四第一項及び第十一条の規定による措置に要する費用については、これを支弁した市町村の長は、当該措置に係る者又はその**扶養義務者**（民法（明治二十九年法律第八十九号）に定める扶養義務者をいう。以下同じ。）から、その負担能力に応じて、当該措置に要する費用の全部又は一部を徴収することができる。

2　前項の規定による費用の徴収は、徴収されるべき者の居住地又は財産所在地の市町村に嘱託することができる。

第四章の二　有料老人ホーム

（届出等）

第二九条　有料老人ホーム（老人を入居させ、入浴、排せつ若しくは食事の介護、食事の提供又はその他の日常生活上必要な便宜であつて厚生労働省令で定めるもの（以下「**介護等**」という。）の供与（他に委託して供与をする場合及び将来において供与をすることを約する場合を含む。第十三項を除き、以下この条において同じ。）をする事業を行う施設であつて、老人福祉施設、認知症対応型老人共同生活援助事業を行う住居その他厚生労働省令で定める施設でないものをいう。以下同じ。）を設置しようとする者は、あらかじめ、その施設を設置しようとする地の都道府県知事に、次の各号に掲げる事項を届け出なければならない。

一　施設の名称及び設置予定地

二　設置しようとする者の氏名及び住所又は名称及び所在地

三　その他厚生労働省令で定める事項

2　前項の規定による届出をした者は、厚生労働省令で定める事項に変更を生じたときは、変更の日から一月以内に、その旨を当該都道府県知事に届け出なければならない。

3　第一項の規定による届出をした者は、その事業を廃止し、又は休止しようとするときは、その廃止又は休止の日の一月前までに、その旨を当該都道府県知事に届け出なければならない。

4　都道府県知事は、前三項の規定による届出がされたときは、遅滞なく、その旨を、当該届出に係る有料老人ホームの設置予定地又は所在地の市町村長に通知しなければならない。

5　市町村長は、第一項から第三項までの規定による届出がされていない疑いがある有料老人ホーム（高齢者の居住の安定確保に関する法律（平成十三年法律第二十六号）第七条第五項に規定する登録住宅を除く。）を発見したときは、遅滞なく、その旨を、当該有料老人ホームの設置予定地又は所在地の都道府県知事に通知するよう努めるものとする。

6　有料老人ホームの設置者は、当該有料老人ホームの事業について、厚生労働省令で定めるところにより、帳簿を作成し、これを保存しなければならない。

7　有料老人ホームの設置者は、厚生労働省令で定めるところにより、当該有料老人ホームに入居する者又は入居しようとする者に対して、当該有料老人ホームにおいて供与をする介護等の内容その他の厚生労働省令で定める事項に関する情報を開示しなければならない。

8　有料老人ホームの設置者は、家賃、敷金及び介護等その他の日常生活上必要な便宜の供与の対価として受領する費用を除くほか、権利金その他の金品を受領してはならない。

9　有料老人ホームの設置者のうち、終身にわたつて受領すべき家賃その他厚生労働省令で定めるものの全部又は一部を前払金として一括して受領するものは、当該前払金の算定の基礎を書面で明示し、かつ、当該前払金について返還債務を負うこととなる場合に備えて厚生労働省令で定めるところにより必要な保全措置を講じなければならない。

10　有料老人ホームの設置者は、前項に規定する前払金を受領する場合においては、当該有料老人ホームに入居した日から厚生労働省令で定める一定の期間を経過する日までの間に、当該入居及び介護等の供与につき契約が解除され、又は入居者の死亡により終了した場合に当該前払金の額から厚生労働省令で定める方法により算定される額を控除した額に相当する額を返還する旨の契約を締結しなければならない。

11　有料老人ホームの設置者は、当該有料老人ホームに係る有料老人ホーム情報（有料老人ホームにおいて供与をする介護等の内容及び有料老人ホームの運営状況に関する情報であつて、有料老人ホームに入居しようとする者が有料老人ホームの選択を適切に行うために必要なものとして厚生労働省令で定めるものをいう。）を、厚生労働省令で定めるところにより、当該有料老人ホームの所在地の都道府県知事に対して報告しなければならない。

12　都道府県知事は、厚生労働省令で定めるところにより、前項の規定により報告された事項を公表しなければならない。

13　都道府県知事は、この法律の目的を達成するため、有料老人ホームの設置者若しくは管理者若しくは設置者から介護等の供与（将来において供与をすることを含む。）を委託された者（以下「**介護等受託者**」という。）に対して、その運営の状況に関する事項その他必要と認める事項の報告を求め、又は当該職員に、関係者に対して質問させ、若しくは当該有料老人ホーム若しくは当該介護等受託者の事務所若しくは事業所に立ち入り、設備、帳簿書類その他の物件を検査させることができる。

14　第十八条第三項及び第四項の規定は、前項の規定による質問又は立入検査について準用する。

15　都道府県知事は、有料老人ホームの設置者が第六項から第十一項までの規定に違反したと認めるとき、入居者の処遇に関し不当な行為をし、又はその運営に関し入居者の利益を害する行為をしたと認めるとき、その他入居者の保護のため必要があると認めるときは、当該設置者に対して、その改善に必要な措置をとるべきことを命ずることができる。

16　都道府県知事は、有料老人ホームの設置者がこの法律その他老人の福祉に関する法律で政令で定めるもの若しくはこれに基づく命令又はこれらに基づく処分に違反した場合であつて、入居者の保護のため特に必要があると認めるときは、当該設置者に対して、その事業の制限又は停止を命ずることができる。

17　都道府県知事は、前二項の規定による命令をしたときは、その旨を公示しなければならない。

18　都道府県知事は、介護保険法第四十二条の二第一項本文の指定（地域密着型特定施設入居者生活介護の指定に係るものに限る。）を受けた有料老人ホームの設置者に対して第十六項の規定による命令をしたときは、遅滞なく、その旨を、当該指定をした市町村長に通知しなければならない。

19　都道府県知事は、有料老人ホームの設置者が第十六項の規定による命令を受けたとき、その他入居者の心身の健康の保持及び生活の安定を図るため必要があると認めるときは、当該入居者に対し、介護等の供与を継続的に受けるために必要な助言その他の援助を行うように努めるものとする。

（有料老人ホーム協会）

第三〇条　その名称中に有料老人ホーム協会という文字を用いる一般社団法人は、有料老人ホームの入居者の保護を図るとともに、有料老人ホームの健全な発展に資することを目的とし、かつ、有料老人ホームの設置者を社員（以下この章において「**会員**」という。）とする旨の定款の定めがあるものに限り、設立することができる。

2　前項に規定する定款の定めは、これを変更することができない。

3　第一項に規定する一般社団法人（以下「**協会**」という。）は、成立したときは、成立の日から二週間以内に、登記事項証明書及び定款の写しを添えて、その旨を、厚生労働大臣に届け出なければならない。

4　協会は、会員の名簿を公衆の縦覧に供しなければならない。

（名称の使用制限）

第三一条　協会でない者は、その名称中に有料老人ホーム協会という文字を用いてはならない。

2　協会に加入していない者は、その名称中に有料老人ホーム協会会員という文字を用いてはならない。

（協会の業務）

第三一条の二　協会は、その目的を達成するため、次に掲げる業務を行う。

一　有料老人ホームを運営するに当たり、この法律その他の法令の規定を遵守させるための会員に対する指導、勧告その他の業務

二　会員の設置する有料老人ホームの運営に関し、契約内容の適正化その他入居者の保護を図り、及び入居者の立場に立った処遇を行うため必要な指導、勧告その他の業務

三　会員の設置する有料老人ホームの設備及び運営に対する入居者等からの苦情の解決

四　有料老人ホームの職員の資質の向上のための研修

五　有料老人ホームに関する広報その他協会の目的を達成するため必要な業務

2　協会は、その会員の設置する有料老人ホームの入居者等から当該有料老人ホームの設備及び運営に関する苦情について解決の申出があった場合において必要があると認めるときは、当該会員に対して、文書若しくは口頭による説明を求め、又は資料の提出を求めることができる。

3　会員は、協会から前項の規定による求めがあったときは、正当な理由がない限り、これを拒んではならない。

（監督）

第三一条の三　協会の業務は、厚生労働大臣の監督に属する。

2　厚生労働大臣は、前条第一項に規定する業務の適正な実施を確保するため必要があると認めるときは、協会に対し、当該業務に関し監督上必要な命令をすることができる。

（厚生労働大臣に対する協力）

第三一条の四　厚生労働大臣は、この章の規定の円滑な実施を図るため、厚生労働省令の定めるところにより、当該規定に基づく届出、報告その他必要な事項について、協会に協力させることができる。

（立入検査等）

第三一条の五　厚生労働大臣は、この章の規定の施行に必要な限度において、協会に対して、その業務若しくは財産に関して報告若しくは資料の提出を命じ、又は当該職員に、関係者に対して質問させ、若しくは協会の事務所に立ち入り、その業務若しくは財産の状況若しくは帳簿書類その他の物件を検査させることができる。

2　第十八条第三項及び第四項の規定は、前

項の規定による質問又は立入検査について準用する。この場合において、同条第三項中「前二項」とあり、及び同条第四項中「第一項及び第二項」とあるのは、「第三十一条の五第一項」と読み替えるものとする。

第五章　雑則

（審判の請求）

第三十二条　市町村長は、六十五歳以上の者につき、その福祉を図るため特に必要があると認めるときは、民法第七条、第十一条、第十三条第二項、第十五条第一項、第十七条第一項、第八百七十六条の四第一項又は第八百七十六条の九第一項に規定する審判の請求をすることができる。

（後見等に係る体制の整備等）

第三十二条の二　市町村は、前条の規定による審判の請求の円滑な実施に資するよう、民法に規定する後見、保佐及び補助（以下「**後見等**」という。）の業務を適正に行うことができる人材の育成及び活用を図るため、研修の実施、後見等の業務を適正に行うことができる者の家庭裁判所への推薦その他の必要な措置を講ずるよう努めなければならない。

2　都道府県は、市町村と協力して後見等の業務を適正に行うことができる人材の育成及び活用を図るため、前項に規定する措置の実施に関し助言その他の援助を行うように努めなければならない。

（町村の一部事務組合等）

第三十三条　町村が一部事務組合又は広域連合を設けて福祉事務所を設置した場合には、この法律の適用については、その一部事務組合又は広域連合を福祉事務所を設置する町村とみなす。

（大都市等の特例）

第三十四条　この法律中都道府県が処理することとされている事務で政令で定めるものは、地方自治法（昭和二十二年法律第六十七号）第二百五十二条の十九第一項の指定都市（以下「**指定都市**」という。）及び同法第二百五十二条の二十二第一項の中核市（以下「**中核市**」という。）においては、政令の定めるところにより、指定都市又は中核市（以下「**指定都市等**」という。）が処理するものとする。この場合においては、この法律中都道府県に関する規定は、指定都市等に関する規定として、指定都市等に適用があるものとする。

（緊急時における厚生労働大臣の事務執行）

第三十四条の二　第十八条第二項及び第十九条第一項の規定により都道府県知事の権限に属するものとされている事務（同項の規定による認可の取消しを除く。）又は第二十九条第十三項、第十五項及び第十六項の規定により都道府県知事の権限に属するものとされている事務は、養護老人ホーム若しくは特別養護老人ホーム又は有料老人ホームの入居者の保護のため緊急の必要があると厚生労働大臣が認める場合にあつては、厚生労働大臣又は都道府県知事が行うものとする。

2　前項の場合において、この法律の規定中都道府県知事に関する規定（当該事務に係るもの（第十九条第二項を除く。）に限る。）は、厚生労働大臣に関する規定として厚生労働大臣に適用があるものとする。

3　第一項の場合において、厚生労働大臣又は都道府県知事が当該事務を行うときは、相互に密接な連携の下に行うものとする。

（日本赤十字社）

第三十五条　日本赤十字社は、この法律の適用については、社会福祉法人とみなす。

（調査の嘱託及び報告の請求）

第三十六条　市町村は、福祉の措置に関し必要があると認めるときは、当該措置を受け、若しくは受けようとする老人又はその扶養義務者の資産又は収入の状況につき、官公署に調査を嘱託し、又は銀行、信託会社、当該老人若しくはその扶養義務者、その雇主その他の関係人に報告を求めることができる。

（実施命令）

第三十七条　この法律に特別の規定があるもの

を除くほか、この法律の実施のための手続その他その執行について必要な細則は、厚生労働省令で定める。

第六章　罰則

第三八条　第二十条の七の二第二項の規定又は第二十九条第十六項の規定による命令に違反した場合には、当該違反行為をした者は、一年以下の懲役又は百万円以下の罰金に処する。

注　第三八条は、令和四年六月一七日法律第六八号により次のように改正され、令和四年六月一七日から起算して三年を超えない範囲内において政令で定める日から施行される。
　第三十八条中「懲役」を「拘禁刑」に改める。

第三九条　第十八条の二第一項又は第二十九条第十五項の規定による命令に違反した場合には、当該違反行為をした者は、六月以下の懲役又は五十万円以下の罰金に処する。

注　第三九条は、令和四年六月一七日法律第六八号により次のように改正され、令和四年六月一七日から起算して三年を超えない範囲内において政令で定める日から施行される。
　第三十九条中「懲役」を「拘禁刑」に改める。

第四〇条　次の各号のいずれかに該当する場合には、当該違反行為をした者は、三十万円以下の罰金に処する。

一　第二十九条第一項から第三項までの規定による届出をせず、又は虚偽の届出をしたとき。

二　第二十九条第十三項の規定による報告をせず、若しくは虚偽の報告をし、又は同項の規定による質問に対して答弁をせず、若しくは虚偽の答弁をし、若しくは同項の規定による検査を拒み、妨げ、若しくは忌避したとき。

三　第三十一条第二項の規定に違反して、その名称中に有料老人ホーム協会会員という文字を用いたとき。

四　第三十一条の五第一項の規定による報告若しくは資料の提出をせず、若しくは虚偽の報告若しくは虚偽の資料の提出をし、又は同項の規定による質問に対して答弁をせず、若しくは虚偽の答弁をし、若しくは同項の規定による検査を拒み、妨げ、若しくは忌避したとき。

第四一条　法人の代表者又は法人若しくは人の代理人、使用人その他の従業者が、その法人又は人の業務に関し、第三十八条（第二十九条第十六項に係る部分に限る。）又は前二条の違反行為をしたときは、行為者を罰するほか、その法人又は人に対しても、各本条の罰金刑を科する。

第四二条　次の各号のいずれかに該当する者は、五十万円以下の過料に処する。

一　第三十条第三項の規定による届出をせず、又は虚偽の届出をした者

二　第三十条第四項の規定に違反して、同項の会員の名簿を公衆の縦覧に供しない者

三　第三十一条の三第二項の命令に違反した者

第四三条　次の各号のいずれかに該当する者は、十万円以下の過料に処する。

一　第三十一条第一項の規定に違反して、その名称中に有料老人ホーム協会という文字を用いた者

二　第十条の四第一項又は第十一条の規定による措置を受けた老人又はその扶養義務者であつて、正当な理由がなく、第三十六条の規定による報告をせず、又は虚偽の報告をしたもの

附　則（抄）

（施行期日）

第一条　この法律は、公布の日から起算して一箇月をこえない範囲内において政令で定める日〔昭三八・八・一〕から施行〔中略〕する。

◉介護保険法（抄）

（平成九・一二・一七法律一二三）
注　令五法律三一改正現在
（未施行分については、該当か所の後に改正文を収載）

第一章　総則

（目的）

第一条　この法律は、加齢に伴って生ずる心身の変化に起因する疾病等により要介護状態となり、入浴、排せつ、食事等の介護、機能訓練並びに看護及び療養上の管理その他の医療を要する者等について、これらの者が尊厳を保持し、その有する能力に応じ自立した日常生活を営むことができるよう、必要な保健医療サービス及び福祉サービスに係る給付を行うため、国民の共同連帯の理念に基づき介護保険制度を設け、その行う保険給付等に関して必要な事項を定め、もって国民の保健医療の向上及び福祉の増進を図ることを目的とする。

（介護保険）

第二条　介護保険は、被保険者の要介護状態又は要支援状態（以下「**要介護状態等**」という。）に関し、必要な保険給付を行うものとする。

2　前項の保険給付は、要介護状態等の軽減又は悪化の防止に資するよう行われるとともに、医療との連携に十分配慮して行われなければならない。

3　第一項の保険給付は、被保険者の心身の状況、その置かれている環境等に応じて、被保険者の選択に基づき、適切な保健医療サービス及び福祉サービスが、多様な事業者又は施設から、総合的かつ効率的に提供されるよう配慮して行われなければならない。

4　第一項の保険給付の内容及び水準は、被保険者が要介護状態となった場合においても、可能な限り、その居宅において、その有する能力に応じ自立した日常生活を営むことができるように配慮されなければならない。

（保険者）

第三条　市町村及び特別区は、この法律の定めるところにより、介護保険を行うものとする。

2　市町村及び特別区は、介護保険に関する収入及び支出について、政令で定めるところにより、特別会計を設けなければならない。

（国民の努力及び義務）

第四条　国民は、自ら要介護状態となることを予防するため、加齢に伴って生ずる心身の変化を自覚して常に健康の保持増進に努めるとともに、要介護状態となった場合においても、進んでリハビリテーションその他の適切な保健医療サービス及び福祉サービスを利用することにより、その有する能力の維持向上に努めるものとする。

2　国民は、共同連帯の理念に基づき、介護保険事業に要する費用を公平に負担するものとする。

（国及び地方公共団体の責務）

第五条　国は、介護保険事業の運営が健全かつ円滑に行われるよう保健医療サービス及び福祉サービスを提供する体制の確保に関する施策その他の必要な各般の措置を講じなければならない。

2　都道府県は、介護保険事業の運営が健全かつ円滑に行われるように、必要な助言及び適切な援助をしなければならない。

3　都道府県は、前項の助言及び援助をするに当たっては、介護サービスを提供する事業所又は施設における業務の効率化、介護サービスの質の向上その他の生産性の向上に資する取組が促進されるよう努めなければならない。

4　国及び地方公共団体は、被保険者が、可能な限り、住み慣れた地域でその有する能力に応じ自立した日常生活を営むことができるよう、保険給付に係る保健医療サービス及び福祉サービスに関する施策、要介護状態等となることの予防又は要介護状態等の軽減若しくは悪化の防止のための施策並びに地域における自立した日常生活の支援のための施策を、医療及び居住に関する施策との有機的な連携を図りつつ包括的に推進するよう努めなければならない。

5　国及び地方公共団体は、前項の規定により同項に掲げる施策を包括的に推進するに当たっては、障害者その他の者の福祉に関する施策との有機的な連携を図るよう努めるとともに、地域住民が相互に人格と個性を尊重し合いながら、参加し、共生する地域社会の実現に資するよう努めなければならない。

（認知症に関する施策の総合的な推進等）

第五条の二　国及び地方公共団体は、**認知症**（アルツハイマー病その他の神経変性疾患、脳血管疾患その他の疾患により日常生活に支障が生じる程度にまで認知機能が低下した状態として政令で定める状態をいう。以下同じ。）に対する国民の関心及び理解を深め、認知症である者への支援が適切に行われるよう、認知症に関する知識の普及及び啓発に努めなければならない。

2　国及び地方公共団体は、被保険者に対して認知症に係る適切な保健医療サービス及び福祉サービスを提供するため、研究機関、医療機関、介護サービス事業者（第百十五条の三十二第一項に規定する介護サービス事業者をいう。）等と連携し、認知症の予防、診断及び治療並びに認知症である者の心身の特性に応じたリハビリテーション及び介護方法に関する調査研究の推進に努めるとともに、その成果を普及し、活用し、及び発展させるよう努めなければならない。

3　国及び地方公共団体は、地域における認知症である者への支援体制を整備すること、認知症である者を現に介護する者の支援並びに認知症である者の支援に係る人材の確保及び資質の向上を図るために必要な措置を講ずることその他の認知症に関する施策を総合的に推進するよう努めなければならない。

4　国及び地方公共団体は、前三項の施策の推進に当たっては、認知症である者及びその家族の意向の尊重に配慮するとともに、認知症である者が地域社会において尊厳を保持しつつ他の人々と共生することができるように努めなければならない。

（医療保険者の協力）

第六条　医療保険者は、介護保険事業が健全かつ円滑に行われるよう協力しなければならない。

（定義）

第七条　この法律において「**要介護状態**」とは、身体上又は精神上の障害があるために、入浴、排せつ、食事等の日常生活における基本的な動作の全部又は一部について、厚生労働省令で定める期間にわたり継続して、常時介護を要すると見込まれる状態であって、その介護の必要の程度に応じて厚生労働省令で定める区分（以下「**要介護状態区分**」という。）のいずれかに該当するもの（要支援状態に該当するものを除く。）をいう。

2　この法律において「**要支援状態**」とは、身体上若しくは精神上の障害があるために入浴、排せつ、食事等の日常生活における基本的な動作の全部若しくは一部について厚生労働省令で定める期間にわたり継続して常時介護を要する状態の軽減若しくは悪化の防止に特に資する支援を要すると見込まれ、又は身体上若しくは精神上の障害があるために厚生労働省令で定める期間にわたり継続して日常生活を営むのに支障があると見込まれる状態であって、支援の必要の程度に応じて厚生労働省令で定める区分（以下「**要支援状態区分**」という。）のいずれかに該当するものをいう。

3　この法律において「**要介護者**」とは、次の各号のいずれかに該当する者をいう。

一　要介護状態にある六十五歳以上の者

二　要介護状態にある四十歳以上六十五歳未満の者であって、その要介護状態の原因である身体上又は精神上の障害が加齢に伴って生ずる心身の変化に起因する疾病であって政令で定めるもの（以下「**特定疾病**」という。）によって生じたものであるもの

4　この法律において「**要支援者**」とは、次の各号のいずれかに該当する者をいう。

一　要支援状態にある六十五歳以上の者

二　要支援状態にある四十歳以上六十五歳未満の者であって、その要支援状態の原因である身体上又は精神上の障害が特定疾病によって生じたものであるもの

5　この法律において「**介護支援専門員**」とは、要介護者又は要支援者（以下「**要介護者等**」という。）からの相談に応じ、及び要介護者等がその心身の状況等に応じ適切な居宅サービス、地域密着型サービス、施設サービス、介護予防サービス若しくは地域密着型介護予防サービス又は特定介護予防・日常生活支援総合事業（第百十五条の四十五第一項第一号イに規定する第一号訪問事業、同号ロに規定する第一号通所事業又は同号ハに規定する第一号生活支援事業をいう。以下同じ。）を利用できるよう市町村、居宅サービス事業を行う者、地域密着型サービス事業を行う者、介護保険施設、介護予防サービス

事業を行う者、地域密着型介護予防サービス事業を行う者、特定介護予防・日常生活支援総合事業を行う者等との連絡調整等を行う者であって、要介護者等が自立した日常生活を営むのに必要な援助に関する専門的知識及び技術を有するものとして第六十九条の七第一項の介護支援専門員証の交付を受けたものをいう。

6　この法律において「**医療保険各法**」とは、次に掲げる法律をいう。

一　健康保険法（大正十一年法律第七十号）
二　船員保険法（昭和十四年法律第七十三号）
三　国民健康保険法（昭和三十三年法律第百九十二号）
四　国家公務員共済組合法（昭和三十三年法律第百二十八号）
五　地方公務員等共済組合法（昭和三十七年法律第百五十二号）
六　私立学校教職員共済法（昭和二十八年法律第二百四十五号）

7　この法律において「**医療保険者**」とは、医療保険各法の規定により医療に関する給付を行う全国健康保険協会、健康保険組合、都道府県及び市町村（特別区を含む。）、国民健康保険組合、共済組合又は日本私立学校振興・共済事業団をいう。

8　この法律において「**医療保険加入者**」とは、次に掲げる者をいう。

一　健康保険法の規定による被保険者。ただし、同法第三条第二項の規定による日雇特例被保険者を除く。
二　船員保険法の規定による被保険者
三　国民健康保険法の規定による被保険者
四　国家公務員共済組合法又は地方公務員等共済組合法に基づく共済組合の組合員
五　私立学校教職員共済法の規定による私立学校教職員共済制度の加入者
六　健康保険法、船員保険法、国家公務員共済組合法（他の法律において準用する場合を含む。）又は地方公務員等共済組合法の規定による被扶養者。ただし、健康保険法第三条第二項の規定による日雇特例被保険者の同法の規定による被扶養者を除く。
七　健康保険法第百二十六条の規定により日雇特例被保険者手帳の交付を受け、その手帳に健康保険印紙をはり付けるべき余白がなくなるに至るまでの間にある者及び同法の規定によるその者の被扶養者。ただし、同法第三条第二項ただし書の規定による承認を受けて同項の規定による日雇特例被保険者とならない期間内にある者及び同法第百二十六条第三項の規定により当該日雇特例被保険者手帳を返納した者並びに同法の規定によるその者の被扶養者を除く。

9　この法律において「**社会保険各法**」とは、次に掲げる法律をいう。

一　この法律
二　第六項各号（第四号を除く。）に掲げる法律
三　厚生年金保険法（昭和二十九年法律第百十五号）
四　国民年金法（昭和三十四年法律第百四十一号）

第八条　この法律において「**居宅サービス**」とは、訪問介護、訪問入浴介護、訪問看護、訪問リハビリテーション、居宅療養管理指導、通所介護、通所リハビリテーション、短期入所生活介護、短期入所療養介護、特定施設入居者生活介護、福祉用具貸与及び特定福祉用具販売をいい、「**居宅サービス事業**」とは、居宅サービスを行う事業をいう。

2　この法律において「**訪問介護**」とは、要介護者であって、居宅（老人福祉法（昭和三十八年法律第百三十三号）第二十条の六に規定する軽費老人ホーム、同法第二十九条第一項に規定する有料老人ホーム（以下「**有料老人ホーム**」という。）その他の厚生労働省令で定める施設における居室を含む。以下同じ。）において介護を受けるもの（以下「**居宅要介護者**」という。）について、その者の居宅において介護福祉士その他政令で定める者により行われる入浴、排せつ、食事等の介護その他の日常生活上の世話であって、厚生労働省令で定めるもの（定期巡回・随時対応型訪問介護看護（第十五項第二号に掲げるものに限る。）又は夜間対応型訪問介護に該当するものを除く。）をいう。

3　この法律において「**訪問入浴介護**」とは、居宅要介護者について、その者の居宅を訪問し、浴槽を提供して行われる入浴の介護をいう。

4　この法律において「**訪問看護**」とは、居宅要介護者（主治の医師がその治療の必要の程度につき厚生労働省令で定める基準に適合している

と認めたものに限る。）について、その者の居宅において看護師その他厚生労働省令で定める者により行われる療養上の世話又は必要な診療の補助をいう。

5　この法律において「**訪問リハビリテーション**」とは、居宅要介護者（主治の医師がその治療の必要の程度につき厚生労働省令で定める基準に適合していると認めたものに限る。）について、その者の居宅において、その心身の機能の維持回復を図り、日常生活の自立を助けるために行われる理学療法、作業療法その他必要なリハビリテーションをいう。

6　この法律において「**居宅療養管理指導**」とは、居宅要介護者について、病院、診療所又は薬局（以下「**病院等**」という。）の医師、歯科医師、薬剤師その他厚生労働省令で定める者により行われる療養上の管理及び指導であって、厚生労働省令で定めるものをいう。

7　この法律において「**通所介護**」とは、居宅要介護者について、老人福祉法第五条の二第三項の厚生労働省令で定める施設又は同法第二十条の二の二に規定する老人デイサービスセンターに通わせ、当該施設において入浴、排せつ、食事等の介護その他の日常生活上の世話であって厚生労働省令で定めるもの及び機能訓練を行うこと（利用定員が厚生労働省令で定める数以上であるものに限り、認知症対応型通所介護に該当するものを除く。）をいう。

8　この法律において「**通所リハビリテーション**」とは、居宅要介護者（主治の医師がその治療の必要の程度につき厚生労働省令で定める基準に適合していると認めたものに限る。）について、介護老人保健施設、介護医療院、病院、診療所その他の厚生労働省令で定める施設に通わせ、当該施設において、その心身の機能の維持回復を図り、日常生活の自立を助けるために行われる理学療法、作業療法その他必要なリハビリテーションをいう。

9　この法律において「**短期入所生活介護**」とは、居宅要介護者について、老人福祉法第五条の二第四項の厚生労働省令で定める施設又は同法第二十条の三に規定する老人短期入所施設に短期間入所させ、当該施設において入浴、排せつ、食事等の介護その他の日常生活上の世話及び機能訓練を行うことをいう。

10　この法律において「**短期入所療養介護**」とは、居宅要介護者（その治療の必要の程度につき厚生労働省令で定めるものに限る。）について、介護老人保健施設、介護医療院その他の厚生労働省令で定める施設に短期間入所させ、当該施設において看護、医学的管理の下における介護及び機能訓練その他必要な医療並びに日常生活上の世話を行うことをいう。

11　この法律において「**特定施設**」とは、有料老人ホームその他厚生労働省令で定める施設であって、第二十一項に規定する地域密着型特定施設でないものをいい、「**特定施設入居者生活介護**」とは、特定施設に入居している要介護者について、当該特定施設が提供するサービスの内容、これを担当する者その他厚生労働省令で定める事項を定めた計画に基づき行われる入浴、排せつ、食事等の介護その他の日常生活上の世話であって厚生労働省令で定めるもの、機能訓練及び療養上の世話をいう。

12　この法律において「**福祉用具貸与**」とは、居宅要介護者について福祉用具（心身の機能が低下し日常生活を営むのに支障がある要介護者等の日常生活上の便宜を図るための用具及び要介護者等の機能訓練のための用具であって、要介護者等の日常生活の自立を助けるためのものをいう。次項並びに次条第十項及び第十一項において同じ。）のうち厚生労働大臣が定めるものの政令で定めるところにより行われる貸与をいう。

13　この法律において「**特定福祉用具販売**」とは、居宅要介護者について福祉用具のうち入浴又は排せつの用に供するものその他の厚生労働大臣が定めるもの（以下「**特定福祉用具**」という。）の政令で定めるところにより行われる販売をいう。

14　この法律において「**地域密着型サービス**」とは、定期巡回・随時対応型訪問介護看護、夜間対応型訪問介護、地域密着型通所介護、認知症対応型通所介護、小規模多機能型居宅介護、認知症対応型共同生活介護、地域密着型特定施設入居者生活介護、地域密着型介護老人福祉施設入所者生活介護及び複合型サービスをいい、「**特定地域密着型サービス**」とは、定期巡回・随時対応型訪問介護看護、夜間対応型訪問介護、地域密着型通所介護、認知症対応型通所介護、小規模多機能型居宅介護及び複合型サービスをいい、「**地域密着型サービス事業**」とは、地域密着型サービスを行う事業をいう。

15　この法律において「**定期巡回・随時対応型訪問介護看護**」とは、次の各号のいずれかに該当するものをいう。

一　居宅要介護者について、定期的な巡回訪問により、又は随時通報を受け、その者の居宅において、介護福祉士その他第二項の政令で定める者により行われる入浴、排せつ、食事等の介護その他の日常生活上の世話であって、厚生労働省令で定めるものを行うとともに、看護師その他厚生労働省令で定める者により行われる療養上の世話又は必要な診療の補助を行うこと。ただし、療養上の世話又は必要な診療の補助にあっては、主治の医師がその治療の必要の程度につき厚生労働省令で定める基準に適合していると認めた居宅要介護者についてのものに限る。

二　居宅要介護者について、定期的な巡回訪問により、又は随時通報を受け、訪問看護を行う事業所と連携しつつ、その者の居宅において介護福祉士その他第二項の政令で定める者により行われる入浴、排せつ、食事等の介護その他の日常生活上の世話であって、厚生労働省令で定めるものを行うこと。

16　この法律において「**夜間対応型訪問介護**」とは、居宅要介護者について、夜間において、定期的な巡回訪問により、又は随時通報を受け、その者の居宅において介護福祉士その他第二項の政令で定める者により行われる入浴、排せつ、食事等の介護その他の日常生活上の世話であって、厚生労働省令で定めるもの（定期巡回・随時対応型訪問介護看護に該当するものを除く。）をいう。

17　この法律において「**地域密着型通所介護**」とは、居宅要介護者について、老人福祉法第五条の二第三項の厚生労働省令で定める施設又は同法第二十条の二の二に規定する老人デイサービスセンターに通わせ、当該施設において入浴、排せつ、食事等の介護その他の日常生活上の世話であって厚生労働省令で定めるもの及び機能訓練を行うこと（利用定員が第七項の厚生労働省令で定める数未満であるものに限り、認知症対応型通所介護に該当するものを除く。）をいう。

18　この法律において「**認知症対応型通所介護**」とは、居宅要介護者であって、認知症であるものについて、老人福祉法第五条の二第三項の厚生労働省令で定める施設又は同法第二十条の二の二に規定する老人デイサービスセンターに通わせ、当該施設において入浴、排せつ、食事等の介護その他の日常生活上の世話であって厚生労働省令で定めるもの及び機能訓練を行うことをいう。

19　この法律において「**小規模多機能型居宅介護**」とは、居宅要介護者について、その者の心身の状況、その置かれている環境等に応じて、その者の選択に基づき、その者の居宅において、又は厚生労働省令で定めるサービスの拠点に通わせ、若しくは短期間宿泊させ、当該拠点において、入浴、排せつ、食事等の介護その他の日常生活上の世話であって厚生労働省令で定めるもの及び機能訓練を行うことをいう。

20　この法律において「**認知症対応型共同生活介護**」とは、要介護者であって認知症であるもの（その者の認知症の原因となる疾患が急性の状態にある者を除く。）について、その共同生活を営むべき住居において、入浴、排せつ、食事等の介護その他の日常生活上の世話及び機能訓練を行うことをいう。

21　この法律において「**地域密着型特定施設入居者生活介護**」とは、有料老人ホームその他第十一項の厚生労働省令で定める施設であって、その入居者が要介護者、その配偶者その他厚生労働省令で定める者に限られるもの（以下「**介護専用型特定施設**」という。）のうち、その入居定員が二十九人以下であるもの（以下この項において「地域密着型特定施設」という。）に入居している要介護者について、当該地域密着型特定施設が提供するサービスの内容、これを担当する者その他厚生労働省令で定める事項を定めた計画に基づき行われる入浴、排せつ、食事等の介護その他の日常生活上の世話であって厚生労働省令で定めるもの、機能訓練及び療養上の世話をいう。

22　この法律において「**地域密着型介護老人福祉施設**」とは、老人福祉法第二十条の五に規定する特別養護老人ホーム（入所定員が二十九人以下であるものに限る。以下この項において同じ。）であって、当該特別養護老人ホームに入所する要介護者（厚生労働省令で定める要介護状態区分に該当する状態である者その他居宅において日常生活を営むことが困難な者として厚生労働省令で定めるものに限る。以下この項及び第二十七項において同じ。）に対し、地域密着型施設サービス計画（地域密着型介護老人福祉施設に入所している要介護者について、当該施設が提供するサービスの内容、これを担当する者その他厚生労働省令で定める事項を定めた計画をいう。以下この項において同じ。）に基づいて、入浴、排せつ、食事等の介護その他の日常生活上の世話、機能訓練、健康管理及び療養上の世話を行うことを目的とする施設をいい、「**地域密着型介護老人福祉施設入所者生活介護**」とは、地域密着型介護老人福祉施設に入所する要介護者に対し、地域密着型施設サービス計画に基づいて行われる入浴、排せつ、食事等の介護その他の日常生活上の世話、機能訓練、健康管理及び療養上の世話をいう。

23　この法律において「**複合型サービス**」とは、居宅要介護者について、訪問介護、訪問入浴介護、訪問看護、訪問リハビリテーション、居宅療養管理指導、通所介護、通所リハビリテーション、短期入所生活介護、短期入所療養介護、定期巡回・随時対応型訪問介護看護、夜間対応型訪問介護、地域密着型通所介護、認知症対応型通所介護又は小規模多機能型居宅介護を二種類以上組み合わせることにより提供されるサービスのうち、次に掲げるものをいう。

一　訪問看護及び小規模多機能型居宅介護を一体的に提供することにより、居宅要介護者について、その者の居宅において、又は第十九項の厚生労働省令で定めるサービスの拠点に通わせ、若しくは短期間宿泊させ、日常生活上の世話及び機能訓練並びに療養上の世話又は必要な診療の補助を行うもの

二　前号に掲げるもののほか、居宅要介護者について一体的に提供されることが特に効果的かつ効率的なサービスの組合せにより提供されるサービスとして厚生労働省令で定めるもの

24　この法律において「**居宅介護支援**」とは、居宅要介護者が第四十一条第一項に規定する指定居宅サービス又は特例居宅介護サービス費に係る居宅サービス若しくはこれに相当するサービス、第四十二条の二第一項に規定する指定地域密着型サービス又は特例地域密着型介護サービス費に係る地域密着型サービス若しくはこれに相当するサービス及びその他の居宅において日常生活を営むために必要な保健医療サービス又は福祉サービス（以下この項において「指定居宅サービス等」という。）の適切な利用等をすることができるよう、当該居宅要介護者の依頼を受けて、その心身の状況、その置かれている環境、当該居宅要介護者及びその家族の希望等を勘案し、利用する指定居宅サービス等の種類及び内容、これを担当する者その他厚生労働省令で定める事項を定めた計画（以下この項、第百十五条の四十五第二項第三号及び別表において「**居宅サービス計画**」という。）を作成するとともに、当該居宅サービス計画に基づく指定居宅サービス等の提供が確保されるよう、第四十一条第一項に規定する指定居宅サービス事業者、第四十二条の二第一項に規定する指定地域密着型サービス事業者その他の者との連絡調整その他の便宜の提供を行い、並びに当該居宅要介護者が地域密着型介護老人福祉施設又は介護保険施設への入所を要する場合にあっては、地域密着型介護老人福祉施設又は介護保険施設への紹介その他の便宜の提供を行うことをいい、「**居宅介護支援事業**」とは、居宅介護支援を行う事業をいう。

25　この法律において「**介護保険施設**」とは、第四十八条第一項第一号に規定する指定介護老人福祉施設、介護老人保健施設及び介護医療院をいう。

26　この法律において「**施設サービス**」とは、介護福祉施設サービス、介護保健施設サービス及び介護医療院サービスをいい、「**施設サービス計画**」とは、介護老人福祉施設、介護老人保健施設又は介護医療院に入所している要介護者について、これらの施設が提供するサービスの内容、これを担当する者その他厚生労働省令で定める事項を定めた計画をいう。

27　この法律において「**介護老人福祉施設**」とは、老人福祉法第二十条の五に規定する特別養護老人ホーム（入所定員が三十人以上であるものに限る。以下この項において同じ。）であって、当該特別養護老人ホームに入所する要介護

者に対し、施設サービス計画に基づいて、入浴、排せつ、食事等の介護その他の日常生活上の世話、機能訓練、健康管理及び療養上の世話を行うことを目的とする施設をいい、「**介護福祉施設サービス**」とは、介護老人福祉施設に入所する要介護者に対し、施設サービス計画に基づいて行われる入浴、排せつ、食事等の介護その他の日常生活上の世話、機能訓練、健康管理及び療養上の世話をいう。

28　この法律において「**介護老人保健施設**」とは、要介護者であって、主としてその心身の機能の維持回復を図り、居宅における生活を営むことができるようにするための支援が必要である者（その治療の必要の程度につき厚生労働省令で定めるものに限る。以下この項において単に「要介護者」という。）に対し、施設サービス計画に基づいて、看護、医学的管理の下における介護及び機能訓練その他必要な医療並びに日常生活上の世話を行うことを目的とする施設として、第九十四条第一項の都道府県知事の許可を受けたものをいい、「**介護保健施設サービス**」とは、介護老人保健施設に入所する要介護者に対し、施設サービス計画に基づいて行われる看護、医学的管理の下における介護及び機能訓練その他必要な医療並びに日常生活上の世話をいう。

29　この法律において「**介護医療院**」とは、要介護者であって、主として長期にわたり療養が必要である者（その治療の必要の程度につき厚生労働省令で定めるものに限る。以下この項において単に「要介護者」という。）に対し、施設サービス計画に基づいて、療養上の管理、看護、医学的管理の下における介護及び機能訓練その他必要な医療並びに日常生活上の世話を行うことを目的とする施設として、第百七条第一項の都道府県知事の許可を受けたものをいい、「**介護医療院サービス**」とは、介護医療院に入所する要介護者に対し、施設サービス計画に基づいて行われる療養上の管理、看護、医学的管理の下における介護及び機能訓練その他必要な医療並びに日常生活上の世話をいう。

第八条の二　この法律において「**介護予防サービス**」とは、介護予防訪問入浴介護、介護予防訪問看護、介護予防訪問リハビリテーション、介護予防居宅療養管理指導、介護予防通所リハビリテーション、介護予防短期入所生活介護、介護予防短期入所療養介護、介護予防特定施設入居者生活介護、介護予防福祉用具貸与及び特定介護予防福祉用具販売をいい、「**介護予防サービス事業**」とは、介護予防サービスを行う事業をいう。

2　この法律において「**介護予防訪問入浴介護**」とは、要支援者であって、居宅において支援を受けるもの（以下「**居宅要支援者**」という。）について、その介護予防（身体上又は精神上の障害があるために入浴、排せつ、食事等の日常生活における基本的な動作の全部若しくは一部について常時介護を要し、又は日常生活を営むのに支障がある状態の軽減又は悪化の防止をいう。以下同じ。）を目的として、厚生労働省令で定める場合に、その者の居宅を訪問し、厚生労働省令で定める期間にわたり浴槽を提供して行われる入浴の介護をいう。

3　この法律において「**介護予防訪問看護**」とは、居宅要支援者（主治の医師がその治療の必要の程度につき厚生労働省令で定める基準に適合していると認めたものに限る。）について、その者の居宅において、その介護予防を目的として、看護師その他厚生労働省令で定める者により、厚生労働省令で定める期間にわたり行われる療養上の世話又は必要な診療の補助をいう。

4　この法律において「**介護予防訪問リハビリテーション**」とは、居宅要支援者（主治の医師がその治療の必要の程度につき厚生労働省令で定める基準に適合していると認めたものに限る。）について、その者の居宅において、その介護予防を目的として、厚生労働省令で定める期間にわたり行われる理学療法、作業療法その他必要なリハビリテーションをいう。

5　この法律において「**介護予防居宅療養管理指導**」とは、居宅要支援者について、その介護予防を目的として、病院等の医師、歯科医師、薬剤師その他厚生労働省令で定める者により行われる療養上の管理及び指導であって、厚生労働省令で定めるものをいう。

6　この法律において「**介護予防通所リハビリテーション**」とは、居宅要支援者（主治の医師がその治療の必要の程度につき厚生労働省令で定める基準に適合していると認めたものに限る。）について、介護老人保健施設、介護医療院、病院、診療所その他の厚生労働省令で定める施設に通わせ、当該施設において、その介護予防を目的として、厚生労働省令で定める期間にわたり行われる理学療法、作業療法その他必要なリハビリテーションをいう。

7　この法律において「**介護予防短期入所生活介護**」とは、居宅要支援者について、老人福祉法第五条の二第四項の厚生労働省令で定める施設又は同法第二十条の三に規定する老人短期入所施設に短期間入所させ、その介護予防を目的として、厚生労働省令で定める期間にわたり、当該施設において入浴、排せつ、食事等の介護その他の日常生活上の支援及び機能訓練を行うことをいう。

8　この法律において「**介護予防短期入所療養介護**」とは、居宅要支援者（その治療の必要の程度につき厚生労働省令で定めるものに限る。）について、介護老人保健施設、介護医療院その他の厚生労働省令で定める施設に短期間入所させ、その介護予防を目的として、厚生労働省令で定める期間にわたり、当該施設において看護、医学的管理の下における介護及び機能訓練その他必要な医療並びに日常生活上の支援を行うことをいう。

9　この法律において「**介護予防特定施設入居者生活介護**」とは、特定施設（介護専用型特定施設を除く。）に入居している要支援者について、その介護予防を目的として、当該特定施設が提供するサービスの内容、これを担当する者その他厚生労働省令で定める事項を定めた計画に基づき行われる入浴、排せつ、食事等の介護その他の日常生活上の支援であって厚生労働省令で定めるもの、機能訓練及び療養上の世話をいう。

10　この法律において「**介護予防福祉用具貸与**」とは、居宅要支援者について福祉用具のうちその介護予防に資するものとして厚生労働大臣が定めるものの政令で定めるところにより行われる貸与をいう。

11　この法律において「**特定介護予防福祉用具販売**」とは、居宅要支援者について福祉用具のうちその介護予防に資するものであって入浴又は排せつの用に供するものその他の厚生労働大臣が定めるもの（以下「**特定介護予防福祉用具**」という。）の政令で定めるところにより行われる販売をいう。

12　この法律において「**地域密着型介護予防サービス**」とは、介護予防認知症対応型通所介護、介護予防小規模多機能型居宅介護及び介護予防認知症対応型共同生活介護をいい、「**特定地域密着型介護予防サービス**」とは、介護予防認知症対応型通所介護及び介護予防小規模多機能型居宅介護をいい、「**地域密着型介護予防サービス事業**」とは、地域密着型介護予防サービスを行う事業をいう。

13　この法律において「**介護予防認知症対応型通所介護**」とは、居宅要支援者であって、認知症であるものについて、その介護予防を目的として、老人福祉法第五条の二第三項の厚生労働省令で定める施設又は同法第二十条の二の二に規定する老人デイサービスセンターに通わせ、当該施設において、厚生労働省令で定める期間にわたり、入浴、排せつ、食事等の介護その他の日常生活上の支援であって厚生労働省令で定めるもの及び機能訓練を行うことをいう。

14　この法律において「**介護予防小規模多機能型居宅介護**」とは、居宅要支援者について、その者の心身の状況、その置かれている環境等に応じて、その者の選択に基づき、その者の居宅において、又は厚生労働省令で定めるサービスの拠点に通わせ、若しくは短期間宿泊させ、当該拠点において、その介護予防を目的として、入浴、排せつ、食事等の介護その他の日常生活上の支援であって厚生労働省令で定めるもの及び機能訓練を行うことをいう。

15　この法律において「**介護予防認知症対応型共同生活介護**」とは、要支援者（厚生労働省令で定める要支援状態区分に該当する状態である者に限る。）であって認知症であるもの（その者の認知症の原因となる疾患が急性の状態にある者を除く。）について、その共同生活を営むべき住居において、その介護予防を目的として、入浴、排せつ、食事等の介護その他の日常生活上の支援及び機能訓練を行うことをいう。

16　この法律において「**介護予防支援**」とは、居宅要支援者が第五十三条第一項に規定する指定介護予防サービス又は特例介護予防サービス費に係る介護予防サービス若しくはこれに相当するサービス、第五十四条の二第一項に規定する指定地域密着型介護予防サービス又は特例地域密着型介護予防サービス費に係る地域密着型介護予防サービス若しくはこれに相当するサービス、特定介護予防・日常生活支援総合事業（市町村、第百十五条の四十五の三第一項に規定する指定事業者又は第百十五条の四十七第七項の受託者が行うものに限る。以下この項及び第三十二条第四項第二号において同じ。）及びその他の介護予防に資する保健医療サービス又は福祉サービス（以下この項において「指定介護予防サービス等」という。）の適切な利用等をすることができるよう、第百十五条の四十六第一項に規定する地域包括支援センターの職員及び第四十六条第一項に規定する指定居宅介護支援を行う事業所の従業者のうち厚生労働省令で定める者が、当該居宅要支援者の依頼を受けて、その心身の状況、その置かれている環境、当該居宅要支援者及びその家族の希望等を勘案し、利用する指定介護予防サービス等の種類及び内容、これを担当する者その他厚生労働省令で定める事項を定めた計画（以下この項、第百十五条の三十の二第一項、第百十五条の四十五第二項第三号及び別表において「**介護予防サービス計画**」という。）を作成するとともに、当該介護予防サービス計画に基づく指定介護予防サービス等の提供が確保されるよう、第五十三条第一項に規定する指定介護予防サービス事業者、第五十四条の二第一項に規定する指定地域密着型介護予防サービス事業者、特定介護予防・日常生活支援総合事業を行う者その他の者との連絡調整その他の便宜の提供を行うことをいい、「**介護予防支援事業**」とは、介護予防支援を行う事業をいう。

第二章　被保険者

（被保険者）

第九条　次の各号のいずれかに該当する者は、市町村又は特別区（以下単に「**市町村**」という。）が行う介護保険の被保険者とする。

一　市町村の区域内に住所を有する六十五歳以上の者（以下「**第一号被保険者**」という。）

二　市町村の区域内に住所を有する四十歳以上六十五歳未満の医療保険加入者（以下「**第二号被保険者**」という。）

（資格取得の時期）

第一〇条　前条の規定による当該市町村が行う介護保険の被保険者は、次の各号のいずれかに該当するに至った日から、その資格を取得する。

一　当該市町村の区域内に住所を有する医療保険加入者が四十歳に達したとき。

二　四十歳以上六十五歳未満の医療保険加入者又は六十五歳以上の者が当該市町村の区域内に住所を有するに至ったとき。

三　当該市町村の区域内に住所を有する四十歳以上六十五歳未満の者が医療保険加入者となったとき。

四　当該市町村の区域内に住所を有する者（医療保険加入者を除く。）が六十五歳に達したとき。

（資格喪失の時期）

第一一条　第九条の規定による当該市町村が行う介護保険の被保険者は、当該市町村の区域内に住所を有しなくなった日の翌日から、その資格を喪失する。ただし、当該市町村の区域内に住所を有しなくなった日に他の市町村の区域内に住所を有するに至ったときは、その日から、その資格を喪失する。

2　第二号被保険者は、医療保険加入者でなくなった日から、その資格を喪失する。

（住所地特例対象施設に入所又は入居中の被保険者の特例）

第一三条　次に掲げる施設（以下「**住所地特例対象施設**」という。）に入所又は入居（以下「**入所等**」という。）をすることにより当該住所地特例対象施設の所在する場所に住所を変更したと認められる被保険者（第三号に掲げる施設に入所することにより当該施設の所在する場所に住所を変更したと認められる被保険者にあっては、老人福祉法第十一条第一項第一号の規定による入所措置がとられた者に限る。以下この項及び次項において「住所地特例対象被保険者」という。）であって、当該住所地特例対象施設に入所等をした際他の市町村（当該住所地特例対象施設が所在する市町村以外の市町村をいう。）の区域内に住所を有していたと認められるものは、第九条の規定にかかわらず、当該他の市町村が行う介護保険の被保険者とする。ただし、二以上の住所地特例対象施設に継続して入所等をしている住所地特例対象被保険者であって、現に入所等をしている住所地特例対象施設（以下この項及び次項において「現入所施設」という。）

に入所等をする直前に入所等をしていた住所地特例対象施設（以下この項において「直前入所施設」という。）及び現入所施設のそれぞれに入所等をすることにより直前入所施設及び現入所施設のそれぞれの所在する場所に順次住所を変更したと認められるもの（次項において「特定継続入所被保険者」という。）については、この限りでない。

一　介護保険施設

二　特定施設

三　老人福祉法第二十条の四に規定する養護老人ホーム

2　特定継続入所被保険者のうち、次の各号に掲げるものは、第九条の規定にかかわらず、当該各号に定める市町村が行う介護保険の被保険者とする。

一　継続して入所等をしている二以上の住所地特例対象施設のそれぞれに入所等をすることによりそれぞれの住所地特例対象施設の所在する場所に順次住所を変更したと認められる住所地特例対象被保険者であって、当該二以上の住所地特例対象施設のうち最初の住所地特例対象施設に入所等をした際他の市町村（現入所施設が所在する市町村以外の市町村をいう。）の区域内に住所を有していたと認められるもの　当該他の市町村

二　継続して入所等をしている二以上の住所地特例対象施設のうち一の住所地特例対象施設から継続して他の住所地特例対象施設に入所等をすること（以下この号において「継続入所等」という。）により当該一の住所地特例対象施設の所在する場所以外の場所から当該他の住所地特例対象施設の所在する場所への住所の変更（以下この号において「特定住所変更」という。）を行ったと認められる住所地特例対象被保険者であって、最後に行った特定住所変更に係る継続入所等の際他の市町村（現入所施設が所在する市町村以外の市町村をいう。）の区域内に住所を有していたと認められるもの　当該他の市町村

3　第一項の規定により同項に規定する当該他の市町村が行う介護保険の被保険者とされた者又は前項の規定により同項各号に定める当該他の市町村が行う介護保険の被保険者とされた者（以下「**住所地特例適用被保険者**」という。）が入所等をしている住所地特例対象施設は、当該住所地特例対象施設の所在する市町村（以下「**施設所在市町村**」という。）及び当該住所地特例適用被保険者に対し介護保険を行う市町村に、必要な協力をしなければならない。

第三章　介護認定審査会

（介護認定審査会）

第一四条　第三十八条第二項に規定する審査判定業務を行わせるため、市町村に介護認定審査会（以下「**認定審査会**」という。）を置く。

第四章　保険給付

第一節　通則

（保険給付の種類）

第一八条　この法律による保険給付は、次に掲げる保険給付とする。

一　被保険者の要介護状態に関する保険給付（以下「**介護給付**」という。）

二　被保険者の要支援状態に関する保険給付（以下「**予防給付**」という。）

三　前二号に掲げるもののほか、要介護状態等の軽減又は悪化の防止に資する保険給付として条例で定めるもの（第五節において「**市町村特別給付**」という。）

（市町村の認定）

第一九条　介護給付を受けようとする被保険者は、要介護者に該当すること及びその該当する要介護状態区分について、市町村の認定（以下「**要介護認定**」という。）を受けなければならない。

2　予防給付を受けようとする被保険者は、要支援者に該当すること及びその該当する要支援状態区分について、市町村の認定（以下「**要支援認定**」という。）を受けなければならない。

（他の法令による給付との調整）

第二〇条　介護給付又は予防給付（以下「**介護給付等**」という。）は、当該要介護状態等につき、労働者災害補償保険法（昭和二十二年法律第五十号）の規定による療養補償給付、複数事業労働者療養給付若しくは療養給付その他の法令に基づく給付であって政令で定めるもののうち介護給付等に相当するものを受けることができるときは政令で定める限度において、又は当該政令で定める給付以外の給付であって国若しくは

地方公共団体の負担において介護給付等に相当するものが行われたときはその限度において、行わない。

第二節　認定

（要介護認定）

第二七条　要介護認定を受けようとする被保険者は、厚生労働省令で定めるところにより、申請書に被保険者証を添付して市町村に申請をしなければならない。この場合において、当該被保険者は、厚生労働省令で定めるところにより、第四十六条第一項に規定する指定居宅介護支援事業者、地域密着型介護老人福祉施設若しくは介護保険施設であって厚生労働省令で定めるもの又は第百十五条の四十六第一項に規定する地域包括支援センターに、当該申請に関する手続を代わって行わせることができる。

2　市町村は、前項の申請があったときは、当該職員をして、当該申請に係る被保険者に面接させ、その心身の状況、その置かれている環境その他厚生労働省令で定める事項について調査をさせるものとする。この場合において、市町村は、当該被保険者が遠隔の地に居所を有するときは、当該調査を他の市町村に嘱託することができる。

3　市町村は、第一項の申請があったときは、当該申請に係る被保険者の主治の医師に対し、当該被保険者の身体上又は精神上の障害の原因である疾病又は負傷の状況等につき意見を求めるものとする。ただし、当該被保険者に係る主治の医師がないときその他当該意見を求めることが困難なときは、市町村は、当該被保険者に対して、その指定する医師又は当該職員で医師であるものの診断を受けるべきことを命ずることができる。

4　市町村は、第二項の調査（第二十四条の二第一項第二号の規定により委託された場合にあっては、当該委託に係る調査を含む。）の結果、前項の主治の医師の意見又は指定する医師若しくは当該職員で医師であるものの診断の結果その他厚生労働省令で定める事項を認定審査会に通知し、第一項の申請に係る被保険者について、次の各号に掲げる被保険者の区分に応じ、当該各号に定める事項に関し審査及び判定を求めるものとする。

一　第一号被保険者　要介護状態に該当すること及びその該当する要介護状態区分

二　第二号被保険者　要介護状態に該当すること、その該当する要介護状態区分及びその要介護状態の原因である身体上又は精神上の障害が特定疾病によって生じたものであること。

5　認定審査会は、前項の規定により審査及び判定を求められたときは、厚生労働大臣が定める基準に従い、当該審査及び判定に係る被保険者について、同項各号に規定する事項に関し審査及び判定を行い、その結果を市町村に通知するものとする。この場合において、認定審査会は、必要があると認めるときは、次に掲げる事項について、市町村に意見を述べることができる。

一　当該被保険者の要介護状態の軽減又は悪化の防止のために必要な療養に関する事項

二　第四十一条第一項に規定する指定居宅サービス、第四十二条の二第一項に規定する指定地域密着型サービス又は第四十八条第一項に規定する指定施設サービス等の適切かつ有効な利用等に関し当該被保険者が留意すべき事項

6　認定審査会は、前項前段の審査及び判定をするに当たって必要があると認めるときは、当該審査及び判定に係る被保険者、その家族、第三項の主治の医師その他の関係者の意見を聴くことができる。

7　市町村は、第五項前段の規定により通知された認定審査会の審査及び判定の結果に基づき、要介護認定をしたときは、その結果を当該要介護認定に係る被保険者に通知しなければならない。この場合において、市町村は、次に掲げる事項を当該被保険者の被保険者証に記載し、これを返付するものとする。

一　該当する要介護状態区分

二　第五項第二号に掲げる事項に係る認定審査会の意見

8　要介護認定は、その申請のあった日にさかのぼってその効力を生ずる。

9　市町村は、第五項前段の規定により通知された認定審査会の審査及び判定の結果に基づき、要介護者に該当しないと認めたときは、理由を付して、その旨を第一項の申請に係る被保険者に通知するとともに、当該被保険者の被保険者

証を返付するものとする。

10　市町村は、第一項の申請に係る被保険者が、正当な理由なしに、第二項の規定による調査（第二十四条の二第一項第二号の規定により委託された場合にあっては、当該委託に係る調査を含む。）に応じないとき、又は第三項ただし書の規定による診断命令に従わないときは、第一項の申請を却下することができる。

11　第一項の申請に対する処分は、当該申請のあった日から三十日以内にしなければならない。ただし、当該申請に係る被保険者の心身の状況の調査に日時を要する等特別な理由がある場合には、当該申請のあった日から三十日以内に、当該被保険者に対し、当該申請に対する処分をするためになお要する期間（次項において「処理見込期間」という。）及びその理由を通知し、これを延期することができる。

12　第一項の申請をした日から三十日以内に当該申請に対する処分がされないとき、若しくは前項ただし書の通知がないとき、又は処理見込期間が経過した日までに当該申請に対する処分がされないときは、当該申請に係る被保険者は、市町村が当該申請を却下したものとみなすことができる。

（要介護認定の更新）

第二八条　要介護認定は、要介護状態区分に応じて厚生労働省令で定める期間（以下この条において「有効期間」という。）内に限り、その効力を有する。

2　要介護認定を受けた被保険者は、有効期間の満了後においても要介護状態に該当すると見込まれるときは、厚生労働省令で定めるところにより、市町村に対し、当該要介護認定の更新（以下「**要介護更新認定**」という。）の申請をすることができる。

3　前項の申請をすることができる被保険者が、災害その他やむを得ない理由により当該申請に係る要介護認定の有効期間の満了前に当該申請をすることができなかったときは、当該被保険者は、その理由のやんだ日から一月以内に限り、要介護更新認定の申請をすることができる。

4　前条（第八項を除く。）の規定は、前二項の申請及び当該申請に係る要介護更新認定について準用する。この場合において、同条の規定に関し必要な技術的読替えは、政令で定める。

5　市町村は、前項において準用する前条第二項の調査を第四十六条第一項に規定する指定居宅介護支援事業者、地域密着型介護老人福祉施設、介護保険施設その他の厚生労働省令で定める事業者若しくは施設（以下この条において「指定居宅介護支援事業者等」という。）又は介護支援専門員であって厚生労働省令で定めるものに委託することができる。

6　前項の規定により委託を受けた指定居宅介護支援事業者等は、介護支援専門員その他厚生労働省令で定める者に当該委託に係る調査を行わせるものとする。

7　第五項の規定により委託を受けた指定居宅介護支援事業者等（その者が法人である場合にあっては、その役員。次項において同じ。）若しくはその職員（前項の介護支援専門員その他厚生労働省令で定める者を含む。次項において同じ。）若しくは介護支援専門員又はこれらの職にあった者は、正当な理由なしに、当該委託業務に関して知り得た個人の秘密を漏らしてはならない。

8　第五項の規定により委託を受けた指定居宅介護支援事業者等若しくはその職員又は介護支援専門員で、当該委託業務に従事するものは、刑法その他の罰則の適用については、法令により公務に従事する職員とみなす。

9　第三項の申請に係る要介護更新認定は、当該申請に係る要介護認定の有効期間の満了日の翌日にさかのぼってその効力を生ずる。

10　第一項の規定は、要介護更新認定について準用する。この場合において、同項中「厚生労働省令で定める期間」とあるのは、「有効期間の満了日の翌日から厚生労働省令で定める期間」と読み替えるものとする。

（要介護状態区分の変更の認定）

第二九条　要介護認定を受けた被保険者は、その介護の必要の程度が現に受けている要介護認定に係る要介護状態区分以外の要介護状態区分に該当すると認めるときは、厚生労働省令で定めるところにより、市町村に対し、要介護状態区分の変更の認定の申請をすることができる。

2　第二十七条及び前条第五項から第八項までの規定は、前項の申請及び当該申請に係る要介護状態区分の変更の認定について準用する。この場合において、これらの規定に関し必要な技術的読替えは、政令で定める。

第三〇条　市町村は、要介護認定を受けた被保険者について、その介護の必要の程度が低下したことにより当該要介護認定に係る要介護状態区分以外の要介護状態区分に該当するに至ったと認めるときは、要介護状態区分の変更の認定をすることができる。この場合において、市町村は、厚生労働省令で定めるところにより、当該変更の認定に係る被保険者に対しその被保険者証の提出を求め、これに当該変更の認定に係る要介護状態区分及び次項において準用する第二十七条第五項後段の規定による認定審査会の意見（同項第二号に掲げる事項に係るものに限る。）を記載し、これを返付するものとする。

2　第二十七条第二項から第六項まで及び第七項前段並びに第二十八条第五項から第八項までの規定は、前項の要介護状態区分の変更の認定について準用する。この場合において、これらの規定に関し必要な技術的読替えは、政令で定める。

（要介護認定の取消し）

第三一条　市町村は、要介護認定を受けた被保険者が次の各号のいずれかに該当するときは、当該要介護認定を取り消すことができる。この場合において、市町村は、厚生労働省令で定めるところにより、当該取消しに係る被保険者に対しその被保険者証の提出を求め、第二十七条第七項各号に掲げる事項の記載を消除し、これを返付するものとする。

一　要介護者に該当しなくなったと認めるとき。

二　正当な理由なしに、前条第二項若しくは次項において準用する第二十七条第二項の規定による調査（第二十四条の二第一項第二号又は前条第二項若しくは次項において準用する第二十八条第五項の規定により委託された場合にあっては、当該委託に係る調査を含む。）に応じないとき、又は前条第二項若しくは次項において準用する第二十七条第三項ただし書の規定による診断命令に従わないとき。

2　第二十七条第二項から第四項まで、第五項前段、第六項及び第七項前段並びに第二十八条第五項から第八項までの規定は、前項第一号の規定による要介護認定の取消しについて準用する。この場合において、これらの規定に関し必要な技術的読替えは、政令で定める。

（要支援認定）

第三二条　要支援認定を受けようとする被保険者は、厚生労働省令で定めるところにより、申請書に被保険者証を添付して市町村に申請をしなければならない。この場合において、当該被保険者は、厚生労働省令で定めるところにより、第四十六条第一項に規定する指定居宅介護支援事業者、地域密着型介護老人福祉施設若しくは介護保険施設であって厚生労働省令で定めるもの又は第百十五条の四十六第一項に規定する地域包括支援センターに、当該申請に関する手続を代わって行わせることができる。

2　第二十七条第二項及び第三項の規定は、前項の申請に係る調査並びに同項の申請に係る被保険者の主治の医師の意見及び当該被保険者に対する診断命令について準用する。

3　市町村は、前項において準用する第二十七条第二項の調査（第二十四条の二第一項第二号の規定により委託された場合にあっては、当該委託に係る調査を含む。）の結果、前項において準用する第二十七条第三項の主治の医師の意見又は指定する医師若しくは当該職員で医師であるものの診断の結果その他厚生労働省令で定める事項を認定審査会に通知し、第一項の申請に係る被保険者について、次の各号に掲げる被保険者の区分に応じ、当該各号に定める事項に関し審査及び判定を求めるものとする。

一　第一号被保険者　要支援状態に該当すること及びその該当する要支援状態区分

二　第二号被保険者　要支援状態に該当すること、その該当する要支援状態区分及びその要支援状態の原因である身体上又は精神上の障害が特定疾病によって生じたものであること。

4　認定審査会は、前項の規定により審査及び判定を求められたときは、厚生労働大臣が定める基準に従い、当該審査及び判定に係る被保険者について、同項各号に規定する事項に関し審査及び判定を行い、その結果を市町村に通知するものとする。この場合において、認定審査会は、必要があると認めるときは、次に掲げる事項について、市町村に意見を述べることができる。

一　当該被保険者の要支援状態の軽減又は悪化の防止のために必要な療養及び家事に係る援助に関する事項

二　第五十三条第一項に規定する指定介護予防サービス若しくは第五十四条の二第一項に規定する指定地域密着型介護予防サービス又は特定介護予防・日常生活支援総合事業の適切かつ有効な利用等に関し当該被保険者が留意すべき事項

5　第二十七条第六項の規定は、前項前段の審査及び判定について準用する。

6　市町村は、第四項前段の規定により通知された認定審査会の審査及び判定の結果に基づき、要支援認定をしたときは、その結果を当該要支援認定に係る被保険者に通知しなければならない。この場合において、市町村は、次に掲げる事項を当該被保険者の被保険者証に記載し、これを返付するものとする。

一　該当する要支援状態区分

二　第四項第二号に掲げる事項に係る認定審査会の意見

7　要支援認定は、その申請のあった日にさかのぼってその効力を生ずる。

8　市町村は、第四項前段の規定により通知された認定審査会の審査及び判定の結果に基づき、要支援者に該当しないと認めたときは、理由を付して、その旨を第一項の申請に係る被保険者に通知するとともに、当該被保険者の被保険者証を返付するものとする。

9　第二十七条第十項から第十二項までの規定は、第一項の申請及び当該申請に対する処分について準用する。

（要支援認定の更新）

第三三条　要支援認定は、要支援状態区分に応じて厚生労働省令で定める期間（以下この条において「有効期間」という。）内に限り、その効力を有する。

2　要支援認定を受けた被保険者は、有効期間の満了後においても要支援状態に該当すると見込まれるときは、厚生労働省令で定めるところにより、市町村に対し、当該要支援認定の更新（以下「**要支援更新認定**」という。）の申請をすることができる。

3　前項の申請をすることができる被保険者が、災害その他やむを得ない理由により当該申請に係る要支援認定の有効期間の満了前に当該申請をすることができなかったときは、当該被保険者は、その理由のやんだ日から一月以内に限り、要支援更新認定の申請をすることができる。

4　前条（第七項を除く。）及び第二十八条第五項から第八項までの規定は、前二項の申請及び当該申請に係る要支援更新認定について準用する。この場合において、これらの規定に関し必要な技術的読替えは、政令で定める。

5　第三項の申請に係る要支援更新認定は、当該申請に係る要支援認定の有効期間の満了日の翌日にさかのぼってその効力を生ずる。

6　第一項の規定は、要支援更新認定について準用する。この場合において、同項中「厚生労働省令で定める期間」とあるのは、「有効期間の満了日の翌日から厚生労働省令で定める期間」と読み替えるものとする。

（要支援状態区分の変更の認定）

第三三条の二　要支援認定を受けた被保険者は、その支援の必要の程度が現に受けている要支援認定に係る要支援状態区分以外の要支援状態区分に該当すると認めるときは、厚生労働省令で定めるところにより、市町村に対し、要支援状態区分の変更の認定の申請をすることができる。

2　第二十八条第五項から第八項まで及び第三十二条の規定は、前項の申請及び当該申請に係る要支援状態区分の変更について準用する。この場合において、これらの規定に関し必要な技術的読替えは、政令で定める。

第三三条の三　市町村は、要支援認定を受けた被保険者について、その支援の必要の程度が低下したことにより当該要支援認定に係る要支援状態区分以外の要支援状態区分に該当するに至ったと認めるときは、要支援状態区分の変更の認定をすることができる。この場合において、市町村は、厚生労働省令で定めるところにより、当該変更の認定に係る被保険者に対しその被保険者証の提出を求め、これに当該変更の認定に係る要支援状態区分及び次項において準用する第三十二条第四項後段の規定による認定審査会の意見（同項第二号に掲げる事項に係るものに限る。）を記載し、これを返付するものとする。

2　第二十八条第五項から第八項まで並びに第三

十二条第二項から第五項まで及び第六項前段の規定は、前項の要支援状態区分の変更の認定について準用する。この場合において、これらの規定に関し必要な技術的読替えは、政令で定める。

（要支援認定の取消し）

第三四条　市町村は、要支援認定を受けた被保険者が次の各号のいずれかに該当するときは、当該要支援認定を取り消すことができる。この場合において、市町村は、厚生労働省令で定めるところにより、当該取消しに係る被保険者に対しその被保険者証の提出を求め、第三十二条第六項各号に掲げる事項の記載を消除し、これを返付するものとする。

一　要支援者に該当しなくなったと認めるとき。

二　正当な理由なしに、前条第二項若しくは次項において準用する第三十二条第二項の規定により準用される第二十七条第二項の規定による調査（第二十四条の二第一項第二号又は前条第二項若しくは次項において準用する第二十八条第五項の規定により委託された場合にあっては、当該委託に係る調査を含む。）に応じないとき、又は次項において準用する第三十二条第二項の規定により準用される第二十七条第三項ただし書の規定による診断命令に従わないとき。

2　第二十八条第五項から第八項まで並びに第三十二条第二項、第三項、第四項前段、第五項及び第六項前段の規定は、前項第一号の規定による要支援認定の取消しについて準用する。この場合において、これらの規定に関し必要な技術的読替えは、政令で定める。

（住所移転後の要介護認定及び要支援認定）

第三六条　市町村は、他の市町村による要介護認定又は要支援認定を受けている者が当該市町村の行う介護保険の被保険者となった場合において、当該被保険者が、その資格を取得した日から十四日以内に、当該他の市町村から交付された当該要介護認定又は要支援認定に係る事項を証明する書面を添えて、要介護認定又は要支援認定の申請をしたときは、第二十七条第四項及び第七項前段又は第三十二条第三項及び第六項前段の規定にかかわらず、認定審査会の審査及び判定を経ることなく、当該書面に記載されている事項に即して、要介護認定又は要支援認定をすることができる。

（介護給付等対象サービスの種類の指定）

第三七条　市町村は、要介護認定、要介護更新認定、第二十九条第二項において準用する第二十七条第七項若しくは第三十条第一項の規定による要介護状態区分の変更の認定、要支援認定、要支援更新認定又は第三十三条の二第二項において準用する第三十二条第六項若しくは第三十三条の三第一項の規定による要支援状態区分の変更の認定（以下この項において単に「認定」という。）をするに当たっては、第二十七条第五項第一号（第二十八条第四項、第二十九条第二項及び第三十条第二項において準用する場合を含む。）又は第三十二条第四項第一号（第三十三条第四項、第三十三条の二第二項及び第三十三条の三第二項において準用する場合を含む。）に掲げる事項に係る認定審査会の意見に基づき、当該認定に係る被保険者が受けることができる居宅介護サービス費若しくは特例居宅介護サービス費に係る居宅サービス、地域密着型介護サービス費若しくは特例地域密着型介護サービス費に係る地域密着型サービス、施設介護サービス費若しくは特例施設介護サービス費に係る施設サービス、介護予防サービス費若しくは特例介護予防サービス費に係る介護予防サービス又は地域密着型介護予防サービス費若しくは特例地域密着型介護予防サービス費に係る地域密着型介護予防サービスの種類を指定することができる。この場合において、市町村は、当該被保険者の被保険者証に、第二十七条第七項後段（第二十八条第四項及び第二十九条第二項において準用する場合を含む。）、第三十条第一項後段若しくは第三十五条第四項後段又は第三十二条第六項後段（第三十三条第四項及び第三十三条の二第二項において準用する場合を含む。）、第三十三条の三第一項後段若しくは第三十五条第二項後段若しくは第六項後段の規定による記載に併せて、当該指定に係る居宅サービス、地域密着型サービス、施設サービス、介護予防サービス又は地域密着型介護予防サービスの種類を記載するものとする。

2　前項前段の規定による指定を受けた被保険者は、当該指定に係る居宅サービス、地域密着型サービス、施設サービス、介護予防サービス又は地域密着型介護予防サービスの種類の変更の申請をすることができる。

3　前項の申請は、厚生労働省令で定めるところにより、被保険者証を添付して行うものとする。

4　市町村は、第二項の申請があった場合において、厚生労働省令で定めるところにより、認定審査会の意見を聴き、必要があると認めるときは、当該指定に係る居宅サービス、地域密着型サービス、施設サービス、介護予防サービス又は地域密着型介護予防サービスの種類の変更をすることができる。

5　市町村は、前項の規定により第二項の申請に係る被保険者について第一項前段の規定による指定に係る居宅サービス、地域密着型サービス、施設サービス、介護予防サービス又は地域密着型介護予防サービスの種類を変更したときは、その結果を当該被保険者に通知するとともに、当該被保険者の被保険者証に変更後の居宅サービス、地域密着型サービス、施設サービス、介護予防サービス又は地域密着型介護予防サービスの種類を記載し、これを返付するものとする。

第三節　介護給付

（介護給付の種類）

第四〇条　介護給付は、次に掲げる保険給付とする。

一　居宅介護サービス費の支給
二　特例居宅介護サービス費の支給
三　地域密着型介護サービス費の支給
四　特例地域密着型介護サービス費の支給
五　居宅介護福祉用具購入費の支給
六　居宅介護住宅改修費の支給
七　居宅介護サービス計画費の支給
八　特例居宅介護サービス計画費の支給
九　施設介護サービス費の支給
十　特例施設介護サービス費の支給
十一　高額介護サービス費の支給
十一の二　高額医療合算介護サービス費の支給
十二　特定入所者介護サービス費の支給
十三　特例特定入所者介護サービス費の支給

（居宅介護サービス費の支給）

第四一条　市町村は、要介護認定を受けた被保険者（以下「**要介護被保険者**」という。）のうち居宅において介護を受けるもの（以下「**居宅要介護被保険者**」という。）が、都道府県知事が指定する者（以下「**指定居宅サービス事業者**」という。）から当該指定に係る居宅サービス事業を行う事業所により行われる居宅サービス（以下「**指定居宅サービス**」という。）を受けたときは、当該居宅要介護被保険者に対し、当該指定居宅サービスに要した費用（特定福祉用具の購入に要した費用を除き、通所介護、通所リハビリテーション、短期入所生活介護、短期入所療養介護及び特定施設入居者生活介護に要した費用については、食事の提供に要する費用、滞在に要する費用その他の日常生活に要する費用として厚生労働省令で定める費用を除く。以下この条において同じ。）について、居宅介護サービス費を支給する。ただし、当該居宅要介護被保険者が、第三十七条第一項の規定による指定を受けている場合において、当該指定に係る種類以外の居宅サービスを受けたときは、この限りでない。

2　居宅介護サービス費は、厚生労働省令で定めるところにより、市町村が必要と認める場合に限り、支給するものとする。

3　指定居宅サービスを受けようとする居宅要介護被保険者は、厚生労働省令で定めるところにより、自己の選定する指定居宅サービス事業者について、被保険者証を提示して、当該指定居宅サービスを受けるものとする。

4　居宅介護サービス費の額は、次の各号に掲げる居宅サービスの区分に応じ、当該各号に定める額とする。

一　訪問介護、訪問入浴介護、訪問看護、訪問リハビリテーション、居宅療養管理指導、通所介護、通所リハビリテーション及び福祉用具貸与　これらの居宅サービスの種類ごとに、当該居宅サービスの種類に係る指定居宅サービスの内容、当該指定居宅サービスの事業を行う事業所の所在する地域等を勘案して算定される当該指定居宅サービスに要する平均的な費用（通所介護及び通所リハビリテーションに要する費用については、食事の提供に要する費用その他の日常生活に要する費用として厚生労働省令で定める費用を除く。）の額を勘案して厚生労働大臣が定める基準により算定した費用の額（その額が現に当該指定居宅サービスに要した費用の額を超えるとき

は、当該現に指定居宅サービスに要した費用の額とする。）の百分の九十に相当する額

二　短期入所生活介護、短期入所療養介護及び特定施設入居者生活介護　これらの居宅サービスの種類ごとに、要介護状態区分、当該居宅サービスの種類に係る指定居宅サービスの事業を行う事業所の所在する地域等を勘案して算定される当該指定居宅サービスに要する平均的な費用（食事の提供に要する費用、滞在に要する費用その他の日常生活に要する費用として厚生労働省令で定める費用を除く。）の額を勘案して厚生労働大臣が定める基準により算定した費用の額（その額が現に当該指定居宅サービスに要した費用の額を超えるときは、当該現に指定居宅サービスに要した費用の額とする。）の百分の九十に相当する額

5　厚生労働大臣は、前項各号の基準を定めようとするときは、あらかじめ社会保障審議会の意見を聴かなければならない。

6　居宅要介護被保険者が指定居宅サービス事業者から指定居宅サービスを受けたとき（当該居宅要介護被保険者が第四十六条第四項の規定により指定居宅介護支援を受けることにつきあらかじめ市町村に届け出ている場合であって、当該指定居宅サービスが当該指定居宅介護支援の対象となっている場合その他の厚生労働省令で定める場合に限る。）は、市町村は、当該居宅要介護被保険者が当該指定居宅サービス事業者に支払うべき当該指定居宅サービスに要した費用について、居宅介護サービス費として当該居宅要介護被保険者に対し支給すべき額の限度において、当該居宅要介護被保険者に代わり、当該指定居宅サービス事業者に支払うことができる。

7　前項の規定による支払があったときは、居宅要介護被保険者に対し居宅介護サービス費の支給があったものとみなす。

8　指定居宅サービス事業者は、指定居宅サービスその他のサービスの提供に要した費用につき、その支払を受ける際、当該支払をした居宅要介護被保険者に対し、厚生労働省令で定めるところにより、領収証を交付しなければならない。

9　市町村は、指定居宅サービス事業者から居宅介護サービス費の請求があったときは、第四項各号の厚生労働大臣が定める基準及び第七十四条第二項に規定する指定居宅サービスの事業の設備及び運営に関する基準（指定居宅サービスの取扱いに関する部分に限る。）に照らして審査した上、支払うものとする。

10　市町村は、前項の規定による審査及び支払に関する事務を連合会に委託することができる。

11　前項の規定による委託を受けた連合会は、当該委託をした市町村の同意を得て、厚生労働省令で定めるところにより、当該委託を受けた事務の一部を、営利を目的としない法人であって厚生労働省令で定める要件に該当するものに委託することができる。

12　前各項に規定するもののほか、居宅介護サービス費の支給及び指定居宅サービス事業者の居宅介護サービス費の請求に関して必要な事項は、厚生労働省令で定める。

（特例居宅介護サービス費の支給）

第四二条　市町村は、次に掲げる場合には、居宅要介護被保険者に対し、特例居宅介護サービス費を支給する。

一　居宅要介護被保険者が、当該要介護認定の効力が生じた日前に、緊急その他やむを得ない理由により指定居宅サービスを受けた場合において、必要があると認めるとき。

二　居宅要介護被保険者が、指定居宅サービス以外の居宅サービス又はこれに相当するサービス（指定居宅サービスの事業に係る第七十四条第一項の都道府県の条例で定める基準及び同項の都道府県の条例で定める員数並びに同条第二項に規定する指定居宅サービスの事業の設備及び運営に関する基準のうち、都道府県の条例で定めるものを満たすと認められる事業を行う事業所により行われるものに限る。次号及び次項において「基準該当居宅サービス」という。）を受けた場合において、必要があると認めるとき。

三　指定居宅サービス及び基準該当居宅サービスの確保が著しく困難である離島その他の地域であって厚生労働大臣が定める基準に該当するものに住所を有する居宅要介護被保険者が、指定居宅サービス及び基準該当居宅サービス以外の居宅サービス又はこれに相当するサービスを受けた場合において、必要があると認めるとき。

四　その他政令で定めるとき。

2　都道府県が前項第二号の条例を定めるに当たっては、第一号から第三号までに掲げる事項については厚生労働省令で定める基準に従い定めるものとし、第四号に掲げる事項については厚生労働省令で定める基準を標準として定めるものとし、その他の事項については厚生労働省令で定める基準を参酌するものとする。

一　基準該当居宅サービスに従事する従業者に係る基準及び当該従業者の員数

二　基準該当居宅サービスの事業に係る居室の床面積

三　基準該当居宅サービスの事業の運営に関する事項であって、利用する要介護者のサービスの適切な利用、適切な処遇及び安全の確保並びに秘密の保持等に密接に関連するものとして厚生労働省令で定めるもの

四　基準該当居宅サービスの事業に係る利用定員

3　特例居宅介護サービス費の額は、当該居宅サービス又はこれに相当するサービスについて前条第四項各号の厚生労働大臣が定める基準により算定した費用の額（その額が現に当該居宅サービス又はこれに相当するサービスに要した費用（特定福祉用具の購入に要した費用を除き、通所介護、通所リハビリテーション、短期入所生活介護、短期入所療養介護及び特定施設入居者生活介護並びにこれらに相当するサービスに要した費用については、食事の提供に要する費用、滞在に要する費用その他の日常生活に要する費用として厚生労働省令で定める費用を除く。）の額を超えるときは、当該現に居宅サービス又はこれに相当するサービスに要した費用の額とする。）の百分の九十に相当する額を基準として、市町村が定める。

4　市町村長は、特例居宅介護サービス費の支給に関して必要があると認めるときは、当該支給に係る居宅サービス若しくはこれに相当するサービスを担当する者若しくは担当した者（以下この項において「居宅サービス等を担当する者等」という。）に対し、報告若しくは帳簿書類の提出若しくは提示を命じ、若しくは出頭を求め、又は当該職員に関係者に対して質問させ、若しくは当該居宅サービス等を担当する者等の当該支給に係る事業所に立ち入り、その設備若しくは帳簿書類その他の物件を検査させることができる。

5　第二十四条第三項の規定は前項の規定による質問又は検査について、同条第四項の規定は前項の規定による権限について準用する。

（地域密着型介護サービス費の支給）

第四十二条の二　市町村は、要介護被保険者が、当該市町村（住所地特例適用被保険者である要介護被保険者（以下「**住所地特例適用要介護被保険者**」という。）に係る特定地域密着型サービスにあっては、施設所在市町村を含む。）の長が指定する者（以下「**指定地域密着型サービス事業者**」という。）から当該指定に係る地域密着型サービス事業を行う事業所により行われる地域密着型サービス（以下「**指定地域密着型サービス**」という。）を受けたときは、当該要介護被保険者に対し、当該指定地域密着型サービスに要した費用（地域密着型通所介護、認知症対応型通所介護、小規模多機能型居宅介護、認知症対応型共同生活介護、地域密着型特定施設入居者生活介護及び地域密着型介護老人福祉施設入所者生活介護に要した費用については、食事の提供に要する費用、居住に要する費用その他の日常生活に要する費用として厚生労働省令で定める費用を除く。以下この条において同じ。）について、地域密着型介護サービス費を支給する。ただし、当該要介護被保険者が、第三十七条第一項の規定による指定を受けている場合において、当該指定に係る種類以外の地域密着型サービスを受けたときは、この限りでない。

2　地域密着型介護サービス費の額は、次の各号に掲げる地域密着型サービスの区分に応じ、当該各号に定める額とする。

一　定期巡回・随時対応型訪問介護看護及び複合型サービス　これらの地域密着型サービスの種類ごとに、当該地域密着型サービスの種類に係る指定地域密着型サービスの内容、要介護状態区分、当該指定地域密着型サービスの事業を行う事業所の所在する地域等を勘案して算定される当該指定地域密着型サービスに要する平均的な費用（複合型サービス（厚生労働省令で定めるものに限る。次条第二項において同じ。）に要する費用については、食事の提供に要する費用、宿泊に要する費用その他の日常生活に要する費用として厚生労働

省令で定める費用を除く。）の額を勘案して厚生労働大臣が定める基準により算定した費用の額（その額が現に当該指定地域密着型サービスに要した費用の額を超えるときは、当該現に指定地域密着型サービスに要した費用の額とする。）の百分の九十に相当する額

二　夜間対応型訪問介護、地域密着型通所介護及び認知症対応型通所介護　これらの地域密着型サービスの種類ごとに、当該地域密着型サービスの種類に係る指定地域密着型サービスの内容、当該指定地域密着型サービスの事業を行う事業所の所在する地域等を勘案して算定される当該指定地域密着型サービスに要する平均的な費用（地域密着型通所介護及び認知症対応型通所介護に要する費用については、食事の提供に要する費用その他の日常生活に要する費用として厚生労働省令で定める費用を除く。）の額を勘案して厚生労働大臣が定める基準により算定した費用の額（その額が現に当該指定地域密着型サービスに要した費用の額を超えるときは、当該現に指定地域密着型サービスに要した費用の額とする。）の百分の九十に相当する額

三　小規模多機能型居宅介護、認知症対応型共同生活介護、地域密着型特定施設入居者生活介護及び地域密着型介護老人福祉施設入所者生活介護　これらの地域密着型サービスの種類ごとに、要介護状態区分、当該地域密着型サービスの種類に係る指定地域密着型サービスの事業を行う事業所の所在する地域等を勘案して算定される当該指定地域密着型サービスに要する平均的な費用（食事の提供に要する費用、居住に要する費用その他の日常生活に要する費用として厚生労働省令で定める費用を除く。）の額を勘案して厚生労働大臣が定める基準により算定した費用の額（その額が現に当該指定地域密着型サービスに要した費用の額を超えるときは、当該現に指定地域密着型サービスに要した費用の額とする。）の百分の九十に相当する額

3　厚生労働大臣は、前項各号の基準を定めようとするときは、あらかじめ社会保障審議会の意見を聴かなければならない。

4　市町村は、第二項各号の規定にかかわらず、地域密着型サービスの種類その他の事情を勘案して厚生労働大臣が定める基準により算定した額を限度として、同項各号に定める地域密着型介護サービス費の額に代えて、当該市町村（施設所在市町村の長が第一項本文の指定をした指定地域密着型サービス事業者から指定地域密着型サービスを受けた住所地特例適用要介護被保険者に係る地域密着型介護サービス費（特定地域密着型サービスに係るものに限る。）の額にあっては、施設所在市町村）が定める額を、当該市町村における地域密着型介護サービス費の額とすることができる。

5　市町村は、前項の当該市町村における地域密着型介護サービス費の額を定めようとするときは、あらかじめ、当該市町村が行う介護保険の被保険者その他の関係者の意見を反映させ、及び学識経験を有する者の知見の活用を図るために必要な措置を講じなければならない。

6　要介護被保険者が指定地域密着型サービス事業者から指定地域密着型サービスを受けたとき（当該要介護被保険者が第四十六条第四項の規定により指定居宅介護支援を受けることにつきあらかじめ市町村に届け出ている場合であって、当該指定地域密着型サービスが当該指定居宅介護支援の対象となっている場合その他の厚生労働省令で定める場合に限る。）は、市町村は、当該要介護被保険者が当該指定地域密着型サービス事業者に支払うべき当該指定地域密着型サービスに要した費用について、地域密着型介護サービス費として当該要介護被保険者に対し支給すべき額の限度において、当該要介護被保険者に代わり、当該指定地域密着型サービス事業者に支払うことができる。

7　前項の規定による支払があったときは、要介護被保険者に対し地域密着型介護サービス費の支給があったものとみなす。

8　市町村は、指定地域密着型サービス事業者から地域密着型介護サービス費の請求があったときは、第二項各号の厚生労働大臣が定める基準又は第四項の規定により市町村（施設所在市町村の長が第一項本文の指定をした指定地域密着型サービス事業者から指定地域密着型サービスを受けた住所地特例適用要介護被保険者に係る地域密着型介護サービス費（特定地域密着型サービスに係るものに限る。）の請求にあっては、施設所在市町村）が定める額及び第七十八条の

四第二項又は第五項の規定により市町村（施設所在市町村の長が第一項本文の指定をした指定地域密着型サービス事業者から指定地域密着型サービスを受けた住所地特例適用要介護被保険者に係る地域密着型介護サービス費（特定地域密着型サービスに係るものに限る。）の請求にあっては、施設所在市町村）が定める指定地域密着型サービスの事業の設備及び運営に関する基準（指定地域密着型サービスの取扱いに関する部分に限る。）に照らして審査した上、支払うものとする。

9　第四十一条第二項、第三項、第十項及び第十一項の規定は地域密着型介護サービス費の支給について、同条第八項の規定は指定地域密着型サービス事業者について準用する。この場合において、これらの規定に関し必要な技術的読替えは、政令で定める。

10　前各項に規定するもののほか、地域密着型介護サービス費の支給及び指定地域密着型サービス事業者の地域密着型介護サービス費の請求に関して必要な事項は、厚生労働省令で定める。

（特例地域密着型介護サービス費の支給）

第四十二条の三　市町村は、次に掲げる場合には、要介護被保険者に対し、特例地域密着型介護サービス費を支給する。

一　要介護被保険者が、当該要介護認定の効力が生じた日前に、緊急その他やむを得ない理由により指定地域密着型サービスを受けた場合において、必要があると認めるとき。

二　指定地域密着型サービス（地域密着型介護老人福祉施設入所者生活介護を除く。以下この号において同じ。）の確保が著しく困難である離島その他の地域であって厚生労働大臣が定める基準に該当するものに住所を有する要介護被保険者が、指定地域密着型サービス以外の地域密着型サービス（地域密着型介護老人福祉施設入所者生活介護を除く。）又はこれに相当するサービスを受けた場合において、必要があると認めるとき。

三　その他政令で定めるとき。

2　特例地域密着型介護サービス費の額は、当該地域密着型サービス又はこれに相当するサービスについて前条第二項各号の厚生労働大臣が定める基準により算定した費用の額（その額が現に当該地域密着型サービス又はこれに相当するサービスに要した費用（地域密着型通所介護、認知症対応型通所介護、小規模多機能型居宅介護、認知症対応型共同生活介護、地域密着型特定施設入居者生活介護、地域密着型介護老人福祉施設入所者生活介護及び複合型サービス並びにこれらに相当するサービスに要した費用については、食事の提供に要する費用、居住に要する費用その他の日常生活に要する費用として厚生労働省令で定める費用を除く。）の額を超えるときは、当該現に地域密着型サービス又はこれに相当するサービスに要した費用の額とする。）の百分の九十に相当する額又は同条第四項の規定により市町村（施設所在市町村の長が同条第一項本文の指定をした指定地域密着型サービス事業者から指定地域密着型サービスを受けた住所地特例適用要介護被保険者その他の厚生労働省令で定める者に係る特例地域密着型介護サービス費（特定地域密着型サービスに係るものに限る。）の額にあっては、施設所在市町村）が定めた額を基準として、市町村が定める。

3　市町村長は、特例地域密着型介護サービス費の支給に関して必要があると認めるときは、当該支給に係る地域密着型サービス若しくはこれに相当するサービスを担当する者若しくは担当した者（以下この項において「地域密着型サービス等を担当する者等」という。）に対し、報告若しくは帳簿書類の提出若しくは提示を命じ、若しくは出頭を求め、又は当該職員に関係者に対して質問させ、若しくは当該地域密着型サービス等を担当する者等の当該支給に係る事業所に立ち入り、その設備若しくは帳簿書類その他の物件を検査させることができる。

4　第二十四条第三項の規定は前項の規定による質問又は検査について、同条第四項の規定は前項の規定による権限について準用する。

（居宅介護サービス費等に係る支給限度額）

第四十三条　居宅要介護被保険者が居宅サービス等区分（居宅サービス（これに相当するサービスを含む。以下この条において同じ。）及び地域密着型サービス（これに相当するサービスを含み、地域密着型介護老人福祉施設入所者生活介護を除く。以下この条において同じ。）について、その種類ごとの相互の代替性の有無等を勘案して厚生労働大臣が定める二以上の種類からなる区分をいう。以下同じ。）ごとに月を単位として厚生労働省令で定める期間において受けた一の居宅サービス等区分に係る居宅サービスにつき支給する居宅介護サービス費の額の総額及び特例居宅介護サービス費の額の総額並びに地域密着型サービスにつき支給する地域密着型介護サービス費の額の総額及び特例地域密着型介護サービス費の額の総額の合計額は、居宅介護サービス費等区分支給限度基準額を基礎として、厚生労働省令で定めるところにより算定した額の百分の九十に相当する額を超えることができない。

2　前項の居宅介護サービス費等区分支給限度基準額は、居宅サービス等区分ごとに、同項に規定する厚生労働省令で定める期間における当該居宅サービス等区分に係る居宅サービス及び地域密着型サービスの要介護状態区分に応じた標準的な利用の態様、当該居宅サービス及び地域密着型サービスに係る第四十一条第四項各号及び第四十二条の二第二項各号の厚生労働大臣が定める基準等を勘案して厚生労働大臣が定める額とする。

3　市町村は、前項の規定にかかわらず、条例で定めるところにより、第一項の居宅介護サービス費等区分支給限度基準額に代えて、その額を超える額を、当該市町村における居宅介護サービス費等区分支給限度基準額とすることができる。

4　市町村は、居宅要介護被保険者が居宅サービス及び地域密着型サービスの種類（居宅サービス等区分に含まれるものであって厚生労働大臣が定めるものに限る。次項において同じ。）ごとに月を単位として厚生労働省令で定める期間において受けた一の種類の居宅サービスにつき支給する居宅介護サービス費の額の総額及び特例居宅介護サービス費の額の総額の合計額並びに一の種類の地域密着型サービスにつき支給する地域密着型介護サービス費の額の総額及び特例地域密着型介護サービス費の額の総額の合計額について、居宅介護サービス費等種類支給限度基準額を基礎として、厚生労働省令で定めるところにより算定した額の百分の九十に相当する額を超えることができないこととすることができる。

5　前項の居宅介護サービス費等種類支給限度基準額は、居宅サービス及び地域密着型サービスの種類ごとに、同項に規定する厚生労働省令で定める期間における当該居宅サービス及び地域密着型サービスの要介護状態区分に応じた標準的な利用の態様、当該居宅サービス及び地域密着型サービスに係る第四十一条第四項各号及び第四十二条の二第二項各号の厚生労働大臣が定める基準等を勘案し、当該居宅サービス及び地域密着型サービスを含む居宅サービス等区分に係る第一項の居宅介護サービス費等区分支給限度基準額（第三項の規定に基づき条例を定めている市町村にあっては、当該条例による措置が講じられた額とする。）の範囲内において、市町村が条例で定める額とする。

6　居宅介護サービス費若しくは特例居宅介護サービス費又は地域密着型介護サービス費若しくは特例地域密着型介護サービス費を支給することにより第一項に規定する合計額が同項に規定する百分の九十に相当する額を超える場合又は第四項に規定する合計額が同項に規定する百分の九十に相当する額を超える場合における当該居宅介護サービス費若しくは特例居宅介護サービス費又は地域密着型介護サービス費若しくは特例地域密着型介護サービス費の額は、第四十一条第四項各号若しくは第四十二条第三項又は第四十二条の二第二項各号若しくは第四項若しくは前条第二項の規定にかかわらず、政令で定めるところにより算定した額とする。

（居宅介護福祉用具購入費の支給）

第四四条　市町村は、居宅要介護被保険者が、特定福祉用具販売に係る指定居宅サービス事業者から当該指定に係る居宅サービス事業を行う事業所において販売される特定福祉用具を購入したときは、当該居宅要介護被保険者に対し、居宅介護福祉用具購入費を支給する。

2　居宅介護福祉用具購入費は、厚生労働省令で定めるところにより、市町村が必要と認める場合に限り、支給するものとする。

3　居宅介護福祉用具購入費の額は、現に当該特定福祉用具の購入に要した費用の額の百分の九十に相当する額とする。

4　居宅要介護被保険者が月を単位として厚生労働省令で定める期間において購入した特定福祉用具につき支給する居宅介護福祉用具購入費の額の総額は、居宅介護福祉用具購入費支給限度基準額を基礎として、厚生労働省令で定めるところにより算定した額の百分の九十に相当する額を超えることができない。

5　前項の居宅介護福祉用具購入費支給限度基準額は、同項に規定する厚生労働省令で定める期間における特定福祉用具の購入に通常要する費用を勘案して厚生労働大臣が定める額とする。

6　市町村は、前項の規定にかかわらず、条例で定めるところにより、第四項の居宅介護福祉用具購入費支給限度基準額に代えて、その額を超える額を、当該市町村における居宅介護福祉用具購入費支給限度基準額とすることができる。

7　居宅介護福祉用具購入費を支給することにより第四項に規定する総額が同項に規定する百分の九十に相当する額を超える場合における当該居宅介護福祉用具購入費の額は、第三項の規定にかかわらず、政令で定めるところにより算定した額とする。

（居宅介護住宅改修費の支給）

第四五条　市町村は、居宅要介護被保険者が、手すりの取付けその他の厚生労働大臣が定める種類の住宅の改修（以下「**住宅改修**」という。）を行ったときは、当該居宅要介護被保険者に対し、居宅介護住宅改修費を支給する。

2　居宅介護住宅改修費は、厚生労働省令で定めるところにより、市町村が必要と認める場合に限り、支給するものとする。

3　居宅介護住宅改修費の額は、現に当該住宅改修に要した費用の額の百分の九十に相当する額とする。

4　居宅要介護被保険者が行った一の種類の住宅改修につき支給する居宅介護住宅改修費の額の総額は、居宅介護住宅改修費支給限度基準額を基礎として、厚生労働省令で定めるところにより算定した額の百分の九十に相当する額を超えることができない。

5　前項の居宅介護住宅改修費支給限度基準額は、住宅改修の種類ごとに、通常要する費用を勘案して厚生労働大臣が定める額とする。

6　市町村は、前項の規定にかかわらず、条例で定めるところにより、第四項の居宅介護住宅改修費支給限度基準額に代えて、その額を超える額を、当該市町村における居宅介護住宅改修費支給限度基準額とすることができる。

7　居宅介護住宅改修費を支給することにより第四項に規定する総額が同項に規定する百分の九十に相当する額を超える場合における当該居宅介護住宅改修費の額は、第三項の規定にかかわらず、政令で定めるところにより算定した額とする。

8　市町村長は、居宅介護住宅改修費の支給に関して必要があると認めるときは、当該支給に係る住宅改修を行う者若しくは住宅改修を行った者（以下この項において「住宅改修を行う者等」という。）に対し、報告若しくは帳簿書類の提出若しくは提示を命じ、若しくは出頭を求め、又は当該職員に関係者に対して質問させ、若しくは当該住宅改修を行う者等の当該支給に係る事業所に立ち入り、その帳簿書類その他の物件を検査させることができる。

9　第二十四条第三項の規定は前項の規定による質問又は検査について、同条第四項の規定は前項の規定による権限について準用する。

（居宅介護サービス計画費の支給）

第四六条　市町村は、居宅要介護被保険者が、当該市町村の長又は他の市町村の長が指定する者（以下「**指定居宅介護支援事業者**」という。）から当該指定に係る居宅介護支援事業を行う事業所により行われる居宅介護支援（以下「**指定居宅介護支援**」という。）を受けたときは、当該居宅要介護被保険者に対し、当該指定居宅介護支援に要した費用について、居宅介護サービス計画費を支給する。

2　居宅介護サービス計画費の額は、指定居宅介護支援の事業を行う事業所の所在する地域等を勘案して算定される指定居宅介護支援に要する平均的な費用の額を勘案して厚生労働大臣が定める基準により算定した費用の額（その額が現に当該指定居宅介護支援に要した費用の額を超えるときは、当該現に指定居宅介護支援に要した費用の額とする。）とする。

3　厚生労働大臣は、前項の基準を定めようとするときは、あらかじめ社会保障審議会の意見を聴かなければならない。

4　居宅要介護被保険者が指定居宅介護支援事業者から指定居宅介護支援を受けたとき（当該居宅要介護被保険者が、厚生労働省令で定めるところにより、当該指定居宅介護支援を受けることにつきあらかじめ市町村に届け出ている場合に限る。）は、市町村は、当該居宅要介護被保険者が当該指定居宅介護支援事業者に支払うべき当該指定居宅介護支援に要した費用について、居宅介護サービス計画費として当該居宅要介護被保険者に対し支給すべき額の限度において、当該居宅要介護被保険者に代わり、当該指定居宅介護支援事業者に支払うことができる。

5　前項の規定による支払があったときは、居宅要介護被保険者に対し居宅介護サービス計画費の支給があったものとみなす。

6　市町村は、指定居宅介護支援事業者から居宅介護サービス計画費の請求があったときは、第二項の厚生労働大臣が定める基準及び第八十一条第二項に規定する指定居宅介護支援の事業の運営に関する基準（指定居宅介護支援の取扱いに関する部分に限る。）に照らして審査した上、支払うものとする。

7　第四十一条第二項、第三項、第十項及び第十一項の規定は、居宅介護サービス計画費の支給について、同条第八項の規定は、指定居宅介護支援事業者について準用する。この場合において、これらの規定に関し必要な技術的読替えは、政令で定める。

8　前各項に規定するもののほか、居宅介護サービス計画費の支給及び指定居宅介護支援事業者の居宅介護サービス計画費の請求に関して必要な事項は、厚生労働省令で定める。

（特例居宅介護サービス計画費の支給）

第四七条　市町村は、次に掲げる場合には、居宅要介護被保険者に対し、特例居宅介護サービス計画費を支給する。

一　居宅要介護被保険者が、指定居宅介護支援以外の居宅介護支援又はこれに相当するサービス（指定居宅介護支援の事業に係る第八十一条第一項の市町村の条例で定める員数及び同条第二項に規定する指定居宅介護支援の事業の運営に関する基準のうち、当該市町村の条例で定めるものを満たすと認められる事業を行う事業所により行われるものに限る。次号及び次項において「基準該当居宅介護支援」という。）を受けた場合において、必要があると認めるとき。

二　指定居宅介護支援及び基準該当居宅介護支援の確保が著しく困難である離島その他の地域であって厚生労働大臣が定める基準に該当するものに住所を有する居宅要介護被保険者が、指定居宅介護支援及び基準該当居宅介護支援以外の居宅介護支援又はこれに相当するサービスを受けた場合において、必要があると認めるとき。

三　その他政令で定めるとき。

2　市町村が前項第一号の条例を定めるに当たっては、次に掲げる事項については厚生労働省令で定める基準に従い定めるものとし、その他の事項については厚生労働省令で定める基準を参酌するものとする。

一　基準該当居宅介護支援に従事する従業者に係る基準及び当該従業者の員数

二　基準該当居宅介護支援の事業の運営に関する事項であって、利用する要介護者のサービスの適切な利用、適切な処遇及び安全の確保並びに秘密の保持等に密接に関連するものとして厚生労働省令で定めるもの

3　特例居宅介護サービス計画費の額は、当該居宅介護支援又はこれに相当するサービスについて前条第二項の厚生労働大臣が定める基準により算定した費用の額（その額が現に当該居宅介護支援又はこれに相当するサービスに要した費用の額を超えるときは、当該現に居宅介護支援又はこれに相当するサービスに要した費用の額とする。）を基準として、市町村が定める。

4　市町村長は、特例居宅介護サービス計画費の支給に関して必要があると認めるときは、当該支給に係る居宅介護支援若しくはこれに相当するサービスを担当する者若しくは担当した者（以下この項において「居宅介護支援等を担当する者等」という。）に対し、報告若しくは帳簿書類の提出若しくは提示を命じ、若しくは出頭を求め、又は当該職員に関係者に対して質問させ、若しくは当該居宅介護支援等を担当する者等の当該支給に係る事業所に立ち入り、その帳簿書類その他の物件を検査させることができる。

5　第二十四条第三項の規定は前項の規定による質問又は検査について、同条第四項の規定は前項の規定による権限について準用する。

（施設介護サービス費の支給）

第四八条　市町村は、要介護被保険者が、次に掲げる施設サービス（以下「**指定施設サービス等**」という。）を受けたときは、当該要介護被保険者に対し、当該指定施設サービス等に要した費用（食事の提供に要する費用、居住に要する

費用その他の日常生活に要する費用として厚生労働省令で定める費用を除く。以下この条において同じ。）について、施設介護サービス費を支給する。ただし、当該要介護被保険者が、第三十七条第一項の規定による指定を受けている場合において、当該指定に係る種類以外の施設サービスを受けたときは、この限りでない。

一　都道府県知事が指定する介護老人福祉施設（以下「**指定介護老人福祉施設**」という。）により行われる介護福祉施設サービス（以下「**指定介護福祉施設サービス**」という。）

二　介護保健施設サービス

三　介護医療院サービス

2　施設介護サービス費の額は、施設サービスの種類ごとに、要介護状態区分、当該施設サービスの種類に係る指定施設サービス等を行う介護保険施設の所在する地域等を勘案して算定される当該指定施設サービス等に要する平均的な費用（食事の提供に要する費用、居住に要する費用その他の日常生活に要する費用として厚生労働省令で定める費用を除く。）の額を勘案して厚生労働大臣が定める基準により算定した費用の額（その額が現に当該指定施設サービス等に要した費用の額を超えるときは、当該現に指定施設サービス等に要した費用の額とする。）の百分の九十に相当する額とする。

3　厚生労働大臣は、前項の基準を定めようとするときは、あらかじめ社会保障審議会の意見を聴かなければならない。

4　要介護被保険者が、介護保険施設から指定施設サービス等を受けたときは、市町村は、当該要介護被保険者が当該介護保険施設に支払うべき当該指定施設サービス等に要した費用について、施設介護サービス費として当該要介護被保険者に支給すべき額の限度において、当該要介護被保険者に代わり、当該介護保険施設に支払うことができる。

5　前項の規定による支払があったときは、要介護被保険者に対し施設介護サービス費の支給があったものとみなす。

6　市町村は、介護保険施設から施設介護サービス費の請求があったときは、第二項の厚生労働大臣が定める基準及び第八十八条第二項に規定する指定介護老人福祉施設の設備及び運営に関する基準（指定介護福祉施設サービスの取扱いに関する部分に限る。）、第九十七条第三項に規定する介護老人保健施設の設備及び運営に関する基準（介護保健施設サービスの取扱いに関する部分に限る。）又は第百十一条第三項に規定する介護医療院の設備及び運営に関する基準（介護医療院サービスの取扱いに関する部分に限る。）に照らして審査した上、支払うものとする。

7　第四十一条第二項、第三項、第十項及び第十一項の規定は、施設介護サービス費の支給について、同条第八項の規定は、介護保険施設について準用する。この場合において、これらの規定に関し必要な技術的読替えは、政令で定める。

8　前各項に規定するもののほか、施設介護サービス費の支給及び介護保険施設の施設介護サービス費の請求に関して必要な事項は、厚生労働省令で定める。

（特例施設介護サービス費の支給）

第四九条　市町村は、次に掲げる場合には、要介護被保険者に対し、特例施設介護サービス費を支給する。

一　要介護被保険者が、当該要介護認定の効力が生じた日前に、緊急その他やむを得ない理由により指定施設サービス等を受けた場合において、必要があると認めるとき。

二　その他政令で定めるとき。

2　特例施設介護サービス費の額は、当該施設サービスについて前条第二項の厚生労働大臣が定める基準により算定した費用の額（その額が現に当該施設サービスに要した費用（食事の提供に要する費用、居住に要する費用その他の日常生活に要する費用として厚生労働省令で定める費用を除く。）の額を超えるときは、当該現に施設サービスに要した費用の額とする。）の百分の九十に相当する額を基準として、市町村が定める。

3　市町村長は、特例施設介護サービス費の支給に関して必要があると認めるときは、当該支給に係る施設サービスを担当する者若しくは担当した者（以下この項において「施設サービスを担当する者等」という。）に対し、報告若しくは帳簿書類の提出若しくは提示を命じ、若しくは出頭を求め、又は当該職員に関係者に対して質問させ、若しくは当該施設サービスを担当する者等の当該支給に係る施設に立ち入り、その設備若しくは帳簿書類その他の物件を検査させることができる。

4　第二十四条第三項の規定は前項の規定による質問又は検査について、同条第四項の規定は前項の規定による権限について準用する。

（一定以上の所得を有する要介護被保険者に係る居宅介護サービス費等の額）

第四九条の二　第一号被保険者であって政令で定めるところにより算定した所得の額が政令で定める額以上である要介護被保険者（次項に規定する要介護被保険者を除く。）が受ける次の各号に掲げる介護給付について当該各号に定める規定を適用する場合においては、これらの規定中「百分の九十」とあるのは、「百分の八十」とする。

一　居宅介護サービス費の支給　第四十一条第四項第一号及び第二号並びに第四十三条第一項、第四項及び第六項

二　特例居宅介護サービス費の支給　第四十二条第三項並びに第四十三条第一項、第四項及び第六項

三　地域密着型介護サービス費の支給　第四十二条の二第二項各号並びに第四十三条第一項、第四項及び第六項

四　特例地域密着型介護サービス費の支給　第四十二条の三第二項並びに第四十三条第一項、第四項及び第六項

五　施設介護サービス費の支給　第四十八条第二項

六　特例施設介護サービス費の支給　前条第二項

七　居宅介護福祉用具購入費の支給　第四十四条第三項、第四項及び第七項

八　居宅介護住宅改修費の支給　第四十五条第三項、第四項及び第七項

2　第一号被保険者であって政令で定めるところにより算定した所得の額が前項の政令で定める額を超える政令で定める額以上である要介護被保険者が受ける同項各号に掲げる介護給付について当該各号に定める規定を適用する場合においては、これらの規定中「百分の九十」とあるのは、「百分の七十」とする。

（居宅介護サービス費等の額の特例）

第五〇条　市町村が、災害その他の厚生労働省令で定める特別の事情があることにより、居宅サービス（これに相当するサービスを含む。以下この条において同じ。）、地域密着型サービス（これに相当するサービスを含む。以下この条において同じ。）若しくは施設サービス又は住宅改修に必要な費用を負担することが困難であると認めた要介護被保険者が受ける前条第一項各号に掲げる介護給付について当該各号に定める規定を適用する場合（同条の規定により読み替えて適用する場合を除く。）においては、これらの規定中「百分の九十」とあるのは、「百分の九十を超え百分の百以下の範囲内において市町村が定めた割合」とする。

2　市町村が、災害その他の厚生労働省令で定める特別の事情があることにより、居宅サービス、地域密着型サービス若しくは施設サービス又は住宅改修に必要な費用を負担することが困難であると認めた要介護被保険者が受ける前条第一項各号に掲げる介護給付について当該各号に定める規定を適用する場合（同項の規定により読み替えて適用する場合に限る。）においては、同項の規定により読み替えて適用するこれらの規定中「百分の八十」とあるのは、「百分の八十を超え百分の百以下の範囲内において市町村が定めた割合」とする。

3　市町村が、災害その他の厚生労働省令で定める特別の事情があることにより、居宅サービス、地域密着型サービス若しくは施設サービス又は住宅改修に必要な費用を負担することが困難であると認めた要介護被保険者が受ける前条第一項各号に掲げる介護給付について当該各号に定める規定を適用する場合（同条第二項の規定により読み替えて適用する場合に限る。）においては、同条第二項の規定により読み替えて適用するこれらの規定中「百分の七十」とあるのは、「百分の七十を超え百分の百以下の範囲内において市町村が定めた割合」とする。

（高額介護サービス費の支給）

第五一条　市町村は、要介護被保険者が受けた居宅サービス（これに相当するサービスを含む。）、地域密着型サービス（これに相当するサービスを含む。）又は施設サービス（これに相当するサービスを含む。）に要した費用の合計額として政令で定めるところにより算定した額から、当該費用につき支給された居宅介護サービス費、特例居宅介護サービス費、地域

密着型介護サービス費、特例地域密着型介護サービス費、施設介護サービス費及び特例施設介護サービス費の合計額を控除して得た額（次条第一項において「介護サービス利用者負担額」という。）が、著しく高額であるときは、当該要介護被保険者に対し、高額介護サービス費を支給する。

2　前項に規定するもののほか、高額介護サービス費の支給要件、支給額その他高額介護サービス費の支給に関して必要な事項は、居宅サービス、地域密着型サービス又は施設サービスに必要な費用の負担の家計に与える影響を考慮して、政令で定める。

（高額医療合算介護サービス費の支給）

第五十一条の二　市町村は、要介護被保険者の介護サービス利用者負担額（前条第一項の高額介護サービス費が支給される場合にあっては、当該支給額に相当する額を控除して得た額）及び当該要介護被保険者に係る健康保険法第百十五条第一項に規定する一部負担金等の額（同項の高額療養費が支給される場合にあっては、当該支給額に相当する額を控除して得た額）その他の医療保険各法又は高齢者の医療の確保に関する法律（昭和五十七年法律第八十号）に規定するこれに相当する額として政令で定める額の合計額が、著しく高額であるときは、当該要介護被保険者に対し、高額医療合算介護サービス費を支給する。

2　前条第二項の規定は、高額医療合算介護サービス費の支給について準用する。

（特定入所者介護サービス費の支給）

第五十一条の三　市町村は、要介護被保険者のうち所得及び資産の状況その他の事情をしん酌して厚生労働省令で定めるものが、次に掲げる指定施設サービス等、指定地域密着型サービス又は指定居宅サービス（以下この条及び次条第一項において「**特定介護サービス**」という。）を受けたときは、当該要介護被保険者（以下この条及び次条第一項において「**特定入所者**」という。）に対し、当該特定介護サービスを行う介護保険施設、指定地域密着型サービス事業者又は指定居宅サービス事業者（以下この条において「特定介護保険施設等」という。）における食事の提供に要した費用及び居住又は滞在（以下「**居住等**」という。）に要した費用について、特定入所者介護サービス費を支給する。ただし、当該特定入所者が、第三十七条第一項の規定による指定を受けている場合において、当該指定に係る種類以外の特定介護サービスを受けたときは、この限りでない。

一　指定介護福祉施設サービス
二　介護保健施設サービス
三　介護医療院サービス
四　地域密着型介護老人福祉施設入所者生活介護
五　短期入所生活介護
六　短期入所療養介護

2　特定入所者介護サービス費の額は、第一号に規定する額及び第二号に規定する額の合計額とする。

一　特定介護保険施設等における食事の提供に要する平均的な費用の額を勘案して厚生労働大臣が定める費用の額（その額が現に当該食事の提供に要した費用の額を超えるときは、当該現に食事の提供に要した費用の額とする。以下この条及び次条第二項において「**食費の基準費用額**」という。）から、平均的な家計における食費の状況及び特定入所者の所得の状況その他の事情を勘案して厚生労働大臣が定める額（以下この条及び次条第二項において「**食費の負担限度額**」という。）を控除した額

二　特定介護保険施設等における居住等に要する平均的な費用の額及び施設の状況その他の事情を勘案して厚生労働大臣が定める費用の額（その額が現に当該居住等に要した費用の額を超えるときは、当該現に居住等に要した費用の額とする。以下この条及び次条第二項において「**居住費の基準費用額**」という。）から、特定入所者の所得の状況その他の事情を勘案して厚生労働大臣が定める額（以下この条及び次条第二項において「**居住費の負担限度額**」という。）を控除した額

3　厚生労働大臣は、食費の基準費用額若しくは食費の負担限度額又は居住費の基準費用額若しくは居住費の負担限度額を定めた後に、特定介護保険施設等における食事の提供に要する費用又は居住等に要する費用の状況その他の事情が著しく変動したときは、速やかにそれらの額を改定しなければならない。

4　特定入所者が、特定介護保険施設等から特定介護サービスを受けたときは、市町村は、当該特定入所者が当該特定介護保険施設等に支払うべき食事の提供に要した費用及び居住等に要した費用について、特定入所者介護サービス費として当該特定入所者に対し支給すべき額の限度において、当該特定入所者に代わり、当該特定介護保険施設等に支払うことができる。

5　前項の規定による支払があったときは、特定入所者に対し特定入所者介護サービス費の支給があったものとみなす。

6　市町村は、第一項の規定にかかわらず、特定入所者が特定介護保険施設等に対し、食事の提供に要する費用又は居住等に要する費用として、食費の基準費用額又は居住費の基準費用額（前項の規定により特定入所者介護サービス費の支給があったものとみなされた特定入所者にあっては、食費の負担限度額又は居住費の負担限度額）を超える金額を支払った場合には、特定入所者介護サービス費を支給しない。

7　市町村は、特定介護保険施設等から特定入所者介護サービス費の請求があったときは、第一項、第二項及び前項の定めに照らして審査の上、支払うものとする。

8　第四十一条第三項、第十項及び第十一項の規定は特定入所者介護サービス費の支給について、同条第八項の規定は特定介護保険施設等について準用する。この場合において、これらの規定に関し必要な技術的読替えは、政令で定める。

9　前各項に規定するもののほか、特定入所者介護サービス費の支給及び特定介護保険施設等の特定入所者介護サービス費の請求に関して必要な事項は、厚生労働省令で定める。

（特例特定入所者介護サービス費の支給）

第五十一条の四　市町村は、次に掲げる場合には、特定入所者に対し、特例特定入所者介護サービス費を支給する。

一　特定入所者が、当該要介護認定の効力が生じた日前に、緊急その他やむを得ない理由により特定介護サービスを受けた場合において、必要があると認めるとき。

二　その他政令で定めるとき。

2　特例特定入所者介護サービス費の額は、当該食事の提供に要した費用について食費の基準費用額から食費の負担限度額を控除した額及び当該居住等に要した費用について居住費の基準費用額から居住費の負担限度額を控除した額の合計額を基準として、市町村が定める。

第四節　予防給付

（予防給付の種類）

第五十二条　予防給付は、次に掲げる保険給付とする。

一　介護予防サービス費の支給

二　特例介護予防サービス費の支給

三　地域密着型介護予防サービス費の支給

四　特例地域密着型介護予防サービス費の支給

五　介護予防福祉用具購入費の支給

六　介護予防住宅改修費の支給

七　介護予防サービス計画費の支給

八　特例介護予防サービス計画費の支給

九　高額介護予防サービス費の支給

九の二　高額医療合算介護予防サービス費の支給

十　特定入所者介護予防サービス費の支給

十一　特例特定入所者介護予防サービス費の支給

（介護予防サービス費の支給）

第五十三条　市町村は、要支援認定を受けた被保険者のうち居宅において支援を受けるもの（以下「**居宅要支援被保険者**」という。）が、都道府県知事が指定する者（以下「**指定介護予防サービス事業者**」という。）から当該指定に係る介護予防サービス事業を行う事業所により行われる介護予防サービス（以下「**指定介護予防サービス**」という。）を受けたとき（当該居宅要支援被保険者が、第五十八条第四項の規定により同条第一項に規定する指定介護予防支援を受けることにつきあらかじめ市町村に届け出ている場合であって、当該指定介護予防サービスが当該指定介護予防支援の対象となっているときその他の厚生労働省令で定めるときに限る。）は、当該居宅要支援被保険者に対し、当該指定介護予防サービスに要した費用（特定介護予防福祉用具の購入に要した費用を除き、介護予防通所リハビリテーション、介護予防短期入所生活介護、介護予防短期入所療養介護及び介護予防特定施設入居者生活介護に要した費用については、食事の提供に要する費用、滞在に要する費用その他の日常生活に要する費用として厚生労働省令で定める費用を除く。以下この条において同じ。）について、介護予防サービス費を支給する。ただし、当該居宅要支援被保険者が、第三十七条第一項の規定による指定を受けている場合において、当該指定に係る種類以外の介護予防サービスを受けたときは、この限りでない。

2　介護予防サービス費の額は、次の各号に掲げる介護予防サービスの区分に応じ、当該各号に定める額とする。

一　介護予防訪問入浴介護、介護予防訪問看護、介護予防訪問リハビリテーション、介護予防居宅療養管理指導、介護予防通所リハビリテーション及び介護予防福祉用具貸与　これらの介護予防サービスの種類ごとに、当該介護予防サービスの種類に係る指定介護予防サービスの内容、当該指定介護予防サービスの事業を行う事業所の所在する地域等を勘案して算定される当該指定介護予防サービスに要する平均的な費用（介護予防通所リハビリテーションに要する費用については、食事の提供に要する費用その他の日常生活に要する費用として厚生労働省令で定める費用を除く。）の額を勘案して厚生労働大臣が定める基準により算定した費用の額（その額が現に当該指定介護予防サービスに要した費用の額を超えるときは、当該現に指定介護予防サービスに要した費用の額とする。）の百分の九十に相当する額

二　介護予防短期入所生活介護、介護予防短期入所療養介護及び介護予防特定施設入居者生活介護　これらの介護予防サービスの種類ごとに、要支援状態区分、当該介護予防サービスの種類に係る指定介護予防サービスの事業を行う事業所の所在する地域等を勘案して算定される当該指定介護予防サービスに要する平均的な費用（食事の提供に要する費用、滞在に要する費用その他の日常生活に要する費用として厚生労働省令で定める費用を除く。）の額を勘案して厚生労働大臣が定める基準により算定した費用の額（その額が現に当該指定介護予防サービスに要した費用の額を超えるときは、当該現に指定介護予防サービスに要した費用の額とする。）の百分の九十に相当する額

3　厚生労働大臣は、前項各号の基準を定めようとするときは、あらかじめ社会保障審議会の意見を聴かなければならない。

4　居宅要支援被保険者が指定介護予防サービス事業者から指定介護予防サービスを受けたときは、市町村は、当該居宅要支援被保険者が当該指定介護予防サービス事業者に支払うべき当該指定介護予防サービスに要した費用について、介護予防サービス費として当該居宅要支援被保険者に対し支給すべき額の限度において、当該居宅要支援被保険者に代わり、当該指定介護予防サービス事業者に支払うことができる。

5　前項の規定による支払があったときは、居宅要支援被保険者に対し介護予防サービス費の支給があったものとみなす。

6　市町村は、指定介護予防サービス事業者から介護予防サービス費の請求があったときは、第二項各号の厚生労働大臣が定める基準並びに第百十五条の四第二項に規定する指定介護予防サービスに係る介護予防のための効果的な支援の方法に関する基準及び指定介護予防サービスの事業の設備及び運営に関する基準（指定介護予防サービスの取扱いに関する部分に限る。）に照らして審査した上、支払うものとする。

7　第四十一条第二項、第三項、第十項及び第十一項の規定は、介護予防サービス費の支給について、同条第八項の規定は、指定介護予防サービス事業者について準用する。この場合において、これらの規定に関し必要な技術的読替えは、政令で定める。

8　前各項に規定するもののほか、介護予防サービス費の支給及び指定介護予防サービス事業者の介護予防サービス費の請求に関して必要な事項は、厚生労働省令で定める。

（特例介護予防サービス費の支給）

第五四条　市町村は、次に掲げる場合には、居宅要支援被保険者に対し、特例介護予防サービス費を支給する。

一　居宅要支援被保険者が、当該要支援認定の効力が生じた日前に、緊急その他やむを得ない理由により指定介護予防サービスを受けた場合において、必要があると認めるとき。

二　居宅要支援被保険者が、指定介護予防サービス以外の介護予防サービス又はこれに相当するサービス（指定介護予防サービスの事業に係る第百十五条の四第一項の都道府県の条

例で定める基準及び同項の都道府県の条例で定める員数並びに同条第二項に規定する指定介護予防サービスに係る介護予防のための効果的な支援の方法に関する基準及び指定介護予防サービスの事業の設備及び運営に関する基準のうち、都道府県の条例で定めるものを満たすと認められる事業を行う事業所により行われるものに限る。次号及び次項において「基準該当介護予防サービス」という。）を受けた場合において、必要があると認めるとき。

三　指定介護予防サービス及び基準該当介護予防サービスの確保が著しく困難である離島その他の地域であって厚生労働大臣が定める基準に該当するものに住所を有する居宅要支援被保険者が、指定介護予防サービス及び基準該当介護予防サービス以外の介護予防サービス又はこれに相当するサービスを受けた場合において、必要があると認めるとき。

四　その他政令で定めるとき。

2　都道府県が前項第二号の条例を定めるに当たっては、第一号から第三号までに掲げる事項については厚生労働省令で定める基準に従い定めるものとし、第四号に掲げる事項については厚生労働省令で定める基準を標準として定めるものとし、その他の事項については厚生労働省令で定める基準を参酌するものとする。

一　基準該当介護予防サービスに従事する従業者に係る基準及び当該従業者の員数

二　基準該当介護予防サービスの事業に係る居室の床面積

三　基準該当介護予防サービスの事業の運営に関する事項であって、利用する要支援者のサービスの適切な利用、適切な処遇及び安全の確保並びに秘密の保持等に密接に関連するものとして厚生労働省令で定めるもの

四　基準該当介護予防サービスの事業に係る利用定員

3　特例介護予防サービス費の額は、当該介護予防サービス又はこれに相当するサービスについて前条第二項各号の厚生労働大臣が定める基準により算定した費用の額（その額が現に当該介護予防サービス又はこれに相当するサービスに要した費用（特定介護予防福祉用具の購入に要した費用を除き、介護予防通所リハビリテーション、介護予防短期入所生活介護、介護予防短期入所療養介護及び介護予防特定施設入居者生活介護並びにこれらに相当するサービスに要した費用については、食事の提供に要する費用、滞在に要する費用その他の日常生活に要する費用として厚生労働省令で定める費用を除く。）の額を超えるときは、当該現に介護予防サービス又はこれに相当するサービスに要した費用の額とする。）の百分の九十に相当する額を基準として、市町村が定める。

4　市町村長は、特例介護予防サービス費の支給に関して必要があると認めるときは、当該支給に係る介護予防サービス若しくはこれに相当するサービスを担当する者若しくは担当した者（以下この項において「介護予防サービス等を担当する者等」という。）に対し、報告若しくは帳簿書類の提出若しくは提示を命じ、若しくは出頭を求め、又は当該職員に関係者に対して質問させ、若しくは当該介護予防サービス等を担当する者等の当該支給に係る事業所に立ち入り、その設備若しくは帳簿書類その他の物件を検査させることができる。

5　第二十四条第三項の規定は前項の規定による質問又は検査について、同条第四項の規定は前項の規定による権限について準用する。

（地域密着型介護予防サービス費の支給）

第五十四条の二　市町村は、居宅要支援被保険者が、当該市町村（住所地特例適用被保険者である居宅要支援被保険者（以下「**住所地特例適用居宅要支援被保険者**」という。）に係る特定地域密着型介護予防サービスにあっては、施設所在市町村を含む。）の長が指定する者（以下「**指定地域密着型介護予防サービス事業者**」という。）から当該指定に係る地域密着型介護予防サービス事業を行う事業所により行われる地域密着型介護予防サービス（以下「**指定地域密着型介護予防サービス**」という。）を受けたとき（当該居宅要支援被保険者が、第五十八条第四項の規定により同条第一項に規定する指定介護予防支援を受けることにつきあらかじめ市町村に届け出ている場合であって、当該指定地域密着型介護予防サービスが当該指定介護予防支援の対象となっているときその他の厚生労働省令で定めるときに限る。）は、当該居宅要支援被保険者に対し、当該指定地域密着型介護予防サービスに要

した費用（食事の提供に要する費用その他の日常生活に要する費用として厚生労働省令で定める費用を除く。以下この条において同じ。）について、地域密着型介護予防サービス費を支給する。ただし、当該居宅要支援被保険者が、第三十七条第一項の規定による指定を受けている場合において、当該指定に係る種類以外の地域密着型介護予防サービスを受けたときは、この限りでない。

2　地域密着型介護予防サービス費の額は、次の各号に掲げる地域密着型介護予防サービスの区分に応じ、当該各号に定める額とする。

一　介護予防認知症対応型通所介護　介護予防認知症対応型通所介護に係る指定地域密着型介護予防サービスの内容、当該指定地域密着型介護予防サービスの事業を行う事業所の所在する地域等を勘案して算定される当該指定地域密着型介護予防サービスに要する平均的な費用（食事の提供に要する費用その他の日常生活に要する費用として厚生労働省令で定める費用を除く。）の額を勘案して厚生労働大臣が定める基準により算定した費用の額（その額が現に当該指定地域密着型介護予防サービスに要した費用の額を超えるときは、当該現に指定地域密着型介護予防サービスに要した費用の額とする。）の百分の九十に相当する額

二　介護予防小規模多機能型居宅介護及び介護予防認知症対応型共同生活介護　これらの地域密着型介護予防サービスの種類ごとに、要支援状態区分、当該地域密着型介護予防サービスの種類に係る指定地域密着型介護予防サービスの事業を行う事業所の所在する地域等を勘案して算定される当該指定地域密着型介護予防サービスに要する平均的な費用（食事の提供に要する費用その他の日常生活に要する費用として厚生労働省令で定める費用を除く。）の額を勘案して厚生労働大臣が定める基準により算定した費用の額（その額が現に当該指定地域密着型介護予防サービスに要した費用の額を超えるときは、当該現に指定地域密着型介護予防サービスに要した費用の額とする。）の百分の九十に相当する額

3　厚生労働大臣は、前項各号の基準を定めようとするときは、あらかじめ社会保障審議会の意見を聴かなければならない。

4　市町村は、第二項各号の規定にかかわらず、地域密着型介護予防サービスの種類その他の事情を勘案して厚生労働大臣が定める基準により算定した額を限度として、同項各号に定める地域密着型介護予防サービス費の額に代えて、当該市町村（施設所在市町村の長が第一項本文の指定をした指定地域密着型介護予防サービス事業者から指定地域密着型介護予防サービスを受けた住所地特例適用居宅要支援被保険者に係る地域密着型介護予防サービス費（特定地域密着型介護予防サービスに係るものに限る。）の額にあっては、施設所在市町村）が定める額を、当該市町村における地域密着型介護予防サービス費の額とすることができる。

5　市町村は、前項の当該市町村における地域密着型介護予防サービス費の額を定めようとするときは、あらかじめ、当該市町村が行う介護保険の被保険者その他の関係者の意見を反映させ、及び学識経験を有する者の知見の活用を図るために必要な措置を講じなければならない。

6　居宅要支援被保険者が指定地域密着型介護予防サービス事業者から指定地域密着型介護予防サービスを受けたときは、市町村は、当該居宅要支援被保険者が当該指定地域密着型介護予防サービス事業者に支払うべき当該指定地域密着型介護予防サービスに要した費用について、地域密着型介護予防サービス費として当該居宅要支援被保険者に対し支給すべき額の限度において、当該居宅要支援被保険者に代わり、当該指定地域密着型介護予防サービス事業者に支払うことができる。

7　前項の規定による支払があったときは、居宅要支援被保険者に対し地域密着型介護予防サービス費の支給があったものとみなす。

8　市町村は、指定地域密着型介護予防サービス事業者から地域密着型介護予防サービス費の請求があったときは、第二項各号の厚生労働大臣が定める基準又は第四項の規定により市町村（施設所在市町村の長が第一項本文の指定をした指定地域密着型介護予防サービス事業者から指定地域密着型介護予防サービスを受けた住所地特例適用居宅要支援被保険者に係る地域密着型介護予防サービス費（特定地域密着型介護予防サービスに係るものに限る。）の請求にあって

は、施設所在市町村）が定める額並びに第百十五条の十四第二項又は第五項の規定により市町村（施設所在市町村の長が第一項本文の指定をした指定地域密着型介護予防サービス事業者から指定地域密着型介護予防サービスを受けた住所地特例適用居宅要支援被保険者に係る地域密着型介護予防サービス費（特定地域密着型介護予防サービスに係るものに限る。）の請求にあっては、施設所在市町村）が定める指定地域密着型介護予防サービスに係る介護予防のための効果的な支援の方法に関する基準及び指定地域密着型介護予防サービスの事業の設備及び運営に関する基準（指定地域密着型介護予防サービスの取扱いに関する部分に限る。）に照らして審査した上、支払うものとする。

9　第四十一条第二項、第三項、第十項及び第十一項の規定は地域密着型介護予防サービス費の支給について、同条第八項の規定は指定地域密着型介護予防サービス事業者について準用する。この場合において、これらの規定に関し必要な技術的読替えは、政令で定める。

10　前各項に規定するもののほか、地域密着型介護予防サービス費の支給及び指定地域密着型介護予防サービス事業者の地域密着型介護予防サービス費の請求に関して必要な事項は、厚生労働省令で定める。

（特例地域密着型介護予防サービス費の支給）

第五四条の三　市町村は、次に掲げる場合には、居宅要支援被保険者に対し、特例地域密着型介護予防サービス費を支給する。

一　居宅要支援被保険者が、当該要支援認定の効力が生じた日前に、緊急その他やむを得ない理由により指定地域密着型介護予防サービスを受けた場合において、必要があると認めるとき。

二　指定地域密着型介護予防サービスの確保が著しく困難である離島その他の地域であって厚生労働大臣が定める基準に該当するものに住所を有する居宅要支援被保険者が、指定地域密着型介護予防サービス以外の地域密着型介護予防サービス又はこれに相当するサービスを受けた場合において、必要があると認めるとき。

三　その他政令で定めるとき。

2　特例地域密着型介護予防サービス費の額は、当該地域密着型介護予防サービス又はこれに相当するサービスについて前条第二項各号の厚生労働大臣が定める基準により算定した費用の額（その額が現に当該地域密着型介護予防サービス又はこれに相当するサービスに要した費用（食事の提供に要する費用その他の日常生活に要する費用として厚生労働省令で定める費用を除く。）の額を超えるときは、当該現に地域密着型介護予防サービス又はこれに相当するサービスに要した費用の額とする。）の百分の九十に相当する額又は同条第四項の規定により市町村（施設所在市町村の長が同条第一項本文の指定をした指定地域密着型介護予防サービス事業者から指定地域密着型介護予防サービスを受けた住所地特例適用居宅要支援被保険者その他の厚生労働省令で定める者に係る特例地域密着型介護予防サービス費（特定地域密着型介護予防サービスに係るものに限る。）の額にあっては、施設所在市町村）が定めた額を基準として、市町村が定める。

3　市町村長は、特例地域密着型介護予防サービス費の支給に関して必要があると認めるときは、当該支給に係る地域密着型介護予防サービス若しくはこれに相当するサービスを担当する者若しくは担当した者（以下この項において「地域密着型介護予防サービス等を担当する者等」という。）に対し、報告若しくは帳簿書類の提出若しくは提示を命じ、若しくは出頭を求め、又は当該職員に関係者に対して質問させ、若しくは当該地域密着型介護予防サービス等を担当する者等の当該支給に係る事業所に立ち入り、その設備若しくは帳簿書類その他の物件を検査させることができる。

4　第二十四条第三項の規定は前項の規定による質問又は検査について、同条第四項の規定は前項の規定による権限について準用する。

（介護予防サービス費等に係る支給限度額）

第五五条　居宅要支援被保険者が介護予防サービス等区分（介護予防サービス（これに相当するサービスを含む。以下この条において同じ。）及び地域密着型介護予防サービス（これに相当するサービスを含む。以下この条において同じ。）について、その種類ごとの相互の代替性の有無等を勘案して厚生労働大臣が定める二以上の種類からなる区分をいう。以下この条において同じ。）ごとに月を単位として厚生労働省令で定める期間において受けた一の介護予防サービスにつき支給する介護予防サービス費の額の総額及び特例介護予防サービス費の額の総額並びに地域密着型介護予防サービスにつき支給する地域密着型介護予防サービス費の額の総額及び特例地域密着型介護予防サービス費の額の総額の合計額は、介護予防サービス費等区分支給限度基準額を基礎として、厚生労働省令で定めるところにより算定した額の百分の九十に相当する額を超えることができない。

2 前項の介護予防サービス費等区分支給限度基準額は、介護予防サービス等区分ごとに、同項に規定する厚生労働省令で定める期間における当該介護予防サービス等区分に係る介護予防サービス及び地域密着型介護予防サービスの要支援状態区分に応じた標準的な利用の態様、当該介護予防サービス及び地域密着型介護予防サービスに係る第五十三条第二項各号及び第五十四条の二第二項各号の厚生労働大臣が定める基準等を勘案して厚生労働大臣が定める額とする。

3 市町村は、前項の規定にかかわらず、条例で定めるところにより、第一項の介護予防サービス費等区分支給限度基準額に代えて、その額を超える額を、当該市町村における介護予防サービス費等区分支給限度基準額とすることができる。

4 市町村は、居宅要支援被保険者が介護予防サービス及び地域密着型介護予防サービスの種類（介護予防サービス等区分に含まれるものであって厚生労働大臣が定めるものに限る。次項において同じ。）ごとに月を単位として厚生労働省令で定める期間において受けた一の種類の介護予防サービスにつき支給する介護予防サービス費の額の総額及び特例介護予防サービス費の額の総額の合計額並びに一の種類の地域密着型介護予防サービスにつき支給する地域密着型介護予防サービス費の額の総額及び特例地域密着型介護予防サービス費の額の総額の合計額について、介護予防サービス費等種類支給限度基準額を基礎として、厚生労働省令で定めるところにより算定した額の百分の九十に相当する額を超えることができないこととすることができる。

5 前項の介護予防サービス費等種類支給限度基準額は、介護予防サービス及び地域密着型介護予防サービスの種類ごとに、同項に規定する厚生労働省令で定める期間における当該介護予防サービス及び地域密着型介護予防サービスの要支援状態区分に応じた標準的な利用の態様、当該介護予防サービス及び地域密着型介護予防サービスに係る第五十三条第二項各号及び第五十四条の二第二項各号の厚生労働大臣が定める基準等を勘案し、当該介護予防サービス及び地域密着型介護予防サービスを含む介護予防サービス等区分に係る第一項の介護予防サービス費等区分支給限度基準額（第三項の規定に基づき条例を定めている市町村にあっては、当該条例による措置が講じられた額とする。）の範囲内において、市町村が条例で定める額とする。

6 介護予防サービス費若しくは特例介護予防サービス費又は地域密着型介護予防サービス費若しくは特例地域密着型介護予防サービス費を支給することにより第一項に規定する合計額が同項に規定する百分の九十に相当する額を超える場合又は第四項に規定する合計額が同項に規定する百分の九十に相当する額を超える場合における当該介護予防サービス費又は地域密着型介護予防サービス費の額は、第五十三条第二項各号若しくは第五十四条第三項又は第五十四条の二第二項各号若しくは第四項若しくは前条第二項の規定にかかわらず、政令で定めるところにより算定した額とする。

（介護予防福祉用具購入費の支給）

第五六条 市町村は、居宅要支援被保険者が、特定介護予防福祉用具販売に係る指定介護予防サービス事業者から当該指定に係る介護予防サービス事業を行う事業所において販売される特定介護予防福祉用具を購入したときは、当該居宅要支援被保険者に対し、介護予防福祉用具購入費を支給する。

2 介護予防福祉用具購入費は、厚生労働省令で定めるところにより、市町村が必要と認める場合に限り、支給するものとする。

3 介護予防福祉用具購入費の額は、現に当該特定介護予防福祉用具の購入に要した費用の額の百分の九十に相当する額とする。

4 居宅要支援被保険者が月を単位として厚生労

働省令で定める期間において購入した特定介護予防福祉用具につき支給する介護予防福祉用具購入費の額の総額は、介護予防福祉用具購入費支給限度基準額を基礎として、厚生労働省令で定めるところにより算定した額の百分の九十に相当する額を超えることができない。

5　前項の介護予防福祉用具購入費支給限度基準額は、同項に規定する厚生労働省令で定める期間における特定介護予防福祉用具の購入に通常要する費用を勘案して厚生労働大臣が定める額とする。

6　市町村は、前項の規定にかかわらず、条例で定めるところにより、第四項の介護予防福祉用具購入費支給限度基準額に代えて、その額を超える額を、当該市町村における介護予防福祉用具購入費支給限度基準額とすることができる。

7　介護予防福祉用具購入費を支給することにより第四項に規定する総額が同項に規定する百分の九十に相当する額を超える場合における当該介護予防福祉用具購入費の額は、第三項の規定にかかわらず、政令で定めるところにより算定した額とする。

（介護予防住宅改修費の支給）

第五七条　市町村は、居宅要支援被保険者が、住宅改修を行ったときは、当該居宅要支援被保険者に対し、介護予防住宅改修費を支給する。

2　介護予防住宅改修費は、厚生労働省令で定めるところにより、市町村が必要と認める場合に限り、支給するものとする。

3　介護予防住宅改修費の額は、現に当該住宅改修に要した費用の額の百分の九十に相当する額とする。

4　居宅要支援被保険者が行った一の種類の住宅改修につき支給する介護予防住宅改修費の額の総額は、介護予防住宅改修費支給限度基準額を基礎として、厚生労働省令で定めるところにより算定した額の百分の九十に相当する額を超えることができない。

5　前項の介護予防住宅改修費支給限度基準額は、住宅改修の種類ごとに、通常要する費用を勘案して厚生労働大臣が定める額とする。

6　市町村は、前項の規定にかかわらず、条例で定めるところにより、第四項の介護予防住宅改修費支給限度基準額に代えて、その額を超える額を、当該市町村における介護予防住宅改修費支給限度基準額とすることができる。

7　介護予防住宅改修費を支給することにより第四項に規定する総額が同項に規定する百分の九十に相当する額を超える場合における当該介護予防住宅改修費の額は、第三項の規定にかかわらず、政令で定めるところにより算定した額とする。

8　市町村長は、介護予防住宅改修費の支給に関して必要があると認めるときは、当該支給に係る住宅改修を行う者若しくは住宅改修を行った者（以下この項において「**住宅改修を行う者等**」という。）に対し、報告若しくは帳簿書類の提出若しくは提示を命じ、若しくは出頭を求め、又は当該職員に関係者に対して質問させ、若しくは当該住宅改修を行う者等の当該支給に係る事業所に立ち入り、その帳簿書類その他の物件を検査させることができる。

9　第二十四条第三項の規定は前項の規定による質問又は検査について、同条第四項の規定は前項の規定による権限について準用する。

（介護予防サービス計画費の支給）

第五八条　市町村は、居宅要支援被保険者が、当該市町村（住所地特例適用居宅要支援被保険者に係る介護予防支援にあっては、施設所在市町村）の長が指定する者（以下「**指定介護予防支援事業者**」という。）から当該指定に係る介護予防支援事業を行う事業所により行われる介護予防支援（以下「**指定介護予防支援**」という。）を受けたときは、当該居宅要支援被保険者に対し、当該指定介護予防支援に要した費用について、介護予防サービス計画費を支給する。

2　介護予防サービス計画費の額は、指定介護予防支援の事業を行う事業所の所在する地域等を勘案して算定される当該指定介護予防支援に要する平均的な費用の額を勘案して厚生労働大臣が定める基準により算定した費用の額（その額が現に当該指定介護予防支援に要した費用の額を超えるときは、当該現に指定介護予防支援に要した費用の額とする。）とする。

3　厚生労働大臣は、前項の基準を定めようとするときは、あらかじめ社会保障審議会の意見を聴かなければならない。

4　居宅要支援被保険者が指定介護予防支援事業者から指定介護予防支援を受けたとき（当該居宅要支援被保険者が、厚生労働省令で定めるところにより、当該指定介護予防支援を受けることにつきあらかじめ市町村に届け出ている場合に限る。）は、市町村は、当該居宅要支援被保険者が当該指定介護予防支援事業者に支払うべき当該指定介護予防支援に要した費用について、介護予防サービス計画費として当該居宅要支援被保険者に対し支給すべき額の限度において、当該居宅要支援被保険者に代わり、当該指定介護予防支援事業者に支払うことができる。

5　前項の規定による支払があったときは、居宅要支援被保険者に対し介護予防サービス計画費の支給があったものとみなす。

6　市町村は、指定介護予防支援事業者から介護予防サービス計画費の請求があったときは、第二項の厚生労働大臣が定める基準並びに第百十五条の二十四第二項に規定する指定介護予防支援に係る介護予防のための効果的な支援の方法に関する基準及び指定介護予防支援の事業の運営に関する基準（指定介護予防支援の取扱いに関する部分に限る。）に照らして審査した上、支払うものとする。

7　第四十一条第二項、第三項、第十項及び第十一項の規定は介護予防サービス計画費の支給について、同条第八項の規定は指定介護予防支援事業者について準用する。この場合において、これらの規定に関し必要な技術的読替えは、政令で定める。

8　前各項に規定するもののほか、介護予防サービス計画費の支給及び指定介護予防支援事業者の介護予防サービス計画費の請求に関して必要な事項は、厚生労働省令で定める。

（特例介護予防サービス計画費の支給）

第五九条　市町村は、次に掲げる場合には、居宅要支援被保険者に対し、特例介護予防サービス計画費を支給する。

一　居宅要支援被保険者が、指定介護予防支援以外の介護予防支援又はこれに相当するサービス（指定介護予防支援の事業に係る第百十五条の二十四第一項の市町村の条例で定める基準及び同項の市町村の条例で定める員数並びに同条第二項に規定する指定介護予防支援に係る介護予防のための効果的な支援の方法に関する基準及び指定介護予防支援の事業の運営に関する基準のうち、当該市町村の条例で定めるものを満たすと認められる事業を行う事業者により行われるものに限る。次号及び次項において「基準該当介護予防支援」という。）を受けた場合において、必要があると認めるとき。

二　指定介護予防支援及び基準該当介護予防支援の確保が著しく困難である離島その他の地域であって厚生労働大臣が定める基準に該当するものに住所を有する居宅要支援被保険者が、指定介護予防支援及び基準該当介護予防支援以外の介護予防支援又はこれに相当するサービスを受けた場合において、必要があると認めるとき。

三　その他政令で定めるとき。

2　市町村が前項第一号の条例を定めるに当たっては、次に掲げる事項については厚生労働省令で定める基準に従い定めるものとし、その他の事項については厚生労働省令で定める基準を参酌するものとする。

一　基準該当介護予防支援に従事する従業者に係る基準及び当該従業者の員数

二　基準該当介護予防支援の事業の運営に関する事項であって、利用する要支援者のサービスの適切な利用、適切な処遇及び安全の確保並びに秘密の保持等に密接に関連するものとして厚生労働省令で定めるもの

3　特例介護予防サービス計画費の額は、当該介護予防支援又はこれに相当するサービスについて前条第二項の厚生労働大臣が定める基準により算定した費用の額（その額が現に当該介護予防支援又はこれに相当するサービスに要した費用の額を超えるときは、当該現に介護予防支援又はこれに相当するサービスに要した費用の額とする。）を基準として、市町村が定める。

4　市町村長は、特例介護予防サービス計画費の支給に関して必要があると認めるときは、当該支給に係る介護予防支援若しくはこれに相当するサービスを担当する者若しくは担当した者（以下この項において「介護予防支援等を担当する者等」という。）に対し、報告若しくは帳簿書類の提出若しくは提示を命じ、若しくは出頭を求め、又は当該職員に関係者に対して質問させ、若しくは当該介護予防支援等を担当する者等の当該支給に係る事業所に立ち入り、その帳簿書類その他の物件を検査させることができる。

5　第二十四条第三項の規定は前項の規定による質問又は検査について、同条第四項の規定は前項の規定による権限について準用する。

(一定以上の所得を有する居宅要支援被保険者に係る介護予防サービス費等の額)

第五九条の二　第一号被保険者であって政令で定めるところにより算定した所得の額が政令で定める額以上である居宅要支援被保険者(次項に規定する居宅要支援被保険者を除く。)が受ける次の各号に掲げる予防給付について当該各号に定める規定を適用する場合においては、これらの規定中「百分の九十」とあるのは、「百分の八十」とする。

一　介護予防サービス費の支給　第五十三条第二項第一号及び第二号並びに第五十五条第一項、第四項及び第六項

二　特例介護予防サービス費の支給　第五十四条第三項並びに第五十五条第一項、第四項及び第六項

三　地域密着型介護予防サービス費の支給　第五十四条の二第二項第一号及び第二号並びに第五十五条第一項、第四項及び第六項

四　特例地域密着型介護予防サービス費の支給　第五十四条の三第二項並びに第五十五条第一項、第四項及び第六項

五　介護予防福祉用具購入費の支給　第五十六条第三項、第四項及び第七項

六　介護予防住宅改修費の支給　第五十七条第三項、第四項及び第七項

2　第一号被保険者であって政令で定めるところにより算定した所得の額が前項の政令で定める額を超える政令で定める額以上である居宅要支援被保険者が受ける同項各号に掲げる予防給付について当該各号に定める規定を適用する場合においては、これらの規定中「百分の九十」とあるのは、「百分の七十」とする。

(介護予防サービス費等の額の特例)

第六〇条　市町村が、災害その他の厚生労働省令で定める特別の事情があることにより、介護予防サービス(これに相当するサービスを含む。)、地域密着型介護予防サービス(これに相当するサービスを含む。以下この条において同じ。)又は住宅改修に必要な費用を負担することが困難であると認めた居宅要支援被保険者が受ける前条第一項各号に掲げる予防給付について当該各号に定める規定を適用する場合(同条の規定により読み替えて適用する場合を除く。)においては、これらの規定中「百分の九十」とあるのは、「百分の九十を超え百分の百以下の範囲内において市町村が定めた割合」とする。

2　市町村が、災害その他の厚生労働省令で定める特別の事情があることにより、介護予防サービス、地域密着型介護予防サービス又は住宅改修に必要な費用を負担することが困難であると認めた居宅要支援被保険者が受ける前条第一項各号に掲げる予防給付について当該各号に定める規定を適用する場合(同項の規定により読み替えて適用する場合に限る。)においては、同項の規定により読み替えて適用するこれらの規定中「百分の八十」とあるのは、「百分の八十を超え百分の百以下の範囲内において市町村が定めた割合」とする。

3　市町村が、災害その他の厚生労働省令で定める特別の事情があることにより、介護予防サービス、地域密着型介護予防サービス又は住宅改修に必要な費用を負担することが困難であると認めた居宅要支援被保険者が受ける前条第一項各号に掲げる予防給付について当該各号に定める規定を適用する場合(同条第二項の規定により読み替えて適用する場合に限る。)においては、同条第二項の規定により読み替えて適用するこれらの規定中「百分の七十」とあるのは、「百分の七十を超え百分の百以下の範囲内において市町村が定めた割合」とする。

(高額介護予防サービス費の支給)

第六一条　市町村は、居宅要支援被保険者が受けた介護予防サービス(これに相当するサービスを含む。)又は地域密着型介護予防サービス(これに相当するサービスを含む。)に要した費用の合計額として政令で定めるところにより算定した額から、当該費用につき支給された介護予防サービス費、特例介護予防サービス費、地域密着型介護予防サービス費及び特例地域密着型介護予防サービス費の合計額を控除して得た額(次条第一項において「**介護予防サービス利用者負担額**」という。)が、著しく高額であるときは、当該居宅要支援被保険者に対し、高額介護予防サービス費を支給する。

2　前項に規定するもののほか、高額介護予防サ

ービス費の支給要件、支給額その他高額介護予防サービス費の支給に関して必要な事項は、介護予防サービス又は地域密着型介護予防サービスに必要な費用の負担の家計に与える影響を考慮して、政令で定める。

（高額医療合算介護予防サービス費の支給）

第六十一条の二　市町村は、居宅要支援被保険者の介護予防サービス利用者負担額（前条第一項の高額介護予防サービス費が支給される場合にあっては、当該支給額に相当する額を控除して得た額）及び当該居宅要支援被保険者に係る健康保険法第百十五条第一項に規定する一部負担金等の額（同項の高額療養費が支給される場合にあっては、当該支給額に相当する額を控除して得た額）その他の医療保険各法又は高齢者の医療の確保に関する法律に規定するこれに相当する額として政令で定める額の合計額が、著しく高額であるときは、当該居宅要支援被保険者に対し、高額医療合算介護予防サービス費を支給する。

2　前条第三項の規定は、高額医療合算介護予防サービス費の支給について準用する。

（特定入所者介護予防サービス費の支給）

第六十一条の三　市町村は、居宅要支援被保険者のうち所得及び資産の状況その他の事情をしん酌して厚生労働省令で定めるものが、次に掲げる指定介護予防サービス（以下この条及び次条第一項において「**特定介護予防サービス**」という。）を受けたときは、当該居宅要支援被保険者（以下この条及び次条第一項において「**特定入所者**」という。）に対し、当該特定介護予防サービスを行う指定介護予防サービス事業者（以下この条において「特定介護予防サービス事業者」という。）における食事の提供に要した費用及び滞在に要した費用について、特定入所者介護予防サービス費を支給する。ただし、当該特定入所者が、第三十七条第一項の規定による指定を受けている場合において、当該指定に係る種類以外の特定介護予防サービスを受けたときは、この限りでない。

一　介護予防短期入所生活介護

二　介護予防短期入所療養介護

2　特定入所者介護予防サービス費の額は、第一号に規定する額及び第二号に規定する額の合計額とする。

一　特定介護予防サービス事業者における食事の提供に要する平均的な費用の額を勘案して厚生労働大臣が定める費用の額（その額が現に当該食事の提供に要した費用の額を超えるときは、当該現に食事の提供に要した費用の額とする。以下この条及び次条第二項において「**食費の基準費用額**」という。）から、平均的な家計における食費の状況及び特定入所者の所得の状況その他の事情を勘案して厚生労働大臣が定める額（以下この条及び次条第二項において「**食費の負担限度額**」という。）を控除した額

二　特定介護予防サービス事業者における滞在に要する平均的な費用の額及び事業所の状況その他の事情を勘案して厚生労働大臣が定める費用の額（その額が現に当該滞在に要した費用の額を超えるときは、当該現に滞在に要した費用の額とする。以下この条及び次条第二項において「**滞在費の基準費用額**」という。）から、特定入所者の所得の状況その他の事情を勘案して厚生労働大臣が定める額（以下この条及び次条第二項において「**滞在費の負担限度額**」という。）を控除した額

3　厚生労働大臣は、食費の基準費用額若しくは食費の負担限度額又は滞在費の基準費用額若しくは滞在費の負担限度額を定めた後に、特定介護予防サービス事業者における食事の提供に要する費用又は滞在に要する費用の状況その他の事情が著しく変動したときは、速やかにそれらの額を改定しなければならない。

4　特定入所者が、特定介護予防サービス事業者から特定介護予防サービスを受けたときは、市町村は、当該特定入所者が当該特定介護予防サービス事業者に支払うべき食事の提供に要した費用及び滞在に要した費用について、特定入所者介護予防サービス費として当該特定入所者に対し支給すべき額の限度において、当該特定入所者に代わり、当該特定介護予防サービス事業者に支払うことができる。

5　前項の規定による支払があったときは、特定入所者に対し特定入所者介護予防サービス費の支給があったものとみなす。

6　市町村は、第一項の規定にかかわらず、特定入所者が特定介護予防サービス事業者に対し、食事の提供に要する費用又は滞在に要する費用

として、食費の基準費用額又は滞在費の基準費用額（前項の規定により特定入所者介護予防サービス費の支給があったものとみなされた特定入所者にあっては、食費の負担限度額又は滞在費の負担限度額）を超える金額を支払った場合には、特定入所者介護予防サービス費を支給しない。

7 市町村は、特定介護予防サービス事業者から特定入所者介護予防サービス費の請求があったときは、第一項、第二項及び前項の定めに照らして審査の上、支払うものとする。

8 第四十一条第三項、第十項及び第十一項の規定は特定入所者介護予防サービス費の支給について、同条第八項の規定は特定介護予防サービス事業者について準用する。この場合において、これらの規定に関し必要な技術的読替えは、政令で定める。

9 前各項に規定するもののほか、特定入所者介護予防サービス費の支給及び特定介護予防サービス事業者の特定入所者介護予防サービス費の請求に関して必要な事項は、厚生労働省令で定める。

（特例特定入所者介護予防サービス費の支給）

第六十一条の四 市町村は、次に掲げる場合には、特定入所者に対し、特例特定入所者介護予防サービス費を支給する。

一 特定入所者が、当該要支援認定の効力が生じた日前に、緊急その他やむを得ない理由により特定介護予防サービスを受けた場合において、必要があると認めるとき。

二 その他政令で定めるとき。

2 特例特定入所者介護予防サービス費の額は、当該食事の提供に要した費用について食費の基準費用額から食費の負担限度額を控除した額及び当該滞在に要した費用について滞在費の基準費用額から滞在費の負担限度額を控除した額の合計額を基準として、市町村が定める。

第五節 市町村特別給付

第六二条 市町村は、要介護被保険者又は居宅要支援被保険者（以下「**要介護被保険者等**」という。）に対し、前二節の保険給付のほか、条例で定めるところにより、市町村特別給付を行うことができる。

第五章 介護支援専門員並びに事業者及び施設

第一節 介護支援専門員

第一款 登録等

（介護支援専門員の登録）

第六九条の二 厚生労働省令で定める実務の経験を有する者であって、都道府県知事が厚生労働省令で定めるところにより行う試験（以下「**介護支援専門員実務研修受講試験**」という。）に合格し、かつ、都道府県知事が厚生労働省令で定めるところにより行う研修（以下「**介護支援専門員実務研修**」という。）の課程を修了したものは、厚生労働省令で定めるところにより、当該都道府県知事の登録を受けることができる。ただし、次の各号のいずれかに該当する者については、この限りでない。

一 心身の故障により介護支援専門員の業務を適正に行うことができない者として厚生労働省令で定めるもの

二 禁錮以上の刑に処せられ、その執行を終わり、又は執行を受けることがなくなるまでの者

三 この法律その他国民の保健医療若しくは福祉に関する法律で政令で定めるものの規定により罰金の刑に処せられ、その執行を終わり、又は執行を受けることがなくなるまでの者

四 登録の申請前五年以内に居宅サービス等に関し不正又は著しく不当な行為をした者

五 第六十九条の三十八第三項の規定による禁止の処分を受け、その禁止の期間中に第六十九条の六第一号の規定によりその登録が消除され、まだその期間が経過しない者

六 第六十九条の三十九の規定による登録の消除の処分を受け、その処分の日から起算して五年を経過しない者

七 第六十九条の三十九の規定による登録の消除の処分に係る行政手続法（平成五年法律第八十八号）第十五条の規定による通知があった日から当該処分をする日又は処分をしないことを決定する日までの間に登録の消除の申請をした者（登録の消除の申請について相当の理由がある者を除く。）であって、当該登録が消除された日から起算して五年を経過しないもの

2 前項の登録は、都道府県知事が、介護支援専

門員資格登録簿に氏名、生年月日、住所その他厚生労働省令で定める事項並びに登録番号及び登録年月日を登載してするものとする。

> **注**　第六九条の二は、令和四年六月一七日法律第六八号により次のように改正され、令和四年六月一七日から起算して三年を超えない範囲内において政令で定める日から施行される。
> 　第六十九条の二第一項第二号中「禁錮」を「拘禁刑」に改める。

（登録の移転）

第六九条の三　前条第一項の登録を受けている者は、当該登録をしている都道府県知事の管轄する都道府県以外の都道府県に所在する指定居宅介護支援事業者その他厚生労働省令で定める事業者若しくは施設の業務に従事し、又は従事しようとするときは、当該事業者の事業所又は当該施設の所在地を管轄する都道府県知事に対し、当該登録をしている都道府県知事を経由して、登録の移転の申請をすることができる。ただし、その者が第六十九条の三十八第三項の規定による禁止の処分を受け、その禁止の期間が満了していないときは、この限りでない。

（登録事項の変更の届出）

第六九条の四　第六十九条の二第一項の登録を受けている者は、当該登録に係る氏名その他厚生労働省令で定める事項に変更があったときは、遅滞なく、その旨を都道府県知事に届け出なければならない。

（死亡等の届出）

第六九条の五　第六十九条の二第一項の登録を受けている者が次の各号のいずれかに該当することとなった場合には、当該各号に定める者は、その日（第一号の場合にあっては、その事実を知った日）から三十日以内に、その旨を当該登録をしている都道府県知事又は当該各号に定める者の住所地を管轄する都道府県知事に届け出なければならない。

一　死亡した場合　その相続人

二　第六十九条の二第一項第一号に該当するに至った場合　本人又はその法定代理人若しくは同居の親族

三　第六十九条の二第一項第二号又は第三号に該当するに至った場合　本人

（申請等に基づく登録の消除）

第六九条の六　都道府県知事は、次の各号のいずれかに該当する場合には、第六十九条の二第一項の登録を消除しなければならない。

一　本人から登録の消除の申請があった場合

二　前条の規定による届出があった場合

三　前条の規定による届出がなくて同条各号のいずれかに該当する事実が判明した場合

四　第六十九条の三十一の規定により合格の決定を取り消された場合

（介護支援専門員証の交付等）

第六九条の七　第六十九条の二第一項の登録を受けている者は、都道府県知事に対し、介護支援専門員証の交付を申請することができる。

2　介護支援専門員証の交付を受けようとする者は、都道府県知事が厚生労働省令で定めるところにより行う研修を受けなければならない。ただし、第六十九条の二第一項の登録を受けた日から厚生労働省令で定める期間以内に介護支援専門員証の交付を受けようとする者については、この限りでない。

3　介護支援専門員証（第五項の規定により交付された介護支援専門員証を除く。）の有効期間は、五年とする。

4　介護支援専門員証が交付された後第六十九条の三の規定により登録の移転があったときは、当該介護支援専門員証は、その効力を失う。

5　前項に規定する場合において、登録の移転の申請とともに介護支援専門員証の交付の申請があったときは、当該申請を受けた都道府県知事は、同項の介護支援専門員証の有効期間が経過するまでの期間を有効期間とする介護支援専門員証を交付しなければならない。

6　介護支援専門員は、第六十九条の二第一項の登録が消除されたとき、又は介護支援専門員証が効力を失ったときは、速やかに、介護支援専門員証をその交付を受けた都道府県知事に返納しなければならない。

7　介護支援専門員は、第六十九条の三十八第三項の規定による禁止の処分を受けたときは、速やかに、介護支援専門員証をその交付を受けた都道府県知事に提出しなければならない。

8　前項の規定により介護支援専門員証の提出を受けた都道府県知事は、同項の禁止の期間が満了した場合においてその提出者から返還の請求があったときは、直ちに、当該介護支援専門員証を返還しなければならない。

（介護支援専門員証の有効期間の更新）

第六九条の八　介護支援専門員証の有効期間は、申請により更新する。

2　介護支援専門員証の有効期間の更新を受けようとする者は、都道府県知事が厚生労働省令で定めるところにより行う研修（以下「**更新研修**」という。）を受けなければならない。ただし、現に介護支援専門員の業務に従事しており、かつ、更新研修の課程に相当するものとして都道府県知事が厚生労働省令で定めるところにより指定する研修の課程を修了した者については、この限りでない。

3　前条第三項の規定は、更新後の介護支援専門員証の有効期間について準用する。

（介護支援専門員証の提示）

第六九条の九　介護支援専門員は、その業務を行うに当たり、関係者から請求があったときは、介護支援専門員証を提示しなければならない。

（厚生労働省令への委任）

第六九条の一〇　この款に定めるもののほか、第六十九条の二第一項の登録、その移転及び介護支援専門員証に関し必要な事項は、厚生労働省令で定める。

第二款　登録試験問題作成機関の登録、指定試験実施機関及び指定研修実施機関の指定等

（試験問題作成事務に係る手数料）

第六九条の二六　委任都道府県知事は、地方自治法第二百二十七条の規定に基づき試験問題作成事務に係る手数料を徴収する場合においては、第六十九条の十一第一項の規定により登録試験問題作成機関が行う試験問題作成事務に係る介護支援専門員実務研修受講試験を受けようとする者に、条例で定めるところにより、当該手数料を当該登録試験問題作成機関に納めさせ、その収入とすることができる。

（合格の取消し等）

第六九条の三一　都道府県知事は、不正の手段によって介護支援専門員実務研修受講試験を受け、又は受けようとした者に対しては、合格の決定を取り消し、又はその介護支援専門員実務研修受講試験を受けることを禁止することができる。

2　指定試験実施機関は、その指定をした都道府県知事の前項に規定する職権を行うことができる。

第三款　義務等

（介護支援専門員の義務）

第六九条の三四　介護支援専門員は、その担当する要介護者等の人格を尊重し、常に当該要介護者等の立場に立って、当該要介護者等に提供される居宅サービス、地域密着型サービス、施設サービス、介護予防サービス若しくは地域密着型介護予防サービス又は特定介護予防・日常生活支援総合事業が特定の種類又は特定の事業者若しくは施設に不当に偏ることのないよう、公正かつ誠実にその業務を行わなければならない。

2　介護支援専門員は、厚生労働省令で定める基準に従って、介護支援専門員の業務を行わなければならない。

3　介護支援専門員は、要介護者等が自立した日常生活を営むのに必要な援助に関する専門的知識及び技術の水準を向上させ、その他その資質の向上を図るよう努めなければならない。

（名義貸しの禁止等）

第六九条の三五　介護支援専門員は、介護支援専門員証を不正に使用し、又はその名義を他人に介護支援専門員の業務のため使用させてはならない。

（信用失墜行為の禁止）

第六九条の三六　介護支援専門員は、介護支援専門員の信用を傷つけるような行為をしてはならない。

（秘密保持義務）

第六九条の三七　介護支援専門員は、正当な理由なしに、その業務に関して知り得た人の秘密を漏らしてはならない。介護支援専門員でなくなった後においても、同様とする。

（報告等）

第六九条の三八　都道府県知事は、介護支援専門員の業務の適正な遂行を確保するため必要があると認めるときは、その登録を受けている介護支援専門員及び当該都道府県の区域内でその業務を行う介護支援専門員に対し、その業務について必要な報告を求めることができる。

2　都道府県知事は、その登録を受けている介護支援専門員若しくは当該都道府県の区域内でその業務を行う介護支援専門員が第六十九条の三十四第一項若しくは第二項の規定に違反していると認めるとき、又はその登録を受けている者で介護支援専門員証の交付を受けていないもの（以下この項において「介護支援専門員証未交付者」という。）が介護支援専門員として業務を行ったときは、当該介護支援専門員又は当該介護支援専門員証未交付者に対し、必要な指示をし、又は当該都道府県知事の指定する研修を受けるよう命ずることができる。

3　都道府県知事は、その登録を受けている介護支援専門員又は当該都道府県の区域内でその業務を行う介護支援専門員が前項の規定による指示又は命令に従わない場合には、当該介護支援専門員に対し、一年以内の期間を定めて、介護支援専門員として業務を行うことを禁止することができる。

4　都道府県知事は、他の都道府県知事の登録を受けている介護支援専門員に対して前二項の規定による処分をしたときは、遅滞なく、その旨を、当該介護支援専門員の登録をしている都道府県知事に通知しなければならない。

（登録の消除）

第六九条の三九　都道府県知事は、その登録を受けている介護支援専門員が次の各号のいずれかに該当する場合には、当該登録を消除しなければならない。

一　第六十九条の二第一項第一号から第三号までのいずれかに該当するに至った場合

二　不正の手段により第六十九条の二第一項の登録を受けた場合

三　不正の手段により介護支援専門員証の交付を受けた場合

四　前条第三項の規定による業務の禁止の処分に違反した場合

2　都道府県知事は、その登録を受けている介護支援専門員が次の各号のいずれかに該当する場合には、当該登録を消除することができる。

一　第六十九条の三十四第一項若しくは第二項又は第六十九条の三十五から第六十九条の三十七までの規定に違反した場合

二　前条第一項の規定により報告を求められて、報告をせず、又は虚偽の報告をした場合

三　前条第二項の規定による指示又は命令に違反し、情状が重い場合

3　第六十九条の二第一項の登録を受けている者で介護支援専門員証の交付を受けていないものが次の各号のいずれかに該当する場合には、当該登録をしている都道府県知事は、当該登録を消除しなければならない。

一　第六十九条の二第一項第一号から第三号までのいずれかに該当するに至った場合

二　不正の手段により第六十九条の二第一項の登録を受けた場合

三　介護支援専門員として業務を行い、情状が特に重い場合

第二節　指定居宅サービス事業者

（指定居宅サービス事業者の指定）

第七〇条　第四十一条第一項本文の指定は、厚生労働省令で定めるところにより、居宅サービス事業を行う者の申請により、居宅サービスの種類及び当該居宅サービスの種類に係る居宅サービス事業を行う事業所（以下この節において単に「**事業所**」という。）ごとに行う。

2　都道府県知事は、前項の申請があった場合において、次の各号（病院等により行われる居宅療養管理指導又は病院若しくは診療所により行われる訪問看護、訪問リハビリテーション、通所リハビリテーション若しくは短期入所療養介護に係る指定の申請にあっては、第六号の二、第六号の三、第十号の二及び第十二号を除く。）のいずれかに該当するときは、第四十一条第一項本文の指定をしてはならない。

一　申請者が都道府県の条例で定める者でないとき。

二　当該申請に係る事業所の従業者の知識及び技能並びに人員が、第七十四条第一項の都道府県の条例で定める基準及び同項の都道府県の条例で定める員数を満たしていないとき。

三　申請者が、第七十四条第二項に規定する指定居宅サービスの事業の設備及び運営に関する基準に従って適正な居宅サービス事業の運営をすることができないと認められるとき。

四　申請者が、禁錮以上の刑に処せられ、その執行を終わり、又は執行を受けることがなくなるまでの者であるとき。

五　申請者が、この法律その他国民の保健医療若しくは福祉に関する法律で政令で定めるものの規定により罰金の刑に処せられ、その執行を終わり、又は執行を受けることがなくな

るまでの者であるとき。

五の二　申請者が、労働に関する法律の規定であって政令で定めるものにより罰金の刑に処せられ、その執行を終わり、又は執行を受けることがなくなるまでの者であるとき。

五の三　申請者が、社会保険各法又は労働保険の保険料の徴収等に関する法律（昭和四十四年法律第八十四号）の定めるところにより納付義務を負う保険料、負担金又は掛金（地方税法の規定による国民健康保険税を含む。以下この号、第七十八条の二第四項第五号の三、第七十九条第二項第四号の三、第九十四条第三項第五号の三、第百七条第三項第七号、第百十五条の二第二項第五号の三、第百十五条の十二第二項第五号の三、第百十五条の二十二第二項第四号の三及び第二百三条第二項において「**保険料等**」という。）について、当該申請をした日の前日までに、これらの法律の規定に基づく滞納処分を受け、かつ、当該処分を受けた日から正当な理由なく三月以上の期間にわたり、当該処分を受けた日以降に納期限の到来した保険料等の全て（当該処分を受けた者が、当該処分に係る保険料等の納付義務を負うことを定める法律によって納付義務を負う保険料等に限る。第七十八条の二第四項第五号の三、第七十九条第二項第四号の三、第九十四条第三項第五号の三、第百七条第三項第七号、第百十五条の二第二項第五号の三、第百十五条の十二第二項第五号の三及び第百十五条の二十二第二項第四号の三において同じ。）を引き続き滞納している者であるとき。

六　申請者（特定施設入居者生活介護に係る指定の申請者を除く。）が、第七十七条第一項又は第百十五条の三十五第六項の規定により指定（特定施設入居者生活介護に係る指定を除く。）を取り消され、その取消しの日から起算して五年を経過しない者（当該指定を取り消された者が法人である場合においては、当該取消しの処分に係る行政手続法第十五条の規定による通知があった日前六十日以内に当該法人の役員（業務を執行する社員、取締役、執行役又はこれらに準ずる者をいい、相談役、顧問その他いかなる名称を有する者であるかを問わず、法人に対し業務を執行する社員、取締役、執行役又はこれらに準ずる者と同等以上の支配力を有するものと認められる者を含む。第五節及び第二百三条第二項において同じ。）又はその事業所を管理する者その他の政令で定める使用人（以下「**役員等**」という。）であった者で当該取消しの日から起算して五年を経過しないものを含み、当該指定を取り消された者が法人でない事業所である場合においては、当該通知があった日前六十日以内に当該事業所の管理者であった者で当該取消しの日から起算して五年を経過しないものを含む。）であるとき。ただし、当該指定の取消しが、指定居宅サービス事業者の指定の取消しのうち当該指定の取消しの処分の理由となった事実及び当該事実の発生を防止するための当該指定居宅サービス事業者による業務管理体制の整備についての取組の状況その他の当該事実に関して当該指定居宅サービス事業者が有していた責任の程度を考慮して、この号本文に規定する指定の取消しに該当しないこととすることが相当であると認められるものとして厚生労働省令で定めるものに該当する場合を除く。

六の二　申請者（特定施設入居者生活介護に係る指定の申請者に限る。）が、第七十七条第一項又は第百十五条の三十五第六項の規定により指定（特定施設入居者生活介護に係る指定に限る。）を取り消され、その取消しの日から起算して五年を経過しない者（当該指定を取り消された者が法人である場合においては、当該取消しの処分に係る行政手続法第十五条の規定による通知があった日前六十日以内に当該法人の役員等であった者で当該取消しの日から起算して五年を経過しないものを含み、当該指定を取り消された者が法人でない事業所である場合においては、当該通知があった日前六十日以内に当該事業所の管理者であった者で当該取消しの日から起算して五年を経過しないものを含む。）であるとき。ただし、当該指定の取消しが、指定居宅サービス事業者の指定の取消しのうち当該指定の取消しの処分の理由となった事実及び当該事実の発生を防止するための当該指定居宅サービス事業者による業務管理体制の整備についての取組の状況その他の当該事実に関して当該指定居宅サービス事業者が有していた責任の程度を考慮して、この号本文に規定する指定の取消しに該当しないこととすることが相当であると認められるものとして厚生労働省令で定めるものに該当する場合を除く。

六の三　申請者と密接な関係を有する者（申請者（法人に限る。以下この号において同じ。）の株式の所有その他の事由を通じて当該申請者の事業を実質的に支配し、若しくはその事業に重要な影響を与える関係にある者として厚生労働省令で定めるもの（以下この号において「申請者の親会社等」という。）、申請者の親会社等が株式の所有その他の事由を通じてその事業を実質的に支配し、若しくはその事業に重要な影響を与える関係にある者として厚生労働省令で定めるもの又は当該申請者が株式の所有その他の事由を通じてその事業を実質的に支配し、若しくはその事業に重要な影響を与える関係にある者として厚生労働省令で定めるもののうち、当該申請者と厚生労働省令で定める密接な関係を有する法人をいう。以下この章において同じ。）が、第七十七条第一項又は第百十五条の三十五第六項の規定により指定を取り消され、その取消しの日から起算して五年を経過していないとき。ただし、当該指定の取消しが、指定居宅サービス事業者の指定の取消しのうち当該指定の取消しの処分の理由となった事実及び当該事実の発生を防止するための当該指定居宅サービス事業者による業務管理体制の整備についての取組の状況その他の当該事実に関して当該指定居宅サービス事業者が有していた責任の程度を考慮して、この号本文に規定する指定の取消しに該当しないこととすることが相当であると認められるものとして厚生労働省令で定めるものに該当する場合を除く。

七　申請者が、第七十七条第一項又は第百十五条の三十五第六項の規定による指定の取消しの処分に係る行政手続法第十五条の規定による通知があった日から当該処分をする日又は処分をしないことを決定する日までの間に第七十五条第二項の規定による事業の廃止の届出をした者（当該事業の廃止について相当の理由がある者を除く。）で、当該届出の日から起算して五年を経過しないものであるとき。

七の二　申請者が、第七十六条第一項の規定による検査が行われた日から聴聞決定予定日（当該検査の結果に基づき第七十七条第一項の規定による指定の取消しの処分に係る聴聞を行うか否かの決定をすることが見込まれる日として厚生労働省令で定めるところにより都道府県知事が当該申請者に当該検査が行われた日から十日以内に特定の日を通知した場合における当該特定の日をいう。）までの間に第七十五条第二項の規定による事業の廃止の届出をした者（当該事業の廃止について相当の理由がある者を除く。）で、当該届出の日から起算して五年を経過しないものであるとき。

八　第七号に規定する期間内に第七十五条第二項の規定による事業の廃止の届出があった場合において、申請者が、同号の通知の日前六十日以内に当該届出に係る法人（当該事業の廃止について相当の理由がある法人を除く。）の役員等又は当該届出に係る法人でない事業所（当該事業の廃止について相当の理由があるものを除く。）の管理者であった者で、当該届出の日から起算して五年を経過しないものであるとき。

九　申請者が、指定の申請前五年以内に居宅サービス等に関し不正又は著しく不当な行為をした者であるとき。

十　申請者（特定施設入居者生活介護に係る指定の申請者を除く。）が、法人で、その役員等のうちに第四号から第六号まで又は第七号から前号までのいずれかに該当する者のあるものであるとき。

十の二　申請者（特定施設入居者生活介護に係る指定の申請者に限る。）が、法人で、その役員等のうちに第四号から第五号の三まで、第六号の二又は第七号から第九号までのいずれかに該当する者のあるものであるとき。

十一　申請者（特定施設入居者生活介護に係る指定の申請者を除く。）が、法人でない事業所で、その管理者が第四号から第六号まで又は第七号から第九号までのいずれかに該当する者であるとき。

十二　申請者（特定施設入居者生活介護に係る指定の申請者に限る。）が、法人でない事業所で、その管理者が第四号から第五号の三まで、第六号の二又は第七号から第九号までのいずれかに該当する者であるとき。

3　都道府県が前項第一号の条例を定めるに当たっては、厚生労働省令で定める基準に従い定めるものとする。

4　都道府県知事は、介護専用型特定施設入居者生活介護（介護専用型特定施設に入居している要介護者について行われる特定施設入居者生活介護をいう。以下同じ。）につき第一項の申請があった場合において、当該申請に係る事業所の所在地を含む区域（第百十八条第二項第一号の規定により当該都道府県が定める区域とする。）における介護専用型特定施設入居者生活介護の利用定員の総数及び地域密着型特定施設入居者生活介護の利用定員の総数の合計数が、同条第一項の規定により当該都道府県が定める都道府県介護保険事業支援計画において定めるその区域の介護専用型特定施設入居者生活介護の必要利用定員総数及び地域密着型特定施設入居者生活介護の必要利用定員総数の合計数に既に達しているか、又は当該申請に係る事業者の指定によってこれを超えることになると認めるとき、その他の当該都道府県介護保険事業支援計画の達成に支障を生ずるおそれがあると認めるときは、第四十一条第一項本文の指定をしないことができる。

5　都道府県知事は、混合型特定施設入居者生活介護（介護専用型特定施設以外の特定施設に入居している要介護者について行われる特定施設入居者生活介護をいう。以下同じ。）につき第一項の申請があった場合において、当該申請に係る事業所の所在地を含む区域（第百十八条第二項第一号の規定により当該都道府県が定める区域とする。）における混合型特定施設入居者生活介護の推定利用定員（厚生労働省令で定めるところにより算定した定員をいう。）の総数が、同条第一項の規定により当該都道府県が定める都道府県介護保険事業支援計画において定めるその区域の混合型特定施設入居者生活介護の必要利用定員総数に既に達しているか、又は当該申請に係る事業者の指定によってこれを超えることになると認めるとき、その他の当該都道府県介護保険事業支援計画の達成に支障を生ずるおそれがあると認めるときは、第四十一条第一項本文の指定をしないことができる。

6　都道府県知事は、第四十一条第一項本文の指定（特定施設入居者生活介護その他の厚生労働省令で定める居宅サービスに係るものに限る。）をしようとするときは、関係市町村長に対し、厚生労働省令で定める事項を通知し、相当の期間を指定して、当該関係市町村の第百十七条第一項に規定する市町村介護保険事業計画との調整を図る見地からの意見を求めなければならない。

7　関係市町村長は、厚生労働省令で定めるところにより、都道府県知事に対し、第四十一条第一項本文の指定（前項の厚生労働省令で定める居宅サービスに係るものを除く。次項において同じ。）について、当該指定をしようとするときは、あらかじめ、当該関係市町村長にその旨を通知するよう求めることができる。この場合において、当該都道府県知事は、その求めに応じなければならない。

8　関係市町村長は、前項の規定による通知を受けたときは、厚生労働省令で定めるところにより、第四十一条第一項本文の指定に関し、都道府県知事に対し、当該関係市町村の第百十七条第一項に規定する市町村介護保険事業計画との調整を図る見地からの意見を申し出ることができる。

9　都道府県知事は、第六項又は前項の意見を勘案し、第四十一条第一項本文の指定を行うに当たって、当該事業の適正な運営を確保するために必要と認める条件を付することができる。

10　市町村長は、第四十二条の二第一項本文の指定を受けて定期巡回・随時対応型訪問介護看護等（認知症対応型共同生活介護、地域密着型特定施設入居者生活介護及び地域密着型介護老人福祉施設入所者生活介護以外の地域密着型サービスであって、定期巡回・随時対応型訪問介護看護、小規模多機能型居宅介護その他の厚生労働省令で定めるものをいう。以下この条において同じ。）の事業を行う者の当該指定に係る当該事業を行う事業所（以下この項において「定期巡回・随時対応型訪問介護看護等事業所」という。）が当該市町村の区域にある場合その他の厚生労働省令で定める場合であって、次の各号のいずれかに該当すると認めるときは、都道府県知事に対し、訪問介護、通所介護その他の厚生労働省令で定める居宅サービス（当該市町村の区域に所在する事業所が行うものに限る。）に係る第四十一条第一項本文の指定について、厚生労働省令で定めるところにより、当該市町村が定める市町村介護保険事業計画（第百十七条第一項に規定する市町村介護保険事業計画をいう。以下この項において同じ。）において定める当該市町村又は当該定期巡回・随時対応型訪問介護看護等事業所の所在地を含む区域（第百十七条第二項第一号の規定により当該市町村が定める区域とする。以下この項において「日常生活圏域」という。）における定期巡回・随時対応型訪問介護看護等の見込量を確保するため必要な協議を求めることができる。この場合において、当該都道府県知事は、その求めに応じなければならない。

一　当該市町村又は当該日常生活圏域における居宅サービス（この項の規定により協議を行うものとされたものに限る。以下この号及び次項において同じ。）の種類ごとの量が、当該市町村が定める市町村介護保険事業計画において定める当該市町村又は当該日常生活圏域における当該居宅サービスの種類ごとの見込量に既に達しているか、又は第一項の申請に係る事業者の指定によってこれを超えることになるとき。

二　その他当該市町村介護保険事業計画の達成に支障を生ずるおそれがあるとき。

11　都道府県知事は、前項の規定による協議の結果に基づき、当該協議を求めた市町村長の管轄する区域に所在する事業所が行う居宅サービスにつき第一項の申請があった場合において、厚生労働省令で定める基準に従って、第四十一条第一項本文の指定をしないこととし、又は同項本文の指定を行うに当たって、定期巡回・随時対応型訪問介護看護等の事業の適正な運営を確保するために必要と認める条件を付することができる。

注　第七〇条は、令和四年六月一七日法律第六八号により次のように改正され、令和四年六月一七日から起算して三年を超えない範囲内において政令で定める日から施行される。

第七十条第二項第四号中「禁錮」を「拘禁刑」に改める。

（指定の更新）

第七〇条の二　第四十一条第一項本文の指定は、六年ごとにその更新を受けなければ、その期間の経過によって、その効力を失う。

2　前項の更新の申請があった場合において、同項の期間（以下この条において「指定の有効期間」という。）の満了の日までにその申請に対する処分がされないときは、従前の指定は、指定の有効期間の満了後もその処分がされるまでの間は、なおその効力を有する。

3　前項の場合において、指定の更新がされたときは、その指定の有効期間は、従前の指定の有効期間の満了の日の翌日から起算するものとする。

4　前条の規定は、第一項の指定の更新について準用する。

（指定の変更）

第七〇条の三　第四十一条第一項本文の指定を受けて特定施設入居者生活介護の事業を行う者は、同項本文の指定に係る特定施設入居者生活介護の利用定員を増加しようとするときは、あらかじめ、厚生労働省令で定めるところにより、当該特定施設入居者生活介護に係る同項本文の指定の変更を申請することができる。

2　第七十条第四項から第六項までの規定は、前項の指定の変更の申請があった場合について準用する。この場合において、同条第四項及び第五項中「指定をしない」とあるのは、「指定の変更を拒む」と読み替えるものとする。

（指定居宅サービス事業者の特例）

第七一条　病院等について、健康保険法第六十三条第三項第一号の規定による保険医療機関又は保険薬局の指定があったとき（同法第六十九条の規定により同号の指定があったものとみなされたときを含む。）は、その指定の時に、当該病院等の開設者について、当該病院等により行われる居宅サービス（病院又は診療所にあっては居宅療養管理指導その他厚生労働省令で定める種類の居宅サービスに限り、薬局にあっては居宅療養管理指導に限る。）に係る第四十一条第一項本文の指定があったものとみなす。ただし、当該病院等の開設者が、厚生労働省令で定めるところにより別段の申出をしたとき、又はその指定の時前に第七十七条第一項若しくは第百十五条の三十五第六項の規定により第四十一条第一項本文の指定を取り消されているときは、この限りでない。

2　前項の規定により指定居宅サービス事業者とみなされた者に係る第四十一条第一項本文の指定は、当該指定に係る病院等について、健康保険法第八十条の規定による保険医療機関又は保険薬局の指定の取消しがあったときは、その効力を失う。

第七十二条　介護老人保健施設又は介護医療院について、第九十四条第一項又は第百七条第一項の許可があったときは、その許可の時に、当該介護老人保健施設又は介護医療院の開設者について、当該介護老人保健施設又は介護医療院により行われる居宅サービス（短期入所療養介護その他厚生労働省令で定める居宅サービスの種類に限る。）に係る第四十一条第一項本文の指定があったものとみなす。ただし、当該介護老人保健施設又は介護医療院の開設者が、厚生労働省令で定めるところにより、別段の申出をしたときは、この限りでない。

2　前項の規定により指定居宅サービス事業者とみなされた者に係る第四十一条第一項本文の指定は、当該指定に係る介護老人保健施設又は介護医療院について、第九十四条の二第一項若しくは第百八条第一項の規定により許可の効力が失われたとき又は第百四条第一項、第百十四条の六第一項若しくは第百十五条の三十五第六項の規定により許可の取消しがあったときは、その効力を失う。

（**共生型居宅サービス事業者の特例**）

第七十二条の二　訪問介護、通所介護その他厚生労働省令で定める居宅サービスに係る事業所について、児童福祉法（昭和二十二年法律第百六十四号）第二十一条の五の三第一項の指定（当該事業所により行われる居宅サービスの種類に応じて厚生労働省令で定める種類の同法第六条の二の二第一項に規定する障害児通所支援（以下「**障害児通所支援**」という。）に係るものに限る。）又は障害者の日常生活及び社会生活を総合的に支援するための法律（平成十七年法律第百二十三号。以下「**障害者総合支援法**」という。）第二十九条第一項の指定障害福祉サービス事業者の指定（当該事業所により行われる居宅サービスの種類に応じて厚生労働省令で定める種類の障害者総合支援法第五条第一項に規定する障害福祉サービス（以下「**障害福祉サービス**」という。）に係るものに限る。）を受けている者から当該事業所に係る第七十条第一項（第七十条の二第四項において準用する場合を含む。）の申請があった場合において、次の各号のいずれにも該当するときにおける第七十条第二項（第七十条の二第四項において準用する場合を含む。以下この項において同じ。）の規定の適用については、第七十条第二項第二号中「第七十四条第一項の」とあるのは「第七十二条の二第一項第一号の指定居宅サービスに従事する従業者に係る」と、「同項」とあるのは「同号」と、同項第三号中「第七十四条第二項」とあるのは「第七十二条の二第一項第二号」とする。ただし、申請者が、厚生労働省令で定めるところにより、別段の申出をしたときは、この限りでない。

一　当該申請に係る事業所の従業者の知識及び技能並びに人員が、指定居宅サービスに従事する従業者に係る都道府県の条例で定める基準及び都道府県の条例で定める員数を満たしていること。

二　申請者が、都道府県の条例で定める指定居宅サービスの事業の設備及び運営に関する基準に従って適正な居宅サービス事業の運営をすることができると認められること。

2　都道府県が前項各号の条例を定めるに当たっては、第一号から第三号までに掲げる事項については厚生労働省令で定める基準に従い定めるものとし、第四号に掲げる事項については厚生労働省令で定める基準を標準として定めるものとし、その他の事項については厚生労働省令で定める基準を参酌するものとする。

一　指定居宅サービスに従事する従業者に係る基準及び当該従業者の員数

二　指定居宅サービスの事業に係る居室の床面積

三　指定居宅サービスの事業の運営に関する事項であって、利用する要介護者のサービスの適切な利用、適切な処遇及び安全の確保並びに秘密の保持等に密接に関連するものとして厚生労働省令で定めるもの

四　指定居宅サービスの事業に係る利用定員

3　厚生労働大臣は、前項に規定する厚生労働省令で定める基準（指定居宅サービスの取扱いに

関する部分に限る。）を定めようとするときは、あらかじめ社会保障審議会の意見を聴かなければならない。

4　第一項の場合において、同項に規定する者が同項の申請に係る第四十一条第一項本文の指定を受けたときは、その者に対しては、第七十四条第二項から第四項までの規定は適用せず、次の表の上欄に掲げる規定の適用については、これらの規定中同表の中欄に掲げる字句は、それぞれ同表の下欄に掲げる字句とする。

第四十一条第九項	第七十四条第二項	第七十二条の二第一項第二号
第七十三条第一項	次条第二項	前条第一項第二号
第七十四条第一項	都道府県の条例で定める基準に従い	第七十二条の二第一項第一号の指定居宅サービスに従事する従業者に係る都道府県の条例で定める基準に従い同号の
第七十六条の二第一項第二号	第七十四条第一項の	第七十二条の二第一項第一号の指定居宅サービスに従事する従業者に係る
	同項	同号
第七十六条の二第一項第三号	第七十四条第二項	第七十二条の二第一項第二号
第七十七条第一項第三号	第七十四条第一項の	第七十二条の二第一項第一号の指定居宅サービスに従事する従業者に係る
	同項	同号
第七十七条第一項第四号	第七十四条第二項	第七十二条の二第一項第二号

5　第一項に規定する者であって、同項の申請に係る第四十一条第一項本文の指定を受けたものから、児童福祉法第二十一条の五の三第一項に規定する指定通所支援の事業（当該指定に係る事業所において行うものに限る。）について同法第二十一条の五の二十第四項の規定による事業の廃止若しくは休止の届出があったとき又は障害者総合支援法第二十九条第一項に規定する指定障害福祉サービスの事業（当該指定に係る事業所において行うものに限る。）について障害者総合支援法第四十六条第二項の規定による事業の廃止若しくは休止の届出があったときは、当該指定に係る指定居宅サービスの事業について、第七十五条第二項の規定による事業の廃止又は休止の届出があったものとみなす。

（指定居宅サービスの事業の基準）

第七十三条　指定居宅サービス事業者は、次条第二項に規定する指定居宅サービスの事業の設備及び運営に関する基準に従い、要介護者の心身の状況等に応じて適切な指定居宅サービスを提供するとともに、自らその提供する指定居宅サービスの質の評価を行うことその他の措置を講ずることにより常に指定居宅サービスを受ける者の立場に立ってこれを提供するように努めなければならない。

2　指定居宅サービス事業者は、指定居宅サービスを受けようとする被保険者から提示された被保険者証に、第二十七条第七項第二号（第二十八条第四項及び第二十九条第二項において準用する場合を含む。）若しくは第三十二条第六項第二号（第三十三条第四項及び第三十三条の二第二項において準用する場合を含む。）に掲げる意見又は第三十条第一項後段若しくは第三十三条の三第一項後段に規定する意見（以下「**認定審査会意見**」という。）が記載されているときは、当該認定審査会意見に配慮して、当該被保険者に当該指定居宅サービスを提供するように努めなければならない。

第七十四条　指定居宅サービス事業者は、当該指定に係る事業所ごとに、都道府県の条例で定める基準に従い都道府県の条例で定める員数の当該指定居宅サービスに従事する従業者を有しなければならない。

2　前項に規定するもののほか、指定居宅サービスの事業の設備及び運営に関する基準は、都道府県の条例で定める。

3　都道府県が前二項の条例を定めるに当たっては、第一号から第三号までに掲げる事項については厚生労働省令で定める基準に従い定めるものとし、第四号に掲げる事項については厚生労働省令で定める基準を標準として定めるものとし、その他の事項については厚生労働省令で定める基準を参酌するものとする。

一　指定居宅サービスに従事する従業者に係る基準及び当該従業者の員数

二　指定居宅サービスの事業に係る居室、療養室及び病室の床面積

三　指定居宅サービスの事業の運営に関する事項であって、利用する要介護者のサービスの適切な利用、適切な処遇及び安全の確保並びに秘密の保持等に密接に関連するものとして厚生労働省令で定めるもの

四　指定居宅サービスの事業に係る利用定員

4　厚生労働大臣は、前項に規定する厚生労働省令で定める基準（指定居宅サービスの取扱いに関する部分に限る。）を定めようとするときは、あらかじめ社会保障審議会の意見を聴かなければならない。

5　指定居宅サービス事業者は、次条第二項の規定による事業の廃止又は休止の届出をしたときは、当該届出の日前一月以内に当該指定居宅サービスを受けていた者であって、当該事業の廃止又は休止の日以後においても引き続き当該指定居宅サービスに相当するサービスの提供を希望する者に対し、必要な居宅サービス等が継続的に提供されるよう、指定居宅介護支援事業者、他の指定居宅サービス事業者その他関係者との連絡調整その他の便宜の提供を行わなければならない。

6　指定居宅サービス事業者は、要介護者の人格を尊重するとともに、この法律又はこの法律に基づく命令を遵守し、要介護者のため忠実にその職務を遂行しなければならない。

第三節　指定地域密着型サービス事業者

（指定地域密着型サービス事業者の指定）

第七八条の二　第四十二条の二第一項本文の指定は、厚生労働省令で定めるところにより、地域密着型サービス事業を行う者（地域密着型介護老人福祉施設入所者生活介護を行う事業にあっては、老人福祉法第二十条の五に規定する特別養護老人ホームのうち、その入所定員が二十九人以下であって市町村の条例で定める数であるものの開設者）の申請により、地域密着型サービスの種類及び当該地域密着型サービスの種類に係る地域密着型サービス事業を行う事業所（第七十八条の十三第一項及び第七十八条の十四第一項を除き、以下この節において「**事業所**」という。）ごとに行い、当該指定をする市町村長がその長である市町村が行う介護保険の被保険者（特定地域密着型サービスに係る指定にあっては、当該市町村の区域内に所在する住所地特例対象施設に入所等をしている住所地特例適用要介護被保険者を含む。）に対する地域密着型介護サービス費及び特例地域密着型介護サービス費の支給について、その効力を有する。

2　市町村長は、第四十二条の二第一項本文の指定をしようとするときは、厚生労働省令で定めるところにより、あらかじめその旨を都道府県知事に届け出なければならない。

3　都道府県知事は、地域密着型特定施設入居者生活介護につき市町村長から前項の届出があった場合において、当該申請に係る事業所の所在地を含む区域（第百十八条第二項第一号の規定により当該都道府県が定める区域とする。）における介護専用型特定施設入居者生活介護の利用定員の総数及び地域密着型特定施設入居者生活介護の利用定員の総数の合計数が、同条第一項の規定により当該都道府県が定める都道府県介護保険事業支援計画において定めるその区域の介護専用型特定施設入居者生活介護の必要利用定員総数及び地域密着型特定施設入居者生活介護の必要利用定員総数の合計数に既に達しているか、又は当該申請に係る事業者の指定によってこれを超えることになると認めるとき、その他の当該都道府県介護保険事業支援計画の達成に支障を生ずるおそれがあると認めるときは、当該市町村長に対し、必要な助言又は勧告をすることができる。

4　市町村長は、第一項の申請があった場合において、次の各号（病院又は診療所により行われる複合型サービス（厚生労働省令で定めるものに限る。第六項において同じ。）に係る指定の申請にあっては、第六号の二、第六号の三、第十号及び第十二号を除く。）のいずれかに該当する

ときは、第四十二条の二第一項本文の指定をしてはならない。
一　申請者が市町村の条例で定める者でないとき。
二　当該申請に係る事業所の従業者の知識及び技能並びに人員が、第七十八条の四第一項の市町村の条例で定める基準若しくは同項の市町村の条例で定める員数又は同条第五項に規定する指定地域密着型サービスに従事する従業者に関する基準を満たしていないとき。
三　申請者が、第七十八条の四第二項又は第五項に規定する指定地域密着型サービスの事業の設備及び運営に関する基準に従って適正な地域密着型サービス事業の運営をすることができないと認められるとき。
四　当該申請に係る事業所が当該市町村の区域の外にある場合であって、その所在地の市町村長(以下この条において「所在地市町村長」という。)の同意を得ていないとき。
四の二　申請者が、禁錮以上の刑に処せられ、その執行を終わり、又は執行を受けることがなくなるまでの者であるとき。
五　申請者が、この法律その他国民の保健医療若しくは福祉に関する法律で政令で定めるものの規定により罰金の刑に処せられ、その執行を終わり、又は執行を受けることがなくなるまでの者であるとき。
五の二　申請者が、労働に関する法律の規定であって政令で定めるものにより罰金の刑に処せられ、その執行を終わり、又は執行を受けることがなくなるまでの者であるとき。
五の三　申請者が、保険料等について、当該申請をした日の前日までに、納付義務を定めた法律の規定に基づく滞納処分を受け、かつ、当該処分を受けた日から正当な理由なく三月以上の期間にわたり、当該処分を受けた日以降に納期限の到来した保険料等の全てを引き続き滞納している者であるとき。
六　申請者(認知症対応型共同生活介護、地域密着型特定施設入居者生活介護又は地域密着型介護老人福祉施設入所者生活介護に係る指定の申請者を除く。)が、第七十八条の十(第二号から第五号までを除く。)の規定により指定(認知症対応型共同生活介護、地域密着型特定施設入居者生活介護又は地域密着型介護老人福祉施設入所者生活介護に係る指定を除く。)を取り消され、その取消しの日から起算して五年を経過しない者(当該指定を取り消された者が法人である場合においては、当該取消しの処分に係る行政手続法第十五条の規定による通知があった日前六十日以内に当該法人の役員等であった者で当該取消しの日から起算して五年を経過しないものを含み、当該指定を取り消された者が法人でない事業所である場合においては、当該通知があった日前六十日以内に当該事業所の管理者であった者で当該取消しの日から起算して五年を経過しないものを含む。)であるとき。ただし、当該指定の取消しが、指定地域密着型サービス事業者の指定の取消しのうち当該指定の取消しの処分の理由となった事実及び当該事実の発生を防止するための当該指定地域密着型サービス事業者による業務管理体制の整備についての取組の状況その他の当該事実に関して当該指定地域密着型サービス事業者が有していた責任の程度を考慮して、この号本文に規定する指定の取消しに該当しないこととすることが相当であると認められるものとして厚生労働省令で定めるものに該当する場合を除く。
六の二　申請者(認知症対応型共同生活介護、地域密着型特定施設入居者生活介護又は地域密着型介護老人福祉施設入所者生活介護に係る指定の申請者に限る。)が、第七十八条の十(第二号から第五号までを除く。)の規定により指定(認知症対応型共同生活介護、地域密着型特定施設入居者生活介護又は地域密着型介護老人福祉施設入所者生活介護に係る指定に限る。)を取り消され、その取消しの日から起算して五年を経過しない者(当該指定を取り消された者が法人である場合においては、当該取消しの処分に係る行政手続法第十五条の規定による通知があった日前六十日以内に当該法人の役員等であった者で当該取消しの日から起算して五年を経過しないものを含み、当該指定を取り消された者が法人でない事業所である場合においては、当該通知があった日前六十日以内に当該事業所の管理者であった者で当該取消しの日から起算して五年を経過しないものを含む。)であるとき。ただし、当該指定の取消しが、指定地域密着型サービス事業者の指定の取消しのうち当該指定の取消しの処分の理由となった事実及び当該事実の発生を防止するための当該指定地域密着型サービス事業者による業務管理体制の整備についての取組の状況その他の当該事実に関して当該指定地域密着型サービス事業者が有していた責任の程度を考慮して、この号本文に規定する指定の取消しに該当しないこととすることが相当であると認められるものとして厚生労働省令で定めるものに該当する場合を除く。

六の三　申請者と密接な関係を有する者（地域密着型介護老人福祉施設入所者生活介護に係る指定の申請者と密接な関係を有する者を除く。）が、第七十八条の十（第二号から第五号までを除く。）の規定により指定を取り消され、その取消しの日から起算して五年を経過していないとき。ただし、当該指定の取消しが、指定地域密着型サービス事業者の指定の取消しのうち当該指定の取消しの処分の理由となった事実及び当該事実の発生を防止するための当該指定地域密着型サービス事業者による業務管理体制の整備についての取組の状況その他の当該事実に関して当該指定地域密着型サービス事業者が有していた責任の程度を考慮して、この号本文に規定する指定の取消しに該当しないこととすることが相当であると認められるものとして厚生労働省令で定めるものに該当する場合を除く。

七　申請者が、第七十八条の十（第二号から第五号までを除く。）の規定による指定の取消しの処分に係る行政手続法第十五条の規定による通知があった日から当該処分をする日又は処分をしないことを決定する日までの間に第七十八条の五第二項の規定による事業の廃止の届出をした者（当該事業の廃止について相当の理由がある者を除く。）又は第七十八条の八の規定による指定の辞退をした者（当該指定の辞退について相当の理由がある者を除く。）で、当該届出又は指定の辞退の日から起算して五年を経過しないものであるとき。

七の二　前号に規定する期間内に第七十八条の五第二項の規定による事業の廃止の届出又は第七十八条の八の規定による指定の辞退があった場合において、申請者が、同号の通知の日前六十日以内に当該届出に係る法人（当該事業の廃止について相当の理由がある法人を除く。）の役員等若しくは当該届出に係る法人でない事業所（当該事業の廃止について相当の理由があるものを除く。）の管理者であった者又は当該指定の辞退に係る法人（当該指定の辞退について相当の理由がある法人を除く。）の役員等若しくは当該指定の辞退に係る法人でない事業所（当該指定の辞退について相当の理由があるものを除く。）の管理者であった者で、当該届出又は指定の辞退の日から起算して五年を経過しないものであるとき。

八　申請者が、指定の申請前五年以内に居宅サービス等に関し不正又は著しく不当な行為をした者であるとき。

九　申請者（認知症対応型共同生活介護、地域密着型特定施設入居者生活介護又は地域密着型介護老人福祉施設入所者生活介護に係る指定の申請者を除く。）が、法人で、その役員等のうちに第四号の二から第六号まで又は前三号のいずれかに該当する者のあるものであるとき。

十　申請者（認知症対応型共同生活介護、地域密着型特定施設入居者生活介護又は地域密着型介護老人福祉施設入所者生活介護に係る指定の申請者に限る。）が、法人で、その役員等のうちに第四号の二から第五号の三まで、第六号の二又は第七号から第八号までのいずれかに該当する者のあるものであるとき。

十一　申請者（認知症対応型共同生活介護、地域密着型特定施設入居者生活介護又は地域密着型介護老人福祉施設入所者生活介護に係る指定の申請者を除く。）が、法人でない事業所で、その管理者が第四号の二から第六号まで又は第七号から第八号までのいずれかに該当する者であるとき。

十二　申請者（認知症対応型共同生活介護、地域密着型特定施設入居者生活介護又は地域密着型介護老人福祉施設入所者生活介護に係る指定の申請者に限る。）が、法人でない事業所で、その管理者が第四号の二から第五号の三まで、第六号の二又は第七号から第八号までのいずれかに該当する者であるとき。

5　市町村が前項第一号の条例を定めるに当たっ

ては、厚生労働省令で定める基準に従い定めるものとする。

6　市町村長は、第一項の申請があった場合において、次の各号（病院又は診療所により行われる複合型サービスに係る指定の申請にあっては、第一号の二、第一号の三、第三号の二及び第三号の四から第五号までを除く。）のいずれかに該当するときは、第四十二条の二第一項本文の指定をしないことができる。

一　申請者（認知症対応型共同生活介護、地域密着型特定施設入居者生活介護又は地域密着型介護老人福祉施設入所者生活介護に係る指定の申請者を除く。）が、第七十八条の十第二号から第五号までの規定により指定（認知症対応型共同生活介護、地域密着型特定施設入居者生活介護又は地域密着型介護老人福祉施設入所者生活介護に係る指定を除く。）を取り消され、その取消しの日から起算して五年を経過しない者（当該指定を取り消された者が法人である場合においては、当該取消しの処分に係る行政手続法第十五条の規定による通知があった日前六十日以内に当該法人の役員等であった者で当該取消しの日から起算して五年を経過しないものを含み、当該指定を取り消された者が法人でない事業所である場合においては、当該通知があった日前六十日以内に当該事業所の管理者であった者で当該取消しの日から起算して五年を経過しないものを含む。）であるとき。

一の二　申請者（認知症対応型共同生活介護、地域密着型特定施設入居者生活介護又は地域密着型介護老人福祉施設入所者生活介護に係る指定の申請者に限る。）が、第七十八条の十第二号から第五号までの規定により指定（認知症対応型共同生活介護、地域密着型特定施設入居者生活介護又は地域密着型介護老人福祉施設入所者生活介護に係る指定に限る。）を取り消され、その取消しの日から起算して五年を経過しない者（当該指定を取り消された者が法人である場合においては、当該取消しの処分に係る行政手続法第十五条の規定による通知があった日前六十日以内に当該法人の役員等であった者で当該取消しの日から起算して五年を経過しないものを含み、当該指定を取り消された者が法人でない事業所である場合においては、当該通知があった日前六十日以内に当該事業所の管理者であった者で当該取消しの日から起算して五年を経過しないものを含む。）であるとき。

一の三　申請者と密接な関係を有する者（地域密着型介護老人福祉施設入所者生活介護に係る指定の申請者と密接な関係を有する者を除く。）が、第七十八条の十第二号から第五号までの規定により指定を取り消され、その取消しの日から起算して五年を経過していないとき。

二　申請者が、第七十八条の十第二号から第五号までの規定による指定の取消しの処分に係る行政手続法第十五条の規定による通知があった日から当該処分をする日又は処分をしないことを決定する日までの間に第七十八条の五第二項の規定による事業の廃止の届出をした者（当該事業の廃止について相当の理由がある者を除く。）又は第七十八条の八の規定による指定の辞退をした者（当該指定の辞退について相当の理由がある者を除く。）で、当該届出又は指定の辞退の日から起算して五年を経過しないものであるとき。

二の二　申請者が、第七十八条の七第一項の規定による検査が行われた日から聴聞決定予定日（当該検査の結果に基づき第七十八条の十の規定による指定の取消しの処分に係る聴聞を行うか否かの決定をすることが見込まれる日として厚生労働省令で定めるところにより市町村長が当該申請者に当該検査が行われた日から十日以内に特定の日を通知した場合における当該特定の日をいう。）までの間に第七十八条の五第二項の規定による事業の廃止の届出をした者（当該事業の廃止について相当の理由がある者を除く。）又は第七十八条の八の規定による指定の辞退について相当の理由がある者を除く。）で、当該届出又は指定の辞退の日から起算して五年を経過しないものであるとき。

二の三　第二号に規定する期間内に第七十八条の五第二項の規定による事業の廃止の届出又は第七十八条の八の規定による指定の辞退があった場合において、申請者が、同号の通知の日前六十日以内に当該届出に係る法人（当該事業の廃止について相当の理由がある法人を除く。)の役員等若しくは当該届出に係る法人でない事業所(当該事業の廃止について相当の理由があるものを除く。)の管理者であった者又は当該指定の辞退に係る法人(当該指定の辞退について相当の理由がある法人を除く。)の役員等若しくは当該指定の辞退に係る法人でない事業所(当該指定の辞退について相当の理由があるものを除く。)の管理者であった者で、当該届出又は指定の辞退の日から起算して五年を経過しないものであるとき。

三　申請者(認知症対応型共同生活介護、地域密着型特定施設入居者生活介護又は地域密着型介護老人福祉施設入所者生活介護に係る指定の申請者を除く。)が、法人で、その役員等のうちに第一号又は前三号のいずれかに該当する者のあるものであるとき。

三の二　申請者(認知症対応型共同生活介護、地域密着型特定施設入居者生活介護又は地域密着型介護老人福祉施設入所者生活介護に係る指定の申請者に限る。)が、法人で、その役員等のうちに第一号の二又は第二号から第二号の三までのいずれかに該当する者のあるものであるとき。

三の三　申請者(認知症対応型共同生活介護、地域密着型特定施設入居者生活介護又は地域密着型介護老人福祉施設入所者生活介護に係る指定の申請者を除く。)が、法人でない事業所で、その管理者が第一号又は第二号から第二号の三までのいずれかに該当する者であるとき。

三の四　申請者(認知症対応型共同生活介護、地域密着型特定施設入居者生活介護又は地域密着型介護老人福祉施設入所者生活介護に係る指定の申請者に限る。)が、法人でない事業所で、その管理者が第一号の二又は第二号から第二号の三までのいずれかに該当する者であるとき。

四　認知症対応型共同生活介護、地域密着型特定施設入居者生活介護又は地域密着型介護老人福祉施設入所者生活介護につき第一項の申請があった場合において、当該市町村又は当該申請に係る事業所の所在地を含む区域(第百十七条第二項第一号の規定により当該市町村が定める区域とする。以下この号及び次号イにおいて「日常生活圏域」という。)における当該地域密着型サービスの利用定員の総数が、同条第一項の規定により当該市町村が定める市町村介護保険事業計画において定める当該市町村又は当該日常生活圏域における当該地域密着型サービスの必要利用定員総数に既に達しているか、又は当該申請に係る事業者の指定によってこれを超えることになると認めるとき、その他の当該市町村介護保険事業計画の達成に支障を生ずるおそれがあると認めるとき。

五　地域密着型通所介護その他の厚生労働省令で定める地域密着型サービスにつき第一項の申請があった場合において、第四十二条の二第一項本文の指定を受けて定期巡回・随時対応型訪問介護看護等(認知症対応型共同生活介護、地域密着型特定施設入居者生活介護及び地域密着型介護老人福祉施設入所者生活介護以外の地域密着型サービスであって、定期巡回・随時対応型訪問介護看護、小規模多機能型居宅介護その他の厚生労働省令で定めるものをいう。)の事業を行う者の当該指定に係る当該事業を行う事業所(イにおいて「定期巡回・随時対応型訪問介護看護等事業所」という。)が当該市町村の区域にある場合その他の厚生労働省令で定める場合に該当し、かつ、当該市町村長が次のいずれかに該当すると認めるとき。

イ　当該市町村又は当該定期巡回・随時対応型訪問介護看護等事業所の所在地を含む日常生活圏域における地域密着型サービス(地域密着型通所介護その他の厚生労働省令で定めるものに限る。以下このイにおいて同じ。)の種類ごとの量が、第百十七条第一項の規定により当該市町村が定める市町村介護保険事業計画において定める当該市町村又は当該日常生活圏域における当該地域密着型サービスの種類ごとの見込量に既に達しているか、又は当該申請に係る事業者の指定によってこれを超えることになるとき。

ロ　その他第百十七条第一項の規定により当該市町村が定める市町村介護保険事業計画の達成に支障を生ずるおそれがあるとき。

7　市町村長は、第四十二条の二第一項本文の指定を行おうとするとき、又は前項第四号若しくは第五号の規定により同条第一項本文の指定をしないこととするときは、あらかじめ、当該市町村が行う介護保険の被保険者その他の関係者の意見を反映させるために必要な措置を講ずるよう努めなければならない。

8　市町村長は、第四十二条の二第一項本文の指定を行うに当たって、当該事業の適正な運営を確保するために必要と認める条件を付することができる。

9　第一項の申請を受けた市町村長（以下この条において「被申請市町村長」という。）と所在地市町村長との協議により、第四項第四号の規定による同意を要しないことについて所在地市町村長の同意があるときは、同号の規定は適用しない。

10　前項の規定により第四項第四号の規定が適用されない場合であって、第一項の申請に係る事業所（所在地市町村長の管轄する区域にあるものに限る。）について、次の各号に掲げるときは、それぞれ当該各号に定める時に、当該申請者について、被申請市町村長による第四十二条の二第一項本文の指定があったものとみなす。

一　所在地市町村長が第四十二条の二第一項本文の指定をしたとき　当該指定がされた時

二　所在地市町村長による第四十二条の二第一項本文の指定がされているとき　被申請市町村長が当該事業所に係る地域密着型サービス事業を行う者から第一項の申請を受けた時

11　所在地市町村長による第四十二条の二第一項本文の指定の取消し若しくは効力の停止又は第七十八条の十二において準用する第七十条の二第一項若しくは第七十八条の十五第一項若しくは第三項（同条第五項において準用する場合を含む。）の規定による第四十二条の二第一項本文の指定の失効は、前項の規定により受けたものとみなされた被申請市町村長による第四十二条の二第一項本文の指定の効力に影響を及ぼさないものとする。

注　第七八条の二は、令和四年六月一七日法律第六八号により次のように改正され、令和四年六月一七日から起算して三年を超えない範囲内において政令で定める日から施行される。

第七十八条の二第四項第四号の二中「禁錮」を「拘禁刑」に改める。

（共生型地域密着型サービス事業者の特例）

第七八条の二の二　地域密着型通所介護その他厚生労働省令で定める地域密着型サービスに係る事業所について、児童福祉法第二十一条の五の三第一項の指定（当該事業所により行われる地域密着型サービスの種類に応じて厚生労働省令で定める種類の障害児通所支援に係るものに限る。）又は障害者総合支援法第二十九条第一項の指定障害福祉サービス事業者の指定（当該事業所により行われる地域密着型サービスの種類に応じて厚生労働省令で定める種類の障害福祉サービスに係るものに限る。）を受けている者から当該事業所に係る前条第一項（第七十八条の十二において準用する第七十条の二第四項において準用する場合を含む。）の申請があった場合において、次の各号のいずれにも該当するときにおける前条第四項（第七十八条の十二において準用する第七十条の二第四項において準用する場合を含む。以下この項において同じ。）の規定の適用については、前条第四項第二号中「第七十八条の四第一項の」とあるのは「次条第一項第一号の指定地域密着型サービスに従事する従業者に係る」と、「若しくは同項」とあるのは「又は同号」と、「員数又は同条第五項に規定する指定地域密着型サービスに従事する従業者に関する基準」とあるのは「員数」と、同項第三号中「第七十八条の四第二項又は第五項」とあるのは「次条第一項第二号」とする。ただし、申請者が、厚生労働省令で定めるところにより、別段の申出をしたときは、この限りでない。

一　当該申請に係る事業所の従業者の知識及び技能並びに人員が、指定地域密着型サービスに従事する従業者に係る市町村の条例で定める基準及び市町村の条例で定める員数を満たしていること。

二　申請者が、市町村の条例で定める指定地域密着型サービスの事業の設備及び運営に関する基準に従って適正な地域密着型サービス事業の運営をすることができると認められること。

2　市町村が前項各号の条例を定めるに当たっては、第一号から第四号までに掲げる事項については厚生労働省令で定める基準に従い定めるものとし、第五号に掲げる事項については厚生労働省令で定める基準を標準として定めるものとし、その他の事項については厚生労働省令で定める基準を参酌するものとする。

一　指定地域密着型サービスに従事する従業者に係る基準及び当該従業者の員数

二　指定地域密着型サービスの事業に係る居室の床面積

三　小規模多機能型居宅介護及び認知症対応型通所介護の事業に係る利用定員

四　指定地域密着型サービスの事業の運営に関する事項であって、利用する要介護者のサービスの適切な利用、適切な処遇及び安全の確保並びに秘密の保持等に密接に関連するものとして厚生労働省令で定めるもの

五　指定地域密着型サービスの事業（第三号に規定する事業を除く。）に係る利用定員

3　厚生労働大臣は、前項に規定する厚生労働省令で定める基準（指定地域密着型サービスの取扱いに関する部分に限る。）を定めようとするときは、あらかじめ社会保障審議会の意見を聴かなければならない。

4　第一項の場合において、同項に規定する者が同項の申請に係る第四十二条の二第一項本文の指定を受けたときは、その者に対しては、第七十八条の四第二項から第六項までの規定は適用せず、次の表の上欄に掲げる規定の適用については、これらの規定中同表の中欄に掲げる字句は、それぞれ同表の下欄に掲げる字句とする。

第四十二条の二第八項	第七十八条の四第二項又は第五項	第七十八条の二の二第一項第二号
第七十八条の三第一項	次条第二項又は第五項	前条第一項第二号
第七十八条の四第一項	市町村の条例で定める基準に従い	第七十八条の二の二第一項第一号の指定地域密着型サービスに従事する従業者に係る市町村の条例で定める基準に従い同号の
第七十八条の九第一項第二号	第七十八条の四第一項の	第七十八条の二の二第一項第一号の指定地域密着型サービスに従事する従業者に係る
	若しくは同項	又は同号
	員数又は同条第五項に規定する指定地域密着型サービスに従事する従業者に関する基準	員数
	若しくは当該市町村	又は当該市町村
	員数又は当該指定地域密着型サービスに従事する従業者に関する基準	員数
第七十八条の九第一項第三号	第七十八条の四第二項又は第五項	第七十八条の二の二第一項第二号
第七十八条の十第四号	第七十八条の四第一項の	第七十八条の二の二第一項第一号の指定地域密着型サービスに従事する従業者に係る
	若しくは同項	又は同号
	員数又は同条第五項に規定する指定地域密着型サービス	員数

	に従事する従業者に関する基準	
第七十八条の十第五号	第七十八条の四第二項又は第五項	第七十八条の二の二第一項第二号

5　第一項に規定する者であって、同項の申請に係る第四十二条の二第一項本文の指定を受けたものは、児童福祉法第二十一条の五の三第一項に規定する指定通所支援の事業（当該指定に係る事業所において行うものに限る。）又は障害者総合支援法第二十九条第一項に規定する指定障害福祉サービスの事業（当該指定に係る事業所において行うものに限る。）を廃止し、又は休止しようとするときは、厚生労働省令で定めるところにより、その廃止又は休止の日の一月前までに、その旨を当該指定を行った市町村長に届け出なければならない。この場合において、当該届出があったときは、当該指定に係る指定地域密着型サービスの事業について、第七十八条の五第二項の規定による事業の廃止又は休止の届出があったものとみなす。

（指定地域密着型サービスの事業の基準）

第七十八条の三　指定地域密着型サービス事業者は、次条第二項又は第五項に規定する指定地域密着型サービスの事業の設備及び運営に関する基準に従い、要介護者の心身の状況等に応じて適切な指定地域密着型サービスを提供するとともに、自らその提供する指定地域密着型サービスの質の評価を行うことその他の措置を講ずることにより常に指定地域密着型サービスを受ける者の立場に立ってこれを提供するように努めなければならない。

2　指定地域密着型サービス事業者は、指定地域密着型サービスを受けようとする被保険者から提示された被保険者証に、認定審査会意見が記載されているときは、当該認定審査会意見に配慮して、当該被保険者に当該指定地域密着型サービスを提供するように努めなければならない。

第七十八条の四　指定地域密着型サービス事業者は、当該指定に係る事業所ごとに、市町村の条例で定める基準に従い市町村の条例で定める員数の当該指定地域密着型サービスに従事する従業者を有しなければならない。

2　前項に規定するもののほか、指定地域密着型サービスの事業の設備及び運営に関する基準は、市町村の条例で定める。

3　市町村が前二項の条例を定めるに当たっては、第一号から第四号までに掲げる事項については厚生労働省令で定める基準に従い定めるものとし、第五号に掲げる事項については厚生労働省令で定める基準を標準として定めるものとし、その他の事項については厚生労働省令で定める基準を参酌するものとする。

一　指定地域密着型サービスに従事する従業者に係る基準及び当該従業者の員数

二　指定地域密着型サービスの事業に係る居室の床面積

三　認知症対応型通所介護の事業に係る利用定員

四　指定地域密着型サービスの事業の運営に関する事項であって、利用又は入所する要介護者のサービスの適切な利用、適切な処遇及び安全の確保並びに秘密の保持等に密接に関連するものとして厚生労働省令で定めるもの

五　指定地域密着型サービスの事業（第三号に規定する事業を除く。）に係る利用定員

4　厚生労働大臣は、前項に規定する厚生労働省令で定める基準（指定地域密着型サービスの取扱いに関する部分に限る。）を定めようとするときは、あらかじめ社会保障審議会の意見を聴かなければならない。

5　市町村は、第三項の規定にかかわらず、同項第一号から第四号までに掲げる事項については、厚生労働省令で定める範囲内で、当該市町村における指定地域密着型サービスに従事する従業者に関する基準及び指定地域密着型サービスの事業の設備及び運営に関する基準を定めることができる。

6　市町村は、前項の当該市町村における指定地域密着型サービスに従事する従業者に関する基準及び指定地域密着型サービスの事業の設備及び運営に関する基準を定めようとするときは、あらかじめ、当該市町村が行う介護保険の被保険者その他の関係者の意見を反映させ、及び学識経験を有する者の知見の活用を図るために必要な措置を講じなければならない。

7　指定地域密着型サービス事業者は、次条第二

項の規定による事業の廃止若しくは休止の届出をしたとき又は第七十八条の八の規定による指定の辞退をするときは、当該届出の日前一月以内に当該指定地域密着型サービス（地域密着型介護老人福祉施設入所者生活介護を除く。）を受けていた者又は同条に規定する予告期間の開始日の前日に当該地域密着型介護老人福祉施設入所者生活介護を受けていた者であって、当該事業の廃止若しくは休止の日又は当該指定の辞退の日以後においても引き続き当該指定地域密着型サービスに相当するサービスの提供を希望する者に対し、必要な居宅サービス等が継続的に提供されるよう、指定居宅介護支援事業者、他の指定地域密着型サービス事業者その他関係者との連絡調整その他の便宜の提供を行わなければならない。

8 指定地域密着型サービス事業者は、要介護者の人格を尊重するとともに、この法律又はこの法律に基づく命令を遵守し、要介護者のため忠実にその職務を遂行しなければならない。

第四節 指定居宅介護支援事業者

（指定居宅介護支援事業者の指定）

第七十九条 第四十六条第一項の指定は、厚生労働省令で定めるところにより、居宅介護支援事業を行う者の申請により、居宅介護支援事業を行う事業所（以下この節において単に「**事業所**」という。）ごとに行う。

2 市町村長は、前項の申請があった場合において、次の各号のいずれかに該当するときは、第四十六条第一項の指定をしてはならない。

一 申請者が市町村の条例で定める者でないとき。

二 当該申請に係る事業所の介護支援専門員の人員が、第八十一条第一項の市町村の条例で定める員数を満たしていないとき。

三 申請者が、第八十一条第二項に規定する指定居宅介護支援の事業の運営に関する基準に従って適正な居宅介護支援事業の運営をすることができないと認められるとき。

三の二 申請者が、禁錮以上の刑に処せられ、その執行を終わり、又は執行を受けることがなくなるまでの者であるとき。

四 申請者が、この法律その他国民の保健医療若しくは福祉に関する法律で政令で定めるものの規定により罰金の刑に処せられ、その執行を終わり、又は執行を受けることがなくなるまでの者であるとき。

四の二 申請者が、労働に関する法律の規定であって政令で定めるものにより罰金の刑に処せられ、その執行を終わり、又は執行を受けることがなくなるまでの者であるとき。

四の三 申請者が、保険料等について、当該申請をした日の前日までに、納付義務を定めた法律の規定に基づく滞納処分を受け、かつ、当該処分を受けた日から正当な理由なく三月以上の期間にわたり、当該処分を受けた日以降に納期限の到来した保険料等の全てを引き続き滞納している者であるとき。

五 申請者が、第八十四条第一項又は第百十五条の三十五第六項の規定により指定を取り消され、その取消しの日から起算して五年を経過しない者（当該指定を取り消された者が法人である場合においては、当該取消しの処分に係る行政手続法第十五条の規定による通知があった日前六十日以内に当該法人の役員等であった者で当該取消しの日から起算して五年を経過しないものを含み、当該指定を取り消された者が法人でない事業所である場合においては、当該通知があった日前六十日以内に当該事業所の管理者であった者で当該取消しの日から起算して五年を経過しないものを含む。）であるとき。ただし、当該指定の取消しが、指定居宅介護支援事業者の指定の取消しのうち当該指定の取消しの処分の理由となった事実及び当該事実の発生を防止するための当該指定居宅介護支援事業者による業務管理体制の整備についての取組の状況その他の当該事実に関して当該指定居宅介護支援事業者が有していた責任の程度を考慮して、この号本文に規定する指定の取消しに該当しないこととすることが相当であると認められるものとして厚生労働省令で定めるものに該当する場合を除く。

五の二 申請者と密接な関係を有する者が、第八十四条第一項又は第百十五条の三十五第六項の規定により指定を取り消され、その取消しの日から起算して五年を経過していないとき。ただし、当該指定の取消しが、指定居宅介護支援事業者の指定の取消しのうち当該指定の取消しの処分の理由となった事実及び当該事実の発生を防止するための当該指定居宅介護支援事業者による業務管理体制の整備についての取組の状況その他の当該事実に関して当該指定居宅介護支援事業者が有していた責任の程度を考慮して、この号本文に規定する指定の取消しに該当しないこととすることが相当であると認められるものとして厚生労働省令で定めるものに該当する場合を除く。

六　申請者が、第八十四条第一項又は第百十五条の三十五第六項の規定による指定の取消しの処分に係る行政手続法第十五条の規定による通知があった日から当該処分をする日又は処分をしないことを決定する日までの間に第八十二条第二項の規定による事業の廃止の届出をした者（当該事業の廃止について相当の理由がある者を除く。）で、当該届出の日から起算して五年を経過しないものであるとき。

六の二　申請者が、第八十三条第一項の規定による検査が行われた日から聴聞決定予定日（当該検査の結果に基づき第八十四条第一項の規定による指定の取消しの処分に係る聴聞を行うか否かの決定をすることが見込まれる日として厚生労働省令で定めるところにより市町村長が当該申請者に当該検査が行われた日から十日以内に特定の日を通知した場合における当該特定の日をいう。）までの間に第八十二条第二項の規定による事業の廃止の届出をした者（当該事業の廃止について相当の理由がある者を除く。）で、当該届出の日から起算して五年を経過しないものであるとき。

六の三　第六号に規定する期間内に第八十二条第二項の規定による事業の廃止の届出があった場合において、申請者が、同号の通知の日前六十日以内に当該届出に係る法人（当該事業の廃止について相当の理由がある法人を除く。）の役員等又は当該届出に係る法人でない事業所（当該事業の廃止について相当の理由があるものを除く。）の管理者であった者で、当該届出の日から起算して五年を経過しないものであるとき。

七　申請者が、指定の申請前五年以内に居宅サービス等に関し不正又は著しく不当な行為をした者であるとき。

八　申請者が、法人で、その役員等のうちに第三号の二から第五号まで又は第六号から前号までのいずれかに該当する者のあるものであるとき。

九　申請者が、法人でない事業所で、その管理者が第三号の二から第五号まで又は第六号から第七号までのいずれかに該当する者であるとき。

3　市町村が前項第一号の条例を定めるに当たっては、厚生労働省令で定める基準に従い定めるものとする。

注　第七九条は、令和四年六月一七日法律第六八号により次のように改正され、令和四年六月一七日から起算して三年を超えない範囲内において政令で定める日から施行される。

第七十九条第二項第三号の二中「禁錮」を「拘禁刑」に改める。

（指定の更新）

第七九条の二　第四十六条第一項の指定は、六年ごとにその更新を受けなければ、その期間の経過によって、その効力を失う。

2　前項の更新の申請があった場合において、同項の期間（以下この条において「指定の有効期間」という。）の満了の日までにその申請に対する処分がされないときは、従前の指定は、指定の有効期間の満了後もその処分がされるまでの間は、なおその効力を有する。

3　前項の場合において、指定の更新がされたときは、その指定の有効期間は、従前の指定の有効期間の満了の日の翌日から起算するものとする。

4　前条の規定は、第一項の指定の更新について準用する。

（指定居宅介護支援の事業の基準）

第八〇条　指定居宅介護支援事業者は、次条第二項に規定する指定居宅介護支援の事業の運営に関する基準に従い、要介護者の心身の状況等に応じて適切な指定居宅介護支援を提供するとともに、自らその提供する指定居宅介護支援の質の評価を行うことその他の措置を講ずることにより常に指定居宅介護支援を受ける者の立場に立ってこれを提供するように努めなければならない。

2　指定居宅介護支援事業者は、指定居宅介護支

援を受けようとする被保険者から提示された被保険者証に、認定審査会意見が記載されているときは、当該認定審査会意見に配慮して、当該被保険者に当該指定居宅介護支援を提供するように努めなければならない。

第八一条　指定居宅介護支援事業者は、当該指定に係る事業所ごとに、市町村の条例で定める員数の介護支援専門員を有しなければならない。

2　前項に規定するもののほか、指定居宅介護支援の事業の運営に関する基準は、市町村の条例で定める。

3　市町村が前二項の条例を定めるに当たっては、次に掲げる事項については厚生労働省令で定める基準に従い定めるものとし、その他の事項については厚生労働省令で定める基準を参酌するものとする。

一　指定居宅介護支援に従事する従業者に係る基準及び当該従業者の員数

二　指定居宅介護支援の事業の運営に関する事項であって、利用する要介護者のサービスの適切な利用、適切な処遇及び安全の確保並びに秘密の保持等に密接に関連するものとして厚生労働省令で定めるもの

4　厚生労働大臣は、前項に規定する厚生労働省令で定める基準（指定居宅介護支援の取扱いに関する部分に限る。）を定めようとするときは、あらかじめ社会保障審議会の意見を聴かなければならない。

5　指定居宅介護支援事業者は、次条第二項の規定による事業の廃止又は休止の届出をしたときは、当該届出の日前一月以内に当該指定居宅介護支援を受けていた者であって、当該事業の廃止又は休止の日以後においても引き続き当該指定居宅介護支援に相当するサービスの提供を希望する者に対し、必要な居宅サービス等が継続的に提供されるよう、他の指定居宅介護支援事業者その他関係者との連絡調整その他の便宜の提供を行わなければならない。

6　指定居宅介護支援事業者は、要介護者の人格を尊重するとともに、この法律又はこの法律に基づく命令を遵守し、要介護者のため忠実にその職務を遂行しなければならない。

第五節　介護保険施設

第一款　指定介護老人福祉施設

（指定介護老人福祉施設の指定）

第八六条　第四十八条第一項第一号の指定は、厚生労働省令で定めるところにより、老人福祉法第二十条の五に規定する特別養護老人ホームのうち、その入所定員が三十人以上であって都道府県の条例で定める数であるものの開設者の申請があったものについて行う。

2　都道府県知事は、前項の申請があった場合において、当該特別養護老人ホームが次の各号のいずれかに該当するときは、第四十八条第一項第一号の指定をしてはならない。

一　第八十八条第一項に規定する人員を有しないとき。

二　第八十八条第二項に規定する指定介護老人福祉施設の設備及び運営に関する基準に従って適正な介護老人福祉施設の運営をすることができないと認められるとき。

三　当該特別養護老人ホームの開設者が、この法律その他国民の保健医療若しくは福祉に関する法律で政令で定めるものの規定により罰金の刑に処せられ、その執行を終わり、又は執行を受けることがなくなるまでの者であるとき。

三の二　当該特別養護老人ホームの開設者が、労働に関する法律の規定であって政令で定めるものにより罰金の刑に処せられ、その執行を終わり、又は執行を受けることがなくなるまでの者であるとき。

三の三　当該特別養護老人ホームの開設者が、健康保険法、地方公務員等共済組合法、厚生年金保険法又は労働保険の保険料の徴収等に関する法律の定めるところにより納付義務を負う保険料、負担金又は掛金について、当該申請をした日の前日までに、これらの法律の規定に基づく滞納処分を受け、かつ、当該処分を受けた日から正当な理由なく三月以上の期間にわたり、当該処分を受けた日以降に納期限の到来した保険料、負担金又は掛金の全て（当該処分を受けた者が、当該処分に係る保険料、負担金又は掛金の納付義務を負うことを定める法律によって納付義務を負う保険料、負担金又は掛金に限る。）を引き続き滞納している者であるとき。

四　当該特別養護老人ホームの開設者が、第九十二条第一項又は第百十五条の三十五第六項の規定により指定を取り消され、その取消し

の日から起算して五年を経過しない者であるとき。ただし、当該指定の取消しが、指定介護老人福祉施設の指定の取消しのうち当該指定の取消しの処分の理由となった事実及び当該事実の発生を防止するための当該指定介護老人福祉施設の開設者による業務管理体制の整備についての取組の状況その他の当該事実に関して当該指定介護老人福祉施設の開設者が有していた責任の程度を考慮して、この号本文に規定する指定の取消しに該当しないこととすることが相当であると認められるものとして厚生労働省令で定めるものに該当する場合を除く。

五　当該特別養護老人ホームの開設者が、第九十二条第一項又は第百十五条の三十五第六項の規定による指定の取消しの処分に係る行政手続法第十五条の規定による通知があった日から当該処分をする日又は処分をしないことを決定する日までの間に第九十一条の規定による指定の辞退をした者（当該指定の辞退について相当の理由がある者を除く。）で、当該指定の辞退の日から起算して五年を経過しないものであるとき。

五の二　当該特別養護老人ホームの開設者が、第九十条第一項の規定による検査が行われた日から聴聞決定予定日（当該検査の結果に基づき第九十二条第一項の規定による指定の取消しの処分に係る聴聞を行うか否かの決定をすることが見込まれる日として厚生労働省令で定めるところにより都道府県知事が当該特別養護老人ホームの開設者に当該検査が行われた日から十日以内に特定の日を通知した場合における当該特定の日をいう。）までの間に第九十一条の規定による指定の辞退をした者（当該指定の辞退について相当の理由がある者を除く。）で、当該指定の辞退の日から起算して五年を経過しないものであるとき。

六　当該特別養護老人ホームの開設者が、指定の申請前五年以内に居宅サービス等に関し不正又は著しく不当な行為をした者であるとき。

七　当該特別養護老人ホームの開設者の役員又はその長のうちに次のいずれかに該当する者があるとき。

イ　禁錮以上の刑に処せられ、その執行を終わり、又は執行を受けることがなくなるまでの者

ロ　第三号、第三号の二又は前号に該当する者

ハ　この法律、国民健康保険法又は国民年金法の定めるところにより納付義務を負う保険料（地方税法の規定による国民健康保険税を含む。以下このハにおいて「保険料等」という。）について、当該申請をした日の前日までに、納付義務を定めた法律の規定に基づく滞納処分を受け、かつ、当該処分を受けた日から正当な理由なく三月以上の期間にわたり、当該処分を受けた日以降に納期限の到来した保険料等の全て（当該処分を受けた者が、当該処分に係る保険料等の納付義務を負うことを定める法律によって納付義務を負う保険料等に限る。）を引き続き滞納している者

ニ　第九十二条第一項又は第百十五条の三十五第六項の規定により指定を取り消された特別養護老人ホームにおいて、当該取消しの処分に係る行政手続法第十五条の規定による通知があった日前六十日以内にその開設者の役員又はその長であった者で当該取消しの日から起算して五年を経過しないもの（当該指定の取消しが、指定介護老人福祉施設の指定の取消しのうち当該指定の取消しの処分の理由となった事実及び当該事実の発生を防止するための当該指定介護老人福祉施設の開設者による業務管理体制の整備についての取組の状況その他の当該事実に関して当該指定介護老人福祉施設の開設者が有していた責任の程度を考慮して、この号に規定する指定の取消しに該当しないこととすることが相当であると認められるものとして厚生労働省令で定めるものに該当する場合を除く。）

ホ　第五号に規定する期間内に第九十一条の規定による指定の辞退をした特別養護老人ホーム（当該指定の辞退について相当の理由がある特別養護老人ホームを除く。）において、同号の通知の日前六十日以内にその開設者の役員又はその長であった者で当該指定の辞退の日から起算して五年を経過しないもの

3　都道府県知事は、第四十八条第一項第一号の指定をしようとするときは、関係市町村長に対し、厚生労働省令で定める事項を通知し、相当の期間を指定して、当該関係市町村の第百十七条第一項に規定する市町村介護保険事業計画との調整を図る見地からの意見を求めなければならない。

注　第八六条は、令和四年六月一七日法律第六八号により次のように改正され、令和四年六月一七日から起算して三年を超えない範囲内において政令で定める日から施行される。

第八十六条第二項第七号イ中「禁錮」を「拘禁刑」に改める。

（指定の更新）

第八六条の二　第四十八条第一項第一号の指定は、六年ごとにその更新を受けなければ、その期間の経過によって、その効力を失う。

2　前項の更新の申請があった場合において、同項の期間（以下この条において「指定の有効期間」という。）の満了の日までにその申請に対する処分がされないときは、従前の指定は、指定の有効期間の満了後もその処分がされるまでの間は、なおその効力を有する。

3　前項の場合において、指定の更新がされたときは、その指定の有効期間は、従前の指定の有効期間の満了の日の翌日から起算するものとする。

4　前条の規定は、第一項の指定の更新について準用する。

（指定介護老人福祉施設の基準）

第八七条　指定介護老人福祉施設の開設者は、次条第二項に規定する指定介護老人福祉施設の設備及び運営に関する基準に従い、要介護者の心身の状況等に応じて適切な指定介護福祉施設サービスを提供するとともに、自らその提供する指定介護福祉施設サービスの質の評価を行うことその他の措置を講ずることにより常に指定介護福祉施設サービスを受ける者の立場に立ってこれを提供するように努めなければならない。

2　指定介護老人福祉施設の開設者は、指定介護福祉施設サービスを受けようとする被保険者から提示された被保険者証に、認定審査会意見が記載されているときは、当該認定審査会意見に配慮して、当該被保険者に当該指定介護福祉施設サービスを提供するように努めなければならない。

第八八条　指定介護老人福祉施設は、都道府県の条例で定める員数の介護支援専門員その他の指定介護福祉施設サービスに従事する従業者を有しなければならない。

2　前項に規定するもののほか、指定介護老人福祉施設の設備及び運営に関する基準は、都道府県の条例で定める。

3　都道府県が前二項の条例を定めるに当たっては、次に掲げる事項については厚生労働省令で定める基準に従い定めるものとし、その他の事項については厚生労働省令で定める基準を参酌するものとする。

一　指定介護福祉施設サービスに従事する従業者及びその員数

二　指定介護老人福祉施設に係る居室の床面積

三　指定介護老人福祉施設の運営に関する事項であって、入所する要介護者のサービスの適切な利用、適切な処遇及び安全の確保並びに秘密の保持に密接に関連するものとして厚生労働省令で定めるもの

4　厚生労働大臣は、前項に規定する厚生労働省令で定める基準（指定介護福祉施設サービスの取扱いに関する部分に限る。）を定めようとするときは、あらかじめ社会保障審議会の意見を聴かなければならない。

5　指定介護老人福祉施設の開設者は、第九十一条の規定による指定の辞退をするときは、同条に規定する予告期間の開始日の前日に当該指定介護福祉施設サービスを受けていた者であって、当該指定の辞退の日以後においても引き続き当該指定介護福祉施設サービスに相当するサービスの提供を希望する者に対し、必要な居宅サービス等が継続的に提供されるよう、他の指定介護老人福祉施設の開設者その他関係者との連絡調整その他の便宜の提供を行わなければならない。

6　指定介護老人福祉施設の開設者は、要介護者の人格を尊重するとともに、この法律又はこの法律に基づく命令を遵守し、要介護者のため忠実にその職務を遂行しなければならない。

第二款　介護老人保健施設

（開設許可）

第九四条　介護老人保健施設を開設しようとする者は、厚生労働省令で定めるところにより、都道府県知事の許可を受けなければならない。

2　介護老人保健施設を開設した者が、当該介護老人保健施設の入所定員その他厚生労働省令で定める事項を変更しようとするときも、前項と同様とする。

3　都道府県知事は、前二項の許可の申請があった場合において、次の各号（前項の申請にあっては、第二号又は第三号）のいずれかに該当するときは、前二項の許可を与えることができない。

一　当該介護老人保健施設を開設しようとする者が、地方公共団体、医療法人、社会福祉法人その他厚生労働大臣が定める者でないとき。

二　当該介護老人保健施設が第九十七条第一項に規定する療養室、診察室及び機能訓練室並びに都道府県の条例で定める施設又は同条第二項の厚生労働省令及び都道府県の条例で定める人員を有しないとき。

三　第九十七条第三項に規定する介護老人保健施設の設備及び運営に関する基準に従って適正な介護老人保健施設の運営をすることができないと認められるとき。

四　申請者が、禁錮以上の刑に処せられ、その執行を終わり、又は執行を受けることがなくなるまでの者であるとき。

五　申請者が、この法律その他国民の保健医療若しくは福祉に関する法律で政令で定めるものの規定により罰金の刑に処せられ、その執行を終わり、又は執行を受けることがなくなるまでの者であるとき。

五の二　申請者が、労働に関する法律の規定であって政令で定めるものにより罰金の刑に処せられ、その執行を終わり、又は執行を受けることがなくなるまでの者であるとき。

五の三　申請者が、保険料等について、当該申請をした日の前日までに、納付義務を定めた法律の規定に基づく滞納処分を受け、かつ、当該処分を受けた日から正当な理由なく三月以上の期間にわたり、当該処分を受けた日以降に納期限の到来した保険料等の全てを引き続き滞納している者であるとき。

六　申請者が、第百四条第一項又は第百十五条の三十五第六項の規定により許可を取り消され、その取消しの日から起算して五年を経過しない者（当該許可を取り消された者が法人である場合においては、当該取消しの処分に係る行政手続法第十五条の規定による通知があった日前六十日以内に当該法人の役員又はその開設した介護老人保健施設の管理者であった者で当該取消しの日から起算して五年を経過しないものを含み、当該許可を取り消された者が第一号の厚生労働大臣が定める者のうち法人でないものである場合においては、当該通知があった日前六十日以内に当該者の開設した介護老人保健施設の管理者であった者で当該取消しの日から起算して五年を経過しないものを含む。）であるとき。ただし、当該許可の取消しが、介護老人保健施設の許可の取消しのうち当該許可の取消しの処分の理由となった事実及び当該事実の発生を防止するための当該介護老人保健施設の開設者による業務管理体制の整備についての取組の状況その他の当該事実に関して当該介護老人保健施設の開設者が有していた責任の程度を考慮して、この号本文に規定する許可の取消しに該当しないこととすることが相当であると認められるものとして厚生労働省令で定めるものに該当する場合を除く。

七　申請者が、第百四条第一項又は第百十五条の三十五第六項の規定による許可の取消しの処分に係る行政手続法第十五条の規定による通知があった日から当該処分をする日又は処分をしないことを決定する日までの間に第九十九条第二項の規定による廃止の届出をした者（当該廃止について相当の理由がある者を除く。）で、当該届出の日から起算して五年を経過しないものであるとき。

七の二　申請者が、第百条第一項の規定による検査が行われた日から聴聞決定予定日（当該検査の結果に基づき第百四条第一項の規定による許可の取消しの処分に係る聴聞を行うか否かの決定をすることが見込まれる日として厚生労働省令で定めるところにより都道府県知事が当該申請者に当該検査が行われた日から十日以内に特定の日を通知した場合における当該特定の日をいう。）までの間に第九十九条第二項の規定による廃止の届出をした者

（当該廃止について相当の理由がある者を除く。）で、当該届出の日から起算して五年を経過しないものであるとき。

八　第七号に規定する期間内に第九十九条第二項の規定による廃止の届出があった場合において、申請者が、同号の通知の日前六十日以内に当該届出に係る法人（当該廃止について相当の理由がある法人を除く。）の役員若しくはその開設した介護老人保健施設の管理者又は当該届出に係る第一号の厚生労働大臣が定める者のうち法人でないもの（当該廃止について相当の理由がある者を除く。）の開設した介護老人保健施設の管理者であった者で、当該届出の日から起算して五年を経過しないものであるとき。

九　申請者が、許可の申請前五年以内に居宅サービス等に関し不正又は著しく不当な行為をした者であるとき。

十　申請者が、法人で、その役員等のうちに第四号から前号までのいずれかに該当する者のあるものであるとき。

十一　申請者が、第一号の厚生労働大臣が定める者のうち法人でないもので、その事業所を管理する者その他の政令で定める使用人のうちに第四号から第九号までのいずれかに該当する者のあるものであるとき。

4　都道府県知事は、営利を目的として、介護老人保健施設を開設しようとする者に対しては、第一項の許可を与えないことができる。

5　都道府県知事は、第一項の許可又は第二項の許可（入所定員の増加に係るものに限る。以下この項及び次項において同じ。）の申請があった場合において、当該申請に係る施設の所在地を含む区域（第百十八条第二項第一号の規定により当該都道府県が定める区域とする。）における介護老人保健施設の入所定員の総数が、同条第一項の規定により当該都道府県が定める都道府県介護保険事業支援計画において定めるその区域の介護老人保健施設の必要入所定員総数に既に達しているか、又は当該申請に係る施設の開設若しくは入所定員の増加によってこれを超えることになると認めるとき、その他の当該都道府県介護保険事業支援計画の達成に支障を生ずるおそれがあると認めるときは、第一項の許可又は第二項の許可を与えないことができる。

6　都道府県知事は、第一項の許可又は第二項の許可をしようとするときは、関係市町村長に対し、厚生労働省令で定める事項を通知し、相当の期間を指定して、当該関係市町村の第百十七条第一項に規定する市町村介護保険事業計画との調整を図る見地からの意見を求めなければならない。

注　第九四条は、令和四年六月一七日法律第六八号により次のように改正され、令和四年六月一七日から起算して三年を超えない範囲内において政令で定める日から施行される。

　第九十四条第三項第四号中「禁錮」を「拘禁刑」に改める。

（許可の更新）

第九四条の二　前条第一項の許可は、六年ごとにその更新を受けなければ、その期間の経過によって、その効力を失う。

2　前項の更新の申請があった場合において、同項の期間（以下この条において「許可の有効期間」という。）の満了の日までにその申請に対する処分がされないときは、従前の許可は、許可の有効期間の満了後もその処分がされるまでの間は、なおその効力を有する。

3　前項の場合において、許可の更新がされたときは、その許可の有効期間は、従前の許可の有効期間の満了の日の翌日から起算するものとする。

4　前条の規定は、第一項の許可の更新について準用する。

（介護老人保健施設の基準）

第九六条　介護老人保健施設の開設者は、次条第三項に規定する介護老人保健施設の設備及び運営に関する基準に従い、要介護者の心身の状況等に応じて適切な介護保健施設サービスを提供するとともに、自らその提供する介護保健施設サービスの質の評価を行うことその他の措置を講ずることにより常に介護保健施設サービスを受ける者の立場に立ってこれを提供するように努めなければならない。

2　介護老人保健施設の開設者は、介護保健施設サービスを受けようとする被保険者から提示された被保険者証に、認定審査会意見が記載されているときは、当該認定審査会意見に配慮して、当該被保険者に当該介護保健施設サービスを提供するように努めなければならない。

第九十七条　介護老人保健施設は、厚生労働省令で定めるところにより療養室、診察室及び機能訓練室を有するほか、都道府県の条例で定める施設を有しなければならない。

2　介護老人保健施設は、厚生労働省令で定める員数の医師及び看護師のほか、都道府県の条例で定める員数の介護支援専門員及び介護その他の業務に従事する従業者を有しなければならない。

3　前二項に規定するもののほか、介護老人保健施設の設備及び運営に関する基準は、都道府県の条例で定める。

4　都道府県が前三項の条例を定めるに当たっては、次に掲げる事項については厚生労働省令で定める基準に従い定めるものとし、その他の事項については厚生労働省令で定める基準を参酌するものとする。

一　介護支援専門員及び介護その他の業務に従事する従業者並びにそれらの員数

二　介護老人保健施設の運営に関する事項であって、入所する要介護者のサービスの適切な利用、適切な処遇及び安全の確保並びに秘密の保持に密接に関連するものとして厚生労働省令で定めるもの

5　厚生労働大臣は、前項に規定する厚生労働省令で定める基準（介護保健施設サービスの取扱いに関する部分に限る。）を定めようとするときは、あらかじめ社会保障審議会の意見を聴かなければならない。

6　介護老人保健施設の開設者は、第九十九条第二項の規定による廃止又は休止の届出をしたときは、当該届出の日の前日に当該介護保健施設サービスを受けていた者であって、当該廃止又は休止の日以後においても引き続き当該介護保健施設サービスに相当するサービスの提供を希望する者に対し、必要な居宅サービス等が継続的に提供されるよう、他の介護老人保健施設の開設者その他関係者との連絡調整その他の便宜の提供を行わなければならない。

7　介護老人保健施設の開設者は、要介護者の人格を尊重するとともに、この法律又はこの法律に基づく命令を遵守し、要介護者のため忠実にその職務を遂行しなければならない。

第三款　介護医療院

（開設許可）

第一〇七条　介護医療院を開設しようとする者は、厚生労働省令で定めるところにより、都道府県知事の許可を受けなければならない。

2　介護医療院を開設した者が、当該介護医療院の入所定員その他厚生労働省令で定める事項を変更しようとするときも、前項と同様とする。

3　都道府県知事は、前二項の許可の申請があった場合において、次の各号（前項の申請にあっては、第二号又は第三号）のいずれかに該当するときは、前二項の許可を与えることができない。

一　当該介護医療院を開設しようとする者が、地方公共団体、医療法人、社会福祉法人その他厚生労働大臣が定める者でないとき。

二　当該介護医療院が第百十一条第一項に規定する療養室、診察室、処置室及び機能訓練室並びに都道府県の条例で定める施設又は同条第二項の厚生労働省令及び都道府県の条例で定める人員を有しないとき。

三　第百十一条第三項に規定する介護医療院の設備及び運営に関する基準に従って適正な介護医療院の運営をすることができないと認められるとき。

四　申請者が、禁錮以上の刑に処せられ、その執行を終わり、又は執行を受けることがなくなるまでの者であるとき。

五　申請者が、この法律その他国民の保健医療若しくは福祉に関する法律で政令で定めるものの規定により罰金の刑に処せられ、その執行を終わり、又は執行を受けることがなくなるまでの者であるとき。

六　申請者が、労働に関する法律の規定であって政令で定めるものにより罰金の刑に処せられ、その執行を終わり、又は執行を受けることがなくなるまでの者であるとき。

七　申請者が、保険料等について、当該申請をした日の前日までに、納付義務を定めた法律の規定に基づく滞納処分を受け、かつ、当該処分を受けた日から正当な理由なく三月以上の期間にわたり、当該処分を受けた日以降に納期限の到来した保険料等の全てを引き続き滞納している者であるとき。

八　申請者が、第百十四条の六第一項又は第百

十五条の三十五第六項の規定により許可を取り消され、その取消しの日から起算して五年を経過しない者（当該許可を取り消された者が法人である場合においては、当該取消しの処分に係る行政手続法第十五条の規定による通知があった日前六十日以内に当該法人の役員又はその開設した介護医療院の管理者であった者で当該取消しの日から起算して五年を経過しないものを含み、当該許可を取り消された者が第一号の厚生労働大臣が定める者のうち法人でないものである場合においては、当該通知があった日前六十日以内に当該者の開設した介護医療院の管理者であった者で当該取消しの日から起算して五年を経過しないものを含む。）であるとき。ただし、当該許可の取消しが、介護医療院の許可の取消しのうち当該許可の取消しの処分の理由となった事実及び当該事実の発生を防止するための当該介護医療院の開設者による業務管理体制の整備についての取組の状況その他の当該事実に関して当該介護医療院の開設者が有していた責任の程度を考慮して、この号本文に規定する許可の取消しに該当しないこととすることが相当であると認められるものとして厚生労働省令で定めるものに該当する場合を除く。

九　申請者が、第百十四条の六第一項又は第百十五条の三十五第六項の規定による許可の取消しの処分に係る行政手続法第十五条の規定による通知があった日から当該処分をする日又は処分をしないことを決定する日までの間に第百十三条第二項の規定による廃止の届出をした者（当該廃止について相当の理由がある者を除く。）で、当該届出の日から起算して五年を経過しないものであるとき。

十　申請者が、第百十四条の二第一項の規定による検査が行われた日から聴聞決定予定日（当該検査の結果に基づき第百十四条の六第一項の規定による許可の取消しの処分に係る聴聞を行うか否かの決定をすることが見込まれる日として厚生労働省令で定めるところにより都道府県知事が当該申請者に当該検査が行われた日から十日以内に特定の日を通知した場合における当該特定の日をいう。）までの間に第百十三条第二項の規定による廃止の届出をした者（当該廃止について相当の理由がある者を除く。）で、当該届出の日から起算して五年を経過しないものであるとき。

十一　第九号に規定する期間内に第百十三条第二項の規定による廃止の届出があった場合において、申請者が、同号の通知の日前六十日以内に当該届出に係る法人（当該廃止について相当の理由がある法人を除く。）の役員若しくはその開設した介護医療院の管理者又は当該届出に係る第一号の厚生労働大臣が定める者のうち法人でないもの（当該廃止について相当の理由がある者を除く。）の開設した介護医療院の管理者であった者で、当該届出の日から起算して五年を経過しないものであるとき。

十二　申請者が、許可の申請前五年以内に居宅サービス等に関し不正又は著しく不当な行為をした者であるとき。

十三　申請者が、法人で、その役員等のうちに第四号から前号までのいずれかに該当する者のあるものであるとき。

十四　申請者が、第一号の厚生労働大臣が定める者のうち法人でないもので、その事業所を管理する者その他の政令で定める使用人のうちに第四号から第十二号までのいずれかに該当する者のあるものであるとき。

4　都道府県知事は、営利を目的として、介護医療院を開設しようとする者に対しては、第一項の許可を与えないことができる。

5　都道府県知事は、第一項の許可又は第二項の許可（入所定員の増加に係るものに限る。以下この項及び次項において同じ。）の申請があった場合において、当該申請に係る施設の所在地を含む区域（第百十八条第二項第一号の規定により当該都道府県が定める区域とする。）における介護医療院の入所定員の総数が、同条第一項の規定により当該都道府県が定める都道府県介護保険事業支援計画において定めるその区域の介護医療院の必要入所定員総数に既に達しているか、又は当該申請に係る施設の開設若しくは入所定員の増加によってこれを超えることになると認めるとき、その他の当該都道府県介護保険事業支援計画の達成に支障を生ずるおそれがあると認めるときは、第一項の許可又は第二項の許可を与えないことができる。

6　都道府県知事は、第一項の許可又は第二項の許可をしようとするときは、関係市町村長に対し、厚生労働省令で定める事項を通知し、相当の期間を指定して、当該関係市町村の第百十七条第一項に規定する市町村介護保険事業計画との調整を図る見地からの意見を求めなければならない。

注　第一〇七条は、令和四年六月一七日法律第六八号により次のように改正され、令和四年六月一七日から起算して三年を超えない範囲内において政令で定める日から施行される。
　第百七条第三項第四号中「禁錮」を「拘禁刑」に改める。

（許可の更新）

第一〇八条　前条第一項の許可は、六年ごとにその更新を受けなければ、その期間の経過によって、その効力を失う。

2　前項の更新の申請があった場合において、同項の期間（以下この条において「許可の有効期間」という。）の満了の日までにその申請に対する処分がされないときは、従前の許可は、許可の有効期間の満了後もその処分がされるまでの間は、なおその効力を有する。

3　前項の場合において、許可の更新がされたときは、その許可の有効期間は、従前の許可の有効期間の満了の日の翌日から起算するものとする。

4　前条の規定は、第一項の許可の更新について準用する。

（介護医療院の管理）

第一〇九条　介護医療院の開設者は、都道府県知事の承認を受けた医師に当該介護医療院を管理させなければならない。

2　前項の規定にかかわらず、介護医療院の開設者は、都道府県知事の承認を受け、医師以外の者に当該介護医療院を管理させることができる。

（介護医療院の基準）

第一一〇条　介護医療院の開設者は、次条第三項に規定する介護医療院の設備及び運営に関する基準に従い、要介護者の心身の状況等に応じて適切な介護医療院サービスを提供するとともに、自らその提供する介護医療院サービスの質の評価を行うことその他の措置を講ずることにより常に介護医療院サービスを受ける者の立場に立ってこれを提供するように努めなければならない。

2　介護医療院の開設者は、介護医療院サービスを受けようとする被保険者から提示された被保険者証に、認定審査会意見が記載されているときは、当該認定審査会意見に配慮して、当該被保険者に当該介護医療院サービスを提供するように努めなければならない。

第一一一条　介護医療院は、厚生労働省令で定めるところにより療養室、診察室、処置室及び機能訓練室を有するほか、都道府県の条例で定める施設を有しなければならない。

2　介護医療院は、厚生労働省令で定める員数の医師及び看護師のほか、都道府県の条例で定める員数の介護支援専門員及び介護その他の業務に従事する従業者を有しなければならない。

3　前二項に規定するもののほか、介護医療院の設備及び運営に関する基準は、都道府県の条例で定める。

4　都道府県が前三項の条例を定めるに当たっては、次に掲げる事項については厚生労働省令で定める基準に従い定めるものとし、その他の事項については厚生労働省令で定める基準を参酌するものとする。

一　介護支援専門員及び介護その他の業務に従事する従業者並びにそれらの員数

二　介護医療院の運営に関する事項であって、入所する要介護者のサービスの適切な利用、適切な処遇及び安全の確保並びに秘密の保持に密接に関連するものとして厚生労働省令で定めるもの

5　厚生労働大臣は、前項に規定する厚生労働省令で定める基準（介護医療院サービスの取扱いに関する部分に限る。）を定めようとするときは、あらかじめ社会保障審議会の意見を聴かなければならない。

6　介護医療院の開設者は、第百十三条第二項の規定による廃止又は休止の届出をしたときは、当該届出の日の前日に当該介護医療院サービスを受けていた者であって、当該廃止又は休止の日以後においても引き続き当該介護医療院サービスに相当するサービスの提供を希望する者に対し、必要な居宅サービス等が継続的に提供されるよう、他の介護医療院の開設者その他関係

ればならない。

7　介護医療院の開設者は、要介護者の人格を尊重するとともに、この法律又はこの法律に基づく命令を遵守し、要介護者のため忠実にその職務を遂行しなければならない。

第六節　指定介護予防サービス事業者

（指定介護予防サービス事業者の指定）

第一一五条の二　第五十三条第一項本文の指定は、厚生労働省令で定めるところにより、介護予防サービス事業を行う者の申請により、介護予防サービスの種類及び当該介護予防サービスの種類に係る介護予防サービス事業を行う事業所（以下この節において「**事業所**」という。）ごとに行う。

2　都道府県知事は、前項の申請があった場合において、次の各号（病院等により行われる介護予防居宅療養管理指導又は病院若しくは診療所により行われる介護予防訪問看護、介護予防訪問リハビリテーション、介護予防通所リハビリテーション若しくは介護予防短期入所療養介護に係る指定の申請にあっては、第六号の二、第六号の三、第十号の二及び第十二号を除く。）のいずれかに該当するときは、第五十三条第一項本文の指定をしてはならない。

一　申請者が都道府県の条例で定める者でないとき。

二　当該申請に係る事業所の従業者の知識及び技能並びに人員が、第百十五条の四第一項の都道府県の条例で定める基準及び同項の都道府県の条例で定める員数を満たしていないとき。

三　申請者が、第百十五条の四第二項に規定する指定介護予防サービスに係る介護予防のための効果的な支援の方法に関する基準又は指定介護予防サービスの事業の設備及び運営に関する基準に従って適正な介護予防サービス事業の運営をすることができないと認められるとき。

四　申請者が、禁錮以上の刑に処せられ、その執行を終わり、又は執行を受けることがなくなるまでの者であるとき。

五　申請者が、この法律その他国民の保健医療若しくは福祉に関する法律で政令で定めるものの規定により罰金の刑に処せられ、その執行を終わり、又は執行を受けることがなくなるまでの者であるとき。

五の二　申請者が、労働に関する法律の規定であって政令で定めるものにより罰金の刑に処せられ、その執行を終わり、又は執行を受けることがなくなるまでの者であるとき。

五の三　申請者が、保険料等について、当該申請をした日の前日までに、納付義務を定めた法律の規定に基づく滞納処分を受け、かつ、当該処分を受けた日から正当な理由なく三月以上の期間にわたり、当該処分を受けた日以降に納期限の到来した保険料等の全てを引き続き滞納している者であるとき。

六　申請者（介護予防特定施設入居者生活介護に係る指定の申請者を除く。）が、第百十五条の九第一項又は第百十五条の三十五第六項の規定により指定（介護予防特定施設入居者生活介護に係る指定を除く。）を取り消され、その取消しの日から起算して五年を経過しない者（当該指定を取り消された者が法人である場合においては、当該取消しの処分に係る行政手続法第十五条の規定による通知があった日前六十日以内に当該法人の役員等であった者で当該取消しの日から起算して五年を経過しないものを含み、当該指定を取り消された者が法人でない事業所である場合においては、当該通知があった日前六十日以内に当該事業所の管理者であった者で当該取消しの日から起算して五年を経過しないものを含む。）であるとき。ただし、当該指定の取消しが、指定介護予防サービス事業者の指定の取消しのうち当該指定の取消しの処分の理由となった事実及び当該事実の発生を防止するための当該指定介護予防サービス事業者による業務管理体制の整備についての取組の状況その他の当該事実に関して当該指定介護予防サービス事業者が有していた責任の程度を考慮して、この号本文に規定する指定の取消しに該当しないこととすることが相当であると認められるものとして厚生労働省令で定めるものに該当する場合を除く。

六の二　申請者（介護予防特定施設入居者生活介護に係る指定の申請者に限る。）が、第百十五条の九第一項又は第百十五条の三十五第六項の規定により指定（介護予防特定施設入居者生活介護に係る指定に限る。）を取り消され、その取消しの日から起算して五年を経過しない者（当該指定を取り消された者が法人である場合においては、当該取消しの処分に係る行政手続法第十五条の規定による通知があった日前六十日以内に当該法人の役員等であった者で当該取消しの日から起算して五年を経過しないものを含み、当該指定を取り消された者が法人でない事業所である場合においては、当該通知があった日前六十日以内に当該事業所の管理者であった者で当該取消しの日から起算して五年を経過しないものを含む。）であるとき。ただし、当該指定の取消しが、指定介護予防サービス事業者の指定の取消しのうち当該指定の取消しの処分の理由となった事実及び当該事実の発生を防止するための当該指定介護予防サービス事業者による業務管理体制の整備についての取組の状況その他の当該事実に関して当該指定介護予防サービス事業者が有していた責任の程度を考慮して、この号本文に規定する指定の取消しに該当しないこととすることが相当であると認められるものとして厚生労働省令で定めるものに該当する場合を除く。

六の三　申請者と密接な関係を有する者が、第百十五条の九第一項又は第百十五条の三十五第六項の規定により指定を取り消され、その取消しの日から起算して五年を経過していないとき。ただし、当該指定の取消しが、指定介護予防サービス事業者の指定の取消しのうち当該指定の取消しの処分の理由となった事実及び当該事実の発生を防止するための当該指定介護予防サービス事業者による業務管理体制の整備についての取組の状況その他の当該事実に関して当該指定介護予防サービス事業者が有していた責任の程度を考慮して、この号本文に規定する指定の取消しに該当しないこととすることが相当であると認められるものとして厚生労働省令で定めるものに該当する場合を除く。

七　申請者が、第百十五条の九第一項又は第百十五条の三十五第六項の規定による指定の取消しの処分に係る行政手続法第十五条の規定による通知があった日から当該処分をする日又は処分をしないことを決定する日までの間に第百十五条の五第二項の規定による事業の廃止の届出をした者（当該事業の廃止について相当の理由がある者を除く。）で、当該届出の日から起算して五年を経過しないものであるとき。

七の二　申請者が、第百十五条の七第一項の規定による検査が行われた日から聴聞決定予定日（当該検査の結果に基づき第百十五条の九第一項の規定による指定の取消しの処分に係る聴聞を行うか否かの決定をすることが見込まれる日として厚生労働省令で定めるところにより都道府県知事が当該申請者に当該検査が行われた日から十日以内に特定の日を通知した場合における当該特定の日をいう。）までの間に第百十五条の五第二項の規定による事業の廃止の届出をした者（当該事業の廃止について相当の理由がある者を除く。）で、当該届出の日から起算して五年を経過しないものであるとき。

八　第七号に規定する期間内に第百十五条の五第二項の規定による事業の廃止の届出があった場合において、申請者が、同号の通知の日前六十日以内に当該届出に係る法人（当該事業の廃止について相当の理由がある法人を除く。）の役員等又は当該届出に係る法人でない事業所（当該事業の廃止について相当の理由があるものを除く。）の管理者であった者で、当該届出の日から起算して五年を経過しないものであるとき。

九　申請者が、指定の申請前五年以内に居宅サービス等に関し不正又は著しく不当な行為をした者であるとき。

十　申請者（介護予防特定施設入居者生活介護に係る指定の申請者を除く。）が、法人で、その役員等のうちに第四号から第六号まで又は第七号から前号までのいずれかに該当する者のあるものであるとき。

十の二　申請者（介護予防特定施設入居者生活介護に係る指定の申請者に限る。）が、法人で、その役員等のうちに第四号から第五号の三まで、第六号の二又は第七号から第九号までのいずれかに該当する者のあるものであるとき。

十一　申請者（介護予防特定施設入居者生活介護に係る指定の申請者を除く。）が、法人でない事業所で、その管理者が第四号から第六号まで又は第七号から第九号までのいずれかに該当する者であるとき。

十二　申請者（介護予防特定施設入居者生活介護に係る指定の申請者に限る。）が、法人でない事業所で、その管理者が第四号から第五号の三まで、第六号の二又は第七号から第九号までのいずれかに該当する者であるとき。

3　都道府県が前項第一号の条例を定めるに当たっては、厚生労働省令で定める基準に従い定めるものとする。

4　関係市町村長は、厚生労働省令で定めるところにより、都道府県知事に対し、第五十三条第一項本文の指定について、当該指定をしようとするときは、あらかじめ、当該関係市町村長にその旨を通知するよう求めることができる。この場合において、当該都道府県知事は、その求めに応じなければならない。

5　関係市町村長は、前項の規定による通知を受けたときは、厚生労働省令で定めるところにより、第五十三条第一項本文の指定に関し、都道府県知事に対し、当該関係市町村の第百十七条第一項に規定する市町村介護保険事業計画との調整を図る見地からの意見を申し出ることができる。

6　都道府県知事は、前項の意見を勘案し、第五十三条第一項本文の指定を行うに当たって、当該事業の適正な運営を確保するために必要と認める条件を付することができる。

注　第一一五条の二は、令和四年六月一七日法律第六八号により次のように改正され、令和四年六月一七日から起算して三年を超えない範囲内において政令で定める日から施行される。

　第百十五条の二第二項第四号中「禁錮」を「拘禁刑」に改める。

（共生型介護予防サービス事業者の特例）

第一一五条の二の二　介護予防短期入所生活介護その他厚生労働省令で定める介護予防サービスに係る事業所について、児童福祉法第二十一条の五の三第一項の指定（当該事業所により行われる介護予防サービスの種類に応じて厚生労働省令で定める種類の障害児通所支援に係るものに限る。）又は障害者総合支援法第二十九条第一項の指定障害福祉サービス事業者の指定（当該事業所により行われる介護予防サービスの種類に応じて厚生労働省令で定める種類の障害福祉サービスに係るものに限る。）を受けている者から当該事業所に係る前条第一項（第百十五条の十一において準用する第七十条の二第四項において準用する場合を含む。）の申請があった場合において、次の各号のいずれにも該当するときにおける前条第二項（第百十五条の十一において準用する第七十条の二第四項において準用する場合を含む。以下この項において同じ。）の規定の適用については、前条第二項第二号中「第百十五条の四第一項の」とあるのは「次条第一項第一号の指定介護予防サービスに従事する従業者に係る」と、「同項」とあるのは「同号」と、同項第三号中「第百十五条の四第二項」とあるのは「次条第一項第二号」とする。ただし、申請者が、厚生労働省令で定めるところにより、別段の申出をしたときは、この限りでない。

一　当該申請に係る事業所の従業者の知識及び技能並びに人員が、指定介護予防サービスに従事する従業者に係る都道府県の条例で定める基準及び都道府県の条例で定める員数を満たしていること。

二　申請者が、都道府県の条例で定める指定介護予防のための効果的な支援の方法に関する基準及び指定介護予防サービスの事業の設備及び運営に関する基準に従って適正な介護予防サービス事業の運営をすることができると認められること。

2　都道府県が前項各号の条例を定めるに当たっては、第一号から第三号までに掲げる事項については厚生労働省令で定める基準に従い定めるものとし、第四号に掲げる事項については厚生労働省令で定める基準を標準として定めるものとし、その他の事項については厚生労働省令で定める基準を参酌するものとする。

一　指定介護予防サービスに従事する従業者に係る基準及び当該従業者の員数

二　指定介護予防サービスの事業に係る居室の床面積

三　指定介護予防サービスの事業の運営に関する事項であって、利用する要支援者のサービ

スの適切な利用、適切な処遇及び安全の確保並びに秘密の保持等に密接に関連するものとして厚生労働省令で定めるもの

四　指定介護予防サービスの事業に係る利用定員

3　厚生労働大臣は、前項に規定する厚生労働省令で定める基準（指定介護予防サービスの取扱いに関する部分に限る。）を定めようとするときは、あらかじめ社会保障審議会の意見を聴かなければならない。

4　第一項の場合において、同項に規定する者が同項の申請に係る第五十三条第一項本文の指定を受けたときは、その者に対しては、第百十五条の四第二項から第四項までの規定は適用せず、次の表の上欄に掲げる規定の適用については、これらの規定中同表の中欄に掲げる字句は、それぞれ同表の下欄に掲げる字句とする。

第五十三条第六項	第百十五条の四第二項	第百十五条の二第一項第二号
第百十五条の三第一項	次条第二項	前条第一項第二号
第百十五条の四第一項	都道府県の条例で定める基準に従い	第百十五条の二第一項第一号の指定介護予防サービスに従事する従業者に係る都道府県の条例で定める基準に従い同号の
第百十五条の八第一項第二号	第百十五条の四第一項	第百十五条の二第一項第一号の指定介護予防サービスに従事する従業者に係る
	同項	同号
第百十五条の八第一項第三号	第百十五条の四第二項	第百十五条の二第一項第二号
第百十五条の九第一項第三号	第百十五条の四第一項	第百十五条の二第一項第一号の指定介護予防サービスに従事する従業者に係る
	同項	同号
第百十五条の九第一項第四号	第百十五条の四第二項	第百十五条の二第一項第二号

5　第一項に規定する者であって、同項の申請に係る第五十三条第一項本文の指定を受けたものから、児童福祉法第二十一条の五の三第一項に規定する指定通所支援の事業（当該指定に係る事業所において行うものに限る。）について同法第二十一条の五の二十第四項の規定による事業の廃止若しくは休止の届出があったとき又は障害者総合支援法第二十九条第一項に規定する指定障害福祉サービスの事業（当該指定に係る事業所において行うものに限る。）について障害者総合支援法第四十六条第二項の規定による事業の廃止若しくは休止の届出があったときは、当該指定に係る指定介護予防サービスの事業について、第百十五条の五第二項の規定による事業の廃止又は休止の届出があったものとみなす。

（指定介護予防サービスの事業の基準）

第一一五条の三　指定介護予防サービス事業者は、次条第二項に規定する指定介護予防サービスに係る介護予防のための効果的な支援の方法に関する基準及び指定介護予防サービスの事業の設備及び運営に関する基準に従い、要支援者の心身の状況等に応じて適切な指定介護予防サービスを提供するとともに、自らその提供する指定介護予防サービスの質の評価を行うことその他の措置を講ずることにより常に指定介護予防サービスを受ける者の立場に立ってこれを提供するように努めなければならない。

2　指定介護予防サービス事業者は、指定介護予防サービスを受けようとする被保険者から提示された被保険者証に、認定審査会意見が記載されているときは、当該認定審査会意見に配慮して、当該被保険者に当該指定介護予防サービスを提供するように努めなければならない。

第一一五条の四　指定介護予防サービス事業者は、当該指定に係る事業所ごとに、都道府県の条例で定め

る員数の当該指定介護予防サービスに従事する従業者を有しなければならない。

2　前項に規定するもののほか、指定介護予防サービスに係る介護予防のための効果的な支援の方法に関する基準及び指定介護予防サービスの事業の設備及び運営に関する基準は、都道府県の条例で定める。

3　都道府県が前二項の条例を定めるに当たっては、第一号から第三号までに掲げる事項については厚生労働省令で定める基準に従い定めるものとし、第四号に掲げる事項については厚生労働省令で定める基準を標準として定めるものとし、その他の事項については厚生労働省令で定める基準を参酌するものとする。

一　指定介護予防サービスに従事する従業者に係る基準及び当該従業者の員数

二　指定介護予防サービスの事業に係る居室、療養室及び病室の床面積

三　指定介護予防サービスの事業の運営に関する事項であって、利用する要支援者のサービスの適切な利用、適切な処遇及び安全の確保並びに秘密の保持等に密接に関連するものとして厚生労働省令で定めるもの

四　指定介護予防サービスの事業に係る利用定員

4　厚生労働大臣は、前項に規定する厚生労働省令で定める基準（指定介護予防サービスの取扱いに関する部分に限る。）を定めようとするときは、あらかじめ社会保障審議会の意見を聴かなければならない。

5　指定介護予防サービス事業者は、次条第二項の規定による事業の廃止又は休止の届出をしたときは、当該届出の日前一月以内に当該指定介護予防サービスを受けていた者であって、当該事業の廃止又は休止の日以後においても引き続き当該指定介護予防サービスに相当するサービスの提供を希望する者に対し、必要な居宅サービス等が継続的に提供されるよう、指定介護予防支援事業者、他の指定介護予防サービス事業者その他関係者との連絡調整その他の便宜の提供を行わなければならない。

6　指定介護予防サービス事業者は、要支援者の人格を尊重するとともに、この法律又はこの法律に基づく命令を遵守し、要支援者のため忠実にその職務を遂行しなければならない。

第七節　指定地域密着型介護予防サービス事業者

（指定地域密着型介護予防サービス事業者の指定）

第一一五条の一二　第五十四条の二第一項本文の指定は、厚生労働省令で定めるところにより、地域密着型介護予防サービス事業を行う者の申請により、地域密着型介護予防サービスの種類及び当該地域密着型介護予防サービスの種類に係る地域密着型介護予防サービス事業を行う事業所（以下この節において「**事業所**」という。）ごとに行い、当該指定をする市町村長がその長である市町村が行う介護保険の被保険者（特定地域密着型サービスに係る公募指定にあっては、当該市町村の区域内に所在する住所地特例対象施設に入所等をしている住所地特例適用要介護被保険者を含む。）に対する地域密着型介護予防サービス費及び特例地域密着型介護予防サービス費の支給について、その効力を有する。

2　市町村長は、前項の申請があった場合において、次の各号のいずれかに該当するときは、第五十四条の二第一項本文の指定をしてはならない。

一　申請者が市町村の条例で定める者でないとき。

二　当該申請に係る事業所の従業者の知識及び技能並びに人員が、第百十五条の十四第一項の市町村の条例で定める基準若しくは同項の市町村の条例で定める員数又は同条第五項に規定する指定地域密着型介護予防サービスに従事する従業者に関する基準を満たしていないとき。

三　申請者が、第百十五条の十四第二項又は第五項に規定する指定地域密着型介護予防サービスに係る介護予防のための効果的な支援の方法に関する基準又は指定地域密着型介護予防サービスの事業の設備及び運営に関する基準に従って適正な地域密着型介護予防サービス事業の運営をすることができないと認められるとき。

四　当該申請に係る事業所が当該市町村の区域の外にある場合であって、その所在地の市町村長の同意を得ていないとき。

四の二　申請者が、禁錮以上の刑に処せられ、その執行を終わり、又は執行を受けることが

なくなるまでの者であるとき。
五　申請者が、この法律その他国民の保健医療若しくは福祉に関する法律で政令で定めるものの規定により罰金の刑に処せられ、その執行を終わり、又は執行を受けることがなくなるまでの者であるとき。
五の二　申請者が、労働に関する法律の規定であって政令で定めるものにより罰金の刑に処せられ、その執行を終わり、又は執行を受けることがなくなるまでの者であるとき。
五の三　申請者が、保険料等について、当該申請をした日の前日までに、納付義務を定めた法律の規定に基づく滞納処分を受け、かつ、当該処分を受けた日から正当な理由なく三月以上の期間にわたり、当該処分を受けた日以降に納期限の到来した保険料等の全てを引き続き滞納している者であるとき。
六　申請者（介護予防認知症対応型共同生活介護に係る指定の申請者を除く。）が、第百十五条の十九（第二号から第五号までを除く。）の規定により指定（介護予防認知症対応型共同生活介護に係る指定を除く。）を取り消され、その取消しの日から起算して五年を経過しない者（当該指定を取り消された者が法人である場合においては、当該取消しの処分に係る行政手続法第十五条の規定による通知があった日前六十日以内に当該法人の役員等であった者で当該取消しの日から起算して五年を経過しないものを含み、当該指定を取り消された者が法人でない事業所である場合においては、当該通知があった日前六十日以内に当該事業所の管理者であった者で当該取消しの日から起算して五年を経過しないものを含む。）であるとき。ただし、当該指定の取消しが、指定地域密着型介護予防サービス事業者の指定の取消しのうち当該指定の取消しの処分の理由となった事実及び当該事実の発生を防止するための当該指定地域密着型介護予防サービス事業者による業務管理体制の整備についての取組の状況その他の当該事実に関して当該指定地域密着型介護予防サービス事業者が有していた責任の程度を考慮して、この号本文に規定する指定の取消しに該当しないこととすることが相当であると認められるものとして厚生労働省令で定めるものに該当する場合を除く。
六の二　申請者（介護予防認知症対応型共同生活介護に係る指定の申請者に限る。）が、第百十五条の十九（第二号から第五号までを除く。）の規定により指定（介護予防認知症対応型共同生活介護に係る指定に限る。）を取り消され、その取消しの日から起算して五年を経過しない者（当該指定を取り消された者が法人である場合においては、当該取消しの処分に係る行政手続法第十五条の規定による通知があった日前六十日以内に当該法人の役員等であった者で当該取消しの日から起算して五年を経過しないものを含み、当該指定を取り消された者が法人でない事業所である場合においては、当該通知があった日前六十日以内に当該事業所の管理者であった者で当該取消しの日から起算して五年を経過しないものを含む。）であるとき。ただし、当該指定の取消しが、指定地域密着型介護予防サービス事業者の指定の取消しのうち当該指定の取消しの処分の理由となった事実及び当該事実の発生を防止するための当該指定地域密着型介護予防サービス事業者による業務管理体制の整備についての取組の状況その他の当該事実に関して当該指定地域密着型介護予防サービス事業者が有していた責任の程度を考慮して、この号本文に規定する指定の取消しに該当しないこととすることが相当であると認められるものとして厚生労働省令で定めるものに該当する場合を除く。
六の三　申請者と密接な関係を有する者が、第百十五条の十九（第二号から第五号までを除く。）の規定により指定を取り消され、その取消しの日から起算して五年を経過していないとき。ただし、当該指定の取消しが、指定地域密着型介護予防サービス事業者の指定の取消しのうち当該指定の取消しの処分の理由となった事実及び当該事実の発生を防止するための当該指定地域密着型介護予防サービス事業者による業務管理体制の整備についての取組の状況その他の当該事実に関して当該指定地域密着型介護予防サービス事業者が有していた責任の程度を考慮して、この号本文に規定する指定の取消しに該当しないこととすることが相当であると認められるものとして厚生労働省令で定めるものに該当する場合を除く。

七　申請者が、第百十五条の十九（第二号から第五号までを除く。）の規定による指定の取消しの処分に係る行政手続法第十五条の規定による通知があった日から当該処分をする日又は処分をしないことを決定する日までの間に第百十五条の十五第二項の規定による事業の廃止の届出をした者（当該事業の廃止について相当の理由がある者を除く。）で、当該届出の日から起算して五年を経過しないものであるとき。

七の二　前号に規定する期間内に第百十五条の十五第二項の規定による事業の廃止の届出があった場合において、申請者が、同号の通知の日前六十日以内に当該届出に係る法人（当該事業の廃止について相当の理由がある法人を除く。）の役員等又は当該届出に係る法人でない事業所（当該事業の廃止について相当の理由があるものを除く。）の管理者であった者で、当該届出の日から起算して五年を経過しないものであるとき。

八　申請者が、指定の申請前五年以内に居宅サービス等に関し不正又は著しく不当な行為をした者であるとき。

九　申請者（介護予防認知症対応型共同生活介護に係る指定の申請者を除く。）が、法人で、その役員等のうちに第四号の二から第六号まで又は前三号のいずれかに該当する者のあるものであるとき。

十　申請者（介護予防認知症対応型共同生活介護に係る指定の申請者に限る。）が、法人で、その役員等のうちに第四号の二から第五号の三まで、第六号の二又は第七号から第八号までのいずれかに該当する者のあるものであるとき。

十一　申請者（介護予防認知症対応型共同生活介護に係る指定の申請者を除く。）が、法人でない事業所で、その管理者が第四号の二から第六号まで又は第七号から第八号までのいずれかに該当する者であるとき。

十二　申請者（介護予防認知症対応型共同生活介護に係る指定の申請者に限る。）が、法人でない事業所で、その管理者が第四号の二から第五号の三まで、第六号の二又は第七号から第八号までのいずれかに該当する者であるとき。

3　市町村が前項第一号の条例を定めるに当たっては、厚生労働省令で定める基準に従い定めるものとする。

4　市町村長は、第一項の申請があった場合において、次の各号のいずれかに該当するときは、第五十四条の二第一項本文の指定をしないことができる。

一　申請者（介護予防認知症対応型共同生活介護に係る指定の申請者を除く。）が、第百十五条の十九第二号から第五号までの規定により指定（介護予防認知症対応型共同生活介護に係る指定を除く。）を取り消され、その取消しの日から起算して五年を経過しない者（当該指定を取り消された者が法人である場合においては、当該取消しの処分に係る行政手続法第十五条の規定による通知があった日前六十日以内に当該法人の役員等であった者で当該取消しの日から起算して五年を経過しないものを含み、当該指定を取り消された者が法人でない事業所である場合においては、当該通知があった日前六十日以内に当該事業所の管理者であった者で当該取消しの日から起算して五年を経過しないものを含む。）であるとき。

一の二　申請者（介護予防認知症対応型共同生活介護に係る指定の申請者に限る。）が、第百十五条の十九第二号から第五号までの規定により指定（介護予防認知症対応型共同生活介護に係る指定に限る。）を取り消され、その取消しの日から起算して五年を経過しない者（当該指定を取り消された者が法人である場合においては、当該取消しの処分に係る行政手続法第十五条の規定による通知があった日前六十日以内に当該法人の役員等であった者で当該取消しの日から起算して五年を経過しないものを含み、当該指定を取り消された者が法人でない事業所である場合においては、当該通知があった日前六十日以内に当該事業所の管理者であった者で当該取消しの日から起算して五年を経過しないものを含む。）であるとき。

一の三　申請者と密接な関係を有する者が、第百十五条の十九第二号から第五号までの規定により指定を取り消され、その取消しの日から起算して五年を経過していないとき。

二　申請者が、第百十五条の十九第二号から第五号までの規定による指定の取消しの処分に係る行政手続法第十五条の規定による通知があった日から当該処分をする日又は処分をしないことを決定する日までの間に第百十五条の十五第二項の規定による事業の廃止の届出をした者（当該事業の廃止について相当の理由がある者を除く。）で、当該届出の日から起算して五年を経過しないものであるとき。

二の二　申請者が、第百十五条の十七第一項の規定による検査が行われた日から聴聞決定予定日（当該検査の結果に基づき第百十五条の十九の規定による指定の取消しの処分に係る聴聞を行うか否かの決定をすることが見込まれる日として厚生労働省令で定めるところにより市町村長が当該申請者に当該検査が行われた日から十日以内に特定の日を通知した場合における当該特定の日をいう。）までの間に第百十五条の十五第二項の規定による事業の廃止の届出をした者（当該事業の廃止について相当の理由がある者を除く。）で、当該届出の日から起算して五年を経過しないものであるとき。

二の三　第二号に規定する期間内に第百十五条の十五第二項の規定による事業の廃止の届出があった場合において、申請者が、同号の通知の日前六十日以内に当該届出に係る法人（当該事業の廃止について相当の理由がある法人を除く。）の役員等又は当該届出に係る法人でない事業所（当該事業の廃止について相当の理由があるものを除く。）の管理者であった者で、当該届出の日から起算して五年を経過しないものであるとき。

三　申請者（介護予防認知症対応型共同生活介護に係る指定の申請者を除く。）が、法人で、その役員等のうちに第一号又は前三号のいずれかに該当する者のあるものであるとき。

四　申請者（介護予防認知症対応型共同生活介護に係る指定の申請者に限る。）が、法人で、その役員等のうちに第一号の二又は第二号から第二号の三までのいずれかに該当する者のあるものであるとき。

五　申請者（介護予防認知症対応型共同生活介護に係る指定の申請者を除く。）が、法人でない事業所で、その管理者が第一号又は第二号から第二号の三までのいずれかに該当する者であるとき。

六　申請者（介護予防認知症対応型共同生活介護に係る指定の申請者に限る。）が、法人でない事業所で、その管理者が第一号の二又は第二号から第二号の三までのいずれかに該当する者であるとき。

5　市町村長は、第五十四条の二第一項本文の指定を行おうとするときは、あらかじめ、当該市町村が行う介護保険の被保険者その他の関係者の意見を反映させるために必要な措置を講ずるよう努めなければならない。

6　市町村長は、第五十四条の二第一項本文の指定を行うに当たって、当該事業の適正な運営を確保するために必要と認める条件を付することができる。

7　第七十八条の二第九項から第十一項までの規定は、第五十四条の二第一項本文の指定について準用する。この場合において、これらの規定に関し必要な技術的読替えは、政令で定める。

注　第一一五条の一二は、令和四年六月一七日法律第六八号により次のように改正され、令和四年六月一七日から起算して三年を超えない範囲内において政令で定める日から施行される。

第百十五条の十二第二項第四号の二中「禁錮」を「拘禁刑」に改める。

（共生型地域密着型介護予防サービス事業者の特例）

第一一五条の一二の二　厚生労働省令で定める地域密着型介護予防サービスに係る事業所について、児童福祉法第二十一条の五の三第一項の指定（当該事業所により行われる地域密着型介護予防サービスの種類に応じて厚生労働省令で定める種類の障害児通所支援に係るものに限る。）又は障害者総合支援法第二十九条第一項の指定障害福祉サービス事業者の指定（当該事業所により行われる地域密着型介護予防サービスの種類に応じて厚生労働省令で定める種類の障害福祉サービスに係るものに限る。）を受けている者から当該事業所に係る前条第一項（第百十五条の二十一において準用する第七十条の二第四項において準用する場合を含む。）の申請があった場合において、次の各号のいずれにも該当するときにおける前条第二項（第百十五条の二十一において準用する第七十条の二第四項において準用する場合を含む。以下この項において同じ。）の規定の適用については、前条第二項第二号中「第百十五条の十四第一項の」とあるのは「次条第一項第一号の指定地域密着型介護予防サービスに従事する従業者に係る」と、「若しくは同項」とあるのは「又は同号」と、「員数又は同条第五項に規定する指定地域密着型介護予防サービスに従事する従業者に関する基準」とあるのは「員数」と、同項第三号中「第百十五条の十四第二項又は第五項」とあるのは「次条第一項第二号」とする。ただし、申請者が、厚生労働省令で定めるところにより、別段の申出をしたときは、この限りでない。

一　当該申請に係る事業所の従業者の知識及び技能並びに人員が、指定地域密着型介護予防サービスに従事する従業者に係る市町村の条例で定める基準及び市町村の条例で定める員数を満たしていること。

二　申請者が、市町村の条例で定める指定地域密着型介護予防サービスに係る介護予防のための効果的な支援の方法に関する基準並びに指定地域密着型介護予防サービスの事業の設備及び運営に関する基準に従って適正な地域密着型介護予防サービス事業の運営をすることができると認められること。

2　市町村が前項各号の条例を定めるに当たっては、第一号から第四号までに掲げる事項については厚生労働省令で定める基準に従い定めるものとし、第五号に掲げる事項については厚生労働省令で定める基準を標準として定めるものとし、その他の事項については厚生労働省令で定める基準を参酌するものとする。

一　指定地域密着型介護予防サービスに従事する従業者に係る基準及び当該従業者の員数

二　指定地域密着型介護予防サービスの事業に係る居室の床面積

三　介護予防小規模多機能型居宅介護及び介護予防認知症対応型通所介護の事業に係る利用定員

四　指定地域密着型介護予防サービスの事業の運営に関する事項であって、利用する要支援者のサービスの適切な利用、適切な処遇及び安全の確保並びに秘密の保持に密接に関連するものとして厚生労働省令で定めるもの

五　指定地域密着型介護予防サービスの事業（第三号に規定する事業を除く。）に係る利用定員

3　厚生労働大臣は、前項に規定する厚生労働省令で定める基準（指定地域密着型介護予防サービスの取扱いに関する部分に限る。）を定めようとするときは、あらかじめ社会保障審議会の意見を聴かなければならない。

4　第一項の場合において、同項に規定する者が同項の申請に係る第五十四条の二第一項本文の指定を受けたときは、その者に対しては、第百十五条の十四第二項から第六項までの規定は適用せず、次の表の上欄に掲げる規定の適用については、これらの規定中同表の中欄に掲げる字句は、それぞれ同表の下欄に掲げる字句とする。

第五十四条の二第八項	第百十五条の十四第二項又は第五項	第百十五条の十二の二第一項第二号
第百十五条の十三第一項	次条第二項又は第五項	前条第一項第二号
第百十五条の十四第一項	市町村の条例で定める基準に従い	第百十五条の十二の二第一項第一号の指定地域密着型介護予防サービスに従事する従業者に係る市町村の条例で定める基準に従い同号の
第百十五条の十八第一項第二号	第百十五条の十四第一項の	第百十五条の十二の二第一項第一号の指定地域密着型介護予防サービスに従事する従業者に係る
	若しくは同項	又は同号

	員数又は同条第五項に規定する指定地域密着型介護予防サービスに従事する従業者に関する基準	員数
	若しくは当該市町村	又は当該市町村
	員数又は当該指定地域密着型介護予防サービスに従事する従業者に関する基準	員数
第百十五条の十八第一項第三号	第百十五条の十四第二項又は第五項	第百十五条の十二の二第一項第二号
第百十五条の十九第四号	第百十五条の十四第一項の	第百十五条の十二の二第一項第一号の指定地域密着型介護予防サービスに従事する従業者に係る
	若しくは同項	又は同号
	員数又は同条第五項に規定する指定地域密着型介護予防サービスに従事する従業者に関する基準	員数
第百十五条の十九第五号	第百十五条の十四第二項又は第五項	第百十五条の十二の二第一項第二号

5　第一項に規定する者であって、同項の申請に係る第五十四条の二第一項本文の指定を受けたものは、児童福祉法第二十一条の五の三第一項に規定する指定通所支援の事業（当該指定に係る事業所において行うものに限る。）又は障害者総合支援法第二十九条第一項に規定する指定障害福祉サービスの事業（当該指定に係る事業所において行うものに限る。）を廃止し、又は休止しようとするときは、厚生労働省令で定めるところにより、その廃止又は休止の日の一月前までに、その旨を当該指定を行った市町村長に届け出なければならない。この場合において、当該届出があったときは、当該指定に係る指定地域密着型介護予防サービスの事業について、第百十五条の十五第二項の規定による事業の廃止又は休止の届出があったものとみなす。

（指定地域密着型介護予防サービスの事業の基準）

第一一五条の一三　指定地域密着型介護予防サービス事業者は、次条第二項又は第五項に規定する指定地域密着型介護予防サービスに係る介護予防のための効果的な支援の方法に関する基準及び指定地域密着型介護予防サービスの事業の設備及び運営に関する基準に従い、要支援者の心身の状況等に応じて適切な指定地域密着型介護予防サービスを提供するとともに、自らその提供する指定地域密着型介護予防サービスの質の評価を行うことその他の措置を講ずることにより常に指定地域密着型介護予防サービスを受ける者の立場に立ってこれを提供するように努めなければならない。

2　指定地域密着型介護予防サービス事業者は、指定地域密着型介護予防サービスを受けようとする被保険者から提示された被保険者証に、認定審査会意見が記載されているときは、当該認定審査会意見に配慮して、当該被保険者に当該指定地域密着型介護予防サービスを提供するように努めなければならない。

第一一五条の一四　指定地域密着型介護予防サービス事業者は、当該指定に係る事業所ごとに、市町村の条例で定める基準に従い市町村の条例で定める員数の当該指定地域密着型介護予防サービスに従事する従業者を有しなければならない。

2　前項に規定するもののほか、指定地域密着型介護予防サービスに係る介護予防のための効果的な支援の方法に関する基準及び指定地域密着型介護予防サービスの事業の設備及び運営に関する基準は、市町村の条例で定める。

3　市町村が前二項の条例を定めるに当たっては、第一号から第四号までに掲げる事項については厚生労働省令で定める基準に従い定めるものとし、第五号に掲げる事項については厚生労働省令で定める基準を標準として定めるものとし、その他の事項については厚生労働省令で定める基準を参酌するものとする。

一　指定地域密着型介護予防サービスに従事する従業者に係る基準及び当該従業者の員数

二　指定地域密着型介護予防サービスの事業に係る居室の床面積

三　介護予防認知症対応型通所介護の事業に係る利用定員

四　指定地域密着型介護予防サービスの事業の運営に関する事項であって、利用する要支援者のサービスの適切な利用、適切な処遇及び安全の確保並びに秘密の保持に密接に関連するものとして厚生労働省令で定めるもの

五　指定地域密着型介護予防サービスの事業（第三号に規定する事業を除く。）に係る利用定員

4　厚生労働大臣は、前項に規定する厚生労働省令で定める基準（指定地域密着型介護予防サービスの取扱いに関する部分に限る。）を定めようとするときは、あらかじめ社会保障審議会の意見を聴かなければならない。

5　市町村は、第三項の規定にかかわらず、同項第一号から第四号までに掲げる事項については、厚生労働省令で定める範囲内で、当該市町村における指定地域密着型介護予防サービスに従事する従業者に関する基準並びに指定地域密着型介護予防サービスに係る介護予防のための効果的な支援の方法に関する基準及び指定地域密着型介護予防サービスの事業の設備及び運営に関する基準を定めることができる。

6　市町村は、前項の当該市町村における指定地域密着型介護予防サービスに従事する従業者に関する基準並びに指定地域密着型介護予防サービスに係る介護予防のための効果的な支援の方法に関する基準及び指定地域密着型介護予防サービスの事業の設備及び運営に関する基準を定めようとするときは、あらかじめ、当該市町村が行う介護保険の被保険者その他の関係者の意見を反映させ、及び学識経験を有する者の知見の活用を図るために必要な措置を講じなければならない。

7　指定地域密着型介護予防サービス事業者は、次条第二項の規定による事業の廃止又は休止の届出をしたときは、当該届出の日前一月以内に当該指定地域密着型介護予防サービスを受けていた者であって、当該事業の廃止又は休止の日以後においても引き続き当該指定地域密着型介護予防サービスに相当するサービスの提供を希望する者に対し、必要な居宅サービス等が継続的に提供されるよう、指定介護予防支援事業者、他の指定地域密着型介護予防サービス事業者その他関係者との連絡調整その他の便宜の提供を行わなければならない。

8　指定地域密着型介護予防サービス事業者は、要支援者の人格を尊重するとともに、この法律又はこの法律に基づく命令を遵守し、要支援者のため忠実にその職務を遂行しなければならない。

第八節　指定介護予防支援事業者

（指定介護予防支援事業者の指定）

第一一五条の二二　第五十八条第一項の指定は、厚生労働省令で定めるところにより、第百十五条の四十六第一項に規定する地域包括支援センターの設置者又は指定居宅介護支援事業者の申請により、介護予防支援事業を行う事業所（以下この節において「**事業所**」という。）ごとに行い、当該指定をする市町村長がその長である市町村が行う介護保険の被保険者（当該市町村が行う介護保険の住所地特例適用居宅要支援被保険者を除き、当該市町村の区域内に所在する住所地特例対象施設に入所等をしている住所地特例適用居宅要支援被保険者を含む。）に対する介護予防サービス計画費及び特例介護予防サービス計画費の支給について、その効力を有する。

2　市町村長は、前項の申請があった場合において、次の各号のいずれかに該当するときは、第五十八条第一項の指定をしてはならない。

一　申請者が市町村の条例で定める者でないと

き。

二　当該申請に係る事業所の従業者の知識及び技能並びに人員が、第百十五条の二十四第一項の市町村の条例で定める基準及び同項の市町村の条例で定める員数を満たしていないとき。

三　申請者が、第百十五条の二十四第二項に規定する指定介護予防支援に係る介護予防のための効果的な支援の方法に関する基準又は指定介護予防支援の事業の運営に関する基準に従って適正な介護予防支援事業の運営をすることができないと認められるとき。

三の二　申請者が、禁錮以上の刑に処せられ、その執行を終わり、又は執行を受けることがなくなるまでの者であるとき。

四　申請者が、この法律その他国民の保健医療若しくは福祉に関する法律で政令で定めるものの規定により罰金の刑に処せられ、その執行を終わり、又は執行を受けることがなくなるまでの者であるとき。

四の二　申請者が、労働に関する法律の規定であって政令で定めるものにより罰金の刑に処せられ、その執行を終わり、又は執行を受けることがなくなるまでの者であるとき。

四の三　申請者が、保険料等について、当該申請をした日の前日までに、納付義務を定めた法律の規定に基づく滞納処分を受け、かつ、当該処分を受けた日から正当な理由なく三月以上の期間にわたり、当該処分を受けた日以降に納期限の到来した保険料等の全てを引き続き滞納している者であるとき。

五　申請者が、第百十五条の二十九の規定により指定を取り消され、その取消しの日から起算して五年を経過しない者（当該指定を取り消された者が法人である場合においては、当該取消しの処分に係る行政手続法第十五条の規定による通知があった日前六十日以内に当該法人の役員等であった者で当該取消しの日から起算して五年を経過しないものを含み、当該指定を取り消された者が法人でない事業所である場合においては、当該通知があった日前六十日以内に当該事業所の管理者であった者で当該取消しの日から起算して五年を経過しないものを含む。）であるとき。ただし、当該指定の取消しが、指定介護予防支援事業者の指定の取消しのうち当該指定の取消しの処分の理由となった事実及び当該事実の発生を防止するための当該指定介護予防支援事業者による業務管理体制の整備についての取組の状況その他の当該事実に関して当該指定介護予防支援事業者が有していた責任の程度を考慮して、この号本文に規定する指定の取消しに該当しないこととすることが相当であると認められるものとして厚生労働省令で定めるものに該当する場合を除く。

五の二　申請者と密接な関係を有する者が、第百十五条の二十九の規定により指定を取り消され、その取消しの日から起算して五年を経過していないとき。ただし、当該指定の取消しが、指定介護予防支援事業者の指定の取消しのうち当該指定の取消しの処分の理由となった事実及び当該事実の発生を防止するための当該指定介護予防支援事業者による業務管理体制の整備についての取組の状況その他の当該事実に関して当該指定介護予防支援事業者が有していた責任の程度を考慮して、この号本文に規定する指定の取消しに該当しないこととすることが相当であると認められるものとして厚生労働省令で定めるものに該当する場合を除く。

六　申請者が、第百十五条の二十九の規定による指定の取消しの処分に係る行政手続法第十五条の規定による通知があった日から当該処分をする日又は処分をしないことを決定する日までの間に第百十五条の二十五第二項の規定による事業の廃止の届出をした者（当該事業の廃止について相当の理由がある者を除く。）で、当該届出の日から起算して五年を経過しないものであるとき。

六の二　申請者が、第百十五条の二十七第一項の規定による検査が行われた日から聴聞決定予定日（当該検査の結果に基づき第百十五条の二十九の規定による指定の取消しの処分に係る聴聞を行うか否かの決定をすることが見込まれる日として厚生労働省令で定めるところにより市町村長が当該申請者に当該検査が行われた日から十日以内に特定の日を通知した場合における当該特定の日をいう。）までの間に第百十五条の二十五第二項の規定による事業の廃止の届出をした者（当該事業の廃止について相当の理由がある者を除く。）で、当該届出の日から起算して五年を経過しないものであるとき。

六の三　第六号に規定する期間内に第百十五条の二十五第二項の規定による事業の廃止の届出があった場合において、申請者が、同号の通知の日前六十日以内に当該届出に係る法人（当該事業の廃止について相当の理由がある法人を除く。）の役員等又は当該届出に係る法人でない事業所（当該事業の廃止について相当の理由があるものを除く。）の管理者であった者で、当該届出の日から起算して五年を経過しないものであるとき。

七　申請者が、指定の申請前五年以内に居宅サービス等に関し不正又は著しく不当な行為をした者であるとき。

八　申請者が、法人で、その役員等のうちに第三号の二から第五号まで又は第六号から前号までのいずれかに該当する者のあるものであるとき。

九　申請者が、法人でない事業所で、その管理者が第三号の二から第五号まで又は第六号から第七号までのいずれかに該当する者であるとき。

3　市町村が前項第一号の条例を定めるに当たっては、厚生労働省令で定める基準に従い定めるものとする。

4　市町村長は、第五十八条第一項の指定を行おうとするときは、あらかじめ、当該市町村が行う介護保険の被保険者その他の関係者の意見を反映させるために必要な措置を講じなければならない。

注　第一一五条の二二は、令和四年六月一七日法律第六八号により次のように改正され、令和四年六月一七日から起算して三年を超えない範囲内において政令で定める日から施行される。

第百十五条の二十二第二項第三号の二中「禁錮」を「拘禁刑」に改める。

（指定介護予防支援の事業の基準）

第一一五条の二三　指定介護予防支援事業者は、次条第二項に規定する指定介護予防支援に係る介護予防のための効果的な支援の方法に関する基準及び指定介護予防支援の事業の運営に関する基準に従い、要支援者の心身の状況等に応じて適切な指定介護予防支援を提供するとともに、自らその提供する指定介護予防支援の質の評価を行うことその他の措置を講ずることにより常に指定介護予防支援を受ける者の立場に立ってこれを提供するように努めなければならない。

2　指定介護予防支援事業者は、指定介護予防支援を受けようとする被保険者から提示された被保険者証に、認定審査会意見が記載されているときは、当該認定審査会意見に配慮して、当該被保険者に当該指定介護予防支援を提供するように努めなければならない。

3　第百十五条の四十六第一項に規定する地域包括支援センターの設置者である指定介護予防支援事業者は、厚生労働省令で定めるところにより、指定介護予防支援の一部を、厚生労働省令で定める者に委託することができる。

第一一五条の二四　指定介護予防支援事業者は、当該指定に係る事業所ごとに、市町村の条例で定める基準に従い市町村の条例で定める員数の当該指定介護予防支援に従事する従業者を有しなければならない。

2　前項に規定するもののほか、指定介護予防支援に係る介護予防のための効果的な支援の方法に関する基準及び指定介護予防支援の事業の運営に関する基準は、市町村の条例で定める。

3　市町村が前二項の条例を定めるに当たっては、次に掲げる事項については厚生労働省令で定める基準に従い定めるものとし、その他の事項については厚生労働省令で定める基準を参酌するものとする。

一　指定介護予防支援に従事する従業者に係る基準及び当該従業者の員数

二　指定介護予防支援の事業の運営に関する事項であって、利用する要支援者のサービスの適切な利用、適切な処遇及び安全の確保並びに秘密の保持等に密接に関連するものとして厚生労働省令で定めるもの

4　厚生労働大臣は、前項に規定する厚生労働省令で定める基準（指定介護予防支援の取扱いに関する部分に限る。）を定めようとするときは、あらかじめ社会保障審議会の意見を聴かなければならない。

5　指定介護予防支援事業者は、次条第二項の規定による事業の廃止又は休止の届出をしたときは、当該届出の日前一月以内に当該指定介護予防支援を受けていた者であって、当該事業の廃止又は休止の日以後においても引き続き当該指定介護予防支援に相当するサービスの提供を希望する者に対し、必要な居宅サービス等が継続的に提供されるよう、他の指定介護予防支援事業者その他関係者との連絡調整その他の便宜の提供を行わなければならない。

6　指定介護予防支援事業者は、要支援者の人格を尊重するとともに、この法律又はこの法律に基づく命令を遵守し、要支援者のため忠実にその職務を遂行しなければならない。

第九節　業務管理体制の整備

（業務管理体制の整備等）

第一一五条の三二　指定居宅サービス事業者、指定地域密着型サービス事業者、指定居宅介護支援事業者、指定介護予防サービス事業者、指定地域密着型介護予防サービス事業者及び指定介護予防支援事業者並びに指定介護老人福祉施設、介護老人保健施設及び介護医療院の開設者（以下「**介護サービス事業者**」という。）は、第七十四条第六項、第七十八条の四第八項、第八十一条第六項、第八十八条第六項、第九十七条第七項、第百十一条第七項、第百十五条の四第六項、第百十五条の十四第八項又は第百十五条の二十四第六項に規定する義務の履行が確保されるよう、厚生労働省令で定める基準に従い、業務管理体制を整備しなければならない。

2　介護サービス事業者は、次の各号に掲げる区分に応じ、当該各号に定める者に対し、厚生労働省令で定めるところにより、業務管理体制の整備に関する事項を届け出なければならない。

一　次号から第六号までに掲げる介護サービス事業者以外の介護サービス事業者　都道府県知事

二　次号から第六号までに掲げる介護サービス事業者以外の介護サービス事業者であって、当該指定に係る事業所又は当該指定若しくは許可に係る施設（当該指定又は許可に係る居宅サービス等の種類が異なるものを含む。）が二以上の都道府県の区域に所在し、かつ、二以下の地方厚生局の管轄区域に所在するもの　当該介護サービス事業者の主たる事務所の所在地の都道府県知事

三　第五号に掲げる介護サービス事業者以外の介護サービス事業者であって、当該指定に係る全ての事業所又は当該指定若しくは許可に係る全ての施設（当該指定又は許可に係る居宅サービス等の種類が異なるものを含む。）が一の地方自治法第二百五十二条の十九第一項の指定都市（以下「**指定都市**」という。）の区域に所在するもの　指定都市の長

四　次号に掲げる介護サービス事業者以外の介護サービス事業者であって、当該指定に係る全ての事業所又は当該指定若しくは許可に係る全ての施設（当該指定又は許可に係る居宅サービス等の種類が異なるものを含む。）が一の地方自治法第二百五十二条の二十二第一項の中核市（以下「**中核市**」という。）の区域に所在するもの　中核市の長

五　地域密着型サービス事業又は地域密着型介護予防サービス事業のみを行う介護サービス事業者であって、当該指定に係る全ての事業所（当該指定に係る地域密着型サービス又は地域密着型介護予防サービスの種類が異なるものを含む。）が一の市町村の区域に所在するもの　市町村長

六　当該指定に係る事業所又は当該指定若しくは許可に係る施設（当該指定又は許可に係る居宅サービス等の種類が異なるものを含む。）が三以上の地方厚生局の管轄区域に所在する介護サービス事業者　厚生労働大臣

3　前項の規定により届出を行った介護サービス事業者は、その届け出た事項に変更があったときは、厚生労働省令で定めるところにより、遅滞なく、その旨を当該届出を行った厚生労働大臣、都道府県知事、指定都市の長、中核市の長又は市町村長（以下この節において「**厚生労働大臣等**」という。）に届け出なければならない。

4　第二項の規定による届出を行った介護サービス事業者は、同項各号に掲げる区分の変更により、同項の規定により当該届出を行った厚生労働大臣等以外の厚生労働大臣等に届出を行うときは、厚生労働省令で定めるところにより、その旨を当該届出を行った厚生労働大臣等にも届け出なければならない。

5　厚生労働大臣等は、前三項の規定による届出が適正になされるよう、相互に密接な連携を図

るものとする。

第一〇節　介護サービス情報の公表

（介護サービス情報の報告及び公表）

第一一五条の三五　介護サービス事業者は、指定居宅サービス事業者、指定地域密着型サービス事業者、指定居宅介護支援事業者、指定介護老人福祉施設、指定介護予防サービス事業者、指定地域密着型介護予防サービス事業者若しくは指定介護予防支援事業者の指定又は介護老人保健施設若しくは介護医療院の許可を受け、訪問介護、訪問入浴介護その他の厚生労働省令で定めるサービス（以下「介護サービス」という。）の提供を開始しようとするときその他厚生労働省令で定めるときは、政令で定めるところにより、その提供する介護サービスに係る介護サービス情報（介護サービスの内容及び介護サービスを提供する事業者又は施設の運営状況に関する情報であって、介護サービスを利用し、又は利用しようとする要介護者等が適切かつ円滑に当該介護サービスを利用する機会を確保するために公表されることが必要なものとして厚生労働省令で定めるものをいう。以下同じ。）を、当該介護サービスを提供する事業所又は施設の所在地を管轄する都道府県知事に報告しなければならない。

2　都道府県知事は、前項の規定による報告を受けた後、厚生労働省令で定めるところにより、当該報告の内容を公表しなければならない。

3　都道府県知事は、第一項の規定による報告に関して必要があると認めるときは、当該報告をした介護サービス事業者に対し、介護サービス情報のうち厚生労働省令で定めるものについて、調査を行うことができる。

4　都道府県知事は、介護サービス事業者が第一項の規定による報告をせず、若しくは虚偽の報告をし、又は前項の規定による調査を受けず、若しくは調査の実施を妨げたときは、期間を定めて、当該介護サービス事業者に対し、その報告を行い、若しくはその報告の内容を是正し、又はその調査を受けることを命ずることができる。

5　都道府県知事は、指定地域密着型サービス事業者、指定居宅介護支援事業者、指定地域密着型介護予防サービス事業者又は指定介護予防支援事業者に対して前項の規定による処分をしたときは、遅滞なく、その旨を、当該指定地域密着型サービス事業者、指定居宅介護支援事業者、指定地域密着型介護予防サービス事業者又は指定介護予防支援事業者の指定をした市町村長に通知しなければならない。

6　都道府県知事は、指定居宅サービス事業者若しくは指定介護予防サービス事業者又は指定介護老人福祉施設、介護老人保健施設若しくは介護医療院の開設者が第四項の規定による命令に従わないときは、当該指定居宅サービス事業者、指定介護予防サービス事業者若しくは指定介護老人福祉施設の指定若しくは介護老人保健施設若しくは介護医療院の許可を取り消し、又は期間を定めてその指定若しくは許可の全部若しくは一部の効力を停止することができる。

7　都道府県知事は、指定地域密着型サービス事業者、指定居宅介護支援事業者、指定地域密着型介護予防サービス事業者又は指定介護予防支援事業者が第四項の規定による命令に従わない場合において、当該指定地域密着型サービス事業者、指定居宅介護支援事業者、指定地域密着型介護予防サービス事業者又は指定介護予防支援事業者の指定を取り消し、又は期間を定めてその指定の全部若しくは一部の効力を停止することが適当であると認めるときは、理由を付して、その旨をその指定をした市町村長に通知しなければならない。

第一一節　介護サービス事業者経営情報の調査及び分析等

第一一五条の四四の二　都道府県知事は、地域において必要とされる介護サービスの確保のため、当該都道府県の区域内に介護サービスを提供する事業所又は施設を有する介護サービス事業者（厚生労働省令で定める者を除く。以下この条において同じ。）の当該事業所又は施設ごとの収益及び費用その他の厚生労働省令で定める事項（次項及び第三項において「介護サービス事業者経営情報」という。）について、調査及び分析を行い、その内容を公表するよう努めるものとする。

2　介護サービス事業者は、厚生労働省令で定めるところにより、介護サービス事業者経営情報を、当該事業所又は施設の所在地を管轄する都道府県知事に報告しなければならない。

3　厚生労働大臣は、介護サービス事業者経営情報を収集し、整理し、及び当該整理した情報の分析の結果を国民にインターネットその他の高度情報通信ネットワークの利用を通じて迅速に提供することができるよう必要な施策を実施するものとする。

4 厚生労働大臣は、前項の施策を実施するため必要があると認めるときは、都道府県知事に対し、当該都道府県の区域内に介護サービスを提供する事業所又は施設を有する介護サービス事業者の当該事業所又は施設に係る活動の状況その他の厚生労働省令で定める事項に関する情報の提供を求めることができる。

5 都道府県知事は、前項の規定による厚生労働大臣の求めに応じて情報を提供するときは、電磁的方法その他の厚生労働省令で定める方法によるものとする。

6 都道府県知事は、介護サービス事業者が第二項の規定による報告をせず、又は虚偽の報告をしたときは、期間を定めて、当該介護サービス事業者に対し、その報告を行い、又はその報告の内容を是正することを命ずることができる。

7 都道府県知事は、指定地域密着型サービス事業者、指定居宅介護支援事業者、指定地域密着型介護予防サービス事業者又は指定介護予防支援事業者に対して前項の規定による処分をしたときは、遅滞なく、その旨を、当該指定地域密着型サービス事業者、指定居宅介護支援事業者、指定地域密着型介護予防サービス事業者又は指定介護予防支援事業者の指定をした市町村長に通知しなければならない。

8 都道府県知事は、指定居宅サービス事業者若しくは指定介護予防サービス事業者又は指定介護老人福祉施設、介護老人保健施設若しくは介護医療院の開設者が第六項の規定による命令に従わないときは、当該指定居宅サービス事業者、指定介護予防サービス事業者若しくは指定介護老人福祉施設の指定若しくは介護老人保健施設若しくは介護医療院の許可を取り消し、又は期間を定めてその指定若しくは許可の全部若しくは一部の効力を停止することができる。

9 都道府県知事は、指定地域密着型サービス事業者、指定居宅介護支援事業者、指定地域密着型介護予防サービス事業者又は指定介護予防支援事業者が第六項の規定による命令に従わない場合において、当該指定地域密着型サービス事業者、指定居宅介護支援事業者、指定地域密着型介護予防サービス事業者又は指定介護予防支援事業者の指定を取り消し、又は期間を定めてその指定の全部若しくは一部の効力を停止することが適当であると認めるときは、理由を付して、その旨をその指定をした市町村長に通知しなければならない。

第六章　地域支援事業等

（地域支援事業）

第一一五条の四五　市町村は、被保険者（当該市町村が行う介護保険の住所地特例適用被保険者を除き、当該市町村の区域内に所在する住所地特例対象施設に入所等をしている住所地特例適用被保険者を含む。第三項第三号及び第百十五条の四十九を除き、以下この章において同じ。）の要介護状態等となることの予防又は要介護状態等の軽減若しくは悪化の防止及び地域における自立した日常生活の支援のための施策を総合的かつ一体的に行うため、厚生労働省令で定める基準に従って、地域支援事業として、次に掲げる事業（以下「**介護予防・日常生活支援総合事業**」という。）を行うものとする。

一　居宅要支援被保険者その他の厚生労働省令で定める被保険者（以下「**居宅要支援被保険者等**」という。）に対して、次に掲げる事業を行う事業（以下「**第一号事業**」という。）

イ　居宅要支援被保険者等の介護予防を目的として、当該居宅要支援被保険者等の居宅において、厚生労働省令で定める基準に従って、厚生労働省令で定める期間にわたり日常生活上の支援を行う事業（以下この項において「第一号訪問事業」という。）

ロ　居宅要支援被保険者等の介護予防を目的として、厚生労働省令で定める施設において、厚生労働省令で定める基準に従って、厚生労働省令で定める期間にわたり日常生活上の支援又は機能訓練を行う事業（以下この項において「第一号通所事業」という。）

ハ　厚生労働省令で定める基準に従って、介護予防サービス事業若しくは地域密着型介護予防サービス事業若しくは第一号訪問事業若しくは第一号通所事業と一体的に行われる場合に効果があると認められる居宅要支援被保険者等の地域における自立した日常生活の支援として厚生労働省令で定めるものを行う事業（ニにおいて「第一号生活支援事業」という。）

ニ　居宅要支援被保険者等（指定介護予防支援又は特例介護予防サービス計画費に係る介護予防支援を受けている者を除く。）の介護予防を目的として、厚生労働省令で定める基準に従って、その心身の状況、その置かれている環境その他の状況に応じて、その選択に基づき、第一号訪問事業、第一号通所事業又は第一号生活支援事業その他の適切な事業が包括的かつ効率的に提供されるよう必要な援助を行う事業（以下「**第一号介護予防支援事業**」という。）

二　被保険者（第一号被保険者に限る。）の要介護状態等となることの予防又は要介護状態等の軽減若しくは悪化の防止のため必要な事業（介護予防サービス事業及び地域密着型介護予防サービス事業並びに第一号訪問事業及び第一号通所事業を除く。）

2　市町村は、介護予防・日常生活支援総合事業のほか、被保険者が要介護状態等となることを予防するとともに、要介護状態等となった場合においても、可能な限り、地域において自立した日常生活を営むことができるよう支援するため、地域支援事業として、次に掲げる事業を行うものとする。

一　被保険者の心身の状況、その居宅における生活の実態その他の必要な実情の把握、保健医療、公衆衛生、社会福祉その他の関連施策に関する総合的な情報の提供、関係機関との連絡調整その他の被保険者の保健医療の向上及び福祉の増進を図るための総合的な支援を行う事業

二　被保険者に対する虐待の防止及びその早期発見のための事業その他の被保険者の権利擁護のため必要な援助を行う事業

三　保健医療及び福祉に関する専門的知識を有する者による被保険者の居宅サービス計画、施設サービス計画及び介護予防サービス計画の検証、その心身の状況、介護給付等対象サービスの利用状況その他の状況に関する定期的な協議その他の取組を通じ、当該被保険者が地域において自立した日常生活を営むことができるよう、包括的かつ継続的な支援を行う事業

四　医療に関する専門的知識を有する者が、介護サービス事業者、居宅における医療を提供する医療機関その他の関係者の連携を推進するものとして厚生労働省令で定める事業（前号に掲げる事業を除く。）

五　被保険者の地域における自立した日常生活の支援及び要介護状態等となることの予防又は要介護状態等の軽減若しくは悪化の防止に係る体制の整備その他のこれらを促進する事業

六　保健医療及び福祉に関する専門的知識を有する者による認知症の早期における症状の悪化の防止のための支援その他の認知症である又はその疑いのある被保険者に対する総合的な支援を行う事業

3　市町村は、介護予防・日常生活支援総合事業及び前項各号に掲げる事業のほか、厚生労働省令で定めるところにより、地域支援事業として、次に掲げる事業を行うことができる。

一　介護給付等に要する費用の適正化のための事業

二　介護方法の指導その他の要介護被保険者を現に介護する者の支援のため必要な事業

三　その他介護保険事業の運営の安定化及び被保険者（当該市町村の区域内に所在する住所地特例対象施設に入所等をしている住所地特例適用被保険者を含む。）の地域における自立した日常生活の支援のため必要な事業

4　地域支援事業は、当該市町村における介護予防に関する事業の実施状況、介護保険の運営の状況、七十五歳以上の被保険者の数その他の状況を勘案して政令で定める額の範囲内で行うものとする。

5　市町村は、地域支援事業を行うに当たっては、第百十八条の二第一項に規定する介護保険等関連情報その他必要な情報を活用し、適切かつ有効に実施するよう努めるものとする。

6　市町村は、地域支援事業を行うに当たっては、高齢者保健事業（高齢者の医療の確保に関する法律第百二十五条第一項に規定する高齢者保健事業をいう。以下この条及び第百十七条第三項第十号において同じ。）を行う後期高齢者医療広域連合（同法第四十八条に規定する後期高

齢者医療広域連合をいう。以下この条において同じ。）との連携を図るとともに、高齢者の身体的、精神的及び社会的な特性を踏まえ、地域支援事業を効果的かつ効率的で被保険者の状況に応じたきめ細かなものとするため、高齢者保健事業及び国民健康保険法第八十二条第五項に規定する高齢者の心身の特性に応じた事業（同号において「**国民健康保険保健事業**」という。）と一体的に実施するよう努めるものとする。

7　市町村は、前項の規定により地域支援事業を行うに当たって必要があると認めるときは、他の市町村及び後期高齢者医療広域連合に対し、被保険者に係る保健医療サービス若しくは福祉サービスに関する情報、高齢者の医療の確保に関する法律の規定による療養に関する情報若しくは同法第百二十五条第一項に規定する健康診査若しくは保健指導に関する記録の写し若しくは同法第十八条第一項に規定する特定健康診査若しくは特定保健指導に関する記録の写し又は国民健康保険法の規定による療養に関する情報その他地域支援事業を効果的かつ効率的に実施するために必要な情報として厚生労働省令で定めるものの提供を求めることができる。

8　前項の規定により、情報又は記録の写しの提供を求められた市町村及び後期高齢者医療広域連合は、厚生労働省令で定めるところにより、当該情報又は記録の写しを提供しなければならない。

9　市町村は、第六項の規定により地域支援事業を実施するため、前項の規定により提供を受けた情報又は記録の写しに加え、自らが保有する当該被保険者に係る保健医療サービス若しくは福祉サービスに関する情報、高齢者の医療の確保に関する法律第十八条第一項に規定する特定健康診査若しくは特定保健指導に関する記録又は国民健康保険法の規定による療養に関する情報を併せて活用することができる。

10　市町村は、地域支援事業の利用者に対し、厚生労働省令で定めるところにより、利用料を請求することができる。

注　第一一五条の四五は、令和五年五月一九日法律第三一号により次のように改正され、令和五年五月一九日から起算して四年を超えない範囲内において政令で定める日から施行される。

第百十五条の四十五第一項中「第三項第三号」を「次項第七号、第三項第三号、第百十五条の四十七第十項」に改め、同条第二項に次の一号を加える。

七　被保険者の保健医療の向上及び福祉の増進を図るため、被保険者、介護サービス事業者その他の関係者が被保険者に係る情報を共有し、及び活用することを促進する事業

（介護予防・日常生活支援総合事業の指針等）

第一一五条の四五の二　厚生労働大臣は、市町村が行う介護予防・日常生活支援総合事業に関して、その適切かつ有効な実施を図るため必要な指針を公表するものとする。

2　市町村は、定期的に、介護予防・日常生活支援総合事業の実施状況について、調査、分析及び評価を行うよう努めるとともに、その結果に基づき必要な措置を講ずるよう努めるものとする。

（指定事業者による第一号事業の実施）

第一一五条の四五の三　市町村は、第一号事業（第一号介護予防支援事業にあっては、居宅要支援被保険者に係るものに限る。）については、居宅要支援被保険者等が、当該市町村の長が指定する者（以下「**指定事業者**」という。）の当該指定に係る第一号事業を行う事業所により行われる当該第一号事業を利用した場合において、当該居宅要支援被保険者等に対し、当該第一号事業に要した費用について、第一号事業支給費を支給することにより行うことができる。

2　前項の第一号事業支給費（以下「**第一号事業支給費**」という。）の額は、第一号事業に要する費用の額を勘案して、厚生労働省令で定めるところにより算定する額とする。

3　居宅要支援被保険者等が、指定事業者の当該指定に係る第一号事業を行う事業所により行われる当該第一号事業を利用したときは、市町村は、当該居宅要支援被保険者等が当該指定事業者に支払うべき当該第一号事業に要した費用について、第一号事業支給費として当該居宅要支援被保険者等に対し支給すべき額の限度において、当該居宅要支援被保険者等に代わり、当該指定事業者に支払うことができる。

4　前項の規定による支払があったときは、居宅要支援被保険者等に対し第一号事業支給費の支給があったものとみなす。

5　市町村は、指定事業者から第一号事業支給費の請求があったときは、厚生労働省令で定めるところにより審査した上、支払うものとする。

6　市町村は、前項の規定による審査及び支払に関する事務を連合会に委託することができる。

7　前項の規定による委託を受けた連合会は、当該委託をした市町村の同意を得て、厚生労働省令で定めるところにより、当該委託を受けた事務の一部を、営利を目的としない法人であって厚生労働省令で定める要件に該当するものに委託することができる。

(租税その他の公課の禁止)

第一一五条の四五の四　租税その他の公課は、第一号事業支給費として支給を受けた金銭を標準として、課することができない。

(指定事業者の指定)

第一一五条の四五の五　第百十五条の四十五の三第一項の指定(第百十五条の四十五の七第一項を除き、以下この章において「**指定事業者の指定**」という。)は、厚生労働省令で定めるところにより、第一号事業を行う者の申請により、当該事業の種類及び当該事業の種類に係る当該第一号事業を行う事業所ごとに行う。

2　市町村長は、前項の申請があった場合において、申請者が、厚生労働省令で定める基準に従って適正に第一号事業を行うことができないと認められるときは、指定事業者の指定をしてはならない。

(指定の更新)

第一一五条の四五の六　指定事業者の指定は、厚生労働省令で定める期間ごとにその更新を受けなければ、その期間の経過によって、その効力を失う。

2　前項の更新の申請があった場合において、同項の期間(以下この条において「有効期間」という。)の満了の日までにその申請に対する処分がされないときは、従前の指定事業者の指定は、有効期間の満了後もその処分がされるまでの間は、なおその効力を有する。

3　前項の場合において、指定事業者の指定の更新がされたときは、その有効期間は、従前の有効期間の満了の日の翌日から起算するものとする。

4　前条の規定は、指定事業者の指定の更新について準用する。

(報告等)

第一一五条の四五の七　市町村長は、第一号事業支給費の支給に関して必要があると認めるときは、指定事業者若しくは指定事業者であった者若しくは当該第百十五条の四十五の三第一項の指定に係る事業所の従業者であった者(以下この項において「指定事業者であった者等」という。)に対し、報告若しくは帳簿書類の提出若しくは提示を命じ、指定事業者若しくは当該指定に係る事業所の従業者若しくは指定事業者であった者等に対し出頭を求め、又は当該職員に、関係者に対して質問させ、若しくは当該指定事業者の当該指定に係る事業所、事務所その他当該指定事業者が行う第一号事業に関係のある場所に立ち入り、その設備若しくは帳簿書類その他の物件を検査させることができる。

2　第二十四条第三項の規定は前項の規定による質問又は検査について、同条第四項の規定は前項の規定による権限について、それぞれ準用する。

(勧告、命令等)

第一一五条の四五の八　市町村長は、指定事業者が、第百十五条の四十五第一項第一号イからニまで又は第百十五条の四十五の五第二項の厚生労働省令で定める基準に従って第一号事業を行っていないと認めるときは、当該指定事業者に対し、期限を定めて、これらの厚生労働省令で定める基準に従って第一号事業を行うことを勧告することができる。

2　市町村長は、前項の規定による勧告をした場合において、その勧告を受けた指定事業者が同項の期限内にこれに従わなかったときは、その旨を公表することができる。

3　市町村長は、第一項の規定による勧告を受けた指定事業者が、正当な理由がなくてその勧告に係る措置をとらなかったときは、当該指定事業者に対し、期限を定めて、その勧告に係る措置をとるべきことを命ずることができる。

4　市町村長は、前項の規定による命令をした場合においては、その旨を公示しなければならない。

(指定事業者の指定の取消し等)

第一一五条の四五の九　市町村長は、次の各号のいずれかに該当する場合においては、当該指定事業者に係る指定事業者の指定を取り消し、又は期間を定めてその指定事業者の指定の全部若しくは一部の効力を停止することができる。

一　指定事業者が、第百十五条の四十五第一項第一号イから二まで又は第百十五条の四十五の五第二項の厚生労働省令で定める基準に従って第一号事業を行うことができなくなったとき。

二　第一号事業支給費の請求に関し不正があったとき。

三　指定事業者が、第百十五条の四十五の七第一項の規定により報告又は帳簿書類の提出若しくは提示を命ぜられてこれに従わず、又は虚偽の報告をしたとき。

四　指定事業者又は当該指定事業者の指定に係る事業所の従業者が、第百十五条の四十五の七第一項の規定により出頭を求められてこれに応ぜず、同項の規定による質問に対して答弁せず、若しくは虚偽の答弁をし、又は同項の規定による検査を拒み、妨げ、若しくは忌避したとき。ただし、当該指定事業者の指定に係る事業所の従業者がその行為をした場合において、その行為を防止するため、当該指定事業者が相当の注意及び監督を尽くしたときを除く。

五　指定事業者が、不正の手段により指定事業者の指定を受けたとき。

六　前各号に掲げる場合のほか、指定事業者が、この法律その他国民の保健医療若しくは福祉に関する法律で政令で定めるもの又はこれらの法律に基づく命令若しくは処分に違反したとき。

七　前各号に掲げる場合のほか、指定事業者が、地域支援事業又は居宅サービス等に関し不正又は著しく不当な行為をしたとき。

（市町村の連絡調整等）

第一一五条の四五の一〇　市町村は、介護予防・日常生活支援総合事業及び第百十五条の四十五第二項各号に掲げる事業の円滑な実施のために必要な関係者相互間の連絡調整を行うことができる。

2　市町村が行う介護予防・日常生活支援総合事業及び第百十五条の四十五第二項各号に掲げる事業の関係者は、当該事業に協力するよう努めなければならない。

3　都道府県は、市町村が行う介護予防・日常生活支援総合事業及び第百十五条の四十五第二項各号に掲げる事業に関し、情報の提供その他市町村に対する支援に努めるものとする。

（政令への委任）

第一一五条の四五の一一　第百十五条の四十五から前条までに規定するもののほか、地域支援事業の実施に関し必要な事項は、政令で定める。

（地域包括支援センター）

第一一五条の四六　地域包括支援センターは、第一号介護予防支援事業（居宅要支援被保険者に係るものを除く。）及び第百十五条の四十五第二項各号に掲げる事業（以下「**包括的支援事業**」という。）その他厚生労働省令で定める事業を実施し、地域住民の心身の健康の保持及び生活の安定のために必要な援助を行うことにより、その保健医療の向上及び福祉の増進を包括的に支援することを目的とする施設とする。

2　市町村は、地域包括支援センターを設置することができる。

3　次条第一項の規定による委託を受けた者（第百十五条の四十五第二項第四号から第六号までに掲げる事業のみの委託を受けたものを除く。）は、包括的支援事業その他第一項の厚生労働省令で定める事業を実施するため、厚生労働省令で定めるところにより、あらかじめ、厚生労働省令で定める事項を市町村長に届け出て、地域包括支援センターを設置することができる。

4　地域包括支援センターの設置者は、自らその実施する事業の質の評価を行うことその他必要な措置を講ずることにより、その実施する事業の質の向上を図らなければならない。

5　地域包括支援センターの設置者は、包括的支援事業を実施するために必要なものとして市町村の条例で定める基準を遵守しなければならない。

6　市町村が前項の条例を定めるに当たっては、地域包括支援センターの職員に係る基準及び当該職員の員数については厚生労働省令で定める基準に従い定めるものとし、その他の事項については厚生労働省令で定める基準を参酌するものとする。

7　地域包括支援センターの設置者は、包括的支援事業の効果的な実施のために、介護サービス事業者、医療機関、民生委員法（昭和二十三年法律第百九十八号）に定める民生委員、被保険者の地域における自立した日常生活の支援又は要介護状態等となることの予防若しくは要介護状態等の軽減若しくは悪化の防止のための事業を行う者その他の関係者との連携に努めなければならない。

8　地域包括支援センターの設置者（設置者が法人である場合にあっては、その役員）若しくはその職員又はこれらの職にあった者は、正当な理由なしに、その業務に関して知り得た秘密を漏らしてはならない。

9　市町村は、定期的に、地域包括支援センターにおける事業の実施状況について、評価を行うとともに、必要があると認めるときは、次条第一項の方針の変更その他の必要な措置を講じなければならない。

10　市町村は、地域包括支援センターが設置されたとき、その他厚生労働省令で定めるときは、厚生労働省令で定めるところにより、当該地域包括支援センターの事業の内容及び運営状況に関する情報を公表するよう努めなければならない。

11　第六十九条の十四の規定は、地域包括支援センターについて準用する。この場合において、同条の規定に関し必要な技術的読替えは、政令で定める。

12　前各項に規定するもののほか、地域包括支援センターに関し必要な事項は、政令で定める。

注　第一一五条の四六は、令和五年五月一九日法律第三一号により次のように改正され、令和五年五月一九日から起算して四年を超えない範囲内において政令で定める日から施行される。

第百十五条の四十六第一項中「第百十五条の四十五第二項各号」を「第百十五条の四十五第二項第一号から第六号まで」に改める。

（実施の委託）

第一一五条の四七　市町村は、老人福祉法第二十条の七の二第一項に規定する老人介護支援センターの設置者その他の厚生労働省令で定める者に対し、厚生労働省令で定めるところにより、包括的支援事業の実施に係る方針を示して、当該包括的支援事業を委託することができる。

2　前項の規定による委託は、包括的支援事業（第百十五条の四十五第二項第四号から第六号までに掲げる事業を除く。）の全てにつき一括して行わなければならない。

3　前条第七項及び第八項の規定は、第一項の規定による委託を受けた者について準用する。

4　地域包括支援センターの設置者は、指定居宅介護支援事業者その他の厚生労働省令で定める者に対し、厚生労働省令で定めるところにより、第百十五条の四十五第二項第一号に掲げる事業の一部を委託することができる。この場合において、当該委託を受けた者は、第一項の方針（地域包括支援センターの設置者が市町村である場合にあっては、厚生労働省令で定めるところにより当該市町村が示す当該事業の実施に係る方針）に従って、当該事業を実施するものとする。

5　市町村は、介護予防・日常生活支援総合事業（第一号介護予防支援事業にあっては、居宅要支援被保険者に係るものに限る。）については、当該介護予防・日常生活支援総合事業を適切に実施することができるものとして厚生労働省令で定める基準に適合する者に対して、当該各号に掲げる事業の実施を委託することができる。

6　前項の規定により第一号介護予防支援事業の実施の委託を受けた者は、厚生労働省令で定めるところにより、当該委託を受けた事業の一部を、厚生労働省令で定める者に委託することができる。

7　市町村長は、介護予防・日常生活支援総合事業について、第一項又は第五項の規定により、その実施を委託した場合には、当該委託を受けた者（第九項、第百八十条第一項並びに第百八十一条第二項及び第三項において「**受託者**」という。）に対する当該実施に必要な費用の支払決定に係る審査及び支払の事務を連合会に委託することができる。

8　前項の規定による委託を受けた連合会は、当該委託をした市町村長の同意を得て、厚生労働省令で定めるところにより、当該委託を受けた事務の一部を、営利を目的としない法人であって厚生労働省令で定める要件に該当するものに委託することができる。

9　受託者は、介護予防・日常生活支援総合事業の利用者に対し、厚生労働省令で定めるところにより、利用料を請求することができる。

10　市町村は、第百十五条の四十五第三項各号に掲げる事業の全部又は一部について、老人福祉法第二十条の七の二第一項に規定する老人介護支援センターの設置者その他の当該市町村が適当と認める者に対し、その実施を委託することができる。

注　第一一五条の四七は、令和五年五月一九日法律第三一号により次のように改正され、令和五年五月一九日から起算して四年を超えない範囲内において政令で定める日から施行される。

第百十五条の四十七第十項を同条第十二項とし、同条第九項の次に次の二項を加える。

10　市町村は、第百十五条の四十五第二項第七号に掲げる事業の実施に係る被保険者又は被保険者であった者に係る情報の収集、整理、利用又は提供に関する事務の全部又は一部を社会保険診療報酬支払基金法（昭和二十三年法律第百二十九号）による社会保険診療報酬支払基金（以下「**支払基金**」という。）又は連合会その他厚生労働省令で定める者（第百十八条の十及び第百十八条の十一において「支払基金等」という。）に委託することができる。

11　市町村は、前項の規定により事務を委託する場合は、他の市町村、社会保険診療報酬支払基金法第一条に規定する保険者及び法令の規定により医療に関する給付その他の事務を行う者であって厚生労働省令で定めるものと共同して委託するものとする。

（会議）

第一一五条の四八　市町村は、第百十五条の四十五第二項第三号に掲げる事業の効果的な実施のために、介護支援専門員、保健医療及び福祉に関する専門的知識を有する者、民生委員その他の関係者、関係機関及び関係団体（以下この条において「関係者等」という。）により構成される会議（以下この条において「会議」という。）を置くように努めなければならない。

2　会議は、厚生労働省令で定めるところにより、要介護被保険者その他の厚生労働省令で定める被保険者（以下この項において「支援対象被保険者」という。）への適切な支援を図るために必要な検討を行うとともに、支援対象被保険者が地域において自立した日常生活を営むために必要な支援体制に関する検討を行うものとする。

3　会議は、前項の検討を行うため必要があると認めるときは、関係者等に対し、資料又は情報の提供、意見の開陳その他必要な協力を求めることができる。

4　関係者等は、前項の規定に基づき、会議から資料又は情報の提供、意見の開陳その他必要な協力の求めがあった場合には、これに協力するよう努めなければならない。

5　会議の事務に従事する者又は従事していた者は、正当な理由がなく、会議の事務に関して知り得た秘密を漏らしてはならない。

6　前各項に定めるもののほか、会議の組織及び運営に関し必要な事項は、会議が定める。

（保健福祉事業）

第一一五条の四九　市町村は、地域支援事業のほか、要介護被保険者を現に介護する者の支援のために必要な事業、被保険者が要介護状態等となることを予防するために必要な事業、指定居宅サービス及び指定居宅介護支援の事業並びに介護保険施設の運営その他の保険給付のために必要な事業、被保険者が利用する介護給付等対象サービスのための費用に係る資金の貸付けその他の必要な事業を行うことができる。

第七章　介護保険事業計画

（基本指針）

第一一六条　厚生労働大臣は、地域における医療及び介護の総合的な確保の促進に関する法律（平成元年法律第六十四号）第三条第一項に規定する総合確保方針に即して、介護保険事業に係る保険給付の円滑な実施を確保するための基本的な指針（以下「**基本指針**」という。）を定めるものとする。

2　基本指針においては、次に掲げる事項について定めるものとする。

一　介護給付等対象サービスを提供する体制の確保及び地域支援事業の実施に関する基本的事項

二　次条第一項に規定する市町村介護保険事業計画において同条第二項第一号の介護給付等対象サービスの種類ごとの量の見込みを定めるに当たって参酌すべき標準その他当該市町村介護保険事業計画及び第百十八条第一項に規定する都道府県介護保険事業支援計画の作成に関する事項

三　その他介護保険事業に係る保険給付の円滑な実施を確保するために必要な事項

3　厚生労働大臣は、基本指針を定め、又はこれを変更するに当たっては、あらかじめ、総務大臣その他関係行政機関の長に協議しなければならない。

4　厚生労働大臣は、基本指針を定め、又はこれを変更したときは、遅滞なく、これを公表しなければならない。

（市町村介護保険事業計画）

第一一七条　市町村は、基本指針に即して、三年を一期とする当該市町村が行う介護保険事業に係る保険給付の円滑な実施に関する計画（以下**「市町村介護保険事業計画」**という。）を定めるものとする。

2　市町村介護保険事業計画においては、次に掲げる事項を定めるものとする。

一　当該市町村が、その住民が日常生活を営んでいる地域として、地理的条件、人口、交通事情その他の社会的条件、介護給付等対象サービスを提供するための施設の整備の状況その他の条件を総合的に勘案して定める区域ごとの当該区域における各年度の認知症対応型共同生活介護、地域密着型特定施設入居者生活介護及び地域密着型介護老人福祉施設入所者生活介護に係る必要利用定員総数その他の介護給付等対象サービスの種類ごとの量の見込み

二　各年度における地域支援事業の量の見込み

三　被保険者の地域における自立した日常生活の支援、要介護状態等となることの予防又は要介護状態等の軽減若しくは悪化の防止及び介護給付等に要する費用の適正化に関し、市町村が取り組むべき施策に関する事項

四　前号に掲げる事項の目標に関する事項

3　市町村介護保険事業計画においては、前項各号に掲げる事項のほか、次に掲げる事項について定めるよう努めるものとする。

一　前項第一号の必要利用定員総数その他の介護給付等対象サービスの種類ごとの見込量の確保のための方策

二　各年度における地域支援事業に要する費用の額及び地域支援事業の見込量の確保のための方策

三　介護給付等対象サービスの種類ごとの量、保険給付に要する費用の額、地域支援事業の量、地域支援事業に要する費用の額及び保険料の水準に関する中長期的な推計

四　介護支援専門員その他の介護給付等対象サービス及び地域支援事業に従事する者の確保及び資質の向上に資する都道府県と連携した取組に関する事項

五　介護給付等対象サービスの提供又は地域支援事業の実施のための事業所又は施設における業務の効率化、介護サービスの質の向上その他の生産性の向上に資する都道府県と連携した取組に関する事項

六　指定居宅サービスの事業、指定地域密着型サービスの事業又は指定居宅介護支援の事業を行う者相互間の連携の確保に関する事業その他の介護給付等対象サービス（介護給付に係るものに限る。）の円滑な提供を図るための事業に関する事項

七　指定介護予防サービスの事業、指定地域密着型介護予防サービスの事業又は指定介護予防支援の事業を行う者相互間の連携の確保に関する事業その他の介護給付等対象サービス（予防給付に係るものに限る。）の円滑な提供及び地域支援事業の円滑な実施を図るための事業に関する事項

八　認知症である被保険者の地域における自立した日常生活の支援に関する事項、教育、地域づくり及び雇用に関する施策その他の関連施策との有機的な連携に関する事項その他の認知症に関する施策の総合的な推進に関する事項

九　前項第一号の区域ごとの当該区域における老人福祉法第二十九条第一項の規定による届出が行われている有料老人ホーム及び高齢者の居住の安定確保に関する法律（平成十三年

法律第二十六号）第七条第五項に規定する登録住宅（次条第三項第七号において「登録住宅」という。）のそれぞれの入居定員総数（特定施設入居者生活介護、地域密着型特定施設入居者生活介護又は介護予防特定施設入居者生活介護の事業を行う事業所に係る第四十一条第一項本文、第四十二条の二第一項本文又は第五十三条第一項本文の指定を受けていないものに係るものに限る。次条第三項第七号において同じ。）

十　地域支援事業と高齢者保健事業及び国民健康保険保健事業の一体的な実施に関する事項、居宅要介護被保険者及び居宅要支援被保険者に係る医療その他の医療との連携に関する事項、高齢者の居住に係る施策との連携に関する事項その他の被保険者の地域における自立した日常生活の支援のため必要な事項

4　市町村介護保険事業計画は、当該市町村の区域における人口構造の変化の見通し、要介護者等の人数、要介護者等の介護給付等対象サービスの利用に関する意向その他の事情を勘案して作成されなければならない。

5　市町村は、第二項第一号の規定により当該市町村が定める区域ごとにおける被保険者の心身の状況、その置かれている環境その他の事情を正確に把握するとともに、第百十八条の二第一項の規定により公表された結果その他の介護保険事業の実施の状況に関する情報を分析した上で、当該事情及び当該分析の結果を勘案して、市町村介護保険事業計画を作成するよう努めるものとする。

6　市町村は、市町村介護保険事業計画の作成に当たっては、住民の加齢に伴う身体的、精神的及び社会的な特性を踏まえた医療及び介護の効果的かつ効率的な提供の重要性に留意するものとする。

7　市町村介護保険事業計画は、老人福祉法第二十条の八第一項に規定する市町村老人福祉計画と一体のものとして作成されなければならない。

8　市町村は、第二項第三号に規定する施策の実施状況及び同項第四号に規定する目標の達成状況に関する調査及び分析を行い、市町村介護保険事業計画の実績に関する評価を行うものとする。

9　市町村は、前項の評価の結果を公表するよう努めるとともに、これを都道府県知事に報告するものとする。

10　市町村介護保険事業計画は、地域における医療及び介護の総合的な確保の促進に関する法律第五条第一項に規定する市町村計画との整合性の確保が図られたものでなければならない。

11　市町村介護保険事業計画は、社会福祉法第百七条第一項に規定する市町村地域福祉計画、高齢者の居住の安定確保に関する法律第四条の二第一項に規定する市町村高齢者居住安定確保計画その他の法律の規定による計画であって要介護者等の保健、医療、福祉又は居住に関する事項を定めるものと調和が保たれたものでなければならない。

12　市町村は、市町村介護保険事業計画を定め、又は変更しようとするときは、あらかじめ、被保険者の意見を反映させるために必要な措置を講ずるものとする。

13　市町村は、市町村介護保険事業計画（第二項第一号及び第二号に掲げる事項に係る部分に限る。）を定め、又は変更しようとするときは、あらかじめ、都道府県の意見を聴かなければならない。

14　市町村は、市町村介護保険事業計画を定め、又は変更したときは、遅滞なく、これを都道府県知事に提出しなければならない。

注　第一一七条は、令和五年五月一九日法律第三一号により次のように改正され、令和七年四月一日から施行される。

第百十七条第五項中「勘案して」を「勘案するとともに、医療法第三十条の十八の五第一項の規定による協議の結果（同項第四号に掲げる事項に係るものに限る。）を考慮して」に改める。

（都道府県介護保険事業支援計画）

第一一八条　都道府県は、基本指針に即して、三年を一期とする介護保険事業に係る保険給付の円滑な実施の支援に関する計画（以下「**都道府県介護保険事業支援計画**」という。）を定めるものとする。

2　都道府県介護保険事業支援計画においては、次に掲げる事項を定めるものとする。

一　当該都道府県が定める区域ごとに当該区域

における各年度の介護専用型特定施設入居者生活介護、地域密着型特定施設入居者生活介護及び地域密着型介護老人福祉施設入所者生活介護に係る必要利用定員総数、介護保険施設の種類ごとの必要入所定員総数その他の介護給付等対象サービスの量の見込み

二　都道府県内の市町村によるその被保険者の地域における自立した日常生活の支援、要介護状態等となることの予防又は要介護状態等の軽減若しくは悪化の防止及び介護給付等に要する費用の適正化に関する取組への支援に関し、都道府県が取り組むべき施策に関する事項

三　前号に掲げる事項の目標に関する事項

3　都道府県介護保険事業支援計画においては、前項各号に掲げる事項のほか、次に掲げる事項について定めるよう努めるものとする。

一　介護保険施設その他の介護給付等対象サービスを提供するための施設における生活環境の改善を図るための事業に関する事項

二　介護サービス情報の公表に関する事項

三　介護支援専門員その他の介護給付等対象サービス及び地域支援事業に従事する者の確保及び資質の向上に資する事業に関する事項

四　介護給付等対象サービスの提供又は地域支援事業の実施のための事業所又は施設における業務の効率化、介護サービスの質の向上その他の生産性の向上に資する事業に関する事項

五　介護保険施設相互間の連携の確保に関する事業その他の介護給付等対象サービスの円滑な提供を図るための事業に関する事項

六　介護予防・日常生活支援総合事業及び第百十五条の四十五第二項各号に掲げる事業に関する市町村相互間の連絡調整を行う事業に関する事項

七　前項第一号の区域ごとの当該区域における老人福祉法第二十九条第一項の規定による届出が行われている有料老人ホーム及び登録住宅のそれぞれの入居定員総数

4　都道府県介護保険事業支援計画においては、第二項各号に掲げる事項及び前項各号に掲げる事項のほか、第二項第一号の規定により当該都道府県が定める区域ごとに当該区域における各年度の混合型特定施設入居者生活介護に係る必要利用定員総数を定めることができる。

5　都道府県は、次条第一項の規定により公表された結果その他の介護保険事業の実施の状況に関する情報を分析した上で、当該分析の結果を勘案して、都道府県介護保険事業支援計画を作成するよう努めるものとする。

6　都道府県は、都道府県介護保険事業支援計画の作成に当たっては、住民の加齢に伴う身体的、精神的及び社会的な特性を踏まえた医療及び介護の効果的かつ効率的な提供の重要性に留意するものとする。

7　都道府県介護保険事業支援計画は、老人福祉法第二十条の九第一項に規定する都道府県老人福祉計画と一体のものとして作成されなければならない。

8　都道府県は、第二項第二号に規定する施策の実施状況及び同項第三号に規定する目標の達成状況に関する調査及び分析を行い、都道府県介護保険事業支援計画の実績に関する評価を行うものとする。

9　都道府県は、前項の評価の結果を公表するよう努めるとともに、当該結果及び都道府県内の市町村の前条第八項の評価の結果を厚生労働大臣に報告するものとする。

10　都道府県介護保険事業支援計画は、地域における医療及び介護の総合的な確保の促進に関する法律第四条第一項に規定する都道府県計画及び医療法第三十条の四第一項に規定する医療計画との整合性の確保が図られたものでなければならない。

11　都道府県介護保険事業支援計画は、社会福祉法第百八条第一項に規定する都道府県地域福祉支援計画、高齢者の居住の安定確保に関する法律第四条第一項に規定する都道府県高齢者居住安定確保計画その他の法律の規定による計画であって要介護者等の保健、医療、福祉又は居住に関する事項を定めるものと調和が保たれたものでなければならない。

12　都道府県は、都道府県介護保険事業支援計画を定め、又は変更したときは、遅滞なく、これを厚生労働大臣に提出しなければならない。

（国民の保健医療の向上及び福祉の増進のための匿名介護保険等関連情報の利用又は提供）

第一一八条の三　厚生労働大臣は、国民の保健医療の向上及び福祉の増進に資するため、匿名介

護保険等関連情報（介護保険等関連情報に係る特定の被保険者その他の厚生労働省令で定める者（次条において「本人」という。）を識別すること及びその作成に用いる介護保険等関連情報を復元することができないようにするために厚生労働省令で定める基準に従い加工した介護保険等関連情報をいう。以下同じ。）を利用し、又は厚生労働省令で定めるところにより、次の各号に掲げる者であって、匿名介護保険等関連情報の提供を受けて行うことについて相当の公益性を有すると認められる業務としてそれぞれ当該各号に定めるものを行うものに提供することができる。

一 国の他の行政機関及び地方公共団体 保険給付に係る保健医療サービス及び福祉サービスに関する施策、要介護状態等となることの予防又は要介護状態等の軽減若しくは悪化の防止のための施策並びに地域における自立した日常生活の支援のための施策の企画及び立案に関する調査

二 大学その他の研究機関 国民の健康の保持増進及びその有する能力の維持向上並びに介護保険事業に関する研究

三 民間事業者その他の厚生労働省令で定める者 介護分野の調査研究に関する分析その他の厚生労働省令で定める業務（特定の商品又は役務の広告又は宣伝に利用するために行うものを除く。）

2 厚生労働大臣は、前項の規定による利用又は提供を行う場合には、当該匿名介護保険等関連情報を健康保険法第百五十条の二第一項に規定する匿名診療等関連情報及び高齢者の医療の確保に関する法律第十六条の二第一項に規定する匿名医療保険等関連情報その他の厚生労働省令で定めるものと連結して利用し、又は連結して利用することができる状態で提供することができる。

3 厚生労働大臣は、第一項の規定により匿名介護保険等関連情報を提供しようとする場合には、あらかじめ、社会保障審議会の意見を聴かなければならない。

（支払基金等への委託）

第一一八条の一〇 厚生労働大臣は、第百十八条の二第一項に規定する調査及び分析並びに第百十八条の三第一項の規定による利用又は提供に係る事務の全部又は一部を社会保険診療報酬支払基金法（昭和二十三年法律第百二十九号）による社会保険診療報酬支払基金（以下「**支払基金**」という。）又は連合会その他厚生労働省令で定める者（次条において「支払基金等」という。）に委託することができる。

注 第一一八条の一〇は、令和五年五月一九日法律第三一号により次のように改正され、令和五年五月一九日から起算して四年を超えない範囲内において政令で定める日から施行される。

第百十八条の十中「社会保険診療報酬支払基金法（昭和二十三年法律第百二十九号）による社会保険診療報酬支払基金（以下「**支払基金**」という。）又は連合会その他厚生労働省令で定める者（次条において「支払基金等」という。）」を「支払基金等」に改める。

第八章 費用等

第一節 費用の負担

（国の負担）

第一二一条 国は、政令で定めるところにより、市町村に対し、介護給付及び予防給付に要する費用の額について、次の各号に掲げる費用の区分に応じ、当該各号に定める割合に相当する額を負担する。

一 介護給付（次号に掲げるものを除く。）及び予防給付（同号に掲げるものを除く。）に要する費用 百分の二十

二 介護給付（介護保険施設及び特定施設入居者生活介護に係るものに限る。）及び予防給付（介護予防特定施設入居者生活介護に係るものに限る。）に要する費用 百分の十五

2 第四十三条第三項、第四十四条第六項、第四十五条第六項、第五十五条第三項、第五十六条第六項又は第五十七条第六項の規定に基づき条例を定めている市町村に対する前項の規定の適用については、同項に規定する介護給付及び予防給付に要する費用の額は、当該条例による措置が講ぜられないものとして、政令で定めるところにより算定した当該介護給付及び予防給付に要する費用の額に相当する額とする。

（調整交付金等）

第一二二条　国は、介護保険の財政の調整を行うため、第一号被保険者の年齢階級別の分布状況、第一号被保険者の所得の分布状況等を考慮して、政令で定めるところにより、市町村に対して調整交付金を交付する。

2　前項の規定による調整交付金の総額は、各市町村の前条第一項に規定する介護給付及び予防給付に要する費用の額（同条第二項の規定の適用がある場合にあっては、同項の規定を適用して算定した額。次項において同じ。）の総額の百分の五に相当する額とする。

3　毎年度分として交付すべき調整交付金の総額は、当該年度における各市町村の前条第一項に規定する介護給付及び予防給付に要する費用の額の見込額の総額の百分の五に相当する額に当該年度の前年度以前の年度における調整交付金で、まだ交付していない額を加算し、又は当該前年度以前の年度において交付すべきであった額を超えて交付した額を当該見込額の総額の百分の五に相当する額から減額した額とする。

第一二二条の二　国は、政令で定めるところにより、市町村に対し、介護予防・日常生活支援総合事業に要する費用の額の百分の二十に相当する額を交付する。

2　国は、介護保険の財政の調整を行うため、市町村に対し、介護予防・日常生活支援総合事業に要する費用の額について、第一号被保険者の年齢階級別の分布状況、第一号被保険者の所得の分布状況等を考慮して、政令で定めるところにより算定した額を交付する。

3　前項の規定により交付する額（社会福祉法第百六条の八（第二号に係る部分に限る。）の規定により交付する額を含む。）の総額は、各市町村の介護予防・日常生活支援総合事業に要する費用の額の総額の百分の五に相当する額とする。

4　国は、政令で定めるところにより、市町村に対し、地域支援事業（介護予防・日常生活支援総合事業を除く。）に要する費用の額に、第百二十五条第一項の第二号被保険者負担率に百分の五十を加えた率を乗じて得た額（以下「**特定地域支援事業支援額**」という。）の百分の五十に相当する額を交付する。

第一二二条の三　国は、前二条に定めるもののほか、市町村によるその被保険者の地域における自立した日常生活の支援、要介護状態等となることの予防又は要介護状態等の軽減若しくは悪化の防止及び介護給付等に要する費用の適正化に関する取組を支援するため、政令で定めるところにより、市町村に対し、予算の範囲内において、交付金を交付する。

2　国は、都道府県による第百二十条の二第一項の規定による支援及び同条第二項の規定による事業に係る取組を支援するため、政令で定めるところにより、都道府県に対し、予算の範囲内において、交付金を交付する。

（都道府県の負担等）

第一二三条　都道府県は、政令で定めるところにより、市町村に対し、介護給付及び予防給付に要する費用の額について、次の各号に掲げる費用の区分に応じ、当該各号に定める割合に相当する額を負担する。

一　介護給付（次号に掲げるものを除く。）及び予防給付（同号に掲げるものを除く。）に要する費用　百分の十二・五

二　介護給付（介護保険施設及び特定施設入居者生活介護に係るものに限る。）及び予防給付（介護予防特定施設入居者生活介護に係るものに限る。）に要する費用　百分の十七・五

2　第百二十一条第二項の規定は、前項に規定する介護給付及び予防給付に要する費用の額について準用する。

3　都道府県は、政令で定めるところにより、市町村に対し、介護予防・日常生活支援総合事業に要する費用の額の百分の十二・五に相当する額を交付する。

4　都道府県は、政令で定めるところにより、市町村に対し、特定地域支援事業支援額の百分の二十五に相当する額を交付する。

（市町村の一般会計における負担）

第一二四条　市町村は、政令で定めるところにより、その一般会計において、介護給付及び予防給付に要する費用の額の百分の十二・五に相当する額を負担する。

2　第百二十一条第二項の規定は、前項に規定する介護給付及び予防給付に要する費用の額について準用する。

3　市町村は、政令で定めるところにより、その一般会計において、介護予防・日常生活支援総合事業に要する費用の額の百分の十二・五に相

当する額を負担する。

4　市町村は、政令で定めるところにより、その一般会計において、特定地域支援事業支援額の百分の二十五に相当する額を負担する。

（市町村の特別会計への繰入れ等）

第一二四条の二　市町村は、政令で定めるところにより、一般会計から、所得の少ない者について条例の定めるところにより行う保険料の減額賦課に基づき第一号被保険者に係る保険料につき減額した額の総額を基礎として政令で定めるところにより算定した額を介護保険に関する特別会計に繰り入れなければならない。

2　国は、政令で定めるところにより、前項の規定による繰入金の二分の一に相当する額を負担する。

3　都道府県は、政令で定めるところにより、第一項の規定による繰入金の四分の一に相当する額を負担する。

（住所地特例適用被保険者に係る地域支援事業に要する費用の負担金）

第一二四条の三　市町村は、政令で定めるところにより、当該市町村が行う介護保険の住所地特例適用被保険者に対して、当該住所地特例適用被保険者が入所等をしている住所地特例対象施設の所在する施設所在市町村が行う地域支援事業に要する費用について、政令で定めるところにより算定した額を、地域支援事業に要する費用として負担するものとする。

（介護給付費交付金）

第一二五条　市町村の介護保険に関する特別会計において負担する費用のうち、介護給付及び予防給付に要する費用の額に第二号被保険者負担率を乗じて得た額（以下「**医療保険納付対象額**」という。）については、政令で定めるところにより、支払基金が市町村に対して交付する介護給付費交付金をもって充てる。

2　前項の第二号被保険者負担率は、すべての市町村に係る被保険者の見込数の総数に対するすべての市町村に係る第二号被保険者の見込数の総数の割合に二分の一を乗じて得た率を基準として設定するものとし、三年ごとに、当該割合の推移を勘案して政令で定める。

3　第百二十一条第二項の規定は、第一項に規定する介護給付及び予防給付に要する費用の額について準用する。

4　第一項の介護給付費交付金は、第百五十条第一項の規定により支払基金が徴収する納付金をもって充てる。

（地域支援事業支援交付金）

第一二六条　市町村の介護保険に関する特別会計において負担する費用のうち、介護予防・日常生活支援総合事業に要する費用の額に前条第一項の第二号被保険者負担率を乗じて得た額（以下「**介護予防・日常生活支援総合事業医療保険納付対象額**」という。）については、政令で定めるところにより、支払基金が市町村に対して交付する地域支援事業支援交付金をもって充てる。

2　前項の地域支援事業支援交付金は、第百五十条第一項の規定により支払基金が徴収する納付金をもって充てる。

（国の補助）

第一二七条　国は、第百二十一条から第百二十二条の三まで及び第百二十四条の二に規定するもののほか、予算の範囲内において、介護保険事業に要する費用の一部を補助することができる。

（都道府県の補助）

第一二八条　都道府県は、第百二十三条及び第百二十四条の二に規定するもののほか、介護保険事業に要する費用の一部を補助することができる。

（保険料）

第一二九条　市町村は、介護保険事業に要する費用（財政安定化基金拠出金の納付に要する費用を含む。）に充てるため、保険料を徴収しなければならない。

2　前項の保険料は、第一号被保険者に対し、政令で定める基準に従い条例で定めるところにより算定された保険料率により算定された保険料額によって課する。

3　前項の保険料率は、市町村介護保険事業計画に定める介護給付等対象サービスの見込量等に基づいて算定した保険給付に要する費用の予想額、財政安定化基金拠出金の納付に要する費用の予想額、第百四十七条第一項第二号の規定による都道府県からの借入金の償還に要する費用の予定額並びに地域支援事業及び保健福祉事業に要する費用の予定額、第一号被保険者の所得の分布状況及びその見通し並びに国庫負担等の額等に照らし、おおむね三年を通じ財政の均衡を保つことができるものでなければならない。

4 市町村は、第一項の規定にかかわらず、第二号被保険者からは保険料を徴収しない。

(賦課期日)

第一三〇条 保険料の賦課期日は、当該年度の初日とする。

(保険料の徴収の方法)

第一三一条 第百二十九条の保険料の徴収については、第百三十五条の規定により特別徴収(国民年金法による老齢基礎年金その他の同法又は厚生年金保険法による老齢、障害又は死亡を支給事由とする年金たる給付であって政令で定めるもの及びその他これらの年金たる給付に類する老齢若しくは退職、障害又は死亡を支給事由とする年金たる給付であって政令で定めるもの(以下「**老齢等年金給付**」という。)の支払をする者(以下「**年金保険者**」という。)に保険料を徴収させ、かつ、その徴収すべき保険料を納入させることをいう。以下同じ。)の方法による場合を除くほか、普通徴収(市町村が、保険料を課せられた第一号被保険者又は当該第一号被保険者の属する世帯の世帯主若しくは当該第一号被保険者の配偶者(婚姻の届出をしていないが、事実上婚姻関係と同様の事情にある者を含む。以下同じ。)に対し、地方自治法第二百三十一条の規定により納入の通知をすることによって保険料を徴収することをいう。以下同じ。)の方法によらなければならない。

(保険料の減免等)

第一四二条 市町村は、条例で定めるところにより、特別の理由がある者に対し、保険料を減免し、又はその徴収を猶予することができる。

第十二章 審査請求

(審査請求)

第一八三条 保険給付に関する処分(被保険者証の交付の請求に関する処分及び要介護認定又は要支援認定に関する処分を含む。)又は保険料その他この法律の規定による徴収金(財政安定化基金拠出金、納付金及び第百五十七条第一項に規定する延滞金を除く。)に関する処分に不服がある者は、介護保険審査会に審査請求をすることができる。

2 前項の審査請求は、時効の完成猶予及び更新に関しては、裁判上の請求とみなす。

(介護保険審査会の設置)

第一八四条 介護保険審査会(以下「保険審査会」という。)は、各都道府県に置く。

(審査請求と訴訟との関係)

第一九六条 第百八十三条第一項に規定する処分の取消しの訴えは、当該処分についての審査請求に対する裁決を経た後でなければ、提起することができない。

附 則 (抄)

(施行期日)

第一条 この法律は、平成十二年四月一日から施行する。ただし、次の各号に掲げる規定は、当該各号に定める日から施行する。

一 第八条の規定 公布の日から起算して三月を超えない範囲内において政令で定める日

〔平一〇・一・一〇〕

二 第八章、〔中略〕の規定 平成十二年一月一日

(検討)

第二条 介護保険制度については、要介護者等に係る保健医療サービス及び福祉サービスを提供する体制の状況、保険給付に要する費用の状況、国民負担の推移、社会経済の情勢等を勘案し、並びに障害者の福祉に係る施策、医療保険制度等との整合性及び市町村が行う介護保険事業の円滑な実施に配意し、被保険者及び保険給付を受けられる者の範囲、保険給付の内容及び水準並びに保険料及び納付金(その納付に充てるため医療保険各法の規定により徴収する保険料(地方税法の規定により徴収する国民健康保険税を含む。)又は掛金を含む。)の負担の在り方を含め、この法律の施行後五年を目途としてその全般に関して検討が加えられ、その結果に基づき、必要な見直し等の措置が講ぜられるべきものとする。

第三条 政府は、この法律の施行後、保険給付に要する費用の動向、保険料負担の状況等を勘案し、必要があると認めるときは、居宅サービス、施設サービス等に要する費用に占める介護給付等の割合について、検討を加え、その結果に基づいて所要の措置を講ずるものとする。

第四条 政府は、この法律の施行後十年を経過した場合において、第五章の規定の施行の状況について検討を加え、その結果に基づいて必要な

措置を講ずるものとする。

第五条　政府は、前三条の規定による検討をするに当たって、地方公共団体その他の関係者から、当該検討に係る事項に関する意見の提出があったときは、当該意見を十分に考慮しなければならない。

（病床転換の円滑化への配慮）

第七条　厚生労働大臣は、基本指針を定めるに当たっては、医療に要する費用の適正化及び良質かつ効率的な介護サービスの確保の観点から高齢者の医療の確保に関する法律附則第二条に規定する病床の転換が円滑に行われるよう、介護医療院その他の厚生労働省令で定める施設の入所定員の増加について適切に配慮するものとする。

（指定介護老人福祉施設に入所中の被保険者の特例）

第九条　指定介護老人福祉施設に入所することにより当該指定介護老人福祉施設の所在する場所に住所を変更したと認められる被保険者であって、当該指定介護老人福祉施設に入所した際他の市町村（当該指定介護老人福祉施設が所在する市町村以外の市町村をいう。）の区域内に住所を有していたと認められるものは、当該指定介護老人福祉施設が入所定員の減少により地域密着型介護老人福祉施設（地域密着型介護老人福祉施設入所者生活介護の事業を行う事業所に係る第四十二条の二第一項本文の指定を受けているものに限る。以下この条において「変更後地域密着型介護老人福祉施設」という。）となった場合においても、当該変更後地域密着型介護老人福祉施設に継続して入所している間は、第九条の規定にかかわらず、当該他の市町村が行う介護保険の被保険者とする。ただし、変更後地域密着型介護老人福祉施設となった指定介護老人福祉施設（以下この条において「変更前介護老人福祉施設」という。）を含む二以上の住所地特例対象施設に継続して入所等をしていた被保険者（当該変更後地域密着型介護老人福祉施設に継続して入所している者に限る。）であって、当該変更前介護老人福祉施設に入所する直前に入所等をしていた住所地特例対象施設（以下この項において「直前入所施設」という。）及び変更前介護老人福祉施設のそれぞれに入所等をすることにより直前入所施設及び変更前介護老人福祉施設のそれぞれの所在する場所に順次住所を変更したと認められるもの（次項において「特定継続入所被保険者」という。）については、この限りでない。

2　特定継続入所被保険者のうち、次の各号に掲げるものは、第九条の規定にかかわらず、当該各号に定める市町村が行う介護保険の被保険者とする。

一　継続して入所等をしていた二以上の住所地特例対象施設のそれぞれに入所等をすることによりそれぞれの住所地特例対象施設の所在する場所に順次住所を変更したと認められる被保険者であって、当該二以上の住所地特例対象施設のうち最初の住所地特例対象施設に入所等をした際他の市町村（変更前介護老人福祉施設が所在する市町村以外の市町村をいう。）の区域内に住所を有していたと認められるもの　当該他の市町村

二　継続して入所等をしていた二以上の住所地特例対象施設のうち一の住所地特例対象施設から継続して他の住所地特例対象施設に入所等をすること（以下この号において「継続入所等」という。）により当該一の住所地特例対象施設の所在する場所以外の場所から当該他の住所地特例対象施設の所在する場所への住所の変更（以下この号において「特定住所変更」という。）を行ったと認められる被保険者であって、最後に行った特定住所変更に係る継続入所等の際他の市町村（変更前介護老人福祉施設が所在する市町村以外の市町村をいう。）の区域内に住所を有していたと認められるもの　当該他の市町村

3　前二項の規定の適用を受ける被保険者については、変更後地域密着型介護老人福祉施設を住所地特例対象施設とみなして、第十三条の規定を適用する。

附　則（平一八・六・二一法律八三）（抄）

（施行期日）

第一条　この法律は、平成十八年十月一日から施行する。ただし、次の各号に掲げる規定は、それぞれ当該各号に定める日から施行する。

四　〔前略〕第二十四条〔中略〕の規定　平成二十年四月一日

六　〔前略〕第二十六条並びに附則第五十三条〔中略〕及び第百三十条の二の規定　平成二

十四年四月一日

（介護保険法の一部改正に伴う経過措置）

第五三条　第二十六条の規定の施行の日前に行われた同条の規定による改正前の介護保険法第四十八条第一項第三号に規定する指定介護療養施設サービスに係る保険給付については、なお従前の例による。

（健康保険法等の一部改正に伴う経過措置）

第一三〇条の二　第二十六条の規定の施行の際現に同条の規定による改正前の介護保険法（以下この条において「旧介護保険法」という。）第四十八条第一項第三号の指定を受けている旧介護保険法第八条第二十六項に規定する介護療養型医療施設については、第五条の規定による改正前の健康保険法の規定、第九条の規定による改正前の高齢者の医療の確保に関する法律の規定、第十四条の規定による改正前の国民健康保険法の規定、第二十条の規定による改正前の船員保険法の規定、旧介護保険法の規定、附則第五十八条の規定による改正前の国家公務員共済組合法の規定、附則第六十七条の規定による改正前の地方公務員等共済組合法の規定、附則第九十条の規定による改正前の船員職業安定法の規定、附則第九十一条の規定による改正前の生活保護法の規定、附則第九十六条の規定による改正前の船員の雇用の促進に関する特別措置法の規定、附則第百十一条の規定による改正前の高齢者虐待の防止、高齢者の養護者に対する支援等に関する法律の規定及び附則第百十一条の二の規定による改正前の道州制特別区域における広域行政の推進に関する法律の規定（これらの規定に基づく命令の規定を含む。）は、令和六年三月三十一日までの間、なおその効力を有する。

２　前項の規定によりなおその効力を有するものとされた旧介護保険法第四十八条第一項第三号の規定により令和六年三月三十一日までに行われた指定介護療養施設サービスに係る保険給付については、同日後も、なお従前の例による。

３　第二十六条の規定の施行の日前にされた旧介護保険法第百七条第一項の指定の申請であって、第二十六条の規定の施行の際、指定をするかどうかの処分がなされていないものについての当該処分については、なお従前の例による。この場合において、同条の規定の施行の日以後に旧介護保険法第八条第二十六項に規定する介護療養型医療施設について旧介護保険法第四十八条第一項第三号の指定があったときは、第一項の介護療養型医療施設とみなして、同項の規定によりなおその効力を有するものとされた規定を適用する。

◉高齢者虐待の防止、高齢者の養護者に対する支援等に関する法律

（平成一七・一一・九法律一二四）

注　令五法律二八改正現在
（未施行分については、該当か所の後に改正文を収載）

第一章　総則

（目的）

第一条　この法律は、高齢者に対する虐待が深刻な状況にあり、高齢者の尊厳の保持にとって高齢者に対する虐待を防止することが極めて重要であること等にかんがみ、高齢者虐待の防止等に関する国等の責務、高齢者虐待を受けた高齢者に対する保護のための措置、養護者の負担の軽減を図ること等の養護者に対する養護者による高齢者虐待の防止に資する支援（以下「**養護者に対する支援**」という。）のための措置等を定めることにより、高齢者虐待の防止、養護者に対する支援等に関する施策を促進し、もって高齢者の権利利益の擁護に資することを目的とする。

（定義等）

第二条　この法律において「**高齢者**」とは、六十五歳以上の者をいう。

2　この法律において「**養護者**」とは、高齢者を現に養護する者であって養介護施設従事者等（第五項第一号の施設の業務に従事する者及び同項第二号の事業において業務に従事する者をいう。以下同じ。）以外のものをいう。

3　この法律において「**高齢者虐待**」とは、養護者による高齢者虐待及び養介護施設従事者等による高齢者虐待をいう。

4　この法律において「**養護者による高齢者虐待**」とは、次のいずれかに該当する行為をいう。

一　養護者がその養護する高齢者について行う次に掲げる行為

イ　高齢者の身体に外傷が生じ、又は生じるおそれのある暴行を加えること。

ロ　高齢者を衰弱させるような著しい減食又は長時間の放置、養護者以外の同居人によるイ、ハ又はニに掲げる行為と同様の行為の放置等養護を著しく怠ること。

ハ　高齢者に対する著しい暴言又は著しく拒絶的な対応その他の高齢者に著しい心理的外傷を与える言動を行うこと。

ニ　高齢者にわいせつな行為をすること又は高齢者をしてわいせつな行為をさせること。

二　養護者又は高齢者の親族が当該高齢者の財産を不当に処分することその他当該高齢者から不当に財産上の利益を得ること。

5　この法律において「**養介護施設従事者等による高齢者虐待**」とは、次のいずれかに該当する行為をいう。

一　老人福祉法（昭和三十八年法律第百三十三号）第五条の三に規定する老人福祉施設若しくは同法第二十九条第一項に規定する有料老人ホーム又は介護保険法（平成九年法律第百二十三号）第八条第二十二項に規定する地域密着型介護老人福祉施設、同条第二十七項に規定する介護老人福祉施設、同条第二十八項に規定する介護老人保健施設、同条第二十九項に規定する介護医療院若しくは同法第百十五条の四十六第一項に規定する地域包括支援センター（以下「**養介護施設**」という。）の業務に従事する者が、当該養介護施設に入所し、その他当該養介護施設を利用する高齢者について行う次に掲げる行為

イ　高齢者の身体に外傷が生じ、又は生じるおそれのある暴行を加えること。

ロ　高齢者を衰弱させるような著しい減食又は長時間の放置その他の高齢者を養護すべき職務上の義務を著しく怠ること。

ハ　高齢者に対する著しい暴言又は著しく拒絶的な対応その他の高齢者に著しい心理的外傷を与える言動を行うこと。

ニ　高齢者にわいせつな行為をすること又は高齢者をしてわいせつな行為をさせること。

ホ　高齢者の財産を不当に処分することその他当該高齢者から不当に財産上の利益を得ること。

二　老人福祉法第五条の二第一項に規定する老人居宅生活支援事業又は介護保険法第八条第一項に規定する居宅サービス事業、同条第十

四項に規定する地域密着型サービス事業、同条第二十四項に規定する居宅介護支援事業、同法第八条の二第一項に規定する介護予防サービス事業、同条第十二項に規定する地域密着型介護予防サービス事業若しくは同条第十六項に規定する介護予防支援事業（以下「**養介護事業**」という。）において業務に従事する者が、当該養介護事業に係るサービスの提供を受ける高齢者について行う前号イからホまでに掲げる行為

6　六十五歳未満の者であって養介護施設に入所し、その他養介護施設を利用し、又は養介護事業に係るサービスの提供を受ける障害者（障害者基本法（昭和四十五年法律第八十四号）第二条第一号に規定する障害者をいう。）については、高齢者とみなして、養介護施設従事者等による高齢者虐待に関する規定を適用する。

（国及び地方公共団体の責務等）

第三条　国及び地方公共団体は、高齢者虐待の防止、高齢者虐待を受けた高齢者の迅速かつ適切な保護及び適切な養護者に対する支援を行うため、関係省庁相互間その他関係機関及び民間団体の間の連携の強化、民間団体の支援その他必要な体制の整備に努めなければならない。

2　国及び地方公共団体は、高齢者虐待の防止及び高齢者虐待を受けた高齢者の保護並びに養護者に対する支援が専門的知識に基づき適切に行われるよう、これらの職務に携わる専門的な人材の確保及び資質の向上を図るため、関係機関の職員の研修等必要な措置を講ずるよう努めなければならない。

3　国及び地方公共団体は、高齢者虐待の防止及び高齢者虐待を受けた高齢者の保護に資するため、高齢者虐待に係る通報義務、人権侵犯事件に係る救済制度等について必要な広報その他の啓発活動を行うものとする。

（国民の責務）

第四条　国民は、高齢者虐待の防止、養護者に対する支援等の重要性に関する理解を深めるとともに、国又は地方公共団体が講ずる高齢者虐待の防止、養護者に対する支援等のための施策に協力するよう努めなければならない。

（高齢者虐待の早期発見等）

第五条　養介護施設、病院、保健所その他高齢者の福祉に業務上関係のある団体及び養介護施設従事者等、医師、保健師、弁護士その他高齢者の福祉に職務上関係のある者は、高齢者虐待を発見しやすい立場にあることを自覚し、高齢者虐待の早期発見に努めなければならない。

2　前項に規定する者は、国及び地方公共団体が講ずる高齢者虐待の防止のための啓発活動及び高齢者虐待を受けた高齢者の保護のための施策に協力するよう努めなければならない。

第二章　養護者による高齢者虐待の防止、養護者に対する支援等

（相談、指導及び助言）

第六条　市町村は、養護者による高齢者虐待の防止及び養護者による高齢者虐待を受けた高齢者の保護のため、高齢者及び養護者に対して、相談、指導及び助言を行うものとする。

（養護者による高齢者虐待に係る通報等）

第七条　養護者による高齢者虐待を受けたと思われる高齢者を発見した者は、当該高齢者の生命又は身体に重大な危険が生じている場合は、速やかに、これを市町村に通報しなければならない。

2　前項に定める場合のほか、養護者による高齢者虐待を受けたと思われる高齢者を発見した者は、速やかに、これを市町村に通報するよう努めなければならない。

3　刑法（明治四十年法律第四十五号）の秘密漏示罪の規定その他の守秘義務に関する法律の規定は、前二項の規定による通報をすることを妨げるものと解釈してはならない。

第八条　市町村が前条第一項若しくは第二項の規定による通報又は次条第一項に規定する届出を受けた場合においては、当該通報又は届出を受けた市町村の職員は、その職務上知り得た事項であって当該通報又は届出をした者を特定させるものを漏らしてはならない。

（通報等を受けた場合の措置）

第九条　市町村は、第七条第一項若しくは第二項の規定による通報又は高齢者からの養護者による高齢者虐待を受けた旨の届出を受けたときは、速やかに、当該高齢者の安全の確認その他当該通報又は届出に係る事実の確認のための措置を講ずるとともに、第十六条の規定により当該市町村と連携協力する者（以下「**高齢者虐待対応協力者**」という。）とその対応について協議

を行うものとする。

2　市町村又は市町村長は、第七条第一項若しくは第二項の規定による通報又は前項に規定する届出があった場合には、当該通報又は届出に係る高齢者に対する養護者による高齢者虐待の防止及び当該高齢者の保護が図られるよう、養護者による高齢者虐待により生命又は身体に重大な危険が生じているおそれがあると認められる高齢者を一時的に保護するため迅速に老人福祉法第二十条の三に規定する老人短期入所施設等に入所させる等、適切に、同法第十条の四第一項若しくは第十一条第一項の規定による措置を講じ、又は、適切に、同法第三十二条の規定により審判の請求をするものとする。

（居室の確保）

第一〇条　市町村は、養護者による高齢者虐待を受けた高齢者について老人福祉法第十条の四第一項第三号又は第十一条第一項第一号若しくは第二号の規定による措置を採るために必要な居室を確保するための措置を講ずるものとする。

（立入調査）

第一一条　市町村長は、養護者による高齢者虐待により高齢者の生命又は身体に重大な危険が生じているおそれがあると認めるときは、介護保険法第百十五条の四十六第二項の規定により設置する地域包括支援センターの職員その他の高齢者の福祉に関する事務に従事する職員をして、当該高齢者の住所又は居所に立ち入り、必要な調査又は質問をさせることができる。

2　前項の規定による立入り及び調査又は質問を行う場合においては、当該職員は、その身分を示す証明書を携帯し、関係者の請求があるときは、これを提示しなければならない。

3　第一項の規定による立入り及び調査又は質問を行う権限は、犯罪捜査のために認められたものと解釈してはならない。

（警察署長に対する援助要請等）

第一二条　市町村長は、前条第一項の規定による立入り及び調査又は質問をさせようとする場合において、これらの職務の執行に際し必要があると認めるときは、当該高齢者の住所又は居所の所在地を管轄する警察署長に対し援助を求めることができる。

2　市町村長は、高齢者の生命又は身体の安全の確保に万全を期する観点から、必要に応じ適切に、前項の規定により警察署長に対し援助を求めなければならない。

3　警察署長は、第一項の規定による援助の求めを受けた場合において、高齢者の生命又は身体の安全を確保するため必要と認めるときは、速やかに、所属の警察官に、同項の職務の執行を援助するために必要な警察官職務執行法（昭和二十三年法律第百三十六号）その他の法令の定めるところによる措置を講じさせるよう努めなければならない。

（面会の制限）

第一三条　養護者による高齢者虐待を受けた高齢者について老人福祉法第十一条第一項第二号又は第三号の措置が採られた場合においては、市町村長又は当該措置に係る養介護施設の長は、養護者による高齢者虐待の防止及び当該高齢者の保護の観点から、当該養護者による高齢者虐待を行った養護者について当該高齢者との面会を制限することができる。

（養護者の支援）

第一四条　市町村は、第六条に規定するもののほか、養護者の負担の軽減のため、養護者に対する相談、指導及び助言その他必要な措置を講ずるものとする。

2　市町村は、前項の措置として、養護者の心身の状態に照らしその養護の負担の軽減を図るため緊急の必要があると認める場合に高齢者が短期間養護を受けるために必要となる居室を確保するための措置を講ずるものとする。

（専門的に従事する職員の確保）

第一五条　市町村は、養護者による高齢者虐待の防止、養護者による高齢者虐待を受けた高齢者の保護及び養護者に対する支援を適切に実施するために、これらの事務に専門的に従事する職員を確保するよう努めなければならない。

（連携協力体制）

第一六条　市町村は、養護者による高齢者虐待の防止、養護者による高齢者虐待を受けた高齢者の保護及び養護者に対する支援を適切に実施するため、老人福祉法第二十条の七の二第一項に規定する老人介護支援センター、介護保険法第百十五条の四十六第三項の規定により設置された地域包括支援センターその他関係機関、民間団体等との連携協力体制を整備しなければならない。この場合において、養護者による高齢者虐待にいつでも迅速に対応することができるよう、特に配慮しなければならない。

（事務の委託）

第一七条　市町村は、高齢者虐待対応協力者のうち適当と認められるものに、第六条の規定による相談、指導及び助言、第七条第一項若しくは第二項の規定による通報又は第九条第一項に規定する届出の受理、同項の規定による高齢者の安全の確認その他通報又は届出に係る事実の確認のための措置並びに第十四条第一項の規定による養護者の負担の軽減のための措置に関する事務の全部又は一部を委託することができる。

2　前項の規定による委託を受けた高齢者虐待対応協力者若しくはその役員若しくは職員又はこれらの者であった者は、正当な理由なしに、その委託を受けた事務に関して知り得た秘密を漏らしてはならない。

3　第一項の規定により第七条第一項若しくは第二項の規定による通報又は第九条第一項に規定する届出の受理に関する事務の委託を受けた高齢者虐待対応協力者が第七条第一項若しくは第二項の規定による通報又は第九条第一項に規定する届出を受けた場合には、当該通報又は届出を受けた高齢者虐待対応協力者又はその役員若しくは職員は、その職務上知り得た事項であって当該通報又は届出をした者を特定させるものを漏らしてはならない。

（周知）

第一八条　市町村は、養護者による高齢者虐待の防止、第七条第一項若しくは第二項の規定による通報又は第九条第一項に規定する届出の受理、養護者による高齢者虐待を受けた高齢者の保護、養護者に対する支援等に関する事務についての窓口となる部局及び高齢者虐待対応協力者の名称を明示すること等により、当該部局及び高齢者虐待対応協力者を周知させなければならない。

（都道府県の援助等）

第一九条　都道府県は、この章の規定により市町村が行う措置の実施に関し、市町村相互間の連絡調整、市町村に対する情報の提供その他必要な援助を行うものとする。

2　都道府県は、この章の規定により市町村が行う措置の適切な実施を確保するため必要があると認めるときは、市町村に対し、必要な助言を行うことができる。

第三章　養介護施設従事者等による高齢者虐待の防止等

（養介護施設従事者等による高齢者虐待の防止等のための措置）

第二〇条　養介護施設の設置者又は養介護事業を行う者は、養介護施設従事者等の研修の実施、当該養介護施設に入所し、その他当該養介護施設を利用し、又は当該養介護事業に係るサービスの提供を受ける高齢者及びその家族からの苦情の処理の体制の整備その他の養介護施設従事者等による高齢者虐待の防止等のための措置を講ずるものとする。

（養介護施設従事者等による高齢者虐待に係る通報等）

第二一条　養介護施設従事者等は、当該養介護施設従事者等がその業務に従事している養介護施設又は養介護事業（当該養介護施設の設置者若しくは当該養介護事業を行う者が設置する養介護施設又はこれらの者が行う養介護事業を含む。）において業務に従事する養介護施設従事者等による高齢者虐待を受けたと思われる高齢者を発見した場合は、速やかに、これを市町村に通報しなければならない。

2　前項に定める場合のほか、養介護施設従事者等による高齢者虐待を受けたと思われる高齢者を発見した者は、当該高齢者の生命又は身体に重大な危険が生じている場合は、速やかに、これを市町村に通報しなければならない。

3　前二項に定める場合のほか、養介護施設従事者等による高齢者虐待を受けたと思われる高齢者を発見した者は、速やかに、これを市町村に通報するよう努めなければならない。

4　養介護施設従事者等による高齢者虐待を受けた高齢者は、その旨を市町村に届け出ることができる。

5　第十八条の規定は、第一項から第三項までの規定による通報又は前項の規定による届出の受理に関する事務を担当する部局の周知について準用する。

6　刑法の秘密漏示罪の規定その他の守秘義務に関する法律の規定は、第一項から第三項までの規定による通報（虚偽であるもの及び過失によるものを除く。次項において同じ。）をすることを妨げるものと解釈してはならない。

7　養介護施設従事者等は、第一項から第三項までの規定による通報をしたことを理由として、解雇その他不利益な取扱いを受けない。

第二二条　市町村は、前条第一項から第三項までの規定による通報又は同条第四項の規定による届出を受けたときは、厚生労働省令で定めるところにより、当該通報又は届出に係る養介護施設従事者等による高齢者虐待に関する事項を、当該養介護施設従事者等による高齢者虐待に係る養介護施設又は当該養介護施設従事者等による高齢者虐待に係る養介護事業の事業所の所在地の都道府県に報告しなければならない。

2　前項の規定は、地方自治法（昭和二十二年法律第六十七号）第二百五十二条の十九第一項の指定都市及び同法第二百五十二条の二十二第一項の中核市については、厚生労働省令で定める場合を除き、適用しない。

第二三条　市町村が第二十一条第一項から第三項までの規定による通報又は同条第四項の規定による届出を受けた場合においては、当該通報又は届出を受けた市町村の職員は、その職務上知り得た事項であって当該通報又は届出をした者を特定させるものを漏らしてはならない。都道府県が前条第一項の規定による報告を受けた場合における当該報告を受けた都道府県の職員についても、同様とする。

（通報等を受けた場合の措置）

第二四条　市町村が第二十一条第一項から第三項までの規定による通報若しくは同条第四項の規定による届出を受け、又は都道府県が第二十二条第一項の規定による報告を受けたときは、市町村長又は都道府県知事は、養介護施設の業務又は養介護事業の適正な運営を確保することにより、当該通報又は届出に係る高齢者に対する養介護施設従事者等による高齢者虐待の防止及び当該高齢者の保護を図るため、老人福祉法又は介護保険法の規定による権限を適切に行使するものとする。

（公表）

第二五条　都道府県知事は、毎年度、養介護施設従事者等による高齢者虐待の状況、養介護施設従事者等による高齢者虐待があった場合にとった措置その他厚生労働省令で定める事項を公表するものとする。

第四章　雑則

（調査研究）

第二六条　国は、高齢者虐待の事例の分析を行うとともに、高齢者虐待があった場合の適切な対応方法、高齢者に対する適切な養護の方法その他の高齢者虐待の防止、高齢者虐待を受けた高齢者の保護及び養護者に対する支援に資する事項について調査及び研究を行うものとする。

（財産上の不当取引による被害の防止等）

第二七条　市町村は、養護者、高齢者の親族又は養介護施設従事者等以外の者が不当に財産上の利益を得る目的で高齢者と行う取引（以下「**財産上の不当取引**」という。）による高齢者の被害について、相談に応じ、若しくは消費生活に関する業務を担当する部局その他の関係機関を紹介し、又は高齢者虐待対応協力者に、財産上の不当取引による高齢者の被害に係る相談若しくは関係機関の紹介の実施を委託するものとする。

2　市町村長は、財産上の不当取引の被害を受け、又は受けるおそれのある高齢者について、適切に、老人福祉法第三十二条の規定により審判の請求をするものとする。

（成年後見制度の利用促進）

第二八条　国及び地方公共団体は、高齢者虐待の防止及び高齢者虐待を受けた高齢者の保護並びに財産上の不当取引による高齢者の被害の防止及び救済を図るため、成年後見制度の周知のための措置、成年後見制度の利用に係る経済的負担の軽減のための措置等を講ずることにより、成年後見制度が広く利用されるようにしなければならない。

第五章　罰則

第二九条　第十七条第二項の規定に違反した者は、一年以下の懲役又は百万円以下の罰金に処する。

注　第二九条は、令和四年六月一七日法律第六八号により次のように改正され、令和四年六月一七日から起算して三年を超えない範囲内において政令で定める日から施行される。

第二十九条中「懲役」を「拘禁刑」に改める。

第三〇条　正当な理由がなく、第十一条第一項の規定による立入調査を拒み、妨げ、若しくは忌避し、又は同項の規定による質問に対して答弁をせず、若しくは虚偽の答弁をし、若しくは高齢者に答弁をさせず、若しくは虚偽の答弁をさせた者は、三十万円以下の罰金に処する。

附　則

（施行期日）

1　この法律は、平成十八年四月一日から施行する。

（検討）

2　高齢者以外の者であって精神上又は身体上の理由により養護を必要とするものに対する虐待の防止等のための制度については、速やかに検討が加えられ、その結果に基づいて必要な措置が講ぜられるものとする。

3　高齢者虐待の防止、養護者に対する支援等のための制度については、この法律の施行後三年を目途として、この法律の施行状況等を勘案し、検討が加えられ、その結果に基づいて必要な措置が講ぜられるものとする。

附　則（平一八・六・二一　法律八三）（抄）

（施行期日）

第一条　この法律は、平成十八年十月一日から施行する。ただし、次の各号に掲げる規定は、それぞれ当該各号に定める日から施行する。

六　〔前略〕附則第百十一条、〔中略〕第百三十条の二の規定　平成二十四年四月一日

（健康保険法等の一部改正に伴う経過措置）

第一三〇条の二　第二十六条の規定の施行の際現に同条の規定による改正前の介護保険法（以下この条において「旧介護保険法」という。）第四十八条第一項第三号の指定を受けている旧介護保険法第八条第二十六項に規定する介護療養型医療施設については、第五条の規定による改正前の健康保険法の規定、第九条の規定による改正前の高齢者の医療の確保に関する法律の規定、第十四条の規定による改正前の国民健康保険法の規定、第二十条の規定による改正前の船員保険法の規定、旧介護保険法の規定、附則第五十八条の規定による改正前の国家公務員共済組合法の規定、附則第六十七条の規定による改正前の地方公務員等共済組合法の規定、附則第九十条の規定による改正前の船員職業安定法の規定、附則第九十一条の規定による改正前の生活保護法の規定、附則第九十六条の規定による改正前の船員の雇用の促進に関する特別措置法の規定、附則第百十一条の規定による改正前の高齢者虐待の防止、高齢者の養護者に対する支援等に関する法律の規定及び附則第百十一条の二の規定による改正前の道州制特別区域における広域行政の推進に関する法律の規定（これらの規定に基づく命令の規定を含む。）は、令和六年三月三十一日までの間、なおその効力を有する。

2　前項の規定によりなおその効力を有するものとされた旧介護保険法第四十八条第一項第三号の規定により令和六年三月三十一日までに行われた指定介護療養施設サービスに係る保険給付については、同日後も、なお従前の例による。

3　第二十六条の規定の施行の日前にされた旧介護保険法第百七条第一項の指定の申請であって、第二十六条の規定の施行の際、指定をするかどうかの処分がなされていないものについての当該処分については、なお従前の例による。この場合において、同条の規定の施行の日以後に旧介護保険法第八条第二十六項に規定する介護療養型医療施設について旧介護保険法第四十八条第一項第三号の指定があったときは、第一項の介護療養型医療施設とみなして、同項の規定によりなおその効力を有するものとされた規定を適用する。

◉高齢者、障害者等の移動等の円滑化の促進に関する法律（抄）

（平成一八・六・二一法律九一）

注　令五法律五八改正現在（未施行分については、該当か所の後に改正文を収載）

第一章　総則

（目的）

第一条　この法律は、高齢者、障害者等の自立した日常生活及び社会生活を確保することの重要性に鑑み、公共交通機関の旅客施設及び車両等、道路、路外駐車場、公園施設並びに建築物の構造及び設備を改善するための措置、一定の地区における旅客施設、建築物等及びこれらの間の経路を構成する道路、駅前広場、通路その他の施設の一体的な整備を推進するための措置、移動等円滑化に関する国民の理解の増進及び協力の確保を図るための措置その他の措置を講ずることにより、高齢者、障害者等の移動上及び施設の利用上の利便性及び安全性の向上の促進を図り、もって公共の福祉の増進に資することを目的とする。

（基本理念）

第一条の二　この法律に基づく措置は、高齢者、障害者等にとって日常生活又は社会生活を営む上で障壁となるような社会における事物、制度、慣行、観念その他一切のものの除去に資すること及び全ての国民が年齢、障害の有無その他の事情によって分け隔てられることなく共生する社会の実現に資することを旨として、行われなければならない。

（定義）

第二条　この法律において次の各号に掲げる用語の意義は、それぞれ当該各号に定めるところによる。

一　**高齢者、障害者等**　高齢者又は障害者で日常生活又は社会生活に身体の機能上の制限を受けるものその他日常生活又は社会生活に身体の機能上の制限を受ける者をいう。

二　**移動等円滑化**　高齢者、障害者等の移動又は施設の利用に係る身体の負担を軽減することにより、その移動上又は施設の利用上の利便性及び安全性を向上することをいう。

三　**施設設置管理者**　公共交通事業者等、道路管理者、路外駐車場管理者等、公園管理者等及び建築主等をいう。

四　**高齢者障害者等用施設等**　高齢者、障害者等が円滑に利用することができる施設又は設備であって、主としてこれらの者の利用のために設けられたものであることその他の理由により、これらの者の円滑な利用が確保されるために適正な配慮が必要となるものとして主務省令で定めるものをいう。

五　**公共交通事業者等**　次に掲げる者をいう。

イ　鉄道事業法（昭和六十一年法律第九十二号）による鉄道事業者（旅客の運送を行うもの及び旅客の運送を行う鉄道事業者に鉄道施設を譲渡し、又は使用させるものに限る。）

ロ　軌道法（大正十年法律第七十六号）による軌道経営者（旅客の運送を行うものに限る。第二十六号ハにおいて同じ。）

ハ　道路運送法（昭和二十六年法律第百八十三号）による一般乗合旅客自動車運送事業者（路線を定めて定期に運行する自動車により乗合旅客の運送を行うものに限る。以下この条において同じ。）、一般貸切旅客自動車運送事業者及び一般乗用旅客自動車運送事業者

ニ　自動車ターミナル法（昭和三十四年法律第百三十六号）によるバスターミナル事業を営む者

ホ　海上運送法（昭和二十四年法律第百八十七号）による一般旅客定期航路事業（日本の国籍を有する者及び日本の法令により設立された法人その他の団体以外の者が営む同法による対外旅客定期航路事業を除く。次号ニにおいて同じ。）を営む者及び旅客不定期航路事業者

ヘ　航空法（昭和二十七年法律第二百三十一号）による本邦航空運送事業者（旅客の運送を行うものに限る。）

ト　イからヘまでに掲げる者以外の者で次号イ、ニ又はホに掲げる旅客施設を設置し、

又は管理するもの

六　**旅客施設**　次に掲げる施設であって、公共交通機関を利用する旅客の乗降、待合いその他の用に供するものをいう。

イ　鉄道事業法による鉄道施設

ロ　軌道法による軌道施設

ハ　自動車ターミナル法によるバスターミナル

ニ　海上運送法による輸送施設(船舶を除き、同法による一般旅客定期航路事業又は旅客不定期航路事業の用に供するものに限る。)

ホ　航空旅客ターミナル施設

七　**特定旅客施設**　旅客施設のうち、利用者が相当数であること又は相当数であると見込まれることその他の政令で定める要件に該当するものをいう。

八　**車両等**　公共交通事業者等が旅客の運送を行うためその事業の用に供する車両、自動車(一般乗合旅客自動車運送事業者が旅客の運送を行うためその事業の用に供する自動車にあっては道路運送法第五条第一項第三号に規定する路線定期運行の用に供するもの、一般貸切旅客自動車運送事業者又は一般乗用旅客自動車運送事業者が旅客の運送を行うためこれらの事業の用に供する自動車にあっては高齢者、障害者等が移動のための車椅子その他の用具を使用したまま車内に乗り込むことが可能なものその他主務省令で定めるものに限る。)、船舶及び航空機をいう。

九　**道路管理者**　道路法(昭和二十七年法律第百八十号)第十八条第一項に規定する道路管理者をいう。

十　**特定道路**　移動等円滑化が特に必要なものとして政令で定める道路法による道路をいう。

十一　**路外駐車場管理者等**　駐車場法(昭和三十二年法律第百六号)第十二条に規定する路外駐車場管理者又は都市計画法(昭和四十三年法律第百号)第四条第二項の都市計画区域外において特定路外駐車場を設置する者をいう。

十二　**旅客特定車両停留施設**　道路法第二条第二項第八号に規定する特定車両停留施設であって、公共交通機関を利用する旅客の乗降、待合いその他の用に供するものをいう。

十三　**特定路外駐車場**　駐車場法第二条第二号に規定する路外駐車場(道路法第二条第二項第七号に規定する自動車駐車場、都市公園法(昭和三十一年法律第七十九号)第二条第二項に規定する公園施設(以下「**公園施設**」という。)、建築物又は建築物特定施設であるものを除く。)であって、自動車の駐車の用に供する部分の面積が五百平方メートル以上であるものであり、かつ、その利用について駐車料金を徴収するものをいう。

十四　**公園管理者等**　都市公園法第五条第一項に規定する公園管理者(以下「**公園管理者**」という。)又は同項の規定による許可を受けて公園施設(特定公園施設に限る。)を設け若しくは管理し、若しくは設け若しくは管理しようとする者をいう。

十五　**特定公園施設**　移動等円滑化が特に必要なものとして政令で定める公園施設をいう。

十六　**建築主等**　建築物の建築をしようとする者又は建築物の所有者、管理者若しくは占有者をいう。

十七　**建築物**　建築基準法(昭和二十五年法律第二百一号)第二条第一号に規定する建築物をいう。

十八　**特定建築物**　学校、病院、劇場、観覧場、集会場、展示場、百貨店、ホテル、事務所、共同住宅、老人ホームその他の多数の者が利用する政令で定める建築物又はその部分をいい、これらに附属する建築物特定施設を含むものとする。

十九　**特別特定建築物**　不特定かつ多数の者が利用し、又は主として高齢者、障害者等が利用する特定建築物その他の特定建築物であって、移動等円滑化が特に必要なものとして政令で定めるものをいう。

二十　**建築物特定施設**　出入口、廊下、階段、エレベーター、便所、敷地内の通路、駐車場その他の建築物又はその敷地に設けられる施設で政令で定めるものをいう。

二十一　**建築**　建築物を新築し、増築し、又は改築することをいう。

二十二　**所管行政庁**　建築基準法の規定により建築主事又は建築副主事を置く市町村又は特別区の区域については当該市町村又は特別区

の長をいい、その他の市町村又は特別区の区域については都道府県知事をいう。ただし、同法第九十七条の二第一項若しくは第二項又は第九十七条の三第一項若しくは第二項の規定により建築主事又は建築副主事を置く市町村又は特別区の区域内の政令で定める建築物については、都道府県知事とする。

二十三　**移動等円滑化促進地区**　次に掲げる要件に該当する地区をいう。

イ　生活関連施設（高齢者、障害者等が日常生活又は社会生活において利用する旅客施設、官公庁施設、福祉施設その他の施設をいう。以下同じ。）の所在地を含み、かつ、生活関連施設相互間の移動が通常徒歩で行われる地区であること。

ロ　生活関連施設及び生活関連経路（生活関連施設相互間の経路をいう。以下同じ。）を構成する一般交通用施設（道路、駅前広場、通路その他の一般交通の用に供する施設をいう。以下同じ。）について移動等円滑化を促進することが特に必要であると認められる地区であること。

ハ　当該地区において移動等円滑化を促進することが、総合的な都市機能の増進を図る上で有効かつ適切であると認められる地区であること。

二十四　**重点整備地区**　次に掲げる要件に該当する地区をいう。

イ　前号イに掲げる要件

ロ　生活関連施設及び生活関連経路を構成する一般交通用施設について移動等円滑化のための事業が実施されることが特に必要であると認められる地区であること。

ハ　当該地区において移動等円滑化のための事業を重点的かつ一体的に実施することが、総合的な都市機能の増進を図る上で有効かつ適切であると認められる地区であること。

二十五　**特定事業**　公共交通特定事業、道路特定事業、路外駐車場特定事業、都市公園特定事業、建築物特定事業及び交通安全特定事業をいう。

二十六　**公共交通特定事業**　次に掲げる事業をいう。

イ　特定旅客施設内において実施するエレベーター、エスカレーターその他の移動等円滑化のために必要な設備の整備に関する事業

ロ　イに掲げる事業に伴う特定旅客施設の構造の変更に関する事業

ハ　特定車両（軌道経営者、一般乗合旅客自動車運送事業者、一般貸切旅客自動車運送事業者又は一般乗用旅客自動車運送事業者が旅客の運送を行うために使用する車両等をいう。以下同じ。）を床面の低いものとすることその他の特定車両に関する移動等円滑化のために必要な事業

二十七　**道路特定事業**　次に掲げる道路法による道路の新設又は改築に関する事業（これと併せて実施する必要がある移動等円滑化のための施設又は設備の整備に関する事業を含む。）をいう。

イ　歩道、道路用エレベーター、通行経路の案内標識その他の移動等円滑化のために必要な施設又は工作物の設置に関する事業

ロ　歩道の拡幅又は路面の構造の改善その他の移動等円滑化のために必要な道路の構造の改良に関する事業

二十八　**路外駐車場特定事業**　特定路外駐車場において実施する車椅子を使用している者が円滑に利用することができる駐車施設その他の移動等円滑化のために必要な施設の整備に関する事業をいう。

二十九　**都市公園特定事業**　都市公園の移動等円滑化のために必要な特定公園施設の整備に関する事業をいう。

三十　**建築物特定事業**　次に掲げる事業をいう。

イ　特別特定建築物（第十四条第三項の条例で定める特定建築物を含む。ロにおいて同じ。）の移動等円滑化のために必要な建築物特定施設の整備に関する事業

ロ　特定建築物（特別特定建築物を除き、その全部又は一部が生活関連経路であるものに限る。）における生活関連経路の移動等円滑化のために必要な建築物特定施設の整備に関する事業

三十一　**交通安全特定事業**　次に掲げる事業をいう。

イ　高齢者、障害者等による道路の横断の安

全を確保するための機能を付加した信号機、道路交通法（昭和三十五年法律第百五号）第九条の歩行者用道路であることを表示する道路標識、横断歩道であることを表示する道路標示その他の移動等円滑化のために必要な信号機、道路標識又は道路標示（第三十六条第二項において「**信号機等**」という。）の同法第四条第一項の規定による設置に関する事業

ロ　違法駐車行為（道路交通法第五十一条の四第一項の違法駐車行為をいう。以下この号において同じ。）に係る車両の取締りの強化、違法駐車行為の防止についての広報活動及び啓発活動その他の移動等円滑化のために必要な生活関連経路を構成する道路における違法駐車行為の防止のための事業

三十二　**教育啓発特定事業**　市町村又は施設設置管理者（第三十六条の二において「市町村等」という。）が実施する次に掲げる事業をいう。

イ　移動等円滑化の促進に関する児童、生徒又は学生の理解を深めるために学校と連携して行う教育活動の実施に関する事業

ロ　移動等円滑化の促進に関する住民その他の関係者の理解の増進又は移動等円滑化の実施に関するこれらの者の協力の確保のために必要な啓発活動の実施に関する事業（イに掲げる事業を除く。）

注　第二条は、令和五年五月一二日法律第二四号により次のように改正され、令和五年五月一二日から起算して二年を超えない範囲内において政令で定める日から施行される。

第二条中「それぞれ」を削り、同条第五号ホ中「（日本」を「、対外旅客定期航路事業（特定の者の需要に応じ、特定の範囲の人の運送をするもの並びに日本」に、「同法による対外旅客定期航路事業」を「もの」に、「を営む者及び旅客不定期航路事業者」を「及び旅客不定期航路事業を営む者」に改め、同条第六号ニ中「一般旅客定期航路事業」の下に「、対外旅客定期航路事業」を加える。

第二章　基本方針等

（基本方針）

第三条　主務大臣は、移動等円滑化を総合的かつ計画的に推進するため、移動等円滑化の促進に関する基本方針（以下「**基本方針**」という。）を定めるものとする。

2　基本方針には、次に掲げる事項について定めるものとする。

一　移動等円滑化の意義及び目標に関する事項

二　移動等円滑化のために施設設置管理者が講ずべき措置に関する基本的な事項

三　第二十四条の二第一項の移動等円滑化促進方針の指針となるべき次に掲げる事項

イ　移動等円滑化促進地区における移動等円滑化の促進の意義に関する事項

ロ　移動等円滑化促進地区の位置及び区域に関する基本的な事項

ハ　生活関連施設及び生活関連経路並びにこれらにおける移動等円滑化の促進に関する基本的な事項

ニ　移動等円滑化の促進に関する住民その他の関係者の理解の増進及び移動等円滑化の実施に関するこれらの者の協力の確保に関する基本的な事項

ホ　イからニまでに掲げるもののほか、移動等円滑化促進地区における移動等円滑化の促進のために必要な事項

四　第二十五条第一項の基本構想の指針となるべき次に掲げる事項

イ　重点整備地区における移動等円滑化の意義に関する事項

ロ　重点整備地区の位置及び区域に関する基本的な事項

ハ　生活関連施設及び生活関連経路並びにこれらにおける移動等円滑化に関する基本的な事項

ニ　生活関連施設、特定車両及び生活関連経路を構成する一般交通用施設について移動等円滑化のために実施すべき特定事業その他の事業に関する基本的な事項

ホ　ニに規定する事業と併せて実施する土地区画整理事業（土地区画整理法（昭和二十九年法律第百十九号）による土地区画整理事業をいう。以下同じ。）、市街地再開発事業（都市再開発法（昭和四十四年法律第三

十八号）による市街地再開発事業をいう。以下同じ。）その他の市街地開発事業（都市計画法第四条第七項に規定する市街地開発事業をいう。以下同じ。）に関し移動等円滑化のために考慮すべき基本的な事項、自転車その他の車両の駐車のための施設の整備に関する事項その他の重点整備地区における移動等円滑化に資する市街地の整備改善に関する基本的な事項その他重点整備地区における移動等円滑化のために必要な事項

五　移動等円滑化の促進に関する国民の理解の増進及び移動等円滑化の実施に関する国民の協力の確保に関する基本的な事項

六　移動等円滑化に関する情報提供に関する基本的な事項

七　移動等円滑化の促進のための施策に関する基本的な事項その他移動等円滑化の促進に関する事項

3　主務大臣は、情勢の推移により必要が生じたときは、基本方針を変更するものとする。

4　主務大臣は、基本方針を定め、又はこれを変更したときは、遅滞なく、これを公表しなければならない。

（国の責務）

第四条　国は、高齢者、障害者等、地方公共団体、施設設置管理者その他の関係者と協力して、基本方針及びこれに基づく施設設置管理者の講ずべき措置の内容その他の移動等円滑化の促進のための施策の内容について、移動等円滑化の進展の状況等を勘案しつつ、関係行政機関及びこれらの者で構成する会議における定期的な評価その他これらの者の意見を反映させるために必要な措置を講じた上で、適時に、かつ、適切な方法により検討を加え、その結果に基づいて必要な措置を講ずるよう努めなければならない。

2　国は、教育活動、広報活動等を通じて、移動等円滑化の促進に関する国民の理解を深めるとともに、高齢者、障害者等が公共交通機関を利用して移動するために必要となる支援、これらの者の高齢者障害者等用施設等の円滑な利用を確保する上で必要となる適正な配慮その他の移動等円滑化の実施に関する国民の協力を求めるよう努めなければならない。

（地方公共団体の責務）

第五条　地方公共団体は、国の施策に準じて、移動等円滑化を促進するために必要な措置を講ずるよう努めなければならない。

（施設設置管理者等の責務）

第六条　施設設置管理者その他の高齢者、障害者等が日常生活又は社会生活において利用する施設を設置し、又は管理する者は、移動等円滑化のために必要な措置を講ずるよう努めなければならない。

（国民の責務）

第七条　国民は、高齢者、障害者等の自立した日常生活及び社会生活を確保することの重要性について理解を深めるとともに、これらの者が公共交通機関を利用して移動するために必要となる支援、これらの者の高齢者障害者等用施設等の円滑な利用を確保する上で必要となる適正な配慮その他のこれらの者の円滑な移動及び施設の利用を確保するために必要な協力をするよう努めなければならない。

第三章　移動等円滑化のために施設設置管理者が講ずべき措置

（公共交通事業者等の基準適合義務等）

第八条　公共交通事業者等は、旅客施設を新たに建設し、若しくは旅客施設について主務省令で定める大規模な改良を行うとき又は車両等を新たにその事業の用に供するときは、当該旅客施設又は車両等（以下「**新設旅客施設等**」という。）を、移動等円滑化のために必要な旅客施設又は車両等の構造及び設備に関する主務省令で定める基準（以下「**公共交通移動等円滑化基準**」という。）に適合させなければならない。

2　公共交通事業者等は、その事業の用に供する新設旅客施設等を公共交通移動等円滑化基準に適合するように維持するとともに、当該新設旅客施設等を使用した役務の提供の方法に関し移動等円滑化のために必要なものとして主務省令で定める基準を遵守しなければならない。

3　公共交通事業者等は、その事業の用に供する旅客施設及び車両等（新設旅客施設等を除く。）について、公共交通移動等円滑化基準に適合させるために必要な措置を講ずるよう努めるとともに、当該旅客施設及び車両等を使用した役務の提供の方法に関し移動等円滑化のために必要なものとして主務省令で定める基準を遵守する

よう努めなければならない。

4　公共交通事業者等は、高齢者、障害者等に対し、これらの者が公共交通機関を利用して移動するために必要となる乗降についての介助、旅客施設における誘導その他の支援を適切に行うよう努めなければならない。

5　公共交通事業者等は、高齢者、障害者等に対し、これらの者が公共交通機関を利用して移動するために必要となる情報を適切に提供するよう努めなければならない。

6　公共交通事業者等は、その職員に対し、移動等円滑化を図るために必要な教育訓練を行うよう努めなければならない。

7　公共交通事業者等は、その事業の用に供する新設旅客施設等の利用者に対し、高齢者、障害者等が当該新設旅客施設等における高齢者障害者等用施設等を円滑に利用するために必要となる適正な配慮についての広報活動及び啓発活動を行うよう努めなければならない。

8　公共交通事業者等は、高齢者、障害者等である旅客の乗継ぎを円滑に行うため、他の公共交通事業者等その他の関係者と相互に協力して、前各項の措置を講ずるよう努めなければならない。

9　公共交通事業者等又は道路管理者（旅客特定車両停留施設を管理する道路管理者に限る。第十条第十項において同じ。）が他の公共交通事業者等に対し前項又は同条第九項の措置に関する協議を求めたときは、当該他の公共交通事業者等は、当該措置により旅客施設の有する機能に著しい支障を及ぼすおそれがあるときその他の正当な理由がある場合を除き、これに応じなければならない。

（旅客施設及び車両等に係る基準適合性審査等）

第九条　主務大臣は、新設旅客施設等について鉄道事業法その他の法令の規定で政令で定めるものによる許可、認可その他の処分の申請があった場合には、当該処分に係る法令に定める基準のほか、公共交通移動等円滑化基準に適合するかどうかを審査しなければならない。この場合において、主務大臣は、当該新設旅客施設等が公共交通移動等円滑化基準に適合しないと認めるときは、これらの規定による許可、認可その他の処分をしてはならない。

2　公共交通事業者等は、前項の申請又は鉄道事業法その他の法令の規定で政令で定めるものによる届出をしなければならない場合を除くほか、旅客施設の建設又は前条第一項の主務省令で定める大規模な改良を行おうとするときは、あらかじめ、主務省令で定めるところにより、その旨を主務大臣に届け出なければならない。その届け出た事項を変更しようとするときも、同様とする。

3　主務大臣は、新設旅客施設等のうち車両等（第一項の規定により審査を行うものを除く。）若しくは前項の政令で定める法令の規定若しくは同項の規定による届出に係る旅客施設について前条第一項の規定に違反している事実があり、又は新設旅客施設等若しくは当該新設旅客施設等を使用した役務の提供の方法について同条第二項の規定に違反している事実があると認めるときは、公共交通事業者等に対し、当該違反を是正するために必要な措置をとるべきことを命ずることができる。

（公共交通事業者等の判断の基準となるべき事項）

第九条の二　主務大臣は、旅客施設及び車両等の移動等円滑化を促進するため、次に掲げる事項並びに移動等円滑化のために公共交通事業者等が講ずる措置によって達成すべき目標及び当該目標を達成するために当該事項と併せて講ずべき措置に関し、公共交通事業者等の判断の基準となるべき事項を定め、これを公表するものとする。

一　旅客施設及び車両等を公共交通移動等円滑化基準に適合させるために必要な措置

二　旅客施設及び車両等を使用した役務の提供の方法に関し第八条第二項及び第三項の主務省令で定める基準を遵守するために必要な措置

三　高齢者、障害者等が公共交通機関を利用して移動するために必要となる乗降についての介助、旅客施設における誘導その他の支援

四　高齢者、障害者等が公共交通機関を利用して移動するために必要となる情報の提供

五　移動等円滑化を図るために必要な教育訓練

六　高齢者、障害者等が高齢者障害者等用施設等を円滑に利用するために必要となる適正な配慮についての旅客施設及び車両等の利用者に対する広報活動及び啓発活動

2　前項に規定する判断の基準となるべき事項は、移動等円滑化の進展の状況、旅客施設及び車両等の移動等円滑化に関する技術水準その他の事情を勘案して定めるものとし、これらの事情の変動に応じて必要な改定をするものとする。

（計画の作成）

第九条の四　公共交通事業者等（旅客が相当数であることその他の主務省令で定める要件に該当する者に限る。次条から第九条の七までにおいて同じ。）は、毎年度、主務省令で定めるところにより、第九条の二第一項に規定する判断の基準となるべき事項において定められた同項の目標に関し、その達成のための計画を作成し、主務大臣に提出しなければならない。

（公表）

第九条の六　公共交通事業者等は、毎年度、主務省令で定めるところにより、第九条の四の計画の内容、当該計画に基づく措置の実施の状況その他主務省令で定める移動等円滑化に関する情報を公表しなければならない。

（道路管理者の基準適合義務等）

第一〇条　道路管理者は、特定道路又は旅客特定車両停留施設の新設又は改築を行うときは、当該特定道路（以下この条において「新設特定道路」という。）又は当該旅客特定車両停留施設（第三項において「新設旅客特定車両停留施設」という。）を、移動等円滑化のために必要な道路の構造に関する条例（国道（道路法第三条第二号の一般国道をいう。以下同じ。）にあっては、主務省令）で定める基準（以下この条において「道路移動等円滑化基準」という。）に適合させなければならない。

2　前項の規定に基づく条例は、主務省令で定める基準を参酌して定めるものとする。

3　道路管理者は、その管理する新設特定道路及び新設旅客特定車両停留施設（以下この条において「新設特定道路等」という。）を道路移動等円滑化基準に適合するように維持するとともに、当該新設旅客特定車両停留施設を使用した役務の提供の方法に関し移動等円滑化のために必要なものとして主務省令で定める基準を遵守しなければならない。

4　道路管理者は、その管理する道路（新設特定道路等を除く。）について、道路移動等円滑化基準に適合させるために必要な措置を講ずるよう努めるとともに、当該道路のうち旅客特定車両停留施設を使用した役務の提供の方法に関し移動等円滑化のために必要なものとして主務省令で定める基準を遵守するよう努めなければならない。

5　道路管理者は、高齢者、障害者等に対し、その管理する旅客特定車両停留施設における誘導その他の支援を適切に行うよう努めなければならない。

6　道路管理者は、高齢者、障害者等に対し、その管理する新設特定道路についてこれらの者が当該新設特定道路を円滑に利用するために必要となる情報を、その管理する旅客特定車両停留施設についてこれらの者が公共交通機関を利用して移動するために必要となる情報を、それぞれ適切に提供するよう努めなければならない。

7　道路管理者は、その職員に対し、その管理する旅客特定車両停留施設における移動等円滑化を図るために必要な教育訓練を行うよう努めなければならない。

8　道路管理者は、その管理する新設特定道路等の利用者に対し、高齢者、障害者等が当該新設特定道路等における高齢者障害者等用施設等を円滑に利用するために必要となる適正な配慮についての広報活動及び啓発活動を行うよう努めなければならない。

9　道路管理者は、その管理する旅客特定車両停留施設に係る高齢者、障害者等である旅客の乗継ぎを円滑に行うため、公共交通事業者等その他の関係者と相互に協力して、前各項（第二項を除く。）の措置を講ずるよう努めなければならない。

10　公共交通事業者等又は道路管理者が他の道路管理者に対し第八条第八項又は前項の措置に関する協議を求めたときは、当該他の道路管理者は、当該措置により旅客特定車両停留施設の有する機能に著しい支障を及ぼすおそれがあるときその他の正当な理由がある場合を除き、これに応じなければならない。

11　新設特定道路等についての道路法第三十三条第一項及び第三十六条第二項の規定の適用については、これらの規定中「政令で定める基準」とあるのは「政令で定める基準及び高齢者、障害者等の移動等の円滑化の促進に関する法律

（平成十八年法律第九十一号）第二条第二号に規定する移動等円滑化のために必要なものとして国土交通省令で定める基準」と、同法第三十三条第一項中「同条第一項」とあるのは「前条第一項」とする。

（路外駐車場管理者等の基準適合義務等）

第一一条 路外駐車場管理者等は、特定路外駐車場を設置するときは、当該特定路外駐車場（以下この条において「新設特定路外駐車場」という。）を、移動等円滑化のために必要な特定路外駐車場の構造及び設備に関する主務省令で定める基準（以下「**路外駐車場移動等円滑化基準**」という。）に適合させなければならない。

2 路外駐車場管理者等は、その管理する新設特定路外駐車場を路外駐車場移動等円滑化基準に適合するように維持しなければならない。

3 地方公共団体は、その地方の自然的社会的条件の特殊性により、前二項の規定のみによっては、高齢者、障害者等が特定路外駐車場を円滑に利用できるようにする目的を十分に達成することができないと認める場合においては、路外駐車場移動等円滑化基準に条例で必要な事項を付加することができる。

4 路外駐車場管理者等は、その管理する特定路外駐車場（新設特定路外駐車場を除く。）を路外駐車場移動等円滑化基準（前項の条例で付加した事項を含む。第五十三条第二項において同じ。）に適合させるために必要な措置を講ずるよう努めなければならない。

5 路外駐車場管理者等は、その管理する新設特定路外駐車場について、高齢者、障害者等に対し、これらの者が当該新設特定路外駐車場を円滑に利用するために必要となる情報を適切に提供するよう努めなければならない。

6 路外駐車場管理者等は、その管理する新設特定路外駐車場の利用者に対し、高齢者、障害者等が当該新設特定路外駐車場における高齢者障害者等用施設等を円滑に利用するために必要となる適正な配慮についての広報活動及び啓発活動を行うよう努めなければならない。

（特定路外駐車場に係る基準適合命令等）

第一二条 路外駐車場管理者等は、特定路外駐車場を設置するときは、あらかじめ、主務省令で定めるところにより、その旨を都道府県知事（市の区域内にあっては、当該市の長。以下「**知事等**」という。）に届け出なければならない。ただし、駐車場法第十二条の規定による届出をしなければならない場合にあっては、同条の規定により知事等に提出すべき届出書に主務省令で定める書面を添付して届け出たときは、この限りでない。

2 前項本文の規定により届け出た事項を変更しようとするときも、同項と同様とする。

3 知事等は、前条第一項から第三項までの規定に違反している事実があると認めるときは、路外駐車場管理者等に対し、当該違反を是正するために必要な措置をとるべきことを命ずることができる。

（公園管理者等の基準適合義務等）

第一三条 公園管理者等は、特定公園施設の新設、増設又は改築を行うときは、当該特定公園施設（以下この条において「新設特定公園施設」という。）を、移動等円滑化のために必要な特定公園施設の設置に関する条例（国の設置に係る都市公園にあっては、主務省令）で定める基準（以下この条において「都市公園移動等円滑化基準」という。）に適合させなければならない。

2 前項の規定に基づく条例は、主務省令で定める基準を参酌して定めるものとする。

3 公園管理者は、新設特定公園施設について都市公園法第五条第一項の規定による許可の申請があった場合には、同法第四条に定める基準のほか、都市公園移動等円滑化基準に適合するかどうかを審査しなければならない。この場合において、公園管理者は、当該新設特定公園施設が都市公園移動等円滑化基準に適合しないと認めるときは、同項の規定による許可をしてはならない。

4 公園管理者等は、その管理する新設特定公園施設を都市公園移動等円滑化基準に適合するように維持しなければならない。

5 公園管理者等は、その管理する特定公園施設（新設特定公園施設を除く。）を都市公園移動等円滑化基準に適合させるために必要な措置を講ずるよう努めなければならない。

6 公園管理者等は、その管理する新設特定公園施設について、高齢者、障害者等に対し、これらの者が当該新設特定公園施設を円滑に利用するために必要となる情報を適切に提供するよう努めなければならない。

7　公園管理者等は、その管理する新設特定公園施設の利用者に対し、高齢者、障害者等が当該新設特定公園施設における高齢者障害者等用施設等を円滑に利用するために必要となる適正な配慮についての広報活動及び啓発活動を行うよう努めなければならない。

（特別特定建築物の建築主等の基準適合義務等）

第一四条　建築主等は、特別特定建築物の政令で定める規模以上の建築（用途の変更をして特別特定建築物にすることを含む。以下この条において同じ。）をしようとするときは、当該特別特定建築物（以下この条において「新築特別特定建築物」という。）を、移動等円滑化のために必要な建築物特定施設の構造及び配置に関する政令で定める基準（以下「**建築物移動等円滑化基準**」という。）に適合させなければならない。

2　建築主等は、その所有し、管理し、又は占有する新築特別特定建築物を建築物移動等円滑化基準に適合するように維持しなければならない。

3　地方公共団体は、その地方の自然的社会的条件の特殊性により、前二項の規定のみによっては、高齢者、障害者等が特定建築物を円滑に利用できるようにする目的を十分に達成することができないと認める場合においては、特別特定建築物に条例で定める特定建築物を追加し、第一項の建築の規模を条例で同項の政令で定める規模未満で別に定め、又は建築物移動等円滑化基準に条例で必要な事項を付加することができる。

4　前三項の規定は、建築基準法第六条第一項に規定する建築基準関係規定とみなす。

5　建築主等（第一項から第三項までの規定が適用される者を除く。）は、その建築をしようとし、又は所有し、管理し、若しくは占有する特別特定建築物（同項の条例で定める特定建築物を含む。以下同じ。）を建築物移動等円滑化基準（同項の条例で付加した事項を含む。第十七条第三項第一号を除き、以下同じ。）に適合させるために必要な措置を講ずるよう努めなければならない。

6　建築主等は、その所有し、管理し、又は占有する新築特別特定建築物について、高齢者、障害者等に対し、これらの者が当該新築特別特定建築物を円滑に利用するために必要となる情報を適切に提供するよう努めなければならない。

7　建築主等は、その所有し、管理し、又は占有する新築特別特定建築物の利用者に対し、高齢者、障害者等が当該新築特別特定建築物における高齢者障害者等用施設等を円滑に利用するために必要となる適正な配慮についての広報活動及び啓発活動を行うよう努めなければならない。

（特別特定建築物に係る基準適合命令等）

第一五条　所管行政庁は、前条第一項から第三項までの規定に違反している事実があると認めるときは、建築主等に対し、当該違反を是正するために必要な措置をとるべきことを命ずることができる。

2　国、都道府県又は建築主事若しくは建築副主事を置く市町村の特別特定建築物については、前項の規定は、適用しない。この場合において、所管行政庁は、国、都道府県又は建築主事若しくは建築副主事を置く市町村の特別特定建築物が前条第一項から第三項までの規定に違反している事実があると認めるときは、直ちに、その旨を当該特別特定建築物を管理する機関の長に通知し、前項に規定する措置をとるべきことを要請しなければならない。

3　所管行政庁は、前条第五項に規定する措置の適確な実施を確保するため必要があると認めるときは、建築主等に対し、建築物移動等円滑化基準を勘案して、特別特定建築物の設計及び施工に係る事項その他の移動等円滑化に係る事項について必要な指導及び助言をすることができる。

（特定建築物の建築主等の努力義務等）

第一六条　建築主等は、特定建築物（特別特定建築物を除く。以下この条において同じ。）の建築（用途の変更をして特定建築物にすることを含む。次条第一項において同じ。）をしようとするときは、当該特定建築物を建築物移動等円滑化基準に適合させるために必要な措置を講ずるよう努めなければならない。

2　建築主等は、特定建築物の建築物特定施設の修繕又は模様替をしようとするときは、当該建築物特定施設を建築物移動等円滑化基準に適合させるために必要な措置を講ずるよう努めなければならない。

3　所管行政庁は、特定建築物について前二項に規定する措置の適確な実施を確保するため必要があると認めるときは、建築主等に対し、建築物移動等円滑化基準を勘案して、特定建築物又はその建築物特定施設の設計及び施工に係る事項について必要な指導及び助言をすることができる。

第三章の二　移動等円滑化促進地区における移動等円滑化の促進に関する措置

（移動等円滑化促進方針）

第二四条の二　市町村は、基本方針に基づき、単独で又は共同して、当該市町村の区域内の移動等円滑化促進地区について、移動等円滑化の促進に関する方針（以下「**移動等円滑化促進方針**」という。）を作成するよう努めるものとする。

2　移動等円滑化促進方針には、次に掲げる事項について定めるものとする。

一　移動等円滑化促進地区の位置及び区域

二　生活関連施設及び生活関連経路並びにこれらにおける移動等円滑化の促進に関する事項

三　移動等円滑化の促進に関する住民その他の関係者の理解の増進及び移動等円滑化の実施に関するこれらの者の協力の確保に関する事項

四　前三号に掲げるもののほか、移動等円滑化促進地区における移動等円滑化の促進のために必要な事項

3　前項各号に掲げるもののほか、移動等円滑化促進方針には、移動等円滑化の促進に関する基本的な方針について定めるよう努めるものとする。

4　移動等円滑化促進方針には、市町村が行う移動等円滑化促進地区に所在する旅客施設の構造及び配置その他の移動等円滑化に関する情報の収集、整理及び提供に関する事項を定めることができる。

5　移動等円滑化促進方針は、都市計画、都市計画法第十八条の二の市町村の都市計画に関する基本的な方針及び地域公共交通の活性化及び再生に関する法律（平成十九年法律第五十九号）第五条第一項に規定する地域公共交通計画との調和が保たれたものでなければならない。

6　市町村は、移動等円滑化促進方針を作成しようとするときは、あらかじめ、住民、生活関連施設を利用する高齢者、障害者等その他利害関係者、関係する施設設置管理者及び都道府県公安委員会（以下「**公安委員会**」という。）の意見を反映させるために必要な措置を講ずるものとする。

7　市町村は、移動等円滑化促進方針を作成したときは、遅滞なく、これを公表するとともに、主務大臣、都道府県並びに関係する施設設置管理者及び公安委員会に送付しなければならない。

8　主務大臣は、前項の規定により移動等円滑化促進方針の送付を受けたときは、市町村に対し、必要な助言をすることができる。

9　都道府県は、市町村に対し、その求めに応じ、移動等円滑化促進方針の作成及びその円滑かつ確実な実施に関し、各市町村の区域を超えた広域的な見地から、必要な助言その他の援助を行うよう努めなければならない。

10　第六項から前項までの規定は、移動等円滑化促進方針の変更について準用する。

（移動等円滑化促進方針の評価等）

第二四条の三　市町村は、移動等円滑化促進方針を作成した場合においては、おおむね五年ごとに、当該移動等円滑化促進方針において定められた移動等円滑化促進地区における移動等円滑化に関する措置の実施の状況についての調査、分析及び評価を行うよう努めるとともに、必要があると認めるときは、移動等円滑化促進方針を変更するものとする。

第四章　重点整備地区における移動等円滑化に係る事業の重点的かつ一体的な実施

（移動等円滑化基本構想）

第二五条　市町村は、基本方針（移動等円滑化促進方針が作成されているときは、基本方針及び移動等円滑化促進方針。以下同じ。）に基づき、単独で又は共同して、当該市町村の区域内の重点整備地区について、移動等円滑化に係る事業の重点的かつ一体的な推進に関する基本的な構想（以下「**基本構想**」という。）を作成するよう努めるものとする。

2　基本構想には、次に掲げる事項について定め

るものとする。

一　重点整備地区の位置及び区域

二　生活関連施設及び生活関連経路並びにこれらにおける移動等円滑化に関する事項

三　生活関連施設、特定車両及び生活関連経路を構成する一般交通用施設について移動等円滑化のために実施すべき特定事業その他の事業に関する事項（旅客施設の所在地を含まない重点整備地区にあっては、当該重点整備地区と同一の市町村の区域内に所在する特定旅客施設との間の円滑な移動のために実施すべき特定事業その他の事業に関する事項を含む。）

四　前号に掲げる事業と併せて実施する土地区画整理事業、市街地再開発事業その他の市街地開発事業に関し移動等円滑化のために考慮すべき事項、自転車その他の車両の駐車のための施設の整備に関する事項その他の重点整備地区における移動等円滑化に資する市街地の整備改善に関する事項その他重点整備地区における移動等円滑化のために必要な事項

3　前項各号に掲げるもののほか、基本構想には、重点整備地区における移動等円滑化に関する基本的な方針について定めるよう努めるものとする。

4　市町村は、特定旅客施設の所在地を含む重点整備地区について基本構想を作成する場合には、当該基本構想に当該特定旅客施設を第二項第二号及び第三号の生活関連施設として定めなければならない。

5　基本構想には、道路法第十二条ただし書及び第十五条並びに道路法の一部を改正する法律（昭和三十九年法律第百六十三号。以下「**昭和三十九年道路法改正法**」という。）附則第三項の規定にかかわらず、国道又は都道府県道（道路法第三条第三号の都道府県道をいう。第三十二条第一項において同じ。）（道路法第十二条ただし書及び第十五条並びに昭和三十九年道路法改正法附則第三項の規定により都道府県が新設又は改築を行うこととされているもの（道路法第十七条第一項から第四項までの規定により同条第一項の指定市、同条第二項の指定市以外の市、同条第三項の町村又は同条第四項の指定市以外の市町村が行うこととされているものを除く。）に限る。以下同じ。）に係る道路特定事業を実施する者として、市町村（他の市町村の区域内の道路管理者と共同して実施する場合にあっては、市町村及び他の市町村又は道路管理者。第三十二条において同じ。）を定めることができる。

6　市町村は、基本構想を作成しようとするときは、あらかじめ、住民、生活関連施設を利用する高齢者、障害者等その他利害関係者の意見を反映させるために必要な措置を講ずるものとする。

7　市町村は、基本構想を作成しようとする場合において、第二十六条第一項の協議会が組織されていないときは、これに定めようとする特定事業に関する事項について、関係する施設設置管理者及び公安委員会と協議をしなければならない。

8　市町村は、第二十六条第一項の協議会が組織されていない場合には、基本構想を作成するに当たり、あらかじめ、関係する施設設置管理者及び公安委員会に対し、特定事業に関する事項について基本構想の案を作成し、当該市町村に提出するよう求めることができる。

9　前項の案の提出を受けた市町村は、基本構想を作成するに当たっては、当該案の内容が十分に反映されるよう努めるものとする。

10　第二十四条の二第四項、第五項及び第七項から第九項までの規定は、基本構想の作成について準用する。この場合において、同条第四項中「移動等円滑化促進地区」とあるのは、「重点整備地区」と読み替えるものとする。

11　第二十四条の二第七項から第九項まで及びこの条第六項から第九項までの規定は、基本構想の変更について準用する。

（基本構想の評価等）

第二五条の二　市町村は、基本構想を作成した場合においては、おおむね五年ごとに、当該基本構想において定められた重点整備地区における特定事業その他の事業の実施の状況についての調査、分析及び評価を行うよう努めるとともに、必要があると認めるときは、基本構想を変更するものとする。

第五章　移動等円滑化経路協定

（移動等円滑化経路協定の締結等）

第四一条　移動等円滑化促進地区内又は重点整備地区内の一団の土地の所有者及び建築物その他

の工作物の所有を目的とする借地権その他の当該土地を使用する権利（臨時設備その他一時使用のため設定されたことが明らかなものを除く。以下「**借地権等**」という。）を有する者（土地区画整理法第九十八条第一項（大都市地域における住宅及び住宅地の供給の促進に関する特別措置法（昭和五十年法律第六十七号。第四十五条第二項において「大都市住宅等供給法」という。）第八十三条において準用する場合を含む。以下同じ。）の規定により仮換地として指定された土地にあっては、当該土地に対応する従前の土地の所有者及び借地権等を有する者。以下「**土地所有者等**」と総称する。）は、その全員の合意により、当該土地の区域における移動等円滑化のための経路の整備又は管理に関する協定（以下「**移動等円滑化経路協定**」という。）を締結することができる。ただし、当該土地（土地区画整理法第九十八条第一項の規定により仮換地として指定された土地にあっては、当該土地に対応する従前の土地）の区域内に借地権等の目的となっている土地がある場合（当該借地権等が地下又は空間について上下の範囲を定めて設定されたもので、当該土地の所有者が当該土地を使用している場合を除く。）においては、当該借地権等の目的となっている土地の所有者の合意を要しない。

2　移動等円滑化経路協定においては、次に掲げる事項を定めるものとする。

一　移動等円滑化経路協定の目的となる土地の区域（以下「**移動等円滑化経路協定区域**」という。）及び経路の位置

二　次に掲げる移動等円滑化のための経路の整備又は管理に関する事項のうち、必要なもの

イ　前号の経路における移動等円滑化に関する基準

ロ　前号の経路を構成する施設（エレベーター、エスカレーターその他の移動等円滑化のために必要な設備を含む。）の整備又は管理に関する事項

ハ　その他移動等円滑化のための経路の整備又は管理に関する事項

三　移動等円滑化経路協定の有効期間

四　移動等円滑化経路協定に違反した場合の措置

3　移動等円滑化経路協定は、市町村長の認可を受けなければならない。

（認可の申請に係る移動等円滑化経路協定の縦覧等）

第四二条　市町村長は、前条第三項の認可の申請があったときは、主務省令で定めるところにより、その旨を公告し、当該移動等円滑化経路協定を公告の日から二週間関係人の縦覧に供さなければならない。

2　前項の規定による公告があったときは、関係人は、同項の縦覧期間満了の日までに、当該移動等円滑化経路協定について、市町村長に意見書を提出することができる。

（移動等円滑化経路協定の認可）

第四三条　市町村長は、第四十一条第三項の認可の申請が次の各号のいずれにも該当するときは、同項の認可をしなければならない。

一　申請手続が法令に違反しないこと。

二　土地又は建築物その他の工作物の利用を不当に制限するものでないこと。

三　第四十一条第二項各号に掲げる事項について主務省令で定める基準に適合するものであること。

2　市町村長は、第四十一条第三項の認可をしたときは、主務省令で定めるところにより、その旨を公告し、かつ、当該移動等円滑化経路協定を当該市町村の事務所に備えて公衆の縦覧に供するとともに、移動等円滑化経路協定区域である旨を当該移動等円滑化経路協定区域内に明示しなければならない。

（移動等円滑化経路協定の変更）

第四四条　移動等円滑化経路協定区域内における土地所有者等（当該移動等円滑化経路協定の効力が及ばない者を除く。）は、移動等円滑化経路協定において定めた事項を変更しようとする場合においては、その全員の合意をもってその旨を定め、市町村長の認可を受けなければならない。

2　前二条の規定は、前項の変更の認可について準用する。

第六章　雑則

（国の援助）

第五二条　国は、地方公共団体が移動等円滑化の促進に関する施策を円滑に実施することができるよう、地方公共団体に対し、助言、指導その

他の必要な援助を行うよう努めなければならない。

（資金の確保等）

第五二条の二　国は、移動等円滑化を促進するために必要な資金の確保その他の措置を講ずるよう努めなければならない。

2　国は、移動等円滑化に関する研究開発の推進及びその成果の普及に努めなければならない。

（情報提供の確保）

第五二条の三　国は、移動等円滑化に関する情報提供の確保に努めなければならない。

2　国は、前項の情報提供の確保を行うに当たっては、生活の本拠の周辺地域以外の場所における移動等円滑化が高齢者、障害者等の自立した日常生活及び社会生活を確保する上で重要な役割を果たすことに鑑み、これらの者による観光施設その他の施設の円滑な利用のために必要と認める用具の備付けその他のこれらの施設における移動等円滑化に関する措置に係る情報が適切に提供されるよう、必要な措置を講ずるものとする。

（移動等円滑化の進展の状況に関する評価）

第五二条の四　国は、移動等円滑化を促進するため、関係行政機関及び高齢者、障害者等、地方公共団体、施設設置管理者その他の関係者で構成する会議を設け、定期的に、移動等円滑化の進展の状況を把握し、及び評価するよう努めなければならない。

（報告及び立入検査）

第五三条　主務大臣は、この法律の施行に必要な限度において、主務省令で定めるところにより、公共交通事業者等に対し、移動等円滑化のための事業に関し報告をさせ、又はその職員に、公共交通事業者等の事務所その他の事業場若しくは車両等に立ち入り、旅客施設、車両等若しくは帳簿、書類その他の物件を検査させ、若しくは関係者に質問させることができる。

2　知事等は、この法律の施行に必要な限度において、路外駐車場管理者等に対し、特定路外駐車場の路外駐車場移動等円滑化基準への適合に関する事項に関し報告をさせ、又はその職員に、特定路外駐車場若しくはその業務に関係のある場所に立ち入り、特定路外駐車場の施設若しくは業務に関し検査させ、若しくは関係者に質問させることができる。

3　所管行政庁は、この法律の施行に必要な限度において、政令で定めるところにより、建築主等に対し、特定建築物の建築物移動等円滑化基準への適合に関する事項に関し報告をさせ、又はその職員に、特定建築物若しくはその工事現場に立ち入り、特定建築物、建築設備、書類その他の物件を検査させ、若しくは関係者に質問させることができる。

4　所管行政庁は、認定建築主等に対し、認定特定建築物の建築等又は維持保全の状況について報告をさせることができる。

5　所管行政庁は、認定協定建築主等に対し、第二十二条の二第四項の認定を受けた計画（同条第五項において準用する第十八条第一項の規定による変更の認定があったときは、その変更後のもの）に係る協定建築物の建築等又は維持保全の状況について報告をさせることができる。

6　第一項から第三項までの規定により立入検査をする職員は、その身分を示す証明書を携帯し、関係者の請求があったときは、これを提示しなければならない。

7　第一項から第三項までの規定による立入検査の権限は、犯罪捜査のために認められたものと解釈してはならない。

（主務大臣等）

第五四条　第三条第一項、第三項及び第四項における主務大臣は、同条第二項第二号に掲げる事項については国土交通大臣とし、その他の事項については国土交通大臣、国家公安委員会、総務大臣及び文部科学大臣とする。

2　第九条、第九条の二第一項、第九条の三から第九条の五まで、第九条の七、第二十二条の二第一項及び第二項（これらの規定を同条第五項において読み替えて準用する第十八条第二項において準用する場合を含む。）、第二十四条、第二十四条の六第四項及び第五項、第二十九条第一項、第二項（同条第四項において準用する場合を含む。）、第三項及び第五項、第三十二条第三項、第三十八条第二項、前条第一項並びに次条における主務大臣は国土交通大臣とし、第二十四条の二第七項及び第八項（これらの規定を同条第十項並びに第二十五条第十項及び第十一項において準用する場合を含む。）における主務大臣は国土交通大臣、国家公安委員会、総務大臣及び文部科学大臣とする。

3　この法律における主務省令は、国土交通省令とする。ただし、第三十条における主務省令は、総務省令とし、第三十六条第二項における主務省令は、国家公安委員会規則とする。
4　この法律による国土交通大臣の権限は、国土交通省令で定めるところにより、地方支分部局の長に委任することができる。

（不服申立て）
第五五条　市町村が第三十二条第五項の規定により道路管理者に代わってした処分に不服がある者は、当該市町村の長に対して審査請求をし、その裁決に不服がある者は、主務大臣に対して再審査請求をすることができる。

第七章　罰則

第五九条　第九条第三項、第十二条第三項又は第十五条第一項の規定による命令に違反した者は、三百万円以下の罰金に処する。
第六〇条　次の各号のいずれかに該当する者は、百万円以下の罰金に処する。
一　第九条第二項の規定に違反して、届出をせず、又は虚偽の届出をした者
二　第三十八条第四項の規定による命令に違反した者
三　第五十三条第一項の規定による報告をせず、若しくは虚偽の報告をし、又は同項の規定による検査を拒み、妨げ、若しくは忌避し、若しくは質問に対して陳述をせず、若しくは虚偽の陳述をした者
第六一条　次の各号のいずれかに該当する者は、五十万円以下の罰金に処する。
一　第九条の四の規定による提出をしなかった者
二　第九条の五の規定による報告をせず、又は虚偽の報告をした者
三　第十二条第一項又は第二項の規定に違反して、届出をせず、又は虚偽の届出をした者
第六二条　次の各号のいずれかに該当する者は、三十万円以下の罰金に処する。
一　第二十条第二項の規定に違反して、表示を付した者
二　第二十四条の六第一項又は第二項の規定に違反して、届出をせず、又は虚偽の届出をして、同条第一項本文又は第二項に規定する行為をした者
三　第五十三条第三項の規定による報告をせず、若しくは虚偽の報告をし、又は同項の規定による検査を拒み、妨げ、若しくは忌避し、若しくは質問に対して陳述をせず、若しくは虚偽の陳述をした者
第六三条　次の各号のいずれかに該当する者は、二十万円以下の罰金に処する。
一　第五十三条第二項の規定による報告をせず、若しくは虚偽の報告をし、又は同項の規定による検査を拒み、妨げ、若しくは忌避し、若しくは質問に対して陳述をせず、若しくは虚偽の陳述をした者
二　第五十三条第四項又は第五項の規定による報告をせず、又は虚偽の報告をした者
第六四条　法人の代表者又は法人若しくは人の代理人、使用人その他の従業者が、その法人又は人の業務に関し、第五十九条から前条までの違反行為をしたときは、行為者を罰するほか、その法人又は人に対しても各本条の刑を科する。
第六五条　第九条の六の規定による公表をせず、又は虚偽の公表をした者は、五十万円以下の過料に処する。

附　則　（抄）

（施行期日）
第一条　この法律は、公布の日から起算して六月を超えない範囲内において政令で定める日〔平一八・一二・二〇〕から施行する。

（高齢者、身体障害者等が円滑に利用できる特定建築物の建築の促進に関する法律及び高齢者、身体障害者等の公共交通機関を利用した移動の円滑化の促進に関する法律の廃止）
第二条　次に掲げる法律は、廃止する。
一　高齢者、身体障害者等が円滑に利用できる特定建築物の建築の促進に関する法律（平成六年法律第四十四号）
二　高齢者、身体障害者等の公共交通機関を利用した移動の円滑化の促進に関する法律（平成十二年法律第六十八号）

◉高年齢者等の雇用の安定等に関する法律（抄）

題名改正　昭六一法律四三（旧中高年齢者等の雇用の促進に関する特別措置法）

（昭和四六・五・二五法律六八）

注　令四法律一二改正現在

第一章　総則

（目的）

第一条　この法律は、定年の引上げ、継続雇用制度の導入等による高年齢者の安定した雇用の確保の促進、高年齢者等の再就職の促進、定年退職者その他の高年齢退職者に対する就業の機会の確保等の措置を総合的に講じ、もつて高年齢者等の職業の安定その他福祉の増進を図るとともに、経済及び社会の発展に寄与することを目的とする。

（定義）

第二条　この法律において「**高年齢者**」とは、厚生労働省令で定める年齢以上の者をいう。

2　この法律において「**高年齢者等**」とは、高年齢者及び次に掲げる者で高年齢者に該当しないものをいう。

一　中高年齢者（厚生労働省令で定める年齢以上の者をいう。次項において同じ。）である求職者（次号に掲げる者を除く。）

二　中高年齢失業者等（厚生労働省令で定める範囲の年齢の失業者その他就職が特に困難な厚生労働省令で定める失業者をいう。第三章第三節において同じ。）

3　この法律において「**特定地域**」とは、中高年齢者である失業者が就職することが著しく困難である地域として厚生労働大臣が指定する地域をいう。

（基本的理念）

第三条　高年齢者等は、その職業生活の全期間を通じて、その意欲及び能力に応じ、雇用の機会その他の多様な就業の機会が確保され、職業生活の充実が図られるように配慮されるものとする。

2　労働者は、高齢期における職業生活の充実のため、自ら進んで、高齢期における職業生活の設計を行い、その設計に基づき、その能力の開発及び向上並びにその健康の保持及び増進に努めるものとする。

（事業主の責務）

第四条　事業主は、その雇用する高年齢者について職業能力の開発及び向上並びに作業施設の改善その他の諸条件の整備を行い、並びにその雇用する高年齢者等について再就職の援助等を行うことにより、その意欲及び能力に応じてその者のための雇用の機会の確保等が図られるよう努めるものとする。

2　事業主は、その雇用する労働者が高齢期においてその意欲及び能力に応じて就業することにより職業生活の充実を図ることができるようにするため、その高齢期における職業生活の設計について必要な援助を行うよう努めるものとする。

（国及び地方公共団体の責務）

第五条　国及び地方公共団体は、事業主、労働者その他の関係者の自主的な努力を尊重しつつその実情に応じてこれらの者に対し必要な援助等を行うとともに、高年齢者等の再就職の促進のために必要な職業紹介、職業訓練等の体制の整備を行う等、高年齢者等の意欲及び能力に応じた雇用の機会その他の多様な就業の機会の確保等を図るために必要な施策を総合的かつ効果的に推進するように努めるものとする。

（高年齢者等職業安定対策基本方針）

第六条　厚生労働大臣は、高年齢者等の職業の安定に関する施策の基本となるべき方針（以下「**高年齢者等職業安定対策基本方針**」という。）を策定するものとする。

2　高年齢者等職業安定対策基本方針に定める事項は、次のとおりとする。

一　高年齢者等の就業の動向に関する事項

二　高年齢者の就業の機会の増大の目標に関する事項

三　第四条第一項の事業主が行うべき職業能力の開発及び向上、作業施設の改善その他の諸条件の整備、再就職の援助等並びに同条第二項の事業主が行うべき高齢期における職業生活の設計の援助に関して、その適切かつ有効な実施を図るため必要な指針となるべき事項

四　高年齢者雇用確保措置等（第九条第一項に

規定する高年齢者雇用確保措置及び第十条の二第四項に規定する高年齢者就業確保措置をいう。第十一条において同じ。）の円滑な実施を図るため講じようとする施策の基本となるべき事項

五　高年齢者等の再就職の促進のため講じようとする施策の基本となるべき事項

六　前各号に掲げるもののほか、高年齢者等の職業の安定を図るため講じようとする施策の基本となるべき事項

3　厚生労働大臣は、高年齢者等職業安定対策基本方針を定めるに当たつては、あらかじめ、関係行政機関の長と協議するとともに、労働政策審議会の意見を聴かなければならない。

4　厚生労働大臣は、高年齢者等職業安定対策基本方針を定めたときは、遅滞なく、その概要を公表しなければならない。

5　前二項の規定は、高年齢者等職業安定対策基本方針の変更について準用する。

第二章　定年の引上げ、継続雇用制度の導入等による高年齢者の安定した雇用の確保の促進等

（定年を定める場合の年齢）

第八条　事業主がその雇用する労働者の定年（以下単に「定年」という。）の定めをする場合には、当該定年は、六十歳を下回ることができない。ただし、当該事業主が雇用する労働者のうち、高年齢者が従事することが困難であると認められる業務として厚生労働省令で定める業務に従事している労働者については、この限りでない。

（高年齢者雇用確保措置）

第九条　定年（六十五歳未満のものに限る。以下この条において同じ。）の定めをしている事業主は、その雇用する高年齢者の六十五歳までの安定した雇用を確保するため、次の各号に掲げる措置（以下「高年齢者雇用確保措置」という。）のいずれかを講じなければならない。

一　当該定年の引上げ

二　継続雇用制度（現に雇用している高年齢者が希望するときは、当該高年齢者をその定年後も引き続いて雇用する制度をいう。以下同じ。）の導入

三　当該定年の定めの廃止

2　継続雇用制度には、事業主が、特殊関係事業主（当該事業主の経営を実質的に支配することが可能となる関係にある事業主その他の当該事業主と特殊の関係のある事業主として厚生労働省令で定める事業主をいう。以下この項及び第十条の二第一項において同じ。）との間で、当該事業主の雇用する高年齢者であつてその定年後に雇用されることを希望するものをその定年後に当該特殊関係事業主が引き続いて雇用することを約する契約を締結し、当該契約に基づき当該高年齢者の雇用を確保する制度が含まれるものとする。

3　厚生労働大臣は、第一項の事業主が講ずべき高年齢者雇用確保措置の実施及び運用（心身の故障のため業務の遂行に堪えない者等の継続雇用制度における取扱いを含む。）に関する指針（次項において「指針」という。）を定めるものとする。

4　第六条第三項及び第四項の規定は、指針の策定及び変更について準用する。

（高年齢者就業確保措置）

第一〇条の二　定年（六十五歳以上七十歳未満のものに限る。以下この条において同じ。）の定めをしている事業主又は継続雇用制度（高年齢者を七十歳以上まで引き続いて雇用する制度を除く。以下この項において同じ。）を導入している事業主は、その雇用する高年齢者（第九条第二項の契約に基づき、当該事業主と当該契約を締結した特殊関係事業主に現に雇用されている者を含み、厚生労働省令で定める者を除く。以下この条において同じ。）について、次に掲げる措置を講ずることにより、六十五歳から七十歳までの安定した雇用を確保するよう努めなければならない。ただし、当該事業主が、労働者の過半数で組織する労働組合がある場合においてはその労働組合の、労働者の過半数で組織する労働組合がない場合においては労働者の過半数を代表する者の同意を厚生労働省令で定めるところにより得た創業支援等措置を講ずることにより、その雇用する高年齢者について、定年後等（定年後又は継続雇用制度の対象となる年齢の上限に達した後をいう。以下この条において同じ。）又は第二号の六十五歳以上継続雇用制度の対象となる年齢の上限に達した後七十歳までの間の就業を確保する場合は、この限りでない。

一　当該定年の引上げ

二　六十五歳以上継続雇用制度（その雇用する高年齢者が希望するときは、当該高年齢者をその定年後等も引き続いて雇用する制度をいう。以下この条及び第五十二条第一項において同じ。）の導入

三　当該定年の定めの廃止

2　前項の創業支援等措置は、次に掲げる措置をいう。

一　その雇用する高年齢者が希望するときは、当該高年齢者が新たに事業を開始する場合（厚生労働省令で定める場合を含む。）に、事業主が、当該事業を開始する当該高年齢者（厚生労働省令で定める者を含む。以下この号において「創業高年齢者等」という。）との間で、当該事業に係る委託契約その他の契約（労働契約を除き、当該委託契約その他の契約に基づき当該事業主が当該事業を開始する当該創業高年齢者等に金銭を支払うものに限る。）を締結し、当該契約に基づき当該創業高年齢者等の就業を確保する措置

二　その雇用する高年齢者が希望するときは、次に掲げる事業（ロ又はハの事業については、事業主と当該事業を実施する者との間で、当該事業を実施する者が当該高年齢者に対して当該事業に従事する機会を提供することを約する契約を締結したものに限る。）について、当該事業を実施する者が、当該高年齢者との間で、当該事業に係る委託契約その他の契約（労働契約を除き、当該委託契約その他の契約に基づき当該事業を実施する者が当該高年齢者に金銭を支払うものに限る。）を締結し、当該契約に基づき当該高年齢者の就業を確保する措置（前号に掲げる措置に該当するものを除く。）

イ　当該事業主が実施する社会貢献事業（社会貢献活動その他不特定かつ多数の者の利益の増進に寄与することを目的とする事業をいう。以下この号において同じ。）

ロ　法人その他の団体が当該事業主から委託を受けて実施する社会貢献事業

ハ　法人その他の団体が実施する社会貢献事業であつて、当該事業主が当該社会貢献事業の円滑な実施に必要な資金の提供その他の援助を行つているもの

3　六十五歳以上継続雇用制度には、事業主が、他の事業主との間で、当該事業主の雇用する高年齢者であつてその定年後等に雇用されることを希望するものをその定年後等に当該他の事業主が引き続いて雇用することを約する契約を締結し、当該契約に基づき当該高年齢者の雇用を確保する制度が含まれるものとする。

4　厚生労働大臣は、第一項各号に掲げる措置及び創業支援等措置（次条第一項及び第二項において「高年齢者就業確保措置」という。）の実施及び運用（心身の故障のため業務の遂行に堪えない者等の六十五歳以上継続雇用制度及び創業支援等措置における取扱いを含む。）に関する指針（次項において「指針」という。）を定めるものとする。

5　第六条第三項及び第四項の規定は、指針の策定及び変更について準用する。

（高年齢者雇用等推進者）

第一一条　事業主は、厚生労働省令で定めるところにより、高年齢者雇用確保措置等を推進するため、作業施設の改善その他の諸条件の整備を図るための業務を担当する者を選任するように努めなければならない。

第三章　高年齢者等の再就職の促進等

第一節　国による高年齢者等の再就職の促進等

（再就職の促進等の措置の効果的な推進）

第一二条　国は、高年齢者等の再就職の促進等を図るため、高年齢者等に係る職業指導、職業紹介、職業訓練その他の措置が効果的に関連して実施されるように配慮するものとする。

（求人の開拓等）

第一三条　公共職業安定所は、高年齢者等の再就職の促進等を図るため、高年齢者等の雇用の機会が確保されるように求人の開拓等を行うとともに、高年齢者等に係る求人及び求職に関する情報を収集し、並びに高年齢者等である求職者及び事業主に対して提供するように努めるものとする。

（求人者等に対する指導及び援助）

第一四条　公共職業安定所は、高年齢者等にその能力に適合する職業を紹介するため必要があるときは、求人者に対して、年齢その他の求人の条件について指導するものとする。

２　公共職業安定所は、高年齢者等を雇用し、又は雇用しようとする者に対して、雇入れ、配置、作業の設備又は環境等高年齢者等の雇用に関する技術的事項について、必要な助言その他の援助を行うことができる。

第二節　事業主による高年齢者等の再就職の援助等

（再就職援助措置）

第一五条　事業主は、その雇用する高年齢者等（厚生労働省令で定める者に限る。）その他厚生労働省令で定める者（以下この項及び次条第一項において「再就職援助対象高年齢者等」という。）が解雇（自己の責めに帰すべき理由によるものを除く。）その他の厚生労働省令で定める理由より離職する場合において、当該再就職援助対象高年齢者等が再就職を希望するときは、求人の開拓その他当該再就職援助対象高年齢者等の再就職の援助に関し必要な措置（以下「**再就職援助措置**」という。）を講ずるように努めなければならない。

２　公共職業安定所は、前項の規定により事業主が講ずべき再就職援助措置について、当該事業主の求めに応じて、必要な助言その他の援助を行うものとする。

（定年退職等の場合の退職準備援助の措置）

第二一条　事業主は、その雇用する高年齢者が定年その他これに準ずる理由により退職した後においてその希望に応じ職業生活から円滑に引退することができるようにするために必要な備えをすることを援助するため、当該高年齢者に対し、引退後の生活に関する必要な知識の取得の援助その他の措置を講ずるように努めなければならない。

第三節　中高年齢失業者等に対する特別措置

（中高年齢失業者等求職手帳の発給）

第二二条　公共職業安定所長は、中高年齢失業者等であつて、次の各号に該当するものに対して、その者の申請に基づき、中高年齢失業者等求職手帳（以下「**手帳**」という。）を発給する。

一　公共職業安定所に求職の申込みをしていること。

二　誠実かつ熱心に就職活動を行う意欲を有すると認められること。

三　第二十五条第一項各号に掲げる措置を受ける必要があると認められること。

四　前三号に掲げるもののほか、生活の状況その他の事項について厚生労働大臣が労働政策審議会の意見を聴いて定める要件に該当すること。

（手帳の有効期間）

第二三条　手帳は、厚生労働省令で定める期間、その効力を有する。

２　公共職業安定所長は、手帳の発給を受けた者であつて、前項の手帳の有効期間を経過してもなお就職が困難であり、引き続き第二十五条第一項各号に掲げる措置を実施する必要があると認められるものについて、その手帳の有効期間を厚生労働省令で定める期間延長することができる。

３　前二項の厚生労働省令で定める期間を定めるに当たつては、特定地域に居住する者について特別の配慮をすることができる。

（手帳の失効）

第二四条　手帳は、公共職業安定所長が当該手帳の発給を受けた者が次の各号のいずれかに該当すると認めたときは、その効力を失う。

一　新たに安定した職業に就いたとき。

二　第二十二条各号に掲げる要件のいずれかを欠くに至つたとき。

三　前二号に掲げるもののほか、厚生労働大臣が労働政策審議会の意見を聴いて定める要件に該当するとき。

２　前項の場合においては、公共職業安定所長は、その旨を当該手帳の発給を受けた者に通知するものとする。

（公共職業安定所長の指示）

第二六条　公共職業安定所長は、手帳を発給するときは、手帳の発給を受ける者に対して、その者の知識、技能、職業経験その他の事情に応じ、当該手帳の有効期間中前条第一項の計画に準拠した同項各号に掲げる措置（以下「**就職促進の措置**」という。）の全部又は一部を受けることを指示するものとする。

２　公共職業安定所長は、手帳の発給を受けた者について当該手帳の有効期間を延長するときは、改めて、その延長された有効期間中就職促進の措置の全部又は一部を受けることを指示するものとする。

３　公共職業安定所長は、前二項の指示を受けた者の就職促進の措置の効果を高めるために必要があると認めたときは、その者に対する指示を変更することができる。

（関係機関等の責務）

第二七条　職業安定機関、地方公共団体及び独立行政法人高齢・障害・求職者雇用支援機構（第四十九条第二項及び第三項において「機構」という。）は、前条第一項又は第二項の指示を受けた者の就職促進の措置の円滑な実施を図るため、相互に密接に連絡し、及び協力するように努めなければならない。

2　前条第一項又は第二項の指示を受けた者は、その就職促進の措置の実施に当たる職員の指導又は指示に従うとともに、自ら進んで、速やかに職業に就くように努めなければならない。

（手当の支給）

第二八条　国及び都道府県は、第二十六条第一項又は第二項の指示を受けて就職促進の措置を受ける者に対して、その就職活動を容易にし、かつ、生活の安定を図るため、手帳の有効期間中、労働施策の総合的な推進並びに労働者の雇用の安定及び職業生活の充実等に関する法律（昭和四十一年法律第百三十二号）の規定に基づき、手当を支給することができる。

第五章　定年退職者等に対する就業の機会の確保

（国及び地方公共団体の講ずる措置）

第三六条　国及び地方公共団体は、定年退職者その他の高年齢退職者の職業生活の充実その他福祉の増進に資するため、臨時的かつ短期的な就業又は次条第一項の軽易な業務に係る就業を希望するこれらの者について、就業に関する相談を実施し、その希望に応じた就業の機会を提供する団体を育成し、その他その就業の機会の確保のために必要な措置を講ずるように努めるものとする。

附　則（抄）

（施行期日）

第一条　この法律は、昭和四十六年十月一日から施行する。

附　則（平二四・九・五法律七八）

（施行期日）

1　この法律は、平成二十五年四月一日から施行する。ただし、次項の規定は、公布の日から施行する。

（準備行為）

2　この法律による改正後の第九条第三項に規定する指針の策定及びこれに関し必要な手続その他の行為は、この法律の施行前においても、同項及び同条第四項の規定の例により行うことができる。

（経過措置）

3　この法律の施行の際現にこの法律による改正前の第九条第二項の規定により同条第一項第二号に掲げる措置を講じたものとみなされている事業主については、同条第二項の規定は、令和七年三月三十一日までの間は、なおその効力を有する。この場合において、同項中「係る基準」とあるのは、この法律の施行の日から平成二十八年三月三十一日までの間については「係る基準（六十一歳以上の者を対象とするものに限る。）」と、同年四月一日から平成三十一年三月三十一日までの間については「係る基準（六十二歳以上の者を対象とするものに限る。）」と、同年四月一日から令和四年三月三十一日までの間については「係る基準（六十三歳以上の者を対象とするものに限る。）」と、同年四月一日から令和七年三月三十一日までの間については「係る基準（六十四歳以上の者を対象とするものに限る。）」とする。

◉障害者基本法

題名改正 平五法律九四（旧心身障害者対策基本法）

（昭和四五・五・二一法律八四）

注 平二五法律六五改正現在

第一章 総則

（目的）

第一条 この法律は、全ての国民が、障害の有無にかかわらず、等しく基本的人権を享有するかけがえのない個人として尊重されるものであるとの理念にのつとり、全ての国民が、障害の有無によつて分け隔てられることなく、相互に人格と個性を尊重し合いながら共生する社会を実現するため、障害者の自立及び社会参加の支援等のための施策に関し、基本原則を定め、及び国、地方公共団体等の責務を明らかにするとともに、障害者の自立及び社会参加の支援等のための施策の基本となる事項を定めること等により、障害者の自立及び社会参加の支援等のための施策を総合的かつ計画的に推進することを目的とする。

（定義）

第二条 この法律において、次の各号に掲げる用語の意義は、それぞれ当該各号に定めるところによる。

一 **障害者** 身体障害、知的障害、精神障害（発達障害を含む。）その他の心身の機能の障害（以下「**障害**」と総称する。）がある者であつて、障害及び社会的障壁により継続的に日常生活又は社会生活に相当な制限を受ける状態にあるものをいう。

二 **社会的障壁** 障害がある者にとつて日常生活又は社会生活を営む上で障壁となるような社会における事物、制度、慣行、観念その他一切のものをいう。

（地域社会における共生等）

第三条 第一条に規定する社会の実現は、全ての障害者が、障害者でない者と等しく、基本的人権を享有する個人としてその尊厳が重んぜられ、その尊厳にふさわしい生活を保障される権利を有することを前提としつつ、次に掲げる事項を旨として図られなければならない。

一 全て障害者は、社会を構成する一員として社会、経済、文化その他あらゆる分野の活動に参加する機会が確保されること。

二 全て障害者は、可能な限り、どこで誰と生活するかについての選択の機会が確保され、地域社会において他の人々と共生することを妨げられないこと。

三 全て障害者は、可能な限り、言語（手話を含む。）その他の意思疎通のための手段についての選択の機会が確保されるとともに、情報の取得又は利用のための手段についての選択の機会の拡大が図られること。

（差別の禁止）

第四条 何人も、障害者に対して、障害を理由として、差別することその他の権利利益を侵害する行為をしてはならない。

2 社会的障壁の除去は、それを必要としている障害者が現に存し、かつ、その実施に伴う負担が過重でないときは、それを怠ることによつて前項の規定に違反することとならないよう、その実施について必要かつ合理的な配慮がされなければならない。

3 国は、第一項の規定に違反する行為の防止に関する啓発及び知識の普及を図るため、当該行為の防止を図るために必要となる情報の収集、整理及び提供を行うものとする。

（国際的協調）

第五条 第一条に規定する社会の実現は、そのための施策が国際社会における取組と密接な関係を有していることに鑑み、国際的協調の下に図られなければならない。

（国及び地方公共団体の責務）

第六条 国及び地方公共団体は、第一条に規定する社会の実現を図るため、前三条に定める基本原則（以下「**基本原則**」という。）にのつとり、障害者の自立及び社会参加の支援等のための施策を総合的かつ計画的に実施する責務を有する。

（国民の理解）

第七条　国及び地方公共団体は、基本原則に関する国民の理解を深めるよう必要な施策を講じなければならない。

（国民の責務）

第八条　国民は、基本原則にのつとり、第一条に規定する社会の実現に寄与するよう努めなければならない。

（障害者週間）

第九条　国民の間に広く基本原則に関する関心と理解を深めるとともに、障害者が社会、経済、文化その他あらゆる分野の活動に参加することを促進するため、障害者週間を設ける。

2　障害者週間は、十二月三日から十二月九日までの一週間とする。

3　国及び地方公共団体は、障害者の自立及び社会参加の支援等に関する活動を行う民間の団体等と相互に緊密な連携協力を図りながら、障害者週間の趣旨にふさわしい事業を実施するよう努めなければならない。

（施策の基本方針）

第一〇条　障害者の自立及び社会参加の支援等のための施策は、障害者の性別、年齢、障害の状態及び生活の実態に応じて、かつ、有機的連携の下に総合的に、策定され、及び実施されなければならない。

2　国及び地方公共団体は、障害者の自立及び社会参加の支援等のための施策を講ずるに当たつては、障害者その他の関係者の意見を聴き、その意見を尊重するよう努めなければならない。

（障害者基本計画等）

第一一条　政府は、障害者の自立及び社会参加の支援等のための施策の総合的かつ計画的な推進を図るため、障害者のための施策に関する基本的な計画（以下「**障害者基本計画**」という。）を策定しなければならない。

2　都道府県は、障害者基本計画を基本とするとともに、当該都道府県における障害者の状況等を踏まえ、当該都道府県における障害者のための施策に関する基本的な計画（以下「**都道府県障害者計画**」という。）を策定しなければならない。

3　市町村は、障害者基本計画及び都道府県障害者計画を基本とするとともに、当該市町村における障害者の状況等を踏まえ、当該市町村における障害者のための施策に関する基本的な計画（以下「**市町村障害者計画**」という。）を策定しなければならない。

4　内閣総理大臣は、関係行政機関の長に協議するとともに、障害者政策委員会の意見を聴いて、障害者基本計画の案を作成し、閣議の決定を求めなければならない。

5　都道府県は、都道府県障害者計画を策定するに当たつては、第三十六条第一項の合議制の機関の意見を聴かなければならない。

6　市町村は、市町村障害者計画を策定するに当たつては、第三十六条第四項の合議制の機関を設置している場合にあつてはその意見を、その他の場合にあつては障害者その他の関係者の意見を聴かなければならない。

7　政府は、障害者基本計画を策定したときは、これを国会に報告するとともに、その要旨を公表しなければならない。

8　第二項又は第三項の規定により都道府県障害者計画又は市町村障害者計画が策定されたときは、都道府県知事又は市町村長は、これを当該都道府県の議会又は当該市町村の議会に報告するとともに、その要旨を公表しなければならない。

9　第四項及び第七項の規定は障害者基本計画の変更について、第五項及び前項の規定は都道府県障害者計画の変更について、第六項及び前項の規定は市町村障害者計画の変更について準用する。

（法制上の措置等）

第一二条　政府は、この法律の目的を達成するため、必要な法制上及び財政上の措置を講じなければならない。

（年次報告）

第一三条　政府は、毎年、国会に、障害者のために講じた施策の概況に関する報告書を提出しなければならない。

第二章　障害者の自立及び社会参加の支援等のための基本的施策

（医療、介護等）

第一四条　国及び地方公共団体は、障害者が生活機能を回復し、取得し、又は維持するために必要な医療の給付及びリハビリテーションの提供を行うよう必要な施策を講じなければならない。

2　国及び地方公共団体は、前項に規定する医療及びリハビリテーションの研究、開発及び普及を促進しなければならない。

3　国及び地方公共団体は、障害者が、その性別、年齢、障害の状態及び生活の実態に応じ、医療、介護、保健、生活支援その他自立のための適切な支援を受けられるよう必要な施策を講じなければならない。

4　国及び地方公共団体は、第一項及び前項に規定する施策を講ずるために必要な専門的技術職員その他の専門的知識又は技能を有する職員を育成するよう努めなければならない。

5　国及び地方公共団体は、医療若しくは介護の給付又はリハビリテーションの提供を行うに当たつては、障害者が、可能な限りその身近な場所においてこれらを受けられるよう必要な施策を講ずるものとするほか、その人権を十分に尊重しなければならない。

6　国及び地方公共団体は、福祉用具及び身体障害者補助犬の給付又は貸与その他障害者が日常生活及び社会生活を営むのに必要な施策を講じなければならない。

7　国及び地方公共団体は、前項に規定する施策を講ずるために必要な福祉用具の研究及び開発、身体障害者補助犬の育成等を促進しなければならない。

（年金等）

第一五条　国及び地方公共団体は、障害者の自立及び生活の安定に資するため、年金、手当等の制度に関し必要な施策を講じなければならない。

（教育）

第一六条　国及び地方公共団体は、障害者が、その年齢及び能力に応じ、かつ、その特性を踏まえた十分な教育が受けられるようにするため、可能な限り障害者である児童及び生徒が障害者でない児童及び生徒と共に教育を受けられるよう配慮しつつ、教育の内容及び方法の改善及び充実を図る等必要な施策を講じなければならない。

2　国及び地方公共団体は、前項の目的を達成するため、障害者である児童及び生徒並びにその保護者に対し十分な情報の提供を行うとともに、可能な限りその意向を尊重しなければならない。

3　国及び地方公共団体は、障害者である児童及び生徒と障害者でない児童及び生徒との交流及び共同学習を積極的に進めることによつて、その相互理解を促進しなければならない。

4　国及び地方公共団体は、障害者の教育に関し、調査及び研究並びに人材の確保及び資質の向上、適切な教材等の提供、学校施設の整備その他の環境の整備を促進しなければならない。

（療育）

第一七条　国及び地方公共団体は、障害者である子どもが可能な限りその身近な場所において療育その他これに関連する支援を受けられるよう必要な施策を講じなければならない。

2　国及び地方公共団体は、療育に関し、研究、開発及び普及の促進、専門的知識又は技能を有する職員の育成その他の環境の整備を促進しなければならない。

（職業相談等）

第一八条　国及び地方公共団体は、障害者の職業選択の自由を尊重しつつ、障害者がその能力に応じて適切な職業に従事することができるようにするため、障害者の多様な就業の機会を確保するよう努めるとともに、個々の障害者の特性に配慮した職業相談、職業指導、職業訓練及び職業紹介の実施その他必要な施策を講じなければならない。

2　国及び地方公共団体は、障害者の多様な就業の機会の確保を図るため、前項に規定する施策に関する調査及び研究を促進しなければならない。

3　国及び地方公共団体は、障害者の地域社会における作業活動の場及び障害者の職業訓練のための施設の拡充を図るため、これに必要な費用の助成その他必要な施策を講じなければならない。

（雇用の促進等）

第一九条　国及び地方公共団体は、国及び地方公共団体並びに事業者における障害者の雇用を促進するため、障害者の優先雇用その他の施策を講じなければならない。

2　事業主は、障害者の雇用に関し、その有する能力を正当に評価し、適切な雇用の機会を確保するとともに、個々の障害者の特性に応じた適正な雇用管理を行うことによりその雇用の安定を図るよう努めなければならない。

3　国及び地方公共団体は、障害者を雇用する事業主に対して、障害者の雇用のための経済的負担を軽減し、もつてその雇用の促進及び継続を図るため、障害者が雇用されるのに伴い必要となる施設又は設備の整備等に要する費用の助成その他必要な施策を講じなければならない。

（住宅の確保）

第二〇条　国及び地方公共団体は、障害者が地域社会において安定した生活を営むことができるようにするため、障害者のための住宅を確保し、及び障害者の日常生活に適するような住宅の整備を促進するよう必要な施策を講じなければならない。

（公共的施設のバリアフリー化）

第二一条　国及び地方公共団体は、障害者の利用の便宜を図ることによつて障害者の自立及び社会参加を支援するため、自ら設置する官公庁施設、交通施設（車両、船舶、航空機等の移動施設を含む。次項において同じ。）その他の公共的施設について、障害者が円滑に利用できるような施設の構造及び設備の整備等の計画的推進を図らなければならない。

2　交通施設その他の公共的施設を設置する事業者は、障害者の利用の便宜を図ることによつて障害者の自立及び社会参加を支援するため、当該公共的施設について、障害者が円滑に利用できるような施設の構造及び設備の整備等の計画的推進に努めなければならない。

3　国及び地方公共団体は、前二項の規定により行われる公共的施設の構造及び設備の整備等が総合的かつ計画的に推進されるようにするため、必要な施策を講じなければならない。

4　国、地方公共団体及び公共的施設を設置する事業者は、自ら設置する公共的施設を利用する障害者の補助を行う身体障害者補助犬の同伴について障害者の利用の便宜を図らなければならない。

（情報の利用におけるバリアフリー化等）

第二二条　国及び地方公共団体は、障害者が円滑に情報を取得し及び利用し、その意思を表示し、並びに他人との意思疎通を図ることができるようにするため、障害者が利用しやすい電子計算機及びその関連装置その他情報通信機器の普及、電気通信及び放送の役務の利用に関する障害者の利便の増進、障害者に対して情報を提供する施設の整備、障害者の意思疎通を仲介する者の養成及び派遣等が図られるよう必要な施策を講じなければならない。

2　国及び地方公共団体は、災害その他非常の事態の場合に障害者に対しその安全を確保するため必要な情報が迅速かつ的確に伝えられるよう必要な施策を講ずるものとするほか、行政の情報化及び公共分野における情報通信技術の活用の推進に当たつては、障害者の利用の便宜が図られるよう特に配慮しなければならない。

3　電気通信及び放送その他の情報の提供に係る役務の提供並びに電子計算機及びその関連装置その他情報通信機器の製造等を行う事業者は、当該役務の提供又は当該機器の製造等に当たつては、障害者の利用の便宜を図るよう努めなければならない。

（相談等）

第二三条　国及び地方公共団体は、障害者の意思決定の支援に配慮しつつ、障害者及びその家族その他の関係者に対する相談業務、成年後見制度その他の障害者の権利利益の保護等のための施策又は制度が、適切に行われ又は広く利用されるようにしなければならない。

2　国及び地方公共団体は、障害者及びその家族その他の関係者からの各種の相談に総合的に応ずることができるようにするため、関係機関相互の有機的連携の下に必要な相談体制の整備を図るとともに、障害者の家族に対し、障害者の家族が互いに支え合うための活動の支援その他の支援を適切に行うものとする。

（経済的負担の軽減）

第二四条　国及び地方公共団体は、障害者及び障害者を扶養する者の経済的負担の軽減を図り、又は障害者の自立の促進を図るため、税制上の措置、公共的施設の利用料等の減免その他必要な施策を講じなければならない。

（文化的諸条件の整備等）

第二五条　国及び地方公共団体は、障害者が円滑に文化芸術活動、スポーツ又はレクリエーションを行うことができるようにするため、施設、設備その他の諸条件の整備、文化芸術、スポーツ等に関する活動の助成その他必要な施策を講じなければならない。

（防災及び防犯）

第二六条　国及び地方公共団体は、障害者が地域社会において安全にかつ安心して生活を営むことができるようにするため、障害者の性別、年齢、障害の状態及び生活の実態に応じて、防災及び防犯に関し必要な施策を講じなければならない。

（消費者としての障害者の保護）

第二七条　国及び地方公共団体は、障害者の消費者としての利益の擁護及び増進が図られるようにするため、適切な方法による情報の提供その他必要な施策を講じなければならない。

2　事業者は、障害者の消費者としての利益の擁護及び増進が図られるようにするため、適切な方法による情報の提供等に努めなければならない。

（選挙等における配慮）

第二八条　国及び地方公共団体は、法律又は条例の定めるところにより行われる選挙、国民審査又は投票において、障害者が円滑に投票できるようにするため、投票所の施設又は設備の整備その他必要な施策を講じなければならない。

（司法手続における配慮等）

第二九条　国又は地方公共団体は、障害者が、刑事事件若しくは少年の保護事件に関する手続その他これに準ずる手続の対象となつた場合又は裁判所における民事事件、家事事件若しくは行政事件に関する手続の当事者その他の関係人となつた場合において、障害者がその権利を円滑に行使できるようにするため、個々の障害者の特性に応じた意思疎通の手段を確保するよう配慮するとともに、関係職員に対する研修その他必要な施策を講じなければならない。

（国際協力）

第三〇条　国は、障害者の自立及び社会参加の支援等のための施策を国際的協調の下に推進するため、外国政府、国際機関又は関係団体等との情報の交換その他必要な施策を講ずるように努めるものとする。

第三章　障害の原因となる傷病の予防に関する基本的施策

第三一条　国及び地方公共団体は、障害の原因となる傷病及びその予防に関する調査及び研究を促進しなければならない。

2　国及び地方公共団体は、障害の原因となる傷病の予防のため、必要な知識の普及、母子保健等の保健対策の強化、当該傷病の早期発見及び早期治療の推進その他必要な施策を講じなければならない。

3　国及び地方公共団体は、障害の原因となる難病等の予防及び治療が困難であることに鑑み、障害の原因となる難病等の調査及び研究を推進するとともに、難病等に係る障害者に対する施策をきめ細かく推進するよう努めなければならない。

第四章　障害者政策委員会等

（障害者政策委員会の設置）

第三二条　内閣府に、障害者政策委員会（以下「政策委員会」という。）を置く。

2　政策委員会は、次に掲げる事務をつかさどる。

一　障害者基本計画に関し、第十一条第四項（同条第九項において準用する場合を含む。）に規定する事項を処理すること。

二　前号に規定する事項に関し、調査審議し、必要があると認めるときは、内閣総理大臣又は関係各大臣に対し、意見を述べること。

三　障害者基本計画の実施状況を監視し、必要があると認めるときは、内閣総理大臣又は内閣総理大臣を通じて関係各大臣に勧告すること。

四　障害を理由とする差別の解消の推進に関する法律（平成二十五年法律第六十五号）の規定によりその権限に属させられた事項を処理すること。

3　内閣総理大臣又は関係各大臣は、前項第三号の規定による勧告に基づき講じた施策について政策委員会に報告しなければならない。

（政策委員会の組織及び運営）

第三三条　政策委員会は、委員三十人以内で組織する。

2　政策委員会の委員は、障害者、障害者の自立及び社会参加に関する事業に従事する者並びに学識経験のある者のうちから、内閣総理大臣が任命する。この場合において、委員の構成については、政策委員会が様々な障害者の意見を聴き障害者の実情を踏まえた調査審議を行うことができることとなるよう、配慮されなければならない。

3　政策委員会の委員は、非常勤とする。

第三四条　政策委員会は、その所掌事務を遂行するため必要があると認めるときは、関係行政機関の長に対し、資料の提出、意見の表明、説明その他必要な協力を求めることができる。

2　政策委員会は、その所掌事務を遂行するため特に必要があると認めるときは、前項に規定する者以外の者に対しても、必要な協力を依頼することができる。

第三五条　前二条に定めるもののほか、政策委員会の組織及び運営に関し必要な事項は、政令で定める。

（都道府県等における合議制の機関）

第三六条　都道府県（地方自治法（昭和二十二年法律第六十七号）第二百五十二条の十九第一項の指定都市（以下「**指定都市**」という。）を含む。以下同じ。）に、次に掲げる事務を処理するため、審議会その他の合議制の機関を置く。

一　都道府県障害者計画に関し、第十一条第五項（同条第九項において準用する場合を含む。）に規定する事項を処理すること。

二　当該都道府県における障害者に関する施策の総合的かつ計画的な推進について必要な事項を調査審議し、及びその施策の実施状況を監視すること。

三　当該都道府県における障害者に関する施策の推進について必要な関係行政機関相互の連絡調整を要する事項を調査審議すること。

2　前項の合議制の機関の委員の構成については、当該機関が様々な障害者の意見を聴き障害者の実情を踏まえた調査審議を行うことができることとなるよう、配慮されなければならない。

3　前項に定めるもののほか、第一項の合議制の機関の組織及び運営に関し必要な事項は、条例で定める。

4　市町村（指定都市を除く。）は、条例で定めるところにより、次に掲げる事務を処理するため、審議会その他の合議制の機関を置くことができる。

一　市町村障害者計画に関し、第十一条第六項（同条第九項において準用する場合を含む。）に規定する事項を処理すること。

二　当該市町村における障害者に関する施策の総合的かつ計画的な推進について必要な事項を調査審議し、及びその施策の実施状況を監視すること。

三　当該市町村における障害者に関する施策の推進について必要な関係行政機関相互の連絡調整を要する事項を調査審議すること。

5　第二項及び第三項の規定は、前項の規定により合議制の機関が置かれた場合に準用する。

附　則（抄）

（施行期日）

1　この法律は、公布の日〔昭四五・五・二一〕から施行する。

障害者総合支援法の概要

1　制定・改正の経緯

平成一五年度以降、障害福祉施策に導入された「支援費制度」により、利用者の自己決定・選択が尊重されるようになった一方で、サービス費用の増大、障害種別間のサービスの格差など、新たな問題が生じました。

その諸問題を解決すべく、障害者自立支援法（平成一七年法律第一二三号）が平成一八年四月一日より施行されましたが、この制度にもさまざまな問題が生じ、抜本改革を求める声が大きくなりました。

このため、制度の谷間のない支援の提供、個々のニーズに基づいた地域生活支援体系の整備等について検討が進められ、「地域社会における共生の実現に向けて新たな障害保健福祉施策を講ずるための関係法律の整備に関する法律（平成二四年法律第五一号）」により、題名を「障害者の日常生活及び社会生活を総合的に支援するための法律（以下「障害者総合支援法」といいます。）」とすることなどを内容とした改正が、平成二四年六月二七日に公布、平成二五年四月一日（一部は公布の日、平成二六年四月一日）施行で行われました。

令和四年一二月一六日には、障害者等の地域生活及び就労支援の強化等を趣旨とした改正法が公布されました。共同生活援助のサービス内容の追加、市町村における地域生活支援拠点等の整備及び基幹相談支援センターの設置の努力義務化、就労選択支援サービスの創設等を内容とした改正が行われ、公布日から三年以内に全面施行されます。

2　法の概要

障害者総合支援法は、総則、自立支援給付、地域生活支援事業、事業及び施設、障害福祉計画、費用、国民健康保険団体連合会の障害者総合支援法関係業務、審査請求、雑則、罰則の一〇章から構成されています。

(1)　目的など

この法律の目的として、障害者基本法の基本的な理念にのっとり、障害者及び障害児が基本的人権を享有する個人としての尊厳にふさわしい日常生活又は社会生活を営むことができるよう、必要な障害福祉サービスの給付、地域生活支援事業その他の支援を総合的に行い、障害者の福祉の増進を図るとともに、障害の有無にかかわらず安心して暮らせる地域社会の実現が定められています。

また、基本理念として、障害者及び障害児に対する支援は、障害の有無によって分け隔てられることなく、社会参加の機会確保及びどこで誰と生活するかについての選択の機会確保がされ、地域社会において他の人々と共生することを妨げられないこと並びに障壁となるような社会における事物、制度、慣行、観念その他のものの除去に資するよう、総合的かつ計画的に行うとされています。

(2)　対象

障害者（身体障害者、知的障害者、精神障害者、発達障害者）並びに治療方法が確立していない疾病その他の特殊の疾病であって政令で定めるものによる障害の程度が主務大臣が定める程度である者であって一八歳以上であるもの及び障害児（以下「障害者等」といいます。）です。

(3)　自立支援給付

自立支援給付として、介護給付費、特例介護給付費、訓練等給付費、特例訓練等給付費、特例障害者特別給付費、特例特定障害者特別給付費、地域相談支援給付費、特例地域相談支援給付費、計画相談支援給付費、特例計画相談支援給付費、自立支援医療費、療養介護医療費、基準該当療養介護医療費、補装具費及び高額障害福祉サービス等給付費の支給をいいます。

市町村は、障害者又は障害児の保護者からの申請によって、障害者等の障害支援区分の認定を行い、その区分、介護者の状況、障害福祉サービスの利用に関する意向その他の事項を勘案し、支給要否決定を行います。

(4)　介護給付費、訓練等給付費の支給

介護給付費の対象サービスには、居宅介護、重度訪問介護、同行援護、行動援護、療養介護、生活介護、短期入所、重度障害者等包括支援、施設入所支援等があります。訓練等給付費の対象サービスには、自立訓練、就労移行支援、就労継続支援、就労定着支援、自立生活援助、共同生活援助があります（就労選択支援が創設される予定）。

市町村は、支給決定を受けた障害者等が指定障害福祉サービス事業者等から給付対象サービスを受けたときに、介護給付費又は訓練等給付費の支給を行います。支給額は、各月の給付対象サービスに要した費用の額から、当該支給決定障害者等の家計の負担能力その他の事情をしん酌して政令で定める額を控除した額とされます。

(5) 特定障害者特別給付費

市町村は、低所得者等が、障害者支援施設や共同生活援助を行う住居においてサービスを受ける際に要する食費及び居住費について、特定障害者特別給付費を支給します。

(6) 指定障害福祉サービス事業者、指定障害者支援施設

① 指定障害福祉サービス事業者及び指定障害者支援施設の指定は、申請により、障害福祉サービスの種類及び障害福祉サービス事業者の事業所ごとに都道府県知事が行います。

② 指定事業者等は、人員、設備及び運営に関する基準に従って、指定障害福祉サービス等を提供しなければなりません。

(7) 地域相談支援給付費、計画相談支援給付費の支給

① 市町村は、地域相談支援給付決定を受けた障害者が、指定一般相談支援事業者から、指定地域相談支援を受けた時に、これに要する費用の全額を地域相談支援費として支給します。

② 市町村は、計画相談支援対象障害者等が、指定特定相談支援事業者から、サービス等利用計画案の作成並びにサービス等利用計画の見直し等の便宜の提供に要する費用の全額を計画相談支援給付費として支給します。

(8) 自立支援医療費、療養介護医療費の支給

① 市町村等は、自立支援医療費の支給を受けようとする障害者等の申請によって、当該障害者等の心身の障害の状況、当該障害者等の属する世帯の所得の状況、治療状況その他の事情を勘案して自立支援医療の種類ごとに支給認定を行い、支給認定の有効期間内において自立支援医療を受けた当該支給認定障害者等に対し、自立支援医療費を支給します。

② 市町村は、介護給付費に係る支給決定を受けた障害者が、療養介護医療を受けた時は療養介護医療費を支給します。

(9) 補装具費の支給

市町村は、障害者等の障害の状態からみて、補装具の購入、借受け又は修理を必要とするものであると認めるときは、当該補装具の購入、借受け又は修理に要した費用について、補装具費を支給します。

(10) 高額障害福祉サービス等給付費の支給

市町村は、支給決定障害者等が受けた障害福祉サービス及び介護給付等対象サービスのうち政令で定めるものの利用並びに補装具の購入又は修理に伴う利用者負担額が、著しく高額であるときは、高額障害福祉サービス等給付費を支給します。

平成三〇年四月一日からは、六五歳以前の長期間にわたり障害福祉サービスを利用していた低所得高齢者が、引き続き介護保険により同様のサービスを利用する場合についても対象となっています。

(11) 情報公表対策サービス等の利用に資する情報の報告及び公表

指定障害福祉サービス事業者等の対象事業者は、障害福祉サービス等の内容及び施設の運営状況に関する情報であって、障害者等が適切かつ円滑に障害福祉サービス等を利用する機会を確保するために公表されることが適当な情報を都道府県知事に報告し、報告を受けた都道府県知事はその内容を公表する必要があります。この規定は、平成三〇年四月一日から施行されています。

(12) 地域生活支援事業

① 市町村は、障害者等の自立した日常・社会生活に対する理解を深めるための研修及び啓発事業、障害者等や障害者の家族等から自発的に行われる日常・社会生活を営むことができるようにするための活動支援事業、障害者等からの相談に応じ、必要な情報の提供及び助言等を行うとともに障害者

等の虐待防止及び権利擁護のための必要な援助を行う事業、成年後見制度の利用に要する費用の補助、意思疎通支援を行う者の派遣、日常生活用具の給付又は貸与、障害者等の移動の支援、地域活動支援センター等に通所させ、創作的活動又は生産活動の機会の提供、社会との交流促進などを図る事業を行います。

② 市町村は、地域生活支援拠点等を整備し、地域において生活する障害者等の緊急事態に対処するよう努めるものとされています（令和六年四月一日施行）。

③ 市町村は、地域における相談支援の中核的な役割として、基幹相談支援センターを設置するよう努めるものとされています。

④ 都道府県は、特に専門性の高い相談支援に係る事業、特に専門性の高い意思疎通支援を行う者の養成・派遣をする事業、意思疎通支援を行う者の派遣に係る市町村相互間の連絡調整及びその他広域的な対応が必要な事業を行います。

⒀ 事業及び施設

都道府県が行う事業として、「障害福祉サービス事業」、「一般相談支援事業及び特定相談支援事業」、「移動支援事業」、「地域活動支援センターを経営する事業」、「福祉ホームを経営する事業」を規定しています。また、国に対して障害者支援施設の設置義務を課しています。

⒁ 障害福祉計画

主務大臣は、障害福祉サービス及び相談支援並びに市町村及び都道府県の地域生活支援事業の提供体制を整備するとともに、提供体制の確保に係る目標に関する事項を定め、自立支援給付及び地域生活支援事業の円滑な実施を確保するための基本指針を作成し、市町村及び都道府県はこの指針に即して、計画を定めることとしています。

また、基本指針の作成・変更に際しては、あらかじめ障害者等及びその家族その他関係者の意見を反映させるために必要な措置を講じるよう定められています。

なお、地方公共団体は、単独で又は共同して、障害者等への支援の体制の整備を図るため、関係機関、関係団体及び障害者等の福祉、医療、教育又は雇用に関連する職務に従事する者その他の関係者により構成される協議会を置くよう努めるものとされています。

3 関係主要法令等

◉障害者の日常生活及び社会生活を総合的に支援するための法律施行令（平一八政令一〇）

◉障害者の日常生活及び社会生活を総合的に支援するための法律施行規則（平一八厚労令一九）

◉障害者の日常生活及び社会生活を総合的に支援するための法律に基づく指定障害福祉サービスの事業等の人員、設備及び運営に関する基準（平一八厚労令一七一）

◉障害者の日常生活及び社会生活を総合的に支援するための法律に基づく指定障害者支援施設等の人員、設備及び運営に関する基準（平一八厚労令一七二）

◉障害者の日常生活及び社会生活を総合的に支援するための法律に基づく指定地域相談支援の事業の人員及び運営に関する基準（平二四厚労令二七）

◉障害者の日常生活及び社会生活を総合的に支援するための法律に基づく障害福祉サービス事業の設備及び運営に関する基準（平一八厚労令一七四）

◉障害者の日常生活及び社会生活を総合的に支援するための法律に基づく地域活動支援センターの設備及び運営に関する基準（平一八厚労令一七五）

◉障害者の日常生活及び社会生活を総合的に支援するための法律に基づく福祉ホームの設備及び運営に関する基準（平一八厚労令一七六）

◉障害者の日常生活及び社会生活を総合的に支援するための法律に基づく障害者支援施設の設備及び運営に関する基準（平一八厚労令一七七）

◉障害者の日常生活及び社会生活を総合的に支援するための法律

題名改正　平二四法律五一（旧障害者自立支援法）

（平成一七・一一・七法律一二三）

注　令五法律二八改正現在

（未施行分については、該当か所の後に改正文を収載）

注　目次は、令和四年一二月一六日法律第一〇四号により次のように改正され、令和四年一二月一六日から起算して三年を超えない範囲内において政令で定める日から施行される。

目次中「障害福祉計画」を「障害福祉計画等」に改める。

第一章　総則

（目的）

第一条　この法律は、障害者基本法（昭和四十五年法律第八十四号）の基本的な理念にのっとり、身体障害者福祉法（昭和二十四年法律第二百八十三号）、知的障害者福祉法（昭和三十五年法律第三十七号）、精神保健及び精神障害者福祉に関する法律（昭和二十五年法律第百二十三号）、児童福祉法（昭和二十二年法律第百六十四号）その他障害者及び障害児の福祉に関する法律と相まって、障害者及び障害児が基本的人権を享有する個人としての尊厳にふさわしい日常生活又は社会生活を営むことができるよう、必要な障害福祉サービスに係る給付、地域生活支援事業その他の支援を総合的に行い、もって障害者及び障害児の福祉の増進を図るとともに、障害の有無にかかわらず国民が相互に人格と個性を尊重し安心して暮らすことのできる地域社会の実現に寄与することを目的とする。

（基本理念）

第一条の二　障害者及び障害児が日常生活又は社会生活を営むための支援は、全ての国民が、障害の有無にかかわらず、等しく基本的人権を享有するかけがえのない個人として尊重されるものであるとの理念にのっとり、全ての国民が、障害の有無によって分け隔てられることなく、相互に人格と個性を尊重し合いながら共生する社会を実現するため、全ての障害者及び障害児が可能な限りその身近な場所において必要な日常生活又は社会生活を営むための支援を受けられることにより社会参加の機会が確保されること及びどこで誰と生活するかについての選択の機会が確保され、地域社会において他の人々と共生することを妨げられないこと並びに障害者及び障害児にとって日常生活又は社会生活を営む上で障壁となるような社会における事物、制度、慣行、観念その他一切のものの除去に資することを旨として、総合的かつ計画的に行わなければならない。

（市町村等の責務）

第二条　市町村（特別区を含む。以下同じ。）は、この法律の実施に関し、次に掲げる責務を有する。

一　障害者が自ら選択した場所に居住し、又は障害者若しくは障害児（以下「**障害者等**」という。）が自立した日常生活又は社会生活を営むことができるよう、当該市町村の区域における障害者等の生活の実態を把握した上で、公共職業安定所、障害者職業センター（障害者の雇用の促進等に関する法律（昭和三十五年法律第百二十三号）第十九条第一項に規定する障害者職業センターをいう。以下同じ。）、障害者就業・生活支援センター（同法第二十七条第二項に規定する障害者就業・生活支援センターをいう。以下同じ。）その他の職業リハビリテーション（同法第二条第七号に規定する職業リハビリテーションをいう。以下同じ。）の措置を実施する機関、教育機関その他の関係機関との緊密な連携を図りつつ、必要な自立支援給付及び地域生活支援事業を総合的かつ計画的に行うこと。

二　障害者等の福祉に関し、必要な情報の提供を行い、並びに相談に応じ、必要な調査及び指導を行い、並びにこれらに付随する業務を行うこと。

三　意思疎通について支援が必要な障害者等が障害福祉サービスを円滑に利用することができるよう必要な便宜を供与すること、障害者等に対する虐待の防止及びその早期発見のために関係機関と連絡調整を行うことその他障害者等の権利の擁護のために必要な援助を行うこと。

2　都道府県は、この法律の実施に関し、次に掲げる責務を有する。

一　市町村が行う自立支援給付及び地域生活支援事業が適正かつ円滑に行われるよう、市町村に対する必要な助言、情報の提供その他の援助を行うこと。

二　市町村と連携を図りつつ、必要な自立支援医療費の支給及び地域生活支援事業を総合的に行うこと。

三　障害者等に関する相談及び指導のうち、専門的な知識及び技術を必要とするものを行うこと。

四　市町村と協力して障害者等の権利の擁護のために必要な援助を行うとともに、市町村が行う障害者等の権利の擁護のために必要な援助が適正かつ円滑に行われるよう、市町村に対する必要な助言、情報の提供その他の援助を行うこと。

3　国は、市町村及び都道府県が行う自立支援給付、地域生活支援事業その他この法律に基づく業務が適正かつ円滑に行われるよう、市町村及び都道府県に対する必要な助言、情報の提供その他の援助を行わなければならない。

4　国及び地方公共団体は、障害者等が自立した日常生活又は社会生活を営むことができるよう、必要な障害福祉サービス、相談支援及び地域生活支援事業の提供体制の確保に努めなければならない。

（国民の責務）

第三条　すべての国民は、その障害の有無にかかわらず、障害者等が自立した日常生活又は社会生活を営めるような地域社会の実現に協力するよう努めなければならない。

（定義）

第四条　この法律において「**障害者**」とは、身体障害者福祉法第四条に規定する身体障害者、知的障害者福祉法にいう知的障害者のうち十八歳以上である者及び精神保健及び精神障害者福祉に関する法律第五条第一項に規定する精神障害者（発達障害者支援法（平成十六年法律第百六十七号）第二条第二項に規定する発達障害者を含み、知的障害者福祉法にいう知的障害者を除く。以下「**精神障害者**」という。）のうち十八歳以上である者並びに治療方法が確立していない疾病その他の特殊の疾病であって政令で定めるものによる障害の程度が主務大臣が定める程度である者であって十八歳以上であるものをいう。

2　この法律において「**障害児**」とは、児童福祉法第四条第二項に規定する障害児をいう。

3　この法律において「**保護者**」とは、児童福祉法第六条に規定する保護者をいう。

4　この法律において「**障害支援区分**」とは、障害者等の障害の多様な特性その他の心身の状態に応じて必要とされる標準的な支援の度合を総合的に示すものとして主務省令で定める区分をいう。

第五条　この法律において「**障害福祉サービス**」とは、居宅介護、重度訪問介護、同行援護、行動援護、療養介護、生活介護、短期入所、重度障害者等包括支援、施設入所支援、自立訓練、就労移行支援、就労継続支援、就労定着支援、自立生活援助及び共同生活援助をいい、「**障害福祉サービス事業**」とは、障害福祉サービス（障害者支援施設、独立行政法人国立重度知的障害者総合施設のぞみの園法（平成十四年法律第百六十七号）第十一条第一号の規定により独立行政法人国立重度知的障害者総合施設のぞみの園が設置する施設（以下「**のぞみの園**」という。）その他主務省令で定める施設において行われる施設障害福祉サービス（施設入所支援及び主務省令で定める障害福祉サービスをいう。以下同じ。）を除く。）を行う事業をいう。

2　この法律において「**居宅介護**」とは、障害者等につき、居宅において入浴、排せつ又は食事の介護その他の主務省令で定める便宜を供与することをいう。

3　この法律において「**重度訪問介護**」とは、重度の肢体不自由者その他の障害者であって常時介護を要するものとして主務省令で定めるものにつき、居宅又はこれに相当する場所として主務省令で定める場所における入浴、排せつ又は食事の介護その他の主務省令で定める便宜及び外出時における移動中の介護を総合的に供与することをいう。

4　この法律において「**同行援護**」とは、視覚障害により、移動に著しい困難を有する障害者等につき、外出時において、当該障害者等に同行し、移動に必要な情報を提供するとともに、移動の援護その他の主務省令で定める便宜を供与することをいう。

5　この法律において「**行動援護**」とは、知的障害又は精神障害により行動上著しい困難を有する障害者等であって常時介護を要するものにつき、当該障害者等が行動する際に生じ得る危険を回避するために必要な援護、外出時における移動中の介護その他の主務省令で定める便宜を供与することをいう。

6　この法律において「**療養介護**」とは、医療を要する障害者であって常時介護を要するものとして主務省令で定めるものにつき、主として昼間において、病院その他の主務省令で定める施設において行われる機能訓練、療養上の管理、看護、医学的管理の下における介護及び日常生活上の世話の供与をいい、「**療養介護医療**」とは、療養介護のうち医療に係るものをいう。

7　この法律において「**生活介護**」とは、常時介護を要する障害者として主務省令で定める者につき、主として昼間において、障害者支援施設その他の主務省令で定める施設において行われる入浴、排せつ又は食事の介護、創作的活動又は生産活動の機会の提供その他の主務省令で定める便宜を供与することをいう。

8　この法律において「**短期入所**」とは、居宅においてその介護を行う者の疾病その他の理由により、障害者支援施設その他の主務省令で定める施設への短期間の入所を必要とする障害者等につき、当該施設に短期間の入所をさせ、入浴、排せつ又は食事の介護その他の主務省令で定める便宜を供与することをいう。

9　この法律において「**重度障害者等包括支援**」とは、常時介護を要する障害者等であって、その介護の必要の程度が著しく高いものとして主務省令で定めるものにつき、居宅介護その他の主務省令で定める障害福祉サービスを包括的に提供することをいう。

10　この法律において「**施設入所支援**」とは、その施設に入所する障害者につき、主として夜間において、入浴、排せつ又は食事の介護その他の主務省令で定める便宜を供与することをいう。

11　この法律において「**障害者支援施設**」とは、障害者につき、施設入所支援を行うとともに、施設入所支援以外の施設障害福祉サービスを行う施設（のぞみの園及び第一項の主務省令で定める施設を除く。）をいう。

12　この法律において「**自立訓練**」とは、障害者につき、自立した日常生活又は社会生活を営むことができるよう、主務省令で定める期間にわたり、身体機能又は生活能力の向上のために必要な訓練その他の主務省令で定める便宜を供与することをいう。

13　この法律において「**就労移行支援**」とは、就労を希望する障害者及び通常の事業所に雇用されている障害者であって主務省令で定める事由により当該事業所での就労に必要な知識及び能力の向上のための支援を一時的に必要とするものにつき、主務省令で定める期間にわたり、生産活動その他の活動の機会の提供を通じて、就労に必要な知識及び能力の向上のために必要な訓練その他の主務省令で定める便宜を供与することをいう。

14　この法律において「**就労継続支援**」とは、通常の事業所に雇用されることが困難な障害者及び通常の事業所に雇用されている障害者であって主務省令で定める事由により当該事業所での就労に必要な知識及び能力の向上のための支援を一時的に必要とするものにつき、就労の機会を提供するとともに、生産活動その他の活動の機会の提供を通じて、その知識及び能力の向上のために必要な訓練その他の主務省令で定める便宜を供与することをいう。

15　この法律において「**就労定着支援**」とは、就労に向けた支援として主務省令で定めるものを受けて通常の事業所に新たに雇用された障害者につき、主務省令で定める期間にわたり、当該事業所での就労の継続を図るために必要な当該事業所の事業主、障害福祉サービス事業を行う者、医療機関その他の者との連絡調整その他の主務省令で定める便宜を供与することをいう。

16　この法律において「**自立生活援助**」とは、施設入所支援又は共同生活援助を受けていた障害者その他の主務省令で定める障害者が居宅における自立した日常生活を営む上での各般の問題につき、主務省令で定める期間にわたり、定期的な巡回訪問により、又は随時通報を受け、当該障害者からの相談に応じ、必要な情報の提供及び助言その他の主務省令で定める援助を行うことをいう。

17　この法律において「**共同生活援助**」とは、障害者につき、主として夜間において、共同生活を営むべき住居において相談、入浴、排せつ若しくは食事の介護その他の日常生活上の援助を行い、又はこれに併せて、居宅における自立した日常生活への移行を希望する入居者につき、当該日常生活への移行及び移行後の定着に関する相談その他の主務省令で定める援助を行うことをいう。

18　この法律において「**相談支援**」とは、基本相談支援、地域相談支援及び計画相談支援をいい、「**地域相談支援**」とは、地域移行支援及び地域定着支援をいい、「**計画相談支援**」とは、サービス利用支援及び継続サービス利用支援をいい、「**一般相談支援事業**」とは、基本相談支援及び地域相談支援のいずれも行う事業をいい、「**特定相談支援事業**」とは、基本相談支援及び計画相談支援のいずれも行う事業をいう。

19　この法律において「**基本相談支援**」とは、地域の障害者等の福祉に関する各般の問題につき、障害者等、障害児の保護者又は障害者等の介護を行う者からの相談に応じ、必要な情報の提供及び助言を行い、併せてこれらの者と市町村及び第二十九条第二項に規定する指定障害福祉サービス事業者等との連絡調整（サービス利用支援及び継続サービス利用支援に関するものを除く。）その他の主務省令で定める便宜を総合的に供与することをいう。

20　この法律において「**地域移行支援**」とは、障害者支援施設、のぞみの園若しくは第一項若しくは第六項の主務省令で定める施設に入所している障害者又は精神科病院（精神科病院以外の病院で精神病室が設けられているものを含む。第八十九条第七項において同じ。）に入院している精神障害者その他の地域における生活に移行するために重点的な支援を必要とする者であって主務省令で定めるものにつき、住居の確保その他の地域における生活に移行するための活動に関する相談その他の主務省令で定める便宜を供与することをいう。

21　この法律において「**地域定着支援**」とは、居宅において単身その他の主務省令で定める状況において生活する障害者につき、当該障害者との常時の連絡体制を確保し、当該障害者に対し、障害の特性に起因して生じた緊急の事態その他の主務省令で定める場合に相談その他の便宜を供与することをいう。

22　この法律において「**サービス利用支援**」とは、第二十条第一項若しくは第二十四条第一項の申請に係る障害者等又は第五十一条の六第一項若しくは第五十一条の九第一項の申請に係る障害者の心身の状況、その置かれている環境、当該障害者等又は障害児の保護者の障害福祉サービス又は地域相談支援の利用に関する意向その他の事情を勘案し、利用する障害福祉サービス又は地域相談支援の種類及び内容その他の主務省令で定める事項を定めた計画（以下「**サービス等利用計画案**」という。）を作成し、第十九条第一項に規定する支給決定（次項において「支給決定」という。）、第二十四条第二項に規定する支給決定の変更の決定（次項において「支給決定の変更の決定」という。）、第五十一条の五第一項に規定する地域相談支援給付決定（次項において「地域相談支援給付決定」という。）又は第五十一条の九第二項に規定する地域相談支援給付決定の変更の決定（次項において「地域相談支援給付決定の変更の決定」という。）（以下「**支給決定等**」と総称する。）が行われた後に、第二十九条第二項に規定する指定障害福祉サービス事業者等、第五十一条の十四第一項に規定する指定一般相談支援事業者その他の者（次項において「関係者」という。）との連絡調整その他の便宜を供与するとともに、当該支給決定等に係る障害福祉サービス又は地域相談支援の種類及び内容、これを担当する者その他の主務省令で定める事項を記載した計画（以下「**サービス等利用計画**」という。）を作成することをいう。

23　この法律において「**継続サービス利用支援**」とは、第十九条第一項の規定により支給決定を受けた障害者若しくは障害児の保護者（以下「**支給決定障害者等**」という。）又は第五十一条の五第一項の規定により地域相談支援給付決定を受けた障害者（以下「**地域相談支援給付決定障害者**」という。）が、第二十三条に規定する支給決定の有効期間又は第五十一条の八に規定する地域相談支援給付決定の有効期間内において継続して障害福祉サービス又は地域相談支援を適切に利用することができるよう、当該支給決定障害者等又は地域相談支援給付決定障害者に係るサービス等利用計画（この項の規定により変更されたものを含む。以下同じ。）が適切であるかどうかにつき、主務省令で定める期間ごとに、当該支給決定障害者等の障害福祉サービス又は当該地域相談支援給付決定障害者の地域相談支援の利用状況を検証し、その結果及び当該支給決定に係る障害者等又は当該地域相談支援給付決定に係る障害者の心身の状況、その置かれている環境、当該障害者等又は障害児の保護者の障害福祉サービス又は地域相談支援の利用に関する意向その他の事情を勘案し、サービス等利用計画の見直しを行い、その結果に基づき、次のいずれかの便宜の供与を行うことをいう。

一　サービス等利用計画を変更するとともに、関係者との連絡調整その他の便宜の供与を行うこと。

二　新たな支給決定若しくは地域相談支援給付決定又は支給決定の変更の決定若しくは地域相談支援給付決定の変更の決定が必要であると認められる場合において、当該支給決定等に係る障害者又は障害児の保護者に対し、支給決定等に係る申請の勧奨を行うこと。

24　この法律において「**自立支援医療**」とは、障害者等につき、その心身の障害の状態の軽減を図り、自立した日常生活又は社会生活を営むために必要な医療であって政令で定めるものをいう。

25　この法律において「**補装具**」とは、障害者等の身体機能を補完し、又は代替し、かつ、長期間にわたり継続して使用されるものその他の主務省令で定める基準に該当するものとして、義肢、装具、車椅子その他の主務大臣が定めるものをいう。

26　この法律において「**移動支援事業**」とは、障害者等が円滑に外出することができるよう、障害者等の移動を支援する事業をいう。

27　この法律において「**地域活動支援センター**」とは、障害者等を通わせ、創作的活動又は生産活動の機会の提供、社会との交流の促進その他の主務省令で定める便宜を供与する施設をいう。

28　この法律において「**福祉ホーム**」とは、現に住居を求めている障害者につき、低額な料金で、居室その他の設備を利用させるとともに、日常生活に必要な便宜を供与する施設をいう。

注 第五条は、令和四年一二月一六日法律第一〇四号により次のように改正され、令和四年一二月一六日から起算して三年を超えない範囲内において政令で定める日から施行される。

第五条第一項中「自立訓練」の下に「、就労選択支援」を加え、同条中第二十八項を第二十九項とし、第十三項から第二十七項までを一項ずつ繰り下げ、第十二項の次に次の一項を加える。

13 この法律において「就労選択支援」とは、就労を希望する障害者又は就労の継続を希望する障害者であって、就労移行支援若しくは就労継続支援を受けること又は通常の事業所に雇用されることについて、当該者による適切な選択のための支援を必要とするものとして主務省令で定める者につき、短期間の生産活動その他の活動の機会の提供を通じて、就労に関する適性、知識及び能力の評価並びに就労に関する意向及び就労するために必要な配慮その他の主務省令で定める事項の整理を行い、又はこれに併せて、当該評価及び当該整理の結果に基づき、適切な支援の提供のために必要な障害福祉サービス事業を行う者等との連絡調整その他の主務省令で定める便宜を供与することをいう。

第二章　自立支援給付

第一節　通則

（自立支援給付）

第六条 自立支援給付は、介護給付費、特例介護給付費、訓練等給付費、特例訓練等給付費、特定障害者特別給付費、特例特定障害者特別給付費、地域相談支援給付費、特例地域相談支援給付費、計画相談支援給付費、特例計画相談支援給付費、自立支援医療費、療養介護医療費、基準該当療養介護医療費、補装具費及び高額障害福祉サービス等給付費の支給とする。

（他の法令による給付等との調整）

第七条 自立支援給付は、当該障害の状態につき、介護保険法（平成九年法律第百二十三号）の規定による介護給付、健康保険法（大正十一年法律第七十号）の規定による療養の給付その他の法令に基づく給付又は事業であって政令で定めるもののうち自立支援給付に相当するものを受け、又は利用することができるときは政令で定める限度において、当該政令で定める給付又は事業以外の給付であって国又は地方公共団体の負担において自立支援給付に相当するものが行われたときはその限度において、行わない。

（不正利得の徴収）

第八条 市町村（政令で定める医療に係る自立支援医療費の支給に関しては、都道府県とする。以下「**市町村等**」という。）は、偽りその他不正の手段により自立支援給付を受けた者があるときは、その者から、その自立支援給付の額に相当する金額の全部又は一部を徴収することができる。

2 市町村等は、第二十九条第二項に規定する指定障害福祉サービス事業者等、第五十一条の十四第一項に規定する指定一般相談支援事業者、第五十一条の十七第一項第一号に規定する指定特定相談支援事業者又は第五十四条第二項に規定する指定自立支援医療機関（以下この項において「事業者等」という。）が、偽りその他不正の行為により介護給付費、訓練等給付費、特定障害者特別給付費、地域相談支援給付費、計画相談支援給付費、自立支援医療費又は療養介護医療費の支給を受けたときは、当該事業者等に対し、その支払った額につき返還させるほか、その返還させる額に百分の四十を乗じて得た額を支払わせることができる。

3　前二項の規定による徴収金は、地方自治法（昭和二十二年法律第六十七号）第二百三十一条の三第三項に規定する法律で定める歳入とする。

（報告等）

第九条　市町村等は、自立支援給付に関して必要があると認めるときは、障害者等、障害児の保護者、障害者等の配偶者若しくは障害者等の属する世帯の世帯主その他その世帯に属する者又はこれらの者であった者に対し、報告若しくは文書その他の物件の提出若しくは提示を命じ、又は当該職員に質問させることができる。

2　前項の規定による質問を行う場合においては、当該職員は、その身分を示す証明書を携帯し、かつ、関係人の請求があるときは、これを提示しなければならない。

3　第一項の規定による権限は、犯罪捜査のために認められたものと解釈してはならない。

第一〇条　市町村等は、自立支援給付に関して必要があると認めるときは、当該自立支援給付に係る障害福祉サービス、相談支援、自立支援医療、療養介護医療若しくは補装具の販売、貸与若しくは修理（以下「**自立支援給付対象サービス等**」という。）を行う者若しくはこれらを使用する者若しくはこれらの者であった者に対し、報告若しくは文書その他の物件の提出若しくは提示を命じ、又は当該職員に関係者に対して質問させ、若しくは当該自立支援給付対象サービス等の事業を行う事業所若しくは施設に立ち入り、その設備若しくは帳簿書類その他の物件を検査させることができる。

2　前条第二項の規定は前項の規定による質問又は検査について、同条第三項の規定は前項の規定による権限について準用する。

（主務大臣又は都道府県知事の自立支援給付対象サービス等に関する調査等）

第一一条　主務大臣又は都道府県知事は、自立支援給付に関して必要があると認めるときは、自立支援給付に係る障害者等若しくは障害児の保護者又はこれらの者であった者に対し、当該自立支援給付に係る自立支援給付対象サービス等の内容に関し、報告若しくは文書その他の物件の提出若しくは提示を命じ、又は当該職員に質問させることができる。

2　主務大臣又は都道府県知事は、自立支援給付に関して必要があると認めるときは、自立支援給付対象サービス等を行った者若しくはこれらを使用した者に対し、その行った自立支援給付対象サービス等に関し、報告若しくは当該自立支援給付対象サービス等の提供の記録、帳簿書類その他の物件の提出若しくは提示を命じ、又は当該職員に関係者に対して質問させることができる。

3　第九条第二項の規定は前二項の規定による質問について、同条第三項の規定は前二項の規定による権限について準用する。

（指定事務受託法人）

第一一条の二　市町村及び都道府県は、次に掲げる事務の一部を、法人であって主務省令で定める要件に該当し、当該事務を適正に実施することができると認められるものとして都道府県知事が指定するもの（以下「**指定事務受託法人**」という。）に委託することができる。

一　第九条第一項、第十条第一項並びに前条第一項及び第二項に規定する事務（これらの規定による命令及び質問の対象となる者並びに立入検査の対象となる事業所及び施設の選定に係るもの並びに当該命令及び当該立入検査を除く。）

二　その他主務省令で定める事務（前号括弧書に規定するものを除く。）

2　指定事務受託法人の役員若しくは職員又はこれらの職にあった者は、正当な理由なしに、当該委託事務に関して知り得た秘密を漏らしてはならない。

3　指定事務受託法人の役員又は職員で、当該委託事務に従事するものは、刑法（明治四十年法律第四十五号）その他の罰則の適用については、法令により公務に従事する職員とみなす。

4　市町村又は都道府県は、第一項の規定により事務を委託したときは、主務省令で定めるところにより、その旨を公示しなければならない。

5　第九条第二項の規定は、第一項の規定により委託を受けて行う同条第一項、第十条第一項並びに前条第一項及び第二項の規定による質問について準用する。

6　前各項に定めるもののほか、指定事務受託法人に関し必要な事項は、政令で定める。

（資料の提供等）

第一二条　市町村等は、自立支援給付に関して必要があると認めるときは、障害者等、障害児の保護者、障害者等の配偶者又は障害者等の属する世帯の世帯主その他その世帯に属する者の資産又は収入の状況につき、官公署に対し必要な文書の閲覧若しくは資料の提供を求め、又は銀行、信託会社その他の機関若しくは障害者の雇用主その他の関係人に報告を求めることができる。

（受給権の保護）

第一三条　自立支援給付を受ける権利は、譲り渡し、担保に供し、又は差し押さえることができない。

（租税その他の公課の禁止）

第一四条　租税その他の公課は、自立支援給付として支給を受けた金品を標準として、課することができない。

第二節　介護給付費、特例介護給付費、訓練等給付費、特例訓練等給付費、特定障害者特別給付費及び特例特定障害者特別給付費の支給

第一款　市町村審査会

（市町村審査会）

第一五条　第二十六条第二項に規定する審査判定業務を行わせるため、市町村に第十九条第一項に規定する介護給付費等の支給に関する審査会（以下「**市町村審査会**」という。）を置く。

（委員）

第一六条　市町村審査会の委員の定数は、政令で定める基準に従い条例で定める数とする。

2　委員は、障害者等の保健又は福祉に関する学識経験を有する者のうちから、市町村長（特別区の区長を含む。以下同じ。）が任命する。

（共同設置の支援）

第一七条　都道府県は、市町村審査会について地方自治法第二百五十二条の七第一項の規定による共同設置をしようとする市町村の求めに応じ、市町村相互間における必要な調整を行うことができる。

2　都道府県は、市町村審査会を共同設置した市町村に対し、その円滑な運営が確保されるように必要な技術的な助言その他の援助をすることができる。

（政令への委任）

第一八条　この法律に定めるもののほか、市町村審査会に関し必要な事項は、政令で定める。

第二款　支給決定等

（介護給付費等の支給決定）

第一九条　介護給付費、特例介護給付費、訓練等給付費又は特例訓練等給付費（以下「**介護給付費等**」という。）の支給を受けようとする障害者又は障害児の保護者は、市町村の介護給付費等を支給する旨の決定（以下「**支給決定**」という。）を受けなければならない。

2　支給決定は、障害者又は障害児の保護者の居住地の市町村が行うものとする。ただし、障害者又は障害児の保護者が居住地を有しないとき、又は明らかでないときは、その障害者又は障害児の保護者の現在地の市町村が行うものとする。

3　前項の規定にかかわらず、第二十九条第一項若しくは第三十条第一項の規定により介護給付費等の支給を受けて又は身体障害者福祉法第十八条第二項若しくは知的障害

者福祉法第十六条第一項の規定により入所措置が採られて障害者支援施設、のぞみの園又は第五条第一項若しくは第六項の主務省令で定める施設に入所している障害者、生活保護法（昭和二十五年法律第百四十四号）第三十条第一項ただし書の規定により同法第三十八条第二項に規定する救護施設（以下この項において「救護施設」という。）、同条第三項に規定する更生施設（以下この項において「更生施設」という。）又は同法第三十条第一項ただし書に規定するその他の適当な施設（以下この項において「その他の適当な施設」という。）に入所している障害者、介護保険法第八条第十一項に規定する特定施設（以下この項及び次項において「介護保険特定施設」という。）に入居し、又は同条第二十五項に規定する介護保険施設（以下この項及び次項において「介護保険施設」という。）に入所している障害者及び老人福祉法（昭和三十八年法律第百三十三号）第十一条第一項第一号の規定により入所措置が採られて同法第二十条の四に規定する養護老人ホーム（以下この項において「養護老人ホーム」という。）に入所している障害者（以下この項において「特定施設入所等障害者」と総称する。）については、その者が障害者支援施設、のぞみの園、第五条第一項若しくは第六項の主務省令で定める施設、救護施設、更生施設若しくはその他の適当な施設、介護保険特定施設若しくは介護保険施設又は養護老人ホーム（以下「**特定施設**」という。）への入所又は入居の前に有した居住地（継続して二以上の特定施設に入所又は入居をしている特定施設入所等障害者（以下この項において「継続入所等障害者」という。）については、最初に入所した特定施設への入所又は入居の前に有した居住地）の市町村が、支給決定を行うものとする。ただし、特定施設への入所又は入居の前に居住地を有しないか、又は明らかでなかった特定施設入所等障害者については、入所又は入居の前におけるその者の所在地（継続入所等障害者については、最初に入所又は入居をした特定施設の入所又は入居の前に有した所在地）の市町村が、支給決定を行うものとする。

4　前二項の規定にかかわらず、児童福祉法第二十四条の二第一項若しくは第二十四条の二十四第一項若しくは第二項の規定により障害児入所給付費の支給を受けて又は同法第二十七条第一項第三号若しくは第二項の規定により措置（同法第三十一条第五項又は第三十一条の二第三項の規定により同法第二十七条第一項第三号又は第二項の規定による措置とみなされる場合を含む。）が採られて第五条第一項の主務省令で定める施設に入所していた障害者等が、継続して、第二十九条第一項若しくは第三十条第一項の規定により介護給付費等の支給を受けて、身体障害者福祉法第十八条第二項若しくは知的障害者福祉法第十六条第一項の規定により入所措置が採られて、生活保護法第三十条第一項ただし書の規定により、若しくは老人福祉法第十一条第一項第一号の規定により入所措置が採られて特定施設（介護保険特定施設及び介護保険施設を除く。）に入所した場合又は介護保険特定施設若しくは介護保険施設に入所若しくは入居をした場合は、当該障害者等が満十八歳となる日の前日に当該障害者等の保護者であった者（以下この項において「保護者であった者」という。）が有した居住地の市町村が、支給決定を行うものとする。ただし、当該障害者等が満十八歳となる日の前日に保護者であった者がいないか、保護者であった者が居住地を有しないか、又は保護者であった者の居住地が明らかでない障害者等については、当該障害者等が満十八歳となる日の前日におけるその者の所在地の市町村が支給決定を行うものとする。

5　前二項の規定の適用を受ける障害者等が入所し、又は入居している特定施設は、当該特定施設の所在する市町村及び当該障害者等に対し支給決定を行う市町村に、必要な協力をしなければならない。

（申請）

第二〇条　支給決定を受けようとする障害者又は障害児の保護者は、主務省令で定めるところにより、市町村に申請をしなければならない。

2　市町村は、前項の申請があったときは、次条第一項及び第二十二条第一項の規定により障害支援区分の認定及び同項に規定する支給要否決定を行うため、主務省令で定めるところにより、当該職員をして、当該申請に係る障害者等又は障害児の保護者に面接をさせ、その心身の状況、その置かれている環境その他主務省令で定める事項について調査をさせるものとする。この場合において、市町村は、当該調査を第五十一条の十四第一項に規定する指定一般相談支援事業者その他の主務省令で定める者（以下この条において「指定一般相談支援事業者等」という。）に委託することができる。

3　前項後段の規定により委託を受けた指定一般相談支援事業者等は、障害者等の保健又は福祉に関する専門的知識及び技術を有するものとして主務省令で定める者に当該委託に係る調査を行わせるものとする。

4　第二項後段の規定により委託を受けた指定一般相談支援事業者等の役員（業務を執行する社員、取締役、執行役又はこれらに準ずる者をいい、相談役、顧問その他いかなる名称を有する者であるかを問わず、法人に対し業務を執行する社員、取締役、執行役又はこれらに準ずる者と同等以上の支配力を有するものと認められる者を含む。第百九条第一項を除き、以下同じ。）若しくは前項の主務省令で定める者又はこれらの職にあった者は、正当な理由なしに、当該委託業務に関して知り得た個人の秘密を漏らしてはならない。

5　第二項後段の規定により委託を受けた指定一般相談支援事業者等の役員又は第三項の主務省令で定める者で、当該委託業務に従事するものは、刑法その他の罰則の適用については、法令により公務に従事する職員とみなす。

6　第二項の場合において、市町村は、当該障害者等又は障害児の保護者が遠隔の地に居住地又は現在地を有するときは、当該調査を他の市町村に嘱託することができる。

（障害支援区分の認定）

第二一条　市町村は、前条第一項の申請があったときは、政令で定めるところにより、市町村審査会が行う当該申請に係る障害者等の障害支援区分に関する審査及び判定の結果に基づき、障害支援区分の認定を行うものとする。

2　市町村審査会は、前項の審査及び判定を行うに当たって必要があると認めるときは、当該審査及び判定に係る障害者等、その家族、医師その他の関係者の意見を聴くことができる。

（支給要否決定等）

第二二条　市町村は、第二十条第一項の申請に係る障害者等の障害支援区分、当該障害者等の介護を行う者の状況、当該障害者等の置かれている環境、当該申請に係る障害者等又は障害児の保護者の障害福祉サービスの利用に関する意向その他の主務省令で定める事項を勘案して介護給付費等の支給の要否の決定（以下この条及び第二十七条において「**支給要否決定**」という。）を行うものとする。

2　市町村は、支給要否決定を行うに当たって必要があると認めるときは、主務省令で定めるところにより、市町村審査会又は身体障害者福祉法第九条第七項に規定する身体障害者更生相談所（第七十四条及び第七十六条第三項において「**身体障害者更生相談所**」という。）、知的障害者福祉法第九条第六項に規定する知的障害者更生相談所、精神保健及び精神障害者福祉に関する法律第六条第一項に規定する精神保健福祉センター若しくは児童相談所（以下「**身体障害**

者更生相談所等」と総称する。）その他主務省令で定める機関の意見を聴くことができる。

3　市町村審査会、身体障害者更生相談所等又は前項の主務省令で定める機関は、同項の意見を述べるに当たって必要があると認めるときは、当該支給要否決定に係る障害者等、その家族、医師その他の関係者の意見を聴くことができる。

4　市町村は、支給要否決定を行うに当たって必要と認められる場合として主務省令で定める場合には、主務省令で定めるところにより、第二十条第一項の申請に係る障害者又は障害児の保護者に対し、第五十一条の十七第一項第一号に規定する指定特定相談支援事業者が作成するサービス等利用計画案の提出を求めるものとする。

5　前項の規定によりサービス等利用計画案の提出を求められた障害者又は障害児の保護者は、主務省令で定める場合には、同項のサービス等利用計画案に代えて主務省令で定めるサービス等利用計画案を提出することができる。

6　市町村は、前二項のサービス等利用計画案の提出があった場合には、第一項の主務省令で定める事項及び当該サービス等利用計画案を勘案して支給要否決定を行うものとする。

7　市町村は、支給決定を行う場合には、障害福祉サービスの種類ごとに月を単位として主務省令で定める期間において介護給付費等を支給する障害福祉サービスの量（以下「**支給量**」という。）を定めなければならない。

8　市町村は、支給決定を行ったときは、当該支給決定障害者等に対し、主務省令で定めるところにより、支給量その他の主務省令で定める事項を記載した障害福祉サービス受給者証（以下「**受給者証**」という。）を交付しなければならない。

（支給決定の有効期間）

第二三条　支給決定は、主務省令で定める期間（以下「**支給決定の有効期間**」という。）内に限り、その効力を有する。

（支給決定の変更）

第二四条　支給決定障害者等は、現に受けている支給決定に係る障害福祉サービスの種類、支給量その他の主務省令で定める事項を変更する必要があるときは、主務省令で定めるところにより、市町村に対し、当該支給決定の変更の申請をすることができる。

2　市町村は、前項の申請又は職権により、第二十二条第一項の主務省令で定める事項を勘案し、支給決定障害者等につき、必要があると認めるときは、支給決定の変更の決定を行うことができる。この場合において、市町村は、当該決定に係る支給決定障害者等に対し受給者証の提出を求めるものとする。

3　第十九条（第一項を除く。）、第二十条（第一項を除く。）及び第二十二条（第一項を除く。）の規定は、前項の支給決定の変更の決定について準用する。この場合において、必要な技術的読替えは、政令で定める。

4　市町村は、第二項の支給決定の変更の決定を行うに当たり、必要があると認めるときは、障害支援区分の変更の認定を行うことができる。

5　第二十一条の規定は、前項の障害支援区分の変更の認定について準用する。この場合において、必要な技術的読替えは、政令で定める。

6　市町村は、第二項の支給決定の変更の決定を行った場合には、受給者証に当該決定に係る事項を記載し、これを返還するものとする。

（支給決定の取消し）

第二五条　支給決定を行った市町村は、次に掲げる場合には、当該支給決定を取り消すことができる。

一　支給決定に係る障害者等が、第二十九条第一項に規定する指定障害福祉サービス等及び第三十条第一項第二号に規定する基準該当障害福祉サービスを受ける必要がなくなったと認めるとき。

二　支給決定障害者等が、支給決定の有効期間内に、当該市町村以外の市町村の区域内に居住地を有するに至ったと認めるとき（支給決定に係る障害者が特定施設に入所又は入居をすることにより当該市町村以外の市町村の区域内に居住地を有するに至ったと認めるときを除く。）。

三　支給決定に係る障害者等又は障害児の保護者が、正当な理由なしに第二十条第二項（前条第三項において準用する場合を含む。）の規定による調査に応じないとき。

四　その他政令で定めるとき。

2　前項の規定により支給決定の取消しを行った市町村は、主務省令で定めるところにより、当該取消しに係る支給決定障害者等に対し受給者証の返還を求めるものとする。

（都道府県による援助等）

第二六条　都道府県は、市町村の求めに応じ、市町村が行う第十九条から第二十二条まで、第二十四条及び前条の規定による業務に関し、その設置する身体障害者更生相談所等による技術的事項についての協力その他市町村に対する必要な援助を行うものとする。

2　地方自治法第二百五十二条の十四第一項の規定により市町村の委託を受けて審査判定業務（第二十一条（第二十四条第五項において準用する場合を含む。第四項において同じ。）、第二十二条第二項及び第三項（これらの規定を第二十四条第三項において準用する場合を含む。第四項において同じ。）並びに第五十一条の七第二項及び第三項（これらの規定を第五十一条の九第三項において準用する場合を含む。）の規定により市町村審査会が行う業務をいう。以下この条及び第九十五条第二項第一号において同じ。）を行う都道府県に、当該審査判定業務を行わせるため、介護給付費等の支給に関する審査会（以下「**都道府県審査会**」という。）を置く。

3　第十六条及び第十八条の規定は、前項の場合において準用する。この場合において、第十六条第二項中「市町村長（特別区の区長を含む。以下同じ。）」とあるのは、「都道府県知事」と読み替えるものとする。

4　審査判定業務を都道府県に委託した市町村について第二十一条並びに第二十二条第二項及び第三項の規定を適用する場合においては、これらの規定中「市町村審査会」とあるのは、「都道府県審査会」とする。

（政令への委任）

第二七条　この款に定めるもののほか、障害支援区分に関する審査及び判定、支給決定、支給要否決定、受給者証、支給決定の変更の決定並びに支給決定の取消しに関し必要な事項は、政令で定める。

第三款　介護給付費、特例介護給付費、訓練等給付費及び特例訓練等給付費の支給

（介護給付費、特例介護給付費、訓練等給付費及び特例訓練等給付費の支給）

第二八条　介護給付費及び特例介護給付費の支給は、次に掲げる障害福祉サービスに関して次条及び第三十条の規定により支給する給付とする。

一　居宅介護
二　重度訪問介護
三　同行援護
四　行動援護
五　療養介護（医療に係るものを除く。）
六　生活介護
七　短期入所
八　重度障害者等包括支援
九　施設入所支援

2　訓練等給付費及び特例訓練等給付費の支給は、次に掲げる障害福祉サービスに関して次条及び第三十条の規定により支給する給付とする。

一　自立訓練
二　就労移行支援
三　就労継続支援
四　就労定着支援
五　自立生活援助
六　共同生活援助

注　第二八条は、令和四年一二月一六日法律第一〇四号により次のように改正され、令和四年一二月一六日から起算して三年を超えない範囲内において政令で定める日から施行される。
　第二十八条第二項中第六号を第七号とし、第二号から第五号までを一号ずつ繰り下げ、第一号の次に次の一号を加える。
　二　就労選択支援

（介護給付費又は訓練等給付費）
第二九条　市町村は、支給決定障害者等が、支給決定の有効期間内において、都道府県知事が指定する障害福祉サービス事業を行う者（以下「**指定障害福祉サービス事業者**」という。）若しくは障害者支援施設（以下「**指定障害者支援施設**」という。）から当該指定に係る障害福祉サービス（以下「**指定障害福祉サービス**」という。）を受けたとき、又はのぞみの園から施設障害福祉サービスを受けたときは、主務省令で定めるところにより、当該支給決定障害者等に対し、当該指定障害福祉サービス又は施設障害福祉サービス（支給量の範囲内のものに限る。以下「**指定障害福祉サービス等**」という。）に要した費用（食事の提供に要する費用、居住若しくは滞在に要する費用その他の日常生活に要する費用又は創作的活動若しくは生産活動に要する費用のうち主務省令で定める費用（以下「**特定費用**」という。）を除く。）について、介護給付費又は訓練等給付費を支給する。
2　指定障害福祉サービス等を受けようとする支給決定障害者等は、主務省令で定めるところにより、指定障害福祉サービス事業者、指定障害者支援施設又はのぞみの園（以下「**指定障害福祉サービス事業者等**」という。）に受給者証を提示して当該指定障害福祉サービス等を受けるものとする。ただし、緊急の場合その他やむを得ない事由のある場合については、この限りでない。
3　介護給付費又は訓練等給付費の額は、一月につき、第一号に掲げる額から第二号に掲げる額を控除して得た額とする。
一　同一の月に受けた指定障害福祉サービス等について、障害福祉サービスの種類ごとに指定障害福祉サービス等に通常要する費用（特定費用を除く。）につき、主務大臣が定める基準により算定した費用の額（その額が現に当該指定障害福祉サービス等に要した費用（特定費用を除く。）の額を超えるときは、当該現に指定障害福祉サービス等に要した費用の額）を合計した額
二　当該支給決定障害者等の家計の負担能力その他の事情をしん酌して政令で定める額（当該政令で定める額が前号に掲げる額の百分の十に相当する額を超えるときは、当該相当する額）
4　支給決定障害者等が指定障害福祉サービス事業者等から指定障害福祉サービス等を受けたときは、市町村は、当該支給決定障害者等が当該指定障害福祉サービス事業者等に支払うべき当該指定障害福祉サービス等に要した費用（特定費用を除く。）について、介護給付費又は訓練等給付費として当該支給決定障害者等に支給すべき額の限度において、当該支給決定障害者等に代わり、当該指定障害福祉サービス事業者等に支払うことができる。
5　前項の規定による支払があったときは、支給決定障害者等に対し介護給付費又は訓練等給付費の支給があったものとみなす。
6　市町村は、指定障害福祉サービス事業者等から介護給付費又は訓練等給付費の請求があったときは、第三項第一号の主務大臣が定める基準及び第四十三条第二項の都道

府県の条例で定める指定障害福祉サービスの事業の設備及び運営に関する基準（指定障害福祉サービスの取扱いに関する部分に限る。）又は第四十四条第二項の都道府県の条例で定める指定障害者支援施設等の設備及び運営に関する基準（施設障害福祉サービスの取扱いに関する部分に限る。）に照らして審査の上、支払うものとする。

7　市町村は、前項の規定による審査及び支払に関する事務を国民健康保険法（昭和三十三年法律第百九十二号）第四十五条第五項に規定する国民健康保険団体連合会（以下「連合会」という。）に委託することができる。

8　前各項に定めるもののほか、介護給付費及び訓練等給付費の支給並びに指定障害福祉サービス事業者等の介護給付費及び訓練等給付費の請求に関し必要な事項は、主務省令で定める。

（特例介護給付費又は特例訓練等給付費）

第三〇条　市町村は、次に掲げる場合において、必要があると認めるときは、主務省令で定めるところにより、当該指定障害福祉サービス等又は第二号に規定する基準該当障害福祉サービス（支給量の範囲内のものに限る。）に要した費用（特定費用を除く。）について、特例介護給付費又は特例訓練等給付費を支給することができる。

一　支給決定障害者等が、第二十条第一項の申請をした日から当該支給決定の効力が生じた日の前日までの間に、緊急その他やむを得ない理由により指定障害福祉サービス等を受けたとき。

二　支給決定障害者等が、指定障害福祉サービス等以外の障害福祉サービス（次に掲げる事業所又は施設により行われるものに限る。以下「**基準該当障害福祉サービス**」という。）を受けたとき。

イ　第四十三条第一項の都道府県の条例で定める基準又は同条第二項の都道府県の条例で定める指定障害福祉サービスの事業の設備及び運営に関する基準に定める事項のうち都道府県の条例で定めるものを満たすと認められる事業を行う事業所（以下「**基準該当事業所**」という。）

ロ　第四十四条第一項の都道府県の条例で定める基準又は同条第二項の都道府県の条例で定める指定障害者支援施設等の設備及び運営に関する基準に定める事項のうち都道府県の条例で定めるものを満たすと認められる施設（以下「**基準該当施設**」という。）

三　その他政令で定めるとき。

2　都道府県が前項第二号イ及びロの条例を定めるに当たっては、第一号から第三号までに掲げる事項については主務省令で定める基準に従い定めるものとし、第四号に掲げる事項については主務省令で定める基準を標準として定めるものとし、その他の事項については主務省令で定める基準を参酌するものとする。

一　基準該当障害福祉サービスに従事する従業者及びその員数

二　基準該当障害福祉サービスの事業に係る居室及び病室の床面積

三　基準該当障害福祉サービスの事業の運営に関する事項であって、障害者又は障害児の保護者のサービスの適切な利用の確保、障害者等の安全の確保及び秘密の保持等に密接に関連するものとして主務省令で定めるもの

四　基準該当障害福祉サービスの事業に係る利用定員

3　特例介護給付費又は特例訓練等給付費の額は、一月につき、同一の月に受けた次の各号に掲げる障害福祉サービスの区分に応じ、当該各号に定める額を合計した額から、それぞれ当該支給決定障害者等の家計の負担能力その他の事情をしん酌して政令で定める額（当該政令で定める額が当該合計した額の百分の十に相当する額を超えるときは、当該相当する額）を控除して得た額を基準として、市町村が定める。

一　指定障害福祉サービス等　前条第三項第一号の主務大臣が定める基準により算定した費用の額（その額が現に当該指定障害福祉サービス等に要した費用（特定費用を除く。）の額を超えるときは、当該現に指定障害福祉サービス等に要した費用の額）

二　基準該当障害福祉サービス　障害福祉サービスの種類ごとに基準該当障害福祉サービスに通常要する費用（特定費用を除く。）につき主務大臣が定める基準により算定した費用の額（その額が現に当該基準該当障害福祉サービスに要した費用（特定費用を除く。）の額を超えるときは、当該現に基準該当障害福祉サービスに要した費用の額）

4　前三項に定めるもののほか、特例介護給付費及び特例訓練等給付費の支給に関し必要な事項は、主務省令で定める。

（介護給付費等の額の特例）

第三一条　市町村が、災害その他の主務省令で定める特別の事情があることにより、障害福祉サービスに要する費用を負担することが困難であると認めた支給決定障害者等が受ける介護給付費又は訓練等給付費の支給について第二十九条第三項の規定を適用する場合においては、同項第二号中「額）」とあるのは、「額）の範囲内において市町村が定める額」とする。

2　前項に規定する支給決定障害者等が受ける特例介護給付費又は特例訓練等給付費の支給について前条第三項の規定を適用する場合においては、同項中「を控除して得た額を基準として、市町村が定める」とあるのは、「の範囲内において市町村が定める額を控除して得た額とする」とする。

第四款　特定障害者特別給付費及び特例特定障害者特別給付費の支給

第三二条及び第三三条　削除

（特定障害者特別給付費の支給）

第三四条　市町村は、施設入所支援、共同生活援助その他の政令で定める障害福祉サービス（以下この項において「特定入所等サービス」という。）に係る支給決定を受けた障害者のうち所得の状況その他の事情をしん酌して主務省令で定めるもの（以下この項及び次条第一項において「**特定障害者**」という。）が、支給決定の有効期間内において、指定障害者支援施設若しくはのぞみの園（以下「**指定障害者支援施設等**」という。）に入所し、又は共同生活援助を行う住居に入居して、当該指定障害者支援施設等又は指定障害福祉サービス事業者から特定入所等サービスを受けたときは、当該特定障害者に対し、当該指定障害者支援施設等又は共同生活援助を行う住居における食事の提供に要した費用又は居住に要した費用（同項において「**特定入所等費用**」という。）について、政令で定めるところにより、特定障害者特別給付費を支給する。

2　第二十九条第二項及び第四項から第七項までの規定は、特定障害者特別給付費の支給について準用する。この場合において、必要な技術的読替えは、政令で定める。

3　前二項に定めるもののほか、特定障害者特別給付費の支給及び指定障害者支援施設等又は指定障害福祉サービス事業者の特定障害者特別給付費の請求に関し必要な事項は、主務省令で定める。

（特例特定障害者特別給付費の支給）

第三五条　市町村は、次に掲げる場合において、必要があると認めるときは、特定障害者に対し、当該指定障害者支援施設等若しくは基準該当施設又は共同生活援助を行う住居における特定入所等費用について、政令で定めるところにより、特例特定障害者特別給付費を支給することができる。

一　特定障害者が、第二十条第一項の申請をした日から当該支給決定の効力が生じた日の前日までの間に、緊急その他やむを得ない理由により指定障害福祉サービス等を受けたとき。

二　特定障害者が、基準該当障害福祉サー

ビスを受けたとき。

2　前項に定めるもののほか、特例特定障害者特別給付費の支給に関し必要な事項は、主務省令で定める。

第五款　指定障害福祉サービス事業者及び指定障害者支援施設等

（指定障害福祉サービス事業者の指定）

第三六条　第二十九条第一項の指定障害福祉サービス事業者の指定は、主務省令で定めるところにより、障害福祉サービス事業を行う者の申請により、障害福祉サービスの種類及び障害福祉サービス事業を行う事業所（以下この款において「**サービス事業所**」という。）ごとに行う。

2　就労継続支援その他の主務省令で定める障害福祉サービス（以下この条及び次条第一項において「**特定障害福祉サービス**」という。）に係る第二十九条第一項の指定障害福祉サービス事業者の指定は、当該特定障害福祉サービスの量を定めてするものとする。

3　都道府県知事は、第一項の申請があった場合において、次の各号（療養介護に係る指定の申請にあっては、第七号を除く。）のいずれかに該当するときは、指定障害福祉サービス事業者の指定をしてはならない。

一　申請者が都道府県の条例で定める者でないとき。

二　当該申請に係るサービス事業所の従業者の知識及び技能並びに人員が、第四十三条第一項の都道府県の条例で定める基準を満たしていないとき。

三　申請者が、第四十三条第二項の都道府県の条例で定める指定障害福祉サービスの事業の設備及び運営に関する基準に従って適正な障害福祉サービス事業の運営をすることができないと認められるとき。

四　申請者が、禁錮以上の刑に処せられ、その執行を終わり、又は執行を受けることがなくなるまでの者であるとき。

五　申請者が、この法律その他国民の保健医療若しくは福祉に関する法律で政令で定めるものの規定により罰金の刑に処せられ、その執行を終わり、又は執行を受けることがなくなるまでの者であるとき。

五の二　申請者が、労働に関する法律の規定であって政令で定めるものにより罰金の刑に処せられ、その執行を終わり、又は執行を受けることがなくなるまでの者であるとき。

六　申請者が、第五十条第一項（同条第三項において準用する場合を含む。以下この項において同じ。）、第五十一条の二十九第一項若しくは第二項又は第七十六条の三第六項の規定により指定を取り消され、その取消しの日から起算して五年を経過しない者（当該指定を取り消された者が法人である場合においては、当該取消しの処分に係る行政手続法（平成五年法律第八十八号）第十五条の規定による通知があった日前六十日以内に当該法人の役員又はそのサービス事業所を管理する者その他の政令で定める使用人（以下「**役員等**」という。）であった者で当該取消しの日から起算して五年を経過しないものを含み、当該指定を取り消された者が法人でない場合においては、当該通知があった日前六十日以内に当該者の管理者であった者で当該取消しの日から起算して五年を経過しないものを含む。）であるとき。ただし、当該指定の取消しが、指定障害福祉サービス事業者の指定の取消しのうち当該指定の取消しの処分の理由となった事実及び当該事実の発生を防止するための当該指定障害福祉サービス事業者による業務管理体制の整備についての取組の状況その他の当該事実に関して当該指定障害福祉サービス事業者が有していた責任の程度を考慮して、この号本文に規定する指定の取消しに該当しないこととすることが相当であると認められるものとして主務省令で定めるものに該当する場合を除く。

七　申請者と密接な関係を有する者（申請者（法人に限る。以下この号において同じ。）の株式の所有その他の事由を通じて当該申請者の事業を実質的に支配し、若しくはその事業に重要な影響を与える関係にある者として主務省令で定めるもの（以下この号において「申請者の親会社等」という。）、申請者の親会社等が株式の所有その他の事由を通じてその事業を実質的に支配し、若しくはその事業に重要な影響を与える関係にある者として主務省令で定めるもの又は当該申請者が株式の所有その他の事由を通じてその事業を実質的に支配し、若しくはその事業に重要な影響を与える関係にある者として主務省令で定めるもののうち、当該申請者と主務省令で定める密接な関係を有する法人をいう。）が、第五十条第一項、第五十一条の二十九第一項若しくは第二項又は第七十六条の三第六項の規定により指定を取り消され、その取消しの日から起算して五年を経過していないとき。ただし、当該指定の取消しが、指定障害福祉サービス事業者の指定の取消しのうち当該指定の取消しの処分の理由となった事実及び当該事実の発生を防止するための当該指定障害福祉サービス事業者による業務管理体制の整備についての取組の状況その他の当該事実に関して当該指定障害福祉サービス事業者が有していた責任の程度を考慮して、この号本文に規定する指定の取消しに該当しないこととすることが相当であると認められるものとして主務省令で定めるものに該当する場合を除く。

八　申請者が、第五十条第一項、第五十一条の二十九第一項若しくは第二項又は第七十六条の三第六項の規定による指定の取消しの処分に係る行政手続法第十五条の規定による通知があった日から当該処分をする日又は処分をしないことを決定する日までの間に第四十六条第二項又は第五十一条の二十五第二項若しくは第四項の規定による事業の廃止の届出をした者（当該事業の廃止について相当の理由がある者を除く。）で、当該届出の日から起算して五年を経過しないものであるとき。

九　申請者が、第四十八条第一項（同条第三項において準用する場合を含む。）又は第五十一条の二十七第一項若しくは第二項の規定による検査が行われた日から聴聞決定予定日（当該検査の結果に基づき第五十条第一項又は第五十一条の二十九第一項若しくは第二項の規定による指定の取消しの処分に係る聴聞を行うか否かの決定をすることが見込まれる日として主務省令で定めるところにより都道府県知事が当該申請者に当該検査が行われた日から十日以内に特定の日を通知した場合における当該特定の日をいう。）までの間に第四十六条第二項又は第五十一条の二十五第二項若しくは第四項の規定による事業の廃止の届出をした者（当該事業の廃止について相当の理由がある者を除く。）で、当該届出の日から起算して五年を経過しないものであるとき。

十　第八号に規定する期間内に第四十六条第二項又は第五十一条の二十五第二項若しくは第四項の規定による事業の廃止の届出があった場合において、申請者が、同号の通知の日前六十日以内に当該届出に係る法人（当該事業の廃止について相当の理由がある法人を除く。）の役員等又は当該届出に係る法人でない者（当該事業の廃止について相当の理由がある者を除く。）の管理者であった者で、当該届出の日から起算して五年を経過しないものであるとき。

十一　申請者が、指定の申請前五年以内に障害福祉サービスに関し不正又は著しく不当な行為をした者であるとき。

十二　申請者が、法人で、その役員等のうちに第四号から第六号まで又は第八号から前号までのいずれかに該当する者のあるものであるとき。

十三　申請者が、法人でない者で、その管理者が第四号から第六号まで又は第八号から第十一号までのいずれかに該当する者であるとき。

4　都道府県が前項第一号の条例を定めるに当たっては、主務省令で定める基準に従い定めるものとする。

5　都道府県知事は、特定障害福祉サービスにつき第一項の申請があった場合において、当該都道府県又は当該申請に係るサービス事業所の所在地を含む区域（第八十九条第二項第二号の規定により都道府県が定める区域をいう。）における当該申請に係る種類ごとの指定障害福祉サービスの量が、同条第一項の規定により当該都道府県が定める都道府県障害福祉計画において定める当該都道府県若しくは当該区域の当該指定障害福祉サービスの必要な量に既に達しているか、又は当該申請に係る事業者の指定によってこれを超えることになると認めるとき、その他の当該都道府県障害福祉計画の達成に支障を生ずるおそれがあると認めるときは、第二十九条第一項の指定をしないことができる。

6　関係市町村長は、主務省令で定めるところにより、都道府県知事に対し、第二十九条第一項の指定障害福祉サービス事業者の指定について、当該指定をしようとするときは、あらかじめ、当該関係市町村長にその旨を通知するよう求めることができる。この場合において、当該都道府県知事は、その求めに応じなければならない。

7　関係市町村長は、前項の規定による通知を受けたときは、主務省令で定めるところにより、第二十九条第一項の指定障害福祉サービス事業者の指定に関し、都道府県知事に対し、当該関係市町村の第八十八条第一項に規定する市町村障害福祉計画との調整を図る見地からの意見を申し出ることができる。

8　都道府県知事は、前項の意見を勘案し、第二十九条第一項の指定障害福祉サービス事業者の指定を行うに当たって、当該事業の適正な運営を確保するために必要と認める条件を付することができる。

注　第三六条は、令和四年六月一七日法律第六八号により次のように改正され、令和四年六月一七日から起算して三年を超えない範囲内において政令で定める日から施行される。

第三十六条第三項第四号中「禁錮」を「拘禁刑」に改める。

（指定障害福祉サービス事業者の指定の変更）

第三十七条　指定障害福祉サービス事業者は、第二十九条第一項の指定に係る特定障害福祉サービスの量を増加しようとするときは、主務省令で定めるところにより、同項の指定の変更を申請することができる。

2　前条第三項から第五項までの規定は、前項の指定の変更の申請があった場合について準用する。この場合において、必要な技術的読替えは、政令で定める。

（指定障害者支援施設の指定）

第三十八条　第二十九条第一項の指定障害者支援施設の指定は、主務省令で定めるところにより、障害者支援施設の設置者の申請により、施設障害福祉サービスの種類及び当該障害者支援施設の入所定員を定めて、行う。

2　都道府県知事は、前項の申請があった場合において、当該都道府県における当該申請に係る指定障害者支援施設の入所定員の総数が、第八十九条第一項の規定により当該都道府県が定める都道府県障害福祉計画において定める当該都道府県の当該指定障害者支援施設の必要入所定員総数に既に達しているか、又は当該申請に係る施設の指定によってこれを超えることになると認めるとき、その他の当該都道府県障害福祉計画の達成に支障を生ずるおそれがあると認めるときは、第二十九条第一項の指定をしないことができる。

3　第三十六条第三項及び第四項の規定は、第二十九条第一項の指定障害者支援施設の指定について準用する。この場合において、必要な技術的読替えは、政令で定める。

（指定障害者支援施設の指定の変更）

第三九条　指定障害者支援施設の設置者は、第二十九条第一項の指定に係る施設障害福祉サービスの種類を変更しようとするとき、又は当該指定に係る入所定員を増加しようとするときは、主務省令で定めるところにより、同項の指定の変更を申請することができる。

2　前条第二項及び第三項の規定は、前項の指定の変更の申請があった場合について準用する。この場合において、必要な技術的読替えは、政令で定める。

第四〇条　削除

（指定の更新）

第四一条　第二十九条第一項の指定障害福祉サービス事業者及び指定障害者支援施設の指定は、六年ごとにそれらの更新を受けなければ、その期間の経過によって、それらの効力を失う。

2　前項の更新の申請があった場合において、同項の期間（以下この条において「指定の有効期間」という。）の満了の日までにその申請に対する処分がされないときは、従前の指定は、指定の有効期間の満了後もその処分がされるまでの間は、なおその効力を有する。

3　前項の場合において、指定の更新がされたときは、その指定の有効期間は、従前の指定の有効期間の満了の日の翌日から起算するものとする。

4　第三十六条及び第三十八条の規定は、第一項の指定の更新について準用する。この場合において、必要な技術的読替えは、政令で定める。

（共生型障害福祉サービス事業者の特例）

第四一条の二　居宅介護、生活介護その他主務省令で定める障害福祉サービスに係るサービス事業所について、児童福祉法第二十一条の五の三第一項の指定（当該サービス事業所により行われる障害福祉サービスの種類に応じて主務省令で定める種類の同法第六条の二の二第一項に規定する障害児通所支援に係るものに限る。）又は介護保険法第四十一条第一項本文の指定（当該サービス事業所により行われる障害福祉サービスの種類に応じて主務省令で定める種類の同法第八条第一項に規定する居宅サービスに係るものに限る。）、同法第四十二条の二第一項本文の指定（当該サービス事業所により行われる障害福祉サービスの種類に応じて主務省令で定める種類の同法第八条第十四項に規定する地域密着型サービスに係るものに限る。）、同法第五十三条第一項本文の指定（当該サービス事業所により行われる障害福祉サービスの種類に応じて主務省令で定める種類の同法第八条の二第一項に規定する介護予防サービスに係るものに限る。）若しくは同法第五十四条の二第一項本文の指定（当該サービス事業所により行われる障害福祉サービスの種類に応じて主務省令で定める種類の同法第八条の二第十二項に規定する地域密着型介護予防サービスに係るものに限る。）を受けている者から当該サービス事業所に係る第三十六条第一項（前条第四項において準用する場合を含む。）の申請があった場合において、次の各号のいずれにも該当するときにおける第三十六条第三項（前条第四項において準用する場合を含む。以下この項において同じ。）の規定の適用については、第三十六条第三項第二号中「第四十三条第一項の」とあるのは「第四十一条の二第一項第一号の指定基準に係る」と、同項第三号中「第四十三条第二項」とあるのは「第四十一条の二第一項第二号」とする。ただし、申請者が、主務省令で定めるところにより、別段の申出をしたときは、この限りでない。

一　当該申請に係るサービス事業所の従業者の知識及び技能並びに人員が、指定障害福祉サービスに従事する従業者に係る都道府県の条例で定める基準を満たしていること。

二　申請者が、都道府県の条例で定める指定障害福祉サービスの事業の設備及び運営に関する基準に従って適正な障害福祉サービス事業の運営をすることができると認められること。

2　都道府県が前項各号の条例を定めるに当たっては、第一号から第三号までに掲げる事項については主務省令で定める基準に従い定めるものとし、第四号に掲げる事項については主務省令で定める基準を標準として定めるものとし、その他の事項については主務省令で定める基準を参酌するものとする。

一　指定障害福祉サービスに従事する従業者及びその員数

二　指定障害福祉サービスの事業に係る居室の床面積

三　指定障害福祉サービスの事業の運営に関する事項であって、障害者又は障害児の保護者のサービスの適切な利用の確保、障害者等の適切な処遇及び安全の確保並びに秘密の保持等に密接に関連するものとして主務省令で定めるもの

四　指定障害福祉サービスの事業に係る利用定員

3　第一項の場合において、同項に規定する者が同項の申請に係る第二十九条第一項の指定を受けたときは、その者に対しては、第四十三条第三項の規定は適用せず、次の表の上欄に掲げる規定の適用については、これらの規定中同表の中欄に掲げる字句は、それぞれ同表の下欄に掲げる字句とする。

第二十九条第六項	第四十三条第二項	第四十一条の二第一項第二号
第四十三条第一項	都道府県	第四十一条の二第一項第一号の指定障害福祉サービスに従事する従業者に係る都道府県
第四十三条第二項	指定障害福祉サービスの事業	第四十一条の二第一項第二号の指定障害福祉サービスの事業
第四十九条第一項第二号	第四十三条第一項の	第四十一条の二第一項第一号の指定障害福祉サービスに従事する従業者に係る
第四十九条第一項第三号	第四十三条第二項	第四十一条の二第一項第二号
第五十条第一項第四号	第四十三条第一項の	第四十一条の二第一項第一号の指定障害福祉サービスに従事する従業者に係る
第五十条第一項第五号	第四十三条第二項	第四十一条の二第一項第二号

4　第一項に規定する者であって、同項の申請に係る第二十九条第一項の指定を受けたものから、次の各号のいずれかの届出があったときは、当該指定に係る指定障害福祉サービスの事業について、第四十六条第二項の規定による事業の廃止又は休止の届出があったものとみなす。

一　児童福祉法第二十一条の五の三第一項に規定する指定通所支援の事業（当該指定に係るサービス事業所において行うものに限る。）に係る同法第二十一条の五の二十第四項の規定による事業の廃止又は休止の届出

二　介護保険法第四十一条第一項に規定する指定居宅サービスの事業（当該指定に係るサービス事業所において行うものに限る。）に係る同法第七十五条第二項の規

定による事業の廃止又は休止の届出

三　介護保険法第五十三条第一項に規定する指定介護予防サービスの事業（当該指定に係るサービス事業所において行うものに限る。）に係る同法第百十五条の五第二項の規定による事業の廃止又は休止の届出

5　第一項に規定する者であって、同項の申請に係る第二十九条第一項の指定を受けたものは、介護保険法第四十二条の二第一項に規定する指定地域密着型サービスの事業（当該指定に係るサービス事業所において行うものに限る。）又は同法第五十四条の二第一項に規定する指定地域密着型介護予防サービスの事業（当該指定に係るサービス事業所において行うものに限る。）を廃止し、又は休止しようとするときは、主務省令で定めるところにより、その廃止又は休止の日の一月前までに、その旨を当該指定を行った都道府県知事に届け出なければならない。この場合において、当該届出があったときは、当該指定に係る指定障害福祉サービスの事業について、第四十六条第二項の規定による事業の廃止又は休止の届出があったものとみなす。

（指定障害福祉サービス事業者及び指定障害者支援施設等の設置者の責務）

第四十二条　指定障害福祉サービス事業者及び指定障害者支援施設等の設置者（以下「**指定事業者等**」という。）は、障害者等が自立した日常生活又は社会生活を営むことができるよう、障害者等の意思決定の支援に配慮するとともに、市町村、公共職業安定所、障害者職業センター、障害者就業・生活支援センターその他の職業リハビリテーションの措置を実施する機関、教育機関その他の関係機関との緊密な連携を図りつつ、障害福祉サービスを当該障害者等の意向、適性、障害の特性その他の事情に応じ、常に障害者等の立場に立って効果的に行うように努めなければならない。

2　指定事業者等は、その提供する障害福祉サービスの質の評価を行うことその他の措置を講ずることにより、障害福祉サービスの質の向上に努めなければならない。

3　指定事業者等は、障害者等の人格を尊重するとともに、この法律又はこの法律に基づく命令を遵守し、障害者等のため忠実にその職務を遂行しなければならない。

（指定障害福祉サービスの事業の基準）

第四十三条　指定障害福祉サービス事業者は、当該指定に係るサービス事業所ごとに、都道府県の条例で定める基準に従い、当該指定障害福祉サービスに従事する従業者を有しなければならない。

2　指定障害福祉サービス事業者は、都道府県の条例で定める指定障害福祉サービスの事業の設備及び運営に関する基準に従い、指定障害福祉サービスを提供しなければならない。

3　都道府県が前二項の条例を定めるに当たっては、第一号から第三号までに掲げる事項については主務省令で定める基準に従い定めるものとし、第四号に掲げる事項については主務省令で定める基準を標準として定めるものとし、その他の事項については主務省令で定める基準を参酌するものとする。

一　指定障害福祉サービスに従事する従業者及びその員数

二　指定障害福祉サービスの事業に係る居室及び病室の床面積

三　指定障害福祉サービスの事業の運営に関する事項であって、障害者又は障害児の保護者のサービスの適切な利用の確保、障害者等の適切な処遇及び安全の確保並びに秘密の保持等に密接に関連するものとして主務省令で定めるもの

四　指定障害福祉サービスの事業に係る利用定員

4　指定障害福祉サービス事業者は、第四十六条第二項の規定による事業の廃止又は休止の届出をしたときは、当該届出の日前一月以内に当該指定障害福祉サービスを受け

ていた者であって、当該事業の廃止又は休止の日以後においても引き続き当該指定障害福祉サービスに相当するサービスの提供を希望する者に対し、必要な障害福祉サービスが継続的に提供されるよう、他の指定障害福祉サービス事業者その他関係者との連絡調整その他の便宜の提供を行わなければならない。

（指定障害者支援施設等の基準）

第四四条　指定障害者支援施設等の設置者は、都道府県の条例で定める基準に従い、施設障害福祉サービスに従事する従業者を有しなければならない。

2　指定障害者支援施設等の設置者は、都道府県の条例で定める指定障害者支援施設等の設備及び運営に関する基準に従い、施設障害福祉サービスを提供しなければならない。

3　都道府県が前二項の条例を定めるに当たっては、次に掲げる事項については主務省令で定める基準に従い定めるものとし、その他の事項については主務省令で定める基準を参酌するものとする。

一　施設障害福祉サービスに従事する従業者及びその員数

二　指定障害者支援施設等に係る居室の床面積

三　指定障害者支援施設等の運営に関する事項であって、障害者のサービスの適切な利用、適切な処遇及び安全の確保並びに秘密の保持に密接に関連するものとして主務省令で定めるもの

4　指定障害者支援施設の設置者は、第四十七条の規定による指定の辞退をするときは、同条に規定する予告期間の開始日の前日に当該施設障害福祉サービスを受けていた者であって、当該指定の辞退の日以後においても引き続き当該施設障害福祉サービスに相当するサービスの提供を希望する者に対し、必要な施設障害福祉サービスが継続的に提供されるよう、他の指定障害者支援施設等の設置者その他関係者との連絡調整その他の便宜の提供を行わなければならない。

第四五条　削除

（変更の届出等）

第四六条　指定障害福祉サービス事業者は、当該指定に係るサービス事業所の名称及び所在地その他主務省令で定める事項に変更があったとき、又は休止した当該指定障害福祉サービスの事業を再開したときは、主務省令で定めるところにより、十日以内に、その旨を都道府県知事に届け出なければならない。

2　指定障害福祉サービス事業者は、当該指定障害福祉サービスの事業を廃止し、又は休止しようとするときは、主務省令で定めるところにより、その廃止又は休止の日の一月前までに、その旨を都道府県知事に届け出なければならない。

3　指定障害者支援施設の設置者は、設置者の住所その他の主務省令で定める事項に変更があったときは、主務省令で定めるところにより、十日以内に、その旨を都道府県知事に届け出なければならない。

（指定の辞退）

第四七条　指定障害者支援施設は、三月以上の予告期間を設けて、その指定を辞退することができる。

（都道府県知事等による連絡調整又は援助）

第四七条の二　都道府県知事又は市町村長は、第四十三条第四項又は第四十四条第四項に規定する便宜の提供が円滑に行われるため必要があると認めるときは、当該指定障害福祉サービス事業者、指定障害者支援施設の設置者その他の関係者相互間の連絡調整又は当該指定障害福祉サービス事業者、指定障害者支援施設の設置者その他の関係者に対する助言その他の援助を行うことができる。

2　主務大臣は、同一の指定障害福祉サービス事業者又は指定障害者支援施設の設置者について二以上の都道府県知事が前項の規定による連絡調整又は援助を行う場合にお

いて、第四十三条第四項又は第四十四条第四項に規定する便宜の提供が円滑に行われるため必要があると認めるときは、当該都道府県知事相互間の連絡調整又は当該指定障害福祉サービス事業者若しくは指定障害者支援施設の設置者に対する都道府県の区域を超えた広域的な見地からの助言その他の援助を行うことができる。

（報告等）

第四八条　都道府県知事又は市町村長は、必要があると認めるときは、指定障害福祉サービス事業者若しくは指定障害福祉サービス事業者であった者若しくは当該指定に係るサービス事業所の従業者であった者（以下この項において「指定障害福祉サービス事業者であった者等」という。）に対し、報告若しくは帳簿書類その他の物件の提出若しくは提示を命じ、指定障害福祉サービス事業者若しくは当該指定に係るサービス事業所の従業者若しくは指定障害福祉サービス事業者であった者等に対し出頭を求め、又は当該職員に関係者に対して質問させ、若しくは当該指定障害福祉サービス事業者の当該指定に係るサービス事業所、事務所その他当該指定障害福祉サービスの事業に関係のある場所に立ち入り、その設備若しくは帳簿書類その他の物件を検査させることができる。

2　第九条第二項の規定は前項の規定による質問又は検査について、同条第三項の規定は前項の規定による権限について準用する。

3　前二項の規定は、指定障害者支援施設等の設置者について準用する。この場合において、必要な技術的読替えは、政令で定める。

（勧告、命令等）

第四九条　都道府県知事は、指定障害福祉サービス事業者が、次の各号に掲げる場合に該当すると認めるときは、当該指定障害福祉サービス事業者に対し、期限を定めて、当該各号に定める措置をとるべきことを勧告することができる。

一　第三十六条第八項（第四十一条第四項において準用する場合を含む。）の規定により付された条件に従わない場合　当該条件に従うこと。

二　当該指定に係るサービス事業所の従業者の知識若しくは技能又は人員について第四十三条第一項の都道府県の条例で定める基準に適合していない場合　当該基準を遵守すること。

三　第四十三条第二項の都道府県の条例で定める指定障害福祉サービスの事業の設備及び運営に関する基準に従って適正な指定障害福祉サービスの事業の運営をしていない場合　当該基準を遵守すること。

四　第四十三条第四項に規定する便宜の提供を適正に行っていない場合　当該便宜の提供を適正に行うこと。

2　都道府県知事は、指定障害者支援施設等の設置者が、次の各号（のぞみの園の設置者にあっては、第三号を除く。以下この項において同じ。）に掲げる場合に該当すると認めるときは、当該指定障害者支援施設等の設置者に対し、期限を定めて、当該各号に定める措置をとるべきことを勧告することができる。

一　指定障害者支援施設等の従業者の知識若しくは技能又は人員について第四十四条第一項の都道府県の条例で定める基準に適合していない場合　当該基準を遵守すること。

二　第四十四条第二項の都道府県の条例で定める指定障害者支援施設等の設備及び運営に関する基準に従って適正な施設障害福祉サービスの事業の運営をしていない場合　当該基準を遵守すること。

三　第四十四条第四項に規定する便宜の提供を適正に行っていない場合　当該便宜の提供を適正に行うこと。

3　都道府県知事は、前二項の規定による勧告をした場合において、その勧告を受けた指定事業者等が、前二項の期限内にこれに従わなかったときは、その旨を公表することができる。

4　都道府県知事は、第一項又は第二項の規定による勧告を受けた指定事業者等が、正当な理由がなくてその勧告に係る措置をとらなかったときは、当該指定事業者等に対し、期限を定めて、その勧告に係る措置をとるべきことを命ずることができる。

5　都道府県知事は、前項の規定による命令をしたときは、その旨を公示しなければならない。

6　市町村は、介護給付費、訓練等給付費又は特定障害者特別給付費の支給に係る指定障害福祉サービス等を行った指定事業者等について、第一項各号又は第二項各号（のぞみの園の設置者にあっては、第三号を除く。）に掲げる場合のいずれかに該当すると認めるときは、その旨を当該指定に係るサービス事業所又は施設の所在地の都道府県知事に通知しなければならない。

（指定の取消し等）

第五〇条　都道府県知事は、次の各号のいずれかに該当する場合においては、当該指定障害福祉サービス事業者に係る第二十九条第一項の指定を取り消し、又は期間を定めてその指定の全部若しくは一部の効力を停止することができる。

一　指定障害福祉サービス事業者が、第三十六条第三項第四号から第五号の二まで、第十二号又は第十三号のいずれかに該当するに至ったとき。

二　指定障害福祉サービス事業者が、第三十六条第八項（第四十一条第四項において準用する場合を含む。）の規定により付された条件に違反したと認められるとき。

三　指定障害福祉サービス事業者が、第四十二条第三項の規定に違反したと認められるとき。

四　指定障害福祉サービス事業者が、当該指定に係るサービス事業所の従業者の知識若しくは技能又は人員について、第四十三条第一項の都道府県の条例で定める基準を満たすことができなくなったとき。

五　指定障害福祉サービス事業者が、第四十三条第二項の都道府県の条例で定める指定障害福祉サービスの事業の設備及び運営に関する基準に従って適正な指定障害福祉サービスの事業の運営をすることができなくなったとき。

六　介護給付費若しくは訓練等給付費又は療養介護医療費の請求に関し不正があったとき。

七　指定障害福祉サービス事業者が、第四十八条第一項の規定により報告又は帳簿書類その他の物件の提出若しくは提示を命ぜられてこれに従わず、又は虚偽の報告をしたとき。

八　指定障害福祉サービス事業者又は当該指定に係るサービス事業所の従業者が、第四十八条第一項の規定により出頭を求められてこれに応ぜず、同項の規定による質問に対して答弁せず、若しくは虚偽の答弁をし、又は同項の規定による検査を拒み、妨げ、若しくは忌避したとき。ただし、当該指定に係るサービス事業所の従業者がその行為をした場合において、その行為を防止するため、当該指定障害福祉サービス事業者が相当の注意及び監督を尽くしたときを除く。

九　指定障害福祉サービス事業者が、不正の手段により第二十九条第一項の指定を受けたとき。

十　前各号に掲げる場合のほか、指定障害福祉サービス事業者が、この法律その他国民の保健医療若しくは福祉に関する法律で政令で定めるもの又はこれらの法律に基づく命令若しくは処分に違反したとき。

十一　前各号に掲げる場合のほか、指定障害福祉サービス事業者が、障害福祉サービスに関し不正又は著しく不当な行為をしたとき。

十二　指定障害福祉サービス事業者が法人である場合において、その役員等のうちに指定の取消し又は指定の全部若しくは一部の効力の停止をしようとするとき前五年以内に障害福祉サービスに関し不正又は著しく不当な行為をした者があるとき。

十三　指定障害福祉サービス事業者が法人でない場合において、その管理者が指定の取消し又は指定の全部若しくは一部の効力の停止をしようとするとき前五年以内に障害福祉サービスに関し不正又は著しく不当な行為をした者であるとき。

2　市町村は、自立支援給付に係る指定障害福祉サービス等を行った指定障害福祉サービス事業者について、前項各号のいずれかに該当すると認めるときは、その旨を当該指定に係るサービス事業所の所在地の都道府県知事に通知しなければならない。

3　第一項（第二号を除く。）及び前項の規定は、指定障害者支援施設について準用する。この場合において、必要な技術的読替えは、政令で定める。

（公示）

第五一条　都道府県知事は、次に掲げる場合には、その旨を公示しなければならない。

一　第二十九条第一項の指定障害福祉サービス事業者又は指定障害者支援施設の指定をしたとき。

二　第四十六条第二項の規定による事業の廃止の届出があったとき。

三　第四十七条の規定による指定障害者支援施設の指定の辞退があったとき。

四　前条第一項（同条第三項において準用する場合を含む。）又は第七十六条の三第六項の規定により指定障害福祉サービス事業者又は指定障害者支援施設の指定を取り消したとき。

第六款　業務管理体制の整備等

（業務管理体制の整備等）

第五一条の二　指定事業者等は、第四十二条第三項に規定する義務の履行が確保されるよう、主務省令で定める基準に従い、業務管理体制を整備しなければならない。

2　指定事業者等は、次の各号に掲げる区分に応じ、当該各号に定める者に対し、主務省令で定めるところにより、業務管理体制の整備に関する事項を届け出なければならない。

一　次号から第四号までに掲げる指定事業者等以外の指定事業者等　都道府県知事

二　当該指定に係る事業所又は施設が一の地方自治法第二百五十二条の十九第一項の指定都市（以下「**指定都市**」という。）の区域に所在する指定事業者等　指定都市の長

三　当該指定に係る事業所又は施設が一の地方自治法第二百五十二条の二十二第一項の中核市（以下「**中核市**」という。）の区域に所在する指定事業者等　中核市の長

四　当該指定に係る事業所若しくは施設が二以上の都道府県の区域に所在する指定事業者等（のぞみの園の設置者を除く。第四項、次条第二項及び第三項並びに第五十一条の四第五項において同じ。）又はのぞみの園の設置者　主務大臣

3　前項の規定により届出をした指定事業者等は、その届け出た事項に変更があったときは、主務省令で定めるところにより、遅滞なく、その旨を当該届出をした主務大臣、都道府県知事又は指定都市若しくは中核市の長（以下この款において「**主務大臣等**」という。）に届け出なければならない。

4　第二項の規定による届出をした指定事業者等は、同項各号に掲げる区分の変更により、同項の規定により当該届出をした主務大臣等以外の主務大臣等に届出を行うときは、主務省令で定めるところにより、その旨を当該届出をした主務大臣等にも届け出なければならない。

5　主務大臣等は、前三項の規定による届出が適正になされるよう、相互に密接な連携

を図るものとする。

（報告等）

第五一条の三　前条第二項の規定による届出を受けた主務大臣等は、当該届出をした指定事業者等（同条第四項の規定による届出を受けた主務大臣等にあっては、同項の規定による届出をした指定事業者等を除く。）における同条第一項の規定による業務管理体制の整備に関して必要があると認めるときは、当該指定事業者等に対し、報告若しくは帳簿書類その他の物件の提出若しくは提示を命じ、当該指定事業者等若しくは当該指定事業者等の従業者に対し出頭を求め、又は当該職員に関係者に対して質問させ、若しくは当該指定事業者等の当該指定に係る事業所若しくは施設、事務所その他の指定障害福祉サービス等の提供に関係のある場所に立ち入り、その設備若しくは帳簿書類その他の物件を検査させることができる。

2　主務大臣又は指定都市若しくは中核市の長が前項の権限を行うときは、当該指定事業者等に係る指定を行った都道府県知事（次条第五項において「**関係都道府県知事**」という。）と密接な連携の下に行うものとする。

3　都道府県知事は、その行った又はその行おうとする指定に係る指定事業者等における前条第一項の規定による業務管理体制の整備に関して必要があると認めるときは、主務大臣又は指定都市若しくは中核市の長に対し、第一項の権限を行うよう求めることができる。

4　主務大臣又は指定都市若しくは中核市の長は、前項の規定による都道府県知事の求めに応じて第一項の権限を行ったときは、主務省令で定めるところにより、その結果を当該権限を行うよう求めた都道府県知事に通知しなければならない。

5　第九条第二項の規定は第一項の規定による質問又は検査について、同条第三項の規定は第一項の規定による権限について準用する。

（勧告、命令等）

第五一条の四　第五十一条の二第二項の規定による届出を受けた主務大臣等は、当該届出をした指定事業者等（同条第四項の規定による届出を受けた主務大臣等にあっては、同項の規定による届出をした指定事業者等を除く。）が、同条第一項の主務省令で定める基準に従って適正な業務管理体制の整備をしていないと認めるときは、当該指定事業者等に対し、期限を定めて、当該主務省令で定める基準に従って適正な業務管理体制を整備すべきことを勧告することができる。

2　主務大臣等は、前項の規定による勧告をした場合において、その勧告を受けた指定事業者等が、同項の期限内にこれに従わなかったときは、その旨を公表することができる。

3　主務大臣等は、第一項の規定による勧告を受けた指定事業者等が、正当な理由がなくてその勧告に係る措置をとらなかったときは、当該指定事業者等に対し、期限を定めて、その勧告に係る措置をとるべきことを命ずることができる。

4　主務大臣等は、前項の規定による命令をしたときは、その旨を公示しなければならない。

5　主務大臣又は指定都市若しくは中核市の長は、指定事業者等が第三項の規定による命令に違反したときは、主務省令で定めるところにより、当該違反の内容を関係都道府県知事に通知しなければならない。

第三節　地域相談支援給付費、特例地域相談支援給付費、計画相談支援給付費及び特例計画相談支援給付費の支給

第一款　地域相談支援給付費及び特例地域相談支援給付費の支給

（地域相談支援給付費等の相談支援給付決定）

第五一条の五　地域相談支援給付費又は特例地域相談支援給付費（以下「**地域相談支援給付費等**」という。）の支給を受けようとする障害者は、市町村の地域相談支援給付費等を支給する旨の決定（以下「**地域相談支援給付決定**」という。）を受けなければならない。

2　第十九条（第一項を除く。）の規定は、地域相談支援給付決定について準用する。この場合において、必要な技術的読替えは、政令で定める。

（申請）

第五一条の六　地域相談支援給付決定を受けようとする障害者は、主務省令で定めるところにより、市町村に申請しなければならない。

2　第二十条（第一項を除く。）の規定は、前項の申請について準用する。この場合において、必要な技術的読替えは、政令で定める。

（給付要否決定等）

第五一条の七　市町村は、前条第一項の申請があったときは、当該申請に係る障害者の心身の状態、当該障害者の地域相談支援の利用に関する意向その他の主務省令で定める事項を勘案して地域相談支援給付費等の支給の要否の決定（以下この条及び第五十一条の十二において「**給付要否決定**」という。）を行うものとする。

2　市町村は、給付要否決定を行うに当たって必要があると認めるときは、主務省令で定めるところにより、市町村審査会、身体障害者更生相談所等その他主務省令で定める機関の意見を聴くことができる。

3　市町村審査会、身体障害者更生相談所等又は前項の主務省令で定める機関は、同項の意見を述べるに当たって必要があると認めるときは、当該給付要否決定に係る障害者、その家族、医師その他の関係者の意見を聴くことができる。

4　市町村は、給付要否決定を行うに当たって必要と認められる場合として主務省令で定める場合には、主務省令で定めるところにより、前条第一項の申請に係る障害者に対し、第五十一条の十七第一項第一号に規定する指定特定相談支援事業者が作成するサービス等利用計画案の提出を求めるものとする。

5　前項の規定によりサービス等利用計画案の提出を求められた障害者は、主務省令で定める場合には、同項のサービス等利用計画案に代えて主務省令で定めるサービス等利用計画案を提出することができる。

6　市町村は、前二項のサービス等利用計画案の提出があった場合には、第一項の主務省令で定める事項及び当該サービス等利用計画案を勘案して給付要否決定を行うものとする。

7　市町村は、地域相談支援給付決定を行う場合には、地域相談支援の種類ごとに月を単位として主務省令で定める期間において地域相談支援給付費等を支給する地域相談支援の量（以下「**地域相談支援給付量**」という。）を定めなければならない。

8　市町村は、地域相談支援給付決定を行ったときは、当該地域相談支援給付決定障害者に対し、主務省令で定めるところにより、地域相談支援給付量その他の主務省令で定める事項を記載した地域相談支援受給者証（以下「**地域相談支援受給者証**」という。）を交付しなければならない。

（地域相談支援給付決定の有効期間）

第五一条の八　地域相談支援給付決定は、主務省令で定める期間（以下「**地域相談支援給付決定の有効期間**」という。）内に限り、その効力を有する。

（地域相談支援給付決定の変更）

第五一条の九　地域相談支援給付決定障害者は、現に受けている地域相談支援給付決定に係る地域相談支援の種類、地域相談支援給付量その他の主務省令で定める事項を変更する必要があるときは、主務省令で定めるところにより、市町村に対し、当該地域相談支援給付決定の変更の申請をすることができる。

2　市町村は、前項の申請又は職権により、第五十一条の七第一項の主務省令で定める事項を勘案し、地域相談支援給付決定障害者につき、必要があると認めるときは、地域相談支援給付決定の変更の決定を行うことができる。この場合において、市町村は、当該決定に係る地域相談支援給付決定障害者に対し地域相談支援受給者証の提出を求めるものとする。

3　第十九条（第一項を除く。）、第二十条（第一項を除く。）及び第五十一条の七（第一項を除く。）の規定は、前項の地域相談支援給付決定の変更の決定について準用する。この場合において、必要な技術的読替えは、政令で定める。

4　市町村は、第二項の地域相談支援給付決定の変更の決定を行った場合には、地域相談支援受給者証に当該決定に係る事項を記載し、これを返還するものとする。

（地域相談支援給付決定の取消し）

第五十一条の一〇　地域相談支援給付決定を行った市町村は、次に掲げる場合には、当該地域相談支援給付決定を取り消すことができる。

一　地域相談支援給付決定に係る障害者が、第五十一条の十四第一項に規定する指定地域相談支援を受ける必要がなくなったと認めるとき。

二　地域相談支援給付決定障害者が、地域相談支援給付決定の有効期間内に、当該市町村以外の市町村の区域内に居住地を有するに至ったと認めるとき（地域相談支援給付決定に係る障害者が特定施設に入所又は入居をすることにより当該市町村以外の市町村の区域内に居住地を有するに至ったと認めるときを除く。）。

三　地域相談支援給付決定に係る障害者が、正当な理由なしに第五十一条の六第二項及び前条第三項において準用する第二十条第二項の規定による調査に応じないとき。

四　その他政令で定めるとき。

2　前項の規定により地域相談支援給付決定の取消しを行った市町村は、主務省令で定めるところにより、当該取消しに係る地域相談支援給付決定障害者に対し地域相談支援受給者証の返還を求めるものとする。

（都道府県による援助等）

第五十一条の一一　都道府県は、市町村の求めに応じ、市町村が行う第五十一条の五から第五十一条の七まで、第五十一条の九及び前条の規定による業務に関し、その設置する身体障害者更生相談所等による技術的事項についての協力その他市町村に対する必要な援助を行うものとする。

（政令への委任）

第五十一条の一二　第五十一条の五から前条までに定めるもののほか、地域相談支援給付決定、給付要否決定、地域相談支援受給者証、地域相談支援給付決定の変更の決定及び地域相談支援給付決定の取消しに関し必要な事項は、政令で定める。

（地域相談支援給付費及び特例地域相談支援給付費の支給）

第五十一条の一三　地域相談支援給付費及び特例地域相談支援給付費の支給は、地域相談支援に関して次条及び第五十一条の十五の規定により支給する給付とする。

（地域相談支援給付費）

第五十一条の一四　市町村は、地域相談支援給付決定障害者が、地域相談支援給付決定の有効期間内において、都道府県知事が指定する一般相談支援事業を行う者（以下「**指定一般相談支援事業者**」という。）から当該指定に係る地域相談支援（以下「**指定地域相談支援**」という。）を受けたときは、主務省令で定めるところにより、当該地域相談支援給付決定障害者に対し、当該**指定地域相談支援**（地域相談支援給付量の範囲内のものに限る。以下この条及び次条において同じ。）に要した費用について、地域相談支援給付費を支給する。

2　指定地域相談支援を受けようとする地域

相談支援給付決定障害者は、主務省令で定めるところにより、指定一般相談支援事業者に地域相談支援受給者証を提示して当該指定地域相談支援を受けるものとする。ただし、緊急の場合その他やむを得ない事由のある場合については、この限りでない。

3　地域相談支援給付費の額は、指定地域相談支援の種類ごとに指定地域相談支援に通常要する費用につき、主務大臣が定める基準により算定した費用の額（その額が現に当該指定地域相談支援に要した費用の額を超えるときは、当該現に指定地域相談支援に要した費用の額）とする。

4　地域相談支援給付決定障害者が指定一般相談支援事業者から指定地域相談支援を受けたときは、市町村は、当該地域相談支援給付決定障害者が当該指定一般相談支援事業者に支払うべき当該指定地域相談支援に要した費用について、地域相談支援給付費として当該地域相談支援給付決定障害者に支給すべき額の限度において、当該地域相談支援給付決定障害者に代わり、当該指定一般相談支援事業者に支払うことができる。

5　前項の規定による支払があったときは、地域相談支援給付決定障害者に対し地域相談支援給付費の支給があったものとみなす。

6　市町村は、指定一般相談支援事業者から地域相談支援給付費の請求があったときは、第三項の主務大臣が定める基準及び第五十一条の二十三第二項の主務省令で定める指定地域相談支援の事業の運営に関する基準（指定地域相談支援の取扱いに関する部分に限る。）に照らして審査の上、支払うものとする。

7　市町村は、前項の規定による審査及び支払に関する事務を連合会に委託することができる。

8　前各項に定めるもののほか、地域相談支援給付費の支給及び指定一般相談支援事業者の地域相談支援給付費の請求に関し必要な事項は、主務省令で定める。

（特例地域相談支援給付費）

第五一条の一五　市町村は、地域相談支援給付決定障害者が、第五十一条の六第一項の申請をした日から当該地域相談支援給付決定の効力が生じた日の前日までの間に、緊急その他やむを得ない理由により指定地域相談支援を受けた場合において、必要があると認めるときは、主務省令で定めるところにより、当該指定地域相談支援に要した費用について、特例地域相談支援給付費を支給することができる。

2　特例地域相談支援給付費の額は、前条第三項の主務大臣が定める基準により算定した費用の額（その額が現に当該指定地域相談支援に要した費用の額を超えるときは、当該現に指定地域相談支援に要した費用の額）を基準として、市町村が定める。

3　前二項に定めるもののほか、特例地域相談支援給付費の支給に関し必要な事項は、主務省令で定める。

第二款　計画相談支援給付費及び特例計画相談支援給付費の支給

（計画相談支援給付費及び特例計画相談支援給付費の支給）

第五一条の一六　計画相談支援給付費及び特例計画相談支援給付費の支給は、計画相談支援に関して次条及び第五十一条の十八の規定により支給する給付とする。

（計画相談支援給付費）

第五一条の一七　市町村は、次の各号に掲げる者（以下「**計画相談支援対象障害者等**」という。）に対し、当該各号に定める場合の区分に応じ、当該各号に規定する計画相談支援に要した費用について、計画相談支援給付費を支給する。

一　第二十二条第四項（第二十四条第三項において準用する場合を含む。）の規定により、サービス等利用計画案の提出を求められた第二十条第一項若しくは第二十四条第一項の申請に係る障害者若しくは障害児の保護者又は第五十一条の七第四項（第五十一条の九第三項において準用する場合を含む。）の規定により、サービス等利用計画案の提出を求められた第五十一条の六第一項若しくは第五十一条の九第一項の申請に係る障害者　市町村長が指定する特定相談支援事業を行う者（以下「**指定特定相談支援事業者**」という。）から当該指定に係るサービス利用支援（次項において「指定サービス利用支援」という。）を受けた場合であって、当該申請に係る支給決定等を受けたとき。

二　支給決定障害者等又は地域相談支援給付決定障害者　指定特定相談支援事業者から当該指定に係る継続サービス利用支援（次項において「指定継続サービス利用支援」という。）を受けたとき。

2　計画相談支援給付費の額は、指定サービス利用支援又は指定継続サービス利用支援（以下「**指定計画相談支援**」という。）に通常要する費用につき、主務大臣が定める基準により算定した費用の額（その額が現に当該指定計画相談支援に要した費用の額を超えるときは、当該現に指定計画相談支援に要した費用の額）とする。

3　計画相談支援対象障害者等が指定特定相談支援事業者から指定計画相談支援を受けたときは、市町村は、当該計画相談支援対象障害者等が当該指定特定相談支援事業者に支払うべき当該指定計画相談支援に要した費用について、計画相談支援給付費として当該計画相談支援対象障害者等に対し支給すべき額の限度において、当該計画相談支援対象障害者等に代わり、当該指定特定相談支援事業者に支払うことができる。

4　前項の規定による支払があったときは、計画相談支援対象障害者等に対し計画相談支援給付費の支給があったものとみなす。

5　市町村は、指定特定相談支援事業者から計画相談支援給付費の請求があったときは、第二項の主務大臣が定める基準及び第五十一条の二十四第二項の主務省令で定める指定計画相談支援の事業の運営に関する基準（指定計画相談支援の取扱いに関する部分に限る。）に照らして審査の上、支払うものとする。

6　市町村は、前項の規定による審査及び支払に関する事務を連合会に委託することができる。

7　前各項に定めるもののほか、計画相談支援給付費の支給及び指定特定相談支援事業者の計画相談支援給付費の請求に関し必要な事項は、主務省令で定める。

（特例計画相談支援給付費）

第五一条の一八　市町村は、計画相談支援対象障害者等が、指定計画相談支援以外の計画相談支援（第五十一条の二十四第一項の主務省令で定める基準及び同条第二項の主務省令で定める指定計画相談支援の事業の運営に関する基準に定める事項のうち主務省令で定めるものを満たすと認められる事業を行う事業所により行われるものに限る。以下この条において「基準該当計画相談支援」という。）を受けた場合において、必要があると認めるときは、主務省令で定めるところにより、基準該当計画相談支援に要した費用について、特例計画相談支援給付費を支給することができる。

2　特例計画相談支援給付費の額は、当該基準該当計画相談支援について前条第二項の主務大臣が定める基準により算定した費用の額（その額が現に当該基準該当計画相談支援に要した費用の額を超えるときは、当該現に基準該当計画相談支援に要した費用の額）を基準として、市町村が定める。

3　前二項に定めるもののほか、特例計画相談支援給付費の支給に関し必要な事項は、主務省令で定める。

第三款　指定一般相談支援事業者及び指定特定相談支援事業者

（指定一般相談支援事業者の指定）

第五一条の一九　第五十一条の十四第一項の指定一般相談支援事業者の指定は、主務省令で定めるところにより、一般相談支援事業を行う者の申請により、地域相談支援の種類及び一般相談支援事業を行う事業所（以下この款において「**一般相談支援事業所**」という。）ごとに行う。

２　第三十六条第三項（第四号、第十号及び第十三号を除く。）及び第六項から第八項までの規定は、第五十一条の十四第一項の指定一般相談支援事業者の指定について準用する。この場合において、第三十六条第三項第一号中「都道府県の条例で定める者」とあるのは、「法人」と読み替えるほか、必要な技術的読替えは、政令で定める。

（指定特定相談支援事業者の指定）

第五一条の二〇　第五十一条の十七第一項第一号の指定特定相談支援事業者の指定は、主務省令で定めるところにより、総合的に相談支援を行う者として主務省令で定める基準に該当する者の申請により、特定相談支援事業を行う事業所（以下この款において「**特定相談支援事業所**」という。）ごとに行う。

２　第三十六条第三項（第四号、第十号及び第十三号を除く。）の規定は、第五十一条の十七第一項第一号の指定特定相談支援事業者の指定について準用する。この場合において、第三十六条第三項第一号中「都道府県の条例で定める者」とあるのは、「法人」と読み替えるほか、必要な技術的読替えは、政令で定める。

（指定の更新）

第五一条の二一　第五十一条の十四第一項の指定一般相談支援事業者及び第五十一条の十七第一項第一号の指定特定相談支援事業者の指定は、六年ごとにそれらの更新を受けなければ、その期間の経過によって、それらの効力を失う。

２　第四十一条第二項及び第三項並びに前二条の規定は、前項の指定の更新について準用する。この場合において、必要な技術的読替えは、政令で定める。

（指定一般相談支援事業者及び指定特定相談支援事業者の責務）

第五一条の二二　指定一般相談支援事業者及び指定特定相談支援事業者（以下「**指定相談支援事業者**」という。）は、障害者等が自立した日常生活又は社会生活を営むことができるよう、障害者等の意思決定の支援に配慮するとともに、市町村、公共職業安定所、障害者職業センター、障害者就業・生活支援センターその他の職業リハビリテーションの措置を実施する機関、教育機関その他の関係機関との緊密な連携を図りつつ、相談支援を当該障害者等の意向、適性、障害の特性その他の事情に応じ、常に障害者等の立場に立って効果的に行うように努めなければならない。

２　指定相談支援事業者は、その提供する相談支援の質の評価を行うことその他の措置を講ずることにより、相談支援の質の向上に努めなければならない。

３　指定相談支援事業者は、障害者等の人格を尊重するとともに、この法律又はこの法律に基づく命令を遵守し、障害者等のため忠実にその職務を遂行しなければならない。

（指定地域相談支援の事業の基準）

第五一条の二三　指定一般相談支援事業者は、当該指定に係る一般相談支援事業所ごとに、主務省令で定める基準に従い、当該指定地域相談支援に従事する従業者を有しなければならない。

２　指定一般相談支援事業者は、主務省令で定める指定地域相談支援の事業の運営に関する基準に従い、指定地域相談支援を提供しなければならない。

３　指定一般相談支援事業者は、第五十一条の二十五第二項の規定による事業の廃止又は休止の届出をしたときは、当該届出の日前一月以内に当該指定地域相談支援を受けていた者であって、当該事業の廃止又は休止の日以後においても引き続き当該指定地域相談支援に相当するサービスの提供を希望する者に対し、必要な地域相談支援が継続的に提供されるよう、他の指定一般相談支援事業者その他関係者との連絡調整その他の便宜の提供を行わなければならない。

（指定計画相談支援の事業の基準）

第五一条の二四　指定特定相談支援事業者は、当該指定に係る特定相談支援事業所ごとに、主務省令で定める基準に従い、当該指定計画相談支援に従事する従業者を有しなければならない。

2　指定特定相談支援事業者は、主務省令で定める指定計画相談支援の事業の運営に関する基準に従い、指定計画相談支援を提供しなければならない。

3　指定特定相談支援事業者は、次条第四項の規定による事業の廃止又は休止の届出をしたときは、当該届出の日前一月以内に当該指定計画相談支援を受けていた者であって、当該事業の廃止又は休止の日以後においても引き続き当該指定計画相談支援に相当するサービスの提供を希望する者に対し、必要な計画相談支援が継続的に提供されるよう、他の指定特定相談支援事業者その他関係者との連絡調整その他の便宜の提供を行わなければならない。

（変更の届出等）

第五一条の二五　指定一般相談支援事業者は、当該指定に係る一般相談支援事業所の名称及び所在地その他主務省令で定める事項に変更があったとき、又は休止した当該指定地域相談支援の事業を再開したときは、主務省令で定めるところにより、十日以内に、その旨を都道府県知事に届け出なければならない。

2　指定一般相談支援事業者は、当該指定地域相談支援の事業を廃止し、又は休止しようとするときは、主務省令で定めるところにより、その廃止又は休止の日の一月前までに、その旨を都道府県知事に届け出なければならない。

3　指定特定相談支援事業者は、当該指定に係る特定相談支援事業所の名称及び所在地その他主務省令で定める事項に変更があったとき、又は休止した当該指定計画相談支援の事業を再開したときは、主務省令で定めるところにより、十日以内に、その旨を市町村長に届け出なければならない。

4　指定特定相談支援事業者は、当該指定計画相談支援の事業を廃止し、又は休止しようとするときは、主務省令で定めるところにより、その廃止又は休止の日の一月前までに、その旨を市町村長に届け出なければならない。

（都道府県知事等による連絡調整又は援助）

第五一条の二六　第四十七条の二の規定は、指定一般相談支援事業者が行う第五十一条の二十三第三項に規定する便宜の提供について準用する。

2　市町村長は、指定特定相談支援事業者による第五十一条の二十四第三項に規定する便宜の提供が円滑に行われるため必要があると認めるときは、当該指定特定相談支援事業者その他の関係者相互間の連絡調整又は当該指定特定相談支援事業者その他の関係者に対する助言その他の援助を行うことができる。

（報告等）

第五一条の二七　都道府県知事又は市町村長は、必要があると認めるときは、指定一般相談支援事業者若しくは指定一般相談支援事業者であった者若しくは当該指定に係る一般相談支援事業所の従業者であった者（以下この項において「指定一般相談支援事業者であった者等」という。）に対し、報告若しくは帳簿書類その他の物件の提出若しくは提示を命じ、指定一般相談支援事業者若しくは当該指定に係る一般相談支援事業所の従業者若しくは指定一般相談支援事業者であった者等に対し出頭を求め、又は当該職員に関係者に対して質問させ、若しくは当該指定一般相談支援事業者の当該指定に係る一般相談支援事業所、事務所その他当該指定地域相談支援の事業に関係のある場所に立ち入り、その設備若しくは帳簿書類その他の物件を検査させることができる。

2　市町村長は、必要があると認めるときは、指定特定相談支援事業者若しくは指定特定相談支援事業者であった者若しくは当該指定に係る特定相談支援事業所の従業者であった者（以下この項において「指定特定相談支援事業者であった者等」という。）に対し、報告若しくは帳簿書類その他の物件の提出若しくは提示を命じ、指定特定相談支援事業者若しくは当該指定に係る特定相談支援事業所の従業者若しくは指定特定相談支援事業者であった者等に対し出頭を求め、又は当該職員に関係者に対して質問させ、若しくは当該指定特定相談支援事業者の当該指定に係る特定相談支援事業所、事務所その他当該指定計画相談支援の事業に関係のある場所に立ち入り、その設備若しくは帳簿書類その他の物件を検査させることができる。

3　第九条第二項の規定は前二項の規定による質問又は検査について、同条第三項の規定は前二項の規定による権限について準用する。

（勧告、命令等）

第五十一条の二十八　都道府県知事は、指定一般相談支援事業者が、次の各号に掲げる場合に該当すると認めるときは、当該指定一般相談支援事業者に対し、期限を定めて、当該各号に定める措置をとるべきことを勧告することができる。

一　第五十一条の十九第二項（第五十一条の二十一第二項において準用する場合を含む。）において準用する第三十六条第八項の規定により付された条件に従わない場合　当該条件に従うこと。

二　当該指定に係る一般相談支援事業所の従業者の知識若しくは技能又は人員について第五十一条の二十三第一項の主務省令で定める基準に適合していない場合　当該基準を遵守すること。

三　第五十一条の二十三第二項の主務省令で定める指定地域相談支援の事業の運営に関する基準に従って適正な指定地域相談支援の事業の運営をしていない場合　当該基準を遵守すること。

四　第五十一条の二十三第三項に規定する便宜の提供を適正に行っていない場合　当該便宜の提供を適正に行うこと。

2　市町村長は、指定特定相談支援事業者が、次の各号に掲げる場合に該当すると認めるときは、当該指定特定相談支援事業者に対し、期限を定めて、当該各号に定める措置をとるべきことを勧告することができる。

一　当該指定に係る特定相談支援事業所の従業者の知識若しくは技能又は人員について第五十一条の二十四第一項の主務省令で定める基準に適合していない場合　当該基準を遵守すること。

二　第五十一条の二十四第二項の主務省令で定める指定計画相談支援の事業の運営に関する基準に従って適正な指定計画相談支援の事業の運営をしていない場合　当該基準を遵守すること。

三　第五十一条の二十四第三項に規定する便宜の提供を適正に行っていない場合　当該便宜の提供を適正に行うこと。

3　都道府県知事は、第一項の規定による勧告をした場合において、市町村長は、前項の規定による勧告をした場合において、その勧告を受けた指定相談支援事業者が、前二項の期限内にこれに従わなかったときは、その旨を公表することができる。

4　都道府県知事は、第一項の規定による勧告を受けた指定一般相談支援事業者が、正当な理由がなくてその勧告に係る措置をとらなかったとき、市町村長は、第二項の規定による勧告を受けた指定特定相談支援事業者が、正当な理由がなくてその勧告に係る措置をとらなかったときは、当該指定相談支援事業者に対し、期限を定めて、その勧告に係る措置をとるべきことを命ずることができる。

5　都道府県知事又は市町村長は、前項の規定による命令をしたときは、その旨を公示しなければならない。

6　市町村は、地域相談支援給付費の支給に係る指定地域相談支援を行った指定一般相談支援事業者について、第一項各号に掲げる場合のいずれかに該当すると認めるときは、その旨を当該指定に係る一般相談支援事業所の所在地の都道府県知事に通知しなければならない。

（指定の取消し等）

第五十一条の二十九　都道府県知事は、次の各号のいずれかに該当する場合においては、当該指定一般相談支援事業者に係る第五十一条の十四第一項の指定を取り消し、又は期間を定めてその指定の全部若しくは一部の効力を停止することができる。

一　指定一般相談支援事業者が、第五十一条の十九第二項において準用する第三十六条第三項第五号、第五号の二又は第十二号のいずれかに該当するに至ったとき。

二　指定一般相談支援事業者が、第五十一条の十九第二項（第五十一条の二十一第二項において準用する場合を含む。）において準用する第三十六条第八項の規定により付された条件に違反したと認められるとき。

三　指定一般相談支援事業者が、第五十一条の二十二第三項の規定に違反したと認められるとき。

四　指定一般相談支援事業者が、当該指定に係る一般相談支援事業所の従業者の知識若しくは技能又は人員について、第五十一条の二十三第一項の主務省令で定める基準を満たすことができなくなったとき。

五　指定一般相談支援事業者が、第五十一条の二十三第二項の主務省令で定める指定地域相談支援の事業の運営に関する基準に従って適正な指定地域相談支援の事業の運営をすることができなくなったとき。

六　地域相談支援給付費の請求に関し不正があったとき。

七　指定一般相談支援事業者が、第五十一条の二十七第一項の規定により報告又は帳簿書類その他の物件の提出若しくは提示を命ぜられてこれに従わず、又は虚偽の報告をしたとき。

八　指定一般相談支援事業者又は当該指定に係る一般相談支援事業所の従業者が、第五十一条の二十七第一項の規定により出頭を求められてこれに応ぜず、同項の規定による質問に対して答弁せず、若しくは虚偽の答弁をし、又は同項の規定による検査を拒み、妨げ、若しくは忌避したとき。ただし、当該指定に係る一般相談支援事業所の従業者がその行為をした場合において、その行為を防止するため、当該指定一般相談支援事業者が相当の注意及び監督を尽くしたときを除く。

九　指定一般相談支援事業者が、不正の手段により第五十一条の十四第一項の指定を受けたとき。

十　前各号に掲げる場合のほか、指定一般相談支援事業者が、この法律その他国民の福祉に関する法律で政令で定めるもの又はこれらの法律に基づく命令若しくは処分に違反したとき。

十一　前各号に掲げる場合のほか、指定一般相談支援事業者が、地域相談支援に関し不正又は著しく不当な行為をしたとき。

十二　指定一般相談支援事業者の役員又はその一般相談支援事業所を管理する者その他の政令で定める使用人のうちに指定の取消し又は指定の全部若しくは一部の効力の停止をしようとするとき前五年以内に地域相談支援に関し不正又は著しく不当な行為をした者があるとき。

2　市町村長は、次の各号のいずれかに該当する場合においては、当該指定特定相談支援事業者に係る第五十一条の十七第一項第一号の指定を取り消し、又は期間を定めてその指定の全部若しくは一部の効力を停止することができる。
一　指定特定相談支援事業者が、第五十一条の二十第二項において準用する第三十六条第三項第五号、第五号の二又は第十二号のいずれかに該当するに至ったとき。
二　指定特定相談支援事業者が、第五十一条の二十二第三項の規定に違反したと認められるとき。
三　指定特定相談支援事業者が、当該指定に係る特定相談支援事業所の従業者の知識若しくは技能又は人員について、第五十一条の二十四第一項の主務省令で定める基準を満たすことができなくなったとき。
四　指定特定相談支援事業者が、第五十一条の二十四第二項の主務省令で定める指定計画相談支援の事業の運営に関する基準に従って適正な指定計画相談支援の事業の運営をすることができなくなったとき。
五　計画相談支援給付費の請求に関し不正があったとき。
六　指定特定相談支援事業者が、第五十一条の二十七第二項の規定により報告又は帳簿書類その他の物件の提出若しくは提示を命ぜられてこれに従わず、又は虚偽の報告をしたとき。
七　指定特定相談支援事業者又は当該指定に係る特定相談支援事業所の従業者が、第五十一条の二十七第二項の規定により出頭を求められてこれに応ぜず、同項の規定による質問に対して答弁せず、若しくは虚偽の答弁をし、又は同項の規定による検査を拒み、妨げ、若しくは忌避したとき。ただし、当該指定に係る特定相談支援事業所の従業者がその行為をした場合において、その行為を防止するため、当該指定特定相談支援事業者が相当の注意及び監督を尽くしたときを除く。
八　指定特定相談支援事業者が、不正の手段により第五十一条の十七第一項第一号の指定を受けたとき。
九　前各号に掲げる場合のほか、指定特定相談支援事業者が、この法律その他国民の福祉に関する法律で政令で定めるもの又はこれらの法律に基づく命令若しくは処分に違反したとき。
十　前各号に掲げる場合のほか、指定特定相談支援事業者が、計画相談支援に関し不正又は著しく不当な行為をしたとき。
十一　指定特定相談支援事業者の役員又はその特定相談支援事業所を管理する者その他の政令で定める使用人のうちに指定の取消し又は指定の全部若しくは一部の効力の停止をしようとするとき前五年以内に計画相談支援に関し不正又は著しく不当な行為をした者があるとき。
3　市町村は、地域相談支援給付費の支給に係る指定地域相談支援を行った指定一般相談支援事業者について、第一項各号のいずれかに該当すると認めるときは、その旨を当該指定に係る一般相談支援事業所の所在地の都道府県知事に通知しなければならない。

（公示）
第五一条の三〇　都道府県知事は、次に掲げる場合には、その旨を公示しなければならない。
一　第五十一条の十四第一項の指定一般相談支援事業者の指定をしたとき。
二　第五十一条の二十五第二項の規定による事業の廃止の届出があったとき。
三　前条第一項又は第七十六条の三第六項の規定により指定一般相談支援事業者の指定を取り消したとき。
2　市町村長は、次に掲げる場合には、その旨を公示しなければならない。
一　第五十一条の十七第一項第一号の指定特定相談支援事業者の指定をしたとき。
二　第五十一条の二十五第四項の規定による事業の廃止の届出があったとき。
三　前条第二項の規定により指定特定相談

支援事業者の指定を取り消したとき。

第四款　業務管理体制の整備等

（業務管理体制の整備等）

第五十一条の三十一　指定相談支援事業者は、第五十一条の二十二第三項に規定する義務の履行が確保されるよう、主務省令で定める基準に従い、業務管理体制を整備しなければならない。

2　指定相談支援事業者は、次の各号に掲げる区分に応じ、当該各号に定める者に対し、主務省令で定めるところにより、業務管理体制の整備に関する事項を届け出なければならない。

一　次号から第五号までに掲げる指定相談支援事業者以外の指定相談支援事業者　都道府県知事

二　特定相談支援事業のみを行う指定特定相談支援事業者であって、当該指定に係る事業所が一の市町村の区域に所在するもの　市町村長

三　当該指定に係る事業所が一の指定都市の区域に所在する指定相談支援事業者（前号に掲げるものを除く。）　指定都市の長

四　当該指定に係る事業所が一の中核市の区域に所在する指定相談支援事業者（第二号に掲げるものを除く。）　中核市の長

五　当該指定に係る事業所が二以上の都道府県の区域に所在する指定相談支援事業者　主務大臣

3　前項の規定により届出をした指定相談支援事業者は、その届け出た事項に変更があったときは、主務省令で定めるところにより、遅滞なく、その旨を当該届出をした主務大臣、都道府県知事、指定都市若しくは中核市の長又は市町村長（以下この款において「**主務大臣等**」という。）に届け出なければならない。

4　第二項の規定による届出をした指定相談支援事業者は、同項各号に掲げる区分の変更により、同項の規定により当該届出をした主務大臣等以外の主務大臣等に届出を行うときは、主務省令で定めるところにより、その旨を当該届出をした主務大臣等にも届け出なければならない。

5　主務大臣等は、前三項の規定による届出が適正になされるよう、相互に密接な連携を図るものとする。

（報告等）

第五十一条の三十二　前条第二項の規定による届出を受けた主務大臣等は、当該届出をした指定相談支援事業者（同条第四項の規定による届出を受けた主務大臣等にあっては、同項の規定による届出をした指定相談支援事業者を除く。）における同条第一項の規定による業務管理体制の整備に関して必要があると認めるときは、当該指定相談支援事業者に対し、報告若しくは帳簿書類その他の物件の提出若しくは提示を命じ、当該指定相談支援事業者の従業者若しくは当該指定相談支援事業者に対し出頭を求め、又は当該職員に関係者に対して質問させ、若しくは当該指定相談支援事業者の当該指定に係る事業所、事務所その他の指定地域相談支援若しくは指定計画相談支援の提供に関係のある場所に立ち入り、その設備若しくは帳簿書類その他の物件を検査させることができる。

2　主務大臣が前項の権限を行うときは当該指定一般相談支援事業者に係る指定を行った都道府県知事（以下この項及び次条第五項において「**関係都道府県知事**」という。）又は当該指定特定相談支援事業者に係る指定を行った市町村長（以下この項及び次条第五項において「**関係市町村長**」という。）と、都道府県知事が前項の権限を行うときは関係市町村長と、指定都市又は中核市の長が同項の権限を行うときは関係都道府県知事と密接な連携の下に行うものとする。

3　都道府県知事は、その行った又はその行おうとする指定に係る指定一般相談支援事業者における前条第一項の規定による業務管理体制の整備に関して必要があると認めるときは、主務大臣又は指定都市若しくは

中核市の長に対し、市町村長は、その行った又はその行おうとする指定に係る指定特定相談支援事業者における同項の規定による業務管理体制の整備に関して必要があると認めるときは、主務大臣又は都道府県知事に対し、第一項の権限を行うよう求めることができる。

4　主務大臣、都道府県知事又は指定都市若しくは中核市の長は、前項の規定による都道府県知事又は市町村長の求めに応じて第一項の権限を行ったときは、主務省令で定めるところにより、その結果を当該権限を行うよう求めた都道府県知事又は市町村長に通知しなければならない。

5　第九条第二項の規定は第一項の規定による質問又は検査について、同条第三項の規定は第一項の規定による権限について準用する。

（勧告、命令等）

第五一条の三三　第五十一条の三十一第二項の規定による届出を受けた主務大臣等は、当該届出をした指定相談支援事業者（同条第四項の規定による届出を受けた主務大臣等にあっては、同項の規定による届出をした指定相談支援事業者を除く。）が、同条第一項の主務省令で定める基準に従って適正な業務管理体制の整備をしていないと認めるときは、当該指定相談支援事業者に対し、期限を定めて、当該主務省令で定める基準に従って適正な業務管理体制を整備すべきことを勧告することができる。

2　主務大臣等は、前項の規定による勧告をした場合において、その勧告を受けた指定相談支援事業者が、同項の期限内にこれに従わなかったときは、その旨を公表することができる。

3　主務大臣等は、第一項の規定による勧告を受けた指定相談支援事業者が、正当な理由がなくてその勧告に係る措置をとらなかったときは、当該指定相談支援事業者に対し、期限を定めて、その勧告に係る措置をとるべきことを命ずることができる。

4　主務大臣等は、前項の規定による命令をしたときは、その旨を公示しなければならない。

5　主務大臣、都道府県知事又は指定都市若しくは中核市の長は、指定相談支援事業者が第三項の規定による命令に違反したときは、主務省令で定めるところにより、当該違反の内容を関係都道府県知事又は関係市町村長に通知しなければならない。

第四節　自立支援医療費、療養介護医療費及び基準該当療養介護医療費の支給

（自立支援医療費の支給認定）

第五二条　自立支援医療費の支給を受けようとする障害者又は障害児の保護者は、市町村等の自立支援医療費を支給する旨の認定（以下「**支給認定**」という。）を受けなければならない。

2　第十九条第二項の規定は市町村等が行う支給認定について、同条第三項から第五項までの規定は市町村が行う支給認定について準用する。この場合において、必要な技術的読替えは、政令で定める。

（申請）

第五三条　支給認定を受けようとする障害者又は障害児の保護者は、主務省令で定めるところにより、市町村等に申請をしなければならない。

2　前項の申請は、都道府県が支給認定を行う場合には、政令で定めるところにより、当該障害者又は障害児の保護者の居住地の市町村（障害者又は障害児の保護者が居住地を有しないか、又はその居住地が明らかでないときは、その障害者又は障害児の保護者の現在地の市町村）を経由して行うことができる。

（支給認定等）

第五四条　市町村等は、前条第一項の申請に係る障害者等が、その心身の障害の状態からみて自立支援医療を受ける必要があり、かつ、当該障害者等又はその属する世帯の他の世帯員の所得の状況、治療状況その他

の事情を勘案して政令で定める基準に該当する場合には、主務省令で定める自立支援医療の種類ごとに支給認定を行うものとする。ただし、当該障害者等が、自立支援医療のうち主務省令で定める種類の医療を、戦傷病者特別援護法（昭和三十八年法律第百六十八号）又は心神喪失等の状態で重大な他害行為を行った者の医療及び観察等に関する法律（平成十五年法律第百十号）の規定により受けることができるときは、この限りでない。

2　市町村等は、支給認定をしたときは、主務省令で定めるところにより、都道府県知事が指定する医療機関（以下「**指定自立支援医療機関**」という。）の中から、当該支給認定に係る障害者等が自立支援医療を受けるものを定めるものとする。

3　市町村等は、支給認定をしたときは、支給認定を受けた障害者又は障害児の保護者（以下「**支給認定障害者等**」という。）に対し、主務省令で定めるところにより、次条に規定する支給認定の有効期間、前項の規定により定められた指定自立支援医療機関の名称その他の主務省令で定める事項を記載した自立支援医療受給者証（以下「**医療受給者証**」という。）を交付しなければならない。

（支給認定の有効期間）

第五五条　支給認定は、主務省令で定める期間（以下「**支給認定の有効期間**」という。）内に限り、その効力を有する。

（支給認定の変更）

第五六条　支給認定障害者等は、現に受けている支給認定に係る第五十四条第二項の規定により定められた指定自立支援医療機関その他の主務省令で定める事項について変更の必要があるときは、主務省令で定めるところにより、市町村等に対し、支給認定の変更の申請をすることができる。

2　市町村等は、前項の申請又は職権により、支給認定障害者等につき、同項の主務省令で定める事項について変更の必要があると認めるときは、主務省令で定めるところにより、支給認定の変更の認定を行うことができる。この場合において、市町村等は、当該支給認定障害者等に対し医療受給者証の提出を求めるものとする。

3　第十九条第二項の規定は市町村等が行う前項の支給認定の変更の認定について、同条第三項から第五項までの規定は市町村が行う前項の支給認定の変更の認定について準用する。この場合において、必要な技術的読替えは、政令で定める。

4　市町村等は、第二項の支給認定の変更の認定を行った場合には、医療受給者証に当該認定に係る事項を記載し、これを返還するものとする。

（支給認定の取消し）

第五七条　支給認定を行った市町村等は、次に掲げる場合には、当該支給認定を取り消すことができる。

一　支給認定に係る障害者等が、その心身の障害の状態からみて自立支援医療を受ける必要がなくなったと認めるとき。

二　支給認定障害者等が、支給認定の有効期間内に、当該市町村等以外の市町村等の区域内に居住地を有するに至ったと認めるとき（支給認定に係る障害者が特定施設に入所又は入居をすることにより当該市町村以外の市町村の区域内に居住地を有するに至ったと認めるときを除く。）。

三　支給認定に係る障害者等が、正当な理由なしに第九条第一項の規定による命令に応じないとき。

四　その他政令で定めるとき。

2　前項の規定により支給認定の取消しを行った市町村等は、主務省令で定めるところにより、当該取消しに係る支給認定障害者等に対し医療受給者証の返還を求めるものとする。

（自立支援医療費の支給）

第五八条　市町村等は、支給認定に係る障害者等が、支給認定の有効期間内において、

第五十四条第二項の規定により定められた指定自立支援医療機関から当該指定に係る自立支援医療（以下「**指定自立支援医療**」という。）を受けたときは、主務省令で定めるところにより、当該支給認定障害者等に対し、当該指定自立支援医療に要した費用について、自立支援医療費を支給する。

2　指定自立支援医療を受けようとする支給認定障害者等は、主務省令で定めるところにより、指定自立支援医療機関に医療受給者証を提示して当該指定自立支援医療を受けるものとする。ただし、緊急の場合その他やむを得ない事由のある場合については、この限りでない。

3　自立支援医療費の額は、一月につき、第一号に掲げる額（当該指定自立支援医療に食事療養（健康保険法第六十三条第二項第一号に規定する食事療養をいう。以下この項において同じ。）が含まれるときは、当該額及び第二号に掲げる額の合算額、当該指定自立支援医療に生活療養（同条第二項第二号に規定する生活療養をいう。以下この項において同じ。）が含まれるときは、当該額及び第三号に掲げる額の合算額）とする。

一　同一の月に受けた指定自立支援医療（食事療養及び生活療養を除く。）につき健康保険の療養に要する費用の額の算定方法の例により算定した額から、当該支給認定障害者等の家計の負担能力、障害の状態その他の事情をしん酌して政令で定める額（当該政令で定める額が当該算定した額の百分の十に相当する額を超えるときは、当該相当する額）を控除して得た額

二　当該指定自立支援医療（食事療養に限る。）につき健康保険の療養に要する費用の額の算定方法の例により算定した額から、健康保険法第八十五条第二項に規定する食事療養標準負担額、支給認定障害者等の所得の状況その他の事情を勘案して主務大臣が定める額を控除した額

三　当該指定自立支援医療（生活療養に限る。）につき健康保険の療養に要する費用の額の算定方法の例により算定した額から、健康保険法第八十五条の二第二項に規定する生活療養標準負担額、支給認定障害者等の所得の状況その他の事情を勘案して主務大臣が定める額を控除した額

4　前項に規定する療養に要する費用の額の算定方法の例によることができないとき、及びこれによることを適当としないときの自立支援医療に要する費用の額の算定方法は、主務大臣の定めるところによる。

5　支給認定に係る障害者等が指定自立支援医療機関から指定自立支援医療を受けたときは、市町村等は、当該支給認定障害者等が当該指定自立支援医療機関に支払うべき当該指定自立支援医療に要した費用について、自立支援医療費として当該支給認定障害者等に支給すべき額の限度において、当該支給認定障害者等に代わり、当該指定自立支援医療機関に支払うことができる。

6　前項の規定による支払があったときは、支給認定障害者等に対し自立支援医療費の支給があったものとみなす。

（指定自立支援医療機関の指定）

第五九条　第五十四条第二項の指定は、主務省令で定めるところにより、病院若しくは診療所（これらに準ずるものとして政令で定めるものを含む。以下同じ。）又は薬局の開設者の申請により、同条第一項の主務省令で定める自立支援医療の種類ごとに行う。

2　都道府県知事は、前項の申請があった場合において、次の各号のいずれかに該当するときは、指定自立支援医療機関の指定をしないことができる。

一　当該申請に係る病院若しくは診療所又は薬局が、健康保険法第六十三条第三項第一号に規定する保険医療機関若しくは保険薬局又は主務省令で定める事業所若しくは施設でないとき。

二　当該申請に係る病院若しくは診療所若

しくは薬局又は申請者が、自立支援医療費の支給に関し診療又は調剤の内容の適切さを欠くおそれがあるとして重ねて第六十三条の規定による指導又は第六十七条第一項の規定による勧告を受けたものであるとき。

三　申請者が、第六十七条第三項の規定による命令に従わないものであるとき。

四　前三号のほか、当該申請に係る病院若しくは診療所又は薬局が、指定自立支援医療機関として著しく不適当と認めるものであるとき。

3　第三十六条第三項（第一号から第三号まで及び第七号を除く。）の規定は、指定自立支援医療機関の指定について準用する。この場合において、必要な技術的読替えは、政令で定める。

（指定の更新）

第六〇条　第五十四条第二項の指定は、六年ごとにその更新を受けなければ、その期間の経過によって、その効力を失う。

2　健康保険法第六十八条第二項の規定は、前項の指定の更新について準用する。この場合において、同条第二項中「厚生労働省令」とあるのは、「主務省令」と読み替えるほか、必要な技術的読替えは、政令で定める。

（指定自立支援医療機関の責務）

第六一条　指定自立支援医療機関は、主務省令で定めるところにより、良質かつ適切な自立支援医療を行わなければならない。

（診療方針）

第六二条　指定自立支援医療機関の診療方針は、健康保険の診療方針の例による。

2　前項に規定する診療方針によることができないとき、及びこれによることを適当としないときの診療方針は、主務大臣が定めるところによる。

（都道府県知事の指導）

第六三条　指定自立支援医療機関は、自立支援医療の実施に関し、都道府県知事の指導を受けなければならない。

（変更の届出）

第六四条　指定自立支援医療機関は、当該指定に係る医療機関の名称及び所在地その他主務省令で定める事項に変更があったときは、主務省令で定めるところにより、その旨を都道府県知事に届け出なければならない。

（指定の辞退）

第六五条　指定自立支援医療機関は、一月以上の予告期間を設けて、その指定を辞退することができる。

（報告等）

第六六条　都道府県知事は、自立支援医療の実施に関して必要があると認めるときは、指定自立支援医療機関若しくは指定自立支援医療機関の開設者若しくは管理者、医師、薬剤師その他の従業者であった者（以下この項において「開設者であった者等」という。）に対し報告若しくは診療録、帳簿書類その他の物件の提出若しくは提示を命じ、指定自立支援医療機関の開設者若しくは管理者、医師、薬剤師その他の従業者（開設者であった者等を含む。）に対し出頭を求め、又は当該職員に関係者に対して質問させ、若しくは指定自立支援医療機関について設備若しくは診療録、帳簿書類その他の物件を検査させることができる。

2　第九条第二項の規定は前項の規定による質問又は検査について、同条第三項の規定は前項の規定による権限について準用する。

3　指定自立支援医療機関が、正当な理由がなく、第一項の規定による報告若しくは提出若しくは提示をせず、若しくは虚偽の報告をし、又は同項の規定による検査を拒み、妨げ、若しくは忌避したときは、都道府県知事は、当該指定自立支援医療機関に対する市町村等の自立支援医療費の支払を一時差し止めることを指示し、又は差し止めることができる。

（勧告、命令等）

第六七条　都道府県知事は、指定自立支援医

療機関が、第六十一条又は第六十二条の規定に従って良質かつ適切な自立支援医療を行っていないと認めるときは、当該指定自立支援医療機関の開設者に対し、期限を定めて、第六十一条又は第六十二条の規定を遵守すべきことを勧告することができる。

2　都道府県知事は、前項の規定による勧告をした場合において、その勧告を受けた指定自立支援医療機関の開設者が、同項の期限内にこれに従わなかったときは、その旨を公表することができる。

3　都道府県知事は、第一項の規定による勧告を受けた指定自立支援医療機関の開設者が、正当な理由がなくてその勧告に係る措置をとらなかったときは、当該指定自立支援医療機関の開設者に対し、期限を定めて、その勧告に係る措置をとるべきことを命ずることができる。

4　都道府県知事は、前項の規定による命令をしたときは、その旨を公示しなければならない。

5　市町村は、指定自立支援医療を行った指定自立支援医療機関の開設者について、第六十一条又は第六十二条の規定に従って良質かつ適切な自立支援医療を行っていないと認めるときは、その旨を当該指定に係る医療機関の所在地の都道府県知事に通知しなければならない。

（指定の取消し等）

第六八条　都道府県知事は、次の各号のいずれかに該当する場合においては、当該指定自立支援医療機関に係る第五十四条第二項の指定を取り消し、又は期間を定めてその指定の全部若しくは一部の効力を停止することができる。

一　指定自立支援医療機関が、第五十九条第二項各号のいずれかに該当するに至ったとき。

二　指定自立支援医療機関が、第五十九条第三項の規定により準用する第三十六条第三項第四号から第五号の二まで、第十二号又は第十三号のいずれかに該当するに至ったとき。

三　指定自立支援医療機関が、第六十一条又は第六十二条の規定に違反したとき。

四　自立支援医療費の請求に関し不正があったとき。

五　指定自立支援医療機関が、第六十六条第一項の規定により報告若しくは診療録、帳簿書類その他の物件の提出若しくは提示を命ぜられてこれに従わず、又は虚偽の報告をしたとき。

六　指定自立支援医療機関の開設者又は従業者が、第六十六条第一項の規定により出頭を求められてこれに応ぜず、同項の規定による質問に対して答弁せず、若しくは虚偽の答弁をし、又は同項の規定による検査を拒み、妨げ、若しくは忌避したとき。ただし、当該指定自立支援医療機関の従業者がその行為をした場合において、その行為を防止するため、当該指定自立支援医療機関の開設者が相当の注意及び監督を尽くしたときを除く。

2　第五十条第一項第九号から第十三号まで及び第二項の規定は、前項の指定自立支援医療機関の指定の取消し又は効力の停止について準用する。この場合において、必要な技術的読替えは、政令で定める。

（公示）

第六九条　都道府県知事は、次に掲げる場合には、その旨を公示しなければならない。

一　第五十四条第二項の指定自立支援医療機関の指定をしたとき。

二　第六十四条の規定による届出（同条の主務省令で定める事項の変更に係るものを除く。）があったとき。

三　第六十五条の規定による指定自立支援医療機関の指定の辞退があったとき。

四　前条の規定により指定自立支援医療機関の指定を取り消したとき。

（療養介護医療費の支給）

第七〇条　市町村は、介護給付費（療養介護に係るものに限る。）に係る支給決定を受けた障害者が、支給決定の有効期間内において、指定障害福祉サービス事業者等から当該指定に係る療養介護医療を受けたときは、主務省令で定めるところにより、当該支給決定に係る障害者に対し、当該療養介護医療に要した費用について、療養介護医療費を支給する。

2　第五十八条第三項から第六項までの規定は、療養介護医療費について準用する。この場合において、必要な技術的読替えは、政令で定める。

（基準該当療養介護医療費の支給）

第七一条　市町村は、特例介護給付費（療養介護に係るものに限る。）に係る支給決定を受けた障害者が、基準該当事業所又は基準該当施設から当該療養介護医療（以下「基準該当療養介護医療」という。）を受けたときは、主務省令で定めるところにより、当該支給決定に係る障害者に対し、当該基準該当療養介護医療に要した費用について、基準該当療養介護医療費を支給する。

2　第五十八条第三項及び第四項の規定は、基準該当療養介護医療費について準用する。この場合において、必要な技術的読替えは、政令で定める。

（準用）

第七二条　第六十一条及び第六十二条の規定は、療養介護医療を行う指定障害福祉サービス事業者等又は基準該当療養介護医療を行う基準該当事業所若しくは基準該当施設について準用する。

（自立支援医療費等の審査及び支払）

第七三条　都道府県知事は、指定自立支援医療機関、療養介護医療を行う指定障害福祉サービス事業者等又は基準該当療養介護医療を行う基準該当事業所若しくは基準該当施設（以下この条において「公費負担医療機関」という。）の診療内容並びに自立支援医療費、療養介護医療費及び基準該当療養介護医療費（以下この条及び第七十五条において「自立支援医療費等」という。）の請求を随時審査し、かつ、公費負担医療機関が第五十八条第五項（第七十条第二項において準用する場合を含む。）の規定によって請求することができる自立支援医療費等の額を決定することができる。

2　公費負担医療機関は、都道府県知事が行う前項の決定に従わなければならない。

3　都道府県知事は、第一項の規定により公費負担医療機関が請求することができる自立支援医療費等の額を決定するに当たっては、社会保険診療報酬支払基金法（昭和二十三年法律第百二十九号）に定める審査委員会、国民健康保険法に定める国民健康保険診療報酬審査委員会その他政令で定める医療に関する審査機関の意見を聴かなければならない。

4　市町村等は、公費負担医療機関に対する自立支援医療費等の支払に関する事務を社会保険診療報酬支払基金、連合会その他主務省令で定める者に委託することができる。

5　前各項に定めるもののほか、自立支援医療費等の請求に関し必要な事項は、主務省令で定める。

6　第一項の規定による自立支援医療費等の額の決定については、審査請求をすることができない。

（都道府県による援助等）

第七四条　市町村は、支給認定又は自立支援医療費を支給しない旨の認定を行うに当たって必要があると認めるときは、主務省令で定めるところにより、身体障害者更生相談所その他主務省令で定める機関の意見を聴くことができる。

2　都道府県は、市町村の求めに応じ、市町村が行うこの節の規定による業務に関し、その設置する身体障害者更生相談所その他主務省令で定める機関による技術的事項についての協力その他市町村に対する必要な援助を行うものとする。

（政令への委任）

第七五条　この節に定めるもののほか、支給認定、医療受給者証、支給認定の変更の認定及び支給認定の取消しその他自立支援医療費等に関し必要な事項は、政令で定める。

第五節　補装具費の支給

第七六条　市町村は、障害者又は障害児の保護者から申請があった場合において、当該申請に係る障害者等の障害の状態からみて、当該障害者等が補装具の購入、借受け又は修理（以下この条及び次条において「**購入等**」という。）を必要とする者であると認めるとき（補装具の借受けにあっては、補装具の借受けによることが適当である場合として主務省令で定める場合に限る。）は、当該障害者又は障害児の保護者（以下この条において「補装具費支給対象障害者等」という。）に対し、当該補装具の購入等に要した費用について、補装具費を支給する。ただし、当該申請に係る障害者等又はその属する世帯の他の世帯員のうち政令で定める者の所得が政令で定める基準以上であるときは、この限りでない。

2　補装具費の額は、一月につき、同一の月に購入等をした補装具について、補装具の購入等に通常要する費用の額を勘案して主務大臣が定める基準により算定した費用の額（その額が現に当該補装具の購入等に要した費用の額を超えるときは、当該現に補装具の購入等に要した費用の額。以下この項において「基準額」という。）を合計した額から、当該補装具費支給対象障害者等の家計の負担能力その他の事情をしん酌して政令で定める額（当該政令で定める額が基準額を合計した額の百分の十に相当する額を超えるときは、当該相当する額）を控除して得た額とする。

3　市町村は、補装具費の支給に当たって必要があると認めるときは、主務省令で定めるところにより、身体障害者更生相談所その他主務省令で定める機関の意見を聴くことができる。

4　第十九条第二項から第五項までの規定は、補装具費の支給に係る市町村の認定について準用する。この場合において、必要な技術的読替えは、政令で定める。

5　主務大臣は、第二項の規定により主務大臣の定める基準を適正なものとするため、必要な調査を行うことができる。

6　前各項に定めるもののほか、補装具費の支給に関し必要な事項は、主務省令で定める。

第六節　高額障害福祉サービス等給付費の支給

第七六条の二　市町村は、次に掲げる者が受けた障害福祉サービス及び介護保険法第二十四条第二項に規定する介護給付等対象サービスのうち政令で定めるもの並びに補装具の購入等に要した費用の合計額（それぞれ主務大臣が定める基準により算定した費用の額（その額が現に要した費用の額を超えるときは、当該現に要した額）の合計額を限度とする。）から当該費用につき支給された介護給付費等及び同法第二十条に規定する介護給付等のうち政令で定めるもの並びに補装具費の合計額を控除して得た額が、著しく高額であるときは、当該者に対し、高額障害福祉サービス等給付費を支給する。

一　支給決定障害者等

二　六十五歳に達する前に長期間にわたり障害福祉サービス（介護保険法第二十四条第二項に規定する介護給付等対象サービスに相当するものとして政令で定めるものに限る。）に係る支給決定を受けていた障害者であって、同項に規定する介護給付等対象サービス（障害福祉サービスに相当するものとして政令で定めるものに限る。）を受けているもの（支給決定を受けていない者に限る。）のうち、当該障害者の所得の状況及び障害の程度その他の事情を勘案して政令で定めるもの

2　前項に定めるもののほか、高額障害福祉サービス等給付費の支給要件、支給額その他高額障害福祉サービス等給付費の支給に関し必要な事項は、障害福祉サービス及び

補装具の購入等に要する費用の負担の家計に与える影響を考慮して、政令で定める。

第七節　情報公表対象サービス等の利用に資する情報の報告及び公表

第七六条の三　指定障害福祉サービス事業者、指定一般相談支援事業者及び指定特定相談支援事業者並びに指定障害者支援施設等の設置者（以下この条において「対象事業者」という。）は、指定障害福祉サービス等、指定地域相談支援又は指定計画相談支援（以下この条において「情報公表対象サービス等」という。）の提供を開始しようとするとき、その他主務省令で定めるときは、主務省令で定めるところにより、情報公表対象サービス等情報（その提供する情報公表対象サービス等の内容及び情報公表対象サービス等を提供する事業者又は施設の運営状況に関する情報であって、情報公表対象サービス等を利用し、又は利用しようとする障害者等が適切かつ円滑に当該情報公表対象サービス等を利用する機会を確保するために公表されることが適当なものとして主務省令で定めるものをいう。第八項において同じ。）を、当該情報公表対象サービス等を提供する事業所又は施設の所在地を管轄する都道府県知事に報告しなければならない。

2　都道府県知事は、前項の規定による報告を受けた後、主務省令で定めるところにより、当該報告の内容を公表しなければならない。

3　都道府県知事は、前項の規定による公表を行うため必要があると認めるときは、第一項の規定による報告が真正であることを確認するのに必要な限度において、当該報告をした対象事業者に対し、当該報告の内容について、調査を行うことができる。

4　都道府県知事は、対象事業者が第一項の規定による報告をせず、若しくは虚偽の報告をし、又は前項の規定による調査を受けず、若しくは調査を妨げたときは、期間を定めて、当該対象事業者に対し、その報告を行い、若しくはその報告の内容を是正し、又はその調査を受けることを命ずることができる。

5　都道府県知事は、指定特定相談支援事業者に対して前項の規定による処分をしたときは、遅滞なく、その旨をその指定をした市町村長に通知しなければならない。

6　都道府県知事は、指定障害福祉サービス事業者若しくは指定一般相談支援事業者又は指定障害者支援施設の設置者が第四項の規定による命令に従わないときは、当該指定障害福祉サービス事業者、指定一般相談支援事業者又は指定障害者支援施設の指定を取り消し、又は期間を定めてその指定の全部若しくは一部の効力を停止することができる。

7　都道府県知事は、指定特定相談支援事業者が第四項の規定による命令に従わない場合において、当該指定特定相談支援事業者の指定を取り消し、又は期間を定めてその指定の全部若しくは一部の効力を停止することが適当であると認めるときは、理由を付して、その旨をその指定をした市町村長に通知しなければならない。

8　都道府県知事は、情報公表対象サービス等を利用し、又は利用しようとする障害者等が適切かつ円滑に当該情報公表対象サービス等を利用する機会の確保に資するため、情報公表対象サービス等の質及び情報公表対象サービス等に従事する従業者に関する情報（情報公表対象サービス等情報に該当するものを除く。）であって主務省令で定めるものの提供を希望する対象事業者から提供を受けた当該情報について、公表を行うよう配慮するものとする。

第三章　地域生活支援事業

（市町村の地域生活支援事業）

第七七条　市町村は、主務省令で定めるところにより、地域生活支援事業として、次に掲げる事業を行うものとする。

一　障害者等の自立した日常生活及び社会生活に関する理解を深めるための研修及び啓発を行う事業
二　障害者等、障害者等の家族、地域住民等により自発的に行われる障害者等が自立した日常生活及び社会生活を営むことができるようにするための活動に対する支援を行う事業
三　障害者等が障害福祉サービスその他のサービスを利用しつつ、自立した日常生活又は社会生活を営むことができるよう、地域の障害者等の福祉に関する各般の問題につき、障害者等、障害児の保護者又は障害者等の介護を行う者からの相談に応じ、必要な情報の提供及び助言その他の主務省令で定める便宜を供与するとともに、障害者等に対する虐待の防止及びその早期発見のための関係機関との連絡調整その他の障害者等の権利の擁護のために必要な援助を行う事業（次号に掲げるものを除く。）
四　障害福祉サービスの利用の観点から成年後見制度を利用することが有用であると認められる障害者で成年後見制度の利用に要する費用について補助を受けなければ成年後見制度の利用が困難であると認められるものにつき、当該費用のうち主務省令で定める費用を支給する事業
五　障害者に係る民法（明治二十九年法律第八十九号）に規定する後見、保佐及び補助の業務を適正に行うことができる人材の育成及び活用を図るための研修を行う事業
六　聴覚、言語機能、音声機能その他の障害のため意思疎通を図ることに支障がある障害者等その他の日常生活を営むのに支障がある障害者等につき、意思疎通支援（手話その他主務省令で定める方法により当該障害者等とその他の者の意思疎通を支援することをいう。以下同じ。）を行う者の派遣、日常生活上の便宜を図るための用具であって主務大臣が定めるものの給付又は貸与その他の主務省令で定める便宜を供与する事業
七　意思疎通支援を行う者を養成する事業
八　移動支援事業
九　障害者等につき、地域活動支援センターその他の主務省令で定める施設に通わせ、創作的活動又は生産活動の機会の提供、社会との交流の促進その他の主務省令で定める便宜を供与する事業
2　都道府県は、市町村の地域生活支援事業の実施体制の整備の状況その他の地域の実情を勘案して、関係市町村の意見を聴いて、当該市町村に代わって前項各号に掲げる事業の一部を行うことができる。
3　市町村は、第一項各号に掲げる事業のほか、地域において生活する障害者等及び地域における生活に移行することを希望する障害者等（以下この項において「地域生活障害者等」という。）につき、地域において安心して自立した日常生活又は社会生活を営むことができるようにするため、次に掲げる事業を行うよう努めるものとする。
一　障害の特性に起因して生じる緊急の事態その他の主務省令で定める事態に対処し、又は当該事態に備えるため、地域生活障害者等、障害児（地域生活障害者等に該当するものに限る。次号において同じ。）の保護者又は地域生活障害者等の介護を行う者からの相談に応じるとともに、地域生活障害者等を支援するための体制の確保その他の必要な措置について、指定障害福祉サービス事業者等、医療機関、次条第一項に規定する基幹相談支援センターその他の関係機関（次号及び次項において「関係機関」という。）との連携及び調整を行い、又はこれに併せて当該事態が生じたときにおける宿泊場所の一時的な提供その他の必要な支援を行う事業
二　関係機関と協力して、地域生活障害者等に対し、地域における自立した日常生活又は社会生活を営むことができるよ

う、障害福祉サービスの利用の体験又は居宅における自立した日常生活若しくは社会生活の体験の機会を提供するとともに、これに伴う地域生活障害者等、障害児の保護者又は地域生活障害者等の介護を行う者からの相談に応じ、必要な情報の提供及び助言を行い、併せて関係機関との連携及び調整を行う事業

三　前二号に掲げる事業のほか、障害者等の保健又は福祉に関する専門的知識及び技術を有する人材の育成及び確保その他の地域生活障害者等が地域において安心して自立した日常生活又は社会生活を営むために必要な事業

4　市町村は、前項各号に掲げる事業を実施する場合には、これらの事業を効果的に実施するために、地域生活支援拠点等（これらの事業を実施するために必要な機能を有する拠点又は複数の関係機関が相互の有機的な連携の下でこれらの事業を実施する体制をいう。）を整備するものとする。

5　市町村は、第一項各号及び第三項各号に掲げる事業のほか、現に住居を求めている障害者につき低額な料金で福祉ホームその他の施設において当該施設の居室その他の設備を利用させ、日常生活に必要な便宜を供与する事業その他の障害者等が自立した日常生活又は社会生活を営むために必要な事業を行うことができる。

（基幹相談支援センター）

第七七条の二　基幹相談支援センターは、地域における相談支援の中核的な役割を担う機関として、次に掲げる事業及び業務を総合的に行うことを目的とする施設とする。

一　前条第一項第三号及び第四号に掲げる事業

二　身体障害者福祉法第九条第五項第二号及び第三号、知的障害者福祉法第九条第五項第二号及び第三号並びに精神保健及び精神障害者福祉に関する法律第四十九条第一項に規定する業務

三　地域における相談支援又は児童福祉法第六条の二の二第六項に規定する障害児相談支援に従事する者に対し、これらの者が行う一般相談支援事業若しくは特定相談支援事業又は同項に規定する障害児相談支援事業に関する運営について、相談に応じ、必要な助言、指導その他の援助を行う業務

四　第八十九条の三第一項に規定する関係機関等の連携の緊密化を促進する業務

2　市町村は、基幹相談支援センターを設置するよう努めるものとする。

3　市町村は、一般相談支援事業を行う者その他の主務省令で定める者に対し、第一項各号の事業及び業務の実施を委託することができる。

4　前項の委託を受けた者は、第一項各号の事業及び業務を実施するため、厚生労働省令で定めるところにより、あらかじめ、主務省令で定める事項を市町村長に届け出て、基幹相談支援センターを設置することができる。

5　基幹相談支援センターを設置する者は、第一項各号の事業及び業務の効果的な実施のために、指定障害福祉サービス事業者等、医療機関、民生委員法（昭和二十三年法律第百九十八号）に定める民生委員、身体障害者福祉法第十二条の三第一項又は第二項の規定により委託を受けた身体障害者相談員、知的障害者福祉法第十五条の二第一項又は第二項の規定により委託を受けた知的障害者相談員、意思疎通支援を行う者を養成し、又は派遣する事業の関係者その他の関係者との連携に努めなければならない。

6　第三項の規定により委託を受けて第一項各号の事業及び業務を実施するため基幹相談支援センターを設置する者（その者が法人である場合にあっては、その役員）若しくはその職員又はこれらの職にあった者は、正当な理由なしに、その業務に関して知り得た秘密を漏らしてはならない。

7　都道府県は、市町村に対し、基幹相談支

援センターの設置の促進及び適切な運営の確保のため、市町村の区域を超えた広域的な見地からの助言その他の援助を行うよう努めるものとする。

（都道府県の地域生活支援事業）

第七八条 都道府県は、主務省令で定めるところにより、地域生活支援事業として、第七十七条第一項第三号、第六号及び第七号に掲げる事業のうち、特に専門性の高い相談支援に係る事業及び特に専門性の高い意思疎通支援を行う者を養成し、又は派遣する事業、意思疎通支援を行う者の派遣に係る市町村相互間の連絡調整その他の広域的な対応が必要な事業として主務省令で定める事業を行うものとする。

2 都道府県は、前項に定めるもののほか、第七十七条第三項各号に掲げる事業の実施体制の整備の促進及び適切な実施を確保するため、市町村に対し、市町村の区域を超えた広域的な見地からの助言その他の援助を行うよう努めるものとする。

3 都道府県は、前二項に定めるもののほか、障害福祉サービス又は相談支援の質の向上のために障害福祉サービス若しくは相談支援を提供する者又はこれらの者に対し必要な指導を行う者を育成する事業その他障害者等が自立した日常生活又は社会生活を営むために必要な事業を行うことができる。

第四章 事業及び施設

（事業の開始等）

第七九条 都道府県は、次に掲げる事業を行うことができる。

一 障害福祉サービス事業
二 一般相談支援事業及び特定相談支援事業
三 移動支援事業
四 地域活動支援センターを経営する事業
五 福祉ホームを経営する事業

2 国及び都道府県以外の者は、主務省令で定めるところにより、あらかじめ、主務省令で定める事項を都道府県知事に届け出て、前項各号に掲げる事業を行うことができる。

3 前項の規定による届出をした者は、主務省令で定める事項に変更が生じたときは、変更の日から一月以内に、その旨を都道府県知事に届け出なければならない。

4 国及び都道府県以外の者は、第一項各号に掲げる事業を廃止し、又は休止しようとするときは、あらかじめ、主務省令で定める事項を都道府県知事に届け出なければならない。

（障害福祉サービス事業、地域活動支援センター及び福祉ホームの基準）

第八〇条 都道府県は、障害福祉サービス事業（施設を必要とするものに限る。以下この条及び第八十二条第二項において同じ。）、地域活動支援センター及び福祉ホームの設備及び運営について、条例で基準を定めなければならない。

2 都道府県が前項の条例を定めるに当たっては、第一号から第三号までに掲げる事項については主務省令で定める基準に従い定めるものとし、第四号に掲げる事項については主務省令で定める基準を標準として定めるものとし、その他の事項については主務省令で定める基準を参酌するものとする。

一 障害福祉サービス事業に従事する従業者及びその員数並びに地域活動支援センター及び福祉ホームに配置する従業者及びその員数
二 障害福祉サービス事業に係る居室及び病室の床面積並びに福祉ホームに係る居室の床面積
三 障害福祉サービス事業の運営に関する事項であって、障害者の適切な処遇及び安全の確保並びに秘密の保持に密接に関連するものとして主務省令で定めるもの並びに地域活動支援センター及び福祉ホームの運営に関する事項であって、障害者等の安全の確保及び秘密の保持に密接

に関連するものとして主務省令で定めるもの

四　障害福祉サービス事業、地域活動支援センター及び福祉ホームに係る利用定員

3　第一項の障害福祉サービス事業を行う者並びに地域活動支援センター及び福祉ホームの設置者は、同項の基準を遵守しなければならない。

（報告の徴収等）

第八一条　都道府県知事は、障害者等の福祉のために必要があると認めるときは、障害福祉サービス事業、一般相談支援事業、特定相談支援事業若しくは移動支援事業を行う者若しくは地域活動支援センター若しくは福祉ホームの設置者に対して、報告若しくは帳簿書類その他の物件の提出若しくは提示を求め、又は当該職員に関係者に対して質問させ、若しくはその事業所若しくは施設に立ち入り、その設備若しくは帳簿書類その他の物件を検査させることができる。

2　第九条第二項の規定は前項の規定による質問又は検査について、同条第三項の規定は前項の規定による権限について準用する。

（事業の停止等）

第八二条　都道府県知事は、障害福祉サービス事業、一般相談支援事業、特定相談支援事業又は移動支援事業を行う者が、この章の規定若しくは当該規定に基づく命令若しくはこれらに基づいてする処分に違反したとき、その事業に関し不当に営利を図り、若しくはその事業に係る者の処遇につき不当な行為をしたとき、又は身体障害者福祉法第十八条の二、知的障害者福祉法第二十一条若しくは児童福祉法第二十一条の七の規定に違反したときは、その事業を行う者に対して、その事業の制限又は停止を命ずることができる。

2　都道府県知事は、障害福祉サービス事業を行う者又は地域活動支援センター若しくは福祉ホームの設置者が、この章の規定若しくは当該規定に基づく命令若しくはこれらに基づいてする処分に違反したとき、当該障害福祉サービス事業、地域活動支援センター若しくは福祉ホームが第八十条第一項の基準に適合しなくなったとき、又は身体障害者福祉法第十八条の二、知的障害者福祉法第二十一条若しくは児童福祉法第二十一条の七の規定に違反したときは、その事業を行う者又はその設置者に対して、その施設の設備若しくは運営の改善又はその事業の停止若しくは廃止を命ずることができる。

（施設の設置等）

第八三条　国は、障害者支援施設を設置しなければならない。

2　都道府県は、障害者支援施設を設置することができる。

3　市町村は、あらかじめ主務省令で定める事項を都道府県知事に届け出て、障害者支援施設を設置することができる。

4　国、都道府県及び市町村以外の者は、社会福祉法（昭和二十六年法律第四十五号）の定めるところにより、障害者支援施設を設置することができる。

5　前各項に定めるもののほか、障害者支援施設の設置、廃止又は休止に関し必要な事項は、政令で定める。

（施設の基準）

第八四条　都道府県は、障害者支援施設の設備及び運営について、条例で基準を定めなければならない。

2　都道府県が前項の条例を定めるに当たっては、第一号から第三号までに掲げる事項については主務省令で定める基準に従い定めるものとし、第四号に掲げる事項については主務省令で定める基準を標準として定めるものとし、その他の事項については主務省令で定める基準を参酌するものとする。

一　障害者支援施設に配置する従業者及びその員数

二　障害者支援施設に係る居室の床面積

三　障害者支援施設の運営に関する事項であって、障害者の適切な処遇及び安全の確保並びに秘密の保持に密接に関連するものとして主務省令で定めるもの
四　障害者支援施設に係る利用定員
3　国、都道府県及び市町村以外の者が設置する障害者支援施設については、第一項の基準を社会福祉法第六十五条第一項の基準とみなして、同法第六十二条第四項、第六十五条第三項及び第七十一条の規定を適用する。

（報告の徴収等）
第八五条　都道府県知事は、市町村が設置した障害者支援施設の運営を適切にさせるため、必要があると認めるときは、当該施設の長に対して、必要と認める事項の報告若しくは帳簿書類その他の物件の提出若しくは提示を求め、又は当該職員に関係者に対して質問させ、若しくはその施設に立ち入り、設備若しくは帳簿書類その他の物件を検査させることができる。
2　第九条第二項の規定は前項の規定による質問又は検査について、同条第三項の規定は前項の規定による権限について準用する。

（事業の停止等）
第八六条　都道府県知事は、市町村が設置した障害者支援施設について、その設備又は運営が第八十四条第一項の基準に適合しなくなったと認め、又は法令の規定に違反すると認めるときは、その事業の停止又は廃止を命ずることができる。
2　都道府県知事は、前項の規定による処分をするには、文書をもって、その理由を示さなければならない。

第五章　障害福祉計画

注　第五章は、令和四年一二月一六日法律第一〇四号により次のように改正され、令和四年一二月一六日から起算して三年を超えない範囲内において政令で定める日から施行される。
第五章の章名を次のように改める。
第五章　障害福祉計画等

（基本指針）
第八七条　主務大臣は、障害福祉サービス及び相談支援並びに市町村及び都道府県の地域生活支援事業の提供体制を整備し、自立支援給付及び地域生活支援事業の円滑な実施を確保するための基本的な指針（以下「**基本指針**」という。）を定めるものとする。
2　基本指針においては、次に掲げる事項を定めるものとする。
一　障害福祉サービス及び相談支援の提供体制の確保に関する基本的事項
二　障害福祉サービス、相談支援並びに市町村及び都道府県の地域生活支援事業の提供体制の確保に係る目標に関する事項
三　次条第一項に規定する市町村障害福祉計画及び第八十九条第一項に規定する都道府県障害福祉計画の作成に関する事項
四　その他自立支援給付及び地域生活支援事業の円滑な実施を確保するために必要な事項
3　基本指針は、児童福祉法第三十三条の十九第一項に規定する基本指針と一体のものとして作成することができる。
4　主務大臣は、基本指針の案を作成し、又は基本指針を変更しようとするときは、あらかじめ、障害者等及びその家族その他の関係者の意見を反映させるために必要な措置を講ずるものとする。
5　主務大臣は、障害者等の生活の実態、障害者等を取り巻く環境の変化その他の事情を勘案して必要があると認めるときは、速やかに基本指針を変更するものとする。
6　主務大臣は、基本指針を定め、又はこれを変更したときは、遅滞なく、これを公表しなければならない。

（市町村障害福祉計画）
第八八条　市町村は、基本指針に即して、障

害福祉サービスの提供体制の確保その他この法律に基づく業務の円滑な実施に関する計画（以下「**市町村障害福祉計画**」という。）を定めるものとする。

2　市町村障害福祉計画においては、次に掲げる事項を定めるものとする。

一　障害福祉サービス、相談支援及び地域生活支援事業の提供体制の確保に係る目標に関する事項

二　各年度における指定障害福祉サービス、指定地域相談支援又は指定計画相談支援の種類ごとの必要な量の見込み

三　地域生活支援事業の種類ごとの実施に関する事項

3　市町村障害福祉計画においては、前項各号に掲げるもののほか、次に掲げる事項について定めるよう努めるものとする。

一　前項第二号の指定障害福祉サービス、指定地域相談支援又は指定計画相談支援の種類ごとの必要な見込量の確保のための方策

二　前項第二号の指定障害福祉サービス、指定地域相談支援又は指定計画相談支援及び同項第三号の地域生活支援事業の提供体制の確保に係る医療機関、教育機関、公共職業安定所、障害者職業センター、障害者就業・生活支援センターその他の職業リハビリテーションの措置を実施する機関その他の関係機関との連携に関する事項

4　市町村障害福祉計画は、当該市町村の区域における障害者等の数及びその障害の状況を勘案して作成されなければならない。

5　市町村は、当該市町村の区域における障害者等の心身の状況、その置かれている環境その他の事情を正確に把握するとともに、第八十九条の二の二第一項の規定により公表された結果その他のこの法律に基づく業務の実施の状況に関する情報を分析した上で、当該事情及び当該分析の結果を勘案して、市町村障害福祉計画を作成するよう努めるものとする。

6　市町村障害福祉計画は、児童福祉法第三十三条の二十第一項に規定する市町村障害児福祉計画と一体のものとして作成することができる。

7　市町村障害福祉計画は、障害者基本法第十一条第三項に規定する市町村障害者計画、社会福祉法第百七条第一項に規定する市町村地域福祉計画その他の法律の規定による計画であって障害者等の福祉に関する事項を定めるものと調和が保たれたものでなければならない。

8　市町村は、市町村障害福祉計画を定め、又は変更しようとするときは、あらかじめ、住民の意見を反映させるために必要な措置を講ずるよう努めるものとする。

9　市町村は、第八十九条の三第一項に規定する協議会を設置したときは、市町村障害福祉計画を定め、又は変更しようとする場合において、あらかじめ、当該協議会の意見を聴くよう努めなければならない。

10　障害者基本法第三十六条第四項の合議制の機関を設置する市町村は、市町村障害福祉計画を定め、又は変更しようとするときは、あらかじめ、当該機関の意見を聴かなければならない。

11　市町村は、市町村障害福祉計画を定め、又は変更しようとするときは、第二項に規定する事項について、あらかじめ、都道府県の意見を聴かなければならない。

12　市町村は、市町村障害福祉計画を定め、又は変更したときは、遅滞なく、これを都道府県知事に提出しなければならない。

第八八条の二　市町村は、定期的に、前条第二項各号に掲げる事項（市町村障害福祉計画に同条第三項各号に掲げる事項を定める場合にあっては、当該各号に掲げる事項を含む。）について、調査、分析及び評価を行い、必要があると認めるときは、当該市町村障害福祉計画を変更することその他の必要な措置を講ずるものとする。

（都道府県障害福祉計画）

第八九条　都道府県は、基本指針に即して、

市町村障害福祉計画の達成に資するため、各市町村を通ずる広域的な見地から、障害福祉サービスの提供体制の確保その他この法律に基づく業務の円滑な実施に関する計画（以下「**都道府県障害福祉計画**」という。）を定めるものとする。

2 都道府県障害福祉計画においては、次に掲げる事項を定めるものとする。

一 障害福祉サービス、相談支援及び地域生活支援事業の提供体制の確保に係る目標に関する事項

二 当該都道府県が定める区域ごとに当該区域における各年度の指定障害福祉サービス、指定地域相談支援又は指定計画相談支援の種類ごとの必要な量の見込み

三 各年度の指定障害者支援施設の必要入所定員総数

四 地域生活支援事業の種類ごとの実施に関する事項

3 都道府県障害福祉計画においては、前項各号に掲げる事項のほか、次に掲げる事項について定めるよう努めるものとする。

一 前項第二号の区域ごとの指定障害福祉サービス又は指定地域相談支援の種類ごとの必要な見込量の確保のための方策

二 前項第二号の区域ごとの指定障害福祉サービス、指定地域相談支援又は指定計画相談支援に従事する者の確保又は資質の向上のために講ずる措置に関する事項

三 指定障害者支援施設の施設障害福祉サービスの質の向上のために講ずる措置に関する事項

四 前項第二号の区域ごとの指定障害福祉サービス又は指定地域相談支援及び同項第四号の地域生活支援事業の提供体制の確保に係る医療機関、教育機関、公共職業安定所、障害者職業センター、障害者就業・生活支援センターその他の職業リハビリテーションの措置を実施する機関その他の関係機関との連携に関する事項

4 都道府県は、第八十九条の二の二第一項の規定により公表された結果その他のこの法律に基づく業務の実施の状況に関する情報を分析した上で、当該分析の結果を勘案して、都道府県障害福祉計画を作成するよう努めるものとする。

5 都道府県障害福祉計画は、児童福祉法第三十三条の二十二第一項に規定する都道府県障害児福祉計画と一体のものとして作成することができる。

6 都道府県障害福祉計画は、障害者基本法第十一条第二項に規定する都道府県障害者計画、社会福祉法第百八条第一項に規定する都道府県地域福祉支援計画その他の法律の規定による計画であって障害者等の福祉に関する事項を定めるものと調和が保たれたものでなければならない。

7 都道府県障害福祉計画は、医療法（昭和二十三年法律第二百五号）第三十条の四第一項に規定する医療計画と相まって、精神科病院に入院している精神障害者の退院の促進に資するものでなければならない。

8 都道府県は、第八十九条の三第一項に規定する協議会を設置したときは、都道府県障害福祉計画を定め、又は変更しようとする場合において、あらかじめ、当該協議会の意見を聴くよう努めなければならない。

9 都道府県は、都道府県障害福祉計画を定め、又は変更しようとするときは、あらかじめ、障害者基本法第三十六条第一項の合議制の機関の意見を聴かなければならない。

10 都道府県は、都道府県障害福祉計画を定め、又は変更したときは、遅滞なく、これを主務大臣に提出しなければならない。

第八九条の二 都道府県は、定期的に、前条第二項各号に掲げる事項（都道府県障害福祉計画に同条第三項各号に掲げる事項を定める場合にあっては、当該各号に掲げる事項を含む。）について、調査、分析及び評価を行い、必要があると認めるときは、当該都道府県障害福祉計画を変更することその他の必要な措置を講ずるものとする。

（障害福祉計画の作成等のための調査及び分

析等）

第八九条の二の二　主務大臣は、市町村障害福祉計画及び都道府県障害福祉計画の作成、実施及び評価並びに障害者等の福祉の増進に資するため、次に掲げる事項に関する情報（第三項において「障害福祉等関連情報」という。）のうち、第一号及び第二号に掲げる事項について調査及び分析を行い、その結果を公表するものとするとともに、第三号及び第四号に掲げる事項について調査及び分析を行い、その結果を公表するよう努めるものとする。

一　自立支援給付に要する費用の額に関する地域別、年齢別又は障害支援区分別の状況その他の主務省令で定める事項

二　障害者等の障害支援区分の認定における調査に関する状況その他の主務省令で定める事項

三　障害福祉サービス又は相談支援を利用する障害者等の心身の状況、当該障害者等に提供される当該障害福祉サービス又は相談支援の内容その他の主務省令で定める事項

四　地域生活支援事業の実施の状況その他の主務省令で定める事項

2　市町村及び都道府県は、主務大臣に対し、前項第一号又は第二号に掲げる事項に関する情報を、主務省令で定める方法により提供しなければならない。

3　主務大臣は、必要があると認めるときは、市町村及び都道府県並びに第八条第二項に規定する事業者等に対し、障害福祉等関連情報を、主務省令で定める方法により提供するよう求めることができる。

注　第八九条の二の二は、令和四年一二月一六日法律第一〇四号により次のように改正され、令和四年一二月一六日から起算して三年を超えない範囲内において政令で定める日から施行される。

第八十九条の二の二第一項中「第三項において」を「以下」に改める。

注　次の七条は、令和四年一二月一六日法律第一〇四号により追加され、令和四年一二月一六日から起算して三年を超えない範囲内において政令で定める日から施行される。

第八十九条の二の二の次に次の七条を加える。

（障害者等の福祉の増進のための匿名障害福祉等関連情報の利用又は提供）

第八九条の二の三　主務大臣は、障害者等の福祉の増進に資するため、匿名障害福祉等関連情報（障害福祉等関連情報に係る特定の障害者等その他の主務省令で定める者（次条において「本人」という。）を識別すること及びその作成に用いる障害福祉等関連情報を復元することができないようにするために主務省令で定める基準に従い加工した障害福祉等関連情報をいう。以下同じ。）を利用し、又は主務省令で定めるところにより、次の各号に掲げる者であって、匿名障害福祉等関連情報の提供を受けて行うことについて相当の公益性を有すると認められる業務としてそれぞれ当該各号に定めるものを行うものに提供することができる。

一　国の他の行政機関及び地方公共団体　障害者等の福祉の増進並びに自立支援給付及び地域生活支援事業に関する施策の企画及び立案に関する調査

二　大学その他の研究機関　障害者等の福祉の増進並びに自立支援給付及び地域生活支援事業に関する研究

三　民間事業者その他の主務省令で定める者　障害福祉分野の調査研究に関する分析その他の主務省令

で定める業務（特定の商品又は役務の広告又は宣伝に利用するために行うものを除く。）

2　主務大臣は、前項の規定による匿名障害福祉等関連情報の利用又は提供を行う場合には、当該匿名障害福祉等関連情報を児童福祉法第三十三条の二十三の三第一項に規定する匿名障害児福祉等関連情報その他の主務省令で定めるものと連結して利用し、又は連結して利用することができる状態で提供することができる。

3　主務大臣は、第一項の規定により匿名障害福祉等関連情報を提供しようとする場合には、あらかじめ、社会保障審議会又はこども家庭審議会の意見を聴かなければならない。

（照合等の禁止）

第八九条の二の四　前条第一項の規定により匿名障害福祉等関連情報の提供を受け、これを利用する者（以下「匿名障害福祉等関連情報利用者」という。）は、匿名障害福祉等関連情報を取り扱うに当たっては、当該匿名障害福祉等関連情報の作成に用いられた障害福祉等関連情報に係る本人を識別するために、当該障害福祉等関連情報から削除された記述等（文書、図画若しくは電磁的記録（電磁的方式（電子的方式、磁気的方式その他人の知覚によっては認識することができない方式をいう。）で作られる記録をいう。）に記載され、若しくは記録され、又は音声、動作その他の方法を用いて表された一切の事項をいう。）若しくは匿名障害福祉等関連情報の作成に用いられた加工の方法に関する情報を取得し、又は当該匿名障害福祉等関連情報を他の情報と照合してはならない。

（消去）

第八九条の二の五　匿名障害福祉等関連情報利用者は、提供を受けた匿名障害福祉等関連情報を利用する必要がなくなったときは、遅滞なく、当該匿名障害福祉等関連情報を消去しなければならない。

（安全管理措置）

第八九条の二の六　匿名障害福祉等関連情報利用者は、匿名障害福祉等関連情報の漏えい、滅失又は毀損の防止その他の当該匿名障害福祉等関連情報の安全管理のために必要かつ適切なものとして主務省令で定める措置を講じなければならない。

（利用者の義務）

第八九条の二の七　匿名障害福祉等関連情報利用者又は匿名障害福祉等関連情報利用者であった者は、匿名障害福祉等関連情報の利用に関して知り得た匿名障害福祉等関連情報の内容をみだりに他人に知らせ、又は不当な目的に利用してはならない。

（立入検査等）

第八九条の二の八　主務大臣は、この章（第八十七条から第八十九条の二の二まで及び第八十九条の三から第九十一条までを除く。）の規定の施行に必要な限度において、匿名障害福祉等関連情報利用者（国の他の行政機関を除く。以下この項及び次条において同じ。）に対し報告若しくは帳簿書類の提出若しくは提示を命じ、又は当該職員に関係者に対して質問させ、若しくは匿名障害福祉等関連情報利用者の事務所その他の事業所に立ち入り、匿名障害福祉等関連情報利用者の帳簿書類その他の物件を検査させることができる。

2　第九条第二項の規定は前項の規定による質問又は検査について、同条第三項の規定は前項の規定による権限について準用する。

（是正命令）

第八九条の二の九　主務大臣は、匿名障害福祉等関連情報利用者が第八十九条の二の四から第八十九条の二の七までの規定に違反していると認めるときは、その者に対し、当該違反を是正するため必要な措置をとるべきことを命ずることができる。

（連合会等への委託）

第八九条の二の三　主務大臣は、前条第一項に規定する調査及び分析に係る事務の全部又は一部を連合会その他主務省令で定める者に委託することができる。

注　第八九条の二の三は、令和四年一二月一六日法律第一〇四号により次のように改正され、令和四年一二月一六日から起算して三年を超えない範囲内において政令で定める日から施行される。

第八十九条の二の三中「前条第一項」を「第八十九条の二の二第一項」に改め、「分析」の下に「並びに第八十九条の二の三第一項の規定による利用又は提供」を、「者」の下に「（次条第一項及び第三項において「連合会等」という。）」を加え、同条を第八十九条の二の十とする。

注　次の一条は、令和四年一二月一六日法律第一〇四号により追加され、令和四年一二月一六日から起算して三年を超えない範囲内において政令で定める日から施行される。

第八十九条の二の十の次に次の一条を加える。

（手数料）

第八九条の二の一一　匿名障害福祉等関連情報利用者は、実費を勘案して政令で定める額の手数料を国（前条の規定により主務大臣からの委託を受けて、連合会等が第八十九条の二の三第一項の規定による匿名障害福祉等関連情報の提供に係る事務の全部を行う場合にあっては、連合会等）に納めなければならない。

2　主務大臣は、前項の手数料を納めようとする者が都道府県その他の障害者等の福祉の増進のために特に重要な役割を果たす者として政令で定める者であるときは、政令で定めるところにより、当該手数料を減額し、又は免除することができる。

3　第一項の規定により連合会等に納められた手数料は、連合会等の収入とする。

（協議会）

第八九条の三　地方公共団体は、単独で又は共同して、障害者等への支援の体制の整備を図るため、関係機関、関係団体並びに障害者等及びその家族並びに障害者等の福祉、医療、教育又は雇用に関連する職務に従事する者その他の関係者（以下この条において「関係機関等」という。）により構成される協議会（以下この条において単に「協議会」という。）を置くように努めなければならない。

2　協議会は、関係機関等が相互の連絡を図ることにより、地域における障害者等への適切な支援に関する情報及び支援体制に関する課題についての情報を共有し、関係機関等の連携の緊密化を図るとともに、地域の実情に応じた体制の整備について協議を行うものとする。

3　協議会は、前項の規定による情報の共有及び協議を行うために必要があると認めるときは、関係機関等に対し、資料又は情報の提供、意見の表明その他必要な協力を求めることができる。

4　関係機関等は、前項の規定による求めがあった場合には、これに協力するよう努めるものとする。

5　協議会の事務に従事する者又は従事していた者は、正当な理由なしに、協議会の事務に関して知り得た秘密を漏らしてはならない。

6　前各項に定めるもののほか、協議会の組織及び運営に関し必要な事項は、協議会が定める。

（都道府県知事の助言等）

第九〇条　都道府県知事は、市町村に対し、市町村障害福祉計画の作成上の技術的事項について必要な助言をすることができる。

2　主務大臣は、都道府県に対し、都道府県障害福祉計画の作成の手法その他都道府県障害福祉計画の作成上の重要な技術的事項について必要な助言をすることができる。

（国の援助）

第九一条　国は、市町村又は都道府県が、市町村障害福祉計画又は都道府県障害福祉計画に定められた事業を実施しようとするときは、当該事業が円滑に実施されるように必要な助言その他の援助の実施に努めるものとする。

第六章　費用

（市町村の支弁）

第九二条　次に掲げる費用は、市町村の支弁とする。

一　介護給付費等、特定障害者特別給付費及び特例特定障害者特別給付費（以下「**障害福祉サービス費等**」という。）の支給に要する費用

二　地域相談支援給付費、特例地域相談支援給付費、計画相談支援給付費及び特例計画相談支援給付費（第九十四条第一項において「**相談支援給付費等**」という。）の支給に要する費用

三　自立支援医療費（第八条第一項の政令で定める医療に係るものを除く。）、療養介護医療費及び基準該当療養介護医療費の支給に要する費用

四　補装具費の支給に要する費用

五　高額障害福祉サービス等給付費の支給に要する費用

六　市町村が行う地域生活支援事業に要する費用

（都道府県の支弁）

第九三条　次に掲げる費用は、都道府県の支弁とする。

一　自立支援医療費（第八条第一項の政令で定める医療に係るものに限る。）の支給に要する費用

二　都道府県が行う地域生活支援事業に要する費用

（都道府県の負担及び補助）

第九四条　都道府県は、政令で定めるところにより、第九十二条の規定により市町村が支弁する費用について、次に掲げるものを負担する。

一　第九十二条第一号、第二号及び第五号に掲げる費用のうち、国及び都道府県が負担すべきものとして当該市町村における障害福祉サービス費等及び高額障害福祉サービス等給付費の支給に係る障害者等の障害支援区分ごとの人数、相談支援給付費等の支給に係る障害者等の人数その他の事情を勘案して政令で定めるところにより算定した額（以下「**障害福祉サービス費等負担対象額**」という。）の百分の二十五

二　第九十二条第三号及び第四号に掲げる費用のうち、その百分の二十五

2　都道府県は、当該都道府県の予算の範囲内において、政令で定めるところにより、第九十二条の規定により市町村が支弁する費用のうち、同条第六号に掲げる費用の百分の二十五以内を補助することができる。

（国の負担及び補助）

第九五条　国は、政令で定めるところにより、次に掲げるものを負担する。

一　第九十二条の規定により市町村が支弁する費用のうち、障害福祉サービス費等負担対象額の百分の五十

二　第九十二条の規定により市町村が支弁する費用のうち、同条第三号及び第四号に掲げる費用の百分の五十

三　第九十三条の規定により都道府県が支

弁する費用のうち、同条第一号に掲げる費用の百分の五十

2　国は、予算の範囲内において、政令で定めるところにより、次に掲げるものを補助することができる。

一　第十九条から第二十二条まで、第二十四条及び第二十五条の規定により市町村が行う支給決定に係る事務の処理に要する費用（地方自治法第二百五十二条の十四第一項の規定により市町村が審査判定業務を都道府県審査会に委託している場合にあっては、当該委託に係る費用を含む。）並びに第五十一条の五から第五十一条の七まで、第五十一条の九及び第五十一条の十の規定により市町村が行う地域相談支援給付決定に係る事務の百分の五十以内

二　第九十二条及び第九十三条の規定により市町村及び都道府県が支弁する費用のうち、第九十二条第六号及び第九十三条第二号に掲げる費用の百分の五十以内

（準用規定）

第九六条　社会福祉法第五十八条第二項から第四項までの規定は、国有財産特別措置法（昭和二十七年法律第二百十九号）第二条第二項第三号の規定又は同法第三条第一項第四号及び第二項の規定により普通財産の譲渡又は貸付けを受けた社会福祉法人に準用する。この場合において、社会福祉法第五十八条第二項中「厚生労働大臣」とあるのは、「主務大臣」と読み替えるものとする。

第七章　国民健康保険団体連合会の障害者総合支援法関係業務

（連合会の業務）

第九六条の二　連合会は、国民健康保険法の規定による業務のほか、第二十九条第七項（第三十四条第二項において準用する場合を含む。）、第五十一条の十四第七項及び第五十一条の十七第六項の規定により市町村から委託を受けて行う介護給付費、訓練等給付費、特定障害者特別給付費、地域相談支援給付費及び計画相談支援給付費の審査及び支払に関する業務を行う。

（議決権の特例）

第九六条の三　連合会が前条の規定により行う業務（次条において「**障害者総合支援法関係業務**」という。）については、国民健康保険法第八十六条において準用する同法第二十九条の規定にかかわらず、主務省令で定めるところにより、規約をもって議決権に関する特段の定めをすることができる。

（区分経理）

第九六条の四　連合会は、障害者総合支援法関係業務に係る経理については、その他の経理と区分して整理しなければならない。

第八章　審査請求

（審査請求）

第九七条　市町村の介護給付費等又は地域相談支援給付費等に係る処分に不服がある障害者又は障害児の保護者は、都道府県知事に対して審査請求をすることができる。

2　前項の審査請求は、時効の完成猶予及び更新に関しては、裁判上の請求とみなす。

（不服審査会）

第九八条　都道府県知事は、条例で定めるところにより、前条第一項の審査請求の事件を取り扱わせるため、障害者介護給付費等不服審査会（以下「**不服審査会**」という。）を置くことができる。

2　不服審査会の委員の定数は、政令で定める基準に従い、条例で定める員数とする。

3　委員は、人格が高潔であって、介護給付費等又は地域相談支援給付費等に関する処分の審理に関し公正かつ中立な判断をすることができ、かつ、障害者等の保健又は福祉に関する学識経験を有する者のうちから、都道府県知事が任命する。

（委員の任期）

第九九条　委員の任期は、三年とする。ただし、補欠の委員の任期は、前任者の残任期間とする。

2　委員は、再任されることができる。

（会長）

第一〇〇条　不服審査会に、委員のうちから委員が選挙する会長一人を置く。

2　会長に事故があるときは、前項の規定に準じて選挙された者が、その職務を代行する。

（審査請求の期間及び方式）

第一〇一条　審査請求は、処分があったことを知った日の翌日から起算して三月以内に、文書又は口頭でしなければならない。ただし、正当な理由により、この期間内に審査請求をすることができなかったことを疎明したときは、この限りでない。

（市町村に対する通知）

第一〇二条　都道府県知事は、審査請求がされたときは、行政不服審査法（平成二十六年法律第六十八号）第二十四条の規定により当該審査請求を却下する場合を除き、原処分をした市町村及びその他の利害関係人に通知しなければならない。

（審理のための処分）

第一〇三条　都道府県知事は、審理を行うため必要があると認めるときは、審査請求人若しくは関係人に対して報告若しくは意見を求め、その出頭を命じて審問し、又は医師その他都道府県知事の指定する者（次項において「医師等」という。）に診断その他の調査をさせることができる。

2　都道府県は、前項の規定により出頭した関係人又は診断その他の調査をした医師等に対し、政令で定めるところにより、旅費、日当及び宿泊料又は報酬を支給しなければならない。

（政令等への委任）

第一〇四条　この章及び行政不服審査法に定めるもののほか、審査請求の手続に関し必要な事項は政令で、不服審査会に関し必要な事項は当該不服審査会を設置した都道府県の条例で定める。

（審査請求と訴訟との関係）

第一〇五条　第九十七条第一項に規定する処分の取消しの訴えは、当該処分についての審査請求に対する裁決を経た後でなければ、提起することができない。

第九章　雑則

（連合会に対する監督）

第一〇五条の二　連合会について国民健康保険法第百六条及び第百八条の規定を適用する場合において、同法第百六条第一項中「事業」とあるのは「事業（障害者の日常生活及び社会生活を総合的に支援するための法律（平成十七年法律第百二十三号）第九十六条の三に規定する障害者総合支援法関係業務を含む。第百八条第一項及び第五項において同じ。）」と、同項第一号及び同法第百八条中「厚生労働大臣」とあるのは「主務大臣」とする。

（大都市等の特例）

第一〇六条　この法律中都道府県が処理することとされている事務に関する規定で政令で定めるものは、指定都市及び中核市並びに児童福祉法第五十九条の四第一項に規定する児童相談所設置市（以下「**児童相談所設置市**」という。）においては、政令で定めるところにより、指定都市若しくは中核市又は児童相談所設置市（以下「**指定都市等**」という。）が処理するものとする。この場合においては、この法律中都道府県に関する規定は、指定都市等に関する規定として指定都市等に適用があるものとする。

（主務大臣等）

第一〇六条の二　この法律における主務大臣は、厚生労働大臣とする。ただし、障害児に関する事項を含むものとして政令で定める事項については、内閣総理大臣及び厚生労働大臣とする。

2　この法律における主務省令は、主務大臣の発する命令とする。

（権限の委任）

第一〇七条　この法律による主務大臣の権限であって、前条第一項の規定により厚生労働大臣の権限とされるものは、厚生労働省令で定めるところにより、地方厚生局長に委任することができる。

2　前項の規定により地方厚生局長に委任された権限は、厚生労働省令で定めるところにより、地方厚生支局長に委任することができる。

3　この法律による主務大臣の権限であって、前条第一項ただし書の規定により内閣総理大臣の権限とされるもの（政令で定めるものを除く。）は、こども家庭庁長官に委任する。

4　前項の規定によりこども家庭庁長官に委任された権限の一部は、政令で定めるところにより、地方厚生局長又は地方厚生支局長に委任することができる。

（実施規定）

第一〇八条　この法律に特別の規定があるものを除くほか、この法律の実施のための手続その他その執行について必要な細則は、主務省令で定める。

第一〇章　罰則

第一〇九条　市町村審査会、都道府県審査会若しくは不服審査会の委員若しくは連合会の役員若しくは職員又はこれらの者であった者が、正当な理由なしに、職務上知り得た自立支援給付対象サービス等を行った者の業務上の秘密又は個人の秘密を漏らしたときは、一年以下の懲役又は百万円以下の罰金に処する。

2　第十一条の二第二項、第二十条第四項（第二十四条第三項、第五十一条の六第二項及び第五十一条の九第三項において準用する場合を含む。）、第七十七条の二第六項又は第八十九条の三第五項の規定に違反した者は、一年以下の懲役又は百万円以下の罰金に処する。

注　第一〇九条は、令和四年六月一七日法律第六八号により次のように改正され、令和四年六月一七日から起算して三年を超えない範囲内において政令で定める日から施行される。

第百九条中「懲役」を「拘禁刑」に改める。

注　次の二条は、令和四年一二月一六日法律第一〇四号により追加され、令和四年一二月一六日から起算して三年を超えない範囲内において政令で定める日から施行される。

第百九条の次に次の二条を加える。

第一〇九条の二　次の各号のいずれかに該当する場合には、当該違反行為をした者は、一年以下の拘禁刑若しくは五十万円以下の罰金に処し、又はこれを併科する。

一　第八十九条の二の七の規定に違反して、匿名障害福祉等関連情報の利用に関して知り得た匿名障害福祉等関連情報の内容をみだりに他人に知らせ、又は不当な目的に利用したとき。

二　第八十九条の二の九の規定による命令に違反したとき。

第一〇九条の三　第八十九条の二の八第一項の規定による報告若しくは帳簿書類の提出若しくは提示をせず、若しくは虚偽の報告若しくは虚偽の帳簿書類の提出若しくは提示をし、又は同項の規定による質問に対して答弁をせず、若しくは虚偽の答弁をし、若しくは同項の規定による検査を拒み、妨げ、若しくは忌避したときは、当該違反行為をした者は、五十万円以下の罰金に処する。

第一一〇条　第十一条第一項の規定による報告若しくは物件の提出若しくは提示をせず、若しくは虚偽の報告若しくは虚偽の物件の提出若しくは提示をし、又は同項の規定による当該職員の質問若しくは第十一条の二第一項の規定により委託を受けた指定事務受託法人の職員の第十一条第一項の規定による質問に対して、答弁せず、若しくは虚偽の答弁をした者は、三十万円以下の罰金に処する。

第一一一条　第四十八条第一項（同条第三項において準用する場合を含む。）、第五十一条の三第一項、第五十一条の二十七第一項若しくは第二項若しくは第五十一条の三十二第一項の規定による報告若しくは物件の提出若しくは提示をせず、若しくは虚偽の報告若しくは虚偽の物件の提出若しくは提示をし、又はこれらの規定による当該職員の質問に対して、答弁せず、若しくは虚偽の答弁をし、若しくはこれらの規定による検査を拒み、妨げ、若しくは忌避した者は、三十万円以下の罰金に処する。

注　第一一一条は、令和四年一二月一六日法律第一〇四号により次のように改正され、令和四年一二月一六日から起算して三年を超えない範囲内において政令で定める日から施行される。

第百十一条中「者」を「ときは、当該違反行為をした者」に改める。

注　次の一条は、令和四年一二月一六日法律第一〇四号により追加され、令和四年一二月一六日から起算して三年を超えない範囲内において政令で定める日から施行される。

第百十一条の次に次の一条を加える。

第一一一条の二　第百九条の二の罪は、日本国外において同条の罪を犯した者にも適用する。

第一一二条　法人の代表者又は法人若しくは人の代理人、使用人その他の従業者が、その法人又は人の業務に関して前条の違反行為をしたときは、行為者を罰するほか、その法人又は人に対しても、同条の刑を科する。

注　第一一二条は、令和四年一二月一六日法律第一〇四号により次のように改正され、令和四年一二月一六日から起算して三年を超えない範囲内において政令で定める日から施行される。

第百十二条中「前条」を「第百九条の二、第百九条の三又は第百十一条」に「同条の刑」を「各本条の罰金刑」に改める。

第一一三条　正当な理由なしに、第百三条第一項の規定による処分に違反して、出頭せず、陳述をせず、報告をせず、若しくは虚偽の陳述若しくは報告をし、又は診断その他の調査をしなかった者は、三十万円以下の罰金に処する。ただし、不服審査会の行う審査の手続における請求人又は第百二条の規定により通知を受けた市町村その他の利害関係人は、この限りでない。

第一一四条　第十一条第二項の規定による報告若しくは物件の提出若しくは提示をせず、若しくは虚偽の報告若しくは虚偽の物件の提出若しくは提示をし、又は同項の規定による当該職員の質問若しくは第十一条の二第一項の規定により委託を受けた指定事務受託法人の職員の第十一条第二項の規定による質問に対して、答弁せず、若しくは虚偽の答弁をした者は、十万円以下の過料に処する。

第一一五条　市町村等は、条例で、正当な理由なしに、第九条第一項の規定による報告若しくは物件の提出若しくは提示をせず、若しくは虚偽の報告若しくは虚偽の物件の提出若しくは提示をし、又は同項の規定による当該職員の質問若しくは第十一条の二第一項の規定により委託を受けた指定事務受託法人の職員の第九条第一項の規定による質問に対して、答弁せず、若しくは虚偽の答弁をした者に対し十万円以下の過料を科する規定を設けることができる。

2　市町村等は、条例で、正当な理由なしに、第十条第一項の規定による報告若しくは物件の提出若しくは提示をせず、若しくは虚偽の報告若しくは虚偽の物件の提出若しくは提示をし、又は同項の規定による当該職員の質問若しくは第十一条の二第一項の規定により委託を受けた指定事務受託法人の職員の第十条第一項の規定による質問に対して、答弁せず、若しくは虚偽の答弁をし、若しくは同項の規定による検査を拒み、妨げ、若しくは忌避した者に対し十万円以下の過料を科する規定を設けることができる。

3　市町村は、条例で、第二十四条第二項、第二十五条第二項、第五十一条の九第二項又は第五十一条の十第二項の規定による受給者証又は地域相談支援受給者証の提出又は返還を求められてこれに応じない者に対し十万円以下の過料を科する規定を設けることができる。

附　則（抄）

（施行期日）

第一条　この法律は、平成十八年四月一日から施行する。ただし、次の各号に掲げる規定は、当該各号に定める日から施行する。

二　第五条第一項（居宅介護、行動援護、児童デイサービス、短期入所及び共同生活援助に係る部分を除く。）、第三項、第五項、第六項、第九項から第十五項まで、第十七項及び第十九項から第二十二項まで、第二章第一節（サービス利用計画作成費、特定障害者特別給付費、特例特定障害者特別給付費、療養介護医療費、基準該当療養介護医療費及び補装具費の支給に係る部分に限る。）、第二十八条第一項（第二号、第四号、第五号及び第八号から第十号までに係る部分に限る。）及び第二項（第一号から第三号までに係る部分に限る。）、第三十二条、第三十四条、第三十五条、第三十六条第四項（第三十七条第二項において準用する場合を含む。）、第三十八条から第四十条まで、第四十一条（指定障害者支援施設及び指定相談支援事業者の指定に係る部分に限る。）、第四十二条（指定障害者支援施設等の設置者及び指定相談支援事業者に係る部分に限る。）、第四十四条、第四十五条、第四十六条第一項（指定相談支援事業者に係る部分に限る。）及び第二項、第四十七条、第四十八条第三項及び第四項、第四十九条第二項及び第三項並びに同条第四項から第七項まで（指定障害者支援施設等の設置者及び指定相談支援事業者に係る部分に限る。）、第五十条第三項及び第四項、第五十一条（指定障害者支援施設及び指定相談支援事業者に係る部分に限る。）、第七十条から第七十二条まで、第七十三条、第七十四条第二項及び第七十五条（療養介護医療及び基準該当療養介護医療に係る部分に限る。）、第二章第四節、第三章、第四章（障害福祉サービス事業に係る部分を除く。）、第五章、第九十二条第一号（サービス利用計画作成費、特定障害者特別給付費及び特例特定障害者特別給付費の支給に係る部分に限る。）、第二号（療養介護医療費及び基準該当療養介護医療費の支給に係る部分に限る。）、第三号及び第四号、第九十三条第二号、第九十四条第一項第二号（第九十二条第三号に係る部分に限る。）及び第二項、第九十五条第一項第二号（第九十二条第二号に係る部分を除く。）及び第二項第二号、第九十六条、第百十条（サービス利用計画作成費、特定障害者特別給付費、特例特定障害者特別給付費、療養介護医療費、基準該当療養介護医療費及び補装具費の支給に係る部分に限る。）、第百十一条及び第百十二条（第四十八条第一項の規定を同条第三項及び第四項において準用する場合に係る部分に限る。）並びに第百十四条並びに第百十五条第一項及び第二項（サービス利用計画作成費、特定障害者特別給付費、特例特定障害者特別給付費、療養介護医療費、基準該当療養介護医療費及び補装具費の支給に係る部分に限る。）並びに附則第十八条から第二十三条まで〔中略〕の規定　平成十八年十月一日

（自立支援給付の特例）

第二条　児童福祉法第六十三条の二及び第六十三条の三の規定による通知に係る児童は、第十九条から第二十五条まで、第二十九条から第三十一条まで、第三十四条、第三十五条、第五十一条の五から第五十一条の十まで、第五十一条の十四、第五十一条の十五、第七十条、第七十一条、第七十六条の二、第九十二条、第九十四条及び第九十五条の規定の適用については、障害者とみなす。

2　前項の規定により障害者とみなされた障害児であって、特定施設へ入所又は入居をする前日において、児童福祉法第二十四条の二第一項の規定により障害児入所給付費の支給を受けて又は同法第二十七条第一項第三号若しくは第二項の規定により措置（同法第三十一条第五項の規定により同法第二十七条第一項第三号又は第二項の規定による措置とみなされる場合を含む。）が採られて第五条第一項の主務省令で定める施設に入所していた障害児に係る第十九条第四項の規定の適用については、同項中「当該障害者等が満十八歳となる日の前日に当該障害者等の保護者であった者（以下この項において「保護者であった者」という。）」とあるのは「当該障害児が特定施設へ入所又は入居をする日の前日に当該障害児の保護者」と、同項ただし書中「当該障害者等が満十八歳となる日の前日」とあるのは「当該障害児が特定施設へ入所又は入居をする日の前日」と、「保護者であった者」とあるのは「当該障害児の保護者」と読み替えるものとする。

（特定施設入所等障害者に関する経過措置）

第一八条　附則第四十一条第一項又は第五十八条第一項の規定によりなお従前の例により運営をすることができることとされた附則第四十一条第一項に規定する身体障害者更生援護施設又は附則第五十八条第一項に規定する知的障害者援護施設（附則第五十二条の規定による改正前の知的障害者福祉法第二十一条の八に規定する知的障害者通勤寮を除く。）は、障害者支援施設とみなして、第十九条第三項及び第四項の規定を適用する。

2　附則第一条第二号に掲げる規定の施行の日以後、当分の間、第十九条第三項中「第十八条第二項」とあるのは「第十八条」と、「第十六条第一項の規定により入所措置」とあるのは「第十五条の四若しくは第十六条第一項の規定により入所若しくは入居の措置」と、「又は第五条第一項」とあるのは「若しくは第五条第一項」と、「定める施設に入所して」とあるのは「定める施設に入所し、又は共同生活援助を行う住居に入居して」と、「、救護施設」とあるのは「、共同生活援助を行う住居、救護施設」と、同条第四項中「第十八条第二項」とあるのは「第十八条」と、「第十六条第一項の規定により入所措置」とあるのは「第十五条の四若しくは第十六条第一項の規定により入所若しくは入居の措置」と、「入所した」とあるのは「入所若しくは入居をした」とする。

附　則（平三〇・六・八法律四四）（抄）

（施行期日）

第一条　この法律は、平成三十年十月一日から施行する。ただし、次の各号に掲げる規定は、当該各号に定める日から施行する。

四　（前略）附則第十九条から第二十二条までの規定　平成三十二年四月一日

（障害者の日常生活及び社会生活を総合的に支援するための法律の一部改正に伴う経過措置）

第二一条　当分の間、前条の規定による改正後の障害者の日常生活及び社会生活を総合的に支援するための法律第十九条第三項の規定の適用については、同項中「又は同法第三十条第一項ただし書」とあるのは「、同法第三十条第一項ただし書に規定する日常生活支援住居施設（以下この項において「日常生活支援住居施設」という。）又は同項ただし書」と、「更生施設」と、「更生施設若しくは日常生活支援住居施設若しくは」とあるのは「更生施設、日常生活支援住居施設若しくは」とする。

◉障害者の雇用の促進等に関する法律（抄）

題名改正 昭六二法律四一（旧身体障害者雇用促進法）

（昭和三五・七・二五法律一二三）

注 令五法律二八改正現在

（未施行分については、該当か所の後に改正文を収載）

第一章 総則

（目的）

第一条 この法律は、障害者の雇用義務等に基づく雇用の促進等のための措置、雇用の分野における障害者と障害者でない者との均等な機会及び待遇の確保並びに障害者がその有する能力を有効に発揮することができるようにするための措置、職業リハビリテーションの措置その他障害者がその能力に適合する職業に就くこと等を通じてその職業生活において自立することを促進するための措置を総合的に講じ、もつて障害者の職業の安定を図ることを目的とする。

（用語の意義）

第二条 この法律において、次の各号に掲げる用語の意義は、当該各号に定めるところによる。

一 障害者 身体障害、知的障害、精神障害（発達障害を含む。第六号において同じ。）その他の心身の機能の障害（以下「障害」と総称する。）があるため、長期にわたり、職業生活に相当の制限を受け、又は職業生活を営むことが著しく困難な者をいう。

二 身体障害者 障害者のうち、身体障害がある者であつて別表に掲げる障害があるものをいう。

三 重度身体障害者 身体障害者のうち、身体障害の程度が重い者であつて厚生労働省令で定めるものをいう。

四 知的障害者 障害者のうち、知的障害がある者であつて厚生労働省令で定めるものをいう。

五 重度知的障害者 知的障害者のうち、知的障害の程度が重い者であつて厚生労働省令で定めるものをいう。

六 精神障害者 障害者のうち、精神障害がある者であつて厚生労働省令で定めるものをいう。

七 職業リハビリテーション 障害者に対して職業指導、職業訓練、職業紹介その他この法律に定める措置を講じ、その職業生活における自立を図ることをいう。

（基本的理念）

第三条 障害者である労働者は、経済社会を構成する労働者の一員として、職業生活においてその能力を発揮する機会を与えられるものとする。

第四条 障害者である労働者は、職業に従事する者としての自覚を持ち、自ら進んで、その能力の開発及び向上を図り、有為な職業人として自立するように努めなければならない。

（事業主の責務）

第五条 全て事業主は、障害者の雇用に関し、社会連帯の理念に基づき、障害者である労働者が有為な職業人として自立しようとする努力に対して協力する責務を有するものであつて、その有する能力を正当に評価し、適当な雇用の場を与えるとともに適正な雇用管理並びに職業能力の開発及び向上に関する措置を行うことによりその雇用の安定を図るように努めなければならない。

（国及び地方公共団体の責務）

第六条 国及び地方公共団体は、自ら率先して障害者を雇用するとともに、障害者の雇用について事業主その他国民一般の理解を高めるほか、事業主、障害者その他の関係者に対する援助の措置及び障害者の特性に配慮した職業リハビリテーションの措置を講ずる等障害者の雇用の促進及びその職業の安定を図るために必要な施策を、障害者の福祉に関する施策との有機的な連携を図りつつ総合的かつ効果的に推進するように努めなければならない。

（障害者雇用対策基本方針）

第七条 厚生労働大臣は、障害者の雇用の促進及びその職業の安定に関する施策の基本となるべき方針（以下「**障害者雇用対策基本方針**」という。）を策定するものとする。

2 障害者雇用対策基本方針に定める事項は、次のとおりとする。

一 障害者の就業の動向に関する事項

二 職業リハビリテーションの措置の総合的か

つ効果的な実施を図るため講じようとする施策の基本となるべき事項
三　前二号に掲げるもののほか、障害者の雇用の促進及びその職業の安定を図るため講じようとする施策の基本となるべき事項
3　厚生労働大臣は、障害者雇用対策基本方針を定めるに当たつては、あらかじめ、労働政策審議会の意見を聴くほか、都道府県知事の意見を求めるものとする。
4　厚生労働大臣は、障害者雇用対策基本方針を定めたときは、遅滞なく、その概要を公表しなければならない。
5　前二項の規定は、障害者雇用対策基本方針の変更について準用する。

（障害者活躍推進計画作成指針）
第七条の二　厚生労働大臣は、国及び地方公共団体が障害者である職員がその有する能力を有効に発揮して職業生活において活躍することの推進（次項、次条及び第七十八条第一項第二号において「障害者である職員の職業生活における活躍の推進」という。）に関する取組を総合的かつ効果的に実施することができるよう、障害者雇用対策基本方針に基づき、次条第一項に規定する障害者活躍推進計画（次項において「障害者活躍推進計画」という。）の作成に関する指針（以下この条及び次条第一項において「障害者活躍推進計画作成指針」という。）を定めるものとする。
2　障害者活躍推進計画作成指針においては、次に掲げる事項につき、障害者活躍推進計画の指針となるべきものを定めるものとする。
一　障害者活躍推進計画の作成に関する基本的な事項
二　障害者である職員の職業生活における活躍の推進に関する取組の内容に関する事項
三　その他障害者である職員の職業生活における活躍の推進に関する取組に関する重要事項
3　厚生労働大臣は、障害者活躍推進計画作成指針を定め、又は変更したときは、遅滞なく、これを公表しなければならない。

（障害者活躍推進計画の作成等）
第七条の三　国及び地方公共団体の任命権者（委任を受けて任命権を行う者を除く。以下同じ。）は、障害者活躍推進計画作成指針に即して、当該機関（当該任命権者の委任を受けて任命権を行う者に係る機関を含む。）が実施する障害者である職員の職業生活における活躍の推進に関する取組に関する計画（以下この条及び第七十八条第一項第二号において「障害者活躍推進計画」という。）を作成しなければならない。
2　障害者活躍推進計画においては、次に掲げる事項を定めるものとする。
一　計画期間
二　障害者である職員の職業生活における活躍の推進に関する取組の実施により達成しようとする目標
三　実施しようとする障害者である職員の職業生活における活躍の推進に関する取組の内容及びその実施時期
3　厚生労働大臣は、国又は地方公共団体の任命権者の求めに応じ、障害者活躍推進計画の作成に関し必要な助言を行うことができる。
4　国及び地方公共団体の任命権者は、障害者活躍推進計画を作成し、又は変更したときは、遅滞なく、これを職員に周知させるための措置を講じなければならない。
5　国及び地方公共団体の任命権者は、障害者活躍推進計画を作成し、又は変更したときは、遅滞なく、これを公表しなければならない。
6　国及び地方公共団体の任命権者は、毎年少なくとも一回、障害者活躍推進計画に基づく取組の実施の状況を公表しなければならない。
7　国及び地方公共団体の任命権者は、障害者活躍推進計画に基づく取組を実施するとともに、障害者活躍推進計画に定められた目標を達成するように努めなければならない。

第二章　職業リハビリテーションの推進

第一節　通則

（職業リハビリテーションの原則）
第八条　職業リハビリテーションの措置は、障害者各人の障害の種類及び程度並びに希望、適性、職業経験等の条件に応じ、総合的かつ効果的に実施されなければならない。
2　職業リハビリテーションの措置は、必要に応じ、医学的リハビリテーション及び社会的リハビリテーションの措置との適切な連携の下に実施されるものとする。

第二節　職業紹介等

（求人の開拓等）

第九条　公共職業安定所は、障害者の雇用を促進するため、障害者の求職に関する情報を収集し、事業主に対して当該情報の提供、障害者の雇入れの勧奨等を行うとともに、その内容が障害者の能力に適合する求人の開拓に努めるものとする。

（求人の条件等）

第一〇条　公共職業安定所は、障害者にその能力に適合する職業を紹介するため必要があるときは、求人者に対して、身体的又は精神的な条件その他の求人の条件について指導するものとする。

２　公共職業安定所は、障害者について職業紹介を行う場合において、求人者から求めがあるときは、その有する当該障害者の職業能力に関する資料を提供するものとする。

（職業指導等）

第一一条　公共職業安定所は、障害者がその能力に適合する職業に就くことができるようにするため、適性検査を実施し、雇用情報を提供し、障害者に適応した職業指導を行う等必要な措置を講ずるものとする。

（障害者職業センターとの連携）

第一二条　公共職業安定所は、前条の適性検査、職業指導等を特に専門的な知識及び技術に基づいて行う必要があると認める障害者については、第十九条第一項に規定する障害者職業センターとの密接な連携の下に当該適性検査、職業指導等を行い、又は当該障害者職業センターにおいて当該適性検査、職業指導等を受けることについてあっせんを行うものとする。

注　第一二条は、令和四年一二月一六日法律第一〇四号により次のように改正され、令和四年一二月一六日から起算して三年を超えない範囲内において政令で定める日から施行される。

第十二条の見出し中「連携」を「連携等」に改め、同条に次の一項を加える。

２　公共職業安定所及び第十九条第一項に規定する障害者職業センターは、障害者の日常生活及び社会生活を総合的に支援するための法律（平成十七年法律第百二十三号）第五条第十三項に規定する就労選択支援を受けた者から同項の結果の提供を受けたときは、その結果を参考として、前条及び前項の適性検査、職業指導等を行うものとする。

（適応訓練）

第一三条　都道府県は、必要があると認めるときは、求職者である障害者（身体障害者、知的障害者又は精神障害者に限る。次条及び第十五条第二項において同じ。）について、その能力に適合する作業の環境に適応することを容易にすることを目的として、適応訓練を行うものとする。

２　適応訓練は、前項に規定する作業でその環境が標準的なものであると認められるものを行う事業主に委託して実施するものとする。

（適応訓練のあっせん）

第一四条　公共職業安定所は、その雇用の促進のために必要があると認めるときは、障害者に対して、適応訓練を受けることについてあっせんするものとする。

（適応訓練を受ける者に対する措置）

第一五条　適応訓練は、無料とする。

２　都道府県は、適応訓練を受ける障害者に対して、労働施策の総合的な推進並びに労働者の雇用の安定及び職業生活の充実等に関する法律（昭和四十一年法律第百三十二号）の規定に基づき、手当を支給することができる。

（厚生労働省令への委任）

第一六条　前三条に規定するもののほか、訓練期間その他適応訓練の基準については、厚生労働省令で定める。

（就職後の助言及び指導）

第一七条　公共職業安定所は、障害者の職業の安定を図るために必要があると認めるときは、その紹介により就職した障害者その他事業主に雇用されている障害者に対して、その作業の環境に適応させるために必要な助言又は指導を行うことができる。

（事業主に対する助言及び指導）

第一八条　公共職業安定所は、障害者の雇用の促進及びその職業の安定を図るために必要があると認めるときは、障害者を雇用し、又は雇用しようとする者に対して、雇入れ、配置、作業補助具、作業の設備又は環境その他障害者の雇用に関する技術的事項（次節において「**障害者の**

雇用管理に関する事項」という。）についての助言又は指導を行うことができる。

第三節　障害者職業センター

（障害者職業センターの設置等の業務）

第一九条　厚生労働大臣は、障害者の職業生活における自立を促進するため、次に掲げる施設（以下「障害者職業センター」という。）の設置及び運営の業務を行う。

一　障害者職業総合センター

二　広域障害者職業センター

三　地域障害者職業センター

2　厚生労働大臣は、前項に規定する業務の全部又は一部を独立行政法人高齢・障害・求職者雇用支援機構（以下「**機構**」という。）に行わせるものとする。

（障害者職業総合センター）

第二〇条　障害者職業総合センターは、次に掲げる業務を行う。

一　職業リハビリテーション（職業訓練を除く。第五号イ及び第二十五条第三項を除き、以下この節において同じ。）に関する調査及び研究を行うこと。

二　障害者の雇用に関する情報の収集、分析及び提供を行うこと。

三　第二十四条の障害者職業カウンセラー及び職場適応援助者（身体障害者、知的障害者、精神障害者その他厚生労働省令で定める障害者（以下「**知的障害者等**」という。）が職場に適応することを容易にするための援助を行う者をいう。以下同じ。）の養成及び研修を行うこと。

四　広域障害者職業センター、地域障害者職業センター、第二十七条第二項の障害者就業・生活支援センター、就労支援事業者（障害者の日常生活及び社会生活を総合的に支援するための法律（平成十七年法律第百二十三号）第五条第十三項に規定する就労移行支援を行う事業者をいう。第二十二条第五号において同じ。）その他の関係機関及びこれらの機関の職員に対する職業リハビリテーションに関する技術的事項についての助言、指導、研修その他の援助を行うこと。

五　前各号に掲げる業務に付随して、次に掲げる業務を行うこと。

イ　障害者に対する職業評価（障害者の職業能力、適性等を評価し、及び必要な職業リハビリテーションの措置を判定することをいう。以下同じ。）、職業指導、基本的な労働の習慣を体得させるための訓練（第二十二条第一号及び第二十八条第二号において「職業準備訓練」という。）並びに職業に必要な知識及び技能を習得させるための講習（以下「**職業講習**」という。）を行うこと。

ロ　事業主に雇用されている知的障害者等に対する職場への適応に関する事項についての助言又は指導を行うこと。

ハ　事業主に対する障害者の雇用管理に関する事項についての助言その他の援助を行うこと。

六　前各号に掲げる業務に附帯する業務を行うこと。

> **注**　第二〇条は、令和四年一二月一六日法律第一〇四号により次のように改正され、令和四年一二月一六日から起算して三年を超えない範囲内において政令で定める日から施行される。
>
> 第二十条第四号中「（平成十七年法律第百二十三号）第五条第十三項」を「第五条第十三項に規定する就労選択支援又は同条第十四項」に改める。

（広域障害者職業センター）

第二一条　広域障害者職業センターは、広範囲の地域にわたり、系統的に職業リハビリテーションの措置を受けることを必要とする障害者に関して、障害者職業能力開発校又は独立行政法人労働者健康安全機構法（平成十四年法律第百七十一号）第十二条第一項第一号に掲げる療養施設その他の厚生労働省令で定める施設との密接な連携の下に、次に掲げる業務を行う。

一　厚生労働省令で定める障害者に対する職業評価、職業指導及び職業講習を系統的に行うこと。

二　前号の措置を受けた障害者を雇用し、又は雇用しようとする事業主に対する障害者の雇用管理に関する事項についての助言その他の援助を行うこと。

三　前二号に掲げる業務に附帯する業務を行うこと。

（地域障害者職業センター）

第二二条 地域障害者職業センターは、都道府県の区域内において、次に掲げる業務を行う。

一 障害者に対する職業評価、職業指導、職業準備訓練及び職業講習を行うこと。

二 事業主に雇用されている知的障害者等に対する職場への適応に関する事項についての助言又は指導を行うこと。

三 事業主に対する障害者の雇用管理に関する事項についての助言その他の援助を行うこと。

四 職場適応援助者の養成及び研修を行うこと。

五 第二十七条第二項の障害者就業・生活支援センター、就労支援事業者その他の関係機関及びこれらの機関の職員に対する職業リハビリテーションに関する技術的事項についての助言、研修その他の援助を行うこと。

六 前各号に掲げる業務に附帯する業務を行うこと。

第四節 障害者就業・生活支援センター

（指定）

第二七条 都道府県知事は、職業生活における自立を図るために就業及びこれに伴う日常生活又は社会生活上の支援を必要とする障害者（以下この節において「**支援対象障害者**」という。）の職業の安定を図ることを目的とする一般社団法人若しくは一般財団法人、社会福祉法（昭和二十六年法律第四十五号）第二十二条に規定する社会福祉法人又は特定非営利活動促進法（平成十年法律第七号）第二条第二項に規定する特定非営利活動法人その他厚生労働省令で定める法人であつて、次条に規定する業務に関し次に掲げる基準に適合すると認められるものを、その申請により、同条に規定する業務を行う者として指定することができる。

一 職員、業務の方法その他の事項についての業務の実施に関する計画が適正なものであり、かつ、その計画を確実に遂行するに足りる経理的及び技術的な基礎を有すると認められること。

二 前号に定めるもののほか、業務の運営が適正かつ確実に行われ、支援対象障害者の雇用の促進その他福祉の増進に資すると認められること。

2 都道府県知事は、前項の規定による指定をしたときは、同項の規定による指定を受けた者（以下「**障害者就業・生活支援センター**」という。）の名称及び住所並びに事務所の所在地を公示しなければならない。

3 障害者就業・生活支援センターは、その名称及び住所並びに事務所の所在地を変更しようとするときは、あらかじめ、その旨を都道府県知事に届け出なければならない。

4 都道府県知事は、前項の規定による届出があつたときは、当該届出に係る事項を公示しなければならない。

（業務）

第二八条 障害者就業・生活支援センターは、次に掲げる業務を行うものとする。

一 支援対象障害者からの相談に応じ、必要な指導及び助言を行うとともに、公共職業安定所、地域障害者職業センター、社会福祉施設、医療施設、特別支援学校その他の関係機関との連絡調整その他厚生労働省令で定める援助を総合的に行うこと。

二 支援対象障害者が障害者職業総合センター、地域障害者職業センターその他厚生労働省令で定める事業主により行われる職業準備訓練を受けることについてあつせんすること。

三 前二号に掲げるもののほか、支援対象障害者がその職業生活における自立を図るために必要な業務を行うこと。

（地域障害者職業センターとの関係）

第二九条 障害者就業・生活支援センターは、地域障害者職業センターの行う支援対象障害者に対する職業評価に基づき、前条第二号に掲げる業務を行うものとする。

（秘密保持義務）

第三三条 障害者就業・生活支援センターの役員若しくは職員又はこれらの職にあつた者は、第二十八条第一号に掲げる業務に関して知り得た秘密を漏らしてはならない。

第二章の二 障害者に対する差別の禁止等

（障害者に対する差別の禁止）

第三四条 事業主は、労働者の募集及び採用について、障害者に対して、障害者でない者と均等な機会を与えなければならない。

第三五条　事業主は、賃金の決定、教育訓練の実施、福利厚生施設の利用その他の待遇について、労働者が障害者であることを理由として、障害者でない者と不当な差別的取扱いをしてはならない。

（障害者に対する差別の禁止に関する指針）
第三六条　厚生労働大臣は、前二条の規定に定める事項に関し、事業主が適切に対処するために必要な指針（次項において「差別の禁止に関する指針」という。）を定めるものとする。
2　第七条第三項及び第四項の規定は、差別の禁止に関する指針の策定及び変更について準用する。この場合において、同条第三項中「聴くほか、都道府県知事の意見を求める」とあるのは、「聴く」と読み替えるものとする。

（雇用の分野における障害者と障害者でない者との均等な機会の確保等を図るための措置）
第三六条の二　事業主は、労働者の募集及び採用について、障害者と障害者でない者との均等な機会の確保の支障となつている事情を改善するため、労働者の募集及び採用に当たり障害者からの申出により当該障害者の障害の特性に配慮した必要な措置を講じなければならない。ただし、事業主に対して過重な負担を及ぼすこととなるときは、この限りでない。
第三六条の三　事業主は、障害者である労働者について、障害者でない労働者との均等な待遇の確保又は障害者である労働者の有する能力の有効な発揮の支障となつている事情を改善するため、その雇用する障害者である労働者の障害の特性に配慮した職務の円滑な遂行に必要な施設の整備、援助を行う者の配置その他の必要な措置を講じなければならない。ただし、事業主に対して過重な負担を及ぼすこととなるときは、この限りでない。
第三六条の四　事業主は、前二条に規定する措置を講ずるに当たつては、障害者の意向を十分に尊重しなければならない。
2　事業主は、前条に規定する措置に関し、その雇用する障害者である労働者からの相談に応じ、適切に対応するために必要な体制の整備その他の雇用管理上必要な措置を講じなければならない。

（雇用の分野における障害者と障害者でない者との均等な機会の確保等に関する指針）
第三六条の五　厚生労働大臣は、前三条の規定に基づき事業主が講ずべき措置に関して、その適切かつ有効な実施を図るために必要な指針（次項において「均等な機会の確保等に関する指針」という。）を定めるものとする。
2　第七条第三項及び第四項の規定は、均等な機会の確保等に関する指針の策定及び変更について準用する。この場合において、同条第三項中「聴くほか、都道府県知事の意見を求める」とあるのは、「聴く」と読み替えるものとする。

（助言、指導及び勧告）
第三六条の六　厚生労働大臣は、第三十四条、第三十五条及び第三十六条の二から第三十六条の四までの規定の施行に関し必要があると認めるときは、事業主に対して、助言、指導又は勧告をすることができる。

第三章　対象障害者の雇用義務等に基づく雇用の促進等

第一節　対象障害者の雇用義務等

（対象障害者の雇用に関する事業主の責務）
第三七条　全て事業主は、対象障害者の雇用に関し、社会連帯の理念に基づき、適当な雇用の場を与える共同の責務を有するものであつて、進んで対象障害者の雇入れに努めなければならない。
2　この章、第八十六条第二号及び附則第三条から第六条までにおいて「対象障害者」とは、身体障害者、知的障害者又は精神障害者（精神保健及び精神障害者福祉に関する法律（昭和二十五年法律第百二十三号）第四十五条第二項の規定により精神障害者保健福祉手帳の交付を受けているものに限る。第四節及び第七十九条第一項を除き、以下同じ。）をいう。

（雇用に関する国及び地方公共団体の義務）
第三八条　国及び地方公共団体の任命権者は、職員（当該機関（当該任命権者の委任を受けて任命権を行う者に係る機関を含む。以下同じ。）に常時勤務する職員であつて、警察官、自衛官その他の政令で定める職員以外のものに限る。第七十九条第一項及び第八十一条第二項を除き、以下同じ。）の採用について、当該機関に勤務する対象障害者である職員の数が、当該機関の職員の総数に、第四十三条第二項に規定する障害者雇用率を下回らない率であつて政令で定めるものを乗じて得た数（その数に一人未満の端数があるときは、その端数は、切り捨てる。）未満である場合には、対象障害者である職員の数がその率を乗じて得た数以上となるようにするため、政令で定めるところにより、対象障害者の採用に関する計画を作成しなければならない。

2　前項の職員の総数の算定に当たつては、短時間勤務職員（一週間の勤務時間が、当該機関に勤務する通常の職員の一週間の勤務時間に比し短く、かつ、第四十三条第三項の厚生労働大臣の定める時間数未満である常時勤務する職員をいう。以下同じ。）は、その一人をもつて、厚生労働省令で定める数の職員に相当するものとみなす。

3　第一項の対象障害者である職員の数の算定に当たつては、対象障害者である短時間勤務職員は、その一人をもつて、厚生労働省令で定める数の対象障害者である職員に相当するものとみなす。

4　第一項の対象障害者である職員の数の算定に当たつては、重度身体障害者又は重度知的障害者である職員（短時間勤務職員を除く。）は、その一人をもつて、政令で定める数の対象障害者である職員に相当するものとみなす。

5　第一項の対象障害者である職員の数の算定に当たつては、第三項の規定にかかわらず、重度身体障害者又は重度知的障害者である短時間勤務職員は、その一人をもつて、前項の政令で定める数に満たない範囲内において厚生労働省令で定める数の対象障害者である職員に相当するものとみなす。

6　当該機関に勤務する職員が対象障害者であるかどうかの確認は、厚生労働省令で定める書類により行うものとする。

7　厚生労働大臣は、必要があると認めるときは、国及び地方公共団体の任命権者に対して、前項の規定による確認の適正な実施に関し、勧告をすることができる。

（一般事業主の雇用義務等）

第四三条　事業主（常時雇用する労働者（以下単に「**労働者**」という。）を雇用する事業主をいい、国及び地方公共団体を除く。次章及び第八十一条の二を除き、以下同じ。）は、厚生労働省令で定める雇用関係の変動がある場合には、その雇用する対象障害者である労働者の数が、その雇用する労働者の数に障害者雇用率を乗じて得た数（その数に一人未満の端数があるときは、その端数は、切り捨てる。第四十六条第一項において「法定雇用障害者数」という。）以上であるようにしなければならない。

2　前項の障害者雇用率は、労働者（労働の意思及び能力を有するにもかかわらず、安定した職業に就くことができない状態にある者を含む。第五十四条第三項において同じ。）の総数に対する対象障害者である労働者（労働の意思及び能力を有するにもかかわらず、安定した職業に就くことができない状態にある対象障害者を含む。第五十四条第三項において同じ。）の総数の割合を基準として設定するものとし、少なくとも五年ごとに、当該割合の推移を勘案して政令で定める。

3　第一項の対象障害者である労働者の数及び前項の対象障害者である労働者の総数の算定に当たつては、対象障害者である短時間労働者（一週間の所定労働時間が、当該事業主の事業所に雇用する通常の労働者の一週間の所定労働時間に比し短く、かつ、厚生労働大臣の定める時間数未満である常時雇用する労働者をいう。以下同じ。）は、その一人をもつて、厚生労働省令で定める数の対象障害者である労働者に相当するものとみなす。

4　第一項の対象障害者である労働者の数及び第二項の対象障害者である労働者の総数の算定に当たつては、重度身体障害者又は重度知的障害者である労働者（短時間労働者を除く。）は、その一人をもつて、政令で定める数の対象障害者である労働者に相当するものとみなす。

5　第一項の対象障害者である労働者の数及び第二項の対象障害者である労働者の総数の算定に当たつては、第三項の規定にかかわらず、重度身体障害者又は重度知的障害者である短時間労働者は、その一人をもつて、前項の政令で定める数に満たない範囲内において厚生労働省令で定める数の対象障害者である労働者に相当するものとみなす。

6　第二項の規定にかかわらず、特殊法人（法律により直接に設立された法人、特別の法律により特別の設立行為をもつて設立された法人又は特別の法律により地方公共団体が設立者となつて設立された法人のうち、その資本金の全部若しくは大部分が国若しくは地方公共団体からの出資による法人又はその事業の運営のために必要な経費の主たる財源を国若しくは地方公共団体からの交付金若しくは補助金によつて得ている法人であつて、政令で定めるものをいう。以下同じ。）に係る第一項の障害者雇用率は、第二項の規定による率を下回らない率であつて政令で定めるものとする。

7　事業主（その雇用する労働者の数が常時厚生労働省令で定める数以上である事業主に限る。）は、毎年一回、厚生労働省令で定めるところにより、対象障害者である労働者の雇用に関する状況を厚生労働大臣に報告しなければならない。

8　第一項及び前項の雇用する労働者の数並びに第二項の労働者の総数の算定に当たつては、短時間労働者は、その一人をもつて、厚生労働省令で定める数の労働者に相当するものとみなす。

9　当該事業主が雇用する労働者が対象障害者であるかどうかの確認は、厚生労働省令で定める書類により行うものとする。

（特定身体障害者）

第四八条　国及び地方公共団体の任命権者は、特定職種（労働能力はあるが、別表に掲げる障害の程度が重いため通常の職業に就くことが特に困難である身体障害者の能力にも適合すると認められる職種で政令で定めるものをいう。以下この条において同じ。）の職員（短時間勤務職員を除く。以下この項、第三項及び第四項において同じ。）の採用について、当該機関に勤務する特定身体障害者（身体障害者のうち特定職種ごとに政令で定める者に該当する者をいう。以下この条において同じ。）である当該職種の職員の数が、当該機関に勤務する当該職種の職員の総数に、職種に応じて政令で定める特定身体障害者雇用率を乗じて得た数（その数に一人未満の端数があるときは、その端数は、切り捨てる。）未満である場合には、特定身体障害者である当該職種の職員の数がその特定身体障害者雇用率を乗じて得た数以上となるようにするため、政令で定めるところにより、特定身体障害者の採用に関する計画を作成しなければならない。

2　第三十九条の規定は、前項の計画について準用する。

3　承認省庁又は認定地方機関に係る第一項の規定の適用については、当該外局等又は当該その他機関に勤務する職員は、当該承認省庁又は当該認定地方機関のみに勤務する職員とみなす。

4　当該機関に勤務する職員が特定身体障害者であるかどうかの確認は、厚生労働省令で定める書類により行うものとする。

5　厚生労働大臣は、必要があると認めるときは、国及び地方公共団体の任命権者に対して、前項の規定による確認の適正な実施に関し、勧告をすることができる。

6　事業主は、特定職種の労働者（短時間労働者を除く。以下この項、次項及び第九項において同じ。）の雇入れについては、その雇用する特定身体障害者である当該職種の労働者の数が、その雇用する当該職種の労働者の総数に、職種に応じて厚生労働省令で定める特定身体障害者雇用率を乗じて得た数（その数に一人未満の端数があるときは、その端数は、切り捨てる。）以上であるように努めなければならない。

7　厚生労働大臣は、特定身体障害者の雇用を促進するため特に必要があると認める場合には、その雇用する特定身体障害者である特定職種の労働者の数が前項の規定により算定した数未満であり、かつ、その数を増加するのに著しい困難を伴わないと認められる事業主（その雇用する当該職種の労働者の数が職種に応じて厚生労働省令で定める数以上であるものに限る。）に対して、特定身体障害者である当該職種の労働者の数が同項の規定により算定した数以上となるようにするため、厚生労働省令で定めるところにより、特定身体障害者の雇入れに関する計画の作成を命ずることができる。

8　親事業主、関係親事業主又は特定組合等に係る前二項の規定の適用については、当該子会社及び当該関係会社が雇用する労働者は当該親事業主のみが雇用する労働者と、当該関係子会社が雇用する労働者は当該関係親事業主のみが雇用する労働者と、当該特定事業主が雇用する労働者は当該特定組合等のみが雇用する労働者とみなす。

9　当該事業主が雇用する労働者が特定身体障害者であるかどうかの確認は、厚生労働省令で定める書類により行うものとする。

10　第四十六条第四項及び第五項の規定は、第七項の計画について準用する。

第二節　障害者雇用調整金の支給等及び障害者雇用納付金の徴収

第一款　障害者雇用調整金の支給等

（納付金関係業務）

第四九条　厚生労働大臣は、対象障害者の雇用に伴う経済的負担の調整並びにその雇用の促進及び継続を図るため、次に掲げる業務（以下「納付金関係業務」という。）を行う。

一　事業主（特殊法人を除く。以下この節及び第五節において同じ。）で次条第一項の規定に該当するものに対して、同項の障害者雇用調整金を支給すること。

二　対象障害者を労働者として雇い入れる事業主又は対象障害者である労働者を雇用する事業主に対して、これらの者の雇入れ又は雇用の継続のために必要となる施設又は設備の設置又は整備に要する費用に充てるための助成金を支給すること。

三　対象障害者である労働者を雇用する事業主又は当該事業主の加入している事業主の団体に対して、対象障害者である労働者の福祉の増進を図るための施設の設置又は整備に要する費用に充てるための助成金を支給すること。

四　対象障害者である労働者を雇用する事業主であつて、次のいずれかを行うものに対して、その要する費用に充てるための助成金を支給すること。

イ　身体障害者又は精神障害者となつた労働者の雇用の継続のために必要となる当該労働者が職場に適応することを容易にするための措置

ロ　加齢に伴つて生ずる心身の変化により職場への適応が困難となつた対象障害者である労働者の雇用の継続のために必要となる当該労働者が職場に適応することを容易にするための措置

ハ　対象障害者である労働者の雇用に伴い必要となる介助その他その雇用の安定を図るために必要な業務（対象障害者である労働者の通勤を容易にするための業務を除く。）を行う者を置くこと（次号ロに掲げるものを除く。）。

四の二　対象障害者に対する職場適応援助者による援助であつて、次のいずれかを行う者に対して、その要する費用に充てるための助成金を支給すること。

イ　社会福祉法第二十二条に規定する社会福祉法人その他対象障害者の雇用の促進に係る事業を行う法人が行う職場適応援助者による援助の事業

ロ　対象障害者である労働者を雇用する事業主が対象障害者である労働者の雇用に伴い必要となる援助を行う職場適応援助者を置くこと。

五　身体障害者（重度身体障害者その他の厚生労働省令で定める身体障害者に限る。以下この号において同じ。）、知的障害者若しくは精神障害者である労働者を雇用する事業主又は当該事業主の加入している事業主の団体に対して、身体障害者、知的障害者又は精神障害者である労働者の通勤を容易にするための措置に要する費用に充てるための助成金を支給すること。

六　重度身体障害者、知的障害者又は精神障害者である労働者を多数雇用する事業所の事業主に対して、当該事業所の事業の用に供する施設又は設備の設置又は整備に要する費用に充てるための助成金を支給すること。

七　対象障害者の職業に必要な能力を開発し、及び向上させるための教育訓練（厚生労働大臣が定める基準に適合するものに限る。以下この号において同じ。）の事業を行う次に掲げるものに対して、当該事業に要する費用に充てるための助成金を支給すること並びに対象障害者である労働者を雇用する事業主に対して、対象障害者である労働者の教育訓練の受講を容易にするための措置に要する費用に充てるための助成金を支給すること。

イ　事業主又はその団体

ロ　学校教育法（昭和二十二年法律第二十六号）第百二十四条に規定する専修学校又は同法第百三十四条第一項に規定する各種学校を設置する私立学校法（昭和二十四年法律第二百七十号）第三条に規定する学校法人又は同法第六十四条第四項に規定する法人

ハ　社会福祉法第二十二条に規定する社会福祉法人

二　その他対象障害者の雇用の促進に係る事業を行う法人

七の二　対象障害者の雇入れ及びその雇用の継続を図るために必要な対象障害者の一連の雇用管理に関する援助の事業を行うものに対して、当該援助の事業に要する費用に充てるための助成金を支給すること。

八　障害者の技能に関する競技大会に係る業務を行うこと。

九　対象障害者の雇用に関する技術的事項についての研究、調査若しくは講習の業務又は対象障害者の雇用について事業主その他国民一般の理解を高めるための啓発の業務を行うこと（前号に掲げる業務を除く。）。

十　第五十三条第一項に規定する障害者雇用納付金の徴収を行うこと。

十一　前各号に掲げる業務に附帯する業務を行うこと。

2　厚生労働大臣は、前項各号に掲げる業務の全部又は一部を機構に行わせるものとする。

注　第四九条は、令和五年五月八日法律第二一号により次のように改正され、令和七年四月一日から施行される。
　第四十九条第一項第七号ロ中「第六十四条第四項」を「第百五十二条第五項」に改める。

（**障害者雇用調整金の支給**）

第五〇条　機構は、政令で定めるところにより、各年度（四月一日から翌年三月三十一日までをいう。以下同じ。）ごとに、第五十四条第二項に規定する調整基礎額に当該年度に属する各月（当該年度の中途に事業を開始し、又は廃止した事業主にあつては、当該事業を開始した日の属する月の翌月以後の各月又は当該事業を廃止した日の属する月の前月以前の各月に限る。以下同じ。）ごとの初日におけるその雇用する対象障害者である労働者の数の合計数を乗じて得た額が同条第一項の規定により算定した額を超える事業主に対して、その差額に相当する額を当該調整基礎額で除して得た数（以下この項において「超過数」という。）を単位調整額に乗じて得た額（超過数が政令で定める数を超えるときは、当該政令で定める数を単位調整額に乗じて得た額に、当該超過数から当該政令で定める数を減じた数を次項の政令で定める金額に満たない範囲内において厚生労働省令で定める金額に乗じて得た額を加えた額）に相当する金額を、当該年度分の障害者雇用調整金（以下「**調整金**」という。）として支給する。

2　前項の単位調整額は、事業主がその雇用する労働者の数に第五十四条第三項の規定する基準雇用率を乗じて得た数を超えて新たに対象障害者である者を雇用するものとした場合に当該対象障害者である者一人につき通常追加的に必要とされる一月当たりの同条第二項に規定する特別費用の額の平均額を基準として、政令で定める金額とする。

3　第四十三条第八項の規定は、前項の雇用する労働者の数の算定について準用する。

4　第四十五条の二第四項から第六項までの規定は第一項の対象障害者である労働者の数の算定について、第四十八条第八項の規定は親事業主、関係親事業主又は特定組合等に係る第一項の規定の適用について準用する。

5　親事業主、関係親事業主又は特定組合等に係る第一項の規定の適用については、機構は、厚生労働省令で定めるところにより、当該親事業主、当該子会社若しくは当該関係会社、当該関係親事業主若しくは当該関係子会社又は当該特定組合等若しくは当該特定事業主に対して調整金を支給することができる。

6　第二項から前項までに定めるもののほか、法人である事業主が合併した場合又は個人である事業主について相続（包括遺贈を含む。第六十八条において同じ。）があつた場合における調整金の額の算定の特例その他調整金に関し必要な事項は、政令で定める。

（**助成金の支給**）

第五一条　機構は、厚生労働省令で定める支給要件、支給額その他の支給の基準に従つて第四十九条第一項第二号から第七号の二までの助成金を支給する。

2　前項の助成金の支給については、対象障害者の職業の安定を図るため講じられるその他の措置と相まつて、対象障害者の雇用が最も効果的かつ効率的に促進され、及び継続されるように配慮されなければならない。

第二款　障害者雇用納付金の徴収

（障害者雇用納付金の徴収及び納付義務）

第五三条　機構は、第四十九条第一項第一号の調整金及び同項第二号から第七号の二までの助成金の支給に要する費用、同項第八号及び第九号の業務の実施に要する費用並びに同項各号に掲げる業務に係る事務の処理に要する費用に充てるため、この款に定めるところにより、事業主から、毎年度、障害者雇用納付金（以下「**納付金**」という。）を徴収する。

2　事業主は、納付金を納付する義務を負う。

（納付金の額等）

第五四条　事業主が納付すべき納付金の額は、各年度につき、調整基礎額に、当該年度に属する各月ごとにその初日におけるその雇用する労働者の数に基準雇用率を乗じて得た数（その数に一人未満の端数があるときは、その端数は、切り捨てる。）の合計数を乗じて得た額とする。

2　前項の調整基礎額は、事業主がその雇用する労働者の数に基準雇用率を乗じて得た数に達するまでの数の対象障害者である者を雇用するものとした場合に当該対象障害者である者一人につき通常必要とされる一月当たりの特別費用（対象障害者である者を雇用する場合に必要な施設又は設備の設置又は整備その他の対象障害者である者の適正な雇用管理に必要な措置に通常要する費用その他対象障害者である者を雇用するために特別に必要とされる費用をいう。）の額の平均額を基準として、政令で定める金額とする。

3　前二項の基準雇用率は、労働者の総数に対する対象障害者である労働者の総数の割合を基準として設定するものとし、少なくとも五年ごとに、当該割合の推移を勘案して政令で定める。

4　第四十三条第八項の規定は、第一項及び第二項の雇用する労働者の数並びに前項の労働者の総数の算定について準用する。

5　第四十五条の二第四項から第六項までの規定は第三項の対象障害者である労働者の総数の算定について、第四十八条第八項の規定は親事業主、関係親事業主又は特定組合等に係る第一項の規定の適用について準用する。

第五五条　前条第一項の場合において、当該事業主が当該年度において対象障害者である労働者を雇用しており、かつ、同条第二項に規定する調整基礎額に当該年度に属する各月ごとの初日における当該事業主の雇用する対象障害者である労働者の数の合計数を乗じて得た額が同条第一項の規定により算定した額に達しないときは、当該事業主が納付すべき納付金の額は、同項の規定にかかわらず、その差額（第七十四条の二第四項及び第五項において「算定額」という。）に相当する金額とする。

2　前条第一項の場合において、当該事業主が当該年度において対象障害者である労働者を雇用しており、かつ、同条第二項に規定する調整基礎額に当該年度に属する各月ごとの初日における当該事業主の雇用する対象障害者である労働者の数の合計数を乗じて得た額が同条第一項の規定により算定した額以上であるときは、当該事業主については、同項の規定にかかわらず、納付金は、徴収しない。

3　第四十五条の二第四項から第六項までの規定は前二項の対象障害者である労働者の数の算定について、第四十八条第八項の規定は親事業主、関係親事業主又は特定組合等に係る前二項の規定の適用について準用する。

第四節　対象障害者以外の障害者に関する特例

（精神障害者に関する助成金の支給業務の実施等）

第七三条　厚生労働大臣は、精神障害者（精神保健及び精神障害者福祉に関する法律第四十五条第二項の規定により精神障害者保健福祉手帳の交付を受けているものを除く。）である労働者に関しても、第四十九条第一項第二号から第九号まで及び第十一号に掲げる業務に相当する業務を行うことができる。

2　厚生労働大臣は、前項に規定する業務の全部又は一部を機構に行わせるものとする。

3　前項の場合においては、当該業務は、第四十九条第一項第二号から第九号まで及び第十一号に掲げる業務に含まれるものとみなして、第五十一条及び第五十三条の規定を適用する。この場合において、第五十一条第二項中「対象障害者」とあるのは、「身体障害者、知的障害者又は第二条第六号に規定する精神障害者」とする。

（身体障害者、知的障害者及び精神障害者以外の障害者に関する助成金の支給業務の実施等）

第七四条　厚生労働大臣は、障害者（身体障害者、知的障害者及び精神障害者を除く。）のうち厚生労働省令で定める者に関しても、第四十九条第一項第二号から第九号まで及び第十一号に掲げる業務であつて厚生労働省令で定めるものに相当する業務を行うことができる。

2　厚生労働大臣は、前項に規定する業務の全部又は一部を機構に行わせるものとする。

3　前項の場合においては、当該業務は、第四十九条第一項第二号から第九号まで及び第十一号に掲げる業務に含まれるものとみなして、第五十一条及び第五十三条の規定を適用する。

第五節　障害者の在宅就業に関する特例

（在宅就業障害者特例調整金）

第七四条の二　厚生労働大臣は、在宅就業障害者の就業機会の確保を支援するため、事業主で次項の規定に該当するものに対して、同項の在宅就業障害者特例調整金を支給する業務を行うことができる。

2　厚生労働大臣は、厚生労働省令で定めるところにより、各年度ごとに、在宅就業障害者との間で書面により在宅就業契約を締結した事業主（次条第一項に規定する在宅就業支援団体を除く。以下この節において同じ。）であつて、在宅就業障害者に在宅就業契約に基づく業務の対価を支払つたものに対して、調整額に、当該年度に支払つた当該対価の総額（以下「**対象額**」という。）を評価額で除して得た数（その数に一未満の端数があるときは、その端数は切り捨てる。）を乗じて得た額に相当する金額を、当該年度分の在宅就業障害者特例調整金として支給する。ただし、在宅就業単位調整額に当該年度に属する各月ごとの初日における当該事業主の雇用する対象障害者である労働者の数の合計数を乗じて得た額に相当する金額を超えることができない。

3　この節、第四章、第五章及び附則第四条において、次の各号に掲げる用語の意義は、当該各号に定めるところによる。

一　在宅就業障害者　対象障害者であつて、自宅その他厚生労働省令で定める場所において物品の製造、役務の提供その他これらに類する業務を自ら行うもの（雇用されている者を除く。）

二　在宅就業契約　在宅就業障害者が物品の製造、役務の提供その他これらに類する業務を行う旨の契約

三　在宅就業単位調整額　第五十条第二項に規定する単位調整額以下の額で政令で定める額

四　調整額　在宅就業単位調整額に評価基準月数（在宅就業障害者の就業機会の確保に資する程度その他の状況を勘案して政令で定める月数をいう。以下同じ。）を乗じて得た額

五　評価額　障害者である労働者の平均的な給与の状況その他の状況を勘案して政令で定める額に評価基準月数を乗じて得た額

4　第五十五条第一項の場合において、当該事業主が当該年度において在宅就業障害者に在宅就業契約に基づく業務の対価を支払つており、かつ、第二項の規定により算定した在宅就業障害者特例調整金の額が算定額に達しないときは、当該事業主が納付すべき納付金の額は、同条第一項の規定にかかわらず、その差額に相当する金額とする。この場合においては、当該事業主については、第二項の規定にかかわらず、在宅就業障害者特例調整金は支給しない。

5　第五十五条第一項の場合において、当該事業主が当該年度において在宅就業障害者に在宅就業契約に基づく業務の対価を支払つており、かつ、第二項の規定により算定した在宅就業障害者特例調整金の額が算定額以上であるときは、同項の規定にかかわらず、当該事業主に対して、その差額に相当する金額を、当該年度分の在宅就業障害者特例調整金として支給する。この場合においては、当該事業主については、同条第一項の規定にかかわらず、納付金は徴収しない。

6　厚生労働大臣は、第一項に規定する業務の全部又は一部を機構に行わせるものとする。

7　機構は、第一項に規定する業務に関し必要があると認めるときは、事業主又は在宅就業障害者に対し、必要な事項についての報告を求めることができる。

8　第六項の場合における第五十三条の規定の適用については、同条第一項中「並びに同項各号に掲げる業務」とあるのは、「、第七十四条の二第一項の在宅就業障害者特例調整金の支給に要する費用並びに第四十九条第一項各号に掲げる業務及び第七十四条の二第一項に規定する業務」とする。

9　親事業主、関係親事業主又は特定組合等に係る第二項、第四項及び第五項並びに第五十六条

第一項及び第四項の規定の適用については、在宅就業契約に基づく業務の対価として在宅就業障害者に対して支払つた額に関し、当該子会社及び当該関係会社が支払つた額は当該親事業主のみが支払つた額と、当該関係子会社が支払つた額は当該関係親事業主のみが支払つた額と、当該特定事業主が支払つた額は当該特定組合等のみが支払つた額とみなす。

10　第四十五条の二第四項から第六項までの規定は第二項の対象障害者である労働者の数の算定について、第五十条第五項及び第六項の規定は第一項の在宅就業障害者特例調整金について準用する。

11　第二項の対象障害者である労働者の数の算定に当たつては、前項において準用する第四十五条の二第四項及び第六項の規定にかかわらず、重度身体障害者、重度知的障害者又は精神障害者である特定短時間労働者は、その一人をもつて、第四十三条第五項の厚生労働省令で定める数に満たない範囲内において厚生労働省令で定める数の対象障害者である労働者に相当するものとみなす。

（在宅就業支援団体）

第七十四条の三　各年度ごとに、事業主に在宅就業対価相当額（事業主が厚生労働大臣の登録を受けた法人（以下「**在宅就業支援団体**」という。）との間で締結した物品の製造、役務の提供その他これらに類する業務に係る契約に基づき当該事業主が在宅就業支援団体に対して支払つた金額のうち、当該契約の履行に当たり在宅就業支援団体が在宅就業障害者との間で締結した在宅就業契約に基づく業務の対価として支払つた部分の金額に相当する金額をいう。以下同じ。）があるときは、その総額を当該年度の対象額に加算する。この場合において、前条の規定の適用については、同条第二項中「当該対価の総額」とあるのは「当該対価の総額と次条第一項に規定する在宅就業対価相当額の総額とを合計した額」と、同条第九項中「に関し、」とあるのは「に関し」と、「とみなす」とあるのは「と、当該子会社及び当該関係会社に係る次条第一項に規定する在宅就業対価相当額（以下この項において「在宅就業対価相当額」という。）は当該親事業主のみに係る在宅就業対価相当額と、当該関係子会社に係る在宅就業対価相当額は当該関係親事業主のみに係る在宅就業対価相当額と、当該特定事業主に係る在宅就業対価相当額は当該特定組合等のみに係る在宅就業対価相当額とみなす」とする。

2　前項の登録は、在宅就業障害者の希望に応じた就業の機会を確保し、及び在宅就業障害者に対して組織的に提供することその他の在宅就業障害者に対する援助の業務を行う法人の申請により行う。

3　次の各号のいずれかに該当する法人は、第一項の登録を受けることができない。

一　この法律の規定その他労働に関する法律の規定であつて政令で定めるもの又は出入国管理及び難民認定法（昭和二十六年政令第三百十九号）第七十三条の二第一項の規定及び同項の規定に係る同法第七十六条の二の規定により、罰金の刑に処せられ、その執行を終わり、又は執行を受けることがなくなつた日から五年を経過しない法人

二　第十八項の規定により登録を取り消され、その取消しの日から五年を経過しない法人

三　役員のうちに、禁錮以上の刑に処せられ、又はこの法律の規定その他労働に関する法律の規定であつて政令で定めるもの若しくは暴力団員による不当な行為の防止等に関する法律（平成三年法律第七十七号）の規定（同法第五十条（第二号に係る部分に限る。）及び第五十二条の規定を除く。）により、若しくは刑法（明治四十年法律第四十五号）第二百四条、第二百六条、第二百八条、第二百八条の二、第二百二十二条若しくは第二百四十七条の罪、暴力行為等処罰に関する法律（大正十五年法律第六十号）の罪若しくは出入国管理及び難民認定法第七十三条の二第一項の罪を犯したことにより、罰金の刑に処せられ、その執行を終わり、又は執行を受けることがなくなつた日から五年を経過しない者のある法人

4　厚生労働大臣は、第二項の規定により登録を申請した法人が次に掲げる要件のすべてに適合しているときは、その登録をしなければならない。この場合において、登録に関して必要な手続は、厚生労働省令で定める。

一　常時五人以上の在宅就業障害者に対して、次に掲げる業務のすべてを継続的に実施して

いること。
イ　在宅就業障害者の希望に応じた就業の機会を確保し、及び在宅就業障害者に対して組織的に提供すること。
ロ　在宅就業障害者に対して、その業務を適切に行うために必要な知識及び技能を習得するための職業講習又は情報提供を行うこと。
ハ　在宅就業障害者に対して、その業務を適切に行うために必要な助言その他の援助を行うこと。
ニ　雇用による就業を希望する在宅就業障害者に対して、必要な助言その他の援助を行うこと。
二　前号イからニまでに掲げる業務（以下「実施業務」という。）の対象である障害者に係る障害に関する知識及び当該障害に係る障害者の援助を行う業務に従事した経験並びに在宅就業障害者に対して提供する就業の機会に係る業務の内容に関する知識を有する者（次号において「従事経験者」という。）が実施業務を実施していること。
三　前号に掲げる者のほか、実施業務を適正に行うための管理者（従事経験者である者に限る。）が置かれていること。
四　実施業務を行うために必要な施設及び設備を有すること。
5　登録は、在宅就業支援団体登録簿に次に掲げる事項を記載してするものとする。
一　登録年月日及び登録番号
二　在宅就業支援団体の名称及び住所並びにその代表者の氏名
三　在宅就業支援団体が在宅就業障害者に係る業務を行う事業所の所在地
6　第一項の登録は、三年以内において政令で定める期間ごとにその更新を受けなければ、その期間の経過によつて、その効力を失う。
7　第二項から第五項までの規定は、前項の登録の更新について準用する。
8　在宅就業支援団体は、物品の製造、役務の提供その他これらに類する業務に係る契約に基づき事業主から対価の支払を受けたときは、厚生労働省令で定めるところにより、当該事業主に対し、在宅就業対価相当額を証する書面を交付しなければならない。
9　在宅就業支援団体は、前項に定めるもののほか、第四項各号に掲げる要件及び厚生労働省令で定める基準に適合する方法により在宅就業障害者に係る業務を行わなければならない。
10　在宅就業支援団体は、第五項第二号又は第三号に掲げる事項を変更しようとするときは、変更しようとする日の二週間前までに、その旨を厚生労働大臣に届け出なければならない。
11　在宅就業支援団体は、在宅就業障害者に係る業務に関する規程（次項において「業務規程」という。）を定め、当該業務の開始前に、厚生労働大臣に届け出なければならない。これを変更しようとするときも、同様とする。
12　業務規程には、在宅就業障害者に係る業務の実施方法その他の厚生労働省令で定める事項を定めておかなければならない。
13　在宅就業支援団体は、在宅就業障害者に係る業務の全部又は一部を休止し、又は廃止しようとするときは、厚生労働省令で定めるところにより、あらかじめ、その旨を厚生労働大臣に届け出なければならない。
14　在宅就業支援団体は、毎事業年度経過後三月以内に、その事業年度の財産目録、貸借対照表及び損益計算書又は収支計算書並びに事業報告書（その作成に代えて電磁的記録（電子的方式、磁気的方式その他の人の知覚によつては認識することができない方式で作られる記録であつて、電子計算機による情報処理の用に供されるものをいう。以下同じ。）の作成がされている場合における当該電磁的記録を含む。以下「**財務諸表等**」という。）を作成し、五年間事業所に備えて置かなければならない。
15　在宅就業障害者その他の利害関係人は、在宅就業支援団体の業務時間内は、いつでも、次に掲げる請求をすることができる。ただし、第二号又は第四号の請求をするには、在宅就業支援団体の定めた費用を支払わなければならない。
一　財務諸表等が書面をもつて作成されているときは、当該書面の閲覧又は謄写の請求
二　前号の書面の謄本又は抄本の請求
三　財務諸表等が電磁的記録をもつて作成されているときは、当該電磁的記録に記録された事項を厚生労働省令で定める方法により表示したものの閲覧又は謄写の請求
四　前号の電磁的記録に記録された事項を電磁

的方法であつて厚生労働省令で定めるものにより提供することの請求又は当該事項を記載した書面の交付の請求

16　厚生労働大臣は、在宅就業支援団体が第四項各号のいずれかに適合しなくなつたと認めるときは、当該在宅就業支援団体に対し、これらの規定に適合するため必要な措置をとるべきことを命ずることができる。

17　厚生労働大臣は、在宅就業支援団体が第九項の規定に違反していると認めるときは、当該在宅就業支援団体に対し、在宅就業障害者に係る業務を行うべきこと又は当該業務の実施の方法その他の業務の方法の改善に関し必要な措置をとるべきことを命ずることができる。

18　厚生労働大臣は、在宅就業支援団体が次の各号のいずれかに該当するときは、その登録を取り消し、又は期間を定めて在宅就業障害者に係る業務の全部若しくは一部の停止を命ずることができる。

一　第三項第一号又は第三号に該当するに至つたとき。

二　第八項、第十項から第十四項まで又は次項の規定に違反したとき。

三　正当な理由がないのに第十五項各号の規定による請求を拒んだとき。

四　前二項の規定による命令に違反したとき。

五　不正の手段により第一項の登録を受けたとき。

19　在宅就業支援団体は、厚生労働省令で定めるところにより、帳簿を備え、在宅就業障害者に係る業務に関し厚生労働省令で定める事項を記載し、これを保存しなければならない。

20　機構は、第一項において読み替えて適用する前条第二項の場合における同条第一項の業務に関し必要があると認めるときは、事業主、在宅就業障害者又は在宅就業支援団体に対し、必要な事項についての報告を求めることができる。

21　在宅就業支援団体は、毎年一回、厚生労働省令で定めるところにより、在宅就業障害者に係る業務に関し厚生労働省令で定める事項を厚生労働大臣に報告しなければならない。

22　厚生労働大臣は、次に掲げる場合には、その旨を官報に公示しなければならない。

一　第一項の登録をしたとき。

二　第十項の規定による届出があつたとき。

三　第十三項の規定による届出があつたとき。

四　第十八項の規定により第一項の登録を取り消し、又は在宅就業障害者に係る業務の停止を命じたとき。

注　第七十四条の三は、令和四年六月一七日法律第六八号により次のように改正され、令和四年六月一七日から起算して三年を超えない範囲内において政令で定める日から施行される。

　第七十四条の三第三項第三号中「禁錮」を「拘禁刑」に改め、同条第四項中「すべて」を「全て」に改める。

第三章の二　紛争の解決

第一節　紛争の解決の援助

（苦情の自主的解決）

第七四条の四　事業主は、第三十五条及び第三十六条の三に定める事項に関し、障害者である労働者から苦情の申出を受けたときは、苦情処理機関（事業主を代表する者及び当該事業所の労働者を代表する者を構成員とする当該事業所の労働者の苦情を処理するための機関をいう。）に対し当該苦情の処理を委ねる等その自主的な解決を図るように努めなければならない。

第四章　雑則

（障害者の雇用の促進等に関する研究等）

第七五条　国は、障害者の能力に適合する職業、その就業上必要な作業設備及び作業補助具その他障害者の雇用の促進及びその職業の安定に関し必要な事項について、調査、研究及び資料の整備に努めるものとする。

（障害者の雇用に関する広報啓発）

第七六条　国及び地方公共団体は、障害者の雇用を妨げている諸要因の解消を図るため、障害者の雇用について事業主その他国民一般の理解を高めるために必要な広報その他の啓発活動を行うものとする。

（基準に適合する事業主の認定）

第七七条　厚生労働大臣は、その雇用する労働者の数が常時三百人以下である事業主からの申請に基づき、厚生労働省令で定めるところにより、当該事業主について、障害者の雇用の促進及び雇用の安定に関する取組に関し、当該取組の実施状況が優良なものであることその他の厚生労働省令で定める基準に適合するものである旨の認定を行うことができる。

2　第四十三条第八項の規定は、前項の雇用する労働者の数の算定について準用する。

（表示等）

第七七条の二　前条第一項の認定を受けた事業主（次条において「認定事業主」という。）は、商品、役務の提供の用に供する物、商品又は役務の広告又は取引に用いる書類若しくは通信その他の厚生労働省令で定めるもの（次項において「商品等」という。）に厚生労働大臣の定める表示を付することができる。

2　何人も、前項の規定による場合を除くほか、商品等に同項の表示又はこれと紛らわしい表示を付してはならない。

（障害者雇用推進者）

第七八条　国及び地方公共団体の任命権者は、厚生労働省令で定めるところにより、次に掲げる業務を担当する者を選任しなければならない。

一　障害者の雇用の促進及びその雇用の継続を図るために必要な施設又は設備の設置又は整備その他の諸条件の整備を図るための業務

二　障害者活躍推進計画の作成及び障害者である職員の職業生活における活躍の推進に関する取組の円滑な実施を図るための業務

三　第三十八条第一項の計画の作成及び当該計画の円滑な実施を図るための業務

四　第三十八条第七項、第三十九条第二項及び第四十八条第五項の規定による勧告を受けたときは、当該勧告に係る厚生労働省との連絡に関する業務

五　第四十条第一項の規定による通報、同条第二項の規定による公表及び第八十一条第二項の規定による届出を行う業務

2　事業主は、その雇用する労働者の数が常時第四十三条第七項の厚生労働省令で定める数以上であるときは、厚生労働省令で定めるところにより、次に掲げる業務を担当する者を選任するように努めなければならない。

一　障害者の雇用の促進及びその雇用の継続を図るために必要な施設又は設備の設置又は整備その他の諸条件の整備を図るための業務

二　第四十三条第七項の規定による報告及び第八十一条第一項の規定による届出を行う業務

三　第四十六条第一項の規定による命令を受けたとき、又は同条第五項若しくは第六項の規定による勧告を受けたときは、当該命令若しくは勧告に係る国との連絡に関する業務又は同条第一項の計画の作成及び当該計画の円滑な実施を図るための業務

3　第四十三条第八項の規定は、前項の雇用する労働者の数の算定について準用する。

（障害者職業生活相談員）

第七九条　国及び地方公共団体の任命権者は、厚生労働省令で定める数以上の障害者（身体障害者、知的障害者及び精神障害者（厚生労働省令で定める者に限る。）に限る。以下この条及び第八十一条において同じ。）である職員（常時勤務する職員に限る。以下この項及び第八十一条第二項において同じ。）が勤務する事業所においては、その勤務する職員であつて、厚生労働大臣が行う講習（以下この条において「資格認定講習」という。）を修了したものその他厚生労働省令で定める資格を有するもののうちから、厚生労働省令で定めるところにより、障害者職業生活相談員を選任し、その者にその勤務する障害者である職員の職業生活に関する相談及び指導を行わせなければならない。

2　事業主は、厚生労働省令で定める数以上の障害者である労働者を雇用する事業所においては、その雇用する労働者であつて、資格認定講習を修了したものその他厚生労働省令で定める資格を有するもののうちから、厚生労働省令で定めるところにより、障害者職業生活相談員を選任し、その者に当該事業所に雇用されている障害者である労働者の職業生活に関する相談及び指導を行わせなければならない。

3　厚生労働大臣は、資格認定講習に関する業務の全部又は一部を、第四十九条第一項第九号に掲げる業務として機構に行わせることができる。

（障害者である短時間労働者の待遇に関する措置）

第八〇条　事業主は、その雇用する障害者である短時間労働者が、当該事業主の雇用する労働者の所定労働時間労働すること等の希望を有する旨の申出をしたときは、当該短時間労働者に対

し、その有する能力に応じた適切な待遇を行うように努めなければならない。

（**解雇の届出等**）

第八一条　事業主は、障害者である労働者を解雇する場合（労働者の責めに帰すべき理由により解雇する場合その他厚生労働省令で定める場合を除く。）には、厚生労働省令で定めるところにより、その旨を公共職業安定所長に届け出なければならない。

2　国及び地方公共団体の任命権者は、障害者である職員を免職する場合（職員の責めに帰すべき理由により免職する場合その他厚生労働省令で定める場合を除く。）には、厚生労働省令で定めるところにより、その旨を公共職業安定所長に届け出なければならない。

3　前二項の届出があつたときは、公共職業安定所は、当該届出に係る障害者である労働者について、速やかに求人の開拓、職業紹介等の措置を講ずるように努めるものとする。

附　則（抄）

（**施行期日**）

第一条　この法律は、公布の日〔昭三五・七・二五〕から施行する。

（**雇用する労働者の数が百人以下である事業主に係る納付金及び報奨金等に関する暫定措置**）

第四条　その雇用する労働者の数が常時百人以下である事業主（特殊法人を除く。以下この条において同じ。）については、当分の間、第四十九条第一項第一号、第五十条並びに第三章第二節第二款及び第五節の規定は、適用しない。

2　厚生労働大臣は、当分の間、その雇用する労働者の数が常時百人以下である事業主に対して次項の報奨金及び第四項の在宅就業障害者特例報奨金（以下「**報奨金等**」という。）を支給する業務を行うことができる。

3　厚生労働大臣は、当分の間、厚生労働省令で定めるところにより、各年度ごとに、その雇用する労働者の数が常時百人以下である事業主のうち、当該年度に属する各月ごとの初日におけるその雇用する対象障害者である労働者の数の合計数が、当該年度に属する各月ごとにその初日におけるその雇用する労働者の数に第五十四条第三項に規定する基準雇用率を超える率であつて厚生労働省令で定めるものを乗じて得た数（その数に一人未満の端数があるときは、その端数は、切り捨てる。）の合計数又は厚生労働省令で定める数のいずれか多い数を超える事業主（以下この条において「対象事業主」という。）に対して、その超える数（以下この項において「超過数」という。）を第五十条第二項に規定する単位調整額以下の額で厚生労働省令で定める額に乗じて得た額（超過数が同条第一項の政令で定める数以上の数で厚生労働省令で定める数を超えるときは、当該厚生労働省令で定める数を同条第二項に規定する単位調整額以下の額で厚生労働省令で定める額に乗じて得た額に、当該超過数から当該厚生労働省令で定める数を減じた数を当該厚生労働省令で定める額に満たない範囲内において厚生労働省令で定める額に乗じて得た額を加えた額）に相当する金額を、当該年度分の報奨金として支給する。

4　厚生労働大臣は、当分の間、厚生労働省令で定めるところにより、各年度ごとに、在宅就業障害者との間で書面により在宅就業契約を締結した対象事業主（在宅就業支援団体を除く。以下同じ。）であつて、在宅就業障害者に在宅就業契約に基づく業務の対価を支払つたものに対して、報奨額に、対象額を評価額で除して得た数（その数に一未満の端数があるときは、その端数は切り捨てる。）を乗じて得た額に相当する金額を、当該年度分の在宅就業障害者特例報奨金として支給する。ただし、在宅就業単位報奨額に当該年度に属する各月ごとの初日における当該対象事業主の雇用する対象障害者である労働者の数の合計数を乗じて得た額に相当する金額を超えることができない。

5　前項において次の各号に掲げる用語の意義は、当該各号に定めるところによる。

一　在宅就業単位報奨額　第五十条第二項に規定する単位調整額以下の額で厚生労働省令で定める額

二　報奨額　在宅就業単位報奨額に評価基準月数を乗じて得た額

6　各年度ごとに、対象事業主に在宅就業対価相当額があるときは、その総額を当該年度の対象額に加算する。この場合において、第四項の規定の適用については、同項中「対象額」とあるのは、「対象額と在宅就業対価相当額の総額とを合計した額」とし、第八項において準用する第七十四条の二第九項の規定の適用については、同項中「に関し、」とあるのは「に関し」と、「とみなす」とあるのは「と、当該子会社及び当該関係会社に係る次条第一項に規定する在宅就業対価相当額（以下この項において「在宅就業対価相当額」という。）は当該親事業主のみに係る在宅就業対価相当額と、当該関係子会社に係る在宅就業対価相当額は当該関係親事業主のみに係る在宅就業対価相当額と、当該特定事業主に係る在宅就業対価相当額は当該特定組合等のみに係る在宅就業対価相当額とみなす」とする。

7　厚生労働大臣は、第二項に規定する業務の全部又は一部を機構に行わせるものとする。

8　第四十三条第八項の規定は第一項から第三項までの雇用する労働者の数の算定について、第四十五条の二第四項から第六項までの規定は第三項の対象障害者である労働者の数の算定について、第四十八条第八項の規定は親事業主、関係親事業主又は特定組合等に係る第一項から第三項までの規定の適用について、第五十条第五項及び第六項の規定は報奨金等について、第七十四条の二第七項及び第七十四条の三第二十項の規定は第二項に規定する業務（第四項に係るものに限る。）について、第七十四条の二第九項の規定は第四項の在宅就業障害者特例報奨金について、同条第十項の規定は第四項の対象障害者である労働者の数の算定について準用する。

9　第三項及び第四項の対象障害者である労働者の数の算定に当たつては、前項において準用する第四十五条の二第四項及び第六項並びに第七十四条の二第十項の規定にかかわらず、重度身体障害者、重度知的障害者又は精神障害者である特定短時間労働者は、その一人をもつて、第四十三条第五項の厚生労働省令で定める数に満たない範囲内において厚生労働省令で定める数の対象障害者である労働者に相当するものとみなす。

10　第五十二条第二項、第五十三条、第八十六条第一号（第四十三条第七項に係る部分を除く。）、第八十七条及び第八十九条の規定の適用については、当分の間、第五十三条第一項中「並びに同項各号に掲げる業務」とあるのは「、附則第四条第二項の報奨金等の支給に要する費用並びに第四十九条第一項各号に掲げる業務及び附則第四条第二項に規定する業務」と、第八十六条第一号中「第七十四条の二第七項又は第七十四条の三第二十項」とあるのは「又は第七十四条の二第七項若しくは第七十四条の三第二十項（附則第四条第八項において準用する場合を含む。）」とする。

附　則（平二五・六・一九法律四六）（抄）

（施行期日）

第一条　この法律は、平成三十年四月一日から施行する。ただし、次の各号に掲げる規定は、当該各号に定める日から施行する。

一　第二条第一号の改正規定並びに次条及び附則第五条の規定　公布の日

二　目次の改正規定（「身体障害者又は知的障害者」を「対象障害者」に、「第六十八条」を「第七十二条」に改め、「第三節　精神障害者に関する特例（第六十九条―第七十三条）」を削り、「第四節　身体障害者、知的障害者及び精神障害者」を「第三節　対象障害者」に、「（第七十三条・第七十四条）」に、「第五節」を「第四節」に改める部分を除く。）、第一条の改正規定（「身体障害者又は知的障害者」を「障害者」に改める部分を除く。）、第七条及び第十条の改正規定、第三十三条の次に章名を付する改正規定、第三十四条から第三十六条までの改正規定、第三章の前に見出し及び五条を加える改正規定、第四十三条第一項中「除く。」の下に「次章を除き、」を加える改正規定、第七十四条の二第三項中「次章」を「第四章」に改める改正規定、第三章の次に一章を加える改正規定〔中略〕並びに附則第三条〔中略〕の規定　平成二十八年四月一日

（施行前の準備）

第二条　この法律による改正後の障害者の雇用の促進等に関する法律（以下「新法」という。）第三十六条第一項に規定する差別の禁止に関する指針の策定及び新法第三十六条の五第一項に規定する均等な機会の確保等に関する指針の策定並びにこれらに関し必要な手続その他の行為は、前条第二号に掲げる規定の施行の日前においても、新法第三十六条及び第三十六条の五の規定の例により行うことができる。

（紛争の解決の促進に関する特例に関する経過措置）

第三条　附則第一条第二号に掲げる規定の施行の際現に個別労働関係紛争の解決の促進に関する

法律（平成十三年法律第百十二号）第六条第一項の紛争調整委員会又は同法第二十一条第一項の規定により読み替えて適用する同法第五条第一項の規定により指名するあっせん員に係属している同項（同法第二十一条第一項の規定により読み替えて適用する場合を含む。）のあっせんに係る紛争については、新法第七十四条の五（新法第八十五条の二第二項の規定により読み替えて適用する場合を含む。）の規定にかかわらず、なお従前の例による。

（一般事業主の雇用義務等に関する経過措置）

第四条　新法第四十三条第二項及び第五十四条第三項の規定の適用については、この法律の施行の日から起算して五年を経過する日までの間、これらの規定中「を基準として設定するものとし」とあるのは「に基づき」と、「当該割合の推移」とあるのは「対象障害者の雇用の状況その他の事情」とする。

（政令への委任）

第五条　この附則に定めるもののほか、この法律の施行に関し必要な経過措置は、政令で定める。

別表　障害の範囲（第二条、第四十八条関係）

一　次に掲げる視覚障害で永続するもの
イ　両眼の視力（万国式試視力表によつて測つたものをいい、屈折異状がある者については、矯正視力について測つたものをいう。以下同じ。）がそれぞれ〇・一以下のもの
ロ　一眼の視力が〇・〇二以下、他眼の視力が〇・六以下のもの
ハ　両眼の視野がそれぞれ一〇度以内のもの
ニ　両眼による視野の二分の一以上が欠けているもの
二　次に掲げる聴覚又は平衡機能の障害で永続するもの
イ　両耳の聴力レベルがそれぞれ七〇デシベル以上のもの
ロ　一耳の聴力レベルが九〇デシベル以上、他耳の聴力レベルが五〇デシベル以上のもの
ハ　両耳による普通話声の最良の語音明瞭度が五〇パーセント以下のもの
ニ　平衡機能の著しい障害
三　次に掲げる音声機能、言語機能又はそしやく機能の障害
イ　音声機能又は言語機能の喪失
ロ　音声機能又は言語機能の著しい障害で、永続するもの
四　次に掲げる肢体不自由
イ　一上肢、一下肢又は体幹の機能の著しい障害で永続するもの
ロ　一上肢のおや指を指骨間関節以上で欠くもの又はひとさし指を含めて一上肢の二指以上をそれぞれ第一指骨間関節以上で欠くもの
ハ　一下肢をリスフラン関節以上で欠くもの
ニ　一上肢のおや指の機能の著しい障害又はひとさし指を含めて一上肢の三指以上の機能の著しい障害で、永続するもの
ホ　両下肢のすべての指を欠くもの
ヘ　イからホまでに掲げるもののほか、その程度がイからホまでに掲げる障害の程度以上であると認められる障害
五　心臓、じん臓又は呼吸器の機能の障害その他政令で定める障害で、永続し、かつ、日常生活が著しい制限を受ける程度であると認められるもの

◉障害者虐待の防止、障害者の養護者に対する支援等に関する法律

（平成二三・六・二四法律七九）

注　令五法律二八改正現在（未施行分については、該当か所の後に改正文を収載）

第一章　総則

（**目的**）

第一条　この法律は、障害者に対する虐待が障害者の尊厳を害するものであり、障害者の自立及び社会参加にとって障害者に対する虐待を防止することが極めて重要であること等に鑑み、障害者に対する虐待の禁止、障害者虐待の予防及び早期発見その他の障害者虐待の防止等に関する国等の責務、障害者虐待を受けた障害者に対する保護及び自立の支援のための措置、養護者の負担の軽減を図ること等の養護者に対する養護者による障害者虐待の防止に資する支援（以下「**養護者に対する支援**」という。）のための措置等を定めることにより、障害者虐待の防止、養護者に対する支援等に関する施策を促進し、もって障害者の権利利益の擁護に資することを目的とする。

（**定義**）

第二条　この法律において「**障害者**」とは、障害者基本法（昭和四十五年法律第八十四号）第二条第一号に規定する障害者をいう。

2　この法律において「**障害者虐待**」とは、養護者による障害者虐待、障害者福祉施設従事者等による障害者虐待及び使用者による障害者虐待をいう。

3　この法律において「**養護者**」とは、障害者を現に養護する者であって障害者福祉施設従事者等及び使用者以外のものをいう。

4　この法律において「**障害者福祉施設従事者等**」とは、障害者の日常生活及び社会生活を総合的に支援するための法律（平成十七年法律第百二十三号）第五条第十一項に規定する障害者支援施設（以下「**障害者支援施設**」という。）若しくは独立行政法人国立重度知的障害者総合施設のぞみの園法（平成十四年法律第百六十七号）第十一条第一号の規定により独立行政法人国立重度知的障害者総合施設のぞみの園が設置する施設（以下「**のぞみの園**」という。）（以下「**障害者福祉施設**」という。）又は障害者の日常生活及び社会生活を総合的に支援するための法律第五条第一項に規定する障害福祉サービス事業、同条第十八項に規定する一般相談支援事業若しくは特定相談支援事業、同条第二十六項に規定する移動支援事業、同条第二十七項に規定する地域活動支援センターを経営する事業若しくは同条第二十八項に規定する福祉ホームを経営する事業その他厚生労働省令で定める事業（以下「**障害福祉サービス事業等**」という。）に係る業務に従事する者をいう。

5　この法律において「**使用者**」とは、障害者を雇用する事業主（当該障害者が派遣労働者（労働者派遣事業の適正な運営の確保及び派遣労働者の保護等に関する法律（昭和六十年法律第八十八号）第二条第二号に規定する派遣労働者をいう。以下同じ。）である場合において当該派遣労働者に係る労働者派遣（同条第一号に規定する労働者派遣をいう。）の役務の提供を受ける事業主その他これに類するものとして政令で定める事業主を含み、国及び地方公共団体を除く。以下同じ。）又は事業の経営担当者その他その事業の労働者に関する事項について事業主のために行為をする者をいう。

6　この法律において「**養護者による障害者虐待**」とは、次のいずれかに該当する行為をいう。

一　養護者がその養護する障害者について行う次に掲げる行為

イ　障害者の身体に外傷が生じ、若しくは生じるおそれのある暴行を加え、又は正当な理由なく障害者の身体を拘束すること。

ロ　障害者にわいせつな行為をすること又は障害者をしてわいせつな行為をさせること。

ハ　障害者に対する著しい暴言又は著しく拒絶的な対応その他の障害者に著しい心理的外傷を与える言動を行うこと。

ニ　障害者を衰弱させるような著しい減食又は長時間の放置、養護者以外の同居人によ

るイからハまでに掲げる行為と同様の行為の放置等養護を著しく怠ること。

二　養護者又は障害者の親族が当該障害者の財産を不当に処分することその他当該障害者から不当に財産上の利益を得ること。

7　この法律において「**障害者福祉施設従事者等による障害者虐待**」とは、障害者福祉施設従事者等が、当該障害者福祉施設に入所し、その他当該障害者福祉施設を利用する障害者又は当該障害福祉サービス事業等に係るサービスの提供を受ける障害者について行う次のいずれかに該当する行為をいう。

一　障害者の身体に外傷が生じ、若しくは生じるおそれのある暴行を加え、又は正当な理由なく障害者の身体を拘束すること。

二　障害者にわいせつな行為をすること又は障害者をしてわいせつな行為をさせること。

三　障害者に対する著しい暴言、著しく拒絶的な対応又は不当な差別的言動その他の障害者に著しい心理的外傷を与える言動を行うこと。

四　障害者を衰弱させるような著しい減食又は長時間の放置、当該障害者福祉施設に入所し、その他当該障害者福祉施設を利用する他の障害者又は当該障害福祉サービス事業等に係るサービスの提供を受ける他の障害者による前三号に掲げる行為と同様の行為の放置その他の障害者を養護すべき職務上の義務を著しく怠ること。

五　障害者の財産を不当に処分することその他障害者から不当に財産上の利益を得ること。

8　この法律において「**使用者による障害者虐待**」とは、使用者が当該事業所に使用される障害者について行う次のいずれかに該当する行為をいう。

一　障害者の身体に外傷が生じ、若しくは生じるおそれのある暴行を加え、又は正当な理由なく障害者の身体を拘束すること。

二　障害者にわいせつな行為をすること又は障害者をしてわいせつな行為をさせること。

三　障害者に対する著しい暴言、著しく拒絶的な対応又は不当な差別的言動その他の障害者に著しい心理的外傷を与える言動を行うこと。

四　障害者を衰弱させるような著しい減食又は長時間の放置、当該事業所に使用される他の労働者による前三号に掲げる行為と同様の行為の放置その他これらに準ずる行為を行うこと。

五　障害者の財産を不当に処分することその他障害者から不当に財産上の利益を得ること。

注　第二条は、令和四年一二月一六日法律第一〇四号により次のように改正され、令和四年一二月一六日から起算して三年を超えない範囲内において政令で定める日から施行される。

第二条第四項中「同条第十八項」を「同条第十九項」に、「同条第二十六項」を「同条第二十七項」に、「同条第二十七項」を「同条第二十八項」に、「同条第二十八項」を「同条第二十九項」に改める。

（障害者に対する虐待の禁止）

第三条　何人も、障害者に対し、虐待をしてはならない。

（国及び地方公共団体の責務等）

第四条　国及び地方公共団体は、障害者虐待の予防及び早期発見その他の障害者虐待の防止、障害者虐待を受けた障害者の迅速かつ適切な保護及び自立の支援並びに適切な養護者に対する支援を行うため、関係省庁相互間その他関係機関及び民間団体の間の連携の強化、民間団体の支援その他必要な体制の整備に努めなければならない。

2　国及び地方公共団体は、障害者虐待の防止、障害者虐待を受けた障害者の保護及び自立の支援並びに養護者に対する支援が専門的知識に基づき適切に行われるよう、これらの職務に携わる専門的知識及び技術を有する人材その他必要な人材の確保及び資質の向上を図るため、関係機関の職員の研修等必要な措置を講ずるよう努めなければならない。

3　国及び地方公共団体は、障害者虐待の防止、障害者虐待を受けた障害者の保護及び自立の支援並びに養護者に対する支援に資するため、障害者虐待に係る通報義務、人権侵犯事件に係る救済制度等について必要な広報その他の啓発活動を行うものとする。

（国民の責務）

第五条　国民は、障害者虐待の防止、養護者に対する支援等の重要性に関する理解を深めるとともに、国又は地方公共団体が講ずる障害者虐待の防止、養護者に対する支援等のための施策に協力するよう努めなければならない。

（障害者虐待の早期発見等）

第六条　国及び地方公共団体の障害者の福祉に関する事務を所掌する部局その他の関係機関は、障害者虐待を発見しやすい立場にあることに鑑み、相互に緊密な連携を図りつつ、障害者虐待の早期発見に努めなければならない。

2　障害者福祉施設、学校、医療機関、保健所その他障害者の福祉に業務上関係のある団体並びに障害者福祉施設従事者等、学校の教職員、医師、歯科医師、保健師、弁護士その他障害者の福祉に職務上関係のある者及び使用者は、障害者虐待を発見しやすい立場にあることを自覚し、障害者虐待の早期発見に努めなければならない。

3　前項に規定する者は、国及び地方公共団体が講ずる障害者虐待の防止のための啓発活動並びに障害者虐待を受けた障害者の保護及び自立の支援のための施策に協力するよう努めなければならない。

第二章　養護者による障害者虐待の防止、養護者に対する支援等

（養護者による障害者虐待に係る通報等）

第七条　養護者による障害者虐待（十八歳未満の障害者について行われるものを除く。以下この章において同じ。）を受けたと思われる障害者を発見した者は、速やかに、これを市町村に通報しなければならない。

2　刑法（明治四十年法律第四十五号）の秘密漏示罪の規定その他の守秘義務に関する法律の規定は、前項の規定による通報をすることを妨げるものと解釈してはならない。

第八条　市町村が前条第一項の規定による通報又は次条第一項に規定する届出を受けた場合においては、当該通報又は届出を受けた市町村の職員は、その職務上知り得た事項であって当該通報又は届出をした者を特定させるものを漏らしてはならない。

（通報等を受けた場合の措置）

第九条　市町村は、第七条第一項の規定による通報又は障害者からの養護者による障害者虐待を受けた旨の届出を受けたときは、速やかに、当該障害者の安全の確認その他当該通報又は届出に係る事実の確認のための措置を講ずるとともに、第三十五条の規定により当該市町村と連携協力する者（以下「**市町村障害者虐待対応協力者**」という。）とその対応について協議を行うものとする。

2　市町村は、第七条第一項の規定による通報又は前項に規定する届出があった場合には、当該通報又は届出に係る障害者に対する養護者による障害者虐待の防止及び当該障害者の保護が図られるよう、養護者による障害者虐待により生命又は身体に重大な危険が生じているおそれがあると認められる障害者を一時的に保護するため迅速に当該市町村の設置する障害者支援施設又は障害者の日常生活及び社会生活を総合的に支援するための法律第五条第六項の主務省令で定める施設（以下「**障害者支援施設等**」という。）に入所させる等、適切に、身体障害者福祉法（昭和二十四年法律第二百八十三号）第十八条第一項若しくは第二項又は知的障害者福祉法（昭和三十五年法律第三十七号）第十五条の四若しくは第十六条第一項第二号の規定による措置を講ずるものとする。この場合において、当該障害者が身体障害者福祉法第四条に規定する身体障害者（以下「**身体障害者**」という。）及び知的障害者福祉法にいう知的障害者（以下「**知的障害者**」という。）以外の障害者であるときは、当該障害者を身体障害者又は知的障害者とみなして、身体障害者福祉法第十八条第一項若しくは第二項又は知的障害者福祉法第十五条の四若しくは第十六条第一項第二号の規定を適用する。

3　市町村長は、第七条第一項の規定による通報又は第一項に規定する届出があった場合には、当該通報又は届出に係る障害者に対する養護者による障害者虐待の防止並びに当該障害者の保護及び自立の支援が図られるよう、適切に、精神保健及び精神障害者福祉に関する法律（昭和二十五年法律第百二十三号）第五十一条の十一の二又は知的障害者福祉法第二十八条の規定により審判の請求をするものとする。

（居室の確保）

第一〇条　市町村は、養護者による障害者虐待を受けた障害者について前条第二項の措置を採るために必要な居室を確保するための措置を講ずるものとする。

（立入調査）

第一一条　市町村長は、養護者による障害者虐待により障害者の生命又は身体に重大な危険が生じているおそれがあると認めるときは、障害者の福祉に関する事務に従事する職員をして、当該障害者の住所又は居所に立ち入り、必要な調査又は質問をさせることができる。

2　前項の規定による立入り及び調査又は質問を行う場合においては、当該職員は、その身分を示す証明書を携帯し、関係者の請求があるときは、これを提示しなければならない。

3　第一項の規定による立入り及び調査又は質問を行う権限は、犯罪捜査のために認められたものと解釈してはならない。

（警察署長に対する援助要請等）

第一二条　市町村長は、前条第一項の規定による立入り及び調査又は質問をさせようとする場合において、これらの職務の執行に際し必要があると認めるときは、当該障害者の住所又は居所の所在地を管轄する警察署長に対し援助を求めることができる。

2　市町村長は、障害者の生命又は身体の安全の確保に万全を期する観点から、必要に応じ適切に、前項の規定により警察署長に対し援助を求めなければならない。

3　警察署長は、第一項の規定による援助の求めを受けた場合において、障害者の生命又は身体の安全を確保するため必要と認めるときは、速やかに、所属の警察官に、同項の職務の執行を援助するために必要な警察官職務執行法（昭和二十三年法律第百三十六号）その他の法令の定めるところによる措置を講じさせるよう努めなければならない。

（面会の制限）

第一三条　養護者による障害者虐待を受けた障害者について第九条第二項の措置が採られた場合においては、市町村長又は当該措置に係る障害者支援施設等若しくはのぞみの園の長若しくは当該措置に係る身体障害者福祉法第十八条第二項に規定する指定医療機関の管理者は、養護者による障害者虐待の防止及び当該障害者の保護の観点から、当該養護者による障害者虐待を行った養護者について当該障害者との面会を制限することができる。

（養護者の支援）

第一四条　市町村は、第三十二条第二項第二号に規定するもののほか、養護者の負担の軽減のため、養護者に対する相談、指導及び助言その他必要な措置を講ずるものとする。

2　市町村は、前項の措置として、養護者の心身の状態に照らしその養護の負担の軽減を図るため緊急の必要があると認める場合に障害者が短期間養護を受けるために必要となる居室を確保するための措置を講ずるものとする。

第三章　障害者福祉施設従事者等による障害者虐待の防止等

（障害者福祉施設従事者等による障害者虐待の防止等のための措置）

第一五条　障害者福祉施設の設置者又は障害福祉サービス事業等を行う者は、障害者福祉施設従事者等の研修の実施、当該障害者福祉施設に入所し、その他当該障害者福祉施設を利用し、又は当該障害福祉サービス事業等に係るサービスの提供を受ける障害者及びその家族からの苦情の処理の体制の整備その他の障害者福祉施設従事者等による障害者虐待の防止等のための措置を講ずるものとする。

（障害者福祉施設従事者等による障害者虐待に係る通報等）

第一六条　障害者福祉施設従事者等による障害者虐待を受けたと思われる障害者を発見した者は、速やかに、これを市町村に通報しなければならない。

2　障害者福祉施設従事者等による障害者虐待を受けた障害者は、その旨を市町村に届け出ることができる。

3　刑法の秘密漏示罪の規定その他の守秘義務に関する法律の規定は、第一項の規定による通報（虚偽であるもの及び過失によるものを除く。次項において同じ。）をすることを妨げるものと解釈してはならない。

4　障害者福祉施設従事者等は、第一項の規定による通報をしたことを理由として、解雇その他不利益な取扱いを受けない。

第一七条 市町村は、前条第一項の規定による通報又は同条第二項の規定による届出を受けたときは、厚生労働省令で定めるところにより、当該通報又は届出に係る障害者福祉施設従事者等による障害者虐待に関する事項を、当該障害者福祉施設従事者等による障害者虐待に係る障害者福祉施設又は当該障害者福祉施設従事者等による障害者虐待に係る障害福祉サービス事業等の事業所の所在地の都道府県に報告しなければならない。

第一八条 市町村が第十六条第一項の規定による通報又は同条第二項の規定による届出を受けた場合においては、当該通報又は届出を受けた市町村の職員は、その職務上知り得た事項であって当該通報又は届出をした者を特定させるものを漏らしてはならない。都道府県が前条の規定による報告を受けた場合における当該報告を受けた都道府県の職員についても、同様とする。

（通報等を受けた場合の措置）

第一九条 市町村が第十六条第一項の規定による通報若しくは同条第二項の規定による届出を受け、又は都道府県が第十七条の規定による報告を受けたときは、市町村長又は都道府県知事は、障害者福祉施設の業務又は障害福祉サービス事業等の適正な運営を確保することにより、当該通報又は届出に係る障害者に対する障害者福祉施設従事者等による障害者虐待の防止並びに当該障害者の保護及び自立の支援を図るため、社会福祉法（昭和二十六年法律第四十五号）、障害者の日常生活及び社会生活を総合的に支援するための法律その他関係法律の規定による権限を適切に行使するものとする。

（公表）

第二〇条 都道府県知事は、毎年度、障害者福祉施設従事者等による障害者虐待の状況、障害者福祉施設従事者等による障害者虐待があった場合に採った措置その他厚生労働省令で定める事項を公表するものとする。

第四章　使用者による障害者虐待の防止等

（使用者による障害者虐待の防止等のための措置）

第二一条 障害者を雇用する事業主は、労働者の研修の実施、当該事業所に使用される障害者及びその家族からの苦情の処理の体制の整備その他の使用者による障害者虐待の防止等のための措置を講ずるものとする。

（使用者による障害者虐待に係る通報等）

第二二条 使用者による障害者虐待を受けたと思われる障害者を発見した者は、速やかに、これを市町村又は都道府県に通報しなければならない。

2　使用者による障害者虐待を受けた障害者は、その旨を市町村又は都道府県に届け出ることができる。

3　刑法の秘密漏示罪の規定その他の守秘義務に関する法律の規定は、第一項の規定による通報（虚偽であるもの及び過失によるものを除く。次項において同じ。）をすることを妨げるものと解釈してはならない。

4　労働者は、第一項の規定による通報又は第二項の規定による届出（虚偽であるもの及び過失によるものを除く。）をしたことを理由として、解雇その他不利益な取扱いを受けない。

第二三条 市町村は、前条第一項の規定による通報又は同条第二項の規定による届出を受けたときは、厚生労働省令で定めるところにより、当該通報又は届出に係る使用者による障害者虐待に関する事項を、当該使用者による障害者虐待に係る事業所の所在地の都道府県に通知しなければならない。

第二四条 都道府県は、第二十二条第一項の規定による通報、同条第二項の規定による届出又は前条の規定による通知を受けたときは、厚生労働省令で定めるところにより、当該通報、届出又は通知に係る使用者による障害者虐待に関する事項を、当該使用者による障害者虐待に係る事業所の所在地を管轄する都道府県労働局に報告しなければならない。

第二五条 市町村又は都道府県が第二十二条第一項の規定による通報又は同条第二項の規定による届出を受けた場合においては、当該通報又は届出を受けた市町村又は都道府県の職員は、その職務上知り得た事項であって当該通報又は届出をした者を特定させるものを漏らしてはならない。都道府県が第二十三条の規定による通知を受けた場合における当該通知を受けた都道府県の職員及び都道府県労働局が前条の規定による報告を受けた場合における当該報告を受けた都道府県労働局の職員についても、同様とする。

（報告を受けた場合の措置）

第二六条　都道府県労働局が第二十四条の規定による報告を受けたときは、都道府県労働局長又は労働基準監督署長若しくは公共職業安定所長は、事業所における障害者の適正な労働条件及び雇用管理を確保することにより、当該報告に係る障害者に対する使用者による障害者虐待の防止並びに当該障害者の保護及び自立の支援を図るため、当該報告に係る都道府県との連携を図りつつ、労働基準法（昭和二十二年法律第四十九号）、障害者の雇用の促進等に関する法律（昭和三十五年法律第百二十三号）、個別労働関係紛争の解決の促進に関する法律（平成十三年法律第百十二号）その他関係法律の規定による権限を適切に行使するものとする。

（船員に関する特例）

第二七条　船員法（昭和二十二年法律第百号）の適用を受ける船員である障害者について行われる使用者による障害者虐待に係る前三条の規定の適用については、第二十四条中「厚生労働省令」とあるのは「国土交通省令又は厚生労働省令」と、「当該使用者による障害者虐待に係る事業所の所在地を管轄する都道府県労働局」とあるのは「地方運輸局その他の関係行政機関」と、第二十五条中「都道府県労働局」とあるのは「地方運輸局その他の関係行政機関」と、前条中「都道府県労働局が」とあるのは「地方運輸局その他の関係行政機関が」と、「都道府県労働局長又は労働基準監督署長若しくは公共職業安定所長」とあるのは「地方運輸局その他の関係行政機関の長」と、「労働基準法（昭和二十二年法律第四十九号）」とあるのは「船員法（昭和二十二年法律第百号）」とする。

（公表）

第二八条　厚生労働大臣は、毎年度、使用者による障害者虐待の状況、使用者による障害者虐待があった場合に採った措置その他厚生労働省令で定める事項を公表するものとする。

第五章　就学する障害者等に対する虐待の防止等

（就学する障害者に対する虐待の防止等）

第二九条　学校（学校教育法（昭和二十二年法律第二十六号）第一条に規定する学校、同法第百二十四条に規定する専修学校又は同法第百三十四条第一項に規定する各種学校をいう。以下同じ。）の長は、教職員、児童、生徒、学生その他の関係者に対する障害及び障害者に関する理解を深めるための研修の実施及び普及啓発、就学する障害者に対する虐待に関する相談に係る体制の整備、就学する障害者に対する虐待に対処するための措置その他の当該学校に就学する障害者に対する虐待を防止するため必要な措置を講ずるものとする。

（保育所等に通う障害者に対する虐待の防止等）

第三〇条　保育所等（児童福祉法（昭和二十二年法律第百六十四号）第三十九条第一項に規定する保育所若しくは同法第五十九条第一項に規定する施設のうち同法第三十九条第一項に規定する業務を目的とするもの（少数の乳児又は幼児を対象とするものその他の内閣府令・厚生労働省令で定めるものを除く。）又は就学前の子どもに関する教育、保育等の総合的な提供の推進に関する法律（平成十八年法律第七十七号）第二条第六項に規定する認定こども園をいう。以下同じ。）の長は、保育所等の職員その他の関係者に対する障害及び障害者に関する理解を深めるための研修の実施及び普及啓発、保育所等に通う障害者に対する虐待に関する相談に係る体制の整備、保育所等に通う障害者に対する虐待に対処するための措置その他の当該保育所等に通う障害者に対する虐待を防止するため必要な措置を講ずるものとする。

（医療機関を利用する障害者に対する虐待の防止等）

第三一条　医療機関（医療法（昭和二十三年法律第二百五号）第一条の五第一項に規定する病院又は同条第二項に規定する診療所をいう。以下同じ。）の管理者は、医療機関の職員その他の関係者に対する障害及び障害者に関する理解を深めるための研修の実施及び普及啓発、医療機関を利用する障害者に対する虐待に関する相談に係る体制の整備、医療機関を利用する障害者に対する虐待に対処するための措置その他の当該医療機関を利用する障害者に対する虐待を防止するため必要な措置を講ずるものとする。

第六章　市町村障害者虐待防止センター及び都道府県障害者権利擁護センター

（市町村障害者虐待防止センター）

第三二条　市町村は、障害者の福祉に関する事務を所掌する部局又は当該市町村が設置する施設において、当該部局又は施設が市町村障害者虐待防止センターとしての機能を果たすようにするものとする。

2　市町村障害者虐待防止センターは、次に掲げる業務を行うものとする。

一　第七条第一項、第十六条第一項若しくは第二十二条第一項の規定による通報又は第九条第一項に規定する届出若しくは第十六条第二項若しくは第二十二条第二項の規定による届出を受理すること。

二　養護者による障害者虐待を受けた障害者の保護のため、障害者及び養護者に対して、相談、指導及び助言を行うこと。

三　障害者虐待の防止及び養護者に対する支援に関する広報その他の啓発活動を行うこと。

（市町村障害者虐待防止センターの業務の委託）

第三三条　市町村は、市町村障害者虐待対応協力者のうち適当と認められるものに、前条第二項各号に掲げる業務の全部又は一部を委託することができる。

2　前項の規定による委託を受けた者若しくはその役員若しくは職員又はこれらの者であった者は、正当な理由なしに、その委託を受けた業務に関して知り得た秘密を漏らしてはならない。

3　第一項の規定により第七条第一項、第十六条第一項若しくは第二十二条第一項の規定による通報又は第九条第一項に規定する届出若しくは第十六条第二項若しくは第二十二条第二項の規定による届出の受理に関する業務の委託を受けた者が第七条第一項、第十六条第一項若しくは第二十二条第一項の規定による通報又は第九条第一項に規定する届出若しくは第十六条第二項若しくは第二十二条第二項の規定による届出を受けた場合には、当該通報若しくは届出を受けた者又はその役員若しくは職員は、その職務上知り得た事項であって当該通報又は届出をした者を特定させるものを漏らしてはならない。

（市町村等における専門的に従事する職員の確保）

第三四条　市町村及び前条第一項の規定による委託を受けた者は、障害者虐待の防止、障害者虐待を受けた障害者の保護及び自立の支援並びに養護者に対する支援を適切に実施するために、障害者の福祉又は権利の擁護に関し専門的知識又は経験を有し、かつ、これらの事務に専門的に従事する職員を確保するよう努めなければならない。

（市町村における連携協力体制の整備）

第三五条　市町村は、養護者による障害者虐待の防止、養護者による障害者虐待を受けた障害者の保護及び自立の支援並びに養護者に対する支援を適切に実施するため、社会福祉法に定める福祉に関する事務所（以下「福祉事務所」という。）その他関係機関、民間団体等との連携協力体制を整備しなければならない。この場合において、養護者による障害者虐待にいつでも迅速に対応することができるよう、特に配慮しなければならない。

（都道府県障害者権利擁護センター）

第三六条　都道府県は、障害者の福祉に関する事務を所掌する部局又は当該都道府県が設置する施設において、当該部局又は施設が都道府県障害者権利擁護センターとしての機能を果たすようにするものとする。

2　都道府県障害者権利擁護センターは、次に掲げる業務を行うものとする。

一　第二十二条第一項の規定による通報又は同条第二項の規定による届出を受理すること。

二　この法律の規定により市町村が行う措置の実施に関し、市町村相互間の連絡調整、市町村に対する情報の提供、助言その他必要な援助を行うこと。

三　障害者虐待を受けた障害者に関する各般の問題及び養護者に対する支援に関し、相談に応ずること又は相談を行う機関を紹介すること。

四　障害者虐待を受けた障害者の支援及び養護者に対する支援のため、情報の提供、助言、関係機関との連絡調整その他の援助を行うこと。

五　障害者虐待の防止及び養護者に対する支援に関する情報を収集し、分析し、及び提供すること。
六　障害者虐待の防止及び養護者に対する支援に関する広報その他の啓発活動を行うこと。
七　その他障害者に対する虐待の防止等のために必要な支援を行うこと。

（**都道府県障害者権利擁護センターの業務の委託**）
第三七条　都道府県は、第三十九条の規定により当該都道府県と連携協力する者（以下「**都道府県障害者虐待対応協力者**」という。）のうち適当と認められるものに、前条第二項第一号又は第三号から第七号までに掲げる業務の全部又は一部を委託することができる。
2　前項の規定による委託を受けた者若しくはその役員若しくは職員又はこれらの者であった者は、正当な理由なしに、その委託を受けた業務に関して知り得た秘密を漏らしてはならない。
3　第一項の規定により第二十二条第一項の規定による通報又は同条第二項に規定する届出の受理に関する業務の委託を受けた者が同条第一項の規定による通報又は同条第二項に規定する届出を受けた場合には、当該通報若しくは届出を受けた者又はその役員若しくは職員は、その職務上知り得た事項であって当該通報又は届出をした者を特定させるものを漏らしてはならない。

（**都道府県等における専門的に従事する職員の確保**）
第三八条　都道府県及び前条第一項の規定による委託を受けた者は、障害者虐待の防止、障害者虐待を受けた障害者の保護及び自立の支援並びに養護者に対する支援を適切に実施するために、障害者の福祉又は権利の擁護に関し専門的知識又は経験を有し、かつ、これらの事務に専門的に従事する職員を確保するよう努めなければならない。

（**都道府県における連携協力体制の整備**）
第三九条　都道府県は、障害者虐待の防止、障害者虐待を受けた障害者の保護及び自立の支援並びに養護者に対する支援を適切に実施するため、福祉事務所その他関係機関、民間団体等との連携協力体制を整備しなければならない。

第七章　雑則

（**周知**）
第四〇条　市町村又は都道府県は、市町村障害者虐待防止センター又は都道府県障害者権利擁護センターとしての機能を果たす部局又は施設及び市町村障害者虐待対応協力者又は都道府県障害者虐待対応協力者の名称を明示すること等により、当該部局又は施設及び市町村障害者虐待対応協力者又は都道府県障害者虐待対応協力者を周知させなければならない。

（**障害者虐待を受けた障害者の自立の支援**）
第四一条　国及び地方公共団体は、障害者虐待を受けた障害者が地域において自立した生活を円滑に営むことができるよう、居住の場所の確保、就業の支援その他の必要な施策を講ずるものとする。

（**調査研究**）
第四二条　国及び地方公共団体は、障害者虐待を受けた障害者がその心身に著しく重大な被害を受けた事例の分析を行うとともに、障害者虐待の予防及び早期発見のための方策、障害者虐待があった場合の適切な対応方法、養護者に対する支援の在り方その他障害者虐待の防止、障害者虐待を受けた障害者の保護及び自立の支援並びに養護者に対する支援のために必要な事項についての調査及び研究を行うものとする。

（**財産上の不当取引による被害の防止等**）
第四三条　市町村は、養護者、障害者の親族、障害者福祉施設従事者等及び使用者以外の者が不当に財産上の利益を得る目的で障害者と行う取引（以下「**財産上の不当取引**」という。）による障害者の被害について、相談に応じ、若しくは消費生活に関する業務を担当する部局その他の関係機関を紹介し、又は市町村障害者虐待対応協力者に、財産上の不当取引による障害者の被害に係る相談若しくは関係機関の紹介の実施を委託するものとする。
2　市町村長は、財産上の不当取引の被害を受け、又は受けるおそれのある障害者について、適切に、精神保健及び精神障害者福祉に関する法律第五十一条の十一の二又は知的障害者福祉法第二十八条の規定により審判の請求をするものとする。

（**成年後見制度の利用促進**）
第四四条　国及び地方公共団体は、障害者虐待の防止並びに障害者虐待を受けた障害者の保護及び自立の支援並びに財産上の不当取引による障害者の被害の防止及び救済を図るため、成年後見制度の周知のための措置、成年後見制度の利用に係る経済的負担の軽減のための措置等を講ずることにより、成年後見制度が広く利用されるようにしなければならない。

第八章　罰則

第四五条　第三十三条第二項又は第三十七条第二項の規定に違反した者は、一年以下の懲役又は百万円以下の罰金に処する。

注　第四五条は、令和四年六月一七日法律第六八号により次のように改正され、令和四年六月一七日から起算して三年を超えない範囲内において政令で定める日から施行される。
第四十五条中「懲役」を「拘禁刑」に改める。

第四六条　正当な理由がなく、第十一条第一項の規定による立入調査を拒み、妨げ、若しくは忌避し、又は同項の規定による質問に対して答弁をせず、若しくは虚偽の答弁をし、若しくは障害者に答弁をさせず、若しくは虚偽の答弁をさせた者は、三十万円以下の罰金に処する。

附　則（抄）

（施行期日）

第一条　この法律は、平成二十四年十月一日から施行する。

（検討）

第二条　政府は、学校、保育所等、医療機関、官公署等における障害者に対する虐待の防止等の体制の在り方並びに障害者の安全の確認又は安全の確保を実効的に行うための方策、障害者を訪問して相談等を行う体制の充実強化その他の障害者虐待の防止、障害者虐待を受けた障害者の保護及び自立の支援、養護者に対する支援等のための制度について、この法律の施行後三年を目途として、児童虐待、高齢者虐待、配偶者からの暴力等の防止等に関する法制度全般の見直しの状況を踏まえ、この法律の施行状況等を勘案して検討を加え、その結果に基づいて必要な措置を講ずるものとする。

◉障害を理由とする差別の解消の推進に関する法律

（平成二五・六・二六法律六五）

注　令五法律二八改正現在
（未施行分については、該当か所の後に改正文を収載）

第一章　総則

（目的）

第一条　この法律は、障害者基本法（昭和四十五年法律第八十四号）の基本的な理念にのっとり、全ての障害者が、障害者でない者と等しく、基本的人権を享有する個人としてその尊厳が重んぜられ、その尊厳にふさわしい生活を保障される権利を有することを踏まえ、障害を理由とする差別の解消の推進に関する基本的な事項、行政機関等及び事業者における障害を理由とする差別を解消するための措置等を定めることにより、障害を理由とする差別の解消を推進し、もって全ての国民が、障害の有無によって分け隔てられることなく、相互に人格と個性を尊重し合いながら共生する社会の実現に資することを目的とする。

（定義）

第二条　この法律において、次の各号に掲げる用語の意義は、それぞれ当該各号に定めるところによる。

一　障害者　身体障害、知的障害、精神障害（発達障害を含む。）その他の心身の機能の障害（以下「障害」と総称する。）がある者であって、障害及び社会的障壁により継続的に日常生活又は社会生活に相当な制限を受ける状態にあるものをいう。

二　社会的障壁　障害がある者にとって日常生活又は社会生活を営む上で障壁となるような社会における事物、制度、慣行、観念その他一切のものをいう。

三　行政機関等　国の行政機関、独立行政法人等、地方公共団体（地方公営企業法（昭和二十七年法律第二百九十二号）第三章の規定の適用を受ける地方公共団体の経営する企業を除く。第七号、第十条及び附則第四条第一項において同じ。）及び地方独立行政法人をいう。

四　国の行政機関　次に掲げる機関をいう。

イ　法律の規定に基づき内閣に置かれる機関（内閣府を除く。）及び内閣の所轄の下に置かれる機関

ロ　内閣府、宮内庁並びに内閣府設置法（平成十一年法律第八十九号）第四十九条第一項及び第二項に規定する機関（これらの機関のうちニの政令で定める機関が置かれる機関にあっては、当該政令で定める機関を除く。）

ハ　国家行政組織法（昭和二十三年法律第百二十号）第三条第二項に規定する機関（ホの政令で定める機関が置かれる機関にあっては、当該政令で定める機関を除く。）

ニ　内閣府設置法第三十九条及び第五十五条並びに宮内庁法（昭和二十二年法律第七十号）第十六条第二項の機関並びに内閣府設置法第四十条及び第五十六条（宮内庁法第十八条第一項において準用する場合を含む。）の特別の機関で、政令で定めるもの

ホ　国家行政組織法第八条の二の施設等機関及び同法第八条の三の特別の機関で、政令で定めるもの

ヘ　会計検査院

五　独立行政法人等　次に掲げる法人をいう。

イ　独立行政法人（独立行政法人通則法（平成十一年法律第百三号）第二条第一項に規定する独立行政法人をいう。ロにおいて同じ。）

ロ　法律により直接に設立された法人、特別の法律により特別の設立行為をもって設立された法人（独立行政法人を除く。）又は特別の法律により設立され、かつ、その設立に関し行政庁の認可を要する法人のうち、政令で定めるもの

六　地方独立行政法人　地方独立行政法人法（平成十五年法律第百十八号）第二条第一項に規定する地方独立行政法人（同法第二十一条第三号に掲げる業務を行うものを除く。）をいう。

七　事業者　商業その他の事業を行う者（国、独立行政法人等、地方公共団体及び地方独立行政法人を除く。）をいう。

（国及び地方公共団体の責務）

第三条　国及び地方公共団体は、この法律の趣旨にのっとり、障害を理由とする差別の解消の推進に関して必要な施策を策定し、及びこれを実施しなければならない。

2　国及び地方公共団体は、障害を理由とする差別の解消の推進に関して必要な施策の効率的かつ効果的な実施が促進されるよう、適切な役割分担を行うとともに、相互に連携を図りながら協力しなければならない。

（国民の責務）

第四条　国民は、第一条に規定する社会を実現する上で障害を理由とする差別の解消が重要であることに鑑み、障害を理由とする差別の解消の推進に寄与するよう努めなければならない。

（社会的障壁の除去の実施についての必要かつ合理的な配慮に関する環境の整備）

第五条　行政機関等及び事業者は、社会的障壁の除去の実施についての必要かつ合理的な配慮を的確に行うため、自ら設置する施設の構造の改善及び設備の整備、関係職員に対する研修その他の必要な環境の整備に努めなければならない。

第二章　障害を理由とする差別の解消の推進に関する基本方針

第六条　政府は、障害を理由とする差別の解消の推進に関する施策を総合的かつ一体的に実施す

るため、障害を理由とする差別の解消の推進に関する基本方針（以下「**基本方針**」という。）を定めなければならない。

2　基本方針は、次に掲げる事項について定めるものとする。

一　障害を理由とする差別の解消の推進に関する施策に関する基本的な方向

二　行政機関等が講ずべき障害を理由とする差別を解消するための措置に関する基本的な事項

三　事業者が講ずべき障害を理由とする差別を解消するための措置に関する基本的な事項

四　国及び地方公共団体による障害を理由とする差別を解消するための支援措置の実施に関する基本的な事項

五　その他障害を理由とする差別の解消の推進に関する施策に関する重要事項

3　内閣総理大臣は、基本方針の案を作成し、閣議の決定を求めなければならない。

4　内閣総理大臣は、基本方針の案を作成しようとするときは、あらかじめ、障害者その他の関係者の意見を反映させるために必要な措置を講ずるとともに、障害者政策委員会の意見を聴かなければならない。

5　内閣総理大臣は、第三項の規定による閣議の決定があったときは、遅滞なく、基本方針を公表しなければならない。

6　前三項の規定は、基本方針の変更について準用する。

第三章　行政機関等及び事業者における障害を理由とする差別を解消するための措置

（行政機関等における障害を理由とする差別の禁止）

第七条　行政機関等は、その事務又は事業を行うに当たり、障害を理由として障害者でない者と不当な差別的取扱いをすることにより、障害者の権利利益を侵害してはならない。

2　行政機関等は、その事務又は事業を行うに当たり、障害者から現に社会的障壁の除去を必要としている旨の意思の表明があった場合において、その実施に伴う負担が過重でないときは、障害者の権利利益を侵害することとならないよう、当該障害者の性別、年齢及び障害の状態に応じて、社会的障壁の除去の実施について必要かつ合理的な配慮をしなければならない。

（事業者における障害を理由とする差別の禁止）

第八条　事業者は、その事業を行うに当たり、障害を理由として障害者でない者と不当な差別的取扱いをすることにより、障害者の権利利益を侵害してはならない。

2　事業者は、その事業を行うに当たり、障害者から現に社会的障壁の除去を必要としている旨の意思の表明があった場合において、その実施に伴う負担が過重でないときは、障害者の権利利益を侵害することとならないよう、当該障害者の性別、年齢及び障害の状態に応じて、社会的障壁の除去の実施について必要かつ合理的な配慮をしなければならない。

（国等職員対応要領）

第九条　国の行政機関の長及び独立行政法人等は、基本方針に即して、第七条に規定する事項に関し、当該国の行政機関及び独立行政法人等の職員が適切に対応するために必要な要領（以下この条及び附則第三条において「**国等職員対応要領**」という。）を定めるものとする。

2　国の行政機関の長及び独立行政法人等は、国等職員対応要領を定めようとするときは、あらかじめ、障害者その他の関係者の意見を反映させるために必要な措置を講じなければならない。

3　国の行政機関の長及び独立行政法人等は、国等職員対応要領を定めたときは、遅滞なく、これを公表しなければならない。

4　前二項の規定は、国等職員対応要領の変更について準用する。

（地方公共団体等職員対応要領）

第一〇条　地方公共団体の機関及び地方独立行政法人は、基本方針に即して、第七条に規定する事項に関し、当該地方公共団体の機関及び地方独立行政法人の職員が適切に対応するために必要な要領（以下この条及び附則第四条において「**地方公共団体等職員対応要領**」という。）を定めるよう努めるものとする。

2　地方公共団体の機関及び地方独立行政法人は、地方公共団体等職員対応要領を定めようとするときは、あらかじめ、障害者その他の関係者の意見を反映させるために必要な措置を講ずるよう努めなければならない。

3　地方公共団体の機関及び地方独立行政法人は、地方公共団体等職員対応要領を定めたときは、遅滞なく、これを公表するよう努めなければならない。

4　国は、地方公共団体の機関及び地方独立行政法人による地方公共団体等職員対応要領の作成に協力しなければならない。

5　前三項の規定は、地方公共団体等職員対応要領の変更について準用する。

（事業者のための対応指針）

第一一条　主務大臣は、基本方針に即して、第八条に規定する事項に関し、事業者が適切に対応するために必要な指針（以下「**対応指針**」という。）を定めるものとする。

2　第九条第二項から第四項までの規定は、対応指針について準用する。

（報告の徴収並びに助言、指導及び勧告）

第一二条　主務大臣は、第八条の規定の施行に関し、特に必要があると認めるときは、対応指針に定める事項について、当該事業者に対し、報告を求め、又は助言、指導若しくは勧告をすることができる。

（事業主による措置に関する特例）

第一三条　行政機関等及び事業者が事業主としての立場で労働者に対して行う障害を理由とする差別を解消するための措置については、障害者の雇用の促進等に関する法律（昭和三十五年法律第百二十三号）の定めるところによる。

第四章　障害を理由とする差別を解消するための支援措置

（相談及び紛争の防止等のための体制の整備）

第一四条　国及び地方公共団体は、障害者及びその家族その他の関係者からの障害を理由とする差別に関する相談に的確に応ずるとともに、障害を理由とする差別に関する紛争の防止又は解決を図ることができるよう人材の育成及び確保のための措置その他の必要な体制の整備を図るものとする。

（啓発活動）

第一五条　国及び地方公共団体は、障害を理由とする差別の解消について国民の関心と理解を深めるとともに、特に、障害を理由とする差別の解消を妨げている諸要因の解消を図るため、必要な啓発活動を行うものとする。

（情報の収集、整理及び提供）

第一六条　国は、障害を理由とする差別を解消するための取組に資するよう、国内外における障害を理由とする差別及びその解消のための取組に関する情報の収集、整理及び提供を行うものとする。

2　地方公共団体は、障害を理由とする差別を解消するための取組に資するよう、地域における障害を理由とする差別及びその解消のための取組に関する情報の収集、整理及び提供を行うよう努めるものとする。

（障害者差別解消支援地域協議会）

第一七条　国及び地方公共団体の機関であって、医療、介護、教育その他の障害者の自立と社会参加に関連する分野の事務に従事するもの（以下この項及び次条第二項において「**関係機関**」という。）は、当該地方公共団体の区域において関係機関が行う障害を理由とする差別に関する相談及び当該相談に係る事例を踏まえた障害を理由とする差別を解消するための取組を効果的かつ円滑に行うため、関係機関により構成される障害者差別解消支援地域協議会（以下「**協議会**」という。）を組織することができる。

2　前項の規定により協議会を組織する国及び地方公共団体の機関は、必要があると認めるときは、協議会に次に掲げる者を構成員として加えることができる。

一　特定非営利活動促進法（平成十年法律第七号）第二条第二項に規定する特定非営利活動法人その他の団体

二　学識経験者

三　その他当該国及び地方公共団体の機関が必要と認める者

（協議会の事務等）

第一八条　協議会は、前条第一項の目的を達するため、必要な情報を交換するとともに、障害者からの相談及び当該相談に係る事例を踏まえた障害を理由とする差別を解消するための取組に関する協議を行うものとする。

2　関係機関及び前条第二項の構成員（次項において「構成機関等」という。）は、前項の協議の結果に基づき、当該相談に係る事例を踏まえた障害を理由とする差別を解消するための取組を行うものとする。

3　協議会は、第一項に規定する情報の交換及び協議を行うため必要があると認めるとき、又は構成機関等が行う相談及び当該相談に係る事例を踏まえた障害を理由とする差別を解消するための取組に関し他の構成機関等から要請があった場合において必要があると認めるときは、構成機関等に対し、相談を行った障害者及び差別に係る事案に関する情報の提供、意見の表明その他の必要な協力を求めることができる。

4　協議会の庶務は、協議会を構成する地方公共団体において処理する。

5　協議会が組織されたときは、当該地方公共団体は、内閣府令で定めるところにより、その旨を公表しなければならない。

（秘密保持義務）

第一九条　協議会の事務に従事する者又は協議会の事務に従事していた者は、正当な理由なく、協議会の事務に関して知り得た秘密を漏らしてはならない。

（協議会の定める事項）

第二〇条　前三条に定めるもののほか、協議会の組織及び運営に関し必要な事項は、協議会が定める。

第五章　雑則

（主務大臣）

第二一条　この法律における主務大臣は、対応指針の対象となる事業者の事業を所管する大臣又は国家公安委員会とする。

（地方公共団体が処理する事務）

第二二条　第十二条に規定する主務大臣の権限に属する事務は、政令で定めるところにより、地方公共団体の長その他の執行機関が行うこととすることができる。

（権限の委任）

第二三条　この法律の規定により主務大臣の権限に属する事項は、政令で定めるところにより、その所属の職員に委任することができる。

（政令への委任）

第二四条　この法律に定めるもののほか、この法律の実施のため必要な事項は、政令で定める。

第六章　罰則

第二五条　第十九条の規定に違反した者は、一年以下の懲役又は五十万円以下の罰金に処する。

注　第二五条は、令和四年六月一七日法律第六八号により次のように改正され、令和四年六月一七日から起算して三年を超えない範囲内において政令で定める日から施行される。

第二十五条中「懲役」を「拘禁刑」に改める。

第二六条　第十二条の規定による報告をせず、又は虚偽の報告をした者は、二十万円以下の過料に処する。

附　則　（抄）

（施行期日）

第一条　この法律は、平成二十八年四月一日から施行する。ただし、次条から附則第六条までの規定は、公布の日〔平二五・六・二六〕から施行する。

（基本方針に関する経過措置）

第二条　政府は、この法律の施行前においても、第六条の規定の例により、基本方針を定めることができる。この場合において、内閣総理大臣は、この法律の施行前においても、同条の規定の例により、これを公表することができる。

2　前項の規定により定められた基本方針は、この法律の施行の日において第六条の規定により定められたものとみなす。

（国等職員対応要領に関する経過措置）

第三条　国の行政機関の長及び独立行政法人等は、この法律の施行前においても、第九条の規定の例により、国等職員対応要領を定め、これを公表することができる。

2　前項の規定により定められた国等職員対応要領は、この法律の施行の日において第九条の規定により定められたものとみなす。

（地方公共団体等職員対応要領に関する経過措置）

第四条　地方公共団体の機関及び地方独立行政法人は、この法律の施行前においても、第十条の規定の例により、地方公共団体等職員対応要領を定め、これを公表することができる。

2　前項の規定により定められた地方公共団体等職員対応要領は、この法律の施行の日において第十条の規定により定められたものとみなす。

（対応指針に関する経過措置）

第五条　主務大臣は、この法律の施行前においても、第十一条の規定の例により、対応指針を定め、これを公表することができる。

2　前項の規定により定められた対応指針は、この法律の施行の日において第十一条の規定により定められたものとみなす。

（政令への委任）

第六条　この附則に規定するもののほか、この法律の施行に関し必要な経過措置は、政令で定める。

（検討）

第七条　政府は、この法律の施行後三年を経過した場合において、第八条第二項に規定する社会的障壁の除去の実施についての必要かつ合理的な配慮の在り方その他この法律の施行の状況について検討を加え、必要があると認めるときは、その結果に応じて所要の見直しを行うものとする。

◉障害者による情報の取得及び利用並びに意思疎通に係る施策の推進に関する法律

（令和四・五・二五法律五〇）

第一章　総則

（目的）

第一条　この法律は、全ての障害者が、社会を構成する一員として社会、経済、文化その他あらゆる分野の活動に参加するためには、その必要とする情報を十分に取得し及び利用し並びに円滑に意思疎通を図ることができることが極めて重要であることに鑑み、障害者による情報の取得及び利用並びに意思疎通に係る施策に関し、基本理念を定め、及び国、地方公共団体等の責務を明らかにするとともに、障害者による情報の取得及び利用並びに意思疎通に係る施策の基本となる事項を定めること等により、障害者による情報の取得及び利用並びに意思疎通に係る施策を総合的に推進し、もって全ての国民が、障害の有無によって分け隔てられることなく、相互に人格と個性を尊重し合いながら共生する社会の実現に資することを目的とする。

（定義）

第二条　この法律において「障害者」とは、障害者基本法（昭和四十五年法律第八十四号）第二条第一号に規定する障害者をいう。

（基本理念）

第三条　障害者による情報の取得及び利用並びに意思疎通に係る施策の推進は、次に掲げる事項を旨として行われなければならない。

一　障害者による情報の取得及び利用並びに意思疎通に係る手段について、可能な限り、その障害の種類及び程度に応じた手段を選択することができるようにすること。

二　全ての障害者が、その日常生活又は社会生活を営んでいる地域にかかわらず等しくその必要とする情報を十分に取得し及び利用し並びに円滑に意思疎通を図ることができるようにすること。

三　障害者が取得する情報について、可能な限り、障害者でない者が取得する情報と同一の内容の情報を障害者でない者と同一の時点において取得することができるようにすること。

四　デジタル社会（デジタル社会形成基本法（令和三年法律第三十五号）第二条に規定するデジタル社会をいう。）において、全ての障害者が、高度情報通信ネットワークの利用及び情報通信技術の活用を通じ、その必要とする情報を十分に取得し及び利用し並びに円滑に意思疎通を図ることができるようにすること。

（国及び地方公共団体の責務等）

第四条　国は、前条の基本理念にのっとり、障害者による情報の取得及び利用並びに意思疎通に係る施策を総合的に策定し、及び実施する責務を有する。

2　地方公共団体は、前条の基本理念にのっとり、その地域の実情を踏まえ、障害者による情報の取得及び利用並びに意思疎通に係る施策を策定し、及び実施する責務を有する。

3　国及び地方公共団体は、障害者による情報の取得及び利用並びに意思疎通に係る施策が障害者でない者による情報の十分な取得及び利用並びに円滑な意思疎通にも資するものであることを認識しつつ、当該施策を策定し、及び実施するものとする。

（事業者の責務）

第五条　事業者は、その事業活動を行うに当たっては、障害者がその必要とする情報を十分に取得し及び利用し並びに円滑に意思疎通を図ることができるようにするよう努めるとともに、国又は地方公共団体が実施する障害者による情報の取得及び利用並びに意思疎通に係る施策に協力するよう努めなければならない。

（国民の責務）

第六条　国民は、障害者による情報の十分な取得及び利用並びに円滑な意思疎通の重要性に関する関心と理解を深めるよう努めるものとする。

（関係者相互の連携及び協力）

第七条　国、地方公共団体、事業者その他の関係者は、障害者による情報の取得及び利用並びに意思疎通に係る施策が効率的かつ効果的に推進されるよう、相互に連携を図りながら協力するよう努めなければならない。

（障害者等の意見の尊重）

第八条　国及び地方公共団体は、障害者による情報の取得及び利用並びに意思疎通に係る施策を講ずるに当たっては、障害者、障害児の保護者その他の関係者の意見を聴き、その意見を尊重するよう努めなければならない。

（障害者基本計画等との関係）

第九条　政府が障害者基本法第十一条第一項に規定する障害者基本計画を、都道府県が同条第二項に規定する都道府県障害者計画を、市町村が同条第三項に規定する市町村障害者計画を策定し又は変更する場合には、それぞれ、当該計画がこの法律の規定の趣旨を踏まえたものとなるようにするものとする。

2　政府は、障害者基本法第十三条の規定により国会に提出する報告書において、障害者による情報の取得及び利用並びに意思疎通に係る施策の実施の状況が明らかになるようにするものとする。

（法制上の措置等）

第一〇条　政府は、障害者による情報の取得及び利用並びに意思疎通に係る施策を実施するため必要な法制上又は財政上の措置その他の措置を講じなければならない。

第二章　基本的施策

（障害者による情報取得等に資する機器等）

第一一条　国及び地方公共団体は、障害者による情報の十分な取得及び利用並びに円滑な意思疎通に資する情報通信機器その他の機器及び情報通信技術を活用した役務（以下この条及び第十五条において「障害者による情報取得等に資する機器等」という。）の開発及び普及の促進を図るため、障害者による情報取得等に資する機器等に関し、開発及び提供に対する助成その他の支援、規格の標準化、障害者又はその介助を行う者（次項及び第三項において「障害者等」という。）に対する情報提供及び入手の支援その他の必要な施策を講ずるものとする。

2　国及び地方公共団体は、障害者等が障害者による情報取得等に資する機器等の利用方法を習得することができるようにするため、障害者による情報取得等に資する機器等の利用に関し、障害者等からの相談への対応その他の必要な取組を自ら行うとともに、当該取組を行う者を支援するために必要な施策を講ずるよう努めるものとする。

3　国は、障害者による情報取得等に資する機器等の開発及び普及の促進並びに質の向上に資するよう、内閣府、デジタル庁、総務省、厚生労働省、経済産業省その他の関係行政機関の職員、障害者による情報取得等に資する機器等を開発し又は提供する者、障害者等その他の関係者による協議の場を設けることその他関係者の連携協力に関し必要な措置を講ずるものとする。

（防災及び防犯並びに緊急の通報）

第一二条　国及び地方公共団体は、障害の種類及び程度に応じて障害者が防災及び防犯に関する情報を迅速かつ確実に取得することができるようにするため、体制の整備充実、設備又は機器の設置の推進その他の必要な施策を講ずるものとする。

2　国及び地方公共団体は、障害の種類及び程度に応じて障害者が緊急の通報を円滑な意思疎通により迅速かつ確実に行うことができるようにするため、多様な手段による緊急の通報の仕組みの整備の推進その他の必要な施策を講ずるものとする。

（障害者が自立した日常生活及び社会生活を営むために必要な分野に係る施策）

第一三条　国及び地方公共団体は、医療、介護、保健、福祉、教育、労働、交通、電気通信、放送、文化芸術、スポーツ、レクリエーション、司法手続その他の障害者が自立した日常生活及び社会生活を営むために必要な分野において、障害者がその必要とする情報を十分に取得し及び利用し並びに円滑に意思疎通を図ることができるようにするため、障害者とその他の者の意思疎通の支援を行う者（第十五条において「意思疎通支援者」という。）の確保、養成及び資質の向上その他の必要な施策を講ずるものとする。

2　国及び地方公共団体は、医療、介護、保健若しくは福祉に係るサービスを提供する者、学校の設置者、事業主、交通施設（移動施設を含む。）を設置する事業者、電気通信若しくは放送の役務を提供する事業者又は文化芸術施設、スポーツ施設若しくはレクリエーション施設の管理若しくは運営を行う者が行う障害者による情報の十分な取得及び利用並びに円滑な意思疎通のための取組を支援するために必要な施策を講ずるよう努めるものとする。

（障害者からの相談及び障害者に提供する情報）

第一四条　国及び地方公共団体は、障害者からの各種の相談に応ずるに当たっては、障害者がその必要とする情報を十分に取得し及び利用し並びに円滑に意思疎通を図ることができるよう配慮するものとする。

2　国及び地方公共団体は、障害者に情報を提供するに当たっては、その障害の種類及び程度に応じてこれを行うよう配慮するものとする。

（国民の関心及び理解の増進）

第一五条　国及び地方公共団体は、障害者による情報の十分な取得及び利用並びに円滑な意思疎通の重要性に関する国民の関心と理解を深めるよう、障害者による情報取得等に資する機器等の有用性、障害者による円滑な意思疎通において意思疎通支援者が果たす役割等に関する広報活動及び啓発活動の充実その他の必要な施策を講ずるものとする。

（調査研究の推進等）

第一六条　国及び地方公共団体は、障害者による情報の取得及び利用並びに意思疎通に関する調査及び研究を推進し、その成果の普及に努めるものとする。

附　則

この法律は、公布の日〔令四・五・二五〕から施行する。

身体障害者福祉法の概要

1　制定の経緯

戦前の我が国では一般的な障害者福祉制度は存在しませんでしたが、戦後になってまず、昭和二二年に制定された児童福祉法により、一八歳未満の障害児について、総合的な援助施策が講じられることとなり、身体に障害のある児童に対しては障害の治療と育成を、精神薄弱者（現・知的障害者）に対しては精神薄弱児施設（現・知的障害児施設）により保護と生活指導を行うこととされました。

一八歳以上の身体障害者に対しては、昭和二四年に、視覚障害、言語障害、運動障害による職業能力の低下を補ってその自力による更生を援護することを基本的目的とした身体障害者福祉法が制定され、身体障害者の職業能力回復を始めとする施策の体系が定められました。法に基づき不十分ながら各種更生施設や授産施設などが設置されましたが、基本的には傷病軍人を救済するねらいがあったといえます。

時代の変遷とともに、対象障害に内部障害を加えるなど障害の範囲が広げられ、さらに職業復帰という狭い意味での自立を目的としているのでなく、広く生活の安定に寄与することも含めて、個人の権利と尊厳が重んぜられた社会の構成員として身体障害者の自立と社会参加を促進することを目的とするなど改正を繰り返しながら現在に至っています。

昭和四五年に成立した「心身障害者対策基本法」（現・障害者基本法）は、障害者福祉の基本施策の在り方や施策の総合的推進を内容とする障害者施策の基本法とされ、障害者の福祉に関する法体系が整備され、身体障害者福祉法も同法に基づく個別法として位置づけられました。

また、平成一七年に障害者自立支援法（現・障害者の日常生活及び社会生活を総合的に支援するための法律）が成立し、障害者の地域生活と就労を進め、自立を支援する観点から、障害者基本法の基本的理念にのっとり、これまで障害種別ごとに異なる法律に基づいて提供されてきた福祉サービス（居宅支援等）、公費負担医療等について、共通の制度の下で一元的に提供する仕組みとなりました。これに伴い、身体障害者福祉法等の関係法律について所要の改正が行われています。

2　法の概要

身体障害者福祉法は、総則、更生援護、事業及び施設、費用、雑則の五章から構成されています。

(1)　目的など

身体障害者福祉法は第一条に目的を定めており、「身体障害者の自立と社会経済活動への参加を促進するため、身体障害者を援助し、及び必要に応じて保護し、もつて身体障害者の福祉の増進を図ることを目的とする」とされています。

この目的を達成するために、身体障害者自身の努力、社会参加の機会均等化、国・地方公共団体及び国民の責務について第二条、第三条に規定しています。

(2)　対象

身体上の障害がある一八歳以上の者であって、都道府県知事から身体障害者手帳の交付を受けた「身体障害者」です。

身体障害者手帳の交付を受けるには、居住地または現在地の都道府県知事（指定都市・中核市市長）に、医師の診断書を添えて申請し、身体障害者障害程度等級表に基づき、障害の種類（視覚障害、聴覚・平衡機能障害、音声・言語・そしゃく機能障害、肢体不自由、内部障害）及び程度（等級）に応じて認定を受ける必要があります。

(3)　実施機関等

身体障害者福祉法における援護は、市町村が一元的な実施主体となっています。なお、市町村の福祉事務所は市町村の委任によりその業務を行うことができます。

都道府県は身体障害者の援護の実施に関し、各市町村の連絡調整や情報提供を行います。都道府県には身体障害者の専門技術的な相談・指導を行い、また、補装具の処方や適合判定を行う身体障害者更生相談所が設置されています。身体障害者更生相談所は都道府県の業務を行うこともできます。

その他、身体障害者更生相談所に設置される身体障害者福祉司や民生委員の協力、身体障害者相談員について規定されています。

(4)　更生援護

身体障害者福祉法は第二章において施策として行う更生援護の内容について規定しています。

①　診査、更生相談

②　障害福祉サービス、障害者支援施設等への入所等の措置

③　盲導犬等の貸与

④　社会参加の促進等

(5)　事業及び施設

①　事業

「身体障害者生活訓練等事業」「介助犬訓練事業」「聴導犬訓練事業」「手話通訳事業」が規定されています。

②　施設

身体障害者社会参加支援施設として、「身体障害者福祉センター」「補装具製作施設」「盲導犬訓練施設」「視聴覚障害者情報提供施設」の四種類が規定されています。

3　関係主要法令等

◉身体障害者福祉法施行令（昭二五政令七八）

◉身体障害者福祉法施行規則（昭二五厚令一五）

◉身体障害者社会参加支援施設の設備及び運営に関する基準（平一五厚労令二一）

◉身体障害者福祉法

（昭和二四・一二・二六法律二八三）

注　令五法律二八改正現在

（未施行分については、該当か所の後に改正文を収載）

第一章　総則

（法の目的）

第一条　この法律は、障害者の日常生活及び社会生活を総合的に支援するための法律（平成十七年法律第百二十三号）と相まつて、身体障害者の自立と社会経済活動への参加を促進するため、身体障害者を援助し、及び必要に応じて保護し、もつて身体障害者の福祉の増進を図ることを目的とする。

（自立への努力及び機会の確保）

第二条　すべて身体障害者は、自ら進んでその障害を克服し、その有する能力を活用することにより、社会経済活動に参加することができるように努めなければならない。

2　すべて身体障害者は、社会を構成する一員として社会、経済、文化その他あらゆる分野の活動に参加する機会を与えられるものとする。

（国、地方公共団体及び国民の責務）

第三条　国及び地方公共団体は、前条に規定する理念が実現されるように配慮して、身体障害者の自立と社会経済活動への参加を促進するための援助と必要な保護（以下「**更生援護**」という。）を総合的に実施するように努めなければならない。

2　国民は、社会連帯の理念に基づき、身体障害者がその障害を克服し、社会経済活動に参加しようとする努力に対し、協力するように努めなければならない。

第一節　定義

（身体障害者）

第四条　この法律において、「**身体障害者**」とは、別表に掲げる身体上の障害がある十八歳以上の者であつて、都道府県知事から身体障害者手帳の交付を受けたものをいう。

（事業）

第四条の二　この法律において、「**身体障害者生活訓練等事業**」とは、身体障害者に対する点字又は手話の訓練その他の身体障害者が日常生活又は社会生活を営むために必要な厚生労働省令で定める訓練その他の援助を提供する事業をいう。

2　この法律において、「**手話通訳事業**」とは、聴覚、言語機能又は音声機能の障害のため、音声言語により意思疎通を図ることに支障がある身体障害者（以下この項において「聴覚障害者等」という。）につき、手話通訳等（手話その他厚生労働省令で定める方法により聴覚障害者等とその他の者の意思疎通を仲介することをいう。第三十四条において同じ。）に関する便宜を供与する事業をいう。

3　この法律において、「**介助犬訓練事業**」とは、介助犬（身体障害者補助犬法（平成十四年法律第四十九号）第二条第三項に規定する介助犬をいう。以下同じ。）の訓練を行うとともに、肢体の不自由な身体障害者に対し、介助犬の利用に必要な訓練を行う事業をいい、「**聴導犬訓練事業**」とは、聴導犬（同条第四項に規定する聴導犬をいう。以下同じ。）の訓練を行うとともに、聴覚障害のある身体障害者に対し、聴導犬の利用に必要な訓練を行う事業をいう。

（施設）

第五条　この法律において、「**身体障害者社会参加支援施設**」とは、身体障害者福祉センター、補装具製作施設、盲導犬訓練施設及び視聴覚障害者情報提供施設をいう。

2　この法律において、「**医療保健施設**」とは、地域保健法（昭和二十二年法律第百一号）に基づく保健所並びに医療法（昭和二十三年法律第二百五号）に規定する病院及び診療所をいう。

第二節　削除

第六条から第八条まで　削除

第三節　実施機関等

（援護の実施者）

第九条　この法律に定める身体障害者又はその介護を行う者に対する援護は、その身体障害者の居住地の市町村（特別区を含む。以下同じ。）が行うものとする。ただし、身体障害者が居住地を有しないか、又は明らかでない者であるときは、その身体障害者の現在地の市町村が行うものとする。

2　前項の規定にかかわらず、第十八条第二項の規定により入所措置が採られて又は障害者の日常生活及び社会生活を総合的に支援するための法律第二十九条第一項若しくは第三十条第一項の規定により同法第十九条第一項に規定する介護給付費等（次項及び第十八条において「**介護給付費等**」という。）の支給を受けて同法第五条第一項若しくは第六項の主務省令で定める施設又は同条第十一項に規定する障害者支援施設（以下「**障害者支援施設**」という。）に入所している身体障害者、生活保護法（昭和二十五年法律第百四十四号）第三十条第一項ただし書の規定により同法第三十八条第二項に規定する救護施設（以下この項において「救護施設」という。）、同条第三項に規定する更生施設（以下この項において「更生施設」という。）又は同法第三十条第一項ただし書に規定するその他の適当な施設（以下この項において「その他の適当な施設」という。）に入所している身体障害者、介護保険法（平成九年法律第百二十三号）第八条第十一項に規定する特定施設（以下この項及び次項において「介護保険特定施設」という。）に入居し、又は同条第二十五項に規定する介護保険施設（以下この項及び次項において「介護保険施設」という。）に入所している身体障害者及び老人福祉法（昭和三十八年法律第百三十三号）第十一条第一項第一号の規定により入所措置が採られて同法第二十条の四に規定する養護老人ホーム（以下この項において「養護老人ホーム」という。）に入所している身体障害者（以下この項において「特定施設入所等身体障害者」という。）については、その者が障害者の日常生活及び社会生活を総合的に支援するための法律第五条第一項若しくは第六項の主務省令で定める施設、障害者支援施設、救護施設、更生施設若しくはその他の適当な施設、介護保険特定施設若しくは介護保険施設又は養護老人ホーム（以下この条において「特定施設」という。）への入所又は入居の前に有した居住地（継続して二以上の特定施設に入所又は入居をしている特定施設入所等身体障害者（以下この項において「継続入所等身体障害者」という。）については、最初に入所又は入居をした特定施設への入所又は入居の前に有した居住地）の市町村が、この法律に定める援護を行うものとする。ただし、特定施設への入所又は入居の前に居住地を有しないか、又は明らかでなかった特定施設入所等身体障害者については、入所又は入居の前におけるその者の所在地（継続入所等身体障害者については、最初に入所した特定施設への入所又は入居の前に有した所在地）の市町村が、この法律に定める援護を行うものとする。

3　前二項の規定にかかわらず、児童福祉法

（昭和二十二年法律第百六十四号）第二十四条の二第一項若しくは第二十四条の二十四第一項若しくは第二項の規定により障害児入所給付費の支給を受けて又は同法第二十七条第一項第三号若しくは第二項の規定により措置（同法第三十一条第五項又は第三十一条の二第三項の規定により同法第二十七条第一項第三号又は第二項の規定による措置とみなされる場合を含む。）が採られて障害者の日常生活及び社会生活を総合的に支援するための法律第五条第一項の主務省令で定める施設に入所していた身体障害者又は身体に障害のある児童福祉法第四条第一項に規定する児童（以下この項において「身体障害者等」という。）が、継続して、第十八条第二項の規定により入所措置が採られて、障害者の日常生活及び社会生活を総合的に支援するための法律第二十九条第一項若しくは第三十条第一項の規定により介護給付費等の支給を受けて、生活保護法第三十条第一項ただし書の規定により、若しくは老人福祉法第十一条第一項第一号の規定により入所措置が採られて特定施設（介護保険特定施設及び介護保険施設を除く。）に入所した場合又は介護保険特定施設若しくは介護保険施設に入所若しくは入居をした場合は、当該身体障害者等が満十八歳となる日の前日に当該身体障害者等の保護者であつた者（以下この項において「保護者であつた者」という。）が有した居住地の市町村が、この法律に定める援護を行うものとする。ただし、当該身体障害者等が満十八歳となる日の前日に保護者であつた者がいないか、保護者であつた者が居住地を有しないか、又は保護者であつた者の居住地が明らかでない身体障害者等については、当該身体障害者等が満十八歳となる日の前日におけるその者の所在地の市町村がこの法律に定める援護を行うものとする。

4　前二項の規定の適用を受ける身体障害者が入所し、又は入居している特定施設の設置者は、当該特定施設の所在する市町村及び当該身体障害者に対しこの法律に定める援護を行う市町村に必要な協力をしなければならない。

5　市町村は、この法律の施行に関し、次に掲げる業務を行わなければならない。

一　身体に障害のある者を発見して、又はその相談に応じて、その福祉の増進を図るために必要な指導を行うこと。

二　身体障害者の福祉に関し、必要な情報の提供を行うこと。

三　身体障害者の相談に応じ、その生活の実情、環境等を調査し、更生援護の必要の有無及びその種類を判断し、本人に対して、直接に、又は間接に、社会的更生の方途を指導すること並びにこれに付随する業務を行うこと。

6　市町村は、前項第二号の規定による情報の提供並びに同項第三号の規定による相談及び指導のうち主として居宅において日常生活を営む身体障害者及びその介護を行う者に係るものについては、これを障害者の日常生活及び社会生活を総合的に支援するための法律第五条第十八項に規定する一般相談支援事業又は特定相談支援事業を行う当該市町村以外の者に委託することができる。

7　その設置する福祉事務所（社会福祉法（昭和二十六年法律第四十五号）に定める福祉に関する事務所をいう。以下同じ。）に身体障害者の福祉に関する事務をつかさどる職員（以下「**身体障害者福祉司**」という。）を置いていない市町村の長及び福祉事務所を設置していない町村の長は、第五項第三号に掲げる業務のうち専門的な知識及び技術を必要とするもの（次条第二項及び第三項において「**専門的相談指導**」という。）については、身体障害者の更生援護に関する相談所（以下「**身体障害者更生相談所**」という。）の技術的援助及び助言を求めなければならない。

8　市町村長（特別区の区長を含む。以下同じ。）は、第五項第三号に掲げる業務を行うに当たつて、特に医学的、心理学的及び職能的判定を必要とする場合には、身体障害者更生相談所の判定を求めなければならない。

9　市町村長は、この法律の規定による市町村の事務の全部又は一部をその管理に属する行政庁に委任することができる。

注　第九条は、令和四年一二月一六日法律第一〇四号により次のように改正され、令和四年一二月一六日から起算して三年を超えない範囲内において政令で定める日から施行される。
　第九条第六項中「第五条第十八項」を「第五条第十九項」に改める。

（市町村の福祉事務所）

第九条の二　市町村の設置する福祉事務所又はその長は、この法律の施行に関し、主として前条第五項各号に掲げる業務又は同条第七項及び第八項の規定による市町村長の業務を行うものとする。

2　市の設置する福祉事務所に身体障害者福祉司を置いている福祉事務所があるときは、当該市の身体障害者福祉司を置いていない福祉事務所の長は、専門的相談指導については、当該市の身体障害者福祉司の技術的援助及び助言を求めなければならない。

3　市町村の設置する福祉事務所のうち身体障害者福祉司を置いている福祉事務所の長は、専門的相談指導を行うに当たつて、特に専門的な知識及び技術を必要とする場合には、身体障害者更生相談所の技術的援助及び助言を求めなければならない。

（連絡調整等の実施者）

第一〇条　都道府県は、この法律の施行に関し、次に掲げる業務を行わなければならない。

一　市町村の援護の実施に関し、市町村相互間の連絡調整、市町村に対する情報の提供その他必要な援助を行うこと及びこれらに付随する業務を行うこと。

二　身体障害者の福祉に関し、主として次に掲げる業務を行うこと。

イ　各市町村の区域を超えた広域的な見地から、実情の把握に努めること。

ロ　身体障害者に関する相談及び指導のうち、専門的な知識及び技術を必要とするものを行うこと。

ハ　身体障害者の医学的、心理学的及び職能的判定を行うこと。

ニ　必要に応じ、障害者の日常生活及び社会生活を総合的に支援するための法律第五条第二十五項に規定する補装具の処方及び適合判定を行うこと。

2　都道府県知事は、市町村の援護の適切な実施を確保するため必要があると認めるときは、市町村に対し、必要な助言を行うことができる。

3　都道府県知事は、第一項又は前項の規定による都道府県の事務の全部又は一部を、その管理に属する行政庁に限り、委任することができる。

注　第一〇条は、令和四年一二月一六日法律第一〇四号により次のように改正され、令和四年一二月一六日から起算して三年を超えない範囲内において政令で定める日から施行される。
　第十条第一項第二号ニ中「第五条第二十五項」を「第五条第二十六項」に改める。

（更生相談所）

第一一条　都道府県は、身体障害者の更生援護の利便のため、及び市町村の援護の適切な実施の支援のため、必要の地に身体障害者更生相談所を設けなければならない。

2　身体障害者更生相談所は、身体障害者の福祉に関し、主として前条第一項第一号に掲げる業務（第十八条第二項の措置に係るものに限る。）及び前条第一項第二号ロからニまでに掲げる業務並びに障害者の日常生活及び社会生活を総合的に支援するための法律第二十二条第二項及び第三項、第二十六条第一項、第五十一条の七第二項及び第三項、第五十一条の十一、第七十四条並びに第七十六条第三項に規定する業務を行うものとする。

3　身体障害者更生相談所は、必要に応じ、巡回して、前項に規定する業務を行うことができる。

4　前各項に定めるもののほか、身体障害者更生相談所に関し必要な事項は、政令で定める。

（身体障害者福祉司）

第一一条の二　都道府県は、その設置する身体障害者更生相談所に、身体障害者福祉司を置かなければならない。

2　市及び町村は、その設置する福祉事務所に、身体障害者福祉司を置くことができる。

3　都道府県の身体障害者福祉司は、身体障害者更生相談所の長の命を受けて、次に掲げる業務を行うものとする。

一　第十条第一項第一号に掲げる業務のうち、専門的な知識及び技術を必要とするものを行うこと。

二　身体障害者の福祉に関し、第十条第一項第二号ロに掲げる業務を行うこと。

4　市町村の身体障害者福祉司は、当該市町村の福祉事務所の長の命を受けて、身体障害者の福祉に関し、次に掲げる業務を行うものとする。

一　福祉事務所の所員に対し、技術的指導を行うこと。

二　第九条第五項第三号に掲げる業務のうち、専門的な知識及び技術を必要とするものを行うこと。

5　市の身体障害者福祉司は、第九条の二第二項の規定により技術的援助及び助言を求められたときは、これに協力しなければならない。この場合において、特に専門的な知識及び技術が必要であると認めるときは、身体障害者更生相談所に当該技術的援助及び助言を求めるよう助言しなければならない。

第一二条　身体障害者福祉司は、都道府県知事又は市町村長の補助機関である職員とし、次の各号のいずれかに該当する者のうちから、任用しなければならない。

一　社会福祉法に定める社会福祉主事たる資格を有する者であつて、身体障害者の更生援護その他その福祉に関する事業に二年以上従事した経験を有するもの

二　学校教育法（昭和二十二年法律第二十六号）に基づく大学又は旧大学令（大正七年勅令第三百八十八号）に基づく大学において、厚生労働大臣の指定する社会福祉に関する科目を修めて卒業した者（当該科目を修めて同法に基づく専門職大学の前期課程を修了した者を含む。）

三　医師

四　社会福祉士

五　身体障害者の更生援護の事業に従事する職員を養成する学校その他の施設で都道府県知事の指定するものを卒業した者

六　前各号に準ずる者であつて、身体障害者福祉司として必要な学識経験を有するもの

（民生委員の協力）

第一二条の二　民生委員法（昭和二十三年法律第百九十八号）に定める民生委員は、この法律の施行について、市町村長、福祉事務所の長、身体障害者福祉司又は社会福祉主事の事務の執行に協力するものとする。

（身体障害者相談員）

第一二条の三　市町村は、身体に障害のある者の福祉の増進を図るため、身体に障害のある者の相談に応じ、及び身体に障害のある者の更生のために必要な援助を行うこと（次項において「相談援助」という。）を、社会的信望があり、かつ、身体に障害のある者の更生援護に熱意と識見を持つている者に委託することができる。

2　前項の規定にかかわらず、都道府県は、障害の特性その他の事情に応じた相談援助を委託することが困難であると認められる

市町村がある場合にあつては、当該市町村の区域における当該相談援助を、社会的信望があり、かつ、身体に障害のある者の更生援護に熱意と識見を持つている者に委託することができる。

3　前二項の規定により委託を受けた者は、身体障害者相談員と称する。

4　身体障害者相談員は、その委託を受けた業務を行うに当たつては、身体に障害のある者が、障害者の日常生活及び社会生活を総合的に支援するための法律第五条第一項に規定する障害福祉サービス事業（第十八条の二において「**障害福祉サービス事業**」という。）、同法第五条第十八項に規定する一般相談支援事業その他の身体障害者の福祉に関する事業に係るサービスを円滑に利用することができるように配慮し、これらのサービスを提供する者その他の関係者等との連携を保つよう努めなければならない。

5　身体障害者相談員は、その委託を受けた業務を行うに当たつては、個人の人格を尊重し、その身上に関する秘密を守らなければならない。

注　第一二条の三は、令和四年一二月一六日法律第一〇四号により次のように改正され、令和四年一二月一六日から起算して三年を超えない範囲内において政令で定める日から施行される。
第十二条の三第四項中「第五条第十八項」を「第五条第十九項」に改める。

第二章　更生援護

第一節　総則

（指導啓発）

第一三条　国及び地方公共団体は、疾病又は事故による身体障害の発生の予防及び身体に障害のある者の早期治療等について国民の関心を高め、かつ、身体に障害のある者の福祉に関する思想を普及するため、広く国民の指導啓発に努めなければならない。

（調査）

第一四条　厚生労働大臣は、身体に障害のある者の状況について、自ら調査を実施し、又は都道府県知事その他関係行政機関から調査報告を求め、その研究調査の結果に基づいて身体に障害のある者に対し十分な福祉サービスの提供が行われる体制が整備されるように努めなければならない。

（支援体制の整備等）

第一四条の二　市町村は、この章に規定する更生援護、障害者の日常生活及び社会生活を総合的に支援するための法律の規定による自立支援給付及び地域生活支援事業その他地域の実情に応じたきめ細かな福祉サービスが積極的に提供され、身体障害者が、心身の状況、その置かれている環境等に応じて、自立した日常生活及び社会生活を営むために最も適切な支援が総合的に受けられるように、福祉サービスを提供する者又はこれらに参画する者の活動の連携及び調整を図る等地域の実情に応じた体制の整備に努めなければならない。

2　市町村は、前項の体制の整備及びこの章に規定する更生援護の実施に当たつては、身体障害者が引き続き居宅において日常生活を営むことができるよう配慮しなければならない。

（身体障害者手帳）

第一五条　身体に障害のある者は、都道府県知事の定める医師の診断書を添えて、その居住地（居住地を有しないときは、その現在地）の都道府県知事に身体障害者手帳の交付を申請することができる。ただし、本人が十五歳に満たないときは、その保護者（親権を行う者及び後見人をいう。ただし、児童福祉法第二十七条第一項第三号又は第二十七条の二の規定により里親に委託され、又は児童福祉施設に入所した児童については、当該里親又は児童福祉施設の長とする。以下同じ。）が代わつて申請するものとする。

2　前項の規定により都道府県知事が医師を定めるときは、厚生労働大臣の定めるところに従い、かつ、その指定に当たつては、社会福祉法第七条第一項に規定する社会福祉に関する審議会その他の合議制の機関（以下「**地方社会福祉審議会**」という。）の意見を聴かなければならない。

3　第一項に規定する医師が、その身体に障害のある者に診断書を交付するときは、その者の障害が別表に掲げる障害に該当するか否かについて意見書をつけなければならない。

4　都道府県知事は、第一項の申請に基いて審査し、その障害が別表に掲げるものに該当すると認めたときは、申請者に身体障害者手帳を交付しなければならない。

5　前項に規定する審査の結果、その障害が別表に掲げるものに該当しないと認めたときは、都道府県知事は、理由を附して、その旨を申請者に通知しなければならない。

6　身体障害者手帳の交付を受けた者は、身体障害者手帳を譲渡し又は貸与してはならない。

7　身体に障害のある十五歳未満の者につき、その保護者が身体障害者手帳の交付を受けた場合において、本人が満十五歳に達したとき、又は本人が満十五歳に達する以前にその保護者が保護者でなくなつたときは、身体障害者手帳の交付を受けた保護者は、すみやかにこれを本人又は新たな保護者に引き渡さなければならない。

8　前項の場合において、本人が満十五歳に達する以前に、身体障害者手帳の交付を受けたその保護者が死亡したときは、その者の親族又は同居の縁故者でその身体障害者手帳を所持するものは、すみやかにこれを新たな保護者に引き渡さなければならない。

9　前二項の規定により本人又は新たな保護者が身体障害者手帳の引渡を受けたときは、その身体障害者手帳は、本人又は新たな保護者が交付を受けたものとみなす。

10　前各項に定めるものの外、身体障害者手帳に関し必要な事項は、政令で定める。

（**身体障害者手帳の返還**）

第一六条　身体障害者手帳の交付を受けた者又はその者の親族若しくは同居の縁故者でその身体障害者手帳を所持するものは、本人が別表に掲げる障害を有しなくなつたとき、又は死亡したときは、すみやかに身体障害者手帳を都道府県知事に返還しなければならない。

2　都道府県知事は、次に掲げる場合には、身体障害者手帳の交付を受けた者に対し身体障害者手帳の返還を命ずることができる。

一　本人の障害が別表に掲げるものに該当しないと認めたとき。

二　身体障害者手帳の交付を受けた者が正当な理由がなく、第十七条の二第一項の規定による診査又は児童福祉法第十九条第一項の規定による診査を拒み、又は忌避したとき。

三　身体障害者手帳の交付を受けた者がその身体障害者手帳を他人に譲渡し又は貸与したとき。

3　都道府県知事は、前項の規定による処分をするには、文書をもつて、その理由を示さなければならない。

4　市町村長は、身体障害者につき、第二項各号に掲げる事由があると認めるときは、その旨を都道府県知事に通知しなければならない。

第一七条　前条第二項の規定による処分に係る行政手続法（平成五年法律第八十八号）第十五条第一項の通知は、聴聞の期日の十日前までにしなければならない。

（**診査及び更生相談**）

第一七条の二　市町村は、身体障害者の診査及び更生相談を行い、必要に応じ、次に掲げる措置を採らなければならない。

一　医療又は保健指導を必要とする者に対しては、医療保健施設に紹介すること。

二　公共職業能力開発施設の行う職業訓練（職業能力開発総合大学校の行うものを含む。）又は就職あつせんを必要とする者に対しては、公共職業安定所に紹介すること。

三　前二号に規定するもののほか、その更生に必要な事項につき指導すること。

2　医療保健施設又は公共職業安定所は、前項第一号又は第二号の規定により市町村から身体障害者の紹介があつたときは、その更生のために協力しなければならない。

第二節　障害福祉サービス、障害者支援施設等への入所等の措置

（障害福祉サービス、障害者支援施設等への入所等の措置）

第一八条　市町村は、障害者の日常生活及び社会生活を総合的に支援するための法律第五条第一項に規定する障害福祉サービス（同条第六項に規定する療養介護及び同条第十項に規定する施設入所支援（以下この条において「療養介護等」という。）を除く。以下「**障害福祉サービス**」という。）を必要とする身体障害者が、やむを得ない事由により介護給付費等（療養介護等に係るものを除く。）の支給を受けることが著しく困難であると認めるときは、政令で定める基準に従い、障害福祉サービスを提供し、又は当該市町村以外の者に障害福祉サービスの提供を委託することができる。

2　市町村は、障害者支援施設又は障害者の日常生活及び社会生活を総合的に支援するための法律第五条第六項の主務省令で定める施設（以下「**障害者支援施設等**」という。）への入所を必要とする身体障害者が、やむを得ない事由により介護給付費等（療養介護等に係るものに限る。）の支給を受けることが著しく困難であると認めるときは、その身体障害者を当該市町村の設置する障害者支援施設等に入所させ、又は国、都道府県若しくは他の市町村若しくは社会福祉法人の設置する障害者支援施設等若しくは独立行政法人国立病院機構若しくは高度専門医療に関する研究等を行う国立研究開発法人に関する法律（平成二十年法律第九十三号）第三条の二に規定する国立高度専門医療研究センターの設置する医療機関であつて厚生労働大臣の指定するもの（以下「**指定医療機関**」という。）にその身体障害者の入所若しくは入院を委託しなければならない。

（措置の受託義務）

第一八条の二　障害福祉サービス事業を行う者又は障害者支援施設等若しくは指定医療機関の設置者は、前条の規定による委託を受けたときは、正当な理由がない限り、これを拒んではならない。

（措置の解除に係る説明等）

第一八条の三　市町村長は、第十七条の二第一項第三号又は第十八条の措置を解除する場合には、あらかじめ、当該措置に係る者に対し、当該措置の解除の理由について説明するとともに、その意見を聴かなければならない。ただし、当該措置に係る者から当該措置の解除の申出があつた場合その他厚生労働省令で定める場合においては、この限りでない。

（行政手続法の適用除外）

第一九条　第十七条の二第一項第三号又は第十八条の措置を解除する処分については、行政手続法第三章（第十二条及び第十四条を除く。）の規定は、適用しない。

第三節　盲導犬等の貸与

第二〇条　都道府県は、視覚障害のある身体障害者、肢体の不自由な身体障害者又は聴覚障害のある身体障害者から申請があつたときは、その福祉を図るため、必要に応じ、盲導犬訓練施設において訓練を受けた盲導犬（身体障害者補助犬法第二条第二項に規定する盲導犬をいう。以下同じ。）、介助犬訓練事業を行う者により訓練を受けた介助犬又は聴導犬訓練事業を行う者により訓練を受けた聴導犬を貸与し、又は当該都

道府県以外の者にこれを貸与することを委託することができる。

第四節　社会参加の促進等

（社会参加を促進する事業の実施）

第二一条　地方公共団体は、視覚障害のある身体障害者及び聴覚障害のある身体障害者の意思疎通を支援する事業、身体障害者の盲導犬、介助犬又は聴導犬の使用を支援する事業、身体障害者のスポーツ活動への参加を促進する事業その他の身体障害者の社会、経済、文化その他あらゆる分野の活動への参加を促進する事業を実施するよう努めなければならない。

（売店の設置）

第二二条　国又は地方公共団体の設置した事務所その他の公共的施設の管理者は、身体障害者からの申請があつたときは、その公共的施設内において、新聞、書籍、たばこ、事務用品、食料品その他の物品を販売するために、売店を設置することを許すように努めなければならない。

2　前項の規定により公共的施設内に売店を設置することを許したときは、当該施設の管理者は、その売店の運営について必要な規則を定めて、これを監督することができる。

3　第一項の規定により、売店を設置することを許された身体障害者は、病気その他正当な理由がある場合の外は、自らその業務に従事しなければならない。

第二三条　市町村は、前条に規定する売店の設置及びその運営を円滑にするため、その区域内の公共的施設の管理者と協議を行い、かつ、公共的施設における売店設置の可能な場所、販売物品の種類等を調査し、その結果を身体障害者に知らせなければならない。

（製造たばこの小売販売業の許可）

第二四条　身体障害者がたばこ事業法（昭和五十九年法律第六十八号）第二十二条第一項の規定による小売販売業の許可を申請した場合において同法第二十三条各号の規定に該当しないときは、財務大臣は、当該身体障害者に当該許可を与えるように努めなければならない。

2　第二十二条第三項の規定は、前項の規定によりたばこ事業法第二十二条第一項の許可を受けた者について準用する。

（製作品の購買）

第二五条　身体障害者の援護を目的とする社会福祉法人で厚生労働大臣の指定するものは、その援護する身体障害者の製作した政令で定める物品について、国又は地方公共団体の行政機関に対し、購買を求めることができる。

2　国又は地方公共団体の行政機関は、前項の規定により当該物品の購買を求められた場合において、適当と認められる価格により、且つ、自らの指定する期限内に購買することができるときは、自らの用に供する範囲において、その求に応じなければならない。但し、前項の社会福祉法人からその必要とする数量を購買することができないときは、この限りでない。

3　国の行政機関が、前二項の規定により当該物品を購買するときは、第一項の社会福祉法人の受註、納入等を円滑ならしめることを目的とする社会福祉法人で厚生労働大臣の指定するものを通じて行うことができる。

4　社会保障審議会は、この条に規定する業務の運営について必要があると認めるときは、国又は地方公共団体の機関に対し、勧告をすることができる。

（芸能、出版物等の推薦等）

第二五条の二　社会保障審議会は、身体障害者の福祉を図るため、芸能、出版物等を推薦し、又はそれらを製作し、興行し、若しくは販売する者等に対し、必要な勧告をすることができる。

第三章　事業及び施設

（事業の開始等）

第二六条　国及び都道府県以外の者は、厚生労働省令の定めるところにより、あらかじめ、厚生労働省令で定める事項を都道府県知事に届け出て、身体障害者生活訓練等事業又は介助犬訓練事業若しくは聴導犬訓練事業（以下「**身体障害者生活訓練等事業等**」という。）を行うことができる。

2　国及び都道府県以外の者は、前項の規定により届け出た事項に変更を生じたときは、変更の日から一月以内に、その旨を都道府県知事に届け出なければならない。

3　国及び都道府県以外の者は、身体障害者生活訓練等事業等を廃止し、又は休止しようとするときは、あらかじめ、厚生労働省令で定める事項を都道府県知事に届け出なければならない。

第二七条　国及び都道府県以外の者は、社会福祉法の定めるところにより、手話通訳事業を行うことができる。

（施設の設置等）

第二八条　都道府県は、身体障害者社会参加支援施設を設置することができる。

2　市町村は、あらかじめ厚生労働省令で定める事項を都道府県知事に届け出て、身体障害者社会参加支援施設を設置することができる。

3　社会福祉法人その他の者は、社会福祉法の定めるところにより、身体障害者社会参加支援施設を設置することができる。

4　身体障害者社会参加支援施設には、身体障害者の社会参加の支援の事務に従事する者の養成施設（以下「**養成施設**」という。）を附置することができる。ただし、市町村がこれを附置する場合には、あらかじめ、厚生労働省令で定める事項を都道府県知事に届け出なければならない。

5　前各項に定めるもののほか、身体障害者社会参加支援施設の設置、廃止又は休止に関し必要な事項は、政令で定める。

（施設の基準）

第二九条　厚生労働大臣は、身体障害者社会参加支援施設及び養成施設の設備及び運営について、基準を定めなければならない。

2　社会福祉法人その他の者が設置する身体障害者社会参加支援施設については、前項の規定による基準を社会福祉法第六十五条第一項の規定による基準とみなして、同法第六十二条第四項、第六十五条第三項及び第七十一条の規定を適用する。

第三〇条　削除

（身体障害者福祉センター）

第三一条　身体障害者福祉センターは、無料又は低額な料金で、身体障害者に関する各種の相談に応じ、身体障害者に対し、機能訓練、教養の向上、社会との交流の促進及びレクリエーションのための便宜を総合的に供与する施設とする。

（補装具製作施設）

第三二条　補装具製作施設は、無料又は低額な料金で、補装具の製作又は修理を行う施設とする。

（盲導犬訓練施設）

第三三条　盲導犬訓練施設は、無料又は低額な料金で、盲導犬の訓練を行うとともに、視覚障害のある身体障害者に対し、盲導犬の利用に必要な訓練を行う施設とする。

（視聴覚障害者情報提供施設）

第三四条　視聴覚障害者情報提供施設は、無料又は低額な料金で、点字刊行物、視覚障害者用の録音物、聴覚障害者用の録画物その他各種情報を記録した物であつて専ら視聴覚障害者が利用するものを製作し、若しくはこれらを視聴覚障害者の利用に供し、又は点訳（文字を点字に訳すことをいう。）若しくは手話通訳等を行う者の養成若しくは派遣その他の厚生労働省令で定める便宜を供与する施設とする。

第四章　費用

（市町村の支弁）

第三五条　身体障害者の更生援護について、この法律において規定する事項に要する費用のうち、次に掲げるものは、市町村の支弁とする。

一　第十一条の二の規定により市町村が設

置する身体障害者福祉司の設置及び運営に要する費用

二　第十二条の三の規定により市町村が行う委託に要する費用

三　第十三条、第十四条、第十七条の二及び第十八条の規定により市町村が行う行政措置に要する費用（国の設置する障害者支援施設等に対し第十八条第二項の規定による委託をした場合において、その委託後に要する費用を除く。）

四　第二十八条第二項及び第四項の規定により、市町村が設置する身体障害者社会参加支援施設及び養成施設の設置及び運営に要する費用

（都道府県の支弁）

第三六条　身体障害者の更生援護について、この法律において規定する事項に要する費用のうち、次に掲げるものは、都道府県の支弁とする。

一　第十一条の二の規定により都道府県が設置する身体障害者福祉司の設置及び運営に要する費用

二　第十一条の規定により都道府県が設置する身体障害者更生相談所の設置及び運営に要する費用

二の二　第十二条の三の規定により都道府県が行う委託に要する費用

三　第十三条、第十四条、第十五条及び第二十条の規定により都道府県知事が行う行政措置に要する費用

四　第二十八条第一項及び第四項の規定により都道府県が設置する身体障害者社会参加支援施設及び養成施設の設置及び運営に要する費用

（国の支弁）

第三六条の二　国は、第十八条第二項の規定により、国の設置する障害者支援施設等に入所した身体障害者の入所後に要する費用を支弁する。

（都道府県の負担）

第三七条　都道府県は、政令の定めるところにより、第三十五条の規定により市町村が支弁する費用について、次に掲げるものを負担する。

一　第三十五条第三号の費用（第十八条の規定により市町村が行う行政措置に要する費用に限り、次号に掲げる費用を除く。）については、その四分の一

二　第三十五条第三号の費用（第九条第一項に規定する居住地を有しないか、又は明らかでない身体障害者についての第十八条の規定により市町村が行う行政措置に要する費用に限る。）については、その十分の五

（国の負担）

第三七条の二　国は、政令の定めるところにより、第三十五条及び第三十六条の規定により市町村及び都道府県が支弁する費用について、次に掲げるものを負担する。

一　第三十五条第四号及び第三十六条第四号の費用（視聴覚障害者情報提供施設の運営に要する費用に限る。）については、その十分の五

二　第三十五条第三号の費用（第十七条の二の規定により市町村が行う行政措置に要する費用を除く。）及び第三十六条第三号の費用（第十五条及び第二十条の規定により都道府県知事が行う行政措置に要する費用を除く。）については、その十分の五

（費用の徴収）

第三八条　第十八条第一項の規定により障害福祉サービスの提供若しくは提供の委託が行われた場合又は同条第二項の規定により障害者支援施設等への入所若しくは障害者支援施設等若しくは指定医療機関への入所若しくは入院の委託（国の設置する障害者支援施設等への入所の委託を除く。）が行われた場合においては、当該行政措置に要する費用を支弁した市町村の長は、当該身体障害者又はその扶養義務者（民法（明治二十九年法律第八十九号）に定める扶養義務者をいう。以下同じ。）から、その負担能力に応じ、その費用の全部又は一部を徴収す

ることができる。

2　市町村により国の設置する障害者支援施設等への入所の委託が行われた場合においては、厚生労働大臣は、当該身体障害者又はその扶養義務者から、その負担能力に応じ、その費用の全部又は一部を徴収することができる。

3　厚生労働大臣又は市町村長は、前二項の規定による費用の徴収に関し必要があると認めるときは、当該身体障害者又はその扶養義務者の収入の状況につき、当該身体障害者若しくはその扶養義務者に対し報告を求め、又は官公署に対し必要な書類の閲覧若しくは資料の提供を求めることができる。

（準用規定）

第三八条の二　社会福祉法第五十八条第二項から第四項までの規定は、国有財産特別措置法（昭和二十七年法律第二百十九号）第二条第二項第三号の規定又は同法第三条第一項第四号及び第二項の規定により普通財産の譲渡又は貸付けを受けた社会福祉法人に準用する。

第五章　雑則

（報告の徴収等）

第三九条　都道府県知事は、身体障害者の福祉のために必要があると認めるときは、身体障害者生活訓練等事業等を行う者に対して、必要と認める事項の報告を求め、又は当該職員に、関係者に対して質問させ、若しくはその事務所若しくは施設に立ち入り、設備、帳簿書類その他の物件を検査させることができる。

2　都道府県知事は、第二十八条第二項の規定により市町村が設置する身体障害者社会参加支援施設の運営を適切にさせるため、必要があると認めるときは、当該施設の長に対して、必要と認める事項の報告を求め、又は当該職員に、関係者に対して質問させ、若しくはその施設に立ち入り、設備、帳簿書類その他の物件を検査させることができる。

3　前二項の規定による質問又は立入検査を行う場合においては、当該職員は、その身分を示す証明書を携帯し、関係者の請求があるときは、これを提示しなければならない。

4　第一項及び第二項の規定による権限は、犯罪捜査のために認められたものと解釈してはならない。

（事業の停止等）

第四〇条　都道府県知事は、身体障害者生活訓練等事業等を行う者が、この法律若しくはこれに基づく命令若しくはこれらに基づいてする処分に違反したとき、又はその事業に関し不当に営利を図り、若しくはその事業に係る者の処遇につき不当な行為をしたときは、その事業を行う者に対し、その事業の制限又は停止を命ずることができる。

第四一条　身体障害者社会参加支援施設又は養成施設について、その設備若しくは運営が第二十九条第一項の規定による基準にそわなくなつたと認められ、又は法令の規定に違反すると認められるときは、都道府県の設置したものについては厚生労働大臣が、市町村の設置したものについては都道府県知事が、それぞれ、その事業の停止又は廃止を命ずることができる。

2　厚生労働大臣又は都道府県知事は、前項の規定による処分をするには、文書をもつて、その理由を示さなければならない。

第四二条　削除

（町村の一部事務組合等）

第四三条　町村が一部事務組合又は広域連合を設けて福祉事務所を設置した場合には、この法律の適用については、その一部事務組合又は広域連合を福祉事務所を設置する町村とみなす。

（大都市等の特例）

第四三条の二　この法律中都道府県が処理することとされている事務で政令で定めるものは、地方自治法（昭和二十二年法律第六十七号）第二百五十二条の十九第一項の指定都市（以下「**指定都市**」という。）及び同法第二百五十二条の二十二第一項の中核市（以下「**中核市**」という。）においては、政令で定めるところにより、指定都市又は中核市（以下「**指定都市等**」という。）が処理するものとする。この場合においては、この法律中都道府県に関する規定は、指定都市等に関する規定として指定都市等に適用があるものとする。

（権限の委任）

第四四条 この法律に規定する厚生労働大臣の権限は、厚生労働省令で定めるところにより、地方厚生局長に委任することができる。

2 前項の規定により地方厚生局長に委任された権限は、厚生労働省令で定めるところにより、地方厚生支局長に委任することができる。

（実施命令）

第四五条 この法律に特別の規定があるものを除くほか、この法律の実施のための手続その他その執行について必要な細則は、厚生労働省令で定める。

（罰則）

第四六条 次の各号の一に該当する者は、十万円以下の罰金に処する。

一 第十五条第六項の規定に違反した者

二 第十六条第一項の規定に違反した者

第四七条 偽りその他不正な手段により、身体障害者手帳の交付を受けた者又は受けさせた者は、六月以下の懲役又は二十万円以下の罰金に処する。

注 第四七条は、令和四年六月一七日法律第六八号により次のように改正され、令和四年六月一七日から起算して三年を超えない範囲内において政令で定める日から施行される。

第四十七条中「懲役」を「拘禁刑」に改める。

第四八条 第十六条第二項の規定に基づく都道府県知事の命令に違反した者は、三月以下の懲役又は十万円以下の罰金に処する。

注 第四八条は、令和四年六月一七日法律第六八号により次のように改正され、令和四年六月一七日から起算して三年を超えない範囲内において政令で定める日から施行される。

第四十八条中「懲役」を「拘禁刑」に改める。

第四九条 正当な理由がなく、第三十八条第三項の規定による報告をせず、又は虚偽の報告をした者は、十万円以下の過料に処する。

附　則（抄）

（施行期日）

1 この法律は、昭和二十五年四月一日から施行する。

（更生援護の特例）

2 児童福祉法第六十三条の二の規定による通知に係る児童は、第九条から第十条まで、第十一条の二、第十八条及び第三十五条から第三十八条までの規定の適用については、身体障害者とみなす。

附　則（平三〇・六・八法律四四）（抄）

（施行期日）

第一条 この法律は、平成三十年十月一日から施行する。ただし、次の各号に掲げる規定は、当該各号に定める日から施行する。

四 〔前略〕附則第十条から第十三条まで〔中略〕の規定 平成三十二年四月一日

（身体障害者福祉法の一部改正に伴う経過措置）

第一一条 当分の間、前条の規定による改正後の身体障害者福祉法第九条第二項の規定の適用については、同項中「又は同法第三十条第一項ただし書」とあるのは「、同法第三十条第一項ただし書に規定する日常生活支援住居施設（以下この項において「日常生活支援住居施設」という。）又は同項ただし書」と、「更生施設若しくは」とあるのは「更生施設、日常生活支援住居施設若しくは」とする。

別表（第四条、第十五条、第十六条関係）

一　次に掲げる視覚障害で、永続するもの

1　両眼の視力（万国式試視力表によつて測つたものをいい、屈折異常がある者については、矯正視力について測つたものをいう。以下同じ。）がそれぞれ〇・一以下のもの

2　一眼の視力が〇・〇二以下、他眼の視力が〇・六以下のもの

3　両眼の視野がそれぞれ一〇度以内のもの

4　両眼による視野の二分の一以上が欠けているもの

二　次に掲げる聴覚又は平衡機能の障害で、永続するもの

1　両耳の聴力レベルがそれぞれ七〇デシベル以上のもの

2　一耳の聴力レベルが九〇デシベル以上、他耳の聴力レベルが五〇デシベル以上のもの

3　両耳による普通話声の最良の語音明瞭度が五〇パーセント以下のもの

4　平衡機能の著しい障害

三　次に掲げる音声機能、言語機能又はそしやく機能の障害

1　音声機能、言語機能又はそしやく機能の喪失

2　音声機能、言語機能又はそしやく機能の著しい障害で、永続するもの

四　次に掲げる肢体不自由

1　一上肢、一下肢又は体幹の機能の著しい障害で、永続するもの

2　一上肢のおや指を指骨間関節以上で欠くもの又はひとさし指を含めて一上肢の二指以上をそれぞれ第一指骨間関節以上で欠くもの

3　一下肢をリスフラン関節以上で欠くもの

4　両下肢のすべての指を欠くもの

5　一上肢のおや指の機能の著しい障害又はひとさし指を含めて一上肢の三指以上の機能の著しい障害で、永続するもの

6　1から5までに掲げるもののほか、その程度が1から5までに掲げる障害の程度以上であると認められる障害

五　心臓、じん臓又は呼吸器の機能の障害その他政令で定める障害で、永続し、かつ、日常生活が著しい制限を受ける程度であると認められるもの

＊五号の政令で定める障害

①ぼうこう又は直腸の機能の障害、②小腸の機能の障害、③ヒト免疫不全ウイルスによる免疫の機能の障害、④肝臓の機能の障害

身体障害者障害程度等級表（身体障害者福祉法施行規則　別表第五号）

級別		一級	
視覚障害		視力の良い方の眼の視力（万国式試視力表によつて測つたものをいい、屈折異常のある者については、矯正視力について測つたものをいう。以下同じ。）が〇・〇一以下のもの	1　視力の良い方の眼が〇・〇二以上〇・〇三以下のもの 2　視力の良い方の眼の視力が〇・〇四かつ他方の眼の視力が手動弁以下のもの
聴覚又は平衡機能の障害	聴覚障害		両耳の聴力レベルがそれぞれ一〇〇デシベル以上のもの（両耳全ろう）
	平衡機能障害		
音声機能、言語機能又はそしやく機能の障害			
肢体不自由	上肢	1　両上肢の機能を全廃したもの 2　両上肢を手関節以上で欠くもの	1　両上肢の機能の著しい障害 2　両上肢のすべての指を欠くもの 3　一上肢を上腕の二分の一以上で欠くもの 4　一上肢の機能を全廃したもの
	下肢	1　両下肢の機能を全廃したもの 2　両下肢を大腿の二分の一以上で欠くもの	1　両下肢の機能の著しい障害 2　両下肢を下腿の二分の一以上で欠くもの
	体幹	体幹の機能障害により坐つていることができないもの	1　体幹の機能障害により坐位又は起立位を保つことが困難なもの 2　体幹の機能障害により立ち上るこ
	乳幼児期以前の非進行性の脳病変による運動機能障害　上肢機能	不随意運動・失調等により上肢を使用する日常生活動作がほとんど不可能なもの	不随意運動・失調等により上肢を使用する日常生活動作が極度に制限されるもの
	乳幼児期以前の非進行性の脳病変による運動機能障害　移動機能	不随意運動・失調等により歩行が不可能なもの	不随意運動・失調等により歩行が極度に制限されるもの
心臓、じん臓若しくは呼吸器又はぼうこう若しくは直腸、小腸、ヒト免疫不全ウイルスによる免疫若しくは肝臓の機能の障害	心臓機能障害	心臓の機能の障害により自己の身辺の日常生活活動が極度に制限されるもの	
	じん臓機能障害	じん臓の機能の障害により自己の身辺の日常生活活動が極度に制限されるもの	
	呼吸器機能障害	呼吸器の機能の障害により自己の身辺の日常生活活動が極度に制限されるもの	
	ぼうこう又は直腸の機能障害	ぼうこう又は直腸の機能の障害により自己の身辺の日常生活活動が極度に制限されるもの	
	小腸機能障害	小腸の機能の障害により自己の身辺の日常生活活動が極度に制限されるもの	
	ヒト免疫不全ウイルスによる免疫機能障害	ヒト免疫不全ウイルスによる免疫の機能の障害により日常生活がほとんど不可能なもの	ヒト免疫不全ウイルスによる免疫の機能の障害により日常生活が極度に制限されるもの
	肝臓機能障害	肝臓の機能の障害により日常生活活動がほとんど不可能なもの	肝臓の機能の障害により日常生活活動が極度に制限されるもの

二級	三級
3 周辺視野角度（I／四視標による。以下同じ。）の総和が左右眼それぞれ八〇度以下かつ両眼中心視野角度（I／二視標による。以下同じ。）が二八度以下のもの 4 両眼開放視認点数が七〇点以下かつ両眼中心視野視認点数が二〇点以下のもの	1 視力の良い方の眼の視力が〇・〇四以上〇・〇七以下のもの（二級の二に該当するものを除く。） 2 視力の良い方の眼の視力が〇・〇八かつ他
	両耳の聴力レベルが九〇デシベル以上のもの（耳介に接しなければ大声語を理解し得ないもの）
	平衡機能の極めて著しい障害
	音声機能、言語機能又はそしゃく機能の喪失
もの	1 両上肢のおや指及びひとさし指を欠くもの 2 両上肢のおや指及びひとさし指の機能を全廃したもの 3 一上肢の機能の著しい障害 4 一上肢のす
	1 両下肢をショパー関節以上で欠くもの 2 一下肢を大腿の二分の一以上で欠くもの 3 一下肢の機能を全廃したもの
とが困難なもの	体幹の機能障害により歩行が困難なもの
	不随意運動・失調等により上肢を使用する日常生活動作が著しく制限されるもの
	不随意運動・失調等により歩行が家庭内での日常生活活動に制限されるもの
	心臓の機能の障害により家庭内での日常生活活動が著しく制限されるもの
	じん臓の機能の障害により家庭内での日常生活活動が著しく制限されるもの
	呼吸器の機能の障害により家庭内での日常生活活動が著しく制限されるもの
	ぼうこう又は直腸の機能の障害により家庭内での日常生活活動が著しく制限されるもの
	小腸の機能の障害により家庭内での日常生活活動が著しく制限されるもの
	ヒト免疫不全ウイルスによる免疫の機能の障害により日常生活が著しく制限されるもの（社会での日常生活活動が
	肝臓の機能の障害により日常生活活動が著しく制限されるもの（社会での日常生活活動

方の眼の視力が手動弁以下のもの 3　周辺視野角度の総和が左右眼それぞれ八〇度以下かつ両眼中心視野角度が五六度以下のもの 4　両眼開放視認点数が七〇点以下かつ両眼中心視野視認点数が四〇点以下のもの	1　視力の良い方の眼の視力が〇・〇八以上〇・一以下のもの（三級の二に該当するものを除く。） 2　周辺視野角度の総和が左右眼それぞれ八〇度以下のもの
	1　両耳の聴力レベルが八〇デシベル以上のもの（耳介に接しなければ話声語を理解し得ないもの） 2　両耳による普通話声の最良の語音
	音声機能、言語機能又はそしゃく機能の著しい障害
べての指を欠くもの 5　一上肢のすべての指の機能を全廃したもの	1　両上肢のおや指を欠くもの 2　両上肢のおや指の機能を全廃したもの 3　一上肢の肩関節、肘関節又は手関節のうち、いずれか一関節の機能を全廃したもの 4　一上肢のおや指及びひと
	1　両下肢のすべての指を欠くもの 2　両下肢のすべての指の機能を全廃したもの 3　一下肢を下腿の二分の一以上で欠くもの 4　一下肢の機能の著しい障害 5　一下肢の股
	不随意運動・失調等による上肢の機能障害により社会での日常生活活動が著しく制限されるもの
	不随意運動・失調等により社会での日常生活活動が著しく制限されるもの
	心臓の機能の障害により社会での日常生活活動が著しく制限されるもの
	じん臓の機能の障害により社会での日常生活活動が著しく制限されるもの
	呼吸器の機能の障害により社会での日常生活活動が著しく制限されるもの
	ぼうこう又は直腸の機能の障害により社会での日常生活活動が著しく制限されるもの
	小腸の機能の障害により社会での日常生活活動が著しく制限されるもの
著しく制限されるものを除く。）	ヒト免疫不全ウイルスによる免疫の機能の障害により社会での日常生活活動が著しく制限されるもの
が著しく制限されるものを除く。）	肝臓の機能の障害により社会での日常生活活動が著しく制限されるもの

四級	五級
3 両眼開放視認点数が七〇点以下のもの	1 視力の良い方の眼の視力が〇・二かつ他方の眼の視力が〇・〇二以下のもの 2 両眼による視野の二分の一以上が欠けているもの 3 両眼中心視野角度が五六度以下のもの
明瞭度が五〇パーセント以下のもの	
	平衡機能の著しい障害
さし指を欠くもの 5 一上肢のおや指及びひとさし指の機能を全廃したもの 6 おや指又はひとさし指を含めて一上肢の三指を欠くもの 7 おや指又はひとさし指を含めて一上肢の三指の機能を全廃したもの 8 おや指又はひとさし指を含めて一上肢の四指の機能の著しい障害	1 両上肢のおや指の機能の著しい障害 2 一上肢の肩関節、肘関節又は手関節のうち、いずれか一関節の機能の著しい障害 3 一上肢のおや指を欠くもの 4 一上肢のおや指の機能を全廃したもの
関節又は膝関節の機能を全廃したもの 6 一下肢が健側に比して一〇センチメートル以上又は健側の長さの十分の一以上短いもの	1 一下肢の股関節又は膝関節の機能の著しい障害 2 一下肢の足関節の機能を全廃したもの 3 一下肢が健側に比して五センチメートル以上又は健側の長さの十五分の一以上短いもの
	体幹の機能の著しい障害
	不随意運動・失調等による上肢の機能障害により社会での日常生活活動に支障のあるもの
	不随意運動・失調等により社会での日常生活活動に支障のあるもの

	六級
4　両眼開放視認点数が七〇点を超えかつ一〇〇点以下のもの 5　両眼中心視野視認点数が四〇点以下のもの	視力の良い方の眼の視力が〇・三以上〇・六以下かつ他方の眼の視力が〇・〇二以下のもの
	1　両耳の聴力レベルが七〇デシベル以上のもの（四〇センチメートル以上の距離で発声された会話語を理解し得ないもの） 2　一側耳の聴力レベルが九〇デシベル以上、他側耳の聴力レベルが五〇デシベル以上のもの
5　一上肢のおや指及びひとさし指の機能の著しい障害 6　おや指又はひとさし指を含めて一上肢の三指の機能の著しい障害	1　一上肢のおや指の機能の著しい障害 2　ひとさし指を含めて一上肢の二指を欠くもの 3　ひとさし指を含めて一上肢の二指の機能を全廃したもの
	1　一下肢をリスフラン関節以上で欠くもの 2　一下肢の足関節の機能の著しい障害
	不随意運動・失調等により上肢の機能の劣るもの
	不随意運動・失調等により移動機能の劣るもの

七級
1 一上肢の機能の軽度の障害 2 一上肢の肩関節、肘関節又は手関節のうち、いずれか一関節の機能の軽度の障害 3 一上肢の手指の機能の軽度の障害 4 ひとさし指を含めて一上肢の二指の機能の著しい障害 5 一上肢のなか指、くすり指及び小指を欠くもの 6 一上肢のなか指、くすり指及び小指の機能を全廃したもの
1 両下肢のすべての指の機能の著しい障害 2 一下肢の機能の軽度の障害 3 一下肢の股関節、膝関節又は足関節のうち、いずれか一関節の機能の軽度の障害 4 一下肢のすべての指を欠くもの 5 一下肢のすべての指の機能を全廃したもの 6 一下肢が健側に比して三センチメートル以上又は健側の長さの二十分の一以上短いもの
上肢に不随意運動・失調等を有するもの
下肢に不随意運動・失調等を有するもの

備考

1 同一の等級について二つの重複する障害がある場合は、一級うえの級とする。ただし、二つの重複する障害が特に本表中に指定せられているものは、該当等級とする。
2 肢体不自由においては、七級に該当する障害が二以上重複する場合は、六級とする。
3 異なる等級について二以上の重複する障害がある場合については、障害の程度を勘案して当該等級より上の級とすることができる。
4 「指を欠くもの」とは、おや指については指骨間関節、その他の指については第一指骨間関節以上を欠くものをいう。
5 「指の機能障害」とは、中手指節関節以下の障害をいい、おや指については、対抗運動障害をも含むものとする。
6 上肢又は下肢欠損の断端の長さは、実用長（上腕においては腋窩より、大腿においては坐骨結節の高さより計測したもの）をもって計測したものをいう。
7 下肢の長さは、前腸骨棘より内くるぶし下端までを計測したものをいう。

◉身体障害者補助犬法（抄）

（平成一四・五・二九法律四九）
注　令三法律三六改正現在

第一章　総則

（目的）
第一条　この法律は、身体障害者補助犬を訓練する事業を行う者及び身体障害者補助犬を使用する身体障害者の義務等を定めるとともに、身体障害者が国等が管理する施設、公共交通機関等を利用する場合において身体障害者補助犬を同伴することができるようにするための措置を講ずること等により、身体障害者補助犬の育成及びこれを使用する身体障害者の施設等の利用の円滑化を図り、もって身体障害者の自立及び社会参加の促進に寄与することを目的とする。

（定義）
第二条　この法律において「**身体障害者補助犬**」とは、盲導犬、介助犬及び聴導犬をいう。

2　この法律において「**盲導犬**」とは、道路交通法（昭和三十五年法律第百五号）第十四条第一項に規定する政令で定める盲導犬であって、第十六条第一項の認定を受けているものをいう。

3　この法律において「**介助犬**」とは、肢体不自由により日常生活に著しい支障がある身体障害者のために、物の拾い上げ及び運搬、着脱衣の補助、体位の変更、起立及び歩行の際の支持、扉の開閉、スイッチの操作、緊急の場合における救助の要請その他の肢体不自由を補う補助を行う犬であって、第十六条第一項の認定を受けているものをいう。

4　この法律において「**聴導犬**」とは、聴覚障害により日常生活に著しい支障がある身体障害者のために、ブザー音、電話の呼出音、その者を呼ぶ声、危険を意味する音等を聞き分け、その者に必要な情報を伝え、及び必要に応じ音源への誘導を行う犬であって、第十六条第一項の認定を受けているものをいう。

第二章　身体障害者補助犬の訓練

（訓練事業者の義務）
第三条　盲導犬訓練施設（身体障害者福祉法（昭和二十四年法律第二百八十三号）第三十三条に規定する盲導犬訓練施設をいう。）を経営する事業を行う者、介助犬訓練事業（同法第四条の二第三項に規定する介助犬訓練事業をいう。）を行う者及び聴導犬訓練事業（同項に規定する聴導犬訓練事業をいう。）を行う者（以下「**訓練事業者**」という。）は、身体障害者補助犬としての適性を有する犬を選択するとともに、必要に応じ医療を提供する者、獣医師等との連携を確保しつつ、これを使用しようとする各身体障害者に必要とされる補助を適確に把握し、その身体障害者の状況に応じた訓練を行うことにより、良質な身体障害者補助犬を育成しなければならない。

2　訓練事業者は、障害の程度の増進により必要とされる補助が変化することが予想される身体障害者のために前項の訓練を行うに当たっては、医療を提供する者との連携を確保することによりその身体障害者について将来必要となる補助を適確に把握しなければならない。

第四条　訓練事業者は、前条第二項に規定する身体障害者のために身体障害者補助犬を育成した場合には、その身体障害者補助犬の使用状況の調査を行い、必要に応じ再訓練を行わなければならない。

（厚生労働省令への委任）
第五条　前二条に規定する身体障害者補助犬の訓練に関し必要な事項は、厚生労働省令で定める。

第三章　身体障害者補助犬の使用に係る適格性

第六条　身体障害者補助犬を使用する身体障害者は、自ら身体障害者補助犬の行動を適切に管理することができる者でなければならない。

第四章　施設等における身体障害者補助犬の同伴等

（国等が管理する施設における身体障害者補助犬の同伴等）
第七条　国等（国及び地方公共団体並びに独立行政法人（独立行政法人通則法（平成十一年法律第百三号）第二条第一項に規定する独立行政法人をいう。）、特殊法人（法律により直接に設立された法人又は特別の法律により特別の設立行為をもって設立された法人であって、総務省設置法（平成十一年法律第九十一号）第四条第一項第八号の規定の適用を受けるものをいう。）その他の政令で定める公共法人をいう。以下同じ。）は、その管理する施設を身体障害者が利用する場合において身体障害者補助犬（第十二条第一項に規定する表示をしたものに限る。以下この項及び次項並びに次条から第十条までにおいて同じ。）を同伴することを拒んではならない。ただし、身体障害者補助犬の同伴により当該施設に著しい損害が発生し、又は当該施設を利用する者が著しい損害を受けるおそれがある場合その他のやむを得ない理由がある場合は、この限りでない。

2　前項の規定は、国等の事業所又は事務所に勤務する身体障害者が当該事業所又は事務所において身体障害者補助犬を使用する場合について準用する。この場合において、同項ただし書中「身体障害者補助犬の同伴により当該施設に著しい損害が発生し、又は当該施設を利用する者が著しい損害を受けるおそれがある場合」とあるのは、「身体障害者補助犬の使用により国等の事業の遂行に著しい支障が生ずるおそれがある場合」と読み替えるものとする。

3　第一項の規定は、国等が管理する住宅に居住する身体障害者が当該住宅において身体障害者補助犬を使用する場合について準用する。

（公共交通機関における身体障害者補助犬の同伴）

第八条　公共交通事業者等（高齢者、障害者等の移動等の円滑化の促進に関する法律（平成十八年法律第九十一号）第二条第五号に規定する公共交通事業者等をいう。以下同じ。）は、その管理する旅客施設（同条第六号に規定する旅客施設をいう。以下同じ。）及び旅客の運送を行うためその事業の用に供する車両等（車両、自動車、船舶及び航空機をいう。以下同じ。）を身体障害者が利用する場合において身体障害者補助犬を同伴することを拒んではならない。ただし、身体障害者補助犬の同伴により当該旅客施設若しくは当該車両等に著しい損害が発生し、又はこれらを利用する者が著しい損害を受けるおそれがある場合その他のやむを得ない理由がある場合は、この限りでない。

（不特定かつ多数の者が利用する施設における身体障害者補助犬の同伴）

第九条　前二条に定めるもののほか、不特定かつ多数の者が利用する施設を管理する者は、当該施設を身体障害者が利用する場合において身体障害者補助犬を同伴することを拒んではならない。ただし、身体障害者補助犬の同伴により当該施設に著しい損害が発生し、又は当該施設を利用する者が著しい損害を受けるおそれがある場合その他のやむを得ない理由がある場合は、この限りでない。

（事業所又は事務所における身体障害者補助犬の使用）

第一〇条　障害者の雇用の促進等に関する法律（昭和三十五年法律第百二十三号）第四十三条第一項の規定により算定した同項に規定する法定雇用障害者数が一人以上である場合の同項の事業主が雇用する同項の労働者の数のうち最小の数を勘案して政令で定める数以上の同項の労働者を雇用している事業主（国等を除く。）並びに当該事業主が同法第四十四条第一項の親事業主である場合の同項の子会社及び当該事業主が同法第四十五条第一項に規定する親事業主である場合の同項の関係会社（以下「**障害者雇用事業主**」という。）は、その事業所又は事務所に勤務する身体障害者が当該事業所又は事務所において身体障害者補助犬を使用することを拒んではならない。ただし、身体障害者補助犬の使用により当該障害者雇用事業主の事業の遂行に著しい支障が生ずるおそれがある場合その他のやむを得ない理由がある場合は、この限りでない。

2　障害者雇用事業主以外の事業主（国等を除く。）は、その事業所又は事務所に勤務する身体障害者が当該事業所又は事務所において身体障害者補助犬を使用することを拒まないよう努めなければならない。

（住宅における身体障害者補助犬の使用）

第一一条　住宅を管理する者（国等を除く。）は、その管理する住宅に居住する身体障害者が当該住宅において身体障害者補助犬を使用することを拒まないよう努めなければならない。

（身体障害者補助犬の表示等）

第一二条　この章に規定する施設等（住宅を除く。）の利用等を行う場合において身体障害者補助犬を同伴し、又は使用する身体障害者は、厚生労働省令で定めるところにより、その身体障害者補助犬に、その者のために訓練された身体障害者補助犬である旨を明らかにするための表示をしなければならない。

2　この章に規定する施設等の利用等を行う場合において身体障害者補助犬を同伴し、又は使用する身体障害者は、その身体障害者補助犬が公衆衛生上の危害を生じさせるおそれがない旨を明らかにするため必要な厚生労働省令で定める書類を所持し、関係者の請求があるときは、これを提示しなければならない。

（身体障害者補助犬の行動の管理）

第一三条　この章に規定する施設等の利用等を行う場合において身体障害者補助犬を同伴し、又は使用する身体障害者は、その身体障害者補助犬が他人に迷惑を及ぼすことがないようその行動を十分管理しなければならない。

（表示の制限）

第一四条　何人も、この章に規定する施設等の利用等を行う場合において身体障害者補助犬以外の犬を同伴し、又は使用するときは、その犬に第十二条第一項の表示又はこれと紛らわしい表示をしてはならない。ただし、身体障害者補助犬となるため訓練中である犬又は第十六条第一項の認定を受けるため試験中である犬であって、その旨が明示されているものについては、この限りでない。

第五章　身体障害者補助犬に関する認定等

（法人の指定）

第一五条　厚生労働大臣は、厚生労働省令で定めるところにより、身体障害者補助犬の種類ごとに、身体障害者補助犬の訓練又は研究を目的とする一般社団法人若しくは一般財団法人又は社会福祉法（昭和二十六年法律第四十五号）第三十一条第一項の規定により設立された社会福祉法人であって、次条に規定する認定の業務を適切かつ確実に行うことができると認められるものを、その申請により、当該業務を行う者として指定することができる。

2　厚生労働大臣は、前項の規定による指定をしたときは、当該指定を受けた者（以下「**指定法人**」という。）の名称及び主たる事務所の所在地を公示しなければならない。

3　指定法人は、その名称又は主たる事務所の所在地を変更しようとするときは、あらかじめ、その旨を厚生労働大臣に届け出なければならない。

4　厚生労働大臣は、前項の規定による届出があったときは、当該届出に係る事項を公示しなければならない。

（同伴に係る身体障害者補助犬に必要な能力の認定）

第一六条　指定法人は、身体障害者補助犬とするために育成された犬（当該指定法人が訓練事業者として自ら育成した犬を含む。）であって当該指定法人に申請があったものについて、身体障害者がこれを同伴して不特定かつ多数の者が利用する施設等を利用する場合において他人に迷惑を及ぼさないことその他適切な行動をとる能力を有すると認める場合には、その旨の認定を行わなければならない。

2　指定法人は、前項の規定による認定をした身体障害者補助犬について、同項に規定する能力を欠くこととなったと認める場合には、当該認定を取り消さなければならない。

第六章　身体障害者補助犬の衛生の確保等

（身体障害者補助犬の取扱い）

第二一条　訓練事業者及び身体障害者補助犬を使用する身体障害者は、犬の保健衛生に関し獣医師の行う指導を受けるとともに、犬を苦しめることなく愛情をもって接すること等により、これを適正に取り扱わなければならない。

（身体障害者補助犬の衛生の確保）

第二二条　身体障害者補助犬を使用する身体障害者は、その身体障害者補助犬について、体を清潔に保つとともに、予防接種及び検診を受けさせることにより、公衆衛生上の危害を生じさせないよう努めなければならない。

（国民の理解を深めるための措置）

第二三条　国及び地方公共団体は、教育活動、広報活動等を通じて、身体障害者の自立及び社会参加の促進のために身体障害者補助犬が果たす役割の重要性について国民の理解を深めるよう努めなければならない。

（国民の協力）

第二四条　国民は、身体障害者補助犬を使用する身体障害者に対し、必要な協力をするよう努めなければならない。

第七章　雑則

（苦情の申出等）

第二五条　身体障害者又は第四章に規定する施設等を管理する者（事業所又は事務所にあっては当該事業所又は事務所の事業主とし、公共交通事業者等が旅客の運送を行うためその事業の用に供する車両等にあっては当該公共交通事業者等とする。以下同じ。）は、当該施設等の所在地（公共交通事業者等が旅客の運送を行うためその事業の用に供する車両等にあっては、当該公共交通事業者等の営業所の所在地）を管轄する都道府県知事に対し、当該施設等における当該身体障害者による身体障害者補助犬の同伴又は使用に関する苦情の申出をすることができる。

2　都道府県知事は、前項の苦情の申出があったときは、その相談に応ずるとともに、当該苦情に係る身体障害者又は第四章に規定する施設等を管理する者に対し、必要な助言、指導等を行うほか、必要に応じて、関係行政機関の紹介を行うものとする。

3　都道府県知事は、第一項の苦情の申出を受けた場合において当該苦情を適切に処理するため必要があると認めるときは、関係行政機関の長若しくは関係地方公共団体の長又は訓練事業者若しくは指定法人に対し、必要な資料の送付、情報の提供その他の協力を求めることができる。

（大都市等の特例）

第二六条　前条の規定により都道府県知事の権限に属するものとされている事務は、地方自治法（昭和二十二年法律第六十七号）第二百五十二条の十九第一項の指定都市（以下「**指定都市**」という。）及び同法第二百五十二条の二十二第一項の中核市（以下「**中核市**」という。）においては、指定都市又は中核市（以下「**指定都市等**」という。）の長が行う。この場合においては、前条の規定中都道府県知事に関する規定は、指定都市等の長に関する規定として指定都市等の長に適用があるものとする。

附　則（抄）

（施行期日）

第一条　この法律は、平成十四年十月一日から施行する。ただし、第二章の規定（介助犬又は聴導犬の訓練に係る部分に限る。）は平成十五年四月一日から、第九条の規定は同年十月一日から施行する。

（新たに身体障害者補助犬が行う補助以外の補助を行う犬が使用されることとなった場合の措置）

第五条　日常生活に著しい支障がある身体障害者の補助を行うため、新たに身体障害者補助犬が行う補助以外の補助を行う犬が使用されることとなった場合には、その使用の状況等を勘案し、身体障害者補助犬の制度の対象を拡大するために必要な法制上の措置が講ぜられるものとする。

知的障害者福祉法の概要

1　制定の経緯

戦前の我が国では一般的な障害者福祉制度は存在しませんでしたが、戦後になってまず、昭和二二年に制定された児童福祉法により、十八歳未満の障害児について、総合的な援助施策が講じられることとなり、身体に障害のある児童に対しては障害の治療と育成を、精神薄弱者（現・知的障害者）に対しては精神薄弱児施設（現・知的障害児施設）により保護と生活指導を行うこととされました。

昭和二五年には、精神衛生法が制定され、知的障害者を含む精神障害者の医療的措置が取られることとなりました。しかしながら、知的障害者は比較的医療になじみ難い面がある上、児童福祉法の年齢を超過した知的障害者の福祉対策が課題として提起され、児童から成人に至るまで一貫した援護事業の整備を図ることを目的として昭和三五年、精神薄弱者福祉法が制定されました。

本法は、制定後、施設の種別の設定、措置年齢の引下げ及び審議会の統合、団体委任事務化、在宅福祉サービスの位置付け等数次にわたる改正を経た後、平成一〇年に「精神薄弱」という用語を「知的障害」という用語に改めるにあたり、法律名も「知的障害者福祉法」に改められました。

また、平成一七年に障害者自立支援法（現・障害者の日常生活及び社会生活を総合的に支援するための法律）が成立し、障害者の地域生活と就労を進め、自立を支援する観点から、障害者基本法の基本的理念にのっとり、これまで障害種別ごとに異なる法律に基づいて提供されてきた福祉サービス（居宅支援等）、公費負担医療等について、共通の制度の下で一元的に提供する仕組みとなりました。これに伴い、知的障害者福祉法等の関係法律について所要の改正が行われています。

2　法の概要

知的障害者福祉法は、総則、実施機関及び更生援護、費用並びに雑則の四章から構成されています。

(1)　目的

知的障害者福祉法は、知的障害者の自立と社会経済活動への参加を促進するため、知的障害者を援助するとともに必要な保護を行い、もって知的障害者の福祉を図ることを目的としています（第一条）。

(2)　対象

知的障害者の援護は児童から成人まで一貫して行われるべきものであることから、本法の対象は、年齢を問わず社会通念上知的障害と考えられる者とされています。

なお、十八歳未満の児童の福祉対策は児童福祉法により規定されていることから、原則として十八歳未満の知的障害児は本法の適用を受けませんが、特例として十五歳以上の知的障害児について児童相談所が適当と認めた時は、本法の適用を受けることができるとされています。

(3)　実施機関等

知的障害者福祉法における援護は、市町村が一元的な実施主体となっています。なお、市町村の福祉事務所は市町村の委任によりその業務を行うことができます。

都道府県は知的障害者の援護の実施に関し、各市町村の連絡調整や情報提供を行います。都道府県には知的障害者の専門的な事柄について相談に応じ、必要な医学的、心理学的及び職能判定並びに指導を行う知的障害者更生相談所が設置されています。知的障害者更生相談所は都道府県の業務を行うこともできます。

その他、知的障害者更生相談所に設置される知的障害者福祉司や民生委員の協力、知的障害者相談員及び市町村に支援体制の整備等の義務付けについて規定されています。

(4)　更生援護

知的障害者福祉法は第二章において施策として行う更生援護の内容として、障害福祉サービス、障害者支援施設等への入所等の措置について規定しています。

やむを得ない事由により障害者の日常生活及び社会生活を総合的に支援するための法律に規定する障害福祉サービスを受けることが著しく困難である知的障害者について、市町村は障害福祉サービスを提供する措置又は障害者支援施設等への入所等の措置を採ることとされています。

また、必要に応じ、知的障害児又はその保護者を知的障害者福祉司又は社会福祉主事に指導させること、知的障害者の更生援護を職親に委託することなどが規定されています。

3 関係主要法令等

◉知的障害者福祉法施行令（昭三五政令一〇三）

◉知的障害者福祉法施行規則（昭三五厚令一六）

◉知的障害者福祉法

題名改正 平一〇法律一一〇（旧精神薄弱者福祉法）

（昭和三五・三・三一法律三七）

注 令四法律一〇四改正現在

（未施行分については、該当か所の後に改正文を収載）

第一章 総則

（この法律の目的）

第一条 この法律は、障害者の日常生活及び社会生活を総合的に支援するための法律（平成十七年法律第百二十三号）と相まつて、知的障害者の自立と社会経済活動への参加を促進するため、知的障害者を援助するとともに必要な保護を行い、もつて知的障害者の福祉を図ることを目的とする。

（自立への努力及び機会の確保）

第一条の二 すべての知的障害者は、その有する能力を活用することにより、進んで社会経済活動に参加するよう努めなければならない。

2 すべての知的障害者は、社会を構成する一員として、社会、経済、文化その他あらゆる分野の活動に参加する機会を与えられるものとする。

（国、地方公共団体及び国民の責務）

第二条 国及び地方公共団体は、前条に規定する理念が実現されるように配慮して、知的障害者の福祉について国民の理解を深めるとともに、知的障害者の自立と社会経済活動への参加を促進するための援助と必要な保護（以下「**更生援護**」という。）の実施に努めなければならない。

2 国民は、知的障害者の福祉について理解を深めるとともに、社会連帯の理念に基づき、知的障害者が社会経済活動に参加しようとする努力に対し、協力するように努めなければならない。

（関係職員の協力義務）

第三条 この法律及び児童福祉法（昭和二十二年法律第百六十四号）による更生援護の実施並びにその監督に当たる国及び地方公共団体の職員は、知的障害者に対する更生援護が児童から成人まで関連性をもつて行われるように相互に協力しなければならない。

第四条から第八条まで 削除

第二章 実施機関及び更生援護

第一節 実施機関等

（更生援護の実施者）

第九条 この法律に定める知的障害者又はその介護を行う者に対する市町村（特別区を含む。以下同じ。）による更生援護は、その知的障害者の居住地の市町村が行うものとする。ただし、知的障害者が居住地を有しないか、又は明らかでない者であるときは、その知的障害者の現在地の市町村が行うものとする。

2 前項の規定にかかわらず、第十六条第一項第二号の規定により入所措置が採られて又は障害者の日常生活及び社会生活を総合的に支援するための法律第二十九条第一項若しくは第三十条第一項の規定により同法第十九条第一項に規定する介護給付費等（次項、第十五条の四及び第十六条第一項第二号において「**介護給付費等**」という。）の支給を受けて同法第五条第一項若しくは同条第六項の主務省令で定める施設、同条第十一項に規定する障害者支援施設（以下「**障害者支援施設**」という。）又は独立行政法人国立重度知的障害者総合施設のぞみの園法（平成十四年法律第百六十七号）第十一条第一号の規定により独立行政法人国立重度知的障害者総合施設のぞみの園が設置する施設（以下「**のぞみの園**」という。）に入所している知的障害者、生活保護法（昭和二十五年法律第百四十四号）第三十条第一項ただし書の規定により同法第三十八条第二項に規定する救護施設（以下この項において「救護施設」という。）、同条第三項に規定する更生施設（以下この項において「更生施設」という。）又は同法第三十条第一項ただし書に規定するその他の適当な施設（以下この項において「その他の適当な施設」という。）に入所している知的障害者、介護保険法（平成九年法律第百二十三号）第八条第十一項に規定する特定施設（以下この項及び次項において「介護保険特定施設」という。）に入居し、又は同条第二十五項に規定する介護保険施設（以下この項及び次項において「介護保険施設」という。）に入所している知的障害者及び老人福祉法（昭和三十八年法律第百三十三号）第十一条第一項第一号の規定により入所措置が採られて同法第二十条の四に規定する養護老人ホーム（以下この項において「養護老人ホーム」という。）に入所している知的障害者（以下この項において「特定施設入所等知的障害者」という。）については、その者が障害者の日常生活及び社会生活を総合的に支援するための法律第五条第一項若しくは第六項の主務省令で定める施設、障害者支援施設、のぞみの園、救護施設、更生施設若しくはその他の適当な施設、介護保険特定施設若しくは介護保険施設又は養護老人ホーム（以下この条において「特定施設」という。）への入所又は入居の前に有した居住地（継続して二以上の特定施設に入所又は入居をしている特定施設入所等知的障害者（以下この項において「継続入所等知的障害者」という。）については、最初に入所又は入居をした特定施設への入所又は入居の前に有した居住地）の市町村が、この法律に定める更生援護を行うものとする。ただし、特定施設への入所又は入居の前に居住地を有しないか、又は明らかでなかつた特定施設入所等知的障害者については、入所又は入居の前におけるその者の所在地（継続入所等知的障害者については、最初に入所又は入居をした特定施設への入所又は入居の前に有した所在地）の市町村が、この法律に定める更生援護を行うものとする。

3　前二項の規定にかかわらず、児童福祉法第二十四条の二第一項若しくは第二十四条の二十四第一項若しくは第二項の規定により障害児入所給付費の支給を受けて又は同法第二十七条第一項第三号若しくは第二項の規定により措置（同法第三十一条第五項又は第三十一条の二第三項の規定により同法第二十七条第一項第三号又は第二項の規定による措置とみなされる場合を含む。）が採られて障害者の日常生活及び社会生活を総合的に支援するための法律第五条第一項の主務省令で定める施設に入所していた知的障害者が、継続して、第十六条第一項第二号の規定により入所措置が採られて、同法第二十九条第一項若しくは第三十条第一項の規定により介護給付費等の支給を受けて、生活保護法第三十条第一項ただし書の規定により、若しくは老人福祉法第十一条第一項第一号の規定により入所措置が採られて特定施設（介護保険特定施設及び介護保険施設を除く。）に入所した場合又は介護保険特定施設若しくは介護保険施設に入所若しくは入居をした場合は、当該知的障害者が満十八歳となる日の前日に当該知的障害者の保護者であつた者（以下この項において「保護者であつた者」という。）が有した居住地の市町村が、この法律に定める更生援護を行うものとする。ただし、当該知的障害者が満十八歳となる日の前日に保護者であつた者がいないか、保護者であつた者が居住地を有しないか、又は保護者であつた者の居住地が明らかでない知的障害者については、当該知的障害者が満十八歳となる日の前日におけるその者の所在地の市町村がこの法律に定める更生援護を行うものとする。

4　前二項の規定の適用を受ける知的障害者が入所し、又は入居している特定施設の設置者は、当該特定施設の所在する市町村及び当該知的障害者に対しこの法律に定める更生援護を行う市町村に必要な協力をしなければならない。

5　市町村は、この法律の施行に関し、次に掲げる業務を行わなければならない。

一　知的障害者の福祉に関し、必要な実情の把握に努めること。

二　知的障害者の福祉に関し、必要な情報の提供を行うこと。

三　知的障害者の福祉に関する相談に応じ、必要な調査及び指導を行うこと並びにこれらに付随する業務を行うこと。

6　その設置する福祉事務所（社会福祉法（昭和二十六年法律第四十五号）に定める福祉に関する事務所をいう。以下同じ。）に知的障害者の福祉に関する事務をつかさどる職員（以下「**知的障害者福祉司**」という。）を置いていない市町村の長及び福祉事務所を設置していない町村の長は、前項第三号に掲げる事務のうち専門的な知識及び技術を必要とするもの（次条第二項及び第三項において「**専門的相談指導**」という。）であつて十八歳以上の知的障害者に係るものについては、知的障害者の更生援護に関する相談所（以下「**知的障害者更生相談所**」という。）の技術的援助及び助言を求めなければならない。

7　市町村長（特別区の区長を含む。以下同じ。）は、十八歳以上の知的障害者につき第五項第三号の業務を行うに当たつて、特に医学的、心理学的及び職能的判定を必要とする場合には、知的障害者更生相談所の判定を求めなければならない。

（市町村の福祉事務所）

第一〇条　市町村の設置する福祉事務所又はその長は、この法律の施行に関し、主として前条第五項各号に掲げる業務又は同条第六項及び第七項の規定による市町村長の業務を行うものとする。

2　市の設置する福祉事務所に知的障害者福祉司を置いている福祉事務所があるときは、当該市の知的障害者福祉司を置いていない福祉事務所の長は、十八歳以上の知的障害者に係る専門的相談指導については、当該市の知的障害者福祉司の技術的援助及び助言を求めなければならない。

3　市町村の設置する福祉事務所のうち知的障害者福祉司を置いている福祉事務所の長は、十八歳以上の知的障害者に係る専門的な相談指導を行うに当たつて、特に専門的な知識及び技術を必要とする場合には、知的障害者更生相談所の技術的援助及び助言を求めなければならない。

（連絡調整等の実施者）

第一一条　都道府県は、この法律の施行に関し、次に掲げる業務を行わなければならない。

一　市町村の更生援護の実施に関し、市町村相互間の連絡及び調整、市町村に対する情報の提供その他必要な援助を行うこと並びにこれらに付随する業務を行うこと。

二　知的障害者の福祉に関し、次に掲げる業務を行うこと。

イ　各市町村の区域を超えた広域的な見地から、実情の把握に努めること。

ロ　知的障害者に関する相談及び指導のうち、専門的な知識及び技術を必要とするものを行うこと。

ハ　十八歳以上の知的障害者の医学的、心理学的及び職能的判定を行うこと。

2　都道府県は、前項第二号ロに規定する相談及び指導のうち主として居宅において日常生活を営む知的障害者及びその介護を行う者に係るものについては、これを障害者の日常生活及び社会生活を総合的に支援するための法律第五条第十八項に規定する一般相談支援事業又は特定相談支援事業を行う当該都道府県以外の者に委託することができる。

注　第一一条は、令和四年一二月一六日法律第一〇四号により次のように改正され、令和四年一二月一六日から起算して三年を超えない範囲内において政令で定める日から施行される。
　第十一条第二項中「第五条第十八項」を「第五条第十九項」に改める。

（知的障害者更生相談所）
第一二条　都道府県は、知的障害者更生相談所を設けなければならない。
2　知的障害者更生相談所は、知的障害者の福祉に関し、主として前条第一項第一号に掲げる業務（第十六条第一項第二号の措置に係るものに限る。）並びに前条第一項第二号ロ及びハに掲げる業務並びに障害者の日常生活及び社会生活を総合的に支援するための法律第二十二条第二項及び第三項、第二十六条第一項、第五十一条の七第二項及び第三項並びに第五十一条の十一に規定する業務を行うものとする。
3　知的障害者更生相談所は、必要に応じ、巡回して、前項の業務を行うことができる。
4　前三項に定めるもののほか、知的障害者更生相談所に関し必要な事項は、政令で定める。

（知的障害者福祉司）
第一三条　都道府県は、その設置する知的障害者更生相談所に、知的障害者福祉司を置かなければならない。
2　市町村は、その設置する福祉事務所に、知的障害者福祉司を置くことができる。
3　都道府県の知的障害者福祉司は、知的障害者更生相談所の長の命を受けて、次に掲げる業務を行うものとする。
一　第十一条第一項第一号に掲げる業務のうち、専門的な知識及び技術を必要とするものを行うこと。
二　知的障害者の福祉に関し、第十一条第一項第二号ロに掲げる業務を行うこと。
4　市町村の知的障害者福祉司は、福祉事務所の長（以下「**福祉事務所長**」という。）の命を受けて、知的障害者の福祉に関し、主として、次の業務を行うものとする。
一　福祉事務所の所員に対し、技術的指導を行うこと。
二　第九条第五項第三号に掲げる業務のうち、専門的な知識及び技術を必要とするものを行うこと。
5　市の知的障害者福祉司は、第十条第二項の規定により技術的援助及び助言を求められたときは、これに協力しなければならない。この場合において、特に専門的な知識及び技術が必要であると認めるときは、知的障害者更生相談所に当該技術的援助及び助言を求めるよう助言しなければならない。

第一四条　知的障害者福祉司は、都道府県知事又は市町村長の補助機関である職員とし、次の各号のいずれかに該当する者のうちから、任用しなければならない。
一　社会福祉法に定める社会福祉主事たる資格を有する者であつて、知的障害者の福祉に関する事業に二年以上従事した経験を有するもの
二　学校教育法（昭和二十二年法律第二十六号）に基づく大学又は旧大学令（大正七年勅令第三百八十八号）に基づく大学において、厚生労働大臣の指定する社会福祉に関する科目を修めて卒業した者（当該科目を修めて同法に基づく専門職大学の前期課程を修了した者を含む。）
三　医師
四　社会福祉士
五　知的障害者の福祉に関する事業に従事する職員を養成する学校その他の施設で都道府県知事の指定するものを卒業した者
六　前各号に準ずる者であつて、知的障害

者福祉司として必要な学識経験を有するもの

（民生委員の協力）

第一五条　民生委員法（昭和二十三年法律第百九十八号）に定める民生委員は、この法律の施行について、市町村長、福祉事務所長、知的障害者福祉司又は社会福祉主事の事務の執行に協力するものとする。

（知的障害者相談員）

第一五条の二　市町村は、知的障害者の福祉の増進を図るため、知的障害者又はその**保護者**（配偶者、親権を行う者、後見人その他の者で、知的障害者を現に保護するものをいう。以下同じ。）の相談に応じ、及び知的障害者の更生のために必要な援助を行うこと（次項において「相談援助」という。）を、社会的信望があり、かつ、知的障害者に対する更生援護に熱意と識見を持つている者に委託することができる。

2　前項の規定にかかわらず、都道府県は、障害の特性その他の事情に応じた相談援助を委託することが困難であると認められる市町村がある場合にあつては、当該市町村の区域における当該相談援助を、社会的信望があり、かつ、知的障害者に対する更生援護に熱意と識見を持つている者に委託することができる。

3　前二項の規定により委託を受けた者は、知的障害者相談員と称する。

4　知的障害者相談員は、その委託を受けた業務を行うに当たつては、知的障害者又はその保護者が、障害者の日常生活及び社会生活を総合的に支援するための法律第五条第一項に規定する障害福祉サービス事業（第二十一条において「**障害福祉サービス事業**」という。）、同法第五条第十八項に規定する一般相談支援事業その他の知的障害者の福祉に関する事業に係るサービスを円滑に利用することができるように配慮し、これらのサービスを提供する者その他の関係者等との連携を保つよう努めなければならない。

5　知的障害者相談員は、その委託を受けた業務を行うに当たつては、個人の人格を尊重し、その身上に関する秘密を守らなければならない。

> **注**　第一五条の二は、令和四年一二月一六日法律第一〇四号により次のように改正され、令和四年一二月一六日から起算して三年を超えない範囲内において政令で定める日から施行される。
> 第十五条の二第四項中「第五条第十八項」を「第五条第十九項」に改める。

（支援体制の整備等）

第一五条の三　市町村は、知的障害者の意思決定の支援に配慮しつつ、この章に規定する更生援護、障害者の日常生活及び社会生活を総合的に支援するための法律の規定による自立支援給付及び地域生活支援事業その他地域の実情に応じたきめ細かな福祉サービスが積極的に提供され、知的障害者が、心身の状況、その置かれている環境等に応じて、自立した日常生活及び社会生活を営むために最も適切な支援が総合的に受けられるように、福祉サービスを提供する者又はこれらに参画する者の活動の連携及び調整を図る等地域の実情に応じた体制の整備に努めなければならない。

2　市町村は、前項の体制の整備及びこの章に規定する更生援護の実施に当たつては、知的障害者が引き続き居宅において日常生活を営むことができるよう配慮しなければならない。

第二節　障害福祉サービス、障害者支援施設等への入所等の措置

（障害福祉サービス）

第一五条の四　市町村は、障害者の日常生活及び社会生活を総合的に支援するための法律第五条第一項に規定する障害福祉サービス（同条第六項に規定する療養介護及び同条第十項に規定する施設入所支援（以下こ

の条及び次条第一項第二号において「**療養介護等**」という。）を除く。以下「**障害福祉サービス**」という。）を必要とする知的障害者が、やむを得ない事由により介護給付費等（療養介護等に係るものを除く。）の支給を受けることが著しく困難であると認めるときは、その知的障害者につき、政令で定める基準に従い、障害福祉サービスを提供し、又は当該市町村以外の者に障害福祉サービスの提供を委託することができる。

（障害者支援施設等への入所等の措置）

第一六条　市町村は、十八歳以上の知的障害者につき、その福祉を図るため、必要に応じ、次の措置を採らなければならない。

一　知的障害者又はその保護者を知的障害者福祉司又は社会福祉主事に指導させること。

二　やむを得ない事由により介護給付費等（療養介護等に係るものに限る。）の支給を受けることが著しく困難であると認めるときは、当該市町村の設置する障害者支援施設若しくは障害者の日常生活及び社会生活を総合的に支援するための法律第五条第六項の主務省令で定める施設（以下「**障害者支援施設等**」という。）に入所させてその更生援護を行い、又は都道府県若しくは他の市町村若しくは社会福祉法人の設置する障害者支援施設等若しくはのぞみの園に入所させてその更生援護を行うことを委託すること。

三　知的障害者の更生援護を職親（知的障害者を自己の下に預かり、その更生に必要な指導訓練を行うことを希望する者であつて、市町村長が適当と認めるものをいう。）に委託すること。

2　市町村は、前項第二号又は第三号の措置を採るに当たつて、医学的、心理学的及び職能的判定を必要とする場合には、あらかじめ、知的障害者更生相談所の判定を求めなければならない。

（措置の解除に係る説明等）

第一七条　市町村長は、第十五条の四又は前条第一項の措置を解除する場合には、あらかじめ、当該措置に係る者又はその保護者に対し、当該措置の解除の理由について説明するとともに、その意見を聴かなければならない。ただし、当該措置に係る者又はその保護者から当該措置の解除の申出があつた場合その他厚生労働省令で定める場合においては、この限りでない。

（行政手続法の適用除外）

第一八条　第十五条の四又は第十六条第一項の措置を解除する処分については、行政手続法（平成五年法律第八十八号）第三章（第十二条及び第十四条を除く。）の規定は、適用しない。

第一九条及び第二〇条　削除

（受託義務）

第二一条　障害福祉サービス事業を行う者又は障害者支援施設等若しくはのぞみの園の設置者は、第十五条の四又は第十六条第一項第二号の規定による委託を受けたときは、正当な理由がない限り、これを拒んではならない。

第三章　費用

（市町村の支弁）

第二二条　次に掲げる費用は、市町村の支弁とする。

一　第十三条第二項の規定により市町村が設置する知的障害者福祉司に要する費用

二　第十五条の二の規定により市町村が行う委託に要する費用

三　第十五条の四の規定により市町村が行う行政措置に要する費用

四　第十六条の規定により市町村が行う行政措置に要する費用

（都道府県の支弁）

第二三条　次に掲げる費用は、都道府県の支弁とする。

一　第十二条第一項の規定により都道府県が設置する知的障害者更生相談所に要する費用

二　第十三条第一項の規定により都道府県

が設置する知的障害者福祉司に要する費用

三　第十五条の二の規定により都道府県が行う委託に要する費用

第二四条　削除

（都道府県の負担）

第二五条　都道府県は、政令の定めるところにより、第二十二条の規定により市町村が支弁した費用について、次に掲げるものを負担する。

一　第二十二条第三号の費用（次号に掲げる費用を除く。）については、その四分の一

二　第二十二条第三号の費用（第九条第一項に規定する居住地を有しないか、又は居住地が明らかでない知的障害者（第四号において「居住地不明知的障害者」という。）についての行政措置に要する費用に限る。）については、その十分の五

三　第二十二条第四号の費用（第十六条第一項第二号の規定による行政措置に要する費用に限り、次号に掲げる費用を除く。）については、その四分の一

四　第二十二条第四号の費用（居住地不明知的障害者について第十六条第一項第二号の規定により市町村が行う行政措置に要する費用に限る。）については、その十分の五

（国の負担）

第二六条　国は、政令の定めるところにより、第二十二条の規定により市町村が支弁した費用について、次に掲げる費用の十分の五を負担する。

一　第二十二条第三号の費用

二　第二十二条第四号の費用のうち、第十六条第一項第二号の規定による行政措置に要する費用

（費用の徴収）

第二七条　第十五条の四又は第十六条第一項第二号の規定による行政措置に要する費用を支弁すべき市町村の長は、当該知的障害者又はその扶養義務者（民法（明治二十九年法律第八十九号）に定める扶養義務者をいう。次項において同じ。）から、その負担能力に応じて、当該行政措置に要する費用の全部又は一部を徴収することができる。

2　市町村長は、前項の規定による費用の徴収に関し必要があると認めるときは、当該知的障害者又はその扶養義務者の収入の状況につき、当該知的障害者若しくはその扶養義務者に対し報告を求め、又は官公署に対し必要な書類の閲覧若しくは資料の提供を求めることができる。

（準用規定）

第二七条の二　社会福祉法第五十八条第二項から第四項までの規定は、国有財産特別措置法（昭和二十七年法律第二百十九号）第二条第二項第三号の規定又は同法第三条第一項第四号及び第二項の規定により普通財産の譲渡又は貸付けを受けた社会福祉法人に準用する。

第四章　雑則

（審判の請求）

第二八条　市町村長は、知的障害者につき、その福祉を図るため特に必要があると認めるときは、民法第七条、第十一条、第十三条第二項、第十五条第一項、第十七条第一項、第八百七十六条の四第一項又は第八百七十六条の九第一項に規定する審判の請求をすることができる。

（後見等を行う者の推薦等）

第二八条の二　市町村は、前条の規定による審判の請求の円滑な実施に資するよう、民法に規定する後見、保佐及び補助（以下この条において「後見等」という。）の業務を適正に行うことができる人材の活用を図るため、後見等の業務を適正に行うことができる者の家庭裁判所への推薦その他の必要な措置を講ずるよう努めなければならない。

2　都道府県は、市町村と協力して後見等の業務を適正に行うことができる人材の活用を図るため、前項に規定する措置の実施に

関し助言その他の援助を行うように努めなければならない。

（町村の一部事務組合等）

第二九条　町村が一部事務組合又は広域連合を設けて福祉事務所を設置した場合には、この法律の適用については、その一部事務組合又は広域連合を福祉事務所を設置する町村とみなす。

（大都市等の特例）

第三〇条　この法律の規定中都道府県が処理することとされている事務で政令で定めるものは、地方自治法（昭和二十二年法律第六十七号）第二百五十二条の十九第一項の指定都市（以下「**指定都市**」という。）及び同法第二百五十二条の二十二第一項の中核市（以下「**中核市**」という。）においては、政令の定めるところにより、指定都市又は中核市（以下「**指定都市等**」という。）が処理するものとする。この場合においては、この法律の規定中都道府県に関する規定は、指定都市等に関する規定として指定都市等に適用があるものとする。

（権限の委任）

第三一条　この法律に規定する厚生労働大臣の権限は、厚生労働省令で定めるところにより、地方厚生局長に委任することができる。

2　前項の規定により地方厚生局長に委任された権限は、厚生労働省令で定めるところにより、地方厚生支局長に委任することができる。

（実施命令）

第三二条　この法律に特別の規定があるものを除くほか、この法律の実施のための手続その他その執行について必要な細則は、厚生労働省令で定める。

第五章　罰則

第三三条　正当な理由がなく、第二十七条第二項の規定による報告をせず、又は虚偽の報告をした者は、十万円以下の過料に処する。

附　則（抄）

（施行期日）

1　この法律は、昭和三十五年四月一日から施行する。

（更生援護の特例）

3　児童福祉法第六十三条の三の規定による通知に係る児童は、第九条から第十一条まで、第十三条、第十五条の四、第十六条（第一項第二号に限る。）及び第二十二条から第二十七条までの規定の適用については、十八歳以上の知的障害者とみなす。

附　則（平三〇・六・八法律四四）（抄）

（施行期日）

第一条　この法律は、平成三十年十月一日から施行する。ただし、次の各号に掲げる規定は、当該各号に定める日から施行する。

四　〔前略〕附則第十条から第十三条まで〔中略〕の規定　平成三十二年四月一日

（知的障害者福祉法の一部改正に伴う経過措置）

第一三条　当分の間、前条の規定による改正後の知的障害者福祉法第九条第二項の規定の適用については、同項中「又は同法第三十条第一項ただし書」とあるのは「、同法第三十条第一項ただし書に規定する日常生活支援住居施設（以下この項において「日常生活支援住居施設」という。）又は同項ただし書」と、「更生施設若しくは」とあるのは「更生施設、日常生活支援住居施設若しくは」とする。

精神保健福祉法の概要

1　制定の経緯

精神保健及び精神障害者福祉に関する法律は、昭和二五年に「精神衛生法」として公布・施行されました。それ以前の精神病者に対する法律として、明治三三年の「精神病者監護法」及び大正八年の「精神病院法」がありましたが、ともに精神衛生法により廃止されました。

この法律では、精神障害者に対する適切な医療・保護を行うことを基本に、病院以外への収容の禁止、都道府県における「精神病院」の設置の義務化、自傷他害のおそれのある精神障害者に対する措置入院や同意入院制度、精神衛生に関する相談・指導などを行うための精神衛生相談所の設置などが規定されました。

その後、昭和四〇年の改正を経て、昭和六二年には、宇都宮病院事件などを契機とした法改正の機運の高まりを受けて改正が行われ、名称も「精神保健法」となりました。この改正では、精神障害者の人権の尊重が重視され、社会復帰の促進の理念が初めて盛り込まれました。また、平成五年には、グループホームの法定化、精神障害者社会復帰促進センターの創設などの改正が行われました。

平成五年には障害者基本法が成立し、施策の対象となる障害者の範囲に精神障害者が位置づけられました。これにより、保健医療施策に加え福祉施策の充実が求められるようになりました。また、平成六年には地域保健法が成立し、精神障害者の社会復帰施策における市町村の役割なども規定されました。これらを受け、平成七年に法改正が行われ、名称も「精神保健及び精神障害者福祉に関する法律」(精神保健福祉法)となりました。

精神保健福祉法では、精神障害者の社会復帰施策の充実が図られ、精神障害者保健福祉手帳制度の創設、社会復帰に関する事業の充実などが行われました。平成一一年には、精神医療審査会の機能強化、精神保健指定医の役割強化、精神障害者地域生活支援センター、ホームヘルプサービス、ショートステイの法定化などの改正が行われ、保健医療福祉施策のさらなる充実が図られました。

平成一七年には「障害者自立支援法」(現・障害者の日常生活及び社会生活を総合的に支援するための法律)が成立しました。これに伴い精神障害者に対する福祉サービスや在宅の公費負担医療は同法により行われることになり、関連する規定は、精神保健福祉法から削除されました。そのほか、定期病状報告制度の見直しや、緊急時における入院等に関する特例措置の導入なども行われました。

令和四年には、精神障害者の権利擁護の推進を趣旨とした改正が行われました。目的規定において権利擁護の明確化、医療保護入院の入院期間の法定化、措置入院者の退院促進措置及び入院者訪問支援事業の創設、業務従事者による虐待に関する通報義務、相談支援体制の整備等に関する規定が整備されました。

2　法の概要

精神保健福祉法は、「総則」、「精神保健福祉センター」、「地方精神保健福祉審議会及び精神医療審査会」、「精神保健指定医、登録研修機関、精神科病院及び精神科救急医療体制」、「医療及び保護」、「保健及び福祉」、「精神障害者社会復帰促進センター」、「雑則」、「罰則」の九章から構成されています。

(1)　目的など

この法律は、障害者基本法の基本的な理念にのっとり、精神障害者の権利の擁護を図りつつ、その医療及び保護を行い、障害者の日常生活及び社会生活を総合的に支援するための法律と相まってその社会復帰の促進及びその自立と社会経済活動への参加の促進のために必要な援助を行い、並びにその発生の予防その他国民の精神的健康の保持及び増進に努めることによって、精神障害者の福祉の増進及び国民の精神保健の向上を図ることを目的としています(第一条)。

この目的を達成するために、国・地方公共団体・国民の義務、精神障害者の社会復帰・自立及び社会参加への配慮に関する規定が置かれています。また国、地方公共団体、医療施設の設置者等は相互連携を図ることが義務付けられています。

(2)　定義

精神障害者とは、統合失調症、精神作用物質による急性中毒又はその依存症、知的障害その他の精神疾患を有する者とされています。

(3) 精神保健福祉センター

都道府県は、精神保健福祉に関する知識の普及、調査研究等を行う機関として精神保健福祉センターを置くものとしています。

(4) 地方精神保健福祉審議会及び精神医療審査会

都道府県は、精神保健福祉に関する事項を調査審議させるための地方精神保健福祉審議会を置くことができます。

都道府県は、措置・医療保護入院者についてその入院に必要性があるかどうかを審査させるために精神医療審査会を置きます。

(5) 精神保健指定医

厚生労働大臣は、申請に基づき、五年以上の診断又は治療に従事した経験等、必要な要件を満たし、職務遂行技能を有する医師を精神保健指定医に指定します。精神保健指定医は、入院患者の入院の継続の必要性、行動の制限等の判定等を行います。

(6) 精神科病院

都道府県又は地方独立行政法人は、精神科病院を設置しなければなりません。また、国、都道府県、地方独立行政法人以外の者が設置した病院を都道府県が設置する精神科病院に代わる施設として指定できます。

(7) 医療及び保護

① 任意入院

精神科病院の管理者は精神障害者を入院させる場合においては本人の同意に基づいて入院が行われるよう努めなければなりません。また、自ら入院した精神障害者が退院の申出をしたときには、その者を退院させなければなりません。ただし、その者の医療及び保護のために、入院を継続する必要があると認められるときは規定時間内に限り退院させないこともできます。

② 指定医の診察及び措置入院

精神障害者又はその疑いのある者を知ったときは、誰でも、指定医の診察及び必要な保護の申請をすることができます。

都道府県知事は、診察を受けた者が精神障害者であり、入院させなければ自傷他害のおそれがあると認めたときは、その者を国等の設置した精神科病院等に入院させることができます。しかし入院を継続しなくても精神障害のために自傷他害のおそれがないと認められるに至った場合はその者を退院させなければなりません。

また、精神科病院等の管理者は、退院後生活環境相談員を選任し、その者に措置入院者の退院後の生活環境に関し、措置入院者及びその家族等からの相談に応じさせ、必要な情報の提供、助言その他の援助を行わせなければなりません。

③ 医療保護入院等

精神科病院の管理者は、その家族等のうちいずれかの者の同意があるときは、一定の期間内で、本人の同意が無くてもその者を入院させることができます。ただし、急速を要し、その家族等の同意を得ることができない場合において、自傷他害のおそれがある精神障害者については、規定時間内に限り、応急入院をさせることができます。

④ 入院者訪問支援事業

都道府県は、精神科病院に入院している者のうち外部との交流を支援する必要がある者に対し、入院者訪問支援員が訪問することにより相談や必要な情報の提供などを行います。

⑤ 精神科病院における処遇等

精神科病院の管理者は、入院患者につき、医療又は保護に欠くことのできない限度において、必要な行動の制限を行うことができます。なお、厚生労働大臣は、制限を含めた処遇について必要な基準を定めることができます。また、精神障害者の社会復帰の促進を図るため、精神科病院等の管理者は、その者の相談に応じ、必要な援助等を行います。

⑥ 指針

厚生労働大臣は、精神障害者の障害の特性その他の心身の状態に応じた良質かつ適切な精神障害者に対する医療の提供を確保するための指針を定める必要があります。

(8) 虐待の防止等

精神科病院の管理者は、業務従事者に対する虐待防止のための研修の実施、医療を受ける精神障害者からの相談体制の整備など、虐待を防止するための必要な措置を講ずるものとされています。そのほか、精神科病院には、業務従事者による虐待に関する通報義務が規定されました。

(9) 保健及び福祉

① 精神障害者保健福祉手帳

都道府県知事は、精神障害者の申請により、審査の結果、精神障害の状態であると認めるときは、申請者に精神障害者保健福祉手帳を交付します。

② 相談及び援助

都道府県及び市町村は、精神障害者の社会復帰及びその自立と社会経済活動への参加に対する地域住民の関心と理解を深めるように努めなければなりません。また、市町村は、精神保健福祉に関する相談に応じ必要な助言等を行うよう努めるものとされています。なお、相談指導等を行う施設に精神保健福祉相談員を置くことができます。

(10) 精神障害者社会復帰促進センター

厚生労働大臣は精神障害者の社会復帰を促進することを目的として全国に一か所の精神障害者社会復帰促進センターを指定することができます。センターは精神障害者の社会復帰に資するために啓発活動や広報活動等を行います。

3 関係主要法令等

◉精神保健及び精神障害者福祉に関する法律施行令（昭二五政令一五五）

◉精神保健及び精神障害者福祉に関する法律施行規則（昭二五厚令三一）

◉精神保健及び精神障害者福祉に関する法律第二十八条の二の規定に基づき厚生労働大臣の定める基準（昭六三厚告一二五）

●精神保健及び精神障害者福祉に関する法律

題名改正 昭六二法律九八（旧精神衛生法）、平七法律九四（旧精神保健法）

（昭和二五・五・一法律一二三）

注 令五法律二八改正現在（未施行分については、該当か所の後に改正文を収載）

第一章 総則

（この法律の目的）

第一条 この法律は、障害者基本法（昭和四十五年法律第八十四号）の基本的な理念にのつとり、精神障害者の権利の擁護を図りつつ、その医療及び保護を行い、障害者の日常生活及び社会生活を総合的に支援するための法律（平成十七年法律第百二十三号）と相まつてその社会復帰の促進及びその自立と社会経済活動への参加の促進のために必要な援助を行い、並びにその発生の予防その他国民の精神的健康の保持及び増進に努めることによつて、精神障害者の福祉の増進及び国民の精神保健の向上を図ることを目的とする。

（国及び地方公共団体の義務）

第二条 国及び地方公共団体は、障害者の日常生活及び社会生活を総合的に支援するための法律の規定による自立支援給付及び地域生活支援事業と相まつて、医療施設及び教育施設を充実する等精神障害者の医療及び保護並びに保健及び福祉に関する施策を総合的に実施することによつて精神障害者が社会復帰をし、自立と社会経済活動への参加をすることができるように努力するとともに、精神保健に関する調査研究の推進及び知識の普及を図る等精神障害者の発生の予防その他国民の精神保健の向上のための施策を講じなければならない。

（国民の義務）

第三条 国民は、精神的健康の保持及び増進に努めるとともに、精神障害者に対する理解を深め、及び精神障害者がその障害を克服して社会復帰をし、自立と社会経済活動への参加をしようとする努力に対し、協力するように努めなければならない。

（精神障害者の社会復帰、自立及び社会参加への配慮）

第四条 医療施設の設置者は、その施設を運営するに当たつては、精神障害者の社会復帰の促進及び自立と社会経済活動への参加の促進を図るため、当該施設において医療を受ける精神障害者が、障害者の日常生活及び社会生活を総合的に支援するための法律第五条第一項に規定する障害福祉サービスに係る事業（以下「**障害福祉サービス事業**」という。）、同条第十八項に規定する一般相談支援事業（以下「**一般相談支援事業**」という。）その他の精神障害者の福祉に関する事業に係るサービスを円滑に利用することができるように配慮し、必要に応じ、これらの事業を行う者と連携を図るとともに、地域に即した創意と工夫を行い、及び地域住民等の理解と協力を得るように努めなければならない。

2 国、地方公共団体及び医療施設の設置者は、精神障害者の社会復帰の促進及び自立と社会経済活動への参加の促進を図るため、相互に連携を図りながら協力するよう努めなければならない。

注 第四条は、令和四年一二月一六日法律第一〇四号により次のように改正され、令和四年一二月一六日から起算して三年を超えない範囲内において政令で定める日から施行される。
第四条第一項中「同条第十八項」を「同条第十九項」に改める。

（定義）

第五条 この法律で「**精神障害者**」とは、統合失調症、精神作用物質による急性中毒又はその依存症、知的障害その他の精神疾患を有する者をいう。

2 この法律で「**家族等**」とは、精神障害者の配偶者、親権を行う者、扶養義務者及び後見人又は保佐人をいう。ただし、次の各号のいずれかに該当する者を除く。

一 行方の知れない者

二 当該精神障害者に対して訴訟をしている者又はした者並びにその配偶者及び直系血族

三 家庭裁判所で免ぜられた法定代理人、保佐人又は補助人

四 当該精神障害者に対して配偶者からの暴力の防止及び被害者の保護等に関する法律（平成十三年法律第三十一号）第一条第一項に規定する身体に対する暴力等を行った配偶者その他の当該精神障害者の入院及び処遇についての意思表示を求めることが適切でない者として厚生労働省令で定めるもの

五 心身の故障により当該精神障害者の入院及び処遇についての意思表示を適切に行うことができない者として厚生労働省令で定めるもの

六 未成年者

第二章 精神保健福祉センター

（精神保健福祉センター）

第六条 都道府県は、精神保健の向上及び精神障害者の福祉の増進を図るための機関（以下「**精神保健福祉センター**」という。）を置くものとする。

2 精神保健福祉センターは、次に掲げる業務を行うものとする。

一 精神保健及び精神障害者の福祉に関する知識の普及を図り、及び調査研究を行うこと。

二 精神保健及び精神障害者の福祉に関する相談及び援助のうち複雑又は困難なものを行うこと。

三 精神医療審査会の事務を行うこと。

四 第四十五条第一項の申請に対する決定及び障害者の日常生活及び社会生活を総合的に支援するための法律第五十二条第一項に規定する支給認定（精神障害者に係るものに限る。）に関する事務のうち専門的な知識及び技術を必要とするものを行うこと。

五 障害者の日常生活及び社会生活を総合的に支援するための法律第二十二条第二項又は第五十一条の七第二項の規定により、市町村（特別区を含む。第四十七条第三項及び第四項並びに第四十八条の三

第一項を除き、以下同じ。）が同法第二十二条第一項又は第五十一条の七第一項の支給の要否の決定を行うに当たり意見を述べること。

六　障害者の日常生活及び社会生活を総合的に支援するための法律第二十六条第一項又は第五十一条の十一の規定により、市町村に対し技術的事項についての協力その他必要な援助を行うこと。

（国の補助）

第七条　国は、都道府県が前条の施設を設置したときは、政令の定めるところにより、その設置に要する経費については二分の一、その運営に要する経費については三分の一を補助する。

（条例への委任）

第八条　この法律に定めるもののほか、精神保健福祉センターに関して必要な事項は、条例で定める。

第三章　地方精神保健福祉審議会及び精神医療審査会

（地方精神保健福祉審議会）

第九条　精神保健及び精神障害者の福祉に関する事項を調査審議させるため、都道府県は、条例で、精神保健福祉に関する審議会その他の合議制の機関（以下「**地方精神保健福祉審議会**」という。）を置くことができる。

2　地方精神保健福祉審議会は、都道府県知事の諮問に答えるほか、精神保健及び精神障害者の福祉に関する事項に関して都道府県知事に意見を具申することができる。

3　前二項に定めるもののほか、地方精神保健福祉審議会の組織及び運営に関し必要な事項は、都道府県の条例で定める。

第一〇条及び第一一条　削除

（精神医療審査会）

第一二条　第三十八条の三第二項（同条第六項において準用する場合を含む。）及び第三十八条の五第二項の規定による審査を行わせるため、都道府県に、精神医療審査会を置く。

（委員）

第一三条　精神医療審査会の委員は、精神障害者の医療に関し学識経験を有する者（第十八条第一項に規定する精神保健指定医である者に限る。）、精神障害者の保健又は福祉に関し学識経験を有する者及び法律に関し学識経験を有する者のうちから、都道府県知事が任命する。

2　委員の任期は、二年（委員の任期を二年を超え三年以下の期間で都道府県が条例で定める場合にあつては、当該条例で定める期間）とする。

（審査の案件の取扱い）

第一四条　精神医療審査会は、その指名する委員五人をもつて構成する合議体で、審査の案件を取り扱う。

2　合議体を構成する委員は、次の各号に掲げる者とし、その員数は、当該各号に定める員数以上とする。

一　精神障害者の医療に関し学識経験を有する者　二

二　精神障害者の保健又は福祉に関し学識経験を有する者　一

三　法律に関し学識経験を有する者　一

（政令への委任）

第一五条　この法律で定めるもののほか、精神医療審査会に関し必要な事項は、政令で定める。

第一六条及び第一七条　削除

第四章　精神保健指定医、登録研修機関、精神科病院及び精神科救急医療体制

第一節　精神保健指定医

（精神保健指定医）

第一八条　厚生労働大臣は、その申請に基づき、次に該当する医師のうち第十九条の四に規定する職務を行うのに必要な知識及び技能を有すると認められる者を、精神保健指定医（以下「**指定医**」という。）に指定する。

一　五年以上診断又は治療に従事した経験を有すること。
二　三年以上精神障害の診断又は治療に従事した経験を有すること。
三　厚生労働大臣が定める精神障害につき厚生労働大臣が定める程度の診断又は治療に従事した経験を有すること。
四　厚生労働大臣の登録を受けた者が厚生労働省令で定めるところにより行う研修（申請前三年以内に行われたものに限る。）の課程を修了していること。

2　厚生労働大臣は、前項の規定にかかわらず、第十九条の二第一項又は第二項の規定により指定医の指定を取り消された後五年を経過していない者その他指定医として著しく不適当と認められる者については、前項の指定をしないことができる。

3　厚生労働大臣は、第一項第三号に規定する精神障害及びその診断又は治療に従事した経験の程度を定めようとするとき、同項の規定により指定医の指定をしようとするとき又は前項の規定により指定医の指定をしないものとするときは、あらかじめ、医道審議会の意見を聴かなければならない。

（指定後の研修）

第一九条　指定医は、五の年度（毎年四月一日から翌年三月三十一日までをいう。以下この条において同じ。）ごとに厚生労働大臣が定める年度において、厚生労働省令で定めるところにより行う研修を受けなければならない。

2　前条第一項の規定による指定は、当該指定を受けた者が前項に規定する研修を受けるべき年度の終了の日にその効力を失う。ただし、当該研修を受けなかつたことにつき厚生労働省令で定めるやむを得ない理由が存すると厚生労働大臣が認めたときは、この限りでない。

（指定の取消し等）

第一九条の二　指定医がその医師免許を取り消され、又は期間を定めて医業の停止を命ぜられたときは、厚生労働大臣は、その指定を取り消さなければならない。

2　指定医がこの法律若しくはこの法律に基づく命令に違反したとき又はその職務に関し著しく不当な行為を行つたときその他指定医として著しく不適当と認められるときは、厚生労働大臣は、その指定を取り消し、又は期間を定めてその職務の停止を命ずることができる。

3　厚生労働大臣は、前項の規定による処分をしようとするときは、あらかじめ、医道審議会の意見を聴かなければならない。

4　都道府県知事は、指定医について第二項に該当すると思料するときは、その旨を厚生労働大臣に通知することができる。

第一九条の三　削除

（職務）

第一九条の四　指定医は、第二十一条第三項及び第二十九条の五の規定により入院を継続する必要があるかどうかの判定、第三十三条第一項及び第三十三条の六第一項の規定による入院を必要とするかどうか及び第二十条の規定による入院が行われる状態にないかどうかの判定、第三十三条第六項第一号の規定による同条第一項第一号に掲げる者に該当するかどうかの判定、第三十六条第三項に規定する行動の制限を必要とするかどうかの判定、第三十八条の二第一項に規定する報告事項に係る入院中の者の診察並びに第四十条の規定により一時退院させて経過を見ることが適当かどうかの判定の職務を行う。

2　指定医は、前項に規定する職務のほか、公務員として、次に掲げる職務を行う。
一　第二十九条第一項及び第二十九条の二第一項の規定による入院を必要とするかどうかの判定
二　第二十九条の二の二第三項（第三十四条第四項において準用する場合を含む。）に規定する行動の制限を必要とするかどうかの判定

三　第二十九条の四第二項の規定により入院を継続する必要があるかどうかの判定
四　第三十四条第一項及び第三項の規定による移送を必要とするかどうかの判定
五　第三十八条の三第三項（同条第六項において準用する場合を含む。）及び第三十八条の五第四項の規定による診察
六　第三十八条の六第一項及び第四十条の五第一項の規定による立入検査、質問及び診察
七　第三十八条の七第二項の規定により入院を継続する必要があるかどうかの判定
八　第四十五条の二第四項の規定による診察

3　指定医は、その勤務する医療施設の業務に支障がある場合その他やむを得ない理由がある場合を除き、前項各号に掲げる職務を行うよう都道府県知事から求めがあつた場合には、これに応じなければならない。

（診療録の記載義務）

第一九条の四の二　指定医は、前条第一項に規定する職務を行つたときは、遅滞なく、当該指定医の氏名その他厚生労働省令で定める事項を診療録に記載しなければならない。

（指定医の必置）

第一九条の五　第二十九条第一項、第二十九条の二第一項、第三十三条第一項から第三項まで又は第三十三条の六第一項若しくは第二項の規定により精神障害者を入院させている精神科病院（精神科病院以外の病院で精神病室が設けられているものを含むものとし、第十九条の十を除き、以下同じ。）の管理者は、厚生労働省令で定めるところにより、その精神科病院に常時勤務する指定医（第十九条の二第二項の規定によりその職務を停止されている者を除く。第五十三条第一項を除き、以下同じ。）を置かなければならない。

（政令及び省令への委任）

第一九条の六　この法律に規定するもののほか、指定医の指定に関して必要な事項は政令で、第十八条第一項第四号及び第十九条第一項の規定による研修に関して必要な事項は厚生労働省令で定める。

第二節　登録研修機関

（登録）

第一九条の六の二　第十八条第一項第四号又は第十九条第一項の登録（以下この節において「**登録**」という。）は、厚生労働省令で定めるところにより、第十八条第一項第四号又は第十九条第一項の研修（以下この節において「**研修**」という。）を行おうとする者の申請により行う。

（欠格条項）

第一九条の六の三　次の各号のいずれかに該当する者は、登録を受けることができない。

一　この法律若しくはこの法律に基づく命令又は障害者の日常生活及び社会生活を総合的に支援するための法律若しくは同法に基づく命令に違反し、罰金以上の刑に処せられ、その執行を終わり、又は執行を受けることがなくなつた日から二年を経過しない者
二　第十九条の六の十三の規定により登録を取り消され、その取消しの日から二年を経過しない者
三　法人であつて、その業務を行う役員のうちに前二号のいずれかに該当する者があるもの

（登録基準）

第一九条の六の四　厚生労働大臣は、第十九条の六の二の規定により登録を申請した者が次に掲げる要件のすべてに適合しているときは、その登録をしなければならない。

一　別表の第一欄に掲げる科目を教授し、その時間数が同表の第三欄又は第四欄に掲げる時間数以上であること。
二　別表の第二欄で定める条件に適合する学識経験を有する者が前号に規定する科目を教授するものであること。

2　登録は、研修機関登録簿に登録を受ける者の氏名又は名称、住所、登録の年月日及び登録番号を記載してするものとする。

（登録の更新）

第一九条の六の五　登録は、五年ごとにその更新を受けなければ、その期間の経過によつて、その効力を失う。

2　前三条の規定は、前項の登録の更新について準用する。

（研修の実施義務）

第一九条の六の六　登録を受けた者（以下「**登録研修機関**」という。）は、正当な理由がある場合を除き、毎事業年度、研修の実施に関する計画（以下「**研修計画**」という。）を作成し、研修計画に従つて研修を行わなければならない。

2　登録研修機関は、公正に、かつ、第十八条第一項第四号又は第十九条第一項の厚生労働省令で定めるところにより研修を行わなければならない。

3　登録研修機関は、毎事業年度の開始前に、第一項の規定により作成した研修計画を厚生労働大臣に届け出なければならない。これを変更しようとするときも、同様とする。

（変更の届出）

第一九条の六の七　登録研修機関は、その氏名若しくは名称又は住所を変更しようとするときは、変更しようとする日の二週間前までに、その旨を厚生労働大臣に届け出なければならない。

（業務規程）

第一九条の六の八　登録研修機関は、研修の業務に関する規程（以下「**業務規程**」という。）を定め、研修の業務の開始前に、厚生労働大臣に届け出なければならない。これを変更しようとするときも、同様とする。

2　業務規程には、研修の実施方法、研修に関する料金その他の厚生労働省令で定める事項を定めておかなければならない。

（業務の休廃止）

第一九条の六の九　登録研修機関は、研修の業務の全部又は一部を休止し、又は廃止しようとするときは、厚生労働省令で定めるところにより、あらかじめ、その旨を厚生労働大臣に届け出なければならない。

（財務諸表等の備付け及び閲覧等）

第一九条の六の一〇　登録研修機関は、毎事業年度経過後三月以内に、当該事業年度の財産目録、貸借対照表及び損益計算書又は収支計算書並びに事業報告書（その作成に代えて電磁的記録（電子的方式、磁気的方式その他の人の知覚によつては認識することができない方式で作られる記録であつて、電子計算機による情報処理の用に供されるものをいう。以下同じ。）の作成がされている場合における当該電磁的記録を含む。次項及び第五十七条において「**財務諸表等**」という。）を作成し、五年間事務所に備えて置かなければならない。

2　研修を受けようとする者その他の利害関係人は、登録研修機関の業務時間内は、いつでも、次に掲げる請求をすることができる。ただし、第二号又は第四号の請求をするには、登録研修機関の定めた費用を支払わなければならない。

一　財務諸表等が書面をもつて作成されているときは、当該書面の閲覧又は謄写の請求

二　前号の書面の謄本又は抄本の請求

三　財務諸表等が電磁的記録をもつて作成されているときは、当該電磁的記録に記録された事項を厚生労働省令で定める方法により表示したものの閲覧又は謄写の請求

四　前号の電磁的記録に記録された事項を電磁的方法であつて厚生労働省令で定めるものにより提供することの請求又は当該事項を記載した書面の交付の請求

（適合命令）

第一九条の六の一一　厚生労働大臣は、登録研修機関が第十九条の六の四第一項各号のいずれかに適合しなくなつたと認めるときは、その登録研修機関に対し、これらの規定に適合するため必要な措置をとるべきことを命ずることができる。

（改善命令）

第一九条の六の一二　厚生労働大臣は、登録研修機関が第十九条の六の六第一項又は第二項の規定に違反していると認めるときは、その登録研修機関に対し、研修を行うべきこと又は研修の実施方法その他の業務の方法の改善に関し必要な措置をとるべきことを命ずることができる。

（登録の取消し等）

第一九条の六の一三　厚生労働大臣は、登録研修機関が次の各号のいずれかに該当するときは、その登録を取り消し、又は期間を定めて研修の業務の全部若しくは一部の停止を命ずることができる。

一　第十九条の六の三第一号又は第三号に該当するに至つたとき。

二　第十九条の六の六第三項、第十九条の六の七、第十九条の六の八、第十九条の六の九、第十九条の六の十第一項又は次条の規定に違反したとき。

三　正当な理由がないのに第十九条の六の十第二項各号の規定による請求を拒んだとき。

四　第十九条の六の十一又は前条の規定による命令に違反したとき。

五　不正の手段により登録を受けたとき。

（帳簿の備付け）

第一九条の六の一四　登録研修機関は、厚生労働省令で定めるところにより、帳簿を備え、研修に関し厚生労働省令で定める事項を記載し、これを保存しなければならない。

（厚生労働大臣による研修業務の実施）

第一九条の六の一五　厚生労働大臣は、登録を受ける者がいないとき、第十九条の六の九の規定による研修の業務の全部又は一部の休止又は廃止の届出があつたとき、第十九条の六の十三の規定により登録を取り消し、又は登録研修機関に対し研修の業務の全部若しくは一部の停止を命じたとき、登録研修機関が天災その他の事由により研修の業務の全部又は一部を実施することが困難となつたときその他必要があると認めるときは、当該研修の業務の全部又は一部を自ら行うことができる。

2　前項の規定により厚生労働大臣が行う研修を受けようとする者は、実費を勘案して政令で定める金額の手数料を納付しなければならない。

3　厚生労働大臣が第一項の規定により研修の業務の全部又は一部を自ら行う場合における研修の業務の引継ぎその他の必要な事項については、厚生労働省令で定める。

（報告の徴収及び立入検査）

第一九条の六の一六　厚生労働大臣は、研修の業務の適正な運営を確保するために必要な限度において、登録研修機関に対し、必要と認める事項の報告を求め、又は当該職員に、その事務所に立ち入り、業務の状況若しくは帳簿書類その他の物件を検査させることができる。

2　前項の規定により立入検査を行う当該職員は、その身分を示す証票を携帯し、関係者の請求があつたときは、これを提示しなければならない。

3　第一項の規定による権限は、犯罪捜査のために認められたものと解釈してはならない。

（公示）

第一九条の六の一七　厚生労働大臣は、次の場合には、その旨を公示しなければならない。

一　登録をしたとき。

二　第十九条の六の七の規定による届出があつたとき。

三　第十九条の六の九の規定による届出があつたとき。

四　第十九条の六の十三の規定により登録を取り消し、又は研修の業務の停止を命じたとき。

五　第十九条の六の十五の規定により厚生労働大臣が研修の業務の全部若しくは一部を自ら行うものとするとき、又は自ら行つていた研修の業務の全部若しくは一部を行わないこととするとき。

第三節　精神科病院

（都道府県立精神科病院）

第一九条の七　都道府県は、精神科病院を設置しなければならない。ただし、次条の規定による指定病院がある場合においては、その設置を延期することができる。

2　都道府県又は都道府県及び都道府県以外の地方公共団体が設立した地方独立行政法人（地方独立行政法人法（平成十五年法律第百十八号）第二条第一項に規定する地方独立行政法人をいう。次条において同じ。）が精神科病院を設置している場合には、当該都道府県については、前項の規定は、適用しない。

（指定病院）

第一九条の八　都道府県知事は、国、都道府県並びに都道府県又は都道府県及び都道府県以外の地方公共団体が設立した地方独立行政法人（以下「**国等**」という。）以外の者が設置した精神科病院であつて厚生労働大臣の定める基準に適合するものの全部又は一部を、その設置者の同意を得て、都道府県が設置する精神科病院に代わる施設（以下「**指定病院**」という。）として指定することができる。

（指定の取消し）

第一九条の九　都道府県知事は、指定病院が、前条の基準に適合しなくなつたとき、又はその運営方法がその目的遂行のために不適当であると認めたときは、その指定を取り消すことができる。

2　都道府県知事は、前項の規定によりその指定を取り消そうとするときは、あらかじめ、地方精神保健福祉審議会（地方精神保健福祉審議会が置かれていない都道府県にあつては、医療法（昭和二十三年法律第二百五号）第七十二条第一項に規定する都道府県医療審議会）の意見を聴かなければならない。

3　厚生労働大臣は、第一項に規定する都道府県知事の権限に属する事務について、指定病院に入院中の者の処遇を確保する緊急の必要があると認めるときは、都道府県知事に対し同項の事務を行うことを指示することができる。

（国の補助）

第一九条の一〇　国は、都道府県が設置する精神科病院及び精神科病院以外の病院に設ける精神病室の設置及び運営に要する経費（第三十条第一項の規定により都道府県が負担する費用を除く。次項において同じ。）に対し、政令の定めるところにより、その二分の一を補助する。

2　国は、営利を目的としない法人が設置する精神科病院及び精神科病院以外の病院に設ける精神病室の設置及び運営に要する経費に対し、政令の定めるところにより、その二分の一以内を補助することができる。

第四節　精神科救急医療の確保

第一九条の一一　都道府県は、精神障害の救急医療が適切かつ効率的に提供されるように、夜間又は休日において精神障害の医療を必要とする精神障害者又はその家族等その他の関係者からの相談に応ずること、精神障害の救急医療を提供する医療施設相互間の連携を確保することその他の地域の実情に応じた体制の整備を図るよう努めるものとする。

2　都道府県知事は、前項の体制の整備に当たつては、精神科病院その他の精神障害の医療を提供する施設の管理者、当該施設の指定医その他の関係者に対し、必要な協力を求めることができる。

第五章　医療及び保護

第一節　任意入院

第二〇条　精神科病院の管理者は、精神障害者を入院させる場合においては、本人の同意に基づいて入院が行われるように努めなければならない。

第二一条　精神障害者が自ら入院する場合においては、精神科病院の管理者は、その入院に際し、当該精神障害者に対して第三十八条の四の規定による退院等の請求に関することその他厚生労働省令で定める事項を書面で知らせ、当該精神障害者から自ら入院する旨を記載した書面を受けなければならない。

2　精神科病院の管理者は、自ら入院した精神障害者（以下「**任意入院者**」という。）から退院の申出があつた場合においては、その者を退院させなければならない。

3　前項に規定する場合において、精神科病院の管理者は、指定医による診察の結果、当該任意入院者の医療及び保護のため入院を継続する必要があると認めたときは、同項の規定にかかわらず、七十二時間を限り、その者を退院させないことができる。

4　前項に規定する場合において、精神科病院（厚生労働省令で定める基準に適合すると都道府県知事が認めるものに限る。）の管理者は、緊急その他やむを得ない理由があるときは、指定医に代えて指定医以外の医師（医師法（昭和二十三年法律第二百一号）第十六条の六第一項の規定による登録を受けていることその他厚生労働省令で定める基準に該当する者に限る。以下「**特定医師**」という。）に任意入院者の診察を行わせることができる。この場合において、診察の結果、当該任意入院者の医療及び保護のため入院を継続する必要があると認めたときは、前二項の規定にかかわらず、十二時間を限り、その者を退院させないことができる。

5　第十九条の四の二の規定は、前項の規定により診察を行つた場合について準用する。この場合において、同条中「指定医は、前条第一項」とあるのは「第二十一条第四項に規定する特定医師は、同項」と、「当該指定医」とあるのは「当該特定医師」と読み替えるものとする。

6　精神科病院の管理者は、第四項後段の規定による措置を採つたときは、遅滞なく、厚生労働省令で定めるところにより、当該措置に関する記録を作成し、これを保存しなければならない。

7　精神科病院の管理者は、第三項又は第四項後段の規定による措置を採る場合においては、当該任意入院者に対し、当該措置を採る旨及びその理由、第三十八条の四の規定による退院等の請求に関することその他厚生労働省令で定める事項を書面で知らせなければならない。

第二節　指定医の診察及び措置入院

（診察及び保護の申請）

第二二条　精神障害者又はその疑いのある者を知つた者は、誰でも、その者について指定医の診察及び必要な保護を都道府県知事に申請することができる。

2　前項の申請をするには、次の事項を記載した申請書を最寄りの保健所長を経て都道府県知事に提出しなければならない。

一　申請者の住所、氏名及び生年月日

二　本人の現在場所、居住地、氏名、性別及び生年月日

三　症状の概要

四　現に本人の保護の任に当たつている者があるときはその者の住所及び氏名

（警察官の通報）

第二三条　警察官は、職務を執行するに当たり、異常な挙動その他周囲の事情から判断して、精神障害のために自身を傷つけ又は他人に害を及ぼすおそれがあると認められる者を発見したときは、直ちに、その旨を、最寄りの保健所長を経て都道府県知事に通報しなければならない。

（検察官の通報）

第二四条　検察官は、精神障害者又はその疑いのある被疑者又は被告人について、不起訴処分をしたとき、又は裁判（懲役若しくは禁錮の刑を言い渡し、その刑の全部の執行猶予の言渡しをせず、又は拘留の刑を言い渡す裁判を除く。）が確定したときは、速やかに、その旨を都道府県知事に通報しなければならない。ただし、当該不起訴処分をされ、又は裁判を受けた者について、心神喪失等の状態で重大な他害行為を行つた者の医療及び観察等に関する法律（平成十

五年法律第百十号）第三十三条第一項の申立てをしたときは、この限りでない。

2　検察官は、前項本文に規定する場合のほか、精神障害者若しくはその疑いのある被疑者若しくは被告人又は心神喪失等の状態で重大な他害行為を行った者の医療及び観察等に関する法律の対象者（同法第二条第二項に規定する対象者をいう。第二十六条の三及び第四十四条第一項において同じ。）について、特に必要があると認めたときは、速やかに、都道府県知事に通報しなければならない。

> **注**　第二十四条は、令和四年六月一七日法律第六八号により次のように改正され、令和四年六月一七日から起算して三年を超えない範囲内において政令で定める日から施行される。
> 第二十四条第一項中「懲役若しくは禁錮の刑」を「拘禁刑」に改める。

（保護観察所の長の通報）

第二五条　保護観察所の長は、保護観察に付されている者が精神障害者又はその疑いのある者であることを知つたときは、速やかに、その旨を都道府県知事に通報しなければならない。

（矯正施設の長の通報）

第二六条　矯正施設（拘置所、刑務所、少年刑務所、少年院及び少年鑑別所をいう。以下同じ。）の長は、精神障害者又はその疑いのある収容者を釈放、退院又は退所させようとするときは、あらかじめ、次の事項を本人の帰住地（帰住地がない場合は当該矯正施設の所在地）の都道府県知事に通報しなければならない。

一　本人の帰住地、氏名、性別及び生年月日

二　症状の概要

三　釈放、退院又は退所の年月日

四　引取人の住所及び氏名

（精神科病院の管理者の届出）

第二六条の二　精神科病院の管理者は、入院中の精神障害者であつて、第二十九条第一項の要件に該当すると認められるものから退院の申出があつたときは、直ちに、その旨を、最寄りの保健所長を経て都道府県知事に届け出なければならない。

（心神喪失等の状態で重大な他害行為を行つた者に係る通報）

第二六条の三　心神喪失等の状態で重大な他害行為を行った者の医療及び観察等に関する法律第二条第五項に規定する指定通院医療機関の管理者及び保護観察所の長は、同法の対象者であつて同条第四項に規定する指定入院医療機関に入院していないものがその精神障害のために自身を傷つけ又は他人に害を及ぼすおそれがあると認めたときは、直ちに、その旨を、最寄りの保健所長を経て都道府県知事に通報しなければならない。

（申請等に基づき行われる指定医の診察等）

第二七条　都道府県知事は、第二十二条から前条までの規定による申請、通報又は届出のあつた者について調査の上必要があると認めるときは、その指定する指定医をして診察をさせなければならない。

2　都道府県知事は、入院させなければ精神障害のために自身を傷つけ又は他人に害を及ぼすおそれがあることが明らかである者については、第二十二条から前条までの規定による申請、通報又は届出がない場合においても、その指定する指定医をして診察をさせることができる。

3　都道府県知事は、前二項の規定により診察をさせる場合には、当該職員を立ち会わせなければならない。

4　指定医及び前項の当該職員は、前三項の職務を行うに当たつて必要な限度においてその者の居住する場所へ立ち入ることができる。

5　第十九条の六の十六第二項及び第三項の規定は、前項の規定による立入りについて準用する。この場合において、同条第二項中「前項」とあるのは「第二十七条第四

項」と、「当該職員」とあるのは「指定医及び当該職員」と、同条第三項中「第一項」とあるのは「第二十七条第四項」と読み替えるものとする。

（診察の通知）

第二八条　都道府県知事は、前条第一項の規定により診察をさせるに当つて現に本人の保護の任に当つている者がある場合には、あらかじめ、診察の日時及び場所をその者に通知しなければならない。

2　後見人又は保佐人、親権を行う者、配偶者その他現に本人の保護の任に当たつている者は、前条第一項の診察に立ち会うことができる。

（判定の基準）

第二八条の二　第二十七条第一項又は第二項の規定により診察をした指定医は、厚生労働大臣の定める基準に従い、当該診察をした者が精神障害者であり、かつ、医療及び保護のために入院させなければその精神障害のために自身を傷つけ又は他人に害を及ぼすおそれがあるかどうかの判定を行わなければならない。

（都道府県知事による入院措置）

第二九条　都道府県知事は、第二十七条の規定による診察の結果、その診察を受けた者が精神障害者であり、かつ、医療及び保護のために入院させなければその精神障害のために自身を傷つけ又は他人に害を及ぼすおそれがあると認めたときは、その者を国等の設置した精神科病院又は指定病院に入院させることができる。

2　前項の場合において都道府県知事がその者を入院させるには、その指定する二人以上の指定医の診察を経て、その者が精神障害者であり、かつ、医療及び保護のために入院させなければその精神障害のために自身を傷つけ又は他人に害を及ぼすおそれがあると認めることについて、各指定医の診察の結果が一致した場合でなければならない。

3　都道府県知事は、第一項の規定による入院措置を採る場合においては、当該精神障害者及びその家族等であつて第二十八条第一項の規定による通知を受けたもの又は同条第二項の規定による立会いを行つたものに対し、当該入院措置を採る旨及びその理由、第三十八条の四の規定による退院等の請求に関することその他厚生労働省令で定める事項を書面で知らせなければならない。

4　国等の設置した精神科病院及び指定病院の管理者は、病床（病院の一部について第十九条の八の指定を受けている指定病院にあつてはその指定に係る病床）に既に第一項又は次条第一項の規定により入院をさせた者がいるため余裕がない場合のほかは、第一項の精神障害者を入院させなければならない。

第二九条の二　都道府県知事は、前条第一項の要件に該当すると認められる精神障害者又はその疑いのある者について、急速を要し、第二十七条、第二十八条及び前条の規定による手続を採ることができない場合において、その指定する指定医をして診察をさせた結果、その者が精神障害者であり、かつ、直ちに入院させなければその精神障害のために自身を傷つけ又は他人を害するおそれが著しいと認めたときは、その者を前条第一項に規定する精神科病院又は指定病院に入院させることができる。

2　都道府県知事は、前項の規定による入院措置を採つたときは、速やかに、その者につき、前条第一項の規定による入院措置を採るかどうかを決定しなければならない。

3　第一項の規定による入院の期間は、七十二時間を超えることができない。

4　第二十七条第四項及び第五項並びに第二十八条の二の規定は第一項の規定による診察について、前条第三項の規定は第一項の規定による入院措置を採る場合について、同条第四項の規定は第一項の規定により入院する者の入院について準用する。

第二九条の二の二　都道府県知事は、第二十九条第一項又は前条第一項の規定による入院措置を採ろうとする精神障害者を、当該入院措置に係る病院に移送しなければならない。

2　都道府県知事は、前項の規定により移送を行う場合においては、当該精神障害者に対し、当該移送を行う旨その他厚生労働省令で定める事項を書面で知らせなければならない。

3　都道府県知事は、第一項の規定による移送を行うに当たつては、当該精神障害者を診察した指定医が必要と認めたときは、その者の医療又は保護に欠くことのできない限度において、厚生労働大臣があらかじめ社会保障審議会の意見を聴いて定める行動の制限を行うことができる。

第二十九条の三　第二十九条第一項に規定する精神科病院又は指定病院の管理者は、第二十九条の二第一項の規定により入院した者について、都道府県知事から、第二十九条第一項の規定による入院措置を採らない旨の通知を受けたとき、又は第二十九条の二第三項の期間内に第二十九条第一項の規定による入院措置を採る旨の通知がないときは、直ちに、その者を退院させなければならない。

（入院措置の解除）

第二十九条の四　都道府県知事は、第二十九条第一項の規定により入院した者（以下「**措置入院者**」という。）が、入院を継続しなくてもその精神障害のために自身を傷つけ又は他人に害を及ぼすおそれがないと認められるに至つたときは、直ちに、その者を退院させなければならない。この場合においては、都道府県知事は、あらかじめ、その者を入院させている同項に規定する精神科病院又は指定病院の管理者の意見を聞くものとする。

2　前項の場合において都道府県知事がその者を退院させるには、その者が入院を継続しなくてもその精神障害のために自身を傷つけ又は他人に害を及ぼすおそれがないと認められることについて、その指定する指定医による診察の結果又は次条の規定による診察の結果に基づく場合でなければならない。

第二十九条の五　措置入院者を入院させている第二十九条第一項に規定する精神科病院又は指定病院の管理者は、指定医による診察の結果、措置入院者が、入院を継続しなくてもその精神障害のために自身を傷つけ又は他人に害を及ぼすおそれがないと認められるに至つたときは、直ちに、その旨、その者の症状その他厚生労働省令で定める事項を最寄りの保健所長を経て都道府県知事に届け出なければならない。

（措置入院者の退院による地域における生活への移行を促進するための措置）

第二十九条の六　措置入院者を入院させている第二十九条第一項に規定する精神科病院又は指定病院の管理者は、精神保健福祉士その他厚生労働省令で定める資格を有する者のうちから、厚生労働省令で定めるところにより、退院後生活環境相談員を選任し、その者に措置入院者の退院後の生活環境に関し、措置入院者及びその家族等からの相談に応じさせ、及びこれらの者に対する必要な情報の提供、助言その他の援助を行わせなければならない。

第二十九条の七　措置入院者を入院させている第二十九条第一項に規定する精神科病院又は指定病院の管理者は、措置入院者又はその家族等から求めがあつた場合その他措置入院者の退院による地域における生活への移行を促進するために必要があると認められる場合には、これらの者に対して、厚生労働省令で定めるところにより、次に掲げる者（第三十三条の五において「地域援助事業者」という。）を紹介しなければならない。

一　一般相談支援事業又は障害者の日常生活及び社会生活を総合的に支援するための法律第五条第十九項に規定する特定相

談支援事業（第四十九条第一項において「特定相談支援事業」という。）を行う者

二　障害者の日常生活及び社会生活を総合的に支援するための法律第七十七条第一項第三号又は第三項各号に掲げる事業を行う者

三　介護保険法（平成九年法律第百二十三号）第八条第二十四項に規定する居宅介護支援事業を行う者

四　前三号に掲げる者のほか、地域の精神障害者の保健又は福祉に関する各般の問題につき精神障害者又はその家族等からの相談に応じ必要な情報の提供、助言その他の援助を行う事業を行うことができると認められる者として厚生労働省令で定めるもの

（入院措置の場合の診療方針及び医療に要する費用の額）

第二十九条の八　第二十九条第一項及び第二十九条の二第一項の規定により入院する者について国等の設置した精神科病院又は指定病院が行う医療に関する診療方針及びその医療に要する費用の額の算定方法は、健康保険の診療方針及び療養に要する費用の額の算定方法の例による。

2　前項に規定する診療方針及び療養に要する費用の額の算定方法の例によることができないとき、及びこれによることを適当としないときの診療方針及び医療に要する費用の額の算定方法は、厚生労働大臣の定めるところによる。

（社会保険診療報酬支払基金への事務の委託）

第二十九条の九　都道府県は、第二十九条第一項及び第二十九条の二第一項の規定により入院する者について国等の設置した精神科病院又は指定病院が行つた医療が前条に規定する診療方針に適合するかどうかについての審査及びその医療に要する費用の額の算定並びに国等又は指定病院の設置者に対する診療報酬の支払に関する事務を社会保険診療報酬支払基金に委託することができる。

（費用の負担）

第三十条　第二十九条第一項及び第二十九条の二第一項の規定により都道府県知事が入院させた精神障害者の入院に要する費用は、都道府県が負担する。

2　国は、都道府県が前項の規定により負担する費用を支弁したときは、政令の定めるところにより、その四分の三を負担する。

（他の法律による医療に関する給付との調整）

第三十条の二　前条第一項の規定により費用の負担を受ける精神障害者が、健康保険法（大正十一年法律第七十号）、国民健康保険法（昭和三十三年法律第百九十二号）、船員保険法（昭和十四年法律第七十三号）、労働者災害補償保険法（昭和二十二年法律第五十号）、国家公務員共済組合法（昭和三十三年法律第百二十八号。他の法律において準用し、又は例による場合を含む。）、地方公務員等共済組合法（昭和三十七年法律第百五十二号）、高齢者の医療の確保に関する法律（昭和五十七年法律第八十号）又は介護保険法の規定により医療に関する給付を受けることができる者であるときは、都道府県は、その限度において、同項の規定による負担をすることを要しない。

（費用の徴収）

第三十一条　都道府県知事は、第二十九条第一項及び第二十九条の二第一項の規定により入院させた精神障害者又はその扶養義務者が入院に要する費用を負担することができると認めたときは、その費用の全部又は一部を徴収することができる。

2　都道府県知事は、前項の規定による費用の徴収に関し必要があると認めるときは、当該精神障害者又はその扶養義務者の収入の状況につき、当該精神障害者若しくはその扶養義務者に対し報告を求め、又は官公署に対し必要な書類の閲覧若しくは資料の提供を求めることができる。

第三十二条　削除

第三節　医療保護入院等

（医療保護入院）

第三三条　精神科病院の管理者は、次に掲げる者について、その家族等のうちいずれかの者の同意があるときは、本人の同意がなくても、六月以内で厚生労働省令で定める期間の範囲内の期間を定め、その者を入院させることができる。

一　指定医による診察の結果、精神障害者であり、かつ、医療及び保護のため入院の必要がある者であつて当該精神障害のために第二十条の規定による入院が行われる状態にないと判定されたもの

二　第三十四条第一項の規定により移送された者

2　精神科病院の管理者は、前項第一号に掲げる者について、その家族等がない場合又はその家族等の全員がその意思を表示することができず、若しくは同項の規定による同意若しくは不同意の意思表示を行わない場合において、その者の居住地（居住地がないか、又は明らかでないときは、その者の現在地。第四十五条第一項を除き、以下同じ。）を管轄する市町村長（特別区の長を含む。以下同じ。）の同意があるときは、本人の同意がなくても、六月以内で厚生労働省令で定める期間の範囲内の期間を定め、その者を入院させることができる。第三十四条第二項の規定により移送された者について、その者の居住地を管轄する市町村長の同意があるときも、同様とする。

3　前二項に規定する場合において、精神科病院（厚生労働省令で定める基準に適合すると都道府県知事が認めるものに限る。）の管理者は、緊急その他やむを得ない理由があるときは、指定医に代えて特定医師に診察を行わせることができる。この場合において、診察の結果、精神障害者であり、かつ、医療及び保護のため入院の必要がある者であつて当該精神障害のために第二十条の規定による入院が行われる状態にないと判定されたときは、第一項又は前項の規定にかかわらず、本人の同意がなくても、十二時間を限り、その者を入院させることができる。

4　第十九条の四の二の規定は、前項の規定により診察を行つた場合について準用する。この場合において、同条中「指定医は、前条第一項」とあるのは「第二十一条第四項に規定する特定医師は、第三十三条第三項」と、「当該指定医」とあるのは「当該特定医師」と読み替えるものとする。

5　精神科病院の管理者は、第三項後段の規定による入院措置を採つたときは、遅滞なく、厚生労働省令で定めるところにより、当該入院措置に関する記録を作成し、これを保存しなければならない。

6　精神科病院の管理者は、第一項又は第二項の規定により入院した者（以下「**医療保護入院者**」という。）であつて次の各号のいずれにも該当する者について、厚生労働省令で定めるところによりその家族等のうちいずれかの者（同項の場合にあつては、その者の居住地を管轄する市町村長）の同意があるときは、本人の同意がなくても、六月以内で厚生労働省令で定める期間の範囲内の期間を定め、これらの規定による入院の期間（この項の規定により入院の期間が更新されたときは、その更新後の入院の期間）を更新することができる。

一　指定医による診察の結果、なお第一項第一号に掲げる者に該当すること。

二　厚生労働省令で定める者により構成される委員会において当該医療保護入院者の退院による地域における生活への移行を促進するための措置について審議が行われたこと。

7　第二項に規定する市町村長は、同項又は前項の規定に基づく事務に関し、関係行政機関又は関係地方公共団体に対し、必要な事項を照会することができる。

8　精神科病院の管理者は、厚生労働省令で定めるところにより、医療保護入院者の家族等に第六項の規定によるその同意に関し

必要な事項を通知しなければならない。この場合において、厚生労働省令で定める日までにその家族等のいずれの者からも同項の規定による入院の期間の更新について不同意の意思表示を受けなかつたときは、同項の規定による家族等の同意を得たものとみなすことができる。ただし、当該同意の趣旨に照らし適当でない場合として厚生労働省令で定める場合においては、この限りでない。

9　精神科病院の管理者は、第一項、第二項若しくは第三項後段の規定による入院措置を採つたとき、又は第六項の規定による入院の期間の更新をしたときは、十日以内に、その者の症状その他厚生労働省令で定める事項を当該入院又は当該入院の期間の更新について同意をした者の同意書を添え（前項の規定により家族等の同意を得たものとみなした場合にあつては、その旨を示し）、最寄りの保健所長を経て都道府県知事に届け出なければならない。

第三三条の二　精神科病院の管理者は、医療保護入院者を退院させたときは、十日以内に、その旨及び厚生労働省令で定める事項を最寄りの保健所長を経て都道府県知事に届け出なければならない。

第三三条の三　精神科病院の管理者は、第三十三条第一項、第二項若しくは第三項後段の規定による入院措置を採る場合又は同条第六項の規定による入院の期間の更新をする場合においては、当該精神障害者及びその家族等であつて同条第一項又は第六項の規定による同意をしたものに対し、当該入院措置を採る旨又は当該入院の期間の更新をする旨及びその理由、第三十八条の四の規定による退院等の請求に関することその他厚生労働省令で定める事項を書面で知らせなければならない。ただし、当該精神障害者については、当該入院措置を採つた日又は当該入院の期間の更新をした日から四週間を経過する日までの間であつて、その症状に照らし、その者の医療及び保護を図る上で支障があると認められる間においては、この限りでない。

2　精神科病院の管理者は、前項ただし書の規定により同項本文に規定する事項を書面で知らせなかつたときは、厚生労働省令で定めるところにより、厚生労働省令で定める事項を診療録に記載しなければならない。

第三三条の四　第二十九条の六及び第二十九条の七の規定は、医療保護入院者を入院させている精神科病院の管理者について準用する。この場合において、これらの規定中「措置入院者」とあるのは、「医療保護入院者」と読み替えるものとする。

第三三条の五　精神科病院の管理者は、前条において準用する第二十九条の六及び第二十九条の七に規定する措置のほか、厚生労働省令で定めるところにより、必要に応じて地域援助事業者と連携を図りながら、医療保護入院者の退院による地域における生活への移行を促進するために必要な体制の整備その他の当該精神科病院における医療保護入院者の退院による地域における生活への移行を促進するための措置を講じなければならない。

（応急入院）

第三三条の六　厚生労働大臣の定める基準に適合するものとして都道府県知事が指定する精神科病院の管理者は、医療及び保護の依頼があつた者について、急速を要し、その家族等の同意を得ることができない場合において、その者が、次に該当する者であるときは、本人の同意がなくても、七十二時間を限り、その者を入院させることができる。

一　指定医の診察の結果、精神障害者であり、かつ、直ちに入院させなければその者の医療及び保護を図る上で著しく支障がある者であつて当該精神障害のために第二十条の規定による入院が行われる状態にないと判定されたもの

二　第三十四条第三項の規定により移送さ

れた者

2　前項に規定する場合において、同項に規定する精神科病院の管理者は、緊急その他やむを得ない理由があるときは、指定医に代えて特定医師に同項の医療及び保護の依頼があつた者の診察を行わせることができる。この場合において、診察の結果、その者が、精神障害者であり、かつ、直ちに入院させなければその者の医療及び保護を図る上で著しく支障がある者であつて当該精神障害のために第二十条の規定による入院が行われる状態にないと判定されたときは、同項の規定にかかわらず、本人の同意がなくても、十二時間を限り、その者を入院させることができる。

3　第十九条の四の二の規定は、前項の規定により診察を行つた場合について準用する。この場合において、同条中「指定医は、前条第一項」とあるのは「第二十一条第四項に規定する特定医師は、第三十三条の六第二項」と、「当該指定医」とあるのは「当該特定医師」と読み替えるものとする。

4　第一項に規定する精神科病院の管理者は、第二項後段の規定による入院措置を採つたときは、遅滞なく、厚生労働省令で定めるところにより、当該入院措置に関する記録を作成し、これを保存しなければならない。

5　第一項に規定する精神科病院の管理者は、同項又は第二項後段の規定による入院措置を採つたときは、直ちに、当該入院措置を採つた理由その他厚生労働省令で定める事項を最寄りの保健所長を経て都道府県知事に届け出なければならない。

6　都道府県知事は、第一項の指定を受けた精神科病院が同項の基準に適合しなくなつたと認めたときは、その指定を取り消すことができる。

7　厚生労働大臣は、前項に規定する都道府県知事の権限に属する事務について、第一項の指定を受けた精神科病院に入院中の者の処遇を確保する緊急の必要があると認めるときは、都道府県知事に対し前項の事務を行うことを指示することができる。

第三三条の七　第十九条の九第二項の規定は前条第六項の規定による処分をする場合について、第二十九条第三項の規定は精神科病院の管理者が前条第一項又は第二項後段の規定による入院措置を採る場合について準用する。この場合において、第二十九条第三項中「当該精神障害者及びその家族等であつて第二十八条第一項の規定による通知を受けたもの又は同条第二項の規定による立会いを行つたもの」とあるのは、「当該精神障害者」と読み替えるものとする。

（医療保護入院等のための移送）

第三四条　都道府県知事は、その指定する指定医による診察の結果、精神障害者であり、かつ、直ちに入院させなければその者の医療及び保護を図る上で著しく支障がある者であつて当該精神障害のために第二十条の規定による入院が行われる状態にないと判定されたものにつき、その家族等のうちいずれかの者の同意があるときは、本人の同意がなくてもその者を第三十三条第一項の規定による入院をさせるため第三十三条の六第一項に規定する精神科病院に移送することができる。

2　都道府県知事は、前項に規定する精神障害者の家族等がない場合又はその家族等の全員がその意思を表示することができず、若しくは同項の規定による同意若しくは不同意の意思表示を行わない場合において、その者の居住地を管轄する市町村長の同意があるときは、本人の同意がなくてもその者を第三十三条第二項の規定による入院をさせるため第三十三条の六第一項に規定する精神科病院に移送することができる。

3　都道府県知事は、急速を要し、その者の家族等の同意を得ることができない場合において、その指定する指定医の診察の結果、その者が精神障害者であり、かつ、直ちに入院させなければその者の医療及び保護を図る上で著しく支障がある者であつて当該精神障害のために第二十条の規定による入院が行われる状態にないと判定されたときは、本人の同意がなくてもその者を第三十三条の六第一項の規定による入院をさせるため同項に規定する精神科病院に移送することができる。

4　第二十九条の二の二第二項及び第三項の規定は前三項の規定による移送を行う場合について、第三十三条第七項の規定は第二項の規定による移送を行う場合について準用する。この場合において、同条第七項中「第二項」とあるのは「第三十四条第二項」と、「同項又は前項」とあるのは「同項」と読み替えるものとする。

第三五条　削除

第四節　入院者訪問支援事業

（入院者訪問支援事業）

第三五条の二　都道府県は、精神科病院に入院している者のうち第三十三条第二項の規定により入院した者その他の外部との交流を促進するための支援を要するものとして厚生労働省令で定める者に対し、入院者訪問支援員（都道府県知事が厚生労働省令で定めるところにより行う研修を修了した者のうちから都道府県知事が選任した者をいう。次項及び次条において同じ。）が、その者の求めに応じ、訪問により、その者の話を誠実かつ熱心に聞くほか、入院中の生活に関する相談、必要な情報の提供その他の厚生労働省令で定める支援を行う事業（第三項及び次条において「入院者訪問支援事業」という。）を行うことができる。

2　入院者訪問支援員は、その支援を受ける者が個人の尊厳を保持し、自立した生活を営むことができるよう、常にその者の立場に立つて、誠実にその職務を行わなければならない。

3　入院者訪問支援事業に従事する者又は従事していた者は、正当な理由がなく、その職務に関して知り得た人の秘密を漏らしてはならない。

（支援体制の整備）

第三五条の三　入院者訪問支援事業を行う都道府県は、精神科病院の協力を得て、精神科病院における入院者訪問支援員による支援の在り方及び支援に関する課題を検討し、支援の体制の整備を図るよう努めなければならない。

第五節　精神科病院における処遇等

（処遇）

第三六条　精神科病院の管理者は、入院中の者につき、その医療又は保護に欠くことのできない限度において、その行動について必要な制限を行うことができる。

2　精神科病院の管理者は、前項の規定にかかわらず、信書の発受の制限、都道府県その他の行政機関の職員との面会の制限その他の行動の制限であつて、厚生労働大臣があらかじめ社会保障審議会の意見を聴いて定める行動の制限については、これを行うことができない。

3　第一項の規定による行動の制限のうち、厚生労働大臣があらかじめ社会保障審議会の意見を聴いて定める患者の隔離その他の行動の制限は、指定医が必要と認める場合でなければ行うことができない。

第三七条　厚生労働大臣は、前条に定めるもののほか、精神科病院に入院中の者の処遇について必要な基準を定めることができる。

2　前項の基準が定められたときは、精神科病院の管理者は、その基準を遵守しなければならない。

3　厚生労働大臣は、第一項の基準を定めようとするときは、あらかじめ、社会保障審議会の意見を聴かなければならない。

（指定医の精神科病院の管理者への報告等）

第三七条の二　指定医は、その勤務する精神科病院に入院中の者の処遇が第三十六条の規定に違反していると思料するとき又は前条第一項の基準に適合していないと認めるときその他精神科病院に入院中の者の処遇が著しく適当でないと認めるときは、当該と等により、当該管理者において当該精神科病院に入院中の者の処遇の改善のために必要な措置が採られるよう努めなければならない。

（相談、援助等）

第三八条　精神科病院その他の精神障害の医療を提供する施設の管理者は、当該施設において医療を受ける精神障害者の社会復帰の促進を図るため、当該施設の医師、看護師その他の医療従事者による有機的な連携の確保に配慮しつつ、その者の相談に応じ、必要に応じて一般相談支援事業を行う者と連携を図りながら、その者に必要な援助を行い、及びその家族等その他の関係者との連絡調整を行うように努めなければならない。

（定期の報告等）

第三八条の二　措置入院者を入院させている精神科病院又は指定病院の管理者は、措置入院者の症状その他厚生労働省令で定める事項（以下この項において「報告事項」という。）を、厚生労働省令で定めるところにより、定期に、最寄りの保健所長を経て都道府県知事に報告しなければならない。この場合においては、報告事項のうち厚生労働省令で定める事項については、指定医による診察の結果に基づくものでなければならない。

2　都道府県知事は、条例で定めるところにより、精神科病院の管理者（第三十八条の七第一項、第二項若しくは第四項又は第四十条の六第一項若しくは第三項の規定による命令を受けた者であつて、当該命令を受けた日から起算して厚生労働省令で定める期間を経過しないものその他これに準ずる者として厚生労働省令で定めるものに限る。）に対し、当該精神科病院に入院中の任意入院者（厚生労働省令で定める基準に該当する者に限る。）の症状その他厚生労働省令で定める事項について報告を求めることができる。

（入院措置時及び定期の入院の必要性に関する審査）

第三八条の三　都道府県知事は、第二十九条第一項の規定による入院措置を採つたとき、又は第三十三条第九項の規定による届出（同条第一項若しくは第二項の規定による入院措置又は同条第六項の規定による入院の期間の更新に係るものに限る。）若しくは前条第一項の規定による報告があつたときは、当該入院措置又は届出若しくは報告に係る入院中の者の症状その他厚生労働省令で定める事項を精神医療審査会に通知し、当該入院中の者についてその入院の必要があるかどうかに関し審査を求めなければならない。

2　精神医療審査会は、前項の規定により審査を求められたときは、当該審査に係る入院中の者についてその入院の必要があるかどうかに関し審査を行い、その結果を都道府県知事に通知しなければならない。

3　精神医療審査会は、前項の審査をするに当たつて必要があると認めるときは、当該審査に係る入院中の者に対して意見を求め、若しくはその者の同意を得て委員（指定医である者に限る。第三十八条の五第四項において同じ。）に診察させ、又はその者が入院している精神科病院の管理者その他関係者に対して報告若しくは意見を求め、診療録その他の帳簿書類の提出を命じ、若しくは出頭を命じて審問することができる。

4　都道府県知事は、第二項の規定により通知された精神医療審査会の審査の結果に基づき、その入院が必要でないと認められた者を退院させ、又は精神科病院の管理者に対しその者を退院させることを命じなければならない。

5　都道府県知事は、第一項に定めるもののほか、前条第二項の規定による報告を受けたときは、当該報告に係る入院中の者の症状その他厚生労働省令で定める事項を精神医療審査会に通知し、当該入院中の者についてその入院の必要があるかどうかに関し審査を求めることができる。

6　第二項及び第三項の規定は、前項の規定により都道府県知事が審査を求めた場合について準用する。

（退院等の請求）

第三八条の四　精神科病院に入院中の者又はその家族等（その家族等がない場合又はその家族等の全員がその意思を表示することができない場合にあつてはその者の居住地を管轄する市町村長とし、その家族等の全員が第三十三条第一項若しくは第六項又は第三十四条第一項の規定による同意又は不同意の意思表示を行わなかつた場合にあつてはその者の居住地を管轄する市町村長を含む。）は、厚生労働省令で定めるところにより、都道府県知事に対し、その者を退院させ、又は精神科病院の管理者に対し、その者を退院させることを命じ、若しくはその者の処遇の改善のために必要な措置を採ることを命じることを求めることができる。

（退院等の請求による入院の必要性等に関する審査）

第三八条の五　都道府県知事は、前条の規定による請求を受けたときは、当該請求の内容を精神医療審査会に通知し、当該請求に係る入院中の者について、その入院の必要があるかどうか、又はその処遇が適当であるかどうかに関し審査を求めなければならない。

2　精神医療審査会は、前項の規定により審査を求められたときは、当該審査に係る者について、その入院の必要があるかどうか、又はその処遇が適当であるかどうかに関し審査を行い、その結果を都道府県知事に通知しなければならない。

3　精神医療審査会は、前項の審査をするに当たつては、当該審査に係る前条の規定による請求をした者及び当該審査に係る入院中の者が入院している精神科病院の管理者の意見を聴かなければならない。ただし、精神医療審査会がこれらの者の意見を聴く必要がないと特に認めたときは、この限りでない。

4　精神医療審査会は、前項に定めるもののほか、第二項の審査をするに当たつて必要があると認めるときは、当該審査に係る入院中の者の同意を得て委員に診察させ、又はその者が入院している精神科病院の管理者その他関係者に対して報告を求め、診療録その他の帳簿書類の提出を命じ、若しくは出頭を命じて審問することができる。

5　都道府県知事は、第二項の規定により通知された精神医療審査会の審査の結果に基づき、その入院が必要でないと認められた者を退院させ、又は当該精神科病院の管理者に対しその者を退院させることを命じ若しくはその者の処遇の改善のために必要な措置を採ることを命じなければならない。

6　都道府県知事は、前条の規定による請求をした者に対し、当該請求に係る精神医療審査会の審査の結果及びこれに基づき採つた措置を通知しなければならない。

（報告徴収等）

第三八条の六　厚生労働大臣又は都道府県知事は、必要があると認めるときは、精神科病院の管理者に対し、当該精神科病院に入院中の者の症状若しくは処遇に関し、報告を求め、若しくは診療録その他の帳簿書類の提出若しくは提示を命じ、当該職員若しくはその指定する指定医に、精神科病院に立ち入り、これらの事項に関し、診療録その他の帳簿書類（その作成又は保存に代えて電磁的記録の作成又は保存がされている場合における当該電磁的記録を含む。）を検査させ、若しくは当該精神科病院に入院中の者その他の関係者に質問させ、又はその指定する指定医に、精神科病院に立ち入り、当該精神科病院に入院中の者を診察させることができる。

2　厚生労働大臣又は都道府県知事は、必要があると認めるときは、精神科病院の管理者、精神科病院に入院中の者又は第三十三条第一項から第三項までの規定による入院若しくは同条第六項の規定による入院の期間の更新について同意をした者に対し、この法律による入院に必要な手続に関し、報告を求め、又は帳簿書類の提出若しくは提示を命じることができる。

3　第十九条の六の十六第二項及び第三項の規定は、第一項の規定による立入検査、質問又は診察について準用する。この場合において、同条第二項中「前項」とあるのは「第三十八条の六第一項」と、「当該職員」とあるのは「当該職員及び指定医」と、同条第三項中「第一項」とあるのは「第三十八条の六第一項」と読み替えるものとする。

（改善命令等）

第三十八条の七　厚生労働大臣又は都道府県知事は、精神科病院に入院中の者の処遇が第三十六条の規定に違反していると認めるとき又は第三十七条第一項の基準に適合していないと認めるときその他精神科病院に入院中の者の処遇が著しく適当でないと認めるときは、当該精神科病院の管理者に対し、措置を講ずべき事項及び期限を示して、処遇を確保するための改善計画の提出を求め、若しくは提出された改善計画の変更を命じ、又はその処遇の改善のために必要な措置を採ることを命ずることができる。

2　厚生労働大臣又は都道府県知事は、必要があると認めるときは、第二十一条第三項の規定により入院している者、医療保護入院者又は第三十三条第三項若しくは第三十三条の六第一項若しくは第二項の規定により入院した者について、その指定する二人以上の指定医に診察させ、各指定医の診察の結果がその入院を継続する必要があることに一致しない場合又はこれらの者の入院がこの法律若しくはこの法律に基づく命令に違反して行われた場合には、これらの者が入院している精神科病院の管理者に対し、その者を退院させることを命ずることができる。

3　都道府県知事は、前二項の規定による命令をした場合において、その命令を受けた精神科病院の管理者がこれに従わなかつたときは、その旨を公表することができる。

4　厚生労働大臣又は都道府県知事は、精神科病院の管理者が第一項又は第二項の規定による命令に従わないときは、当該精神科病院の管理者に対し、期間を定めて第二十一条第一項、第三十三条第一項から第三項まで並びに第三十三条の六第一項及び第二項の規定による精神障害者の入院に係る医療の提供の全部又は一部を制限することを命ずることができる。

5　都道府県知事は、前項の規定による命令をした場合においては、その旨を公示しなければならない。

（無断退去者に対する措置）

第三十九条　精神科病院の管理者は、入院中の者で自身を傷つけ又は他人に害を及ぼすおそれのあるものが無断で退去しその行方が不明になつたときは、所轄の警察署長に次の事項を通知してその探索を求めなければならない。

一　退去者の住所、氏名、性別及び生年月日

二　退去の年月日及び時刻

三　症状の概要

四　退去者を発見するために参考となるべき人相、服装その他の事項

五　入院年月日

六　退去者の家族等又はこれに準ずる者の住所、氏名その他厚生労働省令で定める事項

2　警察官は、前項の探索を求められた者を発見したときは、直ちに、その旨を当該精神科病院の管理者に通知しなければならない。この場合において、警察官は、当該精神科病院の管理者がその者を引き取るまでの間、二十四時間を限り、その者を、警察署、病院、救護施設等の精神障害者を保護するのに適当な場所に、保護することができ

きる。

（仮退院）

第四〇条　第二十九条第一項に規定する精神科病院又は指定病院の管理者は、指定医による診察の結果、措置入院者の症状に照らしその者を一時退院させて経過を見ることが適当であると認めるときは、都道府県知事の許可を得て、六月を超えない期間を限り仮に退院させることができる。

第六節　虐待の防止

（虐待の防止等）

第四〇条の二　精神科病院の管理者は、当該精神科病院において医療を受ける精神障害者に対する虐待の防止に関する意識の向上のための措置、当該精神科病院において精神障害者の医療及び保護に係る業務に従事する者（以下「**業務従事者**」という。）その他の関係者に対する精神障害者の虐待の防止のための研修の実施及び普及啓発、当該精神科病院において医療を受ける精神障害者に対する虐待に関する相談に係る体制の整備及びこれに対処するための措置その他の当該精神科病院において医療を受ける精神障害者に対する虐待を防止するため必要な措置を講ずるものとする。

2　指定医は、その勤務する精神科病院の管理者において、前項の規定による措置が円滑かつ確実に実施されるように協力しなければならない。

（障害者虐待に係る通報等）

第四〇条の三　精神科病院において業務従事者による障害者虐待（業務従事者が、当該精神科病院において医療を受ける精神障害者について行う次の各号のいずれかに該当する行為をいう。以下同じ。）を受けたと思われる精神障害者を発見した者は、速やかに、これを都道府県に通報しなければならない。

一　障害者虐待の防止、障害者の養護者に対する支援等に関する法律（平成二十三年法律第七十九号。次号において「障害者虐待防止法」という。）第二条第七項各号（第四号を除く。）のいずれかに該当すること。

二　精神障害者を衰弱させるような著しい減食又は長時間の放置、当該精神科病院において医療を受ける他の精神障害者による障害者虐待防止法第二条第七項第一号から第三号までに掲げる行為と同様の行為の放置その他の業務従事者としての業務を著しく怠ること。

2　業務従事者による障害者虐待を受けた精神障害者は、その旨を都道府県に届け出ることができる。

3　刑法（明治四十年法律第四十五号）の秘密漏示罪の規定その他の守秘義務に関する法律の規定は、第一項の規定による通報（虚偽であるもの及び過失によるものを除く。次項において同じ。）をすることを妨げるものと解釈してはならない。

4　業務従事者は、第一項の規定による通報をしたことを理由として、解雇その他不利益な取扱いを受けない。

（秘密保持義務）

第四〇条の四　都道府県が前条第一項の規定による通報又は同条第二項の規定による届出を受けた場合においては、当該通報又は届出を受けた都道府県の職員は、その職務上知り得た事項であつて当該通報又は届出をした者を特定させるものを漏らしてはならない。

（報告徴収等）

第四〇条の五　厚生労働大臣又は都道府県知事は、必要があると認めるときは、第四十条の二第一項の措置又は第四十条の三第一項の規定による通報若しくは同条第二項の規定による届出に関し、精神科病院の管理者に対し、報告を求め、若しくは診療録その他の帳簿書類の提出若しくは提示を命じ、当該職員若しくはその指定する指定医に、精神科病院に立ち入り、診療録その他の帳簿書類（その作成又は保存に代えて電磁的記録の作成又は保存がされている場合における当該電磁的記録を含む。）を検査させ、若しくは当該精神科病院に入院中の者その他の関係者に質問させ、又はその指定する指定医に、精神科病院に立ち入り、当該精神科病院に入院中の者を診察させることができる。

2　第十九条の六の十六第二項及び第三項の規定は、前項の規定による立入検査、質問又は診察について準用する。この場合において、同条第二項中「前項」とあるのは「第四十条の五第一項」と、「当該職員」とあるのは「当該職員及び指定医」と、同条第三項中「第一項」とあるのは「第四十条の五第一項」と読み替えるものとする。

（改善命令等）

第四〇条の六　厚生労働大臣又は都道府県知事は、第四十条の二第一項の必要な措置が講じられていないと認めるとき、又は第四十条の三第一項の規定による通報若しくは同条第二項の規定による届出に係る精神科病院において業務従事者による障害者虐待が行われたと認めるときは、当該精神科病院の管理者に対し、措置を講ずべき事項及び期限を示して、改善計画の提出を求め、若しくは提出された改善計画の変更を命じ、又は必要な措置を採ることを命ずることができる。

2　都道府県知事は、前項の規定による命令をした場合において、その命令を受けた精神科病院の管理者がこれに従わなかったときは、その旨を公表することができる。

3　厚生労働大臣又は都道府県知事は、精神科病院の管理者が第一項の規定による命令に従わないときは、当該精神科病院の管理者に対し、期間を定めて第二十一条第一項、第三十三条第一項から第三項まで並びに第三十三条の六第一項及び第二項の規定による精神障害者の入院に係る医療の提供の全部又は一部を制限することを命ずることができる。

4　都道府県知事は、前項の規定による命令をした場合においては、その旨を公示しなければならない。

（公表）

第四〇条の七　都道府県知事は、毎年度、業務従事者による障害者虐待の状況、業務従事者による障害者虐待があった場合に採った措置その他厚生労働省令で定める事項を公表するものとする。

（調査及び研究）

第四〇条の八　国は、業務従事者による障害者虐待の事例の分析を行うとともに、業務従事者による障害者虐待の予防及び早期発見のための方策並びに業務従事者による障害者虐待があった場合の適切な対応方法に資する事項についての調査及び研究を行うものとする。

第七節　雑則

（指針）

第四一条　厚生労働大臣は、精神障害者の障害の特性その他の心身の状態に応じた良質かつ適切な精神障害者に対する医療の提供を確保するための指針（以下この条において「指針」という。）を定めなければならない。

2　指針に定める事項は、次のとおりとする。

一　精神病床（病院の病床のうち、精神疾患を有する者を入院させるためのものをいう。）の機能分化に関する事項

二　精神障害者の居宅等（居宅その他の厚生労働省令で定める場所をいう。）における保健医療サービス及び福祉サービスの提供に関する事項

三　精神障害者に対する医療の提供に当たっての医師、看護師その他の医療従事者と精神保健福祉士その他の精神障害者の保健及び福祉に関する専門的知識を有する者との連携に関する事項

四　その他良質かつ適切な精神障害者に対する医療の提供の確保に関する重要事項

3　厚生労働大臣は、指針を定め、又はこれを変更したときは、遅滞なく、これを公表しなければならない。

第四二条　削除

（刑事事件に関する手続等との関係）

第四三条　この章の規定は、精神障害者又はその疑いのある者について、刑事事件若しくは少年の保護事件の処理に関する法令の規定による手続を行い、又は刑若しくは保護処分の執行のためこれらの者を矯正施設に収容することを妨げるものではない。

2　第二十四条、第二十六条及び第二十七条の規定を除くほか、この章の規定は矯正施設に収容中の者には適用しない。

（心神喪失等の状態で重大な他害行為を行つた者に係る手続等との関係）

第四四条　この章の規定は、心神喪失等の状態で重大な他害行為を行つた者の医療及び観察等に関する法律の対象者について、同法又は同法に基づく命令の規定による手続又は処分をすることを妨げるものではない。

2　前各節の規定は、心神喪失等の状態で重大な他害行為を行つた者の医療及び観察等に関する法律第三十四条第一項前段若しくは第六十条第一項前段の命令若しくは第三十七条第五項前段若しくは第六十二条第二項前段の決定により入院している者又は同法第四十二条第一項第一号若しくは第六十一条第一項第一号の決定により指定入院医療機関に入院している者については、適用しない。

第六章　保健及び福祉

第一節　精神障害者保健福祉手帳

（精神障害者保健福祉手帳）

第四五条　精神障害者（知的障害者を除く。以下この章及び次章において同じ。）は、厚生労働省令で定める書類を添えて、その居住地（居住地を有しないときは、その現在地）の都道府県知事に精神障害者保健福祉手帳の交付を申請することができる。

2　都道府県知事は、前項の申請に基づいて審査し、申請者が政令で定める精神障害の状態にあると認めたときは、申請者に精神障害者保健福祉手帳を交付しなければならない。

3　前項の規定による審査の結果、申請者が同項の政令で定める精神障害の状態にないと認めたときは、都道府県知事は、理由を付して、その旨を申請者に通知しなければならない。

4　精神障害者保健福祉手帳の交付を受けた者は、厚生労働省令で定めるところにより、二年ごとに、第二項の政令で定める精神障害の状態にあることについて、都道府県知事の認定を受けなければならない。

5　第三項の規定は、前項の認定について準用する。

6　前各項に定めるもののほか、精神障害者保健福祉手帳に関し必要な事項は、政令で定める。

（精神障害者保健福祉手帳の返還等）

第四五条の二　精神障害者保健福祉手帳の交付を受けた者は、前条第二項の政令で定める精神障害の状態がなくなつたときは、速やかに精神障害者保健福祉手帳を都道府県に返還しなければならない。

2　精神障害者保健福祉手帳の交付を受けた者は、精神障害者保健福祉手帳を譲渡し、又は貸与してはならない。

3　都道府県知事は、精神障害者保健福祉手帳の交付を受けた者について、前条第二項の政令で定める状態がなくなつたと認めるときは、その者に対し精神障害者保健福祉手帳の返還を命ずることができる。

4　都道府県知事は、前項の規定により、精神障害者保健福祉手帳の返還を命じようとするときは、あらかじめその指定する指定医をして診察させなければならない。

5　前条第三項の規定は、第三項の認定について準用する。

第二節　相談及び援助

（精神障害者等に対する包括的支援の確保）

第四六条　この節に定める相談及び援助は、精神障害の有無及びその程度にかかわらず、地域の実情に応じて、精神障害者等（精神障害者及び日常生活を営む上での精神保健に関する課題を抱えるもの（精神障害者を除く。）として厚生労働省令で定める者をいう。以下同じ。）の心身の状態に応じた保健、医療、福祉、住まい、就労その他の適切な支援が包括的に確保されることを旨として、行われなければならない。

（正しい知識の普及）

第四六条の二　都道府県及び市町村は、精神障害についての正しい知識の普及のための広報活動等を通じて、精神障害者の社会復帰及びその自立と社会経済活動への参加に対する地域住民の関心と理解を深めるように努めなければならない。

（相談及び援助）

第四七条　都道府県、保健所を設置する市又は特別区（以下「**都道府県等**」という。）は、必要に応じて、次条第一項に規定する精神保健福祉相談員その他の職員又は都道府県知事若しくは保健所を設置する市若しくは特別区の長（以下「**都道府県知事等**」という。）が指定した医師をして、精神保健及び精神障害者の福祉に関し、精神障害者及びその家族等その他の関係者からの相談に応じさせ、及びこれらの者に対する必要な情報の提供、助言その他の援助を行わせなければならない。

2　都道府県等は、必要に応じて、医療を必要とする精神障害者に対し、その精神障害の状態に応じた適切な医療施設を紹介しなければならない。

3　市町村（保健所を設置する市を除く。次項において同じ。）は、前二項の規定により都道府県が行う精神障害者に関する事務に必要な協力をするとともに、必要に応じて、精神障害者の福祉に関し、精神障害者及びその家族等その他の関係者からの相談に応じ、及びこれらの者に対し必要な情報の提供、助言その他の援助を行わなければならない。

4　市町村は、前項に定めるもののほか、必要に応じて、精神保健に関し、精神障害者及びその家族等その他の関係者からの相談に応じ、及びこれらの者に対し必要な情報の提供、助言その他の援助を行うように努めなければならない。

5　都道府県及び市町村は、精神保健に関し、第四十六条の厚生労働省令で定める者及びその家族等その他の関係者からの相談に応じ、及びこれらの者に対し必要な情報の提供、助言その他の援助を行うことができる。

6　市町村、精神保健福祉センター及び保健所は、精神保健及び精神障害者の福祉に関し、精神障害者等及びその家族等その他の関係者からの相談に応じ、又はこれらの者に対し必要な情報の提供、助言その他の援助を行うに当たっては、相互に、及び福祉事務所（社会福祉法（昭和二十六年法律第四十五号）に定める福祉に関する事務所をいう。）その他の関係行政機関と密接な連携を図るよう努めなければならない。

（精神保健福祉相談員）

第四八条　都道府県及び市町村は、精神保健福祉センター及び保健所その他これらに準ずる施設に、精神保健及び精神障害者の福祉に関する相談に応じ、並びに精神障害者等及びその家族等その他の関係者を訪問して必要な情報の提供、助言その他の援助を行うための職員（次項において「精神保健福祉相談員」という。）を置くことができる。

2　精神保健福祉相談員は、精神保健福祉士その他政令で定める資格を有する者のうちから、都道府県知事又は市町村長が任命する。

（支援体制の整備）

第四八条の二　都道府県及び市町村は、障害者の日常生活及び社会生活を総合的に支援するための法律第八十九条の三第一項に規定する協議会の活用等により、精神障害者等への支援の体制の整備について、関係機関、関係団体並びに精神障害者等の保健医療及びその家族等並びに精神障害者等の福祉に関連する職務に従事する者その他の関係者による協議を行うように努めなければならない。

（都道府県の協力等）

第四八条の三　都道府県は、市町村（保健所を設置する市を除く。）の求めに応じ、第四十七条第四項及び第五項の規定により当該市町村が行う業務の実施に関し、その設置する精神保健福祉センター及び保健所による技術的事項についての協力その他当該市町村に対する必要な援助を行うように努めなければならない。

2　都道府県は、保健所を設置する市（地方自治法（昭和二十二年法律第六十七号）第二百五十二条の十九第一項の指定都市（以下「指定都市」という。）を除く。）及び特別区の求めに応じ、第四十七条第一項、第二項及び第五項の規定により当該保健所を設置する市及び特別区が行う業務の実施に関し、その設置する精神保健福祉センターによる技術的事項についての協力その他当該保健所を設置する市及び特別区に対する必要な援助を行うように努めなければならない。

（事業の利用の調整等）

第四九条　市町村は、精神障害者から求めがあつたときは、当該精神障害者の希望、精神障害の状態、社会復帰の促進及び自立と社会経済活動への参加の促進のために必要な訓練その他の援助の内容等を勘案し、当該精神障害者が最も適切な障害福祉サービス事業の利用ができるよう、相談に応じ、必要な助言を行うものとする。この場合において、市町村は、当該事務を一般相談支援事業又は特定相談支援事業を行う者に委託することができる。

2　市町村は、前項の助言を受けた精神障害者から求めがあつた場合には、必要に応じて、障害福祉サービス事業の利用についてあつせん又は調整を行うとともに、必要に応じて、障害福祉サービス事業を行う者に対し、当該精神障害者の利用についての要請を行うものとする。

3　都道府県は、前項の規定により市町村が行うあつせん、調整及び要請に関し、その設置する保健所による技術的事項についての協力その他市町村に対する必要な援助及び市町村相互間の連絡調整を行う。

4　障害福祉サービス事業を行う者は、第二項のあつせん、調整及び要請に対し、できる限り協力しなければならない。

第五〇条及び第五一条　削除

第七章　精神障害者社会復帰促進センター

（指定等）

第五一条の二　厚生労働大臣は、精神障害者の社会復帰の促進を図るための訓練等に関する研究開発を行うこと等により精神障害者の社会復帰を促進することを目的とする一般社団法人又は一般財団法人であつて、次条に規定する業務を適正かつ確実に行うことができると認められるものを、その申請により、全国を通じて一個に限り、精神障害者社会復帰促進センター（以下「**センター**」という。）として指定することができる。

2　厚生労働大臣は、前項の規定による指定をしたときは、センターの名称、住所及び事務所の所在地を公示しなければならない。

3　センターは、その名称、住所又は事務所の所在地を変更しようとするときは、あらかじめ、その旨を厚生労働大臣に届け出なければならない。

4　厚生労働大臣は、前項の規定による届出があつたときは、当該届出に係る事項を公示しなければならない。

（業務）

第五一条の三　センターは、次に掲げる業務を行うものとする。

一　精神障害者の社会復帰の促進に資するための啓発活動及び広報活動を行うこと。

二　精神障害者の社会復帰の実例に即し

て、精神障害者の社会復帰の促進を図るための訓練等に関する研究開発を行うこと。
三　前号に掲げるもののほか、精神障害者の社会復帰の促進に関する研究を行うこと。
四　精神障害者の社会復帰の促進を図るため、第二号の規定による研究開発の成果又は前号の規定による研究の成果を、定期的に又は時宜に応じて提供すること。
五　精神障害者の社会復帰の促進を図るための事業の業務に関し、当該事業に従事する者及び当該事業に従事しようとする者に対して研修を行うこと。
六　前各号に掲げるもののほか、精神障害者の社会復帰を促進するために必要な業務を行うこと。

（センターへの協力）

第五一条の四　精神科病院その他の精神障害の医療を提供する施設の設置者及び障害福祉サービス事業を行う者は、センターの求めに応じ、センターが前条第二号及び第三号に掲げる業務を行うために必要な限度において、センターに対し、精神障害者の社会復帰の促進を図るための訓練に関する情報又は資料その他の必要な情報又は資料で厚生労働省令で定めるものを提供することができる。

（特定情報管理規程）

第五一条の五　センターは、第五十一条の三第二号及び第三号に掲げる業務に係る情報及び資料（以下この条及び第五十一条の七において「**特定情報**」という。）の管理並びに使用に関する規程（以下この条及び第五十一条の七において「**特定情報管理規程**」という。）を作成し、厚生労働大臣の認可を受けなければならない。これを変更しようとするときも、同様とする。
2　厚生労働大臣は、前項の認可をした特定情報管理規程が特定情報の適正な管理又は使用を図る上で不適当となつたと認めるときは、センターに対し、当該特定情報管理規程を変更すべきことを命ずることができる。
3　特定情報管理規程に記載すべき事項は、厚生労働省令で定める。

（秘密保持義務）

第五一条の六　センターの役員若しくは職員又はこれらの職にあつた者は、第五十一条の三第二号又は第三号に掲げる業務に関して知り得た秘密を漏らしてはならない。

（解任命令）

第五一条の七　厚生労働大臣は、センターの役員又は職員が第五十一条の五第一項の認可を受けた特定情報管理規程によらないで特定情報の管理若しくは使用を行つたとき、又は前条の規定に違反したときは、センターに対し、当該役員又は職員を解任すべきことを命ずることができる。

（事業計画等）

第五一条の八　センターは、毎事業年度の事業計画書及び収支予算書を作成し、当該事業年度の開始前に厚生労働大臣に提出しなければならない。これを変更しようとするときも、同様とする。
2　センターは、毎事業年度の事業報告書及び収支決算書を作成し、当該事業年度経過後三月以内に厚生労働大臣に提出しなければならない。

（報告及び検査）

第五一条の九　厚生労働大臣は、第五十一条の三に規定する業務の適正な運営を確保するために必要な限度において、センターに対し、必要と認める事項の報告を求め、又は当該職員に、その事務所に立ち入り、業務の状況若しくは帳簿書類その他の物件を検査させることができる。
2　第十九条の六の十六第二項及び第三項の規定は、前項の規定による立入検査について準用する。この場合において、同条第二項中「前項」とあるのは「第五十一条の九第一項」と、同条第三項中「第一項」とあるのは「第五十一条の九第一項」と読み替えるものとする。

（監督命令）

第五一条の一〇　厚生労働大臣は、この章の規定を施行するため必要な限度において、センターに対し、第五十一条の三に規定する業務に関し、監督上必要な命令をすることができる。

（指定の取消し等）

第五一条の一一　厚生労働大臣は、センターが次の各号のいずれかに該当するときは、第五十一条の二第一項の規定による指定を取り消すことができる。

一　第五十一条の三に規定する業務を適正かつ確実に実施することができないと認められるとき。

二　指定に関し不正な行為があつたとき。

三　この章の規定又は当該規定による命令若しくは処分に違反したとき。

2　厚生労働大臣は、前項の規定により指定を取り消したときは、その旨を公示しなければならない。

第八章　雑則

（審判の請求）

第五一条の一一の二　市町村長は、精神障害者につき、その福祉を図るため特に必要があると認めるときは、民法（明治二十九年法律第八十九号）第七条、第十一条、第十三条第二項、第十五条第一項、第十七条第一項、第八百七十六条の四第一項又は第八百七十六条の九第一項に規定する審判の請求をすることができる。

（後見等を行う者の推薦等）

第五一条の一一の三　市町村は、前条の規定による審判の請求の円滑な実施に資するよう、民法に規定する後見、保佐及び補助（以下この条において「後見等」という。）の業務を適正に行うことができる人材の活用を図るため、後見等の業務を適正に行うことができる者の家庭裁判所への推薦その他の必要な措置を講ずるよう努めなければならない。

2　都道府県は、市町村と協力して後見等の業務を適正に行うことができる人材の活用を図るため、前項に規定する措置の実施に関し助言その他の援助を行うように努めなければならない。

（大都市の特例）

第五一条の一二　この法律の規定中都道府県が処理することとされている事務で政令で定めるものは、指定都市においては、政令の定めるところにより、指定都市が処理するものとする。この場合においては、この法律の規定中都道府県に関する規定は、指定都市に関する規定として指定都市に適用があるものとする。

2　前項の規定により指定都市の長がした処分（地方自治法第二条第九項第一号に規定する第一号法定受託事務（以下「第一号法定受託事務」という。）に係るものに限る。）に係る審査請求についての都道府県知事の裁決に不服がある者は、厚生労働大臣に対し再審査請求をすることができる。

3　指定都市の長が第一項の規定によりその処理することとされた事務のうち第一号法定受託事務に係る処分をする権限をその補助機関である職員又はその管理に属する行政機関の長に委任した場合において、委任を受けた職員又は行政機関の長がその委任に基づいてした処分につき、地方自治法第二百五十五条の二第二項の再審査請求の裁決があつたときは、当該裁決に不服がある者は、同法第二百五十二条の十七の四第五項から第七項までの規定の例により、厚生労働大臣に対して再々審査請求をすることができる。

（事務の区分）

第五一条の一三　この法律（第一章から第三章まで、第十九条の二第四項、第十九条の七、第十九条の八、第十九条の九第一項、同条第二項（第三十三条の七において準用する場合を含む。）、第十九条の十一、第二十九条の九、第三十条第一項及び第三十一条、第三十三条の六第一項及び第六項、第五章第四節、第四十条の三、第四十条の

七、第六章並びに第五十一条の十一の三第二項を除く。）の規定により都道府県が処理することとされている事務は、第一号法定受託事務とする。

2　この法律（第六章第二節を除く。）の規定により保健所を設置する市又は特別区が処理することとされている事務（保健所長に係るものに限る。）は、第一号法定受託事務とする。

3　第三十三条第二項及び第六項並びに第三十四条第二項の規定により市町村が処理することとされている事務は、第一号法定受託事務とする。

（権限の委任）

第五一条の一四　この法律に規定する厚生労働大臣の権限は、厚生労働省令で定めるところにより、地方厚生局長に委任することができる。

2　前項の規定により地方厚生局長に委任された権限は、厚生労働省令で定めるところにより、地方厚生支局長に委任することができる。

（経過措置）

第五一条の一五　この法律の規定に基づき命令を制定し、又は改廃する場合においては、その命令で、その制定又は改廃に伴い合理的に必要と判断される範囲内において、所要の経過措置（罰則に関する経過措置を含む。）を定めることができる。

第九章　罰則

第五二条　次の各号のいずれかに該当する場合には、当該違反行為をした者は、三年以下の懲役又は百万円以下の罰金に処する。

一　第三十八条の三第四項の規定による命令に違反したとき。

二　第三十八条の五第五項の規定による退院の命令に違反したとき。

三　第三十八条の七第二項の規定による命令に違反したとき。

四　第三十八条の七第四項の規定による命令に違反したとき。

五　第四十条の六第三項の規定による命令に違反したとき。

注　第五二条は、令和四年六月一七日法律第六八号により次のように改正され、令和四年六月一七日から起算して三年を超えない範囲内において政令で定める日から施行される。

第五十二条中「懲役」を「拘禁刑」に改める。

第五三条　精神科病院の管理者、指定医、地方精神保健福祉審議会の委員、精神医療審査会の委員、第二十一条第四項、第三十三条第三項若しくは第三十三条の六第二項の規定により診察を行つた特定医師若しくは第四十七条第一項の規定により都道府県知事等が指定した医師又はこれらの職にあつた者が、この法律の規定に基づく職務の執行に関して知り得た人の秘密を正当な理由がなく漏らしたときは、一年以下の懲役又は百万円以下の罰金に処する。

2　精神科病院の職員又はその職にあつた者が、この法律の規定に基づく精神科病院の管理者の職務の執行を補助するに際して知り得た人の秘密を正当な理由がなく漏らしたときも、前項と同様とする。

注　第五三条は、令和四年六月一七日法律第六八号により次のように改正され、令和四年六月一七日から起算して三年を超えない範囲内において政令で定める日から施行される。

第五十三条第一項中「懲役」を「拘禁刑」に改める。

第五三条の二　第五十一条の六の規定に違反した者は、一年以下の懲役又は百万円以下の罰金に処する。

注　第五三条の二は、令和四年六月一七日法律第六八号により次のように改正され、令和四年六月一七日から起算して三年を超えない範囲内において政令で定める日から施行される。

第五十三条の二中「懲役」を「拘禁刑」に改める。

第五三条の三　第三十五条の二第三項の規定に違反した者は、一年以下の拘禁刑又は三十万円以下の罰金に処する。

２　前項の罪は、告訴がなければ公訴を提起することができない。

第五四条　第十九条の六の十三の規定による停止の命令に違反したときは、当該違反行為をした者は、六月以下の懲役又は五十万円以下の罰金に処する。

２　虚偽の事実を記載して第二十二条第一項の申請をした者は、六月以下の拘禁刑又は五十万円以下の罰金に処する。

注　第五四条は、令和四年六月一七日法律第六八号（令和四年一二月一六日法律第一〇四号）により次のように改正され、令和四年六月一七日から起算して三年を超えない範囲内において政令で定める日から施行される。
第五十四条第一項中「懲役」を「拘禁刑」に改める。

第五五条　次の各号のいずれかに該当する場合には、当該違反行為をした者は、三十万円以下の罰金に処する。

一　第十九条の六の十六第一項の規定による報告をせず、若しくは虚偽の報告をし、又は同項の規定による検査を拒み、妨げ、若しくは忌避したとき。

二　第二十七条第一項又は第二項の規定による診察を拒み、妨げ、若しくは忌避し、又は同条第四項の規定による立入りを拒み、若しくは妨げたとき。

三　第二十九条の二第一項の規定による診察を拒み、妨げ、若しくは忌避し、又は同条第四項において準用する第二十七条第四項の規定による立入りを拒み、若しくは妨げたとき。

四　第三十八条の三第三項（同条第六項において準用する場合を含む。以下この号において同じ。）の規定による報告若しくは提出をせず、若しくは虚偽の報告をし、同条第三項の規定による診察を妨げ、又は同項の規定による出頭をせず、若しくは同項の規定による審問に対して、正当な理由がなく答弁せず、若しくは虚偽の答弁をしたとき。

五　第三十八条の五第四項の規定による報告若しくは提出をせず、若しくは虚偽の報告をし、同項の規定による診察を妨げ、又は同項の規定による出頭をせず、若しくは同項の規定による審問に対して、正当な理由がなく答弁せず、若しくは虚偽の答弁をしたとき。

六　第三十八条の六第一項の規定による報告若しくは提出若しくは提示をせず、若しくは虚偽の報告をし、同項の規定による検査若しくは診察を拒み、妨げ、若しくは忌避し、又は同項の規定による質問に対して、正当な理由がなく答弁せず、若しくは虚偽の答弁をしたとき。

七　精神科病院の管理者が、第三十八条の六第二項の規定による報告若しくは提出若しくは提示をせず、又は虚偽の報告をしたとき。

八　第四十条の五第一項の規定による報告若しくは提出若しくは提示をせず、若しくは虚偽の報告をし、同項の規定による検査若しくは診察を拒み、妨げ、若しくは忌避し、又は同項の規定による質問に対して、正当な理由がなく答弁せず、若しくは虚偽の答弁をしたとき。

九　第五十一条の九第一項の規定による報告をせず、若しくは虚偽の報告をし、又は同項の規定による検査を拒み、妨げ、若しくは忌避したとき。

第五六条　法人の代表者又は法人若しくは人の代理人、使用人その他の従業者が、その法人又は人の業務に関して第五十二条、第五十四条第一項又は前条の違反行為をしたときは、行為者を罰するほか、その法人又は人に対しても各本条の罰金刑を科する。

第五七条　次の各号のいずれかに該当する者は、十万円以下の過料に処する。

一　第十九条の四の二（第二十一条第五

項、第三十三条第四項及び第三十三条の六第三項において準用する場合を含む。）の規定に違反した者

二　第十九条の六の九の規定による届出をせず、又は虚偽の届出をした者

三　第十九条の六の十第一項の規定に違反して財務諸表等を備えて置かず、財務諸表等に記載すべき事項を記載せず、若しくは虚偽の記載をし、又は正当な理由がないのに同条第二項各号の規定による請求を拒んだ者

四　第十九条の六の十四の規定に違反して同条に規定する事項の記載をせず、若しくは虚偽の記載をし、又は帳簿を保存しなかつた者

五　第二十一条第七項の規定に違反した者

六　正当な理由がなく、第三十一条第二項の規定による報告をせず、又は虚偽の報告をした者

七　第三十三条第九項の規定に違反した者

八　第三十三条の六第五項の規定に違反した者

九　第三十八条の二第一項の規定に違反した者

附　則

（施行期日）

1　この法律は、公布の日〔昭二五・五・一〕から施行する。

（精神病者監護法及び精神病院法の廃止）

2　精神病者監護法（明治三十三年法律第三十八号）及び精神病院法（大正八年法律第二十五号）は廃止する。但し、この法律施行前にした行為に対する罰則の適用については、なお従前の例による。

附　則〔令四・一二・一六法律一〇四〕（抄）

（施行期日）

第一条　この法律は、令和六年四月一日から施行する。ただし、次の各号に掲げる規定は、当該各号に定める日から施行する。

一　第七条中精神保健及び精神障害者福祉に関する法律（以下「**精神保健福祉法**」という。）第一条の改正規定及び精神保健福祉法第五条の改正規定（「、精神病質」を削る部分に限る。）並びに附則第三条、〔中略〕第四十三条の規定　公布の日

二　〔前略〕第七条の規定（前号に掲げる改正規定を除く。）、〔中略〕附則第十条、第十一条〔中略〕の規定　令和五年四月一日

四　〔前略〕第八条中精神保健福祉法第四条第一項の改正規定〔中略〕　公布の日から起算して三年を超えない範囲内において政令で定める日

（検討）

第二条　政府は、この法律の施行後五年を目途として、この法律による改正後の障害者の日常生活及び社会生活を総合的に支援するための法律、児童福祉法、精神保健福祉法、障害者雇用促進法及び難病の患者に対する医療等に関する法律の規定について、その施行の状況等を勘案しつつ検討を加え、必要があると認めるときは、その結果に基づいて必要な措置を講ずるものとする。

第三条　政府は、精神保健福祉法の規定による本人の同意がない場合の入院の制度の在り方等に関し、精神疾患の特性及び精神障害者の実情等を勘案するとともに、障害者の権利に関する条約の実施について精神障害者等の意見を聴きつつ、必要な措置を講ずることについて検討するものとする。

（精神保健指定医の指定の申請に関する経過措置）

第一〇条　第七条の規定（附則第一条第二号に掲げる改正規定に限る。以下この条において同じ。）による改正後の精神保健福祉法（次条において「第二号改正後精神保健福祉法」という。）第十八条第一項（第四号に係る部分に限る。）の規定は、第二号施行日以後にされた同項の申請に係る指定について適用し、第二号施行日前にされた第七条の規定による改正前の精神保健福祉法第十八条第一項（第四号に係る部分に限る。）

の申請に係る指定については、なお従前の例による。

（措置入院者等に対する書面による通知に関する経過措置）

第一一条　第二号改正後精神保健福祉法第二十一条第七項、第二十九条第三項（第二号改正後精神保健福祉法第二十九条の二第四項及び第三十三条の八において準用する場合を含む。）及び第三十三条の三第一項の規定は、第二号施行日以後に採られる第二号改正後精神保健福祉法第二十一条第三項若しくは第四項後段、第二十九条第一項、第二十九条の二第一項、第三十三条第一項、第二項若しくは第三項後段又は第三十三条の七第一項若しくは第二項後段の規定による措置について適用し、第二号施行日前に採られた第七条の規定による改正前の精神保健福祉法第二十一条第三項若しくは第四項後段、第二十九条第一項、第二十九条の二第一項、第三十三条第一項、第三項若しくは第四項後段又は第三十三条の七第一項若しくは第二項後段の規定による措置については、なお従前の例による。

（医療保護入院者に関する経過措置）

第一二条　この法律の施行の際現に第八条の規定（附則第一条第四号に掲げる改正規定を除く。以下この項において同じ。）による改正前の精神保健福祉法第三十三条第一項又は第二項の規定により精神科病院に入院している者については、当該精神科病院の管理者は、施行日から一年を経過する日の前日までの間に、厚生労働省令で定めるところにより、その者がなお第八条の規定による改正後の精神保健福祉法（以下「新精神保健福祉法」という。）第三十三条第一項第一号に掲げる者に該当するかどうかについて精神保健指定医に診察させなければならない。

2　前項の規定による精神保健指定医による診察の結果、なお新精神保健福祉法第三十三条第一項第一号に掲げる者に該当するとされた者については、精神科病院の管理者は、同条第六項（第一号を除く。）から第九項までの規定の例により、その者を引き続き入院させることができる。

（入院措置時の入院の必要性に関する審査に関する経過措置）

第一三条　新精神保健福祉法第三十八条の三（精神保健福祉法第二十九条第一項の規定による入院措置を採ったときに係る部分に限る。）の規定は、施行日以後に同項の規定による入院措置を採った場合について適用する。

（精神保健福祉法の一部改正に伴う経過措置）

第一四条　刑法施行日の前日までの間における新精神保健福祉法第五十三条の三第一項及び第五十四条第二項の規定の適用については、これらの規定中「拘禁刑」とあるのは、「懲役」とする。刑法施行日以後における刑法施行日前にした行為に対するこれらの規定の適用についても、同様とする。

2　第四号施行日の前日までの間における新精神保健福祉法第二十九条の七第一号（新精神保健福祉法第三十三条の四において準用する場合を含む。）の規定の適用については、同号中「第五条第十九項」とあるのは、「第五条第十八項」とする。

（政令への委任）

第四三条　この附則に規定するもののほか、この法律の施行に伴い必要な経過措置（罰則に関する経過措置を含む。）は、政令で定める。

別表（第十九条の六の四関係）

科目	教授する者	第十八条第一項第四号に規定する研修の課程の時間数	第十九条第一項に規定する研修の課程の時間数
精神保健及び精神障害者福祉に関する法律及び障害者の日常生活及び社会生活を総合的に支援するための法律並びに精神保健福祉行政概論	この法律及び障害者の日常生活及び社会生活を総合的に支援するための法律並びに精神保健福祉行政に関し学識経験を有する者であること。	八時間	三時間
精神障害者の医療に関する法令及び実務	精神障害者の医療に関し学識経験を有する者として精神医療審査会の委員に任命されている者若しくはその職にあつた者又はこれらの者と同等以上の学識経験を有する者であること。		
精神障害者の人権に関する法令	法律に関し学識経験を有する者として精神医療審査会の委員に任命されている者若しくはその職にあつた者又はこれらの者と同等以上の学識経験を有する者であること。		
精神医学	学校教育法（昭和二十二年法律第二十六号）に基づく大学において精神医学の教授若しくは准教授の職にある者若しくはこれらの職にあつた者又はこれらの者と同等以上の学識経験を有する者であること。	四時間	
精神障害者の社会復帰及び精神障害者福祉	精神障害者の社会復帰及び精神障害者福祉に関し学識経験を有する者であること。	二時間	一時間
精神障害者の医療に関する事例研究	次に掲げる者が共同して教授すること。 一　指定医として十年以上精神障害の診断又は治療に従事した経験を有する者 二　法律に関し学識経験を有する者として精神医療審査会の委員	四時間	三時間

に任命されている者若しくはその職にあつた者又はこれらの者と同等以上の学識経験を有する者 三　法律及び精神保健福祉行政に関し学識経験を有する者

備考　第一欄に掲げる精神障害者の医療に関する事例研究は、最新の事例を用いて教授すること。

◉心神喪失等の状態で重大な他害行為を行った者の医療及び観察等に関する法律（抄）

（平成一五・七・一六法律一一〇）

注　令五法律六六改正現在
（未施行分については、該当か所の後に改正文を収載）

第一章　総則

第一節　目的及び定義

（目的等）

第一条　この法律は、心神喪失等の状態で重大な他害行為（他人に害を及ぼす行為をいう。以下同じ。）を行った者に対し、その適切な処遇を決定するための手続等を定めることにより、継続的かつ適切な医療並びにその確保のために必要な観察及び指導を行うことによって、その病状の改善及びこれに伴う同様の行為の再発の防止を図り、もってその社会復帰を促進することを目的とする。

2　この法律による処遇に携わる者は、前項に規定する目的を踏まえ、心神喪失等の状態で重大な他害行為を行った者が円滑に社会復帰をすることができるように努めなければならない。

（定義）

第二条　この法律において「**対象行為**」とは、次の各号に掲げるいずれかの行為に当たるものをいう。

一　刑法（明治四十年法律第四十五号）第百八条から第百十条まで又は第百十二条に規定する行為

二　刑法第百七十六条、第百七十七条、第百七十九条又は第百八十条に規定する行為

三　刑法第百九十九条、第二百二条又は第二百三条に規定する行為

四　刑法第二百四条に規定する行為

五　刑法第二百三十六条、第二百三十八条又は第二百四十三条（第二百三十六条又は第二百三十八条に係るものに限る。）に規定する行為

2　この法律において「**対象者**」とは、次の各号のいずれかに該当する者をいう。

一　公訴を提起しない処分において、対象行為を行ったこと及び刑法第三十九条第一項に規定する者（以下「**心神喪失者**」という。）又は同条第二項に規定する者（以下「**心神耗弱者**」という。）であることが認められた者

二　対象行為について、刑法第三十九条第一項の規定により無罪の確定裁判を受けた者又は同条第二項の規定により刑を減軽する旨の確定裁判（懲役又は禁錮の刑を言い渡し、その刑の全部の執行猶予の言渡しをしない裁判であって、執行すべき刑期があるものを除く。）を受けた者

3　この法律において「**指定医療機関**」とは、指定入院医療機関及び指定通院医療機関をいう。

4　この法律において「**指定入院医療機関**」とは、第四十二条第一項第一号又は第六十一条第一項第一号の決定を受けた者の入院による医療を担当させる医療機関として厚生労働大臣が指定した病院（その一部を指定した病院を含む。）をいう。

5　この法律において「**指定通院医療機関**」とは、第四十二条第一項第二号又は第五十一条第一項第二号の決定を受けた者の入院によらない医療を担当させる医療機関として厚生労働大臣が指定した病院若しくは診療所（これらに準ずるものとして政令で定めるものを含む。第十六条第二項において同じ。）又は薬局をいう。

注　第二条は、令和四年六月一七日法律第六八号により次のように改正され、令和四年六月一七日から起算して三年を超えない範囲内において政令で定める日から施行される。

第二条第二項第二号中「懲役又は禁錮の刑」を「拘禁刑」に改める。

第二節　裁判所

（管轄）

第三条　処遇事件（第三十三条第一項、第四十九条第一項若しくは第二項、第五十条、第五十四条第一項若しくは第二項、第五十五条又は第五十九条第一項若しくは第二項の規定による申立てに係る事件をいう。以下同じ。）は、対象者の住所、居所若しくは現在地又は行為地を管轄する地方裁判所の管轄に属する。

2　同一の対象者に対する数個の処遇事件が土地管轄を異にする場合において、一個の処遇事件を管轄する地方裁判所は、併せて他の処遇事件についても管轄権を有する。

(精神保健審判員)
第六条　精神保健審判員は、次項に規定する名簿に記載された者のうち、最高裁判所規則で定めるところにより地方裁判所が毎年あらかじめ選任したものの中から、処遇事件ごとに地方裁判所が任命する。

2　厚生労働大臣は、精神保健審判員として任命すべき者の選任に資するため、毎年、政令で定めるところにより、この法律に定める精神保健審判員の職務を行うのに必要な学識経験を有する医師(以下「**精神保健判定医**」という。)の名簿を最高裁判所に送付しなければならない。

3　精神保健審判員には、別に法律で定めるところにより手当を支給し、並びに最高裁判所規則で定めるところにより旅費、日当及び宿泊料を支給する。

(精神保健参与員)
第一五条　精神保健参与員は、次項に規定する名簿に記載された者のうち、地方裁判所が毎年あらかじめ選任したものの中から、処遇事件ごとに裁判所が指定する。

2　厚生労働大臣は、政令で定めるところにより、毎年、各地方裁判所ごとに、精神保健福祉士その他の精神障害者の保健及び福祉に関する専門的知識及び技術を有する者の名簿を作成し、当該地方裁判所に送付しなければならない。

3　精神保健参与員の員数は、各事件について一人以上とする。

4　第六条第三項の規定は、精神保健参与員について準用する。

第四節　保護観察所

(事務)
第一九条　保護観察所は、次に掲げる事務をつかさどる。

一　第三十八条(第五十三条、第五十八条及び第六十三条において準用する場合を含む。)に規定する生活環境の調査に関すること。
二　第百一条に規定する生活環境の調整に関すること。
三　第百六条に規定する精神保健観察の実施に関すること。
四　第百八条に規定する関係機関相互間の連携の確保に関すること。
五　その他この法律により保護観察所の所掌に属せしめられた事務

(社会復帰調整官)
第二〇条　保護観察所に、社会復帰調整官を置く。

2　社会復帰調整官は、精神障害者の保健及び福祉その他のこの法律に基づく対象者の処遇に関する専門的知識に基づき、前条各号に掲げる事務に従事する。

3　社会復帰調整官は、精神保健福祉士その他の精神障害者の保健及び福祉に関する専門的知識を有する者として政令で定めるものでなければならない。

(管轄)
第二一条　第十九条各号に掲げる事務は、次の各号に掲げる事務の区分に従い、当該各号に定める保護観察所がつかさどる。

一　第十九条第一号に掲げる事務　当該処遇事件を管轄する地方裁判所の所在地を管轄する保護観察所
二　第十九条第二号から第五号までに掲げる事務　当該対象者の居住地(定まった住居を有しないときは、現在地又は最後の居住地若しくは所在地とする。)を管轄する保護観察所

(照会)
第二二条　保護観察所の長は、第十九条各号に掲げる事務を行うため必要があると認めるときは、官公署、医療施設その他の公私の団体に照会して、必要な事項の報告を求めることができる。

第五節　保護者

第二三条の二　対象者の後見人若しくは保佐人、配偶者、親権を行う者又は扶養義務者は、次項に定めるところにより、保護者となる。ただし、次の各号のいずれかに該当する者を除く。

一　行方の知れない者
二　当該対象者に対して訴訟をしている者、又はした者並びにその配偶者及び直系血族
三　家庭裁判所で免ぜられた法定代理人、保佐人又は補助人
四　破産手続開始の決定を受けて復権を得ない

者

五　未成年者

2　保護者となるべき者の順位は、次のとおりとし、先順位の者が保護者の権限を行うことができないときは、次順位の者が保護者となる。ただし、第一号に掲げる者がいない場合において、対象者の保護のため特に必要があると認めるときは、家庭裁判所は、利害関係人の申立てによりその順位を変更することができる。

一　後見人又は保佐人

二　配偶者

三　親権を行う者

四　前二号に掲げる者以外の扶養義務者のうちから家庭裁判所が選任した者

第二三条の三　前条の規定により定まる保護者がないときは、対象者の居住地を管轄する市町村長（特別区の長を含む。以下同じ。）が保護者となる。ただし、対象者の居住地がないとき、又は対象者の居住地が明らかでないときは、その対象者の現在地を管轄する市町村長が保護者となる。

第二章　審判

第一節　通則

（事実の取調べ）

第二四条　決定又は命令をするについて必要がある場合は、事実の取調べをすることができる。

2　前項の事実の取調べは、合議体の構成員（精神保健審判員を除く。）にこれをさせ、又は地方裁判所若しくは簡易裁判所の裁判官にこれを嘱託することができる。

3　第一項の事実の取調べのため必要があると認めるときは、証人尋問、鑑定、検証、押収、捜索、通訳及び翻訳を行い、並びに官公署、医療施設その他の公私の団体に対し、必要な事項の報告、資料の提出その他の協力を求めることができる。ただし、差押えについては、あらかじめ所有者、所持者又は保管者に差し押さえるべき物の提出を命じた後でなければ、これをすることができない。

4　刑事訴訟法中裁判所の行う証人尋問、鑑定、検証、押収、捜索、通訳及び翻訳に関する規定は、処遇事件の性質に反しない限り、前項の規定による証人尋問、鑑定、検証、押収、捜索、通訳及び翻訳について準用する。

5　裁判所は、対象者の行方が不明になったときは、所轄の警察署長にその所在の調査を求めることができる。この場合において、警察官は、当該対象者を発見したときは、直ちに、その旨を裁判所に通知しなければならない。

（呼出し及び同行）

第二六条　裁判所は、対象者に対し、呼出状を発することができる。

2　裁判所は、対象者が正当な理由がなく前項の呼出しに応じないときは、当該対象者に対し、同行状を発することができる。

3　裁判所は、対象者が正当な理由がなく第一項の呼出しに応じないおそれがあるとき、定まった住居を有しないとき、又は医療のため緊急を要する状態にあって必要があると認めるときは、前項の規定にかかわらず、当該対象者に対し、同行状を発することができる。

（同行状の効力）

第二七条　前条第二項又は第三項の同行状により同行された者については、裁判所に到着した時から二十四時間以内にその身体の拘束を解かなければならない。ただし、当該時間内に、第三十四条第一項前段若しくは第六十条第一項前段の命令又は第三十七条第五項前段、第四十二条第一項第一号、第六十一条第一項第一号若しくは第六十二条第二項前段の決定があったときは、この限りでない。

（出頭命令）

第二九条　裁判所は、第三十四条第一項前段若しくは第六十条第一項前段の命令又は第三十七条第五項前段、第四十二条第一項第一号、第六十一条第一項第一号若しくは第六十二条第二項前段の決定により入院している者に対し、裁判所に出頭することを命ずることができる。

2　裁判所は、前項に規定する者が裁判所に出頭するときは、検察官にその護送を嘱託するものとする。

3　前項の護送をする場合において、護送される者が逃走し、又は自身を傷つけ、若しくは他人に害を及ぼすおそれがあると認めるときは、これを防止するため合理的に必要と判断される限度において、必要な措置を採ることができる。

4　前条第二項及び第三項の規定は、第二項の護送について準用する。

(付添人)

第三〇条　対象者及び保護者は、弁護士を付添人に選任することができる。

2　裁判所は、特別の事情があるときは、最高裁判所規則で定めるところにより、付添人の数を制限することができる。

3　裁判所は、対象者に付添人がない場合であって、その精神障害の状態その他の事情を考慮し、必要があると認めるときは、職権で、弁護士である付添人を付することができる。

4　前項の規定により裁判所が付すべき付添人は、最高裁判所規則で定めるところにより、選任するものとする。

5　前項の規定により選任された付添人は、旅費、日当、宿泊料及び報酬を請求することができる。

第二節　入院又は通院

(検察官による申立て)

第三三条　検察官は、被疑者が対象行為を行ったこと及び心神喪失者若しくは心神耗弱者であることを認めて公訴を提起しない処分をしたとき、又は第二条第二項第二号に規定する確定裁判があったときは、当該処分をされ、又は当該確定裁判を受けた対象者について、対象行為を行った際の精神障害を改善し、これに伴って同様の行為を行うことなく、社会に復帰することを促進するためにこの法律による医療を受けさせる必要が明らかにないと認める場合を除き、地方裁判所に対し、第四十二条第一項の決定をすることを申し立てなければならない。ただし、当該対象者について刑事事件若しくは少年の保護事件の処理又は外国人の退去強制に関する法令の規定による手続が行われている場合は、当該手続が終了するまで、申立てをしないことができる。

2　前項本文の規定にかかわらず、検察官は、当該対象者が刑若しくは保護処分の執行のため刑務所、少年刑務所、拘置所若しくは少年院に収容されており引き続き収容されることとなるとき、又は新たに収容されるときは、同項の申立てをすることができない。当該対象者が外国人であって出国したときも、同様とする。

3　検察官は、刑法第二百四条に規定する行為を行った対象者については、傷害が軽い場合であって、当該行為の内容、当該対象者による過去の他害行為の有無及び内容並びに当該対象者の現在の病状、性格及び生活環境を考慮し、その必要がないと認めるときは、第一項の申立てをしないことができる。ただし、他の対象行為をも行った者については、この限りでない。

(鑑定入院命令)

第三四条　前条第一項の申立てを受けた地方裁判所の裁判官は、対象者について、対象行為を行った際の精神障害を改善し、これに伴って同様の行為を行うことなく、社会に復帰することを促進するためにこの法律による医療を受けさせる必要が明らかにないと認める場合を除き、鑑定その他医療的観察のため、当該対象者を入院させ第四十条第一項又は第四十二条の決定があるまでの間在院させる旨を命じなければならない。この場合において、裁判官は、呼出し及び同行に関し、裁判所と同一の権限を有する。

2　前項の命令を発するには、裁判官は、当該対象者に対し、あらかじめ、供述を強いられることはないこと及び弁護士である付添人を選任することができることを説明した上、当該対象者が第二条第二項に該当するとされる理由の要旨及び前条第一項の申立てがあったことを告げ、陳述する機会を与えなければならない。ただし、当該対象者の心身の障害により又は正当な理由がなく裁判官の面前に出頭しないため、これらを行うことができないときは、この限りでない。

3　第一項の命令による入院の期間は、当該命令が執行された日から起算して二月を超えることができない。ただし、裁判所は、必要があると認めるときは、通じて一月を超えない範囲で、決定をもって、この期間を延長することができる。

4　裁判官は、検察官に第一項の命令の執行を嘱託するものとする。

5　第二十八条第二項、第三項及び第六項並びに第二十九条第三項の規定は、前項の命令の執行について準用する。

6　第一項の命令は、判事補が一人で発することができる。

(必要的付添人)

第三五条　裁判所は、第三十三条第一項の申立てがあった場合において、対象者に付添人がないときは、付添人を付さなければならない。

（対象者の鑑定）
第三七条 裁判所は、対象者に関し、精神障害者であるか否か及び対象行為を行った際の精神障害を改善し、これに伴って同様の行為を行うことなく、社会に復帰することを促進するためにこの法律による医療を受けさせる必要があるか否かについて、精神保健判定医又はこれと同等以上の学識経験を有すると認める医師に鑑定を命じなければならない。ただし、当該必要が明らかにないと認める場合は、この限りでない。

2 前項の鑑定を行うに当たっては、精神障害の類型、過去の病歴、現在及び対象行為を行った当時の病状、治療状況、病状及び治療状況から予測される将来の症状、対象行為の内容、過去の他害行為の有無及び内容並びに当該対象者の性格を考慮するものとする。

3 第一項の規定により鑑定を命ぜられた医師は、当該鑑定の結果に、当該対象者の病状に基づき、この法律による入院による医療の必要性に関する意見を付さなければならない。

4 裁判所は、第一項の鑑定を命じた医師に対し、当該鑑定の実施に当たって留意すべき事項を示すことができる。

5 裁判所は、第三十四条第一項前段の命令が発せられていない対象者について第一項の鑑定を命ずる場合において、必要があると認めるときは、決定をもって、鑑定その他医療的観察のため、当該対象者を入院させ第四十条第一項又は第四十二条の決定があるまでの間在院させる旨を命ずることができる。第三十四条第二項から第五項までの規定は、この場合について準用する。

（審判期日の開催）
第三九条 裁判所は、第三十三条第一項の申立てがあった場合は、審判期日を開かなければならない。ただし、検察官及び付添人に異議がないときは、この限りでない。

2 検察官は、審判期日に出席しなければならない。

3 裁判所は、審判期日において、対象者に対し、供述を強いられることはないことを説明した上、当該対象者が第二条第二項に該当するとされる理由の要旨及び第三十三条第一項の申立てがあったことを告げ、当該対象者及び付添人から、意見を聴かなければならない。ただし、第三十一条第八項ただし書に規定する場合における対象者については、この限りでない。

（申立ての却下等）
第四〇条 裁判所は、第二条第二項第一号に規定する対象者について第三十三条第一項の申立てがあった場合において、次の各号のいずれかに掲げる事由に該当するときは、決定をもって、申立てを却下しなければならない。

一 対象行為を行ったと認められない場合

二 心神喪失者及び心神耗弱者のいずれでもないと認める場合

2 裁判所は、検察官が心神喪失者と認めて公訴を提起しない処分をした対象者について、心神耗弱者と認めた場合には、その旨の決定をしなければならない。この場合において、検察官は、当該決定の告知を受けた日から二週間以内に、裁判所に対し、当該申立てを取り下げるか否かを通知しなければならない。

（対象行為の存否についての審理の特則）
第四一条 裁判所は、第二条第二項第一号に規定する対象者について第三十三条第一項の申立てがあった場合において、必要があると認めるときは、検察官及び付添人の意見を聴いて、前条第一項第一号の事由に該当するか否かについての審理及び裁判を別の合議体による裁判所で行う旨の決定をすることができる。

2 前項の合議体は、裁判所法第二十六条第二項に規定する裁判官の合議体とする。この場合において、当該合議体には、処遇事件の係属する裁判所の合議体の構成員である裁判官が加わることができる。

3 第一項の合議体による裁判所は、対象者の呼出し及び同行並びに対象者に対する出頭命令に関し、処遇事件の係属する裁判所と同一の権限を有する。

4 処遇事件の係属する裁判所は、第一項の合議体による裁判所の審理が行われている間においても、審判を行うことができる。ただし、処遇事件を終局させる決定（次条第二項の決定を除く。）を行うことができない。

5 第一項の合議体による裁判所が同項の審理を行うときは、審判期日を開かなければならない。この場合において、審判期日における審判の指揮は、裁判長が行う。

6 第三十九条第二項及び第三項の規定は、前項の審判期日について準用する。

7　処遇事件の係属する裁判所の合議体の構成員である精神保健審判員は、第五項の審判期日に出席することができる。

8　第一項の合議体による裁判所は、前条第一項第一号に規定する事由に該当する旨の決定又は当該事由に該当しない旨の決定をしなければならない。

9　前項の決定は、処遇事件の係属する裁判所を拘束する。

（入院等の決定）

第四二条　裁判所は、第三十三条第一項の申立てがあった場合は、第三十七条第一項に規定する鑑定を基礎とし、かつ、同条第三項に規定する意見及び対象者の生活環境を考慮し、次の各号に掲げる区分に従い、当該各号に定める決定をしなければならない。

一　対象行為を行った際の精神障害を改善し、これに伴って同様の行為を行うことなく、社会に復帰することを促進するため、入院をさせてこの法律による医療を受けさせる必要があると認める場合　医療を受けさせるために入院をさせる旨の決定

二　前号の場合を除き、対象行為を行った際の精神障害を改善し、これに伴って同様の行為を行うことなく、社会に復帰することを促進するため、この法律による医療を受けさせる必要があると認める場合　入院によらない医療を受けさせる旨の決定

三　前二号の場合に当たらないとき　この法律による医療を行わない旨の決定

2　裁判所は、申立てが不適法であると認める場合は、決定をもって、当該申立てを却下しなければならない。

（入院等）

第四三条　前条第一項第一号の決定を受けた者は、厚生労働大臣が定める指定入院医療機関において、入院による医療を受けなければならない。

2　前条第一項第二号の決定を受けた者は、厚生労働大臣が定める指定通院医療機関による入院によらない医療を受けなければならない。

3　厚生労働大臣は、前条第一項第一号又は第二号の決定があったときは、当該決定を受けた者が入院による医療を受けるべき指定入院医療機関又は入院によらない医療を受けるべき指定通院医療機関（病院又は診療所に限る。次項並びに第五十四条第一項及び第二項、第五十六条、第五十九条、第六十一条並びに第百十条において同じ。）を定め、その名称及び所在地を、当該決定を受けた者及びその保護者並びに当該決定をした地方裁判所の所在地を管轄する保護観察所の長に通知しなければならない。

4　厚生労働大臣は、前項の規定により定めた指定入院医療機関又は指定通院医療機関を変更した場合は、変更後の指定入院医療機関又は指定通院医療機関の名称及び所在地を、当該変更後の指定入院医療機関又は指定通院医療機関において医療を受けるべき者及びその保護者並びに当該医療を受けるべき者の当該変更前の居住地を管轄する保護観察所の長に通知しなければならない。

（通院期間）

第四四条　第四十二条第一項第二号の決定による入院によらない医療を行う期間は、当該決定があった日から起算して三年間とする。ただし、裁判所は、通じて二年を超えない範囲で、当該期間を延長することができる。

（被害者等の傍聴）

第四七条　裁判所（第四十一条第一項の合議体による裁判所を含む。）は、この節に規定する審判について、最高裁判所規則で定めるところにより当該対象行為の被害者等（被害者又はその法定代理人若しくは被害者が死亡した場合若しくはその心身に重大な故障がある場合におけるその配偶者、直系の親族若しくは兄弟姉妹をいう。以下同じ。）から申出があるときは、その申出をした者に対し、審判期日において審判を傍聴することを許すことができる。

2　前項の規定により審判を傍聴した者は、正当な理由がないのに当該傍聴により知り得た対象者の氏名その他当該対象者の身上に関する事項を漏らしてはならず、かつ、当該傍聴により知り得た事項をみだりに用いて、当該対象者に対する医療の実施若しくはその社会復帰を妨げ、又は関係人の名誉若しくは生活の平穏を害する行為をしてはならない。

（被害者等に対する通知）

第四八条　裁判所は、第四十条第一項又は第四十二条の決定をした場合において、最高裁判所規

則で定めるところにより当該対象行為の被害者等から申出があるときは、その申出をした者に対し、次に掲げる事項を通知するものとする。ただし、その通知をすることが対象者に対する医療の実施又はその社会復帰を妨げるおそれがあり相当でないと認められるものについては、この限りでない。

一　対象者の氏名及び住居

二　決定の年月日、主文及び理由の要旨

2　前項の申出は、同項に規定する決定が確定した後三年を経過したときは、することができない。

3　前条第二項の規定は、第一項の規定により通知を受けた者について準用する。

第三節　退院又は入院継続

（指定入院医療機関の管理者による申立て）

第四九条　指定入院医療機関の管理者は、当該指定入院医療機関に勤務する精神保健指定医（精神保健及び精神障害者福祉に関する法律（昭和二十五年法律第百二十三号）第十九条の二第二項の規定によりその職務を停止されている者を除く。第百十七条第二項を除き、以下同じ。）による診察の結果、第四十二条第一項第一号又は第六十一条第一項第一号の決定により入院している者について、第三十七条第二項に規定する事項を考慮し、対象行為を行った際の精神障害を改善し、これに伴って同様の行為を行うことなく、社会に復帰することを促進するために入院を継続させてこの法律による医療を行う必要があると認めることができなくなった場合は、保護観察所の長の意見を付して、直ちに、地方裁判所に対し、退院の許可の申立てをしなければならない。

2　指定入院医療機関の管理者は、当該指定入院医療機関に勤務する精神保健指定医による診察の結果、第四十二条第一項第一号又は第六十一条第一項第一号の決定により入院している者について、第三十七条第二項に規定する事項を考慮し、対象行為を行った際の精神障害を改善し、これに伴って同様の行為を行うことなく、社会に復帰することを促進するために入院を継続させてこの法律による医療を行う必要があると認める場合は、保護観察所の長の意見を付して、第四十二条第一項第一号、第五十一条第一項第一号又は第六十一条第一項第一号の決定（これらが複数あるときは、その最後のもの。次項において同じ。）があった日から起算して六月が経過する日までに、地方裁判所に対し、入院継続の確認の申立てをしなければならない。ただし、その者が指定入院医療機関から無断で退去した日（第百条第一項又は第二項の規定により外出又は外泊している者が同条第一項に規定する医学的管理の下から無断で離れた場合における当該離れた日を含む。）の翌日から連れ戻される日の前日までの間及び刑事事件又は少年の保護事件に関する法令の規定によりその身体を拘束された日の翌日からその拘束を解かれる日の前日までの間並びに第百条第三項後段の規定によりその者に対する医療を行わない間は、当該期間の進行は停止するものとする。

3　指定入院医療機関は、前二項の申立てをした場合は、第四十二条第一項第一号、第五十一条第一項第一号又は第六十一条第一項第一号の決定があった日から起算して六月が経過した後も、前二項の申立てに対する決定があるまでの間、その者の入院を継続してこの法律による医療を行うことができる。

（退院の許可等の申立て）

第五〇条　第四十二条第一項第一号又は第六十一条第一項第一号の決定により入院している者、その保護者又は付添人は、地方裁判所に対し、退院の許可又はこの法律による医療の終了の申立てをすることができる。

（退院の許可又は入院継続の確認の決定）

第五一条　裁判所は、第四十九条第一項若しくは第二項又は前条の申立てがあった場合は、指定入院医療機関の管理者の意見（次条の規定により鑑定を命じた場合は、指定入院医療機関の管理者の意見及び当該鑑定）を基礎とし、かつ、対象者の生活環境（次条の規定により鑑定を命じた場合は、対象者の生活環境及び同条後段において準用する第三十七条第三項に規定する意見）を考慮し、次の各号に掲げる区分に従い、当該各号に定める決定をしなければならない。

一　対象行為を行った際の精神障害を改善し、これに伴って同様の行為を行うことなく、社会に復帰することを促進するため、入院を継続させてこの法律による医療を受けさせる必要があると認める場合　退院の許可の申立て若しくはこの法律による医療の終了の申立て

を棄却し、又は入院を継続すべきことを確認する旨の決定

二　前号の場合を除き、対象行為を行った際の精神障害を改善し、これに伴って同様の行為を行うことなく、社会に復帰することを促進するため、この法律による医療を受けさせる必要があると認める場合　退院を許可するとともに入院によらない医療を受けさせる旨の決定

三　前二号の場合に当たらないとき　この法律による医療を終了する旨の決定

2　裁判所は、申立てが不適法であると認める場合は、決定をもって、当該申立てを却下しなければならない。

3　第四十三条第二項から第四項までの規定は、第一項第二号の決定を受けた者について準用する。

4　第四十四条の規定は、第一項第二号の決定について準用する。

（対象者の鑑定）

第五二条　裁判所は、この節に規定する審判のため必要があると認めるときは、対象者に関し、精神障害者であるか否か及び対象行為を行った際の精神障害を改善し、これに伴って同様の行為を行うことなく、社会に復帰することを促進するためにこの法律による医療を受けさせる必要があるか否かについて、精神保健判定医又はこれと同等以上の学識経験を有すると認める医師に鑑定を命ずることができる。第三十七条第二項から第四項までの規定は、この場合について準用する。

第四節　処遇の終了又は通院期間の延長

（保護観察所の長による申立て）

第五四条　保護観察所の長は、第四十二条第一項第二号又は第五十一条第一項第二号の決定を受けた者について、対象行為を行った際の精神障害を改善し、これに伴って同様の行為を行うことなく、社会に復帰することを促進するためにこの法律による医療を受けさせる必要があると認めることができなくなった場合は、当該決定を受けた者に対して入院によらない医療を行う指定通院医療機関の管理者と協議の上、直ちに、地方裁判所に対し、この法律による医療の終了の申立てをしなければならない。この場合において、保護観察所の長は、当該指定通院医療機関の管理者の意見を付さなければならない。

2　保護観察所の長は、第四十二条第一項第二号又は第五十一条第一項第二号の決定を受けた者について、対象行為を行った際の精神障害を改善し、これに伴って同様の行為を行うことなく、社会に復帰することを促進するために当該決定による入院によらない医療を行う期間を延長してこの法律による医療を受けさせる必要があると認める場合は、当該決定を受けた者に対して入院によらない医療を行う指定通院医療機関の管理者と協議の上、当該期間が満了する日までに、地方裁判所に対し、当該期間の延長の申立てをしなければならない。この場合において、保護観察所の長は、当該指定通院医療機関の管理者の意見を付さなければならない。

3　指定通院医療機関及び保護観察所の長は、前二項の申立てがあった場合は、当該決定により入院によらない医療を行う期間が満了した後も、前二項の申立てに対する決定があるまでの間、当該決定を受けた者に対して医療及び精神保健観察を行うことができる。

（処遇の終了の申立て）

第五五条　第四十二条第一項第二号又は第五十一条第一項第二号の決定を受けた者、その保護者又は付添人は、地方裁判所に対し、この法律による医療の終了の申立てをすることができる。

（処遇の終了又は通院期間の延長の決定）

第五六条　裁判所は、第五十四条第一項若しくは第二項又は前条の申立てがあった場合は、指定通院医療機関の管理者の意見（次条の規定により鑑定を命じた場合は、指定通院医療機関の管理者の意見及び当該鑑定）を基礎とし、かつ、対象者の生活環境を考慮し、次の各号に掲げる区分に従い、当該各号に定める決定をしなければならない。

一　対象行為を行った際の精神障害を改善し、これに伴って同様の行為を行うことなく、社会に復帰することを促進するため、この法律による医療を受けさせる必要があると認める場合　この法律による医療の終了の申立てを棄却し、又は第四十二条第一項第二号若しくは第五十一条第一項第二号の決定による入院によらない医療を行う期間を延長する旨の決定

二　前号の場合に当たらないとき　この法律による医療を終了する旨の決定

２　裁判所は、申立てが不適法であると認める場合は、決定をもって、当該申立てを却下しなければならない。

３　裁判所は、第一項第一号に規定する期間を延長する旨の決定をするときは、延長する期間を定めなければならない。

（対象者の鑑定）

第五七条　裁判所は、この節に規定する審判のため必要があると認めるときは、対象者に関し、精神障害者であるか否か及び対象行為を行った際の精神障害を改善し、これに伴って同様の行為を行うことなく、社会に復帰することを促進するためにこの法律による医療を受けさせる必要があるか否かについて、精神保健判定医又はこれと同等以上の学識経験を有すると認める医師に鑑定を命ずることができる。第三十七条第二項及び第四項の規定は、この場合について準用する。

第五節　再入院等

（保護観察所の長による申立て）

第五九条　保護観察所の長は、第四十二条第一項第二号又は第五十一条第一項第二号の決定を受けた者について、対象行為を行った際の精神障害を改善し、これに伴って同様の行為を行うことなく、社会に復帰することを促進するために入院をさせてこの法律による医療を受けさせる必要があると認めるに至った場合は、当該決定を受けた者に対して入院によらない医療を行う指定通院医療機関の管理者と協議の上、地方裁判所に対し、入院の申立てをしなければならない。この場合において、保護観察所の長は、当該指定通院医療機関の管理者の意見を付さなければならない。

２　第四十二条第一項第二号又は第五十一条第一項第二号の決定を受けた者が、第四十三条第二項（第五十一条第三項において準用する場合を含む。）の規定に違反し又は第百七条各号に掲げる事項を守らず、そのため継続的な医療を行うことが確保できないと認める場合も、前項と同様とする。ただし、緊急を要するときは、同項の協議を行わず、又は同項の意見を付さないことができる。

３　第五十四条第三項の規定は、前二項の規定による申立てがあった場合について準用する。

（鑑定入院命令）

第六〇条　前条第一項又は第二項の規定による申立てを受けた地方裁判所の裁判官は、必要があると認めるときは、鑑定その他医療的観察のため、当該対象者を入院させ次条第一項又は第二項の決定があるまでの間在院させる旨を命ずることができる。この場合において、裁判官は、呼出し及び同行に関し、裁判所と同一の権限を有する。

２　前項の命令を発するには、裁判官は、当該対象者に対し、あらかじめ、供述を強いられることはないこと及び弁護士である付添人を選任することができることを説明した上、前条第一項又は第二項の規定による申立ての理由の要旨を告げ、陳述する機会を与えなければならない。ただし、当該対象者の心身の障害により又は正当な理由がなく裁判官の面前に出頭しないため、これらを行うことができないときは、この限りでない。

３　第一項の命令による入院の期間は、当該命令が執行された日から起算して一月を超えることができない。ただし、裁判所は、必要があると認めるときは、通じて一月を超えない範囲で、決定をもって、この期間を延長することができる。

４　第二十八条第六項、第二十九条第三項及び第三十四条第四項の規定は、第一項の命令の執行について準用する。この場合において、第三十四条第四項中「検察官」とあるのは「保護観察所の職員」と、「執行を嘱託するものとする」とあるのは「執行をさせるものとする」と読み替えるものとする。

５　第三十四条第六項の規定は、第一項の命令について準用する。

（入院等の決定）

第六一条　裁判所は、第五十九条第一項又は第二項の規定による申立てがあった場合は、指定通院医療機関の管理者の意見（次条第一項の規定により鑑定を命じた場合は、指定通院医療機関の管理者の意見及び当該鑑定）を基礎とし、かつ、対象者の生活環境（次条第一項の規定により鑑定を命じた場合は、対象者の生活環境及び同条第一項後段において準用する第三十七条第三項に規定する意見）を考慮し、次の各号に掲げる区分に従い、当該各号に定める決定をしなければならない。

一　対象行為を行った際の精神障害を改善し、これに伴って同様の行為を行うことなく、社会に復帰することを促進するため、入院をさせてこの法律による医療を受けさせる必要があると認める場合　医療を受けさせるために入院をさせる旨の決定

二　前号の場合を除き、対象行為を行った際の精神障害を改善し、これに伴って同様の行為を行うことなく、社会に復帰することを促進するため、この法律による医療を受けさせる必要があると認める場合　申立てを棄却する旨の決定

三　前二号の場合に当たらないとき　この法律による医療を終了する旨の決定

2　裁判所は、申立てが不適法であると認める場合は、決定をもって、当該申立てを却下しなければならない。

3　裁判所は、第一項第二号の決定をする場合において、第四十二条第一項第二号又は第五十一条第一項第二号の決定による入院によらない医療を行う期間を延長する必要があると認めるときは、当該期間を延長する旨の決定をすることができる。第五十六条第三項の規定は、この場合について準用する。

4　第四十三条第一項、第三項及び第四項の規定は、第一項第一号の決定を受けた者について準用する。

5　第四十五条第一項から第五項までの規定は、第一項第一号の決定の執行について準用する。

6　第二十八条第一項及び第四項から第六項までの規定は、前項において準用する第四十五条第四項及び第五項に規定する同行状の執行について準用する。この場合において、第二十八条第一項中「検察官にその執行を嘱託し、又は保護観察所の職員にこれを執行させることができる」とあるのは、「保護観察所の職員にこれを執行させることができる」と読み替えるものとする。

（対象者の鑑定）

第六二条　裁判所は、この節に規定する審判のため必要があると認めるときは、対象者に関し、精神障害者であるか否か及び対象行為を行った際の精神障害を改善し、これに伴って同様の行為を行うことなく、社会に復帰することを促進するためにこの法律による医療を受けさせる必要があるか否かについて、精神保健判定医又はこれと同等以上の学識経験を有すると認める医師に鑑定を命ずることができる。第三十七条第二項から第四項までの規定は、この場合について準用する。

2　裁判所は、第六十条第一項前段の命令が発せられていない対象者について前項の鑑定を命ずる場合において、必要があると認めるときは、決定をもって、鑑定その他医療的観察のため、当該対象者を入院させ前条第一項又は第二項の決定があるまでの間在院させる旨を命ずることができる。第六十条第二項から第四項までの規定は、この場合について準用する。

第六節　抗告

（抗告）

第六四条　検察官は第四十条第一項又は第四十二条の決定に対し、指定入院医療機関の管理者は第五十一条第一項又は第二項の決定に対し、保護観察所の長は第五十六条第一項若しくは第二項又は第六十一条第一項から第三項までの決定に対し、それぞれ、決定に影響を及ぼす法令の違反、重大な事実の誤認又は処分の著しい不当を理由とする場合に限り、二週間以内に、抗告をすることができる。

2　対象者、保護者又は付添人は、決定に影響を及ぼす法令の違反、重大な事実の誤認又は処分の著しい不当を理由とする場合に限り、第四十二条第一項、第五十一条第一項若しくは第二項、第五十六条第一項若しくは第二項又は第六十一条第一項若しくは第三項の決定に対し、二週間以内に、抗告をすることができる。ただし、付添人は、選任者である保護者の明示した意思に反して、抗告をすることができない。

3　第四十一条第一項の合議体による裁判所の裁判は、当該裁判所の同条第八項の決定に基づく第四十条第一項又は第四十二条第一項の決定に対する抗告があったときは、抗告裁判所の判断を受ける。

（抗告の取下げ）

第六五条　抗告は、抗告審の終局決定があるまで、取り下げることができる。ただし、付添人は、選任者である保護者の明示した意思に反して、取り下げることができない。

（抗告裁判所の調査の範囲）

第六六条　抗告裁判所は、抗告の趣意に含まれている事項に限り、調査をするものとする。

２　抗告裁判所は、抗告の趣意に含まれていない事項であっても、抗告の理由となる事由に関しては、職権で調査をすることができる。

（必要的付添人）

第六七条　抗告裁判所は、第四十二条の決定に対して抗告があった場合において、対象者に付添人がないときは、付添人を付さなければならない。ただし、当該抗告が第六十四条第一項又は第二項に規定する期間の経過後にあったものであることが明らかなときは、この限りでない。

（抗告審の裁判）

第六八条　抗告の手続がその規定に違反したとき、又は抗告が理由のないときは、決定をもって、抗告を棄却しなければならない。

２　抗告が理由のあるときは、決定をもって、原決定を取り消して、事件を原裁判所に差し戻し、又は他の地方裁判所に移送しなければならない。ただし、第四十条第一項各号のいずれかに掲げる事由に該当するときは、原決定を取り消して、更に決定をすることができる。

（執行の停止）

第六九条　抗告は、執行を停止する効力を有しない。ただし、原裁判所又は抗告裁判所は、決定をもって、執行を停止することができる。

（再抗告）

第七〇条　検察官、指定入院医療機関の管理者若しくは保護観察所の長又は対象者、保護者若しくは付添人は、憲法に違反し、若しくは憲法の解釈に誤りがあること、又は最高裁判所若しくは上訴裁判所である高等裁判所の判例と相反する判断をしたことを理由とする場合に限り、抗告裁判所のした第六十八条の決定に対し、二週間以内に、最高裁判所に特に抗告をすることができる。ただし、付添人は、選任者である保護者の明示した意思に反して、抗告をすることができない。

２　第六十五条から第六十七条まで及び前条の規定は、前項の抗告に関する手続について準用する。

（再抗告審の裁判）

第七一条　前条第一項の抗告の手続がその規定に違反したとき、又は抗告が理由のないときは、決定をもって、抗告を棄却しなければならない。

２　前条第一項の抗告が理由のあるときは、決定をもって、原決定を取り消さなければならない。この場合には、地方裁判所の決定を取り消して、事件を地方裁判所に差し戻し、又は他の地方裁判所に移送することができる。

第七節　雑則

（競合する処分の調整）

第七六条　裁判所は、第四十二条第一項第一号若しくは第二号、第五十一条第一項第二号又は第六十一条第一項第一号の決定を受けた者について、当該対象行為以外の行為について有罪の裁判（懲役又は禁錮の刑を言い渡し、その刑の全部の執行猶予の言渡しをしない裁判であって、執行すべき刑期があるものに限る。）が確定し、その裁判において言い渡された刑の執行が開始された場合であって相当と認めるときその他のこの法律による医療を行う必要がないと認めるに至ったときは、指定入院医療機関の管理者又は保護観察所の長の申立てにより、この法律による医療を終了する旨の決定をすることができる。

２　裁判所は、対象者について、二以上の第四十二条第一項第一号若しくは第二号、第五十一条第一項第一号の決定があった場合において、相当と認めるときは、指定入院医療機関の管理者又は保護観察所の長の申立てにより、決定をもって、これらの決定のうちのいずれかを取り消すことができる。

注　第七十六条は、令和四年六月一七日法律第六八号により次のように改正され、令和四年六月一七日から起算して三年を超えない範囲内において政令で定める日から施行される。

第七十六条第一項中「懲役又は禁錮の刑」を「拘禁刑」に改める。

第三章　医療

第一節　医療の実施

（医療の実施）

第八一条　厚生労働大臣は、第四十二条第一項第一号若しくは第二号、第五十一条第一項第二号

又は第六十一条第一項第一号の決定を受けた者に対し、その精神障害の特性に応じ、円滑な社会復帰を促進するために必要な医療を行わなければならない。

２　前項に規定する医療の範囲は、次のとおりとする。

一　診察

二　薬剤又は治療材料の支給

三　医学的処置及びその他の治療

四　居宅における療養上の管理及びその療養に伴う世話その他の看護

五　病院への入院及びその療養に伴う世話その他の看護

六　移送

３　第一項に規定する医療は、指定医療機関に委託して行うものとする。

（指定医療機関の義務）

第八二条　指定医療機関は、厚生労働大臣の定めるところにより、前条第一項に規定する医療を担当しなければならない。

２　指定医療機関は、前条第一項に規定する医療を行うについて、厚生労働大臣の行う指導に従わなければならない。

第二節　精神保健指定医の必置等

（精神保健指定医の必置）

第八六条　指定医療機関（病院又は診療所に限る。次条において同じ。）の管理者は、厚生労働省令で定めるところにより、その指定医療機関に常時勤務する精神保健指定医を置かなければならない。

（精神保健指定医の職務）

第八七条　指定医療機関に勤務する精神保健指定医は、第四十九条第一項又は第二項の規定により入院を継続させてこの法律による医療を行う必要があるかどうかの判定、第九十二条第三項に規定する行動の制限を行う必要があるかどうかの判定、第百条第一項第一号の規定により外出させて経過を見ることが適当かどうかの判定、同条第二項第一号の規定により外泊させて経過を見ることが適当かどうかの判定、第百十条第一項第一号の規定によりこの法律による医療を行う必要があるかどうかの判定、同項第二号の規定により入院をさせてこの法律による医療を行う必要があるかどうかの判定及び同条第二項の規定により入院によらない医療を行う期間を延長してこの法律による医療を行う必要があるかどうかの判定の職務を行う。

２　精神保健指定医は、前項に規定する職務のほか、公務員として、第九十六条第四項の規定による診察並びに第九十七条第一項の規定による立入検査、質問及び診察を行う。

第三節　指定医療機関の管理者の講ずる措置

（指定医療機関への入院等）

第八九条　指定入院医療機関の管理者は、病床（病院の一部について第十六条第一項の指定を受けている指定入院医療機関にあっては、その指定に係る病床）に既に第四十二条第一項第一号又は第六十一条第一項第一号の決定を受けた者が入院しているため余裕がない場合のほかは、第四十二条第一項第一号又は第六十一条第一項第一号の決定を受けた者を入院させなければならない。

２　指定通院医療機関の管理者は、正当な事由がなければ、第四十二条第一項第二号又は第五十一条第一項第二号の決定を受けた者に対する入院によらない医療の提供を拒んではならない。

（相談、援助等）

第九一条　指定医療機関の管理者は、第四十二条第一項第一号若しくは第二号、第五十一条第一項第二号又は第六十一条第一項第一号の決定により当該指定医療機関において医療を受ける者の社会復帰の促進を図るため、その者の相談に応じ、その者に必要な援助を行い、並びにその保護者及び精神障害者の医療、保健又は福祉に関する機関との連絡調整を行うように努めなければならない。この場合において、指定医療機関の管理者は、保護観察所の長と連携を図らなければならない。

第四節　入院者に関する措置

（生活環境の調整）

第一〇一条　保護観察所の長は、第四十二条第一項第一号又は第六十一条第一項第一号の決定があったときは、当該決定を受けた者の社会復帰の促進を図るため、当該決定を受けた者及びその家族等の相談に応じ、当該決定を受けた者が、指定入院医療機関の管理者による第九十一条の規定に基づく援助並びに都道府県及び市町村（特別区を含む。以下同じ。）による精神保健及び精神障害者福祉に関する法律第四十七条又は第四十九条、障害者の日常生活及び社会生活を総合的に支援するための法律（平成十七年法律第百二十三号）第二十九条その他の精神障害者の保健又は福祉に関する法令の規定に基づく援助を受けることができるようあっせんする等の方法により、退院後の生活環境の調整を行わなければならない。

2 保護観察所の長は、前項の援助が円滑かつ効果的に行われるよう、当該指定入院医療機関の管理者並びに当該決定を受けた者の居住地を管轄する都道府県知事及び市町村長に対し、必要な協力を求めることができる。

第四章 地域社会における処遇

第一節 処遇の実施計画

（処遇の実施計画）

第一〇四条 保護観察所の長は、第四十二条第一項第二号又は第五十一条第一項第二号の決定があったときは、当該決定を受けた者に対して入院によらない医療を行う指定通院医療機関の管理者並びに当該決定を受けた者の居住地を管轄する都道府県知事及び市町村長と協議の上、その処遇に関する実施計画を定めなければならない。

2 前項の実施計画には、政令で定めるところにより、指定通院医療機関の管理者による医療、社会復帰調整官が実施する精神保健観察並びに指定通院医療機関の管理者による第九十一条の規定に基づく援助、都道府県及び市町村による精神保健及び精神障害者福祉に関する法律第四十七条又は第四十九条、障害者の日常生活及び社会生活を総合的に支援するための法律第二十九条その他の精神障害者の保健又は福祉に関する法令の規定に基づく援助その他当該決定を受けた者に対してなされる援助について、その内容及び方法を記載するものとする。

3 保護観察所の長は、当該決定を受けた者の処遇の状況等に応じ、当該決定を受けた者に対して入院によらない医療を行う指定通院医療機関の管理者並びに当該決定を受けた者の居住地を管轄する都道府県知事及び市町村長と協議の上、第一項の実施計画について必要な見直しを行わなければならない。

第二節 精神保健観察

（精神保健観察）

第一〇六条 第四十二条第一項第二号又は第五十一条第一項第二号の決定を受けた者は、当該決定による入院によらない医療を行う期間中、精神保健観察に付する。

2 精神保健観察は、次に掲げる方法によって実施する。

一 精神保健観察に付されている者と適当な接触を保ち、指定通院医療機関の管理者並びに都道府県知事及び市町村長から報告を求めるなどして、当該決定を受けた者が必要な医療を受けているか否か及びその生活の状況を見守ること。

二 継続的な医療を受けさせるために必要な指導その他の措置を講ずること。

第四節 報告等

（保護観察所の長に対する通知等）

第一一〇条 指定通院医療機関の管理者は、当該指定通院医療機関に勤務する精神保健指定医による診察の結果、第四十二条第一項第二号又は第五十一条第一項第二号の決定を受けた者について、第三十七条第二項に規定する事項を考慮し、次の各号のいずれかに該当すると認める場合は、直ちに、保護観察所の長に対し、その旨を通知しなければならない。

一 対象行為を行った際の精神障害を改善し、これに伴って同様の行為を行うことなく、社会に復帰することを促進するため、この法律による医療を行う必要があると認めることができなくなったとき。

二 対象行為を行った際の精神障害を改善し、これに伴って同様の行為を行うことなく、社会に復帰することを促進するため、入院をさせてこの法律による医療を行う必要があると認めるに至ったとき。

2 指定通院医療機関の管理者は、当該指定通院医療機関に勤務する精神保健指定医による診察の結果、第四十二条第一項第二号又は第五十一条第一項第二号の決定を受けた者について、第三十七条第二項に規定する事項を考慮し、対象行為を行った際の精神障害を改善し、これに伴って同様の行為を行うことなく、社会に復帰することを促進するために当該決定による入院によらない医療を行う期間を延長してこの法律による医療を行う必要があると認める場合は、保護観察所の長に対し、その旨を通知しなければならない。

第一一一条 指定通院医療機関の管理者並びに都道府県知事及び市町村長は、第四十二条第一項第二号又は第五十一条第一項第二号の決定を受けた者について、第四十三条第二項（第五十一条第三項において準用する場合を含む。）の規定に違反する事実又は第百七条各号に掲げる事項を守らない事実があると認めるときは、速やかに、保護観察所の長に通報しなければならない。

第五節　雑則

（保護観察所の長による緊急の保護）

第一一二条 保護観察所の長は、第四十二条第一項第二号又は第五十一条第一項第二号の決定を受けた者が、親族又は公共の衛生福祉その他の施設から必要な保護を受けることができないため、現に、その生活の維持に著しい支障を生じている場合には、当該決定を受けた者に対し、金品を給与し、又は貸与する等の緊急の保護を行うことができる。

2　保護観察所の長は、前項の規定により支払った費用を、期限を指定して、当該決定を受けた者又はその扶養義務者から徴収しなければならない。ただし、当該決定を受けた者及びその扶養義務者が、その費用を負担することができないと認めるときは、この限りでない。

発達障害者支援法の概要

1　制定の経緯

発達障害は、人口に占める割合は高いにもかかわらず、法制度もなく、永年に亘り制度の谷間になってきました。また、発達障害に関する専門家は少なく、地域における関係者の連携も十分とは言えない状況にあるため、家族が、地域で孤立しがちになるという問題も指摘されてきました。

発達障害者支援法は、こうした問題に対応するため、発達障害の定義と法的な位置づけを確立し、乳幼児期から成人期までの地域における一貫した支援を促進するとともに、専門家の確保と関係者の緊密な連携を確保することで子育てに対する国民の不安の軽減を図るものとして、平成一六年に制定されました。

平成二八年には、日本も障害者権利条約を締結したことなどを受け、制定から一〇年ぶりに制度の見直しが行われ、発達障害者の定義の見直し、基本理念に関する規定の追加、国、都道府県による就労の定着支援の創設、発達障害者支援を行う関係機関との連携、地域支援機能の強化など、発達障害者の支援の一層の充実を目指すための改正が行われました。

2　法の概要

(1)　法の目的

発達障害者の症状の発現後できるだけ早期に発達支援を行うとともに、切れ目なく、発達障害者の支援を行うことが特に重要であることに鑑み、障害者基本法の基本的な理念にのっとり、発達障害者が基本的人権を享有する個人としての尊厳にふさわしい日常生活又は社会生活を営むことができるよう、発達障害を早期に発見し、発達支援を行うことに関する国及び地方公共団体の責務を明らかにするとともに、学校教育における発達障害者への支援、発達障害者の就労の支援、発達障害者支援センターの指定等について定めることにより、発達障害者の自立及び社会参加のためのその生活全般にわたる支援を図り、もって障害の有無によって分け隔てられることなく、相互に人格と個性を尊重し合いながら共生する社会の実現に資することを目的としています。

(2)　発達障害の定義

この法律で対象となる「発達障害」とは、自閉症、アスペルガー症候群その他の広汎性発達障害、学習障害、注意欠陥多動性障害その他これに類する脳機能の障害であってその症状が通常低年齢において発現するものとして政令で定めるものをいいます。また、「発達障害者」とは、発達障害がある者で発達障害及び社会的障壁により日常生活又は社会生活に制限を受けるものをいい、「発達障害児」とは、発達障害者のうち一八歳未満のものをいいます。

(3)　基本理念

発達障害者への支援における基本的な規定として、平成二八年の改正により追加されました。発達障害者への支援は、①社会参加の機会が確保されること等を旨として行われなければならない、②社会的障壁の除去に資することを旨として行われなければならない、③個々の性別、年齢、障害の状態等の実態に応じて、その意思決定の支援に配慮しつつ行われなければならないとされています。

(4)　国、地方公共団体及び国民の責務

国及び地方公共団体は、発達障害の早期発見のため必要な措置を講じるとともに、発見後の支援を効果的・継続的に行っていくこととしています。また、国民は、個々の発達障害の特性その他発達障害に関する理解を深めるとともに、基本理念にのっとり発達障害者の自立及び社会参加に協力するように努めなければならないとしています。

(5)　児童の発達障害の早期発見及び発達障害者の支援

国及び地方公共団体は、それぞれに課された責務の下、児童の発達障害の早期発見、早期の発達支援、保育、教育及び放課後児童健全育成事業の利用、情報の共有の促進、発達障害者の就労支援、地域での生活支援、権利利益の擁護及び司法手続における配慮並びに家族等への支援を行うこととしています。

(6)　発達障害者支援センター等

都道府県では、発達障害者に対する支援を行う中核機関として「発達障害者支援センター」を置き、発達障害者又はその家族に対する専門的な相談支援、情報の提供若しくは助言、発達障害者に対する専門的な発達支援及び就労支援その他の業務を行わせています。

また、都道府県は、専門的な発達障害の診断及び発達支援を行う病院又は診療所を確保することとされています。

(7) 教育

国及び地方公共団体は、可能な限り発達障害児が発達障害児でない児童と共に教育を受けられるよう配慮することとされています。また、個別の教育支援計画の作成、いじめの防止等のための対策の推進、専修学校の高等課程についても教育に関する支援の対象に含まれること等が規定されています。

(8) 司法手続における配慮

平成二八年の改正により追加されました。国及び地方公共団体は、発達障害者が刑事事件等の手続の対象となった場合に、その者の権利を円滑に行使できるようにするため、個々の特性に応じた意思疎通の手段の確保等、適切な配慮をするものとされています。

(9) その他

国及び地方公共団体は、個々の発達障害者の特性に応じた支援を行う民間団体への支援や、国民の理解を得るための普及・啓発、専門的知識を有する人材の確保及び発達障害者支援地域協議会の設置等、必要な措置を講じるものとしています。

3 関係主要法令等

◉発達障害者支援法施行令（平一七政令一五〇）

◉発達障害者支援法施行規則（平一七厚労令八一）

◉発達障害者支援法

（平成一六・一二・一〇法律一六七）

注　平二八法律六四改正現在

第一章　総則

（目的）

第一条　この法律は、発達障害者の心理機能の適正な発達及び円滑な社会生活の促進のために発達障害の症状の発現後できるだけ早期に発達支援を行うとともに、切れ目なく発達障害者の支援を行うことが特に重要であることに鑑み、障害者基本法（昭和四十五年法律第八十四号）の基本的な理念にのっとり、発達障害者が基本的人権を享有する個人としての尊厳にふさわしい日常生活又は社会生活を営むことができるよう、発達障害を早期に発見し、発達支援を行うことに関する国及び地方公共団体の責務を明らかにするとともに、学校教育における発達障害者への支援、発達障害者の就労の支援、発達障害者支援センターの指定等について定めることにより、発達障害者の自立及び社会参加のためのその生活全般にわたる支援を図り、もって全ての国民が、障害の有無によって分け隔てられることなく、相互に人格と個性を尊重し合いながら共生する社会の実現に資することを目的とする。

（定義）

第二条　この法律において「**発達障害**」とは、自閉症、アスペルガー症候群その他の広汎性発達障害、学習障害、注意欠陥多動性障害その他これに類する脳機能の障害であってその症状が通常低年齢において発現するものとして政令で定めるものをいう。

2　この法律において「**発達障害者**」とは、発達障害がある者であって発達障害及び社会的障壁により日常生活又は社会生活に制限を受けるものをいい、「**発達障害児**」とは、発達障害者のうち十八歳未満のものをいう。

3　この法律において「**社会的障壁**」とは、発達障害がある者にとって日常生活又は社会生活を営む上で障壁となるような社会における事物、制度、慣行、観念その他一切のものをいう。

4　この法律において「**発達支援**」とは、発達障害者に対し、その心理機能の適正な発達を支援し、及び円滑な社会生活を促進するため行う個々の発達障害者の特性に対応した医療的、福祉的及び教育的援助をいう。

（基本理念）

第二条の二　発達障害者の支援は、全ての発達障害者が社会参加の機会が確保されること及びどこで誰と生活するかについての選択の機会が確保され、地域社会において他の人々と共生することを妨げられないことを旨として、行われなければならない。

2　発達障害者の支援は、社会的障壁の除去に資することを旨として、行われなければならない。

3　発達障害者の支援は、個々の発達障害者の性別、年齢、障害の状態及び生活の実態に応じて、かつ、医療、保健、福祉、教育、労働等に関する業務を行う関係機関及び民間団体相互の緊密な連携の下に、その意思決定の支援に配慮しつつ、切れ目なく行われなければならない。

（国及び地方公共団体の責務）

第三条　国及び地方公共団体は、発達障害者の心理機能の適正な発達及び円滑な社会生活の促進のために発達障害の症状の発現後できるだけ早期に発達支援を行うことが特に重要であることに鑑み、前条の基本理念（次項及び次条において「**基本理念**」という。）にのっとり、発達障害の早期発見のため必要な措置を講じるものとする。

2　国及び地方公共団体は、基本理念にのっとり、発達障害児に対し、発達障害の症状の発現後できるだけ早期に、その者の状況に応じて適切に、就学前の発達支援、学校における発達支援その他の発達支援が行われるとともに、発達障害者に対する就労、地域における生活等に関する支援及び発達障害者の家族その他の関係者に対する支援が行われるよう、必要な措置を講じるものとする。

3　国及び地方公共団体は、発達障害者及びその家族その他の関係者からの各種の相談に対し、個々の発達障害者の特性に配慮しつつ総合的に応ずることができるようにするため、医療、保健、福祉、教育、労働等に関する業務を行う関係機関及び民間団体相互の有機的連携の下に必要な相談体制の整備を行うものとする。

4　発達障害者の支援等の施策が講じられるに当たっては、発達障害者及び発達障害児の保護者（親権を行う者、未成年後見人その他の者で、児童を現に監護するものをいう。以下同じ。）の意思ができる限り尊重されなければならないものとする。

5　国及び地方公共団体は、発達障害者の支援等の施策を講じるに当たっては、医療、保健、福祉、教育、労働等に関する業務を担当する部局の相互の緊密な連携を確保するとともに、発達障害者が被害を受けること等を防止するため、これらの部局と消費生活、警察等に関する業務を担当する部局その他の関係機関との必要な協力体制の整備を行うものとする。

（国民の責務）

第四条　国民は、個々の発達障害の特性その他発達障害に関する理解を深めるとともに、基本理念にのっとり、発達障害者の自立及び社会参加に協力するように努めなければならない。

第二章　児童の発達障害の早期発見及び発達障害者の支援のための施策

（児童の発達障害の早期発見等）

第五条　市町村は、母子保健法（昭和四十年法律第百四十一号）第十二条及び第十三条に規定する健康診査を行うに当たり、発達障害の早期発見に十分留意しなければならない。

2　市町村の教育委員会は、学校保健安全法（昭和三十三年法律第五十六号）第十一条に規定する健康診断を行うに当たり、発達障害の早期発見に十分留意しなければならない。

3　市町村は、児童に発達障害の疑いがある場合には、適切に支援を行うため、当該児童の保護者に対し、継続的な相談、情報の提供及び助言を行うよう努めるとともに、必要に応じ、当該児童が早期に医学的又は心理学的判定を受けることができるよう、当該児童の保護者に対し、第十四条第一項の発達障害者支援センター、第十九条の規定により都道府県が確保した医療機関その他の機関（次条第一項において「**センター等**」という。）を紹介し、又は助言を行うものとする。

4　市町村は、前三項の措置を講じるに当たっては、当該措置の対象となる児童及び保護者の意思を尊重するとともに、必要な配慮をしなければならない。

5　都道府県は、市町村の求めに応じ、児童の発達障害の早期発見に関する技術的事項についての指導、助言その他の市町村に対する必要な技術的援助を行うものとする。

（早期の発達支援）

第六条　市町村は、発達障害児が早期の発達支援を受けることができるよう、発達障害…に対し、その相談に応じ、セン…紹介し、又は助言を行い、その他…措置を講じるものとする。

…前条第四項の規定は、前項の措置を講じる場合について準用する。

3 都道府県は、発達障害児の早期の発達支援のために必要な体制の整備を行うとともに、発達障害児に対して行われる発達支援の専門性を確保するため必要な措置を講じるものとする。

（保育）

第七条 市町村は、児童福祉法（昭和二十二年法律第百六十四号）第二十四条第一項の規定により保育所における保育を行う場合又は同条第二項の規定による必要な保育を確保するための措置を講じる場合は、発達障害児の健全な発達が他の児童と共に生活することを通じて図られるよう適切な配慮をするものとする。

（教育）

第八条 国及び地方公共団体は、発達障害児（十八歳以上の発達障害者であって高等学校、中等教育学校及び特別支援学校並びに専修学校の高等課程に在学する者を含む。以下この項において同じ。）が、その年齢及び能力に応じ、かつ、その特性を踏まえた十分な教育を受けられるようにするため、可能な限り発達障害児が発達障害児でない児童と共に教育を受けられるよう配慮しつつ、適切な教育的支援を行うこと、個別の教育支援計画の作成（教育に関する業務を行う関係機関と医療、保健、福祉、労働等に関する業務を行う関係機関及び民間団体との連携の下に行う個別の長期的な支援に関する計画の作成をいう。）及び個別の指導に関する計画の作成の推進、いじめの防止等のための対策の推進その他の支援体制の整備を行うことその他必要な措置を講じるものとする。

2 大学及び高等専門学校は、個々の発達障害者の特性に応じ、適切な教育上の配慮をするものとする。

（放課後児童健全育成事業の利用）

第九条 市町村は、放課後児童健全育成事業について、発達障害児の利用の機会の確保を図るため、適切な配慮をするものとする。

（情報の共有の促進）

第九条の二 国及び地方公共団体は、個人情報の保護に十分配慮しつつ、福祉及び教育に関する業務を行う関係機関及び民間団体が医療、保健、労働等に関する業務を行う関係機関及び民間団体と連携を図りつつ行う発達障害者の支援に資する情報の共有を促進するため必要な措置を講じるものとする。

（就労の支援）

第一〇条 国及び都道府県は、発達障害者が就労することができるようにするため、発達障害者の就労を支援するため必要な体制の整備に努めるとともに、公共職業安定所、地域障害者職業センター（障害者の雇用の促進等に関する法律（昭和三十五年法律第百二十三号）第十九条第一項第三号の地域障害者職業センターをいう。）、障害者就業・生活支援センター（同法第二十七条第一項の規定による指定を受けた者をいう。）、社会福祉協議会、教育委員会その他の関係機関及び民間団体相互の連携を確保しつつ、個々の発達障害者の特性に応じた適切な就労の機会の確保、就労の定着のための支援その他の必要な支援に努めなければならない。

2 都道府県及び市町村は、必要に応じ、発達障害者が就労のための準備を適切に行えるようにするための支援が学校において行われるよう必要な措置を講じるものとする。

3 事業主は、発達障害者の雇用に関し、その有する能力を正当に評価し、適切な雇用の機会を確保するとともに、個々の発達障害者の特性に応じた適正な雇用管理を行うことによりその雇用の安定を図るよう努めなければならない。

（地域での生活支援）

第一一条 市町村は、発達障害者が、その希望に応じて、地域において自立した生活を営むことができるようにするため、発達障害者に対し、その性別、年齢、障害の状態及び生活の実態に応じて、社会生活への適応のために必要な訓練を受ける機会の確保、共同生活を営むべき住居その他の地域において生活を営むべき住居の確保その他必要な支援に努めなければならない。

（権利利益の擁護）

第一二条 国及び地方公共団体は、発達障害者が、その発達障害のために差別され、並びにいじめ及び虐待を受けること、消費生活における被害を受けること等権利利益を害されることがないようにするため、その差別の解消、いじめの防止等及び虐待の防止等のための対策を推進すること、成年後見制度が適切に行われ又は広く利用されるようにすることその他の発達障害者の権利利益の擁護のために必要な支援を行うものとする。

（司法手続における配慮）

第一二条の二 国及び地方公共団体は、発達障害者が、刑事事件若しくは少年の保護事件に関する手続その他これに準ずる手続の対象となった場合又は裁判所における民事事件、家事事件若しくは行政事件に関する手続の当事者その他の関係人となった場合において、発達障害者がその権利を円滑に行使できるようにするため、個々の発達障害者の特性に応じた意思疎通の手段の確保のための配慮その他の適切な配慮をするものとする。

（発達障害者の家族等への支援）

第一三条 都道府県及び市町村は、発達障害者の家族その他の関係者が適切な対応をすることができるようにすること等のため、児童相談所等関係機関と連携を図りつつ、発達障害者の家族その他の関係者に対し、相談、情報の提供及び助言、発達障害者の家族が互いに支え合うための活動の支援その他の支援を適切に行うよう努めなければならない。

第三章 発達障害者支援センター等

（発達障害者支援センター等）

第一四条 都道府県知事は、次に掲げる業務を、社会福祉法人その他の政令で定める法人であって当該業務を適正かつ確実に行うことができると認めて指定した者（以下「発達障害者支援センター」という。）に行わせ、又は自ら行うことができる。

一 発達障害の早期発見、早期の発達支援等に資するよう、発達障害者及びその家族その他の関係者に対し、専門的に、その相談に応じ、又は情報の提供若しくは助言を行うこと。

二 発達障害者に対し、専門的な発達支援及び就労の支援を行うこと。

三 医療、保健、福祉、教育、労働等に関する業務を行う関係機関及び民間団体並びにこれに従事する者に対し発達障害についての情報の提供及び研修を行うこと。

四 発達障害に関して、医療、保健、福祉、教育、労働等に関する業務を行う関係機関及び民間団体との連絡調整を行うこと。

五 前各号に掲げる業務に附帯する業務

2 前項の規定による指定は、当該指定を受けようとする者の申請により行う。

3 都道府県は、第一項に規定する業務を発達障害者支援センターに行わせ、又は自ら行うに当たっては、地域の実情を踏まえつつ、発達障害者及びその家族その他の関係者が可能な限りその身近な場所において必要な支援を受けられるよう適切な配慮をするものとする。

（秘密保持義務）

第一五条 発達障害者支援センターの役員若しくは職員又はこれらの職にあった者は、職務上知ることのできた個人の秘密を漏らしてはならない。

（報告の徴収等）

第一六条 都道府県知事は、発達障害者支援センターの第十四条第一項に規定する業務の適正な運営を確保するため必要があると認めるときは、当該発達障害者支援センターに対し、その業務の状況に関し必要な報告を求め、又はその職員に、当該発達障害者支援センターの事業所若しくは事務所に立ち入り、その業務の状況に関し必要な調査若しくは質問をさせることができる。

2 前項の規定により立入調査又は質問をする職員は、その身分を示す証明書を携帯し、関係者の請求があるときは、これを提示しなければならない。

3 第一項の規定による立入調査及び質問の権限は、犯罪捜査のために認められたものと解釈してはならない。

（改善命令）

第一七条 都道府県知事は、発達障害者支援センターの第十四条第一項に規定する業務の適正な運営を確保するため必要があると認めるときは、当該発達障害者支援センターに対し、その改善のために必要な措置をとるべきことを命ずることができる。

（指定の取消し）

第一八条 都道府県知事は、発達障害者支援センターが第十六条第一項の規定による報告をせず、若しくは虚偽の報告をし、若しくは同項の規定による立入調査を拒み、妨げ、若しくは忌避し、若しくは質問に対して答弁をせず、若しくは虚偽の答弁をした場合において、その業務の状況の把握に著しい支障が生じたとき、又は発達障害者支援センターが前条の規定による命令に違反したときは、その指定を取り消すことができる。

（専門的な医療機関の確保等）

第一九条 都道府県は、専門的に発達障害の診断及び発達支援を行うことができると認める病院又は診療所を確保しなければならない。

2 国及び地方公共団体は、前項の医療機関の相互協力を推進するとともに、同項の医療機関に対し、発達障害者の発達支援等に関する情報の提供その他必要な援助を行うものとする。

（発達障害者支援地域協議会）

第一九条の二 都道府県は、発達障害者の支援の体制の整備を図るため、発達障害者及びその家族、学識経験者その他の関係者並びに医療、保健、福祉、教育、労働等に関する業務を行う関係機関及び民間団体並びにこれに従事する者（次項において「関係者等」という。）により構成される発達障害者支援地域協議会を置くことができる。

2 前項の発達障害者支援地域協議会は、関係者等が相互の連絡を図ることにより、地域における発達障害者の支援体制に関する課題について情報を共有し、関係者等の連携の緊密化を図るとともに、地域の実情に応じた体制の整備について協議を行うものとする。

第四章　補則

（民間団体への支援）

第二〇条 国及び地方公共団体は、発達障害者を支援するために行う民間団体の活動の活性化を図るよう配慮するものとする。

（国民に対する普及及び啓発）

第二一条 国及び地方公共団体は、個々の発達障害の特性その他発達障害に関する国民の理解を深めるため、学校、地域、家庭、職域その他の様々な場を通じて、必要な広報その他の啓発活動を行うものとする。

（医療又は保健の業務に従事する者に対する知識の普及及び啓発）

第二二条 国及び地方公共団体は、医療又は保健の業務に従事する者に対し、発達障害の発見のため必要な知識の普及及び啓発に努めなければならない。

（専門的知識を有する人材の確保等）

第二三条 国及び地方公共団体は、個々の発達障害者の特性に応じた支援を適切に行うことができるよう発達障害に関する専門的知識を有する人材の確保、養成及び資質の向上を図るため、医療、保健、福祉、教育、労働等並びに捜査及び裁判に関する業務に従事する者に対し、個々の発達障害の特性その他発達障害に関する理解を深め、及び専門性を高めるため研修を実施することその他の必要な措置を講じるものとする。

（調査研究）

第二四条　国は、性別、年齢その他の事情を考慮しつつ、発達障害者の実態の把握に努めるとともに、個々の発達障害の原因の究明及び診断、発達支援の方法等に関する必要な調査研究を行うものとする。

（大都市等の特例）

第二五条　この法律中都道府県が処理することとされている事務で政令で定めるものは、地方自治法（昭和二十二年法律第六十七号）第二百五十二条の十九第一項の指定都市（以下「**指定都市**」という。）においては、政令で定めるところにより、指定都市が処理するものとする。この場合においては、この法律中都道府県に関する規定は、指定都市に関する規定として指定都市に適用があるものとする。

附　則

（施行期日）

1　この法律は、平成十七年四月一日から施行する。

（見直し）

2　政府は、この法律の施行後三年を経過した場合において、この法律の施行の状況について検討を加え、その結果に基づいて必要な見直しを行うものとする。

関係法令

◉民法(抄)

(明治二九・四・二七法律八九)

注　令五法律五三改正現在

題名統合　平一六法律一四七(旧民法第一編第二編第三編(明治二九年法律八九)及び旧民法第四編第五編(明治三一年法律九)を統合)

第一編　総則

第二章　人

第一節　権利能力

第三条　私権の享有は、出生に始まる。

2　外国人は、法令又は条約の規定により禁止される場合を除き、私権を享有する。

第二節　意思能力

第三条の二　法律行為の当事者が意思表示をした時に意思能力を有しなかったときは、その法律行為は、無効とする。

第三節　行為能力

(成年)

第四条　年齢十八歳をもって、成年とする。

(未成年者の法律行為)

第五条　未成年者が法律行為をするには、その法定代理人の同意を得なければならない。ただし、単に権利を得、又は義務を免れる法律行為については、この限りでない。

2　前項の規定に反する法律行為は、取り消すことができる。

3　第一項の規定にかかわらず、法定代理人が目的を定めて処分を許した財産は、その目的の範囲内において、未成年者が自由に処分することができる。目的を定めないで処分を許した財産を処分するときも、同様とする。

(後見開始の審判)

第七条　精神上の障害により事理を弁識する能力を欠く常況にある者については、家庭裁判所は、本人、配偶者、四親等内の親族、未成年後見人、未成年後見監督人、保佐人、保佐監督人、補助人、補助監督人又は検察官の請求により、後見開始の審判をすることができる。

(成年被後見人及び成年後見人)

第八条　後見開始の審判を受けた者は、成年被後見人とし、これに成年後見人を付する。

(成年被後見人の法律行為)

第九条　成年被後見人の法律行為は、取り消すことができる。ただし、日用品の購入その他日常生活に関する行為については、この限りでない。

(後見開始の審判の取消し)

第一〇条　第七条に規定する原因が消滅したときは、家庭裁判所は、本人、配偶者、四親等内の親族、後見人(未成年後見人及び成年後見人をいう。以下同じ。)、後見監督人(未成年後見監督人及び成年後見監督人をいう。以下同じ。)又は検察官の請求により、後見開始の審判を取り消さなければならない。

(保佐開始の審判)

第一一条　精神上の障害により事理を弁識する能力が著しく不十分である者については、家庭裁判所は、本人、配偶者、四親等内の親族、後見人、後見監督人、補助人、補助監督人又は検察官の請求により、保佐開始の審判をすることができる。ただし、第七条に規定する原因がある者については、この限りでない。

(被保佐人及び保佐人)

第一二条　保佐開始の審判を受けた者は、被保佐人とし、これに保佐人を付する。

(保佐人の同意を要する行為等)

第一三条　被保佐人が次に掲げる行為をするには、その保佐人の同意を得なければならない。ただし、第九条ただし書に規定する行為については、この限りでない。

一　元本を領収し、又は利用すること。

二　借財又は保証をすること。

三　不動産その他重要な財産に関する権利の得喪を目的とする行為をすること。

四　訴訟行為をすること。

五　贈与、和解又は仲裁合意(仲裁法(平成十五年法律第百三十八号)第二条第一項に規定する仲裁合意をいう。)をすること。

六　相続の承認若しくは放棄又は遺産の分割をすること。

七　贈与の申込みを拒絶し、遺贈を放棄し、負担付贈与の申込みを承諾し、又は負担付遺贈を承認すること。
八　新築、改築、増築又は大修繕をすること。
九　第六百二条に定める期間を超える賃貸借をすること。
十　前各号に掲げる行為を制限行為能力者（未成年者、成年被後見人、被保佐人及び第十七条第一項の審判を受けた被補助人をいう。以下同じ。）の法定代理人としてすること。
2　家庭裁判所は、第十一条本文に規定する者又は保佐人若しくは保佐監督人の請求により、被保佐人が前項各号に掲げる行為以外の行為をする場合であってもその保佐人の同意を得なければならない旨の審判をすることができる。ただし、第九条ただし書に規定する行為については、この限りでない。
3　保佐人の同意を得なければならない行為について、保佐人が被保佐人の利益を害するおそれがないにもかかわらず同意をしないときは、家庭裁判所は、被保佐人の請求により、保佐人の同意に代わる許可を与えることができる。
4　保佐人の同意を得なければならない行為であって、その同意又はこれに代わる許可を得ないでしたものは、取り消すことができる。

（保佐開始の審判等の取消し）
第一四条　第十一条本文に規定する原因が消滅したときは、家庭裁判所は、本人、配偶者、四親等内の親族、未成年後見人、未成年後見監督人、保佐人、保佐監督人又は検察官の請求により、保佐開始の審判を取り消さなければならない。
2　家庭裁判所は、前項に規定する者の請求により、前条第二項の審判の全部又は一部を取り消すことができる。

（補助開始の審判）
第一五条　精神上の障害により事理を弁識する能力が不十分である者については、家庭裁判所は、本人、配偶者、四親等内の親族、後見人、後見監督人、保佐人、保佐監督人又は検察官の請求により、補助開始の審判をすることができる。ただし、第七条又は第十一条本文に規定する原因がある者については、この限りでない。
2　本人以外の者の請求により補助開始の審判をするには、本人の同意がなければならない。
3　補助開始の審判は、第十七条第一項の審判又は第八百七十六条の九第一項の審判とともにしなければならない。

（被補助人及び補助人）
第一六条　補助開始の審判を受けた者は、被補助人とし、これに補助人を付する。

（補助人の同意を要する旨の審判等）
第一七条　家庭裁判所は、第十五条第一項本文に規定する者又は補助人若しくは補助監督人の請求により、被補助人が特定の法律行為をするにはその補助人の同意を得なければならない旨の審判をすることができる。ただし、その審判によりその同意を得なければならないものとすることができる行為は、第十三条第一項に規定する行為の一部に限る。
2　本人以外の者の請求により前項の審判をするには、本人の同意がなければならない。
3　補助人の同意を得なければならない行為について、補助人が被補助人の利益を害するおそれがないにもかかわらず同意をしないときは、家庭裁判所は、被補助人の請求により、補助人の同意に代わる許可を与えることができる。
4　補助人の同意を得なければならない行為であって、その同意又はこれに代わる許可を得ないでしたものは、取り消すことができる。

（補助開始の審判等の取消し）
第一八条　第十五条第一項本文に規定する原因が消滅したときは、家庭裁判所は、本人、配偶者、四親等内の親族、未成年後見人、未成年後見監督人、補助人、補助監督人又は検察官の請求により、補助開始の審判を取り消さなければならない。
2　家庭裁判所は、前項に規定する者の請求により、前条第一項の審判の全部又は一部を取り消すことができる。
3　前条第一項の審判及び第八百七十六条の九第一項の審判をすべて取り消す場合には、家庭裁判所は、補助開始の審判を取り消さなければならない。

（審判相互の関係）
第一九条　後見開始の審判をする場合において、本人が被保佐人又は被補助人であるときは、家庭裁判所は、その本人に係る保佐開始又は補助開始の審判を取り消さなければならない。
2　前項の規定は、保佐開始の審判をする場合において本人が成年被後見人若しくは被補助人であるとき、又は補助開始の審判をする場合において本人が成年被後見人若しくは被保佐人であるときについて準用する。

（制限行為能力者の相手方の催告権）

第二〇条　制限行為能力者の相手方は、その制限行為能力者が行為能力者（行為能力の制限を受けない者をいう。以下同じ。）となった後、その者に対し、一箇月以上の期間を定めて、その期間内にその取り消すことができる行為を追認するかどうかを確答すべき旨の催告をすることができる。この場合において、その者がその期間内に確答を発しないときは、その行為を追認したものとみなす。

2　制限行為能力者の相手方が、制限行為能力者が行為能力者とならない間に、その法定代理人、保佐人又は補助人に対し、その権限内の行為について前項に規定する催告をした場合において、これらの者が同項の期間内に確答を発しないときも、同項後段と同様とする。

3　特別の方式を要する行為については、前二項の期間内にその方式を具備した旨の通知を発しないときは、その行為を取り消したものとみなす。

4　制限行為能力者の相手方は、被保佐人又は第十七条第一項の審判を受けた被補助人に対しては、第一項の期間内にその保佐人又は補助人の追認を得るべき旨の催告をすることができる。この場合において、その被保佐人又は被補助人がその期間内にその追認を得た旨の通知を発しないときは、その行為を取り消したものとみなす。

（制限行為能力者の詐術）

第二一条　制限行為能力者が行為能力者であることを信じさせるため詐術を用いたときは、その行為を取り消すことができない。

第五章　法律行為

第一節　総則

（公序良俗）

第九〇条　公の秩序又は善良の風俗に反する法律行為は、無効とする。

第二節　意思表示

（錯誤）

第九五条　意思表示は、次に掲げる錯誤に基づくものであって、その錯誤が法律行為の目的及び取引上の社会通念に照らして重要なものであるときは、取り消すことができる。

一　意思表示に対応する意思を欠く錯誤

二　表意者が法律行為の基礎とした事情についてのその認識が真実に反する錯誤

2　前項第二号の規定による意思表示の取消しは、その事情が法律行為の基礎とされていることが表示されていたときに限り、することができる。

3　錯誤が表意者の重大な過失によるものであった場合には、次に掲げる場合を除き、第一項の規定による意思表示の取消しをすることができない。

一　相手方が表意者に錯誤があることを知り、又は重大な過失によって知らなかったとき。

二　相手方が表意者と同一の錯誤に陥っていたとき。

4　第一項の規定による意思表示の取消しは、善意でかつ過失がない第三者に対抗することができない。

（詐欺又は強迫）

第九六条　詐欺又は強迫による意思表示は、取り消すことができる。

2　相手方に対する意思表示について第三者が詐欺を行った場合においては、相手方がその事実を知り、又は知ることができたときに限り、その意思表示を取り消すことができる。

3　前二項の規定による詐欺による意思表示の取消しは、善意でかつ過失がない第三者に対抗することができない。

（意思表示の効力発生時期等）

第九七条　意思表示は、その通知が相手方に到達した時からその効力を生ずる。

2　相手方が正当な理由なく意思表示の通知が到達することを妨げたときは、その通知は、通常到達すべきであった時に到達したものとみなす。

3　意思表示は、表意者が通知を発した後に死亡し、意思能力を喪失し、又は行為能力の制限を受けたときであっても、そのためにその効力を妨げられない。

（意思表示の受領能力）

第九八条の二　意思表示の相手方がその意思表示を受けた時に意思能力を有しなかったとき又は

未成年者若しくは成年被後見人であったときは、その意思表示をもってその相手方に対抗することができない。ただし、次に掲げる者がその意思表示を知った後は、この限りでない。

一 相手方の法定代理人

二 意思能力を回復し、又は行為能力者となった相手方

第三節 代理

(代理権の消滅事由)

第一一一条 代理権は、次に掲げる事由によって消滅する。

一 本人の死亡

二 代理人の死亡又は代理人が破産手続開始の決定若しくは後見開始の審判を受けたこと。

2 委任による代理権は、前項各号に掲げる事由のほか、委任の終了によって消滅する。

第四節 無効及び取消し

(取消権者)

第一二〇条 行為能力の制限によって取り消すことができる行為は、制限行為能力者(他の制限行為能力者の法定代理人としてした行為にあっては、当該他の制限行為能力者を含む。)又はその代理人、承継人若しくは同意をすることができる者に限り、取り消すことができる。

2 錯誤、詐欺又は強迫によって取り消すことができる行為は、瑕疵《かし》ある意思表示をした者又はその代理人若しくは承継人に限り、取り消すことができる。

(取消しの効果)

第一二一条 取り消された行為は、初めから無効であったものとみなす。

(追認の要件)

第一二四条 取り消すことができる行為の追認は、取消しの原因となっていた状況が消滅し、かつ、取消権を有することを知った後にしなければ、その効力を生じない。

2 次に掲げる場合には、前項の追認は、取消しの原因となっていた状況が消滅した後にすることを要しない。

一 法定代理人又は制限行為能力者の保佐人若しくは補助人が追認をするとき。

二 制限行為能力者(成年被後見人を除く。)が法定代理人、保佐人又は補助人の同意を得て追認をするとき。

第六章 期間の計算

(期間の計算の通則)

第一三八条 期間の計算方法は、法令若しくは裁判上の命令に特別の定めがある場合又は法律行為に別段の定めがある場合を除き、この章の規定に従う。

(期間の起算)

第一三九条 時間によって期間を定めたときは、その期間は、即時から起算する。

第一四〇条 日、週、月又は年によって期間を定めたときは、期間の初日は、算入しない。ただし、その期間が午前零時から始まるときは、この限りでない。

(期間の満了)

第一四一条 前条の場合には、期間は、その末日の終了をもって満了する。

第一四二条 期間の末日が日曜日、国民の祝日に関する法律(昭和二十三年法律第百七十八号)に規定する休日その他の休日に当たるときは、その日に取引をしない慣習がある場合に限り、期間は、その翌日に満了する。

(暦による期間の計算)

第一四三条 週、月又は年によって期間を定めたときは、その期間は、暦に従って計算する。

2 週、月又は年の初めから期間を起算しないときは、その期間は、最後の週、月又は年においてその起算日に応当する日の前日に満了する。ただし、月又は年によって期間を定めた場合において、最後の月に応当する日がないときは、その月の末日に満了する。

第七章 時効

第一節 総則

(時効の効力)

第一四四条 時効の効力は、その起算日にさかのぼる。

(未成年者又は成年被後見人と時効の完成猶予)

第一五八条 時効の期間の満了前六箇月以内の間に未成年者又は成年被後見人に法定代理人がないときは、その未成年者若しくは成年被後見人が行為能力者となった時又は法定代理人が就職した時から六箇月を経過するまでの間は、その未成年者又は成年被後見人に対して、時効は、完成しない。

2 未成年者又は成年被後見人がその財産を管理

する父、母又は後見人に対して権利を有するときは、その未成年者若しくは成年被後見人が行為能力者となった時又は後任の法定代理人が就職した時から六箇月を経過するまでの間は、その権利について、時効は、完成しない。

第三節　消滅時効

（債権等の消滅時効）

第一六六条　債権は、次に掲げる場合には、時効によって消滅する。

一　債権者が権利を行使することができることを知った時から五年間行使しないとき。

二　権利を行使することができる時から十年間行使しないとき。

2　債権又は所有権以外の財産権は、権利を行使することができる時から二十年間行使しないときは、時効によって消滅する。

3　前二項の規定は、始期付権利又は停止条件付権利の目的物を占有する第三者のために、その占有の開始の時から取得時効が進行することを妨げない。ただし、権利者は、その時効を更新するため、いつでも占有者の承認を求めることができる。

（人の生命又は身体の侵害による損害賠償請求権の消滅時効）

第一六七条　人の生命又は身体の侵害による損害賠償請求権の消滅時効についての前条第一項第二号の規定の適用については、同号中「十年間」とあるのは、「二十年間」とする。

第三編　債権

第一章　総則

第三節　多数当事者の債権及び債務

第五款　保証債務

第一目　総則

（取り消すことができる債務の保証）

第四四九条　行為能力の制限によって取り消すことができる債務を保証した者は、保証契約の時においてその取消しの原因を知っていたときは、主たる債務の不履行の場合又はその債務の取消しの場合においてこれと同一の目的を有する独立の債務を負担したものと推定する。

第二章　契約

第一〇節　委任

（委任の終了事由）

第六五三条　委任は、次に掲げる事由によって終了する。

一　委任者又は受任者の死亡

二　委任者又は受任者が破産手続開始の決定を受けたこと。

三　受任者が後見開始の審判を受けたこと。

第五章　不法行為

（不法行為による損害賠償請求権の消滅時効）

第七二四条　不法行為による損害賠償の請求権は、次に掲げる場合には、時効によって消滅する。

一　被害者又はその法定代理人が損害及び加害者を知った時から三年間行使しないとき。

二　不法行為の時から二十年間行使しないとき。

（人の生命又は身体を害する不法行為による損害賠償請求権の消滅時効）

第七二四条の二　人の生命又は身体を害する不法行為による損害賠償請求権の消滅時効についての前条第一号の規定の適用については、同号中「三年間」とあるのは、「五年間」とする。

第四編　親族

第一章　総則

（親族の範囲）

第七二五条　次に掲げる者は、親族とする。

一　六親等内の血族

二　配偶者

三　三親等内の姻族

（親等の計算）

第七二六条　親等は、親族間の世代数を数えて、これを定める。

2　傍系親族の親等を定めるには、その一人又はその配偶者から同一の祖先にさかのぼり、その祖先から他の一人に下るまでの世代数による。

（縁組による親族関係の発生）

第七二七条　養子と養親及びその血族との間においては、養子縁組の日から、血族間におけるのと同一の親族関係を生ずる。

第二章　婚姻

第一節　婚姻の成立

第一款　婚姻の要件

（婚姻適齢）

第七三一条　婚姻は、十八歳にならなければ、することができない。

（養親子等の間の婚姻の禁止）

第七三六条　養子若しくはその配偶者又は養子の直系卑属若しくはその配偶者と養親又はその直系尊属との間では、第七百二十九条の規定により親族関係が終了した後でも、婚姻をすることができない。

（成年被後見人の婚姻）

第七三八条　成年被後見人が婚姻をするには、その成年後見人の同意を要しない。

第二節　婚姻の効力

（夫婦の氏）

第七五〇条　夫婦は、婚姻の際に定めるところに従い、夫又は妻の氏を称する。

第四節　離婚

第一款　協議上の離婚

（離婚後の子の監護に関する事項の定め等）

第七六六条　父母が協議上の離婚をするときは、子の監護をすべき者、父又は母と子との面会及びその他の交流、子の監護に要する費用の分担その他の子の監護について必要な事項は、その協議で定める。この場合においては、子の利益を最も優先して考慮しなければならない。

2　前項の協議が調わないとき、又は協議をすることができないときは、家庭裁判所が、同項の事項を定める。

3　家庭裁判所は、必要があると認めるときは、前二項の規定による定めを変更し、その他子の監護について相当な処分を命ずることができる。

4　前三項の規定によっては、監護の範囲外では、父母の権利義務に変更を生じない。

（財産分与）

第七六八条　協議上の離婚をした者の一方は、相手方に対して財産の分与を請求することができる。

2　前項の規定による財産の分与について、当事者間に協議が調わないとき、又は協議をすることができないときは、当事者は、家庭裁判所に対して協議に代わる処分を請求することができる。ただし、離婚の時から二年を経過したときは、この限りでない。

3　前項の場合には、家庭裁判所は、当事者双方がその協力によって得た財産の額その他一切の事情を考慮して、分与をさせるべきかどうか並びに分与の額及び方法を定める。

第三章　親子

第一節　実子

（嫡出の推定）

第七七二条　妻が婚姻中に懐胎した子は、当該婚姻における夫の子と推定する。女が婚姻前に懐胎した子であって、婚姻が成立した後に生まれたものも、同様とする。

2　前項の場合において、婚姻の成立の日から二百日以内に生まれた子は、婚姻前に懐胎したものと推定し、婚姻の成立の日から二百日を経過した後又は婚姻の解消若しくは取消しの日から三百日以内に生まれた子は、婚姻中に懐胎したものと推定する。

3　第一項の場合において、女が子を懐胎した時から子の出生の時までの間に二以上の婚姻をしていたときは、その子は、その出生の直近の婚姻における夫の子と推定する。

4　前三項の規定により父が定められた子について、第七百七十四条の規定によりその父の嫡出であることが否認された場合における前項の規定の適用については、同項中「直近の婚姻」とあるのは、「直近の婚姻（第七百七十四条の規定によりその子がその嫡出であることが否認された夫との間の婚姻を除く。）」とする。

（嫡出の否認）

第七七四条　第七百七十二条の規定により子の父が定められる場合において、父又は子は、子が嫡出であることを否認することができる。

2　前項の規定による子の否認権は、親権を行う母、親権を行う養親又は未成年後見人が、子のために行使することができる。

3　第一項に規定する場合において、母は、子が嫡出であることを否認することができる。ただし、その否認権の行使が子の利益を害することが明らかなときは、この限りでない。

4　第七百七十二条第三項の規定により子の父が定められる場合において、子の懐胎の時から出生の時までの間に母と婚姻していた者であって、子の父以外のもの（以下「前夫」という。）は、子が嫡出であることを否認することができる。ただし、その否認権の行使が子の利益を害することが明らかなときは、この限りでない。

5　前項の規定による否認権を行使し、第七百七十二条第四項の規定により読み替えられた同条第三項の規定により新たに子の父と定められた者は、第一項の規定にかかわらず、子が自らの嫡出であることを否認することができない。

(嫡出の承認)

第七七六条　父又は母は、子の出生後において、その嫡出であることを承認したときは、それぞれその否認権を失う。

(認知)

第七七九条　嫡出でない子は、その父又は母がこれを認知することができる。

(認知能力)

第七八〇条　認知をするには、父又は母が未成年者又は成年被後見人であるときであっても、その法定代理人の同意を要しない。

(認知後の子の監護に関する事項の定め等)

第七八八条　第七百六十六条の規定は、父が認知する場合について準用する。

第二節　養子

第一款　縁組の要件

(養親となる者の年齢)

第七九二条　二十歳に達した者は、養子をすることができる。

(後見人が被後見人を養子とする縁組)

第七九四条　後見人が被後見人(未成年被後見人及び成年被後見人をいう。以下同じ。)を養子とするには、家庭裁判所の許可を得なければならない。後見人の任務が終了した後、まだその管理の計算が終わらない間も、同様とする。

(未成年者を養子とする縁組)

第七九八条　未成年者を養子とするには、家庭裁判所の許可を得なければならない。ただし、自己又は配偶者の直系卑属を養子とする場合は、この限りでない。

第五款　特別養子

(特別養子縁組の成立)

第八一七条の二　家庭裁判所は、次条から第八百十七条の七までに定める要件があるときは、養親となる者の請求により、実方の血族との親族関係が終了する縁組(以下この款において「特別養子縁組」という。)を成立させることができる。

2　前項に規定する請求をするには、第七百九十四条又は第七百九十八条の許可を得ることを要しない。

(養親の夫婦共同縁組)

第八一七条の三　養親となる者は、配偶者のある者でなければならない。

2　夫婦の一方は、他の一方が養親とならないときは、養親となることができない。ただし、夫婦の一方が他の一方の嫡出である子(特別養子縁組以外の縁組による養子を除く。)の養親となる場合は、この限りでない。

(養親となる者の年齢)

第八一七条の四　二十五歳に達しない者は、養親となることができない。ただし、養親となる夫婦の一方が二十五歳に達していない場合においても、その者が二十歳に達しているときは、この限りでない。

(養子となる者の年齢)

第八一七条の五　第八百十七条の二に規定する請求の時に十五歳に達している者は、養子となることができない。特別養子縁組が成立するまでに十八歳に達した者についても、同様とする。

2　前項前段の規定は、養子となる者が十五歳に達する前から引き続き養親となる者に監護されている場合において、十五歳に達するまでに第八百十七条の二に規定する請求がされなかったことについてやむを得ない事由があるときは、適用しない。

3　養子となる者が十五歳に達している場合においては、特別養子縁組の成立には、その者の同意がなければならない。

(父母の同意)

第八一七条の六　特別養子縁組の成立には、養子となる者の父母の同意がなければならない。ただし、父母がその意思を表示することができない場合又は父母による虐待、悪意の遺棄その他養子となる者の利益を著しく害する事由がある場合は、この限りでない。

(子の利益のための特別の必要性)

第八一七条の七　特別養子縁組は、父母による養子となる者の監護が著しく困難又は不適当であることその他特別の事情がある場合において、子の利益のため特に必要があると認めるときに、これを成立させるものとする。

(監護の状況)

第八一七条の八　特別養子縁組を成立させるには、養親となる者が養子となる者を六箇月以上の期間監護した状況を考慮しなければならない。

2　前項の期間は、第八百十七条の二に規定する請求の時から起算する。ただし、その請求前の監護の状況が明らかであるときは、この限りでない。

（実方との親族関係の終了）

第八一七条の九　養子と実方の父母及びその血族との親族関係は、特別養子縁組によって終了する。ただし、第八百十七条の三第二項ただし書に規定する他の一方及びその血族との親族関係については、この限りでない。

（特別養子縁組の離縁）

第八一七条の一〇　次の各号のいずれにも該当する場合において、養子の利益のため特に必要があると認めるときは、家庭裁判所は、養子、実父母又は検察官の請求により、特別養子縁組の当事者を離縁させることができる。

一　養親による虐待、悪意の遺棄その他養子の利益を著しく害する事由があること。

二　実父母が相当の監護をすることができること。

2　離縁は、前項の規定による場合のほか、これをすることができない。

（離縁による実方との親族関係の回復）

第八一七条の一一　養子と実父母及びその血族との間においては、離縁の日から、特別養子縁組によって終了した親族関係と同一の親族関係を生ずる。

第四章　親権

第一節　総則

（親権者）

第八一八条　成年に達しない子は、父母の親権に服する。

2　子が養子であるときは、養親の親権に服する。

3　親権は、父母の婚姻中は、父母が共同して行う。ただし、父母の一方が親権を行うことができないときは、他の一方が行う。

（離婚又は認知の場合の親権者）

第八一九条　父母が協議上の離婚をするときは、その協議で、その一方を親権者と定めなければならない。

2　裁判上の離婚の場合には、裁判所は、父母の一方を親権者と定める。

3　子の出生前に父母が離婚した場合には、親権は、母が行う。ただし、子の出生後に、父母の協議で、父を親権者と定めることができる。

4　父が認知した子に対する親権は、父母の協議で父を親権者と定めたときに限り、父が行う。

5　第一項、第三項又は前項の協議が調わないとき、又は協議をすることができないときは、家庭裁判所は、父又は母の請求によって、協議に代わる審判をすることができる。

6　子の利益のため必要があると認めるときは、家庭裁判所は、子の親族の請求によって、親権者を他の一方に変更することができる。

第二節　親権の効力

（監護及び教育の権利義務）

第八二〇条　親権を行う者は、子の利益のために子の監護及び教育をする権利を有し、義務を負う。

（子の人格の尊重等）

第八二一条　親権を行う者は、前条の規定による監護及び教育をするに当たっては、子の人格を尊重するとともに、その年齢及び発達の程度に配慮しなければならず、かつ、体罰その他の子の心身の健全な発達に有害な影響を及ぼす言動をしてはならない。

（居所の指定）

第八二二条　子は、親権を行う者が指定した場所に、その居所を定めなければならない。

（職業の許可）

第八二三条　子は、親権を行う者の許可を得なければ、職業を営むことができない。

2　親権を行う者は、第六条第二項の場合には、前項の許可を取り消し、又はこれを制限することができる。

（財産の管理及び代表）

第八二四条　親権を行う者は、子の財産を管理し、かつ、その財産に関する法律行為についてその子を代表する。ただし、その子の行為を目的とする債務を生ずべき場合には、本人の同意を得なければならない。

（利益相反行為）

第八二六条　親権を行う父又は母とその子との利益が相反する行為については、親権を行う者は、その子のために特別代理人を選任することを家庭裁判所に請求しなければならない。

2　親権を行う者が数人の子に対して親権を行う場合において、その一人と他の子との利益が相反する行為については、親権を行う者は、その一方のために特別代理人を選任することを家庭裁判所に請求しなければならない。

（財産の管理の計算）

第八二八条　子が成年に達したときは、親権を行った者は、遅滞なくその管理の計算をしなければならない。ただし、その子の養育及び財産の管理の費用は、その子の財産の収益と相殺したものとみなす。

第八二九条　前条ただし書の規定は、無償で子に財産を与える第三者が反対の意思を表示したときは、その財産については、これを適用しない。

（第三者が無償で子に与えた財産の管理）

第八三〇条　無償で子に財産を与える第三者が、親権を行う父又は母にこれを管理させない意思を表示したときは、その財産は、父又は母の管理に属しないものとする。

2　前項の財産につき父母が共に管理権を有しない場合において、第三者が管理者を指定しなかったときは、家庭裁判所は、子、その親族又は検察官の請求によって、その管理者を選任する。

3　第三者が管理者を指定したときであっても、その管理者の権限が消滅し、又はこれを改任する必要がある場合において、第三者が更に管理者を指定しないときも、前項と同様とする。

4　第二十七条から第二十九条までの規定は、前二項の場合について準用する。

（子に代わる親権の行使）

第八三三条　親権を行う者は、その親権に服する子に代わって親権を行う。

第三節　親権の喪失

（親権喪失の審判）

第八三四条　父又は母による虐待又は悪意の遺棄があるときその他父又は母による親権の行使が著しく困難又は不適当であることにより子の利益を著しく害するときは、家庭裁判所は、子、その親族、未成年後見人、未成年後見監督人又は検察官の請求により、その父又は母について、親権喪失の審判をすることができる。ただし、二年以内にその原因が消滅する見込みがあるときは、この限りでない。

（親権停止の審判）

第八三四条の二　父又は母による親権の行使が困難又は不適当であることにより子の利益を害するときは、家庭裁判所は、子、その親族、未成年後見人、未成年後見監督人又は検察官の請求により、その父又は母について、親権停止の審判をすることができる。

2　家庭裁判所は、親権停止の審判をするときは、その原因が消滅するまでに要すると見込まれる期間、子の心身の状態及び生活の状況その他一切の事情を考慮して、二年を超えない範囲内で、親権を停止する期間を定める。

（管理権喪失の審判）

第八三五条　父又は母による管理権の行使が困難又は不適当であることにより子の利益を害するときは、家庭裁判所は、子、その親族、未成年後見人、未成年後見監督人又は検察官の請求により、その父又は母について、管理権喪失の審判をすることができる。

第五章　後見

第一節　後見の開始

第八三八条　後見は、次に掲げる場合に開始する。

一　未成年者に対して親権を行う者がないとき、又は親権を行う者が管理権を有しないとき。

二　後見開始の審判があったとき。

第二節　後見の機関

第一款　後見人

（未成年後見人の指定）

第八三九条　未成年者に対して最後に親権を行う者は、遺言で、未成年後見人を指定することができる。ただし、管理権を有しない者は、この限りでない。

2　親権を行う父母の一方が管理権を有しないときは、他の一方は、前項の規定により未成年後見人の指定をすることができる。

（未成年後見人の選任）

第八四〇条　前条の規定により未成年後見人となるべき者がないときは、家庭裁判所は、未成年被後見人又はその親族その他の利害関係人の請求によって、未成年後見人を選任する。未成年後見人が欠けたときも、同様とする。

2　未成年後見人がある場合においても、家庭裁判所は、必要があると認めるときは、前項に規定する者若しくは未成年後見人の請求により又は職権で、更に未成年後見人を選任することができる。

3　未成年後見人を選任するには、未成年被後見人の年齢、心身の状態並びに生活及び財産の状況、未成年後見人となる者の職業及び経歴並びに未成年被後見人との利害関係の有無（未成年後見人となる者が法人であるときは、その事業の種類及び内容並びにその法人及びその代表者と未成年被後見人との利害関係の有無）、未成年被後見人の意見その他一切の事情を考慮しなければならない。

（父母による未成年後見人の選任の請求）

第八四一条　父若しくは母が親権若しくは管理権を辞し、又は父若しくは母について親権喪失、親権停止若しくは管理権喪失の審判があったことによって未成年後見人を選任する必要が生じたときは、その父又は母は、遅滞なく未成年後見人の選任を家庭裁判所に請求しなければならない。

（成年後見人の選任）

第八四三条　家庭裁判所は、後見開始の審判をするときは、職権で、成年後見人を選任する。

2　成年後見人が欠けたときは、家庭裁判所は、成年被後見人若しくはその親族その他の利害関係人の請求により又は職権で、成年後見人を選任する。

3　成年後見人が選任されている場合においても、家庭裁判所は、必要があると認めるときは、前項に規定する者若しくは成年後見人の請求により又は職権で、更に成年後見人を選任することができる。

4　成年後見人を選任するには、成年被後見人の心身の状態並びに生活及び財産の状況、成年後見人となる者の職業及び経歴並びに成年被後見人との利害関係の有無（成年後見人となる者が法人であるときは、その事業の種類及び内容並びにその法人及びその代表者と成年被後見人との利害関係の有無）、成年被後見人の意見その他一切の事情を考慮しなければならない。

（辞任した後見人による新たな後見人の選任の請求）

第八四五条　後見人がその任務を辞したことによって新たに後見人を選任する必要が生じたときは、その後見人は、遅滞なく新たな後見人の選任を家庭裁判所に請求しなければならない。

（後見人の解任）

第八四六条　後見人に不正な行為、著しい不行跡その他後見の任務に適しない事由があるときは、家庭裁判所は、後見監督人、被後見人若しくはその親族若しくは検察官の請求により又は職権で、これを解任することができる。

（後見人の欠格事由）

第八四七条　次に掲げる者は、後見人となることができない。

一　未成年者

二　家庭裁判所で免ぜられた法定代理人、保佐人又は補助人

三　破産者

四　被後見人に対して訴訟をし、又はした者並びにその配偶者及び直系血族

五　行方の知れない者

第二款　後見監督人

（未成年後見監督人の指定）

第八四八条　未成年後見人を指定することができる者は、遺言で、未成年後見監督人を指定することができる。

（後見監督人の選任）

第八四九条　家庭裁判所は、必要があると認めるときは、被後見人、その親族若しくは後見人の請求により又は職権で、後見監督人を選任することができる。

（後見監督人の欠格事由）

第八五〇条　後見人の配偶者、直系血族及び兄弟姉妹は、後見監督人となることができない。

（委任及び後見人の規定の準用）

第八五二条　第六百四十四条、第六百五十四条、第六百五十五条、第八百四十四条、第八百四十六条、第八百四十七条、第八百六十一条第二項及び第八百六十二条の規定は後見監督人について、第八百四十条第三項及び第八百五十七条の二の規定は未成年後見監督人について、第八百四十三条第四項、第八百五十九条の二及び第八百五十九条の三の規定は成年後見監督人について準用する。

第三節　後見の事務

（未成年被後見人の身上の監護に関する権利義務）

第八五七条　未成年後見人は、第八百二十条から第八百二十三条までに規定する事項について、親権を行う者と同一の権利義務を有する。ただし、親権を行う者が定めた教育の方法及び居所を変更し、営業を許可し、その許可を取り消し、又はこれを制限するには、未成年後見監督人があるときは、その同意を得なければならない。

（未成年後見人が数人ある場合の権限の行使等）

第八五七条の二　未成年後見人が数人あるときは、共同してその権限を行使する。

2　未成年後見人が数人あるときは、家庭裁判所は、職権で、その一部の者について、財産に関する権限のみを行使すべきことを定めることが

できる。

3　未成年後見人が数人あるときは、家庭裁判所は、職権で、財産に関する権限について、各未成年後見人が単独で又は数人の未成年後見人が事務を分掌して、その権限を行使すべきことを定めることができる。

4　家庭裁判所は、職権で、前二項の規定による定めを取り消すことができる。

5　未成年後見人が数人あるときは、第三者の意思表示は、その一人に対してすれば足りる。

（成年被後見人の意思の尊重及び身上の配慮）

第八五八条　成年後見人は、成年被後見人の生活、療養看護及び財産の管理に関する事務を行うに当たっては、成年被後見人の意思を尊重し、かつ、その心身の状態及び生活の状況に配慮しなければならない。

（財産の管理及び代表）

第八五九条　後見人は、被後見人の財産を管理し、かつ、その財産に関する法律行為について被後見人を代表する。

2　第八百二十四条ただし書の規定は、前項の場合について準用する。

（成年後見人が数人ある場合の権限の行使等）

第八五九条の二　成年後見人が数人あるときは、家庭裁判所は、職権で、数人の成年後見人が、共同して又は事務を分掌して、その権限を行使すべきことを定めることができる。

2　家庭裁判所は、職権で、前項の規定による定めを取り消すことができる。

3　成年後見人が数人あるときは、第三者の意思表示は、その一人に対してすれば足りる。

（成年後見人による郵便物等の管理）

第八六〇条の二　家庭裁判所は、成年後見人がその事務を行うに当たって必要があると認めるときは、成年後見人の請求により、信書の送達の事業を行う者に対し、期間を定めて、成年被後見人に宛てた郵便物又は民間事業者による信書の送達に関する法律（平成十四年法律第九十九号）第二条第三項に規定する信書便物（次条において「郵便物等」という。）を成年後見人に配達すべき旨を嘱託することができる。

2　前項に規定する嘱託の期間は、六箇月を超えることができない。

3　家庭裁判所は、第一項の規定による審判があった後事情に変更を生じたときは、成年被後見人、成年後見人若しくは成年後見監督人の請求により又は職権で、同項に規定する嘱託を取り消し、又は変更することができる。ただし、その変更の審判においては、同項の規定による審判において定められた期間を伸長することができない。

4　成年後見人の任務が終了したときは、家庭裁判所は、第一項に規定する嘱託を取り消さなければならない。

第八六〇条の三　成年後見人は、成年被後見人に宛てた郵便物等を受け取ったときは、これを開いて見ることができる。

2　成年後見人は、その受け取った前項の郵便物等で成年後見人の事務に関しないものは、速やかに成年被後見人に交付しなければならない。

3　成年被後見人は、成年後見人に対し、成年後見人が受け取った第一項の郵便物等（前項の規定により成年被後見人に交付されたものを除く。）の閲覧を求めることができる。

（支出金額の予定及び後見の事務の費用）

第八六一条　後見人は、その就職の初めにおいて、被後見人の生活、教育又は療養看護及び財産の管理のために毎年支出すべき金額を予定しなければならない。

2　後見人が後見の事務を行うために必要な費用は、被後見人の財産の中から支弁する。

（後見の事務の監督）

第八六三条　後見監督人又は家庭裁判所は、いつでも、後見人に対し後見の事務の報告若しくは財産の目録の提出を求め、又は後見の事務若しくは被後見人の財産の状況を調査することができる。

2　家庭裁判所は、後見監督人、被後見人若しくはその親族その他の利害関係人の請求により又は職権で、被後見人の財産の管理その他後見の事務について必要な処分を命ずることができる。

（後見監督人の同意を要する行為）

第八六四条　後見人が、被後見人に代わって営業若しくは第十三条第一項各号に掲げる行為をし、又は未成年被後見人がこれをすることに同意するには、後見監督人があるときは、その同意を得なければならない。ただし、同項第一号に掲げる元本の領収については、この限りでない。

第四節　後見の終了

（後見の計算）

第八七〇条　後見人の任務が終了したときは、後見人又はその相続人は、二箇月以内にその管理の計算（以下「後見の計算」という。）をしなければならない。ただし、この期間は、家庭裁判所において伸長することができる。

第八七一条　後見の計算は、後見監督人があるときは、その立会いをもってしなければならない。

（未成年被後見人と未成年後見人等との間の契約等の取消し）

第八七二条　未成年被後見人が成年に達した後後見の計算の終了前に、その者と未成年後見人又はその相続人との間でした契約は、その者が取り消すことができる。その者が未成年後見人又はその相続人に対してした単独行為も、同様とする。

２　第二十条及び第百二十一条から第百二十六条までの規定は、前項の場合について準用する。

（成年被後見人の死亡後の成年後見人の権限）

第八七三条の二　成年後見人は、成年被後見人が死亡した場合において、必要があるときは、成年被後見人の相続人の意思に反することが明らかなときを除き、相続人が相続財産を管理することができるに至るまで、次に掲げる行為をすることができる。ただし、第三号に掲げる行為をするには、家庭裁判所の許可を得なければならない。

一　相続財産に属する特定の財産の保存に必要な行為

二　相続財産に属する債務（弁済期が到来しているものに限る。）の弁済

三　その死体の火葬又は埋葬に関する契約の締結その他相続財産の保存に必要な行為（前二号に掲げる行為を除く。）

第六章　保佐及び補助

第一節　保佐

（保佐の開始）

第八七六条　保佐は、保佐開始の審判によって開始する。

（保佐人及び臨時保佐人の選任等）

第八七六条の二　家庭裁判所は、保佐開始の審判をするときは、職権で、保佐人を選任する。

２　第八百四十三条第二項から第四項まで及び第八百四十四条から第八百四十七条までの規定は、保佐人について準用する。

３　保佐人又はその代表する者と被保佐人との利益が相反する行為については、保佐人は、臨時保佐人の選任を家庭裁判所に請求しなければならない。ただし、保佐監督人がある場合は、この限りでない。

（保佐監督人）

第八七六条の三　家庭裁判所は、必要があると認めるときは、被保佐人、その親族若しくは保佐人の請求により又は職権で、保佐監督人を選任することができる。

２　第六百四十四条、第六百五十四条、第六百五十五条、第八百四十三条第四項、第八百四十四条、第八百四十六条、第八百四十七条、第八百五十条、第八百五十一条、第八百五十九条の二、第八百五十九条の三、第八百六十一条第二項及び第八百六十二条の規定は、保佐監督人について準用する。この場合において、第八百五十一条第四号中「被後見人を代表する」とあるのは、「被保佐人を代表し、又は被保佐人がこれをすることに同意する」と読み替えるものとする。

（保佐人に代理権を付与する旨の審判）

第八七六条の四　家庭裁判所は、第十一条本文に規定する者又は保佐人若しくは保佐監督人の請求によって、被保佐人のために特定の法律行為について保佐人に代理権を付与する旨の審判をすることができる。

２　本人以外の者の請求によって前項の審判をするには、本人の同意がなければならない。

３　家庭裁判所は、第一項に規定する者の請求によって、同項の審判の全部又は一部を取り消すことができる。

（保佐の事務及び保佐人の任務の終了等）

第八七六条の五　保佐人は、保佐の事務を行うに当たっては、被保佐人の意思を尊重し、かつ、その心身の状態及び生活の状況に配慮しなければならない。

２　第六百四十四条、第八百五十九条の二、第八百五十九条の三、第八百六十一条第二項、第八百六十二条及び第八百六十三条の規定は保佐の事務について、第八百二十四条ただし書の規定は保佐人が前条第一項の代理権を付与する旨の審判に基づき被保佐人を代表する場合について準用する。

３　第六百五十四条、第六百五十五条、第八百七十条、第八百七十一条及び第八百七十三条の規定は保佐人の任務が終了した場合について、第八百三十二条の規定は保佐人又は保佐監督人と

被保佐人との間において保佐に関して生じた債権について準用する。

第二節　補助

（補助の開始）

第八七六条の六　補助は、補助開始の審判によって開始する。

（補助人及び臨時補助人の選任等）

第八七六条の七　家庭裁判所は、補助開始の審判をするときは、職権で、補助人を選任する。

2　第八百四十三条第二項から第四項まで及び第八百四十四条から第八百四十七条までの規定は、補助人について準用する。

3　補助人又はその代表する者と被補助人との利益が相反する行為については、補助人は、臨時補助人の選任を家庭裁判所に請求しなければならない。ただし、補助監督人がある場合は、この限りでない。

（補助監督人）

第八七六条の八　家庭裁判所は、必要があると認めるときは、被補助人、その親族若しくは補助人の請求により又は職権で、補助監督人を選任することができる。

2　第六百四十四条、第六百五十四条、第六百五十五条、第八百四十三条第四項、第八百四十四条、第八百四十六条、第八百四十七条、第八百五十条、第八百五十一条、第八百五十九条の二、第八百五十九条の三、第八百六十一条第二項及び第八百六十二条の規定は、補助監督人について準用する。この場合において、第八百五十一条第四号中「被後見人を代表する」とあるのは、「被補助人を代表し、又は被補助人がこれをすることに同意する」と読み替えるものとする。

（補助人に代理権を付与する旨の審判）

第八七六条の九　家庭裁判所は、第十五条第一項本文に規定する者又は補助人若しくは補助監督人の請求によって、被補助人のために特定の法律行為について補助人に代理権を付与する旨の審判をすることができる。

2　第八百七十六条の四第二項及び第三項の規定は、前項の審判について準用する。

（補助の事務及び補助人の任務の終了等）

第八七六条の一〇　第六百四十四条、第八百五十九条の二、第八百五十九条の三、第八百六十一条第二項、第八百六十二条、第八百六十三条及び第八百七十六条の五第一項の規定は補助の事務について、第八百二十四条ただし書の規定は補助人が前条第一項の代理権を付与する旨の審判に基づき被補助人を代表する場合について準用する。

2　第六百五十四条、第六百五十五条、第八百七十条、第八百七十一条及び第八百七十三条の規定は補助人の任務が終了した場合について、第八百三十二条の規定は補助人又は補助監督人と被補助人との間において補助に関して生じた債権について準用する。

第七章　扶養

（扶養義務者）

第八七七条　直系血族及び兄弟姉妹は、互いに扶養をする義務がある。

2　家庭裁判所は、特別の事情があるときは、前項に規定する場合のほか、三親等内の親族間においても扶養の義務を負わせることができる。

3　前項の規定による審判があった後事情に変更を生じたときは、家庭裁判所は、その審判を取り消すことができる。

（扶養の順位）

第八七八条　扶養をする義務のある者が数人ある場合において、扶養をすべき者の順序について、当事者間に協議が調わないとき、又は協議をすることができないときは、家庭裁判所が、これを定める。扶養を受ける権利のある者が数人ある場合において、扶養義務者の資力がその全員を扶養するのに足りないときの扶養を受けるべき者の順序についても、同様とする。

（扶養の程度又は方法）

第八七九条　扶養の程度又は方法について、当事者間に協議が調わないとき、又は協議をすることができないときは、扶養権利者の需要、扶養義務者の資力その他一切の事情を考慮して、家庭裁判所が、これを定める。

（扶養に関する協議又は審判の変更又は取消し）

第八八〇条　扶養をすべき者若しくは扶養を受けるべき者の順序又は扶養の程度若しくは方法について協議又は審判があった後事情に変更を生じたときは、家庭裁判所は、その協議又は審判の変更又は取消しをすることができる。

（扶養請求権の処分の禁止）

第八八一条　扶養を受ける権利は、処分することができない。

第五編　相続

第一章　総則

（相続開始の原因）
第八八二条　相続は、死亡によって開始する。

第二章　相続人

（相続に関する胎児の権利能力）
第八八六条　胎児は、相続については、既に生まれたものとみなす。
2　前項の規定は、胎児が死体で生まれたときは、適用しない。

（配偶者の相続権）
第八九〇条　被相続人の配偶者は、常に相続人となる。この場合において、第八百八十七条又は前条の規定により相続人となるべき者があるときは、その者と同順位とする。

第三章　相続の効力

第二節　相続分

（法定相続分）
第九〇〇条　同順位の相続人が数人あるときは、その相続分は、次の各号の定めるところによる。
一　子及び配偶者が相続人であるときは、子の相続分及び配偶者の相続分は、各二分の一とする。
二　配偶者及び直系尊属が相続人であるときは、配偶者の相続分は、三分の二とし、直系尊属の相続分は、三分の一とする。
三　配偶者及び兄弟姉妹が相続人であるときは、配偶者の相続分は、四分の三とし、兄弟姉妹の相続分は、四分の一とする。
四　子、直系尊属又は兄弟姉妹が数人あるときは、各自の相続分は、相等しいものとする。ただし、父母の一方のみを同じくする兄弟姉妹の相続分は、父母の双方を同じくする兄弟姉妹の相続分の二分の一とする。

（特別受益者の相続分）
第九〇三条　共同相続人中に、被相続人から、遺贈を受け、又は婚姻若しくは養子縁組のため若しくは生計の資本として贈与を受けた者があるときは、被相続人が相続開始の時において有した財産の価額にその贈与の価額を加えたものを相続財産とみなし、第九百条から第九百二条までの規定により算定した相続分の中からその遺贈又は贈与の価額を控除した残額をもってその者の相続分とする。
2　遺贈又は贈与の価額が、相続分の価額に等しく、又はこれを超えるときは、受遺者又は受贈者は、その相続分を受けることができない。
3　被相続人が前二項の規定と異なった意思を表示したときは、その意思に従う。
4　婚姻期間が二十年以上の夫婦の一方である被相続人が、他の一方に対し、その居住の用に供する建物又はその敷地について遺贈又は贈与をしたときは、当該被相続人は、その遺贈又は贈与について第一項の規定を適用しない旨の意思を表示したものと推定する。

第七章　遺言

第一節　総則

（遺言の方式）
第九六〇条　遺言は、この法律に定める方式に従わなければ、することができない。

（遺言能力）
第九六一条　十五歳に達した者は、遺言をすることができる。

第二節　遺言の方式

第一款　普通の方式

（普通の方式による遺言の種類）
第九六七条　遺言は、自筆証書、公正証書又は秘密証書によってしなければならない。ただし、特別の方式によることを許す場合は、この限りでない。

（成年被後見人の遺言）
第九七三条　成年被後見人が事理を弁識する能力を一時回復した時において遺言をするには、医師二人以上の立会いがなければならない。
2　遺言に立ち会った医師は、遺言者が遺言をする時において精神上の障害により事理を弁識する能力を欠く状態になかった旨を遺言書に付記して、これに署名し、印を押さなければならない。ただし、秘密証書による遺言にあっては、その封紙にその旨の記載をし、署名し、印を押さなければならない。

第八章　配偶者の居住の権利

第一節　配偶者居住権

（配偶者居住権）
第一〇二八条　被相続人の配偶者（以下この章において単に「配偶者」という。）は、被相続人の財産に属した建物に相続開始の時に居住していた場合において、次の各号のいずれかに該当するときは、その居住していた建物（以下この節において「居住建物」という。）の全部について無償で使用及び収益をする権利（以下この章において「配偶者居住権」という。）を取得する。ただし、被相続人が相続開始の時に居住建物を配偶者以外の者と共有していた場合にあっては、この限りでない。

一　遺産の分割によって配偶者居住権を取得するものとされたとき。

二　配偶者居住権が遺贈の目的とされたとき。

2　居住建物が配偶者の財産に属することとなった場合であっても、他の者がその共有持分を有するときは、配偶者居住権は、消滅しない。

3　第九百三条第四項の規定は、配偶者居住権の遺贈について準用する。

（配偶者居住権の存続期間）

第一〇三〇条　配偶者居住権の存続期間は、配偶者の終身の間とする。ただし、遺産の分割の協議若しくは遺言に別段の定めがあるとき、又は家庭裁判所が遺産の分割の審判において別段の定めをしたときは、その定めるところによる。

第二節　配偶者短期居住権

（配偶者短期居住権）

第一〇三七条　配偶者は、被相続人の財産に属した建物に相続開始の時に無償で居住していた場合には、次の各号に掲げる区分に応じてそれぞれ当該各号に定める日までの間、その居住していた建物（以下この節において「居住建物」という。）の所有権を相続又は遺贈により取得した者（以下この節において「居住建物取得者」という。）に対し、居住建物について無償で使用する権利（居住建物の一部のみを無償で使用していた場合にあっては、その部分について無償で使用する権利。以下この節において「配偶者短期居住権」という。）を有する。ただし、配偶者が、相続開始の時において居住建物に係る配偶者居住権を取得したとき、又は第八百九十一条の規定に該当し若しくは廃除によってその相続権を失ったときは、この限りでない。

一　居住建物について配偶者を含む共同相続人間で遺産の分割をすべき場合　遺産の分割により居住建物の帰属が確定した日又は相続開始の時から六箇月を経過する日のいずれか遅い日

二　前号に掲げる場合以外の場合　第三項の申入れの日から六箇月を経過する日

2　前項本文の場合においては、居住建物取得者は、第三者に対する居住建物の譲渡その他の方法により配偶者の居住建物の使用を妨げてはならない。

3　居住建物取得者は、第一項第一号に掲げる場合を除くほか、いつでも配偶者短期居住権の消滅の申入れをすることができる。

第九章　遺留分

（遺留分の帰属及びその割合）

第一〇四二条　兄弟姉妹以外の相続人は、遺留分として、次条第一項に規定する遺留分を算定するための財産の価額に、次の各号に掲げる区分に応じてそれぞれ当該各号に定める割合を乗じた額を受ける。

一　直系尊属のみが相続人である場合　三分の一

二　前号に掲げる場合以外の場合　二分の一

2　相続人が数人ある場合には、前項各号に定める割合は、これらに第九百条及び第九百一条の規定により算定したその各自の相続分を乗じた割合とする。

第一〇章　特別の寄与

第一〇五〇条　被相続人に対して無償で療養看護その他の労務の提供をしたことにより被相続人の財産の維持又は増加について特別の寄与をした被相続人の親族（相続人、相続の放棄をした者及び第八百九十一条の規定に該当し又は廃除によってその相続権を失った者を除く。以下この条において「特別寄与者」という。）は、相続の開始後、相続人に対し、特別寄与者の寄与に応じた額の金銭（以下この条において「特別寄与料」という。）の支払を請求することができる。

2　前項の規定による特別寄与料の支払について、当事者間に協議が調わないとき、又は協議をすることができないときは、特別寄与者は、家庭裁判所に対して協議に代わる処分を請求することができる。ただし、特別寄与者が相続の開始及び相続人を知った時から六箇月を経過したとき、又は相続開始の時から一年を経過したときは、この限りでない。

3　前項本文の場合には、家庭裁判所は、寄与の時期、方法及び程度、相続財産の額その他一切の事情を考慮して、特別寄与料の額を定める。

4　特別寄与料の額は、被相続人が相続開始の時において有した財産の価額から遺贈の価額を控除した残額を超えることができない。

5　相続人が数人ある場合には、各相続人は、特別寄与料の額に第九百条から第九百二条までの規定により算定した当該相続人の相続分を乗じた額を負担する。

◉民生委員法

（昭和二三・七・二九法律一九八）
注　令四法律七七改正現在

〔任務〕
第一条　民生委員は、社会奉仕の精神をもつて、常に住民の立場に立つて相談に応じ、及び必要な援助を行い、もつて社会福祉の増進に努めるものとする。

〔人格識見の陶冶〕
第二条　民生委員は、常に、人格識見の向上と、その職務を行う上に必要な知識及び技術の修得に努めなければならない。

〔設置区域〕
第三条　民生委員は、市（特別区を含む。以下同じ。）町村の区域にこれを置く。

〔定数〕
第四条　民生委員の定数は、厚生労働大臣の定める基準を参酌して、前条の区域ごとに、都道府県の条例で定める。

2　前項の規定により条例を制定する場合においては、都道府県知事は、あらかじめ、前条の区域を管轄する市町村長（特別区の区長を含む。以下同じ。）の意見を聴くものとする。

〔委嘱〕
第五条　民生委員は、都道府県知事の推薦によつて、厚生労働大臣がこれを委嘱する。

2　都道府県知事は、前項の推薦を行うに当たつては、市町村に設置された民生委員推薦会が推薦した者について行うものとする。この場合において、都道府県に設置された社会福祉法（昭和二十六年法律第四十五号）第七条第一項に規定する地方社会福祉審議会（以下「地方社会福祉審議会」という。）の意見を聴くよう努めるものとする。

第六条　民生委員推薦会が、民生委員を推薦するに当つては、当該市町村の議会（特別区の議会を含む。以下同じ。）の議員の選挙権を有する者のうち、人格識見高く、広く社会の実情に通じ、且つ、社会福祉の増進に熱意のある者であつて児童福祉法（昭和二十二年法律第百六十四号）の児童委員としても、適当である者について、これを行わなければならない。

2　都道府県知事及び民生委員推薦会は、民生委員の推薦を行うに当たつては、当該推薦に係る者のうちから児童福祉法の主任児童委員として指名されるべき者を明示しなければならない。

第七条　都道府県知事は、民生委員推薦会の推薦した者が、民生委員として適当でないと認めるときは、地方社会福祉審議会の意見を聴いて、その民生委員推薦会に対し、民生委員の再推薦を命ずることができる。

2　前項の規定により都道府県知事が再推薦を命じた場合において、その日から二十日以内に民生委員推薦会が再推薦をしないときは、都道府県知事は、当該市町村長及び地方社会福祉審議会の意見を聴いて、民生委員として適当と認める者を定め、これを厚生労働大臣に推薦することができる。

〔民生委員推薦会〕
第八条　民生委員推薦会は、委員若干人でこれを組織する。

2　委員は、当該市町村の区域の実情に通ずる者のうちから、市町村長が委嘱する。

3　民生委員推薦会に委員長一人を置く。委員長は、委員の互選とする。

4　前三項に定めるもののほか、委員長及び委員の任期並びに委員長の職務その他民生委員推薦会に関し必要な事項は、政令でこれを定める。

第九条　削除

〔任期〕
第一〇条　民生委員には、給与を支給しないものとし、その任期は、三年とする。ただし、補欠の民生委員の任期は、前任者の残任期間とする。

〔解嘱〕
第一一条　民生委員が左の各号の一に該当する場合においては、厚生労働大臣は、前条の規定にかかわらず、都道府県知事の具申に基いて、これを解嘱することができる。

一　職務の遂行に支障があり、又はこれに堪えない場合
二　職務を怠り、又は職務上の義務に違反した場合
三　民生委員たるにふさわしくない非行のあつた場合

2　都道府県知事が前項の具申をするに当たつては、地方社会福祉審議会の同意を経なければならない。

第一二条 前条第二項の場合において、地方社会福祉審議会は、審査をなすに際して、あらかじめ本人に対してその旨を通告しなければならない。

2 前項の通告を受けた民生委員は、通告を受けた日から二週間以内に、地方社会福祉審議会に対して意見を述べることができる。

3 前項の規定により民生委員が意見を述べた場合には、地方社会福祉審議会は、その意見を聴いた後でなければ審査をなすことができない。

〔担当の区域又は事項〕

第一三条 民生委員は、その市町村の区域内において、担当の区域又は事項を定めて、その職務を行うものとする。

〔職務〕

第一四条 民生委員の職務は、次のとおりとする。

一 住民の生活状態を必要に応じ適切に把握しておくこと。

二 援助を必要とする者がその有する能力に応じ自立した日常生活を営むことができるように生活に関する相談に応じ、助言その他の援助を行うこと。

三 援助を必要とする者が福祉サービスを適切に利用するために必要な情報の提供その他の援助を行うこと。

四 社会福祉を目的とする事業を経営する者又は社会福祉に関する活動を行う者と密接に連携し、その事業又は活動を支援すること。

五 社会福祉法に定める福祉に関する事務所（以下「福祉事務所」という。）その他の関係行政機関の業務に協力すること。

2 民生委員は、前項の職務を行うほか、必要に応じて、住民の福祉の増進を図るための活動を行う。

第一五条 民生委員は、その職務を遂行するに当つては、個人の人格を尊重し、その身上に関する秘密を守り、人種、信条、性別、社会的身分又は門地によつて、差別的又は優先的な取扱をすることなく、且つ、その処理は、実情に即して合理的にこれを行わなければならない。

第一六条 民生委員は、その職務上の地位を政党又は政治的目的のために利用してはならない。

2 前項の規定に違反した民生委員は、第十一条及び第十二条の規定に従い解嘱せられるものとする。

〔知事の指揮監督〕

第一七条 民生委員は、その職務に関して、都道府県知事の指揮監督を受ける。

2 市町村長は、民生委員に対し、援助を必要とする者に関する必要な資料の作成を依頼し、その他民生委員の職務に関して必要な指導をすることができる。

〔指導訓練〕

第一八条 都道府県知事は、民生委員の指導訓練を実施しなければならない。

第一九条 削除

〔民生委員協議会〕

第二〇条 民生委員は、都道府県知事が市町村長の意見をきいて定める区域ごとに、民生委員協議会を組織しなければならない。

2 前項の規定による民生委員協議会を組織する区域を定める場合においては、特別の事情のあるときの外、市においてはその区域を数区域に分けた区域をもつて、町村においてはその区域をもつて一区域としなければならない。

第二一条から第二三条まで 削除

〔民生委員協議会の任務〕

第二四条 民生委員協議会の任務は、次のとおりとする。

一 民生委員が担当する区域又は事項を定めること。

二 民生委員の職務に関する連絡及び調整をすること。

三 民生委員の職務に関して福祉事務所その他の関係行政機関との連絡に当たること。

四 必要な資料及び情報を集めること。

五 民生委員をして、その職務に関して必要な知識及び技術の修得をさせること。

六 その他民生委員が職務を遂行するに必要な事項を処理すること。

2 民生委員協議会は、民生委員の職務に関して必要と認める意見を関係各庁に具申することができる。

3 民生委員協議会は、市町村の区域を単位とする社会福祉関係団体の組織に加わることができる。

4 市町村長及び福祉事務所その他の関係行政機関の職員は、民生委員協議会に出席し、意見を述べることができる。

〔民生委員協議会の会長〕
第二五条　民生委員協議会を組織する民生委員は、その互選により会長一人を定めなければならない。
2　会長は、民生委員協議会の会務をとりまとめ、民生委員協議会を代表する。
3　前二項に定めるもののほか、会長の任期その他会長に関し必要な事項は、政令で定める。
〔都道府県の負担〕
第二六条　民生委員、民生委員推薦会、民生委員協議会及び民生委員の指導訓練に関する費用は、都道府県がこれを負担する。
〔国庫の負担〕
第二七条　国庫は、前条の規定により都道府県が負担した費用のうち、厚生労働大臣の定める事項に関するものについては、予算の範囲内で、その一部を補助することができる。
〔内閣総理大臣に対する協力要請〕
第二八条　厚生労働大臣は、この法律の運用に当たつては、内閣総理大臣の協力を求めるものとする。
〔大都市等の特例〕
第二九条　この法律中都道府県が処理することとされている事務で政令で定めるものは、地方自治法（昭和二十二年法律第六十七号）第二百五十二条の十九第一項の指定都市（以下本条中「指定都市」という。）及び同法第二百五十二条の二十二第一項の中核市（以下本条中「中核市」という。）においては、政令で定めるところにより、指定都市又は中核市（以下本条中「指定都市等」という。）が処理するものとする。この場合においては、この法律中都道府県に関する規定は、指定都市等に関する規定として指定都市等に適用があるものとする。
〔権限の委任〕
第二九条の二　この法律に規定する厚生労働大臣の権限は、厚生労働省令で定めるところにより、地方厚生局長に委任することができる。
2　前項の規定により地方厚生局長に委任された権限は、厚生労働省令で定めるところにより、地方厚生支局長に委任することができる。

附　則（抄）

〔施行期日〕
第三〇条　この法律は、公布の日〔昭二三・七・二九〕から、これを施行する。
〔民生委員令の廃止〕
第三一条　民生委員令（昭和二十一年勅令第四百二十六号）は、これを廃止する。

◉地域保健法

（昭和二二・九・五法律一〇一）
題名改正　平六法律八四（旧保健所法）
注　令四法律九六改正現在（未施行分については、該当か所の後に改正文を収載）

第一章　総則

〔目的〕
第一条　この法律は、地域保健対策の推進に関する基本指針、保健所の設置その他地域保健対策の推進に関し基本となる事項を定めることにより、母子保健法（昭和四十年法律第百四十一号）その他の地域保健対策に関する法律による対策が地域において総合的に推進されることを確保し、もつて地域住民の健康の保持及び増進に寄与することを目的とする。
〔基本理念〕
第二条　地域住民の健康の保持及び増進を目的として国及び地方公共団体が講ずる施策は、我が国における急速な高齢化の進展、保健医療を取り巻く環境の変化等に即応し、地域における公衆衛生の向上及び増進を図るとともに、地域住民の多様化し、かつ、高度化する保健、衛生、生活環境等に関する需要に適確に対応することができるように、地域の特性及び社会福祉等の関連施策との有機的な連携に配慮しつつ、総合的に推進されることを基本理念とする。

〔責務〕

第三条 市町村（特別区を含む。以下同じ。）は、当該市町村が行う地域保健対策が円滑に実施できるように、必要な施設の整備、人材の確保及び資質の向上等に努めなければならない。

② 都道府県は、当該都道府県が行う地域保健対策が円滑に実施できるように、必要な施設の整備、人材の確保及び資質の向上、調査及び研究等に努めるとともに、市町村に対し、前項の責務が十分に果たされるように、その求めに応じ、必要な技術的援助を与えることに努めなければならない。

③ 国は、地域保健に関する情報の収集、整理及び活用並びに調査及び研究並びに地域保健対策に係る人材の養成及び資質の向上に努めるとともに、市町村及び都道府県に対し、前二項の責務が十分に果たされるように必要な技術的及び財政的援助を与えることに努めなければならない。

第二章　地域保健対策の推進に関する基本指針

〔基本指針〕

第四条 厚生労働大臣は、地域保健対策の円滑な実施及び総合的な推進を図るため、地域保健対策の推進に関する基本的な指針（以下「基本指針」という。）を定めなければならない。

② 基本指針は、次に掲げる事項について定めるものとする。

一 地域保健対策の推進の基本的な方向

二 保健所及び市町村保健センターの整備及び運営に関する基本的事項

三 地域保健対策に係る人材の確保及び資質の向上並びに第二十四条第一項の人材確保支援計画の策定に関する基本的事項

四 地域保健に関する調査及び研究並びに試験及び検査に関する基本的事項

五 社会福祉等の関連施策との連携に関する基本的事項

六 その他地域保健対策の推進に関する重要事項

③ 基本指針は、健康危機（国民の生命及び健康に重大な影響を与えるおそれがある疾病のまん延その他の公衆衛生上重大な危害が生じ、又は生じるおそれがある緊急の事態をいう。第二十一条第一項において同じ。）への対処を考慮して定めるものとする。

④ 厚生労働大臣は、基本指針を定め、又はこれを変更したときは、遅滞なく、これを公表しなければならない。

第三章　保健所

〔設置〕

第五条 保健所は、都道府県、地方自治法（昭和二十二年法律第六十七号）第二百五十二条の十九第一項の指定都市、同法第二百五十二条の二十二第一項の中核市その他の政令で定める市又は特別区が、これを設置する。

② 都道府県は、前項の規定により保健所を設置する場合においては、保健医療に係る施策と社会福祉に係る施策との有機的な連携を図るため、医療法（昭和二十三年法律第二百五号）第三十条の四第二項第十四号に規定する区域及び介護保険法（平成九年法律第百二十三号）第百十八条第二項第一号に規定する区域を参酌して、保健所の所管区域を設定しなければならない。

〔事業〕

第六条 保健所は、次に掲げる事項につき、企画、調整、指導及びこれらに必要な事業を行う。

一 地域保健に関する思想の普及及び向上に関する事項

二 人口動態統計その他地域保健に係る統計に関する事項

三 栄養の改善及び食品衛生に関する事項

四 住宅、水道、下水道、廃棄物の処理、清掃その他の環境の衛生に関する事項

五 医事及び薬事に関する事項

六 保健師に関する事項

七 公共医療事業の向上及び増進に関する事項

八 母性及び乳幼児並びに老人の保健に関する事項

九 歯科保健に関する事項

十 精神保健に関する事項

十一 治療方法が確立していない疾病その他の特殊の疾病により長期に療養を必要とする者の保健に関する事項

十二 感染症その他の疾病の予防に関する事項

十三　衛生上の試験及び検査に関する事項
十四　その他地域住民の健康の保持及び増進に関する事項

〔事業〕
第七条　保健所は、前条に定めるもののほか、地域住民の健康の保持及び増進を図るため必要があるときは、次に掲げる事業を行うことができる。
一　所管区域に係る地域保健に関する情報を収集し、整理し、及び活用すること。
二　所管区域に係る地域保健に関する調査及び研究を行うこと。
三　歯科疾患その他厚生労働大臣の指定する疾病の治療を行うこと。
四　試験及び検査を行い、並びに医師、歯科医師、薬剤師その他の者に試験及び検査に関する施設を利用させること。

〔保健所の援助等〕
第八条　都道府県の設置する保健所は、前二条に定めるもののほか、所管区域内の市町村の地域保健対策の実施に関し、市町村相互間の連絡調整を行い、及び市町村の求めに応じ、技術的助言、市町村職員の研修その他必要な援助を行うことができる。

〔職権の委任〕
第九条　第五条第一項に規定する地方公共団体の長は、その職権に属する第六条各号に掲げる事項に関する事務を保健所長に委任することができる。

〔職員〕
第一〇条　保健所に、政令の定めるところにより、所長その他所要の職員を置く。

〔運営協議会〕
第一一条　第五条第一項に規定する地方公共団体は、保健所の所管区域内の地域保健及び保健所の運営に関する事項を審議させるため、当該地方公共団体の条例で定めるところにより、保健所に、運営協議会を置くことができる。

〔支所〕
第一二条　第五条第一項に規定する地方公共団体は、保健所の事業の執行の便を図るため、その支所を設けることができる。

〔名称の独占〕
第一三条　この法律による保健所でなければ、その名称中に、保健所たることを示すような文字を用いてはならない。

〔無料の原則〕
第一四条　保健所の施設の利用又は保健所で行う業務については、政令で定める場合を除いては、使用料、手数料又は治療料を徴収してはならない。

〔国の負担〕
第一五条　国は、保健所の施設又は設備に要する費用を支出する地方公共団体に対し、予算の範囲内において、政令で定めるところにより、その費用の全部又は一部を補助することができる。

〔報告の徴収〕
第一六条　厚生労働大臣は、政令の定めるところにより、第五条第一項に規定する地方公共団体の長に対し、保健所の運営に関し必要な報告を求めることができる。
②　厚生労働大臣は、第五条第一項に規定する地方公共団体に対し、保健所の設置及び運営に関し適切と認める技術的な助言又は勧告をすることができる。

〔政令への委任〕
第一七条　この章に定めるもののほか、保健所及び保健所支所の設置、廃止及び運営に関して必要な事項は、政令でこれを定める。

第四章　市町村保健センター

〔市町村保健センターの目的等〕
第一八条　市町村は、市町村保健センターを設置することができる。
②　市町村保健センターは、住民に対し、健康相談、保健指導及び健康診査その他地域保健に関し必要な事業を行うことを目的とする施設とする。

〔市町村保健センターの設置に係る国の補助〕
第一九条　国は、予算の範囲内において、市町村に対し、市町村保健センターの設置に要する費用の一部を補助することができる。

〔市町村保健センターの整備に係る国の配慮〕
第二〇条　国は、第二十四条第一項の町村が市町村保健センターを整備しようとするときは、その整備が円滑に実施されるように適切な配慮をするものとする。

第五章　地域保健対策に係る人材の確保

（業務支援員）

第二一条　第五条第一項に規定する地方公共団体の長は、感染症の予防及び感染症の患者に対する医療に関する法律（平成十年法律第百十四号）第十六条第二項に規定する新型インフルエンザ等感染症等に係る発生等の公表が行われた場合その他の健康危機が発生した場合における その管轄する区域内の地域保健対策に係る業務の状況を勘案して必要があると認めるときは、地域保健の専門的知識を有する者であつて厚生労働省令で定めるもののうち、あらかじめ、この項の規定による要請を受ける旨の承諾をした者に対し、当該地方公共団体の長が管轄する区域内の地域保健対策に係る業務に従事すること又は当該業務に関する助言を行うことを要請することができる。

② 前項の規定による要請を受けた者（以下「業務支援員」という。）を使用している者は、その業務の遂行に著しい支障のない限り、当該業務支援員が当該要請に応じて同項に規定する業務又は助言を行うことができるための配慮をするよう努めなければならない。

③ 業務支援員（地方公務員法（昭和二十五年法律第二百六十一号）第三条第二項に規定する一般職に属する職員として第一項に規定する業務又は助言を行う者を除く。以下この項において同じ。）は、第一項の規定による要請に応じて行つた同項に規定する助言に関して知り得た秘密を漏らしてはならない。業務支援員でなくなつた後においても、同様とする。

（業務支援員への国等の支援）

第二二条　国及び第五条第一項に規定する地方公共団体は、前条第一項に規定する者に対し、同項に規定する業務又は助言に関する研修の機会の提供その他の必要な支援を行うものとする。

（業務支援員に係る国の責務）

第二三条　国は、第二十一条第一項に規定する者の確保及び資質の向上並びに業務支援員が行う業務又は助言が円滑に実施されるように、第五条第一項に規定する地方公共団体に対し、必要な助言、指導その他の援助の実施に努めるものとする。

（人材確保支援計画）

第二四条　都道府県は、当分の間、基本指針に即して、政令で定めるところにより、地域保健対策の実施に当たり特にその人材の確保又は資質の向上を支援する必要がある町村について、町村の申出に基づき、地域保健対策を円滑に実施するための人材の確保又は資質の向上の支援に関する計画（以下「人材確保支援計画」という。）を定めることができる。

② 人材確保支援計画は、次に掲げる事項について定めるものとする。

一　人材確保支援計画の対象となる町村（以下「特定町村」という。）

二　都道府県が実施する特定町村の地域保健対策を円滑に実施するための人材の確保又は資質の向上に資する事業の内容に関する事項

③ 前項各号に掲げる事項のほか、人材確保支援計画を定める場合には、特定町村の地域保健対策を円滑に実施するための人材の確保又は資質の向上の基本的方針に関する事項について定めるよう努めるものとする。

④ 都道府県は、人材確保支援計画を定め、又はこれを変更しようとするときは、あらかじめ、特定町村の意見を聴かなければならない。

⑤ 都道府県は、人材確保支援計画を定め、又はこれを変更したときは、遅滞なく、厚生労働大臣にこれを通知しなければならない。

（人材確保支援計画に係る国の補助）

第二五条　国は、政令で定めるところにより、予算の範囲内において、人材確保支援計画に定められた前条第二項第二号の事業を実施する都道府県に対し、当該事業に要する費用の一部を補助することができる。

② 国は、前項に規定するもののほか、人材確保支援計画を定めた都道府県が、当該人材確保支援計画に定められた事業を実施しようとするときは、当該事業が円滑に実施されるように必要な助言、指導その他の援助の実施に努めるものとする。

第六章　地域保健に関する調査及び研究並びに試験及び検査に関する措置

（地方公共団体が講ずべき措置）

第二六条　第五条第一項に規定する地方公共団体は、地域保健対策に関する法律に基づく調査及び研究並びに試験及び検査であつて、専門的な知識及び技術を必要とするもの並びにこれらに関連する厚生労働省令で定める業務を行うため、必要な体制の整備、他の同項に規定する地方公共団体との連携の確保その他の必要な措置を講ずるものとする。

注　第二十六条は、令和五年六月七日法律第四七号により次のように改正され、令和五年六月七日から起算して三年を超えない範囲内において政令で定める日から施行される。

第二十六条に次の二項を加える。

②　前項に規定する業務を行う第五条第一項に規定する地方公共団体の機関（当該地方公共団体が当該業務を他の機関に行わせる場合は、当該機関。次項において「地方衛生研究所等」という。）は、感染症の発生を予防し、及びそのまん延の防止を図り、もつて地域住民の健康の保持及び増進に寄与するため、当該業務により得た感染症その他の疾患に係る情報並びに病原体及び毒素について、国立健康危機管理研究機構が行う国立健康危機管理研究機構法（令和五年法律第四十六号）第二十三条第一項第五号及び第六号に掲げる業務（これらの規定に規定する収集に限る。）に協力するものとする。

③　地方衛生研究所等は、その職員に対し、国立健康危機管理研究機構が行う研修、技術的支援その他の必要な支援を受ける機会を与えるよう努めるものとする。

（国の助言等）

第二十七条　国は、前条の規定に基づいて実施する措置が円滑に実施されるように、第五条第一項に規定する地方公共団体に対し、必要な助言、指導その他の援助の実施に努めるものとする。

注　第二十七条は、令和五年六月七日法律第四七号により次のように改正され、令和五年六月七日から起算して三年を超えない範囲内において政令で定める日から施行される。

第二十七条中「前条の規定に基づいて実施する措置」を「前条第一項に規定する措置、同条第二項の規定による協力及び同条第三項の規定による機会の付与」に改める。

第七章　罰則

第二十八条　第二十一条第三項の規定に違反して秘密を漏らした者は、一年以下の拘禁刑又は五十万円以下の罰金に処する。

附　則（抄）

（施行期日）

第一条　この法律施行の期日〔昭二三・一・一〕は、政令でこれを定める。

◉雇用の分野における男女の均等な機会及び待遇の確保等に関する法律（抄）

題名改正　昭六〇法律四五（旧勤労婦人福祉法）、平九法律九二（旧雇用の分野における男女の均等な機会及び待遇の確保等女子労働者の福祉の増進に関する法律、旧雇用の分野における男女の均等な機会及び待遇の確保等女性労働者の福祉の増進に関する法律）

（昭和四七・七・一法律一一三）

注　令五法律二八改正現在

第一章　総則

（目的）

第一条　この法律は、法の下の平等を保障する日本国憲法の理念にのつとり雇用の分野における男女の均等な機会及び待遇の確保を図るとともに、女性労働者の就業に関して妊娠中及び出産後の健康の確保を図る等の措置を推進することを目的とする。

（基本的理念）

第二条　この法律においては、労働者が性別により差別されることなく、また、女性労働者にあつては母性を尊重されつつ、充実した職業生活を営むことができるようにすることをその基本的理念とする。

2　事業主並びに国及び地方公共団体は、前項に規定する基本的理念に従つて、労働者の職業生活の充実が図られるように努めなければならない。

（啓発活動）

第三条　国及び地方公共団体は、雇用の分野における男女の均等な機会及び待遇の確保等についての国民の関心と理解を深めるとともに、特に、雇用の分野における男女の均等な機会及び待遇の確保を妨げている諸要因の解消を図るため、必要な啓発活動を行うものとする。

（男女雇用機会均等対策基本方針）

第四条　厚生労働大臣は、雇用の分野における男女の均等な機会及び待遇の確保等に関する施策の基本となるべき方針（以下「男女雇用機会均等対策基本方針」という。）を定めるものとする。

2　男女雇用機会均等対策基本方針に定める事項は、次のとおりとする。

一　男性労働者及び女性労働者のそれぞれの職業生活の動向に関する事項

二　雇用の分野における男女の均等な機会及び待遇の確保等について講じようとする施策の基本となるべき事項

3　男女雇用機会均等対策基本方針は、男性労働者及び女性労働者のそれぞれの労働条件、意識及び就業の実態等を考慮して定められなければならない。

4　厚生労働大臣は、男女雇用機会均等対策基本方針を定めるに当たつては、あらかじめ、労働政策審議会の意見を聴くほか、都道府県知事の意見を求めるものとする。

5　厚生労働大臣は、男女雇用機会均等対策基本方針を定めたときは、遅滞なく、その概要を公表するものとする。

6　前二項の規定は、男女雇用機会均等対策基本方針の変更について準用する。

第二章　雇用の分野における男女の均等な機会及び待遇の確保等

第一節　性別を理由とする差別の禁止等

（性別を理由とする差別の禁止）

第五条　事業主は、労働者の募集及び採用について、その性別にかかわりなく均等な機会を与えなければならない。

第六条　事業主は、次に掲げる事項について、労働者の性別を理由として、差別的取扱いをしてはならない。

一　労働者の配置（業務の配分及び権限の付与を含む。）、昇進、降格及び教育訓練

二　住宅資金の貸付けその他これに準ずる福利厚生の措置であつて厚生労働省令で定めるもの

三　労働者の職種及び雇用形態の変更

四　退職の勧奨、定年及び解雇並びに労働契約の更新

（性別以外の事由を要件とする措置）

第七条　事業主は、募集及び採用並びに前条各号に掲げる事項に関する措置であつて労働者の性別以外の事由を要件とするもののうち、措置の要件を満たす男性及び女性の比率その他の事情を勘案して実質的に性別を理由とする差別となるおそれがある措置として厚生労働省令で定めるものについては、当該措置の対象となる業務の性質に照らして当該措置の実施が当該業務の遂行上特に必要である場合、事業の運営の状況に照らして当該措置の実施が雇用管理上特に必要である場合その他の合理的な理由がある場合でなければ、これを講じてはならない。

（女性労働者に係る措置に関する特例）

第八条　前三条の規定は、事業主が、雇用の分野における男女の均等な機会及び待遇の確保の支障となつている事情を改善することを目的として女性労働者に関して行う措置を講ずることを妨げるものではない。

（婚姻、妊娠、出産等を理由とする不利益取扱いの禁止等）

第九条　事業主は、女性労働者が婚姻し、妊娠し、又は出産したことを退職理由として予定する定めをしてはならない。

2　事業主は、女性労働者が婚姻したことを理由として、解雇してはならない。

3　事業主は、その雇用する女性労働者が妊娠したこと、出産したこと、労働基準法（昭和二十二年法律第四十九号）第六十五条第一項の規定による休業を請求し、又は同項若しくは同条第二項の規定による休業をしたことその他の妊娠又は出産に関する事由であつて厚生労働省令で

定めるものを理由として、当該女性労働者に対して解雇その他不利益な取扱いをしてはならない。

4　妊娠中の女性労働者及び出産後一年を経過しない女性労働者に対してなされた解雇は、無効とする。ただし、事業主が当該解雇が前項に規定する事由を理由とする解雇でないことを証明したときは、この限りでない。

（指針）

第一〇条　厚生労働大臣は、第五条から第七条まで及び前条第一項から第三項までの規定に定める事項に関し、事業主が適切に対処するために必要な指針（次項において「指針」という。）を定めるものとする。

2　第四条第四項及び第五項の規定は指針の策定及び変更について準用する。この場合において、同条第四項中「聴くほか、都道府県知事の意見を求める」とあるのは、「聴く」と読み替えるものとする。

第二節　事業主の講ずべき措置等

（職場における性的な言動に起因する問題に関する雇用管理上の措置等）

第一一条　事業主は、職場において行われる性的な言動に対するその雇用する労働者の対応により当該労働者がその労働条件につき不利益を受け、又は当該性的な言動により当該労働者の就業環境が害されることのないよう、当該労働者からの相談に応じ、適切に対応するために必要な体制の整備その他の雇用管理上必要な措置を講じなければならない。

2　事業主は、労働者が前項の相談を行つたこと又は事業主による当該相談への対応に協力した際に事実を述べたことを理由として、当該労働者に対して解雇その他不利益な取扱いをしてはならない。

3　事業主は、他の事業主から当該事業主の講ずる第一項の措置の実施に関し必要な協力を求められた場合には、これに応ずるように努めなければならない。

4　厚生労働大臣は、前三項の規定に基づき事業主が講ずべき措置等に関して、その適切かつ有効な実施を図るために必要な指針（次項において「指針」という。）を定めるものとする。

5　第四条第四項及び第五項の規定は、指針の策定及び変更について準用する。この場合において、同条第四項中「聴くほか、都道府県知事の意見を求める」とあるのは、「聴く」と読み替えるものとする。

（職場における性的な言動に起因する問題に関する国、事業主及び労働者の責務）

第一一条の二　国は、前条第一項に規定する不利益を与える行為又は労働者の就業環境を害する同項に規定する言動を行つてはならないことその他当該言動に起因する問題（以下この条において「性的言動問題」という。）に対する事業主その他国民一般の関心と理解を深めるため、広報活動、啓発活動その他の措置を講ずるように努めなければならない。

2　事業主は、性的言動問題に対するその雇用する労働者の関心と理解を深めるとともに、当該労働者が他の労働者に対する言動に必要な注意を払うよう、研修の実施その他の必要な配慮をするほか、国の講ずる前項の措置に協力するように努めなければならない。

3　事業主（その者が法人である場合にあつては、その役員）は、自らも、性的言動問題に対する関心と理解を深め、労働者に対する言動に必要な注意を払うように努めなければならない。

4　労働者は、性的言動問題に対する関心と理解を深め、他の労働者に対する言動に必要な注意を払うとともに、事業主の講ずる前条第一項の措置に協力するように努めなければならない。

（職場における妊娠、出産等に関する言動に起因する問題に関する雇用管理上の措置等）

第一一条の三　事業主は、職場において行われるその雇用する女性労働者に対する当該女性労働者が妊娠したこと、出産したこと、労働基準法第六十五条第一項の規定による休業を請求し、又は同項若しくは同条第二項の規定による休業をしたことその他の妊娠又は出産に関する事由であつて厚生労働省令で定めるものに関する言動により当該女性労働者の就業環境が害されることのないよう、当該女性労働者からの相談に応じ、適切に対応するために必要な体制の整備その他の雇用管理上必要な措置を講じなければならない。

2　第十一条第二項の規定は、労働者が前項の相談を行い、又は事業主による当該相談への対応に協力した際に事実を述べた場合について準用する。

3　厚生労働大臣は、前二項の規定に基づき事業主が講ずべき措置等に関して、その適切かつ有効な実施を図るために必要な指針（次項において「指針」という。）を定めるものとする。

4　第四条第四項及び第五項の規定は、指針の策定及び変更について準用する。この場合において、同条第四項中「聴くほか、都道府県知事の意見を求める」とあるのは、「聴く」と読み替えるものとする。

（職場における妊娠、出産等に関する言動に起因する問題に関する国、事業主及び労働者の責務）

第一一条の四　国は、労働者の就業環境を害する前条第一項に規定する言動を行ってはならないことその他当該言動に起因する問題（以下この条において「妊娠・出産等関係言動問題」という。）に対する事業主その他国民一般の関心と理解を深めるため、広報活動、啓発活動その他の措置を講ずるように努めなければならない。

2　事業主は、妊娠・出産等関係言動問題に対するその雇用する労働者の関心と理解を深めるとともに、当該労働者が他の労働者に対する言動に必要な注意を払うよう、研修の実施その他の必要な配慮をするほか、国の講ずる前項の措置に協力するように努めなければならない。

3　事業主（その者が法人である場合にあつては、その役員）は、自らも、妊娠・出産等関係言動問題に対する関心と理解を深め、労働者に対する言動に必要な注意を払うように努めなければならない。

4　労働者は、妊娠・出産等関係言動問題に対する関心と理解を深め、他の労働者に対する言動に必要な注意を払うとともに、事業主の講ずる前条第一項の措置に協力するように努めなければならない。

（妊娠中及び出産後の健康管理に関する措置）

第一二条　事業主は、厚生労働省令で定めるところにより、その雇用する女性労働者が母子保健法（昭和四十年法律第百四十一号）の規定による保健指導又は健康診査を受けるために必要な時間を確保することができるようにしなければならない。

第一三条　事業主は、その雇用する女性労働者が前条の保健指導又は健康診査に基づく指導事項を守ることができるようにするため、勤務時間の変更、勤務の軽減等必要な措置を講じなければならない。

2　厚生労働大臣は、前項の規定に基づき事業主が講ずべき措置に関して、その適切かつ有効な実施を図るために必要な指針（次項において「指針」という。）を定めるものとする。

3　第四条第四項及び第五項の規定は、指針の策定及び変更について準用する。この場合において、同条第四項中「聴くほか、都道府県知事の意見を求める」とあるのは、「聴く」と読み替えるものとする。

（男女雇用機会均等推進者）

第一三条の二　事業主は、厚生労働省令で定めるところにより、第八条、第十一条第一項、第十一条の二第二項、第十一条の三第一項、第十一条の四第二項、第十二条及び前条第一項に定める措置等並びに職場における男女の均等な機会及び待遇の確保が図られるようにするために講ずべきその他の措置の適切かつ有効な実施を図るための業務を担当する者を選任するように努めなければならない。

第三節　事業主に対する国の援助

第一四条　国は、雇用の分野における男女の均等な機会及び待遇が確保されることを促進するため、事業主が雇用の分野における男女の均等な機会及び待遇の確保の支障となつている事情を改善することを目的とする次に掲げる措置を講じ、又は講じようとする場合には、当該事業主に対し、相談その他の援助を行うことができる。

一　その雇用する労働者の配置その他雇用に関する状況の分析

二　前号の分析に基づき雇用の分野における男女の均等な機会及び待遇の確保の支障となつている事情を改善するに当たつて必要となる措置に関する計画の作成

三　前号の計画で定める措置の実施

四　前三号の措置を実施するために必要な体制の整備

五　前各号の措置の実施状況の開示

◉育児休業、介護休業等育児又は家族介護を行う労働者の福祉に関する法律（抄）

題名改正　平七法律一〇七（旧）育児休業等に関する法律、（旧）育児休業等育児又は家族介護を行う労働者の福祉に関する法律

（平成三・五・一五法律七六）

注　令五法律二八改正現在

第一章　総則

（目的）

第一条　この法律は、育児休業及び介護休業に関する制度並びに子の看護休暇及び介護休暇に関する制度を設けるとともに、子の養育及び家族の介護を容易にするため所定労働時間等に関し事業主が講ずべき措置を定めるほか、子の養育又は家族の介護を行う労働者等に対する支援措置を講ずること等により、子の養育又は家族の介護を行う労働者等の雇用の継続及び再就職の促進を図り、もってこれらの者の職業生活と家庭生活との両立に寄与することを通じて、これらの者の福祉の増進を図り、あわせて経済及び社会の発展に資することを目的とする。

（定義）

第二条　この法律（第一号に掲げる用語にあっては、第九条の七並びに第六十一条第三十三項及び第三十六項を除く。）において、次の各号に掲げる用語の意義は、当該各号に定めるところによる。

一　育児休業　労働者（日々雇用される者を除く。以下この条、次章から第八章まで、第二十一条から第二十四条まで、第二十五条第一項、第二十五条の二第一項及び第三項、第二十六条、第二十八条、第二十九条並びに第十一章において同じ。）が、次章に定めるところにより、その子（民法（明治二十九年法律第八十九号）第八百十七条の二第一項の規定により労働者が当該労働者との間における同項に規定する特別養子縁組の成立について家庭裁判所に請求した者（当該請求に係る家事審判事件が裁判所に係属している場合に限る。）であって、当該労働者が現に監護するもの、児童福祉法（昭和二十二年法律第百六十四号）第二十七条第一項第三号の規定により同法第六条の四第二号に規定する養子縁組里親である労働者に委託されている児童及びその他これらに準ずる者として厚生労働省令で定める者に、厚生労働省令で定めるところにより委託されている者を含む。第四号及び第六十一条第三項（同条第六項において準用する場合を含む。）を除き、以下同じ。）を養育するためにする休業をいう。

二　介護休業　労働者が、第三章に定めるところにより、その要介護状態にある対象家族を介護するためにする休業をいう。

三　要介護状態　負傷、疾病又は身体上若しくは精神上の障害により、厚生労働省令で定める期間にわたり常時介護を必要とする状態をいう。

四　対象家族　配偶者（婚姻の届出をしていないが、事実上婚姻関係と同様の事情にある者を含む。以下同じ。）、父母及び子（これらの者に準ずる者として厚生労働省令で定めるものを含む。）並びに配偶者の父母をいう。

五　家族　対象家族その他厚生労働省令で定める親族をいう。

（基本的理念）

第三条　この法律の規定による子の養育又は家族の介護を行う労働者等の福祉の増進は、これらの者がそれぞれ職業生活の全期間を通じてその能力を有効に発揮して充実した職業生活を営むとともに、育児又は介護について家族の一員としての役割を円滑に果たすことができるようにすることをその本旨とする。

2　子の養育又は家族の介護を行うための休業をする労働者は、その休業後における就業を円滑に行うことができるよう必要な努力をするようにしなければならない。

（関係者の責務）

第四条　事業主並びに国及び地方公共団体は、前条に規定する基本的理念に従って、子の養育又は家族の介護を行う労働者等の福祉を増進するように努めなければならない。

第二章　育児休業

(育児休業の申出)

第五条　労働者は、その養育する一歳に満たない子について、その事業主に申し出ることにより、育児休業(第九条の二第一項に規定する出生時育児休業を除く。以下この条から第九条までにおいて同じ。)をすることができる。ただし、期間を定めて雇用される者にあっては、その養育する子が一歳六か月に達する日までに、その労働契約(労働契約が更新される場合にあっては、更新後のもの。第三項、第九条の二第一項及び第十一条第一項において同じ。)が満了することが明らかでない者に限り、当該申出をすることができる。

2　前項の規定にかかわらず、労働者は、その養育する子が一歳に達する日(以下「一歳到達日」という。)までの期間(当該子を養育していない期間を除く。)内に二回の育児休業(第七項に規定する育児休業申出によりする育児休業を除く。)をした場合には、当該子については、厚生労働省令で定める特別の事情がある場合を除き、前項の規定による申出をすることができない。

3　労働者は、その養育する一歳から一歳六か月に達するまでの子について、次の各号のいずれにも該当する場合(厚生労働省令で定める特別の事情がある場合には、第二号に該当する場合)に限り、その事業主に申し出ることにより、育児休業をすることができる。ただし、期間を定めて雇用される者(当該子の一歳到達日において育児休業をしている者であって、その翌日を第六項に規定する育児休業開始予定日とする申出をするものを除く。)にあっては、当該子が一歳六か月に達する日までに、その労働契約が満了することが明らかでない者に限り、当該申出をすることができる。

一　当該申出に係る子について、当該労働者又はその配偶者が、当該子の一歳到達日において育児休業をしている場合

二　当該子の一歳到達日後の期間について休業することが雇用の継続のために特に必要と認められる場合として厚生労働省令で定める場合に該当する場合

三　当該子の一歳到達日後の期間において、この項の規定による申出により育児休業をしたことがない場合

4　労働者は、その養育する一歳六か月から二歳に達するまでの子について、次の各号のいずれにも該当する場合(前項の厚生労働省令で定める特別の事情がある場合には、第二号に該当する場合)に限り、その事業主に申し出ることにより、育児休業をすることができる。

一　当該申出に係る子について、当該労働者又はその配偶者が、当該子の一歳六か月に達する日(以下「一歳六か月到達日」という。)において育児休業をしている場合

二　当該子の一歳六か月到達日後の期間について休業することが雇用の継続のために特に必要と認められる場合として厚生労働省令で定める場合に該当する場合

三　当該子の一歳六か月到達日後の期間において、この項の規定による申出により育児休業をしたことがない場合

5　第一項ただし書の規定は、前項の規定による申出について準用する。この場合において、第一項ただし書中「一歳六か月」とあるのは、「二歳」と読み替えるものとする。

6　第一項、第三項及び第四項本文の規定による申出(以下「育児休業申出」という。)は、厚生労働省令で定めるところにより、その期間中は育児休業をすることとする一の期間について、その初日(以下「育児休業開始予定日」という。)及び末日(以下「育児休業終了予定日」という。)とする日を明らかにして、しなければならない。この場合において、次の各号に掲げる申出にあっては、第三項の厚生労働省令で定める特別の事情がある場合を除き、当該各号に定める日を育児休業開始予定日としなければならない。

一　第三項の規定による申出　当該申出に係る子の一歳到達日の翌日(当該申出をする労働者の配偶者が同項の規定による申出により育児休業をする場合には、当該育児休業に係る育児休業終了予定日の翌日以前の日)

二　第四項の規定による申出　当該申出に係る子の一歳六か月到達日の翌日(当該申出をする労働者の配偶者が同項の規定による申出により育児休業をする場合には、当該育児休業に係る育児休業終了予定日の翌日以前の日)

7　第一項ただし書、第二項、第三項（第一号及び第二号を除く。）、第四項（第一号及び第二号を除く。）、第五項及び前項後段の規定は、期間を定めて雇用される者であって、その締結する労働契約の期間の末日を育児休業終了予定日（第七条第三項の規定により当該育児休業終了予定日が変更された場合にあっては、その変更後の育児休業終了予定日とされた日）とする育児休業をしているものが、当該育児休業に係る子について、当該労働契約の更新に伴い、当該更新後の労働契約の期間の初日を育児休業開始予定日とする育児休業申出をする場合には、これを適用しない。

（育児休業申出があった場合における事業主の義務等）

第六条　事業主は、労働者からの育児休業申出があったときは、当該育児休業申出を拒むことができない。ただし、当該事業主と当該労働者が雇用される事業所の労働者の過半数で組織する労働組合があるときはその労働組合、その事業所の労働者の過半数で組織する労働組合がないときはその労働者の過半数を代表する者との書面による協定で、次に掲げる労働者のうち育児休業をすることができないものとして定められた労働者に該当する労働者からの育児休業申出があった場合は、この限りでない。

一　当該事業主に引き続き雇用された期間が一年に満たない労働者

二　前号に掲げるもののほか、育児休業をすることができないこととすることについて合理的な理由があると認められる労働者として厚生労働省令で定めるもの

2　前項ただし書の場合において、事業主にその育児休業申出を拒まれた労働者は、前条第一項、第三項及び第四項の規定にかかわらず、育児休業をすることができない。

3　事業主は、労働者からの育児休業申出があった場合において、当該育児休業申出に係る育児休業開始予定日とされた日が当該育児休業申出があった日の翌日から起算して一月（前条第三項の規定による申出（当該申出があった日が当該申出に係る子の一歳到達日以前の日であるものに限る。）又は同条第四項の規定による申出（当該申出があった日が当該申出に係る子の一歳六か月到達日以前の日であるものに限る。）にあっては二週間）を経過する日（以下この項において「一月等経過日」という。）前の日であるときは、厚生労働省令で定めるところにより、当該育児休業開始予定日とされた日から当該一月等経過日（当該育児休業申出があった日までに、出産予定日前に子が出生したことその他の厚生労働省令で定める事由が生じた場合にあっては、当該一月等経過日前の日で厚生労働省令で定める日）までの間のいずれかの日を当該育児休業開始予定日として指定することができる。

4　第一項ただし書及び前項の規定は、労働者が前条第七項に規定する育児休業申出をする場合には、これを適用しない。

（育児休業開始予定日の変更の申出等）

第七条　第五条第一項の規定による申出をした労働者は、その後当該申出に係る育児休業開始予定日とされた日（前条第三項の規定による事業主の指定があった場合にあっては、当該事業主の指定した日。以下この項において同じ。）の前日までに、前条第三項の厚生労働省令で定める事由が生じた場合には、その事業主に申し出ることにより、当該申出に係る育児休業開始予定日を一回に限り当該育児休業開始予定日とされた日前の日に変更することができる。

2　事業主は、前項の規定による労働者からの申出があった場合において、当該申出に係る変更後の育児休業開始予定日とされた日が当該申出があった日の翌日から起算して一月を超えない範囲内で厚生労働省令で定める期間を経過する日（以下この項において「期間経過日」という。）前の日であるときは、厚生労働省令で定めるところにより、当該申出に係る変更後の育児休業開始予定日とされた日から当該期間経過日（その日が当該申出に係る変更前の育児休業開始予定日とされていた日（前条第三項の規定による事業主の指定があった場合にあっては、当該事業主の指定した日。以下この項において同じ。）以後の日である場合にあっては、当該申出に係る変更前の育児休業開始予定日とされていた日）までの間のいずれかの日を当該労働者に係る育児休業開始予定日として指定することができる。

3　育児休業申出をした労働者は、厚生労働省令で定める日までにその事業主に申し出ることに

より、当該育児休業申出に係る育児休業終了予定日を一回に限り当該育児休業終了予定日とされた日後の日に変更することができる。

（育児休業申出の撤回等）

第八条 育児休業申出をした労働者は、当該育児休業申出に係る育児休業開始予定日とされた日（第六条第三項又は前条第二項の規定による事業主の指定があった場合にあっては当該事業主の指定した日、同条第一項の規定により育児休業開始予定日が変更された場合にあってはその変更後の育児休業開始予定日とされた日。以下同じ。）の前日までは、当該育児休業申出を撤回することができる。

2 前項の規定により第五条第一項の規定による申出を撤回した労働者は、同条第二項の規定の適用については、当該申出に係る育児休業をしたものとみなす。

3 第一項の規定により第五条第三項又は第四項の規定による申出を撤回した労働者は、当該申出に係る子については、厚生労働省令で定める特別の事情がある場合を除き、同条第三項及び第四項の規定にかかわらず、これらの規定による申出をすることができない。

4 育児休業申出がされた後育児休業開始予定日とされた日の前日までに、子の死亡その他の労働者が当該育児休業申出に係る子を養育しないこととなった事由として厚生労働省令で定める事由が生じたときは、当該育児休業申出は、されなかったものとみなす。この場合において、労働者は、その事業主に対して、当該事由が生じた旨を遅滞なく通知しなければならない。

（育児休業期間）

第九条 育児休業申出をした労働者がその期間中は育児休業をすることができる期間（以下「育児休業期間」という。）は、育児休業開始予定日とされた日から育児休業終了予定日とされた日（第七条第三項の規定により当該育児休業終了予定日が変更された場合にあっては、その変更後の育児休業終了予定日とされた日。次項において同じ。）までの間とする。

2 次の各号に掲げるいずれかの事情が生じた場合には、育児休業期間は、前項の規定にかかわらず、当該事情が生じた日（第三号に掲げる事情が生じた場合にあっては、その前日）に終了する。

一 育児休業終了予定日とされた日の前日までに、子の死亡その他の労働者が育児休業申出に係る子を養育しないこととなった事由として厚生労働省令で定める事由が生じたこと。

二 育児休業終了予定日とされた日の前日までに、育児休業申出に係る子が一歳（第五条第三項の規定による申出により育児休業をしている場合にあっては一歳六か月、同条第四項の規定による申出により育児休業をしている場合にあっては二歳）に達したこと。

三 育児休業申出をした労働者について、労働基準法（昭和二十二年法律第四十九号）第六十五条第一項若しくは第二項の規定により休業する期間、第九条の五第一項に規定する出生時育児休業期間、第十五条第一項に規定する介護休業期間又は新たな育児休業期間が始まったこと。

3 前条第四項後段の規定は、前項第一号の厚生労働省令で定める事由が生じた場合について準用する。

（出生時育児休業の申出）

第九条の二 労働者は、その養育する子について、その事業主に申し出ることにより、出生時育児休業（育児休業のうち、この条から第九条の五までに定めるところにより、子の出生の日から起算して八週間を経過する日の翌日まで（出産予定日前に当該子が出生した場合にあっては当該出生の日から当該出産予定日から起算して八週間を経過する日の翌日までとし、出産予定日後に当該子が出生した場合にあっては当該出産予定日から当該出生の日から起算して八週間を経過する日の翌日までとする。次項第一号において同じ。）の期間内に四週間以内の期間を定めてする休業をいう。以下同じ。）をすることができる。ただし、期間を定めて雇用される者にあっては、その養育する子の出生の日（出産予定日前に当該子が出生した場合にあっては、当該出産予定日）から起算して八週間を経過する日の翌日から六月を経過する日までに、その労働契約が満了することが明らかでない者に限り、当該申出をすることができる。

2 前項の規定にかかわらず、労働者は、その養育する子について次の各号のいずれかに該当する場合には、当該子については、同項の規定による申出をすることができない。
一　当該子の出生の日から起算して八週間を経過する日の翌日までの期間（当該子を養育していない期間を除く。）内に二回の出生時育児休業（第四項に規定する出生時育児休業申出によりする出生時育児休業を除く。）をした場合
二　当該子の出生の日（出産予定日後に当該子が出生した場合にあっては、当該出産予定日）以後に出生時育児休業をする日数（出生時育児休業を開始する日から出生時育児休業を終了する日までの日数とする。第九条の五第六項第三号において同じ。）が二十八日に達している場合

3　第一項の規定による申出（以下「出生時育児休業申出」という。）は、厚生労働省令で定めるところにより、その期間中は出生時育児休業をすることとする一の期間について、その初日（以下「出生時育児休業開始予定日」という。）及び末日（以下「出生時育児休業終了予定日」という。）とする日を明らかにして、しなければならない。

4　第一項ただし書及び第二項（第二号を除く。）の規定は、期間を定めて雇用される者であって、その締結する労働契約の期間の末日を出生時育児休業終了予定日（第九条の四において準用する第七条第三項の規定により当該出生時育児休業終了予定日が変更された場合にあっては、その変更後の出生時育児休業終了予定日とされた日）とする出生時育児休業をしているものが、当該出生時育児休業に係る子について、当該労働契約の更新に伴い、当該更新後の労働契約の期間の初日を出生時育児休業開始予定日とする出生時育児休業申出をする場合には、これを適用しない。

（出生時育児休業申出があった場合における事業主の義務等）

第九条の三　事業主は、労働者からの出生時育児休業申出があったときは、当該出生時育児休業申出を拒むことができない。ただし、労働者からその養育する子について出生時育児休業申出がなされた後に、当該労働者から当該出生時育児休業申出をした日に養育していた子について新たに出生時育児休業申出がなされた場合は、この限りでない。

2　第六条第一項ただし書及び第二項の規定は、労働者からの出生時育児休業申出があった場合について準用する。この場合において、同項中「前項ただし書」とあるのは「第九条の三第一項ただし書及び同条第二項において準用する前項ただし書」と、「前条第一項、第三項及び第四項」とあるのは「第九条の二第一項」と読み替えるものとする。

3　事業主は、労働者からの出生時育児休業申出があった場合において、当該出生時育児休業申出に係る出生時育児休業開始予定日とされた日が当該出生時育児休業申出があった日の翌日から起算して二週間を経過する日（以下この項において「二週間経過日」という。）前の日であるときは、厚生労働省令で定めるところにより、当該出生時育児休業開始予定日とされた日から当該二週間経過日（当該出生時育児休業申出があった日までに、第六条第三項の厚生労働省令で定める事由が生じた場合にあっては、当該二週間経過日前の日で厚生労働省令で定める日）までの間のいずれかの日を当該出生時育児休業開始予定日として指定することができる。

4　事業主と労働者が雇用される事業所の労働者の過半数で組織する労働組合があるときはその労働組合、その事業所の労働者の過半数で組織する労働組合がないときはその労働者の過半数を代表する者との書面による協定で、次に掲げる事項を定めた場合における前項の規定の適用については、同項中「二週間を経過する日（以下この項において「二週間経過日」という。）」とあるのは「次項第二号に掲げる期間を経過する日」と、「当該二週間経過日」とあるのは「同号に掲げる期間を経過する日」とする。
一　出生時育児休業申出が円滑に行われるようにするための雇用環境の整備その他の厚生労働省令で定める措置の内容
二　事業主が出生時育児休業申出に係る出生時育児休業開始予定日を指定することができる出生時育児休業申出があった日の翌日から出生時育児休業開始予定日とされた日までの期間（二週間を超え一月以内の期間に限る。）

5　第一項ただし書及び前三項の規定は、労働者が前条第四項に規定する出生時育児休業申出をする場合には、これを適用しない。

（準用）

第九条の四　第七条並びに第八条第一項、第二項及び第四項の規定は、出生時育児休業申出並びに出生時育児休業開始予定日及び出生時育児休業終了予定日について準用する。この場合において、第七条第一項中「（前条第三項」とあるのは「（第九条の三第三項（同条第四項の規定により読み替えて適用する場合を含む。）」と、同条第二項中「一月」とあるのは「二週間」と、「前条第三項」とあるのは「第九条の三第三項（同条第四項の規定により読み替えて適用する場合を含む。）」と、第八条第一項中「第六条第三項又は前条第二項」とあるのは「第九条の三第三項（同条第四項の規定により読み替えて適用する場合を含む。）又は第九条の四において準用する前条第二項」と、「同条第一項」とあるのは「第九条の四において準用する前条第一項」と、同条第二項中「同条第二項」とあるのは「第九条の二第二項」と読み替えるものとする。

（出生時育児休業期間等）

第九条の五　出生時育児休業申出をした労働者がその期間中は出生時育児休業をすることができる期間（以下「出生時育児休業期間」という。）は、出生時育児休業開始予定日とされた日（第九条の三第三項（同条第四項の規定により読み替えて適用する場合を含む。）又は前条において準用する第七条第二項の規定による事業主の指定があった場合にあっては当該事業主の指定した日、前条において準用する第七条第一項の規定により出生時育児休業開始予定日が変更された場合にあってはその変更後の出生時育児休業開始予定日とされた日。以下この条において同じ。）から出生時育児休業終了予定日とされた日（前条において準用する第七条第三項の規定により当該出生時育児休業終了予定日が変更された場合にあっては、その変更後の出生時育児休業終了予定日とされた日。第六項において同じ。）までの間とする。

2　出生時育児休業申出をした労働者（事業主と当該労働者が雇用される事業所の労働者の過半数で組織する労働組合があるときはその労働組合、その事業所の労働者の過半数で組織する労働組合がないときはその労働者の過半数を代表する者との書面による協定で、出生時育児休業期間中に就業させることができるものとして定められた労働者に該当するものに限る。）は、当該出生時育児休業申出に係る出生時育児休業開始予定日とされた日の前日までの間、事業主に対し、当該出生時育児休業申出に係る出生時育児休業期間において就業することができる日その他の厚生労働省令で定める事項（以下この条において「就業可能日等」という。）を申し出ることができる。

3　前項の規定による申出をした労働者は、当該申出に係る出生時育児休業開始予定日とされた日の前日までは、その事業主に申し出ることにより当該申出に係る就業可能日等を変更し、又は当該申出を撤回することができる。

4　事業主は、労働者から第二項の規定による申出（前項の規定による変更の申出を含む。）があった場合には、当該申出に係る就業可能日等（前項の規定により就業可能日等が変更された場合にあっては、その変更後の就業可能日等）の範囲内で日時を提示し、厚生労働省令で定めるところにより、当該申出に係る出生時育児休業開始予定日とされた日の前日までに当該労働者の同意を得た場合に限り、厚生労働省令で定める範囲内で、当該労働者を当該日時に就業させることができる。

5　前項の同意をした労働者は、当該同意の全部又は一部を撤回することができる。ただし、第二項の規定による申出に係る出生時育児休業開始予定日とされた日以後においては、厚生労働省令で定める特別の事情がある場合に限る。

6　次の各号に掲げるいずれかの事情が生じた場合には、出生時育児休業期間は、第一項の規定にかかわらず、当該事情が生じた日（第四号に掲げる事情が生じた場合にあっては、その前日）に終了する。

一　出生時育児休業終了予定日とされた日の前日までに、子の死亡その他の労働者が出生時育児休業申出に係る子を養育しないこととなった事由として厚生労働省令で定める事由が生じたこと。

二　出生時育児休業終了予定日とされた日の前日までに、出生時育児休業申出に係る子の出生の日の翌日（出産予定日前に当該子が出生した場合にあっては、当該出産予定日の翌日）から起算して八週間を経過したこと。

三　出生時育児休業終了予定日とされた日の前

日までに、出生時育児休業申出に係る子の出生の日（出産予定日後に当該子が出生した場合にあっては、当該出産予定日）以後に出生時育児休業をする日数が二十八日に達したこと。

四　出生時育児休業終了予定日とされた日までに、出生時育児休業申出をした労働者について、労働基準法第六十五条第一項若しくは第二項の規定により休業する期間、育児休業期間、第十五条第一項に規定する介護休業期間又は新たな出生時育児休業期間が始まったこと。

7　第八条第四項後段の規定は、前項第一号の厚生労働省令で定める事由が生じた場合について準用する。

（同一の子について配偶者が育児休業をする場合の特例）

第九条の六　労働者の養育する子について、当該労働者の配偶者が当該子の一歳到達日以前のいずれかの日において当該子を養育するために育児休業をしている場合における第二章から第五章まで、第二十四条第一項及び第十二章の規定の適用については、第五条第一項中「一歳に満たない子」とあるのは「一歳に満たない子（第九条の六第一項の規定により読み替えて適用するこの項の規定により育児休業をする場合にあっては、一歳二か月に満たない子）」と、同条第三項ただし書中「一歳到達日」とあるのは「一歳到達日（当該労働者が第九条の六第一項の規定により読み替えて適用する第一項の規定によりした申出に係る第九条第一項（第九条の六第一項の規定により読み替えて適用する場合を含む。）に規定する育児休業終了予定日とされた日が当該子の一歳到達日後である場合にあっては、当該育児休業終了予定日とされた日）」と、同項第一号中「又はその配偶者が、当該子の一歳到達日」とあるのは「が当該子の一歳到達日（当該労働者が第九条の六第一項の規定により読み替えて適用する第一項の規定によりした申出に係る第九条第一項（第九条の六第一項の規定により読み替えて適用する場合を含む。）に規定する育児休業終了予定日とされた日が当該子の一歳到達日後である場合にあっては、当該育児休業終了予定日とされた日）において育児休業をしている場合又は当該労働者の配偶者が当該子の一歳到達日（当該配偶者が第九条の六第一項の規定により読み替えて適用する第一項の規定によりした申出に係る第九条第一項（第九条の六第一項の規定により読み替えて適用する場合を含む。）に規定する育児休業終了予定日とされた日が当該子の一歳到達日後である場合にあっては、当該育児休業終了予定日とされた日）」と、同項第三号中「一歳到達日」とあるのは「一歳到達日（当該子を養育する労働者が第九条の六第一項の規定により読み替えて適用する第一項の規定によりした申出に係る第九条第一項（第九条の六第一項の規定により読み替えて適用する場合を含む。）に規定する育児休業終了予定日とされた日が当該子の一歳到達日後である場合にあっては、当該育児休業終了予定日とされた日）」と、同条第六項第一号中「一歳到達日」とあるのは「一歳到達日（当該子を養育する労働者又はその配偶者が第九条の六第一項の規定により読み替えて適用する第一項の規定によりした申出に係る第九条第一項（第九条の六第一項の規定により読み替えて適用する場合を含む。）に規定する育児休業終了予定日とされた日が当該子の一歳到達日後である場合にあっては、当該育児休業終了予定日とされた日（当該労働者に係る育児休業終了予定日とされた日と当該配偶者に係る育児休業終了予定日とされた日が異なるときは、そのいずれかの日）。次条第三項において同じ。）」と、第九条第一項中「変更後の育児休業終了予定日とされた日。次項」とあるのは「変更後の育児休業終了予定日とされた日。次項（第九条の六第一項の規定により読み替えて適用する場合を含む。）において同じ。）（当該育児休業終了予定日とされた日が当該育児休業開始予定日とされた日から起算して育児休業等可能日数（当該育児休業に係る子の出生した日から当該子の一歳到達日までの日数をいう。）から育児休業等取得日数（当該子の出生した日以後当該労働者が労働基準法（昭和二十二年法律第四十九号）第六十五条第一項又は第二項の規定により休業した日数と当該子について育児休業及び次条第一項に規定する出生時育児休業をした日数を合算した日数をいう。）を差し引いた日数を経過する日より後の日であるときは、当該経過する日。次項（第九条の六第一項の規定により読み替えて適用する場合を含む。）」と、同条第二項第二号中「第五条第三項」とあるのは「第九条の六第一項の規定により読み替えて適用する第五条第一項の規定による申出により育児休業をしている場合にあっては一歳二か月、同条第三項（第九条の六第一項の規定により読み替えて適用する場合を含む。）」と、「同条第四項」とあるのは「第五条第四項」と、第二十四条第一項第一号中「一歳（」とあるのは「一歳（当該労働者が第九条の六第一項の規定により読み替えて適用する第五条第一項の規定による申出をすることができる場合にあっては一歳二か月」とするほか、必要な技術的読替えは、厚生労働省令で定める。

2　前項の規定は、同項の規定を適用した場合の第五条第一項の規定による申出に係る育児休業開始予定日とされた日が、当該育児休業に係る子の一歳到達日の翌日後である場合又は前項の場合における当該労働者の配偶者がしている育児休業に係る育児休業期間の初日前である場合には、これを適用しない。

（不利益取扱いの禁止）

第一〇条　事業主は、労働者が育児休業申出等（育児休業申出及び出生時育児休業申出をいう。以下同じ。）をし、若しくは育児休業をしたこと又は第九条の五第二項の規定による申出若しくは同条第四項の同意をしなかったことその他の同条第二項から第五項までの規定に関する事由であって厚生労働省令で定めるものを理由として、当該労働者に対して解雇その他不利益な取扱いをしてはならない。

第三章　介護休業

（介護休業の申出）

第一一条　労働者は、その事業主に申し出ることにより、介護休業をすることができる。ただし、期間を定めて雇用される者にあっては、第三項に規定する介護休業開始予定日から起算して九十三日を経過する日から六月を経過する日までに、その労働契約が満了することが明らかでない者に限り、当該申出をすることができる。

2　前項の規定にかかわらず、介護休業をしたことがある労働者は、当該介護休業に係る対象家族が次の各号のいずれかに該当する場合には、当該対象家族については、同項の規定による申出をすることができない。

一　当該対象家族について三回の介護休業をした場合

二　当該対象家族について介護休業をした日数（介護休業を開始した日から介護休業を終了した日までの日数とし、二回以上の介護休業をした場合にあっては、介護休業ごとに、当該介護休業を開始した日から当該介護休業を終了した日までの日数を合算して得た日数とする。第十五条第一項において「介護休業日数」という。）が九十三日に達している場合

3　第一項の規定による申出（以下「介護休業申出」という。）は、厚生労働省令で定めるところにより、介護休業申出に係る対象家族が要介護状態にあることを明らかにし、かつ、その期間中は当該対象家族に係る介護休業をすることとする一の期間について、その初日（以下「介護休業開始予定日」という。）及び末日（以下「介護休業終了予定日」という。）とする日を明らかにして、しなければならない。

4　第一項ただし書及び第二項（第二号を除く。）の規定は、期間を定めて雇用される者であって、その締結する労働契約の期間の末日を介護休業終了予定日（第十三条において準用する第七条第三項の規定により当該介護休業終了予定日が変更された場合にあっては、その変更後の介護休業終了予定日とされた日）とする介護休業をしているものが、当該介護休業に係る対象家族について、当該労働契約の更新に伴い、当該更新後の労働契約の期間の初日を介護休業開始予定日とする介護休業申出をする場合には、これを適用しない。

（介護休業申出があった場合における事業主の義務等）

第一二条　事業主は、労働者からの介護休業申出があったときは、当該介護休業申出を拒むことができない。

2　第六条第一項ただし書及び第二項の規定は、労働者からの介護休業申出があった場合について準用する。この場合において、同項中「前項ただし書」とあるのは「第十二条第二項において準用する前項ただし書」と、「前条第一項、第三項及び第四項」とあるのは「第十一条第一項」と読み替えるものとする。

3　事業主は、労働者からの介護休業申出があっ

た場合において、当該介護休業申出に係る介護休業開始予定日とされた日が当該介護休業申出があった日の翌日から起算して二週間を経過する日（以下この項において「二週間経過日」という。）前の日であるときは、厚生労働省令で定めるところにより、当該介護休業開始予定日とされた日から当該二週間経過日までの間のいずれかの日を当該介護休業開始予定日として指定することができる。

4　前二項の規定は、労働者が前条第四項に規定する育児休業申出をする場合には、これを適用しない。

（介護休業終了予定日の変更の申出）

第一三条　第七条第三項の規定は、介護休業終了予定日の変更の申出について準用する。

（介護休業申出の撤回等）

第一四条　介護休業申出をした労働者は、当該介護休業申出に係る介護休業開始予定日とされた日（第十二条第三項の規定による事業主の指定があった場合にあっては、当該事業主の指定した日。第三項において準用する第八条第四項及び次条第一項において同じ。）の前日までは、当該介護休業申出を撤回することができる。

2　前項の規定による介護休業申出の撤回がなされ、かつ、当該撤回に係る対象家族について当該撤回後になされる最初の介護休業申出が撤回された場合においては、その後になされる当該対象家族についての介護休業申出については、事業主は、第十二条第一項の規定にかかわらず、これを拒むことができる。

3　第八条第四項の規定は、介護休業申出について準用する。この場合において、同項中「子」とあるのは「対象家族」と、「養育」とあるのは「介護」と読み替えるものとする。

（介護休業期間）

第一五条　介護休業申出をした労働者がその期間中は介護休業をすることができる期間（以下「介護休業期間」という。）は、当該介護休業申出に係る介護休業開始予定日とされた日から介護休業終了予定日とされた日（その日が当該介護休業開始予定日とされた日から起算して九十三日から当該労働者の当該介護休業申出に係る対象家族についての介護休業日数を差し引いた日数を経過する日より後の日であるときは、当該経過する日。第三項において同じ。）までの間とする。

2　この条において、介護休業終了予定日とされた日とは、第十三条において準用する第七条第三項の規定により当該介護休業終了予定日が変更された場合にあっては、その変更後の介護休業終了予定日とされた日をいう。

3　次の各号に掲げるいずれかの事情が生じた場合には、介護休業期間は、第一項の規定にかかわらず、当該事情が生じた日（第二号に掲げる事情が生じた場合にあっては、その前日）に終了する。

一　介護休業終了予定日とされた日の前日までに、対象家族の死亡その他の労働者が介護休業申出に係る対象家族を介護しないこととなった事由として厚生労働省令で定める事由が生じたこと。

二　介護休業終了予定日とされた日までに、介護休業申出をした労働者について、労働基準法第六十五条第一項若しくは第二項の規定により休業する期間、育児休業期間、出生時育児休業期間又は新たな介護休業期間が始まったこと。

4　第八条第四項後段の規定は、前項第一号の厚生労働省令で定める事由が生じた場合について準用する。

（不利益取扱いの禁止）

第一六条　事業主は、労働者が介護休業申出をし、又は介護休業をしたことを理由として、当該労働者に対して解雇その他不利益な取扱いをしてはならない。

第四章　子の看護休暇

（子の看護休暇の申出）

第一六条の二　小学校就学の始期に達するまでの子を養育する労働者は、その事業主に申し出ることにより、一の年度において五労働日（その養育する小学校就学の始期に達するまでの子が二人以上の場合にあっては、十労働日）を限度として、負傷し、若しくは疾病にかかった当該子の世話又は疾病の予防を図るために必要なものとして厚生労働省令で定める当該子の世話を行うための休暇（以下「子の看護休暇」という。）を取得することができる。

2　子の看護休暇は、一日の所定労働時間が短い労働者として厚生労働省令で定めるもの以外の者は、厚生労働省令で定めるところにより、厚生労働省令で定める一日未満の単位で取得することができる。

3　第一項の規定による申出は、厚生労働省令で定めるところにより、子の看護休暇を取得する日（前項の厚生労働省令で定める一日未満の単位で取得するときは子の看護休暇の開始及び終了の日時）を明らかにして、しなければならない。

4　第一項の年度は、事業主が別段の定めをする場合を除き、四月一日に始まり、翌年三月三十一日に終わるものとする。

（子の看護休暇の申出があった場合における事業主の義務等）

第一六条の三　事業主は、労働者からの前条第一項の規定による申出があったときは、当該申出を拒むことができない。

2　第六条第一項ただし書及び第二項の規定は、労働者からの前条第一項の規定による申出があった場合について準用する。この場合において、第六条第一項第一号中「一年」とあるのは「六月」と、同項第二号中「定めるもの」とあるのは「定めるもの又は業務の性質若しくは業務の実施体制に照らして、第十六条の二第二項の厚生労働省令で定める一日未満の単位で子の看護休暇を取得することが困難と認められる業務に従事する労働者（同項の規定による厚生労働省令で定める一日未満の単位で取得しようとする者に限る。）」と、同条第二項中「前項ただし書」とあるのは「第十六条の三第二項において準用する前項ただし書」と、「前条第一項、第三項及び第四項」とあるのは「第十六条の二第一項」と読み替えるものとする。

（準用）

第一六条の四　第十六条の規定は、第十六条の二第一項の規定による申出及び子の看護休暇について準用する。

第五章　介護休暇

（介護休暇の申出）

第一六条の五　要介護状態にある対象家族の介護その他の厚生労働省令で定める世話を行う労働者は、その事業主に申し出ることにより、一の年度において五労働日（要介護状態にある対象家族が二人以上の場合にあっては、十労働日）を限度として、当該世話を行うための休暇（以下「介護休暇」という。）を取得することができる。

2　介護休暇は、一日の所定労働時間が短い労働者として厚生労働省令で定めるもの以外の者は、厚生労働省令で定めるところにより、厚生労働省令で定める一日未満の単位で取得することができる。

3　第一項の規定による申出は、厚生労働省令で定めるところにより、当該申出に係る対象家族が要介護状態にあること及び介護休暇を取得する日（前項の厚生労働省令で定める一日未満の単位で取得するときは介護休暇の開始及び終了の日時）を明らかにして、しなければならない。

4　第一項の年度は、事業主が別段の定めをする場合を除き、四月一日に始まり、翌年三月三十一日に終わるものとする。

（介護休暇の申出があった場合における事業主の義務等）

第一六条の六　事業主は、労働者からの前条第一項の規定による申出があったときは、当該申出を拒むことができない。

2　第六条第一項ただし書及び第二項の規定は、労働者からの前条第一項の規定による申出があった場合について準用する。この場合において、第六条第一項第一号中「一年」とあるのは「六月」と、同項第二号中「定めるもの」とあるのは「定めるもの又は業務の性質若しくは業務の実施体制に照らして、第十六条の五第二項の厚生労働省令で定める一日未満の単位で介護休暇を取得することが困難と認められる業務に従事する労働者（同項の規定による厚生労働省令で定める一日未満の単位で取得しようとする者に限る。）」と、同条第二項中「前項ただし書」とあるのは「第十六条の六第二項において準用する前項ただし書」と、「前条第一項、第三項及び第四項」とあるのは「第十六条の五第一項」と読み替えるものとする。

（準用）

第一六条の七　第十六条の規定は、第十六条の五第一項の規定による申出及び介護休暇について準用する。

第六章　所定外労働の制限

第一六条の八　事業主は、三歳に満たない子を養育する労働者であって、当該事業主と当該労働者が雇用される事業所の労働者の過半数で組織する労働組合があるときはその労働組合、その事業所の労働者の過半数で組織する労働組合がないときはその労働者の過半数を代表する者との書面による協定で、次に掲げる労働者のうちこの項本文の規定による請求をできないものとして定められた労働者に該当しない労働者が当該子を養育するために請求した場合においては、所定労働時間を超えて労働させてはならない。ただし、事業の正常な運営を妨げる場合は、この限りでない。

一　当該事業主に引き続き雇用された期間が一年に満たない労働者

二　前号に掲げるもののほか、当該請求をできないこととすることについて合理的な理由があると認められる労働者として厚生労働省令で定めるもの

2　前項の規定による請求は、厚生労働省令で定めるところにより、その期間中は所定労働時間を超えて労働させてはならないこととなる一の期間（一月以上一年以内の期間に限る。第四項において「制限期間」という。）について、その初日（以下この条において「制限開始予定日」という。）及び末日（第四項において「制限終了予定日」という。）とする日を明らかにして、制限開始予定日の一月前までにしなければならない。この場合において、この項前段に規定する制限期間については、第十七条第二項前段（第十八条第一項において準用する場合を含む。）に規定する制限期間と重複しないようにしなければならない。

3　第一項の規定による請求がされた後制限開始予定日とされた日の前日までに、子の死亡その他の労働者が当該請求に係る子の養育をしないこととなった事由として厚生労働省令で定める事由が生じたときは、当該請求は、されなかったものとみなす。この場合において、労働者は、その事業主に対して、当該事由が生じた旨を遅滞なく通知しなければならない。

4　次の各号に掲げるいずれかの事情が生じた場合には、制限期間は、当該事情が生じた日（第三号に掲げる事情が生じた場合にあっては、その前日）に終了する。

一　制限終了予定日とされた日の前日までに、子の死亡その他の労働者が第一項の規定による請求に係る子を養育しないこととなった事由として厚生労働省令で定める事由が生じたこと。

二　制限終了予定日とされた日の前日までに、第一項の規定による請求に係る子が三歳に達したこと。

三　制限終了予定日とされた日までに、第一項の規定による請求をした労働者について、労働基準法第六十五条第一項若しくは第二項の規定により休業する期間、育児休業期間、出生時育児休業期間又は介護休業期間が始まったこと。

5　第三項後段の規定は、前項第一号の厚生労働省令で定める事由が生じた場合について準用する。

第一六条の九　前条第一項から第三項まで及び第四項（第二号を除く。）の規定は、要介護状態にある対象家族を介護する労働者について準用する。この場合において、同条第一項中「当該子を養育する」とあるのは「当該対象家族を介護する」と、同条第三項及び第四項第一号中「子」とあるのは「対象家族」と、「養育」とあるのは「介護」と読み替えるものとする。

2　前条第三項後段の規定は、前項において準用する同条第四項第一号の厚生労働省令で定める事由が生じた場合について準用する。

第一六条の一〇　事業主は、労働者が第十六条の八第一項（前条第一項において準用する場合を含む。以下この条において同じ。）の規定による請求をし、又は第十六条の八第一項の規定により当該事業主が当該請求をした労働者について所定労働時間を超えて労働させてはならない場合に当該労働者が所定労働時間を超えて労働しなかったことを理由として、当該労働者に対して解雇その他不利益な取扱いをしてはならない。

第七章　時間外労働の制限

第一七条　事業主は、労働基準法第三十六条第一項の規定により同項に規定する労働時間（以下この条において単に「労働時間」という。）を延長することができる場合において、小学校就学の始期に達するまでの子を養育する労働者であ

って次の各号のいずれにも該当しないものが当該子を養育するために請求したときは、制限時間(一月について二十四時間、一年について百五十時間をいう。次項及び第十八条の二において同じ。)を超えて労働時間を延長してはならない。ただし、事業の正常な運営を妨げる場合は、この限りでない。

一　当該事業主に引き続き雇用された期間が一年に満たない労働者

二　前号に掲げるもののほか、当該請求をできないこととすることについて合理的な理由があると認められる労働者として厚生労働省令で定めるもの

2　前項の規定による請求は、厚生労働省令で定めるところにより、その期間中は制限時間を超えて労働時間を延長してはならないこととなる一の期間(一月以上一年以内の期間に限る。第四項において「制限期間」という。)について、その初日(以下この条において「制限開始予定日」という。)及び末日(第四項において「制限終了予定日」という。)とする日を明らかにして、制限開始予定日の一月前までにしなければならない。この場合において、この項前段に規定する制限期間については、第十六条の八第二項前段(第十六条の九第一項において準用する場合を含む。)に規定する制限期間と重複しないようにしなければならない。

3　第一項の規定による請求がされた後制限開始予定日とされた日の前日までに、子の死亡その他の労働者が当該請求に係る子の養育をしないこととなった事由として厚生労働省令で定める事由が生じたときは、当該請求は、されなかったものとみなす。この場合において、労働者は、その事業主に対して、当該事由が生じた旨を遅滞なく通知しなければならない。

4　次の各号に掲げるいずれかの事情が生じた場合には、制限期間は、当該事情が生じた日(第三号に掲げる事情が生じた場合にあっては、その前日)に終了する。

一　制限終了予定日とされた日の前日までに、子の死亡その他の労働者が第一項の規定による請求に係る子を養育しないこととなった事由として厚生労働省令で定める事由が生じたこと。

二　制限終了予定日とされた日の前日までに、第一項の規定による請求に係る子が小学校就学の始期に達したこと。

三　制限終了予定日とされた日までに、第一項の規定による請求をした労働者について、労働基準法第六十五条第一項若しくは第二項の規定により休業する期間、育児休業期間、出生時育児休業期間又は介護休業期間が始まったこと。

5　第三項後段の規定は、前項第一号の厚生労働省令で定める事由が生じた場合について準用する。

第一八条　前条第一項、第二項、第三項及び第四項(第二号を除く。)の規定は、要介護状態にある対象家族を介護する労働者について準用する。この場合において、同条第一項中「当該子を養育する」とあるのは「当該対象家族を介護する」と、同条第三項及び第四項第一号中「子」とあるのは「対象家族」と、「養育」とあるのは「介護」と読み替えるものとする。

2　前条第三項後段の規定は、前項において準用する同条第四項第一号の厚生労働省令で定める事由が生じた場合について準用する。

第一八条の二　事業主は、労働者が第十七条第一項(前条第一項において準用する場合を含む。以下この条において同じ。)の規定による請求をし、又は第十七条第一項の規定により当該事業主が当該請求をした労働者について制限時間を超えて労働時間を延長してはならない場合に当該労働者が制限時間を超えて労働しなかったことを理由として、当該労働者に対して解雇その他不利益な取扱いをしてはならない。

第八章　深夜業の制限

第一九条　事業主は、小学校就学の始期に達するまでの子を養育する労働者であって次の各号のいずれにも該当しないものが当該子を養育するために請求した場合においては、午後十時から午前五時までの間(以下この条及び第二十条の二において「深夜」という。)において労働させてはならない。ただし、事業の正常な運営を妨げる場合は、この限りでない。

一　当該事業主に引き続き雇用された期間が一年に満たない労働者

二　当該請求に係る深夜において、常態として当該子を保育することができる当該子の同居

の家族その他の厚生労働省令で定める者がいる場合における当該労働者

三　前二号に掲げるもののほか、当該請求をできないこととすることについて合理的な理由があると認められる労働者として厚生労働省令で定めるもの

2　前項の規定による請求は、厚生労働省令で定めるところにより、その期間中は深夜において労働させてはならないこととなる一の期間（一月以上六月以内の期間に限る。第四項において「制限期間」という。）について、その初日（以下この条において「制限開始予定日」という。）及び末日（同項において「制限終了予定日」という。）とする日を明らかにして、制限開始予定日の一月前までにしなければならない。

3　第一項の規定による請求がされた後制限開始予定日とされた日の前日までに、子の死亡その他の労働者が当該請求に係る子の養育をしないこととなった事由として厚生労働省令で定める事由が生じたときは、当該請求は、されなかったものとみなす。この場合において、労働者は、その事業主に対して、当該事由が生じた旨を遅滞なく通知しなければならない。

4　次の各号に掲げるいずれかの事情が生じた場合には、制限期間は、当該事情が生じた日（第三号に掲げる事情が生じた場合にあっては、その前日）に終了する。

一　制限終了予定日とされた日の前日までに、子の死亡その他の労働者が第一項の規定による請求に係る子を養育しないこととなった事由として厚生労働省令で定める事由が生じたこと。

二　制限終了予定日とされた日の前日までに、第一項の規定による請求に係る子が小学校就学の始期に達したこと。

三　制限終了予定日とされた日までに、第一項の規定による請求をした労働者について、労働基準法第六十五条第一項若しくは第二項の規定により休業する期間、育児休業期間、出生時育児休業期間又は介護休業期間が始まったこと。

5　第三項後段の規定は、前項第一号の厚生労働省令で定める事由が生じた場合について準用する。

第二〇条　前条第一項から第三項まで及び第四項（第二号を除く。）の規定は、要介護状態にある対象家族を介護する労働者について準用する。この場合において、同条第一項中「当該子を養育する」とあるのは「当該対象家族を介護する」と、同項第二号中「子」とあるのは「対象家族」と、「保育」とあるのは「介護」と、同条第三項及び第四項第一号中「子」とあるのは「対象家族」と、「養育」とあるのは「介護」と読み替えるものとする。

2　前条第三項後段の規定は、前項において準用する同条第四項第一号の厚生労働省令で定める事由が生じた場合について準用する。

第二〇条の二　事業主は、労働者が第十九条第一項（前条第一項において準用する場合を含む。以下この条において同じ。）の規定による請求をし、又は第十九条第一項の規定により当該事業主が当該請求をした労働者について深夜において労働させてはならない場合に当該労働者が深夜において労働しなかったことを理由として、当該労働者に対して解雇その他不利益な取扱いをしてはならない。

第九章　事業主が講ずべき措置等

（妊娠又は出産等についての申出があった場合における措置等）

第二一条　事業主は、労働者が当該事業主に対し、当該労働者又はその配偶者が妊娠し、又は出産したことその他これに準ずるものとして厚生労働省令で定める事実を申し出たときは、厚生労働省令で定めるところにより、当該労働者に対して、育児休業に関する制度その他の厚生労働省令で定める事項を知らせるとともに、育児休業申出等に係る当該労働者の意向を確認するための面談その他の厚生労働省令で定める措置を講じなければならない。

2　事業主は、労働者が前項の規定による申出をしたことを理由として、当該労働者に対して解雇その他不利益な取扱いをしてはならない。

（育児休業等に関する定めの周知等の措置）

第二一条の二　前条第一項に定めるもののほか、事業主は、育児休業及び介護休業に関して、あらかじめ、次に掲げる事項を定めるとともに、これを労働者に周知させるための措置（労働者若しくはその配偶者が妊娠し、若しくは出産したこと又は労働者が対象家族を介護しているこ

とを知ったときに、当該労働者に対し知らせる措置を含む。）を講ずるよう努めなければならない。

一　労働者の育児休業及び介護休業中における待遇に関する事項

二　育児休業及び介護休業後における賃金、配置その他の労働条件に関する事項

三　前二号に掲げるもののほか、厚生労働省令で定める事項

2　事業主は、労働者が育児休業申出等又は介護休業申出をしたときは、厚生労働省令で定めるところにより、当該労働者に対し、前項各号に掲げる事項に関する当該労働者に係る取扱いを明示するよう努めなければならない。

（雇用環境の整備及び雇用管理等に関する措置）

第二二条　事業主は、育児休業申出等が円滑に行われるようにするため、次の各号のいずれかの措置を講じなければならない。

一　その雇用する労働者に対する育児休業に係る研修の実施

二　育児休業に関する相談体制の整備

三　その他厚生労働省令で定める育児休業に係る雇用環境の整備に関する措置

2　前項に定めるもののほか、事業主は、育児休業申出等及び介護休業申出並びに育児休業及び介護休業後における就業が円滑に行われるようにするため、育児休業又は介護休業をする労働者が雇用される事業所における労働者の配置その他の雇用管理、育児休業又は介護休業をしている労働者の職業能力の開発及び向上等に関して、必要な措置を講ずるよう努めなければならない。

（育児休業の取得の状況の公表）

第二二条の二　常時雇用する労働者の数が千人を超える事業主は、厚生労働省令で定めるところにより、毎年少なくとも一回、その雇用する労働者の育児休業の取得の状況として厚生労働省令で定めるものを公表しなければならない。

（所定労働時間の短縮措置等）

第二三条　事業主は、その雇用する労働者のうち、その三歳に満たない子を養育する労働者であって育児休業をしていないもの（一日の所定労働時間が短い労働者として厚生労働省令で定めるものを除く。）に関して、厚生労働省令で定めるところにより、労働者の申出に基づき所定労働時間を短縮することにより当該労働者が就業しつつ当該子を養育することを容易にするための措置（以下この条及び第二十四条第一項第三号において「育児のための所定労働時間の短縮措置」という。）を講じなければならない。ただし、当該事業主と当該労働者が雇用される事業所の労働者の過半数で組織する労働組合があるときはその労働組合、その事業所の労働者の過半数で組織する労働組合がないときはその労働者の過半数を代表する者との書面による協定で、次に掲げる労働者のうち育児のための所定労働時間の短縮措置を講じないものとして定められた労働者に該当する労働者については、この限りでない。

一　当該事業主に引き続き雇用された期間が一年に満たない労働者

二　前号に掲げるもののほか、育児のための所定労働時間の短縮措置を講じないこととすることについて合理的な理由があると認められる労働者として厚生労働省令で定めるもの

三　前二号に掲げるもののほか、業務の性質又は業務の実施体制に照らして、育児のための所定労働時間の短縮措置を講ずることが困難と認められる業務に従事する労働者

2　事業主は、その雇用する労働者のうち、前項ただし書の規定により同項第三号に掲げる労働者であってその三歳に満たない子を養育するものについて育児のための所定労働時間の短縮措置を講じないこととするときは、当該労働者に関して、厚生労働省令で定めるところにより、労働者の申出に基づく育児休業に関する制度に準ずる措置又は労働基準法第三十二条の三第一項の規定により労働させることその他の当該労働者が就業しつつ当該子を養育することを容易にするための措置（第二十四条第一項において「始業時刻変更等の措置」という。）を講じなければならない。

3　事業主は、その雇用する労働者のうち、その要介護状態にある対象家族を介護する労働者であって介護休業をしていないものに関して、厚生労働省令で定めるところにより、労働者の申出に基づく連続する三年の期間以上の期間における所定労働時間の短縮その他の当該労働者が就業しつつその要介護状態にある対象家族を介護することを容易にするための措置（以下この

条及び第二十四条第二項において「介護のための所定労働時間の短縮等の措置」という。)を講じなければならない。ただし、当該事業主と当該労働者が雇用される事業所の労働者の過半数で組織する労働組合があるときはその労働組合、その事業所の労働者の過半数で組織する労働組合がないときはその労働者の過半数を代表する者との書面による協定で、次に掲げる労働者のうち介護のための所定労働時間の短縮等の措置を講じないものとして定められた労働者に該当する労働者については、この限りでない。

一　当該事業主に引き続き雇用された期間が一年に満たない労働者

二　前号に掲げるもののほか、介護のための所定労働時間の短縮等の措置を講じないこととすることについて合理的な理由があると認められる労働者として厚生労働省令で定めるもの

4　前項本文の期間は、当該労働者が介護のための所定労働時間の短縮等の措置の利用を開始する日として当該労働者が申し出た日から起算する。

第二三条の二　事業主は、労働者が前条の規定による申出をし、又は同条の規定により当該労働者に措置が講じられたことを理由として、当該労働者に対して解雇その他不利益な取扱いをしてはならない。

(小学校就学の始期に達するまでの子を養育する労働者等に関する措置)

第二四条　事業主は、その雇用する労働者のうち、その小学校就学の始期に達するまでの子を養育する労働者に関して、労働者の申出に基づく育児に関する目的のために利用することができる休暇(子の看護休暇、介護休暇及び労働基準法第三十九条の規定による年次有給休暇として与えられるものを除き、出産後の養育について出産前において準備することができる休暇を含む。)を与えるための措置及び次の各号に掲げる当該労働者の区分に応じ当該各号に定める制度又は措置に準じて、それぞれ必要な措置を講ずるよう努めなければならない。

一　その一歳(当該労働者が第五条第三項の規定による申出をすることができる場合にあっては一歳六か月、当該労働者が同条第四項の規定による申出をすることができる場合にあっては二歳。次号において同じ。)に満たない子を養育する労働者(第二十三条第二項に規定する労働者を除く。同号において同じ。)で育児休業をしていないもの　始業時刻変更等の措置

二　その一歳から三歳に達するまでの子を養育する労働者　育児休業に関する制度又は始業時刻変更等の措置

三　その三歳から小学校就学の始期に達するまでの子を養育する労働者　育児休業に関する制度、第十六条の八の規定による所定外労働の制限に関する制度、育児のための所定労働時間の短縮措置又は始業時刻変更等の措置

2　事業主は、その雇用する労働者のうち、その家族を介護する労働者に関して、介護休業若しくは介護休暇に関する制度又は介護のための所定労働時間の短縮等の措置に準じて、その介護を必要とする期間、回数等に配慮した必要な措置を講ずるように努めなければならない。

(職場における育児休業等に関する言動に起因する問題に関する雇用管理上の措置等)

第二五条　事業主は、職場において行われるその雇用する労働者に対する育児休業、介護休業その他の子の養育又は家族の介護に関する厚生労働省令で定める制度又は措置の利用に関する言動により当該労働者の就業環境が害されることのないよう、当該労働者からの相談に応じ、適切に対応するために必要な体制の整備その他の雇用管理上必要な措置を講じなければならない。

2　事業主は、労働者が前項の相談を行ったこと又は事業主による当該相談への対応に協力した際に事実を述べたことを理由として、当該労働者に対して解雇その他不利益な取扱いをしてはならない。

(職場における育児休業等に関する言動に起因する問題に関する国、事業主及び労働者の責務)

第二五条の二　国は、労働者の就業環境を害する前条第一項に規定する言動を行ってはならないことその他当該言動に起因する問題(以下この条において「育児休業等関係言動問題」という。)に対する事業主その他国民一般の関心と理解を深めるため、広報活動、啓発活動その他の措置を講ずるように努めなければならない。

2　事業主は、育児休業等関係言動問題に対する

その雇用する労働者の関心と理解を深めるとともに、当該労働者が他の労働者に対する言動に必要な注意を払うよう、研修の実施その他の必要な配慮をするほか、国の講ずる前項の措置に協力するように努めなければならない。

3　事業主（その者が法人である場合にあっては、その役員）は、自らも、育児休業等関係言動問題に対する関心と理解を深め、労働者に対する言動に必要な注意を払うように努めなければならない。

4　労働者は、育児休業等関係言動問題に対する関心と理解を深め、他の労働者に対する言動に必要な注意を払うとともに、事業主の講ずる前条第一項の措置に協力するように努めなければならない。

（労働者の配置に関する配慮）

第二六条　事業主は、その雇用する労働者の配置の変更で就業の場所の変更を伴うものをしようとする場合において、その就業の場所の変更により就業しつつその子の養育又は家族の介護を行うことが困難となることとなる労働者がいるときは、当該労働者の子の養育又は家族の介護の状況に配慮しなければならない。

（再雇用特別措置等）

第二七条　事業主は、妊娠、出産若しくは育児又は介護を理由として退職した者（以下「育児等退職者」という。）について、必要に応じ、再雇用特別措置（育児等退職者であって、その退職の際に、その就業が可能となったときに当該退職に係る事業の事業主に再び雇用されることの希望を有する旨の申出をしていたものについて、当該事業主が、労働者の募集又は採用に当たって特別の配慮をする措置をいう。第三十条において同じ。）その他これに準ずる措置を実施するよう努めなければならない。

（指針）

第二八条　厚生労働大臣は、第二十一条から第二十五条まで、第二十六条及び前条の規定に基づき事業主が講ずべき措置等並びに子の養育又は家族の介護を行い、又は行うこととなる労働者の職業生活と家庭生活との両立が図られるようにするために事業主が講ずべきその他の措置に関して、その適切かつ有効な実施を図るための指針となるべき事項を定め、これを公表するものとする。

（職業家庭両立推進者）

第二九条　事業主は、厚生労働省令で定めるところにより、第二十一条第一項、第二十一条の二から第二十二条の二まで、第二十三条第一項から第三項まで、第二十四条、第二十五条第一項、第二十五条の二第二項、第二十六条及び第二十七条に定める措置等並びに子の養育又は家族の介護を行い、又は行うこととなる労働者の職業生活と家庭生活との両立が図られるようにするために講ずべきその他の措置の適切かつ有効な実施を図るための業務を担当する者を選任するように努めなければならない。

第一〇章　対象労働者等に対する国等による援助

（事業主等に対する援助）

第三〇条　国は、子の養育又は家族の介護を行い、又は行うこととなる労働者（以下「対象労働者」という。）及び育児等退職者（以下「対象労働者等」と総称する。）の雇用の継続、再就職の促進その他これらの者の福祉の増進を図るため、事業主、事業主の団体その他の関係者に対して、対象労働者の雇用される事業所における雇用管理、再雇用特別措置その他の措置についての相談及び助言、給付金の支給その他の必要な援助を行うことができる。

（相談、講習等）

第三一条　国は、対象労働者に対して、その職業生活と家庭生活との両立の促進等に資するため、必要な指導、相談、講習その他の措置を講ずるものとする。

2　地方公共団体は、国が講ずる前項の措置に準じた措置を講ずるように努めなければならない。

（再就職の援助）

第三二条　国は、育児等退職者に対して、その希望するときに再び雇用の機会が与えられるようにするため、職業指導、職業紹介、職業能力の再開発の措置その他の措置が効果的に関連して実施されるように配慮するとともに、育児等退職者の円滑な再就職を図るため必要な援助を行うものとする。

（職業生活と家庭生活との両立に関する理解を深めるための措置）

第三三条　国は、対象労働者等の職業生活と家庭生活との両立を妨げている職場における慣行その他の諸要因の解消を図るため、対象労働者等の職業生活と家庭生活との両立に関し、事業主、労働者その他国民一般の理解を深めるために必要な広報活動その他の措置を講ずるものとする。

（勤労者家庭支援施設）

第三四条　地方公共団体は、必要に応じ、勤労者家庭支援施設を設置するように努めなければならない。

2　勤労者家庭支援施設は、対象労働者等に対して、職業生活と家庭生活との両立に関し、各種の相談に応じ、及び必要な指導、講習、実習等を行い、並びに休養及びレクリエーションのための便宜を供与する等対象労働者等の福祉の増進を図るための事業を総合的に行うことを目的とする施設とする。

3　厚生労働大臣は、勤労者家庭支援施設の設置及び運営についての望ましい基準を定めるものとする。

4　国は、地方公共団体に対して、勤労者家庭支援施設の設置及び運営に関し必要な助言、指導その他の援助を行うことができる。

（勤労者家庭支援施設指導員）

第三五条　勤労者家庭支援施設には、対象労働者等に対する相談及び指導の業務を担当する職員（次項において「勤労者家庭支援施設指導員」という。）を置くように努めなければならない。

2　勤労者家庭支援施設指導員は、その業務について熱意と識見を有し、かつ、厚生労働大臣が定める資格を有する者のうちから選任するものとする。

第一一章　紛争の解決

第一節　紛争の解決の援助等

（苦情の自主的解決）

第五二条の二　事業主は、第二章から第八章まで、第二十一条、第二十三条、第二十三条の二及び第二十六条に定める事項に関し、労働者から苦情の申出を受けたときは、苦情処理機関（事業主を代表する者及び当該事業所の労働者を代表する者を構成員とする当該事業所の労働者の苦情を処理するための機関をいう。）に対し当該苦情の処理を委ねる等その自主的な解決を図るように努めなければならない。

（紛争の解決の促進に関する特例）

第五二条の三　第二十五条に定める事項及び前条の事項についての労働者と事業主との間の紛争については、個別労働関係紛争の解決の促進に関する法律（平成十三年法律第百十二号）第四条、第五条及び第十二条から第十九条までの規定は適用せず、次条から第五十二条の六までに定めるところによる。

（紛争の解決の援助）

第五二条の四　都道府県労働局長は、前条に規定する紛争に関し、当該紛争の当事者の双方又は一方からその解決につき援助を求められた場合には、当該紛争の当事者に対し、必要な助言、指導又は勧告をすることができる。

2　第二十五条第二項の規定は、労働者が前項の援助を求めた場合について準用する。

附　則（令三・六・九法律五八）（抄）

（施行期日）

第一条　この法律は、令和四年四月一日から施行する。ただし、次の各号に掲げる規定は、当該各号に定める日から施行する。

一　第一条中育児休業、介護休業等育児又は家族介護を行う労働者の福祉に関する法律第十二条第二項、第十六条の三第二項及び第十六条の六第二項の改正規定〔中略〕　公布の日

三　第二条〔中略〕並びに附則第四条〔中略〕の規定　公布の日から起算して一年六月を超えない範囲内において政令で定める日〔令四・一〇・一〕

四　第三条の規定及び附則第五条の規定　令和五年四月一日

（検討）

第二条　政府は、この法律の施行後五年を目途として、第一条から第三条までの規定による改正後の育児休業、介護休業等育児又は家族介護を行う労働者の福祉に関する法律の規定の施行の状況、男性労働者の育児休業（同法第二条第一号に規定する育児休業をいう。附則第四条において同じ。）の取得の状況その他の状況の変化を勘案し、同法の規定について検討を加え、必要があると認めるときは、その結果に基づいて所要の措置を講ずるものとする。

（育児休業に関する経過措置）

第四条　附則第一条第三号に掲げる規定の施行の日（附則第七条において「第三号施行日」という。）前の日に開始した育児休業（当該育児休業に係る子の出生の日から起算して八週間を経過

する日の翌日まで（出産予定日前に当該子が出生した場合にあっては当該出生の日から当該出産予定日から起算して八週間を経過する日の翌日までとし、出産予定日後に当該子が出生した場合にあっては当該出産予定日から当該出生の日から起算して八週間を経過する日の翌日までとする。）の期間内に、労働者が当該子を養育するためにする最初の育児休業に限る。）は、第二条の規定による改正後の育児休業、介護休業等育児又は家族介護を行う労働者の福祉に関する法律第五条第二項及び第九条の二第二項の規定の適用については、同条第一項の規定による申出によりした同項に規定する出生時育児休業とみなす。

（育児休業の取得の状況の公表に関する経過措置）

第五条　第三条の規定による改正後の育児休業、介護休業等育児又は家族介護を行う労働者の福祉に関する法律第二十二条の二の規定は、附則第一条第四号に掲げる規定の施行の日以後に開始する事業年度から適用する。

◉少年法（抄）

（昭和二三・七・一五法律一六八）

注　令五法律六七改正現在

（未施行分については、該当か所の後に改正文を収載）

第一章　総則

（この法律の目的）

第一条　この法律は、少年の健全な育成を期し、非行のある少年に対して性格の矯正及び環境の調整に関する保護処分を行うとともに、少年の刑事事件について特別の措置を講ずることを目的とする。

（定義）

第二条　この法律において「少年」とは、二十歳に満たない者をいう。

2　この法律において「保護者」とは、少年に対して法律上監護教育の義務ある者及び少年を現に監護する者をいう。

第二章　少年の保護事件

第一節　通則

（審判に付すべき少年）

第三条　次に掲げる少年は、これを家庭裁判所の審判に付する。

一　罪を犯した少年

二　十四歳に満たないで刑罰法令に触れる行為をした少年

三　次に掲げる事由があつて、その性格又は環境に照して、将来、罪を犯し、又は刑罰法令に触れる行為をする虞のある少年

イ　保護者の正当な監督に服しない性癖のあること。

ロ　正当の理由がなく家庭に寄り附かないこと。

ハ　犯罪性のある人若しくは不道徳な人と交際し、又はいかがわしい場所に出入すること。

ニ　自己又は他人の徳性を害する行為をする性癖のあること。

2　家庭裁判所は、前項第二号に掲げる少年及び同項第三号に掲げる少年で十四歳に満たない者については、都道府県知事又は児童相談所長から送致を受けたときに限り、これを審判に付することができる。

（被害者等による記録の閲覧及び謄写）

第五条の二　裁判所は、第三条第一項第一号又は第二号に掲げる少年に係る保護事件について、第二十一条の決定があつた後、最高裁判所規則の定めるところにより当該保護事件の被害者等（被害者又はその法定代理人若しくは被害者が死亡した場合若しくはその心身に重大な故障がある場合におけるその配偶者、直系の親族若しくは兄弟姉妹をいう。以下同じ。）又は被害者等から委託を受けた弁護士から、その保管する当該保護事件の記録（家庭裁判所が専ら当該少年の保護の必要性を判断するために収集したもの及び家庭裁判所調査官が家庭裁判所による当該

少年の保護の必要性の判断に資するよう作成し又は収集したものを除く。)の閲覧又は謄写の申出があるときは、閲覧又は謄写を求める理由が正当でないと認める場合及び少年の健全な育成に対する影響、事件の性質、調査又は審判の状況その他の事情を考慮して閲覧又は謄写をさせることが相当でないと認める場合を除き、申出をした者にその閲覧又は謄写をさせるものとする。

2　前項の申出は、その申出に係る保護事件を終局させる決定が確定した後三年を経過したときは、することができない。

3　第一項の規定により記録の閲覧又は謄写をした者は、正当な理由がないのに閲覧又は謄写により知り得た少年の氏名その他少年の身上に関する事項を漏らしてはならず、かつ、閲覧又は謄写により知り得た事項をみだりに用いて、少年の健全な育成を妨げ、関係人の名誉若しくは生活の平穏を害し、又は調査若しくは審判に支障を生じさせる行為をしてはならない。

第二節　通告、警察官の調査等

(通告)

第六条　家庭裁判所の審判に付すべき少年を発見した者は、これを家庭裁判所に通告しなければならない。

2　警察官又は保護者は、第三条第一項第三号に掲げる少年について、直接これを家庭裁判所に送致し、又は通告するよりも、先づ児童福祉法(昭和二十二年法律第百六十四号)による措置にゆだねるのが適当であると認めるときは、その少年を直接児童相談所に通告することができる。

(警察官等の調査)

第六条の二　警察官は、客観的な事情から合理的に判断して、第三条第一項第二号に掲げる少年であると疑うに足りる相当の理由のある者を発見した場合において、必要があるときは、事件について調査をすることができる。

2　前項の調査は、少年の情操の保護に配慮しつつ、事案の真相を明らかにし、もつて少年の健全な育成のための措置に資することを目的として行うものとする。

3　警察官は、国家公安委員会規則の定めるところにより、少年の心理その他の特性に関する専門的知識を有する警察職員(警察官を除く。)に調査(第六条の五第一項の処分を除く。)をさせることができる。

(調査における付添人)

第六条の三　少年及び保護者は、前条第一項の調査に関し、いつでも、弁護士である付添人を選任することができる。

(呼出し、質問、報告の要求)

第六条の四　警察官は、調査をするについて必要があるときは、少年、保護者又は参考人を呼び出し、質問することができる。

2　前項の質問に当たつては、強制にわたることがあつてはならない。

3　警察官は、調査について、公務所又は公私の団体に照会して必要な事項の報告を求めることができる。

(警察官の送致等)

第六条の六　警察官は、調査の結果、次の各号のいずれかに該当するときは、当該調査に係る書類とともに事件を児童相談所長に送致しなければならない。

一　第三条第一項第二号に掲げる少年に係る事件について、その少年の行為が次に掲げる罪に係る刑罰法令に触れるものであると思料するとき。

イ　故意の犯罪行為により被害者を死亡させた罪

ロ　イに掲げるもののほか、死刑又は無期若しくは短期二年以上の懲役若しくは禁錮に当たる罪

二　前号に掲げるもののほか、第三条第一項第二号に掲げる少年に係る事件について、家庭裁判所の審判に付することが適当であると思料するとき。

2　警察官は、前項の規定により児童相談所長に送致した事件について、児童福祉法第二十七条第一項第四号の措置がとられた場合において、証拠物があるときは、これを家庭裁判所に送付しなければならない。

3　警察官は、第一項の規定により事件を送致した場合を除き、児童福祉法第二十五条第一項の規定により調査に係る少年を児童相談所に通告するときは、国家公安委員会規則の定めるところにより、児童相談所に対し、同法による措置をとるについて参考となる当該調査の概要及び結果を通知するものとする。

注　第六条の六は、令和四年六月一七日法律第六八号により次のように改正され、令和四年六月一七日から起算して三年を超えない範囲内において政令で定める日から施行される。
　第六条の六第一項第一号ロ中「懲役若しくは禁錮」を「拘禁刑」に改める。

（都道府県知事又は児童相談所長の送致）
第六条の七　都道府県知事又は児童相談所長は、前条第一項（第一号に係る部分に限る。）の規定により送致を受けた事件については、児童福祉法第二十七条第一項第四号の措置をとらなければならない。ただし、調査の結果、その必要がないと認められるときは、この限りでない。
2　都道府県知事又は児童相談所長は、児童福祉法の適用がある少年について、たまたま、その行動の自由を制限し、又はその自由を奪うような強制的措置を必要とするときは、同法第三十三条、第三十三条の二及び第四十七条の規定により認められる場合を除き、これを家庭裁判所に送致しなければならない。

（家庭裁判所調査官の報告）
第七条　家庭裁判所調査官は、家庭裁判所の審判に付すべき少年を発見したときは、これを裁判官に報告しなければならない。
2　家庭裁判所調査官は、前項の報告に先だち、少年及び保護者について、事情を調査することができる。

第三節　調査及び審判

（事件の調査）
第八条　家庭裁判所は、第六条第一項の通告又は前条第一項の報告により、審判に付すべき少年があると思料するときは、事件について調査しなければならない。検察官、司法警察員、警察官、都道府県知事又は児童相談所長から家庭裁判所の審判に付すべき少年事件の送致を受けたときも、同様とする。
2　家庭裁判所は、家庭裁判所調査官に命じて、少年、保護者又は参考人の取調その他の必要な調査を行わせることができる。

（調査の方針）
第九条　前条の調査は、なるべく、少年、保護者又は関係人の行状、経歴、素質、環境等について、医学、心理学、教育学、社会学その他の専門的智識特に少年鑑別所の鑑別の結果を活用して、これを行うように努めなければならない。

（付添人）
第一〇条　少年並びにその保護者、法定代理人、保佐人、配偶者、直系の親族及び兄弟姉妹は、家庭裁判所の許可を受けて、付添人を選任することができる。ただし、弁護士を付添人に選任するには、家庭裁判所の許可を要しない。
2　保護者は、家庭裁判所の許可を受けて、付添人となることができる。

（呼出し及び同行）
第一一条　家庭裁判所は、事件の調査又は審判について必要があると認めるときは、少年又は保護者に対して、呼出状を発して、その呼出しをすることができる。
2　家庭裁判所は、少年又は保護者が、正当な理由がなく、前項の規定による呼出しに応じないとき、又は応じないおそれがあるときは、その少年又は保護者に対して、同行状を発して、その同行をすることができる。

（緊急の場合の同行）
第一二条　家庭裁判所は、少年が保護のため緊急を要する状態にあつて、その福祉上必要であると認めるときは、前条第二項の規定にかかわらず、その少年に対して、同行状を発して、その同行をすることができる。
2　裁判長は、急速を要する場合には、前項の処分をし、又は合議体の構成員にこれをさせることができる。

（援助、協力）
第一六条　家庭裁判所は、調査及び観察のため、警察官、保護観察官、保護司、児童福祉司（児童福祉法第十二条の三第二項第六号に規定する児童福祉司をいう。第二十六条第一項において同じ。）又は児童委員に対して、必要な援助をさせることができる。
2　家庭裁判所は、その職務を行うについて、公務所、公私の団体、学校、病院その他に対して、必要な協力を求めることができる。

（観護の措置）
第一七条　家庭裁判所は、審判を行うため必要があるときは、決定をもつて、次に掲げる観護の措置をとることができる。
一　家庭裁判所調査官の観護に付すること。
二　少年鑑別所に送致すること。

2　同行された少年については、観護の措置は、遅くとも、到着のときから二十四時間以内に、これを行わなければならない。検察官又は司法警察員から勾留又は逮捕された少年の送致を受けたときも、同様である。

3　第一項第二号の措置においては、少年鑑別所に収容する期間は、二週間を超えることができない。ただし、特に継続の必要があるときは、決定をもつて、これを更新することができる。

4　前項ただし書の規定による更新は、一回を超えて行うことができない。ただし、第三条第一項第一号に掲げる少年に係る死刑、懲役又は禁錮に当たる罪の事件でその非行事実（犯行の動機、態様及び結果その他の当該犯罪に密接に関連する重要な事実を含む。以下同じ。）の認定に関し証人尋問、鑑定若しくは検証を行うことを決定したもの又はこれを行つたものについて、少年を収容しなければ審判に著しい支障が生じるおそれがあると認めるに足りる相当の理由がある場合には、その更新は、更に二回を限度として、行うことができる。

5　第三項ただし書の規定にかかわらず、検察官から再び送致を受けた事件が先に第一項第二号の措置がとられ、又は勾留状が発せられた事件であるときは、収容の期間は、これを更新することができない。

6　裁判官が第四十三条第一項の請求により、第一項第一号の措置をとつた場合において、事件が家庭裁判所に送致されたときは、その措置は、これを第一項第一号の措置とみなす。

7　裁判官が第四十三条第一項の請求により第一項第二号の措置をとつた場合において、事件が家庭裁判所に送致されたときは、その措置は、これを第一項第二号の措置とみなす。この場合には、第三項の期間は、家庭裁判所が事件の送致を受けた日から、これを起算する。

8　観護の措置は、決定をもつて、これを取り消し、又は変更することができる。

9　第一項第二号の措置については、収容の期間は、通じて八週間を超えることができない。ただし、その収容の期間が通じて四週間を超えることとなる決定を行うときは、第四項ただし書に規定する事由がなければならない。

10　裁判長は、急速を要する場合には、第一項及び第八項の処分をし、又は合議体の構成員にこれをさせることができる。

注　第一七条は令和四年六月一七日法律第六八号により次のように改正され、令和四年六月一七日から起算して三年を超えない範囲内において政令で定める日から施行される。

第十七条第四項ただし書中「死刑、懲役又は禁錮」を「拘禁刑以上の刑」に改める。

（少年鑑別所送致の場合の仮収容）

第一七条の四　家庭裁判所は、第十七条第一項第二号の措置をとつた場合において、直ちに少年鑑別所に収容することが著しく困難であると認める事情があるときは、決定をもつて、少年を仮に最寄りの少年院又は刑事施設の特に区別した場所に収容することができる。ただし、その期間は、収容した時から七十二時間を超えることができない。

2　裁判長は、急速を要する場合には、前項の処分をし、又は合議体の構成員にこれをさせることができる。

3　第一項の規定による収容の期間は、これを第十七条第一項第二号の措置により少年鑑別所に収容した期間とみなし、同条第三項の期間は、少年院又は刑事施設に収容した日から、これを起算する。

4　裁判官が第四十三条第一項の請求のあつた事件につき、第一項の収容をした場合において、事件が家庭裁判所に送致されたときは、その収容は、これを第一項の規定による収容とみなす。

（児童福祉法の措置）

第一八条　家庭裁判所は、調査の結果、児童福祉法の規定による措置を相当と認めるときは、決定をもつて、事件を権限を有する都道府県知事又は児童相談所長に送致しなければならない。

2　第六条の七第二項の規定により、都道府県知事又は児童相談所長から送致を受けた少年については、決定をもつて、期限を付して、これに対してとるべき保護の方法その他の措置を指示して、事件を権限を有する都道府県知事又は児童相談所長に送致することができる。

（審判を開始しない旨の決定）

第一九条　家庭裁判所は、調査の結果、審判に付することができず、又は審判に付するのが相当でないと認めるときは、審判を開始しない旨の決定をしなければならない。

2　家庭裁判所は、調査の結果、本人が二十歳以上であることが判明したときは、前項の規定にかかわらず、決定をもつて、事件を管轄地方裁判所に対応する検察庁の検察官に送致しなければならない。

(検察官への送致)

第二〇条　家庭裁判所は、死刑、懲役又は禁錮に当たる罪の事件について、調査の結果、その罪質及び情状に照らして刑事処分を相当と認めるときは、決定をもつて、これを管轄地方裁判所に対応する検察庁の検察官に送致しなければならない。

2　前項の規定にかかわらず、家庭裁判所は、故意の犯罪行為により被害者を死亡させた罪の事件であつて、その罪を犯すとき十六歳以上の少年に係るものについては、同項の決定をしなければならない。ただし、調査の結果、犯行の動機及び態様、犯行後の情況、少年の性格、年齢、行状及び環境その他の事情を考慮し、刑事処分以外の措置を相当と認めるときは、この限りでない。

注　第二〇条は、令和四年六月一七日法律第六八号により次のように改正され、令和四年六月一七日から起算して三年を超えない範囲内において政令で定める日から施行される。

第二十条第一項中「死刑、懲役又は禁錮」を「拘禁刑以上の刑」に改める。

(審判開始の決定)

第二一条　家庭裁判所は、調査の結果、審判を開始するのが相当であると認めるときは、その旨の決定をしなければならない。

(審判の方式)

第二二条　審判は、懇切を旨として、和やかに行うとともに、非行のある少年に対し自己の非行について内省を促すものとしなければならない。

2　審判は、これを公開しない。

3　審判の指揮は、裁判長が行う。

(検察官の関与)

第二二条の二　家庭裁判所は、第三条第一項第一号に掲げる少年に係る事件であつて、死刑又は無期若しくは長期三年を超える懲役若しくは禁錮に当たる罪のものにおいて、その非行事実を認定するための審判の手続に検察官が関与する必要があると認めるときは、決定をもつて、審判に検察官を出席させることができる。

2　家庭裁判所は、前項の決定をするには、検察官の申出がある場合を除き、あらかじめ、検察官の意見を聴かなければならない。

3　検察官は、第一項の決定があつた事件において、その非行事実の認定に資するため必要な限度で、最高裁判所規則の定めるところにより、事件の記録及び証拠物を閲覧し及び謄写し、審判の手続(事件を終局させる決定の告知を含む。)に立ち会い、少年及び証人その他の関係人に発問し、並びに意見を述べることができる。

注　第二二条の二は、令和四年六月一七日法律第六八号により次のように改正され、令和四年六月一七日から起算して三年を超えない範囲内において政令で定める日から施行される。

第二十二条の二第一項中「懲役若しくは禁錮」を「拘禁刑」に改める。

(国選付添人)

第二二条の三　家庭裁判所は、前条第一項の決定をした場合において、少年に弁護士である付添人がないときは、弁護士である付添人を付さなければならない。

2　家庭裁判所は、第三条第一項第一号に掲げる少年に係る事件であつて前条第一項に規定する罪のもの又は第三条第一項第二号に掲げる少年に係る事件であつて前条第一項に規定する罪に係る刑罰法令に触れるものについて、第十七条第一項第二号の措置がとられており、かつ、少年に弁護士である付添人がない場合において、事案の内容、保護者の有無その他の事情を考慮し、審判の手続に弁護士である付添人が関与する必要があると認めるときは、弁護士である付添人を付することができる。

3　前二項の規定により家庭裁判所が付すべき付添人は、最高裁判所規則の定めるところにより、選任するものとする。

4　前項(第二十二条の五第四項において準用す

る場合を含む。）の規定により選任された付添人は、旅費、日当、宿泊料及び報酬を請求することができる。

（審判開始後保護処分に付しない場合）

第二三条 家庭裁判所は、審判の結果、第十八条又は第二十条にあたる場合であると認めるときは、それぞれ、所定の決定をしなければならない。

2 家庭裁判所は、審判の結果、保護処分に付することができず、又は保護処分に付する必要がないと認めるときは、その旨の決定をしなければならない。

3 第十九条第二項の規定は、家庭裁判所の審判の結果、本人が二十歳以上であることが判明した場合に準用する。

（保護処分の決定）

第二四条 家庭裁判所は、前条の場合を除いて、審判を開始した事件につき、決定をもつて、次に掲げる保護処分をしなければならない。ただし、決定の時に十四歳に満たない少年に係る事件については、特に必要と認める場合に限り、第三号の保護処分をすることができる。

一 保護観察所の保護観察に付すること。

二 児童自立支援施設又は児童養護施設に送致すること。

三 少年院に送致すること。

2 前項第一号及び第三号の保護処分においては、保護観察所の長をして、家庭その他の環境調整に関する措置を行わせることができる。

（家庭裁判所調査官の観察）

第二五条 家庭裁判所は、第二十四条第一項の保護処分を決定するため必要があると認めるときは、決定をもつて、相当の期間、家庭裁判所調査官の観察に付することができる。

2 家庭裁判所は、前項の観察とあわせて、次に掲げる措置をとることができる。

一 遵守事項を定めてその履行を命ずること。

二 条件を附けて保護者に引き渡すこと。

三 適当な施設、団体又は個人に補導を委託すること。

（保護者に対する措置）

第二五条の二 家庭裁判所は、必要があると認めるときは、保護者に対し、少年の監護に関する責任を自覚させ、その非行を防止するため、調査又は審判において、自ら訓戒、指導その他の適当な措置をとり、又は家庭裁判所調査官に命じてこれらの措置をとらせることができる。

（決定の執行）

第二六条 家庭裁判所は、第十七条第一項第二号、第十七条の四第一項並びに第二十四条第一項第二号及び第三号の決定をしたときは、家庭裁判所調査官、裁判所書記官、法務事務官、法務教官、警察官、保護観察官又は児童福祉司をして、その決定を執行させることができる。

2 家庭裁判所は、第十七条第一項第二号、第十七条の四第一項並びに第二十四条第一項第二号及び第三号の決定を執行するため必要があるときは、少年に対して、呼出状を発して、その呼出しをすることができる。

3 家庭裁判所は、少年が、正当な理由がなく、前項の規定による呼出しに応じないとき、又は応じないおそれがあるときは、その少年に対して、同行状を発して、その同行をすることができる。

4 家庭裁判所は、少年が保護のため緊急を要する状態にあつて、その福祉上必要であると認めるときは、前項の規定にかかわらず、その少年に対して、同行状を発して、その同行をすることができる。

5 第十三条の規定は、前二項の同行状に、これを準用する。

6 裁判長は、急速を要する場合には、第一項及び第四項の処分をし、又は合議体の構成員にこれをさせることができる。

（報告と意見の提出）

第二八条 家庭裁判所は、第二十四条又は第二十五条の決定をした場合において、施設、団体、個人、保護観察所、児童福祉施設又は少年院に対して、少年に関する報告又は意見の提出を求めることができる。

第三章 少年の刑事事件

第一節 通則

（準拠法例）

第四〇条 少年の刑事事件については、この法律で定めるものの外、一般の例による。

第二節 手続

（取扱いの分離）

第四九条 少年の被疑者又は被告人は、他の被疑者又は被告人と分離して、なるべく、その接触を避けなければならない。

2　少年に対する被告事件は、他の被告事件と関連する場合にも、審理に妨げない限り、その手続を分離しなければならない。

3　刑事施設、留置施設及び海上保安留置施設においては、少年（刑事収容施設及び被収容者等の処遇に関する法律（平成十七年法律第五十号）第二条第四号の受刑者（同条第八号の未決拘禁者としての地位を有するものを除く。）を除く。）を二十歳以上の者と分離して収容しなければならない。

注　第四九条は、令和四年六月一七日法律第六八号により次のように改正され、令和四年六月一七日から起算して三年を超えない範囲内において政令で定める日から施行される。

第四十九条第三項中「同条第八号」を「同条第七号」に改める。

（審理の方針）

第五〇条　少年に対する刑事事件の審理は、第九条の趣旨に従つて、これを行わなければならない。

第三節　処分

（人の資格に関する法令の適用）

第六〇条　少年のとき犯した罪により刑に処せられてその執行を受け終り、又は執行の免除を受けた者は、人の資格に関する法令の適用については、将来に向つて刑の言渡を受けなかつたものとみなす。

2　少年のとき犯した罪について刑に処せられた者で刑の執行猶予の言渡を受けた者は、その猶予期間中、刑の執行を受け終つたものとみなして、前項の規定を適用する。

3　前項の場合において、刑の執行猶予の言渡を取り消されたときは、人の資格に関する法令の適用については、その取り消されたとき、刑の言渡があつたものとみなす。

第四章　記事等の掲載の禁止

第六一条　家庭裁判所の審判に付された少年又は少年のとき犯した罪により公訴を提起された者については、氏名、年齢、職業、住居、容ぼう等によりその者が当該事件の本人であることを推知することができるような記事又は写真を新聞紙その他の出版物に掲載してはならない。

第五章　特定少年の特例

第一節　保護事件の特例

（検察官への送致についての特例）

第六二条　家庭裁判所は、**特定少年**（十八歳以上の少年をいう。以下同じ。）に係る事件については、第二十条の規定にかかわらず、調査の結果、その罪質及び情状に照らして刑事処分を相当と認めるときは、決定をもつて、これを管轄地方裁判所に対応する検察庁の検察官に送致しなければならない。

2　前項の規定にかかわらず、家庭裁判所は、特定少年に係る次に掲げる事件については、同項の決定をしなければならない。ただし、調査の結果、犯行の動機、態様及び結果、犯行後の情況、特定少年の性格、年齢、行状及び環境その他の事情を考慮し、刑事処分以外の措置を相当と認めるときは、この限りでない。

一　故意の犯罪行為により被害者を死亡させた罪の事件であつて、その罪を犯すとき十六歳以上の少年に係るもの

二　死刑又は無期若しくは短期一年以上の懲役若しくは禁錮に当たる罪の事件であつて、その罪を犯すとき特定少年に係るもの（前号に該当するものを除く。）

注　第六二条は、令和四年六月一七日法律第六八号により次のように改正され、令和四年六月一七日から起算して三年を超えない範囲内において政令で定める日から施行される。

第六十二条第二項第二号中「懲役若しくは禁錮」を「拘禁刑」に改める。

（保護処分についての特例）

第六四条　第二十四条第一項の規定にかかわらず、家庭裁判所は、第二十三条の場合を除いて、審判を開始した事件につき、少年が特定少年である場合には、犯情の軽重を考慮して相当な限度を超えない範囲内において、決定をもつて、次の各号に掲げる保護処分のいずれかをしなければならない。ただし、罰金以下の刑に当たる罪の事件については、第一号の保護処分に限り、これをすることができる。

一　六月の保護観察所の保護観察に付するこ

と。

二　二年の保護観察所の保護観察に付すること。

三　少年院に送致すること。

2　前項第二号の保護観察においては、第六十六条第一項に規定する場合に、同項の決定により少年院に収容することができるものとし、家庭裁判所は、同号の保護処分をするときは、その決定と同時に、一年以下の範囲内において犯情の軽重を考慮して同項の決定により少年院に収容することができる期間を定めなければならない。

3　家庭裁判所は、第一項第三号の保護処分をするときは、その決定と同時に、三年以下の範囲内において犯情の軽重を考慮して少年院に収容する期間を定めなければならない。

4　勾留され又は第十七条第一項第二号の措置がとられた特定少年については、未決勾留の日数は、その全部又は一部を、前二項の規定により定める期間に算入することができる。

5　第一項の保護処分においては、保護観察所の長をして、家庭その他の環境調整に関する措置を行わせることができる。

第三節　記事等の掲載の禁止の特例

第六八条　第六十一条の規定は、特定少年のとき犯した罪により公訴を提起された場合における同条の記事又は写真については、適用しない。ただし、当該罪に係る事件について刑事訴訟法第四百六十一条の請求がされた場合（同法第四百六十三条第一項若しくは第二項又は第四百六十八条第二項の規定により通常の規定に従い審判をすることとなつた場合を除く。）は、この限りでない。

◉更生保護事業法（抄）

（平成七・五・八法律八六）

注　令四法律六七改正現在（未施行分については、該当か所の後に改正文を収載）

第一章　総則

（目的）

第一条　この法律は、更生保護事業に関する基本事項を定めることにより、更生保護事業の適正な運営を確保し、及びその健全な育成発達を図るとともに、更生保護法（平成十九年法律第八十八号）その他更生保護に関する法律とあいまつて、犯罪をした者及び非行のある少年が善良な社会の一員として改善更生することを助け、もつて個人及び公共の福祉の増進に寄与することを目的とする。

（定義）

第二条　この法律において「更生保護事業」とは、宿泊型保護事業、通所・訪問型保護事業及び地域連携・助成事業をいう。

2　この法律において「宿泊型保護事業」とは、次に掲げる者であつて現に改善更生のための保護を必要としているものを更生保護施設に宿泊させて、その者に対し、教養訓練、医療又は就職を助け、職業を補導し、社会生活に適応させるために必要な生活指導又は特定の犯罪的傾向を改善するための援助を行い、生活環境の改善又は調整を図る等その改善更生に必要な保護を行う事業をいう。

一　保護観察に付されている者

二　懲役、禁錮又は拘留につき、刑の執行を終わり、その執行の免除を得、又はその執行を停止されている者

三　懲役又は禁錮につき刑の全部の執行猶予の言渡しを受け、刑事上の手続による身体の拘束を解かれた者（第一号に該当する者を除く。次号及び第五号において同じ。）

四　懲役又は禁錮につき刑の一部の執行猶予の言渡しを受け、その猶予の期間中の者

五　罰金又は科料の言渡しを受け、刑事上の手続による身体の拘束を解かれた者

六　労役場から出場し、又は仮出場を許された者

七　直ちに訴追を必要としないと認められ、刑事上の手続による身体の拘束を解かれた者

八　少年院から退院し、又は仮退院を許された者（第一号に該当する者を除く。）

九　国際受刑者移送法（平成十四年法律第六十六号）第十六条第一項第一号若しくは第二号の共助刑の執行を終わり、若しくは同法第二十五条第二項の規定によりその執行を受けることがなくなり、又は同法第二十一条の規定により適用される刑事訴訟法（昭和二十三年法律第百三十一号）第四百八十条若しくは第四百八十二条の規定によりその執行を停止されている者

3　この法律において「通所・訪問型保護事業」とは、前項に規定する者を更生保護施設その他の適当な施設に通わせ、又は訪問する等の方法により、その者に対し、宿泊場所への帰住、教養訓練、医療又は就職を助け、職業を補導し、社会生活に適応させるために必要な生活指導又は特定の犯罪的傾向を改善するための援助を行い、生活環境の改善又は調整を図り、金品を給与し、又は貸与し、生活の相談に応ずる等その改善更生に必要な保護を行う事業をいう。

4　この法律において「地域連携・助成事業」とは、次に掲げる事業をいう。

一　第二項各号に掲げる者の改善更生に資する援助を行う公共の衛生福祉に関する機関その他の者との地域における連携協力体制の整備を行う事業

二　第二項各号に掲げる者の改善更生に資する活動への地域住民の参加の促進を行う事業

三　宿泊型保護事業、通所・訪問型保護事業その他第二項各号に掲げる者の改善更生を助けることを目的とする事業に従事する者の確保、養成及び研修を行う事業

四　前三号に掲げるもののほか、宿泊型保護事業、通所・訪問型保護事業その他第二項各号に掲げる者の改善更生を助けることを目的とする事業に関する啓発、連絡、調整又は助成を行う事業

5　この法律において「被保護者」とは、宿泊型保護事業又は通所・訪問型保護事業における保護の対象者をいう。

6　この法律において「更生保護法人」とは、更生保護事業を営むことを目的として、この法律の定めるところにより設立された法人をいう。

7　この法律において「更生保護施設」とは、被保護者の改善更生に必要な保護を行う施設のうち、被保護者を宿泊させることを目的とする建物及びそのための設備を有するものをいう。

注　第二条は、令和四年六月一七日法律第六七号（令和四年五月二五日法律第五二号により一部改正）により次のように改正され、令和四年六月一七日から起算して三年を超えない範囲内において政令で定める日から施行される。

第二条第二項第二号中「懲役、禁錮」を「拘禁刑」に改め、同項第三号及び第四号中「懲役又は禁錮」を「拘禁刑」に改め、同項第九号中「第十六条第一項第一号若しくは第二号の」を「第十六条第一項の規定による」に改める。

（国の措置等）

第三条　国は、更生保護事業が保護観察、更生緊急保護その他の国の責任において行う改善更生の措置を円滑かつ効果的に実施する上で重要な機能を果たすものであることにかんがみ、更生保護事業の適正な運営を確保し、及びその健全な育成発達を図るための措置を講ずるものとする。

2　地方公共団体は、更生保護事業が犯罪をした者及び非行のある少年の改善更生を助け、これ

により犯罪を防止し、地域社会の安全及び住民福祉の向上に寄与するものであることにかんがみ、その地域において行われる更生保護事業に対して必要な協力をすることができる。

3　更生保護事業を営む者は、その事業を実施するに当たり、被保護者の人権に配慮するとともに、国の行う改善更生の措置及び社会福祉、医療、保健、労働その他関連施策との有機的な連携を図り、地域に即した創意と工夫を行い、並びに地域住民等の理解と協力を得るよう努めなければならない。

第二章　更生保護法人

第二節　設立

（設立の認可）

第一〇条　更生保護法人を設立しようとする者は、法務省令で定めるところにより、申請書及び定款を法務大臣に提出して、設立の認可を受けなければならない。

（認可の基準）

第一二条　法務大臣は、第十条の認可の申請が次の各号に適合すると認めるときは、認可しなければならない。

一　設立の手続並びに申請書及び定款の内容が法令の規定に適合するものであること。

二　申請書及び定款に虚偽の記載がないこと。

三　当該申請に係る更生保護法人の資産が第五条の要件に該当するものであること。

四　業務の運営が適正に行われることが確実であると認められること。

第三章　更生保護事業

第一節　事業の経営等

（宿泊型保護事業の認可）

第四五条　国及び地方公共団体以外の者で宿泊型保護事業を営もうとするものは、法務省令で定めるところにより、次に掲げる事項を記載した申請書を法務大臣に提出して、その認可を受けなければならない。

一　名称

二　事務所の所在地

三　宿泊型保護事業の内容

四　被保護者に対する処遇の方法

五　更生保護施設の規模及び構造並びにその使用の権原

六　実務に当たる幹部職員の氏名及び経歴

七　更生保護法人以外の者にあっては、前各号に掲げる事項のほか、定款その他の基本約款、経理の方針、資産の状況並びに経営の責任者の氏名、経歴及び資産の状況

（認可の基準等）

第四六条　法務大臣は、前条の認可の申請が次の各号に適合すると認めるときは、認可しなければならない。

一　被保護者に対する処遇の方法が第四十九条の二の基準に適合するものであること。

二　更生保護施設の規模及び構造が法務省令で定める基準に適合するものであること。

三　実務に当たる幹部職員が法務省令で定める資格又は経験並びに被保護者に対する処遇に関する熱意及び能力を有すること。

四　職業紹介事業を自ら行おうとする者にあっては、職業安定法（昭和二十二年法律第百四十一号）の規定により職業紹介事業を行う許可を得ていること。

五　更生保護法人以外の者にあっては、前各号に掲げる事項のほか、経営の組織及び経理の方針が一般社団法人若しくは一般財団法人又はこれに準ずるものであって、当該事業を営むための経済的基礎が確実であり、かつ、経営の責任者が社会的信望を有すること。

2　前項の認可には、当該宿泊型保護事業の適正な運営を確保するために必要と認める条件を付すことができる。

（認可に係る事項の変更及び事業の廃止）

第四七条　第四十五条の認可を受けた者が同条各号に掲げる事項（法務省令で定めるものを除く。）を変更しようとするときは、法務大臣の認可を受けなければならない。

2　前条の規定は、前項の認可について準用する。

3　認可事業者（第四十五条の認可を受けて宿泊型保護事業を営む者をいう。以下同じ。）がその事業を廃止しようとするときは、あらかじめ、その理由並びに被保護者に対する措置及び財産の処分方法を明らかにして、廃止の時期について法務大臣の承認を受けなければならない。

（通所・訪問型保護事業及び連絡助成事業の届出）

第四七条の二　国及び地方公共団体以外の者で通所・訪問型保護事業又は地域連携・助成事業を営もうとするものは、あらかじめ、法務省令で定めるところにより、次に掲げる事項を法務大臣に届け出なければならない。届け出た事項を変更し、又は当該事業を廃止しようとするときも、同様とする。

一　名称

二　事務所の所在地

三　事業の種類及び内容

四　更生保護法人以外の者にあっては、前各号に掲げる事項のほか、定款その他の基本約款、経理の方針、資産の状況並びに経営の責任者の氏名、経歴及び資産の状況

（地方公共団体の営む更生保護事業）

第四八条　地方公共団体は、更生保護事業を営むことができる。

2　地方公共団体は、宿泊型保護事業を営もうとするときは、あらかじめ、第四十五条第一号から第六号までに掲げる事項を法務大臣に届け出なければならない。届け出た事項を変更し、又は当該事業を廃止しようとするときも、同様とする。

3　地方公共団体は、通所・訪問型保護事業又は地域連携・助成事業を開始したときは、前条第一号から第三号までに掲げる事項を、遅滞なく法務大臣に届け出なければならない。届け出た事項を変更し、又は当該事業を廃止したときも、同様とする。

（保護の実施）

第四九条　宿泊型保護事業又は通所・訪問型保護事業における保護は、法令の規定に基づく保護観察所の長の委託又は被保護者の申出に基づいて行うものとする。

（更生保護施設における処遇の基準）

第四九条の二　更生保護施設における被保護者の処遇は、次に掲げる基準に従って行わなければならない。

一　被保護者の人権に十分に配慮すること。

二　被保護者に対する処遇の計画を立て、常に被保護者の心身の状態、生活環境の推移等を把握し、その者の状況に応じた適切な保護を実施すること。

三　被保護者に対し、自助の責任の自覚を促し、社会生活に適応するために必要な能力を会得させるとともに、特に保護観察に付されている者に対しては、遵守すべき事項を守るよう適切な補導を行うこと。

四　その他法務省令で定める事項

（協力依頼等）

第五〇条　認可事業者又は第四十七条の二の届出をして通所・訪問型保護事業を営む更生保護法人は、被保護者の処遇につき必要があるときは、地方公共団体、公共職業安定所その他公私の関係団体又は機関に照会して協力を求め、また、特に必要があるときは、職業安定法の定めるところにより、自ら職業紹介事業を行うことができる。

◉保護司法

（昭和二五・五・二五法律二〇四）
注　令五法律二八改正現在
（未施行分については、該当か所の後に改正文を収載）

（保護司の使命）
第一条　保護司は、社会奉仕の精神をもつて、犯罪をした者及び非行のある少年の改善更生を助けるとともに、犯罪の予防のため世論の啓発に努め、もつて地域社会の浄化をはかり、個人及び公共の福祉に寄与することを、その使命とする。

（設置区域及び定数）
第二条　保護司は、法務大臣が都道府県の区域を分けて定める区域（以下「保護区」という。）に置くものとする。

2　保護司の定数は、全国を通じて、五万二千五百人をこえないものとする。

3　保護区ごとの保護司の定数は、法務大臣がその土地の人口、経済、犯罪の状況その他の事情を考慮して定める。

4　第一項及び前項に規定する法務大臣の権限は、地方更生保護委員会に委任することができる。

（推薦及び委嘱）
第三条　保護司は、左の各号に掲げるすべての条件を具備する者のうちから、法務大臣が、委嘱する。

一　人格及び行動について、社会的信望を有すること。

二　職務の遂行に必要な熱意及び時間的余裕を有すること。

三　生活が安定していること。

四　健康で活動力を有すること。

2　法務大臣は、前項の委嘱を、地方更生保護委員会の委員長に委任することができる。

3　前二項の委嘱は、保護観察所の長が推薦した者のうちから行うものとする。

4　保護観察所の長は、前項の推薦をしようとするときは、あらかじめ、保護司選考会の意見を聴かなければならない。

（欠格条項）
第四条　次の各号のいずれかに該当する者は、保護司になることができない。

一　禁錮以上の刑に処せられた者

二　日本国憲法の施行の日以後において、日本国憲法又はその下に成立した政府を暴力で破壊することを主張する政党その他の団体を結成し、又はこれに加入した者

三　心身の故障のため職務を適正に行うことができない者として法務省令で定めるもの

注　第四条は、令和四年六月一七日法律第六八号により次のように改正され、令和四年六月一七日から起算して三年を超えない範囲内において政令で定める日から施行される。

第四条第一号中「禁錮」を「拘禁刑」に改める。

（保護司選考会）
第五条　保護観察所に、保護司選考会を置く。

2　保護司選考会は、委員十三人（東京地方裁判所の管轄区域を管轄する保護観察所に置かれる保護司選考会にあつては、十五人）以内をもつて組織し、うち一人を会長とする。

3　保護司選考会の委員には、給与を支給しない。

4　この法律で定めるもののほか、保護司選考会の組織、所掌事務、委員及び事務処理の手続については、法務省令で定める。

第六条　削除

（任期）
第七条　保護司の任期は、二年とする。但し、再任を妨げない。

（職務の執行区域）
第八条　保護司は、その置かれた保護区の区域内において、職務を行うものとする。但し、地方更生保護委員会又は保護観察所の長から特に命ぜられたときは、この限りでない。

（職務の遂行）
第八条の二　保護司は、地方更生保護委員会又は保護観察所の長から指定を受けて当該地方更生保護委員会又は保護観察所の所掌に属する事務に従事するほか、保護観察所の長の承認を得た保護司会の計画の定めるところに従い、次に掲げる事務であつて当該保護観察所の所掌に属す

るものに従事するものとする。

一 犯罪をした者及び非行のある少年の改善更生を助け又は犯罪の予防を図るための啓発及び宣伝の活動

二 犯罪をした者及び非行のある少年の改善更生を助け又は犯罪の予防を図るための民間団体の活動への協力

三 犯罪の予防に寄与する地方公共団体の施策への協力

四 その他犯罪をした者及び非行のある少年の改善更生を助け又は犯罪の予防を図ることに資する活動で法務省令で定めるもの

(服務)

第九条 保護司は、その使命を自覚し、常に人格識見の向上とその職務を行うために必要な知識及び技術の修得に努め、積極的態度をもってその職務を遂行しなければならない。

2 保護司は、その職務を行うに当って知り得た関係者の身上に関する秘密を尊重し、その名誉保持に努めなければならない。

第一〇条 削除

(費用の支給)

第一一条 保護司には、給与を支給しない。

2 保護司は、法務省令の定めるところにより、予算の範囲内において、その職務を行うために要する費用の全部又は一部の支給を受けることができる。

(解嘱)

第一二条 法務大臣は、保護司が第四条各号の一に該当するに至ったときは、これを解嘱しなければならない。

2 法務大臣は、保護司が次の各号のいずれかに該当するに至ったときは、保護観察所の長の申出に基づいて、これを解嘱することができる。

一 第三条第一項各号に掲げる条件のいずれかを欠くに至ったとき。

二 職務上の義務に違反し、又はその職務を怠ったとき。

三 保護司たるにふさわしくない非行があったとき。

3 保護観察所の長は、前項の申出をしようとするときは、あらかじめ、保護司選考会の意見を聴かなければならない。

4 第一項又は第二項の規定による解嘱は、当該保護司に解嘱の理由が説明され、かつ、弁明の機会が与えられた後でなければ行うことができない。ただし、第四条第一号に該当するに至ったことを理由とする解嘱については、この限りでない。

(保護司会)

第一三条 保護司は、その置かれた保護区ごとに保護司会を組織する。

2 保護司会は、次に掲げる事務を行うことを任務とする。

一 第八条の二に規定する計画の策定その他保護司の職務に関する連絡及び調整

二 保護司の職務に関し必要な資料及び情報の収集

三 保護司の職務に関する研究及び意見の発表

四 その他保護司の職務の円滑かつ効果的な遂行を図るために必要な事項で法務省令で定めるもの

(保護司会連合会)

第一四条 保護司会は、都道府県ごとに保護司会連合会を組織する。ただし、北海道にあっては、法務大臣が定める区域ごとに組織するものとする。

2 保護司会連合会は、次に掲げる事務を行うことを任務とする。

一 保護司会の任務に関する連絡及び調整

二 保護司の職務に関し必要な資料及び情報の収集

三 保護司の職務に関する研究及び意見の発表

四 その他保護司の職務又は保護司会の任務の円滑かつ効果的な遂行を図るために必要な事項で法務省令で定めるもの

(保護司会等に関し必要な事項の省令への委任)

第一五条 この法律に定めるもののほか、保護司会及び保護司会連合会に関し必要な事項は、法務省令で定める。

(表彰)

第一六条 法務大臣は、職務上特に功労がある保護司、保護司会及び保護司会連合会を表彰し、その業績を一般に周知させることに意を用いなければならない。

(地方公共団体の協力)

第一七条 地方公共団体は、保護司、保護司会及

び保護司会連合会の活動が、犯罪をした者及び非行のある少年の改善更生を助けるとともに犯罪を予防し、地域社会の安全及び住民福祉の向上に寄与するものであることにかんがみ、その地域において行われる保護司、保護司会及び保護司会連合会の活動に対して必要な協力をすることができる。

（省令への委任）

第一八条　この法律の実施のための手続、その他その執行について必要な細則は、法務省令で定める。

附　則（抄）

〔施行期日〕

1　この法律は、更生緊急保護法（昭和二十五年法律第二百三号）の施行の日〔昭二五・五・二五〕から施行する。

◉更生保護法（抄）

（平成一九・六・一五法律八八）

注　令五法律二八改正現在

（未施行分については、該当か所の後に改正文を収載）

第一章　総則

第一節　目的等

（目的）

第一条　この法律は、犯罪をした者及び非行のある少年に対し、社会内において適切な処遇を行うことにより、再び犯罪をすることを防ぎ、又はその非行をなくし、これらの者が善良な社会の一員として自立し、改善更生することを助けるとともに、恩赦の適正な運用を図るほか、犯罪予防の活動の促進等を行い、もって、社会を保護し、個人及び公共の福祉を増進することを目的とする。

第二節　中央更生保護審査会

（設置及び所掌事務）

第四条　法務省に、中央更生保護審査会（以下「審査会」という。）を置く。

2　審査会は、次に掲げる事務をつかさどる。

一　特赦、特定の者に対する減刑、刑の執行の免除又は特定の者に対する復権の実施についての申出をすること。

二　地方更生保護委員会がした決定について、この法律及び行政不服審査法（平成二十六年法律第六十八号）の定めるところにより、審査を行い、裁決をすること。

三　前二号に掲げるもののほか、この法律又は他の法律によりその権限に属させられた事項を処理すること。

第三節　地方更生保護委員会

（所掌事務）

第一六条　地方更生保護委員会（以下「地方委員会」という。）は、次に掲げる事務をつかさどる。

一　刑法（明治四十年法律第四十五号）第二十八条の行政官庁として、仮釈放を許し、又はその処分を取り消すこと。

二　刑法第三十条の行政官庁として、仮出場を許すこと。

三　少年院からの仮退院又は退院を許すこと。

四　少年院からの仮退院中の者について、少年院に戻して収容する旨の決定の申請をし、又は仮退院を許す処分を取り消すこと。

五　少年法（昭和二十三年法律第百六十八号）第五十二条第一項又は同条第一項及び第二項の規定により言い渡された刑（以下「不定期刑」という。）について、その執行を受け終わったものとする処分をすること。

六　保護観察所の事務を監督すること。

七　前各号に掲げるもののほか、この法律又は他の法律によりその権限に属させられた事項を処理すること。

第四節　保護観察所

（所掌事務）

更生保護法（抄）

第二九条　保護観察所は、次に掲げる事務をつかさどる。
一　保護観察を実施すること。
二　犯罪の予防を図るため、世論を啓発し、社会環境の改善に努め、及び地域住民の活動を促進すること。
三　前二号に掲げるもののほか、この法律その他の法令によりその権限に属させられた事項を処理すること。

第五節　保護観察官及び保護司

（保護観察官）
第三一条　地方委員会の事務局及び保護観察所に、保護観察官を置く。
2　保護観察官は、医学、心理学、教育学、社会学その他の更生保護に関する専門的知識に基づき、保護観察、調査、生活環境の調整その他犯罪をした者及び非行のある少年の更生保護並びに犯罪の予防に関する事務に従事する。

（保護司）
第三二条　保護司は、保護観察官で十分でないところを補い、地方委員会又は保護観察所の長の指揮監督を受けて、保護司法（昭和二十五年法律第二百四号）の定めるところに従い、それぞれ地方委員会又は保護観察所の所掌事務に従事するものとする。

第三章　保護観察

第一節　通則

（保護観察の対象者）
第四八条　次に掲げる者（以下「保護観察対象者」という。）に対する保護観察の実施については、この章の定めるところによる。
一　少年法第二十四条第一項第一号又は第六十四条第一項第一号若しくは第二号の保護処分に付されている者（以下「保護観察処分少年」という。）
二　少年院からの仮退院を許されて第四十二条において準用する第四十条の規定により保護観察に付されている者（以下「少年院仮退院者」という。）
三　仮釈放を許されて第四十条の規定により保護観察に付されている者（以下「仮釈放者」という。）
四　刑法第二十五条の二第一項若しくは第二十七条の三第一項又は薬物使用等の罪を犯した者に対する刑の一部の執行猶予に関する法律（平成二十五年法律第五十号）第四条第一項の規定により保護観察に付されている者（以下「保護観察付執行猶予者」という。）

（保護観察の実施方法）
第四九条　保護観察は、保護観察対象者の改善更生を図ることを目的として、その犯罪又は非行に結び付く要因及び改善更生に資する事項を的確に把握しつつ、第五十七条及び第六十五条の三第一項に規定する指導監督並びに第五十八条に規定する補導援護を行うことにより実施するものとする。
2　保護観察処分少年又は少年院仮退院者に対する保護観察は、保護処分の趣旨を踏まえ、その者の健全な育成を期して実施しなければならない。
3　保護観察所の長は、保護観察を適切に実施するため、保護観察対象者の改善更生に資する援助を行う関係機関等に対し第三十条の規定により必要な情報の提供を求めるなどして、当該関係機関等との間の緊密な連携の確保に努めるものとする。

（指導監督の方法）
第五七条　保護観察における指導監督は、次に掲げる方法によって行うものとする。
一　面接その他の適当な方法により保護観察対象者と接触を保ち、その行状を把握すること。
二　保護観察対象者が一般遵守事項及び特別遵守事項（以下「遵守事項」という。）を遵守し、並びに生活行動指針に即して生活し、及び行動するよう、必要な指示その他の措置をとること（第四号に定めるものを除く。）。
三　特定の犯罪的傾向を改善するための専門的処遇を実施すること。
四　保護観察対象者が、更生保護事業法の規定により更生保護事業を営む者その他の適当な者が行う特定の犯罪的傾向を改善するための専門的な援助であって法務大臣が定める基準に適合するものを受けるよう、必要な指示その他の措置をとること。
五　保護観察対象者が、当該保護観察対象者が刑又は保護処分を言い渡される理由となった犯罪又は刑罰法令に触れる行為に係る被害者等の被害の回復又は軽減に誠実に努めるよう、必要な指示その他の措置をとること。

2　保護観察所の長は、前項の指導監督を適切に行うため特に必要があると認めるときは、保護観察対象者に対し、当該指導監督に適した宿泊場所を供与することができる。

3　保護観察所の長は、第一項第四号に規定する措置をとろうとするときは、あらかじめ、同号に規定する援助を受けることが保護観察対象者の意思に反しないことを確認するとともに、当該援助を提供することについて、これを行う者に協議しなければならない。ただし、第五十一条第二項第七号の規定により当該援助を受けることを特別遵守事項として定めている場合は、保護観察対象者の意思に反しないことを確認することを要しない。

4　保護観察所の長は、第一項第四号に規定する措置をとったときは、同号に規定する援助の状況を把握するとともに、当該援助を行う者と必要な協議を行うものとする。

5　第五十一条第二項第四号に規定する処遇を受けることを特別遵守事項として定められた保護観察対象者について、第一項第四号に規定する措置をとったときは、当該処遇は、当該保護観察対象者が受けた同号に規定する援助の内容に応じ、その処遇の一部を受け終わったものとして実施することができる。

6　保護観察所の長は、第一項第五号に規定する措置をとる場合において、第三十八条第三項の規定により同項に規定する事項が通知され又は第六十五条第一項の規定により同項に規定する心情等を聴取したときは、当該通知された事項又は当該聴取した心情等を踏まえるものとする。

（補導援護の方法）

第五八条　保護観察における補導援護は、保護観察対象者が自立した生活を営むことができるようにするため、その自助の責任を踏まえつつ、次に掲げる方法によって行うものとする。

一　適切な住居その他の宿泊場所を得ること及び当該宿泊場所に帰住することを助けること。

二　医療及び療養を受けることを助けること。

三　職業を補導し、及び就職を助けること。

四　教養訓練の手段を得ることを助けること。

五　生活環境を改善し、及び調整すること。

六　社会生活に適応させるために必要な生活指導を行うこと。

七　前各号に掲げるもののほか、保護観察対象者が健全な社会生活を営むために必要な助言その他の措置をとること。

（出頭の命令及び引致）

第六三条　地方委員会又は保護観察所の長は、その職務を行うため必要があると認めるときは、保護観察対象者に対し、出頭を命ずることができる。

2　保護観察所の長は、保護観察対象者について、次の各号のいずれかに該当すると認める場合には、裁判官のあらかじめ発する引致状により、当該保護観察対象者を引致することができる。

一　正当な理由がないのに、第五十条第一項第四号に規定する住居に居住しないとき（第五十一条第二項第五号の規定により宿泊すべき特定の場所を定められた場合には、当該場所に宿泊しないとき）。

二　遵守事項を遵守しなかったことを疑うに足りる十分な理由があり、かつ、正当な理由がないのに、前項の規定による出頭の命令に応ぜず、又は応じないおそれがあるとき。

3　地方委員会は、少年院仮退院者又は仮釈放者について、前項各号のいずれかに該当すると認める場合には、裁判官のあらかじめ発する引致状により、当該少年院仮退院者又は仮釈放者を引致することができる。

4　第二項の引致状は保護観察所の長の請求により、前項の引致状は地方委員会の請求により、その所在地を管轄する地方裁判所、家庭裁判所又は簡易裁判所の裁判官が発する。

5　第二項又は第三項の引致状は、判事補が一人で発することができる。

6　第二項又は第三項の引致状は、保護観察官に執行させるものとする。ただし、保護観察官に執行させることが困難であるときは、警察官にその執行を嘱託することができる。

7　刑事訴訟法（昭和二十三年法律第百三十一号）第六十四条、第七十三条第一項前段及び第三項、第七十四条並びに第七十六条第一項本文及び第三項の規定（勾引に関する部分に限る。）は、第二項又は第三項の引致状及びこれらの規定による保護観察対象者の引致について準用する。この場合において、同法第六十四条第一項中「罪名、公訴事実の要旨」とあり、同法第七十三条第三項中「公訴事実の要旨」とあり、及び同法第七十六条第一項本文中「公訴事実の要旨及び弁護人を選任することができる旨並びに貧困その他の事由により自ら弁護人を選任することができないときは弁護人の選任を請求することができる旨」とあるのは「引致の理由」と、同法第六十四条第一項中「裁判長又は受命裁判官」とあるのは「裁判官」と、同法第七十四条中「刑事施設」とあるのは「刑事施設又は少年鑑別所」と、同法第七十六条第三項中「告知及び前項の教示」とあるのは「告知」と、「合議体の構成員又は裁判所書記官」とあるのは「地方更生保護委員会が引致した場合においては委員又は保護観察官、保護観察所の長が引致した場合においては保護観察官」と読み替えるものとする。

8　第二項又は第三項の引致状により引致された者については、引致すべき場所に引致された時から二十四時間以内に釈放しなければならない。ただし、その時間内に第六十八条の三第一項、第七十三条第一項、第七十三条の四第一項、第七十六条第一項又は第八十条第一項の規定によりその者が留置されたときは、この限りでない。

9　地方委員会が行う第一項の規定による命令、第三項の規定による引致に係る判断及び前項本文の規定による釈放に係る判断は、三人の委員をもって構成する合議体（第七十一条の規定による申請、第七十三条の二第一項の決定又は第七十五条第一項の決定をするか否かに関する審理の開始後においては、当該審理を担当する合議体）で行う。ただし、前項本文の規定による釈放に係る地方委員会の判断については、急速を要するときは、あらかじめ地方委員会が指名する一人の委員で行うことができる。

10　第十三条、第二十三条第三項並びに第二十五条第一項及び第二項の規定は前項に規定する措置のための合議体又は委員による調査について、第二十三条第二項の規定は前項の合議体の議事について、それぞれ準用する。この場合において、第十三条中「、地方更生保護委員会及び保護観察所の長」とあるのは、「及び保護観察所の長」と読み替えるものとする。

第五章　更生緊急保護等

第一節　更生緊急保護

（更生緊急保護）

第八五条　この節において「更生緊急保護」とは、次に掲げる者が、刑事上の手続又は保護処分による身体の拘束を解かれた後、親族からの援助を受けることができず、若しくは公共の衛生福祉に関する機関その他の機関から医療、宿泊、職業その他の保護を受けることができない場合又はこれらの援助若しくは保護のみによっては改善更生することができないと認められる場合に、緊急に、その者に対し、金品を給与し、又は貸与し、宿泊場所を供与し、宿泊場所への帰住、医療、療養、就職又は教養訓練を助け、職業を補導し、社会生活に適応させるために必要な生活指導を行い、生活環境の改善又は調整を図ること等により、その者が進んで法律を守る善良な社会の一員となることを援護し、その速やかな改善更生を保護することをいう。

一　懲役、禁錮又は拘留の刑の執行を終わった者

二　懲役、禁錮又は拘留の刑の執行の免除を得た者

三　懲役又は禁錮につき刑の全部の執行猶予の言渡しを受け、その裁判が確定するまでの者

四　前号に掲げる者のほか、懲役又は禁錮につき刑の全部の執行猶予の言渡しを受け、保護観察に付されなかった者

五　懲役又は禁錮につき刑の一部の執行猶予の言渡しを受け、その猶予の期間中保護観察に付されなかった者であって、その刑のうち執行が猶予されなかった部分の期間の執行を終わったもの

六　検察官が直ちに訴追を必要としないと認めた者

七　罰金又は科料の言渡しを受けた者

八　労役場から出場し、又は仮出場を許された者

九　少年院から退院し、又は仮退院を許された者（保護観察に付されている者を除く。）

2　更生緊急保護は、その対象となる者の改善更生のために必要な限度で、国の責任において、行うものとする。

3　更生緊急保護は、保護観察所の長が、自ら行

い、又は更生保護事業法の規定により更生保護事業を営む者その他の適当な者に委託して行うものとする。

4　更生緊急保護は、その対象となる者が刑事上の手続又は保護処分による身体の拘束を解かれた後六月を超えない範囲内において、その意思に反しない場合に限り、行うものとする。ただし、その者の改善更生を保護するため特に必要があると認められるときは、第一項の措置のうち、金品の給与又は貸与及び宿泊場所の供与については更に六月を、その他のものについては更に一年六月を、それぞれ超えない範囲内において、これを行うことができる。

5　更生緊急保護を行うに当たっては、その対象となる者が公共の衛生福祉に関する機関その他の機関から必要な保護を受けることができるようあっせんするとともに、更生緊急保護の効率化に努めて、その期間の短縮と費用の節減を図らなければならない。

6　更生緊急保護に関し職業のあっせんの必要があると認められるときは、公共職業安定所は、更生緊急保護を行う者の協力を得て、職業安定法（昭和二十二年法律第百四十一号）の規定に基づき、更生緊急保護の対象となる者の能力に適当な職業をあっせんすることに努めるものとする。

注　第八五条は、令和四年六月一七日法律第六七号により次のように改正され、令和四年六月一七日から起算して三年を超えない範囲内において政令で定める日から施行される。

第八十五条第一項第一号及び第二号中「懲役、禁錮」を「拘禁刑」に改め、同項第三号から第五号までの規定中「懲役又は禁錮」を「拘禁刑」に改める。

（更生緊急保護の開始等）

第八六条　更生緊急保護は、前条第一項各号に掲げる者の申出があった場合において、保護観察所の長がその必要があると認めたときに限り、行うものとする。収容中の者から申出があり、その者が同項第一号、第二号、第五号又は第九号に掲げる者（第八十八条の二において「刑執行終了者等」という。）に該当することとなった場合において、保護観察所の長が必要があると認めたときも、同様とする。

2　検察官、刑事施設の長又は少年院の長は、前条第一項各号に掲げる者について、刑事上の手続又は保護処分による身体の拘束を解く場合において、必要があると認めるときは、その者に対し、この節に定める更生緊急保護の制度及び申出の手続について教示しなければならない。収容中の者について、必要があると認めるときも、同様とする。

3　保護観察所の長は、更生緊急保護を行う必要があるか否かを判断するに当たっては、その申出をした者の刑事上の手続に関与した検察官又はその者が収容されていた刑事施設（労役場に留置されていた場合には、当該労役場が附置された刑事施設）の長若しくは少年院の長の意見を聴かなければならない。ただし、仮釈放の期間の満了によって前条第一項第一号に該当した者又は仮退院の終了により同項第九号に該当した者については、この限りでない。

付　録

社会福祉関係年表

	福祉一般等	児童・家庭福祉	高齢者福祉	障害者福祉	憲法・条約・その他
昭和21	旧**生活保護法**（法律17号。昭和21年10月施行）				**日本国憲法**（昭和22年5月3日施行）
22		**児童福祉法**（法律164号。昭和23年1月施行）			
23					**世界人権宣言**（国連）
24				**身体障害者福祉法**（法律283号。昭和25年4月施行）	
25	**生活保護法**（法律144号。昭和25年5月4日施行）			旧**精神衛生法**（法律123号。昭和25年5月施行）	
26	旧**社会福祉事業法**（法律45号。昭和26年6月施行）	**児童憲章**			
34					**児童権利宣言**（国連）
35				旧**精神薄弱者福祉法**（法律37号。昭和35年4月施行）	
36		**児童扶養手当法**（法律238号。昭和37年1月施行）			
38			**老人福祉法**（法律133号。昭和38年8月施行）		
39		旧**母子福祉法**（法律129号。昭和39年7月施行） **特別児童扶養手当等の支給に関する法律**（法律134号。昭和39年9月施行）			
40		**母子保健法**（法律141号。昭和41年1月施行）			
45	**社会福祉施設緊急整備5か年計画**（昭和46～50年度）			旧**心身障害者対策基本法**（法律84号。昭和45年5月21日施行）	
46		**児童手当法**（法律73号。昭和47年1月施行）			**知的障害者の権利宣言**（国連）
50					**障害者の権利宣言**（国連）

	福祉一般等	児童・家庭福祉	高齢者福祉	障害者福祉	憲法・条約・その他
昭和56		旧母子福祉法の改正（法律79号。**母子及び寡婦福祉法**に改称（昭和57年4月施行））			
57				**障害者対策に関する長期計画**	
62	**社会福祉士及び介護福祉士法**（法律30号。昭和63年4月施行）			旧精神衛生法の改正（法律98号。旧**精神保健法**に改称（昭和63年7月施行））	
平成元			**高齢者保健福祉推進10か年戦略（ゴールドプラン）**		児童の権利に関する条約（国連採択）
2	老人福祉法等福祉関係8法の改正（法律58号）				
	旧社会福祉事業法の改正（理念規定の見直し等（平成3年1月施行））	児童福祉法、母子及び寡婦福祉法の改正（在宅福祉サービスの推進（平成3年1月施行））	老人福祉法の改正（在宅福祉サービスの推進（平成3年1月施行）、町村への権限移譲（平成5年4月施行））	身体障害者福祉法の改正（在宅福祉サービスの推進（平成3年1月施行）、町村への権限移譲（平成5年4月施行）） 旧精神薄弱者福祉法の改正（在宅福祉サービスの推進（平成3年1月施行））	
4	旧社会福祉事業法の改正（法律81号。福祉人材確保の推進（平成4年12月施行））				
5				精神保健法の改正（法律74号。グループホームの法定化（平成6年4月施行）） 旧心身障害者対策基本法の改正（法律94号。**障害者基本法**に改称（平成5年12月3日施行）） **障害者対策に関する新長期計画**	
6	**21世紀福祉ビジョン**	**エンゼルプラン** **緊急保育対策等5か年事業**（平成7～11年度）	**新ゴールドプラン**（平成7～11年度）		**児童の権利に関する条約**（条約2）
7			**高齢社会対策基本法**（法律129号。平成7年12月16日施行）	旧精神保健法の改正（法律94号。**精神保健福祉法**に改称（平成7年7月施行））	

	福祉一般等	児童・家庭福祉	高齢者福祉	障害者福祉	憲法・条約・その他
				障害者プラン（平成８～14年度）	
平成８			**高齢社会対策大綱**		
9	**精神保健福祉士法**（法律131号。平成10年４月施行）	児童福祉法の改正（法律74号。保育所の利用制度化（平成10年４月施行））	**介護保険法**（法律123号。平成12年４月施行）		
10	**特定非営利活動促進法**（法律７号。平成10年12月施行）			旧精神薄弱者福祉法の改正（法律110号。**知的障害者福祉法**に改称（平成11年４月施行））	
11		**児童買春・児童ポルノ禁止法**（法律52号。平成11年11月施行） **新エンゼルプラン**（平成12～16年度）	**ゴールドプラン21**（平成12～16年度）	精神保健福祉法の改正（法律65号。ホームヘルプ・ショートステイの法定化（平成14年４月施行））	**地方分権一括法**（法律87号。地方分権の推進（平成12年４月施行）） 民法の改正（法律149号。成年後見制度の創設（平成12年４月施行））
12		**児童虐待防止法**（法律82号。平成12年11月20日施行）			
	社会福祉基礎構造改革（法律111号）				
	旧社会福祉事業法の改正（**社会福祉法**に改称（平成12年６月７日施行））	児童福祉法の改正（障害児の相談支援事業の法定化（平成12年６月７日施行）、母子生活支援施設等の利用制度化（平成13年４月施行））		身体障害者福祉法、知的障害者福祉法の改正（相談支援事業等の法定化（平成12年６月７日施行）、支援費制度の導入（平成15年４月施行））	
13		**ＤＶ防止法**（法律31号。平成13年10月13日施行）	**高齢社会対策大綱**		
14	**ホームレス自立支援法**（法律105号。平成14年８月７日施行）			**身体障害者補助犬法**（法律49号。平成14年10月施行） **障害者基本計画** **新障害者プラン**（平成15～19年度）	
15		**次世代育成支援対策推進法**（法律120号。平成15年７月16日施行） 児童福祉法の改正（法律121号。子育て支援事業の法定化（平成17年４月施行）） **少子化社会対策基本法**（法律133号。平成15年９月施行）		**心神喪失者等医療観察法**（法律110号。平成17年７月15日施行）	

	福祉一般等	児童・家庭福祉	高齢者福祉	障害者福祉	憲法・条約・その他
平成16		児童福祉法の改正（法律153号。相談体制の充実（平成17年４月施行）） **少子化社会対策大綱** **子ども・子育て応援プラン**（平成17～21年度）		**発達障害者支援法**（法律167号。平成17年４月施行）	
17			介護保険法の改正（法律77号。新予防給付の導入（平成18年４月施行）） **高齢者虐待防止法**（法律124号。平成18年４月施行）	**障害者自立支援法**（法律123号。平成18年４月施行）	
18		**認定こども園法**（法律77号。平成18年10月施行）	**バリアフリー新法**（法律91号。旧ハートビル法（平成６年法律44号）と旧交通バリアフリー法（平成12年法律68号）を統合（平成18年12月20日施行））		障害者の権利に関する条約（国連採択）
19	社会福祉士及び介護福祉士法の改正（法律125号。養成制度の見直し（平成21年４月／平成28年４月／平成34年４月施行））			**重点施策実施５か年計画**（平成20～24年度）	
20		児童福祉法の改正（法律85号。新たな子育て支援サービスの創設（平成21年４月施行））			
22		**子ども・子育てビジョン**（平成22～26年度）		障害者自立支援法の改正（法律71号。利用者負担の見直し（平成22年12月10日／平成24年４月施行）） 精神保健福祉法の改正（法律71号。精神科救急医療体制の確保（平成24年４月施行））	
23	ＮＰＯ法の改正（法律70号。認証制度の見直し（平成24年４月施行）） 社会福祉士及び介護福祉士法の改正（法律72号。介護福祉士による喀痰吸引等の実施（平成24年４月施行））	児童福祉法の改正（法律61号。養育里親の欠格条項の見直し（平成23年６月３日施行）、親権の停止制度創設に伴う児童相談所長等の権限改正（平成24年４月１日施行））	介護保険法の改正（法律72号。定期巡回・随時対応型訪問介護看護、複合型サービスの創設（平成24年４月施行））	**障害者虐待防止法**（法律79号。平成24年10月施行） 障害者基本法の改正（法律90号。共生社会実現のための基本原則の拡充（平成23年８月５日施行））	**地域主権改革一括法**（法律37号・法律105号。地方自治体への権限委譲（平成24年４月等施行））

	福祉一般等	児童・家庭福祉	高齢者福祉	障害者福祉	憲法・条約・その他
平成24		児童手当法の改正（法律24号。支給額の改正、施設入所児童に対する支給の改正（平成24年４月１日施行）、所得制限の設定（平成24年６月１日施行））	高齢者医療確保法の改正（法律62号。短時間労働者に対する厚生年金の適用拡大（平成28年10月１日施行））	旧障害者自立支援法の改正（法律51号。**障害者の日常生活及び社会生活を総合的に支援するための法律**に改称（平成25年４月１日施行））	**社会保障制度改革推進法**（法律64号。平成24年８月22日／平成25年８月21日施行）
	社会保障・税の一体改革（消費税（増収分）の社会保障財源化、社会保障の充実策）				
		子ども・子育て支援法（法律65号。平成27年４月１日施行） 就学前の子どもに関する教育、保育等の総合的な提供の推進に関する法律の一部を改正する法律（法律66号。幼保連携型認定こども園以外の認定こども園の充実化（平成27年４月１日施行））			
25	生活保護法の改正（法律104号。就労による自立の促進、不正・不適正需給対策の強化、医療扶助の適正化（平成26年１月１日・７月１日施行）） **生活困窮者自立支援法**（法律105号。平成27年４月１日施行）	**子どもの貧困対策の推進に関する法律**（法律64号。平成26年１月17日施行）		精神保健及び精神障害者福祉に関する法律の改正（法律47号。精神障害者の医療の提供を確保するための指針の策定、保護者制度の廃止、医療保護入院・精神医療審査会の見直し（平成26年４月１日／平成28年４月１日施行）） **障害を理由とする差別の解消の推進に関する法律**（法律65号。平成28年４月１日施行） **第３次障害者基本計画**（平成25～29年度）	
26	社会福祉士及び介護福祉士法の改正（法律83号。介護福祉士の資格取得方法見直しに関する改正規定の施行期日延長（平成28年４月１日施行））	旧母子及び寡婦福祉法の改正（法律28号。**母子及び父子並びに寡婦福祉法**に改称（平成26年10月１日施行）） 児童福祉法の改正（法律47号。小児慢性特定疾病医療支援の実施等（平成27年１月１日施行））	介護保険法の改正（法律83号。地域包括ケアシステムの構築と費用負担の公平化（平成27年４月１日・８月１日／平成28年４月１日／平成30年４月１日施行））		**障害者の権利に関する条約の締結**（条約１号）

	福祉一般等	児童・家庭福祉	高齢者福祉	障害者福祉	憲法・条約・その他
平成27			認知症施策推進総合戦略（新オレンジプラン）の策定（～2025年までを対象期間）	障害を理由とする差別の解消の推進に関する基本方針の策定	
28	社会福祉法の改正（法律21号。社会福祉法人制度の改革、福祉人材の確保促進（平成28年4月1日施行）、経営組織のガバナンスの強化、福祉人材センターの機能強化（平成29年4月1日施行））	児童福祉法の改正（法律63号。児童福祉を保障する理念の明確化（平成28年6月3日施行）、児童虐待発生予防、発生時の迅速・的確な対応（平成28年10月1日施行）、児童相談所の体制整備、里親委託の推進（平成29年4月1日施行）） 児童扶養手当法の改正（法律37号。ひとり親家庭の経済負担の軽減（平成28年8月1日施行））		障害者総合支援法の改正（法律65号。就労定着支援の新設、高齢障害者による介護保険サービスの円滑な利用促進のための見直し、障害児支援の拡充、サービスの質の確保・向上を図るための環境整備等（平成30年4月1日施行）） 発達障害者支援法の改正（法律64号。基本理念の創設、教育、就労の支援充実、都道府県による地域協議会の新設（平成28年8月1日施行））	
29	社会福祉法の改正（法律52号。平成30年4月1日施行。市町村地域福祉計画等の策定の努力義務化） ホームレス自立支援特別措置法の改正（法律68号。法律の有効期限を令和9年8月まで延長）	児童福祉法及び児童虐待防止法の改正（法律69号。平成30年4月2日施行。要保護児童の保護者への指導、一時保護措置を決定する際の司法（家裁）の関与の法定化（児童福祉法）、接近禁止命令を行える範囲の拡大（児童虐待防止法））	介護保険法の改正（法律52号。新たな施設「介護医療院」の創設（平成30年4月1日施行）、利用者3割負担の導入（同年8月1日施行））	障害者総合支援法の改正（法律52号。平成30年4月1日施行。高齢者と障害児者が同一事業所でサービスを受けられる事業の創設）	民法の改正（法律44号。令和2年4月1日施行。公序良俗、意思表示、時効等に関する規定の見直し）
30	生活困窮者自立支援法の改正（法律44号。基本理念の追加、就労準備支援事業等の実施の努力義務化。平成30年10月1日／平成31年4月1日等施行） 生活保護法の改正（法律44号。進学準備給付金を一時金として給付、後発医薬品の使用原則化。平成30年6月8日／同年10月1日等施行）	子ども・子育て支援法の改正（法律12号。事業主拠出金の率の上限の引き上げ。平成30年4月1日施行） 児童扶養手当法の改正（法律44号。手当の支払回数を年3→6回へ。令和元年9月1日施行）	高齢者、障害者等の移動等の円滑化の促進に関する法律の改正（法律32号。基本理念の追加、市町村がバリアフリー方針を定める制度の創設。平成31年4月1日等施行）	**第4次障害者基本計画**（平成30～34（2018～2022）年度）	民法の改正（法律59号。成年年齢の引き下げおよび婚姻開始年齢の男女統一（18歳）。令和4年4月1日施行）（法律72号。配偶者短期居住権の新設、相続人以外の者の貢献を考慮。令和元年7月1日／令和2年4月1日施行）

	福祉一般等	児童・家庭福祉	高齢者福祉	障害者福祉	憲法・条約・その他
平成31 令和元	社会福祉法、特定非営利活動促進法、社会福祉士及び介護福祉士法の改正（元年法律37号。役員等の欠格事由の見直し。令和元年9月14日／同年12月14日施行）	子ども・子育て支援法の改正（元年法律7号。幼児教育・保育の無償化。令和元年10月1日等施行） 児童福祉法、児童虐待防止法の改正（元年法律46号。親権者・施設の長等による体罰禁止、児相における介入・支援機能の分離。令和2年4月1日等施行）	介護保険法の改正（元年法律9号。高齢者保健事業と地域支援事業の連携促進。令和2年4月1日等施行） 認知症施策推進大綱の策定（令和元～7年を対象期間）	障害者の雇用の促進等に関する法律の改正（元年法律36号。障害者活躍推進計画の作成、優良中小事業主認定制度の創設。令和2年4月1日等施行）	民法の改正（元年法律34号。特別養子縁組における養子候補者年齢の上限引き上げ。令和2年4月1日施行）
令和2	社会福祉法の改正（法律52号。市町村による包括的・重層的な支援体制の整備、社会福祉連携推進法人制度の創設。令和3年4月1日等施行）	子ども・子育て支援法の改正（法律41号。地域型保育事業の広域利用時の事務の見直し。令和2年6月10日から3か月を経過した日施行） 児童福祉法の改正（法律41号。里親等による子育て短期支援事業の実施。令和3年4月1日施行）	高齢者、障害者等の移動等の円滑化の促進に関する法律の改正（法律28号。広報啓発の取組推進、バリアフリー基準適合義務の対象拡大。令和3年4月1日等施行） 介護保険法、老人福祉法の改正（法律52号。認知症施策の総合的な推進について国等への努力義務化、介護保険事業計画への有料老人ホーム等の入居定員総数の記載等。令和3年4月1日等施行）		
令和3		子ども・子育て支援法の改正（法律50号。市町村子ども・子育て支援事業計画の見直し、事業主拠出金の上限割合の引上げ等。令和3年10月1日・4年4月1日施行） 児童手当法の改正（法律50号。特例給付の対象者の見直し。令和4年6月1日施行）		障害者差別解消法の改正（法律56号。事業者による合理的配慮の提供の義務化。令和6年4月1日施行）	少年法の改正（法律47号。18・19歳の少年を「特定少年」と位置付け、刑事裁判となる事件の対象を拡大。令和4年4月1日施行）
令和4		**困難な問題を抱える女性への支援に関する法律**（法律52号。令和6年4月1日施行） 児童福祉法、母子保健法の改正（法律66号。子育て世帯に対する包括的な支援のための体制強化。令和6年4月1日・令和4年6月15日から		**障害者による情報の取得及び利用並びに意思疎通に係る施策の推進に関する法律**（法律50号。令和4年5月25日施行） 障害者総合支援法及び精神保健福祉法等の改正（法律104号。基幹相談支援センターの市町村への設置の努	刑法等の改正（法律67号。懲役及び禁錮を廃止し、拘禁刑を創設。令和7年6月1日施行） 民法の改正（法律102号。懲戒権に関する規定の見直し、女性の再婚禁止期間の廃止。令和4年12月16日／令和6年4月1日施行）

	福祉一般等	児童・家庭福祉	高齢者福祉	障害者福祉	憲法・条約・その他
		起算して2・3年以内で政令で定める日施行） **こども家庭庁設置法**（法律75号。令和5年4月1日施行） **こども基本法**（法律77号。令和5年4月1日施行） 児童福祉法及び児童虐待防止法の改正（法律102号。監護教育に関する規定の見直し。令和4年12月16日施行） 児童福祉法の改正（法律104号。小児慢性特定疾病対策地域協議会の設置の努力義務化。令和5年10月1日施行）		力義務化、就労選択支援の創設（障害者総合支援法）、権利擁護の明確化、入院者訪問支援事業の創設（精神保健福祉法）、週所定労働時間が特に短い場合の雇用率算定特例の創設（障害者雇用促進法）。令和6年4月1日等施行） 精神保健福祉士法の改正（法律104号。業務内容として精神保健に関する相談を追加。令和6年4月1日施行）	
令和5	**孤独・孤立対策推進法**（法律45号。令和6年4月1日施行）	配偶者暴力防止法の改正（法律30号。保護命令の発令要件の拡大、違反時の厳罰化。令和6年4月1日施行）	**共生社会の実現を推進するための認知症基本法**（法律65号。令和5年6月16日から起算して1年を超えない範囲内において政令で定める日施行）		

注　法律名は、適宜、通称を使用した。また、制定後に廃止又は改称されたものについては、法律名の前に「旧」を附し、これを示した。

児童福祉法等の一部を改正する法律（令和４年法律第66号）の概要

児童虐待の相談対応件数の増加など、子育てに困難を抱える世帯がこれまで以上に顕在化してきている状況等を踏まえ、子育て世帯に対する包括的な支援のための体制強化等を行う。

１　**子育て世帯に対する包括的な支援のための体制強化及び事業の拡充**（令和６年４月１日施行）

⑴　市区町村は、全ての妊産婦・子育て世帯・子どもの包括的な相談支援等を行うこども家庭センター(※) の設置や、身近な子育て支援の場（保育所等）における相談機関の整備に努める。こども家庭センターは、支援を要する子どもや妊産婦等への支援計画（サポートプラン）を作成する。

※子ども家庭総合支援拠点と子育て世代包括支援センターを見直し。

⑵　訪問による家事支援、児童の居場所づくりの支援、親子関係の形成の支援等を行う事業をそれぞれ新設する。これらを含む家庭支援の事業について市区町村が必要に応じ利用勧奨・措置を実施する。

⑶　児童発達支援センターが地域における障害児支援の中核的役割を担うことの明確化や、障害種別にかかわらず障害児を支援できるよう児童発達支援の類型（福祉型、医療型）の一元化を行う。

２　**一時保護所及び児童相談所による児童への処遇や支援、困難を抱える妊産婦等への支援の質の向上**（令和６年４月１日施行）

⑴　一時保護所の設備・運営基準を策定して一時保護所の環境改善を図る。児童相談所による支援の強化として、民間との協働による親子再統合の事業の実施や、里親支援センターの児童福祉施設としての位置づけ等を行う。

⑵　困難を抱える妊産婦等に一時的な住居や食事提供、その後の養育等に係る情報提供等を行う事業を創設する。

３　**社会的養育経験者・障害児入所施設の入所児童等に対する自立支援の強化**（令和６年４月１日施行）

⑴　児童自立生活援助の年齢による一律の利用制限を弾力化する。社会的養育経験者等を通所や訪問等により支援する拠点を設置する事業を創設する。

⑵　障害児入所施設の入所児童等が地域生活等へ移行する際の調整の責任主体（都道府県・政令市）を明確化するとともに、22歳までの入所継続を可能とする。

４　**児童の意見聴取等の仕組みの整備**（令和６年４月１日施行）

児童相談所等は入所措置や一時保護等の際に児童の最善の利益を考慮しつつ、児童の意見・意向を勘案して措置を行うため、児童の意見聴取等の措置を講ずることとする。都道府県は児童の意見・意向表明や権利擁護に向けた必要な環境整備を行う。

５　**一時保護開始時の判断に関する司法審査の導入**（令和４年６月15日から３年以内で政令で定める日施行）

児童相談所が一時保護を開始する際に、親権者等が同意した場合等を除き、事前又は保

護開始から7日以内に裁判官に一時保護状を請求する等の手続を設ける。

6　子ども家庭福祉の実務者の専門性の向上（令和6年4月1日施行）

児童相談所が一時保護を開始する際に、親権者等が同意した場合等を除き、事前又は保護開始から7日以内に裁判官に一時保護状を請求する等の手続を設ける。

※当該規定に基づいて、子ども家庭福祉の実務経験者向けの認定資格を導入する。

※認定資格の取得状況等を勘案するとともに、業務内容や必要な専門知識・技術、教育課程の明確化、養成体制や資格取得者の雇用機会の確保、といった環境を整備しつつ、その能力を発揮して働くことができる組織及び資格の在り方について、国家資格を含め、施行後2年を目途として検討し、その結果に基づいて必要な措置を講ずる。

7　児童をわいせつ行為から守る環境整備（性犯罪歴等の証明を求める仕組み（日本版DBS）の導入に先駆けた取組強化）等（令和4年6月15日から3月を経過した日、令和5年4月1日、令和6年4月1日、令和4年6月15日から2年以内で政令で定める日施行）

児童にわいせつ行為を行った保育士の資格管理の厳格化を行うとともに、ベビーシッター等に対する事業停止命令等の情報の公表や共有を可能とするほか、児童福祉施設等の運営について、国が定める基準に従い、条例で基準を定めるべき事項に児童の安全の確保を加えるなど所要の改正を行う。

こども基本法（令和４年法律第77号）の概要

目的

○**日本国憲法**及び**児童の権利に関する条約**の精神にのっとり、
・次代の社会を担う全てのこどもが、生涯にわたる人格形成の基礎を築き、**自立した個人としてひとしく健やかに成長することができ、**
・こどもの心身の状況、置かれている環境等にかかわらず、その権利の擁護が図られ、**将来にわたって幸福な生活を送ることができる**社会の実現を目指して、
○こども施策を総合的に推進すること

定義

○「**こども**」……心身の発達の過程にある者
○「**こども施策**」……①～③の施策その他のこどもに関する施策・これと一体的に講ずべき施策
① **新生児期、乳幼児期、学童期及び思春期**の各段階を経て、**おとなになるまで**の心身の発達の過程を通じて切れ目なく行われる**こどもの健やかな成長に対する支援**
② 子育てに伴う喜びを実感できる社会の実現に資するため、**就労、結婚、妊娠、出産、育児等の各段階に応じて行われる支援**
③ 家庭における養育環境その他の**こどもの養育環境の整備**

基本理念

① 全てのこどもについて、**個人として尊重**されること・**基本的人権が保障**されること・**差別的取扱いを受けることがない**ようにすること
② 全てのこどもについて、適切に養育されること・生活を保障されること・愛され保護されること等の**福祉に係る権利が等しく保障される**とともに、教育基本法の精神にのっとり**教育を受ける機会が等しく与えられる**こと
③ 全てのこどもについて、年齢及び発達の程度に応じ、自己に直接関係する全ての事項に関して**意見を表明する機会・多様な社会的活動に参画する機会**が確保されること
④ 全てのこどもについて、年齢及び発達の程度に応じ、**意見の尊重、最善の利益が優先して考慮**されること
⑤ **こどもの養育は家庭を基本**として行われ、父母その他の保護者が第一義的責任を有するとの認識の下、十分な養育の支援・家庭での養育が困難なこどもの養育環境の確保
⑥ 家庭や子育てに夢を持ち、**子育てに伴う喜び**を実感できる社会環境の整備

責務等

○ 国、地方公共団体の責務
○ 事業主の努力（雇用環境の整備）・国民の努力（こども施策への関心と理解等）

白書・大綱

○ **年次報告（白書）**
○ **こども大綱**の策定
（※少子化社会対策／子ども・若者育成支援／子どもの貧困対策の既存の３法律の白書・大綱と一体的に作成）

基本的施策

○ 施策に対する**こども等の意見の反映**
○ 支援の**総合的・一体的提供の体制整備**
○ 関係者相互の**有機的な連携**の確保
○ この法律・児童の権利に関する条約の**周知**
○ **施策の充実及び財政上の措置**等

こども政策推進会議

○ こども家庭庁に**こども政策推進会議**を設置。以下の事務を担当。
① **大綱の案**を作成
② こども施策の**重要事項の審議・こども施策の実施を推進**
③ 関係行政機関相互の**調整**　等
○ 会議は、会長（**内閣総理大臣**）及び委員（こども政策担当の**内閣府特命担当大臣・**内閣総理大臣が指定する**大臣**）をもって組織

附則

施行期日　**令和５年４月１日**
検討　国は、この法律の**施行後５年**を目途として、法律の施行状況及びこども施策の実施状況を勘案し、**こども施策が基本理念にのっとって実施されているかどうか**等の観点から**その実態を把握し及び公正かつ適切に評価する仕組みの整備**その他の**基本理念にのっとったこども施策の一層の推進のために必要な方策**について検討
⇒法制上の措置その他の必要な措置を講ずる

民法等の一部を改正する法律（令和４年法律第102号）の概要

児童虐待が社会問題になっている現状を踏まえて民法の懲戒権に関する規定等を見直すとともに、いわゆる無戸籍者の問題を解消する観点から民法の嫡出推定制度に関する規定等の整備を行う。

1　懲戒権に関する規定等の見直し（令和４年12月16日施行）

懲戒権に関する規定（改正前民法第822条）が、児童虐待を正当化する口実になっているとの指摘。

⇩

改正前民法第822条を削除した上、親権者は民法第820条により必要な監護教育をすることができることを前提に、監護教育に際し、子の人格を尊重するとともに、その年齢及び発達の程度に配慮しなければならず、体罰その他の子の心身の健全な発達に有害な影響を及ぼす言動をしてはならないものとする。【新民法第821条関係】

※本改正に伴い、児童福祉法及び児童虐待の防止等に関する法律上の監護教育に関する規定についても同様の措置を講ずる。

2　嫡出推定規定の見直し・女性の再婚禁止期間の廃止（令和６年４月１日以後に適用）

⑴　嫡出推定の範囲に例外を設ける方策

婚姻の解消等の日から300日以内に生まれた子は、前夫の子と推定するとの原則は維持しつつ、無戸籍者問題を解消する観点から、母が前夫以外の男性と再婚した後に生まれた子は、再婚後の夫の子と推定するとの例外を設けるものとする。【新民法第772条関係】

⑵　女性の再婚禁止期間の廃止

⑴の見直しに伴い、女性の再婚禁止期間を廃止する。【改正前民法第733条関係】

3　嫡出否認制度に関する規律の見直し

⑴　否認権者を拡大する方策

①　否認権者を、子及び母に拡大する。

②　（２の⑴により）再婚後の夫の子と推定される子については、母の前夫にも否認権を認める。【新民法第774条、第775条、新人訴第41条関係】

⑵　嫡出否認の訴えの出訴期間を伸長する方策

嫡出否認の訴えの出訴期間を、現行法の１年から伸長する。

父が提起する場合：父が子の出生を知った時から３年

子・母が提起する場合：子の出生の時から３年

前夫が提起する場合：前夫が子の出生を知った時から３年

【新民法第777条―第778条の２関係】

⑶　施行日（令和６年４月１日）以後に生まれる子に適用。ただし、子及び母は、施行日から１年間に限り、施行日前に生まれた子について否認することができる。

4　第三者の提供精子を用いた生殖補助医療により生まれた子の親子関係に関する民法の特例に関する規律の見直し

3の(1)の見直しに伴い、妻が夫の同意の下、第三者の提供精子を用いた生殖補助医療により懐胎・出産した子については、夫に加え、子及び妻も、嫡出否認をすることができないものとする。【新生殖補助医療法第10条関係】

5　認知無効の訴えの規律の見直し（令和6年4月1日以後に適用）

子、認知をした者及び子の母は、原則的に、所定の起算点から7年以内に限り、認知について反対の事実があることを理由に、認知の無効の訴えを提起することができるものとする。【新民法第786条、新人訴第43条関係】

障害者の日常生活及び社会生活を総合的に支援するための法律等の一部を改正する法律（令和４年法律第104号）の概要

障害者等の地域生活や就労の支援の強化等により、障害者等の希望する生活を実現するため、①障害者等の地域生活の支援体制の充実、②障害者の多様な就労ニーズに対する支援及び障害者雇用の質の向上の推進、③精神障害者の希望やニーズに応じた支援体制の整備、④難病患者及び小児慢性特定疾病児童等に対する適切な医療の充実及び療養生活支援の強化、⑤障害福祉サービス等、指定難病及び小児慢性特定疾病についてのデータベースに関する規定の整備等を行う。

1　障害者等の地域生活の支援体制の充実【障害者総合支援法、精神保健福祉法】（令和６年４月１日施行）

⑴　共同生活援助（グループホーム）の支援内容として、一人暮らし等を希望する者に対する支援や退居後の相談等が含まれることを、法律上明確化する。

⑵　障害者が安心して地域生活を送れるよう、地域の相談支援の中核的役割を担う基幹相談支援センター及び緊急時の対応や施設等からの地域移行の推進を担う地域生活支援拠点等の整備を市町村の努力義務とする。

⑶　都道府県及び市町村が実施する精神保健に関する相談支援について、精神障害者のほか精神保健に課題を抱える者も対象にできるようにするとともに、これらの者の心身の状態に応じた適切な支援の包括的な確保を旨とすることを明確化する。

2　障害者の多様な就労ニーズに対する支援及び障害者雇用の質の向上の推進【障害者総合支援法、障害者雇用促進法】（令和６年４月１日施行。ただし、⑴は令和４年12月16日から３年以内の政令で定める日施行）

⑴　就労アセスメント（就労系サービスの利用意向がある障害者との協同による、就労ニーズの把握や能力・適性の評価及び就労開始後の配慮事項等の整理）の手法を活用した「就労選択支援」を創設するとともに、ハローワークはこの支援を受けた者に対して、そのアセスメント結果を参考に職業指導等を実施する。

⑵　雇用義務の対象外である週所定労働時間10時間以上20時間未満の重度身体障害者、重度知的障害者及び精神障害者に対し、就労機会の拡大のため、実雇用率において算定できるようにする。

⑶　障害者の雇用者数で評価する障害者雇用調整金等における支給方法を見直し、企業が実施する職場定着等の取組に対する助成措置を強化する。

3　精神障害者の希望やニーズに応じた支援体制の整備【精神保健福祉法】（令和６年４月１日施行。ただし、⑵の一部は令和５年４月１日施行）

⑴　家族等が同意・不同意の意思表示を行わない場合にも、市町村長の同意により医療保護入院を行うことを可能とする等、適切に医療を提供できるようにするほか、医療保護入院の入院期間を定め、入院中の医療保護入院者について、一定期間ごとに入院の要件の確認を行う。

⑵　市町村長同意による医療保護入院者を中心に、本人の希望のもと、入院者の体験や気持ちを丁寧に聴くとともに、必要な情報提供を行う「入院者訪問支援事業」を創設す

る。また、医療保護入院者等に対して行う告知の内容に、入院措置を採る理由を追加する。

⑶ 虐待防止のための取組を推進するため、精神科病院において、従事者等への研修、普及啓発等を行うこととする。また、従事者による虐待を発見した場合に都道府県等に通報する仕組みを整備する。

4 難病患者及び小児慢性特定疾病児童等に対する適切な医療の充実及び療養生活支援の強化【難病法、児童福祉法】（令和６年４月１日施行。ただし、一部は令和５年10月１日施行）

⑴ 難病患者及び小児慢性特定疾病児童等に対する医療費助成について、助成開始の時期を申請日から重症化したと診断された日に前倒しする。

⑵ 各種療養生活支援の円滑な利用及びデータ登録の促進を図るため、「登録者証」の発行を行うほか、難病相談支援センターと福祉・就労に関する支援を行う者の連携を推進するなど、難病患者の療養生活支援や小児慢性特定疾病児童等自立支援事業を強化する。

5 障害福祉サービス等、指定難病及び小児慢性特定疾病についてのデータベース（DB）に関する規定の整備【障害者総合支援法、児童福祉法、難病法】（令和６年４月１日施行。ただし、一部は令和５年４月１日、令和４年12月16日から３年以内の政令で定める日施行）

障害DB、難病DB及び小慢DBについて、障害福祉サービス等や難病患者等の療養生活の質の向上に資するため、第三者提供の仕組み等の規定を整備する。

6 その他【障害者総合支援法、児童福祉法】（令和６年４月１日施行。ただし、⑵は令和５年４月１日施行）

⑴ 市町村障害福祉計画に整合した障害福祉サービス事業者の指定を行うため、都道府県知事が行う事業者指定の際に市町村長が意見を申し出る仕組みを創設する。

⑵ 地方分権提案への対応として居住地特例対象施設に介護保険施設を追加する。

孤独・孤立対策推進法（令和５年法律第45号）の概要

社会の変化を踏まえ、日常生活若しくは社会生活において孤独を覚えたり、社会から孤立していることにより心身に有害な影響を受けている状態にある者への支援等として、孤独・孤立に悩む人を誰ひとり取り残さない社会、相互に支え合い、人と人とのつながりが生まれる社会を目指し、その基本理念、国等の責務、施策の基本となる事項及び孤独・孤立対策推進本部の設置等を行う。

１　基本理念

孤独・孤立対策（孤独・孤立の状態となることの予防、孤独・孤立の状態にある者への迅速かつ適切な支援その他孤独・孤立の状態から脱却することに資する取組）について、次の事項を基本理念として定める。

①　孤独・孤立の状態は人生のあらゆる段階において何人にも生じ得るものであり、社会のあらゆる分野において孤独・孤立対策の推進を図ることが重要であること。

②　孤独・孤立の状態にある者及びその家族等（当事者等）の立場に立って、当事者等の状況に応じた支援が継続的に行われること。

③　当事者等に対しては、その意向に沿って当事者等が社会及び他者との関わりを持つことにより孤独・孤立の状態から脱却して日常生活及び社会生活を円滑に営むことができるようになることを目標として、必要な支援が行われること。

２　国等の責務等

孤独・孤立対策に関し、国・地方公共団体の責務、国民の理解・協力、関係者の連携・協力等を規定する。

３　基本的施策

①　孤独・孤立対策の重点計画の作成

②　孤独・孤立対策に関する国民の理解の増進、多様な主体の自主的活動に資する啓発

③　相談支援（当事者等からの相談に応じ、必要な助言等の支援）の推進

④　関係者（国、地方公共団体、当事者等への支援を行う者等）の連携・協働の促進

⑤　当事者等への支援を行う人材の確保・養成・資質向上

⑥　地方公共団体及び当事者等への支援を行う者に対する支援

⑦　孤独・孤立の状態にある者の実態等に関する調査研究の推進

４　推進体制

①　内閣府に特別の機関として、孤独・孤立対策推進本部（重点計画の作成等）を置く。

②　地方公共団体は、関係機関等により構成され、必要な情報交換及び支援内容に関する協議を行う孤独・孤立対策地域協議会を置くよう努める。

③　協議会の事務に従事する者等に係る秘密保持義務及び罰則規定を設ける。

５　施行期日

令和６年４月１日

共生社会の実現を推進するための認知症基本法（令和5年法律第65号）の概要

認知症の人が尊厳を保持しつつ希望を持って暮らすことができるよう、認知症施策を総合的かつ計画的に推進し、認知症の人を含めた国民一人一人がその個性と能力を十分に発揮し、相互に人格と個性を尊重しつつ支え合いながら共生する活力ある社会（＝共生社会）の実現を推進する。

1　基本理念

(1)　認知症施策は、認知症の人が尊厳を保持しつつ希望を持って暮らすことができるよう、①～⑦を基本理念として行う。

①　全ての認知症の人が、基本的人権を享有する個人として、自らの意思によって日常生活及び社会生活を営むことができる。

②　国民が、共生社会の実現を推進するために必要な認知症に関する正しい知識及び認知症の人に関する正しい理解を深めることができる。

③　認知症の人にとって日常生活又は社会生活を営む上で障壁となるものを除去することにより、全ての認知症の人が、社会の対等な構成員として、地域において安全にかつ安心して自立した日常生活を営むことができるとともに、自己に直接関係する事項に関して意見を表明する機会及び社会のあらゆる分野における活動に参画する機会の確保を通じてその個性と能力を十分に発揮することができる。

④　認知症の人の意向を十分に尊重しつつ、良質かつ適切な保健医療サービス及び福祉サービスが切れ目なく提供される。

⑤　認知症の人のみならず家族等に対する支援により、認知症の人及び家族等が地域において安心して日常生活を営むことができる。

⑥　共生社会の実現に資する研究等を推進するとともに、認知症及び軽度の認知機能の障害に係る予防、診断及び治療並びにリハビリテーション及び介護方法、認知症の人が尊厳を保持しつつ希望を持って暮らすための社会参加の在り方及び認知症の人が他の人々と支え合いながら共生することができる社会環境の整備その他の事項に関する科学的知見に基づく研究等の成果を広く国民が享受できる環境を整備。

⑦　教育、地域づくり、雇用、保健、医療、福祉その他の各関連分野における総合的な取組として行われる。

2　国・地方公共団体等の責務等

国・地方公共団体は、基本理念にのっとり、認知症施策を策定・実施する責務を有する。

国民は、共生社会の実現を推進するために必要な認知症に関する正しい知識及び認知症の人に関する正しい理解を深め、共生社会の実現に寄与するよう努める。

政府は、認知症施策を実施するため必要な法制上又は財政上の措置その他の措置を講ずる。

※その他保健医療・福祉サービス提供者、生活基盤サービス提供事業者の責務を規定

3　認知症施策推進基本計画等

政府は、認知症施策推進基本計画を策定（認知症の人及び家族等により構成される関係者会議の意見を聴く。）

都道府県・市町村は、それぞれ都道府県計画・市町村計画を策定（認知症の人及び家族等の意見を聴く。）（努力義務）

4　基本的施策

(1)　認知症の人に関する国民の理解の増進等

国民が共生社会の実現の推進のために必要な認知症に関する正しい知識及び認知症の人に関する正しい理解を深められるようにする施策

(2)　認知症の人の生活におけるバリアフリー化の推進

①　認知症の人が自立して、かつ、安心して他の人々と共に暮らすことのできる安全な地域作りの推進のための施策

②　認知症の人が自立した日常生活・社会生活を営むことができるようにするための施策

(3)　認知症の人の社会参加の機会の確保等

①　認知症の人が生きがいや希望を持って暮らすことができるようにするための施策

②　若年性認知症の人（65歳未満で認知症となった者）その他の認知症の人の意欲及び能力に応じた雇用の継続、円滑な就職等に資する施策

(4)　認知症の人の意思決定の支援及び権利利益の保護

認知症の人の意思決定の適切な支援及び権利利益の保護を図るための施策

(5)　保健医療サービス及び福祉サービスの提供体制の整備等

①　認知症の人がその居住する地域にかかわらず等しくその状況に応じた適切な医療を受けることができるための施策

②　認知症の人に対し良質かつ適切な保健医療サービス及び福祉サービスを適時にかつ切れ目なく提供するための施策

③　個々の認知症の人の状況に応じた良質かつ適切な保健医療サービス及び福祉サービスが提供されるための施策

(6)　相談体制の整備等

①　認知症の人又は家族等からの各種の相談に対し、個々の認知症の人の状況又は家族等の状況にそれぞれ配慮しつつ総合的に応ずることができるようにするために必要な体制の整備

②　認知症の人又は家族等が孤立することがないようにするための施策

(7)　研究等の推進等

①　認知症の本態解明、予防、診断及び治療並びにリハビリテーション及び介護方法等の基礎研究及び臨床研究、成果の普及　等

②　認知症の人が尊厳を保持しつつ希望を持って暮らすための社会参加の在り方、他の人々と支え合いながら共生できる社会環境の整備等の調査研究、成果の活用　等

(8)　認知症の予防等

①　希望する者が科学的知見に基づく予防に取り組むことができるようにするための施策

② 早期発見、早期診断及び早期対応の推進のための施策

※その他認知症施策の策定に必要な調査の実施、多様な主体の連携、地方公共団体に対する支援、国際協力

5 認知症施策推進本部

内閣に内閣総理大臣を本部長とする認知症施策推進本部を設置。基本計画の案の作成・実施の推進等をつかさどる。

※基本計画の策定に当たっては、本部に、認知症の人及び家族等により構成される関係者会議を設置し、意見を聴く。

6 施行期日

公布の日から起算して1年を超えない範囲内で施行

こども家庭庁の組織・事務・権限について（イメージ）

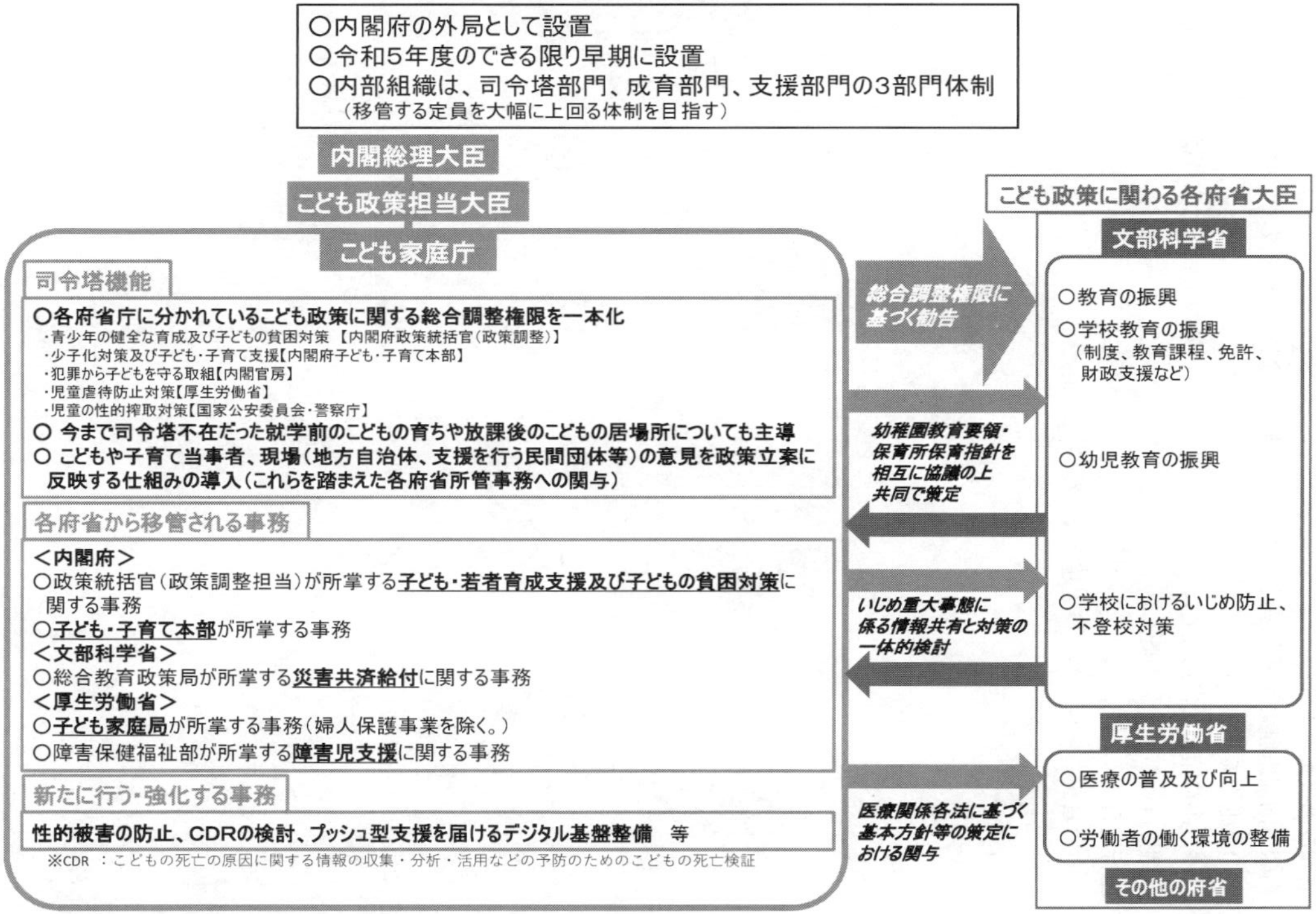
○内閣府の外局として設置
○令和5年度のできる限り早期に設置
○内部組織は、司令塔部門、成育部門、支援部門の3部門体制
（移管する定員を大幅に上回る体制を目指す）
内閣総理大臣
こども政策担当大臣
こども家庭庁
司令塔機能
○各府省庁に分かれているこども政策に関する総合調整権限を一本化
・青少年の健全な育成及び子どもの貧困対策 【内閣府政策統括官（政策調整）】
・少子化対策及び子ども・子育て支援【内閣府子ども・子育て本部】
・犯罪から子どもを守る取組【内閣官房】
・児童虐待防止対策【厚生労働省】
・児童の性的搾取対策【国家公安委員会・警察庁】
○ 今まで司令塔不在だった就学前のこどもの育ちや放課後のこどもの居場所についても主導
○ こどもや子育て当事者、現場（地方自治体、支援を行う民間団体等）の意見を政策立案に反映する仕組みの導入（これらを踏まえた各府省所管事務への関与）
各府省から移管される事務
＜内閣府＞
○政策統括官（政策調整担当）が所掌する子ども・若者育成支援及び子どもの貧困対策に関する事務
○子ども・子育て本部が所掌する事務
＜文部科学省＞
○総合教育政策局が所掌する災害共済給付に関する事務
＜厚生労働省＞
○子ども家庭局が所掌する事務（婦人保護事業を除く。）
○障害保健福祉部が所掌する障害児支援に関する事務
新たに行う・強化する事務
性的被害の防止、CDRの検討、プッシュ型支援を届けるデジタル基盤整備　等
※CDR ：こどもの死亡の原因に関する情報の収集・分析・活用などの予防のためのこどもの死亡検証
総合調整権限に基づく勧告
幼稚園教育要領・保育所保育指針を相互に協議の上共同で策定
いじめ重大事態に係る情報共有と対策の一体的検討
医療関係各法に基づく基本方針等の策定における関与
こども政策に関わる各府省大臣
文部科学省
○教育の振興
○学校教育の振興
（制度、教育課程、免許、財政支援など）
○幼児教育の振興
○学校におけるいじめ防止、不登校対策
厚生労働省
○医療の普及及び向上
○労働者の働く環境の整備
その他の府省

資料　厚生労働省「こども政策の新たな推進体制に関する基本方針（概略）」

こども家庭庁の創設について（イメージ）

こども家庭庁の創設により、
- ○ こどもと家庭の福祉・保健その他の支援、こどもの権利利益の擁護を一元化
- ○ 年齢や制度の壁を克服した切れ目ない包括的支援を実現
- ○ 就学前の育ちの格差是正
- ○ こども・子育て当事者の視点に立った政策の実現（プッシュ型情報発信、伴走型支援）

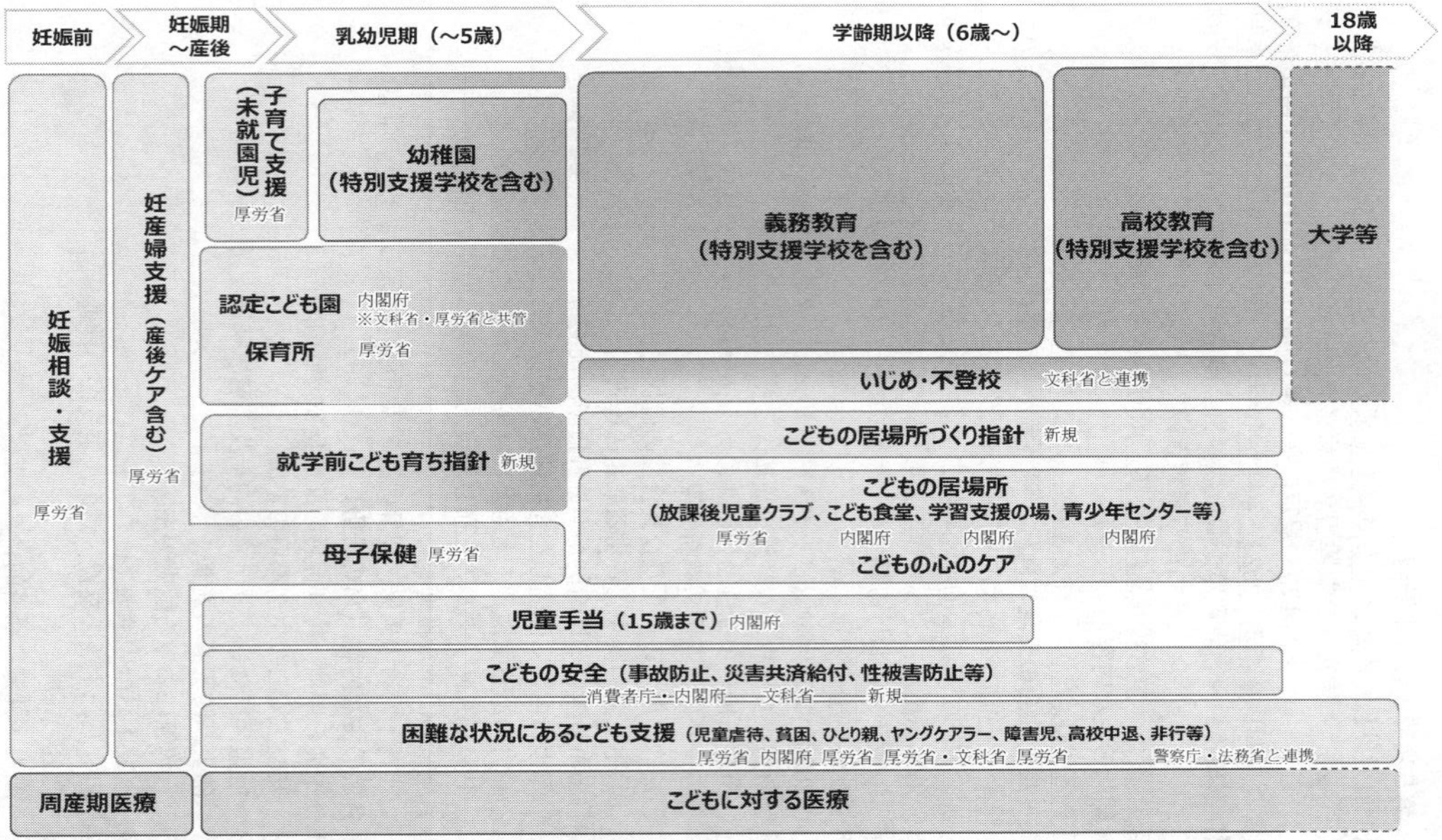

資料　厚生労働省「こども政策の新たな推進体制に関する基本方針（概略）」

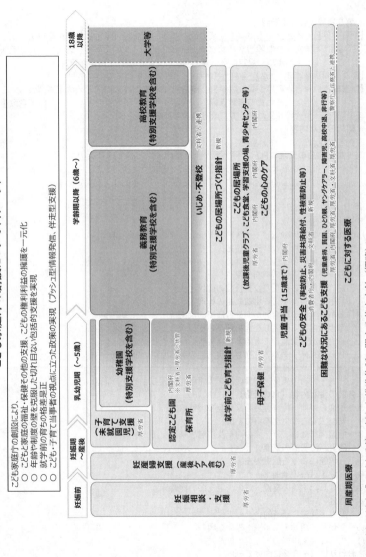

第５次障害者基本計画の概要

Ⅰ　第５次障害者基本計画とは

【位置付け】政府が講ずる障害者施策の最も基本的な計画（障害者基本法第11条に基づき策定。また障害者情報アクセシビリティ・コミュニケーション施策推進法第９条第１項の規定に基づき、同法の規定の趣旨を踏まえ策定。）

【計画期間】令和５（2023）年度から令和９（2027）年度までの５年間

【検討経緯】障害者政策委員会（障害当事者等で構成される内閣府の法定審議会）での１年以上にわたる審議を経て、令和４年12月に取りまとめられた障害者政策委員会の意見に即して、政府で基本計画案を作成

Ⅱ　総論の主な内容

1　基本理念

共生社会の実現に向け、障害者が、自らの決定に基づき社会のあらゆる活動に参加し、その能力を最大限発揮して自己実現できるよう支援するとともに、障害者の社会参加を制約する社会的障壁を除去するため、施策の基本的な方向を定める。

2　基本原則

地域社会における共生等、差別の禁止、国際的協調

3　社会情勢の変化

○2020年東京オリンピック・パラリンピックのレガシー継承
○新型コロナウイルス感染症拡大とその対応
○持続可能で多様性と包摂性のある社会の実現（ＳＤＧｓの視点）

4　各分野に共通する横断的視点

○条約の理念の尊重及び整合性の確保
○共生社会の実現に資する取組の推進
○当事者本位の総合的かつ分野横断的な支援
○障害特性等に配慮したきめ細かい支援
○障害のある女性、こども及び高齢者に配慮した取組の推進
○ＰＤＣＡサイクル等を通じた実効性のある取組の推進

5　施策の円滑な推進

連携・協力の確保、理解促進・広報啓発に係る取組等の推進

Ⅲ　各論の主な内容（11の分野）

1　差別の解消、権利擁護の推進及び虐待の防止
2　安全・安心な生活環境の整備
3　情報アクセシビリティの向上及び意思疎通支援の充実
4　防災、防犯等の推進
5　行政等における配慮の充実
6　保健・医療の推進
7　自立した生活の支援・意思決定支援の推進
8　教育の振興
9　雇用・就業、経済的自立の支援
10　文化芸術活動・スポーツ等の振興
11　国際社会での協力・連携の推進

Ⅳ　おわりに（～今後に向けて～）

・本基本計画は、障害者を必要な支援を受けながら自らの決定に基づき社会のあらゆる活

動に参加する主体として捉えた上で、施策を総合的・計画的に推進することで、条約が目指す社会の実現につなげる。加えて、障害者への偏見や差別の払拭、「障害の社会モデル」等障害者の人権の確保の上で基本となる考え方等への理解促進に取り組み、多様性と包摂性のある社会の実現を目指すことが重要であり、政府において各分野の施策を実施する。
・令和４年９月に、障害者権利委員会の見解及び勧告を含めた総括所見が採択・公表され多岐にわたる事項に関し見解等が示されたことを受け、各府省において、本基本計画に盛り込まれていない事項も含め、勧告等を踏まえた適切な検討や対応が求められる。
・世界に誇れる共生社会の実現を目指して、政府全体で不断に取組を進めていく。

Ⅴ　各論の主な内容

1　差別の解消、権利擁護の推進及び虐待の防止

○社会のあらゆる場面における障害者差別の解消

・家族に対する相談支援や障害福祉サービス事業所等における虐待防止委員会の設置等、虐待の早期発見や防止に向けた取組
・障害福祉サービスの提供に当たり、利用者の意思に反した異性介助が行われることがないよう、取組を推進
・改正障害者差別解消法の円滑な施行に向けた取組等の推進

2　安全・安心な生活環境の整備

○移動しやすい環境の整備、まちづくりの総合的な推進

・公共交通機関や多数の者が利用する建築物のバリアフリー化
・接遇ガイドライン等の普及・啓発等の「心のバリアフリー」の推進
・歩道が設置されていない道路や踏切道の在り方について検討、信号機等の整備
・国立公園等の主要な利用施設のバリアフリー化や情報提供等の推進

3　情報アクセシビリティの向上及び意思疎通支援の充実

○障害者に配慮した情報通信・放送・出版の普及、意思疎通支援の人材育成やサービスの利用促進

・情報アクセシビリティ・コミュニケーション施策推進法に基づく施策の充実
・公共インフラとしての電話リレーサービス提供の充実
・手話通訳者や点訳者等の育成、確保、派遣

4　防災、防犯等の推進

○災害発生時における障害特性に配慮した支援

・福祉避難所、車いす利用者も使える仮設住宅の確保
・福祉・防災の関係者が連携した個別避難計画等の策定、実効性の確保
・障害特性に配慮した事故や災害時の情報伝達体制の整備

5　行政等における配慮の充実

○司法手続や選挙における合理的配慮の提供等

・司法手続（民事・刑事）における意思疎通手段の確保
・障害特性に応じた選挙等に関する情報提供の充実、投票機会の確保
・国家資格試験の実施等に当たり障害特性に応じた合理的配慮の提供

6　保健・医療の推進

○精神障害者の早期退院と地域移行、社会的入院の解消

・切れ目のない退院後の精神障害者への支援
・精神科病院に入院中の患者の権利擁護等のため、病院を訪問して行う相談支援の仕組みの構築
・精神科病院における非自発的入院のあり方及び身体拘束等に関する課題の整理を進め、必要な見直しについて検討

7　自立した生活の支援・意思決定支援の推進
○意思決定支援の推進、相談支援体制の構築、地域移行支援・在宅サービス等の充実
・ヤングケアラーを含む家族支援、サービス提供体制の確保
・障害のあるこどもに対する支援の充実

8　教育の振興
○インクルーシブ教育システムの推進・教育環境の整備
・自校通級、巡回通級の充実をはじめとする通級による指導の一層の普及
・教職員の障害に対する理解や特別支援教育に係る専門性を深める取組の推進
・病気療養児へのＩＣＴを活用した学習機会の確保の促進

9　雇用・就業、経済的自立の支援
○総合的な就労支援
・地域の関係機関が連携した雇用前・後の一貫した支援、就業・生活両面の一体的支援
・雇用・就業施策と福祉施策の組合せの下、年金や諸手当の支給、税制優遇措置、各種支援制度の運用
・農業分野での障害者の就労支援（農福連携）の推進

10　文化芸術活動・スポーツ等の振興
○障害者の芸術文化活動への参加、スポーツに親しめる環境の整備
・障害者の地域における文化芸術活動の環境づくり
・日本国際博覧会（大阪・関西万博）の施設整備、文化芸術の発信などの環境づくり
・障害の有無に関わらずスポーツを行うことのできる環境づくり

11　国際社会での協力・連携の推進
○文化芸術・スポーツを含む障害者の国際交流の推進
・障害者分野における国際協力への積極的な取組
・障害者の文化芸術など日本の多様な魅力を発信

第５次障害者基本計画　主な成果目標

＜差別の解消、権利擁護の推進及び虐待の防止＞

指標	現状値（直近値）	目標値
障害者差別解消法の地域協議会の組織率	55.9％（一般市町村）（2021年４月）	80％以上（同左）（2027年度）

＜安全・安心な生活環境の整備＞

指標	現状値（直近値）	目標値
一定の旅客施設のバリアフリー化率（注１）	94.5％（段差解消）（2020年度）	原則100％（同左）（2025年度）
ノンステップバスの導入率（注２）	63.8％（2020年度）	約80％（2025年度）
福祉タクシーの導入台数	41,464台（2020年度）	約90,000台（2025年度）
音響信号機及びエスコートゾーンの設置率（注３）	50.8％（2021年度）	原則100％（2025年度）

（注１）鉄軌道駅及びバスターミナルについては、平均利用者数が3,000人／日以上の施設及び2,000人／日以上3,000人／日未満で重点整備地区内の生活関連施設に位置付けられた施設、旅客船ターミナル及び航空旅客ターミナルについては、平

均利用者数が2,000人／日以上の施設を対象。なお、鉄軌道駅の現状値については、平成30年３月に改正された公共交通移動等円滑化基準の改正前の基準をもって適合率を算定

（注２）公共交通移動等円滑化基準の適用除外の認定を受けた車両は母数から除外

（注３）視覚障害者の移動上の安全性を確保することが特に必要と認められる部分が対象

＜情報アクセシビリティの向上及び意思疎通支援の充実＞

指標	現状値（直近値）	目標値
ＩＣＴサポートセンターを設置している都道府県数	31都道府県（2022年度）	全都道府県（2024年度）
電話リレーサービスの普及状況（利用登録者数）	１万1,275人（2022年末）	前年度比増（2027年度）

＜保健・医療の推進＞

指標	現状値（直近値）	目標値
精神病床での１年以上の長期入院患者数	約17.1万人（2020年度）	13.8万人（2026年度）
都道府県の難病診療連携拠点病院の設置率	93％（2021年度）	100％（2027年度）

＜教育の振興＞

指標	現状値（直近値）	目標値
個別の指導計画等の作成を必要とする児童等のうち、実際に個別の指導計画等が作成されている児童等の割合	90.9％（指導計画） 84.8％（教育支援計画） （2018年度）	おおむね100％（2027年度）
公立小中学校等施設におけるスロープ等による段差解消の割合	78.5％（門から建物まで） 57.3％（昇降口・玄関等から教室等まで） （2020年度）	全ての学校に整備（2025年度）

＜雇用・就業・経済的自立の支援＞

指標	現状値（直近値）	目標値
障害者の雇用率達成企業の割合	47％（2021年６月）	56％（2027年度）
障害者就労施設等の物品等優先購入実績	199億円（2020年度）	前年度比増（2027年度）

＜文化芸術活動・スポーツ等の振興＞

指標	現状値（直近値）	目標値
障害者の週１回以上のスポーツ実施率	31％（成人） 41.8％（若年層※７～19歳）（2021年度）	40％程度（成人） 50％程度（若年層） （2026年度）

資料　内閣府資料を一部修正

社会福祉施設の目的等、一覧表

（本表は2021（令和３）年10月１日現在の内容です。（　）内は2020（令和２）年10月からの増減を示します。）

保護施設

施設の種類	種　別	施設の目的及び対象者	施設数	定　員	在所者数
救護施設（生保38）	第１種	身体上又は精神上著しい障害があるために日常生活を営むことが困難な要保護者を入所させ生活の扶助を行う。	182（−1）	16,207（−176）	16,036（−252）
更生施設（生保38）	第１種	身体上又は精神上の理由により養護及び生活指導を必要とする要保護者を入所させ生活の扶助を行う。	20（±0）	1,388（±0）	1,196（−68）
授産施設（生保38）	第１種	身体上若しくは精神上の理由又は世帯の事情により就業能力の限られている要保護者に対して就労又は技能の修得のために必要な機会及び便宜を与えてその自立を助長する。	15（±0）	470（±0）	299（−26）
宿所提供施設（生保38）	第１種	住居のない要保護者の世帯に対して住宅扶助を行う。	15（±0）	1,025（±0）	282（−57）
医療保護施設（生保38）	第２種	医療を必要とする要保護者に対して医療の給付を行う。	56（±0）	—	—

児童福祉施設

施設の種類	種　別	施設の目的及び対象者	施設数	定　員	在所者数
乳児院（児福37）	第１種	乳児（保健上、安定した生活環境の確保その他の理由により特に必要のある場合には、幼児を含む。）を入院させて、これを養育し、あわせて退院した者について相談その他の援助を行う。	145（+1）	3,852（−3）	2,557（−255）
母子生活支援施設（児福38）	第１種	配偶者のない女子又はこれに準ずる事情にある女子及びその者の監護すべき児童を入所させて、これらの者を保護するとともに、自立促進のためにその生活を支援し、あわせて退所した者について相談その他の援助を行う。	208（−4）	4,385（−87）＊世帯数	7,446（−416）＊世帯人員数
児童養護施設（児福41）	第１種	保護者のない児童（乳児を除く。ただし、安定した生活環境の確保その他の理由により特に必要のある場合には、乳児を含む。）、虐待されている	612（±0）	30,472（−440）	24,143（−698）

		児童その他環境上養護を要する児童を入所させて、これを養護し、あわせて退所した者に対する相談その他の自立のための援助を行う。			
障害児入所施設（児福42）	第１種	障害児を入所させて、支援を行う。			
福祉型障害児入所施設	第１種	保護、日常生活の指導及び独立自活に必要な知識技能の付与を行う。	249（－5）	8,816（－211）	6,138（－338）
医療型障害児入所施設	第１種	保護、日常生活の指導、独立自活に必要な知識技能の付与及び治療を行う。	222（＋2）	21,153（＋268）	10,489（＋2,606）
児童発達支援センター（児福43）	第２種	障害児を日々保護者の下から通わせて、支援を行う。			
福祉型児童発達支援センター	第２種	日常生活における基本的な動作の指導、独立自活に必要な知識技能の付与又は集団生活への適応のための訓練を行う。	676（＋34）	20,550（＋925）	39,892（＋2,162）
医療型児童発達支援センター	第２種	日常生活における基本的動作の指導、独立自活に必要な知識技能の付与又は集団生活への適応のための訓練及び治療を行う。	95（±0）	3,100（－8）	1,965（＋14）
児童心理治療施設（児福43の２）	第１種	家庭環境等の理由により、社会生活への適応が困難となった児童を短期間入所させ、又は保護者の下から通わせて、心理に関する治療及び生活指導を主として行い、あわせて退所した者について相談その他の援助を行う。	51（±0）	2,179（－3）	1,447（－5）
児童自立支援施設（児福44）	第１種	不良行為をなし、又はなすおそれのある児童及び家庭環境その他の環境上の理由により生活指導等を要する児童を入所させ、又は保護者の下から通わせて、個々の児童の状況に応じて必要な指導を行い、その自立を支援し、あわせて退所した者について相談その他の援助を行う。	58（±0）	3,468（±0）	1,123（－93）
助産施設（児福36）	第２種	保健上必要があるにもかかわらず経済的理由により入院助産を受けることができない妊産婦を入所させて助産を受けさせる。	382（－6）	—	—
保育所（児福39）	第２種	日々保護者の委託を受けて、保育に欠けるその乳児又は幼児を保育する。	22,720（＋16）	2,155,468（－5,964）	1,934,977（－22,930）
幼保連携型認		義務教育及びその後の教育の基礎を培うものとしての満３歳以上の子どもに対する教育	6,111	623,517	605,690

定こども園	第２種	並びに保育を必要とする子どもに対する保育を一体的に行う。	(+390)	(+39,270)	(+35,269)
保育所型認定こども園	第２種	保育所本来の保育を必要とする子どものほか保育を必要とする子ども以外の満３歳以上児を受け入れ、すべての満３歳以上児に学校教育法に掲げる目標が達成されるよう保育を行う。	1,164 (+115)	129,771 (+11,937)	102,530 (+6,523)
児童館 児童遊園 (児福40)	第２種	児童に健全な遊びを与えて、その健康を増進し、または情操をゆたかにする。	6,468 (−103)	—	—
児童家庭支援センター (児福44の２)	第２種	地域の児童の福祉に関する各般の問題につき、児童に関する家庭その他からの相談のうち、専門的な知識及び技術を必要とするものに応じ、必要な助言を行うとともに、市町村の求めに応じ、技術的助言その他必要な援助を行うほか、児童福祉法第26条第１項第２号及び第27条第１項第２号の規定による指導を行い、あわせて児童相談所、児童福祉施設等との連絡調整その他厚生労働省令の定める援助を総合的に行う。	154 (+10)	—	—

母子・父子福祉施設

施設の種類	種　別	施設の目的及び対象者	施設数	定　員	在所者数
母子・父子福祉センター (母子父子寡婦39①)	第２種	無料又は低額な料金で、母子家庭等に対して各種の相談に応ずるとともに、生活指導及び生業の指導を行う等母子家庭等の福祉のための便宜を総合的に供与する。	55 (+1)	—	—
母子・父子休養ホーム(母子父子寡婦39②)	第２種	無料又は低額な料金で、母子家庭等に対して、レクリエーションその他休養のための便宜を供与する。	2 (±0)	—	—

老人福祉施設（及び有料老人ホーム等）

施設の種類	種　別	施設の目的及び対象者	施設数	定　員	在所者数
養護老人ホーム (老福20の４)	第１種	65歳以上のものであって、環境上の理由及び経済的理由により居宅において養護を受けることが困難なものを入所させて養護するとともに、その者が自立した日常生活を営	941 (−7)	62,153 (−791)	54,392 (−1,304)

		み、社会的活動に参加するために必要な指導及び訓練その他の援助を行う。			
特別養護老人ホーム（老福20の5 1）	第1種	65歳以上の者であって、身体上、精神上著しい障害があるために常時の介護を必要とし、かつ居宅において養護を受けることが困難なものを入所させて養護する。	8,414（＋108）	586,061（+9,619）	559,488（+6,719）
軽費老人ホーム（老福20の6）	第1種	無料または低額な料金で、老人を入所させて、食事の提供その他日常生活上必要な便宜を供与する。			
A　型		利用者の生活に充てることのできる資産、所得、仕送り等が利用料の2倍（月およそ35万円）程度以下の者であって身寄りのない者、または家族との同居が困難な者が入所する。	189（−1）	11,176（−100）	10,271（−237）
B　型		家庭環境、住宅事情等の理由により居宅において生活することが困難な者であって、利用者が自炊できる程度の健康状態であるものが入所する。	13（±0）	568（±0）	376（−17）
ケアハウス		自炊ができない程度の身体機能の低下があり、独立して生活するには不安が認められ、家族による援助を受けることが困難な者が入所する。	2,039（＋5）	82,032（＋245）	75,466（−905）
都市型軽費老人ホーム		身体機能の低下等により自立した日常生活を営むことについて不安があると認められる者であって、家族による援助を受けることが困難なものを入所させ、食事の提供、入浴等の準備、相談及び援助、社会生活上の便宜の供与その他の日常生活上必要な便宜を提供する。	89（＋5）	1,542（＋100）	1,517（＋94）
老人福祉センター（老福20の7）	第2種	無料または低額な料金で老人に関する各種の相談に応ずるとともに、健康の増進、教養の向上及びレクリエーションのための便宜を総合的に供与する。			
A　型		標準的機能を持つセンター。	1,258（−33）	—	—
特A型		健康づくりの活動の場として利用できるセンター。	218（−9）	—	—
B　型		A型の機能を補完するための事業を行うセンター。	445（＋4）	—	—

老人憩の家（S40．4．5 社老88）	公益事業	市町村の地域において老人に対し、教養の向上、レクリエーション等のための場を与え、もって老人の心身の健康の増進を図る。	—	—	—
老人休養ホーム（S40．4．5 社老87）	公益事業	景勝地、温泉地等の休養地において、老人に対し低廉で健全な保健休養のための場を与え、もって老人の心身の健康の増進を図る。	—	—	—
有料老人ホーム	—				
サービス付き高齢者向け住宅以外（老福29）		老人を入居させ、入浴、排せつ若しくは食事の介護、食事の提供又はその他の日常生活上必要な便宜の供与をする。	16,724（+768）	635,879（+29,485）	540,047（+19,034）
サービス付き高齢者向け住宅であるもの（高齢者住まい法５）		居住の用に供する専用部分を有するものに高齢者を入居させ、状況把握サービス、生活相談サービス、その他の高齢者が日常生活を営むために必要な福祉サービスを提供する。	6,002（+143）	—	—
老人デイサービスセンター（老福20の２の２）　２）	第２種	65歳以上の者であって、身体上又は精神上の障害があるために日常生活を営むのに支障があるもの（養護者を含む。）を通わせ、入浴、排せつ、食事等の介護、機能訓練、介護方法の指導その他の便宜を供与する。	通所介護 24,428（+341）	—	（利用者数）4）1,251,101（+13,583）
老人短期入所施設（老福20の３）　３）	第２種	65歳以上の者であって、養護者の疾病その他の理由により居宅において介護を受けることが一時的に困難となったものを、短期間入所させ養護する。	生活介護 11,790（+122）		（利用者数）4）290,214（−6,909）
老人（在宅）介護支援センター（老福20の７の２）	第２種	地域の老人の福祉に関する各般の問題につき、老人、その者を現に養護する者、地域住民その他の者からの相談に応じ、必要な助言を行うとともに、主として居宅において介護を受ける老人等と関係機関との連絡調整等を図る。	—	—	—

1）「介護サービス施設・事業所調査」において、介護老人福祉施設として把握した数値
2）「介護サービス施設・事業所調査」において、通所介護事業所として把握した数値
3）「介護サービス施設・事業所調査」において、（介護予防）短期入所生活介護事業所として把握した数値
4）令和３年９月中の利用者の数値（（　）内の増減は前年同月比）

障害者支援施設等

施設の種類	種　別	施設の目的及び対象者	施設数	定　員	在所者数
障害者支援施設（障害者支援5⑪）	第1種	障害者につき、主として夜間において、入浴、排せつ又は食事の介護等の便宜を供与するとともに、これ以外の施設障害福祉サービスを行う。	2,573（＋3）	138,370（＋3）	149,826（－85）
地域活動支援センター（障害者支援5㉗）	第2種	障害者等を通わせ、創作的活動又は生産活動の機会の提供又は社会との交流の促進等の便宜を供与する。	2,824（－25）	47,202（－487）	—
福祉ホーム（障害者支援5㉘）	第2種	現に住居を求めている障害者につき、低額な料金で、居室その他の設備を利用させるとともに、日常生活に必要な便宜を供与する。	133（－4）	1,727（－26）	1,300（－4）

身体障害者社会参加支援施設等

施設の種類	種　別	施設の目的及び対象者	施設数	定　員	在所者数
身体障害者福祉センター（身体31）	第2種	無料または低額な料金で身体障害者に関する各種の相談に応じ、身体障害者に対し機能訓練、教養の向上、社会との交流の促進及びレクリエーションのための便宜を総合的に供与する。			
A　型		身体障害者の更生相談、機能訓練、スポーツ及びレクリエーションの指導、ボランティアの養成、身体障害者社会参加支援施設の職員に対する研修その他身体障害者の福祉の増進を図る事業を総合的に行う。	38（±0）	—	—
B　型		身体障害者の創作的活動又は生産活動の機会の提供、社会との交流の促進、ボランティアの養成その他の身体障害者が自立した日常生活及び社会生活を営むために必要な事業を行う。	115（－1）	—	—
障害者更生センター（身体31）	第2種	身体障害者又はその家族に対し、宿泊、レクリエーションその他休養のための便宜を供与する。	4（±0）	—	—
盲人ホーム（S37．2．27社発109）	第2種	あんま師免許、はり師免許又はきゅう師免許を有する視覚障害者であって、自営し又は雇用されることの困難な者に対し、施設を利用させるとともに必要な技術の指導を行い、その自立更生をはかることを目的とする。	18（±0）		—

盲導犬訓練施設（身体33）	第２種	無料又は低額な料金で、盲導犬の訓練を行うとともに、視覚障害のある身体障害者に対して盲導犬の利用に必要な訓練を行う。	13（±0）	—	—
点字図書館（身体34）	第２種	無料又は低額な料金で、点字刊行物及び視覚障害者用の録音物の貸し出し等を行う。	71（±0）	—	—
点字出版施設（身体34）	第２種	無料又は低額な料金で、点字刊行物を出版する。	10（±0）	—	—
補装具製作施設（身体32）	第２種	無料又は低額な料金で、補装具の製作又は修理を行う。	14（±0）	—	—
聴覚障害者情報提供施設（身体34）	第２種	無料又は低額な料金で、聴覚障害者用の録画物の製作及び貸し出しを行う。	50（±0）	—	—

その他の社会福祉施設

施設の種類	種　別	施設の目的及び対象者	施設数	定　員	在所者数
授産施設（社福２②）	第１種	労働力の比較的低い生活困窮者に対し、就労の機会を与え、又は技能を習得させ、これらの者の保護と自立更生を図る。	61（±0）		
無料低額宿泊所（社福２③）	第２種	生計困難者のために、無料又は低額な料金で、簡易住宅を貸し付け、又は宿泊所その他の施設を利用させる。	614（＋102）		
無料低額診療施設（社福２③）	第２種	生活困難者のために無料又は低額な料金で診療を行う。	—	—	—
隣保館（社福２③）	第２種	近隣地域における福祉に欠けた住民を対象として無料又は低額な料金で施設を利用させ、当該住民の生活の改善及び向上を図る。	1,061（±0）	—	—
へき地保健福祉館（S40．9．1 厚生省社222）	第２種	いわゆるへき地において地域住民に対し、保健福祉に関する福祉相談、健康相談などの生活の各般の便宜を供与する。	34（＋1）	—	—
地域福祉センター（H 6．6．23 社援地74）	第２種	地域住民の福祉ニーズに応じた、各種相談、入浴・給食等の福祉サービス、機能回復訓練、創作的活動、ボランティアの養成、各種福祉情報の提供等を総合的に行い、もって地域住民の福祉の増進及び福祉意識の高揚を図る。	—	—	—

資料　厚生労働省「社会福祉施設等調査報告」、「介護サービス施設・事業所調査結果の概況」

社会福祉施設等の人員、設備基準一覧表

救護施設、更生施設、授産施設及び宿所提供施設の設備及び運営に関する基準

題名改正　平成23厚労令150（(旧)救護施設、更生施設、授産施設及び宿泊提供施設の設備及び運営に関する最低基準）

（昭和41．7．1厚令18）
令３厚労令80改正現在

	人員に関する基準	利用定員	設備に関する基準
救護施設	施設長、医師、生活指導員、介護職員、看護師（又は准看護師）、栄養士、調理員	30人以上 （１居室の定員は４人以下）	居室、静養室、食堂、集会室、浴室、洗面所、便所、医務室、調理室、事務室、宿直室、介護職員室、面接室、洗濯室（又は洗濯場）、汚物処理室、霊安室
更生施設	施設長、医師、生活指導員、作業指導員、看護師（又は准看護師）、栄養士、調理員	30人以上 （１居室の定員は４人以下）	居室、静養室、集会室、食堂、浴室、洗面所、便所、医務室、作業室又は作業場、調理室、事務室、宿直室、面接室、洗濯室（又は洗濯場）
授産施設	施設長、作業指導員	20人以上	作業室、作業設備、食堂、洗面所、便所、事務室
宿所提供施設	施設長	30人以上 （１居室に２以上の世帯利用は不可）	居室、炊事設備、便所、面接室、事務室

児童福祉施設の設備及び運営に関する基準

題名改正　平成23厚労令127（(旧)児童福祉施設最低基準）

（昭和23．12．29厚令63）
令５厚労令68改正現在

	人員に関する基準	利用定員	設備に関する基準
助産施設	第１種助産施設（医療法の病院又は診療所である助産施設） 医療法に規定する職員	第１種：医療法に規定する病院又は診療所における定員	医療法に規定する設備基準
	第２種助産施設（医療法の助産所である助産施設） 医療法に規定する職員のほか、１人以上の専任又は嘱託の助産師	第２種：医療法に規定する助産所における定員	
乳児院（定	医師（又は嘱託医） 看護師（保育士又は児童指導員に代わることも可。ただし、乳幼児10人に２人以上、10人を超える場合はおおむね10人増すごとに１人以上看護師を置く必要がある）※	－	寝室、観察室、診察室、病室、ほふく室、相談室、調理室、浴室、便所

員10人以上）	個別対応職員 家庭支援専門相談員 栄養士 調理員 心理療法担当職員（対象10人以上の場合） 保育士（対象20人以下の場合）		
母子生活支援施設	母子支援員 嘱託医 少年を指導する職員 調理員又はこれに代わるべき者 心理療法担当職員（対象10人以上の場合） 個別対応職員（特別な支援を行う必要がある場合） 保育士（保育所に準ずる設備を設ける場合）※	—	母子室（調理設備、浴室、便所を設ける）、集会・学習等を行う室、相談室 静養室 医務室（30人以上を入所させる施設）
保育所	保育士※ 嘱託医 調理員（調理業務を全部委託する場合を除く）	—	乳児又は満２歳に満たない幼児を入所させる保育所：乳児室（又はほふく室）、医務室、調理室、便所 満２歳以上の幼児を入所させる保育所：保育室（又は遊戯室）、屋外遊戯場、調理室、便所
児童厚生施設	児童の遊びを指導する者※	—	児童遊園等屋外の児童厚生施設：広場、遊具、便所 児童館等屋内の児童厚生施設：集会室、遊戯室、図書室、便所
児童養護施設	児童指導員 嘱託医 保育士※ 個別対応職員 家庭支援専門相談員 栄養士（40人以上入所させる施設） 調理員（調理業務を全部委託する場合を除く） 看護師（乳児が入所している場合） 心理療法担当職員（対象10人以上の場合） 職業指導員（職業指導を行う場合）	（児童の居室の１室の定員は４人（乳幼児のみの居室は６人）以下）	児童の居室 相談室 調理室 浴室 便所 入所児童の適性等に応じ職業指導に必要な設備 医務室（30人以上を入所させる施設） 静養室（30人以上を入所させる施設）
福祉型障	主に知的障害のある児童を入所させる施設（自閉症児を除く） 精神科又は小児科の診療に相当の経験を有する嘱託医、児童指導員、保育士※、栄養士（40人以上入所させる施設）、調理員（調理業務を全部委託する場合を除く）、児童発達支援管理責任者 主に自閉症児を入所させる施設 精神科又は小児科の診療に相当の経験を有する嘱託医、児童指導員、保育士、栄養士（40人以上入所させる施	（児童の居室の１室の定員は４人（乳幼児のみの居室は６人）以下）	主に知的障害のある児童の入所に対して必要な設備 児童の居室（入所児童の年齢等に応じ男女別にすること）、調理室、浴室、便所（男女別にすること）、医務室（30人以上を入所させる施設）、静養室 職業指導に必要な設備 主に盲児の入所に対して必要な設備 児童の居室（入所児童の年齢等に応じ男女別にすること）、調理室、浴室、便所（男女別にすること）、医務室（30人以上を入所させる施設）、静養室（30人以上を入所させる施設） 遊戯室、訓練室、職業指導に必要な設備、音楽に関する設備 浴室、便所の手すり、特殊表示等身体の機能の不自由を助ける設備 階段の傾斜は緩やかにすること

害児入所施設	設)、調理員（調理業務を全部委託する場合を除く)、児童発達支援管理責任者 児童を対象とする精神科の診療に相当の経験を有する医師 看護職員（保健師、助産師、看護師又は准看護師) 主に盲ろうあ児を入所させる施設 眼科又は耳鼻咽喉科の診療に相当の経験を有する嘱託医」、児童指導員、保育士、栄養士（40人以上入所させる施設)、調理員（調理業務を全部委託する場合を除く)、児童発達支援管理責任者 主に肢体不自由のある児童を入所させる施設 精神科又は小児科の診療に相当の経験を有する嘱託医、児童指導員、保育士、栄養士（40人以上入所させる施設)、調理員（調理業務を全部委託する場合を除く)、児童発達支援管理責任者 看護職員（保健師、助産師、看護師又は准看護師) 心理指導担当職員（対象児童５人以上の場合) 職業指導員（職業指導を行う場合)		主にろうあ児の入所に対して必要な設備 児童の居室（入所児童の年齢等に応じ男女別にすること)、調理室、浴室、便所（男女別にすること)、医務室（30人以上を入所させる施設)、静養室（30人以上を入所させる施設) 遊戯室、訓練室、職業指導に必要な設備、映像に関する設備 主に肢体不自由のある児童の入所に対して必要な設備 児童の居室（入所児童の年齢等に応じ男女別にすること)、調理室、浴室、便所（男女別にすること)、医務室、静養室 訓練室、野外訓練場 浴室、便所の手すり等身体の機能の不自由を助ける設備 階段の傾斜は緩やかにすること
医療型障害児入所施設	主に自閉症児を入所させる施設 医療法に規定する病院として必要な職員 児童指導員 保育士※ 児童発達支援管理責任者 主に肢体不自由のある児童を入所させる施設 医療法に規定する病院として必要な職員 児童指導員 保育士 児童発達支援管理責任者 理学療法士 作業療法士 主に重症心身障害児を入所させる施設 医療法に規定する病院として必要な職員 児童指導員 保育士 児童発達支援管理責任者 理学療法士 作業療法士 心理指導を担当する職員	—	医療法に規定する病院として必要な設備 訓練室 浴室 静養室（主に自閉症児の入所施設) 屋外訓練場、ギブス室、特殊手工芸等の作業を指導するに必要な設備、義肢装具を製作する設備（主に肢体不自由のある児童の入所施設) 階段の傾斜を緩やかにすること（主に肢体不自由のある児童の入所施設) 浴室及び便所の手すり等身体の機能の不自由を助ける設備（主に肢体不自由のある児童の入所施設)

福祉型児童発達支援センター	主に知的障害のある児童を通わせる施設 嘱託医（精神科又は小児科の診療に相当の経験を有する者）、児童指導員、保育士※、栄養士（40人以上入所させる施設）、調理員（調理業務を全部委託する場合を除く）、児童発達支援管理責任者、機能訓練担当職員（日常生活を営むのに必要な機能訓練を行う場合）、看護職員（医療機関と連携し、障害児を訪問して医療的ケアを行う場合、医療的ケアのうち喀痰《かくたん》吸引のみ若しくは特定行為のみを行う場合を除く） 主に難聴児を通わせる施設 嘱託医（眼科又は耳鼻咽喉科の診療に相当の経験を有する者）、児童指導員、保育士、栄養士（40人以上入所させる施設）、調理員（調理業務を全部委託する場合を除く）、児童発達支援管理責任者、機能訓練担当職員（日常生活を営むのに必要な機能訓練を行う場合）、言語聴覚士 主に重症心身障害児を通わせる施設 嘱託医（内科、精神科、医療法施行令の規定により神経と組み合わせた名称を診療科名とする診療科、小児科、外科、整形外科又はリハビリテーション科の診療に相当の経験を有する者）、児童指導員、保育士、栄養士（40人以上入所させる施設）、調理員（調理業務を全部委託する場合を除く）、児童発達支援管理責任者、機能訓練担当職員（日常生活を営むのに必要な機能訓練を行う場合）、看護職員（保健師、助産師、看護師又は准看護師）	（児童の居室の１室の定員はおおむね10人）	主に知的障害のある児童を通わせる施設 指導訓練室 遊戯室 屋外遊戯室 医務室 相談室 調理室 便所 児童発達支援の提供に必要な設備及び備品 静養室 主に難聴児を通わせる施設 指導訓練室 遊戯室 屋外遊戯室 医務室 相談室 調理室 便所 児童発達支援の提供に必要な設備及び備品 聴力検査室 主に重症心身障害児を通わせる施設 指導訓練室 調理室 便所 児童発達支援の提供に必要な設備及び備品
医療型児童発達支援センター	医療法に規定する診療所として必要な職員 児童指導員、保育士※、看護師、理学療法士、作業療法士、児童発達支援管理責任者	—	医療法に規定する診療所として必要な設備 指導訓練室、屋外訓練場、相談室、調理室 階段の傾斜を緩やかにすること 浴室及び便所の手すり等身体の機能の不自由を助ける設備

児童心理治療施設	精神科又は小児科の診察に相当の経験を有する医師 心理療法担当職員 児童指導員 保育士※ 看護師 個別対応職員 家庭支援専門相談員 栄養士 調理師（調理業務を全部委託する場合を除く）	（児童の居室の１室の定員は４人以下）	児童の居室（男女別にすること） 医務室 静養室 遊戯室 観察室 心理検査室 相談室 工作室 調理室 浴室 便所（少数の児童を対象とする場合を除き、男女別にすること）
児童自立支援施設	児童自立支援専門員 児童生活支援員※ 嘱託医 精神科の診療に相当の経験を有する医師（又は嘱託医） 個別対応職員 家庭支援専門相談員 栄養士（40人以上入所させる施設） 調理員（調理業務を全部委託する場合を除く） 心理療法担当職員（対象10人以上の場合） 職業指導員（職業指導を行う場合）	（児童の居室の１室の定員は、４人以下）	学科指導に関する設備（学科指導を行う場合） 児童の居室（入所児童の年齢等に応じ男女別にすること） 相談室 調理室 浴室 便所（男女別にすること） 入所児童の適性等に応じ職業指導に必要な設備 医務室（30人以上を入所させる施設） 静養室（30人以上を入所させる施設）
児童家庭支援センター	支援担当職員	―	相談室

※　特区法に規定する事業実施区域内にある施設については、保育士又は当該事業実施区域に係る国家戦略特別区域限定保育士とします。

児童福祉法に基づく指定障害児入所施設等の人員、設備及び運営に関する基準

（平成24．２．３厚労令16）
令５厚労令48改正現在

	人員に関する基準	利用定員	設備に関する基準
指定福祉型	嘱託医 看護職員（保健師、助産師、看護師又は准看護師） 児童指導員 保育士※ 栄養士（40人以上入所させる施設） 調理員（調理業務を全部委託する場合を除く） 児童発達支援管理責任者 医師（主に自閉症児を入所させる施設） 心理指導担当職員（対象児童５人以上の場合） 職業指導員（職業指導を行	（児童の居室の１室の定員は４人（乳幼児のみの居室は６人）以下）	居室（入居児童の年齢等に応じて男女別にすること）、調理室、浴室、便所、医務室、静養室 主に知的障害のある児童の入所に対して必要な設備 居室（入居児童の年齢等に応じて男女別にすること）、調理室、浴室、便所、医務室（30人以上を入所させる施設） 入所児童の適性等に応じ職業指導に必要な設備 主に盲児の入所に対して必要な設備 居室（入居児童の年齢等に応じて男女別にすること）、調理室、浴室、便所、医務室（30人以上を入所させる施設）、静養室（30人以上を入所させる施設）

障害児入所施設	う場合）		遊戯室、訓練室、職業指導に必要な設備、音楽に関する設備、浴室、便所の手すり、特殊表示等身体の機能の不自由を助ける設備、階段の傾斜は緩やかにすること 主にろうあ児の入所に対して必要な設備 居室（入居児童の年齢等に応じて男女別にすること）、調理室、浴室、便所、医務室（30人以上を入所させる施設）、静養室（30人以上を入所させる施設） 遊戯室、訓練室、職業指導に必要な設備、映像に関する設備 主に肢体不自由のある児童の入所に対して必要な設備 居室（入居児童の年齢等に応じて男女別にすること）、調理室、浴室、便所、医務室、静養室 訓練室、屋外訓練場 浴室、便所の手すり等身体の機能の不自由を助ける設備 階段（傾斜は緩やかにする）
指定医療型障害児入所施設	医療法に規定する病院として必要とされる従業者 児童指導員 保育士※ 心理指導を担当する職員（主に重症心身障害児の入所する施設） 理学療法士及び作業療法士（主に肢体不自由のある児童又は重症心身障害児の入所する施設） 児童発達支援管理責任者 職業指導員（主に肢体不自由のある児童の入所する施設において職業指導を行う場合）	—	医療法に規定する病院として必要とされる設備 訓練室 浴室 主に自閉症児の入所に対して必要な設備 医療法に規定する病院として必要とされる設備、訓練室、浴室、静養室 主に肢体不自由のある児童の入所に対して必要な設備 医療法に規定する病院として必要とされる設備、訓練室、浴室、屋外訓練場、ギブス室、特殊手工芸等の作業を指導するのに必要な設備、義肢装具を製作する設備、浴室及び便所の手すり等身体の機能の不自由を助ける設備、階段（傾斜は緩やかにする）

※　特区法に規定する事業実施区域内にある施設については、保育士又は当該事業実施区域に係る国家戦略特別区域限定保育士とします。

養護老人ホーム・特別養護老人ホーム・軽費老人ホームの設備及び運営に関する基準

（昭和41. 7. 1厚令19）　令３厚労令９改正現在
（平成11. 3. 31厚令46）　令３厚労令９改正現在
（平成20. 5. 9厚労令107）令３厚労令９改正現在

	人員に関する基準	利用定員	設備に関する基準
養護老人ホーム	施設長 医師 生活相談員 支援員 看護職員（看護師、准看護師） 栄養士 調理員、事務員その他の職員：実情に応じた適当数	20人以上（特別養護老人ホームに併設する場合にあっては、10人以上） （１居室の定員は１人（ただし、入所者への処遇上必要と認められる場合は、２人とすることができる））	居室、静養室、食堂、集会室、浴室、洗面所、便所、医務室、調理室、宿直室、職員室、面談室、洗濯室（又は洗濯場）、汚物処理室、霊安室 事務室その他運営上必要な設備
特別養	施設長 医師 生活相談員 介護職員	（１居室の定員は１人（ただし、入所者へのサービスの提供上必要と認められる	居室、静養室、食堂、浴室、洗面設備、便所、医務室、調理室、介護職員室、看護職員室、機能訓練室、面談室、洗濯室（又は洗濯場）、汚物処理室、介

護老人ホーム	看護職員（看護師、准看護師） 栄養士 機能訓練指導員 調理員、事務員その他の職員：実情に応じた適当数	場合は、２人とすることができる））	護材料室 事務室その他運営上必要な設備
ユニット型特別養護老人ホーム	施設長 医師 生活相談員 介護職員 看護職員（看護師、准看護師） 栄養士 機能訓練指導員 調理員、事務員その他の職員：実情に応じた適当数	１ユニットの入居定員は、原則としておおむね10人以下とし、15人を超えないものとする （１居室の定員は１人（ただし、入居者へのサービスの提供上必要と認められる場合は、２人とすることができる））	ユニット、浴室、医務室、調理室、洗濯室（又は洗濯場）、汚物処理室、介護材料室 事務室その他運営上必要な設備
地域密着型特別養護老人ホーム	施設長 医師 生活相談員 介護職員 看護職員（看護師、准看護師） 栄養士 機能訓練指導員 調理員、事務員その他の職員：実情に応じた適当数	29人以下 （１居室の定員は１人（ただし、入所者へのサービスの提供上必要と認められる場合は、２人とすることができる））	居室、静養室、食堂、浴室、洗面設備、便所、医務室、調理室、介護職員室、看護職員室、機能訓練室、面談室、洗濯室（又は洗濯場）、汚物処理室、介護材料室 事務室その他運営上必要な設備
ユニット型地域密着型特別養護老人ホーム	施設長 医師 生活相談員 介護職員 看護職員（看護師、准看護師） 栄養士 機能訓練指導員 調理員、事務員その他の職員：実情に応じた適当数	１ユニットの入居定員は、原則としておおむね10人以下とし、15人を超えないものとする （１居室の定員は１人（ただし、入居者への処遇上必要と認められる場合は、２人とすることができる））	ユニット、浴室、医務室、調理室、洗濯室（又は洗濯場）、汚物処理室、介護材料室 事務室その他運営上必要な設備
軽費老人ホーム（ケアハウス）	施設長 生活相談員 介護職員 栄養士 事務員 調理員その他の職員：実情に応じた適当数	（１居室の定員は１人（ただし、入所者へのサービスの提供上必要と認められる場合は、２人とすることができる））	居室、談話室（又は娯楽室、集会室）、食堂、浴室、洗面所、便所、調理室、面談室、洗濯室（又は洗濯場）、宿直室 事務室その他の運営上必要な設備
都市型軽費老人ホーム（都市型ケアハウス）	施設長 生活相談員 介護職員 栄養士 事務員 調理員その他の職員：実情に応じた適当数	20人以下 （１居室の定員は１人（ただし、入所者へのサービスの提供上必要と認められる場合は、２人とすることができる））	居室、食堂、浴室、洗面所、便所、調理室、面談室、洗濯室（又は洗濯場）、宿直室 事務室その他の運営上必要な設備

障害者の日常生活及び社会生活を総合的に支援するための法律に基づく指定障害福祉サービスの事業等の人員、設備及び運営に関する基準

題名改正　平成25厚労令４（(旧)障害者自立支援法に基づく指定障害福祉サービスの事業等の人員、設備及び運営に関する基準）

（平成18．９．29厚労令171）
令５厚労令48改正現在

<table>
<tr><th colspan="2"></th><th>人員に関する基準</th><th>利用定員</th><th>設備に関する基準</th></tr>
<tr><td rowspan="2">居宅介護、重度訪問介護、同行援護、行動援護</td><td colspan="2">従業者（介護福祉士、居宅介護従事者養成研修課程などの修了者）
管理者
サービス提供責任者（事業の規模による）</td><td>—</td><td>必要な広さを有する専用区画</td></tr>
<tr><td>共生型</td><td colspan="3">・居宅介護及び重度訪問介護に適用
・介護保険法に規定する指定訪問介護事業者であること
・人員に関する基準は「訪問介護の利用者＋共生型サービスの利用者」を前提</td></tr>
<tr><td>療養介護</td><td colspan="2">医師
看護職員（看護師、准看護師、看護補助者）
生活支援員
サービス管理責任者
管理者</td><td>—</td><td>医療法に規定する病院として必要な設備
多目的室その他運営上必要な設備</td></tr>
<tr><td rowspan="2">生活介護</td><td colspan="2">医師
看護職員（保健師又は看護師若しくは准看護師）
理学療法士（又は作業療法士）
生活支援員
サービス管理責任者
管理者</td><td>—</td><td>訓練・作業室
相談室
洗面所
便所
多目的室その他運営上必要な設備</td></tr>
<tr><td>共生型</td><td colspan="3">・児童福祉法に規定する指定児童発達支援事業者又は指定放課後等デイサービス事業者、あるいは介護保険法に規定する指定通所介護事業者又は指定小規模多機能型居宅介護事業者等であること
・人員に関する基準は「児童発達支援等の利用者＋共生型サービスの利用者」を前提
・介護保険法に規定する指定事業者にあっては、利用定員及び設備に関する基準は介護保険法と同様の基準</td></tr>
<tr><td rowspan="3">短期入所</td><td>併設・空床利用</td><td>利用者を指定障害者支援施設等（本体施設）の入所者とみなした場合に必要とされる従業者
管理者</td><td>—</td><td>指定障害者支援施設等として必要とされる設備</td></tr>
<tr><td>単独</td><td>生活支援員
管理者</td><td>（１居室の定員は４人以下）</td><td>居室
食堂
浴室
洗面所
便所その他運営上必要な設備</td></tr>
<tr><td>共生</td><td colspan="3">・介護保険法に規定する指定短期入所生活介護事業者又は指定小規模多機能型居宅介護事業者等であること
・人員に関する基準は「短期入所生活介護等の利用者＋共生型サービスの利用者」を前</td></tr>
</table>

	型	提 ・利用定員及び設備に関する基準は介護保険法と同様の基準	
重度障害者等包括支援	指定障害福祉サービス事業者又は指定障害者支援施設として必要とされる従業者 サービス提供責任者 管理者	—	必要な広さを有する専用区画 指定居宅介護の提供に必要な設備及び備品等
自立訓練（機能訓練）	看護職員（保健師又は看護師若しくは准看護師） 理学療法士（又は作業療法士） 生活支援員 サービス管理責任者 管理者	—	訓練・作業室 相談室 洗面所 便所 多目的室その他運営上必要な設備
	共生型	・介護保険法に規定する指定通所介護事業者又は指定小規模多機能型居宅介護事業者等であること ・人員に関する基準は「通所介護等の利用者＋共生型サービスの利用者」を前提 ・利用定員及び設備に関する基準は介護保険法と同様の基準	
自立訓練（生活訓練）	生活支援員 地域移行支援員 サービス管理責任者 管理者	1居室の定員は1人（宿泊型のみ）	訓練・作業室 相談室 洗面所 便所 多目的室その他運営上必要な設備 居室（宿泊型のみ） 浴室（宿泊型のみ）
	共生型	・介護保険法に規定する指定通所介護事業者又は指定小規模多機能型居宅介護事業者等であること ・人員に関する基準は「通所介護等の利用者＋共生型サービスの利用者」を前提 ・利用定員及び設備に関する基準は介護保険法と同様の基準	
就労移行支援	職業指導員 生活支援員 就労支援員 サービス管理責任者 管理者	—	訓練・作業室 相談室 洗面所 便所 多目的室その他運営上必要な設備
就労継続支援A型	職業指導員 生活支援員 サービス管理責任者 管理者	—	訓練・作業室 相談室 洗面所 便所 多目的室その他運営上必要な設備
就労継続支援B型	職業指導員 生活支援員 サービス管理責任者 管理者	—	訓練・作業室 相談室 洗面所 便所 多目的室その他運営上必要な設備
就労定着支援	サービス管理責任者	—	必要な広さの区画 サービスの提供に必要な設備及び備品等

自立生活援助	地域生活支援員 サービス管理責任者	―	必要な広さの区画 サービスの提供に必要な設備及び備品等
共同生活援助	世話人 生活支援員 サービス管理責任者 管理者	共同生活住居及びサテライト型住居の入居定員の合計は4人以上（共同生活住居の1住居の入居定員は2人以上10人以下） 共同生活住居の1ユニットの入居定員は2人以上10人以下（1居室の定員は1人） サテライト型住居の入居定員は1人	共同生活住居：1以上 （ユニット：1以上）
日中サービス支援型指定共同生活援助	世話人 生活支援員 サービス管理責任者 夜間支援従事者（夜間及び深夜の時間帯に勤務（宿直勤務を除く）を行う世話人又は生活支援員）	入居定員は2人以上10人以下 1つの建物に複数の共同生活住居を設けてある場合は、合計で20人以下 既存の建物を共同生活住居とする場合は、2人以上20人以下（特に必要と認めるときは30人以下） 既存の建物を共同生活住居とした共同生活住居を改築する場合は、特に必要と認めるときは、2人以上30人以下（ただし、改築する時点の入居定員と同数を上限）	1つの共同生活住居には1以上のユニット 入居定員は2人以上10人以下 居室及び居室に近接して相互に交流を図ることができる設備を設け、居室の定員は1人（必要と認められるときは2人） 居室の面積は、7.43平方メートル以上（収納設備等を除く）
指定共同生活援助 外部サービス利用型	世話人 サービス管理責任者 管理者	共同生活住居及びサテライト型住居の入居定員の合計は4人以上（共同生活住居の1住居の入居定員は2人以上10人以下） 共同生活住居の1ユニットの入居定員は2人以上10人以下（1居室の定員は1人） サテライト型住居の入居定員は1人	共同生活住居：1以上 （ユニット：1以上）

障害者の日常生活及び社会生活を総合的に支援するための法律に基づく指定障害者支援施設等の人員、設備及び運営に関する基準

題名改正　平成25厚労令４（(旧)障害者自立支援法に基づく指定障害者支援施設等の人員、設備及び運営に関する基準）

（平成18．９．29厚労令172）
令５厚労令48改正現在

＊は同日付厚生労働省令第177号「障害者の日常生活及び社会生活を総合的に支援するための法律に基づく障害者支援施設の設備及び運営に関する基準」を根拠とするもの。

		人員に関する基準	利用定員	設備に関する基準
指定障害者支援施設	生活介護	医師 看護職員（保健師又は看護師若しくは准看護師） 理学療法士（又は作業療法士） 生活支援員 サービス管理責任者 ＊施設長	１居室の定員は４人以下 ＊20人以上（昼間実施サービス：６人以上）	訓練・作業室 居室 食堂 浴室 洗面所 便所 相談室 多目的室その他運営上必要な設備
	自立訓練（機能訓練）	看護職員（保健師又は看護師若しくは准看護師） 理学療法士（又は作業療法士） 生活支援員 サービス管理責任者 ＊施設長	＊20人以上（昼間実施サービス：６人以上）	
	自立訓練（生活訓練）	生活支援員 サービス管理責任者 ＊施設長	＊20人以上（昼間実施サービス：６人以上） １居室の定員は１人とすること	
	就労移行支援	職業指導員 生活支援員 就労支援員 サービス管理責任者 ＊施設長	＊20人以上（昼間実施サービス：６人以上）	
	就労継続支援B型	職業指導員 生活支援員 サービス管理責任者 ＊施設長	＊20人以上（昼間実施サービス：10人以上）	
	施設入所支援	生活支援員 サービス管理責任者 ＊施設長	＊30人以上	

障害者の日常生活及び社会生活を総合的に支援するための法律に基づく指定地域相談支援の事業の人員及び運営に関する基準

題名改正　平成25厚労令４（(旧)障害者自立支援法に基づく指定地域相談支援の事業の人員及び運営に関する基準）

（平成24．３．13厚労令27）
令５厚労令48改正現在

	人員に関する基準	利用定員	設備に関する基準
指定地域移行支援事業所	専らその職務に従事する者（指定地域移行支援従事者） 相談支援専門員 管理者	—	必要な広さの区画 支援の提供に必要な設備及び備品等
指定地域定着支援事業所	専らその職務に従事する者（指定地域定着支援従事者） 相談支援専門員 管理者	—	必要な広さの区画 支援の提供に必要な設備及び備品等

障害者の日常生活及び社会生活を総合的に支援するための法律に基づく指定計画相談支援の事業の人員及び運営に関する基準

題名改正　平成25厚労令４（(旧)障害者自立支援法に基づく指定計画相談支援の事業の人員及び運営に関する基準）

（平成24．３．13厚労令28）
令５厚労令48改正現在

	人員に関する基準	利用定員	設備に関する基準
指定計画相談支援事業	相談支援専門員 管理者	—	必要な広さの区画 支援の提供に必要な設備及び備品等

障害者の日常生活及び社会生活を総合的に支援するための法律に基づく障害福祉サービス事業の設備及び運営に関する基準

題名改正　平成25厚労令４（(旧)障害者自立支援法に基づく障害福祉サービス事業の設備及び運営に関する基準）

（平成18．９．29厚労令174）
令５厚労令48改正現在

	人員に関する基準	利用定員	設備に関する基準
療養介護	管理者（医師に限る） 医師 看護職員（看護師、准看護師、看護補助者） 生活支援員 サービス管理責任者	20人以上	医療法に規定する病院として必要な設備 多目的室その他運営上必要な設備

生活介護	管理者 医師 看護職員（保健師又は看護師若しくは准看護師） 理学療法士（又は作業療法士） 生活支援員 サービス管理責任者	20人以上 多機能型：6人以上（多機能型事業所の利用定員の合計が20人以上の場合）	訓練・作業室 相談室 洗面所 便所 多目的室その他運営上必要な設備
自立訓練（機能訓練）	管理者 看護職員（保健師又は看護師若しくは准看護師） 理学療法士（又は作業療法士） 生活支援員 サービス管理責任者	20人以上 多機能型：6人以上（多機能型事業所の利用定員の合計が20人以上の場合）	訓練・作業室 相談室 洗面所 便所 多目的室その他運営上必要な設備
自立訓練（生活訓練）	管理者 生活支援員 地域移行支援員（宿泊型のみ） サービス管理責任者	20人以上（宿泊型自立訓練を併せて行う場合の宿泊型は、10人以上） 多機能型：6人以上（多機能型事業所の利用定員の合計が20人以上の場合） 宿泊型の1居室の定員は1人	訓練・作業室 相談室 洗面所 便所 多目的室その他運営上必要な設備 居室（宿泊型のみ） 浴室（宿泊型のみ）
就労移行支援	管理者 職業指導員 生活支援員 就労支援員 サービス管理責任者	20人以上 多機能型：6人以上（多機能型事業所の利用定員の合計が20人以上の場合）	訓練・作業室 相談室 洗面所 便所 多目的室その他運営上必要な設備
就労継続支援A型	管理者 職業指導員 生活支援員 サービス管理責任者	10人以上 多機能型：10人以上（多機能型事業所の利用定員の合計が20人以上の場合）	
就労継続支援B型		20人以上 多機能型：10人以上（多機能型事業所の利用定員の合計が20人以上の場合）	

障害者の日常生活及び社会生活を総合的に支援するための法律に基づく地域活動支援センターの設備及び運営に関する基準

題名改正　平成25厚労令４（(旧)障害者自立支援法に基づく地域活動支援センターの設備及び運営に関する基準）

（平成18．９．29厚労令175）
令５厚労令48改正現在

＼	人員に関する基準	利用定員	設備に関する基準
地域活動支援センター	施設長 指導員	10人以上	創作的活動又は生産活動の機会の提供及び社会との交流の促進等ができる場所 便所

障害者の日常生活及び社会生活を総合的に支援するための法律に基づく福祉ホームの設備及び運営に関する基準

題名改正　平成25厚労令４（(旧)障害者自立支援法に基づく福祉ホームの設備及び運営に関する基準）

（平成18．９．29厚労令176）
令５厚労令48改正現在

＼	人員に関する基準	利用定員	設備に関する基準
福祉ホーム	管理人	５人以上（１居室の定員は原則として１人）	居室、浴室、便所、管理人室、共用室

身体障害者社会参加支援施設の設備及び運営に関する基準

題名改正　平成18厚労令169（(旧)身体障害者更生援護施設の設備及び運営に関する基準）

（平成15．３．12厚労令21）
令４厚労令167改正現在

＼		人員に関する基準	利用定員	設備に関する基準
身体障害者福祉センター	身体障害者福祉センターA型	施設長 その他センターの運営に必要な職員	－	相談室、機能訓練回復室、社会適応訓練室、図書室、書庫、研修室、会議室、日常生活用具展示室、体育館、プール、更衣室、宿泊室、食堂、調理室、事務室
	身体障害者福祉センターB型	施設長 その他センターの運営に必要な職員		相談室、日常生活訓練室、社会適応訓練室兼集会室、作業室、図書室、事務室
	障害者更生センター	施設長 その他センターの運営に必要な職員		相談室、宿泊室、食堂、浴室、便所、洗面所、調理室、娯楽室、マッサージ室、訓練室、会議室、売店、事務室

補装具製作施設		施設長 義肢装具技術員 訓練指導員 施設の運営に必要な職員	—	診断室、仮合室、型採室、作業室、訓練室、宿泊室、事務室 補装具の製作及び修理に必要な機械器具等
盲導犬訓練施設		施設長 医師 獣医師 訓練指導員 施設の運営に必要な職員	1居室の定員は2人以下	居室、食堂、浴室、洗面所、便所、調理室、洗濯室、相談室、犬舎、事務室 犬の訓練等に必要な機械器具等
視聴覚障害者情報提供施設	点字図書館	施設長 司書 点字指導員 貸出閲覧員（又は情報支援員） 校正員（又は音声訳指導員） 施設の運営に必要な職員		閲覧室、録音室、印刷室、聴読室、発送室、書庫、研修室、相談室、事務室 点字刊行物及び録音物の利用に必要な機械器具等
	点字出版施設	施設長 編集員 製版員 校正員 印刷員 製本員 施設の運営に必要な職員	—	製版室、校正室、印刷室、製本室、倉庫、事務室 点字刊行物の出版等に必要な機械器具等
	聴覚障害者情報提供施設	施設長 施設の運営に必要な職員		貸出利用室、試写室、情報機器利用室、製作室、発送室、相談室、研修室兼会議室、事務室 試写等に必要な機械器具等

幼保連携型認定こども園の学級の編制、職員、設備及び運営に関する基準

（平成26．4．30内閣・文科・厚労令1）
令5内閣・文科・厚労令2改正現在

	人員に関する基準	利用定員	設備に関する基準
幼保連携型認定こども園	園長 主幹保育教諭 指導保育教諭 保育教諭 調理員 副園長又は教頭 主幹養護教諭 養護教諭又は養護助教諭 事務職員	1学級の園児は35人以下で、学年の初めの日の前日において同じ年齢にある園児で編成する。	職員室 乳児室又はほふく室 保育室 遊戯室 保健室 調理室 便所 飲料水用設備、手洗用設備及び足洗用設備 放送聴取設備 映写設備 水遊び場 園児洗浄用設備 図書室 会議室 園庭 園舎（原則2階以下） 園具 教具

子ども・子育て支援新制度の概要

現物給付

市町村主体

子どものための教育・保育給付

〔認定こども園・幼稚園・保育所・小規模保育等に係る共通の財政支援〕

施設型給付費

- 認定こども園　0～5歳
  - 幼保連携型
    - ※　幼保連携型については、認可・指導監督の一本化、学校及び児童福祉施設としての法的位置づけを与える等、制度改善を実施
  - 幼稚園型
  - 保育所型
  - 地方裁量型
- 幼稚園　3～5歳
- 保育所　0～5歳

※　私立保育所については、児童福祉法第24条により市町村が保育の実施義務を担うことに基づく措置として、委託費を支弁

地域型保育給付費

小規模保育、家庭的保育、居宅訪問型保育、事業所内保育

子育てのための施設等利用給付

〔施設型給付を受けない幼稚園、認可外保育施設、預かり保育事業等の利用に係る支援〕

施設等利用費

- 施設型給付を受けない幼稚園
- 特別支援学校
- 預かり保育事業
- 認可外保育施設等
  - ・認可外保育施設
  - ・一時預かり事業
  - ・病児保育事業
  - ・子育て援助活動支援事業（ファミリー・サポート・センター事業）

※認定こども園（国立・公立大学法人立）も対象

地域子ども・子育て支援事業

〔地域の実情に応じた子育て支援〕

①利用者支援事業
②延長保育事業
③実費徴収に係る補足給付を行う事業
④多様な事業者の参入促進・能力活用事業
⑤放課後児童健全育成事業
⑥子育て短期支援事業
⑦乳児家庭全戸訪問事業
⑧・養育支援訪問事業
　・子どもを守る地域ネットワーク機能強化事業
⑨地域子育て支援拠点事業
⑩一時預かり事業
⑪病児保育事業
⑫子育て援助活動支援事業（ファミリー・サポート・センター事業）
⑬妊婦健診

国主体

仕事・子育て両立支援事業

〔仕事と子育ての両立支援〕

・企業主導型保育事業
⇒事業所内保育を主軸とした企業主導型の多様な就労形態に対応した保育サービスの拡大を支援（整備費、運営費の助成）

・企業主導型ベビーシッター利用者支援事業
⇒繁忙期の残業や夜勤等の多様な働き方をしている労働者が、低廉な価格でベビーシッター派遣サービスを利用できるよう支援

・中小企業子ども・子育て支援環境整備事業
⇒くるみん認定を活用し、育児休業等取得に積極的に取り組む中小企業を支援

現金給付	児童手当等交付金	〔児童手当法等に基づく児童手当、特例給付の給付〕	0～3歳未満　15,000円 3歳～小学校修了まで　第1子・第2子：10,000円　第3子以降：15,000円　中学校　10,000円 所得制限限度額（960万円）～所得上限額（1,200万円）　5,000円（特例給付）

資料　内閣府子ども・子育て本部「子ども・子育て支援新制度について」

障害福祉サービス等の体系（介護給付・訓練等給付）

		サービス	対象	内容
訪問系	介護給付	居宅介護	㊦㊐	自宅で、入浴、排せつ、食事の介護等を行う
訪問系	介護給付	重度訪問介護	㊦	重度の肢体不自由者又は重度の知的障害若しくは精神障害により行動上著しい困難を有する者であって常に介護を必要とする人に、自宅で、入浴、排せつ、食事の介護、外出時における移動支援、入院時の支援等を総合的に行う（日常生活に生じる様々な介護の事態に対応するための見守り等の支援を含む。）
訪問系	介護給付	同行援護	㊦㊐	視覚障害により、移動に著しい困難を有する人が外出する時、必要な情報提供や介護を行う
訪問系	介護給付	行動援護	㊦㊐	自己判断能力が制限されている人が行動するときに、危険を回避するために必要な支援、外出支援を行う
訪問系	介護給付	重度障害者等包括支援	㊦㊐	介護の必要性がとても高い人に、居宅介護等複数のサービスを包括的に行う
日中活動系	介護給付	短期入所	㊦㊐	自宅で介護する人が病気の場合などに、短期間、夜間も含めた施設で、入浴、排せつ、食事の介護等を行う
日中活動系	介護給付	療養介護	㊦	医療と常時介護を必要とする人に、医療機関で機能訓練、療養上の管理、看護、介護及び日常生活の世話を行う
日中活動系	介護給付	生活介護	㊦	常に介護を必要とする人に、昼間、入浴、排せつ、食事の介護等を行うとともに、創作的活動又は生産活動の機会を提供する
施設系	介護給付	施設入所支援	㊦	施設に入所する人に、夜間や休日、入浴、排せつ、食事の介護等を行う

居住支援系	訓練等給付	自立生活援助	㊮	一人暮らしに必要な理解力・生活力等を補うため、定期的な居宅訪問や随時の対応により日常生活における課題を把握し、必要な支援を行う
		共同生活援助	㊮	夜間や休日、共同生活を行う住居で、相談、入浴、排せつ、食事の介護、日常生活上の援助を行い、これに併せて居宅における自立した日常生活への移行を希望する入居者に移行に関する援助を行う
訓練系・就労系		自立訓練（機能訓練）	㊮	自立した日常生活又は社会生活ができるよう、一定期間、身体機能の維持、向上のために必要な訓練を行う
		自立訓練（生活訓練）	㊮	自立した日常生活又は社会生活ができるよう、一定期間、生活能力の維持、向上のために必要な支援、訓練を行う
		就労移行支援	㊮	一般企業等への就労を希望する人及び雇用されている人に、一定期間、就労に必要な知識及び能力の向上のために必要な訓練を行う
		就労継続支援（A型）	㊮	一般企業等での就労が困難な人及び雇用されている人に、雇用して就労の機会を提供するとともに、能力等の向上のために必要な訓練を行う
		就労継続支援（B型）	㊮	一般企業等での就労が困難な人に、就労する機会を提供するとともに、能力等の向上のために必要な訓練を行う
		就労定着支援	㊮	一般就労に移行した人に、就労に伴う生活面の課題に対応するための支援を行う

資料　厚生労働省資料を一部修正

社会福祉士の資格取得ルート

○社会福祉士の資格を取得するためには国家試験に合格する必要があるが、受験資格を得るには大きく分けて3ルートある。
①福祉系大学等で社会福祉に関する指定科目を修めて卒業する「福祉系大学等ルート」
②福祉系大学等で社会福祉の基礎科目を修めて卒業等した後、短期養成施設で6月以上修学する「短期養成施設ルート」
③一般大学等を卒業又は4年以上相談援助業務に従事等した後、一般養成施設で1年以上修学する「一般養成施設ルート」

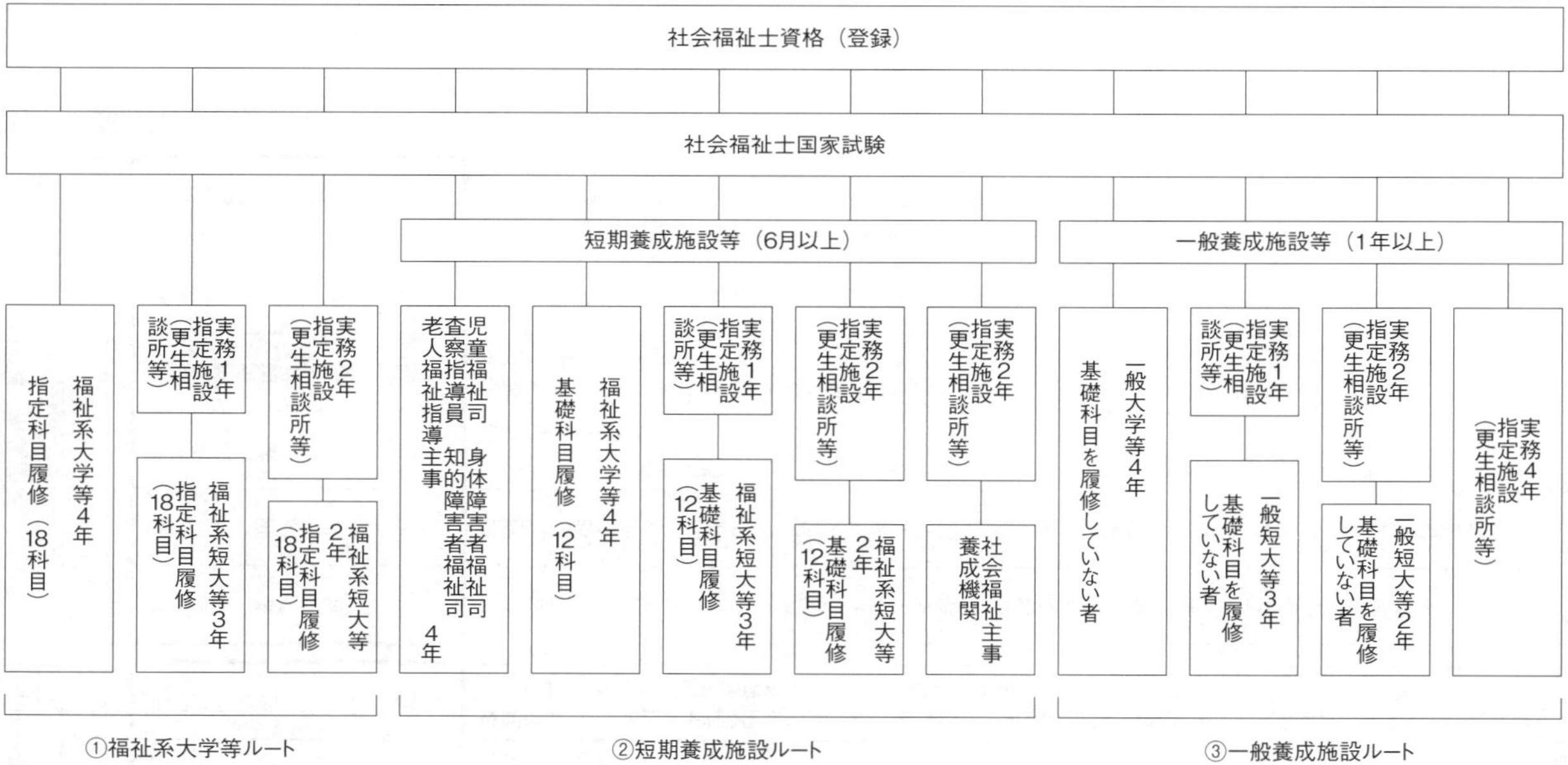

資料　厚生労働省社会・援護局「社会福祉士国家試験の在り方に関する検討会」

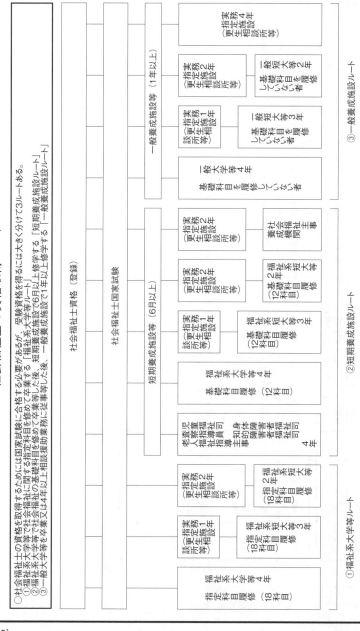

介護福祉士の資格取得ルート

「法」…社会福祉士及び介護福祉士法
「規則」…社会福祉士及び介護福祉士法施行規則

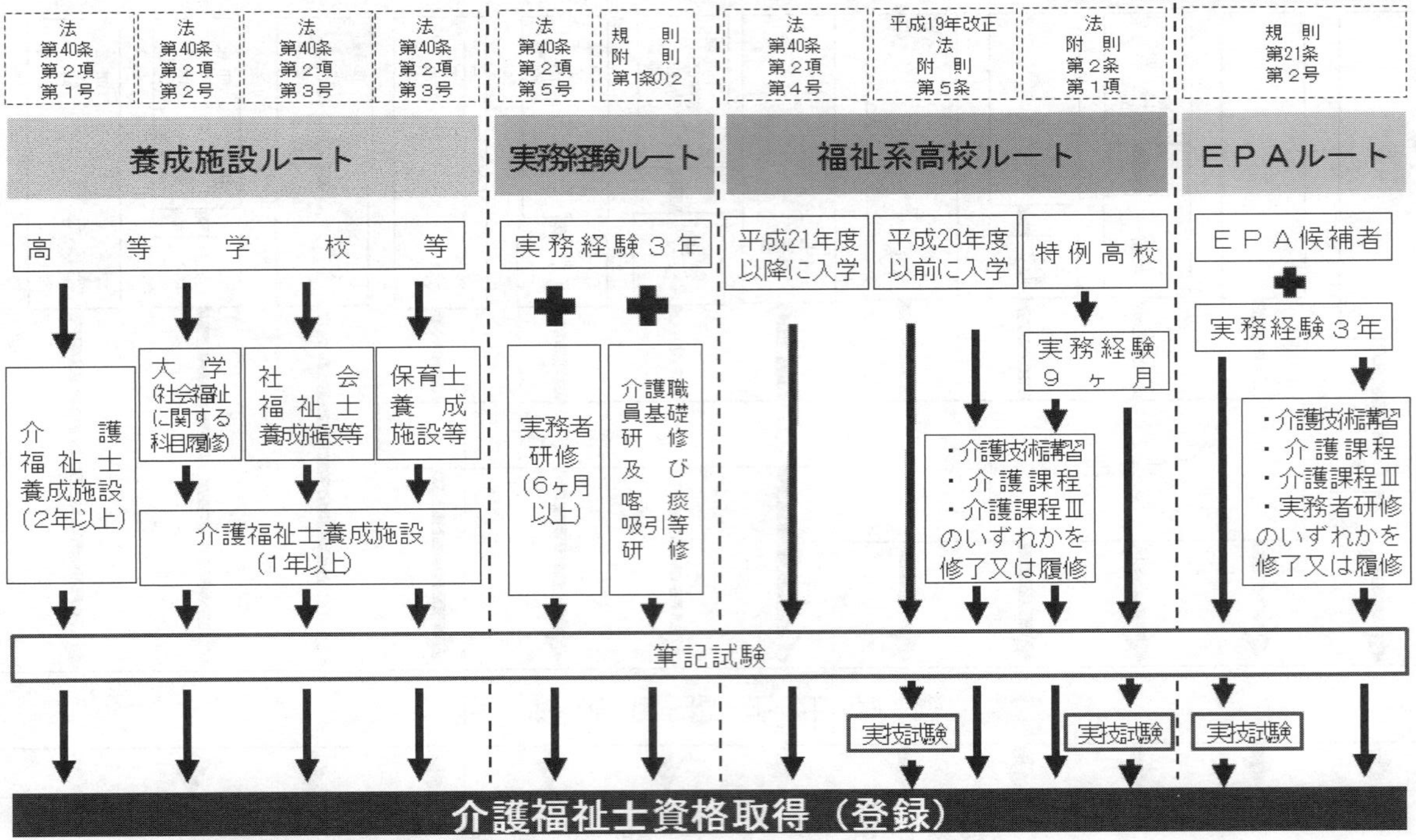

（※）平成29年度より、養成施設卒業者も国家試験合格が必要となった。
ただし、令和8年度までの卒業者には卒業後5年間の経過措置が設けられており、卒業後5年の間は介護福祉士の資格を有することとし、当該5年間のうちに、国家試験に合格するか、介護現場に5年間従事するかのいずれかを満たすことにより、引き続き、介護福祉士としての資格を有することができる。

資料　厚生労働省

精神保健福祉士の資格取得方法

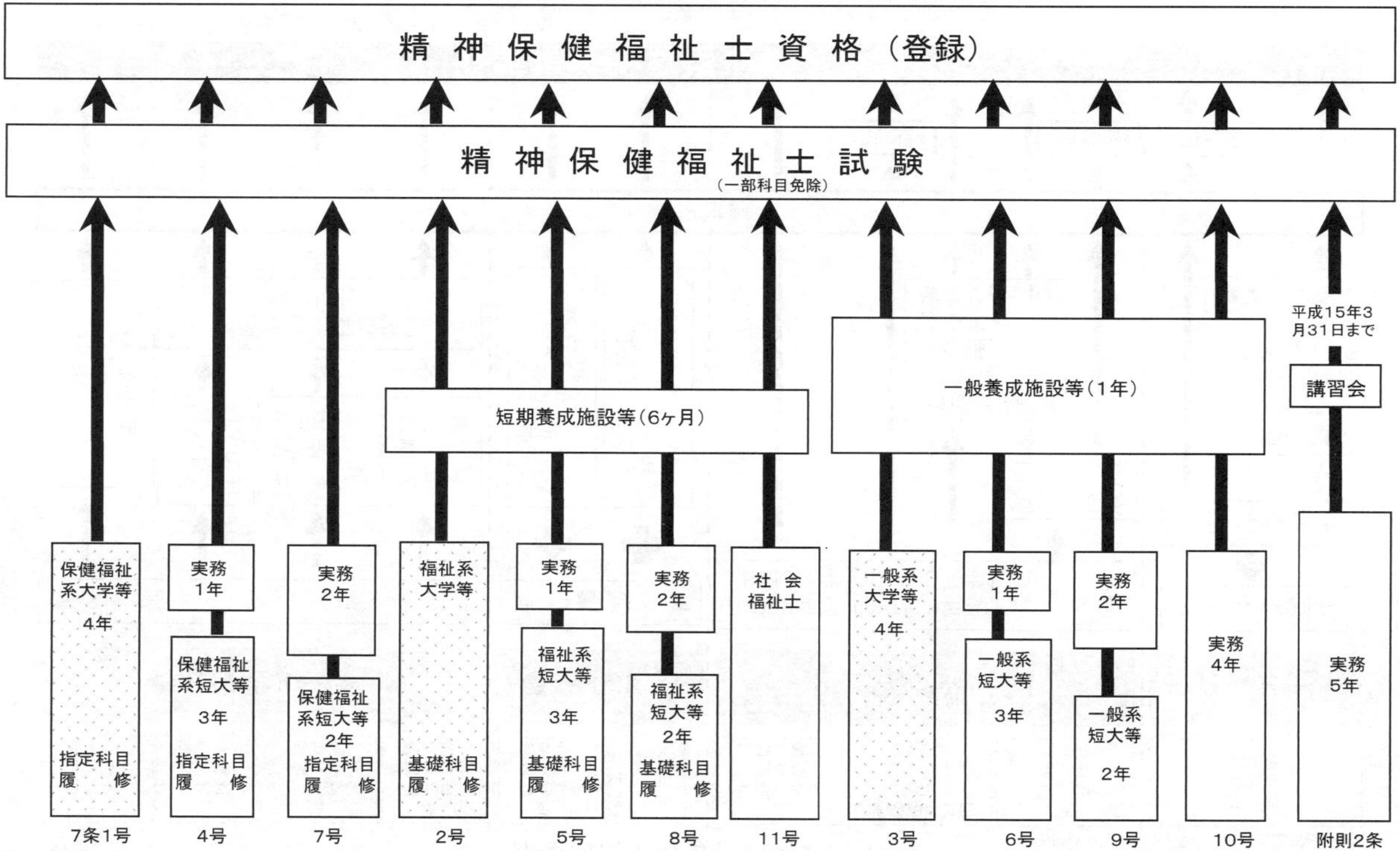

資料　厚生労働省

保育士資格取得方法

保　育　士　※児童福祉法第18条の4

登　録（各都道府県単位）※児童福祉法第18条の18第1項
（登録者数　1,842,494人：R5.4.1現在）

指定保育士養成施設
※児童福祉法第18条の6第1項
（1,924,130人：Ｒ３年度末累計）
令和３年度資格取得者　35,575人

- 大学　285か所（283か所）
- 短期大学　223か所（227か所）
- 専修学校　150か所（156か所）
- その他施設　10か所（ 9か所）

合　計　668か所（675か所）
【R4.4.1現在((　)内は前年)】

保育士試験　※児童福祉法第18条の6第2項
各都道府県、指定試験機関委託　※児童福祉法第18条の9
（557,243人：Ｒ４年度末時点合格者数累計）

受験申請者数　79,378人
全科目合格者数　23,758人　（４年度実績）
うち全部免除者数　2,220人
※地域限定保育士試験を含む

保育士試験受験資格

大学等（短大含）	児童福祉施設	幼稚園教諭免許状有	知事による受験資格認定
2年以上在学 (62単位以上取得者等)	実務経験5年以上 (高校卒業者は実務経験2年以上)	(試験一部免除)	実務経験(※)5年以上 (高校卒業者は実務経験2年以上) ※対象施設 ・へき地保育所 ・家庭的保育 ・認可外保育施設　等

平成16年度…幼稚園教諭免許状所有者について、筆記試験の２科目及び実技試験の免除を実施
平成22年度…幼稚園教諭免許状所有者の科目履修による試験科目免除を実施（34単位の履修が必要）
知事による受験資格認定の対象に放課後児童クラブを追加
平成24年度…知事による受験資格認定の対象に認可外保育施設を追加
平成25年度…幼稚園等において「3年かつ4,320時間」の実務経験がある幼稚園教諭免許状所有者について、従来の2科目の筆記試験免除科目に1科目加えるとともに、指定保育士養成施設における科目履修による試験科目免除の特例を創設（8単位の履修が必要）
平成27年度…対象施設における一定の実務経験によって、合格科目免除期間を最長5年に延長
平成29年度…福祉系国家資格所有者について、筆記試験の３科目の免除を実施するとともに、指定保育士養成施設における科目履修による試験科目免除を実施。
介護福祉士養成施設を卒業した介護福祉士について、指定保育士養成施設における「福祉職の基盤に関する科目」に該当する科目の履修免除を実施。
※社会福祉士及び介護福祉士法第40条第２項第５号の規定により指定された学校若しくは養成施設を卒業した者については、３年以上介護等の業務に従事した場合に履修免除を行う。

資料　こども家庭庁

人口ピラミッド

(1) 2022年10月1日現在

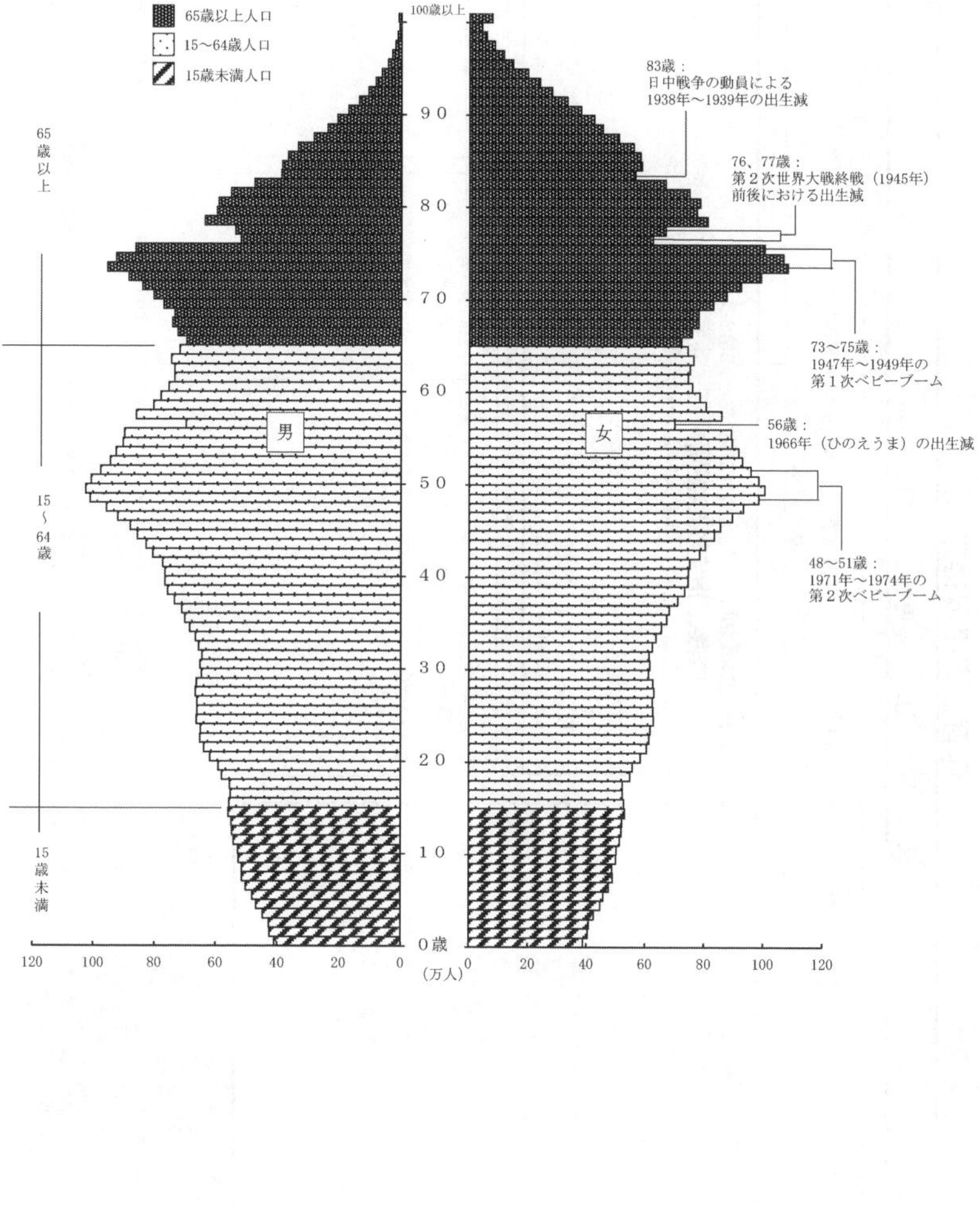

65歳以上人口
15～64歳人口
15歳未満人口
100歳以上
90
80
70
60
50
40
30
20
10
0歳
65歳以上
15～64歳
15歳未満
男
女
83歳：
日中戦争の動員による
1938年～1939年の出生減
76、77歳：
第2次世界大戦終戦（1945年）
前後における出生減
73～75歳：
1947年～1949年の
第1次ベビーブーム
56歳：
1966年（ひのえうま）の出生減
48～51歳：
1971年～1974年の
第2次ベビーブーム
120
100
80
60
40
20
0
（万人）
0
20
40
60
80
100
120

⑵　令和２（2020）年

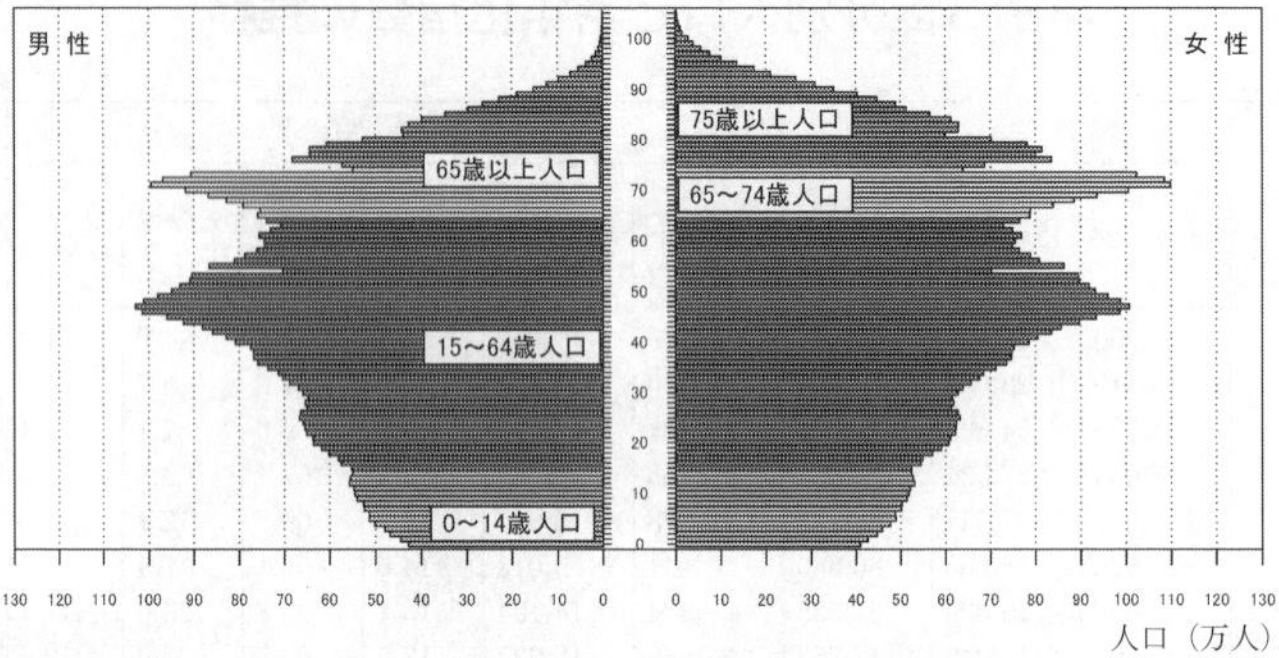

⑶　令和27（2045）年

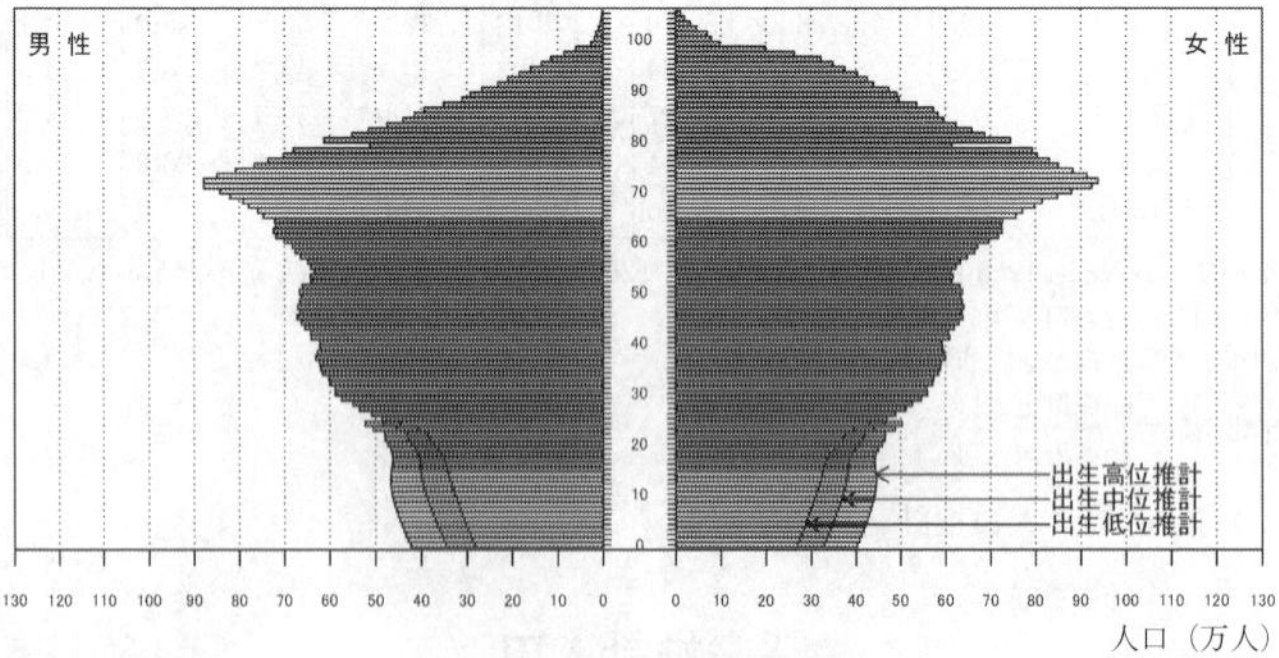

⑷　令和52（2070）年

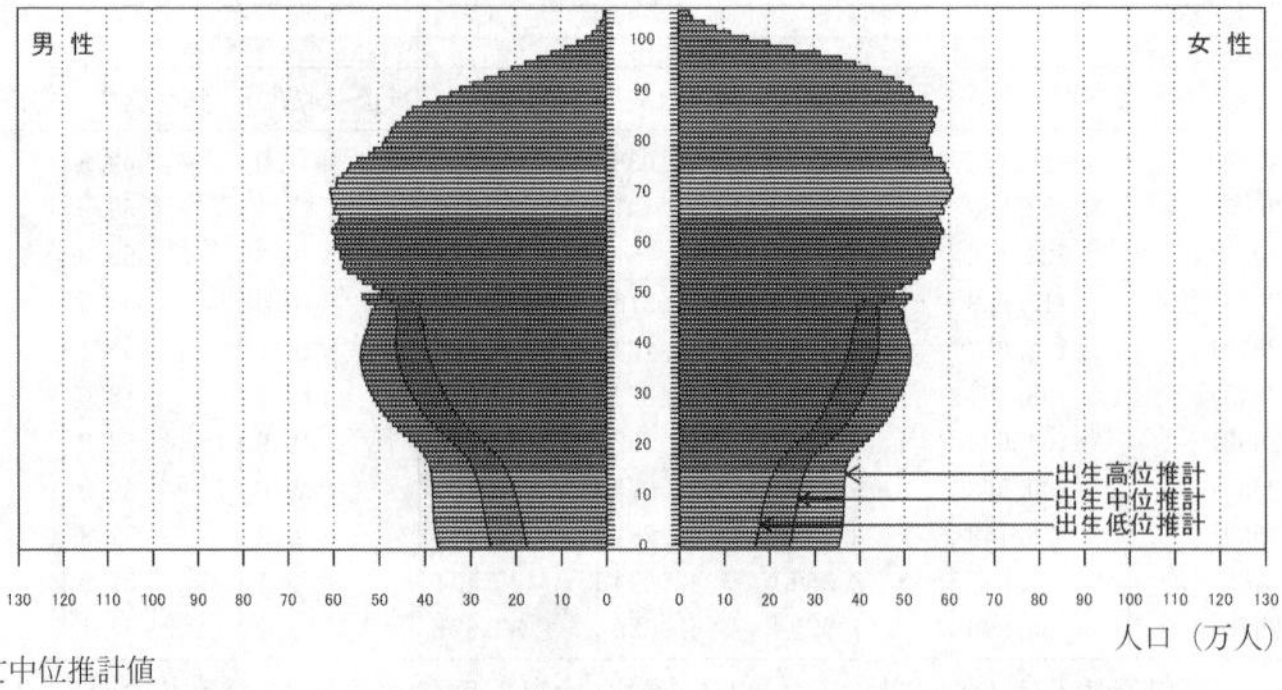

注　死亡中位推計値

資料　⑴　総務省統計局「人口推計（2022年（令和４年）10月１日現在）」

⑵⑶⑷　国立社会保障・人口問題研究所「日本の将来推計人口（令和５年推計）」

年齢３区分別人口と老年化指数の推移

年　　次	人　　口　（千人）					総人口に占める割合（%）				老年化指数
	総　　数	15歳未満	15～64歳	65歳以上	うち75歳以上	15歳未満	15～64歳	65歳以上	うち75歳以上	
1950年	83,200	29,430	49,661	4,109	1,057	35.4	59.7	4.9	1.3	13.9
1960	93,419	28,067	60,002	5,350	1,626	30.0	64.2	5.7	1.7	19.0
1970	103,720	24,823	71,566	7,331	2,213	23.9	69.0	7.1	2.1	29.4
1980	117,060	27,524	78,884	10,653	3,661	23.5	67.4	9.1	3.1	38.7
1990	123,611	22,544	86,140	14,928	5,986	18.2	69.7	12.1	4.8	66.2
2000	126,926	18,505	86,380	22,041	9,012	14.6	68.1	17.4	7.1	119.1
2010	128,057	16,839	81,735	29,484	14,194	13.1	63.8	23.0	11.1	174.0
2015	127,095	15,945	77,282	33,868	16,322	12.5	60.8	26.6	12.8	212.4
2016	127,042	15,809	76,673	34,560	16,891	12.4	60.4	27.2	13.3	218.6
2017	126,919	15,641	76,190	35,087	17,444	12.3	60.0	27.6	13.7	224.3
2018	126,749	15,473	75,796	35,479	17,913	12.2	59.8	28.0	14.1	229.3
2019	126,555	15,259	75,542	35,754	18,402	12.1	59.7	28.3	14.5	234.3
2020	126,146	15,032	75,088	36,027	18,602	11.9	59.5	28.6	14.7	239.7
2021	125,502	14,784	74,504	36,214	18,674	11.8	59.4	28.9	14.9	245.0
2022	124,947	14,503	74,208	36,236	19,364	11.6	59.4	29.0	15.5	249.9

注１　各年10月１日現在。1950年～2005年、2010年及び2015年は国勢調査人口（年齢不詳をあん分した人口）、2020年は国勢調査人口（不詳補完値）による。

1970年までは沖縄県を含まない。

２　老年化指数＝$\frac{65歳以上人口}{15歳未満人口}\times 100$

資料　総務省統計局「人口推計」を一部修正

将来推計人口

出生中位（死亡中位）推計

年　　次	人　口（千人）				割　合（%）		
	総　数	0～14歳	15～64歳	65歳以上	0～14歳	15～64歳	65歳以上
令和2（2020）	126,146	15,032	75,088	36,027	11.9	59.5	28.6
7（2025）	123,262	13,633	73,101	36,529	11.1	59.3	29.6
12（2030）	120,116	12,397	70,757	36,962	10.3	58.9	30.8
17（2035）	116,639	11,691	67,216	37,732	10.0	57.6	32.3
22（2040）	112,837	11,419	62,133	39,285	10.1	55.1	34.8
27（2045）	108,801	11,027	58,323	39,451	10.1	53.6	36.3
32（2050）	104,686	10,406	55,402	38,878	9.9	52.9	37.1
37（2055）	100,508	9,659	53,070	37,779	9.6	52.8	37.6
42（2060）	96,148	8,930	50,781	36,437	9.3	52.8	37.9
47（2065）	91,587	8,360	48,093	35,134	9.1	52.5	38.4
52（2070）	86,996	7,975	45,350	33,671	9.2	52.1	38.7

各年10月１日現在の総人口（日本における外国人を含む）。令和２年（2020）年は、総務省統計局『令和２年国勢調査　参考表：不詳補完結果』による。日本人人口に限定した推計結果については、日本人参考推計表１を参照のこと。

資料　国立社会保障・人口問題研究所「日本の将来推計人口（令和５年推計）」を一部修正

出生数及び合計特殊出生率の推移

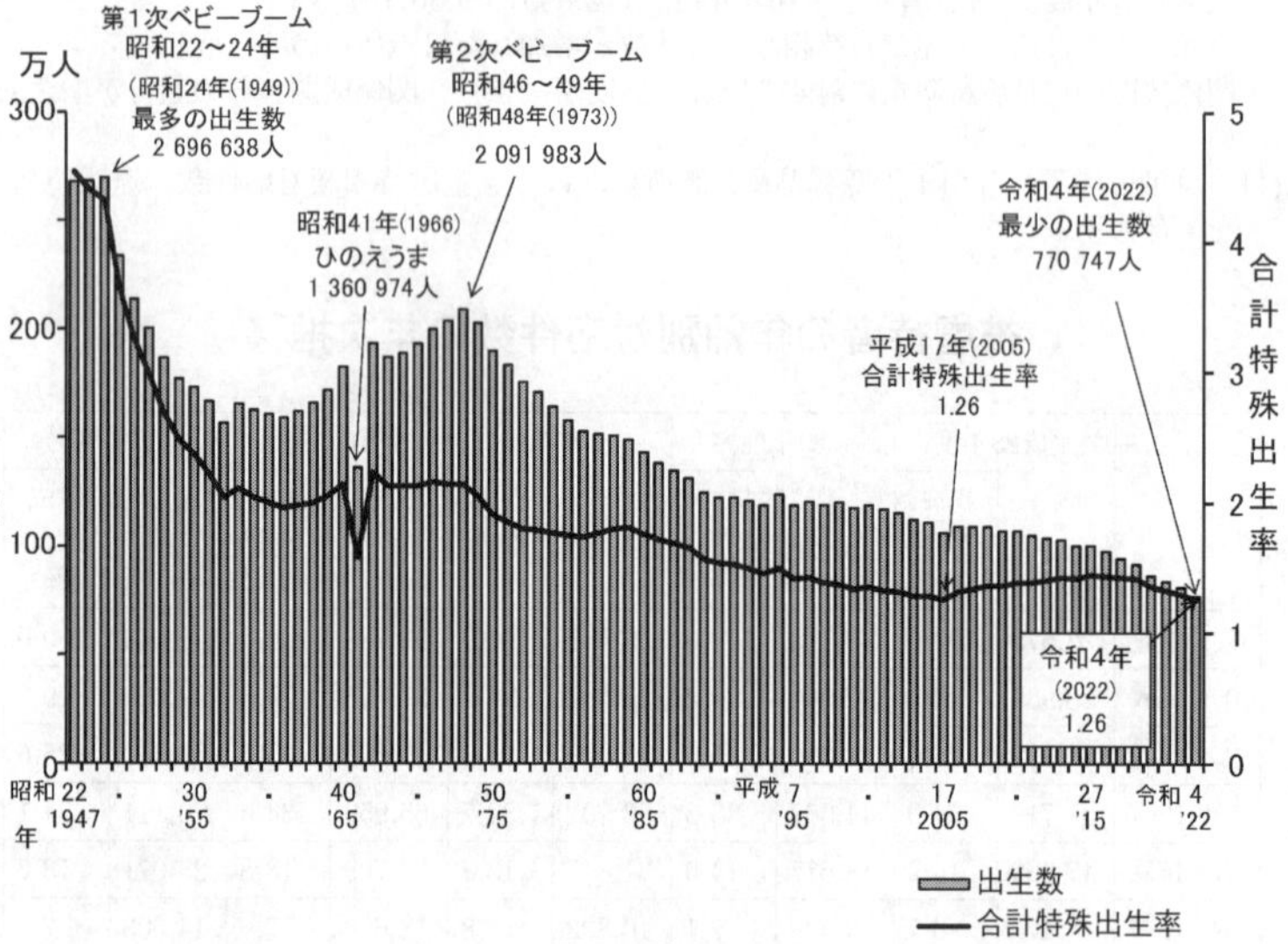

資料　厚生労働省「人口動態統計月報年計（概数）の概況」

児童相談所での児童虐待相談対応件数の推移

1　令和４年度の児童相談所での児童虐待相談対応件数

令和４年度中に、全国232か所の児童相談所が児童虐待相談として対応した件数は219,170件（速報値）で、過去最多。

※対前年度比105.5％(11,510件の増加)(令和３年度：対前年度比101.3％(2,616件の増加))

※相談対応件数とは、令和４年度中に児童相談所が相談を受け、援助方針会議の結果により指導や措置等を行った件数

※令和４年度の件数は、速報値のため今後変更があり得る

2　児童虐待相談対応件数の推移

年　度	平成21年度	22	23	24	25	26	27	28
件　数	44,211	注)56,384	59,919	66,701	73,802	88,931	103,286	122,575
対前年度比	103.6%	—	—	111.3%	110.6%	120.5%	116.1%	118.7%

年　度	29	30	令和元年度	2	3	4（速報値）
件　数	133,778	159,838	193,780	205,044	207,660	219,170
対前年度比	109.1%	119.5%	121.2%	105.8%	101.3%	105.5%

注）平成22年度の件数は、東日本大震災の影響により、福島県を除いて集計した数値

3　主な増加要因

○心理的虐待に係る相談対応件数の増加

（令和３年度：124,724件→令和４年度：129,484件（＋4,760件））

○警察等からの通告の増加

（令和３年度：103,104件→令和４年度：112,965（＋9,861件））

〈令和３年度と比して児童虐待相談対応件数が増加した自治体への聞き取り〉

・関係機関の児童虐待防止に対する意識や感度が高まり、関係機関からの通告が増えている。

資料　厚生労働省「令和４年度　児童相談所における児童虐待相談対応件数（速報値）」を一部修正

被虐待者の年齢別対応件数の年次推移

	平成28年度	構成割合（%）	29年度	構成割合（%）	30年度	構成割合（%）	令和元年度	構成割合（%）	２年度	構成割合（%）
総　数	122,575	100.0	133,778	100.0	159,838	100.0	193,780	100.0	205,044	100.0
０～２歳	23,939	19.5	27,046	20.2	32,302	20.2	37,826	19.5	39,658	19.3
３～６歳	31,332	25.6	34,050	25.5	41,090	25.7	49,660	25.6	52,601	25.6
７～12歳	41,719	34.0	44,567	33.3	53,797	33.7	65,959	34.0	70,111	34.1
13～15歳	17,409	14.2	18,677	14.0	21,847	13.7	26,709	13.8	28,071	13.7
16～18歳	8,176	6.7	9,438	7.1	10,802	6.8	13,626	7.0	14,603	7.1

資料　厚生労働省「令和３年度福祉行政報告例の概況」を一部修正

保育所等待機児童数の状況

	令和４年４月（A）	令和３年４月（B）	差　引（A－B）
待機児童数	2,944人	5,634人	－2,690人

年齢区分別の利用児童数・待機児童数

	利用児童数	待機児童数
３歳未満児（０～２歳）	1,100,925人（40.3%）	2,576人（87.5%）
うち０歳児	144,835人（5.3%）	304人（10.3%）
うち１・２歳児	956,090人（35.0%）	2,272人（77.2%）
３歳以上児	1,628,974人（59.7%）	368人（12.5%）
全年齢児計	2,729,899人（100.0%）	2,944人（100.0%）

（注）利用児童数は、全体（幼稚園型認定こども園等、地域型保育事業等を含む）。

３歳未満児が全体の87.5%を占める。

そのうち、特に１・２歳児（2,272人（77.2%））が多い。

資料　厚生労働省「保育所等関連状況取りまとめ（令和４年４月１日）」を一部修正

現に保護を受けた世帯数・一般世帯数の構成割合・世帯保護率

年次	総数	高齢者世帯	母子世帯	その他		
				総数	障害・傷病者世帯	その他の世帯
現に保護を受けた世帯（%）						
平成29年度	100.0	53.0	5.7	41.4	25.7	15.7
30	100.0	54.1	5.3	40.5	25.3	15.2
令和元年度	100.0	55.1	5.0	39.9	25.0	14.9
2	100.0	55.5	4.6	39.9	24.8	15.0
一般世帯（%）						
平成29年6月1日	100.0	26.2	1.5	72.3	…	…
30年6月7日	100.0	27.6	1.3	71.2	…	…
令和元年6月6日	100.0	28.7	1.2	70.0	…	…
2 3）	…	…	…	…	…	…
世帯保護率（‰）						
平成29年（2017）	32.4	65.4	120.6	18.5	…	…
30（2018）	31.9	62.7	130.8	18.2	…	…
令和元年（2019）	31.4	60.3	125.8	17.9	…	…
2（2020） 3）	…	…	…	…	…	…

資料：社会・援護局「被保護者調査（月次調査）」、政策統括官（統計・情報政策、労使関係担当）「国民生活基礎調査」

注：1） 保護停止中の世帯を除く。
2）「現に保護を受けた世帯」は、各年度とも1か月平均の数値である。
3） 令和2年度における国民生活基礎調査は実施していないため不詳。

資料　厚生労働省「厚生統計要覧（令和4年度）」

被保護人員、保護率、被保護世帯数の年次推移

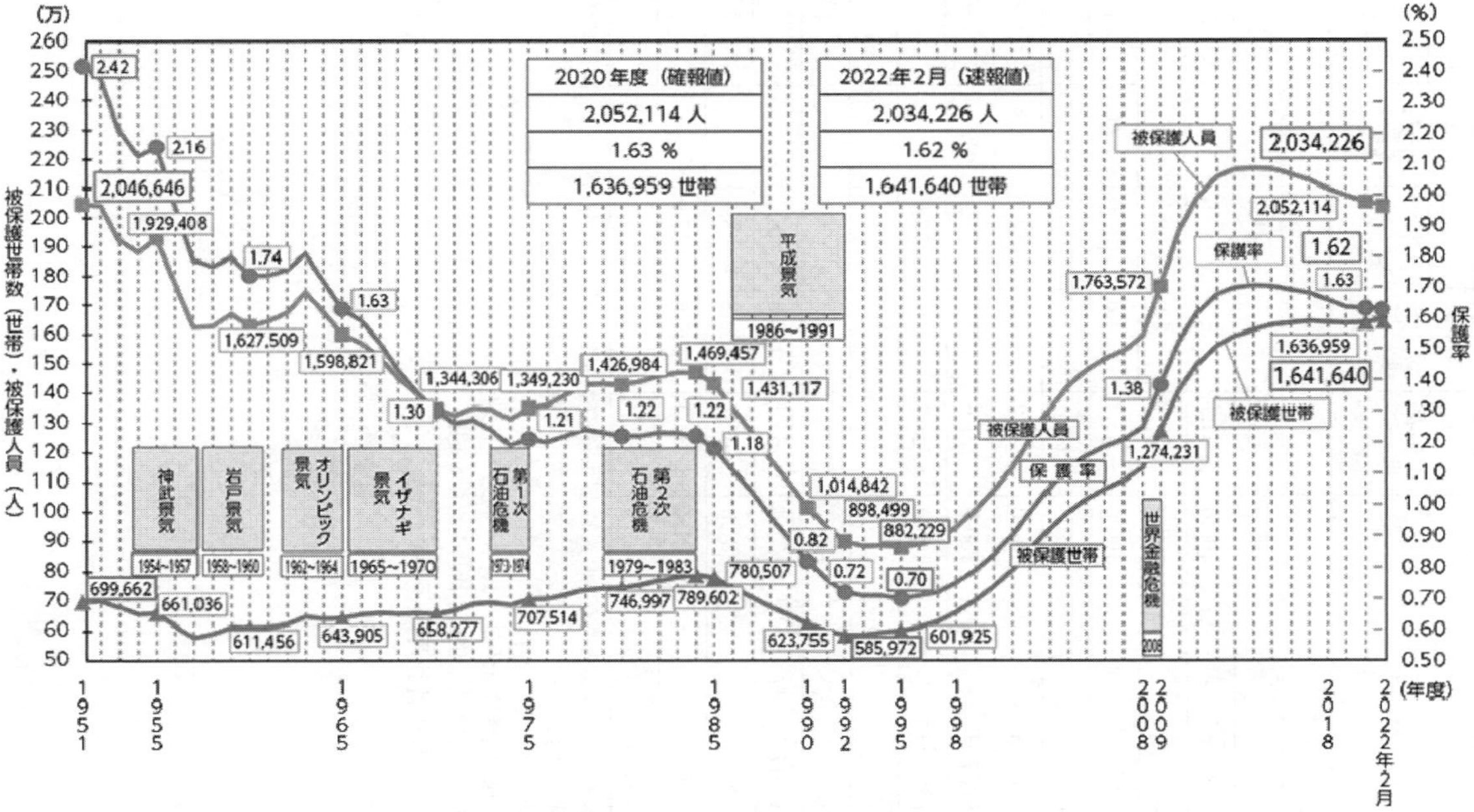

資料：被保護者調査　月次調査（厚生労働省）（平成23年度以前の数値は福祉行政報告例）

生活福祉資金貸付条件等一覧

資金の種類			貸付条件				
			貸付限度額	据置期間	償還期限	貸付利子	連帯保証人
総合支援資金	生活支援費	・生活再建までの間に必要な生活費用	2人以上／月20万円以内 単身／月15万円以内 ・貸付期間：3月。条件により12月まで延長。	最終貸付日から6月以内	据置期間経過後10年以内	保証人あり 無利子 保証人なし 年1.5%	原則必要ただし、保証人なしでも貸付可
	住宅入居費	・敷金、礼金等住宅の賃貸契約を結ぶために必要な費用	40万円以内	貸付けの日（生活支援費とあわせて貸し付けている場合は、生活支援費の最終貸付日）から6月以内			
	一時生活再建費	・生活を再建するために一時的に必要かつ日常生活費で賄うことが困難である費用 就職・転職を前提とした技能習得に要する経費 滞納している公共料金等の立て替え費用 債務整理をするために必要な経費　等	60万円以内				
福祉資金	福祉費	・生業を営むために必要な経費 ・技能習得に必要な経費及びその期間中の生計を維持するために必要な経費 ・住宅の増改築、補修等及び公営住宅の譲り受けに必要な経費 ・福祉用具等の購入に必要な経費 ・障害者用の自動車の購入に必要な経費 ・中国残留邦人等に係る国民年金保険料の追納に必要な経費 ・負傷又は疾病の療養に必要な経費及びその療養期間中の生計を維持するために必要な経費 ・介護サービス、障害者サービス等を受けるのに必要な経費及びその期間中の生計を維持するために必要な経費 ・災害を受けたことにより臨時に必要となる経費 ・冠婚葬祭に必要な経費 ・住居の移転等、給排水設備等の設置に必要な経費 ・就職、技能習得等の支度に必要な経費 ・その他日常生活上一時的に必要な経費	580万円以内 ※資金の用途に応じて上限目安額を設定	貸付けの日（分割による交付の場合には最終貸付日）から6月以内	据置期間経過後20年以内	保証人あり 無利子 保証人なし 年1.5%	原則必要ただし、保証人なしでも貸付可

	緊急小口資金	・緊急かつ一時的に生計の維持が困難となった場合に貸し付ける少額の費用	10万円以内	貸付けの日から２月以内	据置期間経過後12月以内	無利子	不要
教育支援資金	教育支援費	・低所得世帯に属する者が高等学校、大学又は高等専門学校に修学するために必要な経費	高校／月3.5万円以内 高専／月6万円以内 短大／月6万円以内 大学／月6.5万円以内 ※特に必要と認める場合は、上記各限度額の1.5倍まで貸付可能	卒業後６月以内	据置期間経過後20年以内	無利子	不要 ※世帯内で連帯借受人が必要
	就学支度費	・低所得世帯に属する者が高等学校、大学又は高等専門学校への入学に際し必要な経費	50万円以内				
不動産担保型生活資金	不動産担保型生活資金	・低所得の高齢者世帯に対し、一定の居住用不動産を担保として生活資金を貸し付ける資金	・土地の評価額の70％程度 ・月30万円以内 ・貸付期間 借受人の死亡時までの期間又は貸付元利金が貸付限度額に達するまでの期間	契約終了後３月以内	据置期間終了時	年３％、又は長期プライムレートのいずれか低い利率	必要 ※推定相続人の中から選任
	要保護世帯向け不動産担保型生活資金	・要保護の高齢者世帯に対し、一定の居住用不動産を担保として生活資金を貸し付ける資金	・土地及び建物の評価額の70％程度（集合住宅の場合は50％） ・生活扶助額の1.5倍以内 ・貸付期間 借受人の死亡時までの期間又は貸付元利金が貸付限度額に達するまでの期間				不要

※貸付の決定に当たっては、これらの貸付条件に加え、償還可能性の有無が考慮されることとなります。
※詳細はお住まいの社会福祉協議会にお問合せください。

資料　厚生労働省

福　祉　小　六　法　2024

令和５年12月15日　発行

監　　修　社会福祉法人　大阪ボランティア協会
〒540-0012　大阪市中央区谷町２丁目２―20　２Ｆ
市民活動スクエア「CANVAS谷町」
https://www.osakavol.org/

編　　集　中央法規出版編集部

発 行 者　荘　村　明　彦

発 行 所　中央法規出版株式会社

〒110-0016　東京都台東区台東3―29―1　中央法規ビル

TEL 03-6387-3196

https://www.chuohoki.co.jp/

装丁デザイン　冨澤　崇

印刷・製本　株式会社アルキャスト

定価はカバーに表示してあります。
落丁本・乱丁本はお取替えいたします。
ISBN978-4-8058-8981-7

本書の内容に関するご質問については、下記ＵＲＬから「お問い合わせフォーム」にご入力いただきますようお願いいたします。
https://www.chuohoki.co.jp/contact/